江南文脉
jiangnan wenmai

U0820801

潘耒全集

(贰)

(清)潘耒 撰
吴航 整理

鳳凰出版社

遂初堂别集

遂初堂别集目録

遂初堂别集　卷三

遂初堂别集　卷四

遂初堂别集　卷一

中峰講院興造碑銘〔一〕

自宗教分途，門庭角立，宗門尊宿，有以一大藏爲故紙，以義學爲入海算沙者。此一期破執語耳。馬鳴、龍樹，何嘗不著論弘經？杜順、圭峰，何嘗不明宗見性？彼膠名滯相者，固不如宗門之單刀直入，若一知半見，希光掠影，又豈可與深入法界、會佛語心者同日而論哉？當明萬曆天啓間，雪浪法師倡教東南，巢雨、蒼汰輩繼之説法，如雲如雨，講席大盛，迄今而不絶如綫。蓋由衲子偷心不死，希棒喝之易入，貪衣拂之易傳，趨宗門如鶩，而不知教家冷淡中，步步皆實地也。當此時而有能恪守師傳，恢弘先業者，豈非法門之孤忠篤孝哉！

中峰講寺，創自支公，廢興不一，明季始還爲梵宇。一雨法師肇開講席，蒼雪法師繼之，雷轟雨霈，法化大行。吴中講堂，惟中峰、華山二刹最盛。其後禪宗勃興，教家浸以不競，華山遂爲三峰家所有，中峰亦幾幾變革，賴嘯雲師力持不可，乃得僅存。然殿宇傾頽，逋負山積，勢不可支，嘯公勉應衆請，居之十六年，櫛風沐雨，撑危補敗，以定力收之。至今隱山師，而百廢具舉，頓還舊觀矣。隱公早入嘯公之室，洞明宗旨，夙受記莂。嘯公没後，遂繼席中峰，辨才無礙，遠繩祖武，而粹白恬和，樂説不倦，緇白咸敬慕之。應請開期，遠邇必赴，南來聲光，未墜於地，師之力也。師志度恢宏，奮以起衰興廢爲己任，勤身率衆，鋤菜開川，信施所入，不私纖毫，銖積寸累，垂二十年，乃克庀材鳩工，修葺大殿。諸檀護協力佽助，經年殿成。其韋馱殿、山門、鐘樓、客堂、僧寮，以次修整，佛菩薩諸像，一一重裝。續有徐南溟者，發心建大悲殿，未就而没。其室人張繼成之師，亦自措多金，乃獲迄功。又作準提閣、南來堂、喝獅窩，以及廊廡墻垣，皆周密堅好。又復常住飯僧田三十餘畝，供器畢備，所費無慮數千金，輻湊渠成，天人交助，莫知其然而然，皆師願力宏深、道風芬馥之所感也。

當此財匱人貧，信根微薄之日，五山十刹，都愁枯槁。而中峰獨能鼎新革故，輪奂翬飛，誠爲希有勝事。夫法運循環，相爲隆替，乘願大士，各因時之病，出而藥之。講肆膠執，則救之以禪宗。禪宗混濫，亦將匡之以義學。今宗門衰相現矣，安知此後無清凉帝心，其人出而大弘圓頓之教者乎？吾於中峰復興，卜之矣。

興造始於戊寅□月，畢工於丙戌□月。隱公求文勒石，樂爲之記，并系以銘。銘曰：

浩浩華嚴，經中之王。甚深法界，難思難量。開宗賢首，纂疏清凉。千條森列，萬目高張。講席循文，拘牽煩碎。惟雪浪師，得無師智。單提本文，脱略詁義。挈領提綱，疏通簡易。克家巢雨，繩武蒼公。分燈吴會，卓錫中峰。法雷震地，花雨彌空。奔馳龍象，如水朝宗。法運遷流，獅弦衰歇。草長庭除，塵封象設。刹竿幾倒，法流垂絶。一本孤撑，亦莫之奪。隱公繼起，克振家聲。闡揚宗旨，雲開月明。操持堅定，願力精誠。法輪重轉，道樹再榮。爰補瘡殘，爰修廢壞。道力感通，因緣際會。殿堂鼎新，寮應周備。締構更弘，規模加大。修修釋子，濟濟禪徒。於焉講肆，於焉游居。因指見月，披衣得珠。良金頑鐵，同鎔一爐。惟此一宗，爲三宗冠。南來有孫，人天交贊。願繼自今，繩繩不斷。佛日光華，如旭斯旦。

【校記】

〔一〕中峰講院興造碑　潘氏自刻本遂初堂集文集卷十三題爲「中峰講寺碑」。清康熙間增修本遂初堂别集目録題爲「中峰講院興造碑銘」，正文作「中峰講院興造碑」，且有銘部。今依目録改題。

重建少林禪寺碑銘〔一〕

維大雄氏以像教度群迷，廣設營造莊嚴之報，至於童子聚沙，貧女一錢，而受轉輪王位，獲無上菩提果，勸人修福，亦云至矣。而達磨西來，斥爲人天小果，有漏之因，直以「實無功德」一語掃之，豈祖意與佛語相違歟？非也。當能仁示現，初轉法輪，不得不建立有爲，引人皈敬。及其弊也，人惟知從事福田，而昧於心性。初祖對病發藥，又不得不痛與掃除。且夫一切法相，可以至心行持，不可以有心執著，著則無爲，亦有爲也，不著則有爲，亦無爲也。人天果即佛祖，果有漏因，即無漏因，何分階級哉？

自大法東流，名藍巨刹，錯布寰宇，而少林實爲祖庭第一。良以初祖面壁於兹，二祖傳法於兹，爲拈花一宗續命之地，殆震旦之靈山也。寺創於後魏，盛於隋唐，居中土之中，擅勝地之勝，殿宇閎麗，僧衆繁多。往代主席，遠莫能詳，惟雪庭禪師爲洞宗巨擘，受知元世祖，敕住少林，稱開山第一代。燈燈相繼，遂爲曹洞大宗，而世遠人孤，不絶如綫。自涵宇、文淵後，遂無主席者。諸住持兒孫，分門别户，争習武藝，自雄天下，言技擊者歸焉，而法道淪亡，并殿宇亦傾頹垂盡，斯可傷也。

普潤禪師生於越州，棄家學佛，忍辱柔和，備行苦行，領職於顯聖，得法於天華，遂爲洞宗人。行脚至嵩山，痛祖庭之荒蕪，慨然以興復爲己任。而工大費繁，非小緣可就。單栖寺側，草衣木食者久之，忽夢神人指示，乃往汴梁謁中丞李公，一見如夙契，語及復興少林，欣然許爲檀護。蓋李公往年奉詔至嵩山，有事於嶽廟，曾過少林，發意修造，而未得其人。以師潔白真誠，堪荷此任，故應之無疑。屬吏士民，見中丞之特爲倡導也，争願捐俸割貲，贊成勝事。不逾年而貲大集，師言於中丞，遴從事之廉幹者董其役，一銖一粟，不以涉手，四衆敬服，信施有加。工未半，而李公去任。瀕行，復大出貲助之，工乃不匱。盡撤朽壞，易而新之，大殿、法堂、藏閣、丈室，次第營建，門廡寮舍，靡不繕完，屋無慮數百架，費不下數千金，甫匝歲而告成。微中丞之力，不及此。而師一念精誠，天人交贊，涌金身於莖草，現寶刹於毫端，豈不神哉！

我皇上大慈御世，弘濟萬方，篤信宗乘，博綜梵典，琳宫紺宇，興廢起墜之事，不惜布金成之，而未嘗耽福田，膠名相，不取不著，真得法王之心。而封疆大臣如李公者，乃能仰體聖懷，護持三寶，名山百刹，不忍坐視其傾頽，獨力爲之興復，且推功弗居，讓善弗有，若出自他人者。然三輪俱空，是真檀度，斯固達磨所深許，而豈與有爲功德同類而訶之者哉？若普潤師之本意，則謂洞宗兒孫滿天下，而大宗根本之地，反虚無人，故矢志爲之整頓，俾寺完而僧衆可集，祖令可行，意在維持綱宗，激揚道法。因地既真，感果必大，將使法幢摧而復起，獅弦歇而復震，豈惟一山之幸，實諸方之幸！豈惟一宗之光，亦五宗之光也！

未嘗職司記注，竊闚天子弘護佛乘之大心。兹游中嶽，值斯寺鼎新，普潤請志其始末，勒諸貞珉，昭示永久。其敢以不文辭！

李公名國亮，奉天人。普潤名德霖，法系出三宜和尚，令領部劄，爲本寺住持。佐之經理者，東林暹石、鄰箴其法弟兄，禹門倫其嗣也。修造始於庚辰二月，成於辛巳□月。

銘曰：

巍巍嵩山，天地之中。少室對峙，三十六峰。山環水繞，靈氣所鍾。招提光啓，帝敕皇封。在昔初祖，游梁不契。浮江北來，潛踪兹寺。爰得二祖，立雪斷臂。心宗肇開，浸昌浸熾。一花五葉，遍地兒孫。綿綿瓜瓞，從兹發根。洞宗一老，道契至尊。開山弘法，大顯於元。後裔蟬聯，世主其席。遥遥迨今，宗風闃寂。藝勇是精，門分户析。堂傾殿圮，運際其厄。爰有開士，矢志振興。爰有宰官，力大願弘。機緣符輳，一諾百膺。信施填委，匪召匪徵。乃作殿堂，乃營寮廡。靡故不新，靡廢不舉。金碧翬飛，千楹萬礎。地涌寶坊，天開瓊宇。法鼓雷震，道樹珠輝。海衆可容，龍象遄歸。演妙密法，接箭鋒機。木人解舞，石馬能嘶。木榮於根，柯條斯盛。水澄其源，溪潭斯净。祖刹一新，千山同慶。弗替纘承，長延慧命。

【校記】

〔一〕重建少林禪寺碑銘　潘氏自刻本遂初堂集文集卷十三題爲「重建少林寺碑」。清康熙間增修本遂初堂别集目録題爲「重建少林寺碑銘」，而正文作「重建少林禪寺碑銘」。今依正文改題。

法輪禪院碑銘〔一〕

諸佛菩薩皆以大慈悲故，示現濁世，而地藏菩薩則悲願尤深，矢誓多劫之前，專度罪苦衆生。其言曰：「地獄不空，誓不成佛。」何其任之重，期之遠也！夫衆生而至造地獄業，種地獄果，必其最難化誨者也。而此菩薩發願度之正，如一方之人，病有重輕，而醫王偏治垂死之症；一邊之寇，勢有緩急，而上將獨救將陷之城。此非大智大勇不能然。而拔罪云者，豈既墮地獄而有道以出之哉？亦惟隨根應機，多方化導，令其不至沉淪而可耳。閻浮提人，舉足動念，無非是業，不獨三毒熾然者，日趨黑獄，即大修行人，一念錯誤，便可直陷鐵圍，不唯博地凡夫，轆轤上下，即諸天福盡，亦憂墜入惡趣。如是而欲盡濟拔之，則三十二應未足殫其神通，百千三昧未足罄其妙用，豈非聖中之聖，慈中之慈？所以十方菩薩，數如恒沙，而地藏名稱，人人普聞，人人崇奉，良由功德不可思議，且於此土有大因緣也。

盛澤鎮之東，舊有地藏庵，今曰法輪。自天啓丁卯，僧貞元始建數椽，以奉地藏。順治末，圓即法師居之，擴其宇，增像設，始爲接衆禪林。後有圓基者，重修殿堂，俄而復圮。今慧聞法師爲住持，矢志修復，善士湯維柱首發大心，捐貲倡募，而管鳴吉昆弟與鄭天章輩，協力助成之。始事己卯，迄工辛巳，重修大殿，鼎建佛閣、廊廡、寮舍，一一繕完，又作普同塔，以瘞四衆。凡旅骨之不能葬者，舉得歸焉。築遵路塘，以便行人。復於殿東建東嶽廟、三星閣，爲民祈福。凡利生安死之事，無不備具。於是法輪遂巍然爲巨刹，可以安衆，可以開法，不三年而諸工畢成，固住持與檀越精虔之力，實由菩薩光明照燭，潛加冥被，而莫知其然也。

吾願入此刹者，毋徒以焚香頂禮爲皈敬，惟當體菩薩之心，遵菩薩之訓。菩薩弘誓，在空地獄。且地獄何由而空？心空，則地獄空。悟罪性空，則地獄空。一人發真歸元，則十方地獄空。即不能，然而勤行衆善，屏惡閑邪，亦不失人天善趣。如有恃地藏濟拔，而恣造地獄業，步步與菩薩背馳，迨於因深果熟，火車相現，而後惶惶迫呼，曰：「菩薩念我！菩薩救我！」嗚呼晚矣！

慧聞，雲栖法裔，與余往還，久求文刻石，爲叙而銘之。銘曰：

盛川微茫水一區，昔爲小聚民稀疏。間綴僧舍如蝸廬，生齒日繁商旅趨。闤闠隱振塡交衢，人龎俗侈真淳渝。刀塗血道何業無，幸有善根不凋枯。欒檀喜施鼓應桴，故刹一竿衆手扶。千甍百柱成須臾，涌現殿閣排空虚。慈尊肅穆中央居，岳神星官環震隅。諸祥駢集愆殃除，精藍既成法將儲。震大法鼓雨戒珠，蕉芽秀穎同沾濡。一人心空百界如，誰爲叨利誰酆都？

【校記】

〔一〕法輪禪院碑銘　潘氏自刻本遂初堂集文集卷十三題爲「法輪禪院碑銘」。清康熙間增修本遂初堂别集目録題爲「法輪禪院碑銘」；正文題作「法輪禪院碑」，且有銘部。

浮碧禪院記〔一〕

松陵當具區之委，水瀦而爲澤者以百數，麻湖最大。環湖而爲邑聚者以十數，秋澤村最遠而秀，望之鬱然。村故有普向寺，南宋爲巨刹。元祖瑛禪師，本邑陳氏子，薙染其中，參方得法於徑山晦機，爲妙喜五世孫，四住大道場，投老普向，於寺南半里南洲灣，築精舍居之，名曰浮碧。此庵之所由創也。

明初，寺與庵俱廢。今寺墟盡爲民田，而庵獨有敗瓦數椽，一伽藍像存焉。歲在戊子，影石長老自古南來，里人徐履祥、周存仁相與結茆居之，緇素瞻仰。旋而故址增造像設，爲田飯僧。此庵之所由復也。

影石化去，吾方外友迂庵、逋庵居之。迂庵故爲儒，蒙難不死，削髮參玉林禪師，命掌記，入室爲高座弟子。逋庵精通教觀，嗣法雲栖，宗教異門。兩人特以同産兄弟，相依栖隱，人比之無著、天親。又吾友石鄰，爲迂老同參，時來駐錫。三公并以名流爲禪伯。而庵之爲地，適當麻湖絶勝，水雲芊綿，葭菼無際，緑樹丹苞，緣綴籬落，風帆去來，枕上可數。迂公兄弟仰睹霄漢，俯濯清溪，日與鷗鳧相狎。吾黨二三高蹈之士，時操小舠叩門，滌苦茗啜之，緣境觸機，談禪賦詩。此庵之所由著也。

夫所貴於學道者，以淡泊恬愉之心，處蕭遠閑曠之地。吾人且然，况於方外？是故一瓢一衲，山巔水湄，道人之家風，出世之本行。在昔瑛師法庸遍吴越，而必歸隱秋村，又不居普向而居浮碧，其高致可以想見。今迂、逋二公，久爲法社尊宿，宜居精藍名刹，揚槌振拂於其間。顧甘逃虚空，屑麥而飯，掬水而飲，敻絶人囂，壁立萬仞，後先媲美，真可羨也。以普向之弘敞富盛，三百年來，化爲蔓草。兹庵顧得修復於劫灰之餘，金碧爛然，廢興之際，豈不以人哉？

雖得於心者，相忘於境，而地之幽曠，亦足助人之清高。吾願迂、逋之長居是庵也，吾願嗣居斯庵者，皆迂、逋之儔而可也。是爲記。

【校記】

〔一〕浮碧禪院記　潘氏自刻本遂初堂集文集卷十一原題爲「浮碧庵記」。此文又見翁廣平撰平望志卷四寺觀浮碧庵，題爲「浮碧禪院碑記」。

報資禪院記

學佛而以土木之事事佛，戾乎佛者也。爲僧而以屋宇之閎莊嚴之麗衒人，背乎僧者也。自昔高流明心得旨之後，巖畔水邊，草衣木食，不求人知，而實至名歸。相從學道者日衆，至無所容，不得已而增修屋舍，又以檀信布施，無所歸消，則爲莊嚴像設，引人皈敬。其所守者道，而處世以緣，緣合則留，稍不合則褰裳去之，無所繫戀。今之禪者，道不足，而强爲緣，唯以居大刹住祖庭爲尊榮。其弊至藉勢力出貲財以求之；坐席未暖，遑遑焉號籲於人，思廣其居而增其産，視若子孫久遠之業，不招而來，麾之不去。是皆魔之黨，佛之蠹也。曾本色衲僧而忍爲之哉？

曠圓禪師，荆州人，儒家子。早歲出家，遍參名宿，得法於弘覺國師，禮塔曹溪，薄游廣城，道望翕然。新州龍山寺，六祖故居也，四衆延師住持。師有父友胡念蒿，致書粤東學使陳省齋，囑爲之護法。省齋亦自重師。師住龍山，有不適意，即辭去。省齋欲留師於廣州，見西郊外有廢藩支子海州之墅，園池竹木，最爲清幽，捐俸倡募，以官價得之，改爲招提，請師開法其中。此壬戌春事也。師道眼圓明，踐履純篤，教典儒籍，無不精通，詩文與作者争勝，面目嚴冷，未嘗委曲就人，而人自尊信之。宰官紳士，摳衣問道者，踵相接。寸絲粒粟，不以自私。殿堂齋寮，以次成就。屋不多而曲折清疏，徒不衆而整齊嚴肅，精修辦道，莫善於此矣。

余十年前游粤東，與師僅一再見而别。今兹復來，師年且七旬矣，骨堅神王如故。每過其居，愛其人境雙寂，輒流連移晷。師因屬爲之記。

余惟嶺南宗風，不絶如綫，野干稱獅，驢乳充酪，以驚愚眩俗者多矣。賴有師揭正法眼，竪精進幢，邪魔無所遁其形，百計撓之不可動。滹沱一宗，不墜於地，庶其在兹。吾願後之繼師居此者，皆體師之心，行師之道，毋貪名聞利養，毋争人我是非，惟以續佛慧命爲己任，則繼繼繩繩，可大可久。若也道德不如師，而因緣福報，務欲勝於師，則亦爲魔眷屬而已，佛之徒不與也。師曰然。遂書之。

重修泗州寺記

事有似緩而實急功，有難成而不朽者，智士圖之，庸衆忽焉。佛寺之廢興，若於四民無預。然名藍大刹，有關一方形勝，而禪律高僧居之，上足以闡法化，革貪頑，下足以植福田，資津濟。設任其傾頹，則僧失栖止，人毁善根，而形勝不完，亦非鄉井之利，故曰似緩而實急也。林林之衆，各營其私，非己事而勸之出財，鮮有樂應者。然田園第宅，或不長有，而布金佛地，遠植浄因，事美一時，績垂千載，故曰難成而不朽也。

吾邑蘆墟鎮，舊有泗州寺，創於唐景龍二年。相傳爲泗州大聖過化之地，塑像存焉。宋元間，名僧迭居。明初，夏尚書治水吴中，數止斯寺，與僧浄瑄有唱酬之篇。正統、景泰間，再毁再建，分爲應院，而禪堂在中。法席不替，湖泖間往來參學者，恒以此爲津梁。其地居鎮北方，水所分泄，關遮擁護，尤於形勢爲宜。故蘆墟之有兹寺，爲坊表，爲輔車，非他庵院比也。惟是歲久不修，日就頹圮，殿堂門廡，殆無完架。作治之費，無慮千金，憚難因循，亦已久矣。鎮人周某、張某，相與創謀修葺，諸碩德徐某、葉某、周某，協力贊襄，募助於本土及四鄉之有力者。蓋戛戛乎難之。惟首事者，抗直秉公，不避嫌怨，初焉勉强，徐而翕集，即大殿而更新之，棟梁榱桷，無不堅完，改作山門，高廣倍昔。禪堂、兩廊、齋厨諸屋，則住持萬資禪師拮据經營，次第修整。興作於己卯之冬，落成於庚辰之春，不四五月而大工畢舉，由任事者之剛果，贊助者之協和，故能率作就功，若斯之速也。由是而僧衆得以安居，雲水有所栖托，宗風可振，法化可行，而遠近之瞻望者，翬然翼然，頓還壯觀，風氣不患虧疏，閭井日臻蕃庶，不亦休乎！

夫自唐以來，京都之宫觀，王侯之第宅，鮮不廢毁，而荒村古寺，乃能久存，蓋有與俱存者也。諸君子之力能使梵宇更新，而梵宇之力亦能使諸君子功德爲不朽，豈非交相助者哉！余數游憩於兹，幸其替而復興也。輒因萬公之請而記之，以示後人。

德峰禪院記

上杭於閩爲望縣，山水清嘉，人民殷庶，然佛法未甚光顯，上圓稱苦行門風，圓通則禪宗也。去縣八十里，在萬山之巔，參請難到。匪石和尚脱白於金山，得法於桑園，爲弘覺禪師之孫。其人慤誠清苦，失母二十年，行求得之，以篤孝聞。既印心宗，仍精持戒律，勤身率衆，齋不過午，脇不至席，杭人敬信之。始於城西蓋把茅，前縣令蔣君聞風咨請，力爲檀護，不數年而成寶坊，所稱古怡山是也。復念金山雖有精舍，而無叢林，於山後擇蘿葡嶺，地勢寬敞，山環水聚，可立道場者，罄鉢資得之，創建德峰禪院。今縣令楊君，首爲倡導，邑人鼓舞贊成，雖締構未畢，規模宏遠矣。師之言曰：「吾見造佛刹而傳諸其徒，世守之若家業然者，心實耻之。吾所興造，誓不私諸一家。凡有道而能領衆者，即推與之。吾嘗欲委怡山而他往，但未得替人耳。」余聞而甚善之。

夫大修行人，以三界爲火宅，以圓覺爲伽藍，何有世間一物可戀？安立道場，聚集徒衆，期於煅鍊人材，續佛慧命，豈榮名利養之謂哉？圖作開山祖師，已落第二義，甚至争坐道場，增長人我，末法之弊，不可勝言。此方僻在天末，乃有行解相應如師者，竪精進幢，現寶王刹，復能存大公無我之懷，視世之坐五山十刹者，不既多乎？願後之居是院者，永體此意，以法爲尊，以道爲主，勿作香火叢林，則師之宏願不虛矣。

若夫鳩工落成之歲月，與檀那姓氏，載在他石，不具書。

慈度庵記

三界無安，猶如火宅。唯一念勇猛，方能出離。古來高禪上士，自脱俗參方，迄於登地證果，莫不以果决爲先資，精進爲要度。語云：「出家乃大丈夫事。」然淩行婆、妙總尼輩，班班載於燈録。是知因循懈怠，則鬚眉猶婦女也；堅鋭篤誠，則巾幗亦丈夫也。

盛澤之東有慈度庵，乃尼師尚義所建。師本新塲李氏女。父，漁人也。女性慈仁，童稚即喜放生，父母不聽，得間輒取所捕魚，投諸水，遭捶撻無數，終不止。既長，爲擇配，終不肯就婚，一夕遁去，投旁近尼庵削髮，挽之不回。自是鋭意修持，勤身作務，行難行之行，忍難忍之苦。始來兹鄉，得地數弓，結茅數把，持誦焚修，無間寒暑，人稍加敬。往來士民家，浸久見其粹白真誠，始終如一，益慕悦之。信施漸集，福緣漸廣，而師不存纖芥之私，不貪晷刻之安，以次充拓地基，營造堂廡。今遂有屋若干楹，有田若干畝，蔚爲精舍。皆從荼苦拮据銖積寸累而得之，視他梵宇落成，艱辛固百倍也。

先後蓄女徒三四人，皆以不能勞苦散去。今年七十餘，念無可繼志者，謂畀諸尼不若畀諸僧，庶乎可大可久。謀於檀護，咸稱白衣庵僧體中樸實，有志操，是能不負師托者。師遂悉所有授之，曰：「吾一生精力，結聚於此，願後來者精勤辦道，無替無渝，於吾有光矣。」嗟乎！世人流浪生死，由於愛網難超，而師能超之；一針一草，莫不視如身肉，己物難割，而師能割之。且不傳徒而傳賢，不授尼而授僧，尤爲卓識，非具大丈夫之作略而能然哉！

余多方外友，然足不履尼寺之塵。以師志行有可嘉者，兼與體中相識，求余文甚誠，破例記之。欲守成者精修白業，不染一塵，庶令創業者功勳不泯也。

瑶潭精舍記

郡城盤門外里許，有地一區，三面臨水，樹林蓊鬱，望之不見屋宇，而僧舍藏焉。尋其徑，迂迴而幽邃。入其門，潔静而虚閑。登其堂，像設莊嚴，鐘魚清徹。屋旁多隙地，雜植花竹蔬果。民居在數百武外，相望不相接，竟日無人踪，習静最佳處也。自松陵入郡，必道盤門。余嘗抵門而暮，泊舟小渚曰瑶潭，登岸流覽，得兹庵，愛其清疏。主者蓮芳上人，又甚真率，不作世諦周旋，遂假榻焉。余性不耐喧雜，不喜托宿親故家，自後抵郡，或不及入城，或尚可入城，輒泊舟就宿。如是者數年矣。

始至見堂廡卑隘，上人奮欲新之，貧甚未能也。頃自中州還，過之，則見畢者崇，隘者廣，撤朽易，故焕然改觀。然皆獨力經營，未嘗他募。蓋上人精持戒律，熟嫺梵唄，遠近作佛事者，必延上人。上人赴之，必誠必敬，疾風暴雨，步行一二十里不言苦。所得襯施，絲毫不妄費，一瓢一衲，朝齏暮鹽，銖積寸累，以新斯庵。其矢願可謂篤，操守可謂堅矣！

而上人謂余曰：「斯庵非吾所創。四十年前有苦行僧，募造香像三尊，甫竟而没。武人周某感異徵，構兹數椽以奉像。慧舟禪師愛其地幽勝，退院結隱於此。其嗣忍元繼居之，稍廣規制，再易人而後屬余。地僻庵小，非開法之區，又無飯田，無供米，他人不堪飢凍。惟余能刀耕火種，耐勞忍苦，以久居於此，亦不自意有願竟成也。幸爲我記之！」

惟梵典有言，心者制之一處，無事不辦。自習觀修禪，以至成佛作祖，皆一心精專之所致。上人以其堅忍之力，小試之於興修，而成效如是，况等而上焉者乎？吾願繼居斯庵者，無忘前人締構之艱難，協力守之弗墜，更望移其專一之志，用之於發明大事，則無堅不摧，無疑不破。登聖地而續慧燈，無難矣。謹書以竢之。

頤浩寺復飯僧田記 代

澱山湖之西南，有地曰金澤，居民數千家。有寺曰頤浩，殿宇崇弘，相傳南宋吕相故宅也。明萬曆中，有司議撤其材以治公署，華亭徐文貞公止之，留吴道子畫、大士像及所賜衮衣于其内，仍施田飯僧。遠近善信，續有所施，最後總戎汝君布金增擴，爲田若干畝。歲在甲午，大殿告灾，僧衆迸散。其居者又偭背戒律，蕩耗資財，田或售之人，或歸其主，齋鐘不鳴，禪誦歇絶。壬子冬，櫜庵和尚自華嚴來居焉。道力所持，百廢咸理，修後殿，葺山門，築垣一周，植榆百株，學人參習，敉敉濟濟。於是故家長者，各以其田來歸，轉售者漸次收贖，而後飯僧之田復完。

使來請記，余惟釋氏之徒，食於天下，其道三變而日趨于窮。其始也養于人，持鉢而食，操瓢而飲，帝王之饌不加美，草木之味不加惡，舍衛之宗風固然。其繼也以自養，耕于荒山，樵于茂林，量腹而進食，度形而受衣，此高僧古德冥栖絶俗者之所爲也。其末也以養人，聚方袍圓頂之儔，列屋而居之，積囷而食之，以得衆爲門庭，以廣緣爲壇席。今之尊宿皆然。夫高座而致方釜，視乞食則安矣。閉門而給千人，視數米則豐矣。然而養于人者，人求之也。自養者，無求也。養人者，求于人也。其體彌安，則其心彌勞。其得彌豐，則其道彌降。櫜庵之爲人，我知之。擇僻地而後居，取願士而爲徒，游乎真率之區，耽乎寂寞之途，不召而人自趨，不植而人自扶。其復是田也，曰：「我天下之鈍人也，不敢優游以養尊，不欲齷齪以從俗，進不能追瓶鉢之高致，退不能立轟隱之門墻。其惟勤手足，量晴雨，以歲入供碗飯，節其餘以支隤圮，後人循而守之，勿壞勿忘。」嗚呼！彼自命爲人天推出，而汲汲以求世者，聞橐庵之風，亦可以少愧矣。

橐庵名行如，字子山，磬山之孫而南澗之子也。首事復田者，本鎮里老并文貞之後、總戎之子，名具列于碑陰。

正覺院飯僧田記

天台城北有正覺禪院，亦名八佛庵。屋宇不甚多，而精潔明爽，在溪山佳處。僧衆修飭，像設莊嚴，士大夫之游天台者，恒税駕焉。余山游幾一月，倦則偃息於此，坐卧一小樓，庭中結柏三株，童童如蓋，時婆娑其下，晨鐘夜唄，警魄清心，意甚樂之。

庵之建已百餘年，初甚荒陋。明末，體純禪師道行超卓，緇白皈仰，實新斯刹，略仿叢林規模，寮序井井，四方雲水如歸，創置飯僧田二十餘畝。體公既没，其徒愚庵、時□，孫可静輩，咸能勵志清修，謹守勿替，漸增至四十餘畝。皆節縮瓶鉢，積累而致之，甚爲艱苦。懼其久而無徵也，請余爲之記。

余惟世尊創法僧爲乞士，持鉢分衛，不立烟爨，烏有治田立産之事哉？自教衰法替，僧不足發人敬信，而人善根日薄，遂至以募施爲厭苦。則夫開田博飯，力耕而食，不猶愈於沿門持鉢，汲汲波波者乎？然田或出於朝廷之額賜，或出於私家之施舍，初非不美也，後或啓侵奪而滋釁端。吾見台山諸刹之困者，比比也。今此庵之田，皆僧自置，固可常保而無他虞。但願後人知創業之艱難，力耕節用，守之勿失。而尤願食田之粟者，專心辦道，續佛慧命，則此田便爲無上福田，庵之興未有艾也。

是爲記。

殊勝寺飯僧田記

余生平多空門友，而日鄰師交最舊，愛其天懷坦率，落落自可，不爲苟同，晤語未嘗不移日也。

師乃婁東張受先先生之侄，其字東史。既受室，爲諸生，忽棄家學道，遍參尊宿，在大覺國師門下最久。大覺辭世，師不受人牢籠，隱吾邑之蒹葭庵，單丁枯坐，而目空諸方，多所貶剥，間談文藝，亦時破的。素明青烏家言，窮交子弟貧不能葬者，輒爲卜地。既不受酬，或反有所助。晚無定居，常寓殊勝，與僧指月善。終于永樂，有辭世偈，自作封龕入塔語，囑歸骨于天目。有田十畝，遺命歸諸殊勝大殿，囑余識數語，俾指月刻之，以垂久遠。

余觀師之識見品格，超邁時流，惟其不肯隨俗波靡，故不出而隱。臨化時，灑然脱去，遺命井井，非中有自得者不能。遺産不歸族眷而歸名籃，尤見卓識。夫世相無常，良田美宅，不旋踵而屢易其主，惟法産爲可久，惟檀施爲不磨。殊勝諸房濟濟，而大殿無寸田粒租，得此數畝，而守殿者不復苦饑，香燈鐘磬，不致寂寥。即使他産有變遷，而大殿之産，必無移動。日師功德，當與斯刹同不朽矣！

食是租者，尚精勤辦道，刻若修持，以爲可大可久之規。禪林之興，基於此矣。是爲記。

附　殊勝寺捨田記

余生平多空門友，而日鄰師交最舊，愛其天懷坦率，落落自可，不爲苟同，晤語未嘗不移日也。

師乃婁東張受先先生之侄。既受室，爲諸生，忽棄家學道，遍參尊宿，在大覺國師門下最久。大覺辭世，不屑受人牢籠，隱我邑之蒹葭庵，單丁枯坐，而目空諸方，多所貶剥，間談文藝，亦時破的。素明青烏家言，窮交子弟貧不能葬者，輒爲卜地。既不受酬，或反有所助。晚無定居，時寓殊勝，終於永樂，有偈辭世，自作封龕入塔語，囑歸骨於道峰。將鉢資百金置運字圩田拾畝，遺命歸殊勝大殿，以大智度論一部貽余，托識數言，垂諸永久。

余觀世之秉白拂，坐匡床，其識見品格，有不及日師者。惟師氣剛骨勁，不肯隨俗波靡，故寧不出而隱。臨化時，灑然脱去，遺制井井，非有自得者不能。遺産不歸族眷而歸名籃，尤爲卓識。夫世相無常，良田美宅，不旋踵而屢易其主，惟法産爲可久，檀施爲不磨。殊勝大殿得此數畝，則三期佛事圓滿，敦請耆老碩德，設放焰口，使大地飢虚均沾福澤也。即使他産有變，而此田必無移動。日師功德，當與斯刹同不朽矣！

又，東南房大木師亦捨常熟圩田三畝，零於大殿，以作公用，視貽諸徒孫者，度越百倍。其殆見賢思齊者歟！後之人效二師之捨施，則禪林之興正未艾也。

是爲記。

康熙丙戌孟冬月，止止居士潘耒撰。

（輯自翁廣平撰平望志卷四寺觀殊勝寺，清光緒十三年黄兆檉刻本）

遂初堂别集　卷二

敕封大覺普濟能仁國師玉林和尚行狀〔一〕

惟禪宗自達磨西來，行於中土，是爲初祖，有一花五葉之記。厥後派分五宗，惟臨濟代不乏人，盛於唐，顯於宋，至元有天目、高峰、中峰，相繼振滹沱之旨。傳至明龍池幻有和尚，又復大振。嗣龍池者四人，磬山天童最著。嗣磬山者四人，大覺玉林國師最著。自大覺溯之，至於臨濟，凡三十一世，是爲正宗。大覺之道，盛行於浙東西，而流被於天下。世祖章皇帝常召入禁廷，咨以法要，寵以殊禮，海内稱能弘揚禪道者，必首推大覺。蓋際其時之盛，而大覺力足以振之使然也。

大覺没十餘年，而塔銘碑未立。今其記室寤莊持其法子行峰、行進所撰事略，走京師，謀之善果法孫超宗，將求銘於公卿大夫，而請余爲狀。

按，師諱通琇，字玉林，常州江陰人。族姓楊氏。父馥，世業儒。母繆氏，夢大士携童子納牖而産師。生數歲不語，語輒能誦佛，號坐常結趺。十二喪父，即思出塵。十五，閲語録，知參誰字。久之，因觸翻溺器，有省，遂決志離俗，時年十九。直造荆溪，禮磬山，受薙染爲侍者。每入室叩問，痛領鉗錘，泣下如雨，寢不交睫，一日於「一口吸盡西江水」句下，頓悟宗旨，當機不讓。無何，辭歸省親，磬山遂付之衣拂，時年甫二十一耳。居江陰，偶乘月泛小舟，舉頭頓忘迷悟，徹法源底。就證天隱於武康之報恩，叩擊之次，迎刃不留，至掀案而出，隱許其透關，從此機鋒益迅，一衆辟易。隱示寂，命師繼席，師不從，避之凌霄峰絶頂。歲餘，寺衆争趨檀護，固以爲請，乃還居報恩。學徒歸之，如水赴壑。

師狀貌奇偉，目光射人，豐頤長耳，聲如洪鐘，應機接物，不啻疾雷破山，龍泉出匣，老參宿學，爲之歛退。既洞徹末後句，凡從上綱宗，五宗機要，靡不一蹴而開，以鏡照鏡，勘辨古今，料揀魔異，直令掀翻窠臼，悟迹不存。以故年甚少，出世最早，而諸方折服，莫敢當鋒。

既重建報恩，歲丙戌，避地杭之大雅山，葺茅爲屋。期年，又成叢席。時勸母薙髮，别構草堂於報恩之側，奉母居之，師躬進飲食。母没，勺水不入口者七日，廬墓三年。歲戊戌，世祖皇帝聞師名，遣官召至京師，延入萬善殿，賜號大覺禪師。萬機之暇，每臨丈室訪問，至道機緣，酬對具載語録。尋以母没未葬，懇乞還山，世祖許之，仍賜帑金，爲營葬費，窆於虞山之陽。庚子秋，復召至京，禮遇尤渥，加賜「大覺普濟能仁國師」之號，命於慈壽寺，爲千五百僧傳戒，又命作工夫説。世祖皇帝升遐，師領大弟子作佛事七晝夜，畢，辭還山。今上皇帝遣官送歸，浙士大天戴京曾等請居天目山。師子正宗禪寺，乃高、中二祖塔之所在，歲久隤廢。師至日，廷丞戴公捐俸重創。由是禪侶雲集，不數年殿宇聿新，窣堵嵬然，頓改舊觀。昔中峰國師以乙巳年領師子院事，今禪師入天目，亦此年。又，太子庵於萬曆甲寅，有「玉林飛錫」之額。若爲預讖國師之復興天目，豈偶然哉？

乙卯春，師忽屏給侍，芒屩短褐，飄然長往。人詰之，曰：「我欲清凉去。」觸暑渡江，得疾，止於淮陰清江浦之慈雲庵。一日，索浴趺坐，唱説「我欲清凉去」，奄然瞑目。侍從請偈，復張目書偈，竟擲筆而化。

師生萬曆甲寅四月二十日，卒於康熙乙卯八月十日，世壽六十二，僧臘四十三。弟子扶龕還天目，奉全身藏於東塢，塔名璘雲。昔高峰塔曰重雲，中峰塔曰深雲，與死關幻住相參焉。師凡六坐道場，七會説法，有語録若干卷，得法弟子□餘人，道行精嚴，門庭高峻，弟子非真參實悟，不輕許可，所住叢林，一遵百丈清規。學徒數千指，寂不聞聲，擔負執役，常身先大衆，食粗飯糲，與衆共之，濟生利物，恩逮禽魚。蓋不獨悟門透脱，而踐履真純，所謂行解相應者也。仰惟世祖皇帝天縱神聖，性與道合，獨於師致順風之請，諮詢不倦，隆禮有加，必師之道法有深契於聖心者。以故人天推出，豈虚也哉！凡陋如余，無能窺測萬一。姑就其弟子所述而叙次之，庶出處之迹有所考見云爾。

謹狀。

【校記】

〔一〕敕封大覺普濟能仁國師玉林和尚行狀　清康熙間增刻本遂初堂别集目録作「清故敕封大覺普濟能仁國師玉林和尚行狀」。

蔣山南音禪師塔銘

余自少時企慕牧雲和尚之道風，恨未得見。見其高第弟子，每樂與之游。今年秋，同庵潤公來自清溪，出其所述本師南音和尚行狀，請余爲其塔上之銘。余未識南師，而同庵不遠三千里來京師，其意甚誠，不可以辭。

按狀，師諱行言，字南音，别號真鈍叟。海鹽凌氏子。幼習儒，多病，不樂婚娶。年十九，薙髮邑之沃雪庵。崇禎庚辰，參天童悟和尚，受具戒。苦參者久之，一夜聞鐘聲有省，述偈曰：「五夜一聲鐘，虚空耳盡聾。百千三昧力，彈指悉銷鎔。」亦不舉似人口，惟隨衆作務。壬午冬，往古南參牧雲門公，相見之際，機鋒迅捷。公命掌記室，問答不讓公，終不肯師，亦自覺未徹，屢入室請益，輒被痛棒。如是年餘。偶觀窗前虎鬚草，觸發殃崛，産難因緣，疑情頓釋，從前寶惜，一時放下，作頌呈公。公曰：「黑者字，白者紙，黑白未分前，試道一句。」師禮拜曰：「少頃與和尚，道公拈拄杖。」師接住，公詰之，師步而出，自此水乳契合。由古南歷梅溪、興福，追隨數年。

順治丙戌，辭隱大麓。居三年，至古南，受書記。一日，同門公泛舟梅溪，見岸上桃花盛開，公曰：「昔靈雲見桃花，悟道玄沙，何以謂其未徹？汝試道看！」師曰：「風吹柳絮毛毬走，雨打梨花蛺蝶飛。」公曰：「落在誰分上？」師曰：「任和尚分疏。」公頷之。是冬，遂受囑付。己丑，歸故里，善信迎住滓溪，師以養母便近，欣然從之。以忍大師有養母堂，因名其院曰黄梅。逾年，移居真相寺，門庭嚴冷。惟真參數十人追隨不捨，餘衲子輩往往捨去，即士大夫亦罕相交接。一住十六年，母終，乃遷嘉善之匡庵。禾郡士人請居天寧寺，師固辭，述偈有云：「一抔儘可容吾膝，何必凌雲百尺樓？」竟不往。已而，龍池祖庭虚席，木陳和尚集十二家法子，拈鬮决之，得師，復堅辭不往。乙巳秋，始應蔣山佛國寺之請，留居八載。壬子，歸浙，兼主清溪。秋，病脾泄，以九月二十五日集衆趺坐，説偈而逝。世壽五十九，僧臘三十六。凡五坐道場，得法弟子滿潤等若干人。

嗚呼！自祖道流傳，燈燈相續，貴在見地親切，行履真淳，初不以門庭之喧寂爲道法之盛衰。而近代拈椎竪拂之徒，往往争雄鬥勝，視梵刹如官資，徵學徒如文社，不足當識者一笑。若師之清修苦操，雪净霜寒，屢却巨刹之請，久栖一丘以自足，可謂特立獨行，不逐時趨。以是爲古南嫡子，庶幾無愧門風者矣！是宜爲之銘。銘曰：

正法眼藏，首付飲光。苦行第一，五葉以昌。何今之人，揭竿樹表。屋高於天，釜大於沼。華衣美食，其徒百千。叩以宗旨，呿口茫然。猗歟鈍叟，高風邁俗。栖不厭幽，居不厭獨。惟幽惟獨，龍見雷聲。法乳一綫，湛然長清。劫火洞然，真相不壞。我銘窣堵，以告聾聵。

廣潤巨靈禪師塔銘

臨濟之道，至天童而中興，一時門下英靈，龍騰象蹴，而弘覺國師遭逢當宁，轉大法輪，光明尤爲烜赫。余行江楚、嶺南，見坐大刹有盛名者，多弘覺兒孫。頃至台，聞廣潤巨靈禪師道風孤峻，爲弘覺最先得法弟子，未及造訪。比返自東甌，而師已示寂。其門人元化以狀來請塔銘，堅辭不獲，乃按狀而叙之，曰：

禪師諱自融，字巨靈，一字幻肆，新安程氏子。生半歲，父辛元没，母吴鞠以長成。弱冠，知有佛乘，輒思脱俗，母强之婚，不可，投廬山圓覺沙門，落髮，仍歸里結庵。母卒既葬，盡散家財，詣迴峰寺受具戒，因留聽講，辨難驚人。講師駭曰：「子非吾宗人也。」勉以參方，遂至夾山依林臯和尚，參萬法歸一。每被痛棒，不發，走天童參密翁，晝則力務，夜不帖席，疑情猛切，幾欲伸問，到方丈輒開口不得。一日，晚參罷，師隨至寢門，挽衣跪泣，曰：「某甲有箇疑處，求指決。」翁瞑目扭住，曰：「將疑來，與汝決。」師無對，即被拳仆地，纔起又拳，口出血，有省，失聲阿啷。翁低頭拈杖，師大笑而出。又晚參諸禪者，問話，翁一一答畢，師進曰：「有問則有答，某甲無問，請和尚答。」翁拈棒，師拂袖便行，翁追棒之，頭破。師回身作禮，曰：「適來觸忤和尚，翁休去密。」翁順世弘覺，繼席天童。師乃依座下，胸次猶未漉然。一日，弘覺舉貫休東林偈曰：「白薝蔔花露滴滴，碧苾蒭草雨蒙蒙。田地更無塵一點，是何人合住其中？」乃徵曰：「畢竟何人合住？」衆下語不契。復代云：「若是陶淵明，攢眉便歸去。」師聞，頓豁疑滯，然彌自韜晦，不露丰采，同學或易之。一日，送亡僧，命師秉炬。師初不知，臨時乃白，衝口成偈，警快絶倫，衆始敬服。

弘覺退居五磊，師乃隨侍。旋游匡廬、武陵，閲藏鹿城，閉關虞山。順治戊子，弘覺居廣潤，召師還爲西堂。已而，應虞山勝法之請。時牧雲和尚住興福，嘗扁舟過訪，欲付以白拂。師念受恩有處，堅辭之，雲更嘉嘆，贈偈而別。弘覺住紹興大能仁，召師首衆。尋題畫像授師，有「伸出巨靈神半臂，太華分作玉芙蓉」之語。

辛卯春，命繼席廣潤。廣潤在寧海之瑞雲山，是晋曇猷尊者道場。宋慈雲懺、主明裘聖僧遞居之，後浸蕪廢。弘覺來居，稍稍整理，繼遭兵燹，禪徒星散。師率高弟十餘人，束篾堅守，雖風鶴時驚，而晨暮放參，孜孜不倦，遠邇嚮風，不數載頓成巨刹。甫落成，而一笠飄然，就東平退休焉。仙居紫籜山廣度寺，爲歷代祖庭，久毁於兵。有一僧守故墟，欲棄去，夢神止之，言將有大德來興此山。已而，師至，僧以夢告，遂留居之。編蓬縛樹，采蕨燃松，不堪寒苦而提唱鉗錘，爲人益切，道價彌重。復應會稽安隱之請，旋還紫籜。時猶茅居，火作皆燼，唯師卧室一茅不焦。所輯南宋元明僧寶傳，撥煨燼得之，竟完好。師曰：「佛、法、僧三寶無恙，天其欲易茅爲瓦乎？」漸營土木，遂成寶坊。時沿海郡縣有遷遺之役，廣潤在遷界中，廢不旋踵。弘覺每念之興嘆。比弘覺化後，遷地漸展，師毅然以興復爲己任。平陽天童虚席待師，輒舉賢自代，就廣潤故址剪棘開荒。寅卯之交，兵戈鼎沸，師堅豎法幢，學徒輻輳，諸大帥及郡縣吏敬其標範，争相弘護，三四年間，殿宇復完，壯麗有加於昔。師於廣潤，凡兩度開山，亦希有事也。

師見地穩密，踐履真純，領院事，無大小以身先之。生平不衣蠶口之服，老猶隨堂粥飯，晨昏定課不虧，钁頭鐺畔，拈提勘辨無虚日，捧痕掌血，務令學人死盡偷心。蓋以真實心，行真實行，説真實法。余雖未獲識師，讀其幻肆語録，言句斬截，寸鐵殺人；僧寶傳，簡擇精嚴，斷制高老，想見其人清苦勁直，法門砥柱也。

康熙辛未閏七月，示寂，預囑院事遺書，别擅護修净業。三日，説辭世偈曰：「人死一七月，我今兩七月。泥牛鬥入海，嚙破半邊缺。」復自説封龕法語，奄然入滅。闍維頂骨，心齒不壞。世壽七十七，僧臘六十五，得法弟子性磊、性化等十餘人，塔於紫籜山之鳳亭岡。銘曰：

大法傳人，如乳出酪。漸遠牧牛，味轉漓薄。浩浩洪流，魚龍紛錯。白拂如麻，真風寥落。俊哉幻叟，一鶚摩天。初參天童，痛徹毒拳。卒師弘覺，底脱桶穿。頂門有眼，爍破大千。旃檀逆風，囊藏不住。一笠一鋤，潭深魚聚。奪食驅牛，有句無句。頑鐵精金，一爐鎔鑄。漠漠瑞雲，兵燹頻仍。荒荒紫韡，狐潛兔憑。道風所扇，再廢再興。天開寶刹，地涌金繩。法運凌秋，耆英凋喪。憗遺一老，巋然宗匠。如何不留，山愁海愴。大樹無陰，么弦絶唱。來時無口，去時無門。水流月落，不亡者存。造無縫塔，藏不動尊。燈燈不墜，視此刻文。

道場神山禪師塔銘

稽昔兄弟出家，同登覺岸者，佛在時，則有阿那律、阿難三迦葉波；佛滅後，則有無着、天親、惠遠、惠持等。殆如優曇鉢花，曠世稀見。自少室一宗，燈燈相續，傳法印紹祖位者，倍難其人。今乃有天笠、神山二禪師者，以同産昆弟，爲法門昆弟。一得法於南澗，爲磬山之孫；一契機於平陽，爲天童之孫。二甘露門，并承法乳，十山旬地，對竪法幢。斯則僧史所罕聞，俗譜所未睹，而爲世出世間，希有之盛事矣。

神山禪師，諱本瀛，上海徐氏子。父仲雍，母金氏。兄弟四人，次即天笠，神山其季也。幼而喪父，有出塵之志，母强之娶，生一子而夭，念人命危脆，决意出家。時天笠本師箬庵和尚，開法漏澤，往依之，天笠以母老送歸。越明年，就湛∴老宿薙染，詣弘覺山翁禪師，乞戒道，阻於兵。比至，而説戒既畢，師雨泪哀懇，翁愍其誠，別請十師，特授以戒。因隨翁上天童，尋還吴省母，歷扣名宿，精勤辦道。吴江麻湖之東，有疏溪草庵，最僻静，師居之若干年。

兩兄在家者相繼没，師迎母奉養焉。手製僧帽，鬻之以給朝夕，人謂：「陳尊宿織蒲鞋，徐比丘縫布帽。」孝行高風，古今一致也。母精修浄業，擇日更衣，口誦佛號而化。

時天笠已嗣法箬翁，出世開法矣，師益自激勵。山翁再住天童，師仍趨侍參，萬法歸一，工夫猛切。一日登厠，身心頓空。又數日，聞雷有省，作偈曰：「忽地一聲雷，虚空飛閃電。萬法一何歸，雲開白日現。」翁印可之。復掩關疏溪，窮諸秘奥。翁住金粟，召師監院事，以平等心，修漚和行，化異同，泯物我，一衆悦服。從至平陽，創構大刹，事無巨細，盡心綜理，翁嘉賴之。翁化後，吴興道俗，以道場山古刹凌替日久，延師住持。始至，四壁蕭然，粟不滿斗。師托鉢而食，絮蘆而衣，律身嚴苦，爲衆誠愨。久之，緇素皈仰，學徒雲集，殿堂寮舍，以漸修整，田産器用，取次增益，創造翠微閣，一山改觀，立普同塔，三法門及四衆，各有區别，遠近便之。道場爲唐宋祖庭，自無庵、全正、堂辨以後，祖令寂寥，弘覺老人亦嘗居焉，不契而去。師乃法道風行，一新壁壘。師固於此山有大因緣，亦其行業純篤，感乎人天而致然也。

天笠禪師開法杭州之南澗、鎮江之夾山，與師道峰二三百里間，刹竿相望，激揚宗旨，更唱迭酬，衲子往來，此冬彼夏，如東西屋，如大小山，諸方咸嘆羡焉。康熙甲戌春，師同天笠還上海故里，掃先人墓。歸而天笠告寂，師治後事。既入塔，謂人曰：「天和尚既去，地和尚且繼之。」蓋自謂也。八月中，示微疾，吉祥而逝。世壽六十八，僧臘四十三，嗣法弟子元照等十餘人，塔于道峰之左，與弘覺老人堅固子及天笠師，衣鉢一塔而三穴焉。

余爲南澗學人，嘗訪天笠師於夾山，又訪師於道場。師亦嘗過余草堂，道味相得，一歲中聞二老繼没，不勝感悼。今年春，師之門人海朗以狀來請銘，曰：「師遺命也。幸勿辭！」至秋，繼住道場，元□躬下山來速之，道遇暴風，舟幾覆。余尤感其誠，乃序而銘之。銘曰：

世儒詆釋，捐親滅倫。鐔津石門，辨之諄諄。何如睦州，養母服勤？道濟天下，不遺其親。千載有師，遠追高躅。損鉢哺親，紉布易粟。援親入道，冥行得燭。逍遥樂邦，教孝之鵠。選佛場開，萬鳥一鵬。惟師與兄，接武聯登。齊振法鼓，雙懸慧燈。人世顯揚，孰與爲朋？吴興祖庭，草深一丈。振錫來游，獅弦獨唱。逼側旃檀，駢闐龍象。百廢具興，人天所相。乘願而至，委化而歸。白月行空，何去何來？碧湖淵沄，道山崔嵬。無縫塔存，浩劫不灰。

包山柯庵禪師塔銘

惟古導師隨緣應化，不分喧寂，通都鬧市與絶壑深山等，無有異。然吾謂法運衰遲，習俗易染，抱道高流，固宜處荒寒之地，樹精進之幢，衲子果真心辦道，自能撥草相從，苦參力究。其泛泛悠悠，厭枯槁而樂繁盛者，不至何傷。此百丈所以高坐孤峰，大溈所以深入窮谷也。

惟洞庭兩山在具區中央，與世隔絶，西山更僻遠，人迹罕至。而包山在西山之心，尤爲幽僻。舊爲仙隱之區，有毛公壇存焉。梁唐始建禪刹，至宋靖康初，慈受禪師自汴京退席，來居是院，大振宗風，百廢具舉。歷元、明而寖以頹圮，叢林化爲應院，鐘板蕭條者久矣。二十年前，寺僧無躍謂：「欲興此寺，必得重望尊宿居之。」敦請天童山曉和尚，和尚勉應其請，不克久留。無躍復再三叩請，和尚念祖庭事繁，命高第弟子自代，選於衆，得柯庵禪師。

師以丙寅冬入院，無躍遂以常住所有産業器物，悉歸方丈。師仍令無躍理院務，而專弘佛法，提綱挈領，削膚見根，機鋒迅利，言句斬截，諸方嘆服，衲子死心。參究者必趨包山，泛重湖，越峻嶺，忘其遠險，重趼而來者日益多。師一以平懷接之，應病施針，視孔出楔，無虚過者。由是，道風大著，而院宇亦遂鼎新，殿堂門閣，像設莊嚴，宏麗精整，冠於兩山。然師未嘗殷勤勸募，一誠所感，一慈所被，遠邇欽崇，信施填集，若緇若素，無不謂慈受再來。包山爲應院，已二三百年。至是，始復成叢林，師之功偉矣。而師曰：「此先師法席也。吾居之久，幸不辱命。今老矣，當請同門弟兄繼之。」而四衆固留，一住十九年，至甲申六月，示微疾化去。世壽五十五，僧臘三十六，有語録若干卷，法嗣若干人。塔於寺傍山麓。將入塔，法嗣□□以三宿和尚元佃所撰行述來請銘。

按狀，師諱元慈，俗姓王氏。自鄞縣遷烏程之烏鎮。年十二，出家弘濟寺，歷參東塔芥子、顯聖元潔、南澗天竺諸老宿，後參山曉和尚。問那裏來，師云：「武林來。」曉曰：「近日錢塘江無船，汝作麽生過？」師云：「和尚那裏得這消息來？」曉打一竹篦，曰：「汝不從武林來？」師便喝，曉曰：「再喝喝看！」師云：「再犯不容。」曉曰：「念汝初到，放汝三十棒。」師禮拜。一日，侍方丈曉曰：「昨夜太白峰高八萬四千丈，汝還見否？」師云：「和尚莫眼花。」曉打一掌，且道：「賞你罰你。」師禮拜，云：「恩大難酬。」即充記室。尋受記莂，充西堂，遂分化包山。蓋平陽法嗣百餘人，山曉最爲傑出。山曉法嗣十餘人，而師尤爲克家之子。使法門宗匠繼繼繩繩，盡如師父子，滹沱一燈，遍恒沙界可也。

余素聞師名，曩游包山，僅一識面，莫逆于心。師臨化時，以勒石之文相托，義不可辭。銘曰：

胡波浩渺仙山浮，山心之山地更幽。琳宫翬飛竹木稠，中有蒼顔老比丘。心如澄潭目如鶖，説法雲涌而泉流。毒鼓雷轟狐犴愁，寐者以醒痺者瘳。石公石嫗皆點頭，龍威起舞毛公謳。餘事幻出堂殿樓，千指環繞百廢修。道力所感非人謀，扶衰挽敝志略酬。化緣遽畢龍辭湫。慧燈掩照慈航收，紅塵衮衮足畏投。方將從師物外游，鼓無弦琴扣泥牛。何期師去不少留，度生弘願無時休。再來慈受還來否，巍然窣堵山之陬，摛詞表德垂千秋。

碧天律師塔銘

大雄氏以三德導群生，曰戒，曰定，曰慧。雖由淺入深，譬諸堂構，戒其基也，譬諸樹藝，戒其根也。今之禪師，往往易視律門，草草開戒，豈知心地戒中包含萬德，五篇七聚，廣博密嚴，使爲導師者自不能熟究精持，安望學人之確守弗叛？僧濫法衰，其不由於此乎？賴有千華一枝，大弘律範，樹精進幢，搘拄末法，而律虎無多，化緣易訖。此吾於碧天大師之亡，不禁拊心傷悼也。

師名書浄，江陰陸氏子。生有異質，孩抱能誦佛名，逢師輒拜。十三喪父，矢願出家，禮藥雨老宿爲師，沉静好學。稍長，走華山，從見月和尚受戒，見公器之，俾爲侍者。服勤累年，歷遷要職，精通律藏，兼研經論，造詣日深。見公知其可重任，付以信衣。蓋律門之衰久矣。明萬曆間，古心師崛起金陵，大弘法界，直接南山一宗三昧。師繼之，道譽彌隆，駐錫江干之寶華山，海内稱千華和尚。見公繼席，迄於師，四世矣。吴門程勉卿病垂死，夢華山僧飲之藥而愈，偕其友陸德敷輩入華山，遇師，儼然夢中僧也。請於見公，求師分化吴下。見公以師年少，遣首座葉庵應之，居城西之積善庵，尋去。復更一師，皆不能有所建立。會師分衛來吴，吴人乃堅請主席。始至，敗壁頽垣，虀粥不繼，處之恬如也，惟精持律儀，嚴攝一衆，羯磨布薩，規條肅然，人漸信向，檀護浸廣。陸德敷輩爲之勸募，經營創造，戒壇、殿閣、寮廡以次修建，不數年遂成巨刹。他叢林開戒，多爲短期，簡略行事，惟積善一遵佛制，必慎必嚴，規條斬斬，禀戒常數千指，肅然無譁。衲子行道上，威儀可觀，不問知爲積善戒子也。僧之精心求戒者，不之華山之積善，以爲見月在吴也。吴中有真律師，自師始。

師廣顙深目，大頤方口，長不過五尺，目光炯炯，吐音如鐘，望之有威。而性實和易，遇人以誠，接人以慈，親疏一體，敏鈍同誨，學人一涉其庭，依依不忍去。長者喜施，宰官樂護，莫知其然而然也。

康熙三十五年，皇上頒賜御書心經，建閣藏焉。四十三年，大駕南巡，面奉褒獎，復賜金經二册，大書「衍真諦」三字賜之，因以爲寺額。道風彌震，而師處之退然。其自律甚嚴，暑必搭衣，寒必露頂，食必持鉢，襯施填積，一錢不私，濟困扶危，常如弗及。其於戒法，非苟説之，實堅持之。其於律藏，既心通之，又身體之。故能不言而化，垂範人天也。

乙酉秋九月，示疾，書偈别衆，端坐而逝。世壽六十，僧臘四十有二。嗣法弟子五人，學圓、學讓、德法、勝倫、重樸。耒自讀雲栖戒疏發隱，而深重律門，嘗身至華山，觀清衆威儀，而興三代禮樂之嘆，嚮慕碧師道風，不數相見，而意甚相得。嘗病吾邑無律宗，欲延以住古刹，而師逝矣。其門人以狀來請爲塔上之銘，不可以辭。銘曰：

煌煌律藏金口宣，木叉作師垂誨專。堤防末流塞其源，澄照之後久失傳。波離再來藥狂禪，千華一月相後先。戒雷震響轟南天，繩武有孫能象賢。分燈續焰翻熾然，吴闔通津闤闠連。法幢巍然開戒壇，敷揚四分闡五篇。持規犯則如繩懸，護將行人濟重淵。牢持浮囊塞漏穿，六群之徒今實繁。師蟲食肉堪憫憐，賴兹金堤障頹瀾。法傳後嗣道光前，翛然而行隨世緣。芳規盛烈不可諼，摛辭鐫石垂千年。

石刻金剛經跋

金剛一經，絶相離名，透宗該教，灼然爲經中之王。文人學士，固宜竭筆墨之，能莊嚴供養。昔柳誠懸書此經，備盡楷則。宣和書譜有張欽元、釋曇林書，宋王荆公、黄魯直皆嘗書此。今并不傳。唯東坡書有搨本，亦不數見。松雪此卷，體勢茂密，神韻虚和，真得書中三昧。四百年來，手迹猶新。吴門馬天游持以示余，一見驚喜，遂礱石刻之。天游精於摹勒，年八十餘，竟能終此勝事。從來般若光明，不可思議。昔人有書經空中，而地不沾濕者，此石可泐，此書不磨矣。

合刻陀羅尼咒大士像跋

趙文敏夫人書大悲心陀羅尼，篆法圓勁。吴惕庵母沈夫人綉大士像，巧妙絶倫。裝成一軸，不啻珠連璧合。懼縑素之易朽，屬老國工馬天游刻片石，以永其傳。夫大士法身非色相，不離色相；非文句，不離文句。此二善女，人能以運針拈毫作佛事，而大士即於一針鋒，一毫端，全身應現。兹軸流通，若見若聞，歡喜贊嘆，供養受持，悉證圓通法性，則鐵石紙墨皆化無量光明矣！

陀羅尼經贊〔一〕

天台惠明寺藏方等陀羅尼經四卷，前三卷宋僧元通書，後一卷智者大師手書。康熙辛未四月，耒獲拜觀，不勝欣幸。謹述贊曰：

智者書經，如水印月。元通補經，如髮續髮。真經在世，劫火不爇。絹素縠皮，有完有缺。大師手迹，龍騰電掣。元師仿書，針頭露血。因經見師，因師見佛。山崩海枯，此願不竭。

【校記】

〔一〕陀羅尼經贊　清康熙間刻本遂初堂别集目録題爲「尊勝陀羅尼經贊」，正文作「陀羅尼經贊」。今依正文。

逋庵法師像贊

佛法被中土六百餘年，而後禪宗盛興。自唐以前，大浮屠烜赫有名者，皆法師也。宋元間，禪教二門，猶能競爽。迄于明季，禪宗蔓延天下，而教家不絶如綫。台衡之學，綫于無傳。雲栖大師崛起杭越，專提浄域，融攝禪觀。時或不廢講説，敷揚真乘，剔膚見髓，盡掃窠臼。一時義虎，多出其門。於是海内教席翕然，皆宗雲栖。雲栖三傳爲允持，住吴江聖壽寺之藏閣。其後得法弟子逋庵，嗣其處。逋公故世家子，與其兄迂公，同棄儒學佛。迂深于禪，逋深于教。人比之無著、天親。逋公今在羅漢寺，爲人清謹粹白，文翰兼美，神觀翛然，如寒潭朗月，宜乎黑白皈仰，爲大導師。余雅托末契，爲題其像，曰：

有善巧手，用黯淡墨。畫一法師，蒼眉而臞。身坐碧石，蔭大樹林。寒泉湛然，修竹挺立。人言法師，即水即石，即竹即樹。四者無心，寂感嘗一。師亦無心，體如如故。或言法師，非水非石，非竹非樹。四者無情，頑然冥默。而師有情，篤利生故。我説二義，各墮一邊。法身無相，有相皆妄。真常顯露，非即非非。我作贊辭，還同蛇足。無像無言，與師相見。

見明尼師像贊〔一〕

尼師梅堰，陳氏女，歸余從舅吴石鳴。舅貧晚婚，長於舅母幾二十歲。母略無怨，尤服勞作苦，恪共婦職。恥不知書，從夫受諸經，旁及傳記，悉通大義。夫亡，無立錐之産，紡績以養翁。持喪畢，以翁屬其娌及從子，出家爲尼。戒律精苦，經典不習而通，遂爲尼師。吴族敬之，爲買地，構一莖庵居焉。翁年高善怒，不安其次婦之養，曰：「微長婦養我，我不活矣。」師不得已，迎翁來庵，服食起居，一切順適其意。又數年，翁乃殁，殯葬如禮。生平無飾情矯語，樸誠感人，人稱孝貞婦，稱浄行尼，無間言。今年六十餘，門人爲繪像。耒諸甥也，知師懿行爲詳，敬作贊曰：

世風下降民質漓，高冠長佩嫻文辭。口談綱常内行虧，賢哉吴母淑令姿。夫貧夫病無怨咨，事翁如父夫如師。拮据荼苦百不辭，篝燈映月攻書詩。夫亡無子緇衣披，猶盡婦道供餔糜。終翁天年孝不衰，織蒲養母高僧爲。千古養翁無孝尼，盡倫絶詣庸而奇。孝名爲戒一理推，毗尼嚴浄人天知。深經奥典瓶瀉持，整攝一衆冰霜規。世出世法兩盡之，展如之人慚鬚眉。慈容淑範儼在兹，發潛用備彤史遺。

【校記】

〔一〕見明尼師像贊　潘氏自刻本遂初堂集文集卷十五題爲「見明尼師贊」。清康熙間刻本遂初堂别集目録題爲「見明尼師像贊」，正文題「見明尼師贊」。今據正文所述與目録改題。

遂初堂别集　卷三

賢首宗乘序

佛所説經，無慮千餘部，而華嚴爲之王。教家分三宗，而賢首爲之冠。良以一真法界，理絶言思，稱性極談，窮源徹底，而開宗纂疏者，帝心、賢首、清凉、圭峰諸師，或應身大士，或禪門宗匠，皆道印佛心，語盡佛旨，非尋常義疏比也。抑且卷帙浩博，教觀淵深，探之積歲不能窮，講之經年不能竟，非深入法海，具大辨才，孰堪紹祖席而稱宗師者乎？

清凉以下，派析支分，顯晦不一。近代惟雪浪大師道望最隆。其講華嚴也，單提本文，盡掃訓詁，融會宗旨，脱略言詮，一掃講家窠臼，賢首一宗稱中興焉。繼之者一雨、巢松、碧空、汰如、蒼雪諸師，繩繩克肖。兹吴門永定寺洪方法師，雪浪五世孫也，大懼本宗之統系不明，師承失緒。華山、金幢雖常纂輯而未詳明。於是博搜傳記，旁羅碑版，撰華嚴宗正續記一書，世次井然，(滴)〔嫡〕派旁枝，歷歷可考。其用功勤而嘉惠遠矣！

夫家有譜牒，國有史傳，僧家亦宜有之。然惟獨禪宗有正宗記、傳燈、續燈諸書行世，教家則無之矣，實一欠事。自有此書，而晦者以彰，淆者以辨，俾千百年尊宿之慧命藉以永存，有功於法門甚巨。使天台、慈恩二宗仿而爲之，禪林文獻庶其有徵乎！男兒生世，不出家則已，既出家則續佛嗣祖，皆分内事。願覽斯編者，人人興起，奮欲置身其間，毋徒作譜牒觀可也。

佛祖綱要序

佛祖無兩心，宗教無二義。馬鳴、龍樹，在西天四七之數，而造論弘經，動百十卷。達磨不立文字，猶以楞伽印心。後來宗師，爲膠滯名相，鈔襲口耳者，對病發藥，故有斥一大藏爲拭不净故紙，訶看教爲雜毒入心者。此一期掃蕩之談，如遽以教爲可廢，執藥成病，謬滋甚矣。且初參之士，所貴單刀直入，斬絶義路，恐障悟門，猶之可也。既悟之後，無始習氣，須漸次掃除，修己化人之方，莫備教典。時師以一知半解爲極則，謂經論不足留心，正如士子以帖括取科第，漫謂十三經、二十一史不必觀，淺陋孰甚焉。

潮州起南禪師，少本治儒，棄家學佛，遍參諸方，得法崆峒，爲下山孫。既佩單傳直指之印，以緣薄不出世，入甌寧山中，閱大藏者十年，著佛祖綱要一書。老歸海陽，團焦匿影。余扣關往訪，出其書讀之，深相贊嘆。師因屬余序之。

夫教既不可廢，而三藏十二部，讀者茫洋不得其端倪，未免有入海算沙之嘆。非獨經論，即諸禪師語録，附藏而行者，亦且日新月盛，與藏相埒。學人眼目不清，鮮不被葛藤絆倒。師爲此書，芟繁舉要，提綱挈領，分爲十門，正信以標其的，入道以策其功，返源以徵其悟：此三約見道邊事。修治則除習之方，助道則嚴身之具，經義則説法之規：此三約修證邊事。復由高蹈、知儒、助化三門，約化導邊事，而以净土一門，爲行願之終。所輯佛祖言句，或録全篇，或采片簡，皆至精至要，警切提撕，可以鞭心神，開眼目者。而又以類相從，不雜不紊，最便尋繹。此書則以禪會教，以教證禪，乃宗門印心之書，非教家談義之學也。今之稗販如來者，一拂入手，便坐曲盝床，争人競我，閑言閑語，動輒灾木。如法苑珠林，則專述先佛行迹；若宗鏡録，則備標三宗意旨。昔之纂藏爲書者，如起南之宗通説通，乃能大忘人世，晦迹韜光，誠爲超群拔萃。惜乎潮人無有能知之者，乃至著如此書，而緇白從無披覽，埋沈敗篋中，將與蠹（蝨）〔蝨〕同盡，是可慨也。

爰述大旨，標於簡端，寶劍入地，光氣尚自燭天，何況法寶在處，當有天龍護持。今時後世，寧無尊重而流通之者？吾斫額望之矣。

法海一滴序

昔人不信佛而力排之者，無如昌黎。然昌黎乃真可與學佛者，惜其不遇耳。福田利益，乃佛氏最淺末之説。而當時帝王卿相，所崇信者惟此。此豈佛本本旨？昌黎佛骨一表，與「達磨實無功德」一言，不相謀而適相合，其天資英邁，自是禪門種草。遇大顛而降心咨訪，殊有入道機緣。使其久留潮州，漸就爐鞴，安知不爲學佛作家？乃未半載而量移，法不染神，旋復背去。與孟尚書書，護前如故。北歸後，不遇一導師，所與游僅高閑、文暢輩。終其身，無所聞視。東坡謫嶺海，而深入禪味。山谷貶黔南，而徹悟心源者。果孰得而孰失耶？

潮人尊昌黎爲聖人，至今師其言，多不信佛。此非獨白衣之過，亦由緇流罕達佛意，與人言不出福田利益之説，宜其爲聰明英後者所訕笑，而益增其謗佛之愆也。起南禪師有憂之，爲之提唱宗乘而人不入，爲之闡揚教義而人不解，不得已著法海一滴二卷，就世人毁佛訾僧處，略爲分疏，仍將宗教二門粗標大指，由淺入深，以略該廣，與明教之輔教編，圭峰之禪源詮，約略相似。蓋爲闡提及初機人説法，不得不婆婆和和，引人起信。若其吹毛劍，塗毒鼓，則别有拈提語録在。倘有上根利器，能於提起數珠，扣齒三下處，頓見大顛，不妨與昌黎雪屈也。

牧雲禪師遺書序

少室一宗，不立文字，然而廣攝化機，推伏魔外，昭乎一時而傳之萬世，非文辭不爲功。傳燈列祖絶少論著，惟圭峰、永明、覺範、中峰以弘法大士，具無礙辨才，宗教兼通，儒釋并暢，發爲文辭，昌明浩瀚，河行地而日經天，卓哉弗可及已。

其在近代，則有牧雲禪師，道眼圓明，機鋒峻利，既已傑出諸方，而慧業深廣，法辨縱横，善以世間文章發揮第一義諦。凡詩篇傳記，文人學士所長，皆優爲之。尤邃于教乘，深經大論，一一會通，義學專門有不能逮，如得水龍，如戴角虎，良不虛耳。其爲人也，孤高狷介，不狥俗情，未老而謝院事，雲行鶴翥，山水文墨自娱，著述甚富。其七會語録及懶齋別集，行世已久。兹遺集若干卷，門人慈開得公復彙而刻之，問序于余。余得而詳覽焉。

其曰四悉書者，首釋華嚴、楞嚴二經，暢通大旨，一掃注家窠臼，舉一例餘，爲讀經法。其諸經箋要，專取辨魔，蓋有爲而發也。次以論説，次以書牘，皆揭示法門綱宗，辨乎其所不辨，洋洋纚纚，一氣萬言，龍泉太阿，鋒不可觸，衛道之文也。四悉檀中，對治爲多，實則皆第一義諦矣。其曰後録者，再住鶴林後，座下所結集。其曰澹翁遺稿者，晚年詩文皆在焉。詩不刻畫而成，文不斧削而就，天趣灑然，可以想見其高致。至于悼法運之凌遲，傷禪門之變眩，深嗟極嘆，三致意焉。惟昔天童之門，嗣法十二，順行逆行，作用不一。若夫品格之高，門風之峻，首推古南。晚年不復匡徒領衆，惟閉户著書，抉剔佛祖心體，抽揚宗乘關鍵，可謂極深研幾。若遇事關法門大體，雖當世達尊與同門昆弟，不惜挺身諍論，昌言擊排。蓋任道之重，尊師之切，不得不爾。而學海淵深，詞鋒雄肆，實足以濟之。猶儒門之有孟氏，道家之有莊子，厥功偉矣。

師著述既多，不自珍惜。有老侍者爾輝，每一篇出，謹録而藏之。四悉書則書記與麽所編輯也。師老于西資，故遺稿獨在慈開所。師化二十餘年，慈開亦老矣。念是編不可以無傳，乃與老友石鄰及師之法孫雲屋，共相校定，鬻産刻之。蓋古南未後光明，全在于是，在在處處，當爲天龍護持，縱有波旬之徒忌而毁之，亦愈重其聲光而已。

香水禪師詩集序

臨濟一宗，至關嶺而孤危如綫，三傳龍池，乃有法子四人：天童、磬山兒孫遍天下，雪大師不傳人，抱朴師傳一子而絶。諸師道行，無二無别，而法裔興替懸殊，有莫知其然而然者。譬如文昭、武穆，有盛有衰，元功小侯，或嗣或絶，不可强也。

余嘗過吴興，歷諸刹，訪净名之遺踪，杳不可得。近有老友日鄰，寓柳塘之永樂寺。一日介寺僧素謙以香水禪師詩集來請序，始知抱朴所傳一子，即香水也。本脱白於永樂，得法後繼席净名，偶與縣令不合，遂拂衣下山，一瓢一笠。初無定居，晚愛麻湖雲水之勝，遂終老焉。於時天童、磬山兩家之門人，轟隱天下，大覺、弘覺至爲帝王師。其他皆踞獅子座，震大法鼓。而師戢影荒江之濱，絶口不言宗乘事。吟詩點筆，聊以自娱。大覺欲得净名畫像，過柳塘，遣使相聞，冀與師一晤，師竟不往。人多議師過於孤冷。既爲净名單傳之子，不能提持祖令，且無傳人，使净名一枝遂絶，爲師罪者。然吾觀古人得旨之後，或見或隱，各自有意，未易低昂。即如雪大師，晚年亦惟吟詩作字，有問如何若何者，輒怒駡，甘心絶嗣，不付一人。此其意豈易窺測耶？

香水少有詩名，嘗疏山中雜菜果，各題一律，并梅花三十咏，甚稱於時。明末已鏤板行世。中年以後，詩俱藏於笥，發而讀之，蕭遠多真趣，有寒山、石屋之風。字體遒逸，畫格亦入能品，驟見之以爲文字僧，殊不知其爲濟宗老輩也。其語録已不存，僅存詩二帙，素謙輩將刻之以傳世。空中鳥迹，不數多少，但見一漚，如見香水海可也。

子山禪師語録序

臨濟一宗，至明中葉，不絶如綫。萬曆間，中興其法者，天童、磬山二導師。磬山之嗣四人，曰夾山林皋，曰天目玉林，曰南澗箬庵，曰南嶽山茨，并大震法雷，名喧宇宙。惟槖翁和尚契機於夾山，得法於南澗，屹爲宗門巨擘。而性樂恬素，隱深巖絶澗者若干年，道望彌高，人天推出，不得已應之，住洞庭之華嚴、金澤之頤浩，繼席南澗、堯峰、夾山諸祖庭。凡五坐道場，條令森嚴，鉗錘猛烈，希光掠影之徒，皆望洋而返。惟真參實究者依焉。既歸老眉泉，門人集五會語録，都爲一編，以未於和尚夙有師資之誼，屬爲序之。

惟達磨一宗，不立文字，從上尊宿，接一機，如掣電轟雷，不留眹迹；垂一語，如銀山鐵壁，無可攀援。後來宗師，漸漸求工於文字，標新於語言，而祖道衰矣。近乃有雕章琢句，攢花簇錦，耽思宿構，如學士之詞頭，抄撮臨摹，如畫工之粉本。嗟乎！末法之弊，一至是哉！和尚以上根利器，從大爐冶、中陶鑄而出，悟門端的，道眼圓明，而又退藏積稔，踐履純密，所謂自性宗通，行解相應者。故能見到説到。其拈頌淆訛，字字抉剔，古人心髓，應機接物，如瓶瀉水，如珠走盤，不可方物。其斯以爲維持綱宗，揭露眼目，無忝轉輪真子而已矣。

昔虎丘隆雪巖欽，當日門庭蕭寂，而奕世之後，其道大光。和尚因緣福報，誠讓時流，而見地行履，齊肩古德，異日潦水涸而源泉流，必有明眼人嘆賞。兹編爲獅弦獨奏者，又何患乎曲高而和寡也。

籜山禪師語録序

昔初祖記末法之弊，謂明道者多，行道者少，説理者多，通理者少。其言最爲痛切。唐以前，宗師契悟精深，鉗錘妙密，目擊道存，不立文字，不得已而有言，則單詞直指，絶去支蔓。故其時未有語録，而宗風大盛。宋元以來，始尚言句，激揚提唱，日趨於新奇，道不足而張之以言，言不至而文之以巧，於是語録行世者滋多，而法運衰矣。其在於今，禪無人而不師，師無人而無録。自編自刻，若文人之行卷，望門而投類，出疆之載贄，欲佛法之尊重，豈不難哉？

籜山禪師者，弘覺國師之孫，遠庵和尚之嗣也。弘覺道被寰區，遠庵爲其肖子，繼住天童，最有名。籜山早受記莂，造詣甚深，而安於寂寞，住吾邑普濟、積慶二古刹，堅苦自持，榮名利養，一不屑意，惟以興舉廢墜爲己任。嘗有富人施以厚貲，却之而請修殿，殿竟以成。余素聞其名，向在京師，未得相見。比歸里，而師復應請入都。今年夏，忽訪余於村莊，言其師遠庵中興瑞巖，未竟而没。今忝繼席，將成其志，屬余爲殿工之疏。去數旬復來，出語録一編，曰：「是閑言語，不多示人。君知我者，幸爲序之！」余謝不敏。無幾何，以微疾化去。去時甚精明，召所往來者與訣，囑門人以瑞巖事，且及序言。

余觀其録，雖不甚多，而語皆切實穩密，無攢花簇錦之麗，無石破天驚之奇，而見諦明宗，悉自胸襟，流出近牧之乳，猶有真味，不遽醨也。師開法若干年，力足以刻其録而不爲，蓋非汲汲求知於世者。在都門，多貴顯之游，顧獨以序屬余。旋即辭世，若有宿契者。然余素薄世之紛紛刻録者，概不爲序而特序師，以師生平異於行解不相應者，而末命惓惓，義不得而辭也。

牧庵禪師語録序

古來高僧，徹悟一心，頓圓萬行，舉足動步，皆堪垂範人天。其隨人叩擊而形諸言辭，特其至足而溢焉者耳。揚佛化而行祖令，固不專在此也。後之宗師，行解未必相應，説到未必行到，故有語句高峻，而道風平平者。弊至末流，而影響蹈襲，炫俗驚愚，本之不存，末將安傳？雖千編萬帙，塞破虚空，吾知其能傳者寡矣。

牧庵禪師得法於招隱獨癡和尚，爲天童之曾孫，報恩之嫡孫。見地超卓，行履真純，以廣大心，修漚和行，出言無斯須之妄，臨事無纖芥之私，不攀援而人自信從，不營爲而事白辦集。繼席招隱，擴舊增新，英俊浩歸，烜赫報恩。自浮老人遷化後，法席屢更，而門風日替，輿論惟師能整頓之，應請以來。不逾年而殿宇一新，百度具舉，魔外帖服，人無間言。佛日爲□□名刹，通濟爲南北要津。師出其餘力，分身肆應，沛然有餘。吴越間以法席敦請者，日進而未已。浮老人孫枝，能亢宗繩武者，首推師一人，信足抵柱狂瀾，干城末法，視夫矜一機誇一境而傳舍叢林弁髦常住者，相去遠矣。

師之説法，簡要明净，削去枝蔓，揭露根源，不爲尖新刻畫之□，而言言見諦，句句歸宗，饒有古人標格，海内具眼者，自能辨之。余獨揭師之行履以告人，願學者於言句之中見師，更於言句之外求師。誠能法師之爲人與其用心，則浮翁道法千載常新可也。

竹院清吟題辭〔一〕

古之至人，心境冥一，物我兩忘，在喧不喧，在寂非寂〔二〕。或未能是，則借境以澄心，因物以適我。莊惠逍遥於濠上，嵇阮放曠於林中，樂天愛入精藍，東坡喜尋禪侣，以寂遣喧，亦其次也。

五羊城西，舊多禪宇。古有法性，今襲其名。雖非大鑒演法之場，實爲高流習静之地。青林掩映，白水縈紆，像設莊嚴，庭宇明潔。院主遠布暨徒心月，安禪之暇，不廢詩章，雅有晝秀之稱，頗多陶陸之客。

己卯新秋，余與詹山、損持、匏村諸君，同客珠江，訪古探幽，憩集於此。地主藥亭、獨漉、勉庵諸君，亦連翩而來。解衣釋巾，嘯傲終日，升高樓而望遠，蔭茂樹以追凉。披襟寫抱，相對了無機心。品石論泉，一語不參世事。烹葵香潔，絶勝侯鯖。煮茗清芬，可忘桑落。雖未能戢影松關，栖神蓮社，然而頓遺塵慮，永結净緣。視夫聯鑣蘭錡之門，泥飲金張之宅，相去遠矣。興會既洽，分韻擘箋，各成古體一章，序而存之，留作山門故事云耳〔三〕。

【校記】

〔一〕竹院清吟題辭　潘氏自刻本遂初堂集文集卷五題爲「竹院清吟序」。南華月刊一九三七年第一卷第一期載法性倡和詩集作「清吟序」，下稱「南華月刊本清吟序」。

〔二〕在寂非寂　南華月刊本清吟序作「處寂非寂」。

〔三〕南華月刊本清吟序末有「東吴止止居士潘耒題」。且左鈐有「潘耒之印」、「稼堂」、「舊史官三印。

遠布上人詩題辭〔一〕

廣州西郊外，多佛寺。青林白水間，精廬掩映如畫。余十年前客此，數往游焉，多方外之交。今再過之，報資老病，西禪化去，唯法性遠公强健如故。屋舍益修整，像設嚴净，竹樹清疏，顧而樂之。每娑娑移日，遠公習禪而不居禪席，工詩而不求詩名，間出其十九秋詩示余，風格高朗，意趣超曠，寥然如鶴唳雲中，蟬吟露下。自非胸次孤清，神游物外，何以及此？

夫衲子之詩，唯其蕭閑超放，不與俗同，所以可貴。若其應酬牽率，今日懷某宰官，明日懷某紳士，閱其題而使人厭薄矣，何論詩哉？唐僧如靈一、齊己輩，雖僅以詩名，而人品甚高。今之禪師，殆不及古之詩僧。遠公寧爲詩老，而不爲禪伯，有旨哉！有旨哉！

【校記】

〔一〕遠布上人詩題辭　清康熙間增修本遂初堂別集目録題爲「遠布詩題辭」。

幻堂草題辭

從來高僧古德，於世諦文字，多不留意。而心地發光，出語自然，工妙寒山、拾得之詩，衝口成文，高處遠過詞客。此無意爲詩者也。若石屋、夢堂輩有意爲詩，則於詩律亦自入細。蓋一切言語文字，無非實相，不得自倚宗師，一任潦倒也。今法門不廢應酬，知識未能無意爲詩，而詩多附語録以行，則亦應稍加檢點。乃所見多頹然自放者。

茲游仙巖，既與天目和尚有水乳之契，唱酬往復，嘆其敏妙秀出諸方。復與首座太虛并屐登山，同舟入郭，盤桓連日。因得閱其幻堂詩草，淵淵有金石聲，格穩而句圓，脱盡禪和習氣。蓋嘗用力於詩，而久依仙巖，卓錫支提、泰姥，多得江山之助，故能清婉如此。即今師弟一堂，鶴鳴子和，聲聞九天，足明仙巖風景迥異人間，誠爲樂事。慎勿學嚴首座失脚紅塵，後身作王梅溪去也。

閑若上人詩題辭

前代多高僧，亦多詩僧。詩僧不必皆高，而高僧往往能詩。詩雖小道，亦必净洗胸襟，遺塵拔俗，而後能深造自得，非膠膠擾擾之流所辦。果真能詩，則其性情解會，去高僧亦不遠。今日緇流，稍能執筆，輒哆口言詩，求其灑然自得，脱去凡近者蓋稀。不特無高僧，并無詩僧，可嘆也。

余甥畢子西臨，數稱新溪能仁閑公善爲詩。比持一編，屬余點定，知其於詩，性所篤好。蓋嘗熟味古名家，師其體裁風格，觸景緣情，自出新意，往往與古合轍。至於留連山水，嘯傲松月，逸情孤韻，一往遥深。蓋其志趣皦然，蟬蜕埃壒之外，不爲物累所縈，故能超詣若此。始信西臨之知言，而幸吾地之尚有詩僧也。

近日禪門，輕相授受，衲子粗通文墨，便有衣鉢之望。即閑公門人，已有嗣法他方者。以閑公之聰穎，使肯剿掠一二宗門機語，何難秉白拂升獅座？而闇然甘以詩僧隱，即謂之高僧也亦宜！

遂初堂别集　卷四

楞嚴講期小引〔一〕

楞嚴一經，稱爲佛頂子義，徹心辨見，破妄顯真，選擇圓通一門，深入掀翻生死根本，揭示菩提徑路，灼然經中之王。且經房相筆受，義趣幽深，文辭典雅，文人學士尤便尋繹。講家膠於科分，滯於名相，每苦不能直捷明了，必得明眼宗師，提綱挈要，以佛心説佛語，方爲透徹。

噐平禪師得法圓通，歸隱大梅，爲濟下兒孫。特弘此經，手撰義疏，數爲開演，良以此方緇素根機未熟，故通宗會教，方便接引，嚼飯餵嬰孩一段婆心，殊非得已。今圓通主人，因頻歲灾荒，爲迎祥消沴之策，特敦請大梅重開法會，所冀法利弘沾，天龍默佑。此經明言，有能誦持書寫者，五穀豐盈，兆庶安樂，灾障不起，人無横夭。何況解説其義，斡旋補救，真實不虚？吾人生世，得逢如是經典，得值如是勝緣，豈可當面蹉過？無論在家出家，有學無學，各宜裹糧入山，至心聽受。倘有言宗門，貴單刀直入，何用婆婆和和，談玄説妙者？但見錐頭利，不見鑿頭方。試問釋迦老子是宗是教？一千七百則公案與一大藏經，是同是別？莫换却眼睛好！

【校記】

〔一〕楞嚴講期小引　清康熙間增修本遂初堂别集目録作「楞嚴講期引」。

靈峰寺修造疏

從來寶刹，多在名山，非僧之好占山以居也。山非僧不能開，非僧不能守。深林宿莽蛇游虎宅之區，人望而却步，能伐木搜山者幾人乎？奇峰秀壑，見者無不稱佳，而一宿再宿，則望望然去，能買山而隱者幾人乎？惟僧之於山也，荒者能闢之，險者能夷之，誅茅以居，傳諸其徒，世世守之。又常掃搨布席，煮茗烹葵，以待四方之游者。使有所托足，甚有功於山，甚有便於人。如是，而僧房有頹敗不治者，出而求助於人，人縱不爲僧計，亦當爲山計，不爲山計，亦當自爲游計，并當爲天下之游人計。不待其詞之重，而應之速宜也。

天下名山，無如雁蕩。雁蕩險勝，無如靈峰。靈峰爲東内谷第一刹，又游人所先税駕。前朝殿宇宏麗甲諸山，明末毁蕩無遺。三十年來，稍稍有僧結茅居之。今曇芳禪師與其徒柏林輩，相繼營葺，漸立屋宇，而殿堂未就，不能安衆，將謀諸布金長者，請余爲倡導之辭。

余惟莊嚴佛土，獲報人天，具在經典，人所熟聞，不必論述。即以山水論，余至靈峰，瓶鉢嚴淨，主僧賢而愛客，居則具盤餐，出則陪杖履，因得細評泉石，窮探幽勝。至若南雁蕩，山川奇妙，不減北雁，而寺院久廢，遂使藤道、懸樓、玉簾、聖林之勝淪於灌莽。好事如余，亦僅至仙姑洞而反。設使北雁亦無諸刹，靈峰亦無居僧，游者裹糧而來，燃松而照，其難又當百倍。靈芝、鳳凰之奇，綫天、雙笋之幻，畢世而不得接耳目也，審矣。

然則，靈峰之修造，其可曰非吾屋也，而堅塞兩耳哉？吾願天下文人達士，若未游，若已游，若現游，皆生難遭想，發廣大心，一粒一銖，隨力樂助，庶生生世世長與名山福地結一清净緣也。

募修華嚴寺塔疏

塔之爲制，興於西方，本以奉法王，藏舍利。而今通都大邑，在在有之，蓋以壯形勢，奠方隅，有關民生休戚。故其營造興修，士大夫常樂爲之倡導，而不專委諸釋氏之徒，誠重之也！

吾吴江華嚴寺塔，創於元祐四年，建炎中毁而復建。成化末，重修之。今又二百餘年，風撼雷轟，毁壞大半，岌岌乎傾危及之。其當急修者有七，而福田利益之説不與焉。松陵當具區下流，三江入海之口，地卑而水湊，風濤之所奔衝，魚龍之所出没，賴有百尺浮圖，矗立而鎮壓之，故有「長橋爲鍊塔爲樁」之謡，深以塔倒橋斷爲慮。自有塔以來，水患衰息，生齒日繁。今橋已剥蝕矣，豈可更坐視塔之顛危，而不思補救乎？庚戌之秋，湖水大至，城不没者三版，白茫茫之讖，可不懼乎？當急修者一也。

塔處郊闗之間，環塔而居者，千百其户。設有崩頽，壞屋宇，傷民人，不知其幾。勢高力重，一石一磚，咸有千鈞之力，而况銅頂鐵盤乎？數里外尚虞搏擊，况逼處塔下者乎？當急修者二也。

塔在邑東南隅，形家者流謂巽峰高起，最利人文。前朝高科膴仕相望，邇年浸不扼意者，塔之傾削，實與文運相闗。夫稍壞且不可，而况大壞乎？當急修者三也。

塔凡七層，今毁其四，然中心尚完，體質猶具。其初壞也，匠氏計五六百金可修。今則須二千餘金矣。若既倒而復建，非萬餘金不爲功。寧曲突徙薪而費廉乎？抑焦頭爛額而費鉅乎？當急修者四也。

大工大役，興於年荒力絀之時，誠難輕議。今幸此歲豐登，民安物阜，復蒙聖天子蠲今年租賦，高門下户，共沐殊恩。使各捐輸，將百分之二三以助塔工，工可立就。若更蹉跎，至荒歉之年，益難從事。當急修者五也。

皇上乘輿所至，一切城郭橋梁之屬，皆當修整。往年駕幸京口，則金山之塔修。幸京陵，則報恩之塔修。幸姑蘇，則虎丘之塔修。松陵亦巡幸所必經，而此塔日圮日隳，萬一龍顔顧而興嘆，豈惟吾士民之羞，亦守土之耻。當急修者六也。

往年寺僧亦嘗募修，而主者不得其人，所得之資，用充他費，故信施不繼，工訖無成。今任其事者聖宣和尚，道風素著，遠近悦服，少時脱白於華嚴，今則住持於萬壽，矢願真誠，居地便近，且嘗主席虎丘，修塔業有成效。今綜理斯事，必能纖芥無私，涓埃有濟。失此不爲，他復奚望？當急修者七也。

此七者，第就世法言之。若以佛法論，則起塔如麥如針而勝造諸天宫殿，助致團泥握土而勝施百擔真金，迦羅則受樂無央，寶手則出錢無盡，聚沙而受輪王之位，繫珠而證羅漢之果。種種福利，具在梵函，禪宿能詳言之，諸善士亦既熟聞而篤信之，無煩贅述。惟望檀那長者，共發廣大心，矢堅固願，視邑如家，視塔如身。富厚者節宴游服玩之費，即可以充浄貲。清貧者推征徭減免之餘，亦可以襄勝舉。近者心存一方之利害，遠者力重千□之福縁，喜捨樂助，諒有同心，無俟詞之諄複矣。

壬午孟春，止止居士潘耒書。

募建承天寺大殿疏

天下盛衰興廢之數，相尋於無端。其已然之迹，庸衆皆能見之。若夫盛而有衰之勢，廢而有興之機，則非明智莫能知之矣。寺院之興，所以奉佛。然事佛者，豈像設莊嚴之謂哉？

一曰傳佛心，禪師是也。一曰闡佛教，講師是也。一曰守佛制，律師是也。三者有一焉，雖團蕉片席，咸足以興。三者無一焉，雖廣厦萬間，必至於廢。廢興由人，豈得謂之氣數哉！吾吴承天能仁寺，在郡城中央，創於梁，盛於宋，重建於元，恢拓於明，屹爲首刹。歷代大禪師倡化其間，規模宏闊，締構雄麗，十倍於諸方。明中葉以後，大殿焚毁，僧衆析居，浸尋化爲應院。其僧之才者，率能植貨産，立門户，屋宇日廣，僧徒日繁。然識者知其將衰，以絶無弘法之人故也。迨於末流，人類猥雜，有干觸科條者，前撫洪公遂盡逐一寺十房之僧，斥賣其屋宇。於是琳宫紺殿化爲屠沽貿易之區，其僅存者頽垣敗瓦佛像，風摧雨剥，行路傷心。

夫以一僧之故而罪一房，以一房之故而廢全寺，千年古刹毁於崇朝，人以爲太過。然成住壞空，世相之常。禪律化爲房僧甚易，房僧化爲禪律甚難，非大變故，不能掃地更新，識者于正廢之日，卜其有復興之機焉。

迨奉部文量留有佛之屋，擇行僧居之，於是辨才禪師翩然應請。披草萊，撥瓦礫，就大殿故基，結茅枯坐者數年，有意興修，無何化去。郡人乃延柏岳和尚來居，謀重興此地。柏師，臨濟正宗，磬山之曾孫，意度恢閎，奮然以興復爲己任，未三載而有屋兩層，蓄衆三十餘人。會聖駕南巡，伏謁於金山，蒙御書金經及觀音玉像之賜，奉安堂座，龍光焕然，士民瞻禮，益生敬信。柏師於是博謀檀護，欲建大殿，遠邇協應，無不曰宜。然而工鉅費繁，非小緣可就，將遍募於大福量大德力之家，屬余言爲之嚆矢。

夫道場所在，八部護持，一庵一宇，毁而必復。承天爲吴郡首刹，無廢而不興之理。聖天子崇重三寶，天光所被，名山古刹，無不莊嚴。况東吴爲乘輿所屢幸，而承天又奎章所照燭者乎？柏師道高而行苦，意遠而志專，以誠動人，人樂應之。吾知其緣之必就，功之必成，承天重興有日矣！

是爲疏。

募修頤浩寺禪堂疏

梵典言：地水火風，執持世界。四者之中，風力最大，然不如人心力尤大。蓋心無形而爲一切有形之宗主，心無成壞而能壞一切有形，成一切有形。世出世間法，孰非一念爲之根基？而其極至於彌天地，亘古今，第恐此一念不真耳，真則未有不究竟成就者。一莖草現丈六身，一毛端現寶王刹，非虚語也。

丙子秋，風灾暴起吴越數百里間，壞民居無數，而松郡尤甚，名藍巨刹，或至不留片瓦，風之力誠大矣。三四年來，稍稍補葺，漸還舊觀。其間或速成，或晚成，或已就，或未就，則視人心力之强弱大小如何耳。

金澤鎮在蘇松之交，故有頤浩寺，以宋相吕頤浩營建得名。高宗常駐蹕焉。規模最爲閎大，度可居千僧。後漸頽廢，而殿宇廊閣猶存古制。三十年前，大殿復毁，門廡蕩然。我橐翁老和尚以磬山嫡孫，弘法於此，真參實究之士，翕然趨附，四衆尊禮，遠邇皈心。重建天王殿，葺諸寮舍，稍有端緒，而橐翁化去。嗣法參魯師，克紹宗風，堅苦撑拄，方思纘前人未竟之緒，而丙子風灾，更被摧毁，屋裂壁穿，僧無寧宇。參和尚與其徒辛勤愁苦，四出呼籲，以謀修復者四年於兹矣。功未有緒，豈其心力之未盡歟？亦未遇大心檀越協力贊成耳？

夫湖泖之間，烟水茫茫，風濤浩淼。僧之問津者，恒彷徨無以投足，幸有頤浩古刹，法幢巍然，僧至如歸。其爲衲子津梁，視他刹尤切。寺爲金澤鎮之模表，往日寺盛，則鎮中生齒繁盛，鬱鬱葱葱。近日寺衰，而居人氣象亦漸寥落。識者謂有關風會，是其成壞不獨僧衆之休戚，亦居民之利害繫焉。

吾願仁人長者，不特從三寶起見，兼於民俗關懷，惻然興慈，翻然喜捨，積少爲多，合涣爲萃，亦非極重難舉之事。夫一二人心力不如百千人心力之大，百千人心力不如合爲一二人心力之尤大，聯而用之，協而成之，將見大殿可復，全寺可興，豈獨一禪堂云爾哉！吾企踵望之矣。

天王碑考[一]

景德傳燈録載石頭之嗣爲天聖、道悟，天皇之嗣爲龍潭、崇信。其後出德山、雪峰爲雲處絶異。

又得唐丘玄素所撰天王道悟碑，與符載所撰天皇道悟碑，知當時有兩道悟，名偶同而生緣出門法眼，二宗之祖。明教正宗記悉遵傳燈，所列無異。及張無盡得達觀禪師所集五家宗派，

天皇得法石頭，傳惠真等三人。天王得法馬祖，傳龍潭一人。證以爲雲門、法眼二宗，實出南岳。其後洪覺範林間録、覺夢堂宗派序、吕夏卿雪竇塔銘，皆主此説。而佛祖通載、稽古略皆載二碑之文。至濟川禪師集五燈會元，仍依傳燈，載龍潭爲天皇之嗣，以雲門、法眼二宗繫青原下，惟於天皇傳後分注一條，據無盡、覺範之論及圭峰宗趣狀、權德輿馬祖塔銘、祖原通要諸書，證以爲别有天王悟，爲龍潭之師。然不敢輒改傳燈，以傳燈是宋朝奉敕裁定之書，大川是宋僧，不容輕動也。

邇年，費隱禪師作嚴統，據林間録諸書，竟收德山爲天王之嗣，繫於南岳下。則是南岳下出潙仰、臨濟、雲門、法眼四宗，而青原僅出曹洞一宗。於是洞宗人不平，起而争之，然争之之故，實以嚴統削去萬松後無徵之機語，列壽昌於「未詳法嗣」，不載東苑、鼓山，大傷其心，而不便顯言，特借天皇、天王發端耳。其時，浙中當事，主先入之言，竟將嚴統毁板。然會元、林間録、佛祖通載、稽古略諸書，流行自若也。天王之有無，亦無關宗旨。二宗之出青原、出南岳，亦無關輕重，真心辦道者，亦存而不論。

今嶺南石濂，專以門諍爲能事，作證僞録，摘會元之稍異於傳燈者，即斥爲僞造悖謬。

要其歸宿，則以分注中載有天王而已。據其述洞宗諸人之説，駁丘碑爲僞者，約有四條。

一則曰，丘碑之款稱「唐正義大夫户部侍郎平章事荆南節度使丘玄素」。荆州在隋唐時稱江陵，稱南都，至宋方稱荆南。唐書止有荆州節度使，無荆南節度使。自至德二載置此官，至唐亡，爲節度使者十餘人，并無丘玄素姓名。余考唐書方鎮表，至德二載置荆南節度使，亦曰荆澧節度使，領荆、澧、朗、郢、復、夔、峽、忠、萬、歸十州，治荆州。太和六年，廢。開成三年，復置。是正史明書荆南節度使，而硬改爲荆州節度使。何異指鹿爲馬耶？荆州者，一郡之名。荆南者，統轄十餘郡之總名。故有荆州刺史，無荆州節度使。如今之有廣州太守，而無廣州巡撫也。或者山僧野衲，不曉官制，亦無足怪。彼既云此官置自至德二年，至唐末，百五十餘年，則是曾見唐書矣。明知其有荆南節度使矣，而昧心誑説，豈欺天下人盡無藏書耶？悉不識字耶？百五十年中，爲節度使者，當有五六十人，安保無丘玄素？而云人僞、款僞、碑僞，豈非詭辯乎？

一則曰，碑云天王入寂于元和三年戊子，年八十二。則當生于玄宗開元丁卯。而云三十四參馬祖。其年乃肅宗上元元年。庚子，馬祖尚未出世，何從參謁？馬祖出世在大曆八年癸丑，天王當四十八，而何云三十四？今考林間録、人天眼目、佛祖通載、稽古略所載丘碑，俱云天王入寂于元和十三年戊戌。溯其生，當在開元丁丑。三十四則當大曆五年，正馬祖出世江西之時。權德輿馬祖塔銘云，大曆中，尚書路冀公爲連帥，請居理所。初不指定某年。石濂何所據而確指爲大曆八年癸丑？豈非憑空捏出耶？示寂在元和十三年，則參謁得法，一一符合，諸書皆同。唯會元小注，誤書元和三年示寂，此必寫刻魯魚之訛。石濂却借以爲辯端，謂丘碑全僞。譬之鞫獄，不信多人之明證，而偏摘一人之口誤，欲翻全案，其能服人之心乎？

一則曰，覺範云南岳讓禪師碑，唐聞人歸登撰，列法孫數人於後，有道悟名。然南岳於天寶三年甲申入寂，是時天王方十八歲，尚未見馬祖，何得載入南岳去世碑中爲法孫乎？此更謬矣。從來立碑刻銘，何嘗定在示寂之歲？六祖化後百餘年，而柳宗元、劉禹錫爲作二碑，例可知矣。考唐書歸登本傳，貞元初，策賢良，爲左拾遺。十五年，遷兵部員外郎。順宗即位，拜給事中，歷官至工部尚書，卒年六十七。是其歷官在德、順、憲、穆四朝。即據其登第之初，去大曆五年天王得法之歲，已十五六年矣。不知作碑、立碑又在其後若干年，而何以不得載天王於法孫之列耶？又云節度使造寺供養，始有天王之名。何以南岳碑後便稱天王？據碑云，師自得法後，便返荆門，結草爲廬，隨有節使發怒及悔悟造寺之事。則大曆、建中時，已有此寺。歸登入仕，在貞元初。作碑又不知在其後若干年，而何以不得稱天王道悟耶？唐文粹第六十四卷中，有權德輿所撰道一禪師碑，末云：「貞元四年二月，入滅，春秋八十。沙門惠海、智藏、鎬英、志賢、智通、道悟、懷惲、懷寬、智廣、崇泰、惠雲等，體服其勞，心通其教。」云云。文粹乃大部通行之書，馬祖碑確有道悟在法嗣之列，豈亦僞造耶？

一則曰，據稱張無盡於達觀穎禪師處，得丘玄素、符載二碑。按達觀寂於仁宗嘉祐已亥，是時無盡止一十八歲。直至三十二，始知有佛乘。四十九，始見兜率，有契悟。豈十八歲之前便能留心法派耶？今考林間録原文云：「達觀禪師集五家宗派，以道悟嗣馬祖。引唐丘玄素所撰碑文幾千言，其略云云。」則是達觀引此碑以著書也。人天眼目原文云：「無盡於達觀穎處，得丘、符二碑。」是言見達觀所著之書，而知有丘、符二碑，不言親見達觀手授二碑也。而横生此辯，平地生波，無瘡索瘢，是何心行？達觀穎、洪覺範、覺夢堂皆傑出宗師，無盡亦越格居士，彼豈脱空造謊者？丘、符二碑全文雖不傳，節略具在，豈本無其文，而憑空造出者？

石濂輩徒以僞造青州塔記之私心，揣測古人，謂亦當爾爾。何異盗鑄錢人疑人錢皆私鑄哉？又不敢直斥達觀、覺範之非，却云元雲璈揑造心燈，憑空幻出天王碑，業海清翻，刻會元竟將僞碑引入天王章尾。然則林間録、人天眼目諸書，豈皆揑造幻出耶？石濂證僞録，娓娓鑿鑿，執以駁丘碑之僞者。如上四條，皆無理之辯，毫無損於天王。唯天王臨化機語，同於白馬曇照，似有可疑。龍潭餽餅，明言住天皇寺巷，似有可據。然傳聞容有混濫，碑版確乎可徵。安必白馬之是，而天王之非？餽餅事或訛，天王爲天皇，亦未可定。

客曰：信如斯言，則决有天王，定當收龍潭爲天王之嗣；雲門、法眼二宗，定當移入南岳下乎？

曰：天下事，未可據一家之説，執一人之見，即斷爲必然。同時同地之事，尚或所見異詞，所聞異詞。況數百年前之人與事，非親知灼見而可臆斷乎？春秋「郭公」「夏五」，明知其誤，而不輕改。疑則傳疑，蓋其慎也。指丘碑爲僞造，執天王爲必無者，固謬。若頓改傳燈、會元，竟收龍潭爲天王嗣，移二宗於南岳下，亦非闕疑慎重之體。

〔曰：〕然則後之修僧史者，當奈何？

曰：莫如仿續燈。續燈在傳燈之後，會元之前，然不書青原下幾世，南岳下幾世，而云大鑒下幾世，最爲得之。青原、南岳同爲大鑒之子，五宗同是大鑒之孫，流傳既有淆訛，何必强介彼此。謂當兼存天皇、天王，而詳載燈録舊文及覺範、夢堂諸家之説，以備參考。其自青原、南岳以至五宗之祖，概可稱爲大鑒第幾世；五宗之祖以下，别爲某宗第幾世。如此，則稱名正而統系明，異同泯而紛争息。南董復生，不易吾言矣。

【校記】

〔一〕此篇又見潘氏自刻本遂初堂集文集卷十、救狂砭語。

致粤東當事書〔一〕

耒再拜！耒，東吴之鄙人也。少而有意著述，竊慕司馬遷之爲人，徧游天下，博采山川風俗，網羅遺文舊事，以成一家之書。雖嘗備員史職，而無意仕進，訪古探奇，足迹幾半天下。因思羅浮、西樵之勝，來游嶺南。甚慕諸臺之清風惠政，惟恐動煩起居，於二三故舊外，未嘗敢通一刺。偶見長壽僧石濂之刻書狂悖，行事猖狂，傷國體而害名教，故作書規之。而彼悍然不從，反出書見詆。計必聞於執事，恐執事不知其詳，而謂未可已不已，用敢略陳梗概。

石濂謬述種種，其最甚者，則海外紀事，不敢不言二書。紀事首稱「甲戌春，將應上召」，則并無其事。其航海也，樹「龍王免朝」之旗；又自言有出賣風雷之舉，皆詭誕不經。又言常結茅華山，遇異人授異術，而以奇門遁甲之法，祭煉日時，尅配度數，傳之外國人，則迹涉妖妄，事屬不法。尤可怪者，將安南分部之一島主，尊之爲「大越國王」，頌揚之無所不至，啓中有「聰明天縱，氣貫微垣」，「君師并作，皇風浩蕩」之語；詩中有「六宫瞻禮，列國大君」之句；上其大學士之啓有「珥筆彤廷，簪纓紫禁」之詞；題其門聯曰「聖德及群生，王猷周八表」；贈之名曰「興龍」，與之號曰「天縱道人」。皆與頌揚皇上無異。又明知皇上爲聖感寺僧霽崙作五燈全書序，而故將霽崙極力詆毁，故將御製序所褒之書極力貶剥。兼有「不顧皇上道德文章之大」及「累我君王瞞請當今御製序文」等語，隱然謂皇上不當製序，則皆狂悖之甚者。又擅改洞宗世系，删去五代，更换二代，則有滅絶祖宗之罪。故不得不辭而闢之。

昔孟子闢楊、墨，謂其無父無君，爲我兼愛，未即無父無君也。而孟子推其弊，必至於無父無君。豈若此僧親于其身，無父無君乎？未之出書，非好辯也，不得已也。

至其行事，則狂妄更甚。僧家所重者戒律，而彼飲酒食肉，恬不爲耻；所喜者樸素，而彼窮奢極侈，自奉擬於王公；所尚者柔和，而彼倨傲偃蹇，目若無人；所取者真誠，而彼大言欺世，無一實語；所貴者慈悲，而彼存心險毒，以傾人陷人爲能事。其尤不法者，則在通洋一節。海禁雖開，而出洋貿易，本商賈之事。僧而通洋，既非本分。乃石濂之通洋，則多將干禁之物，致諸交人以邀厚利，有聞之令人縮舌者；即不係干禁之物，如緞疋等，皆縷金于其端，作「王府用，長壽定」六字。考安南莫氏初歸順時，止封都統使。今阮福週未經請封，未受朝命，而何得竟稱「王府」，儼然與中朝親王等？律禁略賣人口，而彼將良家子女買作優伶，節次售之。更聞其僞爲當事送禮，與交人每次所獲厚報，悉乾没入己。此皆閩廣商人所共見聞者。

夫彼頌揚交人，極其僭擬；至刻之於書，廣行流布，而無一人指摘。則將謂中國無清議矣？彼行非法之事，出非法之物，久而無人禁止，則將謂中國無法紀矣？傷朝廷之體，而取輕於蠻方，殊非細故。耒所以有救狂砭語之書，存清議也，扶法紀也，然托之空言而已矣。有封疆民社之責者，似宜取其所刻之書板而盡毁之，嚴禁其通洋，會同關部。嗣後長壽之僧，不得一人出海，長壽之物，不得一箱出海。庶幾振國紀而肅憲綱，毋貽地方之累，有關治體不小也。

在昔潮州苦鱷魚爲暴，韓昌黎爲文驅之而害除；寧州有妖蛇惑人，孔道輔舉笏擊殺之而妖息。千古以爲美談。邇年朱方旦左道惑衆，王儼齋先生爲講官，於入直時劾奏之。皇上大喜，用其言誅方旦，謂臺諫不言而詞臣言之，都察院一院之官皆蒙申飭。又，湯潛庵中丞撫吴時，毁上方山五聖淫祠，沈其神像於水。皆不朽盛事。區區造孽之僧，亦不足煩白簡，污斧鑕。謂宜略加懲創，或屏之遠方，離其巢窟，使不得作奸，小懲而大戒，小人之福。縱憐此僧，而欲保全之，亦無善於此者。

蒭蕘之言，聖人擇焉。惟執事裁之！耒再拜。

【校記】

〔一〕此篇亦見潘氏自刻本遂初堂集文集卷九、救狂後語。

與梁藥亭庶常書〔一〕

嶺南素稱法窟，六祖唱道於曹溪，匡真開宗於雲門，大顛盛化於潮陽。近則大埔出木陳，珠江有天然，博羅産剩人，皆傑出叢林者。不意比來獅弦歇絶，乃有長壽石濂者，冒稱知識，竊踞法席。觀其行事，一如賈人方士之所爲，全無本色衲僧氣味。此在江浙必不能行，不知何以得行於貴鄉三十餘年，而無人檢點也？

夫石濂者，本吾吴人。其所出，微不欲盡言。幼而警敏，善畫士女，作詩有佳句，有故出家，踪迹詭秘，於禪學亦嘗掠影，并無師承。覺浪和尚初開堂在萬曆末年，渠尚未生；住太平，在順治戊子，渠止十六歲，何從有親覲付囑之事？

初來廣州，不過賣畫觀音，稱講師而已。忽爲善知識，稱覺浪法嗣，則翁山實證成之。翁山本從天然剃染，復爲覺浪門人。後返初服，與天然諸法嗣不相得，見石濂，愛其聰慧，謂英年可造就，不惜口業，力爲證明。翁山乃真親見覺浪者。翁山既以石濂爲覺浪之嗣，其誰曰非覺浪之嗣？於是儼然爲法門中人，欲與天然爲兄弟，視阿字、澹歸皆侄輩。而天然父子絶不與通，若弗聞也。渠又諂事平南王之幕客金公絢，得見平南及俺達公。廣州長壽、清遠飛來二寺，皆實行和尚所住持。實行没，公絢言於俺達，以石濂住長壽。長壽無産業，飛來有租七千餘石，乃干諸當事，請以飛來爲下院，盡逐實行之徒，而并吞其租。翁山有力焉。自是，石濂日益富厚。其人多巧思，以花梨、紫檀、點銅、文石作椅桌、屏櫃、盤盂、杯椀諸物，往往有新意，持以餉諸當事及士大夫，無不贊賞者。於是交游日廣，翁山實大有造於石濂。石濂既得志，遂疏翁山。翁山甚不平，業已贊成之，不可復言其僞，唯於諸相知前，時一吐露。弟預聞之，故知其詳。

爲石濂者，既來歷不真，益宜謹飭穩重，真實修持，確切砥礪，以期無玷門風。何乃心高氣横，目無緇素，專爲大言以欺人，謗毁先德，凌轢尊宿，毫無忌憚？又妄言遇異人，明天象，曉遁甲，出賣風雲雷雨，一味脱空捏怪，似文成、五利之所爲，與禪師行徑全别。及其一游京師，一至交趾，則彌增誕妄，倜然以爲惟我獨尊。

近閲其所著書如海外紀事、證僞略録、不敢不言、源流就正等，種種誇誕不經，詭辯無理，不能具述。即如海外紀事，首簡稱將有事北征，應上人之召，是妄語也。教學人飲酒，是破律也。付法與番國主，是賣法也。圖章刻「言性與天道」，以尼山自居，是僭聖也。御製序特褒五燈會元，而貶剥不遺餘力，是抗旨也。五燈全書業經御覽賜序，而痛加非毁，是訕上也。嚴統毁板，乃浙中當事一時剖判之事，而以爲奉旨嚴禁，是矯旨也。易雲居膺爲九峰滿，同安丕爲同安威，是更换祖宗也。削洞宗丹霞淳等五代，是删削祖宗也。素稱三十四世，而忽稱二十九世，是紊亂世次也。此皆有傷世教有礙法門之大者，皆足以來風波，招果報。弟念同鄉之誼，不得已作書數千言規之，冀其少知悔悟。唯是有請於先生者。

曩時嶺南人言先生與長壽交最厚，其所著述，皆爲作序。前相聚時，先生語及長壽，顰首蹙額，極斥其非。則知先生已洞悉其底裏矣。先生與翁山爲金石交。翁山所言，先生安得不信？嶺南録尊序云：「親覲在諸同門之先，囑付更在同門之先。」開法吴門廣福，隨堂常數百人者，實無其事。試看覺浪原本語録、塔銘後所載，何嘗有石濂之名？此則翁山之誤先生也。客問序中言「費隱罪在不赦」之條，毁人祖宗，滅人嗣續，在僧伽中謂之魔，在吾儒名教謂之亂臣賊子。費隱乃天童得髓之子，嚴統以執筆過嚴，逢洞宗之怒而興訟，豈真有如是罪過？尋常人猶不可輕毁，而况謗大知識乎？此又石濂之誤先生也。

先生負一代重望，著作纔脱稿而紙貴人間，將來且傳之百世。此二序者，竊恐未足傳信，人或得而議之。大賢之心，虚公無我，刻印銷印，古今以爲美談。先生初見石濂，未悉其由來，信良友之言，不妨樂爲獎與。今歷年滋久，水落石出，灼見其爲人，似宜追還前序，索取其板，勿使印行，猶恐流傳已廣。或當别作一文，表白當年誤聽之故，今不復存此。則無損知人之明，彌彰立言之慎。一則使人曉然知先生之護法，而不護非法；一則使人灼然知石濂本非覺浪之嗣，不致塗污覺浪。翁山有靈，亦當禱祠而求也。

愚見如此，唯高明裁之。不宣。

【校記】

〔一〕此篇又見潘氏自刻本遂初堂集文集卷九、救狂砭語。前者題爲「與梁藥亭書」。

答鼓山爲霖和尚書〔一〕

前夏得和尚書，具言石濂誕妄，以未出書闢之，爲有功法門，愧弗克當。去春，有中州之行。秋末歸里，重接惠書，知特遣侍者遠涉二千里，賜之教言，深荷厚意。適當遠游，未遑裁答，悵悒何已。入春，想體候極佳，法化彌廣，實人天之幸。

嘗嘆法運衰遲，鬥諍堅固，初猶爲宗旨，繼乃爲門庭，下乃爲名聞利養。兹蒙垂示白巖著書，删削五代，乃從與濟宗老宿争坐位而起，抑又卑矣。夫五宗本出一源，何分彼此。在并化一方，不相妨礙，亦已消融久矣。何預後人事，而尚懷嫌尋隙，較短量長哉？

禪師秉筆過刻，覺浪、三宜諸師不得已而有言。至於涉訟，雖傷法門大體，然事過即休，其後無我。目今三宗已絶，止存濟、洞二宗，理應相親相敬，無端自分水火，有同洛蜀。初因費隱昔仰山推重臨濟，雪峰服膺趙州。近日顯聖贊嘆天童，天童稱揚博山。足見大人胸懷，廓然

來書特舉浮山代大陽求嗣，作九帶發明奥旨及投子上堂之語，以明兩宗血脉貫通，初無彼我，欲令學人化偏私之見，息鬥諍之端，用意深遠矣。至於世次尊卑，無關道望輕重，何代不出高禪？何輩不有逸格？果能實悟真修，何妨超佛越祖？否則，排在德山、臨濟之前，亦有何益？今時衲子不理會本分事，而徒摇唇弄筆，争競人我，增長無明，此最大病。和尚於白巖書出時，一闢再闢，固已傾其窠窟，絶其萌芽。石濂人材遠不逮白巖，而猖狂十倍白巖，敢於毁謗先德，凌犯尊長，頗怪和尚無一言闢之。今讀來諭，云「其人不足與較」。要哉斯言，勝於金剛劍、熱鐵輪，山鬼伎倆，於是窮矣。若未出書本意，爲彼敗壞道法，簧鼓狂愚，恐人謂善知識不過如是，謗法蔑僧，必自此始，故大聲疾呼，揭其底藴。今粤人亦共鄙而賤之，不爲所惑，吾事畢矣。豈復與較哉！

至世次一節，有欲聞於左右者。未去年至少林，遍閲殿前碑，見諸師所稱世代，參差不一。有前人稱第二十幾代，而後人反稱十幾代者；有一人而此碑稱二十三代，彼碑稱二十九代者。蓋或數住持之次，或數傳法之次，故致淆訛，莫可考究。碑後亦有刻世系圖，無五

代者。而小山書碑後，具有五代，字大刻深，不知爲何人刮去，僅存其半。及登列祖堂，則丹霞淳以下五祖畫像，儼然在焉。祖堂在西廊，中間塑像七位，皆東向。其南北壁畫梁山觀以下諸祖，作上下兩層，各有標題。丹霞五位，在南壁上層，近東處。此得之目睹者。夫碑字容可續刻，畫像自古相傳，斷無憑空捏造之理。觀其始於梁山，而向上無像，即前之闕疑，則後之傳信可知矣。人若見此，則白巖之説不攻自破。

又，涵宇師所著五燈纘續，具有五代，板在少林寺中。有涵宇同門賀其主席之文，書於屏風，明言纘續奉旨入藏。寺今重修，主其事者，越僧普潤。其人誠樸無他，而洞下往來者，多主白巖之説，勸普潤改建祖堂，意在掃畫像以滅其迹。問纘續書，答言無有，將來并毁其板，不可知。時流用心如是，和尚聞之，得不爲撫膺太息哉？

游嵩山記、重修少林寺碑，附呈教覽。諸方尊宿，凋落殆盡，惟和尚巋然爲魯靈光，年垂九十，以一身繫道法之重。敢不嚮風稽首，以祝壽康！閩吴雖遠，郵筒頗便，尚望嗣音，以慰依慕。幸甚！不宣。

【校記】

〔一〕此篇又見潘氏自刻本遂初堂集文集卷九。

遂初堂外集

遂初堂外集目録

遂初堂外集

中秋後一日同彭六飛何堅叔集方天谷齋分賦

昨宵對月獨凄然，今夕持杯覺月圓。主亦無心自沽酒，客緣偶遇遂成筵。坐深露雨團叢菊，夜永星河疏遠天。更喜同鄉何遜在，越吟相和短檐前。

酬彭六飛先生

衆卉耀晨葩，寒芝伏深莽。所以龐德公，翛然謝塵鞅。先生金玉姿，心與孤霞上。華軒疇能榮，浮名詎能獎？讀書探淵源，胸藏浩泱漭。寂寞歸無言，終然絶標榜。鄙生亦何知，私心能景仰。舉莛撞洪鐘，時時荅高響。木落秋氣高，雲收寒月朗。日夕衡門前，還容獨往來。

戊申夏淮陰水災雨中觀避水者因成長句寄王伯恒兼酬客秋見寄之作

我昨浮江來，江空月華朗。中宵一長吟，魚龍答清響。王郎知我澹蕩人，作詩贈我情最真。神鷹潛鋒劍藏鍔，神物變化貴屈伸。感君厚意刻心骨，會面雖少情相親。前日誦君憂蝗詩，知君意氣天下奇。身飢人飽丈夫志，伯恒憂蝗詩有「身飢欲飽人」之句。茫茫海内當語誰。祇今河流決淮浦，白波連天復淫雨，家家床户生濁瀾。兒啼婦哭去無所，我行見此心鼻酸〔一〕。因思杜陵茅屋篇，安得廣厦千萬間，大庇寒士俱歡顔。吾廬何在寒山巔，松枝架屋藤蘿牽。但令萬户共安枕，何妨獨掃松陰眠。臨風佇立看蒼天，忽憶樓頭王仲宣，長歌爲寄萬蒲箋。

【校記】

〔一〕行　原作「因」字，有改動。

送人之江州

大江西來落東海，萬里直瀉開空蒙。我來扁舟過瓜步，側身恍若凌長風。横波飛渡尚如此，何況沿洄二千里。卧聽江聲皓月中，斜看樹色寒雲裏。香爐曉氣何氤氲，天清飛瀑似遥聞。吴山過盡楚山出，北江欲斷中江分。嗟余落魄來淮口，惟有龐公情最厚。忽然舍我向江州，使我沉吟重搔首。相思何用慰離情，惟有夢魂相伴行。他時鸚鵡洲邊宿，共吊輕狂禰正平。

挽彭力民兼唁令嗣邁脩

三載重來此，驚心問死生。驢鳴見孫楚，雉饗失彭鏗。孝義先賢澤，琴觴故客情。皖城應有夢，泪盡白頭兄。時令兄觀吉客于安慶。

令子才名早，家聲擅鳳鶵。種槐他日大，捧檄此生孤。病骨支床久，悲吟雨泪俱。千秋憑擔荷，努力愛身軀。

贈徐電發

去年送子清淮流，張燈置酒河上樓。我爲越吟君起舞，欲别未别江風□〔一〕。秋風蕭蕭入馬耳，男兒出門即萬里。賓鴻歸燕紛差池，相逢何意長安市。長安市上紅塵多，淫淫伏雨泥錦靴。高門峨峨插天起，挂書牛角空哀歌。擊筑無人狗屠死，蕭條其奈荆卿何。徐郎勸爾一杯酒，翠色西山試回首。長淮五月龍怒號，惡風噓浪粘天高。韓侯城邊醉歌處，城角半露青林梢。三江江水亦泛漲，良苗萬頃淪洪濤。天長水闊鄉信斷，夢魂欲渡無輕舠。此時故人忽會面，一笑翻如在鄉縣。爾別家鄉定幾時，逢人可得南中書。書中消息平安否，雪灘風景今何在。語罷臨風三嘆息，依然百感塡胸臆。雲間黄鶴東南飛，爾獨何爲有雙翼。子房虎嘯適滄海，鸞生鸞躍登金臺。向平五嶽拾瑶草，相如梁苑尋鄒枚。昔人壯游各有志，今人紛紛有何事？曳裾彈鋏非壯夫，懷金躍馬難快意。徐郎見爾重惆然，開懷賴有驚人篇。徂徠之雲嶧山月，舉杯可以問青天。天門高高出雲表，天鷄一聲海日曉。伫君晞髮秦松巔，九點青烟望中小。

【校記】

〔一〕□處原脱一字。

聞思精舍贈竼在上人

天風起丹穴，威鳳辭高桐。文章恐驚衆，戢翼蒿與蓬。敬亭性孤介，圖傳夙所嗜〔一〕。曠覽托奇懷，青雲乏雙翅。君侯天機精，淄澠别味真。苦道撰述難，名世良不易。遠游暨多聞，相勖有深意。行將訪名山，簦笠隨所至。禹穴探靈文，天中發圖記。談經就柴車，訪道過卜肆。歸來叩雲亭，一編析疑義。

【校記】

〔一〕嗜　原作「欽」，有改動。

懷程正夫

長安三伏時〔一〕，赤日亭廣陌。紛紜紅塵内，冠蓋還相索。炎蒸爍肝腸，宵夢寡清適。神明亦何聊，長遺形骸役。緬懷東山人，逍遥卧泉石。懸車鬢半華，閉關眼雙白。間爲松間嘯，獨岸溪上幘。散髮讀南華，洗心看周易。居然羲皇民，豈異箕潁客。昔别東樓時，尊前素雪積。祇今春明夜，庭月照凉絡〔二〕。客行正淹留，旅思轉愁劇。開篋吟新詩，清風入雙腋。陶然北窗前，何當共晨夕。

【校記】

〔一〕時　原作「日」，有改動。

〔二〕絡　原作「絺」，紅筆改「希」部爲「各」部。

拙庵周太守慕傳青主先生之爲人築堂于公署之西偏顔曰「來青」以志延佇爲賦四章

萬疊雲岡翠，衙齋爽氣新。築堂從傲吏，掃榻待高人。鳥篆書攤屋，松醪露滴巾。都忘沙塞裏，十丈有黄塵。

舊識松莊老，傳先生隱居松莊。星文動少微。嘯傳鸞吹遠，飯煮蕨苗肥。樹屋身長隱，蒲輪願早違。白雲誰可攬，天半只孤飛。

遠游聞有賦，叢桂莫淹留。司馬元方外，山濤况達流。邊人看皂帽，關吏認青牛。絶塞垂鞭罷，同登明月樓。

望斷蘆花雁，三秋不見君。檐虚藥竈火，窗冷墨池雲。南陌桑應采，東皋秋剩耘。何時茅屋下，欸欸話斜曛？

送白耷山人游南岳

衡山蒼蒼直南極，山人裹糧天之北。手把岳圖辭故人，晋水秦雲留不得。瀟湘洞庭烟瘴寬，鼉吼鯨跳浪頭黑。山人一去歸何年，送客停觴泪沾臆。從來豪士如龍蛇，踪迹肯滯天一涯？君不見伯陽書城五千言，騎牛出關竟不還。君不見魯連却秦聲輝赫，海波茫茫去無迹。子真未合老吴市，羊裘終釣何灘水。丹山丹鳳時一鳴，神龍在宵藏其尾。咄哉山人亦復爾，高名滿天身隱矣。太行之山何連連，銜石東海不可填。森森虎豹坐九關，勁牙毒矢無時間。嗟爾黄鶴何求焉，日觀峰，仙人掌，玉華石室時來往。胡爲南岳游獨遲，七十二峰色惆悵。送君兮立天柱之岐嶒，披紫蓋之髼髿。撫朱鳥兮捫瓠瓜，峋嶁叫神禹，九疑哭重華。下見南溟蒸紫霞，三珠寄我雲中葩。

龍門篇贈馬河津光遠

龍門之水昆侖來，咆哮觸山山爲開。白波倒瀉銀漢下，青天白日喧龍雷。雷鳴一何怒，龍吟一何苦。君不聞河源發西極，盤迴百折入中國。建瓴直欲東南傾，群山當之勢相扼。纔經吕梁便孟門，壺口之下復龍門。殺湍遏性不得騁，激作壯觀驚乾坤。古來懷才不遇士，抑塞磊落亦如此。君不見漢腐史，苞天括地爲經緯，武皇好文翻被刑，藏書名山待知己。又不見文中子，欲濟蒼生稷契比，太平十策不見收，彈琴坐釣河汾水。世間萬事非人爲，升沉顛倒焉得知。凡魚得水變鱗角，神龍抱珠蟄于泥。但看萊陽馬先生，雄襟爽氣籠群英。不擁高牙作開府，局促斗大纔一城。驥服鹽車上峻坂，湘帆逆風仍九轉。垂老一官滯龍門，拄笏蒼山桂花晚。天生潘生復何如，年年踏雪騎瘦驢。腰下不懸一寸綬，腹中空貯千卷書。

生來山水嗜成僻，倦游還作龍門客。龍門山水天下雄，如公復是人中龍。斗酒相從話心素，題詩刻上最高峰。

五臺菩薩頂晤阿王老藏喇嘛貽詩二律依韻答之

金身飛挾鷲峰來，忍草曇花處處栽。室利真容隨相得，摩騰天眼逐人開。攀蘿我自霜前至，展具師從日下回。解聽塔鈴寒夜語〔一〕，海鷗游戲亦神哉！

何須膝下擁天花，清磬泠泠隔暮笳。藏海閱深還就月，鉢心呪老旋蒸霞。劫灰舊事談金雀，梵字旁行數墨花。聞道□番盡羅拜，一幢辛苦護中華。

【校記】

〔一〕語　原作「雨」，有改動。

題戴楓仲丹楓圖

□人夢登芙蓉峰，飛閣迢遥拂空翠。奇光秀色不可名，仿佛尚記丹楓字。醒來面山便作樓，榜以丹楓當卧游。樓上所見白雲罨，畫霜林秋樓中何所有，縹緗萬軸供冥搜。□問懸榻爲誰掃？傅郎將車從傅老。隱几共坐游華胥〔一〕，一□遽然天地曉〔二〕。我留晋陽冬復春〔三〕，胸中人物無多人。松莊昨向傅老别，今日别君仍款門。門前滿地飛紅葉，樓色山光静相攝。千秋心事萬里身，一笑相看夢中蝶。從來説夢如説真，漆園鄭圃兩達人。鹿焦君牧亦偶爾，肖夢爲樓事更神。宇宙往來原大夢，小夫醯鷄不出甕。誰能洗眼坐天門，夜半天鷄聽三哢〔四〕。今歲何歲時何時，眠君高樓酌君卮。傅郎作畫潘生詩，夢即游耶是耶非。

【校記】

〔一〕游　原作「隱」，有改動。

〔二〕曉　原作「老」，有改動。

〔三〕晋　原作「青」，有改動。

〔四〕鷄　原作「溪」，有改動。

雙駒行爲周勒山作

周郎櫪上雙龍駒，絶似吾家所藏吴興之畫圖。畫圖化去亦已久，對此神駿重嗟吁。矯如清宵立健鶴，昂如秋江飛渴烏。霜蹄不動朔風起，天骨卓立精神殊。聞君早歲游京國，高價千金初買得。青絲牽出長安門，天閑萬騎無顔色。紫電旋生白雪毛，紅塵不上黄金勒。

朝别燕山海日明，暮歸吴苑江雲黑。歸來繫馬垂楊邊，風鬃霧鬣真可憐。兩兩驕嘶明月下，雙雙對舞秋風前。吾聞神物不虚致，天生騕褭合有意。只今邊徼多風塵，江天豈合閑騏驎。青蒭短豆非壯志，哀鳴慘淡如訴人。周郎周郎莫潦倒，爲余騎向陽關道，佇看萬里烟塵掃。

贈王西樵先生

泰岱三百里，秀色連琅琊。何意天門峰，蒼然落君家。逸才間代出，鳳羽連翩斜。三張掩昔耀，二陸遜前華。就中丹山長，彩翮尤紛葩。一通金閨籍，十卧天壇花。魚龍躍滄波，海日蒸赤霞。孤情吐奇藻，風吹散天涯。客有披荷衣，隱淪自成趣。獨抱萬古懷，豁落人間務。夙尚托遠游，亦復好詞賦。撫劍黄金臺，驅車易水渡。長嘯尋賢豪，落拓少所遇。何期謫仙人，邂逅諧夙慕。倒屣見雅懷，披襟豁情素。朗月懸青天，皎然撥雲霧。山公雖作吏，乃是嵇阮儔。稱生不偶世，愛從北海游。豈伊軒裳契，風誼聊相求。誰言遭逢易，旦暮爲千秋。龍泉日悲嘯，紫氣空斗牛。當代有張公，沈埋復何愁。飄摇五嶽雲，飄渺三山流。垂天倘可接，矯翼凌神州。

贈汪鈍翁二首

黄鐘不可鼓，希聲難爲聽。道喪枝葉繁，斯文失其柄。舍彼六轡途，競此蒺藜徑。能于繁聲際，鏗然朱弦絙。哲匠復間生，同聲遥相應。灑掃青天開，了見氛翳浄。著述滿寰中，數卷手所定。傳世不在多，千秋亦云盛。

曲士局見聞，俗夫昡聲利。悠悠六合間，誰與共斯事？鄙生□□□。……

整理者按：上海圖書館攝製照片，第二首闕漏如右。

書阻夙諾□。天長雁孤飛，何由慰離索。白露下林條，秋風灑葵藿。何當停云亭，濁酒時斟酌。味道探淵源，討幽啓橐籥。渺然忘襟懷，歲晏同所托。

整理者按：上海圖書館攝製照片，此詩闕漏如右。

題袁重其負母看花圖

轉蓬戀本根，行雲思故壑。曾爲遠游子，倍覺庭闈樂。袁君純孝聞三吴，袁君至樂天下無。垂髫繞膝今八十，老萊萬石真其徒。非無壯志泛江湖，忍令白頭遥倚閭。南陔日長蘭草茁，檐下雙雙飛白鳥。種花門前插花牖，母立兒扶行兒負。秉軒奉檄徒區區，百年天樂有此否？余亦慕偕隱，耕牧南山幽。頻年客太行，白雲天半愁。省母歸來苦不早，夢魂長憶閑居好。閑居賦就樂無涯，披君此圖重嘆嗟。板輿寂寞竟何似，三春苦負東園花。

贈柯給諫岸初

丈夫胸中一寸丹，仕宦當作黄門官。牽裾折檻尋常事，不然空戴貂蟬冠。武塘先生古遺直，封書往往回天力。造膝英猷人少知，諫草百囊焚不得。澄清天下身所當，有矢不射狐與羊。廟謨國體正盤錯，他人喑默公琅琅。上爲九重下萬方，蒼生受福不可量。且如吴浙歲在戊，湖水平城溪水溢。農家粒米不得收，飢食蒲根與萍實。九重高高不可呼，官司敲朴無時畢。公也抗疏排天門，五十萬户同時捐。窮檐但戴朝廷恩，豈知沛澤由昌言？藎臣憂國應如許，衮職無心密爲補。菰蘆中人記一節，讜論如雲豈能數？只今用武西南陬，至尊前席詢邊籌。陳湯坐料九江事，汲黯逆折淮南謀。計日臨軒須大用，大厦支撑籍梁棟。閫外應傳聚米圖，臺端早獻平淮頌。

贈張給諫南溟

昔騎欵叚馬，薄游黄金臺。間吹紫鸞笙，颯颯天風來。世上無人知古調，京江先生獨稱妙。一日聲名騰九天，游龍流水生光耀。是時君作秋官郎，平反之暇論文章。開元體製建安骨，詞鋒縱横不可當。謂余酒仙人，酒罏共徜徉。醉醒夢白雲，浩然思故鄉。鄉路迢迢挂帆裏，青門餞別情無已。珍重臨行書一緘，國士恩深竟如此。天狗墮地天狼愁，黑風吹海海倒流。鐵馬金戈暗南國，猿啼鶴唳空山秋。客子歸來閉門坐，一竿烟水淞江破。袁安不畏三尺雪，焦先何妨七日卧。悶來時把殘編讀，千古興亡一棋局。得失都争反掌間，不信巧遲輸拙速。豎子成名合大笑，霸才無主堪一哭。天生將相爲蒼生，救民水火真豪英。英雄作事不瑣屑，一二大節無窮名。旋轉乾坤在當路，小儒蒿目空含情。紫薇星朗三台直，知君新擢諫垣職。薄海窮黎想太平，張公定有回天力。銜恩亦擬借前籌，小人有母敢遠游？況復人琴新抱痛，涕痕枕上無時收。雪山冰河白浩浩，逢君弭節閶門道。披襟無暇更論文，捫蝨雄談豁懷抱。東南物力已凋枯，竭澤焚林計得無？無窮故事應條奏，第一流民合繪圖。

送趙允功南歸

韓侯臺畔共悲歌，七載相逢鬢未皤。俊氣不緣爲吏減，詩名應是過江多。識途腰褭誰能駕？發地龍泉可待磨。聞道幔亭山色好，仙橋鐵笛定如何？

留别張南溟

北府南徐一俊人，文章政事兩無倫。論思實奏鸞坡草，平反先開棘寺春。十吏札疲供作賦，三升醞美好留賓。士龍况往東西屋，華萼流傳雅唱新。長安詞客盛簪紱，敝帚何緣荷獨知？五百人前誇國士，三千里外誦新詩。青門夜雨邀歡賞，江樹春風引别離。此去只應焚硯坐，人間能得幾鍾期？

壽徐太夫人六十

彤管芳型遠，清門降女師。德完才與化，心小福能持。截髻還成儉，和熊實訓慈。最難雕輦上，謙謹過平時。

寵禄尋常有，光榮曠代逢。是鶵皆作鳳，無籜不成龍。紗縵傳千葉，肩輿伫九重。椿枝殊未老，燕喜日從容。

北闕鳴珂客，南陔潔膳身。去來更奉母，忠孝總娱親。德豈高門著，祥緣上善臻。通人多樂事，難得是天倫。

旖旎三春節，光風轉北堂。簪裾八郡客，琬琰九霞章。瑞氣銷兵甲，精心燭昊蒼。玉山晞髮好，旭日在扶桑。

送徐藝初北上

翩翩長離鳥，所産在丹穴。少小五色文，自與凡鶵别。一朝羽翮長，翀天勢誰遏。之子烏衣美，天情秀蘭雪。摛詞無竭源，浩浩溟渤闊。逝將適金臺，獻賦供筆札。爾探必驪珠，爾栖必蓬闕。光榮所固有，勿復煩陳説。謝玄屐履間，了了見英達。堯夫贈麥舟，此志何軒豁。將相有遠規，文藻猶末節。君爲貴公子，時事方騷屑。國計宜洞曉，經綸仗才傑。恒碣高峨峨，滹沱流活活。勉哉勒鴻名，慰我飢與渴。

送别徐建庵太史七首

少小讀史書，慷慨慕豪傑。緬彼經世資，天才故殊絶。文饒居廟堂，希文秉節鉞。敬輿典制書，彦國奮喉舌。應機捷轉圜，事至迎刃决。膽智信非常，輔之以學術。我行天地間，私以數英達。遘此何寥寥，自哂聞見劣。吾吴有鉅人，胸襟實開豁。敏鋭激電飈，聰明照冰雪。精神大包身，趨事如救渴。峨峨千歲松，錯落皮與節。裁用柱明堂，庶將楓柳别。

文章名世事，正變良多門。自非曠代才，誰能究根源。世人薄氣力，循墻而局轅。聲態逞妍媚，天骨故不存。君起制科餘，卓犖爲古文。一洗靡軟習，詞瀾闊無垠。詩歌更排宕，擊鉢千百言。風騷恣鞭撻，雲海相吞吐〔一〕。堂堂大將才，旗鼓當中原。嗜學方未已，筆硯著溷藩。苦恨人事擾，未得窮討論。大雅正虚位，群山各稱尊。何當泛靈槎，從君上昆侖。

倒屣見布衣，烹葵招故舊。便有好士名，頌聲齊萬口。何如君兄弟，傾身爲朋友。得士一若驚，失士一若醜。君更廣門庭，魚龍萃淵藪。投刺無留門，削牘無停手。小大滿望還，哺乳爲衆母。平聲素心交，肝鬲相披剖。死生貴賤間，情態見永久。真懸季札劍，能解虞季綬。借問末流中，高誼有從否？

三鳳巢阿閣，參差揚天聲。光榮人所羨，猜妬仍横生。蛾眉忍謡諑，平地波洞庭。微文中何傷，遂我傲吏情。翻然黄鶴舉，不與淘河争。循陔掇幽蘭，佐此夕膳馨。晝卷娱夏讀，桑麻課春耕。白雲出前峰，冉冉行復停。濯纓東海岸，萬里滄浪情。

參狼摇角芒，條風變殺氣。傳烽巴閬驚，飲馬湘瀟沸。君非草間人，焉能忽忽睡。晝笏想機宜，聚米圖形勢。衡門望魏闕，迢迢一心繫。日下催賜環，林中見捉鼻。豈不戀蒓鱸，豈不懷叢桂。出處義當爾，時艱須共濟。白露塗江皋，漫天木葉墜。鋒車去無停，望望黄雲際。

伊余土木形，屏迹甘丘壑。不能忍飢窮，把筆當傭作。荷君兄弟知，折節到芒屩。剛腸恕傲睨，野性容脱略。君築憺園成，卧我池上閣。中堆圖與史，旁列杯與杓。終歲無所爲，讀書看山酌。謂我著述才，心事鷄群鶴。苦爲求食謀，貶性亦累學。安得一頃田，常飽葵與藿？遂此删纂志，不愧千秋諾。如君乃知己，相期在寥廓。君今重行行，飄梗吾安托？

燕山舊游地，題字莓苔侵。軍都俯盧龍，夢寐懷登臨。顧惟有老母，遠游非所任。感君銜羽意，臨風默沉吟。應龍翔□霄，尺蠖蟠蹄涔。飛潛各異趣，合并此寸心。君其善保護，嗇力兼惜陰。持身作砥柱，澤物爲甘霖。深惟欹器戒，常佩柔舌箴。秘典苦放失，蘭臺足披尋。大力希旁羅，緘寄慰書淫。寓直有新製，側耳瑶華音。

【校記】

〔一〕吐吞　原作「吞吐」，有改動。

登縹緲峰二首

憑虚一徑入雲孤，萬象平臨列畫圖。點點峰尖青帖地，垂垂天面白澄湖。蛟龍宫闕還浮動，吴粤帆檣忽有無。聞道東瀛水清淺，衹應此處認方壺。

高通紫府一丹梯，穩步無勞玉杖携。吸露氣如霏素練，捫天色似凍玻璃。無邊春色增城上，不斷陰風大澤西。若使神仙談往事，劫灰滿眼亦凄迷。

秦職方吉生招集池上草堂

清池倒浸翠微天，池上先生抱膝眠。彭澤風流三徑菊，鴟夷心事五湖船。濃陰立處消長伏，薄醉醒來度小年。領取南華秋水意，濯纓濯足兩翛然。

皂帽欹斜鬢影蒼，早年通籍職方郎。笳吟紫塞心仍苦，被撫青綾夢亦凉。避俗全家依水竹，逃名末契托求羊。東山賭墅雄心在，一局殘棋覆不妨。

薛方伯國符招集小山書屋

達人游巖廊，每懷在霞表。况乃歸丘樊，居然狎魚鳥。綴石成曲巖，疏泉作迴沼。植援既豐茸，累磴亦繚繞。離離烟際藤，落落風中篠。花藥相春秋，雲光自昏曉。諒無俗客過，焉得塵事擾？觸手得異書，引杯足清醥。取適水木間，一壑不爲少。悠然滄州趣，咫尺涵浩淼。金谷與平泉，曠觀一毫杪。

又

斗酒陶佳辰，宿雨正初霽。婆娑兩國老，灑然杖藜至。秦職方吉生、强富陽九行是日同集。眉宇如神仙，衣裳非俗製。談笑皆天真，精理發造次。先生經世人，而不談世事。從容崔盧譜，反覆蟲籀義。坦率對古歡，謙冲接末契。温温布衣交，脱略名與位。譾劣亦何人，多幸賓僚廁。竟日坐春風，百年失憍氣。方知獎誨深，倒屣未爲貴。引領望龍山，音徽庶不沫。

贈筠公〔一〕

自從靈山開一花，到今白拂紛如麻。要妙都歸一彈指，糟粕不屑論三車。古來名僧亦多有，竺支琳遠相先後。學通黑白包天人，青蓮爲舌懸河口。大覺大慧總能文，寒山栴堂詩不朽。只今龍象何容易，掃除言詮斷文字。一妄男子拈白槌，傲岸縱橫儘如意。筠公〔二〕爾非湯休徒，心空早得摩尼珠。何爲潛精究文義〔三〕，博覽涉學齊通儒。吟成五字尤絶殊，神姿朗徹風格孤。千尺澄潭浸秋月，一聲鶴唳傳清都。怪底行迹苦蕭索，萬點青山無住著。世人好龍怯真龍，天花肯爲生公落。若論風騷賤如土，多少詞人忍羈旅〔四〕。雅琴不敢琵琶弦，縱得鍾期亦何補。乘流遇坎各有時，青泥滑滑將安之〔五〕？君不能學佛屠澄游戲石虎側，聽塔鈴聲辨凶吉。又不能學鳩摩羅什逍遥姚秦國，吞針浣腸人莫測。不如歸卧滄江深，興來佳句還獨吟。大道可舒亦可卷，白雲天半知我心。

【校記】

〔一〕釋宗渭撰芋香詩鈔卷二梁溪旅次潘次耕先生以長句見懷依韻答之附「潘次耕先生耒原咏」。下稱「釋宗渭撰芋香詩鈔附潘詩」。

〔二〕筠公　釋宗渭撰芋香詩鈔附潘詩作「筠師」。

〔三〕究文義　釋宗渭撰芋香詩鈔附潘詩作「討文義」。

〔四〕詞人　釋宗渭撰芋香詩鈔附潘詩作「才人」。

〔五〕安之　釋宗渭撰芋香詩鈔附潘詩作「何之」。

贈馬雲翎

前朝名臣之子孫，海内幾人今有聞。甬東之黄澄江李，澗上陽山高節存。君也文忠之長孫，家聲峻極摩昆侖。天才挺出萬人傑，詞源閎闊無涯垠。三湘七澤氣欲吞，南溟擊水翻鵾鵬。早歲詞華照江國，盛年意氣排天門。前年訪君病謝客，貺我遺文重和璧。文忠公有傳，薛二士記蒙録示。更枉高歌三百言，磊落騰驤壯心魄。今年作客西神來，逢君席帽燕山回。游草百篇更雄健，體製妙得并州裁。文章於人一末節，一回變化一共絶。千秋事業無窮期，學海川流幾時歇。來經易水復滹沱，知爾停車感慨多。故客荆高應散盡，平陵松柏今如何？

彈魚歌爲吴伯成明府作

芳塘鰷鰷多鮮鱗，長如玉尺瑩於銀。飛騰不能上雷雨，膏昉正可娱嘉賓。投罾解網戒盡取，使君一物垂深仁。雄心絶藝世莫測，彈丸脱手如有神。攸飛逐肉未足誇，命中水底方絶倫。微風粼粼波脉脉，旋投香餌浮如的。小魚呿口未能得，大魚奮鬐已先及。紫鱗瞥躍如練影，烈弦無聲電光迸。一起一落不得逃，波中血縷紛吹毛。衆賓歡笑漁師愕，笭箵之具爲從勞。古稱善彈彈雲鶴，兩翅脱盡身不着。養完羽毛復飛去，標名史書誇將略。齊將桓榮事，見南史。使君此技未曾有，屠龍斬蛟遜好手。秦皇射魚空壯觀，子桓單複焉足偶？使君文武真兼才，擁旄杖鉞時當來。須彎天弧落天狗，鯨鯢一掃滄波開。

蓉湖觀漲 限八庚

積雨闔閭城，蓉湖一漲平。光兼禆海合，勢與漏天傾。百瀆流全注，千橋道忽争。雄雄飛瀑氣，滚滚落潮聲。怒是經旬蓄，威於一昔成。沉雲涵漢浩，浴日蕩光晶。槎筏排沙溜，蒙衝過市輕。澀宜牽閘上，快想出瀧行。蛇蟥乘時横，蛟鼉得意鳴。愁霖猶滴歷，閃電正砰訇。是節逢梅雨，兹邦急火耕。損蠶眠不穩，爛麥耳旋生。不可無鞭石，難言更洗兵。霧迷諸葛爨，泥滑亞夫營。世路方重坎，天衢望一亨。憂危存草野，開濟必豪英。正氣堪消蝀，威名杖僇鯨。河渠諳單鍔，鹽鐵難桑弘。坐待歸墟泄，無愁溝澮盈。三農遥慰藉，步屧看新晴。

贈海寧令許西山

宣尼來爲邦，四科有政事。武城及單蒲，雍雍稱上治。宰世良有餘，惜哉一邑試。兩漢龔黄儔，彬彬號循吏。蹈道或未能，其流爲功利。薄俗輕儒生，樸學非經世。試觀濂閩儒，居官美誰嗣？源潔流必清，根深實乃遂。君侯高世資，學窺天人際。姚姒追心傳，躬修見實誼。壯縣宰海昌，盤錯固莫二。冰心懸玉壺，剛馬馭柔轡。法行後加惠，寬猛妙相濟。海堤捍大災，社倉垂永惠。義學興人材，團營飭兵衛。講畫皆精詳，施行有次第。經濟洵長材，聖學尤獨契。講席延耆儒，禮堂萃髦士。四郊弦誦聲，詵詵若洙泗。尊聞貴賤履，雍行謹微細。實學救空談，斯文庶不墜。人心如江湖，名教愁掃地。擔荷更無人，剥復天心繫。王臣正蹇蹇，樹立甚弘毅。何當荷天衢，覺世開蒙翳。

送王醇叔北游

君家世清德，冠冕仍蟬聯。一鳳而三雛，藝苑齊勝褰。經術及文史，著書各一編。豈不登巍科，究用儒林傳。君才信雄闊，溟漲輸百川。文心妙脱穎，百發楊葉穿。頗羞俗學陋，抗懷遂古前。期我讀墳索，掩關須十年。青雲來逼人〔一〕，吹君上燕山。高高黄金屋，駃騠争先鞭。君真渥洼駒，得不登天閑。努力樹修名，勿爲世故牽。紅塵易污人，素絲終貴鮮。春華信可掇，秋實寧遽捐。事業無窮期，擔荷方及肩。家學須恢宏，大儒□人天。芸閣有奇書，得暇須精妍。無忘布衣志，贈語當韋弦。

【校記】

〔一〕青雲　原作「素雲」，有改動。

贈元章上人

宗風盛龍池，柯條遍環宇。末流雜龍蛇，白拂賤如土。肅穆雲栖翁，聖門之參魯。净土自開宗，樸鈍守繩矩。到今十葉餘，威儀尚楚楚。鶯湖一導師，鏗訇振法鼓。吾子僧中英，辨才自飈舉。息心受鉗錘，竇珠探一黍。習静□團焦，繩床挂松麈。我本清狂人，中歲嬰病苦。頗思學無生，白足求净侶。精藍喜望衡，朝昏接軟語。冀隨生石公，一沾法王雨。

壽吴天章表兄六十

風吹笠澤春茫茫，江梅亂插山亭香。醱醅美酒釀初熟，三千上客來華堂。堂中主人神仙伯，曜姿鶴立鬢眉蒼。憶昔獻賦銅龍門，盛年意氣雲飛揚。枚馬才華照天闕，裴王標格尊巖廊。槖筆早作冬官郎，神鋒穎發不可當。出擁高牙牧荆土，清風沛澤流江湘。青萍出匣資斷割，驊騮踠地方勝驤。飄然拂衣竟高卧，蒓美鱸鱠催還鄉。一琴無恙官中裝，賜書萬卷家所藏。謝客園亭足巖壑，王家子弟多琳琅。把臂入林共支許，誅茅開徑招求羊。花前作字籠鵝去，燈下圍棋賭墅忙。東山絲竹興不淺，南皮觴咏歡未央。吾觀紛紜冠蓋客，先鞭捷足何搶囊。幾人挂冠向神武，誰者却步臨羊腸。徑溺寒灰想烈焰，鷄皮老婦思新妝。翟門不耐久蕭索，殷函豈得空周章？輸粟助邊仿卜式，彈冠待薦求王陽。大地山河作爐炭，寧有玉骨偏清涼。羨君紅塵早拔脚，羨君青瑣先脱韁。十八年來鎮偃仰，浩然與世都相忘。青丘方壺在何許，雲璈羽節遥相望。香山本是洞天客，長源豈資辟穀方。歲歲梅花長照眼，年年竹垞同飛觴。

甲寅冬日宋□□示虎丘宴集四律用韻奉和

山塘秋净水無烟，十里笙歌緩放船。論舊隔年杯重把，懷人千里月同圓。劍池樹老吟龍下，鶴市雲歸卧佛前。幾許賢豪曾此醉，江山無恙墨花鮮。

三吴人物過江留，近郭林泉處處幽。風俗昇平誇宴會，衣冠上日美遨游。于今海嶠愁青犢，此地漁洋穩白鷗。容得名賢乘興到，短簫横笛送清秋。

雕龍炙轂漫縱横，風雅誰當狎主盟。花萼才名歸二宋，大山清譽屬難兄。黍丘年望人倫重，雀桁兒郎項領成。百里賢人同日聚，文星應比歲星明。

露華如水促傳觴，中坐揮毫寫報章。雁柱鵾弦齊按壓，雲情月思共蒼涼。别圖雅集初成卷，自寫榣章細作行。逸韻迴留山水際，千秋俯仰亦同堂。

春日雜詩

鳳樓遥接未央宫，珥筆追趨曉漏通。班固文應成典引，揚雄賦擬奏河東。朱弦不入時人調，白雪徒傳樂府工。緩步清吟誰共賞，梅花疏影月明中。

禁城風物入新年，處處飛花點玉鞭。上苑輕寒先着樹，青門小雨欲爲烟。飛流幾派通魚藻，翠色千峰到玉泉。自是春明佳麗地，何人重唱帝京篇？

橋門檜柏晝陰陰，瞻謁依然到孔林。殿桷玲瓏丹闕上，衮旒想像翠華臨。堂空莫辨弦歌響，宅右虚聞鐘磬音。千載奇文惟石鼓，摩挲苔蘚一沉吟。

前朝古寺聳層樓，門鎖蒼松萬樹幽。雷雨暮聞龍虎嘯，風濤曉坐曲江秋。空花幻影人間態，碧海紅塵浩劫愁。只有霜枝如昨日，清陰長爲老僧留。

平津邸第禁門前，東閣荒凉二十年。金鏡丹扆思往事，火城沙路尚依然。千秋心事憑箕尾，一代勳名付史編。猶有白頭遺椽在，相逢灑涕玉河邊。

鳳凰池閣青霄裏，咫尺藜光接石渠。自昔金門容傲吏，由來虎觀富奇書。琴尊寂寞陶公宅，簾幙蕭疏揚子居。只此心期堪大隱，簪纓蘿薜定何如？

故園楊柳正堪攀，有客淹留未擬還。纔到愁時思命酒〔一〕，每逢佳興罷登山。風塵我自慚高躅，縞紵何人慰病顔。永夜思歸歸不得，空將詞賦滯燕關。

歌殘樂府坐無聊，愁對閑窗燭燼銷。昨夜燕臺看落月，始知秦女罷吹簫。鸞膠欲覓魂迢遞，錦字虚傳夢寂寥。解道白頭離别意，相如早已悔題橋。

昨憶承恩入帝京，魚軒指日計王程。春來頗訝雙魚斷，怪爾遽乘孤鳳鳴。落葉調殘琴有恨，梅花聲斷笛無情。抽毫擬續銷魂賦，只恐江郎賦不成。

愁腸欲撥轉依依，幾夜寒燈若夢歸。眉影深憐曾舉案〔二〕，手痕細認舊縫衣。鏡臺零落蛛絲密，妝閣陰沉花影稀。最是多情雙燕子，殷勤猶繞畫梁飛。

故人相别長相憶，昨日天邊一雁來。官閣衹今惟折柳，草堂何日重啣杯。含愁懶對雙河水，多病思登萬里臺。寄語故園楊馬道，銅龍方伫掞天才。

春來無日不塵沙，却望鄉關千里賒。吊古荒臺悲駿骨，懷人深苑夢梨花。客心自愛三江水，歸路須乘八月槎。抱膝吟成還獨酌，高城隱隱動悲笳。

【校記】

〔一〕命酒　原作「命駕」，有改動。

〔二〕眉影深憐曾舉案　原作「眉影曾憐深舉案」，有改動。

壬戌禮闈將畢賦呈諸公

忝接公卿席，簪裾此地逢。到來階草長，相憶野花濃。窗暗鳴禽曙，簾深報鼓重。對床燈火夕，回首是離悰。

寄贈葉學亭

洪河落中州，奔騰掃淮泗。紅粟轉漕渠，一綫絡其際。咽喉與脉會，國命于此寄。自頃經流淤，衝决無寧歲。沉璧愁宣房，百牐勞啓閉。中朝思鉅□，任以河堤事。卓犖南陽公，籌略世莫二。龍泉宜截犀，遴簡自不次。乍分郡守符，旋攬東藩轡。疏鑿而節宣，擘畫有餘地。白馬排王尊，金堤築延世。武功塞張秋，大夏治河濟。偉烈炳丹青，遥遥庶能嗣。賤子實鄙瑣，夙昔蒙延致。雖未處翹材，感戴深國士。弓旌謬見招，牽薄頓河澨。頌德與銜恩，探懷出半刺。史遷纂河渠，單鍔談水利。雖希三策奇，未悉兩河勢。願聆畫笏言，豁我蒙與蔽。

送童鹿游歸祝母壽

童子浮舟入京國，錯刀蒼然太古色。一從石鼓看遺文，腕中轉有千鈞力。一朝告别情依依，有母六十兒當歸。借問塵中懷禰刺，何如花下看萊衣。懷清之臺不可睹，君家母節亦良苦。好將銀管數行書，自刻苕華照千古。

送陳六謙倅安邑

去年訪君海昌縣，墨花飛動蟾蜍硯。今年與君遇長安，黄綬在腰將到官。君才自是渥洼馬，寧能局促處轅下？有筆不草磨盾檄，署字牘尾何爲者。君不見郭代公在通泉，文酒落拓劇可憐。一朝寶劍露精采，神龍定策功回天。又不見高達夫在封丘，簿書齷齪常低頭。終然擁髦作開府，節制西南二十州。神物變化在斗水，乘天一息摶風起。監門亭長英雄爲，男兒未可輕百里。晉俗樸陋陶唐風，運城杯盤錯，風斤運有餘，股肱郡每仗單車。覃懷形勢褰帷後，淞泖雲山拄笏初。家世梅花傳賦筆，宦情秋水足鱸魚。聖朝此日求廉吏，海表應看有賜書。

贈慕舍人

當代元臣慕開府，保障東南天一柱。奏書百萬蠲逋租，千里彤雲化甘雨。此時舍人方拜官，朝天新鞚飛龍案。彩鳳一毛想風采，傾都塞路人争看。自昔清華重綸閣，紫泥赤管書天誥。妙選須歸第一流，焚香退舍吟紅葉。渥洼龍孫天馬駒，步驟自與常人殊。公卿子弟堪將相，前有文饒後竟夫。君才况是穿楊手，八斗佳名在人口。棱棱爽氣揮烟虹，抑抑虚懷接賓友。鳳池清切對紫薇，故事中臺次第翻。倘違駐輦馮唐舍，民瘼從容更細論。

橫海高牙節制專，定知婉畫佐中權。錦車早沛投醪惠，王帳仍聞撥荻賢。搦管欲修中壘傳，停車先訪孝廉船。婺輝此日高銅柱，重譯還應祝大年。

壽吴母李太君 大游擊，子孝廉。

武塘公，風節何卓犖。許身儷皋夔，濟世儕管樂。屹立黃門班，揚清而激濁。豁達持大體，細故不數數。補衮資糾彈，回天藉對駁。森嚴玉律懸，朗徹冰壺濯。報國有樸忠，匡時無曲學。九棘晋崇階，主眷正優渥。板輿念慈闈，白雲天一握。乞身供滫隨，從容去綸閣。陔蘭春正榮，松苓寒可斸。黑頭奉犂眉，至性饒天樂。後進師楷模，大鵬俯鳩鷽。徒然步清塵，何由溯芳躅。長庚近三台，精芒方炳爍。鼎實須調和，梓材倚樸斫。天意屬蒼生，中朝望重較。莫漫營丹砂，竭來參帷幄。

整理者按：上海圖書館攝製照片，與壽吴母李太君一詩相連綴，而闕漏如右。考其内容，與贈柯給諫岸初一詩或相關。

壽吴青壇尊堂

乾坤高峥嶸，支撑賴忠義。正氣不可孤，居然一門萃。英英庶常公，策名遭末世。軍從袁粲覆，身與樊城碎。夫人在江舟，自湛亦再四。不死乃立孤，扶携顛連際。壞天獨石補，危檣一維繫。斷機豈虚言，剉薦非異事。辛勤四十年，成名見今嗣。依然爇青藜，遺書讀中秘。天道始一還，貞心庶能慰。黄花照壽尊，白雲動歸思。浩然出都門，子志一何鋭！綽楔烏頭形，苕華龍文字。何必頌岡陵，芳聲千萬祀。

贈□□□

枚馬遭漢皇，虞薛逢唐帝。千載一風雲，異人適相際。我子鸞龍姿，潛采江之澨。一朝感至尊，青冥垂特契。校書芸香清，灑翰爐烟細。朝賡卿雲詩，暮應昆明制。豹尾綴班聯，夾城開賜第。寵禮冠從臣，恩波故莫儷。素懷彌謙冲，却掃避名勢。皭然如冰心，遠與滄州繫。長離無偏翔，雲鶴不獨唳。雅意在茅茹，推轂到泥撬。伊余土木形，懷刺每刓敝。眷言懷攀嵇，荏苒遲把袂。荷子勤咨詢，杵臼誼不替。出山慚小草，沿流愁敗箄。世事一不諳，投足恐顛躓。希迴燭龍光，豁我蒙與蔽。

送盧州金郡丞　舊臨湘知縣。

蘭成射策舊才名，風操仍聞拔薤清。湘水乍看將一鶴，斗垣還見擁雙旌。月明湘渚聽蛟織，潮落沙田課火耕。卧理恰當無事日，濡須塢外□花□。

送松江宋別駕　舊懷慶判。

整理者按：上海圖書館攝製照片，有目無詩。

壽李金門

李嶠才名滿上京，不鳴不躍有難兄。説詩風度如匡鼎，讀易襟懷似向平。尺牘弆時喧坐客，藍輿扶處簇門生。懸知此夕西窗夢，醉把萏花插帽行。

壽陳太翁

南國耆英衆所尊，傳家清節晚彌敦。將車近識高陽里，數馬争看萬石門。來往健身輕海岳，嘯歌天樂在田園。雙湖日月通仙窟，委宛丹書試一捫。

壽宋蓼天司寇

象緯羅高天，北斗執其衡。黄河流混混，濟水千年清。薄海富土宇，國家盛威靈。所患人材靡，脂韋若性成。百鍊化繞指，松筠變葱青。嶽嶽廣平公，正氣所挺生。中天見一柱，端笏居大廷。典教既繩直，握銓復衡平。西臺坐執法，秋官肅祥刑。龍門桐無枝，玉壺冰晶熒。籍兹風節勁，得使讜議行。民隱必周恤，國體常力争。陰雨以綢繆，傾欹得支撑。賤子田間來，蒿目每含情。化機在政本，振裘而挈瓴。得如公數人，轉斡逾風霆。尚書喉舌地，曳履飛天聲。丹心方獨炳，黑頭豈爲榮？太清耀紫薇，台階近長庚。草茅何所頌，玉燭希陽明。

慕華平招同蓀友錫鬯小飲分韻

高會經時罷，芳筵此乍開。焚香早朝後，嘶馬故人來。兔耳嘗秦味，鵝黄進易醅。日長已一綫，清漏莫相催。

過從頻移日，披襟誼不疏。倦眠徐孺榻，醉擁茂先書。宦迹嗟匏繫，鄉心逼歲除。庭闈君有夢，也復到姑胥。

賀慕中丞晋秩 代

元臣分閫樹元功，卧護金湯妙算同。投棟越公居蜀道，飛芻蕭相駐關中。青宫坐論班僚絶，樞府籌邊節制雄。殊寵自來酬偉烈，誰能頌筆嗣彤弓？

又

承華職豫教，樞府實本兵。周官重三孤，唐典隆六卿。厥惟國元老，巍班踐峥嶸。不聞節鉞臣，殊錫來天廷。名世惟我公，金鐘而玉衡。大略總文武，指麾肅風霆。開府來三吴，攬轡見澄清。湛恩流蔀屋，偉算包窮溟。欃槍出西南，邊隅數震驚。半壁資卧護，屹然作金城。海島無揚波，江淮坐枚寧。妙轉黄腄粟，威如細柳營。伐木造蒙艟〔一〕，溯江無留行。六師籍飛渡，計日誅長鯨。崇功冠海宇，異數相褒旌。宫師與司馬，巍班俄合并。閫外參丞弼，中樞□藩屏。盛事光簡册，鴻名炳丹青。尹侯歌山甫，孟堅頌營平。擊壤愧下里，因風寄天聲。

【校記】

〔一〕蒙艟 原作「蒙衝」，有改動。

贈丁藩臺

偉略匡時出，瓌材協運生。儲英元戴斗，炳秀自長庚。早射天人策，旋題殿柱名。燃藜登鎖闥，曳履上蓬瀛。帝簡乘驄出，人歡騶篠迎。國門資鎖鑰，江甸倚澄清。師帥光屏翰，旬宣寄股肱。二東寬杼軸，兩税緩輸征。玉節千宵直，冰壺映日明。八風依律正，一柱與天擎。屢闢翹材館，高揚選士旌。芙蓉泛王儉，鸚鵡賦禰衡。賤子栖巖谷，無心入洛京。巨源虚啓事，令伯苦陳情。曲荷寒門照，難辭席帽行。贈緹慚國士，割俸到編氓。芒屩三冬雪，柴車萬里程。培風吹尺鷃，斗水轉長鯨。雀爲銜花去，葵緣向日傾。湛恩何以報，擊壤奏遺聲。

王農山侍御雙壽詩 代

玉樹分枝遠，青箱衍澤長。龍鸞絢文采，奎璧朗星芒。月旦初標領，天人早對揚。浮槎上霄漢，題柱直明光。武庫才無敵，兵曹望不常。烏臺旋列豸，白簡正飛霜。清切庭闈戀，翩翻海岳裝。懸車何勇決，蠟屐足徜徉。鍾郝家規肅，桓辛壺德芳。夙同蘭膳省，相并板輿將。鶴浦亭臺迴，神山桂栝蒼。人稱太丘里，客拜鄭公鄉。祝哽筵初集，耆英社正忙。講筵分玉杖，史席送瓊漿。忝預通門籍，遲登獨樂堂。鎸茗何以頌，海日涌扶桑。

贈李容齋閣學

文章有壇坫，結撰歸館閣。謫仙首供奉，大名日星薄。歐宋既鳳翥，虞揭亦鸞躍。潛溪與東里，異代同矩矱。自從茶陵還，風雅頗索寞。錦里停機絲，梓人輟斤削。岧嶢紫蓬山，靈氣所旁礴。挺生名世姿，石渠典著作。屹然操盤珠，不遺柄旁落。拄笏看碧山，清吟對紅葉。長鯨掣波瀾，芙蓉淬鋒鍔。萬象歸牢籠，百家啓索籥。頓還東壁光，一息夜火爝。天懷特儻朗，門庭最閎廓。海内推君宗，藻鑑秉自昨。公車萃群才，魚龍鬱瀺灂。惟公大慰薦，延攬到芒屩。望氣披龍泉，聞音辨牛鐸。凌雲稱銖兩，鉅黍裁升龠。片善必咨嗟，寸長爲表襮。所以天下士，浩如水歸壑。涵噓過春陽，顧盼等良藥。鄙生伏窮巖，雅志倦入洛。本非陸漸鴻，甘作泥蟠蠖。啓事謬列名，顛倒夢成噩。移病不見許，柴車此栖泊。囊粟哂東方，吹竽羞北郭。天街望蘭錡，懷刺前復却。惟公夙見知，百鳥獎一鶚。數和强中詩，屢赴南皮約。私心念舊恩，造請仍闊略。猥蒙賞新詩，時復詢葵藿。應憐渴澤魚，不訝失群鶴。秘閣依紫微，三台位參錯。自古稱内相，黄紙書天諾。密勿多訏謨，草野難臆度。濟世得偉人，漁釣亦足樂。行當脱樊籠，一帆歸下若。無能賡卿雲，永願歌耕鑿。

送金道周歸祝

劉蕡下第名還大，匡鼎談詩學愈醇。彩服乍縈游子夢，霞觴還拜北堂人。親無白髮非爲老，饌有江魚未是貧。誰似山陽廉讓里，詩書孝友自誾誾。

送鞏昌郡丞

蟬聯棨戟舊家聲，叔寶才華掩洛京。剖竹便爲邊刺史，籌邊遠到古金城。月明鴉寨間調馬，霜落桃河早課耕。最喜依劉王粲在〔一〕，錦鞍像并賦西征。

【校記】

〔一〕依劉　原作「依樓」，有改動。

賀院長加尚書銜

前席論思地，深宫訪落辰。君王勤念典，匡輔必師臣。一德昭融契，交脩啓沃親。清操叔節著〔一〕，經術仲舒醇。絶學扶洙泗，微言會洛閩。力存如綫緒，不盡累傳薪。十載陪丹幄，窮年直紫宸。班聯偏簡注，講誦獨絲綸。竹素探源遠，圖書闡義新。典謨開渾噩，易象析天人。反覆安危際，從容治忽陳。有心紓納約，無迹轉洪鈞。端拱齋光宿，衣冠坐及晨。格天惟敬一，報主只精勤。帝眷師資篤，輿情保傅真。非時蒙接對，密議屢咨詢。史筆裁成大，詞頭點竄頻。群才歸藻鑑，多士付陶甄。嘉命仍三錫，天休復洊臻。冰銜添灼爍，棘列轉嶙峋。宗伯寅清秩，春官典禮身。金華朝曳履，玉署晚拖紳。舊學恩無比，前朝寵孰倫？桓榮在中禁，張酺遇東巡。鄉里推先達，官僚托後塵。綸扉高不隔，瀛海闊通津。幸接儒門盛，欣逢直道申。光華方爛爛，文物始詵詵。早晚升台輔，巍峨秉國均。爲霖膚寸内，沾灑到天垠。

【校記】

〔一〕清操　原作「清切」，有改動。

賀張素存掌坊加詹事

三公無專官，坐論職久缺。獨有直講筵，沃心最親切。厥官自唐始，英俊森在列。有宋諸名賢，一一皆簡拔。程楊既大儒，蘇范并人傑。曾吕十數公，炳如日星揭。其時經筵官，於事無不説。君德藉磨礲，君心爲開豁。前明講讀臣，亦多著名節。所嗟中葉餘，冕旒尊隔絶。講席存空名，乍聞還乍輟。儒臣守章句，有誦無難詰。何况天下事，内外付囊括。我皇聖希天，念典邁前烈。講幄無停御，討論窮閫閾。張公在上前，吐詞最英發。源泉涌無涯，洪鐘扣不竭。便便道古今，□□見本末。天人究窈渺，象數剖糾結。對越祇樸誠，咸感非類舌。九重最褒嘉，優詔下北闕。超遷豈一階，宫端數持特。峥嶸承華宫，葳蕤白鳳闥。養正資聖功，楷模帝所絜。懷哉明良際，浩歌每騷屑。慶公得遭逢，衆星仰一月。我皇堯舜姿，知人信則哲。聖敬方日躋，納約未宜闋。所願及亨衢，大鈞手迴斡。致君如唐虞，許身比稷契。

賀張夢敦晋學士

殷宗昔念典，舊學師甘盤。漢武雄略主，尚書受兒寬。後王此義微，高拱彤雲端。朝昏對婦寺，晷刻延講官。敷陳但空文，一暴而十寒。吾皇勤訪落，考道窮淵源。外朝既勸講，内廷尤精研。特簡名世儒，賜第西掖垣。晨夕侍便殿，墳典相迴環。六經抉奥義，千聖探微言。服鄭在禁中，劉范居金鑾。盛世軼前古，頌美不可殫。天生此宗臣，白鳳青琅玕。聖學資就將，蒼生蒙治安。格天功無垠，輔世績不刊。優詔晋學士，超遷絶鵷班。天休始一答，寵命行便蕃。先春鳴倉庚，將夏抽叢蘭。世運方隆平，廊廟尊儒冠。惟公一書生，致身賓師間。重道自九五，素風披人寰。周烈盛休馬，夏功隆舞干。禮樂返淳古，耕桑課元元。誰能轉洪鈞，待君秉化權。

賀沈繹堂官詹加侍郎

廿載中朝侍從臣，談經漢殿故無倫。青宫已藉師資重，翠幄偏于舊學親。曳履雲霄公望早，均茵槐棘主恩新。文昌取次鄰台斗，佇看星文動紫宸。如公經術信醇深，嶽嶽朝班耻陸沉。解網一言寬漢法，回天千里沛甘霖。春官不改寅清地，鶴禁常懸羽翼心。裁是承恩拜颺罷，抽毫丹扆更書箴。

賀高澹人授侍讀

朝朝簪筆侍西清，聽盡宫壺晝漏聲。十載迴翔依鳳沼，一回騰達到蓬瀛。天倫綏降恩波闊，講席同遷際會并。補袞有年方拜職，人間慚愧得虚名。石渠金馬共栖遲，誰似君長近玉墀。前席從容通獻替，細旃清切奉論思。葵因傍日心偏赤，斗爲依長柄不移。異代東楊遭遇在，還應前路鎮追隨。

送黄莫六守備平山

看君投筆事龍韜，早把旌麾意氣豪。盾鼻自裁孫楚檄，牙門人贈吕虔刀。城依聊攝開屯種，水接漳渠護轉漕。儒將風流宜緩帶，還應銅柱勒勳高。

送長陽令

巴巫九百里，一綫岷江通。西陵扼峽口，天險環重重。連城錯其間，控帶形式雄。蜀道頃小梗，烽火連天紅。所憑一丸泥，坐折狂兕鋒。君才少倜儻，逸氣凌烟虹。慷慨慕功名，齷齪羞雕蟲。之官得巖邑，一障夔門東。洪濤落青天，哀猿叫丹楓。江山極壯觀，足以開心胸。焚橋懷壯烈，搜筈想奇功。餘威震草木，生氣騰魚龍。吾聞方山下，别徑通蠶叢。梅子設八關，鈐轄諸猺獞。馬羊而金粟，彈壓非凡庸。勿言此邑貧，釜魚表清風。勿言此邑遠，日窴皆提封。騰驤渥洼馬，低頭就金籠。何難騁絶足，躡景升空同。

陪益都公雪後游祝園

城陰藏小築，物色想巖栖。風雪來能健，松筠路不迷。蟄龍依甃伏，寒雀近人啼。尚有秋英在，相將插帽齊。

沙堤歸路永，逸興枉經過。高步携蘭子，清言析茗柯。凍雲粘雉堞，停雪抱藤蘿。授簡皆能賦，終難和郢歌。

薄醉憑高望，渾如坐玉壺。樓臺萬象合，嶂嶺一痕無。風冷誰能御，天高信可呼。謝公强健甚，邛杖不曾扶。

蓬池天浩蕩，蓮勺地清幽。側想翠華駐，應看銀海浮。鬼方猶倔强，廟算必綢繆。綸閣公仍入，蒼生好破愁。

陪益都公游王大司馬園亭

丘壑山公趣，登臨謝傅心。盍簪容笑傲，開徑得招尋〔一〕。石削三峰勢，松横十畝陰。居然招隱地，隔澗有鳴琴。

林雪凍逾白，溪風晴亦寒。雲根藏徑複，木杪綴亭安。徙竹層層塢，疏泉處處湍。午橋人卧穩，龍窟也深蟠。

婆娑元老在，催送酒如澠。物色留千古，文章自一朋。近天星象闊，不夜雪光澄。咫尺山陰道，攀躋愧未曾。

豈敢稱朝隱，冥栖野性耽。每因陪几杖，偏得近林嵐。高唱分曹和〔二〕，銜尊盡日酣。垂垂梅柳色，催夢到江南。

【校記】

〔一〕開徑　原作「客徑」，有改動。

〔二〕高唱　原作「高下」，有改動。

祝毛允大祖母

毛萇無限白雲思，王母含飴憶往時。人世難逢惟八十，老人垂念是孫枝。清時未展陳情疏，舊德先裁述祖詩。石室一編堪介壽，絶勝核桃捧西池。

又

粲粲同門友，幾人逮高堂。何況太父母，遥遥不相望。毛生最可羨，王母猶康强。母也尚書嬪，貞淑非尋常。撫孤兵氛中，一木支頽墻。中歲仍抱孫，百藥口所嘗。用李百藥事。人事有剥復，世運更滄桑。惟此松筠操，耿耿日月光。母今躋八十，鶴髮雙瞳方。懷中一么鳳，矯翼千仞翔。願母保遐壽，史筆方煌煌。一編進緹几，絶勝西池觴。

送顧尼備南還祝母

顧況才華迥絶塵，凌雲賦筆照青春。芸編坐對燃藜客，菜彩長懷截髮人。歸路雲山經眼疾，到家櫻笋入厨新。蘭陵樂事應難數，尺素無忘報錦鱗。

送陳介眉送親歸越〔一〕

中朝闢史館，群才切旁求。甬東一太史，班范真其儔。俄聞乞假去，駭若脱領裘。其歸爲老親，浩然不可留。諗知世德門，孝義尊東州。后岡振英聲，天衢篤清修。太公尤淳厚，舊德依先疇。鄉里敬彦方〔二〕，兒童知伯休。虚懷應飄瓦，忘機對海鷗。寵辱一不驚，履貴彌謙柔。步屧造門舊，柴關掩林丘。朅來赴子舍，風雪闢河遒。暫慰驅庭歡，眷焉思故丘。十丈紅塵飛，不足開老眸。朝懷四明雲，夕夢雙湖流。養親貴養志，太史心如抽。所以急告歸，寮友不復謀。五月泉河寬，蒲帆挂輕舟。計程渡錢塘，捧杖登山樓。江瑶剖嫩柱，越酒開新蒭。正當攬揆辰，叢桂香巖幽。親交出盤飧，主客相勸酬。借問春明門，天樂有此否？公今正强健，方瞳髮如鬆。眉壽未渠央，林泉足優游。太史潔膳餘，無忘轉咨諏。墜聞訪野老，秘典搜航頭。遄來秉直筆，大業光千秋。

【校記】

〔一〕越　原作「粤」，有改動。

〔二〕敬　原作「知」，有改動。

贈馮冒聞世兄

聞諸范忠宣，科舉待寒士。世冑勿與爭，門蔭自爲美。吾師體此意，澹静勖孫子。立朝三十年，春陰遍桃李。諸郎猶摳衣，不遣拾青紫。粲粲三珠樹，光華競旖旎。仲也最軒豁，氣靡萬人壘。廓落對友朋，深沉悟圖史。今兹甫入官，橋門肅端委。成均盛文儒，弦誦廣衣被。石鼓蟠蟲書，犧尊盎明水。朱干舞蹁蹁，清瑟韻鏗爾。解頤既説經，奪席復談禮。教學方無涯，聲望亦甫始〔一〕。伊余托通門，相愛膠漆比。峨峨平津閣，一叩輒倒屣。東觀望辟雍，相去不盈咫。策馬時過從，詵詵觀冑齒。

【校記】

〔一〕甫始　原作「伊始」，有改動。

送陸靖公南歸

與君相對涉春冬，羡爾談經奪席重。玉未剖時終是璞，劍當躍處已成龍。思歸忽放衡冰棹，惜别愁看戴雪峰。我欲抽簪嗟未得，憑將歸夢到吴淞。

送閩中學憲王

八閩自昔饒奇勝，遥羡星槎五月過。天姥雲深紅荔熟，仙霞關古緑榕多。海隅文物還依舊，往哲風流近若何？何處清吟思謝客，剡溪明月照藤蘿〔一〕。

【校記】

〔一〕明月　原作「月明」，有改動。

送山右學憲董綉章

漢庭儒雅數江都，奉使新乘露冕車。冀野從來多騄耳，禹門今見化龍魚。山逾勾注重關外，路繞羊腸九折餘。聞説河汾祠廟在，文中遺教近何如？

贈□□

洛中當日數耆英，名德今看屬老成。伏軾魏廬聞寵遇，乘車漢殿識恩榮。客擘仙醴浮杯暖，身惹天香無袖輕。準擬麥丘遥獻祝，微才慚愧魯諸王。

又　代

松嶺烟霞近北堂，平泉杖履帶恩光。已看黄雀銜花舞，更見青槐覆地長。尊酒競過揚子宅，軒車争拜鄭公鄉。麥丘願效當年祝，何日還隨玉樹行？

送馮方寅年兄憂歸

通籍無多日，哀音忽遽傳。天長愍孫泪，世促報劉年。嚙指嗟何及，含飴夢宛然。潞河南去水，嗚咽路三千。

尚有關南襯，扶將及杪冬。麻鞋行瘴海，泪土築堂封。攀柏纏綿思，支床憔悴容。好沾薑桂味，風雪暮天濃。

壽王子厚太翁

江東人物推琅玡，重光七葉稱名家。當年官資論門閥，蟬聯冠冕豈足誇！只今清門惟尉氏，射策蘭成看濟美。少室峰兼太室高，文瀾激蕩長河水。鳳凰池連青瑣垣，舍人退食從黄門。金魚垂腰進壽爵，成行玉笋班諸孫。自昔耆英多洛社，手種三槐尚堪把。佇見韋平嗣相年，黑頭還是班衣者。

沈鳳于被園詩

之子東南美，中朝無薦書。琴尊元獨好，水竹自相於。燒笋晚烟際，鬥茶新雨餘。長楊人有賦，誰得似郊居？

送周籀書之楚中

周子負奇氣，文章究根源。束髮懷耿介，冥栖托丘園。飢驅不自止，襆被駕短轅。浪迹游京華，荏苒逾冬春。撫琴操古調，賞音今誰存？我從里門來，握手潛悲辛。頗思效推轂，逢人誦高文。所嗟鷦鷯羽，不能助飛翻〔一〕。昨來告遠别，云將客湘沅。子有垂白親，旦夕愁饔飧。輦下苦無合，何況邊遠藩？蕭條兵戈際，無乃勞夢魂。主人幸同里，駏蛩相攀援。男兒桑蓬志，艱險安足論。此行浮長江，楚尾連吴根。風濤浩吞吐，奇變窮朝昏。衡湘界巫黔，目盡天南垠。風門山峰嵂，芙蓉江奔渾。飽經戰鬥壘，孰識中外□？小可助文藻，大足資經綸。黄鶴有奇翼，翱翔恣翩翻。不見南溟水，垂天運鵾鵾。行矣善自愛，鄉愁勿煩冤。愧無虔刀贈，送子以片言。

【校記】

〔一〕助　原作「追」，有改動。

壽閻昆圃　代

枌榆壽枕大河陰，曾見賢侯擁一琴。自昔御屏蒙省記，到今野老尚謳吟。黑頭早得歸田樂，黄髮彌堅學道心。洛下耆英誰得并，松莊來往碧雲深。

共識河汾舊德存，一時模楷冠人倫。官同陶令心仍遠，門有房公道更尊。解組十年超世網，觀爻中夜悟天根。藍輿不用諸生捧，晞髮方山侯早暾。

又　代

廉平古有羊興祖，篤行今無元紫芝。名迹只君能并美，經人於世足爲師。龍門桐節春逾勁，卦岳松陰晚不移。更老漢庭修故事，蒲輪早晚到東籬。

廿年清節表懸魚，早濯塵纓賦遂初。萬石家風看數馬，太丘天樂説將車。碧泉社結烹葵後，白墮尊開祝噎餘。誰似河汾高弟在，丹砂遠送五雲書。

又

昔騎欽叚過汾陽，曾訪耆英到草堂。種柳自知陶令宅，横經奪在鄭公鄉。輿居别後愈强健，名德于今孰輩行？遠寄一枝靈壽杖，爻山卦岳好扶將。

紅塵鞅掌足勞薪，誰似懸車獨樂身〔一〕。天與一環清白吏，世推萬石老成人。筆藏蝌篆便便笥，手種龍松片片鱗。盛事耆年傳就見，詞臣載筆伫西巡。

【校記】

〔一〕身　原作「深」，有改動。

送曾黎令無錫

錫山風景天下殊，作令不異神山區。九龍天開九屏障，城樓倒浸芙蓉湖。千村鷄犬桃源記，萬家雲水摩詰圖。惠泉涓滴如醍醐，山椒涌出千斛珠。飲水一杯□□□，良吏可爲良非誣。閩中曾侯我舊識，風神朗澈懸玉壺。一朝剖竹宰兹土，烹鮮之治良有餘。謝朓宣城足嘯咏，陶潛彭澤宜琴書。人言江南苦賦税，催科撫字難兼須。亂絲入杼定整理，春膏潤物同沾濡。前時吴侯令此邑，聲名藉甚騰天衢。鵬飛鶡變在俄頃，建牙開府天南隅。君其努力樹佳政，隨肩接武相步趨。政成奏課應第一，朝天佇望雙飛舄。

送趙天羽榷税邗關

輦下無雙推趙抃，遠煩持節駐江干。繭絲舊若誅求盡，冬日須教物力寬。瓜步潮聲憑閣聽，雷塘帆影散衙看。懸知水部風流極，一樹梅花正破寒。

送海鹽侯令

秦駐山高見錫山，之官兩日挂帆間。地偏海角征徭簡，語辨鄉音土俗嫻。顧况清才堪唱和，周顒佳政合追攀。中朝側席求循吏，佇爾雙舄日下還。

壽宋蓼天司馬

草昧經綸業，千秋只幾人。我公資一德，惟帝倚元臣。開濟規模大，含宏德量醇。玉壺清見底，溟海闊無津。身自皋夔許，官仍丙魏親。棱棱聽曳履，嶽嶽見垂紳。樞府籌邊地，雲臺選仗辰。□□色不動，指掌料如神。兵甲藏胸富，山川畫笏真。指麾收洱海，談笑定洮岷。發縱功誰并，綢繆慮轉勤。瘡殘愁百濮，飛挽念三秦。約束貔貅卒，矜憐疾苦民。昌言偏愷切，至計獨敷陳。夾日恩波渥，回天氣象新。八荒歸締構，萬彙仰陶甄。公望推調鼎，群情佇秉均。黑頭方炳焕，黄閣正嶙峋。斗極占台輔，崧高頌甫申。何當開壽域，寰海被陽春。

益都公誕日同人集長椿寺公祝依韻奉和

靈壽扶來一鶴先，兩花偏在净名前。金門宛有雲門趣，洛社仍逢白社緣。煨芋僧還看宰相，登龍客亦擬神仙。紗籠添得新題句，付與椿枝記歲年。

壽朱岷左八十

海昌日觀生，敏妙乃無對。不仕亦不游，爰惟老親在。昔年登其堂，龐公曾獨拜。冰雪净鬚眉，春陽盎襟帶。一兒與三孫，環繞藍輿外。想見荀陳家，高風軼人代。聞翁今八旬，洛社尊老輩。振衣鷹隼顛，筋力未衰退。鴻案尚相莊，白頭稱德配。樂哉班衣人，捧觴蘭陔内。新松朝薦琴，細鱗晚斫膾。共此分寸陰，北堂真可愛。伊余賦閑居，無端落塵壒。板輿子得將，摛辭有餘愧。目極南飛雲，歸心與之邁。

三月三日益都公招集萬柳堂奉和元韻

一堤芳草送流年，爲樂相携就地偏。濠濮襟懷隨處遠，蘭亭觴咏到今傳。牽風柳影通池碧，過雨山光逼座妍。恰是綸扉休暇日，天戈取次掃烽烟。

藍輿迴與勝流偕，霽色葱蘢洗宿霾。一歲風光脩禊好，千秋人物入林佳。新詩敏捷從叉手，題字縱横擬折釵。多恐故園無此樂，欲將歸詑老農儕。

賀徐立齋擢任總憲

國於天地立[一]，所憑紀與綱。誰當整頓者，烏府森班行。大夫一臺長，亞相尊堂堂。憲典實綜領，清濁依激揚。下筆動山嶽，吐辭薄風霜。自非名世資，疇能協民望。峨峨鹿城公，意度真非常。深沉千頃波，勁挺百鍊鋼。鑾坡早獨步，綸閣久迴翔。一朝秉國憲，人地始相當。赫如日當空，百妖自潛藏。屹若堤截水，一挽狂瀾狂。寰區想風采，正賴心膽强。論治在體要，挈領而扼吭。佇公迴天力，晝笏徐平章。斡旋三階正，彌綸四維張。致君邁隆古，勳德流無方。

【校記】

〔一〕於，原作「與」，有改動。

寄贈施硯山中丞

著雍之年甲申月，京師大地如濤翻。天子臨軒易大吏，妙簡岳牧綏黎元。維時施公掌邦憲，特予旄節臨東藩。公才公望舊無兩，帝車一宿明薇垣。豸冠嶽嶽立殿陛，回天補衮資昌言。洊登臺府陟鄉尹，孤忠一節依至尊。暫出巖廊撫方夏，燭龍銜照開寒門。海岱之間稱樂土，時逢大旱成焦原。鳩形鵠面滿衢路，窮閻齕盡枯草根。賴公下車重撫恤，身經萬落兼千村。汲生開倉意真懇，鄭公縻粥法不繁。遂令凋瘵得安集，耕桑作息蒙天恩。仍聞清操净冰雪，孤松千尺無攀援。貪殘稀迹鷹化眼，豪滑拱手虎脱蹯。雅化烝烝不可量，岳雲膚寸雨八垠。天下治安在方鎮，萬事端表兼清源。安得如公十數輩，參錯九野開戟轅。伊余後進忝鄉里，夙叨風誼如春温。側聞輿頌每起舞，祝良陶侃于今存。出入將相等閑事，雙雙白鹿隨車轓。伫待還朝踐台鼎，中天一柱高昆侖。

壽吴赤一尊慈温太君

吴生茗中英，京洛得名久。文瀾浩無津，雲夢吞八九。持身等珪璧，跬步恒不茍。輩上十數公，忘年相師友。眷惟游子情，乞言壽其母。母德夙有聞，鍾郝相先後。高節厲松筠，芳型爛熳玖。斷機有殘絲，畫荻無停手。及兹躋八旬，大年世希有。白華敷南榮，青芝照北牖。斑斕萊子衣，芬馥若溪酒。德養自爲榮，浮雲安足取？歌詩附琬琰，千春庶不朽。

祝陳母吕太夫人

同門友如雲，元方吾所敬。績學富淵源，秉心去浮競。蕭然北扉中，蒼苔没無徑。披帷見其人，眉宇玉雪净。是爲節母兒，一角徵麟頲。母族稱姬姜，母賢比陶孟。崢嶸松筠姿，凛冽冰蘗性。三喪復三火，慘酷世無并。憑將一寸丹，撐撐待天定。苦節通神明，高門衍餘慶。以斯得賢子，明堂鏗玉磬。何以慰母心，德養當温凊。何以祝母年，月輪中天亘。彤管有餘輝，千秋永標映。

贈李厚庵閣學[一]

掞天聲望重鑾坡，壯節偏教涉轗軻。萬里丹心傳雁帛[二]，一軍赤幟偃鯨波。范韓事業清班少，丙魏功名壯歲多。鵬運扶摇看直上，巢林尺鷃待如何。

【校記】

〔一〕贈　原作「壽」，有改動。

〔二〕帛　原作「白」，有改動。

題龍丘楊氏五代圖

世德多載述祖篇，何如圖畫見先賢。紫芝眉宇風塵外，綺里衣冠異代前。醴水有源皆到海，鄧林無樹不參天。知君杯棬無窮思，懷捧緘題到日邊。

贈某撫公

間代生人傑，來時見鉅公。勳名麟閣上，風概紫霄中。世業韋平舊，家聲節鉞同。中銓班最貴，亞相地尤隆。雅量推徐勉，清操比鄭崇。公才深主眷，簡在切宸衷。賜錦新兼豸，軒車并畫熊。召公勞治陝，畢傅借鼇東。漢牧荆梁重，唐藩楚蜀雄。山川説魚復，道路入蠶叢。湘漢飛湍接，襄樊雲棧通。旌旗巴子國，笳吹楚王宫。猿鳥争迎仗，蛟龍亦避驄。智謀推武庫，教化得文翁。分閫勤應暫，持衡望轉隆。履聲方佇聽，台鼎待元功。

送朱裔三任江寧郡丞

裁看秘閣檢泥書，又見雄藩載隼旟。吴楚上游煩轉餉，股肱名郡領儲胥。南朝金粉銷魂地，天塹江山拄笏初。最喜浙西風物近，新秋入饌有鱸魚。

寄壽黄伯宣太翁

籃輿强健八旬身，紫誥重封三十春。丹穴不隨威鳳去，孫枝長與老桐新。一編家訓流傳久，累葉巾箱授受真。聞道虞庠延國老，何當巖谷起蒲輪。

壽符母范孺人

翼城有符君，履險脱弟難。仿佛古趙禮，高義炳霄漢。夫人寶賢耦，士行多所贊。辛勤推鹿車，謹潔舉鴻案。魚軒不之官，療母畢餘算。畫荻教兩兒，長離奮其翰。汾晋多賢女，母也展邦媛。題詩介壽杯，鐫茗庶無漫。

壽王惕若

韓侯臺畔訪茅齋，皂帽風流遠可懷。卷剩將三雅共看，山長與一琴可偕。青箱傳後貧逾好，白社修時晚更佳。遥識萊衣雙舞處，南星的的映清淮。

壽族叔允慎翁

吾姓本自楚，條分浙西東。何年北徙淮，瓜瓞綿齊封。任城信神皋，水陸居要衝。别祖遠相宅，燕喜開無窮。吾公繼名德，兩間萃淳龐。無言桃李蹊，不斲圭璋容。人倫仰班叔，鄉黨師鄭公。潛采未及攄，令子始飛翀。醴泉豈無源，華芝自有叢。藉兹蟬聯輝，益表世澤隆。余也托末胄，接武清班中。和鳴叶箕篪，彩翮偶鸞龍。未得拜高堂，企首望東蒙。今兹得摳謁，竟日披光風。五十正强仕，黑頭未成翁。無煩安期棗，豈羡留侯松。願以三槐枝，覆露□天蓬。岳雲雨待族，一氣資鴻蒙。

又 代

玉樹青葱世德存，重對紫誥望彌尊。將軍近識高陽里，數馬争看萬石門。浩蕩仙踪輕海岳，逍遥天樂寄丘園。鳴珂燕喜誇才子，欲取瀛池作桂樽。

壽龐年伯

襄陽耆舊數龐公，瀛海仍看世德同。雪筍冰魚徵獨行，還金讓屐見高風。圖懸五岳方軒舉，手種三槐正鬱葱。此日鳳鷁能戲彩，霞觴遠送紫雲中。

送慕見滄榷關武林

虎林雄關壓江水，關門峨峨亘天起。節使高牙鎮上游，千軺萬舫紅牙裏。司農奏課不可虧，秋荼密網誰能爲？何當官私兩樂利，萬人歌舞天南陲。兵曹才望今無兩，玉山高映雲臺仗。特領黄麻出算緡，國計邊籌在指掌。中丞開府臨吴閶，熊幡虎節遥相望。衍地滎河仰餘潤，儷天玉井瞻光芒。扶藜驂篠歡何極，引領雲霄下屏軾。惠澤應同紫海寬，風裁定比朱弦直。銜杯送君青綺門，雪花細點狐裘温。佇看明歲官梅發，一鶴歸來覲至尊。

壽徐健庵宫贊 代

彤庭掞藻擅龍頭，天下人文執掌收。力主敦盤還大雅，獨標輪蓋領清流。著書家富曹褒體，愛客人登庾亮樓。不用麥丘多頌禱，如君才地已千秋。

早分蘭譜得隨肩〔一〕，丹地仍逢雁序連〔二〕。入直共依青玉案，散衙時把白雲篇。吏情同舍知方朔，公望中朝屬茂先。佇待紫宸宣拜衮，詞頭欣與草鸞箋。

【校記】

〔一〕得隨肩　原作「得肩隨」，有改動。

〔二〕連　原作「隨」，有改動。

贈杜肇餘少宰〔一〕

峥嶸陶唐後，名世生比肩。唐臣如晦首，宋相祁公賢。流光被南紀，哲匠今騰騫。秉心浩淵海，績學包人天。黄流在玉瓚，清廟和朱弦。際會明聖主，寵眷師臣專。垂紳綸閣上，曳履升細旃。群才受衡鑒，萬彙資陶甄。暫歸遂孺慕，旋起操化權。側惟兵興來，海宇希晏眠。國計絀戎旅，軍需急緡錢。萬事取猝辦，生民頗愁煎。我皇堯舜資，圖治方乾乾。將因廓清餘，玉燭調八埏。伫公升鼎鉉，大運憑迴旋。澄清别流品，休息須普蠲。仁風鼓元和，王路歸蕩平。庶令耕桑民，再睹升平年。微生仰末照，蒙潤方無邊。將從簪裳後，拱手看凌烟。

【校記】

〔一〕贈　原作「壽」，有改動。

壽沈若翁九十

韋杜家聲炳日邊，靈光一老尚巍然。竹溪久已推前輩，洛社今看領衆賢。國以達尊光史牒，天將人瑞表林泉。臨雍他日求更老，就見還應訪百年。

壽陳母劉孺人

清淵陳節母，至行世間無。抵壁存家譜，糜軀治病姑。紗帷貧獨坐，鳩杖老能扶。天意輝銀管，千秋一楷模。

送陳太守

忠孝家聲日月懸，清郎才譽更無前。天憐名郡凋殘後，帝簡賢侯作牧年。暖律定能吹黍谷，盤根還仗握龍泉。吴淞亦是朝宗水，好載恩波到日邊。

送孫郡丞

城南韋杜舊家聲，作牧新看擁傳行。郡號股肱分半刺，人于盤錯佇雙旌。律迴黍谷三冬暖，水汲胥江百丈清。多少兒童驂篠待，飛花催送馬蹄輕。

壽龔祖錫方伯

特簡旬宣主眷隆，紅牙青雀指麾中。度支劉晏無雙略，轉餉蕭何第一功。萬里江流看浩澤，十圍棠蔭轉條風。宣麻拜衮尋常事，開濟還應屬鉅公。

南斗光芒接上台，遥知官閣壽筵開。鄒枚客到芙蓉幕，遏末兒傳鸚鵡杯。竹馬謳歌隨地有，紫泥音信自天來。龍山千載傳高會，燕喜何如集鳳臺。

送于子先督學粤東

凌雲才藻重藺成，簪筆爲郎有盛名。乍敞龍門臨禹穴，還携冰鑑到羊城。珊瑚網得千枝秀，翡翠籠將五色明。見説南翁文物盛，珠江早爲使君清。

送楊嵋松督學浙中

題柱仙郎早夢花，文瀾七澤浩無涯。乍收冀野空群駿，又攬天台五色霞。龍劍定知能躍冶，驪珠應是得披沙。遥看化雨沾濡處，父老歡迎擁若耶。

送俞夢符督學秦中

長安天府盛雄才，雲氣千年鬱不開。帝遣宗工騰彩筆，天移郎宿出中台。龍門高壓三峰敞，綉轂横分八水迴。仲默于鱗今伯仲，題名應爲洗莓苔。

壽宋叔邃尊堂

廣平門閥冠江東，銀管仍推閫德隆。林下芳聲傳咏絮，大家慈範著和熊。干霄珠樹班衣裹，屑玉真詮寶笈中。句曲自來稱福地，懸知百歲更方瞳。

壽沈繹堂宮詹 代

領袖清班三十年，才名少俊敢差肩。詩篇每被鷄林覯，題字嘗教鳳諾連。雅量涵來波萬頃，和風拂處客三千。趨陪幸得同青禁，一望丰標一爽然。

宫端地是古師臣，前席從容啓沃親。便殿昌言從補衮，大廷讜論仰垂紳。宣麻久繫蒼生望，調鼎還憑黑髮身。不用霞漿持介壽，玉盤仙露賜來新。

送丁次蘭虞部督學閩中

夙望鸞坡老，清名畫省郎。横經看嶽嶽，題柱識堂堂。吐鳳才華盛，雕龍品藻詳。紫淵開劍氣，東壁動星芒。乍擁衡文節，言臨閩海疆。三山依硯席，九曲繞宫墻。寰宇初歸馬，兹邦乍剪狼。圖書新拂拭，俎豆儼趨蹡。劇喜文翁到，真爲一鶴裝。冰壺虚映月，玉律迴含霜。教思沾窮髪，風聲被越裳。還朝伫旌節，槐棘有輝光。

壽許青嶼侍御

綉斧風裁霄漢邊，廿年林卧意翛然。身如洛社衣冠客，家住荆溪橘柚天。早玩六爻明損益，晚參三素悟丹鉛。莫嫌柱史通朝籍，許椽由來是列仙。

壽顧雨若尊堂

吏部清名奕葉垂，争誇鍾郝有芳規。謝庭繞膝誇三鳳，漢殿凌雲見一枝。紫誥欲鎸新琬琰，青燈猶夢舊機絲。曲江游子歸何速，爲趁華堂燕喜時。

壽王醇叔母夫人

鳳雛門閥冠東吴，節母辛勤更撫孤。截髮早年餘故鏡，畫灰中夜有寒爐。飛騰果見啣花雀，禄養今看反哺烏。何物北堂堪介壽，金莖仙露世間無。

壽慕鶴鳴中丞 代

東吴賢開府，歷歷猶可述。忠宣決積水，污菜始溝洫。忠襄減官田，租調始畫一。天生名世賢，民瘼資撫恤。遭時維艱難，樹勳乃宏闊。英英隴西公，才略不世出。一柱擎高天，孤航浮溟渤。憶昔撫吾吴，時事正勃窣。洪波浸淮陽，鵠面滿阡術。羽檄如星流，過師無停日。飛芻而造艦，萬事辦倉卒。維公弘濟才，綜理最精密。民力曲通融，軍興無乏絀。補綴窮萬方，早暮勞畫笏。坐待兵祲消，寒門回暖律。半壁煩搘撑，辛勤固莫匹。功高而謗生，賢聖莫能必。紛然蒼蠅點，蒙此白璧質。解綬翻就閑，輿人爲怫鬱。譬如涉川筏，脱險置巖窟。又如千仞堤，潮退翻見拙。他人方激昂，公意偏寧謐。一琴去轅門，三徑掃蓬蓽。春陂看種魚，秋社課栽橘。忘機狎鷗鳥，塵夢屏簪紱。直道托昊倉，公論憑史筆。去思久彌永，深仁淪肌骨。竹馬餘謳吟，玉節時彷彿。即今生甫辰，頌禱千萬室。畏壘祝庚桑，陳辭不可訖。廣厦思棟梁，巖廊求丞弼。天心念舊勞，簡在殊未失。公雖半華髮，精氣還充實。潞國晚秉鈞，萊公老持鉞。卷舒各有時，龍伸在蠖屈。公其勉加餐，再起參密勿。

壽龔祖錫太常

一鶴清風冠百城，彤墀畫笏更峥嶸。特開棘陛延方岳，直爲巖廊杖老成。早有和風調玉律，暫分仙露濯金莖。便應憖□爲霖手〔一〕，寰海于今乍洗兵。

【校記】

〔一〕此處有脱字。

宛平夫人壽詩 代

綸閣開華日，金堂燕喜辰。瑞蓂舒應節，寶曆暖先春。鍾郝芳型遠，崔盧令範振。□尊媲上相〔一〕，一德贊元臣〔二〕。補衮龍文絢，調羹鼎味匀。肅雍垂雅化，密勿轉鴻鈞。紫誥光榮早，黄麻閥閲新。牽衣皆玉佩，繞膝總朱輪。内醖頒浮蟻，仙厨送擗麟。恩波天浩渺，禔福嶽嶙峋。淑問披彤管，昌齡指大椿。年年逢此日，珂蓋擁平津。

【校記】

〔一〕此處有脱字。

〔二〕贊 原作「比」，有改動。

送張□□令高淳

赤縣烹鮮早著聲，江皋新見擁旄行。地臨勾曲民風古，山接良常邑里清。萬井桑麻催夜織，千村烟雨課春耕。飛凫報最知非遠，屏扆先看紀姓名。

送張越青觀察廬鳳

薇垣草疏昔年傳，諫議聲名日月邊。千載嵩陽曾偃仰，一麾淮甸此旬宣。光風曉動熊蟠裏，化雨霄零竹馬前。琴鶴清標誰得似，輿歌應到五雲天。

賀安徽臬臺王 代

江皋萬井正謳吟，簡命仍教擁節臨。借寇久煩當寧念，來蘇真慰老農心。六條察吏霜威肅，三尺詳刑化雨深。竹馬計程先拜舞，岳雲早晚望爲霖。

壽北門公一百韻 代吳漢槎作。

北斗標乾象，南山絡地維。御天維聖哲，名世必英奇。浩渺方壺水，峥嶸若木枝。勳門高棨戟，華胄盛龍彲。中甫生非偶，風雲際不遲。釣璜符遠略，負鼎協昌期。峻節千尋表，澄懷萬頃陂。龍泉無錯節，金鏡絶纖翳。早繫蒼生望，深蒙聖主知。兵農煩歷試，謀斷足兼資。漢殿看孤鶚，虞廷見一夔。服休公望重，爰立具瞻宜。取次升元宰，魏□總百司〔一〕。垂紳居紫閣，正笏立丹墀。開濟秉時會，經綸大展施。决機迎刃疾，剸劇亂絲治。巨浸孤航泛，高天一木搘。片言分否泰，隻字定安危。房杜功難見，良平迹罕窺。含生徒皞皞，舉世但熙熙。往者妖氛動，紛然羽檄馳。長蛇横庾嶺，烈火沸昆池。三蘖鈎連固，諸軍格鬥疲。君王方儆惕，朝野正憂疑。此際惟師保，深宫切倚毗。披圖陳大計〔二〕，造膝贊成規。晝接陰常改，宵延漏屢移。奇謀前席箸〔三〕，勝算一枰棋。列將憑驅遣，聯營任指麾。軍心繫裴度，賊膽破韓琦。天上來戈甲，雲中降虎貔。滇黔俄電掃，嶺嶠遂風劘。横海無傳箭，平淮有樹碑。普天安枕席，率土脱瘡痍。談笑操車駭，從容轉器欹。方知附肺疾，獨賴折肱醫。功大心仍小，班崇禮益卑。委蛇瞻雅度，磬折想丰儀。精白承天眷，勤勞答聖慈。玉衡懸不倚，冰鑑照無私。翼翼持柔轡，斤斤凛素絲。六箴頻獻納，十事切論思。每厭頽風競，深憂薄俗漓。人才辨蘭艾，流品别澠淄。薦達惟公正〔四〕，延登絶險詖。獨持寬大體，遠立太平基。謀國忠誰嗣，傳家儉可師。厩無粟食馬，室鮮玳簪姬。頗怪汾陽侈，常嫌越國靡。温恭存誠範〔五〕，清白作留遺。愛士忌軒冕，憐才甚渴飢。寸長蒙剪拂，片善荷嗟咨。開幕招孫楚，當朝説項斯。百川趨溟渤，列嶂拱峨嵋。賤子悲淪落，生平足險巇。倘非蒙大造，安得及今兹？夙忝烏衣族，曾爲蠟鳳兒。璦林枝照灼，鳳穴羽參差。作賦規王粲，裁銘準陸倕。雲霄期特達，英俊早肩隨。豈料遭羅織，居然被點嗤。謗書騰薏苡，讒口哆南箕。刖玉嗟何及，鋤蘭痛不辭。沈淪同漢錮，放逐踵湘纍。白草冰天外，黄雲凍海湄。妻孥從遠謫，母子作生離。苦月春傷骨，酸風夏透肌。零丁破巢卵，偃蹇觸藩羸。遺悶詩千首，澆愁酒一卮。劉楨命自薄，馮衍數原奇。迢遞鄉關隔，蹉跎鬢髮衰。鶴歸虚有夢，羝乳待何時？已分投荒老，空懷伏櫪悲。何圖雲閣上，忽枉惠風披。多難傷亭伯，能文念牧之。千金買駿骨，萬里贖蛾眉。俾免沙蟲化，教沾雨露滋。何殊甦腐朽，豈異解囚羈！嫩柳龜蒙舍，濃花少伯祠。老親重色笑，弱弟更扶持。往日愁何在，殘生樂不支。銜恩逾釁沐，矢報只捐糜。東閣鈴爲索，西園綉作楣。栽培存散木，蔭覆及寒葵。趙缶容輕鼓，齊竽許濫吹。高懸徐孺榻，深下董生帷。暖借青綾被，光分太乙藜。賜書翻甲乙，藏劍拂雄雌。卓犖看麟頊，魁梧依鳳姿。時徵錦帶事，閑和小山詞。幸自寬魚目，終然愧虎皮。酬知苦無地，努力竟何裨？寶曆三階正，鄉雲五色彌。已聞龜出洛，佇見鳳鳴岐。大業旂常紀，鴻名琬琰垂。格天同力牧，壽世等伊岐。瑞啓彤廷策，祥開玉曆芝。晶鹽餐似雪，璦醴酌如泜〔六〕。莫罄窺天管，難窮測海蠡。擊轅聯獻頌，苐禄永無涯。

【校記】

〔一〕此處有脱字。

〔二〕陳　原作「成」，有改動。

〔三〕箸　原作「借」，有改動。

〔四〕惟　原作「推」，有改動。

〔五〕存　原作「在」，有改動。

〔六〕泜　原作「泥」，有改動。

寄胡志修

海内幾人好風雅，平原使君絶瀟灑。三十專城擁節旄，筆下驪珠動盈把。君家學士人中龍，禁中燕許推宗工。秘書萬卷在鄴架，供君披玩何從容。雲司水部多篇翰，灼灼三入秀天半。更堪清嘯武昌樓，七澤烟濤吞浩瀚。只今麾蓋入青徐，岱色平看拄笏餘。一代詩篇歸品藻，千秋事業仗吹噓。伊余早有辭章僻，頗别酸醎與黑白。搜討縱横有歲年，蹉跎爲作長安客。何當策騎訪衙齋，扢雅揚風寫宿懷。昆侖一綫歸滄海，净掃蓬茅亦快哉！

劉端敏公入鄉賢詩

司寇風標不可追，空餘史牒大名垂〔一〕。公忠實繫巖廊重，清儉還堪後代師。是處班行存想像，到今父老尚謳思。祠官俎豆真無忝，片石看成墜泪碑。

【校記】

〔一〕垂　原作「追」，有改動。

壽許介墅八十

羊裘澤畔一幽人，樂志翛然絶世塵。推宅馬援貧自足，傳經服虔老逾勤。花深綉嶺扶笻杖，雨過桐溪墊葛巾。八十年華上元夕，銀燈遍燭彩衣新。

壽徐京山太翁

厚德清修世所尊，靈光無恙楷模存。三槐舊種琅玡宅，駟馬新高廷尉門。鶴蓋稱觴皆上客，宫袍趨拜有文孫。聖朝憲老須敦史，文獻千秋好細論。

壽高平公 代

萬壑赴滄海，群山宗衡霍。哲人豈虚生，百代垂矩矱。峨峨高平公，天民之先覺。許身必伊皋，探道自濂洛。應世協昌期，鳳騫而龍躍。迴翔金華省，獨坐石渠閣。惟帝勤念典，就將資啓沃。□□得醇儒，格心在講幄。補天妙無痕，匡濟何其博。文衡秉森嚴，史筆操卓犖。金銅受陶鎔，梗楠就繩削。龍門豁中天，群材欣有托。小子樗散資，泥塗久屈蠖。十年困公車，席帽甘漂泊。一朝荷甄收，鉛刀露鋒鍔。仰荷生成恩，感激非疇昨。蓬山富英材，至尊親拔擢。蒙公特薦延，百鳥奬一鶚。遂得厠北扉，秘書就探索。中郎拔焦尾，荀公賞牛鐸。明明國士知，此德諒難酢。公望更無前，帝眷日隆渥。鼎耳望彌尊，台階光照灼。黑頭未爲榮，黄扉詎爲樂？所欣及昌辰，八荒罷宵柝。致君如黄姚，熏風舞韶箾。

壽周魚服先生 代

廿年清望表懸魚，華髮居然賦遂初。三仕歸來無負郭，一經傳世有藏書。庭前蘭草爲珠樹，杖底藜光上石渠。更老漢庭知有侍，蒲輪絶勝晝熊車。

贈□□□

涇原人物夙稱雄，德望群推張長公。月旦名高關輔裏，天人策冠漢庭中。鳴琴早識雙鳧影，數馬遥傳萬石風。勾漏丹砂猶得采，可能分餉鹿皮翁。

上巳脩禊□□園作

雲物偏於此地幽，年年禊飲一相求〔一〕。行春酷愛廉纖雨，藉卉真成汗漫游。北海坐從詞客滿，東山身爲草堂留。搴芳拾翠多情思，好憶江皋杜若洲。飛花入坐促傳觴，新柳陰陰緑滿堂。雨後山光浮埤堄，夢中草色認池塘。盍簪人物傾江左，虚左風流憶大梁。最是新晴天氣好，一簾清影對瀟湘。

【校記】

〔一〕飲　原作「幽」，有改動。

威儀巷

威儀巷，不容車。有一儒，其中居。峨衣冠，談詩書。規以步，矩以趨。儒爲誰？應先生。嗣寅。學道不希世，著書不求名。詔書徵聘不肯起，潛修篤行經鏗鏗。薄俗久輕儒，下士或非笑。冥漠歸下泉，神珠竟埋照。何意中丞公，聞風慕其賢。幕府日夜翻遺編，謂是真儒得宗傳。割俸刻之日星懸，崇祠俎豆宮墻邊。行人過舊廬，拱手生恭敬。始知儒術尊，軒冕難爲并。嗚呼！豈無耆儒樸學矻矻師顔曾？老死巖谷無名稱，生不逢趙中丞。

贈獅山靈白

舊識栖真老，高眠獅子巖。定身融水月，秀髮冷松杉。剎自三天涌，花從百鳥銜。不妨同寶掌，混迹在塵凡。

壽周五吉表兄

崇禎年間五十相，相門一一雲霄上。幾家子孫今有聞，平泉草木誰無恙。吾里相公清且賢，金莖屹立冰壺懸。秉鈞當軸日雖淺，霡霂已足霑八埏。留餘不盡宜昌後，文孫奕奕瓊林秀。青箱家學擅淹通，萬石流風推篤厚。廉泉讓水夾門閭，薛鳳荀龍左右趨。寢丘猶食先封德，鄴架仍藏舊賜書。史筆千秋看論定，專祠瞻拜衣冠盛。名賢豈可無後人，不然雀桁爲荒徑。君今七十正康强，齒牙未落鬚眉蒼。婚嫁都了無一事，臘殘惟有搜詩忙。安和自得養生理，遠逐龍威近綺里。授書猶可帝王師，不遇子房休墮履。

贈徐飛雲

英妙如君衆所誇，文瀾潮海闊無涯。禰生賦就不加點〔一〕，温子詩成但八叉。璞剖定當驚琬琰，泥蟠猶自蟄龍蛇。下帷知近栖賢谷，準擬相尋十里花。

【校記】

〔一〕禰生　稿本訛寫作「穪生」，據文意改。

贈某師

人皆争法席，師獨住深山〔一〕。避世重湖外，藏名一笠間。觀心潭月湖，聽法鉢龍閑。不爲龐居士，應知懶出關。

歸田百事拙，學道萬緣灰。正擬尋師去，何期卓錫來。草長人不見，雲冷鶴空回。尚有金庭約，殷勤掃碧苔。

【校記】

〔一〕獨住　原作「猶坐」，有改動。

祝郭華野〔一〕

吾邑難爲宰，賢侯政獨成。村無胥吏迹，家有誦弦聲。甘雨神靈澤，羔羊父老情。南溪新有社，歲歲祝長生。

【校記】

〔一〕祝　原作「贈」，有改動。

贈馮躬暨世兄

東閣趨庭最小年，居然按部越江邊。聰明霜鍔無留牘，潔净冰壺不取錢。剡曲山川渾鏡裏，平津賓客半尊前。流傳佳政東山去，折屐應知爲何玄。

贈盧樹侯世兄

幾家裘馬競翩翩，愛爾遺經獨討研。才大修鱗騫碧浪，調高清瑟泛朱弦。身同執玉真成貴，門可張羅始是賢。怱怱支床將一載，思君特上剡溪船。

贈盧獻華師伯

二陸雙丁早擅名，龍頭終自數難兄。傳經日下推韋孟，射策廷中重董生。剡曲藤蘿官燭静，栖溪冰雪講堂清。石渠空有趨庭夢，不及江船一葉輕。

壽盧太師母

忝爲師門士，夙聞太母賢。母年二十四，柏舟涕漣漣。膝前有兩孤，郭外無寸田。十指出布粟，畫灰授殘編。嚴切過恒情，慈極使之然。荓蜂相辛螫，豆萁自烹煎。吞聲忍難忍，滴泪穿重泉。天行久回復，鳳鶵兩蹁躚。或徘翔丹山，或騰凌紫烟。家聲始一振，破顏寒燈前。譬如老舟師，捩柁出洄旋。危險飽經涉，及今履通川。又如古松根，屹立冰霜天。坐待陽春回，枝葉重鮮妍。天心立人極，使母更顛連。以誨爲人母，勖彼砥節堅。節苦報亦厚，晚穫爲良田。母年垂七帙，師位槐棘邊。茀禄正無疆，頌禱諒難宣。歌詩播彤管，垂輝百千年。

壽吴節母 慶伯嫂。

銀管何寥落，清門得女師。懸魚成雅操，畫荻表貞規。雪竹蟠根苦，霜烏引哺慈。佳兒能踵美，流涕説紗帷。

贈王顓庵宫贊

衡文端合領清班，帝簡宗臣豹尾間。百代圖書分虎觀，三霄旌節下蓬山。虚明儼有冰壺照，峻極寧教鐵鎖攀。漫説人文盛南國，藜輝今始映江關。

處處掄材沸頌聲，虎林經月聽分明。西家車胤無完褐，東舍匡衡有宿名。和璧剖時餘泪涕，鹽車脱處總長鳴。只愁琴鶴蕭條甚，坐對寒江徹底清。

挽莊太夫人

大年稱百齡，隆古所希有。况乃世澆漓，人命脆蒲柳。頌禱徒空言，幾人得眉壽。優曇開一花，高門見壽母。母德存鹿車，清儉性所守。母訓垂紗帷，經籍常在口。一堂奉高曾，半百甘虀臼。以斯迓天休，蓼齡固神授。况復憲副君，誠孝籲天久。延年祝東皇，益算乞南斗。母竟享期頤，數閏逾九九。委順謝人間，哀榮足不朽。孝思尚無涯，恨不彭籛耦。余亦麻衣人，血泪迸泉藪。吾母亦大賢，陶孟相先後。胡不登七旬，藐孤棄如帚。孤也實無良，天心何薄厚。臨奠增感傷，寸腸疇能剖？

贈何相如大令

今年計典稱平允，循卓如君信絶倫。野老久傳溪渡虎，家人愁説甑生塵。澄空不受纖雲點，大冶能回萬象春。早晚鋒車催内擢，閭閻憂喜一時新。九重側席侍循良，讜論英猷好拜颺。公輔起家多郡縣，臺垣封事半農桑。遥林早有攀轅色，馴鹿仍看夾轂行。京口百年人物少，祝君勳業嗣文襄。

挽杜太夫人

絢練春波郭，峥嶸節母坊。司空祖母曹太夫人，以節被旌建坊。千秋誰接武，一室有重光。女士追鍾郝，青門叶鳳凰。鹿車真共挽，鴻案每親將。姑老□兼營，家貧宿異糧。質書傾翠鈿〔一〕，典米折珠囊。林笋爲餐素，江魚入饌香。晨春遲積雨，宵織咽寒蛩。辛苦嗟何道，艱難實飽嘗。鴻慈綿世澤，厚德啓禎祥。天與夔龍嗣，朝分鴛鷺行。蓬山俄領袖，綸閣早徊翔。清廟尊鐘鼎，雲臺倚棟梁。孤卿方柄用，勳烈正焜煌。報德春暉永，寧親彩袖長。嘗羹頒内饌，獻爵引天漿。處貴謙彌下，居豐儉不忘。門庭清似水，訓戒凛于霜。福履綏無極，休嘉集未央。如何瑶海路，忽隕婺星芒。颯颯風驚漄，皚皚雪覆邙。楓宸爲慘黯，槐序一蒼凉。三釜深悲慕，重泉酷痛傷。堊廬聞咯血，土室見支床。下士曾銜恤，于今有鉅創。叙哀心共切，溯德筆難詳。大孝無終匱，深思在顯揚。哀榮公已盡，慈孝世誰頏。獨愴蓬根陋，虚慚荻字芳。不堪歌薤露，攬紙涕浪浪。

【校記】

〔一〕傾　原作「兼」，有改動。

寄懷吴商志

國士途窮日，羈栖到百蠻。澄懷祛瘴厲，豁眼對江山。勾漏陶公賒，昆侖狄將闗。論兵與錬藥，留滯幾時還。

壽錢庸亭

早參盧駱雄文苑，晚逐常楊直禁廬。史稿百篇嚴衮鉞，詞頭一字貴璠璵。聖朝自可容孤直，時論終難恕樸疏。一曲鑑湖歸計足，笑他衰白未懸車。

澹沱風光强健身，絶勝鞅掌作勞薪。看山幸有焚魚侶〔一〕，問字仍多載酒人。塵世功名推斂速，仙家標格品題真。靈威只在包山近，采藥耕烟好結鄰。

【校記】

〔一〕侶　原作「客」，有改動。

壽秦對巖前輩五十

早升東觀歸民譽，再入西清荷主知。前輩風規存澹静，名賢標格愛栖遲。鑑湖乞與恩非淺，薏苡分明謗不辭。高卧龍山頭尚黑，趨庭彩服最相宜。

浮雲過眼百年身，何苦東華没軟塵。賦就郊居堪送老，書成集古肯憂貧。金庭玉柱清都永，翠竹黄花曠劫新。只恐謝公還捉鼻，未容麋鹿久爲鄰。

同陳非園集李木庵前輩齋作

邸舍頻教賤彩箋，江鄉重此醉離筵〔一〕。羈窮不作諸侯客，樗散仍蒙知己憐。看弈市朝都眼底，吟詩巖壑落尊前。此身已作蜘蛛隱，卧看雲鴻上九天。

黄門風節凜松筠，著述由來富等身。九史異同删并細，五朝忠佞品題真。纘承家學憑南董，私淑流風愧豹騆。此日遺編重捧讀，無因泉下起蒲輪。

【校記】

〔一〕鄉　原作「都」，有改動。

贈李惺齋

詞臣職喉舌，文柄宜典領。自昔歐宋流，衡鑒常獨秉。比來畫成例，騏驥局不騁。聖皇勤疇咨，哲匠羅秘省。簡注廬陵公，禁中得懷頲。謂宜典文章，廓掃榛蕪境。再命開鎖闈，高步華峰頂。復念南斗分，人文浩瀛溟。俾公出掄材，探珠挈修綆。維公名世資，家聲紹鐘鼎。高標跨百層，雅量涵千頃。誓心酬殊恩，夙弊期一屏。逸材必空群，寒畯皆脱穎。無梯鐵壁高，澈骨秋潭冷。斯文還雅醇，多士絶僥倖。弦誦氣始蘇，童叟争歌咏。抗章黜浮濫，淄澠别井井。儒先位次訛，博討思釐整。讜論雖未行，大義日星炯。伊余忝夙知，簦笠時造請。安溪燭有蓮，猗氏壇餘杏。迄乎厠班行，花磚時接影。作雁謝能鳴，爲木慚多癭。一麾放江湖，迴首天路永。土室形神傷，麻衣涕泪迸。側聞旌麾來，欣喜一延頸。東壁正光芒，乘時杖公等。倘復念故人，垂輝照烟艇。

贈理安和尚

坐斷東吴八九峰，還來祖席闡宗風。醫王應病藥隨手，老將行邊兵在胸。澗路撥開雲片白，海門迸出日輪紅。朝來一唱如雷震，贏得千山耳盡聾。

壽吴江令趙玉林

乍聞薦剡騰西極，忽見除書下北辰。人以疲勞思樾蔭，天將盤錯試風斤。單車到日琴堂静，露冕開時蔀屋春。朋酒恰宜爲介壽，輿歌巷咏一時新。

劇邑無言難卧治，已看舊令赤霄行。催科有道民仍樂，聽斷無私吏自驚。螟持去時禾稼盛，陽驕謝後水波清。九重側席求循吏，屏闥應須早列名。

贈天長令楊瑞伯

壯縣淮南數石梁，仍聞水旱苦農桑。蠲停信有皇恩大，撫恤還憑吏治良。糜粥四郊無病鵠，甘霖一夜失飛蝗。此邦自昔多賢宰，風績期君嗣二楊。

游瞻園作

背郭茅堂帶緑疇，冶山佳處恰當樓。千竿修竹常驚雨，四面垂楊易得秋。知足何人如白傅，就閑隨地有菟裘。玉門萬里歸來晚，載酒無因得共游。

賀淮陽道魯謙庵擢河南臬司

天下廉平有魯恭，湛恩十載浹吴淞。懸魚風操追三古，驂篠謳吟達九重。得展經綸須岳牧，力扶泰運仁夔龍。外臺特簡新綸渥，喜溢江村饁餉農。汴洛天中古帝京，提封雄闊待澄清。六條察吏風霆肅，三讞詳刑水鏡平。嵩岳烟巒堆案出，梁園賓從擁旌行。東吴父老殷勤祝，開府還來領百城。

贈淮安太守單予思

一門花萼盛名垂，公望尤聞屬白眉。畫省十年長珥筆，清淮千里近褰帷。政平河岸無龍蟄，令簡桑田有鹿隨。江表憑君遺惠在，吴兒何日把旌麾？

贈韓珠巖前輩

石梁地四通，志乘少賢傑。天開治山秀，于今乃一發。清門挺逸才，終賈讓英絶。驪珠吐晶光，琅玕秀玉節。弱冠登鑾坡，桃李森成列。歸來甫畢娶，盛事傳窮髮。孺慕依二親，陔蘭芬可掇。林栖逾十年，意若無蓬闕。嗟今仕宦流，中腸何逼熱。競進帆趨風，争先車鬥轍。何意炎蒸中，泠然見冰雪。清恬方謝安，澹静師諸葛。足知公輔器，迥與尋常别。月渡水一泓，萬象涵澄澈。流光滌塵顔，千秋有餘潔。

贈安徽撫軍薛梁公〔一〕

上郡古雄邊，清時産大賢。聲華軒鳳翥，材略淬龍泉。敭歷單車始，謳吟海國偏。于公善平反，召伯久旬宣。寵眷楓宸切，超遷岳牧前。月卿資論納，槐序仁陶甄。江甸封疆重，巖廊倚畀專。仍煩玉節駐，重見歲星躔。皖水明于鏡，潛江直似弦。百城無横吏，九野有豐年。政簡風能肅，心清俗每便。兒童期竹馬，父老咏桑田。不淺南樓興，時題北海篇。故交敦縞紵，佳客贈蘭荃。夙聽明光履，今看幕府蓮。雲泥嗟異路，雨露喜同天。懶慢嵇中散〔二〕，羈孤謝惠連。閒携五岳屐，來就下江船。頌德聊濡翰，歌風一扣舷。生花筆尚在，還擬賦龍眠。

【校記】

〔一〕贈安徽撫軍薛梁公　潘氏手稿本遂初堂稿丁卯卷作「贈薛梁公開府」。

〔二〕嵇中散　原作「稽中散」，即三國曹魏中散大夫嵇康。據此改之。

贈安徽臯臺多君恒〔一〕

保障江淮惠愛存，上游持節望彌尊。棠留名伯長無剪，獄到于公更不冤。掌上河漕有成畫，坐中談笑總經綸。禰生不敢輕投刺，幸枉干旄得細論。

【校記】

〔一〕贈安徽臯臺多君恒　潘氏手稿本遂初堂稿丁卯卷作「贈多君恒臯臺」。

贈江右藩臺張淡明

柱史清名重柏臺，雄藩歇歷杖鴻材。晋閫已見條風沛，江楚仍欣膏雨來〔一〕。百縣輸將憑減節，十年兵燹荷栽培。三吴幸托鄰封近，何日能邀棨戟開。

【校記】

〔一〕欣　原作「幸」，有改動。

贈江右臬司孫

淮甸曾邀驄馬臨，仁風野老尚謳吟。章江復喜旌旄駐，肺石仍聞雨露深。慎獄遠宣明主澤，祥刑迴有古賢心。驕陽此日無憂旱，愷悌如君已作霖。

贈江右督學何豫嘉〔一〕

省寺迴翔三十年，還攜冰鏡到南天。章江人物前朝盛，鹿洞規模海内傳。校士遠披龍劍氣，衡文精辨谷簾泉。梗楠采罷無餘事，露冕惟應咏五賢。

科名鄉里推前輩，劍佩中朝托後塵。萬里君爲持節使，百年吾是繫匏身。山樓坐月呼黄鶴，浦岸行歌采白蘋。倘倚故人相慰藉，一尊同醉九江春。

【校記】

〔一〕贈江右督學何豫嘉　潘氏手稿本遂初堂稿丁卯卷作「贈何豫嘉督學」。

贈廣撫李毅可

節麾臨莅遍南天，帝念勞臣簡注專。嶺海百城資鎮靖，梯航重譯仰旬宣。仁如羊祜留襄日，静比韋皋鎮蜀年。十載瘡殘新起色，寒門春在燭龍邊。處處扶犁聽頌聲，封章乍報客心驚。樂羊有謗功逾顯，薏苡無嫌迹自明。獨鑒樸忠憑主眷，群揚雅化見輿情。雪消晛除須臾事，佇望夔龍翊太平。

贈臬司沈範先

尺五天邊宰相家，早聞才子踵聲華。元成淹雅廷中遜，小令風流海内誇。粉署迴翔瞻赤筆，滄江巡歷望仙槎。條風處處嘘寒谷，又拂羊城萬樹花。

送郎藩臺

歘歷旬宣主眷長〔一〕，柱天偉績重巖廊。五羊早聽扶犁頌，一鶴初看出嶺裝。蜑户人人感廉名，榕陰處處比甘棠。柏廬暫返還持節，開府東吴佇寵光。

【校記】

〔一〕長　原作「隆」，有改動。

贈柴藩臺雲巖

領袖龍鬣四十年，高携金鏡照南天。三湘早見棠陰覆，五嶺新看斗象懸。杼軸欲空煩滅節，瘡痍未起賴旬宣。倦游還有文園客，許話鄉愁玉節邊。

贈驛鹽道楊荆湖

清郎雅望冠榕臺，露冕還資開濟才。鹽策日南看煮海，郵籤嶺路見攀梅。政成好著桓寬論，事省堪銜山簡杯。信有江山助文藻，新詩一字一瓊瑰。

贈巡道陳

偉人樹立出尋常，萬里風雲際會長。功著玉門班定遠，胸藏武庫杜當陽。吟詩官閣梅花早，按部山城荔子香。滄海波恬無一事，南樓清嘯好相將〔一〕。

【校記】

〔一〕嘯　原作「咲」，有改動。

贈將軍王

制府聲名日月懸，謳吟遺愛滿南天。紉節經綸齊陸遜，元成功業嗣韋賢。龍旌三錫尊樞帥，虎旅連營鎮絶邊。羡殺嫖姚年最少，圖形身已上凌烟。銅柱勳名近若何，南溟萬里不揚波。樓船强弩軍聲壯，緩帶輕裘士氣和。賦就柏梁驚擊鉢，書將蠶紙笑籠鵝。出將何妨仍入相，九重側席念廉頗。

同徐方虎嚴藕漁吴漢章諸君集孫堯表憲副齋

千重瘴嶺一孤舟，難得清尊遣客愁。人聚碧山皆舊侶，筵移明月近中秋。閑徵典故憑藜杖，静閲波瀾美海鷗〔一〕。堪笑連朝尋鴿眼，使君棄硯最風流。

【校記】

〔一〕美　原作「静」，有改動。

贈南海令郭在公

仙掌金天矗，羊城海岸浮。之官君萬里，爲客我三秋。問俗思循吏，聽謡識細侯。貪泉渴不飲，玉井有清流。

贈番禺令孔

仙檜蟠根遠，看君秀一枝。鳳輝通碧落，鵬運近天池。禮讓儒風被，弦歌陋俗移。皇朝隆聖裔，遷擢未應遲。

贈李華西太守〔一〕

廉吏世所笑，使君能不移。操同貞婦守，心與遠山期。冷署既自力，美官仍若斯。由來獨醒者，偏在餔糟時。

峻介每傷刻，惟君仁有餘。素交多贈縞，窮士不歌魚。井野薰風裏，門庭淡水如。清齋蘇晋在，頻爲減園蔬。

【校記】

〔一〕此詩又見於潘氏手稿本遂初堂稿戊辰卷。

贈高要令劉時叙〔一〕

冰雪鬚眉百煉身，昆明劫灰不沾塵。增光科第誰如爾，撐拄乾坤大有人。青史異時標壯節，丹楓此日重貞臣。公卿强半由州縣，故遣雙旌牧遠民。

甑塵肯酌石門泉，碧海高秋一鏡懸。强項不阿憑砥柱，盤根立剖見龍淵。文章元白推前輩，治行龔黄儼昔賢。早晚彤庭待簪筆，好携一硯去朝天。

【校記】

〔一〕此詩又見於潘氏手稿本遂初堂稿戊辰卷。

贈舊潮州太守林武林〔一〕

鱷海風濤百戰餘，使君保障有名譽。彌天膏雨銷兵後，匝地桑麻展界初。遠宦不妨猜薏苡，故園正好就鱸魚。榕陰恰比棠陰密，載得謳吟滿屬車。

【校記】

〔一〕贈舊潮州太守林武林　潘氏手稿本遂初堂稿戊辰卷作「贈林武林」，原注「舊潮守」。

贈王定遠驃騎

早年投筆氣如虹，快意長乘破浪風。聚米山川歸掌上，畫沙兵甲貯胸中。建牙四面鯨波黑，吹角三更海日紅。磨盾還聞工草檄，雕蟲真合愧揚雄。

贈唐海門

信陵得侯嬴，奪符存邯鄲。桓温失王猛，拱手棄長安。所以古卿相，重士等璵璠。此道今不講，騏驥嘶風酸。唐生骨棱棱，奇氣胸鬱盤。叩以經濟策，奮舌如涌湍。枰内數着了，惜哉但旁觀。亦曾報知己，籌筆傾肺肝。時移終蠖屈，臨海横修竿。願獻萬言書，天高無羽翰。寶刀闞匣中，夜半光丸丸。賴其鋭學道，一簇排三關。直取摩尼珠，世事空花看。出塵須鐵漢，竿頭轉身難。但得追龐公，何用尋懶殘。

大佛寺度歲〔一〕

歲華人事兩相忘，兀坐禪關意味長。貝葉多情留客住，梅花無語笑僧忙。百年新曆銷陳曆，四海他鄉當故鄉。爆竹朝來工説法，通身迸裂見心光。

【校記】

〔一〕大佛寺度歲　潘氏手稿本遂初堂稿戊辰卷作「大佛寺同雪公度歲作」。

太皇太后遺詔至嶺南恭挽四章〔一〕

萬國尊慈範，三朝仰母儀。仁垂堯舜則，儉作掖庭師。昌運憑潛啓，淳風藉默持。深宫撫誨德，密切聖心知。

孝養三宫備，清寧萬壽康。普天蒙介福，薄海祝無疆。乍聽郊壇禱，猶希曆算長。忽看遺詔下，野老泪千行。

永棄椒蘭地，高依弓劍天。苔寒昭廟月，松慘孝陵烟。孺慕皇情迫，攀號國恤綿。珥貂勳舊在，嗚咽禁門遠。

請安曾綴列，賜饌屢沾恩。聖駕巡幸後數日，講官隨閣部大臣，至太皇太后安德宫請安，例賜酒饌。此日淹窮塞，無緣臨國門。漏天看旦旦，白服自村村。但願堯仁洽，何殊文母存。

【校記】

〔一〕此詩又見於潘氏手稿本遂初堂稿戊辰卷。

爲王太守題畫竹

畫家好手難畫竹，怕落粗疏與纖俗。是幅飄蕭覺有神，一段蒼寒戛冰玉。龍筋鶴骨秋珊珊，逸韻浮動生綃間。分寸具有尋丈勢，數竿寫盡琅玕顔。端州使君酌溪水，直節虚心與竹似。焚香展卷時對君，習習清風半天起。

贈真際詩

端州豈得無人物，共語寒山獨有君。點綴烟巒開勝地，討論圖志勒鴻文。樨香只許涪翁覺，蓮漏還容陶令聞。乞得籠葱九節杖，高秋點破萬重雲〔一〕。

【校記】

〔一〕雲　原作「山」，有改動。

壽吴制臺

畫閣凌烟第一勳，早將壽筆佐風雲。指麾坐掃鯨鯢窟，談笑風清龍虎軍。柱石鴻名三史載，鶴琴雅操九天聞。巖疆萬里勞彈壓，韓范功勳最出群。

象郡羊城一水通，星槎何幸被光風。榕陰桂露謳歌裏，翠羽砂床頌禱中。浴日仙山堪獻壽，拂天銅柱好銘功。元臣眷渥憑英主，父老還應祝聖聰。

送李毅可撫軍致仕還朝

見説中丞載鶴行，攀轅野老不勝情。來時嶺海如溏沸，去日官曹似水清。失乳嬰兒常慕戀，違陽鴻雁乍悲鳴。桄榔垂雨榕垂露，散作棠陰滿百城。

雲路翱翔四十年，南藩開府貴蟬聯。佳兒早作二千石，甲第長依尺五天。已遣大名垂竹帛，更教樂事占林泉。朝端多少夔龍侣，争似逍遥作地仙。

李華西招游七星巖

懶看筵前舞柘枝，佳辰吟眺最相宜。山如來老袖中石，人似仙翁橘裏棋。菜食衙齋分把菊，凉陰僧閣入漣漪。留歡竟日仍堅坐，悵望巖屏月上遲。

賀王立庵太守擢台灣道

天威遠震大荒東，日窟扶桑版籍中。初郡旬宣煩玉節，勞臣特簡自丹楓。寬和好布三章約，慷慨須尋萬里風。留得端溪遺愛在，不持一硯想包公。

夏日同許儀九游惠州西湖口占

夢想豐湖結伴游，欣逢公子并蘭舟。連宵宿雨兼天漲，萬壑奔泉匝地浮〔一〕。波底修纖摇白塔，林端縹緲出紅樓。不因觸熱來吟賞，誰信鵝城五月秋？

沁園罨畫水中央，露檻風亭面面凉。開府舊營樊重宅，郡侯新築益公堂。冰丸荔子當窗熟，錦織荷花壓酒香。最愛留雲亭上坐，一天詩景似瀟湘。

【校記】

〔一〕浮　原作「流」，有改動。

送高州守金大年〔一〕

韋杜家聲尺五天，清郎雅望舊無前。一琴裝好臨邊郡，五袴歌還嗣昔賢。淬鍔風斤無錯節，洗心塵甑有廉泉。蠻荒亦是文明地，易俗還須禮教先。

【校記】

〔一〕送高州守金大年　潘氏手稿本遂初堂稿戊辰卷作「送金大年」，下注「高州守」。

贈吕立山太守

蘭陵雅化尚謳吟，海國今看惠愛深。吹律幾年移黍谷，隨車到處有甘霖。百城共範懸魚操，萬户群知飲水心。紅荔緑榕都勿剪〔一〕，南翁他日比棠陰。

倦客端江久滯留，仍攀珠樹到羅浮。采風處處爲廉石，問俗人人頌細侯。鵝嶺朝暾催蠟屐，鱷湖晚漲送蘭舟。歸裝載得仁風去，傳與吴儂起棹謳。

【校記】

〔一〕勿　原作「弗」，有改動。

贈驛鹽道張振六

金天人物冠寰中，况是勳門世胄雄。早歲才華驚吐鳳，頻年政績表乘驄。象賢共識機雲俊，夾日彌高耿鄧功。持節天南煩持簡，欲將忠孝洗炎風。入對彤廷開府俱，温綸異數向來無。承家勳業標銅柱，報國忠忱皎玉壺。拄笏羅浮青萬壑，搴帷荔子熟千株。故人喜有班荆樂，客笥新成五岳圖。

贈學道黄予望

藜火南宫共校文，六年前事已成塵。倦游我正餐紅荔，寵命君方佇畫輪。金鏡高懸珠海碧，條風遠拂嶺海春。黄瓊公望原無匹，曳履還看入紫宸。

壽藩臺柴紫巖

四十年前蕊榜仙，幾人於此共擎天。閣中調鼎惟元老，嶺外承流仗大賢。丁亥進士通顯者，内有宛平相公，外有柴公。九服争傳琴鶴操，百城群誦袴襦篇。南溟瑞氣連南極，頌禱人來白雉邊。

珠海凉生玉露滋，銀河清淺桂輪移。欣逢産甫生申日，恰是乘槎駕鶴時。公誕辰當七夕。勾漏仙人餐雪藕，羅浮霞客送蘭巵。台星欲共雙星朗，乞取青藜杖一枝。

送僧大宗歸嵊縣〔一〕

跳出塵勞是丈夫，羡君勇猛割妻孥。生金出鑛非凡質，陶鑄惟應就大爐。芒屩南參到海回，菩提折向故山栽。剡溪不隔曹溪路，萬派都從一滴來。

【校記】

〔一〕此詩又見於潘氏手稿本遂初堂稿戊辰卷。

過龍川訪宗人□□

嶺外猶存秦縣古，城頭亂插夏峰奇。趙佗霸業餘荒井，蘇轍才名有廢祠。田依疊嶂人耕苦，江落層沙女汲遲。撫字重煩賢令長，獨清偏在倒瀾時。

龍川八景

太乙仙巖

秀拔炎州是霍山，仙巖迥在碧霄間。横空鑿出青獅口，架漢排成玉笋班。崖刻蟲書人莫識，甕儲天酒路難攀。藍橋坐斷松門月，一跨茅龍竟不還。

鰲湖秋月

清溪一道瘞成湖，千古風流憶小蘇。淡沱猶堪眠鶴鷺，澄清端可照眉鬚。雨添新漲層層瀑，月印寒潭顆顆珠。莫對桑田嘆今古，東瀛清淺報麻姑。

合溪温泉

信有温泉沸若湯，一溪流出異暄凉。丹砂凝處融金液，陰火蒸來變玉漿。采藥高人時漱齒，探奇吟客每搴裳。清泠不受纖塵污，絶勝驪山脂粉香。

龍臺晚眺

層臺隱映出花宫，極目川原指掌中。山抱孤城開積翠，江涵雙塔閃殘紅。烟村斷續牛羊日，隴畝高低禾黍風。單騎勸農尋故事，不妨竹馬對兒童。

龍潭飛瀑

澄潭源自萬山來，懸瀑晴空隱怒雷。百斛明珠傾壁走，千尋飛練劈風開〔一〕。濯纓好駐青藜杖，脩禊堪流竹葉杯。一壑一丘隨地足，石梁何必訪天臺。

【校記】

〔一〕飛　原作「風」，有改動。

嶅峰雪霽

嶅山高逼斗牛寒，天外雙峰捲幔看。嶺表日來稀見雪，冬深時復一封巒。白浮琪樹光偏皎，凍合瓊樓照未殘。欲向炎荒歌白雪，懸知此曲和人難。

梅村舟横

梅花村落枕江斜，問渡人來每踏沙。漁集并船多遠錯，樵歸壓檐有名花。長鑱短鍤幽人徑，獨樹疏籬處士家。解得鷄豚同社樂，罇尊好與答春華。

東山暮鐘

南朝古寺旁山隈，竹户松關鎖不開。僧踏花陰穿澗去，鐘隨月色過江來。偶因送客探雲嶠，閑愛烹泉掃石苔。願得訟庭無一事，携琴終日坐香臺。

贈韶關王省圖〔一〕

才子家聲尺五天，含香粉署盛名傳。愛看庾嶺梅花裏，遠泛星槎桂水邊。裕國自應脂不潤，惠商仍見地流錢。歸舟喜出雙旌下，共話蒓絲樂事偏〔二〕。

【校記】

〔一〕此詩亦見遂初堂集外詩文稿卷一。下稱「遂初堂集外詩文稿是詩」。

〔二〕共話蒓絲樂事偏　遂初堂集外詩文稿是詩作「共話蒓鱸樂事篇」。

贈贛關盛珍示〔一〕

吾吳近日多華要，長德還推盛孝章。學海文壇馳騄老，朝章國故討論詳。久淹郎署雲亭冷，乍泛星槎贛石長。平賦往時曾有論，仁風遥已被梯航。

倦游人自嶺頭回，秋雨連灘吼若雷。南國諸侯稀重客，中朝故舊尚憐才。歸心已被蒓絲引，別緒仍教雁字催。聞道官家不稅石，載將端石壓船來。

【校記】

〔一〕此詩亦見遂初堂集外詩文稿卷一，題作「贈贛關盛儀」。

贈江右督學邵静山〔一〕

章江文物盛雲龍，此日衰遲咽候蟲。不有宗工懸朗鑒，誰將大雅振頹風。泉分甲乙寒巖裏，劍别雌雄古獄中。吉水文山新氣象，佇看仙掌劈鴻蒙。

【校記】

〔一〕此詩亦見遂初堂集外詩文稿卷一，題作「贈邵静山督學」。

贈廬陵令陸慧聞〔一〕

本爲吴郡儒宗望，來治廬陵節義鄉。愷悌精明能并用，弦歌聽斷實兼長。滔滔難得中流柱，獄獄還期百鍊剛〔二〕。好與吾邦賢郭令，同將不朽報睢陽。陸與吾邑郭令，同被湯中丞薦拔。〔三〕

【校記】

〔一〕此詩亦見遂初堂集外詩文稿卷一，題作「贈邵静山督學」。下稱「遂初堂集外詩文稿是詩」。

〔二〕百鍊剛　遂初堂集外詩文稿是詩作「百鍊鋩」。

〔三〕陸與吾邑郭令，同被湯中丞薦拔　遂初堂集外詩文稿是詩作「陸與吾鄉郭明府，同被睢陽中丞薦拔」。

贈陳總鎮〔一〕

洪都雄鎮控彭湖，上將尊嚴佩虎符。卧護百城憑虎旅，折衝千里杖蝥弧。從容定變威名大，談笑鋤奸智略殊。紫禁只今思頗牧，佇開麟閣待訏謨。

【校記】

〔一〕此詩亦見遂初堂集外詩文稿卷一。

江右中丞宋牧仲招飲署中作〔一〕

中丞雅操久知名，入署真看如水清。燕寢凝香類禪榻，牙籤列架儼經生。尊前判牘無留事，松際吟詩足勝情。何必西陂歸卧好，衙齋渾似釣船輕。

宦路交游别有途，素心古誼似公無。不將冷眼看窮客，特設賓筵寵野夫。簦笠夙盟都不改，乾坤吾道未全孤。端溪鴝眼聊持贈，欲比鮫人報寸珠。

【校記】

〔一〕此詩亦見遂初堂集外詩文稿卷一，題作「宋撫軍牧仲招飲署中作」。

贈弋陽令顧湘佩〔一〕

江灘百轉到山城，黄葉風中聽頌聲〔二〕。邑有疊山知俗美，官餘塵甑識心清。盤根地只鳴琴理，帶劍人令抱犢耕。舊尹已看登省掖，佇君取次入承明。

【校記】

〔一〕此詩亦見遂初堂集外詩文稿卷一。下稱「遂初堂集外詩文稿是詩」。

〔二〕黄葉風中　遂初堂集外詩文稿是詩作「黄葉村中」。

贈鉛山令荆扶澗〔一〕

清溪一曲抱鵝湖，錦石丹楓似畫圖。分水關梁通海嶠，象山講院想真儒。乍還閭井哀鴻少，盡闢萊田碩鼠無。見説使君清比玉，明光早晚待飛鳧。

【校記】

〔一〕此詩亦見遂初堂集外詩文稿卷一。

贈廣信太守馮躬暨〔一〕

官高五馬未三旬，早達如君有幾人。孝可作忠當及壯，賢能師儉不憂貧。郡經兵革煩休養，人困征徭待拊循。治行野王真第一，定知父老頌平均。

東閣追趨憶往年〔二〕，吐茵授簡最相憐。飄零我似蛩吟草，騰達君今鶚上天。舊雨談深官燭裏，綈袍寒減布帆邊。午橋準擬明春到，攬取風謠報榻前。

【校記】

〔一〕此詩亦見遂初堂集外詩文稿卷一，題作「贈馮躬暨世兄新遷廣臨太守」。下稱「遂初堂集外詩文稿」是詩。

〔二〕追趨　遂初堂集外詩文稿是詩作「追隨」。

賀盧巨侯世兄入泮〔一〕

春秋用世卿，六朝重門閥。其時將相材，多在胄齒列。近代尊甲科，綺紈見輕蔑。才子自奮身，門廕非所屑。吾師近夔龍，諸郎盡英拔。次君舞象年，嗜學若飢渴。枕經而籍史，胸涵溟漲闊。文鋒劍發硎，光芒不可遏。角藝千夫場，一舉赤幟奪。世業在絲綸，蓬山君舊物。從此摶扶摇，青紫必俯掇。勉哉策堅車，天衢直如髮。績學以爲脂，多聞以爲秣。

【校記】

〔一〕此詩亦見遂初堂集外詩文稿卷一。

贈蒙陰令陳象山〔一〕

雄文卓犖早名家，此日初栽百里花。正賴盤根砥干鏌，何愁斗水困龍蛇。山城賦薄惟收繭，廉吏心清但試茶。佇聽循聲達霄漢，故人草澤有光華。

【校記】

〔一〕此詩亦見遂初堂集外詩文稿卷一。

贈臨邑令張禮山〔一〕

邸舍論文别七年，乍看除目一欣然。地偏且喜征徭簡，俗儉應教禮讓先〔二〕。史傳循良皆可到〔三〕，素心清白定能堅。停車早識鳴琴治，弦誦渢渢到耳邊。

【校記】

〔一〕此詩亦見遂初堂集外詩文稿卷一。下稱「遂初堂集外詩文稿是詩」。

〔二〕俗儉　遂初堂集外詩文稿是詩作「俗健」。

〔三〕皆可到　遂初堂集外詩文稿是詩「公可到」。

贈東撫錢朗亭〔一〕

冰雪爲心鐵作顔，朝陽一鳳出臺班。聖明竟遣豺狼竄，寵命仍看節鉞頒。直擬滄溟涵百谷，特教泰岱長群山。建牙聊展澄清志，公望長懸鼎耳間〔二〕。

早聞薄海謳歌遠，今見鼇東政化成。手教言言爲典訓，新條事事作章程。百城寧静無苛吏，九野熙恬少横征。聖主用人真卓越，從來源潔始流清。

【校記】

〔一〕此詩亦見遂初堂集外詩文稿卷一。下稱「遂初堂集外詩文稿是詩」。

〔二〕鼎耳間　遂初堂集外詩文稿是詩作「鬲耳間」。

贈楊臬司廷耀〔一〕

廉憲風裁著二東，鑾輿行處口碑同。超遷特出天心簡，召對彌膺帝眷隆。三尺平刑懸水鏡，六條察吏凛霜風。隨車早有甘霖沛，佇見無冤頌禱中。

【校記】

〔一〕此詩亦見遂初堂集外詩文稿卷一，題作「贈楊臬司」，注：「廷耀，彤華。從濟寧道陞授。」

贈學道任改亭〔一〕

天柱峰高截紫瀾〔二〕，英靈間代挺龍鸞。清裁霜翮凌風峻，雅操冰壺映月寒。簪筆才華蘭省重，衡文聖教海邦寬。吹竽競有新聲奏，雅調朱弦更一彈。

青齊文物舊稱雄，表海洋洋擅大風。振起只今逢聖世，陶鎔端合仗宗工〔三〕。網遺善剖懷中璞，燭隱能收爨下桐〔四〕。我欲東游泛滄海，釣鰲先喜遇任公。

【校記】

〔一〕此詩亦見遂初堂集外詩文稿卷一，題作「贈任學道」，注：「塾，改亭。」下稱「遂初堂集外詩文稿是詩」。

〔二〕截紫瀾　遂初堂集外詩文稿是詩作「截紫瀾」。

〔三〕仗宗工　遂初堂集外詩文稿是詩作「賴宗工」。

〔四〕爨　稿本原作「𤇭」，有改動。

贈鹽道喻〔一〕

筠洪父老正謳吟，特簡乘驄主眷深。鹽算由來資富國〔二〕，度支今日見冰心。人如劉晏爲朝衮，書比桓寬作義林。杼軸不愁東國困，岱雲膚寸已爲霖〔三〕。

【校記】

〔一〕此詩亦見遂初堂集外詩文稿卷一，題作「贈喻鹽道」。下稱「遂初堂集外詩文稿是詩」。

〔二〕鹽算　遂初堂集外詩文稿是詩作「鹽策」。

〔三〕已爲霖　遂初堂集外詩文稿是詩作「以爲霖」。

贈通判周燕客〔一〕

謝庭群彦有文辭〔二〕，政績今聞頌子奇〔三〕。拔薤風裁豪吏憚，懸魚清操路人知。灤堂未把論心袂，岳磴先看頌德碑。萬里扶摇須努力，元成德裕是吾師〔四〕。

【校記】

〔一〕此詩亦見遂初堂集外詩文稿卷一，題作「贈周别駕」，注：「燕客」。下稱「遂初堂集外詩文稿是詩」。

〔二〕謝庭群彦有文辭　遂初堂集外詩文稿是詩作「謝庭蘭玉兢葳蕤」。

〔三〕政績今聞頌子奇　遂初堂集外詩文稿是詩作「政績今聞頌白眉」。

〔四〕元成德裕是吾師　遂初堂集外詩文稿是詩作「原來德裕是吾師」。

贈孫少司馬作亭〔一〕

中樞一宿映藜輝，喬嶽滎河衆所依。謝傅林泉身自逸，潞公朝野望仍歸。雄姿健可呼鷹獵，仙骨輕堪挾嶽飛〔二〕。聖主只今思舊學，黄麻早晚出綸扉。

【校記】

〔一〕此詩亦見遂初堂集外詩文稿卷一，題作「贈孫少司馬」，注：「作亭。」下稱「遂初堂集外詩文稿是詩」。

〔二〕仙骨輕堪挾鵠飛 遂初堂集外詩文稿是詩作「仙骨轉堪扶鶴飛」。

贈蒲臺令嚴廣成〔一〕

大名都憲日星懸，繩武還欣有象賢。畿甸幾年傳拔薤，海邦此日見烹鮮〔二〕。湖亭對酒花圍艇，講院論心月在泉。漫道縈蒲堪縶馬〔三〕，即看飛舄去朝天。

【校記】

〔一〕此詩亦見遂初堂集外詩文稿卷一，題作「贈蒲臺令嚴廣成」，注：「曾業。」下稱「遂初堂集外詩文稿是詩」。

〔二〕海邦此日見烹鮮 遂初堂集外詩文稿是詩作「海邦此日試烹鮮」。

〔三〕漫道縈蒲堪縶馬 稿本作「謾道滎蒲堪縶馬」，據遂初堂集外詩文稿改。

贈濟東道陳鄰公〔一〕

分陝鼇東久著聲，揭來舞咏見輿情。金莖標格尊方岳，冰鑑風裁凜百城〔二〕。疲驛荒郵煩軫恤，棼絲錯節藉澄清。公才早已書屏扆，補衮巖廊望不輕。

【校記】

〔一〕此詩亦見遂初堂集外詩文稿卷一，題作「贈濟東道陳鄰公」，注：「俞俊。」

〔二〕冰鑑　稿本作「水鑒」，據遂初堂集外詩文稿改。

贈徐參將碩甫〔一〕

閩海摧堅第一功，居然破浪騁長風。舊犂蛟窟威名大，新鎮雲門節制雄。緩帶風流樽俎上，握奇方略笑談中。誰云吴産惟文士，麟閣行看畫鄂公。

【校記】

〔一〕此詩亦見遂初堂集外詩文稿卷一，題注：「德濟，蘇州人。」

贈登萊道丁次蘭〔一〕

仙藜餘照在蓬瀛，歘歷頻看擁節行。閩海衡文懸水鏡，膠萊察吏表金莖。褰帷天柱千峰秀，漱齒龍泉一勺清。雅化由來本經術，摳衣門下有康成。訪古閒登白雪樓，吟鞭忽到海西頭。丹霞絢彩三山曉，玉露生涼一葉秋。折柳班荆逢使節，柯亭劉井話瀛洲。勞山舊是神仙窟，乘興還思跨鹿游。

【校記】

〔一〕此詩亦見遂初堂集外詩文稿卷一，題注：「蕙。」

贈萊州太守楊孟商〔一〕

東萊形勝控青徐〔二〕，至魯風謡一變初。樂歲千村遺秉穗〔三〕，秀民萬户盡詩書。清風久拂懸魚閣，甘雨常隨夾鹿車。聖主勤求賢牧守，循聲早已達彤除。

【校記】

〔一〕此詩亦見遂初堂集外詩文稿卷一，題注：「聲遠。」下稱「遂初堂集外詩文稿是詩」。

〔二〕徐　稿本原作「齊」，有改動。

〔三〕遺秉穗　遂初堂集外詩文稿是詩作「餘秉穗」。

贈登萊曹總戎冲霄〔一〕

蒼山洱海樹奇勳，鵲印新褒霍冠軍。百二齊城歸節制，三千海島肅風雲。虎牙雄略天心簡，龍額威名屬國聞。賢將舊稱曹武惠，元功今代復推君。

【校記】

〔一〕此詩亦見遂初堂集外詩文稿卷一，題作「贈登鎮曹總戎冲霄」，注：「應鵠。」

贈登州太守張敬庵〔一〕

東牟僻在海東方，土薄山寒物産荒。撫字重煩賢牧守，循能欣見古龔黄。風清屬吏無苛政，惠洽灾黎有宿糧。聖代英賢多早達，羨君流譽滿巖廊。

【校記】

〔一〕此詩亦見遂初堂集外詩文稿卷一，題注：「文燦。」

贈蓬萊令程思令 明少司空之子，昆侖令叔。〔一〕

蓬萊原奥壤，仙令本能文。澤筆鼉磯硯，披襟海市雲。潮生看晚泊〔二〕，雨足課秋雲〔三〕。莫道京華遠，循聲遠更聞。

【校記】

〔一〕此詩亦見遂初堂集外詩文稿卷一，題注：「皋績，己未進士。」

〔二〕晚泊　遂初堂集外詩文稿是詩作「晚舶」。
〔三〕秋雲　遂初堂集外詩文稿是詩作「秋耘」。

贈膠州守張霞山〔一〕

懸魚久已著清風，名在睢陽薦牘中。三仕徊翔猶刺史〔二〕，兩岐歌頌復膠東。書成醇雅如繁露，堂築蕭間擬蓋公。我向勞山拾瑶草，羡君飛舄遠凌空。

【校記】

〔一〕此詩亦見遂初堂集外詩文稿卷一，題注：「象邵。」
〔二〕三仕　遂初堂集外詩文稿是詩作「三任」。

贈糧道劉寧侯〔一〕

鎖院深嚴昔校文，豸冠藜火一堂親。江關幾載疏鴻信，灤水今朝遇畫輪。轉餉籌邊資擘畫，均輸平賦頌寬仁。九重東顧嘉勞績，曳履行看上紫宸。

【校記】

〔一〕此詩亦見遂初堂集外詩文稿卷一，題注：「安國。」

贈萊郡丞汪韋齋〔一〕

握别青門已七霜，頌聲天畔日翔洋。榕城清操看携鶴，萊海仁風見樹棠。鴻信稀疏江月迥，萍踪邂逅濼泉凉。誇君一事游勝宦，獨上勞山望八荒。

【校記】

〔一〕此詩亦見遂初堂集外詩文稿卷一，題注：「元炯。」

壽周魚服先生

鳳飛戀丹山，玉薦思昆岡。得禄貴逮養，天樂唯高堂。同籍五十人，强半皆蒼老。蓉湖齒最少，二親并康强。太公仕有聲，懸車早徜徉。往年在金門，共稱六旬觴。同人正全盛，劍佩來成行。小子忝把筆，盛德曾鋪揚。十載異升沉，星流天各方。蓉湖獨騰達，奎壁舒光芒。持衡浙東西，桃李遍膠庠。戟門開壽筵，捧爵紛金章。濟美由世德，源深流乃長。公學爲醇儒，服官古循良。德流嶺海外，化洽鄒魯鄉。傳家以清白，訓子惟義方。憶昔借緑齋，蓉湖讀書處。庭訓粘十行。誦比金人銘，簡切不可忘。象賢能恪守，令名日翔洋。即今典文柄，尤體慈誨詳。誓心凛衾影，矢操嚴冰霜。幽隱拔遺秀，單寒采孤芳。頌聲溢寰海，譽望輝巖廊。以此博親歡，榮逾華衮將。三花接五雲，東璧連文昌。公其臻期頤，黄髮晞扶桑。燕翼房與杜，爲霖沾八荒。

壽邑令□

賢侯循績冠三吴，陋邑全憑撫字蘇。静比黄流渟玉瓚，清如白月照冰壺。神君早見車隨雨，仙令遥看舄作鳬。補衮中朝需雋妙，頌聲先已遍皇都。

壽汪母七十

休陽三汪君，秀擢三珠樹。有官不早爲，依戀慈母故。母也洵禮宗，折旋爲矩度。止孝婦而子，止慈母兼傅。訓勤老操作，訓儉身布素。雖處饒裕家，轗軻亦頻遇。百口涉兵氛，危巢撼風雨。辛螫無不嘗，獨身竟搘拄。才略誰則如，德掩乃不著。諸郎秉風徽，守身等珪璐。陔蘭吐白華，庭烏解反哺。至樂在天倫，浮榮非所慕。吾母亦大賢，嗟余作計誤。一污京洛塵，長慚閑居賦。何如君弟昆，色養無晨暮。母德茗華鐫，母顔瓊漿駐。况乃師竺乾，真乘開覺路。壽量優曇花，椿年何足數！

壽顧汝嘉尊堂七十

玉峰多名家，武陵最稱舊。名卿與魁儒，彪炳光前後。近來稍衰落，獨見一枝秀。詩書嗣弓裘，家業完堂構。厥惟有賢母，世澤培深厚。母雖産華腴，而性甘虀臼。鹿車儷親推，鴻案莊相守。訓勞凛敬姜，教儉師文后。睦欲仁六親，慈能蓄衆幼。哀然爲禮宗，鍾郝今再覯。寒潭映月清，古桂凌霜茂。七旬正康强，純德天所佑。鄙生忝通門，淑範夙所究。俯欣玉樹榮，仰幸椿枝壽。及此頌杜辰，一尊進醇酎。銀管如可分，苕華庶能鏤。

寄懷李述脩前輩時出守臨江

出入均勞自古良，肯將枚馬薄龔黄？股肱郡自天心簡，盤錯才于卧治長。飲水清如栖玉署，持衡勤似儉芸章。主恩柄用須敭歷，百鍊龍泉更淬鋩。

臨江風土最清疏，拄笏烟光畫不如。閣皂山高堪采藥，戲魚堂古好摹書。地遥未得同欣賞，政美還堪慰索居。倘憶二毛憔悴客，頭銜新署雪溪漁。

懷沅江令顧季貞

知君才似莫邪鋒，錯節盤根應不窮。小試斗城看壯績，遠懷蠻部暢仁風。馬羊金粟盟言厲，鹿穴壺頭顧盼雄。天産英豪須有用，脩鱗豈滯尺波中〔一〕？

話别蓬窗忽六年，楚雲吴樹兩茫然。迴思聚散真如夢，細數升沉各信天。老驥壯心千里在，霜鴻鎩翮一枝全。桃花源洞應無恙，只讓秦人自作仙。

【校記】

〔一〕尺　原作「赤」，有改動。

寄李建旒

淮浦逢君廿載前，早驚彩翮會摩天。才能似舅貧非病，學以娱親窮益堅。愛客嶺雲殊可贈，讀書官燭不妨燃。沅江風土還佳否，仗爾西行寄錦箋。

寄翁樵仙

莫陋辰陽在百蠻，宋均遺愛著人間。刀耕應念山田瘠，飛挽須知驛路艱。禮教自能袪俗陋，仁風端可革民頑。政成報最無餘事，秘簡還探二酉山。

寄張壽民

羨君作宰古名都，江漢交流儼畫圖。烟火萬家連鄂渚，帆檣一水接東吴。烹鮮政美輿人頌，拔薤風清柏府需。刻燭飛觴如昨日，可能開札憶潛夫。

壽徐健庵前輩

具區靈峰七十二，東山一峰最雄異。司寇徐公此著書，山名便與嵩衡似。公才公望今誰同，金莖屹立三霄中。經國文章高燕許，格天勳業尊夔龍。帝簡元臣眷無匹，爲霖作礪資丞弼。清班領袖長蓬瀛，機務彌綸總槐棘。彤廷奏對猶言疏，特開温室陳丹書。造膝時時參密議，格心往往攄嘉謨。位高屢上辭榮疏，稠叠温綸留不住。一王制作待裁成，詔移書局隨公去。人龍所至從如雲，知公避地兼避紛。萬頃滄波浸寒玉，此中高卧遺人群。天府圖書佐搜録，石梁英俊爲寮屬。包山仙隱訪龍威，禹穴靈文探百六。東山高高□崔嵬〔一〕，沐日浴月蒸雲雷。津逮何須羨麥積，風引何必臨蓬萊？百年鼎鼎波浪催，紅塵衮衮魚龍豗。何如濯足萬里坐，萬仞洪崖偓佺相往來歌東山，酌醇酒，起吹鐵笛爲公壽。蒼生引領謝公久，黑頭堅卧能安否？只恐新書未待成，綸扉還借調羹手。

【校記】

〔一〕此句疑有缺字。

贈徐越峰參將

君王神武馭群英，驃騎才應爲國生。燕頷飛騰瞻異表，龍頭傳唱識鴻名。折衝鯨海雲横陣〔一〕，卧護瑷臺雨洗兵。聞道禁中思頗牧，他時萬里藉長城。

【校記】

〔一〕横　原作「爲」，有改動。

贈台州太守吴

掞天夙望重蓬瀛，歘歷曹郎更著聲。良牧比煩當寧簡，仙區還仗擁旄行。孤標華頂千層峻，雅操靈江萬丈清。到處山農與溪叟，麥丘頌禱不勝情。

曾步清塵紫禁邊，校文鎖院記當年。一堂燈火渾如夢，十載萍蓬悵各天。謝客舊多山水癖，虞卿還擬著書傳。相尋官閣無餘事，新就台山賦一篇。

贈永嘉令任鶴洲

劍南秀出掞天才，海國欣逢展驥來。地似金甌無錯節，人如水鏡絶纖埃。課耕雨每隨車霈，造士花看滿縣栽。仙令飛鳧天闕近，吹笙何必上瓊臺？

贈温郡學博吴交如表侄

珠樹由來出鄧林，乍聞鸞嘯有清音。永嘉文物還如昔，安定規模儼在今。華蓋雲深初落屐，松臺潮白快披襟。他年領郡如攻愧，樓攻愧鑰由郡博爲温州守。泮水何難灑作霖？

贈温處道佟任庵

勳門戚里貴連天，開濟乘時見大賢。五馬南邦煩撫字，一琴江甸仰旬宣。任隆玉節澄清遠，地重金甌控馭專。簪笏雲臺人鵠立，黑頭争羡仲華年。

甌括山川似畫圖，戟轅開處一塵無。風清萬里懸金鏡，露冷三宵濯玉壺。竹馬風謡勝海嶠，衮衣聲望滿皇都。巖廊早晚燈良弼，霖雨還看潤八區。

贈李總戎文侯

金湯地重古東甌，獨擁高牙鎮上游。月静千屯貔虎肅，波恬萬里海天秋。巖疆盤錯憑彈壓，廟算從容藉運籌。聞道禁中思頗牧，尚衣新賜鷫鸘裘。

贈平陽令吴罄宜

蘭成射策冠當年，作宰名區雅化傳。百里誰言難展驥，一琴早已奏烹鮮。海濱鄒魯弦歌盛，寒谷陽春雨露偏。課最已聞書上考，飛鳬伫入五雲天。

酬徐子威

含香早晚上容臺，且爲看山入剡來。藥采三花與三秀，詩題天姥復天台。逢人祇可談風月，逃暑能無仗酒杯。選石評泉真樂在，期君直到括蒼回。

贈馮譽仲

烏衣年少競翩翩，誰似章安公子賢！風度鶴栖珠樹月，文章霞映赤城天。承家名績看題柱，經國才猷望濟川。白傅香山正堅卧，雲霄遲爾着先鞭。

贈鄭肇脩前輩

木天清貴地，寧談爲家風。後先相推引，進退何雍容。比來頗易轍，白晝喧魚龍。奔騰競先鞭，排擠淬鋭鋒。矯矯鄭夫子，振翼摩天鴻。明哲炳幾先，勇退洪流中。十載卧丘園，坐看蠻觸攻。待其風波定，從容還大蓬。至尊奬廉静，物望歸清冲。出視兩浙學，特簡由宸衷。朝野大歡快，金鏡懸當空。按部始兩郡，謳吟到兒童。采録盡寒畯，去取本至公。清澈一泓水，高挺百尺桐。足明仙藜照，不與凡燭同。鄙生忝後進，薄技慚雕蟲。謬分晝日筆，濫直明光宫。叨竊誠過分，况值風濤衝。非蘭亦遭鋤，是嫫寧見容。歸耕江海上，野鶴辭樊籠。興來訪名山，五岳收一筇。龍湫濯萬丈，華頂凌千重。邂逅逢使節，快欲披襟胸。人文盛浙西，山水奇浙東。倘因采風暇，蠟屐探幽踪。前茅有游草，畫出千芙蓉。

壽方紫垣尊堂

忠烈門風世所推，更欽節母有芳規。靡他早著堅貞操，難老仍歌燕喜詩。菊爲拒霜榮晚圃，松因耐雪秀孫枝。清門天欲留人瑞，定舉麻姑百歲巵。

寄壽冒辟疆八十

海上仙翁海鶴如，一筇五岳謝將車。新聲尚顧尊前曲，細字長鈔井底書。雀巷風流存栗里，甘陵人物到黄初。標枝摧盡孤松在，文獻天留劫火餘。

挽徐立齋相公

曠代生良弼，支天一柱材。正愁辭魏闕，俄報析中台。偉抱何曾展，丹心肯便灰？數行憂國泪，沾灑到泉臺。

元禮澄清志，曲江端勁姿。孤忠唯結主，直道竟違時。百鍊鋼難折，千金璧不緇。異時公論在，大節日星垂。

誰信黄扉相，歸來典帶頻。廉於身後見，貧到殮時真。封事半焚草，史編猶等身。斑斕餘手澤，凝想一沾巾。

俯愧雕蟲陋，深慚國士知。奇書分與讀，秘閣引教窺。白社壺觴約，青門汗簡期。此生看已矣，泪盡峴山碑。

壽徐果亭六十

丹山三鳳齊名早，瀟灑還君第一籌。恬淡無心參鼎鉉，優閑只愛卧滄州。終年鍵户無營競，永日攤書自較讎。人世風波都不涉，此身久已泛虚舟。由來翼足少兼全，難得身名獨泰然。池上白公仍有子，東門疏傳不求田。身無寵辱真天爵，道不榮枯即列仙。持贈端溪紫霞硯，祝君如石共安堅。

壽周卜遠六十

尚書世澤長，仍雲富才彦。君秉璠璵姿，雕龍譽早擅。拔幟争先登，廿載酣文戰。雖未摩天飛，一鶚空百鶚。性情愛修整，門庭常清晏。硯席無纖塵，花藥鬱葱蒨。樂淡味自甘，汲古道不賤。分韻誇毗子，馳走如風電。所得輕鴻毛，所失重鼎鉉。何如解天弢，冷然有餘善。君今登六旬，容顔如玉鍊。寧静自長年，松喬豈足羨？佳兒况鵠立，羽翮凌霄健。趨庭爛彩衣，天樂真可戀。我有天台藤，節節龍筋纏。留待君百年，提携爲君獻。

送汪晋賢之官桂林

我昔曾爲粤東客，羅浮丹霞震心魄。人言粤西山更奇，嵌空玲瓏畫天閣。惜歸草草未得游，七年夢斷灕江秋。忽聞吾友官八桂，坐覺逸興排雲浮。吾友才名照海宇，珊瑚枝柯鳳毛羽。十載栖遲懶作官，强復低頭就簪組。龍泉出匣光丸丸，剸煩治劇何足難。天教詞人守遠郡，佳山佳水容盤桓。笋削千峰攢郭外，不煩搜剔窮靈怪。龍隱栖霞琢不成，屏風水月圖難繪。莫學延之咏五君，且同文穆纂奇聞。寄來慰我探奇癖，坐擁湘南萬叠雲。

挽一韓兄

南國賢書早冠軍，蘭成才望九重聞。校文高映仙藜火，拔士真空冀野群。君典試山右，稱得士。雀巷名賢推覽舉，螭坳鴻筆倚淵雲。如何忽報長庚隕，夢繞池塘不見君。

鑾坡往歲得肩隨，叶響同聲塤與篪。愧我樗材成瓠落，羡君珠樹正葳蕤。三秋書劄遲黄耳，一夕人琴哭繐帷。遺草百篇誰檢點？士龍猶幸在蓮池。謂六弟。

挽虚山兄

比玉聯珠産異材，桂林先見一枝開。分符河縣栽花滿，擁節蠻邦載鶴迴。君曾勘事安南，有廉聲。典郡共知膏不潤，左官争恨鴆爲媒。拂衣歸卧從容好，鵬上承塵事可哀。

不遺散木托同岑，傾蓋班荆分誼深。問俗羊城時把袂，采風蘋渚數論心。驚聞劍氣埋長夜，痛絶荆株悴一林。憶别衙齋不重見，年年泪盡峴山陰。

壽王晋劉夫人六十

琅琊先生威鳳姿，妙年射策升彤墀。高步蓬山領著作，擁旄還作多士師。蘭催玉折嗟何早，羅雀門庭迹如掃。賴有中閨淑德人，含辛茹檗堅相保。上撫尊章下撫孤，班班慈竹泪痕枯。荻灰畫盡寒燈字，短褐挑殘舊綉圖。京陵禮範推嚴密，四十年來操如一。皓月長涵古井波，嚴霜不改貞松質。只今六秩舞衣班，身在苕華銀管間。長就青槐堪憂日，養成黄雀解銜環。莫言冷落扶風帳，房杜已看爲將相。苦節何愁不表揚，伫看褒錫來天上。合肥相公出門，故云。

送辟公侄任溧陽學博

千里霜蹄早出群，日邊才譽重凌雲。未從虎觀分藜火，且向鱣堂檢秘文。自有規模師鹿洞，可無學業繼河汾。吾宗此邑人材盛，謂一韓一門。競爽争雄正賴君。

挽戚元公

江鄉寥落一耆英，味道胸懷玉屑清。正喜傳經留伏勝，何期叶讖失康成。風流頓盡悲先友，模楷云亡惜後生。獨檢遺篇相付托，可知不與世争名。

贈汀州傅太守

司空勳閥重鹽梅，踵美還須獨步才。濟世雄襟吞七澤，承家厚德嗣三槐。峥嶸畫省看題柱，清切郎官接上台。帝簡望之先出守，名邦憑仗擁髦來。

客行嶺路足艱辛，自入汀南氣象新。草木盡沾隨轂雨，兒童能頌使君仁。心清獨酌廉泉水，律暖先回黍谷春。猶有石渠殘史筆，細書佳政入貞珉。

贈長汀令宗人話儀

尋山問水到天涯，喜聽吾宗政績嘉。清操冰壺涵月露，深仁膏雨沛桑麻。朝天已就雙飛舄，補衮先栽一縣花。盈耳頌聲來竹馬，轉令棣萼有光華。

贈黎宣巖〔一〕

壯縣名州綰綬頻，林居强健就閑身。謙恭不異衡茅士，篤厚猶如慶曆人。生子皆賢多不累，有兄同老樂方真。衰遲厭見澆訛俗，喜接光風一室春。

【校記】

〔一〕贈黎宣巖　原作「贈黎愧曾」，有改動。

贈史亦右學使

手折天香第一枝，歐陽文譽重當時。燃藜鰲禁歸公望，珥筆容臺結主知。玉尺乍收三楚雋，冰衡仍作七閩師。天心似厭狂瀾倒，文柄長教哲匠持。

客行嶺嶠聽謳吟，共沐宗工化雨深。月浸寒潭清萬仞，松臨絶壁峻千尋。材收椽竹無遺美，律叶朱弦盡雅音。好振文風維泰運，巖廊翹首作甘霖。

同徐虹亭集胡安之郡齋

天涯爲客歲將闌，地主情深卜夜歡。司馬單車清載鶴，南州冬月暖開蘭。吴歈細聽思鱸鱠，蜀事頻詢憶錦官。東閣題詩多好句，官梅喜共故人看。

贈閩撫卞令之

馮鄧勳門貴，韋平相業連。家聲麟閣上，公望斗樞邊。翊運生良弼，匡時出大賢。文章雄玉海，學術富珠淵。器識台司重，才兼將相全。早分藜閣火，獨步鳳墀磚。敭歷煩麾蓋，經綸用濟川。千尋掄杞梓，百鍊試龍泉。白鹿隨丹轂，甘霖逐錦幨。江淮邀覆露，吴越仗旬宣。閩嶠巖疆重，中丞節鉞專。際天資表率，薄海仰陶甄。律正弦常直，衡平晷不偏。公忠酬聖主，精白荅高天。玉柱凌霄峙，冰壺濯露懸。心清唯酌水，治静若烹鮮。簡肅宏綱舉，寬和密網蠲。人行冬日裏，吏立鏡輪前。此地遭蛇豕，他時痛播遷。民財殫杼軸，士氣索烽烟。賴有彌綸手，重移造化權。疲勞與蘇息，凋瘵得安痊。絶島懷琛貢，深山抱犢眠。四荒通禹迹，萬户樂堯年。采藥江南客，推蓬下瀨船。謳吟聞竹馬，頌禱見華顛。鼎耳勳名大，宸衷倚毗堅。鴻鈞應獨秉，鵬翼正高騫。柱石功誰并，旂常績可傳。頌揚應舊史，愧乏筆如椽。

祝福郡丞王仲千

曠代求循卓，中朝重股肱。人才原不世，吏議舊難憑。啄粒看群鶩，趨羶嘆聚蠅。誰爲餐露鶴，幾見拂雲鵬。嶺外逢人傑，清心與古朋。峥嶸仙華掌，皎潔玉壺冰。權力疇能壓，金錢性所憎。懸魚矢風操，拔薤表威稜。盤錯無留刃，欹斜有直繩。支天憑一柱，破闇賴孤燈。列郡堪師表，殊方遠式矜。人惟慈母戀，國以瑞麟稱。譽望方山峻，年資正日升。百城歌召杜，萬户頌岡陵。風會愁瀾倒，民生困鬱蒸。只今求治理，莫過奬廉能。冠守雖頻借，黄公要特徵。熏蕕别茅蕙，清濁辨淄澠。佇待鋒車召，應須驄馬乘。一扶梁棟直，坐見海天澄。

贈侯官令談

禁中秉鐸古希聞，天語褒嘉更出群。久直彤庭緣博達，特除黄綬答忠勤。三山地劇才還大，一鶴風清事不紛。天與盤根資利器，佇看哲匠運風斤。

贈丘婁上

侍御登朝有直聲，曾雲奕葉擅才名。羡君雅擅蘭成譽，遇我偏深縞紵情。切玉龍泉方出匣，追風天馬始長鳴。南溟正有扶桑便，擊水遥看萬里程。

送許月溪北上

閩游經半載，良友苦無多。君更新秋去，其如倦客何。霜稀吴苑樹，風繫越江波。歷歷鄉關路，憐君緩櫂過。

君自無雙士，羞居第二流。無輕宰百里，亦足樹千秋。俊氣孔文舉，英風郭細侯。寧同鷗鷺輩，祇爲稻粱謀。

題熊氏書齋

爲愛千竿竹，深深結草亭。窗延一水白，樓納數峰青。含雨琴書潤，儲仙木石靈。竹花能結實，應有鳳鸞停。

偶爲看山到，還成信宿留。交情新似故，風景夏如秋。把盞苔侵席，攤書翠滿樓。素心多此地，開徑待羊求。

贈黄岡令錢慎庵

曾忝竹林客，深知小阮賢。風儀推寶樹，才調重金荃。世學青箱擅，家聲白鳳專。題名三策冠，綰綬百城先。南國江黄古，西陵郡郭連。山川清似畫，井里直如弦。政績元之羨，風流玉局傳。君才堪展驥，吏治比烹鮮。黍律吹春轉，冰壺映月懸。平刑無棘矢，雅化有蒲鞭。比户弦歌盛，三農撫字偏。寸陰皆直木，勺水必廉泉。我躡登山屐，兼乘下瀨船。渚宫尋故址，赤壁訪新鐫。入耳風謡美，開襟物象妍。雪堂能授管，還有筆如椽。

贈漢陽令張壽民

憶昔讀書憺園裏，君爲玉潤厭紈綺。天馬昂昂迥出群，逸氣追風日千里。朝朝點筆共華茵，夜夜銜杯同棐几。情深豈止膠漆投，年壯不知日月駛。逡巡我踏天街塵，君亦除官將入閩。明燈邸舍重話舊，玉河送别冰鱗鱗。爾後參辰成間隔，世事浮雲改今昔。東山樓閣鎖松筠，無復登臨謝公屐。每行婁水一思君，君宰沌陽有令聞。地當盤錯才肆應，冰壺浸月無纖雲。我乘枯槎拂牛斗，胸中雲夢吞八九。因尋仙侣登鶴樓，爲訪故人上漢口。吴雲郢樹路三千，别緒離悰十五年。尚有公田能種秫，論心不惜酒如泉。

贈咸寧令詹岱寰

分符鄂渚已多年，輿頌時憑過雁傳。萬樹楓林皆樾蔭，一坡春漲總廉泉。案無留牘棼絲理，堂有鳴琴雅化宣。何事飛鳧遲到闕，書名早在御屏前。

諸甥玉樹久成林，京邸時時快盍簪。送別津亭前日事，論交舊雨百年心。船過夏口風濤壯，山望鍾臺翠藹深。咫尺故人難覿面，魚箋一字抵璆琳。

賀周求卓視學江右

吾邑多名臣，獨罕司文柄。半江在浙中，精鑒懸水鏡。道行莅八閩，風裁特清正。先後惟兩公，雅望相輝映。先生今繼之，玉尺膺新命。江右稱大藩，自昔人文盛。鹿洞存規條，鵝湖有門徑。文章歐曾雄，節義文謝炳。儒宗與詞伯，比肩光史乘。近來稍衰遲，振起在學政。公真砥柱資，篤誠自天性。通籍三十年，不與時流競。居官惟潔清，守己一寧静。文衡百城師，人地最相稱。佇見執斗杓，壁門新號令。文起中葉衰，習挽末流横。朗照玉壺懸，大音朱弦絙。豈唯梓里光，朝野有同慶。

贈安徽張臯臺

斗南人望屬燕公，敭歷清曹簡注隆。屏翰秦關資露冕，旬宣江甸藉乘驄。冰壺朗浸秋潭月，玉律潛嘘黍谷風。不獨棠陰遍灊皖，三吴都在拊循中。

萬間廣厦庇寒士，當代推公第一流。愛客尊常開北海，禮賢榻每下南州。清心祇飲三江水，豪氣仍登百尺樓。共祝彤庭頒節義，濟時真作巨川舟。

祝江提張又南

太華金天表，崆峒井絡旁。應期生碩輔，開代得忠良。閥閱西京貴，聲華斗極光。鉅材天一柱，鴻略海孤梁。忠藎今安世，謀猷昔子房。舊勳盟帶礪，世美勒旂常。早典銅龍署，深趨玉佩行。訏謨傳殿陛，碩畫播朝堂。嶽嶽瞻風采，棱棱肅紀綱。槐班依正色，棘寺披春陽。帝眷台司重，公才鼎鉉長。籌邊資定遠，分閫藉龍驤。特予高牙出，仍令故部將。威名原坐鎮，兵甲本胸藏。談笑驅鯨鱷，鞭笞伏虎狼。軍容嚴細柳，德望盛汾陽。弭節綏南服，傳弓定北荒。以忠扶社稷，惟静撫邊方。頌德韓兼范，銘功杜與羊。一身兼將相，萬里作金湯。拙鈍燃藜史，迂疏執戟郎。趨廷攀劍履，錫宴接賡颺。昇平嘉宴詩，張與余俱在列。何幸依麾節，欣兹覯衮裳。披雲親泰岱，晞日近扶桑。蓂曆初舒莢，台星正耀芒。際天歌湛露，薄海頌甘棠。石室籌難竟，銖衣劫莫量。圖形麟閣峻，紀烈史編詳。耿鄧終扶漢，房姚合輔唐。金甌看卜相，福庇正無疆。

贈劉道臺

開府勳門出重臣，公才公望兩無倫。論思省闥訏謨大，敭歷藩方雅化新。金鏡當空無隔照，冰壺映月絶纖塵。帝憐南國多凋瘵，特予名賢爲撫循。

淮南久矣布棠陰，江甸今看玉節臨。地近滎陽皆仰潤，雲生泰岱總爲霖。鬱林載去惟廉石，清獻携來止一琴。自愧頌揚無彩筆，漫隨野老共謳吟。

贈甘郡丞

勳門才望重金莖，早擁熊幡按部行。河甸舊曾傳卓績，海邦今喜聽循聲。山看島目干霄峻，水酌琴川徹骨清。幸托棠陰霑覆露，遥隨竹馬拜雙旌。

贈李州牧

韋杜聲名尺五天，使君碩望重旬宣。股肱郡舊資屏翰，柱石材仍倚濟川。滿腹經綸藏武庫，一生風節絙朱弦。迂疏何幸成傾蓋，盡日留連書畫船。

香嚴寺看菜花和宋牧仲中丞韻

野菜黄于菊，春深遍地花。最宜高閣看，不着一村遮。石冷僧揮麈，泉清客鬥茶。中丞閑命駕，心賞寄烟霞。

宰官能説法，居士愛逃禪。習静到初地，清言逢皎然。塔孤全映水，山迥乍消烟。古寺無碑碣，長留白雪篇。

送學博梅不次告老歸合肥

筠心松骨健于仙，何意秋來遽引年。論造正推安定法，釣游忽憶汝陰田。書成薈萃藏山好，味飽蒓鱸泛艇便。老去都官才未減，新詩還倩織文傳。

送范兼山赴太平學博

雛鳳瀰褷振羽翰，干霄直上亦何難。澤毛且復資巖霧，養翮何妨試蓿盤。牛渚月臨官閣静，天門雲壓講堂寬。新詩定得江山助，好寄魚箋拭眼看。

送申御濤之官平遠州 州故水西地，新設郡縣。

故家人物盡温文，孝友憐君古誼敦。小草何曾妨遠志，風斤聊與試盤根。蠻方乍闢征徭簡〔一〕，漢法初頒長吏尊。好慰衰親頻問訊，遥傳輿誦到江村。

【校記】

〔一〕徭　原作「遥」，有改動。

壽某僧

浩劫誰爲不壞身，修心植福是良因。如公信有超方略，處衆能爲傑立人。整頓禪居垂廣蔭，恢弘先志引迷津。金乘得果無央壽，豈羡人間祝大椿！

壽某僧

支撑巨剎少優閑，退院聊栖一壑間。閲盡榮枯着世相，看殘泡影透禪關。翻經舊結高賢侣，渡海新參大士還。從此不須誇世壽，須彌萬仞好登攀。

壽□□□

喬木森疏映德門，耆英喜見此翁存。方瞳思邈仁心溥，墊角林宗古誼敦。力以清恬維薄俗，独將慈儉翼諸孫。靈椿難老人争羡，厚澤先須溉本根。

壽□□□

奕葉芬芳見德門，清修天爵自能尊。寶雲舊業圖書富，萬石家風孝謹存。千里停車多俊及，一庭繞膝有蘭蓀。遐齡百歲方過半，晞髮扶桑看日暾。

贈祁門令魏亦齋

機雲才望人争羡，軾轍科名世共誇。更喜次公新剖竹，近於江縣早栽花。躡雲步始看騏驥，開匣鋒初試鏌鋣。卿相起家多令長，薄書何必減清華。吾門久喜得冰清，玉潤仍看攬轡行。昔聽弦歌泛江浦，今瞻琴鶴過山城。年豐萬象多佳氣，俗美千村有頌聲。白岳黄山游覽遍，還尋仙令共吹笙。

贈江右馬見五中丞

泰華金天峙，崆峒斗極鄰。應期生碩輔，名世得元臣。門閥扶風舊，穀華鼎鉉新。題名先雁塔，珥筆近楓宸。畫省爲郎早，仙槎奉使頻。六橋紆虎竹，三浙擁朱輪。風采追蘇白，勳猷接召郇。湖山涵沛澤，草木被深仁。帝簡屏藩切，朝歸柱石真。南州特開府，百吏仰垂紳。握節風霆肅，褰帷雨露春。冰壺無點翳，金鏡絶纖塵。鎮静同山岳，温純比玉筠。三方起凋瘵，九野息嚬呻。頌禱齊童叟，謳歌到粵閩。正資調玉燭，佇待秉鴻鈞。客自楓江畔，言過鄱水濱。風謡多載德，習俗漸還淳。讀史欽羊杜，稱詩慕甫申。及兹瞻節鉞，不異沐陶甄。浮水欣觀海，探山喜見岷。雲臺方締構，鉅手伏經綸。紀烈宜輝赫，書功合炳麟。頌揚餘史筆，猶可勒貞珉。

贈盧瞻斗藩伯

峻節鴻才冠百司，名藩特簡作師資。六條察吏尊風紀，九戎經邦重度支。映月冰壺清澈底，合雲膏雨潤無私。章江鄱水沿洄遍，循績家家頌口碑。

早從鴛水聽謳吟，廉石常懷企慕心。此日西江瞻棨戟，何殊南土覆棠陰。人來滕閣黄花晚，秋到龍沙落木深。賴有山公能愛客，佳辰勝地快登臨。

贈鄭方南糧道

聖主求言用直臣，召公前席備諮詢。千言民瘼敷陳切，六事官方砥礪真。正好堯階滋瑞軼，豈因應文囿放祥麟〔一〕？一麾出牧寧天意，轉憶當年折檻人。

參藩亦足展風裁，剔弊鳌奸即外臺。劍試盤根彌淬厲，龍騰尺木未迂迴。史編定録劉蕡疏，漢室終思賈誼才。白雁丹楓江路杳，對君能使旅懷開。

【校記】

〔一〕豈因應文囿放祥麟　「囿放」兩字，或衍其一。據詩意，「放」字爲衍字。

贈佟任庵臯臺

勳門鼎望五雲邊，名世昌期協大賢。峻節百城資表率，鴻材千里仗旬宣。清無點翳冰壺映，朗絶纖塵玉鏡懸。柱石早知膺簡在，伫看節鉞到南天。

甌江昔見棠陰廣，章水今看樾蔭深。弭棹家家聞頌禱，停驂處處聽謳吟。掣鈴久切瞻韓願，傾蓋方殷御李心。拄笏西山多爽氣，出雲膚寸望爲霖。

贈韓霍岳道臺

仙曹駿譽重燕臺，江甸雙旌映日開。左掖舍香欽宿望，南州擁傳睹新裁。風清自表懸魚操，政簡群推作揖才。露冕旬宣纔半歲，頌聲紛向日邊來。西山爽氣入簾高，坐擁秋江萬里濤。無事放衙常把卷，有時對客便揮豪。雲松百尺看柯節，海鶴三霄見羽毛。欲識荆州殊未晚，聊從南浦泛輕舠。

重陽日筠齋宴集

客裏驚心節序催，尋花無伴獨登臺。使君不淺南樓興，官閣仍傾北海杯。曲徑延賓穿竹石，明燈促坐集鄒枚。慣聞楚調多嘔啞，雪曲欣從故國來。時有吳伶新至。松齋竹閣净無塵，丘壑中間結構新。盡日攤書無俗事，多時懸榻待高人。仕途袞袞膠粘漆，世路悠悠玉混珉。逸韻清裁君獨擅，飲醇此日倍情親。

爲韓觀察題梅花書屋

誰寫古梅百千尺，繞君高齋之素壁。冰柯鐵幹森屈蟠，玉蕊霜花燦的礫。齋中明净一物無，但有千卷丹黄書。竹床棐几光照地，虚窗映月如冰壺。韓公心清若秋水，公餘吏散來休此。掃地焚香韋左司，展紙揮豪王内史。閑吟獨坐對梅花，往往詩成手八叉。春歸還有疏香發，月落仍看瘦影斜。吾鄉鄧尉梅花國，香海茫茫際天白。伫君移節到東吴，盡攬清芬入詩筆。

送詹游擊南屏歸武林

武功與文筆，自古難兼長。近代最得名，臨淮與定襄。詹君富韜略，奇功立巖疆。積官至上將，擁旄來豫章。倚馬詩百篇，雲涌而風翔。宋公此開府，討論窮豪芒。格律轉深穩，作者相頡頏。我昔欽英風，兹來挹清光。屬君已致政，飄然理歸裝。君年雖七旬，精采仍飛揚。折衝資老謀，爲國作金湯。胡然遽勇退，脱屣榮禄場。蛟龍戢鱗螯，干鏌韜鋒藏。宦海競利涉，乘風騁帆檣。幾多鶴髪翁，未肯辭鴛行。輸君明且决，乞身及健强。還鄉策藤杖，湖山日徜徉。清吟復雅咏，留題遍巖房。何須畫雲臺，此樂殊未央。

贈分宜令黄菽園

清江碧嶂郭門前，羡爾栽花勝地偏。誦弦喜聞風俗美，袴襦争頌使君賢。無雙聲譽推江夏，第一循良説潁川。早晚定知膺鶚薦，飛鳧直上五雲天。

黄令索和并頭蘭詩次原韻二首

湘江澧浦漫滋蘭，并蒂驚看在畫闌。未許仙娥誇獨立，更邀月姊共追歡。交加袂想雲中把，淺淡顰疑鏡裏看。冰署自多聯璧友，高齋題墨不曾乾。

國香久矣屬幽蘭，誰見同心出上闌。應爲仙郎無俗韻，故教絶艷佐清歡。連珠體就簪花寫，倚玉人來裛露看。拄笏看山多暇日，唱酬肯放酒杯乾？

贈湘潭令楊介庵

南宫射策誦雄文，人物中邦最出群。暫試花封爲茂宰，遥傳竹馬頌神君。清標手浣三湘月，豪氣胸吞七澤雲。柏府薇垣方側席，循聲應是九天聞。

問水尋山到楚南，年豐俗美説湘潭。登場萬頃含霜稻，入俎千林破雪柑。更賴使君敦古誼，欣於官閣接雄談。任公門户殊堪念，聊爲西華達寸函。

贈長沙太守張憲伯

平子才高賦兩京，嶗山華注共崢嶸。清曹舊見含香入，名郡今看擁旆行。九畹香蘭爲佩潔，三秋湘水濯纓清。扶藜驂篠争歌頌，京兆漁陽政已成。

能封形勝説江潭，萬里携笻試一探。問宅尋祠懷賈誼，披圖讀記憶羅含。幸逢地主爲同好，擬藉鴻篇作指南。自笑江郎才思減，竹枝賡和力猶堪。

贈湖南糧道成仲謙

相門踵武羡韋平，題柱含香有盛名。敭歷早時分棨戟，旬宣重地領潭衡。胸襟七澤涵天遠，標格三湘映月清。〔一〕賈傅伫膺前席召，新書蠹筆著初成。

野性從來慕遠游，探奇萬里恣冥搜。衡峰嶷嶺思投杖，橘浦楓潭且繫舟。子美羈栖餘翰墨，達夫酬唱最風流。京華却憶同鴛序，十載相逢幸黑頭。

【校記】

〔一〕清　原作「澤」，有改動。

贈湖南臬臺常賓軒

柱史當年物望尊，嘉謨碩畫至今存。保釐績已高東土，鎖鑰功還壯北門。敭歷共知懸水鏡，旬宣到處有春温。即今秉節臨南楚，早聽謳歌遍澧沅。

執法中臺復外臺，主持風紀藉清裁。六條察吏宏綱肅，九棘平刑密網開。渴澤幸蒙膏雨潤，寒門喜見燭龍來。宸衷遴簡非朝夕，節鉞須歸柱石才。

贈湖南藩伯王皡如

濟世資良弼，匡時賴藎臣。夔龍符泰運，岳牧應昌辰。閥閲琅玡舊，聲華鼎鉉新。飛騰依斗極，簡注切楓宸。歘歷清裁著，旬宣重寄頻。西江邀秉節，南楚仰垂紳。重地煩鼇保，巖疆藉撫循。海涵波浩蕩，山立玉嶙峋。察吏六條肅，經邦九式均。纓從湘水濯，佩以畹蘭紉。金鏡寧容翳，冰壺不受塵。窮檐起凋瘵，寒谷遍陽春。久矣今羊杜，居然古召郇。輿情歸節鉞，公望屬陶甄。偶泛湘江棹，來游夢澤濱。謳歌聞擊壤，頌美到垂綸。攀接欣披霧，瞻依快飲醇。岳雲高在望，冬日儼堪親。惠愛棠陰滿，勳名柱石真。憑將薦史筆，一一紀貞珉。

贈衡州刺史王沂公

灤河昔日頌神明，鶚薦鶯遷冠百城。典郡更當盤錯地，興歌載聽袴襦聲。丰標衡岳干霄峻，雅操瀟湘映月清。循績楚南仍第一，御屏久已勒鴻名。

苗頑遺孽敢鴟張，獲醜全憑應變良。高壘從容殲蟻賊，運籌談笑靖巖疆。信知才略兼文武，定有殊旌出廟堂。偶泛星槎欣邂逅，雄談匣劍有光芒。

贈岳州太守張敬庵

此邦賢牧數燕公，千載君還領郡同。地扼江湘形勝闊，天連雲夢吐吞雄。冰壺朗映寒潭月，玉律温移黍谷風。企想龔黄今始見，書名今在御屏中。

贈岳州別駕徐子昌

司農政績炳中朝，踵美看君器識超。露冕乍臨山水郡，乘槎早聽袴襦謡。心清只紉湘蘭潔，量遠平涵夢澤遥。虎阜良常相望近，欣於此地挹風標。

贈龍陽令余若山

鸞龍日下盛方名，暫屈烹鮮攬轡行。利器何妨試盤錯，清班端爲奬廉平。佩紉蘭茝憐孤潔，纓濯滄浪愛獨清。泉容鮫人都感德，停橈是處有歌聲。

早看劍氣辨龍泉，悵別風儀二十年。采藥偶携南嶽屐，尋源更上武陵船。木奴正值霜前熟，墨沼無妨醉後顛。擬向三湘采文獻，春陵先和次山篇。

贈零陵令葛見田

清門世美擅才華，射策雄文海内誇。歟歷山城煩製錦，拊循江縣好栽花。一泓瀟水縈官閣，九疊嶷峰照晚衙。恰是稚川飛舄地，不勞勾漏訪丹砂。

粤西學使劉德光

峻望由來泰岱齊，校文家世有仙藜。頹瀾欲砥炎荒外，雅鑒偏臨嶺嶠西。水鏡一泓清獨映，金莖千尺峻無梯。窮邊逢掖争歡躍，始識雲霄路不迷。偶泛浮槎上碧湘，嶺峰無際粤天長。欣逢玉尺臨梧野，覺有文光燭斗旁。馬遇九方皆駿發，樹連八桂盡芬芳。定知拔盡南天秀，仍上雲臺作棟梁。

右江道梁元肅

相國家聲尺五天，文孫譽望迥無前。群推雅量如安石，早富才華似惠連。珥筆清曹資畫諾，擁旄南國仗旬宣。君家節鉞尋常事，最羨中郎正少年。

萬仞龍門綴末行，山公厚德最難忘。象賢喜見森瓊樹，繩武應知繼衮裳。桂嶺山奇如劍笏，灕江水碧勝瀟湘。新篇定得江山助，多恐難賡白雪章。

桂林通守汪晉賢

單車赴郡五經春，是處流傳雅化新。嶺外祥風移玉律，天邊清照徹冰輪。載來廉石灕江畔，種得棠陰荔水濱。咏罷五君無別事，畫山相對玉嶙峋。

我隨賓雁過南天，沅芷湘蘭次第搴。采藥乍停衡岳屐，探奇更泛桂林船。土風舊讀虞衡志，名勝新披粵嶠編。賴得達夫爲地主，不妨子美客東川。

鎮臺盧雄卿

桂嶺南連百粵疆〔一〕，高牙坐鎮有龍驤。邊烽消偃威名大，蠻服澄清控馭長。英略屹爲天柱石，壯猷遠作國金湯。伏波勳業千秋在，史筆他年紀述詳。

【校記】

〔一〕南連　原作「南天」，有删改。

陳南麓庶常

雕龍獨步擅才名，藜火遥分甲夜清。八桂一枝開嶺嶠，九苞片羽重蓬瀛。顒卬乍識珪璋度，繾綣偏深水木情。早入鑾坡光著作，天南文宿待君明。

平樂太守焦雯濤

畿南久已著循聲，粉署爲郎水鏡清。衹爲遠藩須撫恤，特煩賢牧駐麾旌。和風拂處寒門暖，玉燭調來暗谷明。露冕灕江纔載幾，棠陰滿地政初成。偶泛清湘上桂林，扶藜處處聽謳吟。陸公壓舫唯廉石，趙使隨車止一琴。傾蓋論交仍誼厚，盍簪留客自情深。德輝咫尺瞻依切，聊托雙魚寫寸心。

思明郡丞賈素園

治安才略繼前賢，早有聲華斗極邊。爲念百蠻須控馭，重煩五馬遠旬宣。粟羊盟定人皆化，琴鶴風清頌早傳。寵擢璽書應計日，佇看旌節到吴天。

贈兩廣石制臺

斗極微垣北，蓬山閬苑東。濟時生碩輔，名世得元公。門席台司貴，材兼將相雄。格天惟直亮，夾日祇清忠。岱岳風標峻，滄溟德量洪〔一〕。峥嶸扶泰運，密勿簡丹楓。歘歷名藩遍，謳吟薄海同。棠陰深浙水，樾蔭滿吴淞。楚甸懷膏雨，浜南咏惠風。巖疆維嶺表，控馭賴膚功。玉瑱温移律，冰輪朗照空。紘綱恢肅穆，雅化洽冲融。八表涵濡裹，三方鎮静中。重溟長偃浪，絶徼久櫜弓。文治梯航被，聲華異域通。名齊韓范大，績比杜羊隆。誕甫原從岳，生申本自崧。映台星炳爛，照海日曈曨。處處扶藜叟，家家驂篠童。歌功山作礪，頌烈柱標銅。輿望鹽梅切，升階鼎鉉崇。方期秉鈞軸，正倚贊天工。麟閣圖誰并，旂常紀莫窮。頌揚餘史筆，未敢薄雕蟲。

【校記】

〔一〕洪　原作「深」，有删改。

贈方伯魯謙庵

師表巖疆倚重臣，公才公望舊無倫。汪洋雅度彼千頃，瑩澈清襟月一輪。到處棠陰滿江甸，甸宣膏雨遍天垠。獨憑忠藎膺殊眷，岳牧崇班柄用新。

嶺海提封十郡遥，天將砥柱作清標〔一〕。經邦密勿均三壤，察吏森嚴秉六條。化被梯航人自格，威馴蛟鱷沴潛消。沉香抵硯尋常事，力以公廉答聖朝。

峻節千尋不可攀，高情古誼更依然。堯夫贈客傾舟麥，逸少酬賓一庫箋。往往班荆延故舊，時時懸榻待高賢。此風仕路今難見，盡道開書燭不燃。

薄游有客自東吴，萬里雲山一艇孤。紅荔碧榕思粤嶠，高灘急峽下蒼梧。脩齡自可依仁祖，子美惟應訪達夫。猶有東堂殘史筆，勒銘作頌未荒蕪。

【校記】

〔一〕清標　原作「新標」，有删改。

鹺台沈榮存

鸞龍才藻重蓬瀛，秉憲仍看攬轡行。峻節一臺資表率，壯懷萬里藉澄清。籌時奏草丹青炳，矯俗風裁玉雪明。綉斧巡方膺特簡，早知公望屬和羹。

嶺南鹺政綰三邊，玉節遥煩下九天。一弊不留憑振刷，六條兼秉仗旬宣。惠商薄取鹽田税，裕國長操府海權。誰信處脂能不染，隱之心事在盟泉。

廣州太守馮躬暨

謝公庭樹足瓊枝，材譽推君冠一時。彩筆早年分幟壘，英猷壯歲擁旌麾。燭幽金鏡當空握，剸劇龍泉應手拔。處處褰帷多異政，饒江越水尚謳思。

嶺南雄郡首羊城，萬里洪瀾好掉鯨。表率大藩傳雅化，齊踪往哲著嘉聲。還珠徙鱷風非遠，飲水沉香節共清。按部單車無二載，棠陰滿地政初成。

我從江國挂帆來，七澤三湘遍溯洄。屐齒久沾衡岳雲，釣竿乍拂桂江梅。果攀紅荔思仙味，石選青花憶硯材。幸有金蘭爲地主，不妨重上越王臺。

太傅門墻托末塵，與君少小便情親。分題東閣同樺燭，曲宴西園摟錦茵。笑我輪囷溝斷木，羡君騰達運溟鱗。杜陵猶有裁詩筆，擬共嚴公倡和新。

潮州太守張拗齋

才名自昔重蓬山，異政新傳嶺海間。德洽重溟看徙鱷，風清炎徼見珠還。冰壺映月清無敵，仙掌摩霄峻莫攀。開濟功名在敭歷，賢於槖筆老清班。

交誼於今薄似雲，如君古道更無倫。高情最念金蘭友，渥惠偏加槢散人。正擬製鈴潮海畔，欣逢駐節粵江濱。潛夫論草空盈篋，裁定還須郢匠斤。

惠州太守李南和

冰壺清輿滿黔中，擢守循陽雅操同。千里提封涵沛澤，十城草木被薰風。蓋公堂就懷仙伯，豐樂亭成記醉翁。俗美年登無一事，凝香燕寢日冲融。

我自鄉關蕩槳來，江山佳處便徘徊。探奇欲上飛雲頂，覽古初登朝漢臺。喜遇達夫爲地主，未嫌子美是樗材。西湖風月堪吟賞，酬倡無妨日數回。

惠潮觀察使武天柱

畿南循績口碑傳，秉憲南藩簡任專。雅度具僚資表率，鴻材列服仰旬宣。清懸一片冰壺月，峻聳千尋華嶽蓮。作楫爲霖公望重，佇看節鉞下雲天。

早依斗極望龍光，此日瞻趨嶺路長。炎海觀瀾思砥柱，羅浮看日想扶桑。家家鼓舞郇侯雨，處處謳吟召伯棠。傾蓋定知容蠡測，滄波萬頃正汪洋。

左我庵學使

常衮帥八閩，士始登賢書。昌黎守潮陽，海濱鄒魯如。地無南北異，人無古今殊。名賢所過化，雲翔而風驅。粤東信大藩，人材淵海儲。白沙與甘泉，近代稱大儒。瓊山及剛峰，風節天下無。邇來稍不振，摧落兵燹餘。左公今大賢，朝端尊楷模。南天執文柄，鑄士更洪爐。壁壘睹一新，舊習皆掃除。選材必寒畯，拔士多繩樞。發地出埋劍，空群賞名駒。文體歸雅醇，削膚就根株。化雨所沾灑，良楛同涵濡。章縫始鼓舞，延首登雲衢。庶幾人材盛，卓犖還古初。客行隨浮槎，飄然到海隅。欣逢按部際，奎壁明儲胥。水鏡聲不妄，冰壺譽非虚。歌詩附輿頌，天籟同于禺。

壽張同雲太翁

迢迢洙泗學，西河得宗傳。篤信復謹守，遺風被千年。至今汾涑際，敦慤多儒先。躬修底醇備，論説辭喧闐。張公洵真儒，學易悟畫前。澡心濂洛窟，析義圖書淵。不言而躬行，翼翼復乾乾。明揚升大廷，對策光人天。子貴乃不仕，理數彌精研。之推訓一卷，康節詩千篇。學仕兩俱優，嗣君能象賢。砥躬冰霜潔，矢操金玉堅。孝肅不持硯，隱之久盟泉。以兹娱親心，鼎養殊戔戔。文中隱河汾，雅志鬱不宣。賴有房魏徒，經綸出陶甄。豈如翁有子，致身雲霄邊。家學能恢閎，清白相蟬聯。大德必耆壽，神王而天全。期頤豈待祝，抑戒歌賓筵。

贈李慎庵運司

冰壺雅望舊無倫，攬轡天南惠化新。府海官山資擘畫，籌邊裕國藉經綸。十城分得榮河潤，千里吹來黍谷春。節鉞君家原舊物，循聲早已徹楓宸。

壽李母

勳門慈範最稱賢，早有芳型琬琰鐫。威鳳有雛皆繞膝，鄧林無樹不參天。板輿官舍扶輪穩，鶴髮宮袍映日鮮。何必瑤池望青鳥，彤雲只在海山邊。

贈程兆文

高牙曾統水犀軍，儒將風流海表聞。揮扇投壺人似鶴，班荆贈縞客如雲。歸來訓子多蘭玉，老去傳家只典墳。借我高齋經月住，一江烟月許平分。

贈殷熙如提臺

崆峒大白峙金天，名世昌期出大賢。射策早年推獨步，折衝萬里藉中權。河湟坐鎮威名大，朔漠澄清勝奚全。聖主眷深心膂寄，特頒玉節領南邊。千重嶺海號巖疆〔一〕，獨擁中樞控馭長。雄略屹爲天柱石，壯猷永作國金湯。龍驤姓字雲臺上，定遠勳名斗極旁。金匱忝曾分史筆，書功猶可效鋪揚。

【校記】

〔一〕千重　原作「千里」，有改動。

贈高宫聲鹺使

渤海家聲斗極邊，蘭成才望冠群賢。文鋒早拔盧王上，治行仍居召杜前。粵右循聲廉石在，劍南循績口碑傳。冰壺中外推清望，玉節新膺簡任專。嶺南鹺政控江閩，攬轡遥看風采新。府海官山資擘畫，籌邊裕國仗經綸。百城分得榮河潤，千里吹來黍谷春。莫道羊城在天末，頌聲膺已徹楓宸。

贈高郡丞

清門華胄玉嶙峋，攬轡褰帷雅化新。嶺外祥風移暖律，天中清照徹冰輪。案無留牘才偏大，室有懸魚操更真。按部單車多暇日，凝香燕寢净無塵。

贈胡都閫

龍驤英略迥無前，射策南宫領衆賢。黔徼威名銅柱在，粤疆新績口碑傳。課屯十郡宣猷遠，分閫諸邊勝算全。緩帶輕裘儒將事，掣鈴欣坐荔陰天。

贈粤東主試胡京蒙編修

英賢卓犖産熊封，華國文章世所宗。東觀史才推馬范，西清公望屬夔龍。榮頒玉尺掄材重，特簡朱衣拜命恭。藜火分輝照南國，群才何幸入陶鎔。

炎方自昔盛人文，砥習扶風更賴君〔一〕。細審妍媸懸水鏡，深嘗甘苦運風斤。珠收鐵網無留美，駿拔天閑總逸群。爲國得賢真瑞事，星臺南望合書雲。

【校記】

〔一〕更　原作「正」，有改動。

贈副主試劉卓崖職方

潁川人物冠南州，世德清門迥莫儔。銓部家聲懸水鏡，兵曹公望重天球。文章雅擅無雙譽，藻鑑仍居第一流。特簡南天司玉尺，藜光早已燭奎婁。海邦瓌寶是才人，翡翠珊瑚豈足珍？盡擢英奇歸妙選，全收寒畯出沉淪。筓班已見知名士，虎榜應多亮節臣。不用千金誇陸槖，驪珠照眼詎爲貧。

賀新安令丁燕公内擢

清惠功名照簡編，初從令長試烹鮮。文孫亦作名區宰，循績遥聞薄海傳。鶚薦已看書第一，鵬飛何止躍三千。定知直節能繩武，不獨高官嗣昔賢。

贈陽春令楊止齋

雕龍獨步擅才名，小試花封攬轡行。地是春州原少瘴，人如伯起舊傳清。衡文水鏡當空朗，得士驪珠照眼明。鶚薦鳧飛知不遠，日邊早已徹循聲。

贈仁化令陳石峰

欒龍才望冠春陵，小試花封有令称。廉石千尋同峻拔，錦溪百尺共清澄。規條力使頽風革，文獻長留三代徵。莫道炎方天末遠，漢庭側席待循能。

贈增城令

漢廷經術重康成，駁歷仍煩攬轡行。上郡已傳盤錯績，珠江載聽袴襦聲。風標羅岳干霄峻，雅操寸泉映月清。恰是弦歌政成日，掄才還藉網群英。

壽朱某

幕府清沉晝漏長，有人匡坐蓋公堂。南天事事煩區畫，籌國功成兩鬢霜。超世須兼濟世功，安期黄石本英雄。何人識得真仙伯，只□□□□□□。

整理者按：上海圖書館攝製照片，「只」字以下有闕。

才譽畿南重璧琮，校文芸閣舊從容。巖疆赤驥初舒足，壯縣青萍好淬鋒。掞藻已聞誇夢筆，發奸還聽頌捫鐘。宋令陳襄事。閩關絡繹長安使，循績遥應徹九重。

整理者按：上海圖書館攝製照片，此詩篇闕漏如右。

西安令陳北溟

雕龍南楚盛才名，作宰巖疆更著聲。人以洗冤知孝烈，天將劃劇試神明。佩紉蘭蕙憐孤潔，纓濯滄浪羡獨清。計日鶚書應薦擢，棠陰滿地政初成。

烏程令吴天柱

笠澤苕溪帶水通，時聞輿誦櫂歌中。清心一片冰壺月，雅化三春玉律風。鄴郡循良推季重，漢廷寵擢待文翁。德輝在近思攀企，聊托雙魚寫寸衷。

祝某令 代

蘭成聲望重麗珠，攬轡清風動海隅。年似仲華初拜衮，才如北海乍分符。仁風黍谷回春律，朗照寒冰在玉壺。卧治菰城纔幾月，頌聲早已播皇都。

飛灰玉琯日初長，介壽公堂樂未央。珠樹三花方吐秀，雲鵬萬里正高翔。碧巖日上看鳧舄，箬葉風來送鶴觴。幸托龍門比桃李，長隨竹馬咏甘棠。

贈豫撫徐浩軒

蓬山獨步廿餘年，公望公才孰比肩？畫笏九重資啓沃，持衡多士荷陶甄。九齡風度端揆裏，平仲經綸日月邊。中外均勞原一體，暫煩秉鉞出旬宣。

從來豫土號中天，河朔淮西控帶雄。九牧此爲心膂地，元臣端藉保釐功。千尋峻節天心簡，膚寸甘霖物望同。屈指清班幾開府，范公勳業勝歐公。

節麾臨蒞甫經春，禹甸堯封氣象新。萬井恩□開露冕，百城風紀肅埋輪。無多文告風行速，四達聰明燭照真。寧静廉平更何事，頌聲早已徹楓宸。

江鄉有客卧漁村，壯志蕭疏逸興存。采藥屐思登少室，尋仙嘯欲理蘇門。趨風忝接藜輝舊，頌德欣瞻棨戟尊。猶有枚臯詞筆在，肯容授簡厠梁園。

贈舊豫撫李

朝端駿譽重璆林，秉憲中邦惠化深。嶰竹嘘時爲玉律，岳雲敷處作甘霖。巨源雅量涵千頃，清獻風規載一琴。驂篠扶藜多愛戴，兩河随地有棠陰。

鴻裁清操九重知，暫輟褰帷豈意期。詎有龍泉藏綉匣，即看鵬翼起天池。人人頌禱彈冠日，户户謳吟卧轍時。廉石歸裝欣未發，偶來猶得望光儀。

贈豫臯司

執法由來重外臺，主持風紀藉清裁。六條察吏宏綱肅，九棘平刑密網開。渴澤幸蒙膏雨潤，寒門欣見燭龍來。宸衷遴簡非朝夕，敭歷先資柱石才。

冰壺雅望五雲邊，秉憲雄藩簡任專。露冕百城資表率，褰帷列服仰甸宣。清操汝水三秋月，峻節天中萬仞蓮。手種棠陰看滿地，停橈處處口碑傳。

贈開封守

分符江甸著風裁，特簡中邦作牧來。河汴舊爲畿輔地，甸宣實藉召邰才。百城静徹冰輪照，九野春從玉律開。京兆漁陽真繼美，頌聲早已達平臺。

江皋處處有棠陰，每企襜帷戀慕深。爲客恰當持節地，趨風偏慰頌繻心。山公雅度仍千頃，趙傅清操只一琴。寵擢超遷應不遠，吴民佇待節麾臨。

贈某

冰壺雅望舊無倫，攬轡天中壯績新。作楫巨川資擘畫，爲霖渴澤仰經綸。金堤一綫河瀾伏，泉脉千條灌溉均。政簡心清多暇日，百城民隐遍咨詢。

南紀山川攬百重，中州次日乍支筇。天壇□擷三珠樹，少室先攀五粒松。千里心期敦縞紵，一時物望仰君宗。牙臺不厭游梁客，消渴相如筆未慵。

贈

槖筆才名重日邊，偶紆黄綬莅三川。浮沉自學東方隐，晝諾人推孟博賢。見説濟時同穀玉，偏能砥柱作韋弦。身居緹幕心如水，不廢金梁唱和篇。

金蘭强半在淮陰，把袂期君共入林。湖海十年遲會面，衙齋此日快論心。繁臺烟月何殊昔，枚馬風流想至今。賞雪龍門多故事，可能聯轡共追尋。

贈通許令陳夑公

清門英妙屬蘭成，早向花封攬轡行。龍劍真堪試盤錯，鶚書端合獎廉平。驅蝗馴雉傳嘉政，拔薤懸魚聽頌聲。手種棠陰看滿地，飛鳧合上赤霄行。

昔承投分比韋弦，悵别風儀二十年。念舊遠貽烹鯉字，瞻雲遲答紉蘭篇。偶携簦笠游嵩少，喜聽弦歌到潁川。潦倒揚雄頭半白，法言還倩故人傳。

贈

謝庭蘭樹總翩翩，秀出才名是惠連。早有雄文光射策，暫將利器試烹鮮。種花河縣人如昔，馴雉中牟政遠傳。言行名臣家録在，知君努力繼前賢。

由來文獻富中州，訪古聊爲蠟屐游。未折三花登太室，先隨一雁度鴻溝。班荆誼是鄉關切，傾蓋人因故舊留。宛洛潁川多故事，不妨官燭共咨諏。

贈浚儀令

雁塔聲華重日邊，暫教歔歷試烹鮮。才名早壓盧王上，治行仍居卓魯前。才大棼絲看立剖，風清露鶴見孤騫。由來異政須儒雅，馴雉懸魚自古傳。

浚儀地是古京都，赤縣遴才與衆殊。此日花封瞻一鶚，即看天闕上雙鳧。侯嬴朱亥人存否，艮嶽蓬池迹在無。訪古懷賢多逸興，小車倘許客堯夫。

贈學使陳象山

衙齋話別十餘年，令譽時從日下傳。郎署清裁能嶽嶽，朝端讜論見便便。中邦自古人文地，使者全操冶鑄權。玉尺朱衣膺重簡，處脂不潤是名賢。

按部單車遍百城，章逢隨處頌廉明。拂塵金鏡當空朗，映月秋潭徹底清。砥節真堪扶世運，矢心端不負生平。光榮及我將何祝？終始無渝玉雪盟。

題王子威趨朝圖

花封卧治已三年，但飲西山一勺泉。循績定書屏闥右，雙鳧計日好朝天。欒龍風采玉精神，識是朝端鵠立人。只有畫師難寫處，此心不受一絲塵。

題訓子圖

萊蕪宦況釜生魚，惟有傳家數卷書。政簡呼兒親課讀，琴堂可愛足三餘。烏衣玉樹自翩翩，文度朝昏在膝前。家學青箱勤領受，何愁擊水到三千？

贈彰德守

河朔名邦首鄴都，使君譽望重冰壺。仁風玉律嘘春遠，雅操清漳映月孤。覆地棠陰濃弗剪，随車甘雨潤無枯。漢庭側席求良牧，佇見徵黄寵眷殊。

我爲探奇汗漫游，黄華峡峪擬窮搜。南皮文宴難追溯，北海清尊且滯留。授簡欲書鎸綉瓦，披襟快工拱青樓。末光何幸分桑梓，竹竹聲聲頌細侯。

贈張郡丞

鄴侯名郡太行東，半刺分符作牧同。噓出岳雲爲化雨，吹來嶰竹有仁風。千尋漳水褰帷裹，萬仞行山頃笏中。京兆漁陽應嗣美，扶藜輿頌聽渢渢。

署安陽令程

訪舊停驂過許田，松廳清譽路途傳。借才合試盤根地，傾蓋欣逢瑞麥天。百里士元裁展驥，一琴單父見烹鮮。冰清玉潤相輝映，早聽嘉聲竹馬邊。

贈海鹽令□

珠江才譽屬蘭成，重席談經有盛名。利器正宜盤錯試，巖疆早見晝輪行。鞭蒲澤比春陽暖，拔薤心同止水清。報最端應書上考，興歌到處頌廉平。

曾過蘭湖訪德門，將軍數馬古風存。雙旌幸得臨江甸，帶水無辭泛釣艣。不斷棠陰隨地遠，無言冬日照人温。海邦謡俗今殊昔，傾蓋還思細討論。

贈署松江府周燕客

司農名德日星懸，踵武雲衢有象賢。岱雨初看彌海國，棠陰近喜遍江天。褰帷名郡旬宣重，綰篆薇堂岳牧先。卧治吴淞裁半載，冰壺清譽日邊傳。謝家群季并追趨，屈指班荆十載餘。歷署清言灑惠茝，岳碑珍貺等璠璵。不忘古誼惟仁祖，獨振家聲在幼輿。逸興南樓知不淺，九峰晴翠坐樓初。

壽吴江令

簪纓華閥重東萊，濟美還推穀玉才。龍劍淬鋒看利器，冰壺映月見清裁。雲衢聊借烹鮮試，海甸欣邀綰綬來。黍谷由來偏望暖，温風早已徹寒灰。江鄉自昔號衝疲，賴得縣侯治化宜。聽斷片言驚剖竹，催科一日理棼絲。定應惠政傳三異，信有清操凛四知。介壽麥丘何所祝？長期堅白不磷淄。

又

吴中繁劇數莼鄉，賴遇縣侯政績良。賦目千條絲在握，訟庭片語鏡當陽。三春扈蹕勤勞著，百里行田惠澤長。共卜政成書上考，輿歌應已達巖廊。

鳳曆初開淑氣新，躋堂介壽及昌辰。祥風自煦寒林茂，暖律看回黍谷春。康爵百年歌樂只，蒲鞭萬井頌寬仁。漁陽京兆多循績，嗣美還□□□□〔一〕。

【校記】

〔一〕原稿「還」字後均缺。

壽劉守備

金臺射策早知名，南國新開細柳營。屏翰一邊資卧虎，折衝千里藉長城。敦詩郤帥猷偏壯，緩帶羊公令最精。共説江天清朗處，台星常映將星明。

贈阿制臺

斗極微垣北，蓬山閬苑東。濟時生碩輔，名世得元公。門襲台司貴，材兼將相雄。格天惟直亮，夾日祇清忠。岱岳風標峻，滄溟德量洪。峥嶸扶泰運，密勿簡宸衷。珥筆趨丹陛，垂紳侍法宫。敷陳多剴切，建樹必閎通。洊典樞機職，惟憑潔白躬。兵農敭歷遍，卿貳陟班崇。特晋鸞坡長，全收啓沃功。清班資領袖，庶士藉磨礲。江甸提封廣，荆揚物産豐。天心深簡注，南土賴帡幪。正直衡司律，精明日麗空。一清爲表率，群品盡陶融。寒谷陽和裏，頽瀾砥柱中。官方嚴控馭，民隐切瘝恫。剔弊常除痼，鋤奸每伐叢。深心維薄俗，至意起疲癃。碩畫陳前席，昌言達聖聰。棱棱師憲度，嶽嶽古賢風。微眇慚樗散，瞻依托華嵩。末班當日綴，入直幾回同。鵰翼翔霄漢，鷦鷯伏艾蓬。追攀愁地絶，記憶感情隆。拙鈍惟安節，衰遲只因窮。學還希炳燭，才已謝雕蟲。羊杜勳方壯，旂常烈正鴻。伫公生宰輔，歌咏奏渢渢。

賀長洲令陳燮公

撫字中邦惠愛深，江鄉懸望德輝臨。鶯遷何幸頒綸詔，卓績偏能簡帝心。理劇正煩開匣劍，濟時須用出雲霖。歡迎此日歌來暮，預想甘棠滿地陰。長才合借盤根著，令譽恒從劇地喧。兹邦雄要冠南藩，執簡應知可馭繁。振舉規條須挈領，剔除積習貴澄源。迂拙自慚無補助，咨詢還擬進昌言。

壽吴縣令梁

關西伯起舊聞名，何幸江鄉駐旆旌。金鏡當躬看皎潔，玉衡司律見廉平。十旬早著循能績，萬户遥傳頌禱聲。驂篠扶藜争介壽，台星長共歲星明。

贈秀水令

嶺嶠遥看棫蔭長，輿歌又聽滿江鄉。傅來治譜弓裘美，振起家聲奕葉光。九達衢堪舒驥足，盤根地好試干將。子奇英妙人争羡，武庫才猷未易量。

笠澤鴛湖一水通，居官喜与在鄉同。閭閻疾苦披襟裏，土俗醇龎指掌中。俸薄每餐家困粟，心清不擷署園菘。循聲佳政時傾耳，吹送弦歌一艇風。

壽阿制臺

帝簡元臣出濟時，南天一柱仗撐支。慈仁心作蒼生母，端潔身爲百吏師。才大河淮兼董治，政清綱紀獨維持。杜羊韓范今親見，史傳揄揚莫罄辭。

三冬暖日夏甘霖，沾沭恩膏數載深。海鳥江魚同舞咏，山童野老共謳吟。圖形麟閣千秋業，祝椵岡陵萬户心。天惠南邦邀福蔭，長留玉節與光臨。

壽馬粮道

叢桂初開玉露新，戟門此日慶生申。峥嶸帝賚匡時器，磊落天資報國身。台曜炳霄占介祉，卿雲絢海卜昌辰。無窮竹馬謳歌意，欲把甘棠作大椿。

又

忠烈家聲日月懸，褒忠祠宇炳南天。象賢更藉經綸大，分□應知倚任專。頌美昔曾憑史筆，峅㠓近喜望旌旟。扶藜無限謳吟意，盡逐條風入管弦。

又

鳳曆初開淑氣新，躋堂此日祝生申。祥光自映台階朗，暖律先迴黍谷春。曠野犁眉歌厚澤，鄰封鵠面頌深仁。黑頭公望朝端重，勳業千秋待秉鈞。

贈吴縣令張

炳蔚聲華照上京，花封小試表廉平。案無留牘才原大，室有懸魚操獨清。玉律吹時寒谷暖，條風拂處槁枝榮。躋堂介壽都人意，競指長庚傍斗明。

贈學使張景峰

帝重衡文任，南邦簡大賢。丰標太華并，襟度曲江連。藜閣才何早，鑾坡步獨先。黑頭公望著，紫橐主恩偏。曉直爐烟細，宵吟掌露鮮。台階星象逼，槐序佩簪聯。世已推宗匠，心方秉化權。清班資領袖，群品荷陶甄。江甸何多幸，文旌屢惠廷。朱衣先典校，玉尺更旬宣。雅志澄清切，當官砥礪堅。辟塵金鏡設，映月玉壺懸。氣卜爲龍劍，音求作笛椽。律衡分尺寸，斧斫定方員。寸善皆收采，微長不棄捐。豚兒非遏末，拂拭等蘭荃。寵渥方皋眄，恩逾蕙露湔。多慚樗散木，難步璧奎躔。紫禁崇文日，蒼生待澤年。祝公升鼎鉉，化雨遍堯天。

賀蘇州太守賈素園遷參藩并祝壽

卓績循聲薄海傳，幸邀五馬駐江天。清懸一片冰壺月，峻聳千尋華岳蓮。寒谷律回春有象，焦原雨沛潤無邊。下車幾月棠陰滿，切感楓宸簡任專。

龔黄治行早升聞，寵擢崇班岳牧尊。旌節不移臨舊地，蚺幪加廣伫新恩。台星迴與南星朗，化日長隨海日暾。驂篠扶藜群頌禱，康衢從此酌堯尊。

挽汪母金太孺人

畫荻芳型世早傳，還魚慈範更推賢。敬姜垂訓宣尼嘆，班母成書漢史編。德備自能膺厚福，天全恰稱享長年。忽聞青鳥西飛去，寶婺星芒竟黯然。

辛勤丹穴領諸雛，一一翀天羽翮殊。德養膝前看舞彩，顯揚天畔見飛鳧。金門嗌指終天痛，堠坂回車萬里途。世好昔年曾拜母，述銘作誄愧荒蕪。

壽某翁

綽楔巍然見德門，靈光無恙一翁尊。將車天樂元方在，數馬家風萬石存。耻以紛華隨薄俗，力將醇謹訓昆孫。臨雍憲老升平事，惇史還應紀雅言。

又

簪冠鳩杖自翩翩，樂圃家風嗣昔賢。庭際撫枝皆讓木，宅邊引水盡廉泉。延年自有三霄露，訓子常披萬石篇。仙侶烟波相訪處，滿陂新水白鷗天。

迎駕恭記

鑾輿迢遞歷巖房，海色江聲覽聽長。萬里舟帆通御氣，千重雲樹接天香。遥看雪浪皇情豫，細閱金堤睿慮詳。紀勝古來多麗句，昭回誰得似宸章。

題楊赤霞洗硯圖

割得端溪片玉真，鴝睛相映筆花新。臨溪浄洗書佳句，不用深宫捧硯人。

贈吴郡守

清才華望重琳琅，文采仍兼政事長。輿頌早聞喧海岱，旌麾何幸到江鄉。冰壺朗映寒潭月，玉律温移黍谷霜。治行吴公原第一，循聲久已徹巖廊。熊幡臨莅未移時，共沐恩膏樂不支。岳降乍逢蓂紫候，筵開恰值雁來時。扶藜競獻流霞酌，駿篠争歌介壽詞。願效麥丘申頌禱，勳名長并日星垂。

贈又南張提督

名世生元弼，昌期協大賢。三台欽地望，一等冠班聯。姓氏雲臺上，勳名斗極邊。格天帷直亮，夾日祇精虔。盟與河山永，功看霄漢懸。元勳能濟美，清節本家傳。通籍荷衣早，登朝艾綬鮮。棱棱風紀肅，謌謌讜謀宣。槐棘台階峻，鈞衡鼎望專。特煩開大纛，重地典中權。偉略兼文武，殊榮絶後先。苴茅分北闕，玉帳控南天。坐鎮威名大，澄清勝算全。百城資保障，薄海荷陶甄。鯨浪長消祲，狼烽久絶烟。風清鈴閣静，花發射堂妍。政暇耽吟咏，公餘對簡編。籤囊紛綺麗，琰琬爛雕鎸。銘就燕然勒，歌從樂府填。雕輪朝百兩，珠履日三千。授簡題鸚鵡，披襟寫蕙荃。憐才心切切，敦舊意惓惓。文獻蒐羅備，名儒軫念偏。虎頭時記憶，葛帔荷矜憐。玄草叢殘甚，侯芭涕泗漣。豈期邀賞識，許与飾丹鉛。久切瞻韓願，曾無御李緣。及兹窺節鉞，喜得覯紘綖。名在房姚上，形圖褒鄂前。欲抽金匱簡，深愧筆如椽。

壽石太守

勳門鼎望五雲邊，開濟昌時用大賢。峻節百城資表率，鴻材千里伏旬宣。清無點翳冰壺映，朗絶纖塵玉鏡懸。多幸南邦邀節幰，棠陰樾陰遍江天。

披雲瞻岳頌生申，倍見今年喜氣新。寵錫便蕃來禁苑，褒嘉稠叠出楓宸。鸞翔鵬運年方盛，棘序台階路自親。但願徵黄還秉節，長霑膏雨福吴民。

壽徐太夫人

相國勳名炳日星，魚軒贊治著賢聲。朱弦玉尺均端直，朗月冰壺對潔清。力以謙冲遥集福，常將勤儉默持盈。芳規淑範書難罄，千載留爲史冊榮。

德最隆時福并隆，無央壽履錫蒼穹。貞松百尺蟠難老，慈竹千條蔭不窮。裕後韋賢存相業，象賢楊秉繼清風。玉山即是蓬山境，瑞曆初開日正中。

贈學使魏一齋

司寇家聲日月懸，承休濟美賴名賢。蓬山岳立風裁峻，玉尺平衡志操堅。不遺一塵侵水鏡，獨將古調絙朱弦。士風文體還淳正，砥柱頹波不偶然。

文章未盡詞臣職，名節原應屬禁林。力以孤忠酬主眷，唯將直道慰親心。鬱林廉範聊携石，清獻高風只載琴。士子今時沾化雨，蒼生他日仰甘霖。

贈李郡守

畿南壯縣試烹鮮，早有循聲徹九天。漳水題輿公望重，海邦移節主恩專。凝寒黍谷傾陽久，渴雨焦原待泽先。特簡仁賢來輔字，疲民偏荷聖心憐。

豈待經年報政成，下車旬月頌廉平。鏡懸曉閣當空朗，月映秋潭徹底清。瑞英舒時符暖律，台星明處傍長庚。扶藜騶篠同歡忭，願咏康衢介壽觥。

壽吴江令張鶴峰

掞天才藻重蓬瀛，歇歷曾聞著政聲。衡岳峰高瞻節峻，建溪流潔映心清。仁風早已傳三異，循績應知冠百城。帝念吴淞繁劇地，特遴卓魯駐雙旌。

兒童歡擁下車時，正值生申岳降期。玉律乍吹寒谷暖，滎河遠溉石田滋。一琴早慰來蘇望，萬井齊申善禱辭。幸得藜輝照蒓浦，願將棠陰比椿枝。

壽吴潨山尊翁八十

共識耆英海甸存，三槐手植見盤根。經綸早著桓寬策，孝謹群推石慶門。笥裏有書皆琬琰，階前無草不蘭蓀。曲江近有神明頌，遥送班衣到故園。

壽于太夫人

制府清名斗極邊，承家垂範閫儀先。陶桓淑問椒蘭馥，鍾郝芳型琬琰鐫。畫荻教成名世器，和熊誨出濟時賢。廿年江甸仍開府，重聽謳吟竹馬前。

頻膺紫誥晋崇封，德養還兼禄養豐。黍谷春迴慈照裏，斗分天朗婺輝中。千秋彤管揄揚盛，萬井岡陵頌禱□。壽域正隨棠蔭廣，扶藜歲歲咏光風。

壽沈桐齋七十

塵累都除息衆緣，羨君真作地行仙。向平婚嫁中年畢，白傅圖書滿架傳。静撫松筠三徑裏，閑談文獻數朝前。滔滔末俗波靡甚，憑仗耆英砥柱竪。

送寧恪如官溧陽學博

橋門重席見芳規，踵武還憑玉樹枝。藝苑早看推俊譽，澤宫今喜作師資。人文盛處培風便，教學兼時養翮宜。莫厭鱣堂地枯冷，泮池波接鳳凰池。

壽允持法師八十

遠承台嶽近幽溪，會教通宗一導師。身作大雲常普雨，手栽嫩桂遍抽枝。壽超數量人難測，世賴薰陶住不辭。弘願想能同寶掌，新添兒齒秀長眉。

贈吴復古

好友書來慰夢思，神駒風骨爰權奇。棱棱筆勢劍切玉，滚滚詞源泉注陂。萬里山川收笠屩，千秋賢傑共襟期。萊衣最是娱親處，十丈京塵不受淄。

壽謝嗣申六十

雀巷烏衣舊世家，幽居風土愛清嘉。種槐德業標緗素，集風才名照棣花。力溯先民存篤厚，不隨薄俗競紛華。將軍數馬門風在，最羡天倫樂事賒。

筠心松骨不知秋，樂志澄懷老一丘。臨水愛營栽菊圃，面山高築擁書樓。招邀皮陸清歡洽，結契宗雷白業修。早晚向平婚嫁畢，與君同訪赤松游。

壽趙母吴夫人

德門自昔多賢母，令範於今説禮宗。鍾郝閫儀惟肅睦，裴顔家法只温恭。犁眉偕老清于鵠，萊彩趨庭矯若龍。介壽不煩青鳥使，流輝新有紫泥封。

壽馮方寅年兄七十

高卧林泉二十春，懶將華髮點京塵。爲園丘壑如圖畫，結隱漁樵共主賓。歸岫閑雲常潤物，眠沙鷗鳥慣親人。釣船無恙藍輿穩，贏得康强現在身。

屈指同登金馬賢，晨星落落綴江天。功名騰達輸時輩，角晝乘除得大年。領袖俊髦憑舊德，激揚風誼藉新編。浮榮朝權何須羨，看取松筠晚節堅。

中秋和程工部作次韻

曾將一矢下燕聊，今日臣精老自銷。褊性尚能同桂辣，堅心惟許後松凋。月輪升塞猶微隐，秋氣□山近寂寥。幸有知音逢令節，比鄰來往莫辭遠。

即用前韻懷□□并贈工部時聞起田之訃

鏤冰刻楮亦何聊，可嘆蘭膏坐自銷。鄴下文詞還獨騁，汝南耆舊已先凋。逃虛頗解忘塵垢，論古安能免寂寥？况是秋風蕭瑟日，龍麻千里望去還。

遂初堂集外詩文稿

遂初堂集外詩文稿目録

遂初堂集外詩文稿　卷二

遂初堂集外詩文稿　卷一

慰汪季青悼殤

汪君吾故人，頗憂其善病。病起復舉子，酹酒一相慶。忽讀悼傷篇，酸凄不可竟。孩抱寧足悲，所嗟質聰令。解語天端倪，能省親温凊。方當□泌儔，豈止□□并？如何瓊樹枝，折此霜風勁。吾人苟有情，能無泪交迸。陳詩效韓劉，叙哀比白孟。萬物出入機，修短各分定。詎可續鳧頸，幬能截鶴脛。去若水泡滅，來若寒冰凝。此軀尚非我，委蛇安能競？君自學道人，此理當□證。况有白頭親，未應損天性。德門必繁昌，君齒方壯盛。佇見探金環，還里咏麟頲。

顧夫人七十　汝嘉尊堂。

玉峰多名家，武陵最稱舊。名卿與魁儒，彪炳光前後。近來稍衰落，獨見一枝秀。詩書嗣弓裘，家業完堂構。厥惟有賢母，世澤培深厚。母雖産華腴，而性甘虀臼。鹿車儼親推，鴻案莊相守。訓勞凜敬姜，教儉師文后。睦欲仁六親，慈能蓄衆幼。哀然爲禮宗，鍾郝今再覯。寒潭映月清，古桂凌霜茂。七旬正康强，純德天所佑。鯫生忝通門，淑範夙所究。俯欣玉樹榮，仰幸椿枝壽。及此頌椒辰，一尊進醇酎。銀簡如可分，苕華庶能鏤。

賀盧巨侯世兄入泮

春秋用世卿，六朝重門閥。其時將相材，多在胄齒列。近代尊甲科，綺紈見輕蔑。才子自奮身，門蔭非所屑。吾師今夔龍，諸郎盡英拔。次君舞象年，嗜學若飢渴。枕經而藉史，胸涵溟漲闊。文鋒劍發硎，光芒不可遏。角藝千夫場，一舉赤幟奪。世業在絲綸，蓬山君舊物。從此摶扶摇，青紫必俯掇。勉哉策堅車，天衢直如髮。績學以爲脂，多聞以爲秣。

贈馮二世兄

往日依東閣，相憐弟與兄。别踪云聚散，宦路市虚盈。羡爾將軍樂，深余立雪情。濯纓元有約，相就冶泉清。

贈蒙陰令陳象山

雄文卓犖早名家，此日初栽百里花。正賴盤根砥干鏌，何愁斗水困龍蛇。山城賦薄惟收繭，廉吏心清但試茶。佇聽循聲達霄漢，故人草澤有光華。

贈臨邑令張禮山

邸舍論文别七年，乍看除目一欣然。地偏且喜征徭簡，俗健應教禮讓先。史傳循良公可到，素心清白定能堅。停車早識鳴琴治，弦誦渢渢到耳邊。

贈東撫錢朗亭

冰雪爲心鐵作顔，朝陽一鳳出臺班。聖明竟遣豺狼竄，寵命仍教節鉞頒。直擬滄溟涵百谷，尊嚴泰岱壓群山。建牙聊展澄清志，公望長懸髯耳間。

早聞薄海謳歌遠，今見鼇東政化成。手教言言爲典訓，新條事事作章程。百城寂静無苛吏，九野熙恬少横征。聖主用人真卓越，從來源潔始流清。

贈楊臬司 廷耀，彤華。從濟寧道陞授。

廉憲風裁著二東，鑾輿行處口碑同。超遷特出天心簡，召對彌膺帝眷隆。三尺平刑懸水鏡，六條察吏凛霜風。隨車早有甘霖沛，佇見無冤頌禱中。

贈任學道 塾，改亭。

天柱峰高載紫瀾，英靈間代挺龍鸞。清裁霜翮凌風峻，雅操冰壺映月寒。簪筆聲華蘭省重，衡文聲教海邦寬。吹竽競有新聲奏，雅調朱弦更一彈。

青齊文物舊稱雄，表海洋洋擅大風。振起只今逢聖世，陶鎔端合賴宗工。網遺善剖懷中璞，燭隱能收爨下桐。我欲東游泛滄海，釣鰲先喜遇任公。

贈喻鹽道〔一〕

筠洪父老正謳吟，特簡乘驄主眷深。鹽策由來資富國，度支今日見冰心。人如劉宴爲朝衮，書比桓寬作義林。杼軸不愁東國困，岱雲膚寸以爲霖。

【校記】

〔一〕 鹽道 原刻本作「監道」，誤，據詩意改。

贈周别駕 燕客。

謝庭蘭玉兢葳蕤，政績今聞頌白眉。拔薤風裁豪吏憚，懸魚清操路人知。濼堂未把論心袂，岳磴先看頌德碑。萬里扶摇須努力，原來德裕是吾師。

贈孫少司馬 怍亭。

中樞一宿映藜輝，喬嶽容阿衆所依。謝傅林泉身自逸，潞公朝野望仍歸。雄姿健可呼鷹獵，仙骨轉堪扶鶴飛。聖主只今思舊學，黄麻早晚出輪扉。

贈蒲臺令嚴廣成 曾業。

大名都憲日星懸，繩武還欣有象賢。畿甸早年傳拔薤。海邦此日試烹鮮。湖亭對酒花圍艇，講院論心月在泉。漫道縈蒲堪繫馬，即看飛舄去朝天。

贈濟東道陳鄰公 俞俊。

分陝鼇東久著聲，朅來舞咏見輿情。金莖標格尊方岳，冰鑒風裁凜百城。疲驛荒郵煩軫恤，棼絲錯節藉澄清。公才早已書屏闥，補衮巖廊望不輕。

贈徐參將碩甫 德濟，蘇州人。

閩海摧堅第一功，居然破浪騁長風。舊犁鯨窟威名大，新鎮雲門節制雄。緩帶風流樽俎上，握奇方略笑談中。誰云吴産惟文士，麟閣行看畫鄂公。

贈青州守金立三 標。

淄青千里控單車，太守尊嚴岳牧如。形勢東秦雄海岱，風謡變魯盛詩書。晝輪行處恩膏沛，騶篠聲中疾苦時。天畔相逢話鄉曲，不教客夢憶蒓魚。

贈登萊道丁次蘭前輩 蕙。

仙藜餘照在蓬瀛，歘歷頻看擁節行。閩海衡文懸水鏡，膠萊察吏表金莖。褰帷天柱千峰秀，漱齒龍泉一勺清。雅化由來本經術，摳衣門下有康成。

訪古間登白雪樓，吟鞭忽到海西頭。丹霞絢采三山曉，玉露生涼一葉秋。折柳班荆逢使節，柯亭劉井話瀛洲。勞山舊是神仙窟，乘輿還思跨鹿游。

贈萊州太守楊孟商聲遠。

東萊形勝控青徐，至魯風謡一變初。樂歲千村餘秉穗，秀民萬户盡詩書。清風久拂懸魚閣，甘雨常隨夾鹿車。聖主勤求賢牧守，循聲早已達彤除。

贈登鎮曹總戎冲霄應鵠。

蒼山洱海樹奇勳，鶚印新褒霍冠軍。百二齊城歸節制，三千海島肅風雲。虎牙雄略天心簡，龍頟威名屬國聞。賢將舊稱曹武惠，元功今代復推君。

贈登州太守張敬庵文燦。

東牟僻在海東方，土薄山寒物産荒。撫字重煩賢牧守，循能欣見古龔黄。風清屬吏無苛政，惠洽灾黎有宿糧。聖代英賢多早達，羡君流譽滿巖廊。

贈蓬萊令程思令 皋績。己未進士。

蓬萊原奥壤，仙令本能文。潤筆鼉磯硯，披襟海市雲。潮生看晚舶，雨足課秋耘。莫道京華遠，循聲遠更聞。

贈膠州守張霞山 象邵。

懸魚久已著清風，名在睢陽薦牘中。三任迴翔猶刺史，兩岐歌頌復膠東。書成醇雅如繁露，堂築蕭閑擬蓋公。我向勞山拾瑶草，羡君飛舄遠凌空。

贈糧道劉寧侯 安國。

鎖院深嚴昔校文，豸冠藜火一堂親。江關幾載疏鴻信，灤水今朝遇畫輪。轉餉籌邊資擘畫，均輸平賦頌寬仁。九重東顧嘉勞績，曳履行看上紫宸。

贈萊郡丞汪韋齋 元炯。

握别青門已七霜，頌聲天畔日翔洋。閶闔歸旆看携鶴，萊海仁風見樹棠。鴻信稀疏江月迴，萍踪邂逅濼泉凉。誇君一事勝游宦，獨上勞山望八荒。

挽濟寧宗叔

籃輿都下憶趨陪，竟日春風拂座來。謙謹家規傳萬石，淳深世澤表三槐。喬松正有千尋蔭，高棟俄驚一夕摧。乍到竹林秋日短，步兵不見笛聲哀。

闕里　第二首已刻集内

聖主崇儒邁百王，上公眷遇出尋常。龍章寵錫褒慈母，鑾輅親臨拜廟堂。趨朝每賜貂兼襲，奏請頻批札十行。編纂書成藏石室，中天奎壁有光芒。

壽祖縣尊

賢侯循績冠三吴，陋邑全憑撫字蘇。静比黄流停玉瓚，清如白月照冰壺。神君早見車隨雨，仙令遥看舄作凫。補衮中朝需隽妙，頌聲先已遍皇都。

懷沅江令顧季貞

知君才似莫邪鋒，錯節盤根應不窮。小試斗城看壯績，遠懷蠻部暢仁風。馬金羊粟盟言厲，鹿穴壺頭顧盼雄。天產賢豪須有用，脩鱗豈滯尺波中？

話別蓬窗忽六年，楚雲吳樹兩茫然。回思聚散真如夢，細數升沈各信天。老驥壯心千里在，霜鴻鎩翮一枝全。桃花源洞應無恙，只讓秦人自作仙。

寄張壽民

羡君作宰古名都，江漢交流儼畫圖。烟火萬家連鄂渚，帆墻一水接荆吳。烹鮮政美輿人誦，拔薤風青柏府需。刻燭飛觴如昨日，可能開札憶潛夫。

挽聞瑋舅

雅志耽栖逸，衰年作遠游。夢猶懸五岳，櫬忽返扁舟。大雅淪亡日，清門冷替秋。龍蛇仍叶讖，不遺一賢留。

哭夭已枯泪，表妹字余而夭。悼亡仍慘神。憂傷真損壽，才調累窮人。耆舊晨星没，孤兒立壁貧。古藤花自發，寂寞爲誰春？

寄懷李述脩前輩時出守臨江

出入均勞自古良，肯將枚馬薄龔黄。股肱郡自天心簡，盤錯才於卧治長。飲水清如栖玉署，持衡勤似檢芸章。主恩柄用須敭歷，百鍊龍泉更淬鉎。

臨江風土最清疏，柱笏烟光畫不如。閤皂山高堪采藥，戲魚堂古好摹書。地遥未得攀芳躅，政美還堪慰索居。倘憶二毛憔悴客，頭銜新署雪溪漁。

贈韶關王省園

才子家聲尺五天，含香粉署盛名傳。愛看庾嶺梅花裏，遠泛星槎桂水邊。裕國自應脂不潤，惠商仍見地流錢。歸舟喜出雙旌下，共話蒓鱸樂事篇。

贈贛關盛儀

吾吴近日多華要，長德還推盛孝章。學海文壇馳驟老，朝章國故討論詳。久淹郎署雲亭冷，乍泛星槎贛石長。平賦往時曾有論，仁風遥已被梯航。

倦游人自嶺頭回，秋雨連灘吼若雷。南國諸侯稀重客，中朝故舊尚憐才。歸心已被蒓絲引，别緒仍教雁字催。聞道官家不税石，載將端石壓船來。

贈邵静山督學

章江文物盛雲龍，此日衰遲咽候蟲。不有宗工懸朗鑑，誰將大雅振頹風。泉分甲乙寒巖裏，劍别雌雄古獄中。吉水文山新氣象，佇看仙掌劈鴻濛。

贈廬陵令陸慧聞

本爲吴郡儒宗望，來治廬陵節義鄉。愷悌精明能并用，弦歌聽斷實兼長。滔滔難得中流柱，嶽嶽還期百鍊鋩。好與吾鄉賢郭令，同將不朽報睢陽。陸與吾鄉郭明府，同被睢陽中丞薦拔。

贈陳總鎮

洪都雄鎮控彭湖，上將尊嚴佩虎符。卧護百城憑虎旅，折衝千里伏蝥弧。從容定變威名大，談笑鋤奸智略殊。紫禁只今思頗牧，佇開輔閣待訏謨。

宋撫軍牧仲招飲署中作

中丞雅操久知名，入署真看如水清。燕寢凝香類禪榻，牙籤列架儼經生。尊前判牘無留事，松際吟詩足勝情。何必西陂歸卧好，衙齋渾似釣船輕。

宦路交游别有途，素心古誼似公無。不將冷眼看窮客，特設賓筵羅野夫。簦笠夙〔盟〕都不改，乾坤吾道未全孤。端溪鴝眼聊持贈，欲比鮫人報寸珠。

贈弋陽令顧湘佩

江灘百轉到山城，黄葉村中聽頌聲。邑有叠山知俗美，宦餘塵甑識心清。盤根地只鳴琴理，帶劍人今抱犢耕。舊尹已看登省掖，佇君取次入承明。

贈鉛山令荆扶澗

清溪一曲抱鵝湖，錦石丹楓似畫圖。分水關梁通海嶠，象山講院想真儒。乍還閆井哀鴻少，盡闢萊田碩鼠無。見説使君清比玉，明光早晚待飛鳧。

贈馮躬暨世兄新遷廣臨太守

官高五馬未三旬，早達如君有幾人。孝可作忠當及壯，賢能師儉不憂貧。郡經兵革煩休養，人困征徭待拊循。治行野王真第一，定知父老頌平均。

東閣追隨憶往年，吐茵授簡最相憐。飄零我似蛩吟草，騰達君今鶚上天。舊雨談深官燭裏，綈袍寒減布帆邊。午橋準擬明春到，攬取風謡報榻前。

挽韓珠樓前輩

年少登瀛鼎鉉才，爲耽色養住南陔。如何鳩杖猶强健，翻遣萊衣到夜臺。
前身應是列仙班，暫謫紅塵合早還。天上優曇花一現，不教仙種落人間。先生無子。
憐我蓬山托後塵，萍踪邂逅即情親。金門不是無知己，氣誼如君得幾人？
取醉山亭緑樹濃，豈知分手不重逢。憑將一掬西州泪，灑向新霜馬鬣封。

宗老年親長六帙壽賦祝

水雲深處有仙村，遠擬柴桑與鹿門。人似元方名德重，家如萬石古風存。不將喧兢隨流俗，力以清恬訓子孫。繞膝斑衣天禄在，藜輝明映北堂尊。

遂初堂集外詩文稿　卷二

張偶菊遺書序

古之君子學焉而有得，以之治心而心安，以之治身而身泰。初不蘄人之知也，故立言非其所急。迨不得已而有言，則亦惟抒其中之所獨得而已，無取乎多且博也。如其道未足，而强爲之，徒拾先儒之緒言，排纂成帙，則與雕蟲篆刻誇多鬥靡者用意正相等。其速朽也亦愈甚。雖多，奚尚焉？古潛德之士，若陳仲弓、王彦方、元德秀之倫，雖無一言流傳，不害其爲有道之士。至如崔瑗座右之銘，王昶誡子之篇，徐偉之中論，李翺之復性書，二三篇而已足，又奚以多爲哉！

往者壬戌之春闈，事既畢，張子禮山來謁余，訊及家世，知其尊甫偶菊先生爲闇修君子。頃過臨邑，張子手一編來，則先生遺書二篇在焉。存心銘言，存養之要，簡切詳明，非實用力於斯者不能道。孝友箴則，家訓也，質直而味有餘。蓋先生之著書多矣，遭亂毁於火，謂學貴躬行，遂不復撰述。而此二篇，乃禮山於先生殁後六七年，過舊館人屋壁，得諸蝸涎蛛網之餘者。其存也，若有神護；而其得之也，若有物焉陰相之。是固足徵禮山之誠感。而潛修篤行之士，天必不使之終就泯滅，無一言表著於世也，斷可見也！度先生未嘗汲汲於身後之名，而言之至者，卒亦必傳。傳不傳，寧計少多耶？

禮山安貧守約，榘步規趨，信有意乎纂承家學者。今既登仕籍，當益光而大之，措諸實用。夫傳之以書，殆又不若傳之以人者，爲遠且久也。禮山勉乎哉！

丁澹園學政條約序〔一〕

朝廷設官，内而閣部重臣，外而岳牧大吏，率數人共辦一事。獨提學道一官，以一人專治學政，雖督撫無得干預，著之敕書。其任之專而責之重也至矣！爲是官者，宜乎得行其意，而無所撓。然常苦於顯要之干求〔二〕，情面之請托，此非他人能撓之，亦其人之自爲撓耳〔三〕。夫惟清嚴耿介之君子，不磷不緇，皭然無滓〔四〕，進退無所牽掣，乃得力舉其職，爲所欲爲，不負朝廷任使〔五〕。斯人用心，如衡之平，如鑑之明，不委蛇以趨時，不矯激以干譽。其所顯名，致超擢，蓋有不及他人者矣。然而士人誦之，去後思之，天下稱學使者，卒莫過焉。

澹園丁先生以文章宗匠，早登禁林，駸歷部曹，茂著聲績。既以清朗雅望〔六〕，奉簡命，視學八閩。閩中經兵燹之餘，士氣稍稍不振。先生奮然以淬厲作新爲己任，衡文課藝，一歸於雅馴，冰蘗之操，始終一節，權要莫得干以私，真才宿學〔七〕，甄拔殆盡，修學葺祠，無廢不舉。

閩人士至今歌思頌嘆，謂前後作人之盛，無若丁公者。詰其按部時條約具在，正文體，端士習，絶請托，却餽遺，條教犁然，剴切洞達，在他人言之，不免爲具文，而先生則皆實政也。先生雅不喜自表襮，恬於榮進。他學使者報最，稱公明，輒擢卿寺。而先生僅從平調爲參藩，一不介意，曰：「吾輩得舉其職，不負是官，足矣！」先生今分守東萊，承流宣化，非往時專治一職者比，而公廉正直，特立自持，猶故也。夫誠能特立自持，即共數人辦一事，亦寧有不得行其志者？執此以往，而節鉞，而巖廊，責任彌重，風節彌彰，又豈獨學政優於天下已哉！

【校記】

〔一〕丁澹園學政條約序　潘氏自刻本遂初堂集文集卷三題「學政條約序」。下稱「潘氏自刻本」。

〔二〕顯要　潘氏自刻本作「形要」。

〔三〕其　潘氏自刻本作「夫」。

〔四〕不磷不緇，皭然無滓　潘氏自刻本原作「不磷不緇，皭然無滓」。

〔五〕不負朝廷任使　潘氏自刻本作「以不負朝廷任使」。

〔六〕自「以文章宗匠」，至「茂著聲績。既」等十八字　潘氏自刻本無。

〔七〕宿　潘氏自刻本原作「夙」。

周方山進士制藝序 名正，萊陽人，戊辰科。

登郡於齊最僻遠，三垂負海，萬山盤亙，岱宗之支脉，連綿走千里，至此而盡。所謂中州清淑之氣，蜿蟺扶輿，磅礴而鬱積者。加以潮汐之推蕩，雲霞之變蒸，仙山靈鳥之暎帶，宜乎其地多文人才士，彪炳古今。而萊陽爲尤盛。在昔於宋、孫、張諸族，并科第蟬聯。而近代姜如農、左蘿石、宋荔裳諸公，節義文章，顯名天下，雖中土名邦，未之或先也。

余駐節掖城，心慕龍山、昌水之勝，而未得一至。周君方山[二]，萊陽之後，宏通淹雅，華國才也。自丙午舉於鄉，文譽藉甚，久困公車。迨戊辰，始捷禮闈。惟其遭遇稍晚，故得肆力於學，經史百氏，靡不貫穿，爲古文辭，踔厲雄闊，傑然成家。既會試中式，將出其制舉行世，問序于余。

余惟君學閎而材肆，將與古作者馳騁上下，固不戔戔以制藝擅長。制藝固已深造自得，理邃而格嚴，骨堅而思密，雖縱横變化，尺寸不失，先民矩矱，非時花佳草争新鬥艷者，所可同年而語也。以君之才，早登賢書，顧不使之聯翩擢第，而故遲其遇於二十年之後，意者天固將老其才，昌其學，俾任大致遠，而不在於速化也歟？

陳同父晚對大廷，而名動天下。歸震川十上春官，而爲海内文宗。周君尚未殿試也，里居多暇，討益留心經國大業，異日入對彤墀，發天人之策，掇龍頭而翽風羽，萊陽重方山耶！

方山重萊陽耶！余鵠立望之矣。

【校記】

〔一〕周君方山　原刻誤作「周君子方」，據文意改。

西河慰悼詩序〔一〕

聖人不能無情，情緣境而生者也。時樂而樂，時哀而哀，宜歌而歌，宜哭而哭，斯謂之中節。執著如落絮沾泥者，妄也。隔閡如槁木死灰者〔二〕，亦妄也。汪君柯亭有一子，甚秀慧，酷愛憐之。五歲而殤，卜地瘞之，自爲文以志〔三〕。前後哭子詩數章，酸楚不忍聞〔四〕。友人屬而和之成帙〔五〕。或疑柯亭學道有年，達於生死之理，何當境不能自遣若是夫。嗣續之計，人道所重。蘭摧玉碎，古今同悲。子夏大賢，夷甫曠達，尚不免發哀過當，况餘人乎！延陵還封，安仁瘞墳〔六〕，樂天哭夭，退之志殤，固發於情而不違乎禮者〔七〕。

若夫友朋應和之辭，有悼有慰。悼者惜童烏之不（承）〔永〕，祝非熊之再來〔八〕。慰者援澹臺之達言，徵東門之高論〔九〕。上則恐傷慈母，下則慮損清羸，莫不委婉切摯〔一〇〕。吾願柯亭略其悼而納其慰，毋縛已往之境，毋積無益之悲，雪泥鴻爪，過而不留，則幾於道矣！

【校記】

〔一〕西河慰悼詩序　潘氏自刻本遂初堂集文集卷五作「西河慰悼序」，下稱「潘氏自刻本」。此序又見於汪文柏輯汪柯庭彙刻賓朋詩本西河慰悼詩卷首，末署「松陵同學潘耒序」。下稱「西河慰悼詩卷首潘序」。

〔二〕隔閡如槁木死灰者　西河慰悼詩卷首潘序作「强制如枯木寒灰者」。

〔三〕自爲文以志　西河慰悼詩卷首潘序作「自爲文刻石」。

〔四〕酸楚不忍聞　西河慰悼詩卷首潘序作「不勝酸楚」。

〔五〕友人屬而和之成帙　西河慰悼詩卷首潘序作「友人和者成帙」。

〔六〕延陵還封，安仁瘞墳　乙亥叢書本無此八字，據潘氏自刻本補入。又，「安仁瘞墳」，西河慰悼詩卷首潘序作「安仁瘞坎」。

〔七〕固發於情而不違乎禮者　西河慰悼詩卷首潘序作「固發乎情而不違乎禮者」。

〔八〕悼者惜童烏之不承，祝非熊之再來　西河慰悼詩卷首潘序作「悼者惜童烏之不永，望非熊之再生」。

〔九〕徵東門之高論　西河慰悼詩卷首潘序作「引東門之高論」。

〔一〇〕下則慮損清羸，莫不委婉切摯　西河慰悼詩卷首潘序作「下則慮防養疴，莫不委婉切至」。

姨母吴夫人七十壽序

生辰而致祝，禮也。介壽而以文辭，非古也。然今之人，則非是不爲禮。往余官京師，人之乞言來者無虚日，魚箋絹素，几案常滿。大抵貴人之親，齒及高年，例有屏幛，其徵引率多溢美之辭，作者亦隨意應之，不必果有當於其人也。至於稱揚閫德，尤無依據，非共姜、伯姬何從而知其節操，非周親懿戚何從而悉其生平。余是以不妄作壽文，而尤不輕爲壽母之文。比居田間，則筆墨應酬，一切屏絶。

今兹九月上旬，爲我姨母吴孺人齒過七秩。表兄宋士登徵文於余，曰：「學瀛不材，不能致身青雲，無以顯揚其親。而吾母之賢，不可以弗彰也。知吾母之賢者，莫如子。幸有以稱道之！」耒敬諾，不敢辭。

惟姨母裔出兩尚書，爲太僕公曾孫女，與吾母爲同堂姊妹，少吾母數月耳。淑慎性成，歸自明宋公，爲繼配。撫前配所遺一子五女，與己出一子，恩義惟均。比賦柏舟，煢煢孤嫠，搘拄門户，遺産無幾，百計補苴，備嘗勞悴。諸子女就傅者，爲延師；及笄者，爲擇婿；受室者，爲定婚。已而所生子卒，僅士登一人在膝前，形影孤單，門衰祚薄。復值水旱洊臻，役繁賦重，田廬漸廢，食指殷繁。姨母當其時，亦極難耳，茹荼嚼蘗，含辛忍苦者，不知若干年，而士登始有成立也。

延致幕中。士登事繼母孝，人無間言。其爲人通敏，練習吏事，而中懷粹白，一介不苟，監司守令爭戀，未嘗暫忘。雖婦子致養，若不足解其憂者。蓋母之慈彌篤，而子之孝彌深也。士登以是不得常侍母側，音問或積年不通，姨母每倚閭注念，而士登晨昏温凊之在賓幕，稍有積資，心復故業，田畝漸治，室廬漸完。而姨母春秋漸高，健飯無恙，視聽精明，優游逸豫，以享子婦之養。霜雪之後，始見陽和；轗軻之餘，終就坦道。信乎慈孝之召天休，而賢母之必有後也！士登既久

今姨母壽辰，士登方客太原，不遠三千里，刻期還家，來爲母壽。吾觀達官貴人，其禄足以備物，其力足以致美，然限於職守，而不得歸拜其親者多矣。雖羔雁盈門，縹緗爛目，豈若一夕還鄉，捧觴上壽之爲樂哉！而士登又何羨乎！又何愧乎！

姨母天性仁慈，同産兄弟三人，姊妹二人，友愛如一。遇甥侄輩，皆如子姓。愍窮矜困，不啻在身居心，每依於厚。語稱：「仁者壽。」姨母之享大年，膺多福，有自致之理。獨念吾母年齒相若，而慈顔隔絶，倏已六年。今耒以鮮民，爲姨母稱壽，不禁愀然有痛於中。而又念從母如母，思吾母而不得見，見類乎母者而喜矣，况姨母乎？惟願姨母壽考無疆，自兹以往，而八九十，而百年。凡耒拜姨母之日，皆如見吾母之日也。其慶幸寧有既歟！

以是爲祝嘏之辭，雖甚不文，而根於至情，庶異乎應酬牽率之筆而已矣。

書沈甄侯傳後

戊辰冬，客武林，遇沈子又京，述其先人甄侯君節概甚悉，聞之肅然生敬。世道之衰，有致身通顯而家族朋友漠不相關者。君一窮悴布衣，乃能敦行古誼，力葬數喪，收恤族黨，徇軀急友，盡智竭力，雖古書傳所載奇節獨行之士，何以加焉！

羅子爲君傳詳矣，尚有不載者一事。君有密友，入銓院，以肝膽之私屬君，君一不用其語。其友出院讓君，君曰：「吾兄已仕，所乏非此。竊爲兄計，得真材，置良莊，食報數世，所得顧不厚耶！」嗟乎！君所見若此，不賢於士大夫嗜利敗檢者萬萬耶！有隱德者，其後必昌。又京既有雋才，君復能延良師，嚴督課之，以能有成立。今方蜚聲藝林，致身青雲，可翹足待食報，亦正不薄。書以俟之。

題凌堅山生壙志後

余弱冠時，讀書上沙徐介白先生園中，始識堅山凌先生，年六十餘矣，方袍竹杖，神觀超然，如畫圖中人也。今又二十餘年，訪先生於梅丘，齒危髮禿，精明不衰，人言先生善服餌，能引年。余讀其自題像及生壙志，知其胸次廓然，達生知命。蓋有道者有得壽之理，非因服食而致然也。古來所稱仙人，如四皓七真之流，往往有冢。彼皆高士也，皆逸民也，豈以其有道而長年，輒謂之仙歟？抑斯人者實不死，而自爲生壙存於世，如凌先生之爲歟？夫死生旦暮耳，人諱言死者，每速得死，而不忘死者顧永年。先生之遇兵不劫，入水不濡，亦用此道也夫。

救狂砭語　救狂後語

救狂砭語　救狂後語目録

救狂砭語

救狂砭語序〔一〕

楚之南有狂泉，其泉在道旁，色碧而味甘，渴者易於飲，飲之使人狂酲，不能自已。其不飲者固不狂，然不狂者以狂者爲狂，狂者亦以不狂者爲狂。有智人過之，怪其如此。察其狂之故在泉，非惟一勺不飲，且大聲疾呼，戒其土之人勿飲；未已也，立表於途，告外來之人勿誤飲；未已也，亟求解狂之藥以飲狂者，令其得甦，仍將療狂之方，遍書廣刻，以施於人；猶未已也，必思滌其泉之源，除其泉之毒，令化爲不狂之泉，飲者皆無害，而後智人之慈願始滿。或告之曰：「彼飲者衆矣，而子甚孤。設或共發其狂性，群騁其狂力，以與子角，且奈何？」曰：「狂性有時而歇，狂力者有時而盡。醉者醉中與人搏，得吐而醒。夢者夢中與人爭，失聲而覺。是亦止狂之一機也。益彼未必損，我又何患焉？」

余游嶺南，所見有類於是，不得已而有言，積成一編，命曰救狂砭語，輒梓行之，以正於天下之不狂者。

康熙己卯重陽後三日，東吴止止居士潘耒書於羊城寓舍。

【校記】

〔一〕救狂砭語序　潘氏自刻本遂初堂集文集卷三題爲「救狂砭語自序」，且不署年月。至清康熙間增修本删去此篇。

與長壽院主石濂書〔一〕

某月日潘耒再拜，致書於長壽方丈座下。耒儒門中人也，而喜與禪客往還。年來遍游名山，笠屩所至，尤多方外之友。見水邊林下有一人半人，稱揚贊嘆，常如弗及。十年前，曾客羊城，聞座下聲望赫然。值駕北行，未獲相見。今者再至，因同岑師有札奉候，故特過訪，隨蒙枉答，略聆緒論，不能無疑。及讀種種新著，其疑愈甚，蓄而不言，則非道義相與之雅；言之，又更僕不能盡。故敢具書以聞，惟平心聽之。

夫著書非一家之言，將公之天下萬世者也，誠不可一字影響來人指摘。况紀事之書，尤宜實，不宜虚。尊著海外紀事，首簡云：「甲戌之春，余將有事北征，應上人召也。」未審「上人」者謂朝廷耶？則從未聞有特旨宣召座下之事。謂諸王大臣耶？則不宜預格抬寫。世稱衲子曰「上人」，餘則吏胥於官長，臧獲於主人，或有此稱，未聞禪流以此稱朝貴也。摳衣問道，古今盛事，若天子，若王公，若將相，何妨直舉其人？而乃隱約其語，含糊其辭，使人置疑於或有或無之間乎？又云：「商之當事，婉轉辭之。」未召而何從辭？暫假南來，無職而安，用假中土事，共見共聞，尚述之不真。海外事不見不聞者，其何以取信乎？所不解者一也。

座下所至之國，即安南所分。其主阮姓，上世廣州人，仕安南，守此土，遂據而有之。據尊著云：「國土總是一山，曲折起伏於巨洋中，依山傍海，而爲都邑。」度安南之地，不過中國一省，阮氏所有，又安南一隅之地，逼處洲島間，截長補狹，不過中國一大府。未修職貢，未受封爵，而輒稱「大越國王」，僭妄孰甚。在昔尉佗，全有嶺南之地，止稱「南越」。錢鏐兼并浙東西，止稱「吴越」。而彼何得妄稱「大越」？昔稱「大漢」、「大唐」，今稱「大清」，乃天朝大一統之稱，何得於彼亦稱「大越」？縱彼夜郎自大，或有此稱，而吾人著書，自當斟酌。春秋時，吴、楚之君，俱僭稱王，而聖人止書之曰「子」。就使隨時從俗，只稱「越國主」足矣。而啓稱「大王」，詩稱「大君」，甚至有「内聖外王」、「堯典禹謨」之語，居然以頌揚朝廷者頌揚之。其所署官屬，僭稱大學士、左丞相、右大尉等，一一崇奉之，如中朝元老。此在大槐樹下，長鬚國中，一任寐語。座下既還中土，猶然將此孟浪之詞，廣刻流布，獨不畏人指摘耶？

據云：「勸令請封，正其名號。」是將正其「大越國王」之名耶？安南古稱交州，本中國地。明宣德間，乃棄之。今其王入貢，乃天朝之陪臣。阮氏乃安南支郡，又陪臣之微者。在中國不過一土司，一長官耳。聞彼主所居稱府，出入止用四人肩輿，二雨傘，文書止朱批，無印璽，用安南年號。其主自稱「安南國主」，國人稱之曰「主」，稱諸外方人曰「吾國主」，外方人稱之曰「德主」。是彼未當肆然稱「王」，稱「大越」也。而座下乃欲以此名請封，名不正而言不順，誰敢爲之奏聞？就使奏聞，必不聽許；就使聽許，而指大於股，駕出安南之上，安南必不樂聞，亦非彼之利。座下誠納忠於彼，宜抑其僭而更教之僭，宜弭其釁而更開其釁，欲益之而反損之。所不解者二也。

神通之説，佛家有之，而非所重賓。頭盧偶一現通，被佛呵禁。然所謂通者，天眼天耳，他心宿命，乃戒定薰修，自然感得，非道家方術之謂也。座下在廣州，出賣風雲雷雨，居然登壇祈禱，一驗一不驗，既爲廣人所笑，何復以此誇於海外耶？張天師所到，懸牌云「諸神免禮」。封王之使入海，以齎御敕，亦或書「龍王免朝」。座下禪師也，仿道流則誕，擬天師則僭。符水乃羽流至下之術，既爲善知識，而動稱書符幾遍，非邪魔外道耶？

至言結茅華山，曾遇異人，秘授精五行衍遁之法，授之彼國東朝侯父子，尤可駭異。奇門遁甲，關係兵機。據座下云：「能奪造化之權，轉生殺之用。」則其術亦神矣。乃不以傳之中朝正人，而傳之外國用事者，不大干法禁乎？然料座下亦未必真通其術，不過自詡多能，詐現神通耳。試問座下：能如羅什之吞針一合乎？能如圖澄之放光照夜乎？能如封干之騎虎游行乎？能如懶瓚之履石自動乎？既皆不能，而徒以觀梅射覆偶中矜奇。且言祭煉日時，尅配度數，則與朱方旦於二眉山中煉六丁六甲一類，正所謂左道惑衆，聖朝之所必誅而不以聽者也。座下自許辨魔揀異，而先自着魔，又將誰辨？所不解者三也。

彼國迎請，原爲傳戒。爲戒師者，自須戒律精嚴，方可爲模爲範。座下於妄語、飲酒、自贊毁他諸根本戒，未能無犯。一旦應請，爲國主師，當生慚愧。於諸供養，務從澹泊；於諸錢財，無所貪戀；於諸言語，務爲真實；於諸徒衆，嚴加檢束：庶足生彼敬信。今座下皆反此，令人有「跛脚法師説得行不得」之譏。至於戒酒過一篇，言「我瞿曇戒飲酒，而於藥蜜醍醐，釋子亦得少飲，以培養其精神，調和其血氣。孔子飲酒無量，不及亂。瞿曇戒而飲，孔聖不戒而飲，不妨以我飲酒，不以酒困我」。是明許學人以飲酒矣。梵網經云：「酒生過失無量。若自身手過酒器與人者，五百世無手。」戒之如此其嚴。唯比丘病劇，須酒和藥者，得白衆，暫用少許。何容假此開人方便耶？素知座下有不醉之量，與王紫詮太守轟飲達旦，以爲佳話。在座下自謂過量，大人事事無碍，手把猪頭，口誦净戒，無所不可，而豈可以此教初心之士？無怪乎隨杖之衆，蕩檢逾閑，所犯有不止於酒者。令彼國人欲殺欲割，是非師長之咎歟？若夫彼國迎請有禮，贊見有禮，設齋有禮，傳戒有禮，餞送有禮，舉國之貴戚官僚與夫僧俗戒子，莫不有禮，所得鉅萬，亦云厚矣。何瀕行復以高麗寺因緣慫恿彼主，令其認長壽殿工？彼既許五千金，不爲少矣。又作緣疏，遍募國中，金寶滿船而歸，可以止矣，何又販賤賣貴，逐什一而操奇贏？洋船往來如織，將種種干禁之物，餽遺彼主，邀求厚報，致彼主實應且憎有，只説「俗人愛錢，善知識亦愛錢」之語。抑何不知止足，貪求無厭如是耶？海禁素嚴，今雖暫開，而私通外洋，闌出禁物，終非美事，縱無禍患，而以堂頭爲賈豎之事，亦恐有玷門風。所不解者四也。

紀事一書，無非誇己才略之長，文辭之富，福報之隆。自贊亦云至矣。卷首復假彼國主一序，以贊所未贊。彼國與我，言語不通，文字不類，詩詞四六，皆閩廣作客者爲之。所謂狀元者，明曆數之人而已。其主冲年閱我土書札，須點斷，乃能讀，豈辦作文？彼中人捉刀，亦無此明順。其爲座下自作，或座下幕客代作，無疑。而立言殊未得體，至稱秦得百里奚云云。以座下之才略，固不啻百里、由余。然亡國之虞，蠻貘之戎楚，其可以比天朝耶？尤可駭者，序後圖章，竟稱「曹洞正宗三十世」。曩聞座下付法與彼主，未之敢信。觀此，則實有其事矣。續佛慧命，何等大事，寧可將身入地獄，不將佛法當人情。然不過初發心人，信向有分，於宗長富貴，而能不昧夙因，崇信三寶，求受大戒，斯爲可嘉。彼主年僅二十二三，生乘中事，懵然不知。就使有意研窮，爲座下者，亦唯教之如何參究，如何提撕則已矣。何乃遽加付囑，收爲法嗣？豈真上上利根，一聞千悟耶？如有機緣，何以不載？如無機緣，何從印可？先皇帝禮玉林、木陳二老人爲師，朝咨暮請，確有悟入，而二老不敢輕爲印證，欲令法道嚴重故也。座下遇一番國主，輒以冬瓜印子印之，苟貪謝法之資，不顧諸方訕笑，然則座下記莂之流，概可知矣。彼國一段好心，敬佛敬僧，今却徹底逗漏，令其笑中國所謂佛法者，不過如此而已。慢佛慢僧，必自此始。好一國主，被長壽教壞，甚至題其殿曰「覺王内院」，與之號曰「天縱道人」，題之聯曰「十身調御，應現任王」，豈真悉達出世耶？彌勒下生耶？所不解者五也。

尊著證僞略録，摘五燈會元之誤二十餘條，一一斥爲僞造悖謬。宋時僧史，本有傳燈、廣燈、續燈、聯燈、普燈五書。大川禪師芟繁就簡，纂爲五燈會元一書。今惟傳燈、續燈尚存，廣、聯、普三燈不傳。是此三燈所載之人與機語，獨賴會元而傳，其功亦大矣。前人之書，後人采輯，必有異同。司馬遷本左傳、國策、國語以成史記，然史記與左、國多所牴牾。班固本史記以成漢書，然漢書與史記亦多出入。蓋各有所據而然。今乃摘會元中與傳燈字句稍有不合者，即斥爲僞造悖謬，是據左、國以斥史記之僞造，據史記以斥漢書之悖謬也。夫豈通人之論乎？前人之書，未必盡是；後人之書，未必盡非。傳燈録中，一人而既嗣此復嗣彼，一傳而一見再見。如覺範所指摘者，班班具在。安見傳燈皆是，而會元皆非耶？即如藥山傳馬祖云云，此本於唐伸所撰藥山碑。碑中明言：「南岳有遷，江西有寂，中岳有洪。寂以大乘法聞四方，指心傳要，衆所不能達者，師必默識懸解，不違如愚。居寂之室，垂二十年，寂乃贊美。」云云。碑載唐文粹，豈僞造悖謬耶？舉一如此，例餘可知。原貶駁之意，不過以「天皇悟」下小注載丘、符二碑及張無盡之説，證别有天王悟爲雲門、法眼二宗之祖。則南岳下出四宗，青原下止出一宗，故遷怒於全書，吹毛索瘢，不遺餘力耳。然多聞闕疑，聖人之訓；廣記備言，著書之體。既達觀穎、洪覺範、張無盡等，皆有此説，大川安得不載？不大書而小注，以示傳疑，亦有何過？丘碑果僞，猶未可罪，而况未必僞哉？僕别有考，兹不具述。

座下又欲并浄因覺、鹿門覺爲一人，而以收鹿門覺於天童浄下，爲會元之謬。然會元悉本續燈，續燈收至天童浄法嗣而止。會元以浄無機語，收至雪竇鑑而止，并無收鹿門爲天童法嗣之文。無論收之未必誤，即使大誤，亦與會元無涉。刻本具在，何不翻閲，猶輕易發言，至誣其倒置五代公孫，欲使洞宗前後紊亂，伏機待發，不幾開眼説夢乎？所不解者六也。

福嚴費和尚慨法嗣混濫，有遥嗣者，有冒認者，有代付者，故作嚴統一書。唯取當機契悟面稟親承之人，其義豈不甚正？唯據會元小注及人天眼目、佛祖通載、稽古略、林間録、雪竇塔銘諸書，證有天王悟，將龍潭德山下之子孫，竟收在南岳下，稍失闕疑慎重之意。而削去大覺以上無徵之機語，列壽昌於「未詳法嗣」，不録東苑鼓山，則大傷洞宗之心，有必不能默之勢，於是訟之當事。其時，浙中當事主先入之言，竟將嚴統毁板。然據當日蕭撫軍批吕臬司詳文之語，不過云「費隱師心自用，法律難寬，嚴統追板火滅，并追原書，嚴行禁飭，費隱逃遁，候獲日重究」而已。請問大清律上何曾有「師心自用」之罪名？費隱現坐道場，何須候緝？此亦應酬情面，聊以結案而已。而座下矜張其詞，不曰「奉旨嚴禁」，則曰「世祖章皇帝所禁之書」。試問洞宗人曾叩閽乎？此案曾具題乎？撫軍、臬司之批判，其即可以爲旨乎？

座下將當日公署訟牒，一一刻出，果有明旨，何不亦刻出，而但空言乎？無旨而言有旨，院司所禁而言章皇帝所禁，揆諸詐稱制旨之律，當得何罪乎？

座下非毁嚴統，猶曰不得已也，并將費和尚之道法，毁之謗之，曰：「性不見，道不明。」費和尚乃天童得骨得髓之子，機用迅捷，門風孤峻，八坐道場，攝化無數，刻期遷化，舍利成堆，果位中人也。座下何處檢點，謂其不明道，不見性。請問與座下所明所見，相隔幾塵？不思己之字體若何，而謂祝枝山、董思白不能書；不思己之棋格若何，而謂過百齡、汪漢年不善奕。豈不笑破天下人之口哉！至誣其列壽昌於「未詳法嗣」，一報當年親炙不蒙付法之怨，一雪天界杖人斥其師徒濫付非人之恨。古人三登九上，不契者多，或已相契，而云觀子因緣，合在某處，指令見某師者，豈如今之師家動欲牢籠弟子，弟子動欲要求付囑山谷？俗漢猶知死心不肯，乃是真實相爲。而謂費和尚有此齷齪肝腸乎？天界曾規天童濫付匪人，此別有所指。天童復書云：「上人何處見老僧濫付？且盡大地，誰是非人？試指看！若指不出，自合懸梁縊死夢筆山中。」此段公案，與壽昌、福嚴何涉？而平空扭揑，尤可怪笑。所不解者七也。

當日洞下諸公，與嚴統爲難，以天皇、天王發端，實則爲削去洞宗。幾人不得不起而争，其他書之無干洞下者，固無預也。座下乃將禪燈世譜、寶積録、曹溪志諸書，一一皆毁。世譜則以序中有壽昌自言曾印法瑞峰之語而争之，寶積則以不收斷橋下語録而争之，曹溪志則以先南岳後青原而争之，都非切己要事。譬如喜事婦人，不思如何治家，如何教子，而終日争長競短，與鄰家炒鬧，亦可厭矣。今聖感霽崙編五燈全書未經流布，未見其稿，聞其遍處搜求語録，諒不於先德有遺。洞上十八世之機緣未必削也，壽昌未必列在「未詳法嗣」也，東苑鼓山未必不載也。或者仍載天王悟於南岳下，則有拂洞宗之意。然而拙庵既争之矣，懷直既争之矣，座下在八千里外，可以置之不問，即欲移書論辨，亦當心平氣和，委婉商確，何須粗言暴語，首以嚴統一案相恐嚇？夫嚴統自嚴統，全書自全書，就使全書一如嚴統，而謂無天王者有據，謂有天王者亦有據；嚴統毁板，豈會元亦毁板乎？林間録亦毁板乎？佛祖通載亦毁板乎？稽古略亦毁板乎？人天眼目亦毁板乎？

皇上無學不貫，無書不觀，庸知此數書者不曾經御覽？煌煌天言，如綸如綍。皇上既經賜序，則全書必經披閲，座下何所據而云無暇細覽？似乎回護，實則隱然有輕易製序之譏。且以皇甫謐序三都相對照而言，只管自己施爲，全不顧今上道德文章之大。豈今上道德文章遂爲一序所累乎？序中特褒五燈會元舉挈要領，而座下故將會元極力貶剥，以爲僞造悖謬，得非顯抗朝旨乎？何返以欺君誣上五大悖逆之罪，加之霽崙而恐嚇之？一則曰：「萬一諸王大臣府部科道看出不詭弊端，特參一本，必負重罪。」再則曰：「恐有人率諸方長老，同到長安啓請，部屬史官與足下立考真僞。」云云。題目甚大。究其歸宿，不過以載有天王悟，謂仍如嚴統而已。有天王悟，無天王悟，與政體何關？雲門、法眼二宗之出青原、出南岳，與軍國何涉？皇上未嘗有旨禁嚴統，未嘗誡不得載天王悟也，而何云欺君誑上？廣徵遺集，删冗僞，增契機，考定宗派，不使金鍮混雜，此五者皆至言也。全書能如是，固善；即不能如是，亦止著書未盡善而已。有何大悖逆？有何不詭弊端？諸王大臣，平章政務，府部科道，各有職司，無暇爲汝緇流理此閑事。設欲題參，則妄稱上召，私通外洋者不參，而反將奉敕住院之人、御製序之書特參乎？諸方長老所見不同，各有正務，未肯輕到長安，亦誰受汝率？部屬史官，多秉虛公，未必黨一絀一；考古證今，未必不如緇流，或所見與蕭撫軍、吕臬司各別。嚴統舊案，一并翻却，亦未可知。出家人宜心行質直，言詞柔和，而舞文巧詆，虛聲恐喝，一如訟師刀筆之所爲，世有如是善知識乎？所不解者八也。

曹洞世次，自洞山至壽昌爲三十一世，顯聖爲三十二世。此千百年代代相承之源流如此，兒孫共守，無得而議者也。獨位中符者突出一見，謂鹿門覺即浄因覺，將丹霞淳至天童浄五代嫡祖，一筆削去，曾將其所著大統求序於平陽老人，老人不許，出書闢之，有「藺相如、司馬相如，魏無忌、長孫無忌，豈可合爲一人」之語，罵爲狂妄喪心。而鼓山爲霖作辨謬一篇及答大山童求書，闢之尤力。自此，洞下子孫，更無言及者。何座下今日復理位中謬説，必欲削去五代祖宗，以自己素稱三十四世者？一旦改稱二十九世，以便其妄自尊大之私。當日位中所據，唯青州塔記而已。鼓山據款辨之，虛僞立見。今座下復以鹿門塔記、覺範法燈叙、封龍略記、南石增集四種爲憑，證其必當削。塔記非人人共見者，青州塔記可僞，鹿門塔記何不可僞？洪覺範乃座下所痛詆者，其贊太陽延，明言同安志嗣同安丕，丕嗣雲居膺。而座下不從，欲將膺、丕二世移换。何故法燈叙中影響一語，却取以爲證耶？略記、增集乃單本晚出之書，非舉世流傳者。續燈、會元乃宋人所集，大部通行，有目共睹者。續略、纘續，乃洞宗人所編，奉旨入藏者。而座下不信，偏信此單詞片簡，欲憑以删削祖宗，可乎？不可乎？禪門授受，各有源流，如人家之譜牒。祖堂供有牌位，上書第幾代某禪師，如人家之木主。此歷代相承，一定不易者。壽昌源流，蓋必親受之廪山，而稱三十一世。顯聖先悟道，後求師。據位中云：「其初嘗稱二十七世，然自遠門親至少林，考正之後，定稱三十二世。」與壽昌源流吻合，足明壽昌所傳之真。今若以爲誤，世豈有爲人子孫而述其祖先世次皆誤者？則必壽昌不親見廪山，或廪山非少林嫡骨也，而後可無怪嚴統置諸「未詳法嗣」之列矣。洞宗人恨嚴統者，最在「未詳法嗣」一語。座下乃大聲疾呼，謂壽昌源流皆誤，世次皆誤，適以證成「未詳法嗣」之説，無乃爲壽昌之罪人，而嚴統之功臣乎？位中，顯聖兒孫也。顯聖所稱世次，不無參差。位中執以爲詞，鼓山猶斥其將遠門已揀之砂石，實爲珠玉。座下，壽昌兒孫也。壽昌源流，本無謬誤。座下乃拾他人所揀之砂石，而棄家傳之珠玉，不更愚於位中乎？座下自稱天界杖人法嗣，天界語録中，於洞下諸祖，人人有頌。其稱第一代雲居膺，第三代同安丕，鑿鑿也。第九代丹霞淳，第十代真歇了，第十一代天童珏，第十二代雪竇鑑，第十三代天童净，鑿鑿也。自稱三十三世，鑿鑿也。天界既以諸師爲祖，座下安得不以爲祖？

天界稱三十三世，座下安得稱二十九世？就使考訂極分明，證佐極確核，亦止可如「郭公」、「夏五」，闕疑存案而已。何得擅自改削，蹈滅祖滅宗之罪而不辭？傳曰：「與其過而棄之也，寧過而存之。」就使誤而叠出五代，不過將同堂曾伯叔祖多列幾木主而已，固無大咎。若誤而削五代，則是自削祖宗，與弑父弑母、出佛身血，同爲大逆。此業其可造乎？即使世數當更，亦必告諸洞上諸尊宿，衆議僉同，將從上塔銘、語録、祖堂木主，一一更定而後，己身可改也。今則不然，獨將一身與其弟子提起五世，則是壽昌、慈舟皆座下之孫輩，博山、顯聖皆令嗣之孫輩也。大則大矣，而舉世非之，亦何異諺所云「關大門，改年號」乎！座下又欲改雲居膺爲九峰滿，改同安丕爲同安威。傳燈録雖收同安志於同安威下，正宗記因之，然贊寧創作僧史，搜采浩繁，容有未核。覺範與洞宗人最熟，極慨燈録多訛，而作僧寶傳，首列曹山，盡揭洞上宗旨，贊大陽而追溯五世，似有意訂傳燈之誤者。蓋必洞宗譜牒如是，非無據而然。會元如是，續略如是，纘續如是，其來數百年矣。源流縱誤，豈有第二代第三代便誤之理？使果當削當改，何數百年之祖先都如醉如夢，直待座下今日而始醒寤乎？所不解者九也。

洞宗諸老凋謝殆盡，現存者惟鼓山一人。宗教兼通，行解相應，門庭整肅，標格清嚴，年八十餘矣，未付一人，真末法中砥柱也。座下既稱爲法叔，自應尊重恭敬，乃恨其不取位中删削五代之説，反作書譏之，而於鼓山所駁吃緊節目，全無分疏，一味飾詞詭辯。鼓山言顯聖源流傳自大覺，壽昌源流傳之少林。少林爲洞上祖庭，四百餘載相傳源流，上接續燈，殊無差謬。遠門再往，遍查碑銘，乃刻續略，奉旨入藏，言此五代乃從少林祖庭傳來之源流如是也。而座下云壽昌全録從無叙及，從上世系幾見語録中有載一紙源流者乎？又云不知續略所憑何據？據源流也，據少林碑也。所謂源流者，乃從洞山第一代直至三十幾代之源流，非僅僅下一代接上一代之源流。今鼓山刻出者是也。此而可謬，孰不可謬？佛法不在源流，然囑付不無源流。座下既稱壽昌嫡裔，而痛掃壽昌源流，似從未見源流者，何也？若據續燈録，天童净下止載石林秀、孤蟾瑩，而不及鹿門覺爲難端，則净因下亦止載華嚴蘭、亞松聖，而不及青州辨，獨非敗闕乎？鹿門既是丹霞之弟，而丹霞下載至天童、石林凡五六世，鹿門下亦應載至王山、雪竇等四五世，何以第二世頂天立地，之青州便不載？此何説也？又云先住净因，則稱净因覺，後住鹿門，則稱鹿門覺；修燈者收净因覺，是未稱鹿門之故，住鹿門後始傳青州辨，辨傳大明寶。以下子孫，皆在續燈集成之後。此全不考修書歲月。據續燈收丹霞下子孫至五六世，而會元又在績燈之後，則去覺師之没百五六十年矣。何以尚稱初住之净因，不稱後住之鹿門，止收住净因前法嗣，不收住鹿門後法嗣？其説尤不可通矣。又言覺祖嗣净之機語，五燈并無載述，獨見會元，得非烏有先生之作乎？會元未嘗收鹿門覺。繼會元而成書者，有遠門之續略，涵宇之纘續。烏有先生之作，意者在遠門、涵宇，不在大川。請以從前罵大川者，皆歸之遠門、涵宇，可乎？位中所據以削五代者，獨有青州塔記，已被鼓山鬫倒。座下不能申救，而復以鹿門塔記及略記、增集、法燈序爲證佐。一契既假，百契非真；一證既虚，百證非實。又争傳燈正宗，鼓山未見。據云，嘯峰之子携稿入閩，老叔閲之，欲增删重訂，則是既見其稿矣。天界語録中，既將此五代一一頌出，則所著正宗必不削此五代。如削五代，换二代，是座下之正宗，非天界之正宗矣。何争於見不見哉？且無論座下所執之説，未必理長；即使理長，而鼓山既是法叔，措詞自有禮體，何乃任意唐突？不曰「随人起倒」，則曰「侏儞倒置」；不曰「出言不經」，則曰「俗漢不如」。至謂其怒位中不以此説預先通知，故有意抉摘。又言濟宗以古佛稱老叔，故老叔出此辨謬相酬。真所謂以小人之心度君子之腹矣。鼓山置之不答，非不能答也，不屑答也，不與妄人校也。而座下廣刻送人，以明得意。前枉過時，語及鼓山，座下云：「敝法叔是老實修行人，於此事全不留心。」夫出家人所謂此事，本分事也，己躬事也，一大事也。鼓山果不留心，而前鼓山何以付之？是不特謗爲霖，并謗永覺，并謗壽昌矣。若以宗支世次爲此事，則鼓山豈不留心，而能作此辨謬？若以鬥諍人我爲此事，則不如不留心之爲愈矣。

座下莫忽視修行。古人三十年，不雜用心，修行也；唤主人公惺惺着，修行也；入息不居陰界，出息不隨衆緣，修行也。縱不能如是修行，而恪守佛制，嚴净毗尼，習禪觀修，净業猶賢於終日波波劫劫、馳騖攀緣、逐利趨名、争人競我者，百千萬倍。座下目空塵劫，不論古德先宗，矢口痛駡，駡覺範爲「瞎却眼睛」，大川爲「僞造悖謬」，雲壑爲「揑造無根」，龍池爲

「遥嗣笑巖」，費隱爲「言僞行僻」，木陳爲「含砂射影」，天然爲「障人自障」，口業亦不少矣。復將本宗老法叔塗污，一上平陽，責位中云：「老僧且不與汝辨，待汝從鑊湯爐炭中煮煠，過恒河沙劫，然後知非謗大般若、謗大乘菩薩法爾。」如然，平陽以大慈愍故，垂此痛切之誨。識法者懼座下，豈不識法而恬然不懼乎？所不解者十也。

往年見翁山，語及座下，意甚不平，有「懷王我家所立」之語，心甚疑之。間問一二貴同門，輒笑而不答。續得杖和尚語録，見塔銘後載諸法嗣，無座下名，方信翁山之言不虚。然謂拈香代付，今時多有，可弗深論。今見尊録序中言：「親覲杖人在諸同門之先，囑累更在諸同門之先。」則是杖人嫡子矣，長子矣。而塔銘後何以不載？杖人年二十八，即開堂於興化，時爲萬曆末年，座下尚未生也，何從親覲？何從囑累？又云：「年十九，於太平受囑。」考杖和尚語録，歲戊子住蕪湖吉祥寺及太平無相寺。旋坐累繫獄者一年。出獄，即住栖霞，未嘗再至太平。據座下自述云：「順治元年，余年十二。」則戊子年十六，非十九也，而又安得囑累？座下亦自覺其説之荒唐，乃於燈譜正訛中易其詞曰：「同法三十二人，居士四人，余名次第十四。」今考塔銘，則云：「嗣法弟子二十七人。」其第十四乃大别，非座下名也。不審何以見遺？如未嘗囑付，而僞造偈語，妄稱法嗣，大妄語成，當墮無間地獄。如果囑付，而塔銘不載，則當大聲疾呼，問刻碑者之罪，問刻録者之罪，必須改正乃已。而何以四十年來默不一辯也？塔銘石刻，乃傳信天下萬世者，如辨天王有無，全在丘碑真僞；即位中與座下欲删去五代，亦以青州塔記、鹿門塔記爲憑。而天界塔上獨無座下之名，則是座下以天界爲父，天界未必以座下爲子也。座下以竺庵、嘯峰等爲兄弟，竺庵、嘯峰等未必以座下爲兄弟也。而何暇争雲門、法眼之出青原、出南岳？何暇考二世之爲膺爲滿，三世之爲威爲丕？何暇辨净因、鹿門之是一是二？譬猶身在譜牒之外，而妄議廟食之主可增可減；不預題名之列，而妄談座主淵源孰親孰疏：有不笑其多事者乎？以座下之聰明才辯，何不出一書一説，明告諸方，以息天下後世之疑？若不辨明，而偷刊暗改，則天界四本語録行世已久，一經檢點，更添敗闕。己躬事尚未穩當，而何暇嘵嘵争此閑是閑非？所不解者十一也。

滿招損，謙受益，人道之常。處世間法，尚宜守約處冲，卑以自牧。况在比丘無族姓之可誇，無名位之可倚；尊之則王侯將相何妨抗禮，卑之則丞尉游徼便可欺凌。固宜慈忍如地，和柔如草，惟恐人譏其倨傲。今座下乃於天王殿前，大書對聯，曰：「莫怪和尚們這等大樣，請看護法的豈是小人。」是居然自招大樣矣。且以大樣爲分所當然矣。而所以當然之故，則因有大護法。噫！是何言歟？比丘以道爲尊，以德爲貴，大行不加，窮居不損，王臣禮拜不爲榮，沿門乞食不爲辱。豈以護法之大小爲大小耶？座下既所見如此，無怪和身輥入塵勞，今日購奇珍，明日製佳玩，今日掣鈴索，明日叩戟轅，但求聲勢烜赫，不顧道望污隆，背覺合塵，迷己逐物，恐有老象溺深泥之勢。竊爲座下惜之。芒鞵箬笠，瓶鉢蕭然，自是道人高致。而座下服食器用，擬於王公，巧作工匠，不離左右，百金製一櫃，千金製一床，沈飲常至夜分，演戲動經旬月，陞座張曲，柄傘把門，用黑鞭人，竊恐祇園無此儀範，百丈無此清規也。剃除鬚髮，方名比丘，而座下蓄髮不剪，自稱頭陀。夫頭陀者，着糞掃衣，宿冢間樹下，抖擻煩惱，精勤行道之謂，而豈養長頭髮之謂哉？方今功令，在家人皆剃髮，而座下出家人反蓄髮，亦似遇於好奇。聞座下所謂大越國王者問：「老和尚何以不剃髮？」座下答云：「此髮曾經康熙皇上御手握過，故不敢剃。」閩廣商人傳以爲笑。萬一皇上問和尚何不剃髮，又將何辭以對？所不解者十二也。

座下吴人也，與僕有鄉井之誼。僕來此間，蒙枉顧者再，見邀者再，雖病未能赴，然心識厚情，豈有所芥蒂於座下，而爲是辨難哉？傳云：「千人之諾諾，不如一士之諤諤。」座下久住大刹，富有貲財，交游多筆舌，利當事，愛座下逢迎，不見僧過；士夫喜座下結納，樂爲稱揚；緇流畏座下勢力，誰敢牴牾；四方賓客，貪座下周旋，何暇檢點。於是座下日驕日倨，肆然以爲惟我獨尊矣。然而檀護雖多，標格日降，福緣雖廣，道風日衰，但知攀前，不顧向後，但知責人，不知檢己，作用如商賈，家風如應院，人言籍籍，未之敢信。

第就座下惠教雜著，略一披尋，而少實多虛，紕繆四出，世間則有傷國體，世外則有礙法門，近之足以生風波，遠之足以招果報。僕而不言，誰復言者！故不惜披瀝肝鬲，爲座下諄切言之，實冀以螢火之光，效他山之石。座下嘉其直諒，恕其狂瞽，而罪之亦唯命。

耒再拜！

【校記】

〔一〕與長壽院主石濂書　潘氏自刻本遂初堂集文集卷八題爲「與僧石濂書」。至清康熙間增修本刪去此篇。

與梁藥亭庶常書〔一〕

嶺南素稱法窟，六祖唱道於曹溪，匡真開宗於雲門，大顛盛化於潮陽。近則大埔出木陳，珠江有天然，博羅産剩人，皆傑出叢林者。不意比來獅弦歇絶，乃有長壽石濂者，冒稱知識，竊踞法席。觀其行事，一如賈人方士之所爲，全無本色衲僧氣味。此在江浙必不能行，不知何以得行於貴鄉三十餘年，而無人檢點也？

夫石濂者，本吾吴人。其所出微，不欲盡言。幼而警敏，善畫士女，作詩有佳句，有故出家，踪迹詭秘，於禪學亦嘗掠影，并無師承。覺浪和尚初開堂在萬曆末年，濂尚未生；住太平，在順治戊子，濂止十六歲，何從有親覲付囑之事？

初來廣州，不過賣畫觀音，稱講師而已。忽爲善知識，稱覺浪法嗣，則翁山實證成之。翁山本從天然剃染，復爲覺浪門人。後返初服，與天然諸法嗣不相得，見石濂，愛其聰慧，謂英年可造就，不惜口業，力爲證明。翁山乃真親見覺浪者。翁山既以石濂爲覺浪之嗣，其誰曰非覺浪之嗣？於是儼然爲法門中人，欲與天然爲兄弟，視阿字、澹歸皆侄輩。而天然父子絶不與通，若弗聞也。渠又諂事平南王之幕客金公絢，得見平南及俺達公。廣州長壽、清遠飛來二寺，皆實行和尚所住持。實行没，公絢言於俺達，以石濂住長壽。長壽無産業，飛來有租七千餘石，乃干諸當事，請以飛來爲下院，盡逐實行之徒，而并吞其租。翁山有力焉。自是，石濂日益富厚。其人多巧思，以花梨、紫檀、點銅、文石作椅桌、屏櫃、盤盂、杯椀諸物，往往有新意，持以餉諸當事及士大夫，無不贊賞者。於是交游日廣，翁山實大有造於石濂。石濂既得志，遂疏翁山。翁山甚不平，業已贊成之，不可復言其僞，唯於諸相知前，時一吐露。弟預聞之，故知其詳。

爲石濂者，既來歷不真，益宜謹飭穩重，真實修持，確切砥礪，以期無玷門風。何乃心高氣横，目無緇素，專爲大言以欺人，謗毁先德，淩轢尊宿，毫無忌憚？又妄言遇異人，明天象，曉遁甲，出賣風雲雷雨，一味脱空揑怪，似文成、五利之所爲，與禪師行徑全别。及其一游京師，一至交趾，則彌增誕妄，儼然以爲惟我獨尊。

近閲其所著書，如海外紀事、證僞略録、不敢不言、源流就正等種種，誇誕不經，詭辯無理，不能具述。即如海外紀事，首簡稱將有事北征，應上人之召，是妄語也。教學人飲酒，是破律也。付法與番國主，是賣法也。圖章刻「言性與天道」，以尼山自居，是僭聖也。御製序特褒五燈會元，而貶剥不遺餘力，是抗旨也。嚴統毁板，乃浙中當事一時剖判之事，而以爲奉旨嚴禁，是矯旨也。五燈全書業經御覽賜序，而痛加非毁，是訕上也。削洞宗丹霞淳等五代，是删削祖宗也。易雲居膺爲九峰滿，同安丕爲同安威，是更换祖宗也。素稱三十四世，而忽稱二十九世，是紊亂世次也。此皆有傷世教有礙法門之大者，皆足以來風波，招果報。弟念同鄉之誼，不得已作書數千言規之，冀其少知悔悟。唯是有請於先生者。

曩時嶺南人言先生與長壽交最厚，其所著述，皆爲作序。前相聚時，先生語及長壽，顰首蹙額，極斥其非。則知先生已洞悉其底裏矣。先生與翁山爲金石交。翁山所言，先生安得不信？嶺南録尊序云：「親覲在諸同門之先，囑付更在同門之先。」開法吴門廣福，隨堂常數百人者，實無其事。試看覺浪原本語録、塔銘後所載，何嘗有石濂之名？此則翁山之誤先生也。客問序中言「費隱罪在不赦」之條，毁人祖宗，滅人嗣續，在僧伽中謂之魔，在吾儒名教謂之亂臣賊子。費隱乃天童得髓之子，嚴統以執筆過嚴，逢洞宗之怒而興訟，豈真有如是罪過？尋常人猶不可輕毁，而况謗大知識乎？此又石濂之誤先生也。

先生負一代重望，著作纔脱稿而紙貴人間，將來且傳之百世。此二序者，竊恐未足傳信，人或得而議之。大賢之心，虚公無我，刻印銷印，古今以爲美談。先生初見石濂，未悉其由來，信良友之言，不妨樂爲奬與。今歷年滋久，水落石出，灼見其爲人，似宜追還前序，索取其板，勿使印行。猶恐流傳已廣，或當别作一文，表白當年誤聽之故，今不復存此。則無損知人之明，彌彰立言之慎。一則使人曉然知先生之護法，而不護非法；一則使人灼然知石濂本非覺浪之嗣，不致塗污覺浪。翁山有靈，亦當禱祠而求也。

愚見如此，唯高明裁之。不宣。

【校記】

〔一〕此篇亦見潘氏自刻本遂初堂集文集卷九，題爲「與梁藥亭書」。

天王碑考〔一〕

景德傳燈録載石頭之嗣爲天聖、道悟，天皇之嗣爲龍潭、崇信。其後出德山、雪峰爲雲門法眼，二宗之祖。明教正宗記悉遵傳燈，所列無異。及張無盡得達觀禪師所集五家宗派，又得唐丘玄素所撰天王道悟碑，與符載所撰天皇道悟碑，知當時有兩道悟，名偶同而生緣出處絶異。

天皇得法石頭，傳惠真等三人。天王得法馬祖，傳龍潭一人。證以爲雲門、法眼二宗，實出南岳。其後洪覺範林間録、覺夢堂宗派序、吕夏卿雪竇塔銘，皆主此説。而佛祖通載、稽古略皆載二碑之文。至濟川禪師集五燈會元，仍依傳燈，載龍潭爲天皇之嗣，以雲門、法眼二宗繫青原下，惟於天皇傳後分注一條，據無盡、覺範之論及圭峰宗趣狀、權德輿馬祖塔銘、祖原通要諸書，證以爲别有天王悟，爲龍潭之師。然不敢輒改傳燈，以傳燈是宋朝奉敕裁定之書，大川是宋僧，不容輕動也。

邇年，費隱禪師作嚴統，據林間録諸書，竟收德山爲天王之嗣，繫於南岳下。則是南岳下出潙仰、臨濟、雲門、法眼四宗，而青原僅出曹洞一宗。於是洞宗人不平，起而爭之，然爭之之故，實以嚴統削去萬松後無徵之機語，列壽昌於「未詳法嗣」，不載東苑、鼓山，大傷其心，而不便顯言，特借天皇、天王發端耳。其時，浙中當事，主先入之言，竟將嚴統毀板。然會元、林間録、佛祖通載、稽古略諸書，流行自若也。天王之有無，亦無關宗旨。二宗之出青原、出南岳，亦無關輕重，真心辨道者，亦存而不論。

今嶺南石濂，專以門諍爲能事，作證僞録，摘會元之稍異於傳燈者，即斥爲僞造悖謬。要其歸宿，則以分注中載有天王而已。據其述洞宗諸人之説，駁丘碑爲僞者，約有四條。

一則曰，丘碑之款稱「唐正義大夫户部侍郎平章事荆南節度使丘玄素」。荆州在隋唐時稱江陵，稱南都，至宋方稱荆南。唐書止有荆州節度使，無荆南節度使。自至德二載置此官，至唐亡，爲節度使者十餘人，并無丘玄素姓名。余考唐書方鎮表，至德二載置荆南節度使，亦曰荆澧節度使，領荆、澧、朗、郢、復、夔、峽、忠、萬、歸十州，治荆州。太和六年，廢。開成三年，復置。是正史明書荆南節度使，而硬改爲荆州節度使。何異指鹿爲馬耶？荆州者，一郡之名。荆南者，統轄十餘郡之總名。故有荆州刺使，無荆州節度使。如今之有廣州太守，而無廣州巡撫也。或者山僧野衲，不曉官制，亦無足怪。彼既云此官置自至德二年，至唐末，百五十餘年，則是曾見唐書矣。明知其有荆南節度使矣，而味心誑説，豈欺天下人盡無藏書耶？悉不識字耶？百五十年中，爲節度使者，當有五六十人，安保無丘玄素？而云人僞、款僞、碑僞，豈非詭辯乎？

一則曰，碑云天王入寂于元和三年戊子，年八十二。則當生于玄宗開元丁卯。而云三十四參馬祖。其年乃肅宗上元元年。庚子，馬祖尚未出世，何從參謁？馬祖出世在大曆八年癸丑，天王當四十八，而何云三十四？今考林間録、人天眼目、佛祖通載、稽古略所載丘碑，俱云天王入寂于元和十三年戊戌。溯其生，當在開元丁丑。三十四則當大曆五年，正馬祖出世江西之時。權德輿馬祖塔銘云，大曆中，尚書路冀公爲連帥，請居理所。初不指定某年。石濂何所據而確指爲大曆八年癸丑？豈非憑空揑出耶？示寂在元和十三年，則參謁得法，一一符合，諸書皆同。唯會元小注，誤書元和三年示寂，此必寫刻魯魚之訛。石濂却借以爲辯端，謂丘碑全僞。譬之鞫獄，不信多人之明證，而偏摘一人之口誤，欲翻全案，其能服人之心乎？

一則曰，覺範云南岳讓禪師碑，唐聞人歸登撰，列法孫數人於後，有道悟名。然南岳於天寶三年甲申入寂，是時天王方十八歲，尚未見馬祖，何得載入南岳去世碑中爲法孫乎？此更謬矣。從來立碑刻銘，何嘗定在示寂之歲？六祖化後百餘年，而柳宗元、劉禹錫爲作二碑，例可知矣。考唐書歸登本傳，貞元初，策賢良，爲左拾遺。十五年，遷兵部員外郎。順宗即位，拜給事中，歷官至工部尚書，卒年六十七。是其歷官在德、順、憲、穆四朝。即據其登第之初，去大曆五年天王得法之歲，已十五六年矣。不知作碑、立碑又在其後若干年，而何以不得載天王於法孫之列耶？又云節度使造寺供養，始有天王之名。何以南岳碑後便稱天王？據碑云，師自得法後，便返荆門，結草爲廬，隨有節使發怒及悔悟造寺之事。則大曆、建中時，已有此寺。歸登入仕，在貞元初。作碑又不知在其後若干年，而何以不得稱天王道悟耶？唐文粹第六十四卷中，有權德輿所撰道一禪師碑，末云：「貞元四年二月，入滅，春秋八十。沙門惠海、智藏、鎬英、志賢、智通、道悟、懷暉、懷寬、智廣、崇泰、惠雲等，體服其勞，心通其教。」云云。文粹乃大部通行之書，馬祖碑確有道悟在法嗣之列，豈亦僞造耶？

一則曰，據稱張無盡於達觀穎禪師處，得丘玄素、符載二碑。按達觀寂於仁宗嘉祐己亥，是時無盡止一十八歲。直至三十二，始知有佛乘。四十九，始見兜率，有契悟。豈十八歲之前便能留心法派耶？今考林間録原文云：「達觀禪師集五家宗派，以道悟嗣馬祖。引唐丘玄素所撰碑文幾千言，其略云云。」則是達觀引此碑以著書也。人天眼目原文云：「無盡於達觀穎處，得丘、符二碑。」是言見達觀所著之書，而知有丘、符二碑，不言親見達觀手授二碑也。而横生此辯，平地生波，無瘡索瘢，是何心行？達觀穎、洪覺範、覺夢堂皆傑出宗師，無盡亦越格居士，彼豈脱空造謊者？丘、符二碑全文雖不傳，節略具在，豈本無其文，而憑空造出者？

石濂輩徒以僞造青州塔記之私心，揣測古人，謂亦當爾爾。何異盜鑄錢人疑人錢皆私鑄哉？又不敢直斥達觀、覺範之非，却云元雲壑捏造心燈，憑空幻出天王碑，業海清翻，刻會元竟將僞碑引入天王章尾。然則林間録、人天眼目諸書，豈皆捏造幻出耶？石濂證僞録，娓娓鑿鑿，執以駁丘碑之僞者。如上四條，皆無理之辯，毫無損於天王。唯天王臨化機語，同於白馬曇照，似有可疑。龍潭餽餅，明言住天皇寺巷，似有可據。然傳聞容有混濫，碑版確乎可徵。安必白馬之是，而天王之非？餽餅事或訛，天王爲天皇，亦未可定。

客曰：信如斯言，則決有天王，定當收龍潭爲天王之嗣；雲門、法眼二宗，定當移入南岳下乎？

曰：天下事，未可據一家之説，執一人之見，即斷爲必然。同時同地之事，尚或所見異詞，所聞異詞。况數百年前之人與事，非親知灼見而可臆斷乎？春秋「郭公」「夏五」，明知其誤，而不輕改。疑則傳疑，蓋其慎也。指丘碑爲僞造，執天王爲必無者，固謬。若頓改傳燈、會元，竟收龍潭爲天王嗣，移二宗於南岳下，亦非闕疑慎重之體。

〔曰：〕然則後之修僧史者，當奈何？

曰：莫如仿續燈。續燈在傳燈之後，會元之前，然不書青原下幾世，南岳下幾世，而云大鑒下幾世，最爲得之。青原、南岳同爲大鑒之子，五宗同是大鑒之孫，流傳既有淆訛，何必强介彼此。謂當兼存天皇、天王，而詳載燈録舊文及覺範、夢堂諸家之説，以備參考。其自青原、南岳以至五宗之祖，概可稱爲大鑒第幾世；五宗之祖以下，別爲某宗第幾世。如此，則稱名正而統系明，異同泯而紛争息。南董復生，不易吾言矣。

【校記】

〔一〕此篇亦見潘氏自刻本遂初堂集文集卷十。

别録

御製五燈全書序 附讀序一則

朕惟天生烝民，厥有恒性，迨物交私蔽之後，遂不能有善而無惡。故操治世之權者，必兢兢以勸善懲惡爲先務焉。大易著閑邪存誠之義，尚書明福善禍淫之旨，皆所以啓牖下民，使之回心嚮道，而勿即於匪彝也。

間嘗流覽釋氏之書，立教雖主於空寂，而其戒欺去妄，懲忿窒欲，亦與勸善懲惡之道，蓋無殊指焉。自宗門教興，曹溪而下，五派迭興，各有撰述。宋景德以後，裒集爲傳燈諸録。嗣是，又舉挈要領，彙成一編，是爲五燈會元。洎乎本朝，沙門海寬念其支派繁衍，自宋、金、元、明數百年來，傳述闕然，乃著纘續一書。今聖感寺僧超永，復慮譜牒漸棼，聞見不一，用是旁搜博考，折衷於二編而參訂之，删其繁蕪，增所未備，以成全書。其用心也，可謂勤矣。至於簡牘所載，互相印證之語，罕譬曲喻，其説甚夥，而其大指要歸，亦惟欲祛迷惑，以復性真，不越乎閑邪存誠、牖人爲善之意，匪僅有裨於禪宗教旨而已也。故爲之序。

恭繹皇上所製序文，特舉五燈會元及纘續二書。蓋宋以前之僧史，惟會元括其要，宋以後之支派，惟纘續得其詳。故霽侖所著五燈全書，援據於是，折衷於是也。今石濂於會元則極力貶駁，將文義與傳燈録小有異同處二十餘條，一一斥爲僞造悖謬；於纘續則肆意翻改，削去丹霞淳等五代，將從上相傳之祖宗世次一一更張。是顯與綸言相抗矣。序中特褒霽侖用心之勤，而石濂與霽侖書，痛加詬詈，謂其妄編謬述，誑上誤人。據彼指摘，則以從會元載有天王悟爲謬；推其隱衷，則以從纘續叙列洞宗世次，與其删削紊亂之説不符，故忿恨叫號而已。御製序以會元、纘續爲是，而石濂故以爲非；御製序以全書從會元、纘續而得，而石濂偏以爲失，且謂皇上未嘗細覽，隱然有輕易賜序之譏。石濂雖衲子，獨非食毛踐土之人，而敢跋扈如是耶？禮言：「齒路馬有誅。」傳云：「見無禮於其君者，如鷹鸇之逐鳥雀。」世人於僧家著作，多束而不觀，故令彼得逞其狂悖。耒既見之，安敢默而不言？誠恐御製序得讀者少，敬梓以示人，俾知石濂證僞録、不敢不言等種種謬述，非惟得罪於法門，實亦得罪於朝廷。縱無彈劾之責，口誅筆伐，又曷可少哉！

鼓山爲霖禪師辯謬初刻

丁巳冬杪，童求禪師以白巖禪師所集祖燈大統見寄。余焚香展卷，首閱目録及辨訛一篇，見其改削從上遞代所傳源流世系，謂有碑記及年月世數可考，甚服其辨博，亦欲從之改正。既而再讀，乃見其皆是仿佛之辭，心殊不安，後愈讀愈見不是。竊欲言之，恐益是非；不言，則得罪祖宗，惑亂衆聽。不獲已，略陳梗概，或知或罪，余曷敢辭！

夫曹洞一宗，元明以來盛化於燕、魏、秦、晋之地，而吴、越無聞也。至萬曆間，壽昌崛起於西江，顯聖勃興於東越。自是以來，七八十年間，一宗兩派，龍象傑出，子孫殷繁，其源始於二老。

謹按：顯聖源流，傳自大覺老人。壽昌源流，鼓山先師嘗爲余言：「昔無明師翁得道後，行脚至少林，始得其詳。」蓋少林乃元世祖皇帝詔雪庭裕祖重開山，爲第一代，大弘曹洞之道。示寂後，命詞臣撰碑，旌其道德。自是以來，遞代相承，至於今日，源流未艾。故少室爲洞上大祖庭，溯太祖迄今，蓋四百有餘載。其所傳源流，上接續燈，師資授受，殊無差謬。後遠門禪師至少林，不過查其碑銘及機緣語句而已。其所叙源流，實與壽昌所傳若合符節。即順治間涵宇禪師重刻續略，遠門所作續略，涵宇重刻之，即御製序中海寬纘續也。奉旨入藏。雖補入若干人，而本所宗承源流，一仍其舊，無異辭也。獨今日白巖禪師忽翻舊案，謂鹿門覺即是芙蓉楷，下净因自覺，以青州而下，俱繫於净因一派，乃削去本宗源流中丹霞淳、真歇了、天童珏、雪竇鑑、天童净五代。夫净因覺嗣芙蓉楷，五燈中自有列傳及上堂法語，與鹿門何涉？鹿門覺嗣天童净，機緣語句，炳具本傳，古今共傳，與净因何涉？今白巖并之，乃以兩人爲一人，不知有何所據？將無謂其名同，故并之耶？夫天下古今同名者何限，豈可盡并？抑續傳燈載天童净嗣唯兩人，曰石林秀，曰孤蟾瑩，遺鹿門覺名，遂謂無鹿門覺，乃以净因當之耶？若然，則續燈又云：「天童净無録。」豈真無録？目今海内流通者，便不是語録耶？大抵天下人物繁廣，一人見聞有限，得此遺彼，是其常情，無足怪者。收燈録者，惟務竭力搜訪，多聞闕疑，以俟後哲，方是通人之見。豈可執一非餘，恣意改削耶？若誠如所改削，則使世俗觀之，天童有喪我兒孫之悲，而净因有獲他螟蛉之喜，聞見莫不駭異矣。

辨訛中謂得青州辨塔記，自叙可爲確據。余觀此記，乃是莫須有之辭，何可據也？記云：「政和間，參襄州鹿門自覺。記莂後，覺使見芙蓉楷，道經鄧州，得謁丹霞淳。」云云。夫塔記既是，自叙何以師資機緣語句，無一言及之？且於本師及師翁，皆直叱其名，曰鹿門自覺，曰芙蓉楷，竟不爲少諱，安有這般文理？若謂機緣，本傳中已具者，此乃出自著述者之筆，殊非自叙之言，而謂之自叙可信乎？「自叙」二字既依稀仿佛，則所謂見芙蓉、見丹霞，均屬烏有先生，可知矣。且白巖所據者，不過以見芙蓉、見丹霞二句爲改竄張本，而云「可想也」。此「可想也」三字，詎非模擬卜度之辭乎？既別無可證據，乃廣引前後歲月，錙銖較量，大約皆「可想也」之類耳。若果以歲月論之，既以青州嗣浄因，則青州之下，當更有數代方合，安得遽跳過五代，而直接大明？豈歲月若是之疾耶？既云浄之孫，不能禮見以上八世之祖芙蓉？豈因之子獨能直接以下七代之孫大明耶？何其自語相違也！且會元乃大川濟禪師會五燈而成書，浄因覺下既傳華嚴、蘭若，青州果是浄因之嗣，豈有遺之之理？況青州非聊爾人，當時道震北方，燕、秦、齊、晋入此宗者，皆其後學。豈大川居宋地，果如聾如瞽，不見不聞，而遂遺之乎？若云南北當金元玄黄未判，見聞不及，故不收者，然則東京浄因、東京華嚴，皆在南方乎？何言之不審也！

從容録中嘗舉鹿門和尚上堂語，曰：「盡大地是學人，一卷經盡乾坤，是沙門一隻眼。以如是眼讀如是經，千萬億劫無有間斷。」萬松着語云：「看讀不易。」夫萬松祖當時所舉鹿門和尚者，乃近代鹿門衆人耳目所共見聞者，豈是遠指浄因乎？大統乃以此一段插入浄因章中，混亂殊甚。青州章中，又舉此一段，以爲問答機緣，而云：「師於言下豁然得大透脱。」非扭揑而何？

嗚呼！顯聖一派源流，自丹霞淳至天童浄五代，乃被白巖一筆斬却。天童以下一派，兒孫則引嗣芙蓉下久絶之浄因。譬如人家自己親生父母公祖棄而不認，乃反認他人父母公祖爲己親生，豈不大可怪哉！幸我壽昌下一派，若子若孫，尚能具擇法眼，謹守譜牒，不輕爲浮言疑辭所摇惑，而昧却從上親傳的派、一脉相承之祖宗也。故以洞山价祖以來世系第代，列之于前，而直辨其非于後，俾讀者稍知涇渭云爾。

或問曰：曹洞從上源流，白巖削去五代，子直舉其非而辨正之，則誠然矣。只如濟宗源流，自古及今，師資授受，無有異議，渠亦削去兩代，是耶？非耶？余答曰：他家自有兒孫在，安用旁人説是非。雖然，亦試爲子略陳其概。夫宗門源流，猶人家族譜，始祖以下，高曾相承，昭穆相序，安有增損之理？若謂年代久遠，宗枝繁盛，不無差池，理須考正者，目今天童、磬山一枝兩派，的子親孫，龍象若雲，豈自己親承祖宗源流不能考正，而反借他人之手爲辨駁？此正所謂不知量者也。觀其意在益之，而不知反啓諍端，吾恐法門從此多事矣。識者能無憂乎？

問者唯而退。因并紀之於此。

鼓山答大山童求書

青州塔記，恐座下當時倉卒閲過，一時忘却，今重録於左，略一點破其是否，當自見也。辨訛云：青州辨塔記自叙：「政和間，參襄州鹿門自覺，〔覺〕使見芙蓉楷，道經鄧州，得謁丹霞淳。宣和間，出住青州天寧，次補華嚴。即萬壽。晚遷仰山天眷。庚申，復領萬壽。皇統九年臘八，親書塔記。十二亥刻，示寂。」此七十餘字，乃塔記全文也。

余觀此記，其僞有三，何者？夫塔記既是自叙，何以略於問道機緣，而詳於出處歲月？無他，不過以歲月爲辨論張本，是其所長耳。其僞一也。又叙得法原由，而於本師、師翁、師伯，皆直叱其名，曰：「政和間，參襄州鹿門自覺，覺使見芙蓉楷，道經鄧州，得謁丹霞淳。」迹此數語，乃是老師大衲爲後生晚輩作傳口氣，豈是自叙之詞？無他，不過以見芙蓉、丹霞爲改鹿門爲净因之張本耳。其僞二也。又叙示寂顛末云：「皇統九年臘八，親書塔記。十二亥刻，示寂。」試問：此數語爲是未死之先預叙耶？抑亦死後復起再叙耶？其僞三也。

夫一記中三僞，昭然在人耳目，乃欲據之以改削從上數百年所傳之宗祖，雖欲以瞞人，而不知乃自瞞耳。來札云：「相傳有北直僧，親自青州塔，塌得此記來者。」即有此記，恐記中未必是恁般説話。蓋代人草創潤色，是此老尋常手段。如青州辨無機緣，便作出一段機緣；鹿門覺上堂語，便安入净因章中。安知其不能改塔記乎？若塔記中果是恁麽説話，則此記亦不足信矣。故余直以三僞斷之，何疑乎！

來札又云：「恐白巖中救，久之成諍。」此語不然。夫吾既有辨，安保其無救？欲辨則與之辨，所謂當爐不避火迸，當言不避截舌者也。不辨則置之。吾理既明，足爲從上丹霞、真歇乃至天童净、鹿門覺諸祖，立定鐵案，何辨之有？故辨與不辨，無不可者。豈與夫用生滅心，虚駕浮詞，墮鬥諍澆薄之風者同日而語哉！前後文繁，不具載。

康熙十七年歲次戊午閏三月上浣，閩福山蘭若比丘道霈書於綿燈室。

鼓山辨謬二刻

位中符公集祖燈大統，不發先德心宗，開後學智眼，徒以生滅居懷，索隱存念，無端捻出青州自叙僞碑。既爲余所辨駁，無可逃竄，乃又捏出少林諸祖碑陰之言，及采渠乃父乃祖所稱二十六代字面，强削去五燈會元、續傳燈録及諸家源流中所載丹霞淳、真歇了、天童玨、雪竇鑑、天童浄、鹿門覺六代大名。德禪祖又誤認濟宗海舟、永慈爲普慈，而毁去兩世，致法門中是非蜂起，鬥諍横生。余不認旁觀，乃摘其謬處有傷法門大體者，據理辨明，且誡且勸，冀其悔悟萬一，庶不失爲好長老也。不意反增其瞋恚之心，長其人我之见。然而於我所辨者，既不能措一詞分雪之，而徒以舊時骨董，重搬弄一上，復又自逞意氣，自誇所長，亂駡一場，以蓋覆之。觀其氣質剛强，語言粗鄙，與市井賣菜傭争錙銖之利，而自破頭流血，與人相鬥狠者，無以異也。

嗚呼！言者，心之聲。觀其言而位公心迹畢露，自供自首，皆已一狀領過矣。余復何言！近歲，平陽木陳和尚、天通曉禪師，見位公毁滅兩宗世系，壞亂法門，狂瞽無識，乃作敦本、崇正二録諭之，理極公正，詞如刀鋸，而位公猶憤然不服。故其中吐駡位公爲業鬼借宅，又欲陳之北闕、烏臺，褫緇焚牒，驅逐爲民，不容於我法之中。又以太陽平侍者三叉路口之事記之，以爲他日果報之驗。余當時見之，以爲太過；今日觀之，此語誠爲不誣也。語云：「夫人必自侮，而後人侮之。」在位公有之矣。今以渠洞宗源流，叠出五代，考重爲辨正，請鑑諸法門中有識者，位公不屑示之也。

考曰：青州希辨禪師塔記自述於政和五年得法鹿門覺，覺使見芙蓉楷，路經鄧州，嘗一見丹霞淳。天寧誧古巖就禪師塔銘爲雪峰思慧禪師所作，有云：「曹溪之下，析爲二宗。青原四傳至洞山价，价七傳至芙蓉楷，楷六傳至萬松秀。」

辨謬曰：白巖所捏青州塔記自叙，余既以「三僞」斷之，如犀鏡高懸，妖踪莫遁，於此無可奈何。乃又改换一二字眼，删去「臨終」一段，以混亂之。又引天寧古巖塔銘證佐，欲以掩其捏記之謬，而不知欲隱彌彰，難免明眼之鑒。只如二塔銘，思慧禪師所作，此銘有無不足論。試問思慧，芙蓉楷六傳至萬松秀，從什麽處得來？爲從五燈所得耶？抑從續燈所得耶？抑虚空撲落耶？請捫膺思之，倘良心發現，真贋自知，無容余置喙矣。

考曰：少林諸祖碑陰所列源流，如月舟載祖碑後，天寧楷下即爲鹿門自覺，覺下青州辨、大明寶，云云。乃明正德年間立。

辨謬曰：昔遠門柱禪師親至少林，搜訪諸祖履歷，片紙皆録，隻字猶傳，極爲苦心。豈此碑陰所列，爲從上諸祖源流關係，而獨不見待位公？今日於山谷中見之，爲天眼遥觀耶？

抑亦耳朵當眼睛耶？亦請白巖捫膺思之，無容余置喙矣。

考曰：南石秀禪師所著增集續傳燈，目録第三紙載雪庭裕嗣萬松秀，秀嗣雪巖滿，滿嗣王山體，體嗣大明寶，寶嗣青州辨，辨嗣鹿門覺，覺嗣芙蓉楷。

辨謬曰：順治己亥冬，有僧自蘇州靈巖來，惠余增集續傳燈一帙，如獲拱璧。時方從事土木，不暇詳覽。至康熙丙午秋，木笠禪師親至鼓山，請余續傳法正宗記，乃請景德傳燈、續傳燈、五燈會元、禪林僧寶傳、增集續傳燈、遠公續略、涵宇宗主入藏續略、鼓山繼燈録、天界傳燈正宗及諸語録、傳記，子細讎勘，獨增集續傳燈與上古今諸書相背戾者甚多，不獨鹿門嗣芙蓉一端也。且采訪未備，言句疏略，當時即束置高閣不用矣。位公不能辨其差誤，而反奉爲指南，却以上代五燈、續傳燈諸書爲誤，豈不悖哉！

考曰：董宗伯容臺集有少林曹洞正宗第二十六代無言道公碑銘云云，共七條。

辨謬曰：已上七考所稱二十六代、二十七代，既是遠公乃父乃祖親口親言，當其集五燈續略時，豈不識不知而待白巖今日拈出乎？苟知識而不用，則是遠公已揀之砂石，而白巖今日寶之爲珠玉，其識見相去奚啻霄壤之隔？又，涵宇宗主乃無言道公法孫，亦嘗稱二十八代。後既宗續略，重編入藏，則所謂二十八代者，亦棄而不用矣。蓋雪庭裕祖而下，諸祖機緣、語録，世所罕覯。當禪宗初興，無從考核，故有出没。今既前有五燈會元、續傳燈録，後有五燈續略、繼燈録、傳燈正宗及諸家源流頌，所載不啻揭日月於中天，無所不明，而又拾前人已棄之陳言，以爲確據，以張異説，疑誤後學耶？白巖自云：「大統之役，無書不覽，考之又考，千妥萬當，方敢下筆。」其自誇如此，可嗤之甚。大統余固不暇詳覽，但舉近代尊宿言之，如雲栖大師寂于萬曆乙卯七月，大統誤作庚辰年四月，年差三十有五，而月差三月；世壽八十有一，而大統誤作八十，又減一歲矣；僧臘五十，而大統誤作六十，又差十年矣。達觀大師寂于萬曆癸卯十二月十七，而大統誤作初五，差去一十二日。憨大師寂于天啓癸亥十一月十一，而大統誤作十三，差去兩日。夫雲栖、達觀、憨山乃神宗時尊宿，其去世若此其未遠，而白巖已顛倒錯謬如此，又何能考訂上代之甲子歲月耶？三大師之謬如此，而其中錯謬，不知其幾矣。所云「千妥萬當」，豈不謬哉！

康熙戊午冬至後，道霈再書于華嚴室。

按：位中創立異説，謂洞宗叠出五代爲誤，當日洞下人，不無疑惑。自鼓山出此二辨一書，於是群疑冰釋。位中既無理可申，壽昌、顯聖兩派子孫，亦翕然允服，各無異議。譬之人家有疑議不决者，事關一族，則决之族長；事關一房，則决之房長。爲霖和尚乃是洞下一尊古佛，年臘既高，行輩又尊，在洞宗則族長也；在壽昌一枝，則房長也。其言至公至當，無不信受。何獨石濂於二十年後重理位中謬説，必欲删去丹霞淳等五代祖宗？位中所據青州塔記，被鼓山闢倒，無可申救。今石濂復以鹿門塔記爲辭，設使果有鹿門塔記，位中何不言及，而留待石濂耶？至南石增集，則亦經鼓山揀棄不用者。增集之刻於靈巖，别自有故，鼓山蓋知之耳。其法燈塔銘叙中，并無明文，止是影響卜度之詞，亦位中所云「可想也」之類耳，焉有爲人子孫而可以影響卜度，删削祖宗者乎？石濂力主此説，别無他故，止是與濟宗人争行輩大小。若據兩宗源流，則洞宗「大」字輩，望濟宗「行」字輩皆伯叔祖，「超」字輩皆伯叔也。石濂不甘居下，如削去五代，則已之行輩甚尊，故翻然背鼓山而從位中。何以知之？觀其所著燈譜正訛，將洞宗與濟宗每世對排，直至其身列在第二十九世，公然與龍池爲弟兄，天童、磬山皆其侄輩，黄池争長，夜郎自大之意，昭然可見矣。譬如兩房久遠之子孫互相争競，有一房者忽削其幾世祖先，自提起幾世，而謂彼房尊長曰：「汝，吾侄也；汝，吾侄孫也。烏敢與吾抗！」豈非天下之狂人哉！且其所云「正訛」者，未審正何譜之訛。鹿門覺嗣天童净，乃出於洞宗遠門之續略。涵宇廣爲纘續而奉旨入藏者。壽昌、顯聖源流，則從上流傳之譜牒，世世遵守者。故覺浪亦曾爲丹霞等五代作頌，而自稱三十三世。設欲正訛，則是正大藏之訛也，正家譜之訛也，正其本宗遠門、涵宇之訛也，正其本師覺浪之訛也。豈入藏之書不足信，而他書反足信？彰明較著之譜牒不足憑，而影響卜度之語反足憑？人雖甚愚，何至顛倒若是？然此有足矜者，彼實未獲源流。觀覺浪塔銘中叙及與東苑契機，遂付壽昌源流，并贈一偈。此付囑故事，正如父翁分家，各與家譜一册，其親生之子，自然珍藏謹守，不生異議。若冒認之子，初不識家譜爲何物，任人揺惑，輒生疑猜。石濂本非覺浪之子，未嘗有源流授受，則其不信而擅改之也亦宜。

傳洞上正宗三十三世攝山栖霞覺浪大禪師塔銘 節略

師諱道盛，號覺浪，别號杖人。閩浦張氏子。因瑞巖識公剃落，栖邑之夢筆山。從博山和尚受具，辭往壽昌，道經書林，見東苑和尚，投機，遂折節。過冬，因付壽昌源流，并贈一偈，遂隨苑禮壽昌和尚，重重參證。壽昌示寂，諸公請師於興化開堂，時年二十八。語録首卷云：「師於萬曆己未住福州蓮山國懽寺，受請開堂。」東苑、博山相繼入滅，師復出閩，爲法求人，四方啓請，狎主名刹。乙酉，離金陵。丁亥，復還天界，應太平請。語録第三卷云：「戊子，住蕪湖吉祥寺，又住太平無相寺。」俱有法語。會有嫉師者，以原道論下師獄，師不辨，居圜一載，事解。金陵諸護法請主攝山、栖霞。未幾，受博山請，命笑峰然公代座，及囑無可智公高座掩關。二公棄縉紳而游師門久矣。過嘉禾，諸公延主天寧、龍湖各刹，復還天界。尋主臯亭、崇先，復歸天界。示寂於順治己亥九月初七日，世壽六十有八，僧臘四十有九。嗣法弟子二十七人，記莂居士四人。建塔，卜得栖霞，全身歸葬千佛嶺之右。

菩薩戒弟子大印皖城劉餘謨撰。住栖霞嗣法門人南岳大成立石。

諸山嗣法門人并記莂居士：

青原大然　虎跑大璸　壽昌大存
大峻　壽昌大浩　廪山大智
崇先大奇　天目大聞　弘濟大健
洞庭大燈　仰天大英　福山大寧
大别　興國大忍　枝山大選
明招大補　蒲澗大韶　青原大權
天界大璽　報恩大麟　大量
普濟大龍　祖堂大杲　黄檗大嵩
上塔大文　大玉
李公長庚　陳公丹衷　凌公世韶
毛公大斧

按：此覺浪和尚十二卷四本之原録所載如是。觀標題中稱「三十三世」，則知石濂稱二十九世之非。觀塔銘中言「丁亥，還天界，應太平請。旋坐事下獄」，出居栖霞以後，未嘗復至太平。語録言「戊子，住蕪湖吉祥，住太平無相」。時石濂年僅十六，則知決無付囑之事。且言笑峰、無可二公「棄縉紳而游師門久矣」，則知石濂「親覲在諸同門前」之説爲誕。觀塔銘後所列無大汕名，則知石濂自稱法嗣之爲詐冒。或言石濂翻刻覺浪全録，已竄入己名，故其燈譜正訛中公然自言「同法三十二人，余行次第十四」。

嗚呼！世豈有翻刻鄉試録一遍，竄入己名，而遂可以爲舉人？翻刻會試録一遍，竄入己名，而遂可以爲進士者乎？惜乎覺浪有名諸法嗣，皆先去世，不見石濂妄爲於天末，未及鳴鼓而攻。至如蒲澗大韶者，同在廣州，非惟不能昌言擊排，乃利其月有常供，歲有常酬，反爲之捉刀代筆，以欺於世，遂使邯鄲卜者詐作皇孫，靖康宫人冒稱公主，白水之真人不作，燕山之太后未還。久假不歸，惡知非有馴至猖狂妄行，敗壞道法，毁謗諸方，删改祖宗，紊亂世次，無所不至，斯亦法門之大變異矣。

余故辭而闢之，惡紫奪朱，惡莠亂苗，良非得已。所願王臣長者，不忘靈山之囑，共秉金剛心，具擇法眼，力砥狂瀾，扶持慧命，毋曰「非吾事而姑置之」。幸甚！幸甚！

救狂後語

致粵東當事書〔一〕

耒再拜！耒，東吴之鄙人也。少而有意著述，竊慕司馬遷之爲人，遍游天下，博采山川風俗，網羅遺文舊事，以成一家之書。雖嘗備員史職，而無意仕進，訪古探奇，足迹幾半天下。因思羅浮、西樵之勝，來游嶺南。甚慕諸臺之清風惠政，惟恐動煩起居，於二三故舊外，未嘗敢通一刺。偶見長壽僧石濂之刻書狂悖，行事猖狂，傷國體而害名教，故作書規之。而彼悍然不從，反出書見詆。計必聞於執事，恐執事不知其詳，而謂耒可已不已，用敢略陳梗概。

石濂謬述種種，其最甚者，則海外紀事、不敢不言二書。紀事首稱「甲戌春，將應上召」，則并無其事。其航海也，樹「龍王免朝」之旗；又自言有出賣風雷之舉，皆詭誕不經。又言常結茅華山，遇異人授異術，而以奇門遁甲之法，祭煉日時，尅配度數，傳之外國人，則迹涉妖妄，事屬不法。尤可怪者，將安南分部之一島主，尊之爲「大越國王」，頌揚之無所不至，啓中有「聰明天縱，氣貫微垣」，「君師并作，皇風浩蕩」之語；詩中有「六宫瞻禮，列國大君」之句；上其大學士之啓有「珥筆彤廷，簪纓紫禁」之詞；題其門聯曰「聖德及群生，王猷周八表」；贈之名曰「興龍」，與之號曰「天縱道人」。皆與頌揚皇上無異。又明知皇上爲聖感寺僧霽侖作五燈全書序，而故將霽侖極力詆毁，故將御製序所褒之書極力貶剥。兼有「不顧皇上道德文章之大」及「累我君王瞞請當今御製序文」等語，隱然謂皇上不當製序，則皆狂悖之甚者。又擅改洞宗世系，删去五代，更换二代，則有滅絶祖宗之罪。故不得不辭而闢之。

昔孟子闢楊、墨，謂其無父無君，爲我兼愛，未即無父無君也。而孟子推其弊，必至於無父無君。豈若此僧親于其身，無父無君乎？末之出書，非好辯也，不得已也。

至其行事，則狂妄更甚。僧家所重者戒律，而彼飲酒食肉，恬不爲耻；所喜者樸素，而彼窮奢極侈，自奉擬於王公；所尚者柔和，而彼倨傲偃蹇，目若無人；所取者真誠，而彼大言欺世，無一實語；所貴者慈悲，而彼存心險毒，以傾人陷人爲能事。其尤不法者，則在通洋一節。海禁雖開，而出洋貿易，本商賈之事。僧而通洋，既非本分。乃石濂之通洋，則多將干禁之物，致諸交人以邀厚利，有聞之令人縮舌者；即不係干禁之物，如緞疋等，皆縷金于其端，作「王府用，長壽定」六字。考安南莫氏初歸順時，止封都統使。今阮福週未經請封，未受朝命，而何得竟稱「王府」，儼然與中朝親王等？律禁略賣人口，而彼將良家子女買作優伶，節次售之。更聞其僞爲當事送禮，與交人每次所獲厚報，悉乾没入己。此皆閩廣商人所共見聞者。

夫彼頌揚交人，極其僭擬；至刻之於書，廣行流布，而無一人指摘。則將謂中國無清議矣？彼行非法之事，出非法之物，久而無人禁止，則將謂中國無法紀矣？傷朝廷之體，而取輕於蠻方，殊非細故。耒所以有救狂砭語之書，存清議也，扶法紀也，然托之空言而已矣。有封疆民社之責者，似宜取其所刻之書板而盡毁之，嚴禁其通洋，會同關部。嗣後長壽之僧，不得一人出海，長壽之物，不得一箱出海。庶幾振國紀而肅憲綱，毋貽地方之累，有關治體不小也。

在昔潮州苦鱷魚爲暴，韓昌黎爲文驅之而害除；寧州有妖蛇惑人，孔道輔舉笏擊殺之而妖息。千古以爲美談。邇年朱方旦左道惑衆，王儼齋先生爲講官，於入直時劾奏之。皇上大喜，用其言誅方旦，謂臺諫不言而詞臣言之，都察院一院之官皆蒙申飭。又，湯潛庵中丞撫吴時，毁上方山五聖淫祠，沈其神像于水。皆不朽盛事。區區造孽之僧，亦不足煩白簡，污斧鑕。謂宜略加懲創，或屏之遠方，離其巢窟，使不得作奸，小懲而大戒，小人之福。縱憐此僧，而欲保全之，亦無善於此者。

蒭蕘之言，聖人擇焉。惟執事裁之！耒再拜。

【校記】

〔一〕此篇亦見潘氏自刻本遂初堂集文集卷九。

再與長壽石濂書〔一〕

前者以刻成長書奉覽，侑以手寫短札，意極真摯，語亦和婉，無非欲效切劘規誨之誼，冀公平心聽之。不謂公勃然發怒，且恨且疑。當日即答數行，有「流言聳聽，緇流嫉妒」之語。次日，復得二札。其一則謂僕作書之意，在恐嚇要求，却似未見書而來索書者。其一則言昨雖暫復，尚有已成之札，不妨復送。爾時即欲致札相詰，因來札中有「分類詳答」之語，故閣筆以俟。二十餘日，乃得來書，謂當于僕所問十二條，確有剖析，確有證據，可以解僕之疑，即解天下之疑，而乃支離矯强，東引西牽，只將閑語鋪排，毫無道理。分疏若是，則僕之疑終不釋，而公之辨猶不辨也。請復得而詳論之。

僕書首問「應上人之召」，爲皇上召，則并無其事；爲諸王大臣召，則不應頂格抬寫，不應稱「上人」。而來書確指爲大臣見召，謂貴官尊稱方外爲「上人」，方外即以「上人」二字尊貴官。然則貴官稱方外爲「禪師」，爲「開士」，而方外亦可稱貴官爲「禪師」，爲「開士」乎？其大臣者，指爲舊交，「明上人」是謂閣下明公也。尊無二上，天下之通義。現行體式，如闈中試牘，「皇帝陛下」亦止於頂格抬寫；即貴至諸王，亦無抬寫之例，而况宰相乎？尊宰相，而與至尊等，恐明公悚然有所不受。且今書之「明上人」，何故不頂格寫？前書之頂格是，則今書之不頂格非。今書之不頂格是，則前書之頂格非矣。往年，明公痛念長子之歿，思得一方士，如李少君者，一返長子之魂而見之。公遂應募以往，試之不驗，踉蹌而出。此丙寅丁卯間事，非甲戌春事也。就使甲戌春召公，公何以辭當朝元老之召，而應外洋島主之請？其亦昧於去就矣。京官出入，向朝廷告假。外官出入，向上臺告。僧衆出入，向堂頭告假。未聞有堂頭出入，向佛告假之事。前云「辭之暫止」，後云「北行有待」，明是影借京朝，而何用飾非乎？公於壬申冬集衆演戲，席半忽謂衆曰：「上將召我矣。」衆問：「何以知之？」公云：「頃得朝報，索大人、明大人奉命爲諸王采選妃女，兼訪山林隱逸。并諭廣東，有僧石濂，詩詞書畫，無不精通，聞其著作甚多，可覓一二種進覽。」云云。遂謂職事僧衆：「即日文武貴官當來道喜，汝等宜小心接待，不比泛常。」衆且信且疑。久而寂然，莫不笑公誕妄。而公猶自謂「内召在即」，儼然以國師自居。未知此條朝報，人誑公乎？公誑人乎？此紀事所云「應上人召」之根也。本欲以之欺交人，轉而以之欺天下。今日被我徵詰，無言可對，乃駕言「明公召我」，而頂格之「上人」，明公其敢當乎？公歸自交南，已四五年，而何不見再召也？妄語中又添妄語。所不能辨者一也。

安南即交阯地。阮氏之先，即非廣州人，亦交州人。此何必辨？紀事中明言：「先世乃安南贅婿，分藩於兹，後轉强盛。」猶晉之曲沃割據本國，改稱大越；而岣嶁山即葛洪請爲令之所本；頭公廟所祀者，即漢伏波將軍。且題其門聯云：「安南國土不二門。」是則彼國即安南舊部明矣。今乃云：「安南自安南，大越自大越。」阮氏建國在陳、黎、莫、鄭之先，何其自語相違耶？大食本西域語，無文義。大東洋、大西洋則對小東洋、小西洋而言。今嶺南稱南越，閩中稱閩越，江浙稱吴越，未聞海外别有越國也。而彼稱大越，豈中國之越乃小越，而彼爲大越乎？主之與王，尊卑不等。王乃人臣封爵中最貴者，主則上下通稱，家有家主，縣有縣主，府有府主，國有國主，豈便與中朝之稱主上同例？稱王非僭，而稱主乃僭，不亦傎乎？又云：「因其名未正而欲正之。」然則公亦知其名之不正矣。而何以一部紀事中，略不見此意，且頌揚之不容口？堯典、禹謨、湯訓誥之語，來書猶謂未足爲頌揚。今復問汝啓中，譽彼主爲聰明天縱，氣貫微垣，亶聰明作，元后固天縱之將聖。頌我皇上，何以加此？紫微垣，帝星居中，后、太子在旁。太微垣，有五帝座，皆爲天子之占。番國之氣，豈可以貫之？汝自言明天象，離六堂集前刻有觀象圖，豈汝夜觀天象，見彼國之有異氣，而如此歸心乎？又言：「君師并作，亦非皇上不能當，扇皇風而浩蕩。」皇風若屬朝廷，何以不抬寫？若不屬朝廷，而彼豈可以稱皇風？詩中云：「六宫瞻仰歸三寶，列國威名仰大君。」惟天子備六宫，惟天子稱大君，何得移之阮福週，復與之法名曰興龍？皇上飛龍在天，而彼又可以爲興龍乎？致其大學士啓云：「珥筆彤廷，簪纓紫禁。」天子所居曰彤廷、紫禁，而竻竹爲城者，豈可以稱之？題其門聯曰：「聖德及群生，王猷周八表。」非惟「聖德」不宜頌，彼而「王猷」允塞，亦詩經中美周宣王之詞，帝堯光被四表，而彼何以周八表？若言聖德、王猷屬朝廷，則又何故不抬寫？如上數條，皆以頌揚我皇上者，頌揚阮福週，大不敬也，至無禮也。若以春秋無將、漢法不道律之，不當服上刑乎？而反謂我架言頌揚，然則必何如而後爲頌揚也哉？所不能辨者二也。

三明六通，佛菩薩一一具足，特非興妖捏怪之謂。僕何嘗斥神通爲魔異，公自認魔異作神通耳。往年廣州苦旱，公大書於門，出賣風雨，致有司迎請登壇。初得微雨，而公云：「此非吾法所得之雨。吾雨當於某方起雲，某時發風，某刻降雨，雨當幾寸幾分。」已而，皆不驗，有司大怒，牽下壇，欲撻之於市，以懲誕妄，賴王將軍力救，乃得免。廣州人以爲笑柄。而汝尚以此誇於交人，無耻極矣。「龍王免朝」之説，或封王天使危急時偶一用之。汝既非天使，不齎御敕，而龍王何故朝汝？據汝所引感應論云云，然僧之明楞嚴、法華而渡海無恙者多矣，何嘗製「龍王免朝」之旗？汝有道力如奪山，則披衣執拂，步入海中可也，而何畏乎風波？隱元書此四字，亦是危急時用之，而未嘗製旗也。豈非捏怪乎？穢迹金剛神咒，雖亦有符，而傳燈録中未聞有禪師而畫符者，且使符咒果靈，何以尖碧蘿發舟時不能返風息浪，而仍隨風飄至彼國也？紀事中明言：「以奇門遁甲之術授東朝侯。」被我詰責不當以兵書秘術傳外國人，乃抵賴云：「傳五行衍遁，不傳奇門遁甲。」然紀事云：「惟奇則直取混元一氣。」衍中有遁，遁中有衍，神明變幻，不可窺測者，其爲奇門乎？全遁全衍，雖可取勝，然即遁即衍，可以制勝，尚得謂之不傳奇門遁甲乎？不泄露兵機乎？業經刻板流布，而何可抵賴！所不能辨者三也。

梵網經説戒有十重、四十八輕。十重者，根本戒也。據公行徑，所犯寧止三條？而吾獨舉妄語、飲酒、自贊毁他爲言。蓋舉目前現見者言之。即如初無上召而言上召，本非覺浪法嗣而稱覺浪法嗣，可不謂之妄語乎？飲酒公本不諱，對當事亦舉杯，可不謂之飲酒乎？詆毁諸方，無所不至。一部紀事，無非自誇，可不謂之自贊毁他乎？若云戒酒過一篇，爲在家過飲者説。書有酒誥，詩有賓之初筵，世典中戒酒過者，不可勝數，何煩公贅辭？祇因公自不能止酒，徒衆化之，而公量大可不醉，徒衆量不盡大，或爲酒困，故有此提誨耳。然不禁其飲而禁其過飲，是猶不禁其淫而禁其過淫也。公以藥酒爲辭，浮白不怍方丈後，酒甕積至百十枚，乃出之兩序，時時賜酒，佳辰令節，與闔院之衆拇戰，人決三拳，以此導衆，衆有不酒過者乎？而説之奚益？孔子不戒而飲，是則然矣。瞿曇戒而飲，出何經典？自飲酒，并謗釋迦佛飲酒，未知當墮何獄？手把豬頭，口誦净戒，此真成語。僕聊引之，而公遽自招認。别有短札見貽，專解此嘲，云：「茶坊酒肆爲佛事，柳巷花街作道場。」而以破山和尚飲酒食肉爲口實，僕别有札奉答，兹不贅辭。公随仗之衆，在彼國犯邪淫者，十居八九，夜夜逾垣，朝朝捉解，彼國主全公體面，輒送公自决。此誰不知者？不特此也，即公以善畫白描春宫著聞，公然裝成册葉卷子，持以贈人。此廣州人所共見共聞者。而屈翁山奉復之書，及花怪一篇，皆明言其事，猶謂不犯根本戒，其誰信之！長壽殿工，彼主許助五千金，亦由公以高麗寺因緣慫恿之。募助緣疏載於紀事者，娓娓四百餘言，而云從不持册募緣，將誰欺乎？通洋一節，汝既甘心爲賈竪之事，亦不汝責。所責者，私出禁物耳。而汝抵賴言：「衣籠枕箱，皆經盤驗，方許放行。」不觀汝紀事中諸詩，今日懷拜將軍，明日懷張方伯，今日懷丁榷使，明日懷陳廣州，一省貴官，皆汝交厚。而誰盤汝之衣籠？誰驗汝之箱篋乎？干禁之物，歷歷可指，而我不遽形之紙墨者，正恐有碍地方官也。然汝作奸犯科，終有時而敗，將來貽累地方，正復不小耳。康熙二十年以前，片板不許下海。開此禁未及二十年，非久禁暫開而何飄洋？貿易本商賈之事，未聞禪師而通洋。且汝之通洋，非特私出禁物而已也。置幕客王三耀等於彼國，將内地動静一一報知。又令汝徒亦爾等，以重貲往江寧、蘇、杭等處，采辦出洋之物，輒誑當事起批。而汝徒假綴辮子靴帽，带刀打門，鎗充差官，酒肉嫖賭，無所不爲，或遇關津盤出，累人不少。且汝先以優伶一隊，號祥雪班者，送彼國；復將歌童二人送彼主。彼主嫌價重遣還，現在汝方丈内，唱曲侑酒。今復遣汝徒至蘇州，買優童十二人送往。略賣人口，律有明條。況將中國之子女作交人之奴隸？此非他人通洋僅以貨物貿易者可比。他人不禁，而汝决宜禁也。我所説者，皆藥石之言。汝不知悔悟，而徒强辨飾非。汝試清夜撫心自問：果不飲酒食肉乎？果不貪財好色乎？果無私出禁物等事乎？所不能辨者四也。

紀事序之出於汝賓客代作，不問可知。今被我指摘「虞戎」等句引喻失體，遂諉之彼國紀録者。即使果出彼紀録之手，而汝見其有礙中朝，則當令其改削；如不改削，則寧止不刻。作即彼作，刻由汝刻，咎將奚辭？付法與開示，霄壤不同：開示乃啓迪初機之語，付法則須透底徹悟者方可承當。即使窮參極究，而一絲未透，斷難印可。彼主少年富貴，慕道或有之，苦參則未確。所云「旬日不卧不食，夜半揭衣跪泣」者，顯屬虚辭，果有此，而紀事何以不載？即使有之，參而未悟，亦何可付所謂佛法？付囑國王大臣者，豈盡人而付之？盡人而付之，則拂子塞破虚空矣。汝見彼主年少易欺，將「法嗣」二字牢籠之，以便往來不絶，貨值不便較量，報禮不得不厚。所謂駔儈之心，不止以佛法當人情已也。既付之法，尤當以道德相砥礪，而何故爲彼購優伶，選奇麗，惟以聲色玩好蠱惑之？爲人師者，當如是乎？十身調御，人人具足，猶言可以爲堯舜也，豈便是堯舜？一切蠢動含靈，皆有佛性，豈便是佛？常不輕菩薩告報衆生，汝等諸人皆當作佛，不言皆已成佛。十身調御應現，人主非已成之佛乎？人人具足，而何不人人贊之乎？所不能辨者五也。

大川禪師以傳、續、廣、聯、普五燈之書，卷帙浩繁，故芟煩舉要，而作會元。猶之李延壽以宋、齊、梁、陳、北魏、北齊、後周諸史浩繁，故芟煩舉要，而作南北史也。既自著書，則於前人之書，必有改削，必有異同，如一一仍舊，則名「鈔書」，不名「著書」矣。會元最便學人，流行古今，無不稱善。惟洞宗人以其先南岳後青原，又載丘、符二碑及張無盡、洪覺范諸人之説於天皇章下，謂别有天王悟。而嚴統因之，既與費和尚涉訟，并遷怒於會元。此天界傳燈正宗序例、嘯峰會元摘謬之所由出也。此乃一家之言，無論所指摘者未必盡確當，即使確當，而傳燈正宗已經刊刻，摘謬已刻入首卷，只將此流布，任明眼者决擇可矣。而公因霽侖作五燈全書，皇上爲之製序，特褒會元舉挈要領，遂出大藏證僞録，專駁會元，顯與御製序相抗，已屬大不敬。而録中所駁會元二十餘條，并無一條自出己見，只將序例、摘謬之語，抄謄一遍，字句無異。若是，則竟將序例、摘謬專刻送人可也。不然，而於録前表明來歷，謂述先師先法兄之言，猶之可也。乃録中一字不及天界、嘯峰，居然若自己出，則竊取人詩以爲己詩之故智，復施之于父兄，昧心蔑理，一至是哉！然僕前書未暇檢點，及此惟將所駁藥山一章，略一分疏，見其本於唐伸之碑，殊非僞造，則他章可知。至天皇小注一條，濟洞兩家所聚訟者，則别作天王碑考。據公録中，指丘碑爲僞者，分爲四條，辨之甚悉。公於此吃緊節目處，不能申救，乃復將二支五派等語敷衍一遍，正鼓山，闕位中，所云不能措一詞分雪，徒以舊時骨董搬弄一上者矣。藥山碑所云：「南岳有遷謂石頭也，江西有寂謂馬祖也，中岳有洪謂某師也。寂以大乘法聞天下，謂三師并有名，而馬祖尤著也。居寂之室垂二十年，言藥山久參馬祖也。」公録中謂藥山并無參馬祖，及馬祖贊美之事，悉出大川私意僞造。故僕將唐文粹中唐伸所撰碑一一質對，以見非會元僞造。而來書乃言藥山曾住南岳，稱爲南岳石頭遷。今以「南岳」二字硬指藥山，牽合即同，南岳碑以實有法孫天王道悟之故事，何得而不謬？此數句與本條全不相涉，且文理乖謬，尋繹難通，豈他條皆倩人代答，而此獨出己裁乎？抑無可抵對，遁之於不通乎？公欲削去五代嫡祖，誤認會元收鹿門覺於天童浄下，故極力駁會元。經僕點破，謂會元收至雪竇鑑而止，并無收鹿門爲天童法嗣之文，收之者出於遠門續略。公如夢得醒，心服口不服，詭言汕之原稿寫「續略」二字，爲傳寫者誤入「會元」二字。請看證僞録第三十條。一言會元誤系大謬，再言大川肆意位置，三言大川之心尚可問乎，四言大川平空倒置五代公孫，使洞宗前後紊亂，伏機待發；五言會元妄編僞造，以至續略、纘續，皆承其謬。是傳寫之誤乎？非傳寫之誤乎？請問證僞之作，是駁會元乎？駁續略乎？真贓實證，一一捉敗，而抵賴何益？所不能辨者六也。

嚴統一出，洞宗三宜、遠門輩，各出書争論，費和尚亦出解惑篇辨之，彼此各有所據。其時，洞宗人適與當事素厚，當事主先入之言，遂將嚴統毁板，然只在撫院結案，未曾上聞也。而汝每云嚴統「奉旨毁板」、「奉旨嚴禁」。故問汝旨意着落，而汝不能將當日所奉之旨分明答出，惟云臬審申撫，撫文達部，部議奉旨。凡案牘事，或經科道糾參，或督撫題參，或叩閽叩准，奉旨「該部察議具奏」者，則有部覆「該督撫審擬具奏」。奏上，復下部核議者，則有部覆。嚴統一案，止是緇流涉訟，無關政體，内無科道之劾，外無督撫之參。洞宗人又未叩閽，臬詳撫批，便爾結案，何爲而達部？既無部覆，何從而有旨？既無部覆依議之旨，又無特傳禁嚴統之旨，旨從何來？既不能的確還我着落，乃云「有捕緝告示可據」，略云「爲奉旨遵憲」，云云。辯證大事，須有實迹可質證者，方足爲憑。告示一時粘帖，旋即朽故，豈有三四十年前之告示，尚存至今，可質對者乎？欲辨此條，須將部議若何，聖旨若何，分明答來，方可申雪。如僅左支右吾，東扯西拽，饒汝説得天花亂墜，終無解於詐稱制旨之罪也。所不能辨者七也。

霽崙所輯五燈全書，雖未刻竟流通，而凡例則曾見之。所云「考古徵今，網羅上下，矢公矢慎，至正至詳」，深慨法門混濫，若决江河。故於遥嗣代付之流，嚴加稽核，則其謹嚴可知矣。其仍載有天王悟，則據五家宗派、五燈會元、佛祖通載、稽古略、祖源通要、林間録、指月録諸書，及丘、符二碑，達觀、覺範、張無盡、吕夏卿諸人之論説，豈是無徵？其先南岳後青原，則遵會元之式，非是創造。至於洞宗世系，則從永覺之補燈、涵宇之纘續、爲霖之辨謬，尤大公至正者。其書進呈御覽，必深有當於聖心，而後爲之製序。序中特舉會元、纘續，而以全書折衷於二編爲善，且嘉霽崙用心之勤。煌煌天語，昭垂日星。而汝故駁會元，故反纘續，故詆全書，故罵霽崙，豈非顯與皇上相抗乎？序中「閑邪存誠，戒欺去妄」，乃是皇上既見全書，稱贊佛教而發者。豈是皇上先製此序，將此二語訓敕霽崙者？而汝何以巧詆霽崙，謂不體此八字之訓，反致存邪去誠乎？據汝指爲欺君誑上五大悖逆者，其四條只是載有天王悟一事，其一條則謂不見廣徵博采。載天王自有確據，徵采但不到汝耳，何知其不廣博，而有何欺誑？有何悖逆？御製序何等鄭重，而汝曰「今上未暇細覽」，曰「不顧今上道德文章之大」，曰「累我君王」，曰「庶幾皇言如絲，不致出而復返」。至左太沖一段，明言皇甫謐序三都爲恰當，而皇上序五燈全書爲未恰當。以皇上與皇甫謐對言，已自不可，而况意有軒輊，豈非譏諷乎？據汝欲啓請部屬史官，與霽崙立考真僞。吾亦史官也，與汝詰難，尚不能對，而况舉朝之部屬史官？其識見有十百倍於吾者乎！所不能辨者八也。

洞宗世系，自續燈、會元後三四百年，紀載闕如。直至崇禎末，遠門禪師作五燈續略，據云周流齊魯河洛，博采碑銘，廣搜語録、行狀，而成此書。機語世次，歷歷分明，誠洞宗之功臣矣！費和尚作嚴統，謂天童浄後諸祖，自萬松外，多無語録。不知續略何從而得之？意出遠門附會，故存諸祖世次，而削去機語。又謂廩山未聞參悟大覺，亦傳帕之儔壽昌、顯聖二師，出世拈香，僅假名色，從上來源，全無可據，故將顯聖列之大覺派下，以存譜牒，而列壽昌於「未詳法嗣」。遠門乃作摘欺説辨之，而費和尚復出解惑篇相駁難，遂至興訟。雖所争者，尚有天皇、天王一節，其實爲削去機語也，謂無來源也。今公不遵壽昌源流，不依祖父所稱世次，却從位中謬説，削去五代嫡祖，自提起五世，又極力駁會元，以其收鹿門覺於天童浄下爲誤。僕前書中謂此未必誤，即誤，亦不在會元，在續略、纘續，請以罵大川者移之遠門、涵宇。是言本宗人修本宗人書決不誤，以唤醒公也。而公沈迷不醒，來書竟如吾言，以駁會元者駁續略，罵大川者罵遠門，謂其不考遞代嫡血源流，遂將鹿門收之天童浄下，本無機語相承，捏出一個烏梅是本形云云，以爲鹿門參天童之機語。又言諸録碑記，淵源有自，何得妄指從少林查來？少林新刻碑一道，乃遠門所立，僞落嘉靖年號。又言「我三宜叔及先杖人，不復細詳，誤而從之」，云云。信如公言，則鹿門覺參天童浄之機語，果出遠門僞造也。一祖之機語不真，則諸祖之語皆不真，而何怪乎嚴統之削去機語？費隱謂少林碑只載世次，并無機語。而公直謂少林碑係遠門所立。則顯聖、壽昌二家所傳之源流，皆不真也。壽昌果不曾得法於廩山，廩門，而改世次若是。費隱謂顯聖、壽昌無來源，而公言三宜、杖人誤從遠山果非少林嫡骨也，而又何怪乎嚴統之列於「未詳法嗣」？當日洞宗人費盡心力，費盡筆舌，以與嚴統爲難，而公今日先將爲首之遠門攻擊，先將嫡祖之機語抹殺，先將己宗之源流痛掃，句句罵費隱，却句句黨費隱，字字攻嚴統，却字字救嚴統。善哉！善哉！費隱何幸而得此前徒倒戈之人？洞宗何不幸而有此入室操戈之子？想汝夙世與洞宗有深讎，故乘願而來，假冒洞宗之法嗣，玷辱洞宗之門風，删削洞宗之嫡祖，謗毁洞宗之先德，然後稍報宿冤，略酬靈山會上吃佛飯、着佛衣、壞佛法之誓願，而洞宗人無奈汝何，佛亦無奈汝何也。鼓山辨謬云：「順治間，涵宇禪師重刻續略，奉旨入藏。」爲霖和尚豈妄語者？汝欲問此旨着落，問取汝老法叔去。即今皇上御製序中有云：「本朝沙門海寬念其支派繁衍，自金、元、明數百年來，傳述闕然，乃著纘續一書。」天言特舉，豈不更勝於尋常入藏之書乎？而汝云冒乞綸音，綸音豈可冒乞乎？又云倖邀御序，御序豈可倖邀乎？汝平日膽大心粗，將諸方著作矢口詆毁，人不汝較。今乃公然敢與皇上牴牾，莫謂朝無人，若見汝書，恐不汝貸。所不能辨者九也。

爲霖和尚之道德品行，學問操履，天下無不尊之仰之。僕亦嘗聆其謦欬，讀其著作，實深敬服。前公見過，歡然奉迎，因公語次輕薄鼓山，僕覺公狂妄，遂不復深談。續得公所送雜著數種，種種紕繆，而就正源流。書則直犯鼓山，以其辨謬爲謬，分作六條駁之。既無一條近理，而詞氣恣肆，反似尊長訓子侄者。然僕甚不平，遂有意作書闢公矣。書中「不可解者」十二條。此條實爲救狂緣起。因鼓山未有書闢公，故僕將公六條細細折辨，而來書於我所問緊要處，不能直截分剖，徒以支辭掩飾。僕問青州既是浄因之嗣，何故續燈於浄因下止載華嚴、蘭亞、松聖，而不載青州？且丹霞下載至天童、石林五六世，而浄因下何以第二世之青州便不載？來書乃言法門得嗣，不比人間生子，或數年不得一嗣，或幾年便印幾代。然則丹霞傳至天童、石林之日，浄因尚未得青州乎？僕又問修續燈、會元之日，去覺師殁百餘年，何以尚稱浄因，不稱鹿門？止收浄因法嗣，不收鹿門法嗣？來書乃云：「大川有意削之，即丹霞下，亦削去天童、石林二代。」不思會元所載皆有機語者，天童、石林無機語，故不載。豈是有意削去大川？何讎於洞宗，而欲使其錯祖亂宗，不通中更添不通矣。其他支辭，或經鼓山闢過，或僕前書闢過者，不復更闢。但云「叔既得罪於佛祖，侄便可以直諍於老叔」。請問鼓山何處得罪佛祖？飲酒食肉、畫春宫者，不得罪於佛，而老實修行者，乃得罪於佛乎？改削祖宗，抹殺源流者，不得罪於祖，而闢邪扶正者，乃得罪於祖乎？面談時，公言：「敝法叔是老實修行人，此事全不留心。」故僕不平，形於詞色，公即辭去。兩次請齋，僕皆不赴。今乃添「年高有德」一語，改「此事」爲「世系」，是則詞甚和婉，僕又何所不平乎？汝於我所詰責者，理屈詞窮，無可登答，乃欲向機語下躲根，復出擎拳竪指，一絡索僕。今問汝頌揚島主、觸忤朝廷、斬滅祖宗之罪，不與汝鬥機鋒；鬥機鋒，須棒喝交馳，雷轟電掣，亦非行諸紙墨者。譬如秀才被人告發，庭質時款款，皆真無可置辨，乃謂原告曰：「是事且置，吾與汝講河圖、洛書。」則應之曰：「待汝辨明此事，再與汝講河圖、洛書，未晚也。」所不能辨者十也。

同岑師者，即塔銘所列洞庭大燈也。去秋見訪，知僕將游粤東，言其住嘉興楞嚴。時公携傳燈正宗刻板見付，欲附藏流通，而未有賚金紙費，故至今未入經坊。欲公了此公案，特作札托僕面致。僕問之曰：「石濂果是貴同門否？」答云：「若論先師塔銘後，實無其名。因彼久行於廣東，且爲先師刻書，只得通融。」僕嘆近日法門混濫，大率如此矣。迨至羊城，致札奉訪，承送嶺南録，見序中有「親覲在同門先，付囑更在同門先。年十九，在太平付囑」之語，已可駭異。而燈譜正訛自言名在十四，又與序説參差，乃取浪和尚語録勘對，果塔銘後無公名。以開法太平之年月計之，皆不合。因憶翁山十年前告僕之語，故有此條詰問。而公謂：「安得起翁山於九原而相告？」語似謂翁山無此言。然翁山有復公書，及花怪一篇，其詆公有百倍此語者。亦將謂翁山無此書耶？覺浪十二卷四本之語録，乃門人大成、大奇所編，久送楞嚴，附藏流通，經值畫一，列在續藏第七十函。塔銘後備列諸法嗣，并無公名。既刻本如是，攝山塔上石刻亦必如是。而來書言祇有八本之全録。試問無名之四本，得於誰氏之手？而誰爲纂集？恐未曾親得，而傳聞者之非，其真是謂無四本之原録也？夫此四本者，原本也；八本者，後出之本也。設有公名，則竄入者也。四本之原録，流通天下，是刹皆有。而公獨以爲無，欺天乎？欺人乎？此四本者，現在寓中，若緇若素，多見之者。僕若無此，何從將塔銘節略及諸法嗣名一一刻出？銘内明言嗣法弟子二十七人，而來書反謂我何故將二十九人任意削爲二十七人？今請集宰官、居士、長者於公所，將原録共閲，看是二十七人，是二十九人？有汝名，無汝名？恐汝羞慚無地可入也。又言碑銘墨刻，裝潢成帙，似謂石刻上亦有汝名。汝錢可通神，厚賄攝山守塔者，將塔銘刻過，有何難事？亦不須此，只於此地雇石工，將塔銘翻刻一遍，竄入己名，送與人看，誰走江寧搨原碑，來與汝較對？巧則巧矣，無奈附藏流通之四本原録，通行天下，不可得而磨滅。作僞心勞，亦何益矣！汝稱覺浪法嗣唯浦潤大韶字範成者，與翁山共證明之，其他未必認汝。其認汝者，非範成之貪利養，則同岑之且通融，猶聯宗人之稱弟兄叔侄，口然而心不然也。語録序云云，必公自述如此，作序者何由知之？今被我勘破，反謂作序者爲誤。果誤，而何以不即求改正？僕據公自述年齒，考浪和尚開法太平時，汝年僅十六，以駁十九受囑之妄。而今遁詞，言在蕪湖，不在太平。然浪和尚出江寧獄，即住攝山，何由枉道過蕪湖耶？語録序則云：「囑累在諸同門之先。」燈譜正訛則云：「名列第十四。」年月、地方、次序，皆前後參差，彼此矛盾。

來歷果真，而何得有此敗闕？一經指摘，無可分疏，乃言：「何勞臺下費盡心思，作算博士？」不思汝欲以丘碑爲僞，將馬祖開法之歲、天王入寂之年、無盡參學之日，細細打算，何獨今日不容人算到汝身耶？汝非獨付囑不真已也。汝本蘇人，又言住太平；又言江西人，稱西江釋；又言家湖州、杭州，與浙人認同鄉。則籍貫不真也。初媚金公絢時，則姓金；已而言姓龔，稱芝麓公爲「吾家大宗伯」；而懷古樓下所奉令尊之木主，則姓徐，初號石蓮。既而京中有真石蓮，至則改號石濂。是姓字皆不真也。而何怪存心行事，出言之無一真？所不能辨者十一也。

公之初至廣也，惟以善諂取悦於人。既得志，則漸驕。自交趾歸，則益驕。所諂事者，惟當事要津而已，餘皆蔑如也。本地士民，誰不怒汝？故僕以「滿損謙益」一段語相規，兼及殿前對聯「不當自認大樣」，乃對病之良藥也。來書乃云：「此三家村裏學究之訓詁，土地祠中廟祝之勸諭。」何不受諫？至此不見鳥窠。禪師云：「三歲孩兒道得，八十公公行不得乎？」無爲教一段鄙俚話，不知從何處得來。知汝從游方僧出家，本領未忘也。若言明道倡道之人，不得與求道養道之人同論，則馬祖、石頭當如何倨傲乎？以倨傲爲法門道妙，未之前聞。「大樣」、「小人」之聯，急揭去之，而以無此聯自白，猶之可也。認有此聯而辨，是莫道，非莫怪，請問莫道、莫怪相去多少？指天王之身軀大爲大人，則佛菩薩之身軀小者皆小人乎？不通無理，自評頗確，無俟人言矣。大乘菩薩垂手人廛，接物利生者，乃是在廛出廛，而豈背覺合塵之謂哉？乃將釋迦發心成佛事迹，鋪叙滿紙，於汝何預？喜奇珍佳玩者，即論奇珍佳玩而引進之。喜巧作器具者，即論巧作器具而引進之。何不更添兩語，云「喜飲饌優伶者，即以飲饌優伶而引進之」，「喜春宮房術者，即以春宮房術而引進之」乎？演戲酬願，惟神廟有之。長壽庵非大王廟、天妃宫，而何人於此酬願？戲臺在大殿後，所演多西廂、牡丹亭諸艷本。師徒相酬，動十數日，其誰不知！百金製櫃，千金製床，據來書云：「當事所製，以進皇上者。」果爾，則當事自有廨署，自有工匠，汝非作頭，汝庵非店鋪，而何煩代製？况皇上不貴異物，諸大臣惟聞以古書字畫進，不聞以玩好進也。曲柄傘既是上堂常用之物，則他叢林皆有之。何他叢林用之，人不以爲怪，而汝用之，獨以爲怪乎？汝自詐稱上召之後，即造此五色曲柄傘。及汝安南回，自謂「國師」，遂常常用之。今不能言無曲柄傘，而以銅鈎彎竹爲解，又將誰欺？黑鞭人若係上堂時當事所撥軍牢，則上堂畢即撤去，而何肯爲汝守門？恐當事亦未肯以軍牢作人情也。汝以「頭陀」二字，文其不剃髮。我言頭陀非不剃髮之謂，而汝將迦葉頭陀以下，敷衍四五百字，毫無解於不剃髮之問。「御手握過」之語，汝謂海外無對證，可抵賴，然長髮現在汝頭，并傳法之尼，亦令不剃髮。汝臂帶金鐲，汝徒亦帶金鐲。汝常衣紅衫，着紅褲，豈非人妖乎？所不能辨者十二也。

如上所陳，皆就來書中大綱節目，約略闢之。其餘枝辭蔓語，闢之不可勝闢者，則姑略之。然不得不折辨者，尚有二端。

一則汝短札中所云「嫉妒緇流」，及長書中所云「陰毒惡僧」、「嫉妒喪心」等語，皆指報資曠圓和尚也。且無論曠和尚乃平陽真法嗣，爲人真誠坦率，不可以「陰毒」、「嫉妒」等語加之。即今老病侵尋，支床伏枕，不能長談，不能動筆，而汝謂其久造此書，藉我鼻孔出氣，云云。報資雖曾作可燔草、雷楔闢公，公亦出客問、直劈應之；報資將復出書，經馬協領調停而止。事在數年前。吾非緇流争坐位者，與報資何親？與長壽何仇？祇見公所刻海外紀事，不敢不言等書，大傷國體，大礙法門，故有意作書相規。而公入室之客，飯於吾寓，語及公著作種種不妥。客云：「石和尚極虚懷，先生何不作書曉之？彼必聽受。」遂成前書。而公謂報資主使，必疑禪門中事，居士何由深知？然居士所知，儘有精細於禪和者。吾欲闢汝，借世典於士大夫家，借梵典於諸刹，考訂旬月，而後成書，非他人能贊一辭者。試看吾書，與報資前出之書，有一字相同否？吾今此舉，專以破魔，爲諸佛菩薩主使，爲天龍八部主使，爲鼓山出氣，爲霽崙出氣，爲杖人出氣。而公乃歸之曠圓，此大謬也。

一則誣我作書之意，在恐嚇索詐。我出此書，爲朝廷也，爲佛祖也，爲救汝狂也，而以爲嚇詐。然則孟子闢楊、墨，亦是嚇詐楊、墨乎？趙良諫商鞅，亦是嚇詐商鞅乎？汝短札中所云「造汝室而進言」之三客，是何姓名？吾寓無多人，并無踏長壽之門者。設有進言，則是汝之客，非我之客也。吾設欲嚇汝詐汝，而何以初不令汝知，猝然將刻成之書竟達於汝乎？汝情知理虧，無可措詞，乃欲以「嚇詐」二字污衊我，然有何憑據？即汝書聯於門，云救狂新書爲「嚇詐」張本，則是懸揣爲將來地步，足見我未嘗嚇詐汝也。實者自實，虛者自虛，何損於吾，何益於汝？汝又多方詈我，其失滋甚。凡辨論之法，以理屈人，然後爲勝。理不能伸，以言辱人，先自敗矣，焉能勝人？汝謂我不當阻遏遠人歸附之誠，我未嘗謂交人不當進貢也，但謂不當以「大越國王」之名請封耳。據汝云，勸其修貢請封，而何以四五年來絶無影響？是汝未嘗勸，而我何從阻乎？汝頌揚阮福週無所不至，且以種種干禁之物餽之，而我斥其僭號，是汝背逆乎？我背逆乎？至以我稱「張天師」爲不遵君命，彼雖有真人之封，然今在朝在野，若滿若漢，無不稱爲「張天師」者。即其親畫之符，亦必押以「天師」二字。而汝所述今上謂「天」，豈有「師」？不許稱「天師」之旨，又何從而來？吾久司記注，備員講幄，雖詿誤鐫級，猶是艱歸候補之官，特以親不逮養，故無意赴補，逍遥山水間。而汝所云「遣歸田里」之旨，又何從而得？目前事且探聽不真，而何能考訂千百年前事？此又大謬也。

吾本見汝所作之業，所著之書，必將招風波，受果報。以大慈憫心，欲救度汝，翻然爲汝不請之友，進苦口之言。汝非惟不能聽受，反以詭詞復我，惡口詈我。既孤我直諒之誠，亦負汝客虛懷之譽。狂者愈狂，而救者不救。嵩山泥灶，猶能破墮。而汝執迷堅拒，曾青衣業鬼之不如。豈不哀哉！汝比我爲撲燈之蛾，而人以汝爲燒須彌之螢火，指金山之疥豬。螢火熾然，須彌不動；疥豬力盡，金山愈明也。

然汝亦有所長：善作新奇器玩，是汝所長；善白描人物，是汝所長；善布置園亭花石，是汝所長；善交結官長，是汝所長；善以小恩小惠牢籠貧士，爲之延譽，是汝所長；善以多金重幣，求文士爲之代筆，是汝所長。據汝所長，只合作清客僧，作解事僧，或游大人以成名，或栖一枝以自便，無不可者。但不合詐稱知識，僭坐大刹，而又肆行非法，魔魅人家男女，人以好心參學，一入汝門，爲魔攝持，皆作魔事，爲魔子，則業重難懺耳。

汝尚欲修燈，待出徵啓。宋元以前有傳燈、續燈、會元、指月録諸書，近代有續略、續續、補燈、續燈存稿、禪燈世譜、傳燈正宗等書，亦既大備矣。即不滿於霽崙所修之五燈全書，只將汝師汝兄所輯之傳燈正宗爲流布足矣，而何用更作一書？得毋又剿襲汝師汝兄之著述，刻之以自爲名乎？書以人傳，而飲酒食肉畫春宫長老所修之書，必無人看，則刻書無益也。

學佛者以大圓覺爲伽藍，以戒定慧爲莊嚴。佛不愁無屋住，豈待雕墻峻宇金碧輝煌而後爲崇奉哉？汝以殿工募化交人，既得數千金，便可造殿，而汝且不造殿，以其金作通洋資本。既得厚利，又不造殿，而鼎新方丈，極其閎麗。是先己而後佛也。方將填塘拓地，務爲侈大之規，經始方新，落成未卜。且汝不守佛制，徒衆化之酒肉熏蒸，淫欲污染，豈是清净道場？恐不爲諸佛菩薩之所護念，天龍之所護持，作之未必能成；即使能成，而飲酒食肉畫春宫長老之子孫，必不能守，則造屋無益也。

汝假當事勢力，陵轢士民，刻剥商賈，罪案非一。甚至將八十餘歲之老明經薛炎州，譏之當事，欲置之死，賴陳元孝救之而得免。廣州人無不側目，切齒於汝者。今汝魔福未盡，魔業未滿，任汝猖狂妄行，惡積罪盈。時移事異，朱方旦之正刑章，善權寺之遭慘劫，皆事理所有。汝不足惜，而令禪門有此不祥之事。可悲！可痛！

爲汝計者，惟有速完殿工，盡毁書板，盡散貲財，腰包出嶺，一步一拜，向鼓山門下求哀懺悔，挂搭涅槃堂中，修大悲心陀羅尼法，圖免拔舌泥犂之苦。今生已矣，來生作一真實長老，重學重修，庶有出頭之路。否則，沈淪長劫，未有出期。

若論常情，不當更作書與汝。而吾慈忍，聞汝惡言，不生嗔恨，仍思以此苦言救度於汝，非獨今生，盡未來世，當救度汝，待汝成佛方休。願不虚矢，人天四衆，實聞斯言。

言盡於此，幸審思之！毋忽！

【校記】

〔一〕再與長壽石濂書　潘氏自刻本遂初堂集文集卷九作「再與石濂書」，救狂後語卷首目次亦作「再與石濂書」。

初次致書札

前承惠教大著，客窗無事，一一細覽，中有疑義，每思面質，但非立談所能罄，特作一書奉聞，祈爲逐條剖析。凡僕之疑，即天下人之疑。解僕之疑，即解天下人之疑也。

孔門論友，唯取直諒多聞，不取善柔便佞。今之游嶺南，而與座下交者，類能覩而稱揚，其心皆有所覬望於座下。僕深耻之。雖其固陋，願與座下爲直諒之友，忠告善道，實冀稍補高深，慎勿誤認爲興風波發難端。鄙意深恐法門多事，尊刻若經他人指摘，未必能如僕之措詞微婉，故及早言之，正欲息風波塞難端耳。惟高明諒之！

二次致書札

前者有書相問，内列「不可解者」十二條。承有書見復，似乎逐條分剖，而實則無一條能分剖者，不得不復致書駁正。

其來書外，復有短札，專辨「飲酒食肉」一節，尤爲背謬。僕前書稱公有「不醉之量，則人人共知。手把豬頭，偶引成語」，而公嘵嘵致辨，足見作賊心虚。據云：「古人茶坊酒肆爲佛事，柳巷花街作道場」。此是登地菩薩，已得三昧，自在事事無礙，境界豈尋常人所可擬議？文殊不守佛制，三處過夏，迦葉欲白椎擯出，乃見千百文殊。公能現身作千百石濂乎？鳩摩羅什爲國王所迫，致有家室，徒衆欲效之，乃吞針一合，謂其徒曰：「汝能如我吞針，則亦如我置家室。」公能吞針一枚乎？破山爲張獻忠所得，火燒火滅，刀斫刀折，乃加敬禮。一日欲屠城，謂破山曰：「和尚能食肉，則不屠城。」破山遂食肉。此爲救千萬人性命也。公有何因緣而亦食肉？舉火燒汝，火未必滅也；舉刀斫汝，刀未必折也。汝以供客爲名，肥鮮不絕於厨，海外携來燕窩三担，爲汝和粥作糜，啖之都盡。時時拈筆畫春宵祕戲之圖，方丈侍者無非美貌沙彌，汝徒夜争沙彌，至登屋飛瓦，而不聞擯出。叢林中例有茶話，汝改爲酒齋，齋堂中至以拇戰賭酒。酒肆則成酒肆，花街則成花街矣，而佛事何在？道場何在？

又引古德云：「酒樓上何妨不去？肉案上那塊不精？」昔有僧於酒樓下過，聞樓上人唱云：「你既無心我也休。」忽然大悟，因號樓子和尚。又，寶積禪師聞屠家答市肉人云：「哪塊不是精者？」遂有省。此是古人悟由，而豈飲酒食肉之謂哉？五戒不持，人天路絕。公儼然爲堂頭，匡徒領衆，而自不守戒律，教人不守戒律，復將佛祖言句錯解繆拈，以自文飾，兼以誑人，恐十八地獄中無地着汝。

汝每以「逆行菩薩」四字，作護身符。今又言「過量境界，非僕所能夢到」。過量讓汝，逆行讓汝，飲烊銅、吞鐵丸，無人替汝。我所言者，無非扶律。而汝謂「不應如庸夫俗子不通道理之議論」。然則三藏中，律藏一部，皆庸夫俗子不通道理之議論乎？人壽幾何？汝年逾六十矣，猶自狂言寐語，業識茫茫，病苦臨頭，管取手忙脚亂。臘月三十日到來，閻羅老子不愛趨奉，不怕利口，吃鐵棒有日在，莫嫌不道。

别録

屈翁山與石濂書

詩之爲道，以雅爲貴。觀其詩，可以知其德。人無德以養其心，其詩必出於不雅，則爲小人之詩矣。然今之爲詩者，求其爲小人已不可得。大抵剽竊以爲工，攘奪以爲事，欺心誑世，聾瞶一時，以爲名利之資而已。拾他人之涕唾，作藝苑之穿窬，廉耻之道盡喪，詐僞之心日高。此乃詩之盜賊，罪服上刑。凡操觚染翰之儔，皆得而誅其慜惡。蓋天下之最不祥人也。

不惟學士家有之，即釋僧亦有之。昔皎然禪者有云：「詩有三偷，偷句最爲鈍賊。」詩非僧之本色，能安其本色而不爲詩，即爲詩而安其本色，不行偷竊。此則僧之有德，爲可重者。今兄之離六堂集也，試返問於心，出於己者幾何？出於人者幾何？將他人之鏤心雕腎，嘔出精血而得者，不難攫取以爲己有，或全用，或半用，或句中改一二字，或全章改五六字，而以魚目亂珠。即如僕之集中詩云云，兄詩云云，如此類不可悉數。在翁山集中，已竊至數十處，他人之集，蓋不知其幾矣。然則兄之真詩，亦何在乎？集中牛鬼蛇神，不成文理者，十而四五，其兄之所作乎？

兄，學佛人也。佛以偷盗爲諸戒之首，以不昧心爲入道之門。奪人句以爲己物，比於殺越人于貨，閔不畏死，其罪殆有甚焉。僕之詩，於古人百不及一，謬得虚名。然天下人愛之，未有若兄愛之之篤也。愛之且欲有之，有之不可得，則姑割其膏腴，取其精髓，以裝飾兄之土軀木偶。一旦僕先朝露，則將毁其版、没其書，而改爲兄一大部集。如齊丘之於化書、向秀之於莊注乎？然或非兄意，兄凡有所作，大抵倩人代筆。或者其人以兄賄薄，不忠於兄，將僕佳篇佳句塞責，兄瞢然不察，爲其所陷耳。陷兄於惡，而兄不知，方且揚揚得志，以爲吾詩精妙，高出時僧，使天下贊兄詩者，皆口是而心非，玩弄兄於股掌之上，以爲笑具。此其人誠兄之罪人也。

請兄舉離六堂集版而焚之，其已裝潢者，亦付水火。或擇其一二，純出於己者，刻爲一集，名之曰「石濂真稿」。質諸天地，證諸鬼神，無一昧心之語，乃始流布。使僕之詩復得完璧而歸，毋致與藺相如之頭俱碎。兄之與僕也，譬若共命鳥，然又如腹蟹。蟹在瑣蛣腹中，爲瑣蛣取食，瑣蛣以蟹之飽饑爲飽饑也。蟹甚勞而瑣蛣甚逸。僕之嘔心得句，以供兄之饜飫，兄之蟹奴也。兄巧而僕拙矣，使天下皆盡如兄之巧，而天下又安有拙之人乎？雖然，僕之殘膏剩馥，儘可以饜飫數人，分其蹄股一臠，亦足以成一貫休齊己。兄愛僕詩，僕誠不惜以十之二三相餉。然僕集已梓成矣，天下人無不傳而誦之矣。僕雖欲舉以與兄，天下人未必與也。

非其有而攫取之，兄求富而反貧矣。盜他人之名以爲名，求榮而反辱矣。兄今氣傲心高，以爲大善知識，可以吊詭炫奇，欺弄一世。使有識君子不惟不信兄詩，且不信兄語録；因兄一人，并不信天下之詩僧與天下之爲禪宿者：是則兄又爲天下善知識之罪人，非僅詩人之罪人已也。

見幾不俟，非大智勇者不能，請即行焚版，毋待明日。僕登高遥望，有火光烈烈自招隱堂而出，將合掌贊嘆，以兄爲過量人也。自此益與兄親厚，從容暇豫，將爲兄細言風雅之道，使兄日聞所未聞，其爲益正未有艾。不然者，僕以此書，并僕詩、兄詩相同者，合成一編，布之海内，爾時兄毋以僕爲刻薄不先言。語云：「夫人必自侮，而後人侮之。」惟兄其熟計焉。

余刻砭語成，或謂余曰：「子書言言皆真，唯一語不實。」余問何語。曰：「子稱石公作詩有佳句，不知石公詩多倩人代作，或竊取他人之作，佳句非其所有也。」余未之信，因取原刻離六堂集中江干話别一詩，與金青村集校對，略無小異，爲之拊掌。今見翁山此書，益信其喜行剿竊。離六堂集，石公未惠教，偶從友人案頭一展，見其贈陳元孝詩，首句云「男兒皆有志，遂者爲英傑」，不覺愕然。余贈曾青藜詩云「誰無千秋志，遂者爲英傑」，句本不佳，亦蒙見取，信石公之有竊疾也。竊古人之詩，或以時代校之，則必後出者爲竊；竊今人之詩，則反似人之竊彼。竊盛名之詩，人必指彼爲竊；竊不著名之詩，則可嫁竊於人。余既同時，又無詩名，竊之甚便，然集千狐腋而成裘，亦須好手。或云：「此代筆者塞責之罪，石公何預焉？亦無可責耳矣。」

屈翁山復石濂書

昨致書，與兄言詩耳。詩本非兄所長，僕之盡言，有益於兄不少，而兄乃大怒駡，裂眦嚼齒，椎胸頓足，舉世間所有醜惡之語，以相訶詆。無論僕罪不至是，即至是，亦豈可疾之已甚，以市井小人之口舌相加耶？朋友忠告，貴以善而道之。僕作書，氣甚和平，詞亦婉雅可誦。言詩之外，未嘗旁及他事，庶幾有古人善道之風。兄不悔悟，乃亦指摘僕詩見復。僕茲幸矣。若非言兄之過，僕何以得聞其過？使僕得長聞其過，自此以後，雖終日言兄之過可也。第恐兄不能有此虚懷耳。

兄所指摘十餘句，皆僕本之太白者。僕平生好嗜太白，以太白爲師，薰以水沈之香，浣以荼靡之露，而後敢開卷帙。三十年來，非太白不存乎耳目，非太白不留於心思，見於羹墻，形諸夢寐。故所爲詩，多有似太白。聲音笑貌，具體而微。得其精者於神明，得其粗者於字句。全用之不嫌其全，半用之不嫌其半。而僕亦能與之後先輝映，彼此争雄，蓋化魚目以爲明珠，而非點純金而爲鍇鐵也。僕之心，亦甚光明，天下之人皆見，不以爲非。即使太白復生，亦當掀髯大笑，以僕爲肖子肖孫；不則，亦以爲衙官，置之門下。其不肯以爲盜竊，而擯之於千里之外，亦明矣。大抵善用古者，即古人可以作我，取彼臭腐，化以神奇。禪家所言：「瓶盤釵釧，共作一金；酥酪醍醐，并成一味。」其喻最精。不善用古者，生吞活剥，食而不化，徒見穿窬之迹，未有熔鑄之工。則兄之離六堂集是也。

僕本無才，故多借資於太白，其不能盡出胸臆，削去陳言，亦猶空水不可以爲酒，徒火不能以成丹。亦或以重賄倩人代作，而斯人者以太白佳句塞責，然斯人者則甚有功於僕。如太白云「吾心似秋月，碧潭光皎潔」，僕則云「吾心皎皎如秋月，光映澄潭無可説」；太白云「愁隨一片月，挂在九華松」，僕則云「我有羅浮月，長懸四百峰」之類。使天下之人皆知僕之詩，本之太白，以與太白并稱，斯人之力也，僕之幸也。而兄以重賄倩人代作，而斯人乃以僕佳句塞責，斯人則亦有功於兄，使天下人皆知兄之詩本之翁山。如僕云「歲寒雁門雁，來及江南春」，兄則云「秋來雁門雁，飛過江南江」；僕云「如何亡國恨，盡在大江東」，兄則云「未識累朝亡國恨，如何都在大江東」；僕云「無邊羌笛怨，散作雁門秋」，兄則云「吹來羌笛怨，散作廣陵秋」之類。得與翁山并傳，使天下人不知兄盜竊翁山？抑翁山盜竊兄？斯人之力也，兄之幸也。而兄乃以僕包藏禍心，於兄詩多所改易，將僕句爲兄之句，自盜竊其詩以與兄，致陷兄於鈍賊而不知。信斯言也，則太白亦嘗自盜竊其詩以與僕耶？兄歸罪於僕，則僕亦將歸罪於太白耶？非也？

蓋太白以僕之有深愛，故以其精神爲僕之精神，以其文字爲僕之文字。禮所謂：「致愛則存，致慤則著。」存之於上而洋洋，著之於左右而赫赫。太白之於僕，誠有莫大之恩私，而僕之所以師事之，極其誠篤也。今兄之於僕也，愛其詩則欲殺其身，惡其忠告則加之以痛詈巧詆。誣人之非以飾其非，成人之過以文其過。既無虛受之德，又少自訟之美，抑何待人之薄，而待己亦失於厚耶？僕愛太白之詩，尊以爲師，雖欲爲之服勞奉養，而不可得。而兄之於僕詩，既咀嚼其英華，復仿佛其面貌，乃欲譖於所識之有司，使之身膏鈇鉞而後已，豈僕之愛太白也？以愛爲愛，爲婦人女子之仁。而兄之愛僕也，以殺爲愛，所謂倒行而逆施。爲黄祖之於禰衡，閭丘曉之於王昌齡耶？僕雖死，生氣猶復凛凛，魂將上爲列星，魄將下爲金石，以與天壤俱弊。僕不讎兄，或恐天下後世有讎兄者，爲僕作一祠宮，以鐵鑄兄之像跪於門外，溺而擊之，如檜之於武穆也者。人之欲不朽兄，蓋甚於欲不朽僕也。兄既言，則必能行；能行，則僕必將受禍。兄其勉之！

兄所以爲不朽之計也，得矣，僕亦何辨？獨以兄書中别有邪言，以僕不終於僧，爲三教罪首，則不可不辨。夫僕之爲僧也，蓋以弱冠時，國破家亡，無所依歸，故逃於壞衣鬃髮耳。親雷峰之教，受天界之法，欲報之，亦何必以僧？如必以僧，亦未可以報。且天界所言，多本儒者，其原道一書，亦與僕言儒相表裏。僕今言儒，乃天界之真孝子，天界得僕而言儒，其勝於得僕而言禪也，又明矣。即雷峰亦未嘗以僕不終於僧爲罪也。所云「背義」，不過代兄作一問五家宗旨之書耳。若夫大佛寺初上堂法語，則範成兄代兄所作，或稍涉雷峰，然非僕之筆也。嗟夫！僕（常）〔嘗〕爲僧，僧之事，最幽昧險譎，變詐不窮，所作多爲陰惡，不可告人，而所號爲善知識者尤甚。其中曲折崎嶇，僕盡知之。嗟夫！天下之爲僧者亦衆矣，方其服，圓其頂，彨其鬢（須）〔鬚〕，謂皆佛之令子，毋乃謬乎？僕平生絶無他長，惟有爲僧不終，毅然反俗，爲光明正大之舉。且棄拂子，舍傳衣，推倒寶華王座，即善知識，亦不屑爲，洞上正宗三十四代祖師，亦羞惡而不肯作。知者以爲僕智量過人，不知者以爲背畔佛祖。誠有如兄所云「三教罪首」者矣。若夫爲僧終，而所行多有不合於佛者，如盗竊名號以惑人視聽，畫春圖以導人之淫，媚妖尼以營己之欲，奪人田以肥其囊橐，發陰事以置人刀砧，作奇技淫巧器物以諂諛顯貴。一炎一凉，變生頃刻。種種賤行，與道相乖，其得罪於佛，何如也？

「童真」、「童年」，字面原自不同。僕之文，誠不可改。兄改「童年入道」爲「童真見道」，僕殊不慊於中。夫「童真」者，自少至壯，未嘗見男女二色，以至於死，故謂之「童真」。僕誠愚，不知兄乃真童真。然亦以兄所寫春宫，過於精妙，故有此大疑耳。昔人聞隔壁釵釧聲，以爲破戒。阿羅漢因宫女捧足，便失神通。兄應酬之暇，既以淡繪蛾眉濃描黛緑爲事，作金釵之十二行，備房中之二十四法。素女仰伏之態，極其形容；牡丹采戰之神，窮其鉤索。在兄以爲游戲之具，在僕以爲妖蠱之媒。在兄以爲木人之見花鳥，無所容心，在僕以爲聖僧之遇摩伽，終毁戒體。在兄以爲歡喜之佛，無礙菩提，在僕以爲生死之根，終嫌聲色。僕誠愚，不知兄之已得三昧自在。

向曾作花怪一篇以相諷，尚未奉覽，爲友人攫取而藏之。經今一載，此稿忽出於友人笥中。非友人藏之不密也，或鬼神欲泄露之耳。兄垢習未除，佯狂自穢，紅其小衣，膏其美髮，柔聲下氣，百態逢迎，人以爲名妓者有之，以爲妖人者有之。僕爲兄作序，妄相稱贊，人幾以僕爲兄之匪人。今序已承見還，不勝慶喜。然何不以僕代兄所作離六堂集自序一并見還？不敢用僕之姓名以污僕，亦豈可用僕之文以污兄乎？兄今果能大改前非，將語録及離六堂集删削一通，凡出於己者，留之；非出於己者，悉已還人。以其真誠無妄，信乎己以信乎友，則是非尚可潛滅，道行尚可進修。所謂「亡羊補牢，未爲晚也」。若猶是掩過遂非，以怨報德，以毒口駡人爲能事，以險心殺人爲長才，則兄自甘暴棄，無可如何。雖兄之私暱，亦且望而畏避之矣。兄復書滚滚數千百言，言而不文，之乎者也等字，皆顛倒錯亂，不成章句。蓋盛氣所致，故怒駡有餘，而義理不足。僕所畏者義理，不畏怒駡。義理之所在，談言微中。簡而文，温而理，絶枝葉，此乃吉人之辭也。

尊書具在，僕將合刻之，傳之天下，以爲詞場一笑。兄如復有書來，則僕亦必源源奉報，不憚往復，至十而終。十者，數之終也。想至此，兄亦辭窮力詘，詖淫邪遁，皆無所用之矣。然此書亦非兄筆，兄口占之，代者某某書之耳。兄更宜厚其賄賂，求善屬文者，爲之操筆，更廣布細作，伺僕陰私，一一藉記之，以爲聲罪致討之端。昔人云：「甑已破矣，顧之何益！」兄今既與僕絶，亦何所憚而不爲耶！可以殺僕，則可以殺天下之賢人君子。自此而天下以兄爲凶險人，不敢以善知識相目矣。然而僕不恨兄也，恨兄則墮兄術中。兄慎毋以爲憂，僕有命焉，非兄所得而生殺也。花怪一篇，并祈省覽。罪罪！

花怪

長壽院有一禪者，性嗜種花。花有佛桑一樹，開時花有數百朵，色皆黄，獨一花忽變爲絳。禪者以問予。

予曰：嘻！是花之爲怪也。黄，正色也，惟正乃中。故易象曰：「黄，中。」花稟天地，正而中之德，其色乃黄。此一花乃不安於黄，忽變爲絳，以與同本諸花相異，其毋乃好怪以媚人耶？然吾意花之不能爲怪，必有感而召之者。花無象，以人爲象；花無心，以人爲心。心之邪正，花不能隱。故觀其花，而其人之賢否可識焉。吾聞禪者工繪事，每爲當路士大夫作春圖，舉閨房祕戲之曲折，一一得其精微。徐陵所云：「優游俯仰，極素女之經文；升降盈虛，盡軒皇之圖勢。」即至好色人，不能擬諸形容者，而禪者乃能無微不顯，無幽不出，盡其神而窮其變，豈其得於畫師粉本？抑由前生宿慧耶？禪者亦嘗以其童真入道，誇於人矣，而其好奢麗尚粉飾之染習，未能忘其髮鬢美而長鬖髿，至眉面玉色，唇丹鮮，紅襦彩履，薌澤竟體。豈其誤入摩登伽之室，或婆須密女之房，或蓮花色比丘尼之舍，戒體一虧，奇變頓解，遂能形於畫圖，千態萬狀，因其及爲者，即可推測其不及爲者耶？況夫屢貌蕃夫人觀書之影，與周小史割袖之圖，觀想精微，通神入妙，使人驚以爲老蓮復出，仇英重來，以爲絶技，豈非尤好怪之至者耶？吾想其含毫吮墨之時，蘭若清虚，蒲團閴寂，二三小師而外，萬象冥然，無人見其情狀，惟花見之。忽然變黄而絳，花不能自爲主也。禪者傳人男女之神，花亦傳禪者之神而已。然此花大慈，其將以爲禪者告也。不然者，絳亦花之所多有耳。

嶺南爲祝融之宅，大火之房，其花若木棉、山丹、木槿之屬，無一非絳。絳故嶺南花之正者也。而獨於一本之中，以其一絳獨異於諸黄，使諸黄遂不得終爲同類。且自有一絳，而諸黄之色盡削，人皆憾夫諸黄不與此一絳俱變然者。諸黄際此，其亦有不平於中也耶？一絳叛夫諸黄，諸黄之不幸也。予云「惡紫之奪朱」者。紫奪朱，絳叛黄，吾將欲剪而去之，毋使世人爲其所蠱，其亦所以扶持名教也耶？

閲前書，知石濂之詩，皆他人代作。閲後書，乃知石濂上堂法語及論宗旨之書，亦他人代作。天下無真可掩，無僞不敗。石濂欺世盗名之情狀，於此發露無餘矣。然石濂不足道，範成不足道，所可嘆者翁山耳。既以天然爲師，轉而師覺浪，欲與天然爲雁行，天然諸法嗣不與，乃推奬石濂，以爲同門，以壓阿字、澹歸，皆出私意。甚至代石濂作書，以觸犯本師，何倒行逆施至是？未幾，石濂亦背翁山，至欲首其軍中草，陷之死地，出爾反爾，果報自招，於人何尤？猶幸有此書，稍能發露懺悔，則罪尚可末減耳。

向聞嶺南有「石濂方丈看春宫」之句，謂爲謗語。今翁山言之如此詳盡，方知所傳不虚。楞嚴經説諸魔事，有欲魔者，一向説欲爲菩提道化，諸白衣平等行欲；有空魔者，謗持戒爲小乘，常於信心檀越，飲酒食肉，廣行淫穢。因魔力故，攝其前人，不生疑謗。石濂者，其二魔之屬乎？魔業盡時，墮無間獄，彼所應得。獨惜嶺南人造何業，而感此邪魔，横行誑説三十餘年，受其魔魅。更惜交人造何業，而感此邪魔，渡海遠去，尊之禮之，拜以爲師，蕩其心志，空其帑藏，而不自知也。除妖淫，翦狂蠱，一令尉事耳。而彼毫無忌憚，豈真城狐社鼠不可動摇耶？亦愈重其孽而已矣。

梁藥亭復書

佩蘭頓首。侍生自端州返，即苦腹瘡，離臍半寸，險惡非常，瀕死者三，卧床席者四十日，今始無恙。久辱先生賜書，未得裁答爲嘆。

承示長壽生長珂里顛末，此則昔所未聞也。惟是其初至獅子林時，佩蘭與敝友翁山爲其護法之始。聞其自述家世，爲龔合肥宗伯猶子，家住太平耳。佩蘭少慕清净，喜奉佛，凡方外無不與交。竊見古人如陶靖節之於慧遠，韓昌黎之於大顛，蘇子瞻之於參寥，黄山谷之於黄龍、晦堂，張無盡之於兜率，皆彼此往來，不廢文字。故於贊嘆佛乘之文，無不樂爲，不獨長壽爲然也。所作長壽序，如獅子林離六堂序，久無存稿，當日有無言句，亦已遺忘。至客問一篇，則因聽長壽一邊之論，以嚴統爲毁宗滅祖，繩以吾儒亂臣賊子之罪。微先生詳説，幾不自知立言之無當也。然此稿今亦不存矣。

佩蘭雖與長壽交三十年，然六上公車，困於風塵者十二年。長壽往中州，又入京師，閲有四年。是則有久交之名，而無久交之實也。比假歸里，卜居仙湖，與長壽相過甚少。近五年來，不惟不相過，一城之隔，竟等秦越矣。以秦越相視，而猶用吾文以傳布海内，諒長壽定不然也。然則刻印銷印之喻，雖刻猶未刻，不銷而自銷矣，不特序也。

往者嘗爲長壽題贈扁聯，從引人信佛起見，力爲揄揚，旁人有哂爲太過者，嘗愧謝之。今長壽既相秦越，則扁聯寧尚留哉？大率佩蘭爲人迂直，與人交無有不誠，初不察其人之誠僞，及至不堪回首，則置之不論不議之列而已。又嘗笑吾輩護法，如造七級浮屠，任其造到絶頂，連第二層忘却。忘者自忘，造者自造，吾護法之心，原不改也。

承先生愛我，垂誨種種，故特表明所以爲長壽作序前後情事如此。惟垂鑒焉。謹復。

羅止亭來書

己卯冬十月廿四日，龍渚羅祥謹再拜，獻書於太史潘公閣下。

祥，嶺南布衣也，家鳳城之西，舌耕於五羊。前十七日，揭武榜，晨往觀，稠人中一友附予耳，告以闍下闢邪之作，傳布羊城，得者欽以爲寶。祥急趨闍下寓，詢守者求焉，辭以異日。歸館默坐，嘆曰：「空谷中有如是之音，寧不可當朝陽鳴鳳乎？古者士輒以不得游大人之門是懼，非親承下風，諦佩緒論，烏足以罄景行之渴思？」遂（齊）〔齋〕宿端緼，敬謁闍下於僧舍。先輩輝型，照人眉宇，雄談弘議，立懦廉頑，旋而笑語，交酬又復雍雍平易，坐我春風，即出砭語相授，竟得抱璧而歸。謝絶一切，捧誦彌日，呵凍挑燈，繼以終夜。其一種倒峽之詞，翻空之辨，迅掃八千餘言，光怪陸離，聾聵耳目，依稀崩山澤而變風雲。闍下誠當代人豪，燕許手筆也。雖未細悉毫芒，亦已粗收梗概，書中於緇素源流，各家出處顛末，可謂窮幽探遐，無微不徹，博核周詳，按據鑿鑿，精粗隱顯，較若列眉，石公亦何容置喙？

但石公本智人，而寓於僧者也，而吾病其甚拙。以彼之智，豈不知真僧之不可若是，而假以欺世哉？初愚粤人之易欺，試托其真者欺之，而粤人墮；漸出其假者以欺之，而粤人仍墮；假之久，欲反假以即於真，則欺不可售，而智必窮。勢自不得不以其欺粤人者，并欺天下也。其欺交人也，又何怪？始以其欺粤人者欺交人，正欲以其欺交人者轉而欺粤人，且欺天下也，術亦神矣哉！不知假可以偶托，不可以久居；欺可施於狂瞽，不可施於具眼正人。石公有智，何不率其真者寓於僧，若明姚斯道然？乃欲假僧之真者以藏智，旋且飾僧之假者以大亂真，卒不可欺人，而適以自欺，非止於自欺，而實以欺天。天之威赫，安可欺？而故恣欺之，大悖也。以石公之智，乃魔於僧數十年，且誤魔於僧之假者數十年，欲善藏其智，究無所短長，而反以叢謗。石公自謂巧，而吾久笑其拙甚矣，何如其智也？可惜也。其來閣下之排斥，不亦宜乎！

然詳猶有説，以爲吾人之攻異學者，如以兵伐人，必先聲大義，然後足以服其心，奪其氣，而信重天下。閣下之攻石公，不遺餘力，誠可稱儒壇赤幟。其中尊崇御序，尤徵特識之超。乃御序首以儒爲宗。惜閣下似罕以聖賢大義正之，若爲邪攻邪，僅以快粤人之素薄石公者，而未及以仁義道德之説深曉粤人，使大判涇渭，破其迷，指其歸，而痛斷其狂根也。僧之欺人，固僧之符訣也。然真者且終難售，况假者乎？祥尚不異石公之狂欺粤人，而最訝粤人何以久受欺於石公，而冥狂不反也。士風波靡，莫粤爲盛。閣下既出三年之艾，以大炙粤人七年之錮狂，安得復惠以參苓良劑，培粤人之元氣於不壞耶？

噫！楊墨之道不息，孔子之道不著。能言距楊墨之道者，聖人之徒也，矧閣下乎哉？祥於閣下之書，不能不一字一擊節。祥再拜。

救狂書出，人之求書者，填門塞户。有面相稱贊者，有以詩文推奬者，有貽書褒美者。大抵以闢邪説正國體爲有功世教，多過譽之辭，皆非愚陋所敢當。如羅君者，素不謀面，踵門索書而去，不數日忽以長札見投。前之稱許殊過當，後之責以所未逮，則誠高論，而余未暇及。惟中間數行，摹寫石濂心事，曲折如畫，即石濂見之，亦當憮然心服，謂：「羅君真知我者！」

然「姚斯道」一語，則猶似爲石濂所愚，未能看破。姚廣孝有經濟大才，天文兵法，實能洞曉，故能輔文皇成帝業。觀其戒文皇勿殺方孝孺，恐斷讀書種子。爵以上公而不改僧服，徒行受辱而不校，賜之宫女不近亦不辭。此其人誠未易測識。若石濂，則一味大言不慚，驚愚欺衆而已，何嘗有一毫實際哉？世際昇平，圖王定霸之略，無所用之。即有真姚廣孝，亦當深藏緘口，况虚僞乎？石濂號爲僧，而不禪不律，畏人譏議，乃炫奇飾異，自詡知天文、曉遁甲、識兵機，曰：「我是姚廣孝一流人。」無識者從而信之。以羅君之明，而猶有是言，果知之未盡乎？抑姑留一步地乎？

羅君文筆如此，而廣州人罕知之。蓋隱而不求名者也，故表而出之。至獨漉先生之札，則云：「日來細讀尊刻，令人不忍言好，然不得不言好也。」二語言短意長，誦之有餘慨矣。

李萊圃來書

古岡後學李公亮頓首，致書太史潘先生閣下。

亮髮未燥，即聞先生之名。顧賦性迂拙，枕山栖谷，少入城市。故先生至粤，竟未摳謁。頃以疾入郡就醫，於友人家得讀救狂尊刻，且嘆且喜。嘆則嘆佛祖門風，爲僧石濂敗壞；喜則喜猶有先生大聲疾呼，使夢者得覺，醉者得醒。

夫石濂之爲人，言僞而行僻，性險而財豐。往時屈翁山見其行事狂悖，又其離六堂集多竊己詩，貽書規之。石濂銜翁山，思中以危禍。近者薛炎洲嘗譏其海外紀事辭義錯謬，石濂遂構陷炎洲；諸生某某陳言西樵石山不宜開鑿，致傷地脉，石濂又害諸生。賴當事者本無成見，炎洲與二生得不死。故凡吾粵之人見石濂所爲，無不怪之、嘆之、憎之、恨之，而禁不敢發口，畏其險害也。不則，先生所言，亦有言之者矣。

石濂始入粵，猶飾於外貌，自稱覺浪和尚法嗣，爲龔芝麓宗伯猶子。粵人頗敬重之，初不知其爲徐氏子也。而中洲、慧庵、鬱洲、翁山諸先生，皆誤信之，爲其護法，樂與人善，不憚過而褒之。其後日益恣睢，醜惡畢著。即其往安南，乃賄李承差，詐稱職官，僭用頂帽朝服，送至彼國。去年粵饑，制府恐無良之徒乘困急販買良家子女，禁民無得帶人口出嶺，而石濂多買少女爲優伶，送之安南，顯抗憲禁，慘不畏法。粵人切齒側目，非一日矣。

今先生以風俗世道爲己憂，顯加斥指，見者莫不人人如所欲言。惟讀與梁太史書云「石濂少時作詩有佳句」，則不能無疑。石濂幼無賴而色美，沈朗倩寵之。朗倩，吴下工畫者也，故石濂習畫士女。復見寵於龔宗伯，即背朗倩而事龔。迹其出身，甚爲微賤，何嘗讀書？何嘗作詩？安得有佳句哉？其前後集皆倩人代作，格調隨人轉變，士大夫傳笑以爲口實。先生吴人，石濂亦吴人，其生長出處，應無不悉，或時地懸隔，於此一節，容或未詳。

昔丁敬禮作小文，使曹子建爲訂定；柳子厚著書滿天下，而令韋中立去取。亮嘗嘆大賢虚己，爲不可及。先生文章淵匠，其言豈有不善，惟恐一語失實，稍玷全璧。竊願效土壤之助泰山，細流之益河海，倘亦先生所樂聞也，兹并翁山與石濂二書及花怪一首呈覽。野人冒昧，唐突清聽，惟先生鑒原。幸甚！

見貽書札甚多，純於推許者，概不敢刻。羅書責余所未逮，李書告余所未聞，故并刻之，以見闢邪屏惡，人有同心，公是公非，猶存於草澤也。噫！尚何言哉？

王阮亭司寇來書

自奉良書，匆匆報謝，又再易裘葛矣。伏承起居無恙。惠寄大刻種種，如入懸圃，觸目皆璆琳琅玕，豈惟貧兒暴富已也！敬謝大教。

昔人稱善游者，無如司馬子長、謝康樂。然康樂之游，止於永嘉；子長足迹，亦不過齊魯、江淮、會稽、沅湘而止。先生乃東覽台宕，溯桐廬，登武夷，西探黄海，窮匡廬，南逾嶺嶠，放於潮陽，躡羅浮以觀日出，攀八桂之林，陟祝融之顛。所謂州有九，歷其八，岳有五，游其四。所至又能以健筆發其靈奥。近人惟臨海王恒叔稱好游而有文，所傳五岳游草具在。試以絜之先生，不啻邾莒矣。

至救狂一書，尤關世道。在彼法中，亦是熱鐵輪、金剛王寶劍。一再讀之，深服論議之嚴正，而詞鋒尤雄快無比。此僧，弟乙丑歲祭告南海，亦曾識之，心厭薄其爲人。以其托迹緇流，而日惟交結貴游，脅肩諂笑，伺候當道之門，假其聲勢，鴟嚇閭里，殆釋氏所謂獅子蟲也。乃居然自號善知識，洞山下幾世正傳，匡徒領衆，居之不疑。使稍有是非羞惡之心，當不披猖至此。故南海集中無一字齒及，南來集中亦不及之，惟廣州游覽小志稱其營造有巧思而已。先生昌言擊排，言言破的，衛道之功，何殊驅虎豹犀象而遠之哉！弟所爲丙夜篝燈，必讀盡其卷而後快也。

粤行舊刻三種附覽，近刻又七種，統藉笑正。徐介白、俞無殊暨俞先輩羨長集，乞各惠一部。方秋審，草草不盡。

鼓山爲霖和尚來書

憶乙亥夏，枉駕山中，蒙惠贈言及諸大作。知太史以菩薩心，現宰官，身到處，爲人津梁，不勝佩服。

近接起南禪師書，讀尊著佛祖綱要及法海一滴序，贊嘆佛乘，弘護僧寶，不遺餘力。茲復得救狂新刻，尤見衛道深心。昔年白巖與濟下堂頭，赴齋壇信之家，因争坐位，遂作大統一書，削去洞下五代嫡祖，又削去濟下二代正宗，不顧從上傳授源流統系，止圖世次高出濟宗。霈不得已，特出一書，闢其謬妄。浙中諸護法及天童諸山尊宿，皆以爲然。翻刻流布，大統遂不行矣。

今石濂復襲其説，而猖狂妄行，又甚於白巖。多有告霈當出書闢之者。老朽多病，未暇命筆。今得太史昌言閎論，顯正摧邪，不惟法門仰賴，亦是渠項門一針。但渠誕妄性成，雖釋迦老子出世，亦不能化導，轉彼心行，有負太史慈憫盛意。奈何！奈何！

霈年運已往，精力大不如前，無因再晤太史。聞在粵東，又作此一場佛事，惟有合掌愧荷而已。老眼昏花，寄書者一宿即行，尊刻尚未及詳讀，草草布意，不甚馳仰之至。

答鼓山爲霖和尚書

前夏得和尚書，具言石濂誕妄，以未出書闢之，爲有功法門，愧弗克當。去春，有中州之行，秋末歸里，重接惠書，知特遣侍者遠涉二千里，賜之教言，深荷厚意。適當遠游，未遑裁答，悵悒何已。入春，想體候極佳，法化彌廣，實人天之幸。

嘗嘆法運衰遲，鬥諍堅固，初猶爲宗旨，繼乃爲門庭，下乃爲名聞利養。兹蒙垂示白巖著書，删削五代，乃從與濟宗老宿争坐位而起，抑又卑矣。夫五宗本出一源，何分彼此？在昔仰山推重臨濟，雪峰服膺趙州。近日顯聖贊嘆天童，天童稱揚博山。足見大人胸懷廓然無我。目今三宗已絶，只存濟、洞二宗，理應相親相敬，無端自分水火，有同洛蜀。初因費隱禪師秉筆過刻，覺浪、三宜諸師不得已而有言。至於涉訟，雖傷法門大體，然事過即休，其後并化一方，不相妨礙，亦已消融久矣，何預後人事，而尚懷嫌尋隙，較短量長哉？

來書特舉浮山代大陽求嗣，作九帶發明奥旨，及「投子上堂」之語，以明兩宗血脉貫通，初無彼我，欲令學人化偏私之見，息門諍之端，用意深遠矣。至於世次尊卑，無關道望輕重，何代不出高禪？何輩不有逸恪？果能實悟真修，何妨超佛越祖？否則，排在德山、臨濟之前，亦有何益？今時衲子不理會本分事，而徒摇唇弄筆，争競人我，增長無明，此最大病。和尚於白巖書出時，一鬪再鬪，固已傾其窠窟，絶其萌芽。石濂人材，遠不逮白巖，而猖狂十倍白巖，敢於毁謗先德，淩犯尊長。頗怪和尚無一言鬪之，今讀來諭云「其人不足與較」。要哉斯言，勝於金剛劍、熱鐵輪，山鬼伎倆，於是窮矣！若未出書，本意爲彼敗壞道法，簧鼓狂愚，恐人謂善知識不過如是，謗法蔑僧，必自此始，故大聲疾呼，揭其底藴。今粤人亦共鄙而賤之，不爲所惑，吾事畢矣，豈復與較哉！

至世次一節，有欲聞於左右者。未去年至少林，遍閲殿前碑，見諸師所稱世代，參差不一：有前人稱第二十幾代，而後人反稱十幾代者；有一人而此碑稱二十三代，彼碑稱二十九代者。蓋或數住持之次，或數傳法之次，故致淆訛，莫可考究。碑後亦有刻世系圖，無五代者。而小山書碑後具有五代，字大刻深，不知爲何人刮去，僅存其半。及登列祖堂，則丹霞淳以下五祖畫像，儼然在焉。祖堂在西廊，中間塑像七位，皆東向。其南北壁畫梁山觀以下諸祖，作上下兩層，各有標題。丹霞五位，在南壁上層，近東處。此得之目睹者。夫碑字容可續刻，畫像自古相傳，斷無憑空捏造之理。觀其始於梁山，而向上無像，即前之闕疑，則後之傳信可知矣。人若見此，則白巖之説不攻自破。

又，涵宇師所著五燈纘續，具有五代，板在少林寺中。有涵宇同門賀其主席之文，書於屏風，明言纘續奉旨入藏。寺今重修，主其事者，越僧普潤。其人誠樸無他，而洞下往來者，多主白巖之説，勸普潤改建祖堂，意在掃畫像以滅其迹。問纘續書，答言無有，將來并毀其板不可知。時流用心如是，和尚聞之，得不爲撫膺太息哉！

游嵩山記、重修少林寺碑，附呈教覽。諸方尊宿，凋落殆盡，惟和尚巋然爲魯靈光，年垂九十，以一身繫道法之重。敢不嚮風稽首，以祝壽康！閩吴雖遠，郵筒頗便，尚望嗣音，以慰依慕。幸甚！不宣。

類音

類音目録

類音卷四……一七八九

韻譜……一七八九

類音卷五……二〇九五

韻譜……二〇九五

類音卷八……三〇四九

類音序

周振業

歲丙戌，振業授經潘先生家塾。於時先生方抄撰類音，嚴寒盛暑，手不停筆。振業頗聞緒論，知音之一二。先生謂書成循叙口授，即無字之音，可盡通而得其全。閲歲，而振業館他所，遂未卒業。今先生胄子刊是書，招同校對，始得讀全書，而又嘆先生不可作，竟不獲口傳耳受，以悉通其學也。

夫人生而有聲，稍長，知言能識字，皆由音達。而或限于方隅，或移于時代，遂有偏而不全，窒閡而難通者。昔人音韻之書，非不繁多，而至當不易者實少。先生少于音有神解，後爲四方之游，深察南北音之異，復參稽載籍，識古今音之遞變。於是窮紐切之微奥，探聲音之原本，斟酌會通，晚始成書。先之以論，繼之以圖，又繼以切音，而終之以韻譜。使無字之音，皆可以切得；而音之有字者，皆以類著。悉破從前拘牽之見，而部分一出于天然，確指當然之法，而并言其所以然之故，洵爲音學從來未有之書。其足以信今傳後何疑焉！

振業于音，亦有夙好，乃遇先生，而未盡其傳。豈天于人之學，顧亦有所靳耶！於其刻之成也，書數語于簡端，表其體要，且以志懷舊之感云。

康熙壬辰秋八月，周振業撰。

（輯自清雍正三年吴江潘氏遂初堂刻本類音卷首，續修四庫全書第二五八册，第一頁）

類音　卷一

音論

聲音元本論上〔一〕

聲音者，先文字而有也。人生而有聲，既長乃能識字。聲止於一字，則多寡不倫〔二〕，或一音而數字，或有音而無字。字造乎人，而音出乎天者也。中古以降，字日繁，音日變。昔人思有以綜理之，而字書韻書出焉。然不得其天然之條貫，則如散錢亂卒，錯雜而不可整齊。自字母之秘啓，反切之法傳，而後衆音衆字，一以貫之，如錢之有繩，如卒之有伍。且使天下無字之音，可以有字者引之而出，字母之功偉矣。然而等韻之書，立法未善，使人不能無議焉。

夫立母以貫天下之音，則其所列爲三十六母者，必無複無漏而後可也。乃「知」、「徹」、「澄」、「孃」，同於「照」、「穿」、「床」、「泥」，「非」之與「敷」異呼而同母，皆複出也。「影」、「喻」、

「曉」、「匣」既分陰陽，而「群」、「疑」、「並」、「明」等不分陰陽，可添之母，尚有十餘，非缺漏乎？既同爲母，自當并列一班，而乃以「知」、「徹」、「澄」、「孃」列於「端」、「透」、「定」、「泥」之下〔三〕，「非」、「敷」、「奉」、「微」列於「邦」、「滂」、「並」、「明」之下，「照」、「穿」、「床」、「審」、「禪」列於「精」、「清」、「從」、「心」、「邪」之下。爰有類隔、交互、振救諸門法，紛然淆亂，而困人以披尋。所貴乎字母者，以切字也。類隔、交互，則出切不得其真，誤人實甚，是不可以不正也。正之如何？亦審其天然之音而已矣。天然之音，可立爲母者五十，播之爲四呼，轉之爲四聲，區之爲二十四類，而天下之音盡矣，天下之字該矣。

何謂五十母？喉音十，曰「影」、「喻」、「曉」、「匣」、「見」、「溪」、「舅」、「群」、「語」、「疑」。舌音十，曰「老」、「來」、「耳」、「而」、「端」、「透」、「杜」、「定」、「乃」、「泥」。腭音十，曰「審」、「禪」、「繞」、「日」、「照」、「穿」、「朕」、「床」、「〇」、「〇」。齒音十，曰「心」、「些」、「巳」、「邪」、「精」、「清」、「在」、「從」、「〇」、「〇」。唇音十，曰「非」、「奉」、「武」、「微」、「邦」、「滂」、「菶」、「並」、「美」、「明」。舊譜之複者芟之，缺者補之，未安者改之，務使陰陽清濁各具其音，相耦相從，而不違其序。故寧密毋疏，寧更毋襲也。

何謂四呼？曰開口也，齊齒也，合口也，撮口也。凡有一字，即具此四呼。如「見」母之在「真」、「文」韻則爲「根」、「巾」、「昆」、「君」，在「元」、「先」韻則爲「干」、「堅」、「官」、「涓」。各母各韻，無不皆然。或有字，或無字，而其音具在。作等韻者，不明乎此，乃於橫列四排中，以此母之開口當彼母之齊齒；如「通」攝內「封」、「逢」等字與「胸」、「邕」同排。以此韻之合口附彼韻之撮口〔四〕。如「蟹」攝內「圭」、「睽」等字與「傀」、「恢」同排。而其二十四攝中，取四呼之字，或括而爲一，如「江」攝。或開而爲五六，如「止」攝、「蟹」攝。以音就字，茫無定準。今則各母各韻，并列四呼，以音排字，以字標音，有字者補其次，無字者存其位，部分秩如，至賾而不可亂也。

四聲，則平、上、去、入是矣。

何謂二十四類？曰切字必憑乎韻類者，所以括韻也。以四呼讀之，一曰「〇」、厄紇切。「衣」、「〇」、揾平聲。「於」、「支」、「微」韻也。二曰「〇」、厄威切。「〇」、一追切。「威」、「〇」、鬱追切。「規」、「闚」韻也。三曰「〇」、遏平聲。「〇」、謁平聲。「〇」、斡平聲。「肥」、「遮」、「車」韻也。四曰「〇」、闔平聲。「〇」、軋平聲。「〇」、穵平聲。「〇」、噦軋切。「遮」、「車」之分音也。五曰「〇」、遏隈切。「〇」、謁隈切。「隈」、「〇」、噦隈切。「灰」、「回」韻也。六曰「哀」、「挨」、「娃」、「〇」、噦挨切。「皆」、「咍」韻也。七曰「〇」、沃平聲。「〇」、颵欲切。「烏」、「紆」、「敷」、「模」韻也。八曰「〇」、厄平聲。「〇」、益平聲。「〇」、擭平聲。「〇」、鬱役切。「敷」、「模」之分音也。九曰「漚」、「憂」、「〇」、屋漚切。「〇」、郁憂切。「尤」、「侯」韻也。十曰「〇」、厄慘切。「幽」、「〇」、擭慘切。「〇」、郁幽切。「尤」、「侯」之分音也。十一曰「阿」、「〇」、握平聲。「倭」、「〇」、郁握切。「歌」、「戈」韻也。十二曰「阿」、北音。「鴉」、「窪」、「〇」、噦鴉切。「家」、「麻」韻也。十三曰「坳」、「幺」、「〇」、臒坳切。「〇」、郁幺切。「肴」、「蕭」韻也。十四曰「鏖」、「要」、「〇」、穵鏖切。「〇」、噦要切。「豪」、「宵」韻也。十五曰「恩」、「因」、「温」、「氲」、「真」、「文」韻也。十六曰「安」、「烟」、「蜿」、「鴛」，「元」、「先」韻也。十七曰「○」、闧蘭切。「殷」、「彎」、「○」、曦殷切。「删」、「山」韻也。十八曰「○」、沃浲切。「邕」、「翁」、「硧」、「東」、「冬」韻也。十九曰「罌」、「英」、「泓」、「縈」、「庚」、「青」韻也。二十曰「佒」、「胦」、「汪」、「○」、郁胦切。「江」、「唐」韻也。二十一曰「○」、闧央切。「央」、「○」、乞央切。「○」、曦央切。「陽」、「姜」韻也。二十二曰「○」、饚森切。「音」、「○」、穩森切。「○」、惲音切。「侵」、「尋」韻也。二十三曰「諳」、「淹」、「○」、椀諳切。「○」、苑淹切。「覃」、「鹽」韻也。二十四曰「淊」、「○」、押銜切。「○」、綰淊切。「○」、曦銜切。「咸」、「凡」韻也。

平、上、去皆二十四類，而入聲僅十類。有正轉，有旁轉，有别轉，各類之先後，以入聲按之，而次序井然，無容紊也。部分既定，然後以同音之字，彙次於一音之下；而其出切則必取於「影」、「喻」二母，以爲其下之一字。陰者用「影」，陽者用「喻」。喉者用喉，舌者用舌。開者用開，齊者用齊。二字疾言之，即成一字；一字長言之，即成二字。其爲切也，至親至確，一定而不可移易，視他譜之旁羅雜出者不侔矣。

若夫彙次同音之字，則取廣韻、玉篇、韻會、正韻諸書，參酌而編綴之，以成一書。訓詁字義，或詳或略，無不可者。詞賦用之，字多者獨用一呼爲一韻，字少者通用三四呼爲一韻，廣偪由人，惟毋越乎其類。豈不簡易而謹嚴也哉！

天地間一事一物，莫不有天然之矩矱，學者患不能深探而究得之。今所釐正，皆出乎天然，而非私智之所能穿鑿。天然者，人所本有之音也。本有之音而不能盡出，則以習誦有字之音罕道無字之音也。然而謳吟嘯呼，時發天籟，方言土音，兼多偶合，誠有導之者而汩汩然來，琅琅然吐，然後知向之蘊而未發者，尚有如許之音，一旦出之於喉，宣之於口，如啞鐘之忽鳴，如貧兒之驟富，不亦快乎！然而無字之音，傳諸楮墨，似而不真，自非神解，必口傳而耳受，庶幾其無訛濫也。

【校記】

〔一〕此篇亦見於清康熙四十九年增修本遂初堂文集卷三。下稱「文集本」。

〔二〕多寡不倫　文集本作「多寡不論」。

〔三〕而乃以　文集本無「而」字。

〔四〕以此韻之合口附彼韻之撮口　文集本作「以此韻之合口作彼韻之撮口」。

聲音元本論下〔一〕

類音之書未出，先以圖目示人。有素諳反切，熟習舊譜者，雜然送難，曰：三十六母本於梵音，其來尚矣。昔人持論，間有異同，子乃毅然删改，頓增之爲五十，且創立字母，何其勇於自信乎？

曰：非敢師心自用也，以聲之陰陽辨之也。物莫不有陰陽。其在音也，重則爲陰，輕則爲陽。一陰一陽，常相對偶。人知清濁之爲陰陽，而不知清聲濁聲又各自有陰陽。「影」、「喻」、「曉」、「匣」，清也。「群」、「疑」，濁也。「見」、「溪」，清濁半者也。「影」、「曉」爲清之陰，「喻」、「匣」爲清之陽。等韻既分四母矣，「見」、「溪」半清半濁；再剖之，不成聲，不分可也。「群」、「疑」則確有陰陽，何可不分？故增「舅」、「語」爲陰，以「群」、「疑」爲陽，而後濁音四母具焉。始者爲圖，亦嘗虚此二母，而作二「〇」矣。然立母而無字，使人何從啓口，不得已而以「舅」、「語」二字標之，欲其便於讀也。舌、牙、齒、脣〔二〕清濁之序，與喉音同。而舊母尤少，故所增尤多。北音偏重，作等韻者，北人也。濁音陰陽，一概不分，故濁母無不增者。增「杜」於「定」，增「乃」於「泥」，增「朕」於「床」，增「在」於「從」，增「奉」於「並」，增「美」於「明」，皆用上聲之字。上聲必重，重者屬陰，宜於配陽。其清母之陰陽不全者，亦增「老」、「耳」、「而」、「繞」、「已」、「些」、「武」七字。誠知陰陽之必相對待，則知諸母之不得不增。知我可也！罪我可也！

曰：「床」母「從」母之下〔三〕，何以各作二「〇」？

曰：無其字也。無字，何以知有其音？

曰：喉、舌、脣皆有最濁之音，牙齒何獨無之？爲其鄰於「疑」、「泥」也，故隱而不出，必細審然後得之。試以「基」「溪」、「奇」「疑」、「低」「梯」、「題」「泥」、「知」「鵄」、「遲」「〇」、「虀」

「妻」、「齊」「○」相聯并讀，久而必有一音出焉。既得其陰，必得其陽。故有無字之二母。字者，子也，無字而必列之。如家有兄弟十人，其八有子，其二無子，作譜者必盡載其名；若以無子而删二人，不成譜矣。

曰：舊以「見」、「溪」、「群」、「疑」爲牙音，今何以列諸喉音？舊以「照」、「穿」、「床」、「審」、「禪」爲齒音，今何以列諸牙音？舊以「來」、「日」别綴於末，今何以列「來」於舌，列「日」於牙？而字止有四聲，更無他呼别類，何以標爲一母？舊以牙、舌、唇、齒、喉爲序，今何以喉、舌、齶、齒、唇爲序？

曰：喉音者，舌居喉下，未著乎齒牙也。試問「衣」、「希」、「基」、「溪」、「奇」、「疑」六音者，類乎？不類乎？齒音者，以舌抵齒，而後成聲。牙音者，僅抵齶耳。試問「詩」、「時」、「知」、「鴟」、「遲」，抵齶乎？抵齒乎？「來」之爲舌，「日」之爲牙，類也，有本位在也。而雖獨音，然不入他母，則自爲母矣。安可廢乎？凡聲之出口，必自内而漸及乎外。始喉，次舌，次齶，次齒，而終之以唇，無餘聲矣。豈非天然之序乎？

曰：切字何以必用「影」、「喻」母？

曰：此元音也。人生而墮地，則有哇哇之聲。欲言未言，則有噫嗚阿呀之聲。既長而唯諾呻吟，驚訝嗟嘆。凡音在言前者，皆「影」、「喻」母之聲也。至於度曲，則有字頭、字腹、字尾。字尾者，引伸其音而收之者也。非「影」、「喻」母不能長也，故謂之元音。用以切字，最爲端的。此即二合之法，較音和而更親者也。

曰：四呼，細審誠有之。然各類參錯，或全或缺，何可比而同之？

曰：四呼非他，一音之變也。音之由中達外，在牙腭間則爲開口，歷舌端則爲齊齒，畜於頤中則爲合口，聚於唇端則爲撮口。開與合相應，齊與撮相應。有則俱有，無則俱無。一几四隅，一馬四蹄，不可增減者也。世人止就有字之音求之，故或二或三，不得其全。等韻但分開合，邵子書雖有開發收閉之名，徐披其目，唯「黑花香血」爲具四呼，其他「古甲九癸」等，或二或三，亦未嘗相對也。惟梅氏字彙末卷，四呼皆全，而不均之各類。陳氏統韻之圖，但取縱横三十六，至以「根」之開口附於「昆」之合口，「家」之齊齒附於「瓜」之合口，又别立混之一呼，以「姜」、「陽」之齊齒，「肱」、「扃」之合口、撮口當之，謬誤滋甚。今則一母必具四呼，四呼始成一類，少一呼則知此母之音未竟，多一呼則知彼類之音當分。以此審音，而潛伏之音畢出；以此攝類，而凌雜之類皆齊。因著以知微，執簡以御煩，莫善乎此矣。

曰：廣韻平聲五十七韻，今括爲二十二類〔四〕，所并多矣。然尚有可并者，「支」、「微」爲開口、齊齒，「敷」、「模」爲撮口、合口，一類也，而何以必分爲二？「東」、「冬」爲合口、撮口，「庚」、「青」爲開口、齊齒，一類也，而何以必分爲二？又分「删」於「寒」，分「唐」於「陽」，何其細碎乎？

曰：驟而讀之，則似「〇」、沃平聲。「衣」、「烏」、「於」爲四呼，「甖」、「英」、「翁」、「硧」爲四呼。細審之，則「衣」、「於」之外，別有開、合；「〇」、「烏」之外，別有撮、齊。「育」之平聲，不同於「魚」。此其顯然者也。「罌」、「英」之下，別有合、撮。「翁」、「硧」之上，別有開、齊。「肱」之不同於「公」，「扃」之不同於「龔」，此其顯然者也。「官」之與「關」，「桓」之與「還」，「江」之與「姜」，「腔」之與「羌」，北音固可混而爲一，南人讀之類乎？不類乎？合其所不得不合，分其所不得不分，非可意爲出入者也。

曰：平、上、去韻多而入韻少，自昔然矣。願聞正轉、旁轉、別轉之説？

曰：「都」、「堵」、「妒」、「篤」，「知」、「止」、「制」、「質」，此正轉也。「東」、「董」、「涷」、「篤」，「真」、「軫」、「震」、「質」，此旁轉也。「篤」字長言之即「都」，「質」字長言之即「知」，不待變聲也，故曰正也。「篤」長言之非「東」，「質」長言之非「真」，必變聲而得也，故曰旁也。「遮」與「氈」之轉爲「哲」，「挨」與「殷」之轉爲「軋」，「幽」與「英」之轉爲「益」，「歌」與「岡」之轉爲「各」，「家」與「姜」之轉爲「脚」，一正一旁，亦猶是也。「灰」之轉「忽」，「高」之轉「各」，變聲爲近，亦正也。若夫「侵」之轉「緝」，「覃」之轉「合」，「咸」之轉「洽」，是謂閉口之音，別爲一類，故曰別轉也。若其序，則先正而後旁，先微而後著。「支」「微」，「規」「闚」，音之始發也。「遮」「車」，「皆」「咍」，漸展也。「敷」「模」，「尤」「侯」，稍縱矣。「歌」「戈」，「肴」「交」，舒而未滿也。「家」「麻」，「豪」「宵」，則大放矣。此正轉之序也。旁轉七類之序，亦視此。是故平、上、去類之先後，以入聲按之而定。其理甚微，前人未之發也。

客曰：子之言，詳矣！明矣！余既昭然若發蒙矣。雖然學以致用也，現在之聲音文字，足給於用，而子必盡發無字之音，釐定各音之次，亦有用乎？其無用乎？

曰：奚爲其無用也？樂之五音六律，以人聲爲主。笙鏞絲管，皆取協焉，未有音而不中於律吕者。世有萬寶常、李嗣真其人，必能審其宫商，諧諸樂律。皇極經世之書，以聲起數，以數發占，一切風雷、水樹鳥獸、昆蟲之音，皆可測驗，而况於人聲？世有李之才、邵康節者出焉，必能察其陰陽，通諸象數，綜一編而天地萬物之音具焉。奚爲其無用也！

【校記】

〔一〕此篇亦見於清康熙四十九年增修本遂初堂文集卷三。下稱「文集本」。

〔二〕舌、牙、齒、唇　文集本作「舌、齶、齒、唇」。

〔三〕「床」母「從」母之下　文集本作「『定』母『從』母之下」。

〔四〕今括爲二十二類　文集本作「今括爲二十四類」。

南北音論〔一〕

五方之民，風土不同，氣稟各異，其發於聲也，不能無偏。偏則於本然之音必有所不盡。彼能盡與不能盡者遇，常相非笑，而無所取裁，則音學不明之故也。

淮南子云：「輕土多利，重土多遲。清水音小，濁水音大。」陸法言謂：「吴楚時傷輕淺，燕趙時傷重濁。秦隴去聲爲入，梁益平聲似去。」此方隅所囿，無可如何者也。乃北人詆南爲鴂舌之音，南人詆北爲荒傖之調；北人哂南人「知」「之」不分、「王」「黄」不別，南人笑北人「屋」「烏」同音、「遇」「喻」同讀。是則然矣。亦知其各有所短，各有所長乎？

南人非特缺「照」母開口一呼，混「喻」「匣」二母已也。凡「審」「禪」、「穿」「床」之開口、合口二呼，皆不能讀。又以「歌」「戈」混於「敷」「模」，「庚」「青」、「蒸」「混」於「真」「文」。凡五韻之字，無一字正讀者。北人非特無入聲，缺「疑」母已也，竟以入聲之字，散入平、上、去三聲，反謂平聲有二，以稍重者爲上平聲，稍輕者爲下平聲，欲以配上、去爲四聲。是四聲芟其一，添其一矣。「疑」母同「喻」，「微」母亦同「喻」，至「群」、「定」、「床」、「從」、「並」五母之上、去二聲，竟與「見」、「端」、「照」、「精」、「邦」五母相亂，非唯本母不能再分陰陽，并上、去、入三聲而皆失之。此其所短也。若夫合口之字，北人讀之最真；撮口之字，南人讀之最朗。清母之陰陽，北人天然自分。濁母之陰陽，南人矢口能辨。此其所長也。倘能平心静氣，兩相質正，舍己之短，從人之長，取人之長，益己之短，則訛者可正，缺者可完，而本有之音畢出矣。

余自少留心音學，長游京師，寓衛爾錫先生所，適同此好，鋭意講求。先生晋人也，余吴人也，各執一見，初甚牴牾，發疑致難，日常數返，漸相許可，漸相融通，久而冰釋理解，不特兩人所素諳者，交資互益，而昔人所未發者，亦鈎深探賾而得之。於是五十母、四呼、二十四類之説定，而圖譜成焉，猶未敢自足。年來遍游名山，燕齊、晋豫、湖湘、嶺海之間無不到，賢豪長者無不交，察其方音，辨其呼母，未有出乎二十四類之外者，亦未有能盡通二十四類之音者。遂將勒成一書，公之天下，欲使五方之人去其偏滯，觀其會通，化異即同，歸於大中至正而已矣。

或曰：河洛天地之中，雅音聲韻之正。子居吴會，而成一家言，其得爲中正乎？曰：不偏之謂中，均齊之謂正，非疆域之謂也。如以地而已，則周德清之中原音韻，何以行於北而不行於南，用於曲而不用於詩？且吴音亦未可輕也。切韻成於江左之周顒，而關西、河北相承用之。四聲昉於吴興之沈約，而隋唐迄今，莫之能廢也。律吕之道，僅存於度曲。今吴歈盛行於天下，而爲其譜者，皆吴人。吴人之審音，固甚精也。此無他，北音重濁，南音輕清，以濁分濁則難，以清辨濁則易。故南人能分「群」「定」二母之陰陽，北音則并「疑」「微」而亡之矣。余豈以南人而阿南音？將以曉天下。曰類音之音，非南音，非北音，乃人人本有之音也。

【校記】

〔一〕此篇亦見於清康熙四十九年增修本遂初堂文集卷三。

古今音論〔一〕

天下無不可遷之物。聲音之出於喉吻，宜若無古今之殊。而風會遷流，潛移默轉，有莫知其然而然者。楚騷之音，異於風雅。漢魏之音，異於屈宋。古讀「服」爲「匐」，而今如「復」。古讀「下」如「户」，而今如「夏」。古讀「家」如「姑」，而今如「嘉」。古讀「明」如「芒」，而今如「名」。此第就常用之字，考其旁押而知之。其不見於風騷，不經於押用，而變音轉讀者，不知其幾也。

古無韻書，某字某音，莫得而考。自周顒、沈約著爲韻譜，繫之反切，而後字有定音，音有定韻。凡方隅之音，訛濫之讀，質於譜而知其非，立可改正，功不細矣。而無如代異時移，迄於今日，不獨唐虞、三代之音渺不可追，即齊梁之音，亦已漸失其故。有一母全變者，如「微」母之字，今北人讀作「喻」母；「疑」母之字，南人半讀作「喻」母；如「魚」「崖」、「牙」「堯」、「五」「雅」、「雁」「樂」、「月」「嶽」等字。北人全讀作「喻」母、「邪」母之字，南北人俱讀作「從」母。有一母半變者，「泥」、「孃」母下齊齒、撮口之字，南北人俱讀作「疑」母；「照」、「穿」、「床」、「審」四母下開口、合口之字，南人讀作「精」、「清」、「從」、「心」四母；「禪」母下字，北人半讀作「澄」母。有一韻全變者，「江」韻之字，舉世讀作「唐」韻；「歌」韻之字，吴音讀作「模」韻〔二〕；「麻」韻之字，吴音讀作「歌」韻；「灰」韻之字，讀作「規」、「闚」；「肴」韻之字〔三〕，讀作「蕭」、「豪」。至

「侵」、「覃」、「鹽」、「咸」四韻閉口之音，自浙閩人而外，舉世讀作「真」、「寒」、「山」、「先」。又上聲濁母之字，多讀作去聲、入聲之字。北人散入三聲，其餘隻字單音之變，又不可枚舉也。

夫今之去齊梁僅千餘年，而變遷已若是，更千百年，又當何如？古大行人之職，九歲屬瞽史，諭書名，聽音聲，蓋早慮及此。今缺其職矣。無已，則仍以韻正之。韻不有舊譜乎？而未盡善也。齊梁之時，去古未遠，三代、兩漢之音，猶可考見。而作譜者，一切不問，僅就當日通用之音，編次成書，遂使古音蕩然無存，致煩千載而下好古之士多方考求，僅得十之三四。謂吴才老、楊用修、陳季立輩及先師顧亭林。此一失也。

書以切韻爲名，所憑以出切者，字母也。字母有五音之次，有先後之等。作韻者自當悉依本序，令衆音衆字以類相從，次第井然，不可淆亂。乃不敘喉牙，不分開合，忽先忽後，錯雜置之，雖有切音，而以此切彼，以彼切此，此訛則彼亦訛，一二字訛則百十字俱訛。如「尼」音，女夷切。「女」音，尼呂切。其餘「孃」母下字，例以「尼」、「女」二字出切。「詳」音，似羊切。「似」音，詳里切。其餘「邪」母下字，例以「詳」、「似」二字出切。故有全母全韻俱變之弊，又一失也。

今當更著新譜，斟酌古今，通會南北，審定字母，精研反切，務令音得其真，讀得其正。現存之書，惟廣韻最舊，不得不據以爲憑。惟當去其繁瑣，理其紛亂，敘韻不當者，或分之，或并之；反切不明者，改之；舉世同然之音，則從之；方隅偏駁之音，則正之。生今之世，不得不用今音，而古音之可考者，備載於各韻之末，俾人之作今體者自用今音，作古體者參用古音，庶古音亡而不亡。

至於韻中比字，一以喉舌齶齒唇爲序，無越無紊，而審其何類，别其何呼，伍次部居，不相侵濫，别爲圖目，悉載有字無字之音。無字者存其位，有字者辨其等，使人一覽了然，知某字之確屬何母何呼，是舌是喉，作何音讀。縱欲淆之不可得而淆，縱欲變之不可得而變，庶今音可賴以永存。此舊譜所未逮，而愚者之一得也。是瞽史之事，盛王所不廢也。

【校記】

〔一〕此篇亦見於清康熙四十九年增修本遂初堂文集卷三。下稱「文集本」。

〔二〕吴音讀作「模」韻　文集本作「吴人讀作『模』韻」。

〔三〕「肴」韻之字　文集本作「『爻』韻之字」。

全分音論

造物之數，一生二，二生三，三生萬物。故有奇則有耦。其在音也，有陽則有陰，有清則有濁，有平則有仄，有全則有分。

何謂全？凡出於口，而渾然噩然，含蓄有餘者，是爲全音。何謂分？凡出於口，而發越嘹亮，若剖若裂者，是爲分音。二者猶一幹也，枝則岐而爲二。既已爲二，不可得合矣。而世人或讀其全，則不知有分；或讀其分，則不知有全。此亦方隅習俗使然，莫能自覺者也。

今鳌天下之音爲二十四類，而相爲全分者十四類焉。「灰」、「回」，全也；「皆」、「咍」，分也。「歌」、「戈」，全也；「家」、「麻」，分也。「肴」、「蕭」，全也；「豪」、「宵」分也。「元」、「先」，全也；「删」、「山」，分也。「東」、「冬」，全也；「庚」、「青」，分也。「江」、「唐」，全也；「陽」、「姜」，分也。「覃」、「鹽」，全也；「咸」、「凡」，分也。南人讀「麻」如「磨」，讀「瓜」如「戈」，口啓而半含。北人讀「麻」爲馬遐切，「瓜」爲古窪切，唇敞而盡放。含者，全也；放者，分也。北人讀「湍」如「灘」，讀「潘」如「攀」，讀「肱」如「公」，讀「傾」如「穹」，讀「江」如「姜」，讀「腔」如「羌」，讀「嫌」如「咸」，讀「兼」如「緘」。南音則判然爲二。其讀「傀」如「乖」，讀「恢」如「䕬」，則南北音皆然。「湍」「潘」也，「公」「穹」也，「江」「腔」也，「嫌」「兼」也，「傀」「恢」也，全音也，啓而半含者也。「灘」「攀」也，「肱」「傾」也，「姜」「羌」也，「咸」「緘」也，「乖」「䕬」也，分音也，敞而盡放者也。是二者欲以爲一，則各有四呼，各有陰陽平仄，不容相混；欲以爲二，則氣分相似，聲吻相似，非如「支」「微」與「真」「文」之迥别懸殊。故命之曰全分。

平、上、去皆然，而入聲尤爲明顯。「月」、「屑」，全也；「黠」、「鎋」，分也。「屋」、「燭」，全也；「陌」、「職」，分也。「覺」、「鐸」，全也；「藥」、「灼」，分也。「合」、「葉」，全也；「洽」、「乏」，分也。昔人惟不明全分之故，或欲并兩類爲一類，或以「删」「山」、「添」「捲」舌一呼，或以「陽」「姜」、「肱」「扃」爲混呼，離合之間，苦難位置。豈知其從奇生偶，各成一類哉？然則他類無若此者乎？

曰：有之，而全類無其字，故全類亡其音。「遮」「車」，全也，尚有分音，如「元」「先」之有「删」「山」。「敷」「模」，全也，尚有分音，如「東」「冬」之有「庚」「青」。「尤」「侯」，全也，尚有分音，如「江」「唐」之有「陽」「姜」。唯「支」「微」、「規」「闚」、「真」「文」、「侵」「尋」四類，無分音。其轉爲入聲，則「遮」「車」、「灰」「回」、「元」「先」，此三類轉爲「月」「屑」；「皆」「咍」、「删」「山」與「遮」「車」之分音，此三類轉爲「點」「鍇」；「敷」「模」、「尤」「侯」、「東」「冬」，此三類轉爲「屋」「燭」；「庚」「青」與「敷」「模」、「尤」「侯」之分音，此三類轉爲「陌」「職」。「歌」「戈」、「肴」「蕭」、「江」「唐」，此三類轉爲「覺」「鐸」；「家」「麻」、「豪」「宵」、「陽」「姜」，此三類轉爲「藥」「灼」。其「支」「微」、「規」「闚」、「真」「文」三類轉爲「質」「物」，則無全分。至閉口三類，「侵」「尋」轉爲「緝」「習」，亦無全分。「覃」「鹽」轉爲「合」「葉」，「咸」「凡」轉爲「洽」「乏」，亦有全分。二十二類有字，二類無字，共成二十四類。以平、上、去之二十四類，收歸入聲之十類，脉絡相承，一絲不亂，審音至此，微矣密矣，無餘藴矣。

〔曰：〕然則何以置二類，而僅列二十二？

曰：二類者，舉世無其字，故舉世昧其音，能歷然於口，了然於心者，無幾人耳，驟而語人以有此音，尚駭而疑，况居然列之爲類乎？姑就有字者立類，而無字者存其説，以告天下後世之人。萬一有神解妙悟者，聞而莫逆於心，遥相應和，是以子雲而知子雲也，千載下猶旦暮遇之也。

【校記】

〔一〕此篇亦見於清康熙四十九年增修本遂初堂文集卷三。

反切音論〔一〕

聲音之道，莫奇於字母，莫巧於反切。字母以一字而貫衆字之音，反切以二字而出一字之音，古未有也。自梵典入中國，翻譯之學興，而此秘始啓。許慎、孫炎始有反音，周研、李登始著聲譜，至齊梁而大盛，乃有等韻之書。周顒、沈約、陸法言輩，本以著書，名爲切韻。切即反也，兩字交互相切，謂之反；取反覆之義，亦謂之反語。「同」、「泰」之反爲「大」、「通」，「桑」、「落」之反爲「索」、「郎」，是也。兩字切一字，磨切而出聲，謂之切。「德」、「紅」之切「東」，「徒」、「紅」之切「同」，是也。亦謂之紐。有正紐，有倒紐，有旁紐，不越一反。反也，切也，紐也，名異而實同也。

等韻之法，以三十六母貫穿天下無窮之字。切韻用之，以同母之字出切，以同韻之字定聲，而本音生焉。舉天下隱僻之字，晦昧之音，皆可鈎而出之，俾典籍無難讀之字，喉舌無不發之音，視古之注爲讀若某字，與注以直音者，不啻霄壤。且使千載而下讀或淆訛，而尋其反切，即可得其本音。如見「户」字出切者，可知爲「匣」母之音；見「五」字出切者，可知爲「疑」母之音；見「女」字出切者，可知爲「泥」母之音。與夫撮口之誤讀爲合口，齊齒之誤讀爲開口者，皆可審而正之。則字母與切韻之功大矣！

顧有未盡善者。以等韻所立諸門法，紛糾繚繞，窒塞迂迴，作切韻者，蓋亦知其非而不盡從。然其切「皮」爲「符」「羈」，切「卑」爲「府」「移」，切「綿」爲「武」「延」，切「篇」爲「芳」「連」，切「椿」爲「都」「江」，切「爹」爲「陟」「耶」之類，則猶仍類隔交互之失，致使字音不得其真；即非類隔交互，而出切多不用本呼之字。如以「息」「兹」切「思」，「許」「歸」切「揮」，「都」「奚」切「低」，「古」「諧」切「皆」，「將」「倫」切「遵」，「他」「前」切「天」，或以齊齒而切開口，或以撮口而切合口，或以合口而切齊齒，或以齊齒而切合口。如此者，一韻之中，居其大半，而其取韻，則唇、舌、牙、齒、喉五部之字，交參雜用，初無定準。

夫所憑以切音者，惟上下二字耳，而二字俱不甚的當，則所得之音，容有模糊，是未盡用切之道也。韻會舉要、洪武正韻、韻學集成諸書，頗有更定，而亦不皆妥確。今類韻所用之切，則上一字，必用本呼，以開切開，以齊切齊，以合切合，以撮切撮，必用同轉仄音切平，平音切仄，全音切全，分音切分；下一字，必用「影」、「喻」二母之元音，陰以「影」切，陽以「喻」切；「影」、「喻」無字，則用「曉」、「匣」之字；又無字，然後用「見」、「溪」、「群」、「疑」之字。如「東」之舊切爲「德」「紅」，今則易以「轂」「翁」，「德」分而「轂」全〔二〕，「紅」陽而「翁」陰，視舊稍親。「中」之舊切爲「陟」「弓」，今則易以「竹」「硧」，「陟」開而「竹」合，「弓」見而「硧」影〔三〕，則倍親。「先」之舊切爲「蘇」「前」，今則易以「薛」「烟」，「蘇」合而「薛」齊〔四〕，「前」陽而「烟」陰。「田」之舊切爲「徒」「年」，今則易以「垤」「延」，「徒」合而「垤」齊〔五〕，「年」泥而「延」喻，則尤親。舊切有諳合者，如「盧」「紅」之切「籠」，「魚」「容」之切「顒」，「力」「延」之切「連」，「巨」「員」之切「權」，則仍之。不合者，悉改之。舊切凡同母同韻之字，皆可切；今則同母之中，必用同呼同轉；同韻之中，必用元音，必分陰陽。舊切二字生出一音，新切二字合成一音。舊切如射者不能中的，而在的之上下左右。新切則直中鵠心，不可移易。至當歸一，精義無二，斯之謂矣。

或曰：作韻譜者，無慮數十家，彼皆審音之人，豈見不及此，而待今始定？

曰：理以剖析而愈出，學以思辨而愈明。天下事儘有後勝於前者。南北盤江之遠，至近代徐霞客，而其源始窮；勾股割圜之法，至幾何原本出，而其故始明。中古以前，音韻闊略，魏晋而下，漸次講求。神珙、悉曇輩始傳字母，始分牙舌脣齒喉。吕静始配宫商角徵羽。沈約始定平上去入。周德清始言陰陽清濁。皆由粗以至精，由疏以至密，已精不妨更精，已密無嫌更密。故爲之審陰陽以增母，均完缺以定呼，闡全分以別類，酌正旁以明轉，辨親疏以易切。此實前人未竟之緒，有待於後人之補訂者。如必是古非今，則交廣閩粵之郡縣，可以不設，而里差歲差之法，曆家可以不用也。豈其然哉！豈其然哉！

【校記】

〔一〕此篇亦見於清康熙四十九年增修本遂初堂文集卷三。下稱「文集本」。

〔二〕今則易以「縠」「翁」，「德」分而「縠」全　文集本作「今則易以『篤』『翁』，『德』分而『篤』全」。

〔三〕今則易以「竹」「硝」……「弓」見而「硝」影　文集本作「今則易以『竹』『翁』……『弓』見而『翁』影」。

〔四〕今則易以「薛」「烟」，「蘇」合而「薛」齊　文集本作「今則易以『屑』『烟』，『蘇』合而『屑』齊」。

〔五〕今則易以「垤」「延」，「徒」合而「垤」齊　文集本作「今則易以『迭』『延』，『徒』合而『迭』齊」。

類音卷二

圖説

五十母圖説

舌音			喉音		
來陽		老陰	喻陽		影陰
而陽		耳陰	匣陽		曉陰
	端陰			見陰	
	透陽			溪陽	
定陽		杜陰	群陽		舅陰
泥陽		乃陰	疑陽		語陰

續表

腭音			齒音			唇音		
審陰		禪陽	心陰		些陽	非陰		奉陽
繞陰		日陽	巳陰		邪陽	武陰		微陽
	照陰			精陰			邦陰	
	穿陽			清陽			滂陽	
朕陰		床陽	在陰		從陽	菶陰		並陽
○陰		○陽	○陰		○陽	美陰		明陽

諸書所列字母，多寡不一。華嚴經善藝所宣四十二字，除二合者七，三合者一，餘三十四，較之今母，頗多複出。蓋以此方之字，傳彼土之音，不盡得其真也。神珙等韻，凡三十六母，「知」「徹」「澄」「孃」「敷」五字複出。邵子皇極經世書天唱之聲，即韻也，地和之音，即母也，地音古甲九癸等，凡四十八類，取等韻之三十六，益以無字之二母，而以「群」「疑」「並」

「明」「定」「泥」「來」「日」「從」「牀」「澄」各分爲二，其法較密。若司馬温公、鄭漁仲、黄公紹、章道常、陳獻可等則恪遵等韻之三十六，吴幼清、熊與可、趙凡夫輩則議增，張洪陽、李如□、方密之等則議減。恪遵者固少變通，而欲增欲減者又以意裁之，初非天則。

今以自然之陰聲陽聲審之，定爲五十母。「徹」與「穿」，「澄」與「牀」，異呼而同母；「知」與「照」，「孃」與「泥」，則一呼，故删之。「非」與「敷」，亦異呼而同母，故去「敷」字，而移「奉」以配「非」之陰聲。其「群」「疑」「來」「定」「泥」「日」「牀」「邪」「從」「微」「並」「明」十二母，有陽無陰，則增「舅」「語」「老」「杜」「乃」「繞」「朕」「巳」「在」「武」「奉」「美」十二母爲陰聲以配之。凡上聲多屬陰，「舅」「語」等十二字皆上聲，「巳」爲辰巳之「巳」，「邪」母之陰聲也。「心」母有陰無陽，則以「些」字爲陽聲以配之。韻書「些」字，即屬「心」母。但「心」母别無陽聲之字，不得已借用此字。其「而」字雖獨音，然有平上去聲，有陰陽輕重，則居然一母。且韻書中多以「而」字出切者，謂古讀爲「如」，未必然也。故增「而」母爲陽聲，復增「耳」母爲陰聲以配之。至如「牀」「從」，濁母之下，確有二母，與「疑」「泥」相類，以其爲甚濁之音，故混而難辨。細審連讀，當自得之，各有陰陽，故增四母。以上四十母，皆陰陽相配，故對列于圖。若「見」「端」「照」「精」「邦」五母，陰也；「溪」「透」「穿」「清」「滂」五母，陽也。然「見」「端」非「溪」「透」之陰，「溪」「透」非「見」「端」之陽，不相配，故不對列。

舊三十六母，今删者五，增者十九，遂成五十母。略如邵子之四十八而加詳焉。其陰陽者，非清濁之謂也。輕清爲陽，重濁爲陰，泛言之耳。審音則輕者爲陽、爲濁，重者爲陰、爲清，自昔相承，不可改也。若夫既立爲母，而其字或空或借，則以有其音而無其字，寧空寧借以存之，不可以無字而遂廢其音也。

等韻三十六母之序，以「見」「溪」「群」「疑」爲牙音，列在最前；次以「端」「透」「定」「泥」爲舌音，而「知」「徹」「澄」「孃」附其下；次以「邦」「滂」「並」「明」爲脣音，而「非」「敷」「奉」「微」附其下；次以「精」「清」「從」「心」「邪」爲齒音，而「照」「穿」「床」「審」「禪」附其下；次以「曉」「匣」「影」「喻」爲喉音，以「來」「日」爲半齒半舌音，而列于末。今細審之，則「衣」「希」「基」「溪」「其」「疑」本一類，故移「影」「喻」「曉」「匣」于「見」「溪」「群」「疑」之上，同爲喉音；「離」「而」「低」「梯」「題」「泥」本一類，故移「來」增「而」於「端」「透」「定」「泥」之上，同爲舌音。「詩」「時」「知」「癡」「遲」「〇」本一類，故移「審」「日」于「照」「穿」「床」之上，添一空母，同爲腭音。腭即牙也，牙、齒易混，故改爲腭。「西」「〇」「虀」「妻」「齊」「〇」本一類，故移「心」「邪」于「精」「清」「從」之上，添一空母，同爲齒音。「非」「微」「卑」必衣切。「批」「皮」「迷」本一類，故以「非」「微」「邦」「滂」「並」「明」并列，同爲脣音。凡音必由中達外，故首喉，次舌，次腭及齒，而畢之以脣，次序井然，不特各部中陰陽相對，而五部中又逐母相對。

「影」「喻」與「老」「來」「審」「禪」「心」「些」「非」「奉」相對，「見」「溪」與「端」「透」「照」「穿」「精」「清」「邦」「滂」相對，清者對清，濁者對濁，陰者對陰，陽者對陽，各有一定之位置，非由强排。若舊譜分配七音，以「見」「溪」「群」「疑」爲角，「端」「透」「定」「泥」「知」「徹」「澄」「孃」爲徵，「邦」「滂」「並」「明」「非」「敷」「奉」「微」爲羽，「精」「清」「從」「心」「邪」「照」「穿」「床」「審」「禪」爲商，「影」「喻」「曉」「匣」爲宫，「來」「日」爲變商變徵，似乎鑿鑿。然司馬温公則以「邦」「滂」「非」「微」爲宫，以「影」「喻」「曉」「匣」爲羽。王宗道則以「見」「溪」爲宫，章黻、熊朋來輩又互有同異。此就各母分之也。又有以韻分者，「東」「冬」爲宫，「支」「微」爲徵，「真」「文」「庚」「青」「江」「陽」爲角，「蕭」「豪」「歌」「麻」爲商，「侵」「覃」「咸」「鹽」爲羽。以聲分者，上平聲爲宫，下平聲爲商，上聲爲徵，去聲爲羽，入聲爲角。以呼分者，開口爲角，齊齒爲徵，合口爲宫，撮口爲商，閉口爲羽。衆説紛紜，都非確當。按，律吕之道甚微，古樂久失其傳，諸儒紛如聚訟，非能手自考擊，耳辨幾微，而徒執紙上之陳言，未有不貽捫燭揣籥之誚者。

今但叙喉、舌、腭、齒、唇之五音，而不配宫、商、角、徵、羽之五音，明樂律者，自擇焉可也。

四呼圖説

影母四呼	恩因温氳	喻母四呼	○寅○云
曉母四呼	○欣昏薰	匣母四呼	痕○魂○

見母四呼	根巾昆君	溪母四呼	○○坤囷
舅母四呼	○○○○	群母四呼	○芹○群
語母四呼	○○○○	疑母四呼	垠銀顒○

一字必有四呼，姑舉喉音十母，「真」「文」一類爲例。凡音皆自内而外，初出於喉，平舌舒脣謂之開口；舉舌對齒，聲在舌腭之間，謂之齊齒；斂脣而蓄之，聲滿頤輔之間，謂之合口；蹙脣而成聲，謂之撮口。撮口與齊齒相應，合口與開口相應。此四呼者，本一音展轉而成，有一必四，非四無一，未有此全彼缺者。無如各韻之字，全者少，缺者多，惟「真」「文」一類，「元」「先」一類，四呼之字皆全，「規」「闚」則缺開、齊，「尤」「侯」「蕭」「豪」則缺合、撮，「遮」「車」則缺開、合，「灰」「回」則缺開、齊、撮。其他或缺一，或缺二，參差不等。然第缺其字耳，非缺其音也。以四呼讀之，則其音具在。即其字亦未必皆缺也。如「東」「冬」「鍾」韻，「中」「攻」「恭」「公」「弓」，「⿱隆言」「龍」「籠」「隆」，各分四切，「衝」「充」「忡」，「鬆」「凇」「嵩」，「宗」「縱」「嵕」，「琮」「從」「叢」，各分三切。安知古時不有開口、齊齒二呼，而今亡之乎？

況今吴人讀「東」「鍾」韻，正作開口、齊齒。此雖方音，亦足見此韻之本有開、齊二呼。向以「冬」爲撮口呼者亦誤，世未有讀「冬」爲的硧切，「逢」爲狒融切者，正當是開口呼耳。推之他韻，莫不皆然。如「庚」「青」「蒸」韻中，本有「泓」「轟」「橫」「觥」「銧」等字爲合口，「縈」

然也。

「營」「兄」「扃」「傾」「瓊」等字爲撮口，而北人誤讀如「東」「冬」韻，南人誤讀如「真」「文」韻，遂令此類缺其二呼，而北人欲以「東」「冬」、「庚」「青」合成一類，總因不明每韻各具四呼而然也。

今得而釐定之，全憑四呼之力。欲明音韻者，先明四呼，其餘自迎刃而解矣。鄭漁仲言人止知縱有四聲，不知横有七音。余亦言人止知縱有四聲，不知横有四呼。神珙以來，未論及此。等韻止分開口、合口。邵子因以爲天聲之翕闢，其地音之開發收閉，似應指開齊撮合，而其所列古甲九癸等，缺一缺二，參差不齊。蓋詳于母而略于呼也。至禮部韻略、韻會舉要、韻學集成等書，從無以四呼合爲一類者。陳獻可作皇極韻圖，縱横三十六，自以爲巧，實則截長補短，東西湊泊，圖旁雖列四呼之名，而不相統貫，甚至以「真」「文」「家」「麻」之開合，「遮」「車」之齊撮，并列一格；又以「陽」「良」一格，「泓」「縈」一格，别名爲混。豈知「陽」「良」之自有開合撮，「泓」「縈」之自有開齊，而别爲一類哉？

總之，他人皆先字而後音，余則先音而後字。先字後音者，先見其字，後辨其音，縱有無字之音，亦止就本呼中有字者推衍得之，若全呼無字者，直以爲世無此音矣。先音後字者，先得各母各呼之全音，定其次序，而後求其字以實之，故無字之音多於有字之音，不啻倍蓰。遥遥千載，惟邵子先得我心，惜不獲與之并世同堂，上下其議論也。

二十四類圖說

第一類	○厄紇切	衣	○揾平聲	於	支微
第二類	○厄威切	○一追切	威	○鬱追切	規闚
第三類	○遏平聲	○謁平聲	○斡平聲	胒	遮車
第四類	○閼平聲	○軋平聲	○乞平聲	○嚱軋切	遮車分音
第五類	○遏限切	○謁限切	限	○嚱限切	灰回
第六類	哀	挨	娃	○嚱挨切	皆咍
第七類	○沃平聲	○颮欲切	烏	紆	敷模
第八類	○厄平聲	○益平聲	○擭平聲	○鬱役切	敷模分音
第九類	漚	憂	○屋漚切	○郁憂切	尤侯
第十類	○厄慘切	幽	○擭慘切	○郁幽切	尤侯分音
第十一類	阿正音	○握平聲	倭	○郁倭切	歌戈
第十二類	阿北音	鴉	窪	○嚱鴉切	家麻

續表

第十三類	坳	幺	○臒坳切	○郁幺切	肴蕭
第十四類	鏖	要	○穵鏖切	○噦要切	豪宵
第十五類	恩	因	温	氲	真文
第十六類	安	烟	蜿	鴛	元先
第十七類	○閼蘭切	殷	彎	○噦殷切	删山
第十八類	○沃洚切	邕	翁	硧	東冬
第十九類	甖	英	泓	縈	庚青
第二十類	佒	眏	汪	○郁眏切	江唐
第二十一類	○閼央切	央	○穵央切	○噦央切	陽姜
第二十二類	○饐森切	音	○穩森切	○愇音切	侵尋
第二十三類	諳	淹	○椀諳切	○苑淹切	覃鹽
第二十四類	涪	○押銜切	○縮涪切	○噦銜切	咸凡

一母之音，分而成四呼。四呼之音，比而成一類。有呼有類，而韻生焉。爲韻而不先明類，則宜合而分，宜分而合，錯雜紛糅，何所不至？故審呼之後，莫要于審類矣。華嚴演唱一音疊十三字，如「阿」字唱爲「佒」「鞥」「翁」「烏」「爊」「哀」「醫」「因」「安」「音」「諳」「謳」「阿」。一字爲一類，成十三類。等韻分十六攝，「通」「江」「止」「遇」「蟹」「臻」「山」「效」「果」「假」「宕」「梗」「曾」「流」「深」「咸」。成十六類。邵子書天聲十，地音十二。其十聲中，一聲分四條，一條爲一類，得二十類，而三聲無字，實止十四類。「多」「禾」、「開」「回」、「良」「光」、「丁」「兄」、「千」「元」、「臣」「君」、「刀」「毛」、「牛」「〇」、「妻」「衰」、「〇」「龜」、「宮」「龍」、「魚」「烏」、「心」「〇」、「男」「〇」。中原音韻分十九類。「東」「鐘」、「江」「陽」、「支」「思」、「齊」「微」、「魚」「模」、「皆」「來」、「真」「文」、「寒」「山」、「歡」「桓」、「先」「天」、「蕭」「豪」、「歌」「戈」、「家」「麻」、「車」「遮」、「庚」「青」、「尤」「侯」、「侵」「尋」、「鹽」「咸」、「廉」「纖」。洪武正韻分二十二類。「東」、「支」、「齊」、「魚」、「模」、「皆」、「灰」、「真」、「寒」、「刪」、「先」、「蕭」、「爻」、「歌」、「麻」、「遮」、「陽」、「庚」、「尤」、「侵」、「覃」、「鹽」。諸家所分，多寡不同，互有得失，或缺或遺，要皆不明四呼，不辨全分者也。

今統有字無字之音，分爲二十四類：一「支」「微」。二「規」「闚」。此二類者，韻書多混而爲一，然各有四呼，鑿然兩類，故首分之。三「遮」「車」。此類之字最少，舊附於「麻」韻。然其音甚正，且有全分。全音之轉入聲爲「屑」「月」，分音之轉入聲爲「黠」「鎋」。分音雖無字，而以「黠」「鎋」韻中之字作平聲，讀之即得其音。故「遮」「車」之分音爲第四類。

至「灰」「回」一類，則爲「皆」「咍」之全音，與「規」「闚」迥異，故「灰」韻居「皆」「咍」之間。

而今人誤以「規」「闚」讀之。然觀等韻「蟹」攝中，「隈」「灰」、「傀」「恢」等字，其轉入聲也，既不爲「揾」「忽」、「骨」「窟」，復不爲「乞」「脩」、「刮」「劼」，而爲「斡」「豁」、「括」「闊」，則非「支」「微」之合口，復非「皆」「來」之合口。其爲全音無疑。故以「灰」「回」爲第五，「皆」「咍」爲第六。

若「敷」「模」一類，別有四呼，不與「支」「微」爲類，而北人不能讀「衣」「於」之開合，「烏」之開齊撮，遂欲以「〇」「衣」「烏」「於」配成一類。然北音不有「郁」之平聲，爲「烏」之撮口（乎）（呼），而可以「於」當之乎？「於」既非「烏」之撮口，則「烏」自非「衣」之合口。其爲二類也，明矣。且此類又有分音，雖無字，而以入聲之「厄」「益」「擭」「〇」作平聲，讀之即得其音。故「敷」「模」居第七，而其分音居第八。

若「尤」「侯」一類，全音也，尚有分音，人多不能讀。今觀廣韻，「尤」「侯」之外，別有「幽」韻，似同實異。細審之，足明其爲二類矣。故以全音爲第九類，分音爲第十類。

若「歌」「戈」爲全音，「家」「麻」爲分音，二類皆有字有韻，全者居第十一，分者居第十二。

其「蕭」「肴」「豪」三韻，似乎一類，而不知「肴」「蕭」韻爲全音，「豪」爲分音。觀等韻「效」攝中「交」之轉入爲「覺」，「驕」之轉入爲「脚」，「包」之轉入爲「剥」，「褒」之轉入爲「博」，雖洪武正韻之概從并省，而「驕」「趫」、「交」「敲」，亦分隸二韻，則其爲二類可知。故「肴」「蕭」第十三，「豪」「宵」第十四。

若第十五之「真」「文」一類，則與前之「支」「微」、「規」「闚」，皆有全而無分；十六之「元」「先」則全，十七之「删」「山」則分，十八之「東」「冬」則全，十九之「庚」「青」則分，二十之「江」「唐」則全，二十一之「陽」「姜」則分。北人欲以「東」「冬」、「庚」「青」配成一類，猶其欲以「支」「微」、「敷」「模」配成一類也，無如有「觥」「扃」、「榮」「兄」等字，何也？「陽」「姜」有齊齒而無開合撮，幾不能自爲類矣。賴有「江」「姜」、「腔」「羌」之顯然各别也，各爲二類，無可議也。「侵」「尋」之無分音，與「真」「文」同「覃」「鹽」、「咸」「凡」之有全分，與「元」「先」、「删」「山」同。此三類爲閉口之音，故最居於末，而成二十四類。

有字之類二十二，無字之類二。有全分之類二十，無全分之類四。全分者，自一而二，可相通也。如通之，則少其十。故此諸類者，束之爲十四，開之爲二十四，而天下之音，莫或遺焉，莫或缺焉。至于韻譜，則止列二十二類，而置其二，以其無字無韻，可以不用也。若其序，則先微而後著，先内而後外，先正而後旁，别確有天然之次第焉。視諸書之漫無成例，隨意後先者，又不可同年語矣。

一百四十七韻説

平聲四十九韻

一 師	二 衣	三 疏
四 於	五 威	六 耶
七 限	八 哀	九 挨
十 娃	十一 烏	十二 紆
十三 漚	十四 憂	十五 幽
十六 阿	十七 倭	十八 哈
十九 鴉	二十 窊	二十一 坳
二十二 幺	二十三 麀	二十四 要
二十五 恩	二十六 因	二十七 温
二十八 氳	二十九 安	三十 烟

續表

三十一 蜿	三十二 鴛	三十三 蘭
三十四 殷	三十五 彎	三十六 浲
三十七 邕	三十八 翁	三十九 融
四十 甖	四十一 英	四十二 泓
四十三 怏	四十四 汪	四十五 央
四十六 音	四十七 諳	四十八 淹
四十九 湆		

上聲三十四韻

一 史	二 倚	三 所
四 棜	五 委	六 野
七 猥	八 欸	九 隖
十 傴	十一 嘔	十二 ⿰風幼

續表

十三 妸	十四 婐	十五 [illegible]
十六 拗	十七 襖	十八 夭
十九 穩	二十 穩	二十一 惲
二十二 侒	二十三 椀	二十四 苑
二十五 懶	二十六 拱	二十七 蓊
二十八 梗	二十九 盎	三十 鞅
三十一 飲	三十二 晻	三十三 檿
三十四 埯		

去聲三十八韻

一 使	二 意	三 疏
四 淤	五 畏	六 夜
七 薈	八 愛	九 隘

續表

十 黲	十一 污	十二 嫗
十三 漚	十四 宥	十五 侉
十六 嗄	十七 㑃	十八 窔
十九 奥	二十 要	二十一 饐
二十二 揾	二十三 醞	二十四 按
二十五 堰	二十六 惋	二十七 怨
二十八 爛	二十九 晏	三十 碚
三十一 瓮	三十二 𧝝	三十三 醠
三十四 䤑	三十五 怏	三十六 蔭
三十七 暗	三十八 黬	

入聲二十六韻

一	紇	二	一	三	搵
四	鬱	五	遏	六	諤
七	斡	八	噦	九	閾
十	乞	十一	沃	十二	欲
十三	屋	十四	郁	十五	厄
十六	益	十七	擭	十八	惡
十九	渥	二十	臒	二十一	約
二十二	邑	二十三	姶	二十四	裛
二十五	盙	二十六	押		

就一母之音而轉之謂之聲，「東」「都」、「敦」「端」是也。聯衆母之音而次之謂之韻，「東」「通」、「同」「膿」是也。韻者，均也，取不一之音而均齊之也。古無韻書，屈、宋、曹、劉輩爲詩、騷、賦、頌者，第就相近之字音而協比之，其途甚寛，其類甚雜。迨於齊梁，周顒、沈約輩研窮翻紐，討論聲病，始撰韻譜，俾作者有所準繩。隋陸法言因之爲切韻，條分縷析，一平聲而分

五十七韻，通四聲分二百六韻，可謂密矣。惜乎立法之始，不得天然之部分，而以意裁定，或當分而合，或當合而分，嚴者過嚴，寬者仍寬，純者自純，雜者仍雜，其音之參錯不齊猶故也。

後世遞有增修，唐稱唐韻，宋稱廣韻，頒於場屋，謂之官韻，士子奉爲章程，莫敢出入。然「支」「之」「脂」分三，「佳」「皆」、「先」「仙」、「庚」「耕」、「清」「青」分二，人固苦其苛碎，而思變通之矣。平水劉淵并二百六韻爲一百七韻，第就舊注通用者而改并之，無大異同。元周德清作中原音韻，乃以平聲分十九類，則與廣韻大相徑庭，然第行於詞曲而已。明高皇詔儒臣別修正韻，并一百七韻爲七十六韻，而平聲得二十二韻；又於「麻」韻中分出「遮」韻，「支」「微」韻中分「規」「窺」，「翬」「巍」等字入「灰」韻，可謂掃地更新，大破拘攣之見矣。惜其義例未能畫一，「庚」「青」「蒸」既并爲一「庚」，「東」「冬」既并爲一「東」，而「支」與「齊」，「寒」與「先」，仍分爲二；既分「删」於「寒」，以「餐」「蘭」、「單」「灘」等字入之，而不分「咸」與「覃」；以「擔」「藍」「三」「慚」「監」「凡」等字歸之，却分「覃」「鹽」爲二韻，則亦以意剖斷，未能恰合天然之部分。故雖一王之制，而不獲大行於時也。

所謂天然之部分者，何也？曰類與呼也。一類必有四呼，四呼始成一類。立韻之法，無過二途。若從細目分之，則當以一呼爲一韻，廣韻似之而不盡然也。若從大綱分之，則當以一類爲一韻，正韻似之而不盡然也。此其所以當更定也。

今通四聲分一百四十七韻，而平聲得四十九韻，皆以呼分之，以字定之。其四呼并有字者一類，分四韻，或止一二呼；有字者一類，止一二韻，此呼字少，不能成韻者。合彼呼爲一韻，如「支」「微」、「真」「文」、「元」「先」、「東」「冬」諸類，四呼備者也，故各四韻也。「皆」「咍」、「删」「山」，俱三呼，有字，故各三韻也。「歌」「戈」、「敷」「模」、「尤」「侯」等類，止二呼，有字，故各二韻也。「規」「闕」、「侵」「尋」等類，僅一呼，有字，故各一韻也。「遮」「車」，雖二呼，有字。而通計不過三四十字，故合爲一韻也。

去聲之字，少於平聲，故止三十八韻。上聲之字，又少於去聲，故止三十四韻。入聲之字不少，而其類少於三聲，故止二十六韻。是皆出乎天然之條理，而不以一毫私意參其間。其用之也，一類雖分四韻，而在本類中皆可相通，有字之類二十二，約之止二十二韻，其全音與分音之類，復可相通，又約之，止十四韻，與華嚴演唱之十三音，皇極經世之天聲十四，約略相符。其爲韻也，細大相包，綱目相貫，寬而不濫，嚴而不苛，若作律詩、律賦，可以四十九韻限之。若作古體、長律、賦、頌、箴、銘，可以二十二韻及十四韻通之，兼收廣韻、正韻之長而去其病。於是音之不均者悉均矣。至若韻中之字，則以喉、舌、腭、齒、唇爲序，先後井然，非若舊韻之紛糅錯亂。韻首之字，則以第一有字之音命之，非若舊韻之隨意標列。其於天則求錙銖之無不合焉。舉世踵襲舊聞，驟睹更新之作，必且駭其新奇，怪其穿鑿。試徐按之，則甚平而無奇，本利而非鑿，音從字順，各得其所，上不戾古，下不違今。沈、陸復生，不易吾言矣。

平聲轉入圖説

正轉	從轉	旁轉	
○衣○於	○○威○	恩因温氳	○一搵鬱全音
遏謁斡肥（遏謁斡旁注：平平平）	○○隈○	安烟蜿鴛	遏謁斡噦全音
閼軋乞○（閼軋乞旁注：平平平）	哀挨娃○	○殷彎○	閼軋乞○分音
○○烏紆	漚憂○○	○邕翁硧	沃○屋郁全音
厄益擭○（厄益擭旁注：平平平）	○幽○○	甖英泓縈	厄益擭○分音
阿○倭○	坳幺○○	佒胦汪○	惡握臒○全音
阿鴉窪○	鏖要○○	○央○○	○約○○分音
		別轉	
		○音○○	○邑○○全音
		諳淹○○	姶裛○○全音
		湆○○○	盦押○○分音

右以平聲「影」母爲例，上、去聲餘母仿此。

四聲者，一聲之轉，平、上、去三聲皆同，而入聲獨異。三聲韻多，入聲韻少。三聲一類一轉，入聲多類共轉。北音無入聲，强以南音讀之，易致淆訛。南音雖天然，有入而不得其條理，亦不明某類之確轉何類。謂「屋」「燭」「質」「物」爲「東」「冬」「真」「文」之轉，而「虞」「模」「支」「微」無入聲者，固非謂「虞」「模」「支」「微」轉「屋」「燭」「質」「物」；而「東」「冬」「真」「文」無入聲者，亦非謂「遮」「車」「歌」「麻」無入聲者，固非謂「蕭」「豪」「尤」「侯」無入聲者。亦非必明各類之有全音、有分音，而全者轉全，分者轉分，井然不亂。既明全分，則知有字之類二十二，無字之類二，共有二十四類，而十類之入聲分承之，用少攝多，乃有正轉、從轉、旁轉、別轉之不同，非精心細審不能明也。

今爲圖四層：第一層正轉之類七，第二層從轉之類七，第三層旁轉之類七，第四層則入聲之七類也。姑以第一行言之，「○」「衣」「○」「於」之轉「○」「一」「揾」「鬱」，本屬一聲，長言之即平，短言之即入，一體天親也，是爲正轉。「○」「○」「威」「○」之轉「○」「一」「揾」「鬱」，雖亦穩順，而長言短言，非即一聲，支流族屬也，是爲從轉。「恩」「因」「温」「氲」之轉「○」「一」「揾」「鬱」，則變聲而成，本非一氣，外戚旁親也，是爲旁轉。餘六行者，皆以三轉一，類類相承，天然吻合。故平聲之類二十一，入聲之類七，足以括天下之音矣。若閉口三類，則以一轉一，無正、從、旁，故名别轉。其實此三類者，舉天下之人讀之，「侵」「尋」無異於「真」

「文」，「覃」「鹽」無異於「元」「先」，「咸」「凡」無異於「删」「山」，惟浙東、甌閩之人，閉口讀之，别成一種，而不均之他類，不參於四呼，幾於可廢，而仍存之者。以世既有此音，不容泯滅，且有字有韻，自昔相承，不可革也。惟明乎轉入之故，而入聲之部分定；三聲之部分亦定，諸類之部分亦定。此審音之要樞，前人所未發，故備論之。若夫無字之音能出之喉舌，而不能形諸楮墨，非口傳耳受，則必俟之心通神悟者矣。

等韻辨淆圖説

字母源於西竺，其播於中土也，當自譯經諸梵僧傳之。而等韻則華僧神珙、守温等所作。等韻者，以各母貫各韻之字而等次之也。字之在韻，散亂無統，得等韻而始有條理，爲功甚大。顧其書未能盡善，後人立諸門法，尤多紛糾，則以列母不清、置等不定之故也。

按，三十六母中，「知」「徹」「澄」「孃」，本係複出，可以不用。即用之，自應以三十六母并列一格，而以開口、齊齒、合口、撮口分置四等，則出切行韻，畫一分明，有何門法之可立哉？乃作等韻者，見各韻中，或止有開、齊，「蟹」、「効」、「流」、「深」、「咸」等攝。或止有合、撮，「遇」攝。或止有開、合，「江」、「果」等攝。遂謂兩等足以置之。而縱列三十六母爲三十六行則太密，横列二等則太疏，乃取「知」「徹」「澄」「孃」列於「端」「透」「定」「泥」之下，「非」「敷」「奉」「微」列於「幫」「滂」「並」「明」之下，「照」「穿」「床」「審」「禪」列於「精」「清」「從」「心」「邪」之下，蹙爲二十三行，横列四等，合平上去入爲一等，共十六格，欲令疏密適中。於是以第一、第四等爲上層，「見」「溪」至「來」「日」二十三母之位，第二、第三等爲下層，「知」「徹」至「審」「禪」十三母之位。每韻中止有一二呼者，則以一幅盡之；有三呼、四呼者，分爲二幅。此其立法之本意也。然以上層二十三母之一等、四等，與下層十三母之二等、三等相對，既已參差不齊，而「端」「透」「定」「泥」「幫」「滂」「並」「明」「精」「清」「從」「心」「邪」十三母齊齒撮口之字，既置在第四等，「見」「溪」「群」「疑」「曉」「匣」「影」「喻」「來」「日」十母下，齊齒撮口之字，却置之第三等，是上層二十三母中又互相乖異，并自立之例而亂之，何怪出切行韻之一彼一此，紛如亂絲也哉！

即如「通」攝一幅，當以「恭」「銎」「蛩」「顒」「胸」「雄」「邕」「〇」「龍」「茸」十字填於第四等，與「縱」「從」諸字一例。何乃置之第三等，侵他母之等，而自失其等？又於第四等内作諸空圈，而獨填「喻」母下齊齒之字，此何説也？「封」「峯」「逢」「犛」四字爲「非」「敷」「奉」「微」之開口呼，當在第二等，而置之第三等。如以爲撮口呼，則當列「風」「豐」「馮」「〇」於第二等；以爲合口呼，而何竟虚其字，若同音者然，進退失據。此「通」攝之可議者也。

至於「江」攝，則「見」「溪」「疑」「曉」「匣」「影」「來」母下齊齒字，當在四等，「知」「徹」「澄」「孃」齊齒字當在三等，「邦」「滂」「並」「明」開口字當在一等，乃與「穿」「床」「審」開口字并居二等，尤爲自亂其例。

「止」攝前幅，則「見」「溪」「曉」「匣」等十母齊齒之字，既列三等，復列四等，字異而音不殊；「幫」「滂」「並」「明」四母齊齒之字，既列四等，又列三等，遂侵「非」「敷」「奉」「微」之位。後幅則「龜」「虧」「逵」「危」「摩」「逶」「惟」「灅」等字，若以爲合口，則當在第一；若以爲撮口，則當在第四。而何以列在第三？

「蟹」攝前幅，當專叙該開一類，何以一等、二等置皆「咍」韻中之字，三等、四等置「齊」韻之字，致「飢」「知」「支」「稀」等字，與「止」攝前幅（複）〔復〕出。後幅當專叙「傀」「恢」一類，何以一等置「灰」韻之字，三等、四等置「微」「支」韻之字，致「龜」「追」「非」「錐」「麾」等字，與「止」攝後幅（複）〔復〕出。

其「臻」攝中「根」「麐」等字，列在第三等，失不再辨。而「彬」「砏」「貧」「民」何以列第三等，侵「非」「敷」「奉」「微」之位？「分」「芬」「汾」「文」何以列第三等，侵撮口之位？「山」攝二幅，則將「山」「删」韻中齊齒、合口二呼之字，間雜於「元」「先」韻；四呼之中，而獨占第二等，侵下層十三母之位。「效」攝則將「肴」韻之字間雜於「蕭」「豪」韻中，獨占第三等，亦侵下層十三母之位。此皆顯然可議者，而果假二攝，則錯雜尤甚。前幅以一等置「歌」韻之開口，二等置「麻」韻之開口，三等、四等置「遮」韻之齊齒；後幅以一等置「歌」韻之合口，二等置「麻」韻之合口，三等置「遮」韻之撮口，并三類爲一類，各占一等，無復上下層之分。則乘虚補空，欑叢凑泊，又他攝所絶無，而亂例之甚者也。

若「宕」、「梗」、「曾」、「流」、「深」五攝，則置上層十母之字於第三等，失與「通」「止」諸攝同。「咸」攝則間雜「咸」「凡」韻中字於「覃」「鹽」韻中，獨占第二等，失與「山」攝同，遂令「芝」「凡」等字無所附麗，而別爲一幅也。

惟其置等填字之爲例不一，出切行韻之茫無定準，於是設爲類隔、窠切、交互、振救等二十門法，以曉初學。譬猶設籬樹棘而導人以穿越之方，固結牢綰而教人以抽解之法，則何如坦途直理之爲善哉？後之明音韻者，多苦等韻之煩碎，而別爲圖譜。如字彙之末有橫、直二圖，陳氏皇極統韻有經緯圖，皆不用門法，直捷明了，賢於等韻數倍。所遺憾者，不知每類之各有四呼，不可增減，而僅就有字之呼敘次之。直圖則各類各呼隔別不貫，橫圖貫矣而每類或二呼，或三呼，則減於四，又附「金」於「昆」「君」「根」「巾」之下，附「兼」於「官」「涓」「干」「堅」之下，又以「肱」「扃」「姜」爲混呼，而別立捲舌之名，則增於四。經緯圖大概與之雷同。不去「知」「徹」「澄」「孃」，而并「昆」「根」爲一格，「家」「瓜」爲一格，「迦」「靴」爲一格，「肱」「絅」爲一格，以湊縱橫三十六之數，牽合補苴，亦多可議。

今所作類韻圖目，以五十母橫列於上，以二十四類縱列於下。每類各具四呼，每呼自成一韻。直貫各母之字，可以出切。橫披各類之字，可以行韻。而無字之母、無字之呼，畢得其音。蓋意存乎審音，非專以切字也，而切字之道無餘蘊矣。

以等韻相承日久，世人視爲金科玉律，不可變更，故摘其瑕而辨正之，非敢於攻前人，實切於覺後人也。

平聲		影	喻	曉	匣	見	溪	舅	群	語	疑	老	來
第一類	開齊合撮	○衣○於	○移○余	○羲○虛	○奚○○	○羈○居	○攲○袪	○○○○	○奇○渠	○○○○	○宜○魚	○○○○	○離○閭
第二類	開齊合撮	○○威○	○○爲○	○○麾○	○○○○	○○規○	○○闚○	○○○○	○○葵○	○○○○	○○危○	○○○○	○○羸○
第三類	開齊合撮	○○○肥	○耶○○	○○○靴	○○○○	○迦○○	○佉○骴	○○○○	○伽○瘸	○○○○	○○○○	○○○○	○儸○臠
第四類	開齊合撮	○○○○	○○○○	○○○○	○○○○	○○○○	○○○○	○○○○	○○○○	○○○○	○○○○	○○○○	○○○○
第五類	開齊合撮	○○隈○	○○○○	○○灰○	○○回○	○○瑰○	○○恢○	○○○○	○○○○	○○○○	○○嵬○	○○○○	○○雷○
第六類	開齊合撮	哀挨娃○	○○○○	咍豨虺○	孩諧懷○	該皆乖○	開揩𠢐○	○○○○	○○○○	○○○○	皚崖詭○	○○○○	來○膘○

續表

平聲	耳	而	端	透	杜	定	乃	泥	審	禪	繞
第一類 開齊合撮	○○○○	○而○○	○低○○	○梯○○	○○○○	○啼○○	○○○○	○泥○袽	師○疏書	時○蜍○	○○○○
第二類 開齊合撮	○○○○	○○○○	○○○○	○○○○	○○○○	○○○○	○○○○	○○○○	○○衰○	○○垂○	○○○○
第三類 開齊合撮	○○○○	○○○○	○爹○○	○○○○	○○○○	○○○○	○○○○	○膗○○	○奢○○	○蛇○○	○○○○
第四類 開齊合撮	○○○○	○○○○	○○○○	○○○○	○○○○	○○○○	○○○○	○○○○	○○○○	○○○○	○○○○
第五類 開齊合撮	○○○○	○○○○	○○堆○	○○推○	○○○○	○○頹○	○○○○	○○挼○	○○○○	○○○○	○○○○
第六類 開齊合撮	○○○○	○○○○	黱○○○	胎○○○	○○○○	臺○擡○	○○○○	能○○○	崽○○○	○○○○	○○○○

續表

平聲	第一類 開齊合撮	第二類 開齊合撮	第三類 開齊合撮	第四類 開齊合撮	第五類 開齊合撮	第六類 開齊合撮
日	○巂如○	○○蕤○	○婼○○	○○○○	○○○○	○○○○
照	菑知葅豬	○○錐追	○遮○○	○○○○	○○○○	齋齜○○
穿	差絺初攄	○○吹○	○車○○	○○○○	○○○○	蒫扠○○
朕	○○○○	○○○○	○○○○	○○○○	○○○○	○○○○
牀	茌馳鉏除	○○○椎	○○○○	○○○○	○○○○	豺㛔膗○
○	○○○○	○○○○	○○○○	○○○○	○○○○	○○○○
○	○○○○	○○○○	○○○○	○○○○	○○○○	○○○○
心	思西○胥	○○雖○	○○○○	○○○○	○○挼○	腮○○○
些	○○○○	○○○○	○些○○	○○○○	○○○○	○○○○
巳	○○○○	○○○○	○○○○	○○○○	○○○○	○○○○
邪	詞○○徐	○○隨○	○邪○○	○○○○	○○○○	○○○○

續表

平聲	精	清	在	從	○	○	非	奉	武	微	邦
第一類 開齊合撮	玆躋○苴	雌妻○疽	○○○○	慈齊○○	○○○○	○○○○	○非○○	○肥○○	○○○○	○微○○	○卑○○
第二類 開齊合撮	○○騹○	○○○○	○○○○	○○○○	○○○○	○○○○	○○○○	○○○○	○○○○	○○○○	○○悲○
第三類 開齊合撮	○嗟○侳	○磋○脞	○○○○	○査○○	○○○○	○○○○	○○○○	○○○○	○○○○	○○○○	○○○○
第四類 開齊合撮	○○○○	○○○○	○○○○	○○○○	○○○○	○○○○	○○○○	○○○○	○○○○	○○○○	○○○○
第五類 開齊合撮	○○嗺○	○○崔○	○○○○	○○摧○	○○○○	○○○○	○○○○	○○○○	○○○○	○○○○	○○桮○
第六類 開齊合撮	裁○○○	猜○○○	○○○○	才○○○	○○○○	○○○○	○○○○	○○○○	○○○○	○○○○	○○○○

續表

平聲	滂	⿱𡗗手	並	美	明	
第一類 開齊合撮	○披○○	○○○○	○皮○○	○○○○	○迷○○	舊支、脂、之、微、魚、齊韻；今師、衣、疏、於韻。
第二類 開齊合撮	○○丕○	○○○○	○○○○	○○○○	○○眉○	舊支、脂、之、微韻，今威微韻。
第三類 開齊合撮	○○○○	○○○○	○○○○	○○○○	○○○哞	舊麻韻，今耶韻。
第四類 開齊合撮	○○○○	○○○○	○○○○	○○○○	○○○○	無字無韻。
第五類 開齊合撮	○○胚○	○○○○	○○裴○	○○○○	○○枚○	舊灰韻，今限韻。
第六類 開齊合撮	○○○⿰女缶	○○○○	○○排○	○○○○	○○埋○	舊佳、皆、咍韻，今哀、挨、娃韻。

平聲	影	喻	曉	匣	見	溪	舅	群	語	疑	老	來
第七類 開齊合撮	○○烏紆	○○○于	○○呼訏	○○湖○	○○孤俱	○○枯區	○○○○	○○○衢	○○○○	○○吾虞	○○○○	○○盧慺
第八類 開齊合撮	○○○○	○○○○	○○○○	○○○○	○○○○	○○○○	○○○○	○○○○	○○○○	○○○○	○○○○	○○○○
第九類 開齊合撮	歐憂○○	○尤○○	齁休○○	侯○○○	鉤鳩○○	彄丘○○	○○○○	○求○○	○○○○	齵牛○○	○○○○	樓流○○
第十類 開齊合撮	○幽○○	○○○○	○烋○○	○○○○	○樛○○	○○○○	○○○○	○蚪○○	○○○○	○聱○○	○○○○	○鏐○○
第十一類 開齊合撮	阿○倭○	○○○○	訶○○○	何○和○	歌○戈○	珂○科○	○○○○	翗○○○	○○○○	哦○訛○	○○○○	羅○螺○
第十二類 開齊合撮	阿鴉窪○	○○○○	哈煆花○	○遐華○	○嘉瓜○	○⿰齒可誇○	○○○○	○伽○○	○○○○	○牙⿰齒危○	喇○○○	○○鑾○

續表

平聲		耳	而	端	透	杜	定	乃	泥	審	禪	繞
第七類	開齊合撮	○○○○	○○○○	○○都○	○○稌○	○○○○	○○徒○	○○○○	○○奴○	○○毹輸	○○○殊	○○○○
第八類	開齊合撮	○○○○	○○○○	○○○○	○○○○	○○○○	○○○○	○○○○	○○○○	○○○○	○○○○	○○○○
第九類	開齊合撮	○○○○	○○○○	兜○○○	偷○○○	○○○○	頭○○○	○○○○	羺○○○	搜收○○	○讎○○	○○○○
第十類	開齊合撮	○○○○	○○○○	○○○○	○○○○	○○○○	○○○○	○○○○	○○○○	犙○○○	○○○○	○○○○
第十一類	開齊合撮	○○○○	○○○○	多○桗○	佗○詑○	○○○○	駝○牠○	○○○○	那○挼○	○○○○	○○○○	○○○○
第十二類	開齊合撮	○○○○	○○○○	○○○○	他○○○	○○○○	○○○○	○○○○	拏○○○	沙○○○	○○○○	○○○○

續表

平聲		日	照	穿	床	朕	○	○	心	些	巳	邪
第七類	開齊合撮	○○○儒	○○㑳朱	○○芻樞	○○雛厨	○○○○	○○○○	○○○○	○○蘇須	○○○○	○○○○	○○○○
第八類	開齊合撮	○○○○	○○○○	○○○○	○○○○	○○○○	○○○○	○○○○	○○○○	○○○○	○○○○	○○○○
第九類	開齊合撮	○柔○○	鄒周○○	搊抽○○	愁儔○○	○○○○	○○○○	○○○○	涑脩○○	○○○○	○○○○	○囚○○
第十類	開齊合撮	○○○○	○○○○	○○○○	○○○○	○○○○	○○○○	○○○○	○○○○	○○○○	○○○○	○○○○
第十一類	開齊合撮	○○○○	○○○○	○○○○	○○○○	○○○○	○○○○	○○○○	娑○莎○	○○○○	○○○○	○○○○
第十二類	開齊合撮	○○○○	柤奓撾○	杈侘○○	查宗○○	○○○○	○○○○	○○○○	○○○○	○○○○	○○○○	○○○○

續表

平聲		精	清	在	從	○	○	非	奉	武	微	邦
第七類	開齊合撮	○○租諏	○○粗趨	○○○○	○○徂○	○○○○	○○○○	○○夫○	○○扶○	○○○○	○○無○	○○逋○
第八類	開齊合撮	○○○○	○○○○	○○○○	○○○○	○○○○	○○○○	○○○○	○○○○	○○○○	○○○○	○○○○
第九類	開齊合撮	掫啾○○	譙秋○○	○○○○	[illegible]酋○○	○○○○	○○○○	不○○○	浮○○○	○○○○	○○○○	○○○○
第十類	開齊合撮	稵○○○	○○○○	○○○○	○○○○	○○○○	○○○○	○○○○	○○○○	○○○○	○○○○	○彪○○
第十一類	開齊合撮	[illegible]○○○	蹉○遳○	○○○○	齹○矬○	○○○○	○○○○	○○○○	○○○○	○○○○	○○○○	○○波○
第十二類	開齊合撮	○○○○	○○○○	○○○○	○○○○	○○○○	○○○○	○○○○	○○○○	○○○○	○○○○	○○巴○

續表

平聲		滂	奉	並	美	明	
第七類	開齊合撮	○○鋪○	○○○○	○○蒲○	○○○○	○○模○	舊虞、模韻，今烏、紆韻。
第八類	開齊合撮	○○○○	○○○○	○○○○	○○○○	○○○○	無字無韻。
第九類	開齊合撮	○飄○○	○○○○	裒○○○	○○○○	謀○○○	舊尤、侯韻，今漚、憂韻。
第十類	開齊合撮	○○○○	○○○○	○淲○○	○○○○	○繆○○	舊幽韻，今幽韻。
第十一類	開齊合撮	○○坡○	○○○○	○○婆○	○○○○	○○磨○	舊歌、戈韻，今阿、倭韻。
第十二類	開齊合撮	○○葩○	○○○○	○○爬○	○○○○	○○麻○	舊麻韻，今哈、鴉、窊韻。

平聲	第十三類 開齊合撮	第十四類 開齊合撮	第十五類 開齊合撮	第十六類 開齊合撮	第十七類 開齊合撮	第十八類 開齊合撮
影	坳幺○○	鏖要○○	恩因温氳	安烟蜿鴛	○殷彎○	○邕翁硧
喻	○○○○	○遥○○	○寅○云	○延○袁	○○湲○	○容○融
曉	虓嘵○○	蒿[illegible]○○	○欣昏薰	頇軒歡喧	○[illegible]豩○	○胸烘○
匣	肴○○○	豪○○○	痕礥魂○	寒賢桓懸	○閑還○	洚○洪雄
見	交驍○○	高驕○○	根巾昆君	干堅官涓	○姧關○	攻恭公弓
溪	敲鄡○○	尻趫○○	[illegible]欿坤困	看牽寬圏	○慳○○	○銎空穹
舅	○○○○	○○○○	○○○○	○○○○	○○○○	○○○○
群	○○○○	○喬○○	○芹○群	○乾○拳	○○權○	○邛頊窮
語	○○○○	○○○○	○○○○	○○○○	○○○○	○○○○
疑	聱嶢○○	敖○○○	垠銀[illegible]輑	豻妍岏元	○顔頑○	○顒[illegible]○
老	○○○○	○○○○	○○○○	○○○○	○○○○	○○○○
來	顟聊○○	勞憭○○	○鄰論淪	○連鑾攣	蘭斕爐○	礲龍籠隆

續表

平聲		耳	而	端	透	杜	定	乃	泥	審	禪	繞
第十三類	開齊合撮	○○○○	○○○○	○彫○○	○祧○○	○○○○	○迢○○	○○○○	鐃嬈○○	梢○○○	○○○○	○○○○
第十四類	開齊合撮	○○○○	○○○○	刀○○○	弢○○○	○○○○	陶○○○	○○○○	猱○○○	○燒○○	○韶○○	○○○○
第十五類	開齊合撮	○○○○	○○○○	○○敦○	吞○暾○	○○○○	○○屯○	○○○○	○紉磨○	莘申○○	○神○純	○○○○
第十六類	開齊合撮	○○○○	○○○○	○顛端○	○天湍○	○○○○	○田團○	○○○○	濡年○○	○羶○拴	○禪○船	○○○○
第十七類	開齊合撮	○○○○	○○○○	丹○○○	灘○○○	○○○○	壇○○○	○○○○	難嘫奻○	删○櫰○	○○○○	○○○○
第十八類	開齊合撮	○○○○	○○○○	冬○東○	炵○通○	○○○○	彤○同○	○○○○	農濃齈○	○舂○○	○慵○○	○○○○

續表

平聲	日	照	穿	朕	床	○	○	心	些	巳	邪
第十三類 開齊合撮	○○○○	[illegible]○○○	鈔○○○	○○○○	巢○○○	○○○○	○○○○	○蕭○○	○○○○	○○○○	○○○○
第十四類 開齊合撮	○饒○○	○昭○○	○超○○	○○○○	○潮○○	○○○○	○○○○	騷宵○○	○○○○	○○○○	○○○○
第十五類 開齊合撮	○人○犉	臻真○諄	○瞋○春	○○○○	榛陳○[illegible]	○○○○	○○○○	○辛孫荀	○○○○	○○○○	○○○旬
第十六類 開齊合撮	○然○○	○旃○專	○脠○穿	○○○○	○廛○椽	○○○○	○○○○	○先酸宣	○○○○	○○○○	○涎○旋
第十七類 開齊合撮	○○○○	○譠跧○	○[illegible]○○	○○○○	虦[illegible]窀○	○○○○	○○○○	珊○○○	○○○○	○○○○	○○○○
第十八類 開齊合撮	茸○戎○	○鍾終中	○衝充忡	○○○○	○重崇蟲	○○○○	○○○○	鬆淞嵩○	○○○○	○○○○	○松○○

續表

平聲		精	清	在	從	○	○	非	奉	武	微	邦
第十三類	開齊合撮	○○○○	○○○○	○○○○	○○○○	○○○○	○○○○	○○○○	○○○○	○○○○	○○○○	包○○○
第十四類	開齊合撮	糟焦○○	操鍫○○	○○○○	曹樵○○	○○○○	○○○○	○○○○	○○○○	○○○○	○○○○	褒標○○
第十五類	開齊合撮	○津尊遵	○親村逡	○○○○	○秦存鷷	○○○○	○○○○	○○分○	○○汾○	○○○○	○○文○	○賓奔○
第十六類	開齊合撮	○箋鑽鐫	餐千○銓	○○○○	○前欑全	○○○○	○○○○	○○○○	○○○○	○○○○	○○○○	○邊般○
第十七類	開齊合撮	○○○○	○○○○	○○○○	殘○○○	○○○○	○○○○	○○番○	○○煩○	○○○○	○○○○	○○班○
第十八類	開齊合撮	宗縱嵏○	○樅怱○	○○○○	琮從叢○	○○○○	○○○○	封○風○	逢○馮○	○○○○	𤼶○○○	○○○○

續表

平聲		滂	捧	並	美	明	
第十三類	開齊合撮	泡○○○	○○○○	庖○○○	○○○○	茅○○○	舊肴、蕭韻，今坳、幺韻。
第十四類	開齊合撮	藨漂○○	○○○○	袍瓢○○	○○○○	毛苗○○	舊豪、宵韻，今鏖、要韻。
第十五類	開齊合撮	○繽濆○	○○○○	○頻盆○	○○○○	○民門○	舊真、諄、臻、文、欣、魂、痕韻，今恩、因、温氲韻。
第十六類	開齊合撮	○篇潘○	○○○○	○便盤○	○○○○	○眠瞞○	舊元、寒、桓、先、仙韻，今安、烟、蜿、鴛韻。
第十七類	開齊合撮	○○攀○	○○○○	○○○○	○○○○	○○蠻○	舊元、寒、删、山韻，今蘭、殷、彎韻。
第十八類	開齊合撮	○○[illegible]○	○○○○	○○蓬○	○○○○	○○蒙○	舊東、冬、鍾韻，今洚、邕、翁、硧韻。

平聲		影	喻	曉	匣	見	溪	舅	群	語	疑	老	來
第十九類	開齊合撮	罌英泓縈	○盈○榮	亨馨訇兄	莖行橫熒	庚京觥扃	坑卿銾傾	○○○○	○擎○瓊	○○○○	娙迎○○	○○○○	楞令○○
第二十類	開齊合撮	佒胦汪○	○○王○	炕肛荒○	杭降黄○	岡江光○	康腔匡○	○○○○	○○狂○	○○○○	昂[illegible]○○	○○○○	郎驡○○
二十一類	開齊合撮	○央○○	○陽○○	○香○○	○○○○	○姜○○	○羌○○	○○○○	○强○○	○○○○	○○○○	○○○○	○良○○
二十二類	開齊合撮	○音○○	○淫○○	○歆○○	○○○○	○金○○	○欽○○	○○○○	○琴○○	○○○○	○吟○○	○○○○	○林○○
二十三類	開齊合撮	諳淹○○	○炎○○	唅馦○○	含嫌○○	弇兼○○	龕謙○○	○○○○	○箝○○	○○○○	讝嚴○○	○○○○	婪廉○○
二十四類	開齊合撮	淊○○○	○○○○	蚶○○○	咸銜○○	甘監○○	坩嵌○○	○○○○	○○○○	○○○○	喦巖○○	○○○○	藍○○○

續表

平聲		耳	而	端	透	杜	定	乃	泥	審	禪	繞
第十九類	開齊合撮	〇〇〇〇	〇〇〇〇	登丁〇〇	鼟汀〇〇	〇〇〇〇	滕廷〇〇	〇〇〇〇	能寧〇〇	生聲〇〇	〇繩〇〇	〇〇〇〇
第二十類	開齊合撮	〇〇〇〇	〇〇〇〇	當〇〇〇	湯〇〇〇	〇〇〇〇	唐〇〇〇	〇〇〇〇	囊⿰耳農〇〇	雙〇霜〇	〇〇〇〇	〇〇〇〇
二十一類	開齊合撮	〇〇〇〇	〇〇〇〇	〇〇〇〇	〇〇〇〇	〇〇〇〇	〇〇〇〇	〇〇〇〇	〇娘〇〇	〇商〇〇	〇常〇〇	〇〇〇〇
二十二類	開齊合撮	〇〇〇〇	〇〇〇〇	〇〇〇〇	〇〇〇〇	〇〇〇〇	〇〇〇〇	〇〇〇〇	〇詀〇〇	森深〇〇	〇諶〇〇	〇〇〇〇
二十三類	開齊合撮	〇〇〇〇	〇〇〇〇	耽⿱髟占〇〇	探添〇〇	〇〇〇〇	覃甜〇〇	〇〇〇〇	南黏〇〇	〇苫〇〇	〇蟾〇〇	〇〇〇〇
二十四類	開齊合撮	〇〇〇〇	〇〇〇〇	擔〇〇〇	舑〇〇〇	〇〇〇〇	談〇〇〇	〇〇〇〇	諵〇〇〇	攕〇〇〇	〇〇〇〇	〇〇〇〇

續表

平聲		日	照	穿	朕	床	○	○	心	些	巳	邪
第十九類	開齊合撮	○仍○○	争貞○○	鎗稱○○	○○○○	傖呈○○	○○○○	○○○○	僧星○騂	○○○○	○○○○	○餳○○
第二十類	開齊合撮	○○○○	○樁莊○	窻惷創○	○○○○	淙幢床○	○○○○	○○○○	桑○○○	○○○○	○○○○	○○○○
二十一類	開齊合撮	○穰○○	○章○○	○昌○○	○○○○	○長○○	○○○○	○○○○	○相○○	○○○○	○○○○	○詳○○
二十二類	開齊合撮	○壬○○	簪斟○○	嵾琛○○	○○○○	岑沈○○	○○○○	○○○○	○心○○	○○○○	○○○○	○尋○○
二十三類	開齊合撮	○髯○○	○占○○	○襜○○	○○○○	○灵○○	○○○○	○○○○	毶銛○○	○○○○	○○○○	○燖○○
二十四類	開齊合撮	○○○○	○詀○○	攙○○○	○○○○	讒○○○	○○○○	○○○○	三○○○	○○○○	○○○○	○○○○

續表

平聲		精	清	在	從	○	○	非	奉	武	微	邦
第十九類	開齊合撮	增精○○	⿰曾彡清○○	○○○○	層情○○	○○○○	○○○○	○○○○	○○○○	○○○○	○○○○	崩兵○○
第二十類	開齊合撮	臧○○○	倉○○○	○○○○	藏○○○	○○○○	○○○○	方○○○	房○○○	○○○○	亡○○○	邦○○○
二十一類	開齊合撮	○將○○	○鏘○○	○○○○	○戕○○	○○○○	○○○○	○○○○	○○○○	○○○○	○○○○	○○○○
二十二類	開齊合撮	○祲○○	○侵○○	○○○○	○鬵○○	○○○○	○○○○	○○○○	○○○○	○○○○	○○○○	○○○○
二十三類	開齊合撮	簪尖○○	參僉○○	○○○○	蠶潛○○	○○○○	○○○○	○○○○	○○○○	○○○○	○○○○	○砭○○
二十四類	開齊合撮	○○○○	○○○○	○○○○	慚○○○	○○○○	○○○○	○○○○	凡○○○	○○○○	姏○○○	○○○○

續表

平聲		滂	搼	並	美	明	
第十九類	開齊合撮	烹俜○○	○○○○	彭平○○	○○○○	萌明○○	舊庚、耕、清、青、蒸、登韻，今甖、英、泓韻。
第二十類	開齊合撮	滂○○○	○○○○	傍○○○	○○○○	庬○○○	舊江、唐韻，今佒、汪韻。
二十一類	開齊合撮	○○○○	○○○○	○○○○	○○○○	○○○○	舊陽韻，今央韻。
二十二類	開齊合撮	○○○○	○○○○	○○○○	○○○○	○○○○	舊侵韻，今音韻。
二十三類	開齊合撮	○○○○	○○○○	○○○○	○○○○	○○○○	舊覃、鹽、添、嚴韻，今諳、淹韻。
二十四類	開齊合撮	芝○○○	○○○○	[illegible]○○○	○○○○	○○○○	舊談、咸、銜、凡韻，今滔韻。

上聲		影	喻	曉	匣	見	溪	舅	群	語	疑	老	來
第一類	開齊合撮	○倚○椨	○以○與	○喜○許	○傒○○	○几○舉	○起○去	○技○巨	○○○○	○擬○語	○○○○	○里○吕	○○○○
第二類	開齊合撮	○○委○	○○蔿○	○○毀○	○○○○	○○軌○	○○跪○	○○揆○	○○○○	○○硊○	○○○○	○○累○	○○○○
第三類	開齊合撮	○○○○	○野○○	○○○○	○○○○	○○○○	○○○○	○○○○	○○○○	○○○○	○○○○	○跍○○	○○○○
第四類	開齊合撮	○○○○	○○○○	○○○○	○○○○	○○○○	○○○○	○○○○	○○○○	○○○○	○○○○	○○○○	○○○○
第五類	開齊合撮	○○猥○	○○倄○	○○賄○	○○溾○	○○○○	○○磈○	○○○○	○○○○	○○頠○	○○○○	○○磊○	○○○○
第六類	開齊合撮	欸矮○○	佁○○○	海○扮○	亥駭夥○	改解拐○	愷楷○○	○鎊○○	○○○○	○娾○○	○○○○	唻○○○	○○○○

續表

上聲		耳	而	端	透	杜	定	乃	泥	審	禪	繞
第一類	開	○	○	○	○	○	○	○	○	史	是	○
	齊	耳	○	邸	體	弟	○	你	○	○	○	○
	合	○	○	○	○	○	○	○	○	所	紓	汝
	撮	○	○	○	○	○	○	女	○	暑	○	○
第二類	開	○	○	○	○	○	○	○	○	○	○	○
	齊	○	○	○	○	○	○	○	○	○	○	○
	合	○	○	○	○	○	○	○	○	○	○	○
	撮	○	○	○	○	○	○	○	○	水	華	蕊
第三類	開	○	○	○	○	○	○	○	○	○	○	○
	齊	○	○	○	○	○	○	○	○	捨	社	若
	合	○	○	○	○	○	○	○	○	○	○	○
	撮	○	○	○	○	○	○	○	○	○	○	○
第四類	開	○	○	○	○	○	○	○	○	○	○	○
	齊	○	○	○	○	○	○	○	○	○	○	○
	合	○	○	○	○	○	○	○	○	○	○	○
	撮	○	○	○	○	○	○	○	○	○	○	○
第五類	開	○	○	○	○	○	○	○	○	○	○	○
	齊	○	○	○	○	○	○	○	○	○	○	○
	合	○	○	竨	骽	錞	○	餒	○	○	○	○
	撮	○	○	○	○	○	○	○	○	○	○	○
第六類	開	○	○	等	嚎	殆	○	乃	○	灑	○	疓
	齊	○	○	○	○	○	○	○	○	○	○	○
	合	○	○	○	○	○	○	○	○	○	○	○
	撮	○	○	○	○	○	○	○	○	○	○	○

續表

上聲		日	照	穿	朕	床	○	○	心	些	巳	邪
第一類	開齊合撮	○○○○	批徵阻貯	剢耻楚楮	俟雉齟宁	○○○○	○○○○	○○○○	死徙○湑	○○○○	巳兕○序	○○○○
第二類	開齊合撮	○○○○	○○○捶	○○揣○	○○○○	○○○○	○○○○	○○○○	○○髓○	○○○○	○○○○	○○猹○
第三類	開齊合撮	○○○○	○者○○	○哆○○	○○○○	○○○○	○○○○	○○○○	○寫○○	○○○○	○灺○○	○○○○
第四類	開齊合撮	○○○○	○○○○	○○○○	○○○○	○○○○	○○○○	○○○○	○○○○	○○○○	○○○○	○○○○
第五類	開齊合撮	○○○○	○○髩○	○○○○	○○○○	○○○○	○○○○	○○○○	○○崔○	○○○○	○○○○	○○○○
第六類	開齊合撮	○○○○	○○○○	○茝○○	○廌挚○	○○○○	○○○○	○○○○	○○○○	○○○○	○○○○	○○○○

續表

上聲	第一類 開齊合撮	第二類 開齊合撮	第三類 開齊合撮	第四類 開齊合撮	第五類 開齊合撮	第六類 開齊合撮
精	子姊○苴	○○觜○	○姐○○	○○○○	○○摧○	宰○○○
清	此泚○[illegible]	○○趡○	○且○○	○○○○	○○漼○	采○○○
在	○薺○咀	○○[illegible]○	○○○○	○○○○	○○罪○	在○○○
從	○○○○	○○○○	○○○○	○○○○	○○○○	○○○○
○	○○○○	○○○○	○○○○	○○○○	○○○○	○○○○
○	○○○○	○○○○	○○○○	○○○○	○○○○	○○○○
非	○匪○○	○○匪○	○○○○	○○○○	○○○○	○○○○
奉	○○○○	○○膹○	○○○○	○○○○	○○○○	○○○○
武	○尾○○	○○○○	○○○○	○○○○	○○○○	○○○○
微	○○○○	○○○○	○○○○	○○○○	○○○○	○○○○
邦	○鄙○○	○○彼○	○○○○	○○○○	○○○○	擺○○○

續表

上聲		滂	菶	並	美	明	
第一類	開齊合撮	○庀○○	○婢○○	○○○○	○米○○	○○○○	舊紙、旨、止、尾、語、薺韻，今史、倚、所、棜韻。
第二類	開齊合撮	○○否○	○○被○	○○○○	○○美○	○○○○	舊紙、旨、止、尾韻，今委韻。
第三類	開齊合撮	○○○○	○○○○	○○○○	○乜○○	○○○○	舊馬韻，今野韻。
第四類	開齊合撮	○○○○	○○○○	○○○○	○○○○	○○○○	無字無韻。
第五類	開齊合撮	○○○○	○○琲○	○○○○	○○每○	○○○○	舊賄韻，今猥韻。
第六類	開齊合撮	啡○○○	罷○○○	○○○○	買○○○	○○○○	舊蟹、駭、海韻，今欸韻。

上聲		影	喻	曉	匣	見	溪	舅	群	語	疑	老	來
第七類	開齊合撮	○○隖傴	○○○羽	○○虎詡	○○户○	○○古矩	○○苦齲	○○○寠	○○○○	○○五麌	○○○○	○○魯縷	○○○○
第八類	開齊合撮	○○○○	○○○○	○○○○	○○○○	○○○○	○○○○	○○○○	○○○○	○○○○	○○○○	○○○○	○○○○
第九類	開齊合撮	嘔⿰風幼○○	○有○○	吼朽○○	厚○○○	苟久○○	口糗○○	○舅○○	○○○○	偶齵○○	○○○○	塿柳○○	○○○○
第十類	開齊合撮	○黝○○	○○○○	○○○○	○○○○	○糾○○	○○○○	○蟉○○	○○○○	○○○○	○○○○	○○○○	○○○○
第十一類	開齊合撮	婀○婐○	○○○○	吙○火○	荷○禍○	哿○果○	可○顆○	○○○○	○○○○	我○卮○	○○○○	⿰忄羅○裸○	○○○○
第十二類	開齊合撮	○啞○○	○○○○	○⿰口閜○○	○下踝○	○賈寡○	○跒髁○	○○○○	○○○○	○雅瓦○	○○○○	藞○○○	○○○○

續表

上聲		耳	而	端	透	杜	定	乃	泥	審	禪	繞
第七類	開齊合撮	○○○○	○○○○	○○睹○	○○土○	○○杜○	○○○○	○○弩○	○○○○	○○數○	○○○竪	○○○乳
第八類	開齊合撮	○○○○	○○○○	○○○○	○○○○	○○○○	○○○○	○○○○	○○○○	○○○○	○○○○	○○○○
第九類	開齊合撮	○○○○	○○○○	斗○○○	黈○○○	揄○○○	○○○○	㝅狃○○	○○○○	溲首○○	○受○○	○蹂○○
第十類	開齊合撮	○○○○	○○○○	○○○○	○○○○	○○○○	○○○○	○○○○	○○○○	○○○○	○○○○	○○○○
第十一類	開齊合撮	○○○○	○○○○	軃○朵○	袉○妥○	柁○墮○	○○○○	那○妮○	○○○○	○○○○	○○○○	○○○○
第十二類	開齊合撮	○○○○	○○○○	觰○○○	○○○○	○○○○	○○○○	絮○○○	○○○○	灑○葰○	○○○○	○○○○

續表

上聲		日	照	穿	朕	床	○	○	心	些	巳	邪
第七類	開齊合撮	○○○○	○○阻主	○○楚○	○○齟○	○○○柱	○○○○	○○○○	○○○縜	○○○○	○○○○	○○○○
第八類	開齊合撮	○○○○	○○○○	○○○○	○○○○	○○○○	○○○○	○○○○	○○○○	○○○○	○○○○	○○○○
第九類	開齊合撮	○○○○	掫肘○○	[illegible]丑○○	穋紂○○	○○○○	○○○○	○○○○	叟滫○○	○○○○	○○○○	鱌○○○
第十類	開齊合撮	○○○○	○○○○	○○○○	○○○○	○○○○	○○○○	○○○○	○○○○	○○○○	○○○○	○○○○
第十一類	開齊合撮	○○○○	○○○○	○○○○	○○○○	○○○○	○○○○	○○○○	娑○鎖○	○○○○	○○○○	○○○○
第十二類	開齊合撮	○○○○	鮓縿蛆○	○姹硰○	槎○○○	○○○○	○○○○	○○○○	○○○○	○○○○	○○○○	○○○○

續表

上聲		精	清	在	從	○	○	非	奉	武	微	邦
第七類	開齊合撮	○○祖○	○○[illegible]取	○○粗聚	○○○○	○○○○	○○○○	○○甫○	○○父○	○○武○	○○○○	○○補○
第八類	開齊合撮	○○○○	○○○○	○○○○	○○○○	○○○○	○○○○	○○○○	○○○○	○○○○	○○○○	○○○○
第九類	開齊合撮	走酒○○	趣○○○	○湫○○	○○○○	○○○○	○○○○	否○○○	阜○○○	○○○○	○○○○	[illegible]○○○
第十類	開齊合撮	○○○○	○○○○	○○○○	○○○○	○○○○	○○○○	○○○○	○○○○	○○○○	○○○○	○○○○
第十一類	開齊合撮	左○硰○	瑳○脞○	○○坐○	○○○○	○○○○	○○○○	○○○○	○○○○	○○○○	○○○○	○○跛○
第十二類	開齊合撮	○○○○	○○○○	○○○○	○○○○	○○○○	○○○○	○○○○	○○○○	○○○○	○○○○	○○把○

續表

上聲		滂	⿱㚘手	並	美	明	
第七類	開齊合撮	○○普○	○○簿○	○○○○	○○姥○	○○○○	舊麌、姥韻，今隖、傴韻。
第八類	開齊合撮	○○○○	○○○○	○○○○	○○○○	○○○○	無字無韻。
第九類	開齊合撮	剖○○○	錇○○○	○○○○	畝○○○	○○○○	舊有、厚韻，今嘔、颵韻。
第十類	開齊合撮	○○○○	○○○○	○○○○	○○○○	○○○○	字少無韻。
第十一類	開齊合撮	○○叵○	○○爸○	○○○○	○○麼○	○○○○	舊哿、果韻，今婀、婐韻。
第十二類	開齊合撮	○○○○	○○跁○	○○○○	○○馬○	○○○○	舊馬韻，今⿱艹⿱者⿰者者韻。

上聲	影	喻	曉	匣	見	溪	舅	群	語	疑	老	來
第十三類 開齊合撮	拗杳○○	○○○○	○曉○○	臯皛○○	絞皎○○	巧磽○○	○○○○	○○○○	齩鳥○○	○○○○	○了○○	○○○○
第十四類 開齊合撮	襖夭○○	○溔○○	好○○○	皓○○○	杲矯○○	考○○○	○⿱髟喬○○	○○○○	頊○○○	○○○○	老繚○○	○○○○
第十五類 開齊合撮	穏隱穩惲	○引○允	○脪惛○	很○混○	頣緊衮○	墾螼閫⿺走困	○近○菌	○○○○	○听○齳	○○○○	○嶙怨輪	○○○○
第十六類 開齊合撮	侒隁椀苑	○演○遠	罕顯灦烜	旱峴緩泫	笴蹇管畎	侃遣款綣	○件○圈	○○○○	○巘輐阮	○○○○	○輦卵臠	○○○○
第十七類 開齊合撮	○偃綰○	○○○○	○○○○	○僩晥○	○簡○○	○齦○○	○○○○	○○○○	○眼齗○	○○○○	懶○○○	○○○○
第十八類 開齊合撮	○擁蓊○	○勇○○	○洶嗊○	○○汞○	拱○○○	恐○孔○	○枀○○	○○○○	○○○○	○○○○	隴○曨○	○○○○

續表

上聲		耳	而	端	透	杜	定	乃	泥	審	禪	繞
第十三類	開齊合撮	○○○○	○○○○	○蔦○○	○脁○○	○窕○○	○○○○	撓嬲○○	○○○○	敿○○○	○○○○	○○○○
第十四類	開齊合撮	○○○○	○○○○	倒○○○	討○○○	道○○○	○○○○	腦○○○	○○○○	○少○○	○紹○○	○繞○○
第十五類	開齊合撮	○○○○	○○○○	○○頓○	○○畽○	○○囤○	○○○○	○○炳○	○○○○	○矧○賰	○腎○盾	○忍○蝡
第十六類	開齊合撮	○○○○	○○○○	○典短○	○腆疃○	○殄斷○	○○○○	○撚煗○	○○○○	○僘○○	○善○膞	○橪○輭
第十七類	開齊合撮	○○○○	○○○○	亶○○○	坦○○○	但○○○	○○○○	赧○○○	○○○○	潸○○○	○○○○	○○○○
第十八類	開齊合撮	○○○○	○○○○	湩○董○	○○侗○	○○動○	○○○○	○○齈○	○○○○	○○○○	尰○○○	冗○○○

續表

上聲	日	照	穿	朕	床	○	○	心	些	巳	邪
第十三類 開齊合撮	○○○○	爪○○○	煼○○○	僺○○○	○○○○	○○○○	○○○○	○篠○○	○○○○	○○○○	○○○○
第十四類 開齊合撮	○○○○	○沼○○	○弨○○	○肇○○	○○○○	○○○○	○○○○	嫂小○○	○○○○	○○○○	○○○○
第十五類 開齊合撮	○○○○	[illegible]軫○準	齔辴○蠢	濜眹○○	○○○○	○○○○	○○○○	○○損筭	○○○○	○○○○	○○○○
第十六類 開齊合撮	○○○○	○展○轉	○闡○舛	○邅○篆	○○○○	○○○○	○○○○	○銑篹選	○○○○	○綫○○	○○○○
第十七類 開齊合撮	○○○○	醆○○○	剗○○○	棧○撰○	○○○○	○○○○	○○○○	散○○○	○○○○	○○○○	○○○○
第十八類 開齊合撮	○○○○	○腫○○	○寵○○	○重○○	○○○○	○○○○	○○○○	悚○敲○	○○○○	○○○○	○○○○

續表

上聲	精	清	在	從	○	○	非	奉	武	微	邦
第十三類 開齊合撮	○湫○○	○○○○	○○○○	○○○○	○○○○	○○○○	○○○○	○○○○	○○○○	○○○○	飽○○○
第十四類 開齊合撮	早勦○○	草悄○○	皂○○○	○○○○	○○○○	○○○○	○○○○	○○○○	○○○○	○○○○	寶表○○
第十五類 開齊合撮	○㯸撙○	○笉忖○	○盡鱒○	○○○○	○○○○	○○○○	○○粉○	○○憤○	○○吻○	○○○○	○臏本○
第十六類 開齊合撮	○翦纂臇	○淺毳○	○踐鄹雋	○○○○	○○○○	○○○○	○○○○	○○○○	○○○○	○○○○	○扁粄○
第十七類 開齊合撮	鬢○○○	○○○○	瓚○○○	○○○○	○○○○	○○○○	○○反○	○○飯○	○○晚○	○○○○	○○版○
第十八類 開齊合撮	縱○總○	○○○○	○○○○	○○○○	○○○○	○○○○	覂○○○	奉○○○	○○○○	○○○○	○○琫○

續表

上聲		滂	奉	並	美	明	
第十三類	開齊合撮	○○○○	鮑○○○	○○○○	卯○○○	○○○○	舊巧、篠韻，今拗韻。
第十四類	開齊合撮	○瞟○○	抱鰾○○	○○○○	媢眇○○	○○○○	舊皓、小韻，今襖、夭韻。
第十五類	開齊合撮	○覩栩○	○牝笨○	○○○○	○泯懣愍	○○○○	舊軫、準、吻、隱、混、很韻，今穏、穩、惲韻。
第十六類	開齊合撮	○○坢○	○辨伴○	○○○○	○免滿○	○○○○	舊阮、旱、緩、銑、獮韻，今罕、椀韻。
第十七類	開齊合撮	○○昄○	○○○○	○○○○	○○矕○	○○○○	舊阮、旱、潸、産韻，今苑、懶韻。
第十八類	開齊合撮	○○○○	○○捧○	○○○○	鳩○蠓○	○○○○	舊董、腫韻，今拱、蓊韻。

上聲		影	喻	曉	匣	見	溪	舅	群	語	疑	老	來
第十九類	開齊合撮	○影瞢濴	○郢○永	○○丱艽	○杏○迥	梗警礦憬	肯謦界頃	○痙○○	○○○○	○脛○○	○○○○	冷嶺○○	○○○○
第二十類	開齊合撮	盎慃枉○	○○往○	汻僙怳○	沆項晃○	齕講廣○	慷○懬○	○○彺○	○○○○	駠○○○	○○○○	朗○○○	○○○○
二十一類	開齊合撮	○鞅○○	○養○○	○響○○	○○○○	○繦○○	○硄○○	○彊○○	○○○○	○仰○○	○○○○	○兩○○	○○○○
二十二類	開齊合撮	○飲○○	○潭○○	○廞○○	○○○○	○錦○○	○玪○○	○噤○○	○○○○	○僸○○	○○○○	○廩○○	○○○○
二十三類	開齊合撮	晻黶○○	○琰○○	顑險○○	頷鼸○○	感檢○○	坎歉○○	○儉○○	○○○○	嵁噞○○	○○○○	壈斂○○	○○○○
二十四類	開齊合撮	埯黤○○	○○○○	喊闞○○	○鼸○○	敢減○○	廞槏○○	○○○○	○○○○	○○○○	○○○○	覽臉○○	○○○○

續表

上聲	耳	而	端	透	杜	定	乃	泥	審	禪	繞
第十九類 開齊合撮	○○○○	○○○○	等頂○○	○珽○○	瑒艇○○	○○○○	能檸○○	○○○○	省○○○	○○○○	○○○○
第二十類 開齊合撮	○○○○	○○○○	黨○○○	儻○○○	蕩○○○	○○○○	曩○○○	○○○○	○○○○	○○○○	○○○○
二十一類 開齊合撮	○○○○	○○○○	○○○○	○○○○	○○○○	○○○○	○○○○	○○○○	爽賞○○	○上○○	○壤○○
二十二類 開齊合撮	○○○○	○○○○	○○○○	○○○○	○○○○	○○○○	○拰○○	○○○○	痒沈○○	○甚○○	○飪○○
二十三類 開齊合撮	○○○○	○○○○	黕點○○	嗿忝○○	禫簟○○	○○○○	䈒淰○○	○○○○	○陜○○	○剡○○	○冉○○
二十四類 開齊合撮	○○○○	○○○○	膽○○○	菼○○○	澹○○○	○○○○	○[illegible]○○	○○○○	摻瀾○○	○○○○	○○○○

續表

上聲		日	照	穿	朕	床	○	○	心	些	巳	邪
第十九類	開齊合撮	○○○○	○整○○	○逞○○	○徎○○	○○○○	○○○○	○○○○	○省○○	○○○○	○○○○	○○○○
第二十類	開齊合撮	○○○○	○○○○	○○○○	○○○○	○○○○	○○○○	○○○○	潁○○○	○○○○	○○○○	○○○○
二十一類	開齊合撮	○○○○	○掌○○	磢敞○○	○丈○○	○○○○	○○○○	○○○○	○想○○	○○○○	○象○○	○○○○
二十二類	開齊合撮	○○○○	○枕○○	墋瀋○○	頣朕○○	○○○○	○○○○	○○○○	○伈○○	○○○○	○○○○	○○○○
二十三類	開齊合撮	○○○○	○颭○○	○諂○○	○○○○	○○○○	○○○○	○○○○	糝○○○	○○○○	○○○○	○○○○
二十四類	開齊合撮	○○○○	斬○○○	膱[亻閻]○○	巉湛○○	○○○○	○○○○	○○○○	○○○○	○○○○	○○○○	○○○○

續表

上聲		精	清	在	從	○	○	非	奉	武	微	邦
第十九類	開齊合撮	○井○○	○請○○	○静○○	○○○○	○○○○	○○○○	○○○○	○○○○	○○○○	○○○○	浜丙○○
第二十類	開齊合撮	駔○○○	蒼○○○	奘○○○	○○○○	○○○○	○○○○	昉○○○	○○○○	網○○○	○○○○	榜○○○
二十一類	開齊合撮	○奬○○	○搶○○	○○○○	○○○○	○○○○	○○○○	○○○○	○○○○	○○○○	○○○○	○○○○
二十二類	開齊合撮	○醑○○	○寑○○	○蕈○○	○○○○	○○○○	○○○○	○○○○	○○○○	○○○○	○○○○	○稟○○
二十三類	開齊合撮	昝饡○○	慘憸○○	歜漸○○	○○○○	○○○○	○○○○	○○○○	○○○○	○○○○	○○○○	○貶○○
二十四類	開齊合撮	[illegible]○○○	黲○○○	[illegible]○○○	○○○○	○○○○	○○○○	腇○○○	范○○○	錽○○○	○○○○	○○○○

續表

上聲		滂	奉	並	美	明	
第十九類	開齊合撮	倗頩○○	鮩並○○	○○○○	猛茗○皿	○○○○	舊梗、耿、静、迥、拯等韻，今梗、影、眷韻。
第二十類	開齊合撮	髈○○○	蚌○○○	○○○○	莽○○○	○○○○	舊講、蕩、養韻，今盎韻。
二十一類	開齊合撮	○○○○	○驃○○	○○○○	○○○○	○○○○	舊養韻，今鞅韻。
二十二類	開齊合撮	○品○○	○○○○	○○○○	○○○○	○○○○	舊寑韻，今飲韻。
二十三類	開齊合撮	○○○○	○○○○	○○○○	○麥○○	○○○○	舊感、琰、忝、儼韻，今晻、檿韻。
二十四類	開齊合撮	○○○○	○○○○	○○○○	媏○○○	○○○○	舊敢、豏、檻、范韻，今埯韻。

去聲	第一類 開齊合撮	第二類 開齊合撮	第三類 開齊合撮	第四類 開齊合撮	第五類 開齊合撮	第六類 開齊合撮
影	○意○棜	○○畏○	○○○○	○○○○	○○薈○	愛隘黵○
喻	○易○豫	○○位○	○夜○○	○○○○	○○○○	○○○○
曉	○戲○嘘	○○諱○	○○○○	○○○○	○○噦○	餀喊謞○
匣	○系○○	○○慧○	○○○○	○○○○	○○會○	害邂壞○
見	○寄○倨	○○賜○	○○○○	○○○○	○○儈○	蓋解怪○
溪	○棄○去	○○喟○	○吹○○	○○○○	○○塊○	磕炫蒯○
舅	○○○○	○○○○	○○○○	○○○○	○○○○	○○○○
群	○芰○詎	○○匱○	○○○○	○○○○	○○簣○	隑齘○○
語	○○○○	○○○○	○○○○	○○○○	○○○○	○○○○
疑	○議○御	○○僞○	○○○○	○○○○	○○外○	艾睚聵○
老	○○○○	○○○○	○○○○	○○○○	○○○○	○○○○
來	○荔○慮	○○累○	○○○○	○○○○	○○酹○	賴○○○

續表

去聲		耳	而	端	透	杜	定	乃	泥	審	禪	繞
第一類	開齊合撮	○○○○	○二○○	○帝○○	○替○○	○○○○	○地○○	○○○○	○泥○女	使○疏恕	豉○署○	○○○○
第二類	開齊合撮	○○○○	○○○○	○○○○	○○○○	○○○○	○○○○	○○○○	○○諉○	○○⿸疒永稅	○○瑞○	○○○○
第三類	開齊合撮	○○○○	○○○○	○○○○	○○○○	○○○○	○○○○	○○○○	○○○○	○舍○○	○射○○	○○○○
第四類	開齊合撮	○○○○	○○○○	○○○○	○○○○	○○○○	○○○○	○○○○	○○○○	○○○○	○○○○	○○○○
第五類	開齊合撮	○○○○	○○○○	○○對○	○○退○	○○○○	○○兑○	○○○○	○○內○	○○○○	○○○○	○○○○
第六類	開齊合撮	○○○○	○○○○	帶○○○	泰○○○	○○○○	代○○○	○○○○	奈褹○○	曬○帥○	○○○○	○○○○

續表

去聲		日	照	穿	朕	床	○	○	心	些	巳	邪
第一類	開齊合撮	○○洳○	剚智詛著	熾跐楚絮	○○○○	事滯助箸	○○○○	○○○○	賜細○絮	○○○○	○○○○	寺○○屐
第二類	開齊合撮	○○芮○	○○惴綴	○○吹○	○○○○	○○○縋	○○○○	○○○○	○○瀡○	○○○○	○○○○	○○遂○
第三類	開齊合撮	○偌○○	○柘○○	○赿○○	○○○○	○○○○	○○○○	○○○○	○瀉○○	○○○○	○○○○	○謝○○
第四類	開齊合撮	○○○○	○○○○	○○○○	○○○○	○○○○	○○○○	○○○○	○○○○	○○○○	○○○○	○○○○
第五類	開齊合撮	○○○○	○○○○	○○○○	○○○○	○○倅○	○○○○	○○○○	○○碎○	○○○○	○○○○	○○○○
第六類	開齊合撮	○○○○	債膪○○	衩蠆嘬○	眦○○○	○⿰貝禁寨○	○○○○	○○○○	賽○○○	○○○○	○○○○	○○○○

續表

去聲	精	清	在	從	○	○	非	奉	武	微	邦
第一類 開齊合撮	恣祭○沮	刺砌○覰	○○○○	自劑○○	○○○○	○○○○	○沸○○	○狒○○	○○○○	○未○○	○秘○○
第二類 開齊合撮	○○醉○	○○翠○	○○○○	○○萃○	○○○○	○○○○	○○○○	○○○○	○○○○	○○○○	○○○○
第三類 開齊合撮	○借○○	○笡○○	○○○○	○藉○○	○○○○	○○○○	○○○○	○○○○	○○○○	○○○○	○○○○
第四類 開齊合撮	○○○○	○○○○	○○○○	○○○○	○○○○	○○○○	○○○○	○○○○	○○○○	○○○○	○○○○
第五類 開齊合撮	○○最○	○○襊○	○○○○	○○蕞○	○○○○	○○○○	○○廢○	○○吠○	○○○○	○○○○	○○貝○
第六類 開齊合撮	再○○○	蔡○○○	○○○○	在○○○	○○○○	○○○○	○○厈○	○○○○	○○○○	○○○○	○○拜○

續表

去聲		滂	奉	並	美	明	
第一類	開齊合撮	○譬○○	○○○○	○避○○	○○○○	○謎○○	舊寘、至、志、未、御、霽、祭韻，今使、意、疏、棜韻。
第二類	開齊合撮	○○○○	○○○○	○○備○	○○○○	○○寐○	舊寘、至、志、未、霽、祭韻，今畏韻。
第三類	開齊合撮	○○○○	○○○○	○○○○	○○○○	○○○○	舊禡韻，今夜韻。
第四類	開齊合撮	○○○○	○○○○	○○○○	○○○○	○○○○	無字無韻。
第五類	開齊合撮	○○沛○	○○○○	○○佩○	○○○○	○○昧○	舊隊、泰、廢韻，今薈韻。
第六類	開齊合撮	○○派○	○○○○	○○敗○	○○○○	○○賣○	舊泰、卦、怪、夬、代韻，今愛、隘、黵韻。

去聲	影	喻	曉	匣	見	溪	舅	群	語	疑	老	來
第七類 開齊合撮	○○污嫗	○○○裕	○○謼煦	○○護○	○○顧句	○○袴驅	○○○○	○○○懼	○○○○	○○悟遇	○○○○	○○路屢
第八類 開齊合撮	○○○○	○○○○	○○○○	○○○○	○○○○	○○○○	○○○○	○○○○	○○○○	○○○○	○○○○	○○○○
第九類 開齊合撮	漚○○○	○宥○○	吼齅○○	候○○○	姤救○○	寇𪖐○○	○○○○	○舊○○	○○○○	偶鼽○○	○○○○	陋溜○○
第十類 開齊合撮	○幼○○	○○○○	○螑○○	○○○○	○赳○○	○䠗○○	○○○○	○𧿒○○	○○○○	○○○○	○○○○	○○○○
第十一類 開齊合撮	侉○涴○	○○○○	呵○貨○	賀○和○	箇○過○	坷○課○	○○○○	○○○○	○○○○	餓○卧○	○○○○	邏○羸○
第十二類 開齊合撮	○亞窊○	○○○○	○嚇化○	○暇華○	○駕坬○	○髂跨○	○○○○	○○○○	○○○○	○迓瓦○	○○○○	○○○○

續表

去聲		耳	而	端	透	杜	定	乃	泥	審	禪	繞
第七類	開齊合撮	○○○○	○○○○	○○妒○	○○兔○	○○○○	○○度○	○○○○	○○怒○	○○疏戍	○○○樹	○○○○
第八類	開齊合撮	○○○○	○○○○	○○○○	○○○○	○○○○	○○○○	○○○○	○○○○	○○○○	○○○○	○○○○
第九類	開齊合撮	○○○○	○○○○	鬭○○○	透○○○	○○○○	豆○○○	○○○○	耨糅○○	瘦狩○○	○壽○○	○○○○
第十類	開齊合撮	○○○○	○○○○	○○○○	○○○○	○○○○	○○○○	○○○○	○○○○	○○○○	○○○○	○○○○
第十一類	開齊合撮	○○○○	○○○○	跢○桗○	拖○唾○	○○○○	馱○惰○	○○○○	那○愞○	○○○○	○○○○	○○○○
第十二類	開齊合撮	○○○○	○○○○	○○○○	○○○○	○○○○	○○○○	○○○○	○䏧○○	嗄○誜○	○○○○	○○○○

續表

去聲	第七類	第八類	第九類	第十類	第十一類	第十二類
	開齊合撮	開齊合撮	開齊合撮	開齊合撮	開齊合撮	開齊合撮
日	○○○孺	○○○○	○鞣○○	○○○○	○○○○	○○○○
照	○○詛注	○○○○	皺咒○○	○○○○	○○○○	詐吒○○
穿	○○菆閨	○○○○	簉畜○○	○○○○	○○○○	○詫○○
朕	○○○○	○○○○	○○○○	○○○○	○○○○	○○○○
床	○○助住	○○○○	驟胄○○	○○○○	○○○○	乍蛇○○
○	○○○○	○○○○	○○○○	○○○○	○○○○	○○○○
○	○○○○	○○○○	○○○○	○○○○	○○○○	○○○○
心	○○素鮮	○○○○	漱秀○○	○○○○	些○膭○	○○○○
些	○○○○	○○○○	○○○○	○○○○	○○○○	○○○○
巳	○○○○	○○○○	○○○○	○○○○	○○○○	○○○○
邪	○○○○	○○○○	○袖○○	○○○○	○○○○	○○○○

續表

去聲		精	清	在	從	〇	〇	非	奉	武	微	邦
第七類	開齊合撮	〇〇作緅	〇〇厝娶	〇〇〇〇	〇〇祚聚	〇〇〇〇	〇〇〇〇	〇〇賦〇	〇〇附〇	〇〇〇〇	〇〇務〇	〇〇布〇
第八類	開齊合撮	〇〇〇〇	〇〇〇〇	〇〇〇〇	〇〇〇〇	〇〇〇〇	〇〇〇〇	〇〇〇〇	〇〇〇〇	〇〇〇〇	〇〇〇〇	〇〇〇〇
第九類	開齊合撮	奏僦〇〇	凑趍〇〇	〇〇〇〇	蹤就〇〇	〇〇〇〇	〇〇〇〇	富〇〇〇	復〇〇〇	〇〇〇〇	〇莓〇〇	〇〇〇〇
第十類	開齊合撮	〇〇〇〇	〇〇〇〇	〇〇〇〇	〇〇〇〇	〇〇〇〇	〇〇〇〇	〇〇〇〇	〇〇〇〇	〇〇〇〇	〇〇〇〇	〇〇〇〇
第十一類	開齊合撮	佐〇挫〇	〇〇剉〇	〇〇〇〇	〇〇坐〇	〇〇〇〇	〇〇〇〇	〇〇〇〇	〇〇縛〇	〇〇〇〇	〇〇〇〇	〇〇播〇
第十二類	開齊合撮	〇〇〇〇	〇〇〇〇	〇〇〇〇	〇〇〇〇	〇〇〇〇	〇〇〇〇	〇〇〇〇	〇〇〇〇	〇〇〇〇	〇〇〇〇	〇〇霸〇

續表

去聲	第七類	第八類	第九類	第十類	第十一類	第十二類
	開齊合撮	開齊合撮	開齊合撮	開齊合撮	開齊合撮	開齊合撮
滂	○○鋪○	○○○○	仆○○○	○○○○	○○破○	○○帊○
奉	○○○○	○○○○	○○○○	○○○○	○○○○	○○○○
並	○○哺○	○○○○	踣○○○	○○○○	○○○○	○○杷○
美	○○○○	○○○○	○○○○	○○○○	○○○○	○○○○
明	○○暮○	○○○○	茂○○○	○繆○○	○○磨○	○○禡○
	舊遇、暮韻，今污、嫗韻。	無字無韻。	舊宥、候韻，今漚、宥韻。	字少無韻。	舊箇、過韻，今侉韻。	舊禡韻，今嗄韻。

去聲		影	喻	曉	匣	見	溪	舅	群	語	疑	老	來
第十三類	開齊合撮	㑃窔○○	○○○○	涍嬈○○	效○○○	教叫○○	敲竅○○	○○○○	○○○○	○○○○	樂顤○○	○○○○	○料○○
第十四類	開齊合撮	奥要○○	○耀○○	好○○○	号○○○	告○○○	犒趬○○	○○○○	○嶠○○	○○○○	傲𧇾○○	○○○○	澇燎○○
第十五類	開齊合撮	饐印揾醖	○胤○運	○舋惛訓	恨○圂○	艮靳睔捃	硍菣困○	○○○○	○近○郡	○○○○	鎧憖顐○	○○○○	○吝論○
第十六類	開齊合撮	按堰惋怨	○衍○遠	漢獻喚絢	翰現換縣	幹建貫罥	侃繾𨰻券	○○○○	○健○倦	○○○○	岸硯玩願	○○○○	○練亂戀
第十七類	開齊合撮	○晏䁔○	○○○○	○○○○	○骭患○	○諫慣○	○○○○	○○○○	○○○○	○○○○	○雁薍○	○○○○	爛○○○
第十八類	開齊合撮	○雍瓮○	○用○趥	硡○烘䞶	○○哄○	○供貢○	○恐控焪	○○○○	○共○○	○○○○	○○○㞶	○○○○	○曨弄○

續表

去聲		耳	而	端	透	杜	定	乃	泥	審	禪	繞
第十三類	開齊合撮	○○○○	○○○○	○吊○○	○糶○○	○○○○	○調○○	○○○○	淖尿○○	稍○○○	○○○○	○○○○
第十四類	開齊合撮	○○○○	○○○○	到○○○	套○○○	○○○○	導○○○	○○○○	腝○○○	○少○○	○邵○○	○○○○
第十五類	開齊合撮	○○○○	○○○○	○○頓○	○○○○	○○○○	○○鈍○	○○○○	○○嫩○	○眒○舜	○慎○○	○○○○
第十六類	開齊合撮	○○○○	○○○○	○殿鍛○	○瑱彖○	○○○○	○甸段○	○○○○	○晛偄○	○扇篹○	○繕○摶	○○○○
第十七類	開齊合撮	○○○○	○○○○	旦○○○	炭○○○	○○○○	但○○○	○○○○	難昦妏○	訕○孿○	○○○○	○○○○
第十八類	開齊合撮	○○○○	○○○○	○○棟○	統○痛○	○○○○	○○洞○	○○○○	○找齈○	○○○○	○○○○	○○○○

續表

去聲		日	照	穿	朕	床	○	○	心	些	巳	邪
第十三類	開齊合撮	○○○○	笊罩○○	鈔趠○○	○○○○	巢棹○○	○○○○	○○○○	○嘯○○	○○○○	○○○○	○○○○
第十四類	開齊合撮	○繞○○	○照○○	○朓○○	○○○○	○召○○	○○○○	○○○○	譟笑○○	○○○○	○○○○	○○○○
第十五類	開齊合撮	○刃○閏	○震○稕	齔疢○○	○○○○	○陳○○	○○○○	○○○○	○信巽峻	○○○○	○○○○	○○狥○
第十六類	開齊合撮	○○○㬉	○戰孨囀	○硟○釧	○○○○	○纏饌傳	○○○○	○○○○	○霰筭選	○○○○	○○○○	○羨○淀
第十七類	開齊合撮	○○○○	○○○○	羼孱篡○	○○○○	棧綻○○	○○○○	○○○○	散○○○	○○○○	○○○○	○○○○
第十八類	開齊合撮	○[illegible]○○	○湩衆中	○踵○銃	○○○○	○重[illegible]仲	○○○○	○○○○	宋○送○	○○○○	○○○○	○頌○○

續表

去聲		精	清	在	從	○	○	非	奉	武	微	邦
第十三類	開齊合撮	○○○○	○○○○	○○○○	○○○○	○○○○	○○○○	○○○○	○○○○	○○○○	○○○○	豹○○○
第十四類	開齊合撮	灶醮○○	操陗○○	○○○○	漕誚○○	○○○○	○○○○	○○○○	○○○○	○○○○	○○○○	報褖○○
第十五類	開齊合撮	○晋焌俊	○○親寸	○○○○	○賫鐏○	○○○○	○○○○	○○奮○	○○分○	○○○○	○○問○	○儐奔○
第十六類	開齊合撮	○薦鑽拴	○倩竄縓	○○○○	○洊攢○	○○○○	○○○○	○○○○	○○○○	○○○○	○○○○	○變半○
第十七類	開齊合撮	贊○○○	粲○○○	○○○○	囋○○○	○○○○	○○○○	○○販○	○○飯○	○○○○	○○萬○	○○扮○
第十八類	開齊合撮	綜縱糉○	○○愡○	○○○○	○從聚○	○○○○	○○○○	葑○諷○	俸○鳳○	○○○○	○○○○	○○○○

續表

去聲		滂	搻	並	美	明	
第十三類	開齊合撮	炮〇〇〇	〇〇〇〇	皰〇〇〇	〇〇〇〇	貌〇〇〇	舊效、嘯韻，今㑿、窔韻。
第十四類	開齊合撮	犥剽〇〇	〇〇〇〇	暴驃〇〇	〇〇〇〇	冐妙〇〇	舊號、笑韻，今奧、要韻。
第十五類	開齊合撮	〇闠噴〇	〇〇〇〇	〇〇坌〇	〇〇〇〇	〇〇悶〇	舊震、稕、問、焮、慁、恨韻，今饐、搵、醞韻。
第十六類	開齊合撮	〇片判〇	〇〇〇〇	〇卞叛〇	〇〇〇〇	〇面縵〇	舊願、翰、换、霰、線韻，今按、堰、惋、怨韻。
第十七類	開齊合撮	〇〇盼〇	〇〇〇〇	〇〇瓣〇	〇〇〇〇	〇〇慢〇	舊願、翰、諫、橌韻，今爛、宴韻。
第十八類	開齊合撮	〇〇〇〇	〇〇〇〇	〇〇〇〇	〇〇〇〇	霁〇寢〇	舊送、宋、用韻，今碚、瓮韻。

去聲		影	喻	曉	匣	見	溪	舅	群	語	疑	老	來
第十九類	開齊合撮	禶映弦瑩	○孕○咏	誶興轟瓊	行脛横○	更敬○○	○慶○○	○○○○	○競○○	○○○○	硬迎○○	○○○○	踜令○○
第二十類	開齊合撮	醠○汪○	○○王○	荒○况○	吭巷潢○	掆绛誑○	抗○曠○	○○○○	○○狂○	○○○○	枊○○○	○○○○	浪○○○
二十一類	開齊合撮	○怏○○	○漾○○	○向○○	○○○○	○彊○○	○唴○○	○○○○	○弶○○	○○○○	○仰○○	○○○○	○亮○○
二十二類	開齊合撮	○蔭○○	○頮○○	○譀○○	○○○○	○禁○○	○○○○	○○○○	○噤○○	○○○○	○吟○○	○○○○	○臨○○
二十三類	開齊合撮	暗厭○○	○豔○○	顣嫯○○	憾○○○	紺趝○○	勘傔○○	○○○○	○○○○	○○○○	儑驗○○	○○○○	顲斂○○
二十四類	開齊合撮	黬醅○○	○○○○	賕儆○○	憨陷○○	鮨鑑○○	闞歉○○	○○○○	○○○○	○○○○	○顩○○	○○○○	濫○○○

續表

去聲	第十九類 開齊合撮	第二十類 開齊合撮	二十一類 開齊合撮	二十二類 開齊合撮	二十三類 開齊合撮	二十四類 開齊合撮
耳	○○○○	○○○○	○○○○	○○○○	○○○○	○○○○
而	○○○○	○○○○	○○○○	○○○○	○○○○	○○○○
端	嶝訂○○	當○○○	○○○○	○○○○	馸店○○	擔○○○
透	瀓聽○○	蕩○○○	○○○○	○○○○	撢掭○○	賧○○○
杜	○○○○	○○○○	○○○○	○○○○	○○○○	○○○○
定	鄧定○○	宕○○○	○○○○	○○○○	醰磹○○	澹○○○
乃	○○○○	○○○○	○○○○	○○○○	○○○○	○○○○
泥	○甯○○	儴鬞○○	○釀○○	○賃○○	妠念○○	○諵○○
審	貹聖○○	淙○○○	○餉○○	滲深○○	○閃○○	釤○○○
禪	○乘○○	○○○○	○上○○	○甚○○	○贍○○	○○○○
繞	○○○○	○○○○	○○○○	○○○○	○○○○	○○○○

續表

去聲		日	照	穿	朕	床	〇	〇	心	些	巳	邪
第十九類	開齊合撮	〇扔〇〇	諍正〇〇	瀙稱〇〇	〇〇〇〇	〇鄭〇〇	〇〇〇〇	〇〇〇〇	孀性〇〇	〇〇〇〇	〇〇〇〇	〇〇〇〇
第二十類	開齊合撮	〇〇〇〇	〇戇壯〇	稯覩剏〇	〇〇〇〇	漴撞狀〇	〇〇〇〇	〇〇〇〇	喪〇〇〇	〇〇〇〇	〇〇〇〇	〇〇〇〇
二十一類	開齊合撮	〇讓〇〇	〇帳〇〇	〇唱〇〇	〇〇〇〇	〇仗〇〇	〇〇〇〇	〇〇〇〇	〇相〇〇	〇〇〇〇	〇〇〇〇	〇〇〇〇
二十二類	開齊合撮	〇妊〇〇	譖枕〇〇	讖闖〇〇	〇〇〇〇	〇鴆〇〇	〇〇〇〇	〇〇〇〇	〇〇〇〇	〇〇〇〇	〇〇〇〇	〇〇〇〇
二十三類	開齊合撮	〇染〇〇	〇占〇〇	〇覘〇〇	〇〇〇〇	〇〇〇〇	〇〇〇〇	〇〇〇〇	倸磯〇〇	〇〇〇〇	〇〇〇〇	〇〇〇〇
二十四類	開齊合撮	〇〇〇〇	蘸黏〇〇	懺〇〇〇	〇〇〇〇	儳賺〇〇	〇〇〇〇	〇〇〇〇	三〇〇〇	〇〇〇〇	〇〇〇〇	〇〇〇〇

續表

去聲	精	清	在	從	○	○	非	奉	武	微	邦
第十九類 開齊合撮	甑精○○	蹭倩○○	○○○○	贈浄○○	○○○○	○○○○	○○○○	○○○○	○○○○	○○○○	迸柄○○
第二十類 開齊合撮	葬○○○	○○○○	○○○○	藏○○○	○○○○	○○○○	放○○○	防○○○	○○○○	妄○○○	謗○○○
二十一類 開齊合撮	○將○○	○蹡○○	○○○○	○匠○○	○○○○	○○○○	○○○○	○○○○	○○○○	○○○○	○○○○
二十二類 開齊合撮	○浸○○	○沁○○	○○○○	○○○○	○○○○	○○○○	○○○○	○○○○	○○○○	○○○○	○○○○
二十三類 開齊合撮	篸⿰口韱○○	謲塹○○	○○○○	○潜○○	○○○○	○○○○	○○○○	○○○○	○○○○	○○○○	○窆○○
二十四類 開齊合撮	○⿱斬見○○	○○○○	○○○○	暫○○○	○○○○	○○○○	汎○○○	梵○○○	○○○○	○○○○	○○○○

續表

去聲		滂	搴	並	美	明	
第十九類	開齊合撮	膨聘○○	○○○○	偋病○○	○○○○	孟命○○	舊映、諍、勁、徑、證、嶝韻，今櫻韻。
第二十類	開齊合撮	眫○○○	○○○○	傍○○○	○○○○	漭○○○	舊漾、绛、宕韻，今醠、汪韻。
二十一類	開齊合撮	○○○○	○○○○	○○○○	○○○○	○○○○	舊漾韻，今怏韻。
二十二類	開齊合撮	○○○○	○○○○	○○○○	○○○○	○○○○	舊沁韻，今蔭韻。
二十三類	開齊合撮	○○○○	○○○○	○○○○	○○○○	○○○○	舊勘、艷、㮇、釅韻，今暗韻。
二十四類	開齊合撮	○○○○	○○○○	埿○○○	○○○○	□○○○	舊闞、陷、鑑、梵韻，今黭韻。

入聲	影	喻	曉	匣	見	溪	舅	群	語	疑	老	來
第一類 開齊合撮	○一搵鬱	○逸颶聿	○肸忽獝	紇○鶻○	○吉骨橘	○乞窟屈	○○○○	○姞○倔	○○○○	○屹兀崛	○○○○	○栗硉律
第二類 開齊合撮	遏謁斡噦	○拽○悅	喝歇豁血	曷纈活穴	葛結括玦	渴挈闊缺	○○○○	○傑○撅	○○○○	嶭齧枂月	○○○○	○列捋劣
第三類 開齊合撮	閼軋穵○	○○○○	鬠○傄○	鎋黠滑○	擖戞刮○	楬劼骱○	○○○○	○○○○	○○○○	齾○刖○	○○○○	辣○○○
第四類 開齊合撮	沃○屋郁	○欲○育	熇旭設蓄	鵠○縠○	梏輂穀菊	酷曲哭麴	○○○○	○局○毱	○○○○	擢玉○砡	○○○○	濼録禄六
第五類 開齊合撮	戹益擭○	○易○役	赫闃砉瞁	劾檄畫○	革戟國郹	客隙劃闃	○○○○	○極趪○	○○○○	額逆○○	○○○○	勒歷○○
第六類 開齊合撮	惡握臒○	○籰○○	臛設霍○	鶴學穫○	各覺郭○	恪確廓○	○○○○	○戄○○	○○○○	咢嶽矱○	○○○○	洛犖硦○

續表

入聲	第一類 開齊合撮	第二類 開齊合撮	第三類 開齊合撮	第四類 開齊合撮	第五類 開齊合撮	第六類 開齊合撮
耳	○○○○	○○○○	○○○○	○○○○	○○○○	○○○○
而	○○○○	○○○○	○○○○	○○○○	○○○○	○○○○
端	○蛭咄○	○咥惙○	怛○窡○	篤○穀○	德的○○	○○○○
透	○○宊○	○鐵脱○	闥○○○	○○禿○	忒惕○○	托○○○
杜	○○○○	○○○○	○○○○	○○○○	○○○○	○○○○
定	○○突○	○垤奪○	達○○○	毒○獨○	特迪○○	鐸○○○
乃	○○○○	○○○○	○○○○	○○○○	○○○○	○○○○
泥	○暱訥○	○涅○吶	捺痆㕯○	褥○○肭	䘌惄○○	諾搦○○
審	瑟○率○	摋設刷説	殺○刷○	○束縮叔	色式摵○	朔○○○
禪	實○術○	○舌○○	○○○○	○蜀○熟	寔石○○	○○○○
繞	○○○○	○○○○	○○○○	○○○○	○○○○	○○○○

續表

入聲	日	照	穿	朕	床	○	○	心	些	巳	邪
第一類 開齊合撮	日○○○	櫛窒黜㤕	刹抶出黜	○○○○	𪗔秩○术	○○○○	○○○○	○悉窣卹	○○○○	○○○○	○○○○
第二類 開齊合撮	○熱○爇	○哲○拙	劕掣○歠	○○○○	闒轍○○	○○○○	○○○○	○薛○雪	○○○○	○○○○	○○○蔎
第三類 開齊合撮	髯○○○	札哳茁○	察○纂○	○○○○	鏩○○○	○○○○	○○○○	薩○○○	○○○○	○○○○	○○○○
第四類 開齊合撮	○辱○肉	○燭𡎊竹	○觸琡俶	○○○○	○躅○逐	○○○○	○○○○	洬粟速肅	○○○○	○○○○	○續○○
第五類 開齊合撮	○○○○	責隻𢸤菒	栅尺○○	○○○○	岝直趚○	○○○○	○○○○	塞昔○○	○○○○	○○○○	○夕○○
第六類 開齊合撮	○○○○	捉涿○○	娖逴○○	○○○○	浞濁○○	○○○○	○○○○	索○○○	○○○○	○○○○	○○○○

續表

入聲	第一類 開齊合撮	第二類 開齊合撮	第三類 開齊合撮	第四類 開齊合撮	第五類 開齊合撮	第六類 開齊合撮
精	○堲卒啐	○節繓蕝	椶○○○	傶足鏃蹙	則積○○	作○嗅○
清	○七猝焌	○切撮膬	擦○○○	○促瘯蹴	○戚○昊	錯○○○
在	○○○○	○○○○	○○○○	○○○○	○○○○	○○○○
從	○疾捽崒	○截柮絶	囋○○○	○○族歡	賊籍○○	昨○○○
○	○○○○	○○○○	○○○○	○○○○	○○○○	○○○○
○	○○○○	○○○○	○○○○	○○○○	○○○○	○○○○
非	○○弗○	○○○○	○○髮○	轐○福○	○○○○	○○簙○
奉	○○佛○	○○○○	○○伐○	幞○伏○	○○○○	○○縛○
武	○○○○	○○○○	○○○○	○○○○	○○○○	○○○○
微	○○物○	○○○○	○○襪○	○○○○	○○○○	○○○○
邦	○必○○	○鷩撥○	○○八○	襮○卜○	伯逼○碧	○○剥○

續表

入聲		滂	奉	並	美	明	
第一類	開齊合撮	○匹䚃○	○○○○	○弼勃○	○○○○	○密没○	舊質、術、櫛、物、迄、没韻，今紇、一、揾、鬱韻。
第二類	開齊合撮	○瞥潑○	○○○○	○别䟦○	○○○○	○蔑末○	舊月、曷、末、屑、薛韻，今遏、謁、斡、噦韻。
第三類	開齊合撮	○○汃○	○○○○	○○拔○	○○○○	蔼○帓○	舊曷、黠、鎋韻，今閼、空韻。
第四類	開齊合撮	○○朴○	○○○○	僕○暴○	○○○○	瑁○矛○	舊屋、沃、燭韻，今沃、欲、屋、郁韻。
第五類	開齊合撮	珀僻○○	○○○○	白闢○○	○○○○	陌覓○○	舊陌、麥、昔、錫、職、德韻，今厄、益、擭韻。
第六類	開齊合撮	○○粕○	○○○○	○○薄○	○○○○	○○莫○	舊覺、藥、鐸韻，今惡、渥、臒韻。

入聲		影	喻	曉	匣	見	溪	舅	群	語	疑	老	來
第七類	開齊合撮	○約○○	○藥○○	○謔○○	○○○○	○脚○○	○郤○○	○○○○	○噱○○	○○○○	○虐○○	○○○○	○略○○
第八類	開齊合撮	○邑○○	○熠○○	○吸○○	○○○○	○急○○	○泣○○	○○○○	○及○○	○○○○	○岌○○	○○○○	○立○○
第九類	開齊合撮	始裛○○	○葉○○	欱脅○○	合協○○	閤鋏○○	溘愜○○	○○○○	○笈○○	○○○○	㬎業○○	○○○○	拉獵○○
第十類	開齊合撮	盧押○○	○○○○	歃呷○○	盍洽○○	郚夾○○	榼恰○○	○○○○	○○○○	○○○○	儑暍○○	○○○○	臘○○○

續表

入聲		耳	而	端	透	杜	定	乃	泥	審	禪	繞
第七類	開齊合撮	○○○○	○○○○	○○○○	○○○○	○○○○	○○○○	○○○○	○渃○○	○爍○○	○勺○○	○○○○
第八類	開齊合撮	○○○○	○○○○	○○○○	○○○○	○○○○	○○○○	○○○○	○孨○○	澀濕○○	○十○○	○○○○
第九類	開齊合撮	○○○○	○○○○	答輒○○	漯怗○○	○○○○	沓牒○○	○○○○	納聶○○	蓮攝○○	○涉○○	○○○○
第十類	開齊合撮	○○○○	○○○○	奞○○○	榻○○○	○○○○	蹋○○○	○○○○	⿰飠内囡○○	霎○○○	○○○○	○○○○

續表

入聲		日	照	穿	朕	床	○	○	心	些	巳	邪
第七類	開齊合撮	○若○○	○灼○○	○綽○○	○○○○	○著○○	○○○○	○○○○	○削○○	○○○○	○○○○	○○○○
第八類	開齊合撮	○入○○	戢汁○○	偛斟○○	○○○○	霵蟄○○	○○○○	○○○○	○霫○○	○○○○	○○○○	○習○○
第九類	開齊合撮	○讘○○	○讋○○	○渵○○	○○○○	遻牒○○	○○○○	○○○○	趿爕○○	○○○○	○○○○	○○○○
第十類	開齊合撮	○○○○	偛劄○○	插臿○○	○○○○	○渫○○	○○○○	○○○○	偛○○○	○○○○	○○○○	○○○○

續表

入聲		精	清	在	從	○	○	非	奉	武	微	邦
第七類	開齊合撮	○爵○○	○鵲○○	○○○○	○⿰目爵○○	○○○○	○○○○	○○○○	○○○○	○○○○	○○○○	○○○○
第八類	開齊合撮	○⿰口集○○	○緝○○	○○○○	○集○○	○○○○	○○○○	○○○○	○○○○	○○○○	○○○○	○皀○○
第九類	開齊合撮	噆接○○	⿺走參妾○○	○○○○	雜捷○○	○○○○	○○○○	○○○○	○○○○	○○○○	○○○○	○○○○
第十類	開齊合撮	○○○○	⿰石雜逢○○	○○○○	垂○○○	○○○○	○○○○	法○○○	乏○○○	○○○○	○○○○	○○○○

續表

入聲		滂	奉	並	美	明	
第七類	開齊合撮	○○○○	○○○○	○○○○	○○○○	○○○○	舊藥韻，今約韻。
第八類	開齊合撮	○○○○	○○○○	○駉○○	○○○○	○○○○	舊緝韻，今邑韻。
第九類	開齊合撮	○○○○	○○○○	○○○○	○○○○	○○○○	舊合、葉、帖、業韻，今姶、裛韻。
第十類	開齊合撮	○○○○	○○○○	○○○○	○○○○	○○○○	舊盍、洽、狎、乏韻，今𥁋、押韻。

類音 卷三

切音

平聲第一類切音

呼口開				
音唇	音齒	音齶	音舌	音喉
○ 紇弗	思 紇思	師 平瑟	○ 紇累	○ 紇厄
○ 紇佛	○ 紇些	時 平實	○ 紇勒	○ 紇佁
○ 紇吻	○ 紇巳	○ 紇疨	○ 紇耳	○ 紇赫
○ 紇物	詞 紇寺	○ 平日	○ 紇而	○ 平聲紇
○ 紇伯	玆 紇子	菑 平櫛	○ 紇德	○ 紇頣
○ 紇珀	雌 紇此	差 平剢	○ 紇忒	○ 紇墾
○ 紇被	○ 紇在	○ 紇俟	○ 紇殆	○ 紇揆
○ 紇白	慈 紇自	茌 平齜	○ 紇特	○ 紇隑
○ 紇美	○ 紇○	○ 紇○	○ 紇乃	○ 紇偶
○ 紇陌	○ 紇○	○ 紇○	○ 紇螚	○ 紇鎧

續表

呼口合					呼齒齊				
音脣	音齒	音齶	音舌	音喉	音脣	音齒	音齶	音舌	音喉
○ 平弗	○ 平窣	疏 平率	○ 揾累	○ 聲平揾	非 衣匪	西 衣悉	○ 衣矧	○ 衣里	衣 羲一
○ 平佛	○ 飀些	蜍 平術	○ 平硉	○ 平飀	肥 移狒	○ 移些	○ 移腎	離 移栗	移 奚逸
○ 揾吻	○ 揾巳	○ 揾汝	○ 揾耳	○ 平忽	○ 衣尾	○ 衣兕	○ 衣繞	○ 衣耳	羲 衣肸
○ 平物	○ 飀遂	如 飀洳	○ 飀而	○ 平鶻	微 移未	○ 移夕	舊 移刃	而 移二	奚 移檄
○ 揾彼	○ 平卒	菹 平黜	○ 平咄	○ 平骨	卑 衣必	躋 衣堲	知 衣窒	低 衣蛭	羈 衣吉
○ 平諄	○ 平猝	初 平出	○ 平灾	○ 平窟	披 移匹	妻 移七	絺 移抶	梯 移體	攲 移乞
○ 揾被	○ 揾箄	○ 揾齟	○ 揾囤	○ 揾揆	○ 衣婢	○ 衣薺	○ 衣雉	○ 衣弟	○ 衣技
○ 平勃	○ 平捽	鉏 飀助	○ 平突	○ 飀匱	皮 移弼	齊 移疾	馳 移秩	啼 移地	奇 移姞
○ 揾美	○ 揾○	○ 揾○	○ 揾焫	○ 揾硊	○ 衣米	○ 衣○	○ 衣○	○ 衣你	○ 衣擬
○ 平没	○ 飀○	○ 飀○	○ 平訥	○ 平兀	迷 移密	○ 移○	○ 移○	泥 移暱	宜 移屹

續表

撮口呼				
喉音	舌音	齶音	齒音	唇音
於 平鬱	○ 於吕	書 於暑	胥 平卹	○ 於匪
余 平聿	閭 平律	○ 余菙	○ 余些	○ 余狒
虚 平獝	○ 於耳	○ 於蕊	○ 於序	○ 於尾
○ 余穴	○ 余而	○ 余爇	徐 余屐	○ 余未
居 平橘	○ 於蛭	豬 平怞	苴 平啐	○ 於必
袪 平屈	○ 余體	攄 平黜	疽 平焌	○ 余匹
○ 於巨	○ 於弟	○ 於宁	○ 於咀	○ 於婢
渠 平倔	○ 余地	除 平朮	○ 平崒	○ 余避
○ 於語	○ 於女	○ 於○	○ 於○	○ 於米
魚 平崛	衂 余暱	○ 余○	○ 余○	○ 余密

第一類最難作。切音之例，以「影」「喻」母下字行韻；無則，用其次者。此類開、合二呼，喉、舌、音俱無字，直至齶音方有字，殊爲懸隔。故以入聲「紇」「搵」「颶」三字加圈作平，用以行韻，開口呼獨用「紇」字者，以「質」「物」類開口呼，更無他字，故專借「紇」字行韻，而一呼之字皆叶之。其「搵」「颶」二字，乃「質」「物」類合口呼。「影」「喻」母下字以入轉平，最爲親切，凡以入作平，惟同類同呼正轉之音，然後可用。若從轉旁轉，即不可用，以長言之，非即此聲也。

凡平聲字，用同轉入聲字出切；不足，用同轉。上、去聲字又不足，乃借他類。此類開口呼，因同轉仄聲字少，故借用「陌」「職」類字，雖非同轉，而韻脚管定，其音可得，所謂憑韻不憑切也。從來韻書未有爲無字之音作切者，今創爲之，遇字之窮，不得不轉借，以通其變。無可借，則竟缺之。齶音、齒音之四濁母是也。若「耳」「而」、「繞」「些」、「巳」「在」諸母下遇字缺者，即用本母字出切，雖非本呼，可以得音也。

男其炳按：反切音論云，以全切全，以分切分。今此類出切字少，不借全音。「遏」「喝」諸字而反借分音「戹」「赫」諸字，初不解其義，深以過庭時未及諮承爲恨。既而紬繹再四，意者以「戹」「赫」等字雖屬分音，然今人讀之，與第一類入聲之音頗相似。其所異者，一是穿鼻音耳，借彼切此，則第一類開口呼，雖無字，而其音庶幾可得。至上聲第八類，特言穿鼻二字，使人曉然知「戹」字本音，必穿鼻乃真也。蓋此書義主辨音，每有其字，似乎同音，而分類截然者。若此二類，所辨在微芒之間，而實去之千里。苟非精于音者，鮮不惑矣。至他類出切處，多有全音借分，分音借全者，大都同根共蒂，自一剖二，最爲親切者。方借用耳，先公而不可作矣，執耳提而面命耶。因撫卷流涕而書之，以質于世之知音者。

平聲第二類切音

齊齒呼					開口呼				
音脣	音齒	音齶	音舌	音喉	音脣	音齒	音齶	音舌	音喉
○ 追匪	○ 追悉	○ 追矧	○ 追里	○ 追一	○ 威弗	○ 威塞	○ 威瑟	○ 威唻	○ 威厄
○ 椎狒	○ 椎些	○ 椎腎	○ 椎栗	○ 椎逸	○ 爲佛	○ 爲○	○ 爲實	○ 爲勒	○ 爲佁
○ 追尾	○ 追兕	○ 追繞	○ 追耳	○ 追肸	○ 威吻	○ 威巳	○ 威疠	○ 威○	○ 威赫
○ 椎未	○ 椎夕	○ 椎刃	○ 椎二	○ 椎傒	○ 爲物	○ 爲寺	○ 爲日	○ 爲○	○ 爲紇
○ 追必	○ 追聖	○ 追窒	○ 追蛭	○ 追吉	○ 威伯	○ 威子	○ 威櫛	○ 威德	○ 威頣
○ 椎匹	○ 椎七	○ 椎抶	○ 椎體	○ 椎乞	○ 爲珀	○ 爲此	○ 爲剎	○ 爲忒	○ 爲壑
○ 追婢	○ 追薺	○ 追雉	○ 追弟	○ 追技	○ 威被	○ 威在	○ 威俟	○ 威殆	○ 威○
○ 椎弼	○ 椎疾	○ 椎秩	○ 椎地	○ 椎姞	○ 爲白	○ 爲自	○ 爲齜	○ 爲特	○ 爲隑
○ 追米	○ 追○	○ 追○	○ 追你	○ 追擬	○ 威美	○ 威○	○ 威○	○ 威乃	○ 威偶
○ 椎密	○ 椎○	○ 椎○	○ 椎暱	○ 椎屹	○ 爲陌	○ 爲○	○ 爲○	○ 爲螿	○ 爲鎧

續表

合口呼					撮口呼				
喉音	舌音	齶音	齒音	脣音	喉音	舌音	齶音	齒音	脣音
威 揾麾	○ 累威	衰 率威	雖北音 窣威	飛 弗威	○ 鬱追	○ 吕追	○ 水追	○ 邮追	○ 匪追
爲 颾闞	羸 硉爲	垂 術爲	○北音 些爲	肥 佛爲	○ 聿椎	○ 律椎	○ 菙椎	○ ○椎	○ 狒椎
麾 忽威	○ 耳威	○ 汝威	○ ○威	○ 吻威	○ 獝追	○ 耳追	○ 蕊追	○ 序追	○ 尾追
○ 鶻爲	○ 而爲	蕤 洳爲	隨北音 遂爲	微 物爲	○ 穴椎	○ 而椎	○ 爇椎	○ 屐椎	○ 未椎
規 骨威	○ 咄威	錐 黜威	騅 卒威	悲 彼威	○ 橘追	○ 的追	追 怞椎	○ 啐追	○ 必追
闚 窟爲	○ 灾爲	吹 出爲	○ 猝爲	丕 誟爲	○ 屈椎	○ 惕椎	○ 黜椎	○ 焌椎	○ 匹椎
○ 揆威	○ 囤威	○ 齟威	○ 靠威	○ 被威	○ 巨追	○ 弟追	○ 宁追	○ 咀追	○ 婢追
葵 匱爲	○ 突爲	○ 助爲	○北音 捽爲	皮 勃爲	○ 倔椎	○ 迪椎	椎 朮追	○ 崒椎	○ 弼椎
○ 硊威	○ 焫威	○ ○威	○ ○威	○ 美威	○ 語追	○ 女追	○ ○追	○ ○追	○ 米追
危 兀爲	○ 訥爲	○ ○爲	○ ○爲	眉 没爲	○ 崛椎	○ 暱椎	○ ○椎	○ ○椎	○ 密椎

凡行韻必用本呼之字。此類開口呼無字，借用合口。齊齒呼無字，借用撮口。以開與合相應，齊與撮相應也。或呼中但有一二字，即用以行韻，不拘何部之音矣。

平聲第三類切音

呼齒齊					呼口開				
音唇	音齒	音齶	音舌	音喉	音唇	音齒	音齶	音舌	音喉
○ 迦匪	○ 平薛	奢 平設	○ 迦趺	○ 平遏	○ 遏弗	○ 遏薩	○ 平撥	○ 遏唻	○ 平遏
○ 耶狒	些 耶○	蛇 平舌	儸 平列	耶 平拽	○ 曷佛	○ 曷些	○ 曷實	○ 曷拉	○ 曷佁
○ 迦尾	○ 迦炧	○ 迦惹	○ 迦耳	○ 平歇	○ 遏吻	○ 遏巳	○ 遏疠	○ 遏耳	○ 平喝
○ 耶未	邪 耶謝	婼 平熱	○ 耶而	○ 平纈	○ 曷物	○ 曷寺	○ 曷髾	○ 曷而	○ 平曷
○ 平鷩	嗟 平節	遮 平哲	爹 平咥	迦 平結	○ 遏撥	○ 遏椮	○ 遏札	○ 遏答	○ 平葛
○ 平瞥	磋 平切	車 平掣	○ 平鐵	佉 平挈	○ 曷潑	○ 曷擦	○ 平劕	○ 曷漯	○ 平渴
○ 迦辨	○ 迦踐	○ 迦邅	○ 迦殄	○ 迦件	○ 遏琲	○ 遏在	○ 遏俟	○ 遏殆	○ 遏揆
○ 平別	沓 平截	○ 平轍	○ 平垤	伽 平傑	○ 曷跋	○ 曷囋	○ 平闥	○ 曷沓	○ 曷隑
○ 迦乜	○ 迦○	○ 迦○	○ 迦撚	○ 迦巘	○ 遏每	○ 遏○	○ 遏○	○ 遏乃	○ 遏我
○ 平蔑	○ 耶○	○ 耶○	[illegible] 平涅	○ 平齧	○ 曷末	○ 曷○	○ 曷○	○ 曷納	○ 平嶭

續表

呼口撮					呼口合				
音脣	音齒	音齶	音舌	音喉	音脣	音齒	音齶	音舌	音喉
○ 胒沸	○ 平雪	○ 平説	○ 胒欝	胒 平嚱	○ 斡廢	○ 斡崔	○ 平刷	○ 斡磊	○ 平斡
○ 髗狒	○ 髗些	○ 髗膊	臠 平劣	○ 平悦	○ 活吠	○ 活些	○ 活術	○ 平捋	○ 活僓
○ 胒尾	○ 胒序	○ 胒輭	○ 胒耳	靴 平血	○ 斡武	○ 斡巳	○ 斡汝	○ 斡耳	○ 平豁
○ 髗未	○ 平䅽	○ 平爇	○ 髗而	○ 平穴	○ 活物	○ 活遂	○ 活洳	○ 活而	○ 平活
○ 胒秘	侳 平蕝	○ 平拙	○ 胒咥	○ 平抉	○ 平撥	○ 平繓	○ 斡鬗	○ 平惙	○ 平括
○ 髗譬	脞 平臇	○ 平歠	○ 髗鐵	髗 平缺	○ 平潑	○ 平撮	○ 活吹	○ 平脱	○ 平闊
○ 胒婢	○ 胒雋	○ 胒篆	○ 胒弟	○ 胒圈	○ 斡琲	○ 斡罪	○ 斡齟	○ 斡錞	○ 斡揆
○ 髗避	○ 平絶	○ 髗傳	○ 髗垤	瘸 平撅	○ 平跋	○ 平柮	○ 活助	○ 平奪	○ 活匱
○ 胒米	○ 胒○	○ 胒○	○ 胒你	○ 胒阮	○ 斡每	○ 斡○	○ 斡○	○ 斡餒	○ 斡頠
吽 髗謎	○ 髗○	○ 髗○	○ 平吶	○ 平月	○ 平末	○ 活○	○ 活○	○ 活内	○ 平枂

平聲第四類切音

呼齒齊					呼口開				
音唇	音齒	音齶	音舌	音喉	音唇	音齒	音齶	音舌	音喉
○ 軋匪	○ 軋薛	○ 軋設	○ 軋里	○ 平軋	○ 閩髮	○ 平薩	○ 平殺	○ 閩唻	○ 平閩
○ 黠狒	○ 黠些	○ 黠舌	○ 黠列	○ 黠拽	○ 鍣伐	○ 鍣些	○ 鍣實	○ 平辣	○ 鍣佁
○ 軋尾	○ 軋灺	○ 軋惹	○ 軋耳	○ 軋喊	○ 閩晚	○ 閩巳	○ 閩疠	○ 閩耳	○ 平鬠
○ 黠末	○ 黠謝	○ 黠熱	○ 黠而	○ 平黠	○ 鍣韤	○ 鍣寺	○ 平髻	○ 鍣而	○ 平鍣
○ 軋鶩	○ 軋節	○ 平哳	○ 軋咥	○ 平戛	○ 閩擺	○ 平桚	○ 平札	○ 平怛	○ 平藒
○ 黠瞥	○ 黠切	○ 黠㬦	○ 黠鐵	○ 平劼	○ 鍣啡	○ 平擦	○ 平察	○ 平闥	○ 平楬
○ 軋婢	○ 軋薺	○ 軋廌	○ 軋弟	○ 軋篣	○ 閩罷	○ 閩在	○ 閩俟	○ 閩殆	○ 閩揆
○ 黠別	○ 黠截	○ 黠𧹞	○ 黠垤	○ 黠齬	○ 鍣暴	○ 平嚽	○ 平鏩	○ 平達	○ 鍣隑
○ 軋乜	○ 軋○	○ 軋○	○ 軋你	○ 軋娾	○ 閩買	○ 閩○	○ 閩○	○ 閩乃	○ 閩頙
○ 黠蔑	○ 黠○	○ 黠○	○ 平疺	○ 黠睚	○ 平搊	○ 鍣○	○ 鍣○	○ 平捺	○ 平齾

續表

呼口撮					呼口合				
音脣	音齒	音齶	音舌	音喉	音脣	音齒	音齶	音舌	音喉
○ 軋○	○ 軋雪	○ 軋説	○ 軋吕	○ 軋嚨	○ 平髪	○ 乞崔	○ 乞刷	○ 乞磊	○ 平乞
○ 黠○	○ 黠○	○ 黠蕐	○ 黠劣	○ 黠悦	○ 平伐	○ 滑些	○ 滑術	○ 滑辣	○ 滑颼
○ 軋○	○ 軋序	○ 軋蕊	○ 軋○	○ 軋血	○ 乞晚	○ 乞巳	○ 乞汝	○ 乞耳	○ 平脩
○ 黠○	○ 黠蔢	○ 黠爇	○ 黠○	○ 黠穴	○ 平襪	○ 滑遂	○ 滑洳	○ 滑而	○ 平滑
○ 軋○	○ 軋蕝	追 軋拙	○ 軋○	○ 軋玦	○ 平八	○ 乞縓	○ 平茁	○ 平竅	○ 平刮
○ 黠○	○ 黠臇	○ 黠歠	○ 黠○	○ 黠缺	○ 平汃	○ 滑撮	○ 平纂	○ 滑脱	○ 平骱
○ 軋○	○ 軋聚	○ 軋宁	○ 軋○	○ 軋巨	○ 乞罷	○ 乞罪	○ 乞齟	○ 乞錞	○ 乞揆
○ 黠○	○ 黠絶	○ 黠箸	○ 黠○	○ 黠撅	○ 平拔	○ 滑柮	○ 滑钃	○ 滑奪	○ 滑匱
○ 軋○	○ 軋○	○ 軋○	○ 軋○	○ 軋語	○ 乞買	○ 乞○	○ 乞○	○ 乞餒	○ 乞鼾
○ 黠○	○ 黠○	○ 黠○	○ 黠吶	○ 黠月	○ 平韎	○ 滑○	○ 滑○	○ 滑肉	○ 平刖

右第四類，乃第三類「遮」「車」之分音，即入聲「黠」「鍩」類之平聲也。雖全類無字，不可不存其音。其開、齊、合三呼入聲有字，可以轉平行韻，而撮口一呼無字可轉，故借齊齒呼「軋」「黠」二字轉平行韻，而以「噦」「悦」等撮口之字出切，雖非正切，其音不異也。凡撮口呼借齊齒字行韻者，須撮口字出切，方可得撮口之音。若行韻出切，俱齊齒字則成齊齒音矣。故舌音、唇音諸母無撮口字者俱缺。其切他類仿此。

平聲第五類切音

開口呼				
喉音	舌音	齶音	齒音	唇音
○ 限遏	○ 限唻	○ 限掇	○ 限薩	○ 限○
○ 回佁	○ 回拉	○ 回實	○ 回○	○ 回○
○ 限喝	○ 限○	○ 限疠	○ 限○	○ 限○
○ 回曷	○ 回○	○ 回日	○ 回寺	○ 回○
○ 限葛	○ 限答	○ 限札	○ 限椮	○ 限○
○ 回渴	○ 回漯	○ 回劄	○ 回攃	○ 回○
○ 限○	○ 限殆	○ 限俟	○ 限在	○ 限○
○ 回隑	○ 回沓	○ 回闒	○ 回囋	○ 回○
○ 限頠	○ 限乃	○ 限○	○ 限○	○ 限○
○ 回嶭	○ 回納	○ 回○	○ 回○	○ 回○

續表

呼口合					呼齒齊				
音脣	音齒	音齶	音舌	音喉	音脣	音齒	音齶	音舌	音喉
○ 限廢	捼 限髓	○ 限刷	○ 限磊	限 灰斡	○ 限匪	○ 限薛	○ 限設	○ 限跍	○ 限謁
○ 回吠	○ 回○	○ 回術	雷 回捋	○ 回侑	○ 回狒	○ 回些	○ 回舌	○ 回列	○ 回拽
○ 限武	○ 限巳	○ 限汝	○ 限○	灰 限豁	○ 限尾	○ 限灺	○ 限惹	○ 限耳	○ 限歇
○ 回物	○ 回遂	○ 回洳	○ 回○	回 恢活	○ 回未	○ 回謝	○ 回熱	○ 回而	○ 回纈
桮 限撥	嗺 限緅	○ 限髥	堆 限掇	瑰 限括	○ 限鷩	○ 限節	○ 限哲	○ 限咥	○ 限結
胚 回潑	崔 回撮	○ 回吹	推 回脱	恢 回闊	○ 回瞥	○ 回切	○ 回掣	○ 回鐵	○ 回挈
○ 限琲	○ 限罪	○ 限齟	○ 限錞	○ 限揆	○ 限辨	○ 限踐	○ 限邅	○ 限殄	○ 限件
裴 回跋	摧 回柮	○ 回倅	頹 回奪	○ 回衛	○ 回别	○ 回截	○ 回轍	○ 回咥	○ 回傑
○ 限每	○ 限○	○ 限○	○ 限餒	○ 限頠	○ 限乜	○ 限○	○ 限○	○ 限撚	○ 限巘
枚 回末	○ 回○	○ 回○	捼 回内	嵬 回枂	○ 回蔑	○ 回○	○ 回○	○ 回涅	○ 回齧

續表

呼口撮				
音唇	音齒	音齶	音舌	音喉
○ 限○	○ 限雪	○ 限說	○ 限臠	○ 限嚱
○ 回○	○ 回○	○ 回膊	○ 回劣	○ 回悅
○ 限○	○ 限序	○ 限輭	○ 限○	○ 限血
○ 回○	○ 回蔑	○ 回爇	○ 回○	○ 回穴
○ 限○	○ 限蕝	○ 限拙	○ 限○	○ 限玦
○ 回○	○ 回臇	○ 回歠	○ 回○	○ 回缺
○ 限○	○ 限雋	○ 限篆	○ 限○	○ 限巨
○ 回○	○ 回絶	○ 回傳	○ 回○	○ 回撅
○ 限○	○ 限○	○ 限○	○ 限○	○ 限語
○ 回○	○ 回○	○ 回○	○ 回吶	○ 回月

右「灰」「回」類之字，廣韻置在「皆」「咍」之間，而今人讀之與「規」「闚」同類。正韻直取「支」「微」韻中「威」「爲」等字隸之固非，而謂與「皆」「咍」同類者亦非。此正「皆」「咍」類之全音，其入聲爲「曷」「末」。若「皆」「咍」類分音之入聲，則「黠」「鎋」矣。此類止合口呼有字，開、齊、撮俱無字，不得已俱借合口之字行韻，亦變例也。

平聲第六類切音

齊齒呼					開口呼				
唇音	齒音	齶音	舌音	喉音	唇音	齒音	齶音	舌音	喉音
○ 挨匪	○ 挨薛	○ 挨設	○ 挨里	挨 狶軋	○ 哀髮	腮 哀薩	崽 哀殺	○ 哀唻	哀 咍闒
○ 諧狒	○ 諧些	○ 諧舌	○ 諧列	○ 諧拽	○ 孩伐	○ 孩些	○ 孩實	來 孩辣	○ 孩佁
○ 挨尾	○ 挨灺	○ 挨惹	○ 挨耳	狶 挨喊	○ 哀晚	○ 哀巳	○ 哀疓	○ 哀耳	咍 哀鬢
○ 諧未	○ 諧謝	○ 諧熱	○ 諧而	諧 揩黠	○ 孩襪	○ 孩寺	○ 孩髾	○ 孩而	孩 開鎋
○ 挨鷩	○ 挨節	龤 挨唽	○ 挨咥	皆 挨戛	○ 哀擺	栽 哀椮	齋 哀札	驝 哀怛	該 哀擖
○ 諧瞥	○ 諧切	扠 諧孱	○ 諧鐵	揩 諧劼	○ 孩啡	裁 孩擦	茬 孩察	胎 孩闥	開 孩楬
○ 挨婢	○ 挨薺	○ 挨雉	○ 挨弟	○ 挨篣	○ 哀罷	○ 哀在	○ 哀俟	○ 哀殆	○ 哀揆
○ 諧別	○ 諧截	孱 諧蘚	○ 諧垤	○ 諧龤	○ 孩暴	才 孩囋	豺 孩鏩	臺 孩達	○ 孩隑
○ 挨乜	○ 挨○	○ 挨○	○ 挨你	○ 挨娾	○ 哀買	○ 哀○	○ 哀○	○ 哀乃	○ 哀顉
○ 諧蔑	○ 諧○	○ 諧○	○ 諧疕	崖 諧睚	○ 孩藒	○ 孩○	○ 孩○	能 孩捺	噫 孩齾

續表

呼口撮					呼口合				
音脣	音齒	音齶	音舌	音喉	音脣	音齒	音齶	音舌	音喉
○ 挨○	○ 挨雪	○ 挨説	○ 挨吕	○ 挨嚱	○ 娃髮	○ 娃薩	○ 娃刷	○ 娃磊	娃 虺穵
○ 諧○	○ 諧○	○ 諧菙	○ 諧劣	○ 諧悦	○ 懷伐	○ 懷些	○ 懷術	膘 懷辣	○ 懷颾
○ 挨○	○ 挨序	○ 挨拙	○ 挨○	○ 挨血	○ 娃晚	○ 娃巳	○ 娃汝	○ 娃耳	虺 娃倄
○ 諧○	○ 諧葰	○ 諧爇	○ 諧○	○ 諧穴	○ 懷襪	○ 懷遂	○ 懷洳	○ 懷而	懷 勑滑
○ 挨○	○ 挨蕝	○ 挨拙	○ 挨○	○ 挨玦	○ 娃八	○ 娃桫	○ 娃茁	○ 娃窡	乖 娃刮
○ 諧○	○ 諧臇	○ 諧歠	○ 諧○	○ 諧缺	姡 懷汃	○ 懷擦	○ 懷纂	○ 懷闥	勑 懷骩
○ 挨○	○ 挨咀	○ 挨宁	○ 挨○	○ 挨巨	○ 娃罷	○ 娃在	○ 娃齟	○ 娃錞	○ 娃揆
○ 諧○	○ 諧絶	○ 諧箸	○ 諧○	○ 諧撅	排 懷拔	○ 懷嘳	膗 懷鏩	尵 懷奪	○ 懷匱
○ 挨○	○ 挨○	○ 挨○	○ 挨○	○ 挨語	○ 娃買	○ 娃○	○ 娃○	○ 娃乃	○ 娃䵷
○ 諧○	○ 諧○	○ 諧○	○ 諧○	○ 諧月	埋 懷帓	○ 懷○	○ 懷○	○ 懷向	詬 懷刖

右「皆」「哈」類撮口呼無字，入聲。「黠」「鎋」類撮口呼，亦無字。故以「曷」「末」類撮口之字出切，而以本類齊齒之字行韻，即得本音也。

平聲第七類切音

呼齒齊					呼口開				
音脣	音齒	音齶	音舌	音喉	音脣	音齒	音齶	音舌	音喉
○ 旭匪	○ 平粟	○ 平束	○ 旭柳	○ 旭颮	○ 平襆	○ 平溯	○ 沃浚	○ 沃塿	○ 平沃
○ 欲狒	○ 欲些	○ 平蜀	○ 平録	○ 平欲	○ 平幞	○ 鵠些	○ 鵠廬	○ 平濼	○ 鵠佁
○ 旭尾	○ 旭兕	○ 旭蹂	○ 旭耳	○ 平旭	○ 沃武	○ 沃巳	○ 沃冗	○ 沃耳	○ 平熇
○ 欲未	○ 平續	○ 平辱	○ 欲而	○ 欲檄	○ 鵠務	○ 鵠寺	○ 鵠日	○ 鵠而	○ 平鵠
○ 旭逼	○ 平足	○ 平燭	○ 旭的	○ 平葦	○ 平襮	○ 平傶	○ 沃掫	○ 平篤	○ 平梏
○ 欲僻	○ 平促	○ 平觸	○ 欲惕	○ 平曲	○ 鵠剖	○ 鵠湊	○ 鵠鞁	○ 鵠鞋	○ 平酷
○ 旭婢	○ 旭湫	○ 旭紂	○ 旭弟	○ 旭舅	○ 沃錇	○ 沃在	○ 沃穋	○ 沃揄	○ 沃揆
○ 欲闢	○ 欲就	○ 平躅	○ 欲迪	○ 平局	○ 平僕	○ 鵠蹴	○ 鵠驟	○ 平毒	○ 鵠隑
○ 旭米	○ 旭○	○ 旭○	○ 旭狃	○ 旭鰜	○ 沃畝	○ 沃○	○ 沃○	○ 沃穀	○ 沃偶
○ 欲覓	○ 欲○	○ 平○	○ 欲糅	○ 平玉	○ 平瑁	○ 鵠○	○ 鵠○	○ 平褥	○ 平燿

續表

呼口撮					呼口合				
音脣	音齒	音齶	音舌	音喉	音脣	音齒	音齶	音舌	音喉
○ 紆沸	須 平肅	輸 平叔	○ 紆縷	紆 平郁	夫 平福	蘇 平速	毹 平縮	○ 烏魯	烏 平屋
○ 于狒	○ 于些	殊 平熟	慺 平六	于 平育	扶 平伏	○ 湖些	○ 湖術	盧 平禄	○ 湖颸
○ 紆尾	○ 紆序	○ 紆乳	○ 紆耳	訏 平蓄	○ 烏武	○ 烏巳	○ 烏汝	○ 烏耳	呼 平設
○ 于未	○ 于屐	儒 平肉	○ 于而	○ 于○	無 湖務	○ 湖遂	○ 湖洳	○ 湖而	湖 平縠
○ 紆秘	諏 平蹙	朱 平竹	○ 紆的	俱 平菊	逋 平卜	租 平鏃	傷 平埊	都 平縠	孤 平穀
○ 于譬	趨 平蹴	樞 平俶	○ 于惕	區 平麴	鋪 平朴	粗 平瘯	芻 平珿	瑹 平禿	枯 平哭
○ 紆婢	○ 紆聚	○ 紆宁	○ 紆弟	○ 紆窶	○ 烏簿	○ 烏粗	○ 烏齟	○ 烏杜	○ 烏揆
○ 于弼	○ 于歗	厨 平逐	○ 于迪	衢 平匊	蒲 平暴	徂 平族	雛 湖助	徒 平獨	○ 湖匱
○ 紆米	○ 紆○	○ 紆○	○ 紆你	○ 紆麌	○ 烏姥	○ 烏○	○ 烏○	○ 烏弩	○ 烏五
○ 于密	○ 于○	○ 于○	○ 平肭	虞 平砡	模 平木	○ 湖○	○ 湖○	奴 湖褥	吾 湖悟

平聲第八類切音

呼齒齊					呼口開				
音唇	音齒	音齶	音舌	音喉	音唇	音齒	音齶	音舌	音喉
○ 益匪	○ 平昔	○ 平式	○ 益嶺	○ 平益	○ 厄轐	○ 平塞	○ 平色	○ 厄冷	○ 聲平厄
○ 易狒	○ 易些	○ 平石	○ 平歷	○ 平易	○ 劾幞	○ 劾些	○ 平寔	○ 平勒	○ 劾佁
○ 益尾	○ 益兕	○ 益蹂	○ 益耳	○ 平闃	○ 厄武	○ 厄巳	○ 厄忍	○ 厄耳	○ 平赫
○ 易未	○ 平夕	○ 易扔	○ 易而	○ 平檄	○ 劾務	○ 劾鱳	○ 劾日	○ 劾而	○ 平劾
○ 平逼	○ 平積	○ 平隻	○ 平的	○ 平戟	○ 平伯	○ 平則	○ 平責	○ 平德	○ 平革
○ 平僻	○ 平戚	○ 平尺	○ 平惕	○ 平隙	○ 平珀	○ 劾蹭	○ 平柵	○ 平忒	○ 平客
○ 益並	○ 益靜	○ 益徎	○ 益艇	○ 益蟉	○ 厄鉼	○ 厄在	○ 厄穇	○ 厄瑒	○ 厄揆
○ 平闢	○ 平籍	○ 平直	○ 平迪	○ 平極	○ 平白	○ 平賊	○ 平岝	○ 平特	○ 劾隑
○ 益茗	○ 益○	○ 益○	○ 益檸	○ 益脛	○ 厄猛	○ 厄○	○ 厄○	○ 厄能	○ 厄偶
○ 平覓	○ 易○	○ 易○	○ 平惄	○ 平逆	○ 平陌	○ 劾○	○ 劾○	○ 平蠥	○ 平額

續表

呼口撮					呼口合				
音脣	音齒	音齶	音舌	音喉	音脣	音齒	音齶	音舌	音喉
○ 瞑匪	○ 瞑昔	○ 瞑式	○ 瞑縷	○ 瞑潑	○ 擭福	○ 擭速	○ 平摵	○ 擭魯	○ 平擭
○ 役狒	○ 役些	○ 役石	○ 役六	○ 平役	○ 畫伏	○ 畫些	○ 畫術	○ 畫禄	○ 畫颶
○ 瞑尾	○ 瞑序	○ 瞑乳	○ 瞑耳	○ 平瞑	○ 擭武	○ 擭巳	○ 擭汝	○ 擭耳	○ 平砉
○ 役未	○ 役夕	○ 役肉	○ 役而	○ 役迴	○ 畫務	○ 畫遂	○ 畫洳	○ 畫而	○ 平畫
○ 平碧	○ 瞑積	○ 平菓	○ 瞑的	○ 平郹	○ 擭卜	○ 擭鏃	○ 平擡	○ 擭德	○ 平國
○ 役僻	○ 平旻	○ 役尺	○ 役惕	○ 平闃	○ 畫朴	○ 畫瘯	○ 畫栅	○ 畫忒	○ 平劘
○ 瞑婢	○ 瞑聚	○ 瞑宁	○ 瞑艇	○ 瞑寠	○ 擭簿	○ 擭粗	○ 擭齟	○ 擭杜	○ 擭揆
○ 役闢	○ 役籍	○ 役直	○ 役迪	○ 役麴	○ 畫暴	○ 畫族	○ 平趚	○ 畫特	○ 平趭
○ 瞑米	○ 瞑○	○ 瞑○	○ 瞑狃	○ 瞑麌	○ 擭姥	○ 擭○	○ 擭○	○ 擭弩	○ 擭五
○ 役覓	○ 役○	○ 役○	○ 役惄	○ 役砡	○ 畫木	○ 畫○	○ 畫○	○ 畫蜢	○ 畫悟

平聲第九類切音

齊齒呼					開口呼				
脣音	齒音	齶音	舌音	喉音	脣音	齒音	齶音	舌音	喉音
○ 憂匪	修 憂粟	收 憂束	○ 憂柳	憂 休颱	不 謳轐	涑 謳洬	搜 謳涭	○ 謳塿	謳 齁沃
○ 尤狒	○ 尤些	雠 尤蜀	流 尤録	尤 丘欲	浮 侯幞	○ 侯些	○ 侯摣	樓 侯濼	○ 侯佁
○ 憂尾	○ 憂兒	○ 憂蹂	○ 憂耳	休 憂旭	○ 謳武	○ 謳巳	○ 謳冗	○ 謳耳	齁 謳熇
○ 尤未	囚 尤續	柔 尤辱	○ 尤而	○ 尤檄	○ 侯務	○ 侯鱌	○ 侯日	○ 侯而	侯 驅鵠
○ 憂逼	啾 憂足	周 憂燭	○ 憂的	鳩 憂葦	○ 謳襮	掫 謳僌	鄒 謳掫	兜 謳篤	鉤 謳梏
飆 尤僻	秋 尤促	抽 尤觸	○ 尤惕	丘 尤曲	○ 侯剖	誰 侯湊	搊 侯輙	偷 侯黈	彄 侯酷
○ 憂婢	○ 憂湫	○ 憂紂	○ 憂弟	○ 憂舅	○ 謳錇	○ 謳在	○ 謳穋	○ 謳揄	○ 謳揆
○ 尤闢	酋 尤就	儔 尤躅	○ 尤迪	求 尤局	裒 侯僕	剩 侯蹀	愁 侯驟	頭 侯毒	○ 侯隑
○ 憂米	○ 憂○	○ 憂○	○ 憂狃	○ 憂齵	○ 謳畝	○ 謳○	○ 謳○	○ 謳穀	○ 謳偶
○ 尤覓	○ 尤○	○ 尤○	○ 尤糅	牛 尤玉	謀 侯瑁	○ 侯○	○ 侯○	羺 侯褥	齵 侯櫂

續表

呼口撮					呼口合				
音脣	音齒	音齶	音舌	音喉	音脣	音齒	音齶	音舌	音喉
○ 憂○	○ 憂肅	○ 憂叔	○ 憂縷	○ 憂郁	○ 漚福	○ 漚速	○ 漚縮	○ 漚魯	○ 漚屋
○ 尤○	○ 尤○	○ 尤熟	○ 尤六	○ 尤育	○ 侯伏	○ 侯○	○ 侯術	○ 侯禄	○ 侯飀
○ 憂○	○ 憂序	○ 憂乳	○ 憂○	○ 憂蓄	○ 漚武	○ 漚○	○ 漚汝	○ 漚○	○ 漚殼
○ 尤○	○ 尤屐	○ 尤肉	○ 尤○	○ 尤穴	○ 侯務	○ 侯遂	○ 侯洳	○ 侯○	○ 侯觳
○ 憂○	○ 憂蹙	○ 憂竹	○ 憂○	○ 憂菊	○ 漚卜	○ 漚鏃	○ 漚趗	○ 漚穀	○ 漚穀
○ 尤○	○ 尤蹴	○ 尤俶	○ 尤○	○ 尤麴	○ 侯朴	○ 侯瘯	○ 侯琁	○ 侯禿	○ 侯哭
○ 憂○	○ 憂聚	○ 憂宁	○ 憂○	○ 憂窶	○ 漚簿	○ 漚粗	○ 漚齟	○ 漚杜	○ 漚揆
○ 尤○	○ 尤歡	○ 尤逐	○ 尤○	○ 尤趜	○ 侯暴	○ 侯族	○ 侯助	○ 侯獨	○ 侯匱
○ 憂○	○ 憂○	○ 憂○	○ 憂○	○ 憂麌	○ 漚姥	○ 漚○	○ 漚○	○ 漚弩	○ 漚五
○ 尤○	○ 尤○	○ 尤○	○ 尤朒	○ 尤砡	○ 侯木	○ 侯○	○ 侯○	○ 侯怒	○ 侯悟

平聲第十類切音

開口呼					齊齒呼				
喉音	舌音	齶音	齒音	脣音	喉音	舌音	齶音	齒音	脣音
○ 慘厄	○ 慘冷	慘 磁色	○ 慘塞	○ 慘轐	幽 烋益	○ 幽柳	○ 幽式	○ 幽昔	○ 幽匪
○ 慘佁	○ 慘勒	○ 慘寔	○ 慘些	○ 慘幞	○ 虬易	鏐 虬歷	○ 虬石	○ 虬些	○ 虬狒
○ 慘赫	○ 慘耳	○ 慘忍	○ 慘巳	○ 慘武	烋 幽閾	○ 幽耳	○ 幽蹂	○ 幽兕	○ 幽尾
○ 慘劾	○ 慘而	○ 慘日	○ 慘鰈	○ 慘務	○ 虬檄	○ 虬而	○ 虬扔	○ 虬夕	○ 虬未
○ 慘革	○ 慘德	○ 慘責	磁 慘則	○ 慘伯	樛 幽戟	○ 幽的	○ 幽隻	○ 幽積	彪 幽逼
○ 慘客	○ 慘忒	○ 慘栅	○ 慘蹭	○ 慘珀	○ 虬隙	○ 虬惕	○ 虬尺	○ 虬戚	○ 虬並
○ 慘○	○ 慘瑒	○ 慘穛	○ 慘在	○ 慘餅	○ 幽蟉	○ 幽艇	○ 幽珵	○ 幽湫	○ 幽婢
○ 慘隑	○ 慘特	○ 慘岝	○ 慘賊	○ 慘白	虬 聱極	○ 虬迪	○ 虬直	○ 虬籍	滮 虬闢
○ 慘偶	○ 慘能	○ 慘○	○ 慘○	○ 慘猛	○ 幽睈	○ 幽檸	○ 幽○	○ 幽○	○ 幽米
○ 慘額	○ 慘黽	○ 慘○	○ 慘○	○ 慘陌	聱 虬逆	○ 虬惄	○ 虬○	○ 虬○	繆 虬覓

續表

呼口撮					呼口合				
音脣	音齒	音齶	音舌	音喉	音脣	音齒	音齶	音舌	音喉
○ 幽○	○ 幽肅	○ 幽叔	○ 幽縷	○ 幽淡	○ 慘福	○ 慘速	○ 慘撼	○ 慘魯	○ 慘擭
○ 虯○	○ 虯○	○ 虯熟	○ 虯六	○ 虯役	○ 慘伏	○ 慘○	○ 慘術	○ 慘禄	○ 慘颭
○ 幽○	○ 幽序	○ 幽乳	○ 幽○	○ 幽瞑	○ 慘武	○ 慘○	○ 慘汝	○ 慘○	○ 慘砉
○ 虯○	○ 虯屐	○ 虯肉	○ 虯○	○ 虯迴	○ 慘務	○ 慘遂	○ 慘洳	○ 慘○	○ 慘畫
○ 幽碧	○ 幽蹩	○ 幽菓	○ 幽○	○ 幽郹	○ 慘卜	○ 慘鏃	○ 慘擂	○ 慘瀫	○ 慘國
○ 虯○	○ 虯旻	○ 虯俶	○ 虯○	○ 虯闃	○ 慘朴	○ 慘瘯	○ 慘琨	○ 慘禿	○ 慘劃
○ 幽○	○ 幽聚	○ 幽宁	○ 幽○	○ 幽寠	○ 慘簿	○ 慘粗	○ 慘齟	○ 慘杜	○ 慘揆
○ 虯○	○ 虯�	○ 虯逐	○ 虯○	○ 虯麴	○ 慘暴	○ 慘族	○ 慘趚	○ 慘獨	○ 慘擭
○ 幽○	○ 幽○	○ 幽○	○ 幽○	○ 幽麌	○ 慘姥	○ 慘○	○ 慘○	○ 慘弩	○ 慘五
○ 虯○	○ 虯○	○ 虯○	○ 虯肭	○ 虯砡	○ 慘木	○ 慘○	○ 慘○	○ 慘怒	○ 慘悟

右第十類，乃第九類之分音，人多不能讀，然廣韻「尤」「侯」之外，别有「幽」韻，似同實異。今用以行韻，而以「陌」「昔」諸韻字出切，其所缺者，仍用「沃」「屋」韻字足之。蓋此與「尤」「侯」、「東」「冬」、「庚」「青」同爲穿鼻之音，非他類所可錯雜，窮而變通，寧借同轉之全音，不借異轉之分音也。讀者審之。

平聲第十一類切音

開口呼				
喉音	舌音	齶音	齒音	脣音
阿 惡平	○ 儸阿	○ 朔平	娑 索平	○ 昉阿
○ 佁何	羅 洛平	○ 實何	○ 些何	○ 防何
訶 腌平	○ 耳阿	○ 疠阿	○ 巳阿	○ 網阿
何 鶴何	○ 而何	○ 日何	○ 寺何	○ 妄何
歌 各平	多 ⿰革單阿	○ 提平	⿰豸左 作平	○ 飽阿
珂 恪平	佗 托平	○ 娖平	蹉 錯平	○ 炮何
○ 侹阿	○ 柁阿	○ 儏阿	○ 奘阿	○ 鮑阿
翗 隑何	駝 鐸平	○ 浞平	鹺 昨平	○ ⿰酉包何
○ 我阿	○ 那阿	○ ○阿	○ ○阿	○ 卯阿
哦 咢平	郍 諾平	○ ○何	○ ○何	○ 貌何

續表

呼口合					呼齒齊				
音唇	音齒	音齶	音舌	音喉	音唇	音齒	音齶	音舌	音喉
○ 平霧	莎 倭鎖	○ 倭葰	○ 倭裸	倭 平擭	○ 握匪	○ 握篠	○ 握爍	○ 握了	○ 平握
○ 平縛	○ 和些	○ 和術	螺 平硦	○ 和往	○ 籰狒	○ 籰些	○ 籰勺	○ 平犖	○ 平籰
○ 倭武	○ 倭巳	○ 倭汝	○ 倭耳	○ 平霍	○ 握尾	○ 握兕	○ 握繞	○ 握耳	○ 平瞉
○ 和務	○ 和遂	○ 和洳	○ 和而	和 平穫	○ 籰未	○ 籰謝	○ 籰若	○ 籰而	○ 平學
波 平剥	○ 平噪	○ 倭壯	挅 倭朵	戈 平郭	○ 握表	○ 握湫	○ 平涿	○ 握蔦	○ 平覺
坡 平璞	莝 和脞	○ 和刱	詑 和妥	科 平廓	○ 籰醥	○ 籰切	○ 平逴	○ 籰朓	○ 平確
○ 倭爸	○ 倭坐	○ 倭槎	○ 倭墮	○ 倭倇	○ 握鰾	○ 握踐	○ 握肇	○ 握窕	○ 握�
婆 平雹	矬 和坐	○ 和狀	牠 和惰	○ 和狂	○ 籰驃	○ 籰截	○ 平濁	○ 籰調	○ 平懼
○ 倭麼	○ 倭○	○ 倭○	○ 倭妮	○ 倭卮	○ 握眇	○ 握○	○ 握○	○ 握嬲	○ 握鳥
磨 平邈	○ 和○	○ 和○	捼 和愞	訛 平擭	○ 籰妙	○ 籰○	○ 籰○	○ 籰搦	○ 平嶽

續表

呼口撮				
音唇	音齒	音齶	音舌	音喉
○ 握○	○ 握雪	○ 握説	○ 握呂	○ 握噦
○ 籰○	○ 籰○	○ 籰菙	○ 籰劣	○ 籰悦
○ 握○	○ 握序	○ 握蕊	○ 握○	○ 握血
○ 籰○	○ 籰茇	○ 籰爇	○ 籰○	○ 籰穴
○ 握○	○ 握蕝	○ 握拙	○ 握○	○ 握玦
○ 籰○	○ 籰膬	○ 籰歠	○ 籰○	○ 籰缺
○ 握○	○ 握咀	○ 握宁	○ 握○	○ 握巨
○ 籰○	○ 籰絶	○ 籰逐	○ 籰○	○ 籰撅
○ 握○	○ 握○	○ 握○	○ 握○	○ 握語
○ 籰○	○ 籰○	○ 籰○	○ 籰○	○ 籰月

平聲第十二類切音

呼口開				
音唇	音齒	音齶	音舌	音喉
○ 阿昉	○ 阿嫂	沙 阿灑	喇 阿老	阿 喇襖
○ 他防	○ 他些	○ 他實	○ 他澇	○ 他佁
○ 阿網	○ 阿巳	○ 阿病	○ 阿耳	哈 阿好
○ 他安	○ 他寺	○ 他髾	○ 他而	○ 他皓
○ 阿報	○ 阿早	相 阿鮓	○ 阿鰖	○ 阿杲
○ 他犥	○ 他草	杈 他磢	他 拏討	○ 他考
○ 阿抱	○ 阿皂	○ 阿槎	○ 阿道	○ 阿揆
○ 他暴	○ 他漕	查 他乍	○ 他導	○ 他隑
○ 阿娟	○ 阿○	○ 阿○	○ 阿綮	○ 阿頓
○ 他冒	○ 他○	○ 他○	拏 他腴	○ 他傲

續表

呼口合					呼齒齊				
音唇	音齒	音齶	音舌	音喉	音唇	音齒	音齶	音舌	音喉
○ 窪髮	○ 窪鎖	○ 窪葰	○ 窪累	窪 花乞	○ 鴉匪	○ 平削	○ 平爍	○ 鴉繚	鴉 平約
○ 華伐	○ 華些	○ 華術	○ 華捋	○ 華往	○ 遐狒	○ 遐些	○ 平勺	○ 平略	○ 平藥
○ 窪晚	○ 窪巳	○ 窪汝	○ 窪耳	花 窪化	○ 鴉尾	○ 鴉象	○ 鴉繞	○ 鴉耳	煆 平謔
○ 華襪	○ 華遂	○ 華洳	○ 華而	華 誇踝	○ 遐未	○ 遐謝	○ 平若	○ 遐而	遐 齣下
巴 窪霸	○ 窪岩	檛 窪粗	○ 窪朵	瓜 窪寡	○ 鴉表	○ 平爵	奓 平灼	○ 鴉蔦	家 平脚
葩 華帊	○ 華脞	○ 華硑	○ 華妥	誇 華髁	○ 遐醥	○ 平鵲	侘 平綽	○ 遐朓	齣 平却
○ 窪靶	○ 窪坐	○ 窪齟	○ 窪墮	○ 窪掞	○ 鴉鰾	○ 鴉跿	○ 鴉肇	○ 鴉窕	○ 鴉鬐
爬 華耙	○ 華坐	○ 華助	○ 華惰	○ 華匱	○ 遐驃	○ 平爝	茶 平著	○ 遐調	伽 平噱
○ 窪馬	○ 窪○	○ 窪○	○ 窪妮	○ 窪瓦	○ 鴉眇	○ 鴉○	○ 鴉○	○ 鴉嬲	○ 鴉雅
麻 華禡	○ 華○	○ 華○	○ 華傒	觤 華瓦	○ 遐妙	○ 遐○	○ 遐○	○ 平逽	牙 平虐

續表

撮口呼				
喉音	舌音	齶音	齒音	唇音
○ 鴉曦	○ 鴉吕	○ 鴉説	○ 鴉雪	○ 鴉○
○ 遐悦	○ 遐劣	○ 遐蕐	○ 遐○	○ 遐○
○ 鴉血	○ 鴉○	○ 鴉蕊	○ 鴉序	○ 鴉○
○ 遐穴	○ 遐○	○ 遐爇	○ 遐葰	○ 遐○
○ 鴉玦	○ 鴉○	○ 鴉拙	○ 鴉蕝	○ 鴉○
○ 遐缺	○ 遐○	○ 遐歠	○ 遐臇	○ 遐○
○ 鴉巨	○ 鴉○	○ 鴉宁	○ 鴉咀	○ 鴉○
○ 遐撅	○ 遐○	○ 遐箸	○ 遐絶	○ 遐○
○ 鴉語	○ 鴉○	○ 鴉○	○ 鴉○	○ 鴉○
○ 遐月	○ 遐○	○ 遐○	○ 遐○	○ 遐○

右「麻」「家」類「影」母，無開口字，而北人讀「阿」字，恰有此音。故用以作切，然不用以標韻，以其非正音，且嫌重於十一類也。

平聲第十三類切音

呼齒齊					呼口開				
音唇	音齒	音齶	音舌	音喉	音唇	音齒	音齶	音舌	音喉
○ 幺匪	蕭 幺篠	○ 幺爍	○ 幺了	幺 嘵握	○ 坳昉	○ 坳索	梢 坳朔	○ 坳㦬	坳 虩惡
○ 鄡狒	○ 鄡些	○ 鄡勺	聊 鄡犖	○ 鄡籰	○ 肴防	○ 肴些	○ 肴實	顟 肴洛	○ 肴佁
○ 幺尾	○ 幺兕	○ 幺繞	○ 幺耳	嘵 幺㲉	○ 坳網	○ 坳巳	○ 坳疠	○ 坳耳	虩 坳膗
○ 鄡未	○ 鄡謝	○ 鄡若	○ 鄡而	○ 鄡學	○ 肴妄	○ 肴寺	○ 肴日	○ 肴而	肴 敲鶴
○ 幺表	○ 幺湫	○ 幺涿	彫 幺蔦	驍 幺覺	包 坳飽	○ 坳作	䁠 坳捉	○ 坳彃	交 坳各
○ 鄡醥	○ 鄡切	○ 鄡逴	祧 鄡朓	鄡 堯確	泡 肴炮	○ 肴錯	鈔 肴娖	○ 肴托	敲 肴恪
○ 幺鰾	○ 幺踐	○ 幺肇	○ 幺窕	○ 幺鬐	○ 坳鮑	○ 坳奘	○ 坳僺	○ 坳柁	○ 坳○
○ 鄡驃	○ 鄡截	○ 鄡濁	迢 鄡調	○ 鄡懼	庖 肴𨠔	○ 肴昨	巢 肴浞	○ 肴鐸	○ 肴隑
○ 幺眇	○ 幺○	○ 幺○	○ 幺嬲	○ 幺鳥	○ 坳卯	○ 坳○	○ 坳○	○ 坳那	○ 坳齩
○ 鄡妙	○ 鄡○	○ 鄡○	嬈 鄡搦	堯 鄡嶽	茅 肴貌	○ 肴○	○ 肴○	鐃 肴諾	聱 肴咢

續表

呼口撮					呼口合				
音唇	音齒	音齶	音舌	音喉	音唇	音齒	音齶	音舌	音喉
○ 幺○	○ 幺雪	○ 幺説	○ 幺吕	○ 幺嚱	○ 坳薵	○ 坳鎖	○ 坳葰	○ 坳裸	○ 坳臒
○ 鄔○	○ 鄔○	○ 鄔蕞	○ 鄔劣	○ 鄔悦	○ 肴縛	○ 肴○	○ 肴術	○ 肴硳	○ 肴往
○ 幺○	○ 幺序	○ 幺蕊	○ 幺○	○ 幺血	○ 坳武	○ 坳○	○ 坳汝	○ 坳○	○ 坳霍
○ 鄔○	○ 鄔蔢	○ 鄔爇	○ 鄔○	○ 鄔穴	○ 肴務	○ 肴遂	○ 肴洳	○ 肴○	○ 肴穫
○ 幺○	○ 幺蕝	○ 幺拙	○ 幺○	○ 幺玦	○ 坳剥	○ 坳嗅	○ 坳壯	○ 坳朵	○ 坳郭
○ 鄔○	○ 鄔膬	○ 鄔歠	○ 鄔○	○ 鄔缺	○ 肴璞	○ 肴脞	○ 肴搠	○ 肴妥	○ 肴廓
○ 幺○	○ 幺咀	○ 幺宁	○ 幺○	○ 幺巨	○ 坳爸	○ 坳坐	○ 坳槎	○ 坳墮	○ 坳侹
○ 鄔○	○ 鄔絶	○ 鄔逐	○ 鄔○	○ 鄔撅	○ 肴雹	○ 肴坐	○ 肴狀	○ 肴惰	○ 肴狂
○ 幺○	○ 幺○	○ 幺○	○ 幺○	○ 幺語	○ 坳麼	○ 坳○	○ 坳○	○ 坳妮	○ 坳卮
○ 鄔○	○ 鄔○	○ 鄔○	○ 鄔○	○ 鄔月	○ 肴邈	○ 肴○	○ 肴○	○ 肴惈	○ 肴矆

平聲第十四類切音

呼齒齊					呼口開				
音脣	音齒	音齶	音舌	音喉	音脣	音齒	音齶	音舌	音喉
○ 要匪	宵 要削	燒 要爍	○ 要繚	要 嚻約	○ 鏖昉	騷 鏖嫂	○ 鏖灑	○ 鏖老	鏖 蒿襖
○ 遥彿	○ 遥些	韶 遥勺	燎 遥略	遥 趫藥	○ 豪防	○ 豪些	○ 豪實	勞 豪澇	○ 豪佁
○ 要尾	○ 要象	○ 要繞	○ 要耳	鼼 要謔	○ 鏖網	○ 鏖巳	○ 鏖疠	○ 鏖耳	蒿 鏖好
○ 遥未	○ 遥謝	饒 遥若	○ 遥而	○ 遥下	○ 豪妄	○ 豪寺	○ 豪髾	○ 豪而	豪 尻皓
標 要表	焦 要爵	昭 要灼	○ 要蔦	驕 要脚	褒 鏖報	糟 鏖早	○ 鏖鮓	刀 鏖倒	高 鏖杲
漂 遥瞟	鍫 遥鵲	超 遥綽	○ 遥朓	趫 遥却	藨 豪犥	操 豪草	○ 豪磢	弢 豪討	尻 豪考
○ 要鰾	○ 要踐	○ 要肇	○ 要窕	○ 要鬠	○ 鏖抱	○ 鏖皂	○ 鏖槎	○ 鏖道	○ 鏖○
瓢 遥驃	樵 遥嚼	潮 遥著	○ 遥調	喬 遥噱	袍 豪暴	曹 豪昨	○ 豪乍	陶 豪導	○ 豪隑
○ 要眇	○ 要○	○ 要○	○ 要嬲	○ 要雅	○ 鏖媢	○ 鏖○	○ 鏖○	○ 鏖腦	○ 鏖頊
苗 遥妙	○ 遥○	○ 遥○	○ 遥諾	○ 遥虐	毛 豪冒	○ 豪○	○ 豪○	猱 豪腝	敖 豪傲

續表

呼口撮					呼口合				
音唇	音齒	音齶	音舌	音喉	音唇	音齒	音齶	音舌	音喉
○ 要○	○ 要雪	○ 要説	○ 要吕	○ 要�	○ 鏖髮	○ 鏖鎖	○ 鏖葰	○ 鏖絫	○ 鏖窊
○ 遥○	○ 遥○	○ 遥萐	○ 遥劣	○ 遥悦	○ 豪伐	○ 豪○	○ 豪術	○ 豪捋	○ 豪往
○ 要○	○ 要序	○ 要蕊	○ 要○	○ 要血	○ 鏖晚	○ 鏖○	○ 鏖汝	○ 鏖○	○ 鏖化
○ 遥○	○ 遥葠	○ 遥爇	○ 遥○	○ 遥穴	○ 豪襪	○ 豪獖	○ 豪洳	○ 豪○	○ 豪踝
○ 要○	○ 要蕝	○ 要拙	○ 要○	○ 要玦	○ 鏖霸	○ 鏖嗓	○ 鏖蛆	○ 鏖竂	○ 鏖寡
○ 遥○	○ 遥臟	○ 遥歠	○ 遥○	○ 遥缺	○ 豪帊	○ 豪脞	○ 豪硰	○ 豪妥	○ 豪髁
○ 要○	○ 要咀	○ 要宁	○ 要○	○ 要巨	○ 鏖跁	○ 鏖坐	○ 鏖齟	○ 鏖隨	○ 鏖徃
○ 遥○	○ 遥絶	○ 遥箸	○ 遥○	○ 遥撅	○ 豪杷	○ 豪坐	○ 豪助	○ 豪惰	○ 豪匱
○ 要皿	○ 要○	○ 要○	○ 要○	○ 要語	○ 鏖馬	○ 鏖○	○ 鏖○	○ 鏖妮	○ 鏖瓦
○ 遥○	○ 遥○	○ 遥○	○ 遥○	○ 遥月	○ 豪禡	○ 豪○	○ 豪○	○ 豪愞	○ 豪瓦

平聲第十五類切音

齊齒呼					開口呼				
脣音	齒音	齶音	舌音	喉音	脣音	齒音	齶音	舌音	喉音
○ 因匪	辛 因悉	申 因矧	○ 因里	因 欣一	○ 恩弗	○ 恩塞	莘 恩瑟	○ 恩累	恩 根穏
○ 寅拂	○ 寅些	神 寅腎	鄰 寅栗	寅 礥逸	○ 痕佛	○ 痕些	○ 痕實	○ 痕勒	○ 痕佁
○ 因尾	○ 因兕	○ 因繞	○ 因耳	欣 因肸	○ 恩吻	○ 恩巳	○ 恩疠	○ 恩耳	○ 恩赫
○ 寅未	○ 寅夕	人 寅刃	○ 寅而	礥 寅傒	○ 痕物	○ 痕寺	○ 痕日	○ 痕而	痕 齦紇
賓 因必	津 因聖	真 因窒	○ 因蛭	巾 因吉	○ 恩伯	○ 恩子	臻 恩櫛	○ 恩德	根 恩頣
繽 寅匹	親 寅七	瞋 寅抶	○ 寅體	欻 寅乞	○ 痕珀	○ 痕此	○ 痕剎	吞 痕忒	齦 痕墾
○ 因婢	○ 因薺	○ 因雉	○ 因弟	○ 因技	○ 恩被	○ 恩在	○ 恩俟	○ 恩殆	○ 恩揆
頻 寅弼	秦 寅疾	陳 寅秩	○ 寅地	芹 寅姞	○ 痕白	○ 痕自	蓁 痕齜	○ 痕特	○ 痕隑
○ 因米	○ 因○	○ 因○	○ 因你	○ 因擬	○ 恩美	○ 恩○	○ 恩○	○ 恩乃	○ 恩偶
民 寅密	○ 寅○	○ 寅○	紉 寅暱	銀 寅屹	○ 痕陌	○ 痕○	○ 痕○	○ 痕蠪	垠 痕鎧

續表

呼口撮					呼口合				
音唇	音齒	音齶	音舌	音喉	音唇	音齒	音齶	音舌	音喉
○ 氲匪	荀 氲恤	○ 氲暑	○ 氲吕	氲 薰鬱	分 温弗	孫 温窣	○ 温率	○ 温累	温 昏搵
○ 云狒	○ 云些	純 云葦	淪 云律	云 困聿	汾 魂佛	○ 魂些	○ 魂術	論 魂硉	○ 魂颶
○ 氲尾	○ 氲序	○ 氲蕊	○ 氲耳	薰 氲獝	○ 温吻	○ 温巳	○ 温汝	○ 温耳	昏 温忽
○ 云未	旬 云屐	犉 云爇	○ 云而	○ 云穴	文 魂物	○ 魂遂	○ 魂洳	○ 魂而	魂 坤鶻
○ 氲必	遵 氲啐	諄 氲怡	○ 氲蛭	君 氲橘	奔 温彼	尊 温卒	○ 温黜	敦 温咄	昆 温骨
○ 云匹	逡 云焌	春 云黜	○ 云體	困 云屈	濆 魂誖	村 魂猝	○ 魂出	暾 魂宊	坤 魂窟
○ 氲婢	○ 氲咀	○ 氲宁	○ 氲弟	○ 氲巨	○ 温被	○ 温靠	○ 温齟	○ 温囤	○ 温揆
○ 云避	鷷 云崒	醇 云术	○ 云地	群 云倔	盆 魂勃	存 魂捽	○ 魂助	屯 魂突	○ 魂匱
○ 氲米	○ 氲○	○ 氲○	○ 氲女	○ 氲語	○ 温美	○ 温○	○ 温○	○ 温呐	○ 温硊
○ 云密	○ 云○	○ 云○	○ 云暱	輑 云崛	門 魂没	○ 魂○	○ 魂○	黁 魂訥	倱 魂兀

平聲第十六類切音

呼齒齊					呼口開				
音唇	音齒	音齶	音舌	音喉	音唇	音齒	音齶	音舌	音喉
○ 烟匪	先 烟薛	羶 烟設	○ 烟跍	烟 軒謁	○ 安弗	○ 安薩	○ 安撥	○ 安唻	安 頇遏
○ 延狒	○ 延些	禪 延舌	連 延列	延 賢拽	○ 寒佛	○ 寒些	○ 寒實	○ 寒拉	○ 寒佁
○ 烟尾	○ 烟灺	○ 烟惹	○ 烟耳	軒 烟歇	○ 安吻	○ 安巳	○ 安疠	○ 安耳	頇 安喝
○ 延未	涎 延謝	然 延熱	○ 延而	賢 延纈	○ 寒物	○ 寒寺	○ 寒日	○ 寒而	寒 看曷
邊 烟鷩	箋 烟節	旜 烟哲	顛 烟咥	堅 烟結	○ 安撥	○ 安椮	○ 安札	○ 安答	干 安葛
篇 延瞥	千 延切	䀡 延掣	天 延鐵	牽 延挈	○ 寒潑	餐 寒擦	○ 寒劗	○ 寒漯	看 寒渴
○ 烟辨	○ 烟踐	○ 烟邅	○ 烟殄	○ 烟件	○ 安琲	○ 安在	○ 安俟	○ 安殆	○ 安挨
便 延別	前 延截	廛 延轍	田 延垤	乾 延傑	○ 寒跋	○ 寒囋	○ 寒闥	○ 寒沓	○ 寒隑
○ 烟乜	○ 烟○	○ 烟○	○ 烟撚	○ 烟巘	○ 安美	○ 安○	○ 安○	○ 安乃	○ 安偶
眠 延蔑	○ 延○	○ 延○	年 延涅	妍 延齧	○ 寒末	○ 寒○	○ 寒○	濡 寒納	豻 寒嶭

續表

呼口撮					呼口合				
音唇	音齒	音齶	音舌	音喉	音唇	音齒	音齶	音舌	音喉
○ 鴛沸	宣 鴛雪	拴 鴛説	○ 鴛纞	鴛 暄噦	○ 蜿弗	酸 蜿篡	○ 蜿刷	○ 蜿磊	蜿 歡斡
○ 袁狒	○ 袁些	船 袁膊	攣 袁劣	袁 懸悦	○ 桓佛	○ 桓些	○ 桓術	鑾 桓捋	○ 桓猾
○ 鴛尾	○ 鴛序	○ 鴛輭	○ 鴛耳	暄 鴛血	○ 蜿吻	○ 蜿巳	○ 蜿汝	○ 蜿耳	歡 蜿豁
○ 袁未	旋 袁蔎	○ 袁爇	○ 袁而	懸 袁穴	○ 桓物	○ 桓遂	○ 桓洳	○ 桓而	桓 寬活
○ 鴛秘	鐫 鴛蕝	專 鴛拙	○ 鴛咥	涓 鴛玦	般 蜿撥	鑽 蜿繓	○ 蜿髩	端 蜿掇	官 蜿括
○ 袁譬	詮 袁膬	穿 袁歠	○ 袁鐵	眷 袁缺	潘 桓潑	○ 桓撮	○ 桓吹	湍 桓脱	寬 桓闊
○ 鴛婢	○ 鴛雋	○ 鴛篆	○ 鴛弟	○ 鴛圈	○ 蜿琲	○ 蜿罪	○ 蜿齟	○ 蜿錞	○ 蜿揆
○ 袁避	全 袁絶	椽 袁傳	○ 袁垤	拳 袁撅	盤 桓跋	欑 桓柮	○ 桓倅	團 桓奪	○ 桓匱
○ 鴛米	○ 鴛○	○ 鴛○	○ 鴛你	○ 鴛阮	○ 蜿每	○ 蜿○	○ 蜿○	○ 蜿餒	○ 蜿頠
○ 袁謎	○ 袁○	○ 袁○	○ 袁吶	元 袁月	瞞 桓末	○ 桓○	○ 桓○	○ 桓内	峞 桓刖

平聲第十七類切音

呼齒齊					呼口開				
音脣	音齒	音齶	音舌	音喉	音脣	音齒	音齶	音舌	音喉
○ 殷匣	○ 殷薛	○ 殷設	○ 殷里	殷 彛軋	○ 丹髪	珊 丹薩	删 丹殺	○ 丹唻	○ 丹闔
○ 閑狒	○ 閑些	○ 閑舌	斕 閑列	○ 閑拽	○ 蘭伐	○ 蘭些	○ 蘭實	蘭 灘辣	○ 蘭佁
○ 殷尾	○ 殷炧	○ 殷惹	○ 殷耳	彛 殷歇	○ 丹晚	○ 丹巳	○ 丹疠	○ 丹耳	○ 丹鬠
○ 閑未	○ 閑謝	○ 閑熱	○ 閑而	閑 慳黠	○ 蘭韈	○ 蘭寺	○ 蘭鬙	○ 蘭而	○ 蘭鎋
○ 殷鷩	○ 殷節	譠 殷哳	○ 殷咥	奸 殷戛	○ 丹擺	○ 丹椮	○ 丹札	丹 删怛	○ 丹藒
○ 閑瞥	○ 閑切	[犭單] 閑屧	○ 閑鐵	慳 閑劼	○ 蘭啡	○ 蘭擦	○ 蘭察	灘 蘭闥	○ 蘭楬
○ 殷婢	○ 殷薺	○ 殷鷹	○ 殷弟	○ 殷鎊	○ 丹罷	○ 丹在	○ 丹俟	○ 丹殆	○ 丹揆
○ 閑別	○ 閑截	[犭聯] 閑綻	○ 閑垤	○ 閑齸	○ 蘭暴	殘 蘭嚽	戲 蘭鏾	壇 蘭達	○ 蘭隑
○ 殷乜	○ 殷○	○ 殷○	○ 殷你	○ 殷娾	○ 丹買	○ 丹○	○ 丹○	○ 丹乃	○ 丹頠
○ 閑蔑	○ 閑○	○ 閑○	嘫 閑疪	顔 閑雁	○ 蘭藒	○ 蘭○	○ 蘭○	難 蘭捺	○ 蘭齾

續表

呼口撮					呼口合				
音脣	音齒	音齶	音舌	音喉	音脣	音齒	音齶	音舌	音喉
○ 殷○	○ 殷雪	○ 殷説	○ 殷吕	○ 殷巇	番 彎髮	○ 彎崔	擴 彎刷	○ 彎磊	彎 豩乫
○ 閑○	○ 閑○	○ 閑華	○ 閑劣	○ 閑悦	○ 潑伐	○ 潑些	○ 潑術	攎 潑辣	潑 桓䦢
○ 殷○	○ 殷序	○ 殷蕊	○ 殷○	○ 殷血	○ 彎晚	○ 彎巳	○ 彎汝	○ 彎耳	豩 彎僋
○ 閑○	○ 閑蔙	○ 閑爇	○ 閑○	○ 閑穴	煩 潑襪	○ 潑遂	○ 潑洳	○ 潑而	還 潑滑
○ 殷○	○ 殷蕝	○ 殷拙	○ 殷○	○ 殷玦	班 彎八	○ 彎緅	跧 彎茁	○ 彎寙	關 彎刮
○ 閑○	○ 閑臁	○ 閑歠	○ 閑○	○ 閑缺	攀 潑汃	○ 潑撮	○ 潑纂	○ 潑脱	○ 潑勫
○ 殷○	○ 殷聚	○ 殷宁	○ 殷○	○ 殷巨	○ 彎罷	○ 彎罪	○ 彎齟	○ 彎錞	○ 彎揆
○ 閑○	○ 閑絶	○ 閑箸	○ 閑○	○ 閑撅	○ 潑拔	○ 潑柮	窀 潑斵	○ 潑奪	攉 潑匱
○ 殷○	○ 殷○	○ 殷○	○ 殷○	○ 殷語	○ 彎買	○ 彎○	○ 彎○	○ 彎餒	○ 彎齗
○ 閑○	○ 閑○	○ 閑○	○ 閑○	○ 閑月	蠻 潑帓	○ 潑○	○ 潑○	妏 潑肉	頑 潑刖

平聲第十八類切音

呼齒齊					呼口開				
音脣	音齒	音齶	音舌	音喉	音脣	音齒	音齶	音舌	音喉
〇 邕匪	淞 邕粟	舂 邕束	〇 邕柳	邕 胸颰	封 攻轐	鬆 攻溗	〇 攻涹	〇 攻塿	〇 攻沃
〇 容狒	〇 容些	慵 容蜀	龍 容録	容 銎欲	逢 洚幞	〇 洚些	〇 洚樝	隆 洚濼	〇 洚佁
〇 邕尾	〇 邕兕	〇 邕蹂	〇 邕耳	胸 邕旭	〇 攻武	〇 攻巳	〇 攻宂	〇 攻耳	〇 攻熇
〇 容未	松 容續	〇 容辱	〇 容而	〇 容檄	韸 洚務	〇 洚寺	茸 洚日	〇 洚而	洚 礐鵠
〇 邕逼	縱 邕足	鍾 邕燭	〇 邕的	恭 邕輂	〇 攻襮	宗 攻僫	〇 攻掫	冬 攻篤	攻 冬梏
〇 容僻	樅 容促	衝 容觸	〇 容惕	銎 容曲	〇 洚剖	〇 洚湊	〇 洚鞡	炵 洚鞋	〇 洚酷
〇 邕婢	〇 邕湫	〇 邕紂	〇 邕弟	〇 邕舅	〇 攻錇	〇 攻在	〇 攻穇	〇 攻揄	〇 攻揆
〇 容闢	從 容就	重 容躅	〇 容迪	邛 容局	〇 洚僕	琮 洚踤	〇 洚驟	彤 洚毒	〇 洚隑
〇 邕米	〇 邕〇	〇 邕〇	〇 邕狃	〇 邕齵	〇 攻畝	〇 攻〇	〇 攻〇	〇 攻穀	〇 攻偶
〇 容覔	〇 容〇	〇 容〇	濃 容糅	顒 容玉	〇 洚瑁	〇 洚〇	〇 洚〇	農 洚褥	〇 洚擢

續表

呼口撮					呼口合				
音唇	音齒	音齶	音舌	音喉	音唇	音齒	音齶	音舌	音喉
○ 硧沸	○ 唷肅	○ 硧叔	○ 硧縷	硧 弓郁	風 翁福	嵩 翁速	○ 翁縮	○ 翁魯	翁 烘屋
○ 融狒	○ 融些	○ 融熟	隆 融六	融 雄育	馮 洪伏	○ 洪些	○ 洪術	籠 洪禄	○ 洪飅
○ 硧尾	○ 硧序	○ 硧乳	○ 硧耳	○ 硧蓄	○ 翁武	○ 翁巳	○ 翁汝	○ 翁耳	烘 翁殼
○ 融未	○ 融續	○ 融肉	○ 融而	雄 融穴	○ 洪務	○ 洪遂	戎 洪洳	○ 洪而	洪 空穀
○ 硧秘	○ 唷蹵	中 硧竹	○ 硧的	弓 硧菊	葑 翁卜	嵕 翁鏃	終 翁筀	東 翁觳	公 翁穀
○ 融譬	○ 融蹴	忡 融俶	○ 融惕	穹 融麴	○ 洪朴	怱 洪瘯	充 洪珽	通 洪禿	空 洪哭
○ 硧婢	○ 硧聚	○ 硧宁	○ 硧弟	○ 硧窶	○ 翁簿	○ 翁粗	○ 翁齟	○ 翁杜	○ 翁揆
○ 融弼	○ 融歡	蟲 融逐	○ 融迪	窮 融毱	蓬 洪暴	叢 洪族	崇 洪助	同 洪獨	䪦 洪匱
○ 硧米	○ 硧○	○ 硧○	○ 硧你	○ 硧麌	○ 翁姥	○ 翁○	○ 翁○	○ 翁弩	○ 翁五
○ 融密	○ 融○	○ 融○	○ 融肭	○ 融砡	蒙 洪木	○ 洪○	○ 洪○	齈 洪怒	峴 洪悟

平聲第十九類切音

齊齒呼					開口呼				
唇音	齒音	齶音	舌音	喉音	唇音	齒音	齶音	舌音	喉音
○ 英匪	星 英昔	聲 英式	○ 英嶺	英 馨益	○ 甖轐	僧 甖塞	生 甖色	○ 甖摟	甖 亨厄
○ 盈狒	○ 盈些	繩 盈石	令 盈歷	盈 行易	○ 莖幞	○ 莖些	○ 莖寔	楞 莖勒	○ 莖佁
○ 英尾	○ 英兕	○ 英蹂	○ 英耳	馨 英閾	○ 甖武	○ 甖巳	○ 甖忍	○ 甖耳	亨 甖赫
○ 盈未	錫 盈夕	仍 盈扔	○ 盈而	行 盈檄	○ 莖務	○ 莖鱳	○ 莖日	○ 莖而	莖 阬劾
兵 英逼	精 英積	貞 英隻	丁 英的	京 英戟	崩 甖伯	增 甖則	争 甖責	登 甖德	庚 甖革
怦 盈僻	清 盈戚	稱 盈尺	汀 盈惕	卿 盈隙	烹 莖珀	⿰曾彡 莖蹭	鎗 莖栅	鼟 莖忒	阬 莖客
○ 英並	○ 英靜	○ 英徎	○ 英艇	○ 英蟉	○ 甖鮩	○ 甖在	○ 甖穄	○ 甖瑒	○ 甖揆
平 盈闢	情 盈籍	呈 盈直	廷 盈迪	擎 盈極	彭 莖白	層 莖賊	傖 莖峕	滕 莖特	○ 莖隑
○ 英茗	○ 英○	○ 英○	○ 英檸	○ 英⿰目巠	○ 甖猛	○ 甖○	○ 甖○	○ 甖能	○ 甖偶
明 盈覓	○ 盈○	○ 盈○	寧 盈惄	迎 盈逆	萌 莖陌	○ 莖○	○ 莖○	能 莖螚	娙 莖額

續表

呼口撮					呼口合				
音脣	音齒	音齶	音舌	音喉	音脣	音齒	音齶	音舌	音喉
○ 縈匪	騂 縈昔	○ 縈式	○ 縈縷	縈 兄潫	○ 泓福	○ 泓速	○ 泓撼	○ 泓魯	泓 訇擭
○ 榮狒	○ 榮些	○ 榮石	○ 榮六	榮 榮役	○ 橫伏	○ 橫些	○ 橫術	○ 橫禄	○ 橫颶
○ 縈尾	○ 縈序	○ 縈乳	○ 縈耳	兄 縈瞑	○ 泓武	○ 泓巳	○ 泓汝	○ 泓耳	訇 泓砉
○ 榮未	○ 榮夕	○ 榮肉	○ 榮而	熒 榮迴	○ 橫務	○ 橫遂	○ 橫洳	○ 橫而	橫 鈜畫
○ 縈碧	○ 縈積	○ 縈菓	○ 縈的	扃 縈郹	○ 泓卜	○ 泓鏃	○ 泓擿	○ 泓德	觥 泓國
○ 榮僻	○ 榮旻	○ 榮尺	○ 榮惕	傾 榮闃	○ 橫朴	○ 橫瘯	○ 橫柵	○ 橫忒	鈜 橫劃
○ 縈婢	○ 縈聚	○ 縈宁	○ 縈弟	○ 縈寠	○ 泓簿	○ 泓粗	○ 泓齟	○ 泓杜	○ 泓揆
○ 榮闢	○ 榮歒	○ 榮直	○ 榮迪	瓊 榮毱	○ 橫暴	○ 橫族	○ 橫趚	○ 橫獨	○ 橫謢
○ 縈米	○ 縈○	○ 縈○	○ 縈狃	○ 縈麌	○ 泓姥	○ 泓○	○ 泓○	○ 泓弩	○ 泓五
○ 榮覓	○ 榮○	○ 榮○	○ 榮惄	○ 榮砡	○ 橫木	○ 橫○	○ 橫○	○ 橫褥	○ 橫悟

平聲第二十類切音

呼齒齊					呼口開				
音唇	音齒	音齶	音舌	音喉	音唇	音齒	音齶	音舌	音喉
○ 胦匪	○ 胦篠	○ 胦爍	○ 胦了	胦 肛握	方 佒昉	桑 佒索	雙 佒朔	○ 佒攞	佒 炕惡
○ 降狒	○ 降些	○ 降勺	驡 降犖	○ 降籰	房 杭防	○ 杭些	○ 杭實	郎 杭洛	○ 杭佁
○ 胦尾	○ 胦兕	○ 胦繞	○ 胦耳	肛 胦殼	○ 佒網	○ 佒巳	○ 佒疠	○ 佒耳	炕 佒臛
○ 降未	○ 降夕	○ 降若	○ 降而	降 腔學	亡 杭妄	○ 杭寺	○ 杭日	○ 杭而	杭 康鶴
○ 胦表	○ 胦湫	椿 胦涿	○ 胦蔦	江 胦覺	邦 佒飽	臧 佒作	○ 佒捉	當 佒䪁	岡 佒各
○ 降醥	○ 降切	惷 降逴	○ 降朓	腔 降確	滂 杭炮	倉 杭錯	窗 杭娖	湯 杭托	康 杭恪
○ 胦鰾	○ 胦踐	○ 胦肈	○ 胦窕	○ 胦鬐	○ 佒鮑	○ 佒奘	○ 佒僳	○ 佒柁	○ 佒偺
○ 降驃	○ 降截	幢 降濁	○ 降調	○ 降懼	傍 杭皰	藏 杭昨	淙 杭浞	唐 杭鐸	○ 杭隑
○ 胦眇	○ 胦○	○ 胦○	○ 胦嬲	○ 胦鳥	○ 佒卯	○ 佒○	○ 佒○	○ 佒那	○ 佒我
○ 降妙	○ 降○	○ 降○	膿 降搦	峴 降嶽	芒 杭貌	○ 杭○	○ 杭○	囊 杭諾	昂 杭咢

續表

呼口撮					呼口合				
音脣	音齒	音齶	音舌	音喉	音脣	音齒	音齶	音舌	音喉
○ 胦○	○ 胦雪	○ 胦説	○ 胦吕	○ 胦巇	○ 汪霈	○ 汪鎖	霜 汪葰	○ 汪裸	汪 荒臒
○ 降○	○ 降○	○ 降蕐	○ 降劣	○ 降悦	○ 王縛	○ 王些	○ 王術	○ 王硦	王 皇往
○ 胦○	○ 胦序	○ 胦蕊	○ 胦○	○ 胦血	○ 汪武	○ 汪巳	○ 汪汝	○ 汪耳	荒 汪霍
○ 降○	○ 降蕟	○ 降爇	○ 降○	○ 降穴	○ 王務	○ 王遂	○ 王洳	○ 王而	皇 王穫
○ 胦○	○ 胦蕝	○ 胦拙	○ 胦○	○ 胦玦	○ 汪剥	○ 汪嗓	莊 汪壯	○ 汪朵	光 汪郭
○ 降○	○ 降臎	○ 降歠	○ 降○	○ 降缺	○ 王璞	○ 王脞	創 王刱	○ 王妥	骫 王廓
○ 胦○	○ 胦咀	○ 胦宁	○ 胦○	○ 胦巨	○ 汪爸	○ 汪坐	○ 汪槎	○ 汪墮	○ 汪侹
○ 降○	○ 降絶	○ 降逐	○ 降○	○ 降撅	○ 王雹	○ 王坐	床 王狀	○ 王惰	狂 王趪
○ 胦○	○ 胦○	○ 胦○	○ 胦○	○ 胦語	○ 汪麼	○ 汪○	○ 汪○	○ 汪妮	○ 汪卮
○ 降○	○ 降○	○ 降○	○ 降○	○ 降月	○ 王邈	○ 王○	○ 王○	○ 王愞	○ 王䨥

平聲第二十一類切音

呼齒齊					呼口開				
音脣	音齒	音齶	音舌	音喉	音脣	音齒	音齶	音舌	音喉
○ 央匪	相 央削	商 央爍	○ 央繚	央 香約	○ 央霶	○ 央嫂	○ 央灑	○ 央老	○ 央襖
○ 陽狒	○ 陽些	常 陽勺	良 陽略	陽 羌藥	○ 陽縛	○ 陽○	○ 陽實	○ 陽澇	○ 陽佁
○ 央尾	○ 央炧	○ 央繞	○ 央耳	香 央謔	○ 央武	○ 央巳	○ 央疠	○ 央○	○ 央好
○ 陽未	詳 陽謝	穰 陽若	○ 陽而	○ 陽下	○ 陽務	○ 陽寺	○ 陽髾	○ 陽○	○ 陽皓
○ 央表	將 央爵	章 央灼	○ 央蔦	姜 央脚	○ 央報	○ 央早	○ 央鮓	○ 央倒	○ 央杲
○ 陽醥	鏘 陽鵲	昌 陽綽	○ 陽朓	羌 陽却	○ 陽犥	○ 陽草	○ 陽磢	○ 陽討	○ 陽考
○ 央鰾	○ 央踐	○ 央肇	○ 央窕	○ 央驕	○ 央抱	○ 央皂	○ 央槎	○ 央道	○ 央○
○ 陽驃	戕 陽嚼	長 陽著	○ 陽調	强 陽噱	○ 陽暴	○ 陽漕	○ 陽乍	○ 陽導	○ 陽隑
○ 央眇	○ 央○	○ 央○	○ 央嬲	○ 央鼽	○ 央媢	○ 央○	○ 央○	○ 央腦	○ 央頟
○ 陽妙	○ 陽○	○ 陽○	孃 陽逽	○ 陽虐	○ 陽冒	○ 陽○	○ 陽○	○ 陽腝	○ 陽傲

續表

呼口撮					呼口合				
音唇	音齒	音齶	音舌	音喉	音唇	音齒	音齶	音舌	音喉
○ 央○	○ 央雪	○ 央説	○ 央吕	○ 央噦	○ 央髮	○ 央鎖	○ 央葰	○ 央累	○ 央窊
○ 陽○	○ 陽○	○ 陽蕐	○ 陽劣	○ 陽悦	○ 陽伐	○ 陽○	○ 陽術	○ 陽將	○ 陽往
○ 央○	○ 央序	○ 央蕊	○ 央○	○ 央血	○ 央晚	○ 央○	○ 央汝	○ 央○	○ 央化
○ 陽○	○ 陽嫠	○ 陽爇	○ 陽○	○ 陽穴	○ 陽襪	○ 陽獖	○ 陽洳	○ 陽○	○ 陽踝
○ 央○	○ 央蕝	○ 央拙	○ 央○	○ 央玦	○ 央霸	○ 央嗓	○ 央䖶	○ 央窽	○ 央寡
○ 陽○	○ 陽臇	○ 陽歠	○ 陽○	○ 陽缺	○ 陽帊	○ 陽脞	○ 陽䂳	○ 陽脱	○ 陽髁
○ 央○	○ 央咀	○ 央篆	○ 央○	○ 央巨	○ 央跁	○ 央坐	○ 央䶑	○ 央錞	○ 央揆
○ 陽○	○ 陽絶	○ 陽逐	○ 陽○	○ 陽撅	○ 陽耙	○ 陽坐	○ 陽助	○ 陽奪	○ 陽匱
○ 央○	○ 央○	○ 央○	○ 央○	○ 央語	○ 央馬	○ 央○	○ 央○	○ 央餧	○ 央瓦
○ 陽○	○ 陽○	○ 陽○	○ 陽○	○ 陽月	○ 陽禡	○ 陽○	○ 陽○	○ 陽愞	○ 陽瓦

平聲第二十二類切音

呼齒齊					呼口開				
音唇	音齒	音齶	音舌	音喉	音唇	音齒	音齶	音舌	音喉
○ 音匪	心 音霤	深 音濕	○ 音廩	音 歆邑	○ 森○	○ 森○	森 簪澀	○ 森○	○ 森穏
○ 淫狒	○ 淫些	諶 淫十	林 淫立	淫 欽熠	○ 寥○	○ 寥些	○ 寥實	○ 寥○	○ 寥○
○ 音尾	○ 音兕	○ 音飪	○ 音耳	歆 音吸	○ 森○	○ 森巳	○ 森疠	○ 森耳	○ 森○
○ 淫未	尋 淫習	壬 淫入	○ 淫而	○ 淫○	○ 寥○	○ 寥寺	○ 寥日	○ 寥而	○ 寥很
○ 音皀	祲 音噍	斟 音汁	○ 音蛭	金 音急	○ 森○	○ 森子	簪 森戢	○ 森○	○ 森頣
○ 淫稟	侵 淫緝	琛 淫斟	○ 淫體	欽 淫泣	○ 寥○	○ 寥此	寥 寥儸	○ 寥○	○ 寥墾
○ 音品	○ 音蕈	○ 音朕	○ 音弟	○ 音噤	○ 森○	○ 森在	○ 森頎	○ 森○	○ 森揆
○ 淫駉	鬵 淫集	沈 淫蟄	○ 淫○	琴 淫及	○ 寥○	○ 寥自	岑 寥霵	○ 寥○	○ 寥匱
○ 音泯	○ 音○	○ 音○	○ 音抳	○ 音僸	○ 森○	○ 森○	○ 森○	○ 森乃	○ 森○
○ 淫密	○ 淫○	○ 淫○	誑 淫孨	吟 淫岌	○ 寥○	○ 寥○	○ 寥○	○ 寥○	○ 寥鎧

續表

呼口撮					呼口合				
音脣	音齒	音齶	音舌	音喉	音脣	音齒	音齶	音舌	音喉
○ 音○	○ 音笋	○ 音賰	○ 音輪	○ 音惲	○ 森粉	○ 森損	○ 森率	○ 森愢	○ 森穩
○ 滛○	○ 滛○	○ 滛盾	○ 滛律	○ 滛允	○ 嵾憤	○ 嵾○	○ 嵾術	○ 嵾論	○ 嵾颶
○ 音○	○ 音序	○ 音螟	○ 音○	○ 音訓	○ 森吻	○ 森○	○ 森汝	○ 森○	○ 森惛
○ 滛○	○ 滛狥	○ 滛閏	○ 滛○	○ 滛○	○ 嵾物	○ 嵾遂	○ 嵾洳	○ 嵾○	○ 嵾混
○ 音○	○ 音俊	○ 音準	○ 音○	○ 音捃	○ 森本	○ 森樽	○ 森黜	○ 森峮	○ 森衮
○ 滛○	○ 滛賥	○ 滛蠢	○ 滛○	○ 滛趜	○ 嵾栩	○ 嵾忖	○ 嵾楚	○ 嵾畽	○ 嵾閫
○ 音○	○ 音咀	○ 音宁	○ 音○	○ 音菌	○ 森笨	○ 森鱒	○ 森齟	○ 森囤	○ 森揆
○ 滛○	○ 滛崒	○ 滛朮	○ 滛○	○ 滛郡	○ 嵾坌	○ 嵾鐏	○ 嵾助	○ 嵾鈍	○ 嵾匱
○ 音愍	○ 音○	○ 音○	○ 音○	○ 音齳	○ 森濍	○ 森○	○ 森○	○ 森焫	○ 森硊
○ 滛○	○ 滛○	○ 滛○	○ 滛○	○ 滛崛	○ 嵾悶	○ 嵾○	○ 嵾○	○ 嵾嫩	○ 嵾顐

平聲第二十三類切音

呼齒齊					呼口開				
音脣	音齒	音齶	音舌	音喉	音脣	音齒	音齶	音舌	音喉
〇 淹匪	銛 淹燮	苫 淹攝	〇 淹斂	淹 淹裛	〇 諳〇	毿 諳趿	〇 諳蓮	〇 諳壈	諳 唅姶
〇 炎狒	〇 炎些	蟾 炎涉	廉 炎獵	炎 炎葉	〇 含〇	〇 含些	〇 含實	婪 含拉	〇 含〇
〇 淹尾	〇 淹羨	〇 淹冉	〇 淹耳	馦 淹脅	〇 諳〇	〇 諳巳	〇 諳忍	〇 諳耳	唅 諳欱
〇 炎未	燖 炎邪	髯 炎讘	〇 炎而	嫌 炎協	〇 含〇	〇 含寺	〇 含日	〇 含而	含 龕合
砭 淹窆	尖 淹接	占 淹讋	髻 淹聑	兼 淹鋏	〇 諳〇	簪 諳噆	〇 諳〇	眈 諳答	弇 諳閤
〇 炎片	僉 炎妾	襜 炎渵	添 炎怗	謙 炎愜	〇 含〇	參 含趁	〇 含〇	探 含潔	龕 含溘
〇 淹辨	〇 淹漸	〇 淹遭	〇 淹簟	〇 淹件	〇 諳〇	〇 諳歜	〇 諳俟	〇 諳禫	〇 諳揆
〇 炎卞	潛 炎捷	㶣 炎牒	甜 炎牒	箝 炎笈	〇 含〇	蠶 含雜	〇 含邃	覃 含沓	〇 含韐
〇 淹麥	〇 淹〇	〇 淹〇	〇 淹淰	〇 淹噞	〇 諳〇	〇 諳〇	〇 諳〇	〇 諳諵	〇 諳嵁
〇 炎面	〇 炎〇	〇 炎〇	黏 炎聶	嚴 炎業	〇 含〇	〇 含〇	〇 含〇	南 含納	諾 含纝

續表

呼口撮					呼口合				
音唇	音齒	音齶	音舌	音喉	音唇	音齒	音齶	音舌	音喉
○ 淹○	○ 淹選	○ 淹説	○ 淹欝	○ 淹苑	○ 諳弗	○ 諳篹	○ 諳籗	○ 諳卵	○ 諳椀
○ 炎○	○ 炎○	○ 炎膊	○ 炎戀	○ 炎遠	○ 含佛	○ 含○	○ 含術	○ 含亂	○ 含○
○ 淹○	○ 淹序	○ 淹輭	○ 淹○	○ 淹烜	○ 諳吻	○ 諳○	○ 諳汝	○ 諳○	○ 諳潑
○ 炎○	○ 炎淀	○ 炎㬉	○ 炎○	○ 炎泫	○ 含物	○ 含遂	○ 含洳	○ 含○	○ 含緩
○ 淹○	○ 淹膸	○ 淹轉	○ 淹○	○ 淹吠	○ 諳粄	○ 諳纂	○ 諳孨	○ 諳短	○ 諳管
○ 炎○	○ 炎縓	○ 炎舛	○ 炎○	○ 炎綣	○ 含坢	○ 含蠢	○ 含吹	○ 含疃	○ 含歀
○ 淹○	○ 淹雋	○ 淹篆	○ 淹○	○ 淹圈	○ 諳伴	○ 諳□	○ 諳䶉	○ 諳斷	○ 諳撥
○ 炎○	○ 炎絶	○ 炎傳	○ 炎○	○ 炎倦	○ 含叛	○ 含攢	○ 含饌	○ 含段	○ 含匱
○ 淹○	○ 淹○	○ 淹○	○ 淹○	○ 淹阮	○ 諳滿	○ 諳○	○ 諳○	○ 諳煗	○ 諳輐
○ 炎○	○ 炎○	○ 炎○	○ 炎○	○ 炎願	○ 含縵	○ 含○	○ 含○	○ 含愞	○ 含玩

平聲第二十四類切音

呼齒齊					呼口開				
音脣	音齒	音齶	音舌	音喉	音脣	音齒	音齶	音舌	音喉
○ 監匪	○ 監薛	○ 監瀾	○ 監臉	○ 監押	○ 㴸法	三 㴸僊	杉 㴸霎	○ 㴸覽	㴸 蚶㢆
○ 銜狒	○ 銜些	○ 銜舌	○ 銜列	○ 銜拽	凡 咸乏	○ 咸些	○ 咸實	藍 咸臘	○ 咸佁
○ 監尾	○ 監炧	○ 監惹	○ 監耳	○ 監呷	○ 㴸鋑	○ 㴸巳	○ 㴸疓	○ 㴸耳	蚶 㴸歁
○ 銜未	○ 銜謝	○ 銜熱	○ 銜而	銜 嵌洽	姏 咸襪	○ 咸寺	○ 咸髾	○ 咸而	咸 坩盍
○ 監鶩	○ 監覽	詀 監劄	○ 監咥	監 詀夾	○ 㴸版	○ 㴸饕	○ 㴸偛	擔 㴸奄	甘 㴸郒
○ 銜瞥	○ 銜鏟	○ 銜匵	○ 銜鐵	嵌 銜恰	芝 咸眅	○ 咸磼	攙 咸插	抩 咸榻	坩 咸榼
○ 監婢	○ 監薺	○ 監湛	○ 監弟	○ 監㔮	○ 㴸罷	○ 㴸㜸	○ 㴸巉	○ 㴸澹	○ 㴸揆
○ 銜别	○ 銜截	○ 銜渫	○ 銜垤	○ 銜硆	芝 咸逕	慚 咸垂	讒 咸儳	談 咸蹋	○ 咸匱
○ 監乜	○ 監○	○ 監○	○ 監罠	○ 監眼	○ 㴸媎	○ 㴸○	○ 㴸○	○ 㴸赧	○ 㴸嵁
○ 銜蔑	○ 銜○	○ 銜○	○ 銜囡	巖 銜睓	○ 咸蓌	○ 咸○	○ 咸○	諵 咸鈉	喦 咸儑

續表

呼口撮					呼口合				
音唇	音齒	音齶	音舌	音喉	音唇	音齒	音齶	音舌	音喉
○ 監○	○ 監雪	○ 監説	○ 監吕	○ 監噦	○ 涻反	○ 涻灑	○ 涻刷	○ 涻累	○ 涻綰
○ 銜○	○ 銜○	○ 銜萖	○ 銜劣	○ 銜悦	○ 咸飯	○ 咸○	○ 咸術	○ 咸捋	○ 咸○
○ 監○	○ 監序	○ 監蕊	○ 監○	○ 監血	○ 涻晚	○ 涻○	○ 涻汝	○ 涻○	○ 涻僒
○ 銜○	○ 銜葼	○ 銜爇	○ 銜○	○ 銜穴	○ 咸萬	○ 咸遂	○ 咸洳	○ 咸○	○ 咸睆
○ 監○	○ 監蕝	○ 監拙	○ 監○	○ 監玦	○ 涻撥	○ 涻醉	○ 涻茁	○ 涻竂	○ 涻刮
○ 銜○	○ 銜臁	○ 銜歠	○ 銜○	○ 銜鈌	○ 咸潑	○ 咸翠	○ 咸纂	○ 咸脱	○ 咸勖
○ 監○	○ 監聚	○ 監宁	○ 監○	○ 監巨	○ 涻○	○ 涻崒	○ 涻撰	○ 涻錞	○ 涻○
○ 銜○	○ 銜絶	○ 銜箸	○ 銜○	○ 銜撅	○ 咸瓣	○ 咸罪	○ 咸助	○ 咸奪	○ 咸○
○ 監○	○ 監○	○ 監○	○ 監○	○ 監語	○ 涻轡	○ 涻○	○ 涻○	○ 涻餒	○ 涻齗
○ 銜○	○ 銜○	○ 銜○	○ 銜○	○ 銜月	○ 咸慢	○ 咸○	○ 咸○	○ 咸内	○ 咸刖

上聲第一類切音

齊齒呼					開口呼				
脣音	齒音	齶音	舌音	喉音	脣音	齒音	齶音	舌音	喉音
匪 倚非	徙 倚辛	○ 倚申	里 倚嶙	倚 喜因	○ 史分	死 史孫	史 批莘	上師○ 史愬	○ 史恩
○ 以肥	○ 以些	○ 以神	○ 以鄰	以 傒寅	○ 是汾	○ 是些	是 剢實	○ 是論	○ 是佁
尾 倚武	兕 倚灺	○ 倚忍	耳 倚○	喜 倚欣	○ 史吻	巳 史兕	○ 史忍	○ 史耳	○ 史頎
○ 以微	○ 以涎	○ 以人	○ 以而	傒 以礥	○ 是文	○ 是隨	○ 是日	○ 是而	○ 是痕
鄙 倚賓	姊 倚津	徵 倚真	邸 倚蛭	几 倚巾	○ 史奔	子 史尊	批 史臻	上菑○ 史敦	○ 史根
庀 以繽	泚 以親	耻 以瞋	體 以天	起 以欣	○ 是濆	此 是村	剢 是齔	○ 是吞	○ 是報
婢 倚牝	薺 倚盡	雉 倚朕	弟 倚殄	技 倚近	○ 史栩	○ 史在	俟 史濜	○ 史囤	○ 史揆
○ 以頻	○ 以秦	○ 以陳	○ 以田	○ 以芹	○ 是盆	○ 是存	○ 是榛	○ 是屯	○ 是葵
米 倚泯	○ 倚○	○ 倚○	你 倚撚	擬 倚听	○ 史潓	○ 史○	○ 史○	○ 史呐	○ 史偶
○ 以民	○ 以○	○ 以○	○ 以紉	○ 以銀	○ 是門	○ 是○	○ 是○	○ 是磨	○ 是垠

續表

呼口撮					呼口合				
音唇	音齒	音齶	音舌	音喉	音唇	音齒	音齶	音舌	音喉
○ 椦非	湑 椦荀	暑 椦睶	吕 椦輪	椦 許氳	○ 所分	○ 所孫	所 所衰	○ 所愬	○ 所温
○ 與肥	○ 與些	○ 與純	○ 與淪	與 去云	○ 紓汾	○ 紓些	紓 楚垂	○ 紓論	○ 紓爲
○ 椦武	序 椦綫	○ 椦蟤	○ 椦耳	許 椦薰	○ 所吻	○ 所巳	汝 所疨	○ 所耳	○ 所昏
○ 與微	○ 與旬	○ 與犉	○ 與而	○ 與懸	○ 紓文	○ 紓隨	○ 紓蕤	○ 紓而	○ 紓魂
○ 椦賓	苴 椦遵	貯 椦諄	○ 椦顛	舉 椦君	○ 所奔	○ 所尊	阻 所錐	○ 所敦	○ 所昆
○ 與繽	眣 與逡	楮 與春	○ 與天	去 與囷	○ 紓濆	○ 紓村	楚 紓吹	○ 紓暾	○ 紓坤
○ 椦牝	咀 椦雋	苧 椦篆	○ 椦殄	巨 椦菌	○ 所栩	○ 所鱒	齟 所撰	○ 所囤	○ 所揆
○ 與頻	○ 與鶉	○ 與醎	○ 與田	○ 與群	○ 紓盆	○ 紓存	○ 紓饌	○ 紓屯	○ 紓葵
○ 椦泯	○ 椦○	○ 椦○	女 椦撚	語 椦齬	○ 所懣	○ 所○	○ 所○	○ 所炳	○ 所硊
○ 與民	○ 與○	○ 與○	○ 與紉	○ 與崛	○ 紓門	○ 紓○	○ 紓○	○ 紓磨	○ 紓僤

上聲第二類切音

呼齒齊					呼口開				
音脣	音齒	音齶	音舌	音喉	音脣	音齒	音齶	音舌	音喉
○ 水非	○ 水辛	○ 水申	○ 水嶙	○ 水因	○ 委○	○ 委思	○ 委莘	○ 委懶	○ 委恩
○ 華肥	○ 華些	○ 華神	○ 華鄰	○ 華寅	○ 蒍○	○ 蒍○	○ 蒍時	○ 蒍蘭	○ 蒍佁
○ 水武	○ 水兕	○ 水忍	○ 水耳	○ 水欣	○ 委○	○ 委巳	○ 委忍	○ 委○	○ 委頙
○ 華微	○ 華涎	○ 華人	○ 華而	○ 華礩	○ 蒍○	○ 蒍詞	○ 蒍日	○ 蒍○	○ 蒍痕
○ 水賓	○ 水津	○ 水真	○ 水蛭	○ 水巾	○ 委○	○ 委茲	○ 委臻	○ 委丹	○ 委根
○ 華繽	○ 華親	○ 華瞋	○ 華天	○ 華炊	○ 蒍○	○ 蒍雌	○ 蒍差	○ 蒍呑	○ 蒍報
○ 水牝	○ 水盡	○ 水朕	○ 水殄	○ 水近	○ 委○	○ 委在	○ 委潚	○ 委但	○ 委○
○ 華頻	○ 華秦	○ 華陳	○ 華田	○ 華芹	○ 蒍○	○ 蒍慈	○ 蒍蓁	○ 蒍壇	○ 蒍翗
○ 水泯	○ 水○	○ 水○	○ 水撚	○ 水听	○ 委○	○ 委○	○ 委○	○ 委赧	○ 委偶
○ 華民	○ 華○	○ 華○	○ 華紉	○ 華銀	○ 蒍○	○ 蒍○	○ 蒍○	○ 蒍難	○ 蒍垠

續表

呼口撮					呼口合				
音唇	音齒	音齶	音舌	音喉	音唇	音齒	音齶	音舌	音喉
〇 水〇	〇 水荀	水 蕊睶	〇 水輪	〇 水氳	匪 委分	音北 髓 委孫	〇 委疏	累 委愢	委 毁温
〇 華〇	〇 華〇	華 水純	〇 華淪	〇 華云	膹 蔿汾	〇 蔿些	〇 蔿蜍	〇 蔿論	蔿 跪颸
〇 水〇	〇 水繸	蕊 水蝡	〇 水〇	〇 水薫	〇 委吻	〇 委巳	〇 委汝	〇 委耳	毁 委昏
〇 華〇	〇 華旬	〇 華犉	〇 華〇	〇 華懸	〇 蔿文	獢 蔿隨	〇 蔿如	〇 蔿而	〇 蔿魂
〇 水〇	〇 水遵	捶 水諄	〇 水〇	〇 水君	彼 委奔	音北 觜 委尊	〇 委菹	〇 委敦	軌 委昆
〇 華〇	〇 華逡	〇 華春	〇 華〇	〇 華囷	否 蔿濆	音北 趡 蔿村	揣 蔿初	〇 蔿暾	跪 蔿坤
〇 水〇	〇 水雋	〇 水篆	〇 水〇	〇 水菌	被 委栩	音北 靠 委鱒	〇 委撰	〇 委囤	揆 委侳
〇 華〇	〇 華鶉	〇 華醇	〇 華〇	〇 華群	〇 蔿盆	〇 蔿存	〇 蔿鉏	〇 蔿屯	〇 蔿葵
〇 水〇	〇 水〇	〇 水〇	〇 水〇	〇 水齳	美 委濍	〇 委〇	〇 委〇	〇 委炳	硊 委頠
〇 華〇	〇 華〇	〇 華〇	〇 華袽	〇 華崛	〇 蔿門	〇 蔿〇	〇 蔿〇	〇 蔿磨	〇 蔿僤

凡平聲字，用入聲字出切；仄聲字，用平聲字出切。取其音之穩順而明顯也。一類入聲，乃三類平聲之所轉。故三類平聲同用一類入聲字出切。如「支」「微」、「規」「闚」、「真」「文」三

類，同用「質」「物」二類字出切是也。上、去之承平，一類轉一類。其出切也，正轉、從轉者用旁轉類之字，旁轉者用正、從轉類之字。故「紙」「語」、「委」「軌」類，用「真」「文」類字出切；「軫」「吻」類用「支」「微」、「規」「闕」類字出切。既欲其音之明顯，兼使人知此三類者一氣貫通，同聲相應。不得已而間用他類之字，便覺參差不侔矣。去與上同例，入則兼用三類，平聲之字而以正轉爲主，其平聲無字，則上、去、入三聲互用，惟不用本聲之字，以各自爲類不欲其相混也。

男其炳按：出切不用本聲之字，而上聲間用之者，以新增諸母平、去、入皆無字，故不得不用本聲，所謂通其變也。

上聲第三類切音

開口呼				
喉音	舌音	齶音	齒音	唇音
○ 遏上聲	○ 壈遏	○ 刪遏	○ 毵遏	○ 番遏
○ 佁曷	○ 婁曷	○ 時曷	○ 些曷	○ 煩曷
○ 頊遏	○ 耳遏	○ 忍遏	○ 巳遏	○ 晚遏
○ 曷上聲	○ 而曷	○ 日曷	○ 詞曷	○ 萬曷
○ 干遏	○ 耽遏	○ 醆遏	○ 簪遏	○ 般遏
○ 看曷	○ 探曷	○ 剗曷	○ 餐曷	○ 潘曷
○ 揆遏	○ 禫遏	○ 棧遏	○ 歡遏	○ 伴遏
○ 葵曷	○ 覃曷	○ 戲曷	○ 蠶曷	○ 盤曷
○ 偶遏	○ 箘遏	○ ○遏	○ ○遏	○ 滿遏
○ 豻曷	○ 濡曷	○ ○曷	○ ○曷	○ 瞞曷

續表

呼口合					呼齒齊				
音脣	音齒	音齶	音舌	音喉	音脣	音齒	音齶	音舌	音喉
○ 翰番	○ 翰酸	○ 翰篳	○ 翰卵	○ 聲上翰	○ 謁非	寫 謁先	捨 謁氈	跍 謁輦	○ 聲上謁
○ 活煩	○ 活些	○ 活蜍	○ 活鑾	○ 活湲	○ 野肥	○ 野些	社 野禪	○ 野連	野 社延
○ 翰晚	○ 翰巳	○ 翰汝	○ 翰耳	○ 翰歡	○ 謁尾	灺 謁兕	若 謁撚	○ 謁耳	○ 謁軒
○ 活萬	○ 活隨	○ 活如	○ 活而	○ 聲上活	○ 野微	○ 野涎	○ 野然	○ 野而	○ 野賢
○ 翰般	○ 翰鑽	○ 翰孨	○ 翰端	○ 翰官	○ 謁邊	姐 謁箋	者 謁旃	○ 謁顛	○ 謁堅
○ 活潘	○ 活竄	○ 活初	○ 活湍	○ 活寬	○ 野篇	且 野千	哆 野脡	○ 野天	○ 野牽
○ 翰伴	○ 翰鄹	○ 翰撰	○ 翰斷	○ 翰撥	○ 謁辨	○ 謁踐	○ 謁邅	○ 謁殄	○ 謁件
○ 活盤	○ 活穳	○ 活僎	○ 活團	○ 活葵	○ 野便	○ 野前	○ 野廛	○ 野田	○ 野乾
美 翰滿	○ 翰○	○ 翰○	○ 翰暖	○ 翰輐	乜 謁免	○ 謁○	○ 謁○	○ 謁撚	○ 謁巘
○ 活瞞	○ 活○	○ 活○	○ 活偄	○ 活岏	○ 野眠	○ 野○	○ 野○	○ 野年	○ 野妍

續表

呼口撮				
音脣	音齒	音齶	音舌	音喉
○ 噦非	○ 噦宣	○ 噦拴	○ 噦孌	○ 聲上 噦
○ 悦肥	○ 悦些	○ 悦船	○ 悦攣	○ 聲上 悦
○ 噦尾	○ 噦縗	○ 噦輭	○ 噦耳	○ 噦暄
○ 悦微	○ 悦旋	○ 悦犉	○ 悦而	○ 悦懸
○ 噦邊	○ 噦鐫	○ 噦專	○ 噦顛	○ 噦涓
○ 悦篇	○ 悦詮	○ 悦穿	○ 悦天	○ 悦巻
○ 噦辨	○ 噦雋	○ 噦篆	○ 噦殄	○ 噦圈
○ 悦便	○ 悦全	○ 悦椽	○ 悦田	○ 悦拳
○ 噦免	○ 噦○	○ 噦○	○ 噦撚	○ 噦阮
○ 悦眠	○ 悦○	○ 悦○	○ 悦年	○ 悦元

上聲第四類切音

呼口開				
音脣	音齒	音齶	音舌	音喉
○ 閹番	○ 閹珊	○ 閹删	○ 閹懶	○ 聲上 閹
○ 鍩煩	○ 鍩些	○ 鍩時	○ 鍩蘭	○ 鍩佁
○ 閹晚	○ 閹巳	○ 閹忍	○ 閹耳	○ 閹咍
○ 鍩萬	○ 鍩詞	○ 鍩日	○ 鍩而	○ 聲上 鍩
○ 閹班	○ 閹鬢	○ 閹醆	○ 閹丹	○ 閹該
○ 鍩攀	○ 鍩猜	○ 鍩剗	○ 鍩灘	○ 鍩開
○ 閹伴	○ 閹瓚	○ 閹棧	○ 閹但	○ 閹揆
○ 鍩瓣	○ 鍩殘	○ 鍩戲	○ 鍩壇	○ 鍩葵
○ 閹轡	○ 閹○	○ 閹○	○ 閹赧	○ 閹偶
○ 鍩鑾	○ 鍩○	○ 鍩○	○ 鍩難	○ 鍩𠹭

續表

呼口合					呼齒齊				
音唇	音齒	音齶	音舌	音喉	音唇	音齒	音齶	音舌	音喉
○ 乭番	○ 乭酸	○ 乭欜	○ 乭卵	○ 聲上 乭	○ 軋非	○ 軋先	○ 軋羶	○ 軋輦	○ 聲上 軋
○ 滑煩	○ 滑些	○ 滑蜍	○ 滑櫨	○ 滑湲	○ 黠肥	○ 黠些	○ 黠禪	○ 黠斕	○ 黠延
○ 乭晚	○ 乭巳	○ 乭汝	○ 乭耳	○ 乭豨	○ 軋尾	○ 軋炧	○ 軋橪	○ 軋耳	○ 軋彝
○ 滑萬	○ 滑隨	○ 滑如	○ 滑而	○ 聲上 滑	○ 黠微	○ 黠涎	○ 黠然	○ 黠而	○ 聲上 黠
○ 乭班	○ 乭鑽	○ 乭跧	○ 乭端	○ 乭關	○ 軋邊	○ 軋箋	○ 軋譠	○ 軋顛	○ 軋奸
○ 滑攀	○ 滑竄	○ 滑篡	○ 滑湍	○ 滑勑	○ 黠篇	○ 黠千	○ 黠獕	○ 黠天	○ 黠慳
○ 乭伴	○ 乭嶉	○ 乭撰	○ 乭斷	○ 乭撲	○ 軋辨	○ 軋踐	○ 軋邅	○ 軋殄	○ 軋件
○ 滑瓣	○ 滑欑	○ 滑窀	○ 滑攎	○ 滑攉	○ 黠便	○ 黠前	○ 黠獮	○ 黠田	○ 黠乾
○ 乭譖	○ 乭○	○ 乭○	○ 乭暖	○ 乭齗	○ 軋免	○ 軋○	○ 軋○	○ 軋撚	○ 軋眼
○ 滑蠻	○ 滑○	○ 滑○	○ 滑妏	○ 滑頑	○ 黠眠	○ 黠○	○ 黠○	○ 黠嘫	○ 黠顏

續表

撮口呼				
喉音	舌音	齶音	齒音	唇音
○ 軋鴛	○ 軋鑾	○ 軋拴	○ 軋宣	○ 軋○
○ 黠袁	○ 黠攣	○ 黠船	○ 黠○	○ 黠○
○ 軋喧	○ 軋○	○ 軋輭	○ 軋序	○ 軋○
○ 黠懸	○ 黠○	○ 黠犉	○ 黠旋	○ 黠○
○ 軋涓	○ 軋○	○ 軋專	○ 軋鐫	○ 軋○
○ 黠弮	○ 黠○	○ 黠穿	○ 黠詮	○ 黠○
○ 軋圈	○ 軋○	○ 軋篆	○ 軋雋	○ 軋○
○ 黠拳	○ 黠○	○ 黠椽	○ 黠全	○ 黠○
○ 軋阮	○ 軋○	○ 軋○	○ 軋○	○ 軋○
○ 黠元	○ 黠袦	○ 黠○	○ 黠○	○ 黠○

第三類開、合、撮三呼，雖無字而入聲俱有字，借轉作平，尚可作切。第四類入聲之「黠」「鍩」類，既無撮口呼可轉，作平聲而出切之；「刪」「山」類亦無撮口字，幾窮于切矣。不得已，借「元」「先」類「鴛」「袁」等字出切，而以本類齊齒所借之「軋」「黠」字行韻，雖上下兩字皆借用，而本音可得，所謂通其變者也。

上聲第五類切音

呼齒齊					呼口開				
音脣	音齒	音齶	音舌	音喉	音脣	音齒	音齶	音舌	音喉
○ 猥非	○ 猥先	○ 猥羶	○ 猥輦	○ 猥烟	○ 猥○	○ 猥毵	○ 猥刪	○ 猥壈	○ 猥安
○ 偩肥	○ 偩些	○ 偩禪	○ 偩連	○ 偩延	○ 偩○	○ 偩○	○ 偩時	○ 偩婁	○ 偩佁
○ 猥尾	○ 猥兕	○ 猥橪	○ 猥耳	○ 猥軒	○ 猥○	○ 猥巳	○ 猥忍	○ 猥○	○ 猥頇
○ 偩微	○ 偩涎	○ 偩然	○ 偩而	○ 偩賢	○ 偩○	○ 偩詞	○ 偩日	○ 偩○	○ 偩寒
○ 猥邊	○ 猥箋	○ 猥旃	○ 猥顛	○ 猥堅	○ 猥○	○ 猥簪	○ 猥醆	○ 猥耽	○ 猥干
○ 偩篇	○ 偩千	○ 偩脡	○ 偩天	○ 偩牽	○ 偩○	○ 偩餐	○ 偩剗	○ 偩探	○ 偩看
○ 猥辨	○ 猥踐	○ 猥邅	○ 猥殄	○ 猥件	○ 猥○	○ 猥歜	○ 猥棧	○ 猥禫	○ 猥○
○ 偩便	○ 偩前	○ 偩廛	○ 偩田	○ 偩乾	○ 偩○	○ 偩蠶	○ 偩戲	○ 偩覃	○ 偩翖
○ 猥免	○ 猥○	○ 猥○	○ 猥撚	○ 猥巘	○ 猥○	○ 猥○	○ 猥○	○ 猥箣	○ 猥偶
○ 偩眠	○ 偩○	○ 偩○	○ 偩年	○ 偩妍	○ 偩○	○ 偩○	○ 偩○	○ 偩濡	○ 偩豻

續表

呼口撮					呼口合				
音脣	音齒	音齶	音舌	音喉	音脣	音齒	音齶	音舌	音喉
○ 猥○	○ 猥宣	○ 猥拴	○ 猥孌	○ 猥鴛	○ 猥番	○ 猥酸	○ 猥篝	磊 猥卵	猥 賄蜿
○ 俻○	○ 俻○	○ 俻船	○ 俻攣	○ 俻袁	○ 俻煩	○ 俻些	○ 俻蜍	○ 俻鑾	俻 溾湲
○ 猥○	○ 猥序	○ 猥輭	○ 猥○	○ 猥暄	○ 猥晚	○ 猥巳	○ 猥汝	○ 猥耳	賄 猥歡
○ 俻○	○ 俻旋	○ 俻犉	○ 俻○	○ 俻懸	○ 俻萬	○ 俻隨	○ 俻如	○ 俻而	溾 俻桓
○ 猥○	○ 猥鐫	○ 猥專	○ 猥○	○ 猥涓	○ 猥般	摧 猥鑽	鬌 猥跧	竨 猥端	○ 猥官
○ 俻○	○ 俻銓	○ 俻穿	○ 俻○	○ 俻眷	○ 俻潘	漼 俻竄	○ 俻初	骽 俻湍	磈 俻寬
○ 猥○	○ 猥雋	○ 猥篆	○ 猥○	○ 猥圈	琲 猥伴	罪 猥鄹	○ 猥撰	錞 猥斷	○ 猥揆
○ 俻○	○ 俻全	○ 俻猭	○ 俻○	○ 俻拳	○ 俻盤	○ 俻欑	○ 俻饌	○ 俻團	○ 俻葵
○ 猥○	○ 猥○	○ 猥○	○ 猥○	○ 猥阮	每 猥滿	○ 猥○	○ 猥○	餒 猥暖	頠 猥輐
○ 俻○	○ 俻○	○ 俻○	○ 俻袇	○ 俻元	○ 俻瞞	○ 俻○	○ 俻○	○ 俻愌	○ 俻蚖

一類中惟一呼有字者，最難作切。其有入聲可轉，如「者」「捨」類，猶可各呼行韻；無入聲可轉者，必同用一呼之字行韻。各一字行韻，則出切之字，猶可兩呼迭見，所謂憑韻者也。只一字行韻，則必各用本呼之字出切，以開切開，以齊切齊，不容相混，所謂憑切者也。此類脣音「般」「潘」、「盤」「瞞」等字，皆合口呼，故不用於開口，而留於合口。其脣音從無撮口呼之字，則竟缺之，不比各呼有字行韻者，可以憑韻互用也。「端」「透」「定」「泥」母下字，亦同此例。

上聲第六類切音

開口呼				
喉音	舌音	齶音	齒音	脣音
欸 海涾	唻 欸懶	灑 欸刪	○ 欸珊	○ 欸番
佁 亥湲	○ 佁蘭	○ 佁時	○ 佁些	○ 佁煩
海 欸蚶	○ 欸耳	疬 欸忍	○ 欸巳	○ 欸晚
亥 佁咸	○ 佁而	○ 佁日	○ 佁詞	○ 佁萬
改 欸甘	等 欸丹	○ 欸醆	宰 欸鬢	擺 欸班
愷 佁坩	嚺 佁灘	○ 佁剗	采 佁粲	啡 佁攀
○ 欸揆	殆 欸但	○ 欸棧	在 欸瓚	罷 欸伴
○ 佁葵	○ 佁壇	○ 佁戲	○ 佁殘	○ 佁瓣
○ 欸偶	乃 欸赧	○ 欸○	○ 欸○	買 欸矕
○ 佁喦	○ 佁難	○ 佁○	○ 佁○	○ 佁鑾

續表

呼口合					呼齒齊				
音脣	音齒	音齶	音舌	音喉	音脣	音齒	音齶	音舌	音喉
○ 扮番	○ 扮酸	○ 扮櫰	○ 扮卵	○ 扮彎	○ 矮非	○ 矮先	○ 矮羶	○ 矮輦	矮 解殷
○ 夥煩	○ 夥些	○ 夥蜍	○ 夥櫨	○ 夥湲	○ 駭肥	○ 駭些	○ 駭禪	○ 駭斕	○ 駭延
○ 扮晚	○ 扮巳	○ 扮汝	○ 扮耳	扮 拐豩	○ 矮尾	○ 矮兕	○ 矮橪	○ 矮耳	○ 矮㢏
○ 夥萬	○ 夥隨	○ 夥如	○ 夥而	夥 扮還	○ 駭微	○ 駭涎	○ 駭然	○ 駭而	駭 楷閑
○ 扮班	○ 扮鑽	○ 扮跧	○ 扮端	拐 扮關	○ 矮邊	○ 矮箋	○ 矮譠	○ 矮顛	解 矮奸
○ 夥攀	○ 夥竄	○ 夥簒	○ 夥湍	○ 夥勸	○ 駭篇	○ 駭千	茝 駭獮	○ 駭天	楷 駭慳
○ 扮伴	○ 扮靠	拏 扮撰	○ 扮斷	○ 扮揆	○ 矮辨	○ 矮踐	鳫 矮邅	○ 矮殄	鎊 矮件
○ 夥瓣	○ 夥欑	○ 夥窀	○ 夥團	○ 夥權	○ 駭便	○ 駭前	○ 駭獮	○ 駭田	○ 駭乾
○ 扮轡	○ 扮○	○ 扮○	○ 扮暖	○ 扮齗	○ 矮免	○ 矮○	○ 矮○	○ 矮撚	娾 矮眼
○ 夥鑾	○ 夥○	○ 夥○	○ 夥姰	○ 夥頑	○ 駭眠	○ 駭○	○ 駭○	○ 駭嗽	○ 駭顏

續表

呼口撮				
音唇	音齒	音齶	音舌	音喉
○ 矮○	○ 矮宣	○ 矮拴	○ 矮巒	○ 矮鴛
○ 駭○	○ 駭○	○ 駭船	○ 駭攣	○ 駭袁
○ 矮○	○ 矮序	○ 矮輭	○ 矮○	○ 矮暄
○ 駭○	○ 駭旋	○ 駭犉	○ 駭○	○ 駭懸
○ 矮○	○ 矮鐫	○ 矮專	○ 矮○	○ 矮涓
○ 駭○	○ 駭詮	○ 駭穿	○ 駭○	○ 駭眷
○ 矮○	○ 矮雋	○ 矮篆	○ 矮○	○ 矮圈
○ 駭○	○ 駭全	○ 駭椽	○ 駭○	○ 駭拳
○ 矮○	○ 矮○	○ 矮○	○ 矮○	○ 矮阮
○ 駭○	○ 駭○	○ 駭○	○ 駭○	○ 駭元

上聲第七類切音

呼口開				
音唇	音齒	音齶	音舌	音喉
○ 沃封	○ 沃鬆	○ 沃溲	○ 沃隴	○ 聲上 沃
○ 鵠逢	○ 鵠些	○ 鵠艫	○ 鵠讋	○ 鵠佁
○ 沃○	○ 沃巳	○ 沃冗	○ 沃耳	○ 沃碚
○ 鵠犛	○ 鵠詞	○ 鵠茸	○ 鵠而	○ 聲上 鵠
○ 沃襮	○ 沃宗	○ 沃鄒	○ 沃冬	○ 沃攻
○ 鵠剖	○ 鵠讙	○ 鵠搊	○ 鵠烙	○ 鵠彄
○ 沃鎔	○ 沃在	○ 沃穆	○ 沃揄	○ 沃揆
○ 鵠裒	○ 鵠琮	○ 鵠愁	○ 鵠彤	○ 鵠葵
○ 沃畝	○ 沃○	○ 沃○	○ 沃瞉	○ 沃偶
○ 鵠謀	○ 鵠○	○ 鵠○	○ 鵠農	○ 鵠齵

續表

呼口合					呼齒齊				
音唇	音齒	音齶	音舌	音喉	音唇	音齒	音齶	音舌	音喉
甫 隝風	○ 隝嵩	數 隝疏	魯 隝曨	隝 虎翁	○ 旭非	○ 旭淞	○ 旭春	○ 旭柳	○ 旭邕
父 户馮	○ 户些	○ 户蜍	○ 户籠	○ 户○	○ 欲肥	○ 欲些	○ 欲慵	○ 欲龍	○ 聲上 欲
武 隝吻	○ 隝巳	○ 隝汝	○ 隝耳	虎 隝烘	○ 旭尾	○ 旭兕	○ 旭蹂	○ 旭耳	○ 聲上 旭
○ 户文	○ 户隨	○ 户戎	○ 户而	户 苦洪	○ 欲微	○ 欲松	○ 欲鞾	○ 欲而	○ 欲學
補 隝琫	祖 隝嵕	阻 隝終	睹 隝東	古 隝公	○ 旭兵	○ 旭縱	○ 旭鍾	○ 旭丁	○ 旭恭
普 户韸	蘆 户怱	楚 户充	土 户通	苦 户空	○ 欲甹	○ 欲樅	○ 欲衝	○ 欲汀	○ 欲銎
簿 隝菶	粗 隝韡	齟 隝撰	杜 隝動	○ 隝揆	○ 旭並	○ 旭静	○ 旭重	○ 旭艇	○ 旭梁
○ 户蓬	○ 户叢	○ 户崇	○ 户同	○ 户頏	○ 欲平	○ 欲從	○ 欲重	○ 欲廷	○ 欲邛
姥 隝蠓	○ 隝○	○ 隝○	砮 隝貜	五 隝硊	○ 旭茗	○ 旭○	○ 旭○	○ 旭狃	○ 旭鰜
○ 户蒙	○ 户○	○ 户○	○ 户齈	○ 户峣	○ 欲明	○ 欲○	○ 欲○	○ 欲濃	○ 欲顒

續表

撮口呼				
喉音	舌音	齶音	齒音	唇音
傴 詡硧	縷 傴柳	○ 傴叔	緰 傴肅	○ 傴非
羽 齲融	○ 羽隆	竪 羽熟	○ 羽些	○ 羽肥
詡 傴蓄	○ 傴耳	乳 傴忍	○ 傴序	○ 傴尾
○ 羽雄	○ 羽而	○ 羽肉	○ 羽松	○ 羽微
矩 傴弓	○ 傴丁	主 傴中	○ 傴蹙	○ 傴兵
齲 羽穹	○ 羽汀	○ 羽忡	取 羽蹴	○ 羽怦
窶 傴菌	○ 傴艇	○ 傴重	聚 傴湫	○ 傴並
○ 羽窮	○ 羽廷	柱 羽蟲	○ 羽歡	○ 羽平
麌 傴齳	○ 傴狃	○ 傴○	○ 傴○	○ 傴皿
○ 羽顒	○ 羽肭	○ 羽○	○ 羽○	○ 羽明

上聲第八類切音

開口呼				
喉音	舌音	齶音	齒音	唇音
○ 厄上聲	○ 厄冷	○ 厄生	○ 厄僧	○ 厄封
○ 劾佁	○ 劾楞	○ 劾時	○ 劾些	○ 劾逢
○ 厄亨	○ 厄耳	○ 厄忍	○ 厄巳	○ 厄武
○ 劾上聲	○ 劾而	○ 劾日	○ 劾詞	○ 劾無
○ 厄庚	○ 厄登	○ 厄争	○ 厄增	○ 厄崩
○ 劾坑	○ 劾鼟	○ 劾鎗	○ 劾鬇	○ 劾烹
○ 厄揆	○ 厄瑒	○ 厄○	○ 厄在	○ 厄絣
○ 劾葵	○ 劾滕	○ 劾傖	○ 劾層	○ 劾彭
○ 厄偶	○ 厄乃	○ 厄○	○ 厄○	○ 厄猛
○ 劾娙	○ 劾能	○ 劾○	○ 劾○	○ 劾萌

續表

呼口合					呼齒齊				
音脣	音齒	音齶	音舌	音喉	音脣	音齒	音齶	音舌	音喉
○ 擭風	○ 擭嵩	○ 擭撼	○ 擭曨	○ 聲上擭	○ 益非	○ 益星	○ 益聲	○ 益嶺	○ 聲上益
○ 畫馮	○ 畫些	○ 畫蜍	○ 畫籠	○ 畫爲	○ 易肥	○ 易些	○ 易繩	○ 易苓	○ 聲上易
○ 擭武	○ 擭巳	○ 擭汝	○ 擭耳	○ 擭訇	○ 益尾	○ 益兕	○ 益忍	○ 益耳	○ 益馨
○ 畫無	○ 畫隨	○ 畫戎	○ 畫而	○ 聲上畫	○ 易微	○ 易錫	○ 易仍	○ 易而	○ 易行
○ 擭琫	○ 擭峻	○ 擭檑	○ 擭東	○ 擭觥	○ 益兵	○ 益精	○ 益貞	○ 益丁	○ 益京
○ 畫葒	○ 畫怱	○ 畫充	○ 畫通	○ 畫銑	○ 易怦	○ 易清	○ 易稱	○ 易汀	○ 易卿
○ 擭奉	○ 擭靠	○ 擭○	○ 擭動	○ 擭揆	○ 益並	○ 益靜	○ 益徎	○ 益艇	○ 益痙
○ 畫蓬	○ 畫叢	○ 畫踨	○ 畫同	○ 畫擭	○ 易平	○ 易情	○ 易呈	○ 易廷	○ 易擎
○ 擭蠓	○ 擭○	○ 擭○	○ 擭貜	○ 擭硊	○ 益茗	○ 益○	○ 益○	○ 益檸	○ 益脛
○ 畫蒙	○ 畫○	○ 畫○	○ 畫蠬	○ 畫峣	○ 易明	○ 易○	○ 易○	○ 易寧	○ 易迎

續表

撮口呼				
喉音	舌音	齶音	齒音	唇音
○ 縈眼	○ 嶺眼	○ 輸眼	○ 須眼	○ 非眼
○ 役上聲	○ 苓役	○ 殊役	○ 些役	○ 肥役
○ 眼上聲	○ 耳眼	○ 乳眼	○ 序眼	○ 尾眼
○ 熒役	○ 而役	○ 儒役	○ 松役	○ 微役
○ 扃眼	○ 丁眼	○ 菓眼	○ 諏眼	○ 碧眼
○ 傾役	○ 汀役	○ 忡役	○ 旻役	○ 怦役
○ 痙眼	○ 艇眼	○ 重眼	○ 靜眼	○ 並眼
○ 瓊役	○ 廷役	○ 蟲役	○ 從役	○ 平役
○ 脛眼	○ 濘眼	○ ○眼	○ ○眼	○ 皿眼
○ 迎役	○ 寧役	○ ○役	○ ○役	○ 明役

右第八類，乃「麌」「姥」之分音，四呼皆無字，不得不用入聲「陌」「職」類之字轉作上聲，行韻而以平聲「庚」「青」類之字出切。其「庚」「青」類無字者，則以「東」「冬」類字補之。「東」「冬」類雖係全音，爲「麌」「姥」類之正切，與此分音原隔一塵。然「東」「冬」也，「庚」「青」也，「陌」「職」也，皆度曲家所謂穿鼻之音，猶是同根共蒂者。若用「真」「文」、「侵」「尋」等類，則轉疏遠矣。審音者當詳辨之。

上聲第九類切音

齊齒呼					開口呼				
唇音	齒音	齶音	舌音	喉音	唇音	齒音	齶音	舌音	喉音
○ 颵非	滫 颵淞	首 颵舂	柳 颵嶺	颵 朽邕	否 嘔封	叟 嘔鬆	溲 嘔生	塿 嘔隴	嘔 吼沃
○ 有肥	○ 有些	受 有慵	○ 有龍	有 糗容	阜 厚逢	○ 厚些	○ 厚尶	○ 厚礱	○ 厚佁
○ 颵尾	○ 颵兕	蹂 颵忍	○ 颵耳	朽 颵胸	○ 嘔吻	○ 嘔巳	○ 嘔冗	○ 嘔耳	吼 嘔碚
○ 有微	○ 有松	○ 有鞲	○ 有而	○ 有行	○ 厚犛	鰵 厚詞	○ 厚茸	○ 厚而	厚 口洚
○ 颵兵	酒 颵縱	肘 颵鍾	○ 颵丁	久 颵恭	掊 嘔崩	走 嘔宗	掫 嘔争	斗 嘔冬	苟 嘔攻
○ 有甹	○ 有樅	丑 有衝	○ 有汀	糗 有銎	剖 厚烹	趣 厚彰	鞇 厚鎗	黈 厚炵	口 厚酷
○ 颵並	湫 颵静	紂 颵重	○ 颵艇	臼 颵梥	鎝 嘔鮩	○ 嘔在	穇 嘔僎	揄 嘔瑒	○ 嘔揆
○ 有平	○ 有從	○ 有重	○ 有廷	○ 有邛	○ 厚彭	○ 厚琮	○ 厚傖	○ 厚彤	○ 厚葵
○ 颵茗	○ 颵○	○ 颵○	紐 颵獰	鹻 颵脛	畝 嘔鵜	○ 嘔○	○ 嘔○	穀 嘔乃	偶 嘔我
○ 有明	○ 有○	○ 有○	○ 有濃	○ 有顒	○ 厚雺	○ 厚○	○ 厚○	○ 厚農	○ 厚櫂

續表

呼口撮					呼口合				
音唇	音齒	音齶	音舌	音喉	音唇	音齒	音齶	音舌	音喉
○ ⿺風幼○	○ ⿺風幼須	○ ⿺風幼輸	○ ⿺風幼縷	○ ⿺風幼硧	○ 嘔風	○ 嘔嵩	○ 嘔氄	○ 嘔矓	○ 嘔翁
○ 有○	○ 有○	○ 有殊	○ 有隆	○ 有融	○ 厚馮	○ 厚○	○ 厚垂	○ 厚籠	○ 厚爲
○ ⿺風幼○	○ ⿺風幼序	○ ⿺風幼乳	○ ⿺風幼○	○ ⿺風幼蓄	○ 嘔武	○ 嘔○	○ 嘔汝	○ 嘔○	○ 嘔烘
○ 有○	○ 有徐	○ 有儒	○ 有○	○ 有雄	○ 厚無	○ 厚隨	○ 厚戎	○ 厚○	○ 厚洪
○ ⿺風幼○	○ ⿺風幼諏	○ ⿺風幼中	○ ⿺風幼○	○ ⿺風幼弓	○ 嘔逋	○ 嘔嵕	○ 嘔終	○ 嘔東	○ 嘔公
○ 有○	○ 有趨	○ 有忡	○ 有○	○ 有穹	○ 厚誧	○ 厚怱	○ 厚充	○ 厚通	○ 厚空
○ ⿺風幼○	○ ⿺風幼聚	○ ⿺風幼宁	○ ⿺風幼○	○ ⿺風幼窶	○ 嘔奉	○ 嘔粗	○ 嘔齟	○ 嘔動	○ 嘔○
○ 有○	○ 有歡	○ 有蟲	○ 有○	○ 有窮	○ 厚蓬	○ 厚叢	○ 厚崇	○ 厚同	○ 厚頑
○ ⿺風幼○	○ ⿺風幼○	○ ⿺風幼○	○ ⿺風幼○	○ ⿺風幼麌	○ 嘔蠓	○ 嘔○	○ 嘔○	○ 嘔⿰豸農	○ 嘔五
○ 有○	○ 有○	○ 有○	○ 有肭	○ 有虞	○ 厚蒙	○ 厚○	○ 厚○	○ 厚⿰骨農	○ 厚⿰山兒

上聲第十類切音

呼齒齊					呼口開				
音脣	音齒	音齶	音舌	音喉	音脣	音齒	音齶	音舌	音喉
○ 泑非	○ 泑星	○ 泑聲	○ 泑嶺	泑 泑英	○ 泑封	○ 泑僧	○ 泑生	○ 泑冷	○ 泑罌
○ 泑肥	○ 泑些	○ 泑繩	○ 泑苓	○ 泑盈	○ 泑逢	○ 泑○	○ 泑時	○ 泑棱	○ 泑佁
○ 泑尾	○ 泑兕	○ 泑忍	○ 泑耳	○ 泑馨	○ 泑吻	○ 泑巳	○ 泑○	○ 泑○	○ 泑亨
○ 泑微	○ 泑錫	○ 泑仍	○ 泑而	○ 泑行	○ 泑文	○ 泑詞	○ 泑日	○ 泑○	○ 泑莖
○ 泑兵	○ 泑精	○ 泑貞	○ 泑丁	糾 泑京	○ 泑崩	○ 泑增	○ 泑争	○ 泑登	○ 泑庚
○ 泑甹	○ 泑清	○ 泑稱	○ 泑汀	○ 泑卿	○ 泑烹	○ 泑彰	○ 泑鎗	○ 泑鼟	○ 泑坑
○ 泑並	○ 泑静	○ 泑裎	○ 泑艇	蟉 泑痙	○ 泑鮩	○ 泑在	○ 泑○	○ 泑瑒	○ 泑○
○ 泑平	○ 泑情	○ 泑呈	○ 泑廷	○ 泑擎	○ 泑彭	○ 泑層	○ 泑傖	○ 泑滕	○ 泑翃
○ 泑茗	○ 泑○	○ 泑○	○ 泑獰	○ 泑瞠	○ 泑猛	○ 泑○	○ 泑○	○ 泑能	○ 泑我
○ 泑明	○ 泑○	○ 泑○	○ 泑寧	○ 泑迎	○ 泑萌	○ 泑○	○ 泑○	○ 泑能	○ 泑娙

續表

呼口撮					呼口合				
音唇	音齒	音齶	音舌	音喉	音唇	音齒	音齶	音舌	音喉
○ 泑○	○ 泑須	○ 泑輸	○ 泑縷	○ 泑縈	○ 泑風	○ 泑嵩	○ 泑毹	○ 泑曨	○ 泑泓
○ 泑○	○ 泑○	○ 泑殊	○ 泑隆	○ 泑榮	○ 泑馮	○ 泑○	○ 泑○	○ 泑籠	○ 泑○
○ 泑○	○ 泑序	○ 泑乳	○ 泑○	○ 泑兄	○ 泑武	○ 泑○	○ 泑○	○ 泑○	○ 泑訇
○ 泑○	○ 泑徐	○ 泑儒	○ 泑○	○ 泑熒	○ 泑無	○ 泑隨	○ 泑戎	○ 泑○	○ 泑橫
○ 泑○	○ 泑諏	○ 泑中	○ 泑○	○ 泑扃	○ 泑逋	○ 泑峻	○ 泑終	○ 泑東	○ 泑觥
○ 泑○	○ 泑旻	○ 泑忡	○ 泑○	○ 泑傾	○ 泑[illegible]	○ 泑怱	○ 泑充	○ 泑通	○ 泑鉷
○ 泑○	○ 泑聚	○ 泑○	○ 泑○	○ 泑寠	○ 泑奉	○ 泑○	○ 泑齟	○ 泑動	○ 泑揆
○ 泑○	○ 泑歡	○ 泑蟲	○ 泑○	○ 泑瓊	○ 泑蓬	○ 泑叢	○ 泑崇	○ 泑同	○ 泑趪
○ 泑○	○ 泑○	○ 泑○	○ 泑○	○ 泑麌	○ 泑蠓	○ 泑○	○ 泑○	○ 泑[illegible]	○ 泑五
○ 泑○	○ 泑○	○ 泑○	○ 泑○	○ 泑虞	○ 泑蒙	○ 泑○	○ 泑○	○ 泑齈	○ 泑吾

上聲第十一類切音

呼齒齊					呼口開				
音脣	音齒	音齶	音舌	音喉	音脣	音齒	音齶	音舌	音喉
○ 握非	○ 握篠	○ 握商	○ 握了	○ 聲上握	○ 妸方	娑 妸桑	○ 妸雙	儸 妸朗	妸 歌佒
○ 簍肥	○ 簍些	○ 簍常	○ 簍瀧	○ 聲上簍	○ 荷房	○ 荷些	○ 荷時	○ 荷郎	○ 荷佁
○ 握尾	○ 握象	○ 握壤	○ 握耳	○ 握肛	○ 妸網	○ 妸巳	○ 妸忍	○ 妸耳	歌 妸炕
○ 簍微	○ 簍詳	○ 簍穰	○ 簍而	○ 簍降	○ 荷亡	○ 荷詞	○ 荷日	○ 荷而	荷 可杭
○ 握標	○ 握將	○ 握樁	○ 握彫	○ 握江	○ 妸邦	左 妸臧	○ 妸矙	彈 妸當	哿 妸罔
○ 簍漂	○ 簍鏘	○ 簍惷	○ 簍祧	○ 簍腔	○ 荷滂	瑳 荷倉	○ 荷窗	袉 荷湯	可 荷康
○ 握鰾	○ 握踐	○ 握丈	○ 握窕	○ 握鬠	○ 妸玤	○ 妸奘	○ 妸僳	柁 妸蕩	○ 妸搡
○ 簍瓢	○ 簍戕	○ 簍幢	○ 簍迢	○ 簍强	○ 荷旁	○ 荷藏	○ 荷淙	○ 荷唐	○ 荷葖
○ 握眇	○ 握○	○ 握○	○ 握嬲	○ 握鳥	○ 妸莽	○ 妸○	○ 妸○	梛 妸曩	我 妸駠
○ 簍苗	○ 簍○	○ 簍○	○ 簍膿	○ 簍峣	○ 荷芒	○ 荷○	○ 荷○	○ 荷囊	○ 荷昂

續表

呼口撮					呼口合				
音唇	音齒	音齶	音舌	音喉	音唇	音齒	音齶	音舌	音喉
○ 握○	○ 握宣	○ 握拴	○ 握鸞	○ 握鴛	○ 媒方	鎖 媒酸	○ 媒霜	裸 媒曨	媒 火汪
○ 籰○	○ 籰○	○ 籰船	○ 籰攣	○ 籰袁	○ 禍房	○ 禍些	○ 禍垂	○ 禍碠	○ 禍王
○ 握○	○ 握序	○ 握輭	○ 握○	○ 握暄	○ 媒網	○ 媒巳	○ 媒汝	○ 媒耳	火 媒荒
○ 籰○	○ 籰旋	○ 籰㬉	○ 籰○	○ 籰懸	○ 禍亡	○ 禍隨	○ 禍如	○ 禍而	禍 顆黃
○ 握○	○ 握鐫	○ 握專	○ 握○	○ 握涓	跛 媒邦	剉 媒鑽	○ 媒莊	朵 媒端	果 媒光
○ 籰○	○ 籰銓	○ 籰穿	○ 籰○	○ 籰弮	叵 禍滂	脞 禍竄	○ 禍創	妥 禍湍	顆 禍骯
○ 握○	○ 握雋	○ 握篆	○ 握○	○ 握圈	爸 媒琲	坐 媒靠	○ 媒撰	墮 媒斷	○ 媒徍
○ 籰○	○ 籰全	○ 籰椽	○ 籰○	○ 籰拳	○ 禍旁	○ 禍攢	○ 禍床	○ 禍團	○ 禍狂
○ 握○	○ 握○	○ 握○	○ 握○	○ 握阮	麼 媒莽	○ 媒○	○ 媒○	妮 媒煗	戹 媒硊
○ 籰○	○ 籰○	○ 籰○	○ 籰○	○ 籰元	○ 禍芒	○ 禍○	○ 禍○	○ 禍偄	○ 禍瓁

上聲第十二類切音

呼齒齊					呼口開				
音唇	音齒	音齶	音舌	音喉	音唇	音齒	音齶	音舌	音喉
○ 啞非	○ 啞相	○ 啞商	○ 啞兩	啞 嚪央	○ 蠚否	○ 蠚腮	灑 蠚崽	蠚 觰唻	○ 蠚哀
○ 下肥	○ 下些	○ 下常	○ 下良	○ 下陽	○ 蠚浮	○ 蠚些	○ 蠚時	○ 蠚來	○ 蠚佁
○ 啞尾	○ 啞象	○ 啞壤	○ 啞耳	嚪 啞香	○ 蠚武	○ 蠚巳	○ 蠚忍	○ 蠚耳	○ 蠚咍
○ 下微	○ 下詳	○ 下穰	○ 下而	下 跒降	○ 蠚無	○ 蠚詞	○ 蠚日	○ 蠚而	○ 蠚孩
○ 啞標	○ 啞將	縿 啞章	○ 啞貂	賈 啞姜	○ 蠚擺	○ 蠚栽	鮓 蠚齋	觰 蠚黷	○ 蠚該
○ 下漂	○ 下鏘	奼 下昌	○ 下祧	跒 下羌	○ 蠚腤	○ 蠚猜	○ 蠚釵	○ 蠚胎	○ 蠚開
○ 啞驃	○ 啞踐	○ 啞丈	○ 啞窕	○ 啞疆	○ 蠚罷	○ 蠚在	槎 蠚棧	○ 蠚殆	○ 蠚揆
○ 下瓢	○ 下戕	○ 下長	○ 下迢	○ 下強	○ 蠚排	○ 蠚才	○ 蠚豺	○ 蠚臺	○ 蠚葵
○ 啞眇	○ 啞○	○ 啞○	○ 啞嬲	雅 啞仰	○ 蠚買	○ 蠚○	○ 蠚○	絮 蠚乃	○ 蠚偶
○ 下苗	○ 下○	○ 下○	○ 下娘	○ 下印	○ 蠚埋	○ 蠚○	○ 蠚○	○ 蠚能	○ 蠚皚

續表

呼口撮					呼口合				
音唇	音齒	音齶	音舌	音喉	音唇	音齒	音齶	音舌	音喉
○ 啞○	○ 啞宣	○ 啞拴	○ 啞巒	○ 啞鴛	○ 寡番	○ 寡珊	葰 寡櫶	○ 寡卵	○ 寡彎
○ 下○	○ 下○	○ 下船	○ 下攣	○ 下袁	○ 踝煩	○ 踝些	○ 踝垂	○ 踝驢	○ 踝湲
○ 啞○	○ 啞序	○ 啞輭	○ 啞○	○ 啞暄	○ 寡晚	○ 寡巳	○ 寡汝	○ 寡耳	○ 寡豩
○ 下○	○ 下旋	○ 下瞑	○ 下○	○ 下懸	○ 踝萬	○ 踝隨	○ 踝如	○ 踝而	踝 髁還
○ 啞○	○ 啞鎸	○ 啞專	○ 啞○	○ 啞涓	把 寡班	○ 寡鑽	蛆 寡跧	○ 寡竅	寡 寡關
○ 下○	○ 下銓	○ 下穿	○ 下○	○ 下卷	○ 踝攀	○ 踝毳	硂 踝纂	○ 踝灘	髁 踝寬
○ 啞○	○ 啞雋	○ 啞篆	○ 啞○	○ 啞圈	跁 寡伴	○ 寡鄹	○ 寡撰	○ 寡但	○ 寡揆
○ 下○	○ 下全	○ 下椽	○ 下○	○ 下拳	○ 踝盤	○ 踝殘	○ 踝窀	○ 踝壇	○ 踝欟
○ 啞○	○ 啞○	○ 啞○	○ 啞○	○ 啞阮	馬 寡轡	○ 寡○	○ 寡○	○ 寡赧	瓦 寡齗
○ 下○	○ 下○	○ 下○	○ 下○	○ 下元	○ 踝鑾	○ 踝○	○ 踝○	○ 踝奻	○ 踝頑

右第十二類，乃「哿」「果」之分音，應以平聲「陽」「姜」類出切。而「陽」「姜」類惟齊齒一呼有字，故開口以「皆」「咍」類出切，合口以「删」「山」類出切，其不足者以「豪」「宵」類補之，皆分音也。至撮口一呼，本類既無行韻之字，不得不借齊齒字行韻，而以「元」「先」類撮口之字出切，亦變例也。

上聲第十三類切音

開口呼				
喉音	舌音	齶音	齒音	脣音
拗 絞佒	○ 拗朗	敎 拗雙	○ 拗桑	○ 拗方
○ 礜佁	○ 礜郎	○ 礜時	○ 礜些	○ 礜房
○ 拗炕	○ 拗耳	○ 拗忍	○ 拗巳	○ 拗網
礜 巧杭	○ 礜而	○ 礜日	○ 礜詞	○ 礜亡
絞 拗岡	○ 拗當	爪 拗捉	○ 拗臧	飽 拗邦
巧 礜康	○ 礜湯	煼 礜窗	○ 礜倉	○ 礜滂
○ 拗揆	○ 拗蕩	㑿 拗樔	○ 拗奘	鮑 拗玤
○ 礜葵	○ 礜唐	○ 礜淙	○ 礜藏	○ 礜旁
齩 拗駉	撓 拗曩	○ 拗○	○ 拗○	卯 拗莽
○ 礜昂	○ 礜囊	○ 礜○	○ 礜○	○ 礜芒

續表

呼口合					呼齒齊				
音唇	音齒	音齶	音舌	音喉	音唇	音齒	音齶	音舌	音喉
○ 拗霽	○ 拗酸	○ 拗霜	○ 拗卵	○ 拗汪	○ 杳非	篠 杳相	○ 杳商	了 杳兩	杳 曉肿
○ 㮚縛	○ 㮚○	○ 㮚垂	○ 㮚硏	○ 㮚王	○ 皛肥	○ 皛些	○ 皛常	○ 皛良	○ 皛陽
○ 拗武	○ 拗○	○ 拗汝	○ 拗○	○ 拗荒	○ 杳尾	○ 杳象	○ 杳壤	○ 杳耳	曉 杳肛
○ 㮚務	○ 㮚隨	○ 㮚如	○ 㮚○	○ 㮚黄	○ 皛微	○ 皛詳	○ 皛穰	○ 皛而	皛 磽降
○ 拗剥	○ 拗嗓	○ 拗莊	○ 拗端	○ 拗光	○ 杳標	湫 杳將	○ 杳椿	蔦 杳顛	皎 杳江
○ 㮚粕	○ 㮚竄	○ 㮚創	○ 㮚湍	○ 㮚骴	○ 皛漂	○ 皛鏘	○ 皛惷	眺 皛天	磽 皛腔
○ 拗爸	○ 拗靠	○ 拗撰	○ 拗斷	○ 拗侹	○ 杳驃	○ 杳踐	○ 杳丈	窕 杳殄	○ 杳彊
○ 㮚薄	○ 㮚攢	○ 㮚床	○ 㮚團	○ 㮚狂	○ 皛瓢	○ 皛戕	○ 皛幢	○ 皛田	○ 皛强
○ 拗麼	○ 拗○	○ 拗○	○ 拗煗	○ 拗硊	○ 杳眇	○ 杳○	○ 杳○	嬲 杳撚	鳥 杳仰
○ 㮚莫	○ 㮚○	○ 㮚○	○ 㮚偄	○ 㮚獲	○ 皛苗	○ 皛○	○ 皛○	○ 皛聵	○ 皛峣

呼口撮				
音唇	音齒	音齶	音舌	音喉
○ 杳○	○ 杳宣	○ 杳拴	○ 杳臠	○ 杳鴛
○ 晶○	○ 晶○	○ 晶船	○ 晶攣	○ 晶袁
○ 杳○	○ 杳○	○ 杳輭	○ 杳○	○ 杳暄
○ 晶○	○ 晶旋	○ 晶㬉	○ 晶○	○ 晶懸
○ 杳○	○ 杳鐫	○ 杳專	○ 杳○	○ 杳涓
○ 晶○	○ 晶銓	○ 晶穿	○ 晶○	○ 晶卷
○ 杳○	○ 杳雋	○ 杳篆	○ 杳○	○ 杳圈
○ 晶○	○ 晶全	○ 晶椽	○ 晶○	○ 晶拳
○ 杳○	○ 杳○	○ 杳○	○ 杳○	○ 杳阮
○ 晶○	○ 晶○	○ 晶○	○ 晶○	○ 晶元

上聲第十四類切音

呼口開				
音唇	音齒	音齶	音舌	音喉
○ 襖否	嫂 襖腮	○ 襖崽	老 襖唻	襖 好哀
○ 晧浮	○ 晧些	○ 晧時	○ 晧來	○ 晧佁
○ 襖武	○ 襖巳	○ 襖忍	○ 襖耳	好 襖咍
○ 晧無	○ 晧詞	○ 晧日	○ 晧而	晧 考孩
寶 襖擺	早 襖栽	○ 襖齋	倒 襖[illegible]	杲 襖該
○ 晧啡	草 晧猜	○ 晧釵	討 晧胎	考 晧開
抱 襖罷	皁 襖在	○ 襖棧	道 襖殆	○ 襖揆
○ 晧排	○ 晧才	○ 晧豺	○ 晧臺	○ 晧葵
媢 襖買	○ 襖○	○ 襖○	腦 襖乃	頊 襖偶
○ 晧埋	○ 晧○	○ 晧○	○ 晧能	○ 晧皚

續表

呼口合					呼齒齊				
音脣	音齒	音齶	音舌	音喉	音脣	音齒	音齶	音舌	音喉
○ 襖番	○ 襖珊	○ 襖櫳	○ 襖卵	○ 襖彎	○ 夭非	小 夭相	少 夭商	繚 夭兩	夭 矯央
○ 晧煩	○ 晧○	○ 晧垂	○ 晧爐	○ 晧湲	○ 漾肥	○ 漾些	紹 漾常	○ 漾良	漾 紹陽
○ 襖晚	○ 襖○	○ 襖汝	○ 襖○	○ 襖豩	○ 夭尾	○ 夭象	繞 夭壤	○ 夭耳	○ 夭香
○ 晧萬	○ 晧隨	○ 晧如	○ 晧○	○ 晧還	○ 漾微	○ 漾詳	○ 漾穰	○ 漾而	○ 漾降
○ 襖班	○ 襖鬢	○ 襖跧	○ 襖竂	○ 襖關	表 夭邊	勦 夭將	沼 夭章	○ 夭顛	矯 夭姜
○ 晧攀	○ 晧悉	○ 晧纂	○ 晧灘	○ 晧勸	醥 漾篇	悄 漾鏘	弨 漾昌	○ 漾天	○ 漾羌
○ 襖伴	○ 襖瓚	○ 襖撰	○ 襖但	○ 襖揆	鰾 夭辨	○ 夭踐	肇 夭丈	○ 夭殄	鬠 夭彊
○ 晧爬	○ 晧殘	○ 晧窀	○ 晧壇	○ 晧權	○ 漾便	○ 漾戕	○ 漾長	○ 漾田	○ 漾强
○ 襖轡	○ 襖○	○ 襖○	○ 襖赧	○ 襖鼾	眇 夭免	○ 夭○	○ 夭○	○ 夭撚	○ 夭仰
○ 晧鑾	○ 晧○	○ 晧○	○ 晧妏	○ 晧頑	○ 漾眠	○ 漾○	○ 漾○	○ 漾娘	○ 漾印

續表

撮口呼				
脣音	齒音	齶音	舌音	喉音
○ 夭○	○ 夭宣	○ 夭拴	○ 夭[illegible]	○ 夭鴛
○ 漾○	○ 漾○	○ 漾船	○ 漾攣	○ 漾袁
○ 夭○	○ 夭序	○ 夭輭	○ 夭○	○ 夭暄
○ 漾○	○ 漾旋	○ 漾瞑	○ 漾○	○ 漾懸
○ 夭○	○ 夭鐫	○ 夭專	○ 夭○	○ 夭涓
○ 漾○	○ 漾銓	○ 漾穿	○ 漾○	○ 漾弮
○ 夭○	○ 夭雋	○ 夭篆	○ 夭○	○ 夭圈
○ 漾○	○ 漾全	○ 漾椽	○ 漾○	○ 漾拳
○ 夭○	○ 夭○	○ 夭○	○ 夭○	○ 夭阮
○ 漾○	○ 漾○	○ 漾○	○ 漾○	○ 漾元

上聲第十五類切音

開口呼				
脣音	齒音	齶音	舌音	喉音
○ 穏匪	○ 穏思	○ 穏師	○ 穏唻	穏 頣哀
○ 很賸	○ 很些	○ 很時	○ 很來	○ 很佁
○ 穏武	○ 穏巳	○ 穏忍	○ 穏耳	○ 穏咍
○ 很物	○ 很詞	○ 很日	○ 很而	很 墾紇
○ 穏悲	○ 穏兹	[illegible] 穏菑	○ 穏[illegible]	頣 穏該
○ 很丕	○ 很雌	齜 很差	○ 很胎	墾 很開
○ 穏被	○ 穏在	濜 穏俟	○ 穏殆	○ 穏揆
○ 很備	○ 很慈	○ 很茌	○ 很臺	○ 很葵
○ 穏美	○ 穏○	○ 穏○	○ 穏乃	○ 穏偶
○ 很眉	○ 很○	○ 很○	○ 很能	○ 很皚

續表

呼口合					呼齒齊				
音唇	音齒	音齶	音舌	音喉	音唇	音齒	音齶	音舌	音喉
粉 穩匪	損 穩雖	○ 穩疏	惢 穩累	穩 惛威	○ 隱非	○ 隱西	矧 隱奢	嶙 隱里	隱 脪衣
憤 混膹	○ 混些	○ 混蜍	○ 混羸	○ 混爲	○ 引肥	○ 引些	腎 引蛇	○ 引離	引 螼移
吻 穩武	○ 穩巳	○ 穩汝	○ 穩耳	惛 穩麾	○ 隱尾	○ 隱兕	忍 隱惹	○ 隱耳	脪 隱羲
○ 混物	○ 混隨	○ 混如	○ 混而	混 闠回	○ 引微	○ 引邪	○ 引熱	○ 引而	○ 引奚
本 穩悲	撙 穩騅	○ 穩菹	崸 穩咄	衮 穩規	臏 隱卑	榼 隱躋	軫 隱知	○ 隱低	緊 隱羈
栩 混丕	忖 混趡	○ 混初	畽 混宊	闠 混闚	覩 引披	笉 引妻	鼜 引絺	○ 引梯	螼 引欹
笨 穩被	鱒 穩靠	○ 穩齟	囤 穩錞	○ 穩揆	牝 隱婢	盡 隱薺	眹 隱雉	○ 隱弟	近 隱技
○ 混備	○ 混萃	○ 混鉏	○ 混突	○ 混葵	○ 引皮	○ 引齊	○ 引馳	○ 引啼	○ 引奇
懣 穩美	○ 穩○	○ 穩○	炳 穩餒	○ 穩硊	泯 隱米	○ 隱○	○ 隱○	听 隱你	○ 隱擬
○ 混眉	○ 混○	○ 混○	○ 混諉	○ 混危	○ 引迷	○ 引○	○ 引○	○ 引泥	○ 引宜

續表

撮口呼				
喉音	舌音	齶音	齒音	唇音
惲 菌於	輪 惲呂	賰 惲書	笋 惲胥	○ 惲非
允 趣余	○ 允閭	盾 允蕃	○ 允些	○ 允肥
○ 惲虛	○ 惲耳	蝡 惲蕊	○ 惲序	○ 惲尾
○ 允懸	○ 允而	○ 允儒	○ 允徐	○ 允微
○ 惲居	○ 惲低	準 惲豬	○ 惲苴	○ 惲卑
趣 允袪	○ 允梯	蠢 允攄	○ 允疽	○ 允披
菌 惲巨	○ 惲弟	○ 惲宁	○ 惲咀	○ 惲婢
○ 允渠	○ 允啼	○ 允除	○ 允崒	○ 允皮
齳 惲語	○ 惲女	○ 惲○	○ 惲○	愍 惲米
○ 允魚	○ 允衂	○ 允○	○ 允○	○ 允迷

上聲第十六類切音

開口呼				
喉音	舌音	齶音	齒音	唇音
侒 侒遏	○ 侒磊	○ 侒撥	○ 侒捼	○ 侒廢
○ 旱佁	○ 旱雷	○ 旱實	○ 旱些	○ 旱吠
罕 侒喝	○ 侒耳	○ 侒疠	○ 侒巳	○ 侒武
旱 旱曷	○ 旱而	○ 旱日	○ 旱詞	○ 旱物
笴 侒葛	○ 侒惙	○ 侒菑	○ 侒緝	○ 侒撥
侃 旱渴	○ 旱脫	○ 旱劓	○ 旱撮	○ 旱潑
○ 侒揆	○ 侒錞	○ 侒侯	○ 侒罪	○ 侒琲
○ 旱葵	○ 旱奪	○ 旱闋	○ 旱柮	○ 旱跋
○ 侒偶	○ 侒餒	○ 侒○	○ 侒○	○ 侒每
○ 旱辪	○ 旱捼	○ 旱○	○ 旱○	○ 旱末

續表

呼口合					呼齒齊				
音唇	音齒	音齶	音舌	音喉	音唇	音齒	音齶	音舌	音喉
○ 椀廢	篹 椀捼	○ 椀刷	卵 椀磊	椀 溾隈	○ 贃非	銑 贃寫	僀 贃奢	輂 贃跍	贃 顯謁
○ 緩吠	○ 緩些	○ 緩垂	○ 緩雷	○ 緩脩	○ 演肥	○ 演些	善 演蛇	○ 演列	演 峴耶
○ 椀武	○ 椀巳	○ 椀汝	○ 椀耳	溾 椀灰	○ 贃尾	緓 贃炧	橪 贃惹	○ 贃耳	顯 贃歇
○ 緩無	○ 緩遂	○ 緩芮	○ 緩而	緩 款回	○ 演微	○ 演邪	○ 演熱	○ 演而	峴 演纈
粄 椀栖	纂 椀嗺	○ 椀髯	短 椀堆	管 椀瑰	扁 贃鷩	翦 贃嗟	展 贃遮	典 贃爹	蹇 贃迦
坢 緩胚	毳 緩崔	○ 緩初	疃 緩推	欵 緩恢	○ 演瞥	淺 演磋	闡 演車	腆 演鐵	遣 演佉
伴 椀琲	鄹 椀罪	○ 椀齟	斷 椀錞	○ 椀揆	辨 贃婢	踐 贃薺	邅 贃雉	殄 贃弟	件 贃技
○ 緩裴	○ 緩摧	○ 緩倅	○ 緩頹	○ 緩韡	○ 演別	○ 演查	○ 演轍	○ 演垤	○ 演伽
滿 椀每	○ 椀○	○ 椀○	煗 椀餒	輐 椀頠	免 贃乜	○ 贃○	○ 贃○	撚 贃你	巘 贃擬
○ 緩枚	○ 緩○	○ 緩○	○ 緩捼	○ 緩嵬	○ 演蔑	○ 演○	○ 演○	○ 演膤	○ 演齧

續表

撮口呼				
喉音	舌音	齶音	齒音	唇音
苑 煊肥	孌 苑呂	○ 苑說	選 苑雪	○ 苑非
遠 泫悅	○ 遠臠	膞 遠蕐	○ 遠些	○ 遠肥
烜 苑靴	○ 苑耳	輭 苑蕊	○ 苑序	○ 苑尾
泫 遠穴	○ 遠而	○ 遠爇	○ 遠葰	○ 遠微
畎 苑玦	○ 苑咥	轉 苑拙	臇 苑侳	○ 苑鷩
綣 遠䏈	○ 遠鐵	舛 遠歠	○ 遠脞	○ 遠瞥
圈 苑巨	○ 苑弟	篆 苑宁	雋 苑咀	○ 苑婢
○ 遠瘸	○ 遠垤	○ 遠箸	○ 遠絶	○ 遠別
阮 苑語	○ 苑你	○ 苑○	○ 苑○	○ 苑乜
○ 遠月	○ 遠吶	○ 遠○	○ 遠○	○ 遠哶

右第十六「阮」「銑」類，當以平聲出切，但「遮」「車」類字最少，「灰」「恢」類亦惟一呼有字。若用他類，則疏而不親，若竟用「元」「先」類，則是轉聲，而非切音矣。故同轉平聲無字者，仍用入聲「遏」「謁」類出切。雖屬變例，得音最真。作切之意，惟取字音分明而已，初無成例之可拘也。去聲仿此。

上聲第十七類切音

呼齒齊					呼口開				
音唇	音齒	音齶	音舌	音喉	音唇	音齒	音齶	音舌	音喉
○ 儮非	○ 儮薛	○ 儮設	○ 儮跕	儮 簡挨	○ 懶髮	散 懶腮	潸 懶崽	懶 亶唻	○ 懶哀
○ 僩肥	○ 僩些	○ 僩舌	○ 僩列	○ 僩拽	○ 坦伐	○ 坦些	○ 坦實	○ 坦來	○ 坦佁
○ 儮尾	○ 儮灺	○ 儮惹	○ 儮耳	○ 儮豨	○ 懶武	○ 懶巳	○ 懶疠	○ 懶耳	○ 懶咍
○ 僩未	○ 僩邪	○ 僩熱	○ 僩而	僩 齦諧	○ 坦禨	○ 坦時	○ 坦髩	○ 坦而	○ 坦孩
○ 儮鷩	○ 儮節	○ 儮蝲	○ 儮咥	簡 儮皆	○ 懶擺	鬢 懶栽	醆 懶齋	亶 懶黷	○ 懶該
○ 僩瞥	○ 僩切	○ 僩扠	○ 僩鐵	齦 僩揩	○ 坦啡	○ 坦猜	剗 坦釵	坦 泐胎	○ 坦開
○ 儮婢	○ 儮薺	○ 儮惹	○ 儮弟	○ 儮鎊	○ 懶罷	瓚 懶在	棧 懶槎	但 懶殆	○ 懶挨
○ 僩別	○ 僩截	○ 僩孱	○ 僩垤	○ 僩傑	○ 坦排	○ 坦才	○ 坦豺	○ 坦臺	○ 坦葵
○ 儮乜	○ 儮○	○ 儮○	○ 儮你	眼 儮娾	○ 懶買	○ 懶○	○ 懶○	赧 懶乃	○ 懶偶
○ 僩蔑	○ 僩○	○ 僩○	○ 僩褹	○ 僩崖	○ 坦埋	○ 坦○	○ 坦○	○ 坦能	○ 坦皚

續表

呼口撮					呼口合				
音唇	音齒	音齶	音舌	音喉	音唇	音齒	音齶	音舌	音喉
○ 偃○	○ 偃雪	○ 偃説	○ 偃吕	○ 偃噦	反 綰髮	○ 綰腮	○ 綰帥	○ 綰累	綰 鼾娃
○ 倜○	○ 倜○	○ 倜殊	○ 倜劣	○ 倜悦	飯 晥伐	○ 晥些	○ 晥術	○ 晥膘	○ 晥颾
○ 偃○	○ 偃序	○ 偃乳	○ 偃○	○ 偃血	晚 綰武	○ 綰巳	○ 綰汝	○ 綰耳	○ 綰虺
○ 倜○	○ 倜菱	○ 倜熱	○ 倜○	○ 倜穴	○ 晥襪	○ 晥遂	○ 晥如	○ 晥而	晥 晥懷
○ 偃○	○ 偃蕝	○ 偃拙	○ 偃○	○ 偃玦	版 綰八	○ 綰緺	○ 綰茁	○ 綰竂	○ 綰乖
○ 倜○	○ 倜贜	○ 倜歠	○ 倜○	○ 倜缺	眅 晥婠	○ 晥撮	○ 晥嘬	○ 晥脱	○ 晥黏
○ 偃○	○ 偃聚	○ 偃宁	○ 偃○	○ 偃巨	○ 綰罷	○ 綰罪	撰 綰摯	○ 綰錞	○ 綰揆
○ 倜○	○ 倜絶	○ 倜箸	○ 倜○	○ 倜撅	○ 晥排	○ 晥柮	○ 晥膗	○ 晥爈	○ 晥葵
○ 偃○	○ 偃○	○ 偃○	○ 偃○	○ 偃語	轡 綰買	○ 綰○	○ 綰○	○ 綰餧	鼾 綰頠
○ 倜○	○ 倜○	○ 倜○	○ 倜吶	○ 倜月	○ 晥埋	○ 晥○	○ 晥○	○ 晥妠	○ 晥詭

上聲第十八類切音

呼齒齊					呼口開				
音脣	音齒	音齶	音舌	音喉	音脣	音齒	音齶	音舌	音喉
○ 擁非	○ 擁修	○ 擁收	○ 擁柳	擁 汹憂	覂 拱不	悚 拱涑	○ 拱搜	隴 拱塿	○ 拱歐
○ 勇肥	○ 勇些	○ 勇讎	○ 勇流	勇 寵尤	奉 恐浮	○ 恐些	尰 恐時	○ 恐樓	○ 恐颾
○ 擁尾	○ 擁兕	○ 擁蹂	○ 擁耳	汹 擁休	○ 拱武	○ 拱巳	冗 拱疠	○ 拱耳	○ 拱齁
○ 勇未	○ 勇囚	○ 勇柔	○ 勇而	○ 勇檄	○ 恐務	○ 恐鱢	○ 恐日	○ 恐而	○ 恐侯
○ 擁彪	○ 擁啾	腫 擁周	○ 擁的	○ 擁鳩	○ 拱掫	縱 拱掫	○ 拱鄒	湩 拱兜	拱 隴鈎
○ 勇飆	○ 勇秋	寵 勇抽	○ 勇惕	○ 勇丘	○ 恐剖	○ 恐誰	○ 恐搊	○ 恐偷	恐 尰彄
○ 擁婢	○ 擁湫	重 擁紂	○ 擁弟	梁 擁舅	○ 拱鋡	○ 拱在	○ 拱鮿	○ 拱揄	○ 拱揆
○ 勇滤	○ 勇酋	○ 勇儔	○ 勇迪	○ 勇求	○ 恐裒	○ 恐剽	○ 恐愁	○ 恐頭	○ 恐葵
○ 擁米	○ 擁○	○ 擁○	○ 擁狃	○ 擁巘	鴭 拱畝	○ 拱○	○ 拱○	○ 拱穀	○ 拱偶
○ 勇繆	○ 勇○	○ 勇○	○ 勇糅	○ 勇牛	○ 恐謀	○ 恐○	○ 恐○	○ 恐獳	○ 恐齵

續表

呼口撮					呼口合				
音唇	音齒	音齶	音舌	音喉	音唇	音齒	音齶	音舌	音喉
○ 碽○	○ 碽須	○ 碽輸	○ 碽縷	○ 碽紆	○ 蓊夫	敵 蓊蘇	○ 蓊毹	曨 蓊魯	蓊 嗊烏
○ 融○	○ 融些	○ 融殊	○ 融慺	○ 融于	○ 汞扶	○ 汞些	○ 汞蜍	○ 汞盧	○ 汞颰
○ 碽○	○ 碽序	○ 碽乳	○ 碽耳	○ 碽訏	○ 蓊武	○ 蓊巳	○ 蓊汝	○ 蓊耳	嗊 蓊呼
○ 融○	○ 融續	○ 融儒	○ 融而	○ 融穴	○ 汞無	○ 汞鰇	○ 汞如	○ 汞而	汞 孔湖
○ 碽○	○ 碽諏	○ 碽朱	○ 碽○	○ 碽俱	琫 蓊逋	總 蓊租	○ 蓊�	董 蓊都	○ 蓊孤
○ 融○	○ 融趨	○ 融樞	○ 融○	○ 融區	○ 汞鋪	○ 汞粗	○ 汞芻	侗 汞瑹	孔 汞枯
○ 碽○	○ 碽聚	○ 碽宁	○ 碽○	○ 碽窶	菶 蓊簿	○ 蓊駔	○ 蓊齟	動 蓊杜	○ 蓊揆
○ 融○	○ 融藯	○ 融厨	○ 融○	○ 融衢	○ 汞蒲	○ 汞徂	○ 汞雛	○ 汞徒	○ 汞葵
○ 碽○	○ 碽○	○ 碽○	○ 碽○	○ 碽麌	蠓 蓊姥	○ 蓊○	○ 蓊○	貜 蓊砮	○ 蓊五
○ 融○	○ 融○	○ 融○	○ 融○	○ 融虞	○ 汞模	○ 汞○	○ 汞○	○ 汞奴	○ 汞吾

上聲第十九類切音

呼齒齊					呼口開				
音脣	音齒	音齶	音舌	音喉	音脣	音齒	音齶	音舌	音喉
○ 影非	省 影昔	○ 影式	嶺 影柳	影 警幽	○ 梗弗	○ 梗塞	省 梗慘	冷 梗塿	○ 梗厄
○ 郢肥	○ 郢些	○ 郢石	○ 郢鏐	郢 杏易	○ 肯佛	○ 肯些	○ 肯寔	○ 肯勒	○ 肯佁
○ 影尾	○ 影兕	○ 影忍	○ 影耳	○ 影怷	○ 梗吻	○ 梗巳	○ 梗疠	○ 梗耳	○ 梗赫
○ 郢未	○ 郢夕	○ 郢柔	○ 郢而	杏 郢檄	○ 肯物	○ 肯鰈	○ 肯日	○ 肯而	○ 肯劾
丙 影彪	井 影積	整 影隻	頂 影的	警 影樛	浜 梗伯	○ 梗嵫	○ 梗責	等 梗德	梗 冷革
頩 郢僻	請 郢戚	逞 郢尺	珽 郢惕	謦 郢隙	倗 肯珀	○ 肯趣	○ 肯柵	○ 肯忒	肯 梗客
並 影婢	静 影薺	徎 影紂	艇 影弟	痙 影蟉	鮩 梗鎑	○ 梗在	○ 梗穇	瑒 梗揄	○ 梗揆
○ 郢淲	○ 郢籍	○ 郢直	○ 郢迪	○ 郢蚪	○ 肯白	○ 肯賊	○ 肯岩	○ 肯特	○ 肯葵
茗 影眇	○ 影○	○ 影○	檸 影你	脛 影鰜	猛 梗畝	○ 梗○	○ 梗○	能 梗乃	○ 梗偶
○ 郢繆	○ 郢○	○ 郢○	○ 郢惄	○ 郢聱	○ 肯陌	○ 肯○	○ 肯○	○ 肯鼈	○ 肯額

續表

呼口撮					呼口合				
音脣	音齒	音齶	音舌	音喉	音脣	音齒	音齶	音舌	音喉
○ 潫非	○ 潫肅	○ 潫叔	○ 潫縷	潫 苋益	○ 䁝弗	○ 䁝速	○ 䁝縮	○ 䁝魯	䁝 丱擭
○ 永肥	○ 永些	○ 永熟	○ 永歷	永 迥役	○ 畀佛	○ 畀些	○ 畀術	○ 畀禄	○ 畀颾
○ 潫尾	○ 潫序	○ 潫乳	○ 潫耳	苋 潫暝	○ 䁝吻	○ 䁝巳	○ 䁝汝	○ 䁝耳	丱 䁝砉
○ 永微	○ 永夕	○ 永肉	○ 永而	迥 永檄	○ 畀物	○ 畀鰥	○ 畀如	○ 畀而	○ 畀書
○ 潫碧	○ 潫蹷	○ 潫蕇	○ 潫的	憬 潫郹	○ 䁝伯	○ 䁝鏃	○ 䁝擓	○ 䁝睹	礦 䁝國
○ 永僻	○ 永旻	○ 永俶	○ 永惕	頃 永闃	○ 畀珀	○ 畀瘯	○ 畀琨	○ 畀土	畀 䁝蒯
○ 潫婢	○ 潫聚	○ 潫紂	○ 潫弟	○ 潫舅	○ 䁝錇	○ 䁝駔	○ 䁝齟	○ 䁝杜	○ 䁝揆
○ 永闢	○ 永皾	○ 永逐	○ 永迪	○ 永極	○ 畀白	○ 畀族	○ 畀趚	○ 畀獨	○ 畀韄
皿 潫米	○ 潫○	○ 潫○	○ 潫你	○ 潫鰜	○ 䁝畝	○ 䁝○	○ 䁝○	○ 䁝弩	○ 䁝五
○ 永覓	○ 永○	○ 永○	○ 永惄	○ 永逆	○ 畀陌	○ 畀○	○ 畀○	○ 畀鲨	○ 畀額

上聲第二十類切音

呼齒齊					呼口開				
音脣	音齒	音齶	音舌	音喉	音脣	音齒	音齶	音舌	音喉
○ ⿰忄翕非	○ ⿰忄翕蕭	○ ⿰忄翕燒	○ ⿰忄翕了	⿰忄翕 ⿰忄翕幺	昉 盎霶	顡 盎娑	○ 盎梢	朗 盎儸	盎 汻阿
○ 項肥	○ 項些	○ 項韶	○ 項聊	○ 項籰	○ 沆縛	○ 沆些	○ 沆實	○ 沆羅	○ 沆佁
○ ⿰忄翕尾	○ ⿰忄翕兕	○ ⿰忄翕繞	○ ⿰忄翕耳	傋 ⿰忄翕嘵	網 盎武	○ 盎巳	○ 盎疠	○ 盎耳	汻 盎訶
○ 項未	○ 項邪	○ 項饒	○ 項而	項 項皛	○ 沆物	○ 沆詞	○ 沆日	○ 沆而	沆 慷何
○ ⿰忄翕標	○ ⿰忄翕湫	○ ⿰忄翕罩	○ ⿰忄翕彫	講 ⿰忄翕驍	榜 盎包	駔 盎黈	○ 盎聯	黨 盎多	航 盎歌
○ 項漂	○ 項鍫	○ 項颩	○ 項祧	○ 項鄡	髈 沆泡	蒼 沆蹉	○ 沆鈔	儻 沆佗	慷 沆珂
○ ⿰忄翕鰾	○ ⿰忄翕踐	○ ⿰忄翕肇	○ ⿰忄翕窕	○ ⿰忄翕鬠	玤 盎鮑	奘 盎坐	○ 盎僕	蕩 盎柁	○ 盎揆
○ 項瓢	○ 項樵	○ 項秭	○ 項迢	○ 項懼	○ 沆庖	○ 沆醝	○ 沆巢	○ 沆駝	○ 沆翗
○ ⿰忄翕眇	○ ⿰忄翕○	○ ⿰忄翕○	○ ⿰忄翕嬲	○ ⿰忄翕鳥	莽 盎卯	○ 盎○	○ 盎○	曩 盎郍	騀 盎我
○ 項苗	○ 項○	○ 項○	○ 項嬈	○ 項堯	○ 沆茅	○ 沆○	○ 沆○	○ 沆郍	○ 沆哦

續表

呼口撮					呼口合				
音唇	音齒	音齶	音舌	音喉	音唇	音齒	音齶	音舌	音喉
○ 惀○	○ 惀須	○ 惀輸	○ 惀縷	○ 惀紆	○ 枉霮	○ 枉莎	○ 枉疏	○ 枉裸	枉 枉倭
○ 項○	○ 項○	○ 項殊	○ 項慺	○ 項于	○ 往縛	○ 往些	○ 往蜍	○ 往螺	往 泑颶
○ 惀○	○ 惀序	○ 惀乳	○ 惀○	○ 惀訏	○ 枉武	○ 枉巳	○ 枉汝	○ 枉耳	怳 枉火
○ 項○	○ 項徐	○ 項儒	○ 項○	○ 項○	○ 往物	○ 往隨	○ 往洳	○ 往而	晃 往和
○ 惀○	○ 惀諏	○ 惀朱	○ 惀○	○ 惀俱	○ 枉波	○ 枉侳	○ 枉菹	○ 枉樑	廣 枉戈
○ 項○	○ 項趨	○ 項樞	○ 項○	○ 項區	○ 往坡	○ 往遳	○ 往初	○ 往詑	廮 往科
○ 惀○	○ 惀聚	○ 惀苧	○ 惀○	○ 惀窶	○ 枉爸	○ 枉坐	○ 枉齟	○ 枉墮	侹 枉揆
○ 項○	○ 項絶	○ 項厨	○ 項○	○ 項衢	○ 往婆	○ 往矬	○ 往鉏	○ 往牝	○ 往葵
○ 惀○	○ 惀○	○ 惀○	○ 惀○	○ 惀麌	○ 枉麽	○ 枉○	○ 枉○	○ 枉妮	○ 枉厄
○ 項○	○ 項○	○ 項○	○ 項○	○ 項虞	○ 往磨	○ 往○	○ 往○	○ 往挼	○ 往訛

上聲第二十一類切音

齊齒呼					開口呼				
脣音	齒音	齶音	舌音	喉音	脣音	齒音	齶音	舌音	喉音
○ 鞅非	想 鞅宵	賞 鞅燒	兩 鞅繚	鞅 響鴉	○ 爽弗	○ 爽騷	爽 磢沙	○ 爽喇	○ 爽阿
○ 養肥	○ 養些	上 養韶	○ 養燎	養 磽遥	○ 磢佛	○ 磢些	○ 磢時	○ 磢勞	○ 磢佁
○ 鞅尾	象 鞅兕	壤 鞅繞	○ 鞅耳	響 鞅煆	○ 爽吻	○ 爽巳	○ 爽疠	○ 爽耳	○ 爽哈
○ 養未	○ 養邪	○ 養饒	○ 養而	○ 養遐	○ 磢物	○ 磢詞	○ 磢日	○ 磢而	○ 磢豪
○ 鞅標	奬 鞅焦	掌 鞅奓	○ 鞅彫	繈 鞅家	○ 爽褒	○ 爽糟	○ 爽柤	○ 爽觰	○ 爽高
○ 養漂	搶 養鍪	敞 養侘	○ 養祧	磽 養齣	○ 磢藨	○ 磢操	磢 磢杈	○ 磢他	○ 磢尻
驃 鞅鏢	○ 鞅踐	丈 鞅肇	○ 鞅窕	彊 鞅鬐	○ 爽抱	○ 爽在	○ 爽槎	○ 爽道	○ 爽揆
○ 養瓢	○ 養樵	○ 養佘	○ 養迢	○ 養伽	○ 磢袍	○ 磢曹	○ 磢查	○ 磢陶	○ 磢葵
○ 鞅眇	○ 鞅○	○ 鞅○	○ 鞅嬲	仰 鞅雅	○ 爽媢	○ 爽○	○ 爽○	○ 爽絮	○ 爽我
○ 養苗	○ 養○	○ 養○	○ 養肜	○ 養牙	○ 磢毛	○ 磢○	○ 磢○	○ 磢拏	○ 磢敖

續表

呼口撮					呼口合				
音脣	音齒	音齶	音舌	音喉	音脣	音齒	音齶	音舌	音喉
○ 鞅○	○ 鞅須	○ 鞅輸	○ 鞅縷	○ 鞅紆	○ 爽霶	○ 爽莎	○ 爽莈	○ 爽祼	○ 爽窪
○ 養○	○ 養○	○ 養殊	○ 養慺	○ 養于	○ 磢縛	○ 磢○	○ 磢蜍	○ 磢鸞	○ 磢湲
○ 鞅○	○ 鞅序	○ 鞅乳	○ 鞅○	○ 鞅訏	○ 爽武	○ 爽○	○ 爽汝	○ 爽○	○ 爽花
○ 養○	○ 養徐	○ 養儒	○ 養○	○ 養○	○ 磢物	○ 磢隨	○ 磢洳	○ 磢○	○ 磢華
○ 鞅○	○ 鞅諏	○ 鞅朱	○ 鞅○	○ 鞅俱	○ 爽巴	○ 爽侳	○ 爽撾	○ 爽桗	○ 爽瓜
○ 養○	○ 養趨	○ 養樞	○ 養○	○ 養區	○ 磢葩	○ 磢蓬	○ 磢硰	○ 磢詑	○ 磢誇
○ 鞅○	○ 鞅聚	○ 鞅苧	○ 鞅○	○ 鞅窶	○ 爽跁	○ 爽坐	○ 爽撰	○ 爽墮	○ 爽撛
○ 養○	○ 養絶	○ 養厨	○ 養○	○ 養衢	○ 磢爬	○ 磢矬	○ 磢鉏	○ 磢牤	○ 磢葵
○ 鞅○	○ 鞅○	○ 鞅○	○ 鞅○	○ 鞅麌	○ 爽馬	○ 爽○	○ 爽○	○ 爽姽	○ 爽瓦
○ 養○	○ 養○	○ 養○	○ 養○	○ 養虞	○ 磢麻	○ 磢○	○ 磢○	○ 磢捼	○ 磢䯞

上聲第二十二類切音

呼齒齊					呼口開				
音唇	音齒	音齶	音舌	音喉	音唇	音齒	音齶	音舌	音喉
〇 飲非	伈 飲霫	沈 飲濕	廩 飲里	飲 廞邑	〇 瘁〇	〇 瘁思	瘁 願澀	〇 瘁〇	〇 瘁〇
〇 潭肥	〇 潭些	甚 潭十	〇 潭離	潭 玪熠	〇 墋〇	〇 墋些	〇 墋時	〇 墋〇	〇 墋〇
〇 飲尾	〇 飲兕	飪 飲惹	〇 飲耳	廞 飲吸	〇 瘁〇	〇 瘁巳	〇 瘁疬	〇 瘁〇	〇 瘁〇
〇 潭微	〇 潭習	〇 潭入	〇 潭而	〇 潭奚	〇 墋〇	〇 墋詞	〇 墋日	〇 墋〇	〇 墋〇
稟 飲皀	醑 飲噍	枕 飲汁	〇 飲低	錦 飲急	〇 瘁〇	〇 瘁玆	〇 瘁戢	〇 瘁〇	〇 瘁〇
品 潭披	寢 潭緝	瀋 潭斟	〇 潭梯	玪 潭泣	〇 墋〇	〇 墋雌	墋 墋儸	〇 墋〇	〇 墋〇
〇 飲婢	蕈 飲薺	朕 飲雉	〇 飲弟	噤 飲技	〇 瘁〇	〇 瘁在	頣 瘁俟	〇 瘁〇	〇 瘁〇
〇 潭駉	〇 潭集	〇 潭蟄	〇 潭啼	〇 潭及	〇 墋〇	〇 墋慈	〇 墋霼	〇 墋〇	〇 墋〇
〇 飲米	〇 飲〇	〇 飲〇	扗 飲你	僸 飲擬	〇 瘁〇	〇 瘁〇	〇 瘁〇	〇 瘁〇	〇 瘁〇
〇 潭迷	〇 潭〇	〇 潭〇	〇 潭孨	〇 潭岌	〇 墋〇	〇 墋〇	〇 墋〇	〇 墋〇	〇 墋〇

續表

呼口撮					呼口合				
音唇	音齒	音齶	音舌	音喉	音唇	音齒	音齶	音舌	音喉
○ 欽○	○ 欽胥	○ 欽水	○ 欽吕	○ 欽於	○ 瘁匪	○ 瘁雖	○ 瘁疏	○ 瘁累	○ 瘁威
○ 潭○	○ 潭○	○ 潭華	○ 潭閭	○ 潭余	○ ■膭	○ 墋○	○ 墋蜍	○ 墋羸	○ 墋爲
○ 欽○	○ 欽序	○ 欽蕊	○ 欽○	○ 欽虛	○ 瘁○	○ 瘁○	○ 瘁汝	○ 瘁○	○ 瘁麾
○ 潭○	○ 潭徐	○ 潭○	○ 潭○	○ 潭○	○ 墋○	○ 墋隨	○ 墋如	○ 墋○	○ 墋回
○ 欽○	○ 欽苴	○ 欽豬	○ 欽○	○ 欽居	○ 瘁悲	○ 瘁騷	○ 瘁菹	○ 瘁○	○ 瘁規
○ 潭○	○ 潭疽	○ 潭攄	○ 潭○	○ 潭祛	○ 墋丕	○ 墋趡	○ 墋初	○ 墋○	○ 墋闚
○ 欽○	○ 欽咀	○ 欽柱	○ 欽○	○ 欽巨	○ 瘁被	○ 瘁靠	○ 瘁齟	○ 瘁○	○ 瘁揆
○ 潭○	○ 潭○	○ 潭除	○ 潭○	○ 潭渠	○ 墋裴	○ 墋崒	○ 墋鉏	○ 墋○	○ 墋葵
○ 欽○	○ 欽○	○ 欽○	○ 欽女	○ 欽語	○ 瘁美	○ 瘁○	○ 瘁○	○ 瘁○	○ 瘁硊
○ 潭○	○ 潭○	○ 潭○	○ 潭衂	○ 潭魚	○ 墋眉	○ 墋○	○ 墋○	○ 墋諉	○ 墋危

男真炳按：「真」「文」、「元」「先」、「剛」「山」與别轉三類相似，若用以出切，頗似轉聲，故竟以本類入聲爲主，而參以正、後轉字。其例與十六類同。

上聲第二十三類切音

呼齒齊					呼口開				
音脣	音齒	音齶	音舌	音喉	音脣	音齒	音齶	音舌	音喉
○ 檿非	○ 檿燮	陜 檿攝	歛 檿跕	檿 險裛	○ 晻弗	糝 晻趿	○ 晻蓮	壈上婁 晻磊	晻 顑始
○ 琰肥	○ 琰些	剡 琰涉	○ 琰獵	琰 鼸葉	○ 頷佛	○ 頷些	○ 頷時	○ 頷拉	○ 頷佁
○ 檿尾	○ 檿灺	冉 檿惹	○ 檿耳	險 檿脅	○ 晻武	○ 晻巳	○ 晻疓	○ 晻耳	顑 晻欲
○ 琰微	○ 琰邪	○ 琰讘	○ 琰而	鼸 琰協	○ 頷物	○ 頷詞	○ 頷日	○ 頷而	頷 坎合
貶 檿卑	饕 檿接	颭 檿讋	點 檿耶	檢 檿鋏	○ 晻擺	昝 晻噆	○ 晻齋	默 晻答	感 晻閤
○ 琰披	憸 琰妾	諂 琰沠	忝 琰帖	歉 琰愜	○ 頷啡	慘 頷趻	○ 頷釵	噴 頷濕	坎 頷溘
○ 檿婢	漸 檿薺	○ 檿鷹	簟 檿弟	儉 檿技	○ 晻罷	歜 晻在	○ 晻眦	禫 晻錞	○ 晻揆
○ 琰皮	○ 琰捷	○ 琰牒	○ 琰牒	○ 琰笈	○ 頷排	○ 頷雜	○ 頷邌	○ 頷沓	○ 頷葵
麥 檿乜	○ 檿○	○ 檿○	淰 檿你	噞 檿擬	○ 晻買	○ 晻○	○ 晻○	籣 晻餒	嵁 晻頠
○ 琰哶	○ 琰○	○ 琰○	○ 琰聶	○ 琰業	○ 頷埋	○ 頷○	○ 頷○	○ 頷納	○ 頷縣

續表

呼口撮					呼口合				
音唇	音齒	音齶	音舌	音喉	音唇	音齒	音齶	音舌	音喉
○ 槩○	○ 槩○	○ 槩○	○ 槩○	○ 槩肥	○ 晻廢	○ 晻捼	○ 晻○	○ 晻磊	○ 晻隈
○ 琰○	○ 琰○	○ 琰○	○ 琰臁	○ 琰葉	○ 頷吠	○ 頷○	○ 頷○	○ 頷雷	○ 頷偁
○ 槩○	○ 槩○	○ 槩○	○ 槩○	○ 槩靴	○ 晻武	○ 晻○	○ 晻○	○ 晻○	○ 晻灰
○ 琰○	○ 琰○	○ 琰○	○ 琰○	○ 琰○	○ 頷物	○ 頷○	○ 頷○	○ 頷○	○ 頷回
○ 槩○	○ 槩侳	○ 槩○	○ 槩○	○ 槩○	○ 晻桮	○ 晻嗺	○ 晻鬌	○ 晻堆	○ 晻瑰
○ 琰○	○ 琰脞	○ 琰忡	○ 琰○	○ 琰骴	○ 頷胚	○ 頷崔	○ 頷○	○ 頷推	○ 頷恢
○ 槩○	○ 槩○	○ 槩○	○ 槩○	○ 槩○	○ 晻琲	○ 晻罪	○ 晻○	○ 晻錞	○ 晻○
○ 琰○	○ 琰○	○ 琰○	○ 琰○	○ 琰瘸	○ 頷裴	○ 頷摧	○ 頷倅	○ 頷頹	○ 頷韋
○ 槩○	○ 槩○	○ 槩○	○ 槩○	○ 槩○	○ 晻每	○ 晻○	○ 晻○	○ 晻餒	○ 晻頠
○ 琰○	○ 琰○	○ 琰○	○ 琰○	○ 琰○	○ 頷枚	○ 頷○	○ 頷○	○ 頷捼	○ 頷嵬

上聲第二十四類切音

呼齒齊					呼口開				
音脣	音齒	音齶	音舌	音喉	音脣	音齒	音齶	音舌	音喉
〇 黤非	〇 黤燮	瀾 黤攝	臉 黤跕	黤 闞押	胶 掩法	〇 掩倕	摻 掩霎	覽 掩唻	掩 喊盧
〇 䟩肥	〇 䟩些	〇 䟩涉	〇 䟩獵	〇 䟩〇	范 厰乏	〇 厰些	〇 厰時	〇 厰臘	〇 厰佁
〇 黤尾	〇 黤灺	〇 黤婼	〇 黤耳	闞 黤呷	鏤 掩武	〇 掩巳	〇 掩痨	〇 掩耳	喊 掩歁
〇 䟩微	〇 䟩邪	〇 䟩讘	〇 䟩而	䟩 槏洽	〇 厰物	〇 厰詞	〇 厰日	〇 厰而	〇 厰盍
〇 黤卑	〇 黤接	〇 黤劄	〇 黤聑	減 黤夾	〇 掩擺	嶅 掩栽	斬 掩偛	膽 掩耷	敢 掩鄐
〇 䟩披	〇 䟩蓮	僴 䟩䶑	〇 䟩怗	槏 䟩恰	〇 厰啡	黲 厰礁	臓 厰插	菼 厰榻	厰 菼榼
〇 黤婢	〇 黤薺	湛 黤廌	〇 黤弟	〇 黤鎊	〇 掩罷	塹 掩在	巉 掩眦	澹 掩殆	〇 掩揆
〇 䟩皮	〇 䟩捷	〇 䟩渫	〇 䟩牒	〇 䟩齛	〇 厰排	〇 厰壐	〇 厰豺	〇 厰蹋	〇 厰葵
〇 黤乜	〇 黤〇	〇 黤〇	罭 黤你	〇 黤娃	媏 掩買	〇 掩〇	〇 掩〇	〇 掩乃	〇 掩〇
〇 䟩哶	〇 䟩〇	〇 䟩〇	〇 䟩囜	〇 䟩睉	〇 厰埋	〇 厰〇	〇 厰〇	〇 厰訥	〇 厰傫

續表

呼口撮					呼口合				
音脣	音齒	音齶	音舌	音喉	音脣	音齒	音齶	音舌	音喉
○ 黤○	○ 黤○	○ 黤○	○ 黤○	○ 黤○	○ 埯庍	○ 埯○	○ 埯帥	○ 埯○	○ 埯娃
○ ⿰足兼○	○ ⿰足兼○	○ ⿰足兼○	○ ⿰足兼○	○ ⿰足兼○	○ ⿸厂敢○	○ ⿸厂敢○	○ ⿸厂敢○	○ ⿸厂敢膘	○ ⿸厂敢○
○ 黤○	○ 黤○	○ 黤○	○ 黤○	○ 黤○	○ 埯○	○ 埯○	○ 埯○	○ 埯○	○ 埯⿰月虫
○ ⿰足兼○	○ ⿰足兼○	○ ⿰足兼○	○ ⿰足兼○	○ ⿰足兼○	○ ⿸厂敢○	○ ⿸厂敢○	○ ⿸厂敢○	○ ⿸厂敢○	○ ⿸厂敢懷
○ 黤○	○ 黤○	○ 黤○	○ 黤○	○ 黤○	○ 埯拜	○ 埯○	○ 埯○	○ 埯○	○ 埯乖
○ ⿰足兼○	○ ⿰足兼○	○ ⿰足兼○	○ ⿰足兼○	○ ⿰足兼○	○ ⿸厂敢姡	○ ⿸厂敢○	○ ⿸厂敢嘬	○ ⿸厂敢○	○ ⿸厂敢勑
○ 黤○	○ 黤○	○ 黤○	○ 黤○	○ 黤○	○ 埯○	○ 埯○	○ 埯○	○ 埯○	○ 埯○
○ ⿰足兼○	○ ⿰足兼○	○ ⿰足兼○	○ ⿰足兼○	○ ⿰足兼○	○ ⿸厂敢排	○ ⿸厂敢○	○ ⿸厂敢膗	○ ⿸厂敢爐	○ ⿸厂敢⿱髟圭
○ 黤○	○ 黤○	○ 黤○	○ 黤○	○ 黤○	○ 埯○	○ 埯○	○ 埯○	○ 埯○	○ 埯○
○ ⿰足兼○	○ ⿰足兼○	○ ⿰足兼○	○ ⿰足兼○	○ ⿰足兼○	○ ⿸厂敢埋	○ ⿸厂敢○	○ ⿸厂敢○	○ ⿸厂敢○	○ ⿸厂敢詭

去聲第一類切音

齊齒呼					開口呼				
脣音	齒音	齶音	舌音	喉音	脣音	齒音	齶音	舌音	喉音
沸 意非	細 意辛	○ 意申	○ 意嶙	意 戲因	○ 使分	賜 使孫	使 剚莘	○ 使惒	○ 使恩
狒 易肥	○ 易些	○ 易神	荔 易鄰	易 系寅	○ 豉汾	○ 豉些	豉 豉實	○ 豉論	○ 豉佁
○ 意武	○ 意巳	○ 意忍	○ 意耳	戲 意欣	○ 使吻	○ 使巳	○ 使忍	○ 使耳	○ 使頙
未 易微	○ 易邪	○ 易人	二 易而	系 易礥	○ 豉文	寺 豉隨	○ 豉日	○ 豉而	○ 豉痕
秘 意賓	際 意津	智 意真	帝 意蛭	寄 意巾	○ 使奔	恣 使尊	剚 使臻	○ 使敦	○ 使根
譬 易繽	砌 易親	眙 易瞋	替 易天	棄 易欥	○ 豉濆	次 豉村	厠 豉齔	○ 豉吞	○ 豉報
○ 意牝	○ 意盡	○ 意朕	○ 意殄	○ 意近	○ 使栩	○ 使在	○ 使濜	○ 使囤	○ 使撘
避 易頻	劑 易秦	滯 易陳	地 易田	芰 易芹	○ 豉盆	自 豉存	事 豉蓁	○ 豉屯	○ 豉葵
○ 意泯	○ 意○	○ 意○	○ 意撚	○ 意听	○ 使懣	○ 使○	○ 使○	○ 使炳	○ 使偶
謎 易民	○ 易○	○ 易○	泥 易紉	義 易銀	○ 豉門	○ 豉○	○ 豉○	○ 豉麐	○ 豉垠

續表

呼口撮					呼口合				
音唇	音齒	音齶	音舌	音喉	音唇	音齒	音齶	音舌	音喉
○ 㭘非	絮 㭘荀	恕 㭘瞔	○ 㭘輪	㭘 嘘氳	○ 疏分	○ 疏孫	疏 詛衰	○ 疏愬	○ 疏温
○ 豫肥	○ 豫些	○ 豫純	慮 豫淪	豫 去云	○ 署汾	○ 署些	署 洳垂	○ 署論	○ 署爲
○ 㭘武	○ 㭘序	○ 㭘蝡	○ 㭘耳	嘘 㭘薰	○ 疏吻	○ 疏巳	○ 疏汝	○ 疏耳	○ 疏昏
○ 豫微	屐 豫旬	○ 豫犉	○ 豫而	○ 豫懸	○ 署文	○ 署隨	洳 署蕤	○ 署而	○ 署魂
○ 㭘賓	沮 㭘遵	著 㭘諄	○ 㭘顛	倨 㭘君	○ 疏奔	○ 疏尊	詛 疏錐	○ 疏敦	○ 疏昆
○ 豫繽	覷 豫逡	絮 豫春	○ 豫天	去 豫囷	○ 署濆	○ 署村	楚 署吹	○ 署暾	○ 署坤
○ 㭘牝	○ 㭘雋	○ 㭘篆	○ 㭘殄	○ 㭘菌	○ 疏栩	○ 疏鱒	○ 疏撰	○ 疏囤	○ 疏揆
○ 豫頻	○ 豫鶉	箸 豫醇	○ 豫田	詎 豫群	○ 署盆	○ 署存	助 署鉏	○ 署屯	○ 署葵
○ 㭘泯	○ 㭘○	○ 㭘○	○ 㭘撚	○ 㭘齳	○ 疏懣	○ 疏○	○ 疏○	○ 疏炳	○ 疏硊
○ 豫民	○ 豫○	○ 豫○	女 豫紉	御 豫崛	○ 署門	○ 署○	○ 署○	○ 署麐	○ 署僤

去聲第二類切音

呼齒齊					呼口開				
音脣	音齒	音齶	音舌	音喉	音脣	音齒	音齶	音舌	音喉
○ 税非	○ 税辛	○ 税申	○ 税嶙	○ 税因	○ 畏○	○ 畏思	○ 畏莘	○ 畏懶	○ 畏思
○ 税肥	○ 税些	○ 税神	○ 税鄰	○ 税寅	○ 位○	○ 位○	○ 位時	○ 位蘭	○ 位佁
○ 税武	○ 税兕	○ 税忍	○ 税耳	○ 税欣	○ 畏○	○ 畏巳	○ 畏忍	○ 畏○	○ 畏頇
○ 税微	○ 税涎	○ 税人	○ 税而	○ 税礥	○ 位○	○ 位詞	○ 位日	○ 位○	○ 位痕
○ 税賓	○ 税津	○ 税真	○ 税蛭	○ 税巾	○ 畏○	○ 畏兹	○ 畏臻	○ 畏丹	○ 畏根
○ 税繽	○ 税親	○ 税瞋	○ 税天	○ 税欨	○ 位○	○ 位雌	○ 位齜	○ 位呑	○ 位鞎
○ 税牝	○ 税盡	○ 税朕	○ 税殄	○ 税近	○ 畏○	○ 畏在	○ 畏濜	○ 畏但	○ 畏○
○ 税頻	○ 税秦	○ 税陳	○ 税田	○ 税芹	○ 位○	○ 位慈	○ 位榛	○ 位壇	○ 位翎
○ 税泯	○ 税○	○ 税○	○ 税撚	○ 税听	○ 畏○	○ 畏○	○ 畏○	○ 畏赧	○ 畏偶
○ 税民	○ 税○	○ 税○	○ 税紉	○ 税銀	○ 位○	○ 位○	○ 位○	○ 位難	○ 位垠

續表

呼口撮					呼口合				
音脣	音齒	音齶	音舌	音喉	音脣	音齒	音齶	音舌	音喉
○ 税○	○ 税荀	税 綴賰	○ 税輪	○ 税氳	沸音北 畏分	湆 畏孫	痳 畏疏	○ 畏愢	畏 諱温
○ 税○	○ 税些	○ 税純	○ 税淪	○ 税云	狒音北 位汾	○ 位些	瑞 位蜍	累 位論	位 慧𩙪
○ 税○	○ 税繸	○ 税蝡	○ 税耳	○ 税薰	○ 畏吻	○ 畏巳	○ 畏汝	○ 畏而	諱 畏昏
○ 税○	○ 税旬	○ 税犉	○ 税而	○ 税懸	○ 位文	遂 位隨	芮 位如	○ 位耳	慧 位魂
○ 税○	○ 税遵	綴 税諄	○ 税○	○ 税君	閉音北 畏奔	醉 畏尊	惴 畏菹	○ 畏敦	貴 畏昆
○ 税○	○ 税逡	○ 税春	○ 税○	○ 税困	譬音北 位濆	翠 位村	吹 位初	○ 位暾	喟 位坤
○ 税○	○ 税雋	○ 税篆	○ 税○	○ 税菌	○ 畏栩	○ 畏鱒	○ 畏撰	○ 畏囤	○ 畏揆
○ 税○	○ 税鶉	縋 税酏	○ 税○	○ 税群	備 位盆	萃 位存	○ 位鉏	○ 位屯	匱 位葵
○ 税○	○ 税○	○ 税○	○ 税○	○ 税齳	○ 畏濍	○ 畏○	○ 畏○	○ 畏焫	○ 畏頠
○ 税○	○ 税○	○ 税○	○ 税○	○ 税崛	○ 位門	寐 位○	○ 位○	諉 位磨	僞 位俥

去聲第三類切音

呼齒齊					呼口開				
音脣	音齒	音齶	音舌	音喉	音脣	音齒	音齶	音舌	音喉
○ 謁非	瀉 謁先	舍 謁羶	○ 謁輦	○ 聲去 謁	○ 遏番	○ 遏餁	○ 遏刪	○ 遏壇	○ 聲去 遏
○ 夜肥	○ 夜些	射 夜禪	○ 夜連	夜 歌延	○ 曷煩	○ 曷些	○ 曷時	○ 曷婁	○ 曷佁
○ 謁尾	○ 謁兕	○ 謁橪	○ 謁耳	○ 謁軒	○ 遏晚	○ 遏巳	○ 遏忍	○ 遏而	○ 遏頇
○ 夜微	謝 夜涎	偌 夜然	○ 夜而	○ 夜賢	○ 曷襪	○ 曷詞	○ 曷日	○ 曷耳	○ 聲去 曷
○ 謁邊	借 謁箋	柘 謁旃	○ 謁顛	○ 謁堅	○ 遏般	○ 遏簪	○ 遏醆	○ 遏耽	○ 遏干
○ 夜篇	笡 夜千	赿 夜脠	○ 夜天	歌 夜牽	○ 曷潘	○ 曷餐	○ 曷剗	○ 曷探	○ 曷看
○ 謁辨	○ 謁踐	○ 謁邅	○ 謁殄	○ 謁件	○ 遏伴	○ 遏歜	○ 遏棧	○ 遏禫	○ 遏撰
○ 夜便	藉 夜前	○ 夜廛	○ 夜田	○ 夜乾	○ 曷盤	○ 曷蠶	○ 曷戲	○ 曷覃	○ 曷翗
○ 謁免	○ 謁○	○ 謁○	○ 謁撚	○ 謁巘	○ 遏滿	○ 遏○	○ 遏○	○ 遏箳	○ 遏偶
○ 夜眠	○ 夜○	○ 夜○	○ 夜年	○ 夜妍	○ 曷瞞	○ 曷○	○ 曷○	○ 曷濡	○ 曷豻

續表

呼口撮					呼口合				
音唇	音齒	音齶	音舌	音喉	音唇	音齒	音齶	音舌	音喉
○ 噦非	○ 噦宣	○ 噦拴	○ 噦虋	○ 聲去噦	○ 斡番	○ 斡酸	○ 斡篳	○ 斡卵	○ 聲去斡
○ 悦肥	○ 悦些	○ 悦船	○ 悦孿	○ 聲去悦	○ 活煩	○ 活些	○ 活蜍	○ 活鑾	○ 活湲
○ 噦尾	○ 噦序	○ 噦輭	○ 噦耳	○ 噦暄	○ 斡晚	○ 斡巳	○ 斡汝	○ 斡耳	○ 斡歡
○ 悦微	○ 悦旋	○ 悦犉	○ 悦而	○ 悦懸	○ 活襪	○ 活隨	○ 活如	○ 活而	○ 聲去活
○ 噦邊	○ 噦鐫	○ 噦專	○ 噦顛	○ 噦涓	○ 斡般	○ 斡鑽	○ 斡跧	○ 斡端	○ 斡官
○ 悦篇	○ 悦銓	○ 悦穿	○ 悦天	○ 悦巻	○ 活潘	○ 活村	○ 活初	○ 活湍	○ 活寬
○ 噦辨	○ 噦雋	○ 噦篆	○ 噦殄	○ 噦圈	○ 斡伴	○ 斡鄹	○ 斡撰	○ 斡斷	○ 斡揆
○ 悦便	○ 悦全	○ 悦椽	○ 悦田	○ 悦拳	○ 活盤	○ 活欑	○ 活鉏	○ 活團	○ 活葵
○ 噦免	○ 噦○	○ 噦○	○ 噦撚	○ 噦阮	○ 斡滿	○ 斡○	○ 斡○	○ 斡暖	○ 斡輐
○ 悦眠	○ 悦○	○ 悦○	○ 悦年	○ 悦元	○ 活瞞	○ 活○	○ 活○	○ 活捼	○ 活岏

去聲第四類切音

呼齒齊					呼口開				
音唇	音齒	音齶	音舌	音喉	音唇	音齒	音齶	音舌	音喉
○ 軋非	○ 軋先	○ 軋羶	○ 軋輦	○ 聲去軋	○ 閼番	○ 閼珊	○ 閼刪	○ 閼懶	○ 聲去閼
○ 黠肥	○ 黠些	○ 黠禪	○ 黠爛	○ 黠延	○ 鍺煩	○ 鍺些	○ 鍺時	○ 鍺蘭	○ 鍺佁
○ 軋尾	○ 軋灺	○ 軋橪	○ 軋耳	○ 軋彝	○ 閼晚	○ 閼已	○ 閼忍	○ 閼耳	○ 閼咍
○ 黠微	○ 黠涎	○ 黠然	○ 黠而	○ 聲去黠	○ 鍺襪	○ 鍺詞	○ 鍺日	○ 鍺而	○ 聲去鍺
○ 軋邊	○ 軋箋	○ 軋譠	○ 軋顛	○ 軋奸	○ 閼班	○ 閼餐	○ 閼醆	○ 閼丹	○ 閼該
○ 黠篇	○ 黠千	○ 黠燀	○ 黠天	○ 黠慳	○ 鍺攀	○ 鍺猜	○ 鍺剗	○ 鍺灘	○ 鍺開
○ 軋辨	○ 軋踐	○ 軋邅	○ 軋殄	○ 軋件	○ 閼伴	○ 閼瓚	○ 閼棧	○ 閼但	○ 閼撨
○ 黠便	○ 黠前	○ 黠獮	○ 黠田	○ 黠乾	○ 鍺瓣	○ 鍺殘	○ 鍺戲	○ 鍺壇	○ 鍺葵
○ 軋免	○ 軋○	○ 軋○	○ 軋撚	○ 軋眼	○ 閼矕	○ 閼○	○ 閼○	○ 閼赧	○ 閼偶
○ 黠眠	○ 黠○	○ 黠○	○ 黠嘫	○ 黠顏	○ 鍺蠻	○ 鍺○	○ 鍺○	○ 鍺難	○ 鍺皚

續表

呼口撮					呼口合				
音脣	音齒	音齶	音舌	音喉	音脣	音齒	音齶	音舌	音喉
○ 軋○	○ 軋宣	○ 軋拴	○ 軋彎	○ 軋鴛	○ 宆番	○ 宆酸	○ 宆欁	○ 宆卵	○ 聲去宆
○ 黠○	○ 黠○	○ 黠船	○ 黠攣	○ 黠袁	○ 滑煩	○ 滑些	○ 滑蜍	○ 滑臚	○ 滑湲
○ 軋○	○ 軋序	○ 軋輭	○ 軋○	○ 軋暄	○ 宆晚	○ 宆巳	○ 宆汝	○ 宆耳	○ 宆豩
○ 黠○	○ 黠旋	○ 黠犉	○ 黠○	○ 黠懸	○ 滑襪	○ 滑隨	○ 滑如	○ 滑而	○ 聲去滑
○ 軋○	○ 軋鐫	○ 軋專	○ 軋○	○ 軋涓	○ 宆班	○ 宆鑽	○ 宆硂	○ 宆端	○ 宆關
○ 黠○	○ 黠銓	○ 黠穿	○ 黠○	○ 黠惓	○ 滑攀	○ 滑村	○ 滑初	○ 滑湍	○ 滑勫
○ 軋○	○ 軋雋	○ 軋篆	○ 軋○	○ 軋圈	○ 宆伴	○ 宆靠	○ 宆撰	○ 宆斷	○ 宆換
○ 黠○	○ 黠全	○ 黠椽	○ 黠○	○ 黠拳	○ 滑盤	○ 滑欑	○ 滑宨	○ 滑櫨	○ 滑攉
○ 軋○	○ 軋○	○ 軋○	○ 軋○	○ 軋阮	○ 宆轡	○ 宆○	○ 宆○	○ 宆暖	○ 宆鼾
○ 黠○	○ 黠○	○ 黠○	○ 黠○	○ 黠元	○ 滑蠻	○ 滑○	○ 滑○	○ 滑奻	○ 滑頑

去聲第五類切音

呼齒齊					呼口開				
音脣	音齒	音齶	音舌	音喉	音脣	音齒	音齶	音舌	音喉
○ 薈非	○ 薈先	○ 薈羶	○ 薈韡	○ 薈烟	○ 薈○	○ 薈毵	○ 薈删	○ 薈壇	○ 薈安
○ 會肥	○ 會些	○ 會禪	○ 會連	○ 會延	○ 會○	○ 會○	○ 會時	○ 會婁	○ 會佁
○ 薈尾	○ 薈兕	○ 薈橪	○ 薈耳	○ 薈軒	○ 薈○	○ 薈巳	○ 薈忍	○ 薈○	○ 薈頇
○ 會微	○ 會涎	○ 會然	○ 會而	○ 會賢	○ 會○	○ 會詞	○ 會日	○ 會○	○ 會寒
○ 薈邊	○ 薈箋	○ 薈旃	○ 薈顛	○ 薈堅	○ 薈○	○ 薈籫	○ 薈醆	○ 薈耽	○ 薈干
○ 會篇	○ 會千	○ 會脡	○ 會天	○ 會牽	○ 會○	○ 會餐	○ 會剗	○ 會探	○ 會看
○ 薈辨	○ 薈踐	○ 薈邅	○ 薈殄	○ 薈件	○ 薈○	○ 薈歠	○ 薈棧	○ 薈禫	○ 薈○
○ 會便	○ 會前	○ 會廛	○ 會田	○ 會乾	○ 會○	○ 會蠶	○ 會戲	○ 會覃	○ 會翗
○ 薈免	○ 薈○	○ 薈○	○ 薈撚	○ 薈巘	○ 薈○	○ 薈○	○ 薈○	○ 薈箳	○ 薈偶
○ 會眠	○ 會○	○ 會○	○ 會年	○ 會妍	○ 會○	○ 會○	○ 會○	○ 會濡	○ 會豻

續表

呼口撮					呼口合				
音唇	音齒	音齶	音舌	音喉	音唇	音齒	音齶	音舌	音喉
○ 薈○	○ 薈宣	○ 薈拴	○ 薈孌	○ 薈鴛	廢 薈番	碎 薈酸	○ 薈篳	○ 薈卵	薈 噦蜿
○ 會○	○ 會○	○ 會船	○ 會攣	○ 會袁	吠 會煩	○ 會○	○ 會蜍	酹 會鑾	○ 會湲
○ 薈○	○ 薈序	○ 薈輭	○ 薈○	○ 薈暄	○ 薈晚	○ 薈○	○ 薈汝	○ 薈○	噦 薈歡
○ 會○	○ 會旋	○ 會犉	○ 會○	○ 會懸	○ 會襪	○ 會隨	○ 會如	○ 會○	會 會桓
○ 薈○	○ 薈鐫	○ 薈專	○ 薈○	○ 薈涓	貝 薈般	最 薈鑽	○ 薈跧	對 薈端	儈 薈官
○ 會○	○ 會銓	○ 會穿	○ 會○	○ 會卷	沛 會潘	禶 會村	○ 會初	退 會湍	塊 會寬
○ 薈○	○ 薈雋	○ 薈篆	○ 薈○	○ 薈圈	○ 薈伴	○ 薈鄹	○ 薈撰	○ 薈斷	○ 薈揆
○ 會○	○ 會全	○ 會椽	○ 會○	○ 會拳	佩 會盤	蕞 會欑	倅 會鉏	兑 會團	衛 會葵
○ 薈○	○ 薈○	○ 薈○	○ 薈○	○ 薈阮	○ 薈滿	○ 薈○	○ 薈○	○ 薈暖	○ 薈輐
○ 會○	○ 會○	○ 會○	○ 會○	○ 會元	昧 會瞞	○ 會○	○ 會○	内 會捼	外 會岏

去聲第六類切音

呼齒齊					呼口開				
音脣	音齒	音齶	音舌	音喉	音脣	音齒	音齶	音舌	音喉
○ 隘非	○ 隘先	○ 隘羶	○ 隘犨	隘 喊殷	○ 愛番	賽 愛珊	曬 愛刪	○ 愛懶	愛 餀滔
○ 邂肥	○ 邂些	○ 邂禪	○ 邂爛	○ 邂延	○ 害煩	○ 害些	○ 害時	賴 害蘭	○ 害湲
○ 隘尾	○ 隘兕	○ 隘橪	○ 隘耳	喊 隘彝	○ 愛晚	○ 愛巳	○ 愛忍	○ 愛耳	餀 愛蚶
○ 邂微	○ 邂涎	○ 邂然	○ 邂而	邂 炫閑	○ 害襪	○ 害詞	○ 害日	○ 害而	害 磕咸
○ 隘邊	○ 隘箋	膪 隘譠	○ 隘顛	解 隘奸	○ 愛班	再 愛鬙	債 愛醆	帶 愛丹	蓋 愛甘
○ 邂篇	○ 邂千	蠆 邂獮	○ 邂天	炫 邂慳	○ 害攀	蔡 害餐	衩 害剗	泰 害灘	磕 害坩
○ 隘辨	○ 隘踐	○ 隘邅	○ 隘殄	○ 隘件	○ 愛伴	○ 愛瓚	眦 愛棧	○ 愛但	○ 愛揆
○ 邂便	○ 邂前	鯨 邂獮	○ 邂田	顗 邂乾	○ 害盤	在 害殘	○ 害戲	代 害壇	隑 害葵
○ 隘免	○ 隘○	○ 隘○	○ 隘撚	○ 隘眼	○ 愛轡	○ 愛○	○ 愛○	○ 愛赧	○ 愛偶
○ 邂眠	○ 邂○	○ 邂○	褹 邂嘫	睚 邂顏	○ 害鑾	○ 害○	○ 害○	奈 害難	艾 害嵒

續表

呼口撮					呼口合				
音唇	音齒	音齶	音舌	音喉	音唇	音齒	音齶	音舌	音喉
○ 隘○	○ 隘宣	○ 隘拴	○ 隘孿	○ 隘駕	庍 黲番	○ 黲酸	帥 黲欜	○ 黲卵	黲 謌灣
○ 邂○	○ 邂○	○ 邂船	○ 邂欒	○ 邂袁	○ 壞煩	○ 壞些	○ 壞蜍	○ 壞廬	○ 壞湲
○ 隘○	○ 隘序	○ 隘輭	○ 隘○	○ 隘暄	○ 黲晚	○ 黲巳	○ 黲汝	○ 黲耳	謌 黲豩
○ 邂○	○ 邂旋	○ 邂犉	○ 邂○	○ 邂懸	○ 壞襪	○ 壞隨	○ 壞如	○ 壞而	壞 蒯還
○ 隘○	○ 隘鐫	○ 隘專	○ 隘○	○ 隘涓	拜 黲班	○ 黲鑽	○ 黲跧	○ 黲端	怪 黲關
○ 邂○	○ 邂詮	○ 邂穿	○ 邂○	○ 邂卷	派 壞攀	○ 壞村	嘬 壞初	○ 壞湍	蒯 壞勸
○ 隘○	○ 隘雋	○ 隘篆	○ 隘○	○ 隘圈	○ 黲伴	○ 黲靠	○ 黲撰	○ 黲斷	○ 黲揆
○ 邂○	○ 邂全	○ 邂椽	○ 邂○	○ 邂拳	敗 壞盤	○ 壞欑	寨 壞宅	○ 壞團	○ 壞攉
○ 隘○	○ 隘○	○ 隘○	○ 隘○	○ 隘阮	○ 黲譠	○ 黲○	○ 黲○	○ 黲暖	○ 黲翫
○ 邂○	○ 邂○	○ 邂○	○ 邂○	○ 邂元	賣 壞蠻	○ 壞○	○ 壞○	○ 壞妀	聵 壞頑

去聲第七類切音

呼齒齊					呼口開				
音脣	音齒	音齶	音舌	音喉	音脣	音齒	音齶	音舌	音喉
○ 旭非	○ 旭淞	○ 旭春	○ 旭柳	○ 旭邕	○ 沃封	○ 沃鬆	○ 沃搜	○ 沃隴	○ 聲去沃
○ 欲肥	○ 欲些	○ 欲慵	○ 欲龍	○ 聲去欲	○ 鵠逢	○ 鵠些	○ 鵠攤	○ 鵠礱	○ 鵠佁
○ 旭尾	○ 旭兕	○ 旭蹂	○ 旭耳	○ 聲去旭	○ 沃○	○ 沃巳	○ 沃冗	○ 沃耳	○ 沃齁
○ 欲微	○ 欲松	○ 欲鞲	○ 欲而	○ 欲學	○ 鵠犛	○ 鵠詞	○ 鵠茸	○ 鵠而	○ 聲去鵠
○ 旭兵	○ 旭縱	○ 旭鍾	○ 旭丁	○ 旭恭	○ 沃襮	○ 沃宗	○ 沃鄒	○ 沃冬	○ 沃攻
○ 欲甹	○ 欲樅	○ 欲衝	○ 欲汀	○ 欲銎	○ 鵠剖	○ 鵠誰	○ 鵠搊	○ 鵠炵	○ 鵠彄
○ 旭並	○ 旭靜	○ 旭重	○ 旭艇	○ 旭梁	○ 沃錇	○ 沃在	○ 沃穇	○ 沃揄	○ 沃撲
○ 欲平	○ 欲從	○ 欲重	○ 欲廷	○ 欲邛	○ 鵠裒	○ 鵠琮	○ 鵠愁	○ 鵠彤	○ 鵠葵
○ 旭茗	○ 旭○	○ 旭○	○ 旭狃	○ 旭䶑	○ 沃畝	○ 沃○	○ 沃○	○ 沃穀	○ 沃偶
○ 欲明	○ 欲○	○ 欲○	○ 欲濃	○ 欲顒	○ 鵠謀	○ 鵠○	○ 鵠○	○ 鵠農	○ 鵠齵

續表

呼口撮					呼口合				
音唇	音齒	音齶	音舌	音喉	音唇	音齒	音齶	音舌	音喉
〇 嫗〇	彘 嫗淞	戍 嫗叔	〇 嫗柳	嫗 煦硧	賦 污風	素 污嵩	疏 污霜	〇 污曨	污 謼翁
〇 裕〇	〇 裕些	樹 裕熟	屢 裕隆	裕 驅融	附 護馮	〇 護些	〇 護蜍	路 護龍	〇 護爲
〇 嫗〇	〇 嫗序	〇 嫗忍	〇 嫗耳	煦 嫗蓄	〇 污吻	〇 污巳	〇 污汝	〇 污耳	謼 污烘
〇 裕〇	〇 裕松	孺 裕肉	〇 裕而	〇 裕雄	務 護文	〇 護隨	〇 護戎	〇 護而	護 袴洪
〇 嫗兵	緅 嫗縱	注 嫗中	〇 嫗丁	句 嫗弓	布 污琫	作 污嵕	詛 污終	妒 污東	顧 污公
〇 裕怦	娶 裕樅	閏 裕忡	〇 裕汀	驅 裕穹	鋪 護䡖	厝 護匆	菆 護充	兔 護通	袴 護空
〇 嫗並	〇 嫗湫	〇 嫗重	〇 嫗艇	〇 嫗舅	〇 污莑	〇 污崋	〇 污撰	〇 污動	〇 污搽
〇 裕平	聚 裕從	住 裕蟲	〇 裕廷	懼 裕窮	哺 護蓬	祚 護叢	助 護崇	度 護同	〇 護頏
〇 嫗皿	〇 嫗〇	〇 嫗〇	〇 嫗濘	〇 嫗鱇	〇 污蠓	〇 污〇	〇 污〇	〇 污雜	〇 污硥
〇 裕明	〇 裕〇	〇 裕〇	〇 裕寧	遇 裕顒	暮 護蒙	〇 護〇	〇 護〇	怒 護鸗	悟 護峣

去聲第八類切音

開口呼					齊齒呼				
喉音	舌音	齶音	齒音	唇音	喉音	舌音	齶音	齒音	唇音
○ 厄 去聲	○ 泠厄	○ 生厄	○ 僧厄	○ 封厄	○ 益 去聲	○ 嶺益	○ 聲益	○ 星益	○ 非益
○ 佁劾	○ 楞劾	○ 時劾	○ 些劾	○ 逢劾	○ 易 去聲	○ 苓易	○ 繩易	○ 些易	○ 肥易
○ 亨厄	○ 耳厄	○ 忍厄	○ 巳厄	○ 武厄	○ 馨益	○ 耳益	○ 忍益	○ 兒益	○ 尾益
○ 劾 去聲	○ 而劾	○ 日劾	○ 詞劾	○ 無劾	○ 行易	○ 而易	○ 仍易	○ 錫易	○ 微易
○ 庚厄	○ 登厄	○ 争厄	○ 增厄	○ 崩厄	○ 京益	○ 丁益	○ 貞益	○ 精益	○ 兵益
○ 坑劾	○ 鼟劾	○ 鎗劾	○ 彰劾	○ 烹劾	○ 卿易	○ 汀易	○ 稱易	○ 清易	○ 怦易
○ 揆厄	○ 瑒厄	○ 穇厄	○ 在厄	○ 鮩厄	○ 痙益	○ 艇益	○ 裎益	○ 静益	○ 並益
○ 葵劾	○ 滕劾	○ 傖劾	○ 層劾	○ 彭劾	○ 擎易	○ 廷易	○ 呈易	○ 情易	○ 平易
○ 偶厄	○ 乃厄	○ ○厄	○ ○厄	○ 猛厄	○ 脛益	○ 檸益	○ ○益	○ ○益	○ 茗益
○ 娙劾	○ 能劾	○ ○劾	○ ○劾	○ 萌劾	○ 迎易	○ 寧易	○ ○易	○ ○易	○ 明易

續表

呼口撮					呼口合				
音唇	音齒	音齶	音舌	音喉	音唇	音齒	音齶	音舌	音喉
○ 瞑非	○ 瞑須	○ 瞑輸	○ 瞑嶺	○ 瞑縈	○ 擭風	○ 擭嵩	○ 擭攄	○ 擭曨	○ 聲去 擭
○ 役肥	○ 役些	○ 役殊	○ 役苓	○ 聲去 役	○ 畫馮	○ 畫些	○ 畫蜍	○ 畫籠	○ 畫爲
○ 瞑尾	○ 瞑序	○ 瞑乳	○ 瞑耳	○ 聲去 瞑	○ 擭武	○ 擭巳	○ 擭汝	○ 擭耳	○ 擭訇
○ 役微	○ 役松	○ 役儒	○ 役而	○ 役熒	○ 畫無	○ 畫隨	○ 畫戎	○ 畫而	○ 聲去 畫
○ 瞑碧	○ 瞑諏	○ 瞑草	○ 瞑丁	○ 瞑扃	○ 擭邦	○ 擭峻	○ 擭攄	○ 擭東	○ 擭觥
○ 役怦	○ 役旻	○ 役忡	○ 役汀	○ 役傾	○ 畫訌	○ 畫匆	○ 畫充	○ 畫通	○ 畫鍈
○ 瞑並	○ 瞑静	○ 瞑重	○ 瞑艇	○ 瞑痙	○ 擭奉	○ 擭竄	○ 擭齟	○ 擭動	○ 擭揆
○ 役平	○ 役從	○ 役蟲	○ 役廷	○ 役瓊	○ 畫蓬	○ 畫叢	○ 畫趚	○ 畫同	○ 畫葵
○ 瞑皿	○ 瞑○	○ 瞑○	○ 瞑濘	○ 瞑脛	○ 擭蠓	○ 擭○	○ 擭○	○ 擭貜	○ 擭硊
○ 役明	○ 役○	○ 役○	○ 役寧	○ 役迎	○ 畫蒙	○ 畫○	○ 畫○	○ 畫髗	○ 畫峗

去聲第九類切音

齊齒呼					開口呼				
脣音	齒音	齶音	舌音	喉音	脣音	齒音	齶音	舌音	喉音
○齅非	秀齅淞	狩齅舂	○齅嶺	○齅邕	富漚封	漱漚鬆	瘦漚生	○漚隴	漚吼沃
○宥肥	○宥些	壽宥慵	溜宥龍	宥齁容	復候逢	○候些	○候摣	陃候[illegible]	○候佁
○齅尾	○齅兕	○齅忍	○齅耳	齅救胸	○漚吻	○漚巳	○漚冗	○漚耳	吼漚熇
莓宥微	袖宥松	糅宥鞲	○宥而	○宥行	○候犛	○候詞	○候茸	○候而	候寇洚
○齅兵	僦齅縱	咒齅鍾	○齅丁	救齅恭	○漚崩	奏漚宗	皺漚爭	鬥漚冬	姤漚攻
○宥甹	趍宥樅	臭宥衝	○宥汀	齁宥銎	仆候烹	湊候彰	簉候鎗	透候炵	寇候酷
○齅並	○齅静	○齅重	○齅艇	○齅粱	○漚鉼	○漚在	○漚僎	○漚瑒	○漚揆
○宥平	就宥從	胄宥重	○宥廷	舊宥邛	脴候彭	[illegible]候琮	驟候傖	豆候彤	○候葵
○齅茗	○齅○	○齅○	○齅獰	○齅脛	○漚鵏	○漚○	○漚○	○漚乃	○漚我
○宥明	○宥○	○宥○	糅宥濃	鼽宥顒	茂候萌	○候○	○候○	耨候農	偶候糴

續表

呼口撮					呼口合				
音唇	音齒	音齶	音舌	音喉	音唇	音齒	音齶	音舌	音喉
○ 䶑○	○ 䶑須	○ 䶑輸	○ 䶑縷	○ 䶑硧	○ 漚風	○ 漚嵩	○ 漚毹	○ 漚曨	○ 漚翁
○ 宥○	○ 宥○	○ 宥殊	○ 宥隆	○ 宥融	○ 候馮	○ 候○	○ 候垂	○ 候籠	○ 候爲
○ 䶑○	○ 䶑序	○ 䶑乳	○ 䶑○	○ 䶑蓄	○ 漚武	○ 漚○	○ 漚汝	○ 漚○	○ 漚烘
○ 宥○	○ 宥旬	○ 宥儒	○ 宥○	○ 宥雄	○ 候無	○ 候隨	○ 候戎	○ 候○	○ 候洪
○ 䶑○	○ 䶑諏	○ 䶑中	○ 䶑○	○ 䶑弓	○ 漚逋	○ 漚峻	○ 漚終	○ 漚東	○ 漚公
○ 宥○	○ 宥趨	○ 宥忡	○ 宥○	○ 宥穹	○ 候韸	○ 候匆	○ 候充	○ 候通	○ 候空
○ 䶑○	○ 䶑聚	○ 䶑宁	○ 䶑○	○ 䶑窶	○ 漚菶	○ 漚粗	○ 漚齟	○ 漚動	○ 漚○
○ 宥○	○ 宥歜	○ 宥蟲	○ 宥○	○ 宥窮	○ 候蓬	○ 候叢	○ 候崇	○ 候同	○ 候顒
○ 䶑皿	○ 䶑○	○ 䶑○	○ 䶑○	○ 䶑麌	○ 漚蠓	○ 漚○	○ 漚○	○ 漚貜	○ 漚五
○ 宥○	○ 宥○	○ 宥○	○ 宥朒	○ 宥虞	○ 候蒙	○ 候○	○ 候○	○ 候髗	○ 候峴

去聲第十類切音

呼齒齊					呼口開				
音脣	音齒	音齶	音舌	音喉	音脣	音齒	音齶	音舌	音喉
○ 幼非	○ 幼星	○ 幼聲	○ 幼嶺	幼 幼英	○ 幼封	○ 幼僧	○ 幼生	○ 幼冷	○ 幼罌
○ 踈肥	○ 踈些	○ 踈繩	○ 踈苓	○ 踈盈	○ 踈逢	○ 踈○	○ 踈時	○ 踈棱	○ 踈佁
○ 幼尾	○ 幼兕	○ 幼忍	○ 幼耳	螟 幼馨	○ 幼吻	○ 幼巳	○ 幼○	○ 幼○	○ 幼亨
○ 踈微	○ 踈錫	○ 踈仍	○ 踈而	○ 踈行	○ 踈文	○ 踈詞	○ 踈日	○ 踈○	○ 踈莖
○ 幼兵	○ 幼精	○ 幼貞	○ 幼丁	赳 幼京	○ 幼崩	○ 幼增	○ 幼争	○ 幼登	○ 幼庚
○ 踈甹	○ 踈清	○ 踈稱	○ 踈汀	踈 踈卿	○ 踈烹	○ 踈彰	○ 踈鎗	○ 踈鼟	○ 踈坑
○ 幼並	○ 幼静	○ 幼徎	○ 幼艇	○ 幼痙	○ 幼餅	○ 幼在	○ 幼○	○ 幼瑒	○ 幼○
○ 踈平	○ 踈情	○ 踈呈	○ 踈廷	跙 踈擎	○ 踈彭	○ 踈層	○ 踈傖	○ 踈滕	○ 踈翃
○ 幼茗	○ 幼○	○ 幼○	○ 幼獰	○ 幼脛	○ 幼猛	○ 幼○	○ 幼○	○ 幼乃	○ 幼我
謬 踈明	○ 踈○	○ 踈○	○ 踈寧	○ 踈迎	○ 踈萌	○ 踈○	○ 踈○	○ 踈能	○ 踈婭

續表

呼口撮					呼口合				
音唇	音齒	音齶	音舌	音喉	音唇	音齒	音齶	音舌	音喉
○ 幼○	○ 幼須	○ 幼輸	○ 幼縷	○ 幼縈	○ 幼風	○ 幼嵩	○ 幼毻	○ 幼曨	○ 幼泓
○ 蹼○	○ 蹼○	○ 蹼殊	○ 蹼隆	○ 蹼榮	○ 蹼馮	○ 蹼○	○ 蹼○	○ 蹼籠	○ 蹼○
○ 幼○	○ 幼序	○ 幼乳	○ 幼○	○ 幼兄	○ 幼武	○ 幼○	○ 幼○	○ 幼○	○ 幼訇
○ 蹼○	○ 蹼徐	○ 蹼濡	○ 蹼○	○ 蹼熒	○ 蹼務	○ 蹼○	○ 蹼戎	○ 蹼○	○ 蹼橫
○ 幼碧	○ 幼諏	○ 幼中	○ 幼○	○ 幼扃	○ 幼邦	○ 幼崚	○ 幼終	○ 幼東	○ 幼觥
○ 蹼○	○ 蹼旻	○ 蹼忡	○ 蹼○	○ 蹼傾	○ 蹼甈	○ 蹼怱	○ 蹼充	○ 蹼通	○ 蹼鍨
○ 幼○	○ 幼聚	○ 幼○	○ 幼○	○ 幼窶	○ 幼奉	○ 幼○	○ 幼齟	○ 幼動	○ 幼揆
○ 蹼○	○ 蹼黿	○ 蹼蟲	○ 蹼○	○ 蹼瓊	○ 蹼蓬	○ 蹼叢	○ 蹼崇	○ 蹼同	○ 蹼趡
○ 幼皿	○ 幼○	○ 幼○	○ 幼○	○ 幼麌	○ 幼蠓	○ 幼○	○ 幼○	○ 幼貜	○ 幼五
○ 蹼○	○ 蹼○	○ 蹼○	○ 蹼○	○ 蹼虞	○ 蹼蒙	○ 蹼○	○ 蹼○	○ 蹼髗	○ 蹼吾

去聲第十一類切音

呼齒齊					呼口開				
音唇	音齒	音齶	音舌	音喉	音唇	音齒	音齶	音舌	音喉
○ 握非	○ 握篠	○ 握商	○ 握了	○ 聲去握	○ 侉方	些 侉桑	○ 侉雙	○ 侉朗	侉 呵佒
○ 籆肥	○ 籆些	○ 籆常	○ 籆龍	○ 聲去籆	○ 賀房	○ 賀些	○ 賀時	邏 賀郎	○ 賀佁
○ 握尾	○ 握象	○ 握壤	○ 握耳	○ 握肛	○ 侉網	○ 侉巳	○ 侉忍	○ 侉耳	呵 侉炕
○ 籆微	○ 籆詳	○ 籆穰	○ 籆而	○ 籆降	○ 賀亡	○ 賀詞	○ 賀日	○ 賀而	賀 坷杭
○ 握標	○ 握將	○ 握樁	○ 握彫	○ 握江	○ 侉邦	佐 侉臧	○ 侉聯	跢 侉當	箇 侉罔
○ 籆漂	○ 籆鏘	○ 籆惷	○ 籆祧	○ 籆腔	○ 賀滂	○ 賀倉	○ 賀窗	拖 賀湯	坷 賀康
○ 握驃	○ 握踐	○ 握丈	○ 握窈	○ 握鬠	○ 侉玤	○ 侉奘	○ 侉僟	○ 侉蕩	○ 侉揆
○ 籆瓢	○ 籆戕	○ 籆幢	○ 籆迢	○ 籆强	○ 賀旁	○ 賀藏	○ 賀淙	馱 賀唐	○ 賀葵
○ 握眇	○ 握○	○ 握○	○ 握嬲	○ 握仰	○ 侉莽	○ 侉○	○ 侉○	○ 侉曩	○ 侉馴
○ 籆苗	○ 籆○	○ 籆○	○ 籆膿	○ 籆峣	○ 賀芒	○ 賀○	○ 賀○	那 賀囊	餓 賀昂

續表

呼口撮					呼口合				
音脣	音齒	音齶	音舌	音喉	音脣	音齒	音齶	音舌	音喉
○ 握○	○ 握宣	○ 握拴	○ 握鸞	○ 握鴛	○ 涴方	膭 涴酸	○ 涴霜	○ 涴卵	涴 貨汪
○ 籰○	○ 籰○	○ 籰船	○ 籰攣	○ 籰袁	縛 和房	○ 和些	○ 和垂	羸 和磚	○ 和王
○ 握○	○ 握序	○ 握輭	○ 握○	○ 握暄	○ 涴網	○ 涴巳	○ 涴汝	○ 涴耳	貨 涴荒
○ 籰○	○ 籰旋	○ 籰犉	○ 籰○	○ 籰懸	○ 和亡	○ 和隨	○ 和如	○ 和而	和 課黄
○ 握○	○ 握鐫	○ 握專	○ 握○	○ 握涓	播 涴邦	挫 涴鑽	○ 涴莊	桗 涴端	過 涴光
○ 籰○	○ 籰銓	○ 籰穿	○ 籰○	○ 籰卷	破 和滂	剉 和竄	○ 和創	唾 和湍	課 和骫
○ 握○	○ 握雋	○ 握篆	○ 握○	○ 握圈	○ 涴玤	○ 涴崋	○ 涴撰	○ 涴斷	○ 涴徃
○ 籰○	○ 籰全	○ 籰椽	○ 籰○	○ 籰拳	磑 和旁	坐 和攢	○ 和床	惰 和團	○ 和狂
○ 握○	○ 握○	○ 握○	○ 握○	○ 握阮	○ 涴莽	○ 涴○	○ 涴○	○ 涴煗	○ 涴硫
○ 籰○	○ 籰○	○ 籰○	○ 籰○	○ 籰元	磨 和芒	○ 和○	○ 和○	愞 和奴	卧 和瓁

去聲第十二類切音

呼齒齊					呼口開				
音脣	音齒	音齶	音舌	音喉	音脣	音齒	音齶	音舌	音喉
○ 亞非	○ 亞相	○ 亞商	○ 亞兩	亞 嚇央	○ 嗄否	○ 嗄腮	嗄 詐崽	○ 嗄唻	○ 嗄哀
○ 暇肥	○ 暇些	○ 暇常	○ 暇良	○ 暇陽	○ 嗄浮	○ 嗄些	○ 嗄時	○ 嗄來	○ 嗄佁
○ 亞尾	○ 亞象	○ 亞壤	○ 亞耳	嚇 亞香	○ 嗄武	○ 嗄巳	○ 嗄忍	○ 嗄耳	○ 嗄哈
○ 暇微	○ 暇詳	○ 暇穰	○ 暇而	暇 髂降	○ 嗄無	○ 嗄詞	○ 嗄日	○ 嗄而	○ 嗄孩
○ 亞標	○ 亞將	吒 亞章	○ 亞貂	駕 亞姜	○ 嗄擺	○ 嗄栽	詐 嗄齋	○ 嗄軆	○ 嗄該
○ 暇漂	○ 暇鏘	詫 暇昌	○ 暇祧	髂 暇羌	○ 嗄脴	○ 嗄猜	○ 嗄釵	○ 嗄胎	○ 嗄開
○ 亞驃	○ 亞踐	○ 亞丈	○ 亞窕	○ 亞彊	○ 嗄罷	○ 嗄在	○ 嗄棧	○ 嗄殆	○ 嗄揆
○ 暇瓢	○ 暇戕	蛇 暇長	○ 暇迢	○ 暇强	○ 嗄排	○ 嗄才	乍 嗄豺	○ 嗄臺	○ 嗄葵
○ 亞眇	○ 亞○	○ 亞○	○ 亞嬲	○ 亞仰	○ 嗄買	○ 嗄○	○ 嗄○	○ 嗄乃	○ 嗄偶
○ 暇苗	○ 暇○	○ 暇○	膨 暇娘	迓 暇卬	○ 嗄埋	○ 嗄○	○ 嗄○	○ 嗄能	○ 嗄皚

續表

呼口撮					呼口合				
音唇	音齒	音齶	音舌	音喉	音唇	音齒	音齶	音舌	音喉
○ 亞○	○ 亞宣	○ 亞拴	○ 亞巒	○ 亞鴛	○ 窊番	○ 窊珊	諓 窊櫄	○ 窊卵	窊 化彎
○ 暇○	○ 暇○	○ 暇船	○ 暇攣	○ 暇袁	○ 華煩	○ 華些	○ 華垂	○ 華臚	○ 華湲
○ 亞○	○ 亞序	○ 亞輭	○ 亞○	○ 亞暄	○ 窊晚	○ 窊巳	○ 窊汝	○ 窊耳	化 窊豩
○ 暇○	○ 暇旋	○ 暇犉	○ 暇○	○ 暇懸	○ 華萬	○ 華隨	○ 華如	○ 華而	華 跨還
○ 亞○	○ 亞鐫	○ 亞專	○ 亞○	○ 亞涓	霸 窊班	○ 窊鬢	○ 窊跧	○ 窊竅	坬 窊關
○ 暇○	○ 暇銓	○ 暇穿	○ 暇○	○ 暇眷	帊 華攀	○ 華毳	○ 華纂	○ 華灘	跨 華骩
○ 亞○	○ 亞隽	○ 亞篆	○ 亞○	○ 亞圈	○ 窊伴	○ 窊瓚	○ 窊撰	○ 窊但	○ 窊掇
○ 暇○	○ 暇全	○ 暇椽	○ 暇○	○ 暇拳	杷 華盤	○ 華殘	○ 華窀	○ 華壇	○ 華櫳
○ 亞○	○ 亞○	○ 亞○	○ 亞○	○ 亞阮	○ 窊譼	○ 窊○	○ 窊○	○ 窊赧	○ 窊齗
○ 暇○	○ 暇○	○ 暇○	○ 暇○	○ 暇元	禡 華蠻	○ 華○	○ 華○	○ 華妏	瓦 華頑

去聲第十三類切音

呼齒齊					呼口開				
音唇	音齒	音齶	音舌	音喉	音唇	音齒	音齶	音舌	音喉
○ 窔非	嘯 窔相	○ 窔商	○ 窔兩	窔 嬈胦	○ 儌方	○ 儌桑	稍 儌雙	○ 儌朗	儌 涍佒
○ 竅肥	○ 竅些	○ 竅常	料 竅良	○ 竅陽	○ 效房	○ 效些	○ 效時	○ 效郎	○ 效佁
○ 窔尾	○ 窔象	○ 窔壤	○ 窔耳	嬈 窔肛	○ 儌網	○ 儌巳	○ 儌忍	○ 儌耳	涍 儌炕
○ 竅微	○ 竅詳	○ 竅穰	○ 竅而	○ 竅降	○ 效亡	○ 效詞	○ 效日	○ 效而	效 敲杭
○ 窔標	○ 窔將	罩 窔樁	吊 窔顛	叫 窔江	豹 儌邦	○ 儌臧	笊 儌捉	○ 儌當	教 儌岡
○ 竅漂	○ 竅鏘	趠 竅惷	糶 竅天	竅 顤腔	炮 效滂	○ 效倉	鈔 效窗	○ 效湯	敲 效康
○ 窔驃	○ 窔踐	○ 窔丈	○ 窔殄	○ 窔彊	○ 儌玤	○ 儌奘	○ 儌○	○ 儌蕩	○ 儌揆
○ 竅瓢	○ 竅戕	棹 竅幢	調 竅田	○ 竅强	靤 效旁	○ 效藏	巢 效淙	○ 效唐	○ 效葵
○ 窔眇	○ 窔○	○ 窔○	○ 窔撚	○ 窔仰	○ 儌莽	○ 儌○	○ 儌○	○ 儌曩	○ 儌駉
○ 竅苗	○ 竅○	○ 竅○	尿 竅膿	顤 竅峣	貌 效芒	○ 效○	○ 效○	淖 效囊	樂 效昂

續表

呼口撮					呼口合				
音唇	音齒	音齶	音舌	音喉	音唇	音齒	音齶	音舌	音喉
○ 窔○	○ 窔宣	○ 窔拴	○ 窔臠	○ 窔鴛	○ 㘬霶	○ 㘬酸	○ 㘬霜	○ 㘬卵	○ 㘬汪
○ 窽○	○ 窽○	○ 窽船	○ 窽攣	○ 窽袁	○ 效縛	○ 效○	○ 效垂	○ 效碿	○ 效王
○ 窔○	○ 窔序	○ 窔輭	○ 窔○	○ 窔暄	○ 㘬武	○ 㘬○	○ 㘬汝	○ 㘬○	○ 㘬荒
○ 窽○	○ 窽旋	○ 窽犉	○ 窽○	○ 窽懸	○ 效務	○ 效隨	○ 效如	○ 效○	○ 效黄
○ 窔○	○ 窔鐫	○ 窔專	○ 窔○	○ 窔涓	○ 㘬剥	○ 㘬嗓	○ 㘬莊	○ 㘬端	○ 㘬光
○ 窽○	○ 窽銓	○ 窽穿	○ 窽○	○ 窽巻	○ 效粕	○ 效村	○ 效創	○ 效湍	○ 效骯
○ 窔○	○ 窔雋	○ 窔篆	○ 窔○	○ 窔圈	○ 㘬爸	○ 㘬韲	○ 㘬撰	○ 㘬斷	○ 㘬徃
○ 窽○	○ 窽全	○ 窽椽	○ 窽○	○ 窽拳	○ 效薄	○ 效攢	○ 效床	○ 效團	○ 效狂
○ 窔○	○ 窔○	○ 窔○	○ 窔○	○ 窔阮	○ 㘬麼	○ 㘬○	○ 㘬○	○ 㘬煗	○ 㘬硊
○ 窽○	○ 窽○	○ 窽○	○ 窽○	○ 窽元	○ 效莫	○ 效○	○ 效○	○ 效愞	○ 效獲

去聲第十四類切音

呼齒齊					呼口開				
音唇	音齒	音齶	音舌	音喉	音唇	音齒	音齶	音舌	音喉
○ 要非	笑 要相	少 要商	○ 要兩	要 耀央	○ 奧否	譟 奧腮	○ 奧崽	○ 奧唻	奧 好哀
○ 耀肥	○ 耀些	邵 耀常	燎 耀良	耀 趭陽	○ 号浮	○ 号些	○ 号時	澇 号來	○ 号佁
○ 要尾	○ 要象	○ 要壤	○ 要耳	○ 要香	○ 奧武	○ 奧巳	○ 奧忍	○ 奧耳	好 奧咍
○ 耀微	○ 耀詳	繞 耀穰	○ 耀而	○ 耀降	○ 号無	○ 号詞	○ 号日	○ 号而	号 犒孩
裱 要邊	醮 要將	照 要章	○ 要顛	○ 要姜	報 奧擺	灶 奧栽	○ 奧齋	到 奧[illegible]	告 奧該
剽 耀篇	陗 耀鏘	眺 耀昌	○ 耀天	趬 耀羌	犥 号啡	操 号猜	○ 号釵	套 号胎	犒 号開
○ 要辨	○ 要踐	○ 要丈	○ 要殄	○ 要彊	○ 奧罷	○ 奧在	○ 奧棧	○ 奧殆	○ 奧揆
驃 耀便	誚 耀戕	召 耀長	○ 耀田	嶠 耀强	暴 号排	漕 号才	○ 号豺	導 号臺	○ 号葵
○ 要免	○ 要○	○ 要○	○ 要撚	○ 要仰	○ 奧買	○ 奧○	○ 奧○	○ 奧乃	○ 奧偶
妙 耀眠	○ 耀○	○ 耀○	○ 耀孃	鱙 耀印	冒 号埋	○ 号○	○ 号○	腝 号能	傲 号皚

續表

呼口撮					呼口合				
音唇	音齒	音齶	音舌	音喉	音唇	音齒	音齶	音舌	音喉
○ 要○	○ 要宣	○ 要拴	○ 要欒	○ 要鴛	○ 奥番	○ 奥珊	○ 奥欃	○ 奥卵	○ 奥彎
○ 耀○	○ 耀○	○ 耀船	○ 耀攣	○ 耀袁	○ 号煩	○ 号○	○ 号垂	○ 号臚	○ 号湲
○ 要○	○ 要序	○ 要輭	○ 要○	○ 要暄	○ 奥晚	○ 奥○	○ 奥汝	○ 奥○	○ 奥豩
○ 耀○	○ 耀旋	○ 耀犉	○ 耀○	○ 耀懸	○ 号襪	○ 号隨	○ 号如	○ 号○	○ 号還
○ 要○	○ 要鐫	○ 要專	○ 要○	○ 要涓	○ 奥班	○ 奥鬢	○ 奥跧	○ 奥竅	○ 奥關
○ 耀○	○ 耀銓	○ 耀穿	○ 耀○	○ 耀卷	○ 号攀	○ 号毳	○ 号初	○ 号灘	○ 号勖
○ 要○	○ 要雋	○ 要篆	○ 要○	○ 要圈	○ 奥伴	○ 奥瓚	○ 奥撰	○ 奥但	○ 奥○
○ 耀○	○ 耀全	○ 耀椽	○ 耀○	○ 耀拳	○ 号盤	○ 号殘	○ 号窀	○ 号壇	○ 号○
○ 要○	○ 要○	○ 要○	○ 要○	○ 要阮	○ 奥轡	○ 奥○	○ 奥○	○ 奥赧	○ 奥鼾
○ 耀○	○ 耀○	○ 耀○	○ 耀○	○ 耀元	○ 号鑾	○ 号○	○ 号○	○ 号奻	○ 号頑

去聲第十五類切音

呼齒齊					呼口開				
音脣	音齒	音齶	音舌	音喉	音脣	音齒	音齶	音舌	音喉
○ 印非	信 印西	眒 印奢	○ 印里	印 釁衣	○ 餩匪	○ 餩思	○ 餩師	○ 餩唻	餩 艮哀
○ 胤肥	○ 胤些	愼 胤蛇	吝 胤離	胤 鼓移	○ 恨臏	○ 恨些	○ 恨時	○ 恨來	○ 恨佁
○ 印尾	○ 印兕	○ 印惹	○ 印耳	釁 印義	○ 餩武	○ 餩巳	○ 餩忍	○ 餩耳	○ 餩咍
○ 胤微	○ 胤邪	刃 胤熱	○ 胤而	○ 胤奚	○ 恨物	○ 恨詞	○ 恨日	○ 恨而	恨 硍紇
儐 印卑	晋 印躋	震 印知	○ 印低	靳 印羈	○ 餩悲	○ 餩玆	○ 餩菑	○ 餩騹	艮 餩該
闠 胤披	親 胤妻	疢 胤絺	○ 胤梯	鼓 胤欹	○ 恨丕	○ 恨雌	齔 恨差	○ 恨胎	硍 恨開
○ 印婢	○ 印薺	○ 印雉	○ 印弟	○ 印技	○ 餩被	○ 餩在	○ 餩俟	○ 餩殆	○ 餩揆
○ 胤皮	賮 胤齊	陳 胤馳	○ 胤啼	近 胤奇	○ 恨勃	○ 恨慈	○ 恨茌	○ 恨臺	○ 恨葵
○ 印米	○ 印○	○ 印○	○ 印你	○ 印擬	○ 餩美	○ 餩○	○ 餩○	○ 餩乃	○ 餩偶
○ 胤迷	○ 胤○	○ 胤○	○ 胤泥	憖 胤宜	○ 恨眉	○ 恨○	○ 恨○	○ 恨能	鎧 恨皚

續表

呼口撮					呼口合				
音唇	音齒	音齶	音舌	音喉	音唇	音齒	音齶	音舌	音喉
○ 醖非	峻 醖胥	舜 醖書	○ 醖吕	醖 訓於	奮 搵匪	巽 搵雖	○ 搵疏	○ 搵累	搵 惛威
○ 運肥	○ 運些	○ 運蕐	○ 運閭	運 郡余	分 慁膹	○ 慁些	○ 慁蜍	論 慁羸	○ 慁爲
○ 醖尾	○ 醖序	○ 醖蕊	○ 醖耳	訓 醖虚	○ 搵武	○ 搵巳	○ 搵汝	○ 搵耳	惛 搵麾
○ 運微	狥 運徐	閏 運儒	○ 運而	○ 運懸	問 慁物	○ 慁隨	○ 慁如	○ 慁而	慁 困回
○ 醖卑	俊 醖苴	稕 醖豬	○ 醖低	捃 醖居	奔 搵悲	焌 搵騅	○ 搵菹	頓 搵咄	睔 搵規
○ 運披	○ 運疽	○ 運攄	○ 運梯	○ 運袪	噴 慁丕	寸 慁趡	○ 慁初	○ 慁宊	困 慁闚
○ 醖婢	○ 醖咀	○ 醖宁	○ 醖弟	○ 醖巨	○ 搵被	○ 搵靠	○ 搵齟	○ 搵錞	○ 搵揆
○ 運皮	○ 運崒	○ 運除	○ 運啼	郡 運渠	坌 慁勃	鐏 慁萃	○ 慁鉏	鈍 慁突	○ 慁葵
○ 醖米	○ 醖○	○ 醖○	○ 醖女	○ 醖語	○ 搵美	○ 搵○	○ 搵○	○ 搵餧	○ 搵硊
○ 運迷	○ 運○	○ 運○	○ 運袽	○ 運魚	悶 慁眉	○ 慁○	○ 慁○	嫩 慁捼	顐 慁危

去聲第十六類切音

呼齒齊					呼口開				
音唇	音齒	音齶	音舌	音喉	音唇	音齒	音齶	音舌	音喉
○ 堰非	霰 堰寫	扇 堰奢	○ 堰跕	堰 獻謁	○ 按匪	○ 按捼	○ 按檓	○ 按磊	按 漢遏
○ 衍肥	○ 衍些	繕 衍蛇	練 衍列	衍 現耶	○ 翰膹	○ 翰些	○ 翰實	○ 翰雷	○ 翰佁
○ 堰尾	○ 堰灺	○ 堰惹	○ 堰耳	獻 堰歇	○ 按武	○ 按巳	○ 按忍	○ 按耳	漢 按喝
○ 衍微	羨 衍邪	○ 衍熱	○ 衍而	現 衍纈	○ 翰物	○ 翰詞	○ 翰日	○ 翰而	翰 侃曷
變 堰鷩	薦 堰嗟	戰 堰遮	殿 堰爹	建 堰迦	○ 按撥	○ 按繓	○ 按齋	○ 按惙	幹 按葛
片 衍瞥	倩 衍礚	硟 衍車	瑱 衍鐵	繾 衍佉	○ 翰潑	○ 翰撮	○ 翰剿	○ 翰脱	侃 翰渴
○ 堰婢	○ 堰薺	○ 堰雉	○ 堰弟	○ 堰技	○ 按琲	○ 按罪	○ 按俟	○ 按錞	○ 按撰
卞 衍别	洊 衍査	纏 衍轍	甸 衍垤	健 衍伽	○ 翰跋	○ 翰柮	○ 翰闑	○ 翰奪	○ 翰葵
○ 堰乜	○ 堰○	○ 堰○	○ 堰你	○ 堰擬	○ 按每	○ 按○	○ 按○	○ 按餒	○ 按偶
面 衍蔑	○ 衍○	○ 衍○	晛 衍臛	硯 衍醬	○ 翰末	○ 翰○	○ 翰○	○ 翰捼	岸 翰辥

續表

呼口撮					呼口合				
音唇	音齒	音齶	音舌	音喉	音唇	音齒	音齶	音舌	音喉
○ 怨非	選 怨雪	○ 怨説	○ 怨吕	怨 絢肥	○ 惋匪	算 惋挼	篡 惋刷	○ 惋磊	惋 唤隈
○ 遠肥	○ 遠些	摙 遠萋	戀 遠臘	遠 縣悦	○ 换膹	○ 换些	○ 换垂	亂 换雷	○ 换偫
○ 怨尾	○ 怨序	○ 怨蕊	○ 怨耳	絢 怨靴	○ 惋武	○ 惋巳	○ 惋汝	○ 惋耳	唤 惋灰
○ 遠微	淀 遠菠	睙 遠蓺	○ 遠而	縣 遠穴	○ 换無	○ 换遂	○ 换芮	○ 换而	换 跨回
○ 怨鷩	悛 怨侳	囀 怨拙	○ 怨咥	罥 怨玦	半 惋桮	鑽 惋嗺	孨 惋髯	鍛 惋堆	貫 惋瑰
○ 遠瞥	縓 遠脞	釧 遠歡	○ 遠鐵	券 遠觬	判 换胚	竄 换崔	○ 换初	彖 换推	鐓 换恢
○ 怨婢	○ 怨咀	○ 怨宁	○ 怨弟	○ 怨巨	○ 惋琲	○ 惋罪	○ 惋齟	○ 惋錞	○ 惋揆
○ 遠别	○ 遠絶	傳 遠箸	○ 遠垤	倦 遠瘸	叛 换裴	攢 换摧	饌 换倅	段 换頽	○ 换衛
○ 怨乜	○ 怨○	○ 怨○	○ 怨你	○ 怨語	○ 惋每	○ 惋○	○ 惋○	○ 惋餒	○ 惋顩
○ 遠哶	○ 遠○	○ 遠○	○ 遠呐	願 遠月	縵 换枚	○ 换○	○ 换○	偄 换捼	玩 换嵬

去聲第十七類切音

呼齒齊					呼口開				
音唇	音齒	音齶	音舌	音喉	音唇	音齒	音齶	音舌	音喉
○ 晏非	○ 晏薛	○ 晏設	○ 晏跍	晏 諫挨	○ 旦髮	散 旦腮	訕 旦崽	○ 旦唻	○ 旦哀
○ 骭肥	○ 骭些	○ 骭舌	○ 骭列	○ 骭拽	○ 爛伐	○ 爛些	○ 爛實	爛 炭來	○ 爛佁
○ 晏尾	○ 晏灺	○ 晏惹	○ 晏耳	○ 晏狶	○ 旦武	○ 旦巳	○ 旦疠	○ 旦耳	○ 旦咍
○ 骭微	○ 骭邪	○ 骭熱	○ 骭而	骭 雁諧	○ 爛襪	○ 爛時	○ 爛髫	○ 爛而	○ 爛孩
○ 晏鷩	○ 晏節	○ 晏鯜	○ 晏咥	諫 晏皆	○ 旦擺	贊 旦栽	○ 旦齋	旦 旦躉	○ 旦該
○ 骭瞥	○ 骭切	孱 骭扠	○ 骭鐵	○ 骭揩	○ 爛啡	粲 爛猜	羼 爛釵	炭 爛胎	○ 爛開
○ 晏婢	○ 晏薺	○ 晏惹	○ 晏弟	○ 晏徬	○ 旦罷	○ 旦在	○ 旦槎	○ 旦殆	○ 旦揆
○ 骭別	○ 骭截	綻 骭孱	○ 骭垤	○ 骭傑	○ 爛排	囋 爛才	棧 爛豺	但 爛臺	○ 爛葵
○ 晏乜	○ 晏○	○ 晏○	○ 晏你	○ 晏娾	○ 旦買	○ 旦○	○ 旦○	○ 旦乃	○ 旦偶
○ 骭蔑	○ 骭○	○ 骭○	㬎 骭痆	雁 骭崖	○ 爛埋	○ 爛○	○ 爛○	難 爛能	○ 爛皚

續表

呼口撮					呼口合				
音唇	音齒	音齶	音舌	音喉	音唇	音齒	音齶	音舌	音喉
○ 晏○	○ 晏雪	○ 晏説	○ 晏吕	○ 晏噦	販 聴髮	○ 聴腮	孌 聴刷	○ 聴累	聴 慣娃
○ 骭○	○ 骭○	○ 骭殊	○ 骭劣	○ 骭悦	飯 患伐	○ 患些	○ 患術	○ 患膠	○ 患颾
○ 晏○	○ 晏序	○ 晏乳	○ 晏○	○ 晏血	○ 聴武	○ 聴巳	○ 聴汝	○ 聴耳	○ 聴虺
○ 骭○	○ 骭葠	○ 骭爇	○ 骭○	○ 骭穴	萬 患襪	○ 患遂	○ 患如	○ 患而	患 亂懷
○ 晏○	○ 晏蕝	○ 晏拙	○ 晏○	○ 晏玦	扳 聴八	○ 聴緆	○ 聴茁	○ 聴窽	慣 聴乖
○ 骭○	○ 骭臁	○ 骭歠	○ 骭○	○ 骭缺	盼 患姡	○ 患撮	篡 患纂	○ 患脱	○ 患勈
○ 晏○	○ 晏聚	○ 晏宁	○ 晏○	○ 晏巨	○ 聴罷	○ 聴罪	○ 聴挚	○ 聴錞	○ 聴揆
○ 骭○	○ 骭絶	○ 骭箸	○ 骭○	○ 骭撅	瓣 患排	○ 患柮	○ 患脽	○ 患櫨	○ 患葵
○ 晏○	○ 晏○	○ 晏○	○ 晏○	○ 晏語	○ 聴買	○ 聴○	○ 聴○	○ 聴餒	○ 聴頠
○ 骭○	○ 骭○	○ 骭○	○ 骭呐	○ 骭月	慢 患埋	○ 患○	○ 患○	妏 患妠	亂 患詭

去聲第十八類切音

呼齒齊					呼口開				
音唇	音齒	音齶	音舌	音喉	音唇	音齒	音齶	音舌	音喉
○ 雍非	○ 雍修	○ 雍收	○ 雍柳	雍 供憂	葑 碚不	宋 碚涑	○ 碚搜	○ 碚塿	○ 碚歐
○ 用肥	○ 用些	○ 用讎	贚 用流	用 恐尤	俸 統浮	○ 統些	○ 統時	○ 統樓	○ 統颾
○ 雍尾	○ 雍兕	○ 雍蹂	○ 雍耳	○ 雍休	○ 碚武	○ 碚巳	○ 碚疓	○ 碚耳	碚 宋齁
○ 用微	頌 用囚	鞾 用柔	○ 用而	○ 用櫢	○ 統務	○ 統鱢	○ 統日	○ 統而	○ 統侯
○ 雍彪	縱 雍啾	湩 雍周	○ 雍的	供 雍鳩	○ 碚捊	綜 碚掫	○ 碚鄒	○ 碚兜	○ 碚鉤
○ 用飄	○ 用秋	蹱 用抽	○ 用惕	恐 用丘	○ 統剖	○ 統誰	○ 統搊	統 統偷	○ 統彄
○ 雍婢	○ 雍湫	○ 雍紂	○ 雍弟	○ 雍舅	○ 碚鎊	○ 碚在	○ 碚鮿	○ 碚揄	○ 碚揆
○ 用滮	從 用酋	重 用儔	○ 用迪	共 用求	○ 統裒	○ 統剽	○ 統愁	○ 統頭	○ 統葵
○ 雍米	○ 雍○	○ 雍○	○ 雍狃	○ 雍钀	○ 碚畝	○ 碚○	○ 碚○	○ 碚穀	○ 碚偶
○ 用繆	○ 用○	○ 用○	抭 用糅	○ 用牛	雺 統謀	○ 統○	○ 統○	○ 統糯	○ 統齵

續表

呼口撮					呼口合				
音唇	音齒	音齶	音舌	音喉	音唇	音齒	音齶	音舌	音喉
○ 趨○	○ 趨須	○ 趨輸	○ 趨縷	○ 趨紆	諷 瓮夫	送 瓮蘇	○ 瓮毹	○ 瓮魯	瓮 烘烏
○ 趙○	○ 趙些	○ 趙殊	○ 趙慺	趙 焥于	鳳 哄扶	○ 哄些	○ 哄蜍	弄 哄盧	○ 哄颺
○ 趨○	○ 趨序	○ 趨乳	○ 趨耳	趨 中訏	○ 瓮武	○ 瓮巳	○ 瓮汝	○ 瓮耳	烘 瓮呼
○ 趙○	○ 趙續	○ 趙儒	○ 趙而	○ 趙穴	○ 哄無	○ 哄鰇	○ 哄如	○ 哄而	哄 控湖
○ 趨○	○ 趨諏	中 趨朱	○ 趨○	○ 趨俱	○ 瓮逋	焌 瓮租	衆 瓮傉	棟 瓮都	貢 瓮孤
○ 趙○	○ 趙趨	銃 趙樞	○ 趙○	焥 趙區	○ 哄鋪	愡 哄粗	○ 哄芻	痛 哄琮	控 哄枯
○ 趨○	○ 趨聚	○ 趨宁	○ 趨○	○ 趨窶	○ 瓮簿	○ 瓮駔	○ 瓮齟	○ 瓮杜	○ 瓮揆
○ 趙○	○ 趙歜	仲 趙厨	○ 趙○	○ 趙衢	○ 哄蒲	欳 哄徂	崇 哄雛	洞 哄徒	○ 哄葵
○ 趨○	○ 趨○	○ 趨○	○ 趨○	○ 趨麌	○ 瓮姥	○ 瓮○	○ 瓮○	○ 瓮砮	○ 瓮五
○ 趙○	○ 趙○	○ 趙○	○ 趙○	峅 趙虞	夢 哄模	○ 哄○	○ 哄○	齈 哄奴	○ 哄吾

去聲第十九類切音

呼齒齊					呼口開				
音脣	音齒	音齶	音舌	音喉	音脣	音齒	音齶	音舌	音喉
○ 映非	性 映昔	聖 映式	○ 映柳	映 興幽	○ 纓弗	竆 纓塞	貹 纓慘	○ 纓塿	纓 誶厄
○ 孕肥	○ 孕些	乘 孕石	令 孕鏐	孕 脛易	○ 行佛	○ 行些	○ 行寔	踜 行勒	○ 行佁
○ 映尾	○ 映兕	○ 映忍	○ 映耳	興 映烋	○ 纓吻	○ 纓巳	○ 纓疓	○ 纓耳	誶 纓赫
○ 孕微	○ 孕夕	扔 孕柔	○ 孕而	脛 孕檄	○ 行物	○ 行鱢	○ 行日	○ 行而	行 硬劾
柄 映彪	精 映積	正 映隻	訂 映的	敬 映樛	迸 纓伯	甑 纓磁	諍 纓責	嶝 纓德	更 纓革
聘 孕僻	倩 孕戚	稱 孕尺	聽 孕惕	慶 孕隙	膨 行珀	蹭 行趣	瀡 行栅	瀓 行忒	○ 行客
○ 映婢	○ 映薺	○ 映紂	○ 映弟	○ 映蟉	○ 纓鎑	○ 纓在	○ 纓穲	○ 纓揄	○ 纓揆
病 孕滮	净 孕籍	鄭 孕直	定 孕迪	競 孕蚪	偤 行白	贈 行賊	○ 行峕	鄧 行特	○ 行葵
○ 映眇	○ 映○	○ 映○	○ 映你	○ 映鱳	○ 纓畒	○ 纓○	○ 纓○	○ 纓乃	○ 纓偶
命 孕繆	○ 孕○	○ 孕○	甯 孕惄	迎 孕聱	孟 行陌	○ 行○	○ 行○	○ 行鱉	硬 行額

續表

呼口撮					呼口合				
音唇	音齒	音齶	音舌	音喉	音唇	音齒	音齶	音舌	音喉
○ 瑩非	○ 瑩肅	○ 瑩叔	○ 瑩縷	瑩 夐益	○ 宖弗	○ 宖速	○ 宖縮	○ 宖魯	宖 轟擭
○ 咏肥	○ 咏些	○ 咏熟	○ 咏歷	咏 瑩役	○ 横佛	○ 横些	○ 横術	○ 横禄	○ 横颾
○ 瑩尾	○ 瑩序	○ 瑩乳	○ 瑩耳	夐 瑩瞑	○ 宖吻	○ 宖巳	○ 宖汝	○ 宖耳	轟 宖砉
○ 咏微	○ 咏夕	○ 咏肉	○ 咏而	○ 咏檄	○ 横物	○ 横鱳	○ 横如	○ 横而	横 宖畫
○ 瑩碧	○ 瑩蹙	○ 瑩菓	○ 瑩的	○ 瑩郹	○ 宖伯	○ 宖鏃	○ 宖擅	○ 宖睹	○ 宖國
○ 咏僻	○ 咏旻	○ 咏俶	○ 咏惕	○ 咏闃	○ 横珀	○ 横瘯	○ 横珼	○ 横土	○ 横鄺
○ 瑩婢	○ 瑩聚	○ 瑩紂	○ 瑩弟	○ 瑩舅	○ 宖蹃	○ 宖駔	○ 宖齟	○ 宖杜	○ 宖揆
○ 咏闢	○ 咏齕	○ 咏逐	○ 咏迪	○ 咏極	○ 横白	○ 横族	○ 横趚	○ 横獨	○ 横趪
○ 瑩米	○ 瑩○	○ 瑩○	○ 瑩你	○ 瑩鱴	○ 宖畝	○ 宖○	○ 宖○	○ 宖弩	○ 宖五
○ 咏覓	○ 咏○	○ 咏○	○ 咏惄	○ 咏逆	○ 横陌	○ 横○	○ 横○	○ 横蠥	○ 横額

去聲第二十類切音

齊齒呼					開口呼				
唇音	齒音	齶音	舌音	喉音	唇音	齒音	齶音	舌音	喉音
○ 絳非	○ 絳蕭	○ 絳燒	○ 絳了	○ 絳幺	放 醠霶	喪 醠娑	淙 醠梢	○ 醠儸	醠 荒阿
○ 巷肥	○ 巷些	○ 巷韶	○ 巷聊	○ 巷簔	防 吭縛	○ 吭些	○ 吭實	浪 吭羅	○ 吭佁
○ 絳尾	○ 絳兕	○ 絳繞	○ 絳耳	○ 絳曉	○ 醠武	○ 醠巳	○ 醠疠	○ 醠耳	荒 醠訶
○ 巷微	○ 巷邪	○ 巷饒	○ 巷而	巷 鬞皛	妄 吭物	○ 吭詞	○ 吭日	○ 吭而	吭 抗何
○ 絳標	○ 絳湫	戇 絳罩	○ 絳彫	絳 絳驍	謗 醠包	葬 醠䟽	○ 醠䎆	當 醠多	擱 醠歌
○ 巷漂	○ 巷鍪	覩 巷颮	○ 巷祧	○ 巷鄡	畔 吭泡	○ 吭蹉	稯 吭鈔	蕩 吭佗	抗 吭珂
○ 絳鰾	○ 絳踐	○ 絳肇	○ 絳窕	○ 絳鬠	○ 醠鮑	○ 醠坐	○ 醠僕	○ 醠柁	○ 醠揬
○ 巷瓢	○ 巷樵	撞 巷秭	○ 巷迢	○ 巷懮	傍 吭庖	藏 吭鹺	潀 吭巢	宕 吭駝	○ 吭翗
○ 絳眇	○ 絳○	○ 絳○	○ 絳嫐	○ 絳鳥	○ 醠卯	○ 醠○	○ 醠○	○ 醠郙	○ 醠我
○ 巷苗	○ 巷○	○ 巷○	鬞 巷嬈	○ 巷堯	漭 吭茅	○ 吭○	○ 吭○	儴 吭郙	枊 吭哦

續表

呼口撮					呼口合				
音唇	音齒	音齶	音舌	音喉	音唇	音齒	音齶	音舌	音喉
○ 絳○	○ 絳須	○ 絳輸	○ 絳縷	○ 絳紆	○ ⿰酉黃霔	○ ⿰酉黃莎	○ ⿰酉黃疏	○ ⿰酉黃裸	⿰酉黃 况倭
○ 巷○	○ 巷○	○ 巷殊	○ 巷僂	○ 巷于	○ 王縛	○ 王些	○ 王蜍	○ 王螺	王 潢颶
○ 絳○	○ 絳序	○ 絳乳	○ 絳○	○ 絳訏	○ ⿰酉黃武	○ ⿰酉黃巳	○ ⿰酉黃汝	○ ⿰酉黃耳	况 ⿰酉黃火
○ 巷○	○ 巷徐	○ 巷儒	○ 巷○	○ 巷○	○ 王物	○ 王隨	○ 王洳	○ 王而	潢 王和
○ 絳○	○ 絳諏	○ 絳朱	○ 絳○	○ 絳俱	○ ⿰酉黃波	○ ⿰酉黃侳	壯 ⿰酉黃菹	○ ⿰酉黃棵	誑 ⿰酉黃戈
○ 巷○	○ 巷趨	○ 巷樞	○ 巷○	○ 巷區	○ 王坡	○ 王遳	刱 王初	○ 王詑	曠 王科
○ 絳○	○ 絳聚	○ 絳苧	○ 絳○	○ 絳窶	○ ⿰酉黃爸	○ ⿰酉黃坐	○ ⿰酉黃齟	○ ⿰酉黃墮	○ ⿰酉黃揆
○ 巷○	○ 巷絶	○ 巷厨	○ 巷○	○ 巷衢	○ 王婆	○ 王矬	狀 王鉏	○ 王牠	狂 王葵
○ 絳○	○ 絳○	○ 絳○	○ 絳○	○ 絳麌	○ ⿰酉黃麼	○ ⿰酉黃○	○ ⿰酉黃○	○ ⿰酉黃妮	○ ⿰酉黃卮
○ 巷○	○ 巷○	○ 巷○	○ 巷○	○ 巷虞	○ 王磨	○ 王○	○ 王○	○ 王捼	○ 王訛

去聲第二十一類切音

呼齒齊					呼口開				
音唇	音齒	音齶	音舌	音喉	音唇	音齒	音齶	音舌	音喉
○ 怏非	相 怏宵	餉 怏燒	○ 怏繚	怏 向鴉	○ 爽弗	○ 爽騷	○ 爽沙	○ 爽喇	○ 爽阿
○ 漾肥	○ 漾些	上 漾韶	亮 漾燎	漾 咲遥	○ 磢佛	○ 磢些	○ 磢時	○ 磢勞	○ 磢佁
○ 怏尾	○ 怏兕	○ 怏繞	○ 怏耳	向 怏煆	○ 爽吻	○ 爽巳	○ 爽疠	○ 爽耳	○ 爽哈
○ 漾微	○ 漾邪	讓 漾饒	○ 漾而	○ 漾遐	○ 磢物	○ 磢詞	○ 磢日	○ 磢而	○ 磢豪
○ 怏標	將 怏焦	帳 怏爹	○ 怏彫	彊 怏家	○ 爽褒	○ 爽糟	○ 爽祖	○ 爽觰	○ 爽高
○ 漾漂	蹡 漾鍪	唱 漾佗	○ 漾祧	咲 漾齣	○ 磢藨	○ 磢操	○ 磢杈	○ 磢他	○ 磢尻
○ 怏鰾	○ 怏踐	○ 怏肇	○ 怏窕	○ 怏鬠	○ 爽抱	○ 爽在	○ 爽槎	○ 爽道	○ 爽揆
○ 漾瓢	匠 漾樵	仗 漾宗	○ 漾迢	弶 漾伽	○ 磢袍	○ 磢曹	○ 磢查	○ 磢陶	○ 磢葵
○ 怏眇	○ 怏○	○ 怏○	○ 怏嬲	○ 怏雅	○ 爽媢	○ 爽○	○ 爽○	○ 爽絮	○ 爽我
○ 漾苗	○ 漾○	○ 漾○	釀 漾嬈	仰 漾牙	○ 磢毛	○ 磢○	○ 磢○	○ 磢拏	○ 磢敖

續表

呼口撮					呼口合				
音唇	音齒	音齶	音舌	音喉	音唇	音齒	音齶	音舌	音喉
○ 快○	○ 快須	○ 快輸	○ 快縷	○ 快紆	○ 爽薄	○ 爽莎	○ 爽葰	○ 爽裸	○ 爽窪
○ 漾○	○ 漾○	○ 漾殊	○ 漾慺	○ 漾于	○ 磢縛	○ 磢○	○ 磢蜍	○ 磢巒	○ 磢湲
○ 快○	○ 快序	○ 快乳	○ 快○	○ 快訏	○ 爽武	○ 爽○	○ 爽汝	○ 爽○	○ 爽花
○ 漾○	○ 漾徐	○ 漾儒	○ 漾○	○ 漾○	○ 磢物	○ 磢隨	○ 磢洳	○ 磢○	○ 磢華
○ 快○	○ 快諏	○ 快朱	○ 快○	○ 快俱	○ 爽巴	○ 爽侳	○ 爽撾	○ 爽桗	○ 爽瓜
○ 漾○	○ 漾趨	○ 漾樞	○ 漾○	○ 漾區	○ 磢葩	○ 磢遳	○ 磢硾	○ 磢詑	○ 磢誇
○ 快○	○ 快聚	○ 快苧	○ 快○	○ 快窶	○ 爽跁	○ 爽坐	○ 爽撰	○ 爽墮	○ 爽撥
○ 漾○	○ 漾絶	○ 漾厨	○ 漾○	○ 漾衢	○ 磢爬	○ 磢矬	○ 磢鉏	○ 磢牤	○ 磢葵
○ 快○	○ 快○	○ 快○	○ 快○	○ 快麌	○ 爽馬	○ 爽○	○ 爽○	○ 爽妮	○ 爽瓦
○ 漾○	○ 漾○	○ 漾○	○ 漾○	○ 漾虞	○ 磢麻	○ 磢○	○ 磢○	○ 磢捼	○ 磢髖

去聲第二十二類切音

呼齒齊					呼口開				
音唇	音齒	音齶	音舌	音喉	音唇	音齒	音齶	音舌	音喉
○ 蔭非	○ 蔭霤	深 蔭濕	○ 蔭里	蔭 諴邑	○ 滲○	○ 滲思	滲 贊澀	○ 滲○	○ 滲○
○ 類肥	○ 類些	甚 類十	臨 類立	類 噤熠	○ 識○	○ 識些	○ 識時	○ 識○	○ 識○
○ 蔭尾	○ 蔭兕	○ 蔭惹	○ 蔭耳	諴 蔭吸	○ 滲○	○ 滲巳	○ 滲疠	○ 滲○	○ 滲○
○ 類微	○ 類習	妊 類入	○ 類而	○ 類奚	○ 識○	○ 識詞	○ 識日	○ 識○	○ 識○
○ 蔭皀	浸 蔭噍	枕 蔭汁	○ 蔭低	禁 蔭急	○ 滲○	○ 滲玆	贊 滲戢	○ 滲○	○ 滲○
○ 類披	沁 類緝	闖 類斟	○ 類梯	○ 類泣	○ 識○	○ 識雌	識 識儸	○ 識○	○ 識○
○ 蔭婢	○ 蔭薺	○ 蔭雉	○ 蔭弟	○ 蔭技	○ 滲○	○ 滲在	○ 滲俟	○ 滲○	○ 滲○
○ 類駉	○ 類集	鴆 類蟄	○ 類啼	噤 類及	○ 識○	○ 識慈	○ 識霰	○ 識○	○ 識○
○ 蔭米	○ 蔭○	○ 蔭○	○ 蔭你	○ 蔭擬	○ 滲○	○ 滲○	○ 滲○	○ 滲○	○ 滲○
○ 類迷	○ 類○	○ 類○	賃 類孨	吟 類岌	○ 識○	○ 識○	○ 識○	○ 識○	○ 識○

續表

呼口撮					呼口合				
音唇	音齒	音齶	音舌	音喉	音唇	音齒	音齶	音舌	音喉
○ 蔭○	○ 蔭胥	○ 蔭水	○ 蔭吕	○ 蔭於	○ 滲匪	○ 滲雖	○ 滲疏	○ 滲累	○ 滲威
○ 纇○	○ 纇○	○ 纇蓳	○ 纇閭	○ 纇余	○ 讖膭	○ 讖○	○ 讖蜍	○ 讖羸	○ 讖爲
○ 蔭○	○ 蔭序	○ 蔭蕊	○ 蔭○	○ 蔭虚	○ 滲○	○ 滲○	○ 滲汝	○ 滲○	○ 滲麾
○ 纇○	○ 纇徐	○ 纇○	○ 纇○	○ 纇○	○ 讖○	○ 讖隨	○ 讖如	○ 讖○	○ 讖回
○ 蔭○	○ 蔭苴	○ 蔭豬	○ 蔭○	○ 蔭居	○ 滲悲	○ 滲騅	○ 滲菹	○ 滲○	○ 滲規
○ 纇○	○ 纇疽	○ 纇攄	○ 纇○	○ 纇袪	○ 讖丕	○ 讖趡	○ 讖初	○ 讖○	○ 讖闚
○ 蔭○	○ 蔭咀	○ 蔭柱	○ 蔭○	○ 蔭巨	○ 滲被	○ 滲崋	○ 滲齟	○ 滲○	○ 滲揆
○ 纇○	○ 纇○	○ 纇除	○ 纇○	○ 纇渠	○ 讖裴	○ 讖萃	○ 讖鉏	○ 讖○	○ 讖葵
○ 蔭○	○ 蔭○	○ 蔭○	○ 蔭女	○ 蔭語	○ 滲美	○ 滲○	○ 滲○	○ 滲○	○ 滲硊
○ 纇○	○ 纇○	○ 纇○	○ 纇袽	○ 纇魚	○ 讖眉	○ 讖○	○ 讖○	○ 讖捼	○ 讖危

去聲第二十三類切音

呼齒齊					呼口開				
音脣	音齒	音齶	音舌	音喉	音脣	音齒	音齶	音舌	音喉
○ 厭非	礒 厭寫	閃 厭攝	○ 厭跕	厭 娶裛	○ 暗弗	倸 暗趿	○ 暗蓮	○ 暗磊	暗 顣始
○ 艷肥	○ 艷些	瞻 艷涉	歛 艷獵	艷 傔葉	○ 憾佛	○ 憾些	○ 憾時	顉 憾拉	○ 憾佁
○ 厭尾	○ 厭灺	○ 厭惹	○ 厭耳	娶 厭羲	○ 暗武	○ 暗巳	○ 暗疠	○ 暗耳	顣 暗欿
○ 艷微	○ 艷邪	染 艷讘	○ 艷而	○ 艷協	○ 憾物	○ 憾詞	○ 憾日	○ 憾而	憾 勘合
窆 厭卑	囖 厭接	占 厭讋	店 厭聑	趁 厭鋏	○ 暗擺	篸 暗噆	○ 暗齋	駄 暗答	紺 暗閤
○ 艷披	壍 艷妾	覘 艷溗	掭 艷怗	傔 艷愜	○ 憾啡	謲 憾趁	○ 憾釵	撢 憾漯	勘 憾溘
○ 厭婢	○ 厭薺	○ 厭廌	○ 厭弟	○ 厭拔	○ 暗罷	○ 暗在	○ 暗毗	○ 暗錞	○ 暗揆
○ 艷皮	潛 艷捷	○ 艷牒	磹 艷牒	○ 艷笈	○ 憾排	○ 憾雜	○ 憾遻	醰 憾沓	○ 憾葵
○ 厭乜	○ 厭○	○ 厭○	○ 厭你	○ 厭擬	○ 暗買	○ 暗○	○ 暗○	○ 暗餒	○ 暗頠
○ 艷哶	○ 艷○	○ 艷○	念 艷聶	驗 艷業	○ 憾埋	○ 憾○	○ 憾○	妠 憾納	儑 憾㬈

續表

呼口撮					呼口合				
音脣	音齒	音齶	音舌	音喉	音脣	音齒	音齶	音舌	音喉
◯ 厭◯	◯ 厭◯	◯ 厭◯	◯ 厭◯	◯ 厭肥	◯ 暗廢	◯ 暗挼	◯ 暗◯	◯ 暗磊	◯ 暗隈
◯ 艷◯	◯ 艷◯	◯ 艷◯	◯ 艷臠	◯ 艷◯	◯ 憾吠	◯ 憾◯	◯ 憾◯	◯ 憾雷	◯ 憾侑
◯ 厭◯	◯ 厭◯	◯ 厭◯	◯ 厭◯	◯ 厭靴	◯ 暗武	◯ 暗◯	◯ 暗◯	◯ 暗◯	◯ 暗灰
◯ 艷◯	◯ 艷◯	◯ 艷◯	◯ 艷◯	◯ 艷◯	◯ 憾物	◯ 憾◯	◯ 憾◯	◯ 憾◯	◯ 憾回
◯ 厭◯	◯ 厭侳	◯ 厭◯	◯ 厭◯	◯ 厭◯	◯ 暗桮	◯ 暗嗺	◯ 暗鬌	◯ 暗堆	◯ 暗瑰
◯ 艷◯	◯ 艷脞	◯ 艷◯	◯ 艷◯	◯ 艷骫	◯ 憾胚	◯ 憾崔	◯ 憾◯	◯ 憾推	◯ 憾恢
◯ 厭◯	◯ 厭◯	◯ 厭◯	◯ 厭◯	◯ 厭◯	◯ 暗琲	◯ 暗罪	◯ 暗◯	◯ 暗錞	◯ 暗◯
◯ 艷◯	◯ 艷◯	◯ 艷◯	◯ 艷◯	◯ 艷瘸	◯ 憾裴	◯ 憾摧	◯ 憾倅	◯ 憾頹	◯ 憾犨
◯ 厭◯	◯ 厭◯	◯ 厭◯	◯ 厭◯	◯ 厭◯	◯ 暗每	◯ 暗◯	◯ 暗◯	◯ 暗餒	◯ 暗頠
◯ 艷◯	◯ 艷◯	◯ 艷◯	◯ 艷◯	◯ 艷◯	◯ 憾枚	◯ 憾◯	◯ 憾◯	◯ 憾挼	◯ 憾嵬

去聲第二十四類切音

呼齒齊					呼口開				
音脣	音齒	音齶	音舌	音喉	音脣	音齒	音齶	音舌	音喉
○ 韽非	○ 韽燮	○ 韽攝	○ 韽跕	韽 儆押	汎 黭法	三 黭僅	釤 黭霎	○ 黭唻	黭 咁盧
○ 陷肥	○ 陷些	○ 陷涉	○ 陷獵	○ 陷○	梵 憨乏	○ 憨些	○ 憨時	濫 憨臘	○ 憨佁
○ 韽尾	○ 韽炧	○ 韽惹	○ 韽耳	儆 韽呷	○ 黭武	○ 黭巳	○ 黭疠	○ 黭耳	賗 黭歁
○ 陷微	○ 陷邪	○ 陷讘	○ 陷而	陷 歉洽	○ 憨物	○ 憨詞	○ 憨日	○ 憨而	憨 闞盍
○ 韽卑	覱 韽接	鲇 韽劄	○ 韽聑	鑑 韽夾	○ 黭擺	○ 黭栽	蘸 黭偛	擔 黭奞	齠 黭郜
○ 陷披	○ 陷韃	○ 陷䀣	○ 陷怗	歉 陷恰	○ 憨啡	○ 憨礤	懺 憨插	賧 憨榻	闞 憨榼
○ 韽婢	○ 韽薺	○ 韽廌	○ 韽弟	○ 韽篣	○ 黭罷	○ 黭在	○ 黭呲	○ 黭殆	○ 黭揆
○ 陷皮	○ 陷捷	賺 陷渫	○ 陷牒	○ 陷鹺	埿 憨排	暫 憨垂	儳 憨豺	澹 憨踏	○ 憨葵
○ 韽乜	○ 韽○	○ 韽○	○ 韽你	○ 韽娅	○ 黭買	○ 黭○	○ 黭○	○ 黭乃	○ 黭○
○ 陷吽	○ 陷○	○ 陷○	諵 陷囡	顑 陷睚	菱 憨埋	○ 憨○	○ 憨○	○ 憨訥	○ 憨儫

續表

呼口撮					呼口合				
音脣	音齒	音齶	音舌	音喉	音脣	音齒	音齶	音舌	音喉
○ ⿰酓音○	○ ⿰酓音○	○ ⿰酓音○	○ ⿰酓音○	○ ⿰酓音○	○ 黬庍	○ 黬○	○ 黬帥	○ 黬○	○ 黬娃
○ 陷○	○ 陷○	○ 陷○	○ 陷○	○ 陷○	○ 憨○	○ 憨○	○ 憨○	○ 憨膘	○ 憨○
○ ⿰酓音○	○ ⿰酓音○	○ ⿰酓音○	○ ⿰酓音○	○ ⿰酓音○	○ 黬○	○ 黬○	○ 黬○	○ 黬○	○ 黬虺
○ 陷○	○ 陷○	○ 陷○	○ 陷○	○ 陷○	○ 憨○	○ 憨○	○ 憨○	○ 憨○	○ 憨懷
○ ⿰酓音○	○ ⿰酓音○	○ ⿰酓音○	○ ⿰酓音○	○ ⿰酓音○	○ 黬拜	○ 黬○	○ 黬○	○ 黬○	○ 黬乖
○ 陷○	○ 陷○	○ 陷○	○ 陷○	○ 陷○	○ 憨姡	○ 憨○	○ 憨嘬	○ 憨○	○ 憨⿰耒力
○ ⿰酓音○	○ ⿰酓音○	○ ⿰酓音○	○ ⿰酓音○	○ ⿰酓音○	○ 黬○	○ 黬○	○ 黬○	○ 黬○	○ 黬○
○ 陷○	○ 陷○	○ 陷○	○ 陷○	○ 陷○	○ 憨排	○ 憨○	○ 憨膗	○ 憨尵	○ 憨髽
○ ⿰酓音○	○ ⿰酓音○	○ ⿰酓音○	○ ⿰酓音○	○ ⿰酓音○	○ 黬○	○ 黬○	○ 黬○	○ 黬○	○ 黬○
○ 陷○	○ 陷○	○ 陷○	○ 陷○	○ 陷○	○ 憨埋	○ 憨○	○ 憨○	○ 憨○	○ 憨詭

入聲第一類切音

呼齒齊					呼口開				
音唇	音齒	音齶	音舌	音喉	音唇	音齒	音齶	音舌	音喉
○ 一非	悉 一西	○ 一申	○ 一里	一 肸衣	○ 紇分	○ 紇思	瑟 紇師	○ 紇累	○ 紇恩
○ 逸肥	○ 逸些	○ 逸神	栗 逸離	逸 乞移	○ 紇汾	○ 紇些	實 紇時	○ 紇羸	○ 紇爲
○ 一尾	○ 一兕	○ 一忍	○ 一耳	肸 一羲	○ 紇吻	○ 紇巳	○ 紇疠	○ 紇耳	○ 紇麾
○ 逸微	○ 逸邪	○ 逸人	○ 逸而	○ 逸奚	○ 紇文	○ 紇詞	日 紇如	○ 紇而	紇 瑟痕
必 一卑	堲 一躋	窒 一知	蛭 一低	吉 一羈	○ 紇奔	○ 紇兹	櫛 紇菑	○ 紇敦	○ 紇根
匹 逸披	七 逸妻	抶 逸締	○ 逸梯	乞 逸攲	○ 紇濆	○ 紇雌	剎 紇差	○ 紇吞	○ 紇鞎
○ 一婢	○ 一薺	○ 一雉	○ 一弟	○ 一技	○ 紇栩	○ 紇在	○ 紇俟	○ 紇囤	○ 紇揆
弼 逸皮	疾 逸齊	秩 逸馳	○ 逸啼	姞 逸奇	○ 紇盆	○ 紇慈	齜 紇茌	○ 紇屯	○ 紇葵
○ 一米	○ 一○	○ 一○	○ 一你	○ 一擬	○ 紇瀎	○ 紇○	○ 紇○	○ 紇吶	○ 紇硊
密 逸迷	○ 逸○	○ 逸○	暱 逸泥	屹 逸宜	○ 紇門	○ 紇○	○ 紇○	○ 紇誘	○ 紇垠

續表

呼口撮					呼口合				
音唇	音齒	音齶	音舌	音喉	音唇	音齒	音齶	音舌	音喉
○ 鬱非	恤 鬱胥	○ 鬱書	○ 鬱吕	鬱 獝於	弗 搵匪	窣 搵雖	率 搵疏	○ 搵累	搵 忽威
○ 聿肥	○ 聿些	○ 聿蕐	律 聿閭	聿 屈余	佛 䫻膹	○ 䫻些	術 䫻蜍	硉 䫻羸	䫻 鶻爲
○ 鬱尾	○ 鬱序	○ 鬱蕊	○ 鬱耳	獝 鬱虚	○ 搵吻	○ 搵巳	○ 搵汝	○ 搵耳	忽 搵麾
○ 聿微	○ 聿徐	○ 聿儒	○ 聿而	○ 聿懸	物 䫻文	○ 䫻隨	○ 䫻如	○ 䫻而	鶻 䫻魂
○ 鬱卑	卒 鬱苴	怴 鬱豬	○ 鬱低	橘 鬱居	○ 搵悲	卒 搵騅	黜 搵葅	咄 搵敦	骨 搵規
○ 聿披	焌 聿疽	黜 聿攄	○ 聿梯	屈 聿祛	誖 䫻丕	猝 䫻趡	出 䫻初	宊 䫻暾	窟 䫻闚
○ 鬱婢	○ 鬱咀	○ 鬱宁	○ 鬱弟	○ 鬱巨	○ 搵被	○ 搵罪	○ 搵齟	○ 搵囤	○ 搵揆
○ 聿皮	崒 聿鶵	术 聿除	○ 聿啼	倔 聿渠	勃 䫻備	捽 䫻萃	○ 䫻鉏	突 䫻屯	○ 䫻葵
○ 鬱米	○ 鬱○	○ 鬱○	○ 鬱女	○ 鬱語	○ 搵美	○ 搵○	○ 搵○	○ 搵妠	○ 搵硊
○ 聿迷	○ 聿○	○ 聿○	○ 聿袽	崛 聿魚	没 䫻眉	○ 䫻○	○ 䫻○	訥 䫻諉	兀 䫻危

入聲第二類切音

呼齒齊					呼口開				
音唇	音齒	音齶	音舌	音喉	音唇	音齒	音齶	音舌	音喉
○ 謁非	薛 謁寫	設 謁奢	○ 謁跕	謁 歇烟	○ 遏分	○ 遏毵	掇 遏崽	○ 遏壈	遏 喝安
○ 拽肥	○ 拽些	舌 拽蛇	列 拽連	拽 纈耶	○ 曷汾	○ 曷些	○ 曷時	○ 曷婁	○ 曷佁
○ 謁尾	○ 謁灺	○ 謁惹	○ 謁耳	歇 謁軒	○ 遏吻	○ 遏巳	○ 遏疠	○ 遏耳	喝 遏頇
○ 拽微	○ 拽邪	熱 拽婼	○ 拽而	纈 拽賢	○ 曷文	○ 曷詞	○ 曷日	○ 曷而	曷 曷寒
鷩 謁邊	節 謁嗟	哲 謁遮	咥 謁爹	結 謁迦	○ 遏梧	○ 遏簪	○ 遏齋	○ 遏耽	葛 遏干
瞥 拽篇	切 拽磋	掣 拽車	鐵 拽天	挈 拽佉	○ 曷胚	○ 曷餐	剿 曷釵	○ 曷探	渴 曷看
○ 謁辨	○ 謁踐	○ 謁邅	○ 謁殄	○ 謁件	○ 遏琲	○ 遏歜	○ 遏眦	○ 遏禫	○ 遏揆
别 拽便	截 拽查	轍 拽廛	垤 拽田	傑 拽伽	○ 曷裴	○ 曷蠶	闑 曷豺	○ 曷覃	○ 曷葵
○ 謁乜	○ 謁○	○ 謁○	○ 謁撚	○ 謁巘	○ 遏每	○ 遏○	○ 遏○	○ 遏喃	○ 遏頠
蔑 拽眠	○ 拽○	○ 拽○	涅 拽腥	齧 拽妍	○ 曷眉	○ 曷○	○ 曷○	○ 曷濡	嶭 曷豻

續表

呼口撮					呼口合				
音唇	音齒	音齶	音舌	音喉	音唇	音齒	音齶	音舌	音喉
○ 噦非	雪 噦宣	説 噦拴	○ 噦巒	噦 血肥	○ 斡廢	○ 斡挼	刷 斡衰	○ 斡磊	斡 豁隈
○ 悦肥	○ 悦些	○ 悦船	劣 悦臠	悦 穴袁	○ 活吠	○ 活些	○ 活垂	捋 活雷	○ 活俑
○ 噦尾	○ 噦炧	○ 噦輭	○ 噦耳	血 噦靴	○ 斡武	○ 斡巳	○ 斡汝	○ 斡耳	豁 斡灰
○ 悦微	蕞 悦旋	爇 悦瞑	○ 悦而	穴 悦懸	○ 活物	○ 活隨	○ 活痿	○ 活而	活 颺回
○ 噦邊	蕝 噦侳	拙 噦專	○ 噦顛	玦 噦涓	撥 斡栖	繓 斡嗺	○ 斡鬌	惙 斡堆	括 斡瑰
○ 悦篇	膬 悦脞	歠 悦穿	○ 悦天	缺 悦骴	潑 活胚	撮 活崔	○ 活吹	脱 活推	闊 活恢
○ 噦辨	○ 噦雋	○ 噦篆	○ 噦殄	○ 噦圈	○ 斡琲	○ 斡罪	○ 斡齟	○ 斡錞	○ 斡揆
○ 悦便	絶 悦全	○ 悦椽	○ 悦田	撅 悦瘸	跋 活裴	柮 活摧	○ 活倅	奪 活頽	○ 活衛
○ 噦乜	○ 噦○	○ 噦○	○ 噦撚	○ 噦阮	○ 斡每	○ 斡○	○ 斡○	○ 斡餒	○ 斡頠
○ 悦吽	○ 悦○	○ 悦○	吶 悦年	月 悦元	末 活枚	○ 活○	○ 活○	○ 活捼	枂 活嵬

入聲第三類切音

呼齒齊					呼口開				
音脣	音齒	音齶	音舌	音喉	音脣	音齒	音齶	音舌	音喉
○ 軋非	○ 軋先	○ 軋羶	○ 軋犛	軋 戛挨	○ 閪分	薩 閪腮	殺 閪崽	○ 閪唻	閪 鬠哀
○ 黠肥	○ 黠些	○ 黠禪	○ 黠斕	○ 黠延	○ 鍣汾	○ 鍣些	○ 鍣時	辣 鍣來	○ 鍣佁
○ 軋尾	○ 軋灺	○ 軋橪	○ 軋耳	○ 軋豨	○ 閪吻	○ 閪巳	○ 閪疠	○ 閪耳	鬠 閪咍
○ 黠未	○ 黠邪	○ 黠然	○ 黠而	黠 拽諧	○ 鍣文	○ 鍣詞	髾 鍣日	○ 鍣而	鍣 曷孩
○ 軋邊	○ 軋箋	哳 軋齴	○ 軋爹	戛 軋皆	○ 閪擺	桚 閪栽	札 閪齋	怛 閪齾	擖 閪該
○ 黠篇	○ 黠千	○ 黠杈	○ 黠天	劼 黠揩	○ 鍣啡	攃 鍣猜	察 鍣釵	闥 鍣胎	楬 鍣開
○ 軋辨	○ 軋踐	○ 軋鳫	○ 軋殄	○ 軋蒡	○ 閪罷	○ 閪在	○ 閪泚	○ 閪殆	○ 閪揆
○ 黠便	○ 黠前	○ 黠孱	○ 黠田	○ 黠伽	○ 鍣排	囋 鍣才	鐁 鍣豺	達 鍣臺	○ 鍣葵
○ 軋乜	○ 軋○	○ 軋○	○ 軋撚	○ 軋娅	○ 閪買	○ 閪○	○ 閪○	○ 閪乃	○ 閪偶
○ 黠眠	○ 黠○	○ 黠○	疶 黠嗽	○ 黠崖	藒 鍣埋	○ 鍣○	○ 鍣○	捺 鍣能	齾 鍣暟

續表

呼口撮					呼口合				
音唇	音齒	音齶	音舌	音喉	音唇	音齒	音齶	音舌	音喉
○ 軋○	○ 軋宣	○ 軋拴	○ 軋鑾	○ 軋鴛	髮 乞番	○ 乞捼	刷 乞帥	○ 乞磊	乞 倄娃
○ 黠○	○ 黠○	○ 黠船	○ 黠攣	○ 黠袁	伐 滑煩	○ 滑些	○ 滑蜍	○ 滑膠	○ 滑湲
○ 軋○	○ 軋序	○ 軋輭	○ 軋○	○ 軋暄	○ 乞晚	○ 乞巳	○ 乞汝	○ 乞耳	倄 乞虺
○ 黠○	○ 黠旋	○ 黠[illegible]	○ 黠○	○ 黠懸	襪 滑萬	○ 滑隨	○ 滑痿	○ 滑而	滑 [illegible]懷
○ 軋○	○ 軋鐫	○ 軋專	○ 軋○	○ 軋涓	八 乞拜	○ 乞嗺	茁 乞跧	窡 乞堆	刮 乞乖
○ 黠○	○ 黠銓	○ 黠穿	○ 黠○	○ 黠卷	汃 滑姡	○ 滑崔	纂 滑嘬	○ 滑推	[illegible] 滑[illegible]
○ 軋○	○ 軋雋	○ 軋篆	○ 軋○	○ 軋圈	○ 乞伴	○ 乞罪	○ 乞挚	○ 乞錞	○ 乞揆
○ 黠○	○ 黠全	○ 黠椽	○ 黠○	○ 黠拳	拔 滑排	○ 滑摧	○ 滑膗	○ 滑櫝	○ 滑[illegible]
○ 軋○	○ 軋○	○ 軋○	○ 軋○	○ 軋阮	○ 乞彎	○ 乞○	○ 乞○	○ 乞餒	○ 乞頠
○ 黠○	○ 黠○	○ 黠○	○ 黠○	○ 黠元	帓 滑埋	○ 滑○	○ 滑○	向 滑奴	刖 滑詎

入聲第四類切音

呼齒齊					呼口開				
音脣	音齒	音齶	音舌	音喉	音脣	音齒	音齶	音舌	音喉
○ 旭非	粟 旭修	束 旭收	○ 旭柳	○ 旭憂	轐 沃不	泦 沃涑	○ 沃捜	○ 沃塿	沃 熇歐
○ 欲肥	○ 欲些	蜀 欲讎	録 欲流	欲 曲尤	幞 鵠浮	○ 鵠些	○ 鵠時	濼 鵠樓	○ 鵠佁
○ 旭尾	○ 旭兕	○ 旭蹂	○ 旭耳	旭 蕐休	○ 沃武	○ 沃巳	○ 沃疠	○ 沃耳	熇 沃鴝
○ 欲微	續 欲囚	辱 欲柔	○ 欲而	○ 欲雄	○ 鵠無	○ 鵠鰇	○ 鵠茸	○ 鵠而	鵠 瑟侯
○ 旭彪	足 旭啾	燭 旭周	○ 旭低	蕐 旭鳩	襮 沃搮	傶 沃掫	○ 沃鄒	篤 沃兜	梏 沃鈎
○ 欲飌	促 欲秋	觸 欲抽	○ 欲梯	曲 欲丘	○ 鵠剖	○ 鵠謅	○ 鵠搊	○ 鵠偷	酷 鵠彄
○ 旭婢	○ 旭湫	○ 旭紂	○ 旭弟	○ 旭舅	○ 沃鎑	○ 沃在	○ 沃穊	○ 沃揄	○ 沃揆
○ 欲滮	○ 欲酋	躅 欲儔	○ 欲啼	局 欲求	僕 鵠裒	○ 鵠剟	○ 鵠愁	毒 鵠頭	○ 鵠葵
○ 旭米	○ 旭○	○ 旭○	○ 旭狃	○ 旭齵	○ 沃畝	○ 沃○	○ 沃○	○ 沃穀	○ 沃偶
○ 欲繆	○ 欲○	○ 欲○	○ 欲糅	玉 欲牛	瑁 鵠謀	○ 鵠○	○ 鵠○	褥 鵠羺	玀 鵠齵

續表

呼口撮					呼口合				
音唇	音齒	音齶	音舌	音喉	音唇	音齒	音齶	音舌	音喉
○ 郁非	肅 郁須	叔 郁輸	○ 郁縷	郁 蓄紆	福 屋夫	速 屋蘇	縮 屋毹	○ 屋魯	屋 觳烏
○ 育肥	○ 育些	熟 育殊	六 育慺	育 蘜于	伏 穀扶	○ 穀些	○ 穀蜍	禄 穀盧	○ 穀爲
○ 郁尾	○ 郁序	○ 郁乳	○ 郁耳	蓄 郁訏	○ 屋武	○ 屋巳	○ 屋汝	○ 屋耳	觳 屋呼
○ 育微	○ 育徐	肉 育儒	○ 育而	○ 育懸	○ 穀無	○ 穀隨	○ 穀戎	○ 穀而	穀 哭湖
○ 郁彪	蹙 郁諏	竹 郁朱	○ 郁低	菊 郁俱	卜 屋逋	鏃 屋租	捉 屋傷	穀 屋都	穀 屋孤
○ 育飆	蹴 育趨	俶 育樞	○ 育梯	蘜 育區	朴 穀鋪	瘯 穀粗	娖 穀芻	禿 穀瑹	哭 穀枯
○ 郁婢	○ 郁聚	○ 郁宁	○ 郁弟	○ 郁窶	○ 屋簿	○ 屋駔	○ 屋齟	○ 屋杜	○ 屋揆
○ 育滮	皻 育酋	逐 育厨	○ 育啼	毱 育衢	暴 穀蒲	族 穀徂	○ 穀雛	獨 穀徒	○ 穀葵
○ 郁米	○ 郁○	○ 郁○	○ 郁狃	○ 郁麌	○ 屋姥	○ 屋○	○ 屋○	○ 屋弩	○ 屋五
○ 育繆	○ 育○	○ 育○	肭 育猱	砡 育虞	木 穀模	○ 穀○	○ 穀○	○ 穀奴	○ 穀吾

入聲第五類切音

齊齒呼					開口呼				
脣音	齒音	齶音	舌音	喉音	脣音	齒音	齶音	舌音	喉音
○ 益非	昔 益星	式 益聲	○ 益嶺	益 闃幽	○ 厄否	塞 厄僧	色 厄慘	○ 厄冷	厄 赫罌
○ 易肥	○ 易些	石 易繩	歷 易鏐	易 檄盈	○ 刻浮	○ 刻些	寔 刻時	勒 刻楞	○ 刻佁
○ 益尾	○ 益兕	○ 益忍	○ 益耳	闃 益烋	○ 厄武	○ 厄巳	○ 厄疥	○ 厄耳	赫 厄亨
○ 易微	夕 易餳	○ 易仍	○ 易而	檄 易行	○ 刻無	○ 刻鱢	○ 刻茸	○ 刻而	刻 瑟莖
逼 益彪	積 益精	隻 益貞	的 益丁	戟 益樛	伯 厄崩	則 厄鎡	責 厄争	德 厄登	革 厄庚
僻 易怦	戚 易清	尺 易稱	惕 易汀	隙 易蹊	珀 刻烹	○ 刻彰	栅 刻鎗	忒 刻鼟	客 刻坑
○ 益並	○ 益静	○ 益裎	○ 益艇	○ 益蟉	○ 厄餠	○ 厄在	○ 厄穇	○ 厄瑒	○ 厄撔
闢 易滮	籍 易情	直 易呈	迪 易廷	極 易虯	白 刻彭	賊 刻層	岝 刻傖	特 刻滕	○ 刻葵
○ 益茗	○ 益○	○ 益○	○ 益獰	○ 益脛	○ 厄猛	○ 厄○	○ 厄○	○ 厄能	○ 厄偶
覓 易繆	○ 易○	○ 易○	惄 易寧	逆 易聱	陌 刻萌	○ 刻○	○ 刻○	螚 刻能	額 刻娙

續表

呼口撮					呼口合				
音唇	音齒	音齶	音舌	音喉	音唇	音齒	音齶	音舌	音喉
○ 瞑非	○ 瞑騂	○ 瞑聲	○ 瞑輪	○ 瞑縈	○ 擭風	○ 擭嵩	摵 擭疏	○ 擭曨	擭 砉泓
○ 役肥	○ 役些	○ 役繩	○ 役隆	役 屈榮	○ 畫馮	○ 畫些	○ 畫蜍	○ 畫籠	○ 畫爲
○ 瞑尾	○ 瞑巳	○ 瞑乳	○ 瞑耳	瞑 郹兄	○ 擭武	○ 擭巳	○ 擭汝	○ 擭耳	砉 擭訇
○ 役微	○ 役錫	○ 役仍	○ 役而	○ 役熒	○ 畫無	○ 畫隨	○ 畫戎	○ 畫而	畫 鄺橫
碧 瞑兵	○ 瞑精	菒 瞑中	○ 瞑丁	郹 瞑扃	○ 擭琫	○ 擭嵕	擂 擭終	○ 擭東	國 擭觥
○ 役怦	旻 役清	○ 役忡	○ 役汀	闃 役傾	○ 畫葒	○ 畫怱	○ 畫充	○ 畫通	劃 畫鈜
○ 瞑並	○ 瞑雋	○ 瞑重	○ 瞑艇	○ 瞑寠	○ 擭奉	○ 擭駔	○ 擭齟	○ 擭動	○ 擭揆
○ 役平	○ 役情	○ 役蟲	○ 役廷	○ 役瓊	○ 畫蓬	○ 畫叢	趚 畫崇	○ 畫同	趪 畫葵
○ 瞑皿	○ 瞑○	○ 瞑○	○ 瞑獰	○ 瞑麜	○ 擭蠓	○ 擭○	○ 擭○	○ 擭貜	○ 擭五
○ 役明	○ 役○	○ 役○	○ 役寧	○ 役虞	○ 畫蒙	○ 畫○	○ 畫○	○ 畫髗	○ 畫娙

入聲第六類切音

呼齒齊					呼口開				
音脣	音齒	音齶	音舌	音喉	音脣	音齒	音齶	音舌	音喉
○ 握非	○ 握蕭	○ 握商	○ 握了	握 彀幺	○ 惡方	索 惡娑	朔 惡梢	○ 惡儸	惡 膗阿
○ 籰肥	○ 籰些	○ 籰常	犖 籰聊	籰 學陽	○ 鶴房	○ 鶴些	○ 鶴時	洛 鶴羅	○ 鶴佁
○ 握尾	○ 握兕	○ 握壤	○ 握耳	彀 握曉	○ 惡網	○ 惡巳	○ 惡疠	○ 惡耳	膗 惡訶
○ 籰微	○ 籰詳	○ 籰穰	○ 籰而	學 籰皛	○ 鶴亡	○ 鶴詞	○ 鶴日	○ 鶴而	鶴 恪何
○ 握標	○ 握湫	涿 握罩	○ 握彫	覺 握驍	○ 惡包	作 惡𧲥	捉 惡聺	○ 惡多	各 惡歌
○ 籰漂	○ 籰鏘	逴 籰颮	○ 籰祧	確 籰鄡	○ 鶴泡	錯 鶴蹉	娖 鶴鈔	托 鶴佗	恪 鶴珂
○ 握鰾	○ 握踐	○ 握丈	○ 握窕	○ 握彊	○ 惡鮑	○ 惡奘	○ 惡傈	○ 惡柁	○ 惡揆
○ 籰瓢	○ 籰戕	濁 籰秫	○ 籰迢	㑋 籰强	○ 鶴庖	昨 鶴醝	浞 鶴巢	鐸 鶴駝	○ 鶴翗
○ 握眇	○ 握○	○ 握○	○ 握嬲	○ 握鳥	○ 惡卯	○ 惡○	○ 惡○	○ 惡郙	○ 惡我
○ 籰苗	○ 籰○	○ 籰○	搦 籰尿	嶽 籰堯	○ 鶴茅	○ 鶴○	○ 鶴○	諾 鶴郙	咢 鶴哦

續表

呼口撮					呼口合				
音唇	音齒	音齶	音舌	音喉	音唇	音齒	音齶	音舌	音喉
○ 握○	○ 握須	○ 握輸	○ 握縷	○ 握紆	薄 臒分	○ 臒莎	○ 臒霜	○ 臒裸	臒 霍倭
○ 籆○	○ 籆○	○ 籆殊	○ 籆慺	○ 籆于	縛 穫汾	○ 穫些	○ 穫蜍	硦 穫螺	○ 穫王
○ 握○	○ 握序	○ 握乳	○ 握○	○ 握詡	○ 臒吻	○ 臒巳	○ 臒汝	○ 臒耳	霍 臒火
○ 籆○	○ 籆徐	○ 籆儒	○ 籆○	○ 籆懸	○ 穫文	○ 穫隨	○ 穫如	○ 穫而	穫 穫和
○ 握○	○ 握諏	○ 握朱	○ 握○	○ 握俱	剥 臒波	嗥 臒侳	○ 臒莊	○ 臒樑	郭 臒戈
○ 籆○	○ 籆趨	○ 籆樞	○ 籆○	○ 籆區	璞 穫坡	○ 穫遳	○ 穫創	○ 穫詑	廓 穫科
○ 握○	○ 握聚	○ 握苧	○ 握○	○ 握窶	○ 臒爸	○ 臒坐	○ 臒齟	○ 臒隋	○ 臒俇
○ 籆○	○ 籆聖	○ 籆厨	○ 籆○	○ 籆衢	雹 穫婆	○ 穫矬	○ 穫床	○ 穫牠	○ 穫狂
○ 握○	○ 握○	○ 握○	○ 握○	○ 握麌	○ 臒麼	○ 臒○	○ 臒○	○ 臒妮	○ 臒厄
○ 籆○	○ 籆○	○ 籆○	○ 籆○	○ 籆虞	邈 穫磨	○ 穫○	○ 穫○	○ 穫挼	瓁 穫訛

入聲第七類切音

呼齒齊					呼口開				
音脣	音齒	音齶	音舌	音喉	音脣	音齒	音齶	音舌	音喉
○ 約非	削 約宵	爍 約燒	○ 約繚	約 謔鴉	○ 阿方	○ 阿騷	○ 聲入沙	○ 聲入喇	○ 聲入阿
○ 藥肥	○ 藥些	勺 藥韶	略 藥燎	藥 郤遥	○ 他房	○ 他些	○ 他時	○ 他勞	○ 他佁
○ 約尾	○ 約兕	○ 約繞	○ 約耳	謔 約煆	○ 阿網	○ 阿巳	○ 阿疠	○ 阿耳	○ 聲入哈
○ 藥微	○ 藥詳	若 藥饒	○ 藥而	○ 藥遐	○ 他亡	○ 他詞	○ 他日	○ 他而	○ 他豪
○ 約標	爵 約焦	灼 約奓	○ 約彫	脚 約家	○ 阿褒	○ 阿糟	○ 入柤	○ 阿觰	○ 阿高
○ 藥漂	鵲 藥鍪	綽 藥侘	○ 藥祧	郤 藥齣	○ 他藨	○ 他操	○ 入杈	○ 入他	○ 他尻
○ 約鰾	○ 約踐	○ 約肇	○ 約窕	○ 約鬠	○ 阿抱	○ 阿皂	○ 阿槎	○ 阿道	○ 阿撰
○ 藥瓢	皭 藥樵	著 藥宲	○ 藥迢	噱 藥伽	○ 他袍	○ 他曹	○ 入查	○ 他陶	○ 他葵
○ 約眇	○ 約○	○ 約○	○ 約嬲	○ 約雅	○ 阿媢	○ 阿○	○ 阿○	○ 阿橥	○ 阿頢
○ 藥苗	○ 藥○	○ 藥○	諾 藥膠	虐 藥牙	○ 他毛	○ 他○	○ 他○	○ 他拏	○ 他敖

續表

呼口撮					呼口合				
音唇	音齒	音齶	音舌	音喉	音唇	音齒	音齶	音舌	音喉
○ 約○	○ 約須	○ 約輪	○ 約綸	○ 約縈	○ 漥番	○ 漥捼	○ 漥葰	○ 漥磊	○ 聲入漥
○ 藥○	○ 藥○	○ 藥殊	○ 藥隆	○ 藥榮	○ 華煩	○ 華些	○ 華蜍	○ 入蠻	○ 華王
○ 約○	○ 約序	○ 約乳	○ 約○	○ 約兄	○ 漥晚	○ 漥巳	○ 漥汝	○ 漥耳	○ 入花
○ 藥○	○ 藥徐	○ 藥儒	○ 藥○	○ 藥熒	○ 華萬	○ 華隨	○ 華如	○ 華而	○ 入華
○ 約○	○ 約諏	○ 約中	○ 約○	○ 約扃	○ 入巴	○ 漥嗺	○ 入撾	○ 漥堆	○ 入爪
○ 藥○	○ 藥趨	○ 藥忡	○ 藥○	○ 藥傾	○ 入葩	○ 華崔	○ 華碓	○ 華推	○ 入誇
○ 約○	○ 約聚	○ 約重	○ 約○	○ 約菌	○ 漥跁	○ 漥罪	○ 漥丈	○ 漥錞	○ 漥徃
○ 藥○	○ 藥竪	○ 藥蟲	○ 藥○	○ 藥瓊	○ 入爬	○ 華摧	○ 華床	○ 華頽	○ 華狂
○ 約○	○ 約○	○ 約○	○ 約○	○ 約齳	○ 漥馬	○ 漥○	○ 漥○	○ 漥餒	○ 漥瓦
○ 藥○	○ 藥○	○ 藥○	○ 藥○	○ 藥顒	○ 入麻	○ 華○	○ 華○	○ 華捼	○ 入觤

入聲第八類切音

呼齒齊					呼口開				
音唇	音齒	音齶	音舌	音喉	音唇	音齒	音齶	音舌	音喉
○ 邑非	霫 邑心	濕 邑深	○ 邑廩	邑 吸音	○ 澀否	○ 澀思	澀 紇森	○ 澀累	○ 澀恩
○ 熠肥	○ 熠些	十 熠諶	立 熠林	熠 泣淫	○ 儸浮	○ 儸些	○ 儸時	○ 儸羸	○ 儸佁
○ 邑尾	○ 邑兕	○ 邑飪	○ 邑耳	吸 邑歆	○ 澀武	○ 澀巳	○ 澀疓	○ 澀耳	○ 澀咍
○ 熠微	習 熠尋	入 熠壬	○ 熠而	○ 熠奚	○ 儸無	○ 儸詞	○ 儸日	○ 儸而	○ 儸痕
皀 邑稟	噍 邑祲	汁 邑斟	○ 邑低	急 邑金	○ 澀掫	○ 澀資	戢 澀簪	○ 澀驢	○ 澀根
○ 熠品	緝 熠侵	斟 熠琛	○ 熠醣	泣 熠欽	○ 儸剖	○ 儸雌	儸 霰參	○ 儸呑	○ 儸齦
○ 邑牝	○ 邑蕈	○ 邑朕	○ 邑弟	○ 邑噤	○ 澀鎇	○ 澀在	○ 澀頋	○ 澀殆	○ 澀揬
駒 熠頻	集 熠鬵	蟄 熠沈	○ 熠啼	及 熠琴	○ 儸裒	○ 儸慈	霰 儸岑	○ 儸臺	○ 儸葵
○ 邑泯	○ 邑○	○ 邑○	○ 邑抳	○ 邑僸	○ 澀畒	○ 澀○	○ 澀○	○ 澀乃	○ 澀崨
○ 熠民	○ 熠○	○ 熠○	孨 熠詆	岌 熠吟	○ 儸謀	○ 儸○	○ 儸○	○ 儸能	○ 儸垠

續表

呼口撮					呼口合				
音脣	音齒	音齶	音舌	音喉	音脣	音齒	音齶	音舌	音喉
○ 邑○	○ 邑荀	○ 邑賰	○ 邑輪	○ 邑氳	○ 濇分	○ 濇孫	○ 濇疏	○ 濇恩	○ 濇温
○ 熠○	○ 熠○	○ 熠純	○ 熠淪	○ 熠云	○ 儮汾	○ 儮○	○ 儮蜍	○ 儮論	○ 儮爲
○ 邑○	○ 邑序	○ 邑蝡	○ 邑○	○ 邑薰	○ 濇吻	○ 濇○	○ 濇汝	○ 濇○	○ 濇昏
○ 熠○	○ 熠旬	○ 熠犉	○ 熠○	○ 熠懸	○ 儮文	○ 儮隨	○ 儮如	○ 儮○	○ 儮魂
○ 邑○	○ 邑遵	○ 邑諄	○ 邑○	○ 邑君	○ 濇奔	○ 濇尊	○ 濇菹	○ 濇敦	○ 濇昆
○ 熠○	○ 熠逡	○ 熠春	○ 熠○	○ 熠囷	○ 儮濆	○ 儮村	○ 儮初	○ 儮暾	○ 儮坤
○ 邑○	○ 邑雋	○ 邑篆	○ 邑○	○ 邑菌	○ 濇栩	○ 濇罪	○ 濇齟	○ 濇囤	○ 濇揆
○ 熠○	○ 熠鶉	○ 熠酏	○ 熠○	○ 熠群	○ 儮盆	○ 儮存	○ 儮鉏	○ 儮屯	○ 儮葵
○ 邑○	○ 邑○	○ 邑○	○ 邑○	○ 邑語	○ 濇濊	○ 濇○	○ 濇○	○ 濇炳	○ 濇硊
○ 熠○	○ 熠○	○ 熠○	○ 熠○	○ 熠輑	○ 儮門	○ 儮○	○ 儮○	○ 儮磨	○ 儮僤

入聲第九類切音

呼齒齊					呼口開				
音唇	音齒	音齶	音舌	音喉	音唇	音齒	音齶	音舌	音喉
○ 裛非	燮 裛銛	攝 裛苫	○ 裛斂	裛 脅淹	○ 姶○	趿 姶毶	蓮 姶删	○ 姶壈	姶 欱諳
○ 葉肥	○ 葉些	涉 葉蟾	獵 葉廉	葉 協炎	○ 合○	○ 合些	○ 合禪	拉 合婪	○ 合佁
○ 裛尾	○ 裛巳	○ 裛冉	○ 裛耳	脅 裛馦	○ 姶○	○ 姶巳	○ 姶疠	○ 姶耳	欱 姶唅
○ 葉微	○ 葉燖	讘 葉髯	○ 葉而	協 葉嫌	○ 合○	○ 合詞	○ 合日	○ 合而	合 溘含
○ 裛砭	接 裛尖	讋 裛占	聑 裛髺	鋏 裛兼	○ 姶○	噆 姶簪	○ 姶醆	答 姶耽	閤 姶弇
○ 葉篇	妾 葉僉	煠 葉襜	怗 葉添	愜 葉謙	○ 合○	趁 合參	○ 合剗	溿 合探	溘 合龕
○ 裛辨	○ 裛漸	○ 裛朕	○ 裛簟	○ 裛儉	○ 姶○	○ 姶歜	○ 姶棧	○ 姶禫	○ 姶揬
○ 葉便	捷 葉潛	牒 葉灵	牒 葉甜	笈 葉箝	○ 合○	雜 合蠶	遪 合戲	沓 合□	○ 合葵
○ 裛免	○ 裛○	○ 裛○	○ 裛淰	○ 裛噞	○ 姶○	○ 姶○	○ 姶○	○ 姶萳	○ 姶嵁
○ 葉眠	○ 葉○	○ 葉○	聶 葉黏	業 葉嚴	○ 合○	○ 合○	○ 合○	納 合南	濕 合讝

續表

呼口撮					呼口合				
音脣	音齒	音齶	音舌	音喉	音脣	音齒	音齶	音舌	音喉
○ 裛○	○ 裛宣	○ 裛拴	○ 裛臠	○ 裛鴛	○ 姶番	○ 姶酸	○ 姶欑	○ 姶卵	○ 姶蜿
○ 葉○	○ 葉○	○ 葉船	○ 葉攣	○ 葉袁	○ 合煩	○ 合○	○ 合蜍	○ 合鑾	○ 合湲
○ 裛○	○ 裛○	○ 裛輭	○ 裛○	○ 裛暄	○ 姶晚	○ 姶○	○ 姶汝	○ 姶○	○ 姶歡
○ 葉○	○ 葉旋	○ 葉瞑	○ 葉○	○ 葉懸	○ 合萬	○ 合○	○ 合如	○ 合○	○ 合桓
○ 裛○	○ 裛鐫	○ 裛專	○ 裛○	○ 裛涓	○ 姶般	○ 姶鑽	○ 姶跧	○ 姶端	○ 姶官
○ 葉○	○ 葉銓	○ 葉穿	○ 葉○	○ 葉棬	○ 合潘	○ 合○	○ 合初	○ 合湍	○ 合寬
○ 裛○	○ 裛雋	○ 裛篆	○ 裛○	○ 裛圈	○ 姶伴	○ 姶○	○ 姶撰	○ 姶斷	○ 姶撥
○ 葉○	○ 葉全	○ 葉椽	○ 葉○	○ 葉拳	○ 合盤	○ 合欑	○ 合窀	○ 合團	○ 合葵
○ 裛○	○ 裛○	○ 裛○	○ 裛○	○ 裛阮	○ 姶滿	○ 姶○	○ 姶○	○ 姶暖	○ 姶○
○ 葉○	○ 葉○	○ 葉○	○ 葉○	○ 葉元	○ 合瞞	○ 合○	○ 合○	○ 合奻	○ 合岏

入聲第十類切音

呼齒齊					呼口開				
音唇	音齒	音齶	音舌	音喉	音唇	音齒	音齶	音舌	音喉
○ 押非	○ 押銛	○ 押灁	○ 押臉	押 呷黶	法 盧汎	偛 盧三	霎 盧攕	○ 盧覽	盧 歛淊
○ 洽肥	○ 洽些	○ 洽蟾	○ 洽鑑	○ 洽炎	乏 盇凡	○ 盇些	○ 盇禪	臘 盇藍	○ 盇佁
○ 押尾	○ 押炧	○ 押冉	○ 押耳	呷 押闞	○ 盧鋄	○ 盧巳	○ 盧疠	○ 盧耳	歁 盧蚶
○ 洽微	○ 洽焬	○ 洽髯	○ 洽而	洽 洽銜	○ 盇姏	○ 盇詞	日 盇日	○ 盇而	盇 溘咸
○ 押貶	○ 押覽	劄 押詀	○ 押髫	夾 押監	○ 盧攞	○ 盧饕	偛 盧斬	奄 盧擔	郃 盧甘
○ 洽篇	鏟 洽僉	盧 洽僩	○ 洽添	恰 洽嵌	○ 盇芝	磼 盇黲	插 盇攙	榻 盇聃	榼 盇坩
○ 押辨	○ 押漸	○ 押湛	○ 押簟	○ 押儉	○ 盧罷	○ 盧嫛	○ 盧巉	○ 盧澹	○ 盧揆
○ 洽便	○ 洽潛	渫 洽賺	○ 洽甜	○ 洽硷	○ 盇塣	垂 盇慚	○ 盇讒	踏 盇談	○ 盇葵
○ 押麥	○ 押○	○ 押○	○ 押圓	○ 押噞	○ 盧婼	○ 盧○	○ 盧○	○ 盧篇	○ 盧嵁
○ 洽眠	○ 洽○	○ 洽○	図 洽諵	睚 洽巖	○ 盇菱	○ 盇○	○ 盇○	魶 盇訥	傝 盇喦

續表

呼口撮					呼口合				
音唇	音齒	音齶	音舌	音喉	音唇	音齒	音齶	音舌	音喉
○ 押○	○ 押宣	○ 押拴	○ 押欒	○ 押鴛	○ 盧番	○ 盧酸	○ 盧欑	○ 盧卵	○ 盧彎
○ 洽○	○ 洽○	○ 洽船	○ 洽孿	○ 洽袁	○ 盍煩	○ 盍○	○ 盍垂	○ 盍㔣	○ 盍湲
○ 押○	○ 押○	○ 押輭	○ 押○	○ 押暄	○ 盧晚	○ 盧○	○ 盧汝	○ 盧○	○ 盧豩
○ 洽○	○ 洽旋	○ 洽㮕	○ 洽○	○ 洽懸	○ 盍萬	○ 盍隨	○ 盍洳	○ 盍○	○ 盍還
○ 押○	○ 押鐫	○ 押專	○ 押○	○ 押涓	○ 盧班	○ 盧鑽	○ 盧跧	○ 盧○	○ 盧關
○ 洽○	○ 洽銓	○ 洽穿	○ 洽○	○ 洽巻	○ 盍攀	○ 盍○	○ 盍初	○ 盍○	○ 盍○
○ 押○	○ 押雋	○ 押篆	○ 押○	○ 押圈	○ 盧伴	○ 盧○	○ 盧撰	○ 盧○	○ 盧揆
○ 洽○	○ 洽全	○ 洽椽	○ 洽○	○ 洽拳	○ 盍辦	○ 盍欑	○ 盍宨	○ 盍○	○ 盍㦃
○ 押○	○ 押○	○ 押○	○ 押○	○ 押阮	○ 盧轡	○ 盧○	○ 盧○	○ 盧○	○ 盧㦃
○ 洽○	○ 洽○	○ 洽○	○ 洽○	○ 洽元	○ 盍鑾	○ 盍○	○ 盍○	○ 盍○	○ 盍頑

上聲、去聲皆以正轉、從轉與旁轉之字交互相切，入聲則悉用正轉之字出切，不足則用從轉，又不足乃用旁轉。所以異者，「質」「物」本「支」「微」所轉，世人誤認爲「真」「文」之轉，反謂「支」「微」無入聲；「屋」「燭」本「敷」「模」所轉，世人誤認爲「東」「冬」之轉，反謂「敷」「模」無入聲。若仍用上、去例，以「真」「文」切「質」「物」，以「東」「冬」切「屋」「燭」，則益堅世人之執。故不得不主正轉，而參從、旁也。其閉口三類，即用平聲閉口字出切。其無字者，乃以「真」「文」、「元」「寒」、「删」「山」三類字補之；又無，乃用他類。若舊韻則純以他類之字出切，不用本類一字矣。

類音 卷四

韻譜

平聲第一類

一 師 開口呼

師 瑟菑切。師範也。衆也。亦官名。又，姓，以官爲氏。又，複姓有褚師、馬師、校師、偃師、范師、子師、太師、少師、牧師、師延、師祁、師宜等十二氏。舊疏夷切，脂韻六。

葹 草名。

篩 篩，竹，長者百丈。又，竹器也。

鰤 老魚。

螄 螄，螺。

獅　犬生二子。又，狻猊也，日走五百里，似虎，正黄，出烏弋國。

〇釃　疏也。濾也。下酒也。舊所宜切，支韻六。

欐　梁棟別名。又，禮、麗二音。

褷　襹褷，毛，羽衣貌。亦作「𧞤」。

簁　渌也。又，山佳切。

蠝　蚰蜒別名。

筵　下物竹器。又，所綺切。

〇施　室支切。施，設也。亦姓。舊式支切，支韻十。

攱　敷也。

葹　卷葹，草名，拔心不死。

鍦　短矛也。亦作「鉈」。

螄　米穀中蟲。

纚　縚，似布。說文：「粗緒也。」俗作「絁」。

鼊　䶒鼊，蟾蜍別名。

鷉　似鴨而小。又，音彌。

誽　誘誽。

誽　䚇誽，面柔也。亦作「戚施」。

○尸　主也。陳也。利也。又，姓。舊式之切，脂韻四。

屍　在床曰屍。在棺曰柩。通作「尸」。

鳲　鳲鳩，鴶鵴，今布穀也。

蓍　篙屬，筮者以爲策。

○詩　志發於言也。舊書之切，之韻四。

邿　地名。

齝　吐而噍也。亦作「齝」、「呞」。又，敕釐切。

眣　眣，的也。

眹　眴也。舊式其切，之韻一。

○時　實差切。辰也。又，伺也。善也。是也。古文作「旹」。舊市之切，之韻六。

塒　穿垣栖鷄。

榯　樹木立也。

蒔　蒔，蘿子。又，音示。

鰣　魚名，似魴肥美，江東四月有之。

鰣　鼠名。

○提　群飛皃，亦作「翄」。又，弟泥切。舊是支切，支韻十一。

啼　鳥鳴。

匙　匕也。

箟　簧屬。

苠　苠母，即知母草。

禔　福也。安也。喜也。又，音支。

堤　堤封頃畝。亦作「提」。

忯　愛也。

眡　眡眡役目。

柢　碓衡。

姼　姼，母也。又，尺氏切。

○栘　棠栘，木也。又，音移。舊成觜切，齊韻一。

○菑　櫛師切。説文：「不耕田也。」爾雅：「田一歲曰菑。」亦作「甾」、「葘」。又，音栽。舊側持切，之韻十二。

淄 水名。亦州名。古通用「菑」。

緇 黑色繒也。亦作「紂」。

錙 錙銖。

椔 木立死也。

輜 輜軿，車。又，楚持切。

䎩 耕也。

鄑 鄉名。

鶅 東方雉也。

鯔 魚名。

𤿷 手足生皮堅也。

茬 丘名。亦姓。又，士疑切。

○齜 開口見齒。舊側宜切，支韻一。

○支 質施切。支度也。支持也。支體也。又，析支，地名。月支，國名。令支，縣名。又，姓。舊章移切，支韻二十六。

枝　枝，柯也。通作「支」。

肢　肢體，亦作「胑」、「躰」。

汥　水都名。

疧　疾也。

衼　衹衼，尼法衣也。

軗　軗軝，長轂。

麮　多也。

馶　馬名。

鳷　鳥名。亦作「雄」。

毰　毰毸，輕毛皃。

絓　縴絓，絶船繩也。

鷲　土精，如雁，一足黄色，毀之殺人。

蠽　蟲名，似蜥蝎，能傷人。

巵　酒器。

梔　梔子，木實，可染黄。

藡　木盛。

氏　月氏，國名。又，閼氏，單于后也。又，精、是二音。

衹　適也。又，巨支切。

只　專辭。又，之爾切。

疻　毀傷。

楮　楮柱。

觶　爵，受四升。又，音寘。

眵　目汁凝也。又，尺支切。

鞴　皮鞁。

禔　福也。又，是支切。

○脂　脂膏也。戴角者脂，無角者膏。又，姓。魏有中大夫脂習。舊旨夷切，脂韻九。

溡　水名。

栺　栺栭，木名。亦柱也。

鴲　小青雀也。

祗　敬也。

汦　水名。又，音遲。

砥　石細於礪。又，音旨。

菧　菧，葅也。亦作「濫」。

疷　積血腫皃。

○之　適也。往也。此也。語助也。亦姓。舊止而切，之韻三。

芝　瑞草也。王者慈仁，則芝草生。篆文作「㞢」，象形。「蚩」字從此。

䞇　到也。又，如一也。

○差　刹師切。次也。不齊等也。舊楚宜切。又，楚佳、楚懈二切，支韻四。

嵯　嵾嵯，山不齊。又，在河切。

齹　齒參差。又，士宜切。

縒　參縒也。

○輜　義見前。舊楚持切，之韻二。

颸　風也。

○眵　叱施切。義見前。舊叱支切，支韻二。

纚　義見前。又，式支、息移二切。

○鴟　一名鳶。亦作「鵄」、「鴠」。舊處脂切，脂韻五。

魠　魚名。

胵　膍胵，鳥藏。

逜　走皃。

諸　怒也。

○蚩　蟲名。亦輕侮也。舊赤之切，之韻七。

嗤　笑也。俗作「歖」。

妛　輕侮。

媸　妍媸。

瞌　目汁凝。

翍　羽盛。

謦　告也。又，乃經切。

○茬　鉏施切。説文：「草皃。」濟北有茬平縣。俗作「茌」。舊士之切，之韻一。

○虀　義見前。舊士宜切，支韻一。

○漦　涎沫也。舊俟甾切，之韻一。

○墀　直施切。説文：「墀，塗地也。」舊自尼切，脂韻十二。
遲　徐也。久也。緩也。亦姓。又，代北複姓有尉遲氏。又，音稺。
謘　語諄謘也。
坻　小渚。
泜　水名，在常山。又，音脂。
岻　山名。
蚳　蟻卵。
彽　彽徊，猶徘徊也。
阺　陵坂也。
貾　貝之黄質有白點者。
菭　水衣也。又，音臺。
茬　爾雅：「蘊，茬。」今刺榆也。
莉　姓也，出淮南。
○治　理也。亦水名，出東萊。舊直之切，之韻二。
持　執持。

○斯 塞師切。此也。析也。又，姓。舊息移切，支韻二十五。

厮 役也。使也。厮養也。亦作「廝」。

澌 凌澌。

蘄 草生水中，其花可食。

鐁 平木器名。

磃 磃磨。

燍 火焦臭也。

甀 甕破。

鷈 鸒鷈，雅烏。

蜤 爾雅：「螔，蛞蜤。」郭璞曰：「蛓屬也。」蛓音刺。

虒 似虎，有角，能行水中。

源 涯也。又，水名，出趙國。

榹 榹桃，山桃。

磃 館名。

傂 傂，祁地名，在絳西，臨汾水。本亦作「虒」。

禠　福也。

謕　數諫也。諒也。

㡋　疲㡋，疼痛。

顪　䪸顪，頭不正也。䪸音精。

螔　守宮别名。

鷈　鼠名。又，音啼。

菥　葴菥，草，似燕麥。

蚔　爾雅曰：「蚔蝵，蚣蝑。」郭璞云：「蚣蜙也。」俗呼蜻蝏。

霹　小雨。

纚　義見前。

○私　不公也。説文：「禾也。」舊息夷切，脂韻五。

厶　自營爲厶。

菘　茅莠也。

玜　石似玉者。

鋖　平木器。亦作「鐁」。

○思　思念也。亦作「恖」。舊息兹切，之韻十四。

偲　切切偲偲。

緦　緦麻。

篡　篡簩，竹名，有毒，能傷人。

禗　不安欲去。

楒　相思木。

罳　罘罳，屏也。

司　主也。亦姓。又，有司馬、司徒、司寇、司空、司城、司功、司國、司鴻複姓八氏，多以官爲氏。

伺　伺候。又，息吏切。

睭　奸視。

䚡　覷也。

獄　辯獄相察。

絲　蠶所吐也。一蠶爲忽，十忽爲絲。

蕬　菟蕬，草名。

○詞　寺師切。請也。告也。舊似兹切，之韻五。
祠　祭名。
柌　鎌柄。
絧　補也。
辭　辭説也。文辭也。不受也。亦作「辤」。又，作「辞」。
○兹　子師切。此也。又，姓。舊子之切，之韻十四。
孳　孳息。
滋　水名，出高麗山。又，旨也。蒔也。多也。蕃也。液也。
嵫　崦嵫，山名。日所入處。
鎡　鎡錤。
穦　禾生皃。
黸　染黑。
嗞　嗞嗟，憂嘆聲。
鰦　魚名。
鶿　鸕鶿鳥。

孜　處也。力篤愛也。

仔　克也。

孖　雙生子也。

鼒　小鼎。

○貲　貨也。財也。舊即移切，支韻十六。

訾　思也。又，姓。

觜　觜宿。爾雅：「娵觜之口，營室東壁也。」又，遵誅切。

頾　口上須。俗作「髭」。

帋　布名。

鍫　鍫錍，斧也。又，千支切。

鄑　谷名。

歋　歐也。又，子賜切。

姕　婦人皃。

葘　菜名。

鴜　鸃鴜，水鳥，似魚虎，蒼黑色。

鮆　魚名。

蚩　蟲，似蟬。

鼶　鼠名，似鷄。

鄑　城名。在北海。春秋有郱、鄑、郚。

嫧　女嫧，星名。又，音前。

○資　助也。機也。貨也。又，姓。舊即夷切，脂韻十二。

咨　嗟也。謀也。

粢　祭飯。亦作「齋」。

澬　水名，在邵陵。又，音茨。

洓　具洓山，在滎陽。

醾　雨聲。亦作「霣」。

姿　姿態。

諮　諮諏。

齍　黍稷在器。

齎　齎縗。通作「齊」。

齎　齎，持也。又，子兮切。

茡　茡，薺實也。

〇雌　此師切。牝鳥也。舊此移切，支韻五。

胔　小腸。

柴　柴　二字義見前。

羠　羊名。𧿗皮可以割黍。

〇郪　縣名。舊取私切，脂韻七。

趑　趑趄，趨不進也。

趀　倉卒也。亦作「趦」。

覻　盜視也。亦作「屌」。

螭　蝎化也。

屭　此也。

輂　連車也。

〇疵　自師切。黑病。舊疾移切，支韻八。

玼　玉病。又，七禮切。

茈 皀茈，草。

枇 無朼木，一名榆。

胔 人子腸名。

骴 残骨。又，音自。

餈 嫌食皃。

鴜 義見前。又，即知切。

○茨 茅茨。又，姓。舊疾資切，脂韻十一。

餈 飯餅也。亦作「餎」。

垐 以土增道。

瓷 瓦器。

澬 水名。在常山。又，涔澬，久雨。

䣜 涔䣜，久雨。

穦 積禾。

薋 蒺藜。又，作「薺」。

齏 齏螬。

韮　義見前。

絧　絧補。

○慈　愛也。亦州名。舊疾之切，之韻五。

磁　磁石，可引針。

滋　澗水名。

兹　龜兹，國名。

鷀　鸕鷀，鳥不卵生，口吐其雛。亦作「鶿」。

此呼無「影」「喻」母下字，故總切音中，以入聲「紇」字轉平作切，然非正音之字。今韻中以「領」韻之字作切。此呼舊切多誤。如「息」「移」是「西」，非「斯」；「即」「移」是「齏」，非「貲」。總因不分四呼之故。今悉正之。

二　衣　齊齒呼

衣　一義切。衣裳也。上曰衣，下曰裳。又，姓。舊於希切，微韻八。

依　倚也，從也。

陈　天陈縣，在酒泉。

妳　女字。

㑥　念痛聲。

譩　痛聲。又，忿也。

㐆　歸也，從反身。

郼　殷國名。

○漪　水文也。舊於離切，支韻十。

猗　長也。倚也。施也。又，犗犬。或作「犄」。

椅　木名，梓實桐皮，可作琴。

陭　陭氏，縣名。

欹　嘆辭。

䐀　身急。又，弱也。

旖　旖旋，旗舒皃。又，上聲。

檹　木檹施也。又，同「椅」。

𩕳　笑容。

禕　美也，珍也。

〇伊　惟也。因也。侯也。亦水名。又，州名。又，姓。舊於脂切，脂韻四。

咿　喔咿。

蛜　蛜蝛，蟋負，蟲。

黝　縣名，屬歙州。又，於九切。亦作「黟」。

〇醫　療病也。亦作「毉」。舊於其切，之韻三。

瘢　羸也。又，乙賣切。

噫　恨聲。

〇鷖　鳧屬。舊烏奚切，齊韻十一。

翳　蔽也。又，去聲。

譼　相應辭。

嫛　人始生曰嫛婗。

堅　塵埃。

瑿　美石，黑色。

緊　是也。辭也。又，赤黑繒。亦戟衣也。

黳　小黑。

䵒　黑羊。

詅　誠也。又，於米切。

桋　桋櫛，弩楔木也。

○烓　説文：「行灶也。」爾雅曰：「煁烓。」注：「今之三隅灶。」亦作「䞨」。舊烏携切，齊韻二。

甈　甈下孔。

○移　逸奚切。遷也。易也。延也。文移也。亦姓。或作「秕」。舊弋支切，支韻二十八。

迻　遷也。

栘　扶栘，木名。又，成衣切。

蘺　萎蘺，草。

簃　樓閣邊小屋。又，音池。

鉹　甑也。又，音侈。

熪　爈熪，火不絶皃。

誃　冰室門名。又，作「誃」。

扅　扊扅，户扃。

衺　宋地名。又，音侈。

迻　加也。

貖　獸名。似犬，尾白，目喙赤，出則大兵。

迆　逶迤。又，移爾切。

杝　木名。

酏　酒也。又，羊氏切。

匜　杯匜，似桸，可以注水。又，羊氏切。

袘　衣袖。

蛇　委蛇，安舒皃。蝼蛇，澤神名。蛇丘，縣名。又，神遮切。俗作「虵」。

詑　詑詑，自得皃。

颷　小旋風。

箷　衣架。又，榻前几。亦作「椸」。

暆　東暆縣，在樂浪。

慌　恀慌，不憂事。

歋　歋瘉，手相弄人。亦作「擨」。又，以遮切。

儠　儠瘉。

蠬　爾雅：「蚹蠃，蠬蝓。」注謂：「即蝸牛也。」

歋　笑歋。

瓵　歠也。

○夷　等也。平也。易也。滅也。从大、弓。説文曰：「南蠻從虫，北狄從犬，西羌從羊，惟東夷從大。人俗仁而壽，有君子不死之國。」亦姓。又，鴟夷、目夷、融夷、淮夷、虎夷、墨夷複姓六氏。舊以脂切，脂韻二十五。

姨　母之姊妹。妻之姊妹。

峓　嵎峓，山名。

恞　悦樂。

眱　熟視。

痍　瘡痍。

洟　涕洟。

胰　夾脊肉。

徥　行平易也。

屖　屖，踞。亦作「跠」。

陝　陙陝，險阻。

桋　木名。

荑　莁荑。

鮧　鮧鮧，鹽藏魚腸。又，魚名。

鵜　鵜鶘，一名飛生。

羠　犍羊也。

蛦　□蛦，蟲名。又，螆蛦，山鷄也。

寅　敬也。亦辰名。又，引人切。

蕇　莵瓜。又，羊善、弋人二切。

鏔　戟之無刃者。

彝　常也。法也。亦酒樽也。

櫸　木名。

珆　石似玉。

羡　沙羡，地名，在江夏。又，羊箭、祥面二切。

巳　陽巳，地名。本古文「夷」字〔一〕。

〇怡　和也。悦也。又，姓。周書有怡峰。舊與之切，之韻二十三。
貽　貺也。遺也。
詒　贈言。
台　我也。又，姓。又，音胎。
飴　餳也。籀文作「𩛿」。古文作「飤」。
眙　盱眙縣，在楚州。
瓵　爾雅云：「甂瓵也。」
匜　説文：「頤也。」古作「𦣝」。
宧　室東北隅。
洍　水名。毛詩作「汜」。
姬　王妻别名。又，音基。
珆　玉名。
頤　養也。
胰　豕息肉。
鮧　鯸鮧，魚名。

弝　弓名。

嫛　悦樂也。

椸　船欿水斗。

瓵　甋瓵，磚也。

巸　長也。美也。廣𠤘也。

圯　土橋。

异　已也。又，音異。

沶　水名。

○羲　肸衣切。姓也，羲仲之後。舊許羈切，支韻十七。

曦　日光。

犧　犧牲。

𧆸　古陶器也。

戲　於戲，嘆辭。又，姓，虙戲之後。又，許義切。

瀸　水名，在新豐。

巇　嶮巇。

壥　毀也。亦作「𨻧」。
攕　擊也。
戲　相笑皃。
戱　吹戲，口聲。
獵　獸名。
蠘　蠡名。
桸　朽也。
鄗　地名，在魏。
㗩　㗩欷，貪食皃。
䚋　角七。又，火元切。
○詑　自多皃。俗作「訑」。舊香支切。又，湯何切，支韻一。
○咦　笑皃。舊喜夷切，脂韻四。
忔　喜皃。
屎〔二〕　呻吟聲。亦作「㕧」。
脪　臀之别名。

○僖　樂也。又，姓。舊許其切，之韻十五。

禧　福也。吉也。

熹　盛也。博也。熱也。熾也。或作「熺」。

嬉　美也。游也。

歖　卒喜。

瞦　目睛。

嘻　噫嘻，嘆也。

譆　痛聲。

熙　和也。廣也。長也。

嫛　善也。悅也。

焿　火盛。

娭　婦人賤稱。

誒　可惡之詞。

欸　喜笑。

犛　坼也。

○希 罕也。望也。散也。又，姓。舊香衣切，微韻十二。

稀 稀疏。

晞 日氣乾也。

睎 視也。眄也。

悕 願也。悲也。

俙 依俙。

欷 歔也。又，許既切。

䞁 走皃。

桸 木名，汁可食。

莃 兔葵。

鵗 北方雉。

豨 豬也。又，虛豈切。

○醯 酢味也。俗作「醢」。舊呼鷄切，齊韻六。

榼 木名。

㾊 瘄㾊，赤紙。

惿　欺慢之皃。

㛓　痛聲。

䵼　黄病色也。

○睳　目瞢。舊呼携切，齊韻一。

○奚　檄移切。何也。大腹也。又，東北夷名。又，姓。又，達奚、薄奚、統奚、吐奚代北複姓四氏。舊胡鷄切，齊韻十八。

傒　待也。

徯　有所望也。又，胡禮切。

蹊　徑路。

媄　女奴。

蒵　草名。

榽　榽蘇，木名，似檀。

豯　豕生三月。

貕　幽州藪澤曰貕養。

鼷　水蟲。

鼷　鼠名，一名甘口鼠，食鳥獸至盡皆不痛。

螇　螇蚸，似蟬。

騱　馬前足白。又，驒騱，野馬名。驒音壇。

兮　語助。

嵇　山名。亦姓。

奚　獸迹。亦邑名，在洛陽。

胜　腣胜。

郋　里名。

〇携　提也。離也。又，姓。舊户圭切，齊韻二十一。

䜉　離心也。

觿　角觿，童子所佩。

劘　劘削。

讗　自是也。

鑴　大鐘。

纗　維綱，中繩也。

鄦　地名，在東平。

驨　似馬，一角。

巂　車輪轉一周爲巂。又，子巂，鳥，出蜀中。亦作「鸂」。

𪔵　𪔵𪔵也。

蠵　大龜。

畦　菜畦。

窐　甑下孔。亦作「䤚」。

眭　目深，惡視。

鮭　鮮明黃也。

蜀　姓也。梁四公子有蜀闖。

罣　姓也。

毒　姓也。

嵐　亦姓。

　　開　　開，能視也。

○羈　吉衣切。馬絆絡也。舊居宜切，支韻九。

羇　寄也。

奇　單數也。不偶也。虧也。又，渠羇切。

畸　殘田。

掎　掎角。又，居綺切。

踦　身單皃。

攲　箸取物也。持去也。又，起宜切。

踦　棄也。又，丘奇切。

妓　妓，𡜟態皃。又，渠綺切。

○飢　飢餓也。又，姓。左傳殷人七族有飢氏。舊居夷切，脂韻四。

肌　肌膚。

机　木名，似榆。又，音几。

虮　密虮，蟲名。

○基　經也。業也。址也。始也。設也。舊居之切，之韻十。

朞　周年。又，復時也。亦作「稘」。

箕　箕箒。亦姓。

萁　菜，似蕨。又，音其。
錤　鎡錤，大鉏。
其　不其，邑名。又，漢酈食其，音異基。
諅　謀也。欺也。亦作「諆」。
姬　周姓。又，姬妾。
笸　可以取蟣。
居　語助。
○機　弩牙也。説文：「主發謂之機。」又，機會也。機巧也。舊居依切，微韻十六。
幾　幾微也。庶幾也。又，音祈。
譏　諫也。誹也。問也。譴也。
嘰　口醜。又，小食也。
磯　大石激水。
璣　珠不圓也。
鐖　鉤逆鋩也。
僟　精也。

饑　穀不熟。

鞿　繫馬。

蘾　蒩蘾，草。

禨　祥也。

䤒　血祭。

趩　走也。

刉　斷切也。刲傷也。

蘄　草名。亦縣名，在徐州。又，音其、芹。

○雞　知時畜也。亦作「鷄」。舊古奚切，齊韻九。

稽　考也。同也。當也。留止也。又，山名。亦姓。

檜　檜風，扶杓，木也。

鍇　堅也。

禾　木不長也。又，音礙。

笄　女子十五而笄。

枅　承衡木也。

蟛　營火。
卟　問卜也。
○攲　乞移切。不正也。舊去奇切，支韻十一。
攱　宗廟宥座之器。
觭　角一俯一仰也。
踦　脚跛。又，居綺切。
崎　崎嶇。
碕　石橋。
猗　虎牙。
螭　長脚鼅鼄。
騎　一隻。
愭　慽愭，儉急。
殑　死也。
○欺　詐也。舊去其切，之韻九。
僛　醉舞皃。

鵸　鵧鵸，鵸鵅，鳥。亦作「鵸」。
娸　姓。又，醜也。
魌　大頭。
齮　齧也。亦作「齮」。
䫏　方相。今逐疫有䫏頭。「魌」、「倛」并同。
䳃　多也。
扡　把也。
○谿　爾雅：「水。」注：「川曰谿。」又作「溪」、「嵠」、「磎」，并同。舊苦奚切，齊韻五。
鸂　鸂鶒，水鳥。
螇　土螽，似蝗。
豀　小畚。
槼　爾雅：「枕槼，梅子。」如小柰也。
○奇　姞移切。異也。又，姓。本代北複姓奇斤，後改爲奇。舊渠羈切，支韻九。
琦　玉名。
錡　釜屬。

碕　曲岸。

騎　跨馬也。又，去聲。

鵸　鵸䳜，鳥，似烏，善笑。出山海經。

弜　强也。又，其丈切。

魃　小兒鬼。

忮　木别生也。又，横首皃。亦作「䟷」。

○祇　地祇，神也。亦作「示」。舊巨支切，支韻二十三。

衹　衹衼，尼法衣。

芪　藥草。説文曰：「芪，母也。」

秖　赤米。

軝　長轂之軝，以朱約之。詩曰：「約軝錯衡。」亦作「軧」。

疧　病也。詩云：「俾我疧兮。」

䳜　鶏。又云雁。

蚔　蟲也。

忯　爾雅：「忯忯惕惕。」愛也。

岐　山名。亦州名。又，姓。

歧　歧路。

郊　邑名，在扶風。

汥　説文：「水都也。」又，音支。

跂　行皃。又，音企。

越　緣大木也。一曰行皃。

猗　猗猗，飛皃。

伎　舒散。又，音技。

鼓　長鼓〔三〕，國名。

觳　弓硬皃。

馶　勁皃。

蚑　蚑蚑，蟲行皃。又，長蚑，蠨蛸別名。

蒢　繰絲，鈎緒。

衸　參差也。

○祁　盛也。亦縣名，在太原。又，姓。舊渠脂切，脂韻九。

耆　長也。老也。强也。至也。言至老境也。通作「耆」。
愭　畏也。敬也。
覩　視也。亦作「睹」。
鬐　馬項上鬐也。
穡　麥下種也。
鍺　衛軸鐵也。
鰭　魚脊上骨。
鮨　鮓也。
○其　語辭。亦姓。又，庶其、涉其、祝其、侍其、行其、令其複姓六氏。舊渠之切，之韻二十二。
期　期信也。會也。限也。要約也。亦姓。又，運期、安期複姓二氏。
祺　祥也。吉也。亦作「禥」。
淇　水名，在衛地。
琪　玉也。
錤　鎡錤，鋤別名。

綦　履飾。又，蒼白色巾也。亦姓。又，作「綨」、「幕」。

棊　圍棊。亦作「碁」、「檏」。

旗　旌旗。又，姓。

萁　豆萁。亦作「萁」。

麒　麒麟。

騏　騏驥。

鵙　鳥名。

蜝　螃蜝，似蟹而小。

鯕　鯿魚〔四〕。

踑　踑，馴迹也。

䶞　齧也。

艥　艥艃，舟名。亦作「䑴」。

璂　弁飾。亦作「瑧」。

藄　紫藄，似蕨菜。

蘄　州名。又，姓。

畁　舉也。

○祈　求也。報也。告也。舊渠希切，微韻十七。

旂　交龍爲旂。有鈴曰旂。

頎　長皃。

岓　山傍石也。

蚚　蟲也。爾雅云：「强蚚。」

圻　京圻。又，魚斤切。

畿　王畿。亦作「㙬」。

幾　近也。又，居豈切。

膸　頰肉。

齮　齒危。

譏　危也。說文曰：「訖事之樂也。」又，公哀切。

蟣　爾雅：「蛭蟣。」又，居豈切。

䰟　鬼俗。

刉　以血塗門。又，古對切。

俟 万俟，代北複姓。万音墨。

崎 曲岸。亦作「碕」。

獑 犬生一子。

〇宜 屹移切。安妥也。亦姓。别作「宐」、「𡧯」、「宧」。舊魚羈切，支韻七。

儀 儀容。又，義也。正也。亦州名。亦姓。别作「巇」。

鄯 地名，在徐。

鵜 鵜鶘，神鳥。

轙 車上環轡所貫也。又，音蟻。

涯 水畔也。又，五佳切。

崖 崖岸。又，五佳切。

〇犽 犬怒皃。舊牛肌切，脂韻一。

〇疑 不定也。惑也。嫌也。舊語其切，之韻三。

嶷 九嶷，山名。又，魚力切。

觺 觺觺，獸角皃。又，魚力切。

〇沂 水名，出泰山。舊魚衣切，微韻二。

澺　澺澺，霜皃。

○倪　端倪也。亦姓。舊五稽切，齊韻十六。

兒　姓也。漢有兒寬。

霓　雌虹。又，五結、五繫二切。

蜺　似蟬而小。

鯢　雌鯨。

齯　老人齒落復生。

婗　嫛婗。

觬　角不正皃。又，妍啓切。

袡　衣袡謂之䙜。又，研啓切。

郳　郳城，在東海。

輗　車轅端持衡木。亦作「棿」。

猊　狻猊，師子屬，日走五百里。亦作「貎」。

麑　鹿子。

敳　敳敳皃。又，五禮切。

𡜕 義見前。

伬 伬倠，佯不知皃。

○離 栗移切。近曰離，遠曰别。又，離黄，鳥名，今作「鸝黄」。又，姓。舊吕支切，支韻三十五。

离 明也。又，卦名。亦作「離」。

璃 琉璃。

醨 酒薄。

熇 帷中火也。

樆 山梨。

穲 禾二把爲穲。

漓 水滲入地〔五〕。

慲 多端。又，思之也。又作「𢥞」。

謧 弄語。

褵 衣帶也。

縭 婦人香纓。

𪓰　黏也。又，丑知切。

鵹　鵹鶓，自爲牝牡。

鼶　鼶鼶，小鼠相銜。

籬　藩籬。又，笊籬。

蘺　江蘺，蘼蕪別名。

欐　柴欐。

灕　水名。又，淋灕，秋雨也。

攡　太玄經云：「張也。」

羅　接羅，白帽。

蠡　蜥蜴，蟲名。

麗　高麗，東荒國名。又，盧計切。

孋　孋姬。

蘢　草木附地生也。

敵　陳也。

酈　魯地名。又，音歷。

曬　曬𥈭。

欐　欐欐，黍稷行列。

驪　馬深黑色。又，山名。又，驪戎，國名。又，姓。

鸝　鸝黄。亦作「鶩」。又作「鵹」。

蠡　蜓蚰別名。

䍽　心憂。

劙　分破也。

蠡　瓠瓢也。又，谷蠡，匈奴王弟名。

○棃　果名。魏文詔真定御棃大如拳，甘如蜜。亦作「梨」。舊力脂切，脂韻十三。

鯬　魚名。

蔾　蒺蔾。

鑗　金屬。

郲　國名。

棃　䴵棃，餅也。

剓　直破。

𪀨　恨也。怠也。
蜊　蛤蜊。
螺　蟟螺，蝍蛆，蜈蚣。
刕　姓也，出蜀刀逵之後，避難改爲刕氏。
秜　稻死來年更生。
○釐　理也。福也。舊里之切，之韻十八。
氂　十毫。
嫠　喪夫之婦。
剺　剥也。
慭　愁憂之皃。
孷　孷孳，雙生子也。
犛　犛牛。又，音毛。
斄　微畫也。
𣀜　引也。
𣯍　强曲毛也，可以著起衣。又，作「㾖」。

貍　野猫。俗作「狸」。

梩　土轝。又，都皆切。

䑗　艃䑗，船名。

䰀　鬏䰀，髮起。

㾖　病也。

倈　倈來，見楚詞。

氂　毛起也。又，音來。

箣　竹名。

○黎　衆也。亦官名、國名。又，姓。舊郎奚切，齊韻十五。

犂　牛駁文。又，墾田器也。别作「犁」。

藜　藜藋。

瓈　玻璃，寶玉。

黧　黑而黄也。

瞜　瞜視。

邌　徐行皃。

鼅　亭名，在上黨。

翟　翟黄，鳥。

騋　馬屬。亦作「騂」。

莉　茈莉，織莉。

龐　龐廔，綺窗。

慴　慴怹，欺慢之語。

盞　以瓢爲飲器也。

綀　牽綀，惡絮。

○而　二移切。頰毛也。又，語助。舊如之切，之韻十五。

栭　木名，似栗而小。又，梁上柱也。

洏　漣洏，涕流皃。

峏　獸多毛。又，姓。左傳宋有耏班。亦作「髵」。

髵　鬚也。鬈髵也。

鮞　魚子。

鴯　鷾鴯，玄鳥也。

麺　丸之熟也。又，音丸。

檽　木耳别名。

隭　地名。又，䆸險也。「陑」、「陾」并同。

臑　煮熟。「胹」、「㶊」并同。古作「䰭」。

轜　喪車。亦作「輀」。

咡　吻。又，音餌。

誀　誘也。又，音餌。

○兒　嬰兒。又，代北複姓有賀兒氏。舊汝移切，支韻三。

唲　曲從皃。楚辭：「喔咿嚅唲。」

婼　前漢西域傳有婼羌。

○氐　蚳衣切。氐，羌也。又，氐池，縣名。又，至也。舊丁尼切，脂韻三。

胝　皮厚也。亦作「疷」。

秪　穀始熟也。

○低　俛也。垂也。低昂也。舊都奚切，齊韻二十一。

袛　袛裯，短衣。

岻　山名。

眂　視也。

趆　趍也。

紙　絲滓。

飳　飳餬。

衹　大也。

柢　木根也。又，音帝。

羝　羝羊。

堤　防也。「隄」同。

鍉　插血器。

腱　臍腱，强脂。

觗　獸角不正。又，音題。

剆　到剆，以刀解物。

鞮　革履。

㔮　㔮不能行，爲人所引，曰㔮䡾。又，音題。

掦　指也。

腣　腣胵，肤腹。

磾　染繒黑石，出琅邪山。又，漢有金日磾。

院　姓也。

○梯　體移切。木階也。舊土鷄切，齊韻八。

睇　視也。又，徒計切。

踶　踶蹋。

謕　轉相誘語。

虒　一遍。

鷈　鸊鷈，似鳧而小。

匲　匾匲，薄也。

䚷　卧也。「𩕳」同。

○題　地移切。頟也。又，書題。舊杜奚切，齊韻五十二。

提　提携。

瑅　玉名。

堤　堤封，亦作「提封」。

媞　美好皃。爾雅：「媞媞，安也。」又，時爾切。諦也。

禔　福也。

褆　衣服好皃。

緹　周禮注：「緹衣，古兵服之遺色。」又，音體。

題　現也。顯也。

睼　遠視也。又，坐見。

醍　醍醐。

騠　駃騠，馬名。

鶗　鶗鴂，鳥，春三月鳴。

蝭　蝭蟧。又，音帝。

簻　竹名。

趧　趧鞻，四夷樂也。

嗁　泣也。號也。「啼」、「㖒」并同。

蹏　足也。「蹄」同。

麎　卧也。又，音梯。

睼　睼視，困皃。

謕　轉語。又，音梯。

鷈　器也。

幈　幈帷。

鼶　鼠名。

綈　厚繒也。

罤　兔網。

稊　楊之秀也。

苐　草也。

蕛　爾雅：「蕛，苵也。」注：「似稗，布地生穢草也。」或作「稊」。

銻　鎕銻，火齊。

餅　餹餅。

鵜　鵜鶘。

鮷　大鯷。

蛦　螗蛦，小蟬。

桋　樹之長條。

荑　荑秀。

霙　霽雲。

銕　鐵名。説文云：「古鐵字。」

鶇　鶖鶇，山鷄。

鮧　鮎也。「鯷」同。

締　結也。又，音悌。

崹　崥崹，山皃。

鯑　魚黑色。又，魚四足者。

鷈　鷈鶶，鳥。

梯　研米槌也。亦作「漽」。

徲　久待。

庰　磄庰，石也。

𨁊　跛行皃。

鸍　鸍鳺，鳥。又，音灉。

詆　訶也。又，音底。

䬴　寄食也。

折　折折，安舒皃。

○泥　暱移切。水和土也。又，水名，出蠻中。又，姓。俗作「埿」。舊奴低切。又，奴計切，齊韻三。

㞾　受水丘也。爾雅：「水潦所止爲㞾丘。」注：「頂上污下者。」

䵒　雜骨醬也。

○尼　和也。舊女夷切，脂韻八。

呢　言不了，呢喃也。

怩　忸怩，心慚也。

跜　躨跜，足動皃。

䛏　餌䛏。

柅　木名。又，女履切。

蚭　蜒蚰，一名𧊅蚭。

貎　獸名。

○麛　日移切。有骨醢也。舊人兮切。又，音泥，齊韻一。

○知　窒衣切。覺也。喻也。舊陟離切，支韻四。

賀　質當也。亦作「䝷」。

䣽　酒也。

鼅　鼅鼄，蝨也。「鼅」、「蜘」并同。

○摛　扶移切。舒也。舊丑知切，支韻八。

离　猛獸。説文作「禼」，山神獸也。又，吕知切。

螭　無角如龍而黄。北方謂之地螻。

黐　義見前。

燨　火焱。

魑　魑魅。

彲　獸名。文王卜獵于渭陽，所獲非熊非彲。

誺　不知也。又，洛代切。

○絺　細葛也。舊丑飢切，脂韻七。

郗　邑名。又，姓。

箎　竹器。

瓻　酒器，大者一石，小者五斗。

脪　胵脪，牛馬子腸。

䟈　笑皃。又，敕辰、抽敏二切。

詉　陰知也。

〇癡　不慧也。舊丑之切，之韻四。

痴　痴瘵，不達之皃。

笞　捶擊。

齝　牛吐食而復嚼也。

〇馳　秩移切。馳騖也。疾驅也。又，姓。舊直離切，支韻十二。

池　停水曰池。又，姓。

䶔　咸䶔，黄帝樂名。

齝　齒齗。

篪　樂器，以竹爲之，長尺四寸，小者尺二寸，七孔。亦作「䶵」。

傂　傂褫，參差也。又，息移、除爾二切。

遞　輕薄皃。

褫　奪衣。又，奪衣也。又，敕爾、直爾二切。

趍　説文曰：「趍趙，夂也。」

踟　踟蹰。

簃　連閣。又，音移。

誃　別也。亦作「謻」。

○西　悉衣切。秋方也。亦州名。亦姓。又，西鄉、西陵、西門、西周、西郭、西朝、西方、西野、西宫諸複姓。籀文作「卤」。古文作「卤」。舊先稽切，齊韻十二。

棲　鳥棲。亦作「栖」。

粞　碎米。

屖　瓠屖。又，遲也。

劀　劀剩。

犀　犀牛。

嘶　馬嘶。

撕　提撕。

榹　榫榹。

誓　悲聲。

㿄　瘦㿄，疼痛。亦作「㾷」。

甈　瓦破聲。

○齎　坚衣切。持也。遺也。装也。送也。俗作「賫」。舊相稽切，齊韻十一。

齏　薑、蒜爲之。亦作「韲」。

䪢　䪢菜。

櫅　白棗也。又，櫅榆，堪作車轂。

擠　排擠。

躋　登也。亦作「隮」。

齌　炊餔疾也。

懠　疑人。

鑇　利也。又，徂衣切。

𧊉　蜱𧊉。

呰　弱也。又，兹此切。
○妻　七移切。齊也。舊七稽切。又，七計切，齊韻九。
萋　草盛皃。
淒　雲興皃。
凄　寒也。
悽　悲也。痛也。
霋　霽也。
郪　縣名，在梓州。
緀　緀斐，文章相錯皃。
鶈　鳥名。
○齊　疾移切。整也。中也。莊也。好也。疾也。等也。亦國名。又，姓。舊徂奚切，齊韻八。
臍　膍臍。古作「齊」。
齎　等也。
㨈　病也。

懠　怒也。
齌　好皃。又，子衣、側皆二切。
蠐　蠐螬，蟲。
麡　麡狼，似鹿。又，隮、豺二音。
○非　匪衣切。不是也。責也。違也。舊甫微切，微韻十二。
扉　户扉。
緋　絳色。
馡　香也。
誹　誹謗。又，方未切。
斐　姓也。左傳有斐豹。
餥　糇也。又，方尾切。
騑　驂旁馬也。又，音菲。
飛　飛翔也。通用「蜚」。
𤛆　獸如牛，白首一目。
鯡　魚名。

騑　騑兔，馬而兔走。

○霏　雪皃。亦作「霺」。舊芳非切，微韻七。

菲　芳菲。又，芳尾切。

婓　婓婓，往來皃。一曰醜。

裶　衣長皃。

昔　大目。又，方市切。

毳　細毛。

妃　匹也。嘉偶曰妃。又，音配。

○肥　狒移切。肥腯，多肉也。亦姓。舊符非切，微韻十。

淝　水名，在廬江。

笷　竹名。

痱　風痱，病也。亦作「痱」。

蜰　負盤蟲也。

蜚　蠹蜚，鳥名，出山海經。

腓　脚腨腸也。

賁　姓也。又，布昆、彼義、符文三切。

蟦　蠐螬。

裴　即裴，漢縣名，在魏郡。亦音非。又，音陪。

○微　未移切。妙也。細也。隱也。舊無非切，微韻八。

𢼸　妙也。

溦　溞溦，小雨。

薇　菜也。

籞　竹名。

鐖　懸物鉤也。

矀　伺視。

癓　足上瘡。

○陂　必衣切。澤障曰陂。舊彼爲切，支韻十。

詖　辨辭。又，音秘。

鑋　鋸鉏也。

碑　碑碣也。本麗牲與下窆之石，後人追述君父之功，以書其上。

羆　爾雅：「羆如熊，黃白文。」古作「𥳧」。
䉲　竹名。
䕸　草名。又，彼義切。
䆀　耜屬。
犤　牛名。又，音皮。
襬　關東人呼裙也。
○卑　下也。賤也。亦姓。舊府移切，支韻十一。
渒　水名。
錍　鍫錍，斧也。
椑　木名，似柹。閑居賦云：「烏椑之柹。」
箄　取魚竹器。
裨　補也。增也。與也。助也。又，音陴。
鞞　牛鞞縣，在蜀。又，薄迷、脯鼎二切。
顊　須髮半白。
痺　下也。又，音婢。

𢄼　冕也。

鵯　鵯鶋，鳥。又，音匹。

○豍　豆名。舊邊衣切，齊韻十四。

椑　椑榹，小樹。又，樹栽也。

矲　矲䂬，短皃。

箄　冠飾。

䲗　横角牛名。

篦　眉篦。

鎞　鎞釵。

轀　車轀。

螕　牛蝨。

梐　門外行馬。又，防啓切。

狴　牢也。亦作「陛」。

性　誤也。

紕　謬也。

萉　萉麻。亦作「䕗」。

○披　匹移切。開也。分也。散也。又，作「㧗」。舊敷羈切，支韻十。

鈹　大針也。又，劍如刀裝者。

帔　又，芳髲切。

狓　狓猖皃。

旇　旗靡。

畯　耕也。「䎱」同。

秛　禾租。

𡊅　器破而未離。又，皮美切。

殔　開肉。又，匹靡切。

鮍　魚鮍。

○紕　繒欲壞也。「䋔」、「紩」并同。舊匹夷切，脂韻三。

諀　繆也。「㘩」同。

悂　惡性也。

○批　擊也。推也。轉也。示也。舊匹迷切，齊韻七。

鈚　鈚，箭。
碨　碨霜，石藥。
鷤　鷤鵊，鳥名。
陛　牢也，所以拘罪人也。
剆　剆，斫。
錍　錍，斧。
○皮　弼移切。皮膚也。亦姓。舊符羈切，支韻六。
疲　勞也。乏也。
罷　倦也。亦止也。又，音羆。
郫　縣名，在蜀。又，郫邵，晉邑。亦姓。
椑　木下交兒。
犤　下小牛也。
○陴　城上女墻也。古作「䪁」。舊符支切，支韻十一。
脾　土藏也。在胃下，主化穀。
焷　炰也。

埤　附也。增也。又，音婢。
裨　副也。又，姓。鄭有裨灶。
䴽　䴽餅。
蜱　爾雅：「蟷蠰，其子蜱蛸。」又，作「蠯」。
蠯　爾雅：「蜌蠯，即蚌屬也。」亦作「蠯」。又，薄佳、薄猛二切。
麮　麮麱，麥麪。
紕　飾緣邊也。
○䏢　人臍也。今作「毗」，通爲「毗」，輔之「毗」。舊房脂切，脂韻十九。
比　和也。并也。又，匕、鼻、邲三音。
沘　水名，在楚。
芘　荍芘，荆蕃。
枇　枇杷，果木，冬花夏熟。
鈚　鈚犁，館名。
毘　篳筡。
阰　山名，在楚南。

仳　仳倠，醜女。
躾　躾躾，體柔。
琵　琵琶，樂器名。推手爲琵，引手爲琶。
螕　蟲名。
蚍　蚍蜉，大蟻。亦作「蠶」。
魮　文魮，魚名，鳥首魚尾，有翼，出山海經。
榌　楣也。
膍　牛百葉。又，鳥膍胵也。亦作「肶」。
貔　獸名。「豼」同。
蓖　萵也。
鵧　鳥名。
○鼙　騎上鼓也。亦作「鞞」。舊部迷切，齊韻五。
椑　圓榼。
崥　崥崹。
甈　瓦器。

箷　取蝦竹器。

○糜　密移切。糜粥也。舊靡爲切，支韻九。

縻　繫也。

爢　爢爛。

劘　散也。

蘼　蘠蘼，虋冬也。又，亡彼切。

糠　糠碎。

靡　乘輿金耳。

醾　酴醾，酒也。

穈　穈，穄別名。

○彌　益也。長也。久也。亦姓。又，彌姐，羌複姓。亦作「弥」。舊武移切，支韻十五。

镾　長久。

瀰　渺瀰，大水皃。

擟　擟拘，山名。

獮　矛也。

璽 玉名。

鑋 青州人云鎌。

籋 篾竹。亦作「籮」。

孁 齊人呼母。

獼 獼猴。

鸍 鳩鳥名，又名沉鳧，似鴨而小。

宩 深入也。冒也。周行也。

罙 罙也。亦作「窔」。

瞇 瞇，汗面皃。又，莫結切。

麊 縣名，在交趾。

○**迷** 惑也。舊莫衣切，齊韻五。

麛 鹿子。

醾 醭醾，醬上白也。

頣 病人視皃。

鼊 鼊黿，似龜，堪啖多膏。

按：此呼括「支」、「脂」、「之」、「微」、「齊」五韻之字。舊以「支」、「脂」、「之」分三韻，人多議其煩瑣。然此處自合有三種音。如一「影」母字也，本類則爲一羲切；「規」、「窺」類則爲一威切；「敷」、「模」類之分音，則爲「益」之平聲。三音迥別，昔人分三，未必不因此。但二類齊齒之音久亡，惟存本類之音，混三爲一，今更不能指何韻爲何類，輒彙爲一音，而存其舊切，以見同中之異。若其分四分五，則莫能爲之説矣。

○舊切「卑」爲府移，「披」爲敷羈，「皮」爲符羈，「彌」爲武移，皆仍等韻門法，輕重互用之失。今從新切，則絶無淆混矣。

【校記】

〔一〕本古文「夷」字　原刻作「本古文『𡰥』字」，據玉篇尸部、廣韻脂韻改。

〔二〕屄　原書誤刻作屄。

〔三〕長鼓　原書誤刻作「長髮」，據集韻改。

〔四〕鯿魚　原書誤刻作「編魚」，據廣韻改。

〔五〕水滲入地　「入」字原書誤刻作「又」，據集韻改。

三 疏 合口呼

疏 率菹切。通也。除也。分也。遠也。窻也。又，姓。或作「疋」，通作「踈」。舊所葅切，魚韻九。

蔬 菜蔬。

梳 梳，櫛也。理髮也。

練 練葛。

綖 綖繼。

疋 通也。

疋 足也。古爲「雅」字。

脰 青疏。

釃 下酒也。「麗」同。

○蜍 術如切。蟾蜍也。舊署魚切。又，音余，魚韻二。

藷 似薯蕷而大。或作「蒢」。

○如 洳蜍切。而也。均也。似也。往也。若也。又，姓。魏有如淳注漢書。舊人諸切，魚韻七。

洳　水名，在南郡。又，人慮切。

茹　恣也。相牽引皃也。又，普陋茹，代北複姓，後改茹氏。又，如慮、而與二切。

蒘　蒘藘，草也。亦作「茹」。

㚢　地名。

鴽　鴾也。亦作「翟」。

寱　假寐也。又，如與切。

○菹　𪊨疏切。酢菜也。亦作「葅」。又，作「蘧」。舊側魚切，魚韻三。

沮　人姓。黄帝史官沮誦與蒼頡作書。

齟　齒不齊皃。

○諸　之也。旃也。衆也。亦姓。又，複姓諸葛氏。舊章魚切，魚韻六。

櫧　木名。

潴　水名，在北嶽。

藷　藷蔗，甘蔗。

藸　義見上。

蠩　蜛蠩，一首數尾，如鼊可食。

○初　出蜍切。始也。舒也。舊楚居切，魚韻二。

𧬊　呵叱人也。

○鉏　助蜍切。誅也。田器名。亦姓。左傳有鉏麑。亦作「鋤」。舊士魚切，魚韻四。

耡　周禮：「以興耡利民。」又，音助。

狙　豕屬。亦作「豱」。

鶋　鶢鶋，鳥，白鷺也。爾雅作「舂鉏」。

四　於　撮口呼

於　鬱虛切。居也。代也。語辭也。又，商於，地名。亦姓。又，音烏。舊央居切，魚韻四。

淤　淤泥。又，去聲。

箊　林箊，竹名。

唹　笑皃。

○余　聿袪切。我也。又，姓。舊以諸切，魚韻二十五。

餘　饒也。殘也。皆也。亦姓。又，韓餘、傅餘、夫餘複姓三氏。

畬　田三歲也。亦作「畭」。

艅　艅艎，舟名。

鵌　鳥名，與鼠同穴。又，大都切。

雓　爾雅：「鶨大者蜀。蜀子雓。」

蜍　蜘蛛。又，常魚切。

狳　犰狳，獸名，出山海經。

與　語末辭。亦作「歟」。又，上、去二聲。

萸　芎萸，香草。

璵　魯之寶玉。

譽　稱也。又，音預。

嬩　女字。

趣　趣趣，安行皃。

悬　恭敬。

鸒　爾雅：「鸒斯，雅烏。」又，羊庶切。

麜　似鹿而大。又，弋庶切。

狙　獸名。

鸒 馬行皃。

旟 鳥隼曰旟，州里所建也。

澳 水名。亦作「澳」。

輿 車輿。又，多也。又，權輿，始也。又，姓。

舁 對舉也。亦作「舉」。

予 我也。又，餘佇切。

好 婕好，女官名，亦作「倢伃」。

○虛 猗於切。空虛也。亦姓。又，音祛。舊朽居切，魚韻五。

嘘 吹噓。

歔 歔欷。

驉 駏驉，畜，似騾。

魖 魖，耗鬼。又，夔魖，罔象、木石之怪也。亦作「䖅」。

○居 橘於切。處也。安也。當也。舊九魚切，魚韻十四。

琚 玉名。

裾 衣裾。

据　拮据，手病也。
㫰　㫰，儲。
䝣　貯也。
崌　崌崍，山名。
椐　木名。
淭　水名。
蒢　苴蒢，草名。
腒　鳥腊。又，音渠。
鶋　鶢鶋，海鳥。
蜛　蜛蝫。
車　車輅。又，昌遮切。
○祛　屈余切。袖也。舉也。舊去魚切，魚韻十一。
阹　依山谷爲牛馬之圈。
𦯬　草器。
𣏾　板置驢上負物。

胠　腋下。又，胠篋，謂竊取也。
笶　飯器。
魼　比目魚。又，他合切。
墟　大丘也。亦作「虚」。
嘘　崎嘘，山路險也。
攄　擊也。
椐　義見上。
〇渠　倔余切。溝渠也。又，宋宕渠郡，唐改渠州。又，姓。舊强魚切，魚韻二十五。
蕖　芙蕖。
磲　硨磲，美石，次玉。
璖　耳環。
縹　履飾。
渠　宋魏之間謂杷爲渠挐。
鶪　鶪鶪，鳥名。
蟝　説文：「蟝，蟝也，蛶蝣之類。」爾雅作「渠略」。亦作「蟝」。

貗 貗狻，獸名，食猛獸，出山海經。

豦 獸名，封豕之屬。説文：「鬬相丮不解也。一曰虎兩足舉。」又，音據。

璩 玉也。

鐻 鐻耳之傑。

櫨 櫨枯，藩籬名。

蘧 蘧，菜，似蘇。又，音巨。

篆 牛筐。

轃 車輞。

籧 籧篨。

蘧 蘧麥。又，姓。

鄺 聚名。

窶 穴類。

懅 怯也。又，音遽。

醵 合錢飲酒。又，巨略切。

趣 小走皃。

腒　義見上。

䄔　繫䄔。

○魚　㑲余切。水蟲也。亦姓。又，長魚、修魚複姓二氏。舊語居切，魚韻七。

䲆　説文：「二魚也。」

漁　捕魚也。又，水名，在漁陽。亦作「瀺」。又，作「䱍」、「𩼝」。

𩾐　爾雅：「馬二目白。」

齬　齒不相值。又，魚舉切。

鋙　鉏鋙。又，音語。

衙　衙衙，行皃。又，音牙。

○臚　律余切。皮臚腹前曰臚。又，陳序也。序賓客之官曰鴻臚。舊力居切，魚韻十七。

廬　寄也。舍也。亦州名，春秋時舒地。又，山名。周匡俗所居，謂之匡廬。

蘆　漏蘆，草。又，音盧。

驢　畜名。

𡽱　山名。

櫖　諸櫖，山櫐。爾雅作「慮」。

蘆　蒘蘆，草。

爈　火燒山界。

蠦　毛也。鬣也。

閭　侶也。居也。又，閭閻。周禮：「五家爲比，五比爲閭。」亦姓。又，凡閭、林閭、將閭、辟閭複姓四氏。

櫚　栟櫚，木名。有葉無枝，即椶也。

藘　庵藘，草。

灟　泥灟，海水泄處。

籚　籚箬，竹名。

憴　憂也。

璷　玉名。

駼　傳馬名。

○袽　暱余切。易曰：「繻有衣袽。」又，音如。舊女余切，魚韻六。

帤　幡巾。

毠　犬多毛也。

挐　旁引。

蒘　藸蒘，草名。

櫲　涺櫲，杷名。

○書　暑於切。庶也。紀庶物也。亦著也。著之簡紙，求不滅也。舊傷魚切，魚韻七。

舒　緩也。遲也。伸也。徐也。亦州名。春秋時皖國。亦姓。

郚　地名，在廬江。

蒣　魚薺。

鵨　鳥，似梟。

紓　緩也。

瑹　美玉名。亦笏也。

○豬　茁於切。爾雅：「豕子豬。」亦作「豬」。俗作「猪」。舊陟魚切，魚韻四。

瀦　水所停也。

櫫　揭櫫，有所表識也。

藸　藸蒘，草。又，音除。

○攄　黜余切。舒也。舊丑居切，魚韻四。

榑　惡木。

筡　竹篋名。

摴　摴蒲，戲。又，摴里，複姓。

○除　木余切。階也。又，去也。舊直魚切，魚韻十三。

滁　水名，出簸箕山。亦州名。

涂　水名，在堂邑。

篨　籧篨，蘆蓆也。

蒢　草名，可染。又，蕖蒢，口柔也。

瘵　瘕也。

儲　儲副。又，儲養也。亦姓。

躇　躊躇。

藸　藸藸，葱名。

藸　爾雅：「菋，荎藸。」郭璞云：「五味也。」蔓生子叢在莖頭。

屠　匈奴傳有休屠王。又，音徒。

著　太歲在戊曰著雍。又，直略、陟慮、陟略三切。

宁　門屏間。又，音伫。

○胥　恤於切。相也。説文：「蟹醢也。」又，姓。俗作「咠」。舊相居切，魚韻十。

湑　露皃。又，息吕切。

楈　木名。

箺　竹名。

稰　落也。

諝　有才智也。亦作「惰」。又，息吕切。

揟　取水具也。

鱮　魚名。

蝑　蜙蝑，蟲名。

蕦　姓也。又，音序。

○徐　屐余切。緩也。安行也。亦州名。又，姓。舊似魚切，魚韻四。

郤　地名。又，音徒。

俆　緩也。

羭　野羊。

○且　哫於切。語辭。又，薦也。舊子魚切，魚韻四。

苴　苞苴。又，補苴也。亦姓。又，音疽。

沮　羌複姓有沮渠氏。

蛆　蝍蛆，食蛇，蜈蚣是也。

○疽　熔余切。癰疽也。舊七余切，魚韻十四。

岨　石山戴土。亦作「砠」。

郥　鄉名，在鄠縣。

趄　趑趄。

苴　履中藉也。又，子魚切。

沮　止也。非也。又，水名，在房陵，所謂沮漳。亦云漆沮，并在此地。

葙　苞葙。又，則吾切。

伹　拙人。

坥　蟥場。又，七預切。

胆　蟲在肉中。俗作「蛆」。

狙　猿也。又，七預切。

睢 睢鳩，鳥。

滖 説文：「水，出北地直路西，東入洛。」

屩 此也。

平聲第二類

五 威 合口呼連撮口呼

威 揾麾切。威儀。又，姓。舊於非切，微韻八。

葳 葳蕤。

椷 决塘木也。又，椷窬，褻器也。

隇 隇陕，險也。

蝛 蛜蝛，蟲也，一名蟠蟦。

鰄 魚名。

崴 崴礧也。又，於鬼、烏罪二切。

媁 美也。

○逶 逶迆。舊於爲切，支韻十一。

委　委委佗佗，美也。

萎　蔫也。

掱　田器。

覣　好視。

蜲　蜲蛇。

䴧　鹿肉。

痿　痺濕病也。

殇　枯死。

倭　慎皃。

螐　涸水精，[一]一身兩頭，似蛇，呼之可以取魚鼈。

○爲　薳闕切。作、造也。説文：「母猴也。」又，姓。俗作「為」。舊薳支切，支韻五。

溈　水名，在新陽。

隝　阪名，在鄭。又，王詭切。

鄬　地名。

鰞　大魚。又，許爲切。

○蓨　藍蓼秀也。舊悦吹切，支韻五。
隋　飛也。
蠵　觜蠵，大龜。
檇　檇檇，木名，實可食。
獯　小豶也。亦作「豨」。
○惟　謀也。思也。舊以追切，脂韻十二。
維　豈也。隅也。持也。繫也。説文：「車蓋維也。」
唯　獨也。又，以癸切。
濰　水名，在琅邪。
琟　石似玉。
蓶　菜名。似韭而黄。
誰　就也。又，士隹切。
遺　失也。亡也。贈也。加也。又，姓。又，以醉切。
壝　埒也。壇也。又，以癸切。
䁤　目病。

䗥　蟃䗥，神蛇，一首兩身，六足四翼，見則其國大旱，出山海經。

旞　旌也。

○帷　釋名：「圍也，以自幃圍也。」舊洧悲切，脂韻一。

○幃　單帳也。香囊也。舊雨非切。又，許歸切，微韻十四。

韋　柔皮也。又，姓。豕韋之後，以國爲氏。

闈　宮中門也。

圍　守也。圜也。繞也。

違　背也。

湋　水名。

韡　宋、魏呼舌曰韡。

䩗　束也。

𢧵　戾𢧵。

潿　水不流濁皃。

䙟　重衣。

褱　裹也。

亹 衺也。

婔 江婔，神女。

○麾 忽威切。旌旗，所以指麾也。古作「摩」。舊許爲切，支韻五。

撝 易：「撝謙。」注：「指撝，皆謙也。」又，裂也。

噅 口不言正。

鰞 隖 二字義見上。

○隓 毀也。說文：「敗城阜曰隓。」亦作「墮」。俗作「隳」。舊許規切，支韻七。

眭 眭盱，健皃。又，息爲切。

睢 仰目也。

隳 相毀之言。

觿 鑴 二字義見「二 衣」。

蘳 華黄也。又，果實也。

○倠 仳倠，醜面。亦作「婎」。舊許維切，脂韻二。

痿 姿痿。亦作「㾯」。

○揮 揮霍也。奮也。灑也。振也。動也。舊許歸切，微韻十一。

煇　光也。亦作「輝」。又，作「暉」。

翬　飛皃。又，雉五色備也。

旜　動旗。

楎　橛也。在墻曰楎。又，犁頭也。

渾　竭也。

猈　山猈，獸名，似犬，見人則笑，疾行如風。又，胡昆切。

褘　后祭服也。

徽　美也。又，三糾繩也。

幑　幡也。

鰴　魚有力也。

○規　骨威切。爲圓之器也。舊居隋切，支韻六。

槼　木名，堪作弓材。

摫　梁益間裂帛爲衣曰摫。

雉　鶤雉，鳥名。

鬹　三足釜，有柄。

䫌 説文：「小頭也。」亦作「𩕥」。

○嬀 水名。亦州名。又，姓。舊居爲切，支韻二。

溈 義見上。

○龜 甲蟲三百六十，神龜爲之長。舊居追切，脂韻四。

跻 曲脛。

騩 馬淺黑色。

蜰 蠶蛹也。

○歸 還也。亦州名。又，姓。亦作「歸」。舊舉韋切，微韻一。

○圭 瑞玉也，公侯所執。亦作「珪」。又，六十四黍爲一圭，十圭爲一合。舊古携切，齊韻十四。

邽 下邽縣在馮翊，上邽縣在隴西。

閨 閨閤。

袿 長襦也。婦人上服曰袿。

窐 義見「二一 衣」。亦作「𤭛」。

洼 姓也。

茥　缺盆草也。又，音睽。

畦　田器。

攰　邪也。又，紆佳切。

胿　膌胿。

抲　抲㧓，裂也。

鮭　魚名。又，音奎。

麈　鹿屬。

谿　谷名。

○闚　窟爲切。小視也。亦作「窺」。舊去隨切，支韻一。

○虧　缺也。俗作「虧」。舊去爲切，支韻一。

○巋　小山而衆。舊丘追切。又，丘誄切，脂韻一。

○蘬　馬蓼，似蓼而大。舊丘韋切。又，丘追、丘誄二切，微韻二。

覽　淫視。

○睽　異也。乖也。外也。目少睛也。舊苦圭切，齊韻十四。

湀　泉水通川。又，古比切。

聧　耳不相聽也。

蔱　瓠瓠。亦作「瓡」。

奎　星名。

刲　割刺也。亦作「刲」。

茥　缺盆草。

桂　橿也。

挂　中鉤。

骵　肩骨。

瞡　盾握也。

鮭　複姓有鮭陽氏。

畫　蠆也。

蛙　蛹也。

○葵　匱爲切。菜也。常傾葉向日，不令照其根。舊渠追切，脂韻八。

楑　柊楑。

鄈　鄈丘，在陳留。又，河東祭后土處。

㒕　悚也。又，祇癸切。

䐲　臞䐲，醜也。

鵔　鵔鳩，鳥名。

鯸　魚名。

螇　蟲名。

○逵　隱也。爾雅：「九達謂之逵。」亦作「馗」。舊渠追切，脂韻十五。

○按：此下十五字與上八字同切同韻，而分二處。舊韻不當分而分，多此類也。

戣　兵器。戟屬。一作「鍨」。

騤　强也。盛也。又，馬行皃。

倭　左右視也。

夔　夔龍也。又，獸名，似牛，一足無角，其音如雷，皮可以冒鼓。又，州名，在巴東。俗作「夓」。

犪　犪牛，出岷山，肉重數千斤。

躨　躨跜，動皃。

㚔　持也。

跻　義見上。

頯　小頭。

頄　面顴也。又，音求。

艽　遠荒也。又，音求。

隽　顧皃。

傀　使也。

覽　義見上。

○危　兀爲切。疾也。隤也。不安也。亦姓。舊魚爲切，支韻四。

峗　三峗，山名。

洈　水名，在南郡。

𢋳　㢛𢋳。

○巍　高大皃。舊語韋切，微韻二。

犩　爾雅：「犩牛。」注：「即犪牛也。」

○羸　硉爲切。瘦也。舊力爲切，支韻二。

瘺 膝病。
○纍 纍，索也。亦作「縲」。又，姓。舊力追切，脂韻十二。
灅 水名，在雁門。
㠥 峎㠥。亦作「壘」。又，力罪切。
欙 山行乘欙。亦作「樏」。
虆 蔓草。
瓃 玉器。
儽 懶懈皃。亦作「傫」。又，力罪切。
嫘 嫘祖，黄帝妃。亦作「嫘」。
矋 視皃。
纝 網絡也。黑索也。亦作「縲」。
犪 求子牛。
鸓 飛生鳥也。又，力水切。
○衰 率威切。微也。舊所追切，脂韻三。
榱 屋榱也。秦謂之椽，周謂之榱，齊、魯謂之桷。

瘥　病也。減也。耗也。

〇韉　鞍韉。舊山垂切，支韻二。

鑴　小餟之皃。

〇垂　術爲切。幾也。疆也。遠邊也。古作「埀」。舊是爲切，支韻八。

陲　邊也。危也。

倕　重也。黄帝時巧人。

㽡　草木葉懸。

甀　小口甖。

鶽　雅鳥。

圌　山名，在吴都。又，市緣切。

篅　盛穀圓笹。亦作「篙」。

〇誰　何也。舊視隹切，脂韻三。

誰　就也。又，以隹切。

脽　尻也。汾脽，地名。

〇蕤　洳爲切。葳蕤，草木華皃。又，蕤賓，五月律也。舊儒隹切，脂韻七。

甤　說文：「草木實甤甤也。」

緌　緌纓。

桵　白桵，木也。

稬　禾四把也。又，息遺切。

捼　摧也。又，奴禾切。俗作「挼」。

擩　染也。又，而樹切。

○痿　濕病也。兩足不能相及也。舊人垂切，支韻一。

颾　風緌之皃。

○隹　朱威切。鳥之短尾者總名隹。俗作「䳡」。舊職追切，指韻七。

騅　馬蒼白色。又，姓。

麈　鹿一歲。

錐　鋭也。

奞　木名，似桂。

萑　萑蓷。茺蔚，又名益母。

䳡　鼠名。

○吹 出爲切。吹嘘也。舊昌垂切。又，尺僞切，支韻三。
炊 炊爨。
龡 習管也。古作「歈」。
○衰 小也。減也。殺也。舊楚危切，支韻二。
夊 行遲皃。
○推 度也。詳也。舊叉隹切，脂韻二。
蓷 萑蓷。又，湯回切。
○眭 窣威切。姓也，出趙郡。舊息爲切，支韻一。
○綏 安也。車中靶也。又，州名，古上郡地。舊息遺切，脂韻八。
荽 胡荽，香菜。亦作「葰」。又，作「荾」。又，作「芟」。
浽 浽微，小雨。
稜 義見上。
雖 語助也。本蟲名，似蜥蜴而有文。
睢 水名，在梁郡。亦作「濉」。
奞 説文：「鳥張毛羽，自奮奞也。」又，戌閏切。

夊　義見上。

〇隨　遂爲切。從也。順也。亦國名。又，姓。舊旬爲切，支韻三。

隋　國名，本作「隨」，隋文帝去「辵」。

簻　簻，籠。

〇厜　卒威切。厜㕒，山巔狀。舊姊宜切，支韻六。

觜　星名。

柴　鳥啄。又，石針也。

纗　細繩。

嫢　盈姿皃。

惢　善也。説文：「心疑也。」又，桑果、才捶二切。

〇劑　券也。舊遵爲切。又，在細切，支韻三。

蘃　地莢。

臇　臇，臛也。「熇」、「燋」并同。又，子兖切。

〇騹　馬小皃。舊子垂切。又，之壘切，支韻一。

〇嶉　高皃。舊醉綏切，脂韻二。

檇　以木擣物也。又，檇李，地名。又，音醉。

○悲　彼威切。痛也。舊府眉切，脂韻一。

○丕　蒲爲切。大也。亦姓。一作「平」。舊敷悲切，脂韻十一。

伾　有力。

頚　大面。

怌　怌怌，恐也。

額　短須髮皃。

髬　髬髵，猛獸奮鬣皃。

秠　黑黍，一稃二米。

鉟　刃戈。

駓　桃花馬色。

豾　貍子。

魾　大魚。

○邳　下邳，縣名，在泗州。又，姓。舊符悲切，脂韻三。

岯　山再成也。

䳮　鴞也。

○眉　没爲切。目上毛也。亦作「睂」。舊武悲切，脂韻十七。

嵋　山名。

湄　水草交爲湄。亦作「瀿」。

楣　户楣。

瑂　石似玉。

鶥　鳥名，鶅鴟也。

葿　菤葿，草。

郿　縣名，在岐州。

麋　鹿屬，冬至，解其角。又，姓。

蘪　蘪蕪，香草，即江蘺也。

攈　水芰名。

䃾　金飾馬耳。

薇　爾雅：「薇垂水。」謂生於水邊。

溦　爾雅：「谷者溦。」注云：「通於谷也。」

薇　竹名。又，音微。

矘　伺視也。亦作「矘」。

黴　黴黰，垢腐皃。又，莫背切。

〇以上合口呼。

追　拙椎切。逐也。隨也。舊陟隹切，脂韻三。

靁　雷也。出韓詩。

娺　疾也。

〇腄　瘢胝也。舊竹垂切，支韻三。

箠　節也。又，之壘切。

鼓　敁鼓，不齊。

〇鎚　朮追切。金鎚。又，權也。與「錘」通。舊直追切，脂韻三。

椎　椎鈍，不曲撓。亦棒椎也。又，椎髻。「槌」、「棰」并同。

顀　項顀。

〇鬌　髮落也。舊直垂切，支韻三。

鍾　八銖也。又，馳僞切。

甀　甖也。

○以上撮口呼。

【校記】

〔一〕涸水精　「涸」字原書誤刻作左「虫」右「固」。據類篇改。

平聲第三類

六　耶　齊齒呼連撮口呼

耶　拽佉切。本作「邪」。又作「琊」。琅邪，郡名。亦語助。舊以遮切。又，似嗟切，麻韻十。

椰　椰子，木名，出交州，其葉背面相似。

篩　竹名。

茒　草名。

斜　斜谷，在武功。説文：「抒也。」又，似嗟切。

䅑　穗也。

𦶜　𦬆屬。

𣐊　木名，皮可爲索。

鋣　鏌鋣。「鎁」同。

擨　擨歈，舉手相弄也。亦作「揶」。

○迦　結爹切。見釋典。又，音伽。舊居伽切，戈韻一。

○佉　挈耶切。舊丘伽切，戈韻四。

呿　張口皃。

㰦　欠云。

㑹　㑹佉。

○伽　傑耶切。伽藍也。舊求迦切，戈韻三。

茄　茄子，菜，可食。又，音加。

枷　刑具。又，音加。

○儸　列耶切。傱儸，健而不德也。舊利遮切。

囉　囉嗻，多言。

玀 驢腹下肉。三字從集韻增。

○爹 咥迦切。羌人呼父也。舊陟邪切，麻韻一。

○䏧 涅耶切。烏物叫聒臨住之聲。舊乃邪切。從集韻增。

○奢 設迦切。張也。侈也。勝也。舊式車切，麻韻三。

賒 不交也。

畬 燒榛種田。又，音余。

○蛇 舌耶切。毒蟲也。俗作「虵」。又，姓。舊食遮切，麻韻二。

荼 爾雅：「蕫、葤、荼，即芀也。」又，音徒。

○闍 闉闍，城上重門也。舊視遮切，麻韻三。

佘 姓也，出南昌郡。

鉈 短矛也。亦作「鍦」。又，作「䂿」。又，音夷。

○若 熱耶切。蜀地名。舊人賒切。又，惹、弱二音，麻韻二。

婼 婼羌，西域國名。

○遮 哲迦切。斷也。舊正奢切，麻韻四。

庶 庶儸，健而不德。

奢 吴人呼父。

諸 姓也。漢有洛陽令諸於。又，職余切。

〇車 掣耶切。車，輿。亦姓。又，車遽、車成複姓二氏。又，代北複姓車焜氏，後改車氏。舊尺遮切。又，音居，麻韻二。

硨 硨磲。

〇些 薛耶切。少也。舊寫邪切，麻韻一。

〇衺 謝耶切。不正也。亦作「邪」。又，作「斜」。舊似嗟切，麻韻二。

蒣 蒣蒿。

〇嗟 節迦切。嘆也。亦作「詧」。舊子邪切，麻韻十。

莡 薺實。

髊 長嘆。

瘥 病也。又，在何切。

㿥 小疫。

鹺 鹺丘山，在東海。

罝 兔罟也。

祖 縣名。又，似與切。

譃 咏也。

嫭 憍也。亦作「怚」。

○磋 切邪切。石也。舊七邪切。從集韻增。

○査 截耶切。大口皃。舊才邪切，麻韻一。

○哶 蔑耶切。苴哶，城名，在雲南。舊彌嗟切。從集韻增。

○以上齊齒呼

肥 噦靴切。肥䏲，手足曲病。舊於靴切，戈韻二。

䁥 䁥恒，癡皃。出釋典。

○韡 血肥切。韡鞋也。亦作「靴」。舊許肥切，戈韻三。

抳 撝也。

嘰 道經疏云：「吐氣聲也。」

○䏲 缺瘸切。手足疾皃。亦作「䯘」。舊去靴切，戈韻一。

○瘸 撅䏲切。脚手病也。舊巨靴切，戈韻一。

〇臠　劣髋切。矑腸胃也。舊縷髋切，戈韻一。
〇侳　葰肥切。安也。舊子髋切，戈韻二。
餧　骨餧。
〇脞　臁髋切。脆也。舊醋伽切，戈韻二。
姓　訬疾。

〇以上撮口呼。

平聲第五類

七　隈　合口呼

隈　斡灰切。水曲也。舊烏恢切，灰韻十一。
煨　煻煨，火。
渨　渨，没。
椳　户樞。
葨　山草。
緭　五色絲飾。

偎　愛也。倚也。亦國名。

揋　揋，掎。

觸　角曲中也。

鰃　魚名。

颹　風低皃。

○灰　豁隈切。死火也。舊呼恢切，灰韻五。

虺　虺𤸫。

豗　相豗，擊。

䝇　豕掘地也。亦作「𧱔」。

瘣　馬病。

○回　活恢切。遠也。轉也。邪也。又，回中，地名。亦姓。舊户恢切，灰韻十二。

迴　還也。

徊　徘徊。

佪　佪佪，惽也。

洄　逆流。

茴　茴香，草名。
駟　馬名。
槐　木名。虚星之精也。又，姓。
瑰　玫瑰。火齊珠也。又，古回切。
蛕　人腹中蟲。亦作「蛸」。
焨　光色。
郊　鄉名，在睢陽。
○傀　括隈切。大皃。又，美也。盛也。偉也。怪異也。亦作「瓌」。又，作「傀」。舊公回切，灰韻七。
瑰　瓊瑰，石，次玉。又，作「瓌」。
蒐　菜名。
櫰　木如棠，赤實，食之多力。出山海經。又，音懷。
膭　肥皃。
韇　韋綉綉也。又，求韋切。
膭　畜胎。

〇恢 闊回切。大也。舊苦回切，灰韻八。
㶾 多也。
詼 詼，調。
盔 盔，器盂，盛者。
魁 魁師，一曰北斗星。
䫲 大骨。
悝 病也。憂也。亦大也。又，音里。
䕇 箭竹。
〇嵬 枬回切。崔嵬，山高皃。舊五灰切，灰韻五。
桅 船上檣竿也。
峞 高皃。
鮠 魚名，似鮎。
磑 磨也。又，五内切。
〇雷 捊回切。説文作「靁」，云：「陰陽薄動雷雨生物也。」亦姓。舊魯回切，灰韻十一。
儡 「儽」同。

勵　勉也。又，盧對切。

瓃　玉器。

櫑　説文曰：「龜目酒尊，刻木作雲雷之象也。」通作「罍」。

鑘　劍首飾也。亦作「櫑」。

鐳　瓶也。壺也。

甑　屋棟瓦也。

罍　百囊魚網。

輻　輻轤不絶。

畾　田間。

○磓　掇隈切。落也。亦作「搥」。舊都回切，灰韻十三。

頧　母頧，夏冠名。禮記作「追」。

㿽　小阜也。

㕍　撲物也。亦作「搥」。

搥　摘也。亦作「墔」。

鎚　治玉也。周禮作「追」。

䭔　餅也。

䳒　雀屬。

䤥　䤠䤥，醜面。

䠀　䠀，坐皃。

堆　聚土。

敦　詩曰：「敦彼獨宿。」

崔　高也。

〇推　脱回切。耕也。舊他回切，灰韻六。

蓷　草名。

䡢　車盛皃。亦作「𨌙」。

㷟　㷟毛也。

蘈　牛蘈，草也。

㞜　履屬，有頸曰㞜。

〇穨　奪回切。暴風也。落也。亦作「頹」。舊杜回切，灰韻十一。

𤸇　陰病。

隮　下墜也。亦作「墤」。
尵　尵尵。
蹪　蹪仆。
牘　膗牘，屋破狀。
蘈　牛蘈，草。
㢈　壓也。
魋　獸似熊而小。
讙　譟也。
覆　棺覆。
○挼　内回切。手摩物也。舊乃回切。又，奴和切，灰韻三。
餧　餧飯。
㙉　古之善塗者。
○膗　髓隈切。膗牘，破皃。舊素回切，灰韻六。
嗺　送歌。
毸　毰毸，鳥舞皃。

蓑　蓑蓑，花蕊下垂皃。又，音莎。

挼　擊也。

韉　鞍邊帶也。

○嗺　緅隈切。口嗺頮也。舊臧回切，灰韻二。

朘　赤子陰也。一作「峻」。又作「屡」。

○崔　撮回切。姓也。舊倉回切，灰韻六。

催　迫也。

隨　崩隤也。

催　行急皃。

趡　逼也。

縗　喪衣。亦作「衰」。

○摧　柮回切。折也。阻也。舊昨回切，灰韻五。

槯　木名，堪作杖。

慛　傷也。憂也。

崔　崔嵬。又，音催。

檑　以木擣物。

〇桮　撥隈切。桮盞也。亦作「杯」。又作「盃」。舊布回切，灰韻一。

〇胚　潑回切。懷胎一月謂之胚。舊芳杯切，灰韻八。

坏　未燒瓦也。

抔　披抔。

衃　凝血也。

魾　魚名。

醅　酒未漉也。

瓿　瓜瓿。

痞　弱也。

〇裴　跛回切。衣長皃。又，姓。舊薄回切，灰韻十二。

蓜　鄉名，在聞喜。

徘　徘徊。

棐　車箱。

培　益也。助也。堤也。重也。

陪　陪厠。

焙　版也。

棓　姓也。又，龐項切。

婄　婦人皃。

毰　毰毸，舞皃。

郶　鄉名，在扶風。

碩　曲頤也。又，音排。

〇枚　末回切。枝也。亦姓。舊莫杯切，灰韻十四。

玫　玫瑰。

梅　果名。又，姓。

莓　莓莓，美田也。

鋂　大鐶。

酶　酒母。

脢　脊側肉。亦作「脄」。

罺　雉網。

媒　説文：「謀也，謀合二姓也。」
煤　炱煤，灰集屋也。
腜　孕始兆也。
禖　郊媒，求子祭也。
酶　醋之别名。
塺　塵也。

平聲第六類

八　哀　開口呼

哀　闔哈切。悲哀也。又，姓。舊烏開切，咍韻六。
唉　慢譍。
欸　嘆也。
㶃　熱甚。
埃　塵埃。
毐　人無行也。又，烏改切。

〇咍　𩒖哀切。笑也。舊呼來切，咍韻三。

痾　病也。

㕓　敱㕓，笑聲也。

〇孩　鍇開切。始生小兒也。舊户來切，咍韻八。

咳　小兒笑皃。

頦　頤下。

豥　豕四蹄白。

揩　觸也。

軆　長身。

鎧　鯢鎧，雄蟹。

趩　留意。

〇該　擖哀切。備也。兼也。皆也。又，軍中約也。舊古哀切，咍韻十九。

垓　八極。又，垓下，堤名。

荄　草根。

郂　鄉名，在陳留。

峐　山無草木。

晐　備也。兼也。

陔　殿階次序。

侅　奇侅，亦作賅贍也。

胲　足大指毛肉也。

絯　挂也。

餩　餄也。

姟　數也。十莠曰姟。

豥　揩　二字義見上。

剴　大鎌。又，摩也。又，五哀也。

齸　牙也。

膉　肥也。

殪　羊胎。

祴　祴夏，樂章名。

○開　榿孩切。開解也。亦州名。又，姓。舊苦哀切，咍韻五。

奒　大皃。

㤥　多也。

侅　義見上。

毅　毅㱟。

○皚　鱧孩切。霜雪白皃。舊五來切，咍韻七。

塏　崍塏。

敳　有所理也。又，隤敳，八元名。

剴　殪　二字義見上。

隑　企立。

獃　獃癡，象犬小時未有分別。

○來　辣孩切。至也。及也。還也。又，姓。舊落哀切，咍韻二十二。

萊　藜草。亦州名。又，姓。

崍　崍嵦，山也。

淶　水名，出涿郡。

棶　棶椋，木名。

𡑟 説文：「璼玉也。」亦作「琜」。

稑 稑𪌾之麥，一麥二稃，周瑞麥也。

麳 小麥。亦作「𪍿」。

庲 舍也。

逨 至也。又，力代切。

徠 還也。又，力代切。

睞 耕外舊場。

黧 黧黸，大黑。

郲 地名。

𦳝 鄉名，在扶風。又，力知切。

毜 毛起也。「𦄿」同。

瘶 惡病。

鶆 鶆鳩，鷹。

騋 馬高七尺。

鯠 魚名。

猍　貍也。「猍」同。

犛　長尾牛。又音氂、音茅。

○唻　唱歌聲。舊賴諧切，皆韻一。

○𪑾　怛哀切。黕𪑾，大黑皃。舊丁來切，咍韻二。

懛　懛㨉，失志皃。

○台　闥孩切。三台，星。又，天台，山名。舊土來切，咍韻六。

胎　始也。孕三月也。亦作「㸤」。

邰　地名。后稷所封，在始平。或作「𩟢」。

鬌　鬌鬈，婦人僞髻。

蛤　黑貝也，亦珠蛤。

鮐　魚名。

○臺　達孩切。土高四方曰臺。又，姓。舊徒哀切，咍韻十四。

薹　蕓薹。

檯　木名。

簦　笠屬，可禦雨。

儓　輿儓。

黳　黣黳。

嬯　鈍劣。

擡　擡舉。

菭　水衣也。亦作「苔」。

炱　炱煤。

跆　蹋跆，連手唱歌。

駘　駑馬。

鮐　鳥名。

箈　竹萌。

○能　捺孩切。三足鼈也。又，獸名，鯀所化。舊奴來切，咍韻二。

痲　病也。

○羪　羺羪，胡羊。舊妳佳切，佳韻三。

捤　捤，搦皃。

詑　言不正也。

〇崽　殺哀切。江湘間呼彼之稱。舊山皆切，皆韻二。
篵　篵籭，玉柱也。亦作「簁」。
〇籭　竹名。舊山佳切，佳韻二。
諰　語失也。
〇齋　札哀切。齋潔也。莊敬也。經典通用「齊」。舊側皆切，皆韻一。
〇茬　察孩切。簡也。舊楚皆切。又，楚宜、楚牙、楚懈三切，皆韻二。
趑　起去也。
〇釵　婦人岐笄也。舊楚佳切，佳韻八。
靫　鞴靫，盛箭室。
䪨　頷䪨，頤傍。
叉　兩枝也。手指相錯也。
芆　鬼芆，草名。
剈　小矛。又，劉剈也。
膗　膗腵脯腊。
甐　甐瓻，屑瓦洗器。

○豺　鉏孩切。狼屬。舊士皆切，皆韻四。

峩　山名，在平林。

儕　等也。輩也。類也。

𪎭　又音齊、音隮。

○柴　薪也。又，姓。舊士佳切，佳韻八。

祡　祭天燔祡。

瘵　瘦也。

齜　齜齟，齒不正也。

茈　茈葫，藥。

掌　積也。詩云：「助我舉掌。」

輂　連車也。又，却車抵堂也。

査　査郎。又，七瑕切。

○顋　薩哀切。顋，頷也。俗作「腮」。舊蘇來切，咍韻八。

䚡　角中骨。

憢　意不合也。

揌　抬揌。

粞　碎米。

鰓　魚𩵒。

䳐　鳥名。

毢　毰毢。

○栽　槮哀切。種也。舊祖才切，咍韻八。

烖　天火曰烖。「灾」、「災」、「挾」并同。

巛　說文：「害也。」「菑」、「蕃」并同。

𢦏　傷也。

哉　語助。

䔒　䔒，蒔。

渽　水名，出蜀。

䶒　睽也。或作「䘡」。

○猜　擦孩切。疑也。恨也。舊倉才切，咍韻四。

偲　多才能也。

職　義見上。
赳　起去也。
○才　嚽孩切。用也。質也。力也。文才也。説文：「草木之初也。」舊昨哉切，咍韻九。
材　木梃也。
財　貨賄也。
茾　蔽前草箭。
鼒　鼎斂上而小口。又，音兹。
麬　麴也。
裁　裁衣。
渽　水名。
纔　僅也。又，臧代切。

九　㨾　齊齒呼

㨾　軋豨切。推也。亦背負皃。舊乙諧切，皆韻一。
○俙　喊㨾切。訟也。舊喜皆切，皆韻一。
○㗊　笑皃。舊火佳切，佳韻二。

欬 欬欬，氣逆病。

○諧 黠揩切。和也。合也。偶也。舊户皆切，皆韻九。

湝 風雨不止。

瑎 黑石。

龤 樂和諧也。

騔 馬性和也。

蝔 蟲名，知雨將至，藏身草木下。又，音皆。

骸 骸骨。

鞋 履也。

蒩 蒩蔽，草。

○揩 舊諧皆切，皆韻一。

○慘 心不平。又，恨也。舊户佳切，佳韻七。

鮭 魚名。

膎 脯也。肉食肴也。

鞵 屩也。「鞋」同。

楒　楒棱。

揌　挾物。

褑　袖也。

○佳　戞㩴切。善也。大也。好也。舊古腜切，佳韻二。

街　四通道也。

○皆　俱也。舊古諧切，皆韻十七。

偕　俱也。

堦　堦砌。

階　階也。級也。梯也。

湝　水流皃。又，户皆切。

鍇　鐵也。

楷　木名。孔子冢上特多楷樹。

喈　鳥聲。

颽　疾風。

稭　麻稈也。本作「藍」。

腊 瘦也。

鶛 爾雅：「鶛鶡，其雄鶛。」

蝔 義見上。

甑 牡瓦。

荄 草根。

痎 瘧疾，二日一發。

薢 薢茩，藥名，决明子也。又，音懈。

○揩 劼諧切。揩摒，摩拭也。舊口皆切，皆韻四。

緒 大絲。

偕 徘偕，行惡。

糌 米之别名。

○厓 睚諧切。山邊也。舊五佳切，佳韻六。

崖 高岸。

涯 水際。

啀 犬鬥。

猚　鳥名。又，水名，在睢陽。

䶒　齸䶒。

○娾　醜女皃。舊擬皆切，皆韻二。

霡　雨聲。

○𪗹　㖊揩切。齧也。舊卓皆切，皆韻一。

𣘤　枯木根。

○扠　㬓諧切。以拳加人也。亦作「搋」。舊丑佳切，佳韻一。

○犤　牛羊無子。舊昌來切，咍韻一。

○娷　䞣諧切。媚皃。舊直皆切。從集韻增。

十　娃　合口呼

娃　㐌𦩎切。美女皃。舊於佳切，佳韻五。

洼　水名。

哇　淫聲。

㰳　邪皃。又，音圭。

哾　哾嘔，小兒言也。

○蛙　蝦蟆屬。亦作「鼃」。舊烏媧切，佳韻一。

○崴　崴嵔。舊乙皆切，誤，當作烏淮切，皆韻四。

磈　磈磓，不平也。

䫥　鹽也。亦作「䶝」。

溾　溾涹，穢濁。

○竵　㑎娃切。物不正也。舊火媧切，佳韻四。

𠯗　口偏。

苹　𣎆雜之皃。

餥　餥，消食。

○䯄　䯄𩪬，馬病。舊呼懷切，皆韻一。

○懷　滑勍切。抱也。和也。思也。亦州名。又，姓。舊户乖切，皆韻十一。

褱　俠也。包也。歸也。

櫰　爾雅：「槐大葉而黑曰櫰。」

瀤　北方水名。

褱　藏也。本作「褱」。

孃　和也。

鸁　戎狄鹽。

懷　似牛，四角人目。

褢　崴褢，不平皃。

槐　木名。又，音回。

淮　水名，出桐柏山，四瀆之一。又，姓。

○媧　剮娃切。女媧，伏羲之妹。舊古蛙切，佳韻七。

緺　青緺，綬也。

腡　手理也。

咼　咼欹。

騧　馬淺黃色。

蝸　蝸牛，小螺。

譪　譪惰。

○乖　睽離也。背戾也。亦作「菲」。舊古懷切，皆韻三。

䠥　説文：「背吕也。」

㾩　惡瘡。

○咼　𠜾懷切。口戾也。一作「喎」。舊苦緺切，佳韻五。

絓　惡絲。

菲　菲䔒，斜絶。

葰　葰斜。

闖　斜開門也。又，王詭切。

○𠡣　劧𠡣，人有力也。舊苦淮切，皆韻三。

匯　澤名。又，胡罪切。

㧟　揩摩。

○詬　剈懷切。諣詬，惰也。舊五咼切。從集韻增。

○膠　辣懷切。膠䐹，形皃惡也。舊力懷切，皆韻一。

○㱪　奪懷切。𦛨㱪也。舊杜懷切，皆韻二。

顡　頭朕也。

○䐹　𨩶懷切。舊仕懷切，皆韻二。

擺　倒損也。

○娝　汃懷切。好色皃。舊普才切，咍韻一。

○牌　拔懷切。牌榜也。舊薄佳切，佳韻七。

簰　大桴曰簰。

郫　縣名。又，音皮。

鯶　爾雅：「黑鯉謂之鯶。」

䗶　蚌之長而狹者。

棑　棑，筏。

犤　牛也。

○排　推排。安排。又，彭排，軍器也。舊步皆切，皆韻五。

俳　俳優。

輫　車箱。

碩　曲頤皃。

猈　短頭狗。

○棓　版也。舊扶來切，咍韻二。

榸 姓也。

○埋 怽懷切。瘞也。藏也。亦作「薶」。舊莫皆切，皆韻三。

霾 風而雨土爲霾。

䳰 慧也。

○買 視皃。舊莫佳切，佳韻二。

韎 韎韐，履也。

平聲第七類

十一 烏 合口呼

烏 屋呼切。安也。語辭也。返哺烏也。亦姓。又，代北二字複姓有烏丸氏，三字複姓有烏郝羅、烏石蘭、烏落蘭氏。舊哀都切，模韻十八。

嗚 嗚呼，嘆辭。

歍 口相就也。

瑦 美石。

鎢 鎢錥，温器。

槝　槝椑，青柹。
蔿　蔿薀，荻也。
鄔　縣名。又，音塢。
鰞　鰞鰂，魚，烏所化。
螐　蚅螐，蠋蟲也，大如指，白色。
洿　濁水不流者。亦作「汚」。
杇　泥鏝也。「圬」、「釫」并同。
弙　滿挽弓有所向也。
扜　引也。
鴮　鴮鸅，鵜鶘別名，俗謂之淘河。
盓　盤盓，旋流也。又，憂俱切。
於　嘆美辭。
惡　安也。亦語辭。
○呼　設烏切。喚也。外息也。亦姓。又，呼延、呼衍，代北複姓二氏。舊荒烏切，模韻十七。
嘑　哮嘑。周禮：「鷄人掌嘑旦。」

虖 哮虖也。又，姓。
評 亦唤也。
謼 大叫。
歑 温吹氣息也。
滹 滹沱，水名。周禮作「虖池」。
苸 草多。
戯 古文「呼」字。
軤 姓也。
虍 虎文。
䗂 鳥名。
虖 鬼皃。
侉 怯也。
葫 大蒜。
膴 無骨腊。又，音無。
幠 大也。

○胡　縠枯切。安也。何也。牛頷垂也。又，北國名。亦姓。又，胡母、胡非、胡掖複姓三氏。

舊户吴切，模韻二十五。

瑚　瑚璉。

湖　江湖。

葫　葫瓜。又，草名。

箶　箶簏，箭室。又，竹名。

餬　糜也。又，寄食也。或作「餂」。

䙕　䙕裓。

醐　醍醐。酥屬。

黏　黏也。亦作「粘」。俗作「䴴」、「糊」。

頶　牛頷垂也。亦作「嗗」。

瓳　甂瓳，甂甎也。

瑚　瑚瘻，物在喉中。

鶘　鵜鶘，鳥名。

猢　獑猢，獸名，似猨。

䠶　鼪䠶，似猨，身白，善超坂絶巖。

壺　酒器也。亦姓。

楛　棗名也，大而鋭上者。本作「壺」。

箶　棱也。

瓠　瓠𧆱，瓢也。又，音護。

𥶄　被也。

弧　弓也。

狐　狐貉。説文：「妖獸也，鬼所乘。」亦姓。

乎　極也。語辭也。古作「兮」。

虖　嘆辭。

魱　當魱，魚名。

〇孤　轂烏切。孤獨也。又，代北複姓有獨孤、温孤、步六孤、乙速孤氏。舊古胡切，模韻二十七。

苽　雕苽，一名蔣。亦作「菰」。

箛　竹名。

泒　水名，在雁門。

柧　棱柧。

觚　酒爵。

箛　方也。本亦作「觚」。

奓　大皃。

軱　大骨。又，盤骨也。

呱　啼聲。

胍　胍肝，大腹。

罛　魚罟。

瓠　瓜也。

姑　父之姊妹。夫之母。

沽　水名，在高密。

酤　市酒也。

鴣　鴣息。禮記作「姑」。

蛄　蛄螻。

鴣　鶘鴣，鳥。

鹽　陳、楚人謂鹽池爲鹽。又，音古。

䑩　漢書：「越王巫䑩祠，在雲陽。」亦小兒病鬼也。

辜　罪也。

樟　木名。又，音枯。

嫴　保任也。

鐣　鏷鐣，矢名。

膟　膟脯。

箍　以篾束物。

〇枯　哭湖切。朽也。舊苦胡切，模韻十。

軲　車也。又，山名。亦姓。

跍　蹲踞皃。

殆　殆瘁。

刳　剖破也。判也。

郀　地名。

挎 空也。拆也。

扜 揚也。

弙 引弓也。

鮬 婢妾魚也。

○吾 悟湖切。我也。漢官有執金吾。吾，禦也。謂執金革，以禦非常也〔一〕。亦姓。又，徐吾、鍾吾、昆吾、由吾、肩吾複姓五氏。舊五乎切，模韻十八。

梧 梧桐，木名。又，姓。

浯 水名。

峿 區峿，山名。

郚 鄉名，在東筦。

菩 草名，似艾。

娪 美女。

齬 齟齬。又，音語。

鯃 魚名。

鼯 似鼠，一曰飛生。亦作「鼯」、「蜈」。

猨 猿屬。

吴 國名，泰伯之後。亦姓。

珸 琨珸，美石。亦作「珸」。

鋙 錕鋙，山名，出金，色赤如火，作刀可切玉。

䑸 船名。

祦 福也。

蜈 蜈蚣，毒蟲。

麌 牝麢也。又，音俁。

○盧 禄湖切。飯器也。黑色也。亦姓。又，長盧、屋盧、尊盧、蒲盧、索盧、湛盧諸複姓。又，代北複姓豆盧、吐盧、沓盧、呼盧、東盧等五氏。又，三字姓有叱伏盧、奚計盧、莫胡盧三氏。舊落胡切，模韻三十。

壚 土黑而疏。

鑪 酒盆。又，鑪冶。

爐 火床也。

瀘 水名。亦州名，在蜀。

櫨　欂櫨，柱也。又，木名。

攎　攎斂。

壚　玉名。

盧　飯器。亦瓶也。亦作「盧」。又作「罏」。

顱　頭顱。亦作「髗」。

矑　目童子也。

嚧　呼豬聲。

鬛　鬛，鬣。

瀘　癰類。

黸　黑甚。

蘆　葦之未秀者。又，蘆菔，菜名。

籚　籚西竹，出會稽。

轤　轒櫨，圓轉木也。

艫　舟後。

纑　布縷。

彇　黑弓也。本作「𢎎」。

甗　酒器。

㪭　攱也。攱音邸。

鱸　魚名。

鸕　鸕鷀，鳥名。

獹　韓獹，犬名。

蠦　蠦蜰，一名蜚，又名蛗蠜。

藘　藘會，藥名。

廬　廡也。又，力古切。

枰　黄枰木，可染也。

○都　縠烏切。總也。十邑爲都。天子所居曰都。又，姓。舊當孤切，模韻七。

闍　闉闍，城上重門。又，視遮切。

篰　竹名。

䣝　賭勝。

醏　䤁醏，醬也。

肟　肟胍，大腹。

䩣　析皮具〔二〕。牛牽船。

○稌　秃湖切。美玉也。舊他胡切，模韻十二。

峹　山名。

稌　稻也。又，他古切。

梌　鋭也。

捈　臥引。

庩　痡庩，屋不平也。

悇　懷憂皃。

䟻　䞪䟻，伏地。

䩣　鞲䩣，屧也。

嵞　山名。

㻬　玉名。

瑦　瑦琈，玉名。

○徒　獨湖切。黨也。空也。步行也。隸也。亦作「辻」。舊同都切，模韻二十七。

途　道也。

塗　塗，泥也。路也。亦姓。

涂　水名，在益州。

梌　木名。亦作「梚」。

荼　苦菜。

盦　盦山，古國名。禹所娶也。亦作「峹」。書作「塗」。

捈　捈，引。

郐　下邑，地名。

篨　爾雅：「簡篨，中。」言其中空。竹類。

瑹　楸木别名。

稌　穗也。

蒢　虎杖。

酴　酒名。

駼　山海經：「北海有獸，狀如馬，名曰騊駼。」

鵌　鳥名，與鼠同穴。

䖘　黄牛虎文。

菟　菟丘，地名。又，音吐。

䖞　烏䖞，楚謂虎也，左傳作「於菟」。

屠　殺也。裂也。刳也。亦姓。又，音除。

瘏　病也。

廜　廜廯，草庵。又，屋平曰廜廯。

鄌　鄉名。

鷵　爾雅：「鶟，鶘鷵。」〔三〕注：「似鳥，蒼白色。」

圖　謀也。亦圖寫也。俗作「啚」。啚本音鄙。

鍍　以金飾物也。又，音度。

酴　醔酴，醬也。

○奴　褥湖切。人之下也。亦作「伮」。舊乃都切，模韻六。

帑　金幣所藏也。又，他朗切。

孥　妻孥。孥謂子也。

砮　礪也。

䉤　鳥籠。

駑　劣馬。

○䋘　縮烏切。氍䋘也。舊山芻切，虞韻四。

𥏼　裂繒。

樔　說文：「車轂中空也。」

螋　蠼螋，蟲。

○疏　蔬　梳　練　綀　㳀　疋　㼮　𩞯　九字新增，注見「三　疏」。

○㑳　𡧠烏切。㑳㑳，小人皃。舊莊俱切，虞韻二。

𢱢　解也。

○菹　沮　䶥　三字新增，注見「三　疏」。

○芻　𤤥湖切。芻豢。又，刈草也。亦姓。舊測隅切，虞韻二。

犓　養牛曰犓。

○初　𠰋　二字新增，注見「三　疏」。

○雛　助湖切。鳥子能自食曰雛。舊仕于切，虞韻三。

𥣣　稷穰。

嫭　婦人妊娠也。

○鉏　耡　狙　鶵　四字新增，注見「三　疏」。

○蘇　速烏切。滿也。取草也。死而更生也。又，蘇木，木名。紫蘇，草名。又，州名。亦姓。舊素姑切，模韻四。

穌　息也。舒悦也。死而更生也。

蘇　屠蘇，草庵也。又，酒名。

酥　酥酪。

○租　鏃烏切。積也。税也。舊則吾切，模韻二。

葅　籍也。古制，分土封諸侯。葅以茅曰茅葅。又，子余切。

○麤　瘯湖切。行超遠也。又，疏也。大也。物不精也。「粗」、「麄」、「觕」并同。舊倉胡切，模韻四。

糒　米不精也。

蘆　草履也。

皻　皮皵惡也。

○徂　族湖切。往也。亦作「退」。舊昨烏切，模韻二。

殂　死也。亦作「殕」。

○夫　福烏切。丈夫也。又，夫蒙，羌複姓。舊甫無切，虞韻十八。

玞　珷玞，美石似玉。

鈇　鈇鉞。

秩　再生稻也。

袄　祭名。

衭　衣前襟。亦作「帗」。

妋　貪皃。

扶　公羊傳：「扶寸而合。」注：「側手曰扶，案指曰寸。」

趺　足趾也。本作「跗」。又，跏趺，大坐。

邞　古縣名，在琅邪。

鮇　鮇鯕，魚名。

鴂　鴮鴂，鳥。

柎　欄足。

髯　髻本。

鴩　鵂鴩，鳥名，三首六足，六目三翼。
膚　皮膚。又，美也。傅也。「肤」同。
蘮　地蘮，藥名。
簠　簠簋，祭器。又，方羽切。
○敷　散也。説文：「从尃，施也。」舊芳無切，虞韻三十四。
藪　花葉布也。
檄　木名。
撽　張也。
膊　翮下羽也。
尃　布也。
孚　信也。
桴　屋棟。又，音浮。
稃　穀皮也。亦作「粰」。
莩　葭莩，葭中白皮。
筟　織緯者。

郛　郛，郭。
罦　車上網以捕鳥。
毦　毛解。
孵　卵化。
俘　囚也。
殍　餓死。
鮃　魚名。
鄜　鄉名。
庯　石間見也。
鋪　又，普胡切。
痡　病也。
稃　禾穳也。又，扶甫切。
豧　豕息。
怤　思也。悦也。
娐　娐，悦。

泭　小木栰也。

紨　布也。又，細紬也。

艀　艀艇，船也。

麩　麥皮也。亦作「麱」。

苻　花盛。

荂　荂榮之皃。

菒　菒蒚，花皃。

鄜　州名。

○扶　伏湖切。扶持也。佐助也。又，扶風，郡名。又，扶州，在隴右。又，姓。亦作「技」。舊防無切，虞韻二十四。

夫　語助。又，府符切。

芙　芙蓉。

枎　枎疏，盛也。

颫　颫風，大風。

蚨　青蚨，蟲，子母不相離。

誅　誅詞。

肤　望也。

𠿍　小畚器也。

符　符契。說文：「符，信也。漢制以竹，長六寸，分而相合。」又，姓，秦符璽令之後。

苻　鬼目草也。又，姓。晋苻洪，武都氐人，本姓蒲氏，因其孫堅背文有草付之祥，改姓苻氏。

泭　水上泭漚。又，編木以渡也。本音孚，或作澓。

坿　白石英也。

椨　草木子房。

榑　榑桑，海外大桑。

枹　枹罕，縣名，在河州。

琈　玉文。

鳧　野鴨。

鳧　鳧茨，草名。

滏　水名。

潪　水名，中有神人。

憮　心明。

翜　飛皃。

瓬　甌瓬，瓶也。

○無　務湖切。不有也。又，無庸、無鈎複姓二字。舊武夫切，虞韻二十二。

璑　三采玉。

隝　地名，在弘農。

墲　冢也。

蕪　荒蕪。

篻　黑皮竹。

憮　空也。又，音武。

膴　無骨腊。

瞴　瞴瞜。

譕　誘詞。

罺　雉網。

䨽 罟屬。

鵐 鵐鴽，鳥名。

巫 巫覡，亦山名。又，姓。

莁 莁荑，草名。

誣 誣枉。

憮 欲空之皃。

鵐 鳥名，雀屬。

无 虛无也。與「無」通。又，複姓有无婁氏。

蝥 鼅蝥。又，音矛。

慔 愛也。又，音武。

毋 禁止之辭。又，毋丘、毋鹽、毋將、毋車、毋終、茲毋、綦毋、巨毋複姓八氏。

○逋 卜烏切。進也。欠也。舊博孤切，模韻十一。

晡 申時。

餔 申時食也。亦作「餺」。又，音步。

庯 屋上平。「陠」同。

峬　峬峭，好形皃。

誧　諫也。

稝　刈禾治稝。

逋　迶逋，伏地。

鯆　鯆鮃，魚名。亦作「鯆」。

鶝　鶝鵏，鳥名。

抪　展舒也。布也。

○鋪　朴湖切。設也。陳也。布也。金鋪，門之鋪首，所以銜環也。舊普胡切，模韻十一。

誧　義見上。

陠　衰也。

痡　病也。又，音孚。

敝　敝敝，屋壞。

驕　馬名。

踊　馬蹀迹也。

鯆　江豚別名。亦作「鱄」。

䅬　豕名。

䅬　豆䅬。

𡍴　規墓地也。

○蒲　暴湖切。草名，可以爲席。又，州名。古蒲坂地。又，姓。又，蒲姑、蒲城、蒲圃複姓三氏。舊薄胡切，模韻十。

酺　大酺，因祭餔而飲酒作樂也。

匍　匍匐。

捕　摴蒱，戲也。

蜅　蛤蜅。

蒱　膊魚。亦𨿽有蒱肉也。

篰　竹笪沈水取魚之具。

莩　莩𧆓，收亂草也。

樸　樸㓹，縣名，在武威。㓹音還。

菩　梵言菩提，漢言至道。

○模　木湖切。法也。形也。規也。亦作「橅」。舊莫胡切，模韻九。

摸 以手摸也。亦作「摹」。又，音莫。

謨 謀也。亦作「謩」。又，作「暮」。

嫫 嫫母，黄帝妻，皃醜。亦作「嫫」。

膜 膜拜，僧禮拜也。

撫 義見上。

無 竹名。

㮺 車衡上衣。

醬 醬醃，榆子醬也。

【校記】

〔一〕禦 原書均誤刻作「御」，據漢書百官公卿表、後漢書百官志改。

〔二〕析 原書誤刻作「折」，據廣韻改。

〔三〕鶩 原書誤刻作「鶩」，據爾雅釋鳥改。

十二 紆 撮口呼

紆 郁訏切。縈也。曲也。詘也。亦姓。舊憶俱切，虞韻十二。

迂　曲也。
扜　指麾也。
尪　盤旋也。
雩　注雨皃。
靬　鞶革。
醧　能者飲，不能者止也。
虶　蚰蜒別名。
陓　陽陓，澤名。
軀　韃也。
褔　編枲，頭衣。又，烏侯切。
蓲　草名。又音丘、音歐。
〇于　育區切。曰也。於也。亦姓。又，鮮于、淳于、宣于、多于、鬬于複姓五氏。又，方忸于，代北三字姓，後改爲于氏。本作「亐」。凡從于者，作「亐」同。舊羽俱切，虞韻十九。
邘　古邘國，地在河內。
雩　請雨祭名。

翌　飛皃。羽舞也。

竽　笙竽。

玗　玉名。

汙　水名。又，屋孤、烏故二切。

芋　草盛皃。又，王遇切。

釪　錞釪，形如鐘，以和鼓。

杅　因杅，漠北地名。

骬　髃骬，缺盆骨也。

軒　車環靼也。

衺　裦衣。

迂　窻迂，床也。

盂　盤盂，飯器也。又，姓。

醧　宴也。

蓋　葅蓋，似韭。

謣　妄言。

雩　草木華也。本音「吁」。

○俞　然也。答也。說文作「俞」。空中木爲舟也。又，姓。又，恥呪切。舊羊朱切，虞韻四十二。

愉　悦也。和樂也。

逾　越也。亦作「踰」。

揄　動也。引也。又，揄揚也。

瑜　玉名。

崳　崳次山，在雁門。

渝　變也。亦州名。本巴國地，因渝水爲名。

堬　冢别名。

榆　木名。

萮　茖萮，花皃。亦作「蕍」。

澰　澤舃。

蹫　變色豆也。

褕　褕狄，后衣。又，由昭切。

歈　歌也。

隃　隃麋，古縣，在扶風。

鄃　地名，在涿郡。又，音輸。

牏　築垣短版。

窬　門邊小竇。

闟　窺也。

廠　邪廠，舉手相弄也。

覦　覬覦，欲得。

婾　靡也。又，音偷。

偷　行皃。

瘉　病也。

瓵　瓶也。

輸　餘也。

騟　紫色馬。

羭　黑羝。

蝓 蝛蝓，蝸牛。

臾 善也。亦須臾。又，姓。

腴 肥腴。

諛 諂諛[一]。

楰 木名。又，音庾。

渙 污渙。

瑍 美石，次玉。亦作「碝」。

萸 茱萸。

篍 黑竹。

蕍 草名。

悇 憂也。

舀 臼也。又，音由。又，代兆切。

螸 爾雅：「蠭醜螸。」

炊 炊炊，呼犬子也。

○訏 蓄紆切。大也。舊况于切，虞韻十九。

吁　嘆也。

盱　舉目也。又，盱眙縣，在楚州。

旴　日始出皃。

雩　雩婁，古縣名，在廬江。

扜　義見前。

忓　憂也。

疛　病也。

醧　義見前。

雽　義見前。亦作「荂」。又，音敷。

咢　殷冠名。又，音詡。

靬　靬靻。

欨　欨樂。

虖　虎吼。又，虎乎切。

欰　吹欰，亦笑意。又，況宇切。

煦　煦瞙，笑皃。

姁 姁婾，美態。

袦 大袑衣也。

稟 亟屬。又，矩于切。

○拘 菊紆切。執也。舊舉朱切，虞韻十二。

岣 岣嶁，衡山別峰。

眗 左右視也。本作「眀」。

跔 手足寒也。

痀 曲脊。

駒 馬駒。

鮈 鮃鮈，魚名。

瞘 目邪也。

斣 挹也。酌也。「鄜」同。

礓 磫礓，礪石。

捄 盛土也。詩云：「捄之陾陾。」

俱 皆也。具也。又，姓。

○區　麴于切。具區，吴藪名。又，草木屈生曰區。亦姓。舊豈俱切，虞韻七。

嶇　崎嶇。

軀　身軀。

驅　驅馳也。古作「敺」。

摳　褰裳。又，苦侯切。

嶇　嶇隅，不安皃。

鰸　魚名，出遼東，似蝦，無目。

○衢　瞿于切。街衢也。四達謂之衢。舊其俱切，虞韻二十九。

瞿　鷹隼視也。亦姓。又，九遇切。

灈　水名，在汝南。

欋　四齒杷也。

礭　磫礭，青礪。

戵　戟屬。亦作「鑺」。

臞　瘠也。亦作「癯」。

躍　躍躍，行皃。亦作「氍」。

趯　走顧之皃。亦作「趜」。

氍　氍毹，毛席也。亦作「氀」。

鸜　鸜鵒，鳥名。亦作「鴝」。

蠷　蠷螋，蟲名。

句　冤句，縣名，在曹州。又，九遇、古侯二切。

劬　勞也。

朐　屈也。亦山名，在東海。又，姓。

陑　地名，在河東。

鮈　脯名。

絇　履頭飾也。亦作「屨」。

姁　姁然，樂也。又，况羽切。

軥　車軛。

斪　鉏屬。

翑　鳥羽也。亦作「鴝」。

蒟　爾雅：「蒟，芋熒。」

蚼　蚼蝆，蚍蜉。

䵶　䵶屬。亦作「鼁」。

鼩　鼱鼩，小鼠。

䭵　馬左足白。本作「驹」。

蘧　蘧麥。

豎　樹種也。

○虞　砡于切。度也。山虞、澤虞，掌山澤之官也。騶虞，仁獸也。俗作「虞」。又，姓，以國號為氏。舊遇俱切，虞韻十九。

澞　爾雅：「山夾水澗，陵夾水澞。」

鸆　鸆鸆，一名婟澤。

娛　娛樂。

愚　惷也。戇也。

禺　番禺縣，在南海。亦姓。又，音遇。母猴屬也。

堣　堣夷，日所出處。書作「嵎」。

嵎　山名，在吳。

湡 齊藪名。又，水名，在襄國。

隅 角也。陬也。

鄅 地名。

鍝 鋸也。

煹 裓器，煮食。

髃 骨名，在髆前。又，五苟切。

齵 齒重生。

鰅 魚名，有文，出樂浪。

鶗 鳥名，狀如梟，人面，見則天下大旱。

鸆 鳥，似禿鶖。

蝺 蠮蝺，似蟬而長，一名青蚨，子如蠶子，著草葉上，得其子，母自飛來就之。

○慺 六于切。悅也。舊力朱切，虞韻十五。

蔞 蔞蒿。又，鄅蔞氏，代北複姓。

婁 曳也。又，落侯切。

摟 亦曳也。

褸　山頂。
鄋　鄉名。又，落侯切。
鏤　屬鏤，劍名。又，盧豆切。
膢　飲食祭也，冀州八月，楚俗二月。
瞜　瞴瞜。又，落侯切。
氀　毛布。
艛　䑼艛，所以遏水。
瘻　瘻痀，曲脊。
鷜　鵱鷜，野鵝。
鱋　魚名。
貗　求子豬也。亦作「䝏」。又，落侯切。
○輸　叔紆切。盡也。寫也。墮也。委輸也。舊式朱切，虞韻三。
鄃　縣名，在貝州。
隃　北陵名。又，相俞、式注二切。
○殊　熟于切。別也。異也。斷絶也。舊市朱切，虞韻十。

洙 水名，在魯。

茱 茱萸。

㑛 㑛僂，縣名。

𦙶 𦙶膢。

㼡 小甖。

銖 八銖爲錙，二十四銖爲兩。

殳 兵器，長一丈二尺，無刃。又，姓。亦作「杸」。又，作「㕤」。

几 説文云：「鳥之短羽飛几几也。」象形。

𣬛 八觚杖也。

○儒 肉于切。柔也。人有道術曰儒。舊人朱切，虞韻十六。

濡 水名，出涿郡。

襦 短衣也。

繻 易曰：「繻，有衣袽。」又，音須。

嚅 囁嚅，多言。

懦 弱也。又，乃亂切。

爑　火色。

臑　嫩耎皃。

嬬　妻名。

顬　顳顬，耳前動。

醹　厚酒。

鱬　朱鱬，魚名，魚身人面。

麢　鹿子。又，相俞切。

獳　朱獳，獸名，似狐而魚翼。

醜　鬼魅聲。

甓　柔皮。又，而兖切。

○朱　竹紆切。赤也。説文：「赤心木也。」亦姓，邾國之後，去邑從朱。又，複姓有朱泙氏。舊章俱切，虞韻十。

珠　珍珠，蚌所産也。

硃　朱砂，丹砂也。

絑　繒純，赤色。

侏　侏儒，短人。

咮　譸咮，多言皃。

袾　詛也。又，音注。

鴸　鳥名，似鴟，人首。

鮢　似蝦，無足。

猪　猪獳，獸名。

〇株　木根也。舊陟輸切，虞韻七。

邾　國名。

誅　責也。殺戮也。古作「列」，亦作「敊」。

袾　朱衣也。又，昌朱切。

跦　行皃。

秼　黏皃。

鼄　䵷鼄，網蟲。亦作「蛛」。

〇樞　俶于切。本也。門户，扉樞也。舊昌朱切，虞韻五。

軀　軀骨。

姝　美好。

袾　朱衣。

筞　筞策。

○貙　獸名，似貍。俗作「貙」。舊敕俱切，虞韻一。

○廚　逐于切。庖屋也。俗作「厨」。舊直誅切，虞韻五。

蹰　踟蹰，行不進皃。

幮　帳也，似厨形也。

裯　襌衣。亦床帳也。又，直休切。

趎　人名。莊子有南榮趎。

○須　肅紆切。意所欲也。待也。俗作「頚」。又，作「鬚」，面毛也。又，賤妾之稱。亦姓。又，複姓有須遂氏、須卜氏。舊相俞切，虞韻十一。

嬃　女字。

䇓　頭巾。

蕦　蕵蕪別名。

需　卦名。

繻　傳符帛。

鑐　鎖中鑐也。

鱬　喻　二字義見前。

緰　衫緰，帛也。

婁　閭婁美女也。見荀子。

○諏　蹩紆切。謀也。舊子于切，虞韻七。

陬　陬隅。又，子侯切。

娵　娵觜，星名。

㝡　㝡嵎。

啾　嚱啾，不廉。

掫　擊也。

嗺　高皃。

○趨　蹴于切。走也。俗作「趍」，非。趍本音池。舊七逾切，虞韻二。

鯫　淺鯫，小人不耐事皃。又，士后切。

【校記】

〔一〕諂謏　原書誤刻作「謟謏」。

平聲第九類

十三　漚　開口呼

漚　沃齁切。水上浮漚也。舊烏侯切，侯韻十四。

區　量名，四豆爲區。又，匿也。楚有僕區之法。又，姓，越有區治子，善注劍。又，豈俱切。

歐　歐陽，複姓。

謳　吟也。歌也。

瞘　深目皃。亦作「曉」。

嘔　嘔呝，小兒語也。

褔　小兒誕衣。

膒　久脂。

鏂　鏂銆。

剾　剾劊。

甌　瓦器。又，甌，閩地名。又，姓。

醧　酒甘。

櫙　木名。爾雅：「櫙荎，今之刺榆。」亦作「藲」。

鷗　水鳥。

○齁　熇漚切。齁鮯，鼻息也。舊呼侯切，侯韻二。

䳄　䳄鳥，青色，似鵁鶄。

○侯　鵠彄切。候也。何也。美也。語辭也。射布曰侯。五等之爵，次等爲侯。亦姓。又，夏侯、羅侯、韓侯、屈侯、豎侯、桓侯、白侯等複姓七氏。又，代北三字姓，有侯莫陳、伏侯龍二氏。古作「矦」。亦作「医」。俗作「帿」。舊户鉤切，侯韻二十。

喉　咽喉。

㬋　㬋顋，大言。

睺　半盲。

瘊　疣瘻。

䙈　䙈褕，小衫。

餱　乾食。

糇　糇糧。

鍭　箭鏃。

猴　羽本。

楱　楱桃。又，楱，櫟木也。

葔　葔，莎草。

篌　箜篌，樂器。

鄇　地名。

鯸　鯸鮐，魚名。

猴　獮猴，猱也。

蝚　蟲名。

鍭　鏂鍭，鋞鍜。

骺　骨骺。

𧮫　谷名，在成皋。亦作「㗋」。

○鉤　梏漚切。曲也。又，劍屬，鎌也。又，釣鉤。簾鉤。又，鉤援，車名。俗作「鈎」。舊古侯切，侯韻十七。

劬　關西呼鎌爲劬。

句　曲也。句龍，社神名。亦姓。又，九遇、古候二切。

枸　曲木。又，木名。

輈　車輈心木。又，夏后之輅曰輈。

舸　舸䑣，船名。

夠　多也。

篘　篘篛，桃枝。竹名。

瓠　瓠瓟。

鼄　鼄鼅，似鼁。又，其倶切。

菁　數名，十秭曰菁。

溝　溝渠。爾雅：「水。」注：「谷曰溝。」又，田間水道曰溝。

篝　熏籠。

褠　褌衣。

韝　臂捍。

嘔　唱嘔。

緱　刀劍頭纏絲爲緱。又，緱氏，縣名。緱山，山名。亦姓。

○彄　酷侯切。弓弩端，弦所居也。舊恪侯切，侯韻八。

摳　挈也。探也。

剾　剜裏也。

瞘　目深皃。

韝　鞲　二字義見上。

帎　指帎。

滱　水名。又，音寇。

○齵　𪙊侯切。齱齵。又，音禺。舊五婁切，侯韻一。

○婁　濼侯切。空也。又，星名。亦姓，邾婁國之後。又，工婁、贛婁、母婁、精婁、邾婁複姓五氏。又，伊婁、匹婁，代北複姓二氏。舊落侯切，侯韻二十八。

樓　重屋也。亦姓，東樓公之後。又，蓋樓、賀樓，代北複姓二氏。

陋　縣名。

髏　髑髏。

僂　傴僂。

摟 探取。
謱 謰謱。
慺 慺慺，謹敬之皃。
遱 連遱。
嘍 嘍唳，鳥聲。
褸 衣襟。
剅 逗剅，小穿。
廔 廲廔，綺窗。
艛 舟名。
耬 種具。
簍 籠也。
鞻 鞮鞻氏，掌四夷之樂。
蔞 菰蔞，土瓜。
瓡 觚瓡，苦瓡。
羪 土羪，似羊，四角觸物則斃。

蔞　瞜　鄋　膢　鷜　鞻　獶　七字義見「十二　紂」。

螻　螻蛄，一名仙蛄，一名石鼠。

○兜　篼漚切。首鎧也。舊當侯切，侯韻九。

兠　兠鬏，白頭。

篼　飼馬籠。

吺　輕出言也。驩兜，亦作「驩吺」。

侸　佔侸，垂下皃。

剅　小穿。或作「竘」。

郖　説文：「弘農縣庾地。」

豇　豇眵，目汁凝也。

覴　説文：「目蔽垢也。」

○偷　秃侯切。苟且也。盜也。舊托侯切，侯韻三。

鍮　鍮石，以金陶之則分。亦作「鋀」。

媮　薄也。巧黠也。

○頭　毒侯切。首也。舊度侯切，侯韻十五。

投　托也。棄也。合也。擲也。亦姓。又，複姓有投壺氏。

骰　骰子，博陸采具。

豉　遥擊皃。

投　陶窗。

䴘　鵳頭鴘，似鳧，脚近尾。

牏　築垣短版。

窬　穿也。

緰　布也。

歈　歌也。又，音俞。

揄　引也。又，音俞。

鍮　剾鍮。足節。又，刀剜物。

醙　醔醙，醬也。

𪎷　䴺𪎷。或作「麳」。

廁　行圊厠。

○羺　褥侯切。羺羖，胡羊也。舊奴鈎切，侯韻四。

獳　犬怒。

䫆　兔子。

䰐　鬼彪聲䰐䰐不止，出説文。

○捘　溲漚切。索也。求也。聚也。亦作「搜」。舊所鳩切，尤韻十六。

廋　匿也。

颼　颼飀，風皃。

鄋　北方國名。

鎪　馬金耳飾。

蓃　鷄腸草。

餿　飯壞。

醙　白酒。

趍　趙趍，不進。

溲　小便。

駿　駒駿，蕃中大馬。

獀　獶獀，南越名犬。

蝬　蛷蝬，蟲，亦名蠼蝬。

犙　牛三歲也。

蒐　茅蒐。草。又，春獵曰蒐。

鱐　乾魚。

○鄹　揫漚切。縣名，屬兖州。又，姓。亦作「郰」。舊側鳩切，尤韻十三。

郰　孔子所生鄉也。

騶　廄御也。又，騶虞，仁獸。又，姓。

躅　獸足。

艒　艆艒，海船名。

陬　鄉名。又，隅也。

棷　薪之别名。

菆　草名。又，矢之善者。

篘　竹柴别名。

緅　青赤色也。

黀　聚麻。

齱　齱齵，齒偏。

嗽　小兒聲。

○搊　鞭侯切。手搊也。俗作「扭」。舊楚鳩切，尤韻五。

篘　酒篘也。或作「醔」。

榒　板木不正。

糏　糏粉。

謅　謅謏，陰私小言。

○愁　驟侯切。憂也。悲也。苦也。舊士尤切，尤韻二。

潈　腹中有水氣也。

○涑　溯漚切。澣也。亦作「漱」。舊速侯切，侯韻七。

漱　冷漱。

揫　摟揫，取也。

鍬　刻鏤。

鞍　軟皮也。亦作「鞦」。

鬏　髟鬏，白頭人也。

婺　女字。

○掫　僬謳切。扞掫，夜戒守也。舊子侯切，侯韻五。

陬　掫　二字義見前。

緅　再染曰緅，三入成纁。

鯫　麻幹。

○諏　湊侯切。就也。舊千侯切，侯韻一。

○剽　躁侯切。細斷也。舊徂鈎切，侯韻二。

鯫　魚名。又，小人之皃。

○不　轐謳切。弗也。又，姓，汲郡人不準，發魏王冢，得古文竹書。舊甫鳩切，尤韻五。

紑　鮮潔皃。

鴀　鴀鳩，鳥名。

呼　吹氣。

穀　未燒瓦器。

○浮　幞侯切。溢也。汎也。舊縛謀切，尤韻二十三。

孵　多也。

桴　屋棟。

烰　火氣蹙也。

雩　雨雪皃。

箳　竹有文者。

琈　玉名。

粰　粰粇。

呼　義見上。

罦　覆車網。亦作「罬」。

艀　舟名。

鵉　鵉鳩。

鮃　魚名。

蜉　蜉蝣。又，蚍蜉，大蟻。

涪　水名，在巴西。

棓　杖也。又，音棒。

掊　把也。

鎱 小缻。

茮 茮莒，車前草也。

罘 兔罝也。又，之罘，山名。

枹 鼓槌。

鉜 鉜鏂，大釘。

菩 姓也。

裒 僕侯切。聚也。又，取也。與「掊」同。舊薄侯切，侯韻九。

捊 引取也。

抔 手掬物也。

掊 掊克，謂聚斂也。

脬 豕肉醬也。

鎱 義見上。

箁 説文：「竹箁也。」

髺 髮皃。

餢 餢鏂，食也。

○謀　瑁侯切。計也。議也。咨難爲謀。舊莫侯切，尤韻二十。

牟　説文：「牛鳴也。」又，過也。陪也。進也。大也。侵也。又，東牟、中牟、牟平，并地名。又，姓，牟子國之後。又，曹牟、賓牟、彌牟複姓三氏。

侔　等也。

眸　目童子。

恈　愛也。

劺　勉也。

鴾　鶉之别名。

蛑　蝤蛑，似蟹而大。

麰　大麥。又，短粒麥。亦作「牟」。

矛　説文：「酋矛也。建於兵車，長二丈。」亦作「戎」。

鍪　兜鍪，首鎧也。亦作「鞏」。

堥　堆堥，小隴。

蝥　食穀蟲也。亦作「蟊」。

緌　縛也。

鬏　髮至眉也。亦作「髳」。

醔　醔醶，醬也。

霿　天氣下，地不應。又，莫貢、莫紅二切。

鰵　魚名。

鶜　鶜鴿，鳥也。

繆　絲千累。

○呣　慮也。舊亡侯切，侯韻一。

十四　憂　齊齒呼

憂　颵休切。愁也。又，姓。舊於求切，尤韻十四。

優　饒也。亦優倡。又，姓。

瀀　瀀渥。

優　優游。本亦作「優」。

櫌　鉏也。

耰　覆種也。

蘡　菜名。

纓　筭巾。

鄾　邑名，在鄧。

嚘　歐嚘，嘆也。

𣤔　氣逆。

獶　獶狻，犬名。

麀　牝鹿。亦作「麔」。

妖　鼻目間恨。

○尤　欲丘切。過也。甚也。怨也。多也。異也。又，姓。舊羽求切，尤韻七。

杌　木名。

沋　水名，在高密。

訧　過也。

疣　結病也。一作「肬」。古作「䖡」。

郵　境上舍也。又，督郵，古官名。亦姓。

腄　黄腄，縣名，在東萊。

○由　從也。經也。用也。行也。又，姓。舊以周切，尤韻三十六。

油　油脂。又，水名，在武陵。

邮　亭名，在高陵。

秞　禾盛皃。

蚰　蚰蜒，蟲。

甹　空也。説文：「生條也。引書若顛木之有甹枿。」亦作「櫾」。

鮋　鮂鮋，小魚。亦作「鰌」。

浺　皁也。

猷　謀也。已也。若也。道也。説文：「玃屬。」又，犬子謂之猷。

猶　尚也。似也。

楢　積也。又，音酉。

莤　水草。一名軒于。

蕕　水蕕，草。又，臭草。

輶　輶車。

偤　侍也。

瘤　病也。又，臭惡肉。

庮　久屋木。周禮：「牛夜鳴則庮。」注：「庮，朽木臭也。」

斿　旌旗之末垂者。

游　浮也。放也。又，姓。亦作「游」。古作「遻」。

蝣　蜉蝣。

卣　中樽也。樽有三品，上曰彝，中曰卣，下曰罍。

逌　氣行皃。或作「逌」。

覰　下視深也。

莤　草也。

瑬　遺玉也。

畱　從也。

䍃　瓦器。

繇　猶也。

遥　行也。

蘨　草盛也。

櫾　木名，出昆侖山。

圝　亦作「囮」。鳥媒也。

冘　冘豫不定。

抭　抒臼也，出周禮。亦作「揄」。亦作「舀」。

廠　㰻廠，以手相弄。

攸　所也。亦姓。

悠　遠也。思也。憂也。

滺　水流皃。

○休　旭憂切。美也。善也。慶也。息也。又，木名。舊許尤切，尤韻十。

庥　廕也。

髤　髤漆，赤多黑少也。見周禮注。亦作「髹」，又作「鬃」。

咻　口病聲。又，喧咻也。

痳　下病。

貅　貔貅，猛獸。或作「貅」。

鵂　鵂鶹，惡鳥。

㒖 馬名。

脙 瘠也。俗作「脒」。又，作「膌」。

溲 汗面也。或作「溲」。

○鳩 華憂切。鳥名。又，聚也。舊居求切，尤韻十。

勼 說文：「聚也。」

丩 相糾繚也。亦作「㠯」。

艽 秦艽，藥名。

朻 高木。

軓 車軫長也。

疝 腹中急痛。

劶 大力。

鬮 鬮取也。

龜 又，居危切。

○丘 曲尤切。阜也。聚也。空也。大也。爾雅：「非人爲之曰丘。」四方高、中央下曰丘。又，十六井曰丘。亦姓。又，藉丘、梁丘、閭丘、著丘、渠丘、虞丘、於丘、狐丘、苞丘、麥丘、曼丘、咸丘、浮丘、莊丘、瑕丘、菑丘、稷丘、廩丘、何丘、軒丘、謝丘、吾丘、曹丘、余丘、安丘、商丘、桑丘、龍丘、蛇丘、母丘、陶丘、雍丘、水丘、蔡丘、北丘、羌丘、常丘、崎丘、獻丘、陽丘、逢丘、厚丘、泥丘等複姓四十三氏。又，代北複姓二氏：丘敦氏後改丘氏；丘林氏後改林氏。古作「北」。舊去鳩切，尤韻五。

邱　地名。

蚯　蚯蚓，蟲名。

蓲　烏蓲，草名。

䰴　追也。

○怺　戾也。亦作「惆」。舊去秋切，尤韻一。

𣪠　𣪠屈。

○求　局尤切。索也。乞也。亦作「求」。舊巨鳩切，尤韻三十七。

逑　匹也。

俅　戴也。

絿　急引也。亦作「紌」。

捄　長皃。

逑　違也。
踈　蹋也。
郲　地名。
賕　財賄。
裘　皮衣也。又，姓。
球　美玉。又，玉磬也。亦作「璆」。
銶　鑿屬。
梂　櫟實也。又，鑿首。
莍　椒也。
箂　籠也。
毬　毛毬，人所蹴。
脙　瘠也。亦作「䏔」。
頯　戴也。
蛷　蛷螋，多足蟲也。亦作「蟊」。
殏　殄也。

仇　讎也。匹也。亦姓。又，章仇、仇尼複姓二氏。

厹　三隅矛也。又，氣高也。厹由，縣名，屬臨淮。亦作「厹」。

艽　遠荒之地。又，獸蓐也。

杌　爾雅：「杌繫梅。」注：「樹如梅子，似小榛，可食。」

扏　緩也。

釚　弩牙。

芁　白芷。

馗　土菌也。

肍　乾肉醬也。

頄　頯間骨也。

鼽　鼽嚏，〔病〕寒鼻塞也〔一〕。

訄　安也。謀也。

㕤　迫也。

梵　荆梵，亭名。

訅　饅訅，亭名。

犰　犰徐，獸名，似魚，蛇尾，豕目，見人則佯死。
㤹　怨仇也。又，其九切。
◯牛　玉尤切。大牲也。耕畜也。又，姓。舊語求切，尤韻一。
◯留　録尤切。住也。止也。又，縣名。亦姓。本作「畱」，從「丣」。舊力求切，尤韻四十。
遛　逗遛。
瑠　瑠璃。
榴　石榴，果名，張騫使西域所得。
蒥　蒥荑，藥名。
䉧　竹名。
綹　綺別名。
嵧　岣嵧，羅君山峰。
餾　飯氣蒸也。
瘤　肉起疾也。
騮　赤馬黑鬣尾。
騮　騂騮，駿馬。

鸖　鸖離，鳥名。少美，長醜。亦作「流」。又，鵂鸖，惡鳥。

鰡　魚名。亦作「鰡」。

鼦　食竹根鼠也。亦作「𤠣」。

橊　扶橊，藤名。

鎦　殺也。

劉　剋也。陳也。殺也。又，木名。亦姓，陶唐氏之後，凡二十五望。惟河南一望，乃代北複姓獨孤氏所改。

摎　斬刺。

懰　烈也。

瀏　水清皃。又，音柳。

飀　風行聲。

篓　竹聲。

鷚　飛鷚，鳥名。

流　演也。求也。轉也。放也。水行也。流輩也。亦作「㳅」。

硫　硫黃，藥石。

粇　粰粇，饊也。

瑬　美金也。又，垂玉爲冕飾也。

旒　旗旒也。與「斿」同。

裗　衣縷也。或曰裢衣之飾。

䕭　麻也。

蟉　蜉疏，即蜉蝣也。

鏐　美金曰鏐。即紫磨金也。

觩　觓觩，角皃。

疁　田不耕而火種也。

飂　高風也。亦作「飉」。

憀　悲恨也。又，音聊。

勠　并力也。又，力逐切。

摎　絞縛殺也。又，姓。

𠠎　殺也。

〇收　束憂切。斂也。捕也。古金正之官曰蓐收。又，夏冕名。舊式州切，尤韻一。

○讎　蜀尤切。匹也。仇也。舊市流切，尤韻九。
雔　雙鳥也。俗作「讐」。
酬　周也。報也。酬酢也。
詶　以言相答。
醻　主人進客也。
𣪠　懸擊也。亦作「㲉」。
鄐　蜀江原地。
䰾　惡也。棄也。又，音醜。
鮋　魚名。
○柔　辱尤切。順也。耎也。調也。說文：「木曲直也。」舊耳由切，尤韻十六。
揉　捻也。調也。又，汝又切。
瑈　玉名。
葇　香葇，菜。
鍒　鐵之耎者。
韖　熟皮。

𥊚 良田。

𨂁 踐蹂。

脜 肥皃。

鬏 馬之繁鬣者。

騥 馬青驪也。

鰇 魚名。

蝚 蛭類。

鶔 鸜鶔，鳥。

鄈 鄉名。

腬 面和。

○周 燭憂切。帀也。至也。備也。遍也。密也。亦姓。又，複姓有周生氏。舊職流切，尤韻十。

賙 贍也。

輖 重載也。

鄌 黃帝後所封國也。

婤　女字。

粡　粇粡，米粉餠。

舟　舟船。又，姓。

州　五黨爲州。又，州郡。亦姓。

洲　洲，渚也。爾雅：「水中可居曰洲。」

喌　呼鷄聲。又，音祝。

○輈　車轅也。舊張流切，尤韻十。

侜　壅蔽也。

趙　趙趨，行不進也。

舟矢　射鳥箭也。

騆　騆騪，蕃中大馬。

調　朝也。詩：「惄如調飢。」

啁　啁噍，鳥聲。

咮　曲喙。又，張救切。

譸　譸張，誑也。

盩　盩厔縣，在京兆府。水曲曰盩，山曲曰厔。又，引擊也。

○抽　㨨尤切。拔也。引也。亦作「紬」。又，作「挧」、「搯」。舊丑鳩切，尤韻六。

妯　動也。悼也。詩：「憂心且妯。」

瘳　病愈。

惆　惆悵。

婤　好皃。

瞗　失意視皃。

○犨　白色牛。説文：「牛息聲。」又，姓。亦作「犫」。舊赤周切，尤韻一。

○儔　躅尤切。侣也。舊直由切，尤韻二十四。

疇　誰也。等也。壟也。田疇也。疇昔也。説文作「𤳳」，耕治之田也。

籌　籌算。

薵　薵蕏，葱名。

燽　著也。

檮　剛木名。

篙　籌，箸也。

懤　愁毒皃。

躊　躊躇。

膞　腊脯。

飀　風飀。

幬　襌帳。亦作「幗」。

鄯　義見前。

鷊　雉也。亦作「鸖」。

裯　襌被。

椆　木名，不凋。

綢　綢繆，猶纏綿也。

稠　穊也。多也。

紬　大絲繒。

怞　朗也。

菗　荼菜。

魚由　魚名。

儵　魚子。又，魚名也。

聚　姓也。又，側鳩切。

○脩　粟憂切。脯也。又，長也。又，姓。舊息流切，尤韻六。

修　理也。飾也。

㮁　木名。

餈　食饋。亦作「饈」。

羞　耻也。進也。又，致滋味爲羞。

䡬　䡬輴，載喪車。

○囚　續尤切。拘也。繫也。舊似由切，尤韻五。

泅　人浮水上也。亦作「汓」。

苬　苬芝，瑞草，一歲三華。

䱸　白儵。

慒　慮也。

○遒　足憂切。盡也。舊即由切，尤韻十一。

酒　縣名，在燕。

揂　聚也。

𩯣　接髮。

蝤　蝤蛑，似蟹而大。又，自秋切。

揫　束也。聚也。

湫　水名。

啾　耳鳴聲。

啾　啾唧，小聲。

𪇰　束梟也。

䲡　鳥化爲魚。

○秋　促尤切。説文：「禾穀熟也。」又，姓。舊七由切，尤韻十二。

湫　水池名。

楸　木名。

萩　蕭似蒿也。

篍　吹筩也。

鞦　車鞧也。馬紂也。「鞧」、「緧」、「緅」并同。又，鞦韆，緣繩戲也。

鰍　魚屬。亦作「鰌」。

鶖　禿鶖，鳥。亦作「鵃」。

鶩　鶵雛。

䵶　爾雅：「鼁䵶，蟾諸。」注云：「似蝦蟆，居陸地。」亦作「䵹」。

䵹　爾雅：「次䵹，䵶鼁。」

趥　行皃。

○酋　就尤切。長也。説文：「繹酒也。」大酋，掌酒之官。舊自秋切，尤韻九。

遒　急也。健也。斂也。遒人，宣令之官。

愖　傲也。

崷　崷崒，山峻皃。

熷　熷熮。

觹　雉射收繳角也。

蕕　蕕液。周禮音糟。

蝤　蝤蠐，蝎也。

鰌　魚名。二月有之。

○飆 俷尤切。風吹皃。舊匹尤切，尤韻七。

秠 一稃二米。

衃 凝血。

肧 孕一月。又，普回、普來二切。

紑 白鮮衣皃。

醅 醉飽。

寎 寐作聲。

【校記】

〔一〕〔病〕寒鼻塞也 原刻脱一「病」字，據説文、釋名改。

平聲第十類

十五 幽 齊齒呼附開口二字

幽 益烋切。深也。微也。隱也。暗也。亦州名。又，姓。舊於虯切，幽韻七。

幺 微也。

呦　呷呦，吟聲。

蚴　蚴蟉，龍皃。

呦　鹿鳴。亦作「欲」。

怮　憂皃。

泑　澤名。

烋　閼幽切。熏也。美也。福禄也。慶善也。舊香幽切，幽韻二。

颩　驚風。

○樛　戟幽切。木下曲也。舊居虯切，幽韻五。

丩　說文：「相糾繆也。」今作「丩」。

朻　說文：「高大也。」

茻　草相糾繚也。

疝　腹急病也。

○虯　極聲切。無角龍也。俗作「虬」。又，音朻。舊渠幽切，幽韻九。

觓　角爵皃。

釓　弩機。

觩　角曲皃。

𪺍　角皃。

璆　玉名。亦作「球」。

穋　禾類。

蟉　蟉蟉，龍皃。

鷚　爾雅：「鷚，天鸙。」注：「大如鷃雀，色似鷚，好高飛作聲。」又，音繆。

○聱　逆虯切。聱取魚鳥狀。舊語虯切，幽韻一。

○鏐　歷虯切。紫磨金也。舊力幽切，幽韻二。

蟉　蟉蟉。

○彪　逼幽切。虎文。又，小虎。舊甫烋切，幽韻三。

髟　髮垂皃。

驫　馬走皃。

○滮　闢虯切。水流皃。亦作「淲」。舊皮彪切，幽韻三。

瀌　雨雪皃。

颩　風皃。

○繆　覓虯切。綢繆，猶纏綿也。説文：「枲十絜也。」又，目、謬二音。舊武彪切，幽韻三。

鷚　天鶬鳥也。

綒　縛也。

○以上齊齒呼。

惨　色𦋺切。牛三歲也。舊山幽切，幽韻一。

○𦋺　則惨切。禾生也。舊子幽切，幽韻一。

○二字開口呼。

平聲第十一類

十六　阿　開口呼

阿　惡訶切。曲也。近也。倚也。大陵曰阿。亦姓。又，阿伏于、阿鹿桓、阿史那、阿史德，代北複姓四氏。北音讀遏哈切。舊烏何切，歌韻八。

娿　媕娿，不決。

妸　女字。

痾　亦作「疴」。病也。

絅　繒之細者。

銄　銄鏻，小釜。

娿　女師。又，音哥。

○訶　臃阿切。責也。怒也。亦作「呵」。舊虎何切，歌韻四。

䫲　傾頭。

岢　止也。

抲　擔抲俗。

○何　鶴珂切。儋也。誰也。曷也。問也。又，姓。舊胡歌切，歌韻七。

河　水名，出昆侖，入海，四瀆之一。又，北方水大者，通謂之河。亦州名。

菏　菏萉，草也。

荷　芙蕖也。

苛　小草也。煩也。細也。

魺　魚名。

蚵　蛶蠪。

〇歌　各阿切。歌咏也。亦作「謌」。舊古俄切，歌韻九。

哥　古「歌」字。今謂兄爲哥。

滒　多汁。

柯　枝柯。又，斧柄也。亦姓。又，代北複姓柯拔氏，後改柯氏。

牁　牂牁，繫舟木也。亦作「牫」。又，郡名。

菏　澤名，在山陽湖陵縣。

䮶　䮶，鵝。

㦔　法也。楷也。

娿　義見前。

〇珂　恪何切。瑪瑙也。舊苦何切，歌韻四。

軻　車接軸也。又，苦賀切。

髆　膝骨。

呿　開口聲。

〇䎷　隑何切。飛皃。舊巨舸切。從集韻增。

〇莪　咢何切。草名，似蒻蒿。舊五何切，歌韻十。

哦　吟哦。

峨　嵯峨。

娥　美好也。又，姓。亦作「裓」。

俄　俄頃，速也。

涐　水名，在汶江。

硪　石巖也。

誐　嘉善也。

睋　視也。

�　齊也。

蛾　蠶蛾。又，姓。

鵝　騀鵝也。

○羅　洛何切。鳥罟謂之羅。又，羅綺也。羅列也。亦姓。舊魯何切，歌韻十。

蘿　女蘿，草。

籮　篩籮。

欏　桫欏，木名。

灑　汨灑，水名。
鑼　鈔鑼，器也。
囉　歌詞。又，嘍囉也。亦小兒語也。
儸　僬儸。
饠　饆饠。
剫　擊也。
○多　𦏁阿切。衆也。重也。不少也。舊得何切，歌韻二。
㚉　姓也，漢有㚉宗。亦作「𦵰」。
○佗　托何切。彼也。通作「他」。又，佗駱拔氏，代北三字姓，後改駱氏。舊托何切，歌韻五。
它　説文：「蟲也。」與「蛇」同。
鮀　鼠名。
拕　曳也。俗作「拖」。
痑　馬病。又，力極也。
○沱　鐸何切。滂沱，大雨也。又，江水別出爲沱。又，滹沱，北方水名。舊徒河切，歌韻二十一。

陀　陂陀，不平之皃。

佗　委委佗佗，美也。又，行皃。

迱　逶迱，行皃。

袉　裾也。

跎　蹉跎。

詑　欺也。

紽　絲數也。詩：「素絲五紽。」

鞁　鞁䩦。

軳　疾馳。

瓵　瓦碗。

酡　飲酒朱顔皃。

鮀　魚名。

駝　駱駝，外國所産，能負重。亦作「馳」。

羦　似蛇，四耳九尾。

鼧　鼠名。

䪙 䪙，負。

䭾 騎載物也。

驒 驒騱，野馬也。

鼉 黿屬，皮可爲鼓。

䶂 羊角虎爪。

○那 諾何切。何也。大也。都也。於也。盡也。安也。又，朝那，縣名。亦姓。舊諾何切，歌韻八。

𡖔 多也。

挪 捼挪。

𤛐 似牛，白尾。

儺 所以驅疫也。亦作「𩴿」。

𪏆 麋鹿骨醬。

䰙 人值鬼驚聲。

䳂 獸名。似鼠，班頭，食之明目。

○娑 索阿切。婆娑，舞者之容。舊素何切，歌韻十。

抄　摩抄也。亦作「挲」。
仯　行也。又，舞不正。
桫　桫欏，木名。
莎　莎蔢，草木盛皃。
鈔　鈔鑼，銅器。
鞦　鞦鞄，樂器。亦謂馬尾。
眇　偷視也。
傞　舞不止皃。
獻　獻鐏，見禮記。亦作「犧」。
○㹭　作阿切。獸名。舊作何切。從集韻增。
○蹉　錯何切。蹉，跌也。舊七何切，歌韻七。
搓　手搓碎也。
溠　水名，在義陽。
瑳　玉色鮮白也。
磋　治象牙曰磋。

傞　舞不止皃。
䶨　齒䶨跌也。
○醝　昨何切。白酒也。舊昨何切，歌韻十八。
䴲　鹹也。
艖　小舸。
𥈠　残穢田也。
嵯　嵯峨。
䔑　薺實。
篕　籠屬。
䴾　穀麥浄也。
鬖　髮多皃。
𪘋　齒本。
䶨　義見上。
瑳　搗也。
瘥　病也。

瘥　小疾。病也。

虘　虎不柔也。

蔖　作履。苴草。

躦　蹋也。亦作「蹪」。

酇　縣名，在譙郡。或作「酇」。酇本音贊。

十七　倭 合口呼

倭　艧戈切。東海中國。舊烏禾切，戈韻七。

涹　濁也。

𧈠　燕人云多。

踒　躅也。

渦　水名。又，盤渦，水瀠洄也。

堝　地堝，窟也。

過　水回。

○和　穫科切。順也。諧也。不堅不柔也。亦州名。又，姓。又，代北複姓和稽氏，後改緩氏。亦作「咊」。舊户戈切，戈韻八。

禾　粟苗。

菋　草名。

脒　棺頭。

鉌　和鑾。

龢　諧也。合也。或曰古「和」字。

盉　調五味器。

嘓　小兒相應也。又，音戈。

○戈　郭倭切。平頭戟也。舊古禾切，戈韻十二。

鳿　鳥名。

過　經也。傳過也。又，地名。亦姓。

渦　亦作「濄」。水名，出浪蕩渠。又，姓。

鍋　温器。

堝　甘堝。

楇　紡車收絲具。

輠 車盛膏器。

緺 綬名。

瘑 秃瘡也。亦作「瓜」。又，音科。

蝸 螗蜋别名。

鬲 秦名土釜曰鬲。亦作「鬴」。

○科 廓和切。程也。條也。本也。品也。坎也。舊苦禾切，戈韻十二。

萪 生海邊，葉肕可爲篋。

蝌 爾雅：「科斗，活東。」蝦蟆子也。

犐 牛無角也。亦作「牱」。

簻 竹名。

窠 巢窟也。

稞 青稞，麥名。

課 課差。又，苦卧切。

髁 膝骨也。亦髀骨也。

薖 草名。又，寬大皃。

篙　篙軸。

过　美也。

○訛　瓌和切。謬也。化也。動也。「譌」、「吪」并同。舊五禾切，戈韻五。

鈋　刓也。去角也。

囮　網鳥媒。

鮀　魚名。

厄　木節。

○羸　碋和切。牡馬牝驢所生，通作「騾」。舊落戈切，戈韻十三。

蠃　蜯屬。亦作「螺」。

贏　穀積也。亦作「穲」。

鏍〔一〕　銼鏍，小釜也。亦作「鏍」。

臝　木名，可爲箭笴。

蘲　草名，生水中。

鸁〔二〕　桑飛鳥也。

鱳　獸名，魚身鳥翼。

𧀠 瓠瓢也。又，禮、鹿二音。

䚋 䚋䚩，委曲也。

蔂 盛土草器。

腡 手指文也。

摞 理也。

○桗 朵倭切。木桗也。舊丁戈切，戈韻一。

隖 隖，堆也。

○詑 妥和切。欺也。俗作「訑」。舊妥和切，戈韻四。

誘 誘詆。

譊 退言。

涶 水名，在西河。

○牤 惰和切。牛無角也。舊徒和切，戈韻三。

墮 飛磚戲也。

碢 碾碢。

○捼 懊和切。捼莏，兩手相切摩也。舊奴禾切，戈韻一。

䴰　丸熟。

○莎　鎖倭切。草名。又，木名，似桄榔。舊蘇禾切，戈韻十一。

挱　挼挱。

魦　魚名。

髿　鬖髿，髮皃。

桫　織具也。或作「𣟂」。

蓑　草名，可爲雨衣。

唆　嗵唆，小兒相應。

𥟖　𥟖題，縣名，在涿郡。

詸　佞也。

娑　女字。

趖　趖疾。

○遳　脞和切。脃也。舊七戈切，戈韻一。

○矬　坐和切。短也。舊昨禾切，戈韻五。

痤　癤也。

銼　銼鑹，小釜。

桗　麥李也。

睉　小目。

〇波　剥倭切。波浪。舊博禾切，戈韻六。

紴　錦類。又，絛屬也。

碆　石可爲鏃。

番　爾雅：「番番，矯矯，勇也。」

皤　老人白皃。又，音婆。

嶓　嶓冢，山名。

〇頗　璞和切。頭偏也。舊滂禾切，戈韻四。

坡　坡坂。

陂　陂陀，不平。

玻　玻璃，玉名。

〇婆　雹和切。老母稱也。舊薄波切，戈韻九。

蔢　蔢蔢，草木盛皃。

磐　礬皦石。又，音盤。

嫳　奢也。

擎　除也。又，披散也。亦音盤。

鄱　鄱陽，縣名，在饒州。

皤　義見上。

額　額額，勇舞皃。

縏　姓也。又，音煩。

〇摩　遡和切。研摩也。切摩也。撫摩也。舊莫婆切，戈韻十一。

磨　磨礪也。治石謂之磨。又，滅也。隱也。

劘　削也。

髍　偏骨。

痳　漏病也。「臁」同。

餍　餍，食也。

䃺　杯也。

饝　哺皃。

麼　麼尼。

魔　鬼魔。

麽　幺麽，小也。亦作「𦝫」。又，摸卧切。

【校記】

〔一〕鑹　原刻誤作鑹，據說文改。

〔二〕羸　原刻誤作「羸」，據廣雅改。

平聲第十二類

十八　哈　開口呼

哈　好阿切。哈密，西邊部落名。

○喇　蕕阿切。喇嘛，番僧也。

○他　討拏切。彼也。與「佗」同義。○三字舊韻不收，今添入。

○拏　腰他切。牽也。舊女加切，麻韻九。

挐　絲絮相牽也。又，女書切。

蒘　藸蒘，草名。

袈　衣敝。

篘　鳥籠。又，乃胡切。

詉　譇詉，語皃。

摣　取也。

詑　絲詑，語不解也。

㞑　爬㞑以收除也。

○沙　灑阿切。水散石也。沙汰也。又，大水別小水曰沙。亦州名。又，姓。又，複姓有夙沙氏、昭沙氏，百濟有沙吒氏。舊所加切，麻韻十。

砂　丹砂。

硰　硰石，地名，見漢書。

桬　桬棠，木名。

紗　絹屬。

袈　袈裟，僧衣。

毟　毠毟，毛衣。

髿　鬖髿，垂皃。

靿　鞳靿，素韠履也。

鯊　魚名。

○樝　鮓阿切。果名，似梨而酸。亦作「柤」。舊側加切，麻韻十。

蒩　芹屬，生水中。

穃　赤穃，稻名。

齇　齇齖。

皻　皰鼻。

皻　以指按也。

抯　挹也。

瘧　瘡痂甲也。

溠　水名，出義陽。亦作「渣」。

涁　棠汁。

〇叉 䃰他切。手相錯也。又，「丫」、「叉」岐分也。舊初牙切，麻韻八。

杈 杈杷，田器。又，杈枝也。

舣 小舟名。亦作「艖」。

靫 靫鞴，弓箭室也。

差 擇也。舛也。

剒 䂳物。

鎈 錢異名。

䐤 脤䐤，脯也。

〇楂 乍他切。水中浮木也。又，姓。亦作「查」。通作「槎」。舊鉏加切，麻韻四。

齇 義見前。

䕓 壞屋也。

苴 水中浮草也。

十九 鴉 齊齒呼

鴉 約煆切。烏鴉名。亦作「鵶」。舊於加切，麻韻七。

丫　象物開之形。

椏　椏杈，樹枝岐也。

碅　碨碅，地形不平。

鍿　鍿鍜。

窫　窫窊，作姿態皃。

剄　自刎。

○煆　謔鴉切。火氣猛也。舊許加切，麻韻五。

呀　唅呀，張口皃。

岈　峆岈，山深之狀。

谺　谽谺，谷中大空皃〔一〕。

颬　吐氣也。又，風皃。

疨　疨病。

○遐　下齣切。遠也。舊胡加切，麻韻十三。

瑕　玉病也。亦姓。又，複姓有瑕呂氏。

霞　赤氣騰爲雲也。又，複姓有霞露氏。

緞　日朝赤色。
碬　礪石也。左傳：「公孫碬，字子石。」
鞎　履跟後帖。亦作「鞎」。
鍜　錏鍜。
蕸　荷葉。
騢　馬赤白雜色。
鰕　大鯢。
蝦　蝦蟇。又，魚類。
㞹　㞹㞹，言語無度。
蹳　脚下。
○嘉　脚鴉切。善也。美也。又，姓。舊古牙切，麻韻二十四。
加　增也。上也。陵也。
珈　婦人首飾。
枷　連枷，打穀具。
袈　袈裟。

迦　迦葉，西竺複姓。

跏　跏趺，大坐。

迦　不得進也。

痂　瘡痂。

茄　荷莖也。又，複姓有茄羅氏。

笳　笳簫，卷蘆葉吹之。

駕　駕鵝。

蛪　米中黑蟲。

葭　葭，蘆葦之未秀者。

髦　髦毲，毛衣。

瘕　病也。

麚　牡鹿。亦作「麔」。

犌　牛，絶有力。

貑　貑羆。又，貑貜也。并見爾雅注。

豭　牡豕也。亦作「猳」。

家　居也。室也。又，姓。

㰊　南蠻賨布。

猳　猳，玃。

鼃　爾雅：「鼃蟆，蛙類也。」又，音荆。

〇佳　新增。注見「九　㑭」。

〇魺　却遐切。大齧也。舊苦加切，麻韻三。

䶌　䆛䶌，女作姿態。

㤉　㤓㤉，伏態。㤓，苦交切。

〇㗬　舊乞加切，麻韻一。

〇伽　噱遐切。伽藍也。

笳　二字新增。注見「六　耶」。

〇牙　虐遐切。牙齒。又，將帥之旗謂之牙，立於帳前謂之牙帳。世因謂軍府治所曰牙門，與「衙」通用。又，姓。舊五加切，麻韻七。

芽　萌芽。

枒　杈枒。

呀　吧呀。

齖　齷齖，齒不平正。

衙　衙府。又，縣名。亦姓。又，音魚、音語。

吾　漢金城郡有允吾縣，音鉛衙。

〇厓　崖　涯　啀　娾　五字新增。注見「九　㑇」。

〇奓　灼鴉切。張也。舊陟加切，麻韻七。

膨　不密。又，黏也。

秅　開張屋也。又，縣名。

咤　叱咤。又，去聲。

觰　角上廣也。

譇　譇詉，語不正也。

瘵　瘡痕。

䶥　嗻聲。

〇侘　綽遐切。侘傺，失意皃。舊敕加切，麻韻四。

痄　癡皃。

哆　張口也。

㖃　緩口。又，厚脣也。

○宎　著遐切。窒宎，作姿態也。舊宅加切，麻韻十四。

荼　苦菜。又，音徒。

橴　春藏葉，可以爲飲。俗作「茶」。

梌　刺木也。

嵞　美也。

𥦶　窊𥦶，深皃。

瘵　義見上。

𣍆　含舌皃。

塗　塗飾也。俗作「搽」。

秅　説文：「秭也。」周禮注：「十筥曰稯，十稯曰秅。」

秺　義見上。

𨽥　丘名。

鄘　亭名，在郃陽。

躇 躇峙，行難皃。

【校記】

〔一〕谷中大空皃　原刻誤作「空中大空皃」，據字統改。

二十 窪 合口呼

窪 穵花切。深也。説文：「清水下。」又，水名。舊烏瓜切，麻韻六。

窊 污下也。

呱 呱留，地名，在絳州。

洼 哇 蛙 三字義見「十 娃」。

娃 美女。吴有館娃宫。○此字舊韻不收，今增入。

○花 化窪切。本作「華」。爾雅：「荂也。」舊呼瓜切，麻韻二。

譁 諠譁也。亦作「誇」。

○華 踝誇切。榮也。光也。中夏曰華。舊户花切，麻韻八。

崋 崋山，西嶽也。通作「華」。又，户化切。

樺　木名。

鏵　鏵鍫。亦作「鋘」。又，作「釫」。

驊　驊騮，八駿之一。

鷨　鳥名，似雉。

蠖　蟲名，似蛇。一曰善啖蛇。

划　撥棹進船也。

〇瓜　寡窪切。蔓生蓏也。亦州名。又，複姓有瓜田氏。舊古華切，麻韻七。

抓　引也。擊也。

媧　緺　騧　蝸　四字義見「十　娃」。

婐　女侍。又，於果切。

〇夸　髁華切。奢也。舊苦瓜切，麻韻八。

誇　大言也。

骻　骻骴，體柔也。亦作「夸毗」。

姱　美也。亦奢皃。

跨　坐也。

胯　兩股間也。

佤　佤邪，離絶之皃。

髃　額上骨也。

○髗　瓦華切。髃髗，額骨也。舊五瓜切，麻韻二。

㰁　㰁㰁，猶㰁㛆也。

○䖯　捊華切。瓦器也。舊力華切。從集韻增。

○髽　䶓窪切。婦人喪髻也。舊莊華切，麻韻一。

○檛　棰也。馬檛也。或作「簻」。又，作「築」。舊陟瓜切，麻韻二。

膼　膼也。

○巴　霸窪切。巴，蜀也。又，州名。又，蟲名。亦姓。舊伯加切，麻韻八。

芭　芭蕉。

笆　有刺竹籬。

鈀　兵車。

吧　吧呀，小兒忿争。

䩻　䩻䶕，鼻病。

豝　豕也。

蚆　貝也。爾雅：「蚆博而頯。」注云：「頯者，中央廣，兩頭鋭。」

○葩　帊華切。草花白也。亦作「皅」。舊普巴切，麻韻六。

妑　女字。

吧　吧呀，大口皃。

鈀　江東呼鎞箭。

舥　脚船也。

䑹〔一〕　牛角闊也。

○爬　杷華切。掻也。或作「把」。又，姓。舊蒲巴切，麻韻三。

杷　收麥器也。又，枇杷，果名。

琶　琵琶，樂器。

○麻　禡華切。麻，紵也。亦姓。舊莫霞切，麻韻八。

痲　痲㾓。

麤　麤頣，難語。

痳　痳風，惡病。

𥂕　杯也。

𤛲　𤛲牛，重千斤，出巴中。

𪓿　鼊𪓿，似鼊鼊，生海邊沙中，肉甚美，多膏。

螟　蝦螟，亦作「蟇」。

【校記】

〔一〕䶕　原刻誤作「䶕」，據集韻改。

平聲第十三類

二十一　坳　開口呼

坳　惡虓切。地不平也。舊於交切，肴韻九。

眑　面目不平。

軪　軪軋，奇皃。又，車聲。

顤　頭凹也。

窅　深目皃。又，烏了切。

窅　目深。

咬　淫聲。

呹　呹咋，多聲。

梎　梎柌，鐮柄。

○虓　膔坳切。虎聲。亦作「猇」。舊許交切，肴韻十四。

哮　哮闞。

庨　庨豁，宫殿形狀。

涍　水名，在南郡。

窙　高氣。

狰　豕驚。

嗃　謈恚也。

颾　風颾颾也。

髇　髇箭。

蔜　禾傷肥也。亦作「穘」。

顤　顱顤，胡人面也。

嘐　誇語也。

炍　乾也。又，熱也。

鴢　鴢鴢，似鳧，脚近後，不能行。

肴　鶴敲切。骨體也。葅也。凡非穀食曰肴。亦啖也。亦作「餚」。舊胡茅切，肴韻十八。

崤　崤函，山名，在弘農。

淆　濁水也。混淆也。

榹　榹桃，梔子。

侾　痛聲。

殽　雜也。和也。亂也。

藙　茅根。

爻　易卦六爻。

恔　快也。

絞　黄色。

砇　石也。

筊　小簫，一十六管。

洨　水名，出常山。又，縣名，在沛郡。

筊　竹索。

酳　沽也。

胶　胶聲也。

姣　姣，淫。

虠　虎聲。又，縣名，在濟南。

交　各坳切。合也。戾也。交加參錯也。舊古肴切，肴韻二十二。

茭　乾芻也。又，馬蘄草也。

佼　交也。又，古卯切。

郊　邑外曰郊。

咬　鳥聲。

鮫　樂器，以土爲之，雙相黏爲鮫也。

这　會也。

鉸　鉸刀。

粎　粎糰，米餅。

蛟　龍屬。

鵁　鵁鶄，鳥。

鮫　魚名。皮有文，可飾刀。

筊　竹圍索名。

詨　誇語也。

較　囊也。

膠　煮皮爲膏也。黏滯也。亦太學名。又，姓。

轇　轇轕，戟形。

漻　漻漷，水皃。

嘐　嘐嘐，鷄鳴聲。

摎　束也。撓也。

教　效也。使之爲也。又，古孝切。

艽　秦艽，藥名。

敲　恪肴切。扣也。橫擿也。舊口交切，肴韻九。

郩　邑名。又，山名，在滎陽縣西北。

磽　石地。

墝　墝埆，瘠土。

膠　面不平也。

頝　頝顱，頭不媚也。

跤　脛骨，近足細處。亦作「骹」。

硣　硣磝，城名，在濟州。亦作「磝」。

㤞　㤞忓，伏態。

聱　咢肴切。聱牙，語不相入也。舊五交切，肴韻四。

謷　不肖也。

磝　硣磝。

敲　擊也。

○顟　絡肴切。胡人面狀。舊力嘲切，肴韻四。

僗　盛也。

膠　錢之謎語。

窌　深空之皃。

○鐃　諸肴切。軍中樂器，似鈴無舌。舊女交切，肴韻八。
譊　争也。又，恚呼也。
鐃　捽也。
鶈　鳭鶈，鳥名。
怓　心亂也。
呶　喧呶。
磠　磠沙，藥名，本作「硇」。
獶　多毛犬。
○梢　朔坳切。樹枝末也。船舵尾也。舊所交切，肴韻十七。
捎　芟也。又，良馬名蒲稍。
髾　髮尾。
袖　衣衽。
綃　帆維。
颵　風聲。
娋　小娋，偷也。

嫢　齊人呼姊。
筲　斗筲，竹器。
莦　惡草。
轈　兵車。
旓　旌旗，旒也。
弰　弓弰。
鞘　鞭鞘。
籍　飯帚。
鮹　海魚，形如鞭鞘。
蛸　蠨蛸，喜子。
○聣　捉坳切。耳中聲也。舊側交切，肴韻五。
罺　抄網。
摷　擊也。
抓　抓掐。
嚤　小兒聲。

○嘲　言相調也。舊陟交切，肴韻五。

啁　啁嘐。

趙　趙趙，跳躍皃。趙，竹盲切。

鵃　鶻鵃，似山鵲而小，至春多聲。

鳭　鳭鷯，黄鳥。

○譟　疑肴切。代人言也。舊楚交切，肴韻五。

摷　摷取。

抄　略也。亦作「鈔」。

訬　健也。

䖸　疾皃。

○颵　熱風。舊敕交切，肴韻二。

嘮　嘮呶，讙也。

○巢　泥肴切。説文：「鳥在木上曰巢，在穴曰窠。」爾雅：「大笙謂之巢。」又，縣名，在廬江。
亦姓。舊鉏交切，肴韻八。

巢　山高皃。

樔　澤中守草樓。

轈　兵車，若巢，以望敵也。

罺　地名，在聊城。

鄛　鄉名，在南郡。

䕭　蒜束。

勦　輕捷也。又，子小切。

○䅌　禾穭生也。舊直交切，肴韻一。

○包　飽坳切。包裹也。含容也。亦姓。舊布交切，肴韻四。

胞　胞胎。

抱　爾雅注：「樹枝盤結也。」

苞　叢生也。豐也。茂也。又，姓。

○泡　炮肴切。水上浮漚也。又，水名，出山陽平樂，東北入泗。舊匹交切，肴韻八。

郇　邑名。

罦　覆車網也。又，縛謀切。

脬　腹中水府。

抛　抛擲。
僗　盛也。
㲉　擊也。
茪　藥名。
○庖　酺肴切。食府也。舊薄交切，肴韻十五。
咆　咆㘶，熊虎聲。
炮　裹物燒也。亦作「炰」。
匏　瓠也，可爲笙竽。
瓟　似瓠，可爲飲器。
鉋　鉋刷。
鞄　柔革工也。
颮　風聲。
跑　足跑地也。
麭　赤黑之漆。
狍　獸名，羊身人面。

掊　手掊。

捊　引取。

麃　獸名，似鹿。

犥　牛脛相交。

〇茅　貌肴切。草名。又，姓。舊莫交切，肴韻八。

蝥　盤蝥，蟲名。

鶜　鶜，鳥名。

罞　麋罟。

犛　牛名。

貓　捕鼠畜也。亦作「猫」。

媌　美好皃。

描　打也。

按：「坳」、「虓」、「肴」、「交」、「敲」五字，今人多讀作齊齒呼。然觀廣韻五肴韻首之「肴」字即作胡茅切，次「交」字作古肴切，「茅」字作莫交切。三字交互相切，知「茅」之爲開口，則知「肴」、「交」之非齊齒。自後，一韻之字，皆用「交」字作切，豈有所切之字皆開口，而「交」字反爲齊齒之埋？今南方尚存舊音，讀「坳」如「鏖」，讀「哮」如「蒿」，讀「交」如「高」。即洪武正韻自命中原雅音，而此五字，與「包」、「庖」、「豪」、「蒿」同韻，不與「幺」、「鴞」、「驍」、「橇」爲伍，則其非齊齒益明矣。

二十二　幺 齊齒呼

幺　握曉切。幺麽，小也。舊於堯切，蕭韻五。

怮　怮怮，憂也。

魩　魚名。

葽　草盛皃。

皀　望遠也。

○嘵　㱿幺切。懼聲。舊許幺切，蕭韻七。

憢　憢憢，懼也。

膮　豕羹。

奃　長大也。

顤　大額。

翢　翢毦，毛皃。

膮　膴膮，腫欲潰也。

○驍　覺幺切。良馬。又，武健也。舊古堯切，蕭韻九。

澆　沃也。薄也。

徼　求也。抄也。

邀　遮也。又，於宵切。

儌　儌幸。或作「儌」。又，作「僥」。

梟　不孝鳥也。日至捕梟磔之。从鳥，頭在木上。

蟂　水蟲，似蛇四足，能害人。

県　斬人而懸首也。

釗　弩開也。又，音昭。

○鄡　確堯切。鄡陽，縣名，在鄱陽。又，姓。舊苦幺切，蕭韻五。

郻　縣名，在鉅鹿郡。

窙　窙寥，空也。

墽　地名。又，磽也。

鷇　擊也。

○堯　嶽鄡切。至高之皃。謚法：「翊善傳聖曰堯。」舊五聊切，蕭韻五。

嶢　嶕嶢，山危。

僥　僬僥，國名。人長三尺。

顤　高長皃。

垚　土高皃。

○聊　犖鄡切。語助。又，且也。賴也。亦姓。舊落蕭切，蕭韻四十。

簓　竹名。

遼　遠也。又，水名。

飂　風也。

僚　同官爲僚。亦作「寮」。又，姓。

嫽　相嫽戲也。

撩　取物。又，理也。

瞭　目明也。

憭　空皃。

嘹　嘹喨，聞遠聲。
鬂　細長。
膫　本作「膋」。腸間脂也。
嶚　嶚巢，山皃。
窷　穿也。
璙　玉名。
鐐　有孔鑪。又，紫磨金也。
簝　宗廟盛肉方竹器。
橑　蓋骨。亦椽也。
墽　周垣。
蓼　草木疏莖。
繚　繚綾，經絲。
獠　夜獵也。
鷯　鷦鷯，小鳥。
蟟　蛁蟟，蟲名。

翏　高飛皃。
漻　水清也。
嵺　崖嵺。
豂　空谷。
聊　耳中鳴也。
憀　無憀賴也。
寥　空也。
廖　人名。
髎　髖骨名。
熮　火皃。
料　理也。量也。又，去聲。
撩　擊也。
谻　谷名。
藔　草器。
蟧　馬蟧，大蟬。

歘　捒擇。

○彫　蔦幺切。刻琢也。舊都聊切，蕭韻二十。

琱　治玉也。

雕　鶚屬。又，姓。亦雕刻也。亦作「鵰」。

凋　落也。殘也。

㚋　大也。多也。亦作「奝」。

髫　小兒留髮。

蓨　蓨葫，芡實。

鯛　魚名。

貂　鼠屬，出塞上。又，姓。

矤　短尾犬也。

蛁　蛁蟟，茆中小蟲。

舠　吳船。

刁　刁斗，以銅作鐎，晝炊夜擊。又，姓。

芀　葦華也。又，音調。

鴉　鴉鶵，鳥，剖葦求蟲以食。
刟　斷穗。
弴　畫弓也，天子所執。亦作「敦」。
䀹　熟視。
䄶　短衣。
䙀　死人衣。
○祧　朓鄙切。遠祖廟也。舊吐彫切，蕭韻十二。
佻　輕佻。
挑　撥也。亦擔荷也。
恌　偷薄也。
窕　輕小皃。
庣　不滿之處。漢志：「斛外傍有庣。」
朓　月行疾也。晦而月見西方也。
銚　田器。
斛　斗旁耳。

聎　耳疾。

趒　雀行。

蓨　苗也。

○迢　調鄡切。迢遰，遠也。舊徒聊切，蕭韻二十二。

苕　草可爲帚。吴興有苕溪。

岧　岧嶢，山高皃。

髫　小兒髮。

毰　毰毸，毛皃。

芀　葦華。

條　小枝也。貫也。達也。教也。目也。又，姓。

樤　柚樤也。

鰷　白鰷，魚名。

調　和也。揉伏也。又，姓。

鬝　多髮皃。

蜩　大蟬。

佻 獨行皃。

跳 躍也。

趒 雀行也。

鮡 魚名。

銚 綃頭銅飾。

肇 革轡。

瓯 田器。

鯈 鯈鱅，蛇身魚翼，出山海經。

卣 草木實垂卣卣然也。

嬥 細腰皃。

○嬈 搦鄡切。擾也。舊梟聊切。從集韻增。

○蕭 篠幺切。香蒿。又，斧也。亦縣名。又，姓。舊蘇彫切，蕭韻十五。

簫 樂器，列管參差，象鳳翼也。

橚 橚椮，樹長皃。

潚 水名。

飋　涼風。
彇　弓弭。
撨　擊也。
蟰　蟰蛸，一名長蚑。
箾　舜樂舞名。又，以竿擊人。
翛　羽翼蔽皃。亦作「翛」。
踃　跳踃。
翛　翛翛，飛羽聲。
艘　船總名。又，音騷。
瞍　目無眸子。又，音藪。
撨　擇也。

平聲第十四類

二十三　麈　開口呼

麈　襖蒿切。盡死戰鬥也。舊於刀切，豪韻三。

熝　埋物灰中令熟。

鏕　銅瓮温器。

○蒿　好鏖切。蓬蒿也。又，姓。舊呼毛切，豪韻五。

薅　除田草也。「茠」、「楙」并同。

䆁　䆁䆢，深谷皃。

撓　攪也。又，奴巧切。

薧　死人里。又，音考。

○豪　晧尻切。豕名，鬣如筆管者。亦魚名。又，英也。俠也。亦州名。舊胡刀切，豪韻十二。

毫　長毛也。

嗥　熊虎聲。亦作「獋」。

濠　城濠。又，水名。

壕　城壕。

隞　隞壑。

顤　顥顤，大面。

號　大呼也。大哭也。又，乎到切。

號　木名。

鄗　鄉名，在南陽。

嵪　山名，在弘農。

勢　俊健。

○高　杲鏖切。上也。崇也。亦姓。又，複姓有高堂氏。舊古勞切，豪韻二十。

篙　進船竿。

膏　脂也。澤也。肥也。

皋　高也。澤也。水邊淤地也。亦姓。或作「皐」。又，作「滜」。又，作「睾」。

皞　皞崞，古亭。

鄡　鄉名。

槹　桔槹，以機汲水。

蒿　葛之白花。

穚　餹餻也。

鶮　鴰鶮，鳥名。

覞　見也。

咎　皋陶，古作「咎繇」。

鼛　大鼓，長丈二尺，役事軍鼓也。

櫜　韜也。又，車上囊。

蓉　白蓉，草，食之不飢。

榕　木名。

傛　毀也。

羔　羊子。

餻　餻糜。

恔　知也。局也。

○尻　考豪切。脽也，脊骨盡處。舊苦刀切，豪韻二。

譹　戲言。

○敖　傲豪切。游也。莫敖，楚官名。亦姓。通作「遨」。舊五勞切，豪韻二十二。

熬　煎也。

嶅　山多小石。

潡　水名，出魯陽縣。

椉　船接頭木也。亦作「艕」。

菽　繁縷，蔓生。

𪘞　長大皃。

嫳　慢也。

嚞　衆口愁也。

讋　不省語也。

蠭　蟹大脚也。

顤　高頭。

擊　擊皃。

聱　不聽。

戳　戟鋒。

鼇　海中大鼇。

鰲　魚名。

獒　犬，高四尺。

鷘　白首赤口，不祥鳥也。

螯　蟹屬。

驁　駿馬。

翺　翺翔。

○勞　滂豪切。勤也。倦也。又，事功曰勞。亦姓。舊魯刀切，豪韻二十一。

澇　水名，在京兆。

嶗　山名，在東萊。

璙　玉名。

簩　竹名。

䝁　野豆。亦作「䝁」。

憥　苦心皃。

髝　髝髞，高皃。

撈　取也。

蟧　小蟬。亦蟪蛄也。

牢　堅固也。牲備也。養牛馬圈也。罪人所居也。又，姓。亦作「窂」。

峠　嵲峠。

谸　䆾谸，深谷皃。

哰　嚹哰，揞挐。

鉾　鉾鑪，錍也。

醪　濁酒。

聹　耳鳴。

嫪　妒也。

嘐　嘐嘈，聲也。

橑　木名。

簝　盛肉竹器。

○刀　倒鏖切。斬伐兵器。又，錢也。舊都牢切，豪韻七。

杒　木心。

舠　小船。

忉　憂心皃。

魛　魚名。

裯　短衣也。襌被也。

顥　顥顙，大面。

○滔　討豪切。漫也。水流皃。又，慢也。舊土刀切，豪韻二十四。

瑫　玉名。

韜　藏也。寬也。又，劍衣。亦作「縚」。

掐　悅樂。

謟　疑也。

槄　木名，山楸也。

搯　搯，搰。周書云：「師乃搯搰。」搰，烏活切。

篟　牛篆。

騊　馬行皃。

絛　編絲繩也。亦作「幍」。

脩　目通白也。

弢　弓衣。

岦　岦，滑也。又，腰鼓大頭。

詉　謱詉，言不節。

牬　牛行遲皃。

犤　牛羊無子。

饕　貪食也。

叨　忝也。濫也。

洮　水名，出西羌。又，清汰也。

挑　挑達，往來相見皃。

蜪　爾雅：「蝝，蝮蜪。」注云：「蝗子未有翅者。」

綢　爾雅：「素錦綢杠。」注云：「以白地錦韜旗之竿也。」

翿　羽葆幢。

夲　説文：「進趨也。从大从十。」「𠦍」同。

○陶　導豪切。陶甄，作瓦器也。又，喜也。化也。亦姓。舊徒刀切，豪韻二十二。

匋　養也。

掏　擇也。

綯　絞繩索也。

裪　裪襦，衣袖。
啕　多言。
謟　詨謟，言不節。又，往來言也。亦作「詯」。
萄　蒲萄，果。
駣　駣駼，良馬。
蜪　蝗子。
桃　果木名。亦姓。
逃　避也。亡也。
鞉　小鼓著柄者。「鞉」、「鞀」并同。
駣　馬四歲也。
咷　號咷。
濤　波濤。
颾　大風。
檮　檮杌，凶頑無儔匹之皃。
翿　纛也。亦作「翢」。舞者所執。

燾 覆燾。又，徒到切。

錭 鈍也。

翢 義見上。

猱 腴豪切。猴屬。舊奴刀切，豪韻六。

獿 長毛犬。

獶 獸名。

巙 山名。

瓔 玉名。

巎 平巎，山名，在齊地。亦作「峱」。

○騷 嫂鏖切。愁也。擾也。動也。舊蘇遭切，豪韻十一。

搔 爬搔。

颾 風聲。

慅 驕也。

慅 恐懼。

溞 淅米。

鰠　魚名。

繰　本作「繅」。繹繭爲絲也。

臊　腥臊。

鱢　鯹臭。

艘　船總名。亦作「梭」。又，作「艘」。

○遭　早鏖切。逢也。遇也。舊作曹切，豪韻六。

糟　粕也。酒母也。又，作「蒩」。俗作「醩」。

熷　火餘木也。

槽　果華實相半也。

傮　終也。亦作「殨」。

幝　藉也。

○操　草豪切。持也。守也。舊七刀切，豪韻四。

幧　所以裹髻。

𣪻　平持。

幝　藉也。

○曹　昨豪切。局也。輩也。衆也。群也。亦州名。又，姓。古作「𣍘」。舊昨勞切，豪韻十三。

漕　衛邑名。又，水運曰漕。

槽　馬槽。酒槽。

蓸　草名。

艚　船艚。

褿　帬也。

禮　祭豕先也。

嘈　喧嘈。

䐬　耳鳴。

膅　膅，朏。

螬　蠐螬，蟲。

鶮　高也。

鐰　鐵剛折也。

○褒　報鏖切。進揚美也。博裾也。又，姓。亦作「襃」。舊博毛切，豪韻三。

郇　地名。
䭱　吴主四子字名。
○橐　㯞豪切。囊張大皃。舊普袍切，豪韻四。
藨　醋莓，可食。
颮　輕皃。
㲏　毛起皃。
○袍　暴豪切。長襦也。亦作「裦」。舊薄襃切，豪韻三。
軳　戾也。又，車軨也。
○毛　冒豪切。眉髮也。禽獸羽毛也。亦國名。又，姓。舊莫袍切，豪韻九。
髦　髦鬣也。髦也。又，俊也。選也。
芼　菜也。
枆　冬桃。亦作「楙」。
氂　犛牛尾也。
旄　旌旄也。又，昴星曰旄頭。
渵　水名，出諸與山。

酕　酕醄，醉皃。

垫　前高後下。丘名。

二十四　要　齊齒呼

要　約嚻切。求也。約也。遮也。又，身之中也，别作「腰」。亦姓。舊於霄切，宵韻八。

葽　秀葽，草也。

喓　蟲聲。

褄　褄襻。

鷅　鳥名，似山雞而長尾。

蝼　蛇名。

蟯　腹中蟲。

邀　邀遮。

○妖　巧也。艷也。孽也。怪也。亦作「媄」。舊於喬切，宵韻五。

夭　夭夭，和舒皃。又，少好皃。

枖　木盛皃。

祅 灾祥。

訞 巧言皃。

○遥 藥薖切。遠也。行也。舊餘昭切，宵韻三十四。

摇 動也。作也。亦姓。

傜 役也。喜也。

媱 美好。

謡 徒歌也。亦作「䚻」。

愮 憂也。悸也。惑也。亦作「恌」。

繇 由也。喜也。

踰 跳踰，行步皃。

遙 疾行。

嗂 樂也。

歊 氣出皃。

颻 飄颻。

瑶 美玉。

榣　木名。

萫　蒲葉。

蘨　草茂也。

彇　弓利。

瓟　瓜也。

窰　本作「窯」。燒瓦窰也。

鰩　文鰩魚，鳥翼，能飛。

鷂　大雉，青質五彩成章。

猺　獸名。又，嶺南蠻有猺人。

姚　姚，悅也，美好也。亦姓。

洮　五湖名，在陽羨縣西，别名長塘湖。

烑　光也。

珧　玉珧，蜃甲。

餆　餆餌，食。

銚　燒器。亦古田器。又，姓。

銚 羊桃也。爾雅作「銚」。
陶 皋陶。
褕 褕狄，后衣。
軺 小車。
旐 旗旒。
㢒 座也。
○嚻 許要切。喧也。舊許嬌切，宵韻十。
囂 炊氣。
藃 白芷別名。
獢 犬黃白色。
呺 呺然，大皃。
枵 玄枵，虛危之次。
歊 熟氣。
蒿 草皃。
嚻 大聲。

獢　猲獢，短喙犬。

○鴞　鴟鴞，惡鳥。舊于嬌切，宵韻二。按：二字皆從「号」，與上「呺」、「枵」一類。「于」當作「吁」。正韻亦作「吁」。今從之。

鄡　鄉名，在清陽。

○驕　脚要切。馬高六尺曰驕。又，恣也。傲也。逸也。矜也。舊舉喬切，宵韻九。

憍　憐也。恣也。

嬌　女字。亦態。

穚　禾秀。

蕎　藥名。一名大戟。

簥　大管。

喬　爾雅：「句如羽喬。」注云：「樹枝曲卷，似鳥毛羽。」

撟　舉手。

鷮　似雉而小。

○蹻　却遥切。舉足高也。舊去遥切，宵韻六。

繑　絝紐也。

蹺　揭足。

趬　行輕皃。

奃　長大皃。

顤　額大皃。

○橇　泥行所乘。亦作「鞽」。舊起䠀切，宵韻三。

趫　善走。又，緣木也。

憍　紆也。

○喬　噱遥切。高而曲也。又，姓。舊巨嬌切，宵韻十五。

橋　水梁也。又，姓。

僑　寄也。客也。或作「𡪇」。

嬌　禹妃名。

蹻　驕也。慢也。

趫　善走。

獢　飛皃。

鐈　似鼎，長足。

鷮　大鷲。
嶠　山銳而高。亦作「嶠」。又，其廟切。
轎　小車。
盉　盂也。
蕎　蕎麥。
蟜　蠪蟜，螘也。蠪音龍。
鷮　雉名。
○翹　舉也。懸也。危也。又，鳥尾也。舊渠遥切，宵韻五。
蘒　蓮蘒，藥草。
莜　草名，荆葵也。
嶠　不知。
胶　几也。
○燎　略遥切。庭火也。又，音料。舊力昭切，宵韻二。
髎　髖骨也。
○燒　爍要切。火然也。舊式昭切，宵韻二。

䫿 瓜名。

○韶 勺遥切。和也。紹也。舜樂名。亦作「磬」。又,作「招」。舊市昭切,宵韻九。

佋 廟佋穆也。亦作「昭」。又,市沼切。

莤 草名。

柖 樹摇皃。又,射的也。

玿 美玉。

軺 使車也。又,音遥。

韶 擊也。

炤 床别名。

卲 卜問。

○饒 若遥切。益也。飽也。餘也。又,姓。舊如招切,宵韻六。

蕘 采薪也。

橈 楫也。又,女教切。

襓 劍衣。

蟯 人腹中蟲。

轑　牛馴伏也。又，而沼切。

〇昭　灼要切。明也。光也。著也。覿也。亦姓。舊止遥切，宵韻七。

招　呼也。來之也。以手曰招，以言曰召。

鉊　淮南呼鐮。

釗　遠也。見也。勉也。亦弩牙。

鴟　鶻鴟，鳥名。

盄　器也。

皽　皮上腕膜。

〇朝　旦也。旦至食時爲終朝。又，朝鮮，國名。亦姓。古作「𣋏」。舊陟遥切，宵韻一。

〇超　綽遥切。跳也。越也。又，姓。舊敕宵切，宵韻六。

怊　悵恨。又，奢也。

弨　鳴也。

欩　健也。

颵　涼風。

帩　細絲。

○弨　弓弛皃。舊敕朝切，宵韻一。

○朝　著遥切。朝廷也。又，旦見曰朝。春見曰朝。亦姓。舊直遥切，宵韻三。

潮　海水消長也。早曰潮，晚曰汐。又，州名。

鼂　蟲名。又，姓。古作「鼂」。俗作「晁」。

○宵　削要切。夜也。又，小也。舊相邀切，宵韻十九。

霄　爾雅：「雲霄，近天氣也。」

逍　逍遥，游行自適皃。

消　滅也。盡也。息也。

銷　鑠也。亦作「焇」。

綃　生絲繒也。

捎　摇捎，動也。

哨　口不正也。又，七笑切。

痟　痟，渴病也。

硝　硭硝，藥名。

鮹　煎鹽。

萷　草名。

翲　鳥毛羽也。

𢱧　長皃。

猸　狂也。

蛸　螵蛸，蟲。

鮹　魚名。

魈　山魈，獨足鬼。

奞　張羽也。又，先準切。

○焦　爵要切。傷火也。又，國名。亦姓。古作「𤏩」。亦作「燋」。舊即消切，宵韻十三。

蕉　芭蕉。

鐎　温器，即刁斗也。

纗　生枲。

僬　僬僥，短人。

膲　人身三膲。

醮　面醮枯也。

噍 啁噍，聲。

毦 兜鍪上毛飾。

鷦 鷦鵬，南方神鳥，似鳳。鷦鷯，小鳥。或作「𪀚」。

蟭 螵蟭，螗蜋卵也。

椒 木名，其實辛温，可以塗壁。亦作「茮」。又，山巔也。亦姓。

爑 灼龜不兆也。亦作「𪛗」。

○鍫 鹊遥切。臿也。亦作「𠜰」。又，作「鐰」。舊七遥切，宵韻五。

篍 吹竹箫。又，音秋。

幧 散髮謂之幧頭。亦作「帩」。

桑 抄飯匙也。

雥 生臬。

○樵 嚼遥切。柴也。取薪也。亦作「蕉」。舊昨焦切，宵韻十三。

憔 憔悴也。亦作「顦」。

譙 國名。又，姓。

鄡 縣名。

嶕　嶕嶢。
劁　刈草。
鐎　僬　醮　三字義見上。
撨　取也。
藮　嶚藮，山高皃。
聵　耳中聲。
蕉　草名。
○飆　表要切。疾風也。俗作「飈」。舊甫遥切，宵韻十七。
猋　群犬走皃。又，大風也。
旚　旚旗飛揚皃。
膘　膘腪，腫欲潰也。
䁃　貝居陸也。
標　舉也。表也。又，木杪也。
熛　飛火。
嘌　山峰。

薸　苕華異名。

幖　頭上幟。

躔　輕行。

瘭　瘭疽，病名。

摽　記也。麾也。

剽　攻也。掠也。二字新增。

杓　北斗柄星。

髟　髮長皃。

驫　衆馬走皃。

○鑣　馬銜外鐵也。亦作「鑣」。舊甫嬌切，宵韻六。

膔　脂膔，肥皃。

儦　行皃。

瀌　雪皃。

穮　除田穢也。亦作「穮」。

藨　萑葦，秀也。

○熛　醥遥切。説文：「火飛也。」周禮注：「輕熛，土地之輕脃也。」亦作「㶾」。通作「票」。舊撫招切，宵韻二十。
漂　浮也。亦作「灖」。
飄　飄颻，輕舉也。
僄　輕也。
慓　急也。
彯　彯彯，長組之皃。
旚　旌旗動皃。
嫖　身輕便皃。
趮　輕行也。亦作「蹮」。
嘌　疾吹。
瞟　瞟睽，明視。
翲　高飛。
摽　擊也。
鏢　刀劍鞘下飾也。

鶈　鳥飛。
螵　螵蛸，蟲。
飃　飃飄，風吹皃。
犥　牛黄白色。
膘　杓　二字義見上。
○瓢　驃遥切。瓠也。舊符霄切，宵韻六。
飄　飄風，疾風也。
剽　中鏞謂之剽。又，小輕也。
薸　浮萍也。
螵　螵蛸。
櫜　櫜也。
○苗　妙遥切。禾苗也。求也。衆也。夏獵曰苗。又，國名。亦姓。舊武瀌切，宵韻四。
描　描畫也。
緢　旄絲。
貓　捕鼠獸。又，音毛。

○蜱　蟲名。舊彌遥切，宵韻五。

蚌　蠶初生也。

帉　細綢也。

鷍　工雀。

篻　竹名。

全國高等院校古籍整理研究工作委員會直接資助項目
國家古籍整理出版專項經費資助項目
江蘇省「十四五」時期重點古籍出版規劃項目

江南文脉
jiangnan wenmai

潘耒全集

壹

（清）潘耒 撰
吴航 整理

鳳凰出版社

圖書在版編目（CIP）數據

潘耒全集 / (清) 潘耒撰 ; 吴航整理. -- 南京 :
鳳凰出版社, 2024.3
ISBN 978-7-5506-4082-5

Ⅰ. ①潘… Ⅱ. ①潘… ②吴… Ⅲ. ①潘耒（1646-1708）—全集 Ⅳ. ①Z424.9

中國國家版本館CIP數據核字(2024)第042754號

書　　名　潘耒全集
著　　者　(清)潘　耒 撰　吴　航 整理
責任編輯　許　勇
裝幀設計　姜　嵩
責任監製　程明嬌
出版發行　鳳凰出版社(原江蘇古籍出版社)
　　　　　發行部電話025-83223462
出版社地址　江蘇省南京市中央路165號,郵編:210009
照　　排　南京凱建文化發展有限公司
印　　刷　蘇州市越洋印刷有限公司
　　　　　江蘇省蘇州市吴中區南官渡路20號,郵編:215104
開　　本　880毫米×1230毫米　1/32
印　　張　117.25
字　　數　2615千字
版　　次　2024年3月第1版
印　　次　2024年3月第1次印刷
標準書號　ISBN 978-7-5506-4082-5
定　　價　980.00圓(全四册)

前言

潘耒，原名棟吴，字次耕，號稼堂，晚自號止止居士，江南蘇州府吴江縣（今江蘇蘇州吴江區）平望鎮人。生於清順治三年（一六四六），卒於康熙四十七年（一七〇八）。他是清代初期的著名詩人、學者、史學家、音韻學家，清朝官修明史的纂修官。

一 潘耒的家世與師承

吴江潘氏世代居住於平望鎮。潘耒高祖潘雲以上，世代以耕耘爲業，皆潛德不仕。曾祖父潘志伊，字伯衡，號嘉徵。明嘉靖四十三年（一五六四）中舉，次年中進士第二甲第十四名，授定州知州。不久，轉任南京刑部侍郎，以丁憂去職。萬曆二年（一五七四），擢刑部侍郎。後外放九江知府。因諸官誤判王奎弑主周世臣案牽連，貶謫爲陳州知州。萬曆十一年（一五八三），陞任南康知府。萬曆十六年（一五八八），遷江西按察司副使、袁州（今江西吉安）兵備道。萬曆十九年（一五九一），陞陝西行太僕寺卿，兼轄甘肅等地。萬曆二十一年（一五九三），轉廣西布政使司右布政。明史稱潘志伊所至之處，「歷官有聲」（張廷玉等撰明史卷二二三翁大立傳附）。著有山東問刑條議、不遇紀事等（乾隆吴江縣志卷四六書目）。

祖父潘錫祚，字永甫。明萬曆三十九年（一六一一），以蔭起家，官撫寧衛（今河北撫寧縣）經歷。考滿之年，因上疏力辨其父受王奎案牽連一事，爲吏部擱置。後仕至湖廣布政使司理問。天啓三年（一六二三），卒於任上。潘錫祚好古博識，在撫寧任上曾著南陽答問一書。他諳熟邊事，決策多中。乾隆吴江縣志稱其「策遼事如指掌焉」（乾隆吴江縣志卷二五人物志二襲蔭）。娶陝西行太僕寺卿吴邦楨孫女，生子潘虞龍、潘凱；續娶徐氏，生子潘詢益、潘詢垂。

父潘凱，字仲和，一字豈凡，號貽令。生於明萬曆三十四年（一六〇六）六月，卒於清順治八年（一六五一）八月。門人故舊私謚爲貞靖先生。潘凱天資敏異，弱冠之年即善屬文。其才華頗得時任吴江知縣的德清章日炌所賞識，被召爲婿，生長子潘檉章。天啓六年（一六二六），潘凱爲父守喪期滿，補邑諸生，連試第一，得到張采、張溥等江南名士的贊許，從此聲名鵲起。崇禎三年（一六三〇），潘凱將應鄉試，因母吴氏病重而不行。是年，母吴氏、長兄潘虞龍相繼去世，潘凱始總家政。當時，在朝士大夫多自附東林，在野士大夫以聲氣相應和。潘凱與同邑吴允夏、包捷、吴翩諸人交游，并參加了當地以文章氣誼爲重、以獎進後學爲務的復社。社事由沈應瑞、吴翩、潘凱三人主持，故三人之家，名賢輻輳，文酒之會無虚日。他們以文章行誼相切劘，留心國體治亂、人才進退，慨然有經世之志（遂初堂文集卷一〇沈介軒八十壽序）。甲申、乙酉之際，清軍通過殘暴殺戮、武裝鎮壓等手段實現對江南地區的軍事控制以後，又采取剃髮、易服等民族鎮壓政策，使得滿漢民族矛盾上升爲主要社會矛盾。江南地區的人民群衆憤起反抗清軍的騷擾侵害，一時間此起彼伏的抗清鬥争風起雲涌。潘凱等參加了江南地區的反清活動，「轉側兵間，志有所存」，終因寡不敵衆，歸於失敗。兵敗後，潘凱隱居故里，然家徒四壁，窮困潦倒，但他始終「觴咏不輟」，以著書立説抒發愛國情懷，且「手纂方書，多所發明」，著有平望志、本草類方、復社或問及詩文若干卷（遂初堂文集卷一八先考贈徵仕郎翰林院檢討仲和府君行述）。

潘凱去世之年，潘耒「生方六歲，家日益落，孤煢荼苦」（徐枋撰居易堂集卷七潘母吴太君五十壽序）。其成長教誨督導之責及一切家務，皆賴其母吴氏操持。潘耒正值讀書學習之時，而潘氏家道衰落。有人勸説潘母附於他塾讀書，可以節省學費；但潘母執意不肯，變賣簪珥等物，以延聘良師，課督潘耒。又有人勸説潘母不如稍置田産，潘母指其子曰：「此吾莊也。是莊若熟，吾何患貧？不然，即田連阡陌，其能守乎？」當時吴江有位善於課督童子的啓蒙老師，但其性情怪異，「飲饌有常味，非其味，雖豐不食；去來有常期，迎之稍後期或前期，輒不至；小不如意，輒暴怒鞭笞童僕」。因此，人們相互告誡，莫敢延用。潘母以其善於課督，聘請他教授兒子潘耒，「凡飲食供用之具，一一曲如其意」。潘母尊師重教的行爲，終於感動這位塾師，「居半年，不復怒，一年而大悦」（遂初堂文集卷一八先妣封太孺人吴氏行述）。於是他用心竭力地教授潘耒，潘耒因此受益良多。

到潘耒稍稍長大時，潘母又爲之换了一位「和藹易事」的塾師，且待遇一如前師，并未以他隨和易處而稍有怠慢。這位塾師曾與潘耒長兄潘檉章等人，以道義文章相砥礪，教導潘耒以「通經學古，不亟亟於時」作爲治學之道和立身之本。潘母對此頗爲贊賞，亦表示：「吾教兒讀書，但欲識道理成人，不墜先業。何嘗冀其干禄利、與時競哉！」據明遺民學者王錫闡自述：「余嘗授經觀物草堂。……次耕念余知最深，交最久。……又聞太君之教子也，不以世俗干禄之習，而誡以成父兄之志。」（王錫闡撰曉庵先生文集卷一潘母吴孺人壽序）他比較可能是這位老師。

在明清鼎革之後，大批明遺民學者不願出仕清廷而隱遁山林，以著書立説爲要務，以文章氣節相互砥礪。清順治七年（一六五〇），號稱「吴社之冠」的驚隱詩社（又稱逃之社、逃社）在吴江成立，顧炎武、歸莊、潘檉章、吴炎、王錫闡、戴笠等明遺民學者均參加了這一詩社。他們「樂志林泉，角巾野服，嘯歌於五湖三泖之間」，「以抒發其舊國舊君之感」（楊鳳苞撰秋室集卷一書南山草堂遺集後）。自順治七年秋後，除每年五月初五日、九月初九日兩次正式的雅集外，他們往來頗勤，而潘檉章所隱居的韭溪草堂，更是他們追懷故國故君和探討學問的重要場所。潘耒青少年時期的讀書問學，乃得益於其長兄潘檉章所結交諸明遺民學者的引導和影響。故潘耒之子潘其炳撰皇清徵仕郎日講官起居注翰林院檢討稼堂府君行述稱：「伯父

（潘檉章）所交游，若顧亭林、吴赤溟、戴耘野、張文通、王寅旭諸先生，皆一時名德君子。府君師事友事，無不以文章道義相切劘。」

大致説來，潘耒讀書問學轉益多師，以其長兄潘檉章因湖州莊廷鑨明史案牽連致死爲分界綫，可以分作兩個階段。

王錫闡字寅旭，號曉庵，吴江人。明末棄諸生，隱居著述，自稱「治詩、易、春秋。明曆律象數，學無師授，自通大義」（王錫闡撰天同一生傳）。王錫闡「博極群書，尤精曆象之學」（松陵文獻卷一〇王錫闡傳），著曉庵新法，「考古法之誤而存其是，擇西説之長而去其短，據依圭表，改立法數，試者莫不稱善」（清史列傳卷六八儒林傳下一）。王氏實則兼通中西曆學，故顧炎武譽之爲「學究天人，確乎不拔，吾不如王寅旭」（亭林文集卷六廣師）。潘耒自述王錫闡「與亡兄力田最善，館余家數年」；「余少時，君以爲才而弟畜之，講論常窮日夜，勸余學曆，粗有端倪，以事散去，不能竟學」。王錫闡每年推算大統曆，康熙六年（一六六七）曾引領潘耒推算曆法，成丁未曆稿，「此則挈余布算者也」（遂初堂文集卷六曉庵遺書序）。故潘耒於王錫闡身後表彰其學術，有云：「吾邑有耿介特立之士，曰王寅旭。生而穎敏絶倫，不屑爲干禄之學，枕經藉史，綜貫百家，心思鋭入。凡象數聲律之學，他人苦其艱深紛賾，望崖而返者，君獨殫精研窮，必得其肯綮而後已。尤邃於曆學，兼通中西之術，非徒習其法而心知其意，非徒知其長而能抉摘其短。自立新法，用以測日月食，不爽鈔忽，神解默悟，不由師傳。蓋古

洛下閎、張平子、僧一行之儔也。」（遂初堂文集卷六曉庵遺書序）

康熙十二年（一六七三），值其師戴笠六十生辰，潘耒作戴耘野先生六十壽序以示祝賀，云：「耒燥髮，即執經於先生，凡四年，而從吴愧庵先生游。又彌年，而從先兄受書。吴先生與先兄之志節，猶先生之志節也，懷鉛握槧，無日不相往還。當其揚扢古今，考論同異，酒酣耳熱，高談浩歌，固以爲百年共此樂也。」勾勒了其青少年時代問學歷程以及諸師隱居著述、研討學問的圖景。

戴笠字耘野，明諸生。明亡後，逃禪，久乃返儒，教授自資，勤於著述。「謂明亡於流寇，綜其始末，以月日爲次，作寇事編年。采輯明末死義諸臣事迹，作殉國彙編，自將相至布衣，無不詳載。別紀烈女爲骨香集，後死者爲耆舊集，爲發潛録。又有聖安書法、思文紀略、魯春秋、行在陽秋等書，共數十卷。居同里之朱家港，土屋三間，旁穿上漏，炊烟時絶，略不關懷。惟孜孜編纂，雜采朝報野史，參之見聞，口訊手鈔，老而不倦。海内著述家服其精博，惜多散佚不傳。」（松陵文獻卷一〇戴笠傳）

潘檉章，字聖木，一字力田。明亡後，棄去諸生，堅不仕清，隱居讀書，「肆力於學，綜貫百家、天文、地理、皇極、太乙之學，無不通曉」；且其「專精史事」，生平服膺司馬遷。所著除合撰明史記稿外，有今樂府、國史考異、松陵文獻等（松陵文獻卷末附戴笠撰潘檉章傳）。吴炎字赤溟，號愧庵。銳意史學，「天才矯拔，文筆勁健。作史傳甚有體裁，詳而核，簡而明，美惡不掩，有故良史風」（松陵文獻卷一〇吴炎傳）。顧炎武稱吴、潘「好學篤行」，高才博學，「且其人實史才，非莊生者流也」（亭林文集卷五書吴潘二子事），洵非虚語。

潘、吴於史學各擅其長，「檉章長於考核，炎長於叙事」（戴笠撰潘檉章傳）。且於明代史有追求，合作撰明史記。潘檉章鬻産購得明實録，復旁搜人家所藏文集、奏疏，懷紙吮筆，早夜矻矻，勤奮著述，其所手書，盈床滿篋。於是糾集同志，分工合撰紀傳體著作明史記，「檉章分撰本紀及諸志，炎分撰世家、列傳，其年表、曆法則屬諸王錫闡，流寇志則笠任之」。其同志「昆山顧炎武、江陰李遜之、長洲陳濟生，皆熟於典故，家多藏書，并出以相佐」（戴笠撰潘檉章傳）。間出其稿質之錢謙益，并貽書往復論證辯駁明代史事，謙益極相推服，有「周詳精密，不執不偏，知史事必成，可信可傳」（遂初堂文集卷六國史考異序）之語，慨然以絳雲樓餘燼歸之。撰述數年之後，其書已成十之六七，名聞學界。

順治十八年（一六六一），湖州南潯莊廷鑨明史案起，潘檉章、吴炎等十八人被列入參閲者中。實際上，「兩人未嘗寓目，徒以名重爲所摭引」（戴笠撰潘檉章傳）。康熙二年（一六六三）二月，兩人被逮繫杭州軍營。五月（一説爲六月），被殺於弼教坊（鈕琇撰觚賸卷一吴觚上虎林軍營唱和）。好友顧炎武遠在太原，聞訃作詩追懷，有「一代文章亡左馬，千秋仁義在吴潘」（亭林詩集卷四汾州祭吴潘二節士）之句。王錫闡賦挽潘吴二節士，亦有「才雄一代誰兄弟，義重千秋并死生。……相期煨燼搜遺簡，文獻中原繫重輕」（曉庵先生詩集卷二）之句。二人均高度贊揚了吴、潘二子堅貞不屈的民族氣節，充分肯定了他們的史學成就。

潘檉章、吴炎被殺，不僅其著作遺失或被禁毁，「其書之不就，并已就者，亦不傳也」（戴笠撰潘檉章傳），「間有留之故人家者，因其罹法甚酷，輒廢匿之」（觚賸卷一吴觚上力田遺詩）；而且累及妻兒戍邊，被發往寧古塔爲披甲者之奴。潘耒時年十八歲，爲保存遺孤計，徒步護送寡嫂沈氏與兩孤侄北遣。沈氏以懷有身孕不即死，賫藥自隨。及分娩以後，行至燕山南麓廣寧衛，生子又死，即日飲藥自殺。兩孤侄繼續淪落至塞外（遂初堂文集卷一〇沈兼人六十壽序；戴笠撰潘檉章傳）。潘耒卒護其嫂氏喪南還，悲憤感慨，賦慟哭七十韻、隔谷歌、度關曲，寫盡家破人亡、流離失所之無限悲哀。此乃潘耒師承之第一階段。

康熙二年（一六六三）冬，潘耒即以還山吟、韓蘄王墓碑歌二詩請益於徐枋。此前一年四月，徐枋已經讀到潘耒登華山詩，驚其年少而有如此詩才；及再讀兩詩，以及瞭解到潘家遭遇，益驚喜過當，嘆息絶倒。徐枋出於「生才既難，成才尤難，而處才益更難」之考慮，專門寫了一封長約一千五百字的長信，諄諄告誡潘耒「有其才而善成之，成之而善處之」，「望足下之善處其才」（居易堂集卷一與潘生次耕書）。潘耒遂游其門。徐枋字昭法，號俟齋，長洲人。明崇禎十五年（一六四二）舉人。其父徐汧官詹事府少詹事，甲乙國變後，家居殉節。徐枋恪遵遺命，遁迹深巖，布衣草履，栖息於土室樹屋之中。後又歷盡艱險，屏迹荒山，與世隔絶，隱居於天平山上沙村，自署秦餘山人，五十年不入城市，以賣字畫爲生。至康熙五年（一六六六），潘耒仍因兄潘檉章牽連史案，一説是被仇家告訐爲潘檉章弟（張慧劍著明清江蘇文人年表引徐俟齋年譜），爲清廷追捕，曾從母姓化名爲吴琦，字開奇，奉母吴孺人匿居於靈巖山讀書，與徐枋山居相望。是年二月，歸莊游鄧尉山觀梅花，於徐枋座上識潘耒，「吴生者，亡友潘力田之弟，吴赤溟之門人也。二君以國史事被殺，家徙塞外，故生改姓竄於山中。余見生，傷其兄及其師，爲之執手號慟」（歸莊集卷六觀梅日記）。康熙七年（一六六八），潘母吴氏五十壽辰，徐枋作壽序以賀，於序文中反復申説「成完人」之難，對潘耒提出了較高期望，「以大器期之」，再次勉勵他「益早夜克厲，亦期爲天下之完人」（居易堂集卷七潘母吴太君五十壽序）。

潘檉章、吴炎被殺時，摯友顧炎武在太原賦詩作文遥祭，同時勸慰其弟潘耒云：「猶存太史弟，莫作嗣書人。門户終還汝，男兒獨重身。」（亭林詩集卷四寄潘節士之弟耒）不僅如此，潘耒因爲顧炎武的關係，得到顧氏摯友王略的周全，甚至招贅爲姻眷。康熙二年（一六六三）秋，潘耒北游至淮陰，拜謁富商王略（字起田）。王氏以「寧人之友之弟，則猶之吾弟也」，加倍愛惜潘耒之才，「愍其流離，衣食周恤之甚至」，又與夫人方氏謀招贅之事，遂於次年親至吴江定婚。至康熙六年，潘耒至淮陰成婚。故潘、王兩家結爲婚姻，「非素識也，特以寧人之友故」（亭林文集卷五山陽王君墓志銘）。不幸的是，至康熙八年（一六六九）六月，潘耒婦翁王略卒；十一月初六日，妻王氏又病故（遂初堂文集卷一九亡妻王孺人壙志銘）。十九日舉喪以後，無依無靠的潘耒從淮陰負笈北上投靠顧炎武受學。途中曾暫過德州，拜訪顧炎武老友程先貞、謝重輝（海右陳人集卷下潘次耕從淮陰來）。至十二月末，始達京城。顧炎武與潘耒師徒之間互有詩文唱酬（遂初堂詩集卷一六己酉冬從淮陰抵平原呈亭林先生六十韻；沈岱瞻輯同志贈言作己酉冬暮自淮陰抵平原謁寧翁先生敬述長律六十韻；亭林詩集卷四亡友潘節士之弟耒遠來受學兼有投詩答之）。潘耒此行帶來其岳父王略之行狀及其妻兄王寬（字智栗）的書信，請顧炎武作墓志銘（亭林文集卷五山陽王君墓志銘）。顧炎武於次年正月十六日致書王寬，略作安慰鼓勵，承應撰作志銘，又云：「不佞以十一月廿六日入都，而次耕後此匝月始至。今將於長安圖一讀書之地，必不虛其千里相從之願也。」（亭林佚文輯補覆智栗書）潘耒因顧炎武的推薦，暫館翰林院太史衛既齊宅（海右陳人集卷下寄潘次耕十韻次耕有妻之喪自淮陰入燕師事亭林今暫依衛太史）。

顧炎武，字寧人，昆山人。時值明季多故，講求經世之學。明亡以後，遍及關塞，四謁孝陵，六謁思陵，始卜居陝之華陰。顧炎武不僅治學廣博，異常勤奮，見解獨到，清史稿稱顧氏治學廣博，「大抵主於斂華就實。凡國家典制、郡邑掌故、天文儀象、河漕兵農之屬，莫不窮原究委，考正得失」；「生平精力絶人，自少至老，無一刻離書。所至之地，以二贏馬載書，過邊塞亭障，呼老兵卒詢曲折，有與平日所聞不合，即發書對勘，或平原大野，則於鞍上默誦諸經注疏」。爲學主張「博學於文，行己有耻」，深深地影響了潘耒。而且他對潘耒愛護有加，注重教育引導。

潘檉章及其交游吴炎、王錫闡、戴笠、徐枋、顧炎武等蘇州當地的一批志同道合者，形成了固定的明遺民學者文化圈。他們以其民族氣節、學術造詣、人格魅力，較早地深刻影響了青年潘耒的成長，成爲潘耒學術上、人生志向上的楷模和榜樣。在他們的影響下，潘耒治學崇尚經世致用之實學，以「不務多言，務力行」的「真儒」爲人生奮鬥目標（遂初堂文集卷九送許時庵督學還朝序）。故潘耒轉益多師，勤奮鑽研，能集諸師之長。沈彤作徵仕郎翰林院檢討潘先生行狀稱：「比長，復得賢師友之助，若顧炎武、徐枋、王錫闡、吴炎、兄檉章諸君，皆名德高才，先生并承指授，集其長。數年，於經籍、子史、詩賦、古文詞、曆算、聲音之學，本末表裏，遂無不洞達。」（果堂集卷一一）而且，潘耒讀書二十餘年，力求通經學古，始終不應清廷科考。

二 潘耒應薦博學鴻儒科與游歷天下

潘耒師從顧炎武北游以後，交游範圍日益擴展，因此結識顧炎武外甥昆山徐乾學、徐元文、徐秉義等清朝新貴。野史稱昆山三徐「方其盛時，權勢奔走天下，務以奬拔寒畯，籠絡人才爲邀名計，故時譽翕然歸之」（顧詩彙注卷五有嘆注引）。康熙十四年（一六七五），翰林院編修徐秉義典試浙江，偕潘耒入闈；潘耒極力賞薦許汝龍後場五策，而被尊爲「小座師」（觚賸續編卷三事觚小座師）。康熙十六年（一六七七）春，徐乾學兄弟乞假由京城南歸奔母喪，欲延聘潘耒主其家。顧炎武擔心潘耒年少且貧，不能自守，亟致書制止：「原一南歸，言欲延次耕同坐。在次耕今日食貧居約，而獲游於貴要之門，常人之情，鮮不願者。然而世風日下，人情日諂，而彼之官彌貴，客彌多，便佞者留，剛方者去。今且欲延一二學問之士以蓋其群醜，不知薰蕕不同器而藏也。吾以六十四之舅氏，主於其家，見彼蠅營蟻附之流，駭人耳目，至於徵色發聲而拒之，乃僅得自完而已。況次耕以少年而事公卿，以貧士而依廡下者乎？」故力勸潘耒切莫聽聘：「今次耕之往，將與豪奴狎客朝朝夕夕，不但不能讀書爲學，且必至於比匪之傷矣。」（亭林餘集又與潘次耕札）不過，潘耒最終没有聽取顧炎武的建議，到底還是隨徐乾學南下了。

康熙十七年（一六七八）正月，清廷在平定三藩之亂穩操勝券之同時，下詔特開「博學鴻儒」制科，敕令各部院大員和各省封疆大吏多方薦舉地方名賢大儒與隱逸之士，「爲國求人，欲得巖居志節之士，以風天下注意」（遂初堂文集卷一〇盧景韓先生五十壽序）。其社會影響甚大，學士大夫們各有其想法，全國幾乎爲之沸騰。

潘耒由時任詹事府左春坊左諭德盧琦、刑部主事謝重輝交章推薦，被迫以布衣身份應試。

盧琦，字景韓。康熙六年（一六六七）進士，官至翰林院侍讀學士。考盧琦與潘耒相識相知，緣於余翀子其人。余翀子本徽州府休寧人，少隨父徙居杭州，與盧琦同學。後又遷居吴江，與潘耒同學。余翀子頗欽慕潘耒才學，潘耒每有論撰，則隨手抄録評點，且屢向盧琦出示潘耒著作，頗多稱道之語（遂初堂文集卷九贈余翀子序）。盧琦亦爲潘耒詩文所折服。潘耒後來在避難途中第一次見到了盧琦。康熙十二年春，潘耒游至錢塘，遂拜訪里居的盧琦（遂初堂文集卷一〇盧景韓先生五十壽序）。

謝重輝，字方山，號匏齋，山東德州人。其本生父謝陛。以嗣父謝陞之蔭起家，官刑部侍郎。謝重輝之所以推薦潘耒，則緣於顧炎武與謝重輝的舊交關係。康熙十八年，顧炎武在山東章丘對簿結案後，即主謝重輝家。是冬，潘耒從淮陰北上師事顧炎武，途經德州時，拜謁謝陛、謝重輝父子，得到謝氏父子的欣賞和器重（遂初堂文集卷一〇謝丹楓先生七十壽序）。這或許是謝重輝後來推薦潘耒的主要因由。

當潘耒接到清廷敦促其赴京的徵書時，坐卧不寧，想起十五年前的家庭變故，不禁黯然神傷，對出處去就極爲矛盾。他賦寫懷十首、後寫懷十首詩，以發攄懷抱。寫懷十首其一、二、四云：

緯蕭抱甕一閑身，忽報徵書訪隱淪。客到定知傳語誤，牒來方訝姓名真。雕籠豈得呼高鳥，芳餌何當近逸鱗？閉户莞然成獨笑，南山翠色正嶙峋。

土木形骸卧竹根，一生無夢到金門。梁鴻早歲耽栖遯，何點中年薄宦婚。櫟以不材留作社，瓠因無用取當樽。少微那得關星象，錯比柴桑處士村。

攢攻百病藥無靈，憂患生年實飽經。簸蕩心如懸碓杵，朣朧眼似抹雲星。魂傷廢壠哀風樹，泪滴秋原痛鶺鴒。如此人身堪出否，誰云惜嫁爲姆婷。

爲此，潘耒曾商請諸好友王喆生等。王氏稱潘耒來信「拳拳於出處之際」，力勸潘耒出山。其答書云：「夫行藏用舍，聖賢豈有成見，各因乎時。先生抱膝隆中，素以管樂自命，固非甘老牖下者。幸當聖天子側席求賢之會，誠能一吐胸中奇，黼黻明盛，天下後世，方忻仰之不暇，何復有局守拘墟，吹索毛瘢，以爲訾議哉？特勿若舉世浮沉之輩，出處兩無所就，使天下謂斯人一出，徒爲富與貴，則自不貽有識者笑耳。」（素巖文稿卷一八答潘稼堂先生）

潘耒之所以膺徵清廷的博學鴻儒制科，還有一個原因，就是要營救其兩孤侄。這是以往學者所忽視的。康熙十七年正月，值潘母吴氏五十生辰，王錫闡作壽序，追憶道：「次耕爲先友觀物異母弟。觀物之難，次耕禀母命，踪寡嫂孤侄走數千里。北抵漁陽，既知嫂之殉義與兩侄之定處，又南走數百里，爲觀物營馬鬣而後反。」（曉庵先生文集卷一潘母吴孺人壽序）潘耒賦有西泠展墓詩二首，其二云：「麥飯椒漿拜草間，相看應怪我蒼顔。休疑陸弟曾如洛，爲報梁童已出關。將母歸來無舊業，藏書到處有名山。西征賦就何人賞，焚向東風血泪班。」

潘耒在北游期間，顧炎武即來信叮囑其營救孤侄：「既在京邸，當尋一的信與嫂侄相聞，即延津在繫，亦須自往一看。此皆吾輩情事，亦清議所關，不可闕略也。」（蔣山傭殘稿卷三）適清廷開捐贖例，潘耒苦心經營，竭盡錢財，歷時長久，經過多次繁瑣交接，最終營救其侄子來到京城。潘耒卒後，其子撰行狀稱，潘耒「以兩孤侄在塞外，深念不忘。捐贖例開，竭貲往贖；得贖矣，又以檔案參差，往返查覆八九次，經四部、兩撫、兩將軍，十年之久，費累數百金而始釋」（潘其炳撰皇清徵仕郎日講官起居注翰林院檢討稼堂府君行述）。王錫闡聞知消息，即致書潘耒，云：「遼海還人，弟所日夜痛念。得大令侄來燕消息，令人悲喜交集。不知有日握手具區，側訴冰天雪窖事否？」潘耒後來追憶：「余年十八，亡兄蒙難，嫂侄北徙，思爲存孤計，尾其後以行。……余稚且弱，抵燕山，見事不可爲，力盡而返。……余既孱弱無能爲，亡兄知交遍天下，竟無一客緩急可使如沈君者，遂使兩孤兒長淪絶域，生死不知。」（遂初堂文集卷一〇沈兼人六十壽序）其家破人亡之痛，爲何如哉！這大概是潘耒後來被迫出應清廷博學鴻儒科之深層緣由。

康熙十七年秋冬之際，潘耒於困頓之餘，以布衣膺薦清廷博學鴻儒制科，徐乾學、朱鶴齡、汪文柏、汪森等友人均賦詩送行。次年三月初一日，策試於體仁閣。潘耒初列於一等第五名（遂初堂文集卷二〇祭葉文敏公文），至放榜時，改列二等第二名。很可能緣於其應制省耕詩失粘落韻，以「冬」韻誤出「宫」韻所致（毛奇齡撰制科雜録；陳康祺撰郎潛紀聞二筆卷一六「康熙朝試鴻博之寬」條)。按照當時的規定,「舉貢出身之推知、教職,革職之檢討、知縣,及未仕之舉貢、蔭監、布衣,俱授爲檢討」(清朝文獻通考卷四八)。五月十七日,潘耒始以布衣身份授翰林院檢討,入明史館,充纂修史官(清聖祖實録卷八一)。在當時録取的五十位博學鴻儒中,潘耒三十三歲,年紀最輕。因其博學多才,素負盛名,與富平李因篤、秀水朱彝尊、無錫嚴繩孫,皆以布衣之士躋身清要之地,被世人戲謔爲「四大布衣」。「當是時,同召試入詞曹者五十人,先生與朱子錫鬯、嚴子蓀友及耒四人者,則以布衣入禁林,爲古今曠典。」(遂初堂文集卷八李天生詩集序)

至康熙二十年(一六八一)二月,朱、嚴、潘「江南三布衣」同時被清聖祖玄燁欽點爲日講起居注官,入值禁中,敷陳經史,日侍顧問(清聖祖實録卷九四,康熙二十年二月辛巳、甲午條;康熙起居注,康熙二十年辛酉二月)。次年,潘耒出任會試同考官,分校禮闈,拔得許汝霖、吴苑等英才十二人(遂初堂文集卷八許時庵制藝序、吴楞香制義序,卷九中大夫國子監祭酒吴君墓志銘),在當時參校諸人中,號稱「得人最盛」,遂有「真座師」之稱(觚賸續編卷三事觚小座師;朱彝尊撰曝書亭集卷七六贈日講起居注官翰林院檢討徵仕郎貞靖潘先生墓志銘)。康熙二十二年(一六八三)二月,潘耒又奉命兼修清世祖實録、聖訓(清聖祖實録卷一〇七,康熙二十二年二月丙子條)。潘耒在史館期間,爲明史修纂殫精竭慮,積極倡言,撰擬修明史議、請廣秘府書籍以光文治疏諸創議,擔負草擬明史食貨志稿以及洪武至宣德五朝史傳稿之重任,爲康熙朝官方明史修纂作出了重要貢獻。潘耒於時政亦多有建白,如上請舉詞臣舊職以盡官守疏、遵諭陳言疏、樂章議、廣南藩兵議等。

康熙二十三年(一六八四)春,京察開始,翰林院滿洲掌院學士牛鈕考核本院屬員,給予潘耒的考核評語是「浮躁輕率,有玷講官」,交給吏部等部門復核。潘耒因此鐫級之後,暫留京師,讓母、妻先歸故里。不料,潘母歸途染疾,至九月卒,潘耒聞訃奔喪歸。

潘耒在京察中被彈劾排擠,主要是他生性耿直,不通人情世故,「精敏敢言」,「無少遜避」,爲忌者所中。潘耒後來追悔道:「耒愚贑性成,不諳世故,酒酣耳熱,轉喉觸諱,往往獲罪於先生長者。」(遂初堂文集卷二〇祭葉文敏公文)至康熙三十四年(一六九五),潘耒南游福建,好友汪楫、林佶等祝賀潘耒五十壽辰,於壽序中提到這場所謂的「詞苑風波」:「予與稼堂先生,同己未召試,同入詞林,而先生於同館五十人中,年最少。方以高才博洽,上爲朝廷所寵異,次爲同館諸公所矜式。當是時,先生之意氣甚盛,予於先生,亦若葭琯之相應,壎篪之相和,而車軫之相爲後先,蓋匪獨性情之孚。亦以遭逢隆盛右文之世,纂禮序樂,製爲文章,詞臣之榮施,固千載一時者也。未幾,先生班日講,朝夕記注於承明之廬,屢承恩眷。壬戌會闈分試,獲士十二,皆一時選,有知人之目,聲望益大重。然先生爲人,果於自信,好行其直,是是非非,無所回撓,而忌者滋多。」(樸學齋稿稼堂潘先生壽序(代))

需要指出的是,這場風波的深層次原因,則在於潘耒等人以布衣身份入選翰林,纂修明史,出入禁中,聲望日隆,而他并非出自科甲正途的進士舉貢,故被時人斥爲「野翰林」。其實，顧炎武致書敦勸李因篤效法西晋李密陳情，堅辭博學鴻儒之薦，已經提到晚明以來官場上的不良風氣，云：「『同年』二字，切不可説，説於布衣生監之前猶可；説於兩榜之前，此恨將不可解。此種風氣相傳百餘年矣，亦當知之。」（蔣山傭殘稿卷三又答李子德）可謂眼光敏鋭。李光地榕村續語録有兩段記載，頗能反映當時文人相輕之情狀。其中一段云：「當時鴻博如陳維崧、嚴蓀友、朱彝尊、潘耒等，於詩上原有幾年工夫，雜事記得些，便眼中輕科甲，科甲之嫉其以布衣而同館。到底不久都趕去，其存者還是科甲。」（榕村續語録卷九本朝人物）又一段援引陳廷敬之語：「當日潘次耕、朱錫鬯在南書房，與高澹人不過詩文論頭略不相下，澹人便深銜之。一日，語予曰：『如此等輩，豈獨不可近君，連翰林如何做得？』予曰：『如此等人，做不得翰林，還有何人可做？次耕略輕些，至朱錫鬯還是老成人。』」（榕村續語録卷一五本朝時事）可見當時翰林院中科甲出身者與非科甲出身者之間的門户之見甚重，其入館初期表面上的優游唱酬最終掩蓋不住這種文人相輕的偏見。

康熙二十六年（一六八七），潘耒服喪期滿，按例應赴京補官，但他自知性情剛直，不諧於俗，於是棄官而暢游天下，「特以親不逮養，故無意赴補，逍遥山水間」（救狂後語再與石濂書）。據其編年詩集，潘耒當年夏至次年夏，沿長江向廣東游歷；康熙二十八年（一六八九）夏至冬，向東游渤海、黄海、泰山地區；康熙三十年（一六九一）春至冬，又南下游台州、雁蕩山；返家後，整理刊行其三四年間所作游記文章爲鴻爪集，編訂增補長兄潘檉章遺著國史考異、松陵文獻；至康熙三十三年（一六九四）秋至次年冬，爲刊刻其師顧炎武著作日知録、亭林文集、詩集等，南游福建；康熙三十六年（一六九七）春至秋，爲黄山、廬山之游；康熙三十七年（一六九八）春至康熙三十九年（一七〇〇）夏，作兩湖、兩粤之游；康熙四十年（一七〇一）春至秋，再爲中州之游；康熙四十一年（一七〇二）以後，以其年齡增長，不再遠游。王士禛信中概括潘耒游踪云：「先生乃東覽台宕，溯桐廬，登武夷，西探黄海，窮匡廬，南逾嶺嶠，放於潮陽，躡羅浮以觀日出，攀八桂之林，陟祝融之巔。所謂州有九，歷其八，岳有五，游其四。所至又能以健筆發其靈奥。近人惟臨海王恒叔稱好游而有文，所傳五岳游草具在。試以絜之先生，不啻邾、莒矣。」（救狂砭語附王阮亭司寇來書）故當時士大夫比之西漢司馬遷、謝康樂，晚明之王士性，庶幾近之。

潘耒進入翰林院修纂明史以來，同年入館的友人或亡故，或外放，或奉使，或假歸，使他反生歸隱之思。這種思緒縈繞心頭，揮之不去。至康熙二十一年（一六八二）八月，同鄉老友兼同年同官徐釚返鄉休假，潘耒賦詩送别。其詩略云：「眷言告將歸，離愁兩茫茫。世路良逼仄，康莊亦羊腸。譬如遇醇醪，薄醉興轉長。一官甚鷄肋，索米常彷徨。乞歸最得計，子勇過卞莊。種魚蓮花陂，讀書深柳堂。快游江帆穩，酣眠松露凉。何似聽朝鷄，顛倒披衣裳。疾來固云好，遲留亦何妨。……吾生何勞勞，百歲如風狂。子仕今尚歸，吾隱詎可忘？會當及來兹，輕裝上吴航。買田必同陂，卜宅當共坊。與子數晨夕，爲歡未渠央。」（遂初堂詩集卷四送同年徐電發假歸）此時的潘耒已經感覺到官場的複雜，文人相輕等種種令之愉快，於詩篇中表達了終將歸隱之志向。故潘耒辭官以後二十餘年間，暢游天下，踪迹遍布名山大川，從而回歸到入仕之前的讀書治學、游歷山水的狀態，終於達成遂初之志。「惟吾胸懷與衆殊，天下名山願游盡」（遂初堂詩集卷一一將出山留别吴楞香及同游汪文治王名友諸子），正是潘耒的真實想法。

林佶認爲，相較於唐、宋遷謫之士韓愈、白居易、蘇軾的游歷，「皆能即其境遇，狀其山川，官愈左而文愈奇，然鬱勃不平之氣，亦往往見於其間。蓋其於游，非必其心之所樂而安於是者，特以羈留其地，而姑借山川以消其塊結而已」，潘耒謫官以後的游歷天下，「既脱然於塵壒之外，非有所强而行，乃興之所至，千里命駕，必窮人之所不能窮以爲大樂，長齋茹淡，一瓢一笠，見之者類以爲方外畸人。而先生浩然之概，終非人之所得而測焉者也。……宜其中有自得，而視人世升沉榮辱，若蜉蝣蠛蠓之過於前，毫不介意也」（樸學齋稿稼堂潘先生壽序〔代〕）。儘管這些説法出自林佶的應酬之作，然而夷考其實，其中的寫實成分較多。

潘耒膺徵清廷博學鴻儒制科、入朝爲官六年的這段經歷，使他對仕宦産生了更加深刻的看法：「仕宦猶操舟然。風利則一日千里，不利則淹滯經旬。水行者，亦唯順其勢而無争焉，斯可矣。然商舟旅舶，往往不勝其躁，乘危蹈險，儌倖於一濟，摧檣折柁，相尋而不戒。無他，利有所必趨，期有所必至也。若其無事無營，徜徉乎山水，風恬浪平，則張帆徑逝，小有梗逆，則迴橈而還。吾未見游舫之覆於水也。仕宦之險，非直江湖也。機辟之危，非直風

濤也。而人盡鋭賈勇，有進無退。夫非以所趨者重而所期者速乎？是何賈舶之多而游舫之少也？」（遂初堂文集卷八密游集序）

康熙四十二年（一七〇三）春，清聖祖第五次南巡，至蘇州時，恢復潘耒原官，并賜手書元代趙孟頫魚樂樓之詩（果堂集卷一一徵仕郎翰林院檢討潘先生耒行狀；翁廣平撰道光平望志卷首宸翰）。康熙四十六年（一七〇七），清聖祖最後一次南巡，四月抵蘇州時，又手書明董其昌字賜潘耒。時文淵閣大學士兼禮部尚書陳廷敬扈行，賦詩懷及潘耒，有維舟懷朱竹垞潘稼堂（陳廷敬撰午亭文編卷七）、鶯脰湖懷潘稼堂太史諸詩（乾隆吴江縣志卷五〇撰述五集詩四），潘耒酬以老馬行呈澤州相公、澤州公有鶯脰湖見懷之作依韻奉酬（遂初堂詩集卷一五）。當在吴江鶯脰湖相會時，陳廷敬欲薦潘耒重入史館，潘耒賦老馬行呈澤州相公相謝，因自號「止止居士」。次年九月，潘耒辭世，終年六十三歲。

三　潘耒的詩文特色與文學思想、主張

潘耒的詩文創作與游歷頗有關係。潘耒性好山水，常漫游各地，游覽名山大川，其詩多爲記行記游、登臨懷古之作。北起燕山，南至羊城，西起西安，東至海濱，三山五嶽、長江大河的壯麗景色，潘耒均能攝入其詩篇，而且往往在描繪美景的同時，大發議論，抒寫豪情。

潘耒十八歲前後，其詩才即得到當時社會名流的肯定和贊賞。康熙元年（一六六二）

四月，明遺民徐枋讀到潘耒登華山詩，得知其年十七而有如此詩才，便已驚絶；次年冬，再讀其還山吟、韓蘄王墓碑歌諸詩，則誇贊道：「落筆千言，汪洋自恣，辭賦懸於日月，才調驚於風雨，騷人詞伯，見而斂手。此不特今人之所絶無，即求之古人，亦所僅有。」（居易堂集卷一與潘生次耕書）康熙五年（一六六六）二月，歸莊游鄧尉山賞梅花，至上沙訪徐枋，於座上識潘耒，潘耒出其詩古文請教，歸莊贊嘆其「才筆驚人，志尚尤可嘉」（歸莊集卷六觀梅日記）。及潘耒弱冠之年北游京師，得交王士禄、王士禛等清朝新貴，王氏兄弟頗稱賞其五言詩。潘耒後來有贈王士禛詩，追叙這段往事，云：「往歲來京華，我年始弱冠。君家吏部公，一見謬稱嘆。謂我工五言，燦若金出鍛。君從淮浦還，同聲復相贊。咨嗟游山作，屏脚供把玩。」（遂初堂詩集卷三贈王阮亭侍讀）及膺舉博學鴻儒制科，入明史館之前，潘耒詩名已廣爲當時學者所聞。曹溶曾將潘耒五言詩作與陝西李因篤詩作并稱，有「北李南潘」之目（遂初堂詩集卷二曹秋嶽先生招飲倦圃作四首其四原注）。

清代著名詩論家沈德潛認爲，潘耒詩作「直達所見，浩氣空行，韻語可作古文讀。而登臨懷古諸作，尤爲光焰騰上，一時名流，幾罕與儷者」（國朝詩别裁集卷一二）。其評價甚高，獨具慧眼。清乾隆年間四庫館臣則稱，潘耒學有師承，「少受業於顧炎武，頗得其傳，故詩文皆有原本」，於是一方面承襲沈德潛之説，肯定潘耒「其詩不事雕飾，直抒所見」，「氣體渾厚，空所依傍，則又耒所獨得也」；另一方面則批評潘耒「古文蹊徑較平，稍遜於魏禧諸人」，「特其議論之文，往往反覆求快，太傷於盡，未免失之好辯焉」（四庫全書總目卷一八三集部三六）。故有學者對此有所申辯和剖析。如周中孚稱：「徐晉齋斐然亦稱其山水游記，狀難狀之景，刻鏤藻繢，盡相窮形，最堪把玩。今觀集中游記，共有四卷，實堪與徐霞客游記抗行，知其詩文皆得江山之助者。然其他文亦純以氣勝，不規規於前賢，而自然動與古會，沛然莫之能禦，夫亦庶乎辭達者矣。」（鄭堂讀書記卷七〇集部一之上）

現代著名歷史學家鄧之誠則認爲潘耒「詩文不事摹擬，根柢深厚，有樸茂之美。……詩多紀游之作，詩文皆不輕作，未嘗以語言泛愛人，可謂奉行師教唯謹者矣。」（清詩紀事初編卷三）王學泰進一步指出潘耒詩篇自成一派，自有特徵：「潘詩質樸而不流於謇澀，暢達而不流於平易，詞意豐腴而不流於靡弱，於唐宋之外别成一家，在清初是有特色的。只是在内容上所反映的社會生活面較其他著名的遺民詩人狹隘一些。」（中國古典詩歌要籍叢談）以上這些評論和意見比較中肯，尤值得重視。

有明一代的文學風氣，隨着時代的推演而發生變化。永樂至正統時期盛行臺閣體，到弘治以後前後七子擬古復古派大行其道長達百餘年，一則「文稱左遷，賦尚屈宋，古詩體尚漢魏，近律則法李杜」，高呼「文必秦漢，詩必盛唐」；一則一字一句摹擬古人，實則成爲文學上的保守派，阻滯了明代文學的健康發展。當時即遭到徐渭、唐順之、歸有光等文學名家的極力反對。至萬曆時期，公安、竟陵二派異軍突起，主張詩文獨抒「性靈」，不拘客套，視擬古復古派儼若仇敵。

降至清初，明嘉靖後七子崇尚模擬抄襲之風氣，持續影響文學創作。爲矯正這種文風，像潘耒這樣的學者積極聲討而試圖糞除之。潘耒多次在文章中批評晚明以來詩風文風之弊，指斥前後七子所造成的影響：「明代前後七子之派行，而摹擬剽竊，相習成風，膚辭浮響，靡然一律。」（遂初堂文集卷八胡漁山詩集序）又説：「自嘉靖七子有唐後無詩之説，至今耳食者，從而和之。宋元諸名家之詩，禁不一寓目。復於唐代，獨尊初盛，自大曆以還，割棄不取，斤斤焉劃時代爲鴻溝，別門户如蜀洛。既以自域，又以訾人，一字之生新，棄而不用，曰懼其墮於中晚也；一句之刻露，摘以相語，曰惜其入於宋元也。天與人以無窮之才思，而人自窘之；地與人以日新之景物，而人自拒之，其亦陋而可嘆矣！」（遂初堂文集卷六五朝名家詩選序）其議論刻深峻嚴，反映了晚明文人深受前後七子影響而庸陋自縛的情狀。

明代前後七子詩派模仿抄襲之風氣，更是潘耒激烈批評的對象和重點攻擊的目標。他在托素齋集序中大聲疾呼：

余觀古今來能言之流衆矣，其傳世久遠者，必傑然能自樹立，不隨人步趨者也。古之君子，天資高明，學問宏富，見理明而更事多，資之深而養之厚，發爲文詞，浩乎沛然，昌明條達，何嘗雕章琢句以爲工？又何嘗規模擬議以求合哉？後世之士，學無根柢，辭有枝葉，本無獨見而妄思立論，本無至性而强欲造端。於是不得不以摹仿蹈襲爲能事。言文者，一以爲左史，一以爲莊騷，一以爲韓歐。言詩者，時而主漢魏，時而主三唐，時而主宋元。彼此更相訾笑，其於不能自立，均也。斯無論學之不似，爲之不工，即工且似焉，求其所以立言之故，枵然無有也。若是而能傳者，寡矣。

李天生詩集序同樣作獅子吼，痛斥晚明以來學術風氣：

詩篇一藝耳，而風格日下，百餘年來，學者之弊，佻而爲公安，纖而爲竟陵，浮而爲雲間，流派各别，去古滋遠。迄於今，效元白，效皮陸，效東坡、放翁者，盈天下，與之言風騷、漢魏、盛唐李杜，則掩耳疾走，如枘鑿之不相入。豈非唱郢曲者難爲工，和巴歌者易爲響耶？

潘耒繼續發揮前後七子的反對派徐渭、三袁兄弟的文學觀點，主張詩文創作，要皎然異轍，「矯而爲峭拔清新之作」，「直寫性靈」，保存「真意味」（遂初堂文集卷八胡漁山詩集序），「不爲依仿形似之學」（遂初堂文集卷八托素齋集序）。

他由「詩以道性情」出發，認爲詩作「緣情而出」，發抒真實情感，不可無病呻吟。「夫文生於情，風騷、樂府，大都忠臣孝子鬱結無聊之所爲。」（遂初堂文集卷八陸冠周詩集序）「夫詩以道性情也。貞臣烈士，性情既得其正，形諸聲詩，自爲天地之元音。松有心，竹有筠，而丰姿秀挺；蟬吸風，鶴飲露，而音韻孤清：天質使然，不可以僞爲也。」（遂初堂文集卷八臧岱青詩集序）即如明清易代之際，吴越遺民志士「發之聲詩，大抵憂時憤世，長歌當哭，凄風苦雨之音多，而朗月晴雲之致少。雖變而不失其正，亦近於傷矣」（遂初堂文集卷八草閣集序）。潘耒論詩，具有如下突出特點：

一是重視人品與詩格之間的關係。他認爲「唯人品真而後詩格高，未易及也」（遂初堂文集卷八竹笑庵遺詩序），且以宋代詞人兼書畫家姜夔論書法「八要」首重人品爲例，明確提出作詩「第一須人品高」，因爲「詩文爲人之心聲」，其高下實則「以人品爲高下」。具體説來，其人品高尚，「性情氣概有超絶乎人者」，其詩格與之相符，必將超越常人，「而後詩不求工而自工」；相反，其人品低下，「突梯脂韋、囂喧營競之徒」，其詩「雖刻意求工，而氣骨委靡，縱有詞采，亦蕣華朝菌而已矣」（遂初堂文集卷八竹莊漫稿序）。

二是認爲作詩於講究格調之外，更要推崇才氣。針對當時人論詩過度講究格律聲調，潘耒一反其説，提出作詩應於格調之外，推崇才氣：「今人論詩，專尚格調，格調可勉而能，才氣不可襲而致。有才氣，不患格調不高；無才氣，而言格調，能成家者罕矣。」他以駿馬與凡馬比擬「好詩」與「庸詩」，指出「必有躡電追風、一日千里之概，而後能空群」，「雖毛骨應圖，步驟合節，終爲凡馬已耳」，由此認爲：「詩不問何家數，要必才思沛發，奇氣横溢，然後加以琢鍊，可登作者之堂；否則，雖色澤鮮華，音節遒朗，終爲庸詩已耳。」（遂初堂文集卷八錢宛朱詩序）

才氣何所從來呢？首先要博覽群書，攝取精華。「惟其根深而蓄厚，故作爲文章，踔厲清矯，其氣充以完，其辭辨以達，詩章一本性情，刊落浮華，始乃刻畫，漸近自然。」（遂初堂文集卷八托素齋集序）

其次要得山水之助。潘耒基於自身游歷山水和創作詩篇的體驗，認爲詩文之作與游歷山水大有關係，「詩人所處之地不一，而在山水間者恒工」，詩文與山水交相助。至其原因，「蓋詩之爲道，猶斫輪然，甘苦疾徐，寸心自得，意境未合，沉思獨往，寂無端倪；及其有會，操筆疾書，如兔起鶻落，少縱即逝。非夫精神專一，用志不分者，莫能造於工」。這就是説，詩人行走於山水之間，自然情景與個人意境相合，心領神會，相互交融，有所激發而創作詩文。潘耒特别指出，山水之助對詩人有特定要求：只有閑居野處，内心高潔，恬愉無競者，才能得山水助，「閑居而野處，内無所汩，外無所役，宇泰定而天光發，乃能與自然之籟相遭」。對於那些沉溺塵俗，沉浮宦海者，「若乃馳乎埃壒之區，膠膠擾擾，應接之不暇，支離牽綴以爲詩，膚澤具而神不偕來，其爲工也幾何矣」（遂初堂文集卷八擒藻堂集序）。

故潘耒品評衡鑒交游之詩作，往往著眼於詩文是否得山水之助。如評汪文柏詩，曰：

「乃其中恬然，一切紛華靡麗，不能動性情。既自殊絶，而又屏居深山，無人事之擾，心閑而志一，於以牢籠萬物之變態，發攄遺俗之胸懷，潛搜幽詩，匠心獨運，其詩之工宜也。」（遂初堂文集卷八摛藻堂集序）如論秦嘉銓詩，說：「先生家消夏灣，七十二峰之勝，無所不搜討。以貧故，時出假館，出山而憶，還山而喜，一一見之於詩。山水之勝得先生而發露，先生之詩以山水而清深，交相助者也。」（遂初堂文集卷八既耕堂詩序）再如稱南塘錢宛朱詩，道：「比粵游歸，才益清融，氣益豪邁，摹寫山川，則體物肖形，窮奇極怪；發舒襟抱，則感時懷古，曲暢旁通；或一題百句，或一韻千言，如林花之怒開，如谷泉之坌涌。蓋涉境既奇，而文筆足以發之，不規規格調而自出機杼，與古合轍。渥洼之駒，俯就銜勒，與天閑步驟不殊也。」（遂初堂文集卷八錢宛朱詩序）

潘耒對寫作文章與著作家的認識、見解和評論，有很多有價值的内容，同樣反映出其真知灼見。

立德、立功、立言而不朽於後世，是中國古代士大夫的人生理想、奮鬥目標和價值取向。立言即撰寫文章，著書立説，傳之後世。潘耒已經注意到立言的社會歷史因素，「古之君子得志，則功業顯於當時；不得志，則立言垂於後世。彼窮而在下者，僅以言傳，固其所也」。當然，同樣有像兩宋之際李綱一類「遭逢人主，致身將相，而才略不展，志業不遂，徒以空言流布天下」的特殊事例（遂初堂文集卷六重刻李忠定公集序）。潘耒特別重視道德、事功、風節與立言之間非同一般的關係，說：「人所以立於天地間者，道德也，事功也，風節也。三者有一焉，斯足以不朽，固無藉於文章。然文章非根於三者，雖工不傳；而三者實有諸身，則不必有意爲文，而其文自足名世。言其所灼知，語其所實得，與夫揣測而見、矯强而言者，迥乎不侔也。」（遂初堂文集卷六葉少保文集序）

學者求不朽於千古，即以立言而名垂千古爲人生目標，其根本在於文章能否流傳後世。潘耒强調，學者文章能否流傳後世，關係學者之壽夭：「惟文人力能造命，有不與世人同其修短者」；「文傳斯壽矣」，「文不傳斯夭矣」。「文人以千秋百世爲壽命，而功名富貴之徒無所預焉。此之一日，不啻當彼百年耳。」（遂初堂文集卷一〇木崖宗兄八十壽序）潘耒又指出文章能否流傳後世，著作者實操其權：「惟文也，不因時而工，不藉地而顯，輕重得失之權，己實操之，而無待於人，人亦莫之奪也。然則士生斯世，非是將奚自見焉？」（遂初堂文集卷八南州草堂集序）基於此，潘耒指出，真正流傳後世的文章，必然是「傳世之文」、真文章，而不是「譁世之文」、僞文章。像明中葉以來學界風氣開始浮躁，競尚空疏之學，「僞文」之弊泛濫無歸，造成了廣泛的惡劣影響。「自明中葉，僞文競起，擬仿蹈襲，浮囂鉤棘之病，紛然雜出。二三君子以清真矯之，而莫能救也。迄於末年，纖佻譎怪，軌則蕩然，道喪文弊，於斯爲極。」（遂初堂文集卷六明文英華序）；「若汪伯玉、李本寧諸公，名譽雖高，卷帙雖富，未必可傳」（遂初堂文集卷八朱竹垞文集卷八朱竹垞文集序）所謂的「僞文」，在形式上模仿蹈襲，實則「多浮辭，少實義」（遂初堂文集卷八朱竹垞文集序〉。所以，潘耒堅決反對「譁世之文」，推崇撰著「傳世之文」。潘耒在毛氏家刻序中，按照品格等第，將文章分爲「花葉之文」、「條幹之文」、「根柢之文」三種，認爲這三種文章差别較大且各具特徵：

競華澤，尚藻采，纂組雕鎪，標新領異，是謂花葉之文，辭工矣而未深乎義也。考典制，論事理，辨博而不浮，疏通而致用，是謂條幹之文，義暢矣而未幾乎道也。若夫窮天人之淵源，闡心性之閫奥，羽翼經傳，綜貫百家，此則根柢之文，道備而辭與義無不該焉。

顯而易見，這三種文章的差别，體現在是否兼具「辭」、「義」、「道」等因素。所謂「辭」，即競尚辭藻，堆砌文辭，標新立異；所謂「義」，即考究典章制度，析論人倫綱常，以經國濟民爲宗旨；所謂「道」，即儒家提倡的以仁義治天下的王道。「辭」、「義」、「道」三者兼具的文章乃上等佳作，方是真正的文章。這反映出潘耒作爲著作家的追求。

晚明以來的文章一途的情狀是：「近代號爲文人者，苟能爲花葉之文，斯已裒然自命作者。其能通達條幹者，十不得一。究極根柢者，百不得一也。」之所以如此，并非文人「賦才有限」，文才有限，説到底還是「從入之路既殊，則終身畫焉而無所變化」，即是摹仿抄襲而造成的。潘耒秉持「文以載道」的學術理念，認爲：「載道之文，非可以緣飾而襲取也，必也學問真純，識見堅定，弸於中而暴於外，乃能左右逢原。苟徒以文字刻畫，則雖高談性命，亦猶是裁花縷葉之能事而已，於道何預焉？」（遂初堂文集卷八毛氏家刻序）

針對明三百年文章浩如烟海、作者如林、體裁遞變而純駁不一之狀況，潘耒認爲從清理明人文學遺産、吸收明人文章精華之角度出發，必須要經過一番嚴格的篩選和整理，將明人文集區别爲「可以選可以無選者」、「必藉選而後傳者」、「非選必不傳者」三類。其説云：

竊謂明代名家，如宋金華之渾厚，方遜志之英爽，吴匏庵之淳深，王文成之明達，唐荆川之紓徐，歸震川之簡潔，錢牧齋之雄博，黄陶庵之堅凝，是皆天地元氣。其專集行世，炳然與日星争光，固不待選以傳。此可以選可以無選者也。洪永以降，成弘以前，人崇實學，爲文多有矩矱，而刻集不廣，日就湮没。其僅存者，雖不甚著名之家，單篇隻簡，亦多可觀。此必藉選而後傳者也。嘉隆以後，摹仿蹈襲之風盛行，鉅公閛人，輒有文集，汗牛充棟，大半蕪薉，間有名篇傑作，如珠汩泥，如蘭没草，其不同歸覆瓿者幾希。此非選必不傳者也。（遂初堂文集卷六明文英華序）

及鄉前輩明遺老顧茂倫編輯明人文章爲明文英華書成，向潘耒索序時，潘耒於序中表彰顧氏此舉「乃能鈎考百家，網羅遺文，爲不朽盛事」，稱賞顧氏遴選義例之精：「惟取其有關於朝章國故、民風世變者，與夫賢臣烈士之終始，義夫貞士之事迹，則録之。論古足以訂訛考異，述今足以發潛表微，則録之。其他游談庬辭，佞諛之文，浮夸之語，雖工不載。人則寧遺顯而收隱，世則寧略後而詳前」，充分肯定明文英華的學術價值，「得是書而尋源以達委，探本以竟末，歷代文章盛衰離合之故，洞然皆可考見，於以遠紹昭明之遺規，近纘蘇吕之絶緒，豈不偉歟」（遂初堂文集卷六明文英華序）。

潘耒爲力改晚明以來文風積弊，提倡作文尚「雅潔」，認爲：「文至雅潔，品莫貴焉。」所謂的「雅潔」，并非一般意義上的「汰除俗調以爲雅，刊落枝詞以爲潔」，而是「必也才雄而識高，資深而養厚，貫天人以爲學，綜古今以鑄辭，乃能超然大雅，粹然精潔；不則，空疏而已矣，淺陋而已矣」。不過，「雅潔」之標準雖爲著作家所認同，「漸知雅潔之足尚」，但并不容易達到，「無古人之才之識，不得立言之根源，而徒求工於枝葉，則貌爲歐蘇與貌爲左史，其爲僞文一也」，流爲模仿抄襲（遂初堂文集卷八朱竹垞文集序）。這就是説，著作家要具備「才」、「識」、「資」、「養」以及天人古今之學等方面的基本素養。潘耒的論述進一步發展了著作家的素養論。

潘耒對清初著作家及其著作的評價，往往能據此論述而展開。如他推獎唐甄所撰潛書：

此則直披胸懷，不假繩削，而氣充詞達，高下咸宜。論學術，則尊孟宗王，貴心得，賤口耳，痛排俗學之陋；論治道，則崇儉尚樸，損勢抑威，省大吏，汰冗官，欲君民相親如一家，乃可爲治。皆人所不及見、不敢言，先生獨灼見而昌言之。其文高處，閎肆如莊周，峭勁如韓非，條達如賈誼。漢後無子，間有仿作，萎薾不逮。斯編遠追古人，貌離而神合，不名潛書，直名唐子可矣。（遂初堂文集卷六唐鑄萬潛書序）

潘耒對潛書的評論和推獎，頗能反映唐甄作爲著作家具備「才」、「識」、「資」、「養」等方面的素養，以及綜貫天人古今之學，從而成就一家之言，潛書實則是「道備而辭與義無不該」的具有根柢的不朽著作。

四　潘耒的史學觀念與史學成就

清初學者親歷明清王朝易代的歷史巨變，深切感到明末士人空疏不學，以致於國家危亡之際愧無長策，坐失山河。因此，他們高揚經世致用的大旗，積極倡導經國濟民之實學，主張「凡文之不關於六經之旨、當世之務者，一切不爲」（亭林文集卷四與人書三）。在顧炎武、黄宗羲、王夫之等學術大師的倡導下，經世致用的學風盛極一時，形成了清初影響極大的實學思潮。

在清初經世思潮下，潘耒秉承其師顧炎武以史經世的治學理念和宗旨，「史書之作，鑒往以訓今」，「引古籌今，亦吾儒經世之用」（亭林文集卷六答徐甥公肅書、與人書八），推崇經世致用之學。潘耒以古代學者講究通經致用爲例，認爲「先儒之學，窮經而已矣。一經明，則一生之學術功業皆出焉。其治之也專，其用之也博，故有專家授受之學。而士不通經，爲不足用」，提出「居今之世，欲重實學，必先尊經」的觀點。在當時科舉考試偏重書義而輕視經義的情況下，他認爲「欲尊經，必令衡文者毋專以書義爲去取。庶幾士勉窮經，而如綫之經學不墜於地。此持世教者之責也」（遂初堂文集卷六尚書講義序）。

潘耒認爲，學者不僅要通經致用，還應掌握禮、樂、射、御、書、數等實用技能，因爲「古之君子，不爲無用之學。六藝次乎德行，皆實學足以經世者也」。像其中的數學，「雖居藝之末，而爲用甚鉅：測天度地，非數不明；治賦理財，非數不核；屯營布陳，非數不審；程功董役，非數不練。古人少而學焉，壯而服習焉，措諸政事、工虞、水火，無不如志」，實際上關係着社會發展與管理的方方面面。通過開科取士所選拔的官員，多不具備數學知識和推算技能，從事行政管理時，往往束手無策，毫無執政能力，反而假手於胥吏和幕客，其影響甚大，「一旦有民社之責，會計簿書，頭岑目眩，與一握算，不知顛倒。自郡縣以至部寺之長，往往皆然。於是黠胥猾吏，得起而操官府之權，奸弊百出，而莫能詰，則亦不學數之過也」（遂初堂文集卷七方程論序）。

潘耒根據是否通經致用，將學術分爲「通儒之學」與「俗儒之學」。「通儒之學」就是「博極古今，通達治體」、「明體適用」之學，「綜貫百家，上下千載，詳考其得失之故，而斷之於心，筆之於書，朝章國典，民風土俗，元元本本，無不洞悉，其術足以匡時，其言足以救世，是謂通儒之學」。「俗儒之學」則是「空疏無本之學」，「若夫雕琢辭章，綴輯故實，或高談而不根，或剿説而無當，淺深不同，同爲俗學而已矣」（遂初堂文集卷六日知録序）。隨着科考入仕理念日益深入人心，社會風氣發生變化，即使研究經學者，也無不以科舉功名爲目標。潘耒指出：「自科舉之法行，士争趨於速化。不惟專治經生家言者，保殘守己，安於固陋，即見謂貫穿經史，出入百家，而其意止於捃摭藻采，增益辭鋒，以供發策决科之用。采春華而遺秋實，有枝葉而無根柢，夫安得不謂之俗學乎？」（遂初堂文集卷六格軒遺書序）

青年潘耒的史學造詣頗高，眼光獨到，可謂清初青年史學家群體中的佼佼者。康熙十年（一六七一），太原知府周令樹請顧炎武點定荀悦漢紀成，又請潘耒代作重刻漢紀序。其説云：「自隋、唐以來，編書者馬、班以下諸家之書謂之正史，荀、袁以下諸書謂之編年之史。夫編年仿於春秋，依於左氏，年月日事相繫，其體甚古，其例甚精，而不得謂之正史。……紀傳於一人之本末、一事之終始爲詳；編年則比事屬辭，删煩舉要，若網在綱。二體各有偏長，一經一緯，異同足以相參，是非足以相正，學者必博考而兼通，廢一焉不可也。」二是司馬光作資治通鑑實取法荀悦漢紀，改紀傳爲編年實有開創之功。其論曰：「司馬温公作通鑑，先之以叢目，次之以長編，編年之體，於是大備。温公之意，以人主不能遍觀全史，故删取其要，勒爲一書。按，獻帝以班書太繁，詔荀悦撮總其事，纂八十餘萬言爲八萬餘言，辭約事該。温公書實仿而爲之。世但知通鑑學春秋耳，春秋以編年爲編年者也，漢紀及通鑑改紀傳爲編年者也。改紀傳爲編年，其迹似因，而其功實創也。温公惟知其難，故數稱荀書，次西漢事，多捨班而從荀。」（遂初堂文集卷六）潘耒時年二十六歲，看待上述史學問題已別具慧眼，見識超群。

潘耒進入明史館後，除代總裁葉方藹作請廣秘府書籍以光文治疏，向史館監修、總裁等進修明史議，提出著名的修史八議，即「搜采欲博，考證欲精；職任欲分，義例欲一；秉筆欲直，持論欲平；歲月欲寬，卷帙欲簡」（遂初堂文集卷五）。這一議論涉及史料徵集、史事考證、分工合作、修纂義例、史家立場、評判原則、修書期限、史書卷帙等多方面，對於明史纂修具有重要參考價值。清國史文苑傳稱潘耒此議一出，「總裁善其説，令撰食貨志兼他紀傳。自洪武以下五朝稿，皆所訂定」。梁啓超稱潘耒「所舉四要八事，是修史正則，當時議者莫或過之」（謝國楨撰顧亭林學譜學侣考）。張舜徽則進一步指出潘耒修明史議揭櫫數事，「指陳前代修史利弊，至爲明晰，尤非精熟舊事有高識宏裁者，不能道也」（清人文集別録卷三）。

潘耒的史學，受到其兄潘檉章、師戴笠等的影響和熏陶，且有較多的家學淵源成分。

他後來整理刊刻潘檉章遺著國史考異，感慨「前漢之史，成於班氏一門；梁陳之書，纂於姚氏兩世」之同時，於序中既盛贊潘檉章「著述之本指與裁擇之苦心」，又揭明其「作史之法」：

亡兄力田，以著作之才，盛年隱居，潛心史事，與吴赤溟先生搜討論撰，十就六七。亡兄尤博極群書，長於考訂，謂著書之法莫善於司馬温公，其爲通鑑也，先成長編，别著考異，故少牴牾。李仁甫仿其體，爲九朝長編，雖無考異之名，而事迹參差者，備載於分注。蓋必如是而後爲良史。於是博訪有明一代之書，以實録爲綱領，若志乘，若文集，若墓銘家傳，凡有關史事者，一切鈔撮薈萃，以類相從，稽其異同，核其虚實，積十餘年，數易手稿，而成國史考異一書，盛爲通人所稱許。

潘耒在寇事編年序中，回顧其師戴笠參與合著明史記、分任流寇志的編纂方法：

亡兄有意編纂明代之書，先師戴耘野先生爲之分任寇事，崇禎一朝無實録，取十七年之邸報與名臣章奏、私家記載，采輯成書，用編年體，排日繫事，不漏纖毫；依司馬温公先叢目、次長編、後通鑑之法，寧詳毋略，寧瑣毋遺，提綱綴目，有條有理；自延綏起事，迄西山餘黨之滅，凡十八卷。

潘檉章、吴炎、戴笠等合著明史記的方法，即效法司馬光編纂資治通鑑，先作長編或別著考異，「先叢目、次長編、後通鑑之法」：首先博取文獻資料，以明實録和崇禎十七年邸抄爲綱，輔以志乘、文集、名臣章奏、墓銘家傳等有關史事者，或以類相從，或排日繫事，鈔撮薈萃，輯成長編；然後稽其異同，核其虛實，作進一步的提煉。潘耒認爲史學撰述崇尚求真，其途徑則爲考證，「作史，猶治獄也。治獄者，一毫不得其情，則失入失出，而天下有冤民。作史者，一事不核其實，則溢美溢惡，而萬世無信史。故史筆非難，博聞多識爲難；博聞多識非難，參伍而折衷之爲難」（遂初堂文集卷六國史考異序）。即史學家撰述之難，不是難在博聞强識，而是難在考核折衷，求真求實。

潘耒在史館擔當撰擬明史食貨志稿之重任，基本上承襲了其兄潘檉章、師戴笠等人的治史方法。明史食貨志稿之撰擬，不像宋史、元史有底本可以依據，屬於「絶無所因，一切創作」，工作艱巨。潘耒上某總裁書談到擬稿之艱辛過程與種種困難，并陳述具體做法，説：

某不揣固陋，分任此志。妄以作志必先采料，木石具而後可以築室，縑素具而後可以縫衣。故將明代實録通纂一過，凡片言隻字，有關於食貨者，悉行節出，瑣細龐雜，不厭其詳。蓋欲使一代物力登耗、度支盈絀之故，了然於胸中，而後可以下筆也。既以實録爲主，又博采諸家著述、名臣奏議，與凡典章故實之書，次第節録，以備參考，必求如是，而後可以無憾。

潘耒既以此法撰擬明史食貨志稿，又勤奮攻苦，「篝燈搦管，常至夜分」，故其工作饒有成就：先摘録明實録中有關食貨者，「約計一年一本，每本中節出者，多則四十餘紙，少則廿餘紙，自洪武至萬曆，密行細字，抄成六十餘本」；僅缺天啓一朝熹宗實録、新纂崇禎長編尚未來得及著手。至於如西園聞見録、硯山齋集考等野史雜録，業已摘録數十種之多，開始「綴殘補缺」。然後「節略文句，標識首尾，條分件繫」。經過幾年的辛勤勞動，工甫垂成，「萬曆以前，事迹粗備，據此芟緝，便可成書」（遂初堂文集卷五）。

潘耒不僅頗有史才，熟稔作史之法，且其史學見識很有高度和深度。如關於明代野史的審視和批評，潘耒指出明代野史産生的社會原因，「夫所爲作野史者，正以身不當史官之職，懼賢人傑士、奇節異能之日就泯没，故及時書之，以待後之人」；同時注意到明代野史繁盛的狀況與弊端，「至明而無人不有札記，其見存者，無慮千百家，專紀時事者，尚三四百種，可謂多矣。然體亦滋雜，類多荒誕不根，鄙俚舛錯，可裨正史供采摭者，十不得一二」（遂初堂文集卷六交山平寇本末序）。又説：「明有天下三百年，而史無成書，奮筆編纂凡十數家，淺陋蕪雜者，固不足道，即號稱淹雅，儼有體裁者，徐而按之，亦多疏漏舛錯，不得事情。」（遂初堂文集卷六國史考異序）進而分析造成明代野史弊端的因由，其一在於「其病原於世之文士速求名而好著書，不得之目見耳聞，影響傳説，輒著於篇，取增卷帙，資談論而已，亂事實而誤正史，不暇計也」（遂初堂文集卷六交山平寇本末序）。其二從史料源頭上講，野史作者無法得見宫廷所藏國史明實録，「良以列朝實録秘藏天府，士大夫罕得見，而野史家乘淆亂紛糅，惟憑一説，鮮不失真也」（遂初堂文集卷六國史考異序）。

潘耒從歷史編纂學的角度提出野史「與國史相表裏」的觀點，認爲二者關係密切，「野史者，國史之權輿也。微野史，則國史無所據依」。因此，他特别强調要對野史進行「裁擇」（遂初堂文集卷六交山平寇本末序），而治史良法是：「專言國史者，野史家史不可勝駁。惟實録有疏略與曲筆，不容不正，參之以記載，揆之以情理，鈎稽以窮其隱，畫一以求其當，去取出入，皆有明徵，不徇單辭，不遑臆見，信以傳信，疑以傳疑，全史之良，略見於此矣。」（遂初堂文集卷六國史考異序）簡單地説，治史就是實事求是，無徵不信，持有闕疑審慎之態度。因此，潘耒提倡善著書者「必親見其人，灼知其事，度非吾不能紀也而後爲書，必覆核較量，無一言不核也而後成書。斯其書可行於今，可據於後」（遂初堂文集卷六交山平寇本末序）。

潘耒爲私家史著作序，如其兄潘檉章遺著國史考異、松陵文獻，戴笠著作寇事編年、殉國彙編，以及烏青文獻等，於序中往往推獎作史良方、體例特徵，闡釋著述苦心，肯定所取得的史學成就等。這是潘耒史學的重要組成部分。如國史考異，除備述潘檉章的作史良法，潘耒充分肯定其史學成就，認爲相對於王世貞弇州史考、錢謙益實録辨證二書，國史考異有明顯進步，「援引二書，而旁羅明辨，多補二家所未及，且有駁二家所未當者」（遂初堂文集卷六國史考異序）。

如戴笠寇事編年乃專記明末農民軍興衰始末之書，潘耒以爲「明亡於流寇，蹂躪遍天下，自起至滅，二十餘年，是宜有專書紀其始末」。後經昆山吴修齡删正，潘耒推獎此書「一展卷而寇之出入去來、盛衰分合，燦若列眉，實史家之要書也」；并借綏寇紀略著者吴偉業之口，肯定「志寇事，自當以編年爲正」（遂初堂文集卷六寇事編年序）。再如殉國彙編一書，潘耒闡述戴氏著述動機、編纂過程、體例調整，云：「鋭以編纂爲己任，懷鉛握槧，博訪旁詢，得一人一事，喜動顔色，折簡書之，孜孜汲汲，三十餘年，乃成殉國彙編一書。稿凡數易，初以地分，繼以事斷，最後定以官叙。自閣部大臣以至布衣諸生，自京都以至滇黔閩粤，無慮千餘人」。同時提及戴氏又編女子死節者别爲骨香集，輯隱遯後死者爲耆舊集，通計三十餘卷，著述甚勤，著意表彰明末節烈之貢獻卓著（遂初堂文集卷六殉國彙編序）。

明亡清興是清初政治界、學術界普遍關心的重要問題之一。潘耒於序文中追考和總結明亡原因，分析明朝政治得失利弊，同樣值得重視。自明中葉以來，封建統治開始走下坡路，君主敗壞法度或不行君道，南倭北虜，佞幸亂政，宦官專權，諸禍患叢集而不亡，最終至明崇禎朝亡於「流寇」。潘耒認爲：「懷宗非失德之君，流寇亦可辨之賊，而日蔓月滋，舉天下之全力，莫之能制。此豈獨一機一策之失哉？其所由來者漸矣。」即明亡非一朝一夕之故，而是逐漸積累，由量變到質變的過程。其論曰：

一由於守令貪殘。明之末造，政以賄成，親民之官，莫肯留心撫字，但知剥下媚上，以取陞遷；民不勝誅求，則群起而爲賊，賊日多而民日少，以有驅之者也。一由於大吏玩愒。承平日久，人不知兵，督撫監司多文臣，少武略。寇之初起，蔑視爲不足平。及其方張，則争言招撫，曰姑撫之而修我戎備，一就撫則恬然無事，而不爲之虞。間有才能練達者，又意見不協，文法拘牽，莫克奏功。一由於武臣驕蹇。三百年來，武途積輕，文臣率奴隸視之。一旦有事，以爲迫而用我，其庸駑者既選軟畏縮，即知兵任戰者，亦養寇自封，督責之急，不得已力鬥取一捷，即高壘自便，策調不前。（遂初堂文集卷六寇事編年序）

潘耒歸納出導致明亡的守令貪殘、大吏玩愒、武臣驕蹇等三種原因，認爲「三者皆寇之資也，而其根本則在於朝臣植黨而營私」，即根本原因在明廷内部的黨同伐異的派系鬥争，基本上抓住了這一問題的核心。

潘耒弘揚史學的經世致用傳統，以史經世，注意發揮史學垂訓和鑒戒的社會功能，强調「凡爲史者，將以明著一代興亡治亂之故，垂訓方來」。他對明亡教訓的追考，最終落到爲現實政治服務這一根本宗旨之上。如寇事編年序中論及朋黨之爭，引證唐文宗「去河北賊易，去中朝朋黨難」之語，感慨道：「痼疾成者不可療，木心蠹者不可扶，豈非百世之炯鑒哉！」於序尾處試圖爲封建統治之頑疾開具良方：「兹特論其大者，揭諸簡端，以爲力殺賊不如使民無作賊；欲安民必先擇吏；擇小吏必先大吏；外臣公廉，必先廷臣精白。此端本澄源之論。閱是編者，重念之哉！」以上論説折射出潘耒審視和總結明亡原因的廣度與深度，關注現實政治和改革政治的殷切期望，以及經世致用的學術宗旨。當然，潘耒站在地主階級的政治立場，强調所謂的「禦賊之方」及其得失，其看法難免帶有偏見。

潘耒熱衷於表彰明末忠節人物，是其史學的又一重要方面。歷朝歷代亡國之際，殉難死節，不乏其人，即使是「兩宋垂亡，見危授命之夫，班班史傳，然未若有明」。崇禎亡國以後，「中外臣僚，捐生殉義，踵背相望，且有未沾一命，而奮身報國，視死如歸者，較之宋朝，殆多數倍」。潘耒認爲其歷史原因在於「太祖得天下最正，列宗繼世最長久，深仁厚澤，洽於民心。而尤慘痛者，崇禎帝非亡國之主，以一死殉社稷，實亘古所無。其足動人哀思，而激發其忠孝宜也」。

潘耒贊揚明末抗清殉節死難的士大夫，乃「貞臣烈士，天地之正氣，身可殺名不可泯」。

他們的英勇事迹廣泛傳播於人口，因爲關涉清廷歷史禁忌的問題，導致地方政府編纂的方志、中央政府正在編撰的明史，不敢如實記載：「有身膏齊斧，爲世大禁，而兒童婦女猶樂道其姓字者。然載筆之士，往往拘於忌諱，致使不登志乘，不列簡編，歲月浸久，或遂湮滅無聞。」因此，他主張趁着清廷屢次宣揚「興朝寬大，不罪忠於所事之人」，及今「明史局開，屢諭在事無有所隱」，纂修官「固當仿宋史之例，於文、陸諸人，大書特書」（遂初堂文集卷六殉國彙編序）。他還積極與史局之外的有識之士加强交流，比如鼓勵好友邵長蘅撰寫南明歷史相關的篇章，爲南明人物立傳。其送邵氏游幕詩有云：「史局起凡例，倚子相榷商。……梁書紀湘東，宋史系二王。紙墨所不載，非君疇能詳？願子共紬繹，編綴成一囊。因風寄史館，橐筆書輝煌。」（遂初堂詩集卷三送邵子湘赴登州幕兼懷譚舟石太守）

康熙十九年（一六八〇）夏，時明史開館已有一年，明末抗節人臣吴應箕之子吴孟堅（字子班）「聞有史事，布衣扉屨，跋涉三千里，叩國門，求表章前烈」，向明史館呈交家傳及其吴氏著述等，包括明遺民張自烈所撰墓志與吴氏樓山堂集等。潘耒「既重樓山大節，特爲作傳；又嘉子班有學而隱居，能無忝門風也，爲文以贈」（吴銘道撰復古詩卷首潘耒滇海集序），盛稱其忠節。

潘耒在贈吴子班序中，首先從「忠孝，天地之大經」的政治倫理道德出發，認爲維護君臣大義乃封建綱常名教之本，「忠於所事，而殉之以死，又臣子之極則。自昔興王於勝國之臣，有若此者，不惟不罪之而已，又從而褒揚嘉異之。凡以天下之善一也，於彼於此，無有重輕。且旌往以勸來，舉一以風百，其利甚博，其道甚光」。同時結合周世宗之贈劉仁瞻、明太祖之封余闕等政治舉措，認爲表彰勝朝忠節與鼓勵興朝臣節，同樣至爲重要。

其次，以歷代正史編纂之體例，說明表彰明末忠節忠義人物庶有依據，云：

至於史書是是非非，明著法戒，尤不宜有所回枉。齊高帝敕史臣爲袁粲立傳；歐陽永叔修五代史，以不傳韓通取譏；元修宋史，文天祥、陸秀夫、謝枋得之屬，皆大書特書，列之忠義。此往事之章章著明者。而或者以爲疑，其亦不詳於前史之例矣。

潘耒不僅找到了歷史依據，還找到了史學依據，又以清聖祖於明史開館以來「數下詔書，寬忌諱之條」，於是於贈序中大膽倡言：「明有天下三百年。其亡也，食其禄者死其事，其身可殺，其名不可滅也。……其時褒忠表節，何嫌何疑，特患聞見之不詳，捃摭之失實耳。」

次年，明遺民戴移孝聞明史館開，奔赴至京，希望表彰其父戴重抗清忠節事迹。及戴氏返歸和州，潘耒賦詩送行，略云：「頃聞表遺忠，史例有依據。麻鞋走金臺，懷狀托義故。事了掉頭歸，挽牽不肯住。蠅頭薈萃書，刺眼牢愁賦。緘封不示人，班班泪痕污。嗚呼兵塵餘，萬事等風絮。何意忠孝門，巋然傍天柱。」（遂初堂詩集卷四送戴無忝歸和陽）不過，潘耒是否像草擬吴應箕傳稿一樣，草擬戴重傳稿，因材料限制，不得而知。

五　潘耒著述之版本

潘耒著述甚富，除明史食貨志稿與明洪武至宣德五朝史傳未見或散佚外，主要有遂初堂集二十七卷、遂初堂集四十卷、類音八卷、鴻爪集一卷、金石文字記補遺一卷、救狂砭語一卷、救狂後語一卷，以及遂初堂外集不分卷、遂初堂稿二卷、遂初堂集外詩文稿二卷等存世。今以先詩文集後專集，先刻本後稿鈔本之序，逐一考述如下：

（一）鴻爪集一卷

此集有清康熙三十年（一六九一）冬潘氏序刻本。乃潘氏康熙二十三年辭官歸隱之後至康熙三十年冬游歷山川文章之結集。

此集一卷兩册，四周單邊，半葉十行，行二十字，上下闊黑口，黑色雙魚尾，魚尾處刻本篇關鍵字，下刻葉數。卷首冠潘氏自序，序末題「康熙辛未季冬松陵潘耒述」。包括游天台山記、游雁蕩山記、游玉甑峰記、游仙巖山記、再游仙巖山記、三游仙巖山記、游南雁蕩記、游仙巖諸山記、游西洞庭記、游羅浮記十篇，末附游端溪硯石賦、硯銘三十首。林佶代作稼堂潘先生壽序稱及鴻爪集，云：「自天台、雁蕩以及羅浮諸勝，無不探其幽遐，抉其靈秘，有揮斥八極、凌厲萬古之胸懷，而文章瑰麗，又足以發之。」可謂的論。

（二）救狂砭語一卷，救狂後語一卷

據潘氏自序等，救狂砭語最初刊刻印行於康熙三十八年（一六九九）九月潘耒流寓廣州之時，救狂後語刊行於次年。

謝國楨以爲此兩書乃遂初堂集外單行之本，爲清乾隆間毁禁之書，傳本極爲罕見。今先後影印入瓜蒂庵藏明清掌故叢刊、四庫禁毁書叢刊補編第八五册。

該集四周單邊，半葉十行，行二十一字，黑色雙魚尾，自序、目録、別録部分（作爲引證），上下皆大黑口，魚尾處簡刻篇名與葉碼。正文部分，上花口，刻書名「遂初堂集」四字，下大黑口，魚尾處上刻卷數，簡刻篇名與葉碼。如與長壽院主石濂書篇，魚尾處上刻「卷之□」，簡刻「長壽書　一」字樣，且葉碼明顯係挖除重刻。經過比對，潘氏自作之文，如與長壽石濂書、再與長壽石濂書、致粵東當事書、梁藥亭庶常書、天王碑考五篇，疑據潘耒身前自刻遂初堂集文集卷八、九挖改。尤其是救狂後語最後一篇潘耒撰答鼓山爲霖和尚書，與上述有所不同：花口，刻書名「遂初堂集」，下大黑口，魚尾處下刻「卷之九　答鼓山書　一」字樣。乃挖改不徹底之處，據此，則確知係據潘耒身前自刻本遂初堂集文集而刊改重裝。

救狂砭語、救狂後語均按正文、別録編製，記載潘耒告訐廣州長壽寺主持僧大汕和尚（字石濂）私通外國、進行貿易種種罪狀。此事之起，緣於清廷平定三藩以後，而大汕之聲勢不輟。適潘耒來廣州，往謁，大汕獨不禮之。潘耒一怒而上書當局，揭發大汕依平南王府尚之信勢力，以宣揚佛法爲名，干犯海禁、通海營私等不法之事。讞成，下大汕於獄，瘐死獄中。

救狂砭語正文有與長壽石濂書、與梁藥亭庶常書、天王碑考三篇，別録御製五燈全書序、鼓山爲霖和尚撰辨謬初刻、與童求書、辨謬二刻，以及節略覺浪禪師塔銘作爲支撑。

救狂後語正文有致粤東當事書、再與長壽石濂書、初次致書札、二次致書札，別録屈大均撰與石濂和尚書信、花怪，以及嶺南聞人梁佩蘭、王士禛、鼓山爲霖和尚來函，嶺南當地士子羅祥、李公亮來信等作爲支撑。其中，潘耒首次與長壽院主石濂書羅列十二「所不解者」，再與長壽石濂書羅列十二「所不能辨者」、兩「大謬」，約兩萬三千字，攻訐不遺餘力。

（三）遂初堂集二十七卷（含詩集十二卷、文集十五卷）

潘耒晚年自刻其詩文曰遂初堂集，分詩集十二卷、文集十五卷，共計八册。該集係潘耒身前首次自行選輯刊刻之本，頗能反映其對自己學術的鑒識。這部集子比較罕見，目前僅見中國國家圖書館有藏。

該集四周單邊，半葉十行，行二十一字，花口，刻「遂初堂集」四字，黑色雙魚尾，不過，詩集版心魚尾處上刻該卷名稱，如「少游草」、「夢游草」字樣，下刻葉數；文集版心魚尾處上刻每篇名稱，下刻葉數，如卷七下致莊静庵先生書篇，魚尾下刻「莊静庵書」。每卷下皆題「吴江潘耒稼堂著」。

詩集十二卷，凡三册，係編年詩集，皆以「游草」名集。詩集正文前有總目，詳注每卷所收詩篇數目：卷之一，少游草，古今詩六十六首；卷之二，少游草，古今詩八十七首；卷之三，夢游草，古今詩八十二首；卷之四，夢游草，古今詩九十九首；卷之五，江嶺游草，古今詩一百十六首；卷之六，海岱游草，古今詩九十五首；卷之七，台蕩游草，古今詩二百十四首；卷之八，閩游草，古今詩八十二首；卷之九，黄盧游草，古今詩一百五首；卷之十，楚粤游草，古今詩一百二十五首；卷之十一，楚粤游草，古今詩八十七首；卷之十二，豫游草，古今詩一百八首。其中，卷六海岱游草九十五首全缺，未知何故。每卷皆詳其起訖年月，如「遂初堂詩集卷之一，少游草」，自注「起癸卯秋，至壬子夏」。最後一卷爲卷十二豫游草，自注「起辛巳春至秋」，收録康熙四十年（一七〇一）春至秋詩篇。則潘耒身前編訂刊行遂初堂集之時間，當在是年以後至康熙四十七年辭世之前。

文集十五卷，凡五册，以體裁分類：卷一爲賦，凡十一篇；卷二至五爲序，分别爲十九、二十、二十、二十一篇；卷六爲贈序，凡十一篇；卷七爲壽序，凡十八篇；卷八、九爲書札，凡九篇；卷十爲雜著，凡九篇，包括議、論、辨、答問、考、書後、硯銘三十首等；卷十一爲記，凡十三篇，自注「諸游記别載鴻爪集」，故削而不載；卷十二爲記，即殷公武略記、許少保戰功記；卷十三爲碑、傳，凡十一篇；卷十四爲墓志，凡十一篇；卷十五爲塔銘、贊、行述、祭文等，凡十二篇。

葉景葵、鄧之誠、柯愈春等前輩較早注意到這部集子。葉景葵對勘潘氏身前自刻本與身後子弟重編本，肯定自刻本「確係稼堂手定，選擇甚精」（卷盦書跋 遂初堂文集跋）。且潘耒并不隱諱攻訐長壽寺僧大汕和尚事，凡救狂砭語、救狂後語所載自作文章，如兩與大汕和尚書等，悉數分類載入。

（四）遂初堂集四十卷（含詩集十六卷、文集二十卷、別集四卷）

潘耒身後，其子潘其炳、潘其燦等增訂刊刻遂初堂集，并請潘氏弟子許汝霖作序、請陳廷敬等撰墓志銘。至康熙四十九年（一七一〇）十一月，許氏序成，冠諸遂初堂詩集卷首，刊行於世。不過，陳廷敬撰墓志銘可能未成。此即清康熙四十九年增修本遂初堂集，乃通行之本。這一版本在潘氏身前自刻詩集十二卷、文集十五卷基礎上，增删調整成遂初堂詩集十六卷、遂初堂文集二十卷、遂初堂別集四卷，最終形成遂初堂集四十卷之定本。

該集四周單邊，半葉十行，行二十一字，黑色單魚尾，花口，刻書名「遂初堂集」四字。詩集、文集、別集魚尾處有所不同，詩集版心魚尾處刻字與潘耒生前刻本一致；文集版心魚尾處有變化，上刻卷數，如「卷之一」、「卷之二」，下刻葉數。別集版本特徵同文集。詩集、文集、別集僅目録下各書「吴江潘耒次耕著」。

以前學者多籠統地稱爲清康熙四十九年增修本，實則有初印本、續印本之别。初印本包括遂初堂詩集十六卷、遂初堂文集二十卷，詩集前冠許汝霖撰序，末附陳廷敬撰墓志銘、其次子潘其炳撰行狀，現藏於天津圖書館、美國哈佛大學燕京圖書館等處。續印本則在遂初堂詩集十六卷、文集二十卷之基礎上，補刻遂初堂別集四卷，凡四十卷，已先後影印入續修四庫全書、四庫全書存目叢書、清代詩文集彙編等大型叢書中。不過，影印入上述叢書之續印本，未見陳廷敬撰墓志銘、潘其炳撰行狀。

相對於潘氏身前自刻本，新增遂初堂詩集呈現出以下變化：一是新增卷首目録以及近游草、卧游草、補遺各一卷，同時補足海岱游草卷之正文，并將夢游草兩卷分作三卷。從而形成包括少游草兩卷、夢游草三卷、近游草一卷、江嶺游草一卷、海岱游草一卷、台蕩游草一卷、閩游草一卷、黄廬游草一卷、楚粤游草兩卷、豫游草一卷、卧游草一卷以及補遺一卷在内的遂初堂詩集十六卷的基本規模。二是體例上趨於整齊劃一。潘氏自刻本每卷首自注起訖年月，康熙四十九年（一七〇一）增修本皆整齊劃一，且改「至」爲「盡」字，如江嶺游草自注「起丁卯夏，至戊辰秋」，康熙間增修本改爲「起丁卯夏，盡戊辰秋」；台蕩游草卷自注「起辛未春至秋」，康熙間增修本改爲「起辛未春，盡辛未冬」；豫游草卷自注「起辛巳春至秋」，康熙間增修本改爲「起辛巳春，盡辛巳秋」。三是部分卷帙作了增删。潘氏自刻本遂初堂詩集少游草上卷登中臺詩後有贈閻古古一百五十韻、塞上八首等詩，康熙間增修本初印本目録、正文俱保留之，至續印本俱删抹之；江嶺游草卷贈屈翁山詩後，康熙間增修本增加酬别陳元孝二首、羊城行贈梁司農和吴慶百作、同許儀九溯惠州東江游菊潭精舍登白鶴峰憩東坡亭小飲舟中作、周履坦爲余作品硯圖余酬以青花水巖硯因作换硯歌等詩篇；閩游草卷呼江蘭石後，康熙間增修本新增題武夷萬年宫、十月望日同劉渭生徐肖未諸子宿天游閣、壽黎愧曾等詩篇。

遂初堂文集二十卷，依次是：賦、頌一卷，論（易論、音論）一卷，牒、表、疏、策問一卷，議、書一卷，序五卷（分書序二卷、詩序一卷、贈序一卷、壽序一卷），雜著一卷（書後、考辨等），碑銘、記一卷，游記五卷（其中專門游記文四卷），傳、行述一卷，墓志銘一卷，墓表、贊、銘、祭文一卷。

遂初堂文集初印本、續印本屢有删改增訂，目録、正文均有不同。比如卷四，初刻本原爲「牒」、「表」、「疏」三類，續刻本增加「策問」一類，增刻策問三道一篇；初刻本原有皇太后賀表一篇，且頂格，至續刻本則删去是篇；初刻本目録有請廣秘府書籍疏、請舉詞臣舊職疏，續刻本目録詳題爲請廣秘府書籍以光文治疏、請舉詞臣舊職以盡官守疏；纂修皇輿表書成頒賜廷臣謝表、永年曆進呈恩賚銀幣謝表兩篇，初刻本目録之「賜」字、「恩」字與下一字均連寫，正文兩本均抬一格，續刻本目録則與下一字空一格，正文均不抬格；遵諭陳言疏，初刻本有目無文，續刻本始補刻全文。再如文集卷六目録刻有國史考異序，又因避忌，至續刻本目録則鏟去之。

潘耒卒後，後人整理增修其遺著，爲避忌避禍，所删不少，而所增反而是潘耒删去之作。

葉景葵發現「壽序中刪去宋既（亭）〔庭〕一篇，亦因内有東林、復社語之故；璿璣玉衡賦，題加『御試』二字，同爲敬慎之意也」（卷盦書跋遂初堂文集跋）。王欣夫注意到潘耒自刻「遂初堂集初印本，版口尚未分卷，有與釋長壽院主石濂書，洋洋萬言，多忌諱語，想亦明季遺老之遯而入禪者」，而增修本删去之，「其文爲今傳本所不載，必以恐得禍而削去」（遂初堂集外詩文稿卷末王大隆跋）。還有一種可能是，潘耒後人有意掩蓋其與石濂無謂鬥强争勝相詆事，一旦載入與長壽寺僧石濂書二篇等，恐有損其父令名，故增修本文集削而不存（柯愈春著清人詩文集總目提要卷一二）。鄧之誠講得更清楚，説潘氏自刻本「中有兩與長壽寺僧石濂書，二萬餘言。後刻本詩十六卷，文二十卷，别集四卷，始削去之。石濂固妖妄，然耒强與彼教事，至刻救狂砭語，大聲急呼以攻之，石濂亦刻惜蛾草相抵攔。投鼠而不忌器，未免自視過輕」（清詩紀事初編卷三）。

至於遂初堂别集，乃仿照楊傑無爲集體例，「惟爲二氏作者，入之别集」（四庫全書總目卷一八三集部三六）。周中孚稱「皆禪喜文字也」（鄭堂讀書記卷七〇）。别集大致分體編次，卷一碑銘、記，卷二行狀、銘、跋、贊，卷三序、題辭，卷四疏、書。鄧之誠稱：「别集皆關佛乘，雖削去與石濂角口之作，而天王碑考、致粤東當事書、與梁藥亭庶常書，剌剌不休，頗失儒者氣相。」（清詩紀事初編卷三）葉景葵則曰：「稼堂并不佞佛，惟方外之友甚多。故書序、志銘之關於釋氏者，（自刻本）皆隨類編次，不分儒釋。其子弟重編時，一概列之别集，其見甚陋。與石濂兩書，爲重編者所芟汰；而致粵當事者、與藥亭書、與爲霖書，皆攻擊石濂，詞鋒犀利，并列卷中。細加尋繹，知與石濂書牽涉清世祖之語甚多，編者懼罹法網，故湮滅之。」（卷盦書跋遂初堂文集跋）

另一種版本是清雍正三年（一七二五）續刻本。是年，潘耒後人續刻類音，同時在清康熙四十九年（一六八〇）增修本遂初堂集之基礎上，僅在卷首依次冠沈彤撰行狀，陳廷敬撰墓志銘。周中孚鄭堂讀書記著録者即是此本。

（五）遂初堂稿二卷

此稿乃潘氏手稿本。浮簽有「潘稼堂太史詩稿」字樣。實際上，有詩有文，以詩居多。有費馨蓮、俞震、袁寶樹、徐琢、徐康跋。現藏於中國國家圖書館。

該手稿分作兩卷，第一卷下自注：「丁卯歲正月起。」第二卷下自注：「戊辰。」則遂初堂稿二卷乃潘耒康熙二十六年（一六八七）至二十七年游覽長江一帶、嶺南地區之詩文。所收録戚元公八十壽序、町廬集序、雲從叔壽序、端溪石硯賦、硯銘等文已編入遂初堂文集，金山、南華禮六祖真身等詩已編入遂初堂詩集。其詩不載於遂初堂詩集者，多移入遂初堂外集。如丁卯卷之贈薛梁公開府、贈多君恒臯臺、贈何豫嘉督學，分别改題贈安徽撫軍薛梁公、贈安徽臯臺多君恒、贈江右督學何豫嘉而移入遂初堂外集。戊辰卷之大佛寺同雪公度歲作、送僧大宗歸嵊縣、太皇太后遺詔至嶺南恭挽四章、贈李華西太守、贈高要令劉時叙、贈林武林、送金大年，皆移入遂初堂外集。其不入文集、别集者，則有酬答鄒青士、贈别盧儀長、默化堂等詩、高雲客羚羊峽石考跋等文。

（六）遂初堂外集不分卷

此集乃清鈔稿本，按元、亨、利、貞分裝四册，現藏於上海圖書館。但照相圖片編製略顯紊亂。所收主要是應酬之作，凡近六百首，多係不入遂初堂集的詩篇，或與遂初堂集外詩文稿重複者，有資於考訂。

（七）遂初堂集外詩文稿二卷

此稿係近人王大隆據葉岷從孫氏舊藏手稿録出編輯而成。凡詩四十六首、文七篇，編入乙亥叢編。末有清吴江翁廣平、嘉興張廷濟跋。吴縣王大隆於民國二十四年（一九三五）印入乙亥叢編，其跋略云：「此吴江葉君山民從孫氏舊藏手稿録出，末有翁海村、張叔未二跋。海村謂其文波瀾之壯闊，議論之醇正，雖爲删餘之稿，而卓卓可傳，洵非虚語。」後由臺北文海出版社影印入明清史料叢編第六集第七册。

（八）金石文字記補遺一卷

此卷原附於清康熙間刻亭林遺書本金石文字記之後。其後翻刻本俱由此刻本出。潘耒受其師顧炎武之影響，以金石碑刻「有資於博聞多識不細矣」，故游踪所至，亦多留意之，孜孜訪求，「所得有在兹編（金石文字記）之外，并歐、趙所未録者。不忍使其無聞，僅附載於後」（金石文字記題識）。所收碑刻凡二十四種，其體例仿照金石文字記，以時代爲序，於金石碑刻名目下皆注明字體、年代及所在地，或注明原石殘泐狀况，每條下各綴以跋語，證據今古，辯證僞誤。

（九）類音八卷

此書有清康熙五十一年（一七一二）遂初堂刻本，已影印入四庫全書存目叢書經部第二一八册。又有清雍正三年遂初堂刻本，則於卷首加上康熙五十一年壬辰秋八月周振業撰序、雍正三年（一七二五）二月沈彤撰行狀，已影印入續修四庫全書第二五八册。

據著録，尚有清嘉慶二十一年（一八一六）吴江孫上珍補刻本；類音一卷，清丁顯輯，光緒十七年（一八九一）編韻學叢書本（稿本）。二本今均未得見。

該書左右雙邊，半葉十一行，行二十二字，白口，黑色單魚尾，魚尾處下刻書名、卷數、葉數，如「類音　卷一　一」。卷首目録題「吴江潘耒撰本」。

全書八卷，卷一爲音論，六篇；卷二爲圖説，六篇；卷三爲切音；卷四至八爲韻譜，其中卷四、五係平聲二十四類，卷六係上聲二十四類，卷七係去聲二十四類，卷八係入聲十類。周中孚認爲音論、圖説十二篇爲切音、韻譜之「綱領條目」。清國史文苑傳論及潘耒音韻學造詣，稱「因炎武音學五書，爲類音八卷。炎武欲復古人之遺，耒則務窮後世之變」；「蓋因等韻之法，而又推求以己意，於古不必合，於今不必可施用，然審辨通微，實自成一家言」（〔嘉業堂鈔本〕清國史文苑傳卷二一）。周中孚則進而詮釋道：「稼堂爲顧亭林之門人，而其講究韻學，獨不宗音學五書之説。蓋亭林欲復古人之遺，稼堂務窮後世之變，故各分道而馳也。」不過，周氏又泥於李光地榕村語録之評議，反稱潘耒「其書之無足取，亦略可見矣」（鄭堂讀書記卷一四經部八小學類），何其顛倒如是！

（一〇）鴻爪集補一卷

清道咸年間，潘道根據康熙間增修本遂初堂文集卷十五、卷十六所載游記文章，彙抄爲鴻爪集補，接續潘耒鴻爪集，以成完璧。需要注意的是，潘道根抄録并非忠實於潘耒原文，時有删訂、增潤、脱略。此本現藏於中國國家圖書館。二〇〇三年，由綫裝書局影印入劉家平、周繼鳴主編古籍珍本游記叢刊。

（一一）稼堂文鈔一卷

清乾隆六十年（一七九五）歸安徐斐然編刻國朝二十四家文鈔本。稼堂文鈔刻在此書第十七卷，遴選廣言路疏、上某學士書、樸學齋稿序、陸冠周詩稿序、日知録序、寇事編年序、顧亭林先生六十壽序、沈兼人先生壽序、戴南枝傳、沈節婦墓志銘等十篇，最後繫以書稼堂文抄目録後。

（一二）國朝文匯甲集潘耒卷一卷

國朝文匯乃清沈粹芬、黄人等輯，有清宣統元年（一九〇九）上海國學扶輪社石印本。其甲集卷二十九係潘耒專卷，收録日知録序、陸冠周詩集序、臧岱青詩集序、李天生詩集序、寇事編年序、許少保江右戰功記、游中岳記、游羅浮記、游天台山記、游雁蕩山記、游廬山記、游南岳記、戴南枝傳、費孝子傳、二烈婦傳、翰林侍讀喬君墓志銘，凡十六篇。

凡例

一、潘耒全集(以下簡稱全集)擬將潘氏現存著述,包括遂初堂詩集、遂初堂文集、遂初堂別集、遂初堂外集、遂初堂集外詩文稿、救狂砭語與救狂後語、金石文字記補遺、類音以及散佚詩文等,極盡可能地彙輯起來。

二、全集所用潘氏著述之底本、參校本,分述如下:

(一)遂初堂詩集、文集、別集,凡三種四十卷,以清康熙四十九年(一七一〇)遂初堂增修本爲底本,以清雍正間增修本爲對校本,以中國國家圖書館藏清康熙間潘耒身前自刻遂初堂集本(含遂初堂集詩集十二卷、文集十三卷)、清康熙三十年(一六九一)冬序刻本鴻爪集一卷、中國國家圖書館藏潘氏手稿本遂初堂稿二卷(有費馨蓮、俞震、袁寶樹、徐琢、徐康等跋)爲參校本,輔之以清人潘道根抄鴻爪集補一卷、散見於潘氏并世學士大夫之詩文集、地方史志與小方壺齋輿地叢鈔、碎佩叢鈴、學海類編、清懷叢抄、花近樓叢書、國朝二十四家文鈔等叢書中的潘氏詩文,校其異同。

（二）遂初堂外集不分卷。據上海圖書館藏抄稿本（或係海内孤本）整理點校。

（三）遂初堂集外詩文稿二卷。據王大隆輯乙亥叢編本整理點校。

（四）救狂砭語一卷、救狂後語一卷。以上海古籍出版社一九八三年據謝國楨先生藏清康熙間刻本影印瓜蒂庵藏明清掌故叢刊本爲底本，以遂初堂文集、别集載録諸篇爲參校本。

（五）金石文字記補遺一卷。以清康熙年間潘氏刻亭林遺書本爲底本，以四庫全書本、張海鵬借月山房彙鈔本爲對校本，以錢熙祚輯指海本爲參校本。

（六）類音八卷。以清康熙五十一年（一七一二）吴江潘氏遂初堂刻本爲底本，以清雍正三年（一七二五）吴江潘氏遂初堂刻本爲參校本。

以上參校本之文字與底本之文字，存在異同差别者，以及潘氏手稿本遂初堂稿多有删削痕迹者，均於校記中説明之。

三、另置稼堂詩文輯補之部，分作兩卷，按先詩後文順序編輯。其文又以詩序、書序、題跋、碑記、信札爲序。潘氏身前自刻本遂初堂集，身後有爲其子弟删落者，今俱移入之。從其他并世學者詩文集、總集、地方志等文獻中録得潘氏詩文數十篇（首），亦輯入之。蓋拾遺補闕，爲全集作一事業，庶幾名副其實耳。

四、爲豐富潘氏研究之文獻資料，本書設置附録之部，立爲四門：（一）碑銘傳記；（二）提要跋語；（三）投贈詩文；（四）師友書札壽序。

五、爲保證潘氏著作之相對完整性，尤其是像類音、救狂砭語與救狂後語等書，凡清康熙間刻本遂初堂文集載録篇章偶有與之重出者，整理時各自保存，不取省略列目之法，并於校記中説明之。

六、潘氏遂初堂詩集、文集、别集所載詩文，目録之標題與正文之標題，多有不一致處。今據正文之標題，重新編製目録，并於校記中説明之。

七、潘氏爲并世學者詩文所撰序跋甚多，文末俱有題署撰寫年月、潘氏名號與鈐印。及彙入遂初堂文集、别集，均删略之，且文字偶有不同。爲盡可能地保存史料，今或於文末加以補充，或於校記中説明之。

八、潘氏專篇論著，多有被收録於叢書或他人彙輯之書，如小方壺齋輿地叢鈔、學海類編、鴻爪集補等，或專門地方文獻，如天台山全志、羅浮山志會編，或他人著作卷首者，爲便於查檢對勘，一一注明。

九、潘氏刻本詩文集、手稿中，在字形上存在較多問題，如異體字、手寫體、簡化字、俗體字、通假字等，一再出現，同一字在前後文中又有不同，甚至相連出現也有相異。針對此類情況，點校者對不存在歧義之字，或如非人名、地名，改動又無關文旨者，盡可能地進行了統一，采取通用規範的繁體字。異體字已經約定俗成，容易辨認者不改。

十、潘氏著述中的避諱字，主要是避清聖祖玄燁、清世宗胤禛、清高宗弘曆之諱，「玄」、「弦」、「炫」、「泫」、「絃」、「胤」、「禛」、「弘」、「曆」等字，或缺末筆，或改寫作他字。對於上述兩種情況，今一律回改；爲避免繁瑣冗雜，均不出校記。

十一、全集遵循點校本二十四史和清史稿之體例，一般使用專名綫，且不使用破折號和省略號。

十二、潘氏著述原文不分段，全集按文意分段，以便於讀者閱讀和利用。

總目

遂初堂詩集

遂初堂詩集目録

遂初堂詩集　卷三……九八

遂初堂詩集　卷四

遂初堂詩集　卷六……

遂初堂詩集　卷七 …… 一九四

遂初堂詩集　卷八……二三一

遂初堂詩集　卷十……二八七

遂初堂詩集　卷十一

遂初堂詩集　卷十五

遂初堂詩集　卷十六 …… 四五一

潘夫子稼堂文集後序[一]

許汝霖

吴江潘夫子道航聖瀆，材棟儒林。孝弟根心，樹五常之軌範；文章報國，萃六籍之菁英。張茂先之洽聞，三十餘乘；鄭夾漈之博物，五十八籤。莫不原始要終，望表知裏。加以吟鞭吊古，蠟屐尋幽，登泰岱而涉黄河，眼高四海；上會稽而探禹穴，胸著千年。波起洞庭，遥聞廣樂；月明太華，獨聽清鐘。求笙吹于伊川，仙人宛在；想簫聲于汾水，古韻依然。五嶺逢人，梅花如雪；三瀧放棹，荔子初丹。訪李渤之弟昆，淹留廬阜；問籛鏗之孫子，躑躅幔亭。舟車窮宇宙之奇，筆墨擅江山之秀。況乃支郎今日，摩詰前身。心會真如，義聞第一；光生湛寂，語契前三。清衆筵邊，曾闡羊車之教；净名席上，咸諮龍樹之禪。故凡九章三統之書，得其原本；四聲五音之學，辨至毫釐。而平生得力，尤在十翼之中；精義入神，不襲九師之説，管公明服其旨，遠王輔嗣，讓厥辭文，固已秦肆金輕，周京紙貴者也。

于是賦傳黄案，恨不同時；詩入丹宸，驚爲才子。下弓旌于高密，給筆札于尚書。游島上之三神，壓人間之千佛。露門造膝，非仁義不陳帝前；廣厦説經，有語言必妙天下。編林之七録，近領鄴枚；擅史局之三長，遠同遷固。龍鱗不世，則魚鮪皆驚；虬幹有年，則蚍蜉難撼。聞枕中之秘，借讀盈門；索亭上之玄，求觀如堵。洪瀾巨派，盡號文雄；大手名人，交推獨步。夫摛文以傳世，道在則尊；養氣以立言，德成者上。方朔三千之牘，徒騁才情；康成百萬之言，有功經傳。夫子胸吞雲夢，心湛秋陽。感物造端，括囊乎道藝；模山範水，涵泳乎性靈。詩本風騷，文兼崔蔡，可以呵磨皸瘃，可以澡雪精神。玄酒太羹，藴古今之至味；黄鐘大吕，寓天地之元音。豈猶岳淺機蕪，元輕白俗，所能望其萬一也哉！

霖簾下傳衣〔二〕，座中授簡。雖當前數仞，從入無門；而疇昔瓣香，依歸有日。詎意斯文寂寂，吾道茫茫。思北面其何年，入南柯兮無路。所幸杜陵詩在，喜家法之有傳；顧涕情深，輯遺經而復覯。嗚呼！重游海上，鍾期援寫怨之琴；藏在山中，李漢製編年之序。天無意于後死，人有感于前型。敬附詹言，泪零末簡。謹序。

康熙四十九年庚寅十一月長至，海寧受業許汝霖頓首拜識。

【校記】

〔一〕潘夫子稼堂文集後序　清康熙間增修本遂初堂集遂初堂詩集卷首冠許汝霖是序，不署序名。至影印入續修四庫全書集部第一四一七册，因其置於遂初堂詩集前，被稱爲「遂初堂詩集序」。檢許汝霖撰德星堂文集卷一題作「潘夫子稼堂文集後序」（見四庫全書存目叢書集部第二五三册，第二六至二七頁）。今點校本回改原序之名稱。

〔二〕霖 許汝霖撰德星堂文集卷一潘夫子稼堂文集後序作「某」。

潘稼堂文集序

彭定求

稼堂潘君既殁之二年，令嗣某等編次詩文共四十卷，爲遂初堂集。高弟海寧許宗伯既序而行之，縣諸藝林，往往傳誦，若金石聲矣。復來徵余一言，綴諸簡端。余學殖簡樸，何能導揚是集之奥藴？逡巡久之，回環循諷，乃斂衽興嘆曰：近世著作之家，層見叠出。如是集之取載閎博也，布格昌明也，渾浩流轉之氣磅礴其中而不可遏抑也；晰理則歸純粹，論事則尚典確，抒情繪景則宣暢而逶迤，視夫拘攣者失之纖弱，奇譎者失之龐雜泛濫，淫佚者失之蕪蔓而無所準繩，不已若淄澠異流，蓬麻殊質乎哉！

君以英敏明達之才，積以多聞强記之力，少歷憂患，伏處菰蘆，不求聞達，故得殫心好古。其於六經諸史，及夫屈宋、班馬、李杜、韓蘇以下百家之載籍，靡不采實含華，而又絶無摹仿擘畫之迹。及遇天子徵辟，令典石渠虎觀，傑然名爲作者。旋以忌口推排，拂衣歸隱，益自縱心於江河巖壑之間，探奇陟險，足迹幾遍天下。筆墨淋漓，發抒其耳目心思之所寄廓，如山峙而泉涌也。則文人之樂事，由兹極矣！

君平生矜尚節義，師事俟齋徐先生，服勞盡禮，卒爲表其宅，贍其孤。且慷慨諒直，每爲鄉邑利弊，指陳侃侃，是皆時俗所難。母喪之後，終身茹素，栖心物外，意致灑落，遇之者絶不覺其爲承明人物。集曰「遂初」，固其素志也。

昔我師澤州陳文貞公衡論館閣人才，品鑒精嚴，獨謂君之詩文，實登大雅之堂。比及扈蹕南來，兩度館於余家，喜君過從，篝燈深坐，談論亹亹，盡吐其胸中之積蓄。我師尚欲薦君出山，而君掉首堅謝。逾年，則君竟殁矣。我師以午亭文集，委余校讎，剞劂成書。余以不得與君并此鉛槧之役爲憾。及見君是集既梓，則又惜不得及我師在時，乞其一序以爲簡帙增光。

嗚呼！成連之響云亡，郢匠之斤遂輟。余每念夫日月不居，師友款語何可復得，能不掩卷而嚱嘘流涕乎？則余雖言之無文，亦有不得已者焉。乃序之以踐其請。

（輯自南畇文稿卷一，四庫全書存目叢書影印清雍正四年刻本，集部第二四六册，第六三八頁）

遂初堂詩集　卷一

少游草上　起癸卯秋，盡壬子夏〔一〕

登華山

東吴之山千萬重，就中秀拔蓮花峰。湖光浴出青芙蓉，烟鬟霧縠春妝濃。山根夾道羅長松，嘈嘈天籟鳴霜風。怪石凝立如鶩鴻，奔雲捲石石撼空。半山一禪院，岌嶪開層宫。盤雲結翠既窈窕，錯金鏤碧還玲瓏。誰其隱者晋支公，近有趙朱追高踪。云有靈藥在絶頂，服之白日能飛冲。我登兹山巔，拂袖開空蒙。千葉之蓮渺何處，但聞驚飈怒號，排雲走霧，飄若蜿蜒駕驪龍。又見連山四合若長波，蕩海蹙沓奔涌而朝東，使人對此開心胸。八荒茫茫不可辨，三山窮髮何朦朧。五湖如杯江如綫，浮青繚白殘霞中。吾聞中原之山高萬仞，呼吸可與帝座通。吴中諸山若培塿，今兹登眺亦已雄。丈夫終當汗漫游五嶽，倒騎日月凌蒼穹。

【校記】

〔一〕少游草上　起癸卯秋，盡壬子夏　清康熙間增刻本遂初堂詩集目録題爲「少游草上　起癸卯秋，盡壬子夏」；正文作「少游草」，版心處題作「遂初堂集　少游草　卷上」。潘氏身前自刻本卷一正文作「少游草　起癸卯秋，至壬子夏」，版心處題寫相同。今據清康熙間增刻本目録補入，以盡可能保存信息。

韓蘄王墓碑歌

靈巖山前冢纍纍，荒烟野蔓不足悲。巨石崚嶒戛松際，旁人云是韓王碑。韓王蜕去五百載，當年英名至今在。彎弓夜月射奔鯨，拔劍寒沙清瀚海。一朝雄姿爲枯骨，麒麟高冢營山窟。黄腸便房天府出，守冢萬家拜百笏。歲久但見蒿與藜，豺狼入穴狐兔啼。惟留一片石，千古靈巖西。靈巖峰高入雲霓，韓王勳名與之齊。惟王勳名震千古，手奠坤維揭天柱。麾日之戈射潮弩，半壁江山留宋土。可憐後此竟何人，忍使銅仙泪如雨。梅花落盡梨花開，游人絡繹靈巖來。但上琴臺尋響屧，何人山麓披蒿萊。碑高三丈字如掌，帝製鴻文盛褒獎。縱使碑刓墓盡平，蓋世功名在天壤。君不見錢塘飲馬江不流，鳳山宫闕爲荒丘。張王秦相墓何在，六陵蕭颯冬青愁。

猛虎行〔一〕

猛虎眈眈〔二〕，潛於巖阿。野則有羅，虎當奈何〔三〕？謂虎無羽，而使牧豕。謂虎無角，而使將鹿〔四〕。鹿豕善駭，震於其威。虎雖大仁，不耐腹饑〔五〕。東西咆哮，風毛雨肉〔六〕。行人膽破，相戒以目〔七〕。帝赫斯怒，乃命獵者〔八〕。猛虎尚可，獵者殺我〔九〕。有矢如猬，有戟如林。不以迹虎，而以從禽〔一〇〕。獵人詡詡，爲虎傅羽。獵人逐逐，爲虎生角〔一一〕。帝勿捕虎，虎則有巢。驅還其巢，亦莫敢驕〔一二〕。百獸之長，厥惟麒麟。戢我弓矢，安用獵人〔一三〕。

【校記】

〔一〕此詩又見衛既齊撰廉立堂文集卷一樂府猛虎行附録。下稱「衛集附録潘詩」。

〔二〕猛虎眈眈　衛集附録潘詩作「猛虎咭咭」。

〔三〕衛集附録潘詩原注「一解」。

〔四〕衛集附録潘詩原注「二解」。

〔五〕衛集附録潘詩原注「三解」。

〔六〕風毛雨肉　衛集附録潘詩作「風毛土肉」。

〔七〕衛集附録潘詩原注「四解」。

〔八〕乃命獵者　衛集附録潘詩作「爰命獵者」。

〔九〕衛集附録潘詩原注「五解」。

〔一〇〕衛集附録潘詩原注「六解」。

〔一一〕衛集附録潘詩原注「七解」。

〔一二〕衛集附録潘詩原注「八解」。

〔一三〕衛集附録潘詩原注「九解」。

金　山

萬古標形勝，中江一柱尊。水分天作塹，地拆海爲門。鐘磬來波面，蛟龍聚塔根。蘄王血戰處，墜馬有驚魂。

焦　山

焦山青一點，幽討足林巒。雲氣衝帆濕，濤聲濺佛寒。沉碑捫字讀，寶鼎拭苔看。山有瘞鶴銘及周鼎。不淺乘桴興，茫然對紫瀾。

北固

地設南徐險，山留北固名。女墻蒸土築，狠石撼潮生。木杪樓臺涌，雲中鼓角鷩。謝郎垂釣處，出手見生平。

多景樓

蕭颯江樓坐，烟光向晚重。寒邨攢橘柚，落日沸魚龍。帆送中流笛，杯傾隔岸鐘。三山不敢賦，彩筆有前踪。家木公先生三山賦刻石在壁。

竹林寺

山徑不知遠，隔溪聞寺鐘。灑空香雨净，覆崦竹陰濃。馴喜銜花鹿，降看住鉢龍。遥傳松頂嘯，人在最高峰。

揚州

江淮百戰後，此地尚繁華。繫馬一堤柳，懸燈千樹花。連雲金埒地，流水璧人車。寂寞梅花嶺，霜林啼暮鴉。

高郵州

惆悵秦郵路，荒城水浸餘。人家依落雁，寒日近游魚。斷岸夜還築，萊田秋未鋤。漢廷無賈讓，誰與策河渠？

送顧季貞之豐縣四首

淮南大火落，桂樹凝微霜。門外青驄嘶，游子晨嚴裝。嚴裝欲何之？游彼豐沛鄉。浮雲暗平原，疾風被高岡。送君臨長河，四望心茫茫。羈人易爲感，觸緒增悲傷。况乃别君子，百憂集中腸。我有緑綺琴，盛之文錦囊。十年挂床頭，朱弦未曾張。今日重摩挲，爲君奏清商。一彈游魚出，再鼓玄鶴翔。不惜絲弦絶，但寫别意長。子期今逝矣，能不增慨慷！

蘭蓀不妄托，鸞鶴不妄群。男兒生世間，結交自有真。寶劍埋重泉，張公矚龍文。騏驥逢孫陽，悲嘶入青雲。精靈故不隔，遇合如有神。我行涉江湖，三卧淮陰春。王孫去已久，英風莽沉淪。邂逅得吾子，旅寓偏相親。一見語如故，兩載情逾新。子實經世才，壯心凌秋旻。襟懷洞軒朗，英敏識絶倫。蒼然昆吾鐵，精光黯龍鱗。百鍊經風胡，可以雄九軍。

伊余長菰蘆，雅志頗卓犖。懷古耽讀書，圖史恣探索。昔人去千年，風期宛如昨。緬懷青雲上，微志有所托。何期遭坎坷，弱質愁漂泊。伯鸞初出關，士衡未入洛。旅食江淮秋，放歌成落拓。世人笑雞栖，吾甘學龍蠖。願言結千秋，相期步寥廓。如何忽分飛，悵望增躑躅。寸心有所契，形骸兩脱略。賴遇陳元龍，延我坐高閣。論交篤弟昆，投分諧鐘鐸。躑躅亦何爲，征旆不可駐。男兒志四方，荏苒愁歲暮。鵾雞鳴霜晨，寒月在高樹。遲遲戀高堂，行行慎霜露。芒碭鬱坡陀，川原莽回互。凄凉大風歌，五雲在何處。懷古多深情，貽我西征賦。我亦行南歸，扁舟下瓜步。會面難可期，贈詩見情素。驚風吹雙輪，流光去如騖。春華不足希，秋實良可慕。何當天門開，旭日散烟霧。與子相提携，翱翔入雲路。

贈雙南兄

三山峙京口，大江來上游。其間氣鴻蒙，旁薄西城幽。厥秀萃吾宗，奕葉傳風流。大父落鳳毛，無隱公。府君踞龍頭。江如公。阿兄才綉虎，望祖兄。阿弟氣食牛。嗟君才不羈，儕輩誠寡儔。顧盼生風雲，謔浪輕王侯。停杯數千言，滚滚不肯休。夙嗤經生業，羞作轅下駒。放神丹霄外，意氣如雲浮。彎弧射鵰鶚，乘風拍浮丘。神仙與功名，指掌思兼收。偉哉追風駿，頓足窮遐陬。願君且安步，玉鑾鳴啾啾。少待秋風勁，良樂會相求。爲君整蘭筋，快意八極周。

劉節婦詩

節婦黄氏，閩人，故太史文焕之女孫。許聘淮陰劉氏子，未婚夫亡，請奔喪，不得，遂成服於室。無何，聞有他議，自投於樓，不死。居五年，不釋服，曰：「不歸劉拜夫墓，終不釋也。」舅姑乃迎以來，謁墓慟哭，哀感行路。淮人士嘆美之。爲作此詩。

牛女何迢迢，迢迢河漢隔。空名一以繫，萬古終不易。夙昔長深閨，習禮亦明詩。許身配君子，永願奉光儀。兔絲托喬松，自言上霄漢。未見彩鸞飛，乍聽冰弦斷。弦斷續無期，悲來不自知。君看卷葹草，未拔心先摧。五載空房中，泪痕未曾洗。空有墜樓心，恨不階前死。一死可從夫，他鄉有老姑。姑今病在床，湯藥誰將扶。生字劉家兒，死作劉家婦。夫死不奉姑，九原爲相負。秦淮水東下，爲儂嗚咽流。添泪向江水，一夜渡邗溝。阿姑聞婦來，披衣俄起坐。恐令姑念兒，含泪不敢墮。入門拜姑嫜，拜夫還出門。我夫今何在，蕭蕭白楊原。一拜心骨摧，再拜肝腸絶。蒼天若憐儂，厚地爲儂裂。翦却墳頭草，教君識妾顔。妾顔不如此，舊日如花妍。昔妍今已槁，棄置勿復道。收泪入寒閨，養姑以終老。

沈烈婦詩

亦知伉儷恩，相報豈必死。堂上姑有兒，閨中妾無子。同歸况復夫有言，黄泉相見何所難。寧爲華山巉邊連理樹，不作懷清臺上之孤鸞。東流之水西流日，人生去就只旦夕。一斛泪珠三寸絲，百年志願從此畢。君不見大冠修劍空嵯峨，臨事宛轉何其多！

贈朱錫鬯

天台拔群峰，東壁輝列宿。南州盛衣冠，之子爲領袖。傑然雲霄姿，大厦資結構。匏瓜悲天懸，井渫惻寒甃。閑爲蘇門嘯，善作伶倫奏。大雅還初元，風騷獨馳驟。峨峨春明門，英賢畢來輳。高齋掃晴雪，玉山驚邂逅。聞游泰岱還，應宿天門岫。日輪涌扶桑，幾時割昏晝。僕本同岑人，折麻欣有舊。才非士龍奇，齒是公明幼。偶然吊燕昭，金臺暫停留。方辦五嶽裝，青精煮糧糗。何日相提携，蓮峰掇三秀。

贈曾青藜二首

男兒七尺軀，轗軻當百折。誰無千秋志，遂者爲英傑。君本貴公子，弱齡著壯節。倉皇潰軍中，支撑仗勇决。迄遭喪亂餘，冥心宅巖穴。種瓜原頭雨，抱甕溪上月。漸喜成老農，不爲世識別。時復躡屩游，經年滯吴越。酹酒要離墳，放歌頗激烈。我昔欽英風，攬衣遥相結。今來燕市南，逢君已華髮。腰中雙轆轤，得非昆吾鐵？雖無芙蓉鍔，精光庶不滅。

聞人富藻思，烈士多苦音。君看孤鶴唳，肯同黄鳥吟？聞君弱冠日，摛葩耀春林。霜風一憔悴，萬象莽蕭森。獨見天骨在，老幹聳萬尋。悠然田家作，寄慨一何深。逸趣緬雲壑，遠想含古今。嘗聞陶元亮，默撫無弦琴。及乎咏荆軻，慷慨露壯心。載讀短兵篇，商風横我襟。

送譚舟石之官榆林

男兒蓄大略，邊勢須洞曉。但披一卷圖，曲折豈能了？所以經奇人，驅馬涉無皂。譚侯文武姿，風雲鬱懷抱。天借一邊城，仗節榆關道。榆關落葉多，千霜未曾掃。咄哉河南地，甌脱痛遺老。牧兒飲鹽池，獵馬風漢草。藩籬得無疏，防虞須及早。餉道厄魚河，邊烽逼吴堡。土門十八寨，舊額今多少。屯營與互市，利害宜細討。我亦倜儻人，風塵苦潦倒。行將關華游，捫雲叫蒼昊。興到彈劍來，春盤醉瑪瑙。相攜青眉峰，指點天山小。

飲程周量工部齋賦贈

凍雪不可掃，積素明遠峰。何處可高咏？愛君庭際松。松下鶴氅人，仿佛如王恭。天骨何清臞，面有仙俠容。祇應朱明洞，燒藥騎茅龍。不然散髮游，閑作花田農。胡爲客金馬，束縛同寒蛩。以茲自擺脱，閉影謝塵蹤。愛客乃不雜，酒人得過從。同調十數子，時時此相逢。清尊陶永夜，高談豁心胸。伽藍精舍近，寂坐聞霜鐘。

游京西卧佛寺

策馬入亂山，山迴夕嵐隱。徐步吟松風，不知僧寺近。入門坐修廊，風物轉凄緊。寒石青棱棱，枯泉白泯泯。篔簹束數叢，娑羅挺雙本。蒼凉殿瓦頹，剥落碑字損。獨有旃檀像，不隨劫火燼。支頤對城闕，千霜卧彌穩。夜梵群籟息，晨鐘衆峰殷。喧寂兩無營，囂塵此俱盡。山行信冥搜，茲地聊息軫。谷神如可求，吾將養玄牝。

退　谷

蒼崖斷谷口，步步入幽峭。達人昔挂冠，茲焉理清嘯。我來無前期，山光遠相召。翠色浮千巖，孤亭領其要。側對十丈松，偃蹇龍虎貌。俯聽百折泉，琤淙泄幽竅。老樹無早花，寒岡有殘燒。烟磬何泠泠，露鶴時一叫。愛茲蕭爽極，彌悟静者妙。興公賦天台，謝客懷海嶠。茲地非遐陬，幾人展吟眺。作達亦由人，塵鞅誰能掉。寄言巖耕者，後來疇同調？

碧雲寺 寺旁有魏忠賢墓，甚宏壯。

香臺俯鴻蒙，群山四環衛。龍宫豁然開，樓閣涌空際。丹霞夾飛甍，珠樹蔭密砌。崢嶸神鬼工，照耀金碧氣。壯觀何能爾，創此自中貴。坡陀山頭冢，規模更閎麗。黄腸隧道封，玉魚便房閉。丹青儼祠宇，特敕蒙葬祭。豐碑刻鴻文，歷歷元宰製。行人不能讀，識者發嘆愾。中官古來有，掃除職微細。念其犬馬勤，帷蓋斯可瘞。奈何濫恩私，王章褻奴隸。官號借台司，封土同帶礪。所以蓄神奸，毒焰流海澨。然臍未快心，誰令此埋嵡。蒼凉金粟堆，寢殿非昔制。兹何尚巋然，石門鎖松桂。誰能手斧柯，千春掃氛翳。

洪光寺柏徑

聞登天門峰，松磴十八盤。蒼蒼連天去，雲石相與寒。兹來穿柏徑，仿佛同壯觀。萬樹欹偃蓋，百折梯危巒。風湍去窅靄，烟翠停團圞。姿殊昏明變，態異俯仰看。送迎目云疲，十步一盤桓。下枝繫我馬，上枝挂我冠。枝雪不受日，纚纚落地乾。寺門雲端近，林角飛樓丹。還應清齋罷，乘月吹紫鸞。

香山

層峰秀菡萏，香山内爲菂。鮮明夕陽裏，葱蒨可攬摘。獨秀自天語，幽討富奇迹。霜鐘吼雲雷，湯泉應潮汐。三春俯杏海，茫茫浪花白。人王昔來游，名僧此卓錫。雲旗麗雕甍，翠輂憑玉磶。凄凉劫灰餘，萬事改疇昔。秋風語塔鈴，寒月泪銅狄。壯觀不可追，歲序如箭激。徘徊荒岡頭，感此長年客。

翠微寺

西山内閟深，東面薄帝畿。佛寺盛金銀，林嵐掩清輝。西行轉谷口，萬壑莽相圍。身尋翠微山，不知坐翠微。禪房有餘清，好鳥栖巖扉。净地不可唾，空香發天機。老僧放鶴罷，策杖徐徐歸。延我上高樓，目斷孤霞飛。贈我雙石硯，餘潤浣我衣。渾河遠明滅，潭柘今是非。便合抱琴去，遠翠堪療飢。裹糧不成宿，眷眷中心違。

秘魔崖

盧師乘虚舟，不掉亦不刺。飄飄信天風，偶與兹山值。遂巢懸崖巔，俯瞰龍潭閟。潭中二龍子，化形來夾侍。乃知無心人，可以擾殊類。我來訪遺踪，磴道莽深邃。飢鼯跳長松，山鬼啼破寺。秘洞豁谽谺，仿佛蟄龍睡。垂垂泉滴衣，冉冉雲下地。石面五寸柏，盧師所手莳。千霜未盈把，彌覺人代駛。余亦忘機人，簦笠隨所至。青童倘相容，茅齋此中置。

吕公洞

玉泉無尺土，削石立衆笏。大小二石洞，出入雲爲窟。玲瓏通地肺，崱屴露山骨。其下石罅泉，沸出如趵突。散作碧玉環，澄迴寫林樾。莎草浄於烟，游魚明可掇。微波去鱗鱗，照影能已渴。仙翁愛此水，汲之鍊藥物。丹灶尚可尋，妻子誰能割。庶幾濯塵纓，松下晞余髮。

孫北海先生出示倪雲林山水畫卷屬賦長歌

我昔讀書天平山，空中萬笏落窗牖。層峰叠嶂相盤迴，怪石側立千丈陡。翠微蒙蒙長濕衣，朝昏變態無不有。空林無人蒼澗寒，微雨不知落葉厚。看雲老僧坐斷崖，曬藥人家傍高柳。楓林早霜紅半溪，粳稻秋風黄十畝。溪橋漁浦不見人，沙鳥灘魚静相守。爾時逸趣疲烟霞，不識人間有塵垢。自從負笈來京華，夢中猿鶴空回首。高齋忽見倪迂圖，勝概分明眼中取。倪生筆態最蕭遠，臨摹枯澀恨凡手。是幅蒼鬱絶不群，重重巖壑鴻蒙剖。清詞一闋書上頭，題名别署曲全叟。詞中風致何飄蕭，淡墨模糊字旁紐。苦心愛者今退翁，雅趣由來寄林藪。清秋曲室坐相對，包山笠澤吞八九。客子入門翻悵然，始覺家山别來久。塵沙冥冥霜霰烈，未得躬耕歸谷口。君家退谷香山下，萬樹松杉面蒼阜。鄙生有意同幽栖，茅齋一椽能借否？即尋靈藥攀三花，便發藏書探二酉。

慈仁寺松四首

愛向精藍坐，蒼松樹樹幽。寒濤侵月上，晴翠近衣流。環質香臺護，奇齡浩劫留。紅塵無著處，蕭颯梵天秋。

雙樹金元有，孤根定死生。黑殘燒電火，赤訝蜕龍精。倒卧雲柯壓，交穿鐵幹横。霜天愁變化，莫遣曉鐘驚。

偃蓋交加結，盤空一氣青。濃陰無日漏，密葉有鸞停。天女供花鬘，仙翁乞茯苓。秦封詎肯受，人外自亭亭。

瘦影高誰惜，寒姿晚自香。蟠根私厚地，挺節費清霜。桑海經枝短，樓臺幻市長。橋陵殘照裏，遠翠共蒼凉。

贈侯大年二首

鄉縣知名早，論心翻客游。相逢黄葉寺，同敝黑貂裘。松柏平陵涕，烟霜隔谷愁。含情兩無限，絮語郭門秋。

買賦黄金賤，逢人青眼虚。薄游嘗世態，生事愛吾廬。開匣存雄劍，垂帷有賜書。白華秋露下，采采意何如。

得家報二首

家信亦仍達，今朝便當歸。開緘愁一破，望遠泪還揮。多病慈顔瘦，長貧小弟飢。高秋相憶處，露冷北山薇。

入洛非吾事，淹留忽判年。來憑執友訊，住戀主人賢。别夢那須促，還期肯浪傳。薊門霜葉脱，準擬上江船。

晋祠四首

圖經萬古傳懸甕，石瓮于今尚可攀。亂水曲穿巖乳下，雙池圓吐沫珠還。香粳軟稻先秋美，翠鳥丹魚入鏡閑。搔首長纓堪一濯，勞勞車馬愧塵顔。緣山水樹故參差，影水樓臺上碧滋。社鼓别喧金母殿，禪燈孤傍叔虞祠。晴天霰雪停蒼柏，絶壑冬春秀紫芝。何處仙公騎鶴過，楝間題字濕淋漓。晉陽唐祖龍興地，曾向祠宫默禱兵。此日荒碑矗殘照，當年一劍掃欃槍。遺墟雲氣爲城闕，久雨神光見旆旌。借問雙流渠下水，可能重爲聖人清？杜詩「龍起猶聞晉水清」。曾吟太白龍鱗句，坐想晴波放舸宜。悵望碧天無共語，飄零彩筆不同時。長鑱丘壑身堪隱，短角闗城晚莫悲。皂帽故人强健否，名山采藥汝何之？壁間見朱錫鬯題名。

卦山

卦山交山陽，孤峰獨崔嵬。下眺一氣中，棱棱露巖崖。森如六爻列，錯若萬卦排。我來正雪霽，寒空無纖埃。群峰皎練明，萬柏攢一苔。遠見介山巔，干霄白皚皚。近矚交城城，微茫辨樓臺。文峪下西溪，汾川自東來。連山走黄河，屏扆却抱迴。誰言萬家縣，形勢亦壯哉！守險在良牧，濟世須雄才。利鐵錮窮巖，健馬嘶風哀。劉淵亦何人，石匣爲之開。蒼天不可問，浩歌舒遠懷。

卧琴軒贈交城令趙天羽 時新有平賊功。

卧琴軒中三尺鐵，雪光模糊血猶熱。使君生平一片膽，親擒虎子入虎穴。使君能武復善文，華堂上客常如雲。銜杯賦詩色不動，半夜忽破葫蘆軍。古人勳業只如此，囊沙減灶兒戲耳。叔子輕裘合總戎，武侯羽扇真名士。管涔峰高邊雪深，猿啼鼯嘯春陰陰。神鷹奮擊待鵰子，善刀而藏良苦心。酌君桑落爲君吟，清獻風規遠可尋，萬里行邊携一琴。

雙塔寺雅集詩

出太原郡城，東南行可七八里，有寺曰永祚，雙塔巍然，捎雲礙日，見之四十里外，浮浮若旌幢焉。其下爲松莊，傅隱君青主所居也。隱君蘊質含章，知白守黑，遯世無悶，與天爲徒。太守延津計百周君，標拔塵之概，結人外之契，歲之初吉，率子若聟，屏騶從，挈壺觴，躬造於廬。爰眺爰游，來集精舍。維時晴雪停岡，寒冰承霤，相與圍爐命酒，講論道德，元本山川，攀軌依風，不知日之既夕。夫潛龍以不見成德，居士以高尚著節，然鑿坏逾垣，君子以爲過峻。夫惟通人，貞不絶俗，隱君之謂矣。若乃親詘干旌，以信韋布，斯禮也不絶如綫，賴使君存之。弗書弗咏，後將何觀？爰述短章，用志良覿。

黄農世已遥，上士潛巖谷。滓穢非我區，蟬蜕身不辱。王侯尚其風，就見紆軫轂。豈爲衡茅榮，于焉激頽俗。蜉蝣競朝光，世路傷局促。軒裳各自媚，誰遑問幽獨。渺矣中州彦，振衣步高躅。降此五馬尊，巾車造白屋。彼美肥遯賢，孤霞不可掬。感激禮意勤，欣然裹巾幞。是節春始萌，雲氣漲林麓。寺門風泠泠，浮圖鬱雙矗。茗酒凈松筠，鬚眉照冰玉。俯仰同所懷，斟酌幽趣足。僕本丘園人，澤雉隨飲啄。欣逢式廬美，未覺塵網束。汾水清粼粼，可以飲黄犢。何當卜南鄰，休駕從所欲。

汴河行爲方中丞歐餘作

汴河之上河如弓，汴河之下河如龍。弓行千里正一曲，龍性變化無常踪。神禹鑿九河，放著渤海中。千五百年尚一決，大伾不北而徑東。遂令梁泗間，至今朝陵暮壑無終窮。殺湍捧土諒非策，排沙漉海難施功。河渠之書一寸紙，蜩螗萬喙聽者聾。提綱挈目示要領，客邸幸見中丞公。中丞勳績高當代，保障之功汴河最。汴城萬里初爲魚，河北金堤又横潰。公也捧節來治河，赤手與塞滔天波。指揮人徒三十萬，北河柳盡南河柯。大埽如山小如堞，一浪不敢衝風過。晨餐掬泥土，夕枕眠盤渦。以身爲石髮爲草，乃感帝力鞭黿鼉。荆隆口閉神馬塞，汴河南北重蠶麻。豈知功高定遭忌，謳吟翻促彈章至。旋聞東郡罷王尊，那得通侯賞延世。自爾長揖還東山，角巾嘯傲江湖間。奕秋斂手向棋局，坐看黑白紛斑斕。昨聞清口決，又報漕河乾。高堰塞復漏，歸仁築未完。胸中熱血不可嘔，相逢當路只緘口。丁寧翻向芒鞋客，畫笏川原盡紆直。淮泗之間皆土山，眼前此意無人識。方云：黄河一石水而八斗泥，河日南決，南中地亦日高。淮徐間遍地皆水，實遍地皆山也。養癰裹創愁内蝕，不病河南病河北。負薪沈璧徒區區，疏不成疏塞非塞。吁嗟天意難可知，勸公且盡金屈巵。淮黄清濁亂已久，南土豈合偏瘖瘓。復禹舊迹理亦得，灾黎百萬將安之？吁嗟天意難可知，且爲公歌汴河詩，洗眼坐待河清時。

忻州嬰杵廟二首

烈士不愛生，亦不鹵莽死。苟生顔面羞，徒死魂魄耻。生死各有立，機括妙相倚。嬰杵得其深，一髮存趙祀。千夫共輿瓢，不如道旁委。兩人利斷金，同心而殊軌。間諜有陰陽，奇正相表裏。神鬼未能窺，宵小安足擬。趙朔亦何人，得士有如此。驅車出忻州，酹酒吊故里。秋風正蕭騷，浩歌熱雙耳。帶兆雖中絶，巢卵豈俱毁。藏山不可求，哀哀哭公子。

古人貴成事，今人貴成名。義聲豈不美，躁取事或傾。吾心在千秋，旦暮安足争。太史傭法章，丙吉不自明。生潼聞李善，賣卜有王成。短棰訶楚隷，漏船舞吴兵。奇巧千萬端，權輿於杵嬰。精誠生智術，狡獪不足驚。死生判難易，當時費權衡。功成終下報，命乃鴻毛輕。爲難勿藉口，君子守其經。

五臺縣

路入滹沱左，城開五頂西。女墻晴翠没，牛屋斷崖齊。谷井懸梯汲，山田抱犢犁。邊城霜落早，紅遍數村梨。

洪慶寺

丹樓飛出蔚藍天，曉坐秋窗秋可憐。微雨著林初作雪，寒流瀉石不成泉。峰頭脱屐僧先到，燈下翻經客宴眠。欲向華嚴辨翻紐，神珙不見一潸然。老僧妙雨曉等韻，頃已逝。

小雨宿柳院

濕衣疏雨亂山中，繫馬山莊楊柳風。一徑暝烟沈返照，半林霜氣凍殘虹。齋分佛供香粳白，眠就禪床石炭紅。會得華嚴真諦義，文殊只在福城東。

將至清凉谷十數里紅葉漫山溪流清駛如行圖畫

晉山雖巃嵸，而無林水秀。眼豁此山椒，十里張錦綉。如逢江湘客，山靈巧相鬥。清霜百萬斛，叢薄染新就。黄翻新鵝羽，紅閃閨人袖。過雨脆未脱，蒸嵐薄能透。溪迴境彌清，石橋吐哀溜。磴道披蒙茸，天地别氣候。幽有山鬼啼，寒無日光漏。丹果仍羅生，瑣細不可究。其葉乃楓林，其實如橘柚。不穿深林行，焉知畫圖厚。靈境不可褻，呵護資怪獸。塵根冀能冥，虎窟吾將僦。

永明寺

梵刹何方古，清涼百代仍。地幽先得佛，山冷剩栖僧。五頂瓊函記，諸天寶藏徵。大孚名漢帝，鷲嶺認摩騰。靈境虚空有，神功應現能。真容穿獵箭，殊像罥魚罾。竹化林千畝，螺旋髻百層。銀綿浮世界，珠蓋閃神燈。窟宿摩雲象，巖潛蹴海鵬。拈空莖草示，訊法短叉應。十戒開真教，三車載大乘。慧薪長不斷，寶筏每先登。藉此慈雲覆，因之象教憑。八州供税遠，百軸賜書曾。瀚海嗟頻變，伽藍亦遞增。莊嚴今日麗，土木幾時興。盛事傳王母，冲年記定陵。内家分雜寶，御府出花繒。紺殿毫光涌，崇臺銖兩稱。獰龍蟠井幹，馴雀守觚棱。布地編金埒，彌空網玉繩。只言鰲足戴，可救杞天崩。蟻賊奔騰過，龍髯寂寞升。廟堧荒碧甃，寢殿鎖朱甍。劫火灰誰問，銅駝涕不勝。王孫衣破衲，故老拄枯藤。翻訝琳宫壯，從知法界弘。相輪還崒嵂，獅座轉崚嶒。椒壁依鐘磬，慈容拜髿氉。空山一搔首，慘淡客愁凝。

羅睺寺 宋張無垢見聖燈處。

山川氣磅礴，騰上爲雲雨。幽潛巖谷中，陰火自然煮。昏黑生光芒，上下乍吞吐。曼殊善游戲，大地含一黍。假此圓明相，變現青蓮宇。寶髻青狻猊，龍神散花女。萬態無定姿，虛空澹容與。當年無垢翁，奇光於此睹。冉冉騰衣裾，毫毛燦可數。遭逢亦偶然，前哲非誕語。性相了無涉，希有駭聾瞽。水月涵空華，攬之在何許。我來值深秋，松門竄蒼鼠。空廊不見人，藥欄轉亭午。

北山寺

暮雲忽滿閣，蒼茫晦前林。寺門掩疏雨，涼氣盈我襟。遂曠山僧期，飯花裹秋衾。平明霽色開，草徑相招尋。繞院樹百株，無風自哀吟。枝頭好黄葉，一夜落散金。簌簌響步屧，悵然秋已深。禪房寂無累，暮節感我心。北鴻有去影，南楫無來音。采藥事未就，種黍力不任。凄凄叩牛角，惻惻彈劍鐔。惠休又已没，濁酒難獨斟。無以遣滯慮，浩歌東山岑。

登中臺

中臺秀出五臺心，天造浮圖一萬尋。雁塞山河飛舃看，金輪世界躡雲臨。挂瓢僧住冰天老，撥草人來月窟深。信是清涼真境別，三灾不到雪山岑。

遂初堂詩集　卷二

少游草　起壬子秋，盡戊午夏

綿上

忌坂尋何處，層巒曉勢分。急風翻野燒，清露冷鴉群。有母甘逃禄，無龍可入雲。如何不歸去，隱矣更焉文。

豫讓橋

昔讀刺客傳，豫子實報主。微哉政與軻，氣矜豈其侶！癘啞變音容，不變者心膂。塗厠迹已奇，伏橋心愈苦。無言功不成，斬衣血濡縷。至今官道傍，石梁横撑拄。風水聲酸嘶，如聽忠魂語。男兒七尺軀，捐之患無所。襄子豈不賢，智氏早知女。國士恩已深，誰能避膏斧？所以節概人，有身未輕許。

韓忠定祠

明祚三百年，壞之三閹孽。中葉當武宗，逆瑾禍尤烈。空朝喑無聲，尚書特奮舌。首請假尚方，顧命陳憤切。至今諫草存，字字凝丹血。空拳拔虎牙，掣項旋見齧。削籍怒未已，檻車遭刺裂。清吟詔獄中，雅量何其達。正氣所磅礴，宵小焉得殺。卒傾朝陽光，坐待蝃蝀滅。嗚呼正德朝，惟公數完節。西涯信工文，婉娩腸内熱。我來瞻崇祠，英爽動眉髮。千秋太嶽峰，高名與之揭。載咏去婦篇，凉風助悲咽。尚書去位，空同爲作去婦詞。

紅葉

汾州東岸霍山西，照眼邨邨柿葉齊。亂紫欲然深覆屋，疏紅不落故臨溪。坐披圖畫貪樵徑，行踏霜華戀馬蹄。風雨重陽莫狼籍，忍教秋色便成泥。

游霍麓廣勝寺觀霍泉

柏作屏風水作簾，浮圖倒影碧纖纖。秋光輸與枯僧得，詩興都從野寺添。帝返瑶池封造父，天留石椁葬飛廉。林嵐密處樵踪在，恐有高人學豹潛。

望　霍

太行連綿亘河朔，別峰突起亦名嶽。尊朝白帝張一扆，高拄青天生衆角。陽岡晦作下方雨，陰壑凍埋何代雹。苔花錦石秋班班，落木寒泉曉濯濯。騎鶴仙人清夜游，月明仿佛聞天樂。巖房赤箭無人收，松下茯苓晚堪斸。浪游五年無一成，鍊骨有丹何不學。便佩真形栖絶巔，夜半天鷄聽咿喔。

子夏祠　有墓在祠後。

孔轍不到晉，西河遺澤長。身兼領文學，門許拜侯王。駐馬祠雲白，看碑墓草荒。髫年受詩序，不敢薄毛萇。

龍門八首

入塞黄河七曲餘，急將東海作歸墟。誰開叠嶂遥相引，早束雙崖鬱不舒。吼峽風霆千古門，排天日月往來虚。巉巖直到龍門盡，快意奔流一放初。

峽口雙峰相對開，衝波日夜走轟雷。雪消春卷桃花至，雨霽秋兼瀑布來。勢奪一門推壁轉，聲驅萬象觸龍廮。只今十月濤痕落，塞岸冰澌亦壯哉！

此下何山可截流，陸沈真恐及神州。平吞砥柱魚黿横，直掃金堤版鍤愁。變化須經三級浪，飛騰合送一歸舟。不貪別是神龍性，肯爲明珠上釣鈎。

陰森禹廟蒼巖裏，老柏虬身鐵作枝。露宿枕流聞戰鼓，雲行拂水見靈旗。鑿開地肺經營定，驅走神工迹象疑。萬古殺湍誰并績，峋嶁風雪護殘碑。

臨思高閣靄氤氳，對面層山小語聞。五老星標晴并拱，三峰仙掌碧微分。汲河修綆穿虛閣，渡馬方舟掠晚曛。縹緲御風身可上，清都吾欲返仙群。

捫蘿側足傍河行，峭壁轟岩削不成。藥鼎細承丹乳滴，香爐倒挂紫芝生。深通壼口篙師險，下瞰盤渦木客驚。清嘯一聲山四答，愀然唤起蟄龍鳴。

秦關晋塞風蒼蒼，濯足洪流凌八荒。正憶馬遷史筆健，生來耕牧河山陽。涕零千載美人絕，目斷片雲歸路長。安得枯槎著波面，高探月窟攀扶桑。

并州爲客三年久，苦欲東還更向西。未到此山詩總弱，續游他夜夢休迷。振衣霄漢悲人世，側耳邊城厭鼓鼙。百尺枯桐根不死，無枝彩鳳欲安栖。

西泠展墓二首

三尺蓬科幾樹梅，梅根碧血總成苔。春山雨露僧時到，畫角昏黄鶴一來。入夢有人迷北海，招魂無地哭西臺。鴟夷未化錢塘水，莫怪潮聲夜夜雷。

麥飯椒漿拜草間，相看應怪我蒼顔。休疑陸弟曾如洛，爲報梁童已出關。將母歸來無舊業，藏書到處有名山。西征賦就何人賞，焚向東風血泪班。

贈杜于皇

男兒無家復無國，六合飄然一孤客。客行落落雲出岑，其去無迹來無心。山水佳處便淹泊，偶然相遇不可尋。黄岡先生古豪士，胸吞雲夢八千里。神鷹鎩翮不得飛，丹霄碧海將安歸？三十年來泛江舸，大塊無塵能著我。商山須眉大澤裘，游戲人間無不可。往年訪友揚州城，州人喧呼看歲星。如雲冠蓋趨門庭，先生酣眠醉不醒，醒來洗眼焦山青。金焦如螺意不快，一葉翩然下江瀨。青丘方壺不可期，白龍赤鯉遥相待。我亦汗漫之遐方，束髮結交多老蒼。惟翁差池未識面，江雲關樹空相望。錫山葉脱蠡湖朗，散步禪房見邛杖。怪來避地已經年，笑我勞勞逐塵鞅。昆明劫火方洞然，老鰲抃山波接天。土偶桃人莫相笑，久客會有還山年。先生無事但宴眠，大瓢滿酌清泠泉。君不見君家杜陵喪家者，茅屋秋風泪盈把，揮泪高歌洗兵馬。

烈士行贈趙羲庵

羲庵，汴宋裔孫也。爲人精悍勤敏。京口顧侍御奇重之。侍御以事見法，羲庵獨身入都，經紀其喪，脱兩孤於厄，有古烈士風。余與侍御弟交舊，因識羲庵。今秋，重遇之金閶，悲其老大連蹇，而高節罕有聞於人，遂爲歌以叙之。

寶刀削葵馬守户，當今烈士賤如土。舉頭不識趙王孫，空向陳編吊嬰杵。王孫二十逢亂離，才高膽盛無人知。江東顧榮目如電，一豹賤却千羊皮。三千上客散如星，義故兒郎抱頭伏。可憐端正他奇。邛崍坂上高車覆，御史門前烏夜哭。玳簪珠履正雜沓，王孫落落無騎羊子，鞭笞蹴蹋奚官裏。白楸三寸無人收，骨肉倉黄竄荆杞。王孫此時氣拂雲，赤手直入磨牙群。陳容甘共臧洪死，習脂不畏曹瞞嗔。精誠貫日智略轃，抱還孤兒如有神。潛藏撫護麟種存，丁寧莫遣家人聞。沉吟此事廿寒暑，中郎墳上蒿如柱。王孫落魄尚關河，失路驊騮老無主。昔年遇君清淮流，今春遇君燕市頭。苦言奔馳不稱意，一官束體如贅旒。蘇臺何意仍相值，短鬢尊前泪雙滴。匏瓜在地根在天，黄楊一閏一回厄。吁嗟萬事如驚波，翻雲覆雨何其多！褚淵封侯王粲死，如君豈得辭轗軻？蕭蕭凉雨胥江暮，題詩别有傷神處。江頭不見酒家傭，瀚海羝羊何日乳。

九日同惠元龍家雙南兄登瑞光寺塔三首

好友佳辰會面艱，高高鈴塔共躋攀。閶門涼色侵遥海，綺里秋陰逼晚山。楓葉數邨他日卧，莼絲滿地幾人還。江鄉風景元清美，何事長年薄笨間。

江干昨夜羽書催，江面戈船迤邐開。觱篥静吹霜氣徹，橐駝高卷塞塵來。一千里外無巢燕，三十年前有劫灰。未卜花源堪徙宅，且貪佛日共銜杯。

兹辰兹地非難得，相見相攜苦不常。却憶往年同二老，曾於蕭寺過重陽。辛亥九日，同閻古古、傅青主飲太原新寺。崛㠑松短青牛卧，芒碭雲深白豹藏。懷舊感時沈醉好，不妨倒載笑人狂。

贈鄧孝威

中古富藝文，淵海浩無際。昭明曠代才，删纂功不細。一斧削群材，屹然樹凡例。居繁有倫脊，在美能割置。獨成一家規，妙取寸心契。爾後八代遥，纂言亦相次。精嚴縱遜古，出入并如志。挽近文彌衰，選事亦滋弊。高官枉凌壓，盛名見牽綴。汗青須有資，嫌怨亦頗避。事類入市賈，情同出彊贄。雅道遂榛蕪，識者一嘆愾。鄧君文章老，才力本雄邃。激昂討風騷，薈萃存篋笥。鐘鐸賞奇音，淄澠別真味。清明大冢宰，刻核老獄吏。獨柄無旁撓，擺落名與位。高眠文選樓，樂飢以卒歲。抗手對蕭君，雅道庶無愧。嗚呼三十年，詞客如羹沸。賴君刈蕭蒿，杜蘭吐香氣。候蟲各鳴時，變風聖不廢。輶軒或采陳，燭龍照荒裔。

贈程穆倩

蕭條戎馬餘，文武道同盡。峨峨天人居，劫灰蕩無燼。劍鋒剥琬琰，甲札裹金粉。毫毛落人間，光怪鬱不泯。博物推斯人，考古得精蘊。身是永嘉遺，故物生嗟愍。懸購傾高資，積稊漸成囷。虎頭通靈畫，褉帖不損本。秦權制離奇，漢釜狀窘蠢。癖嗜同昌陽，捷攫過鷹隼。富向公侯詫，顛遭妻孥哂。得意書八分，妙接中郎軫。篆刻窮神奇，變化入無朕。食氣遂古前，自然脱凡近。駒隙無留光，浮華等朝菌。毫翰有至性，窮達莫能損。但令吾道尊，孰問龍與蚓？

同惠元龍集顧懿樸齋

訪舊之西山，山深故人遠。十里落梅風，吹我布帆轉。行行金閶城，良覿忽然展。與子別清淮，三秋桂華晚。身隨紫塞雲，遠度羊腸阪。何幸對家山，促膝申悃款。更有同懷人，意氣篤嵇阮。入林如有待，以余能白眼。高齋延群英，清夜飛急盞。道故與叙新，歡餘感不淺。丈夫六合中，落落晨星散。一氣膠結之，風雲與舒卷。願以青松枝，映兹白玉碗。明明久要心，千秋庶能踐。

渡沂

客苦何時畢，衝寒復渡沂。流澌遥駭馬，霜氣忽纏衣。暮節風物緊，早行徒侣稀。昔賢饒逸興，春日詠而歸。

擊柝

不曉深冬夜，無眠獨客情。暗窗通雪色，枯樹助風聲。覆足裘時引，温顔酒暫傾。如聞山路險，擊柝戒宵行。

山行

病樹黄霜後，殘山黑燒餘。雲寒時著面，石險每當車。歲序行將改，吾生信所如。王通不用世，猶草太平書。

蒙山

東蒙山色静逶迤，馬上迎看面面奇。日出紫烟朝北斗，雪晴寒翠浴靈芝。嵌崖苔茗叢叢結，覆洞簾泉冉冉垂。閲遍紅塵來去客，羽衣扶杖立多時。

徂徠

徂徠秀欲掩云亭，巧與天門設畫屏。不削峰顔皆瘦拔，非烟壁色自空青。仙翁避世聊耽酒，處士逃名且授經。客夢何緣落塵土，竹溪無恙月清泠。

岱岳

叠壑摩空積翠蟠，連岡到海夕陰寬。尊臨南面開丹扆，秀壓東垂聳玉冠。松磴曲盤雲氣出，簾屏高挂瀑泉寒。真形面面圖難似，合共仙人倒影看。

少小每尋應劭記，平生苦愛李斯碑。行經嶽麓窮攀踐，坐對天門悵夢思。玉檢百函吾異代，蒼烟九點客何之？未須日觀中宵立，愁見人間出日遲。

宴集李湘北太史齋作四首

丹壑無凡草，鄧林無凡材。雲夢不大獵，神鷹孰爲來？薊門十二月，疾風卷枯荄。雪壓袁生廬，停午門不開。豈無金張第，彈弦酌金罍？坐客非吾曹，驅驢行却回。李公歲星客，大隱依蘭臺。相士得其真，結歡忘形骸。飛書及蓬褐，一尊共徘徊。

徘徊阿閣中，風物自清美。堆床無別物，萬軸圖與史。聞與天下士，十年共讀此。所以張茂先，博綜世無比。我欲賦三都，褊陋方自恥。秘書乃在兹，窺讀難已已。會傾鼴鼠腹，一汲滄溟水。

應劉客曹氏，齷齪氣不揚。元規嘯南樓，索莫無文章。何如管公明，三升膽堅剛。廣坐談天人，子春相頡頏。知音曠代稀，嘉會故不常。今夕復何夕，共登君子堂。不以垂魚貴，而容脱帽狂。豁達露肝膽，四坐慨以慷。興言各成文，促膝傾羽觴。明明金臺月，此歡亮難忘。

巢湖浩泱漭，吞吐三江潮。盤礴生人文，虎卧而龍跳。頃失尚書公，謂龔端毅。布衣慘不驕。大雅會有屬，珠盤君所操。交乃道素合，文因興會超。落筆掃烟霞，天半横斗杓。流傳康樂咏，西山并嵒嶢。續游須蠟屐，及此雪未消。賦詩刻巖屏，千載追風標。

酬鄭文起

鄭子抱素質，性乃耽風雅。何處記相逢，夜雨滴蘭若。笻公今支遁，風調最瀟灑。君非拔俗人，那得到蓮社？以此時念君，清夢松林下。紛紜長安陌，黄塵没車輠。何期簦笠間，復值同懷者。顧我道力微，憐君俗情寡。攬衣話桑麻，翛然在田野。積雪霽城樓，長天净如寫。回首懷東林，折麻坐盈把。

送朱人遠南歸

雪壓盧溝橋，冰澌白溝渡。手攀枯楊枝，驅馬送君去。君來幾日席未安，歸夢忽挂江南山。并刀剪却亂絲緒，丈夫不作兒女顔。南屏峰高見東海，萬松陰中草堂在。讀書須讀經世書，莫漫雕蟲事文采。黄鶴飛疾駕鵝遲，路長羽短不能追。臨行贈我雙玉玦，何以報之錦障泥？

送顧季貞南還二首

四海論心得幾人，可堪衮衮在征塵。金莖不解相如渴，珠履先愁趙壹貧。出谷幽蘭香未沫，窺籠獨鶴性難馴。看花漫道長安好，雪角霜笳過一春。

未荒三徑復何求，如此羊腸歸去休。世事豈宜開口論，名山只合卧時游。纔爲國色知難嫁，信是隋珠肯浪投。北固鱸魚春正美，憑君相待共垂鈎。

送程然明歸里

知君才藻匹應徐，作賦名高入洛初。倒屣便爲東閣客，焚膏真寫北堂書。太行雲色悲游子，錦里風花憶故廬。漫道五侯鯖味好，淞江還有細鱗魚。

送人之官雁平二首

鳳池起草漫含香，武庫才名敢頡頏。銅鼓舊收滇海闊，虎符新擁雁山長。北門天遠垂魚鑰，大漠秋高進驌驦。種柳課屯無一事，籌邊樓上月如霜。

雁門關壓太行陘，上將防秋舊宿兵。文吏重煩分閫護，使君今見擁旄行。黄榆天闊無烽火，白雁風高有柝聲。此去屯田須上奏，爲圖身已到金城。

送人之官寧夏

中朝才望數黄瓊，擁傳新看紫塞行。掌計已曾修六典，籌邊還見築三城。護屯騎士懸雕射，保塞諸羌抱犢耕。鎖鑰玉門功不細，何須望闕遠含情！

清明同張南溟給諫游京城西作二首

一春風雪快新晴，并馬聊爲出郭行。草色漸于沙際動，烟光裁共柳梢平。愁邊白雁來關塞，醉裏黄壚憶弟兄。記得江南踏青處，漫天飛絮是清明。

松根苔面坐頻移，小隔紅塵覺日遲。修禊心情游客減，分番花信老僧知。虚檐塔倒玲瓏影，蔓草碑殘絶妙辭。莫以幽尋滯歸棹，清江三月有蒓絲。

憺園詩二首

亭臺布置總天然，簾幌虚明翠色延。波底塔鈴風自語，花間石丈露無眠。流觴客據梅根地，設鍜人移柳外船。最是北樓詩思好，晚山如洗夕陽邊。

輞川金谷勝如何，未抵天倫樂事多。竹簟好携長枕入，松門不礙板輿過。極天關塞傳刀斗，幾處滄江穩釣簑。一濟蒼生歸作達，白雲長爲鎖巖阿。

贈吴志老　吴名任臣，其字同先曾祖諱。

讀書既良難，著書更不易。悲哉百年來，儒術墜於地。游談競空疏，辭華逐靡麗。秋漲無淵源，朝華失根蒂。矯矯吴先生，好古得真味。書淫自性成，傳癖世無二。殘編洗槖求，蠹簡脱衣質。手抄幾千卷，一一能默識。績學貫天人，著書富凡例。窮經三禮通，補史十國志。山經廣郭生，書故精戴氏。謂是宏覽才，雄辨當絶世。對之貌温温，躁夫生静氣。自惟蒙陋姿，亦懷博綜志。浮浪耗精神，蹉跎過時歲。及此當還轅，對君發深愾。將休下澤車，重問雲亭字。

贈毛馳黄

毛君工著書，昔讀其詩辨，剖析詞家流，妙義如抽繭。裁鑒既精工，標目復清簡。雕龍有嗣美，卮言不獨善。十載慕其人，兹來涉庭蘚。始知養疴餘，户足不出限。神姿自朗徹，蕭然見嵇阮。微言輒破的，論舊情不淺。惠我一編書，字字皆禁臠。赤城霞忽横，芙蓉露初泫。才華絶代無，况復工結撰！誰云病妨學，藉兹塵慮遣。閉影可滅喧，念衰堪策懶。激蕩千古業，一席存藝苑。鄙性頗静便，雅志在書卷。慚爲大瓠浮，亦逐勞薪轉。叩鐘未發莛，飲河不滿鼴。中章告將別，來期庶能踐。

贈萬允宗

君家世勳衛，奕葉乘戎軒。君考起科第，于世爲通人。君兄遭世難，種瓜在青門。爰有八昆弟，一一皆璵璠。君特邃經術，傳流口紛綸。百家較同異，千聖探淵源。隱居不干禄，容貌春風温。季弟季野精史學，近代尤多聞。洪永迄末造，典章暨人文。細大能默識，有觸如傾盆。此學足名世，海内無其倫。從子貞一亦殊才，膽氣雄九軍。誦其古文辭，踔若天馬奔。三君吾所識，餘者不暇論。傳爵三百年，獨子無旁孫。爵絶乃蕃衍，乘除理相因。吾觀黄河流，如絲轉昆侖。入塞乃雄放，鬱爲百瀆尊。清門世德厚，萃美在諸君。文學乃亢宗，丹券安足珍？君看徐常後，閩没同烟雲。

贈吴慶百

詩源自風騷，瀰漫爲辭賦。束以五七言，森然有矩度。其體本宏闊，經緯靡不具。如營建章宫，千門復萬户。如觀大海潮，百川相吞吐。沈宋李杜儔，并取才力富。長慶暨西昆，未失邯鄲步。憫彼纖小才，寒瘦墮苦趣。復有劣鈍姿，餖飣强羅聚。嬰兒思扛鼎，臏絶終僵仆。君本貴公子，讀書窮四部。摇筆爲詩歌，精思浩奔赴。長律或千言，窄韻乃百句。濯錦無弱色，鶱鵬有餘怒。氣力既雄强，結構亦完固。大雅得斯人，中天標一柱。作者有李君，謂天生。崛起雄關輔。何由來南中，旗鼓與君遇。二龍翺長天，唾沫成烟霧。

贈汪晋賢

風騷闢詞門，奇正迭萬變。有唐稱大成，百代更結撰。沿流而溯源，了了皆可見。門户無軒輊，體裁有真贗。群材各呈巧，班倕不獨擅。曲士苦謏聞，師心爲貴賤。嘗鼎飽一臠，不睹大官膳。闚天用寸管，焉知列星爛。君才信英絶，南金與東箭。蔚矣鬱龍章，高文一何絢。考古探驪珠，不爲魚目眩。三唐諸作者，論次亦略徧。江船得相風，積陰見朝晛。僞體庶别裁，雅志殊未倦。咀華晨蜂渴，獵古秋鷹健。鄙人抱微尚，罣一慚漏萬。上下三千年，搜討須貫串。譬構凌雲臺，一指難獨辦。希君扶摇力，吹我枋榆鷃。蟹簖望漁槎，菱湖接桃洑。余叟懸一榻，周君分半硯。鉛槧時莫疏，年光若流電。

次韻答周青士

霜氣下高梧，秋雲飛海國。故人正長吟，蒼然韻金石。我亦浮輕舠，汗漫隨所歷。相逢一大笑，瘧鬼掃無迹。方信杜陵詩，功與桓虔敵。我夢懸巫閭，負笈思一出。君爲五嶽游，何峰可相值？候雁東南飛，五五復十十。元規正清嘯，本初肯橫揖。世豈無雄材，吾終作道客。菱湖望包山，日夕有佳色。還期共茅齋，一榻當穿膝。

玄陽洞

玉洞閟靈府，萬古丹泥封。搜剔自近代，乾坤豁壺中。想像衆山腹，一竇潛相通。朱明啓南牖，林屋開東窗。諒無靈威術，神怪疇能窮？禪房倚絶壁，俯視雲容容。湖天白無影，明濤蕩我胸。小洲如伏檻，遠嶼如張蓬。宛宛海度月，稍稍林受風。此中有奇趣，吾將問支公。支公不我答，瞑色來疏鐘。

登萬涵樓

巍樓俯重湖，一峰爲屏幛。倒影寫空明，朝昏殊萬狀。我來屬清秋，銜杯此極望。霜花綴遥林，飛帆拂晴浪。雲光海吞吐，島嶼天下上。落日明樵踪，歸風送漁唱。主人神仙翁，手扶九節杖。白髮對青山，百年兩無恙。全生學農圃，拔俗甘疏放。借問巖栖人，蠟屐須幾緉？

石公

平岡連綿來，一峰斗入水。蒼龍下飲湖，觺觺角秀起。遥觀既聳傑，近睇仍怪偉。一罅劃中開，群峭紛上指。梯空勢將墜，閣險力不倚。泠泠扣星魄，落落捫珠蕊。瘦無沙點粘，潤有波紋洗。霜骨六月寒，苔花千歲紫。世人賞佳石，石奇無過此。天然列仙玩，削成瑶池裹。區區寶一拳，鄙哉牛與李！

石脚插波心，東西水衝擊。今辰正西風，浪花大如席。萬頃奔騰來，觸此崖腹窄。拗怒不得騁，咆哮相鬥格。飛珠濺青林，迸雪灑丹壁。砰訇走雷聲，于焉壯心魄。行行山之東，無風湖一碧。但見如齒石，齧水痕歷歷。齟齬豁千尋，游波時蕩激。鏜嗒復噌吰，坐聽忘日夕。即境欣屢移，緣情訝驟易。足明百年内，萬事皆鴻迹。題詩志歲時，庶用奬來屐。

林屋

仙人移家東海東，别開紫府銀濤中。玄都日月自清閟，微徑偶與人間通。包山山椒作門户，衛以神龍與喑虎。削成一山如屋形，金爲庭兮玉爲柱。漏天一綫豁亭午，六時鏗訇響鉦鼓。瓊漿亂迸千條乳，乳間倒挂白毫鼠。龍威之事不足驚，尼山大聖通仙靈。一從寶符落人手，丹泥一丸閉來久。石門古篆題「隔凡」，水底風湍頭上走。洞邊石狀亦奇絶，青於空青白於雪。太古冰霜凍露成，彈釐圓匀斧皴裂。層層刻削肖飛走，面面玲瓏藏竅穴。徑寸天泉酌不枯，十圍雷樹焚仍活。是爲左神幽虚之洞天，璇宫貝闕羅群仙。攀珠樹以嬉戲，枕玉床而酣眠。一夢一覺三千年，似苦上界趚起之仙班，投閑就散於其間。吾將携甪生呼綺季，從爾洞中長避世。莫學童初與易遷，紛紜更有仙曹事。

登龍山望太湖 用謝康樂江中孤嶼韻。

龍山如龍蟠，晴景宜晚眺。積水浴衆青，空天壓群峭。緒風豁浮埃，新陽斂餘曜。遠挹歸帆馳，側聽羈禽嘯。迹以玄覽超，理取拔塵妙。不追雲鵬游，孰免醢鷄誚？慚無獨繭綸，虚慕六鰲釣。浮家如可栖，玄真庶同調。

寄題看奕軒

吴興太守抽簪早，作意浮家雲水鄉。一榻雄情傲湖海，半簾清夢落瀟湘。輸來博箭仙人拙，爛得樵柯白日長。局外無如緘默好，何人風度似徐郎。徐羡之棋品第一，觀戲常若不解。

雲間陸介庵寫照作僧裝旁列十好女戲題四絶句

紅攢翠簇一枯僧，怪事天公笑未曾。可是阿難堅定力，故將禪榻近摩登。

燕燕鶯鶯莫放顛，舞衣歌扇總前緣。何須閉眼添公案，枯木寒灰不是禪。

百日真真唤小名，仙娥取次踏花行。何年却上生綃去，添箇檀奴別有情。

花竹參差佛院深，休將色相惱禪心。阿師方便能游戲，高坐先吞一合針。時陸寓北禪寺。

姜貞毅挽詩

山海蓄靈氣，東陲盡萊陽。清門挺殊才，姜公乃鸞翔。性資特英果，百鍊昆吾剛。剖竹治大儀，錯節無停鋩。清班擢黄門，論事心膽張。英風灑梧竹，正氣流簪裳。天運厄陽九，國事如蜩螗。僉壬竊政柄，踞坐中書堂。玄黄戰朋黨，金錢擲封疆。盈廷盡喑啞，小臣慨以慷。赤手批龍鱗，殿上讀彈章。裂麻訶延齡，請劍擬安昌。天顔赫震怒，紫闥飛清霜。囊頭下詔獄，性命如絲颺。碧血裹朝衣，不死神扶將。恩深宣州戍，不遣投炎荒。坐見郿塢敗，朱絲縊倉黄。方當録微忠，九鼎俄淪亡。不得攀龍髯，無因追國殤。哀哉一老兵，雪涕天茫茫。賜環永無期，枕戈竟何望。寧甘貶竄死，聖明祝天王。何當遘國難，偷生還故鄉。一身爲萍蓬，真州復吴閶。䍧䍧三十年，一飯不暫忘。埋骨敬亭山，絶命何煌煌！亦知懷首丘，未得返屠羊。不忍死吾君，一心耿三光。維昔有孝子，父没於戎行。七十不婚冠，遺言毒肝腸。亦有古貞婦，裹髮栖空房。夫還手開帛，沐脱青絲長。悲哉此孤臣，奇節相頡頏！竟同華生恨，無復董姬裝。陵陽峰崚嶒，宛溪水旁唐。一坏在何所？露白梧楸凉。魂兮去何之？颯爽從君王。電馬激飈輪，彎弧帶干將。雲深過九疑，月黑游康郎。巫陽下相呼，騎箕以徜徉。

贈孫豹人

世間萬事各有初，文人作客始何代？玳簪珠履不足言，魯連先生最雄邁。梁園詞賦相如工，臨邛車騎何雍容！琴心一挑得孤鳳，犢鼻再著分千僮。淮南八公亦游戲，子雲筆札近名利。禰衡才高世莫容，應劉齷齪少生氣。李杜文章動至尊，暮年漂泊諸侯門。泥塗未免斗水活，胸次直欲瀟湘吞。邇來黑風簸鼇極，横流滄海無安席。往往新亭灑涕人，江海飄零半頭白。渭北先生坐少微，海内人稱大布衣。平陵黄犢事已非，遼東皂帽何當歸？時時酹酒梅花冢，七貴三公一蠛蠓。賦就江南庾信哀，愁來筆勢如潮涌。也復製鈴通故人，籬邊送酒榴花新。玉山頹唐舞鸜鴿，百年龍性終難馴。我亦猪肝閔仲叔，相逢潦倒梁溪曲。土牛罄折私自憐，耳熱長歌暫當哭。太白秋高血戰腥，防身一劍是青萍。直須衣白隨天子，方稱人間作客星。

次韻贈蘇昆生

作客無休時，荏苒换裘葛。放眼快江山，何妨飽粗糲。畸人間搜訪，墜聞必徵核。胸具區漲，觸事一發泄。蕭寺逢蘇君，貌古風儀拙。曾客寧南幕，上將爲謦折。變徵飛一聲，四坐冠衝髮。寧南亦奇才，撫士恩次骨。遺恨瑪瑙山，結氣九江卒。貔貅散如雲，鍾山不可謁。身隕兒北降，國事悲蚌鷸。君如縱壑魚，浩蕩謝羈紲。殘生老湖海，雪涕感存没。風日東南佳，行歌天地闊。不忍夢襄樊，廢壘墮凉月。頭白一何戡，是處争投轄。夢華有遺編，未抵三寸舌。我如揚子雲，問事懷槠墨。科頭或過存，劇談每移日。他年纂異聞，用補史官闕。

贈陳撝謙

北風驅馬馬戴角，紇干山頭飛凍雀。世間萬事何所無，華表歸來一雙鶴。君家門第本連天，廿年放逐盧龍邊。賜環無期玉門閉，孤兒咽泪酸風前。何意春光動遼海，百口重還白頭在。城南種桑餘幾株，賜書零落朱扉改。君本昂藏一丈夫，虎頭鶡鼻蒼眉須。一飲一斗醉不得，起舞如意揮玉壺。詩篇磊落有奇骨，天馬騰驤影滅没。赭山潮汐龍山雲，洗蕩胸中不平物。流人因憶吴季子，更隔和龍二千里。飄然皂帽歸何年，逐君車輪夢魂裏。狼河鴨水闊無津，多少看羊秃節人。冰天我亦遥揮泪，一聽清笳一愴神。

贈何伯輝

何善治目，能開瞽。

人生天地間，眇爾七尺形。雙瞳運其樞，萬象無遁情。縱横貫今古，瑣細羅昭冥。所以古人言，瞻矚關神明。六淫外沈浸，七情内煎烹。乃有病集目，不見日與星。左丘遂發憤，西河且吞聲。賢智莫能脱，委之於天刑。仙傳失金鎞，靈藥無空青。誰能挽頹陽，再遣中天行。東海有佳兒，玉質秀蘭英。目眚忽兩月，金鏡埋光晶。衆醫坐束手，保乳啼嚶嚶。何君蒼然來，風髯拂長纓。微笑云無傷，伐病必根萌。拭我仙露珠，還君秋潭清。一夕兒暗坐，忽然電光生。豁眼無纖埃，物物堪指名。開朗刻時日，妙術真通靈。吾觀玄黄剖，懸象多虧盈。蟾蜍掩日耀，闇虚奪月精。經緯相凌薄，彗孛流紫庭。百刻晝居半，九陰逢一晴。燭龍辔緩緩，不爲寒門停。悲哉一任永，張眼呼青盲。賴有吴子顔，發矇迅風霆。可憐建炎后，信誓慚青城。國工失韓岳，老泪一目零。羈人正愁病，懷古心怦怦。見君增百感，聯床話深更。涉筆成長謡，冀與知者聽。

題孫赤霞像四首

入洛才華小陸雄，何期鎩翮去關東。天憐紫塞無人物，故遣名賢作寓公。

丁令何須化鶴回，明駝催送過關來。洛陽年少重相見，一似昆明話劫灰。

木葉山頭戰壘空，大凌河畔馬嘶風。清笳短笛無邊泪，總入江郎恨賦中。

誰將墨妙寫霜髭，雛鳳渾如老鳳奇。還鄉蘇子多情甚，通國偏憐塞外兒。

贈錢飲光二首

零落甘陵舊黨人，相逢湖海鬢如銀。刊章早作無家客，握節仍留後死身。鷄次典懷亡郢日，興元令草在梁辰。蟲沙猿鶴無窮化，説向銅仙亦愴神。

蹀血生還萬里天，土床樹屋尚依然。篓餘易象研朱細，踏遍雲山著屐便。久矣泥塗書亥字，凄其衰白感丁年。誰憐靈武麻鞋叟，老向空山拜杜鵑。

爲汪蛟門題夢硯圖

舍人工文章，奇思發幽夢。夢游阿閣中，緑雲鬱浮動。佳硯縱横陳，鬼斧所磨礱。寶發天地藏，清爲神仙供。晶熒于闐産，魄磊端溪貢。龍尾蟠巖坑，鸜眼迸崖縫。風魚形模奇，甲乙品題衆。瓦從鄴宫陶，玉向藍田種。蟾蜍自祖孫，鼉磯争伯仲。觸手膩柔肌，照眼爛銀甕。小可題詩携，大宜草檄用。一片買須貧，數枚老堪送。攬取無傷廉，十二足摩弄。連城聲價隆，累棊魂魄恐。沾灑墨華翻，提持袍袖重。寵逾司空錫，榮勝妃子奉。富欲詫老米，豪思矜小宋。欣玩方未休，朝光射檐棟。覺來何所有，破匣黄塵封。追尋遂成圖，嘆慕聊著頌。吾觀夢覺理，因想紛錯綜。渴人夢得漿，飢者夢得饔。沄沄長安客，都爲利名中。或夢牙笏堆，或夢幢蓋擁。一年九遷官，三月兩增俸。夢熱貴爲徵，夢穢財不空。君何獨乖時，夢此助吟諷。就令寶羅列，不救飢與凍。文通筆生花，孝穆肩集鳳。慧業既已深，造物詎肯縱？我亦客薊門，無夢落塵鞚。行必天姥岑，憩或朱明洞。鐵笛方一聲，天鷄忽三哢。

重禊閣二首

紅樓新築俯清溪，桂葉松梢拂檻齊。平野緑垂鈴塔下，好山青插女墻西。花深高士全家卧，雪重來人一棹迷。不盡琴聲與鸝韻，令君懶聽早朝鷄。

冠山亭子勢嶙峋，天與佳名閏節新。林水長如修禊日，琴尊還集過江人。行褰薜荔尋題壁，望極蘼蕪見踏春。蠟屐謝公情不淺，可容丘壑寄閑身。

贈汪季青四首

天障三珠樹，詞場譽早傳。白眉看後勁，赭汗復先鞭。思入池塘好，才量斗石偏。不因文賦出，誰信士衡年。季青年甫二十。

別業故鄣城，溪山入眼明。春烹岕葉嫩，寒釀箬流清。客少門常掩，花多地不耕。焚香虚室坐，何物是榮名。

君有編詩約，吾無論世長。丹鉛聊次第，銖兩漫稱量。僻集懸金購，微言刻燭商。淄澠愁易雜，真味與誰嘗。時方采葺明詩。

舊覓胎仙訣，新翻貝葉函。尋真過雪澗，訪衲宿雲龕。塵土浮名薄，流年學道堪。只愁餘習在，佳句法仍眈。

曹秋嶽先生招飲倦圃作四首

三年重到輞川莊，老桂添陰竹過墻。蠹簡不嫌裝薏苡，先生自閩歸，惟載書千卷。琱戈曾擬撥欃槍。倦翁撰述栖林富，少伯聲名去國長。鑿徙山移同昔夢，鐵舟容易此深藏。倦圃，本岳珂舊宅，傍有范蠡湖。圃中書屋名鐵舟。

追凉水榭亂芙蓉，稍喜陽烏甄晚峰。寡婦誅求哀萬國，老臣夙夜閔三農。時方亢旱，先生步禱甚虔。昇平可得銷金甲，霖雨何當仰土龍。潦室憂時緘口坐，相將衣白話從容。

促席深杯待月明，鯨魚掣海興縱横。鴻蒙天地留文獻，遼落江山見老成。虚有蒲輪來草土，也同樵子避弓旌。先生守制不赴召，余亦以病辭薦舉。五株楊柳千株橘，安穩菟裘足此生。

巴人俚曲舊曾操，濫竊龍門品價高。南北兩生慚對李，先生謬以未詩，可當關中李天生，有「北李南潘」之目。古今一石敢分曹。窮餘詩筆酬知己，病把流年送濁醪。未厭荷衣陪岸幘，鴛湖笠水一輕舠。

遂初堂詩集　卷三

夢游草　起戊午夏，盡庚申冬

寫懷十首

緯蕭抱甕一閑身，忽報徵書訪隱淪。客到定知傳語誤，牒來方訝姓名真。雕籠豈得呼高鳥，芳餌何當近逸鱗？閉户莞然成獨笑，南山翠色正嶙峋。

土木形骸卧竹根，一生無夢到金門。梁鴻早歲耽栖遯，何點中年薄宦婚。櫟以不材留作社，瓠因無用取當樽。少微那得關星象，錯比柴桑處士村。

攻文未敢薄雕蟲，精鋭銷亡舊學空。詎有七篇傳鄴下，誰能三篋補河東？悲歌總挾清商氣，掘筆都無典麗風。枚馬揆天才不少，因何搜采到巖中？

攢攻百病藥無靈，憂患生年實飽經。簸蕩心如懸碓杵，朣朧眼似抹雲星。魂傷廢壠哀風樹，泪滴秋原痛鶺鴒。如此人身堪出否，誰云惜嫁爲娉婷。

多謝雲霄鵷鷺行，聯翩推轂有封章。只言牛鐸堪諧律，詎料鉛刀已挫鋩？元子曾聞薦譙秀，巨源終不强嵇康。此情可待披襟説，欲寄蒲箋鳥路長。

昔賢心迹太分明，蹈海焚山事可驚。桑樹挂書人不見，羊裘把釣水長清。吾生豈得孤行意，隱去何當復啖名？只合從容求放免，林泉深處好偷生。

凌兢病骨强扶持，懷牒陳情控所司。屢典春衫干從事，頻伸紙尾署鄰毉。長官省識支離態，幕府哀憐痛切辭。早晚烏私蒙特達，巢林從此得安枝。

事關胸臆絶沉吟，誰似山家逸趣深。綿上母偏愁捧檄，鹿門妻不羡懷金。沉冥早得閑居樂，恬淡彌堅學道心。留此鬚眉對松柏，風霜歲晚共千尋。

萬事都緣不耐飢，賣文作活計全非。定僧豈合持齋鉢，處女何當辦嫁衣。橘彈千林霜帶屋，魚苗十斛水平磯。逍遥雲路餐風好，莫逐光音拾地肥。

爛溪斜引霅溪流，一派香風菡萏秋。早韭晚菘園客舍，緑簑青笠水仙舟。識時何物稱龍鳳，混俗從人唤馬牛。遮斷白雲三十里，莫教空谷有鳴騶。

後寫懷十首

穩卧東皋分息機，吏人何事款柴扉。不蒙漢詔停癃病，重遣虞旌訪側微。斷木在溝終見采，冥鴻有翼可能飛。尋常只是無聞好，纔到藏名願已違。

詄蕩天門束帛徵，有司敦迫苦頻仍。惟看墨牒催千紙，却少柴車送一乘。扣閽上書愁見抵，牽裾雨泪肯相矜。從容進退前人事，嘆息吾儕便不能。

天地爲籠綱四維，飇輪風馬逝安之。犧將斷尾嗟何及，路到臨岐最可悲。實愧田疇稱節士，方知梅福是男兒。鷓鴣啼徹南樓夜，卧聽禽言有所思。

衮衮鋒車上北辰，樵夫亦遣逐清塵。爲言騰達飛黄地，可用嶔崎歷落人。奪我竹林呼小草，與他灰洞作勞薪。辭家正是思家候，滿地秋風動紫蒓。

芒鞋昔别薊門秋，誓作農師守故丘。正爾高歌紫芝曲，無端重著黑貂裘。神仙海上留雙舄，宰相山中畫兩牛。一往孤懷今得否，茫茫此日始言愁。

干戈未定羽書催，驛路頻聽畫角哀。剺面風沙晨獵獵，膠輪冰雪晝皚皚。還思疏廣投簪去，豈意嚴遵出肆來。未了三生塵土夢，蹇驢重踏灞橋回。

版築奇才得見無，漫誇文采握靈珠。不淹丘索難名博，未貫天人詎作儒？側想異同讎虎觀，預愁詞賦擬鴻都。蒼生前席如勞問，可有監門出繪圖。

茵溷參差總落紅，忍於此内論窮通。懸知徑笑終南捷，畢竟人愁矍相空。往日觀爻明損益，近時解老悟雌雄。心清不作槐根夢，白晝僵眠雪片中。

誰教出處兩無成，飄蕩身如一葉輕。高價但聞嗤李渤，虚聲誰肯恕樊英。玉居璞内方爲寶，泉出山來定減清。良醞三升寧足戀，白雲一片不勝情。

松鎖書堂竹護關，暫隨飛鞚到人間。乘春海燕聊辭社，出岫孤雲只戀山。元直會騎蒼鹿去，廉夫須乞白衣還。封書寄向漁樵侶，玉柱金庭好共攀。

贈王阮亭侍讀

往歲來京華，我年始弱冠。君家吏部公，西樵。一見謬稱嘆。謂我工五言，燦若金出鍛。君從淮浦還，同聲復相贊。咨嗟游山作，屏脚供把玩。退谷花茸茸，并門雪漫漫。題詩遠見懷，珍重逾綉段。芒鞋歸東吴，五雲消息斷。驚聞吏部亡，痛哭楓江岸。微名載編年，雪涕不能看。阮亭作西樵編年行狀，載余受知一節。鄙性慕幽栖，况復更多難。支離善病軀，甘老漁樵伴。徵書謬見加，野馬愁羈絆。重來客春明，風景頗回换。舊游十數公，屈指都星散。惟公在金門，巍然秉月旦。從游盛如雲，造請慚疏慢。雅量垂矜憐，酌酒每相唤。怪我雙瞳人，巖電殊昔爛。傷哉人琴痛，雨泪如傾漢。眼枯見狂花，作字如丸彈。公名懸日星，有集高等案。大雅闢榛蕪，燭龍正璀璨。我學陋測蠡，經史詎鈎貫？方輿規成圖，曆數希握算。銀海一朦朧，萬事如絲亂。無成愧知己，念之輒流汗。紅塵漲交衢，馳鶩非所慣。澤雉會開籠，青冥饒羽翰。歸與棹扁舟，及此春冰泮。腰鎌采朮苓，閉關玩爻彖。相思折瑶華，高高上日觀。

壽馮益都相公

大厦羅群材，締構資一匠。濟濟國多賢，采納惟元相。相業豈在多，有容德靡尚。吐握美姬公，廣集稱葛亮。晶瑩日光輝，廓落天度量。勞謙義久微，雲霄隔塵坱。車厩改平津，翹材没無象。巍巍益都公，業冠韋平上。虚己特含弘，居高彌退讓。集壤山穹窿，吞流海漭瀁。門墻半槐棘，嶷立孫曾行。猶然下白屋，折節到窮巷。寸長必存録，片善靡遺忘。聆音辨焦桐，望氣披干將。客恕吐茵狂，禮容長揖抗。士氣始一伸，短褐還神王。由來轉鴻鈞，耳目須昭曠。况當撻伐秋，宵衣煩甲帳。三邊方用師，萬里猶轉餉。迢遥黄腄粟，歷落雲臺仗。苑馬渴青芻，河堤走高浪。杼軸困大東，緡錢輸左藏。廟算須從容，前籌貴精當。古稱將相門，英俊宜蓄養。草澤多奇才，覂駕或倜儻。一一蒙延攬，時時垂咨訪。豈伊掇華采，庶用資拜颺。鄙生伏窮巖，行歌聊拾橡。窺豹無一班，蠟屐有幾緉。把釣且栖遲，鑿坏敢驕亢。竭來逐徵車，天門開蕩蕩。禮數絶蓬茅，未敢通名狀。咨詢猥見及，未抵京，辱公先賜顧。一物采無長。虚聲愧魏野，雅志慚种放。歸夢落鑑湖，客心懸雁宕。敢慕錐處囊，所希馬脱鞅。台階炳中天，龍門峻千丈。黄髮何番番，元老猷方壯。勳看勒鼎鐘，寵必錫圭鬯。深宫拜丹書，大廷扶玉杖。何用祝岡陵，無勞餐瀣沆。留鄴自爲倫，蓬瀛遥在望。

雪後同李天生諸子集王阮亭侍讀齋限韻五首

春風吹鹿裘，尚作京華客。南窗一夜雪，離懷與之積。不有平原酒，將何解愁寂。

春江把瑶草，懷人渺無處。悠悠出岫雲，天邊忽相遇。秦吴杳萬里，及此披情素。

横門不容車，天路何廣廣。緬懷漁洋山，挂瓢發遐想。山鷳好羽毛，何年墮塵網。

高樹落凍雪，颯颯聞空庭。滅燭談琴書，夜景有餘清。對此金門客，彌深滄海情。

朝來東林望，歷歷城頭山。春泥没衢路，群動無時閒。想見郎官字，風流石壁間。

送宋牧仲権贛關三首

章貢落天流，孤城號虎頭。雄關臨楚越，仙窟近羅浮。蘭葉多於草，蕉花嫩過秋。從來吏隱地，紫氣辨青牛。

相國生才子，天中一鳳毛。人如對瓊樹，筆似捲秋濤。舊擬蘇團練，新推謝法曹。江行添好句，紅葉滿林皋。

按部無餘事，江山到眼明。放衙看竹色，支枕聽灘聲。兵後商軺集，榕邊峒户迎。惟應石門水，相并使君清。

御試省耕詩

帝力存于耜，皇心切勸農。紺幰臨御籍，蒼璧禮天宗。布穀初催鳥，靈星早見龍。土膏蒸活活，泉脉暖溶溶。蔗蓑紆阡陌，桑田軫九重。時巡多暇豫，法駕每從容。帳殿斜縈柳，旌門迴駐松。山橋花掩冉，水郭草豐茸。饁餉天衣把，扶犁翠輦逢。神皋元陸海，沃野總提封。力藉人千耦，收堪畝一鍾。火耕隨地足，雪澤及春濃。夏諺遥騰壠，豳歌晚和舂。屢豐占萬國，高廩佇三冬。嶺表方傳箭，湘西已撤烽。廟謨寬杼軸，國賦緩租庸。水利修畿輔，邊屯拓華雍。代田功録趙，買犢賞先龔。綈革師文儉，胼胝法禹恭。升平看有象，父老望喁喁。

監修徐立齋學士見示途中寄兩總裁暨諸同館詩用韻奉和四首

哲王鏡曩古，興衰究天人。近代尤密切，後車逐前塵。所以勝國史，汲汲垂討論。貞觀歸馬日，洪武櫜弓辰。應時詔編纂，册府輝千春。前明三百載，治忽何紛綸。今朝所儀鑒，典章况相因。迄兹無成書，文獻日以淪。我皇敷文教，制作超無倫。旁求訪幽仄，窮巖賁蒲輪。寵以載筆任，東觀開嶙峋。群工仰英匠，衆器資鴻鈞。總領既鉅儒，監督仍宗臣。千載一嘉會，光華燭天垠。逢時長才奮，吐氣直筆伸。振衣躡南董，高步追班陳。庶成不刊則，持以獻楓宸。

古史成專家，後史成衆賢。私門與官局，事勢使之然。程功有難易，辨體分媸妍。今兹非官書，何容獨流傳。多人辨一事，議論宜喧闐。短長異尺寸，燥濕殊徽弦。所賴秉成者，綜攬無頗偏。房魏總群史，歐宋裁新編。委任得條理，書與日月懸。鹿城及京江，三傑今差肩。妙極朝右選，同時柄史權。惟公起在籍，江路逾三千。瞻望經九秋，始見來旌旃。帝車長列曜，大海宗百川。濟濟同袍士，橐筆螭坳前。願言受節制，庶幾屬櫜鞬。

釀酒須良秫，築室必杞梓。捃摭無群書，云何得成史。實録既凋殘，玉牒亦淪委。野乘乏十流，家狀缺百氏。何況神光餘，簡策不能紀。黨論沸蜩螗，寇氛駭蜂蟻。臺城軍阻塹，崖山舟覆水。自非訪耆舊，誰能究終始。列傳有分合，表志具經緯。孤忠揭韓通，高節録黄綺。體製仿古爲，凡例以義起。斟酌憑鉅裁，末學仰成軌。謹嚴春秋法，雅馴史遷指。五難信爲累，三長誰兼美。弇州曾輟簡，虞山亦撫几。追惟廣陵散，惻愴不能已。

笠澤一漁人，綸竿守鷗鷺。索寞無弦琴，摧頹五石瓠。謬承紫泥書，翱翔即雲路。爰居對鼓鐘，矯翼懷愁懼。汗簡垂千秋，綴名竊所慕。且願效鉛刀，事了拂衣去。舉世誰相明，惟公表情素。早懸南州榻，夙奬鷦鷯賦。及兹托官聯，小草映高樹。猥荷昭曠懷，延訪屢傾注。弇陋復何知，英雋紛無數。崇臺構九層，摩天屹梁柱。眇矣一木榱，翬飛在所附。

送李天生還關中

太華削三峰，横空勢雄拔。百川赴洪河，渭水特清澈。泬寥金天氣，河山互盤鬱。寥寥隋唐後，關中少人物。千年得李君，英英萬夫傑。燦爛龍泉鋒，權奇渥洼骨。貫穿百氏書，經術尤洞達。磅礴爲文章，紫瀾溟漲闊。一諾千黄金，義分明霜雪。抵掌天下事，黑白在指末。高談浩懸河，日夜不可竭。出則景略流，處爲仲淹列。吾師顧亭林，名德今第一。停車華山陽，與君等膠漆。鄙生托末契，瑶草常遠掇。未果負笈期，函關夢超忽。中朝渴求才，搜訪到巖穴。鶴書并見徵，虚聲愧所竊。高堂有老親，温凊未宜缺。陳情各致辭，異地同一轍。終然遭敦迫，後先赴京闕。握手風雪中，欣喜復悲咽。游魚待泮冰，鼓鬣春江活。何期一上竿，掉尾不得脱。羡君膽堅剛，壯君氣勇決。灑涕尚書省，銀臺屢排突。十上十不收，究乃叩紫闥。上云母龍鍾，下云身單孑。金石開精誠，風雨助悲切。天高而聽卑，炯炯見識察。恩詔許還山，歸志竟莫奪。譬若獨流泉，到海經百折。又如養由矢，射甲必徹札。國士信無雙，於此見奇崛。我亦草疏章，懷之字磨滅。不能叫九閽，俯慚氣疲薾。屬有載筆事，朋儕相牽掣。史牒足墜聞，雅志願補綴。但愁緒如麻，是非中膠轕。南董邈難追，縻禄腸内熱。君今歸故山，婆娑奉黄髮。玉井蓮千瓣，菖蒲根九節。采采供晨餐，德養使親悦。吾師築書堂，仿佛近箭栝。雲臺紫陽祠，氣象甚弘豁。見君樂難支，管席諒不割。况有兩聘君，左提復右挈。振衣仙掌巔，萬事等蠓蠛。我須史書成，滄江鼓歸枻。興到西入關，嶽圖佩如玦。鐵鎖攀千尋，捫天弄明月。

石鼓歌

太學戟門十石鼓，三千年物能堅完。蛟龍拏雲狀窘蠢，星斗墮地形團圞。斫成礎石藉天廟，搗餘藥臼拋仙壇。字刻鼓腹可捫讀，白麻搨出文斑斕。柯條扶疏倒金薤，體勢夭矯騰鳳鸞。寶光古色不可觸，把玩十日忘眠餐。壇山磨崖刻癸巳，銅盤鎸墓封比干。模糊仿佛難識認，豈若此物無彫刓。憶昔棄捐在林莽，紫苔剥蝕清霜寒。碓磴搜尋枉博士，槖駝負致勞材官。姬嬴宇文辨時代，番吾史籀窮毫端。考證異同有歐鄭，咏嘆奇怪兼蘇韓。足成十數自皇祐，徙入辟雍由大觀。可憐金人能解事，氈裹萬里來戎鞍。橋門位置最妥帖，青衿之子相盤桓。如何三舍法壞盡，著籍萬數多綺紈。管弦無聲禮堂閉，幾人到此摩挲看。博雅知無古數子，使我佇立增哀嘆。作歌無才學盤硬，觸事感激秋風酸。

寄懷衛爾錫前輩 時謫官霸州。

弱冠游京華，荷君特推奬。折節爲弟昆，膠漆莫能兩。半榻爲我懸，圖書共欣賞。探幽炳明燭，汲古牽百丈。蟲魚結曲文，翻紐咿嗚響。鈎深互徵詰，送難迭來往。終焉春冰融，一笑豁疑網。荏苒涉二春，分携逐塵鞅。君亦請告歸，蠟屐辦幾緉。物望推清恬，士論歸倜儻。寧知忽左遷，一鳴斥立仗。怡然綰黄綬，簿書甘鞅掌。寵辱了不驚，於兹徵夙養。余本江海人，行歌甘拾橡。徵書謬見加，一官苦相强。鳳凰枳棘栖，爰居太牢饗。萬事不可期，問天何惘惘。史書纂前朝，東觀闢弘敞。結撰羅群工，錯節共凝想。如何老斫輪，掉臂旁偃仰。青藜黯無輝，芸編色凄愴。東風海上來，消息傳莽蒼。君節益嶙峋，君氣彌慨慷。斯人自千秋，浮沉愧吾黨。何當屈蠖伸，天門開詄蕩。君其千仞翔，吾甘五湖長。

和田綸霞移居詩

志和之艇堯夫車，雲山是處堪移家。邸舍縱好那稱意，有似禁籞縻麏麚。漪亭先生愛蕭寂，故遣僧院藏官衙。騎馬不到門巷僻，土垣曲折編籬斜。獨掃一室煮香茗，别開三徑移黄花。佳客欲來發清磬，旅夢乍穩聞啼鴉。攄懷閑作洛生咏，快意自操漁陽撾。且須拄地問鰲足，莫漫補天思女媧。

次惠元龍韻送宋叔邃歸溧陽

溧陽宋君我畏友，百鳥一鶚迥不凡。古道温温釀醇酎，勁骨落落排松杉。興來揮霍數千字，奇峰天半横巖嵌。三江波濤蕩胸際，七襄機絲抽指尖。倪寬雖然甘牧豕，麟士不合長織簾。去歲徵書下草澤，鋒車絡繹催征衫。君也揚鞭向紫闕，我亦躡屩辭窮檐。濟濟群才會輦下，沈詩任筆疇能兼？文人相輕自積習，重君秉德恒謙謙。與君邂逅便膠漆，推襟送抱無猜嫌。濠上清言共惠子，林中酣飲同阿咸。寧知珊瑚誤落網，衆舌一味殊酸鹹。誰能得失不措意，口嘲筆訕如霜嚴。君獨大笑此偶爾，世間萬事等竹籤。甲乙高卑本何定，豈必暮四譏朝三？翩然挂帆便歸去，家山舊宅讓與廉。封侯洴澼同一技，不龜手在無多談。籠鶴懷情放江海，囊雲快意趨林嵒。嗟余束縛就塵網，支離之軀肩左擔。隨流徒然嘆桃梗，對鏡轉自慚無鹽。送君歸歟悵不樂，盈尊別酒何當拈？洮湖水深春景蓄，三茅峰高紫氣覘。明年拂袖會相訪，徵車一具爲余添。

施愚山侍讀惠敬亭緑雪茶賦謝

丫山陽陂茶，厥品舊稱上。如何采摘稀，珍叢閉崖嶂。北源與洞山，稇載每兼輛。爛熳風格卑，未足差輩行。宛陵有茶星，歐蔡未多讓。敬亭秀檐端，先春每策杖。龜手摘銀絲，旗槍别名狀。火候如還丹，蒸焙謹酌量。霏霏蘭芬吹，靄靄玉色盎。名同仙掌錫，製比雲龍創。林卧餘十年，耽此遂微尚。兹來挂朝簪，壒壒苦塵坱。退食傾一甌，吟吻始津暢。憐我久病渴，封緘枉分餉。珍味類精鹽，遠物同蒟醬。官舍鄰僧寮，寒月墮衣桁。曾無子京樂，焉取黨姬況？且燒松根葉，蟹眼候微浪。因嘆漏卮人，土風未宜忘。

送邵子湘赴登州幕兼懷譚舟石太守

登州古嵎夷，東望日出鄉。樓臺倒海影，萬象涵朝光。之罘石刻裂，祖洲仙藥香。悠然見殊庭，夢想思褰裳。譚君領五馬，期我同望洋。苦遭一官縛，蠟屐不得將。邵子延陵秀，玉面虬鬚蒼。翩然赴緹幕，匹馬之萊陽。蓬萊閣嵯峨，田橫島微茫。天清海市闊，潮落鼉磯長。銜杯賦新詩，意氣何飛揚！子實工文詞，整練不可當。史局起凡例，倚子相榷商。一朝脱然去，使我心彷徨。譚君今通才，不獨吏治良。掌故多練習，圖書富收藏。足迹遍萬里，老眼經滄桑。梁書紀湘東，宋史系二王。紙墨所不載，非君疇能詳？願子共紬繹，編綴成一囊。因風寄史館，橐筆書輝煌。

題毛會侯戴笠垂竿圖三首

桐江清淺睦江虚，千尺松巖繫釣車。誰道直鈎難試手，一竿三十六鱸魚。

金臺美酒倒春缸，網得飛皃并一雙。不淺四明狂客興，可能乞與富陽江。

草服何當換短衣，松江無限鱖魚肥。烟波若放釣徒去，添箇樵青蕩槳歸。

送同年錢越江歸省

櫻桃初紅子移病，得請乃在榴花然。乞身此日殊不易，羡子志力能精堅。去年此日正官定，同人鵠立相差肩。一年之間足聚散，出宣武門相後先。如花墜茵復飄去，如月生魄不得圓。就中乞假爲親老，南吴北李丘與錢。齧指痛心有至性，仁孝可以迴蒼天。君歸一笑慰白髮，板輿坐對機山邊。扇枕却當清暑候，采蘭自咏南陔篇。蓬萊道山竟何處，得歸真作登瀛仙。嗟余有母正垂白，乞省未得塵緣牽。銜杯駐馬送君發，白雲一片心茫然。

送古燈上人還金明三首

西山蘭若翠層層，龍象誰堪嗣一燈。每到林泉幽絶處，龐眉憶著懶殘僧。

矮屋攤書架竹床，蕭條我亦似禪房。師來竟日支頤坐，彈到無弦韻轉長。

金明高閣俯城頭，無恙青梧影碧流。頭白文公强健在，好談灰劫寺門秋。

送宋稚登赴鞏昌郡幕

幾載棲遲紫塞間，驅車仍指鳳林關。班超肯作書生老，宗炳須游岳瀆還。堂上三春看雁字，閨中五夜夢刀環。知君無限迴腸在，却望家山上隴山。

題陶雲湖畫白雁

世間奇士無時無，姓名往往埋菰蘆。宋郭恕先元倪迂，高踪遥遥不可呼。誰其嗣者陶雲湖，雲湖射陽之釣徒。俊氣勃發生龍駒，千言揮霍風雨俱。目空萬古隘八區，雄談滔滔水決渠。早年席帽游京都，匏庵諸公正當途。延爲上客倒屣趨，生也岸幘翹髯鬚。有足不曳王門裾，十日九日眠當壚。一生愛花如愛書，天津人家花扶疏。丁香一片紅氍毹，策馬徑去忘歸歟。棘闈不入神恬愉，東游渡遼腰僕姑。題詩直上毉巫閭，歸來混迹隨狗屠。興酣潑墨爲蟲魚，十指拂拂英氣舒。片箋拾得千驪珠，喬君寶此白雁圖。意態淡遠情蕭疏，嗟爾肝鬲如冰壺。下筆自與凡人殊，斯人品格何清孤。逸民綴傳不可虛，史官載筆師董狐。發潛須到樵與漁，勿但高爵書遷除。

送臨清榷使

漕渠亘南北，清淵扼其喉。衛河從西來，挽運通神州。百貨走逵路，千帆拂城樓。峨峨蒼水使，揚旌居上游。算緡用六管，仰佐司農籌。促柱有急弦，奔駟無安輈。漁師畏竭澤，虞人憂反裘。誰能豁煩苛，不競亦不絿。使君金閨彦，文采珊瑚鉤。一朝秉英蕩，榷税清漳頭。冰壺映朗月，玉衡懸清秋。伫見寬繭絲，一紓行旅愁。嶽雲覆官樹，河聲連帝丘。褰帷得秀句，札翰遥相投。

送陸天濤之官郟縣

同賦長揚步玉除，憐君才藻逼應徐。珊瑚偶落千絲網，明月終輝十乘車。汝水淺縈驂篠内，嵩山静對撫琴初。開元古調傳于蔿，寫入新詩一起予。

送江辰六令益陽

江東獨秀有江郎，獻賦曾同上玉堂。一目未容羅翡翠，盤根先與試干將。山城兵後家家杵，水驛秋深樹樹霜。正爲疲民勞撫字，濯纓最好是清湘。

送吴鑄乾赴項城幕

吾里富人文，嚴溪推絶盛。延陵六七公，曩執騷壇柄。鸞鳳非一毛，篔篪遞相應。自頃廿年來，霜雹凋殘竟。蕪没揚雲冢，蕭條蔣詡徑。天涯見吾子，洵美麟之定。家風嗣弓裘，俗學羞飣餖。斐然富文辭，氣鋭標格正。嘶風駃騠疾，出匣龍泉瑩。以兹步先民，孰曰非後勁？旅食愁羈孤，應接傷本性。幸子栖托佳，便托後車乘。嵩高峙天中，黄河穿虢鄭。壯游發奇懷，兹行雅相稱。儻遇北來鴻，奇我思歸咏。

送田綸霞視學江南

長安九門開，車馬競馳騁。田君獨無營，高卧蓬門静。公餘坐垂簾，焚香對西嶺。漁獵萬卷空，雙眸電光炯。於人慎許可，篇翰每不省。當其所折服，寶若龍文鼎。我昔游京華，鹿裘蕭寺冷。荷君國士知，嘆若金在礦。招邀必移日，論文盡肯綮。悠然成風斤，不礙堊鼻郢。三春具歸航，餞别心耿耿。前年喜我來，相見一燭秉。謂子來何遲，懸榻久延頸。目盡百鳥凡，方知一鶚猛。感君拳拳意，出處慚飄梗。長縻謬見羈，鯈魚入筌箵。銜杯露真率，吮墨鬥新警。非君數相尋，羈懷誰當逞。天子念南藩，人文蔚奇挺。臨軒特召君，文柄予專領。君才故無雙，君性特方鯁。金鏡懸高秋，玉衡指東井。會見掃榛蕪，壁壘一新整。朋儕去江鮑，師表得嶠頲。物理有乘除，歡愁寸心并。送君上東門，目斷江路永。迂疏愧吾徒，開濟有公等。黄犢雨一村，白鷗波萬頃。便當脱朝衫，從君上烟艇。

送惠元龍

焉逢執徐年，與君始識面。訪君陽山陽，疏籬帶花片。十日醉濁醪，題詩掃匹絹。從此數招尋，烟巒足攀踐。籌松支硎巖，拍浮虎山堰。爲歡未云幾，踪迹愁蓬轉。我爲齊贅髡，羈栖客淮甸。逢君負笈來，班荆喜欲抃。書樓枕長淮，千里望如練。朝昏每相就，聯句書壁遍。子弦我作韋，我素子爲絢。情同魯衛鄰，藝作劉項戰。此樂人間無，爾我不得擅。一别遂十秋，流光急於箭。世路更干戈，人事多憂患。絶琴王子猷，熨冷荀奉倩。悲凉難具陳，欲述涕交泫。前冬來京華，快意賓筵見。各訝顔鬢殊，素心幸無變。我本江海人，橫遭雲羅罥。行藏苦狼跋，身世愁墨縴。惟君洞肝鬲，敦誨每不倦。豈無新相知，粲若春林蒨。未抵髫齔交，松筠在霜霰。我如瓠落尊，子若清暑扇。子未登雲逵，我翻出林澗。造物於兩人，位置殊未善。子去心恬愉，懷璧不自衒。托身尚書府，兀兀攻結撰。有文千百篇，不肯作行卷。終然念老親，負米思鄉縣。遂赴油幕招，取愜歸裝便。田公吾故人，爛爛巖下電。以子載後車，羅一可得萬。所恨奪良朋，令我不能飯。吾短誰磨礲，吾缺誰補綻。秋風動林臯，落葉積庭院。我亦念蒓鱸，未能逐陽雁。人生如夏雲，瞬息多變眩。子去我則留，萬事不可算。追憶廿年來，踪迹風中瓣。未知復何年，十指共一硯。努力惟修名，身尊道不賤。裁詩述平生，聊用叙親串。

題暢心閣二首

生色溪山不染塵，忘言花鳥坐來春。偶然載酒成賓主，便是山陰畫卷人。

剡曲名山天下無，青鞋布韤付吾徒。得歸是處堪行樂，不用君王賜鑑湖。

毛大可納姬二首

披烟拂柳出青門，十里嬌花裛露痕。姑射仙人花裏住，白浮村擬苧蘿村。

乍試簪花字體新，濤箋十樣簇芳茵。修成史傳多情致，爲有燈前擁髻人。

送顏子京表兄二首

烏衣人物阿龍超，憔悴丁年不自聊。萬卷圖書殘舊篋，千頭橘柚失新條。灌夫獄急愁粘蝶，狄慶金多有縱梟。愧我書生無計畫，衝冠惟有髮飄蕭。

客路三千到苦辛，焚魚憐我酷清貧。雙垂綴翮嗟窮鳥，一奮長鳴感故人。少別音塵非闊絶，未酬心事莫輪囷。魯連臺上銜杯望，好寫新詩寄錦鱗。

中秋前一夕集喬石林齋

佳辰高會自年年，未抵今宵樂事偏。把臂弟兄多輩下，雕龍才筆總尊前。月輪過雨白無比，桂樹未霜青可憐。如此風光堅坐好，不妨燭跋便朝天。

送侯大年南歸二首

相逢昔記慈仁樹，相送今還過寺門。千里心期同瓠落，十年踪迹一蓬根。宿瘤也逐毛嬙嫁，黄鵠聊爲尺鷃翻。無限人間惆悵事，心期寥落與誰論。

夢想蘭陔未得歸，羡君真逐雁行飛。黄雲壓樹柑初熟，白練横江蟹乍肥。手澤摩挲憑誰記，元亮集輕裝檢點。老萊衣江東舊事，碧血祠前樹十圍。

萬柳堂

相國經綸暇，爲園紫陌中。風烟開浩渺，氣象鑿鴻蒙。築土皇陂北，穿池太液東。三峰晴落掌，九折迴排空。積水浮寒藻，晴瀾動遠風。白沙隨岸滑，殘雪入泥融。畫舫輕飏漾，平橋淺霧籠。翠禽相睍睆，玉樹轉青葱。細柳移平樂，長楊徙永豐。絲絲晴翠綰，葉葉暖烟烘。落絮縈青沼，飛花撲綺叢。嫩侵塘草碧，低雜酒花紅。塔影斜依幌，山光近逼櫳。嶙峋瞻魏闕，杳靄望離宮。雅量思裴令，高懷憶謝公。寧誇金谷麗，不數玉津雄。後樂江湖意，無私造化功。一陪東閣眺，轉覺興無窮。

内苑閲武

閩海初傳檄，蠻荒乍廓清。已欣文治洽，復慶武功成。歸馬天王意，銷鋒率土情。六飛仍訓練，九伐在師貞。上苑商飈肅，華林輦路平。載修司馬法，大簡羽林兵。地擁龍蛇陣，天開鵝鸛營。戈鋋星錯落，組練雪光晶。突騎嫻穿札，材官習射生。翹關誇力健，超距試身輕。萬馬騰空疾，雙雕飲羽驚。先鞭稍月窟，餘勇靳長鯨。七萃威棱壯，中權節制精。指麾森在握，開合静無聲。赫赫看荼火，悠悠想旆旌。勞軍卑細柳，習戰陋昆明。天討原無敵，王師亦有征。何煩虎旅奮，直見鼎魚烹。帝用三驅禮，人爲萬里城。車攻能作頌，吉甫嗣鴻名。

滇南告捷

聞道南征將，星馳定鬼方。凶渠都殄掃，逆孽總銷亡。叠送天顏喜，頻飛羽檄忙。鵷行同拜舞，虎旅競飛揚。帝道方全盛，皇圖正會昌。如何紛醜類，敢爾便披猖。吠日愁狺犬，當車笑怒螳。六師徂烈烈，九伐出堂堂。授鉞天威肅，攻心廟算長。迅雷開嶺嶠，破竹剪蠻荒。劉闢雖凶狡，隗囂敢陸梁。鼎魚難假息，穴蟻任潛藏。飲馬乾滇海，投鞭截點蒼。渠魁伏齊斧，父老擁壺漿。露布傳邛僰，綸音下建章。普天休帶甲，率土奠金湯。歸馬文謨盛，櫜弓武烈張。輕徭罷輸挽，薄賦勸耕桑。偉伐標麟閣，元功紀太常。出師還有頌，常武共洋洋。

從益都公游王大司馬園亭作

人生有情愛丘壑，一官苦被風塵縛。誰能買宅兼買山，京都便有林泉樂。宛平司馬今謝公，安危繫望蒼生同。家傍日邊身未起，東山只在青門中。别墅蕭疏背城起，重岡複磴紛迤邐。如歕復偃雲際松，欲瀉還渟谷間水。何年驅石包山來，疑是汴都艮嶽之餘材。輦載歸燕幾百歲，土花洗出班班苔。山堂結構何其佳，天然位置非安排。衆壑平臨雁宕蓄，一峰陡入仇池開。臨朐相公興蕭灑，閑攜賓從浮三雅。朝行游眺暮忘歸，詩成自上巖屏寫。眼中物色思治園，治園故在青齊野。人生隨地足嘯歌，何必吾廬始婆娑。但願四海銷干戈，廟堂無事優閑多，一年百遍來經過。

重九陳其年招同諸公登高分賦

崚嶒軍都山，面城色蒼黝。頗思登其巔，泥飲過重九。佳興雖蓬勃，塵事終雜糅。城南小龍湫，勝地得名久。臨深翻得高，陂陀象岡阜。招尋逐前輩，欣會賴良友。列雉拱若環，遥林俯如韭。刹自金元留，潭從何代有？泉凝枯葦間，葉颭清霜後。瞰窈洞沉深，神物藏蟉糾。天垂似過腰，雲起欲埋肘。秋容正妍華，萬彙無衰醜。佩萸紅滿囊，采菊香在手。一重陽，晴雨忍相負？酒户自爲朋，輸攻而墨守。黴杯捷雨風，隸事窮飛走。深更尋歸途，一歲弦月挂林藪。欹眠白沙軟，側坐蒼苔厚。邸舍重飛觴，餘雨期抖擻。去歲登高人，眼前少誰某？明年幸同來，風日當佳否？莫羡車若流，無嗟馬如狗。戲馬與龍山，幾人堪不朽？髯公示我詩，語健筆勢陡。欲和慚鴟夷，空仰甑甀口。無勞論世事，且可飲醇酒。

寄懷吴漢槎表兄[一]

吾憐馮敬通，時清遭抵斥[二]。吾哀虞仲翔，才大翻淪謫[三]。當年既蘭摧，身後名何益？咄嗟延陵生，千載同此厄。系本尚書孫，門閥高東吴。七歲參玄文〔四〕，十歲賦京都。竟體被芳蘭，摇筆千驪珠〔五〕。凌顔而轢謝，此才今則無〔六〕。白璧點蒼蠅，俄然陷文網〔七〕。扁舟上急瀧，一落失千丈。如何瑚璉姿，翻遺禦魍魎。斗分失精英，山川爲凄愴〔八〕。黑江天東頭，君去東復東〔九〕。燭龍光不到，雪片無春冬。鄉關八千里，鳥路不可通。餐冰而掘鼠，托命於沙蟲〔一〇〕。子卿十九年，君今廿四載〔一一〕。親朋半凋亡，同生幾人在？心同枯樹灰，泪向霜風灑〔一二〕。一讀秋笳詩〔一三〕，何人不悲慨？我本牢愁人〔一四〕，轉蓬念株根。人琴有餘痛，枕席多泪痕。目斷柳城北，心懸狼河濱〔一五〕。練裙與皂帽，一往同酸辛。天心有迴環〔一六〕，萬事多龍蠖。夜郎豈長流，連州終湔濯。蕩蕩天門開，春陽熙廣漠。早晚金鷄鳴，伫望南飛鶴〔一七〕。

【校記】

〔一〕此詩又見清張廷濟輯秋笳餘韻，題作「奉懷漢槎老表兄」。下稱「餘韻本」。

〔二〕時清　餘韻本作「才高」。

〔三〕吾哀虞仲翔，才大翻淪謫　餘韻本作「吾哀柳柳州，炎荒老淪謫」。

〔四〕「玄」字缺筆避諱　餘韻本則改爲「元」字。

〔五〕竟體被芳蘭，摇筆千驪珠　餘韻本作「竟體有芳蘭，摇筆驪龍珠」。

〔六〕「轢」「才」兩字　餘韻本分别作「掩」「材」字。

〔七〕陷　餘韻本作「罥」字。

〔八〕斗分失精英，山川爲凄愴　餘韻本作「斗野失精美，山川氣凄愴」。

〔九〕復　餘韻本作「更」字。

〔一〇〕餐冰而掘鼠　餘韻本作「可憐苕華質」。

〔一一〕廿四載　餘韻本作「廿三載」。

〔一二〕心同枯樹灰，泪向霜風灑　餘韻本作「心同槁木灰，泪向冰天灑」。

〔一三〕一讀　餘韻本作「一卷」。

〔一四〕牢愁　餘韻本「羈孤」。

〔一五〕懸　餘韻本作「馳」字。

〔一六〕天心　餘韻本作「天行」。

〔一七〕佇望南飛鶴　餘韻本作「遲爾西飛鶴」。

遂初堂詩集　卷四

夢游草中　起辛酉秋，盡壬戌冬

賜宴瀛臺詩　有序

臣聞地天垂象，泰交之道以成；木火繫爻，鼎養之義斯著。樂有徵招角招之奏，禮傳三爵二爵之文。蓼蕭湛露，播在風詩。酆水鈞臺，標於傳記。自昔哲王，有饗有燕。將以訓恭儉而示慈惠，昭文章而辨等威，非直飲食宴樂，怡情騁懷而已也。至如漢宮長樂，彷綿蕞以爲儀；晉代華林，緣祓除而成俗。柏梁輿枚馬之辭，曲水盛顏謝之製。昆明池上，筆墨橫飛；花蕚亭中，觥籌交錯。流湎之途浸開，莊敬之風邈矣。然猶形諸聲詩，被之金石。鏗鏘炳焕，千載可觀。

我皇上亶聰濬哲，允武允文。法夏后之卑宮，師周文之昃食。歲下蠲租之令，朝頒緩獄之科。轉圜從諫，鞀鐸遍於宮廷；側席求賢，弓旌羅於巖壑。兢兢業業，無怠無荒。用能綏奠寰區，削平僭逆。一苞三蘖之寇，駢首檻車；射天逐日之渠，傳膏齊斧。跨滄溟而斮鰐，掩碧落以弋狼。治定功成，仁漸義洽。三時不害，百穀用成。品物蔚以豐亨，乾坤廓其清泰。於是推恩臣下，加賚具僚。及萬幾之餘，間修三接之隆禮。

歲在作噩，月維孟秋，有詔禮官，特開廣宴。維瀛臺者，天府之奥區，宫城之陸海。規紫淵而作沼，象蓬島以爲臺。洪波浩瀚浸其隈，茂樹葱蘢蔭其曲。紅蕖緑荚，吐納烟霄；綉栱璇題，蔽虧日月。天子恒以炎蒸之節，清暑于兹。羽衛森嚴，周廬環亘。攀躋所莫逮，瞻眺所罕經。幸沐恩榮，來游來豫。爾乃泛蘭橈，浮桂檝。彷徉乎靈渚，沿泳乎層波。溯灝氣之空明，凌神飈而徑度。升降巖磴，陟踐陵皋。依芳林以息陰，藉細旃而凝矚。俄而綸章賁地，寵錫自天。出内府之織文，畀廷臣以什襲。齊紈蜀錦，燦爛盈懷；貝彩龍鱗，晶熒絢目。於是間花張幕，蔭樹開筵。授几以班，設俎有序。饔人執饌，宰夫授羞。胹熊臛豹之味，充溢圓方；調蘭醽露之珍，厭飫薌澤。葅芳蓮於玉井，鱠鮮鯉於蓬池。流金尊，騰羽爵。霞漿百斛，瓊液千鍾。降天語之温淳，臨重臣以敦勸。在公載燕，不醉無歸。於斯時也，小大欣欣，銜恩載德。舞咏之情咸暢，泮奂之澤畢殫。然而肅雍在廷，儼恪在序。舍爵有油油之色，還坐無蹝蹝之容。迨乎永晷西馳，茂陰東徙，相與整冠束帶，鵠立鳧趨，瞻拜闕廷，雍容成禮而退。斯可謂和樂而不濫，恭敬而温文者歟！

微臣幸生雍熙之代，爲侍從之臣。預在末班，遭逢曠典。豈可使鴻休盛美，鬱而不宣？雖規天畫日，難爲光容；而拊缶擊轅，有應風雅。敢拜手稽首，而獻詩曰：

逖觀元化，幽測神功。發榮爲夏，閉塞成冬。雲行雨施，開屯發蒙。澤不厭博，施不厭豐。其一

君尊如天，臣卑如地。當其感通，絪緼一氣。卿雲賡歌，垂裳以治。卷阿矢音，寥寥孰嗣。其二

我皇神聖，淵默雷聲。德漸函夏，澤被萌生。推誠輔弼，宣力股肱。靡績不録，靡材不程。其三

宣政插貂，延英珥筆。大小臣工，瞻雲就日。詢及芻蕘，曰俞曰咈。寬弘盡下，古未之匹。其四

在昔奸凶，稱亂邊陲。徂征撻伐，廟算是資。宵旰焦勞，八年于兹。既殲猰㺄，亦殄鯨鯢。其五

海宴天清，烽消燧偃。顧勞在廷，無然蹇蹇。汔可小休，及爾游衍。乃撰良辰，乃闢禁苑。其六

葱芊瑶圃，肅穆瓊臺。彯纓魚貫，褰裳鼎來。攀林遵渚，容與徘徊。長筵既設，高宴斯開。其七

肴核維旅，釃酒有序。秩秩威儀，衎衎笑語。於是觀禮，百度具舉。於是觀德，式歌且舞。其八

謂天蓋高，今游其庭。謂帝蓋神，今聆其聲。蓬茅下士，嘗君之羹。一日之歡，千秋之榮。其九

豈曰無衣，賜帛則温。豈曰無餐，賜饌則珍。爲酬爲酢，疑臣於賓。九遷三錫，寵莫之倫。其十

天人和同，禎祥協應。獸曉觸邪，草能指佞。泰階以平，玉衡斯正。天子萬年，受天之慶。其十一

莫深非淵，莫峻非陵。凡百有位，翼翼兢兢。席寵思懼，居高戒矜。盡忠補過，茀禄是膺。其十二

寓舍對花歌和院長訒庵先生韻

長安千花復萬卉，可憐都在盆盎中。天然根株被束縛，却借餘暖蒸殷紅。今朝看花見花性，蕭散迥與江鄉同。空庭植立過霜霰，緘苞香色酬天工。黄於黄金爛於錦，標枝四出神冲融。空谷佳人自絶代，何須綉户兼珠櫳。廣平心腸冰雪冷，梅花獨對情還鍾。酹之芳尊及休沐，寵以麗藻招詩翁。雨晴開落看總好，殘香付與巡檐蜂。堪笑花田藝花者，三年京洛

埋塵容。一回見花一欣愕，故人天畔驚相逢。豐臺四月野如綉，千畦芍藥連天穠。春風舞雩樂莫樂，扶輪大小思從公。

院長先生同湯荆峴施愚山諸君游黑龍潭再次前韻

黑龍古潭氣森爽，千林如綉憑欄中。往年于此作秋褉，寒雲滿地霜花紅。高軒來游及春暮，風景差異幽懷同。翔泳安閑見物性，發生欝怒驚天工。新陽初舒微雨歇，坐來萬象皆冲融。西山娟娟隔城堞，一似翠黛遮簾櫳。天生此地浣塵俗，觴行豈惜傾千鍾。金馬非無抱關吏，軒裳亦有披裘翁。獨立峰頭咽露鶴，群飛枝上銜花蜂。直弦曲鈎各天性，無將白璧輕容容。閑官公事幸早了，松邊水際時相逢。茅堂何在虎山麓，碧桃無數當窗穠。未得扁舟逐賀老，且須酩酊從山公。

上巳修褉應制

芳林遲日麗，元巳褉堂開。鳳輦排雲出，鸞旂拂霧來。昆明浮瀲灧，太液静瀠洄。草樹天光發，亭臺淑氣催。皇情多悦豫，法從盛趨陪。帳殿依巖曲，旌門敞澗隈。逍遥登閬苑，取次泛蓬萊。仙掌三霄露，堯厨百醖醅。金人看捧劍，玉女試流杯。攬秀皆瑶草，探奇必鳳臺。銘功萃燕許，賦事集鄒枚。鎬飲還非樂，汾歌未是才。恩魚迎棹轉，靈鳥扈船回。聖澤苞三極，皇靈暢八垓。乘春聊燕喜，弭節且徘徊。潤入天街柳，光生輦路苔。多慚樗散質，深愧豫章材。清切依丹地，森嚴接上台。褰裳歌復旦，延首咏康哉。願作春工綫，山龍待剪裁。

壽李映碧先生八十二首〔一〕

三垣諫草日星懸，鳩杖於今尚儼然。心似銅仙依漢殿，身如竹簡紀堯年。桂薑老去香彌烈，筈栝霜餘節更堅。一代完人能有幾，未容九老便差肩。

考獻徵文重石渠，蒲輪遠賁竟何如。班彪久矣能成史，范粲終知不下車。史局初開，先生被徵不應。北部人文鈎黨後，東京人物夢華餘。惟應獨拜江邊榻，公論憑開井底書。

【校記】

〔一〕壽李映碧先生八十二首　清康熙間增刻本遂初堂詩集目録作「壽李映碧先生二首」。

贈衍聖公孔翼宸

聖人不可見，思觀聖人孫。孔林秀一葉，不與凡條倫。嗣公惟世嫡，天姿何醇温。十二襲封爵，象賢渥國恩。一歲一來朝，介珪耀華軒。吾儕誦六藝，百代猶通門。追陪幸接席，竟日開芳樽。何殊齒求點，得聞詩禮言。闕里有遺乘，持贈等璵璠。名迹森在目，譜系堪討論。百谷仰滄海，萬山宗昆侖。願以聖統貴，勖兹天爵尊。無令廟堂上，絲竹響徒存。

題龔節孫種橘圖二首

盧橘虚傳熟上林，秋來不見滿園金。誰將一片瀟湘色，引起金閶萬里心。

千樹黄柑二頃田，幽人投老水雲邊。水奴肯爲輸租計，自愛丹苞緑葉天。

馮氏雙節詩

峨峨括蒼山，拔地高萬丈。下有雙節亭，孤標鬱相望。雙節問爲誰，馮家婦與姑。姑爲閨房秀，少小嫻詩書。燕婉得良匹，筆墨相歡娱。黄鵠俄不雙，辛勤將九鶵。碎首護一棺，不死神所扶。才惟班左倫，節則陶孟俱。婦也同賢淑，遭命彌窮酷。二十稱未亡，藐孤裁出腹。轉側亂離頻，漂摇風雨足。半壁營兒栖，十指供兒讀。千鈞下臨淵，居然一髮續。是姑復是婦，大節通神明。錫之白玉環，懷中出公卿。綸章下九天，兩世同被旌。朝野誰不嘆，竹帛長光榮。寄言單栖者，努力千秋名。

題雙節詩卷并送馮再來少司寇請假歸葬四首

綉佛樓高竹影凉，筆床無恙對清霜。班昭謝藴多文采，列女還標第一行。

數月孤兒九死身，危巢漂梗事酸辛。若非畫荻寒閨母，那得瀧岡表墓人。

雙節芳名動九天，龍章石闕早巍然。大夫尚有臯魚泪，畤斷輀車瘴嶺邊。

旋著麻鞋踏露行，槐班昨日見陳情。台山寒色同高節，定卜佳城近赤城。

送同年毛允大乞假歸省

與君同薦復齊年，握别青門倍惘然。噛指乍驚紅藥地，拂衣真到白雲天。官貧轉憶還鄉樂，俗薄方知勇退賢。帝座客星無恙在，釣車仍繫釣臺邊。

送同年范秋濤假歸二首

日日思歸不當歸，羡君真著遂初衣。江臯歲月無塵土，身外榮名有是非。封土好營新馬鬣，刺船先認舊漁磯。只愁好友聯翩去，珥筆班行日漸稀。

曾住天平崦隝間，君家别墅數追攀。紅欄花藥春常鎖，石屋烟霞晝不關。投老無如尋故業，著書端合在名山。相逢猿鶴憑傳語，點檢風光待我還。

奉和益都公重九後一日集長椿寺送毛行九南還二首

纔陪秋禊過山堂，又赴離筵到竹房。隨地黄花皆粟里，有人皂帽憶鱸鄉。籠紗句入禪心妙，煨芋身貪佛日長。容得逍遥稱大隱，侏儒不用笑東方。

遥山裛露黯秋容，似爲離人惜别踪。豈有懸黎長抵鵲，行看陂竹早成龍。將車自可尋真樂，養翮何須嘆不逢。底物江皋堪把贈，秋裳一襲紉芙蓉。

送樹南上人歸法華

三千客路訪師歸，一笑相看舊衲衣。塞水淺從杯下過，嶽雲輕向錫邊飛。杼山詩是南中秀，蓮社人來日下稀。浩浩紅塵誰拔足，因君重念故山薇。

陪院長先生游善果寺

慈仁樓閣漫參差，幽賞無如此地宜。樗散人來休澣日，懶殘僧話劫灰時。一窗幡影看燒笋，滿院松陰聽奕棋。多少龍山泥飲客，藍輿風味有誰知。

送汪涵齋省親歸里 汪由庶常散館，候補言職。

青藜高映一編寒，何似薇花與豸冠。天下大文多奏議，古來人傑半言官。寧親暫著斑斕服，報主常懷鐵石肝。到處窮檐詢疾苦，他年準擬繪圖看。

送趙武昔榷關維揚

仙郎風度冠朝簪，邗上欣看使節臨。五夜潮聲侵畫閣，半江帆影助清吟。輿情早已歸冬日，吏橐何妨載一琴。最喜鴛湖通練水，烟帆日日有鄉音。

漢槎表兄歸自塞外次韻志喜二首

秋笳哀韻滿江關，白草黄榆夢想間。敢料窮荒生馬角，惟憑才筆動龍顔。一行丹詔排雲出，萬里明駝踏雪還。秉燭今宵裁破涕，歡餘仍有泪潺湲。

尊前款款話鄉關，橘社楓林指掌間。雀桁荒凉餘白髮，牛衣辛苦損紅顔。葭灰有意催春轉，塞雁多情伴客還。多少天涯淪落者，看君歸馬泪潺湲。

送喬石林典試粤西四首

凌雲詞賦自來超，嗟賞裁聞出九霄。欲遣炎荒傳彩筆，故煩禁近走星軺。鎖闈乍啓三春暖，時粤右初平，以仲春補行鄉試。使節平臨八桂遥。早有文光燭南極，欃槍芒角黯然銷。

梁馮步武接掄魁，二謝三唐衮衮來。大有人文輝史乘，誰云嶺徼少英材。扶輿靈秀千年閟，炳蔚光華一旦開。攀盡桂林無限樹，仙枝携向鳳城栽。

才人自古愛冥搜，羡爾真爲萬里游。紫蓋峰低梧嶺出，瀟湘源盡桂江浮。丹砂洞口思仙令，紅荔祠前憶柳侯。歸棹還欣過鄉縣，蘋風輕送木蘭舟。

蓬山芸閣忝爲鄰，肝鬲偏於末契真。奉使亦知非久别，離群只是感羈人。行藏已分三緘口，甘苦還憑老斫輪。引領還朝同汗簡，明燈絮語越江春。

贈司業劉宣人前輩

詞林恬淡是風規，薄俗如君信可師。官到遷除多遜避，家於京洛久栖遲。如雲弟子今全盛，似水襟懷故不移。北李南陳標格在，橋門猶可振頽靡。

送董瞻屺下第南歸

長安九衢塵漠漠，伊人枯坐清如鶴。有足不踏平津門，有裾不曳芙蓉幕。永夜一編自討論，孤踪半硯同栖托。水將雌伏讓雄飛，肯以泥蟠羡雲躍。春風二月黄金臺，無鹽嫫女争自媒。誰能填橋不肯渡，盈盈河漢空徘徊。珊瑚漏落千絲網，龍伯鮫人共惆悵。寵辱不入君胸懷，一笑津亭理烟舫。楚弓得失何足嗟，石田歸去耕烟霞。犁眉一翁幸强健，將車捧杖歡無涯。誰言薄俗無奇概，紫芝叔度居然在。簦笠心期諒不忘，蒼山白月遥相待。

萬柳堂公餞益都公次韻奉和二首

十圍官樹撫垂楊，且喜婆娑鬢未霜。載酒每尋紅葉墅，抽簪真到白雲鄉。時平補衮心還切，身健明農興轉長。最是主恩堪眷戀，平泉草木麗天章。御製送行詩有「緑野平泉」之句。

調燮功成樂就閑，高真不戀玉晨班。猶餘丹悃堪籌國，公陛辭日，拜疏詳言時政。未仗青精爲駐顔。疏傳去時真盛世，謝公行處即名山。吐茵更擬陪游地，薫治清泉第幾灣。

送同年汪舟次奉使琉球

扶桑之西窮髮東，千洲萬島浮空蒙。奇肱長臂兼穴胸，殊名詭狀不可窮。向化慕義理則同，惟聖人出斯朝宗。我皇至德苞黃農，薄海内外咸銷鋒。日窟月窾梯航通，琉球僻絶瀛海中。其土衍沃人敦龐，世奉王正臣職供。奏書萬里求嗣封，帝曰俞哉嘉汝忠。汝冠汝帶君汝邦，疇爲予使咨群工。汪君才氣真無雙，龍文之鼎筆力扛。純鈎淬鍔披芙蓉，廷推而往惟帝聰。奏請十事四事從，螭頭占對何從容。至尊屢盼迴重瞳，賜衣麒麟茵紫絨。龍旌玉節光熊熊，儀從赫奕侯耶公。域中之觀海爲雄，海面日出玻璃紅。雲景變眩樓臺重，大魚如山小如松。無垠雪浪粘虚空，皇靈燀赫天澤濃。奔走海若將豐隆，天吴象罔蛟螭龍。妥角縮尾潛其踪，西風七日吹征篷。徑度大海如鵬翀，蠻人羅拜虔以恭。詔書煌煌識天衷，宸章掞藻摩蒼穹。瞻戴永永傳無終，翠霄重曼多奇峰。脂香之酒浮春缸，醉來揮灑如烟虹。一字寶過徑尺珙，白狼槃木歌南翁。宣布威德流鄰封，八荒引領胥喁喁，歸來奏事明光宫。畫笏山川見橫縱，始信單車能折衝。豈惟華國誇雕蟲，丈夫有志乘長風。局促轅下何其庸，書生於國真何功。浮沉却羨冥飛鴻，遲子勳名垂鼎鐘。

送同年徐電發假歸

憶初識君時，吾家韭溪陽。高賢十數公，文酒時徜徉。君年甫弱冠，馳騁翰墨場。振衣攬曹劉，企足追班揚。我方著荷衣，殘經抱匡床。徒然結心契，未敢儕行藏。游鵾戲雲海，尺鷃搶榆枋。蹉跎二十載，會面多參商。何期紫泥書，催我辭江鄉。步君飛鞚塵，雲閣同翱翔。同官同里舍，分誼非尋常。我過子針砭，子美我簸揚。文筆手參削，湯藥口互嘗。塤篪無單響，駏蛩不孤行。平生契闊悰，庶以尺寸償。爲歡曾幾何，俄然把離觴。脂車郭門月，班馬河橋霜。眷言告將歸，離愁兩茫茫。世路良逼仄，康莊亦羊腸。譬如遇醇醪，薄醉興轉長。一官甚雞肋，索米常彷徨。乞歸最得計，子勇過卞莊。種魚蓮花陂，讀書深柳堂。快游江帆穩，酣眠松露凉。何似聽朝雞，顛倒披衣裳。疾來固云好，遲留亦何妨。屈指論親故，十年半存亡。孔融痛未息，侯芭涕浪浪。歲寒諸碩果，先後歸泉壤。愚庵齒欲豁，雪灘髮半蒼。吾生何勞勞，百歲如風狂。子仕今尚歸，吾隱詎可忘？會當及來兹，輕裝上吴航。買田必同陂，卜宅當共坊。與子數晨夕，爲歡未渠央。

重陽後三日沈繹堂崔玉階兩宫詹招館中諸前輩及諸同人宴集限燈字韻二首〔一〕

碧梧池館露華凝，秋褉頻過野興增。珥筆幾人同秘省，盍簪今夕共明燈。當杯月上微雲斂，吹帽風來落葉層。但使幽情寄巖壑，不妨倚户有雙藤。

西峰鎮日翠崚嶒，爆直無因得共登。九陌年華銀箭水，千秋心事玉壺冰。惟應緑酒親元亮，莫遣黄花笑季鷹。却憶升平多故事，醉騎官馬簇紅燈。

【校記】

〔一〕朱彝尊曝書亭集卷一一沈詹尹荃崔少詹蔚林招同湯侍讀斌施侍講閏章潘檢討耒飲限燈字末附潘氏此詩其二。

後三日集秦對巖前輩齋叠用前韻二首

書屋陰陰覆古藤，故人無恙且挑燈。朝參可得經旬懶，卷軸還憑薄俸增。醉裏論文驚破的，閑中觀物笑模棱。獵師剩有雄心在，紫塞秋風想臂鷹。

天涯節序任飛騰，滿地黄花興忽乘。濩落漫思田二頃，蹉跎還戀酒三升。無多世事深緘口，畢竟材名老折肱。歸去深更不成寐，疏星遥映讀書燈。

王烈婦挽詩 諸城王生能記前生事。

羊祜金環事絶奇，韓憑蛺蝶更堪悲。三春决絶腸先裂，九死艱難志不移。故井有泉皆斷綆，新阡無樹不駢枝。後身若省今生事，駐馬休看黄絹碑。

贈張陶庵山人

山人絶藝天下無，驅使頑石開靈區。千巖萬壑出指掌，仇池禹穴羅庭除。白髮飄蕭來日下，朱門戟第争迎迓。處處園池靈壁山，家家亭館闢同畫。漸臺峑嵂臨昆明，至尊清暑時經行。璇題綉柱非所尚，小山孤嶼聊怡情。山人承詔來區畫，善體天心露臺惜。攢簇蓬壺欄檻邊，月斧神工運無迹。别開禁苑臨玉泉，緣山結構皆天然。平岡淺渚足游眺，水衡不費千緡錢。事了飄然乞身去，歸卧九峰幽絶處。不貪榮利詑遭逢，斯世斯人堪嘆譽。君不見宋家艮嶽峰巉巖，割奇剷秀來深潭。至今行人詈朱勔，千金一石騷東南。

安南行

維皇奠宸極，威德流無疆。窮溟際天地，奉琛畢來王。安南古交趾，奕世守要荒。如何彼黎莫，觸蠻自相戕？莫也惟黎臣，錫命于上京。蠢兹敢尋兵，傲然思陸梁。廷臣赫斯怒，將帥思鷹揚。帝曰無勤師，重震予邊氓。文告先尺一，奉使遴才良。侍從惟李公，文武資兼長。簡拔自宸衷，副以楊職方。臨軒賜華宴，命服焕龍章。大籐峰嵯岈，灕梧波雷硠。烟嵐障日黑，毒霧蒸天黄。倔强嗤尉佗，誇謾看夜郎。丹詔下九天，不肯躬迎將。王言詎隕越，國體必力争。革其駃騠性，帖耳受轡繮。沐其猿猴容，拜跪襲冠裳。是節正淫雨，日月爲開明。南人私惕息，天威信堂堂。雖則畏天威，野心尚披猖。復讎飾經義，沸舌如蜩螗。未擬反鍾儀，何論歸汶陽？威懷見神略，控御兼柔剛。柔如調嬰兒，猛若制虎狼。短札當長纓，口舌爲斧斨。十事中機宜，片言抉肝腸。魑魅無遁情，落膽不得張。具報如詔書，一一遵主章。從來北户地，蛟蚓蟠篔簹。前朝事開邊，勞費不可量。廟算洵神武，措畫邁漢唐。萬里如肘腋，不費一箭鋩。誰言書生懦，胸腹羅甲兵。君看十萬師，何似單車裝。負弩非壯節，乘槎終渺茫。介子既生事，終軍竟羅殃。賢哉兩大夫，秉義守經常。無心就功名，功成孰能亢？麟閣聳紫薇，銅柱標扶桑。歌詩附雅頌，萬祀流洋洋。

畫松歌爲梅瞿山作

畫松不難與松似，貴得寒空磊落意。一片梢雲拂雪姿，巍峨迥與凡柯異。梅君都官之後人，才華標格都絶塵。善畫尤工作松樹，寸管貌出千龍鱗。孤根直幹勢奇矯，烟濤漠漠開清曉。直如白虹亘晴霄，怒如蒼龍作鱗爪。端如巖廊坐偉人，高如深林出遺老。一氣淋漓入化工，千尋錯落舒懷抱。畢宏韋偃不可追，粉本豈是人工爲？十年看松甫落筆，黄山萬樹爲君師。黄山之松信奇絶，太古以來無斬伐。十步蟠拏九步折，行空偃地無罅缺。搘撑巖崖礙日月，嗟我不得掉臂行游於其間！塵沙日夕彫壯顔，徒對慈仁兩禿幹，朝行婆娑暮忘還。梅君何當訪爾就茅屋，抱琴醉枕松根宿，看君作畫題詩老亦足。

送葉慕廬還黄州

昔經伊陽望嵩少，三十六峰連天浮。嚴冬風雪促歸轡，悵恨不得天門游。君乃作吏在其下，朝登廬巖暮龍湫。天清瀑泉響壁面，月朗鳳吹聞山頭。破寺荒林遍題咏，唐碑漢刻窮雕搜。福地偏宜置仙令，遷官赤縣非人謀。幾年得脱文案苦，省曹需次仍淹留。擁書矻矻不出户，燈前小字書蠅頭。旁搜博證析毫髮，考古精核無其儔。昨者大廷舉鴻博，一目忽漏脱不收。鄧林搜材失杞梓，吴宫相劍埋純鈎。史家三長貴精核，唐有顔李宋二劉。館局草創失吾子，巧匠不斫工師愁。君今掉頭便歸去，未老著論稱宜休。樊湖人家住明鏡，雪堂風物開清秋。詩和春陵寄退居，書成薈萃藏竹樓。倘憶青門舊游好，江魚消息無沉浮。

贈屠更生

草昧之際多豪雄，進止不與凡人同。屠侯布衣謁軍府，立談數語驚元戎。釣絲量江得若水，素箏行酒逢元忠。指揮荆吴在掌握，洞庭一夜乘長風。便擁高牙鎮江夏，上流陶侃功名大。移鎮方專隴右尊，白雲忽斷蒼梧夜。辭劉徐庶心已摧，彌天志業可卷懷。一坏未築高敞地，廿年不夢凌雲臺。思親湘江頭，望親湘山上，蕭蕭白楊風，孤墳自相傍。墓前巢異鳥，墓後繞靈蛇。鬱鬱庭中蘭，三秋耀其華。孝通神明感奇瑞，丹青圖傳無其輩。君不見王褒鮮大略，石慶無弘謨，伯約懷慚在遠志，太真見誚于絶裾。奇才豈必有至性，乃知屠侯真丈夫，吁嗟屠侯真丈夫！

壽沈聖符姊丈八十二首

數村紅樹引蒼葭，中有龐眉坐釣車。早歲大名參俊及，中年混迹學龍蛇。文章玄晏三都重，松菊淵明一徑斜。洛社耆英今有幾，可能南部記烟花？

清流白馬總成塵，寥落江湖見偉人。此日史書紬石室，誰能耆舊訪蒲輪？天留商皓鬢眉古，住近龍威草木春。讓水廉泉無恙在，太平猶見百年身。

送李厚餘中翰二首

客思秋風苦，離筵復送君。葉稀鞭影疾，霜重馬蹄聞。醉憶青綾被，書留白練裙。齊臺不可望，九點有寒雲。

頗愛官曹接，經過慰索居。冠裳狂叔夜，文酒病相如。歸夢縈池草，閑心問遂初。漢庭虛筆札，未許戀吾廬。

雪後觀瀛臺四首

步隨霏雪過雕欄，太液池臺罨畫看。銀海乍浮雙闕迥，冰花輕壓五雲寒。空明路似行天界，清泠身如吸露盤。忝逐侍臣趨禁近，人間咫尺到應難。

君王避暑敞行宮，瑶島參差輦路通。不夜魚龍銜璧月，長春花柳散薰風。鴛行曉度紅橋裏，羽衛宵嚴碧檻中。此日西清天仗遠，蓬山佳氣自葱蘢。

璇臺迴在水中央，十里昆池禁籞長。地涌神山開閬苑，天垂閣道拱文昌。金溝漸濕霏微影，碧瓦初凝的皪光。獨有青葱温室樹，飛花欲落更迴翔。

時清侍從得優閑，枚馬風流迴可攀。簪筆曉趨青瑣入，垂鞭晚踏玉街還。凌寒且喜瞻天闕，賀瑞還應慰聖顔。馬上聯吟佳興在，一痕凉影認西山。

送戴無忝歸和陽

横江扼南譙，山川勢盤互。真人昔龍興，提戈此南渡。巢皖羅群才，鱗羽紛攀附。寂寥三百載，英風莽無處。末造挺戴侯，敬夫。磊落棟梁具。煌煌遷都策，不借子房箸。垂老除一官，傾天力撑拄。睢陽箭著磚，平陵血漉樹。氣與河山雄，名將日星著。昂藏一孤兒，豹隱南山霧。談兵曉八門，讀書盡四庫。毁形入林慮，變姓之玄菟。汗漫萬里游，四十不婚娶。顔協辭玄纁，王裒守墳墓。孝隱中有懷，豈爲烟霞痼。頃聞表遺忠，史例有依據。麻鞋走金臺，懷狀托義故。事了掉頭歸，挽牽不肯住。蠅頭薈萃書，刺眼牢愁賦。緘封不示人，班班泪痕污。嗚呼兵塵餘，萬事等風絮。何意忠孝門，巋然傍天柱。我亦冥鴻身，無端落籠篏。汗簡方懷慚，送君惜岐路。山鷄憚爲犧，大樽甘落瓠。終當理荷衣，訪爾滄江去。

題綸竿圖

今年長安苦炎熱，清晨騎馬汗滑滑。直廬束帶渴欲枯，願作江魚水中活。吴生忽示綸竿圖，恍然坐我寒冰壺。澄湖萬頃一練鋪，荻花蘆葉風蘇蘇。中有一人蒼眉鬚，左手把竿右灘書，吁嗟此樂人間無！君不見世間萬事等蠻觸，一落紅塵難拔足。東觀西清味若何，轅駒自古愁局促。何如江頭老釣師，濯纓萬里無磷淄。披圖欣暢尚如此，況乃身到滄江湄？白蘋洲，紅橘社，何地足徜徉？此中堪税駕。愁君文采珊瑚鉤，未得江頭老釣舟。若能老作一竿叟，絶勝人間萬户侯。

壬戌除夕二首

索莫書燈照板扉，臘殘重整舊荷衣。身依華省終爲客，夢繞家山不當歸。漸減才華思少壯，慣看風尚笑輕肥。驚心珥筆三冬過，青簡何年定是非？

尚有銀魚换舊醅，高城曙鼓莫相催。吏情淡似春前雪，世態寒於嶺上梅。羈客不圖今夕聚，鄉書已分隔年來。北堂偏爲清貧喜，且著班衣學老萊。

遂初堂詩集　卷五

夢游草　起癸亥春，盡甲子冬

癸亥元日和立齋都憲韻

庭燎光中淑氣回，凝旒肅穆九門開。梯航遠爲朝正至，版籍紛從上計來。龍尾日高看舞羽，螭頭坐密促傳杯。雕蟲轉愧身無補，也向班心踏紫埃。

結隱蜘蛛有歲年，浮沉何事齒群賢。大官良醖信足戀，故里春光真可憐。史筆未如吟筆健，荷衣絶勝錦衣鮮。明年此日楓江岸，萬樹江花照綺筵。

花朝前一日集曹正子齋分得西字

薊門二月無花看，數樹君家翠萼齊。海内酒人同入座，屏間篆刻與分題。臺臨皓月天街上，樓擁春山古寺西。幾處尚爲文字飲，莫愁歸路醉如泥。

正子有「緑水送春帆」句爲賦二絶

清新何限小山詞，五字春帆教雪兒。唱比陽關第三叠，青門折盡柳絲絲。

旅客歸心不可論，聽來樂府黯消魂。夢浮小艇桃花水，不落蒲帆直到門。

從觀温泉應制四首

蘭峪盤山紫翠重，環京拱闕秀千峰。天分箕尾祥光聚，地接園陵淑氣鍾。乳竇出泉珠衮衮，砂床蒸暖玉溶溶。春來草樹光榮極，總爲時巡駐六龍。

靈源微吐玉蟾蜍，百沸新泉浸石渠。温凊早知徵孝感，精虔兼以肅齋居。躍龍起鳳通遥海，涌霧蒸霞接太虚。詎比雲川與驪岫，宸游空自枉金輿。

湯山温谷尋常有，不及兹泉瑞應多。暫濯華池能益壽，微沾靈液可蠲痾。繚垣封處彤雲密，方甃承來玉露和。地出寶符原有意，萬年天子矢游歌。

扈從千官簇仗來，得瞻靈迹共徘徊。炎蒸信有浮烟井，奮迅真看出地雷。一漱神膏先氣爽，未探暖溜已心開。張衡欲獻温泉賦，仰愧盤銘上聖材。

經筵恭紀

帝德周三極，皇仁沛八埏。功成歸馬日，化洽止戈年。聲教風靡草，光華日麗天。宸衷還翼翼，聖學更乾乾。念典勤咨訪，窮神積討研。懋修親講幄，殷禮肇經筵。濟濟鵷鴻列，鏘鏘劍佩連。西清鋪玉几，東觀啓瑶編。藻火明丹扆，爐烟裊細旃。甘盤原舊學，蕭傅本名賢。磊落英詞吐，舂容奥義宣。圖書陳要妙，謨訓闡心傳。道貫天人表，思深爻畫前。凝旒存默契，搢笏總陶甄。主職彌綸大，臣心啓沃專。涓埃仍補助，海嶽轉崇淵。禮樂規模闊，文明氣象先。馬圖占物瑞，奎聚卜星躔。景運微生忝，殊榮朽質偏。近光當此日，延首咏平平。

健松齋

黄山栝松天下奇，懸針屬鐵龍鱗皮。幽人移根植庭際，清吟細酌風披披。嚴關一夜烽火作，主人倉皇出城郭。避兵三年初得歸，歸來門巷都非昨。樓臺廢壞餘空園，鳥栖無樹啼黄昏。嘉卉芳條芟伐盡，亭亭獨有孤松存。松乎得全有天幸，劫火燒殘節彌勁。儼似英賢凋謝年，偉人特立鬚眉浄。世家喬木非偶然，摩挲手澤春風前。空齋長伴此君在，不須水石誇平泉。爾絆朝衫不能去，思家每坐慈仁樹。夜渡嚴灘十八重，夢中池閣蕭蕭雨。

壽孫惟一先生

卷舒迹猶龍，動静心若水。我願師其人，千載竟誰是？矯矯孫先生，高躅世無比。早通金閨籍，聲華冠蘭芑。眷言念二親，拂衣卧田里。循陔掇白花，晨餐潔滫瀡。高樓擁圖書，小園樹松梓。問以塵世事，嗒然但隱几。東山二十春，捉鼻聊一起。緑鬢仍飄蕭，雲霄看曳履。旋聞動歸興，扁舟津門艤。誰能洪爐中，冰臺清徹底？味道乃遺榮，達生善知止。柱史既真人，華陽亦妙士。歌詩介壽觴，永以激頑鄙。

同陳其年諸子集李木庵齋盆梅滿屋燈影横斜分韻四首

小堂容曲宴，盤礴興悠哉。可愛江梅種，偏同火樹開。暖雲烘案隔，霏雪拂尊來。似有林逋老，先春著意栽。

驛使經年斷，攀條遠憶誰。玉顔高獨立，鶴骨瘦禁持。影薄難分畫，香清欲逗詩。興酣移坐密，揀取近南枝。

飛騰三月序，消渴百年身。禮法寬前輩，行藏没酒人。簫聲天上月，禽語夢中春。堅坐無辭晚，爲歡正及辰。

朝簪雖自挂，隱籍未全删。薄醉把芳草，不眠思故山。銅坑蠟屐底，葛嶺片帆間。香海茫茫白，無因踏夢還。

賜果二首

太液秋容雨後嘉，亭亭珠實隱霜芽。中官小摘供新薦，内宴頒分及賞花。浸入玉壺寒著露，擎來湘管翠添瑕。聖朝正意精鹽味，咫尺恩波詎有涯。

碧節丹心味最嘉，况從禁籞長根芽。宛疑仙掌三秋露，猶想蓮池千葉花。宛轉摘來冰作繭，玲瓏削就玉消瑕。承恩不覺歸來晚，緩步清吟到水涯。

送徐果亭前輩假歸

紅塵不上遂初衣，畢竟言歸便得歸。珠樹齊名天下少，黑頭勇退古來稀。山樓舊擁圖書富，松徑新園藥草肥。準擬深秋放歸棹，相將蠟屐訪靈威。

送朱蜚鳴待詔歸里

遺經逸史笥便便，寥落儒林見此賢。垂老乍分藜閣火，長貧實少廣文氈。宦情倦似投林鶴，歸計安於下瀨船。回首柯亭莫惆悵，碧蕖何似紫蒓鮮。

送孫予立編修周星公儀曹奉使安南

安南古南交，疆索内聯綴。漢郡復唐州，歷歷猶可識。隔絶未千年，竊國非一氏。人民劇侏㒧，山川足炎癘。蠻荒自君長，上聖所弗治。因其來享王，封爵時錫畀。干紀或陸梁，徂征赫命帥。鎮南既飈馳，英公亦雷厲。俄然定蟻封，何曾奮螳臂？黎王今外臣，恭謹自先世。昆池火洞然，不爲烈焰沸。以斯見褒寵，持節煩天使。編修鸞龍姿，文采冠清秘。儀曹器閎深，剖決無留事。推選自大廷，并命出天意。八騶擁鸞旗，榮光照華裔。鷄陵關晨開，木丸江夜濟。交人舞連蜷，交女歌蹋地。瘴海爲清明，龍章儼天墜。天威所震熚，旁際日月竄。寄語南荒人，恩波降非易。煌煌金簡書，誨以忠孝字。敷言貺遐陬，千春庶勿替。

送褒城令

褒斜用武地，君去正銷兵。鼓角秋山静，烽烟棧路平。截筒傳早釀，抱犢看春耕。知爾冰心在，廉泉相映清。

送宋牧仲之官通永

梁園多詞人，宋君今獨秀。崛起工詩篇，踵武高薛後。黄州思清婉，雙江力雄富。出入正變風，一家自成就。浩浩六街塵，飛軒無昏晝。宴坐見斯人，清吟鶴骨瘦。開篋有奇書，列案無俗豆。同好三數人，聯詩時邂逅。險語穿天心，奇思涌泉溜。藉兹風雅林，一洗簪裾陋。君今忽鶯遷，駸駸馬東首。高適鎮西川，李邕守海右。知君故通才，智略恒輻輳。飛騰樹功名，藝苑詎能囿？所嗟長安中，寂寥寡朋舊。大雅今則微，賞音亦希覯。潞河望西山，分明見林岫。采采菖蒲花，清霜曉盈袖。

送价維弟令阜平

阜平地是古行唐，萬叠蒼山擁縣長。城郭舊荒經翠葷，提封新剖畫巖疆。地偏案牘無留事，政簡詩篇有報章。課最還期飛舄至，無勞别夢繞池塘。

送同年尤悔庵假歸二首

秋風無客不思歸，勇決輸君便拂衣。五字早年驚帝座，一官垂老傍彤扉。青箱世業傳方永，白首林泉願不違。最喜藝文新志就，三冬藜火有餘輝。

同薦同官共幾人，數君鄉里更情親。那堪絡繹催歸騎，不分羈孤剩客身。夢裏家山行處到，愁中肝胆别時真。書成我亦焚魚去，未許江村獨煮蒓。

送御雲弟之關東二首

愧爾相從過二春，蹉跎猶是黑貂身。埃風漫擬扶高翼，斗水終難起涸鱗。風雪嚴關重覓路，琴書絶塞轉依人。不才累汝長漂泊，一聽驪歌一愴神。

白草天邊凍雪飛，短衣絶勝卧牛衣。松山秀好供吟案，碣石横堪作釣磯。但許射雕身手健，不愁懷璞識人希。棄繻關吏休相笑，看取高車捧檄歸。

瑞魚泉詩和李梅崖觀察

雙清心迹想前賢，露冕風流尚儼然。種就芳林皆讓木，移來曲沼總廉泉。禽魚興落濠梁外，嘯咏情同洛水邊。劉井柯亭還記否？題詩好寄五雲天。

壽沈繹堂宫詹

華亭先生文章伯，早年橐筆游明光。珊瑚珠樹出滄海，赤刀弘璧排東房。高步蓬山吐英藻，三長五絶無輩行。天下書名推北海，一家詩體尊東陽。殘膏剩馥盛沾被，風從景附争趨蹌。聖人當陽重文治，渥眷取置黻座傍。羲爻孔象講矻矻，皇墳帝典陳洋洋。清切螭頭接天語，森嚴蘭殿賡宸章。揮毫往往依御榻，三公七貴看堵墻。世南戈法最遒勁，僧虔筆勢偏軒昂。片紙人間重和璧，寸縑海内珍明璫。懸購鷄林與百濟，臨摹雙鈎兼硬黄。由來玉堂領文翰，宗工哲匠肩相望。百餘年來柄旁落，詞門凌雜如蜩螗。灰劫過處藝林燼，兵塵動後文苑荒。賴公崛起領壇坫，三台東壁開光芒。一代人材歸藻鑑，千秋文物資津梁。深山大澤不敢狎，爲有龍虎藏中央。舊學凝丞最隆重，宫端宰輔頻迴翔。前星朗朗出蒼震，九重倚毗非尋常。豈無少傅香山社，豈無右丞藍田莊？蒼生結望未可負，黑頭且喜逢時昌。黼黻太平有禮樂，恢弘文治惟巖廊。待公安坐秉密勿，卿雲爛爛歌垂裳。

范節母詩

宛轉復宛轉，女蘿附蒼松。如何松枝枯，蘿蔓愁霜風。别鶴鳴酸嘶，迴翔顧其子。節婦膠膠鷄晨鳴，貴立孤，報夫豈必死？出亦復零丁，入亦復零丁。孤甥幸有舅，寡妹幸有兄。兒軋軋母夜織。撥盡爐中灰，作字教兒識。辛勤三十載，兒身如舅長。舅爲銀臺卿，鄭山公。兒作青衿郎。宛轉復宛轉，清波濯素練。他時泉下人，一笑堪相見。綽楔表雙烏，巍然節母坊。寄言孀閨婦，聽之慎勿忘。

古意呈院長説巖先生九首

翩翩長離鳥，千年一來庭。神人截嶰竹，想像雌雄鳴。一鳴玉律和，再鳴泰階平。雲門正六變，簫韶方九成。德輝不虛覯，天地開文明。誰能接彩翼，翺翔游紫清。

天不愛其文，繁星燦無紀。北斗獨昭昭，瑶光柄東指。節序以平分，陰陽潛變理。天樞儼無爲，端然穆清裏。月魄有弦晦，河漢有迴倚。帝車鎮中天，瞻仰無窮已。

修表萬餘尺，將造凌雲臺。伐石窮南山，轉木浮江淮。役鉅事力繁，衆工盡徘徊。何意公輸子，褰裳惠然來。規畫妙若神，指揮捷風雷。巧拙各呈能，良楛無棄材。壯觀既以就，一覽雄八垓。

天門高峨峨，蟬冕森成列。驅馬如游龍，炙手焰可熱。悠哉素襟人，味道自娱悦。置身槐棘班，而不繫華紱。門庭澹於水，胸懷白如月。吾聞姑射仙，皎皎餐冰雪。竭來塵世中，聲利焉得紲？

出山泉爲潦，逾淮橘爲枳。浩浩九衢塵，素衣愁化緇。陸生入洛來，局促無可喜。幸逢張司空，獎賞以國士。談藝或停軒，論文時倒屣。傾心托末契，繾綣無倫比。讀書二十年，於今遇知己。鉛刀見淬厲，感奮從此始。

紀昌昔學射，懸蝨如車輪。郢人遇匠石，斫堊揮風斤。世人貴耳食，微妙安足論？心賞良獨難，遥遥待千春。旦暮一遇之，膠漆未爲親。朝華引夕秀，後火續前薪。寧無同聲者，賞譽貴其真。

滄海王百川，衆流無所擇。昆侖作天柱，部婁之所積。天地自廣大，世人苦逼窄。臆見膠不解，同阡而别陌。廓落惟至人，坦懷去籬柵。是心如虚空，纖雲不得隔。甘瓜抱苦蒂，終歲常脉脉。雨露幸無私，感彼春陽澤。

江頭浣紗女，灼灼青蛾眉。衆女競稱羨，謂言絶代姿。一入深宫中，猜妒横見施。巧笑伏針棘，謡諑非一辭。何圖楚妃賢，鑠金毁不移。相憐復相薦，瓊樹誇一枝。團扇還皎潔，未受秋風欺。誓心銜恩德，没齒以爲期。

甲枝栖鷦鷯，高屋巢鸛鵲。獨有海鶴孤，飛飛將焉托。暮宿秋霜濃，朝餐春冰薄。仙人浮丘公，九還成大藥。愛此好羽毛，控之上寥廓。西游覲王母，東去訪海若。千歲一伐毛，沆瀣供飲啄。寄言乘軒者，齪齪安所樂。

興安將軍歌

熊耳山頭賊如蟻，磨牙殺人血流水。千金白璧不受污，哀哀節婦投崖死。節婦死，孤兒悲，拔劍走馬東西馳。興安將軍目如電，奇兒骨相封侯姿。移師壓賊賊瓦裂，懸頭牙門兒仇雪。行求母骸母有神，身死不腐經六旬。土人葬之七尺墳，孤兒來歸墳草新。手提仇頭酹仇血，涕泪灑作秋空雲。草蕭蕭，松瑟瑟，四十年來土花碧。興安將軍紫騮馬，却是當年報仇者。

贈蛤庵和尚　新住翊教寺。

杼山詩句夾山禪，蹴踏師林二十年。久矣毗耶無法説，不妨王舍有燈傳。垂鈎定罥珊瑚樹，撾鼓還驚尺五天。化盡素衣餘慧業，雜塵腸賴法流湔。

贈智方禪人　善果寺住持。

京華車馬日匆匆，愛向祇林訪贊公。世事撥開殘芋火，塵心銷盡一幡風。道人本自宜真率，居士何妨説苦空。法乳由來雙髻遠，禪枝長蔭帝城中。

癸亥除夕

竟歲勞勞趁軟塵，綸竿孤負澤中身。百年荏苒同今夕，萬感迴環及此辰。未老心情貪學道，長貧生計恥千人。鄉園幸有如雲客，相伴京華度好春。

甲子元旦

雲門九奏聽分明，廣宴班中忝綴名。蓂吐一莖知律暖，雲開五色驗春晴。朝回奉母餘懷橘，燭上邀賓好試餳。但願八方寬帝力，樵風牧雨祝升平。

懷吴聖玉

楊雲墳草幾經春，李燮依然北海濱。白馬清流塵劫事，黄羊衰草夢中身。詩書且喜家風在，孝友還看至性真。華表歸來應有日，天涯愁殺收瓶人。

懷雲從叔二首

嵩陽爲宰復嘉陵，遍地創殘撫字曾。萬户渴思慈母乳，寸心清對玉壺冰。未邀鶚薦人難事，乍報鶯遷道可憑。取次扶摇風力厚，一枝猶自養雲鵬。

牟平僻在海東頭，鷄犬桑麻自一州。官閣晝晴看海市，油幢春曉對之罘。天將樂土酬廉吏，帝乞閑身得壯游。净掃鼉磯一片石，六鰲相待并垂鉤。

重游萬柳堂

萬柳堂前楊柳枝，枝枝拂檻復臨陂。開尊最憶陪游地，繫馬頻來傢直時。天下憐才唯少傅，人間行樂只南池。而今東閣荒凉甚，獨把長條有所思。

重過長椿寺

寺門松老碧參天，松下虚堂竹榻懸。相國曾分煨芋火，諸生常預散花筵。大人心量無涯際，塵世榮華有變遷。身是裴休舊賓客，瓣香於此祝平泉。

送魏環極尚書告歸二首

乞歸優詔苦難留，祖帳蕭蕭落木秋。豈得廷中無宋璟，懸知天下少韓休。冰霜標格垂青史，薑桂心情到白頭。去住從容恩數渥，幾人凝望比仙舟。

故里猶存佚老堂，九宫山色對蒼蒼。便應敕喚逍遥谷，早見人稱君子鄉。益壽尚方餘藥裹，酬恩家舍有青箱。一丘一壑真堪老，何用成都八百桑。

送進也叔觀察西寧

高秋擁節上崆峒，錫命光華迥不同。帝謂馬援猶少壯，人言裴楷舊清通。金城遠扼河湟險，青海平臨磧嶺雄。卧護諸番非細事，籌邊好答主恩隆。

爲王幼華給諫題五詩人圖

維揚城中十萬户，銅山峨峨守群賈。何來索寞三四公，抱樹秋蟬獨吟苦。詩翁髯孫推老蒼，汪生後出何堂堂。異軍特起吴與郝，清詞秀句相低昂。關中王郎太奇崛，成名不肯事干謁。獨身負笈游江淮，把臂入林稱快絶。紅橋齒齒楓斑斑，五君擁鼻吟其間。豪情欲瀉一泓海，幽夢迴落千層山。竹西笳鼓紛無數，走覓王郎不知處。時時山寺見題名，往往城東有聯句。江花催人客將歸，主人彷徨客徘徊。畫得容顔作卷子，一日相思開一回。嗚呼交道今如綫，陳雷張范不復見。風從雨散合復離，勢利之交古所賤。何意風塵有五人，性情不薄肝膽真。到今未覺山濤貴，當時豈厭黔婁貧。我披此圖三嘆息，白雪丹砂好顔色。黄塵冥冥天路仄，十步五步愁荆棘。紫芝翩翩松幹直，置身圖中老亦得。

送同年高阮懷假歸二首

衮衮京華足啖名，愛君鶴立有餘清。終年晤對無機事，鎮日朝參少宦情。天以一官酬樸學，人將百歲誤浮名。蹉跎此日裁歸去，白髮蕭蕭别帝京。

昆弟親情廿載前，更添轇轕作同年。鸞龍才藻人争重，玉雪襟懷我獨憐。杜甫有兒能誦選，張融無宅且牽船。人生惟有還鄉樂，只欠城南二頃田。

送迂庵歸天目

迂公粲粲儒門子，早年文筆看憑陵。一朝披緇入天目，擺落塵網栖大乘。大覺門風最嚴冷，公也謦咳能親承。利錐痛捧不辭苦，剥蕉脱笋穿層層。偶然省母還故里，獅巖忽暗千年燈。自爾頹然卧林野，埋照頗類尋常僧。曾點何妨傲顔閔，綺季豈必儕樊滕。伊余托契在人外，愛子風骨能堅凝。麻源團焦共烟雨，包山絶壁同笠簦。我緣一官滯京闕，君來何事衝炎蒸。苦云本師久遷化，塔銘未立心憑憑。十年僵卧此一出，寒山片石求子昇。故人相見笑啞啞，玉山屹立彌崚嶒。三公七貴懶干謁，千巖萬壑勤探登。銘章乞得便歸去，飄然萬里携枯藤。道人於此無罣礙，兔足豈足麼蒼鷹？嗟余失脚墜塵土，無繩自縛良可矜。六牛一夢今始覺，湯池躍出懷層冰。正思汗漫游五嶽，羡爾健翮秋稜稜。廬山天台幸相待，一瓢一笠吾能勝。

寄懷逋庵法師

無著相逢慰索居，天親踪迹近何如？江東義虎凋殘日，郭北精藍整頓初。魔佛自來原共劫，鹿羊何必不同車。誰能見得龍潭後，重檢青龍擔上書。

贈湯中丞潛庵

江東六七郡，國家之股肱。詔書昨夜下，吴人喜填膺。天子自除吏，湯公作中丞。公實名世賢，玉署早延登。出牧關與嶺，直若朱絲繩。高卧二十載，起應鋒車徵。再立御階上，赤管書金縢。舉世競機巧，無翼思騫騰。公獨守樸學，玉壺貯寒冰。竟荷特達知，耿介帝所稱。琅琅金華殿，端笏談衰興。講義作諫書，此事無人能。主聖獎臣忠，綸閣俄超升。旋命秉節鉞，直道庶可憑。江淮民力竭，灾祲况頻仍。一物官盡取，枯稯悲杜陵。吏治沸蜩螗，官方混淄澠。百蠹共一樹，凋殘諒難勝。仁公一整頓，嚴猛濟寬弘。春陽溥德澤，秋霜肅威棱。砥柱截衆流，一使狂瀾澄。野夫忝末契，緒論夙所承。南歸在早晚，衡門掩蒼藤。雅化尚能歌，擊壤有遺朋。

曾青藜見過留飲作歌

梅花千村復萬落，曾君浮家此中著。竭來相見春明門，白髮蕭蕭瘦於鶴。長安交態非往年，秋雲不似人情薄。八騶公卿不下士，屠沽小兒勢薰灼。模棱骨鯁兩難爲，仕宦何如布衣樂。莫怪非才與時迂，骨節不媚動乖錯。丈夫寧當骯髒老，不合低頭受束縛。槐根夢覺只須臾，洗眼坐觀殊不惡。朝來雪花吹滿天，恰值賣文餘酒錢。故人相見且樂飲，世事過眼紛雲烟。君不見尚書坐中老賓客，幾人强健猶扶策。又不見易堂當年英雋人，大半磨滅爲灰塵。勸君勿悲亦勿喜，人生百年而已矣。功名事業皆糠粃，不如高卧梅花裏，濯纓萬頃滄浪水。

爲胡循齋題春帆落照圖

柳條摇溶映空水，徭山蒼蒼近山紫。含情送遠者誰子，目極征帆一千里。江流不抵别意長，無端百感來茫茫。江郎才盡恨不盡，故留别賦愁人腸。平原使君茂陵客，一往深情逗才魄。秋窗教寫春帆圖，楚水湘山割千尺。官燭題詩篇復篇，縈情叠恨何纏綿。坐中酬唱競好手，銀鈎錯落題蠻箋。春明門外天涯路，送盡歸人身欲去。河橋夜雨打孤蓬，識是班騅送行處。

續寫懷六首

野夫何事點朝班，竟歲勞勞塵土間。報國早知才薄劣，趨時長恨質疏頑。蹉跎歸計愁衰鬢，爛漫春花憶故山。深謝故人相料理，飛章催送鹿車還。

棲遲少小在長林，酒盞書籤托興深。傲岸不嫌豪士態，清狂微會古人心。作官豈得行胸臆，處世應知貴陸沉。莫問彈章出誰手，勤攻吾短是良箴。

承明清切傍天居，僚友金蘭誼不疏。昨日螭坳猶執簡，今朝蓬户已焚魚。世情信有羊腸險，宦迹真成鴻爪虚。未必芬芳比蘭草，當門先已被芟鋤。

鶴影爐烟講席重，傳宣長在掖門東。三年趨走紆天盼，一日推排割聖衷。舊識蛾眉驚畫筆，未捐團扇奈秋風。青蒲傳得咨嗟語，腸斷孤臣泣轉蓬。

亦知獨立理難全，受命其如不可遷。鶴性自來難籠絡，松身寧解學纏綿。行藏豈免隨流俗，面目終須對古賢。鎩翮剪翎非所惜，無過使我不冲天。

不束朝紳已涉旬，居然林澤得閑身。掩關正好看山色，緘口無妨近酒人。萬古功名棋上劫，百年身世隙中塵。老親一笑渾無事，屈指歸期此度真。

嗜退庵

九龍望浮玉，遥遥碧峰對。眷懷鹿皮翁，結廬清溪内。竹閣眠翠微，風琴發天籟。冥栖一榻間，曠懷邈千載。從來拔俗人，托好寄烟靄。藏身曉損益，含光悟明晦。天機一以深，世味澹然退。弄水測清源，觀雲窮變態。群象雖參差，遠興各有會。曾聞羊裘客，垂釣富春瀨。亦有周太原，出處同風概。籃輿憶家園，摩挲侣松檜。只合具扁舟，烟波訪西塞。千秋兩客星，雙懸南天外。

寄友二首

分手無多日，相看已隔年。琴尊餘客夢，風雨悵離筵。汾水春流繞，壺關鳥道懸。雙魚何所寄，衹有白雲篇。

不得河汾信，遥知逸趣深。著書庭草長，閉户壁苔侵。俯仰看天地，胸懷自古今。多慚房杜輩，空有濟時心。

白松歌

房公祠前雙白松，白如白玉蒼如龍。龍身倒垂拂烟海，玉骨挺立撑鴻蒙。琅玕雕成冰雪净，千尋直上圓童童。清陰遠覆白渠水，翠色欲掃明星峰。此種由來不易得，郎官手向忠祠植。二十年來大十圍，扶持似有神明力。伊昔賊馬蹂秦川，驅劫官吏霜鋒前。幾人銜鬚作温序，幾人飲酖同譙玄。房公三秦一男子，嚼齒穿齦甘九死。長號絶粒埋空山，一片丹心照青史。至今祠廟留池陽，雲車風馬來徜徉。雙松托根幸得地，孤高一氣摩穹蒼。君不見武侯祠堂錦城旁，中有古柏參天長。唐時歌咏漢時樹，可憐人物相輝光。千秋人過房祠下，化石松根堪繫馬。苔痕綉出泪班班，記取孤兒種松者。

壽朱西仲尊人九十

九十游泰山，吾聞榮啓期。復聞周鬻子，九十爲聖師。隆古人惇龐，太朴完不虧。善氣迎天和，多壽固其宜。末俗競機巧，醇醲變爲醨。中壽每希覯，况乃望期頤。天都有長者，鶴骨龐鬚眉。甲子不知數，九帙當今兹。問翁何能爾，頌德非一詞。慈儉爲身寶，敦睦爲家規。築堤捍水患，煮糜賑年饑。宗親托廣庇，鄉里蒙博施。以兹荷天休，岡陵壽無涯。駐顔非青精，却老非華芝。衛生自有經，種德以爲基。陰德猶耳鳴，古人不吾欺。請看翁堂下，鬱鬱三槐枝。

遂初堂詩集　卷六

近游草　起乙丑秋，盡丙寅冬

禮懺畢贈諸禪師

人生事二親，孝養苦不豐。幽明一以隔，報德將何從？側聞大雄教，利濟靡不通。霆雨漏泉壤，大雲彌蒼穹。哀哀我慈氏，夜臺去無踪。咯血餘孤兒，追攀道途窮。庶資空王力，幽贊人天中。師林足龍象，禮請來榛蓬。懺摩演梵唄，象設開金容。鐘魚清且肅，瓶鉢虔以恭。慧燈破暗界，法乳留虛空。群品盡沾被，疇能贊弘功？吾母早薰修，持誦三十冬。疾苦不散亂，寧定徵臨終。多感諸宿德，勝因此圓同。庶幾登覺岸，豈止生天宮？殘生了無事，誓欲參幡風。無生倘可證，海上有龐公。

黄叙九過話有贈

一别動經七八載，那能童稚不蒼顔。陸沉我竟成何事，雌伏君能安故山。風樹驚心同涕泪，羊腸閲世足間關。結鄰只在南村好，短笠長鑱任往還。

訪吴東籬先生[一]

燒殘劫灰少遺民，猶喜空江剩一人。井底書函留甲子，壺中藥物辨君臣。仲連老去神仍王，叔夜歸來性已馴。塵土勞勞成底事，慚將小草對松筠。

【校記】

〔一〕此詩又見乾隆震澤縣志卷三十四撰述四集詩三等。

贈沈兼人[一]

風雪關山道，曾爲并馬行。衝冠能赴難，掉臂不求名。别久鬢霜點，談深劍匣鳴。柴扉村徑裏，誰信有侯嬴。

【校記】

〔一〕此詩又見乾隆震澤縣志卷三十四撰述四集詩三等。

喜顧茂倫病起

衰病長愁藥物難，新秋何幸報平安。天留耆舊光星象，人爲詩翁理釣竿。幻質悟來皆傳舍，塵襟撥盡即還丹。風髯雪鬢匡床裏，直當維摩小影看。

悼顏氏表姊

阿姊閨房秀，瓊林剩一枝。清言良可味，佳咏少人知。久別驚霜鬢，重來只繐帷。謝公風度盡，雪涕有餘悲。

通濟庵贈密中講師〔一〕

多年不到橋西寺〔二〕，爲訪深公踏月來〔三〕。龍聽法時雲羃殿，鳥啣花處水平臺。如歸僧衆飯千鉢，似畫烟村渡一杯〔四〕。願得法輪窮劫轉，優曇長向講堂開〔五〕。

【校記】

〔一〕此詩亦見清翁廣平撰平望志卷十五集詩。下稱「平望志載潘詩」。

〔二〕橋西寺　平望志載潘詩作「湖西寺」。

〔三〕踏月來　平望志載潘詩作「破浪來」。

〔四〕似畫烟村渡一杯　平望志載潘詩作「似綉烟村渡一杯」。

〔五〕優曇長向講堂開　平望志載潘詩作「優曇長傍講筵開」。

宿蒹葭庵贈石鄰上人〔一〕

落日在漁網，扁舟臨釣磯。故人九載别，草舍一燈微。有道禪難縛，無家遯始肥。桔槔終夜響，聽者自忘機。

【校記】

〔一〕此詩又見翁廣平撰平望志卷十五集詩等。

送沈雲步之官靈臺

丈夫作官不擇地，一城一障足自試。頗怪世人捧除書，佳惡紛紛生較計。佳者歡喜惡者愁，稻粱祇爲隨陽謀。黄鵠舉翮志萬里，俯視齷齪良可羞。沈郎早入南宫選，十載得官何太晚。不及屠沽市上兒，朝入緡錢暮手板。靈臺縣近古蕭關，舊壘新屯極望間。他人往往苦荒寂，愛君慷慨多壯顔。大火欲流白露下，單車迢遥指涼夏。崆峒山聳見河源，陰密城深到官舍。羌童能舞復能歌，粟金羊馬盟如何。努力建豎勿蹉跎，名臣起家州縣多。

贈邑令郭華野〔一〕

高田宜禾，下田宜黍。言晴得晴，欲雨得雨。人人歌頌郭明府。明府未到時，桑非我桑，田非我田。吏暴如虎横索錢，十日五日在城郭，婦子不得晏眠。自侯之來，有經有緯。賦籍五百萬，屈伸在指。鞭朴不煩，逋租用理。吏胥嘆於室，農人悦喜。案無留牘，聽斷精明。大事令小，小事令平。豪猾屏迹，止訟息争。使我耕田鑿井，白首不至縣庭。侯爲茂林，蔭民於暍。侯爲甘泉，拯民於渴。侯無去我，爲帝喉舌。祝侯千齡，茀禄是掇！

【校記】

〔一〕此詩又見乾隆吴江縣志卷五十撰述五集詩四等。

題巢雲堂

襆被懶於城市宿，扁舟每過惠休家。塔當檐際重重影，院入秋深樹樹花。會意琴書禪不縛，破愁酒盞律難遮。閑雲莫漫辭巢去，相伴滄江老歲華。

過純陽院訪曹鶴賓

道院禪居近接鄰，閑披草徑訪幽人。雙瓶有像仙留迹，一水無波龍隱鱗。拙鈍金丹難換骨，蕭疏紫闕不稱臣。松陰對弈鬚眉古，剖橘還疑是幻身。

挽迂庵上人

脱却儒衣著衲衣，三關親透截流機。蕭閑不愛拈槌拂，峻利偏能檢是非。白眼祇容吾獨賞，剛腸多與世相違。年來飽閱病魔境，榔栗横擔覺路歸。

廿年結契水雲中，相訪京華意氣雄。却客贈金高士態，勸余勇退古人風。褰裳擬踐名山約，彈指俄驚幻化終。訣别寶華書一卷，還憑願力與流通。

德清訪章伯昇昆季

東衡舅家路，生小未經過。已是兵塵隔，那堪患難多。書來涕泪重，夢去水雲訛。此日真相訪，輕帆拂翠螺。

外祖吾鄉宰，餘□徹骨清。謳吟當日盛，公論到今明。白草荒阡色，濃霜故國情。孑身瞻拜地，嗚咽想亡兄。

中表何寥闊，諸昆見倍憐。麻衣同毁塞，土室暫留連。薄俗躬耕好，衰門課子先。從今溪路熟，來往任年年。

報德禪院訪同庵上人

一道清溪鎖碧山，禪燈寒出萬松間。枯巖久斷天人供，飛錫新携岳色還。機以沉冥偏透露，門因孤峻少躋攀。我來欲叩聲前句，白月當庭夜不關。

贈體璠講師

下若溪邊聽講時，青松猶記折殘枝。八年塵夢我初醒，一劫寒灰君不知。戴雪晚菘鷩味美，搏風高鳥恨歸遲。夜闌軟語誰能會，落月金盆是導師。

雲　棲

禪門多丈夫，雲棲最英特。洞徹教與宗，而不炫才識。懇懇修净土，自標一家則。持以藥狂禪，如匠操繩墨。遷化七十年，森嚴想儀式。招提指三千，規矩能整飭。鐘魚梵天音，竹柏太古色。吾生恨衰晚，不及見古德。道緣殊未淺，一宿繩床側。遺文摩尼珠，可以破昏黑。庶假湛寂光，策我堅定力。

宿韜光山房作二首

招提宅山顛，而有清泉瀉。濤聲亂陰晴，瀑勢無冬夏。殿門俯層巒，萬象森在下。湖帆曳林空，海日升巖罅。我來歲已晚，楓菊猶未謝。白石净可餐，流雲駛堪駕。浮生如窗塵，幾人得休暇。遇坎且當止，茅齋倘相借。

嗜奇夙成性，逢山必冥搜。捫蘿晚來登，愛此雲景幽。巖壁如故人，清冷與我謀。十年始再至，所嗟歲月遒。山僧能好事，燒笋沽新篘。出詩過百幅，雅俗頗兼收。時時見名賢，隻字珊瑚鈎。風湍嚮終夜，疏雨時灑樓。神清不可寐，似枕江灘流。萬事足欣厭，塵境有去留。誰爲洗心人，可與濠濮游。

雨阻韜光作三首

山行晴忽雨，小住亦爲佳。瀑怒欲崩屋，雲寒時墮懷。燃松便静坐，煮蕨稱清齋。豈必吾廬好，巖棲願始諧。

游速每多悔，何妨信宿停。山宜雨餘認，泉愛夢中聽。洗硯池光活，翻書燭燼零。枯藤與危石，相對各忘形。

百年原逆旅，大塊本浮槎。一别不爲客，高眠即是家。榮枯棋作劫，聚散瀑成花。汩汩成何事，勞生只自嗟。

觀高忠憲公遺墨

高公本大儒，而亦通禪理。三旬此静坐，湛静觀無始。講學本心得，定力徵一死。奈何今時人，壇坫熾口耳。紛紛辨朱陸，如刀劃空水。公没六十年，静觀一彈指。山僧寶遺墨，精光爛盈紙。剖揭動静關，字字發心髓。多幸得諦觀，兹游不虚爾。持此鎮山門，玉帶安足比？

冷泉亭

寺門泉水澹淪漪，水面靈峰對不移。黃葉一天霜落早，白松滿院月來遲。濯纓清徹三生夢，照影寒驚兩鬢絲。自是心情愛孤冷，獨行惟有澗猿知。

過蓮居庵作

爲愛蓮居講舍開，衝泥三度扣門來。黃雲滿樹鶴飛出，清磬一聲僧定回。末法幾人修止觀，孤宗此地有天台。真空本自無言說，說得真空是辨才。

訪張用霖

東郭先生負郭居，蒼眉强健八旬餘。少無機事惟探道，老薄浮名不著書。覆户清陰交竹樹，隔窗仙梵接鐘魚。比舍即蓮花庵。到來每作巖栖想，淳朴風規似古初。

卓氏傳經堂

忠烈吾欽卓侍郎，曾於史牒闡幽光。孫枝一髪延宗祏，故里雙溪帶草堂。篋古詩書餘漆字，樓高奎璧有寒芒。鹿裘居士蕭閑甚，注罷參同藥草香。

長至有感

至日曾陪扈從班，郊丘親切侍天顔。手攀玉樹爐烟裹，身跨飛龍輦路間。放逐驚心移節序，衰頽伏枕滯江關。相逢還有棼魚客，搔首西風話碧山。時秦對巖、嚴藕漁同客武林。

德興謡

錢塘王起彪，丁亥進士，授江西德興知縣。縣在萬山中，數創於兵。遭金聲桓之變，郡縣新收復，君單騎之官。甫十日，而山寇曹鳴遠襲破城，執君。君不屈，幽之天君廟。廟後有間道，走弋陽。或勸君遯去，君曰：「吾守土吏，死分耳。不可以逃！」賊亦心敬公，置酒張優樂，延公上坐。公命演關壯繆單刀赴會故事，至降漢不降曹語，賊怒，白刃交下，殺君坐上。賊平，士民請恤於朝。會撫按官連罷去，不果。君弟芳人，言於余，余義之，爲作德興謡。

德興城中滿荆杞，德興山頭賊如蟻。炮車轟城城晝啓，縣令到官十日耳。賊爲將，官爲囚，戟手駡賊低賊頭。降不可，逃不可，快劍長刀環向我。我心如鐵豈憚焚，剖心可對關將軍。杯酒未乾刃交剚，噴空碧血凝愁雲。雲爲輪，風爲馬，忠魂彷徨德興野。褒忠無廟民愁思，中朝公卿知不知？

徐雹發假滿入朝余以事留武林不得送别却寄二首

林居松竹未全栽，又被鋒車早晚催。豈可史書無我黨，敢云虎觀少人材。霜濃橘柚寒仍緑，水落魚龍静不隧。遥想日邊諸伴侣，眼穿剛見一人來。

不共臨歧酒一尊，無窮别緒若爲論。立朝詎可因人熱，處世惟應以拙存。蛇若就時休畫足，蘭于芳處莫當門。蒓絲風味年年美，何日還來卧竹根？

賣文行贈林鹿庵

古來賣文得高價，前有相如後北海。餘子瑣瑣不足言，猶聞數字酬繒彩。當今重爵不重文，鴻裁鉅手何紛紜。捉刀英雄饑欲死，公卿侈口談皇墳。武林林生有奇氣，一生傲岸骨不媚。有刺不投貴人門，有足不踏京城地。家無馬融帳，室有黔婁被。沉酣一尊酒，磊落千萬字。文成諸體無不有，斫輪削簴誇好手。一篇還值三四緡，爛熳得錢便沽酒。酒甕空時文易乞，不問名銜署誰某。挂壁時時風雨驚，緘囊往往蛟龍吼。林生林生勿騷屑，我亦年來賣文活。長安斗酒價千錢，餅金不救衆賓渴。蛾眉苦少胭脂多，文兮文兮奈若何！

贈顔无咎表兄

吾姑四子惟兄在，八十老翁神觀超。境過榮枯皆夢幻，機忘物我總逍遥。梁空燕壘烏衣改，漏刻蓮花白社招。冷盡劫灰餘一老，摩挲銅狄話前朝。

宿菩提庵作

招提清絶一塵無，緑净方塘影竹梧。劫火不燒龍藏寺，定光猶繞衲衣珠。厨烟寥落住僧少，溪月蒼凉坐佛孤。借問維摩老居士，刹竿倒却倩誰扶？

訪汪晋賢作

天涯朋舊關情極，京洛遥遥入夢頻。此際草堂仍握手，當年歧路轉傷神。行藏桃梗漂還日，事業槐根覺後身。好向墻東尋故約，千秋大雅共扶輪。

集沈崍源齋同陳堯夫汪晋賢高子威分韻

竹徑松門遠世塵，林居仍是織簾身。貧留廉石傳家好，老著萊衣樂事真。萬里江湖容傲吏，一堂風雨集詞人。春光九十餘三日，肯負先生漉酒巾。

集華及堂分得翁字

不醉兹堂垂十載，小松如蓋桂成叢。人因久别情逾厚，詩到無題句轉工。四海弟兄愁病裏，一春花事雨聲中。淹留且復貪游賞，擬割清江著釣翁。

寄懷周青士

故人出處如相避，我已還家君出林。皂帽可能爲上客，芒鞋還是遍西岑。看棋局外無榮辱，把酒壚邊有古今。何日買山歸計遂，耦耕不負昔年心。

挽曹秋嶽司農四首

耆英凋喪後，夫子復云徂。星落高天黑，龍亡大澤枯。風流前輩盡，知己此生無。一夜西州泪，平添白滿湖。

辭章真哲匠，風節早清流。道大時難用，官高志豈酬？一身文獻繫，片簡是非留。史局紛如此，嗟公往玉樓。

賞譽尋常事，眷余殊不群。直將風雅托，頓使壘旗分。倦圃花圍屋，平山樹戛雲。唱酬詩句在，把讀泪如潰。

聚書敵東觀，集古富歐陽。地下誰咨討，人間好秘藏。遺文猶篋笥，孤子正蒼黃。準擬同朱十，編題細作行。

扆硯歌〔一〕

汪郎嗜古賞鑒精，不似豪家徒啖名。百緡購得一古硯，其背坳缺如扆形〔二〕。云是宋朝大内物，奎墨龍香猶仿佛。何年流落兵塵中，礪鏃磨刀苦埋没〔三〕。幸遭識者重品題，國門重價雙懸黎〔四〕。名賢珍藏更幾姓，淵源歷歷猶可稽。後來蓄者唐太常，硯山酷愛同元章。子孫貧窮不肯鬻，懷金到門空彷徨〔五〕。天意欲歸文士手，此物今爲汪郎有。一日摩挲一百回，恰似參軍得新婦。想當此硯進御時，天孫拂拭宫娥持〔六〕。鳳諾朝題紫泥字，龍箋暮寫黄麻詞〔七〕。只今移入幽人室，筆床茶灶同清逸〔八〕。興至吟詩五字工，狂來揮翰草行疾〔九〕。硯乎硯乎爾安歸？誰榮誰辱誰欣悲？寧居天上〔一〇〕，依山龍藻火之光輝？寧居人間，與文人學士相攀追〔一一〕？硯乎硯乎默無語，試問汪郎硯之主。汪郎隱几亦忘言，颯颯蕉窗響疏雨。

【校記】

〔一〕此詩又載寵硯録卷下古詩，中國國家圖書館藏清康熙三十一年汪文柏輯刻汪柯庭彙刻賓朋詩本。案：寵硯録卷上爲屐硯賦，卷下爲古詩，原注「歌行篇引」。潘詩無名，作者原注：「潘耒，字次耕，號稼堂，吴江人。」下稱「寵硯録卷下潘詩」。

〔二〕百緡購得一古硯，其背坳缺如屐形　寵硯録卷下潘詩作「百縑購得一寶硯，硯底陷缺如屐形」。

〔三〕何年流落兵塵中，礪鏃磨刀苦埋没　寵硯録卷下潘詩作「何年流落兵塵間，礪鏃磨鋒忍埋没」。

〔四〕國門重價雙懸黎　寵硯録卷下潘詩作「國門價重雙懸藜」。

〔五〕懷金到門空彷徨　寵硯録卷下潘詩作「懷金到門但彷徨」。

〔六〕想當此硯進御時，天孫拂拭宫娥持　寵硯録卷下潘詩作「想當此硯供御時，龍衮拂拭宫娥持」。

〔七〕龍箋暮寫黄麻詞　寵硯録卷下潘詩作「銀鈎暮寫黄麻詞」。

〔八〕只今移入幽人室，筆床茶灶同清逸　寵硯録卷下潘詩作「只今閣皮幽人室，蠹簡芸香共清逸」。

〔九〕興至吟詩五字工，狂來揮翰草行疾　寵硯録卷下潘詩作「興到吟詩五字工，狂來揮翰千行疾」。

〔一〇〕寧居天上　寵硯録卷下潘詩作「寧還天上」。

〔一一〕與文人學士相攀追　寵硯録卷下潘詩作「錦心彩筆相追隨」。

太平庵

禪宇無塵到，披襟五月秋。池光平浸榻，竹翠净當樓。古德懷船子，清詞憶惠休。勞生疲負擔，何計此淹留。

渡泖湖

泖漲渾連海，帆輕恰趁潮。浮杯一塔小，點黛九峰遥。急浪催年鬢，流雲笑市朝。冥心觀物化，來往任漁舠。

游小昆山尋二陸故居

名賢餘舊宅，聞在此峰陰。傍泖孤村冷，環山曲港深。風雲思將略，泉石見文心。祠墓嗟蕪没，殘碑不可尋。山下有晋征北將軍陸禕墓、唐黄州司馬陸元感墓。碑文載郡志，今俱不存。

九峰禪院訪西賢禪師

九峰多梵宇，獨此法幢存。金粟燈傳遠，霜松德臘尊。藏函輝月窟，龍藻躍天門。莫怪耽孤寂，湖光萬頃吞。寺内有壐章皇帝御書。

過頤浩寺訪槖庵和尚先兩月已應十八澗祖庭之請與西堂參魯師夜話留題二首

南朝遺刹村墟裏，閣影鐘聲碧浪涵。一徑曲盤靈隱路，數峰青割洞庭嵐。名賢去後空留榻，寺有夏尚書遺榻。龍藏焚餘不記函。何日祇林還壯觀，一堂凡聖與交參。

屢扣松關訪導師，寒潭白月照鬚眉。道尊南澗初移席，人古東堂好夢思。法器珠沉須撈漉，宗風瀾倒要撦持。護巢獅子能哮吼，門外狸奴莫浪闚。

宿拈花庵作

村黑投漁港，更深款竹扉。暗香花不辨，清唳鶴初歸。夢借繩床穩，談依佛火微。蕭齋無笋蕨，應爲客來稀。

尚有團焦意，茅堂三兩楹。避人湖浪闊，却供果園成。地僻疑無路，僧高不用名。息機宜就此，簪紱愧平生。

遯村報恩寺有感

臨流小市隱蒼藤，古刹千年幾廢興。海外浮來瞻瑞像，坐中脱去識真僧。地幽劫火留雙樹，湖險蛟龍護一燈。可怪禪林多鬥諍，相傾不獨白衣能。

寄懷甘郡丞鴻書

綉轂花驄漢小侯，何當行部古邕州。檳榔醉過槎江月，吉了啼殘銅柱秋。政美蠻荒原易治，心清瘴癘不須愁。南交舊是中朝地，好爲籌邊更築樓。

寄懷吴商志

國士途窮日，羈栖到百蠻。澄懷袪瘴癘，豁眼對江山。勾漏陶公縣，昆侖狄將關。論兵與鍊藥，留滯幾時還。

壽鈕蒸如

漫説柴桑與鹿門，幽人只在水南村。貧餘鷄黍家風古，老夢黄農素節存。筆墨盡時知硯壽，梧楸凋後見松尊。願從鷗鳥閑來往，永日忘機話竹根。

虎丘訪聖宣禪師不值宿丈室作

支公何去竹房清，一榻清凉夢不成。月透矮窗橫塔影，風來高樹亂泉聲。一龕木佛無人事，終古青山不世情。軟語夜闌能會否，黄鸝相對説無生。

姚節母詩

飛飛白頭烏，啞啞樹上啼。盈盈寒閨女，嫁作良人妻。結褵始半載，妊兒甫三月。大艑駕高帆，倉皇告將别。一别經七霜，兒身高於床。君歸抱兒笑，妾涕沾羅裳。歸來只半載，白日潛光彩。一死誓從夫，沉吟有孤在。朝織一匹縑，暮刺一幅綉。枯木無冬春，泪滴重泉透。荏苒雙鬢華，兒大能克家。孫枝兼秀發，苦蒂垂甘瓜。嫁時年十七，終年六十九。單栖五十春，苦節天所壽。白堤虎阜下，清川帶迴塘。行人争借問，綽楔誰家坊。無云閫德微，天高而聽徹。簪笄慎立身，視此姚母節。

二姜先生祠 給諫埰、行人垓。

軾轍齊名世早知，百年忠義繫人思。忠傳折檻排奸日，義想銜刀伏闕時。兩地青燐埋宿草，一山紅樹妥新祠。吴門野老多相識，雪涕争看幼婦碑。

宿秦園作

暑濕舟難進，山園暝始投。微凉風動竹，虚白水涵樓。答響蛩蟬夜，交陰栝桂秋。翻疑在京洛，清夢此來游。

何地無池館，兹園天下聞。禽魚親玉輦，雲水學龍文。盛事圖經得，清暉野老分。逍遥元有谷，不必遠人群。

陽羨道中作二首

曉山過盡暮山逢，更有奇雲幻作峰。密樹覆溪千百轉，眠餐都在緑陰重。

淺渚平橋不見人，桔槔聲裏漲痕新。欲晴欲雨渾無定，獵獵溪風颭白蘋。

渡故城湖風怒甚宿蘆葦中簸蕩竟夕悵然成咏

越壩沿長川，崦嵫日將没。舟人逐便風，濟此南湖闊。峭帆三十里，轉眄山一髮。旅泊就空灘，狂飈轉咆勃。風水樹茭蘆，四俱善鳴物。得勢齊怒號，如翻地軸裂。渺焉一葉舟，震蕩不得歇。僕夫駭心魂，披衣待明發。生平飽風波，乘凌酷倉卒。知難可預防，未足稱險絶。但當戒長年，慎汝維與紲。

過水陽見墻角薇花訊知是孫編修予立故宅予立使安南卒於道今三年矣悵然有感即事成詩

蒼眉玉立儼彤廷，孰謂斯人不永齡？棘道未傳郎將節，湘江先隕使臣星。夕陽流水催年逝，故宅繁花引泪零。一艇經過君識否，鄰家哀笛不堪聽。

高淳道中二首

曲曲垂楊短短蒲，沙禽水鳥自相呼。長官無事居民樂，縣郭三邊盡帶湖。

水白山青引棹歌，藕花風裏笛聲多。浮家處處爲苕霅，自是無人學志和。

挽同年高阮懷二首

衰病侵尋勸爾還，冀便醫藥遂蕭閑。誰知分手爲長别，漫想論心到故山。垂老一官榮地下，酷貧佳句滿人間。凌雲豪氣今何在，白露成團漬草菅。

死别吞聲有夢知，素車遼闊到來遲。十年客舍蛩將駏，五載朝端塤與篪。才拙未堪題墓石，力微何以振孤兒。萍蓬流轉悲身世，腹痛多慚囑累辭。

懷施愚山侍讀二首

宛陵山水君爲主，而我來游不見君。歲月如流已除服，松楸漸大欲成墳。人同北海名常盛，詩比都官格不群。威鳳九天嗟逝矣，拙鳩巧鵲漫紛紜。

少小慕君年地絶，何期邂逅得同官。望衡未覺過從樂，宿草方知會面難。半榻涼風吹夢醒，一帆斜日到門寒。青山盡是題詩處，剔遍莓苔不忍看。

懷茆楚畹編修

少壯迍邅晚一蜚，暮晴何必減朝暉。乍看臚唱三天下，俄送靈輿隔歲歸。背郭門闌仍索寞，禁林花草自芳菲。同登幸有宮詹在，好念西華著葛衣。己未及第三人，惟歸詹事在。

三梅詩

淵公開美姿，濯濯瓊林樹。才名三十年，春官遲一遇。同輩或公卿，孤衷乃儒素。壯游雲濤寬，博古金石聚。詩章非一體，澹蕩多奇趣。作畫攄胸懷，乞者必遭怒。贈我一幅縑，雲松鬱盤互。風雷謹護將，通靈恐飛去。

定九善著書，雅好索精隱。矻矻窮天人，游心入無朕。曆術通中西，算數抉元本。俯察與仰觀，洪纖莫能遯。舉世競浮華，樸學多見哂。豈知經世資，用之不可盡。史局難曆書，天官足矛盾。誰能貢金門，空山出芝菌。

耦長名父子，俊骨霜天鷹。家風遠繩纘，文藝非學能。落筆最清矯，蒼然出鋒棱。雲蒸氣始上，川至思方增。居然萬人敵，偏師酷憑陵。性本愛儔侶，而不混淄澠。愚山凋謝後，索莫謝無朋。珠盤今有托，茲人方代興。

贈沈方鄴

我慕文節公，抗言觸權相。拂衣出金門，高卧芙蓉嶂。茲來訪裔孫，吾子特倜儻。倚馬賦千言，文壇老飛將。氣靡水犀軍，目空雲臺仗。猶然伏蓬蒿，未得摩霄上。貧還輕千金，困思守一障。嘯傲山水間，軒軒自神王。清門信多才，窮達焉可量。且共登松巖，凌秋發高唱。

贈沈公厚 耕巖第五子。

有明重科舉，垂亡乃徵辟。峨峨沈先生，丹霄鳳一翮。抗章彈中樞，千官動心魄。浩然歸故山，迫此桑海厄。土室無冬春，蝸廬自朝夕。矢節以全歸，遠繼文謝迹。吴興有斯人，庶足光史册。我昔欽高蹤，恨未瞻中舄。獨立望姑山，蒼凉水雲白。令嗣多才賢，季也璞中璧。伏處韜其輝，先型凛繩尺。仲容能禮賢，招延爲上客。古處相切劘，冀資韋弦益。明河耿華星，青松戴白石。忠孝本孤行，踵武彌輝赫。努力騖千秋，遠矣君子澤。

阮于岳邀游敬亭同沈方鄴公厚諸子分韻

名山長在卧游中，此日攀登迴不同。嵐翠沾衣雙塔雨，秋聲著樹一樓風。騎鯨人去溪還碧，放鶴僧歸殿已空。旋摘旗槍烹緑雪，年年分餉憶詩翁。

雨中城堞雨餘分，樹底流泉樹杪聞。强欲題詩慚謝朓，遠煩載酒愧揚雲。一丘偃仰從吾老，萬里騰騫有數君。正撥歸橈復留滯，清宵猿鶴悵離群。

梅耦長見示木瓜唱和詩卷次王阮亭韻二首

山家珍果及秋鮮，摘向疏籬帶曉烟。觸手韻宜開卷裏，凌冬香壓早梅前。名先楚橘風人美，種勝吴柑圃客憐。底事南中無好咏，却令朝士補新篇。

擊鉢裁詩迹已陳，摩挲手迹一酸辛。驢鳴早有存亡泪，鴻爪都爲落謝塵。苦蒂同生悲物性，空名長繫感羈人。邵平恰欲鋤瓜老，移到家園景色新。

題藕長小照旁有姬人倚竹而立

荷葉田田颭柳枝，旗亭争唱宛陵詩。含毫欲叙西京事，腸斷閨人擁髻時。

清溪一道絶塵氛，片石蒼寒對此君。怕遺才名壓朝貴，新詩寫罷付朝雲。

詹在周張允仲招游鰲峰登培風閣望城南諸山作

神鰲勢蟠拏，仙宫壓其背。樓觀鬱蒼蒼，儼若三山戴。端居困炎蒸，追凉出塵外。俯睇城郭清，平臨江山大。新篁净嬋娟，老樹森蓊薆。潭空蓄蛟龍，像古勝光怪。真人産其中，遺迹宛然在。圭色明蔚藍，劍文倒金薤。傑閣創鄭公，茲邦有遺愛。梯空駕譙樓，遥山自呈態。作吏須文人，啣杯多感慨。地主雙南金，風期敦縞帶。好以鸞鵠姿，黼黻熙明代。

經姜給諫墓作

青峰一曲抱愁雲，中有先朝諫議墳。往日兒童識鄒浩，到今野老哭劉蕡。山頭樹屋稱殘卒，地下戎衣見故君。埋骨便爲乾净土，豐碑華表漫紛紜。

姜勉中學在昆仲之萊陽瘗貞毅髮齒於先塋扶母櫬來南與貞毅公合葬爲賦二律

舉世爲柔舌，黄門獨齒剛。漱流春澗冷，嚼雪海天長。早落逢多難，全歸托故鄉。一坏存骨鯁，霄漢有光芒。

客葬孤臣痛，廬居孝子思。長眠還有母，守家可無兒。風雪扶輀遠，關河轉旐遲。同丘仍別兆，吊鶴有餘悲。

題梅定九飲酒讀書圖二首

草没城南揚子居，玄經著就復何如。世間文字看應遍，更讀旁行海外書。

屠龍枝就無人省，且盡花前酒一杯。溪水西流懸記在，緘籌留待異人來。

遂初堂詩集　卷七

江嶺游草　起丁卯夏，盡戊辰夏

金　山

長江西來一萬里，雷轟箭激趨東瀛。金山突起扼江路，孤柱力與洪濤争。盤渦推蕩崖壁轉，沸浪跳蹙魚龍驚。有時波平天一色，芙蓉倒浸玻璃明。樓臺參差冠巖肩，風帆縹緲空中行。月輪洗出桂樹浄，鰲背涌起三山輕。二十年前潤州道，鐵鎖横江防海島。山面築城城戍兵，鶴怨猿啼隔幽討。只今窮髮不揚波，六龍巡幸來經過。詔撤重城露山面，皎如褰帳看修蛾。白玉闌干浸空碧，金輪寶刹光相射。貝葉翻雲曉扣鐘，羽衣坐月宵吹笛。留雲亭上片雲秋，紫海丹山一望收。尋常不敢題詩句，宸翰龍章在上頭。

發儀真遇便風半日抵龍江關帆駛浪高兩岸山巒如畫

朝發真州城，微風動蘆葦。出江始峭帆，箭激不可止。驚浪如雷鳴，低昂逐船尾。轉盼及龍潭，迴頭失揚子。帆山拂水青，鍾陵映天紫。倒影入蓬窗，層層錯如綺。日旰到長干，舟人一欣喜。何意笑談間，溯流百餘里。江行無常程，遲速不可擬。便風良復佳，牽挽亦恒理。但當慎風波，涉險方此始。

燕子磯

臨江峭壁不知數，第一玲瓏燕子磯。帖水懸巖長剪剪，穿雲乳石乍飛飛。香車斷續來城闕，梵刹高低出翠微。截住洪流關地軸，分明形勢鎖南畿。大江滔滔東下，燕磯緊鎖水口，爲金陵下臂。

報恩寺

南朝四百八十寺，剩有長干古刹雄。拓地規模如大内，憑高形勢盡江東。塔非阿育應難造，像恐優填刻未工。誰似空王威力大，吴宫晋苑劫灰中。

朝天宫

飛觀崢嶸斗極邊，百官曾此習朝天。門依閶闔三階正，殿仿含元九室連。幾度御香焚玉女，到今清泪濕銅仙。齋房道士眉如雪，指點疑陵一惘然。

金陵咏古八首

金陵形勢真天造，絶勝洛都兼汴京。地盡南條收王氣，國依天塹作金城。轉輸近便休民力，屯牧優閑省衛兵。但得忠良守邊塞，垂裳端可致升平。

江東自昔多英俊，龍變雲蒸不自由。公瑾伯符何豁達，謝安王儉儘風流。三分事業帆留影，六代繁華水發漚。欲向荒原吊陳迹，暮蟬衰柳不勝愁。

濠泗真人渡六龍，艱難百戰掃群雄。江東橋撤殲强寇，舊内門開表大功。定鼎規模駕唐宋，卜陵形勢擬岐豐。如何灑涕新亭後，不得西陽一餉紅。

金川門事最傷情，逐燕翻教上帝京。自古書生工誤國，誰令竪子浪談兵？魂歸杜宇春猶泣，碧化萇弘草不生。殉難從亡紛野史，可憐真僞半難明。

留都官務最清閑，早出尋花暮看山。三事徊翔皆散地，六曹坐嘯總仙班。笙歌泛月船長沸，燈火留賓鑰不關。歷歷升平行樂處，華胥夢斷有無間。

四家鐵騎驕堪戰，相國丹心死不灰。若使中朝無鬼蜮，可能半壁便崩頽。枕戈歲月唯荒湎，巢幕心情尚怒猜。火照淮南翻撤戍，晉陽甲自上游來。

朱雀烏衣一夕曛，桑田碧海事紛紜。中山府第爲官署，大内宫墻宿禁軍。艷艷火旗穿郭見，嗚嗚霜角隔江聞。鶯花三院今何在，草緑長堤似舞裙。

天闕牛頭對兩峰，三茅天際紫烟重。挂冠吾慕陶弘景，築室將尋雷次宗。塵俗喧卑難共語，江山清曠儻相容。勞勞亭畔頻回首，送客船窗有暮鐘。

牛　渚

大波轟如山，小波割如電。奔騰頽巖間，汹汹相攻戰。帆勢掃千軍，篙力争一綫。披圖想牛渚，絶險今始見。蛟鱷多奇形，躍浪時隱見。此輩水爲都，何足窮譎誕。浩浩紅塵中，物怪有千萬。射工善潛形，黎丘習變眩。安得太真犀，一燃無遺盼。

采　石

采石磯臨大江浦，姑熟當塗作門户。石勢盤迴一卧獅，江流湍激千强弩。開平虎將不可當，挺戈一躍三丈强。元軍風靡太平潰，江東帝業從此昌。時平事遠無踪迹，釣艇衝烟樵路白。老僧推户看殘霞，估客落帆捫絶壁。吴頭楚尾水連天，虎鬥龍争事惘然。狂殺青山李太白，騎鯨捉月送流年。

天門山〔一〕

潛江挾萬流，直下飛電速。天意欲少留，故遣雙峰束。削成肖天門，涌出横地軸。獰如虎牙張，矯若龍鱗蹙。我行遠見之，瑰奇駭心目。維舟思暫游，迫此暮景促。鼓勇一褰裳，上上西山麓。磴道屢盤迴，梯空出巖腹。崖危劣通人，壁窄不受屋。攀登及層巔，周覽罔巒複。驚濤上濺衣，崩雲下承足。恍如控奔鯨，戲就滄溟浴。海内多佳山，寧能遍游矚。到眼不可孤，日入當秉燭。

【校記】

〔一〕此詩又見朱滋年輯南州詩略卷二，四庫禁毀書叢刊集部第一〇〇册，影印清乾隆間刻本。末有評語：「起勢沙石俱下，『壁窄不受屋』五字，亦健拔有力。」

蕪湖關

款關何所有，天地一輕舠。津吏應相笑，漁翁故自豪。購書填客篋，載酒壓江濤。市上買書數種，水陽酒百瓶。鄉夢從今遠，看雲首重搔。

蟂磯孫夫人廟

仲謀真虎子，阿妹亦英流。嫁與劉郎去，能令魏武愁。恩乖緣兩帝，魄毅自千秋。借使生兒在，還如後主不？

荻　港

百丈緣蘆荻，孤舟傍渚汀。夜風豚拜浪，曉雨暈藏星。爲客知農候，論都識地形。赭圻迴望好，遮斷冶山青。

大通驛

大通臨水市，間道走蘇湖。百貨魚鹽雜，千家菱藕俱。鄉園七舍近，書札一行無。歸夢誰相攬，深更警雁奴。

經車家湖望銅陵青陽諸山蒼翠萬狀遂登陸游九華

江行足風湍，愛此溪路永。沿溯得澄湖，渟泓一鏡静。空天碧無痕，萬象森倒影。靡靡葭菼深，落落鳧雁冷。舉頭見遥青，飛巖怒而騁。尖圓各異狀，雄秀隨所領。九華高摩天，一氣含芒穎。削成九芙蓉，照灼三霄頂。吾本餐霞人，失脚墮塵境。對此如家山，得歸萬緣屏。登頓憑肩輿，超遥度烟嶺。嗟爾市朝人，何年夢初醒！

雙峰庵

雲端雙石笋，秀色落江心。何處恰相對，茅堂開竹林。蟬聲催樹切，虎迹印苔深。欲訪蓮峰徑，殘陽紫翠沈。

神光嶺禮地藏塔

度生弘願在，曠劫渺難酬。示現爲王子，精勤作比丘。心空大海度，緣合此山留。石爛跏趺迹，林香薝蔔秋。地神供土飯，龍母施靈湫。枯槁爲清衆，慈悲拯溺流。功勳一期滿，應化百年周。真相留巖際，神光出嶺頭。皈依窮震旦，頂禮遍神州。法界靈官護，金錢御府收。一乘真寶筏，三界本虛舟。會得無生理，幽冥何所求。

化城寺

盡道靈山地藏開，不知杯渡已先來。琳宮直占蓮花菂，香沼如安明鏡臺。璽押金經原內賜，明慈聖太后賜藏經，押以寶璽。塵封隻履未西回。大士遺履一枚，長二尺許。僧房簇似蜂房啓，留客家家掃碧苔。

龍庵

香刹遥看一抹青，籃輿轉向此中停。炎蒸不上三層閣，紫翠全收九疊屏。屋後新泉龍女供，夜分清梵雁王聽。苾蒭好事能携杖，遍剔蒼苔讀舊銘。

宴坐巖

大士潛修地，雙趺尚宛然。巖空眠似屋，壁削望如船。嶺合疑無地，江翻覺有天。由來參觀者，相見别峰巔。

伏虎洞

徑險從猿挂，崖危舊虎巢。半龕留客夢，一飯試山肴。石勢翻風旆，峰棱叠卦爻。應知習定者，不受一塵淆。

登天臺絶頂

九十九峰何重重，就中第一天臺峰。游人千百無一到，往往氛霧迷樵踪。我來恍惚有神助，迅風掃出青芙蓉。徑上層岡度陰壑，風日淒凜如霜冬。群山漸漸覺低伏，衆石一一呈玲瓏。如屏如笏千萬態，造物所幻難形容。飛橋横空最奇絶，側足萬仞臨奔淙。靈草輪囷九節杖，壽藤蟠絡千年松。登登絶頂何所見，千巖萬壑來朝宗。九子伏如馬，仙姑覆如鐘，惟有黄山三十六峰相拱揖，磅礴一氣分横縱。舉手摘牛斗，俯身跨虬龍。西眺江楚東吴淞，廬霍八九吞心胸。乃知兹山撑天昰地自雄絶，何必虞帝望祀秦皇封！

活埋庵贈默安禪老〔一〕

九子山頭第一峰，掩關枯坐有南宗。銜花罷供心離境，撥草無人路絶踪。脚下雲生長似絮，膝邊松偃欲成龍。挂瓢只合相依住，掃雪敲冰過幾冬。

【校記】

〔一〕活埋庵贈默安禪老　中國國家圖書館藏潘氏手稿本遂初堂稿丁卯卷作「活埋庵贈默安禪師」。

下天臺自龍口出山遇驟雨山徑險仄不容肩輿跣足行巖澗中二十餘里却視諸山在雲海中隱見出没備諸奇詭賦詩志快

天臺路氤氲，其下常晴霽。朝來僧窗中，縷縷雲出砌。謂此無妨行，出山志頗鋭。如何轉前坡，雷雨竟狂厲。却回既艱難，逡巡亦非計。行行屏肩輿，赤脚下天際。緣崖杖孤撑，遵澗裳屢揭。沾濕何足辭，所愛烟景麗。峰尖遞隱顯，雲氣乍開閉。或閃波中帆，或露墻外髻。衆壑瀉奔淙，瞥電無停勢。逶迤歷山村，取酒時一憩。須臾斜陽明，漸次豁蒙翳。千峰儼新沐，晞髮遥相睇。緑玉切無垠，芙蕖露其蒂。平生嗜登覽，兹游諒難儷。歷險境乃奇，閲變心始契。思我同懷人，强半班行綴。此樂誰得知，放浪天所惠。

樅　陽

梅根纔過眼，繫纜復樅陽。遠愛地名古，不知江路長。杯青山近岸，夢白月臨床。鬱鬱旌旗色，南巡想漢皇。

李陽河阻風

久泊船依碇，高眠浪擁沙。無風增苦熱，有月引思家。生事泥中絮，行藏海上槎。順帆多快意，小住莫長嗟。

皖江遇都平倩侍御〔一〕

江行經月無相識，皖口今朝見故人。并舍京華仍契闊，連檣水驛轉情親。世途久已輕儒素，關吏何曾恕要津。侍御頗爲榷關所苦。任昉諸孤良可念，脱驂殊愧孝標貧。謂周計百太守諸郎。

【校記】

〔一〕皖江遇都平倩侍御　中國國家圖書館藏潘氏手稿本遂初堂稿丁卯卷作「喜遇都平倩侍御」。

登安慶迎江寺塔〔一〕

江似長蛇走東海，舒州形勢握中央。山頭黑土新軍壘，郭外黄茅古戰場。一水穿沙來皖口，千峰叠翠拱池陽。居人寥落無相識，獨挈殘僧話上方。

【校記】

〔一〕登安慶迎江寺塔　中國國家圖書館藏潘氏手稿本遂初堂稿丁卯卷作「安慶登迎江寺塔」。

余忠宣祠

艱危百戰守孤城，赤手難扶白日傾。力盡妻兒同抗節，義高裨校不偷生。興朝褒禮還祠廟，異代游魂尚旆旌。慚殺白頭危學士，謫官偏向家邊行。

磨盤洲

沙圍水繞一孤洲，云是江南地盡頭。不信今宵方作客，聽猿對月向來愁。

馬當山

飛帆如箭劈流開，遥奠江神酒一杯。好風肯與王郎便，世上惟君不妒才。

小孤山

落日銜丹閣，驚湍滚碧岑。鶻栖巖竇矯，龍竄渚潭深。設險神明意，迴瀾天地心。禹功疏鑿後，巉削到如今。

石鐘山

沿江山連連，氣象但雄闊。湖口見石鐘，軒然特奇拔。雙峰似奔猊，下飲湖波渴。不知幾千載，水石相蕩汩。嵌空山懸根，透瘦石露骨。側立肖斧皴，中開象門闥。亭亭吐花跗，矗矗排箭筈。翩若垂旌旛，屹如具袍笏。樓閣綴飛巖，流盼窮天末。彭蠡静如杯，匡廬青可掇。征帆逐天風，巖關不可越。即境成淹留，會心得超忽。水石有奇音，鏗鍧時一發。欲驗坡公言，歸舟候崖月。

大孤山

名山不在大，寸碧截中流。勢蹴龍蛇轉，根連牛斗浮。猿聲五老暮，塔影九江秋。聖女留祠廟，青楓萬古愁。

鄱陽湖

鄱陽疑少海，南紀衆流歸。漲蓄三江截，沙明六郡圍。鏡光涵象遠，黛色帖天微。快絶鴻蒙裏，風帆一箭飛。

望廬山

夢想匡廬道，推蓬今宛然。奇峰皆倒水，高嶺不分天。九叠開屏障，三霄挂瀑泉。爲游莫草草，小憩可窮年。

南康道中

湖上殘霞逗晚晴，纖纖一塔隱高城。船舷蒼潤琴書冷，盡日廬山影裏行。

吴　城

水市明燈夜泊船，祠神簫鼓鎮闐闐。高檣重碇眠難穩，風浪關心是長年。

自安慶至南昌可六百里三日便到風利帆駛馬當鄱湖牛欄諸險俱於枕席上過作歌志喜

我從金陵溯江路，一月甫到皖水陽。夏多南風湖浪惡，不知何時望南昌。清朝幡竿忽前指，舟子喜笑帆高張。初猶舒徐漸決驟，大波砰擊聲雷硠。過眼千村樹滅没，拂舷兩岸山低昂。小孤大孤過如鳥，鄱湖粘天飛一航。南康風利不得泊，吴城酒醒西山蒼。計程六百三日到，尚淹半日湖關傍。三老咨嗟嘆奇絶，此實天意非人量。我生百事苦遲鈍，十步九蹶恒章皇。志願蹉跎局牛軛，宦途偃蹇行羊腸。往往退飛隨六鷁，年年戹閏同黄楊。胡爲兹游偏快意，身無兩翼能騰驤？宿世深緣在山水，多生結習餘文章。登臨嘯咏天賜與，減足增翅元相當。更無多談快作達，此樂殊勝南面王。

滕王閣

高閣曾聞化劫灰，何年重構氣佳哉。臨窗白日三天近，拂袖雄風七澤來。江抱龍沙文練轉，山銜雉堞畫屏開。人間亦有樓居樂，早唤群仙絳闕回。

碧海成田若木髡，昔年臨眺幾人存。有情會見江山老，終古誰令日月奔。勝地名垂鴻過影，空江人到雪留痕。三王詞賦猶磨滅，帝子豪華何足論。

鐵柱宫

洪都原積水，城郭半龍湫。不有仙靈出，能無岸谷愁。神符百怪竄，飛舄九天游。萬古支祈鎖，蒼蒼鐵柱留。

游西山翠巖寺

觸熱游西山，興發不可緩。從人笑其迂，吾自策吾懶。溯游渡滄江，登頓歷修坂。落落村墅清，回回林岫遠。寺門深松根，巾車到來晚。徑就繩床眠，旋烹露葵飯。老僧嗣宗風，標格頗蕭散。相携坐平橋，四山青篡篡。泉豐稻苗肥，石瘦茗芽短。崖月懸古光，溪風扣虚窾。是心芬陀華，於何煩濯浣。石磬本無聲，一擊大千滿。

同雪門和尚游洪井洞

雪公退院久，足不逾團焦。喜我撥草至，松泉傾滿瓢。靈洞有奇踪，導游不辭遥。涉澗凌亂石，梯巖搴飛條。懸瀑從天來，削壁垂藤橋。一泓井無底，下通章江潮。傳聞古仙翁，神丹於此燒。至今北山頂，月夜聞笙簫。洪崖去已久，彩鸞不可招。寺前鸞岡是吴彩鸞升仙處。但愛境清冷，一坐萬念銷。大地無垢浄，物情有紛囂。岸故逐舟移，月乃隨波摇。仙釋異閫閾，定慧同根苗。白石了無語，還以問參寥。

豐　城

山勢學龍蟠，孤城枕積湍。樹沈沙市暗，星帶客帆寒。文物兹邦古，兵氛到處殘。亂絲愁史局，那得揭文安？揭曼碩，豐城人，修宋、遼、金三史。

劍　池

碧天爲劍色，秋水作龍吟。神物化已久，幽人感至今。山川多異氣，廊廟少深心。不願充人佩，何妨匣底沉？

蕭公廟

豫章多水神，蕭公産兹土。瓘然一村儒，靈踪粲可數。端居拯覆舟，拔濟風濤苦。百歲趺坐終，留形在堂户。航海助星槎，平苗張禁旅。一一著神奇，褒封垂天語。至今官商船，肅拜奠椒醑。古樟數十株，輪囷蹙龍虎。托根依廟壖，千年脱斤斧。愛此地高凉，栖遲過亭午。山光玉筍新，碑文宛陵古。廟有施愚山碑銘，甚雅馴。欲續傳芭辭，靈旗颯飛雨。

峽　江

峽江山對鎖，不覺有江來。船向羊腸出，城臨虎穴開。燒畬穿嶺急，水碓撥雲回。客鬢先秋白，何煩一葉催。

吉　安

廬陵自古秀人文，文筆纖纖上插雲。高第如林多石表，孤忠蓋代有荒墳。文丞相墓在螺子山。運移乍徙蛟龍窟，物索新遭鶺鸛軍。大業殘碑尋不見，寒沙落盡淺深紋。

花石潭

一道清溪四面山，桑麻鷄犬晝閑閑。武陵只在人間世，逢着桃花莫便還。

十八灘

連山三百里，夾岸鬱相對。一江穿其中，萬壑飛泉會。落天勢崩騰，迫此亂石礙。班班棋縱横，落落星破碎。連蜷龍昂頭，𦙶岃鯨露背。群游雁成行，錯立凫失隊。或如八陣羅，或若三門隘。或鋭如戈鋋，或頑如碓磑。覆釜在盤渦，沉牛處潛昧。淺深無定踪，小大各異態。爲灘百十重，著名十八最。舟行路縈紆，一綫穿齟齬。長年莫自必，稍縱輒敗壞。造物宜坦夷，胡存此魂礧？得非示艱虞，無乃存鑒戒。茫茫人寰中，對面阻關塞。有形未爲險，無迹斯可駭。所願心地平，廓然忘情界。浩蕩乘虚舟，逍遥八荒外。

贛州

虎頭城下水周遭，獵獵秋風動節旄。扼吭地當五嶺隘，建瓴江落百灘高。關巖使客猶停旆，俗健居民亦佩刀。定變文成真得地，順流一夜縛宸濠。

南安道中

紅船重换板船輕，複渚迴洲次第行。香草每欣初辨種，好山長恨不知名。終朝帆影隨鴻影，永夜灘聲作雨聲。行盡輿圖三四幅，茫茫烟水尚南征。

大庾嶺

北雁愁聞到却回，游人何事溯灘來。峰頭雲起常疑瘴，驛路榕多不見梅。丞相鑿山孤廟在，禪師留鉢五宗開。嶺上有張曲江廟及六祖放鉢石。蒼苔冷石婆娑久，數遍千巖翠作堆。

南　雄

又過梅關半日程，亂蟬哀角宿山城。池暄重理生衣着，夢冷猶循江岸行。亭卒能言桑海事，館人偏記禁林名。同官游嶺南者，店主一一舉其姓名。端州此去還千里，更上漁舟一葉輕。

始興江口

湞水飛流下，枝江會始興。戍樓依露樹，客舫亂風燈。鷗泛初無着，雲行安所憑。開元一賢相，垂老畏青蠅。

凉風

嫋嫋凉風吹鬢絲，鄉園景物最堪思。曲江宰相風流甚，鈴索聲中賦茘支。

南華禮六祖真身

醫王不虚生，審病乃發藥。佛語流教宗，名相紛纏縛。大士垂悲憐，乘願來濁惡。現身不識字，心光洞寥廓。婆娑老黄梅，張網羅燕雀。俊哉一神鷹，寶珠當頭掠。半夜奪虎符，三軍皆錯愕。歸來隱曹溪，潛光守屈蠖。多口談風幡，天龍識頭角。崛起標法幢，洪爐鼓橐籥。盡掃筌蹄空，朕迹不留着。心宗炳朝光，義學掩夜爝。至今衆兒孫，萬流稟一勺。我來游寶林，璇房粲巖壑。清溪駛潺潺，香風浩漠漠。中有不壞身，跏趺儼如昨。肅拜瞻慈容，悲感泪潛落。窮子久逋家，金鎞未刮膜。願垂圓鏡光，彈指開樓閣。

韶州至清遠道中雜詩[一]

我行溯江湖，地盡吴楚域。山水佳有餘，未足誇奇特。度嶺浮湞江，險怪乃莫測。丹山信霞標，白水真練織。懸巖龍垂胡，欹壁鵬褰翮。竹箭拔地圓，旌幢摩天直。得非神鞭驅，無乃鬼斧刻。媧皇立極時，斷鰲蓄餘力。作此詭譎觀，用充樽罍飾。混沌死中央，倏忽有德色。

湞陽峽百里，兩崖狀如門。江流日漱嚙，崩剥露危根。空中頣霤削，骨立龍虎蹲。孤舟出其下，凛然凄心魂。石戴萬篙眼，壁縈千縴痕。溯流行良難，下峽如星奔。灘激波易駛，林深景常昏。奇峰遞迎送，百千互卑尊。或肖天榜挂，或疑鐵騎屯。心賞不暇接，目眩難具論。古來投荒人，鬱結聲長吞。壯觀有如此，何必非君恩！

中州山多眠，嶺外山盡立。或如跂而舞，或如拱而揖。袍笏擁森森，劍佩排戢戢。造物巧有餘，變態不相襲。前奇謂無雙，後幻仍百十。重華奏簫韶，於兹百靈集。石韻留鏗鏘，湘娥夜深泣。三十六芙蓉，賞玩不遑給。徵名藉榜人，驚湍如箭急。

東坡愛兹江，甘洌世無比。智藥掬飲之，謂似西天水。我非博物流，但美清見底。一碧涵空明，萬象紛可指。層峰上干霄，倒影見蒼紫。何殊衆嬋娟，畫眉明鏡裏。凉風起蘋末，扣舷思君子。上流濯我纓，下流洗我耳。

往時玩英石，奇巧詑天成。如何一拳小，而具巖洞形。兹來見英山，尺寸皆空靈。有壁盡波皺，無崖不雲横。峰爲垂手舞，穴作通天明。乃知兹邦産，小大無殊情。石爲山一漚，山爲石全瀛。萬丈一巧石，怪偉使天驚。惜哉顛米老，空向炎州行。尚賓袖中石，取笑於鵷鶵。

【校記】

〔一〕韶州至清遠道中雜詩　中國國家圖書館藏潘氏手稿本遂初堂稿戊辰卷作「韶州至英德道中雜詩」。

觀音巖

懸巖百丈枕江斜，鳥路誰開大士家。委宛一螺山透穴，玲瓏千乳石垂花。燃燈人禮烟中磬，乞米僧歸月下槎。去艇來帆如過鳥，浮生流浪劇堪嗟。

飛來寺

峽山古寺面江開，鐘板蕭條過劫灰。客爲江清貪久立，殿因山好解飛來。鶴歸長認南朝樹，瀑下時驚五夜雷。不用題名選巖壁，前賢詩碣總莓苔。

閱江樓

端州地扼東西粵，形勢居然壯百蠻。一峽東江寬似海，三山帶郭拱如環。天清霸氣消龍虎，月冷燐光出草菅。獨上高臺重搔首，百年成敗一枰間。

冠山樓閣象層城，飄落天風玉笛聲。鐵幹爲墻榕樹老，銀鈎作字薜碑明。樓下有平蠻碑。地經苦戰空梁在，客到深秋百感生。安得如雲重締構，庾公清嘯最多情。

七星巖

中天之星尊北斗，帝車盤旋握天紐。因朝炎帝游南溟，遺精化作七蒼阜。一星一峰拔地出，若斷如連奇復偶。萬山中央特青葱，秀色常如新雨後。排空一石骨崚嶒，寸土纖泥都不受。天梯鳥棧誰經營，地肺神俞誰鑿剖？就中石室最空靈，玉乳金膏垂數畝。石鼓響激雷雌雄，石床眠酣龍子母。滿壑題名蝕綉苔，燭之不見捫觸手。螺旋蝸轉忽透空，軒豁雲窗與月牖。焚香僧似鳥窠禪，對奕人如橋中叟。玉屏一峰亦秀絶，千尺蒼藤絡榕柳。扶嘯臺横劈斧皺，銜珠徑仄當關守。醉石欹斜石丈眠，飛雲狎獵雲龍走。其餘諸峰盡怪絶，天柱嶙峋與天友。珓杯隔水如側犀，仙掌拏雲類駢拇。蟾蜍峰高龍所都，阿波巖深怪之藪。争奇競巧各出意，餘波猶皺峰八九。瀝湖環浸涵空明，春波溶溶碧於酒。倒景浴出千芙蓉，何如新妝臨鏡婦。世上名山亦多有，遠望玲瓏近粗醜。此山片片琅玕膚，内含潔白外蒼黝。雕鏤作器佳無雙，玉案雲屏世争取。天生靈質非頑材，似與列仙爲苑囿。蓬壺瀛洲不可到，武夷天台能勝否？便思挂笠巢雲松，未忍鎸詩割瓊玖。

靈山寺

遥江趨峽怒，古寺綴山明。窗納千帆駛，厨歸一澗清。僧高無俗語，客冷有閑情。袖出端溪紫，烹泉與細評。

羚羊峽

萬里牂牁水，迢迢赴峽門。舟隨一葉下，山帶薄雲昏。羊挂霜無迹，猿啼月有痕。誰能爲逐客，於此不銷魂。

朝漢臺

秦火燒阿房，劉項方龍戰。五嶺隔中州，英雄乃乘便。一令起龍川，虎嘯臨海甸。北絶湟水關，西厄壺頭巘。居然王一方，地利珠犀擅。九字沸如湯，兹邦獨清宴。保障功亦高，霸業未可賤。奈何椎髻態，習與文身變。竊帝以自娱，微哉井蛙見。幸有陸大夫，英風騁逸辨。翻然去驕蹇，臣漢甘北面。能雄復能雌，丈夫不恒健。不見述與囂，破亡速如電。王國傳絲曾，作計豈不善？代遠廟貌頽，誰爲蘋蘩薦？獨此荒臺存，緑蕪寒一片。北去羡秦雲，南巢羞越燕。傳語後來人，安危争一間。

光孝寺

越王有故宅，後作虞翻園。易寺名訶林，壯麗聞中原。竭來更兵火，地入龍驤屯。戒壇委榛莽，馬通高壖垣。殿廷尚宏敞，寮舍仍星繁。米顛題佛名，筆勢鸞鳳騫。西天菩提樹，輪困見孤根。神物枯不死，抽條出雲孫。虚堂奉大鑒，曾此談風旛。吾道不在默，至人豈無言？狂飈走龍象，濁河倒昆侖。惜哉鼻祖庭，無有法幢存。溶溶硯池水，滴滴曹溪源。翻經人去久，此意與誰論？

海幢寺

珠江闊浮天，城樓影摇漾。隔江人烟稀，花宫屹相向。碧瓦寒蒼蒼，金容高十丈。勢擬長干雄，氣壓訶林壯。雷峰大導師，門下多英匠。阿公經濟材，鉅刹能獨創。當年用物宏，頗傾王公藏。問法來中丞，布金資宿將。鯨海翻炎波，旃林没龍象。俄聞議撤毁，孤虚説何誑。壯哉一唐生，海門。力與波旬抗。樓閣僅小殘，琳宫竟無恙。游人甫及門，翛然心神暢。高樹垂凉陰，遥山聳奇狀。鐘魚答海潮，蔬笋參蒟醬。聚羶百萬蟻，相將槐根葬。誰能扣無生，一真消百妄。

五仙觀

萬山翼番禺，一江瀦其懷。天開都會地，形勢何雄哉！古初隔中夏，此土猶蒿萊。翩翩五仙人，被服光雲雷。身騎五色羊，銜穀從天來。粒此炎州民，饒樂無凶災。羊留化爲石，璘彬五瓊瑰。以啓文明祥，日夜華風開。功德宜報祀，肖形在璇臺。鳳簫夾雲旗，仿佛靈徘徊。甘霖久不降，大地生黄埃。我欲傾天河，霑灑遍九垓。雨工倘可借，帝閽豈難排？

大佛寺

峨峨雙門西，緑樹覆紅墻。佛殿如王居，金身丈八强。珉墀琅玕砌，桂棟旃檀梁。誰能造此寺，云是平南王。殘僧白髭鬚，藩府夙趨蹌。爲余談舊事，雪涕秋風凉。王門昔鼎盛，叱嘯生雷光。雄兵七八萬，威制天南方。裨校半旄鉞，厮養皆腰章。歲儲百萬餉，積金不可量。冶布金銅坑，舶走東西洋。奇珍溢天府，環寶籠遐荒。猶言生男多，無以充資裝。不遺錐刀利，欲厚郿塢藏。嫌釁起家庭，父子爲參商。遂釀彌天禍，反甲連晋陽。毒流遍生民，身殘家破亡。財寶盡没官，他人居寢堂。大男死都市，諸男饑道旁。廢興三十年，彈指見滄桑。人生何其愚，作繭如蚕忙。萬事漚起滅，富貴安可常？何如歸空宗，日月浩劫長？王家滅無象，兹刹獨輝煌。廟祏依禪燈，僅存此瓣香。達哉老龐公，傾資沉清湘。觀化如夢覺，逍遥無何鄉！

海珠石

羅浮脉渡海，露骨在波心。日映千帆駛，青含衆木深。龍歸祠壁暗，潮涌戍樓沉。不淺乘槎興，横江獨釣吟。

浮丘

浮山海上浮，别派聳浮丘。袖憶仙公把，山憑佛院留。金容四面古，丹井一泓秋。徑僻人稀到，林猿怪獨游。

六榕寺

六榕庭院古，額是子瞻書。樹拔風雷夕，僧殘戰鬥餘。塔危時墮瓦，碑斷欲侵鋤。一刹知難整，三空嘆里閭。

西禪寺贈翠庭禪師

菩提枯樹久無花，應爲師來再吐芽。白足早年工説法，芒鞋老去始還家。瓦缶聲中撾毒鼓，化城影裏控牛車。龜峰便是曹溪路，撥草人來徑莫差。

報資寺訪曠圓禪師不遇

零落王家舊兔園，招提新改棘爲藩。方塘清浸如船屋，深樹陰藏半郭村。坐久便同觀水月，悟來何必辨風幡。霜髭不見鐔津老，孤峭門風榔榠存。

羊城雜咏

嶺表提封幅帶長，番禺形勢宅中央。萬山盡處開平土，衆水歸時聚大洋。物産殷饒兼陸海，珍奇輻輳引梯航。四時風候差調適，秋有凉飈冬有霜。

中原慘淡鬥龍蛇，此地頻看舞井蛙。黄屋趙佗方竊國，花田劉隱復營家。負嵎莫倚丸泥險，怒臂終遭齊斧加。何似歸朝何左相，真。芳名留得史書誇。

崖山尚住宋遺民，文陸當年事苦辛。窮海不春猶正朔，孤航無土自君臣。忠魂鬱作潮頭怒，浩氣蒸成蜃闕新。異代流風多感激，草間時有納肝人。

嶺嶠初開盛武功，後來文物獨稱雄。端凝誰似菊坡老，崔與之。鯁直今無寒鐵公。周新。

方獻夫霍韜人材元矯拔，湛若水梁儲譽望舊崇隆。可憐末造多卿相，殉國惟聞有一忠。

白沙出處自超然，絶學鵝湖紹嫡傳。輕詆漫勞紆史筆，實録載公甫應詔事，頗多微辭。餘藝仍看書體妙，縛茅筆勁掃秋烟。

南園詩社明初盛，典籍孫蕡才華最出群。中葉歐大任梁有譽推秀婉，末年黎遂球鄧雲霄擅清芬。地偏未染諸家病，風競堪張一旅軍。韶石凄清珠海闊，湘靈雅調至今聞。

中州人罕到炎荒，泉石應多借寵光。陸賈來時山衣錦，隱之去後水沉香。宦游清白真難得，遷謫羈窮也不妨。却憶柔奴好言語，此心安處是吾鄉。

鯨波久偃戰鋒銷，閭井何緣轉寂寥。商旅稀因添榷税，編氓愁爲急征徭。石門泉冷知難酌，集翠裘輕肯漫燒。北望天閶真萬里，燭龍銜照莫辭遥。

南州炎德實堪嘉，竟歲常看不斷花。露下佛桑籠火樹，風前含笑剪銀紗。素馨愛産宫人家，鷹爪宜開處士家。擬效陸璣疏草木，每經花塢一停車。

十年清夢落羅浮，乘興聊爲萬里游。觀海喜逢雲作市，釣鰲思以月爲鈎。飛來蝴蝶瑶臺使，伐就籠葱弱水舟。身是散仙無繫縛，得淹留處便淹留。

南海神廟

南海之神尊祝融，百王望祀殷禮同。廟門軒豁臨海岸，吟風嘯雨朝群龍。潮頭萬里射鱗屋，日輪半夜飛鮫宫。介圭端冕王居中，旁列六配稱司空。涵滋萬物納萬水，德并覆載無終窮。歷代碑文儼鱗次，匠手竟讓昌黎工。象鞭玉研失藏器，但見銅鼓斑青紅。地靈木古多異物，緑毛倒挂斛根榕。番鬼躚跜望其國，波羅斗大冰漿濃。中華到此地已盡，極望海島青蒙蒙。我非使臣將玉帛，胡爲來此驚村翁？探奇每思到窮髮，要觀鵬運摶扶風。蓬萊青丘去人近，安期徐庶皆英雄。六帆海舶如可借，載我直過扶桑東。

浴日亭

孤亭臨望盡重溟，天水相摩不斷青。日躍半洋皆紫電，潮來大地一浮萍。鵬游世界原空闊，蜃吐樓臺白杳冥。何必褰裳慕蓬島，當知此地即殊庭。

龍川縣

嶺外獨存秦縣古，峰頭亂插夏雲奇。趙佗霸業餘荒井，蘇轍才名有廢祠。田依叠嶂人耕苦，江落層沙女汲遲。撫字重煩賢令長，獨醒偏在倒瀾時。謂允恭宗叔。

南山寺

山當官閣秀，寺枕縣江清。天豁來帆影，松長咽磬聲。酌泉驚骨冷，試屐喜身輕。坐對嶓峰晚，層層紫翠橫。

東山寺

不見南朝塔，山椒古寺存。斷崖欹置屋，修竹暗藏門。石勢排江轉，溪聲挾雨奔。浴風臨眺闊，點點辨烟村。

温　泉

清泠一澗水，中忽涌湯泉。信有金膏沸，將無玉釜燃。神功驚莫測，物性喜難遷。不作華清鬧，涓涓静可憐。

霍山八首

巨靈夸父有餘閑，刻意標新造霍山。高插奇峰九霄上，攢羅秀壁一屏間。嵌空八面看難定，峻拔千尋到莫攀。努力來游非好事，要傳天巧與人寰。

游戲文殊遺迹去，青獅留下幻成峰。横身數里一石就，開口半天孤刹容。奮迅便應翻斗極，頻呻先已絶狐踪。撩天鼻孔無人拽，一任千山落影重。

山間石屋尋常有，不似靈龕數畝寬。僧衆盡於獅口置，齋厨都向洞天安。唐宗龍卧街仍在，夏后螺書迹不刓。别有乾坤在巖腹，下方只作片雲看。

誰將月斧鑿天梯，太乙峰高截素霓。壁削不容施鐵鎖，頂平端可杖青藜。巖儲酒米爲天甕，穴出風雲作地臍。一自藍喬上昇後，飇輪只在澗東西。

一綫天中透日明，仙人徑裏浩歌行。森排劍笏朝炎帝，對列旌幢擁赤城。樹挂懸崖都不死，藥香幽澗總無名。石門鳥道盤迴上，萬壑風從一嘯生。

雙柱峻嶒聳碧霄，彩雲黄竹并岧嶤。上穿斗柄天常正，下貫鰲肩海不摇。共語隔峰人似石，幽尋仄徑樹爲橋。高僧相見無言説，笑汲犀池水滿瓢。

鐵船峰壓萬峰巔，儼駕孤航泛碧天。橈槳動移雲海裏，牂牁高繫日車邊。旁看群峭枝枝筍，下瞰浮青朵朵蓮。呼吸定知通帝座，凌空何必羡飛仙。

志公樓閣藹重重，佛迹天泉路不窮。峰上起峰方峭拔，石中抽石始玲瓏。言齊衡岳應非妄，論亞羅浮恐未公。恨落蠻荒少人見，誰能飛挾去江東。

別華首臺塵異禪師

應是前生有夙緣，萍踪邂逅便欣然。同觀浴日無央海，共踏飛雲有頂天。説法憑君超性相，論文許我透中邊。此心不隔毫端在，莫問離程去幾千。

贈鄭珠江前輩

誰能壯盛久林居，谷口心情淡水如。敢以南陔疏北闕，不將彩服換金魚。三更海日供晞髮，四壁松明照讀書。絶學江門如綫在，石田可治待耘鋤。

贈屈翁山

威鳳生來五色文，覽輝不下離人群。三峰謁帝携毛女，五岳尋仙冠切雲。筆落霞標天外見，詩成鸞嘯嶺頭聞。靈均舊是風騷祖，香草蛾眉并屬君。

燕山晋塞早憑陵，老去丘園自枕肱。奉母安期蒲九節，著書弘景閣三層。琴心久歇辭謡詠，龍性初馴避弋矰。終竟才人須學道，才華減處道緣增。

酬别陳元孝二首

珠海東邊處士星，長甘漁釣老沉冥。早年不用山濤語，君有嵇紹之痛。晚歲猶傳伏勝經。詩工遠舶争求集，書聖新宫自草銘。燥髮知名今始識，每懷鉛槧訪雲亭。

不厭嶔崎歷落人，天涯簦笠最情親。八分先墓光榮大，長律歸舟諷咏新。林屋羅浮俱福地，滄浪栗里總閑身。名山無恙藏書在，雪霰何曾損竹筠。

羊城行贈梁司農和吴慶百作

垂紳坐巖廊，慷慨談經濟。事變臨非常，往往愁跋疐。安危反掌間，一髮千鈞繫。自非名世資，淵渟而岳峙。誰能笑談間，轉圜無停勢。名藩昔上書，歸柄求宿衛。中朝簡重臣，連營杖節制。時惟司農公，經略嶺海裔。槖鞬來郊迎，除館駕方税。洱海驟揚波，驚烽燒八桂。大帥公翻城，健兒私㲉臂。蒼茫五羊城，颯沓風雨至。輔車情依倚，項領勢牽綴。鹿駭且走險，馬怒將裂轡。鐵甲宵有聲，嚴城晝乍閉。維公坐巍然，鎮静若無事。不震亦不聳，沉勇而深智。從容調軍情，愷切諭天意。毒弩壞機牙，鈎爪挫鋒鋭。潛銷反側心，逆破縱横說。番禺遂帖服，屹立滇閩際。旌節徐還朝，職貢來翡翠。嶺表資廓清，轉斡功不細。由來使强藩，銜命非易易。況當危疑秋，兵甲如羹沸。退之諭庭凑，杖節幾顛躓。清臣使希烈，履虎終見噬。緊公獨沛如，風斤盤錯試。單車鎮金甌，威德誠莫二。羅浮峰參天，珠江流帶地。磨崖勒鴻功，永永庶弗墜。

同許儀九泐惠州東江游菊潭精舍登白鶴峰憩東坡亭小飲舟中作

北嶺信清佳，東江復澄朗。放舟趁凉颸，不覺川漲廣。天空鷗鷺明，野静菰蒲響。茅庵枕江干，陳迹猶可訪。老僧話劫灰，山童拾栗橡。照水增道心，聞鐘豁塵想。還謁坡仙祠，殘碑披宿莽。百代仰人龍，一身困鉤黨。孤亭俯層城，江山在指掌。信足慰羈窮，于焉快吟賞。紅荔鮮摘林，白魚肥透網。觴來不虛揮，興至每獨往。雜坐忘主賓，浩歌隘天壤。思從南溟魚，乞作西湖長。

周履坦爲余作品硯圖余酬以青花水巖硯因作换硯歌

周君知我有硯癖，寫照遂作品硯圖。圖成觀者驚神肖，兼得情性非形模。一硯在手注目視，元章之顛雲林迂。案上縱横列數硯，硯紋隱現如有無。微茫點就鸜鵒眼，嫩白描出凝脂膚。誰能貌人兼貌石，嗟君嗜硯亦成癖。潤筆不肯留一縑，但索一枚蕉葉白。君畫曾經奉至尊，含毫盤礴銅龍門。日角龍顔親貌得，霜天賜出貂裘温。從此聲名重天下，貴戚通侯争乞畫。畫價誠高石不輕，水巖舊號天子坑。紫雲上品先入貢，天球弘璧同光榮。只今零落兵厮手，塗污不辨妍與醜。君亦尋常貌路人，肥皮厚肉煩烘皴。余寶青花等瑶璧，駿馬名姬都不易。以君妙畫追虎頭，割贈生平無所惜。高情韻事兩相甘，留與天南作美談。欲賦新詩當券帖，遠慚杜老近陳髯。

遂初堂詩集　卷八

海岱游草　起己巳夏，盡己巳冬

節母篇

京江有節母，高門何潭潭。伯兄爲御史，季兄爲孝廉。嫁作文學妻，婉孌眉初齊。如何雙黄鵠，衝飈早分飛。夫亡義當死，遺腹幸有子。一髮延千鈞，艱辛從此始。夫家無田廬，而復喪章姑。兒饑火不舉，兒寒泣呱呱。御史遭難亡，門庭復憔悴。獨依季兄居，一室孤燈背。晝紡絲軋軋，夜課書琅琅。十年不下樓，廿年不臨妝。兒身與户齊，人言能似舅。弱冠登膠庠，母始開笑口。兒長可娶婦，携持還家門。昔年愁無兒，今日欣有孫。誰言一尺泉，百折終到海。誰言晦死魄，經天復光彩。報夫黄泉下，立孤事誠難。茹荼自知苦，吞冰自知寒。綽楔表雙烏，行從九天下。歌詩播清芬，用告采風者。

邗上贈孫豹人

關中自昔多才子，近代得名康與李。爾後作者絶不聞，扶輪崛起復見君。君才堂堂萬人敵，鯨魚掀波鵬驟翮。不將客氣驚凡愚，淳古清真露肝鬲。本家渭北秦山蒼，半生皂帽依維揚。秦聲剛烈吴聲緩，君能兼美無偏傷。廣場詞客如螗沸，君詩一出千人廢。旗亭蕭寺墨淋漓，見君一篇瓊樹枝。鶏林争購樂天集，卉布解織都官詩。往年天子開延英，鶴書催赴彤墀行。鵁鶄不樂饗鐘鼓，一官强授鴻毛輕。掉頭歸來海天闊，百尺修竿釣寒月。意氣猶然大布衣，翻憎過客呼官閥。我亦逍遥露地牛，無端忽著金籠頭。羊腸詰曲不可上，蛾眉謡諑令人愁。歸來乎，澗之曲，山之幽。秋菘春筍有真味，豈必太官分珍羞？少陵一草亭，貞白三層樓。共君眠雲復弄月，不與菌蟪争春秋。

贈喬石林

疏狂我合辭金闕，練達君胡返故園。天馬能鳴驚立仗，芳蘭無罪坐當門。便違藜火青箱在，任卸銀魚皂帽存。從古文人多挫抑，翻雲覆雨不須論。

日日聯鑣尚恨疏，那堪五歲悵離居。漫誇向子工游嶽，終遜虞卿善著書。讀易幾人知損益，看棋此日悟乘除。興來千里能相訪，銜袖新篇有遂初。

題可帆亭

虛亭迴在水中央，深柳新荷面面凉。宛似一篙經碧浪，何殊雙槳泛青湘。魚游天上餐雲影，樹倒波心濯練光。莫怪幽人耽結隱，暫來與世便相忘。

園居詩十首[一]

誰信高城裏，滄波百畝寬。長春花藥潤，不夏水風寒。隨地皆三徑，何人割一官。羊腸飽經歷，轉覺入林安。

屋宇無多置，軒窗面面開。松疏無日漏，竹密有雲來。亭擬虛舟敞，橋依曲澗迴。披襟愛空闊，一芥盡浮杯。

東山休捉鼻，南垞漫焚魚。且輟凌雲手[二]，來翻種樹書。全堤乞楊柳，盡水予芙蕖。百卉分畦布[三]，樊遲學不疏。

籃輿無著處，一艇往來便。透入瀟湘盡，移來苕霅天。蘸波千樹濕，倒影百花然。欲得浮家樂[四]，蓬窗自在眠。

此中無俗客，容我住兼旬。割贈林泉趣〔五〕，平分懶散人。偶來時正美，乍見物皆親。天地蘧廬耳，名誰是主賓。

此地宜逃暑，炎蒸六月無。水凉侵枕簟，林翠滴肌膚。尊至羈愁失，風來病骨蘇。翛然人世隔，永日在冰壺〔六〕。

性拙緣都減，神閑夢亦清。至文波澹沱，天籟鳥嚶鳴。侵曉扶松立，衝霄領鶴行。機心渾息盡，惟有一枰争。

芰荷千萬本，并作一池花。照水承初日，烘天鬥晚霞。餐香憐静婉，吸露賞清華。涌現青蓮界，金繩路不賒。

存訪皆同好，淹留爲故交。經旬廢冠襪，排日治觴肴。曲愛新聲奏〔七〕，書矜秘本鈔。卜鄰吾有意，梁燕已成巢。

熊魚不兼取，鵬鷃兩相憐。借問雙藤杖，何如一畫船。端居看蜃市，鼓腹戴堯天。不受塵勞縛，身輕即是仙。

【校記】

〔一〕清康熙二十九刻寶應縣志卷十八藝文志詩引潘耒此詩十首，題曰「寓喬石林侍讀縱棹園賦贈十首」。下稱「康熙寶應縣志引潘詩」。

〔二〕凌雲手　康熙寶應縣志引潘詩作「凌雲賦」。
〔三〕布　康熙寶應縣志引潘詩作「占」。
〔四〕樂　康熙寶應縣志引潘詩作「趣」。
〔五〕趣　康熙寶應縣志引潘詩作「樂」。
〔六〕在　康熙寶應縣志引潘詩作「坐」。
〔七〕奏　康熙寶應縣志引潘詩作「度」。

題喬石林侍直圖

天門峨峨開紫清，千官環佩趨無聲。聖人宵衣坐便殿，平章政事惟孤卿。史臣亦得聞密勿，記言書事職不輕。幾人當直曾論事，驊騮立仗不得鳴。白田先生仁且勇，致君堯舜懷丹誠。不忍灾黎填巨壑，敢以赤手批長鯨。因承清問晝笏對，非非是是無將迎。金高如山不肯顧，更申讜論排盈廷。朝陽鳴鳳近希有，都人嘆息巖廊驚。迴天轉日在俄頃，不然海邦今沸羹。鑠金銷骨古一轍，白璧竟點蠅營營。孤臣去國何所憾，一日之絀千秋榮。往時我亦司記注，朝朝簪筆彤墀行。從無一言補衮闕，徒遭譴謫慚無名。江皋卧病聞壯節，飄蕭髮欲衝冠纓。誰歟工畫寫此本，風儀挺特標金莖。宋廷侃侃立鄭俠，唐陛嶽嶽來陽城。男兒不朽要自致，百年富貴風中萍。吁嗟乎！百年富貴風中萍。

戚烈婦詩

白田戚氏婦，亡其姓，嫁之夕，未合巹，夫溺死池中。婦悲慟，留詩褥下，亦自沉死。有碑埋故里，幸洪武間事也。崇禎時，文文肅過白田，夢一女子自言：「我戚烈婦也。爲我發之！」文肅諗諸喬侍御，侍御爲出碑建祠。祠在城東北隅，即戚氏故居也。

戚家婦，命何苦。三星在户未成婚，夫死清池奈何許。百年之好無一夕，牽牛織女空相匹。此身有屬將安歸，一死從夫萬事畢。遺詩決絶何酸辛，英風凛凛垂千春。發夢名臣憑正氣，殘碑出土崇祠新。人言烈婦可不死，能死之人世有幾？忠臣節婦根於心，捐軀豈論恩淺深。君不見西臺哭，金川哭，下士何曾食君禄！

爲劉禹美題接翠園圖

雲綿綿，樹芊芊，何人鑿破鴻蒙天。萬个琅玕掃空翠，千株楊柳摇輕烟。清池一頃罩以蓮，花何灼灼葉田田。風亭卓立鷗岸迴，畫橋折入漁梁偏。科頭瀟灑松下客，拍浮容與船中仙。人間何處得此景，無乃鑑湖與輞川。白田黄門愛蕭爽，故營别墅清溪邊。某水某丘本吾土，一花一樹皆天然。鷗鳥忘機風浪静，此中偃仰堪窮年。只恐鋒車催就道，未容清簟高春眠。作圖携之到紫陌，欲令隨地開林泉。公餘退食時展玩，清風兩腋生翩翩。人生亦要存微尚，可舒可卷方爲賢。何用輪銜與轂擊，何須膠縛兼藤纏。君爲熱官有冷趣，定知風節能完堅。滄浪亭中人未老，異日猶能和子池上篇。

贈淮陰張力田

六藝一曰書，於學不爲小。洪纖括名物，深淺該理道。三蒼廢至今，文人騁詞藻。問以六書義，呿口莫能曉。至夫書家流，體勢鶩工巧。識字苦不多，落筆愁顛倒。張君産淮陰，樸學天下少。枕藉許氏書，精微析毫杪。淵源溯蟲篆，波瀾涉隸稿。金石及箋麻，有迹靡不討。斟古酌時宜，自立一家表。流俗不駭驚，先民可纘紹。在漢立石經，千秋作鴻寶。當時崔蔡倫，執筆非草草。世遠經術棼，此道棄如掃。安得登鴻生，三體共研考？勒石置橋門，垂象日星皎。君今齒雖尊，精力未衰槁。翹車尚可招，無爲掩關老。

贈胡周恪

倦客聊停下澤車，幽人方著等身書。凌雲藻思知名久，霏屑清談識面初。老不干人詩骨勁，貧維學稼俗塵疏。青箱付與佳兒了，滌硯澆花樂有餘。

贈陳東來

東來條議開盱眙、天長古渠。總漕王公采以入奏，并上其家藏蠙衣生集。

條議曾看入奏章，藏書也復達天閶。人生一節堪千古，五月披裘樂未央。

題張燕三像

楚天放鶴高人事，燕市懸壺濟世心。儻遇小龍求療疾，神方還與乞千金。

追懷邢太僕子愿

有明書家十數子，北方傑出邢與米。米書粗豪駭庸俗，太僕軒軒特流美。秀不傷骨遒有鋒，玉山焰夜鵬摩空。得筆得韻信超絶，并驅南董人地同。當日聲名高北斗，兼金一字高麗購。今求真迹尺幅無，來禽之館傾頽久。徒翻遺集重咨嗟，淹雅名通自一家。擬議微嫌墜時轍，縱横不礙舒天葩。後生莫漫輕前輩，往往一身兼數器。右軍經濟掩書名，松雪文章韜藝事。刀環水淺不成河，鹿角關前戍壘多。文采風流都已矣，寒山片石重摩挲。

贈邢搢石索其家刻

太僕書堂蔓草屯，白頭猶喜見諸孫。青箱不逐田園廢，墨妙還同梧棬存。賀監摹書龍透爪，丹丘藏本雪留痕。重翻片石欣無恙，尚想中郎對虎賁。

贈東藩衛爾錫前輩四首

乍聽真儒報賜環，野夫雀躍繞田間。樸忠竟可邀宸眷，讜論何妨觸九關。古鏡重磨光照地，蟄龍初奮雨連山。群陰剥後孤陽復，一綫天心自往還。

莫驚方岳用詞臣，衮職賢勞出入均。行省異時稱副相，青齊自古號東秦。澄清志以高官遂，冰雪操從歷試真。膚寸出雲天下雨，萬山一岱最嶙峋。

論交折節感當年，倒屣相迎一榻懸。翻紐四聲同扣擊，丹黄萬卷共精研。暫辭永隔鴻違燕，偶聚旋分箭別弦。知己人生難再得，夢魂常是繞汾川。

已分寒蟬抱樹枯，從今不復悵窮途。修齡索食依仁祖，子美題詩主達夫。日觀泉林諧夙願，芒鞋竹杖健殘軀。只愁便擢台司去，得盡綈袍繾綣無。

贈臨淄令朱信昭

臨淄地是古齊都，女水牛山儼畫圖。疋馬我來閑訪古，雙旌君恰此分符。梧臺雲物先秋美，稷下風謡似昔無。吏治端須本經術，史書循卓總通儒。

呈益都相公二首

太平宰相就閑身，玉曆平開八十春。機務謝來添黑髮，林泉占處絶紅塵。量涵天海群流納，興狎禽魚萬象親。青史幾多名宰執，欒全難得似公人。

平津門下士如林，譾劣偏蒙寵遇深。捧杖每陪蕭寺坐，擘箋常和柳堂吟。青霄鎩羽恩難報，黄石留書約可尋。摳謁門墻還不忝，松筠相守歲寒心。

贈青州守金立三

淄青千里控單車，太守尊嚴岳牧如。形勢東秦雄海岱，風謡變魯盛詩書。畫輪行處恩膏沛，駿篠過時疾苦除。天畔相逢話鄉曲，不教客夢憶蒓魚。

贈益都令唐信賀

股肱名郡數青州，首邑提封控上游。駝鳳山高當閣見，淄澠水駛抱城流。詩書萬户民多秀，禾黍千村歲有秋。撫字重煩賢令長，溮溮竹馬起新謳。

佳山堂四首

結想兹堂勝，今來愜曠觀。林光浮壁潤，嵐翠滴衣寒。吐瀑池清泚，蒸雲磴曲盤。過淮修竹少，戛玉此千竿。

奇石驚天落，玲瓏卓數峰。垂垂舞袖妥，裊裊篆文重。斫就夸娥手，飛來瓊島踪。百回看不厭，盡日倚蒼松。

層樓舒遠嘯，踴躍衆青來。劈嶺雙崖削，雲門一鏡開。秋心霞外斷，海色雁邊回。懷古無窮意，宫墻十丈苔。

吾師休暇日，一榻坐忘年。把臂南泉老，披襟綺里仙。追攀容下士，觴咏及凉天。最羡王文度，龐眉在膝邊。長公虞臣年六十矣。

游東海神廟作

去年南游到南海，曾謁神廟看韓碑。今年東游到萊郡，東海神廟復在兹。參藩使君玉堂舊，邀我飛鞚乘凉颸。連朝陰雨忽晴霽，徑渡掖水凌崗陂。遥瞻廟貌森栝柏，近陟神堂肅雲旗。累朝嚴祀碑炳焕，兩廡踊像龍蹲跜。致齋丞尉亦專室，訪古里嫗存偏祠。廟側有孫母祠。母曾識宋太祖于側微，今里人皆其後裔。望海高樓出雲表，下臨溟渤無津涯。晴瀾無風平若鏡，一碧萬里鋪琉璃。帆檣凌空亂𡵆乙，島嶼帖水横鯨鯢。人言蓬萊方壺只在渤海内，去人不遠風間之。所以秦皇漢武數巡幸，褰裳欲渡勞夢思。鞭石不成橋，采藥還無時。何如長夜一夢寤，出生入死同游嬉。清都靈境難久住，歸鞭暮色來崦嵫。篝燈哦詩寄鈴閣，此樂千載疇能追？

白雪樓二首

獨上層樓旅抱開，秋空澄爽絶纖埃。當窗嵐翠蛾眉掃，隔院泉聲風雨來。曠代詞人仍俎豆，滿庭碑碣總莓苔。雕梁畫棟知何限，不共兹樓過劫火。

百尺高眠四海空，滄溟文坫夙稱雄。生憑婁水塤篪應，死耐虞山玉石攻。盛世才華容傲睨，達人官爵謝牢籠。清嚴標格依稀在，華鵲蒼寒落木中。

闕里

讀聖人書爲弟子，可能不到聖人門。行經洙泗知源遠，望見龜蒙想道尊。魯殿猶存傳雅奏，檜枝不老秀雲孫。世家有例誰能續，願得懷槧細討論。

岱歸過江上同董閬石徐虹亭集曹峨眉齋

倦游乍喜駐征鞍，訪舊還欣話夜闌。此日深林投足穩，古來直道事人難。劇場變眩看無定，棋局雌雄角未殘。江上數峰長自碧，尋盟歲歲莫教寒。

君山

君山魂礧一拳石，臨眺居然萬里寬。烟樹隔江浮寸碧，雲霞大海浴雙丸。地經戰鬥殤魂苦，山葬英雄俠骨寒。逸興偏能賞幽冷，一天風雪倚闌干。

寓齋大雪和閬石韻

歲晚城笳咽，宵寒野鶴呼。起看千嶂白，轉覺一身孤。薄醉松邊枕，微吟竹下爐。論心老友在，未敢嘆窮途。

雪中游山歸閬石見貽一絶走筆答之

木落江寒客到稀，愛看殘雪坐忘歸。六鰲只在東溟裏，欲把君山作釣磯。

董閬石黄庭表錢宫聲小飲寓齋次韻

天畔懷人每惘然，可能相見不留連。霜餘葵藿晚多味，雪後江山清可憐。蝶夢闌殘嗟往事，瓠尊牢落感頹年。五湖烟水無争競，長擬追尋釣艇邊。

寓漫園贈峨眉

江陰俯大江，城居可吟眺。曹家園頗荒，水木乃清妙。古檜龍連蜷，白松雪照曜。池寬蹙風漪，石瘦攢雲竅。屋宇樸而文，烟光領其要。樓高見海帆，堂迥明山燒。主人滞金門，頗遭猿鶴誚。念此早歸來，就閑理耕釣。眼明見故人，懸榻欣相召。分巖恣雲眠，贈竹發天笑。宦味刀舐蜜，人情寒附燎。奔車亦羊腸，一跌未可料。祭酒官不卑，五旬齒非少。及此娱林泉，何殊夢初覺。采采南陔蘭，德養以爲孝。廣受真可師，光禹豈足效？

遂初堂詩集　卷九

台蕩游草

起辛未春，盡辛未冬

蕭山道中

溪小恰容舟，舟平可漱流。近人山色淡，侵夜櫓聲柔。岸岸花欹屋，村村樹拂樓。都忘行驛路，只作輞川游。

雨

越山吾所愛，一雨罷登臨。小得蓬窗韻，全乖蠟屐心。無聲宵漲闊，有影曙峰沉。好締重來約，情於未到深。

曹娥廟

越國猶聞祠伍相，娥父迎伍君，溺死。女戎勝算竟如何。江山欲洗胭脂辱，故遣寒門出孝娥。

十四童娥廟食長，一江猶借姓名香。中郎老大無英骨，只向殘碑綴末行。

門生寧海令辛祇傳來迎爲停十日書壁贈之

君才惜不預蓬瀛，猶喜分符近赤城。地僻最宜人事簡，民淳恰稱長官清。褰帷坐對霞標起，拄笏遥看海日生。儒雅定知優吏治，渢渢試聽管弦聲。

一筇踏遍海東頭，未到天台不是游。擬共寒山眠白石，却教關令識青牛。生平懶作諸侯客，旬日聊爲故舊留。賦就金聲能賞嘆，草玄有托復何求。

【校記】

〔一〕門生寧海令辛祇傳來迎爲停十日書壁贈之　清康熙間增修本遂初堂詩集目録有「二首」兩字。

客館遇王倩修見示新刻臨别有贈

文詞亦多門，賦體最宏闊。取材乾坤羅，運思造化奪。性靈資陶冶，物象賴綜括。屈宋鑿鴻蒙，揚馬揭日月。增華踵六朝，魚龍互淩跋。唐模苦拘攣，宋製傷佻達。榛蕪遂至今，不絕殆如髮。弱齡嗜篡言，鋭欲掃荒茇。下筆時斐然，截流不用筏。未能追淳古，庶可免剽掇。舉世悦繁弦，誰爲聽疏越？王君雕龍才，詞鋒不可遏。考古窮根株，天空眼雙豁。選賦成一編，出入嚴斧鉞。胡爲剪華貂，而乃存素褐。倩修選古今賦，楷録余賦頗多。賞音亦良難，相思渺天末。邂逅此津亭，雄談慰飢渴。少作真可悔，塵言更當撥。行將觀龍湫，因之卧瓊闕。冰雪練心胸，吐語或奇拔。還將擲地聲，慰爾烹魚札。

謁方正學先生祠

太平良相學優爲，事到艱難節始奇。力以一絲維九鼎，忍將十族博專祠？潮青緱里啼鵑慘，月冷龍岡語鶴悲。後裔可憐仍死國，一堂俎豆最相宜。先生十世孫忠奕，知井研縣，死獻賊之難。十一世孫樹節，蔭五經博士，國變，不食死。并宜祔祀祠中。

躍龍山

一曲清溪抱碧山，山頭終日聽潺湲。高低塔影殘虹外，明滅墟烟野渡間。水堆自春還自應，松門無啓亦無關。卧龍正穩誰教躍，灑遍甘霖及早還。

贈松岩禪師

無錐可卓不妨貧，雲壑高眠自在身。問臘十圍松樹老，標宗九日菊花新。惠持出定仍懷土，梵志歸來異昔人。覿面相逢無避處，一回鄉語一回親。

贈香雪法師

台宗不斷僅如絲，海畔欣逢老論師。教義瀾翻瓶瀉水，定心清徹月臨池。名藍謝却蓬爲屋，白拂抛來偈作詩。散誕閑身無一事，就談每到竹陰移。

贈項潛九 有鼎。

寒松瘦鶴儼儀型，識是天南老歲星。度世葛洪還采藥，辭官伏勝但傳經。閉關足爲登山健，避俗睟因閱古青。欲訊劫灰前際事，披榛時復訪雲亭。

國清寺

台山一萬重，帝割爲佛國。刹院如星羅，國清最雄特。地從山神獻，構自天家力。劫火幾創殘，規畫猶整飭。山門役神工，罘罳净如拭。塔垂三天語，松結太古色。涵空一沼清，透霧諸峰直。大雲昔普雨，人華此側塞。神龍孕其珠，金翅不露翼。像教有興衰，覺路無荆棘。至人每同塵，對面難測識。松門虎一聲，唤醒三生黑。

金地嶺

九里松風十里泉，徐徐送客上青天。不知華頂高多少，已覺群峰帖地眠。

銀地嶺

誰道山僧徹骨貧，眼前大地總金銀。我居金嶺君銀嶺，劃破虚空露主賓。

高明寺

昔聞無盡師，義學之龍虎。力振天台宗，道風秀南土。竭來造幽溪，遺迹猶可睹。繽紛雨花堂，一燈燦諸祖。教觀羅百家，珠淵而玉浦。林嵐尤秀絶，深緑藏一塢。山環來無門，溪折去無所。寂寂松關春，蒙蒙竹陰午。佛入法華定，天開青蓮宇。得游非小緣，暫面皆夙侣。誰舒一握雲，去作彌天雨。

佛隴

天台接天姥，舊是神仙家。葛許諸道流，於此營丹砂。一從智者到，法鼓雲雷撾。判教復標宗，巍然小釋迦。四衆歸若海，浩浩龍與蛇。遂令三珠樹，變作優曇花。雄剎開十二，修禪爲根芽。如何燼劫灰，荒碑委泥沙。塔院亦荒落，殘僧藝禾麻。宗門尚直指，經論等土苴。寧知止觀義，坦道無岐差。正法不終晦，至人來非遐。佇見乘願輪，佛日重光華。

寒風闕

大小寒風闕，高高插紫清。風來嫌骨重，雲至覺身輕。借問趨丹陛，何如訪玉京。樵踪欲斷處，鹿出萬松迎。

天封寺

層巒如驚波，琳宫壓其上。結構既崇宏，面勢仍清曠。胸臨大壑寬，眼到層樓放。端嚴前山朝，汹涌一溪漲。晴雲俯千盤，高松摩十丈。笑語飄天風，翛然覺神王。片石趺聖僧，雄剎自天創。中更幾廢興，成毀由心匠。賢哉智嶺尼，所作乃過量。碌碌豈丈夫，臨風默惆悵。貴州魏學士女嫁爲張總戎妻。總戎死難，夫人棄家爲尼，號自覺，道行清高，實新此刹。所居名智嶺庵。

芒鞋

一從脱朝靴，是足始我有。逍遥著方舃，闊略對賓友。平居覺安舒，未便涉山阜。决策换芒鞋，任人笑粗醜。梯空健猿騰，履險捷鹿走。平凌石齒尖，穩踏苔紋厚。賈勇傲山僧，得路誇溪叟。未知謝公屐，輕利有此否？萬事貴稱意，飾觀安足取？策其先登功，錫以竹杖耦。汝莫愁出山，棄置同敝帚。吾方五嶽游，與汝盟耐久。

燒笋

多年不茹葷，一飽甘葵藿。本欲淡滋味，寧復論佳惡？兹辰食燒笋，過美非意度。嫩如荔新剖，脆若藕初削。甘芳無留滓，軟美不煩嚼。獨烹謹火候，至味謝鹽酪。乃知下方人，所啖皆糟粕。雜和紛肴蔬，坐令真味薄。山僧遇居士，作此慰寂寞。不供肉食人，恐損其脂膜。願作台山農，長年分此樂。只愁一箸餐，减却千林籜。

華頂峰

崑崙之脉從天來，散作嶽鎮千瓊瑰。帝愁東南勢傾削，特聳一柱名天台。天台環周五百里，金翅擘翼龍分胎。峰巒一一插霄漢，澗瀑處處奔虹雷。華頂最高透天頂，萬八千丈青崔嵬。乘雲御風或可上，我忽到之亦神哉！游氛豁盡日當午，洞視八表無纖埃。南溟東海白一杯，括蒼雁宕青數堆。千峰簇簇蓮花開，中峰端嚴一蓮臺。華藏世界宛如此，醯鷄不識良可哀。渺茫誇閬苑，荒忽求蓬萊。何如天台靈異在人境，劫火不到無三灾。神泉自流琪樹不栽爾山。藥草滿谷丹，材應真隱顯。混樵牧飛仙，游戲同嬰孩。羲之乏靈骨，太白非仙才。已住神山却歸去，空餘石屋寒蒼苔。我已夢覺墻根槐，安能更逐魚龍豗？徑須習定栖峰頂，飽看滄桑三百回。

茅蓬雜詠〔一〕

天台六十五茅蓬，總在懸崖絶澗中。落盡山花人不見，白雲堆裏一聲鐘。
獨木爲橋跨澗低，古藤緣壁自成梯。板墻茅蓋團團屋，不著人間一點泥。
坐對千峰不作門，雲歸雲出在床根。鳥因就食當檐下，虎爲聽經傍砌蹲。

矮屋低檐礙客冠，繩床土灶坐團圞。定餘滿室生虚白，儘抵三千世界寬。

溪山佳處結茅新，買地無勞問主人。耐得封山三丈雪，從君高卧一千春。

巖頭老僧日一粥，覆眼蒼眉面如玉。更無一事到胸中，閑掃藤花拾黄獨。

一卷金經讀未終，客來不起任從容。脱罷袈裟徐作禮，問年笑指十圍松。

分齋遠就隔溪庵，汲水樵雲老尚堪。莫訝孤單無伴侣，應真五百是同參。

道人家具一瓢輕，獨自安禪獨自行。信宿前山門不鎖，猿公偷點佛燈明。

閉關老宿等鴻冥，强爲人牽住祖庭。山鳥溪花紛獻笑，此山頑石比人靈。

【校記】

〔一〕茅蓬雜咏　清康熙間增修本遂初堂詩集目録有「十首」兩字。

天柱峰僧餉黄獨

黄獨分來瓦銚邊，香於紫芋大於拳。笑他懶瓚渾閑事，誤却長源三十年。

石梁觀瀑布宿方廣寺〔一〕

五百仙人果位尊，驅來鬼斧鑿無痕。山根裂到巖頭合，天上流從地底翻。萬丈冰綃懸玉軸，千群浴鐵走和門。斷鰲何事留餘怒，終古風雷白晝昏。

豈必湔腸訪化城，巖邊古寺最幽清。僧於紺髮光中坐，客在銀虹頂上行。不夏松杉含雨氣，無眠樓閣撼濤聲。應真留我遥招手，一墮紅塵便隔生。

【校記】

〔一〕石梁觀瀑布宿方廣寺　清康熙間增修本遂初堂詩集目録有「二首」兩字。

斷　橋

石梁奇共見，人到斷橋稀。澗路三春雪，山糧一尺薇。泉穿仙掌落，石捲渴虹飛。凝緑潭無底，沉沉玉漏微。

珠簾泉

一片銀河水，空懸濺□珠。輕勻落勢緩，娟妙織痕無。鮫泪傾千束，仙衣拂六銖。垂簾應有意，深洞鎖龍姝。

萬年寺

平田古寺聳層樓，水繞山環步步幽。一壑松杉雲外冷，百函龍藏劫前留。賜衣天子難親到，宋仁宗賜衣璽書有云「如朕親到」。采藥山人快獨游。歸路不須愁黑月，孤燈懸在萬峰頭。

贈無礙禪師

不下台山三十年，手栽嫩桂欲參天。撥開古路荆榛裏，涌出精藍劫火邊。雙澗傳聲雷吼地，八峰聽法雪齊肩。莫愁翳目看雲霧，法眼還應爍大千。

雨後尋龍湫

探幽不怕雨廉纖，踏葉攀藤興轉添。削鐵千尋無路上，九天垂下玉龍髯。

桐柏宫

我讀坐忘論，十年懷子微。如何桐柏路，不見彩鸞飛。月浸丹泉冷，雲埋藥草肥。金庭蕭索甚，清泪濕天衣。

瓊臺雙闕

瓊臺屹立中天孤，削成亭亭不用扶。靈芝根莖蒼雪膚，台山之心仙所都。百神上下風雨俱，積高中央削四隅。俯瞰絶壁臨虚無，雙闕巖巖夾雲衢。靈溪百轉羊腸紆，繞溪秀矗千芙蕖。雲中之君朝香爐，玉女鵠立群真趨。萬玉璀璨萬錦敷，老龍守户垂其胡。靈湫百丈山腹刳，猿驚鶴栗無來途。而我闌入心膽粗，高攀天梯捫天呼。下搜雲窟餐雲腴，曷不少留作仙徒？自顧落拓難牽拘，仙班禮法恐不疏。不如逍遥作凡夫，題詩問天恕狂愚。

桃　源

桃源無桃花，山水乃佳絶。始至覺蕭疏，漸深愈幽折。雙崖爲曲屏，組綉對披列。石净不受苔，松清如漱雪。山塞途若窮，溪迴境仍别。碧潭清若空，倒影諸峰潔。珠簾挂重重，雲際露潛穴。仙居既清高，塵滓非所屑。如何啓劉阮，世緣忽膠結。遂令惆悵溪，步步生凄咽。可憐欲界仙，情根曾未徹。誰能喝金橋，道人心似鐵。

贈護國寺夢帆禪師

忘山忘院坐逍遥，月酌桃溪水滿瓢。却怪照師多一喝，眼明從不見金橋。

導客重重入畫圖，亂雲撥盡碧峰孤。杖頭説法人聞否，親到桃源一樹無。

寒　巖

嘯天獅子最嶙峋，開口平吞摸象人。雄拔萬山皆奪氣，孤高大士合藏身。石膚剥盡存真骨，雲頂單棲絶四鄰。會得寒山詩外句，無邊烟景鎮長新。

明　巖

蟄龍蟠處不容窺，苦被松門散聖知。天與石龕裁合掌，神供玉笋只單枝。壁開削鐵看天小，洞轉旋螺得月遲。把斷重關無路入，惟餘水索透空垂。

赤　城

不共千山叠翠看，獨將秀骨戛雲寒。瓊樓削出三層峻，霞彩裝成一色丹。影動天風孤塔迥，門迎海日兩巖寬。玉京只在人間世，未洗中腸欲到難。山頭有曇猷洗腸井。

蒼山九龍潭

芸芸天地間，萬族皆可見。龍胡獨幽潛，出入以雷電。幸存所居潭，踪迹差可辨。兹山靈奧區，群龍久分擅。或晦若甕井，或明若庭院，或爲蜂房懸，或作螺角旋。側挂藤横梁，奔衝瀑垂練。團團聚荷珠，煜煜開鏡面。潔不著落葉，清或浮花片。如耽谷卧幽，似鄙天行賤。巖欹路千盤，壁窄天一綫。晴空蓄風雷，盛夏含冰霰。裂石留爪痕，噓涎結香片。想當開闢初，龍德存海甸。疏封此名山，聽擇形勢便。長携族屬居，不作玄黄戰。有龍山則靈，雲樹常葱倩。下方苦旱暘，精虔此禱奠。如絲一縷雲，霔雨千村遍。我來敢褻睨，良用窮神變。一嘯沸圓波，恍惚鱗鬣現。

慧明寺

台游例不到蒼山，我爲耽奇肯憚艱。觀瀑深穿栖鶻嶺，尋僧遠扣宿雲關。聖師遺迹麻箋古，閏代留鐘碧蘚班。寺有智者大師手書方等陀羅尼經，及石晋天福年間鐘。同是林梢出明月，清光絶勝在人間。

贈天台令董怙瞻

紫府瓊臺第一山，羨君爲吏在其間。鳴琴人似仙班静，羅雀庭如玉局閑。課種每於金地立，行泉時到石橋還。興公正有芒鞋約，賦草憑君燭下删。

贈方方山

六十三翁尚黑頭，健於蒼鹿逸於鷗。山當絶險皆親到，寺最荒寒亦熟游。詩好半題臨澗壁，書工每署看雲樓。一生占斷台山長，那羡人間萬户侯！

贈馮再來少司寇

槐棘班中早乞身，高情逸致渺無鄰。謝公屐向登山健，白傅詩從入社新。遺事網羅皆史筆，名園點綴亦經綸。飽看宦海風波闊，始羡仙山穩坐人。

題修禊圖

人生作官如飲酒，美醞誰能不沾口。但令薄醉味有餘，無取昏酣到濡首。東門二疏稱大賢，右軍誓墓何其堅！急流勇退世有幾，漏盡夜行良可憐。臨海馮公信人傑，轉日移山樹勳烈。飽看世路足風濤，苦憶家山好雲月。開府侍郎官不卑，蒼鬢黑頭身未衰。早謝巖廊卧林壑，功成身退何悠哉！赤城仙山連蓋竹，萬年藤杖千年鹿。彭澤柴桑多故人，荷衣皂帽相追逐。一觴一咏樂天真，藉卉攀蘿忘主賓。詩成不讓蘭亭禊，畫就長留輞水春。試看朝市紛紛者，正逐空華奔野馬。秋風吹老不歸來，孤負蒓絲滑盈把。

柏貞詩爲李節母作

雙鸞珠樹正和鳴，豈料霜飈一夕驚。謝女已甘臨穴死，班姬終爲撫孤生。丸來熊膽心同苦，剪就冰花影共清。綽楔褒旌還有待，且憑銀管播芳聲。

贈洪虞鄰若臯

台山峭而深，台水清且駛。其人尚節概，自昔多君子。朅來見南沙，素心淡如水。早爲名省郎，萬事咨伯始。閩南作監司，嶽嶽著風紀。讀禮不復出，强壯謝青紫。卅載卧家園，竿牘絶片紙。唯當國兵荒，蠲賑談娓娓。著書高等身，燦然有條理。考古洞淵源，論事達國體。發語必破的，所向無堅壘。志乘尤簡核，激揚有深旨。具此學與識，何慚古良史！通才老林間，堪爲廟廊耻。客居了無事，秋山對隱几。追涼展新書，快若哀梨美。側聞東壁樓，藏書富宛委。懸知去梯讀，百城脱如屣。

題陳寒山畫像

古來學道人，所貴徹生死。一身既能捐，何節不可砥！取義與成仁，儒釋同一軌。陳公生不凡，徵夢寒山子。因自號寒山，學佛通宗旨。而不毀世相，卓犖工文史。才華發性靈，忠孝敦素履。釋褐宰江干，政績多可記。遭讒乃林居，跌宕頗自喜。及丁國步艱，慷慨起田里。奮麾魯陽戈，誓雪會稽耻。崩天莫能支，臣力盡鬲靡。一死從彭咸，寺沼爲止水。水淺復难經，從容等脱屣。寒山古聖僧，再來良有以。得非現儒宗，解終而行起。理事兩無礙，真俗何彼此。來往乘願輪，屈伸一彈指。我欲拜孤墳，淫淫雨不止。我欲訪遺文，故字無一紙。幸得披畫圖，瀟灑風神美。前身與後身，月影寒潭裏。

雁山百咏

雁宕山名勝至多，一峰一石，各自標奇，非大篇長律所能綜括。若賦此遺彼，則罣漏實多。因就游屐所到，各題一絶，意有不盡，則叠二叠三，以至於十，凡百題，得詩百三十首。其非所目睹與目睹而不知其名者，皆不及咏，以俟後游焉。

老僧巖

一峰卓立亂雲中，圓頂方袍面面同。欲表雁山爲佛窟，先於谷口露真風。

石梁洞

巖腹穹窿古洞開，暗泉垂乳滑莓苔。飛梁百尺横空跨，疑是蒼龍飲澗來。

謝公嶺

謝客才名滿世間，雜心未許扣玄關。一生不得參蓮社，靦面仍教失雁山。靈運求入蓮社，遠公嫌其心雜，不許。

寶冠巖

石骨崚嶒盡裂麻，森嚴羽仗對排衙。峰巔留得天冠在，瓔珞時垂五色花。

含珠巖

石闕嶙峋不可梯，更懸危石拒攀躋。仙關何事煩深鎖，恐有靈文秘紫泥。

雙笋峰

雙笋纖纖玉削成，望如駢幹却分莖。籜龍正有參天勢，又被春雷一夜驚。

照屏巖

鬼斧何年劈巨靈，方巖萬丈插青冥。百神端笏朝炎帝，絳闕中間卓玉屏。

初月洞

洞口彎環似月牙，隔林看去隱殘霞。檐端片石垂垂覆，倒挂芙蓉一簇花。

噗頭巖

嶽嶽鋒棱肖鐵冠，彈時猶自帶霜寒。千尋壁立無階上，影駭溪龍不敢蟠。

石龜巖

石龜昂首入層空，俯瞰諸峰勢獨雄。儼似牙門排劍戟，中權一纛擁元戎。

靈峰寺〔一〕

看山看到靈峰寺，始覺天公是幻師。幻出千峰如蜃市，教人難畫復難詩。
偶來絶境暫盤桓，便覺身輕插羽翰。羡殺山僧高挂鉢，一生長是倚檐看。

羅漢洞

裂石千尋洞腹寬，金容肅穆坐層欄。電光一綫天門闢，遥見瓊樓濯露寒。
踏盡飛梯透卷檐，須知洞頂即峰尖。若於雲表承清露，何似天心吸水簾。

鳳凰峰

威鳳何年下覽輝，翹冠獨立羽葳蕤。丹山未若靈山好，莫戀將雛又北飛。

五老峰

五老駢肩復接踪，披雲拂露意從容。想因貪看諸峰巧，不覺年深亦化峰。

南碧霄洞

玉洞陰涵太古春，石膚皴裂作龍鱗。鱗間大有題名在，得到仙山總俊人。

靈芝峰

亭亭獨立狀靈芝，轉側看來面面奇。選盡千峰無比秀，石如能妒亦孤危。

蹲虎峰

舊説山君百獸尊，嘯風一蹴上天門。自從聽得靈山法，歛盡雄心帖地蹲。

駱駝巖

常看駝脊峰相似，今見峰形曲似駝。穩卧緑蘿芳草裏，肯隨鐵騎渡交河。

鬥鷄石

力角雌雄未可量，剽姿悍氣略相當。天鷄不入開元隊，萬仞岡頭作鬥場。

利牙峰

石作牙鋒鋭不群，豁開齦齶透蒼旻。嚼雲漱月偏高潔，懶與頑仙作齒芬。

果盒巖

圓石中分一綫横，磨盤果盒總堪名。獨將渾璞參芒穎，奇陣中間出正兵。

風　洞

列岫中虚一穴通，温凉不斷四時風。莊生放筆談天籟，不解于禺出此中。

照膽潭

一碧涵空水至清，秦宫照膽鏡分明。靈鰻不肯貪香餌，獨自潭心掉尾行。

白雨潭

潭懸飛瀑響如雷，入夜常如驟雨來。幾度夢中驚起看，一泓明月浸蒼苔。

觀音峰

大士化身千百億，石能肖像即安名。鸚哥童子初無意，亦藉天工巧塑成。

北碧霄洞

孤標一笋入天心，笋内空涵玉洞深。梵宇中藏看不見，鐘魚飄出海潮音。

將軍石

碧霄院對數峰佳，簇似笙簧衆管排。頂入青天同一色，終年不受白雲埋。

大筆峰

獨管單抽鋭復圓，寧誇入夢犬於椽。仙家别有凌空手，畫出卿雲絢九天。

真際寺

澗路陰森萬木稠，無塵古寺最清幽。山僧不見但供茗，滿院蛩鳴如早秋。

五馬峰

穆王八駿何曾到，漢武千群豈得來。獨有馱經諸駿骨，嘶風盡日對香臺。

石碑巖

岱頂曾看没字碑，此巖鎸削復因誰。磨崖肯辱斯高手，待勒新宫絶妙辭。

頂珠峰

圓石誰將峰頂安，情知不落亦孤寒。漢皇要吸三霄露，特敕金人捧玉盤。

净名寺

净名寺路最蕭森，門掩松篁積翠深。頭白山僧藏古迹，烹泉掃石與披尋。

荷葉峰 亦名眠牛峰。

削立孤巖千丈餘，寧知巖脚四垂虚。但延日月無風雨，天與禪人作净居。

霞城嶂

斑斕紫翠一屏懸，仿佛殘霞襯碧天。不似赤城純赤色，薄施丹彩更鮮妍。

石城嶂

石作連城澗作濠，峨峨萬雉插天高。城頭不測何仙住，時有香風墜碧桃。

水簾洞

洞懸巖乳石纍纍，迸落幽泉脚散垂。竟日漏痕聞點滴，長如檐際雪消時。

一綫天

洞對圓峰恰一丸，露天如月蝕將殘。從來游客粗疏甚，只向山根仰面看。

維摩洞

高俯諸峰一洞尊，雲床泉井儼然存。維摩説法人聞否，削壁中開不二門。

仙人橋

懸崖斷處仰攀窮，忽見飛橋架半空。畢竟升天還有路，仙衣輕颺六銖風。

藥杵峰

銀漢低垂繞碧巒，清光不礙月團圞。一從竊藥姮娥去，玉杵抛來別殿寒。

行道廊

樓閣天成衆寶坊，更標一徑作迴廊。峰根瘦削蓮花蒂，千匝經行繞蒂長。

響　巖

雙崖束斷白雲層，聲蓄㟍中出不能。長嘯劃然山答響，只疑天際有孫登。

聽詩叟

山頭石丈不凡姿，側耳掀髯愛聽詩。泉瀨松風真妙句，點頭惟有此翁知。

卧龍溪

數里清溪湛若空，龍鱗細蹙白蘋風。不辭百過褰裳涉，身在銀河皓影中。

鐘鼓巖

天然鐘鼓肖形模，長爲靈山倒刹扶。萬丈華鯨俱毁到，不知能毁兩巖無？寺爲土人所廢，鐘亦遭烹。

鉢盂巖

鷄足山中藏不住，詎那掌上托還來。當前應器無人執，天與飛泉洗鉢來。

展旗峰

横崖千丈映朝暾，大旆當風獵獵翻。舒去卷來仙掌裏，掃清雲霧豁天門。

天柱峰

孤標一柱混茫中，不與修纖衆笋同。大巧并無雕鏤迹，擎天畢竟是誰功。

雙鸞峰

籠篵玉笋上無梯，頂有雙鸞彩翮齊。揀盡瑶岑與珠樹，孤高只愛此峰栖。

玉女峰

雲鬟玉骨净無塵，帝女高居迥絶鄰。不比巫峰態妖冶，幻將雲雨惑騷人。

獨秀峰

千尺亭亭立不欹，端嚴勁直自天姿。貞臣搢笏風標似，玉笋中間第一枝。

卓筆峰

筆端鋭欲掃千軍，卓立蒼崖秀不群。盡日書空人不見，石飛泉立總奇文。

平霞嶂

削成丹嶂界青冥，錯錦堆霞燦一屏。端笏衆峰旁拱立，諸天於此作殊庭。

小龍湫

坐聞雷雨響晴空，望若青天挂斷虹。攀盡危崖泉始見，飛揚縹緲總隨風。

非烟非霧結成團，亂迸明珠著面寒。噴落九天無倚著，一回飄灑一盤桓。

龍鼻泉

畫龍畫盡蟠拏勢，不及天然石骨奇。尾卓雲中垂一爪，儼如潭底攫珠時。

石能透孔龍方活，孔解懸泉鼻始靈。迸出蒼龍真玉髓，九霄仙露共清泠。

玉骨青涵碧蘚滋，日移松影滴遲遲。故將一顆懸珠貴，鬥取千尋裂帛奇。

龍蟄深山不記年，尚能噓氣作靈泉。風雷有日冲霄去，一滴還堪潤八埏。

天聰洞〔二〕

靈洞無踪不可尋，亂披榛莽入峰陰。巖欹壁窄蛇行上，透入峰心卷耳深。

洞頂窮時窗孔明，窗間樹影翠交横。下窺一穴深無底，見説潛通到赤城。

踏盡天梯最上關，只言此境少人攀。苗常好事先於我，斜刻題名碧蘚間。洞中有苗伯起、常寶臣題名。

僧拜石

片石輪囷作勢奇，老僧參請具威儀。清狂我亦如顛米，見石還多獨拜時。

蟾蜍峰

海上靈姿見玉蟾，何因高踞此峰尖？月中凉影貪相對，時有銀光透碧纖。

安禪谷

坐有盤陀飲有泉，天成石室好安禪。不知寶掌生千歲，此地端居幾百年。

靈巖寺〔三〕

靈巖坐擁衆奇峰，天下名藍無此雄。可惜劫灰零落盡，把茅孤露畫屏中。

見説枯僧解説禪，郡侯新與買山錢。我來不遇空題壁，自拾松薪煮瀑泉。

石屏風

山因遠寺半無名，萬笏千珪盡削成。唤作石屏殊樸略，圖經誰與細搜評？

小剪刀峰

織女朝朝理七襄，裁成雲錦爛天章。倦抛玉剪凌空墜，猶帶霞紋五色光。

觀音髻

海舶看來第一峰，翠如螺髻綰重重。只愁絶頂窺難見，每被閑雲盡日封。

芙蓉峰

列笋中間秀一峰，含葩欲綻玉芙蓉。白雲如水天如蓋，人在金臺第幾重？

雙髻峰

佛頭青出白雲坳，雙髻盤盤覆玉毫。真相由來難見頂，更無人測此峰高。

獅子鼻

獅子横身古路邊，雙懸鼻孔漫撩天。泄雲吐霧多靈異，膽落妖狐不敢前。

飛來羅漢

應真亦自愛仙山，一葉浮來住不還。萬仞岡頭看飛瀑，絶勝危坐法筵間。

誦經巖

日照香臺霧不生，忽聞天上誦經聲。何方童子栖巖頂，水月光中自在行。

羅漢寺

谷内鐘聲谷外聞，寺藏松檜路難分。山僧不乞人間米，自決清泉種白雲。
滿川笙鼓鬧龍舟，何似仙山頂上游。一鉢伊蒲分佛供，薄雲疏雨看龍湫。時值蒲節。

戴辰峰

南紀山高戴北辰，烟籠霧蓋看難真。何當直上峰巔望，大地平鋪作白銀。

火焰峰

群峭都如火樹炎，兹峰焰動更纖纖。化爲慧炬燈燈續，無相光中有妙嚴。

燕尾潭

重重飛瀑穿巖下，恰到潭邊燕尾分。影落寒潭清徹底，還如白燕掠蒼旻。

斤竹澗

澗名曾入謝公詩，白日清湍信可怡。方竹一枝僧斫贈，丁寧莫過化龍坡。

能仁寺贈漢梅禪師〔四〕

芙蓉古刹萬山尊，不斷心燈聚此門。寶所可憐逢壞劫，八庵零落一鍋存。
頭白梅公住祖堂，十年辛苦架空梁。知君有意爲全了，緣薄唯憑願力長。

常雲峰

常雲高峻切蒼穹，絶頂常教紫霧籠。偶遇晚晴都揭露，帝青寶簇玉盤中。

天柱峰贈雲峰禪師〔五〕

古刹銷沉已百年，團焦新構碧溪邊。休公遯迹耽吟眺，樹下題詩葉作箋。
雲舒雲卷本無心，門草無妨一丈深。解弄無弦琴一曲，詎那尊者是知音。

錦　溪

清溪無草亦無沙，石齒鱗鱗削玉斜。倒卧龍湫天上水，縈成綺練激成花。

一千佛巖

一簇雲屏秀蔚藍，齊抽玉笋碧毿毿。千華座土標千佛，誰住童真得遍參？

樹巖

嵩山漢柏枝如鐵，岱頂秦松幹若龍。不似兹巖偏怪偉，雲皴霜剥百千重。

道松澗

洞敞懸崖俯萬松，松陰不隔翠微峰。老僧留我銷長夏，冰滌肝腸雪鍊容。

瑞鹿峰

不見熙寧古道場，枯楓亂竹欝蒼凉。山頭瑞鹿還岐嶷，獨自銜花供法王。

閻王鼻

醜石枯槎怪百端，鐵圍變相畫應難。何人摸得閻王鼻，劍樹蓮花一色看。

大剪刀峰〔六〕

障日危峰掠面來，銛鋒揺動合還開。霞紋嵐彩朝朝變，知是天公費剪裁。
側對横看步步移，石帆天柱一峰爲。夏雲善幻應如許，不道人間有此奇。

鐵城嶂

削壁爲城黑四圍，日臨鐵甕澹無輝。行當骨冷神寒處，忽見長虹捲地飛。

大龍湫〔七〕

聞説龍湫瀑布雄，一回親見詫神工。懸空瀉落無根蒂，廬嶽天台迥不同。

輕於霧縠薄於綃，碎剪銀絲萬萬條。倒捲迴飛難著地，層層盤舞下三霄。

澄潭數畝傍巖開，水注潭心響若雷。躍起更爲衝激勢，飈馳霧捲逐人來。

忽爲直瀉忽横鋪，谷口風來應嘯呼。忽更斜飛無處所，隨風散作滿天珠。

空靈變幻總如神，天上生龍不可馴。説與世人渾不信，漫誇玉練與天紳。

水簾谷

左壁千尋飛瀑下，右巖數點水簾垂。天公手筆嫌重複，故裂輕綃作散絲。

詎那亭

大阿羅漢心無住，亦愛龍湫面壁觀。一定千年猶未起，誰於耳畔指輕彈。

觀不足亭

左看天柱右龍湫，天下神奇指掌收。盡道一生看不足，何人信宿此淹留。

石門潭

削立雙崖闔扇開，飛泉百道蹙轟雷。石痕盡作盤拏勢，曾透乖龍爪甲來。相傳石門是龍觸開。

獅　巖

巍峨當路一獅蹲，萬虎千熊氣欲吞。不是空王調御力，便應騰蹴到天門。

象　巖

截流香象勇無遮，穩卧深山獨蜕牙。肯戀金門三品料，隨他仗馬共排衙。

望天猫

畫猫未若兹峰肖，聳耳昂頭唤不回。莫是空中有天鼠，騰身欲與捕除來。

雁　湖

雁湖盡道險無倫，荆棘漫山古路湮。畢竟登山須到頂，何妨身作鑿空人。

苦雨連綿應禱休，一僧作導便堪游。貫虹射石憑吾勇，無宿無餐百不憂。

越嶺逾溪路幾盤，攀藤梯石不辭難。一竅透入狼狐穴，贏得樵夫膽亦寒。

歷盡懸巖與削崖，天棺横塞峻無階。奮身獨上三千尺，點額餘人不得偕。山絶處名天棺巖。

透過重關路却平，翩翩真似御風行。蒼龍脊上飛騰過，方見澄湖一片明。

九天之上九淵藏，此理憑何著揣量？始信西荒星宿海，河從地涌發源長。

湖是靈湫碧一泓，只嫌葑草作叢生。何當净洗淤泥出，夾鏡交光相照清。

誰道經秋雁始來，只今栖宿不曾回。裂雲飛起一行去，久斷人踪應見猜。

萬山帖帖海沉沉，身在瓊臺俯首臨。一嘯天風飄下界，却疑雲際有龍吟。

塔寺平沉語浪傳，卧雲縛屋住經年。明季卧雲禪師曾結茅湖畔。未能遺世棲峰頂，暫作瑤池半日仙。

自性沙彌導游雁湖酬以二絶

舉世無人識雁湖，小師奮勇破荒途。五丁一斧蠶叢闢，驚起眠龍與宿梟。

重重扶我過危巒，歷盡孱顔不覺難。親濯湖波唯爾我，世人都向畫圖看。

重過大龍湫觀瀑布〔八〕

久住欣逢宿雨開，仙山一去幾時來。龍湫飛瀑真尤物，更著芒鞋看一回。

急雨連宵捲白波，瀑添新漲勢傾河。一潭盡作明珠沸，飛沫飄來隔岫多。

卷烟成片雪成團，滚滚從空落玉盤。更被曈曨晴日照，珊瑚網映碧琅玕。

瀑噴巖頭幾丈離，循巖側立看方知。更於湫内憑空望，天際龍髯冉冉垂。

抉隱披潛薄有情，巖腰高處見題名。白雲庵路無人識，恨不龍湫背上行。

重過靈峰寺〔九〕

雁山名迹披尋遍，回看靈峰畢竟靈。却似讀殘諸子史，重翻莊論與騷經。

欲去還逢宿雨留，細評泉石是良謀。梯航他日重相訪，何似銜泥更一游。

清籟軒贈曇芳上人

泉響松濤入夢清，夜聞風雨曉還晴。道人面壁終年聽，聽到無聲始識聲。

贈柏林上人〔一〇〕

傾蓋相依總宿緣，最難山水共周旋。與君旬日同游屐，三笑爲圖好并傳。

燒筍烹葵味不窮，苾蒭真率是家風。他年一枕仙山夢，長在靈芝瘦影中。

白溪出山〔一一〕

白溪新漲白於烟，猶是靈峰澗下泉。十里雁山遮復露，多情相送到江邊。

乍來直似逢仙偶，再到應如遇故人。莫漫登程悵離别，别時重見轉鮮新。

贈東甌守劉裕公

永嘉風土最清嘉，雅稱君侯擁絳紗。夢草詩成賓從服，换鵝書出吏民誇。海雲飛處頻開閣，訟牒空時早放衙。最是心清堪卧治，隨車靈雨沛桑麻。

單騎行田鳥不驚，評泉品石最多情。龍湫曉立看虹飲，玉甑宵眠待日生。屬吏每參文酒會，新詩常對簿書成。風流文采如蘇白，不使前賢獨擅名。

【校記】

〔一〕靈峰寺　清康熙間增修本遂初堂詩集目録題爲「靈峰寺二首」。
〔二〕天聰洞　清康熙間增修本遂初堂詩集目録題爲「天聰洞三首」。
〔三〕靈巖寺　清康熙間增修本遂初堂詩集目録題爲「靈巖寺二首」。
〔四〕能仁寺贈漢梅禪師　清康熙間增修本遂初堂詩集目録題爲「能仁寺贈漢梅禪師二首」。
〔五〕天柱峰贈雲峰禪師　清康熙間增修本遂初堂詩集目録題爲「天柱峰贈雲峰禪師二首」。
〔六〕大剪刀峰　清康熙間增修本遂初堂詩集目録題爲「大剪刀峰二首」。
〔七〕大龍湫　清康熙間增修本遂初堂詩集目録題爲「大龍湫五首」。
〔八〕重過大龍湫觀瀑布　清康熙間增修本遂初堂詩集目録題爲「重過大龍湫觀瀑布五首」。
〔九〕重過靈峰寺　清康熙間增修本遂初堂詩集目録題爲「重過靈峰寺二首」。
〔一〇〕贈柏林上人　清康熙間增修本遂初堂詩集目録題爲「贈柏林上人二首」。
〔一一〕白溪出山　清康熙間增修本遂初堂詩集目録題爲「白溪出山二首」。

李烈婦

烈婦吴氏，樂清貢士李應官之妻。戊子歲，避亂平陽，過芙蓉江，被掠，欲自沉，恐不得脱，乃探簪珥散擲，兵争攫取之，遂躍入水死。時李生在玉甑峰，夢婦泣語曰：「君在此，吾已至蕭家渡矣。」亟歸求尸，果得之蕭家渡。逆流四十里，經十日，顔如生。

羅陽山頭虎怒嘷，橫陽江邊人遁逃。兵來截江若風雨，殺人不殺紅顔女。李家新婦閨中英，求死不得機智生。乱擲釵鈿餌貪卒，躍入江心葬香骨。江流赴海如驚弦，風濤茫茫去無邊。如何烈婦尸逆流上清川，夢告良人山之顛，經旬如生神凛然。乃知貞魂毅魄死不滅，訶護蛟龍召霜雪。君不見清風嶺、曹娥渡，千秋下拜人無數。更添烈婦廟蓉江，夜夜潮頭拍天怒。

平陽學博沈升孜招飲署齋〔一〕

愛君官舍似園居，雲入軒窗鳥下除。留客江天梅熟後，開尊竹閣雨凉初。清宵正好談山水，冷署猶賢對簿書。爽氣朝來情不淺，門生隨處擁籃輿。

【校記】

〔一〕平陽學博沈升孜招飲署齋　潘氏自刻本遂初堂集詩集、清康熙間增修本遂初堂詩集均無「平陽」兩字。

嚴九臨見贈長句走筆答之〔一〕

嚴安才藻重蘋洲，年少翩翩負笈游。賓館有魚千里近，海天多雨四時秋。贈來佳句珠盈把，看盡奇峰月滿樓。乍辦芒鞋能試否，携琴同上雁山頭。

【校記】

〔一〕嚴九臨見贈長句走筆答之　清康熙間增修本遂初堂詩集目録題作「酬嚴九臨」。

仙巖飛瀑

仙巖飛瀑天下雄，溪山第一題晦翁。我浮扁舟溯新漲，溪迴谷轉聞疏鐘。龐眉導師此卓錫，芟除榛莽開琳宫。相逢一笑如夙契，孤筇導客穿雲松。奇峰鑿天虎牙豁，怒瀑震地雷車轟。渴虹千尺挂天矯，冰綃百幅懸玲瓏。時隨迴飈濺飛沫，梅天疏雨飄蒙蒙。更尋雷潭攀絶壁，巖腹甕剖中嵌空。俯窺沉沉黑無底，轉石下墜聲鏗硿。遥看白波落雲際，龍鬚冉冉垂天風。三潭境界各清絶，冰壺洗面雪濯胸。我登雁山及玉甑，已詫鑱劃煩神工。不圖南游復見此，天公巧幻真無窮。禪師兀坐萬緣息，話到山水還飛翀。選遍千巖獨凄此，詎那觀瀑將無同。一宿繩床冷心魄，朝來欲别愁匆匆。奇峰秀壑領不盡，剪取匹練懸窗中。

寶巖十景

石門鎖翠

石壁暗藏門，遥看絶塵鞅。唯容透關人，披雲自來往。

雲端化城

秘洞穿天心，飛樓排月面。撥盡萬重雲，别峰許相見。

北峰春秀

峰峰遥拱抱，嵐翠日鮮新。不斷花開落，長留萬古春。

東谷夏陰

大地皆炎蒸，此中獨凉冷。人境兩忘時，爐炭成冰井。

西崖秋爽

西山如畫障，挂我矮檐端。落盡蕭蕭木，蒼然玉骨寒。

南屏冬日

蒼崖不耐冷，曝背過三冬。透漏真消息，梅花破雪封。

中臺夜月

何地無明月，閑看只此臺。清光與孤影，徹夜兩徘徊。

靈谷傳聲

懶與世人談，聊共片石語。問答無異音，歷然具賓主。

石焰流霞

奇石卓巖邊，纖纖欲刺天。一從成慧炬，無復劫灰然。

青蓮吐瓣

一片亭亭秀，分來千葉花。八風吹不墮，長傍法王家。

羅隱洞

玉洞開何代，隔林清磬聞。細泉荷卷露，叠石菌堆雲。訪古留鴻爪，登危趁鹿群。黄粱炊正熟，一鉢與僧分。

次韻酬天目和尚

三過本覺堂，披老真仙才。三到芙蓉亭，龐公絶點埃。而我無寸長，但愛捫蒼苔。喜遇補衲翁，虚空能剪裁。跨海漉金鱗，彌天構香臺。仙巖遂三至，松月相徘徊。瀑流灑飛雨，潭石鳴轟雷。一一皆妙諦，何人不心開。飄然孤鴻去，瞥爾閑雲來。去來長不隔，法幢永無摧。

陸藎思學博招飲署齋

永嘉舊是人文地，博士元非薄領官。署近洞天雲結蓋，家依講舍杏垂壇。異書銷夏搜殘帙，薄俸留賓罄一餐。見説鍾嶸詩品細，敢將敝帚與君看。

酬鄭孝先林天杓〔一〕

偶爲看山到永嘉，欣逢二妙盛才華。詞雄梅雨千重瀑，筆爛江天五色霞。拔幟已曾空壁壘，潛鱗寧久卧泥沙。海邦大雅今寥落，著述應須滿一車。

題名北雁兼南雁，落屐松臺復吹臺。多愧子長真史筆，更慚弘景是仙才。新知樂似奇書獲，好句驚如異錦來。千里盍簪良不易，布帆臨發轉遲回。

【校記】

〔一〕酬鄭孝先林天杓　清康熙間增修本遂初堂詩集目録題作「酬鄭孝先林天杓二首」。

贈陳星槎

能詩善畫白頭翁，意匠真堪敵化工。蜃海烟霞生筆底，龍湫巖壑幻胸中。經鋤有子身堪老，絹韈爲材道不窮。贈我雁山圖十幅，歸裝習習有清風。

贈章千巖 雋。

多才何意謝浮名，廿載江湖橐筆行。社預香山身未老，詩留輞水句逾清。依人詎肯輕彈鋏，著録還應仿輟耕。擬共仙山遍游覽，紫苔深處并題名。

遂初堂詩集　卷十

閩游草　起甲戌秋，盡乙亥冬

江行雜咏十首

五年不上富春江，買得漁舟恰一雙。小拾詩材儲篋笥，平鋪畫卷對船窗。輕裝未别千松嶺，遠夢先尋七里瀧。萬里一槎高興在，衰遲未遣壯心降。

緑滿秋江泛醱醅，相風欲動早潮催。過雲山似褰帷出，裂水帆如破陣來。南國初寒楓未脱，殘秋逢閏菊猶開。蒓絲滿地無人采，留佐詩翁瀲灔杯。

江山船製似鯿魚，廣腹低舷帖水居。掬手清流堪滌硯，推蓬斜日好攤書。近人鷗鳥銜烟下，侵夢濤聲撲枕初。偃仰此中差不惡，鷄栖猶勝趁朝車。

雙槳夷猶弄晚晴，桐廬水色湛空明。涵將叠嶂不勝碧，涉盡千江無此清。莎草最憐波底活，游魚可羡鏡中行。羊裘只合綸竿老，多事君王記姓名。

映水連村樹樹紅，霜餘烏桕勝丹楓。山添艷冶深秋後，天借繁華落木中。高下關情憑夕照，淺深相間有疏桐。山家愛種非無意，怕見春條轉眼空。

蓬窗兀坐日蕭蕭，靜閲楞嚴百妄銷。風起秋心生箬笠，雨餘清韻憶芭蕉。排沙净揀班紋石，撥火温蒸嫩藥苗。金馬玉堂成底事，荷衣隨分且逍遥。

繫纜長松復短松，鄰船不約每相逢。戍樓警夜無全柝，山寺驚寒有斷鐘。舉酒酹江憐月白，引裘加被覺霜濃。曉行慣逐篙師起，恐失前山翠幾重。

遲速江行不定程，幾看潮落復潮生。風來岸岸隨帆轉，灘至篙篙與石争。快似玉鞭馳駿馬，險如鐵甲陷重城。年來閲盡榮枯事，順逆區區總不驚。

一鈎凉月餞殘秋，欸乃聲中宿雨收。佳醖乍來中户喜，名灘欲過長年愁。圖經疏謬誰當補，文獻凋殘未易求。寶婺括蒼名勝地，迴帆須作判年游。

天與清狂福不慳，無邊風月柁樓間。秋林疏瘦郭熙樹，曉景熹微馬遠山。身退江湖原自闊，心空日月本長閑。此生已辨終焉計，不上浮槎即閉關。

溪行雜咏十首

仙霞南下無平陸，盡日盤迴亂石間。已遺道旁堆犖确，更教波底矗孱顔。强拖舟入裁通水，意擬溪行却在山。贛石韶瀧稱絶險，何曾得似此間關？

豸角牛頭險不禁，最難防是乍浮沉。橫槎曲檻欄江密，銳石斜礁隱浪深。柁轉數彎危走馬，船投一孔狹穿針。任驅鬼斧難疏鑿，設險由來造物心。走馬、穿針皆灘名。

樟灘塔嶺遠知聞，溪別東西險不分。錯落八行魚復陣，縱橫千隊水犀軍。彌陀溜曲船磨石，黯淡瀧高浪切雲。直過龍津始空闊，盤渦猶作滿川紋。

快意驚心是下灘，逆流争似上灘難。攀躋分寸愁欹岸，跌落千尋畏急湍。進艇恰尋危石罅，牽絲遠上碧雲端。闌風伏雨如添勢，尺步真當灩澦看。

溪船一例號清流，窄窄船身短短頭。門小不容舒眺望，蓬低裁足展衾幬。卧看書卷聊排悶，側睇雲山薄解愁。白舫青簾元不惡，問君何事客炎州？

閩山秀削復葱蘢，夾岸臨溪紫翠重。船轉不時逢削壁，雲開有意露奇峰。青無頃畝籠岡竹，老謝樵蘇冠嶺松。豈獨武夷誇勝妙，一丘隨處可支筇。

清絶延川好溯洄，舟行百折與千迴。山如襟袖交加掩，水似羊腸宛轉來。蒸紙績麻人樂業，挾書懷槧士多材。炎方信是知春早，十月江梅已盛開。

水市山村舊不貧，年荒兵後少居民。燎薪野岸客防虎，打鼓深更巫降神。地僻不曾疏漢法，山深或恐有秦人。解刀買犢須良吏，寒谷先噓暖律春。

天南風物異中州，披葛經旬更著裘。跨水有橋皆覆屋，傍村無戍不爲樓。榕陰愛向當門緑，蘭草偏宜出谷幽。只有難爲傾耳處，禽言人語兩啁啾。

閩嶠兵戈實飽經，昔年文獻久凋零。麻沙舊刻無完板，徽國元孫僅一丁。訪古殘碑時洗剔，懷賢短棹漫淹停。二毛漂泊風霜裏，誰識荒江有客星。

長至後二日汀州傅浣嵐太守招同郭外看梅爲賦長句

臨汀冬月天新晴，江梅破萼霜花輕。郡侯心閑足幽興，招客同作探梅行。初出郊原見浮白，漸穿籬落披繁英。一夜天花綴林滿，千堆香雪填村平。鋪茵花下看逾好，問爾花開一何早。暖律能爭造化先，貞姿故敵冰霜老。我行梅嶺不見梅，江鄉正月花含胎。寧知汀南甫長至，千村萬落參差開。使君宦游廣，見此嘆奇絶。而我懷鄉人，把玩不忍折。興來更上最高峰，下看香海烟蒙蒙。一聲鐵笛唤么鳳，走報素女瑶臺中。琪花萬樹墮塵世，得非有意誇詩翁。上林盧橘能夏熟，曷不徙植明光宫！

再同浣嵐看梅分賦(二)

嶺上驚看一樹新，寧知爛熳此江濱。香風十里尋來遠，雪片千村綴著匀。不共春葩争艷冶，偏將冰萼鬥精神。憑誰寄與孤山去，腸斷天涯瘦影人。

使君瀟灑足清歡，減從携尊到藥欄。細弄玉簫驚魄醒，高擎銀燭照妝寒。夢回仍有香侵袂，賦就何妨鐵作肝。堪笑揚州老何遜，惟將東閣一枝看。

【校記】

〔一〕再同浣嵐看梅分賦　清康熙間增修本遂初堂詩集目録題爲「再同浣嵐看梅分賦二首」。

朝斗巖和韻〔一〕

削壁懸崖路幾盤，丹樓迴壓玉闌干。山緣拱北星辰近，地更無塵竹柏寒。俯視斗城青杳靄，平臨香海雪瀰漫。汀流何事偏南下，天與危峰障急湍。

坐斷松門一百盤，無心與世更相干。苔封綉壁乖龍睡，月浸空亭石佛寒。游屐到來霜葉擁，樵踪歸去暮雲漫。算來銷夏無如此，閑掃桐花漱碧湍。

【校記】

〔一〕朝斗巖和韻　清康熙間增修本遂初堂詩集目録題爲「朝斗巖和韻二首」。

送周龍客游三山〔一〕

司農厚德繫人思，公子翩翩玉樹枝。燕去烏衣無舊業，花生彩筆有新詩。薄游一棹江楓冷，爲客三冬嶺雪遲。及見郎君騎竹戲，康成老去泪如絲。謂櫟園門人黎愧曾。

明燈官閣敞華筵，送爾清溪穩放船。劍浦過尋蓬矢地，龍客生於延平。榕城到及早梅天。旁搜軼事添家傳，細録豐碑副史編。持節故人情不淺，謂臬司汪悔庵。可能葛帔不凄然。

【校記】

〔一〕送周龍客游三山　清康熙間增修本遂初堂詩集目録題爲「送周龍客游三山二首」。

寶勝庵

數弓精舍俯寒漪，借與維摩半榻宜。蔬笋齋分香鉢裏，鐘魚清徹夢迴時。不須懸畫山圍屋，正好觀心月在池。料得萬家塵擾擾，此中幽趣少人知。

游上杭金山作

汀南山萬重，紫金特雄秀。拔地千芙蓉，一石所鑱就。無峰不崚嶒，有穴皆透漏。陽岡覆深松，陰崖瀉奔溜。磴道歷百盤，闕天始出牖。垂頭看雲霓，舉手摘星宿。琳宫三四區，層叠綴巖岫。金殿在上方，排雲出華構。境寂鐘魚清，山寒竹柏瘦。更上越數峰，嵐開豁晴晝。汀流曲若環，杭城錯如綉。遥青辨粤東，遠黛入江右。山顛涌靈泉，一泓清可漱。神龍灑爲霖，亢旱資補救。良金閟古坑，文石發新竇。天空萬象殊，地迴百靈輳。我來有夙緣，勝侶欣邂逅。藉兹眼界寬，一洗塵土陋。重游未可期，欲别詎忍驟。長嘯下天門，白雲携滿袖。

中峰寺

蒼山峻出白雲端，喜有精廬絶壁安。坐處不知高萬仞，到來惟覺路千盤。飛泉響落晴疑雨，古木陰濃夏亦寒。善畫也應難著筆，奇峰盡日倚欄看。

寄題圓通寺

圓通聞在萬峰顛，大地平沉别一天。寶刹重重開梵網，奇峰面面簇青蓮。三灾不到清凉界，萬法俱融透徹禪。擬學淵明來入社，欣逢惠遠虎溪邊。

劉幼曦假玩文石詩以酬之

物産信多奇，怪石非一狀。兹石出江心，品列巖岫上。滄波久涵浸，銀礫相摩蕩。輝輝月魄融，藹藹玉色盎。雕鏤非人工，渾成自天匠。面如老僧趺，背若團扇障。竟體作奇文，貝錦詎可況？天風翻大波，魚鱗蹙細浪。彤雲夾日看，朝虹亘天望。大巧樸而文，千年閟龍藏。漫爲田父得，終作詩翁貺。人顛粗似米，石古合作丈。珍護過天球，摩挲手不放。知我嗜奇者，借觀索新唱。山齋十日留，把玩傾家釀。愛其秀潤極，儼如璧人傍。未敢久淹閣，主人恐惆悵。題詩送之歸，此君幸無恙。

游水南梅莊

九十日春五十雨，落盡梨花不出户。朝來晴舞天氣新，屢誤游期尚堪補。良朋入座無多談，芒屩相將游水南。水南杭川最佳地，三折中間一洲綴。人無別業專藝花，萬木陰森翠無際。竹籬茅舍百十家，家家門前鋪落花。人意蕭閑物態静，衆香國土無塵沙。竟日盤迴緑天裏，俗籟凡襟浄如洗。轉入梅莊更豁然，池館清幽花竹美。高樓正對紫金山，尊嚴如王不可攀。七峰崚嶒聳豸角，美女娟妙低烟鬟。城堞參差露華棟，倒影波心欲浮動。清溪約山平不流，風帆烟鳥紛相送。主人好事挈榼來，清言雅咏相徘徊。劃然長嘯山答響，遥勸山靈酒一杯。大冠修劍足荆棘，青門紫陌多塵埃。童冠風咏有天趣，而我不樂何爲哉！如此山川良可懷，重游但願風日佳。

美女峰

聳翠清溪上，亭亭十一峰。攲斜偏有態，淡冶爲誰容。石竹含烟潤，山鵑帶雨濃。攀躋不到處，雲外一聲鐘。

愛向深山宿，都無俗累牽。僧房危石底，客枕濕雲邊。幽境欲無夢，清言易入禪。雨歸沾濕好，巖瀑百重懸。

普陀峰

客居苦岑寂，青山差可交。普陀有佳色，不與群峰淆。策杖恣幽討，微徑緣巖嶅。奇石作人立，清泉疑虎跑。萬松攢一翠，白日行林梢。老僧遺世者，蓋頭以把茅。枯木憑作几，冥栖如鳥巢。風磴陟百層，古殿藏雲坳。石瘦足香茗，潭深有潛蛟。臨眺窮下方，緑樹間丹苞。秀野錯若綺，重巒疊成爻。攀登不知疲，我友携行庖。醇美識家醞，芳辛辨山肴。觴咏竟日夕，悠然謝喧嘵。浮生草上露，世事風中泡。奈何縛名利，窟如雀黏膠。高懷寄山水，古意存陶匏。且舒孫登嘯，休解揚雄嘲。

贈汪悔齋年友

海内論知己，休陽洵絶倫。峥嶸經世業，磊落濟時身。霜柏儲才大，錕刀淬鍔新。升朝以文學，報國用經綸。奉使窮溟外，宣威絶島濱。天心眷英略，俗態薄文人。出守官仍絀，孤忠道竟伸。冰壺懸皎潔，玉柱聳嶙峋。蔀屋歌廉范，楓宸簡寇恂。超遷予持節，重寄表全閩。察吏六條肅，平刑九棘均。小心精法比，明目廣咨詢。奏讞釋之允，平反定國仁。外臺無滯獄，一路少冤民。涇濁滔滔浪，飈馳袞袞塵。孑身爲砥柱，雅志在埋輪。力撥朱弦正，潛移黍谷春。具僚資表率，薄海荷陶甄。豈意鄒枚選，居然羊杜鄰。人材那可測，吾道未全屯。憶昔同升日，恭逢戡亂辰。闢門求俊乂，側席待沉淪。禮過徵黄綺，人如得縠辛。殊榮開禁近，異數寵儒紳。虎觀聯翩入，天顔咫尺親。卷紬金匱秘，饌給尚方珍。賦擬追揚馬，書將敵范荀。蛾眉原易妒，龍性况難馴。蘭忌當門種，魚憎出隊鱗。未須辭謇謇，已覺詈申申。射影機關巧，摧橦放逐頻。不才甘瓠落，朽質自輪囷。一綴蓬山羽，長依笠澤蓴。分畦栽藥草，芟徑理松筠。跂脚攤書榻，蒙頭漉酒巾。探奇窮岳瀆，訪古遍齊秦。命駕時千里，掩關或百旬。著書希待後，味道欲尋真。散木安溝斷，群材嘆積薪。幾多隨逝水，强半逐漂蘋。瓜摘愁連蔓，花飛少墮茵。棄捐非聖主，祓濯盡貞臣。賴有垂天翼，高翔横海津。從容調玉燭，取次轉鴻鈞。岐鳥祥因鳳，郊蹄瑞爲麟。一夔堪補衮，六逸且垂緡。嶺路峰如綉，溪灘浪似銀。黄甘香掩冉，紅荔熟圓勻。偶想班荆話，聊爲下榻賓。非君敦夙好，古調若爲陳。

西禪寺啖荔枝作

荔枝信仙品，色味香三絶。所貴餐鮮新，風韻天然别。陳紫與方紅，名種漫標揭。經宿輒變改，徒勞遠提挈。我思就樹餐，好友相贊決。長慶古道場，林深地幽潔。有荔數百株，森若翠蓋列。壽者或千年，磊砢見高節。丹苞綴離離，緑雲點猩血。畫筆染不成，清香隨風徹。須臾摘滿籠，露珠尚停結。徐徐絳囊剖，宛宛輕綃掣。冰丸映若空，瓊漿迸欲裂。綽約素膚凝，晶瑩玉肪切。無滓入口融，有液沁脾冽。清疑仙掌露，凉比天山雪。誰誇葡萄甘，詎數楊梅熱？一餐此奇勝，餘品皆凡劣。楓亭與漳浦，佳種人競説。安得到彼中，芳鮮親采擷？歸來北窗眠，餘韻猶在舌。萬事貴掇新，轉眼菁華竭。可憐華清宫，殘腊猶咀嚙。

汪悔齋臬使餉楓亭荔枝疊前韻

荔支貴佳種，凡品乃懸絶。譬如王謝兒，超然氣韻别。上産出莆中，品第舊譜揭。楓亭近得名，筐盛與籠挈。珍重獻上官，疾走須踵決。一宿香未變，露顆猶新潔。外人希得嘗，庸品漫羅列。汪公吾故人，官尊到持節。饋遺却銖黍，謂是民脂血。薦新獨留此，愛其芬芳徹。憐我渴相如，分餉慰煩結。堆盤千火齊，鮫綃不留掣。入手玉彈圓，落喉冰漿裂。核小吐若無，肉厚脆可切。哀梨遜爽美，綏桃讓甘冽。人言荔帶酸，得此枉始雪。如對藐姑仙，一洗俗腸熱。如騎汗血駒，一空凡馬劣。真味祇自知，雋永那可説？驛致尚如此，何況披露擷？不虛萬里游，仙味幸霑舌。群公侍金門，奏草才思竭。徒聞貢生荔，一丸焉得噉？

閱曹秋岳先生與陳伯騶荔帖中有長句推重及余輒步原韻志感兼與伯騶索荔

海天一鶴孤飛迴，故人珍重芸緘開。先輩風流見遺墨，冰壺濯露無纖埃。折節窮交若昆弟，百念灰冷惟憐才。角險争奇必移晷，手摘天葩賤凡綺。目空萬馬無神駿，謬賞名駒足千里。富平之李松陵潘，南北詞壇相對起。獨鑒惟同老友論，狂瀾思用一柱砥。哲人去矣蓬山游，鳳毛鴻爪人間留。志業蹉跎負知己，瓢笠剩與江山謀。飽啖荔枝思勝畫，有同拔士須拔尤。憑君遠餉勿謙損，品第曾經第一流。「勝畫荔」，名出長樂。

簡陳伯驧兼索長樂荔支　曹溶

好風吹送吳船迴，柳花如雪山房開。四海何曾慳武庫，一方且得除昏埃。赤豹眠雲閉深壑，青芝映日憎凡才。志士不樂玩修晷，須向詞場刷凡綺。富平李君擅長句，秦關擊柝動千里。陽九生才每不窮，潘生近自松陵起。過此江河看善下，雖有巨障莫可砥。子將訪友更遨游，我獨奚爲畢歲留？草衣掩泣馬塵下，飽啖荔枝非人謀。閩南此果倫類雜，誰握冰鑑登其尤。頳玉充盤却驕暑，雲峰高瞰洪濤流。

伯驧餉長樂荔枝叠前韻却寄

江船侵曉乘潮迴，封題鄭重筠籠開。殷紅照眼三百顆，驪珠出水鮮無埃。一嚼泠然賞高韻，林下風骨神仙才。清看襲人欲移晷，凉入詩脾濯錦綺。蘇門逸嘯對孫登，洛水清游共千里。佳處可領不可説，木落山空見雲起。光音天人厭地肥，乞與瓊漿齒一砥。消渴文園已倦游，端爲此味成淹留。君家久住荔陰裏，掩露而食誠良謀。紅塵中人夢不見，利名渴死天何尤。期君更作釣鰲約，蓬瀛濯足清淺流。

游鼓山憩白雲廨院

暫歇籃輿步石梁，院門古樹緑千章。僧來雲窟衣衫潤，客飯榕陰几簟凉。百道飛泉歸絶澗，一聲清磬出新篁。人生豈合埋塵土，世味何如道味長。

涌泉寺

山行不見山，深松覆如幄。滴翠沾人衣，晴雲時滿掬。修磴延清風，危亭肆遐矚。忽聞鐘魚聲，招提在巖腹。規制特崇宏，威儀殊肅穆。客至浩如歸，旋汲新泉沐。院主法臘尊，道風聞九牧。軟語接凡夫，劍鋒不可觸。山空月華朗，夜静天香馥。自然生道心，無勞遣塵俗。高齋凉如秋，一榻清寐足。可嘆市朝人，紛紜夢蕉鹿。

喝水巖

鼓山厚而藏，兹巖特呈巧。山骨露無餘，削成類天造。兩崖劃崇墉，一澗鑿深沼。石奇天卓笏，木古龍垂爪。靈境開鴻蒙，殊庭割昏曉。仄徑循懸崖，下闞絶窅窅。清泉吐龍頭，餘潤滋苔草。廣亭可盤桓，炎威失如掃。攀蘿過石門，道窮出雲表。落日照江洲，毫末皆可了。此地信名區，來游古不少。題名石如林，爵系半可考。筆踪儼猶新，其人骨已槁。未知天地間，何物差難老。百年駒隙中，學道苦不早。曠觀發遐思，興言勖同抱。

國師塔

一枝聖箭透重城，千載南荒祖令行。無縫塔中標塔樣，隆隆石鼓半天鳴。

鳳池庵

行盡茶園到鳳池，山巔奇絶貯清漪。靈禽乍浴人稀見，仙藥叢生僧不知。雲戀塢深遲出岫，竹當峰缺早抽枝。寒山去後豐干老，懶惰無心覓虎騎。

白雲洞

石洞肖獅口，本是雲所居。山僧占之住，廈屋寬有餘。雲意未忍别，賦質幸清虚。共往亦何礙，來往成相於。徘徊几榻間，乍卷還乍舒。我來值雲去，餘潤猶在裾。垂頭看下方，川原綺綉如。榕城十萬户，照耀日出初。樓臺及門觀，歷歷掌上臚。有時片雲起，大千覆須臾。浩如泛瀛海，獨立騎鯨魚。兹地洵幽迴，泉石亦不殊。賴有雲變化，奇態難爲書。割贈諒不可，僧云祇自娱。

登岁崱峰絶頂

北溟之魚南溟鳥，飛騰變化窮八表。吾生何爲居甕中，百年甘作醯鷄老。所以登山必登巔，欲舒雙眼青霄邊。鼓山之頂出雲際，眺望可盡東南天。我來值晴明，萬象何澄鮮。山川見條理，原隰分術阡。南條之山盡閩嶺，奔騰到海何雄猛。龍蟠虎踞開名都，萬壑千峰脉井井。重江西來匹練長，迴環曲折趨大荒。日照遥沙作金色，窮溟無際青茫茫。粟散百千國，浮沉海中央。蓬萊清淺凡幾度，仙人頻見還心傷。下視榕城青一簇，摩肩轂擊争相逐。王圖霸業總成塵，達者觀之蠻與觸。誰能徑上七金山，大千世界臚掌間。净居天上清凉境，罡風吹墮何時還。

再宿列祖堂

山徑凉無暑，虚堂夜更清。風來天界闊，月到上方明。勝友無凡語，高僧不世情。汲泉烹茗罷，團坐話無生。

本是清齋客，貪來佛地居。戒香薰鉢衲，塵夢警鐘魚。祖位燈相續，開山後共八十五代禪師。

禪關箭不虛。周何同有累，勇割意何如？

贈爲霖和尚

龍象凋零末法秋，一尊古佛在南州。普將一雨霑群品，牢把重關截衆流。和尚不輕付囑，故云。石鼓傳聲雷震地，金輪坐斷雪盈頭。永明筆舌慈明眼，度盡衆生願始休。

吸江蘭石

樹合疑無徑，峰迴忽有庵。江光甕牖得，雨氣石林含。屋小偏宜坐，僧孤似可談。巖栖應就此，彌勒許同龕。

題武夷萬年宫

路接仙源步步幽，瓊宫肅穆枕丹丘。陰濃萬樹深藏殿，翠掃諸峰半入樓。薜壁題名龍漢劫，羽衣吹笛洞天秋。群仙小别經千載，試下虹橋話舊游。

十月望日同劉渭生徐肖未諸子宿天游閣

夙聞天游奇，今識天游路。胡麻澗裏曲磴藏，仙掌峰巔孤閣露。地高復在山中央，俯看群岫兒孫行。九曲溪環盡縈折，三台峰對無低昂。我來恰值風日美，落照層層見蒼紫。須臾皓月行空天，白浸千巖净如水。地主好事携尊來，一掃萬古塵襟開。濯魄冰壺不知冷，天風載我浮蓬萊。欹枕不成寐，喔喔天鷄聲。披衣推户玩落月，寒烟漠漠埋山平。鴻蒙天地不辨色，但聞溪灘流水鳴琮琤。東方日高嵐氣伏，漸漸峰尖露微緑。忽濃忽淡鮫綃横，乍合乍開波浪蹙。飯罷游雲始盡除，山川揭露轉清臞。佳士彈冠新沐後，美人櫛髮曉妝初。六六奇峰甲閩嶠，兹閣居中領其要。四時明晦總相宜，雨岫晴巒盡靈妙。雲海今朝成大觀，何當終歲此盤桓。未飲刀圭先换骨，此身已在白雲端。

壽黎愧曾

我行數千里，恨不見偉人。文獻并凋殘，往事誰討論。臨汀萬山中，地樸民風淳。乃有黎大夫，巋然靈光存。公少盛文譽，華星燦秋旻。早射彤庭策，司李饒江濱。冰壺凛清操，斷事明如神。治行推第一，單車入西秦。揚旌烏鼠月，駐節崆峒春。三遷按靈武，寇亂方紛紜。晝灰決軍事，舉扇清邊塵。功高賞不酬，强健遽乞身。高卧龍山陽，悠然對松筠。林居十六載，無書到金門。我昔仰風概，雲龍不可親。兹來接親誨，温温如飲醇。門風比萬石，鄉里推荀陳。著作爲必傳，老筆彌清真。只今杖國年，矍鑠無與倫。香山樂池上，放翁老山村。天留不盡福，晚節揚清芬。丈夫壽千古，蕣華安足群。但能書琬琰，何必圖麒麟。

遂初堂詩集　卷十一

黄廬游草　起丁丑春，盡丁丑秋

將游黄山匡廬書懷二首

我生愛探奇，足迹窮海嶠。羅浮與勞山，絶遠無不到。如何眉睫間，乃有未登眺。黄山天下奇，仙靈閟堂奥。千華削玉齊，萬笋排空峭。鋪海雲輕明，蹲龍松古抝。徒然撫圖經，恐詒山靈誚。決策一往游，及此未衰耄。故人况林居，吴祭酒楞香請假在籍。遺榮而味道。閉户修山經，冥搜有同好。籃輿諒能將，勝侣定可召。所至得從容，庶盡山水妙。世事纏縴長，一撥如快鷂。和風颺晴瀾，疾鼓桐江棹。

匡廬九叠屏，奇秀甲萬山。精籃千百區，錯落巖谷間。高流此栖遯，一往不願還。我昔浮鄱陽，倒影數翠鬟。風利不得泊，香爐失躋攀。到今抱遺恨，企想披雲關。夢覺大槐根，舉世惟我閑。如何久挂屐，坐令腰脚頑。泝江達潯陽，千里非險艱。似聞通門士，德化令紀秉乾。守官清且嫻。爲我辦芒鞋，不勞費一鐶。便當乘輿去，玉芝采璘瑞。漱齒瀑布水，題詩五老顔。俯視紅塵中，高謝觸與蠻。

過長水訪朱竹垞閲其藏書同過天香庵看梅尋繆天士李斯年周文石諸故舊口占長句

將爲汗漫游，取別膠漆友。小別動經年，那能遽分手？我已懸旌不可留，君言停橈且少休。子非壯年我頭白，豈可相遇如浮鷗？感君此意住一日，闚君藏書富無匹。列櫝芸籤盡秘本，連床蹏紙多鈔筆。隻字搜來劫火餘，兼金購自故家出。一巒已堪壓鄴架，三篋定可補石室。今年積寒勒江梅，絶奇上巳逢梅開。野庵疏籬十數樹，娟娟香雪粘蒼苔。此鄉故友多零落，繆李猶存欣矍鑠。浮沉不異九秋萍，出處何殊一丘貉。古南禪伯今則無，牧雲和尚。米市詩翁不可作。文石之父青士。人生良晤非偶然，不惜明燈照深酌。吾曹自有千秋期，莫嗟衰晚愁鬢絲。旂常鐘鼎非吾事，著書藏山猶未遲。我方躡屩登匡廬，君亦浮舟游武夷。歸來各携赤文緑玉字，要補上世石鼓銅槃辭。

釣　臺

雲羅張百鳥，不挂九霄鶴。神龍倘就羈，何殊蚓與蠖？嚴陵巢許倫，意度何寥廓！帝王一粃糠，將相一螢爝。故人自天子，吾目無京洛。招來共被眠，詡詡長伸脚。客之尚不可，矧敢縻以爵？還歸把修竿，獨釣萬仞壑。清風激頑懦，千秋儼猶昨。荒祠罥蛛絲，像古玉骨削。君看此風標，雲臺那得著？碧山聳亭亭，清江流漠漠。靜對兩無言，巖花自開落。

新安江四首

睦州到新安，清溪三百里。茲惟漸江源，遠出三天子。我行泛輕舠，春日正晴美。柔風逐帆來，弱浪隨槳起。滌硯雲容容，褰裳石齒齒。一碧涵空天，微紅綴桃李。清無沙土留，净若月露洗。豈惟不掩鱗，投針亦可指。方信詩人言，見底不虛耳。

江流既清駛，夾岸山更佳。蒼翠來無窮，重疊相交加。或如側立屏，或如對排衙。纖秀拔孤筍，青葱露雙髽。冠嶺松茂密，緣坡竹鬖髿。倒影落江中，素波映丹霞。賦心攬千變，畫筆兼數家。蓬窗坐卧看，活火烹新芽。差勝長安道，立馬迎風沙。

清溪千百轉，一轉一佳境。時時見澄潭，往往得秀嶺。人家出炊烟，野寺來塔影。孤村鷄犬閑，小市魚鹽冷。山椒乍開梨，水際未殘杏。嚶嚶鳥鳴幽，脉脉泉流静。觸物多賞心，紛來不遑領。飄然泛孤槎，不辭江路永。只愁占客星，誤到明河頂。

江源從高來，逆上多急灘。去灘數百步，已聞水淙潺。篙師各盡鋭，百丈牽危竿。碎石過犖确，峻磯脱巑岏。我嘗客八閩，惡溪歷千盤。奇險試九龍，區區何足難！况逢春流淺，百里無驚湍。舟從枕席過，不礙眠與餐。清游天所相，隨寓無不安。更禱十日晴，山行盡奇觀。

娑羅樹歌〔一〕

樹下爲娑羅園，吴楞香與弟綺園讀書處，余假館焉。

娑羅本自天竺樹，托根鹿苑金仙家。移來震旦不可得，凡土未易滋靈芽。安西表箋漫稱述，北海碑筆徒矜誇。不知何人致此本，遠發葱嶺逾龍沙。博諏福地特栽此，潛虬山溪清且嘉。到今閲歷幾人代，神斤鬼斧不敢加。蟠根十畝絡地肺，聳翠千尋停日車。古幹崛立鐵黯淡，樛枝反走龍盤拏。三月四月始抽葉，五年十年一作花。簇如銀盤堆火齊，爛若天半開朝霞。三霄天女下結鬘，百里蜂王來放衙。落英層層鋪綺褥，結實顆顆排丹砂。主人爲園傍此樹，直披翠幄垂檐牙〔二〕。沐餐清芬長道味，醖釀秀色蒸天葩。我來坐卧五晝夜，搴芳吸翠良已賒〔三〕。畫圖妙筆想三絶，吟詩敏手憾八叉。泰岱秦松化朽枿，嵩山漢柏爲枯槎。何如此樹年壽永，劫火不到罡風遮。更祝天龍勿斬惜，分移多本傳中華。八方普蔭不偏缺，香風逸韻流無涯。

【校記】

〔一〕吴苑撰北黟山人集卷一聯句集附録潘氏此詩。下稱「吴苑集附潘詩」。

〔二〕幄　吴苑集附潘詩作「握」。

〔三〕搴　原刻作「寒」，據吴苑集附潘詩改。

潛口訪汪扶晨

當宁曾聞賞子虚，盈廷未肯薦相如。坐令和璧長埋璞，誰信驪珠可照車。黄海烟雲憑管領，墨林榛棘藉耘除。異時谷口今潛口，百叠青山一草廬。

衖中追懷汪伯玉先生

新都數文人，首及汪司馬。生當升平代，官至台司亞。盛年卧林泉，揚風而抗雅。詞筆照一時，聲名走天下。衖中一弓地，形勝侈摹寫。曲折類輞川，清幽比熏冶。我來訪遺踪，惟見碧流瀉。當年讀書臺，零落無片瓦。蒿艾長於人，泥沙深没輠。因嗟成壞速，足驗萬緣假。藏山有負趨，日月不堪把。借問風燈中，誰爲堅久者。

望雲門峰

路入黄山不見山，雲門當面獨孱顔。略呈奇秀千峰表，引客來時送客還。

湯泉

天都峻極標青冥，上帝高居朝百靈。顧視凡骨哀伶仃，載肉之軀饒穢腥。賜以湯沐登福庭，潛驅神工鑿翠屏。石髓迸出金膏零，煮以陰火噓赤霆。融蒸丹砂漱空青，澄然一泓碧玉渟。不寒不熱長清泠，春陽温和蘭澤馨。浴之五内祛煩酲，疏導百脉通諸經。如病得甦醉得醒，三尸遁逃神清寧，身輕直欲乘雲軿。氣爽兼可役六丁，上真遺言更細聆。先當洗心後錬形，身本無垢玻璃瓶。垢從何來盍惺惺？解汝帝懸除天刑。勿以清渭淆濁涇，濯魄冰壺澡中濘。纖塵微滓不遺停，何難高翔騎鳳翎？天門蕩蕩晝不扃，瓊漿一吸三千齡。

祥符寺

牢落前朝寺，無僧竹樹清。矮窗看壁色，高枕聽溪聲。就浴褰裳便，停輿襆被輕。殘碑不可問，剥蘚見題名。

桃花源

緣溪尋石路，撥草得書堂。雲過衣衫潤，風來藥草香。瀑飛千澗雪，花綻一林霜。丹井分明在，白雲何處鄉。

慈光寺

黄山百神居，體勢窮偉怪。太古人莫窺，深潛萬山内。前賢間題咏，登覽實未逮。秘藏開有時，靈蹤無終晦。普門乘願來，一錫披荒穢。巢居雲霓巔，絶粒豺虎隊。道力感人天，諸緣畢來會。龍函國母錫，玉帛三宫賚。金銅像七層，輦送來天界。地涌琳宫新，神營寶坊大。從兹山徑開，稍稍通軒蓋。茅庵布谷中，竹杖穿雲外。峰巒無藏奇，開士功爲最。到今滄桑餘，精藍儼然在。鐘魚肅清規，賜物留前代。戒定力所持，不隨三灾壞。亭亭木蓮花，挺立見高概。導師餘蔭存，千祀無翦拜。

贈中洲禪師

震旦神奇第一山，久無龍象住中間。賴師獨唱無弦曲，有客頻敲枯木關。金色界居緣不小，莖茅刹現任方艱。時方議重建大殿。毗盧真面何人洗，三十六峰相對閑。

文殊院

誰從削壁架飛橋，直上層城透碧霄。雨洗千峰初獻萼，雲籠萬壑欲生潮。人眠月窟膚寒栗，界入風輪閣動摇。便與清涼無别境，不煩金臂更相招。

天都峰

黄山百千峰，兹何獨稱長。大巧不炫奇，尊嚴故無兩。中天開帝廷，萬靈此朝饗。肅穆垂冕旒，森嚴排甲仗。梯空一萬重，拔地九千丈。烟雲升及腰，日月行在掌。群山自言尊，對之失氣象。譬如見真人，群雄自頭搶。蒼蒼百里外，孤標已瞻仰。即之如可親，攀之莫能上。石闕望峨峨，天橋矚朗朗。截肉無由升，徒然結遐想。

蓮花峰

一峰駢千峰，萬石攢一石。化工何太巧，削成不留迹。想當鴻蒙初，天根始甲拆。群峭紛上千，一莖遂分劃。或側若笏簡，或端如圭璧。軒軒鳳開咮，落落鵬騫翮。合成千葉蓮，亭亭插空碧。蕩漾雲海中，揚葩復含葯。蓮臺百萬層，中爲列仙宅。天池聚荷珠，灎灎盛玉液。欲往從之游，雲衢誰能闢？天風起蓬蓬，思借王喬舄。

丞相源

十里松杉到寺門，遥峰如蓋正當軒。清溪流出桃花底，錦石鋪來竹葉根。人卧空堂雲不去，山圍高閣雨難昏。此中若肯開蓮社，元亮先思斷酒尊。

皮篷訪雪莊禪師

高僧本逃名，獨卧萬峰頂。何期名遠聞，鶴書下延請。三辭不可却，暫到紅塵境。緘口不談妙，避喧如避井。堅求放還山，雲鴻逝冥冥。我來訪高踪，大壑雲萬頃。蝸廬寄其間，飄若一烟艇。焚香披畫圖，汲澗烹茗艼。人如冰雪清，韻與松杉冷。利名所波靡，緇流亦馳騁。舉世爲紅爐，君心獨古井。即此是説法，何須白拂秉？聽者有何人，山頭石首肯。

光明頂觀雲海

黄山奇百千，最奇在鋪海。變眩由天工，可遇不可待。我來何幸得見之，光明頂上新晴時。初看群岫出烟縷，漸見衆壑生漣漪。相逐相摩旋凝積，漫空飛絮彌天帛。埋却山河越席平，結成大地玻璃白。置身恰在最高峰，雲所不到天瞳矓。日光下燭發奇彩，大千世界銀濤中。須臾解駁冰紋碎，露出峰尖倍青翠。日高風動雲散飛，千隊歸師萬旆旆。兹游如觀戰昆陽，戈矛劍楯相撞搪。戰罷烟塵掃無迹，鯨鯢奔騰虎豹藏。又如洞庭覽張樂，鈞天廣奏紛竿籥。九變終時萬舞收，野曠江清天漠漠。蓬萊海市不足誇，阿閦國土無塵沙。世主興雲供文佛，妙嚴法界如是耶。萬象森羅齊涌現，崇朝變滅何須嘆。漚生漚滅本來無，器界根身同一幻。

平天矼

半空石路坦然平，曳杖蒼龍脊上行。高不作峰峰盡拱，無邊烟海一梁横。

鍊丹臺

千峰競巉巖，平地無尋丈。何意逢丹臺，豁然得空曠。平如百畝陂，寬容萬人仗。群峰爲蓮瓣，側立環相向。兹臺乃蓮房，宅中無倚傍。一正壓衆奇，明廷始宏壯。想當軒皇游，百神肅圭鬯。合樂奏鈞天，集靈開黼帳。不有寥廓區，詎名天子障？連朝苦犖确，得此神一王。雲海方新開，餘波猶蕩漾。似坐萬斛船，平臨北溟漲。天風倐然來，弱骨輕欲颺。便執化人裾，永投夸父杖。

天海庵

一庵卓立黄山心，烟林無際香光深。榻下空蒙三海蓄，窗中紫翠千峰臨。游屐遥思此中脱，何意堂空人迹絶。見説山僧不耐飢，一笠飄然與庵别。萬頃烟雲變態新，如斯供養不爲貧。欲求銀地開山主，須是蘆芽透膝人。

飛來峰

萬仞峰頭一笏排，如連似斷莫驚猜。五山尚自無根蔕，也倩神鰲首戴來。

西海門

黄山以海名，其義不可詰。及兹窺海門，境界果奇絶。巨壑無津涯，千峰中森列。細大各標新，低昂争鬥譎。雲氣涵浸之，出入互明滅。雲屯綃幕封，雲散銖衣揭。何殊觀蓬瀛，浩淼烟濤闊。島嶼如星羅，金銀見宫闕。造物大幻師，幻成真不别。身世本來虚，大地浮漚結。聊爲不繫舟，萬里恣超越。莫漫投長竿，恐驚六鰲掣。

始信峰

三十六峰舊著名，始信後出奇天成。一笋單抽峻千仞，鉤梯不到如金莖。旁峰可上限絶壁，飛橋懸度心怦怦。天生奇松與援手，徑造峰頂排空行。如登浮屠不循級，頓踞上層神鬼驚。峰端鋭削不容席，振衣鵠立穿青冥。俯視奇石百千隊，横披側露無潛形。撫摩峰巒躡飛舄，揮霍雲海騎奔鯨。杖履遥看作仙影，嘯歌飄落爲天聲。載肉之軀那到此，軒皇風后如相迎。寒江烈士江文石。此獨坐，目空濁劫羞吞腥。騎箕化鶴等閑事，題字不滅苔痕青。登危涉險信有道，達觀遺物能身輕。退之崛强自言勇，華山頂上嗟零丁。

散花塢

黄海信多奇，可望不可即。兹塢得近觀，天巧披歷歷。拔地石輪囷，神鑱而鬼刻。争奇各出意，鬥怪畢盡力。連蜷百獸舞，磊落千幢植。人物既肖形，器玩仍設色。寶府珍駢闐，禁苑花側塞。化工何多暇，作此狡獪劇。意者古媧皇，補天有餘石。游戲摶衆妙，閟藏欲無迹。山開竟發露，神奇不終匿。驅山有秦鐸，乞借安可得？但令割一峰，秀堪掩一國。

石笋矼

山靈酷喜新，山格亦善變。花塢聚一園，天葩鬱葱蒨。笋矼亘横堤，削立石萬片。發地而干霄，變態齊涌現。瑶簪各單抽，牙笏必特搢。揚旌欲萬舞，植戟待攻戰。指天天爲愁，劚日日亦眩。觀者莫心驚，此格非創見。南龍本多骨，萬里來巒甸。五嶺百千峰，如焰復如箭。到江龍欲盡，復此見真面。餘波及中吴，岝㟧開叠巘。南土多秀民，良由奇獨擅。山秀脉乃靈，骨尊品不賤。迴頭眺衆峰，欲别有餘戀。

擾龍松

松身穿石石纏松，一樹周遭蓋一峰。看盡奇松無此本，不愁飛去是馴龍。

接引松

鐵壁銀山對面垂，梯空直上妙難思。懸崖撒手憑誰力，得度難忘此導師。

蒲團松

密織虬枝作軟藤，峰頭孤挺更無朋。肯來此上跏趺坐，料得人間只一僧。

樵松嘆

黄山之松世希有，龍蹲虎蹙十而九。抱石無枝不屈蟠，冠峰有幹皆偃走。烟雲長養常華滋，石骨栽培不彫朽。雷火難焚浩劫存，神斤不到山靈守。咄咄怪事旁村樵，逾山越嶺不憚遥。伐松爲薪一何忍，碎剉玉骨批瓊條。萬人賞嘆千年質，去向誰家釜底燒。山僧百拜乞不得，諸天雨泪如絲飄。世間萬事有厄運，舟移壑徙多遺恨。洛城兵來彝器空，江陵火作圖書盡。雖知幻質歸消融，忍見名松旦夕空。且願官司嚴禁約，保殘守缺猶堪雄。

師子林訪默安禪師不值

昔登九華巔，識師掩關處。昨聞移錫來，撥雲擬相遇。何期還舊山，獨立空延佇。托宿借繩床，床下飛泉注。懸鉢無春糧，撥灰有殘芋。想見犁眉翁，高眠擁敗絮。聽法不須人，林林怪石聚。身世兩俱忘，何心戀名譽？峰巔望九子，蒼蒼辨雲樹。浩歌臨長風，吹向天臺去。

九龍潭瀑布

黄山峰高蓄泉少，懸瀑不長一目了。惟有九龍瀑數層，初來久晴渴而小。連朝驟雨兼轟雷，千山出泉下如搗。處處衝湍溢澗邊，往往練光曳林杪。朅來再過天紳亭，龍潭瀑勢何夭矯。白虹垂空千丈明，冰輪碾地四山掉。撞潭躍出萬珠璣，迸石紛披百旒旐。慓悍勢將三海翻，奔騰力欲千軍掃。如同龍湫競雄闊，似與叠泉鬥輕巧。山靈好事補闕遺，恐誤游踪雨不早。傳語游人莫憚陰，黄山瀑泉雨後好。

檗庵和尚塔二首

批鱗風節著朝班，晚著田衣卧竹關。坐斷吴峰兼越刹，獨留香骨與黄山。麒麟高冢勒豐碑，名姓多教異代嗤。何似窣波寒月下，一泓秋水薦軍持。

贈鄉僧雁黄二首

萬仞崖邊一衲逢，鄉心旅迹話從容。雁山游倦黄山住，踏盡尖巒與瘦峰。

怪石奇松常下拜，一松一石一篇詩。好山無數詩無數，問爾歸來是幾時。

將出山留别吴椤香及同游汪文治王名友諸子

人生不得行胸懷，百歲猶夭古所恨。惟吾胸懷與衆殊，天下名山願游盡。人求天應恒相左，斯福於吾獨無靳。三條四列任攀登，取次題名遍嶽鎮。黄山應念仍快游，餐奇攬秀無餘藴。天生通門作地主，蠟屐藍輿謝勞頓。雨晴明晦總宜人，從游唱和皆英俊。清歡勝賞足千秋，巖屏流輝水溢韻。山水之樂不厭貪，更訪匡廬裹青飿。一丘萬里各逍遥，莫以蚪潜笑鵬運。

至潯陽訪文允言於仙居鄉邀與同游廬山

司勳昔理禾，燈巖先生。矯矯著風節。入爲天官郎，獨鶴步朝列。世變遂懸車，義操凛冰雪。高卧廬山陰，杳然與世絶。釀酒漉以巾，著書函用鐵。江楚一完人，身逝名不滅。聞有令嗣存，才高行修潔。刺船遠訪之，不憚重湖越。居窈類仙源，人孤無俗轍。素心一相遭，膠漆難爲别。此邦兵塵餘，文獻傷凋缺。懷鉛渴諮詢，傾蓋難細説。何如共山行，世事并刀截。婆娑千峰頭，快吐中腸結。

烟水亭

湖迴環城角，亭孤峙水心。江光浮幙净，嶽影浴波深。碑碣三朝聚，風帆四面臨。琵琶亭廢後，只此可閑吟。

濂溪祠

住近蓮花洞，平生獨愛蓮。名溪仍故里，結屋傍新阡。濂溪本道州水名，先生葬母廬山，因家山下，即名其水曰濂溪。樂趣浮雲外，胸襟霽月邊。無人契心易，圖説只空傳。

太平宫二首

上帝高居燭照真，寧勞使者遍咨詢。如何下界爲天子，也媚空中采訪神。宫爲九天使者祠，唐明皇所建。

殿宇荒凉過刦灰，松聲凄冷鶴聲哀。惟應十石苔花釜，曾見三千羽客來。宫久廢，惟存巨鍋。

東林寺

銅駝卧荆榛，江左亦多故。矯矯肥遯賢，爵禄非所慕。廬山一片地，溪深谷盤互。翛然雁門僧，挂瓢此中住。唱演微妙言，清凉勝甘露。諸賢一見之，依依不能去。白業矢精修，如客得歸路。白蓮散香風，六時清漏注。寥寥千載餘，遺迹猶可睹。殿宇雖荒殘，風月仍清素。今代非乏賢，招之亦可聚。惜哉無聖師，垂蔭作大樹。堂堂塔中人，宴坐小劫度。何當乘願來，浄掃彌天霧。

西林寺

遠公非不佳，永公尤清真。短衲軒然來，意乃無朝紳。逸韻被巖谷，泉香石粼粼。到今禪栖者，枯淡遺世塵。結廬豈必廣，蕭疏帶松筠。容衆豈必多，所貴行業純。緣來千鉢聚，緣謝一錫貧。世事有興替，法運非所因。但願冰鐵人，一髮維千鈞。廬山洗真面，静對無冬春。

香爐峰尋白樂天草堂故趾

江州司馬愛山好，築堂欲向廬山老。一朝官滿還別山，巖瀑松雲棄如掃。始知陶劉未易及，解組深栖樂枯槁。紫雲庵前竹蒙密，香爐峰陰溪繚繞。老僧指點草堂基，是耶非耶費搜討。千年遺迹埋草間，清泉白石仍班班。如何後來仕宦者，曾無片屐來兹山？拄笏遥看雖自美，坐嘯寧無半日閑？嗟哉白公誠已賢，嗟哉白公誠已賢！

緑雪庵

紫雲已秀絶，緑雪更清幽。爲有千竿竹，常生六月秋。爐峰晴叠翠，石澗雨添流。一衲忘機者，相將汗漫游。

大林寺

行過講經臺，已到萬峰頂。何期得平坡，涵浸雲百頃。禪居枕巖阿，清絶異人境。盛夏開春花，深山見江影。排案列岫齊，環門一溪冷。樹古六朝留，天空諸籟静。老僧不下山，哦詩漱苦茗。撥草人來稀，佳趣唯獨領。浮生等陽焰，渴鹿使狂騁。何當宅枯巖，兀坐萬緣屏。

寶　樹

頂戛雲霄枝拂地，冰柯鐵幹一層層。風雷長護千年質，恐有南朝入定僧。

山牡丹

黄山乍見初含蕊，行到廬山始盛開。亂紫繁紅都落盡，獨留絶艷待人來。

石隱庵

花徑欲窮處，峻嶒出斷崖。石欹千澗落，樹老一庵埋。綉壁高粘屐，清江遠入懷。此中應著我，十笏置茅齋。

佛手巖

廬山之陰佳絶處，昇仙臺北懸崖路。大壑陰森不見底，磴道盤空一綫度。九旗峰高削寒玉，錦綉谷窈埋蒼霧。誰將月斧斫雲根，石骨谽谺洞天露。通明中可百僧趺，幽異常爲衆靈護。巖端秀削五指齊，洞腹清泠一泉注。兜羅綿手覆大千，略展慈雲灑甘雨。巖邊幻寺名竹林，無形有影不可尋。千年一開報赤脚，仙佛并坐金臺深。神丹一丸療帝疾，字迹可録詩可吟。試求其踪杳無所，猿嚎虎嘯愁人心。由來穢土即净土，凡聖同居非自今。疑無詫有堪一笑，世人眼孔都如針。

天池寺

一泓山頂碧無痕，木杪亭亭古塔存。地藉仙靈千載重，刹憑帝力十方尊。神燈照夜分還合，天樂鳴空静不喧。萬里剛風撼樓壁，振衣疑化北溟鵾。

聚仙亭

顛仙莫測是何仙，天眼身居第幾天？暫露神通驚聖主，略將言句表真詮。至人未肯輕忘世，散聖由來不縛禪。不是豐碑留御筆，盡疑靈迹屬虚傳。

火蓮院

廬山正中處，一刹負危岑。寶樹行行直，香泉脉脉深。蓄雲爲海勢，涌梵作潮音。火宅栽蓮好，誰明不染心。

黄龍潭

古德跏趺處，千年作道場。地靈群鹿獻，潭窈一龍藏。拒日松杉密，巢雲殿閣凉。應真圖像在，神妙最難忘。寺有元人所畫十八羅漢。

金竹坪

十里翠蒙蒙，山將竹色籠。溪寒常帶雨，壑邃迥含風。寺露高松底，僧來別澗中。祇園清絶處，惆悵法堂空。

仰天坪

人間四月無花看，上霄峰頭花爛熳。山丹杜鵑夾道開，殷紅縹白紛淩亂。無名異卉偏鮮妍，匿影幽禽巧相唤。寒暖陰晴迥不同，峰高已在天之半。山頂一坪名仰天，别開世界鄰霄漢。駕鹿耕烟瑶草肥，驅龍鑿翠清泉漫。坐擁霞城地絶梯，旁臨雲海天無岸。披茅晏坐唯鳥窠，煨芋獨栖應懶瓚。近來衲子畏枯冷，誰肯灰心世緣斷？猿啼日落悄無人，曳杖下山發長嘆。

登五老峰最高頂

我浮鄱湖望五老，萬仞秀出天中間。雲氣蒙籠乍開合，恍疑蓬閬難躋攀。豈意今朝策藤杖，逍遥遍踏五峰上。寒空嘯裂碧玻璃，大地山河收寸掌。南康軍城一葉浮，揚瀾左蠡横天流。白沙赤岸錯如綺，烟林點點天南州。天公妒我盡遠景，故遣飛雲奪峰頂。如輪如席掠面來，萬象斯須不留影。乘雲我欲之帝廷，稍爲匡君鳴不平。兹山何者讓衡霍，不嶽不鎮誰使令？一笑顛仙扶我住，世上空名了無據。餐霞吸露快即休，多口無遭帝閽怒。

青蓮寺

信步隨樵徑，雲坳度幾層。竹深知有寺，苔合似無僧。入夏花初綻，先秋露早凝。山心枯冷地，面壁古人能。

蘆林庵

世尊趺坐處，穿膝有蘆芽。即此雪山地，宜爲大士家。飯客旋燒笋，談經舊雨花。苾芻能導我，歸袖有殘霞。庵僧嵩嶽同游五老峰。

圓通寺

石耳峰邊竹徑開，寺鄰驛路絶纖埃。霜刀飛處僧危坐，道濟禪師事。石塔紅時人再來。圓機禪師事。夜話亭空涵白月，花田坂老綉蒼苔。高風僅見脅尊者，誰與題碑樹草萊。前住持雪堂三十年脅不至席，碑銘未立故云。

淵明故里

淵明詩百首，未嘗道廬山。居乃在山麓，忘山意彌閑。想其挂冠歸，取適泉石間。素心共晨夕，方外相往還。飲酒豈必醉，聊用洗塵顔。逃禪豈必社，要在遺人寰。置身羲皇上，眇彼觸與蠻。宗雷尚非偶，顔謝焉得班？醉眠石蒼冷，濯纓水淙潺。高風去千載，猶可激貪頑。

歸宗寺

峨峨金輪峰，秀出山南面。連綿下平岡，萬松鬱葱蒨。豁然開寶坊，樓閣如涌現。吸江復吞湖，烟景朝昏變。歷代大導師，於兹法輪轉。香厨飽于僧，法將經百戰。洪爐冶精金，佛祖遭烹鍊。我横楖栗來，撥落雲片片。復生松已殘，法流弱如綫。殿宇猶恢宏，廣庭月如練。安得赤眼翁，重來整壇坫？彌天興大雲，沾灑根莖遍。

玉簾泉

不作雷轟與電奔，千絲萬縷落雲根。曳風珠箔輕無力，映日鮫綃薄有痕。静對不辭巖石險，深潛應讓伏龍尊。軒車草草何曾見，削壁枯藤未易捫。

簡寂觀松

簡寂觀前多古松，株株勢作拏雲龍。蟠根化石雪色冷，偃蓋拂天寒翠濃。左紐奇紋鵬側翅，横行桀幹鸞翔空。衣冠修偉列四皓，風骨離奇排八公。植根不省自何代，恐與立觀年祀同。惜哉觀宇久頹廢，數椽老屋祠岱宗。道士見人輒退縮，經臺斗石埋榛叢。當年修静亦奇士，遠公元亮相追從。詔書徵去不復返，猿啼鶴怨空山中。賴有蒼松耐孤冷，餐霜沐雪無春冬。千年妙質竄荒谷，高謝漢社逃秦封。神斤却走雷火避，永與福地留靈踪。豈惟人壽不如樹，仙骨亦化隨罡風。誰談不遷真諦義，環聽幸有蒼髯翁。

開先寺

白龍劈青天，迢迢見雙瀑。言尋瀑落處，逶迤入深谷。夾道松千章，飲我鬚眉緑。寺門開松陰，積翠可攬掬。堂空像設清，僧少威儀肅。磨崖多舊題，班駁猶可讀。借問瀑何之，策杖穿深竹。飛流破山來，重潭不可蓄。大聲摇山根，盛怒嚙巖腹。一墜不見底，瞥如電過目。天開此絶境，終歲看不足。所以謫仙人，臨流結茅屋。我同逸士來，解衣坐巖曲。静對無一言，會心勝濠濮。佳興浩莫窮，清游杳難續。輸與住山僧，朝朝漱寒玉。

布水臺

高陟黄岩寺，言尋布水臺。日邊金塔涌，天上玉潢來。直下千尋練，深盤萬壑雷。神龍洗潭過，山面斬新開。

題心壁上人洗鉢圖

洗鉢無如飛瀑好，問師何事去人間。要尋佛鉢真消息，更上天南鷄足山。時心公往滇中。

萬杉寺

蒼杉萬本晝陰陰，宋帝當年此布金。蘚石尚留龍虎字，風泉猶帶管簫音。劫灰重整精籃壯，雲窟新開白社深。靈隱一燈分此地，可能枯木起龍吟。

五乳峰

連珠峰勢望峥嶸，尋到山門一掌平。寒沼不枯憑鉢汲，石田無税任刀耕。檐端五老褰雲立，窗裏千帆拂鏡行。慈範開山儼如昨，憨太師。竹梧相對影堂清。

三峽橋

衝波不可渡，絶澗爲長橋。誰裁巨鰲足，拄此蒼龍腰。嶽嶽萬奇石，角立黿鼉驕。飛流與春撞，岌嶪山谷摇。玉淵湛寒碧，金井通潛潮。四山風霆鬥，一谷珠雪飄。俯闞氣陰肅，旁睇天泬寥。平石可敷坐，酌酒嘗山肴。悠然坐忘返，頓令百慮銷。飛虹不可躡，石梁亦難超。何如此清曠，林深水石饒。汲泉謝桑苧，隱矣不用招。橋畔有招隱泉，陸羽品爲天下第六。

栖賢寺

清溪十里瀉奔淙，尋到源頭出梵鐘。小雨欲昏林外塔，輕雲不掩閣前峰。藏書人去巢餘鶴，入定僧歸鉢有龍。閑掃落花扶弱竹，山家無事不從容。

白鹿洞

廬山擅靈秀，自昔栖文儒。符楊劉李輩，後先此卜居。後來鮮踵武，書堂廢無餘。林泉絶勝處，盡作仙釋廬。卓犖朱紫陽，顔孟追步趨。儒術慨不振，飛章上天衢。請修古鹿洞，賜額頒御書。立殿崇俎豆，置田膳生徒。洞規指切要，講肄名賢俱。洞學遂勃興，百王尊楷模。至今尚宏整，宸章日星舒。師儒守遺訓，弦誦彬彬如。百千庵院中，著此學舍孤。振起亦在人，大道愁榛蕪。勉旃砥實學，章句無區區。

讀先曾祖復學田碑記

再闢書堂復學田，先公勳德炳江天。百年循績遺黎頌，幾度兵塵木主遷。碩畫幸蒙山志載，鴻文今見洞碑鐫。多慚述祖無才筆，公論還憑父老傳。

贈洞主熊漁濱

主洞考亭曾有願，德尊原不計官資。與君便作九州伯，未勝長爲多士師。絶學淵源憑討論，頽瀾習俗藉維持。枕流橋上行吟處，風度長令異代思。

巢雲庵

蕪没尋真觀，新開净業堂。湖明識竿影，船迴見燈光。野笋爲丸嫩，新茶入焙香。老僧諳静味，清夜話偏長。

玉川門

大鵬峰峻無樵路，不信峰頭有竹關。截住白雲居上界，放教飛瀑到人間。高僧退院孤筇住，遠客貪奇萬仞攀。渡澗横梯事奇絶，游山渾似乍開山。時溪水暴漲，不可涉，以木梯跨澗，躡奔湍而過。

三叠泉

瀑布如游龍，空懸乃靈快。雁山大龍湫，奇絶天下最。廬瀑久得名，布水曾静對。雖傾銀濤雄，終倚鐵壁隘。佳哉三叠泉，深隱巖脅内。高攀層峰巔，迴出飛鳥背。忽見九天帛，飄空無根蒂。盤旋烟霧霏，撲落珠璣碎。流蘇灑千條，纓珞垂百派。斗折作三層，層層出奇態。風中舞鮫綃，月下鏘環佩。亭亭姑射仙，獨立埃壒外。龍湫爲瀑王，兹泉乃其配。玉峽晦翁慕新泉，與石梁，組豪等一概。彼皆享盛名，何如此韜晦。物以後出奇，坡白嗟不逮。萬里求圖繪。奈何今游踪，來者無一再。已矣勿復言，知希我乃貴。

酬別文允言四首

曠代無兵火，淳風似古初。柴桑好風土，幽絶是仙居。山作重城鎖，湖歸一鏡儲。墟烟藏澗壑，生事足樵漁。

野客拏舟過，淹留水竹深。烹葵争挽致，開徑互招尋。允言與葉蓮峰、熊夔友、柳公晦、胡亭植排日見招。語不參時事，人多見古心。南村真可樂，陶令此投簪。謂燈巖先生。

孤懷公子能忘世，携家老一丘。詩還編甲子，書擬續陽秋。學道甘龍蠖，觀身取舌柔。

絶壁常獨往，遇我忽相投。廬游欣結伴，踏遍百千峰。勇鬪垂猿徑，深探隱豹踪。山靈驚答嘯，木客避雙筇。題名處，莓苔不敢封。

赤　壁

黄州古郡臨江干，連山抱閣如龍蟠。西陲一壁特雄秀，石骨削露朱砂丹。朝霞流輝錦錯采，浮空映水成奇觀。坡仙官冷無一事，携朋載酒來盤桓。烟濤微茫霜月白，興酣落筆如涌瀾。亦知孫曹争戰處，遠在鄂渚非齊安。聊借英雄發感慨，移山走海在筆端。一詞兩賦照千古，山名烜赫垂不刊。我浮扁舟訪遺迹，迴見傑閣排層巒。龍鼻横登石齒齒，鶻巢高踞雲漫漫。樊山對面聳晴翠，蜀江萬里馳驚湍。風帆行空鷗鷺小，人家帶郭烟林寒。秋容遠意畫不盡，斜陽更與憑欄看。試剔蒼苔尋古刻，蘇碑趙碣皆已殘。紛紛詩札疥屋壁，片石共語良亦難。江山清空宛如昨，浮生百歲指一彈。幾人到此能不朽，沙蟲猿鶴同慨嘆。題詩一嘯上烟艇，東山月出飛玉盤。

漢口

漢口通江水市斜，兵塵過後轉繁華。朱甍十里山光掩，畫鷁千檣水道遮。北貨南珍藏作窟，吴商蜀客到如家。笑余物外無營者，也泊空灘宿浪花。

贈漢陽守戴汝兆

夙披前代史，快讀名臣疏。軒昂論治體，慷慨談時務。字字藥石攻，言言肝膽露。此風今則微，委蛇嘆言路。敢頌不敢規，欲吐而復茹。近因日食甚，求言煩聖諭。闕失無大小，極論勿瞻顧。章奏竟寥寥，毛舉惟細故。切要無一言，深恐孤當宁。戴君守遠郡，言責非所預。報國懷樸忠，籌時有長慮。奏草出萬言，條分而縷布。首言重邊防，次言廣積貯。禁軍當優恤，根本宜培護。察逃法應寬，征商力期裕。停止官入貲，優容吏罣誤。養廉必厚禄，勸農須減賦。銓政歸畫一，律令慎比附。求才貴真實，課治略文具。鑿鑿廿餘條，直言無瞻顧。補袞真有裨，批鱗諒無忤。郡章上艱難，轉奏竟無助。未得達宸聽，何由施舉錯？世人盡身謀，巢鳩與窟兔。君何獨鴻軒，卓犖思建樹。籌國有深衷，及此一傾注。越職非所嫌，乖時非所懼。潁川擢次公，淮陽卧長孺。但令直節彰，寵辱隨所遇。

晴川閣

大别山頭一閣雄，嵐光樹色遠連空。窗涵夢澤三秋水，袖拂蘭臺萬里風。鐵鎖不消吴國恨，蟲書猶紀夏王功。懷鄉覽古無窮意，并在飛帆落照中。

黄鶴樓

武昌三面臨江水，横山如屏亘城裏。西峰蜿蜒欲入江，壓以高樓半天起。三層迥與三霄鄰，八面平當八風啓。遥看縹緲浮蜃樓，近睇峥嶸叠霞綺。仙人遠自清都來，下視塵土驚崔嵬。江山清曠殊可樂，停鸞駐鶴相徘徊。草没高唐觀，水浸章華臺。六朝興廢漚起滅，人民城郭都可哀。世人擾擾風中絮，真仙對面何由遇。但聞笛聲嘹亮松聲寒，月白江空杳無處。刻像標名兩渺茫，食棗得仙何荒唐！但須净掃胸中塵百斛，濯纓萬里臨滄浪。庾亮不堪吊，禰衡何足傷？白雲飛來勸一觴，拍肩共入無何鄉。

遂初堂詩集　卷十二

楚粤游草

起戊寅秋，盡己卯春

桐廬道中

最愛桐江道，沿洄興不窮。明窗攤畫卷，柔櫓趁樵風。樹變輕霜後，山開薄霧中。秋容無限好，寫入水清空。

嚴灘中秋同周綸勖初坐月

蘇臺一片月，流影到嚴灘。遠共桐君對，清於鶴澗看。光生層嶂晚，輪涌暮潮寒。令節同爲客，銜杯莫放乾。

子陵祠

西京輕處士，東漢重高人。爲有羊裘老，巖栖不可臣。貞風開一代，素節繫千鈞。不願眠青瑣，家山有富春。

清絶此溪山，荒祠積翠間。未曾停俗駕，應畏洗塵顔。上任官與賈客，例不入此祠。片石仍千古，青鞋任往還。雲臺與原廟，索寞土花斑。

誚張羅峰 羅峰以光武不考南頓爲非，惜子陵不能救正，勒石置祠中。

已將曲學逢時主，更把蕪詞短古賢。莫怪清流驅逐盡，修羅隻手欲遮天。

新安江

愛此江清淺，彌年復泛舟。勝游偕二仲，好景及三秋。嵐翠紛相引，川光湛不流。禽魚如舊識，相傍共沈浮。

水從天障落，山作碧城開。一綫浮空去，千重倒影來。雨晴皆畫本，細大總詩材。便與桐君約，探尋歲一回。

淳安懷商文毅公

曠代生人傑，鍾靈地脉遥。科名尊一代，相業冠三朝。逸事思搜訪，雲孫竟寂寥。亭亭天半塔，卓立見豐標。

同年方渭仁毛允大俱遂安人毛已亡方亦老病行次遂安江口去縣尚百里欲往不果悵然有作

好友何寥落，愁翻譜籍看。無年痛毛遂，善病憶方干。細弱支門苦，衰遲采藥難。憑誰問消息，迸泪朔風酸。

水口至屯溪入休歙界

行經越地盡，進艇復吴疆。井里俄繁盛，山川更鬱蒼。千年存譜牒，一姓自村莊。風俗猶淳古，乘軺未可忘。

文溪乘筏至漁亭

未試登山屐，先乘上漢槎。真成鷗鳥伴，宛在水仙家。濯足臨清渚，鋪茵就軟沙。客身輕自好，一筏遍天涯。

游齊雲山

去春登黄山，意乃無白岳。如聆鈞天奏，不願觀他樂。兹晨經山椒，了了見巖壑。寧當舍之去，翻然理芒屩。稍前歷陂陀，漸次見岩嶨。穹然天門開，混沌竅一鑿。諸奇畢軒露，石屏玉骨琢。嶄巖龍垂胡，嶻嶭犀挺角。陰洞雪凝乳，陽岡珠濺瀑。前臨千峰朝，下瞰一溪絡。山小而雄奇，靈氣所磅礴。璇宫開中央，金碧光照灼。道院環其旁，蜂房互參錯。北帝本天神，尊嚴位幽朔。道家謬攀援，謂是列仙作。妄號爲祖師，矯誣非虔恪。佞臣媚驕主，醮祭求冥漠。依仿太和山，此宫復經度。嘉靖中，尚書汪鋐爲世宗祈嗣，始建此觀。到今蚩蚩民，重繭走犖确。千里齎金錢，濫充黄冠槖。吾思正神名，巫史驅俗惡。精擇許葛流，焚香領笙鶴。神靈既歆妥，山川亦清廓。裁詩比振鈴，來者庶能覺。

祁門縣

地是南州脊，江從左右分。山城通淺水，野戍閉寒雲。環谷書難得，秋崖咏不聞。市樓終日坐，賈客漫同群。

閶　下

祁閶自昔稱天險，惡石鐫除路不難。安得五丁驅快斧，盡平閶嶠百千灘。

浮梁道中

饒江源至狹，舟小狀如蝸。水到高灘駛，山依曲岸斜。溪喧聞碓土，山出磁土，就水碓舂之，方可製器。林赤見燒畬。賴是豐年過，荒村有酒家。

景德鎮

烟火十萬家，鎮大無與耦。家家業爲陶，型範傳世守。磁土産近山，淬煉江清瀏。遷地弗能良，厥利擅九有。平居盤餮間，杯碗日近口。何曾睹埏埴，試共窺甕牖。轉圜以機關，應量隨薄厚。丸泥忽成器，敏捷無停手。宿火潛薰蒸，質堅金石壽。人巧參天工，利溥燧皇後。他物珍新奇，惟兹器求舊。柴汝與官哥，購者金積斗。宣窑及成嘉，貴亦等瓊玖。今朝飭考工，古法十得九。識者誇精良，謂堪垂不朽。嗟哉世運薄，萬事日衰醜。盱衡論人物，得勝前朝否？唯陶以工聞，使我沈嘆久。

饒江行

百川皆居海西頭，赴海一一趨東流。苦哉饒江限榔嶺，屈曲繚繞經饒州。西行千里滙彭蠡，又數百里川江收。穿吴貫楚方入海，千回百折阻且修。不見嶺東文溪水，注新安江一葉浮。信宿之間到杭越，徑赴大海何優游。人生順逆有類此，客子感嘆行不休。語客勿嘆水潤下，善利萬物能仁柔。灌溉津梁功德博，其行愈遠澤愈周。歸湖注江胡不可，涵浸東南百十州。畢竟滄溟作歸宿，豈必迅疾争先籌？作詩江神定首肯，便風獵獵蒲帆秋。

饒州府

樂土稱兹郡，幽偏水一涯。連檣轉紅粟，接棟貯青甆。勝想芝山寺，殘思薦福碑。避喧吾竟去，學使在饒，人客麕集。心事白鷗知。

渡鄱湖

湖闊原無際，來逢水落秋。片帆凌淺渚，一嘯越洪流。沙冷魚龍睡，天清郡邑浮。前朝百戰地，蕭瑟葦花愁。

康郎山功臣廟

戰勝鄱湖帝業成，元功端合讓群英。敵鋒挫盡身偕没，江水枯來恨始平。肖像雄姿還虎視，冠山祠廟匹鷄鳴。徐、常諸功臣，立廟鷄鳴山。後來黨禍公侯酷，不及忠魂萬古榮。赤沙丹嶂踞湖心，廟貌蒼寒竹柏陰。五夜燐青聞鬼哭，三秋水落見龍吟。褒忠異代碑猶樹，祈福商船酒一斟。配食大烝今寂寞，鍾山陵闕土花深。

江右藩臬諸公招游北蘭寺席間有作

招提清絶俯江干，亭樹蕭疏竹樹寒。滚滚帆檣飛電過，層層嵐翠叠屏看。壯如滕閣囂塵遠，幽比東湖眼界寬。誰解披榛新締構，買山支遁着儒冠。謂濬雪上人。偶隨征雁過江來，地主多情綺席開。驄馬迂迴臨竹院，伊蒲香潔進山杯。節鄰重九無風雨，路入花源好溯洄。勝地佳游堪作賦，抽毫空羡子安才。

九日登滕王閣

片帆重過章江驛，九日還登帝子樓。天外飛甍仍壯麗，雲邊獨鶴故遲留。年華落葉催鮮葉，物態新洲换舊洲。劫火不銷惟鐵柱，苔花卧冷蟄龍秋。

不向天公乞便風，偶逢佳節客途中。江山無恙嗟霜鬢，詩卷長留笑轉蓬。孺子漫爲磨鏡客，雲鄉甘作種蔬翁。南州耆舊今何在？獨倚闌干望碧空。

東　湖

高城中貯一湖清，蘋末風來弱浪生。昔日環湖盡王府，於今倚郭半軍營。芙蓉尚惹宫人泪，蛺蝶猶縈帝子情。欲共殘僧話灰劫，角聲凄應晚鐘聲。

孺子祠

遍覓湖濱孺子祠，一間茅屋罥蛛絲。可憐戍卒新耕地，曾樹開元故相碑。

樟樹鎮

水市章江岸，由來藥物賒。珍叢來百粵，異産集三巴。鮑靚應頻過，韓康或此家。何須乞勾漏，即此問丹砂。

過臨江聞同年黎瀟雲已亡居村不獲吊唁詩以悼之

同籍推君老，懸魚有歲年。猶希雲在岫，竟作劍淪泉。貧豈因官減，清當以品傳。歸田多著述，誰與輯殘編？

萬年橋

舊傳吴胥門，有橋甚雄壯。不知何當事，諂媚分宜相。拆毀遠送之，未悉其真妄。兹來經秀江，巍橋儼在望。横鋪八九筵，袤亘數十丈。石質盡堅珉，蹲獅屹相向。皆言自蘇來，運載以漕舫。嚴老自撰碑，亦頗言其狀。始知語不虚，世事多奇創。橋梁是何物，乃作權門餉。鞭石與驅山，勢力豈多讓？充此何不爲，穹天一手障。爲德於鄉里，或云差可諒。不聞掠彼衣，而令此挾纊。冰山一朝摧，籍没無留藏。獨此巋然存，千秋截江漲。頌詈兩不磨，功罪亦相當。猶勝庸庸流，片善無足況。吴山多佳石，胥江足良匠。有能更作橋，舊式猶可放。

登鈐山

鈐山臨秀江，城堞粲可數。褰裳躋其巔，曠望極平楚。連綿青千重，宛委白一縷。山川既清雄，形勢亦環聚。篤生兩異人，乘時各軒舉。一爲練子寧，讓皇倚謀主。一爲嚴介溪，世宗寄心膂。練也竭忠貞，崩天力撑拄，隕身覆其宗，英名滿寰宇。嚴也怙權勢，乳虎而傅羽，禄位極人臣，奸名亦千古。薰蕕兩殊絶，所産同一土。地靈安足恃，人傑在自取。君看鈐山堂，泯滅無遺礎。峨峨練公祠，拜者如墻堵。

昌山龍母廟

霜刀斷尾曾無怨，擁土成墳報母慈。多少鬚眉愧龍子，披榛試與讀唐碑。

自蘆溪陸行過萍鄉抵湘東

袁江源盡處，間道走湖湘。城冷如村落，山荒似戰場。披圖江甸盡，改火楚天長。旅館明燈夜，何人不念鄉。

湘潭縣

九里廛居接，三湘此最饒。遠商通嶺海，珍物有參貂。謠俗仍龐雜，人文未寂寥。相逢故鄉客，款語百愁銷。吾吳洞庭山人多客於此。

茶陵兵警

雲陽堪避世，何意忽稱兵？已報官軍捷，無妨遠客行。潢池原赤子，鋌鹿本儒生。亂首爲陳秀才。努力寬苛政，同心輔太平。

長沙寓舍 郡故有姑蘇會館，是洞庭商人所造。余至，寓焉。

邸舍鄉人築，如歸客寓居。清幽同佛院，妥適乃吾廬。家醞求頻得，南鴻到不疏。鄉情天末好，戴笠勝乘車。

道林寺

六代知名寺，來尋片碣無。空墻圍礎碣，荒蔓走鼪鼯。壞劫禪林共，凋年梵相俱。杜韋詩本在，吟想見雄模。

岳麓書院

書院前朝盛，兵餘結構存。面江形勢闊，冠阜殿堂尊。日静魚生箆，池清雀在門。都無弦誦子，辜負賜書恩。

北海碑

書帖嘗臨仿，豐碑今始看。題名惡札覆，行字烈烽殘。舊榻尋難得，家藏本幸完。真風留片石，盡日與盤桓。

禹王碑

唐宋無人見，流傳自用修。潛藏南岳頂，炳著此峰頭。篆古無旁證，箋多以意求。應同出土器，約略認商周。

岳麓寺

湘中古寺荒殘多，岳麓氣象猶巍峨。金繩迴絡丹嶂杪，紺殿聳峙蒼巖阿。夾路琪花散芬馥，摩霄道樹交枝柯。霜鐘曉吼萬壑應，清梵夜唱諸天過。堂前清江縈若帶，檻底碧岫攢如螺。潭府人家環雉堞，橘州烟樹飄漁簑。天爲詞人設屏障，愁驅羈客來吟哦。僧厨齋粥飽瓔珞，禪老繩床鄰鳥窠。舊事從頭話灰劫，精藍掃蕩經兵戈。曹洞兒孫重開闢，湖湘龍象争奔波。規制千楹未還舊，宗風一綫仍擔荷。静思物理足興廢，遠溯世運更平頗。人生浪作切泥刃，日月一似經天梭。富貴功名既虛假，文章翰墨同消磨。息心幸可侶白足，遯世豈必騎青騾？七十二峰行遍討，懶殘有約無蹉跎。

浮　湘〔一〕

小年懷楚澤，老去涉湘流。闊會千溪水，清涵萬象秋。峰巒舷際涌，城郭纜邊浮。直與岷江敵，巴湖遜上游。

勝地紛相引，船行罨畫開。洲黄知橘近，村紫愛楓來。岳色寒衣袂，江光潤酒杯。竹枝聲宛轉，唱入棹歌哀。

晚泊寒沙際，朝行杻渚間。叢蘭臨水秀，細竹近人斑。屈賈招難返，英皇吊不還。南遷無限客，灑泪此潺湲。

萍實浮如斗，柑房綴似金。餐英香滿箸，擷秀露盈襟。歌辨才殊昔，椒蘭感至今。湘靈不可見，鼓瑟有餘音。

冬日垂垂短，江流莽莽深。斷鴻游子態，落葉放臣心。雨入湖天黑，雲横楚塞陰。不眠思正苦，戍角更悲吟。

山雨添新漲，江風作驟寒。亦知歸楫利，轉覺客衣單。手板迎新牧，樓船候上官。時撫軍將涖任。孤征我何事，相傍宿驚湍。

日苦北風盛，宵來益怒號。力排江却轉，遠送雨蕭騷。漲忽兼天闊，舟看壓岸高。紅塵多駭浪，何况此江臯？

乍喜風威息，還看旭日晴。迴帆仍利涉，順浪更遄征。天怒無多日，江行不定程。堪憐傾覆者，力與石尤争。

欲浣長纓去，滄浪濁奈何。獨醒漁父笑，却曲楚狂歌。鶴矯思瓊樹，鸞饑待玉禾。無心争腐鼠，不用嚇淘河。

下水行當疾，淹留鎮日風。路難兵警後，節駛客愁中。漂泊心仍壯，行吟興不窮。三湘多故事，握槧訪南翁。

【校記】

〔一〕浮湘　清康熙間增修本遂初堂詩集目録題爲「浮湘十首」。

沅　江

地僻行難到，人稀縣似村。無城江作帶，有店席爲門。水落魚皛賤，庭空令長尊。故人曾卧治，遺愛至今存。丹徒顧季貞宰此，有聲，擢垣中，未任歿。

赤沙湖

鼓楫違青草，停橈已赤沙。湖光開曉鏡，山色上朝霞。月滉魚龍宅，霜寒雁鶩家。棹歌聞欸乃，秋思渺無涯。

天心湖

一白初無際，天寒水不波。泊船依戍火，欹枕聽漁歌。蘆荻銜山小，皛鷗占月多。前賢阻風地，吾幸片帆過。王文成過此湖，有詩極道風波之惡。

龍陽縣

古縣仍蕭索，千家枕水濆。村連九江漲，山接五溪雲。堤潰全瀦水，城荒半駐軍。拊循良吏事，中澤有鴻聞。

青尉祠

洪武中，龍邑多浮糧，典史青文勝詣闕三上疏，不省，自經登聞鼓下。帝感動，遣官按問得實，減邑賦二萬四千。龍人德之，立祠，名惠烈。

縣尉何微末，披鱗數上書。甘將一身死，力減萬民租。苦語同圖繪，孤忠匹史魚。君看厚禄者，拜疏幾躊躇。

滄浪水

一水天然有濁清，足纓任濯水無情。同塵舉世皆漁父，高潔何曾有屈平？

橘　洲

是李衡種橘處。

讀書莫讀貨殖傳，太守何須苦患貧。橘易凋殘洲易徙，清名讓與習夫人。

墨　池

長史遺踪水一泓，苔痕猶傍墨痕明。可能墮地爲書聖，退筆如山藝始成。

游金牛山

夙聞金牛勝，不謂在兹土。披圖忽見之，興發不可阻。天意亦助游，新晴收宿雨。肩輿陟陂陀，遠翠上眉宇。山村多高楓，紅葉披綉組。褰裳入蒙密，徑窄不容武。峰移境忽開，萬山勢翔舞。迴環作重城，龍行顧其祖。佛寺居重岡，衆青可摩撫。烟村楸枰棋，水田衲衣縷。祖庭久荒廢，老僧忍寒苦。把茅成叢林，黑月一燈吐。清晨上層巔，旁州粲可數。碧連衡陽峰，白盡洞庭浦。西南天地寬，嶺嶠風物古。是身如浮槎，隨流滯南楚。逢山便扶笻，遇僧且揮麈。采風非我事，山經庶能補。

贈金牛寺主鶴宕

迢迢吴嶠一燈傳，獨跨金牛二十年。枯冷坐殘雲抱石，蕭閑占斷碧圍天。偶拈莖草爲香刹，時把鋤頭作影鞭。牧笛横吹牛背穩，不留一迹印前川。

余若山邑令招集來鶴亭

滄江一曲繫歸舟，地主情深且滯留。博選林亭供遠眺，頻携尊酒助清游。竹籠初日青藏院，橘帶新霜緑掩洲。鶴唳九天招不下，雲心於世本無求。

題雨花庵

僧居不可俗，愛此數椽清。紅葉遮籬密，蒼藤抱石横。窗虚延竹色，亭迥入江聲。最喜龐眉衲，天真不世情。謂老僧潮音。

閲孤兒籲天録

明末邊事危，寇氛復狂熾。廷臣侈空言，迂疏鮮任事。武陵明練才，宸衷有獨契。中樞與政府，柄用恩不次。孤立既招嫌，超遷復叢忌。生前爲射的，死後餘詬厲。論人貴平心，尤須審時勢。奪情奉特旨，投艱詎可避？廷争胡不早，乃在枚卜際。東西既交警，款市非失計。增餉豈得已，剿撫實兼議。敗絮塞漏舟，焉能保必濟？時危出督師，一鼓頗作氣。大吏劃城府，驕帥抗節制。燎原火將滅，蟻漏堤忽潰。功敗於垂成，人謀亦天意。嘔血死軍中，豈曰非盡瘁？奈何操觚家，矢口紛彈刺？彼實荷千鈞，力盡乃傾躓。又如救焚者，焦爛以身試。餘人但旁觀，娓娓談利弊。當局竟何如，可笑亦可涕。痛憤有孤兒，雪謗一編綴。封章及詔旨，條分而件繫。年月辨後先，人地析同異。無根掃風影，疑似消霾翳。是父有是子，忠孝聲不墜。信史垂千秋，公論未宜廢。作傳今何人，吾哀客巒裔。裁詩寄金門，下筆宜審細。

閱邸報知前廣督吴伯成没於塞外坐臺之所詩以哀之

風標岳立量淵渟，力剪鯨鯢静入溟。吴爲閩撫時，與姚督協策滅臺灣。樹德巒方多感泣，論功鐘鼎合書銘。時移開府還乘障，運去窮荒竟墜星。如此人材如此没，羊曇清泪不勝零。人寰難得見英雄，君有前朝使相風。一士盡教羅幕下，千金不惜濟途窮。酬恩絶少銜花雀，媚勢偏來射影弓。楚些招魂返何地，桐鄉只在錫山東。吴起家無錫令。

泛洞庭湖

九江瀦一湖，占地楚封半。名城十二三，微茫綴湖畔。夏秋水盛時，涵天四無岸。中流吐日星，餘波沸江漢。我行值仲冬，水落勢平漫。猶然浩無涯，道里不可算。安鄉抵巴陵，淹泊屢昏旦。眠餐蛟龍窟，偃息馮夷館。風濤猛堪驚，雲物奇可玩。霞蒸錦鮮新，日爍金燦爛。水浮玻璃天，山横青玉案。帆移畏迴飇，雁度愁弱翰。域中標五湖，雄奇此爲冠。平生慕圖咏，及兹窮壯觀。最喜流潦清，客水盡消散。全湖露真形，山川見條貫。惟湖有容德，不盈亦不嘆。世人昧遠覽，臨流畏湍悍。不有大壑瀦，數州盡沈灌。配瀆能停瀠，比海齊浩瀚。愧無郭木才，神功莫能贊。亭毒思化源，望洋但三嘆。

岳州

三分重鎮説巴丘，地控荆襄踞上游。千載兵争餘戰壘，重湖形勝聚城樓。江山清助詩人筆，風浪危停過客舟。乘興我來無一事，玉笙吹徹洞庭秋。

登岳陽樓故址時樓毁於火

范公樓記杜公詩，少小名區入夢思。準擬快臨圖畫地，何期正過刼灰時。湖烟漠漠籠荒堞，江月亭亭照斷碑。好語使君重締構，子京名迹至今垂。

望君山

君山葱蒨出湖心，帝子當年羽衛臨。泪點萬千凝翠竹，烟鬟十二聳瑶岑。山出斑竹有十二峰。秦皇赭後山仍碧，楚客歌成恨轉深。風引船移難得到，飄來仙梵有清音。

白鶴山吕仙亭

千葉風帆萬點鷗，白銀濤裏翠螺浮。蓬壺未必能勝此，合得飛仙挾笛游。白鶴西飛去不回，仙翁凝望立層臺。澄湖萬頃葡萄緑，直取君山作酒杯。

汨羅江

鴻荒喑啞幾千年，帝遣靈均筆舌宣。百代詞華開鼻祖，一生情性屬蘭荃。不容人世甘沈水，莫解牢愁但問天。堪笑揚雄老無賴，學騷先著反騷篇。

黄陵廟

墻圍薜荔座封塵，帝女千秋尚有神。玉佩向來臨北渚，愁顔猶似望南巡。無端清汨滋叢竹，不盡靈風動白蘋。門外湘江遷客路，流傳題句倍酸辛。

湘潭僧舍度歲

忽忽歲云暮，行旌此暫休。乾坤皆逆旅，身世本虚舟。佛火清塵夢，鄉音慰客愁。禪風未寥寂，分歲話烹牛。

酬石天半

君家世德重湘川，不墮門風廉石邊。彩服承歡萊子孝，火攻無忤伯仁賢。畢婚饒有名山興，藏篋仍多香草篇。三乞天公應盡與，青青岳色上華顛。

懺心寺有作 寺爲李尚書騰芳所造。

履道坊中宅已虛，中郎後裔亦蕭疏。惟有祇園布金地，山僧猶説李尚書。

謁南岳廟

五岳其四鄰冀方，惟衡僻遠居南荒。唐虞疆里本宏闊，時巡望秩典禮詳。後王德薄不逮遠，移潛改霍非經常。百王祀典定歸此，崇封顯爵何輝煌。廟貌尊嚴擬宫闕，朱甍碧瓦松千章。國有大事必祭告，重臣專使齎天香。神靈肸蠁昭報答，祛邪殄寇時雨暘。我來游岳首瞻拜，澡心滌慮栖齋房。展禮不敢用牲幣，旃檀一片將芬芳。頗嫌殿宇未宏壯，劫火之後門爲堂。舊基儼在廣百畝，不見寢廟空迴廊。作新復故守土事，資出國帑理亦當。何人以此達天聽，客子周覽徒彷徨。夙欽名勝特探訪，遠涉章貢浮江湘。岳靈由來肯念客，開雲霽雪非荒唐。乞收宿雨賜晴旭，振衣直上萬仞岡。

朱陵洞觀瀑布

萬古朱陵闕洞天，洞門無鎖瀑泉懸。青霄雪練飛千尺，白晝風霆吼一川。洗耳醉眠非俗客，排簾出入是真仙。璇臺肅穆清都近，石上塵踪莫漫鐫。

九仙觀

南岳稱仙山，自昔多高道。彌明與率牛，傳記森可考。我行憩岳祠，鍊師迹如掃。但見巫祝流，摳衣事請禱。去去之九真，真踪庶可討。古觀宅山心，層岡鬱相抱。涉夏沛靈泉，凌冬秀瑶草。古來精修人，巖栖樂枯槁。功成蜕骨去，九仙不爲少。踵美竟無聞，童童虚羽葆。至人多晦迹，潛龍不舒爪。未測仙有無，但愛山静好。洞窅憶龍威，芝肥思綺皓。應呼遺世人，沉冥此中老。

黄庭觀

紫虚高閣霧氤氲，嶺上流泉竹下聞。峰鋭不容多著屋，石奇猶似乍停雲。九還丹訣垂真誥，三疊琴心啓秘文。見説女仙修更易，有誰精愨繼元君。

福嚴寺

嵯峨獅子峰，天柱屹相對。福嚴古道場，葱蒨林壑内。堂堂思大師，法華得三昧。諸佛一口吞，卓立雲霄外。讓祖識金鷄，力弘曹溪派。磨磚覺馬駒，傳法周沙界。繩繩列祖庭，衰替自何代？式公弘覺孫，道風出流輩。努力扶刹竿，一燈照昏晦。我來訪名藍，零落多可慨。南臺無一椽，石頭塔空在。幸此猶焕然，法幢未頽壞。家風話熟梅，道味嘗苦菜。不虚凌寒來，雪柏有奇概。

自獅子巖過兜率鐵佛丹崖諸庵踏雪抵上封寺

山游不厭奇，衆態宜遍歷。迴風驅雪來，林巒忽改色。沾衣始飄翩，灑葉旋淅瀝。陽岡薄猶融，陰嶺濃遂積。瑶臺聳千尋，琪樹森百尺。赴壑泉有聲，梯空磴無迹。僕夫更鼓勇，遇庵每一息。薄暝投上封，掩扉正禪寂。踏雪上天門，怪此遠來客。圍爐不禦寒，更以濁酒敵。境清不得眠，微月透檐隙。夜分更披衣，巡檐玩虚白。卧雪萬仞峰，一生無此夕。

上封寺竟日對雪

名藍高踞祝融巔，檻外峰巒擁百千。一雪幻成銀色界，孤筇真到玉樓天。下方隔絶忘何代，佛日清幽似小年。此境祇應僧獨領，客來分取是奇緣。

雪後登祝融峰頂

撥開磴道雪埋冰，直到孤峰最上層。百億須彌銀地涌，三千世界月波澄。空明只合諸天住，縹緲何當弱質升。濯盡人間塵土魄，仙心詩力一時增。

炎帝尊嚴坐碧霄，霓旌擁處衆真朝。峰頭賓日千年觀，巖畔通仙百尺橋。天樂每從雲外聽，靈椿不向雪中凋。向平婚嫁何須畢，便合抽身此挂瓢。

中山寺

松偃青梢竹卧枝，寺藏深塢路逶迤。出林清磬聞疑近，隔谷鳴泉到轉遲。習静最宜幽勝地，樂飢須耐寂寥時。精修説有龐眉老，欲訪高踪雪滿陂。

九龍庵

谷轉峰迴路更幽，青葱雜樹不知秋。清泉布石垂爲瀑，老屋臨崖疊作樓。雪點蒼苔如罨畫，雲迷大壑欲藏舟。一瓢一鉢相將老，應笑游人踏凍游。

茅　坪

踏殘雪磴到松坪，枯木巖邊古寺清。宅近神龍多雨氣，窗臨絶壑有泉聲。賢王種福猶存字，老將逃禪不記名。本色住山無别事，石田歲歲課刀耕。

西明精舍

雲横石路水平潭，千樹松陰覆一龕。最是僧家能選勝，山纔佳處便爲庵。

方廣寺

蓮峰秀出衆峰西，碧葉千層一蕚齊。寺在花房平若掌，人來雪路净無泥。谷深長與雲爲甕，天近何勞壁作梯。借問朱張酬唱後，幾人連袂更留題。

二賢祠

南軒送晦翁，依依不能舍。相將游岳山，冒雪策疲馬。唱和詩百篇，萬象入陶寫。戒作旋復開，此意殊瀟灑。學問本性靈，天真何用假。尼父亦快游，登岱小天下。

鄴侯祠

鄴侯本仙才，不仙相亦得。賓師帝王間，轉圜有餘力。功名何足貪，所濟在人國。卷舒雲無心，衣紫豈異白。岳寺遇懶殘，撥火分芋食。彼此謫墮人，相逢兩相識。

甘泉書院

甘泉八十翁，鋭志游岳山。徑出不告家，扁舟越重關。不令官府知，婆娑千峰間。結廬選幽勝，石瘦泉淙潺。九十仍再至，霜髯映童顔。寥寥百歲後，高風杳難攀。

辭　岳

遠游心事岳靈知，幾載峰巒入夢思。縱覽不嫌寒日短，窮探休恨到來遲。雪凝雪霽看皆好，雲合雲開態總奇。難見可能容易別，殷勤回望下山時。

十嶽終當次第游，南衡夙願略教酬。荷衣肯許朝衫换，靈藥誰容肉食求。混迹高流深莫測，藏山古簡秘難搜。重來休作匆匆計，結隱何妨卜一丘？

石鼓書院

石鼓臨江干，樓臺鬱葱蒨。清湘與濁蒸，交流如組練。天清岳雲開，五峰了可見。粉堞圍山根，虹橋壓波面。烟火十萬家，壯哉此郡縣。富庶誠則佳，教養策宜善。鼓鳴兆兵興，古語垂記傳。往歲滇池翻，毒流炎方遍。長鯨此窟宅，大小經百戰。頃者雲陽墟，狂人忽相煽。白梃薄堅城，千里爲傳箭。昔賢有遠圖，於此至書院。欲以弦誦聲，潛消百灾變。道喪儒術微，品淪士風賤。振興當何時，高歌激英彦。

迴雁峰

江風落盡嶺頭梅，我正南行雁北迴。自是行人行更遠，不關鄉國少書來。

衡陽舊是桂王封，吴濞南來甲楯重。試憶金沙江上事，也應難上雁迴峰。

游浯溪讀中興頌石刻

沿湘數百里，浯崖最奇秀。高雖不天齊，石骨皆透瘦。老樹垂濃陰，清溪響寒溜。天然一園池，神功巧結構。次山富文辭，性復愛林岫。初隱得寒溪，江山鬱奔湊。罷官復家此，即山闢爲囿。洞壑羅庭除，烟雲出襟袖。平生有鴻篇，思與山石壽。大書乞顔公，磨崖屹鎸就。文高嗣周雅，書古追篆籀。煌煌忠義心，輝天而薄宿。奈何老涪翁，題詩誇發覆。謂頌含刺譏，無乃傷忠原。大物落盜手，取之亦何咎。本意頌中興，悲痛復何有。立論但求新，此病正當救。微哉辨欸乃，區區爲音讀。山谷書次山欸乃歌刻石，仍譏時人誤讀。

鏡石

閣槳停帆步緑苔，村童野女盡徘徊。縱然不識銀鈎字，也爲摩挲石鏡來。

窊尊亭

樹爲簾幙石屏風，鳥語泉聲弦管同。更遣湘江作春酒，窊尊無底不愁空。

永州

零陵古名郡，山水致清佳。故國傳封象，遺風説捕蛇。山高多戰壘，戍密有清笳。見説昇平日，闤城十萬家。

柳司馬祠

矯矯河東彦，明時放可悲。艱難敦友誼，坎坷振文辭。學闢炎方陋，游窮水石奇。栖神宜此地，不獨戀羅池。

愚溪

愚溪清見底，夾岸盡山根。高下雲籠寺，蕭疏竹映村。儘堪娱謫宦，不異住名園。深入通何境，乘槎欲問源。

緑天庵

言尋懷素迹，遠過緑天庵。蕉展書殘葉，苔封宿處龕。藝精皆入聖，心净不妨酣。秀絶嵛峰頂，亭亭卓正南。

芝山巖

昔讀柳侯文，永乃山水窟。揭來訪遺踪，强半已蕪没。依稀鈷鉧潭，茫昧袁家渴。時譽歸芝巖，攀登果奇崛。削壁儼金城，萬雉不可越。佛寺嵌懸崖，盤盤梯空出。石鋭盡指天，粲若千花發。地朴未安名，意擬肖百物。洞穴忽旁通，初晦復明豁。側足上飛梁，下瞰溪活活。臨溪一茅茨，花竹森成列。得非列仙家，餐霞宅可拔。境妙何古今，一見勝千説。題詩補柳記，用奬來者轍。

朝陽巖

朝陽一拳石，空中巧迴環。洞窅不可入，細泉流淙潺。其下臨瀟江，緑净玉一灣。架木爲飛橋，聳身出雲關。駢立石秀潤，剔苔字斕斑。可觴復可奕，晨登暮忘還。兹巖信清美，顯名自次山。兼近南郭門，游人易躋攀。豈無奇絶壁，埋没荒榛間。物有遇不遇，躊躇增浩嘆。

澮巖

永山多空靈，澮巖奇之最。骨山略無土，腹巧乃勝背。大巖穹然開，龍齶張可畏。一寺隱壁間，層樓瞰無外。稍進爲螺旋，漸深作雲蓋。鵬騫翅側垂，鯨曝鬐却礙。廣厦蔭萬間，舞佾容百隊。暗疑蟠蛟螭，顯若樹旛旆。璇臺高下陳，玉像參差對。閣道通便房，仙枰列方罫。廓然啓天窗，雷轟自何代。地靈不愛寶，豁達露肝肺。林屋與善權，信佳恨幽晦。明净孰若兹，宏敞亦無輩。前賢多題刻，錯落排珠貝。捫讀未及終，亭亭日西墜。恨不襆被來，留連測光怪。萬事不可期，清游或能再。

遂初堂詩集　卷十三

楚粤游草　起己卯夏，盡庚辰夏

重登浴日亭和東坡韻

乘潮挂席泛江天，重到扶胥黄木灣。涌地金鉦暘谷日，排空雪浪海門山。看碑扣鼓餘佳興，感舊懷鄉減壯顔。羡殺鯤鵬能變化，摶風游戲兩溟間。

重游惠州西湖

惠州城外湖堤永，葭菼蒼蒼雲樹冷。懸泉百道下巖巒，瀦作西湖浸千頃。風亭月榭相蔽虧，城堞浮圖互倒影。坐看幽勝壓循梅，未暇雌雄較杭潁。十載前曾客此州，一時豪隽爭攀留。擁節元戎能愛客，提督許蓋臣。操觚公子偏風流。青油之幕沙棠舟，携尊邀我湖心游。

十里清香撥蓮芰，一篙新漲衝鳧鷗。火齊堆盤荔初熟，細擘鮫綃嚼寒玉。醉歸嚴城不上關，更遣參軍舞鴝鵒。作碑酬絹每盈車，看畫題詩動聯軸。不識人間有客愁，但説清游當秉燭。今度重來萬事非，將軍墓木已成圍。合江樓空閉金鎖，東坡亭敞眠鐵衣。石堤久破水泉涸，畫舫不到游人稀。名園爲塹蒿没磴，廢沼種麥苔平磯。獨吟獨坐增悲慨，竹院猶殘老僧在。指點陳踪一惘然，亟徙舟移不相待。俯仰之間成古今，何論百年與千載。便如薊子摩銅人，莫訝麻姑説桑海。

白鶴峰東坡故居

境遇無美惡，美惡從心生。苟能齊得喪，大地皆蓬瀛。嶺南雖炎熱，山水秀且清。居人多壽考，藥物羅千名。奈何唐宋人，視若阱與阬。謫宦如就死，涕泪晨昏零。至者亦多病，往往歸銘旌。良由乍失路，坎壈懷不平。百憂復千慮，坐使疾疹縈。達哉東坡翁，視身如浮萍。聽其所栖泊，不與風水争。死生非所動，寵辱安足驚？時來居玉堂，時去安柴荆。得意食五鼎，失意甘藜羹。嶺海等中州，逍遥一身輕。鶴峰茅可結，豐湖蒓可烹。白水浴湯泉，羅浮餐青精。豈惟不愁苦，樂事翻合并。忌者意不慊，更遣儋州行。居儋亦如惠，詩筆彌縱横。造物無奈何，放之使歸耕。賈生遷長沙，憂傷促天齡。退之稱崛强，乞命於湘靈。千古一坡翁，處困如處亨。翁本謫墮人，豈惟文中英。學道早有得，廓落心地明。出語如冰雪，霍然洗煩醒。我願從之游，駕虹戲入溟。遺踪此彷彿，白鶴來天聲。

自龍川過嶺

惠潮兩雄郡，提封各千里。中間限連山，隔絶東西水。山惟五嶺支，南行脊隆起。我昔游霍山，曾登趙佗壘。今作潮陽游，驅車遂東指。修坂戛雲青，層峰映天紫。離離黍苗秀，活活泉流駛。山市釀山泉，色味俱清美。白甃盛若空，客愁爲一洗。昌黎昔南遷，驛路實過此。名賢廟祀宜，傅會自誰始？地名冒藍關，肖像雜湘子。公貶在春正，到潮春盡矣。初出藍田關，題詩紀行李。嶺南固無雪，三月尤非理。集有示湘詩，乃在洞庭涘。相逢寧此地，傳説俱誕詭。區區不足争，堅執笑氓俚。謂余如不信，更請徵圖史。

長樂溪行

溪村種竹如種柳，臨水行行曲垂首。不放溪流便出山，叠石層層截溪口。舟行雖駛苦迂曲，百折千迴如篆繆。得缺一溜箭脱弦，好峰當前忽在後。溪灘如檻皆天成，兹何寸寸出入手？山田仰水始耕耘，一車所吸溉千畝。莫怪惜水如惜金，瀦之實難涸何有？舟行勝陸良已多，豈必星奔與雹走？推篷看山緩更佳，屈曲畫屏關左右。誰呼嶺外作瘴鄉，如此溪山病人否？

水車

世間大巧不自用，用物之力因自然。力大無過風與水，驅使有道天無權。帆檣輻轂皆聖作，水車奇妙尤無前。築防壅水令湍悍，衝波蹙踏車輪旋。輪廣丈餘貫以軸，編筒其上巧在偏。仰則吸水俯吐水，如瓶傾瀉檐溜懸。刳木爲槽受其吐，駕空行遠歸於田。神龍捲波謝迅疾，霖雨注地輸連綿。晝翻夜運不暫息，無人守視常轉圜。溪丁作碓舂米穀，山僧修筧行清泉。一家一户自便利，豈如普潤澤不專？漢陰丈人戒機事，此非私智天機全。於人無爭物無損，其器可守法可傳。吴淞水平不可激，夔蚿相視休相憐。但安桔槔守拙鈍，勤苦亦自邀豐年。

程鄉

迢遞層城枕碧流，披圖知是古梅州。三春勝概南田洞，萬古英風鐵漢樓。饒有江山供客覽，虚傳瘴癘使人愁。儒風見説如鄒魯，文獻還思細訪求。

蓬辣灘

江奔峽束門風霆，嶺外危灘遠有名。上水纜如穿井出，順流船似擲梭行。迴看旋伏方知險，慣涉波濤已不驚。潦倒任從瀧吏笑，此心平處地皆平。

閉礦行

潮郡綿萬山，客程傍山行。路逢采樵者，略訊諸山名。指點最深處，云中有銀坑。盜采昔無禁，羸糧走疲氓。尋苗斸巖腹，排砂出精英。鎔冶爛成餅，朱提遜光晶。貧兒可暴富，利源啓紛爭。攘奪或相殺，盜賊滋縱横。小利乃大害，官長豈不明？處脂有餘潤，欲禁焉得成？賢哉今太守，謂張抝齋。清廉莫與京。始至啖以利，峻拒如堅城。決策遣封閉，塞争銷奸萌。居民始安堵，桴鼓寂不鳴。我聞重太息，斯人信邦楨。遠宦在天末，雅操能冰清。或言山澤藏，天地之奇贏。方今急治財，百計謀金生。何不條便宜，官采輸額征。嗚呼此厲階，毒蠆不可嬰。地産有時盡，國課恒取盈。前朝礦税禍，糜爛如沸羹。丁男化亡命，去弄潢池兵。富國在本計，錐刀非所營。端人耻言利，竟當烹弘羊。此語合洗耳，勿令賢守驚。

韓山謁昌黎廟〔一〕

文體陋齊梁，極衰在唐盛。儷葉與駢花，纖艷日相競。風會所波靡，賢豪莫能拯。中葉挺昌黎，才雄而骨勁。崛起爲古文，排偶習掃浄。天馬踏空行，不踐鏖躔徑。鏗鍧奏韶英，一破衛與鄭。能事窮怪奇，指歸趨雅正。作者亦代興，高古疇與并。見道雖未深，汲汲師孔孟。闢佛雖甚粗，賢鯁勝庸佞。髫齔誦其文，心開對明鏡。今來拜祠像，肅然自生敬。舉世尚脂韋，百諾無一諍。安得如公人，力砥頽瀾横。

潮州古揭陽，秦初置軍屯。唐僅領三縣，山城帶蠻村。名賢罕臨涖，人材古無聞。韓公翩然來，鸞鳳下天門。不以荒服陋，治之如中原。賓賢禮孝秀，學術相討論。文風始開闢，靈膏澤蘭蓀。至今潮人士，彬雅多軼群。精誠格頑暴，至信孚魚豚。臨淵出訓語，潛鱷爲宵奔。牧潮不匝歲，惠愛千秋存。邦人謹奉事，肅若周孔尊。江山冠以姓，一飯思舊恩。輪囷者何木，菀枯驗人文。有似家鼻祖，垂慈念雲孫。張君感諫草，守廟不用髡。舊以僧守祠，拗齋始罷遣之。獨憐蘇碑蝕，新碣如絲棼。

【校記】

〔一〕韓山謁昌黎廟　清康熙間增修本遂初堂詩集目録題爲「韓山謁昌黎廟二首」。

鳳凰臺

潮江抱郭如弓彎，南馳赴海不復還。天生沙洲塞江口，似與閩郡爲門關。層臺寵嵸立洲上，望若鰲背浮來山。方舟絶流一登眺，江山縈迴作玉環。榕荔陰中鋪畫堞，蔚藍天外排烟鬟。長橋横截白銀浪，古塔倒浸蒼龍灣。南溟去此咫尺近，鯤鬐鵬翼微茫間。徑須乘槎訪仙侶，何事漂梗栖塵寰。十洲靈藥不可采，三山欲到風濤艱。君門九重身萬里，清霜入鏡絲斑斑。地主多情解相慰，玉壺盛酒玻璃殷。蘭橈綺席招勝友，梯空眺遠舒愁顔。觴政森嚴角楚漢，楸枰變幻争觸蠻。客中良會豈易得？幸無職守身優閑。丹山九雛在天際，詎有彩翼來斑斕？高賢栖止便如鳳，韓陳渺矣誰能攀。

湖山寺

抱郭環湖秀一峰，仙關佛閣架重重。石堪鐫字都如鼓，樹不知名半化龍。海色一簾褰落照，江聲十里應疏鐘。好山何用嚴城鎖，恐是浮來更失踪。

五日韓江觀龍舟

客裏驚心節序催，銷愁賴有故人杯。火山荔共鰣魚薦，玉鱿蘭同榴蕋開。褰袂朱簾侵雨上，争標快槳掠潮來。驪江何似胥江好，萬里看雲首重回。

和張損持庶常九叠韻詩

暫游常萬里，放曠孰如吾。君亦探奇出，身能濟勝無。入閩天鑿徑，到海地窮圖。第一仙靈窟，曾游記鯉湖。

灘江攀入桂，湘浦訪三吾。勝地披尋遍，清詞唱和無。蟻行仍左轉，鵬運亦南圖。豈料同岑友，相逢在驪湖。

百年從鼎鼎，一榻自吾吾。至味吟詩處，閑愁對酒無。漸諳南食譜，長展水村圖。不用嗟留滯，風光似鏡湖。

烟消看幻態，木落見真吾。名節千秋在，榮華過眼無。采真尋舊侶，游嶽挈新圖。不淺乘桴興，扁舟陋五湖。

和損持初食荔支作用東坡韻

離支産在天南區，中州所啖皆其枯。色香味裁信宿變，紅塵一騎空馳驅。此地嫣然見真態，姑射仙人冰雪膚。只嫌先熟非絶品，早嫁豈是傾城姝。閩圖粤譜各競勝，牛羊眼但知方隅。我曾兩地過炎夏，欲評高下姝心粗。潮陽地居閩粤界，會當各致千驪珠。争新鬥雋不相下，班香宋艷鄒枚腴。同游有客啞然笑，細鱗自有蒓江鱸。爲口留滯非得計，搏風鵬運真良圖。

損持叠韻相答走筆再和之

君才朗朗懸冰壺，我如寒蟬抱樹枯。欲摹景物懶拈筆，賴有高唱爲鞭驅。新詩崚嶒玉山骨，佳果綽約鮫綃膚。清詞雋味兩相匹，何異仙客諧仙姝？亦曾陪宴餐賜果，斷蓬飄落天南隅。君王愛少臣已老，骨相不媚肝腸粗。君宜早就藜杖火，玉堂賡和探驪珠。新移閩荔入宫禁，療渴自可分瓊腴。給札輸君上林橘，垂竿讓我秋江鱸。歸歟吾願客亦可，抽身早入浮家圖。

損持三叠韻賦苦雨三和之

韓江初泛舟如鳧，沙膠洲閣愁乾枯。朝來新漲忽如海，鞭雷走電群龍驅。積雨連旬勢未歇，蒲節已過寒侵膚。雲籠山面開復掩，有似簾幙藏嬌姝。薰衣霉潤入箱底，蝕紙蝸牛升座隅。江豚拜風勢力横，屋鳩逐婦鳴聲粗。靈雨望承仙掌露，愁霖怨泣泉客珠。豈惟損鹽憂灶户，亦恐害稼淪膏腴。惟餘垂綸客差喜，出手釣得六六鱸。着屐城頭看天際，米家一幅瀟湘圖。

贈華嚴庵起南禪師

夙好游名山，非徒嗜山水。樂與超世人，微言析精理。揭來潮陽游，江山甚清美。恨不見大顛，靈山空仰止。陳君間語余，比之。吾宗有開士。真純餘古風，結廬近在此。聯袂一訪之，落落孤松似。本自儒家流，學佛得心髓。法乳餐崆峒，高踪慕船子。一錫遍天涯，白頭歸故里。鳥窠但吹毛，天龍只竪指。領悟苦無人，著書覺蒙否。教義提綱維，禪宗抉肯綮。以彼有言説，顯此無言旨。謂余頗知音，發篋罄底裏。烹葵竟日留，咳唾皆禪喜。匡廬祖庭虚，台衡法流靡。何意宗説通，翻在窮海涘。爲客悵萍踪，贊嘆憑片紙。誰爲大力人，與扶法幢起。

竹林寺訪宜白禪師

潮州少精藍，竹林頗幽勝。我來披荒榛，剥啄久不應。主僧往靈山，闃寂苔封徑。涉旬再過之，赤髭笑相迎。山雲挂杖頭，溪月懸拂柄。言從閩山來，愛此清絶境。把茅聊蓋頭，懶拙頗相稱。邊地少信根，説法無人聽。靈山顛祖庭，荒蕪草没脛。欲往扶刹竿，宗風苦不競。天籟鳴刁調，百篇詩寄興。白雲不可携，客至聊持贈。潮陽亦名區，人豈無佛性？向來少高僧，四衆難生敬。師爲印心人，索居離鬥諍。不矜舌瀾翻，所喜脊孤硬。大顛三扣齒，昌黎苦不證。一卷寒山詩，晦翁愛哦咏。文字可接人，誰云非祖令。會取言離言，何妨鏡照鏡！

贈陳比之

園公起海濱，文譽中邦馳。有似水犀軍，争長盟黄池。竭來訪其後，逸少有七之。猶子及諸孫，文采争陸離。一門自酬唱，嶰谷吹參差。比之尤朗潤，秀出瓊林枝。詩篇最清婉，格律中唐追。秋水淡無色，春雲動含姿。爲人絶彬雅，玉山映鬢眉。相對無多談，别去令人思。長離去已久，鳳毛幸葳蕤。俗所誇世家，科第肩相隨。何如宗工後，奕葉昌文辭。甫惟審言孫，邕乃李善兒。勉旃弘家學，樹幟天南陲。

集杜錦來寄園

無端作客到南溟，鄉曲難逢快聚星。誰信戎韜工翰墨，最憐官舍似園亭。檻圍花藥叢叢媚，樓擁烟巒面面青。雨後新凉宜晚坐，頹唐肯放玉山醒。

爲夏回岸題梅鶴居

懶逐浮榮畏啖名，種梅蓄鶴有深情。無花也愛凌霜影，不舞猶憐警露聲。詩就羅浮香十里，賦成赤壁夢三更。孤山此日圍金粉，輸與高齋物色清。

讀武源顧將軍傳

中原已見卧銅駝，一旅崖山事若何。填海空銜精衛石，迴天莫挽魯陽戈。身埋絶島忠難泯，骨返家山恨不磨。猶有鐵函存姓字，孤兒莫漫泪滂沱。

割肝行爲莆中車孝子作

世間至孝稱封股，車郎割肝心更苦。一割已足通神明，再割彌令人天驚。兒身母身同一體，平時髮膚不敢毁。親危力竭無奈何，一綫可延不惜死。精誠感天天可迴，十五齡延糜一杯。糜一杯，能再進，母不嘗，兒心盡，紛紜萬口争誇矜。兒心豈願求名稱？亦或引古相繩詆。兒迫遑知律與禮？若使一念生較量，寸誠何能動穹蒼？貧能養，不離膝，少壯至老如一日。史家論人須核實，縱不割肝猶可述。

惠來道中

層岡迤邐帶平林，茅塢人家結構深。鮮茘摘殘收蒟醬，早禾登後布秧針。炎方入夏偏多雨，海國逢晴也半陰。地近南溟無路到，釣鰲孤負壯年心。

東海滘

惠潮間道海南邊，谷邃山長路半千。積水縱橫防没頂，蘧廬卑濕苦駢肩。輿厮窘客中途去，檐雨愁人徹夜懸。已被鷓鴣嘲作客，更教布穀勸歸田。

海豐縣

行盡崎嶇犖确程，雲開山豁見嚴城。高齋乍挽籃輿駐，賢令先煩手板迎。邑令白峻伯。萬井桑麻人抱犢，千家弦誦士彯纓。銅坑錫冶都封閉，料得潢池少弄兵。

羊桃嶺

只言海國水茫洋，豈意連山亘地長。高嶺千盤摩日角，懸車一綫繞羊腸。邊烽熾日闗應守，鯨浪消時險莫忘。絶頂半龕眠石佛，不知閑看幾滄桑。

望羅浮作

曾踏飛雲第一峰，鷄鳴海日浴芙蓉。十年長是裁詩憶，萬里何期到眼重。白入九霄龍洞瀑，青籠一谷石樓松。鸞吟蝶舞如相待，準擬秋深策瘦筇。

閏七夕後一日集法性禪院分韻得片字〔一〕

羊城吾舊游，年華去如電。重來萬事非，舟移而壑變。稍喜數精籃，竹樹仍葱蒨。蘭湖老赤髭，翛然鶴骨健。苾蒭詩轉工，藹藹春雲絢。新凉試招尋，聯翩集群彦。解衣長松陰，坐立從所便。清言繭抽絲，妙義鋒拄箭。石分甲乙品，棋决雌雄戰〔二〕。香飯餐伊蒲，山蔬勝玉饌。開軒延雲光，展簟拂花片。俗塵不煩除，世慮自然遣。莫言禪門冷，亦有炎風扇。投閑而得喧，作計未爲善。何如真率流，披襟數相見。排簾對青山，依依故人面。

【校記】

〔一〕清周大樽冷泉甫編法性唱和詩集首載歸安沈彫詹山撰己卯閏七夕後一日集西郊遠公薝蔔樓分得石字詩，次爲吴江潘耒稼堂前題分得片字詩。參見南華月刊一九三七年第一卷第一期。下稱「法性唱和詩集引潘詩」。

〔二〕石分甲乙品，棋决雌雄戰　法性唱和詩集引潘詩作「森嚴硯材品，斑駁楸枰戰」。

六瑩堂宴集分韻得用字

男兒故是摩天鳳，名位膠粘不能動。不見金門索米人，汗青頭白需資俸。藥亭先生達觀者，一踏紅塵便飛鞚。歸卧家山十二秋，詩滿巖屏書接棟。我亦槐根睡覺人，騎鯨捉月容豪縱。善病張融采藥來，謂損持。羅浮仙笛同吟弄。逢君大笑開積懷，論文品石傾家甕。新涼開宴古藤陰，詞人輻輳清歡共。冰紋古琴傳大雷，鴝眼寶硯來中洞。考古任翻鄴架書，攄懷恣作洛生諷。手談静默無紛争，觴政雍容絶喧閧。興來細擘菖蒲箋，拈題探韻傳鈎送。淮蔡偏師競先登，幽燕老將能持重。争奇角險隨匠心，雕盤秋空射命中。如斯謀樂豈不佳，差勝趁朝寒忍凍。傲他授簡集鄒枚，俗殺彈冠説王貢。萬事過眼如烟雲，得失何争鹿蕉夢。水中梟與轅下駒，縱車生耳亦安用。天涯老友會面難，作歌須長飲須痛。休問千金陸賈裝，且甘五色青門種。

中秋馮躬暨太守招集衙齋〔一〕

一葉梧飛動客愁，况逢佳節報中秋。多情地主相存慰，不速心知共宴游。官閣香凝書繞座，海天雲净月當頭。圓珠一串歌喉轉，絶勝喧闐在虎丘。

侍宴師門憶往年，長椿萬柳日隨肩。空懷北海新松檜，不見東山舊管弦。騰達羡君方疊組，飄零愧我已華顛。銜恩感舊無窮意，并在清宵樺燭前。

【校記】

〔一〕中秋馮躬暨太守招集衙齋　清康熙間增修本遂初堂詩集目録題爲「中秋馮躬暨太守招集衙齋二首」。

六榕寺天公精舍〔一〕

子安碑記子瞻書，壯刹年深有净居。僧不傳衣偏秀朗，榕非舊本更清疏。遺塵便出人間世，習静同游遂古初。已識穎師琴入妙，無弦聲韻定何如。

懶向鈴齋與戟門，絶憐僧院素風存。天容道貌無拘撿，詩律禪燈好細論。燒笋風流驕綺席，品茶標格壓芳樽。若教日日精廬坐，忘却江南紅葉村。

【校記】

〔一〕六榕寺天公精舍　清康熙間增修本遂初堂詩集目録題爲「六榕寺天公精舍二首」。

鈕玉樵用余贈行詩依韻見答復疊前韻酬之

五嶺隔中州，官以郵傳視。一飲石門泉，不復見廉吏。取民何必巧，箕斂有成例。吾友冰雪心，不貪素所貴。高步鷄群中，孤立行一意。不羡鼯鼠騰，不愁匏瓜滯。潔躬如守堤，遠貨如拔刺。豈惟清絶塵，惠民有實事。高壘撫盜平，長圍衛田置。丁男課耕桑，婦女賤珠翠。人比桐鄉懷，政匹中平異。末流仕皆賈，如君乃真仕。惜哉滯百里，不登華要地。昨歲送君行，贈詩相砥厲。朅來過所期，卮言幸不棄。拏舟擬相尋，及此風帆利。猪肝恐累人，臨流不終濟。南藩闢武闈，典校需有位。軒車翩然來，快談豁氛翳。吾方悲泉狂，君亦笑猩醉。款語如故鄉，都忘在炎癘。一命可澤民，莫作歸田計。我耽汗漫游，白眼玩一世。豈必長合并，淡交殊有味。

蒲澗寺

羊城東畔市塵疏，巖澗蒼寒好結廬。深樹絡藤披作幄，清泉漫石瀉成渠。雲山霸國提封外，藥物仙人服食餘。容得高流此栖遁，名根衹恐未消除。

簾泉寺

傍澗尋山不覺深，山迴澗轉樹交陰。雲開忽涌初禪地，風過遥傳清梵音。亂灑驪珠沾客袖，輕懸綃箔到潭心。靈泉不作砰轟勢，一滴炎天解作霖。

白雲山登高

白雲山頂出雲層，客到雲開萬象澄。嶺嶠迢遥無過雁，海天空闊有騫鵬。霜花滿眼催時序，蜃市崇朝感廢興。無復英雄能遁世，安期仙灶蔓寒藤。

重游七星巖

崧臺奇妙最難忘，彈指重游已十霜。林岫葱籠仍翠染，峰巖飄動尚鸞翔。亭存四癸人堪憶，僧真際作亭，吴園次名曰四癸。斧及雙鴛事可傷。山有鴛鴦石，新被伐去。自去山公游屐少，謂前制府吴留村。雲窗月磴久荒凉。

硯石嘆

端溪硯石天下名，雲腴玉髓唯水坑。三旬車水百夫鑿，深入巖腹旁敲鏗。截肪割雋出秘洞，冰紈滑潤珠晶熒。地不愛寶有時盡，山枯坑閉無留英。人間珍藏購難得，工人勸客爲采石。浹旬捆載連翩來，細鑿輕磨黯無色。客未見舊衹見新，片片雕鎸自珍惜。我見水巖不如此，未敢輕褒混黑白。溪行審視始豁然，新坑乃在官道邊。鑿山尋丈去水遠，何由舊物同鮮妍。從來至寶非淺獲，驪珠須是探重淵。汲長綆短亦安用，朝耕暮穫無良田。衆工大笑操鎚前，幾人藻鑑能精專？滿懷燕石差易售，千金之璧恒棄捐。

惠州西湖十咏

湖心亭

點破湖天影，微茫一草亭。片雲依鷺白，孤嶼浴波青。吹笛無仙侣，垂竿有客星。江風消酒力，一上一回醒。

攬勝亭

湖光昏旦異，勝概此全收。日抱樓臺漾，雲銜草樹浮。荔香堪送夏，鱸美欲先秋。好慰南遷客，言愁何處愁。

黄塘寺

大小黄塘里，人家半枕湖。疏籬燈隱現，深樹雨模糊。寺共霜鐘冷，僧同露鶴孤。誰拈松雪筆，寫作水村圖。

栖禪塔

秀出層岡上，中天一柱標。光翻湖日動，影落海門遥。鈴語清塵夢，鐘聲答晚潮。雷峰堪比擬，望斷短長橋。

蘇公堤

誰將雜組綫，界破碧玻璃。綰袖長楊弱，承茵嫩草齊。春生游女屧，花散玉驄蹄。何似天隨子，清吟獨杖藜。

朝雲墓

佳麗人多有，坡公妾獨傳。樂饑堪伴謫，離垢欲通禪。魄化兹山土，神栖何界天。纖纖湖上月，猶似照嬋娟。

準提閣

小峰如許秀，有鶴即孤山。閣在松杉杪，僧居紫翠間。江光浮塔去，湖勢撼城還。雲出雲歸便，閑房不用關。

永福寺

宏敞前朝寺，兵餘結構新。至人曾遯迹，國士此潛鱗。葉太保讀書於寺，遇真空禪師。今有像存。天闊雲垂幕，湖平月涌銀。不須僧共語，魚鳥最相親。

元妙觀

觀敞臨無地，樓高切太清。真儀仍肅穆，仙界只空明。水浄雲無影，松高露有聲。蓬瀛原咫尺，來往任騎鯨。

拱北橋

層層堤束水，只放一橋通。不睹排山漲，安知砥柱功。舟移銀漢上，人醉錦帆中。不盡觀瀾意，相將踏卧虹。

葉瑞五式梁招游西湖鄰坡秉權非漁畢集即事分賦〔一〕

山遵水而趨，水薄山而定。涌浸成重湖，清輝兩相映。層城壯飛甍，倒影落天鏡。六橋跨雙堤，仿佛如明聖。天公憐坡仙，謫墮以此贈。寓惠詩百篇，大半臨流咏。我行三過循，不淺沿洄興。意到常獨游，得朋更豪勝。地主知雅懷，蘭橈一尊訂。風日恰晴和，林巒轉娟靚。牽藻掠柔瀾，披榛討幽徑。高歌魚龍起，逸嘯鸞鶴應。藉兹空曠觀，適我幽偏性。湖堤喜新成，日見春水盛。微嫌芰葑淤，空明未全稱。思驅修月斧，一洗冰輪浄。

江山氣清壯，磅礴生人文。名宗葉與姚，賢達何繽紛。石洞擅高節，龍潭樹奇勳。太常操鵠立，憲副聲蘭芬。弓裘儼不墜，濟濟見曾雲。刺史早懸車，瑞五。惠連秀軼群，式梁、鄰坡。仲容藝拔幟，秉權。無忌才冠軍。非漁。海曲韞珠貝，明堂待鏞蕢。吾衰樂取友，學圃不獨耘。天涯見英俊，詞坫思平分。况逢佳山水，過從不厭勤。雅咏戛金石，鴻章溯皇墳。舉觴酬坡老，掀髯笑相聞。寥寥五百年，作達有諸君。

【校記】

〔一〕葉瑞五式梁招游西湖鄰坡秉權非漁畢集即事分賦　清康熙間增修本遂初堂詩集目録題爲「葉瑞五式梁招游西湖鄰坡秉權非漁畢集即事分賦二首」。

石上陸行至峰市作

萬水赴東北，汀江獨南流。雄吞諸溪水，箭激趨潮州。中有隔閡處，亂石當襟喉。閩粤所分界，過水不通舟。人行上絶壁，蔽日楓楠稠。如經棧道險，似入仇池幽。俯視但白浪，滚滚相騰蹂。砰轟萬雷鼓，灼爍千兜鍪。十里卧瀑布，百丈掀潮頭。勢排地軸轉，力撼山根浮。飛鳶畏跕墮，天吳不能游。石非有情物，水性本至柔。位置失其平，鬥争不得休。吾欲乞真宰，鞭霆策奔虯。盡平此磈磊，豁達成鴻溝。愚公意則勇，排闥與誰謀？

峰市至黄泥瀧經三折新豐大孤諸險灘作

閩溪多險灘，入境即駭矚。地無一里平，水流石在腹。嗚聲何嘈嘈，沸浪紛跳蹙。舟行石罅間，繚繞羊腸曲。兩山相輳時，奔湍困拘束。迸出如游龍，悍怒不可觸。溯流欲上之，寸進而丈縮。舟人多便巧，出没於漩洑。篙纜隨所施，操縱妙輕速。騰身捷猿猴，作氣勇賁育。一灘復一灘，銜尾相追逐。刺石如刺虎，牽舟似牽犢。不剛不柔間，心手相應熟。紙船而鐵工，諺語殊可録。乃知世間事，不争智力足。處之得其方，龍擾獅可牧。衰年涉危途，垂堂戒童僕。静觀出險理，可以齊寵辱。

重游杭川喜晤諸故舊

三千里外曾游地，豈料萍踪得再過。地主依然蘭味合，故人微覺鬢絲多。拂苔還認題名壁，撥草重尋落屐坡。白足山僧迎我笑，長懸一榻待維摩。謂匪石禪師。

寓丘園作

性樂林泉畏市喧，暫居猶喜得閑園。淡濃山色晴浮閣，清淺溪流曲抱軒。侵夢晨鐘連梵宇，覆村深樹接花源。安眠便作吾廬想，只少伊人與晤言。謂劉鰲石。

汀　江

汀江再溯愜歸心，只苦春寒日日陰。舟似蝸房四邊漏，漲添蛟雨十分深。灘當險處山偏好，人正愁時鳥一吟。行李淹留時序速，篔簩抽笋已成林。

漱玉亭

數峰巧石枕江干，冠石爲亭漱碧湍。郡守看山時拄笏，令君留客共憑欄。長汀令話儀宗兄餞别於此。天舒霞采供詩筆，江放魚龍入釣竿。勝地久埋官道畔，一經披剪作奇觀。

清流縣

清流難得見，愛此縣名嘉。一水清環郭，千峰秀拱衙。造舟專嶺表，閩省八郡皆用清流船。

轉木遍天涯。山多巨木，逾嶺市於江淮。風節裴公重，尚書裴公名應章。荒山有世家。

漁滄廟

廟神姓樊名令，仕南唐，剿賊戰死。今爲水神。

英雄能殺賊，毅魄每爲神。不讀前朝碣，寧知死事臣？姓名遺國史，廟貌肅龍津。共有安瀾祝，溪毛薦旅人。

鐵石磯靈山寺

欲下危灘去，維舟暫泊磯。漲平看石出，雨歇見龍歸。古木深藏寺，閑雲静擁扉。倦游頻涉險，枯坐讓田衣。

過九龍灘

閩溪百千灘，九龍實奇險。連峰障爲墉，一峽束成檻。密樹氣陰森，濃雲色凄黯。巉巖鯨呿牙，岝㟧龍縮頷。怒流千蛟螭，碎石萬菱芡。陸瞰猶寒心，舟行敢輕犯。長年别僱募，輕載還分減。虔恪祀神靈，軒昂壯心膽。逶迤歷湍磯，逼仄入巖广。忽如雷霆來，震耳不及掩。乘高墜淵淪，破浪出坎窞。崩濤銀山排，弱楫風荷颭。稍觸寧倖全，一墜不再攬。前灘險後灘，迅疾無留艦。六龍既飊馳，三龍復電閃。砰訇廿里間，熊咆而虎喊。未遑收驚魂，何暇恣瀏覽。推篷偶旁矚，削立千菡萏。凈如玉雪鎸，爛若丹青染。亭亭笏孤標，孑孑圭上剡。瀑布懸百尋，珠簾散千點。奇妙難具論，沉埋良可感。衰頽念羈人，憂患經習坎。老病來侵尋，年華去荏苒。利名浮雲輕，嗜好嚼蠟淡。胡然數乘危，倦翼飛未斂。心同臺尚遐，迹異蘇黄貶。逝將歸故園，一徑蓬蒿斬。小山陟陂陀，清溪泛瀲灎。心平地盡平，無欣亦無憯。

永安道中

經旬上水苦行遲，也有沿流迅發時。新漲乘來帆不逮，重灘過後險方知。連村造紙勝紈素，夾岸排峰肖武夷。欲訪仙源無入處，過溪橋斷雨絲絲。步訪桃源洞，不達。

延平府

三面清江一帶山，層城如畫碧環間。江中帆槳明堪數，城上樓臺迥可攀。遠意欲將憑弱羽，時遣使往三山。故人重見感衰顔。謂范箏山太守。有情得似雙龍劍，千里分飛一夕還。

過建寧贈郡守龐雪崖

静似澄潭懶似雲，同人恬雅最推君。裴王標格清無敵，儲孟詩篇秀絶群。漸羽正應憐鶴潔，當門偏自忌蘭芬。迴翔省寺何妨久，練達居然郢匠斤。

五馬朱輪爵不卑，一麾何事咏延之。股肱郡是甌閩界，牧伯身爲長吏師。吹律仁風寒谷應，飲冰清操九天知。略酬經國平生願，絶勝燃藜獨照時。

桂栝楓梧不共根，榮枯霜露信乾坤。乘時君作龍伸蠖，養拙吾甘瓠落樽。萬里江湖隨箬笠，十年書札斷金門。故人屈指多零落，賴有扶輪大雅存。

楚江行盡粤江浮，又上閩溪篛葉舟。老矣一編書落落，歸歟三徑竹修修。敢言索食依仁祖，且喜餐風頌細侯。相見幸存真面目，行藏各自有千秋。

雪崖招飲郡齋

凝香燕寢凈無塵，絶稱栖遲散木身。官舍却逢方外客，座有二禪宿。新知仍是故鄉人。張別駕、蕭守府，皆江南籍。奕忘勝負機心盡，饌絶葷羶道味親。却憶金門同舍樂，襟懷如舊鬢絲新。

贈施質存 愚山之孫。

碩果凋殘十六春，欣于天畔見孤孫。貧無世業文章在，弱有門風孝謹存。遺集抱來何計刻，荒莊彌望不堪論。青雲努力期繩祖，漂梗慚余只贈言。

偕雪崖游悦山庵訪準彌上人

散人交契半禪翁，郡守何緣興寄同。燒筍已邀陪辨老，籃輿更約訪深公。寺鄰飛觀諸天擁，城截蒼山一澗通。盡日清言忘世事，居塵原不受塵籠。

贈準公

儒門淡泊向禪門，往事滄桑不可論。入道全家栖海角，參方半偈徹心源。嵩山灶墮名難晦，梨嶺薪傳道益尊。爲報懶齋公案了，恢弘祖武仗兒孫。吴下新刻古南遺書，師爲古南法孫，故有末句。

偕雪崖重過悦山庵

孤筇不厭逐雙旌，重扣松關繞澗行。俗客未如禪客淡，名心何似道心清。閑披梵筴天香發，細展嵩碑祖系明。師藏會善寺列祖圖碑，明天順間立，叙五宗世系甚詳。莫道龐公貪選佛，選官寧礙説無生。

準公以嵩山石淙碑見贈賦謝

網羅古刻吾成癖，師有同心事絶奇。退院尚藏嵩少榻，磨崖最賞石淙碑。便邀割贈珠盈把，預想臨摹墨滿池。無物可充瓊玖報，端溪片硯與題詩。

雪崖餞别梅仙山

使君送遠不尋常，直上仙山快舉觴。峰在溪南塵世隔，身來天際水雲凉。平臨萬井芝城小，細數千帆鳥路長。控鶴驂鸞還有别，人生何必悵河梁？

讜論危言一子真，珥貂慚殺漢廷臣。天將忠孝光仙籍，地以幽偏待至人。秘洞丹書迷篆籕，懸崖芝草秀冬春。無勞夢卜通靈異，我是槐根覺後身。梅仙祠爲郡人祈夢之所。

廿年交好托同岑，知我烟霞結契深。娱客清暉用山水，贈行佳興藉登臨。松筠落落常堅節，風雨膠膠不改音。口吸西江無可説，重逢還理没弦琴。

【校記】

〔一〕雪崖餞別梅仙山　清康熙間增修本遂初堂詩集目録題爲「雪崖餞別梅仙山三首」。

荔支盆

荔支盆，來三山，枝頭壅土生根難，一枝截得千株殘。荔支盆，上建浦，衝波峻灘挽舟苦，短蓬愁日復愁雨。荔支盆，過仙霞，千夫肩荷百吏遮，汗流骨出愁鞭撾。從此浮江溯河去，嚴程晝夜不停住。焦枯顛頓十存五，寥落猩紅綴孤樹。蓬萊宫中掩露嘗，冰丸入口流瓊漿。寧知一丸數金值，百旬勞擾千村忙。大臣事君自有禮，忠孝不在養口體。争新作俑彼何人，繹騷煩費無窮已。不貴異物惟吾皇，勤求民隱恒如傷。誰能上書罷貢獻，令人千載思唐羌。

夢筆山

山有精英宿有芒，天將彩筆與江郎。名賢踵武書堂在，禪宿潛鱗法雨長。山寺爲覺浪和尚修證之所。遺像尚留蛛織户，殘僧不見燕栖梁。寒山片石差堪語，枯木重華更幾霜。

過仙霞關

亂山環匝百千重，隘口丸泥信可封。石擬橫戈臨鐵甕，人如攀絙上金墉。懸車地外都無地，障日峰端更有峰。漫道一夫堪守險，開關自昔不曾攻。

戍壘無烟角不鳴，時平容易擔書行。松篁蓊鬱常含雨，祠殿翬飛舊駐兵。白髮僧談灰劫事，蒼苔壁蝕古賢名。南轅北轍吾衰矣，慚愧勞勞過此生。

【校記】

〔一〕過仙霞關　清康熙間增修本遂初堂詩集目録題爲「過仙霞關二首」。

江郎山

秀削三峰插半天，儼如兄弟立差肩。帆開笏卓形模巧，玉琢冰裁體骨堅。跋馬望來欹復正，襯雲看去斷還連。仙人化石知何意，要見桑田變海年。

遂初堂詩集　卷十四

豫游草 起辛巳春，盡辛巳秋

渡江

羅浮衡桂恣登攀，看盡南條萬里山。未到中原游豈壯，不窮十嶽鬢空班。興來一艇江淮去，身健孤筇陝洛還。解事金焦兩相送，晴峰流影片帆間。

重過縱棹園有感 園爲喬石林别墅。

名園十載客重來，依舊紅英覆緑苔。影水山巖迷昔徑，拂雲桐柳見初栽。優閑元亮單車去，强健文通素旐迴。大好園亭難穩卧，笛聲凄斷使人哀。

清江浦晤前輩衛爾錫先生

歷下當年別，寧期此地逢？浮生駒一瞬，世事浪千重。公望朝端仰，清修聖眷鍾。長臺持憲紀，開府靖邊烽。忽荷雷霆譴，言投肅慎封。三冬餐黑雪，萬里渡烏龍。塞北有烏龍江。習坎風波惡，還鄉雨露濃。焦桐仍拂拭，古冶更陶鎔。水塞金堤決，工分瓠子衝。泥塗巡僕僕，版鍤理憧憧。卑濕經年病，辛酸百藥攻。避人蕭寺冷，喜我足音跫。宦海牢愁緒，冰天契闊悰。劇談催剪燭，矯步却支筇。早歲邀分硯，清言每扣鐘。學期探奧窔，人擬匹君宗。老大聰明減，蹉跎骨相慵。無才趨漢闕，有伴釣吳淞。蜃市頻經眼，蛛絲不罣胸。只思精撰述，便抵樹勳庸。共有千秋願，何當一屩從。元音融梵夏，余與先生論音韻，最相合。昔有同著一書之約。至道溯黃農。噩夢醒何在，凝塵鏡豈容？不妨身似櫟，安用腹生松。

晤内弟王子栗〔一〕

至戚多年別，重逢鬢已絲。火耕愁儉歲，玉立見佳兒。薄俗能躬矯，衰門幸力持。堂封還未卜，風樹有餘悲。

絲蘿曾早締，中斷劇堪傷。作賦方懷舊，潘安仁懷舊賦，爲傷婦翁而作。題詩復悼亡。幻緣如夢短，宿草比人長。獨客仍蓬轉，凄其葛屨霜。

【校記】

〔一〕晤内弟王子栗　清康熙間增修本遂初堂詩集目録有「晤内弟王子栗二首」。

訪顧亭林先生遺書不得

先生著音學五書，刻於淮浦張力臣家。力臣亡，其子以板質於人，不可復問。

吾師精力罄殘編，獨溯元音遂古前。本托良朋校魚魯，寧知遺刻散雲烟。鼎淪泗水終歸漢，鼓落陳倉竟到燕。此日侯芭漫惆悵，玄經千古定流傳。

河　堤〔一〕

河堤高於山，人民堤下居。一潰如建瓴，萬户愁爲魚。人言百年前，水深數丈餘。船檣在岸下，豈有決溢虞。自從黄流灌，泥沙日填淤。河身高過岸，增堤使之瀦。築墻而居水，作計無乃疏。紛紛治河者，議塞不議疏。賈讓之下策，恪守莫敢渝。行水不師禹，壅遏徒區區。

良醫視病人，察脉審其證。悉病所從來，治之藥乃應。濁河本北流，清淮自南亘。河徙忽奪淮，淮弱而河盛。一石八斗泥，壅礙入海徑。倒灌淮上流，湖淤可涉脛。埂堰始衡决，淮南受其病。塞决固治標，要須遂其性。下流無路行，東遏必西迸。瘡平毒未消，堡閉盗猶横。旁觀方憂危，當局莫予聖。

治河近稱善，吾宗老司空。諱季馴。河徙時未久，淮流尚争雄。海口雖停沙，可以水力衝。淮主河乃客，主壯客不攻。用清以刷濁，當年策誠工。淮今僅一綫，河漲猶難容。淤沙積成土，不濬焉得通。古方治今病，和緩技亦窮。疏瀹費雖多，尺寸皆有功。堤成倘蟻漏，金錢擲波中。

【校記】

〔一〕河堤　清康熙間增修本遂初堂詩集目録題爲「河堤三首」。

宿湖口

湖口汪洋已盡淤，引河新鑿十尋渠。扁舟穩泊無風浪，争奈洪流噎不舒。

過洪澤湖

萬里中條水，奔騰滙此湖。淮吞千派入，潁挾衆流趨。浩蕩包原隰，微茫浸邑都。涵天得分野，羃地占輿圖。昔倚高丘望，今乘旅舶徂。初循塘屈曲，漸出浦縈紆。嘯引中流棹，風開十幅蒲。白浮濤似屋，碧綴嶼如凫。浴日歸墟接，蒸霞少海鋪。微雲山影在，一髮岸痕無。波静魚龍伏，沙寒鴇鸛呼。槎邊星象小，萍際客身孤。此水稱奇險，長征實畏途。黑風吹颶母，白晝舞天吴。數報衝堤岸，時聞壞舳艫。吾生何慶幸，利涉只須臾。放舸林初曙，停帆日正晡。軀輕思擊楫，神王想乘桴。只慨洪流壅，長令沃野蕪。何時臻底定，閭井出泥塗？

龜　山

龜山一柱截淮流，巖畔荒祠水際浮。不是禹王乘橇至，支祈肯爲鎖千秋？

泗　州

城郭平沉不露痕，休論萬井與千村。僧伽何事無慈愍，只保波心一塔存。

盱眙遇暴風雨水漲停舟登眺

長風驅濤濤起立，雨點如箭穿蓬入。水没街衢欲吞邑，丈夫倉皇兒女泣。舟人移船藏港急，長繩重碇猶岌岌。連朝風怒不得開，扶筇遺悶登高臺。四望茫洋白無際，長山欲盡横山來。盱眙傍山猶自可，泗州無山愁殺我。殘民滿載渡河來，空城無人浪掀簸。客行見此嘆不休，淮民何辜罹百憂？普天無地容淮流，下方不攻攻上游。田廬漂没未是愁，官符昨下催徵收。

浮　山

浮山築堰截淮流，百萬金錢付濁流。莫笑梁朝前事拙，壑鄰壅水古今愁。

臨淮縣

帆風如使馬，半日到濠梁。國是塗山舊，城連鳳闕長。雲從多將相，肺附亦侯王。爵里存書史，孫枝不可詳。

塗　山

夏后塗山娶，隨刊屢過門。平成千古賴，玉帛萬方尊。草没防風冢，雲埋禹會村。山巔祠廟在，豁眼盡中原。

登荆山憩卞和洞

泊舟龍亢城，荆山翠可掃。策杖一攀登，及此客程早。繞堞看河流，披雲躡磴道。孤標峰峥嶸，錯布石瘦巧。古洞栖卞和，題刻紛可考。緬懷古良工，得玉不自寶。持之獻國君，璞完識者少。再刖猶造庭，泣血明懷抱。不悲身傷殘，但痛世顛倒。玉剖吾事終，榮封棄如草。斯人今則無，三緘以相保。何代無懸黎，沈淪璞中老。

硤石山

切玉爲方割硯棱，平堆側叠百千層。巉巒變格真無盡，行遍天涯見未曾。

壽　州

南北兵争地，巖疆説壽春。山川皆擁楚，草木亦驚秦。塔曳風鈴古，雲横畫堞新。八公仙隱處，叢桂遠留人。

正陽關

淮潁殊清濁，雙流會正陽。連檣來豫粟，分道走吴商。榷使新移署，游人也檢裝。真龍留榻處，閑坐話滄桑。闢旁有大寺，明太祖嘗過之，卧處名一榻房。

潁　州

淮甸綿千里，人文秀此州。川長清鑑髮，湖净迴涵秋。名迹傳雙柳，遺封記寢丘。無因分禁體，得共子瞻游。

大梁咏古四首

漢郡唐藩舊奥區，川原闊達水環趨。朱梁建節潛移鼎，宋祖櫜弓就定都。物産殷饒儲陸海，漕艘便近引江湖。秦關洛邑終難并，敵騎長驅一險無。

漫擬東京勝迹繁，蕭條何處古梁園。陸沉昔見河平堞，桑海今看土没垣。麥秀荒原迷宋殿，馬嘶空巷失明藩。中天艮嶽無拳石，圖志蒼凉不忍翻。

中州才俊舊如雲，雄筆空同迥絶群。嵩渚文章潮海富，李僉事濂有嵩渚集一百卷。蘇門詩句蕙蘭芬。史編損仲成新稿，經籍西亭纂墜聞。文獻凋零傷此日，石田蒿徑與誰耘。

看碑讀記漫含情，疲馬銜泥逐處行。鐵塔寺前瞻嶽色，金梁橋畔聽河聲。名都氣象如新造，綉野風光喜乍晴。地運百年當轉易，阜民端賴吏廉平。

繁　臺〔一〕「繁」讀如「蒲」。

難尋蓬澤與樊樓，惟有繁臺可眺游。碧樹千重分綺陌，黄雲萬頃覆平疇。徐常壁壘中天出，李杜祠堂異代留。汴水無渠陵谷徙，暮蟬猶爲故宫愁。

臺旁古塔不知年，薛石層層佛像鐫。鏟削人言銷王氣，攀登身已近寥天。萬家烟樹重城外，一綫河堤落照邊。往代興亡如昔夢，欲將灰劫問金仙。

【校記】

〔一〕繁臺　清康熙間增修本遂初堂詩集目録題爲「繁臺二首」。

相國寺

東京雄刹舊知聞，天假清緣一榻分。蕭灑身宜依道樹，寬閑地喜蔭慈雲。窺池尚想天宫影，覽碣曾無宋白文。宋真宗修寺成，學士宋白作碑，甚典麗。如綫禪燈垂絶際，閒田何似戒香薰。

朱仙鎮岳廟

百戰功成破竹時，收京無詔詔班師。朝廷久已捐中土，豪傑徒然奮義旗。灑血忠魂應廟食，薦馨父老尚歌思。八陵寂寞無椒糈，一樹冬青更可悲。

延津懷周計百太守

飛沙捲馬過延津，揮泪無端感故人。氣盛早年多忤物，才高晚歲不謀身。纔成墳墓西華夭，盡廢田園季豹貧。慚愧授餐稱國士，蹄涔無計潤枯鱗。

衛輝府

衛國遺封汲郡雄，高城千雉夕陽中。西來山勢覃懷接，北去河流渤海通。井里舊存君子澤，林泉迥有逸人風。竹書多甋詭奇迹，草草停驂未可窮。甋詭，石獸名。

即事

卓魯龔黄盛此時，人人去後有餘思。先賢祠墓無留碣，半作遷官陌上碑。

輝縣道中

行盡平原忽見山，清溪碧樹遶彎環。還疑夢到鄉園路，身在荷陂稻塛間。

潞王墳〔一〕

墳有寢殿，甚崇宏。今改爲寺。二寺并列，其一乃王保母之墳，亦有諭祭碑。

名藩舊邸總摧殘，何意高墳此獨完。宵梵晨鐘林杪出，行人長作佛堂看。

棱棱碧瓦翼朱門，寢殿依然御碣存。保母可憐猶賜葬，蓬科無處問王孫。

【校記】

〔一〕潞王墳　清康熙間增修本遂初堂詩集目録題爲「潞王墳二首」。

百　泉

人言泉上好，風景如江南。落屐今始信，群峰列瑶簪。石竇泉沸涌，輕明瀉平潭。千珠噴錯落，萬蕋披髿鬖。青知林影倒，白愛天光含。纖鱗静堪數，錦石明可探。中央峙亭榭，夾道羅楓楠。洗心去夙滓，漱齒消餘酣。歷下泉散布，晋祠水平涵。靈妙無過此，品以第一堪。兹惟千峰液，沆露同清甘。入陂溉秔稻，利汲資罌甂。長流作衛河，功與淮濟參。轉漕歲十萬，廟食神無慚。祈福駢士女，伐鼓宵耽耽。何當翠微裏，一榻栖松龕。高躅躡嵇阮，真風接丘譚。便同瑶池飲，豈必鸞鵠驂。山有三仙洞，爲丘、劉、譚三人修真之所。

蘇門山　山半有嘯臺、安樂窩，山巔有仙人足迹。

太行勢北趨，分支忽東繞。磅礴爲蘇門，亭亭秀而巧。傳記聞佳名，兹辰遂游眺。蓄泉巖巒清，産藥澗壑窈。古觀開山椒，高臺出林杪。川光白千迴，山色奇四抱。不聞鸞嘯遒，但見仙踪小。緬懷孫公和，韜光而味道。蠛視嵇阮流，伐性以自夭。追踪有堯夫，天人窮奥眇。游洛如居山，卿相爲鷗鳥。迹異心則同，超然塵埃表。後來更何人，巖阿迹如掃。悠悠歲月徂，矻矻雕鎸老。歸去卧長林，含真以爲寶。

比干墓

不能行遯與幽囚，臣節惟將碧血留。諫到剖心甘殉國，死憑封墓不臣周。遺民定灑墳前泪，烈士思從地下游。萬古少師祠廟在，殷墟亳社黍油油。

淇縣

朝歌舊邑古殷都，遺俗流風尚在無。邶什鄘詩衰莫采，泉源淇水勝堪圖。地偏苦被鄰封割，民少常愁沃土蕪。菉竹一竿難得見，行山如沐慰征途。

湯陰縣岳廟

金人畏岳相人知，恨殺金牌返轡時。此日壺漿拜祠廟，還如夾道看旌旗。

鄴中咏古四首

相衛名藩拱帝京，八方輻輳地寬平。合從將相盟洹水，定霸英雄據鄴城。尺寸山河皆用武，餘分時代少休兵。而今海晏天清日，滿地桑麻柝不鳴。

漳衛交流抱鄴都，提封萬井足膏腴。荒營遺恨九節度，古廟長懷二大夫。西門豹、史起。六代繁華隨逝水，三臺壯麗剩浮圖。閑書舊事思佳硯，遍訪興和片瓦無。銅雀硯多高齊物，瓦上有「興和」字者，今亦不可得。

西園賓客盛如雲，曹氏佳兒故不群。風骨詩家推七子，人材天意盛三分。遺風杳遠膠難續，雅道榛蕪硯欲焚。賴有殘編堪諷咏，黄華詩句後渠文。王庭筠、崔銑。

名迹披圖半已荒，巾車乘興且徜徉。藩王邸作圓通寺，相國祠留晝錦堂。水冶清泠泉百沸，金渠蓊鬱樹千行。炎天且喜無梅雨，麥浪風來盡日涼。

商王廟 廟祀河亶甲。

亶甲遷都古今王，金人碑在廟荒凉。割牲競向叢祠去，此地何人爇瓣香。

韓魏公祠 書錦堂本在郡廨，今改作於祠旁。

三臨鄉郡寵無倫，祠廟巍峨世業淪。歐記蔡書雙絶在，搨來不救子孫貧。魏公後人皆南渡，鄴中今存數丁守祠者，搨碑以售。

水冶泉

千朵葡萄一斛珠，碧雲籠樹水平渠。若教移向三吴去，不放亭臺寸地虚。

游林慮山 「慮」讀如「閭」。

林慮山勢鬱岧嶤，鄴郡漳河控帶遥。關隘曲穿三晋脇，峰巒雄壓太行腰。草深廢殿藩封改，月冷荒宫霸氣消。惟有烟嵐長似舊，如屏如堞亘青霄。

奇山堆叠不知層，椰標横擔次第登。水向雲端藏曲折，石從天際露鋒棱。藤陰遮斷巖無寺，菜葉流來澗有僧。削鐵孤峰何路上，梯空采藥羽人能。

谷號黃花不見花，步隨馴鹿到仙家。潭空玉女頻窺鏡，磴仄元君舊駐車。瀑挂虛巖千丈雪，城臨絶壑半天霞。凝冰一嗽涼心腑，直上清都路不賒。

行盡懸崖十八盤，天平一徑入蒼寒。削成帝闕排風上，涌出神樓倒影看。日暖衆香生藥草，天空清籟發風湍。仙區靈境無人住，滿地松陰覆石壇。

拱山寺古白雲封，亭館荒涼剩五松。雪練鋪成三疊澗，瑶簪秀出一天峰。神燈隱見來深夜，冰塔崚嶒結暮冬。看盡陰晴山萬變，水晶簾内坐金容。

千峰頂上一峰纖，寨入天心號蟻尖。鑿磴纔通樵徑窄，防關曾駐禁軍嚴。十雙地可春前種，百道泉從雨後添。信有仇池堪避世，惟須抱犢與腰鎌。

福地天開碧玉城，泉香藥富有餘清。蕭綦隱處無踪迹，夏馥來時變姓名。蟬蜕真堪遺濁世，鴻軒豈必學長生。耽山吾慕黃華老，納禄移家酷有情。王庭筠自號黃華老人。

不耐紅塵上客顔，籃輿偷得一句閑。重尋台蕩三生夢，飽看荆關百幅山。欲話真風僧碌碌，試徵逸事碣班班。天留遺勝邀重到，墨灶金燈待更攀。

韓陵山　山有温子昇碑。

亭亭古寺倚高岡，識是高歡舊戰場。霸業由來開汗馬，閏朝還自重文章。碑能再刻流傳久，閣可頻登覽眺長。此日徐陵增感慨，更無佳筆似温郎。

三　臺

銅雀傾頹冰井沉，惟餘金鳳枕漳陰。妝樓換作神霄館，歌曲移爲汕梵音。窺鼎英雄空創業，分香兒女亦關心。絶憐漢號留鴛瓦，砂礫叢殘不可尋。瓦上有建安年號者，乃曹氏物，尤難得。

疑　冢

荒冢纍纍斧鍤侵，當年松柏想成陰。西陵信美何須此，異代還防有摸金。

鄴　鎮　古鄴城在其地。

城没寒蕪水擁沙，鶴歸不見舊繁華。君看卧犢揮鋤地，盡是當年將相家。

安陽橋　橋畔有新柳碑。

安陽郭外水平橋，千里神京去不遥。憔悴桓公對官柳，休將殘泪灑新條。

渡河

汴河千里達淮徐，順浪輕帆鳥不如。二室三花遥待我，未能買棹更驅車。

具茨山

行盡平原不見山，晴霄今喜見孱顔。層峰迴出空同表，秀色横鋪汝潁間。軒后不來雲晻靄，仙童無處藥斑斕。中州大有殊庭在，乞得閑身取次攀。

天仙廟

古祠密城東，三仙坐相并。云是黄帝女，爲神禱有應。殿後三白松，駢根態奇勁。爪作虯龍拏，膚如冰雪净。品題古無人，千春月孤映。明代始有聞，詞人遞歌咏。玉樹比青葱，蕊珠喻嚴靚。披圖想見之，竭來訪幽勝。何期樹已枯，屈鐵枝空亘。無復香潔姿，猶存嚴毅性。微聞苦游人，潛損官所令。物亦貴知希，有名竟爲病。神物當不死，何年更榮盛。祠旁觀靈泉，點滴出崖磴。翻灑飄圓珠，渟泓承玉鏡。一吸凉心脾，差堪慰游興。黄冠衡山來，貌古語可聽。指點廣成居，微茫在烟徑。窮探恨未能，驅馬山村暝。

中嶽廟

嵩山無旁支，傑立勢雄特。一舍遠見之，蒼然太古色。漸近出衆峰，嵯峨不欹側。峰前碧琉璃，嶽神廟翼翼。唐封制猶新，漢表闕未泐。入門趨廣庭，穹碑森肖屴。交陰古柏青，對立金人黑。殿敞如王居，神尊分帝職。嶽於天地間，萬古有恒德。端拱朝百靈，牖民惟正直。肯以萬歲呼，滋彼驕主惑。從官諂可嗤，奉邑神豈食。歷代侈褒封，人爵非天則。偉哉明高皇，群神號并革。嶽瀆用本名，推崇此爲極。興朝肅明禋，春秋祀不忒。大事必告虔，丹青炳嚴飾。方今苦旱暘，焦原神所惻。急爲鞭蛟龍，甘霖救嘉稷。更願滋黄中，淑靈厚培植。篤生甫與申，直道屏王國。

嵩陽書院

嵩山富巖谷，域中稱奥區。舊爲釋老擅，棋布開精廬。太室一書院，孤懸久爲墟。嵩陽今改築，林泉占清疏。地即廢觀址，人有先賢模。偉哉耿先生，洛下之醇儒。强健謝簪紱，躬修淑其徒。買田構學舍，勸士使群居。詵詵講禮讓，濟濟談唐虞。境方嶽麓勝，規與鹿洞俱。哲人既已没，斯路漸榛蕪。堂館仍潔清，寂寥弦誦虛。珠宫及梵宇，久者千年餘。人亡業不墜，師弟如聯珠。儒門何淡薄，盛衰在須臾。豈無敦龐士，沿伊而溯洙？庶其纘斯緒，毋令獨流淤。

漢封柏

世間之水誰最古，嵩陽三柏無與伍。一株火焚一半枯，枯者鮮枝猶楚楚。一株獨完大百圍，堅如金銅怪龍虎。老幹駢立直不欹，孤根中蟠厚而膴。磊砢節目凍凝霜，蓊鬱枝條潤含雨。苔色黯淡追蠡鐘，篆文班駁岐陽鼓。童童雲外聳危幢，嶽嶽天中標一柱。不知栽植自何年，但説褒封經漢武。夏后隨山或顧瞻，周公卜洛應摩撫。明堂清廟用孫枝，福地仙山留鼻祖。我行天下多壯觀，但恨古樹多摧殘。大夫松亡剩枯枿，七星檜朽留空欄。怪松不見天台頂，社橘無復湘江干。孔庭之檜亦半死，菩提樹短無花看。幸得睹此太古物，氣象渾樸神堅完。商彝周鼎詎足并？如獲壁經字不刓。金人辭漢茂陵圮，此柏無恙青檀欒。所嗟人壽不如木，蟪蛄朝菌良可嘆。人身亦有不朽物，後天而老先天安。但能洞徹見本性，豈必膠擾求還丹？柏旁有感應頌，爲唐明皇鍊丹而作。

會善寺二首

蘭若端居二室中，臨箕俯潁勢清雄。唐碑字字金鑱壁，宋柏枝枝翠掃空。壇古嶽神曾受戒，僧高列帝每趨風。祇今法運衰頹日，猶喜滹沱一綫通。院主夫隱是濟宗人。

地迴林深六月寒，停車盡日此盤桓。閑徵法系捫碑辨，静把嵩書映月看。半榻松風清辟夢，三匙粟飯軟加餐。大千掌果分明見，始信維摩丈室寬。

少林寺四首

三十六峰下，天開古少林。一屏當户秀，千樹擁檐深。世主曾停輦，禪宗此印心。興衰經百過，鐘板有餘音。

五乳昔曾夢，三花今始攀。翻書虚室静，坐月廣庭閑。夏日不停樹，秋凉先借山。身心雙寂寞，高枕欲忘還。

地似曾游熟，僧如舊識親。名山應宿願，净業是前因。老覺浮名誤，閑知道味真。出塵須勇猛，斷臂是何人。

精藍饒古迹，周覽壁西東。文獻殘碑裏，宗支繪像中。名非北海大，文愧簡棲工。王巾字簡棲，撰頭陀寺碑。雪上聊留爪，鴻飛已碧空。

初祖庵

獨藴拈花意，迢迢萬里來。棲林身似鶴，面壁語如雷。法自單傳盛，宗憑五葉開。無人見真面，影像在塵埃。

登嵩山絶頂三首

行窮碧磴與丹梯，直上天門路不迷。凉冷人新餐沆瀣，孤高杖可撥雲霓。迴看鳥道南峰伏，側睇蓮花少室低。聖世不言封禪事，荒寒御路草生齊。

不辭觸熱上嵩巔，欲遣雙眸盡入埏。翠嶺千重包楚塞，黄河一綫下秦川。長安遠隔浮雲外，鄉國微分匹練邊。清嘯一聲鸞鶴應，隨風飄去落何天。

遥呼玉女進霞杯，獨立中天萬仞臺。城郭平臨攢蟻垤，澗泉直下走轟雷。輪囷雲自封中起，縹緲笙從鶴背來。乞與神丹教駐景，願同伯壽上千回。宋秘書監劉伯壽，老登嵩巔，題名云已八十四次矣。

盧巖　是唐盧鴻隱處。

唐有東漢風，寵禮巖谷士。盧君隱嵩山，三詔强之起。荷衣至金門，長揖見天子。豈真昧時宜，欲以迂放耳。諫議官不卑，辭之如脱屣。優禮送還山，進退有終始。遠勝樊英流，虚聲爲世耻。竭來訪故居，巖深路宛委。空谷四無鄰，山花爛紅紫。峭壁如崩雲，空懸瀑布水。溪清鳴佩環，石净叠錦綺。草堂依巖開，占盡林壑美。圖亡志記存，十勝可意擬。俗流諒難居，捨宅良有以。如何田衣人，苦饑復捨此？寺荒無殿堂，佛坐荆榛裏。安得支遁流，精廬重整理？榻我長松根，斸苓烹石髓。

龍潭寺二首

寺閟嵩山角，人來月上初。加餐香稻美，堅坐廣庭虚。峰影浮林杪，溪聲徹夢餘。塵襟都滌盡，况復警鐘魚？

飯是開田博，僧因學律增。威儀三代肅，經論一家弘。瀾可狂禪砥，門從宿將興。開山僧洞然，乃武弁出家者。潭龍已馴性，聽法此中曾。

測景臺

唐虞命羲和，測候窮四表。中邦獨闕如，古制今莫曉。周公營洛都，土中乃推考。陽城實地心，天樞對臨照。築臺奠坤維，測日析分杪。世遠制不湮，崇牖可登眺。土圭仍端完，石尺更精巧。恐此本古規，元公非意造。周官與考工，義疏需細討。九鼎既淪亡，東周迹如掃。獨此彝器存，天球可同寶。安得明曆人，同游洛南道。洞窺古聖心，豁眼對穹昊。

箕山

孔孟經世人，汲汲稱舜禹。莊列遺世人，嘐嘐説巢許。風尚雖不同，意義各有取。世風日澆漓，名利相煎煮。細或競錐刀，大乃争疆土。達人教以讓，榮貴等腐鼠。巍巍黄屋尊，辭之輕一羽。息争而養恬，風世非小補。夷齊與臧札，傳記載楚楚。何獨疑由光，無人但空語。遺冢徵馬遷，流傳自上古。至德豈無鄰，巢樊真逸侣。洗耳及牽牛，倡予聊和汝。我來訪幽踪，荒祠久延伫。巖高水清寒，仿佛見眉宇。世豈無逸民，混迹漁樵伍。龍潛戢其鱗，俗客焉得睹。

石淙

夏宴石淙詩，唐武后時刻石上，狄梁公亦在列。

何意陂陀坂阜間，忽逢米老袖中山。石依湍勢爲巖洞，水漱峰根作佩環。割得武夷清一曲，分來龍渚翠雙鬟。金輪鎸刻爲山厄，猶喜梁公句未删。

五一園

園爲焦司理汝將别墅。焦曾撰嵩高志，取齊民要術藥居五之一以名園。

讀志方推結撰精，尋園更喜藥欄成。竹籠幽磴堪逃暑，泉帶疏籬好濯纓。岳爲遠看群岫出，箕因晴對古祠明。園中有瞻許亭。人間滋味菘葵永，種入花畦擷露烹。

萼　嶺

嵩嶺中開處，關傳古轘轅。時清無堠卒，地勝有祇園。嶽勢趨邙轉，河流帶洛翻。烟村青不斷，如掌見平原。

緱　山

王子青宮貴，求仙意自起。無才安九鼎，有骨近三霄。獻地悲王赧，尋戈笑子朝。何如緱嶺上，乘月理笙簫。

龍　門

洛陽令錢杏山置酒賓暘洞，分韻賦詩。

神禹疏百川，平成渺無迹。兹山鑿痕存，千尋見裂石。連岡爲修蛇，五丁斧其脊。中斷若蛾眉，正對洛陽柏。導伊使朝宗，形勝壯莫敵。前朝游觀地，卿相交履舄。佛寺盛金銀，亭館彌山澤。今何太荒寒，塞岸沙與礫。所欣巖洞幽，空明類仙宅。泉珠亂迸崖，樹蔭交垂席。暫栖隔塵囂，久卧忘形役。惟嫌鐫佛多，萬軀嵌層壁。不悟清浄理，莊嚴侈何益。題刻多隋唐，班班薛可剔。不見香山翁，浮圖翠雙滴。

讀記想伊闕，誦詩懷龍門。嵩游不言倦，驅車越轘轅。令君敬愛客，班荆誼偏敦。導客爲清游，輕騎乘朝暾。聯袂共臨賞，垂蘿恣攀捫。跂磴選奇石，沿流挹芳蓀。涼開松間席，快酌泉上尊。西睇極峪谷，南觀窮陸渾。雅咏陋絲竹，高談破籠樊。幽情既交暢，逸興方孤騫。客非歐謝侶，主乃思公倫。此樂足千古，難爲流俗言。華林與金谷，蕭條滅無痕。君看官道左，惟有邵祠存。

洛中咏古四首

嵩邙環抱洛縈紆，表裏山河識舊都。族姓千年人質厚，桑麻萬井土膏腴。平分晷影調寒燠，輻輳梯航便轉輸。定鼎由來非一地，宅中終是古規模。

曲水華林迹總平，六街三市蔓縱横。官殊唐宋無留守，地歷金元失禁城。今城比古，縮五之一。蟻賊躪來多戰壘，劫灰過後少耆英。牡丹移種金松朽，那得園池尚有名？

野客無端感夢華，隋宫唐院門豪奢。游龍流水通侯第，語鳥名花上相家。運去銅人辭漢殿，時移玉碗出塵沙。衒之莫撰伽藍記，多恐金仙也嘆嗟。

太平時節退休人，慣住嵩陰與洛濱。白傅宫僚原散吏，温公書局亦閑身。水南高士遺榮早，擊壤先生味道親。千載風流如可即，勞勞真愧素衣塵。

天津橋

天津橋畔水粼粼，桂楫香車競上春。何處蜀鵑啼過耳，行窩愁殺白頭人。

洛神廟

造端托興亦多辭，賦筆寧當浼帝姬。賴是感甄人共曉，洛神千古尚留祠。

北邙山

邙山迤邐亘天長，天與都城作巨防。臨眺川原如畫卷，幽尋寺觀有隋唐。百年將相歸黄土，是處狐狸穴便房。名迹豐碑總磨滅，耕人拾得舊銀章。

白馬寺

零雨沾裳阻客輿，暫休還喜得精廬。僧來葱嶺馱經日，寺創清凉畫像初。兵後千章留栝檜，宵分數衲自鐘魚。道場最古無如此，講席禪燈未可虚。

田横墓二首

齊胄寧甘作漢臣，便邀封爵亦危身。樹功將相猶菹醢，何况同時逐鹿人。

五百人同地下游，何如堅卧海東頭。高帆大舶爲徐市，瀛島何方不可留。

鞏　縣

鞏洛東周隘，經行險始知。河流吞岸窄，山勢壓城危。勇豈投鞭渡，輕難并轡馳。洛倉遺迹在，轉粟至今宜。

虎　牢

地自春秋紀，關從秦帝開。攢峰當萬雉，束峽聳層臺。閃霧旌旗濕，驚秋鼓角哀。時清無守險，老將一笻來。

滎　陽

成皋險已歷，京索地如何。城倚懸崖逼，川縈削岸多。龍争曾伏弩，虎鬭竟悲歌。楚漢皆陳迹，殘碑不可摩。

廣　武

蓋世英雄項與劉，曹奸馬譎實堪羞。阮生一掬西風泪，不爲前朝楚漢流。石勒云：「大丈夫當光明磊落，不能效曹孟德、司馬仲達，欺人孤兒寡婦，狐媚以取人下。」嗣宗意正如此，英雄自屬漢高，豎子指魏晋間人耳。

鴻　溝

裁割鴻溝便背盟，良平當日見分明。中分天下争方始，直取重瞳始息兵。

鄭　州

水利中州少，兹邦幸有餘。溉田無渴澤，潤郭有清渠。雪粒炊香稻，霜鱗躍白魚。客愁聊爲减，風景故鄉如。

通許署中池亭四首

清絶衙齋畔，臨池一草亭。藥苗斜引架，花蔓曲穿屏。壁净生虚白，簾疏納遠青。纖塵不到處，鏡水自淵渟。

令君心若水，卧治足優游。吏散攤書坐，朋來鎖闥留。芳尊花下砌，清嘯月中樓。案牘

無妨冗，忘機可狎鷗。

倦游吾暫憩，淹滯忽連旬。愛此清幽地，偏宜懶散人。獨吟雲共冷，危坐石相親。映水

花多種，分番照眼新。

官閣書偏富，移來滿榻横。徵文碑細檢，紀勝句添成。殘暑棋中盡，新凉琴上生。鄉心

誰唤起，天外擣衣聲。

遂初堂詩集　卷十五

卧游草　起壬午春，盡戊子夏

己午歲交和宋文森韻二首

萬事叢殘爲逼年，此身散誕只翛然。欣看烈雪嚴冰後，仍有光風旭日天。村墅幸留佳客住，侯官林佶人在予家度歲。霜髭慚試彩毫鮮。丹霞龐老俱難得，坐對蒼松與説禪。

休論菌朔與椿年，隨分逍遥得自然。任我探春鸝吹地，從他踏凍火城天。勞農柏酒家家釀，索賦梅花樹樹鮮。誰信團圞無别事，白牛分歲學枯禪。

師子林禊飲分得崇字

夙心慕奇勝，萬里探孤筇。寧知巖壑趣，近在高城中。師林古名迹，篇咏傳群公。亭臺屢興廢，水石仍清雄。一地裂數園，締構爭人工。天巧落畸士，屋角藏千峰。峰峰盡皺瘦，穴穴皆嵌空。長袖舞軒舉，介圭植端崇。離離笋解籜，獵獵旗翻風。危崖屢側度，窈洞時旁通。如行武夷曲，似入黄山谼。山游每獨往，快此多朋從。佳辰值元巳，地主得仲容。英彦畢來集，參差類賓鴻。或翻緗素帙，或撫蚴蟉松。清言接亹亹，雅咏聞渢渢。而我獨矯步，窮搜石玲瓏。唐臣甲乙品，宋帝名爵封。榮華一轉眼，飄落荆榛叢。讓此萬玉骨，安栖匠門東。文士餐秀色，逸民討幽踪。吾衰思卧游，繪山響絲桐。何如一丘壑，攢簇華與嵩。小山善招隱，桂白兼梨紅。願偕北郭友，數訪青蜥翁。

題逋庵師畫紅梅

逋公標格似林逋，愛寫孤山樹一株。老幹紛披花絢爛，幻中香色有耶無。

雪泥鴻爪不尋常，曾作天花擁講堂。移向清溪蓮漏裏，金繩寶樹共低昂。

題方歐餘畫

一片南湖影，熹微潑墨間。樹濃渾拂水，雲濕欲藏山。待鶴虚亭立，銜鷗一艇還。人生忙底事，天地本蕭閑。

題穹窿神應圖澗上先生筆

天人本一氣，何曾隔形軀。精誠倘專一，感格理不誣。世人散亂心，諂曲非一途。已誠則弗至，謂天高難呼。丁母天下賢，慈孝以相夫。自痛鞠子艱，旁求良家姝。櫛沐使視寢，祝之生鳳雛。穹窿高萬仞，上有鈞天居。飛章奏紫庭，丹誠動雲衢。石麟果天與，一產來雙珠。夢卜既協兆，日辰亦同符。操券信可必，吹葭候不渝。菀枯絶續間，轉移在斯須。拳拳此寸心，可奪造化樞。吾師慎筆墨，作斯記與圖。非惟闡懿孅，亦用策孱愚。努力致千里，渥洼非凡駒。

題李武曾灌園圖

君昔將文槈，吾嘗以筆耕。何如真學圃，可得遠藏名。種美秋多穫，泉豐渴不爭。一鋤相對老，猶喜遂平生。

題朱竹垞簑笠小影三首

誰喚羊裘人，來親太微座。有脚不得伸，歸向秋江卧。

已呼漫叟作伴，更拉天隨去來。不識人間機事，海鷗那得相猜。
秋涇水與穆溪連，十里樵風挂席便。不用到門煩剥啄，相逢長在荻花邊。

寄題錦溪堂

幽人家住莫釐陽，别墅仍聞傍石梁。映檻芰荷香早露，拂犁粳稻熟新霜。書懸牛角隨時讀，身卧花源與世忘。江北江南帆一片，故園松菊不曾荒。

題徐虹亭洞庭游草

我浮消夏三月三，君登縹緲九月九。江山不著兩閑人，世間好景多孤負。君嘗怪我不爲園，我園在山無藩垣。我每嗔君不作畫，君畫在詩饒變化。古來何處有仙真，盡是移家避俗人。與君拔宅包山去，萬橘陰中好結鄰。

畫蘭八首

昨夢湘江岸，幽芳帶露餐。朝來開畫册，本本是香蘭。
本是深山種，偏於君子親。尋常没骨體，誰敢與傳神。

故人胸萬卷，不肯踏京華。濯魄冰壺裏，丰標如此花。
有露香偏遠，無風態自奇。憑將獨立意，寫取出塵姿。
畫蘭不必似，似蘭畫亦好。似與不似間，月華映池草。
在砌愁零落，當門畏剪鋤。移根墨池裏，無菀亦無枯。
密密復疏疏，斜斜復整整。分明姑射山，自寫風流影。
我坐維摩室，天花掃不開。君能作清供，寫贈一枝來。

酬周漢荀見贈之作

野人獨卧焦先廬，漁獵不出數卷書。如蟲啄木偶成字，以淹雅薦誠相誣。上林青葱萬玉樹，那少輪囷樗一株。拙鈍生來不可療，方木爲輪枉破觚。一朝去國猿脱檻，荷衣蕙帶還吾初。幸無冰炭挂胸臆，溪花園鳥皆堪娱。遺名懶上釣臺釣，覩化欲入壺公壺。圖書搜羅蠹蝕後，碑版捃拾雷轟餘。遠游長著康樂屐，近出但坐堯夫車。詩文多病亦懶作，不堪心膂重雕刓。汝南英髦才蓋世，鯤鯨跋浪驊騮趨。未升彤墀侶鵷鷺，且屈田舍親樵漁。豈惟金針撥童稚，實藉砭石攻蒙愚。君才堂堂萬人敵，蠅聲蚓竅不足奴。枉遺佳篇見推許，塗澤魚目當驪珠。兼愁史書無定本，家鈔野纂人人殊。謂余粗曉著書體，及時撰次真良圖。此事吾家有根柢，續成雅志不敢虚。蓬山奮筆豈無意，其奈時命相齟齬。家居無書亦無友，欲共此事其誰歟？感君策我識途馬，壯不如人老益駑。君之筆力足扛鼎，留心典故班班如。願更討論史義例，貴挈綱領删榛蕪。他年玉堂勤載筆，勿但碌碌消居諸。

壽王東筏

識字今人苦不多，輸君鐘鼎遍摩挲。策知顯節陵中出，東晳事。文辨成皋印下訛。馬援事。樸學世輕心獨苦，耆年文與鬢雙皤。辛泉書在終遭遇，汗簡千秋定不磨。元楊桓號辛泉，著六書統。其子上之朝，命浙江行省刊行。東筏著六書勺，尚未刻，故以此爲祝。

吴聖玉歸自遼左志喜四首

夢想流人紫塞邊，每依雁候祝南旋。不圖真有珠還日，始信非無羝乳年。人痛嵇康罹横天，天哀李燮予生全。鄉音無改容顔肖，破涕應知慰九泉。

挑燈絮語重迴腸，三十年來噩夢長。熊虎窟中延弱肉，雪霜窖底漏春陽。一官可博終懷土，萬事無營只望鄉。人願既堅天必遂，網開一面竟高翔。

數行墨牒隻身歸，嘆息家園事總非。門巷凋殘餘燕壘，親朋零落半鶉衣。難尋手澤書千卷，且拜荒阡樹十圍。野老村童争擁看，烏頭能白世間稀。

同難當年數十家，盡於邊地化蟲沙。羡君獨返令威鶴，有幾能乘博望槎？轉念阿咸淪絶域，久無黄耳到天涯。可能亦有生還望，枯木從教再作花。

送聖玉再往遼左二首

鱸魚正美菊花明，何事歸人又北征。關塞有家當挈取，資裝未辦尚經營。脱驂我自慚平仲，分宅人寧讓邴成。燕趙男兒多俠骨，可無傾蓋贈平生？

養就針鋒解指南，重溟來往片帆堪。不妨刻印還銷印，一任朝三與暮三。時有不准納贖之信。劍到波心終自躍，珠藏龍頷定須探。病夫待爾歸來早，心史相將訪鐵函。

題宋中丞牧仲西陂魚麥圖

荷田田，蘆芊芊，蒼陂一曲清且漣。罾罛不動魚正樂，鵁鶄引子鳧鷗眠。沼陂稻畦似棋布，平橋野屋相連綿。黄雲覆野麥初熟，秧針出水齊於氊。長楊跪地松繞徑，浮青撲翠柴扉邊。中有一翁神翛然，蒼顔玉骨如胎仙。高情獨立萬象表，意遠迴在邃古前。得非賀鏡湖，無乃王輞川？宋公自言吾家古垤澤，陂塘十里瀦清淵。舊饒菱藕富魚稻，課耕學圃堪窮年。無端出預人世事，纓冕羈絆歸無緣。作圖置我林澤裏，會當跋足謀終焉。知公此語出肝鬲，難進易退真古賢。世人盡鋭復賈勇，百尺竿頭未息肩。都緣可貴不可賤，素衣化緇茅易荃。

公惟恬淡矢一節，流行坎止總任天。以兹永砥清白操，松貞玉潔老益堅。但得心閑與政簡，筞戟何必殊林泉？鄧尉千林梅似雪，巨區萬頃蓮如船。豈獨西陂好行樂，祝公莫賦歸來篇。

壽蜀藻宗兄二首

雄長詞壇五十年，靈光無恙獨巍然。天留文獻凋殘後，人溯風流正始前。草市兒童知姓氏，蠻方卉布織詩篇。軟塵不踏長安陌，自在龍眠頂上眠。

放鶴籠鵝興味長，九松相對晚蒼蒼。林宗巾角看常墊，弘景瞳人轉漸方。兒購異書當彩服，客徵奇字引霞觴。頌揚弱弟無才思，漫點魚箋細作行。括蒼任請余作壽序。

壽景初上人

赤髭無恙舊參寥，雪後孤松老不凋。懶向山頭拈白拂，貪於林下住團焦。六時蓮漏諸賢集，九品金臺一念超。元亮近來能止酒，幅巾入社不須招。

和宋中丞送兩公子概諸孝廉赴公車十韻

二妙探珠早，群英養翮成。駿從天策試，耜向玉田耕。江樹縈帆影，旌門集履聲。宏開公府宴，寵餞計偕行。經濟談同甫，天人對董生。男兒饒事業，人世重科名。丹地敷求切，綸扉藻鑑清。拔尤多士服，奪幟萬人驚。瑞采看東壁，佳音眄斗城。蕊宮名已定，禱祝盡朋情。

聖駕南巡蒙賜御書賦謝

炳焕奎章妙入神，寵頒何幸及微臣。展開奎璧生光耀，懸出龍鸞動翼鱗。餘藝日新窺聖學，雕鐫行遠藉貞珉。天球不是尋常賜，留作山家百代珍。

題喬無功蒹葭書屋圖

經生未一鳴，寧免學干禄。迨其既登第，世故紛馳逐。孝廉仕隱間，學殖宜富蓄。利名一相親，頓疏此卷軸。喬子經世才，恬淡性乃獨。公車嘗懶赴，嗜學如嗜欲。别墅城東隅，蕭疏映花竹。先世多藏書，盡發以佐讀。意得忘眠餐，情深到歌哭。此味不可分，此樂無時足。老氏有至言，虚心而實腹。翯乎洵絶群，百鳥中一鵠。射湖波鱗鱗，珠光寒可燭。褰裳往從之，伊人美如玉。

送某庶常改補縣令二首

詞林盛儲才，妙選書升秀。良金更陶鎔，德業期造就。譯書一藝耳，旁觀便筆受。奈何用程材，殿最以此奏。之子華國才，鑾坡早騰驟。移病十載餘，著作等身富。起補入承明，文筆推領袖。翻譯非所工，毫釐能無謬？坐兹遂左官，新綸改除授。同厄四十人，聯翩去朝右。青藜黯無輝，志士爲心疚。剪舌教籠鸚，豈施鸞與鷟？翻經羅什能，詎責還與壽？何當修六典，太史職還舊。不侵象胥官，一洗蓬山陋。

人臣服官義，出入勞宜均。宋時元魁選，并令官親民。俟其著聲績，乃召侍從臣。欲令曉吏事，然後垂朝紳。此意亦良善，乞外古有人。君今宰百里，雖屈道亦伸。有民而有社，盤根試風斤。可以樹德惠，於焉展經綸。勿厭簿書冗，勿苦俸入貧。勝索長安米，瘦馬銜紅塵。勉哉砥清節，堅白無淄磷。佳政一以立，令聞當日新。三秋可報最，重看上楓宸。民情與國計，娓娓前席陳。懸知玉堂侶，練達無公倫。

次韻酬宗人兩衡見贈二首

佳客來欣慰索居，况逢宗黨締交初。才高獨驟渥洼馬，遇蹇還乘薄笨車。祖德披陳青史外，兩衡之高伯祖鏜、高祖鋭、曾祖子正，并以直言顯名正嘉間。先踪摭捃劫灰餘。似君淹雅淮南少，撰述應知書滿廬。

孤筇歷盡萬峰奇，霍嶽灊山恨未窺。地主幸逢瓊樹秀，游裝挤損草堂貲。博儲簡牒憑徵事，净掃巖屏待勒詩。割贈雲腴供嘯咏，贈以水巖硯一。長城誰敢撼偏師。

題程偕柳兄弟讀書圖

機雲舊説東西屋，求點曾誇大小山。何似擁書秋樹下，一林霜葉映衣班。

題卧龍松圖

黄山卧龍多怪絶，偃地蟠空枝百折。就中繞龍松最奇，孤峰獨樹相纏結。松根透入峰中心，危柯冠頂如華簪。修幹四垂龍躍爪，微風過處聞龍吟。石笋矼頭我曾駐，愛此婆娑不能去。何人寫此懸高齋，赤松黄石如重遇。始信峰頭接引松，虬枝跨壑如長虹。奇姿絶景能圖否，著我逍遥一老翁。

游東洞庭俞塢諸寺二首

閑披圖志考峰名，風日佳時結伴行。登嶺全湖呈海勢，穿松一水作琴聲。烟村冷處山偏秀，僧院荒餘境轉清。櫻笋家家留客便，新茶正賴活泉烹。松關坐久禪心遠，竹榻談深日影移。天與清游須勇決，來朝晴雨亦難期。

名藍古迹每多奇，遍剔莓苔讀舊碑。塑像工如阿育造，繪圖妙似虎頭爲。

題吴幼平秋夜讀書圖

秋山淡淡秋林瘦，紅葉蒼藤錯如綉。誰貌幽人冰雪顔，秉燭攤書夜如晝。幽人家住莫釐陰，松風洗耳泉洗心。趨時未甘競巧捷，汲古不厭窮高深。北游京雒曾連騎，朝過西園暮東第。飽看變態甫歸來，益信讀書真有味。金庭自昔列仙居，短棹相將興有餘。直造龍威仙隱處，窮探神禹玉函書。

宿西洞庭明月灣周覲侯貽詩問訊依韻酬之

勇游不憚湖行險，一艇衝烟宿雨餘。見月懷君初把盞，阻風念我遠馳書。吟依瘦石心同冷，卧傍寒梅影共疏。絶壁小舟貪夜泊，一生情性子瞻如。

題王氏明秀閣二首

閣涌林端當一峰，全收湖態與山容。雙丸躍出銀濤闊，萬笏浮來玉壁重。盡日捲簾看畫障，清宵吹笛喚魚龍。毛公綺季今何在？只合雲車此地逢。

雜花圍屋竹藏門，避世秦人自一村。豈可導游無地主？絶憐解倦有芳樽。天將風雨淹吟眺，人與圖書恣討論。石丈締交差耐久，卜鄰便擬劚雲根。

題撫松觀瀑圖二首

獨往千山抱一琴，不從塵世覓知音。胎仙能舞花能笑，會得成連太古心。

一派銀河落九天，知君坐對欲忘年。科頭我亦匡廬客，盡日眠雲看疊泉。

老馬行呈澤州相公

山阿老馬久廢閑，飲泉齕草坡陀間。騰驤無復千里志，疲牛逸鹿相追攀。忽逢孫陽爲太息，此馬權奇舊曾識。年齒雖長毛骨殊，剪拂猶堪受銜勒。欲重引入内厩坊，差肩赭白班乘黄。豈有懸金市駿日，而令老驥遺道旁。感君至意徹心髓，仰天長鳴朔風起。深山廣谷粗識途，分合前驅報知己。其如（羸）〔羸〕老筋力枯，精銷鋭鑠非故吾。不能邊塞效馳驅，詎可天閑糜粟芻？只今龍駒滿沙苑，一一追風與躡電。單騅匹騧何少多，蹩蹄未若弛繮便。多謝空群顧眄恩，搜揚高誼動乾坤。放教舒足眠豐草，絶勝籠頭入禁門。

澤州公有鶯脰湖見懷之作依韻奉酬〔一〕

春禽多善語，出谷愛新鶯。坐樹翩躚態，穿花宛轉聲。金衣翻日麗，翠脰掠霞明。碧水渾同色，澄湖久借名。涵天雪練净，貯月玉壺清。簑笠浮家在，蓬蒿小隱成。硯臨新漲洗，笛向遠山横。仙棹欣停旆，寒潭正濯纓。箋題蒙枉寄，歲序悵頻更。尚惜孤飛翼，無令世網嬰。苔磯容獨占，蒓味有誰争。剖玉情雖重，鏘金調莫賡。棹歌隨欸乃，漁唱雜嚶嚶。縱入伶倫耳，難教叶鳳笙。

【校記】

〔一〕此詩又見乾隆吴江縣志卷五十撰述五集詩四。

陳虞佐北行有留别之作依韻和之二首

宣力抒華貴壯年，亨衢喜爾著先鞭。多時璞玉光埋篋，一夕干將氣燭天。報主正宜鋒早試，辭親無惜袂頻牽。探珠驪頷男兒事，眄望佳音取次傳。

能成宅相有餘輝，送遠無煩别泪揮。執簡紬書吾亦勇，摧檣發軔事相違。裁成遠札因風寄，望斷征帆挾雨飛。合劍還珠憑料理，玉關人老酷思歸。

送朱漢槎游嶺南四首

梅花百咏賦初成，放棹旋爲嶺外行。便入羅浮坐香海，不須鄧尉拾殘英。

章江湍駛粤江清，夾岸峰巒畫不成。揮灑定知多變格，天然粉本勝關荆。

嶺南耆舊悵凋殘，古調朱弦誰與彈？猶有藥洲詞伯在，梁藥亭。憑君傳語勸加餐。

浴日亭曾兩度登，壯心垂老尚飛騰。探奇好宿孤峰頂，雪浪排山看躍鵬。

題施翼聖東荒田舍圖

草舍三間絶世塵，古松修竹自爲鄰。恰于寂寞寛閑處，著个嶔崎歷落人。

稻車秧馬莫嫌忙，藿飯藜羹意味長。只恐爲農不終了，爲農端的勝爲郎。

同學余翀子遠來稱壽詩以謝之兼祝其來年七帙二首

總角論交到白髭，松筠玉雪共襟期。三年眄望來何暮，千里尋盟樂不支。好句探囊憐爾健，名山圖壁嘆吾衰。親恩未報身空老，慚愧賓朋勸壽巵。

齒角乘除物理真，莫嗟淪滯莫嫌貧。請看朝市空花相，何似林泉現在身。燕翼兒孫憑處厚，維持風俗要還淳。長椿古櫟知難老，留作香山白社人。

題徐虹亭豐草亭〔一〕

松風書屋屋似船，楓江漁父船爲屋。已稱亭長占垂虹，更結茅亭傍城曲。亭無壁落延空明，草不剪茨有素樸。一泓之水碧潤縈，尋丈之山怪石簇。檐前老樹作晚花，墻外新篁借濃緑。横石爲几琴堪彈，支木作床書可讀。豈無鳳巢阿閣中，拖紳委佩多拘束。豈無華堂廣陌頭，綉拱璇題勞刻斫。何如草亭製簡古，爲之不費成之速。不藏一物忘機緘，不受一塵暢心目。亭中之人見事早，半生占斷清閑福。炙轂脂車頃刻忙〔二〕，晏坐清吟百年足。

【校記】

〔一〕此詩又見乾隆震澤縣志卷三十四撰述四集詩三。

〔二〕「頃刻」兩字　清康熙間增修本遂初堂詩集俱鏟去，據乾隆震澤縣志引潘詩補。

題王石谷畫

石谷堪追白石翁，紛披老筆簡能工。詩人一段蒼寒意，正在疏林瘦石中。

壽陳元一姊丈二首

情親四十八年前，并硯分燈事宛然。余年十四，即與君同學。急難鴒原肝膽共，結鄰綺里陌阡聯。雲烟散後山容浄，蒲柳凋餘柏幹堅。衰齒幸同强健在，羡君鶴骨正蹁躚。

十畝桑麻環堵居，醇醪佳茗夙能儲。未衰早已傳家政，垂老惟耽讀梵書。德耀案邊偕老日，陽元雲路奮飛初。長甥新登科，入纂修館。散人亦有林泉樂，無累無營遜不如。

題楊湘城深山訪道圖

古松離奇傍絶壁，飛梁跨澗懸泉白。磴道盤空一千尺，中有獨往之孤客。冰霜顔容石骨格，一笻飄然躡雙屐。勇探猿巢與虎窟，千峰萬峰恣搜歷。不計歸程與來迹，問翁邁往何所求？日空世事如浮漚，味道聊爲采真游。巖栖谷隱多高流，欲往從之論玄幽。我亦名山健游者，天台羅浮冬復夏。嗜奇每恨同心寡，他日相逢古松下，玉蕊金芝贈盈把。

御書閣三首 閣在南潯明義庵，有宋高宗畫鷹及趙子昂滚馬圖，今亡。

南遷草草宋思陵，駐舫拈毫尚畫鷹。何似鷹揚麾上將，掣韝萬里縱飛騰。

王孫懷古此逍遥，滚馬留圖紙價高。輸與開元老曹霸，南薰殿上畫拳毛。墨妙銷沉不可攀，前賢遺迹尚班班。甲第朱門幾遷改，長存誰得似禪關。

題緑漪亭

一水抱花村，輕帆直到門。溪風秀禾黍，山翠濕琴尊。春入禽能語，秋深石露痕。灌園吾有意，静對已忘言。

雙林寺〔一〕

湖濱多精藍，雙林最深杳。地爲蓮瓣浮，水作玉環繞。虚堂藏竹陰，古殿露松杪。鐵佛浮江來，位置妥而巧。一燈久綿延，三灾莫能擾。經過儼舊游，佳興愜幽討。湖光明可餐，山容翠堪掃。几上看風帆，欄邊狎魚鳥。禪宿况能詩，畫秀追清矯。怡神穎師琴，快意高閑草。居然成滯留，豈復厭枯槁？加餐珞粥甘，破夢霜鐘曉。佳境過不忘，重來訂非渺。鴻飛去冥冥，雪上聊印爪。

【校記】

〔一〕此詩又見乾隆震澤縣志卷三十四撰述四集詩三。

湖塘瞻眺

禪房澹無事，逍遥步湖堤。沙路高且廣，雪消净無泥。稠叠接桑壠，青黄間蔬畦。一川爲鴻溝，分壤吴東西。水齧岸善徙，舊迹尋還迷。古殿與荒廟，孤撑色荒凄。長湖際天白，溟漲無端倪。疾風駕洪濤，奔騰千水犀。漁舟破浪去，出没如鳧鷖。兩山我故人，三年惜分携。隔湖快良覿，青林映丹梯。高峰戴晴雪，訝爾頭白齊。因風報石公，珍重雙眉犁。明春會相訪，輕帆劃玻璃。

題楊□□補臂圖

楊公有臂思補天，麾戈莫挽日墜淵。剛腸急難嬰世網，投荒遠去龍江邊。同行祁李金蘭友，凛冽冰天時握手。拍肩把袖畫圖中，連根共蒂難分剖。偶然剪截畫臂虧，真臂隨痛百不治。剪紙續圖痛旋愈，神功妙力難議思。乃知萬事真幻同，精誠至極能感通。嚙指心痛稱至孝，斬衣見血聞孤忠。楊公一臂尚如此，義膽忠肝知不死。移山填海一生心，未補未償心不已。

題宋蘭揮潯陽送客圖三首

白傅襟懷原曠達，江州山水最清幽。無端逢著京都女，撥動遷人萬里愁。

長歌舊愛挑燈讀，小卷新看潑黑成。一片蒼寒蕭瑟意，如聞弦嚮與江聲。

我亦潯陽暫泊船，匡廬秀色落尊前。憑君更倩荆關手，畫出層峰挂瀑泉。

新安畢叙九尋祖櫬於塞外歸葬故里嘉其篤孝賦此贈之

松山東畔黑江頭，多少羈魂向月愁。幾見尋親來子姓，驚聞抱骨返松楸。投荒往日冤仍雪，代戍先人志并酬。大孝如君真不匱，定知一節已千秋。

遂初堂詩集　卷十六

補　遺

司馬相如玉章歌

漢家銅盤天上折，劉郎玉璽抵地缺。豐碑剥落鐘鼎殘，幾人名姓青雲揭。可憐文園一印留，玉花出土光幽幽。昆刀刻成四小篆，攢鋒蹙勢排銀鉤。錢君珍愛逾拱璧，傳玩千人萬人惜。張顛草書玉决拾，一堂寶氣争磨射。却憶當年肘後藏，凌雲賦筆相低昂。失意犢褌共偃蹇，逢時努矢同飛揚。遠山蛾眉玉纖指，粉香脂澤猶沾止。若教掩姓惑東陽，猶恐刓名猜太史。纍纍若若豈足誇，大名可以垂無涯。君不見爛銅官印紛如麻，姓名荒忽知誰耶，五公七相同蟲沙。

訪白庵禪師宿一雲山房作

達人不偶世，往往卧雲烟。白公無俗韻，性亦愛林泉。獨收衆山勝，結屋層雲巔。我慕静者妙，因來造雲天。烟嵐倏萬態，彩翠相新鮮。深壑晴亦雨，古花幽更妍。朝餐翠微入，夕宿孤霞連。幽篁吐華月，高鳥浴清泉。長風拂松梢，萬木號空山。雲卧既絶塵，高話復忘筌。相對欲無語，夜静還未眠。我本澹蕩人，因之俗慮蠲。尋源如可再，養真以盡年。

慟哭七十韻

慟哭荒山頭，寒風慘淅瀝。明發將北還，拜泣辭墓側。傷心原草枯，灑泪墳土碧。追惟三年事，惻愴不堪憶。雪涕陳梗概，幽明諒不隔。嗚呼單閼春，吾兄初遘厄。颶風揚洪濤，清晝飛霹靂。哀哀破巢下，萬事難可測。祖先有遺眷，到今偷視息。不死責逾艱，苟活罪何塞。贔屭負泰華，中夜常怵惕。維時北風寒，千里凍地坼。寡嫂將兩雛，崎嶇赴塞北。逝將徒步送，不能憚遠役。迴看越州南，森森見矛戟。西陵咫尺路，遺骨收不得。黄蒿没故廬，遺書復狼藉。顧惟兄平生，著述窮日力。精思托篇翰，雅志寄圖籍。一朝恐淪落，千秋絶遺迹。亮無移山力，揮泪且北適。薊門烟塵黄，塞外草根白。零丁四千里，寒影深夜隻。廣寧城迢遥，凄風苦白日。哀哉吾貞嫂，畢命於荒驛。殊俗激清風，邊人悚英魄。空餘兩孤兒，零落竄海磧。死者長已矣，生者兩惻惻。歸來到鄉土，長號對親戚。吞聲向老母，五内痛彌劇。便欲扶旅櫬，還歸故阡陌。烟塵正縱横，寸步礙荆棘。夙昔慕遠游，未覺天宇窄。五岳思振衣，三山期挂席。擔荷殊艱難，側身且跼蹐。秦坑酷詩書，錮漢嚴簡册。中郎等身書，什百留萬億。光焰未銷毁，神鬼護蠹蝕。時時得航頭，往往出壞壁。裒集成一囊，依然見手澤。一讀心神舒，再讀涕泗積。爾骸委路傍，爾文好何益？俗士悲首丘，壯夫思裹革。吾兄江海人，寧爲一丘畫。延陵葬嬴博，伯鸞瘞吴國。魂氣之往來，何嘗滯體魄？客殯古有然，渴葬禮自昔。未能便歸骸，曷且就窀穸？西泠望吴淞，相去况匪逖。於焉卜崇岡，爰以啓幽宅。高原名葛仙，吉阜惟寶石。六橋前縈迴，孤山對岝崿。岳侯與林公，引領得良覿。玄堂既潛開，陰溝亦雙闢。雖無萬家營，足以樹碑刻。雖無千騎送，亦有素車客。負土得侯芭，拊棺惟范式。徐君奠生芻，向子愴鄰笛。返骨俟他年，掩土自兹夕。悠悠重泉下，杳杳長夜即。百年歸一朝，萬事盡三尺。魂來不須招，魂去不可識。有知竟何如，無知永寂寂。遺孤不臨穸，嫂氏不同域。天高誰能呼，泪盡何處滴？濁酒澆一卮，麥飯奠一搤。手封一抔土，手種一株柏。從兹汗漫游，飄然理輕策。高攀天門梯，遠躡羅浮屐。何處望孤峰，萬里愁雲色。

隔谷歌

隔谷隔谷，一車兩軸。兄居重圍，弟正蹴踘。隔谷隔谷，一車兩軥。兄殺騎馬，弟槌肥牛。日落天風，鼓聲四匝。身在谷中，何山可脱？我欲拔劍，劍缺摧鋒。我欲彎弓，弦絶矢窮。命居刃端，瞥如石火。隔谷不來，孰爲救我？朋仇一言，奮身相捐。孰是同氣，而不我憐。一猿中箭，群猿啾啾。嗟爾匪人，不我同仇。

度關曲

齊謳且莫唱，越調且莫喧。四坐且寂聽，聽我歌度關。關門峨峨半天起，左扼狼山右遼水。西連秦王所築之長城，崩亭破障一萬里。春風自古吹不到，天荒地老白日死。江南遷客辭燕京，客心夜夜邊風驚。一時徒侶皆涕零，本家江左衣冠族。金鞍寶馬人如玉，朝游北里暮南鄰。何當遠戍遼河曲？遼陽三十六車衛，處處天清聞鬼哭。烏飛一去無還期，况乃身無羽翼見拘束？只今猶是中土人，明宵知復何處宿。鷄鳴笳鼓喧，吏人催度關。度關猶自可，却望愁殺我。故鄉何遥遥，萬里凝愁雲。揮手謝送者，相看泪盈巾。猶聞附書歸，各自貽六親。那知親戚復蕩盡，可憐寄書與何人？邊人向夕吹哀笳，哀笳三聲雪作花。雪花莫没關前路，夢魂從此時還家。

答朱長孺

道喪儒服衰，讀書爲聲利。目未窺兔園，漫言曉大意。向生鄙章句，淵源有獨契。陶公不求解，亦云析疑義。奈何今時人，流覽取自恣。鹵莽對前人，微言所山墜。先生涵古心，身世早相棄。萬事無所營，一編獨肆志。家園老寧窺，木榻歲仍弊。鄴中十萬卷，便便腹爲笥。非惟侈博洽，而還得精詣。上搜六籍遺，俯貫三唐製。旁搜訂謬訛，幽討晰同異。服鄭得争友，顔孔可齊轡。賤子亦何知，高山徒景企。胡然不鄙遺，托以千秋事。愛我情有餘，贈詩見獎厲。永寶金石言，庶脱浮名累。黄生叙九。富文藻，近亦究經藝。何當載醇醴，同問雲亭字？

己酉冬自淮陰抵平原呈亭林先生六十韻

耆德何寥落，人倫孰楷模？斯文知未墜，夫子實通儒。世德推江表，高名冠海隅。才猷鼎鼐重，器略廟堂須。妙譽歸人傑，英姿識鳳雛。風雲遲絶足，羽翼礙天衢。築版功名遠，躬耕心事紆。勞勞悲擊楫，渺渺欲乘桴。廿載中原客，單車萬里驅。北游頻五岳，作賦幾三都。漢塞雲隨雁，秦關月照榆。胸中百郡志，掌上列邊圖。先生有昌平山水等圖。結客傾豪俊，論文盡顧厨。襟懷小天地，聞見溢寰區。學貫天人奥，身苞造化樞。大文經緯著，讜論古今臚。賈馬寧方駕，班揚敢并趨。才高道乃契，心小聖爲符。雅痛微言絶，深嗟學術殊。幾年犁傳注，百代掃榛蕪。精理通爻象，鴻猷擴典謨。禮堂尊講席，絳帳盛生徒。小子深瞻仰，通家自友于。追陪憶往歲，侍從足歡娱。嵇阮交原厚，陳雷好不渝。時時枉高駕，往往到菰蘆。永漏杯同把，明燈筆共濡。情深等膠漆，調叶比笙竽。各矢青雲志，祇愁白日徂。龍蛇夢俄兆，鵩鳥讖堪吁。向子聞鄰笛，王公憶酒鑪。遥知悲宿草，無處奠生芻。落魄餘文舉，伶仃有少孤。素弦哀絶調，枯樹慘同株。戢影依慈母，含辛對阿奴。向人言慷慨，伏枕泪模糊。流浪來淮市，飄零客射湖。江關淹歲月，踪迹混泥塗。范叔綈袍盡，相如四壁無。三秋長旅食，半刺只窮途。詎敢題鸚鵡，那堪聽鷓鴣？壯懷感馬援，岐路畏楊朱。愁到思投筆，窮來未棄繻。橘寧爲枳變，蘭不效蕭敷。把卷難窮牖，編書亦絶蒲。三冬曼倩惜，一榻幼安俱。汲古慚修綆，攻文愧小巫。孤生原謭劣，曲學况牽拘？窺豹非全日，雕蟲豈壯夫？夙懷期負笈，雅志有懸弧。碩德惟劉董，儒宗有鄭盧。龍門雖自峻，蠡測肯辭愚。問字侯芭去，傳經服慎呼。贏糧非早暮，命駕敢踟躕。汶野黄雲凍，沂山白草枯。隻身經雨雪，遠道涉崎嶇。捧杖微誠遂，横經鄙願輸。駑駘還賴策，蓬草或堪扶。斧削資良匠，陶鎔付大爐。垂恩無以報，感激一微軀。

太瘦吟贈徐方虎

徐生有仙骨，朗如玉山行。新詩好風格，字字澈骨清。哀玉戛弦響瑟瑟，寒泉溜峽風泠泠。苦吟頗類杜陵叟，古貌人呼太瘦生。太瘦不須憎醜老，世間何物非瘦好！君不見峨眉山峭壁，萬丈空青間。君不見鏡湖水寒潭，澄瑩秋月裏。百卉鬥穠艷，不與寒梅争。菊花傲霜紫，竹葉凌冬青。騏驎健骨霜鷹掌，寒蟬吟清鶴唳朗。阿環不及飛燕妍，玉奴何似梅花仙？從來書法貴瘦硬，顔筋柳骨方入聖。畫家絶品數倪迂，淡墨蕭疏那能并？迄乎詩律逾分明，陶謝格律矜天成。襄陽百篇最清絶，少陵老筆偏縱横。人間形骨亦復爾，瘦質由來稱佳士。嵇康骨秀饒逸情，衛玠神清足玄理。徐生家正住吴興，隱侯瘦骨同崚嶒。冰心仿佛玉壺裏，雙瞳爛爛眉紫棱。怪道清才天付與，詩成一一驪珠吐。不然采掇皮膚間，那得神姿秀如許？世人相士但相肥，披裘五月何人知。豐頤白面取卿相，鷄群一鶴常苦饑。徐生徐生勿落拓，英雄那得常屈蠖！不聞麟閣畫獼猴，看取鳶肩逢日角。潘郎短鬢只清吟，餐霞且上嵩山岑。他年白石清泉裏，遲爾參差鸞鳳音。

西郊兩高士詩[一]

西郊兩高士，并舍突不烟。各秉肥遯迹，蟬脱淤泥間。惟昔陸沉初，儒冠多棄捐。搜牢及釁序，張網忽彌天。迫遣挂名籍，不者謫戍邊。志士亦悚息，身命絶可憐。偉哉鄒先生，矢口吐高言。雷霆震昏黑，一破蚊蠅喧。趙君故慷慨，承響如轉圜。欣然共攜手，滅迹於林泉。終身誦彼美，使我大節全。悲哉此岐路，舉足萬里懸。驚波須勁柁，急箭取正弦。所爭捷毫毛，得喪重丘山。冥冥雙紫鴻，碧落相盤旋。獨醒既不易，載義亦良難。作歌播清風，永以激懦頑。

【校記】

〔一〕此詩又見乾隆震澤縣志卷三十四撰述四集詩三。

寶刀行爲夏子宛來賦

并州産利鐵，冀北出名馬。利鐵作刀名馬騎，可以横絶走天下。潘郎愛馬復愛刀，夏生亦爾真同袍。我求二寶不得一，君乃鑄此爲吹毛。管涔山坑采精鐵，千日錬之百錘折。庚辛日月鍛冶成，淬用井泉剛且洌。高秋拔出神鬼驚，星芒射地霜花明。彈之清長作磬聲，去刃三寸鋒先迎。斷犀切玉無留行，參旗必有紫氣徹，子夜宛聽雄龍鳴。君從鑄此寶，佩之不曾離。我昨得花驄，步驟亦殊異。爾策我馬，我舞爾刀。耳風鼻火，秋天雙雕。雖無青虹紫燕，亦足以豪。我踏霜楓且歸去，君戀葡萄行復住。去住相看欲别難，摩挲寶刀爲君賦。刀乎刀乎，爾不能使夏生際風雲，持汝叱咤麾三軍，掃清六合無妖氛；又不能擺落俗務游名山，佩汝夜行巖壑間，辟易魍魎魑魅之神奸。窮年伴汝坐枯壁，處女磨針有何益。不愁刀綉生莓苔，臣精銷亡良可惜。吁嗟乎！羊腸摧輪虎豹多，風雷未至龍爲梭。驌驦不絡金盤陀，枯槎泛泛浮天河，龜山欲伐無斧柯。夏生其奈寶刀何！吁嗟！夏生其奈寶刀何！

石　壁〔一〕

石壁不可尋，滿谷春雲滃。谷口一小峰，亭亭秀而聳。山腰磴道窄，先登競餘勇。側裂石嵌空，倒垂樹擁腫。稍稍晴雪飛，淅淅水泉動。禪居面蒼巖，畫屏逼相拱。甘露無仙壇，白牛寡靈種。獨有夫人碑，南金世爭重。千佛鑄金爲，象教何其冗。有客思洪爐，佇見火雲涌。干將截犀兕，錢鎛耕丘壠。曠觀世誰同，虛令象教恐。不如盡春醪，藉眠草茸茸。

【校記】

〔一〕此詩又見雍正山西通志卷二二一藝文四〇詩一，文字偶有不同。

藐姑射山

至人蜕天地，下與人爲徒。亭亭藐姑射，乃在唐帝都。仙者驂飛龍，飄颻凌八虛。歸來憩高巖，冰雪以爲膚。雪膚長美好，春山富瑶草。俯視堯禹倫，磬折辭大寶。帝王亦何物，坐使群聖老。千秋汾水陽，雲濤白浩浩。我無軒裳累，學仙何不早。倘遇餐風人，蓮花洞親掃。

呈亭林先生

尼父志不達，浩然動歸思。群材良斐然，裁成將待誰。迴車訂六籍，制作通神祇。三年致祥麟，大道以不隳。海内有先生，人倫之宗師。學惟天人貫，道乃污隆宜。嚴冬霜雪集，萬木爲之萎。孤根獨巋然，知天未喪斯。周游遍五岳，歷覽環三垂。天地有大文，一一爲搜披。成書藏名山，故里歸何遲。下國寡良材，斧斤諒難施。區區園葵意，朝陽寧見知。何當裹糧去，萬里相追隨。泰岱峰崢嶸，日觀路險巇。一覽小天下，慰此平生期。

黄山歌送孫無言山人歸黄山

我聞黄山乃是玄圃之别，仙山之宗，環迴三十六蓮峰，萬靈側塞栖其中。璿房玉室自然構，幽巖秘洞開洪蒙。簫韶天樂六時奏，三花珠樹長青葱。我懷靈境未得到，夢泛黄海雲容容。醒來身在廣陵市，洗眼正見披裘翁。披裘翁家在天鄣之下，齊雲之東，高吸沆瀣揮烟虹。偶然失脚落塵網，一卧廿載迷還踪。歲歲言歸不歸去，欲前復却如駏蛩。昔人玄覽窮八紘，張帆入海求方蓬。黄山了了在人境，策杖便到非難通。芒鞋布襪萬里客，辭官棄家來相從。君栖此山看山老，挂瓢舊在束溪松。松根菖蒲花紫茸，君不歸兮秋露濃。青精之飯山家供，嬴糧不用謀宿舂。抱琴獨酌樂復樂，何須結伴扶龍鍾？君不還此靈璅兮，奚局促乎樊籠？江都女兒如花紅，清歌雅舞垂簾櫳。山人布被眠秋窗，陶朱程卓誇素封。萬緡車船千指僮，山人破帽吟霜楓。荆卿已老劇孟窮，八千君子爲沙蟲。一斛腐水無神龍。君不行兮，奚爲沈吟躑躅淹此邦？噫嘻！志士獨見兮，不與衆同。乍飛乍伏兮，一雌一雄。凌競寒門籔烈風，山河大地晝晦蒙，七聖欲往迷崆峒。君歸何歸兮，視天夢夢，春非我春，冬非我冬，陰陽水火紛相攻。何當曉日光曈曨，晴天萬里消蝃蝀。海水浴出金芙蓉，洪崖拍手浮青瞳。雲軿絳節來玲瓏，迎汝歸卧三花叢。仙潭晞髮摩蒼穹，下視世界如蠛蠓。我騎白鹿行相逢，吹落瓊蕊瓊花宫。

送臨洮知府二首

漢家邊衛西州急，郡將功名隴右多。榆谷只今堪卧護，蘭山不用更防河。嚴城明月寒笳吹，古戍秋風静槖駝。尚有屯田須入奏，營平方略待如何。

去年送子羊城棹，我向函關立馬來。此日秋風生隴坂，又看旌節出容臺。山經鳥鼠雙峰削，河繞蘭皋一綫迴。千載文淵勳業在，空巖祠廟重徘徊。建武中，馬援爲隴西太守，威信大著。

贈陸冠周

陸生對我慘不樂，自言遭命何奇薄。阿父辭家已數年，破寺荒山無住著。苦敕家人斷往來，况復兵興道途惡。老母堂前缺甘旨，幼弟床頭困醫藥。菜田十畝水浸餘，瓦屋三間火燒却。讀書無用類屠龍，學劍不成愁刻鶴。伯叔才名總凋謝，簪纓門户愁淪落。我聞其言心暗傷，造物何者天茫茫。直道何辜每摧折，清門往往遭不祥。君家幸免北寺獄，脱身灔澦登康莊。枯木終然少春氣，孽禽不得冲天翔。窮途豈得無慟哭，舌在還須重激昂。男兒回天與轉日，不愁失路愁無骨。寒門須枉燭龍光，牛鐸亦應黄鐘律。龍劍應知有合并，楚弓何足論得失？向平五嶽游須返，曾參三釜孝誰及？陸生陸生勿復悲，如君才調真龍媒。追風躡電時當來，伏櫪偃蹇何爲哉？與爾同上初陽臺，捫天摘月傾百杯。

橘香庵訪同岑和上

君昔同我舅，訪我來天平。新詩灑蘭雪，披誦澈骨清。爾後聞君買山住，十年夢挂金庭樹。金庭杳絶愁難攀，有足忽墮紅塵間。西經雁門塞，北上軍都關，走馬擊劍何翩翩！舉頭怪底結庵名橘香，繞庵種橘如人長。梅花欲落未落際，一天空翠沾衣裳。百年世事風中蝶，幻海茫茫不可涉。蓬萊方壺衣帶間，啖名何勇逃名怯。歸休乎，山之隅，道林惠遠真吾徒。沉冥賴有吾舅俱，扁舟移家越重湖。掘芝拾橡隨猿狙，同公同公肯許無？分泉一曲雲一區。

香花甲詩

山人自咏香花甲，逢人便説香花奇。芬芳入口沁心肺，根爲上藥補清羸。終朝采采不盈掬，懶割緑雲烹肉芝。此花此甲人莫識，錫以嘉名隱君得。孤叢不向别溪生，分餉惟供老僧食。吾聞仙山富靈草，藥苗滿地無人曉。神農圖經載常味，葛洪孫邈空搜討。吾欲餐千葉之蓮，玉井迢遥不可攀。菖蒲九節以爲杖，天壇高高不可上。豈如從子香花廬，長鑱短杓春雨餘。漉汁當茗飲，削根供朝餔。此味休爲世人道，肉食紛紛更相笑。

喜雨二首

萬方憂旱日，一雨快滂沱。誰挽銀河水，平添震澤波。溉田秋未晚，潤物夜偏多。辛苦吴農甚，千村此笑歌。

莫是烹羊得，將無嘿酒爲。長貧思歲熟，多難荷天慈。生意歸庭樹，涼風動鬢絲。溪橋新漲足，倚杖看多時。

再叠前韻二首

潺雨何滂沛，蘭風故淡沱。惰龍驚絶壑，嬌燕掠蒼波。羽士誇功最，郡縣多延術士禱雨。山田較澤多。吾無南畝入，失喜亦長歌。

信有豐年在，疇能樂事爲。易求天帝澤，難得長官慈。物色嗟星罶，風謡嘆繭絲。何當同野老，擊壤太平時。

贈沈行可

平世爲儒亂即休，藏名藥市幾春秋。粵裝不置千金産，苕泛仍披五月裘。水蛭方除仙有路，用陶弘景事。蜀人針罷鬼無愁，用徐秋夫事。宿痾已是逢君起，漆葉青黏擬更求。

元日分韻

元日能高會，青門一草亭。春浮柏葉盞，天闊少微星。倚曲簫聲脆，翻書燭燼零。春光九十日，日日莫教醒。善病文園客，蓬門隔歲緘。天涯一杯酒，悵望不同銜。懶對青綾被，長懷白木鑱。無由理歸棹，采藥就西巖。

送陳廣陵下第南歸

南威容顔天下希，阿母譽之旁人疑。不如養著深閨裏，一朝嫁作君王妃。陳郎才華秀南國，金門射策排風翼。所親衡文翻放歸，坐上知交皆嘆息。我酌一卮獨賀君，丈夫高冠須切雲。白璧不受蒼蠅點，濯纓滄海辭塵氛。薄俗紛紜競口語，君若掄魁轉難處。信是無私第五倫，東封得力誰寬汝。何似龍泉暫掩鋩，依然好手解穿楊。他年自奏天人草，特達珪璋貢玉堂。

送顧雨若南歸

我昔締交過吴門，二顧於我情特厚。同時往還有諸子，惠吴黄翁稱好友。夜翻書史恒連床，朝訪林泉每携手。轉蓬無根自南北，會面一二别八九。今年都下逢小顧，喜愕萬端無不有。君也才華舊軼群，懸藜之璞已遭剖。一朝微文忽相中，退飛六鷁差遲久。虺頽天馬頓長纓，變幻垂楊生左肘。羹污朝衣未許湔，劍封綉匣徒勞吼。惠生作客亦在兹，相逢爲君一噘首。君今歸去何所作，堯峰之陰占十畝。長懷萬頃蕩胸懷，細掃松花釀春酒。世事悠悠寧足論，君舌雖存幸緘口。男兒生世貴適意，笑殺蕭朱誇結綬。看君仲氏官禁林，索米長安只空瓿。歸去門庭可羅雀，通顯如斯復奚取？我本江湖一散人，誤落紅塵魚在罶。便思拔脚還故山，從君卜鄰種菘韭。因聲寄訊諸同學，道余相憶平安否。

壽劉太恭人

忝爲師門士，夙聞大母賢。母年二十四，柏舟涕漣漣。膝前有兩孤，郭外無寸田。十指出布粟，畫灰授殘編。嚴切過恒情，慈極使之然。荓蜂相辛螫，豆萁自烹煎。吞聲忍難忍，滴泪穿重泉。天行久回復，鳳雛兩翩躚。或徊翔丹山，或騰凌紫烟。家聲始一振，破顔寒燈前。譬如老舟師，捩柁出洄漩。危險飽經涉，及今履通川。又如古松根，屹立冰霜天。坐待陽春回，枝葉重鮮妍。天心立人極，使母更顛連。以誨爲人母，勖彼砥節堅。節苦報亦厚，晚穫爲良田。母年垂七帙，師位槐棘邊。茀禄正無疆，頌禱諒難宣。歌詩布彤管，垂輝百千年。

城渠開

臨安城中十萬户，泉源蓄泄渠一縷。何年梗塞半爲土，深不容刀淺如釜。血脉既以枯咽喉，鬱不吐煩蒸逼側。奈何許火災數起，疾病多使我民兮。苦復苦，車軒軒，中丞來，中丞來，河當開。教令一朝下，動地歡如雷。千夫畚，萬夫鍤，波鱗鱗，泥獵獵。疏渠之淤濬渠狹，雲揮電霍不停睫。二百年來沙礫場，方舟連筏流湯湯。役徒百萬，不費民間一斗粟，中丞經略誠非常。君不見白公堤、李公井，一時功績，千秋永嘉名。更有趙公渠，誰能補入河渠書？

捍海塘

築塘誰，湯信國，開國元戎秉成畫。約束海若麾天吳，長堤如城捍潮汐。修塘誰，趙中丞，經天緯地帝股肱。頹防扇岸悉築塞，不許蛟鱷横憑陵。越民食海亦苦海，寇賊風濤時一駭。只今萬里不揚波，障田况有兹塘在。我耕我耘，我稼我禾，鳴鷄吹狗，烟火桑麻，無風魚灾，不見兵戈，綢繆桑杜，功如何？海如杯，山如螺，中丞烈，不可磨！

營無逋

長刀垂腰臂蒼鶻，走入民家氣咆勃。婦女蒼黄男股栗，問此誰何索逋卒？營中舉債誠大難，一母十子何能完！賣兒典女苦不足，坐令平民骨髓乾，中丞念之中心酸。顧謂吾民：

渴不飲毒井，饑不啖漏脯，營中有債慎勿舉。顧謂汝卒：汝爲天子守邊，將軍號令嚴如山，汝螯吾民，不汝赦憐，以汝券來，汝無苦民。貧莫償，吾償汝，出金於府，焚券於庭。自今兵與民，各牧爾牧，耕爾耕，脱復出入債，時則有大刑。霜棱棱，日杲杲，街頭歡喜營中惱。寄言營中勿多惱，天子聖明。汝行當念公，祝誦不可了。

縛市虎

山中有虎，白額斕斑。磨牙擇肉，耽耽草間。市中有虎，不翼而飛，無晝無夜，搏人以肥。山虎尚可，市虎殺我。一虎十倀，動輒構禍。白日當天心，百怪宜潛藏。至仁雖解網，肯令虎陸梁？爪牙豈不利，虞羅已高張。摇尾寧得免，磔裂謝豕羊。一虎去，一市喜。百虎除，百市理。騶虞來游鳳來止，甘雨祥風樂甫始。

呈理安和尚

坐斷東吴八九峰，還來祖席闡宗風。醫王應病藥隨手，老將行邊兵在胸。澗路撥開雲片白，海門迸出日輪紅。朝來一喝如雷震，贏得千山盡耳聾。

贈廣督吴伯成四首

經文緯武世誰倫，一代人龍使相尊。摇筆萬言吞夢澤，揮戈半夜渡昆侖。柱天心苦丹楓識，平海功高鐵券論。最是吴儂懷舊蔭，春移黍谷至今温。

象郡羊城過劫灰，拊循端仗出群材。神針剖理棼絲亂，上藥調和元氣迴。人祝韋皋廿年住，帝知趙抃一琴來。處膏不潤人誰信，獨酌廉泉水半杯。

脂車縞素尋常有，念舊哀窮天下無。折節何曾遺瑣賤，推心從不計榮枯。脱驂誼及黄壚客，謂殳山人。挂劍恩深葛帔孤。謂葉淵發。世路荒凉交誼絶，憑留一綫在天隅。

授簡追陪憶往年，月泉社裏擘霞箋。書生濫踏八磚地，開府真揞半壁天。剩有芒鞋攀落雁，慚無彩筆頌凌烟。羅浮八月花如海，乞取龍葱步絶巔。

鎮海樓歌

羊城山脉羅浮來，龍蟠虎躍何雄哉！頓落平岡起越秀，川原如掌當陽開。重城迢迢跨山嶺，更有巍樓壓城頂。望若瓊臺涌半空，坐疑蓬闕凌倒景。一層兩層城市明，三層四層遥山平。五層舉日見大海，烟沙島嶼紛縱横。天下巍樓數黄鶴，齊名古有滕王閣。兹樓壯麗乃過之，恨在天南見者稀。却憶永嘉平粤時，横江跨海屯熊羆。怪此嶺南多反側，趙佗劉龑肩相隨。孫恩盧循足流輩，樂禍走險甘如飴。規天度地收形勢，冠山爲樓銷霸氣。鎮海標名非偶然，韓公繼築同深意。朅來傾圮數十年，蠻争觸鬥常騷然。英英李公秉節鉞，净掃嶺嶠無烽烟。重築兹樓萬民喜，銷兵偃燧從此始。朝漢臺邊望五雲，歲歲昇平祝天子。

翠琅上人見贈墨竹詩以酬之〔一〕

世間萬物竹難寫，不恨纖柔即粗野。翠公道價重蘭若，翰墨餘習猶未捨。貽我琅玕翠盈把，筆墨不在朱歸下。朱白民、歸文休，近代墨竹能手。龍筋鶴骨相低亞，生態淋漓韻瀟灑。凉風騷騷寒雨瀉，對之可以消長夏。蠻村墨妙知者寡，報以一硯銅雀瓦，請公更賦竹尊者。

【校記】

〔一〕此詩又見中國國家圖書館藏潘氏手稿本遂初堂稿戊辰卷。

贈江右宋牧仲中丞

古來文人把節鉞，燕公代公兩人傑。東川節度高達夫，後來使相范石湖。文章勳業兩兼擅，間代英賢今則無。宋公矯矯丹山鳳，連天門閥韋平重。早歲才名叶夢花，一篇落紙千人誦。清郎歘歷何翩翩，三張二陸無當前。西山秀句珠出海，贛江健筆鵬摩天。誰攬春華復秋實，惟公政事材無匹。武庫當陽開濟弘，流錢平叔經綸密。雲司水部譽精敏，馮翊扶風頌畫一。東國祥刑平若水，南藩治職温于日。宵衣聖人思太平，得數大吏天下清。公望公才深簡注，命公開府章江行。豫章自昔稱樂國，兵燹凋殘足荆棘。伫看摩拊起瘡痍，已見笑談消反側。江山奇麗搴帷中，彭湖一鏡涵鴻蒙。五老簾泉落几案，金精閣皂羅屏風。涪翁詩格尊此土，劉崧。楊士奇。以還無足數。中原大雅流天聲，七澤魚龍皆起舞。東吴散人海鶴群，往年屢踢春陵門。驚弦鎩翮九天墜，江湖放蕩無冬春。去冬偶夢羅浮好，瘴嶺千重恣幽討。今秋復憶蒓羹鮮，一篙新漲浮江船。江船咫尺瞻旌纛，掣鈴暫欲抒離抱。敢同才子賦滕王，且學參軍嘲落帽。

贈李茲佩〔一〕

扶風弟子幾人存，獨有康成德望尊。茲佩爲先子門人。談笑每驚鋒破的，傳經常見屨盈門。天將晚穫酬良耜，春作高花覆古根。薄俗不知稽古貴，憑君大雅與扶輪。

【校記】

〔一〕此詩又見清翁廣平撰平望志卷一五集詩。

哭周青士三首

避世常高卧，衰年翻遠游。虚霑楚庭醴，不返剡溪舟。逸興雲中鵠，忘機海上鷗。斯人不重見，長水即西州。

情好同昆弟，盟言矢笠簦。未曾分薄俸，有愧作良朋。宿草悲何及，遺篇纂或能。諸孤猶葛帔，執手泪填膺。

命爲工詩蹇，家緣好客貧。布衣然諾重，淡水性情真。劉蜕元奇士，黔婁是達人。故應無病逝，胸次絶纖塵。

上巳日集周覲侯齋作

具區爲曲水，扁舟爲流觴。往來三萬六千頃，如此修禊非尋常。晚來樂饑更何所，周郎山齋桂奇古。樓高俯抱衆峰青，湖邊纖纖月初吐。雷驚紫蕈出地肥，竹根新笋剥雪衣。洞庭春醪桂凝露，觥籌無算縱横飛。眼前舊好兼新歡，佳辰良會難復難。華林金谷今何在，槐根王侯夢未殘。徑欲移家傍林屋，君倡我酬效皮陸。春和日日堪采蘭，秋美家家好看菊。

資福寺訪天日禪師

深谷精藍晝寂然，一塵不到法幢邊。香來隔澗知蘭畹，陰覆諸峰見竹天。地暖秋庭多嫩蓴，人清晚浴亦名泉。閑身況值佳風日，隨處繩床自在眠。

題瑪瑙山房圖

萬條楊柳摇春空，一堤桃花蒸日紅。隔水禪林鬱蒼翠，新篁老樹森蒙籠。澄波迴環徑路絶，褰裳欲往愁難通。茅堂疏迥狎鷗鳥，梵侶寂静鏗魚鐘。輕帆影拂檐際白，遠山翠壓林端濃。杖藜負手者誰子，得非支許尋高踪？日迎飛雲送歸鴻，虎溪三笑將無同。試問勞勞塵土客，那得如此神從客？近來畫手毛君工，清曠宛有前賢風。能以人區作靈境，海懷霞想看無窮。乞君更寫洞庭月，畫我獨立縹緲之孤峰。

寄翁樵仙

莫陋辰陽在百蠻，宋均遺愛著人間。刀耕應念山田瘠，飛輓須知驛路艱。禮教自能祛俗陋，仁風端可革民頑。政成報最無餘事，秘簡還探二酉山。

九日侍澗上先生登照山作

木落潭影空，秋山净當牖。蠟屐復囊萸，相將作重九。眷言懷吾師，衰遲多病後。索莫對黄花，可無一尊酒。挈榼遠相存，偕我同門友。一笑慰老懷，百愁掃如帚。看碑金薤披，展畫烟雲走。雅咏間清言，觴行無停手。忽然念登高，發興未曾有。扶輿弟子職，逶迤陟岡阜。羅坐得平坡，臨眺日未酉。歸雲罥遥山，川原劃而剖。皓月生東溟，垂垂可攬取。樂飲欲忘歸，洗盞盡數斗。戲馬與龍山，得有此樂否？吾師土室卧，禁足廿年久。乘輿聊一出，異事詫童叟。吾曹所欣幸，靈光餘一叟。意氣老不衰，可卜期頤壽。謝傅光東山，羊公名峴首。兹山雖一丘，佳名當不朽。年年捧杖來，心期庶無負。

徐健庵司寇以一葉舟見訪溪南感而有作〔一〕

授簡飛觴記往年，碧山無日不留連。雲霄久絶攀嵇望，蘿薜仍餘訪戴船。世上紛紜焦鹿夢，林間空闊海鷗天。五湖倘遂扁舟興，一笠相將雲水邊。

【校記】

〔一〕此詩又見清翁廣平撰平望志卷一五集詩。

哭益都相公十首

本朝相業孰如公，直道清裁水鏡同。廓落胸懷涵萬品，鴻鈞潛轉不言中。

三陲撻伐用天戈，廟算神謨密贊多。剛到太平無事日，乞身歸去勇無過。

祖餞傾都羨若仙，十年瀟灑卧平泉。潞温尚繫蒼生望，愁見台星折九天。

遺奏驚從邸報看，騎箕雲路杳漫漫。懸知朝野都悲愴，我更臨風泪不乾。

平津門下多奇士，寵遇偏蒙及下材。題就新詩長遣和，游當佳日每教陪。

萬柳堂前柳拂鞭，長椿寺裏月横天。擘箋微笑風流在，一度追思一泫然。

鎩羽飄飄落彈秋，遠蒙手札慰牢愁。師恩欲報知何地，獨抱殘編老故丘。

曾造鄉園進壽卮，佳山杖履步遲遲。那知一隔扶風帳，無復彭宣再見時。

心契禪宗證道真，裴休楊億後先身。大慈不忘人間世，垂手重來轉願輪。

吳會青齊鳥路長，未能漬酒拜靈床。感恩懷舊無窮思，迸入哀詞泪萬行。

白鹿洞贈干淑掌

廬山白鹿洞，名勝天下聞。先賢開講堂，規條千載存。吾祖昔典郡，雅化如春温。適當廢院後，生徒散如雲。喟然議興復，廟貌爲更新。歸田七百畝，圖籍重羅陳。此事載家乘，歲遠迹恐湮。嘗思泛鄱陽，故事詢遺民。邂逅遇干子，才高而學醇。世爲書院士，父作都講尊。洞志出相示，先公有遺文。復院具始末，大書揭貞珉。盛烈幸不磨，欣慰安可論！聖學久蕪没，淡薄哂儒門。鹿洞留一綫，弦誦猶詵詵。英才見吾子，已作觀國賓。勉哉崇實學，加膏而沃根。歸時告父老，賢守今有孫。他年當過此，拂碑薦芳蓀。

送鈕玉樵之官高明

掩關衡茅中，除目久不視。東鄰聞拜官，西舍報除吏。問其來何從，入貲非一例。軒軒市井兒，捐富而得貴。謁客盛輿厮，薰灼名得意。玉樵大雅材，小艇僮自刺。促膝猶素心，劇談無俗事。但索端紫觀，摩挲久不置。嶺表多奇珍，犀象與珠翠。君胡獨賞此，嗜好與俗異。無怪諸親朋，笑君不解仕。三仕猶空囊，不爲兒孫地。知君松筠心，老大益堅厲。不貪素所寶，肯以厭貧棄。不見前令君，巧賈十倍利。宦成身不歸，家肥亦奚濟。吾不善祝君，多金而高位。但願保令名，玉雪無點翳。寧爲濯纓清，莫學餔糟醉。養心勝藥餌，寡欲祛瘴癘。稍辦三徑資，好作菟裘計。滿載輿頌歸，清白可傳世。掃榻仍候君，烹葵有真味。

贈紹興郡守王憲尹四首

江東人物盛琅玡，秀出如君世更誇。內史風流映蘭雪，領軍才度冠朝霞。清通物望推三省，婉雅詩名擅一家。政事文章能并美，宣風好擁畫輪車。

會稽山水畫屏開，天與詞人染翰材。領郡只如修禊至，放衙長似看山來。人因乞扎頻操牘，僧爲邀詩屢拂苔。修竹清湍君故物，雙旌魚鳥不驚猜。

當年藜閣共翻書，橐筆含香樂有餘。懶散我甘鋤菜老，飛騰君正擁旄初。賢侯不廢登山屐，倦客聊停下澤車。話舊班荆情不淺，湘蒓風味勝鱸魚。

千巖萬壑夢常游，此日真乘雪夜舟。野鶴近人還有待，孤雲於世復何求？青鞋合向雲門試，竹杖聊爲禹穴留。乞取庫中箋百幅，與君遍寫鏡湖秋。

題龐雪崖種竹圖

秀削者，君之體骨。淡逸者，君之風神。節之高，不傍一物。性之潔，不受一塵。常翛然其孑立，惟與竹乎相親。不改柯而易葉，洵無心而有筠。竹肖君之貌，君得竹之神。君乎竹乎，孰主孰賓？吾將問諸，離言之人。

酬陳霽山〔一〕

栗里遺民去不還，剛逢一老水雲間。著書富欲追繁露，琢句清堪步小山。世味淡時堅道骨，機心盡後駐蒼顏。五君向秀須參預，不共山王一例删。

【校記】

〔一〕此詩又見乾隆吴江縣志卷五十撰述五集詩四。

題王石谷還山圖二首

天府裁頒瑪瑙盤，忽隨新雁出長安。大癡粉本家山在，筆底何如杖底看？

詞客何妨作畫師，藍田丘壑愛栖遲。池頭右相傳呼日，可抵山窗潑墨時。

遂初堂文集

遂初堂文集目録

遂初堂文集　卷三 …… 五五八

遂初堂文集　卷四 …… 五九一

遂初堂文集　卷七……六七三

遂初堂文集　卷八

遂初堂文集　卷九

遂初堂文集　卷十

遂初堂文集　卷十一……八〇二

遂初堂文集　卷十二……八五一

遂初堂文集　卷十三……八七四

遂初堂文集　卷十九……一〇二五

遂初堂文集　卷二十

遂初堂文集　卷一

賦　頌

述征賦

敦牂之歲兮，日月向除。僕夫整駕兮，吾將北徂。横大江而徑逝兮，指淮浦以爲期。旌摇摇其將邁兮，心惝怳而踟躇。哀吾生之多艱兮，遘喪亂而播遷。羌匝年而三徙兮，曾不得乎少延。

伊吾祖之卜宅兮，在笠澤之下渚。臨具區而瞰包山兮，雙溪沄沄而承宇。信仁智之所樂兮，爰族居而里處。夫何遘命之不造兮，倏星離而雲散？悼骨肉之乖隔兮，嗟始合而終判。鴇飛鳴索其偶兮，雁躑躅而求其曹。雖一枝之安栖兮，曾莫返乎故巢。羌飄風之被離兮，增翮逝而漂摇。

余束髮而誦書兮，懷壯思之慷慨。雖端居於一室兮，乃游精乎四海。慕正則之遠游兮，鞭風霆而爲衛。越九野而度八紘兮，曾不足以芥蔕。維高堂之晨昏兮，與季弟之孱稚。願横逝而無繇兮，卷此志而莫遂。伊吾親之就衰兮，宜藥物之所須。乃扁舟而涉湖兮，指西山而移居。經硯石之巖巖兮，傍蓮峰之峨峨。采三秀之華芝兮，索千葉之蓮花。擣菊滋而掇桂英兮，潔以爲晨羞。蹈伯鸞之清塵兮，求翁子之所廬。逢龐公於鹿門兮，拜德操於龍岡。欽喆人之休風兮，結衡茅而相望。論道德之玄素兮，彈鳴琴而賦詩。聊逍遥以娱樂兮，遂彌年而滯兹。何日月之不居兮，歲冉冉而云邁。忽長想以覺寤兮，恐盛年之不再。

升高丘而四望兮，馳遥睇於八荒。激長嘯之清風兮，意慷慨而飛揚。覽九州之博大兮，觀河山之參差。狹南州之迫厄兮，陋吴會之喧卑。盼清淮之湯湯兮，瞰大河之洋洋。韓侯戒而先路兮，八公紛其并迎。壯裹革之達言兮，偉懸弧之遠志。恐志氣之頹惰兮，將遠逝以自厲。紛總總其六合兮，嗟孰者之爲樂邦？既漂泊而寓居兮，又何懷乎故鄉。

夫倜儻而高引兮，固通人之所與。行瑰傑而不群兮，又衆人之所駭。人情同於懷土兮，豈余衷之獨異。審宴安之不可懷兮，故超遥而高邁。昔馬遷之卓犖兮，二十而浮江淮。延陵子之閎覽兮，亦歷聘而觀諸華梁。鴻長嘯而入吴兮，相如釋宦而游梁。或南産而北學兮，或西人而宅東。彼賢達之遠覽兮，豈庸俗之能量！黄鶴一舉凌天池兮，再舉返其故丘。從鵾鷄之所安兮，固將老於藩籬。

懷舊賦

癸卯之秋，余以事入都，路經淮陰，得謁王起田先生。傾蓋之雅，過蒙器重，周旋款洽，恩若平生。歸自京師，淹留旬日，遂申婚姻之約，誓以百世之好。雖元禮之於文舉，伯喈之於仲宣，未是有也。己酉仲夏，余自吴來省起居，未旬月，而先生以疾捐館。嗟乎！長老云亡，哲人萎謝，顧瞻筵几，俯仰傷懷，乃音容未遠，星火云變。秋夜獨坐，朗月照帷，凉蟬哀號，怛焉增感。昔子期思舊之賦，傷故知也。安仁懷舊之篇，哭所親也。余於夫子，恩則知己，分則密親，感往悼今，撫時傷物，情不能已，遂援筆而爲之賦。其辭曰：

夫何羈人之愁慼兮，心繚悷而不舒。思泛覽以放意兮，步逍遥於庭除。聽時禽之鳴聲兮，聊吟嘯以自娱。兆開秋之静夜兮，微凉降而襲膚。殷大火之宵流兮，林條菀其始疏。朗月皎以麗天兮，蟪蛄鳴而愁余。維節物之不居兮，夏與秋其代謝。伊哲人之委運兮，形與神其俱化。節既往而復來兮，神超遥之焉舍。悼今往而悵罔兮，想昔存而悲咤。

歲單閼之仲秋兮，余攬轡乎上京。爰涉江而濟淮兮，經韓侯之故城。聞仲回之清操兮，欽彦芳之德聲。遂停輪而進拜兮，欣脱屣而相迎。維時海雁飛而乍南兮，秋氣爽以麗佳。菊婀娜以含英兮，桂紛披而吐華。先生乃開南軒而坐客兮，命羽觴而泛巵。方初筵而歡洽兮，披情素如舊知。申款曲於既醉兮，終握手而漣洏。審征旆之不可留兮，指還轅以爲期。既返役而税駕兮，遂淹留於浹旬。愍王粲之流離兮，傷陶侃之孤貧。奇伯鸞之耿志兮，嘉正平之能文。指愛子而要之兮，命結以爲弟昆。情睠睠而靡終兮，許愛女以爲婚。講百世之嘉好兮，結千里之睦姻。伊人情之戔戔兮，咸趨榮而厭悴。孰煦濡於泉涸兮，孰卵翼於巢碎。卞和號夫荆璞兮，伯樂泣夫騏驥。無古人之朗鑒兮，知奇遇之不再。

嗟小子之薄劣兮，遘時命之艱難。既早歲而失怙兮，又骨肉之凋殘。痛本宗之零落兮，傷門户之孤單。性愚戇以闇時兮，又耿介而違物。渺四海而無家兮，曠人群而寡合。抱青雲之奇志兮，欲横厲而無梯。願戢羽而澤毛兮，無一枝之可栖。何殊鄉之邂逅兮，荷夫子之深眷。曾駑蹇之陋姿兮，比龍媒於赤汗。餌黄雀於墜弦兮，收枯桐於在爨。銜深恩而莫報兮，每怵惕於申旦。何大命之靡期兮，嗟奄忽而遘變。

余仲夏而發吴兮，爰來視夫起居。欣神明之精朗兮，慶顔色之敷愉。承緒言於從容兮，托雅志於江湖。言我樂南土之清嘉兮，并日夜而夢思。惟婚嫁之既畢兮，逝將遂夫幽期。臨三江而釣魚兮，宅包山而茹芝。步甪里之清塵兮，尋松子之所栖。夫何寢疾之忽嬰兮，遷延究乎大故。悲遺言之在耳兮，精靈渺以焉赴。欝餐霞之奇意兮，即泉臺之長暮。尊酒清而弗御兮，素琴静其虚張。飄風迴而動帷兮，儼若君之在堂。終冥漠而無見兮，涕余襟之浪浪。玄蟬號於永夜兮，熠燿紛其宵行。烏鵲飛而繞樹兮，歸燕辭巢而彷徨。感物類而增欷兮，步踟躇而不能忘。亂曰：峨峨喬松，托絲蘿兮。戛焉崩摧，傷如何兮。鵷鸞來游，集梧椅兮。枝枯葉憔，將安栖兮。匠人停斤，牙輟弦兮。知己之慟，古有然兮。況在夫子，濟艱難兮。感念疇昔，鐫心肝兮。詩歌木桃，報瓊玖兮。煢煢陋軀，夫何有兮。立身揚名，君子所取兮。矢心夙夜，庶無負兮。

御試璿璣玉衡賦〔一〕 有序

竊聞火雷成象，大易垂治曆之文；重黎命官，古帝重授時之典。攬鳳輝於皡紀，瑞衍二分；數蓂莢於堯廷，祥開一葉。命太撓作甲子，詔隸首爲蔀章。遠溯百王，遞推三正，莫不仰觀俯察，上律旁羅。然而朓朒縮盈，日月浮生於空際；鉤稽順逆，星文錯運於環中。天差歲差，積由秒忽，陰曆陽曆，度起錙銖。存其理而缺其儀，難爲布算；有其數而無其器，何以驗天。爰惟聖人，作爲靈憲，法大圜而成象，因紫極以作模。五曜三垣，既分隅而莫位；四維八柱，亦循節以按機。蓋笠覆盆，穹窿在目，轉丸磨蟻，迴斡無垠。括造化於一規，羅乾坤於寸管。極人間之賁飾，綴以編珠；盡物産之英華，剡斯弘璧。環周於外，璿璣是名；横貫在中，玉衡斯設。在茅茨土階之上，特著其文；居宗彝藻火之間，聿昭其采。信觀天之要術，步曆之神儀者矣。粤在虞書，在齊首務，迄乎後葉，體製彌增。壽昌經營於漢宫，錢樂鑄範於宋代，承天加其巧思，一行寫以新型，以至周髀宣夜之書，安天穹天之論，土圭致日之法，水臬量地之方，莫非推奥旨而旁通，就成模而潤色。我皇上欽若昊天，協用五紀，窮神知化，四氣察其盈虚，致遠鈎深，六曆辨其疏密。登書雲之臺，觀遺憲猶存；披載籍之淵林，頌辭蓋闕。嘉其巧妙，特與贊揚；爰命在廷，抽筆而賦。謹獻賦曰：

仰崇高於穹宇，浩遼廓而無形。惟三辰與七曜，有懸象之著明。咸浮空而宗動，紛輪轉而莫停。兩極建樞於南北，萬象羅列於縱横。既欹斜以旁紐，亦出入之互經。章亥無所施其算，容成莫能測其情。時維至人，參天兩地，窮幽洞明，覃精畢智。握陰陽之樞機，探造化之根蒂。剖青萌及黄芽，搜月窟與日竁。見兩儀之互苞，察四游之相際。作鴻寶以前民，有璣衡之偉製。惟璣也法天體之規圓，惟衡也察衆曜之迴旋。璣匝布以利轉，衡横設以鈎連。斗運中而不忒，極出地而微偏。鶉尾鶉首協其度，天廟天根肖其躔。黄道斜交於赤道，單環對峙乎雙環。宛積氣與含水，若璧合而珠聯。乃飾美珠，乃刻文玉，德産精微，物華輝煜，類鴻鈞之在冶，似衆輻之共轂。一綫經於地平，九行帶於天腹。既懸璣而垂象，復執管以窺璣。驗晷景之長短，推寒暑之密移。圜則九重，其無爽；嶰谷累黍，其無遺。烈風雷雨，不愆其度；重陰昏晦，不失其儀。在昔重華，是觀是察；先天弗違，惟聖作哲。用舉正而履端，以迎日而送月。攝提孟陬，於焉受紀；東作南訛，於焉應節。惟斯器之神妙，實剖析夫鴻蒙。迨踵事而增華，乃作則於無窮。或輪囷而刻木，或璀璨而鑄銅。或設輪而激水，或動地而叩鐘。削蓮花而傳箭，斫觚棱以盤龍。立偶人於機上，錯銀丁於軸中。咸本斯而祖述，侔巧心於化工。

惟我后之欽明，嗣無疆之曆數。爰極深以研幾，洵開物而成務。道無廣而不苞，理無幽而不睹。握金鏡於泰階，執乾符之鑿度。齊軒轅之造曆，軼太初之分部。每省歲而察行，用登臺而升庫。曰面稽於天，若嘉璣衡之盡；神範造物，而不過垂萬祀而長新；命抽揚而作頌，同發策於天人。慚張衡之博識，愧陸倕之能文。既管闚而莫罄，復蠡測而無因。謹橐筆以獻賦，效微忱於拱辰。

【校記】

〔一〕御試璿璣玉衡賦　潘氏自刻本遂初堂集文集卷一題爲「璿璣玉衡賦」。

金鏡賦

亶聰明而首出，惟天子之當陽。則懸象以照臨，被八表乎天光。道無隱而不燭，物無幽而不彰。金鏡儼其在握，協圖籙而開祥。伊明鏡之可珍，妙物華而無匹；萃五金之精英，收灝氣之清謐。資爐炭於陰陽，經百鍊而成質。湛内景以含光，肖萬形而不失。周輪應規，大圜象天；銀華璀璨，金薄迴旋。卦兆森其環列，蛟龍欝乎相纏。彩灔灔以吐月，波渟渟而溜川。至潔無瑕，纖塵不垢；體本一無，妙涵萬有。因萬類爲妍媸，初何心於臧否。惟至寂爲能通，惟至虛爲能受。照膽懸於秦殿，寫形設於魏宫。洛京珍其鞶鑑，鄴臺飾以盤龍。匪瑰異之足侈，良楷則之是崇。既鑒前而慮後，亦明目而達聰。

在唐開元，千秋著節，百僚獻琛，寶鑑在列。嶽嶽賢相，時維九齡，因事納忠，隨物著情。念周書之成訓，鑒於民無鑒於水；思韓子之格言，以鏡正形不若以道正己。乃集往事，披前圖，範古式，垂今模，十條著録，金鏡名書。備法戒於獻替，效納約之區區。玉几丹扆，是型是式，無競惟人，不顯惟德。惟臣盡規，惟主容直。故開元號爲治平，而曲江之名不泐。

烝哉我皇，淵穆文明，維睿作聖，大猷是經。仰觀俯察，持規執衡，地不愛寶，人不愛情。燭銀出於山阿，璣鏡浮於水濇。波衹貢於望蟾，沮渠獻其火齊。金繩玉輪之奇，四規三尺之製，充牣宫庭，匪珍匪異。方將轉鴻鈞以爲爐，範天地以爲圍，覽墳籍之淵海，究道德之指歸，陳書於申鑒，取士於鏡機。既酌古以準今，復睹著而知微，探賾鈎深，成務開物，遠無不照，邇無不察，圖事惟幾，官人則哲。形端而影從，源清而流潔。天子穆然無爲，端拱於巖廊，左圖右史，前輝後光，齊風乎卷領，比隆於垂裳。其斯爲帝王之大寶，與天府而無疆。

平蜀賦

皇帝御宇十有八年冬，命奮威將軍臣進寶、勇略將軍臣良棟，率師討蜀寇，密授方略，分道進攻。十九年正月癸卯，進寶克保寧，僞將軍王屏藩窮蹙自盡，擒吴之茂以下二十餘人。前三日庚子，良棟自龍安進克成都，僞巡撫張文德降，蜀地大定。丁巳，露布至京，宣捷午門外。在廷之臣咸以皇上廟算恢閎，坐見萬里，激厲將士，建兹奇勳，相與踴躍唱嘆，形之聲詩。臣遭遇殊恩，載筆史館，頌揚成功，職不敢闕。謹獻賦曰：

惟我皇之聖仁，廓天地以爲量。王道履以平平，天門開其蕩蕩。彼么麽之小醜，敢盜兵而衡抗。類射天以彎弓，似逐日而投杖。蛙處井以陸梁，螳當車而倔强。依嵐箐以爲巢，憑崖谷以作障。巖巖梁益，實號金城，國闢蠶叢，山開五丁。劒閣梯空以懸度，棧道循組而上征。天井盤旋而窈黑，地網綿絡而縱横。水以虎牙赤甲爲咽喉，陸以龍門鹿頭爲門户。挺一戈以當關，非萬騎之能取。遭天光之分耀，有草竊以偷處。曾六合之一家，敢走險以旅拒。雄虺九首，苞蘖三芽。傳烽巴閬，築壘褒斜。驚百城於風鶴，變一軍爲蟲沙。初屯蜂而聚蟻，旋門鼠而戰蝸。思明殪於河陽，少誠殲於淮表。彼逆孽之游魂，若枯莖之待掃。何醜類之睢盱，尚横距而肆爪。倚嶂嶺之千重，謂天險其可保。

皇赫斯怒，整我六師。招摇爲戈，參伐爲旗。審制勝之在將，料奪險之用奇。拔虎臣於行間，建高牙而授之，曰汝進寶，貔貅如雲，東趨閬中，毁其重門。曰汝良棟，突騎風雨，西走陰平，抉其後户。分道交攻，奇正相權，或掎或角，動於九天。惟東軍之驍騰，凌七盤而徑度。奪朝天之巖險，葭萌空而不戍。分勁旅爲三行，令異道而同赴。摧堅陣於背城，斬突豨而餘怒。積甲齊乎錦屏，投鞭斷乎江路。迨禁旅之薄城，斬門關而齊騖。凶渠焚於窮猿，逆黨禽於脱兔。蓋纍纍籍籍，鈐甲面縛者，不知其數。西師卷旆以横邁，據密樹之重關；出間道以擣虚，儼氊裹而林攀。争白水之厄塞，破鐵門之孱顔。忽浮馬而渡江，張赤幟於菁山。朝耀兵乎江油，夕嚴陣乎綿竹。訝天兵之飛來，俄攻心而潰腹。開錦城之峨峨，竪降帆之一幅。收奇功於浹辰，若風雷之迅速。捷書并奏，飛檄交馳，鋒不再淬，矢不再披，剗勁寇若振槁，舉名都如拾遺。天子乃升紫宸之殿，讀露布於彤墀，千官集乎闕下，望天顔之怡怡，莫不鼓舞贊頌，曰盛哉乎武功，振古未睹，兹也惟此。

劍南代有反側，塹山燒棧，便同絶域。若漢室之討公孫，晋氏之斬李特，宋主之擒譙縱，唐宗之誅劉闢，皆用堅攻瑕，以順討逆，風行電掃，罪人斯得。然猶水陸夾攻，首尾并擊，傷損將士，窮竭兵力，彌歲淹時，僅而後克。未有不頓一兵，不折一戟，駭若發機，震若霹靂，旬月之間，廓清西極，如今日者也。天子將將，大將將兵，既得龍驤，復有營平，師以和而後克，功惟斷而乃成，規萬里若指掌，故無戰而有征。

夫蜀國者，滇黔之維首也。蜀平則破竹無前，建瓴直走，蒙詔亡魂，貴筑不守，將遂定邛僰，略犍爲，兼冉駹，收沈黎，簡巴渝之勁卒與彭濮之鋭師，浮舟牂牁，飲馬瀘溪，峨嵋爲鐔，點蒼作鍔，罝罘葉榆，圍掩蒙樂，伐銅鼓之砰訇，驅金馬之騰趠，血鑿齒以釁鋒，膏猰貐以染鑊。然後前歌後舞，班師而還，受成廟社，薦功皇天。包干戈以虎皮，却走馬以糞田。沛曠蕩之恩，下復除之詔。與萬姓相勞苦，哀疲氓之無告。撫摩瘢瘡，長養凋耗，勸耕課桑，興廉舉孝。蒸斯人於太和，群咏仁而蹈道；基隆平於萬年，襲三五之休號。豈不盛哉！

遂作頌曰：天錫智勇，爲君王兮。神武不殺，誅猖狂兮。運籌決策，自廟堂兮。任屬賢將，齊鷹揚兮。天戈一揮，除欃槍兮。遂清大憝，克兮鬼方。長御遠駕，包八荒兮。刊山表柱，垂無疆兮。

平滇賦

粤稽皇王，數典考墳，紹業承統，守文之君，或英明而沉毅，或恭儉而寬仁，休風駿烈，厥亦有聞。若夫彌綸造化，整頓區宇，經世以文，戡亂以武，除凶殘若風霆，沛德澤如膏雨，巍乎遼哉，首出之聖，書契以來，曾不數睹！

惟國家誕膺休命，列聖重光，宅中圖大，臨馭萬方。皇上克聖亶聰，嗣纘曆服。阜成兆民，平章百族。威暢德敷，義涵仁育。煦之以春陽，潤之以霡霂。方銷兵以鑄鋤，希還醇而反樸。屬者五緯遺氛，三辰餘沴。國丁小厄，天亡醜類。乃有三藩之事，以勤我聖帝。

惟三藩者，滇南爲魁，次廣與閩，一苞三蘖，駢幹連根。實先朝之宿將，亦勝國之逋臣。諒豺聲而鷹眼，非羈紲之能馴。先皇帝大度軼乎漢高，深仁邁乎宋祖，念其搏擊之勞，畀以帷蓋之所，高牙大纛，作藩南土。蓋將以威蠻制獠，壯干城而扞疆圉。何圖爵極而亢，寵過斯驕。擅士馬之雄富，與土地之殷饒。殺生操於幕府，除拜擬於天朝。聚宵小爲淵藪，流金錢如波潮。無懸癰而不潰，有厝火其必燒。皇上明燭未形，智周無象，金鏡在懸，太阿在掌。與其滋蔓而難圖，不若消萌於方長。與其後事而芟鋤，無寧先時而滌蕩。爾乃發睿策，啓神謨，因乞休之陳請，下撤還之詔書，俾移屯於遼海，即樂土而安居，將保全乎勳舊，匪弓藏之可虞。蠢爾滇渠，敢行倡逆。忘奕葉之寵榮，背累朝之恩澤。矜百戰之餘勇，謂人寰其無敵。規豕突與鯨奔，遂白頭而作賊。裂眦一呼，其從如雲。輣弓毒弩，十萬爲群。既席卷夫湘江，復虎踞乎夔門。將北向而争利，勢滔天與燎原。閩廣之凶，以次干紀，毒虺雌雄，長蛇首尾。其餘反者，猬毛而起。西綿隴坻，東絡海澨。鄘延之郊，荆襄之鄙，震聳者三方，驛騷者萬里。甚漢室之濞雄，同唐家之安史。彼敦峻與景全，何凶鋒之能擬！

惟皇神武，不震不驚，恭行天討，赫赫明明。發雲臺之鎧仗，整岐陽之旆旌。丈人長子，

維城磐石之宗，以爲將帥；中黄虎賁，射聲佽飛之士，列乎屯營。於是親畫成規，密授方略，
既攻心而伐謀，亦擣虚而批隙。堂堂聲罪之辭，峨峨賞功之爵。踞鞍而猛士色飛，騰檄而凶
徒膽落。天子之兵無戰，帝王之師萬全。不逐一壁之利，不陷一城之堅。其守也，静於九
地；其攻也，動於九天。是使劇賊挫鋒，梟雄失氣，矢如雨而不得射，戟如林而不得刺。鼯
騰躍而技窮，虎咆哮而力斃。賊衆有魚爛之形，官軍成破竹之勢。遂乃平乘巴陵，横掩洞
庭，澧浦之艅艎失水，衡峰之草木皆兵。逆臣賊子，亡魂喪精，血未膏於王斧，身已殛乎天
刑。亦越閩關，天兵飛度，士女謳歌，壺漿塞路。叛臣面縛而來歸，逋寇倉皇而失據。蜃咽
氣而消亡，鯨跳波而僵仆。

彼粤孽之凶，狡信梟獍，其何殊幽厥父以稱亂，牙擇肉而恣睢，天戈臨而糜爛。何螳臂
之當車，嗟革面其已晚，有延頸而就誅。若乃狐鳴鴟嘯之群，鹿鋌狼奔之隊，尤來大槍之盗
魁，延岑彭寵之叛帥，首鼠前却，乍叛乍臣者，以千百輩，莫不脱距摧牙，沙崩瓦壤，梏户疏屬
之山，傳首桃林之塞。於是陰平夜走，劍閣朝通，索橋度馬，藤峽懸弓。黔蜀之地悉定，水陸
之師會攻。徑盤江而擣脅，蹂蒼山而抉胸。高壘凴城，長圍四築，不頓一弦，不亡一鏃。嗟
劉積之騃癡，與元濟之窮蹙。曾飛走其無路，空椎心而慟哭。竟駢首以入函，無遺種於凶
族。於是八方奠定，六合無塵，梯航窮乎日窟，鞮譯盡乎天垠。邊陲無鈴柝之警，函夏皆耕
桑之民。櫜弓脱劍，一軌同文。

原夫三藩之設，歷紀於兹，尾大不掉，實繁披枝。國勢爲之衡決，民生爲之瘡痍。而今而後，快然毒去，霍然病衰，烟消霧剥，天清日輝。非大聖人之威德，何以及斯！惟幾也，爲能周天下之慮；惟斷也，爲能成天下之務。撤藩之議偉矣！狃於苟安，揺於浮言，則莫能以果決；難作而張皇，釁成而姑息，則莫能以速滅。藩鎮之禍，未有所底也。

皇上以一人之智勇，爲海内除大殘；以八年之憂勤，爲萬世貽永安。雖唐帝之戰丹水，軒皇之克阪泉，夏后格有苗於兩階，殷宗伐鬼方於三年，絜功比德，未知其後先。猶且謝鴻名而不居，推大美而不有，彌謙冲以兢惕，期保泰於永久。肅乎欹器之或傾，凛乎馬索之將朽，哀烝人之疲勞，念三星之在罶。遂乃發德音，沛恩綸，捐逋賦，予貧民，赦獄囚，廣大仁，優恤將士，大賚臣鄰。罷一切權宜之制，與天下爲更新。大圭禮天，特牲祭廟，望祀山川，潔將槱燎，極尊養於兩宫，增推崇之顯號，馳展省於園陵，薦成功以昭告。然後申明象魏，釐飭官常。百度具舉，四維高張。天人協應，儲休降祥。甘露零庭，朱草豐唐。奏韶濩之樂舞，襲山龍之文章。故道與天地同流，而德與黄農齊光也。日出作兮日入息，道平平兮無反側。旋乾坤兮帝之則，賡卿雲兮臣之職。歌九功兮頌七德，播永永兮長無極。

瀛臺賦　有序

臣聞閬風瑶圃，稱天帝之下都；弱水方壺，號仙人之别館。自昔帝王萬機清暇，咸有離宫行殿，用備巡游。在漢則甘泉、長樂，載在黄圖；若唐則興慶、九成，標於緑牒。莫不綿山絡谷，掩隰呑原，靡麗極夫人工，游幸妨乎機務。然猶淵雲載筆，燕許摛辭，賦頌斐然，垂之金石。皇清定鼎燕京，於宫城之旁、西苑之内，有瀛臺一區，引泉作沼，叠石爲山，華而不靡，樸而不陋。土木無雕文之巧，時巡無供頓之勞。聽政不異明光，齋居有同宣室。制度規模，遠軼前代，自非形諸文翰，何以昭示來兹。臣竊考前明諸臣紀游西苑詩篇，頗爲詳明。參諸見聞，仿佛得其梗概。謹述瀛臺賦一篇，頌揚不朽。其辭曰：

惟皇都之壯麗，宅九野之奥區。山迴環以群拱，水翔舞而畢趨。法宫規夫紫極，正殿象乎天樞。羅千門與萬户，鞏萬年之鴻圖。彤廷穆以嚴凝，丹禁紛其縈紆。儼天居與神闕，豈名言之可摹。爾乃苞通川以爲池，掩廣藪以作囿。儲天淵於掖垣，兼陸海之繁富。錦嶂叠兮如霞，瑶林錯兮如綉。盡體勢之恢閎，極雲景之明秀。爰有層臺，峙乎其中，璇題輝映，璧房玲瓏，遠而望之，鬱何葱葱。若金銀樓闕，睹海上之方蓬；又若清都紫微，從化人而游天宫。繚垣周遭，輦路相屬，冠山爲堂，緣溪架屋。綉拱攢雲，華榱刻玉，晶熒璀璨，不可留矚。碧瓦爛其若流，金莖聳以高矗。超塵氛之圠坱，收灝氣之清淑。泱泱澄湖，玉泉所停。萬頃沉浸，百尺清泠。涵城闕以霞净，寫遥空而練明。象蒙汜之遠漲，若河漢之斜横。石梁蔚其嶙峋，跨素波而雙堰。儼鰲戴與虹垂，乍翠舒而雲卷。秘殿穹窿以規圜，雕欄彩錯以矩轉。

瓊臺崒嵂於中流，廣寒翬飛於絶巘。縈萬歲之仙山，帶百果之禁苑。鎖鱗屋於層瀾，藏龍舟於修堰。於是羅生栝柱，雜植蘭茝，女桑垂蔭，河柳抽條。島名瓊華，園號芭蕉，盛夏含秀，經冬不凋。緣陂之傍，彌望葭菼。覆水蕭森，得風掩冉。菰蒲陸縟以冒崖，芙蕖婀娜而承檻。爛雲錦之無涯，與清波而澹淡。珍禽異族，游泳其間。王睢白鶴，嚶嚶關關。應龍鼓翼於泱漭，鯨魚曝鬐於灣環。浴日月之晃朗，翻珠貝之璘瑞。窮神皋之幽勝，苞天府之珍奇。耳目爲之昭曠，心神爲之愉恬。

天子乃以徂暑之節，炎蒸之時，乘鸞輅，蔭華芝，出椒殿，越蘭墀，就行宫，以清暑恒偃息而在兹。即苑爲宫，因臺作殿。八風清凉，一水凝瀓。居高明以散懷，宅爽塏而流盼。省章奏以忘疲，剸機務而靡倦。彈有虞之五弦，奏葛天之清歌。南薰生於欄楯，慶雲起於巖阿。泛蘭舟而容與，臨華渚而婆娑。暢皇心而發睿藻，惟休豫之孔多。憩三亭之幽寂，陟九島之嵯峨。然而臺不重累，池不更鑿，石砌無文，采椽不斫，魚龍銜澤以躍波。草木承恩以衍地，苑墻之外，悉施與民。榍宇櫛比，原因基之舊，取制之樸。惜露臺於百年，重鹿囿之改作。田匀匀。蒭蕘接於靈囿，蹄輪錯於天津。人咏康衢之化，家頌騶虞之仁。豈與夫規南山以爲苑，吞雲夢以作澤，掩地之財，勞民之力，徒侈游觀，不存儉德者，可同年而語哉！

頌曰：崇崇靈臺，宅天中兮。上法太微，環紫宫兮。吾皇莅止，千官從兮。匪游匪豫，勤天工兮。洪流泱泱，天澤濃兮。禽魚翔舞，帝力閎兮。調燮四氣，宣八風兮。於胥萬年，樂無窮兮。

秋夜讀書賦

惟四序之平分兮，竊獨嘉此素秋。天昭昭而遥曠兮，野肅肅而清幽。去驕陽之恢台兮，就微凉之悠柔。欣高風之乍披兮，快溽雨之初收。木葉下於林皋兮，白露被於林丘。候雁翩其南翔兮，大火渺以西流。若乃秋宵始長，萬象嚴凈，玉衡左迴，銀漢斜亘，月白如綃，天澄似鏡，草蟲微吟，鳴蟬相應，發思古之幽情，引纘言之逸興。歲冉冉而易遒，時亟亟而當競。於是啓北户，開東軒，屏塵坌，離囂煩。惟卷軸之岑寂，久與我而相存。及遥夜之無營，發陳篋而討論。浩灝經籍，紛紜圖史，探之莫窮其源，尋之不見其委。憑短綆之深沉，汲重淵之渺瀰。義無奥而不求，緒無賾而不理。縱横百氏，貫穿古今，收衆珍於滄海，攬群材於鄧林。藝無誇於游目，道唯取乎會心。言無言而逾貴，味無味而可歆。爾乃披風簾，展月幔，拂繩床，移竹案，分藜火之輝煌，映壁曜之璀燦，漱茗椀以餘清，爇爐香而小斷。漏沉沉以向曉，鷄喔喔而將旦。諒所好之在兹，故窮年而忘倦。於斯時也，非無豪家戚里，游閑公子，拂袖蛾眉，傳杯皓齒，急管蕩心，繁弦聒耳。彼貴游之所耽，何天樂之可擬。亦有通人豪士，舒情散懷，吟風弄月，歷榭登臺，撫景流連，對節徘徊，良寄托之有在，非吾人之所儕。伊眇末之自處，甘守拙以抱愚。無馳騖之長材，聊竹素以自娱。際文明之昌運，幸托身於石渠。窺羽陵之墜簡，抽石室之秘書。惜往哲之分陰，愛韶光之三餘。將優游以卒業，謂世味其焉如。

葵賦

攬群芳於林圃，伊兹葵之可嘉。迎景風而振采，應淑節而舒華。結團圞之翠葉，揚灼爍之丹葩。爾其托蔭高墉，結根廣囿，裛露以滎，滋泉而茂。節臯臯以孤標，枝亭亭而獨秀。將翠竹而比直，與黄花而方瘦。當夫艷陽逞媚，桃李争妍，亂紫如姹，繁紅欲然。兹特立如有讓，閟奇姿而不宣。似幽人之静默，比節士之貞堅。迨於赤帝乘權，祝融司職，萬卉銷華，千林掩色。爾乃抽英玉砌之旁，發曜金溝之側，陵暑月而神王，敵炎威而意得。璀璨絪緼，颯沓繽紛。含風漾彩，映日流芬。乍漸濡於膏雨，旋覆露於油雲。既堆霞而吐艷，亦錯綉而垂文。累月長榮，經旬不謝。紛披魯女之門，照灼公休之舍。共萱草而扶疏，并榴枝而低亞。惟勁節與疏香，獨留連於永夏。若乃賦資純一，秉德淑清。朝光升而東向，暮影落而西傾。與太陽乎協德，隨日馭而注情。類忠良之眷主，披赤心而自明。浮雲不能隔其志，蔓草不能没其誠。故比德於君子，在百卉而爲英。所以鮑莊讓智，尼父興嘆，陸生感咏，顔公作贊。豈猶夫木槿豐茸，辛夷爛熳，疏麻可把，芙蓉堪玩，争薄艷於林臯，競浮榮於宵旦者哉！

重曰：謇直節兮擷孤芳，心所傾兮在太陽。嘉靈根兮不能忘，欲植之兮在玉堂。

傷逝賦

吴子漢槎，少有異才，舉於鄉，中蜚語，謫戍北荒，中朝公卿多憐之者。居二十餘年，更數赦，得贖還，母子弟兄相聚，歡若更生。無何，遽得病，病一歲，竟死。吴子與余，中表兄弟，相善也。吴子尤數稱余賦，謂不落齊梁風格，今已矣。悲慟之餘，爲作賦一篇，置諸靈床，亦孫楚驢鳴之意云爾。

悲夫皇天之至仁兮，煦萬彙而豐容。羌獨厄此文士兮，萃荼苦於厥躬。數有伸而皆屈兮，途無通而不窮。畢人謀以拯救兮，神偭背而不從。伊人林之悶淳兮，君獨有此姱質。蕴藻思之葩華兮，振奇采而横逸。編珠貝之璀璨兮，又綴之以明璫。襲雲錦其猶未麗兮，抽天孫之七襄。世靡才而不索兮，宜振衣而高步。何斯人之蔚炳兮，反顛隮而失路。嗟失路其亦何傷兮，又被之以謗聲。糅玉石而一概兮，非剖心之可明。謂椒無馨兮，謂蘭不芳。龍淵不利兮，鞶鑑無光。南威美而先行兮，謡諑詈之以衒嫁。驊騮躡景而馳兮，謂詭銜而泛駕。天門高其無垠兮，震雷電之馮馮。指龍荒而長流兮，涉寒門之凌兢。白草浩浩兮，黄雲晝昏。增冰積雪兮，無夏無春。虎豹嘷以東西兮，魑魅嘯而相存。塊獨處此絶域兮，閔溘死而無聞。歲復歲其寢久兮，忽天迴而地轉。及皇仁之沾覆兮，馳明駝而遄返。脱羊腸之嶮巇兮，就莊馗之坦坦。木向晚而欲華兮，水始泮而將暖。夫何痼疾之縲嬰兮，遂沉滯而幽憂。

鬼伯相促一何急兮，大命曾不得以少留。謂人之善忌兮，何天其亦汝軋也。謂時之不逢兮，何算其亦汝奪也。謂天之不慈兮，何初困而卒脱之。謂造物者之垂憐兮，何既萌而又伐之。乃知才士之處世兮，與愁苦乎相膠。鳥彩翠而蒙繳兮，木芬香而見燒。仲翔竄没兮，縝士客死。文考短折兮，終童稚齒。君既生還而考終兮，逾五十非夭年。較古人其已多兮，又何恨乎重泉。

亂曰：大鈞搏物，初無情兮。菀枯壽夭，隨物所丁兮。傅翼去角，理固然兮。多華早落，誰執其愆兮。至人渾渾，無淄磷兮。含章守素，與道合真兮。

九華山賦

考南條之山勢，總歸宿於江東。緊池陽與姑孰，咸即山而爲邦。巖攢羅以競秀，嶺錯峙以爭雄。究孤標而傑出，惟九華之層峰。望百里而可見，倒翠影於江中。試捫蘿以幽討，信異月其難窮。爾其分支黄山，衍脉鄣郡，憑積高以托基，宅環中而爲鎮。孕斗分之清英，發離暉之朗潤。神奔騰以效奇，天黛悦以披藴。一氣所搏，鬱何紛葩。千林吐穎，萬卉抽芽。靈城墉周遭，屏帳交加。望之無垠，即之無涯。九十九峰，載在圖記，言其大凡，未及瑣細。靈府奥區，帝之所秘，游人至斯，九陰一霽。徒想像而彷徨，曾未得其仿佛。

余邀貺於山靈，假清朝而揭來。招長風於天表，掃信宿之昏霾。露衆峰之娟妙，若簾幕之乍開。陟複磴之縈紆，躋連岡之崔嵬。既幽探夫虎窟，復高步乎天臺。盡茲山之豐勢，故宏博而奇瓌。

爾其爲峰，則有天柱雲門，枕月拱辰；獨秀聚玉，列仙真人；五老傴僂以擁杖，二神昂藏而拖紳；九子詵詵以齒讓，七賢岳岳而來賓；獅子蟠拏，天馬天矯；雲帶修纖，蛾眉縹緲；螺髻浮青於林端，玉屏滴翠於雲表；蓮花千葉以舒新，芙蓉聯房而呈巧。其巖則有碧桃磊砢，虎頭猙獰；雙石秀出，三斧削成；觀音巉刻以斗絶，竇陀層複而迴縈；邃谷則盛夏含雪，透碧則重檐空明；晏坐以神僧著迹，清隱以逸士標名。其洞則有三游九曲，堆雲栖禪；金光影現，無極聲傳；雲巖像乎堂庭，古仙隱夫溪田；大小魚龍，靈竇潛通，凝乳萬狀，劍佩旌幢，緑魚白鳥，玉柱霜鐘，編筏秉炬，深不可窮。其石則有鬥鷄靈龜，卧牛伏虎；風輪花窗，金剛老姥；加冠拱笏，或仰或俯；赤壁綉壁，如錦如組。其泉則有虎跑龍女，碧玉金沙；七布疑練，三折如巴；翠瀑飛流而激射，纓絡交瀉以葩華；甘露一酌以神清，温湯暫浴而病瘥。

若乃嶺號摩空，尖名仙姑，天臺高出於萬峰之表，仙橋横亘於絶壑之區；溪有五龍黄石，澗有垂雲菖蒲，池則嘉魚翠羽，潭則濯纓弄珠。或蒸雲而泄雨，或涵空而切虚；或削膚而露骨，或含苞而吐跗；或雄傑以端挺，或姚冶而紓徐；或開朗以秀發，或爾邃以清疏；陰晴之態千變，朝昏之景萬殊。非詩筆所可肖，豈畫工之能圖！

維此仙山，爰生靈物。奇禽群翔，異草叢茁。石秀紫芝，竹垂丹實。松五釵而輪囷，蒲九節以蒙密。娑羅之樹駢生，步摇之花對出。鉢囊清芬，以戛雲仙。蓋豐茸而礙日，羚羊倒挂，碧鷄雙飛，提壺勸酒，惜春催歸。念佛之音清婉，擣藥之聲希微。班魚游泳乎潭心，蒼鹿騰驤乎巖扉。非塵世之所有，與仙靈乎相依。於是花宫梵宇，錯落其間，架巖倚壑，茀草披菅。戴石齒齒，跨澗潺潺。竹户自掃，雲房不關。開軒而紫翠羅列，俯檻而螺髻迴環。瀑垂簾而莫卷，藤冪壁而難攀。與人寰乎迴隔，宜高真所往還。

披圖考乘，靈踪歷歷，杯渡結茅，伏虎卓錫。崖留葛洪之丹，峰存張果之石。太白題詩而更名，齊丘辭相而潛迹。冠卿有避詔之堂，知微有會仙之宅。夫唯秀絶寰區，靈鍾巖澤，故高士游而忘歸，道侶栖而不釋也。

爰惟至人，乘願現身，棄王宫而弗居，遺軒冕其如塵。越滄海以來游，偉兹山之絶鄰。就東巖而枯坐，灑法雨於天垠。龍涌泉而汲足，山出玉而飯新。惟弘誓之無邊，乃隨方而應化。運慈航於迷津，燃慧炬於長夜。迹以幽而彌顯，道以久而逾彰。應感周乎塵刹，利濟遍乎遐荒。故令斯人懷馨佩潔，肅慮滌腸，逾山越海，禮覲趨蹌。升兹山者，如登靈鷲。履兹境者，如造天閶也。悲塵寰之局促，類旦暮之蜉蝣。日奔馳於物役，嗟名羈而利囚。感槐陰之徙國，悟大壑之移舟。曷不息機而頓轡兮，望崦嵫以少休。五臺峨嵋既以遠兮，蓬萊方壺渺不可求。庶抽簪而投杖兮，托兹山以遨游。

端溪硯石賦〔一〕

潘子久客端州，自秋徂春，蓬門晝掩，蠟屐生塵。有客過訪，寂若無人，披帷何有，硯石錯陳，疊架磊砢，堆床輪囷。主人方盤礴其間，窮日達晨，摩挲品題，樂以忘貧。

客顧而笑曰：「是奚爲者也？嶺表珍奇，是不一類：珊瑚硨磲，明珠文貝，沈檀通犀，象齒翡翠，却塵之紈，辟雨之毳，子曾不是求，而耽情於片石，甚無謂也！且是塊然者，非有色聲香味之可娛〔二〕。購之兼金，載之專車，贈遺不名珍寶，藏弆不如圖書。兩手三硯爲已多，而纍纍者將焉用？是無乃近於愚乎？」主人听然而笑曰：「客但未知石之美耳。誠知，將嗜之不已，而奚暇笑余？」

客曰：「嘗試言之！」主人曰：「二氣之英，五材之精。在地爲石，在天爲星。石之爲質，頑然粗醜。迨其神奇，萬象無偶。所以怪石作貢，文石呈祥，甲乙品於衛公，袍笏拜於元章。要其程功而致用，無若硯石之最良。武夫寶劍，文人寶硯。晦明與居，寒暑無間。淬筆鋒之銛鋩，發墨華之葱蒨。貴利用而不窮，故宜取於盡善。硯材上品，厥維端溪。萬里滄江，一峽束之。秀氣迴薄，靈液潛滋。是生石寶，美勝懸黎。爾其巖分三層，下層在水。石岐三洞，中洞最美。造化所秘，邃古莫啓。誰鑿鴻蒙，創割端紫。唐斸其膚，宋入肌埋。轉鑿轉深，今得其髓。三冬水落，良匠是謀。傳瓢涸水，燃膏燭幽。斧之登登，削粗剷浮。菁華乃出，如琳如璆。其質則膩若摶粉，縝若刷絲，潤若含凍，柔若凝脂。其色則淵然而光，冲然而睪，望之有形，撫之無迹。南離炳暉，蒸爲紫雲。馬肝純色，火痣間紋。芙蓉出水以照灼，初陽升天以鮮新。美人薄醉而酡顔，天孫七襄而錦文。水月清華，凝爲蕉白。平鋪鮫綃，横截昆璧。雲霏霏其羃林，河耿耿以湛碧。削春葱之始萌，雪秋藕之乍擘。青花最貴，隱起石膚。乍沉乍浮，如有如無。雁行過於遥天，魚兒戲於清渠。綺縠之理蹙沓，蘋藻之影扶疏。惟人至靈，乃有雙瞳。石亦有眼，巧出天工。黑晴朗朗，碧暈重重。如珠剖蚌，如月麗空。紅爲丹砂，黄爲象牙。圓者鸜鵒，長者爲鴉。或孤標而雙映，或三五而横斜。象台斗而可貴，惟明潤而最佳。至若點號翡翠，輪名金錢，玉帶横亘，黄龍斜纏。鷓鴣之斑，蟮血之邊，各絢采以發色，咸争奇而鬥妍。天質美矣，復貴裁制。追之琢之，乃成佳器。爾乃選良工，考舊譜，量厚薄，程細鉅，審背面，定顔武，留精純，去苦窳，因圓成規，遇方爲矩，妙隨材而適用，任師心而法古。爰有唐模宋範，貢式藏型，端方是尚，樸雅爲經。間標新而樹異，有象物以賦形。或樽肩而壺腹，或璧沼而珠庭。或瓢身而瓦脊，或鳳味而鶴翎。風田之文惟肖，琴笏之德可銘。於是鑢以散粟之砂，砥以切玉之石。文以瑩而逾明，理以細而彌澤。温潤之色可餐，鮮秀之采欲滴。口嘘呵而生津，手捧握而成液。其受墨也，差差鱗鱗，融洽停匀，石與墨得，墨與石親，沛然膏流，油然酎醇。磨之無聲，浣之無痕。其宜筆也，沾濡不留，運轉無滯，墨飽固恬，墨渴亦利，中山柔毫，迅掃不敝，使心忘手，使手忘器。故當妾視龍尾，塍蓄金星，澄泥斂色，雀瓦銷聲。彼洮河與鼉磯，迥莫敢與抗衡者也。夫其盛夏不燥，隆冬不凍，君子之節也。涅不藏淄，滌不留垢，幽人之潔也。廉芒内含，温文外著，貞臣之烈也。瑕不掩瑜，贋不亂真，介士之别也。端凝静默，有勵俗之守焉。厚重不毁，有閲世之壽焉。無色之色，是爲真色。無味之味，是爲至味。吾是以中心好之，拊之抱之，浴之澡之，心賞神怡，而不可以告客者也。今夫珠磯象犀珍怪，難得之物，美則美矣，固權門豪家之所宜蓄，而於我乎何有？其求之也傷廉，其藏之也招咎。豈若山川之美，文翰之需，廣坐可以共賞，一室可以自娱，石户之封可守，石田之穫不虚，傳子孫而無累，貽友朋而欣愉。且人之歸自斯土者，莫不連載兼乘，轟隱道塗。而吾舟小於葉，身輕於梟，唯此硌硌，與吾爲徒，連箱累篋，負挈以趨。猶足詫奇珍於鄉里，而壓風濤於江湖也。」

客乃惝怳自失，逡巡而去。主人遂婆娑硯林，不知日之既暮。

【校記】

〔一〕此篇收録於清鈕琇撰觚賸卷八粤觚石言。下稱「觚賸引潘文」。

〔二〕色聲　觚賸引潘文作「聲色」，誤。

平山堂賦〔一〕

伊茲堂之締構，洵宏敞而寡儔。超埃壒而屹起，控名都之上游。崇臺塊其造天兮，華榱鬱乎雲浮。窮地勢於南條兮，見江山之相繆。苞牽牛而絡婺女兮，納埃風乎不周。怊惝怳於虛無兮，眇仙靈之所留。爾其托體，則平岡陂陁，西走滁濠，支阜崛立，削成增高。其面勢則宅岡之陽，居乾之位。觀宇迴環，林薄周被，爾乃斬懸巖以累砌，規廣阿以築堂，旁羅桂楣，仰承杏梁，飛宇周閣，鱗鱗將將，觚棱枍詣，若迴若翔。塗丹錯碧，反景流光，遠而望之，寵嵸參差，若神山之出海。見銀闕也，仰而闚之，硱磳巍峨，若射的之在空。植箭栝也，容兮如幄，崒兮如冠，霧翕雲舒，不可乎得原。若乃踐平皋，經長坂，步廣除，臨絕巘，瀏覽有無，燭察近遠，前瞻揚土之廣博兮，原隰紛其錯重。綴麗譙於連星兮，壯千雉之金墉。天塹劃夫神皋兮，屬赴海之白虹。層山迴顧乎秣陵兮，矗三茅之仙峰。左眺海陵，原田每每，熬波漉鹽，利盡東海。右瞰揚子，銅陵嶕嶢。即山鑄冶，吴濞以饒。後巨浸之湯湯兮，沭日月於中央。泄斗門於邗溝兮，轉舳艫於帝鄉。泛歷覽其無垠兮，蹇躊躇以相羊。至如朝光絢野，暝色騰麓，晴景澄鮮，微陰霡霂，變合一瞬，態窮萬族，長楊垂絲，大堤水平，芙蕖含華，的皪芬馨。怒濤瀺灂於曲江兮，飛雪颯灑於蕪城。物無隱之能遯，狀無奇而不呈。耳目爲之滌蕩，天日爲之開明。斯誠臺觀之巨麗，海表莫之與京者也。於是邦伯郡牧，來游來豫，弭節停騶，怡情遺慮，賓從詳雅，尊俎有序。

究觀夫風土之清嘉，與民物之阜庶，山川之形便，謠俗之遷注，調燥濕於徽弦，齊六轡之柔馭，遥興遠思，超乎獨喻。其或賢人君子，善辭能文，比材曹劉，方藻卿雲，期春秋之佳日，爰整駕而索群，參萬象於靈府，吐玄黄之繽紛。亦有都人士女，嬉春競往，稅青驪，泊蘭漿，采蘼蕪，搴宿莽，睇關河，結遐想，極泛濫，沛自廣。至如遷人放客，經奇瓌材，鬱風雲乎未感，臨岐路而徘徊。塊獨遺此羈愁兮，憑高望遠。穆乎登臺，悵民生之多故，羡天地之無涯。歲月忽如其流，羌長吟而永懷。原夫揚之爲土也，襟背江淮，綰轂水陸，百貨所湊，土膏衍沃。故漢代疏以爲國，隋帝巡而作宫，唐藩宋閫，承侈席豐，經營窮乎地軸，雕斫極夫天工，璇臺瓊館，穆若神居者，蓋不知其幾。而今皆影滅光沉，山移壑徙，際天驚沙，覆地白葦，螢飛秀麥之園，兔穴枯桑之壘。

惟斯堂也，創自隆宋，著於歐陽，遺澤在人，勿翦樹棠。五百年乃有賢牧，爰企德而希光。考圖索乎故址，新夏屋於崇岡。華不侈心，儉不陋目。高不絶陵，深不蔽谷。不勞民而就，不糜財而足。形勢盡東南之美，風聲表士庶之愛。續前薪於無窮，宜可久而可大。嗟宇宙之悠遐兮，惟令聞爲不刊。德業若大車之載兮，文采輪轂而使前。或鐫功於銅柱兮，或沉碑於深淵。金石弊而名存兮，孰膠結之使然。慨賢豪之寥廓兮，曠千載其猶比肩。承休風而結撰兮，尚有述於後賢。

【校記】

〔一〕此篇收録於雍正江南通志卷十四輿地志山川四、清乾隆三十年刻趙之壁編平山堂圖志卷三藝文一等。

滄浪亭賦〔一〕

伊吴城之雄闊，苞萬井與千街。市廛翼其鱗次，官閣焕乎雲排。惟南城爲空曠，有水木之清佳。山浮青而當户，水瀉白以縈階。廓平疇之百頃，忽心舒而目開。推囂塵而頓遠，延秀爽以乍來。爰有巍亭，冠乎高阜，仰披烟霄，旁帶林藪。綉野襟前，曲池環後。豁達軒堂，疏通户牖。萬象森其畢呈，諸奇萃而咸剖。兹惟滄浪之亭，勝獨超而無耦。在昔子美，爲宋名賢，負匡時之材略，思補衮而濟川，遭排擠於群枉，鬱忠貞而不宣，厭洛下之喧雜，樂吴風之清妍，遠移家而卜築，聊逍遥以窮年。悦此奥區，有竹有水，草樹豐茸，川原演迤，密邇宫墻，隔絶巷市。不山而静深，非谷而宛委。乃購隙地，乃營亭臺。扁舟草屩，容與徘徊。魚鳥相狎，麋鹿爲儕。忘窮達而遺毁譽，信賢達之高懷。兹其所以誇耀於圖記，稱述於歐梅也。

五百年來，陵遷谷變，兔走荒阡，蛇游枯澗。燈青報賽之祠，鐘冷伽陀之院。嗟草没而苔封，剩遺踪其如綫。猗歟宋公名世，宗臣柱石，龍鸞萃於一身，撫東南之重地，煦寒谷於陽春。民無隱而不恤，俗無遠而弗詢。既政通而人和，時求舊以訪古。表前修之墜言，存哲士之遺矩。陟層岡而賞心，想高賢其如睹。思濯纓於清流，眷嘉名之足取。爰作新亭，廓是舊墟，因高疊石，就下浚渠，依窪隆之曲折，映竹樹之扶疏。闢華堂於水末，啓別館於巖隅。雜植桐柳，羅生芙蕖。安翔野鳥，泳躍鯈魚。縱物情之暢遂，來天籟之虛徐。想濠濮其不遠，與習池而何殊。公乃於機務餘閑，來游來眺，集賓朋使授簡，援琴觴而寄傲，理東山之雅咏，發南樓之清嘯。政以暇而彌精，思以幽而逾妙。齊羊杜之高踪，同白蘇之逸調。抑且扃鐍不施，藩籬不設，公諸士民，餐芳沐潔。懷賢者薦夫蘋蘩，訪古者誦夫碑碣。牛鐸得應，黃鐘巴歌。許賡白雪，固將使昔賢高致，標映江山，而文采風流，照耀不絕也。載稽吴會，夙富園池，若辟彊之蟉松怪石，任晦之曲沼層陂，南園之峰巒巧麗，東墅之卉木珍奇。是皆豪家之所締構，貴帥之所指麾。

既已灰飛烟滅，光影無遺，即兹亭之墟，主亦屢易。經始於王孫，落成於貴戚。章相得之而增華，韓王有之而加闢。然無有舉其姓名，尋其踪迹者。惟子美也，官不過長史，身不在巖廊，爲羈窮之遷客，暫僑寓於江鄉，徒以英風豪氣，磊落軒昂，直聲振於朝列，翰藻播於遐荒。遇雖窮而名顯，身雖困而道光。故令人撫遺墟而增感，考陳迹而表揚。豈非豪華聲利如過隙，而文章氣節爲久長也哉！

江湖散人，蒓鱸逸民，去金門其已遠，與泉石而相親。企先賢之逸軌，嘆當年之數屯。

忽光顯於此日，類蠖屈而龍伸。曠百世而相契，信知己之有真。感高誼之難覯，聊寫心於斯文。

【校記】

〔一〕此篇收録於乾隆江南通志卷三十一輿地志古迹等。

福泉頌 有序

遵化州西北四十里，有福泉山焉。疊嶂摩霄，層峰冠日，林巒茂密，洞壑環迴。丹梯萬仞以削成，素瀑千尋而飛注。霞標霧卷，鬱鬱芊芊。信都畿之奥區，游矚之勝地。若乃雄扼關城，密護陵寢，榮光之所繚屬，王氣之所結蟠。地脉敦龐，川原靈秀，是以草敷瑞莢，林挺珍條，陽崖輿觸石之雲，陰嶺積凝霜之乳。神魚泳潤，靈烏翔阿。我皇上至孝篤誠，永懷孺慕，秋霜春露，每凝想於園陵攀柏依松，恒躬親乎展覲。陟降之次，周覽陵臯，以兹山森爽非常，時垂駐蹕山麓。故有福泉寺，寺前有泉一泓，自地溢涌，灼如蒸焰，暖若熇湯，百沸上騰，雙池環浸。俯窺則色若頗黎，攬勺則味同甘醴。雲漿不能喻其潔，蘭露無以比其芳。不周之温原，殆無以過；銀山之暖溜，曾何足云。皇上祗奉宫闈，恪崇任姒，問安視膳，無間於三朝；禔福祝釐，有加於群望。以太皇太后春秋既尊，茀禄方盛，引年却疾，致孝莫先。考諸圖記，咸云湯泉能除百病，又云浴者令人多壽。驗事推理，信而有徵。爰命疏泉甃池，繚垣築室，用備宫車臨幸之所。蓋將用天之符，藉神之貺，延景福於難老，申孝養而無方者也。然而室無雕文，地不營廓，引流激水，鮮魚龍鳧雁之奇；疊檻架楹，無琳琅金碧之飾。斯又聖主盛心，翼翼兢兢，愛一夫之力，惜十家之産。斫雕爲樸，存素去華。雖夏禹克儉，周文卑服，何以尚兹。臣屬叨扈從，奉詔來觀，濯清漱芳，逍遥永日。偉天澤之旁流，欽皇猷之泮涣，退而繹思。謹獻頌曰：

皇清受命，覃制萬方。威傾月窟，德浸扶桑。紫蒙入貢，窮髮來王。際天蟠地，歸我阪章。其一。

龍門蘭峪，無終之土。昔惟邊陲，今也庭户。陵宫言言，考卜其所。比洛廛邙，方秦霸杜。其二。

我皇純孝，通明洞幽。祇奉陵寢，展省歲周。仰瞻弓劍，俯睇松楸。靡高不即，靡深不求。其三。

葱蘢崇山，逶迤深谷。環迴陵原，如拱如伏。碧樹芊眠，彤雲陸縟。爰有神泉，騰涌其麓。其四。

靈砂内沸，陰火潛然。蒸爲暖溜，奮迅迴旋。輪衡轂轉，雪瑩珠圓。色澄空碧，氣馥蘭荃。其五。

溫谷湯山，暄波灼浪。昔聞其名，今燭厥狀。其六。

陰陽陶甄，剛柔摩蕩。幽贊神功，疇能測量。

蠲疴起瘵，益壽扶齡。瓊膏甘露，孰之與京？其七。

祥以類感，符以兆形。地不愛寶，神泉乃零。

祇念文母，褘衣有戀。思挹靈漿，上綿慈算。其八。

翠華來巡，爰滌爰盥。浴德澡躬，滋之永嘆。

引之不竭，挹之無方。千齡永御，壽豈樂康！其九。

乃濬洪源，方池泱泱。乃甃珉石，疏溫納涼。

雅咏鏗鍧，奎章輝炳。以古況今，何足爲并！其十。

自昔湯泉，恒聞臨幸。驪阜華清，宫觀斯盛。

雕欄綉柱，璧砌璇題。何如我皇，崇儉作規。其十一。

景從千官，星馳六飛。何如我皇，致孝宫闈。

神運無名，聖功不息。敬天之休，於萬斯億。其十二。

惟孝格天，惟儉凝德。光於四海，萬邦作則。

遂初堂文集　卷二

論

畫卦不本圖書論

聖人作易之藴，備載於繫辭。曰「太極生兩儀，兩儀生四象，四象生八卦」，此易之本原也。曰「仰觀俯察，近取遠求」，此易之兼資也。若夫河圖、洛書，雖常言及，然圖書作何狀，經傳無明文。漢唐諸儒無言之者。自宋陳希夷遞傳至邵康節，遂大行於世。觀其縱横布置之間，殊有精義，洵數學之淵源。然於易道，不相謀也。而宋以後，解易者必宗之，一似羲皇準圖書而畫卦，孔子依圖書而贊易者。則愚未敢以爲然也。

夫圖書無文也，無義也。所可見者，象數、方位而已矣。而揆諸易卦，無一同者。易自兩生四，自四生八，自八生六十四，其象方；圖則中一而外四，書則中一而外八，其象圓：是象不同也。卦之數八，圖之數十，書之數九，卦之全數六十四，圖之全數五十五，書之全數四十五：是數不同也。乾一兑二，離三震四，巽五坎六，艮七坤八，卦之序也。乾南坤北，離東坎西，震東北巽西南，艮西北兑東南，先天之方位也。離南坎北，震東兑西，乾西北坤西南，巽東南艮東北，後天之方位也。圖則一六居北，二七居南，三八居東，四九居西。書則一九三七居四正，二四六八居四隅。惟離三之位兩合，坤六之位一合，餘無合者。是方位不同也。圖與書已自不同，何況於卦書與？疇尚且不類，何況於易？後人曲爲説以會通之，極其巧妙，止可云圖書配卦而已，不可云卦法圖書也。

或曰：繫辭天一地二一章，注家謂專以發明河圖之旨，非歟？曰：奇數屬陽，偶數屬陰。作易者自能知之，贊易者自能言之，無藉河圖也。相得而各有合，自有十數即然，不必一六聚而後見爲合也。大衍之數五十，豈必以圖之中五乘十而得之？此章自言十數，各分陰陽，以見不獨奇畫爲陽，偶畫爲陰云耳。豈爲河圖作注脚哉？然則五行相生之説，不基於此歟？曰：洪範言五行，而易未嘗言以八卦配五行。此京房、郎顗之易，非四聖之易也。説卦言乾爲金，坎爲水，離爲火，兑不言爲金，而言爲澤，澤亦水也。坤、艮言地、言山，不正言爲土；震言竹言稼，不正言爲木；巽言爲木，而乾、坤、離、艮皆言木。固未嘗鑿然分配五行也。天一生水、地六成之之説，昉於乾鑿度，而宋五行志述之。其配卦也，有以一六水爲坎，二七火爲離，三八木爲震、巽，四九金爲乾、兑，五十土爲坤、艮者；有以一水爲坎，九火爲離，四三木爲震、巽，七六金爲乾、兑，二八土爲坤、艮者。其他巧説紛紜雜出。

要之，言畫卦本於圖書者，必參之五行而後可通。然易以道陰陽，不言五行也。陰陽可以括五行，五行不可以該陰陽。陰陽爲五行之祖，五行非陰陽之根。易言其本，未及其枝也。自周子作太極圖說，以陰陽五行合言之，而圖書與易始膠而爲一。宋儒尊太極圖，遂篤信圖書，圖書誠不可廢。易道無所不貫，淺術小數，皆有合焉，而況圖書乎？第謂其與易理相通可也，謂本之以作易不可也。然則「河出圖，洛出書，聖人則之」，非聖人之言歟？曰今之圖書未知即河洛所出之圖書否也？其果是也？無乃則其點之黑白，以爲畫之奇偶歟？無乃則其黑白相間，以爲剛柔相錯歟？要亦仰觀俯察之一端，作易之兼資而非本原也。若夫本原，則儀生象，象生卦，至易至簡，何用繁曲爲哉？

學易者言陰陽，不必言五行，求諸四聖人之言，毋先入諸家之説可也。

四象非五行論

繫辭曰：「太極生兩儀，兩儀生四象，四象生八卦。」一陰一陽之謂儀，太陽、少陽、太陰、少陰之謂象。卦之初爻，儀也；二爻，象也。生物之序，從微而至著，自合而之分。方其爲儀，未成乎象也；方其爲象，未成乎卦也。三爻具而八卦成，始有天、地、水、火、雷、風、山、澤之名。當二爻時，寧有八物可指數乎？解四象者，言陰陽太少可矣。而注家多以五行金木水火土當之，失其序矣。

夫五行與八物，雖多寡不齊，比而類之，猶或可以相配。若四象，則迢然其不合也。夫四象者，有氣而無體，有象而無質。金、木、水、火、土，則有體有質矣，輒取以當四象，則又以何者當八物乎？天、地亦有形有質之物，故屬之乾、坤。況五行乃六子之類，又天地所生，其可以當四象乎？知兩儀之非天地，則知四象之非五行矣。

注家有以五行配四時而言四象者，有以五行配圖書之九六七八而言四象者。揆諸四象生八卦之義，皆不可通。夫太陽生乾、兑，太陰生坤、艮，少陽生巽、坎，少陰生離、震。若如時令，夏火太陽，冬水太陰，春木少陽，秋金少陰，則是火生天、澤，水生山、地，木生風、水，金生火、雷也。若如圖書之數，九金太陽，六水太陰，七火少陽，八木少陰，則是金生天、澤，水生山、地，火生風、水，木生火、雷也。顛倒錯亂，至於斯極，寧有此理此數乎？即以五行配八卦，而一水一火，二水二金二土，亦欠自然。天地生育萬物，乾、坤包涵六子，而以乾屬金，以坤屬土，小之乎言天地矣。總之，八卦自八卦，五行自五行，羲皇根陰陽而畫卦，大禹推五行以演疇，迥不相涉。

文周彖象，孔子繫辭，無一言及五行。迨西漢之末，劉向、劉歆、谷永、翼奉輩盛言五行。於是讖緯諸書繁興雜出，穿穴正經。焦延壽、京房本術士，其學自五行入，而參諸易數，不得不兩相配屬，播五行於八卦，正欲援八卦以用五行也。其術行，而八卦遂爲五行之所奪。雷風山澤，世不復論，生克衰（王）〔旺〕，在在言之，而羲皇畫卦之本旨失矣。鄭康成、孔穎達，漢唐大儒，猶以五行配四象，餘子紛紛，何足怪哉！邵子出而先天之學傳，易象始還故物。復以圖書之數配之，而八卦、五行仍雜糅而不可解，易其終晦矣夫！

九六七八論上

易卦爻之稱九六也，注家謂老陽數九，少陽數七，老陰數六，少陰數八。老變而少不變，占用其變，故用九六，不用七八。是説也，人習聞之。然陽數極於九，固宜九爲老，七爲少矣；陰數不極於十，亦極於八，何以六爲老，而八爲少乎？或言陽主進，故以九爲老，陰主退，故以六爲老。或言乾有三畫，坤有六畫，陽得兼陰故稱九，陰不得兼陽故稱六。皆曲説，非正解。質言之，則蓍之策數而已。原夫羲皇畫卦之初，止有一奇一耦。迨後人以蓍求卦，以策定爻，而後九、六、七、八之數生焉。九者，三奇也，純陽也。六者，三耦也，純陰也。七者，一奇二耦；八者，二奇一耦：陰陽雜也。純者爲老，雜者爲少，皆以過揲之策數得之，他無預也。

揲蓍之法，有散揲，有總揲。以蓍策左右分之，左右揲之，而歸其奇於扐者，是散揲也。如是者三次而後，以現存之策總揲之，視其幾奇幾耦，以分陰陽老少，以定交重單拆者，是總揲也。散揲者六，總揲者一，而後一爻成九、六、七、八者，正總揲之數。先儒所謂過揲之數也。蓍策四十九除初挂之一，實用四十八，以四數之，凡爲四者十二。迨三變之餘，歸奇於扐者，得十二爲四者三，則總揲所存之策得三十六，爲四者九，是三奇也，是老陽也。歸奇之數二十四，爲四者六，總揲之數亦二十四，爲四者六，是三耦也，是老陰也。歸奇之數二十爲四者五，則總揲之數二十八爲四者七，是一奇二耦也，是少陽也。歸奇之數十六爲四者四，則過揲之數三十二爲四者八，是二奇一耦也，是少陰也。是九六七八確指過揲之數言之。故曰乾之策二百一十有六，謂一爻，而爲四者九，得三十六策，積六爻則爲四者五十四，故得二百一十六策也。坤之策百四十有四，謂一爻而爲四者六，得二十四策，積六爻，則爲四者三十六，故得百四十四策也。見於經者，彰明如是。

漢唐以來説經者，韓康伯、孔穎達、僧一行、劉禹錫、畢中和、邵康節、李泰伯、沈存中之流，莫不以九六七八爲過揲之數。惟朱考亭力主挂扐之數，謂每變之中，五四爲奇，九八爲耦，三變既畢，乃合視其挂扐之奇耦，以分所遇陰陽之老少：挂扐之數十二，則三奇而爲九，爲老陽；挂扐之數二十四，則三耦而爲六，爲老陰；挂扐之數二十，則一奇二耦而爲七，爲少陽；挂扐之數十六，則二奇一耦而爲八，爲少陰。若夫過揲之數，第云揲數策數亦皆符會而已，又謂過揲之數衆而繁，歸奇之數寡而約，以約御繁，不以衆制寡，故專以挂扐多少決陰陽之老少，而過揲之數亦冥會焉。且以挂扐爲九六七八之母，過揲爲九六七八之子，有主過揲者，辭而闢之，不遺餘力。夫挂扐之得少爲奇，得多爲耦，雖與過揲所得之奇耦兩相符合，然少者謂一四也，多者謂二四也。過揲以九爲老陽，挂扐所得之三少，則三而非九也。過揲以七爲少陽，挂扐所得之一少二多，則五而非七也。過揲以八爲少陰，挂扐所得之一多二少，則四而非八也。惟老陰、過揲與挂扐皆六，爲相等耳。如以挂扐之數名爻，則當稱三六五四矣，何名九六七八哉？於是曲爲之説，曰：奇陽體圓，其法徑一圍三，而用其全，故少之數三。耦陰體方，其法徑一圍四，而用其半，故多之數二。夫多之爲二，不待言也，不必圍四，用半而後爲二也；少之爲三，實難言也，强以圍三，用全解之，而終不合也。虚圍不可以當實數，又況用全用半之法，創自爲之，而前無所本乎？又謂策數生於四象，以河圖四面言之，太陽居一而連九，少陰居二而連八，少陽居三而連七，太陰居四而連六；以先天位次言之，太陽居一而含九，少陰居二而含八，少陽居三而含七，太陰居四而含六。爲此説者，欲明老少陰陽之爲九六七八，不假蓍策也。夫連者視其比鄰也，含者視其對待也。比鄰、對待，雖九六七八，而本數終爲一二三四，安可以比鄰、對待之數爲本數乎？

要之，九六七八實計過揲之策數，而以參天兩地命之。參兩之法，取三於天，取二於地。三三爲九，四其九得三十六；三二爲六，四其六得二十四；一三兩二爲七，四其七得二十八；一二兩三爲八，四其八得三十二。此惟過揲之數有之，挂扐無是也。過揲之數，正數也；挂扐之數，餘數也。三變之中，散揲者六，所以求餘數也。挂扐者三，所以除餘數也。總揲者一，所以得正數也。經言揲之以四，以象四時，歸奇於扐，以象閏四時，正也；閏月，餘也。不計過揲而計歸奇，是不以四時計歲，而以閏月計歲也，而可乎？

或謂三變之餘，既得三六五四，則九六七八，了然可知，何煩再揲？故有散揲，而無總揲。然散揲者，左餘一二三，即知右餘必三二一；左餘四，即知右餘亦四。而必左右揲之者，貴詳審也。况總揲當三變之終，九六七八所由以定，而何可不揲？苟其不揲，先儒何故名爲過揲之數哉？散揲不可以爲過揲也，而正所以爲過揲之地。蓋四十八策準三變，分爲三分，每分得十六策；一變得少，則一分中去其四；三變俱少，則三分中各去其四，存者三十六，而爲九矣；一變得多，則一分中去其八；三變俱多，則三分中各去其八，存者二十四，而爲六矣。散揲潛抽，衆策之積以爲餘，總揲統計挂扐之所存，以爲正首尾相應，離合相成，故四十八策，應八卦之四十八爻，四分之以當四象，三分之以當三變。數以之成，爻以之生。其法至巧，其用至神，信乎非聖人莫之能作也。

九六七八論下

或曰：蓍策之説，朱子載之啓蒙，備矣。其爲過揲之數，亦參論之，而大要以挂扐之數爲主。謂挂扐之數乃七八九六之原，過揲之數乃七八九六之委，而斥專主過揲者爲舍本而取末，去約以就煩，且引邵子之説以明之。子之説正與當日郭子和之説相類。朱子嘗有書辨之矣。其可爲篤論乎？

曰：傳云：「至當歸一，精義無二。」所謂至當者，揆之以理而安，考之以數而合，明白簡易，無二無疑。如是，則庸夫豎子之説，皆可取也。否則，通儒先正之説，未可從也。過揲之數九則九，六則六，七則七，八則八，昭然鑿然，不煩辭説。挂扐之數，本三也而謂之九，本四也而謂之八，本五也而謂之七，孰爲至當乎？孰爲矯强乎？

朱子於易深矣。他説多得之，而此獨稍有偏執者，其原有二：一則謂奇者象圓，徑一而圍三，陽用其全，故以一爲三，而三一爲九。耦者象方，徑一而圍四，陰用其半，故一二爲二，而三二爲六。夫圍三、圍四，乃算術割圜開方之法，與易數無預。此蓍策也，何不計其實數，而計其虚圍乎？

陽用其全，陰用其半，先儒無此説，術家無此説，而創自爲法，合於算術猶可也，而又甚不合。夫徑一圍三者，徑一尺則圍三尺也；徑一圍四者，徑一尺則圍四尺也。老陽之扐十二，以一其十二而三其四，爲徑一圍三，是徑十二而圍十二，三其四亦十二。圍與徑相等也。老陰之扐二十四，以兩其十二而六其四，爲徑一圍四，是徑二十四，兩其十二爲二十四。而圍二十四，六其四亦二十四。圍與徑亦相等也。若以十二爲圍，四六爲用，半是有圍而無徑也。且兩其十二，與六其四，皆二十四，不得爲用半也。老陽三一，徑一則圍三，謂三一之中復有三，而三三爲九可也。老陰三二，徑二則當圍八，用半猶當圍四，三四則十二矣。何謂三二之中，各復有二，而三二爲六乎？蓋嘗反覆推之，終於不合注者。雖曲解之，而究難通也。玉齋胡氏云：「於四策中取一策以象圓，而以三策爲圍，三而用其全，故一之中復有三。」是以一策爲徑，三策爲圍，猶可通也。

又云：「八策中去其四不用，而於所存四策中，取二策以象方，而以二策爲圍，四而用其半，故二之中復有二。」此則以二策爲徑，二策爲圍，又似以二策爲圍四，二策爲用半，且八策用四。既用半矣，四策用二，又用半焉，半而又半，不勝其支離，而二中復有二之義，終莫能解。又以一箇十二爲徑一之義，三箇四爲圍三之義，兩其十二爲圍四之義，六其四爲用半之義，雖解猶不解也。

一則謂四象并列，太陽之位在一，其餘數則九，居一而含九，故爲九。少陰之位在二，其餘數則八，居一而含八，故爲八。少陽之位在三，其餘數則七，居一而含七，故爲七。太陰之位在四，其餘數則六，居四而含六，故爲六。謂此義從無曉者，得之心悟。夫位自位，數自數，一二三四者，四象之位也；九六七八者，蓍策之數也。以位爲數，又推其餘數，以當本數，既迂曲而詞費矣，又有甚不合者。四象之太陽位一，而八卦之太陽分爲乾一、兑二；四象之少陰位二，而八卦之少陰分爲離三、震四；四象之少陽位三，而八卦之少陽分爲巽五、坎六；四象之太陰位四，而八卦之太陰分爲艮七、坤八。其位判然不同，詎可以四象之位含八卦之數乎？況蓍策之太陽、太陰，各一爲乾爲坤？蓍策之少陰三爲巽、離、兑？少陽三爲震、坎、艮？復與四象所分之卦數多寡不齊，陰陽錯雜，而欲以四象之位，含蓍策之數，寧有當乎？

朱子惟横此二見於胸中，故專主挂扐之數，而過揲之數，又確當不可廢，故亦旁及之。然其答郭子和書，謂：「河圖、洛書，七八九六之祖也。四象之形體次第者，其父也。歸奇之奇耦方圓者，其子也。過揲而以四乘之者，其孫也。」圖書姑置弗論，而四象、歸奇，則顯然無涉，反尊之爲父爲子，而抑過揲爲孫，豈持平之論乎？曷不觀諸經文曰「乾之策二百一十有六，坤之策百四十有四」？則確指過揲而不指歸奇也，明甚。本義於此，不復置辭，惟言獨舉老陽、老陰，餘可推知而已。無亦自覺其説之與經不合歟？

邵子之言九六也，有詳有略。其詳曰：「四其十二爲四十八也，十二去三而用九，四三十二，所去之策也；四九三十六，所用之策也。十二去五而用七，四五二十，所去之策也；四七二十八，所用之策也。十二去六而用六，四六二十四，所去之策也；四六二十四，所用之策也。十二去四而用八，四四十六，所去之策也；四八三十二，所用之策也。」是故七、九爲陽，六、八爲陰也。其略則啓蒙所引一條有云：「去其三四五六之數，以成七八九六之數者，是也。」夫所謂去者，除去也；用者，實存也。去三、去四、去五、去六云者，除去歸奇之數也。用九、用六、用七、用八云者，實存過揲之數也。其主過揲而不主歸奇也，又明甚。啓蒙顧不引而引五與四，四一條自言「欲以證挂扐之數乃七八九六之原」，又曲爲之解，曰：「以挂扐歸奇，言之老陽得三四，少陰得四四，少陽得五四，老陰得六四。今不用三四五六之數，而以奇耦取徑一圍三、圍四、用半之義者，以成七八九六之數故也。」夫圍三、圍四者，朱子之説，非邵子意也。本可不引而必引之者，正因邵子之説不同，故用己説以釋之耳。然本文具在，適足以證過揲之是而挂扐之非矣。

郭子和之父兼山，親受業於程門父子，并有著述。子和所著蓍卦辨證，今不傳。其見於他書所引者，時有精義，未可盡非。其與朱子最相牴牾者，在第二第三變之挂與不挂，然挂亦得四得八，不挂亦得四得八，可以辨，可以無辨。若專主過揲，則郭説爲長。朱子不當力排之，郭必有辨而今不可見矣。夫理之所在，各伸其是。漢儒解經，劉向、劉歆父子且相異同，馬融、康成師弟不嫌違反，未有尊一先生之言，而盡廢衆説者。宋人如胡玉齋、黄瑞節、劉雲莊之流，皆恪遵朱説，不敢一字異同。明初編纂大全，惟取朱門弟子之發明師説者，其他概棄弗録。習舉業者奉爲章程，循墻而走，盡天下之聰明而錮之，不敢出一見吐一辭，其亦可慨也夫。

參天兩地論

説卦傳曰：「參天兩地。」而倚數解之者各不同。其言五位相合，以陰從陽，天得三合，謂一三與五，地得兩合，謂二與四者，馬融、王肅之説也。言天數七九爲奇，地數六八爲耦，取奇於天，取耦於地，而立七八九六之數，即以參兩目奇耦者，韓康伯、孔穎達之説也。言天一數之兆未可用，地二數之生天，三數之成乃可推。地二天三合而爲五，五位皆十，爲大衍之數。又乾、坤之策，二篇之策，皆用三二錯綜數之者，關子明之説也。言一二三四五乃五行之生數，故用以起數，一三五合之得九爲參天，二四合之得六爲兩地者，蘇子瞻、楊龜山、張紫巖、楊誠齋、俞石澗諸人之説也。言天圓地方，圓者一而圍三，三各一奇，故參天而爲三方者，一而圍四，四合二耦，故兩地而爲二者，朱子之說也。言奇畫中實得三分爲參天，耦畫中虛得奇畫三分之二爲兩地者，建安丘氏之說也。

凡此諸說，各有長短。王、馬之說，與蘇、楊諸人之說相類，以解九六可也，而不可以解七八。韓、孔之說以奇耦言天地，是矣，而參兩之義未明。關氏論衍數策數，非不合也，一爲數始而不用，未有確義。朱子主圍三圍四之說，舍實策而取虛圍，又用全用半，無所據依，恐非大傳本指。若丘氏計爻畫之長短，則耦畫視奇，豈必恰虛三分之一，近於鑿矣。

以愚見論之，倚數一語，在生蓍之後，立卦生爻之前。則此參天兩地，正確指蓍策之數也。揲策成爻，奇數有一三五而獨用三，謂之參天；偶數有二四，而獨用二，謂之兩地。其不用一五與四者，不可用也。老陽之數九，必以三三三數之，方爲三奇；若雜用他數，則一四四，可爲一奇二耦矣。老陰之數六，必以二二二數之，方爲三耦；若雜用他數，則一四一，可爲二奇一耦矣。少陽之數七，必以一三兩二數之，方爲一奇二耦；若雜用他數，則一五一，可爲三奇矣。少陰之數八，必以兩三一二數之，方爲二奇一耦；若雜用他數，則二四二，可爲三耦矣。故奇必用三，耦必用二，而後陰陽老少之爻，乃可定。參也者，三之也。兩也者，二之也。取三於天，取二於地，而交錯用之，所謂參天兩地也。以此參兩，成九六七八之數，所謂參天兩地而倚數也。此就蓍策刻體言之，立數之本旨也。若夫旁推交通，極於卦爻，篇策之屬，而無不合者，用數之能事也。言有淺近而確當者，聖人擇焉。此義在眉睫之間，而未經闡發，輒抒之以備采擇，非敢絀群言而伸己説也。

挂揲論

易爲象數之書，非明數不可言易。善求數者，求其根原，不求其枝葉。善言數者，言其要領，不言其煩碎。揲蓍之法，所以求爻而立卦也。爻分奇耦，而有老少陰陽之殊。三變始成一爻，每變所得挂扐之數，五四稱少，九八稱多者，未成爲奇耦也。蓍所以告人而分陰陽、示吉凶者，全在分而爲二之時，一分而多少已定。其要在視左策之所餘。左策，先揲者也。視左策所餘若干，即知右策所餘若干，而多少之數判矣。

第一變必挂一者也，取四十九策中分之，而以右一策挂於左，以四揲之，左餘一則右餘三，左餘三則右餘一，左餘二則右餘二，其扐者四而爲少；左餘四則右餘四，其扐者八而爲多。是三少而一多也。

第二變而挂一也，取四十四策或四十策中，分而挂揲之。左餘一則右餘二，左餘二則右餘一，并挂扐得四而爲少；左餘三則右餘四，左餘四則右餘三，并挂扐得八而爲多。是二少而二多也。第二變而不挂一也，左餘一則右餘三，左餘三則右餘一，左餘二則右餘二。其扐者四而爲少，左餘四則右餘四，其扐者八而爲多。是三少而一多也。

第三變而挂則亦得二少二多，不挂則亦得三少一多。挂與不挂，所得多少，有不同者：

挂則以右之一策挂於左，故左之三亦爲四，以右四配之而成多；不挂則左之三不爲四，以右一配之而成少。故後二變之挂與不挂，殊有關於多少之數焉。

若夫三變皆少，而爲老陽皆多，而爲老陰一少二多，而爲少陽一多二少，而爲少陰則第視其多少而已。其少之左右若干，多之左右若干，三變多少之爲同爲異，可勿問也。以其無關於奇耦，不係於老少也。

今啓蒙明蓍策篇，乃取三變之數，叠爲三層，左數若干，右數若干，較其同異，列爲格樣。太陽有十二格，少陰有二十八格，少陽有二十格，老陰有四格，共六十四格，謂合於六十四卦之數。又以陰陽動静，饒乏進退，反覆論之，至於左餘右餘，得少得多之故，絶不言及，是何詳於末節而略於根本也？夫左一右三，左三右一，左二右二，左一右二，左二右一，左右各二，雖不同，其爲少同也。右三右四，左四右三，左右各四，雖不同，其爲多同也。就此左右不同者，止有八種。少少少多多少少多多三變不同者，止有八格。少少少爲老陽，多多多爲老陰。少多多多少多多多少爲少陽，多少少少多少少少多爲少陰。今乃合三變之左右上中下，錯綜交互，而成六十四格，巧則巧矣，然所以爲奇爲耦、分陰分陽之故，不在乎是，不直抉其根源，而紛尋其枝葉，豈簡易示人之道哉？夫啓蒙者，將以發人之蒙蔽也。今以六十四格分列於前，而以奇圓圍三而用全，三一之中復有三耦，方圍四而用半，二二之中復有二，及太陽居一含九，少陰居二含八之説，參錯陳之，使人開卷茫然，目眩心迷，而不得其解，非注不明，注愈多而愈不明，未見其能啓蒙也。則曷若探其本，提其要而言之？

嘗試爲之説，曰：揲蓍之法，一變而得少得多，三變而得奇得耦，第一變分二挂一，左右以四揲之，左餘一右餘三，【】左餘三右餘一，【】左右各餘二，【】則扐四而爲少。左右各餘四，【】則扐八而爲多。第二變分二挂一，左右揲之，左餘一右餘二，【】左餘二右餘一，【】并挂扐得四而爲少。左餘三右餘四，【】左餘四右餘三，【】并挂扐得八而爲多。第三變與第二變同。三變皆得少，則除挂扐十三策，存三十六策，以四揲之得九，而爲老陽。其爻爲奇，其畫爲重，三變皆得多，則除挂扐二十五策，存二十四策。揲之得六而爲老陰，其爻爲耦，其畫爲交。三變中一少二多，則除挂扐二十一策，存二十八策，揲之得七而爲少陽，其爻爲奇，其畫爲單。三變中一多二少，則除挂扐十七策，存三十二策，揲之得八而爲少陰，其爻爲耦，其畫爲拆。如是，則簡括明顯。雖其言之不文，而初學一覽曉然，無所藉於衆格，亦無煩衆説之紛紜矣。

若夫第二、第三變之挂一不挂一，先儒所主不同。孔穎達、劉禹錫、畢中和諸人皆主挂，而程伊川、張横渠、郭子和、程沙隨主不挂，朱子主挂，則程子、張子之説亦有所不取，挂固得之，而不挂亦未盡失也。夫第一變之所以必挂者，四十九策中，一策爲零數，在四揲之外，不容不挂也。後二變則策無零數，皆在揲中，可以挂可以不挂，挂亦得四得八，不挂亦得四得八，但挂則陰陽均平，不挂則陽饒陰乏，小不同耳。

若以四營成易，再扐後掛二語決其當掛，則未必然。夫前變既掛，後二變雖不掛，亦不害其爲四營。經言四營，不言十二營也。如謂再扐後掛指後變之掛，則分先於掛，經當言再扐而後分，何故越分而言掛也？又謂前一變得三五一九爲圍三用全，後二變各得二四二八爲圍四用半，則近於傅會。又謂後二變不掛，則老陰僅一格，恐有終歲揲蓍而不得純坤者，然三多爲耦，一多二少亦爲耦，不掛而少陰之格二十七，皆可以得坤。豈必專用老陰一格哉？大抵諸儒持論，各有師承，苟無大害，不必過貶。至若以扐爲餘，以歸奇爲歸，所掛之一，及以九六專屬乾坤，七八專屬六子，是誠他説之誤，而朱子之辨爲不可已也。

易圖論

古之學者，左圖右書。書藉圖以明，而易爲象數之書，尤非圖不明。謂有易可無圖者，不知易者也。易圖無慮數百種，而希夷所傳諸圖，最爲切要，是作易之本原也。朱子取而置之易前，爲功大矣。尚有當斟酌損益者，請得而詳言之。

諸圖中尤要者，爲大圓圖。六十四卦之方位次序，昭揭於此，陰陽消長，寒暑晝夜，運行往來之道，包括於此，獨不宜置方圖於其中，窒而礙之，使儀象相生之故盡晦也。邵子曰：「凡圖皆從中起，此圓圖之中央，乃太極也。」六十四卦之初爻，則兩儀也。二爻，則四象也。三爻，則小成卦也。四爻、五爻，則互體卦也。六爻，則大成卦也。一層生一爻，一爻次一爻，中心太極之外，一層即兩儀，初爻之地分；第二層即四象，二爻之地分；第三層即三爻，小成卦之地分。非直至外層，而頓成六十四卦也。何容置方圖於中，盡占極儀象之地分哉？

章俊卿蓋知其意者，於山堂考索別集中自出一圖，規中之外，即布奇耦之一畫，漸次增加，以達乎外，而爲六畫之卦。大段得之，猶有可議者。第二層惟當更添一畫，而岐分奇耦，不當更作二畫。蓋一畫即初爻，二畫即二爻，無容複出一畫。三層至末，複五畫矣。不若林德久禆傳之圖，仿大横圖之例，以白黑爲奇耦，分作六層者，無複畫之嫌。又不若陳季立伏羲圖贊之圖，第一層作黑白二畫爲兩儀，第二層作黑白四畫爲四象，三層作黑白三畫爲八卦，以至八層，作黑白六十四畫，爲六十四卦者。自合而分，自本而末，條理燦然，渾成精密，或慮覽者未明，則如禆傳之式，别作一奇耦卦於外而標識之，以此爲大圓圖。則羲皇之精蘊，發露無餘矣。其方圖不特當離而爲二，且有當更定者：圓圖乾、兑、離、震在東，巽、坎、艮、坤在北，方圖更置之，而乾、兑、離、震在北，巽、坎、艮、坤在南，與時序物候都不相合。張仲純易象圖説中有因重圖，以乾、夬至泰縱列於東第一行，乾、履至否横列於南第一行，否、萃至坤縱列於西第一行，泰、臨至坤横列於北第一行。八卦悉依先天次序，乾居東南，已位，四月；坤居西北，亥位，十月；泰居東北，寅方，正月；否居西南，申方，七月。天時地氣，恰相符合，賢於舊圖，宜用相代。舊解有方圓動静對待之義，分而二之，不害其爲動静，易而置之，不害其爲對待。奚必天包地而圓裹方哉？

至後天二圖之外，尚有當增者，六十四卦方位一圖與三十六卦反對一圖。後天之易，全論反對，乾西北坤西南，坎北離南，艮東北巽東南，爲三縱，震東兑西，爲一横，皆反對也。但有後天八卦方位圖，而無六十四卦方位圖，則諸卦何所頓置？張仲純有致用圖，依京氏易傳，以乾所變之姤、遯、否、觀、剥列於西北，以坤所變之復、臨、泰、大壯、夬列於西南，各相反對。其餘六卦所屬，依位列之，而卦卦反對，别置游魂歸魂十六卦於八純卦之旁，亦錯綜相對。文王改定卦位之圖，得此故而始明，當增者一也。

周易卦序，非正對則反對，上經三十卦，合正對反對計之，得十八卦。下經三十四卦，合正對反對計之，亦得十八卦。六十四卦實止三十六卦。是道也，雜卦傳始發之，邵子以下諸儒繼闡之，近代來知德極論之。舊有方圖，陳季立始環而圓之，上經在東，下經在西，乾、坤、咸、恒首上下經，坎、離、既、未濟終上下經，序卦之義，瞭然在目。當增者二也。

本義於八圖之後，又有卦變一圖，本諸李挺之六十四卦相生圖。卦變實自反對而來，與此圖無預。然陰陽消長，當以圖明。此圖既有一陰一陽之卦，復有五陰五陽之卦。既有二陰二陽之卦，復有四陰四陽之卦，殊爲煩複。張仲純有六十四卦變通圖，僅五層，而諸卦消長之序盡見。又，乾、坤、坎、離在中，兑、震、坎、艮在旁，而各層卦尾恰與十二月相對，最爲簡明，可取而代也。先天之圖四，邵子所傳也，離方圓而爲五。後天之圖二，朱子所增也，加致用、反對、變通，亦爲五，置諸易前。不待開卷而畫卦成爻，方位次序，大義了然。其於易也，思過半矣。其河圖洛書，自是五行家所用，與易卦本不相謀，而諸儒多取以言易，不可徑去，則置於諸圖之後，以便參觀。若夫朱子發、劉長民、吴斗南、林谷水、張仲理、税與權之流，演易爲圖者甚衆。其中非無精確者，非本根綱領所在，則未暇録，學者博稽而詳擇焉可也。

九圖十書論上

河圖、洛書，經傳雖有其名，莫詳其狀。蓋其亡久矣。漢唐諸儒未之見也。宋初，陳希夷始傳諸人，猶未大顯。至朱考亭推尊之，以爲作易之原本，置諸易前，於是儒者人人言圖書矣。而欲詳圖書之義，先改圖書之名，則自蔡季通始也。此二圖者，希夷傳之种放，放傳之李溉，溉傳之許堅，堅傳之范諤昌，諤昌傳之劉牧，牧作五十五圖發明之，李泰伯譏其穿鑿破碎，止取三圖。然謂九爲河圖，十爲洛書，則受之希夷者，諒無誤也。而季通更定之，以十爲河圖，九爲洛書。考亭從之，而人無敢異議者，五百年於兹矣。

夫物各有所自來，木難火齊，海客實持以來。彼以碧者爲木難，赤者爲火齊，而吾必以赤爲木難，碧爲火齊，可乎？河圖洛書，希夷傳諸其徒者也。其徒以九爲圖，十爲書，而吾必更易之，可乎？朱、蔡之説，謂孔安國、劉歆、關子明、邵堯夫皆言十爲圖，九爲書。按此四家之説，唯安國略有可據。劉歆但言河圖洛書相爲經緯，八卦九章相爲表裏，不言孰爲圖孰爲書。關子明易傳未嘗一言及圖書。洞極經乃阮逸僞撰。其七十二象，朱子嘗斥之爲亂道者，而顧取其説以證圖書耶？堯夫真得希夷之傳者，然經世書數萬言，絶不及圖書，唯觀物外篇一條言之，亦泛論方圓，未嘗直指九十也。其明言九爲洛書者，獨安國耳。安國謂洪範九疇，法洛書之九數。後儒相沿以爲固，然而不知九疇非洛書也，九疇之綱自五行至五福、六極，其數參差不與洛書自一至九之數相應，其子數五十復不與洛書之四十五數相應。九疇自是治天下之大經大法，於黑白奇耦之義，毫無所取。書言錫禹洪範，九疇不言錫禹龜圖也。而安國以神龜負文，傅會之流爲讖緯，至有天苞、地符、九篇、六篇之説，荒誕不經。明王子充作洛書辨，以六不可信破之，最爲詳明。必知洪範之非洛書，而後洛書之非九數，可得而言矣。

今之所謂洛書，正古之所謂河圖也。夫數始於一而窮於九，布算之法無十，十則變而爲一，此天地自然之數也。古河圖之象以五居中，以一、三、七、九居四正，以二、四、六、八居四隅，四正四隅相對皆十，縱横四面皆十，五位置妥確，意味深長。且其大體有八面，以之配八卦，而乾九、震八、坎七、艮六、坤一、巽二、離三、兑四，可合先天之位；以之配五行，而北水、南火、東木、西金，可合後天之位。以是爲河圖，而謂「聖人則之」，猶之可也。若今之所謂河圖，則一、六居北，二、七居南，三、八居東，四、九居西，五、十居中，不過取五行生成之數，類而列之。其大體止四面，連中央爲五位，以配洪範五行，而謂之洛書，或庶幾焉。

若八卦之位數，無一合者，强而配之，謂析四方之合以爲乾、坤、坎、離，補四隅之空以爲兑、震、巽、艮，甚費辭説，終於難通。而謂聖人則之以作易，不亦誣乎？主此説者，祇因繫辭「天一地二」一章，言五位相得而各有合。凡天地之數五十有五，與此圖相符，遂以爲作易之本原，而繫辭此章，翻爲解圖而發。然此圖乃五行生成之數，無預於八卦。伏羲之前，决無此圖。此圖却因繫辭而演出，未可知耳。

夫數雖有十，而算不用十，十乃百千萬億之類，非一至九數比也。故圖不容有十，更不當置十於圖中央，與五并列。楊子雲深於數學，其爲太玄也，每家九贊，而云一與六共宗，二與七爲朋，三與八成交，四與九同道，五與五相守，本止九數。今云五與十相守者，朱、蔡改之也。大戴禮明堂篇之二、九、四、七、五、三、六、一、八，止九室耳，非北一室南九室也。以爲法龜文者，注家之失也。惟乾鑿度所云，太一五行九宫四正四維者，即九宫飛吊之法，術家多用之。蓋自一至九之圖，其來舊矣。而十數之圖，希夷以前未之見。世傳希夷所作離合變通圖，自一至九，謂之形九宫者，標爲龍圖；自一至十，謂之形洛書者，標爲天地生成之圖。劉牧作鈎隱圖，一遵師傳，非更置也。而謂牧始兩易其名，然則朱、蔡以前，如朱子發、張紫巖、沈存中、房審權、王湜、李簡諸人，何悉以九爲圖，十爲書乎？其謂十圖九書者，昉於季通。季通父子尊尚洪範，自作一書，以九九積數，有卦有辭，復著洪範皇極内外篇，欲以準易，故指九爲洛書。朱子從之，而圖書之更名，遂一成而不可變。圖乎書乎，何幸而得諸儒窮研極索，推爲作易之原？何不幸而數傳之餘，名與數俱遭變置也？謂人兩易，而已實易之。名爲反古，而實則變古。當舉世習見習聞之餘，欲使之轉而從舊也實難。然物必歸本，烏知千載後無大儒起而正之乎？

觀啓蒙本圖書篇，有云洛書固可以爲易，而河圖亦可以爲範，安知圖之不可爲書？書之不可爲圖？雖設爲問難之辭，實存其説以啓人之披尋，殆未嘗以更置爲定案也。是朱子之明，非季通所及也。

九圖十書論下

或曰：圖書既是後人易名，正之使從其舊可也。而子之意，似於二圖有所軒輊。然者揚九而抑十，豈有説乎？

曰：本其數而言之也。數始於一，窮於九，雖有十數，而算法不用滿十，則進而爲一。十即一也，十分即一寸，十升即一斗，十錢即一兩。故乘除之法有大小，九歸而十不預焉。今之珠算，雖置二珠於上，而一珠不用。若西洋籌算，則有自一至九之籌，而無十籌，但作一空圈之籌，以當零位，正謂十變爲一，而一居空位也。又列十數於五籌，背面書之，而一與九對，二與八對，三與七對，四與六對，五則無對而對空，恰與今人所名洛書之圖相合。此天地自然之數也。列子曰：「九者，究也。九復變而爲一。」揚子雲言「五與五相守」，而不言五與十相守。此深知數者也。夫唯數止於九，故以五居中，而八數分布八方，奇數居正，耦數居隅；以配八卦，則乾、坤、坎、離居正，震、巽、艮、兑居隅；以配五行，則生數居正，成數居隅，位置精當，不可移易。推而用之，畫土則九州，井田則九區，明堂則九室，陣圖則九軍，以至太一之九宫，遁甲之九局，星山之九卦，皆是物也。其體大，其用廣，如是而謂之河圖，謂出於羲皇之世，而爲歷代之所寶，斯無愧矣。

若夫自一至十之圖，不過五行生成之數，與繫辭所云「天地之數五十有五」，相符而已。以配八卦，則有正而無隅，九西而八東，先後天之序，俱不合。諸儒盡智竭思曲爲之説以配之，終矯强而難通。至其以十與五并居中央，尤爲窒礙。中不容有二五，當一二三四六七八九之中，居中可也。十乃數之終，而可與五并列乎？五居中以制外，有十而不尊五，處虚以運實，有十而不靈，即其位置之法，與五并列，則使五失其中，列於五傍，則上下左右皆不匀稳，亦足見其出於人爲，而非天然之象數矣。故歷代制度不用此圖，諸家術數不用此圖，前代載籍不言此圖。惟希夷傳之劉牧，演之本標，爲天地生成之圖，以洪範首五行，而五行以天地生成爲序，故名爲洛書云耳。當羲皇時，豈已有天一生水、地六成之之説，而法之以畫卦哉？更名之爲河圖，而稱爲作易之本原者，希夷之所不及料也。元雷思齊直論此圖爲希夷之所演，雖未必然，然而其出亦近矣，不可與自一至九之圖并提而論，彰彰也。

曰：如子之説，自一至九之圖，信善矣。然安知不爲神龜所負之文，出於大禹之世，而爲洛書？乃必謂之河圖乎？

曰：神龜負文説，既近怪法，圖演疇義，尤無取據。漢書五行志所載劉歆之言，則以「五行」至「六極」六十五字，爲洛書本文，後人非之。然圖也者，點畫形象之謂。書也者，文字名義之謂。使禹所見者止此，自一至九之數，點則曷不名洛圖，而名洛書乎？當洪荒時，止應有圖。既有書契之後，可以有書，且分九州，畫井田，制軍陣，俱在黄帝之時，則此圖非至禹時而始出，明矣。今但明九數之爲河圖，而十數之是洛書，非洛書可以不辨，均之爲古今所流傳，諸儒所推重。參觀而互考焉，以盡象數異同之致，不爲無益也。

遂初堂文集　卷三

論

卦德論

從來説易者，以乾健、坤順、震動、巽入、坎險、離麗、艮止、兑説爲卦德。蓋本諸説卦，參諸彖傳，宜乎確不可移。而其義似猶有未盡者，則以險、麗二言，不可以爲坎、離之德也。

夫坎、離者，乾、坤之大用也。六子皆得乾、坤一體，而坎、離獨得中爻。卦以中爲貴，九五、六二固居中得正矣，九二、六五雖不當位，猶多吉辭。其於先天之位，則爲日爲月而居東西；後天之位，則爲水爲火而居南北，實代乾、坤以司化者也。坎之象中滿，其德爲剛，中爲孚爲實。離之象中虚，其德爲柔，中爲文爲明，皆上德也，而可以險、麗二言當之乎？

夫險，陷也，謂一陽陷於二陰也。麗，附也，謂一陰附於二陽也。此可以言卦體，不可以言卦德。險、麗非德，而險尤爲凶德，若之何加於坎也？坎以一陽御二陰，蓋秉陽剛之德，具弘毅之才，足以荷重大而濟艱難者。故上經於乾、坤之後，繼以屯、蒙、需、訟、師、比，皆坎用事之卦也。

說卦云：「戰乎乾，勞乎坎。」乾方與陰力戰而勝，坎竭力佐之以出險阻。屯、蒙、訟、師，皆經綸戡定之事，故莫勞焉。其於人也，蓋周、召、畢、散之倫，而可以險曰之乎？險者，坎所履之地也，所值之時也，而非其德也。其德奈何？曰：經言之矣，坎之卦辭曰：「習坎，有孚，維心亨。」彖曰：「行險而不失其信。」需之卦辭曰：「有孚，光亨，貞吉。」彖曰：「位乎天位，以正中也。」訟之卦辭曰：「有孚窒惕，中吉。」彖曰：「剛來而得中。」師之彖曰：「剛中而應。」比之彖曰：「以剛中也。」其初六曰：「有孚比之，無咎。」謂九五也。蒙之六四，曰：「困蒙之吝，獨遠實也。」謂九二也。然則孚也，信也，實也，剛中也，皆坎之德。而可以一言蔽之，曰孚若離，則陰居陽中，外闇内明，爲日爲火，無所不照。在人爲心，至虛至靈，虛室生白，發乎天光，燭理辨物，窮幽洞明，經天緯地，乃成文章。於人爲孔、曾、思、孟之倫，而麗豈其德乎？

離之象辭，雖言「離者，麗也」，第釋其義而已。所尚者，在「重明以麗乎正」。象辭則曰：「大人以繼明照於四方。」同人之象曰：「文明以健。」大有曰：「剛健而文明。」噬嗑曰：「動而明。」賁曰：「文明以止。」晋曰：「順而麗乎大明。」明夷曰：「内文明而外柔順。」睽曰：「說而麗乎明。」革曰：「文明以說。」豐曰：「明以動。」旅曰：「止而麗乎明。」言麗乎明，則明爲德而麗，非德可知矣。明也，文也，經所并言。而文生於明，明可兼文，故離之德，可以一言蔽之，曰明。

若夫巽之爲入，則亦有未安者。巽非入之義，惟説卦、序卦各一言之，重巽及諸有巽之卦、彖辭、爻象，無言入者。他卦之釋卦義也，或以卦德，或以卦體。惟巽則即以卦名。如小畜之健而巽，蠱之巽而止，觀之順而巽，大過之巽而説行，恒之巽而動，升之巽而順，别無一言以代巽者，非窮於辭也。

蓋古之卦名，其字爲「顨」，本不作「巽」。「巽」則自有字義，順也，柔也，卑也，讓也。字亦作「巺」，與「遜」通用。堯典：「庸命巽朕位，是也。」經蓋以「㢲」之義，釋「顨」之卦名耳。今則「顨」、「巽」爲一，故名義不殊，卦名不可復古，則云「巽」，遜也，庶幾得之。然而所當更定，莫要於坎、離矣。

夫學易者，非徒説之，將以法之也。法坎之孚，而剛中篤實，閑邪存誠。其學爲自誠之明。法離之明，而致虚主静，黄中通理。其學爲自明之誠。明誠合一，通復兼資，而聖學樞機在是矣。卦體云乎哉！

卦位論

先天後天之卦，同出一原，而位序何其不同也？先天之位，乾南、坤北、離東、坎西、震東北、巽西南、艮西北、兑東南。後天之位，坎北、離南、震東、兑西、乾西北、坤西南、艮東北、巽東南。無一相同，爲之説者，紛紜不一。愚以爲皆未得其綱領也。

夫先天之位，非八方也。大圓圖直寫渾天之象，就人目所見言之，以最高者爲乾爲天，最卑者爲坤爲地，猶渾天之有北極、南極也。亘乎天中而錯行者，在左爲離爲日，在右爲坎爲月，猶渾天之有黄道、赤道也。震爲雷，艮爲山，地之所出也，故附乎坤而居下。巽爲風，兑爲雨澤，天之所降也，故附乎乾而居上。羲皇畫卦之初，分陰分陽，則天象地，但有上下左右耳，詎可以東西南北分配之哉？

若文王用卦之意，則迥别矣。先天以巽、離、兑拱乾爲其爻，皆二陽也，以震、坎、艮拱坤爲其爻，皆二陰也。後天則以一陽二陰爲陽卦，一陰二陽爲陰卦。先天乾、兑同爲太陽，坤、艮同爲太陰。後天尊乾、坤爲父母，而以震、坎、艮爲三男，巽、離、兑爲三女。先天取天尊地卑之義，乾上坤下。後天取内貞外悔之義，乾下坤上。於是以八卦分布八方，而乾居西北，坤居西南，殷道尚右。西者右也，尊父母也，非退而不用之謂也。乾統坎、艮、震，位於東北；坤統巽、離、兑，位於西南。父率子，母率女，陰陽各從其班也。坎居正北，離居正南，以坎、離得乾、坤中爻，故次乾、坤而居南北之中也。易貴乾、坤、坎、離，此四者定位，然後及乎他卦。

震長子，代父用事，固宜居正東矣，而巽何以居東南？艮少男，居東北，次坎可也，而兑何以居正西？曰：此以覆對得之也。凡卦有正對，震、巽相對，艮、兑相對也；有反對，震反而爲艮，巽反而爲兑也。覆對云者，以正對覆而觀之，則震、兑相對，巽、艮相對也。震之反對爲艮，而艮陽也，不可以居西，故以覆對之兑居之。艮之反對爲兑，而兑陰也，不可以居東南，故以覆對之巽居之。邵子所謂三縱一横者，言其大概，而第三縱與末一横，則有奥義存焉。非反對、覆對，莫之能明也。

先天之圖，所以立體也。後天之圖，所以致用也。先天之圖立，而視之算術，所謂渾圓也。後天之圖偃，而視之算術，所謂平圓也。渾圓無八方，平圓有八方，而世人欲取先天後天，頡頏其方位，則如柄鑿之不相入矣。萬事萬物，不出先後天之範圍。日月運行，寒暑往來，晦明代謝，人事之消長，世運之盛衰，皆應先天卦序，準渾天之象也。地列八方，候應八風，八家同井，八陣爲圖，遁甲有八門，堪輿有八山、八宅，皆應後天卦序，準方輿之象也。

其在於人，乾爲首，坤爲腹，離爲心，坎爲腎，艮爲肩背，兑爲孔竅，震爲手足，巽爲呼吸，象先天也。君統百官，父統衆子，兄弟相次，夫婦相偶，文武分班，昭穆分列，象後天也。先天、後天相反而相濟，相易而相成，有先天不可無後天，故文王起而演易。有先天後天，不可更有增加，故宣尼止於贊易也。

卦變論

易彖辭言剛柔之上下往來者二十卦，先儒以卦變釋之，謂此卦從某而來，某爻爲某爻之所變。其説不謬也，而未有定例。虞翻、蜀才、侯果輩謂，三陽三陰之卦，多自泰、否而變；四陽四陰之卦，多自臨、遯、大壯、觀而變。然於頤，或謂自晋來，或謂自觀來；於睽，或謂自大壯來，或謂自无妄來；於豐，或謂自噬嗑來；於小過，或謂從晋來。初無定見。王輔嗣不取卦變，注疏中略不及之。至朱子發，始復以卦變解易，演六十四卦相生圖，謂五陰一陽之卦，皆自復來；五陽一陰之卦，皆自姤來；四陰二陽，皆自訟來；四陽二陰，皆自遯來；三陰三陽，皆自泰來；三陽三陰，皆自否來。而謂虞翻諸人之説合於圖者三十六卦，不合者二十八卦，義例似乎畫一矣。

朱子從其説，以圖列於易前，謂之卦變圖。然本義於蠱，言或自賁來，或自井來，或自既濟來；於賁，言或自損，或自既濟；於睽，言或自離，或自中孚，或自家人；於漸，言或自涣，或自旅。則復參差其説，不盡依本圖矣，然此圖本言六十四卦相生。

夫乾、坤生六子，八卦生六十四卦，今言坎、震、艮自臨變，巽、離、兑自遯變。子反生母，於理不順，用以解經，殊多不合。夫經所謂内者，下卦也；外者，上卦也；往者，自下而上也；來者，自上而下也。如訟之彖曰：「剛來而得中。」漢上傳及本義以爲遯之九三，來爲訟之九二，則三二同在下卦，何云來也？无妄之彖曰：「剛自外來，而爲主於内。」本義以爲訟之九二，來爲无妄之初九，則自内來，何言外也？諸如此類，義自難通。故以相生圖言卦變者，似之而非也。

程子易傳則以諸卦變皆自乾、坤而來，謂乾、坤變而爲六子，八卦重而爲六十四卦，皆由乾、坤之變。蘇子瞻亦謂剛柔相易，皆本諸乾、坤。凡三子之卦，有言剛來者，明此本坤也，而乾來化之。三女之卦，有言柔來者，明此本乾也，而坤來化之。故凡言此者，皆三子三女相值之卦也。蠱也，賁也，咸也，恒也，損也，益也，非是卦也，則無是言也。按以卦變，俱從乾、坤來，差爲簡易，勝於諸家紛紜之説。然以此論三陽三陰之卦可也，二陽三陰之卦，則費詞説。故程傳於訟、无妄，但言成卦之由；大畜、蹇、解、升，不作卦變解。晉、睽但言離在上者，多云柔進而上行而已。又經中云：「往來上下，凡二十卦。」而三子三女相值者，僅六卦。子瞻之説，無乃疏乎？

若朱楓林之説，以十二辟卦與六子卦爲變卦之主者，雖亦可通，然聖人説經不應如是之破碎，況十二辟卦乃京房、費直之説？豈文、孔時所當有乎？求其確當自然者，惟梁山來知德之説爲可信。

來氏言上下經之卦，皆以反對爲序，綜兩卦爲一卦。需、訟相反，需上卦之坎變而居訟下卦，九二居中，故云剛來而得中也。泰、否相反，故云小往大來，大往小來也。隨、蠱相反，蠱下卦巽反而爲兑，居隨之上。蠱上卦艮反而爲震，居隨之下，是剛來而下柔也。隨下卦震反而爲艮，居蠱之上，隨上卦兑反而爲巽，居蠱之下，是剛上而柔下也。无妄、大畜相反，大畜上卦之艮反而爲震，居无妄之下，是剛自外來而爲主於内也。

以此義推之，不問三陽三陰、二陰二陽之卦，無弗合者，不必遠取諸乾、坤與夬臨、遯、泰、否，直就本體二卦之相反相成者切近言之，蓋六十四卦中，卦卦皆有此義。聖人偶於二十卦發之耳。向來諸儒不明文王序卦之旨，不知兩卦相反合爲一卦之義，故其論卦變也，影響而不真，錯雜而不一，得來氏之説，而豁然貫通，略無疑滯矣。

愚猶有進焉者。來氏解諸卦，并以此卦兩體與彼卦兩體互易而言，然彖、傳之義，有專主一爻者，則又當以兩爻互易論之。訟之「剛來而得中」，謂需之九五爲訟之九二也。噬嗑之「柔得中而上行」，謂賁之九二爲噬嗑之六五也。无妄之「剛自外來而爲主於内」，謂大畜之上九爲无妄之初九也。大畜之「剛上而尚賢」，謂无妄之初九爲大畜之上九也。晉之「柔進而上行」，謂明夷之六二爲晉之六五也。睽之「柔進而上行」，謂家人之六二爲睽之六五也。鼎之「柔進而上行」，謂革之六二爲鼎之六五也。漸之「進得位」，謂歸妹之九二爲漸之九五也。涣之「剛來而不窮」，謂節之九五爲涣之九二也。柔「得位乎外而上同」，謂節之六三爲涣之六四也。若損之損，下益上；益之損，上益下。不言剛柔，則各就本卦之爻言之，不在變卦之例。若同人之柔，得位得中；大有之柔，得尊位大中。舊雖不論卦變，亦可以卦變之義釋之。夫兩體相易者，概言之也。兩爻相易者，專言之也。經文有專指一爻者，不得不剖析論之。然兩體相易，而兩爻相易在其中。要不出乎來氏之説矣。

來氏以諸卦相對爲錯，相反爲綜，雖非參伍錯綜之本旨，而論正對以發明先天之序，論反對以發明後天之序，甚有裨於易學，不可以後出而忽之也。

卦氣論

易大傳言乾、坤之策三百六十，當期之日，第舉成數，約略相當耳。自焦延壽、京房輩爲分卦直日之法，而卦氣之説興焉。六十四卦，凡三百八十四爻。一歲通閏，凡三百六十五日四分日之一。其數參差不齊。於是摘出四卦，止用六十卦，則僅三百六十爻。一歲不論有閏無閏，以二十四氣均齊之，約五卦而當二氣，一卦當六日七分，法亦巧矣。然於六十四卦中摘出坎、離、震、兑，以爲方伯監司之官。所主各六氣，震主春分至芒種，而乾屬焉；兑主秋分至大雪，而坤屬焉。子則兼司六氣，而父母僅司六日七分，於義安乎？

又，六十卦之方位次序，皆以意安排。坤歷未濟、蹇、頤、中孚而爲復，復歷屯、謙、睽、升而爲臨，既非後天八卦之序，復非爻畫消長之序，徒以十二辟卦部分之而已。其説出於易緯之通卦，驗是類謀。(楊)〔揚〕子雲作太玄，以中當中孚，以周當復，以礥閑當屯，以少當謙，悉依此序。先儒馬融、鄭康成、虞翻、陸績輩悉宗之，而孔穎達取以解易之「七日來復」，是皆不知有先天圖而然也。先天圖從儀生象，從象生卦，左陽右陰，錯綜相對，消長升降，循環無端，其次序出於天然，而非一毫私智之所能。與夫三百六十五日四分日之一，天度也。四時二十四氣，天行也。欲以卦爻當天運，而不依天然之次序，其可乎？故不論卦氣則已，論卦氣則當掃地而更新之，不用漢上易傳所載之卦氣圖，而用先天圖起復終坤之位序，不摘出坎、離、震、兑，亦不摘出乾、坤、坎、離，而别爲一法。

夫所以摘出四卦者，欲除二十四爻，而用六百六十爻耳。六十四卦之中何所見，而獨去四卦？六十四卦生於八卦，在先天圖，八純卦各統七卦以居一方，此七卦之下，三爻即一統卦之下三爻也，則莫若於純卦中除出三爻八卦，共除二十四爻，恰得三百六十爻，與舊圖之用數吻合矣。舊以坎、離、震、兑四卦之爻，分主二十四氣，而坎初六主冬至，九二主小寒，六三主大寒，六四主立春，九五主雨水，上六主驚蟄。今則以震之初爻主冬至，二爻主小寒，三爻主大寒；離之初爻主立春，二爻主雨水，三爻主驚蟄；以逮坤之初爻主立冬，二爻主小雪，三爻主大雪。其三百六十爻，則自復初爻至屯三爻當冬至，屯四爻至噬嗑三爻當小寒，噬嗑四爻至无妄上爻當大寒，明夷初爻至既濟三爻當立春，既濟四爻至豐上爻當雨水，離四爻至同人上爻當驚蟄，以逮否初爻至晉三爻當立冬，晉四爻至觀上爻當小雪，比初爻至坤上爻當大雪。如是，則卦爻節氣，符合均平，無偏枯之嫌，無錯亂之失。去舊之短而取其長，師其意而不師其迹。因革之道，當如此矣。

是説也，藴諸胸中，無所質正。適閲河東王氏含光之易學三述，有論及卦氣者，喜其先得我心。王氏他説，多有偏矯，獨此一條爲格論，恐其書未必能傳，故不割己論而詳説之，留心緯候者，當不河漢吾言也夫。

納甲納音論

納甲之法，秦以前未有也。蓋起於焦貢、京房之流。其法以十干配八卦，卦少而干多，則以其類納之。乾、坤共納四干，六子各納一干。乾納甲、壬，坤納乙、癸。以乾、坤爲父母，各得首尾兩干，包六子於中也。坎納戊，離納己，以中男中女得中間兩干也。艮納丙，兑納丁，二少反在先者，氣之方行也。震納庚，巽納辛，二長反在後者，質之既凝也，亦合先天圖艮、兑次乾、坤，震、巽在後也。此有確義可推，是立法之本意也。

若參同契之説，則以月之朔望弦晦配卦畫，以所見之方位配日干。虞仲翔取以釋懸象著明，朱子亦有取焉。然謂三日象庚（離），八日象兑，十五日象乾，十八日象巽，二十三日象艮，晦日象坤，一月當六卦。而朔旦象坎，日中象離，一日當二卦。既多少不倫，而望前指昏見之方，望後指旦没之方，亦無定準。殆養生家自以月魄喻火候耳。納甲不以此也。

至於十二支，則以八卦之六爻分納之。乾六爻納子、申、辰、寅、午、戌之六陽，支而統以甲、壬。坤六爻納未、巳、卯、丑、亥、酉之六陰，支而統以乙、癸。震、坎、艮亦納六陽，支而分統於庚、戊、丙。巽、離、兑亦納六陰，支而分統於辛、巳、丁。六十日辰，乾、坤各得十二日，餘六卦各得六日，亦父母包六子之義。雖納支，猶納甲也。

若夫納音之法，尤奥隱而難明，説者多未詳其義。有以太玄之數，合大衍之數，視其餘數，以五及十除之，而定五行者。甲子、乙丑爲數三十四，於大衍四十九中，除三十四，餘十五，又以十除之存五，屬土。土能生金，故甲子、乙丑爲金。丙寅、丁卯二十六餘二十三，除十五存三，屬木。木生火，故丙寅、丁卯爲火。戊辰、己巳二十三餘二十六，除二十五存一，屬水。水生木，故戊辰、己巳爲木。庚午、辛未三十二餘十七，除十五存二，屬火。火生土，故庚午、辛未爲土。丙子、丁丑三十餘十九，除十五餘四，屬金。金生水，故丙子、丁丑爲水。此舊傳婁景先生之説。

夫除干支之本數，又五十除之，而視其餘數。既迂曲矣，餘數尚非五行之數。又以其所生之數定五行，豈非穿鑿之尤者乎？

至朱元昇三易備遺之説，則不論除數，竟以本數定五行。三十四爲金，二十六爲火，二十三爲木，三十二爲土，三十爲水，謂火本無音，水凑之則有音，故火居一六，水之數；土本無音，火陶之則有音，故土居二七，火之數；水本無音，土激之則有音，故水居五土之數。惟木、金自有音，故不易其本數，是竟以納音爲音響之音，又不計全數，而計奇零之數，并一水二火五土之數，皆易之。視前説更支離矣。

沈存中筆談所載，則用律吕隔八相生、娶妻生子之法，謂一律含五音，十二律納六十音，五音始於金，左旋傳於火，火傳於木，木傳水，水傳土。又用遁甲三元之法，五行先仲而後孟，孟而後季，甲子金之仲，黄鍾之商。同位娶乙丑，太簇之商。隔八下生壬申，金之孟。夷則之商。壬申同位娶癸酉，南吕之商。隔八上生庚辰。金之季，姑洗之商。庚辰同位娶辛巳。仲吕之商。隔八下生戊子。火之仲。黄鍾之徵。戊子娶己丑，大吕之徵。生丙申，火之孟，夷則之徵。丙申娶丁酉，南吕之徵，生甲辰，火之季。姑洗之徵。甲辰娶乙巳，仲吕之徵。生壬子，木之仲。黄鍾之角。如是左行，至於丁巳，仲吕之宫。五音一終，是爲陽紀。復自甲午，金之仲，娶乙未，隔八生壬寅。一如甲子之法，終於癸亥，是爲陰紀。夫以五音乘十二律吕，得六十，以十干乘十二支，亦得六十，其數固相符矣。然律吕相生之法，宫生徵，徵生商，商生羽，羽生角。今乃以商生商，三商而後傳諸徵，三徵而後傳之角，其義與序皆不合。律娶妻而吕生子，皆非同類。今甲子與乙丑、壬申皆金，乙丑兄妹也，不可言娶。壬申兄弟也，不可言生。遁甲三元，止就甲巳，所加可言，先仲後孟。此則十干遞加，不可以爲例。且此就干支配五行既定之後言之耳。

夫惟甲子、乙丑爲金，故以甲子爲黄鍾之商，乙丑爲大吕之商云云耳。若甲子、乙丑爲土，則亦可言甲子爲黄鍾之宫，乙丑爲大吕之宫矣。其甲子、乙丑之何以爲金，丙寅、丁卯之何以爲火，終莫能言其所以然。余懷此疑久矣，迨閱觀象玩占而後，曠若發蒙也。其法以十二支合十干，以十干所屬者命之，以其言數納其音，干支相配，共得一音。蓋仍用前卦納干、干納支之法，子、午屬庚，丑、未屬辛，寅、申屬戊，卯、酉屬己，辰、戌屬丙，巳、亥屬丁，而後以宮、商、角、徵、羽分納之。一言爲宮，三言爲徵，五言爲羽，七言爲商，九言爲角。言者，字也。甲子、乙丑所以爲金者，從甲數至子，所屬之庚，歷乙、丙、丁、戊、己、庚，凡七字。從乙數至丑，所屬之辛，歷丙、丁、戊、己、庚、辛，亦七字。故爲商、爲金也。丙寅、丁卯所以爲火者，從丙至寅，所屬之戊，從丁至卯，所屬之己，皆三字，故爲徵、爲火也。戊辰、己巳所以爲木者，從戊至辰，所屬之丙，從己至巳，所屬之丁，皆九字，故爲角、爲木也。庚午、辛未所以爲土者，庚與午所屬之庚，辛與未所屬之辛，皆同一字，故爲宮、爲土也。丙子、丁丑所以爲水者，丙至子所屬之庚，丁至丑所屬之辛，皆五字，故爲羽、爲水也。甲子爲陽商，乙丑爲陰商，丙寅爲陽徵，丁卯爲陰徵，戊辰爲陽角，己巳爲陰角，庚午爲陽宮，辛未爲陰宮，丙子爲陽羽，丁丑爲陰羽。干支相爲陰陽，兩干兩支又自分陰陽，其義精矣。蓋以卦納干，以干納支，謂之納甲。支干相配，而以五音納之，謂之納音。

夫干支自有本行，甲、乙爲木，丙、丁爲火，寅、卯爲木，己、午爲火，是也。至甲午、乙巳則不可名木，不可名火，故本其所屬以命之。蓋因干與支配，不得不然。如古人擇日，有寶義制伐之名。干生支爲寶，支生干爲義，干克支爲制，支克干爲伐。亦以干與支配而命名也。他術數專論五行，獨此納甲之法，猶從八卦來，是大易之支流，古人之遺法，不可廢也。

觀象玩占一書，爲劉伯温所作，故應深知法意。繼讀抱朴子僊藥篇，有云：「按玉策記及開名經，皆以五音六屬，知人年命之所在。子、午屬庚，卯、酉屬己，一言得宮，三言得徵。」云云。其法正同。則知伯温之説，所從來遠矣。大約起於漢世，播於晋唐，曆書以之分日，星家以之審命，羅經以之辨龍，中有至理，不可不知。要非三代以前所有，後儒以納甲釋易之先甲後甲，先庚後庚，已日乃孚，近於傅會。若朱元昇遂謂黄帝作甲子，即有納音，而欲以甲子爲歸藏之易，則鑿空矯强，又讖緯家所不道也。

聲音元本論上

聲音者，先文字而有也。人生而有聲，既長乃能識字。聲止於一字，則多寡不論，或一音而數字，或有音而無字。字造乎人，而音出乎天者也。中古以降，字日繁，音日變。昔人思有以綜理之，而字書韻書出焉。然不得其天然之條貫，則如散錢亂卒，錯雜而不可整齊。自字母之秘啓，反切之法傳，而後衆音衆字，一以貫之，如錢之有繩，如卒之有伍。且使天下無字之音，可以有字者引之而出，字母之功偉矣。然而等韻之書，立法未善，使人不能無議焉。

夫立母以貫天下之音，則其所列爲三十六母者，必無複無漏而後可也。乃「知」、「徹」、「澄」、「孃」同於「照」、「穿」、「床」、「泥」，「非」之與「敷」異呼而同母，皆複出也；「影」、「喻」、

「曉」、「匣」既分陰陽，而「群」、「疑」、「并」、「明」等不分陰陽，可添之母，尚有十餘，非缺漏乎？既同爲母，自當并列一班，乃以「知」、「徹」、「澄」、「孃」列於「端」、「透」、「定」、「泥」之下，「非」、「敷」、「奉」、「微」列於「邦」、「滂」、「并」、「明」之下，「照」、「穿」、「床」、「審」、「禪」列於「精」、「清」、「從」、「心」、「邪」之下。爰有類隔、交互、振救諸門法，紛然淆亂，而困人以披尋。所貴乎字母者，以切字也。類隔、交互，則出切不得其真，誤人實甚，是不可以不正也。正之如何？亦審其天然之音而已矣。天然之音，可立爲母者五十，播之爲四呼，轉之爲四聲，區之爲二十四類，而天下之音盡矣，天下之字該矣。

何謂五十母？喉音十，曰「影」、「喻」、「曉」、「匣」、「見」、「溪」、「舅」、「群」、「語」、「疑」。舌音十，曰「老」、「來」、「耳」、「而」、「端」、「透」、「杜」、「定」、「乃」、「泥」。腭音十，曰「審」、「禪」、「繞」、「日」、「照」、「穿」、「朕」、「床」、「〇」、「〇」。齒音十，曰「心」、「些」、「巳」、「邪」、「精」、「清」、「在」、「從」、「〇」、「〇」。唇音十，曰「非」、「奉」、「武」、「微」、「邦」、「滂」、「菶」、「并」、「美」、「明」。舊譜之複者芟之，缺者補之，未安者改之，務使陰陽清濁，各具其音，相耦相從，而不違其序。故寧密毋疏，寧更毋襲也。

何謂四呼？曰開口也，齊齒也，合口也，撮口也。凡有一字，即具此四呼。如「見」母之在「真」、「文」韻，則爲「根」、「巾」、「昆」、「君」，在「元」、「先」韻則爲「干」、「堅」、「官」、「涓」。各母各韻，無不皆然。或有字，或無字，而其音具在。作等韻者，不明乎此，乃於横列四排中，以此母之開口當彼母之齊齒，如「通」攝内「封」、「逢」等字與「胸」、「邕」同排。以此韻之合口作彼韻之撮口。如「蟹」攝内「圭」、「睽」等字與「傀」、「恢」同排。而其二十四攝中，取四呼之字，或括而爲一，如「江」攝。或開而爲五六。如「止」攝、「蟹」攝。以音就字，茫無定準。今則各母各韻，并列四呼，以音排字，以字標音，有字者補其次，無字者存其位，部分秩如，至賾而不可亂也。

四聲則平、上、去、入，是矣。

何謂二十四類？曰切字必憑乎韻類者，所以括韻也。以四呼讀之，一曰「○」、厄紇切。「衣」、「○」、揾平聲。「於」、「支」、「微」韻也。二曰「○」、厄威切。「○」、一追切。「威」、「○」、鬱追切。「規」、「闚」韻也。三曰「○」、遏平聲。「○」、謁平聲。「○」、斡平聲。「肥」、「遮」、「車」韻也。四曰「○」、閼平聲。「○」、軋平聲。「○」、乞平聲。「○」、嘁軋切。「遮」、「車」之分音也。五曰「○」、遏隈切。「○」、謁隈切。「隈」、「○」、嘁隈切。「灰」、「回」韻也。六曰「哀」、「挨」、「娃」、「○」、嘁挨切。「皆」、「咍」韻也。七曰「○」、沃平聲。「○」、颼欲切。「烏」、「紆」、「敷」、「模」韻也。八曰「○」、厄平聲。「○」、益平聲。「○」、擭平聲。「○」、鬱役切。「敷」、「模」之分音也。九曰「漚」、「憂」、「○」、屋漚切。「○」、郁憂切。「尤」、「侯」韻也。十曰「○」、厄慘切。「幽」、「○」、擭慘切。「○」、郁幽切。「尤」、「侯」之分音也。十一曰「阿」、「○」、握平聲。「倭」、「○」、郁握切。「歌」、「戈」韻也。十二曰「阿」、北音。「鴉」、「窪」、「○」、嘁鴉切。「家」、「麻」韻也。十三曰「坳」、「幺」、「○」、臒坳切。「○」、郁幺切。「肴」、「蕭」韻也。十四曰「鏖」、「要」、「○」、乞鏖切。「○」、嘁要切。「豪」、「宵」韻也。十五曰「恩」、「因」、「温」、「氲」、「真」、「文」韻也。十六曰「安」、「烟」、「蜿」、「鴛」、「元」、「先」韻也。十七曰「〇」、閹蘭切。「殷」、「彎」、「〇」、曦殷切。「删」、「山」韻也。十八曰「〇」、沃浲切。「邕」、「翁」、「硡」、「東」、「冬」韻也。十九曰「甖」、「英」、「泓」、「縈」、「庚」、「青」韻也。二十曰「泱」、「胦」、「汪」、「〇」、郁胦切。「江」、「唐」韻也。二十一曰「〇」、閹央切。「央」、「〇」、乞央切。「〇」、曦央切。「陽」、「姜」韻也。二十二曰「〇」、饐森切。「音」、「〇」、穩森切。「〇」、惲音切。「侵」、「尋」韻也。二十三曰「諳」、「淹」、「〇」、椀諳切。「〇」、苑淹切。「覃」、「鹽」韻也。二十四曰「淊」、「〇」、押銜切。「〇」、綰淊切。「〇」、曦銜切。「咸」、「凡」韻也。平、上、去皆二十四類，而入聲僅十類。有正轉，有旁轉，有别轉，各類之先後，以入聲按之，而次序井然，無容紊也。部分既定，然後以同音之字，彙次於一音之下；而其出切則必取於「影」、「喻」二母，以爲其下之一字。陰者用「影」，陽者用「喻」。喉者用喉，舌者用舌，開者用開，齊者用齊。二字疾言之即成一字，一字長言之即成二字。其爲切也，至親至確，一定而不可移易，視他譜之旁羅雜出者不侔矣。

若夫彙次同音之字，則取廣韻、玉篇、韻會、正韻諸書，參酌而編綴之，以成一書。訓詁字義，或詳或略，無不可者。詞賦用之，字多者獨用一呼爲一韻，字少者通用三四呼爲一韻，廣偪由人，惟毋越乎其類。豈不簡易而謹嚴也哉！

天地間一事一物，莫不有天然之矩矱，學者患不能深探而究得之。今所釐正，皆出乎天然，而非私智之所能穿鑿。天然者，人所本有之音也。本有之音而不能盡出，則以習誦有字之音罕道無字之音也。然而謳吟嘯呼，時發天籟，方言土音，兼多偶合，誠有導之者而汩汩然來，琅琅然吐，然後知向之蘊而未發者，尚有如許之音，一旦出之於喉，宣之於口，如啞鐘之忽鳴，如貧兒之驟富，不亦快乎！然而無字之音，傳諸楮墨，似而不真，自非神解，必口傳而耳受，庶幾其無訛濫也。

聲音元本論下

類音之書未出，先以圖目示人。有素諳反切，熟習舊譜者，雜然送難，曰：三十六母，本於梵音，其來尚矣。昔人持論，間有異同。子乃毅然刪改，頓增之爲五十，且創立字母，何其勇於自信乎？

曰：非敢師心自用也，以聲之陰陽辨之也。物莫不有陰陽。其在音也，重則爲陰，輕則爲陽。一陰一陽，常相對偶。人知清濁之爲陰陽，而不知清聲濁聲又各自有陰陽。「影」、「喻」、「曉」、「匣」，清也。「群」、「疑」，濁也。「見」、「溪」，清濁半者也。「影」、「曉」爲清之陰，「喻」、「匣」爲清之陽。等韻既分四母矣，「見」、「溪」半清半濁，再剖之，不成聲，不分可也。「群」、「疑」則確有陰陽，何可不分？故增「舅」、「語」爲陰，以「群」、「疑」爲陽，而後濁音四母具焉。始者爲圖，亦嘗虚此二母而作二「〇」矣。然立母而無字，使人何從啓口，不得已而以

「舅」、「語」二字標之，欲其便於讀也。舌齶齒唇，清濁之序，與喉音同。而舊母尤少，故所增尤多。北音偏重，作等韻者，北人也。濁音陰陽，一概不分，故濁母無不增者。增「杜」於「定」，增「乃」於「泥」，增「朕」於「床」，增「在」於「從」，增「峚」於「并」，增「美」於「明」，皆用上聲之字。上聲必重，重者屬陰，宜於配陽。其清母之陰陽不全者，亦增「老」、「耳」、「而」、「繞」、「巳」、「些」、「武」七字。誠知陰陽之必相對待，則知諸母之不得不增。知我可也！罪我可也！

曰：「定」母「從」母之下，何以各作二「〇」？

曰：無其字也。無字，何以知有其音？

曰：喉、舌、唇皆有最濁之音，牙齒何獨無之？爲其鄰於「疑」、「泥」也。故隱而不出，必細審然後得之。試以「基」「溪」、「奇」「疑」、「低」「梯」、「題」「泥」、「知」「鴟」、「遲」「〇」、「虀」「妻」、「齊」「〇」相聯并讀，久而必有一音出焉。既得其陰，必得其陽。故有無字之二母。字者，子也，無字而必列之。如家有兄弟十人，其八有子，其二無子，作譜者必盡載其名；若以無子而删二人，不成譜矣。

曰：舊以「見」、「溪」、「群」、「疑」爲牙音，今何以列諸喉音？舊以「照」、「穿」、「床」、「審」、「禪」爲齒音，今何以列諸牙音？舊以「來」、「日」别綴於末，今何以列「來」於舌，列「日」於牙？而字止有四聲，更無他呼别類，何以標爲一母？舊以牙舌唇齒喉爲序，今何以喉舌齶齒脣爲序？

曰：喉音者，舌居喉下，未著乎齒牙也。試問「衣」、「希」、「基」、「溪」、「奇」、「疑」六音者，類乎？不類乎？齒音者，以舌抵齒，而後成聲。牙音者，僅抵齶耳。試問「詩」、「時」、「知」、「鴟」、「遲」，抵齶乎？抵齒乎？「來」之爲舌，「日」之爲牙，類也，有本位在也。而雖獨音，然不入他母，則自爲母矣。安可廢乎？凡聲之出口，必自内而漸及乎外。始喉，次舌，次齶，次齒，而終之以脣，無餘聲矣。豈非天然之序乎？

曰：切字何以必用「影」、「喻」母？

曰：此元音也。人生而墮地，則有哇哇之聲。欲言未言，則有噫嗚阿呀之聲。既長，而唯諾呻吟，驚訝嗟嘆。凡音在言前者，皆「影」、「喻」母之聲也。至於度曲，則有字頭、字腹、字尾。字尾者，引伸其音而收之者也。非「影」、「喻」母，不能長也。故謂之元音。用以切字，最爲端的。此即二合之法，較音和而更親者也。

曰：四呼，細審誠有之。然各類參錯，或全或缺，何可比而同之？

曰：四呼非他，一音之變也。音之由中達外，在牙腭間則爲開口，歷舌端則爲齊齒，畜於頤中則爲合口，聚於脣端則爲撮口。開與合相應，齊與撮相應。有則俱有，無則俱無。一几四隅，一馬四蹄，不可增減者也。世人止就有字之音求之，故或二或三，不得其全。等韻但分開合，邵子書雖有開發收閉之名，徐披其目，唯「黑花香血」爲具四呼，其他「古甲九癸」

等，或二或三，亦未嘗相對也。惟梅氏字彙末卷，四呼皆全，而不均之各類。陳氏統韻之圖，但取縱横三十六，至以「根」之開口附於「昆」之合口，「家」之齊齒附於「瓜」之合口，又别立混之一呼，以「姜」、「陽」之齊齒，「肱」、「扃」之合口、撮口當之，謬誤滋甚。今則一母必具四呼，四呼始成一類，少一呼則知此母之音未竟，多一呼則知彼類之音當分。以此審音，而潛伏之音畢出；以此攝類，而凌雜之類皆齊。因著以知微，執簡以御煩，莫善乎此矣。

曰：廣韻平聲五十七韻，今括爲二十四類，所并多矣。然尚有可并者，「支」、「微」爲開口、齊齒，「敷」、「模」爲撮口、合口，一類也而何以必分爲二？「東」、「冬」爲合口、撮口，「庚」、「青」爲開口、齊齒，一類也而何以必分爲二？又分「删」於「寒」，分「唐」與「陽」，何其細碎乎？

曰：驟而讀之，則似「〇」、沃平聲。「衣」、「烏」、「於」爲四呼，「罋」、「英」、「翁」、「硡」爲四呼。細審之，則「衣」、「於」之外，别有開、合；「〇」、「烏」之外，别有撮、齊。「育」之平聲，不同於「魚」。此其顯然者也。「罋」、「英」之下，别有合、撮。「翁」、「硡」之上，别有開、齊。「肱」之不同於「公」，「扃」之不同於「龔」，此其顯然者也。「官」之與「關」，「桓」之與「還」，「江」之與「姜」，「腔」之與「羌」，北音固可混而爲一，南人讀之類乎？不類乎？合其所不得不合，分其所不得不分，非可意爲出入者也。

曰：平、上、去韻多，而入韻少，自昔然矣。願聞正轉、旁轉、别轉之説？

曰：「都」、「堵」、「妒」、「篤」，「知」、「止」、「制」、「質」，此正轉也。「東」、「董」、「凍」、「篤」，「真」、「軫」、「震」、「質」，此旁轉也。「篤」字長言之即「都」，「質」字長言之即「知」，不待變聲也，故曰正也。「篤」長言之非「東」，「質」長言之非「真」，必變聲而得也，故曰旁也。「遮」與「氈」之轉爲「哲」，「挨」與「殷」之轉爲「軋」，「幽」與「英」之轉爲「益」，「歌」與「岡」之轉爲「各」，「家」與「姜」之轉爲「脚」。一正一旁，亦猶是也。「灰」之轉「忽」，「高」之轉「各」，變聲爲近，亦正也。若夫「侵」之轉「緝」，「覃」之轉「合」，「咸」之轉「洽」，是謂閉口之音，別爲一類，故曰別轉也。若其序，則先正而後旁，先微而後著。「支」、「微」，「規」、「閨」，音之始發也。「遮」、「車」，「皆」、「咍」，漸展也。「敷」、「模」，「尤」、「侯」，稍縱矣。「歌」、「戈」，「肴」、「交」，舒而未滿也。「家」、「麻」，「豪」、「宵」，則大放也。此正轉之序也。旁轉七類之序亦視此。是故平、上、去類之先後，以入聲按之而定，其理甚微，前人未之發也。

客曰：子之言，詳矣！明矣！余既昭然若發蒙矣。雖然，學以致用也，現在之聲音文字，足給於用，而子必盡發無字之音，釐定各音之次，亦有用乎？其無用乎？

曰：奚爲其無用也？樂之五音六律，以人聲爲主。笙鏞絲管，皆取協焉，未有音而不中於律吕者。世有萬寶常、李嗣真其人，必能審其宫商，諧諸樂律。皇極經世之書，以聲起數，以數發占，一切風雷、水樹、鳥獸、昆蟲之音，皆可測驗，而况於人聲？世有李之才、邵康節者出焉，必能察其陰陽，通諸象數，綜一編而天地萬物之音具焉。奚爲其無用也！

南北音論

五方之民，風土不同，氣稟各異，其發於聲也，不能無偏。偏則於本然之音必有所不盡。彼能盡與不能盡者遇，常相非笑，而無所取裁，則音學不明之故也。淮南子云：「輕土多利，重土多遲。清水音小，濁水音大。」陸法言謂：「吴楚時傷輕淺，燕趙時傷重濁。秦隴去聲爲入，梁益平聲似去。」此方隅所囿，無可如何者也。乃北人詆南爲鴂舌之音，南人詆北爲荒傖之調，北人哂南人「知」「之」不分、「王」「黄」不别，南人笑北人「屋」「烏」同音、「遇」「喻」同讀，是則然矣。亦知其各有所短，各有所長乎？

南人非特缺「照」母開口一呼，混「喻」、「匣」二母已也。凡「審」「禪」、「穿」「床」之開口、合口二呼，皆不能讀。又以「歌」、「戈」混於「敷」、「模」，「庚」、「青」、「蒸」混於「真」、「文」。凡五韻之字，無一字正讀者。北人非特無入聲，缺「疑」母已也，竟以入聲之字，散入平、上、去三聲，反謂平聲有二，以稍重者爲上平聲，稍輕者爲下平聲，欲以配上、去爲四聲。是四聲妄其一，添其一矣。「疑」母同「喻」，「微」母亦同「喻」。至「群」、「定」、「床」、「從」、「并」五母之上去二聲，竟與「見」、「端」、「照」、「精」、「邦」五母相亂，非唯本母不能再分陰陽，并上、去、入三聲而皆失之。此其所短也。若夫合口之字，北人讀之最真；撮口之字，南人讀之最朗。清母之陰陽，北人天然自分。濁母之陰陽，南人矢口能辨。此其所長也。倘能平心静氣，兩相質正，舍己之短，從人之長，取人之長，益己之短，則訛者可正，缺者可完，而本有之音畢出矣。

余自少留心音學，長游京師，寓衛爾錫先生所，適同此好，鋭意講求。先生晋人也，余吴人也，各執一見，初甚牴牾，發疑致難，日常數返，漸相許可，漸相融通，久而冰釋理解。不特兩人所素諳者，交資互益，而昔人所未發者，亦鈎深探賾而得之。於是五十母、四呼、二十四類之説定，而圖譜成焉，猶未敢自足。年來遍游名山，燕齊、晋豫、湖湘、嶺海之間無不到，賢豪長者無不交，察其方音，辨其呼母，未有出乎二十四類之外者，亦未有能盡通二十四類之音者。遂將勒成一書，公之天下，欲使五方之人去其偏滯，觀其會通，化異即同，歸於大中至正而已矣。

或曰：河洛天地之中，雅音聲韻之正。子居吴會，而成一家言，其得爲中正乎？曰：不偏之謂中，均齊之謂正，非疆域之謂也。如以地而已，則周德清之中原音韻，何以行於北而不行於南，用於曲而不用於詩？且吴音亦未可輕也。切韻成於江左之周顒，而關西、河北相承用之。四聲昉於吴興之沈約，而隋唐迄今，莫之能廢也。律吕之道，僅存於度曲。今吴歈盛行於天下，而爲其譜者，皆吴人。吴人之審音，固甚精也。此無他，北音重濁，南音輕清，以濁分濁則難，以清辨濁則易。故南人能分「群」、「定」二母之陰陽，北音則并「疑」、「微」而亡之矣。余豈以南人而阿南音，將以曉天下。曰類音之音，非南音，非北音，乃人人本有之音也。

古今音論

天下無不可遷之物。聲音之出於喉吻，宜若無古今之殊。而風會遷流，潛移默轉，有莫知其然而然者。楚騷之音，異於風雅。漢魏之音，異於屈宋。古讀「服」爲「匐」，而今如「復」。古讀「下」如「户」，而今如「夏」。古讀「家」如「姑」，而今如「嘉」。古讀「明」如「芒」，而今如「名」。此第就常用之字，考其旁押而知之。其不見於風騷，不經於押用，而變音轉讀者，不知其幾也。

古無韻書，某字某音，莫得而考。自周顒、沈約著爲韻譜，繫之反切，而後字有定音，音有定韻。凡方隅之音，訛濫之讀，質於譜而知其非，立可改正，功不細矣。而無如代異時移，迄於今日，不獨唐虞、三代之音渺不可追，即齊梁之音，亦已漸失其故。有一母全變者，如「微」母之字，今北人讀作「喻」母；「疑」母之字，南人半讀作「喻」母。如「魚」「崖」、「牙」「堯」、「五」「雅」、「雁」「樂」、「月」「嶽」等字。北人全讀作「喻」母、「邪」母之字，南北人俱讀作「從」母。有一母半變者，「泥」、「孃」母下齊齒、撮口之字，南北人俱讀作「疑」母。「照」、「穿」、「床」、「審」四母下開口、合口之字，南人讀作「精」、「清」、「從」、「心」四母。「禪」母下字，北人半讀作「澄」母。有一韻全變者，「江」韻之字，舉世讀作「唐」韻；「歌」韻之字，吴人讀作「模」韻；「麻」韻之字，吴音讀作「歌」韻；「灰」韻之字，讀作「規」、「闚」；「爻」韻之字，讀作「蕭」、「豪」。至「侵」、「覃」、「鹽」、「咸」四韻閉口之音，自浙閩人而外，舉世讀作「真」、「寒」、「山」、「先」。又，上聲濁母之字，多讀作去聲、入聲之字。北人散入三聲，其餘隻字單音之變，又不可枚舉也。

夫今之去齊梁僅千餘年，而變遷已若是。更千百年，又當何如？古大行人之職，九歲屬瞽史，諭書名，聽音聲，蓋早慮及此。今缺其職矣。無已，則仍以韻正之。韻不有舊譜乎？而未盡善也。齊梁之時，去古未遠，三代、兩漢之音，猶可考見。而作譜者，一切不問，僅就當日通用之音，編次成書，遂使古音蕩然無存，致煩千載而下好古之士多方考求，僅得十之三四。謂吴才老、楊用修、陳季立輩及先師顧亭林。此一失也。

書以切韻爲名，所憑以出切者，字母也。字母有五音之次，有先後之等。作韻者自當悉依本序，令衆音衆字以類相從，次第井然，不可淆亂。乃不叙喉牙，不分開合，忽先忽後，錯雜置之，雖有切音，而以此切彼，以彼切此，此訛則彼亦訛，一二字訛則百十字俱訛。如「尼」音，女夷切。「女」音，尼吕切。其餘「孃」母下字，例以「尼」、「女」二字出切。「詳」音，似羊切。「似」音，詳里切。其餘「邪」母下字，例以「詳」、「似」二字出切。故有全母全韻俱變之弊，又一失也。

今當更著新譜，斟酌古今，通會南北，審定字母，精研反切，務令音得其真，讀得其正。現存之書，惟廣韻最舊，不得不據以爲憑。惟當去其繁瑣，理其紛亂；叙韻不當者，或分之，或并之；反切不明者，改之；舉世同然之音，則從之；方隅偏駁之音，則正之。生今之世，不得不用今音，而古音之可考者，備載於各韻之末。俾人之作今體者自用今音，作古體者參用古音，庶古音亡而不亡。

至於韻中比字，一以喉舌腭齒唇爲序，無越無紊，而審其何類，别其何呼，伍次部居，不相侵濫，别爲圖目，悉載有字無字之音。無字者存其位，有字者辨其等，使人一覽了然，知某字之確屬何母何呼，是舌是喉，作何音讀。縱欲淆之不可得而淆，縱欲變之不可得而變，庶今音可賴以永存。此舊譜所未逮，而愚者之一得也。是瞽史之事，盛王所不廢也。

全分音論

造物之數，一生二，二生三，三生萬物。故有奇則有耦。其在音也，有陽則有陰，有清則有濁，有平則有仄，有全則有分。

何謂全？凡出於口，而渾然噩然，含蓄有餘者，是爲全音。何謂分？凡出於口，而發越嘹亮，若剖若裂者，是爲分音。二者猶一幹也，枝則岐而爲二。既已爲二，不可得合矣。而世人或讀其全，則不知有分；或讀其分，則不知有全。此亦方隅習俗使然，莫能自覺者也。

今釐天下之音爲二十四類，而相爲全分者十四類焉。「灰」、「回」，全也；「皆」、「哈」，分也。「歌」、「戈」，全也；「家」、「麻」，分也。「肴」、「蕭」，全也；「豪」、「宵」分也。「元」、「先」，全也；「删」、「山」，分也。「東」、「冬」，全也；「庚」、「青」，分也。「江」、「唐」，全也；「陽」、

「姜」，分也。「覃」、「鹽」，全也；「咸」、「凡」，分也。南人讀「麻」如「磨」，讀「瓜」如「戈」，口啓而半含。北人讀「麻」爲馬遐切，「瓜」爲古窪切，脣敞而盡放。含者，全也；放者，分也。北人讀「湍」如「灘」，讀「潘」如「攀」，讀「肱」如「公」，讀「傾」如「穹」，讀「江」如「姜」，讀「腔」如「羌」，讀「嫌」如「咸」，讀「兼」如「緘」。南音則判然爲二。其讀「傀」如「乖」，讀「恢」如「𠢕」，則南北音皆然。「湍」、「潘」也，「公」、「穹」也，「江」、「腔」也，「嫌」、「兼」也，「傀」、「恢」也，全音也，啓而半含者也。「灘」、「攀」也，「肱」、「傾」也，「姜」、「羌」也，「咸」、「緘」也，「乖」、「𠢕」也，分音也，敞而盡放者也。是二者欲以爲一，則各有四呼，各有陰陽平仄，不容相混，欲以爲二，則氣分相似，聲吻相似，非如「支」、「微」與「真」、「文」之迴別懸殊，故命之曰全分。

平、上、去皆然，而入聲尤爲明顯。「月」、「屑」，全也；「黠」、「鎋」，分也。「屋」、「燭」，全也；「陌」、「職」，分也。「覺」、「鐸」，全也；「藥」、「灼」，分也。「合」、「葉」，全也；「洽」、「乏」，分也。昔人惟不明全分之故，或欲并兩類爲一類，或以「刪」「山」、「添」「捲」舌一呼，或以「陽」「姜」、「肱」「扃」爲混呼，離合之間，苦難位置。豈知其從奇生偶，各成一類哉？然則他類無若此者乎？

曰：有之，而全類無其字，故全類亡其音。「遮」、「車」，全也，尚有分音，如「元」、「先」之有「刪」、「山」。「敷」、「模」，全也，尚有分音，如「東」、「冬」之有「庚」、「青」。「尤」、「侯」，全也，尚有分音，如「江」、「唐」之有「陽」、「姜」。唯「支」「微」、「規」「闚」、「真」「文」、「侵」「尋」四類，無分音。

其轉爲入聲，則「遮」「車」、「灰」「回」、「元」「先」，此三類轉爲「月」「屑」。「皆」「咍」、「删」「山」與「遮」「車」之分音，此三類轉爲「黠」「鎋」。「敷」「模」、「尤」「侯」、「東」「冬」，此三類轉爲「屋」「燭」。「庚」「青」與「敷」「模」、「尤」「侯」之分音，此三類轉爲「陌」「職」。「歌」「戈」、「肴」「蕭」、「江」「唐」，此三類轉爲「覺」「鐸」。「家」「麻」、「豪」「宵」、「陽」「姜」，此三類轉爲「藥」「灼」。其「支」「微」、「規」「闚」、「真」「文」三類，轉爲「質」「物」，則無全分。至閉口三類，「侵」「尋」轉爲「緝」「習」，亦無全分。「覃」「鹽」轉爲「合」「葉」，「咸」「凡」轉爲「洽」「乏」，亦有全分。二十二類有字，二類無字，共成二十四類。以平、上、去之二十四類，收歸入聲之十類，脉絡相承，一絲不亂，審音至此，微矣密矣，無餘藴矣。

〔曰：〕然則何以置二類，而僅列二十二？

曰：二類者，舉世無其字，故舉世昧其音。能歷然於口、了然於心者，無幾人耳。驟而語人以有此音，尚駭而疑，况居然列之爲類乎？姑就有字者立類，而無字者存其説，以告天下後世之人。萬一有神解妙悟者，聞而莫逆於心，遥相應和，是以子雲而知子雲也，千載下猶旦暮遇之也。

反切音論

聲音之道，莫奇於字母，莫巧於反切。字母以一字而貫衆字之音，反切以二字而出一字之音，古未有也。自梵典入中國，翻譯之學興，而此秘始啓。許慎、孫炎始有反音，周研、李登始著聲譜，至齊梁而大盛，乃有等韻之書。周顒、沈約、陸法言輩，本以著書，名爲切韻。切即反也。兩字交互相切，謂之反；取反覆之義，亦謂之反語。「同」、「泰」之反爲「大」、「通」，「桑」、「落」之反爲「索」、「郎」，是也。兩字切一字，磨切而出聲，謂之切。「德」、「紅」之切「東」，「徒」、「紅」之切「同」，是也，亦謂之紐。有正紐，有倒紐，有旁紐，不越一反。反也，切也，紐也，名異而實同也。

等韻之法，以三十六母貫穿天下無窮之字。切韻用之，以同母之字出切，以同韻之字定聲，而本音生焉。舉天下隱僻之字、晦昧之音，皆可鈎而出之，俾典籍無難讀之字，喉舌無不發之音，視古之注爲讀若某字與注以直音者，不啻霄壤。且使千載而下讀或淆訛，而尋其反切，即可得其本音。如見「户」字出切者，可知爲「匣」母之音；見「五」字出切者，可知爲「疑」母之音；見「女」字出切者，可知爲「泥」母之音。與夫撮口之誤讀爲合口，齊齒之誤讀爲開口者，皆可審而正之。則字母與切韻之功大矣！

顧有未盡善者。以等韻所立諸門法，紛糾繚繞，窒塞迂迴，作切韻者，蓋亦知其非而不盡從。然其切「皮」爲「符」「羈」，切「卑」爲「府」「移」，切「綿」爲「武」「延」，切「篇」爲「芳」「連」，切「樁」爲「都」「江」，切「爹」爲「陟」「耶」之類，則猶仍類隔交互之失，致使字音不得其真；即非類隔交互，而出切多不用本呼之字。如以「息」「兹」切「思」，「許」「歸」切「揮」，「都」「奚」切「低」，「古」「諧」切「皆」，「將」「倫」切「遵」，「他」「前」切「天」，或以齊齒而切開口，或以撮口而切合口，或以合口而切齊齒，或以齊齒而切合口。如此者，一韻之中，居其大半，而其取韻，則脣、舌、牙、齒、喉五部之字，交參雜用，初無定準。

夫所憑以切音者，惟上下二字耳。而二字俱不甚的當，則所得之音，容有模糊，是未盡用切之道也。韻會舉要、洪武正韻、韻學集成諸書，頗有更定，而亦不皆妥確。今類韻所用之切，則上一字必用本呼，以開切開，以齊切齊，以合切合，以撮切撮，必用同轉，仄音切平，平音切仄，全音切全，分音切分。下一字必用「影」、「喻」二母之元音，陰以「影」切，陽以「喻」切；「影」、「喻」無字，則用「曉」、「匣」之字；又無字，然後用「見」、「溪」、「群」、「疑」之字。如「東」之舊切爲「德」「紅」，今則易以「篤」「翁」，「德」分而「篤」全，「紅」陽而「翁」陰，視舊稍親。「中」之舊切爲「陟」「弓」，今則易以「竹」「翁」，「陟」開而「竹」合，「弓」見而「翁」影，則倍親。「先」之舊切爲「蘇」「前」，今則易以「屑」「烟」，「蘇」合而「屑」齊，「前」陽而「烟」陰。「田」之舊切爲「徒」「年」，今則易以「迭」「延」，「徒」合而「迭」齊，「年」泥而「延」喻，則尤親。舊切有諳合者，如「盧」「紅」之切「籠」，「魚」「容」之切「顒」，「力」「延」之切「連」，「巨」「員」之切「權」，則仍之。不合者，悉改之。舊切凡同母同韻之字，皆可切。今則同母之中，必用同呼同轉，同韻之中，必用元音，必分陰陽。舊切二字生出一音，新切二字合成一音。舊切如射者不能中的，而在的之上下左右。新切則直中鵠心，不可移易，至當歸一，精義無二，斯之謂矣。

或曰：作韻譜者，無慮數十家，彼皆審音之人，豈見不及此，而待今始定？

曰：理以剖析而愈出，學以思辨而愈明。天下事儘有後勝於前者。南北盤江之遠，至近代徐霞客而其源始窮。勾股割圜之法，至幾何原本出而其故始明。中古以前，音韻闊略，魏晋而下，漸次講求。神珙、悉曇輩始傳字母，始分牙舌唇齒喉。吕静始配宫商角徵羽。沈約始定平上去入。周德清始言陰陽清濁。皆由粗以至精，由疏以至密，已精不妨更精，已密無嫌更密。故爲之審陰陽以增母，均完缺以定呼，闡全分以别類，酌正旁以明轉，辨親疏以易切。此實前人未竟之緒，有待於後人之補訂者。如必是古非今，則交廣閩粤之郡縣，可以不設，而里差歲差之法，曆家可以不用也。豈其然哉！豈其然哉！

遂初堂文集 卷四

牒 表 疏 策問

上吏部牒

耒才非淹雅，學謝閎通，早背嚴親，鞠母氏以成立。幼嬰羸疾，資藥餌以偷全。伏處草茅，自甘退廢。恭逢聖主，側席求才，諭德盧琦、刑部主事謝重輝，謬采虚聲，用塵薦牘。當弓旌之賁及，驚寵命之自天，特念老母年迫桑榆，宿疾沉綿，偃卧床褥；弟昆連喪，惟孤嫠之僅存；家業屢空，恒爨烟之不繼。加耒目生翳障，心患怔忡，書數行而昏花，吟五字以暈眩。豈堪懷鉛握槧，陪厠英賢？隨將母老患病情由，具呈本縣，轉詳司府，叠經查驗，巡撫慕天顔移咨會題在案。續奉恩綸，作速催送，檄牒到門，急於星火，勒限就道，不得停留。辭家已來，迄今八月。屢得書問，知老母衰困轉增，每胸腹病作，酸楚顛連，氣息纔屬，溢米不進，動輒淹旬。耒在三千里外，傾耳不聞呻吟之聲，瞠目不睹委頓之狀，有口不能嘗藥，有手不能調羹。每一念至，搶地呼天，裂肝墮胆。私冀試事告竣，放歸有日。何圖謭劣，亦預甄收。重蒙天恩，例受職銜，纂修明史，脱布褐而彯華纓，出田間而登史館。其於人世，已極光榮。顧在微軀，轉深悚懼。實以母子二人相依爲命，一留京邸，便涉睽離，空囊懸磬，子迎養而不能；伏枕支床，母就養而不得。白雲一片，倚閭之望無窮；烏路三千，嚙指之悲何及。

又況史才最難，史職至重，彫蟲末技，初無預於三長；汗簡窮年，亦寧辭於八謬。非堯臣之博達，曷佐歐陽？乏原父之精詳，詎參司馬？加之痼疾在身，與年俱篤，心神恍惚，既姓名爵里之旋忘；目力矇矓，亦亥豕烏焉之莫辨。不克虔恭職事，豈宜濫費餐錢？

伏惟聖朝孝治天下，凡在廷之臣，家無次丁，尚許終養。況耒未登仕籍，合賜矜憐。方今揚馬盈廷，班陳在列，廁一人於五十人之内，不見其多；汰一人於五十人之中，不見其少。不勝至願，仰籲聖慈。乞沛特恩，放還田里。俾得晨餐夕膳，報顧復之劬勞；鑿井耕田，效康衢之歌舞。旁求多士，既彰聖主作人之光；曲遂物情，復弘興朝教孝之典。揆諸公私，實爲恩便。蟻忱迫切，庶上格于天心。禁陛尊嚴，恐難通於宸聽。

敢祈大部，準與代題。進既邀夫曠恩，退亦何妨破例。任出雲之歸岫，榮甚宣麻。放思鳥以投林，恩逾啓事。

進孝經衍義表 代

竊惟因心爲孝，萬行同出於一原。垂世作經，群言統宗於至聖。道彌綸而無外，際地蟠天。義紬繹而不窮，鈎深探賾。闡揚有待，述作兼資。恭惟我皇上至德協天，文思配命，承歡視膳，孝養極於兩宫。藝極陳常，德教敷於四海。固已盡倫而止乎孝，發言而垂爲經。顧念孝經一書，實惟先聖要旨，守約施博，既天德王道之畢該。理一分殊，亦學術治功之咸備。六家同異，先儒之傳注具存。五孝條分，彝訓之敷言未暢。命仿西山而衍義，爰開東觀以陳編。臣等祇奉成規，博綜前籍，推愛敬之精藴，體用同條。極明察之規模，顯微共貫。事關孝治，必廣記而備言。義涉倫常，務引伸而觸類。薈萃百家，衷之聖，若綱在綱；錯綜百代，準之今，如繩引墨。分門區類，一準全經，起例發凡，悉稽舊式。編纂勤於積年，成書多至百卷。校讎甫畢，繕寫進呈。惟我皇上弘闡聖謨，勤思要道，修一身以教孝，通於神明。合萬國以承歡，不侮鰥寡。則普天沾錫類之仁，而薄海洽綏和之化矣！

進通鑑講義表 代

竊惟積日月而成歲不已，惟天合經史以爲功，其勤者聖。蓋典學行政，道本相資。温故知新，事須交盡。我皇上亶聰亶明之資，實由天授；好學好問之篤，度越前王。出論正朝，則斷理萬機。深居大内，則潛心群典。隆寒盛暑，不廢丹鉛。綴衣虎賁，盡通章句。逮於講幄，尤切皇情。每當敷奏，先從天語發揮。凡有詢咨，迥出諸臣意表。兼之虚衷若谷，温語如春。講畢有再拜之儀，特蒙賜免。頻年有便蕃之錫，更荷重頒。此皆亘古所未聞，而今兹所始睹者也。

臣等叨預顧問之榮班，愧乏涓埃之微助，歲華欲滿，舊例宜循。其四書講義，已於康熙十四年閏五月遵旨先期彙進。今將講過通鑑講義，繕寫裝潢，題明進呈。伏願聖心折衷於誦讀之餘，發揮於施行之際，則文武之道，傳在一人，堯舜之治，永傳萬代矣。

歲終循例題明表　代

竊惟體乾德之運行，學惟時敏。成聖功於歲月，理本日新。蓋百王之治雖殊，道實同於師古。而六經之文具在，用之足以宜民。必積累之崇深，乃化裁於久大。欽惟皇上聖自生知，才惟天授，以虞舜之濬哲，有大禹之克勤。機務至多，聽斷每煩於日昃；圖書在御，講誦常至於夜分。既已循習簡編，守二帝三王之大法。抑又研精傳注，窮殷盤周誥之全經。帝庸作歌，敕命凛惟幾惟康之旨。皇建有極，敷言叶無偏無陂之音。隻句片詞，炳若日星之訓。含毫落紙，焕乎雲漢之章。宣天地之中和，義兼雅頌。躋臣民於文治，功并典謨。

臣等久歷金華，再彌寒暑，親承玉色，得侍燕閑。曾莫效其微勞，實難酬於恩遇。伏查歲終講義，例應彙寫進呈，但尚書講義現在發刊，而逐日筵講，已留御覽。曾經請旨停進，謹循舊例題明。伏願道協時行，化同天道，仰於穆之不已，知日進於無疆，則綏將純嘏之方來膺，保永圖於孔固矣。

纂修皇輿表書成頒賜廷臣謝表

伏以藜閣披圖，九域盡廣輪之數。蘭臺橐筆，百王詳沿革之規。括函宇於寸毫，旁搜遠紹。綜古今於方册，共貫同條。東壁增輝，西清焕彩。臣等誠惶誠恐，稽首頓首，上言：

竊惟畫疆分野，首重板圖，體國辨方，必稽載籍。姬公爾雅，八陵九府釋其名。周禮職方，二男三女書其數。地理作志，群史宗乎孟堅。山海爲經，諸家昉乎郭璞。方輿之書不乏，天府之藏具存。惟是時代遷流，一地而古今迥異。川原變改，一名而彼此懸殊。在六朝分割之秋，棼如絲亂。迄五代兵争之際，散若星羅。或初合而後分，更張非一。或僑立而旋廢，并省不常。按史牒以較輿圖，孰同孰異。執今名以求古地，何有何無。十道九域之書，但詳形勝。元和太平之志，各記本朝。指掌有圖，既已略而多舛；春秋作譜，復雖詳而不傳。未有考數千年之離合，累如貫珠；綜幾萬里之幅員，瞭如指掌，如今日者也。

兹蓋伏遇皇帝陛下，聰明天亶，典學性成，坐東觀以横經，覃精六藝；開石渠而論道，綜貫百家。稽古驗今，必鈎深而探賾。旁羅俯察，每左圖而右書。謂百郡之紛更，源流具在。而諸書之因革，參錯難明。特詔詞臣，别裁體製，用旁行斜上之法，方名萃而成圖。師年經國緯之奇，史志變而爲表。從合而分，從分而改，引繩批根之無遺。以縣繫郡，以郡繫州，若網在綱而不紊。犬牙綉錯，條分不厭其煩。鼎峙瓜分，參伍務求其實。蓋理以至當爲準，故考核必於經年。而文以至簡爲精，故成書止於數卷。既已陳諸玉座，行將勒彼苕華。上下縱横，一瞬而盡古今之變。并兼混一，端居而知天下之規。實囊籍所未窺，惟聖衷其獨運。

臣等學慚倚相，才謝酈元，讀傳記而心迷，徒勞翻閲；過山川而目眩，每費咨諏。幸際昌時，獲窺秘典。芒芒禹迹，等燭照而無遺；歷歷堯封，類天闕而不漏。伏願金甌奠極，銅柱麗維，撫萬國之來同，長馭遠駕；覽八荒之無外，兼容并包。薄日竃而際天垠，風行雷動。帶幽陵而縈蟠木，仁漸義摩。斯海甸安於覆盂，而皇圖固於鞏革矣。

永年曆進呈恩賚銀幣謝表

伏以貞符乍卜，瑞蓂吐莢於堯廷。寶牒初開，采鳳摛輝於皞紀。持籌推千日之至，神以知來。探策開萬年之長，運而不息。制隆邃古，式範來兹。臣等誠惶誠恐，稽首頓首，上言：

竊惟璇璣爲觀天之數，火雷繫治曆之文。隸首大撓，紀軒皇之迎日。南訛東作，述唐帝之命官。綜六曆爲太初，唐都肇分天部。變四分爲乾象，劉洪始創月行。元嘉特著於六朝，大衍尤推於唐代。欽天造由王朴，授時定自許衡。蓋治曆之人僅百家，而更曆之名餘七十。驗春秋而辨三統之最疏，援圖讖而知天保之多謬。斗分損益，非先天輒後天。曆元推移，不太遠則太近。洛下閎自言精妙，亦知八百歲當差。僧一行時謂通神，終於三十年輒改。未有逆推來葉，懸著成書；炳玉燭以探幽，不遺累黍；操金繩而度遠，無爽錙銖，如今日者也。

茲蓋伏遇皇帝陛下，窮神知化，致遠鈎深。觀天道而察天行，面稽天若。董日官而底日御，聖敬日躋。謂術以至當爲歸，中西一致；而法以可久爲貴，前後同條。乃命監臣預爲推算，陰曆陽曆，因纏度以部分。大餘小餘，按立成而銖積。雖盈縮朓朒之不定，而影動未嘗離形。縱遲留伏逆之無常，而輻運何曾脱轂。道惟得一，數至賾而不紛；術既合天，用彌久而不忒。苞元總會，何難億萬爲期；舉正履端，爰用二千爲率。晋五改而唐八改，立法良疏；天一差而歲再差，推行有驗。惟皇覽而嘉異，肇錫名曰「永年」。非惟握鏡執衡，知範圍而不過；抑亦披圖考牒，占曆服之無疆。漢武受神策於天朔，而復朔殷湯。勒嘉銘於器，新而又新。臣等窮經未曉，歸奇握算，不知顛倒。慚子雲之博識，難蓋天以通渾天；慕康節之閎通，知曆理又明曆數。清臺課候，睹連珠合璧之呈奇；石室抽緘，知括蔀亥章之特妙。制作成於一代，規模冠乎百王。

伏願庶績咸熙，諸神受紀。創法垂統，先天而天弗違；章往察來，前民而民利用。日星爲紀，四時爲柄。德蕩蕩而無名，極數成象。通變成文業，亹亹而不已。則卜年遂郟鄏之八百，而膺籙等循蜚之萬年矣。

請廣秘府書籍以光文治疏〔一〕　代

臣惟帝王爲天下人文宗主，爲萬世學術會歸。臨御之餘，必先留意書籍。誠以聖賢之微言緒論，非書莫稽；歷代之文物典章，非書莫考。在儒生學士，猶思廣蓄而博觀。況乎天府秘藏，圖書淵海，固不當使片簡有遺，一編或缺者也。

粤稽前代，若漢孝武、隋文帝、唐文皇、宋太宗，皆嘗遣求書之使，懸獻書之賞，博采旁求。故其時秘府之書，充牣完富，如所謂石渠、東觀、文德、集賢三館，秘閣藏書多者，至三四十萬卷，少者不下數萬卷，何其盛歟！

我皇上天縱聖明，孜孜念典，博綜載籍，靡賾不探。現今内庫藏書，連廊充棟，不爲不多，目録卷數，終非外臣所得而闚。臣特慮定鼎以前，曾罹兵火，四十年來，未經校勘，得無有滅裂銷毁，舛錯溷淆，部無完帙，帙無完卷者乎？

臣觀古來書目，所載之書，今十亡其六七，民間間有異書，流傳不廣，終歸泯滅。至於元明諸人著述，或存或亡，無從遍考。臣奉命充纂修明史總裁，考前史例有藝文志，總載當時現存書籍，大要以内府書目爲據。今修明史，不憑内府藏書，藝文一志，亦難編輯。伏願皇上及此百廢具舉之時，廣徵天下遺書，充入秘府。或如史局新例，責成各直省督撫學臣采訪進呈，或仿古購書之法，敕下部議，中外臣民有獻書若干卷者，作何獎賞録用，將見奇文秘簡萃於中禁，富有日新，不難度越前代矣。

書籍既備，則當分命儒臣，綜理會通，校訂舛訛，芟除重複。若古秘書監丞、校書郎、秘閣校理等官，正今日詞林之職。但前代七略、七志、四部、四庫等書，不過區分類别，編成目録，徒以搜采廣博爲能，以校勘精工爲貴，未有能審論作書之旨，辨其醇疵，綜其得失者。我皇上精一心傳，折中協聖，當此群言淆亂之時，尤當獨出睿裁，剖判白黑，諸子百家之言，足以羽翼六經闡揚大道者，從而表章之；離經畔道荒唐謬悠之辭，從而貶黜之。崇正學以排異端，一道德以同風俗，其於世道人心，非小補也。

【校記】

〔一〕請廣秘府書籍以光文治疏　清康熙四十九年增修遂初堂文集初印本目録作「請廣秘府書籍疏」。

請舉詞臣舊職以盡官守疏〔一〕　代

竊以朝廷量能詔禄，未嘗有無事之官，而臣子竭節奉公，常懼有不盡之職。詞林一官，視部寺各衙門稍似清閑，其實爲天子文學侍從之臣，事有關於載筆，皆其職掌。惟詞臣自編檢以下，舊無定員。當員少之時，苦於庶務紛糾，因而暫從停省；及乎人員既衆之日，則夙夜自公，常如弗及。從前職掌，所當急爲申明者也。

現今詞臣百餘人，雖或在講筵，或秉記注，或纂實録，或修史書，各事其事，無敢逸豫。然臣以爲人材之衆，莫盛於此時。則職掌之修，亦宜莫備於此時。豈可使濟濟在列，而國家典制有一缺而不舉之處也？即如誥敕一項，自唐宋以來，皆屬詞臣撰擬。元明至我朝，相沿無改，停止纔十餘年。夫煌煌天語，如綸如綍，自應極其黼黻。翰林一官，其初本爲代言而設。歷觀前代兩制之詞，皆出一時才雋之筆，文章爾雅，訓詞深厚，爛焉可觀。且隨事製詞，因人立義，詳略輕重，有倫不紊。今造爲一定之式，令中書舍人按品依官，照例謄寫，千軸一辭，毫無同異，恐未足以彰我皇上日星之文，典謨之旨。

伏讀康熙十八年二月上諭：「凡撰擬大臣官員碑文祭文，理應依照本人實迹撰擬。今覽撰擬此等文字，太過者甚多。嗣後凡撰擬碑文祭文，俱應照依本人實迹撰擬，勿使太過。爾等即傳諭翰林官員知悉。欽此。」臣竊以爲碑文祭文如此，誥敕之文何獨不然？請敕下所司，嗣後一應誥敕，仍令翰林官員撰擬，閣臣勘定，付中書謄寫，務令典重精切，不蔓不浮，書之史册而可誦，傳之萬世而不刊，庶足少盡詞臣代言之職。

又查先年事例，有編纂六部奏章一局。此即前代時政記之遺制。蓋以起居注止記人主言動，至於臣下建白、廟堂措置，必須別爲編纂，條分縷悉，俾異日修實録、撰國史者，有所依據。故明三百年，未嘗一日廢缺。本朝行之有年，後因多事暫行停止，續經科臣吴國龍、臺臣何元英先後條奏，請照前編輯。部議準行，俟實録告成之日開纂。奉旨依議在案。今太宗皇帝實録纂修已畢，請敕諭翰林諸臣。仍前分曹編纂，記事編年，件繫條列，神謨聖烈，臚載無遺，傳之萬年，永爲成憲。實珥筆之職，所不敢缺也。

【校記】

〔一〕請舉詞臣舊職以盡官守疏　清康熙四十九年增修遂初堂文集初印本目録作「請舉詞臣舊職疏」。

遵諭陳言疏〔一〕　代

竊惟皇上御宇以來，昭事上帝，勤求民隱，翼翼乾乾，始終匪懈。近有地震之變，示儆異常，考諸占書，咎在臣下。乃皇上深自尅責，罪己求言，復頒上諭，申飭中外臣工，諸凡不法不廉情弊，言之痛切詳盡。仰見皇上如天照臨，無所不燭。臣伏讀之下，感激涕零，自惟奉職無狀，宜首膺黜罰，蒙恩優容，仍留供職。仰戴高厚，矢報涓糜，敢瀝愚忱，敬抒管見，惟皇上恕其狂愚而采擇焉，不勝萬幸。

一曰嚴賞罰。自古帝王斡運天下之大權，不過賞罰二端而已。賞一人而天下勸，罰一人而天下懲。雖堯舜不能舍此以爲治，後世未嘗無賞罰也，不能爲勸懲者。無他，賞不信而罰不必也。一法也，用於此不用於彼，則幸免之路開矣。一令也，行於前不行於後，則枉撓之漸啓矣。必也平如衡石，疾如雷霆，信如四時，無私如天地，而後賞罰不失其柄。否則，徒文具而已矣。伏讀上諭六條，地方官吏刻剥小民，督撫大臣枉法交私，種種罪狀，無所逃於睿照之下。經各衙門會議，設有條約，所以防奸治貪之法，嚴且備矣。乃臣以爲立法非難，用法爲難。立法在於一時，用法存乎永久，行之稍不斷，則或張或弛，而人得逃於法之外。守之或不堅，則一出一入，而人得遁於法之中。聖王用法，較若畫一，賞不遺疏遠，罰不廢貴近。此其要術也。昔者齊威王烹阿大夫，而國中大治。漢文帝不赦薄昭，而朝廷肅清。今當立法之始，尤宜堅如金石，不可稍有曲貸。兹科臣以不職督撫，指名參奏，皇上赫然震怒，嚴加處分，乃東撫、浙撫已經罷黜，而江督某仍然留任。臣恐天下有以窺，國法之不能畫一也。皇上之意，得無以某方在戎行，姑責其摧鋒之效乎？臣按，某在江右，最號貪殘，失人心軍民一體，不能撫民焉。能馭軍江右，本非叛區。自某莅任以來，寇盗蜂起，屢破城邑，致煩大兵撲滅，擾攘連年，僅而後定，才略可概見矣。京察大典，已經革職，皇上特恩留任，宜如何報效？乃數月以來，未聞其出一奇，展一畫，身先矢石，陷堅克敵，有可紀之功也。天兵所集，謀臣猛將，如雲如雨，何藉此一臣而爲之，特撓國法耶？黜罰臧否，不宜異同。臣敢誦諸葛亮之言，以爲皇上告。夫立法而行之不斷，守之不堅，與無法同。臣願皇上之留意也。

一曰廣言路。伏讀上諭，地方官吏諂媚上官，苛派百姓，總督、巡撫、司道又轉而饋送在京大臣。其於中外情弊，洞悉之矣。乃從前此等情弊，曾經發露者幾人，曾挂刑章者幾人，臣下不法不廉，至於如此，而猶然網漏吞舟，則以未經指摘糾參。皇上無從而知之，處分不得而加之也。誰司指摘糾參之任者？非言官乎？言官不過二三十人，耳目或有所不及，而又不許風聞言事；彼賂遺交私之狀，至深至秘，無迹可窺，言官自非得實，固難形諸白簡。況此奸貪之輩，又不難以勢力把持，金錢結納，言官稍有沾染，則箝口熟視而不敢言。臣按，建言古無專責，歷代雖設臺諫之官，其實人人得上書言事。梅福以南昌尉而言外戚，柳伉以太常博士而論程元振，陳東以太學生而攻六賊，楊繼盛以部曹而劾嚴嵩。本朝舊制，京官并許條陳。自康熙十年憲臣奏請停止，凡非言官而建言，爲越職言事，例當降調處分。夫人主明目達聰，常懼有所壅蔽，故宜導之使言。今乃禁之，使不得言，豈盛世之風乎？臣請除越職言事之禁，俾大小臣工各得獻替。進言之途廣，則罔上行私之徒，不能人人而把持之、結納之，庶乎有所忌而不敢爲。於此輩甚不便，於國家甚便也。其在外監司守令等官，若大利大弊，果係真知的見者，亦許條奏；地方灾荒，督撫不肯題報者，州縣官徑得上聞。如此，則民間疾苦，無所不通。皇上端拱九重，而周知四海之外矣。更請許臺諫之官得風聞言事，以作敢言之氣。其大奸大貪，不經糾彈，別行發覺者，言官一并處分。世祖章皇帝成例具在，可仿而行，有能奮擊奸回不畏强禦者，不次超擢，庶乎紀綱振而萬事舉也。

一曰慎選舉。伏讀上諭，大臣朋比狥私者甚多。竊服皇上之洞見弊源也。夫督撫藩臬與其盩好之人，但云辦事有能，并不問其操守清正。每遇會推選用時，皆舉其平素往來交昵於既用之後，不若慎重於方用之初。今廷臣會推，非有衡量之素也，非有商榷之公也。一人唱之，衆人和之，唯唯諾諾，莫敢異同，泛而謂之曰才能，曾不指其何者爲才，何者爲能，亦何以孚物望而協輿情乎？皋陶論知人，曰：「亦行有九德。」亦言，其人有德，乃言曰，載采采。」釋之者言，稱其人之德，必言其某事某事爲可信驗也。東漢故事，選舉牧守，委任三府，皆咨其行狀，度其器能；若不稱職，尚書奏劾，廷尉覆案，行舉主之罰。是以多得良吏。今所推者，内而卿貳，外而監司，或歷部曹，或歷仕郡縣，豈無治狀可名，政績可指？臣請自今會推，必開載實迹數條，確切著明，衆議允協，乃得奏上；有不允者，聽不署名，異日所推之人，若有贓私過犯，罰及舉主，則朋比之私絶，而本原之地清矣。

一曰褒廉節。人主風動天下，在明示意指，樹之風聲，未有令而不從，感而不應者也。今雖承積弊之後，人心士習，卑靡已甚，然以聖明在御，激濁揚清，如泥在陶，如金在冶，惟所欲爲，風之以廉讓則廉讓矣，興之以節義則節義矣。漢宣帝加意二千石，凡治行卓絶者，或增秩賜金，或璽書褒美，於是循吏輩出。光武即位，首封卓茂爲褒德侯，而東京人才至今稱盛。臣願皇上一仿此意，於内外具寮，察其公忠廉直者，褒顯一二，或擢自閑散，或面加奬諭，以風厲天下。臣雖愚陋，寡所見聞，就臣所知，如前江都縣知縣軒轅胤，居官潔清，惠愛及民，罷任之日，民爲僦屋以居，至今歌思不絶；前嘉定縣知縣陸龍其，慈惠廉平，一塵不染，去官之日，小民焚香攀送，巷無居人。此皆治行彰聞，萬口若一者，并以考成詿誤。又，臣與胡密子，同爲講官，熟知其人端方清介，志行卓然。前歲河臣請罷生童考試，純用捐納，奉旨會議，廷臣皆知其不可而莫肯發言，惟密子抗言其非，諸臣因以定議。即此一端，足以徵其剛正有守。而今歲京察，亦被處分。夫爲縣令者，簿書期會之間，詿誤有所不免。至密子所以察處，未見有顯然過失。臣願皇上破非常之格，擢用此三人於廢棄之中，天下必將曰：「清廉如某某，雖遭罷斥，皇上猶將擢用之也。」必争自濯磨，不賞而勸，豈非轉移積習之一大機歟？抑先師有言，忠信重禄，所以勸士？無養廉之具，而責人之廉，萬萬不能。漢制，官最卑者食禄百石，名爲百石，而月俸十六石，實歲百八十餘石也。唐宋自俸田外，又有職田，春冬衣仗，身人役等，以優其力，而縣令圭租有至九百斛者。夫既厚禄之，而猶貪污不法，置之重典，夫復何辭。當今制禄，視前代稍薄，兵興以來，又加裁省，官於京師者，輿從衣裘之費，常苦不給。頃奉特恩，四品以下官，秋冬二季，準給全俸。仰見皇上體群臣之厚意，更願沛發德音，斟酌古今，增其禄餼，臣下見皇上優恤如此其厚，無不人人感奮，豈非興廉教忠之一道哉！

一曰培人才。國家設師儒之官，重衡文之任，登秀民於庠序而賓興之。蓋以班朝莅官，非通古今有學行之士不可。雖其間亦有不肖者，而歷代公卿將相之材，多出於其中。養士之道，無過於此。異時生員無定額，大縣考取或至數十人，自定爲十五名，而士子已苦數窄。近年復減之又減，僅止四名，南方大縣挾册操觚之士，少者不下千人，而三歲之中兩次考取，僅得八人，視鄉會中式更難十倍，人絶進取之望，率改業而爲他。十人之子，多不讀書。循此不變，數年之後，黨塾荒蕪，弦誦道息，甚可慮也。夫此生徒，不費朝廷廩禄，不耗縣官金錢，何妨國計，而裁減及此？若以其不率教令，敗名壞檢，則皇上遴選學臣，嚴爲董率，其弊自革。至於抗違錢糧，有司得而申斥之；關涉詞訟，有司得而究治之。縱有敗類，豈可因噎廢食耶？皇上崇儒重道，稽古右文，雖羽林子弟，多有横經，何忍令學校人才漸次衰耗？且天下聰明才辨之人，不出於此，則入於彼。先王廣厲學官，固將收生民之雋異者，漸之以詩書，磨之以禮義，雖有梟雄桀岸之輩，循循然不敢爲非，爲國家計至深遠也。臣願皇上弘棫樸菁莪之化，敕下部臣酌復舊額，然後精學臣之選，簡師儒之官，士風不丕變，文治不誕敷，未之有也。

一曰禁淫靡。我皇上躬行節儉，重農貴穀，宜乎海内富實。而民無蓋藏，財力殫匱者，以侈靡之俗未革也。方今婚喪賓祭，未有定式，細民無知，以奢華相競。凡服玩衣裘之類，無所不致其飾。耗財之道，固多端矣。即以優伶一事言之，士夫之家，賓客宴會，多用優伶，一席之費，不下數金。此優伶者，片時登場，所得過農人幾倍，故争慕爲之。臣吴人也，優伶産於吴下最多，臣諗知其爲蠹。大抵巨室世家，喜蓄優伶，不惜厚貲招致伎師，教演度曲；貧民生子，稍秀慧者，輒入豪門，鬻爲歌童，稍有聲價，則鮮衣怒馬，藉勢放縱。而此伎師者，粗曉雜藝，工於逢迎，則遂爲貴人座客，關通内外，招摇生事。蓋奸人之尤者也。不意此風浸尋被於都下，公私宴會，多用優伶。此輩憑藉彌高，放縱彌甚，而民間愈矜尚之。一都城之内，優伶不知幾千人；因召優伶而糜費者，不知日幾千金。推之天下之大，蠹國病民，蓋不知其幾矣。臣請嚴行禁止，不得於通衢廣陌，開設戲館，不得用宦家職銜，懸牌掌燈，犯者從重治罪。士夫之家有蓄養優伶者，以不謹處分；宴會演戲者，并加參罰。庶乎其風稍稍衰止。夫靡靡之樂，非盛世之音。恒舞酣歌，爲風愆之首。況當天灾地變，上下修省之時乎？天下止有四民，此優伶者，皆四民之遁而爲者也。優伶多一人，則四民少一人；優伶少一人，則四民多一人：自然之理。誠使天下遂無優伶，則公私所省之費以鉅萬計，而田有餘農，肆有餘工矣。兹事雖細，實關風化，臣故痛切言之。皇上誠推是而例其餘，淫侈之習，漸次革除，則淳樸之風可還，太平之基弗替矣。

右臣所言六事，略陳當今要務。臣本書生，不諳政體，據臣胸臆，披瀝萬一，辭陋指淺，不足以仰贊大猷。惟皇上鑒其愚悃。

抑臣又有請者，向來諸臣條奏，皇上下部議。部中多以無庸議奏覆，見諸施行者，十不得一。今皇上重感天變，念積弊未釐，奮然思改弦更張，以作新天下。當勵精圖治之時，雖臣言無足采，而諸臣所奏，必有讜言碩畫，鑿鑿可行者。伏乞明諭部臣，俾仰體皇上詢於芻蕘之意，虚衷酌議，勿拘成見，概以無庸議罷之，則天下幸甚，臣等幸甚。

【校記】

〔一〕清康熙四十九年增修遂初堂文集初印本是篇有目無文，至續印本始補正文。

策問三道〔一〕　康熙壬戌會試分撰稿。

問：從來國運之隆污，繫乎風俗之厚薄。風俗者，猶水之流，導之東則東，導之西則西，聽其自爲波靡，則隤敗四出而不知所止。武王克商，至於康王，世歷三紀，而曰：「商俗靡靡，餘風未殄。」以此知風俗者壞之甚易，維之實難。我國家承明積弊之後，人心澆漓，士風佻達，雖以列聖重光，仁漸義育，祓濯而淬厲之，猶不能以盡革。是故節廉可貴也，而人以苟得爲能；遜讓可風也，而人以躁進爲巧。浮薄之習成，則敦厚少文者絀矣；詭隨之俗便，則剛方挺立者希矣。廟堂之上，蓋嘗鰓鰓焉慮之，誠欲革薄從忠，返淳還樸，將若何而可也？東漢風俗，最爲近古，朝多公忠直亮之臣，野有經明行修之士，名節德行，彬彬可觀。論者以爲崇尚清議之效則然，然與？否與？清議與國是，相輔而行者也。世治則清議伸於上，而政教明；世衰則清議操於下，而談説滋。今欲采清議以爲國是而無旁落，使鄉評悉依乎清議而無背馳，將何術而可與？或言激濁揚清，其流至於黨同伐異，漢之黨錮，明之門户，實基於此。故清議可有而不可有。夫標榜之與清議，同邪？異邪？古又有躬行君子，若陳太邱、荀朗陵、王彦方、管幼安其人者，不言而鄉人化之，國人師之，將毋潛德至行，又所以爲維風厲俗之根本邪？多士有持世之責，其悉心以對。

問：子稱安上治民，莫善於禮。移風易俗，莫善於樂。聖王以時更定，非直黼黻太平而已。蓋將以坊淫節性，蕩瑕滌穢，上得乎先王之意，而下通於時世之宜，不可一日緩也。故曰五帝不相沿樂，三王不相襲禮。而或謂禮樂所由起，必積德百年而後可興，又獨何與？夫禮樂之廢墜，非獨其精意無存，并其儀文度數而盡失之。民間冠婚喪祭，一切苟簡無法，而淫哇俚俗之樂，雜奏於殿廷，其過豈淺鮮哉！皇上天縱聖神，聲律身度，又當海宇廓清，功成治定之日，制禮作樂，適當其時。誠欲遐稽博采，準古酌今，以定百世之規，將遵何道與？三代之禮邈矣，若叔孫通、曹褒之制作，鄭康成、賈公彦之辨論，陸農師、聶崇義、朱晦庵、陳祥道之編纂，可得而述其旨與？唐有貞觀禮、顯慶禮、開元禮，宋有開寶禮、政和禮、中興禮，明有集禮，其因革何似？脱欲仿其體例，勒成一書，何者爲宜？樂之作，不難於鳌詞而難於審音，不難於審音而難於定律。黄鐘長短，旋宫高下，自胡瑗、范鎮、司馬光之倫，紛紜考較，各執一説。近代鄭世子、韓邦奇，皆有成書。其異同可得而言與？儒生知樂理而不能習樂器，工人習樂器而不能知樂理，太常所習，或參用俗樂，因循則無以復古，改作則難於協律。今將使同風於雅頌，比美於簫韶，亦有道與？大樂必易，大禮必簡。樂與天地同和，禮與天地同節。易簡和節，制作之原也。諸士安禮肄樂之日久矣，其以精藴對，毋襲陳言。

問：古者，井田之制明而地利盡。九年耕，餘三年之食，謂之一登；再登曰平，餘六年食。三登，餘九年食，謂之泰平。泰平之名，由積粟多而昉也。我皇上深知稼穡艱難，重念農民之困，閔雨憂暘，動形於色，寬恤之令歲下，然而家鮮蓋藏，野無露積，耕夫終歲勤動，或至衣食不充。一有灾荒，議蠲議賑而不贍，此何以故？毋乃有司勸農之道未盡與？夫勸農者，必先去其所以病農者。急征暴斂之不時，使民貴糴而賤糶，一病也。奸胥墨吏侵牟之無藝，二病也。水旱不以上聞，使德澤不下究，三病也。其何以使吏不擾農，農不告困乎？任農以耕，必人力田疇二者適足，而後農有恒業，自兼并多，而分田劫假，其爲患久矣。今欲定其經制，令民所占田各有限數，則後魏均田之法可得而言與？或且裁減租貸，以利貧民，則元人普減二分私租之令，亦可仿而行與？論者謂末作與農民，相爲贏絀者也。農民困，而天下争趨於末；末作盛，則游食衆，而雜泛之差并歸於農，農民重困。其何以抑末返本，使盡轉而緣南畝乎？古有孝弟力田之科，有復除拜爵之令，其果足以勸率否邪？東南之地，尺寸皆墾，而西北有百里不耕之土，如治田京畿，以減漕粟，而紓東南之力，則何承天、郭守敬、虞集諸人修水利治農田之説，可以見諸施行而無難與？多士上下古今，洞然於心，盍具陳之？是籌時者所亟欲聞也。

【校記】

〔一〕清康熙四十九年增修遂初堂文集初印本原無此篇，至續印本始增之。

遂初堂文集　卷五

議　書

修明史議

自唐而上，史成於一人。自唐而下，史成於衆人。成於一人者，爲之愈難，其書愈善；成於衆人者，就之愈易，其書愈不能精。劉知幾之論五不可，吴縝之糾繆八條，其言利弊詳矣。

明有天下幾三百年，而未有成史。今欲創爲一書，前無所因，視昔之本東觀以作後漢，改舊書以修新唐者，其難百倍。然國不可以無史，史不可以難而弗爲。誠得邃於史學，識著作之體者，經理其事，縱不敢遠希遷、固，若陳壽、歐陽脩之史，尚可企而及也。請言其概，曰：搜采欲博，考證欲精；職任欲分，義例欲一；秉筆欲直，持論欲平；歲月欲寬，卷帙欲簡。此其大要也。

前代有起居注、日曆、會要諸書，明代獨有實録。建文、景泰兩朝之事既略，熹宗以後遂缺焉。鄭氏今言、王氏史料、朱氏史概、何氏名山藏諸書，皆詳於隆萬以前。若璫禍之終始，金陵、閩、粵破亡之本末，皆茫無所考。非下求書之令，除忌諱之條，悉訪民間記載與夫奏議志狀之流，上之史館不可也。實録既多舛錯，錢氏辨證略見一班，家乘、爵里、年月可憑，而多虛美；野史記事，言人人殊，影響傅會，十居七八。必也分割排纂，以類相從，核其虛實，參伍衆説，歸於一是，若温公之修通鑑，先作叢目、長編、考異諸書，乃可下筆。是故搜采欲博而考證欲精也。

史文備各體，作者無兼才。唐修隋書，魏徵等撰紀、傳，長孫無忌等撰志、表，而天文、律曆、五行三志，則李淳風獨作。宋修新唐書，本紀歐陽脩主之，列傳宋祁主之，而劉羲叟志天文、五行，王景彝志兵、志禮樂，梅堯臣表百官、方鎮。温公通鑑，分任官屬，前、後漢則劉貢父，三國至隋則劉道原，唐訖五代則范淳夫，皆妙極天下之選，各因其長而任之。今亦宜博求才彦，因能器使，表、志宜仿隋、唐書，以事類爲斷，紀、傳宜仿通鑑，以年代爲差。職有專司，則人之心思，萃於一途，而易爲精密。所慮者，畛域既分，彼此不相通貫。昔人譏唐書傳有失而紀不知，表有訛而志不覺；而元史遂有一人立兩傳者。大凡作書，最重義例。唐修諸史，令狐德棻先爲定例，敬播等又考正類例。今爲史，亦宜先定規模，發凡起例，去取筆削，略見大旨，何志當增，何志當裁，何傳當分，何傳當合，先有定式，載筆者奉以從事；及其成也，互相讎勘；總其事者，復通爲鈎考，俾無疏漏舛複之失，乃可無憾。是故職事欲分而義例欲一也。

史家大端，在善善惡惡。所謂誅奸諛於既死，發潛德之幽光者。其權至重，少有曲筆，便名穢史。孫盛書桓温枋頭之敗，吴兢載張説證魏元忠之事，當朝將相尚直書無隱，況隔代乎？明之亡，亡於門户，不特真小人不容借貸，而僞君子亦不當包容。若忠臣烈士，抗節致命者，宜如文天祥、謝枋得之例，大書特書，以勸忠義。無或如五代史不爲韓通立傳，見譏通人也。至於議禮之得失，奪門之功罪，從亡之疑信，康齋、白沙、陽明之學術，茶陵、江陵、太倉之相業，論者互有同異，或激揚過當，或刻核失中。惟虚心斟酌，勿主一説，而後是非可定。是故秉筆欲直而持論欲平也。

司馬遷、班固、李百藥、姚思廉，皆父子世於其職，然後成書。其餘亦竭一生之力爲之。晋、隋、唐書，設官開局，久者二三十年，少者亦數年。遼、金、宋、元諸史，爲期太速，故不稱良史。明三百年，事迹繁多，功緒棼錯，其勢不可以速就。若勒限太促，必至鹵莽。至於史文貴有體要，以斷制爲重，不以繁富爲工。班固叙二百年之事，爲書百篇，論者尚嫌其繁。而宋史乃至五百卷，蕪冗甚矣。今宜酌詳略之中。明歷年與唐相準，新唐書二百二十五卷，今史約略相當，過此則非體。是故歲月欲寬而卷帙欲簡也。

博則無疏漏之譏，精則無牴牾之病，分則衆目之有條，一則大綱之不紊，直則萬世之公道伸，平則天下之人心服，寬則察之而無疵，簡則傳之而可久。於以備一代之制作，成不刊之大典，斯無愧矣。

謹議。

樂章議

樂之爲用，歷代不一。漢明帝定樂爲四品，梁有十二雅，周、隋爲九。夏、唐以下，有十二和，若安若成之名。綜而論之，其用有三：一曰郊丘之樂。詩、頌、昊天有成命，漢郊祀歌及歷代祭天神地祇、群神群祀之樂章是也。一曰宗廟之樂。漢安世歌及歷代廟室酌獻之辭是也。三曰殿庭之樂。晉四廂樂歌，梁介雅、需雅之類是也。郊丘、宗廟之樂，於六義爲頌，其辭主於頌揚神靈，昭告虔潔。殿庭之樂，於六義爲雅，其辭主於鋪揚功德，洽和臣民。二者粲乎其不相符也。

我國家準古酌今，百度具舉，今禮官所掌、太常所肄郊丘、宗廟之樂，固已略備。惟殿庭大禮，雖奏大樂，而樂章無聞。皇上武定禍亂，文致太平，發揚功德，莫宜於樂，尤莫宜於殿庭之樂。其當增益者，約有五事：

一曰元旦朝會燕饗。考晉四廂樂有正旦大會行禮歌及王公上壽食舉樂歌。梁胤雅、寅雅、介雅、需雅、雍雅，皆爲三朝之用。北齊迄隋，有皇夏、肆夏之辭。唐朝會樂章七，宋二十八。明洪武初有起臨濠等九曲，永樂中又更定其詞。今殿庭朝會有樂無歌，無以宣上德而洽下情。所當首先創作者也。

一曰萬壽樂章。古者臣子於其君，動有頌禱，「萬年」、「萬壽」之辭，隨在而發。唐始以聖誕爲令節，於是有聖壽、長壽、繼天、誕聖諸樂。宋上壽用禧安、和安之曲。明萬壽陛殿樂章有乾坤、日月明之曲。今者聖誕，亦當別爲祝嘏之辭，以伸臣子頌揚無疆至意。

一曰太皇太后、皇太后朝賀樂章。兩宫樂辭，於古未有所考。惟宋有上兩宫册寶之樂，皇帝升降座用乾安，母后升降座用坤安，册寶出入用正安。明太皇太后、皇太后正旦、冬至、朝賀樂章，用天香鳳韶之曲。皇上孝事兩宫，備物致養，迎休導和，以達萬國之歡心，更製樂章，似不宜後。

一曰東宫樂章。梁制，朝會，皇太子出入，奏胤雅。隋奏肆夏。唐東官朝會，樂章凡五。宋皇太子出入，群公稱賀，俱用正安。明東宫樂章，有永南山等曲，凡七奏。今儲宫睿質岐嶷，出震方始，亦應特撰樂辭，施於宫廷，薰蒸太和，涵養聖功，未必無助。

一曰鼓吹樂章。周禮有愷雅、愷歌，漢有短簫鐃歌二十二曲，蓋軍中之樂。魏晋以下，多改古曲，叙述功德，同於雅頌，爲充庭之用；大駕出入扈從，亦奏之。唐宋無其辭，柳宗元、姜夔嘗私擬之，而未施用。今當武功告成之日，似宜仿古辭，叙今事，施之宴會、駕出、巡幸或命將、閱武、獻俘、勞還，用之無所不宜。

凡此，皆殿庭樂章所宜增設者。至如七德、九功，雖施之朝會，要皆以舞爲主。歷代文武二舞，其所爲發揚蹈厲，舒徐安雅，皆在綴列形容之間，歌辭抑其末也。如欲仿此二舞，則須先習舞容，舞不備而徒爲歌辭，未見其能爲樂也。顧今之樂章，不難於義而難於音，不難於辭而難於體。樂章以典雅爲宗，漢郊祀安世諸歌，辭極高古，讀應爾雅。隋唐以前，音雜雅、鄭，而辭皆醇正。自宋元始以詞曲爲樂府。明沿其陋，九奏之内，古體俗調雜出不倫。

聖朝制作維新，誠宜删去詩餘、小令諸調，一以雅、頌、樂府爲準繩。特慮秉筆之士無洞曉音律，如荀勖、張華之流，能自出裁製者；而太常、樂工亦恐無左延年、祖孝孫之倫，相與略論律吕，叶比音節，使依文按句而爲之，則俗樂有所不能驟革。使一仿古制，又恐不比於音律。誠宜詳延通達律吕之士，講論得失，使長於文學者爲其辭，知音律者審其合節與否，歌之而成聲，比之而成音，然後文之管弦，被之金石，將見國家制作，超唐邁宋，與雅、頌同風不難矣。

謹議。

廣南藩兵議

康熙十九年八月十日，命廷臣集議尚之信事。群臣咸以之信惡逆罪大，請置極典。皇上念其先人之勞，特賜之信自盡，群臣以叛黨，不可寬執。奏再四，僅戮其同謀弟四人，餘一，無所問。皇上如天之度，於是卓絶千古矣。

平南藩下，舊有卒萬人。既誅之信，其軍未有所屬，措置之道，言人人殊，參而伍之，似乎分隸八旗之説爲最長。雖然，未易言也，爲是有四善，亦有三難，請言其概。

藩下之人，習於驕横。兵興以來，嘗有咆哮恣睢之心，類非他將所能約束也。緩之，則驕不可用；急之，則鋌而走險。嶺南之地，依山阻海，一有風塵之警，易爲煽動，莫若離其巢穴，徙致京師，臨以九重之尊，震以六師之威，伍歛部束，扼其機牙。其善一也。

嶺南之地，凋敝久矣。所以然者，藩下之衆，與民錯居，横刀過市，躍馬出郊，狼戾萬狀，莫敢誰何。牟利子母，罩詞陷人，田廬之劫奪，子女之掠賣，不知其幾矣。今一旦盡徙若輩，俾此一方，市肆安堵，耕農樂業，平居有安恬之樂，警急無意外之虞。其善二也。

禁軍雖盛，調發連年，不無損耗。甲士在外，十人而七。彼一軍者坐鎮，一方士馬飽騰，器甲完繕，誠選其驍果，訓練而整齊之，可得精兵數千，足補禁軍之缺，剪羽翼以厚根本。其善三也。

黨亂之衆，實繁有徒。陰伺吾處，置之得失，以爲向背，聲息相近，猶有鈎通結引之思。若遠隔萬里，勢孤望絶，必無他圖。又見我皇上推心置腹，兼容并包，引藩卒爲親軍，置降人於環衛，其度如天，無疑無貳，誰不輸心解體，歸誠恐後！其善四也。

顧有未然之慮，不可不圖者。彼一軍之居嶺南，四十年於兹，買田宅，結婚姻，長子孫，與土著無異。一旦驅之去安樂之土，就轉徙之地，保無有愁苦怨咨，圜視而偶語者乎？其難一也。

兵興以來，物力殫屈。江右新脱湯火，中州、畿輔所在灾荒。就令彼衆帖伏，束裝就道，而一軍萬人，通計家口，不下數萬，自廣至京，不下七八千里，水搬陸運，舟車之力，爲費不訾。時絀舉羸，能令措辦無擾於民乎？其難二也。

近畿之地，悉爲莊屯。圈田占房，爲民大病。就令行齎居送，安然至京，數萬之衆，何以處之？將令其僦屋以居，墾荒以食乎？抑仍奪民廬以居之，剥民田以食之乎？其難三也。

有一難於此，雖衆善，未可驟行，况種種隔礙，能不爲之長慮而却顧乎？昔竇建德既平，召其故將范願等入關，衆心驚疑。而劉黑闥復擾河北，劉孜既納地其下，朱克融等久留京師，貧乏不自存，復踞盧龍以叛。蟻穴之漏，實潰金堤。星星之火，或可燎原。事嘗生於所忽，變嘗伏於粗安，不可不熟慮也。然則處之之道當如何？

聞之故王所與起兵者，十不存一二。其餘率多南方召募之人，大抵皆市井游惰竄居其中，亦有温飽之家，夙苦藩下侵剥，顧入厚貲，藉占名籍，倚以自庇。此輩固南人，不樂北來，又惡藩下之名，以得湔洗爲快，莫如下詔，令藩下之人，願自脱爲民者，許投牒幕府，繳納軍資，給以文書，聽其自便。必争起而應之，十可去六七。此汰而去之之策也，其道利用速。

至於老營舊部，邊關河朔之人，服食嗜好，與滿人、漢軍不殊，代馬北風之思，必願北還。

須得雄偉豁達、有威望之將領，部署約束，厚加撫存，曉以入旗之便。有官者仍與之官，有糧者仍給之糧，裕其衣食之原，開以功名之路，仍寬爲之期，令得斥賣田宅，收辦資裝，歡然樂遷，不拂其性，俟年歲稍登，民力粗足，然後率之北來。人數既少，事亦易辦。此撫而納之之策也，其道利用緩。

夫除疾者，必去其根；定亂者，必剪其孽。語云：「兵難遥度，事貴沉幾。」除亂固難善後，尤不易謀國，務在萬全，惟博謀而明斷之可也。

謹議。

吴江水利議一

吴江爲縣，當太湖東注之下流，爲三江入海之要道。湖水常苦漲溢，浦漵常多淤塞，或旱或澇，本邑首受其敝。故昔賢之講求水利，有司之諮詢民瘼者，於江邑首加意焉。康熙四十六年冬，皇上因江浙荒旱，思爲民生經久之計，特頒諭旨，敕督撫大臣講明水利，建置座閘，以備蓄泄。睿慮周詳萬里之外，洞若指掌，興利除害，此其時矣。

惟江邑之水，自太湖而來，受湖之港猶咽喉也，三江猶腸胃也，支流曲港猶脉絡也。但得港口深通，咽喉快利，則腸胃、脉絡自然通暢。惟是湖水渾濁，推蕩泥沙，灌入港口，日就壅塞。其在太湖之東，如柳胥、七里、吴家、南效、雙廟等港，迤邐而西，如韭溪、直太灘、闕亭子、蔣家、陸家、吴漊、薛步等港，悉皆淺狹。以故雨多水發，則泄瀉不及，而漲溢爲災；天時亢暘，則汲引無從，而車戽不到。即如縣前長橋，舊有四十八洞，今僅通數洞；橋下江昔闊百餘丈，今僅十餘丈。此其顯然易見者也。

伏讀聖諭，有云：「水道淤淺者，宜疏濬，引水四達。」此正江邑之急務矣。宜首於長橋一帶，著力施功，將浮漲泥土，奸民侵佔者盡行開去，務令水道深廣如昔。次則察視受湖諸港，擇其淺狹者，疏通開濬，使湖之東流者注於運河而無壅，湖之南流者注於溪蕩而無滯，則支流曲港不費力而自治矣。至於建閘啓閉，當在海口扼要之處，如吴淞江口、劉河、七鴉、白茅、福山等處。舊有閘者，增築堅完；舊無閘者，創行建立。啓閉以時，蓄泄有備。既可以扞海潮之灌入濁泥，并可以遏舟船之私行出入。誠裕國裕民一勞永逸之至計。

若在江邑，則去海尚遠，非緊關之地。且百浦千溪，無從置閘，可以不煩相度也。

謹議。

吴江水利議二

太湖東注，分爲三江，以入大海。邑當其衝，瀕湖諸港固多淤塞。而首當開濬者，莫若長橋一帶，西自吴家港，南抵龐山，約長七八里，即古之松江。宋元時，闊可里許；明萬曆間，尚闊八十餘丈；今止十餘丈。如加開濬，雖不能悉復古形，亦宜加闊五六丈，加深丈許，方能暢泄湖流。而最緊要者，尤在橋之左右，舊稱南灘、北灘者。本是江身，淤淺成灘，三十年前，尚是蘆蕩。因從前挑河，不將挑出之土遠徙他處，僅置灘上，積成實地。附近居民，影占爲業，托名告佃，只辦升斗之糧，遂占連綿之地，每議開濬，多方阻撓。今兩灘淤土，長約千餘丈，闊三四十丈，阻塞江流，不能直下，如骨鯁之在咽喉。苟此土不挑，則水道終於不治。其挑濬之費，約四五千金，朝廷豈惜此四五千金，不爲江鄉去痼結之病哉！其占業者，倘以辦糧爲辭，則所辦者，僅蕩糧幾十畝，爲數無多，或行開除，或均入湖濱新漲之田，絕不費力。惟以剛斷行之，事無不濟。其鈞雪灘至學前出塘一河，計長里許，闊僅三四丈，兩岸皆居民，只須開深丈許，約費數百金。東門至北門城河，計長二里許，闊三四丈，亦須開深丈許，約費千餘金。濫泥洪一帶，北起八尺，南至翁涇橋，計長四里許，現闊七八丈，不須加闊，但加挑濬，便可不滯漕艘。其他支流曲港，淺涸甚者，量加開濬。總計須費二萬餘金，則可一勞永逸，實農民無窮之利，國家根本之計也。

至於挑出泥土，若堆置水旁，一遇暴雨，仍坍入水，毫無補益，必須用船運卸附近低窪田中。其不甚低者，將泥增築圩岸，如墻如堤；岸次各有車缺，旱則開缺以引水，澇則閉缺以拒水。缺之開閉，如閘之開閉。有缺，則每缺皆閘，無建閘之勞，而得蓄泄之利。於聖主恤民至意，曲體而力行，無善於此也。

若夫長短丈尺，人夫多寡，須官司率役丈量估算，未能臆料。但必得實心任事通曉利弊之人，監督專領；方面大僚，不時稽察。庶無怠玩虚糜之弊，而刻日可以奏功。是又在諸臺遴選之精矣。

又議。

上某總裁書

竊惟史莫難於志，志莫難於食貨。而明史食貨志視前史爲尤難。自唐以前，志食貨者粗舉大綱，其體甚略。今議仿宋、元志例，分門别類，其體甚詳。宋志有累朝舊史爲粉本，元志直用經世大典。今則絶無所因，一切創作，此其所以尤難也。

某不揣固陋，分任此志。妄以作志必先采料，木石具而後可以築室，縑素具而後可以縫衣。故將明代實録通纂一過，凡片言隻字，有關於食貨者，悉行節出，瑣細龐雜，不厭其詳。蓋欲使一代物力登耗、度支盈絀之故，了然於胸中，而後可以下筆也。

既以實録爲主，又博采諸家著述、名臣奏議，與凡典章故實之書，次第節録，以備參考，必求如是，而後可以無憾。惟是三百年實録，浩如烟海，約計一年一本，每本中節出者，多則四十餘紙，少則廿餘紙，自洪武至萬曆，密行細字，抄成六十餘本。惟天啓實録，外間所無。時在史館，時在内閣，未得纂録。崇禎朝本無實録，欲從新纂長編中節出，亦未得見。所缺者，此兩朝耳。他書如西園聞見録、硯山齋集考之類，亦纂過數十種。尚欲遍閲史館志乘諸書，恨未及也。

智識短淺，職任紛雜，身兼三館，强半在署，篝燈搦管，常至夜分，兼之家無藏書，轉展借覓，此有彼無，綴殘補缺，此借書之苦也。節略文句，標識首尾，條分件繫，萬緒千頭，此纂書之苦也。雇募手力，倩乞親友，日不數紙，月不數卷，此抄書之苦也。所以荏苒經歲，工甫垂成。萬曆以前，事迹粗備，據此芟緝，便可成書，但庀材須富，裁制須簡，聚千腋以爲裘，釀百花而成蜜，參伍錯綜，良非易易。體大而思精，著書之準的，竊有志焉。而材薄任重，鞭策不前，用是濡遲至今。非敢忽忽悠悠，坐延歲月也。

上某學士書

某聞善爲治者，不務爲求治之名，而貴有致治之實。孔子曰：「其人存，則其政舉。」後儒亦言：「有治人，無治法。」衰弊之世，法制禁令，與盛世無殊，而不能爲治者，法意不相孚，名實不相副，上下相蒙，苟且成俗也。

今天下已治平矣，百官之職掌不爲不明，諸司之條例不爲不備，防貪禁奸之法不爲不嚴。然而紀綱猶不能無廢弛，民生猶不能無凋弊，天灾地變猶不能無垂戒者，何也？由實心求治之人少，而大小臣工莫肯以天下國家爲事也。爲郡縣者，但求錢糧盜案不累考成，民生之休戚非所問也。爲監司者，但求期會簿書得免詿誤，官方之清濁非所計也。有一大事，則彼此瞻狥；有一大議，則上下揣合。皇上欲理財，則以開設事例爲經費，裁減工料爲節用；皇上欲用人，則越次陞轉謂之才能，循例保舉謂之卓異，内廷外閫，莫非委蛇。將順之人，早作夜思，無非彌縫掩護之術，視官資如傳舍，祇望超遷。視仕宦如經商，但圖牟利。自身家妻子而外，其於國計民生漠不相關，甚至以忠言讜論爲忌諱，罔上行私爲得計。積習相沿，蓋非一朝一夕之故矣。

今皇上重感天變，赫然震怒，抉擿譴訶，諭以洗心滌慮。經各衙門設立科條，增嚴加密，至爲切要。然以言乎致治之本，則猶有進。

夫欲致治，則必以實心行實政，上下一體，宫府一心，真知天變之足畏，民嵒之足憂，惕然有同舟遇風之危，朝夕講求政治之得失，人才之賢否，耳目心思，相爲統攝。若保母之乳嬰兒，啼笑痛癢，無所不關。如農夫之治禾稼，螟蟲蟊賊，無所不去。則利不期興而興，弊不期除而除矣。若徒恃科條以防奸，藉律令以止慝，有立法之名，無行法之實。竊恐彌縫掩護之弊，更有甚於前也。假如今制，督撫、地方官與在京大臣交通者革職，此其所得而禁者，輦下拜往之儀文耳。使在數千里外，私人往來，潛通貨賄，能知之乎？官吏坐贓滿十金者，即論死；審能如法，則人人皆楊震、鄧攸矣。度今之作吏者，能如是乎？夫立法遠於人情，則必有所不行，不行而法故在，則必巧爲相遁。掩覆之術愈工，交通之迹愈密，而議者且以爲令行禁止，中外肅清也，豈不殆哉？夫天下未嘗無才，其才未嘗不能辦事，特患無以驅策而激勵之，於是以其才智專用之於身家，以其聰明專用之於彌縫掩護。設也一變其習，以其爲身家者爲朝廷，以其彌縫掩護者爲拊循保障，則何事不可爲，何功不可立？所賴二三大臣，爲皇上陳其綱領，辨其本末，以實心實意振起天下之人材，以大機大權轉移天下之積習，開誠布公，信賞必罰，除一切苟且之政，立萬世弘遠之規，則正朝廷以正百官，正百官以正萬民，紀綱肅而民生安矣。

某一介草茅，罔知治體，蒙閣下虛懷下問，至再至三，故敢肆其狂言，直陳管見。以爲今日所獻納者，當在正本澄源之論，而區區科條律比之事，固可以置而弗道也。

上某都憲書

昔夫子稱：「吾未見剛者。」蓋剛之爲德，大矣！大易一書，以陽剛爲君子，陰柔爲小人，世固未有君子而不剛者。至於公卿大臣，身任國家之重，如鼎之有足，如屋之有棟，安危成敗係焉。若之何，可以不剛也？

古之大臣，以義正君，非其義不就，以道守官，非其道不處。嚴氣正性，凜乎其不可屈也。特立獨行，確乎其不可奪也。故曰：「靖共爾位，好是正直。」自老氏之徒有「太剛則折」之戒，有「摧剛爲柔」之説，而世道下衰，流俗之士多便之，其言不幸而多中，皦皦易污，隆隆易折，比比皆然。懲熱羹而吹虀，君子有所不免，流風靡靡，以委蛇爲明哲，以緘默爲深沉，以雷同附會爲和衷，以遜避推諉爲練達。其能卓然自立崖岸者鮮矣，況能切劘當世乎？其能與儕輩立異同者少矣，況能與人主争是非乎？

夫申屠嘉一武夫耳，能戮辱天子之幸臣。汲黯一主爵都尉耳，能使人主不冠不見。祝良一賢良文學耳，能廷折桑弘羊之口。朱雲一儒生耳，能屈五鹿充宗而折其角。豈古今人之果不相逮歟？若是者，有本有原。傳曰：「仁者必有勇。」夫惟仁人君子，奉公憂國，視生民之疾苦，不啻疾痛在身，畏天憫人之念重，而持禄養交之慮輕。然後能擔荷天下之事，而榮辱利害有所不計。否則，浮沉偃仰焉而已。又曰：「無欲則剛。」古之君子，一介不與，一介不取，制行清白，皭然無疵，然後其氣傑然能伸於萬物之上而不撓。否則，突梯脂韋焉而已。夫論人於中古之上，所謂公忠清介者，猶戛戛乎難之，況今日哉？

雖然，竊於公望之。某之奉教於公十餘年矣，見公於四方水旱吏治頗僻，每咨嗟見於顔色。他公卿退朝酬酢，宴會庀家而已。公獨居深念，講求天下利病，孜孜弗懈，則其仁有足稱者。公自參密勿，不妄交一人，不輕通一刺。洎掌邦憲，尤屏絶交際，玩好聲色，一無所愛。公餘之暇，丹鉛不輟，則寡欲有足稱者，庶幾無愧古大臣，而可與言聖人之所稱剛者乎！

方今主上神聖，海内乂安，威德所加，無思不服。惟是廷中委靡選愞之習，猶未盡除，正直挺勁之風，猶未盡睹，所以振起作新之者，非公曷賴！易莫盛於泰，其象曰：「小往大來。」其象曰：「内剛而外柔。」内君子而外小人，然則世運之否泰，人才之消長，在剛與柔二者，決之而已，惟公熟察焉。

與徐宫贊論唐十八學士書

君臣相遇之際，不其難哉！士之懷奇抱異，不得自致於天子之廷者多矣。僅而至焉，其荷特知蒙殊遇者，又加少也。若其衆賢并集，歡然一心，以恩禮終始者，蓋曠世不一見焉。昔司馬、東方、嚴、朱之徒，受知於漢武。王、徐、應、劉之倫，見禮於魏文。僅以浮華辭辨相褒異，未有功名卓犖可述於後者也。

其以軼群之材，遇不世出之主，惟唐天策學士爲獨盛。太宗提三尺劍，取天下，駕馭豪傑，如左右手，而其賓禮儒臣，不啻家人父子，十八人蓋天下之選也。其初爲府僚，而其後爲天子之吏，始以文學顯，而卒皆有所樹立，爲名臣。其品第可得而言也，房玄齡、杜如晦爲唐賢相稱首。房善謀，杜善斷，并有王佐之才。杜爲相日淺，而房在位十五年，故其功烈尤著。虞世南天資端毅，而淹雅無所不通。薛收應機立斷，開發大業。二人者，亦宰相器也。于志寧、蘇世長、陸德明、李玄道、薛元敬、褚亮、顔相，并卓卓有古大臣風。至若孔穎達、姚思廉、蔡允恭、蓋聞達、李守素，并以纂述名家。其寂寥無稱者，惟蘇勖一人。而許敬宗迎合高宗，一言基唐室之禍，遂至名列奸臣。

計此十八人中，最賢莫如玄齡，最劣莫如敬宗。玄齡駐馬作檄，初不著稿。敬宗亦能草詔馬前，答昆明帝丘之問。其文學正等，而人品卒至懸絶，則存乎心術之端回矣。天下不乏穎異闓通之士，惟本末該備，質有其文者爲賢。太宗得人所以如此其盛者，由其所取以忠孝大節爲主，而輔之以儒雅行誼，彌高者，遇之彌親。嘉世南之直諫而厚賜，旌思廉之竭忠而追賞，敏贍如顏師古而不在列，非以其事親無聞歟？薛收殁而補以劉孝孫，非以其盡心所事歟？

采秋實以及春花，先德行而後文藝，此萬世用人之大經。而爲臣子者，尤當敦飭根本，砥礪廉隅，爲名臣勿徒爲文士，勤職守勿徒慕遭逢，則庶幾矣。

與衛爾錫前輩書

屏退孑身，奄罹大故，重蒙手教，慰諭拳勤。念人生功名利禄，俱身外物。惟籍此光榮其親，或不惜低頭就之。今某已爲無母之人，縱在仕途順境，猶脱屣視之，况羊腸九折耶？從此以後，便當攀柏依松，埋名絶影，無復厝意於人世矣。咯血殘魂，萬一不死，則當温理舊業，肆力經史，究道德之指歸，探性命之閫奥。但恐獨行無朋，安得好學深思，逢原自得，如老先生者，而朝夕質疑請益耶？寸心合并，要亦非山川所能間隔耳。出處之計，聞尚未定，在老先生，年力正强，聲望甚重，内外大小，皆可自見，流行坎止，亦非某所敢贊一辭也。

先慈苦節至行，荒迷中不能叙述萬一。要不可不使大君子聞之，謹附上行述一通，表揚褒美，尚有望於錫類之仁也。伏地愴塞，不知所云。

復張素存學士書

前蒙指示喪紀，簡當精確，雖寒門下士，未敢一一步趨先達，而寧戚寧儉之意，始終奉以從事，一切儀文，十九并遵來教，俾大段不至悖禮。何德如之！首夏復蒙遠致隆奠，兼辱唁書，披捧之餘，感激嗚咽。惟老先生長德崇班，輩行隔絶，乃不遺微賤，加禮於其親。稱名之際，復過從抑損，有非几筵所敢當者。撝謙盛德，念舊高懷，求諸今人，百不一見。惟有鏤骨銘心，銜恩没齒而已。

敝鄉喪紀，廢壞已甚，深愧愚駑，未能稍自尅勵，因思草廬。先生有言，衰麻擗踊者，禮之文；不飲酒食肉處内者，禮之實。去古既遠，文有所不能盡，實則不敢不勉。鄙志區區，未知能無隕越否耳？至卜葬一節，尤極難處。青烏家言，茫昧難了，前輩有一切抹擻者，而紫陽、西山亦曾講求，則又似未可盡廢。時師言人人殊，未知誰可倚仗。老先生方經營大葬，當有卓見，幸明教之！曩何兄行迫，辱翰不及裁答，悚仄無已，肅此布謝，希恕稽遲。臨紙愴塞。

與李允公書

蒙示尊公所輯雁蕩志，搜采博而裁鑒精，洵爲佳志。遵命作一叙奉上。但志中略有當參酌者，輒以奉商。

凡志必有圖，雁山奇秀，尤非圖不顯。舊石刻雁山圖，錯亂不足觀。近石浦禪師所輯志，有十八刹圖，巖壑位置，頗得其真。但拘於一刹一圖，即刹廢而無山水者，亦作一幅，頗覺無謂。應將石梁、靈峰、碧霄、真濟、净名、響巖、靈巖、觀音、髫飛泉、能仁、羅漢、瑞鹿、大龍湫、石門、凌雲、寶冠、古塔、雁湖各爲一圖，更添蕩陰之石佛、散水崖、石門潭等二三幅，仍仿府志雁山圖式，作一總圖在前，庶爲明了。其圖以石浦所刻作粉本，更加精審，方爲盡善。

雁山題名甚多，龍鼻水左右，南碧霄洞中，各有三四十行，大龍湫、小龍湫、石梁洞、天聰洞内，靈峰洞外，皆有之。先賢遺迹，采録宜先須加搜訪，别爲一卷。靈峰寺後「雁蕩」二大字，石浦以爲謝靈運書。余洗苔視之，後有「靈峰山定光立石」七小字。靈峰賜額在宋康定中，「定光」似是僧名，其非靈運，審矣。龍鼻洞前「天開圖畫」四大字，以爲朱晦翁書，細看後有「龍渠」二字，亦非晦翁筆。如此類，皆應辨正。

石浦志不載題名，却載諸貴人所贈匾額，陋矣。王獻芝游記中言，小龍湫内有題「常寶臣、黄伯起來」字，天聰洞内有題「黄伯起」字。按，苗振字伯起，常鼎字寶臣，二君題名，處處見之，蓋極好事者。今以「苗」爲「黄」，誤也。

人言雁山開自宋時，今觀南碧霄洞中題名有「太守夏啓伯到山，發揚建寺，開元二年九月□日」。則唐時已有寺，但不省「發揚建寺」爲何等語耳。大龍湫内「張瓌唐」三大字，筆法似顔魯公，亦是唐人無疑。龍鼻洞下一巨石如屏，上有宋人王某一絶，後兩句云：「頭白山翁貪漱齒，杖藜日日過橋西。」詩字俱佳。石梁洞高處有延陵吴子孝一絶，并宜采入志中。樂清志白雲、雲外二僧傳下，載射詩投贈事，以爲徐文貞階。今薛方山志内自叙此事，則是薛非徐。但樂清志却載所射之詩，今志收薛他詩一首，而不及此，似宜補載。詩云：「白雲雲外在山隈，欲往從之莫扣扉。有悟不須相對面，無緣猶自願留衣。人當丫處方知汝，事未休時肯息機。我亦塵凡難解脱，桃源咫尺路皆非。」靈巖有石刻回道士龍鼻水一絶，字畫繚繞，詩亦出韻，今人便謂真純陽作矣。其末行云：「大將軍虞都楊宗業觀兵海上，歷四區，登甌之雁蕩，留至龍鼻。時戊申歲也。」按，楊宗業是明代人。今江心寺有留題一碣，益證此非仙筆。

劉直洲雁山賦刻石四片，尊公從灶下搜得一片，復從佛座下换出一片，其刓缺字，求刻集補完。余頃至靈峰洞，從寺灶旁出第三片，命從人搨出，終恨缺尾。偶徘徊前殿，見檐下承柱殘石有字，正是此賦。殿未蓋瓦，急令僧换出柱旁，復得一殘石文，與相湊而猶未完。余弟人瞻復從灶屋窗砌下搜得一段，正是礪刃缺字者。蓋末片復裂爲三矣。賦既宏放，字復遒整，可稱山中佳迹。寺僧不知寶重，使其零落至此。乃五十年前遇尊公，今兹復遇余兄弟，遂得璧完劍合，文章有神，不其然耶！已，囑僧取出洞中二片，聯砌壁間，庶免再缺，未知能用余言否也？

凡諸游記及詩，當載入志中。若爲記及詩，作序者大抵贊美作者，於山水無所發明，可以不載。即諸詩冗率者，亦當删去。崇禎末，卧雲禪師結茅雁湖絶頂，吴人顧超在魯藩幕中，爲作募建雁湖禪院疏，語絶宏麗，有刻板在能仁寺。今志止載其上卧雲啓，而疏文未收，宜補入。

大龍湫之上爲龍湫背，在西内谷。石門寺西北，去逾數高峰，至雁山絶頂，有雁湖焉，在西外谷，相去二十餘里，邈不相涉。自舊志有「雁湖水南出爲大小龍湫」之語，遂誤以雁湖爲龍湫背。畫家往往於龍湫上作雁湖數點，真大枉事，亟須辨明。

游山不應草草，著書尤非易事。好學深思如尊公者，世能有幾？余來恨遲三年，不獲與之掀髯抵掌，上下其議論。聊抒一得，仰佐高深。異日剞劂此書，幸采擇焉。

與徐虹亭書

村居闃寂，不聞世事。前有來自城中者，言黄溪史氏將以仲彬入鄉賢，凂紳士爲之具牒。弟謂事未必行。既有言牒竟上，年兄亦列名者，尚疑傳之者誤。昨面訊，始知不妄。何意年兄亦隨波逐流，漫無可否也？吾輩林居，固不當以姓名輕入官府，或有大利大弊，不得已而公言之，亦不必列名呈牒。今史氏事何爲者？仲彬始終一糧長，本無從亡事。因萬曆間議褒恤遜國諸臣，史氏不無歆羡，故僞造致身録以欺世。然以他書及墓表、行狀驗之，紕漏百出，故錢牧齋、李映碧皆昌言排擊。而先兄國史考異、松陵文獻中辨之尤詳。此年兄所熟悉者。往年在史館，與監修、總裁諸公商榷及此，業有定論。今乃隨俗徇情，爲之請預祀典，明知其不可而曲從之，無乃少執持歟？

鄉賢大典，前代極慎重。至祀於郡學，尤爲簡嚴，必擇本邑祀典中尤賢者升之。吾邑惟吴氏小尚書、周恭肅公、忠毅公乃入府學祠。今仲彬一材能税長，且獄死者，一旦躋諸三公之列，恐仲彬之靈亦有所不安，而闔郡祀典爲之不光矣。

兄言忠義美事，與其過而廢之也，寧過而存之。此在疑信相半者則然。仲彬未嘗從亡，乃斷斷無疑者。年兄若猶有疑，何不取遜國諸書及匏庵、西村諸集，再一考究？而乃漫不留意，率爾應之乎？其或久列祀典，方在議撤，猶可曰寧存毋廢。今以三百年未經議及之人，一旦欲參大典，豈可不詳加論定，而爲此姑息之説乎？

兄又言此非一人之事，且未必即行，是又不然。史氏必欲求兄列名者，以兄一邑之望，爲當事所知故也。兄既列名，當事將曰某人非泛泛者，必有確見，乃預此事；事將必行。是誤當事以弗深考者。吾兄也，春秋責備賢者，不兄責而誰責乎？

兄又言與史有親，難於峻拒。史族浩繁，誰無親誼？惟其親也，當爲之效忠，告從亡有無，久置不論。今爲此舉，必有疑而考之，考得其實而駁之者，將使積年沉晦之虚假，復發揚於今日，豈爲善尊其祖者乎？兄不能諫止，而獨潔其身，猶爲未盡親誼，況可推波助瀾，贊成其事乎？寒門與史氏亦係世親，而弟斷斷言其不可者。誠謂君子當愛人以德，不欲成其過舉。知我罪我，所不計也。

史氏之先人，莫賢於明古，又多所論著，若以之列鄉賢，誰曰不宜。史氏誠欲表揚其先人，應將西村集未刻者盡刻之，而請祀明古於邑祠，則誠孝子慈孫之事。不此之爲，而以訛踵訛，徒滋物議，亦何益矣！

今彼重刻致身録，多所增飾，益復謬悠。聞方求年兄作序，此則斷宜謝絶者。往者不可諫，來者猶可追。忝爲忘形之友，有所見不敢不言，想能恕其狂直也。

尚容面悉。不宣。

再與徐虹亭書

前因史氏乞以仲彬入鄉賢，年兄列名公呈之首，故特致札言從亡事不實，不當爲之請祠。未有彼若求序，斷宜謝絶之語，謂必垂采納。近見史氏所刻流芳録，則大序哀然在首簡，而詞氣激厲，若重有所不平者。然殊不可曉，將謂身在事中，不得不證成其是耶？抑真信有從亡事也？

據序首云：「士君子讀書論世，考究是非，不當變亂黑白。」善哉言乎！此正弟之含意欲申者也。明人著述，專紀遜國事者，有革除遺事、建文編年、姜氏秘史、革除遺忠録、建文書法擬、遜國彙編、建文朝野彙編諸書，曾有一字及仲彬乎？其大部書，如鄭氏吾學編、王氏史料、何氏名山藏、朱氏史概等，傳遜國臣者，曾有一字及仲彬乎？吾兄何不一讀諸書？而唯致身録之讀乎？成祖威令，何等嚴酷？仲彬家當驛路，乃能容建文帝淹留兩月，往還數次？仲彬身爲糧長，而又分身從亡，奔走萬里外；建文帝披緇深山，而舉行恤典，謚仲彬以忠獻，有是理乎？無是理乎？盍亦論其世乎？錢牧齋、李映碧、黄太冲諸先生，亡兄與弟，皆因考究，而知其必無。吾兄正因不考究而信其或有。兄言及此，弟之幸也。改竄匏庵之墓表，增損明古之行狀，僞造誥敕，妄稱官爵，白乎黑乎，孰爲變亂？孰不變亂乎？

又言：「宜以忠厚存心，毋爲峭刻，以侈辨博。」夫論事與斷獄同，直者直，曲者曲，方爲爰書；實者實，虚者虚，方爲公論。倘不問其是非真僞，而概曰隱惡揚善，則是以狥庇爲忠厚，以執法爲峭刻也。其可乎？又以焦公竑、李公維楨、錢公士升、陳公仁錫、文公震孟、周公宗建、張公溥，皆有序爲可信。按，今史氏重刻致身録中，諸序多出假托。焦序，牧齋已言其蕪陋，非太史筆。李氏大泌山房集，初無此序。周忠毅公遺文具在，何嘗有此一篇？即「觸奄歸來」一語，顯然敗闕。近者如此，遠者可知。譬如有人造作李龍眠畫，綴蘇、米、黄、黿諸跋於其後，晝若不真，即跋真，不取。况并跋亦僞耶？

又言：「史館中亦有致身録，爲不可廢。」史局初開時，博求典籍於外。致身録既曾刊行，固宜上諸有司。然史館中并無單本致身録。吾兄所見者，乃遜國逸書中所載致身録一種耳。逸書乃錢公士升刻之明末者，意在勸忠，未暇考核。最穢媟如冤報録，亦從收采。其可據以爲信耶？史館中稗官野史，無所不有，正賴載筆者裁擇，豈字字皆實録耶？

又言：「明季恤謚，章章著聞。」弘光中，褒録遜國諸臣，曾有齒及仲彬者，隨經李映碧疏駁而止。史氏所稱忠獻公者，重刻致身録，以爲建文之易名；流芳録又以爲弘光之贈謚。一彼一此，譸張閃鑠，皆子虚烏有之談。其可信耶？昔人説經考典，雖父子師弟，不必盡同。弟又安敢强兄以必同？但兄果有確見，何妨特出一書，取錢、李、黄三公與賤兄弟所考辨者，一一駁正，弟且翻然樂從。若猶是耳食臆斷而已，豈得封己護前，反謂人變亂黑白乎？

鄉人演劇，作蔡中郎故事，觀者群嘆趙娘之賢，譏伯喈之不孝。有村學究徵引史傳，辨其無是事，田父聞而怒之，謂其是非大謬，達人兩笑之。從亡、預祀直可作戲劇觀。弟既爲學究之饒舌，而兄又益之以田父之怒詈，其皆可以已乎！莊語之「不入喻言，之或可通」。

若猶有疑，則弟别有正訛録一編，專訂此事，續當請正。昔韓退之、柳子厚最相善，而論修史，格格不合。其書并存集中，弟所見如此。或從或否，不妨賜答。望之！望之！

與梅定九書

向聞道駕久留畿南，春間張簡庵來，始知近已歸里，兼獲手教并新著種種，欣慰無量。諸學術中，惟曆數最爲奥賾，儒者罕能通知。某少承寅旭先生，屢相勸誘，惰不肯學。近頗願學，而僻陋無師。家有不全曆書數種，時一搜尋，稍能領會，曾習西算，亦知運籌，但曆表中起例甚略，得數時有參差，胸中積疑甚多，正思面請教益。讀大著疑問、舉要三種，凡曆中盤根錯節處，一一剖析疏通，誠後學之梯航，擬作一序，發揚功能。若夫受知當宁，力請還山，異數高懷，更不必言矣。

寅旭圜解，雖本大測，而兩弦相因、兩弧損益等，殊多心得，理深詞簡，知之者希，得大文二首爲之表章，兼有意補作圖注，俾成完書，何幸如之！

近復得其五星行度解一卷，謂土、木、火三星皆左旋，五緯皆在日天之内，説甚創闢。果如其説，則曆術大關鍵也。尊著疑問末篇中，亦有上三星左旋之説，與相合否？輒録奉寄。其説是，則求著論證明之；否，則即加駁難，勿嫌異同也。大統曆啓蒙，此間有之。西曆啓蒙，尚未覓得。其所著曆稿，約有數年，不止丁未，皆大統法也。

先兄有曆書一本，擬置史書中者，叙一代曆法始末頗詳，續當奉寄。兹先以辛丑曆辨一篇附覽。聞鄴架收藏書甚富，薛儀父天步真原、四綫表及天學會通諸書，悉有之否？尊著諒不止此五種，渴欲請正。倘先生乘興來吴，留連旬月，共商千秋之業，所禱祠而求；必不能來，則擬竭誠奉訪，但早晚未可定耳。

當今通曉曆學者，自楊子宣而外，尚有幾人，乞明示之。吴門有黄士修，能通西曆，兼多巧思，能手造諸儀器，嚮慕先生甚殷，如能馳叩，當有嗣音相候。簡庵邃於曆學，而力排西法。某所得甚淺，不敢與之往復。然曆學中能立異同，人正不易得耳。

與人書一

六壬之術，始見于吴越春秋。蓋與遁甲同作，而其義皆本于易之乾。乾納甲壬，故奇門以甲爲真符，而六壬月將起於登明，乃天一生水之義也。范蠡、文種諸人用之最精。或曰授之計文子，即計然云。或曰其術起於東漢諸儒，以陰陽星曆爲内學。而趙曄作吴越春秋，遂剿入其説。然越絶書所載公孫聖云：「今日壬午，時加南，方命屬上天，不得逃亡。」又在曄所著之前，謂曄僞造者誣也。自漢以來，東方朔、管輅之徒，多能遵用其法。然所占課，類不數見，豈史神其驗而失其占耶？若壬書所引晋戴洋、宋楚衍諸家斷例，其淺深疏密不同，亦各以明驗取信於時。試爲布式飛爻，以追當日探索之指，往往縷分節解，百不失一，以是知壬學之深微，固非淺術小數之比。若夫該通淹貫，以至于巧發奇中，則俟之他人，而非愚之所欲及也。

與人書二

六壬之説，浩博艱隱，學者每望洋而返。亡兄力田留意三式之學，於六壬尤多悟入。嘗謂當世所尚，大約有三：或專論課體而失之拘，或專責類神而失之粗，或雜取神煞而失之支。皆不可以爲法。無已，則有古人之斷例在。乃歷考春秋以來范少伯、伍大夫所稱述，迄於宋劉觀、邵南諸家占法，輯爲一卷，名曰壬林，首列其占，次列其斷例，又次附以己意，以著其得失之故，使人知有依據而非空言也。蓋五行生賊制化，與夫王相死生之用，神而明之，存乎其人，而亦莫不有法焉。其人雖往，其法具在。此書所輯，天時、人事、兵機、物數之占，明且切矣。學者誠能得其法，而因以悟用法之意，則其於壬課，猶方圓之規矩耳。夫規矩不能爲方圓，而巧不能不生於規矩，是亡兄所以論次此書之意也。茲録一通奉覽，沉潛如足下，其必能溯流而窮源也夫。

與人書三[一]

羅經有正針、縫針，縫針較正針每字偏于右方半宫，人多不明其故。愚謂，縫針者所以救正針之偏也。

原夫古人辨方定位，止用十二地支，後人加入八干四維，配成二十四字。其實兩字只是一字，所以謂之雙山。如丙與午同宮，壬與子同宮，是也。其針頭所指午南子北，本自無偏，而用之則偏，何則？午爲正南，應取丙之右半、丁之左半，同爲午氣。今專與丙同宮，則偏于東南矣。設用丙字左半，立向不已，入于巳乎？子爲正北，應取壬之右半、癸之左半，同爲子氣。今專與壬同宮，則偏于西北矣。設用壬字左半，立向不已，入于亥乎？所以羅經分立地盤、天盤。天盤謂之縫針，其丙、午二字恰對地盤，午字及丙之右半、丁之左半。壬、子二字恰對地盤，子字及壬之右半、癸之左半。夫然後立午固午，而立丙亦午；立子固子，而立壬亦子。適得地氣之真純，毫無駁雜。故曰縫針所以救正針之偏也。

正針專指一字則正，而合兩字爲一字則偏。縫針專指一字則偏，而合兩字爲一字則正。今人不明此義，臆説紛紜，徒見其支離耳。

【校記】

〔一〕清康熙四十九年增修遂初堂文集初印本有目無文，至續印本始補正文。

遂初堂文集　卷六

序

重刻漢紀序　代

自隋唐以來，編書者馬班以下諸家之書謂之正史，荀袁以下諸書謂之編年之史。夫編年仿於春秋，依於左氏，年月日事相繫，其體甚古，其例甚精，而不得謂之正史，何也？唐志正史著於録者，七十五家，九十六部，五千餘卷，而編年止四十一家，四十八部，九百餘卷，何其盛衰相去之遼絶也！無乃左右史之失其職而致然歟？抑人情喜新樂異，紀傳易於瑰奇，編年近於平實，故作者多捨此而取彼歟？紀傳於一人之本末、一事之終始爲詳。編年則比事屬辭，删煩舉要，若網在綱。二體各有偏長，一經一緯，異同足以相參，是非足以相正，學者必博考而兼通，廢一焉不可也。

司馬温公作通鑑，先之以叢目，次之以長編，編年之體，於是大備。温公之意，以人主不能遍觀全史，故删取其要，勒爲一書。按，獻帝以班書太繁，詔荀悦撮總其事，纂八十餘萬言爲八萬餘言，辭約事該。温公書實仿而爲之。世但知通鑑學春秋耳，春秋以編年爲編年者也，漢紀及通鑑改紀傳爲編年者也。改紀傳爲編年，其迹似因，而其功實創也。温公惟知其難，故數稱荀書，次西漢事，多捨班而從荀。乃今通鑑盛行，而漢紀一書，若存若亡，學者多不得見。至如袁宏、干寶、華嶠、習鑿齒諸家之書，遂無片言隻字見存於今，可勝悼哉！可勝悼哉！

余家累世藏書，盡於兵燹。兹來晋陽，市肆之書，漫不足觀，民間又鮮藏本，聞訪傅青主徵君於松莊，案間見有荀氏書，喜甚，假以歸，手自校讎，往往與班書相出入。蓋荀書雖據依班氏，他所摭采尚多，故頗存異同。又有班書所未載者，參得失，廣異聞，固悦本志也。後人每據班書以改此書，而其誤彌甚。宋巽巖李氏已言印本多訛，此本爲明黄姬水所刻，舛錯不少。適顧亭林先生來，爲點定一過，刊誤存疑，遂爲善本。因念古書之在天壤，日遠日亡，此書在南方，尚稱難得，况於北地？遂割俸刻之，俾學史者有考焉。異日得袁氏書，當續梓其後，簿書俗吏，倥偬及此，固自笑其迂愚。世有好古君子，未必不鑒余之區區也。

日知録序〔一〕

有通儒之學，有俗儒之學。學者，將以明體適用也。綜貫百家，上下千載，詳考其得失之故，而斷之於心，筆之於書，朝章國典，民風土俗，元元本本，無不洞悉，其術足以匡時，其言足以救世，是謂通儒之學。若夫雕琢辭章，綴輯故實，或高談而不根，或剿説而無當，淺深不同，同爲俗學而已矣。

自宋迄元，人尚實學。若鄭漁仲、王伯厚、魏鶴山、馬貴與之流，著述具在，皆博極古今，通達治體，曷嘗有空疏無本之學哉！明代人才輩出，而學問遠不如古。自其少時鼓篋讀書，規模次第，已大失古人之意，名成年長，雖欲學而無及。間有豪雋之士，不安於固陋而思嶄然自見者，又或采其華而棄其實，識其小而遺其大。若唐荆川、楊用修、王弇州、鄭端簡號稱博通者，可屈指數，然其去古人有間矣。

昆山顧寧人先生，生長世族，少負絶異之資，潛心古學，九經諸史，略能背誦；尤留心當世之故，實録奏報，手自抄節，經世要務，一一講求。當明末年，奮欲有所自樹，而迄不得試，窮約以老。然憂天閔人之志，未嘗少衰。事關民生國命者，必窮源溯本，討論其所以然。足迹半天下，所至交其賢豪長者，考其山川風俗、疾苦利病，如指諸掌。精力絶人，無他嗜好，自少至老，未嘗一日廢書。出必載書數簏自隨，旅店少休，披尋搜討，曾無倦色。有一疑義，反覆參考，必歸於至當；有一獨見，援古證今，必暢其説而後止。當代文人才士甚多，然語學問，必斂衽推顧先生。凡制度典禮有不能明者，必質諸先生；墜文軼事有不知者，必徵諸先生。先生手畫口誦，探源竟委，人人各得其意去。天下無賢不肖，皆知先生爲通儒也。

先生著書不一種，此日知録，則其稽古有得，隨時劄記，久而類次成書者。凡經義、史學、官方、吏治、財賦、典禮、輿地、藝文之屬，一一疏通其源流，考正其謬誤。至於嘆禮教之衰遲，傷風俗之頽敗，則古稱先，規切時弊，尤爲深切著明。學博而識精，理到而辭達。是書也，意惟宋元名儒能爲之，明三百年來殆未有也。

耒少從先生游，嘗手授是書。先生没，復從其家求得手稿，較勘再三，繕寫成帙，與先生之甥刑部尚書徐公健庵、大學士徐公立齋謀刻之而未果。二公繼没，耒念是書不可以無傳，携至閩中。年友汪悔齋贈以買山之資，舉畀建陽丞葛受箕，鳩工刻之以行世。

嗚呼！先生非一世之人，此書非一世之書也。魏司馬朗復井田之議，至易代而後行。元虞集京東水利之策，至異世而見用。立言不爲一時，録中固已言之矣。異日有整頓民物之責者，讀是書而憬然覺悟，采用其説，見諸施行，於世道人心實非小補。如第以考據之精詳，文辭之博辨，嘆服而稱述焉，則非先生所以著此書之意也。

【校記】

〔一〕顧炎武日知録卷首載潘耒原序，末署「康熙乙亥中秋，門人潘耒拜述」。

國史考異序〔一〕

作史，猶治獄也。治獄者，一毫不得其情，則失入失出，而天下有寃民。作史者，一事不核其實，則溢美溢惡，而萬世無信史。故史筆非難，博聞多識爲難；博聞多識非難，參伍而折衷之爲難。以司馬子長爲史記，而劉知幾輩時摘其訛。以歐陽永叔爲唐書，而吴縝歷糾其謬。則討論之功或未盡也。

明有天下三百年，而史無成書，奮筆編纂凡十數家，淺陋蕪雜者，固不足道，即號稱淹雅，儼有體裁者，徐而按之，亦多疏漏舛錯，不得事情。良以列朝實録秘藏天府，士大夫罕得見，而野史家乘淆亂紛糅，惟憑一説，鮮不失真也。

亡兄力田，以著作之才，盛年隱居，潛心史事，與吴赤溟先生搜討論撰，十就六七。亡兄尤博極群書，長於考訂，謂著書之法莫善於司馬温公，其爲通鑑也，先成長編，别著考異，故少牴牾。李仁甫仿其體，爲九朝長編，雖無考異之名，而事迹參差者，備載於分注。蓋必如是而後爲良史。於是博訪有明一代之書，以實録爲綱領，若志乘，若文集，若墓銘家傳，凡有關史事者，一切鈔撮薈萃，以類相從，稽其異同，核其虚實，積十餘年，數易手稿，而成國史考異一書，盛爲通人所稱許。

專言國史者，野史家史不可勝駁。惟實録有疏略與曲筆，不容不正，參之以記載，揆之以情理，鈎稽以窮其隱，畫一以求其當，去取出入，皆有明徵，不徇單辭，不逞臆見，信以傳信，疑以傳疑，全史之良，略見於此矣。方諸近代，惟王弇州二史考，錢牧齋實録辨證，體製略同。然王氏略發其端，而未及博考；錢氏止成洪武一朝，而餘者缺如。兹編中亦援引二書，而旁羅明辨，多補二家所未及，且有駁二家所未當者。牧齋嘗見此書，而貽書亡兄，極相推服，有「周詳精密，不執不偏，知史事必成，可信可傳」之語。藉令天假之年，從容撰次，俾有完史，縱未敢言上追班陳，下匹歐宋，而視近代諸家之書，或當差勝。無端遭潯溪之難，不與其事，而横罹其禍，并自著之書，亦從灰燼。天實爲之，謂之何哉！

考異全書，合有三十許卷，今惟存六卷。高皇、讓皇、文皇三朝之事，當考正者，略具焉。不忍其泯滅，支綴舊刻，使之流通。嗚呼！前漢之史，成於班氏一門。梁陳之書，纂於姚氏兩世。余之謭陋，不能踵成信史，并考異散佚者，亦未遑補續。獨撫遺編，慚恨何窮！敢述亡兄著述之本指與裁擇之苦心，用告後人。此非史也，而作史之法具焉，雖孤行天下可也。

【校記】

〔一〕國史考異序　清康熙四十九年增修遂初堂文集初印本目録刻有是篇名稱，而續印本或爲避忌而鏟削之。

寇事編年序

有明中葉，如武宗之敗度，熹宗之不君，皆足以亡，然不亡而亡於懷宗。邊患如土木之蒙塵，倖幸如彬寧之亂政，奄寺如振瑾忠賢之肆毒，皆足以亡，然不亡而卒亡於流寇。懷宗非失德之君，流寇亦可辦之賊，而日蔓月滋，舉天下之全力，莫之能制。此豈獨一機一策之失哉？其所由來者漸矣。略言其故，厥有多端。

一由於守令貪殘。明之末造，政以賄成，親民之官，莫肯留心撫字，但知剥下媚上，以取陞遷；民不勝誅求，則群起而爲賊，賊日多而民日少，以有驅之者也。一由於大吏玩愒。承平日久，人不知兵，督撫監司多文臣，少武略。寇之初起，蔑視爲不足平。及其方張，則争言招撫，曰姑撫之而修我戎備，一就撫則恬然無事，而不爲之虞。間有才能練達者，又意見不協，文法拘牽，莫克奏功。一由於武臣驕蹇。三百年來，武途積輕，文臣率奴隸視之。一旦有事，以爲迫而用我，其庸駑者既選軟畏縮，即知兵任戰者，亦養寇自封，督責之急，不得已力鬥取一捷，即高壘自便，策調不前。

三者皆寇之資也，而其根本則在於朝臣植黨而營私。爲人擇地，不爲地擇人；人之媚己者親之，異己者憎之；所親予善地，所憎予危疆，不問其能勝任與否，惟用以快恩讎。主上用一能臣，則群而咻之；商一良策，則比而撓之。遂使明作有爲之主，宵旰焦勞於上，而愈理愈紛，愈撲愈熾，卒至國亡身殉而後已。故曰：「去河北賊易，去中朝朋黨難。」痼疾成者不可療，木心蠹者不可扶。豈非百世之炯鑒哉！

凡爲史者，將以明著一代興亡治亂之故，垂訓方來。明亡於流寇，蹂躪遍天下，自起至滅，二十餘年，是宜有專書紀其始末。亡兄有意編纂明代之書，先師戴耘野先生爲之分任寇事，崇禎一朝無實録，取十七年之邸報與名臣章奏、私家記載，采輯成書，用編年體，排日繫事，不漏纖毫；依司馬温公先叢目、次長編、後通鑑之法，寧詳毋略，寧瑣毋遺，提綱綴目，條有理；自延綏起事，迄西山餘黨之滅，凡十八卷。吴梅村先生作綏寇紀略，既刻成，有以先師之書告者，購得數卷，嘆曰：「志寇事，自當以編年爲正。恨見此書晚耳。」

先師既没，未求得其稿，昆山吴修齡以爲太繁，稍加删節，附著己見，頗有發明，一展卷而寇之出入去來、盛衰分合，燦若列眉，實史家之要書也。覽者詳考焉，而見當時禦賊之方，何者爲得，何者爲失，若覆敗局焉審算之，一一可了其細故，蓋不可勝言。

兹特論其大者，揭諸簡端，以爲力殺賊不如使民無作賊，欲安民必先擇吏，擇小吏必先大吏，外臣公廉必先廷臣精白。此端本澄源之論。閲是編者，重念之哉！

殉國彙編序

前代殉節之臣，未有如明之衆者也。兩漢之末，莽操擅權，陰移國祚，漢臣多歸心焉，盡節者蓋寡。唐安史亂，猶多死事之臣，迄於昭哀，不少概見。兩宋垂亡，見危授命之夫，班班史傳，然未若有明。

自靖難時，殞身湛族者，已指不勝屈。比其亡也，中外臣僚，捐生殉義，踵背相望，且有未沾一命，而奮身報國，視死如歸者。較之宋朝，殆多數倍，此曷故哉？太祖得天下最正，列宗繼世最長久，深仁厚澤，洽於民心。而尤慘痛者，崇禎帝非亡國之主，以一死殉社稷，實亘古所無。其足動人哀思，而激發其忠孝宜也。貞臣烈士，天地之正氣，身可殺名不可泯，故有身膏齊斧，爲世大禁，而兒童婦女猶樂道其姓字者。然載筆之士，往往拘於忌諱，致使不登志乘，不列簡編，歲月浸久，或遂湮滅無聞。

先師戴耘野先生有憂之，銳以編纂爲己任，懷鉛握槧，博訪旁詢，得一人一事，喜動顔色，折簡書之，孜孜汲汲，三十餘年，乃成殉國彙編一書。稿凡數易，初以地分，繼以事斷，最後定以官叙。自閣部大臣以至布衣諸生，自京都以至滇黔閩粤，無慮千餘人。又以女子死節者，別爲骨香集，隱遯後死者爲耆舊集，通三十餘卷。雖不敢謂明季殉節者，悉列無遺，而睹記所及，略備矣。

先生一儒生，而忠義性成。乙酉秋，嘗欲從屈平游而不得，逃於浮屠。既乃歸里，教授終身，不入城市，於編中諸人，寤寐以之，殫一生心力，從事於此。晚年嘗失其書，傾産購得之而不全，復搜討足成之。其勤至矣！

嗚呼！鐵函之書，至易代而卒顯。轉藏之籍，歷數朝而竟傳。毅魄所憑，不可磨滅，況乎興朝寬大，不罪忠於所事之人。嘉内監王承恩之殉主，賜葬賜碑，褒旌備至。明史局開，屢諭在事無有所隱，執簡者固當仿宋史之例，于文、陸諸人，大書特書。而先生此編，無嫌無忌，及今流通於世，以備史家采擇，以爲臣子勸忠可也。奚必藏之名山，傳諸異日哉！

曉庵遺書序

吾邑有耿介特立之士，曰王寅旭。生而穎敏絶倫，不屑爲干禄之學，枕經藉史，綜貫百家，心思鋭入。凡象數聲律之學，他人苦其艱深紛賾，望崖而返者，君獨殫精研窮，必得其肯綮而後已。尤邃於曆學，兼通中西之術，非徒習其法而心知其意，非徒知其長而能抉摘其短。自立新法，用以測日月食，不爽鈔忽，神解默悟，不由師傳。蓋古洛下閎、張平子、僧一行之儔也。

性狷介，不與俗諧，著古衣冠，獨來獨往，用篆體作楷書，人多不能識，有譏其詭僻者，然實坦夷粹白，内行潔修，砥節固窮，有古人之操。與亡兄力田最善，館余家者數年，晚客語溪，與張考夫、錢雲杝、吕用晦講濂洛之學，德望益尊，門人日進，而疾病纏綿，以中壽没，曆學竟無傳人，吁可悼也！

余少時，君以爲才而弟畜之，講論常窮日夜，勸余學曆，粗有端倪，以事散去，不能竟學。

余遠游及入仕，君數遺書，以古誼相規，深感其意。比余歸里，而君已逝，且無子，爲拜其墓而哭之。從其家求遺書，大半亡佚，得詩文二帙，著書數種。有曰大統曆、西曆啓蒙者，櫽括中西曆術，簡而不遺。曰丁未曆稿者，君每歲推大統曆，此則挈余布算者也。曰推步交朔，曰測日小記者。辛酉八月朔，當日食，君以中西法及己法預定時刻，分鈔至期，與徐圃臣輩以五家法同測，而己法最密，故志之也。曰三辰晷志者，君創造一晷，可兼測日月星，自爲之說，自爲之解，其文仿考工，絶古雅。曰圜解者，解勾股割圜之法，繪圖立説，詳言其所以然，乃治曆之本源也。而曆法六卷，最爲完書，會通中西，定著一法，法數備具，可用造曆。序中言西曆之於中曆，有不知法意者五事，當辨者十事，非甚深於曆，莫能曉也。其詩沉鬱刻深，文簡質，以理勝，而曆説、曆策、左右旋問答、答萬充宗、徐圃臣諸書，言曆事者，尤精核可傳。

憶亡兄修史書，君分任十表，索其稿，無有矣。嗚呼！天之生才，將以濟世也。曆術之不明，遂使曆官失其職，而以殊方異域之人充之，中國何無人？甚哉！幸有聰穎絶世，學貫天人，能製器立法，如王君者，而生世不逢，埋光晦迹，其學不見用於時，而亦無有能傳之者。天之生君，果何爲耶？幸其書猶存，其理至當，烏知異日不有表章推重，見諸施行者？是君亡而不亡也。

謹録而藏之，稍有餘力，則當鏤板以廣其傳。宣城梅定九亦精曆術，最服膺君著述，亟訪求之，不待千載而有知子雲之人，君亦可以無憾矣。

格軒遺書序

昔班孟堅之稱叔皮曰：「學不爲人，博而不俗。」以是知爲人之學，皆俗學也。自科舉之法行，士争趨於速化。不惟專治經生家言者，保殘守己，安於固陋，即見謂貫穿經史，出入百家，而其意止於捃摭藻采，增益辭鋒，以供發策决科之用。采春華而遺秋實，有枝葉而無根柢，夫安得不謂之俗學乎？

吾邑固多人材，然有明三百年，其卓然可列於儒林、文學者，蓋亦無幾，則科舉之學驅之使然。滄桑以還，士之有才志者，多伏而不出，盡棄帖括家言，而肆力於學，於是學問文章彬彬可觀。一時隱君子，自先兄力田而外，若先師戴耘野、吴赤溟及徐介白、張文通、王寅旭輩，皆以實學真品著聞。其不甚著者，則有顧英白先生。

先生幼而好學，遭亂絶意進取，盡發古人之書，研窮討論，務爲有用之學。自天文、地理、曆術、算數、水利、農田，以至經脉、藥石、卜筮、占候之術，莫不探其源委，得其關鍵，然未嘗表襮於人，人亦罕知之。先兄與先生初不相知，聞其善曆學，試請推日，至一握算而成，遂定交。薦之姊夫畢修仲家爲塾師，自是數往來余家。余少時猶及見之，古貌古心，言呐呐不出口，質以經史疑義，則響應不窮，外和而内介，非其義一芥不取，落落難合，寧飢寒不妄就人，竟窮約以死。

余刻松陵文獻時，補隱逸諸傳，求先生著述不可得，未及大表章。頃見修仲之弟雲臯，自言受業於先生久，受知最深，嘗以遺書相托，没後百計訪求，十得四五，間抱其書來，可三十餘帙，皆細書密注，手澤猶新，爲之泫然悲且喜。其書約有三種：一曰撰述。考古證今，發爲辨論，凡詩文之屬，皆在焉。一曰編纂。取前人成書，舉要删煩，訂訛補缺，附以注釋，令後學易於討求。三曰評選。取諸子百家、漢唐以來之文及明人之詩，考其源流，疏其正變，惟至精至粹者録焉。

蓋先生於學無所不究心，而能沉潛討論，務爲精核，大之期有益於身心，次之期有裨於世用，非誇多鬥靡者比。學不爲人，庶幾近之，舉世方尚俗學，宜乎知先生者寡。異日有好學深思之君子，因遺書以見其用心之勤，學力之邃，先生其不亡矣乎！

今人薄於師友，有身至通顯，而諱言其師之姓字者。雲臯窮老困頓，獨能收拾先生之遺書，寢食與俱，惟恐失墜，有侯芭、李漢之風。余故因其請而叙之，亦將以補文獻之缺略也。

尚書講義序

先儒之學，窮經而已矣。一經明，則一生之學術功業皆出焉。其治之也專，其用之也博，故有專家授受之學。而士不通經，爲不足用。近代取士，試之以帖括之文，局之以一家之説，既大異乎古，又先四書而後五經，人争致力乎其先者，而經學益衰。然前朝場屋中，猶經與書并重，學使者試士，亦必有經題。今小試廢經不用，而場屋中止視書義爲去取，經義取不失旨而已，不必精通。考官例不得閲所習之經，而閲其所不習者，舉子益視經爲具文，而經學或幾乎息矣。夫先孔子而有經，孔子特删定焉，而以之垂教，身通六藝，所以爲七十子也。今乃弁髦而土苴之，可乎？居今之世，欲重實學，必先尊經；欲尊經，必令衡文者毋專以書義爲去取。庶幾士勉窮經，而如綫之經學不墜於地。此持世教者之責也。

雪崖龐子，世習尚書，以其經舉於鄉。比應薦，試璿璣玉衡賦，以習書故，尤精切稱旨，遂擢官禁林。迨出守建寧，先刻其大父修予公所撰尚書正旨。兹復刻其曾大父川甫公所撰尚書講義，以序屬余。余受而卒讀焉。其大義一遵蔡傳，而於經文隱奥及詰屈聱牙之處，皆曲爲暢通，且撮其要領，檃括成文，言約而義該，理融而辭洽。蓋薈萃諸家論著，掇其菁英而出之者。壁經得此，猶如漆室之燈，緘縢之鑰，津梁來學，莫便乎此矣。

川甫公經明行修，而闈試不售，僅官學博。嘗受知於高陽孫文忠公，延爲子弟師。文忠當國，使人謂公邑宰可得也，公謝不應，竟以教諭終。爲人篤誠和易，從而受經者，户屨常滿，往往得雋以去。三傳而業益昌，畿南稱明尚書者，首龐氏。此書止一稿本，藏於家。公之孫遭兵亂，失之。既三年，忽得諸鬻書者。蓋公一生精力結聚於是，不可泯也。

雪崖官京師，貧不能付梓。會守建寧，麻沙乃刻工之所萃，始獲板行之。去作書時，蓋七八十年矣。讀之，不惟見作者之經術淳深，亦足明前朝取士猶重經義，士子尚多以治經名家者，至於今而渺然無聞。然群聖之緒未宜絶，安知無振興之者？異時經學或大重，重則此書實爲壁經之先路，學者當家置一編，龐公之姓名，且與伏生同不朽矣。雪崖之不私爲一家言也，旨深哉！

文選瀹注序 代

文選一書，昭明救文弊而作也。秦漢以降，作者如林，雖風會遷流，體製不一，莫不本之以質，宣之以文，温厚淳深，有典有則。江左稍尚華瞻，下迨齊梁，駢麗之習成，聲病之學盛，取青媲白，鏤葉雕花，日趨於纖艷，而古初渾樸之意盡失。昭明有憂之，於是芟次七代，薈萃群言，擇其文之尤典雅者，勒爲一書，用以切劘時趨，標指先正。譬猶陳鼎彝於綺席之間，奏鐘吕於繁音之會也。

迹其所録，高文典册十之七，清辭秀句十之五，纖靡之篇十不得一，以故班、張、潘、陸、顔、謝之文，班班在列。而當時有名文士，若王筠、柳惲、吴均、何遜之流，概從刊落，崇雅黜靡，昭然可見。世人不察，類以文選爲六朝駢麗之書，真耳食之論矣。

昔人爲學，有本有源。文選者，藝林之根柢，詞門之閫閾。唐人服習此書，不啻高曾規矩，即退之、子厚卓然以古文自名者，其初亦熟精選理。自宋以後，此學遂衰。今之爲古文者，既侈言左、史、韓、歐，薄選體爲不足觀。而爲詞賦之學者，亦徒知拾徐庾之糟粕，效温李之顰笑，求其淵源漢魏，含吐風騷者，概乎未有聞焉。空疏淺陋之弊，於何救之，亦救之以昭明之書而已。

文選注存於今者，李善、五臣，各自名家，大抵援引奥博，卷帙繁多，倍於本書。明張鳳翼氏始删繁就約，爲纂注一書，盛行於代。顧其間采擇未精，踳駁不少。吴興閔赤如先生，精於選學，復爲瀹注一書，綜括六臣疏證，伯起名物，意義詮釋無遺，簡而明，曲而該，諸家莫之能尚。歲久，鏤板散缺，其後人持以見歸，因爲訂訛補闕，重加刮劂，使爲完書。夫選學之久荒，由其書多深文奥義，學者不能驟通，注家又多鈎章棘句，讀不可了，使學者畏難苦勞，漸致蕪廢。今瀹注之爲書，提綱挈領，疏滯析疑，具有條理，使讀者豁然心開，有導窾之樂，無望洋之苦。

方今聖主右文，一時鴻生魁儒，皆在金馬石渠之列，選學復興，將在於兹。學者誠能因瀹注以精文選，因文選以見古人制作之源流，庶幾文章爾雅，訓詞敦厚，於以發揮皇猷，潤色鴻業，彬彬質有其文，此書不爲無助，纂言者盡心焉可也。

明文英華序〔一〕

文之有選，自梁昭明始。綜攬八代千餘年，成書止三十卷，詩賦復居其半〔二〕，爲文僅二百餘篇，可謂隘矣。又所取多駢辭儷句，偏於一體，非文章之極則。然其書流傳，至今家諷户誦。良以時代既遥，專家文集，勢必散佚，惟掇其精英，裒爲一編，庶幾可久。觀夫漢魏以還之文，不見他書，獨賴文選以存者衆矣，謂非昭明之功不可也。自後，唐有文粹，宋有文鑑，元有文類，雖去取不盡精，書或備或不備，而一代之文，差有統紀。

明有天下三百年，作者如林，雖體裁遞變，純駁不一，要不可謂無文章，而迄今未有整齊薈萃，勒成一書者。此豈非學士大夫之責歟！

往余在京邸，嘗與朱子竹垞商榷斯事〔三〕。竊謂明代名家，如宋金華之渾厚，方遜志之英爽，吴匏庵之淳深，王文成之明達，唐荆川之紓徐，歸震川之簡潔，錢牧齋之雄博，黄陶庵之堅凝，是皆天地元氣。其專集行世，炳然與日星争光，固不待選以傳。此可以選可以無選者也。洪永以降〔四〕，成弘以前，人崇實學，爲文多有矩矱，而刻集不廣，日就湮没。其僅存者，雖不甚著名之家，單篇隻簡，亦多可觀。此必藉選而後傳者也。嘉隆以後，摹仿蹈襲之風盛行，鉅公聞人，輒有文集，汗牛充棟，大半蕪穢，間有名篇傑作，如珠汩泥，如蘭没草，其不同歸覆瓿者幾希。此非選必不傳者也。竹垞深然余言，亦嘗有意共爲討論，而蹉跎未果。

比歸里門，則顧茂倫先生已從事於此。再逾年而書成，屬余爲之序，且告之曰：「近代之文，莫病於多浮辭，少實義。三百年文章，浩如烟海。吾惟取其有關於朝章國故、民風世變者，與夫賢臣烈士之終始，義夫貞士之事迹，則録之。論古足以訂訛考異，述今足以發潛表微，則録之。其他游談卮辭，佞諛之文，浮夸之語，雖工不載。人則寧遺顯而收隱，世則寧略後而詳前。」信斯言也。微獨前明，即以此衡量百代之人文，奚不可者！

夫知古而不知今，謂之蔽；見遠而不見近，謂之矇。學者高語秦漢，而明代之文，曾未寓目，是猶窮江海而迷溪湖，陳鼎彝而缺杯椀也。得是書而尋源以達委，探本以竟末，歷代文章盛衰離合之故，洞然皆可考見，於以遠紹昭明之遺規，近纘蘇吕之絶緒，豈不偉歟！

余私喜論文大指，與先生不殊，獨愧先生一垂白病叟，敗筆破硯，坐風窗漏屋中，乃能鈎考百家，網羅遺文，爲不朽盛事。而吾儕精力未衰，玩歲愒日，忽忽無成，異時爲竹垞道之，當復悵然興嘆耳。

【校記】

〔一〕清康熙間傳萬堂刻明文英華卷首載潘耒撰明文英華序，末署「時康熙丁卯季春，鱸鄉潘耒撰」。下稱「明文英華潘序」。

〔二〕詩賦復居其半　明文英華潘序無「賦」字。

〔三〕商権斯事　明文英華潘序作「商確斯事」。

〔四〕洪永以降　明文英華潘序前有「至於」二字。

五朝名家詩選序

詩章之道，發乎心靈，觸乎情境。其所以爲詩者，無弗同。至於按之而成聲，被之而成文，則洪纖高下，必不能以一致。春之花爛熳，夏之花照灼，秋之花淡冶，冬之花清芬，種族不同，其於發天地之色一也。黄鐘之函胡，蕤賓之清越，金革之鏗鎗，絲竹之窈眇，節奏不同，其於宣天地之聲一也。有人於此見桃李蘭蕙，則留連眄賞，而芙蕖菊英，則閉目不觀。聞考鐘伐鼓，則歡忭踴躍，而鳴琴洞簫，則掩耳疾走。其不謂之大愚乎！言詩者何以異此？

自嘉靖七子有「唐後無詩」之説，至今耳食者，從而和之。宋元諸名家之詩，禁不一寓目。復於唐代，獨尊初盛，自大曆以還，割棄不取，斤斤焉劃時代爲鴻溝，别門户如蜀洛。既以自域，又以訾人，一字之生新，棄而不用，曰懼其墮於中晚也；一句之刻露，摘以相語，曰惜其入於宋元也。天與人以無窮之才思，而人自窘之；地與人以日新之景物，而人自拒之。其亦陋而可嘆矣！

茂倫先生憂其然，於是奮爲五朝名家之選，綜括唐、宋、金、元、明諸作者，斷自錢、劉，迄於何、李，凡三十餘家。格不拘正變，能别出機杼，自立門户者，則取之。選不操一律，各存其人之本色，各盡其人之能事而止。上不及高、岑、王、孟，曰人所熟習也，下不及王、李七子，曰吾所對治也。先刻七律行世，曰將以是爲嚆矢也。往者先生嘗選唐詩英華，盛行海内。今復出是編，人頗疑其取去，與前稍異。里人有病羸者，迎國醫治之，大服參苓而愈；其後復病，里醫亦進參苓，而病加增，復迎國醫，飲以涼劑乃已。四十年前，人醉竟陵之糟糲，乃者髮髮復墮濟南之雲霧。先生之書，隨時補救，因病發藥，豈有他哉！學者誠於此諸家之詩，錯綜參伍，潛思熟玩，盡其不同之致，得其所以不同而同之原，乃能縱横自運，冥會古人。若徒襲其皮毛，落其窠臼，則今之爲宋元詩者，惡趣正復不少，執藥成病，傳染更深，吾知盧扁望而反走矣。

重刻李忠定公集序〔一〕

古之君子得志，則功業顯於當時；不得志，則立言垂於後世。彼窮而在下者，僅以言傳，固其所也。若夫遭逢人主，致身將相，而才略不展，志業不遂，徒以空言流布天下，其可痛惜爲何如耶！

當宋室中衰，人才敗壞，幸而有李伯紀一人焉。忠義性成，明達世務，節足以守經，智足以應變，蓋王佐才也。使宣和、靖康能用其言，則北宋不至於亡；建炎、紹興能用其言，則南宋不至於弱。然而庸人忌之，小人讒之，宰執排之，言路攻之，使其身不能一日安於朝廷。平時不用則亦已矣，當大敵臨城之秋，奮身決策，排大難，定大疑，業有成效，然而急則用之，緩則棄之，一人之身，乍賢乍否，旬月之間，旋召旋逐。君子於是嘆三宗之闇，而知宋祚之不振也。公當國事急時，一日章數上。其言昌明剴切，洞中時弊，有賈長沙之條達，陸敬輿之精詳，於古名臣奏疏中，最爲傑出。其他雜文詩篇，皆根極道理，發抒胸懷，無不可起人敬愛者。

舊有刻集，其板久亡。公，邵武人也。今邵武令購得舊本，重刻之，以廣其傳。余觀近日好事之家，訪求宋元人文集，有隱僻不傳者，得一帙一卷，珍若拱璧；然或風雲月露之辭，無裨世用；即或其文足傳，而人材庸劣，亦不足爲有無。孰若李公之忠孝文武，人品既與日月争光，而文章之明白正大，又如布帛菽粟之不可廢耶！

余來游閩，過公之祠墓，見公之題刻，慨然想見其爲人。附名其集，有餘榮焉，故不辭而序之。

【校記】

〔一〕重刻李忠定公集序　潘氏自刻本遂初堂集文集卷四題爲「李忠定公集序」。

葉少保文集序

人所以立於天地間者，道德也，事功也，風節也。三者有一焉，斯足以不朽，固無藉於文章。然文章非根於三者，雖工不傳；而三者實有諸身，則不必有意爲文，而其文自足名世。

言其所灼知，語其所實得，與夫揣測而見、矯强而言者，迥乎不侔也。

惠州爲嶺南奥區，宋以前鮮聞人，至明而人文大盛。歸善，其首縣也。以邑志家乘考之，得卓然可傳者三人，曰葉石洞先生，曰葉少保龍潭，曰楊文懿公復所。石洞以孝廉奏萬言書，作令比古循吏，中年棄官，入羅浮講學，風節矯然不群。文懿初學白沙，繼師近溪，晚多自得，研窮心性，徹見本原，道純而德備。龍潭公爲贛郡守，平萬山中積年劇盗，撫甘肅時屢立邊功，平寧夏哱拜之亂，功業冠一時。三公者，皆人傑也。石洞刻意爲古文辭，矯健成一家言。文懿公制義，傳誦天下，古文直抒胸懷，條達俊快，略如王文成。二公皆有集，行世久矣。惟少保公以勳業著聞，生平盡心軍國大計，無意以文詞自名，有所著作，多隨手散佚。今其四世孫適，乃摭拾遺稿，彙而刻之，屬耒爲之序，因得受而卒讀焉。昌明洞達，有源有委，真經世之文也。

公少從何端恪公游，講求作聖之學。爲御史，以建言被謫。其於道德風節非不足，特以材略深長、膽智明决任大事，沛然有餘，故獨以功名顯。觀其文，忠君憂國之忱，匡時濟世之念，矢口横溢，出於自然。至其論備邊，講車戰，精鑿如鼂家令，簡質如趙營平，皆坐而言，可起而行者，即酬贈慶吊之文，皆以至情真氣爲之。而行文紆徐條暢，不約不豐，取達其意而止，不規規繩削，而自中程度。其與石洞、文懿鼎足并傳，無疑焉。

嗚呼！士患不得乘時樹功名，乃以文章自表見耳。若龍潭公，生南海之濱，起儒生，至開府，立功西北塞上，爲一代偉人。豈復待文辭以傳，而文辭又卓卓如是，視夫雕章琢句以爲工者，不亦陋哉！明三百年，文臣有武功者，可屈指數，若韓襄毅、王威寧輩，文詞不少概見。而公裒然有集，誠爲難得。世家子孫，多有數典而忘其祖者。適能文而甚貧，節縮修脯，輯公著作，次第刻之，斯可嘉也。

先曾祖參政公與公爲同年，末私幸得綴名簡端，故不敢辭適之請，而敘之如是。

張留孺侍御疏草序〔一〕

明之亡，亡於文臣太重，武臣太輕。文臣太重，而不習兵事，平居則蔑視武臣，一旦疆場多故，不得不仍倚以爲重。武臣素輕，而有事之秋，乃稍稍嚮用，故其始也，養寇以自資，而其既也，驕蹇而不用命。以不習兵之人，馭不用命之將，而當方張日滋之寇，故亟戰亟敗，以至於亡。其間非無慷慨任事之人，奮身許國，投袂請纓，冀一當劇賊，而中朝又從而齮齕之，使不克有成功；迄於身没之後，猶有不諒其心，而横加訾議者。若梓州張侍御之事，可爲憤惋太息者也。

當侍御出按中州時，流寇已大張，盡豫之境，無不被蹂藉者。而武弁方擁兵玩寇，莫肯力戰，督撫大吏以尺一調發，多逡巡不前。侍御素英果，曉兵事，見時事潰敗，不勝其壯勇之氣，抗疏請於朝，願得换武階，提枹鼓，立軍門，上報天子。樞府意其有所覬望，使人通意，以開府啗之，侍御謝不應，遂改换總戎。以侍御改總戎，明三百年未有也。御史雖七品官，爲天子耳目臣，出按一方，權力與督撫等。總戎雖大帥，處積輕之餘，不足當一方面吏。巡方歲滿，即還臺，坐待美遷。而總戎擊賊，賊不盡不休。此其利害安危相懸萬萬。而侍御甘以此易彼，其憂國奉公，壯往激烈，爲何如哉！而一忤權貴意，遂動多掣肘，不得展布其才，雖戮力行間，大小二十餘捷，而不見褒録，裨將一跌，遂以奪官。當時意見膠執，功罪不明，持禄養交之徒得志，而捐軀任事之臣，與世齟齬，世事至此，尚可爲哉？易代而後，史牒無徵，聞見異辭，稗乘流傳，遂多失實。是使侍御之心事既絀於生前，復不得伸於身後。勞臣志士，將何勸焉？

今高淳令君，侍御之次子，痛其先人之心迹與其功烈不顯於世，乃録遂寧李如石先生所作侍御傳并自述野史辨謬一通，上之史館，别録侍御改總戎時奏議數通，屬余爲之序。李先生故令長洲，有聲績，其人篤厚君子也，爲侍御傳，非苟作者，可以取信。至讀侍御諸疏，則其倉皇呼籲之情，歐血酸辛之狀，千載而下，猶或見之。而其先撫後剿，辨賊功狀，亦略見諸疏中。載筆者取節焉可也。

【校記】

〔一〕張留孺侍御疏草序　潘氏自刻本遂初堂集文集卷四題爲「張侍御疏草序」。

交山平寇本末序

國史之敝，其由野史之雜乎？野史者，國史之權輿也。微野史，則國史無所據依。然古之書苦少，今之書苦多。古之作史者，難於網羅。今之作史者，難於裁擇。漢魏多纂言之書，紀事者蓋寡。六朝以降，稗官盛行，大抵齊諧志怪之流，不侵史事。宋元人著書，始多及朝政。後人因采以作史，史稱最劣。至明而無人不有札記，其見存者，無慮千百家，專紀時事者，尚三四百種，可謂多矣。然體亦滋雜，類多荒誕不根，鄙俚舛錯，可裨正史供采掇者，十不得一二。其病原於世之文士速求名而好著書，不得之目見耳聞，影響傳説，輒著於篇，取增卷帙，資談論而已，亂事實而誤正史，不暇計也。

夫所爲作野史者，正以身不當史官之職，懼賢人傑士奇節異能之日就泯没，故及時書之，以待後之人。苟不詳慎，且將以吾書之紕漏，而反疑所紀之人之事爲虚，其害可勝道哉！善著書者則不然，必親見其人，灼知其事，度非吾不能紀也而後爲書，必覆核較量，無一言不核也而後成書。斯其書可行於今，可據於後。即與國史相表裏可也。

交山平寇本末者，夏子宛來客晉陽作也。交山阻河并塞，綿絡千里，伏莽數十年，調發數郡，不能定。邑令趙恒夫以一文吏，玩之股掌之上，不頓一戟，不絶一弦，浹旬之間，渠魁坐縛。此其事於史當大書特書，及今無述，後將何徵？乃其間以賊制賊，以間用間，情狀萬端，非身參籌畫，洞悉機宜者，孰能筆而傳之？此本末一書不可不作，而作之惟宛來最宜也。宛來故閑於詞，趙君此舉，功又最奇，宜其鋪張揚厲，有侈辭焉。乃今讀其書，於地形事勢，曲折變化，如指諸掌；而其叙功伐也，有遺勞，無溢美，詳而有體，核而不誇。後之史氏，有録交山功而傳趙君者，於此取裁焉，猶製錦而衣之也。令野史而盡若是，又何病其多？而作史者，亦何擇言之難耶？

交城，故隸太原。是役也，太原守周君力持之，趙君賴以集事。余適客太原，具知其事，題於簡端，亦庶幾無愧辭也。

余子迂草序

余讀五代史，至王進傳，未嘗不廢書而嘆。及觀陸放翁序師伯渾集，又喟然想見其人。嗟乎！衰亂之世，趨走廝養，至竊名位、擁節旄，而瑰奇卓犖之士，藴其所有，不沾一命，槁項黄馘以死，人材視世運爲消長，可勝悼哉！當明之季，時事尚有可爲，而應變失宜。譬之於奕，著著皆失。夫豈無謀夫策士進説於前，而莫之能用。蓋當局者不明，旁觀者指點無益也。

吾友余犻子，持其父君復翁之遺草，乞余爲序。發而讀之，見有治盜策六篇，及上史總漕、李撫軍書，言選將練兵、制禦流寇之方與收拾人心、策厲才傑之道甚悉。爲奇其才，壯其志，而惜其言之不用也。

翁，休寧人，明末見天下亂，習韜略騎射，游行江楚吴越間，破産結客，以節俠自許。天文、地形、風角、壬遁之術，無所不諳。喜言濟時大略，思有所試之，屢獻策上書，而寒士無媒，棄置不省。國勢已壞，遣其長子從軍，力戰以死，退而修計然之業，屢致千金，輒散去。垂老貧困不支，喜事如故，酒酣耳熱，談天下事，泉涌風發，分題賦詩，叉手立就，長身鵠立，意氣偉然，真湖海之士也。

晚年，移家平望。余少與翀子同學，因得識翁，翁深器余。一日謂余：「吾有秘書，無可傳者。當授諸子。」甫得之，爲亡兄持去。翼日遭變，竟失之。癸卯之夏，偕予之武林，之苕溪。盛暑，跼小艇中，揮蚊達旦，急難拯窮。其天性然也。余有四方之游，歸而翁已歿。今又二十餘年矣。撫翁遺稿，追念平生，不知涕之無從也。士各有志，當擾攘之秋，纖兒小夫，委蛇媚世，輒致通顯，豈無王進輩人材而紆青拖紫者哉？

翁抱負如是，卷而懷之，甘從賣漿屠狗之流，窮約以老。此其所自哂爲迂而遠過人者，正在此也。集中詩二百餘篇，大抵豪宕可喜，六策條暢剴切，有二蘇之風。即此足以傳矣。

唐鑄萬潛書序〔一〕

古之立言垂世者，必有卓絶之識，深沉之思，藴蓄於中〔二〕，多不可制，吐而爲辭，浩乎沛然〔三〕。若先秦諸子之書，醇駁不同，奇正不一，要爲各抒獨見〔四〕，而無所蹈襲，故能歷千載而不磨。唐宋以還，乃有剿説雷同之弊。近代文人如林，而胸有獨見者甚寡，大都依傍前人，摭拾衆説，稍藻繪之以爲文。每有徑尺之集，按之索然無所有者〔五〕。文之弊極矣！

唐鑄萬先生，賦資英果，制行高潔，舉於鄉，一爲令，即罷歸，盡發百家之書而讀之，考古證今，求其成敗得失之故，洞然心胸。晚而學道，奮以聖賢爲歸，默證潛修，多所自得。不爲應酬之文，意所欲言則言之。每一篇出，人争傳誦〔六〕。

余未及交先生〔七〕。先生没後，其婿王生出潛書一編，屬余爲序。讀而嘆曰：此非今人之文也！今人惟無所以爲文之本〔八〕，故專求工於枝葉。此則直披胸懷，不假繩削，而氣充詞達，高下咸宜。論學術，則尊孟宗王，貴心得，賤口耳，痛排俗學之陋；論治道，則崇儉尚樸，損勢抑威，省大吏，汰冗官，欲君民相親如一家，乃可爲治。皆人所不及見、不敢言〔九〕，先生獨灼見而昌言之〔一〇〕。其文高處，閎肆如莊周，峭勁如韓非，條達如賈誼。漢後無子，間有仿作，萎蒠不逮。斯編遠追古人，貌離而神合，不名潛書，直名唐子可矣。

先生蜀人，父亨宇〔一一〕，曾宰吾邑，未逾年罷去〔一二〕，轉側兵間，齎志以没，家族熸於賊。先生僑寓吴中，酷貧無子，遺文將就湮滅，賴有佳婿裒集梓行，其可幸也夫！其可慨也夫！

【校記】

〔一〕清康熙間王聞遠刻本潛書卷首載潘序，末署「舊史氏松陵潘耒撰」。下稱「潛書卷首潘序」。

〔二〕蓄　潛書卷首潘序作「積」字。

〔三〕浩乎沛然　潛書卷首潘序作「風發泉涌」。

〔四〕要爲各抒獨見　潛書卷首潘序作「要皆獨抒己見」。

〔五〕索然　潛書卷首潘序作「枵然」。

〔六〕人争傳誦　潛書卷首潘序作「人争傳寫」。

〔七〕及交　潛書卷首潘序作「深交」。

〔八〕今人惟無所以爲文之本　潛書卷首潘序作「今人惟無立言之本」。

〔九〕不敢言　潛書卷首潘序作「不敢言者」。

〔一〇〕先生獨灼見而昌言之」一句之後　潛書卷首潘序又有「資之深，故信之篤；蓄之厚，故發之果」。

〔一一〕亨宇　潛書卷首潘序作「亨予」。

〔一二〕未逾年罷去　潛書卷首潘序作「有賢聲。遭亂」。

卓行録序〔一〕

古之良史，於賢士大夫德業炳著者，既各爲立傳，至如奇節至行，一事而足垂千秋者，則别爲叙述。如後漢書有獨行傳，唐書、宋史并有卓行傳，五代史有一行傳，皆其例也。夫士果道純德備，渾然無一善之可名，豈不甚善？然世難其人，而貌爲中庸，其弊或流爲鄉愿。若夫性情篤摯之夫，孤行其意，獨詣偏長，往往足以風世厲俗。而愚夫愚婦，一念精誠，輒能動天地，感鬼神，雖或過於中行，亦不害爲狂狷，聖門良有取焉。

吾友黄子圭庵，樂道人善，纂輯百年以來睹記所及孤忠苦節高義厚德之事，可師可效者，爲卓行録若干卷。或鉅公而節取其一事，或韋布而發揚其幽光，細大不遺，遠近畢采。考前史諸録，一代不過數人，而兹編若是其多，然吾猶恨其少。蓋世運有古今，而人心無古今，風教有隆替，而人性無隆替，故雖世衰道微，而砥節厲行之士，不絶於世，深山窮谷，下里編氓，湮没無聞者，蓋亦多矣。誠得深心博識如圭庵者，網羅遺佚，大書特書，即烏頭綽楔之旌，未足爲榮，而爲善於暗室者，何憂不發聞於天下哉！人亦勉爲其可書者而可矣。

【校記】

〔一〕黄容自刻本卓行録卷首載潘序，末署「康熙辛巳正月穀旦，松陵潘耒撰」。

增定史韻序〔一〕

史韻者，明冢宰趙忠毅公夢白所作也。公以剛方端亮之資，負澄清天下之志，排佞鋤奸，不遺餘力，卒罹黨禍，老戍邊陲。荷戈之餘，不廢書史，間取前代故實，括成韻語，以訓初學。其於世道興衰之際，人材消長之間，三致意焉。蓋憂時憫世之志，未嘗一日而忘，信乎有古大臣風烈矣！但其書首漢迄元，中間不及諸僭國，殊爲未備。

今桐鄉仲君開一，取而增補之，上溯三皇，下迨明季，以及十六國、十一藩、遼金夏之事，犁然畢具；兼取姓系事迹，逐條分注，又每朝繫以論斷。於是史韻始爲完書，而趙公筆削之義益顯，甚盛心也。古之教小學者，有三蒼之書，久已不傳。今之鄉塾，有史略、鑑略、歷朝捷録等書，皆陋甚，無足取。豈若是書繁簡適中，文質相輔，誦之成章，而繹之有味也哉！

君子爲學，將以識其大者。誠於幼學之初，即使讀是書，而識興亡治亂之由，忠佞賢不肖之辨，且聞趙公之爲人，聳然敬慕，而勉爲君子，裨益非細。是仲君所以表章此書之意也夫〔二〕！

【校記】

〔一〕清康熙三十三年郭金湯蘭雪堂刻本增定二十一史韻卷首載潘序，末署「康熙丙子孟秋，松陵潘耒書於車溪書屋」。下稱「增定二十一史韻卷首載潘序」。

〔二〕是仲君所以表章此書之意也夫　增定二十一史韻卷首載潘序作「開一惓惓表章是書，意在於此。開一盛年解組，著書滿家，區區一臠，固未足窺其全鼎也」。

遂初堂文集　卷七

序

重刊古本廣韻序〔一〕

吴門張氏刻古本廣韻成，余亟稱其書之善，謂古音之條理，猶可考見者，獨賴此書之存。文人學士，宜家置一編。而人或未喻，有問余者曰：韻爲詩設也。詩人用韻，樂寬而苦狹。今世俗通行之譜，僅一百七韻。此書乃分爲二百六韻，得無繁碎而艱於押用乎？

答曰：「韻本乎聲。聲之自出，有脣、舌、齒、牙、喉之異，有輕重、清濁、陰陽之殊。其播爲音也，有宫、商、角、徵、羽之辨。昔人精於審音，條分縷析，如『冬』、『鍾』必分爲二，『支』、『脂』、『之』必分爲三，『删』、『山』、『先』、『仙』必分爲四，豈好爲是繁瑣哉？亦本其自然之音，使各得其所而已。後世讀字，失其本音，不曉分韻之故，遂舉而并省之，使古音之相近而不相侵者，雜然混而爲一，失莫甚焉。賴有此書，而最初立韻之部分，犁然具在。蓋自陸法言等數人，斟酌古今南北，勒成一書，歷代增修，雖有切韻、唐韻、廣韻之異名，而部分無改。唐宋用以取士，謂之官韻，與九經同頒，無敢出入。宋末元初，始加改并，名爲并，其所通用，實則非通，而并且闌入他韻者多矣。今學詩者，必宗唐宋，而用韻不從唐宋，其可乎從？此書所標之通用者，韻固未嘗狹也，而無訛濫之失，不亦善乎？」

客曰：「部分則聞命矣。書中收字太多，不盡適於用，且有一字而三四韻并收者，於義何居？」曰：「此書之作，不專爲韻也。取説文、字林、玉篇所有之字，而悉載之，且增益其未備，釐正其字體，欲使學者一覽而聲音文字包舉無遺。故説文、字林、玉篇之書，不可以該音學，而廣韻一書，可以該六書之學，其用宏矣！若夫一字而具數音，或有異義，或無異義，此即轉注、假借之法。屈、宋以降，迄唐名人，率多用之。自後世删去複字，而古人有韻之文，多不可讀。一披廣韻，而其字具在，非出韻也，非叶韻也。夫韻書之作，非專爲詩，非專爲近體也；以爲賦、頌、箴、銘，以爲長篇、古體，惟恐其字之易盡也，而何嫌於繁乎？」

曰：「本文之浩博可也，小注則粗明字義可矣，而何姓氏、地理、物類、方言之旁羅曲載乎？」

曰：「此正古人之善著書也。其人既博極古今，而爲書之意，欲舉天地民物之大，悉入其中，凡經史子志、九流百家，僻書隱籍，無不摭采。一『公』字也，而載人姓名，至千有餘言；一『楓』字也，而蚩尤桎梏化楓、楓脂入地、千年化虎魄之説，無不備録。不惟學者可以廣異聞，資多識，而世本、姓苑、百家譜、英賢傳、續漢書、魏略、三輔決録等古書數十種，不存於今者，賴其徵引，班班可見，有功於載籍亦大矣。而近代刻廣韻者，盡删去之。此古本之所以尤可貴也。」

先師顧亭林，深明音學，憫學者泥今而昧古，實始表章。此書刻之淮上，然其所見乃内府刊本已經删削者，久而覺其書之不完，作後序以志遺憾。近歲，余始見宋鋟本於昆山徐相國家，借録以歸。張子籲三孜孜好古，得舊刻於毛氏，而缺其一帙。余乃畀以寫本，精加校讎，梓之行世。因以告客之語，書於簡端。若夫極論古今音之異同得失，而折衷之以經，則有先師之音學五書在，學者究觀焉可也。

【校記】

〔一〕重刊古本廣韻序　清康熙四十九年增修本遂初堂文集目録作「增刻古本廣韻序」。

松陵文獻序〔一〕

吴江始立縣，在錢氏有國時。志書昉於朱長文之圖經，實德遠、吴本、史鑑、陳理、周永年皆有作，并佚不傳。唯莫氏、徐氏二志存焉。莫志詳而體裁未備，徐志簡而疏漏甚多。自嘉靖至明末，又百餘年，曠無紀述。亡兄力田乃爲松陵文獻一書，「獻」以紀先賢之事迹，

「文」以録邑人之詩文。文集未成，而遭潯溪之禍，獻集得諸燼餘。後三十年，耒乃克校而梓之。

嗚呼！史學之廢，文人爲之也。史以載事，事欲其核。事苟核矣，文即不勝，無害事；未核，而緣飾之以文，失實亂真，貽誤千載，弊孰甚焉？昔人以曠世之才，作一書，嘗三四十年而後成，豈其文詞之難耶？罔羅事迹，博考而精裁之，是爲難耳。今之自命爲文人者，方其讀史，專求文章之波瀾意度，用以資其爲文。一旦操史筆，亦惟求工於文詞，而事迹之虚實，紀載之牴牾，有所不暇計。若然，則苟據一家之書，稍加潤色，即可成史，班馬氏何須父子世爲之？温公何用集天下博達之士，十九年而後成通鑑耶？

亡兄與吴先生草創明史，先作長編，聚一代之書而分劃之，或以事類，或以人類，條分件繫，彙群言而駢列之，異同自出，參伍鉤稽，歸於至當，然後筆之於書。其詳且慎如此，庶幾不失古人著書之意。若松陵文獻，一邑之書耳，亦用此法爲之。凡閲前代之史，明朝之實録，天下之志乘，古今人之文集，有一字涉於吾邑者，即鉤摘疏記，積累成編，非直嘉靖以後自撰百二十餘傳而已也。於徐、莫二志，更定者六十餘傳，增立者又六十餘傳，訂譌補闕，確有根柢，文辭簡質，不事浮華，無溢美，無支辭。

嗚呼！良史如馬遷，而班固稱之不過曰「其文直，其事核」。苟直且核，史家之能事畢矣。自歐陽公後，知此義者蓋寡。耒嘗備員史館，博觀近代文人之作，而益服亡兄之善著書，深痛其史之散佚，而幸此書猶存，謹刻之以行世。蓋吾邑之文獻，得此而後足徵，且使人因此書以想見亡兄史書之大略，與其結撰之苦心，則雖不傳，猶傳也已。

【校記】

〔一〕清康熙二十一年潘耒刻本松陵文獻卷首載潘序，末署「康熙癸酉臘月既望，弟耒拜述」。此篇亦收録於清翁廣平撰平望志卷十六集文，題作「松陵獻集序」。

烏青文獻序

古人之書盈天下，今人而欲著書，難乎其爲不朽矣。然有可傳者二焉：一曰載道之書，一曰紀事之書。斯爲宇宙所必不可無。其力自足孤行於世，若夫騁才緣情、浮誇綺麗之作，可有可無，終歸於泯滅而已矣。紀事之書，大者爲史，小者爲志。志雖史之流别，實史之根柢也。郡邑無善志，朝廷安得有良史？史包一代之事，誠非一人所能爲；志則一方之書，纂輯差易。然欲詳核盡善，亦非殫畢生之力莫能成。

往者，亡兄力田嘗從事於史矣，撰述未半，而身罹變故，遺書散逸。惟所著松陵文獻尚存，讀者服其精博，謂史才略見焉。烏戍張炎貞先生，實與亡兄同志，亦著烏青文獻一書，垂老方削稿，屬余序之。

余卒讀，而知先生於是書，其力專，其心苦矣。夫烏青，鄉鎮耳，非名城大都之比，然生齒之衆，物産之饒，人文之盛，隱然若一北縣；又介兩省三郡間，水道百出，僑居錯處，奸宄易藏而難詰，故特置兵守之，設官治之。自宋至今，五百年來，亦多故矣。而紀載缺略，文獻無徵。先生耻之。於是討舊聞，訊故老，搜蠹簡，剔殘碑，凡睹記所及，有一言涉於兹鎮者，必標記而摘録之，孳孳矻矻，三十年不懈，身爲其土之人，必廣記而備言之。故志一鎮之事，而成書至數百紙，非不能簡也。以爲襲舊者，惟恐其煩；創造者，惟恐其略；志通都者，不嫌於簡；志僻壤者，不嫌於詳。體固宜爾也。若夫徵引之奥博，考證之精明，辭指可以垂勸懲，義例可以彰予奪，則史法備焉，史裁具焉。吾觀地運遷流，東南之土，日闢日分，異日烏青未必不爲州縣，爲州縣而欲作志，必本先生此書。此書不朽，則先生不朽。然先生非欲有聞於世者，觀其所自爲跋，其志良可悲矣。

吾獨痛亡兄之爲史不成，而僅存松陵文獻也。吾猶幸先生之不爲史，而成此烏青文獻也。撫卷之際，感慨係之。至若先生，潛修默證，本心得而形言辭者，更有載道之書在，吾不得而窺其際矣。

廣東新語序〔一〕

古來詩人，罕能著書。詩本性情，書根義理。作詩尚才華，著書貴學識。故前代曹、劉、顏、謝及四傑、十子之徒，絶不聞有書傳世。而劉勰、崔鴻、顏師古、劉知幾輩，亦不聞以詩名。其有能兼工并美者，一代蓋無幾人也。

番禺屈翁山先生，以詩名海内，宗工哲匠，無不歛衽嘆服，比於有唐名家。然人知其詩而已。余游嶺南，見其廣東新語諸書，又知其善著書也。粤東爲天南奥區，人文自宋而開，至明乃大盛，名公鉅卿，詞人才士，肩背相望。翁山既已掇其精英，爲廣東文選矣。又以山川之秀麗〔二〕，物産之瑰奇，風俗之推遷，氣候之參錯，與中州絶異，未至其地者不聞，至其地者不盡見，不可無書以叙述之。於是考方輿，披志乘，驗之以身經，徵之以目睹，久而成新語一書。其察物也精以核，其談義也博而辨，其陳辭也婉而多風，思古傷今，維風正俗之意，時時見於言表，游覽者可以觀土風，仕宦者可以知民隱，作史者可以徵故實，摛詞者可以資華潤，視華陽國志、嶺南異物志、桂海虞衡、入蜀記諸書，不啻兼有其美。善哉！可以傳矣。

翁山之詩，祖靈均而宗太白，感物造端，比類托諷，大都妙於用虚。此書則博核精詳，又善於摭實，才士固不可測，亦以見先生中年歛華就實，留心世故，練達多通，有用世才，非詞人墨客大言無當者比。惜乎生不遇時，終於不用也。先生著書凡十餘種，其四書補注兼考，與何東濱共成者，殊有功於經傳，雖經鏤板，未行於中州；其成仁録，表章盡節諸臣，尤有裨世教，惜未大成，僅有稿本藏於家，將就泯滅矣。獨此書流行。

余得交先生，在其暮年。今來，墳草宿矣。從其子索觀遺集，有贈余詩四章，不勝感愴。

因爲叙是書，聊以當山陽懷舊之賦云爾。

【校記】

〔一〕此篇亦見於清屈大均撰廣東新語卷首，末署「康熙庚辰仲春，吴江潘耒撰」。見續修四庫全書影印清康熙間水天閣刻本，第七三四册，第四四九至四五一頁。下稱「廣東新語卷首潘序」。

〔二〕又以山川之秀麗　廣東新語卷首潘序作「又以山川之秀異」。

雁蕩山志序

天下名山奥區，如匡廬、峨嵋、五臺、九華之屬，皆有專志。良以峰巒洞壑之多，佛刹仙宫之盛，非郡邑志乘所能悉載。而尋山問水之人，按圖而往，挾策而歸，亦必單行爲便也。然志山尤難於志郡邑，非泉石情深則語焉而無味，非筇屐親到則述焉而不詳，非長於文筆則鄙陋而難讀，非精於去取則猥雜而無章。山志之佳者，吾見亦寡矣。

雁蕩奇秀甲天下。巖洞泉瀑之詭狀殊名者，以千百數。傑刹精藍，錯布巖谷，乍廢乍興，名人達士，留題寄咏之作，日新月富，是烏可無志！乃余游雁山，求嘉靖中舊志，不可得，僅見新刻一編，輯自石浦禪師，圖畫可觀，搜采亦勤，惜其見聞不廣，甚多疏略，且其板已亡，山中亦無副本，深用悼恨。適在能仁，見李寧侯遺集中有雁蕩志序先後二篇，觀其持論，知其書必不妄作。至甌江，輒從其子燧索而觀之，編次有法，條理秩然，品題泉石，妙得神理，昔人著作，搜采無遺。

寧侯才識高朗，胸懷浩落，於山水蓋篤好之。雁蕩是其家山，一笻一笠，無險不搜，無奇不討，則見之真。家多藏書，凡圖乘文集，有一字涉雁山者，即行摘録，積三十年乃成書，則采之博。加以文辭雅馴，裁鑒精審，宜其書之盡善，無遺憾也。吾所見山志佳者，羅浮志成於黎惟敬，簡雅可觀；天台志出自無盡法師，搜羅浩博，辭鋒宏肆。與此而三耳。

夫龍噓雲而雲能載龍，澤産珠而珠能媚澤，山川靈淑之氣實生英賢，而英賢之有文辭者，類能推大其山川，使名聞於天下。雁宕之奇，得王梅溪數詩而發露，得薛士龍一賦而詳明，得李季和十記而飛揚生動。三君者，皆甌産也。今寧侯既自爲詩若記，以發揮神奇，復勒成此志，垂之不朽，俾雁山之聲光炳然照九州而雄十嶽，所以仰酬山靈者甚厚。惜其家貧，未能壽諸梨棗，而和璧龍泉，不終埋没，必有表章之，使行於世者。此天下通人之責也夫！

丹霞志序〔一〕

造物有無盡之藏，吾人有日新之境。左國孟荀，文之至善也，而南華、離騷，特標靈異。李杜王孟，詩之至工也，而東野、昌谷，别構新體。天台、雁宕、羅浮、武夷，山之至妙也，而丹霞晚出，更擅神奇〔二〕。信知經史之外，不乏異書；嶽鎮以還，更多名嶠。而鮮見寡聞者，局於所知，藐略其所不及知，則陋矣。

丹霞山在韶州仁化縣境。韶之山，多鋭削。韶之石，多空靈，大率臨水以爲勝〔三〕。丹霞則拔起平野中〔四〕，聳削千丈，遠望之，如囷廩，如層城，周遭五色石圍之，斑斕相錯如錦，故名「丹霞山」。形下窄上廣，如攀蓮莖而上蓮房，險隘處挽鐵絙以上，頂乃寬平，旁多懸巖石室，禪房梵宇，錯布其間。環視旁峰，皆笋抽笏立，韶江一綫，縈迴其間〔五〕。蓋天下最奇勝處也。

自明以前，山初無名，人迹罕到。乙酉後，中州李鑑湖因其兄忠定公殉國難〔六〕，挈家避亂，始闢是山，亂定還故里。而故侍御金道隱〔七〕，棄官爲僧，號澹歸者，居之，披榛削莽，漸次成禪林。乃迎其師天然和尚主法席。天然以名孝廉出家，道風冠於嶺表，衲子浩歸，游人至者接踵。由是，丹霞之勝聞天下矣。

造物之初，二氣融結，即有是山，而沉埋晦塞，不知幾千萬年，迄今始呈露，若天作地藏，待其人而開之者然。豈不異哉！鑑湖、道隱，乃忠臣義士，天然則傑出禪師，而鑑湖所以避地，澹歸所以奉師，皆本之忠貞孝友之誠，與他方度地誅茅者不同。以奇人遇奇緣，而開奇山，適相稱也。

山故未有志，今仁化令陳君石峰政成之暇，來游是山，愛峰巒之奇特，樂禪宇之清幽，企想名賢風規如昨，乃標巖題谷，作爲茲編。與興公之賦天台，康樂之咏石門，高寄略等。余十年前嘗登是山，出嶺匆匆，未遑賦詩作記。綴名簡末，有餘幸焉。故樂爲序之，聊補鴻爪集中之缺略云爾。

【校記】

〔一〕丹霞山志序　清康熙四十九年增修本遂初堂文集目録作「丹霞志序」。此篇亦見於清陳世英撰、釋古如增補丹霞山志卷首，版心題作「丹霞山志潘序」，末署「康熙己卯冬，吴江潘耒書於羊城寓舍」。見四庫禁毁書叢刊影印清雍正十一年丹霞别傳寺刻本，史部第五一册，第六至七頁。下稱「丹霞山志卷首潘序」。

〔二〕更擅神奇　丹霞山志卷首潘序作「更擅奇姿」。

〔三〕大率臨水以爲勝　丹霞山志卷首潘序作「大約臨水以爲勝」。

〔四〕丹霞則拔起平野中　丹霞山志卷首潘序作「丹霞拔起江干」。

〔五〕縈迴其間　丹霞山志卷首潘序作「縈迴其下」。

〔六〕中州李鑑湖因其兄忠定公殉國難　丹霞山志卷首潘序作「中州李鑑湖因其兄忠定公丁外艱」。

〔七〕而故侍御金道隱　丹霞山志卷首潘序作「而故給諫金道隱」。

五嶽游草序〔一〕

天地至大也，事物之變，至無窮也。而人以渺然七尺之軀，塊處一室，眼如針孔，乃欲縱談古今，懸斷天下事勢，必不能。故古來通人達士，每喜言游。莊周著書，首以逍遥名篇，其言鵾鵬之運，自南海以至北海。屈原作騷，雲車風馬，略扶桑而盡昆侖。言游者莫侈焉。然特空語，無事實。至司馬相如、子長、李太白、杜子美、韓退之、蘇子瞻、陸務觀之流，則真足迹遍天下，而其文辭，亦遂雄奇跌宕，超越千古，游亦何負於人？而儒者嫌於玩物喪志，至有官衡陽而不登南嶽者，然則大禹之升岣嶁，孔顔之登泰岱，皆非耶？

明代閩人，如都玄敬、喬白巖、王太初、王昆侖，皆嘗遍游寰海，皆能以文詞發攄所睹記。而太初先生所著，則有五嶽游草。先生夙植靈根，下筆言語妙天下，興寄高遠，超然埃壒之外，篤好山水，生長臨海，台宕、括蒼自其家山。從給諫出參粤藩，副滇臬，典試巴蜀，視學中州，諸嶽鎮而外，如峨嵋、太和、白嶽、點蒼、鷄足諸名山，莫不窮探極討，一一疏爲注記，發爲詩歌，刻畫意象，能使萬里如在目前。蓋天下之宦而能游，游而能載之文筆，如先生者，古今亦無幾人。嗚呼！名利之毒中於人心，争錐刀而競尺寸，如鼠入牛角，如蠅鑽紙窗，正由不知宇宙之廣，日月之大。使能置身物外，曠觀遠覽，則諸累可以冰釋。

太初爲言官，不阿權要，歷方面，清白著聲。擢開府而堅辭，卧丘園而自得，非惟天情曠達，亦山水之助爲多焉。今五嶽一編具在，人於塵勞轇轕之際，試一展卷披尋，未有不豁然心開，脱屣塵垢中者。天機深而嗜欲自淺，以是爲解熱之清風，療煩之良藥，不亦可乎！

余雅好游，甚慕太初之風流。頃來台，求其遺集不可得。少司寇馮公再來，偶得是編，重爲梓行，屬余序之。其廣游記、廣志繹諸書，則將續刻焉。馮公官三事而勇退，以山水文章自娱，蓋深有意乎先生之爲人者也。

【校記】

〔一〕清康熙間馮甦刻本明王士性撰王太初先生五嶽游草卷首冠潘序，題爲「重刻五嶽游草序」，末署「康熙辛未孟秋，松陵潘耒書於東湖寓園」。

徐霞客游記序

文人達士，多喜言游。游未易言也：無出塵之胸襟，不能賞會山水；無濟勝之支體，不能搜剔幽秘；無閑曠之歲月，不能稱性逍遥；近游不廣，淺游不奇，便游不暢，群游不久，自非置身物外，棄絶百事，而孤行其意，雖游猶弗游也。

余覽往昔諸名人游記，驗諸目睹身經，知其皆嘗一臠，披一節，略涉門庭，鮮窺閫奥。若余游屐所至，必窮高極深，如游林屋而身至隔凡，游雁蕩而目睹雁湖；勞山則登華樓之巔，羅浮則宿飛雲之頂，自以爲至矣。及讀徐霞客游記，而後遜謝弗如也。

霞客之游，在中州者，無大過人。其奇絶者，閩粤楚蜀滇黔，百蠻荒徼之區，皆往返再四。其行不從官道，但有名勝，輒迂迴屈曲以尋之。先審視山脉如何去來，水脉如何分合；

既得大勢，然後一丘一壑，支搜節討。登不必有徑，荒榛密箐，無不穿也；涉不必有津，衝湍惡瀧，無不絶也。峰極危者，必躍而踞其巔。洞極邃者，必猿挂蛇行，窮其旁出之竇。途窮不憂，行誤不悔。瞑則寢樹石之間，飢則啖草木之實。不避風雨，不憚虎狼，不計程期，不求伴侣。以性靈游，以軀命游，亘古以來，一人而已。

往年錢牧齋奇霞客之爲人，特爲作傳，略悉其生平，然未見所撰游記，傳中語頗有失實者。余求得其書，知出玉門關、上昆侖、窮星宿海諸事，皆無之，足迹至鷄足山而止。其出入粤西、貴筑、滇南諸土司蠻部間，沿溯瀾滄、金沙，窮南北盤江之源，實中土人創闢之事。讀其記而後知西南區域之廣，山川多奇，遠過中夏也。記文排日編次，直叙情景，未嘗刻畫爲文，而天趣旁流，自然奇警，山川條理，臚列目前；土俗人情，關梁厄塞，時時著見。向來山經地志之誤，釐正無遺；奇踪異聞，應接不暇。然未嘗有怪迂侈大之語，欺人以所不知。故吾於霞客之游，不服其闊遠，而服其精詳；於霞客之書，不多其博辨，而多其真實。牧齋稱爲古今紀游第一，誠然哉！

或言張騫、甘英之歷西域，通屬國也；玄奘之游竺國，求梵典也；都實之至吐蕃西鄙，窮河源也。霞客果何所爲？夫惟無所爲而爲，故志專；志專，故行獨；行獨，故去來自如，無所不達意。造物者不欲使山川靈異，久秘不宣，故生斯人以揭露之耶！

要之，宇宙間不可無此畸人，竹素中不可無此異書。惜吾衰老，不復能褰裳奮袂，躡其清塵，遂令斯人獨擅奇千古矣！

鴻爪集自序〔一〕

潘子閑居無事，自放於山水之間，一筇一笠，翛然獨往，近者二三百里，遠者數千里，遇佳山水輒游，游必窮高極深，盡其奇勝，然後返。

客有笑之者，曰：「古人不出户而知天下。一丘一壑，可以自老。琴尊圖史，可以自娱。奚必登臨之爲樂？攀藤捫葛則甚勞，梯空蹈幽則甚險，水有風波之恐，陸有蛇虎之虞。子何嗜而汲汲於此？」

余應之曰：「馬見櫪而喜，猿見檻而愁，虱處褌而樂，鶴處籠而憂。物固有宜不宜也。余性不耐雜，一切喧囂、軟美、音聲，都不入耳，獨喜聽風泉松籟：此吾之耳與山水宜也。珍奇玩好，曾不留盼，遥望奇峰秀嶺，則心開目明：此吾之目與山水宜也。十指如椎，而品題泉石，嘯咏烟霞，輒下筆不能休：此吾之手與山水宜也。朱扉紫陌，跼蹐不前，而攀危履險，捷如猿猱：此吾之足與山水宜也。家居善病，出游則健，營俗事則多阻，思佳游則必遂，與世人交，白頭如新，而村樵野衲，一見如舊相識：此吾之性情懷抱與山水宜也。且古來賢達之士，多有好游而不得游者矣。其或滄海横流，干戈滿眼，空懷向平五岳之心，難迴阮籍窮途之轍。而吾幸生平世，風鶴不驚，輕舸安車，往還無礙，則天予我以游。其或南北分疆，關梁阻絶，葛洪、許邁終無嵩華之踪，邢劭、酈元寧有衡廬之迹？而今也，八荒同軌，任意游行，巫閭、點蒼，命駕即到，則地假我以游。一官羈絆，萬事蹉跎，沈休文官登台輔，豈到良常？羊叔子位鎮方州，裁登峴首。而余早辭簪笏，長謝樊籠，十洲落於掌中，五嶽懸於屐底，則人縱我以游。白髮在堂，庭闈增戀，晨昏有潔餐之職，登臨有垂堂之戒，是亦不得游。而余不幸，已爲鮮民，視一身如浮漚，視妻子如敝屣，則時許我以游。或衰病侵尋，筋力倦憊，或形體鈍滯，不便登涉。宗少文披圖而遠想，韓退之投書而訣絶，是亦不能游。而余方當强艾之年，雅饒濟勝之具，可以追隨麋鹿，可以餐沐風霜，則年力助我以游。此吾所以放曠逍遥，窮年累歲，而不知其倦者也。且夫山川雖險，不險於人心；登涉雖危，不危於世路。與其取世資而多多益善，何如好山水之窮搜極討而不嫌於貪？與其仕宦而有進無退，何如游山水之登峰造極而不傷於勇？」

客唯唯而退。適刻紀游一編成，遂書之以爲序。

【校記】

〔一〕清康熙三十年潘耒序刻本鴻爪集卷首冠此序，末署「康熙辛未季冬，松陵潘耒述」。

柳邊紀略序〔一〕

白山黑水之間，在古爲荒服，不隸版圖。自遼金迭興，創爲疆理。至於今代，規畫加詳，然記載疏略，志乘缺如。邇來流人遷客，頗多文士，往往能言其山川風俗，然未有考古證今，著成一書者。以地荒民樸，文獻無徵故也。

楊子可師，才高識遠，留心經世大略。往年以省親出塞，所過巖疆要地，必停驂周覽，從老校退卒，詢訪墜聞逸事，歸而考諸圖籍，參之見聞，爲柳邊紀略二卷。凡山川形勢，障塞規模，驛站道里，三百八十衛、二十四所、三十六部落，莫不詳稽而備載。物産地宜，民情土俗，瞭如指掌，可以考典制，可以攬形勝，可以采風謡。楊子經濟之略，著述之才，概見於兹矣。

夫盧龍古塞，管幼安之所潛踪，田子春之所樹績。而冰天雪窖之間，又洪忠宣、朱少章〔二〕諸人所效忠而竭節者。至若南關、北關、松山、杏山諸用武地，殊有關於疆場安危、國家成敗。是書之作，豈徒然哉！豈徒然哉！

【校記】

〔一〕上海圖書館藏清鈔本柳邊紀略卷首載潘耒此序，序首作者題「松陵潘耒次耕」。下稱「柳邊紀略卷首潘序」。

〔二〕朱少章　清康熙四十九年增修遂初堂文集初印本、續印本俱鏟去「少章」二字。據柳邊紀略卷首潘序補入。

使粵日記序〔一〕

昔人言，不讀萬卷書，不行萬里路，不稱通人。夫所貴於足迹之遠者，以能原本山川，諮詢風俗，大而阨塞利病，小而草木蟲魚，靡不究其情形，窮其變態，然後可以言游。如第曰至其地而已，則賈人郵卒，所歷較多，亦可以爲游耶？今士大夫每浮慕馬遷、相如輩風流，喜言游覽。比有公私行役，遠者或數千里，所過山川名勝，不知其幾也，而意趣不在是，往往覿面失之，則亦賈人郵卒之爲而已，於游何預焉？

喬侍讀石林，以康熙辛酉典校粵西。粵西去京師萬里，多瘴癘，又新創於兵，人率憚其荒遠，君曰：「奉使，臣職也。東西南北，唯天子使，於險易何擇焉？且吾聞桂林山川奇勝甲天下，又當取道洺邢，出汝潁，絶漢涉江，徑雲夢，浮洞庭，上瀟湘，循衡陽，轉九疑，是皆古名人才士憑吊游咏之區。向所欲至而未能者，今往觀焉。實獲我心。」聞者皆壯其言。比君往，果悉行其意，雖迫於嚴程，而所至探奇訪古，一往情深。試事畢，遍討桂山灕水之勝，窮幽極怪，有柳柳州、范石湖所未到者。既形之聲詩，雕鎸刻畫，使無遁情。而途中日有筆記，復積成一編，雖造次點筆，而文采斐然，造語肖物，能使難狀之景如在目前。至於援據圖經，敘述風壤，摭今考古，班班可觀。而問民隱，觀國俗，憂天憫人之思，表忠排佞之志，亦時時側出於行間。

吾見世之善游，而且善著書，以鳴其游者，莫喬君若也。夫陸賈南中之記，不妨與新語并傳；放翁入蜀之編，由來與渭南比美。君久居禁近，高文大篇，讜言宏議，將垂之無窮。姑以是編爲長離之片羽，籠葱之一節，不亦可乎！

君以余雅好游，刻成，屬余敘之。

【校記】

〔一〕清康熙刻劉寶楠抄補本喬萊撰使粤日記卷首載潘序，末署「康熙己巳孟夏，松陵潘耒書於白田旅舍」。是篇亦收録於康熙寶應縣志卷二十一藝文志。

針灸集要序

醫術之不明，方書害之也。古者扁鵲、倉公、華佗之流，操術至神妙，乃其書不少概見。後之醫，才技不如古，而著書日益多。凡言湯藥者，無慮數百種。夫心之精微，口不能宣也，而况於書？書之所能道者，某藥治某病，某症用某方而已。其人之果爲是病與否，果宜是藥與否，非書所及也。而醫者惟習紙上陳言，往往執古方以治今病，其有不效，則曰書實云云，豈不謬哉？

針灸之術則不然。其於人身經絡、表裏藏府、關膈穴俞所在，必瞭然心目，而後可以從事，非如方書所云略具部分而已。其治病也，豪髮不審，則針不能以入肌，灸不能以達氣，中則痛者立止，痿者立起，不中則病益甚。非如湯藥入口，有應不應，或漫無所覺者。故其爲術，微妙難能。近代良醫，以是名家者絶少，有習之者，皆口傳心受，不以方書。譬諸釋氏，方藥，則教典也；針灸，則禪宗也。三藏十二部，不若當機一語；千方萬劑，不若指下一針。學貴親切，無小大，一也。

今海内針灸家，獨推雙林凌氏。其先受針法於異人，以治病無不立瘥，遠近數百里，趨之若神，傳數世迄今，子孫多世其業。而貞侯最爲工妙，沉疴夙疾，應手著奇效者，不可勝數。所至冠蓋駢集，黄童白叟，擁馬足不得行。歷中原、河北，轉客京師，聲稱籍甚，達於至尊，召入禁中，時時爲貴戚治病，可謂至榮。而貞侯爲人，和易真率，接人無貴賤，終始若一，絶不以遭遇自矜詡。蓋類有道者。

余故樂與之游，間出一編示余，曰：「針灸，惟靈樞、素問精言之，自後傳書絶少。吾懼其久而失真也，爰本黄帝、岐伯書，參以諸家，述先世所傳，傅著己意，爲集要一書，以示來兹。幸爲我序之！」嗟夫！針灸之妙，正以其不從方書得也。而貞侯顧爲是乎？雖然，大匠不能與人巧，未嘗不與人以規矩，規矩在是，神而明之，存乎其人。今夫斯術之妙，在迎隨消息之間，得之心而應之手，此不可以書傳者也。至於經脉俞穴之名狀，針之分寸，火之度數，此可以書傳者也。後之人誠能就其可傳者，以深探其不可傳者，因蹄得兔，因筌得魚，書之益顧不大哉！夫禪宗所重，在不立語言文字，而燈燈相繼，猶有傳書，况在於醫？夫所謂方書害醫者，非病書也，病夫執一書而不知合變者也。

方程論序〔一〕

古之君子，不爲無用之學。六藝次乎德行，皆實學足以經世者也。數雖居藝之末，而爲用甚鉅：測天度地，非數不明；治賦理財，非數不核；屯營布陳，非數不審；程功董役，非數不練。古人少而學焉，壯而服習焉，措諸政事、工虞、水火，無不如志。後世訓詁帖括之學興，而六藝俱廢，數尤鄙爲不足學。一旦有民社之責〔二〕，會計簿書，頭岑目眩，與一握算，不知顛倒。自郡縣以至部寺之長，往往皆然。於是黠胥猾吏，得起而操官府之權，奸弊百出，而莫能詰，則亦不學數之過也。古算經諸書多不傳，九章諸術今人不能盡通，由於學士大夫莫肯究心，而賈人胥吏習其法，而莫能言其意。近代唯西洋幾何原本一書，詳言立法之故，最爲精深。其所用籌算，亦最簡便。然惟曆家習之，世莫曉也。

吾邑有隱君子，曰王寅旭先生，深明曆理，兼通中西之學。余少嘗問曆焉，知學曆必先學算，於是粗通算術，惜未竟學，罷去。今寅旭亡久矣，余遍行天下，求仿佛其人者，而不可得。歲丙寅，過宣城，始得梅子勿庵。勿庵，儒者，學行醇篤，覃精曆學若干年，洞見根柢，多所著述，於數學尤鉤深索隱，發前人不傳之秘。蓋九章中最難明者，無過勾股、方程二事。西人論勾股割圜之法詳矣，方程則有所未盡。於是勿庵著論六卷，專明方程。其於正負減并之數、和較雜變之情、帶分疊脚之術，銖分縷析，創例立法，以盡天下無窮之變。數學至此，神矣妙矣，不可以復加矣！其見於文辭也，晦者使之明，煩者使之約，俗者使之雅，質而文，雜而有倫，俾覽者因言以得數，因數以知法，因法以悟理，洞然明白，而不苦於難習。庶幾數學復明，而人多綜理練達之材，其有裨於世，豈淺鮮哉！

夫得浮華之士百，不如得實學之士一；得名世之書百〔三〕，不如得傳世之書一。使寅旭、勿庵而見用於世，高可爲杜預、劉宴，下亦不失爲洛下閎、一行。乃勿庵尚沉淪一經，未知遭遇何如，而其書則既成矣，可以傳矣。吾獨悲寅旭遯世埋名，坎壈憔悴以死，著書僅有存者。吾學不足以窺其深，而力不足以表章之也。其以勿庵爲地上之子雲，可乎？

【校記】

〔一〕方程論序　中國國家圖書館藏清乾隆二十六年梅瑴成刻梅氏叢書輯要本梅文鼎撰方程論卷首冠潘序，版心題作「方程潘序」，末署「康熙庚午孟春，松陵潘耒撰」。下稱「方程論卷首潘序」。

〔二〕一旦有民社之責　方程論卷首潘序作「一旦有民社之任」。

〔三〕得名世之書百　方程論卷首潘序作「得詞賦之書百」。

宣城游學記序

吾人爲學，未有不從疑而入者。傳稱：「學問思辨。」學而後能疑，疑則問以質之，思以通之，辨以明之，迨於是非歸一，異同俱泯，豁然無疑，而後能深造自得。昔人所以畏索居寡黨，而樂取友親師也。學術中，惟曆數最難明。儒者言其理而不習其數，疇人子弟守其法而不明立法之故。明三百年，言曆者僅三四家。迄於今，遂成絶學。蓋其數至賾，而其故甚深，非聰穎絶異之士，殫畢生之力以求之，莫能洞曉；又無爵禄名利以勸誘之，故從事焉者絶希。

吾所見能布算測天，著書立説，兼通中西之學者，僅有吾邑王寅旭、宣城梅勿庵兩人。近復得秀水張簡庵。簡庵爲人，狷介孤潔，與世寡諧，刻苦學問，文筆矯然，特潛心於曆術，久而有得，著定曆玉衡，主中曆爲多，持以示余。余告之曰：「此道甚微，不可專執己見。寅旭往矣，勿庵尚在，盍往質之？必當有進！」簡庵毅然請行，索余書爲介紹，重繭嬴糧，走千里見勿庵。勿庵大喜，爲之假館授餐，朝夕講論。逾年乃歸。歸而告余，賴此一行，得窮曆法底藴，始知中曆西曆各有短長，可以相成而不可偏廢。朋友講習之益，有如是夫！既復出一編示余，曰：「吾與勿庵辨論者數百條，皆已剖析明了，去異就同，歸於不疑之地。唯西人地圓如毬之説，則决不敢從。與勿庵昆弟及汪喬年輩，往復辨難，不下三四萬言。此編是也。」余於曆學，未能窺其藩籬，無以决簡庵之説必是、他人之説必非；獨嘉簡庵之果鋭精敏，好學深思，既能舍己從人，析疑化異，而意所不慊，復不爲苟同，輸攻墨守，務盡其説，而無留疑。使爲學者盡善思能辨若是，又何堅之不入，何深之不造哉！

更有説焉。西人曆術，誠有發中人所未言，補中曆所未備者。其製器亦多精巧可觀。至於奉耶穌爲天主，思以其教易天下，則悖理害義之大者。徒以中國無明曆之人，故令得爲曆官，掌曆事，而其教遂行於中國。天主之堂，無地不有，官司莫能禁。夫天生人材，一國供一國之用，洛下閎、何承天、李淳風、一行輩，何代無之？設中國無西人，將遂不治曆乎？誠得張君輩數人，相與詳求熟講，推明曆意，兼用中西之長而去其短，俾之釐定曆法，典司曆官，西人可無用也。屏邪教而正官常，豈惟曆術之幸哉！

序之以爲學曆者勸。

黄氏族譜序

自宗法廢，而敬宗收族之道微。所以明統系、辨昭穆者，獨賴有譜。若夫析一姓爲兩姓，溯兩族爲一族，條其分合異同之故而不紊，譜之功尤大焉。

吾鄉舊有黄閔同宗之説，初不得其解。比黄之裔孫曰潮生者，重修族譜成，曰紹衣者，來求余序，余得而詳覽焉。蓋吴興晟溪故有黄氏。南宋時，閔氏有爲將仕郎者，自汴來徙，生德源、德淵。德源娶於黄，以其子衍出嗣黄氏，衍生五子。而德淵之子天福無子，以衍少子遜爲後。遜復姓閔，而四子皆姓黄。兩宗之後，皆大盛。閔居晟溪，而黄或遷震澤，或遷栖梧，日疏日遠，而倫序不失，慶吊相通，其實一本，非有所附麗也。一族不兩姓。今之爲黄者，皆當姓閔。以閔後黄，非禮也，然其祖先既已行之，世遠族繁，子孫莫得而改也。

惟其爲譜，則有裁制之意存焉。先列黄氏之舊譜，存而不廢，明有恩也。斷自十八世而止，不以所後之子續之，明有别也。閔氏以將仕爲始祖，不復溯而上之，闕疑也。詩文之及於二族者，悉録不遺，徵信也。并載黄閔及於八世，表同根也。八世以下，不復載閔，雖尚書、都憲之貴，皆略焉，詳本支也。蓋此非黄之譜而閔從黄姓之譜，非閔通族之譜而出嗣於黄一支之譜，體固宜爾也。審乎此，則震澤、栖梧之黄，斷斷不可與他黄合族。其於閔也，則百世而婚姻不通，其嚴且慎，當倍於他姓。譜之所係，顧不重哉！

黄氏之先，若經歷公玶、侍御公著，皆有名績，載在志乘，爲吾邑聞家。今雖不振，而子孫衆多，詩書之澤未艾，誠能推作譜之意，敦本睦宗，興廉起讓，深培而厚溉之，烏知不浸昌浸熾，有光於前人邪？是在勉之而已。

泰和陳氏續修族譜序[一]

從來世德之家，根本之培蓄也厚，枝條之流布也遠，不獨聚族世居之地，碩大繁昌，即播遷於外者，往往勃興崛起，復爲名宗。然方州隔而族屬疏，昧厥由來者多矣。有能推溯訪求，使散者以聯，絶者以續，豈非仁孝之深心，而本支之厚幸哉！

江西泰和陳氏舊有二支。其先同出自陳宣帝。唐末，大理評事徽自金陵徙西昌，是爲柳溪之祖；太尉固自金陵徙劍浦，復徙平陽、廬陵，十三傳至雲仲，始居泰和，是爲南寮之祖。并科第蟬聯，世有禄秩。明大學士循，南寮之最貴者也。其從曾孫廷鉞，始徙遼陽。五傳至九錫，國初以都司扈從入關，有軍功，改官道州知州。長子、次子没於王事，少子紀勇略冠軍，從王師平粵東西，積功授一等護衛，以署都統鎮泉州，尚節概，重氣誼，名重公卿間。其子廷策守韶州，堯策同知梧州，治策令通許，并有賢聲。於是遼陽之陳，蔚爲望族。而其先人常言自泰和來，未及審悉，都統公常念之，韶州兄弟身至泰和，行求宗支，見始遷祖之名，具載譜牒，乃得與族人叙世次，定輩行。非惟遼陽有尋河得源之喜，而泰和亦有伏流重發之幸，甚盛舉也！

泰和族譜，卷帙繁多，韶州兄弟乃删取其要，前溯南寮嫡派，後綴遼陽一支，重刻之以遺子孫。蓋前此所據，以推明一本者，惟譜之功；則昭示來，兹亦唯譜是賴，不容已也。

今之人，惟知攀援貴盛，執塗人而與之合族，而視其本宗之衰落者，不啻塗人。若韶州兄弟之篤念本支，推尋聯屬於數世之後，數千里之遠，豈不賢哉！嗚呼！陵谷遷移，風濤震撼，故家子弟，流離絶域者多矣。未知異日珠還璧合，如陳氏者，能有幾家？吾因之重有感也，爲泚筆而序之。

【校記】

〔一〕泰和陳氏續修族譜序　潘氏自刻本遂初堂集文集卷二題同，清康熙四十九年增修本遂初堂文集目録題爲「陳氏族譜序」。

長樂陳氏詩系序

詩曰：「大邦惟屏，大宗惟翰。」名宗大族，民之所依，而國之所與立也。三代以還，無世禄而有世族，若琅玡之王、陳留之謝、蘭陵之蕭、河東之柳、聞喜之裴，皆能世出人材，保有爵禄，與人國相終始。自宋迄明，仕宦無百年之家，江以南，世族尤少，論世者常嘆息焉。閩中詩人陳伯騶，示余以先代之詩，曰四朝詩系。其稱詩也，自香草堂集以下四十餘家。其叙系也，自信州公以下二十餘世。終明之代，成進士及舉於鄉者，百有餘人，凡兩尚書、一侍郎、禁近方面若干人，又多賢而能文，幾於人人有集。盛矣乎！近古未有也。

考其淵源，則三忠實始基之。所謂三忠者，宋景炎中，詔天下勤王，陳氏之祖曰榮者，率子弟起義兵，以行軍司馬知福清縣，與元兵力戰而敗。榮及其子宗傳、侄吉成，皆死之。陳氏之族，死者一百七十七人。其後人遂無仕元者，多隱居教授，躬修於家，至有五世同居者。世德之所培甚遠。至明初，冲進首膺薦辟，仲完繼入翰林，浸昌浸大，迄於明亡，甲科乃絶。家運與國祚相爲盛衰。吁！亦異矣。河出於昆侖，濟出於王屋，皆潛行百千里而復出，其蓄厚，其力全，故沛然莫之能禦。人見陳氏三百年來科名禄位之盛，而不知其根於忠孝大節，潛德弗耀，百年而後興，故能若斯之光顯也。

今其族雖稍不振，而子姓多賢，家學未墜。伯騶與其兄伯然，能發揚其母夫人之節行，聞於天下；又與其從孫昌箕，訪求先集於兵火之餘，手抄口誦，勒成一編，傳諸不朽，可謂無忝箕裘矣。奚必紆青拖紫而後爲才子弟哉？其益與族人敦行古誼，恪守家規，務爲其可久可大者。安知不如河濟之再伏再見，截衆流以放於海也？

書畫彙考序

凡天下可好樂之事，久則厭心生，而物之珍奇貴重者，多藏皆足以爲累。若夫好之而不厭，藏之而無累者，其惟書畫乎？書畫佳妙者，皆古高人達士之作，天機所至，與造物相爲流通。其移人性情也，躁可使静，憂可使喜，怒可使平，探之不窮，即之愈遠，而何有於厭？且其爲物，枯淡幽寂，惟大雅君子，乃能篤好而力求之。非若照乘之珠，連城之璧，人人争欲得之，而難以長守。故物之有益而無累者，莫書畫若也。然而世人知好之者甚稀。即或陽浮慕之，而精神不屬，眼目不具，真贋雜而佳惡混，甚且閉錮箱篋，終年不與周旋，猶爲不知不好而已矣。

蓋牟卞公，神鑒精朗，無所不燭。自少潛心好古，生長勳門，服官輦下，世家舊族之所收藏，無不目涉心賞。兼與聞人宿老，上下其議論，見聞博而考究精，與偏方寠儒執紙上語，以衡量古今者，相去萬萬。歷官牧伯以至開府，此好不移，政事之暇，掃地焚香，未嘗一日不與古人相對。又以一人之睹記有恨，而古人之名迹甚多，因而討論其淵源，檃括其梗概，作書畫彙考若干卷。

耒適游三山，就公求讀是書，屬畫考先刻成，得而詳覽焉。凡歷代相傳有名之迹，無不備載，而其現存於世者，楮絹墨色，標題跋語，印章款押，悉録不遺。古人用意之工與行筆之妙，雖未睹其畫者，亦仿佛見之。而昔賢之零篇斷句，不載本集者，亦往往存焉。前此雖有畫品、畫評、畫譜、畫苑諸書，但記名目，略標品第，未有如燈取影，如器傳水，纖悉畢備。如此書者，雖采用鐵網珊瑚、書畫舫諸書，而公博搜載籍，實集大成，間出己裁，語必破的。盛哉！古未有也。

得此書以審定繪事，若披族譜以辨子姓之昭穆，操符節以驗信使之往來，真僞是非，可以立判。且天下無不壞之物，即使劫灰蠹蝕之後，其畫已亡，而籍記尚存，千載而下，猶得想像其遺風餘韻。將古人之慧命，賴是以續，爲功不既多乎？纂輯此書之意，不誇一家之蓄而公天下之藏，不爲旦夕之規而存無窮之計，公之衡鑒精明而用心溥博，類如此矣。耒亦嗜古，而耳目甚隘，法書、金石刻，間嘗搜采，名畫則概未有聞。服膺是編，不能贊一辭，異日書考出，受而卒業焉，猶堪效校讎之役也。

昭陵石迹考序〔一〕

天地間有形之物，惟金石爲堅久〔二〕，故謀不朽者常托焉，碑刻是也。然金有時而鎔，石有時而泐，雄文妙筆，收藏於好事之家者〔三〕，不旋踵而烟雲變滅。唯歐陽永叔、趙明誠、楊用修、都玄敬之流，既多得古刻，又爲之訂訛纂異，勒成一書，而其傳始可久。是則人賴金石以壽，而金石又賴人而壽也。

耒少學於顧寧人先生。先生實甚好古，行游天下，見聞浩博，著金石文字記一書，最爲精核。耒心慕焉。年來足迹所至，殘碑斷碣，靡不搜訪，披榛剔苔，必搨一紙而後已。顧海内同此好者甚希。

兹來閩中，與林子同人、吉人兄弟交，幸二千里外有同心也。二子侍其尊人宦游秦中，盡得漢唐諸石刻。同人嘗裹糧策馬〔四〕，走謁昭陵，彷徨墟墓之間，行求古碑，仆者起之，翳者洗之〔五〕，一字必録，所得多昔人所未見者〔六〕；歸而參伍史書，考求故實，爲昭陵石迹考，使千載以上之遺文舊迹賴以不墜。吾師而在，猶當賞嘆不置，而況於余乎！

閩地晚通中州〔七〕，唐以前，古刻甚少，然李陽冰之篆，忠懿王之碑，至今完好。唐以後〔八〕，名賢接踵，道山、鼓山之題名石刻，羅列如林。其他名區勝地，往往類是。以二林子之才，盍徧録而詳考焉，彙爲一編，以補集古、金石録之所未備〔九〕，不亦善夫！吾滋有望焉耳矣〔一〇〕。

【校記】

〔一〕昭陵石迹考序　潘氏自刻本遂初堂集文集卷二題爲「昭陵金石考序」。中國國家圖書館藏清道光四年葉夢龍聞喜齋刻本林侗撰唐昭陵石迹考略卷首載潘序，末署「康熙乙亥菊月上浣，松陵潘耒書於榕城寓舍」。下稱「唐昭陵石迹考略卷首潘序」。

〔二〕惟金石爲堅久　唐昭陵石迹考略卷首潘序作「惟金石爲最久」。

〔三〕收藏於好事之家者　唐昭陵石迹考略卷首潘序無「者」字。

〔四〕同人嘗裹糧策馬　唐昭陵石迹考略卷首潘序無「同人」兩字。

〔五〕翳者洗之　唐昭陵石迹考略卷首潘序作「昏者洗之」。

〔六〕所得多昔人所未見者　唐昭陵石迹考略卷首潘序作「所得多昔人未見者」。

〔七〕「閩地晚通中州」一句之前，唐昭陵石迹考略卷首潘序有「吉人生於秦，長而與兄同好，六書造妙，爲世所重」十九字。

〔八〕唐以後　唐昭陵石迹考略卷首潘序作「自唐以後」。

〔九〕盍遍録而詳考焉，彙爲一編，以補集古、金石録之所未備　唐昭陵石迹考略卷首潘序作「盍編録而詳考焉，彙爲一編，補集古、金石二録之所未備」。

〔一〇〕吾滋有望焉耳矣　唐昭陵石迹考略卷首潘序作「吾茲有望焉耳矣」。

仲子長印譜序

摹印雖曰一藝，必博綜篆籀，貫穿分隸，布置停勻，行筆勁健，使古雅秀潤之氣，鬱鬱芊芊，見於方幅之外，然後爲佳。今之摹漢魏者，一往粗硬，規宋元者，惟取妍靡，皆爲失之。仲子子長，潛心斯道，積有年紀，心慕手追，盡得諸家體勢，而運之以心巧，大小奇正，各極其趣，自是雅人深致，未易爲流俗道也。夫爲無本之學，而急於成名，即篆刻且不可，況其大者乎？

吾嘉仲子之用功深而求名緩也，於是乎書。

圃田印譜序

自隸楷行而篆籀廢，其僅存而爲世用者惟印章。印章以漢刻爲極則，寓巧於拙，藏正於奇，隨手生姿，自然古雅，後人不能出其範圍。故篆刻不厭摹古，似古即佳。然余又惡夫貌古而失其神理者，支離謬悠，徒仿古文奇字以藏拙，俗夫喜之，識者笑之。

近代能手惟顧云美、徐士白最爲雅正。兩君没，嘗嘆鐵筆無傳。兹見鄭子葭村所刻，遒勁爾雅，能於古法中自出新意，森嚴而不失之板，生動而不失之佻。蓋得古之神而遺其貌者，云美、士白之風流庶幾不墜。閲其印譜一編，姓名皆今人，望之宛如古人也。世人多趨今而背古，鄭子獨挾古之藝，以游於世。得無落落難合乎？然今人立心行事，未必近古，而鐫刻姓名，未嘗不欲其遂如古人。欲如古人，莫如求鄭子，有以知鄭子之不窮也。抑使人自視其姓名如古人，而自愧夫立心行事不盡如古人？勉而爲君子長者，則篆刻之功，豈淺淺哉！

詞韻印證序

古未有四聲，平上去入多雜用，分之自沈約始。古韻甚寬，不過十數部，析爲二百許韻，亦自沈約始。約實韻學之鼻祖。後人紛紛致議者，有故焉。曰古音今音不同，如古「江」韻類「東」、「冬」，而今類「陽」、「唐」；古「麻」韻類「歌」，而今不類，是也。有北音南音之不同，南「微」韻類「齊」，而北類「灰」；南「物」韻類「質」，而北類「屋」，是也。唐宋以詩賦取士，於沈韻無敢異同。自元以來，漸有更改：并省繁複，則有劉淵韻略；次第字母，則有黄公紹韻而詩家之遵用沈韻如會；取便度曲，則有周德清中原音韻；會通方音，則有洪武正韻。故也。

傅浣嵐使君，精於詞律，謂詩有詩韻，曲有曲韻，詞異於詩，平仄可通用也，亦異於曲，入聲不可無也。於是創爲詞韻，并諸韻爲十四部，彙次四聲於一門，以便轉用。其分合異同之故，皆斟酌古今，參合南北，甚有條理。復於每韻後，附著古詞數闋，其合者謂之引證，不合者謂之正訛。部分簡當，考據精詳，不但填詞家宜奉爲金科玉律，而詩人亦當依準。蓋今體宜確守沈韻，而古體不無旁通，然有可通者有不可通者，今人類多以意出入，漫無準繩。此書出，如農之有畔，勿越焉可也。

余不習爲詞，間嘗究心韻學。曩與山右衛爾錫先生討論累年，頗窮閫奧。衛先生著書曰韻通，余著書曰類音，皆有端緒，惜未及整齊畫一。今讀傅君之書，犁然有當於心，如「微」、「齊」之并於「支」也，「蒸」之并於「庚」、「青」也，「魂」之分於「元」也，皆至當不易。唯入聲小有不合，則南北異音之故。至以「沃」、「屋」爲「虞」、「模」之入聲，而不從「東」、「冬」；以「質」、「物」爲「支」、「微」之入聲，而不從「真」、「文」，則雖休文復生，亦當俛首折服。蓋休文未得音韻之本原，止就有字之音綜而列之，故多煩碎。夫惟盡通無字之音，而後知別類分門，天然有序，不可紊也。余書多獨得之見，未嘗輕示人，異日質諸傅君，當不河漢吾言也夫。

姑妄言序

天地之間，有人斯有物，有幽斯有明。人物，一氣也；幽明，一理也。物怪之變，不可勝窮，然九鼎得而鑄之，山經得而言之。鬼神之情狀，不可致詰，然聖人得而知之，凡民得而徵之，以其流行，著見於當世者，不可掩也。夫子不語怪，而羵羊萍實未嘗不知；子産言天道遠，而實沈臺駘未嘗不辨。世儒淺見謏聞，不察物隱，猥以耳目之所不接，而臆斷爲必無，則固矣。自昔志怪諸書，若搜神、集異之屬，雖若荒唐渺茫，然多有徵諸實事，協諸實理，確然不誣，可以益人神智，擴人心胸，助博聞而資多識者，不可廢也。

傅君浣嵐，自少好讀異書，見異人，聞異事，宦游四方，耳目所及，筆而識之，久之成帙，取子瞻「姑妄言」之語，以名其書。余得寓目焉。凡天文輿地之奇，人林物産之變，龍雷神鬼狐虎蟲蛇之妖幻，紛然雜見，雖曰妄言，多可徵信。人有姓名，地有方所，時有年月，非鑿空僞撰者比。其間所載忠臣孝子、義夫節婦，善可爲勸而惡可爲戒者，亦復不少。

嗚呼！人物異類，其樂生惡死、感恩報怨之情同也；幽明殊途，其福善禍淫、助順討逆之事同也。誠略其異而觀其同，則所謂怪者未始怪，而遠者未始遠也。吾願讀是編者，博觀深省，而得天人感通之故，毋徒以新奇資談柄，則庶幾哉！

遂初堂文集　卷八

序

毛氏家刻序[一]

文章品格，萬有不同。語其大凡，略有三種：有花葉之文，有條幹之文，有根柢之文。競華澤，尚藻采，纂組雕鎸，標新領異，是謂花葉之文，辭工矣而未深乎義也。考典制，論事理，辨博而不浮，疏通而致用，是謂條幹之文，義暢矣而未幾乎道也。若夫窮天人之淵源，闡心性之閫奧，羽翼經傳，綜貫百家，此則根柢之文，道備而辭與義無不該焉。

近代號爲文人者，苟能爲花葉之文，斯已裒然自命作者。其能通達條幹者，十不得一。究極根柢者，百不得一也。豈非賦才有限，從入之路既殊，則終身畫焉而無所變化歟？且夫載道之文，非可以緣飾而襲取也，必也學問真純，識見堅定，珊於中而暴於外，乃能左右逢原。苟徒以文字刻畫，則雖高談性命，亦猶是裁花縷葉之能事而已，於道何預焉？

錢唐毛子稚黄，少負軼材，爲西陵十子之最，詩詞雋妙，得江鮑遺體。中年偃蹇，不與世合，肆力爲古文辭，沉深壯闊，一去綺麗故習，與古作者爲朋。既而卧病床榻者十餘年，澄懷味道，氣益静，養益充。久之病愈，起而著書，劈肌分理，削膚見骨，於學術異同、人物白黑，超然其有獨得，確然其有定見，非强爲論辨若不得已而出之者然。所著自思古堂集、東苑詩鈔、文鈔而外，復有潠書、匡林、格物問答、聖學真語等若干種，不下數十萬言。嗚呼！盛矣。毛子之文，蓋數變而幾於道，舍其所已工，勉其所未至，必造乎根柢而止，可謂至難。要唯其人冲恬清素，游心物表，不嬰世事，故能歛華就實，與道合真。蓋毛子之文成，而其人已渺然於埃壒之外矣。

史言王充屏居教授，著論衡八十五篇，晚而裁節嗜欲，怡神自守，復作養性十六篇。魏文帝稱徐偉長，懷文抱質，恬淡寡欲，有箕山之志，作中論十篇，行於時。嗟夫！二君邈矣，高風宛然，遥遥千載，唯稚黄之人，與其文庶幾相近。後有讀毛氏書者，當以余爲知言。

【校記】

〔一〕毛氏家刻序　清康熙間刻思古堂十四種書本思古堂集卷首潘序題作「思古堂集序」，末署曰「康熙乙丑仲冬日，吴江潘耒拜撰」。

許時庵制義序

士以德行爲本，文藝爲末。自以科目取士，而古者興廉舉孝之法盡廢，於是先末而後本，舍實而就華。其始猶曰文行參焉，迨於糊名易書，而主司與士子茫然交臂而不相知。雖有曾參、史魚之賢，其文不工焉，不得而舉也。雖有窮奇、擣杌之不肖，其文工焉，不得而黜也。然且得乎此，則榮進之階；不得乎此，則窮困之歸。人材安得而不衰？學術安得而不壞？救之之道奈何？亦曰：於衡文之中，存考德辨行之意而可矣。人心之精微，發宣於言，而著見於文。其人醇者，其文粹以廉。其人疵者，其文駿以肆。其人厚者，其文温以栗。其人薄者，其文纖以碎。吾取其醇，不取其疵；取其厚，不取其薄。以此相士，或庶幾焉。

余頃在禮闈，嘗持此以論文。幸而所得，多經明行修之士，若海昌許生，又其選也。生之居家孝友，持躬廉潔，與人交始終一節，皎然不欺其志，士無識與不識，皆曰許生真孝廉也。其爲文根極理要，陶鑄群言，達而不浮，辨而不肆，弸中而彪外，渾厚而淳深，海内操觚家争相推重，謂可步武先正，名家不虚耳。

噫！士之不敦本行久矣。幸得若而人焉，爲王國之光。雖其文采，無以過人，猶將愛之重之，又况文質相宣，本末完備，有如是乎！誠使天下士皆如許生，設科所得士皆如許生，又何必鄉舉里選而後得人，如古之盛也耶？吾因之重有感矣。

吴楞香制義序

國家設科取士，急欲得宏通英偉之材，以爲當世用。然帖括繩尺之文，每不足以羅天下士。而士之才高意廣者，或俯視制舉業，爲不足爲，於是有白首而不遇者。天下淺識諛聞之士，遂謂古學之與時趨判然若冰炭之不相入，以通經學古爲戒，以速化捷得爲賢，則亦過矣。夫世未有不通乎古而能通乎今者，亦未有高材閎覽之士能爲彼不能爲此者。渥洼之駒，步驟異乎凡馬，及其整蘭筋，載玉輅，天閑之選，無以易也。龍門之桐，百尺無枝，及其被以徽弦，協之律吕，清廟之朱弦，無以逾也。夫安得真賞之士而與之論拔俗之文哉？

頃余承乏禮闈，亟思得人，以光科目。比榜發，得吴生，衆皆曰：「此國士也。」自其丙午魁於鄉，才名籍甚，屢上公車，掉鞅詞壇，游覽日益多，著作日益富，是不僅工爲制舉義者。乃其制舉義則甚工，淵源經史，體裁先民，才高而不詭於法，氣俊而不局於體，温潤安和，鏗然有冠裳佩玉之度。知其於文甚深，與空疏剿襲者相徑廷也。

夫時文小道，而一科之取舍，文章風會，因之默移。自吴子之得雋，而人知弘通淹雅之才，無妨於進取。自吴子之文出，而天下之自命高才者，當降心平氣，以求其甘苦疾徐、造車合轍之故。由是，名儒碩彦，蔚蔚彬彬，出而爲華國之材，其亦斯文之幸也夫。余故樂得而序之。

摛藻堂集序〔一〕

吴興多佳山水。自下山達於故鄣溪，行四五十里，烟樹蓊蔚，箬箭羅生，所謂上下若溪者也。烏瞻、顧渚諸山〔二〕，與陽羨相連，林壑尤深秀，以其地僻遠，四方之士罕至。休陽汪子季青，築別業，讀書其中，名其堂曰「摛藻之堂」。歲在戊午，余客斯堂者半載，與汪子唱和詩近百篇，樂其山川，將結鄰以隱。會徵書再下，不得已，舍去。之都門，遂留至今。春秋佳日，意未嘗不在苕霅間也。

今年春，汪子書來，貽余所刻集，且曰：「爲我序之！」余惟詩之用博矣。詩人所處之地不一，而在山水間者恒工，何哉？蓋詩之爲道，猶斫輪然，甘苦疾徐，寸心自得，意境未合，沈思獨往，寂無端倪。及其有會，操筆疾書，如兔起鶻落，少縱即逝。非夫精神專一，用志不分者，莫能造於工。惟其閑居而野處，内無所汩，外無所役，宇泰定而天光發，乃能與自然之籟相遭。若乃馳乎埃壒之區〔三〕，膠膠擾擾，應接之不暇，支離牽綴以爲詩，膚澤具而神不偕來，其爲工也幾何矣？汪子年甚少，資甚高，才甚美，宜其於世間可嗜好之事，日夜追逐如弗及。乃其中恬然，一切紛華靡麗，不能動性情〔四〕。既自殊絶〔五〕，而又屏居深山，無人事之擾，心閑而志一，於以牢籠萬物之變態，發攄遺俗之胸懷，潛搜幽詩，匠心獨運，其詩之工宜也〔六〕。

余居京華，忽忽四載，應酬牽率，過輒焚稿，歲得詩，不能當山居十三。而汪子之詩，雲燕泉涌，愈出而愈無窮，吾能無退避三舍？猶幸其名在仕籍，不得久卧林藪，則其於詩，將無因地而遷乎？然吾聞有道之士，雖酬酢萬端，而神慮湛然，不易其所守。其在朝市，猶山林也〔七〕，則汪子之詩，吾又無以測其所至矣。

【校記】

〔一〕摛藻堂集序　潘氏自刻本遂初堂集文集卷四題爲「摛藻堂詩集序」。清康熙間刻本汪文柏撰摛藻堂續稿卷首載潘序，末署「康熙壬戌仲秋，同學弟吴江潘耒撰」。下稱「摛藻堂續稿卷首潘序」。

〔二〕烏瞻、顧渚諸山　摛藻堂續稿卷首潘序作「其烏瞻、顧渚諸山」。

〔三〕若乃馳乎埃壒之區　摛藻堂續稿卷首潘序作「今也馳乎埃壒之區」。

〔四〕不能動性情　摛藻堂續稿卷首潘序作「不能動其性情」。

〔五〕既自殊絶　摛藻堂續稿卷首潘序作「已自殊絶」。

〔六〕潛搜幽詩，匠心獨運，其詩之工宜也　摛藻堂續稿卷首潘序作「浩乎沛然。其詩之工，又何疑焉」。

〔七〕「猶山林也」一句之後　摛藻堂續稿卷首潘序有「如是」二字。

陸冠周詩集序

余自髫齔時，聞武林陸麗京先生之名，未得見。比茗中獄起，亡兄與先生同坐繫。亡兄蒙難，而先生得免，尋去爲僧，不知所之。令嗣冠周有文行，能世其家。歲在乙卯，余遇之西泠，握手相勞苦。言其尊人游行無定在，欲往尋求，而母老弟幼，不得去，以爲恨。余念冠周尊人雖久不歸，要之尚在天壤，而吾兄遂化爲異物，永無見期，嗚咽不能自已。辛酉秋，遇冠周於京師，則言母没，服已除，弟稍長，便當孑身求父，不見不休。余甚悲其志。頃復見之西泠，則言三四年來，訪父於楚、於粤、於豫章，都無所遇。比聞山左有異人，能以術知人存亡死生，將匍匐往求焉。余方居母憂，復念冠周尊人雖若存若亡，爲子者猶得竭誠悃，冀望萬一，而吾母溘然長逝，獨無所致。吾情益悲慟，不能自已。既而，冠周出一編詩示余，天材駿發，高朗秀麗，縱横馳騁，能極其才之所至，而沉思獨往，一飯不忘親之意，横見側出，不可掩抑。

夫文生於情，風騷、樂府，大都忠臣孝子鬱結無聊之所爲。以冠周之情事異人，迴腸結氣，形之聲詩，即使不文，猶當工絶。又况生有雋才，淵源家學，握靈珠而抵昆璧者乎？夫豐山之鐘，霜降則鳴；蓋山之泉，聞歌而沸。精氣相召，物有固然。麗京先生工爲詩章，冠周以其懇悃篤摯之情，發爲悲凉激越之調，鼓宫宫動，鼓商商動，氣機所感，當有引而日近之理。一日山巔水湄，邂逅相見，牽衣捧杖，携持歸來，此樂何極！獨是鮮民之痛，日往月深，無時可解。山風撼壁，寒燈熒熒，讀冠周詩，愀然不知涕泪之横集也。書以志吾悲。

南州草堂集序[一]

柳子厚云：「思報國恩，獨惟文章。」余初疑其言。士君子當官立朝，擔荷弘鉅，文藝末節，曾何足云？由今觀之，小大有職，劇易有司，自非當軸執衡，雖高官峻秩，不得行其意者衆矣。惟文也，不因時而工，不藉地而顯，輕重得失之權，己實操之，而無待於人，人亦莫之奪也。然則士生斯世，非是將奚自見焉？

詞林爲文學侍從之臣，懷鉛握槧，固其職事，不得以雕蟲篆刻爲嫌。至吾儕遭逢不世，以文學特見褒異者，尤宜早夜孜孜於是。往余與徐子虹亭，同在史局，得盡觀館中所貯天下書籍。嘗嘆有明詞臣，不下千人，而其有集傳世者，數十人而已。明初以徵辟取士，王、宋、汪、趙之徒出焉。其卓然有集者十數人，聲名長在天壤。其餘無所表見，則遂索然泯滅，甚至欲詳其爵里氏系，不可得。立言之不可以已也，如是夫！

今吾同舉而同官者五十人。屈指六七年來，遷除者幾人，罷免者幾人，物故者幾人，若星之流，若蓬之漂。千百年後，考論其人，不將如今之視昔耶？其存其没，將不在文辭耶？今之文辭，視昔人盛衰何如耶？嗚呼！其可懼也。

徐子天材超軼，學有師承，早歲工詩，體尚華秀，壯游京闕，周歷江淮海岱之間，與豪雋相切劘，才力縱横，爽朗遒健，無忝作者。洎乎結綬登朝，鴻章鉅篇，金春玉應，粹然大雅。

蓋其境數變，而格日益進，作日益多。於是裒而刻之，爲集若干卷。若徐子之於文，可謂盡心焉矣。當文運昌明之日，館閣需材，徐子年力甚富，將益淬厲奮發，咀實含華，窮作者之能事，史筆嚴謹，雅頌淳深，裔裔皇皇，有傳於後。令他日尚論吾黨，能盡載筆之職，以文章華國者，徐子實爲稱首，不亦偉歟！

余屏廢之餘，復丁窮毒，草土餘生，久謝筆硯，嘗恐没世無聞，爲同人之羞。創痛稍平，猶當收召魂魄，殫竭駑鈍，從事著作之林，無待於人，而可以自致窮達一也。文章公器，吾友幸無私焉。

【校記】

〔一〕清康熙刻本徐釚撰南州草堂集卷首載潘序，末署「康熙乙丑八月既望，同邑潘耒題」。

臧岱青詩集序〔一〕

晋宋間人，詩多閑淡，少氣概。唯劉越石盡力邊疆，乃心帝室，故其詩壯厲激發，鏘然有金石聲。唐代作者如林，唯杜子美遭逢寇難，脱身歸朝，忠君愛國，不忘一飯，故其詩沉雄頓挫，卓絶千古。夫詩以道性情也。貞臣烈士，性情既得其正，形諸聲詩，自爲天地之元音。松有心，竹有筠，而丰姿秀挺；蟬吸風，鶴飲露，而音韻孤清：天質使然，不可以僞爲也。

海岱間，故多文人。諸城，古琅玡也，山川奇麗，尤號才藪。余年友李渭清，善爲詩。嘗爲余言里中工詩者，有臧君岱青，頗言其遭亂抗節事，而未悉。頃來菰城，遇君之宗人受澄，言君在粤中事甚詳。方刻君詩，而屬余爲序。余讀君詩，天才飈舉，高朗俊邁，如霜鷹盤空，秋水出峽，而剛腸勁骨，百折不回之氣，時時溢於行墨。信乎貞臣烈士之詩，非駢花儷草者所可仿佛也！

君以進士釋褐，知昭平縣事。屬滇黔倡亂，桂林應之，賊勢如風雨。君血戰三晝夜，出重圍，改補懷集。以孤城拒方張之寇，出奇制勝者數矣。甫受代，而粤東西皆陷没。君間行北歸，爲賊所得，脅以僞職，矢死不從。走歸傅將軍，與籌恢復大計，穿數賊巢，出入深箐惡灘，冒不測之險，萬死一生，以達秘奏。天子嘉之，擢授州守。噫！三藩之變，流毒半天下，官吏之被迫脅，遭點污者，不知其幾也。君獨全節拔身，不磷不淄，可不謂奇男子哉！

唯其忠孝根心，而又遭時轗軻，流離鋒鏑之間，逼側蛇虎之窟，身愈危而境愈奇，心愈苦而才愈壯，欲詩不工，不可得也。余雖未識君，而讀越石、扶風之歌，想見撫劍登陴氣概；誦子美拜杜鵑、咏義鶻諸什，則間道生還，麻鞋見帝，景象如在目前。將千載下讀君詩者，可以得其爲人。况并世耶？

君守寧州，有惠政，新詩日益多，余不具論，論其大節，書之簡端，以復受澄。異日渭清見之，其以余爲知言否也？

【校記】

〔一〕臧岱青詩集序　潘氏自刻本遂初堂集文集卷四題爲「臧代青集序」。

胡漁山詩集序

剪彩鏤紙以爲花，五色相鮮，非不絢爛也，而人曾不留盼。水邊籬下，嫣然一枝，則賞而玩之，真意存焉耳。大賓之筵，水陸畢陳，未嘗下箸，一杯之羹，啜而甘之，真味存焉耳。唯詩亦然。明代前後七子之派行，而摹擬剽竊，相習成風，膚辭浮響，靡然一律。於是徐文長、袁中郎、小脩諸君，矯而爲峭拔清新之作，不循舊轍，見賞於世。以其直寫性靈，偏至側出，有真意味存焉故也。

鳳泗之間，故少詞人。余來石梁，求可與唱酬者，不可得，僅得一胡子漁山。漁山少負雋才，爲博士弟子，文譽籍甚。既而以逋賦見枉，久錮不試，益肆力於學，下帷講肄，英雋多從之游。性鯁直，喜持論，爲忌者所中，幾陷文罔，久而得白，屏居深村，荷鋤抱犢。間游海岱江淮間，探奇吊古，獨往獨來，胸中鬱塞磊落之氣，無所發舒，一寓於詩。其詩初未嘗步趨古人，意有所至，矢口而成，不甚持擇，或奇而溢於法，或率而近於俚，時時有之。然而天真爛然，奇氣横溢，如笋出土，如泉下瀨，如霜鐘晨鳴，如野鶴孤唳，使人讀之乍悲乍喜。要爲能自言其情，與夫取青媲白，琅琅作金石聲，而其中無所有者，相去遠矣。

漁山既窮老，才不爲世用，又居僻壤，寡交游，亦無有能知其詩者。一日，哀其稿數帙示余，曰：「徐文長一生坎軻，没後，袁中郎從敗簡中，得其遺詩，咨嗟嘆賞，序而傳之，文長賴以不死。僕雖愧文長，君有意爲中郎乎？」余謝不敏，輒爲汰其十之三四，點定而歸之。嗟乎！漁山無亟亟於此日之名，文章千古事，要俟千載乃論定耳。文長自有所以不朽者，即微中郎，寧遂湮没？今日雖百中郎譽漁山，豈能重漁山哉？漁山亦自爲其必傳者而可矣！

竹笑庵遺詩序〔一〕

士之不遇於時，而潛居林澤者，往往自命高隱。隱固未易言也。古之隱者，若荷篠、抱甕、賃舂、賣藥之流，含光混迹，遺世忘名，弗可及矣。次則華陽、河渚、甫里、孤山諸人，亦必風操絶俗，有學有文，而後謂之隱。否則，耕夫樵子而已，傳高士者，可勝載耶？

吾所見隱君子，有徐介白先生。先生爲吾邑諸生，才名籍甚。遭亂，棄儒冠，奉母偕隱，終身不入城市。所居上沙村，在靈巖、天平之間，重岡複澗，窅然幽深，真隱者之地。十畝之園，水三之，竹木四之，畦圃二之，老屋數間，在花藥中，真隱者之居。先生貌清癯，類苦行僧，深目高顴，瞳子漆黑，十指如鶴爪，掃地焚香，夜分不寐，真隱者之神骨。不蓄僮婢，身荷鋤治圃，煨折脚鐺。客至，掃落葉烹茶，清談終日。坐卧一小樓，書畫古玩雜陳，人不得上，真隱者之性情。爲詩幽冷刻深，得中晚唐人佳境，行楷書秀韻逼人，畫蕭遠無畦徑，真隱者之筆墨。當世運滄桑，先生非食禄之人，可以隱，可以無隱，而竟以是數者隱。斯古之隱者，非今之隱者也。先生年七十餘而没，無子，以友人之子爲後。

余少辱先生知愛，嘗僦居園中，日承謦欬。今再過上沙，則先生之墳草宿矣，園池已屬他人，琴研圖書不知散落誰手，字畫絶不可得。獨竹笑庵集一編在耳，詩僅百餘篇，所散佚者，十殆六七，然風格超絶，如空谷幽蘭，迥異凡卉，清宵仙梵，高出衆音。觀其構思造語，直不肯蹈襲前人一字，伐毛洗髓，削膚見骨，諷咏咀味，殊足移人性情。蓋唯人品真而後詩格高，未易及也。今人刻集，動輒數十卷，去其縟采浮聲，求一篇如斯集，或不可得。吾未知百世後所傳者，在此乎，在彼乎？則先生身隱也，而詩將顯矣。

【校記】

〔一〕竹笑庵遺詩序　潘氏自刻本遂初堂集文集卷四題作「竹笑庵詩集序」。

草閣集序

昔稽叔夜之賦琴也，語材質則以危苦爲上，論音聲則以悲哀爲主。余以爲不然。琴，雅樂也，以理性情，以感神人，惟和平清婉，乃得其正。曾危苦悲哀之足貴乎？叔夜所以希養生，而不能盡年也。唯詩亦然，緣情而出。冲淡者，其常觸境而成。優游者，其素豈必牢愁感憤，悲凉噍殺，而後可以爲工乎？

吴越故多雋才。往者世運滄桑之際，士之藴其所有，匿而不出者，發之聲詩，大抵憂時憤世，長歌當哭，凄風苦雨之音多，而朗月晴雲之致少。雖變而不失其正，亦近於傷矣。

吾邑周安節先生，乃獨異是。其論詩也，以清真爲宗，以和雅爲貴，以句前有意、句外有味爲工。彼排山倒海石破天驚之概，誠不能與人争長鬥奇，而朱弦疏越，古調鏗然，逸韻孤徽，亦令千人自廢也。先生有田數十畝，遭亂失之，授生徒以自給，中年喪偶，水漂其居，流離轉徙。境遇人所不堪，先生常蕭然無悶，有書一卷，有酒一壺，則萬慮都遣。喜著述而不近名，樂友朋而不泛交。曩時東南文字之禍數作，草澤英流，多蘭摧玉碎，而先生超然羅網之外，從容嘯傲，以壽考終。蓋其天性冲和，又學道而有所自得，故被諸躬而形諸言者如此。履道坦坦，幽人貞吉，固不必放言以爲逸，怨誹以爲雅也。

先生没數年，幼子威亮賢而有文，能裒輯遺詩，節縮脩脯刻之，而屬余爲序。余三復其詩，體氣高逸，辭旨清遠，不激不靡，外淡而中腴，渢渢乎正始之遺音也。夫韋、柳、儲、孟之詩，皆閑雅絶塵，而世尤重淵明者，非以其處坎壈之境，而能發和平之音乎？先生雅慕淵明之爲人，而步趨其詩。則謂無弦之聲，高於廣陵之散可也。

町廬集序〔一〕

鶯脰湖納苕霅五溪之水，圓澄湛碧，涵浸萬象，雲帆烟鳥，明滅天際，漁莊蟹舍，稀微林落間。横目之所觸，無非詩境，宜乎居人多能爲詩。前輩若曹顒若有楓江集，錢廷佐有後溪集，王坦庵有湖上集，惜多散佚不傳。先曾大父參藩公，不以詩名，而贈戚翁守溪三詩，載在戚氏家乘，饒有風格。翁之子雪樵山人，亦善詩，贈先參藩一章，清逸絶倫。昔人不好名，故流傳絶少。如今人，則梨棗盈架矣。

元公先生，山人之孫，少有雋才，專精制舉。四十以後，乃刻苦爲詩，規模陶杜，得清真閑淡之趣，抒寫胸懷，如田父話桑麻，不假雕飾，自足精味，令讀者躁心以平，浮氣以静，有存乎言句之外者矣。今人侈口風雅，鄉里兒童粗學聲律，便欲掉鞅詞壇，長箋短帙，紛然羔雁。先生半生苦吟，不輕刻一字，亦未嘗妄示人，曰：「吾自喻適志而已，非以求名也。」既老，手勘一編，得古今體若干首，爲町廬集，以遺子孫。蓋戚氏之詩學，至先生而愈昌，其韜晦亦愈甚。是真能得山水之性情，有以自足而無求乎外者也！

嗟乎！士之懷文抱質，隱約田里，不屑與世馳騖者，何可勝數。世人論次詩律，大率以虚名爲去取，顧有聲望烜赫、著作等身者，按其實，或無足取，而窮鄉下士，殘編斷簡，乃有不可得而磨滅者。後之君子，苟無耳食而啖名，必將有取於先生之詩，并因詩以求其爲人，桑磐之東，環堵一區，町廬在焉，鹿裘帶索，倚樹而吟，千載下猶可想其風致也。

【校記】

〔一〕此篇亦收録於清翁廣平撰平望志卷十六集文。

菊溪詩草序〔一〕

峨眉，天下之名山也。其高甲於井絡，延袤數百里，重岡複澗，隔絶人世，中有洞天石室，靈泉異草。自昔爲仙人道士之所栖，修真度世之所窟宅。以其僻遠，中州之士，多莫能到。讀古名賢題咏，想其山川形勝，往往神游其間。

頃高淳令張君示余菊溪詩草一帙，曰：「此吾兄孝廉四木之所著也。吾兄性耽寂静，嘗一上公車，即屏足不出户限，讀書樂道，蕭然無悶。歲在甲寅，滇寇入蜀，慕吾兄名，欲官之。吾兄義不受污，逃之峨眉深谷中，乃得免。菊溪其地，詩草其時所作也。」余讀之終卷，見其沉思獨往，幽深高邁，如枯木寒泉，迥絶塵趣，類不食人間烟火者。乃其憂時念亂，忠孝悱惻之懷，又鬱然見於言表。夫野火焚山，玉石俱焦，而能潔身遠引，皭然無玷，此非有道之士不能。偉哉斯人！其與李業、任永之徒，同千古矣。

吾以是疑世之所謂仙真人者，未必皆餐霞錬玉之侣，庸知非義夫節士，有托而逃焉者耶？孝廉其知之矣！

【校記】

〔一〕菊溪詩草序　潘氏自刻本遂初堂集文集卷四題作「菊溪集序」。

梅花草堂詩集序

吾邑吴氏有渤海、延陵二望。渤海之派，爲兩尚書，科第甚盛。延陵之派，散在桃墩、柳塘、嚴墓、韭溪，率多文人，而無貴仕。

松巖先生家柳塘，已十三世矣。其先人有隱德，松巖與其兄扶九、振六皆負雋才，髮未燥，聲稱籍甚。當明崇禎間，士大夫猶重清議，急人才，以文章聲氣相應和。東林之後，繼以復社。復社之名，昉於吾邑扶九與同志六七人實倡之。其後，吴門、婁東聯綴焉，而遂大盛，繫名籍者，無慮百千人。然獨領袖數人尤相親厚，數往還。故張西銘、楊維斗諸先生，時至柳塘，修文宴。當此時，松巖年甚少，每出一篇，諸老宿皆驚嘆，折節呼小友。於是柳塘三吴文望甚重。然扶九竟不第，甲申後，隱約以老。

松巖登壬午賢書，乙未成進士。初宰澄邁，補豐城，改漢川，三仕不得志，家居二十餘年而没。有詩集十二卷，藏於家。先生雅不屑以書生自命，綜核古今，慨然有經世之志。初上公車，即侃侃爲公卿言天下大計，無所顧忌。其宰澄邁也，嘗率民兵擊却海寇，又招降生黎若干人，論功當超遷，大吏索賂，不應，遂格不行。臨民決獄，一用仁恕。在豐城，與詩人胡悦之、陳元水輩相倡酬，脱略勢分，禮賢下士，與民休息，有古循吏風。徒以不善事上官，所至齟齬。在漢川，已薦矣，忽轉而被劾。蓋先生雖仕於今，而其學問淵源，實本之前朝故老，方雅樸直，與世不諧，固其宜也。

先生少而學詩，登第後，益肆力爲之，鎔鍊陶洗，甚有工力，命意深沈，用事精切，絶去浮佻險怪之習，而一歸於雋雅，鏗然有朱弦疏越之音，非時流濫稱作者比也。復社之始，由數諸生首事，遂至奔走天下，見忌權要，指爲東林後勁。飛章論列，名達九重，足徵諸君才器有過人者。若維斗諸公，既已成名立節，其餘或出或處，皆不苟。然先生雖連蹇仕路，而名行無玷，著作可傳，斯不愧爲復社之遺民矣！

先生有才子曰祖修，克世其學，尤長於詩，豪邁能自成家，亦坎壈以没，尤可痛傷。先府君與先生昆弟爲石交。先生没，耒悲先友之云亡，嘆耆舊之都盡，而惜延陵之世有文而不振也。撫讀斯集，爲潸然流涕而序之。

潘飲人詩序

古之以文學世其家者，若班彪之有固有昭，崔駰之有瑗有實，應奉之有劭有瑒，顔之推之有游秦、師古，史書所載，代不數家。至於冠冕蟬聯，科名接踵者，往往而有。豈非稽古之難，而逢時之易歟？然古之取士，以經史詞賦，故文學與名位常相合。今之取士，以帖括制義，故文學與名位常相離。唯其相離而能守之，以世其家，乃益可貴矣。而世知貴之者甚希。要其文詞聲光，自在不可得而掩也。

吾宗雙南兄，世居松陵之穆溪，去吾家鶯脰湖數里而近。其祖無隱公，始僑居京口。無隱公詞賦妙天下，江如公繼以詩顯，至雙南三世矣。祖孫既并負雋才，爲人復皆經奇磊落。無隱公嘗爲唐王上客，比王建號閩中，發使招之，辭不往。江如公遭亂棄儒衣冠，轉客江湖，故人通顯者招之，不一見。雙南負才使氣，不肯與世浮沈。以故世有文而皆不達，然詩學益昌也。無隱公詩，如餐霞仙人，脱口無凡語。江如公詩，如老將用兵，縱横揮霍，而紀律森然。雙南詩，不規規家學，而天才爛熳，奇氣勃發，如鷹翮横秋，劍光出土。蓋惟不甚似，乃爲真似，惟獨詣乃可以并傳耳。

雙南雅善飲，與酒人游，酒酣，以往骯髒磈磊，一發之於詩，故自號飲人，而遂以名其集。飲人坐飲與詩，其窮日益甚，而飲人不少悔，曰：「吾無廢家學，足矣！」吾潘固多文人，如安仁、正叔、逍遥、邠老、柳塘、蒼崖諸公，皆以詩鳴。今乃三世踵美，蜚聲藝苑，比於古之聞家，視夫閥閲相承，一時轟灼，過則已焉，固不足以彼而易此也。

耒少嘗學詩，衰病侵尋，欲廢筆硯，讀兄之集，天機忽動，將復自力焉。且願兄仍還穆溪，一觴一咏，塤箎相應，皮陸倡和，近出一門，不亦美乎！兄而許焉，當種秫以待矣。

潘寄嵐詩序〔一〕

吾潘自安仁、正叔以還，世多文士。族固楚産，蕃於南而稀於北。其在江淮間者，近惟木崖，卓然以詩鳴世。晚乃得寄嵐。寄嵐家六安州。其先多名臣，著風節。寄嵐少孤貧，穎敏嗜學，喜爲詩歌，天才駿發，下筆千言，風馳雨驟，中年痛自繩削，雕肝鏤腎而出之，務在汰除膚辭，吐露真骨，意取生新詞，貴刻畫，寧爲皮陸，不爲錢劉；寧爲徐袁，不爲王李。閲之如登危峰，探窈壑，雖途徑欹仄，而意象一新。可謂匠心獨運，不蹈時趨者矣。爲人落落穆穆，土木形骸，不喜見熱官要人，獨與二三寒士，爲文章性命之交。酷貧善病，藜藿不糁，清吟自如，訕笑相踵，而知者以爲古之狷士，異乎今之聞人也。

君之姻夏君，爲余邑學博，介君以交余。始遇之蕭寺，繼訪余於荒村，淹留信宿，論文叙心，更唱迭和，恨相遇之晚而相去之遥。余擬游霍山，以君爲地主，君亦期再游吴會，各不果，而君逝矣。方訪求其遺文，而夏君手一帙示余，曰：「寄嵐無子，所作多散軼。此其友朋所録，醵貲刻之者。幸爲序之！」

嗚呼！文人多窮，千古一轍。王弇州著文章九命，謂不達、無子、貧窮、夭折之類，文士無得免者。木崖特不遇耳。若寄嵐，則身兼數厄，誠爲可悲，而吾以爲有厚幸者。才人著作，强半不傳。陸天隨稿，存於祠像之腹；唐山人詩，得諸水濱之瓢；甚至李賀詩篇，爲其中表投諸厠溷。今寄嵐乃有王、張、尤、楊諸子鄭重搜輯，節衣縮食，壽諸梨棗，高情古誼，足動神人。於此見六安風俗之厚，而亦見寄嵐之取友得人，可托死生。蓋天哀寄嵐而不終厄之者。惟此，寄嵐亦可以自慰矣。

【校記】

〔一〕同治六安州志卷五十一藝文志二載潘序，末署「時康熙戊子仲春，舊史氏松陵潘耒撰」。

密游集序

仕宦猶操舟然。風利則一日千里，不利則淹滯經旬。水行者，亦唯順其勢而無争焉，斯可矣。然商舟旅舶，往往不勝其躁，乘危蹈險，徼倖於一濟，摧檣折柁，相尋而不戒。無他，利有所必趨，期有所必至也。若其無事無營，徜徉乎山水，風恬浪平，則張帆徑逝，小有梗逆，則迴橈而還。吾未見游舫之覆於水也。仕宦之險，非直江湖也。機辟之危，非直風濤也。而人盡鋭賈勇，有進無退。夫非以所趨者重而所期者速乎？是何賈舶之多而游舫之少也？

沈君香山，舉進士，有名。需次十餘年，始除靈臺令。縣在山谷間，地瘠民貧，不能辦租賦，君不忍鞭笞其民，以速之流亡，至出家財代輸，而不可繼也。又不能曲媚大吏，未數月，遽移病歸。吾觀今之有司，大率以官爲家，剥下奉上，百計求陞遷；已蹶，思復起，頭童齒豁，猶戀戀一官，不忍釋。沈君之材、之年、之力，皆足以進取，而一不稱意，遽自引去，見險而止，既明且決，賢於人遠矣。

靈臺，古密須也。沈君故工詩，居官少事，流覽山川風俗，懷古思鄉，一一形之吟咏。歸而次之，爲密游集。其辭修以潔，其格高以簡，其思深以厚，悼民隱，傷物力，惻然有元次山春陵行、杜子美枯椶、病柏遺意，而浩往不留之志見焉。夫沈君於密，宦也，而謂之游，豈非以始無所求，終無所戀，翛然而往，翛然而來，有游之道乎？彼沉酣於名利者，即幸而不顛覆，獲其所趨，如其所期，亦終歸於無何有。而陶元亮、張季鷹輩長在天壤間，賈之與游，所得孰多？世必有能辨之者。

托素齋集序〔一〕

余束髮受書，則知有黎愧曾先生，海内所稱賢人君子，恨未得一見。比余登朝之歲，先生已自秦省參政致事歸。又十有六年，余來游汀州，先生年幾八十矣，尚强健無恙，接其風采，言論肅然，如見古人。先生亦心重余，屬序其集。余不得辭。

余觀古今來能言之流衆矣，其傳世久遠者，必傑然能自樹立，不隨人步趨者也。古之君子，天資高明，學問宏富，見理明而更事多，資之深而養之厚，發爲文詞，浩乎沛然，昌明條達，何嘗雕章琢句以爲工？又何嘗規模擬議以求合哉？後世之士，學無根柢，辭有枝葉，本無獨見而妄思立論，本無至性而强欲造端。於是不得不以摹仿蹈襲爲能事。言文者，一以爲左史，一以爲莊騷，一以爲韓歐。言詩者，時而主漢魏，時而主三唐，時而主宋元。彼此更相訾笑，其於不能自立，均也。斯無論學之不似，爲之不工，即工且似焉，求其所以立言之故，枵然無有也。若是而能傳者，寡矣。

愧曾先生天性醇深，篤於孝友。讀書深山中二十年，掇高科。起家爲廣信司理〔二〕，聽斷精明，廉平第一。改知永新，擢永昌郡丞，三遷至大參。歷治甘州、寧夏，皆絶塞地，又當寅卯間，寇亂旁午。先生處雄藩大帥間，嘗出片言，安反側，決大計，功在社稷。賊甫平，念母老，決意乞休，杜門却掃，不與世事。於官爲廉吏，於國爲勞臣，於鄉爲長德，其風節曒然有如此者。惟其根深而蓄厚，故作爲文章，踔厲清矯，其氣充以完，其辭辨以達，詩章一本性情，刊落浮華，始乃刻畫，漸近自然。蓋先生痛掃時趨，絶不爲依仿形似之學，而風格體裁，一一與古大家合轍。以豪傑之士爲正始之音，雖欲不傳，不可得矣。

汀州在萬山中，風氣完固，民俗質直。天下水皆趨東北，汀江獨南流入海，南方丁位也，水與地以是得名。今天下風俗靡靡，有江河瀾倒之勢，有能特立獨行，不爲風會所移，斯亦人中之汀流矣。安得先生數輩，參錯天下，相與維持世運？惜乎先生未竟其用，其清剛真摯之概，千載下讀其文辭，可想而見也。

【校記】

〔一〕清雍正二年黎致遠刻托素齋文集卷首潘序，末署「吴江潘耒撰」而不載年月。下稱「托素齋文集卷首潘序」。

〔二〕起家爲廣信司理　托素齋文集卷首潘序作「起家爲郡司理」。

楊東子詩集序〔一〕

記稱：「登高能賦，可以爲大夫。」其見於詩者，小雅之材七十有四人，大雅之材三十有一人。春秋列卿宴會，往往賦詩見志，因以别其淑慝能否。蓋聲音之道與政通，樂之高下弦緩皆與治術相應。況詩爲人聲之精微，發於心而比於樂者乎？世之盛也，其人材光明俊偉，其文詞博大昌明，其政治寬平廉直。其衰也，反是。以審音之道察治，百不失一二焉。

楊君東子，早擅文譽，丙午舉于鄉，闈墨傳誦一時。連上春官，連被薦，輒中格。壬戌禮闈，余忝分校，預在嘆賞之列，竟未識其人。又十餘年，余游汀州，而君宰上杭，有賢聲。相見於郡城，雍容儒雅，書卷之氣故在。既讀其詩一編，高華爽朗，金春玉應，有和平藹吉之風，無刻削纖瑣之習。余作而嘆曰：美哉！渢渢乎此大雅之音也。於律爲宫聲，於候爲春温。其稱詩如是，其從政必寬以和，其使民也必有餘力，其養民也必有餘利。上杭之治，概可知已。既而問諸杭人，所以稱頌君者，一如余言。

余觀君之才度，宜在金馬石渠間，不應屈宰百里。然而其效可睹矣。古來所稱循吏，如渡虎、還珠、祛蝗、集鳳之倫，大都以寬厚得民心。至如鈎鉅得情，破柱擊斷，雖快一時，終傷元氣。今吏所急者，簿書期會；所尚者，强幹綜核。其勢日趨於嚴切，誠得温良慈愛之長，以拊循其民，在一邑則一邑治，在一郡一路則一郡一路治，有裨於民生國脉，豈細故哉！

余即君詩以覘君之治，私喜審音之道有得也。於是乎書。

【校記】

〔一〕楊東子詩集序　清康熙四十九年增修本遂初堂文集目録題爲「楊東子詩序」。

李天生詩集序〔一〕

人心世道，如江河然。導之使下甚易，挽之使上甚難；俯而趨時甚易，勉而從古甚難。舉世皆卑靡而矯之以剛勁，舉世皆浮薄而救之以淳古，非特立獨行之士，莫之能爲。

詩篇一藝耳，而風格日下，百餘年來，學者之弊，佻而爲公安，纖而爲竟陵，浮而爲雲間，流派各别，去古滋遠。迄於今，效元白，效皮陸，效東坡、放翁者，盈天下，與之言風騷、漢魏、盛唐、李杜，則掩耳疾走，如枘鑿之不相入。豈非唱郢曲者難爲工，和巴歌者易爲響耶？

富平李天生先生，關中豪傑也。爲人豁達慷慨，自負經世大略，無所試其奇，一吐之於詩。其詩原本風騷，出入古歌謡、樂府，而以少陵爲宗，意象蒼莽，才力雄贍。既與杜冥合，而章法句法講之尤精，千錘百鍊而出之。此學杜而得其神理，非襲其皮毛者也。先生嘗慨世不乏才人，而争新鬥巧，日趨於衰颯。故其爲詩，寧拙毋纖，寧樸毋艷，寧厚毋漓。乍讀之，不甚可喜，而沉吟咀味，意思深長，與夫翡翠蘭苕、繁弦促節者，相去霄壤矣。誠得先生輩數人，主詞盟而樹之幟，大雅元音，庶幾不墜矣乎！微獨先生之詩進於古也。

先生之爲人，更高邁卓犖，與古爲徒。當戊午己未間，天子旁求淵雅宏達之士，徵詣京師。先生夙負重名，公卿交薦〔二〕，有司迫遣就道，試於殿廷。既授官檢討，念母老，具疏乞歸養，通政司不敢以聞。先生具密疏上之，竟奉俞旨，不就職而歸，天下高之。當是時，同召試入詞曹者五十人，先生與朱子錫鬯、嚴子蓀友及末四人者，則以布衣入禁林，爲古今曠典〔三〕。然主恩難報，物望難酬，此五十人者，二十年來，不勝升沉存没之感。其能卓卓樹功名，可不朽者，亦無幾人。而先生獨鴻軒鳳舉，不受羈紲，陳情一疏，與李令伯同擅千古，非深識遠見，冠絶一世，而能然哉？

先生詩文，無慮若干首。晚年自定其詩，得三十五卷。樂昌令田少華，先生之表侄也，携其稿至粵東，割俸梓之以行世。以耒托先生末契，屬爲之序。耒生今之世，恨不獲見古人〔四〕，猶幸得與先生同時，且與之同薦舉、同授官，數奉教言，謂高邁如先生，固不待文章而名世，即使其詩不甚工，猶當傳之百世。况其天才學力，卓然與古作者方駕耶？千載之下，讀其書而尚論其人，當知先生非詩人，乃天下士也！

【校記】

〔一〕此篇亦見於清康熙三十八年刻本李因篤撰受祺堂詩集卷首，題爲「受祺堂詩集序」，末署「康熙己卯孟冬，吴江潘耒撰」。下稱受祺堂詩集卷首潘序。

〔二〕公卿交薦　受祺堂詩集卷首潘序作「公卿交薦之」。

〔三〕爲古今曠典　受祺堂詩集卷首潘序作「爲千古曠典」。

〔四〕耒生今之世，恨不獲見古人　受祺堂詩集卷首潘序作「耒嘗恨生今世，不獲見古人眉宇」。

朱竹垞文集序

史遷云：「擇其言之尤雅者。」柳子厚云：「參之太史，以著其潔。」文至雅潔，品莫貴焉。然非徒汰除俗調以爲雅，刊落枝詞以爲潔也。必也才雄而識高，資深而養厚，貫天人以爲學，綜古今以鑄辭，乃能超然大雅，粹然精潔；不則，空疏而已矣，淺陋而已矣。

自明中葉，僞文競起，擬仿蹈襲，浮囂鈎棘之病，紛然雜出。二三君子以清真矯之，而莫能救也。迄於末年，纖佻譎怪，軌則蕩然，道喪文弊，於斯爲極。迨於今朝，人稍覺悟，操觚者往往遠宗歐蘇，近慕歸唐，漸知雅潔之足尚。夫雅潔豈易言哉？無古人之才之識，不得立言之根源，而徒求工於枝葉，則貌爲歐蘇與貌爲左史，其爲僞文一也。

秀水朱竹垞氏，天才甚高，識趣甚遠。自其少時，以文鳴世，中年學益淳深，文益高老，入直詞館，典大制作。退耕長水之上，紀事纂言，老而不倦。既已著書數百卷，編成文集又七十餘卷，人皆服其文之富且工，而不知其悉本之於學也。竹垞之學，邃於經，淹於史，貫穿於諸子百家，凡天下有字之書，無弗披覽，墜聞逸事，無弗記憶，蘊蓄宏深，搜羅繁富，析理論事，考古證今，元元本本，精詳確當，發前人未見之隱，剖千古不决之疑。其文不主一家，天然高邁，精金百鍊，削膚見根，辭約而義豐，外澹而中腴，探之無窮，味之不厭，是謂真雅真潔。譬猶綴千掖之白以爲裘，釀百花之露以爲樽，其與大布之鮮，魯酒之清，未可同年語矣。

有諱世之文，有傳世之文。若汪伯玉、李本寧諸公，名譽雖高，卷帙雖富，未必可傳。竹垞既享當世盛名，而異日論今代之文章，亦將以竹垞爲稱首，斯文之正系在焉，不可得而磨滅也。竹垞之詩若詞，傳播人口，皆知其工，置弗論，論其文如此。

既耕堂詩序〔一〕

包山林屋之間，古稱洞天福地。一峰一石，使人遺世而忘老。探奇之士，每往游焉，用以資其詩筆。然居民多樸茂，服田力穡，種植花果，或商於遠方，博雅能文之士，不少概見。明三百年，僅得兩詩人，曰蔡九逵、葛震甫。其在於今，則有秦存古先生。先生少遭世難，棄儒衣冠，隱居教授，不與時人往還，然詩名藉藉在人口。

歲己巳，余游石公，始得見先生，鬚眉皓白，神觀超然，年已七十餘矣。無幾何，化去。頃客長沙，邂逅其子介遐，訪其遺集，具在行篋中，將謀付梓，屬余稍删次之。乃得盡讀其詩，因以悉其爲人，孝友篤誠，躬修君子也。生平不爲嶄絶崖岸之行，同塵混俗，樂易可親，然一介不苟，中有凛然者存，蓋和而介者也。其詩深於性情，不琢鏤以求奇，不藻繪以爲麗，而清真恬遠，蕭然有自得之趣。雖率爾應酬之篇，亦古雅可誦，外淡而中腴，品格在陸魯望、司空表聖之間，方諸九逵、震甫，未知孰先而孰後也。

先生家消夏灣，七十二峰之勝，無所不搜討。以貧故，時出假館，出山而憶，還山而喜，一一見之於詩。山水之勝得先生而發露，先生之詩以山水而清深，交相助者也。嘗謂地靈所鍾，得百富貴人，不如得一文人。西山數十村無顯者，湖山靈淑之氣，亘百年而獨鍾於詩人。斯石公、林屋之所以可貴也歟？

先生兼爲古文辭，汪鈍翁嘗稱之，藏稿甚多，尚未及見。然此足以傳矣！

【校記】

〔一〕既耕堂詩序　潘氏自刻本遂初堂集文集卷四題作「既耕堂詩集序」。

宗兄望祖詩序

凡天下山水，雄奇與明秀，常不能相兼。惟潤州當南條山川之盡，大江縈絡下連，海門、黄鶴諸山環其南，蒜山、北固峙其北，金、焦聳起江心，玲瓏巉峭，有類蓬島。人士自北而來者，至此覺日月清朗，始食南方靈秀之氣。其來自南中者，至此復見江山浩闊宏曠，快然如鳥之出樊。所謂雄奇明秀，殆兼而有之。獨怪其地詩人絶少，將士多闇脩朴茂，不與世争名而然歟？抑經斯者，率暮至晨發，不暇與才俊之士盤桓也？

吾宗望祖兄，先世居吴江之穆溪，移家京口，且四世矣。自無隱翁以詞賦之學，擅名海内；江如公繼起，其詩益昌；望祖、雙南兩兄，復競爽文苑。而穆溪之宗無聞人，焉將無地靈人傑？其風流文采，得江山之助爲多。然有金、焦、北固來，不知幾千年。至吾無隱翁，而始有三賦。迄今又百年，無繼作者，則又何耶？

余弱冠出游，遇望祖、雙南兩兄於淮陰，相得甚歡，望衡并舍者經歲。嘗同舟南還，至京江，風雪大作，寄宿蕭寺中，歌呼痛飲三日。夜雪晴，著草屨，遍游南山諸寺。復襆被游金、焦，留連忘歸。忽忽二十年，宦游分携，相見苦少。頃過潤州，見兄鬢毛蒼然，追憶舊游，恍若昔夢。因復相携游鶴林、竹林諸寺，載酒宿焦山，掃落葉，尋瘞鶴銘，登甘露寺，讀三山賦，泛舟金山，吟賞竟日。徐出一編示余，率多在山水間所作，琢鍊陶洗，饒有功力，安和恬雅，稱其爲人，而規模步驟，一本家學。始江如公，雖居潤州，不忘歸吴，故名其詩曰穆溪集。今懸黎結緣，不畫地而爲寶；楩楠杞梓，不擇地而爲材。天將以寓賢增益此邦人文乎？何江山之秀，偏萃於吾家也？

吾兄弟相去既遠，恐後世日益疏闊，輒叙早歲燕游之概，書於簡端，令兩家子孫知前人親厚無間也。

竹莊漫稿序

昔姜白石論書法八要，第一須人品高。夫書有專能，宜若無預於人品，而白石云然，豈不以書爲心？書雄秀勁逸，各如其人，未有人品不高，而書能名世者。一藝猶爾，况於詩文爲人之心聲，有不以人品爲高下者哉？古今詩人，出處不同，隱顯異致，要必其性情氣概有超絶乎人者，而後詩不求工而自工。若夫突梯脂韋、囂喧營競之徒，雖刻意求工，而氣骨委靡，縱有詞采，亦蕣華朝菌而已矣。

吾邑沈子竹西，少擅才譽，久客京師，遍游四方，學殖日閎。其詩文之工，人人能稱道之。而余獨重其爲人，迹近而心遠，淡静自持，清修君子也。君之尊人，兩宰壯縣，子姓戚屬，多有依倚馳騖者。而君净掃一室，旦夕咿唔，布素蕭然，不持官舍一物。比受知名公卿，屢居東閣，爲貴公子師，一切顯名厚實，力能致之，而君安於義命，泊如也。史稱陶弘景身在朱門，匿影不交外物，君殆近之。夫屏迹林澤間，不見紛華靡麗，而一往冲素，譬猶防火水中，避溺山隅，雖高猶未也。唯履樞機之地，當鎔鑄之場，而皭然不渝其操，入水不濡，入火不熱，以言高則誠高矣。

君詩甚多，余未數數，見竹莊近刻，其一班耳。取而讀之，可以見才，可以徵學，惟是清真瀟灑之致，耿介拔俗之思，發乎胸襟，溢乎行墨，有莫知其然而然者。是詩品也，而人品先焉矣。超絶時輩，方駕古人，奚愧焉！君兼善書，尤能脱去凡俗，秀朗不群。故援昔人論書之語，以論其詩。蓋藝與道同出一原者也。

黄楊集序

詩也者，凡以言其中之所欲言也。有所欲言而不能言，是爲固。無所欲言而强言之，是爲誣。古之勞臣志士，忠孝根心，潔清成性，遭時不偶，憂天憫人，憤世嫉邪之志，輪囷鬱結於胸中，不得已而形之聲詩，發其煩懣。國風之刺譏，小雅之怨誹，楚辭之牢愁，樂府之激越，皆是物也。

唐宋以還，稱詩者無慮千百輩，而卓然名世者，獨十數家。豈其文辭雄麗云爾哉？惟其中情逼塞，而能旁推曲暢以言之，是爲賢耳。今之作者，本無所欲言，而徒雕章琢句，按節尋聲。無論不工，即工矣，而求其存乎詩之前者，索然無有，是可以爲詩乎？

黄楊集者，周子漢荀之所作也。漢荀爲忠毅公曾孫，胚胎前光，志堅骨勁，文譽噪一時，而沉潛汲古，好學深思，枕經籍史，綜貫百家，高才實學，目前無兩。余延禮爲子弟師，數年於兹，稔知其爲人孝友清恬，外和内介，非其義一介不取，有古烈士風。夙長於詩，才力豪健，風骨蒼老，撫時感事，傷今懷古，一一發之於詩。讀其樂府百篇及咏史感懷數十首，摧政體，抒民情，效箴規，通諷諭，條暢如賈誼之書，宏博如桓寬之論，詳而劉蕡之萬言，簡而郇謨之六字，莫不淋漓愷切，可興可觀。凡有目者，皆能嘆其詩之工，而不知其識高意遠，藏深蓄厚。所欲言者，積多不能自制，吐而爲詩，故能閎中肆外如此也。

言者，心之聲。讀周子之詩，而其學術志節具見焉。窮而在下如是，異日致身通顯，其爲正色立朝而不爲曲學阿世，其爲昌言讜論而不爲委蛇容默，斷斷可知。幸哉！忠毅公有孫，其將復爲名臣乎？如第曰文人之雄，則淺之乎知周子矣。

樸學齋稿序〔一〕

凡天下制作之事，莫不有材焉，有法焉。楩楠杞梓，竹石瓦甓，宫室之材也；規畫措置，各得其宜者，法也。牲牢魚鳥，蔬果稻粱，飲饌之材也；烹調劑量，和其味而適於口者，法也。徒材不可以爲美，徒法不可以致用。文章亦然。經史百家，天人理數，章程典故，草木蟲魚，何一而非文之材？剪裁運用，起伏開合，變化錯綜，何一而非文之法？古之作者，未有不厚積其材，深研其法，而能以文辭名世者也。

明之末造，學士大夫，大率誇多鬥靡，争新尚異，或矯而入於晦僻，或放而趨於繆悠，其中繩度者甚少。迨於今朝，纂言君子頗覺其弊，思救之以雅馴之文。五十年來，家誦歐曾，人説歸王，文體浸趨於正。然而空疏淺薄之弊百出，惟求波瀾意度，仿佛古人，而按其中，枵然無有，是可以爲古文乎？明季之失，在法不足，譬之堂寢樓閣，填塞錯雜，而陳羹宿胔，羶腥滿前也。今人之短，在材不足，譬之竹籬茅舍，位置清疏，而一覽無餘，烹葵燒笋，鮮潔可餐，而詫言天厨玉饌，莫我若也。二者交相非，而不足以相尚，苟封己而自足，畫地而不前，則過矣。

林子吉人，閩士之傑出者。少以才學鳴於其鄉，欿然不自慊，負笈來吴，從汪鈍翁游，講古文之法。復之都門，與諸賢公卿豪雋之士，上下其議論，見聞博而藴蓄深。故其文辭清醇興雅，文質相宣，矩矱有餘，而精義不乏，固不徒守其法，而有意乎儲材者。以林子之年，力志尚誠，能殫精研思，窮高極遠，貫天人以爲學，羅古今以爲資。譬若采木鄧林，伐石南山，以就倕般之繩削，而千門萬户，無不可營，出尚方之珍，羅水陸之品，以供易牙之烹飪，而天下之至味具焉。豈不高出時流萬萬哉！

林子自國門歸，不鄙余而枉存之，爲極論文章得失之故，因序其集，以廣其意焉。

【校記】

〔一〕此篇亦見於清乾隆九年林氏家刻本林佶撰樸學齋詩稿十卷附補編卷首，無序名，末署「康熙辛巳正月望前，吴江潘耒」。見四庫全書存目叢書集部第二六二册，第一二六頁。

雪浪齋詩序〔一〕

余常浮舟桐廬，愛其江水清空，涵天浸山，作紺碧色，白石棋布，苔藻魚鱗，可指而數，嘆爲天下絶境。若居官得此地，飲水一杯足矣。既而見其邑宰，則攢眉愁苦，謂地瘠而民貧，善逋賦，多盗賊，汲汲治簿書不遑，烏知山水之樂。嗟乎！地負人歟？人負地歟？

吾里陳子玉文〔二〕，以雋才取高第，尤嗜古學，喜吟咏，謁選得桐廬。有言非善地者，君獨欣喜，謂：「人誚縣令爲俗吏，吾得與桐君、嚴叟周旋，差不俗耳。」〔三〕莅官未久，廉潔著聲。

歲大旱，力行荒政，灾民以甦，真誠遇民，民亦感動，擢科不擾，租賦畢登，獄訟衰少，盜賊屏迹。縣庭無事，簡其士之才秀者，日與講論文藝，暇則登山臨水，鳴琴賦詩，悠然自得。居五年，而邑大治，上官交薦，會丁艱歸。歸而裝橐蕭然，手雪浪齋詩一編，示客曰：「宦游所得盡此矣。」其詩清真澹遠，無一點塵俗氣，類高人逸士所爲，非持手板者能道。其人其詩，皆與江水同清，庶可拜嚴祠而無愧矣。

昔寇萊公功名蓋世，亦復工詩，筮仕巴東，篇章傳播，號寇巴東。貴顯後，所作多不傳，所云得山水之助者非耶？玉文官當日進〔四〕，而吾願其清心雅操，長如在桐廬時，則詩當日富日工，異乎萊公之集寥寥一編矣！

【校記】

〔一〕此篇亦見於清陳莀撰雪川詩稿卷六之前，版心題作「桐江集序」，末署「康熙戊子仲春，潘耒書」。見四庫未收書輯刊影印清乾隆四十一年鶯湖蘇嘯堂刻本，第八輯第十九册，第七四九頁。下稱桐江集序。

〔二〕吾里陳子玉文　桐江集序作「吾里陳君玉文」。

〔三〕此處桐江集序多出「抵錢塘，盟於江而後渡」一句。

〔四〕玉文官當日進　桐江集序作「陳君之官當日進」。

錢宛朱詩序

論文猶相馬也。馬不問何産，要必有躡電追風、一日千里之概，而後能空群；否則，雖毛骨應圖，步驟合節，終爲凡馬已耳。詩不問何家數，要必才思沛發，奇氣横溢，然後加以琢鍊，可登作者之堂；否則，雖色澤鮮華，音節遒朗，終爲庸詩已耳。今人論詩，專尚格調，格調可勉而能，才氣不可襲而致。有才氣，不患格調不高；無才氣，而言格調，能成家者罕矣。南塘錢氏，多能文之士，而宛朱不獨喜爲詩，平居有作，已度越時流。比粤游歸，才益清融，氣益豪邁，摹寫山川，則體物肖形，窮奇極怪；發舒襟抱，則感時懷古，曲暢旁通；或一題百句，或一韻千言，如林花之怒開，如谷泉之坌涌。蓋涉境既奇，而文筆足以發之，不規規格調而自出機杼，與古合轍。渥洼之駒，俯就銜勒，與天閑步驟不殊也。

明代詩人至多，如徐文長、王昆侖，實有逸才奇氣，故雖布衣諸生，而名重天下。二人才既高，亦以遍游天下，與賢豪長者交，故身困而詩益昌。錢子非一鄉之士，年力壯盛，出而游四方，寧無九方皋相諸牝牡驪黄之外者乎？鹽車伏櫪，吾知免矣。

胥母山人集序

人之欲工爲詩者，莫便於居山矣。烟峰泉石，詩之材也；登臨流覽，詩之資也。冲恬静默者情相宜，寥廓峥嶸者境相得也。若洞庭兩山，又山之最幽秀者，宜乎居焉者多工詩。而代不數人，人不數見。豈其習於山而知山之味者寡歟？身居山而騖於山之外者衆歟？

吾於東山，得一人焉，曰翁季霖；西山，得二人焉，曰秦存古、周覲侯。秦、周，故窮士。翁子家世饒裕，學通古今，資地可以出，而性樂林泉，恬於名利，肆力爲詩，冥搜萬象，鈎貫百家，懸古爲鵠，而求麗之，一字不安，弗措也。生産作業，置弗問。中年以還，家益落，身益困，而詩益工，格律凡數變。初法中唐，軒然秀朗，繼務警拔，跌宕自喜，出入放翁、石湖之間，晚乃渾成雅健，自名一家。蓋以沉冥韭遯爲境遇，以感物懷人爲性情，以三萬六千頃、七十二峰爲資材，又畢一生之力爲之，無他嗜好，宜其專工若是。

翁子又蓄萃故實，捃摭藝文，撰具區志若干卷，奥博精審，卓然可傳。翁子之名，當與兹山俱不朽。名山何嘗負人，人自負名山耳。

翁、秦、周三子，余皆獲與之交。今來，墓草宿矣，將次第訪求其遺稿。而翁之子去非，首出是編，屬余爲序，曰：「先子之志也。」爲書數語而歸之。

露香閣十九秋詩序

秋者，天地嚴烈之氣。惟貞臣志士，才鉅骨剛，不靡於俗，而多所感慨者，爲能觸緒興懷。彼沉酣富貴，腸肥腦滿之士，無所預焉。

古來善言秋者，莫先於宋玉。玉爲楚大夫，在王左右，出入諷議，未爲不遇也，而九辨連章，體狀秋容，極其凄惻。豈非君臣師友之間，有大不得其平者而然歟？厥後如家黄門之賦秋興，韓退之之咏秋懷，歐陽永叔之賦秋聲。彼皆致身通顯，而寄托遥深。若少陵之瞿塘八首，太白之紫極一章，發於羈窮旅寓之餘者，又無論已。

嶺南地氣多暖，稀見霜雪，四時皆春，絶少秋氣。而藥亭諸君子，以十九秋詩相倡和，舉蕭辰遥夜凄緊悲凉之情狀，無所不摹寫。楊君勉莽詩最後出，亦最工，爽朗幽清，有霜鐘月笛之韻。雖北方之才士，習於秋而善言秋者，無以加也。藥亭以名省元，讀書中秘，勉莽亦獻書闕下，名重公卿間。既取高科，行將驤首雲路，殊非懷才不遇者比。而寓意於秋，纏綿往復，豈非磊砢英多之士，感時懷古之思，輪囷鬱結於胸，而觸景緣情，發之吟咏，有不求工而自工者乎？與夫翡翠蘭苕綺靡新艷之作，固不可同年語矣。

余也去國十年，流浪萬里，逢秋多感，宜莫如。余顧不能爲瞿塘、紫極之篇，發抒懷抱，將從諸君之後而屬和焉，而探驪得珠，所餘鱗爪，復不能不致憾於楊君也。

鴛湖倡和詩序

樂莫大乎朋友相聚。相聚而以文藝切磨，又樂之最者也。人之才思以激引而愈生，功力以濯磨而加進。獨賦一題，不如衆賦之競巧争工也；得失自知，不如參觀之瑕瑜不掩也。

以余所聞，元時最尚詩社。浙東西文士多刻期相聚，以有力而好事者爲主人。文壇宿老，品題而甲乙之，居前列者，贈以綺幣玩好有差，人人自奮，所作多斐然可觀。迄今讀谷音之編、玉山草堂之集，風致猶可想見。而何今日之寥寥也？

錢子上沐，來自禾城，手一編示余，曰鴛湖倡和集。蓋禾中詩人，月必有集，集必分題，英流髦士，遺民野老，禪人羽流，寓賓過客，皆得與焉。長篇短章，唐音宋調，各極其才之所至，而不拘一律。登於選者，皆高朗清雋，文質相宜，異曲同工，爛然而珠輝，温然而玉瑩，追踪於古人不難。第未知好事主人爲誰，亦有顧阿瑛、饒介之其人否？操月旦者爲誰，亦有楊廉夫、柯丹丘其人否？今已二十餘集，度且日新而月富，禾中固多才士，復以是振興而淬厲之，其成就寧可量耶？

錢子爲吾里之英，既已闌入兹社，惜吾衰老，不獲奮臂出其間，因風惠寄，從壁上觀，亦足以豪。願他方仿而行之，毋令禾人獨擅斯樂也。

遂初堂文集　卷九

序

送湯公潛庵巡撫江南序[一]

東吴於古爲揚州之境，厥土塗泥，厥田下下，以其民勤於生事，疾耕力作，不憚勞苦，故田畝日闢，户口日增，自唐以來，號爲殷富。宋時，畝税一斗。元有天下，令田税無過畝三升，民大樂業。元統至元之間，吴中富盛聞天下。自明初没入張氏故臣及土豪田，按其私租籍徵之，畝至八斗，而民始困，然其初止輸南京耳。永樂中，都北京，民始有轉輸之煩，加耗自倍。其初止官田賦重耳，民田畝税不過五升，其輕自若也。嘉靖中，并官民田一切以三斗起科，而民重困，然催科猶未急也。萬曆初，限分數爲考成，緩徵之法不得行，而民愈困，然猶止常賦耳。天啓以後，時有加派，復苦額外之徵，民不堪命，以至於亡。蓋吴中之民，莫樂於元，莫困於明，非治有升降，田賦輕重使然也。

雖然，當日之民固甚困，而猶能相保以生者，則以三百年來英君賢相，念財賦根本之地，時時噢咻其民，小有水旱，輒除田租，捐放積逋，動數十萬計。而督撫大吏，又能深計曲算，行德意於成法之外。如周忱之減官田租額，劉孜之勸懇積荒，王恕之請蠲被水田租，朱瑄之奏蠲無徵税糧，李充嗣之大修水利，歐陽鐸之更定征徭法，皆能補偏救弊，變重爲輕。是以民得小休，不至顛蹶。

國家承明積弊之後，田賦之重，轉輸之勞，一如往時，加以催科日益急，考成日益嚴，束作未動，追呼到門，數年逋租，并徵一日。辨正供而積逋不償，輸舊賦而新課不登。爲有司者，雖有龔、黄、卓、魯之賢，鮮不戹於考課。遷除之路既絶，則取盈囊橐而止，貪殘放縱，無所不至。吴民之困，未有甚於今日者也。主上仁聖，亦嘗軫念東南之民，惻然欲除其疾苦，而軍興多故，未遑沛發德音。大吏即賢，亦未有如周文襄、王端毅之倫，憂國如家，爲民請命者。豈天之未欲甦吾民與？亦有待而然與？

今年夏，江南巡撫有缺，吏部以當遷者名上。及九卿廷推，皆不得命。命學士睢陽湯公持節以往。公固當代大賢，學醇而德充，體完而用鉅，又荷主上特達之知，自密勿重臣出寄心膂，與他開府者有異。當大有爲之時，而處積弊之後，改弦更張，因時通變，以拯吴人於阽危，非公將誰望焉？

誠能以吴中重賦之本末與積困之情形，具告於天子，不敢望復宋元及明初故額，即如宣德中詔書量減現額十之二三，民且欣然慶更生，此其上也。不然，而盡免積年逋租，令民專辦本年正額，蠲不可得之虚數，而去無窮之逋累，此其次也。不然，而緩徵收之期，略如夏税秋糧舊制，寬考成之法，不必以十分爲率，令民得稍休息，官得望陞遷，又其次也。下此，則無策焉。及公之身而不爲，吾民其無望焉耳矣。

耒嘗以鉛槧，從公於史館，賦役一事，竊究心焉，粗悉其顛末。今爲公部民，言其地之疾苦，宜無大於此者。若夫一鄉一邑之利弊，未敢屑屑爲公道也。

【校記】

〔一〕送湯公潛庵巡撫江南序　清康熙四十九年增修本遂初堂文集目録題作「送湯潛庵先生巡撫江南序」。

送汪舟次奉使琉球序〔一〕

世稱文人類多浮華，少實用，豈其然哉？夫果其爲大雅之材，必能通古今，識時變，措諸事業，無施不宜。而非然者，謭謭拘拘，諛聞曲學之士，其於文也，末矣。人臣銜命出疆，有安危利害之寄，專對不辱命，聖人猶難之，使之職誠重矣。然自古奉使有聲者，往往多文雅之士。春秋子産、季札、晏嬰之徒，皆閎覽博物，長於辭命。漢世陸賈、嚴助、終軍、司馬遷、相如諸人，亦數數奉使。至如陳湯立功絶域，而傳稱其工爲章奏。蘇子卿大節皦然，而贈别五言爲千古風詩之祖。以是知，爲天子使，惟文人最宜也。

今年春，琉球世子來告哀，且請襲封。往時封琉球，常以給事中、行人爲正副使。惟天子以爲遠使海邦，宜得才學雋異之臣，詔公卿推擇可者。而余同官汪君悔齋，選爲正使以行。君文章翰墨妙天下，意氣偉然，開敏精强，習於當世之故。是舉也，中外以爲宜。故事，使海外者，特賜一品服，將吏護行，威儀節制比開府。君不以爲榮。琉球去閩萬二千里，浮孤航，絶大海，有風濤震撼之虞。君不以爲戚。惟是規使事便宜條上，部議持不可。天子命公卿廷議，卒見施行。君之才賢，稍稍見於當世矣。其能伸主威，尊國體，不辱命以往返，又可知也。

余惟詞林號爲清班，不涉吏事，雖有奇才擘畫，難自表見。明三百年來，多有積資養望至高官，而傳無可書之事者。余嘗恨之。又况吾曹起田間，列禁近，荷國恩至深重，如其優游食禄，旅進旅退而已，天下後世謂吾黨何如人。今君奮身慷慨，徑不測之淵，爲國任事，與栖遲偃仰者異矣。因以發抒其才華，展布其智略，揚名殊域，垂輝史書，於以見館閣之多材，文人學士之果足爲世用，不亦休乎！

於其别也，同人多贈詩，以寵其行，而余序之如此。

【校記】

〔一〕送汪舟次奉使琉球序　清康熙四十九年增修本遂初堂文集目録題作「送汪舟次檢討奉使琉球序」。

送田綸霞水部督學江南序〔一〕

今天下通一經及孔孟之書，疏其義合於傳注者，著籍學宫，意至善也。其流爲帖括之學，使人固陋而不閎，空疏而無具。昔之人有憂之，於是精選天下大雅宏達之儒，爲督學使者，以救其弊。稽之前代，李獻吉於江左，何仲默、李于鱗於關中，王道思於山左，陳約之於中州，宗子相於閩。之數人者，皆將貫穿群言，牢籠百氏，與古之立言者爲徒。雖復古未知何如，其於救帖括之陋有餘矣。天下非乏聰明才智之士也，群經、歷代之史、諸子百家之言具在，非功令之所禁也。而今之士子，保殘守己，舍當讀之書一切不讀，而讀場屋課試之文；當學之學一切不學，而學帖括之學；父以此勉其子，師以此勸其弟，有不出於此者，群相非笑之。士之陋至於斯，極矣！則非爲士者之過也？曰學使者焉。則非學使者之過也？曰選舉之道未善焉。天下廉潔自好者，十不得一。精於衡鑒能知人得士者，百不得一。通人大儒，名世之作者，千不得一。今也令諸曹郎官積日累勞，以次出補，堪其選者，或不當行；當行者，或非天下之選。夫苟非天下之選，則其始之得之也以是，其取於人也亦以是。

起衰救弊之事，尚何賴焉？

今天子加意作人，首重學臣之選。於江南有缺，特命大臣推擇可者，廷議得三人，天子加遴選焉，陛見者再，卒命工部郎德州田君以行。君爲人，廉潔無私，愛士若渴與飢，論文若辨白黑。其學無所不闚，工爲詩古文辭，深沉峻潔，卓然成一家言，駸駸乎追獻吉、仲默之流，與之并驅而方駕也。君之爲督學，所謂曠百世而相遭者也。其能精白一心，不撓於勢，不牽於情，登明選公，拔單寒，獎才俊，可知矣。

而愚以爲，時文俗學之陋，破壞天下之人材，百年於兹。矯而振之，必自學使者始。學使者，必自江南始。謂宜董正師儒，申明條約，汰除坊刻之文，禁絶剿襲熟爛之體；經之以經，緯之以史，驅天下而爲通經學古明體達用之士。世道其有賴乎？非君其孰能爲之？

余於君有知己之感。君之爲江南，於其行也，有不舍然者。竊附贈處之義以立言。

【校記】

〔一〕送田綸霞水部督學江南序　潘氏自刻本遂初堂集文集卷六題作「送田綸霞督學江南序」。

送勞書升前輩參藩貴州序〔一〕

貴州於諸藩最後開設。其地在萬山中，蠻獠之所窟宅，去京師八九千里，最遠而瘠。官吏多不樂往。頃淪於寇者七年，今乃漸次廓清，復設方面官，隨大軍以進，在師旅驛騷之間，人情尤憚行。石門勞先生督學山東，還報，命補官，得貴州參議。人以爲不堪，先生無不自得之色，單車就道，慷慨以行。耒聞而壯之。

夫君子之仕於人國，豈將便其身圖而已？必求有立於斯世。且誰非臣子，不就易而辭難，不居安而避險，分義當然。彼計地美惡，視形勢便否，一沾沾以喜，一戚戚以悲者，皆專爲身謀，不顧國家者也。每讀史，至王尊行邛崍九折之阪叱御速驅之，馬援垂老自請征蠻炎蒸瘴癘中，意氣不少衰減，未嘗不嘆豪傑之士，有志於功名者蓋如此。

先生少登禁近，歇歷著聲，拔士齊魯，大臣薦其公廉，未得内擢，出在遠藩，獨無幾微介意，方鋭精持鋒，就盤錯之地，以自試志節。豈必減古人哉！夫黔者，滇所倚爲門户。得黔，則滇不可守。故賊悉力拒險，以延旦夕之命。昔人謂兵無他奇，道難以成功。竊意牂牁夜郎之間，溪山盤錯數千里，豈無奇徑可束馬懸車者？而土司酋長，最能得賊中情僞，誠以威信招來，能得其心，必有願爲國家出死力以破賊者。君欲佐天子速定西南，立功名自表見，或者其留意於斯乎？若夫飛芻挽粟之事，無足爲君道者矣。

【校記】

〔一〕送勞書升前輩參藩貴州序　潘氏自刻本遂初堂集文集卷六題作「送勞書升參藩貴州序」。

送周求卓知滎陽序

滎陽、成皋，天下用武之區也。自春秋晉、鄭，及兩漢劉項、曹袁之徒，皆嘗百戰死守，以争尺寸之地，至今號爲巖險。余嘗出鞏洛，趨汜水，抵滎陽，經所謂虎牢關者，想見昔人營壘戰鬥處，低徊者久之。獨怪自陝以東，城郭皆荒殘，縣無百家之市，陳鄭之間，稍稍改觀，亦不稱完富。蓋自流寇出入中原，所過無不屠滅。迄今三十餘年，元氣枵然，未能復也。

竊以爲天下形便之地，有事則必將驅其民於鋒鏑，無事則尤當咻噢拊循之。尹鐸之治晉陽以保障，不以繭絲，卒能寬其民，以扞大患。當明之亡，寇禍之烈也，重關絶險，名都大邑，涣然披離，無一戟之守。夫豈獨將帥之罪哉？吏治大壞，守令非人民心，素摇而土不豫附也。今國家方制萬里，尤加意中原腹心之地。既已休養生息三十餘年，而富庶之效未睹，豈其創殘之甚而然耶？抑守令不盡得人之故耶？

吾邑求卓周君，補官得滎陽。周君仁慈廉靖，悃愊無華之君子也。滎陽之民，可以賀矣。君到官之日，周行鴻溝、官渡、敖倉之墟，廣武之戰場。是皆昔人披堅執鋭，裹創蹀血，而當其衝者也。君乃乘軒車，持手板，坐嘯而臨之，逸於昔人多矣。能無苦心焦思，以勞來安集其民乎哉？

君子之爲國也，一年而給，二年而足，三年大穰。君其往矣，異日有驅車周鄭之郊，見都邑殷軫，民人輻輳，異於他處者，必滎陽也夫！必滎陽也夫！

送鈕玉樵知項城序

余家爛溪，去玉樵所居麻湖十里。其地在迴洲複渚間，有烟波魚鳥之趣。余與玉樵自髫年相厚善，春朝秋夕，每挐舟相訪，烹葵酌酒，道説古今，以爲笑樂，醉則相與延緣蘆葦，叩舷而歌，翛然有遺世之志。已而困於貧，先後出游四方，過從之日寖少。頃余來京師，則玉樵以謁選先在，淹留二年，幸得晨夕相見。而此身勞勞在塵土中，欲求往時蕭散之致，不可得。吾與玉樵游廛二十年，而聚散出處之異如此，可勝嘆哉！

人當束髮誦書時，志趣未有不高潔者。出而乘乎得失榮辱之境，往往不能自還，按轡而行交衢，不蘄爲速也，常至乎馳驟而顛蹶；三揖而飲酒，不蘄爲醉也，常至乎沉酣而濡首。今仕宦之途，非直交衢也，名利之可眈，非直酒醴也。其不沉酣而馳驟者幾人哉！吾始與玉樵匡坐衡門之下，屈十指而頓之，論人賢不肖，指事當否，犁然若别白黑，遼乎其以古人爲師也，皭乎其不苟同於俗也。推是心也，矢而勿渝，亦可以寡過於斯世矣。

余牽於世故，進退不能自決，既已違其初心，惟此澹泊之懷，久而自若也。玉樵才十倍余，明於當世之故，出宰百里，恢乎有餘。余何以贊之，亦曰無變其初而已。吾與玉樵既出而仕，安知菰蘆中不有臧否人物，如吾兩人昔日之持論者乎？吾聞項城在具茨以東，風物清美，地僻而民淳，訟庭無事，可以優游嘯歌。禄入之奉，足以養老親，飽妻子，君其清心省事，蕭然如布衣諸生時。無餔糟而啜醨，無脂車而炙轂，則吾與子之相對，不異麻湖爛溪間也。出處聚散之迹，夫何足以問之哉？其質言之而無憾，知玉樵之不余逆也。

送趙天羽榷關邗江序

京朝官之奉使，莫便於榷關。關使者，高牙列戟，尊嚴與制府等，千艘萬艘，魚貫繩引，帖帖伏關下，候進止，不敢出聲息。使者臨視啓閉外，游觀宴飲自如，無他官牽掣其間。國課既辦，以其數之仂供賓客，辦資裝，自足而無求，安處而饒裕。以故，爲部曹者，人人争欲得之。

趙君天羽，才望爲諸曹最，獨於榷關，恬然無欲行之意。今年春，關使者例當受代。天子重其選，部推既有人，復命舉擇才能。於是趙君哀然爲舉首，得司榷揚州。賓客畢賀，趙君不色喜，其言曰：「今之樂爲榷使者，舉未知爲關之難者也。關者，大利之所叢，而百弊之所集。國家十數萬之緡錢，歲歲仰給。於是賦税之籍，千條萬孔，奇民猾吏，窟宅其間，張羅設機，以吞噬商旅。商旅之良者，既見侵牟。其黠者，又與吾吏相表裏，以虧損國課。勢豪之舟，叩關而求進者踵相接。吾一切裁之以法，則怨讟煩興；否則，若漏卮焉，懼正供之不給。曩吾往來諸關，見算緡者竭澤而漁，取之盡錐刀焉，吾心傷之。今也爲關，而踵前人之有卓絶奇偉之績，以報國家。使便其身圖而已，非義之所敢出。吾懼之不遑，而又奚喜？」余聞而嘆曰：「有是哉！趙君之賢也。不以便利差遣爲榮，而孳孳以足國利商爲念。不貪天子之寵命，而懼報稱之不逮。推是心也，能於其官，可知矣。抑有進焉。嘗聞諸吾友曰：爲關無他道，惟寬惟勤。公私交濟，不析秋毫之利以褻國體，不張束濕之令以斂人怨，是之謂寬。閲符按籍，必躬必親，毋寄耳目於僕隸，毋委成案於吏胥，是之謂勤。寬以濟勤，勤以濟寬，不盡利而利有餘，不釐弊而弊自去。是二者皆君之所優爲，敢以爲贈。」君曰：「善！」遂書之，以爲送行之序。

陋，傷廉毁仁，吾弗爲也。廓然蕩軼，置考課於度外，又弗敢也。天子特命余爲是官，必當

送許時庵督學還朝序

海昌許君時庵，以宫僚視學江南。既三年，弊絶風清，公廉炳著，士頌於庠，民歌於野。余與君有一日之知，不可以默，乃作而言曰：

儒術之絀於世久矣，非盡世不用儒，亦患無真儒出而用世耳。所謂真儒者，不務多言，務力行。用舍不負其學，通塞不變其守。今之學者平居，義利之介，講之甚精，公私之分，辨之甚力。一旦居官任事，而天德之剛不勝其人欲之柔，往往宦成而儒敗，遂使人以儒爲詬病。嗟乎！彼亦烏睹真儒之效哉！

君幼而篤誠，敦行孝弟，著聞鄉里。比爲諸生，傑然有志聖賢之學，沉深經術，研精造微，有所論著，根極理要，粹如也。爲孝廉，砥節礪行，不隨時趨，賢聲聞公卿間。壬戌春闈，余適在事。君成進士，群賀朝廷得醇儒，而余與有光焉。既入翰苑，清修無改，品望益崇，惟天子知君賢，簡任東宫講官，畀以翊贊之重。既又念江南人才淵藪，必得剛方清介之臣，爲之師表，乃命君出督學政。從來學使者號美官，人往往有意得之，即不能無營求。比之官，即賢者常不得行其意，庸流鄙瑣，至不可言。君素痛嫉之，嘗思掃除其弊。及兹奉使，獨由帝簡，一無所資藉，乃得特立獨行，盡舉其職。始下車，矢於神，不私一芥，人視爲具文，未遽信也。余每言君真古君子，大節皦然，所言將必踐，人或目笑余。比試一二郡而驚，試數郡而信，歷試竣事而大悦服，謂睹記以來未嘗有也。往時學使者拔真才十人而六，已號稱公；其最廉潔者，十得八九止矣。君乃壁立萬仞，不受一塵，縣大者録童子至二十人，遂無一人倖進者，夤緣之路絶。他使者試童子或示公，而課諸生即多出入。君一以文爲殿最，視優等如堅壘，即貴介子弟，不得闌入。武途由來多冒濫，率用爲應酬。君與文一體，惟才是拔。

故事，蘇松諸大郡學使，藉以立名，或能自持，餘不必爾。今也上江、下江，較若畫一，人情有所矯而爲必不能久，故科試常不及歲試。君則慎終如始，不懈益虔，莅事三載，按部再周，請謁不行，苞苴屏迹，宿學盡拔，寒畯畢登，文風之靡也救之以雅馴，士習之浮也鎮之以寧静，開誠布公，小大競勸。不特獎拔者感恩，而擯棄者亦胥愧服。不惟士庶交頌，而高官要路不得所求者，亦無間言。此無他，本之以誠，守之以正，以實心行實事，不飾情沽譽，而得人心之所同然故也。非真儒能若是乎？天下惟真與僞爲不可掩。藥汞之金，見火則銷。羊質之虎，見草則齕。空談之儒，見可欲則亂，繫馬千駟而弗視，積金至斗而弗移，凜四知、守三不惑者，古今來亦無幾人。誠得若人而任天下國家之事，亦何鉅不可肩？何紛不可理？天子用一許君於江南，而其效如是。許君一試之學政，而其效如是。況其多且大者乎？

古來大儒，多不得竟其用。許君遭逢聖主，上下交孚，行將升於廟堂，取次柄用。誠秉此一心，措諸政事，其功德被於生人，又可勝量哉！以余之廢棄，而君不忘知己，待之一如他顯達者，且存恤之有加禮。其感激宜異於人人。而余所尤欣幸者，則在清白一節，始終不渝，使人信余言爲不妄，而端人之譽，比類及之。

贈吳子班序

明崇禎之末，貴池諸生吳君應箕字次尾，以文章氣節名天下，詆訶阮大鋮，得禍幾死。明亡，奮欲有所爲，與新安金正希遙相應和，兵敗，不屈死。其大節炳然在人耳目，惜無筆之於書者。庚申之夏，其孤孟堅子班來都，以其先友張芑山所撰墓志及樓山甲乙詩示余。於是次尾之行事，頗可詮次。

嗚呼！忠孝，天地之大經。忠於所事，而殉之以死，又臣子之極則。自昔興王於勝國之臣，有若此者，不惟不罪之而已，又從而褒揚嘉異之。凡以天下之善一也，於彼於此，無有重輕。且旌往以勸來，舉一以風百，其利甚博，其道甚光。若周世宗之贈劉仁瞻，明太祖之封余闕，此類不可勝舉。至於史書是是非非，明著法戒，尤不宜有所回枉。齊高帝敕史臣爲袁粲立傳；歐陽永叔修五代史，以不傳韓通取譏；元修宋史，文天祥、陸秀夫、謝枋得之屬，皆大書特書，列之忠義。此往事之章章著明者。而或者以爲疑，其亦不詳於前史之例矣。

明有天下三百年。其亡也，食其禄者死其事，其身可殺，其名不可滅也。天子仁聖，特命詞臣，纂修明史，數下詔書，寬忌諱之條。監修、總裁皆大賢，明於褒貶制作之理，幸而執簡。其時褒忠表節，何嫌何疑，特患聞見之不詳，捃摭之失實耳。

子班傷其先人之慘死，隱居不出，聞有史事，布衣扉屨，跋涉三千里，叩國門，求表章前烈。夫祖父有美而不以告，告而不以實，子孫之過也。告且以實，而不登於策，史官之責也。若子班者，於其子職，則既無愧耳矣。嗟乎！天下賢人烈士衆矣。或無子孫，或雖有而不克自振者，可勝悼哉！子班往來江淮間甚久，故家遺老，多相習者，尚其旁搜博采，以佐史氏之不逮。詩曰：「孝子不匱，永錫爾類。」余既嘉子班之來，於其行也，復稱詩以贈。

贈馬天游序

文字之傳於世，能久且遠者，賴有金石刻。金石刻非文人學士所能就，必屬諸鐫勒之工。鐫勒雖一藝，必明六書，通訓故，洞曉書家下筆之意，而盡其變，然後爲良。世言李北海、顔魯公作書多有刻，故遺迹尤妙。而閣帖、蘭亭傳刻至百十本，其品第甲乙，所争在毫芒之間。則鐫勒之有關於書學，豈細故哉！古碑刻流傳者，雖霜皴蘚蝕之餘，筆意淳雅，精彩焕發，想見刻工之能。

近代既乏佳書，又多俗工摹刻，故碑帖少可觀。嘉隆間，鐫勒著名者，有章氏、馬氏。馬氏三傳而得天游。天游穎敏絶出，於藝事無所不能，曉篆隸，精印章，善雙鈎影搨，萃諸長而爲鐫刻，曲盡其妙，翻古帖能亂真，刻今書如手寫。凡書學源流，筆法要妙，皆能言其所以然。某書本某家，某字某體出某碑某帖，如指諸掌。品題優劣，抉擿疵纇，有博雅之士所不逮者。蓋藝也而進於學，故其良若此。使北海、魯公而在，當無自運之勞矣。然自有碑板以來，精摹刻者不知幾何人。其姓名卒泯泯無聞，獨安民者以不肯鐫名黨人碑，著聲史册。夫固不以藝傳，而以人傳也。

天游之父雲逵，執剞劂，游於文、姚兩公之門，漸涵風概。有宵人以重幣延之，辭不往。魏忠節公被逮，過吴門，館於其家。周忠介公與忠節締婚，雲逵爲之媒。忠介蒙難，雲逵募千金輸官，寬其家追比，義聲動天下。吾知千載下，繼安民而傳者，雲逵其人也！天游跌宕有父風，及見東林先輩，於當今人物少所許可。喜與隱君子游，喜刻褒忠闡烈之筆，權門貴族未嘗輒往。老無妻兒，寓止僧舍，得錢即付酒家，雲行鳥飛，無定踪迹，人謂馬翁痴。翁胸有涇渭，不痴也。學失而求諸藝，士失而求諸工，如天游者，亦豈易得哉！

余爲先府君立墓碑，既求朱子錫鬯撰文，屬陳子元孝隸體書之，而邀天游勒石。於是天游年八十矣，精明不衰，鐵筆蒼然，字勢飛動，人目碑爲三絕。余愛其藝，而有取其人也。於是乎書。

贈余翀子序

古今人何從而分哉？古之人樸誠，今之人巧僞。樸誠者，未必立功立事，而衆善於是焉基。巧僞者，見謂多才可喜，而百行之敗，恒必由之蒙。莊書云：「有機械者，必有機事。有機事者，必有機心。」機心一泯，則人物俱游於太和。而機事之成，至鳥亂於上，獸駭於下。人心關於世運，豈不然哉！漆園生衰周時，去古未遠，而其著書不勝還淳反樸之思，然所言漢陰丈人、哀駘他等，大率多寓言，未必真有其人。

今去之，又二三千年矣，吾何幸而得見一人焉，爲吾友余翀子。翀子爲人坦夷粹白，孝友篤誠，存心制行，不慚衾影，生平無妄語，無飾辭，與人交，表裏若一，始終不渝。不識人間有機變事；非慕爲樸也，本自無巧。非勉爲誠也，由來不僞。蓋其天資粹美，太樸未漓，直是古人偶生於今耳。

本家休寧，少從父徙杭，與景韓盧公同學。繼遷吾里，復與余同學。長余數歲，特心折余。余有所論撰，輒手寫録，遍誇於人。去館於杭，數爲盧公稱道余。余初未獲交盧公，而公以余薦之天子，以從君所數見余文故也。君安貧守約，課生徒自資，一介不妄取，即甚困，終不肯作媕阿態，隨時俯仰。盧公貴至閣學，君遇之一如布衣昆弟，書札及面語，仍稱景兄，寧稱道於人，終無片言阿譽。公與余以是益親重君，垂髫至華髮，相得無間。嘗謂使天下人盡如余子，便可結繩而治；使交游中皆若人，則蕩無城府，坦坦熙熙，同游懷葛之世，豈不樂哉？世人器用玩好，惟古之求。而於人之古貌古心者，莫之貴尚。余子，今之鼎彝也，曾不得與雕鎸丹漆之器同售於世，悲夫！悲夫！

庚辰冬，余子過我，言將歸新安。余依依不能舍，冀其去而復來也。因述君生平梗概，并叙四十年交好之情，書以爲贈余子，亦有以處我，否乎？

遂初堂文集　卷十

序

顧亭林先生六十壽序

賢人君子之生於世，其亨屯窮達之數，類不能必之於天。而獨有人焉，屯而不困，窮而不厄，若爲天之所留以有待者。此其人於世何如也？在剥之上九，其象爲碩果不食。而復之象曰：「復，其見天地之心乎？」剥之上九，非復之初九也。然非此剥而不盡之一陽，即無以爲復生一陽之根柢。是故華落而實存，冬之實，春之華也；薪燼而火傳，暮之火，晨之薪也。

漢自黨人議起，海内名德，網羅略盡，而鄭康成獨全於禁錮之餘，黄巾不入其里，徒衆數千人，昭烈修弟子禮，所注經籍，百代宗之。隋承南北之季，綱紀文章蕩然，文中子挺生其時，慨然有弘濟蒼生之志，獻策不用，家居著書，咏歌先王遺風，河汾之間，才俊如雲，卒贊貞觀太平之治。是二人者，皆不顯於當年，而或傳諸書，或傳諸人，以昌其業於奕世之後，可不謂天乎！

蓋陰陽之數，剥不極則不復，而剥既盡則疑於無陽。是故剥復之際，消長絶續之間，天心所由見也。其在序卦也，不受剥以坤，而受剥以復。其在人也，當天地閉塞之時，而有特立不懼遯世無悶之君子，霰雪集而不凋者，松柏之所以待春也；風雨晦而不熄者，膏火之所以待晨也。是可以答天心矣。

吾師亭林先生，負名世之資，學貫天人，而遭罹厄會，崎嶇戎馬之間，顛沛岸獄之下，瀕危者數矣，卒自全。客游二十歲，窮邊絶塞，靡險不經，而筋力不怠。今六十矣，精明彊固，無減壯年。是先生之得於天者獨厚，故天特重困之，而又曲全之，使不躓不顛，爲剥而不盡之陽，以待七日之來復也。天心可見而不可測。莘野之耕，渭濱之釣，此天之不可必者也。著書立言，教育英材，此天之可必者也。先生亦操其可必者待之而已。吾儕又何疑焉！

先生之學，邃於經術，而又洞達當世之故，其言核而通，大而有體要。所著書上自經籍、圖史、方輿、音律，下至名物、器數，元元本本，至精至悉，有功後學，不在康成下，而浩博閎深，有過於今日所傳文中子之書。特年來栖栖曠野，充箱盈篚，多未成之書，又遭亂漂泊，迄無定居，四方來學者，輒謝去。故其書未大顯，從游不如昔人之多。蓋康成隱不其之山，而遍注六經；文中子歸老河汾，而門人日進。今先生轍迹幾遍天下，自兹以往，且卜築山巔水湄，買田而隱，輯其見聞，以成未完之書，亦將無辭，以謝來學之士。

耒雖駑下，海内英賢，豈無王基、崔琰、魏徵、房玄齡其人者出，而光大先生之業？是耒之幸也夫！是天下之幸也夫！

戴耘野先生六十壽序

昭陽赤奮若之歲，中秋前三日，爲吾師戴先生六旬初度。群弟子旅拜於堂，齒揖於庭，濟濟然，陶陶然。既侍飲酒行，小子耒捧觴離席，揖群弟子而進曰：吾黨今日樂矣，亦知先生之所以樂乎？士生壯年，莫不思有立於世。而當其節之未完，志之未遂，即君子不敢以自必。松柏生拱把而後凋之質具焉，然其不爲樵夫之所薪，烈風飛霰之所摧，未可知也。迨夫百圍千尺而後，可以特立不懼；浮舟乎江以下峽，其不駭於風濤，淪於洄洑，未可知也。迨夫過瞿塘，出荆門，而後三老長年可以瀝酒而相賀。君子生多難之世，雖儉德避難，而天之厄人多出於所不及避，節垂成而或毁之，志將伸而或詘之，君子修身立命，以待天之定，洞洞乎其如弗勝也，屬屬乎其如將隕也。必其剥盡而爲碩果，井冽而爲寒泉，乃始快然有以自慰，而年則已暮矣。故有終身之憂，而後有一朝之樂者，其惟君子乎！

先生今者行年六十。前此三十年，則先生奮志立節之日也。其初感憤侘傺，至逃於浮屠。既乃抱遺經，教授荒江之濱，轉側兵氛間，屢瀕危殆，復兩喪德配，連失愛子，宗祀不絶如綫。既負著述之才，思輯其見聞，以垂信後世，而轉喉多諱，懼觸駭機。雖先生於毁譽禍福之數，處之泰然，而集木臨淵，懼少貶其志節者，蓋三十年如一日焉。迄於今，德完而神全，行成而名立，自此以往，至於百年，如松柏之貫時，如方舟之利涉，夫而後安常處順，優游以樂天也。

吾黨小子，亦知先生今日之樂，固三十年洞洞屬屬，而後得之者乎？耒更因之有感矣。耒燥髮，即執經於先生，凡四年，而從吳愧菴先生游。又彌年，而從先兄受書。吳先生與先兄之志節，猶先生之志節也，懷鉛握槧，無日不相往還。當其揚扢古今，考論同異，酒酣耳熱，高談浩歌，固以爲百年共此樂也。不意風飈倏起，光沉響絶，山陽之賦，秣陵之書，先生且爲之泪盡，而况於耒乎？

吳先生少先生十年，先兄少吳先生兩年。先生今鬚鬢蒼然，而有嬰兒之色，五十後舉兩丈夫子，所著書裒然有成，而兩家之遺書與孤兒，乃不可問。噫嘻，悲矣！吳先生與先兄之不終天年，雖未嘗少貶其志節。而耒也欲如今日登先生之堂，而同斯樂也，不可得；欲如昔日侍先生之側，而睹斯樂也，愈不可得，豈不痛哉！夫孰知耒念昔日之樂，乃爲悲，而念昔日之悲，乃更爲樂也？

耒不敏，敢以前所稱抒二三子之公，以後所稱叙小子之私。先生莞爾而笑，曰：「斯言也，庶善禱矣。其舉爾之觴！」

五老同壽序

世之盛也，天地之氣完而國家之澤厚，在朝在野，率多惇龎碩艾之士，服大德而享高年。士生其時，入則嫺父兄之訓，出見於鄉大夫鄉先生，則莫不勖之以德誼，加之以訓辭，容止可儀，作事可法，成人有德，而小子有造士之成材也不難。趙文子冠而見於諸大夫，諸大夫語之若是其詳。孔子適周而見老子，老子之言若是其盡。古人所以樂得先正先民而事之也。

微獨古也。成弘嘉隆之休，先賢風烈在人口耳者，至今可感思而誦法也。自滄桑以還，老成凋謝，典型不存。後生子弟，既罕明於大義，出而見於所謂鄉大夫鄉先生者，復不過以文章聲氣相汲引，富貴利達相期望，機智之相競，風尚之相靡，適足以增其羨艷，而速之刓方爲圓耳。欲有所切劘以成德器，豈可得哉！尚賴君子之澤未斬，深巖窮谷，耆德猶有存焉者，苟能從之游，未始不足以式頹風，扶絶學。而世人或忽而遠之，有志之士或想聞風采，而不得見，斯可恨已。

耒嘗久客江淮，周行燕齊趙代間，而見世道日澆，人材日下，間有名節學術卓然自見者，必先代之遺老也。不然，則其子姓也。不然，則其門弟子也。然而千里比肩，百年接踵，且日消日剥，以幾於盡，豈不惜哉！

今年，歸止吴淞，過海鹽何商隱先生所，見五老同壽引，慨然嘆爲盛事。五老者，毗陵丘維正、龍山董潛庵、吾邑計需亭、海寧陳乾初、嘉興周仲華五先生也。丘先生嘗參戎浙西，有功德於其人，人思之，立碑頌德。既而棄官，家邵灣山中，力耕自給，常擔糞過碑下，人莫知爲故侯。計先生潛心濂洛之學，教授里中，高節偉度，屢空自得。董先生嘗見其葬論，識卓義精。若陳若周，皆經明行修，大節皎然，不辱其志者也。五君子者，志趣同，年齒同，交游同，今歲同登七十。於是何先生告諸友人，同爲詩若文以壽之。嗟乎！商山之老，洛下之英，自古以爲美談。蓋當人材全盛之時，萃乎一方，登乎大年，猶甚難之。何况衰晚乃不出一二百里之間，耆艾濟濟，而且年齊德同，是盛世之所難而見之今日，海宇之所希而聚之此邦，得不詫爲極盛哉？

吴越之間，夙多君子，雖涉末流，節義學行之士，往往而在是，固前朝德澤之所培，正氣之不絶如綫者也。三十年來，零落殆盡，五先生乃巋然而特存，森然而競爽，所云碩果不食者非耶？後進之士，登其堂而睹衣冠之儒雅，訓辭之敦厚，得以想見高曾之規矩，進而扣其淵微，淑其風範，使人奮起效法而不自知，豈非壽考作人，爲後生無窮之慶耶？

耒生也晚，幸嘗側聞先民之緒論。五君子者，雖未獲盡見，而私心向往。於其同壽也，樂逢其盛，而思其不易得，故書而志之，并道乞言於長者之意。五先生肯進而教之乎否也？

沈介軒八十壽序

明萬曆中，高忠憲公與顧涇陽先生講學錫山，海内正人翕然宗之，有「東林」之目。熹宗朝，爲閹黨摧殘略盡。崇禎中，又有所謂復社者，實東林之徒爲之，重爲宵小所側目，見諸彈章。蓋朋黨之禍與國祚相終始。雖黨同伐異，君子不能無疵，而一時豪俊英偉之士，多在其中。迨於霜降水涸，多能以名節自立，可指而數也。

復社創自吾邑，婁東首與相應和。其時，先府君與沈介軒、吴扶九兩先生，實主持其事。三君之家，名賢輻輳，傾蓋班荆，文酒之宴無虚日，里人至今能道之。四十年來，兵戈疾疫，向時君子，淪落盡矣。府君與吴先生墓木既拱，惟沈先生巋然獨存，今年八十，猶康强健飯如昔也。莊周有言：「直木先伐，甘泉先竭。」故三君八俊之流，常與國俱盡。今先生獨能久存於離亂之餘，全其天年，而無中道夭，豈不幸哉！

先生家故饒於貲，所居有良田廣宅，背山臨流，約略如仲長統所云。以喜事結客，其家中落。既更世難，摧橦息機，戢影荒江之濱，課耕十畝，量晴較雨，與老農爲伴，求爲尋常無聞之人，而世遂罕能舉其姓氏。此夏馥、申屠蟠之倫，所以明哲保身者。先生不出户庭而能之，斯更難矣。

先生爲吾從姊之夫，以故與先府君尤親善。耒生也晚，不能記府君謦咳，幸及見先生，冀得聞前朝故事。而束髮出游，未獲歲時過從。今國家纂修明史，耒適在載筆之列，竊見天啓、崇禎兩朝國史殘缺，而稗官野乘記載雜出，往往失真。東林、復社之事，關係興亡，亦無能道其始末者。誠得先生促席一堂，條分縷析，某人某事，某年月日，詘十指而頓之，百年文獻，庶其有徵。惜乎先生之不可以束帛蒲輪致也。倘得拂衣歸里，將拜先生於榻下，爲十日之飲，懷鉛握槧，口詢而筆受之，如鼂錯之於伏生，其可乎？

先生誕辰，耒在遠，不能捧觴爲壽，聊致此爲祝嘏之辭。其或千載而下，傳逸民者，亦將有考於斯也。

盧景韓先生五十壽序

薦舉之制，尚矣！被舉者於舉主，爲師弟子，莫知其所自始也。揆之以義而安，準之以情而協，則未之有改者也。昔在漢朝，內而公卿，外而郡國，并得舉士。其舉之也，曰孝廉，曰賢良文學，曰茂材異等，皆論其節行，不惟其文采，綜其生平，不惟其一日。魏晉六朝，猶存此意。隋唐而降，始設科取士。爲主司者，操程式以試舉子，才高者收之，非能察其賢否也；猝然而臨之，非有推擇之素也。然而榮辱分焉，升沉繫焉，不勝感恩知己之思。其稱名也，固不可以泛。然而又德業足以相先，名位足以相長，則引横經之義而以師事之也固宜。夫不知其人一朝弋獲者尚然，而況昌言於朝，傾身推轂者乎？

漢魏人稱舉主，無明文。然觀州府辟召之士，終其身如君臣；則於薦達公朝者，宜加厚焉。今其生於今日，循循執弟子之禮，惟謹必也。自唐迄今千餘年，徵辟之典不數見。今天子加意右文，命廷臣舉閎通淹雅學行兼優之士。而諭德錢塘盧公，謬以耒應詔。公之知耒，自二十年前得之同學故人所稱道。而耒始得見公，則方爲孤童，在流離顛沛之中，未及申悃曲。比癸丑春，一登公之堂，旋即别去，僅如萍蓬之相遭。公通籍禁近十餘年，耳目所睹記雋異之士，不知其幾也。一旦削牘薦士，不及他人，而及疏遠草茅之姓名，竊不自解所以受知之故。耒以母老告辭，遲之又久，乃就道，而公不以爲怪。比來京師，杜門而處，未嘗干游大人，即公之門，有不數數詣者，而公不以爲嫌。蓋公爲國求人，欲得巖居志節之士，以風天下注意，在黄瓊、李郃之倫。以耒當之，有餘愧焉。而公見知之深，見待之厚，則同輩百八十人中所無有也。

耒愚且賤，生平自受業二三先生而外，不敢輒名他人爲師，見世之投贄公卿，曰師曰弟子者，心竊耻之。今而不敢自外於門墻，實以公之風節學術模楷一世，而國士之知有出於尋常萬萬也。今者屬公介壽之辰，不敢泛爲祝嘏之辭，敬述受知之始末，以志感激，且申舉主門生之義，將遍告諸同人焉。

謝丹楓先生七十壽序

明崇禎朝，入内閣者五十人，而德州相公以清節著。公久典銓衡，風裁峻潔，一時有「水鏡」之目。特立不附朋黨，在相位未久，齟齬以歸，天下惜公未盡其用。去公之世三十年，而吾師比部君，壯歲登朝，才名炳著，人咸知德州公有賢子。

顧公有介弟丹楓先生，節行長者，隱約里門，世或未盡知也。耒自己酉冬道過德州，懷刺見先生，因得登相公之堂，而知公之田園第宅，無改於其舊，圖書數千卷，庋置儼然，宗親賓客，以時造請，及門子姓兄弟，恰恰藹藹，門庭整肅，儼若公府。因念滄桑以來，高門世族，流離轉徙，莫保其舊，翹材之館，化爲車廄，平泉草木，孑然無存者，不知其幾也，而公家何以獨完如是？於是始知丹楓先生之賢爲不可及云。

當相公没時，比部君方在襁褓，特屬先生以撫孤。先生三十年來，内綜家政，外持門户，經營婚嫁，周旋宗黨，巨細萬端，殫盡心力，敬事寡嫂，諮而後行。比部君天資穎異，擇海内英雋爲之師友，撫教備至，以有成立。史稱謝僕射混既亡，從子弘微爲之經紀生業，事若在公，一錢尺帛，皆有文簿；迨遺息長成，而室宇修整，倉庫充盈，門徒不異平日，田疇墾闢，有加於舊者。由今以觀，先生至行，豈必減古人哉！

先生識度宏遠，知人善料事，具經世才，特以天資剛鯁，不能與世委蛇，故潔身不仕。以未所聞，殺賊僞官事尤奇。安德爲都畿要衝，相公門生故吏來過存，率杜門不見。經略洪公造門，亦不報謁。勇於爲善，疾惡若仇，孤行一意，絶無所撓。甲申三月，李自成入京師，德州亦陷賊。賊置僞州牧及防禦使。時相公久遯荒在外，先生不勝憤，率蒼頭健兒直入署，擊殺僞官。一時義聲，翕然震動河朔。南中傳其事出相公，其實先生爲之。賊且大至，屠德州。會興朝滅賊，賊潰去，乃已。大臣交薦先生，將予高官。先生固辭，竟不肯就。

嗟乎！流寇以蜂屯蟻聚之衆，蹂躪中原，名藩大帥，無敢出一矢相加遺者。先生一儒生，乃能擊之於方張極熾之日，義憤所激，奮不顧身，何其壯也！使賊所過郡縣，一如先生所爲，豈遂披猖至此？使先生委質策名，預人家國事，豈不賢於蒙頭匿身首鼠前却之徒萬萬也？然以相公之清剛，履大位而不得行其志。先生不改其操，縱登車綰綬，浮沉仕路，其能有所合於時耶？高蹈丘園，韜鋒掩鍔而不試，夫惟大雅，既明且哲，先生近之矣！

今兹庚申，先生年七十矣，神觀精明，起居强健。吾師與伯兄，保恒祝鯁，奉杖交申，子侄之敬，一門雍睦，舃履盈庭。迴思五十相公之家，豈無貴介昆弟，憑權藉勢，薰灼一時者，而今澌然盡矣。獨先生長在天壤間，享有茀禄壽考。於斯見清白之澤所貽者遠，而先生之所得於天，亦豈爲不厚哉！未既夙奉教於先生，復有門墻之誼，敬述先生不朽大節，以進一觴。蓋不敢以世俗頌禱之辭溷先生者，吾師之志也。

文心從兄六十壽序[一]

吾宗故居鶯湖平望里。宗人自高祖而分，皆近屬。當崇禎朝，三吴無事，吾伯父、吾父以文章行誼負盛名，聚子弟於家塾而教督之。諸兄并英年，嶄嶄見頭角。遭罹兵燹，宗黨散析，吾家始葺故宅以居，諸昆弟稍稍來集。吾生最晚，嬉游誦讀處，猶能記憶也。已，復散去，舊宅遂毁，吾始依長兄於韭溪。比長兄遭變，吾奉母依三兄於爛溪。既而轉徙不常，益困頓。久之，卒歸溪上，而三兄髮鬖鬖且老矣。追惟四十年來菀枯聚散之故，可勝嘆哉！

三兄，吾伯父之仲子，天性淳篤，宅心仁厚，即之藹然，恂恂退讓，有婁師德、張公藝之風。先有田宅足自給，中年家益落，不能自振，懷抱廓然，焚香掃地，嘯歌自若。嫂顧夫人，才而賢，操家勤儉，嫁三女、娶二婦，不以累。吾兄布衣，操作恬如也。吾兄弟行，今在者，三兄爲長。兄少受業於吾父，兄子震又受業於余，兩人尤相親愛。始余窮厄時，兄獨割宅以居，偕嫂氏奉吾母如母。余今通籍，官禁林，而無纖毫效力於兄，每用自愧。明年，兄齒六十矣，嫂亦齊年。而余官京師，不獲拜趨爲壽。追惟諸父諸兄并高才遠志，壽無及五十者，而三兄已登六帙，家雖貧，幸强健，子女滿前。得於天者，有豐有嗇，無亦乘除消息之數然耶？抑齒落而舌存，筆夭而硯壽，有類於昔人所云耶？

兄生天啓甲子，吾宗方全盛。二十年來，流離瑣尾，極矣。盡今癸亥，天道六十年一周，吾族其將復振乎？未可知也。夫門祚之昌，由於人材。人材之盛，由於學問明而行誼篤。鳩宗收族之法行，而人材不可勝用。今則泛泛然，如蘋萍之浮於江湖。其何以能自立？吾見北方大姓，猶有聚族至數千百指者。獨吴越間，不少概見。吾族既寥寥無多人，其何忍復使之仳離涣散！異日者稍有餘資，脱不能還鶯湖故里，則當買田爛溪之濱，與二三昆弟同阡共陌，課讀勸耕。而吾兄嫂以黄髮老人婆娑其間，見子姓之多材，家門之興起，不亦善乎！書而貽諸震，其爲余進一觴焉！

【校記】

〔一〕文心從兄六十壽序　清康熙四十九年增修本遂初堂文集目録題作「從兄文心六十壽序」。

戚元公八十壽序〔一〕

今之論門第者，吾知之矣，科第幾人，仕宦幾輩，則以爲世家望族焉。今之論人物者，吾知之矣，名位崇隆，勢焰薰灼，則以爲通人達士焉。然是富貴利達，皆外至之物，於人無加，而或適足以爲累。潢潦之水，一發而無餘，孰與源泉之涓涓？拱把之樹，春榮而冬槁，孰與孤根之植立？誠觀其遠者大者，而不爲目前之規，庸知人之所貴，非天之所賤耶？一日之不足，非千秋之有餘耶？

吴中土薄水淺，無數百年之家。平望蕞爾市墟，尤鮮世族。唯吾宗自嘉靖朝以科名顯，王氏萬曆中嗣興，號稱故家。而清素相承，世有潛德者，則推戚氏。戚氏家鶯湖上。自守溪翁以齒德賓禮於有司，每月朔望，深衣危坐，講讀鄉約，里中尊而師之。其嗣雪樵山人，善詩，多藝能，與先曾大父及王儀部善，勸之干謁，則不可，人服其介。今元公先生，山人孫也，少著文望，有聲膠庠；中更世亂，隱居教授，四十餘年，著籍弟子無慮百數，經明行修，規言矩步，鬚眉皓白，衣冠儼雅，望而知爲先民長德也。自戚氏上世，皆享高壽。

歲在丙寅，先生年八十矣。次年丁卯，先生配潘夫人，亦年八十。而先生子元將及其婦，亦皆年五十。先生又有兄君節，年八十有三，尚矍鑠健飯。於是歲之初吉，親朋咸會，升堂稱慶，賓觴而酌先生。先生以奉其兄賓觴而酌元將，元將以奉其親；先生酌而酢客，元將操匕箸以從；元將酌而酢客，元將之子奉羞餌以從。賓主拜於户，祖孫父子拜於堂，婦姑母女拜於室，小大欣欣。斯可謂天倫之至樂矣！

滄桑以來，世變多故，豈無冠冕蟬聯鐘鳴鼎食之家，流離蕩析，後裔不可復問者？而戚氏門閭無改，譜牒井然，子弟田疇勿替。詩書之澤，又豈無英聲茂實，照耀一時者，率多凋傷夭閼？而先生如勁松嚴柏，巋然獨存。蓋戚氏以清儉儒雅壽其宗，而先生復以寧静恬愉壽其身，秉德不回，自天佑之，非偶然也。

先生少府君一歲，爲硯席交。先生爲吾宗之婿，余從兄女復爲先生子婦。兩家重親世好，非一日矣。念吾諸父諸兄皆康强早世，享年或不能半先生今日者，登先生之堂，爲先生稱壽，不禁愴然以感。而猶幸典型尚存，風流未墜，得拜先友於榻前，不啻操几杖而聞謦咳也。故爲之追論世德，以及交好之詳，庶異日志先哲者或有考焉。

【校記】

〔一〕此篇亦見於中國國家圖書館藏潘氏手稿本遂初堂稿丁卯卷。

徐俟齋先生七十壽序

達天德，盡人倫，之謂道。忠孝廉節，其分見而異名者也。非忠孝廉節，則道不行。然世固有忠孝廉節，而未能合道者。一時之慷慨，一事之奇特，亦足成名。顧或勉焉而不能安，暫焉而不能久。惟夫從容中道之君子，於是數者，若服食寢處，終身由焉，而無時暫離。若夏葛冬裘，隨時措之，而無所用意。斯卓然曠代之人師，而非奇節獨行之流可同年語矣。

當崇禎末，吾吴徐文靖公，以大忠立臣極。其從容就義，實合乎道，視他人之忠有加焉。吾師俟齋先生，爲公長子，早登賢書，遵公之訓，體公之志，遯迹深巖，土室樹屋，與世隔絶，終始一節，不磷不緇，天下稱忠孝者歸焉。賣箬畫蘭，非力不食，藜藿不糝，人莫能强以一錢之饋。守約固窮，四十年如一日，天下稱廉節者歸焉。人之望之，率如天半、龍門不可梯接，以爲是孤高峻厲人也。然此特其迹耳，未足以概先生。

先生學醇而德完，外介而中和，坦夷粹白，浩浩然，落落然；清而容物，未嘗以己律人，刻厲之行不存乎躬，矯激之言不出乎口；學識冠世，而不輕臧否人物，文章言語妙天下，而寸長一善，獎賞如弗及，行高當世而勤求寡過，譽滿天下而恒耻過情。自滄桑以來，不乏高隱之士，然或遺榮而未能遺名，避世而未能忘世。於是乎有振奇吊詭之行，於是乎有牢愁憤激之辭，輕者以傷生，而重者以掇禍，皆不得爲中庸之道。惟先生也，威武不屈，富貴不移，譽言不喜，毁言不懼，世事萬變於前，而無所動其心，憂患轗軻，極人世難堪之境，而翛然不改其樂。是謂盡倫盡性，以身體道者。方諸古人，申屠蟠之明哲，郭林宗之高朗，陶元亮之冲和，殆兼而有之。而世第以謝皋羽、鄭所南之流相比擬，則淺之乎知先生矣！

夫仙掌一石，蓮花一峰，非不高也，而自全岳視之，則不見其高。瞿唐一峽，牛渚一磯，非不奇也，而自大江視之，則不見其奇。先生其爲嵩華乎，不爲一峰一石乎！其爲江河乎，不爲一峽一磯乎！

今兹辛未季春，先生壽登七十，通門義故，多捧觴致詞稱壽。耒不敏，竊以先生爲完節不朽之人，固將與文靖公同炳日星而光史册，以千秋百世爲壽，固不在乎大耋期頤。而大冬嚴雪，天將留不食之果，爲生人根蒂，其必使之享大年臻上壽，亦無煩頌禱者。獨惜世人稱述先生，未足窺先生之藴，故就所闚測者質言之。庶令百世而下知先生爲依乎中庸之君子也。

錢飲光八十壽序

自昔人有立言不朽之論，而士之不遇於時者，多藉文辭以傳。文之爲物，不金石而堅，不江河而流，其力能使作之者與天壤同壽。然古今來盡心於文辭者，不知凡幾，而卓然名世者，可指而數也。或傳或不傳，其故安在？

夫子曰：「辭達而已矣。」昌黎云：「唯古於詞必己出。」夫唯必己出而後能達，必達而後能行。遠古之爲文若詩者，皆有獨至之見，孤行之氣，不可解之情鬱於中而宣於外，縱横高下，一一從胸襟流出，浩乎沛然，無施不可。今也本無所見，而尺寸規模古人，徒依仿其音節，揣摩其波瀾意度以爲工，離是而索其所以爲文者，枵然無有也，欲不速朽，得乎？

桐城錢飲光先生，當世所推賢人君子也。余得其田間集讀之，嘆其能自樹立，迥異於世之爲文者。先生少負雋才，遭時轗軻，浩然獨行其志，間關轉徙，備嘗人世之艱難，中有感慨，一一發之於詩。其質直真摯，如家人對語，未嘗稍加緣飾，而情事切至，使人欲喜欲悲，不能自已。至於論議古今，指陳得失，皆有卓識定見，著爲文章，明白暢達，曲如其意所欲出，意盡而止克如也。屬辭下筆，未嘗依傍古名家，而神理自與之合，唯其胸中有不可磨滅者存焉，傾而吐之，無不如志。斯可謂能自己出矣，斯可謂能達矣。必傳於後，何疑焉！

今兹先生年八十，精明不衰，來游吴下，吴人士争以文詞壽先生。余謂先生固不僅藉文章以不朽，然先生隱而有名，顯而無迹，其才與志，非詩文莫之見也。讀其詩文，而先生言之所及者可知，即言之所不及者亦可知。奕世下想見其風流，猶將旦暮遇之，則先生固千百年人也。期頤大耋，曷足道哉！請以是爲先生壽。

沈兼人六十壽序〔一〕

司馬子長作游俠傳，於布衣之雄，稱譽之不容口。而班孟堅力反其説。馬伏波倜儻人也，亦以任俠戒其子弟。昔賢所見不同如是。余謂古來俠士，自有二種：輕財養士，植黨樹權，能生人，能殺人，如朱家、郭解之徒，謂之豪俠。義勇所激，奮不顧身，畢智竭能，脱人於險，如孫賓石、吴保安之流，謂之義俠。豪俠者，氣矜之隆，其流爲背公死黨，盛世所不必有也。義俠者，烈丈夫之事，專於濟困扶顛，衰世所不可無也。

余年十八，亡兄蒙難，嫂侄北徙，思爲存孤計，尾其後以行。時同行者，爲沈君兼人，亦以所親罹禍，謀存其孤。余稚且弱，抵燕山，見事不可爲，力盡而返。兼人强毅，能辛苦，獨冒兵戈，踐冰雪，走絶塞數千里外，設奇運策，卒如其意所欲爲。嗟乎！士平居意氣相許，宜若可托死生。一旦有難，褰裳遠引，惟恐沾濡，疾聲呼號，不一援手，救者比比皆是。兼人於其所親，非有骨肉之分，金蘭之好，特不忍其破巢毀卵，見義勇爲，赴湯火而不恤，成事而還，終身無德色。此所謂義俠者，非耶？

余既孱弱無能爲，亡兄知交遍天下，竟無一客緩急可使如沈君者，遂使兩孤兒長淪絶域，生死不知。此余於沈君愛之慕之，恨同行時知之不盡也。君歸，躬耕湖濱，種瓜鋤菜，粥粥若無能者，絶口不言往事。里中兒或陵轢之，輒逡巡弗與較，尤爲善藏其用。今年六十矣，精悍之色，猶在眉宇。脱遇知己，侯嬴、田光不難爲，惜世無知之者，使老於田間，可嘆也！雖然，魚腸青萍，屢試必缺，孰若庖丁善刀，而藏十九年猶新發於硎乎！君之韜奇不耀，乃所以盡年，而莫之傷者也。一龍一蛇，老氏之學，君殆知之矣。余久欲爲君作傳而未果，因君介壽之辰，聊書梗概，雖君之隱德不欲聞於人，無使其無傳焉。

【校記】

〔一〕沈兼人六十壽序　潘氏自刻本遂初堂集文集卷七題爲「沈兼人壽序」。

尤悔庵八十壽序

古來文人，既負當世重名，而能履高位，享大年，身名俱泰者，歷稽載籍，蓋無幾人。自司馬子長有窮愁著書之説，歐陽永叔有窮而益工之論，近世王元美作文章九命，至舉人世轗軻之事，悉屬諸文人。是豈天之獨薄於文人哉？亦人之取於天者太奢而致然也？

今夫高才大名與膴仕厚禄二者，皆天之所甚靳，而不輕與人。既得於此，而復鋭意乎彼，則天人交忌而殃咎及之。故夫專精於富貴利達者，不惜舉語言文字之習割而棄之。其不能割者，則必恬於榮進，淡於聲利，薄取而勇退，知足而無求，然後造物者不怒，而或陰厚焉。人生所最難得者壽，而文士尤難。古來惟陶淵明、白樂天、陸魯望、王盧溪、陸放翁、楊鐵崖、王仲山、皇甫子循數人，得享高壽。迹其生平，皆冲恬清素，不汲汲於榮利者。則天之所相，蓋可知已。

吾吴尤悔庵先生，少負絶異之姿，文章雋妙，每一篇出，輒傳誦人口，名聞九重，先皇帝有「才子」之目。然仕宦不遂，一爲永平司理，既罷歸。家居二十餘年，著述益富，聲望益隆，西堂雜俎之刻，流播人間，不啻鷄林之購白集，番錦之織梅詩也。

今天子求大雅宏達之士，召先生入禁林，備顧問。明史局開，監修大臣，故出先生之門，纂修者多載筆就正。天子亦重先生老成宿名，駸駸嚮用，而先生天情蕭遠，絶無意於進趨。比賢子慧珠踵武入詞林，益浩然有歸志，分撰畢事，决意乞休。一時祖送者，皆咨嗟歎羨，以爲不可及。家居又十四五年，慧珠亦已爲禁林宿望，請告歸省，而先生年登八帙，精明强固，一如壯盛時，賦詩屬文無虚日。人謂天之畀先生者獨優，而不知惟其取於世者廉，故集於躬者厚也。以先生之才之遇，遷延少需，何難坐致華要？然人皆褰裳，我獨却步；人方發軔，我已懸車。老氏云：「知足不辱，知止不殆。」孰謂先生文人？蓋進乎道矣。

試問此十五六年中，宦海之風波，仕途之翻覆，不知其幾。向之横翔直上，震炫一時者，既已光沈響絶。其巍科顯秩，富於春秋者，亦多蘭摧桂隕。而先生休有譽處，後凋不食，巋然爲魯靈光。以彼易此，未知其孰得而孰失也。

以耒之駑下，獲與先生同升，奉教之日久，不能見幾明决，至麾之而後去，爲有愧於先生。然而竹素之娛，林泉之癖，與先生有同好焉。敢述先生之高懷深識，齊踪古賢者，以爲先生頌。比聞先生方研窮禪理，究極心宗，則夫外形骸而獨立，超天地而長存者，更自有在千秋不朽，猶未云壽，而况其他哉！

木崖宗兄八十壽序〔一〕

人生上壽百二十年，下壽六七十。當身之所祈求，他人之所較量，相去不過二三十年止矣。惟文人力能造命，有不與世人同其修短者。世人之壽，非吾所謂壽也，文傳斯壽矣。世人之夭，非吾所謂夭也，文不傳斯夭矣。姬公之誥，孔父之書，與天地同壽者也。莊騷之子，馬班之史，壽千百世者也。韓歐之文，李杜之詩，大椿冥靈也。藝文志所載有録無書者，蟪蛄也；律賦行卷，噪一時而旋消歇者，蜉蝣也。其間又有遇不遇焉：長慶之集播於鷄林，昌谷之詩投於厠溷，是也。有幸不幸焉：謝莊千篇，王筠百軸，不幸而無傳也。黄鶴一篇，「楓落」一句，幸而傳也。昌黎、少陵，唐末不推，至宋而大顯；劍南、石湖，元、明不數，至今而盛行，始屈而終伸也。梁陳艷冶之體，西昆穠麗之作，當時矜尚，後世無稱，先顯而後晦也。徐、庾、燕、許之文，郊、島、皮、陸之詩，或臧或否，乍塞乍流，隨人世爲升降也。是故文人以千秋百世爲壽命，而功名富貴之徒無所預焉。此之一日，不啻當彼百年耳。

吾潘有安仁、正叔，而後代有文人，若逍遥、邠老、德久、道輝、蒼崖、松溪、仲文、無隱諸公，班班有聞。其在於今，則桐城木崖先生，實爲稱首。先生幼稟異姿，有聖童之目，十齡升庠，九試不售，而才名滿天下。文筆無所不工，尤長於詩，凌厲古今，陶冶萬象，才大而格老，思深而詞達，指事諷諭，有古風人之遺。緣情寫境，婉而不靡，直而不肆，彬彬質有其文。至於排比春容，驅使精切，百韻千言，宏深演迤，如大匠之構厦，良將之勒兵，運用無方，而尺寸不失法度。蓋格律數變而卒歸於大雅，醖釀百氏而自成一家，當吾世而詩篇必傳者，非先生其誰哉！

古來才人，多跌宕不羈，輕世肆志。而先生天性淳深，篤於行誼。少孤，奉母至孝。母老，力以節請，得旌於朝。兩弟皆夭，撫恤孤嫠，曲盡恩禮，析産取瘠薄者。母有遺田，均與諸姊妹，嫁孤女如己女。與人交，罄竭肝膽，表章先民，汲引後進，孜孜如弗及。選次龍眠風雅，闡幽表微，不遺餘力。密姻厚友，貴爲公卿，未嘗往謁。欲薦諸天子，輒以親老辭，當事敦緇衣之好，絶不干以私。窮老不遇，未嘗怨尤，屏居林野，學圃課耕，蕭然自得。

蓋其詩格則梅聖俞、陸放翁之亞，而人品則元次山、司空表聖之間。此非一人之私言，天下之公言也。

古作者有盛名，而集或不傳，不得其故意者，豐於才而薄於行歟？抑遭逢太盛，得此失彼，乘除之數當然歟？今先生之文辭，既足以不朽矣，而品格行誼，又卓絶如是。且使之沈淪田間，隱約以老，是固天之有意曲成之，將以嗇其禄位而昌其文辭也。其傳之久且大，又何疑焉。

今兹戊寅，先生年登八十。人謂文人例不得壽，其享大年者，載籍不過數人。今先生既登大耋，而精明强固，壽未有涯，以爲希有之瑞。余謂若先生者，當論其慧命，不當誇其世壽。彼將爲千秋百世之人，其視期頤猶旦暮，彭祖猶殤子也。而世特震而驚之，不已陋乎！以末之譾劣，先生不鄙遺而弟畜之。年來，令子括蒼爲學博於吾郡，得數問起居。兹因其歸祝，而以蕪詞爲獻。兄如有意念弟，不可獨不朽，惟惠教而策厲之，俾同游著作之林，不亦善夫！

謹書此，以附乞言之誼。

【校記】

〔一〕木崖宗兄八十壽序　潘氏自刻本遂初堂集文集卷七題爲「木崖宗兄八十壽序」。

宗叔雲從壽序〔一〕

今天下無所謂良吏也，巧宦而已矣。科條教令，粲然可觀，簿書期會，一切治辦。善事上官，先意承指，得其歡心。士民之桀黠者，羅而致之，使爲我用。過客之能爲短長者，賓禮之，使爲延譽。權門要路，主一二人焉，以爲奥援。無何，而中外交薦，遷擢聯翩。何其巧也！若夫悃愊無華之士，殫心職業，砥節奉公，而名譽不彰，褒録弗及，甚且沉淪坎坷，救過不暇，豈非直道之難行，而拙鈍者難爲吏耶？雖然，吾儕束髮受書，每見古名臣事迹，慨焉企慕。一旦有民有社，而操其柄，何忍以區區得失，易吾初心？就使巧者百得，而拙者百失，猶不當以彼易此。又況脂車炙轂者，亦時時馬驚車敗，而函牛之鼎，亦終升於清廟。故曰：「大巧若拙，大器晚成。」至哉言乎！

吾叔雲從君，自少苦身力學，奮取科第，文望籍甚。主者有意援入中秘，而君漠然若不知者。需次里中十餘年，未嘗游行干謁。筮仕爲葉令，值荆楚用武，葉爲過師要地，羽書旁午，芻茭糗糧，供億無虛日，枕轡而寢，席鞍而食，獨身爲民保障者三年。奉諱歸，起補蜀之閬中。復爲閫帥駐節處。值蜀道初開，禁旅往還，晝夜繹騷，君勞苦如葉，而貧困加甚焉。事甫定，遷守登之寧海。寧海故以磽僻聞，今則時移俗易，上下棘礙，有不可勝言者。語云：「不遇盤根錯節，不見利器。」天殆以艱難繁苦之地歷試君，而君處之不頓不撓，濟屯紓難，確然行古人之事，不以窮達利害變其所守。每下車，輒盟於城隍神，妄取一錢者，有如日懸魚飲水，表裏若一，苞苴請托，屏絶不行。三歷官而家無百金之産，爲先人買地，十餘年不克葬，可謂廉潔矣。拊循瘡痍，招集流散，拯貧起瘠，視民如子，貸官錢以佐民急，募農師、買農具以勸民耕，可謂慈惠矣。驕軍悍帥，横身搘拄，儲峙供帳，倉猝立辦，金戈鐵馬之中，環顧肆應，身不告勞，民不知擾，可謂材能矣。然而上官未盡知，紳士未盡悦，十人喜之，不敵一人之怒；百人譽之，不抵一人之毁。以故通籍三十年，位不過州守，考不過稱職。往時同登第者，内或至卿貳，外或至督撫，而君沉淪自如，斯無他巧，不足故也。君曰：「拙之爲病，久矣！吾習而安焉。行年已長大，欲勉而爲巧，勢所不能；巧而得美遷大官，亦所不願。」耒以是知君誠良有司，誠篤行君子也。

夫拙固不適於時，而自古名臣良吏，恒必由之。史傳所載，如汲黯之戇，朱暉之强直，楊震之清白，魯宗道之骨鯁。夫獨非拙耶？且亦有以拙見褒顯者。如董宣之見稱强項，劉昆之見美長者，胡威清畏人知而晋主知之，趙抃一琴一鶴而宋帝譽之。夫非拙之效耶？拙亦何負人，人第不能拙耳。君風操如是，治行如是。聖天子方加意吏治，明目達聰，庸詎知不垂特達之知，褒美超遷，驟邀異數耶？庸詎知千載而下，無子長、孟堅史筆傳寫其風烈赫赫如古人耶？久絀者必驟伸，晚登者必豐穫，吾於君有徵焉耳矣。

今兹季春，爲君六十壽辰。親族多走東牟稱壽，耒不敏，謹述君居官持身大節，以爲知君者，宜莫如耒。夫耒固宦途之尤拙者也！

【校記】

〔一〕宗叔雲從壽序　潘氏自刻本遂初堂集文集卷七題爲「雲從宗叔壽序」。

話儀宗兄壽序〔一〕

今天下作吏之難，蓋莫難於爲令矣。上之責成乎下者，層累節次，至縣令而止；下之供輸乎上者，繭絲牛毛，自縣令而始。取於民者無藝，而禁於法者甚嚴。文罔密於秋荼，驅令入乎其中，而臧否黜陟，唯大吏喜怒之所在。令於此時，能潔己自愛，皭然不淄，固爲賢矣。不能剸繁理劇，興利除弊，於民猶無濟也。即强直自遂，不阿上官，亦易易耳。不能彌縫匡救，負氣恃才，動與相左，僅博直聲以去，於國事亦奚補哉！故爲令之吏者，必有胡威、劉寵之清廉，趙廣漢、虞詡之精敏，杜預、陶侃之綜練，陸賈、叔孫通之圓融，直不疑、婁師德之忍耐，然後可以獲上治民，勝其任而愉快。嗟乎！豈不難哉！

八閩在嶺外，去中州絶遠，令率苦其官，而民亦多苦其令。唯吾宗兄話儀君之令長汀甚久，上下稱賢無間言。其爲人也，慤誠明敏，内介而外和，少有志聖賢之學。既從仕，奮欲試之於民。初佐光州，宰會寧，皆有異政。補任長汀，蓋十年於兹矣。汀州去閩省千里，接壤贛潮，地瘠民龐，號稱難治。郡凡八縣，長汀爲附郭，朝夕候上官起居，上官有新令先下之長汀，有意指先示之長汀。胥吏窟穴爲奸民，喜訐訟，其黠者率能餌官府而把持之。君習於吏事，不用幕客，據案削牘，吏拱手受成，不得出一語，訟牒盈廷，多温言勸解，不得已付三老。平亭之須自理者，片言立決，民無鈎金束矢之費。恤民如子，寓撫字於催科，雖上檄交馳，亦必權其緩急，節布而時斂之，出入收受，令典藏吏自封識，官無私焉。即有非時徵調，嘗委曲通融，事集而民不困，亦不窟於文法。既清白著聲，豪民猾吏，無所覬覦，其間多革心向化。於是賓禮高年，優恤煢獨，崇儒重士，勸學興賢，久之而田疇日闢，獄訟日稀，盜賊日少，蓋邑幾於無事矣。

爲令數年，所更上官凡幾，寬猛明闇不同。君事之以誠，格之以理，皆能得其歡心。教令有不便者，嘗力争之；争之不得，或逢其怒，加以不堪，輒怡然順受。久之而上官知其愛我也，多降心從之，所裨益不少。即上官自相齟齬，亦能多方調劑，使之釋然交歡而後已。惟其一意保民，真心任事，故不爲赫赫之名，不立錚錚之概，而實惠及民，厚德被物，宜乎上臺信之，同僚親之，士大夫交口頌之，下至輿夫走卒，亦愛戴之，無異詞也。

去年冬，大計群吏，閩人公論謂循卓必當屬長汀，長汀士民亦謂令君必當首薦矣。乃通國譽之，一人毁之，竟以中止。夫一時之官評，亦何足重輕？而直道在人，有確然不可泯者。萬户之口碑與十行之薦剡，所得孰多？君固不以升沉榮辱介意，而年力方盛，歷俸既深，循資以往，亦當旦暮遷擢，縣令所稱盤根錯節者，既已沛然有餘，異日爲監司牧伯，直迎刃而解耳，尚何難哉！尚何難哉！

耒性硜鄙，不妄交人。向在禁林，南城企泰叔由庶常授黄門，實爲前輩，得申族屬之誼。君則黄門之從子也，而又最賢。耒游於汀，備聞善政，私心敬慕，故敢附雁行之末。今兹孟夏，值君誕辰，輒爲介壽之辭。其言質而不誇，蓋汀人士之志也。

【校記】

〔一〕話儀宗兄壽序　潘氏自刻本遂初堂集文集卷七作「長汀令壽序」。

更庵宗兄七十壽序〔一〕

傳曰：「國於天地，有與立焉。」惟家亦然。名宗大族，所以久存而弗替者，其祖先必有深仁厚澤爲之根柢，子孫苟能溉而培之，自當浸昌浸熾。而非然者，本將先撥，枝何賴焉？今世所謂通人才士者，大都淬鋒礪穎，飈馳電騖，以取高官，掇厚禄。其光焰未嘗不震耀一時，而元氣或損，則蕣花朝菌，君子亦無取焉。惟夫端重清恬之士，處實而去華，居厚而辭薄，見謂遲鈍拙呐，而潛滋陰益於本根者弘多，保世滋大，恒必由之。徵諸史傳，昌王族者弘儉、琨裕，而不在僧達、元長之流；亢謝宗者安萬、瞻述，而無藉靈運、玄暉之輩，概可知矣。

吾潘在大江南北者，多祖全孝公。公居烏程之孝里，傳世千餘年，乍興乍替。至司空公而大顯，治河著績，爲明宗臣。司空之弟太史公，子水部公，孫比部公，從孫中丞公，世濟其美。迄於今，科第蟬聯，子姓繁衍。末忝族屬之末，歲時過從，入其閭而風尚敦龐，不事紛華靡麗，登其堂而長幼雍睦，禮讓相先，入其室而左圖右書，稱先則古，絶去浮誇佻巧諸世態。於是知孝里家法之淳，貽謀之遠，其久而不衰，衰而復振，有以也。

吾更庵長兄，比部之孫，少有雋才，文譽籍甚。年二十餘，即登上第，人望之若威鳳雕龍。而兄温温抑抑，不以年地矜人，不以才華傲物，立心常依於慈，接物常依於厚。筮仕青浦令，一以古道治民，寬其力役，緩其征輸，平刑簡訟，潔己奉公，民愛之若春陽慈母。以不善事上官，拂衣歸里，年方壯盛，而恬然無出林之思，掩關却掃，勸耕課讀，不預人事，不干有司，樂道安貧，四十年如一日，豈不賢哉！

原泉之水，不溢不枯，曲折紆徐，安行以入於海。夏潦秋霖，客水暴集，奔騰浩瀚，一涸而索然無餘。以兄之英聲茂實，稍稍刓方爲圓，何難横翔捷出，驟致通顯？而寧爲彼不爲此，是固先人積累之厚，乃以科第予賢子孫。而兄之清修懿行，正所以栽培世澤，而引之弗替也。繼自今，深培厚溉之不已，延於世世，孝里福澤，豈有涯哉！

今兹壬午孟春，兄年登七帙，族黨姻戚，群集稱觴，以祝嘏之辭屬末。惟兄含光藴樸，與道合真，精明强固，不減壯盛，期頤大耋，有自致之理，無煩頌禱。謹叙兄生平梗概，以爲宗黨子弟異日遭逢，或當勝於吾兄，而存心制行，必不可不如吾兄。由兄之道，壽國壽民可也，而況一身一家哉！

【校記】

〔一〕更庵宗兄七十壽序　清康熙四十九年增修本遂初堂文集目録題作「宗兄更庵七十壽序」。

王郡丞壽序〔一〕

今天下可謂治平矣。薄海内外，無思不服，國家無有大兵大役之事，四方無有寇盗水旱札瘥之虞，宜乎家給人足，皡皡熙熙。然而民力殫竭，十室九空，士嘆於邑，商愁於道，焦然無樂生之心者。無他，官方不講而世無廉吏故也。課吏之法何嘗不急？廉人亦孰不知廉吏之當爲？然而黜陟之公，常不勝愛憎之私。考績之章上，所舉者未必皆廉，所劾者未必皆貪也。舉不必廉，人何苦而爲廉；劾不必貪，人何憚而不貪。如是，而民病矣。舉不必廉，而舉之之辭必曰廉，於是有術焉以緣飾其廉。劾不必貪，而劾之之辭必曰貪，於是有道焉以掩護其貪。而民愈病矣。

余嘗游行天下，聞某所有一廉吏焉，上官稱之，寮友譽之，徐而質諸通國之口，未必然也。又聞某所有一廉吏焉，士大夫稱之，輿夫走卒頌之，徐而質諸窮鄉細民，未必然也。已矣乎！將世衰道微，矯廉飾潔之人已難得，而真廉實潔者其終不得見乎！

茲來游閩，於福郡丞王君仲千有異焉。君爲人，外和而内剛，志堅而守定，居官强直自遂，聽斷一準於理，無纖芥私，是是非非，執法如山，雖大權大力，莫能動摇。民間有寃久不白者，困於豪强猾吏，力不敵者，必訴上臺，求下福郡丞。下福郡丞，則無弗得直者，慕義若渴，疾惡如仇，見佳吏譽之不容口，貪污者排斥無所假借，官不過郡丞，而隱然有攬轡澄清之志。異哉！斯古之廉吏，非今之廉吏也。今天下而欲大治，則必激濁揚清，實行勸懲之法，如齊威王之烹阿大夫而封即墨，漢光武之獎廉，明太祖之誅貪，庶乎其有濟。劉寵、楊震，世無其人。幸有皭然不滓如王君者，舉一風百，斯其選矣！

於其誕辰，書此以贈。蓋郡人士之所欲言也。

【校記】

〔一〕王郡丞壽序　清康熙四十九年增修本遂初堂文集目録題作「王仲千壽序」。

龐雪崖壽序

天下升沉進退，窮達壽夭之數，莫不有命存焉。而人膠膠擾擾，舍其本然之有，而與物競，終於無所得，蓋惟不安於命，而遂爲命之所拘。達人君子，盡其在我，而無慕乎外，舉榮辱利鈍，一聽之天，攀緣馳騖，一切不爲。及其德成節立，造物常爲之默移。蓋唯能安於命而始不爲命之所囿。此理非不昭著，而人之恬然自守，淡然無營者甚希。余於是不得不服膺吾年友雪崖龐君矣。

君少而穎異，舉於鄉，才名籍甚。被薦入禁林，改官中書舍人，歷工部、户部曹郎，出守建寧郡。其爲史官也，潛心稽古，不涉世事，體素清羸，若不勝衣，群居囂囂，若無能者。賃居僻巷，盡日掩關，真所謂經其户閴若無人，披其帷其人斯在者。足迹未嘗及權要之門，知者以爲清恬，不知者以爲簡傲，遂不能久居清班。君不以寵辱介意，就補舍人，閑散無事，益肆力爲詩文，講求性命之學。比遷部曹，漸煩劇，而君淡静如故，夙夜在公，勉盡職業。至涉貨利，則纖毫無所沾染，禁切僮僕不得與吏胥交一語，亦無尺帛饋堂上官。遇考核屬員，人輒爲君危。君閉户嘯歌自若，曰：「得失有命，吾朝罷官，夕策蹇歸矣。」然索君瘢不可得，卒無以去君。而公卿有識度者，顧以是重君，交口稱譽，聲望日起。君學亦益進，詩文亦益工，卓然與古人爲偶。秩滿，遷守大郡，人或爲公賀，君亦處之恬然，曰：「吾猶故吾也。視典郡爲郎，與史官舍人無少異。視爲布衣諸生，亦無少異也。吾盡吾職、安吾分而已，他何知焉。」嗟乎！士平居驕，語學問處境，一有順逆，輒怦怦焉動其心，鮮不與世波靡，喪其所守。而君履道安貞，始終一節，以静勝躁，以拙勝巧，非中有獨得，而能如是哉？

耒與君别十餘年，其清操雅度，信之素深。所懸念者，君向善病，體瘠面黄，食不盡一器，今齒加長，恐益見衰相，又未嘗爲外官，恐不耐煩劇。建寧大郡也，八邑之事叢集，或淹滯是虞。以粤游將歸，便道相訪，入其境而輿誦翕然，睹其貌而神采盎然，語終日不倦，問其政事而案無留牘，盤根錯節，迎刃以解，爲之驚喜嘆服，殊恨向者知君不盡也。

通籍以來二十餘年，人事之變遷多矣。屈指同人零落者過半，在仕籍者無幾人。使君在翰林時，淬鋒厲鍔，才譽赫然，亦未必不斥斥，且未必不早使爲部曹。時懲前之冲約，而濡足權門，褰裳利路，亦未必速化超遷，遷亦不過方面而止，然求其所以爲雪崖者，無有矣。君唯安於義命，盡我所當爲，而人之位置我者，無容心焉。心常泰定，不以外傷内，不以人損天，故羸者以旺，不足者以充，而心清理明，則事之煩者以簡，難者以易，治大國若烹小鮮。從此以往，不惟年壽無涯，而官階所至，亦未可量。豈非君能立命，而命不能域君哉！

今兹孟夏，值君六帙，懸弧之辰，邦人士争躋堂稱壽。惟君之文章政事，皆足千秋不朽，而余獨述君之性情標格以告人，以見君之無入不自得者。蓋於道有聞非尋常才士所可企而及也。

王太夫人壽序〔一〕 代

睢陽王君公垂既成進士，入翰林。越明年春，將爲其母夫人稱六帙之觴，乞文以壽。余惟羔羊之詩，小序以爲鵲巢之功所致，蓋嘗疑其説。既而思之，羔羊之所爲美者，在乎節儉正直；而節儉正直，非君子之所能獨爲也。士大夫服官於朝，有不遑庇其家者，而梱内與梱外之治，恒相表裏。内有交讁之聲，則外有窶貧之嘆；内有辰碩之德，則外有燕譽之休。中世士夫，以家道轗軻之故，而損官方，毁清節者，蓋亦多矣。惟夫鵲巢之化行，而采蘩之夫人能不失職，采蘋之大夫妻能循法度。能不失職而循法度，則家政修而内治肅。其於節儉正直，有勸相之道焉。夫如是，謂羔羊之美本之鵲巢也，亦宜。

公垂之尊甫學憲公，敭歷郎署，典司文衡，清修懿節，卓卓在人耳目。由今觀之，豈獨公之賢，亦内助之力與爲多焉！惟劉太夫人仁孝賢明，婦德純備，飭躬持家，動有矩矱，貴而能勤，富而能儉。學憲公服官於朝，幾二十年，太夫人未嘗一至京邸，獨留治家，上奉尊姑，下撫族姓，官租私課之出入，京邸里居之資費，與夫冠婚祭饗吉凶之事，皆太夫人獨身綜理，肅然無聲，一切治辦，不以煩學憲公。以故學憲公得竭節奉公，益自砥飭，志操皭然，爲清白吏。江右大藩，學憲要職，公清白自矢，始終不渝其操，所謂處脂膏而不潤者。豫章人士至今能稱道之。按部不數月，輒移疾去官，守恬退之節。凡皆太夫人之賢，有以成之也。詩咏羔羊，而申之以素，絲絲也者，所以爲組紃也。素也者，所以爲純白也。羔羊之質信美矣，非組紃無以成章，非純白無以協德。學憲公之德，比於羔羊，太夫人爲之素絲，不愈美乎！

夫惟節儉正直之風，邦人儀之而風俗美，家人象之而子孫賢。故孫叔敖世有寢丘之封，而第五倫、楊震之後顯者數世。今公垂已能自致青雲，諸昆弟并嶽嶽見頭角，孰非學憲公之遺教？亦孰非太夫人所種而貽之者哉？卷阿之詩曰：「藹藹王多吉士，惟君子使，媚於天子。」羔羊，召穆公之詩也。卷阿，召康公之詩也。考其時，以溯其盛，鳴鳳之吉暉，將非羔羊之遺澤乎？夫歌詩以合樂，燕饗之禮也。説經而引伸其義，學者之所有事也。余於太夫人之壽，不敢爲世俗祝嘏之辭，而推羔羊之義，自鵲巢以達卷阿，爲頌不既多乎！

王君曰：「善哉！是可以壽吾母矣。」

【校記】

〔一〕王太夫人壽序　清康熙四十九年增修本遂初堂文集目録題作「王太夫人七十壽序」。

仲姊陳孺人六十壽序

隆古之世，禮教修明，淑媛賢母，見於傳記者，班班在列。世教衰而閫範替，彤管所書益稀。惟夫天資粹美，性合矩度，乃能傑出流俗，而以賢聞。然涵育薰陶，淵源有自，不可强也。

吾家多賢女，諸姑諸姊之爲人婦者，俱有令聞。而吾同産姊歸陳氏者，才德尤備，宗黨交稱無間言，斯固天質之良，而模範成就，則由吾母吴太孺人以身爲教，實使之然。吾母天下之賢母也，一言一動，可法可師，遭遇極人世之艱辛，節行備古今之貞淑，舉女史所載，芳規懿則，萃於一身。耒少長慈蔭，不知履戴之高深，及今老大，周行天下，求如吾母者，不少概見。幸哉！風範之猶存於吾姊也。

吾母嘗封股療親，視從弟如同産；吾家自遭潯溪之難，流離轉徙，姊奉侍吾母，存恤弟輩，殫盡心力，不以既嫁稍衰：則姊之孝友如母也。吾母宅心制行，一歸於厚；姊遇族黨以禮，待鄰里以恩，片言解紛，垂手拯厄，佐夫子爲善如弗及：則姊之慈仁如母也。吾母早賦柏舟，辛苦持門，晚膺榮封，仍甘布素；姊尤善治家，制節謹度，去華務實，細大必以身先：則姊之勤儉如母也。吾母深識遠見，迥出常流，故能處困而亨；姊亦高朗絶人，凡事規其遠者大者，不與庸衆競短長，久之使人愧服：則姊之明達如母也。吾母德盛禮恭，終身無疾言遽色；姊不矜其能，不衒其長，鑒而能藏，辨而能吶：則姊之謙約如母也。

母有衆德，分其一二，足以爲女宗。姊則具體而微矣。若姊之福履，則有過於吾母者三焉。先君子早見背，吾母形單影孑者三十餘年；而姊與元一姊丈，華髮偕老，無旦夕之分携，一也。吾長兄中年遭變，幼弟甫受室而夭，吾母悲愁嘆悼，泪痕時積枕席間；而姊有二子，王謨、廷謨，皆强幹開敏，養志承歡，諸孫森然玉立，二也。吾家世清貧，復更多難，吾母拮据荼苦，左支右吾，無一日之順適；而姊家粗足自給，俯仰之計，可無外求，未老而傳，安就其子之養，三也。

所最難得者壽耳，而姊今兹年登六帙，視履强健，神明不衰，得算之多，必將大勝於吾母，又可知也。造物者賦命不齊，意者吾母適丁其薄，吾姊適得其厚耶？抑吾母豐於修而嗇於享，留不盡之福以遺之姊耶？

吾同父之兄弟姊妹，凡六人，今存者，惟耒與姊兩人耳。兩人者，年齒相亞，居址相望，性情相近，休戚相同。耒多病早衰，唯願吾姊之康强壽考，以引母德於勿替也。抑有進焉者。世無不弊之形，而有不與形俱弊者，曰心，曰性，誠能洞見本元，不爲物汨，則有超乎數量以爲壽者。此其説莫詳於金仙氏。吾母嘗究心焉。姊固博通古今，亦嘗披閲梵典，誠精心一志，求其旨之攸歸，而豁然有契，則衆善皆有歸宿，而區區人世之福報，不足言矣。耒不敏，敬以是爲無疆之祝！

遂初堂文集　卷十一

雜著

書纂修五朝史傳後

韓林兒　郭子興

帝王之興，必有驅除，豈不信哉！林兒一牧豎，爲群盜所推，假故宋名號，雲擾北方，與元人相搘拒。太祖乃得從容締造，剗漢平吴，以成帝業，資其力亦良多已。太祖初奉亳都，受其官爵。史臣雖諱之，然其事雜見諸傳記，不能没也。子興行事無足道，顧能脱真龍於魚服之中，資之雷雨，其智識有過人者，廟食世世弗絶，宜哉！

陳友諒　張士誠

友諒擁勁兵，居江楚上流。士誠據三吴財賦之地，區區建康介其間，力懂而能禦。然而卒皆殲於明者，無他，友諒猜忍，而士誠驕惰，無立國之規故也。明興，所與喋血鬥者，惟漢及吴，餘皆折箠笞之耳。嗟乎！使兩人者不自僭竊，得真主爲之驅馳，其功伐可勝道哉？

明玉珍　方國珍　何真

元失其政，閭巷小夫非有過人之才，皆得乘時草竊，各據一方。及乎真人在位，王師一臨，風驅席捲，乞降恐後，日月出而爝火息，豈不然哉？玉珍治蜀，制度文儀，彬彬有可觀者，亦一時之雋也。何真越在嶺海，歸命中朝，庶幾明哲之士。國珍叛服不常，首鼠前却，得逭刑僇，幸矣！

擴廓帖木兒　蔡子英　陳友定　伯顔子中

擴廓於元，外破劇賊，内討叛臣，功亦多矣。及受命南伐，顧乃構釁西疆，拏兵不解，至於坐失中原，亡人家國，是有罪焉。元亡之後，收拾餘燼，百挫而氣不衰，勢窮力敝，間關萬里，以歸故主。其於始終之誼，殆庶幾乎！友定爲元守土，有死無二，有烈士之風焉。子英、子中，區區辟命之士，慷慨殉義，蹈死如歸，惟忠臣能知節士。故附著之。

徐達 子輝祖、增壽　常遇春 子茂昇

太祖取天下，獨定金陵，戰鄱陽，身履行陣。自餘征伐，大抵皆徐、常力也。中山功蓋天下，守之以謙，求諸勳臣，殆難其匹。開平初頗好殺，既奉太祖教誡，持軍凛凛，不妄戮一人。諸功臣以百數，才略意度，無如兩將軍者。太祖遇之亦殊絶。嗚呼！兹其所以能將將歟？

李文忠 子景隆　鄧愈　湯和

岐陽以肺腑之親，早踐元戎，剖符胙土，所謂攀鱗附翼者，非耶？乃其援諸全，搗應昌，自中山、開平而外，功未有高焉者也。寧河持軍嚴整，以守爲戰，非惟名將，實亦牧民之良。東甌達變識時，處不忌之地，而身名以全，智矣哉！

沐英

太祖封諸勳臣衆矣，或及身嬰禍，或一再傳而絶。其剖符受土，延十餘世者，惟中山、黔寧爲然。黔寧名雖藩臣，實則君長一方，視中山尤盛。迹其威制百蠻，屏藩王室，功亦懋矣。

迨於末造，猶能闔門抗節，矢死不渝，聲被遐方，名垂史册。嗚呼！斯無愧世臣者歟？

馮勝 兄國用 傅友德 廖永忠

三將軍并有方面勳才，略亞於六王。勝時以小失被呵譴，友德始終無過，經胡藍黨禍之酷，皭然無染，可謂至難，乃卒不保其終。鳥盡弓藏，帝於是爲少恩矣。廖永忠沈林兒，以逢上意，卒用致辟。巧詐不如拙誠與？樂羊、吴起之事，何其相類也！

藍玉 曹震 張翼 張温 陳桓 朱壽 曹興

太祖起田間，資群力以有天位。天下既定，功臣徹侯，連脛受戮。嗚呼！烈矣哉！顧當時將帥，皆草澤之雄，習於桀悍，能以禮自完者鮮矣。藍玉之事，不無悲焉。傳曰：「高而不危，滿而不溢。」况乎涉背逆之迹者哉！然被誅者，至萬五千人，謂無冤濫，難矣！

吴良 弟楨 耿炳文 郭英 五世孫勛 康茂才 子鐸

語云：「善攻不如善守。」士誠兵至剽鋭，良、炳文守孤城，扼其喉，使不得進。太祖以全力角漢，而吴人不得以一矢遺江東者，二人之力也。開國勳臣，傳世久長者，惟武定一侯與中山、黔寧鼎峙。斯亦忠謹之效，非直内連戚畹而已也。茂才出奇誘敵，坐殲强寇，所謂伐謀者非歟？

華雲龍　華高　韓政　曹良臣　仇成　張龍　吴復　周武　胡濬　張赫　張銓

龍翔於淵，雲霧從之升降。真人起田間，農夫牧豎，皆得依日月之末光，策勳開國，非遇其時而能然哉？淮安、廣德諸列侯，非有赫赫大功，咸剖符錫券，傳及苗裔。當日酬庸之典，良不薄矣。不再傳輒失爵，豈其後嗣之皆不賢歟？抑文網之稍密歟？方黨禍之列此十二人者，幸得令終。故類次於篇。

顧時　陳德　郭子興　王志　楊璟　朱亮祖　梅思祖　薛顯　金朝興

濟寧以下，皆勳封高第。其功爲大將所掩，不甚著，要皆佐命之英也。身没之後，顧乃列名黨籍，何歟？胡黨之發，因李善長，去惟庸死已十年，爰書證據，多出於隸人女子之口，其皆可信歟？况其身已死，無左驗者歟？太祖詔書具在，爲類次其行事，俾後之人有考焉。

唐勝宗　陸仲亨　鄭遇春　費聚　趙庸　黄彬　陸聚　葉昇　胡美　周德興　王弼　謝成　李新

太祖親角天下於群雄之手，諸健將屈力而臣之，富貴已極，乃萌逆節，疑非人情。顧其罪狀既明，則亦莫得而湔雪也。豫章、江夏爲子受戮，史隱其辭。定遠以下，皆不良死。嗚呼！此殆天之所以啓太宗歟？

胡大海 養子德濟　**耿再成**　**張德勝** 汪興祖　**趙德勝** 附豫章、康山兩廟忠臣　**俞通海** 父廷玉　弟通源、通淵　**桑世傑** 子敬　**廖永安**　**丁德興**　**茅成**　**張興祖** 子恪　**濮英** 子璵

胡、耿諸將，并太祖起兵時股肱爪牙。奄罹鋒鏑，不及睹大業之成，傷已侑食，大烝崇祠，肖貌褒顯，亦至矣。遇真主而爲之死，猶不死也。其他武臣死事，可考於史者，具録而存之，無使其無傳焉。

李善長　汪廣洋　楊憲

李善長際會興王，無履軍陷陣之功，徒以近密親信。迹其所以自見者，非有奇謀深計

也。以武寧之勳勞，文成之佐命，猶不得總國枋而握權衡，善長力小任重，懼不克終焉。太祖晚年，動多猜忌，即身退，闔門難乎免矣。況夫有自致之釁耶？若其蒙被反名，則據手詔備録，俾後之人得有所考焉。汪廣洋、楊憲，斗筲之器，宜致敗覆，禍及其身，非不幸也。

劉基　子璟

世或稱劉基類張子房，非也。子房三世相韓，而不忘韓。基三仕元，獻策不用，罷而歸太祖。其所遇何殊耶？子房從入關導引，不食穀，明於進退存亡之理矣。基不能遠怨毒，謂有周身之智，則然歟？然其籌策縱横而軌於正，古所稱豪傑之士也，過陳平遠矣！

宋濂　葉琛　章溢　子存道

太祖定金陵，禮聘劉基、宋濂、葉琛、章溢，亦曰：「我爲天下屈四先生。」濂以學術文章而不究其用。琛之節，所謂皎皎者也。基決策帷中，佐興大業。溢所就，雖不侔於基，而功績著焉。儒者有益於人國如此哉！太祖之禮賢，可謂得致治之本矣。

陶安　詹同　朱升　樂韶鳳　劉三吾

太祖起細微，無學術。既登大位，通貫書史，明於古今。此非獨天資聰睿，亦親禮儒臣之效爲多焉。陶安諸人，當元之季，抱遺經，潛草澤，無所知名，一旦際會昌朝，發抒夙學，參贊制作，黼黻太平，俾有明禮樂文章，麟麟炳炳，方駕漢唐。世謂儒者迂疏寡效，然乎哉？

宋訥　吴伯宗　吴沉　劉仲質　朱善　鮑恂 張長年

太祖仿宋制，置殿閣大學士。蓋猶翰林學士之任，侍帷幄備顧問而已，未嘗寄以軍國之重。以故擢諸明經修行長者爲之。吴伯宗剛直不附，屢獲譴責，爲其難矣。鮑恂、張長年以遲暮見徵，高尚其志，可謂履道幽貞之士也。是以君子有取焉。

羅復仁

自果桃菜茹之饋，集以成贓，而攫珠玉者不問。於是乎士無廉行久矣。羅復仁却絶域之贐，躬圬者之器，然卒爲人主所知。優致醲賞，既久不衰，其孰謂苦節不可貞與？夫太祖之表復仁，蓋亦以示勸也。

安然

太祖罷中書省，設四輔官，或聘耆儒，自布衣徑爲之。蓋有意於復古矣。夫無其人，則缺其官，古之制也。安然以勝國之降臣，靦焉尸居此位，史稱其歷中外，達庶務，所謂調四時而理萬化者。然豈其人乎？烏在其能復古也？

滕毅　**陳修**　李仁　**吴琳**　王克己　趙好德　**楊思義**　**滕德懋**　**楊訓文**　**費震**　周肅　張琬　**周禎**　世家寶　周湞　劉惟謙　**錢唐**　**端復初**　**李質**　黎光　**單安仁**　楊冀安　**朱守仁**　**薛祥**

明初，設中書省，大政出焉。六部雖有尚書、侍郎，秩卑權輕，驟用驟免，十餘年間，多至百十人，率碌碌無所表見。其政績可考者，數人而已。夫以高帝之威嚴，楊憲、胡惟庸之專恣，諸人奉職循謹，斯已爲賢。安能有所建豎立哉？

劉崧　**翟善**　李信　余熂　杜澤　**范敏**　茹太素　**唐鐸**　**沈溍**　温祥卿　**開濟**　**秦逵**　趙翥　趙俊　馮天孫　徐本　劉敏　冀凱　**楊靖**　**馮堅**　**凌漢**　藍子貞　鄧文鏗　解敏　嚴德珉　**韓宜可**　周觀政　歐陽韶

自中書省廢，而六部之權重。居其官者，有宰執之任焉。太祖懲胡楊之弊，總攬權綱，事皆獨斷，六卿惴惴奉行而已，無所建白。然當創制之初，一切章程品式，規畫精詳，令後人可遵守。則諸臣之材有過人者。帝用法嚴，廷臣易以得罪，保令終者蓋無幾人。功名之際，難乎哉！

崔亮 **錢用任** **陶凱** **牛諒** **曾魯** 秦約 張衡 陳思道 **張籌** 朱夢炎 **李叔正** **任昂** **李原名** **任亨泰** 門克新

儒者讀書考古，嘗有意制作之盛矣。不遇其時，類多寓諸空言。若崔亮、陶凱輩，遭時開創，身掌邦禮，摭古證今，損益措置，以成一王之典。豈非千載一時哉？詳觀諸人之議禮，博辨醇深，原本經術，視叔孫通之雜用秦儀，鄭康成之旁引纖緯，不啻過之。爲略掇其語著於篇。

陳遇 **秦從龍** **葉兑** **范常** **潘廷堅** 子黼 **宋思顔** **郭景祥** 李夢庚 孔克仁 詹彦中 **楊元杲** 阮弘道 **王濂** **毛騏** 子鑲

自古草創大業，莫急禮賢得士。陳遇謀畫無可考。觀太祖禮數殊絶，而遇始終不受官，則其意度過人遠矣。葉兑規天下事如指掌，顧不肯一爲世用，所謂振奇之士，非耶？自餘諸人，或委身淮右，或受任江左，皆勤勞於開國之初。比帝即位起兵時，故吏多剖符裂土，而諸人僅有存者，仕皆不甚達。此豈其命歟？抑才之不逮也？悲夫！

楊維楨　危素　張以寧　程徐　秦裕伯　袁凱　答禄與權

傳稱：「興王所用，多亡國之臣。」當明之初，俊乂盈朝，而太祖留意元故臣，詳延博訪，凡宿名之士，必羅而致之乃已。蓋汲汲乎欲用之矣。然其至者，亦無大建明，或得罪以去。豈其名不副實耶？抑帝初慕之而後輕之也？觀於危素和州之行，則維楨之拂衣闕下，有旨哉！有旨哉！

許存仁　魏觀　桂彦良　李希賢　張美和 聶鉉 **汪叡　趙俶** 王嘉會 **錢宰** 陳桱 王經 **陳南賓　蕭執** 陳觀 **蕭岐**

師儒之官，異於他職。惟老誠端謹之士爲宜。若存仁輩，皆一時之選也。彼居其官，則思實舉其職，横經發策，抗顔而爲師。觀李希賢不難以檟楚加諸王，則師嚴道尊之意可風也。迨其後，講肆爲虚名，不擇人而任之，欲求啓迪之益，難已。

李仕魯 陳汶輝 **曾秉正 葉伯巨 鄭士利 周敬心**

進諫之難，淺言之不足以悟主，深言之疑於謗訕，導之使言，尤不敢言，況戮辱之乎？李仕魯、陳汶輝詆釋氏，葉居升論藩封，皆深中忌諱，故得禍最酷。鄭士利指事明辨，僅不及誅。曾秉正直言灾異，初見優容，終亦及禍。周敬心言用刑太濫，幸免其身。嘻！甚矣。從來創業之主，類多寬弘盡下，從諫如流，至有以不殺諫官，勒諸誓碑者。帝非惟不能褒奬，又從而摧殘之。迨其後嗣廷辱言官，恬不爲怪，寧非開國者有以啓之歟？

胡深 孫炎 王愷 王禕 吴雲 熊鼎 王綱 王名善 陳敬

天之生材不偶，或階之亨途以成功名，或措之危難以彰節義，其用一也。開國之初，英俊如林，胡深、孫炎輩雖才氣過人，令其趨事赴功，亦頡頏諸將相已耳。遭罹禍變，慷慨捐軀，獨以節義垂名千載。是固天所資以立臣道之坊者也。諸臣雖一時蒙難，而英風勁氣，久而彌光，遠而彌烈。錫圭擔爵之榮，殆未可同年語矣。

葉旺 馬雲 **蔡遷 繆大亨 何文輝 徐司馬 王銘 郭雲 武德 甯正 袁義 金興旺** 費子賢 **花茂** 子英 **周顯 丁玉 王溥**

明興，置五軍都督府。其左右都督，秩在尚書、都御史之上。蓋武臣之極地，去封侯一階耳。其指揮使世襲者，傳爵不異徹侯，或長久過之。當時從龍將士，積功累代，以除此官者，不可勝數也。以其身爲偏裨，勳績無由特見。今采其行事粗可考者，得葉旺以下若干人，著於篇。若夫終明之世，官督府者，無慮數百人，而其可傳述者，不少概見，則又何也？

胡子祺 王佑 鄭沂 **陶垕仲** 彭通 **劉仕貆** 王溥 **隨贇** 黄哲 **王宗顯** 王興宗 **王觀** 王興福 蘇恭讓 趙庭蘭 **方徵** **吕文燧** 芮麟 **楊卓** 羅性 **詹俊** **盧熊** 王士弘 盧熙 **道同** **歐陽銘** 徐均 **倪孟賢** 郎敏等 **青文勝**

太祖起自田間，深疾貪縱吏爲民害者。迨於御宇，尤欲澄清吏治，郡縣拜除，誠諭諄切，贓私發露，輒處以極刑，有司惴惴不保首領，用法亦稍峻矣。然而小民樂業，公私康阜，於時監司守令類能砥行立名，卓然有可稱述。若胡子祺以下諸人，其選也。夫馭吏嚴，本以便民，而使人群相勉爲良吏，則吏亦甚便。子產火烈之言，有味哉！

齊泰　黄子澄

建文帝寬仁好儒，孜孜求治，群下謀議，兼收并采，使得賢臣爲之佐，抑亦守成之令主也？齊泰、黄子澄首以削奪諸王爲事，至使宗屬離心，强藩藉口。及其稱兵向闕，既無豫備之規，又乏制勝之術，君亡統絶，爲世悲憐。誤人國家，咎安屬也。

方孝孺

死生之際，難矣！忠臣義士，往往視死如歸，非樂死也，其所争者大也。殷周之際，天下莫不曰以仁伐暴。伯夷、叔齊獨曰：「此以臣弑君也。」扣馬而諫，廿罹左右之兵，卒不食其粟以死。曹操收漢已失之天下，還獻帝而相之，豪傑歸心焉。諸葛孔明獨曰：「此漢賊也。」寧事窮亡奔北之昭烈，盡力伐操，至嘔血以死而不恤。

革除之事，人或爲文皇寬，曰：「是太祖子也。迫而後起也。」方希直獨而詰之，使辭窮理屈，大書「燕賊篡位」，至磔身湛族而不悔。蓋亂臣賊子不旋踵破滅者，人人能名其爲逆。唯夫運窮數極，有大力者宴然取人國而傳之子孫，而天人之心或幾乎變，逆順之理或幾乎易。獨賴一二忠烈之士，大聲疾呼，以死争之，而綱常名義，尚留一綫於天壤。彼豈欲成一身之名而已哉？爲天下萬世計遠矣！故曰所争者大也。

武王雖聖，弑君之慚，終不可掩。曹操之奸，今婦人豎子皆能唾駡之。而壬午六月之事，吾知後有良史，必以篡書也。事固有絀於一時而伸於萬世者，以萬世視二三百年，直旦暮耳。區區成敗利害，烏足較哉！烏足較哉！

鐵鉉　**盛庸**　**平安**　**梅殷**　**張昺**　**謝貴**　彭二　盧振　**葛誠**　余逢辰　杜奇　**宋忠**　彭聚　孫泰　**余瑱**　**馬宣**　曾濬　**卜萬**　朱鑑　**瞿能**　**莊得**　楚智　皂旗張　小、馬王　**張倫**

太祖末年，元功宿將，誅戮殆盡。燕王無所顧忌，遂以起兵。炳文、景隆以數十萬之師，敗亡相踵，燕人長驅，勢如破竹。鐵鉉、盛庸當創殘奔潰之餘，憑孤城，集義旅，血戰死守，拒其咽喉。而平安以偏師跳蕩，屢困燕王，幾於鋒刃相接。燕師所以乍前乍却，迴翔燕齊之境，江東猶得爲共主者四年。此二三臣之力也。世言建文帝一意右文，以故武臣迎降，文臣死節。由今觀之，良然。然其效死封疆及殞身行陣，亦頗有可録者。天之所興，誰能廢之，於人乎何尤？

練子寧　**黄觀**　黄魁　**卓敬**　**陳迪**　**陳性善**　彭與明　劉伯完　**暴昭**　侯泰　**郭任**　盧迥　**陳植**　**景清**　**茅大芳**　周璿　**胡閏**　高翔　**廖昇**　鄒瑾　鄒朴

古者褒厲亡國抗節死義之臣，所以教忠勸後也。成祖憑其威强，襲取大位，戕殺忠臣，備極慘酷，辱及妻孥，蔓延宗黨，或身已死，又加追戮，快一朝之忿，亡萬世之規。立國如此，歷年如彼，豈非幸耶？

練子寧輩，非主謀首事者，苟少自委蛇，即全身保族，而甘蹈鼎鑊，計不旋踵，抑何取義成仁，若斯之勇决也？夫國祚有時而窮，而忠臣義士名與天壤相敝。文皇本殺諸人以鉗天下之口，而後世之褒美諸臣者，未嘗不詆斥文皇。欲蓋彌彰，其亦弗思耳矣。

王叔英 **王艮** 高遜志 陳忠 **周是修** 石撰 程通 **黃鉞** 陳繼之 韓永 龔恭 葉福 張德明 **戴德彝** **程本立** **曾鳳韶** **王度** **王彬** 崇剛 **魏冕** 謝昇 甘霖 丁志 方連楹 林英 董鏞 **葉希賢** 牛景先 **黃彥清** 巨敬 宋徵 樊士信 **王良** **姚善** **陳彥回** 葉惠仲 黃希范 蔡運 松江同知 石允常 **顧伯瑋** 向朴 張彥方 鄭恕 鄭華 **王省** **陳思賢**

明興，禮賢勸士，學者服儒衣，稱先王，人自振勵，皆知忠孝節義之爲美矣。迨於嗣王，流風世篤，帝雖在位日淺，而寬仁有餘，嚮用儒生，使人得以自盡。是以革命之日，人多樂爲之死。其文學臺諫之臣可考者，自王叔英以下若而人，咸能從容慷慨，捐生殉國。自古易代之際，忠臣義士，未有其多。若此者，斯豈非崇儒興學之明效乎？然志節如諸臣，令其不蒙國難，所建樹殆未可量。而區區以一死成名，培養之難而摧殘之酷，傷哉！

徐宗實　韓郁　高巍　**高賢寧　程濟**　周拱元　楊本　**王璡　孫鎮　劉亨　周縉　龔詡　儲福　雪庵和尚　河西傭　補鍋匠　馮翁　東湖樵夫**　樂清樵夫　玉華山樵　梁田玉等九人

昔武王伐紂，以至仁伐至不仁，而伯夷、叔齊逃之首陽之下。孔子稱之。士君子不幸而遭改命易祚之時，苟無社稷軍師之寄，隱遁以去。此亦孔子所謂賢也。徐宗實、韓郁、高巍、高賢寧諸人，當故君時，能有所建。自遜國之後，或乞骸骨以歸，或義不食其禄。程濟、王璡、孫鎮、孫亨等，或放還，或謫戍。至於龔詡、儲福，以門卒戍軍，有忠義之節。下至沙門、傭保之流，毁形易姓，潔身高蹈者，不可勝數。此其人，亦皆天理民彝動於中，而不能自已者也。而家庭骨肉之際，推刃相戕，亦獨何哉！亦獨何哉！

張紞　王鈍　嚴震直　郁新　董倫　王景　張智　張顯宗　薛嵓　尹昌隆

世傳建文諸臣事，往往失真。如所云燕師入京，張紞即自經死。嚴震直奉使至雲南，遇建文君，悲愴吞金而死。考諸國史，殊非事實。要之，建文時大臣，皆太祖任用，積年遴簡而遺之者。其才能政績，多可稱道，使在平世，不失爲賢公卿。不幸遭罹國變，隕宗湛族之下，不死則降，雖其屈節，與輸誠歸款者，有間矣。紞之一死，尤爲可悲。昌隆得禍之酷，不減方練，不死國難而死權臣，有餘恨矣。

張玉 子輗、軏 弟信 **朱能** **丘福** **張武** **陳珪** **李濬** **徐祥** **譚淵** 子忠

孟善 **孫巖** **張興** **陳志** **唐雲** **陳賢** **王友** **王聰** **火真**

太祖封燕王於北平，委之精兵良馬，府中將吏莫非天下豪雋。蓋將使之控北邊，威絶漠也。寧知一旦反戈南向，而中朝莫有嬰其鋒者乎？張玉、朱能以下諸徹侯，皆故燕山護衛，與成祖爲股肱爪牙者。得士如此，羽翼已成。而二三儒臣，顧欲折箠笞之，何可得也？燕師出，王輒在行間，以故諸將功不甚著。今以國史所録，參之券辭，頗有可紀者。夫以張玉爲謀主而膏鋒刃，丘福爲元功而終隕沙場，毋爲戎首，不其然歟！

張信 **房勝** **陳亨** 子懋 **徐理** **房寬** **劉才** **徐忠** **趙彝** **李遠** **王忠**

郭亮 **陳旭** **吴成** **吴允誠** **李賢**

靖難功臣封者，降將居其半。彼皆建文帝守土之臣，燕師至輒以城降，又爲之盡力致死，視南軍如仇敵，亦獨何心？世言建文帝不屑意武臣，以致莫肯報效。而燕王雄武，人多樂爲之用，其或然歟？若張信者，首泄密謀，以成國釁，功首罪魁，斯之謂矣！開國功臣，延

世者一公兩侯，其後紹封四侯一伯，八人而已。而靖難諸侯伯，與國存亡者，十有八家，又益之以定國公、平江伯。嗚呼！豈非天哉？

顧成　宋晟　劉榮　鄭亨　薛禄　何福　朱榮　郭義　金玉　薛彬　薛貴

邊臣貴久任，自古而然。觀顧成、宋晟輩留鎮邊塞，多者二十餘年，少者十餘年。彼視治其鎮，如治其家，綢繆規畫，無所不盡。而人主留意邊事，雖在萬里之外，書疏往返，一如處分家事。欲邊境無治，不可得也。諸臣雖多以靖難功顯，卒能爲國藩屏，内修農戰，外禦寇敵，致令緣邊之民，飲食作息宴然，無烽燧之警，與開國功臣比隆，斯無愧矣！

張輔　李彬　王通　父真　柳升　梁銘　子珤

南交在荒服之外，不隸中國者三百餘年。文皇帝赫怒興師，一舉而滅之。既郡縣其地，内屬之三紀，忽焉淪棄。本其成敗之故，則皆將帥爲之也。張輔資兼文武，有大將材。李彬雖健鬥，綏懷之道未聞。繼以王通之庸懦，柳升之矜愎，喪師天地，固其理矣。論者謂如沐晟故事，令輔永鎮交州，更得二三良牧伯如黄福者，拊循其民，雖百黎利，何能爲變？嗟乎！諒哉！

姚廣孝　金忠　郭資　李友直　李嘉

靖難諸武臣，皆自起兵後，宣力戎行。至於首贊密謀，先機發縱，姚廣孝一人而已。自古羊勝、公孫詭、左吴、伍被之徒，皆身爲顯戮。而廣孝遭遇成祖，裒然爲佐命元臣，可不謂幸焉！其請毋殺方孝孺，使成祖能用其言，則遜國諸忠臣禍，不至若是酷。然而如廣孝者，固方、鐵輩所耻與并生者也。金忠用日者進，郭資輸款最先，李友直陰泄國事，雖致身榮顯，其始進何可道哉！

解縉　黄淮　胡廣　金幼孜　胡儼

解縉英年奏書，疏通剴切，可方漢之賈誼。同直内閣者七人，縉才最高，片言安儲，功在社稷，横罹讒酷，竟夭天年，命矣！夫黄淮獻替有辭，金幼孜篤誠一節，胡儼長者質直有餘。文學侍從之臣，在帝左右，此其選也。廣也容容，斯無足論矣。

楊士奇　楊榮　楊溥

明初，罷丞相，事歸六部。初以詞臣直内閣，備顧問而已。惟士奇、榮以名世之才，居密勿之地，裁决大政，沛乎有餘。溥復繼之，同心協德，重爲人主所倚毗。由是閣臣事寄出尚書上，駸駸有宰輔之職。以三臣者皆相才，能重其官故也。仁、宣朝及英宗初年，海内宴然，稱治平者，此三臣之功。然其器量，各有所極。故明代政治規模，亦遂若是而止。嗚呼！觀三臣所由柄用，及後衰耄至死，三四十年間國家盛衰之故，可以見矣。

蹇義　夏原吉

昔管仲不死子糾之難，而孔子稱其仁。魏徵不死建成，而爲唐名臣稱首。以其異時功烈甚鉅，足自蓋也。若蹇義、夏原吉，皆建文時大臣，而委身新朝，忠藎匪懈，歷事嗣主，德業彌隆，并卓然有立於天下。進退之際，斯可無譏焉耳矣。以二臣之才之器，非久於其位不能立功，非將順委蛇亦不能久於其位。遭時則然，復何道哉！

宋禮　金純　藺芳　陳暄

都燕而仰食江淮之粟，海運險遠，陸運煩勞，非久便之策。自宋禮治北河，導汶、泗諸泉流，載之高地以濟運。陳暄治南河，疏清江，鑿吕梁，以脱河淮之險。由是，江浙湖湘之舟，安流達於京師，歲漕百萬，充牣太倉，至於今是賴，厥功偉矣！漕渠之成，創自會通。而暄子孫多賢，世濟其業，與明相終始。以故平江之功尤著云。

黄福　周忱 趙泰

黄尚書治交阯凡十九年，周尚書治江南凡二十二年，民服其教而懷其德，有由然矣。夫大吏得其人而民安之，無取乎數更，更之輒敗。黄福不還，交阯不棄，非虚語也。吴人之德周文襄，數百年謳思弗絶。當時廷臣猶從而齮齕之，况其他乎？福仁心爲質，直道而行；忱權略有餘，不詭於正。均之經國之良材，羊杜之匹亞矣。

茹瑺 王佐 **李至剛　鄭賜　吕震　方賓　吴中　陳瑛　劉觀**

永樂中，部院大臣，自蹇、夏而外，率碌碌無所建明。茹瑺雖有長者聲，望風輸款，選軟已甚。至若陳瑛之慘刻，吕震之忮忍，吴中、劉觀之貪縱，李至剛、鄭賜、方賓之卑瑣，斯所謂斗筲之徒，無足算者，而可以爲卿貳歟？方、黄、鐵、練輩，皆藎臣端士，太祖所培植，以輔後嗣者。文皇帝屠戮頓盡，至使立其朝者皆小人，略無彌縫將順之益。不然，以帝之英明，得賢臣爲之翊佐，雖與永平、貞觀比隆可也。

師逵　古朴　趙羾　劉季篪 蔣廷瓚 **劉辰　向寶　王彰　儀智** 子銘 **陳壽　俞士吉　楊砥　薛均　湯宗**

成祖天資雄武，喜用材術之臣。其既也，亦不免戮辱。至於老成篤實之士，不甚見尊寵。然卒能保其身名，若師逵、古朴諸人，皆一時賢者，班於卿貳，亦不克顯有樹立。大抵循循奉職，趨寡過而已。夫當芟除忠烈之後，士大夫習爲醇謹以自完。此亦世道之一變。故夫士氣不可以不養也。

郭璡　**黄宗載**　鄭誠　李敦　**郭敦**　**張本**　**徐琦**　李郁　**柴車**　**鄭辰**　**魏源**

賈諒　丁璿　凌晏如　張奇　曹翼　**嚴本**　吕升　仰瞻

仁、宣總攬萬機。英宗之初，政由内閣，六官率屬以承事。又當隆平之朝，謹守成憲，以故六卿久於其位，少所建明。然而操行純白，流風篤厚，文不足而質有餘，有古良臣風烈。詩云：「温恭朝夕，執事有恪。」夫惟先民，可永思耳。

章敞

顧佐　邵玘　陳勉　嚴升　**熊概**　葉春　**魯穆**　**段民**　**錢習禮**　**吴訥**　**吾紳**

太祖痛嫉贓私之吏，用峻法繩之。而成祖時，（太）〔大〕臣乃多貪污不檢。宣宗患其然，擢用一二清嚴剛鯁之士，使操黜陟之權，剔垢磨瑕，而後其風一變。若顧、熊、魯、段諸君子，豈非天挺正人，澄清頹俗者哉！錢、吴文學有餘，吾、章剔歷著績，要皆清修直節，不磷不淄，爲民坊表，斯無愧矣！

李時勉　陳敬宗　魏驥

李時勉直諫忤時，瀕於九死，晚任成均，耿介彌甚，失意奄人，白頭荷校。夫先王臨雍，師而不臣，爲道存也。棄道亡師，其何能國？土木之禍，有由來矣。陳敬宗言規行矩，執節不撓，真能以道自重。魏驥歷事五朝，終始清白，年登期頤，爲國上瑞。皆所云鉅人長德，間世篤生者也。

王直　曾孫思　胡濙　龔遂榮

王直、胡濙皆受知成祖，歇歷累朝，至景帝時，爲篤老舊臣也。先行成，力主迎復，可謂能持國是矣。易儲議起，乃無一言，儼然受師保之位。得無謂事勢已成，非空言所能動耶？龔遂榮以一武夫抗言國體，之死不悔，再申讜論，忠勇彌彰。其視中朝大臣，曾寒蟬之不若，誠烈士矣哉！

曾棨　王英　權謹　沈度弟粲　**鄒濟**陳仲完　鄒緝　**徐善述　周述**弟孟簡
陳濬　王汝玉　梁潛　金問　黎恬　董子壯趙季通　劉淳　蕭用道　楊翿
金實　林子環　**徐旭**宋琮　**陳繼**

成祖擇文學行誼之士，輔導太子、太孫以及諸王，并極一時之選。仁宗、宣宗雅好詞翰，親禮儒臣，以故英雋輩出。若曾棨、王英，聲氣赫然，公輔器也。權謹用孝行顯，沈度、沈粲清恬有守，鄒濟、鄒緝雅正自將，其餘徐善述、周述之徒，皆質有其文，彬彬焉，春華而秋實矣。諸人并以宮僚致貴顯，而王汝玉、梁潛、周冕橫罹冤酷，金問圜土十年，命之不猶人，曷故哉？

耿通　周新　陳諤　戈謙　虞謙　戴綸林長懋　羅汝敬　**陳祚　陳循**

直道之難行也，遇英主且猶不免，况其他乎？成祖頗大度，而耿通深言骨肉之際，周新忤權幸，并至殺身。宣宗外寬仁而內護前，戴綸、陳祚、陳循振暴其短，遂被僇辱。仁宗之於陳諤，曲意優容；戈謙、虞謙，旋貶而旋悔，從善如流，幾於聖矣。大抵人主之於諫臣，加摧折焉，則過彌章，而其人因以成名，容而受之，則適以成上之美。君人者，宜何取舍也？

王驥　蔣貴　任禮　趙安

明世文臣有武功，致封爵者，始王驥。驥之雄略，實冠一時。惟是麓川遠在滇南，撫剿一邊吏責耳，而驥阿中人之意，以興大師，耗費無既，爲東南患苦者十數年。雖剖符開國，而功不償過，君子有餘譏焉。蔣貴、任禮、趙安并嚄唶健將，皆從王驥立功，以取封爵。蓋自是武臣之權寖衰矣。

韓觀　山雲　蕭授　吴亮　衛青　王瑜　巫凱　冀傑

蠻獠之性，叛服不常，利則攻剽，困則走險，其天性然也。韓觀、山雲、蕭授、吴亮，以精强敏練之材，久鎮南服，芟鋤凶殘，敉寧邊境，厥功偉矣。然觀也絶世，雲等功多不侯，好生惡殺，將無天道，然乎？衛青勇以定亂，王瑜忠以發奸，巫凱、冀傑守邊鎮静，干城爪牙，兹其選矣。

夏時　應履平　萬觀　何源　李禎　蕭省身　**徐永達**　王琦　高攀　趙忠　王善

林碩　鄭珞　蔡楫　王公亮　陳璇　吴楊　梁觀　**彭勖　尤安禮　陳士啓　黄**

潤玉　王哲　謝孚　嚴烜　張翼　唐舟　陳憲　吴昇　周文　**王愷　孫鼎**

明初，設布按二司，準古岳牧之任，秩比中朝卿貳，黜陟得自專。成祖多選臺諫之賢而久次者爲之。仁宗至書其姓名於門序，朝夕省覽，待之可謂重矣。故一時監司，多自刻厲爲功名，風裁凛凛，有足稱述。迨巡撫設而方面之權輕，保舉行而速化之門啓，吏治駸駸渝其職矣。

方素易　**劉叔毖**　劉敏　周原　**芮麟**　**謝子襄**　黄信中　陳永年　夏升　石啓宗　**張宗璉**　**李驥**　**劉謙**　**黄子威**　孫亶　**陳本深**　莫憲　徐鑑　**周濟**　**魚侃**　**趙登**　**劉永衡**　**岳王昇**　**范希正**　張需　**葉宗行**　**劉孟雍**　**朱琺**　許譽　史

成祖　楊翰　宋忠　陳璉　貝秉彝　**甯直**　**曾泉**

有明一代，循吏莫盛於文、昭、章三朝之間。其見於實録者，歲不絶書，而天下祠宫志乘，亦班班多有其人，不可勝載。其時朝廷清明，考課平允，親民之官，率多久於其任。例九載考滿，乃得遷，部民乞留，輒增秩賜金，復還視事。居官久者，或至二十餘年，其視民猶家人父子也。欲不爲良吏，得乎？語曰：「三十輻共一轂。」夫欲天下之治平，其必於守令加之意矣。

鄧真　**洪堪**　王鐸　黄驥　**黄澤**　戴同吉　沈固　曾鼎　**孔友諒**　**范濟**　張真　唐順

蔣文霆　張顯　**尹崧**　高澤等

國之將昌，言路先開。明宣宗以前，號稱極治。考其時，凡軍官賤吏，以至走卒編氓，皆得上章言事。一令不便，一夫不獲，輒自言於天子。天子虛心采納，欲不治，得乎？自太祖定章奏格式，禁絶繁冗，而言事者惟指陳時政，不暇旁摭遠引，故其文辭不能如古之閎麗，然而切直有餘矣。鄧真以下諸人，事迹無可考，就所建白，亦足知其人之賢，故彙次爲傳。而同時言事者，以類附見焉。

汪河　傅安　趙秩　陳誠 李暹　李琦　孟景賢　湯鼎

明初，諟譯之國，東南盡海外百蠻，西北極葱嶺，可謂盛矣。其時將命使臣，皆在廷之選，類能不辱君命。若汪河、傅安，風節不減蘇武；而趙秩、陳誠諸人，才辯亦亞隨陸。彼奉尺一之書，伸威萬里，不煩一兵，而遐荒折服，其功烈有足多者。語稱：「得十良將，不如得一賢使。」不其然哉！

劉俊 吕毅　劉昱　侯深　馮貴　陳洽　李慶 史安　李宗昉　陳鏞　潘禋　高士文 韓政　李任等　曹鼐 張益　鄺埜 王佐　丁鉉 王叔和　鄧棨 梁成等

明宣英之際，號稱治安，而南有黎利，北有也先，中朝大臣遂多死事。交趾之棄，武臣喪師，文臣殉難，無可議者。土木之變，雖曰咎由宦竪，然曹鼐、鄺埜等備位公卿，不能贊决機務，一聽中人指揮，可羞孰甚，顛而不扶焉！用彼相，主辱臣死，亦固其分。要其人有足傳者，故叙次其行事，而諸死難者，以類附見焉。

書汪水雲集後

汪水雲詩，元名人共相推許，有「詩史」之目。其咏宋幼主降元後事，皆得之目擊，多史傳所未載。而聲情凄惋，悲歌當泣，故國故君之思，斯須不忘，可以愧食禄之臣矣。虞山錢氏跋其詩，見初學集，摘二絶句云：「第二筵開入九重，君王把酒勸三宫。酡酥割罷行酥酪，又進椒盤剥嫩葱。」「客中忽忽又重陽，滿酌葡萄當菊觴。謝后已叨新聖旨，謝家田土免輸糧。」又引挽謝后詩云：「事去千年速，愁來一死遲。」乃云：「合而觀之，紫蓋入雒，青衣行酒，豈足痛哉！讀畢不覺流涕漬紙，一似有深耻而不忍言者。」是大不然。

考之宋史，理宗謝皇后，寶慶三年册立。垂四十年，而度宗嗣位，尊爲皇太后。又十年，而幼主立，尊爲太皇太后。已，老病不能聽政。德祐二年，宋亡，北徙。越七年而終，壽七十四。則至燕時，已六十七矣。元世祖崩於至元三十一年，壽八十。滅宋，在十三年，壽已六十二。寧有劉曜、羊后之嫌？所云「謝家田土免輸糧」者，當是以謝后舉國納降之故，優恤其宗耳。豈有他哉？

其歷叙宴會之豐，自皇帝初開第一筵至第十瓊，筵敞禁廷，凡十章。據云，君王把酒，后妃進巵，三宫坐受，極其隆禮，且屢云「宴罷歸來，未嘗暫留元宫」也。始至而十開筵宴，猶以客禮待之。既乃加封爵，給第宅，賚錦綺，免后家之税，授降臣之官，見於諸詩，歷歷有序，不當節取二章，深致感慨也。

元人以宋爲大國，不意其君臣不戰迎降，喜慰過望，故不戮一人，而遇母后、幼君有加禮，於此見世祖之寬厚。水雲又咏宋宫人分嫁北匠，云：「君王不重色，安肯留金閨？」則世祖爲人可知矣。元史又稱弘吉剌皇后之賢，見宋幼主入朝而不樂，視宋府庫物一無所取，又爲宋全太后不習水土，代奏乞回江南，帝不許，退而厚待之。則知禮數優渥，復有賢后之助焉。大抵既封幼主爲瀛國公，則必别置邸第，母子宫眷，當仍聚居其中。觀水雲詩云：「昭儀别館香雲暖，手把詩書授國公。」則王昭儀亦未嘗入元宫也。令其爲元妃嬪，安得與水雲時相倡酬哉？至謝太后没，而後全后爲尼，瀛國作講師，悉見於集。若不詳考本末，而獨摘新旨、免糧二語，殊足動後人深疑。

德祐之事，已是古今至辱。余不忍三朝國母重遭污衊，且使水雲有遺累也。故書此詳辨之。

書西村集後[一]

吾邑成弘以前，少以文詞顯者。惟史明古先生，博雅通古今，喜議論，爲文雄辨，有體拔，駸駸追古作者，詩亦俊朗可誦。集刻於嘉靖初，凡八卷。其未刻者尚多。余從其家鈔得之，共十二卷，多於刻集可四倍。雖未必篇篇可傳，然高出晚近人遠甚。是宜全刻之以行世，而其後人秘而不出者，蓋有故焉。

自史辰伯輩僞造致身録，言其遠祖仲彬有從亡事，而寡識者或信之。然明古集中從無一字稍涉及此。其作曾祖清遠府君俚仲彬行狀始終言税長事，作考友桂府君行狀明言三世相繼爲税長，則仲彬固未嘗入仕，而況從亡乎？西村全集行，則致身録之僞不攻自破。故以史氏子孫之多力，足以刻此而不刻，爲其害於從亡也。以一時飾説，而使其先人不朽之業錮廢不傳。作僞之弊，一至是哉！

余續修松陵文獻，將於西村未刻集中多録而廣布之，庶令明古釋憾於泉下也。

【校記】

〔一〕書西村集後　清康熙四十九年增修本遂初堂文集目録作「書史西村集後」。

書金石文字記後

古金石刻，不獨文詞之典雅，字畫之工妙，爲可愛玩，而先賢事迹、前代制度不詳於史者，往往著見焉。其有資於博聞多識不細矣。而其爲物，散在天地間，日亡日少。好古之士薈萃成書者十數家，收之博而辨之精，無若歐、趙二録。歐録之目千，趙録二千，皆據其實有者籍記之。他書循名泛列，固不辨其存亡也。

亭林先師實甚好古，游轍所至，旁搜博采，著成此書。惟就碑刻現存及收得拓本者録之，得三百餘通。其數少於歐、趙，而考論詳核，不啻過之。夫今之去宋，僅五百餘年，而十亡七八，則過此以往，又當何如？以彼亡佚者爲可惜，則其幸而存者，可不知寶重哉？

耒夙有此好，孜孜訪求，所得有在兹編之外，并歐、趙所未録者。不忍使其無聞，謹附載於後，以見古碑之亡於通都大邑，而留於荒村窮谷者尚多有之。搜羅表章，無令泯滅，是所望於後之君子。

書杜詩錢箋後

牧齋學問閎博，考據精詳，家多秘書，兼熟内典。其箋杜也，鈎稽奥義，抉摘異聞，他人所不能注者，一一注出，誠有功於少陵矣。其斥舊注之病數條，尤爲切當。但錢氏求新太過，亦時有此失。如以黄河十月冰爲櫝蓋之冰，塞蘆子非壅塞之塞，以煎膠續弦爲美饌愈疾，以范叔歸秦爲欲去國忠，以關、張、耿、鄧爲自喻，以前後三持節爲杜鴻漸。種種曲解，皆迂僻難通，所謂目睹秋毫，不能自見其睫也。然文義小失，猶無大害。唯其自矜獨得，所云鑿開鴻蒙，手洗日月者，乃謂少陵大不滿於肅宗，多所譏切。洗兵馬、收京諸作皆刺詩，鶴駕龍樓、朱虚商老、兩宫警蹕、一德興王、文公賞從、禹功命子種種，無非譏諷。此則傷教害義之大者。謬説流傳，或至壞人心術。余故一一標出，欲讀者毋味其甘而忘其毒也。

兵車行箋

詩中止言防河、營田、關西、青海，無一字及南征，何必牽引南詔事耶？且云："國忠方貴盛，不敢斥言，故錯互其辭。"夫詩中已明言武皇開邊，不避天子，而避權臣，舛矣。

塞蘆子箋

詩意以延州守備單弱，恐思明輩從草地乘虚襲取，故思塞蘆關。豫防之箋，非。

洗兵馬箋

洗兵馬一詩，乃初聞恢復之報，不勝欣喜而作。寧有暗含譏刺之理？上皇初歸，肅宗未失子道，豈得預探後事以責之？詩人以忠厚爲本，少陵一飯不忘君，即貶謫後，終其身無一言怨懟。而錢氏乃謂其立朝之時，即多隱刺之語，何浮薄至是？噫！此其所以爲牧齋歟？

天子之孝，在乎安國家、保宗社。明皇既失天下，肅宗起兵朔方，收復兩京，再造唐室。其孝亦大矣！晚節牽於婦寺，省覲闊疏，子道誠有未盡。若謂其猜忌上皇，并忌其父之臣，有意剪鋤，則深文矣。移宮倉卒，上皇不樂，容或有之，幾爲兵鬼之言，出自力士傳。稗官片語，乃摭以實肅宗之罪，至比之商臣、楊廣，論人當若是耶？

房琯雖負重名，而鮮實效，喪師辱國，門客受賕，罷相亦不爲過。子美論救，固是爲國惜賢，雖蒙推問，旋即放免，逾年乃謫官，不知坐何事。今言其坐琯黨，亦臆度之辭耳。子美大節，在自拔賊中、歸行在，不在救房琯也。錢氏直欲以此爲杜一生氣節，欲推高杜則極贊房，因極贊房遂痛貶帝。

明末黨人，多依傍一二大老，脱有失路，輒言坐某人故，牽連貶謫，怨誹其君，無所不至。此自門户習氣。杜公心事，如青天白日，安有是哉？以此推之，牧齋而秉史筆，三百年人物，枉抑必多。絳雲一炬，有自來矣。

問寢小注

靈武即位，昔人雖有遺議，子美既奔謁行宫，備官禁近，寧當矢口刺譏？鶴駕龍樓，無過叙述奉養之事，乃云援初詔以諷諭，且不欲其成乎爲君。然則必欲其歸帝位於上皇，退就青宫而後可耶？

杜鵑行箋

子美初入蜀，聞杜鵑，見石犀石笋，偶作詩耳。豈必牽合時事，各有刺譏耶？明皇遷居西内，失意之狀，亦力士傳中云然耳。宫禁事秘，子美流落天末，何從遽知之？至尊現在，而遂比之已化之禽鳥，無禮孰甚！此等曲説，皆子美之罪人也。

按，上皇遷西内，在是年七月。子美去冬入蜀，是春即聞杜鵑而作詩，不得援後事以釋此詩也。

寄韓諫議箋

少陵平生交友，無一不見於詩。即張曲江、王思禮，未曾款洽者，亦形諸歌咏。若李鄴侯，則從無一字涉及。蓋杜於五月拜官，李即於十月乞歸，未嘗相往還也。此詩題云寄韓諫議，則所云「美人」，當即指韓，今移之鄴侯，有何確據？杜既推李如此，他詩何不一齒及，而獨寓意於寄韓一篇，且何所忌諱，而瘦辭隱語，并題中不見一姓氏耶？若云詩中語，非鄴侯不足當，則韓既諫官，而與杜善，安知非扈從收京、曾參密議者耶？錢氏歸其説於程孟陽，亦知其不的也。

收京箋

收京是何等喜慶事，爲臣子者，乃於詩中包藏刺譏乎？以霑灑爲悲痛，則前詩所云「喜心翻倒極，嗚咽泪沾巾」者，又當作何解？末章云「萬方頻送喜，無乃聖躬勞」，忠愛之誠，溢於言表，則知不頌而規之說，謬矣。

建都箋

詳味詩意，似以建都爲非，惜己在外，不得諫諍耳。箋乃云：「以分鎮爲是，因建都而追思之。」何其迂曲也！

房相公歸葬東都箋

詩中因用「一德」二字，遂謂「以伊尹之嬰戮況房琯之貶官」，穿鑿殊甚。

諸將箋

「主恩前後三持節」，定指嚴武。鴻漸何有三持節之事乎？「軍令分明數舉杯」，亦非貶辭，何必移之鴻漸耶？

門求七祖禪箋

少陵於禪學，原未研究，南北頓漸宗旨，何嘗有意軒輊？而錢氏便以此二語爲左祖南宗之證，穿鑿支離，子美所不受也。

遣憂箋

箋引張曲江，似是而非，曰「亂離又甚」，則非禄山始叛。言「消息難真」，則非身在長安語氣。此必代宗幸陝時作也。

雜辨一

有言司馬遷未見左氏傳，其叙春秋列國事，乃采之世本、國語，是大不然。世本之書，今不傳，班固言其録黄帝以來至春秋時帝王、公侯、卿大夫祖世所出。隋書經籍志列於譜系篇。其非紀事之書，明矣。國語止載諸名卿大夫論議，叙事甚略。今觀周、秦本紀、十二諸侯年表、列國世家，事實悉本内傳，非國語所有。所采言論，如伍子胥諫許越成、里克諫申生伐皋落氏之類，兩傳各有其辭，率多舍外傳而録内傳，豈得言專據國語乎？又有直録左氏傳文至四五百言，無少差異者。至所載「君子曰」，并左氏之辭。又如天王狩於河陽，趙盾弒其君，論及書法，復非他書所有，決矣。年表言：「魯君子左丘明，懼弟子人人異端，各安其意，失其真，故因孔子史記，具論其語，成左氏春秋。」此則明言内傳。而班固、王通、張守節、司馬貞諸人，并言史遷采據左氏。考藝文志，左氏傳自漢初已出於張蒼之家，賈誼、張敞、蕭望之皆修習，而誼爲之訓故，非自劉歆撿秘書、議立博士，然後始行於代。豈以馬遷身爲太史，紬金匱石室之書，而獨此之未見？

雜辨二

客復言：史記載宰我同田常作亂，此因闞止亦字子我而誤。使見左傳，則無此失。

按，史記齊太公世家、田完世家，并載闞止事，悉録左傳本文。左傳，子我即闞止。田完世家，「闞止」作「監止」，而云「子我，監止之宗人也」。小有異同。要與宰予無涉。

至仲尼弟子傳，云宰我爲臨菑大夫，與田常作亂，以夷其宗。不知其言所自。左傳，子我乃簡公所寵，田常忌而殺之。非與田常作亂者。田常實弒君，假令宰予預其謀，則常方擅國，予安得受誅？且當時未有夷族之法，可以徵其虚妄。此必他書謬説，史遷不擇而誤采之，非以不見左傳而誤也。

彭大彭早住辨〔一〕

按實録書奔濠者，爲彭早住。龍飛紀略亦云趙君用、彭祖住率餘黨奔濠州。祖住，即早住也。他書俱稱彭、趙，不著其名。惟虞山錢氏群雄事略，斷以奔濠者爲彭大，非早住。小明王事略内一條云：奔濠者，當爲彭大。滁陽事略内二條云：按元史順帝記，辛卯八月，蕭縣李二及老彭、趙君用攻陷徐州。老彭者，早住之父彭大也。芝麻李既敗，則彭大當與君用俱奔濠。實録不書彭大，而書早住。又書于甲午六月上取滁陽之後，云：「未逾月，彭、趙遣人邀上守盱眙，上辭弗往。未幾，二人自相吞并，早住亦亡。惟君用專兵柄云。」

按順帝紀，又於丁酉年書趙君用及彭大之子早住同據淮安，趙僭稱永義王，彭僭稱魯淮王。則丁酉歲早住尚在。以理度之，癸巳之夏，與君用并吞而亡者，乃彭大，非早住也。實録於早住既亡之後記：「上使人説君用及賂其左右，以解子興。」而廟碑與天潢玉牒俱云：彭、趙東屯泗州，挾王以往，遣人賂彭、趙，得縱歸。則又早住不死之明證也。二姓僭稱之事，在壬辰癸巳間者，諸書載之甚確。而順帝紀又載于丁酉歲者，蓋彭大既亡之後，早住與君用同陷盱、泗，同據淮安，君用仍僭稱永義，而早住襲其父之舊，仍稱魯淮。故元史乃從而記之也。凡史稱彭大之子早住，其意甚明，修太祖實録者，殆未及考耳。

錢氏精於考證，惟此論則未必然。以奔濠者爲彭大，全出懸揣，别無明文可證據。不過以實録書早住以并吞而亡在至元十四年，而順帝紀書早住據淮稱王在十七年，遂以吞并而亡者爲彭大。實録從前所稱早住皆誤，非篤論也。假令元史明書彭大奔濠，及與君用吞并而亡，其後又書彭大之子早住，則信如錢氏所云矣。今惟起兵時，一書老彭據淮時，一書早住，中間六七年事迹，漫不一及，何以懸定其父子存没之早晚？老彭與芝麻李同起兵，徐州破，芝麻李被殺，安知老彭不與俱死，而其子率餘衆奔濠？何以決奔濠者必非早住？

元史載群盜事，甚多疏略。實録及諸書所載，則皆有先後，次第可考。據實録，則早住與君用在濠自相吞并而亡，不應復有同據淮稱王之事，此不與元史合者也。據他書，則早住與君用同奔濠稱王，同屯泗州，同據淮安，早住死於淮。龍鳳事迹云：「芝麻李故將趙君用、彭早住據淮安稱王，早住死，君用益自專。」錢氏云早住不知所終，亦誤。君用後奔山東，殺毛貴，復爲續繼祖所殺。此與元史合者也。誠據元史以疑實録，但可駭「吞并而亡」一語爲失實，不應反疑前此奔濠稱王者爲非早住也。假如錢氏言，則老彭既爲君用所滅，君用乃早住父仇，勢不兩立，而又與之同陷盱、泗，同據淮稱王，此豈近於人情耶？以龍鳳事迹所書徵之，則吞并之事或在淮安，實録誤書於在濠時，致啓後人疑端耳。太抵兵興擾攘之時，記載紛錯，不能無牴牾。今作正史，當擇其明白可據者從之，不應捨實録之大書特書，而專用三百年後一人之臆説也。故書奔濠事，斷以實録爲正。

【校記】

〔一〕清康熙四十九年增修遂初堂文集初印本此篇有目無文，至續印本始補正文。

重刻致身録辨〔一〕

致身録一書，出於萬曆季年，謂是史仲彬所撰，叙從亡事甚悉。然前此遜國諸書，從無及仲彬姓名者，官閥事迹，多乖舛不合。而好異喜新之士，輒輕信之，有上其書於朝者。錢學士牧齋據吴文定所撰墓表，辨其「必無」者有十，人乃知其爲僞書。弘光時，議褒贈遜國諸臣，彬亦在列。科臣李映碧復摘其「四誣」，駁正之。他著書家，多斥其虚誕。而亡兄力田所著國史考異、松陵文獻中，辨之尤晰。

此書久絀不行。邇年，當事有意崇奬節義，史氏之裔求以仲彬祀鄉賢，復刻此書行世。

余反覆觀之，本書紕漏未經摘發者尚多，而今刻所增損，乃復公爲欺誕，不得不重爲之辨。

就本書言之，未論從亡虛實，即其入仕始末乖謬者有四：

一曰出身之無徵也。録言仲彬於讓皇嗣位之年，以明經廷試。明初，有薦舉，有歲貢。考莫、徐二志，此兩途中并無仲彬姓名。若以革除故不載，則蕭潭、徐世英、曾堅具列科貢中，何獨於仲彬而遺之？又稱試四書疑一道，注云：吏部尚書張竑監試。考列卿表，洪武、建文時，尚書無張竑。若以爲張紞，則是年十二月茹瑺免尚書，紞以雲南布政使擢任，不應十一月間先監試也。又云彬家藏儀禮十八篇，御史劉有年上之於朝，薦彬明經。劉有年上儀禮事，見成祖實録。今乃移之建文時，而以爲彬家所藏耶？至言高皇帝嘗命主政户部，訪治道稱旨，則益荒誕不足辨矣。

二曰官爵之不倫也。録云廷試後，授翰林院侍書，秩正九品。建文二年五月，改徐王府賓輔，仍兼原官。考之諸書，是年六月丙午，始置各王府官屬賓輔二員，正三品。仲彬安得於五月先改官，且有何奇績而自九品驟陞三品，亦無以三品下兼九品之事。新注復添「直文淵閣」四字，益復不經。是時徐王止十二歲，甚幼，未必設官屬。注中所云「徐王陵墓則太祖馬后父也」，渺不相涉。又云四年三月，口授翰林院侍讀學士。侍讀學士，正五品，以三品改五品，是降也，非陞也。且二年八月，已改講讀學士爲文學博士。方孝孺正爲其官，仲彬何人，遂與孝孺比肩？且何獨其銜仍稱侍讀學士耶？考雷禮列卿表、王世貞翰林表，建文中講讀學士止有高巽志、方孝孺，而董倫兼任之，餘更無人。作此録者，徒欲大仲彬之官，以覬厚恤，而不考官制尊卑，任意遷改，且不知館閣要職，載籍犁然，非如九品侍書漫無稽考也。此録屢刻，仲彬官輒加尊。觀牧齋考中有「獨不知故翰林侍書推使前對」之語，則知牧齋所見之本，官止「侍書」。而「賓輔」，而「學士」，則後刻漸加大之官。由自除，則亦何所不可乎？

三曰敕命之失體也。録載三年十一月，皇少子生，京官三年考滿者，一百五十三人，仲彬預焉。帝親撰制詞，發中書科謄寫。夫覃恩敕命，皆出詞臣代言，安有天子親撰之理？制詞蕪陋，不必言。尤舛錯者，官爲三品之賓輔，而階止六品之承德郎，且己身與父母，同爲一敕。明制，惟武官則然。文官雖八九品，無不分爲二敕者。安有三品而止一敕之理？作録者，既思欺世，曷不略考朝章國故，而在在納敗闕乎？

四曰宦績之全虚也。仲彬既爲禁近之臣，在帝左右，豈無建白設施獨自表見者？今徒剿襲他事，傅會己事，而事事不實。因司業張智祭闕里，遂言彬祭衡山。然祭告山川，不遣九品官也。因西村集有尹昌隆傳，遂言廷斥昌隆爲奸黨；然昌隆請讓位，必在燕師渡淮危迫之秋。元年七月，燕王舉兵未久，聲勢尚微，詎有此請而煩廷斥也？見嚴震直傳中有督餉山東之語，則言彬爲之副，而不知震直建文中致事，見於列卿紀，初無督餉之事也。譽盛庸智勇，稱莊得等死事之烈，不知夾河之戰在北平，不在山東也。因魏冕請誅徐增壽，則言彬與同請；然同請者，鄒瑾也，非彬也。改官制有劉亨之疏，今鈔撮其語，以爲彬疏之批答。

均江浙賦，出自明詔，而以爲彬所建白。固守京城，孝孺持議，而以爲彬獨是之。如小兒學語，如村夫説朝報，影響剽竊，曾不能於諸書之外，别述一事，别叙一人焉。有身立其朝、目睹其事，而荒略若此者乎？

即此「四謬」，仲彬未嘗入仕，斷斷無疑。前人所排擊者，專在從亡，不暇論此。今以本録及墓表、行狀，反覆參較，則知仲彬實一稅長耳。入仕尚虚，何有於從亡？讓皇出亡，尚在疑信之間，而何有於仲彬之從亡？此可不攻而自破矣。

至於新刻之録，尤誕妄者有三：

一曰矯造制詞也。史氏輒稱仲彬爲忠獻公，蓋欲影附弘光中贈謚也。繼知其實未贈謚，則改而用讓皇之恤典，僞撰一文，冠於録首。據云：「遜荒之二十六年，在蜀峨眉，聞仲彬庾死，愴然揮泪，思所以易其名者。」詞之蕪陋，倍於前敕。方是時，帝已着袈裟，遁山谷，匿影畏人，而猶儼然帝制，自爲發綸言，以修易名之典，豈猶然崖山、硇州一小朝廷行事耶？且也吴蜀數千里，誰爲報赴？制書之來，誰爲齎捧？據録末史晟所述：「父没後，師絶無音耗。至九年，師復來，悲先君之亡。」并未言先聞其死，先賜之謚。設有此文，原録何以不載？則知此僞復是斬新造作。制而可矯，孰不可矯？若夫竊宋人之詩詞爲帝詩詞，又其餘事矣。

一曰擅改表狀也。明古行狀直叙平生，文定據以作表，止一勤儉有爲之稅長耳，無溢美，無枝辭。作僞者惡其害己也，輒改成刻於表中，添「其他隱德奇節，未易殫述」十字，以爲從亡地。又於「家世隱居力本」句，删去「隱居」二字，改「處士」爲「贈公」，以爲入仕地。人有持文定刻集詰之者，則又僞造明古與文定札，請削去「隱德奇節」語。夫此一語，豈足貽家門之禍，而必求削去耶？已刻之表尚可改，未刻之札其可信耶？行狀中，軍興調發是建文時事。直至洪熙初，皆彬爲税長之日。今於「治水諸使」上添「洪武之世」四字，欲與仕建文朝不相妨。然行狀又叙：「洪熙後，詔除户絶田。他税長莫敢報，府君獨曰：『天子德意，吾輩豈可懼禍殃民？』衆皆從之。得減税若干。」則故税長事也。復删去「吾輩」字及「衆皆從之」，以掩其迹。正如訟者情虚，則關通吏胥，於文案緊要處，抽添一二語，以圖掩覆。一經發覺，其罪滋彰。作僞心勞，蓋謂此耳。

一曰僞撰序文也。此録初出，托言焦太史所授，序文謭陋，牧齋已斥其必非焦作矣。今刻乃載序文、跋語三十餘首。文人好奇節義事，更樂爲表揚。史氏又善於干請，固多應之者。而僞撰亦不少，即如周忠毅公一序，文氣卑靡，决非忠毅筆。至言「觸奄歸來」，則公以天啓三年奉命按楚，便道過家，丁外艱，乃不之官，并未落職也。公之孫藏公遺集，隻字不遺，并無此序。蓋從亡事可以欺遠而不可以欺近。吾邑人人知其不實，史氏倚公重名，輒相假托，而不知措詞之謬也。他如李本寧、張天如等叙，皆未必真。其史晉江叙稱「從孫」，閩吴遼遠，尊卑闊絶，縱聯宗，安得有此稱耶？朱白民跋稱「采入書法中」，今書法中，何嘗及仲彬一字？俞彦跋言「史氏先已板行，近浙西翻刻頗多點綴，殆子瞻所云『野人得鹿，轉入官庖』者」。正譏其添改初本，而刻者不覺也。事迹果真，即無序，不害；不真，雖百序，無益。而假托奚爲哉？

此「四謬」「三妄」，或顯而易見，或隱而難知，然以國史、家集驗之，如燭照鏡懸，而世人略不加考，徒信一家緣飾之言，雷同附和，以訛傳訛，遂至參志乘，厠祀典，誠恐流傳信史，貽誤後世，故踵前人之緒言，續加駁正。豈好辨哉，不得已也。

【校記】

〔一〕清康熙四十九年增修遂初堂文集初印本此篇有目無文，至續印本始補正文。

從亡客問〔一〕

客問於潘子曰：子辨致身録，有諸？

曰：有之。

客曰：節義，美事也。君子樂道人之善，子乃苦排從亡，得無傷厚歟？

曰：僕雖不肖，亦嘗有意發潛表微，山陬海澨，有一奇節懿行，亟思表章。况近在梓里而不樂稱述歟？衹以實無其事，未敢附和耳。

客曰：録中叙述娓娓，夫豈盡虚？

曰：虚也。言乎其地，則黄溪非匿帝之所。言乎其時，則糧長無訪主之日。言乎事迹，則鬼門神夢之荒忽無稽。言乎官爵，則王良、蔡運、牛景先等之舛錯不合。且行狀作於百年之前，録出於百年之後，曾孫不言而九世孫言之，無是理也。

曰：行狀之不載，以避禍也。

曰：自永樂十四年下寬大之詔，仁宗以後，從無究理奸黨之事。况孝憲之世乎？縱不叙從亡事迹，獨不可隱約其辭，使忠孝大節略存梗概乎？縱没其節義，而存其出身官爵，豈亦足以致禍，而并削之乎？近日仕於弘光、隆武者，子孫肯諱其官爵乎？狀既不言，則仲彬固未嘗入仕；未嘗入仕，則從亡有無不待辨矣。譬如以至寶示人，人必辨其真僞。惟有僞者故，真者益足貴。世未有明知其僞，而故收之者也。何獨於節義，不問真僞耶？

曰：然則仲彬止一糧長已乎？若無從亡之事，而何以被訐死獄也？

曰：仲彬終身爲糧長，見於明古之清遠府君行狀。史氏世爲糧長，見於明古之友桂府君行狀。而明古之曾孫龍灣，作其考南湖行狀，亦言：「寒家補弟子員自先大父始，入仕自先君始。」其先人不諱，而後裔焉得諱之？明初，糧長管束里户，事權不輕，非有才略信行者，不勝其任。仲彬爲人，大約剛果任事，不畏强禦者。少而任俠，長而恭儉，出其才略，治田理税，綽有餘裕，條陳利病，除荒減税，有德於人，故家富而子孫繁盛。然强直自遂，人亦怨之，故結仇興訟。所云「誣府君不法事」，必非從亡也。設爲從亡，而云「所告事無纖毫實」，則是從亡事無纖毫實。明古且自辨之矣，何怪他人哉？前輩樸誠，不似後人巧僞。祖先之美，有則稱之，無則已焉。設使仲彬有如此奇節，而明古隱諱不言，使作表者無由稱述，且并其官不書，是則仲彬之節不没於匏庵，而没於明古；仲彬之爵不削於太宗，而削於明古。明古尚得爲人哉？爲此録者，欲以表仲彬之忠，而不知陷明古於大不孝。其亦弗思耳矣。

客曰：然則建文帝出亡之事，豈亦全虚歟？設未嘗往還彬家，而何以題匾留詩，遺迹班班也？

曰：讓皇行遯，雖在疑信之間，而揆情度理，容或有之。亡兄力田著國史考異，言「自焚」之説可疑者有三，「遯去」之説可據者亦有三。以谷庶人之言、胡濙之使、僧溥洽之獄三者證之，而以從地道出之説爲不可信，所見最核。愚以爲讓皇即爲僧出亡，而剃髮披衣之事，非朝士所能猝辨，搢紳改裝，周旋左右，安能不露形迹？必如今言所記，溥洽爲之削髮，而遣其徒扈行，庶爲近之。其行也，必從間道，黄溪正當驛路，符傳旁午，讓皇必不由之。仲彬家非潭府甲第，異言詭服之衆，信宿猶難，何能淹留兩月？既去滇黔，自當一往不返，寧有再至三至之理？所云篆額，人罕得見。既無璽識，孰辨僞真？新刻中所載二詩一詞，則宋人過吴江題釣雪亭之作，於彬家何與？但以無名氏而移之於帝。然莫志載在姜夔、林外之前，焉可誣也。至言仲彬三往滇南，尤爲荒誕。據行狀，則課耕督税，無一日閑；録尾又有仇家十七訟之説。是則治田對簿，日不暇給，安能遠行萬里，動經年歲耶？以今準古，桑海遺民，往往喜談節義。仲彬素有俠氣，建文遺臣間一往來，賓接不怠，理或有之。至於讓皇數至其家，仲彬數往省謁，則斷斷必無也。

客曰：牧齋致身録考，信辨矣。史氏有嗚冤録，復辨牧齋所辨。嘗見之乎？

曰：亦曾寓目焉。其辨第一條，即以所添「隱德奇節」一語爲解，餘率類是。大約遁辭抵飾，無一條能就事剖析者。其大指則詆牧齋爲小人，極口謾駡，謂從而和之者，皆小人之徒，欲以箝天下之口。夫牧齋雖大節有虧，然其學問之宏博，考據之精詳，亦豈易及？安得以人廢言？彼所詆投身魏閹，牧齋固不受；其阿馬、阮，事二姓，則誠有之。然致身録考載在初學集，刻於崇禎朝，其時居然領袖清流，未爲小人也。集中表揚節義之文，不一而足，於仲彬何嫌，而故加排擊耶？且李給諫映碧亦嘗具疏，摘録中「四誣」，沮其贈恤矣。映碧未嘗阿馬、阮，事二姓，固皭然無滓之君子也。從牧齋者爲小人，從映碧者將不得爲君子乎？其言謗從亡者得禍，意有所指。然禍患之來，正人不免，仲彬固亦死於獄者，豈亦謗從亡而致然耶？屈人以理，不聞以駡。嗚冤之録未刻，如刻，則當一一辨之。然有以知其不刻，何者？錢理勝而史辭枝，欲蓋彌章也。

客曰：子雖辨之力，然鄉賢已行，固有諸生公呈，邑紳亦有列名者，諸臺莫不俞允。子獨出此辨，不慮違衆乎？

曰：近來公呈，豈必出於公議？但結納一二爲首者，餘代署名，不必相聞也。若余同年，亦列名，則余有書規之，已無及矣。褒忠録節，自是諸臺盛心，政事殷繁，何暇詳考。但謂鄉評允協，則從而行之，不虞其共爲欺罔也。僕亦知言之無補，但欲存此一綫清議於天壤間，冀異日有所考正焉耳。知我罪我，所不敢辭。

客乃謝曰：向者積疑，今乃曠若發蒙，信乎子之辨，爲不得已也。肅揖而退。

【校記】

〔一〕清康熙四十九年增修遂初堂文集初印本此篇有目無文，至續印本始補正文。

遂初堂文集　卷十二

碑銘　記

重建徐宫詹公祠碑銘[一]

人之自致不朽者，惟此忠孝大節孤行於天地間。而善俗維風，亦常以勸忠教孝爲先務，故勝國之忠節往往表章於興朝。若周世宗之旌劉仁贍，宋藝祖之褒韓通，明太祖之表余闕，并爲贈官立祠。而齊高祖敕史臣爲袁粲立傳，元修宋史亦具載文陸諸人。蓋忠於所事而殉之以死者，人臣之極則；褒忠録節以扶植綱常者，古今之通義。身没而名存，事久而論定，正氣憑焉不可得而磨滅也。

前明末造，朝臣死忠者，班班可考。而吾吴則宫詹勿齋徐公爲最著。公自爲經生時，即以希聖希賢自淬厲。入詞苑，爲講官，正色立朝，風節與文文肅、姚文毅相上下。北都之變，公方家居，不即死。比聞金陵不守，指池水謂人曰：「江萬里，吾師也。」卒自沉以死。天下稱純臣焉。

公没四十餘年，而潛庵湯公來撫吾吴，爲公建專祠於虎丘，載在祀典。有司春秋致祭，崇德報忠，甚盛典也。已而，徐氏有敗類之孽，竄入其中，奸民從而誘之，遂至毁像撤屋，盡售諸人。翼翼崇祠，鞠爲茂草，盥奠無所，行路傷嗟。於是徐之宗老暨郡人士控於前撫宋公，下所司勘治。會宋公遷去，未蔽厥辜。復控今中丞于公，下長邑覆勘，甫正厥罸。主持其事者，郡紳咸集，而侍講訪濂彭公之力爲多。第毁祠之罪雖懲，而復祠之資未辦。會彭公有編纂之事於維揚，言於銀臺曹公，首捐厚貲，兼諭所屬佽助，得祠費大半。於是郡士夫協力裨補，不日落成，以虎丘故址頽陷，改築於長洲學宫之東偏，祠屋三楹，中奉宫詹公，旁以許、顧兩文學配。許先生玉重，聞燕京之變，行哭三日，自縊福清觀不死，投胥江不死，絶粒七日死。顧先生東湖，當金陵變後，自經學宫不死，復赴水死。兩先生以布衣諸生，而慷慨殉國，人尤賢之，用配宫詹公，忠臣烈士，參列一堂，相視而莫逆，同游而不孤，當亦公心之所甚慰也。宫詹公有子昭法先生，亦以清操介節，見重於世，稱真孝廉。中丞于公别致褒獎，祀諸鄉賢，殷禮并稱，聞者莫不興起。

夫庠序之設，所以明人倫也。死忠死孝，乃明倫之實事。士登膠庠，慮無不懸以爲鵠。幸而先正先民有若人焉，得不企而慕之以爲師表？試思六十年前縉紳之居高官，髦士之擅時譽者，不知其幾。今皆澌然與草木同腐，而宫詹暨兩文學名垂史乘，節炳日星，夫非出自宫墻者哉？至性人人本具，聖賢人人可爲。處變處常，各有當盡之道。毋曰俎豆學宫，非吾儕事，其可也。彭公素以綱常名教爲己任，既倡修學宫，復營斯祠，發揚潛德、表俗坊民之意，至深遠矣。

耒少受業於孝廉先生，備聞世德，幸祀典之再光，公論之不泯也，謹叙述始末，而系之以銘。銘曰：

國家養士始澤宫，釋褐登朝禄彌豐。誼當矢報安危同，末流身家計偏工。置君國事如瘖聾，脂韋便佞偷自容。臨難苟免争趨風，峨峨宫詹正氣鍾。垂紳端笏彤廷中，清流倚賴推君宗。虞淵日墜微垣空，痛思攀髯抱遺弓。一馬渡江不作龍，秣陵胥臺烽燹紅。擇死得所三閭從，沉淵畢命何從容！許顧兩生僅章縫，未沾一命綰半通。義憤所激悲填胸，趨死如歸百折東。渺軀擔荷綱常隆，聞風愧死長樂翁。東吴夙稱禮義邦，有臣有士如三忠，足報國恩十葉濃。精爲星芒氣成虹，雲車風馬時相逢。泮池清潔宫崇崇，妥魂一室昭虔恭。興廢補闕典至公，多士瞻仰資磨礱。廉頑立懦殊有功，人心天心不晦蒙，春秋禋祀無終窮。

【校記】

〔一〕重建徐宫詹公祠碑銘　清康熙四十九年增修本遂初堂文集目録題爲「重建徐文靖公祠碑銘」。

今依正文重新編目。又，乾隆長洲縣志卷三十三藝文志載録此篇，題爲「徐文靖公祠記」。乾隆江南通志卷三十八輿地志壇廟載録此篇，題爲「重建徐宫詹公祠碑」，僅録碑部，不録銘部。

鳳臺書院碑銘〔一〕

自昔賢人君子，身繫天下之重者，在朝而邦國蒙其休，在外而方州被其澤。然往往有在外之日多於在朝之日者，非天之獨厚於一方，蓋此方有大灾大患必待斯人而底平，有大利大弊必待斯人而興革，有成數焉，不可更也。富鄭公身居廊廟，而出知青州，以成全活流民之功。蘇文忠官在禁近，而出知杭州，以開西湖六橋之利。當時歌之，百世思之，非出入均勞而能然哉？

會稽魯公謙庵，起家中書舍人，出爲蘇州同知，遷知松江府，大著聲績，舉卓異者再。巡撫睢陽湯公，入見天子，薦公廉能第一。擢淮陽副使，晋河南按察使。京卿缺員，公不在會推之列，奉特旨擢補右通政，班於槐棘，天子且倚以爲公輔。適淮上有土田之獄，部議以公失於覺察，左遷粤東按察副使，分巡惠潮。潮陽僻在海濱，昔人指爲炎荒瘴海，公以卿貳重臣，屈臨兹土，乃能不鄙其俗，不卑其官，悉心撫綏，細大畢舉，正己率屬，革弊除奸，諸惠政不可枚舉。就其大者言之，潮有絶户虚丁，久爲民累，公親爲察審，豁除三千餘户。郡城外有大堤，保障三縣。歲甲戌，水大至，堤且潰，公不興不蓋，身冒風雨，督民修築，晝夜巡行畚鍤閒，以身爲扞，堤幸得完。三縣之民慶更生，曰：「微魯公，我其流入海矣！」歲洊饑，開倉發粟，捐俸勸分爲糜粥，以食飢人，所活無算。尤加意人才，公餘輒課士，片長必獎，有經指授而擢上第者，有蒙提命而童年登科者。

韓江南注於海，有大洲焉，爲郡捍門。洲上舊有鳳凰臺，久頽廢。公審形勢，曰：「是關潮郡盛衰！」始修復之，爲臺三層，雄麗過於其舊。又獨捐俸造文昌閣，高與臺等，曰：「是爲潮士科第之祥！」自是，潮郡風氣始完。郡人士游觀有地，講肄有廬，士烝烝向學，連掇高科。公之爲潮人禦灾捍患，興利除弊，有如此者。潮人德公之深，感公之切。公既遷廣西臬司以去，而人思慕之不暫忘。於是就鳳凰臺之旁，築書院一區，肖公像於其中，民之嬉游者，士之肄業者，過之必拜，祝公再來，發於中誠，不可强也。

己卯夏，余客潮郡，郡人士以公政績誇於余。余曰：「公涖潮之日淺，官於蘇松二十餘年，平大獄，濟大工，除大弊，嘉謨善政，惠我吴人者，不知其幾。吾吴人之歌吟禱祝，甚於潮人。」唯是公既在帝左右，而忽以微文左次，惠臨潮海，若夙有負於潮，特出而償之者然。先是，公之伯父青海公，明末由詞臣外轉，出爲惠潮副使。五十餘年，而公復以京卿外任，來爲是官。蓋世世與潮人有深緣夙契，天實相之，豈偶然哉！

昔黄霸爲丞相，而漢史載其功績，特詳於潁川。朱邑爲三司，而自言：「人之思我，莫如桐鄉。」其中淺深難易之故，有獨知而不可衆喻者。以公之德望與帝之眷注，固宜計日還朝，入參大政。而舊日子民愛戴之深，則望衮衣之臨，惟恐或後。今公自粵西臬長，復遷廣東藩伯，潮人仍蒙覆露，既遂所祝矣。庸知天之不念吴民，使公復以節鉞臨吴，亦得遂所祝乎？潮人以耒諗知公政績，屬爲書院之碑，耒謝不敏。兹來廣州，龔廣文以時走千餘里，請之益堅，不敢復辭，乃序而銘之。銘曰：

潮山鳳翥，潮水龍蟠。層臺巃嵸，屹峙江干。傑閣對開，雲屋旁敞。端嚴在中，惟魯公像。公在京朝，爲帝納言。惠此南邦，于蕃于宣。洪流湯湯，蝕堤薄郛。微公障塞，人將爲魚。凶荒頻仍，啼飢載道。微公捐賑，人盡爲殍。虚丁累民，待公而除。羨税病商，待公而蘇。潮人瘖痪，仰公以藥。潮士衰靡，就公以學。公之視民，如母哺兒。民之德公，如弟戀師。公還以去，逝不可留。閣公所建，臺公所修。就作書院，肖公其内。來游來觀，靡人不拜。惟江不枯，惟山不騫。惟公不朽，於千萬年！

【校記】

〔一〕鳳臺書院碑銘　潘氏自刻本遂初堂集文集卷十三題爲「鳳臺書院碑」。

重建狄梁公祠記〔一〕

人臣不幸而遭國家之變，不欲僅以去與死完其身名，而委曲紓徐，求利社稷，則不得不濟之以權。然行權而不得其道，或至遂喪其生平。徼倖功之一就，而嗜利貪生之輩，皆得藉口行權，以陰陽首鼠於邪正之間，則權反足以隳天下之臣紀。若權而不違於經者，其惟狄梁公乎！

世人所謂權者，委蛇詭隨，藏機閉鍵，順而柔之，觀變而制之。此平、勃之所以事呂后也。狄公則不然。公剛果直亮人也，挾數任術，固不屑爲。而武后亦非可以智巧動者。武后之才十倍呂后，智足以籠駕盈廷之臣，力足以束縛天下雋雄而制其命，一切權謀計數，無所施之。惟公也正色立朝，險夷一節，當官而行，直道而言，不媚嬖寵以求榮，不避羅織以脱禍，若揭朝陽以消積陰，若巨浸稽天而喬嶽屹立。易曰：「中孚，信及豚魚。」武后雖頑，能無信公哉！信之既深，故光輔譖之而不黜，俊臣陷之而不死，宵小反從之問自安計，而後鸚鵡之夢可一言而解也，姑侄之論可一言而悟也。不然，吉頊、昭德輩豈無惓惓於廬陵者，而獨公之從哉？

人皆知公事武后爲行權，而不知公之行權，固不以巧而以誠，不以術而以道也。嘗論平、勃之事，與公正相反。平、勃飲醇酒、近婦人以自全，而公盡忠補過，嶽嶽侃侃。平、勃以車馬黄金私相結歡，而公廣援宋璟、桓彦範之倫，羅列於朝。平、勃因審食其白事，而公面褫昌宗之裘。平、勃值呂后死，倉皇劫酈商，誑産禄，倖而得濟；公及武后之存，從容開譬，一言而還廬陵。公終其身事武后，復辟之事，功出他人，而世未有不諒其心者也。令平、勃先吕后而死，豈有諒之者哉？平、勃之權，權而譎者也。公之權，權而止者也。行權者若狄公則可也。

公太原人。太原故有公祠，頽壞已久。延津周君計百來守太原，因公事，道出祠下，瞻拜之餘，懷賢慕德，謀所以新之。經始於辛亥夏，越明年秋，乃克集事。益斥其地，爲寢殿若干楹，儀器備具。城東四十里有狄村，居民可百家，多公裔，并立石表其閭，而擇其宗之秀者，使典歲時之祭。祠成，屬余爲文，紀其歲月。惟公再造唐室之功，人人能頌之，而立朝剛方大節，或知之未盡。故詳論之，以諗有事於斯祠者。

【校記】

〔一〕重建狄梁公祠記 潘氏自刻本遂初堂集文集卷十三題爲「狄梁公祠碑」。

重修彰德府學記〔一〕

古者庠序學校之設，聚秀民而訓迪之，俾師弟子朝夕一堂，勤怠易稽也，德業易進也。歲時有釋奠釋菜之禮，所祀者先聖先師，國各不同。唐以後，天下得通祀孔子，而郡縣各有學，皆以孔子爲先師，立廟學中。於是學制大備，而習禮於學，合樂於學，鼓篋横經於學。當時博士弟子，當以學爲家矣。今也不然，士之隸籍學宫者，散處於外，各事其事，未嘗一日親師問業。其或廨舍不完，則爲師者，亦舍學而他居。於是學宫若獨爲聖人之宅，而師弟子無所預焉。則先王立學之意盡失，而作人之法盡廢。士安得有成材哉？

彰德於古爲鄴都，人材甚盛。今所轄者七邑，山川清雄，民俗質直。考之志乘，若杜喬、郭巨、杜正倫、王同皎、源乾曜、韓忠獻、岳武穆、董搏霄諸名臣，皆産兹土。而李延壽、趙秉文、王庭筠、崔子鍾輩，又以文史著述擅名千秋，可謂多君子矣！迨明中葉，稍稍不振。國家休養培植五十年於兹，而人材學術未大光顯。無乃磨礲砥礪之道未盡，而士之興於學者鮮歟？董率勸相，非有位者之責歟？

太守湯君素庵，莅郡之初，見郡學頽壞，即嘗有事補葺，而未及大修。歷年滋久，傾圮彌甚，君曰：「此吾責也，不可以煩民。」乃出一歲之俸，庀材鳩工，僚屬紳士，各有所助，遴士民之勤幹者董其役，不經吏胥，費省工速，不數月而落成。凡廟之寢殿門廡，學之堂閣齋舍，莫不撤朽易良，去敗即整，閈閎高廣，墻垣堅厚，翬飛丹雘，焕然一新。於是廟貌尊嚴，廨宇完繕，講肄有地，食息有廬，師弟子可以群萃而安處。記曰：「化民成俗，其必由學乎！」故修學所以勸士，勸士所以坊民。太守之爲政，可謂知所本矣。

繼自今士之繫名於學者，皆當奮自濯磨，以聖賢爲師，以黌序爲塾，朝斯夕斯，藏修於斯，游息於斯。考道論德，博古綜今，日進於高明廣大之區，而化其椎魯空疏之習，安見名臣碩儒不接踵輩出如前代哉？如其名在學宫，而不知所學何事，師與徒不相親，人與地不相涉，廣居之不居，正路之不由，則宫墻雖壯，觀瞻雖美，於士子何預？甚非太守風厲作新之意矣！士子勉乎哉！

湯君名傳楷，蘇之長洲人。修學始於庚辰之冬，訖工於辛巳之夏。凡出貲與在事有勞者，具列於碑陰。

【校記】

〔一〕重修彰德府學記　潘氏自刻本遂初堂集文集卷十一題爲「彰德府儒學記」。

李延平先生祠堂記

濂洛之學，入閩中而大昌，楊龜山傳之羅仲素，仲素傳之李愿中，愿中傳之朱考亭。朱氏之言滿天下，羅、李略無著述，而道學正傳歸焉。李先生尤簡默，今所傳延平答問一編，特就考亭所問經義，隨條剖析而已。至其所自爲學，則常終日危坐，觀喜怒哀樂未發之前氣象以求夫中，而教人以默坐澄心，體認天理，常存此心，勿爲事物所勝。蓋其所重者，在涵養操存，返求諸心，實體諸身，而不在乎多聞博識。

自龜山所得於二程者，其指如是。考亭盡棄其少學，而從先生尊聞而服習之，蓋已久矣。惟懼夫静坐之近於禪學，而嫌其用功稍偏，故專教人以格物窮理，意在即器見道，由博反約，固確實而可循。然不善學者，物物研窮，事事探索，而本原心性之地，顧或略焉。騖外而遺内，逐末而忘本，其弊亦不能無。則羅、李相傳之法，反似約而易操。蓋孔門諸賢同學於聖人，而所入不一，成就各殊，若涵養操存之説，則於顔之復禮、曾之省身以及孟氏之求放心，庶幾爲近云。

李先生家延平，抱道不仕。其子友直、友信，五世孫溶，皆登進士，以易學世其家。溶之曾孫惠，永樂中以鄉舉爲嘉定教諭，善於其職，没而葬焉，子孫遂爲嘉定人。惠之孫宗佑，官至駕部郎，列於鄉賢。舊有家祠祀愿中先生，明末毁於兵。頃延平人鄧君天羽來爲邑令，從李氏裔孫禹錫之請，白於大吏，重建斯祠，春秋致祭，著在祀典。鄧君遠祖天啓，即與朱子之父同學，稱李先生，如冰壺秋月，瑩澈無瑕者也。以先生之潛德弗耀，固宜有賢子孫。今在延平者，未知如何，而分徙於吴者，猶能世纘其緒，發揚先德，薦之蒸嘗，世澤之遼，可知矣。夫所貴瞻禮先賢者，在明其學術而師其爲人。人知先生爲朱子之師而已，考其爲學之宗趣，而知道南正嫡，端在先生。由先生之學，以溯周、程，以希孔、顔，較若畫一。其俎豆百世也宜哉！

徐侯齋先生祠堂記

忠孝節義者，天地之常經，名教之極則。舉世莫不欽崇，然嘗患空懸其名，而無人焉以實之，則其德爲虚美，其行爲絶詣，而人紀或幾乎息矣。惟振古豪傑之士，爲能嚴氣正性，身任綱常之重，蹈屯履險，百折不回，以底於完節。若龍、比、夷、齊、臧札、黄綺之倫，特垂聲於天壤。蓋古昔猶難之，況今日哉！

當明末造，吾吴宫詹徐文靖公，獨能捐生殉國，自沉深淵，致命遂志，天下歸忠焉。而公之長子，孝廉俟齋先生，復能遵公遺志，屏迹荒山，土室樹屋，非其同志，雖通家世好，踵門不得見，與之書亦不答。藜藿不糝，三旬九食，而一切饋遺，堅却不受。文章書畫妙天下，時人以重幣購之，不肯落一筆。守約固窮，五十年如一日，苦節至行，通於神明。是父是子，同風合轍，忠孝廉節，萃於一門。殆造物者不欲使倫常墜地，而篤生斯人，以維繫之者也，而豈徒哉？

耒少受業於先生。先生家在天平山麓上沙村。没時，三子皆已前卒，惷遺寡媳孤孫，謀鬻屋以葬。耒持不可，遂身任葬事，以留故居。既而孤寡徙依族人，族人遂鬻諸富人爲葬地。耒聞之悲憤，商諸郡人之好事者，得諸生周敉寧輩十人具牒當事，請改屋爲祠。耒與尤悔庵、彭訪濂、馮勉曾諸君，言於開府宋公牧仲。宋公素敬先生，立命所司剖斷還屋。然孤寡苦凍餒，耒乃歸田於孤寡，易此屋以建祠，仍迎孤寡居之。好事者復捐貲，助爲修葺。於是先生之舊廬幾廢而復存，有天幸焉。

嗚呼！貞臣義士，域中之正氣。其生也，宜尊禮之；其没也，宜表揚之。周武式商容之閭；燕昭表王蠋之墓。陳仲舉守豫章，先訪徐孺子；任延尉會稽，首謁延陵季子之祠。蓋欲教民忠孝廉節，必褒崇忠孝廉節之人，以風厲之。所貴世實有其人，人實有其德，而不徒托諸空言也。往年湯中丞潛庵爲文靖公立專祠於虎阜，而今宋公復允衆請，爲先生置祠。意在斯乎！意在斯乎！

吾吴邇年士習卑靡，恒苦才華有餘而志節不足，先民不遠，風烈猶存，異時浮胥江，過支硎，望先生之廬而不可即者。今幸登其堂，拜其像，如見其人，可以慨然而興起矣！

建寧郡重建鄉賢名宦祠記（一）

閩與粵東西，皆在五嶺以外古要荒之區，漸被聲教有先後。宋時，閩人才已大盛，粵東至明始爲仕國，而粵西迄今無聞焉。閩之盛始於建寧，自游、胡傳程門之學，朱、蔡、真、熊益昌而大之，遂爲理學淵藪。他如章得象、吴育、劉夔、鄭穀輩之宦績，劉子羽、吴玠、吴璘等之武功，皆冠絶一時。而福、興、漳、泉至明乃盛。蓋建州當南紀山川之窮，清淑之氣磅礴而鬱積，千百年乃一發之。而南宋都臨安，去畿輔爲近，故風氣之開獨先也。明代人物浸不振，僅有楊文敏、李肅愍輩數公。入國朝而益衰，自鄭少司寇而外無顯者。學術文章，遠不逮古，豈地氣盛衰，固自有時歟？抑官師不能倡導士民，無所觀感而然歟？

史稱常衮爲觀察使，勸民於學，而閩始有舉進士者。比閲郡志，見陸長源、李頻、鮑祗、洪邁諸人，而後循卓廉能，項背相望。百年來，乃寥寥無聞。蓋嶺海之間，兵革數起，事如棼絲，吏救過不給，無暇興仁講讓，以作新斯民，亦其勢然也。

雪崖龐君服官京師，砥志植節，卓然以古賢自期，出守建寧，潔躬率屬，廉静寬平，刻意爲古良吏。顧念此邦人才衰遲，科第寥落，反不逮他郡，作而嘆曰：「建州向稱海濱鄒魯，先儒講道著書之地，流風餘澤，未宜泯滅，何昔之盛而今之衰也！」郡故有鄉賢名宦祠，兵後毁廢，附祀於學宫之傍，湫隘僅容木主，無展拜地。於是别擇高敞地，改作新祠，崇宏嚴整，備列先賢爵里姓名於其中，俾士人有所瞻仰則效。而守土之吏有惠政循聲者，亦具在祠中，曰：「吾與僚屬將時觀焉，以自策厲。」其意深遠矣。

余惟閩之山奇秀而險阻，閩之水清澄而悍激，君子得其奇秀清澄，則爲大儒爲豪傑，小人得其險阻悍激，則幽昧詭譎，健訟而逋賦，樂禍而走險，無所不至。國多君子，上有良吏，則風移俗易，變而之治也甚易。賢人衰少，吏治乖方，其趨而之亂也亦甚易，山川猶是也，人物猶是也。而昔盛今衰，誰實爲之？豈得盡歸之氣數哉？

往者嶺嶠初通，僻在蠻裔，而英傑之士，猶能勃興崛起，紹絶學而樹奇勳，裒然出中州人士上。今者文教大同，士生先賢之墟里，聞先賢之風烈，寧不能希踪攀軌，奮自濯磨？况山川靈異藴蓄之久，必將復發，安知不浸昌浸熾如前代哉？

龐君既清修介節，以身爲屬吏師，又能興廢舉墜，勸學育才，深得導民之本。從兹吏治烝烝，循良輩出，俎豆諸賢爲不孤矣。耒適游是邦，值斯祠新作，龐君屬爲之記。余嘉太守之賢，而望邦人之興起也，故不辭而書之。

【校記】

〔一〕建寧郡重建鄉賢名宦祠記　潘氏自刻本遂初堂集文集卷十三題爲「建寧府鄉賢名宦祠碑」。

新安義學記

古制，國學之外，分立鄉學。黨有庠，州有序，閭有塾，教民之法甚詳。民生其時，蓋不苦於無師矣。後世惟郡縣設學官，亦無講肄之實，人始延師於家，各教其子，而力不能具脩脯者，無從得師。於是用心公溥之士，設爲義學，以便一方之人。鄉學廢而義學興，君子之不得已也，然惟身在其鄉者爲之。若夫旅寓於外，而爲其鄉之人設學，則自張子佩蘭始矣。

張子，新安人。其父僑居吾邑之盛澤，富而任俠，遭亂盡亡其貲。佩蘭孤貧自奮，精岐黄家言，治病輒效。老而無子，好行其德，家無他産，惟所居屋可值千金。念新安人居斯土者，不下數十家，力不盡能延師，慨然捐其宅爲義學，設考亭朱子之像於高閣，旁爲學舍，延良師，具脩脯，招鄉人之願學者畢來受業。虚中堂以爲同鄉集會之所，而己居其旁。以券歸諸鄉人，俾永爲公所，令鄉人子孫世世無廢學。其義甚高，其見甚達，張子於是過人遠矣！

大凡物之私於己者不能堅，而公於人者爲可久。張子殫一生之勤劬，以有此廬，非不甚惜。然使傳之子孫，未必能不失，今公諸其鄉之人，孰得而廢之？世固有捨宅爲庵若觀者，猶或貪於福報，有所爲而爲之。張子獨以俎豆先賢，嘉惠來學，無一毫自私自利之心。斯舉也，足以不朽！惟是新安旅寓之人，不居其鄉而得鄉學之利，誠宜無忘張子盛心。爲子弟者，勤苦爲學，隨其材質，各期有成。爲父兄者，重學崇儒，永存斯館，弗毁弗遷，毋渝初約。是張子所欲書也夫！

杭城濬河記〔一〕　代

杭之城，前江而右湖，江潮湍悍，不可引。引湖水注城入，自清波、涌金二門交絡城中，由武林、艮山以出，用以疏煩蒸，宣底滯，猶人之有血脉喉胃也。歲久，寢廢不治，爲土壤，爲室廬，故道十失八九，斷溝絶瀆，隘不可舟，淺不可汲，火灾猝起，無勺水以救。杭人病之。

歲在甲子，余奉命來撫浙，首下教諮民疾苦，令十一郡士民各得上書言便宜。於是杭人言城河當治者甚衆。詢諸鄉大夫鄉先生，咸以爲然。顧役鉅費煩，無所從出，或議勸輸於巨室，輸足而後戒工，或議役瀕河之家楹一夫。余皆以爲不可。夫事未有迹而勸輸，則民疑；徵役於閭左，則民怨。既疑且怨，復有不便斯役者，從而撓之，浮言煩興，乃敗吾事。夫民可與樂成，難與慮始，莫若出私錢倡行之，厚直雇民，民必樂從。工既有緒，人將不待勸而輸，事乃可濟。

計已定，適紹興府判王玑以事至省，余知其敏練，習水利，因留任以河事。玑言方冬民暇，可即興工。迴龍橋在城中央，淤最甚，可先疏治，以風示吏民，遂出二千金付玑，俾募役。役直視常加倍，民歡噪，即工。不旬日，濬若干步，視向所經度者，貲加省焉，人始知河易治。於是藩臬以下守土之吏各助若干，中朝官之有事斯土者各助若干，鄉大夫以下若商若民各助若干。未浹月而貲用大集，然後分遣屬吏，畫地程工，畚鍤如雲，鼛鼓四應。余時乘肩輿往來其間，觴酒豆肉，與役夫相勞苦。自始事迄畢工，役不疲勞，人無怨讟，所治河一以舊址爲率，深廣有常程，舟載沙土，出諸郭外。河兩涯堤以木石，必高必堅。凡七閱月而工成。於是城河始復舊迹。疏二門水竇，納清流注之，洋洋焉，鱗鱗焉，可溯可浮，可溉可濯。蓋西湖之水至是而始爲杭人用也。

天下事所以不理，其初見謂不足爲，久之又苦其難爲。當河之始塞也，朝一畚泥，暮一掊土，易禁戢也，易疏治也。惟有司者，忽爲不足爲，聽其日積日淤，以至錮塞。比其塞之久也，通國之人，皆知其當治而憚難，苟安因循至今。今以吾僚屬之勤與士民之助，智者贊謀，强者宣力，幸而有成，乃知天下事熟計而決行之，斷無不可爲者。惟是成功實難，隳之甚易，謹啓閉，嚴隱占，隨淤隨浚，補救以時，毋廢成規，無滋前弊，則惟後之人是賴矣。

役始於康熙二十三年甲子仲冬，成於次年乙丑季夏。河以丈計者，七千六百二十八；

以工計者，一十三萬二千七百八十九。費白金以兩計者，一萬六千九十六。有勞於河者，自王玑外，興工則府同知孫明忠、通判宋德深、祝鍾哲、王嘉植、運副范景賢、運判張令甲、州同知王世勳；協贊則知事王祖臣、縣丞文軾、典史孔南峙、王彦瀛、劉芳聲、王大有、巡檢沈光紹。

以其費之博而功之勤也，故備志之，俾後之人有考焉。

【校記】

〔一〕此篇亦見於雍正浙江通志卷二六二藝文四，注曰：「代巡撫趙士麟。」

方氏義井記

正學方公之難，株連死者八百餘人。鄉里頗收其骸，納諸大井。二百餘年，其水猶赤。居民時見光怪，乃塞之，而築亭其上，名曰「義井」。余過而悲之，古忠臣得禍極於殺身止矣，又甚而覆宗止矣。而方公獨以十族殉。或疑公自死國可耳，盍稍遜辭以全宗族？夫文皇之於公，所争者屈與不屈耳。屈則高官厚禄，不屈則戮辱誅夷。豈在遜與激哉？且人主所恃以摧折人者，獨恃此生死之柄耳。刀鋸鼎鑊之不畏，而其權始窮。至怵之以孥戮而不動，懼之以湛族而不動，終於無可如何。然後，萬乘失其尊，而匹夫之節立。蓋唯禍之極乃爲忠之至也。

當明之初，坐空印而死者若干人，坐微文而死者若干人，坐胡藍黨而死者若干人。彼死非皆得罪也，又蒙惡名。此八百餘人者，非必人人賢也，坐方公死而悉見謂忠義。等死耳，死義，不猶榮乎！

吾聞萬曆末年有異人言天下將亂，或扣其故，曰建文中慘死之徒，已生人間矣。審如其言，則亡明天下者，井中諸人預有力焉。特不知爲敵國謀臣猛將，以相攻逼乎？抑爲鯨奔豕突之寇，殺人如麻，以快其忿乎？抑爲食禄之臣，植黨營私，以斫喪明室乎？

天道好還，得國之初，已釀亡國之釁。人主若之何可以妄殺人也？并書之以爲戒。

望川亭記

懸甕之山，空中而多竇。晋水自其竇出，沸而爲泉，噴而爲瀑，瀦而爲潭，流而爲溪，可沿可泳，可濯可漱，翼之樓可以登，跨之橋可以坐，夾岸雜樹千章可蔭而哦，白石游魚可把而數，而山之頂乃童然無奇峰削壁，使人躋險而忘歸者。以故來游之士，率及泉而止，謁晋祠而休，若不知有懸甕者然。噫！此豈山之奇果盡於泉與祠歟？抑人之情有所移而境有所域歟？

壬子夏，余偕客游兹山。甫入祠，緑陰漫天，空水見底，瀑泉挾雨，而怒聲砰砰然，飛沫上濕衣洗盞，聽之不知日之將夕。客曰：「樂哉！斯游觀止矣。」余曰：「未也。嘗試與子登高而望。」於是捫葛踐苔，循祠之陰以達於嶺，十步一折，得平地而休焉。則見遥空澄明，萬象在下，麓臺罕山之屬，如屏如案，了了落照間汾川下，裂石之口東南流，抱故太原城。祠下之水注於雙渠，瀉於平田，斗折蛇行，以入於汾。兩川之間，緑野蒼陂，相錯如綉，至是而後，懸甕之奇始盡。余曰：「是可亭也！」適有得草間片碣者，辨之知爲古望川亭之墟。以語太原令萬君，發贖鍰之羡，鳩工庀材，旬月而亭成。於是游者稍稍登懸甕矣。

嗟乎！山川之勝概何常，顧人之會心何如耳。耽奇嗜僻之士，一丘一壑，自以極宇内之奇；而達人曠觀，則五嶽三山或同於部婁。今夫晉祠非不幽且秀也，一泉焉玩之而忘疲，一石焉踞之而戀戀，游斯者自以爲得矣。而一登斯亭，則見夫天空而水流，日生而月没，曠然有遺世獨立之思焉。迴觀向之所欣，有不茫乎自失者哉！異哉！超乎境者，乃可以窮乎勝也。夫孰能超乎境以觀物者？吾將與之登望川之亭。是爲記。

縱棹園記

侍讀喬君石林，歸白田，得隙地於城之東北隅，治以爲園。園内外皆水也。水之瀦者因以爲陂，流者因以爲渠，平者爲潭，曲者爲澗，激而奔者爲泉，渟而演迤者爲塘爲沼。水中植蓮藕十餘畝，芙蓉射干，羅生水畔。反土爲山，山上下雜蒔松梧柳梅，多至二百餘本，桂百本，桃李無數。有堂臨水，曰「竹深荷浄之堂」。有亭在水心，曰「洗耳」。有閣覆水，曰「剪淞」。有橋戴水，曰「津逮」。不疊石，不種魚，不多架屋，凡雕組藻繪之習，皆去之，全乎天真，返乎太樸，而臨眺之美具焉。

君家去園不半里，每午餐罷，輒刺小舟來園中，巡行花果。課童子剪剔灌溉，瀹茗焚香，捫松撫鶴，婆娑久之而後去。有佳客至，則下榻焉。琴奕觴咏，陶然竟日。蓋爲園最難得者水，水不可以人力致，强而蓄焉，止則濁，漏則涸。兹地在城中，而有活水注之，湛然淵渟，大旱不枯，宜園之易以爲勝，而至者樂而忘歸也。

往余在京師，見王公貴人治園館，極其閎麗，怪石蟠松，珍禽異卉，皆可羅致，而獨患無不竭之水。黑龍潭蹄涔一泓，遂爲名勝，豈知吾鄉在在皆濠濮哉！然士大夫縻於好爵，家居之日少，往往不暇爲園。或間歸，乘興經營，未落成而遽出，蹉跎不返，有終其身不復見者。則地雖勝而主人不能有也，亦足悲矣。

今喬君爲天子侍從臣，參預密勿，徒以正直挺勁，不容於朝，乃得從容休暇，以偃仰於此。非斯人之不幸，而君之幸歟？然使君未能與世淡忘，身在江湖，而情馳魏闕，則雖景物當前，恒有邑邑不自得者。今觀君恬然自足，蕭然無悶，若將終身焉。蓋君之身雖絀，而言已行，澤被乎鄉邦，聲垂乎簡册，不愧不怍，有異乎他人之去國者。兹其所以爲樂也。

余既信宿兹園，愛林水之幽勝，而嘉君之能樂其樂也。於是乎書。

濤園記

福州城中凡三山，烏石山最大。環山而爲寺觀園亭者數十，許氏濤園最勝。園之門徑在山足，若堂若亭，若廊若榭，錯布乎山之肩腹，極於絶顛而止。山有峰，園因以爲巧石。山有泉，園因以爲清池。山有巖洞，園因以爲宴休之所。山有高阜，園因以爲臨眺之區。山有題名石刻，園因以爲碑版。山有長松美箭楓楠栟櫚，園因以爲林苑。經營布置，悉出自然，而穿鑿雕飾者不能逮。天下之善爲園者，莫許氏若也。

園之主人月溪，倜儻豪邁，工詩文，善書畫，甚愛賓客。四方之士至，必與周旋。其家去園僅里許，花晨月夕，無客亦欣然獨往，婆娑忘歸，有客則載酒同游，據石而坐，選樹而吟，留連竟日。不知家之爲園歟，園之爲家歟，不知山之在園中歟，園之在山中歟。善得園居之樂者，又莫月溪若也。

月溪之王父學憲公，少嘗讀書於是，樂其地之幽勝。既貴，割俸買之，規以爲園。殁於官，未暇居也。伯子甌香先生，復拓而廣之，增置亭臺，疏泉剔石，而園之勝始具。先生嘗自爲文記之。又標諸名勝，大書刻於石壁。當明末年，園之勝甲一郡。已而滄海揚塵，烏石山爲駐軍之所，喬松合抱，皆樵以爲薪，屋宇毁拆殆盡，兵厮隸卒分占其地。仲子于王雖貴爲侍御，不能復也。年來兵氛稍息，月溪念祖父故業不可以久屬他人，於是罄竭心力，日恢月復。其二子曰鼎、曰鼐，亦能仰體此意，黽勉從事，久之而其地始歸，又久之而屋舍粗具，雖未能頓還舊觀，而規模次第可睹矣。

大都物之成乎人者易移，而因乎天者難壞。吾見豪家之園，纍石爲山，鑿土爲池，高高下下，窮人力爲之，一時非不爛然也。浸假而化爲兔葵燕麥，有求其踪影不可得者。豈若兹園之依山憑壑，有大力者不能負之而趨，雖洊經兵火，一整頓間，水石依然，烟巒無恙，爲之不勞而傳之可久，不亦善夫！

雖然，奇山秀水，就而爲園池者何限，不旋踵而易主。則可久之道，又不惟其地惟其人。許氏既世有令名，而月溪修復兹園之意，曰某泉吾先人之所導，某石吾先人之所刻，一一本之孝思。二子復能纘承其志，詩書孝友之澤未艾，庶其長有兹園也乎！請書之以爲券。

遂初堂文集　卷十三

記

游羅浮記[一]

羅浮之奇勝，載於圖經，誇於志乘，雜見於名賢詩翰者，不可勝記。中州人之來嶺南者[二]，必以游羅浮爲辭。比其還，問羅浮作何狀，輒噤不能對。第言兵燹後，山中道梗，泉石榛蕪，不可游。蓋十無一至者焉。余嘗怪之。

去冬，客羊城，即鋭意欲登羅浮，謀諸土人，尼余者十人而九。歲首，之端州，制府吴公相留。忽忽春盡，將告歸，公笑曰：「曾游羅浮乎？」游而還，荔枝熟矣，啖之，歸未晚也。」余曰：「善！微公言，固將一往。」遂放舟過五羊，遇黎方回，爲余言羅浮非難游，苦無栖息地。有華首臺者，名刹也，其主僧麈異適在是，必與偕行乃可。麈公嗣法天然和尚，學通内外，相見甚喜，載與同行。

以四月十七日發廣州，五十餘里，抵南海神廟。廟甚宏敞，有銅鼓二。其一徑五尺餘，刻鏤精巧，青紅斑駁，扣之淵淵，是漢以前物。其一徑三尺許，聲質俱劣，宋時物也。歷代諭祭碑，鱗列兩廡。昌黎碑特高大，碑陰及兩旁題刻皆滿。廟外高阜上，有浴日亭，蘇子瞻詩碣存焉。臨眺極於虎門，際天皆海矣。徘徊至暮，宿廟側。

明日，行六十餘里，抵石灣。遥望羅浮，蒼蒼亘天如横雲。

明日，行二十餘里，抵泊頭。飯華首下院。舍舟而輿，行十餘里，雨驟作，諸巖岫皆隱不見，唯老人峰孤聳雲外，若舉手相招者然。又十餘里，抵華首，則已昏黑。惟見長松夾道，流泉淙淙，作金玉聲。下榻小樓，閱羅浮志，將選勝以游。塵公言志不足憑，必得里人熟習徑路者導游乃可。

黎明，起，見四山皆重雲蒙頭，雨勢未已。而山行須竹兜，索之近村，無有。乃伐竹爲之。早飯已，與塵公步山門，有青黄雀飛鳴林間，文采絢爛，所謂五色雀，客至則迎者也。寺門怪石森立，東西溪交流鎖織，中爲平坡，圓正如臺，故號華首臺。舊云有五百華首菩薩集會於此。古刹久廢。崇禎間，空隱禪師開法於此，博羅韓尚書長公子出家嗣法，爲剩人和尚，與東莞孝廉張二果共興此刹。尚書夫人施田飯僧。兵後，山中諸庵觀皆毁，惟此僅存。寺後泉石益奇，有合掌巖，巨石中空，下廣上鋭，如合十瓜。有瀑布落懸巖，注於平潭，飛流四射，如傾萬斛珠，墜潭面，輒躍起數尺，最爲壯觀。而舊未有名，余名之曰躍雪潭。潭後爲錦屏峰，蒼藤錦石相錯如畫，望之蔚然。是暮，雨止，新治竹兜成，而塵公所覓導游者黎老人亦至。遂以次早出游。

五里，至黄龍徑。又二里，至延祥寺基。望見梅花村，籬落隱隱。又十里許，至冲虚觀。觀故葛稚川所居。唐置祠。宋立觀。往時宏麗甲一山，今蓬萊閣、遺履軒皆廢，唯三清殿存。其御簡亭、葛仙祠，則提督許公、郡守吕侯所新葺也。黄冠皆散處村落，求觀所藏銅龍魚，不可得。唯得竹葉符數枚，葉上鏤文十數，叠如繆篆，亦異迹也。觀後有稚川丹灶遺址，灶下泥，云可以療病。觀東有澗，循澗行百餘步，有巨石刻「朱明洞」三大字。石上有廬，稱黄野人廬云。觀前白蓮池，今廢爲田。西南一峰峭拔，名麻姑峰，有巖名麻姑壇，又有朝斗壇，皆在榛莽中，不可到。徙倚觀門，塵公出所携果茗，拾落葉烹泉啜之。取舊路以歸，轉山坳，見懸瀑百餘仞，曰是中必有佳境，黎老人言此水簾洞也。乃舍輿策杖，溯瀑而上，爲大龍潭、小龍潭，爲藥槽、石臼，爲大水簾、小水簾，皆一瀑布也。瀑得雨而怒，虹奔龍矯，砰訇作雷聲。穿澗屈曲行，或履危石如劍棱，或凌飛濤如輪轂，路愈險，境愈奇。澗中平廣處有石坡，可坐數十人，飛湍旋激，名流杯池，云群仙會飲之所也。瀑流有大小而無枯竭，澗中石滌蕩久，皆作蒼白色，如凍雪覆泥，又如北方白松，膚紋明净可愛。宋人篆書石刻，在隔澗懸崖，未及捫讀。落日啣山，促歸華首。

翼日，乃爲黄龍、寶積之游〔三〕。黄龍洞自黄龍徑折而上，有南漢天華宫故址。洞亦以瀑布爲奇，與水簾號「東西龍潭」，勝概約略相埒。瀑中亦有平廣處，可鋪文茵，可行羽觴。有四賢祠，久廢，碑在豐草中。四賢者，周濂溪、羅豫章、李延平、陳白沙也。山佳勝處，皆寺觀踞之，唯此環堵爲儒林，而居守無人，一毀而莫能復也。祠之後爲老人峰、瑶臺峰、大石樓、小石樓，皆秀削崚嶒，矗立翠微中，乍開乍合。寶積寺在伏虎巖之下，有梁景泰禪師卓錫泉，味極甘冽。泉在石盤中，徑尺深尺，汲之隨涌，竭之隨注，積雨不盈，大旱不涸，誠爲神異。寺亦久廢，新構精舍數楹，前俯斷崖，臨望甚曠。東有一小潭，水亦清冽，石刻云「林一仙洗藥池」，而志書不載。與塵公藉蒲團，蔭茂樹，吟眺竟日，烹泉數瓢，盡瓶中茗，乃歸。

歸而議游飛雲峰。飛雲峰者，羅浮絶頂也。雖晴明時，常有雲霧籠覆，去地四十餘里，游人稀得到。尼余上者，復十人而九，或言磴道陡峻，不容兜輿；或言夏月草長，中有飛蜞，伺人而嚙；或言山中陰晴不定，游者多爲暴雨所阻。余曰：「來粤東而不游羅浮，猶不來也。游羅浮而不登飛雲，猶不游也。吾志必往，山靈豈拒我哉？」塵公見余意堅，趣辦行具。

五更，作三十人飯，半以蓐食，半舁上山，供午餐。遂自寺右循西溪上竹篙嶺，甚巉削。五里，至嶺頭，稍平坦，可乘兜輿。又二里，至羅漢峰。又二里，至文殊峰。并斬崖爲徑，下臨絶壑，雲蓬蓬然，起於足下。俄而嵐霧四合，上下混茫，無所見。或慮雨且作，余言冒雨游，亦復佳。又前五里許，至寶塔峰。峰多杜鵑樹，有長丈餘，大合抱者。老人言春月花開，滿山如雲錦。婆娑峰下，從者進所携酒，滿引數卮而行。又前至小尖峰、大尖峰。又前至三丫峰。又前至杜鵑峰。自寶塔至是，可數里，往往穿杜鵑林中行。而此峰尤盛，叢柯連幹，羅生巖間，類名園卉木，家人選可徙植者携之，人一本。又三里，至七星峰，峰有七阜。又二里，至分水凹。林樹茂密，一澗中流，旁多藥草，所謂泉源福地者也。又二里，至鳳凰臺。臺有巨石，平正如棋枰。又里許，至阿耨池。池在亂石間，徑三尺許，渟泓湛碧，旁有平石可坐數人，老樹戞雲，藤蘿蓊蔚。塵公命侍者汲池煮茗，出果餅療飢，具湯沃飯，飯僕夫，而別命童子煮糜粥以待。

是時，雲霧漸開，諸峰皆出其頂，纍纍如青螺髻。又里許，至見日庵故址。有雜樹數百株，森梢竟谷。又二里許，至飛雲頂。頂正尖圓，四望洞達，於時天無纖雲，萬象呈露。往時所見大小石樓、玉鵝、蓬萊諸峰，渺在霄漢者，皆如培塿，帖帖肘腋下，其頂可俯而摩也。振衣峰巔，游目萬里，南望虎門外，大海瀰漫，一碧無際，東見博羅、河源、象頭、平陵諸山，北則龍門、虎獅、天嶺，西則增城、牛牯、南樵諸山，如屏如墉，如拱如抱，綿延數百里不絕。而羅浮在其中央，若千葉蓮花之菂。飛雲頂在其上，又若九層浮圖之尖，所謂高三千六百丈者，殆非虚語。至稱夜半見日，則理之所無。以曆術推之，日出地平百里，止差分杪，高山與平地相去幾何？其近海諸山，水光浮日光，而上見之差早。之罘、泰岱、秦望、天台，皆東邊海，故先見日。今羅浮之東，連山横亘，無從見水，而東南去海不甚遠，冬月登山巔，見日當差早，亦不過晷刻之間，大約如日落時，下方昏黑，山尖猶存返影耳。而談者遂云夜半披衣，見火輪射飛濤以出，則誇而近於誕矣。

縱覽久之，日已晡，乃下。至阿耨池，啖糜粥以行。老人言登飛雲有三路：東路由冲虚觀而上，則過青霞、玉女、會真諸峰；中路由黄龍洞而上，則過瑶臺、通天、中界諸峰；西則今華首路。若取一徑以上，别取一徑以下，再登再下，則諸峰之勝盡矣。惜乎冲虚、寶積不可栖宿，不得已，尋舊路歸。下山宜易於登山，而峻處每不留足，輿人尤懔懔。余大半步行，遇峰巒佳處，輒躊躕凝望，不忍别。還至華首，而日落矣。人争以無風雨，得登飛雲爲賀。黎老人亦言生長兹山，見游山而登飛雲者，不過十數人；登飛雲而晴明極望者，尤絶少也。天下事敗於猶豫，而成於勇决。余志一定，雨師雲將，朱真葛仙，群來相余，人定勝天，信而有徵。塵公謂余何不以此勇决者，學道聖域，可立躋也。余深愧其言。

羅浮舊志，創於永樂時陳琴軒璉。嘉靖中，黎惟敬民表續成十二卷，典雅可觀。崇禎末，博羅諸生韓德焜别撰新志，雖文筆不振，而每峰每洞，各爲圖説，則功多於前人矣。然吾觀羅、浮二山，横亘數十里，秀巖深壑，以千百數，浮在羅之西北，尤大而長，今圖經所載諸名勝，皆屬諸羅，而浮則概未之及。即羅亦僅東南一隅，在冲虚左右者，如華首臺後泉石至佳，且無述焉，况其他乎？誠能携善畫者，裹糧躡屩，周行山之前後左右，品題而圖繪之，附以篇咏，勒成一書，斯盡善矣。塵公豈有意乎？

余以倦游遠客，勢不能久留兹山，雖努力登絶巔，猶之嘗鼎一臠，窺豹一斑已耳。惟當就見聞所及，刻畫摹寫，仰酬山靈。而黎方回留家園黑葉荔枝待我，將就之飽啖，然後出嶺，庶不負吴公盛心。且將誇於曾游嶺南者，謂吾所得於諸君獨多也。

【校記】

〔一〕此篇首見於潘氏自刻本鴻爪集，末有「康熙戊辰孟夏二十四日記」一句。亦收録於清曹溶輯、陶樾增删學海類編集餘八游覽，清宋廣業輯羅浮山志會編卷十二藝文志三，清王錫祺輯小方壺齋輿地叢鈔第四帙等。

〔二〕中州人　鴻爪集本、學海類編本作「中州人士」。疑後來刊刻遺漏「士」字。

〔三〕寶積　原文作「積寶」，誤。據下文云「寶積寺在伏虎巖之下」、「惜乎冲虚、寶積不可栖宿」而改作「寶積」。

游天台山記〔一〕

吴越間，山高大而著名者，莫如天台。以其荒遠，不通舟楫，須陸行二百里，乃得到。非篤好山水，裹糧躡屩，無由而至焉。余蓄念久矣。會門人辛祇傳宰寧海，與天台爲鄰邑，乃以辛未季春挈從弟人瞻往游焉。

從杭抵明，苦積雨，諸佳山皆在雲霧中。過自奉化，僦肩輿行，百餘里至寧海，留六七日。祇傳撥人力送至台，信宿乃到。所過桑洲嶺、馬嶼諸山，皆天台支隴。取道深谷中，兩崖插天，時見飛泉挂在木杪，而杜鵑花方盛開，作深紅淺碧二色，籠岡羃澗，鮮艷照人。至高峴、吴嶼一帶，清溪湛碧，桑柘陰陰，居人静穆，杳若太古。

將至天台縣，三四十里間，山益雄放，環碧萬重，不見首尾，奇峰秀嶺，土人率不能名，目送心賞而已。城北八佛庵，甚幽潔，頓行李焉。台士方方山，年六十餘矣，能詩而嗜游，邀與偕行。北上七八里，至國清寺。寺在台山南麓，五峰環抱，餘支折而屏蔽者數重，左右溪翔舞而下，會於寺門，澄泓緑浄，萬松交柯，不見白日。七塔鼎蹲，一塔雲聳，無塵殿屢易，榱桷尚不著蛛絲，堂序可容數千人，氣象宏闊，而山藏水曲，一往幽深，胸中即有萬斛塵，到此自然消盡。瀑響松聲，無非寒拾咳唾，何必求諸破灶間也。此地殊可盤桓，而院主祖憲不在，啜茗便行。

循東澗上金地嶺，磴道陡峻，十步一休，水鳴琤琮，與人上下。至嶺頭，折下谷中，高明寺在焉。深篁密樹中，一水穿絡，所謂幽溪者也。智者大師因翻經建刹，蕪廢已久。明萬曆中，無盡法師以大辨才，中興台教，恢復此寺。佛像用法華儀軌，台宗諸祖環列焉，教觀典籍數十種，鏤板咸在。殿後楞嚴壇、西天貝葉經，俱非他方所有。此山舊爲台宗窟宅，今存者獨此而已。主人瑞符留宿，燒笋食之，甚甘美。上床脱屨，已決踵矣。

明日，始易芒鞋，輕便無比。飯後，沿溪行，坐圓通洞，觀靈響巖，溪山盤鬱，木石蒼寒，静對片時，心骨俱冷。寺後削壁千仞，攀藤直上，得故太平寺遺址。上銀地嶺，過佛隴，憩大慈寺，古修禪道場也。智者大師初來台山，第一宴坐處。舊爲雄刹，今敗瓦數椽，一僧守之。唐梁肅撰碑尚在，亟搨一本。大師塔院在其旁，亦鬖鬖爲鋤菜地。

又北十餘里，上含風闕。山益高，每大風作，人不得植立。又北過察嶺，以漢隱士高察得名。折而東，走溪澗中，疏林曲水，時見民居，煮笋摘茶，人皆有自得之色。十里許，至天封寺。山勢開展，殿閣崇宏，一宿天語樓，萬壑松風，翏翏枕席。

日上瑞雲峰，葱籠蒨麗，如對畫屏也。從天封西北上華頂，可六七里，多削壁懸巖，隱映烟靄中，高松美箭，蒙籠其上，清泉一綫，從天半飛來，若斷若續。忽見方塘十畝，淵停不流，則善興寺矣。寺有僧三十，號叢林，然亦編茅代瓦。其餘小小茅蓬，散處巖谷中，率皆單栖偶隱，一瓢一衲，齋鉢不繼，則煨黄獨煮瓔珞粥食之，往往異僧在焉，恨不能遍訪。而巖阿澗曲，間值團焦，獨木爲橋，老樹縛屋，落花不掃，經聲琅琅，爲聖爲凡，吾不得而測也。

華頂爲天台絶巔，適當晴明，臨望無際，大海一盂，錢塘一帶，仿佛見之。人言此山之高一萬八千丈，宜乎萬山在下，而四周青峰插漢，競勢争高者頗多。蓋台山甚大，綿亘數百里如蓮花。然衆山爲千葉，環羅其外，而華頂爲一房，端然在中，衆山高則華頂益高，彼獨露一尖者，皆山之小也。

拜經臺宜近，佛隴、太白書堂、羲之墨池，并屬附會。惟龍爪泉沛發於峰巔，差神異耳。華頂可觀日出，而春夏多游氣，不能明了。又余在羅浮、勞山數見之，不復留也，遂還善興，設薄供飯僧而去。繞天柱峰行，得小庵，爲永明禪師入定處，萬朵青芙蓉簇簇檻下，凝眺久之。僧餉黄獨數枚，不啻懶殘芋也。仍至察嶺下，西折取石橋路。路出兩山中，委婉幽折，山上皆蒼藤古木，薈蔚陰森，異花無名，香草無種，愁猿嘯石，幽鳥哢風，春行如秋，晴行如雨，如是者數里，乃達於石梁。

石梁兩山相輳，如門重扃，内有千澗之水，匯爲雙溪，洶涌而下，鬱不得泄，不知何年巨靈運斧鑿開山根，疏通水竇，而故留崖端尋丈以表神奇。於是飛瀑從天奔騰跳蹙，望梁而陷，一跌千仞，注於淵潭，雷翻轂轉，復躍而出，夭矯蜿蜒，墜於林杪。蓋山本連也，因瀑而斷，不斷不見，連之奇；水本懸也，因梁而折，不折不盡，懸之妙。他瀑布雖雄，從高瀉下而已，宜不能與此山争名也。梁雖狹，不甚長，余一見竟欲度之，行未半，爲僧所持。後見輿人往來自如，頗悔，然亦不能再度矣。

從梁下涉澗趨下方廣，出銅殿背，踞石，縱觀者久之，乃還。上方廣宿焉。方山言斷橋、珠簾之勝。

質明，曳杖而前，北逾小嶺，復下四五里，至斷橋。兩山不合者數武，巨石錯布，約略如橋，瀑出其中，疏爲數道，墜於一潭，有聲鏦然，名銅壺滴漏云。又下二里，爲珠簾泉。坐泉畔，不見其奇。自崖下取仄徑，穿箐篁中，至泉對面，始見萬斛明珠，自天傾瀉，輕若無聲，柔若可捲，從風摇曳，飛沫著人，而上層石壁横欹，水披覆其上，自然成文，如間花羅綺。石梁之瀑，鋭師十萬，跳蕩無前；而此則雅歌投壺，春容瀟灑，是瀑之至文者也。

尋玩移晷，還坐曇華亭，題名鐫石而去。西南行可二十里，得萬年寺，是唐普岸禪師道場，形勢極佳，八峰聳翠，雙澗縈青，芳塘緑疇，曠然平衍。濟宗無礙師主之，年八十餘矣，白髮垂肩，兩目不見物，而清談娓娓，孤燈獨照。會天雨，留再宿。雨稍止，游九里溪。溪路荒寒，悄無人迹，越奔流，厲石齒，竹樹蒙密，上不見天。復逾嶺，觀龍潭，削壁百尋，雷轟刀劃，懸瀑自其肩落，注於蒼池，白晝風雨，仰望奇峰攢列，菡萏怒開，此地自來游人不到。雨後，濕雲蒙蒙，落葉深二三寸，滑不受足，蝸旋而上，猿挂而下，穿虎窟，搜龍宫，窮幽極險，斯亦好事之過已。是爲四月朔日。

次日，晴霽。自萬年南行十餘里，上通玄峰，是韶國師道場。昔密雲禪師開法其間，號師子窟。今荒涼特甚，禪宿雍穆，率衆四五人居之，炊烟時斷，云地寒難栖泊也。

又南十餘里，得桐柏宫遺墟，是道家金庭洞天也。紫霄、華琳諸峰，聳躍環抱，石髓金漿，琪花瑶草諸藥物，多産其中。自葛仙公、司馬子微之徒居之，人主加以隆禮，而宸翰天章，照耀山谷，璇題霞棟，填溢澗阿。今皆鞠爲茂草，惟存三清殿一間，雨淋天尊面，泪下蘇蘇，有宦家子葬其旁。人言宫觀之廢半由此。自人之惑於堪輿，貪得吉地也，而可以勢力攘奪者，無所不爲。乃至佛刹仙宫，亦公然掩取而埋其骨，罪之不圖，福於何有？吾惡其貪，亦憐其愚耳。此地有唐宋碑十餘通，遍求之，不可得。夷、齊二石像，儼然并坐，孤竹子何得在此？然像甚高，古有脱屣萬乘之概，度非二君不能當，有疑爲劉、阮像者，妄也。

從桐柏西行，上小嶺。山勢一變，皆崚嶒骨立，拔地干霄。緣崖數轉，樵蘇路盡，忽見危峰四插，絶壑中開，則瓊臺、雙闕在焉。瓊臺如一莖靈芝，單抽獨立，唯峰腰有懸磴可度，但上下絶壁，一失足即墜九淵。余賈勇而下，方山、人瞻繼之，頂踵相摩，攀石自縋。既度危磴，復牽挽上瓊臺之巔，罡風蓬蓬，白雲在下，怳偕化人，而升中天之臺矣。臺旁有馬鞍石、仙人坐，俯臨絶壑，望雙闕在對面。兩峰對聳，靈溪在中，如龍門鑿而伊闕開也。欲遂下谷底，循溪以出，而瓊臺上豐下削，非懸絙千尋，不能到地。復尋故道還嶺頭，由闕東山巔，穿石罅以下，杖底有天，足前無地，直下萬丈，得平坡而休。回望來途，但見青壁一片，宛從九天飛下矣。

時已薄暮，亟就輿，抵護國寺宿焉。寺近桃源，村塢聯綴，平田淺渚，落落清疏。院主夢帆，洞宗人也，天懷坦率，不作世俗應酬。清晨，斗笠草屨，導客游桃源。過鳳凰山，秀峰數叠，是錢武肅後人族葬處。經桃源塢，清流灣環，欲去復止，所謂惆悵溪者也。溯溪而上，削壁嶙峋，劈斧横皴，别一畫筆，蒼黄相間，層層古錦。溪有九折，愈折愈高，山塞源窮，望若無路，飛梯一轉，靈境豁開。溪流時作，懸瀑時爲，平潭數折之後，瀑如晶簾，潭如玉鏡，雙女諸峰，纖纖倒影，是名金橋潭。游人至此而止。

余更捫蘿上數百步，見雙崖逼仄，一洞深窅，飛瀑覆之，道盡乃返，恨不得更上一層，然正以幽深無際爲佳耳。下山路，每愁易盡，獨此山以曲折故，如重門深鎖，步步留人，又如十幅畫屏，段段幽異，山水信自佳絶，而文人詞客因劉阮故事，輒作情語了之。胸有仙姝，不見山水也。

出溪，與夢公别，即擬游寒、明二巖。念雙闕之勝未窮，意殊耿耿。乃復道瀑水嶺，至百丈嶼。循崖而行，杳無蹊徑，崖斷則走溪澗中，躡石絶流以進。石或如劍棱，如菱角，平時萬無著足理。兹乃騰躍過之，石窮取崖，崖窮取石，左窮取右，右窮取左，鑿空闢路者五六里，疲極忘疲，險極忘險，則以奇峰紛來，應接不暇。或如金莖獨聳，或如旌節對排，或仙掌招而佛臂舒，或横帆展而危檣立，愈入愈奇，必欲造瓊臺之趾而後已。無如溪路既絶，崖腹蹇剖，飛瀑下注爲龍湫，其深不測，一巨石斜壓其上，欲落不落，則途窮於是矣。

遥望瓊臺，玲瓏縹緲，迥在層霄，使非曾陟其巔，必謂仙都帝居，非控鶴驂鸞不可至也。昨日之游，仙乎？人乎？世必有疑之者矣。雙闕麗矣，自瓊臺俯觀之尤佳。瓊臺奇矣，自雙闕仰視之尤妙。蓋必再至而後，其勝始盡，信游之不可以草草也。既返而休，足力憊甚。宿三茅庵，斗酒相勞。

明日，西南行二十餘里，飯平頭潭。望紫凝山，横如陣雲。方言謂岫之突出者曰岊，東有青山岊，西有峇溪岊。西岊亦名嘯天龍，尤奇特。又西南行，過浙嶍嶺，見層岡叠嶂中，有良田百頃，居人汲清流而耕白雲，定不知此世何代也。

過孟湖嶺，即見三峰崛起，雄猛粗疏，縱理裂麻，棱棱透骨，山勢又一變矣。繞峰而西爲寒巖，東爲明巖，實一山也。寒巖在萬仞岡頭，一獅端坐，張口爲巖，巖平廣可容數百人，是寒山子宴坐處。泉垂垂如檐溜，左右石象黿蛇，一石拔地四五丈，斜屬於巖，弓彎虹跨，名鵲橋，并巧妙。而此巖勝處，要在卓立半空，有龍跳虎卧石破天驚之勢。從前幽冷，耳目到此一新，是爲快耳。

明巖藏深壑中，合掌巖最奇。兩巨石側立，相湊如龕形，透天一綫，壁上石紋，作白貍捕鼠，乃酷肖。其旁逼仄晦昧，類龍所蟠旋。言寒、拾隱身，未必然。至閭丘馬影，則小兒語耳。壁面峻削，俯臨谷中，如高城深塹。一石笋可方雲梯，八寸關一人當之，千人不能上也。朝陽、達摩諸洞，俱寬廣明潔。明、寒兩寺，并宜在巖中。今乃在巖下，舍天成石室不居，而别立屋宇，何耶？

方山言，自寒巖西去二十里，有河胤龍潭，絶怪險。自明巖南行十餘里，至查山，林壑尤美。聞之，欣然欲往，而僕夫告痛，資糧垂盡，不得已就歸途矣。

赤城山去縣最近而未游，取間道登焉。山不甚大，而亭亭獨立，不與衆山爲伍，削成四方，如金城百雉，不可梯攀。土石殷紅，苔花不蝕，白雲青松之巔，横露丹采，興公所以有霞標之目也。上下二巖外，無餘土，故僧就屋焉。一塔冠山巔，是蕭梁時物，頹缺固宜，而意象甚古。洗腸井殆出傅會。方山言山産銅處，多生韭，良然。

自國清以北，皆走層岡叠壑中，不見山川條理。兹峰頭四望，水源山脉，向背分明，城郭村墟，了然在目。山小而最著名，有以也夫。

歸休八佛庵，稍序次游履，補作詩篇。會天雨，淹留數日。比霽，且行矣。念東蒼一帶未到，意殊耿耿。乃復邀方山同游。東行十里，過鷄籠山，斧削數峰，亦甚秀異。又十五里，宿慧明寺。寺在蒼山之麓，斐亹醖藉，有智者大師手書方等陀羅尼經四卷。前三卷久亡，宋僧元通仿大師書補完之，别書後一卷，備亡失。相傳嘉靖中，台守譚姓者，復取去大師手書一卷。今存者皆元通書。余反覆諦觀，見第四卷筆法精勁，神采奕奕，知大師手迹故在，譚守取去者，乃元通筆耳。陳、隋人真迹在世絶少，今頓見楷字數千，復是肉身菩薩指端所出，信墨寶亦法寶，在處當有天龍護持，見者但可頂禮贊嘆，慎勿生偷奪心也。又有天福年間所鑄鐘，甚精好。寺北澗道如白虹，與僧窮其源，得兩龍潭，殊幽峭。僧言蒼山故有九龍潭，此小小者，不在潭數。余益欣躍。

明日，復東過榧樹嶺。爲謝氏族居，是宋祥興太后家也。有裔孫携果茗，追至香楓巖，爲客導游。所謂九龍潭者，絶異。初潭唯一，二潭有二，三潭有三，乃至九潭有九，錯布二十里，中實一澗，水衝激所成，并在絶壁之下，溶青湛緑，深不竟底。初潭最深晦，兩崖逼輳，類狻猊相搏，潭藏巖腹，沉沉如在甕中，幽陰凄凛，天地改色。五潭最雄快，峭壁翼張，瀑布正中垂下，雷轟電激，目不得瞬，波如沸鼎，吐沫成珠，并海内奇觀。而石路巉削，悉類龍爪劃開。殆龍自爲出入地，吾輩强側足其間，自取艱窘。然龍之門庭堂閾，性情嗜欲，亦仿佛見之。人言潭龍最靈，歲旱禱請，金鼓作聲，則潭水涌起數尺，持杯水出，澍雨立應。自五潭以上，益險峻，攀援無路。余亦不能窮也，仍返慧明，議游螺溪。

明晨，霧蒙蒙欲雨，輿人請毋行，余堅欲往。還過鷄籠山，折而東北，訪龍鳳松，已無有。雨大至，走避民家，因飯焉。雨小，止趨黄壇，短衣持蓋，溯溪而前，卵石棋布，取路石脊，大類雙闕中行。而雨淫淫下，石滑，每不留足，危險更甚。山亦益奇，層峰刺天，雲不能蓋，東西白水，懸挂半空，莫測修短。雙巖聳削，鬥靈競巧，如帝青之寶，磊砢裝成，蟻行立壁。過大石門，見一奇石卓立兩峰中，尖圓乃酷類笋，而蘿帶蒙絡其巔，從風翻舞，天然巧妙，猶嫌俯觀未盡，復剪棘闢路而下。溪盡，得潭。自潭仰視，笋愈秀挺，而瀑布自笋根側出，作上下兩層，穿注於潭。潭旁轟崖裂石，鵬騫鯨曝，大略如昨第五龍潭，而峭拔復過之。奇矣，妙矣，觀可以止矣。出，宿黄壇民家。

明日，從東嶺再過國清，訪祖憲和尚，縱談世外事，徜徉於溪聲塔影之間，竟日乃返。蓋幾一月而台山之游略遍。雖十得五六，頗多前賢所未到。余於此山，緣亦不淺矣。

潘子曰：吾今而後知台山之大也。吾足迹半天下，所見名山嶽鎮多矣，大率山自爲格，不能變换，掩衆美，羅諸長，出奇無窮，探索不盡者，其惟天台乎？華頂高曠，羅浮之飛雲峰也。東蒼秀潤，泰山之御帳坪也。幽溪蒼寒，五臺之清凉石也。螺溪刻削，西山之秘魔崖也。寒巖峭特，其霍山之天柱乎？明巖詭異，其勞山之華樓乎？珠簾娟秀，不減匡廬之三叠泉。龍潭幽險，豈遜九華之魚龍洞？桃源雋永，有武夷九曲之勢。赤城綺拔，有丹霞萬仞之規。國清之静深，可以敵曹溪。桐柏之蕭遠，可以儷勾曲。至若石梁飛瀑之雄奇巧妙，瓊臺雙闕之靈異清華，吾徧擬之而不得也，則台山之獨絶乎！

台山能有諸山之美，諸山不能盡台山之奇。故游台山，不游諸山，可也；游諸山，不游台山，不可也。余邀庇於山靈，風日晴和，雲物開朗，小雨輕陰，不礙游屐。方山矍鑠勝少年，人瞻嗜奇過我，山僧野老，一見皆如舊識，天緣人助，兼而有之。得以冥搜幽討，粗酬宿願。若夫三十六峰、二十七溪、四百八十寺之勝，不可勝窮；大地鋪雲，鷄鳴出日，驟雨灌谷，積雪封山之奇，不可勝覽；金松卷柏，雲芝風藤，千歲之苓，九節之蒲，不可勝采。乃至曇猷、定光、豐干、代病之流，許邁、羊愔、張伯端、白玉蟾之輩，今豈盡無其人？而龍蛇混雜，隱顯不常，必非一宿一餐所能叩訪。異日盡撥塵累，齋心鍊神，荷衣箬笠，翛然而來，逢山便登，遇庵即住，不計歸期，不作去想，庶幾盡游之道，而無爲猿鶴所笑也。夫姑記以俟之。

【校記】

〔一〕此篇首見於潘氏自刻本鴻爪集。亦收録於清張聯元輯天台山全志卷十三、清王錫祺輯小方壺齋輿地叢鈔第四帙等。

游雁蕩山記〔一〕

海内諸名山，雁蕩最後出，而最奇秀，亦最僻遠。自天台而南，歷臨海、黄巖，抵樂清境，陸行二百餘里，逾數大山，乃得到。又僻在海曲，即生於其郡、官於其土者，非特爲山水，亦無從而至焉。

人多言春游天台，秋游雁蕩。余既至天台，則不能待秋，遂肩輿而南。五月初，發黄巖，逾綉嶺，過盤山，抵大荆。遥望連峰嵯峨，意象雄異，如寶劍未出匣，已露光芒。距大荆里許，有石門潭，一山中斷，雙崖如門，水出於雁蕩之陰者，畢來注之。門内外并成巨潭，空明湛碧，乘筏以濟，不啻銀漢仙槎也。過石佛寺，一峰屹立道左，名老僧巖，圓頂深頤，背面俱肖摩騰。未來此僧，先在震旦久矣。西上，得石梁洞。洞在絶巘之下，穹然高廣，臨望甚曠，而中窈黑，難盤礴。洞口一奇石，蜿蜒如龍，首垂地爲洞門，尾屬洞壁，所謂石梁者也。洞下故有石梁寺，久廢，一僧栖之。門徑在疏林曲澗中，殊有佳致。南出，過謝公嶺。舊有落屐亭，云康樂至此而返。逾嶺，得平路。折而西，忽見兩壁對聳，如行天闕中，左右皆斬崖千丈，雷轟斧劈，駭目驚心。左則寶冠巖，巃嵸雲表，石理皆直裂，如剖蓮囊。含珠巖重關夾石，懸而不墜。雙筍峰出地籜龍，驚雷齊奮。右則照屏巖，壁立造天，尊如負扆。初月洞在其址，洞口片石，垂若覆雲。幞頭巖觚棱隱起，半壁虛懸，下開上合。

闕路既盡，得靈峰寺。寺在大壑之心，正對闕門，諸奇峰攢羅環立。其尊嚴雄特，如龜昂頭向天者，曰石龜巖。巖側千尋直裂，中有洞甚高，飛梯千級而上。水簾垂垂，視天一綫，曰羅漢洞。其軒然聳立，宛頸昂咮，若將飛者，曰鳳凰峰。一屏五摺，如人駢立，而數其背者，曰五老峰。其稍高而離立者，曰三賢峰。有洞正對五老，曰五老臺，亦曰南碧霄。其巉巖而玉色者，曰白頭巖。巖頂有石，上豐下削，亭亭孑立者，曰靈芝峰。其班駁而踞崖者，曰蹲虎峰。隆肩而曲喙者，曰槖駝峰。寺左有澗，臨澗一巨石，甚圓正，横理中分，曰果盒巖。一小穴，恒有風出，如鼓槖籥，曰風洞澗。受懸瀑瀦而爲潭，其清徹骨，曰照膽潭。稍上，受瀑更壯，聲如風雨驟至者，曰白雨潭。自潭仰望，見諸峰頂，有石曰鬥鷄，曰利牙，曰仙人網，曰犀牛望月，皆曲肖。諸峰皆奇，而靈芝縹緲秀削，四面望之，皆有好致。諸洞皆巧，而羅漢洞高而不寒，幽而不晦，有泉而燥，無日而明，於栖禪最宜。此則靈峰之尤靈者也。

雁山舊有十八刹，靈峰其最著者，頽廢已久。近乃有僧即故址立屋宇，稍可栖泊。余遂頓行李焉，盡遣夫役，獨偕人瞻弟與寺僧柏林，躡屩曳杖，從容搜討。循澗而西，一石筍卓立百尋，甚秀偉，曰觀音峰。峰側有净瓶、童子、鸜哥諸小峰環繞，非一覽可見。峰足有洞，寬敞明潔，僧立殿閣其中，是爲碧霄洞。洞前秀壁駢列，如人露頂矗立，不知其數者，曰將軍巖。又西一石笋特立，曰大筆峰。連峰騰驤而下，忽爾轉顧，如勒奔馬，回頭向人者，曰五馬峰。峰下有寺，蔚然清幽，曰真濟。自靈峰至此，三四里，皆行清溪茂樹中。兩旁巖岫，可愛者甚衆，大半無名，名亦不盡稱。自此更西，走南北閣，出雁蕩之陰，林壑尤美，恨不暇窮也。還宿靈峰寺。

翼日，循寶冠而南，列嶂里許，霞標錦錯，有巖平正如砥曰石碑，有洞明敞曰朝陽。復過一小峰，折而西，則净名寺在焉。谷口一峰戴石，曰頂珠寺。所負峰曰荷葉，頂平而趾削，半不著地。迤西兩嶂相屬，曰霞城、石城，并偉麗奇特。一斧削成，崢嶸萬丈，直中繩而方中矩，金墉鐵甕，恐當遜此天險耳。循城足行，仰望兩崖相逼處，裁闊丈許，名一綫天。老僧以爲非是。引入北壁洞中，洞口彎如弦月，望外山，如丸正塞洞門，蔽天不盡，二三寸許，乃真一綫也。靈峰洞之一綫，以直裂爲奇。此中一綫，以曲垂爲巧。若從壁下觀，則闊略甚矣。洞中又有泉散落，常如檐雨，亦名水簾谷。更西爲維摩洞，軒豁可居。城壁盡處有石横跨兩崖，爲仙人橋。諸小峰可名者，曰藥杵，曰蓮花，曰鷹。而蓮花峰上廣下狹，狹處可周匝旋繞，曰行道廊。此段巖谷不甚深廣，而遒緊峭拔，有石破天驚之勢，故爲佳觀。寺造自明季，尚完整，名賢手迹，猶有存者。雁山志獨此寺有之。尋覽移晷而去。

出谷西北行，過響巖。兩山對束，作小峽。人從峽中行，杖履皆有聲，呼嘯輒應。出峽見崖端一石，如老翁掀髯側耳，名聽詩叟，神情酷肖。卧龍溪自靈巖來，明净如玻璃盛露，澄潭凝緑；又如雨後碧天，人間水無清於此者。靈巖尤諸奇峰所聚。初入谷口，即有鐘、鼓兩巖夾立左右。鉢盂峰突兀澗旁，僧拜石傴僂岡上。至寺門，山益雄放，不可思議。展旗峰横闊而側薄，如軍中大旗。天柱峰雄拔孤標，穿天心而透月窟。雙鸞峰頂有雙鸞，勢如軒翥。玉女峰絶世獨立，貴而不媚。獨秀峰端直秀挺，神寒骨清。卓筆峰豐管脩毫，鋒穎犀利。皆石笋中最奇拔者也。

寺後一峰，頂平面削，如塗丹彩，名平霞嶂。循嶂右脇上，得一洞，兩壁相嵥若龕。龕頂嵥而不合者，有石龍陷入，正補其罅。蜿蜒飛動，狀若真龍，尾卓雲表，首垂洞腹，懸鼻如瓠，伸一爪護之。鼻端兩孔，一孔出泉如珠，數刻乃下一滴，盛以石盤，其凉沁骨，曰龍鼻水，天下奇觀也。小龍湫遥望不異常瀑，從谷底捫崖而上，直造湫側，方見瀑水從空噴落，不著崖壁，烟霏霧捲，迴翔而下，注於湫潭，砰磄震越，飛沫四出射人，亦甚奇雋。第爲大龍湫所壓，使在他山，居然第一流矣。天聰洞在展旗峰後複壁中，人無到者。余拉僧披灌莽得之，路絶峻險，入洞尤逼窄，如永巷中上立梯，腕踵并運。梯盡路窮，忽見日光側漏錯列，三孔周圓如窗，窗外翠樹森挺，俯臨巨穴，深不見底。或云下有仙田溝塍，隱然窺之，正黑無所見。洞深曲，有耳形，故名天聰。上見三孔，亦名天窗，於諸洞最爲詭秘，但不可居耳。洞後一峰，名小展旗，蟾蜍、伏虎、白兔之屬，皆如刻削。安禪谷絶高敞，最初開山僧居之。既乃就平廣處爲寺。寺宏麗無比，今廢盡，獨見其故基，峰環岡抱，形勢絶佳。法彙上人方謀興復，郡侯首布金，令立屋買田，當有端緒耳。山中民居絶少，獨靈巖下有三四十家，緣岡帶澗，籬落隱隱，濃雲緑樹中，時聞鷄犬聲，殆非人境。

西至馬鞍嶺，奇巒秀壁，應接不暇，惜不得其名。石屏風、小剪刀、鷹嘴峰，粗可指似。觀音髻絶高，海舶依爲標準，層層縮束，頂入天心，常在雲氣中，不甚明了。

自馬鞍嶺以東，謝公嶺以西，爲東内谷。峰攢澗簇，雁山諸奇，十得六七。逾嶺而西，勢稍疏豁，惟大龍湫爲天下神物，亟欲往觀。會天雨，趨羅漢寺休焉。是日端午，僧具伊蒲作供，角黍藜漿，别一風味。

寺門巖上有飛來羅漢，云自漳州附海舶來，飛上山，化爲石；漳僧就崖取之，夜復飛上，乃止峰頂。誦經巖，云有童子栖焉，經聲隱隱；雙髻峰，兩玉笋屹立天際；芙蓉峰，翠石駢聚，如千葉花房；獅子鼻，於懸崖上透兩孔，勃勃欲撩天也。寺既幽静，而雨連綿不止，遂留信宿。

小霽，過能仁寺，觀燕尾潭。瀑不高，而甚壯，落處有巨石當之，遂岐分而下，如燕尾，亦異凡瀑。戴辰峰、火焰峰、將軍巖，俱籠宿霧中。此地無奇峰怪石，而面勢宏敞，土脉完厚，遂開能仁巨刹。盛時至有田二萬七千畝，分八庵理糧役。今乃掃地赤立，院主漢梅經營二十年，草創一殿，猶未就。物力之難，可知已。漢公年七十，健甚，赤脚導余游龍湫。溯錦溪而上，溪純石爲底，棱棱露骨，齟齬處，水漱之，潺潺然。溪盡，一巨峰當路，其高蔽天，如修羅舉手，欲障日者，剪刀峰也。峰頂裂爲三，其旁出者，鋒鋭而微曲，凡兩裂痕，一見則一隱，皆隱則峰横如帆，復名石帆。帆隱則峰直如柱，復名天柱。八面皆奇者，唯此峰與靈芝耳。

入谷則削嶂横天，如入甕腹，是名鐵城，水㶁㶁鳴澗中。循澗行，久之，神寒氣凛，峭壁一轉，忽見萬丈白虹，從天飛墮，迫而視之，逶迤縹緲，如烟如雲，盤旋糾結而下。潭廣可數畝，瀑搗之如轟雷，潭水皆起躍，人嘯呼則谷風應之，水益壯，漂沫射人，如暴雨驟至，百步外衣裳皆濕。瀑與嶂離，空懸無著，放縱自如，或直下如拋萬斛珠，或横灑如垂一幅簾，或倒捲如龍騰虬躍，或迴旋如轉轂翻輪。神矣哉！天下未嘗見此水也。書家言捉筆欲懸腕，中鋒則作字，縱横如意。此瀑正以空行出奇，殆如長史醉僧，生龍活虎，他皆死蛇挂樹耳。

瀑右有水簾谷，源高與瀑齊，作散雨飛下，屑玉飄珠，綏綏灑灑，亦自雋妙。正如畫水不能第一，去而畫火也。忘歸亭正占勝處，觀不足，亭兼攬龍湫、天柱之奇，惜皆無一椽。詎那亭尚存尊者像，眼直上視瀑不瞬，想見立化時也。出谷，天益開朗。左巖上雙孔谽谺，名閻王鼻。稍下一峰，翹首嶽嶽，爲瑞鹿峰。經瑞鹿寺廢址，望千佛巖，如排萬笏，如攢千管樹，巖獨壯偉，如枯槎秃枿，磊砢千尋。道松洞在深篁密樹中，高凉宜夏，僧亦不能久居也。緣錦溪，過龍湫庵，憩天柱寺。寺廢且百年，僅一茅蓬，雲峰上人居之。常雲峰在寺後。其高冠諸峰，雲氣常蒙其頂，適晴明，棱折盡見。雲公能詩，相對無俗韻。日暮，别去，仍返羅漢，謀游雁湖。

湖在雁山絶頂，路久荒塞。僧皆言：「吾輩老此山，無識雁湖者。荆棘没人，毒蟲塞路，縱得至頂，亦無餐宿處，萬無往理。」獨漢公言：「崇禎中，吾師卧雲曾結茅湖畔。吾以省師故，嘗再至焉，粗識其徑。必欲往者，吾當導游。」余甚欣躍。次日，天雨，余默禱於詎那尊者及龍湫之神，願得一日晴。會漢公遣沙彌自性持紙來索書，余念漢公老，不欲煩以登陟，問沙彌識雁湖否。答云不識，但春間太守劉公欲往，曾遣人焚林剪草，當有徑道可尋，願腰鐮以從。余益喜。

明日，雨果止，而山尚出雲。余奮不顧，策杖而前，自性爲導，柏林及人瞻弟與二僕從。逾東嶺，折而西北，過石門寺基，見諸山如崇墉堅壘，開合雲氣中。大獅巖猙獰，踞道右。象巖盤卧在左，望天猫聳首高岡，皆有生態。過此，山漸峻，路漸荒。又北上三四阜，益陡削，無著足處，攀石石走，牽藤藤斷。柏林疑路非是，沙彌言草樹有剪伐痕，不誤也。復賈勇而上。過數巖，見山頂周遭如城，意雁湖在其上，而城皆斧削壁立，無路可上。兩僧先行探徑，折而東北。久之，自性却回，言：「道果不誤，但險甚。此去有三四削巖，已難超越。更一大巖，吾輩亦不能登也。」余言：「姑至絶險處，必不能上，乃已。」復自力過削巖，弟、僕皆不能從。至大巖，則果無路。念已冒險至此，必須尋湖落處，以沙彌輕矯，募令先登，得湖乃報。余與柏林坐待之，久而不還，柏林有憂色。俄聞巖上大呼，則沙彌還報，言已得湖矣。余問道路若何，答言唯此巖難上，過是即平坦。余遂盡鋭攀躋，亦賴沙彌牽挽，竟得上。柏林復不能從。既濟險，得平岡，快甚。道出孤隴上，左右皆絶壑，所見益奇，道旁多巨迹。沙彌言此山羊迹也。俄見羊數頭大如鹿，或白或黄，叱之而散。湖中雁一群，見人冲天飛去。山頂道反平熟，如有人往來，藥草羅生，垂手可擷。新掊黄土數坑，細滑如麪，石上苔文，如雲如花，見一石横卧如倒大樹，則雁湖至矣。

山頂平處可百畝，兩岡隆起，中微窪，如硯受墨處爲湖。湖有三四，葑箬叢生，其中不寬而甚深，總在數百步内。水從兩頭分落。舊傳頂方十里，其水四出，爲大、小龍湫者，皆妄也。山頂皆尖突，此反凹下，如仰盂。高山常乏水，此絶頂乃有數湖，意必有天龍蟠伏，仙靈往還，非常人所得褻近也。山巔望數百里内，皆在掌中。值天陰，不能極目，但見大地皆鋪白雲，雲中時露尖峰，如海中孤島，四顧皆削壁直下，千溪萬澗，埋藏雲底，但聞水聲砰訇，天風海濤，震蕩心魄，升昆侖而排閶闔。其視下也，亦若是則已矣。

歸途飄飄然，御風而行，連下數巖，見諸人如光音，天人下地與凡夫其語也。下山路尤險，半憑沙彌肩以行。所見奇巖怪石，皆不知名。薄暮，抵石門。急逾東嶺，抵羅漢，已上燈矣。

是役也，微沙彌，幾不濟，蓽路籃縷，策勳第一，贈以二絶，令其可傳。然天欲雨不雨，路如迷不迷，信有神助焉。自羅漢至石門，可五六里，石門至大巖，可十里，巖上至湖，可四五里，一日往還，亦不甚困。程子言：「生平愛惜精力，留此處用。」旨哉言乎！

翼日，漢梅、雲峰來賀捷，柏林請還靈峰。余意尚欲游靈雲、寶冠、古塔、飛泉諸寺，皆言飛泉路甚高，且無他奇，餘刹皆無居人，可無往。余念既登雁湖，餘亦可略，獨眷眷大龍湫，不忍別。乃復邀雲公，從華嚴嶺過溪，再至龍湫。雨後初晴，諸峰巒皆如新沐，瀑水益壯盛，且有風，人行谷口，即沾飄沫。瀑大數十圍，强弩十萬，跳蕩無前，霧滚飈馳，人不得面瀑立。趨忘歸亭畔，側視之，水横掃過潭，十餘步如相擊者。循潭右倚巖仰視，見瀑落巖端，時即噴出二三丈，乃下墜，如釣竿垂絲，非因巖腹縮入，乃空懸也。雲公言瀑源甚遠，龍湫背上故有白雲庵。庵上尚有一重瀑，奇勝視此，名上龍湫。湫溢爲澗，澗盡處有石檻截之，水怒甚，自檻躍出，故能横噴若此。又言瀑變態，至多風，或舉之使不得下，或拂之使斜飛，或颺之出谷，不知所之，日照之或作五色組，冰膠之或作百層塔。神哉！水之變，乃至此乎！

巖腹有張環唐、張中、苗振、常鼎諸人題名。余立湫内，向外觀瀑，適見之雁山頗多先賢題名。南碧霄洞有三四十行，最古者有「開元二年太守夏啓伯到山建寺」云云。今人都不省録，輒欲作志，亦已疏矣。問龍湫背路，云從道松洞上數里方到，白雲庵久廢，此路遂絶。他如靈巖頂上，尚有石梁、石室、温泉、劍鋒泉、南北閣，有石佛、散水崖之勝，俱未及到，遺恨尚多。獨雁湖千百年游客無一二到者，余乃登巔造極，差足快耳。

余觀天下山水，莫佳於浙東。浙東山水，莫奇於雁蕩。凡山皆横鋪，而雁蕩之峰，獨卓立。凡水皆著石，而雁蕩之瀑獨空懸。他山土石相半，而此山純石不帶沙土。他山雖峻，猶可攀登，而此山笋抽壁立，可望不可上。他山奇峰秀壁，多不過十數，而此山千圭萬笏，不可勝名。他山所擬物象，約略似之而已，此山乃如刻如塑。他山佳處皆的然暴露，而此則深藏谷中，外望若無奇者。他山一覽意盡，而此山探之無窮，玩之不足，四荒而外不可知，若中土奇山，故當推此爲第一矣。乃遠者既夢想而莫到，近者又忽略而鮮游。村樵野衲，日對而不知其奇。使節軺車，涉獵而難窮其奥。是固有待於好事之搜剔，與文人之品題者也。

既返靈峰，雨復作，留五六日，追憶所見，各繫以詩，仍詳述爲記，貽諸同好，或可當卧游云耳。

【校記】

〔一〕此篇亦見於潘氏自刻本鴻爪集。亦收録於清王錫祺輯小方壺齋輿地叢鈔第四帙等。

遂初堂文集　卷十四

記

游南雁蕩記[一]

南雁蕩在平陽西南，去甌郡治可二百里，僻遠荒塞，游人無至者。余披志乘，言其奇勝與北雁蕩等，復鼓鋭往游焉。以六月十日出郡南門，登舟再過仙巖，觀梅雨潭瀑布，雨後壯大十倍，遂盡其奇。至瑞安，過飛雲渡，易舟抵平陽。肩輿至坡南，復舟行過荆溪。見一山横亘十餘里，怪石駢列。其巔如笏拱，如劍削，如花簇萼，如芝承蓋，如魚鼓鬣者，烏佛首者，鐘卧者，鼓懸者，彝鼎敦盤，錯然陳列者，迤邐不絶。至前倉之鳳巖，休於西寺。從寺後登山，山石皆零星輳泊，如堆叠而成，或頂附而腹離，或肩倚而股跨，中空處皆可盤旋。人行石背，水鳴石底，山半兩巨石相倚，微撼之輒開，徐而自合，鏗然作聲，是名動石。其他磊砢者，悉不知名。此山别爲一格，與天台、雁岩都不類，類兖州之嶧山。惜在僻壤，人見者希，土人亦不甚賞譽也。

由前倉復易舟，候潮長，溯北港而上。六十里至水頭，行未半，望見連山峭拔，有鸞騫鳳翥之勢，不問知爲南雁山矣。一峰絶高而鋭，曰蒲尖。石筠禪院在其麓，趨就宿焉。清溪數折，平疇百頃，居民十數家，藏深篁茂樹中，鷄犬聲絶，鐘梵出焉，梧竹交陰，净不可唾。禹門禪師主之，掃石烹泉，蕭然相對，令人有遺世之想。訊山中諸名勝，則寺僧皆云路封閉且一二百年，悉不知所在，唯仙姑洞可游，亦須裹糧以往。乃覓肩輿行，僧徹庵爲導。

沿溪而前，溪旁斬崖千丈，寸寸作劈斧皴，丹碧相間如古錦。危棧一綫，下臨奔湍，令人目賞而股栗。前至吴山，溪益闊，水益駛，積雨瀑漲，飛流直掃，箭激雷轟，假筏以濟，習流者難之。又前二三里，得稍平處，乃渡。隔溪見峰巒多奇狀，僧指之，曰白巖，曰火焰。坐筏上見一峰，高處有洞通明，不知於志乘何名也。既渡溪，見石笋三五駢立，中高而旁殺，一穴中通，名石屏風，殊不稱，易以「筆架」，或差肖耳。稍前一柱矗立，端圓削成，爲石華表。又前，削壁臨澗，飛泉迸下，如露珠，名撒水巖。自是，奇峰夾澗林立，澗東爲仙官峰，爲觀音洞，爲龍角、象牙諸巖，澗西爲天柱、獅子、鰲頭、犀角諸峰，爲仙姑洞，爲大小石梁。仙姑，蓋宋時朱氏女子辟穀居此者。洞高廣如夏屋，屋隅有泉一泓，不盈不涸。洞左復有一洞如曲室，室後窈黑處，如入牛角，深不可窮。前臨斷崖，見澗東諸峰無名而秀異者甚衆。旁有月牖，裁容一人，引首外望。傴僂自牖出，梯石攀藤，數百步出小石梁下。登大石梁之巔，則諸峰如一林春笋，皆在足下矣。

石梁兩峰，千尋對峙，下開上合，宛如天橋，空明廣闊，俯臨無際。天台之石梁正以瀑爲雄，以狹爲奇耳，壯麗故不逮此也。洞棲一僧曰幻臨，訊之，乃吾邑人，飽參諸方，遯迹來此，趺坐不出。訪以梅雨潭、玉簾瀑、大小龍湫、藤道、懸樓諸勝，茫然不知。僅指西南一峰曰玉女，亦不知是否也。南雁山連綿三四十里，諸奇勝皆在深奥處。此僅得十之一二。

余初意欲窮搜幽討，直登明王峰頂，一覿雁蕩，如北雁故事。乃問諸士人，士人不知；問諸山僧，山僧不曉；問諸村民，村民莫余告者。豈天之未欲發露此山耶？何錮之深也？然自吴山至仙姑洞，三四里間，秀巖巧石，鬼劃神鑱，實不減北雁。淺者既爾，深者可知，圖志具在，往哲不誣，因一臠而思全鼎，因一斑而求全豹，世豈無勇健過我，資力過我，剪穢芟荒，一洗此山真面目者？余幸未老，此生或能再至，清泉白石，實聞斯言。

【校記】

〔一〕此篇首見於潘氏自刻鴻爪集。亦收録於清王錫祺輯小方壺齋輿地叢鈔第四帙等。

游玉甑峰記〔一〕

既游雁蕩已，人多言玉甑峰之奇，復裹糧往游。過斤竹嶺、芙蓉村，凌山絶海，可百里，至樂清縣。泛小舟，盡日行清溪中。平橋矮屋，老樹蒼葭，宛如溯餘，不游罨畫也。遥望群山，岝㟧競勢，中一峰挺然孤秀，孤地造天，層累周圓，石色正白，是名玉甑。

舟窮處爲白石村。謝康樂行田，嘗至焉。居民數百家，流泉當門，白雲在牖，鷄犬桑麻，迥非人境。緣溪行二里許，至叠石巖，奇石林立，有籆絲、牛軛、連珠諸潭，并渟泓湛碧，望之如烟。西折入谷中，石皆鋭削上指，名火焰巖。又三四里，折而北，抵玉甑之腰。則見斬崖一帶，横亘如城，城上復叠兩重，城漸隘。至頂，下層望上層，嘯呼相應。然陡絶不可登，須繞出山背，盤道紆迴四五里，乃得到循山脅行。仰見石壁，皆大青古緑，裂電崩雲。至山正北，則屹立萬仞，一斧削成，如毗盧佛身，高百由旬。從背後望，不見其頂，不圖山之怪偉，有若此者。山無瀑，而有大小飛泉，并從巖巔飛下，如飄雪花，如撒珠顆，從風翻灑，乍左乍右，人立其下，俄而撲面霑衣，俄而注目無見，靈妙不可思議。

山頂有玉虹洞，一洞中分爲二，天然石壁界之，深廣各二十餘丈。面勢既極宏敞，而石質瑩白，如琢玉截肪，他未之見。居地最高，略無隔礙，極目蒼然，天海雲三相混合。夜見星文，自天屬地，如垂一面簾，天下奇觀也。曉觀日出，尤佳。適陰翳，無所見。洞本白猿所居，宋時李少和真人祛而有之，遂爲道院，故亦名道士巖。其後，院廢而僧居焉。然以高寒難運物，亦不能容衆。西洞有真人像，遺蜕在其下。旁有泉一勺，不涸不盈，湛然常住，名不流泉，亦異迹也。洞背爲山絶頂，平廣可數十畝，産茶絶佳。有澗在中，有石如芝，臨澗上有石室，可憩息，須截竹爲蜈蚣梯，乃可上。從僧索梯，無有，乃止。出洞，循山後故道西南行，得危嶺如馬脊者，上而復下，至白龍洞，深狹如舟，内有二潭，龍所宅也。僧築層樓居之，臨望絶曠。此洞與玉虹爲鄰，而削壁間之，非繞山一匝不可至，游人過者益稀矣。從危嶺南望，十數里間，峰巒秀絶。圖志所載有石門、天柱、大小百丈諸奇勝，探之彌日不窮，而道久荒塞，天復雨，竟不得至，有遺恨焉。

夫雁蕩千巖萬壑，盡態極妍，然未有十數里，一巨石卓立天心，如玉甑之雄特者。靈峰、碧霄諸洞雖巧，然未有瓊樓玉宇，臨望無涯，如玉虹之高曠者。不觀於此，烏知化工文章之大哉！此山既奇，而溪流曲折，一往幽深，緑净空明，尤可愛玩。山水俱爲人間第一，白石村人日在洞天而不知，吾安得托一椽以終老也？

【校記】

〔一〕此篇首見於潘氏自刻鴻爪集。亦收録於清王錫祺輯小方壺齋輿地叢鈔第四帙等。

游仙巖記〔一〕

東甌諸山，多連綿相屬，惟大羅山巍然特起，枕海帶江，别標靈秀。其西麓一支，爲仙巖，道書所云天下第二十六福地。唐司空圖、宋姚揆皆有銘。陳止齋嘗讀書焉，三潭二井之勝聞天下。

余以六月初往游，泛一葉舟，出郡南門，循溪行，過白塔、帆游、漁塘諸村落，平田淺渚，絶類江南。至巖麓，見古塔戛雲，林篁鬱茂，則壽聖寺在焉。山門榜曰「溪山第一」，乃朱晦翁書。寺故唐刹，有大中時陀羅尼石幢，尚完好，殿宇久廢，濟宗天目禪師鼎新之，宏麗可容千僧，爲甌江首刹。天公，雲間人，道風高秀，一見傾倒，策杖導游。登翠微嶺，夾道虬松千株，巖壁峻嶒削玉，色如古銅出土。俄見雙巖對聳，窘蠢岩客，類龍頷鯨牙，飛瀑自其中出，轟然注潭中，高不過數丈，而石棱層折水數跌而下，噴薄如散珠。潭前巨石圍之，自石罅入立水際，如在甕中。寒風襲人，飛沫蒙蒙，常若梅天細雨，故名梅雨潭。惜水不甚壯，未盡其奇。潭外石崖空中，名通玄洞。崖背有亭曰尋壑，又一亭在西壁，曰快亭，皆與瀑對。潭水溢出，甚湍悍，股引爲水碓者三四。其下流徑三姑潭，疏爲曲水，作亭臨之，曰「流觴高下」，錯落如圖畫也。從快亭西上百餘步，有巖如屋，爲止齋讀書臺。又北上里許，觀雷潭，石裂成澗，屈曲如龍形，上狹僅數尺，而下嵌空廣三四丈，臨崖俯窺，窅黑無底。潭沉沉如玉缸，盛油凝而不動轉，巨石投之，聲鬱俳中，久而後出，砰訇作雷鳴，真石破天驚矣。

龍鬚潭更在其上里許，遥望匹練懸空，冉冉飛動，日暮不得至，返寺宿焉。與天公露坐清話，夜分乃寢。天公亦酷好山水，聞余曾到雁湖，爲之色飛，因言錢倉、動石及仙姑洞、石梁之勝。余始有游南雁蕩意，須還郡裹糧而行。晨，出寺右，謁止齋祠。過王氏園，數奇石屹立，苔紋如古鐘鼎，名積翠峰。峰下瀦泉爲池，臨池有樓，翼然蓮葉田田，楓杉交蔭，休夏無宜於此者，恨不能旬日留。過虎溪橋，與天公珍重作别，攝衣登舟，一步一迴首也。

【校記】

〔一〕此篇首見於潘氏自刻鴻爪集。亦收録於清王錫祺輯小方壺齋輿地叢鈔第四帙等。

再游仙巖記

從仙巖返郡，亟求南雁志。觀之，心艷其奇，決意一往。會連雨，計梅潭水必甚壯，而天公屬爲修塔疏文，已就，欲手致之，因復至仙巖。天公適往寶巖，首座太虚出迎，遂上翠微嶺。道旁細流，皆天矯與人争路，碓磑間水悉涌雪翻銀。坐尋壑亭，則金鉦鼉鼓之聲震耳，飛沫飄蕭著人，清晝無風，而潭内水勢摶激，自然生風，迸出谷口，濺珠横射，淋漓如驟雨，衣襦皆濕。瀑闊二丈餘，噴空直下，石棱皆没，不見潭水，滚滚如潮頭，極奔騰跳蹙之勢。此瀑不甚高，而勢險節短，如鉅鹿鏖戰，勇氣百倍。又潭口逼仄，外高於内，水不得驟下，故鬱怒盤蹙而爲此奇也。僧言昨日水尚壯，人立亭上，如在霧中。今勢稍衰，然城中人來，亦罕值此者。客子得縱觀，固大快。太虚挽余上寶巖，余請待歸途，遂别去。

三游仙巖記

既游南雁，歸至瑞安，念太虛之約，不可忘也，買舟徑至仙巖。昏黑扣門，天公聞余來，喜甚，燒笋。晚飯，言寶巖夜坐尤勝明，須襆被以往。寶巖在羅山高處，有洞深曲，人無到者。十餘年前，僧避兵，始見之。天公愛其巖壑幽絶，稍加開鑿，營精舍焉。既自標以十景，復屬余遇峰巒佳者，輒爲立名。

從仙巖過石門坑，逾數嶺，見一峰當谷口，圓秀如髻頂，名之爲華鬘峰。澗旁削壁嶙峋，色如潑墨者，爲削鐵巖。横崖十餘丈，上層覆下層，如茵褥垂簟外者，爲覆雲坡。巨石屏立，苔蘚綴之，如蟲書者，爲苔篆巖。將至寶巖，石壁對峙，舊名石門，有洞方廣如丈室，兩石交叠爲檐者，曰下巖。自仄徑上有洞，周圓如閣，曰中巖。又上有洞軒豁，盡見諸山，曰上巖。巖石外黑内白，雜嵌細石，如水晶，明瑩有光，故曰寶巖。三洞宛轉如旋螺，天然奇妙，天公復運巧思，鑿空架險，疏泉剔石，佐鬼斧之所不逮。結屋不多，而冠崖跨壑，極映帶之致。下巖、中巖甚奥，而上巖甚曠，前有石臺，臨望無際，於眺月尤宜，掩關面壁，莫佳於此。爲大書「寶巖」二字，鑱諸石壁。巖旁奇石林立，天公名之曰青蓮瓣，曰石焰，曰獨秀，而正東一峰，高出雲表，余名之曰摩霄峰。攀藤而上里許，至其巔，白雲從東來，風吹之如流水，片片掠面過，其斷裂者徐徐墮入谷中，如落雁，亦一奇觀。峰腰石壁白净，望如懸帛者，四處偶過，其下曼聲長嘯，山輒應之。既而人語，則山亦語；人笑，則山亦笑；人曰奇，山亦曰奇；人曰怪絶，山亦曰怪絶；人曰聲從何來，山亦曰聲從何來。大聲大應，小聲小應，因名之曰答響巖。嘗聞閩中太姥山有仙樂峰，人奏曲其上，則山亦出曲聲相應。此峰亦必爾爾，空谷傳聲，不意靈妙至此。羅山有此奇，千百年無知者，待余而發，茲來爲不虛矣。

峰背石筍多奇，余窮探之，梯危棧而度。有石如人醉而坐睡者名之曰醉翁，如龜昂頭者曰仰天龜，聳而崎者曰鰲頭圓，而伏者曰石鼓。皆樵采所不到。返至寶巖，一一舉似，天公謂：「鑿開混沌，山鬼當夜哭也。」

明日，將還仙巖，天公先行，余偕太虛、恕方二僧及人瞻弟，往尋羅隱洞。路過少林、歸雲、鏡庵諸静室，皆藏深塢中，絶幽勝。從歸雲東望，見一石人立，絶類北雁聽詩叟。鏡庵道中，見山頭立石亭亭，可名玉女峰。遥望東山頂，簇石如芙蓉，名花蕚峰。四石駢立，爲四皓峰。一石孤插天心，爲天柱峰。羅隱洞有上下二巖，上洞尤佳，小休盤礴，望見東北一帶，峰巒絶秀，問是何處，僧言從此十數里，可登大羅山之巔，四望無所不見。余喜躍欲往，僧言天且雨，余奮不顧，遂飯於上洞，挾蓋而行。迂道過石茅，纂緑陰精舍，誤亦復佳。行里許，出接石峰下，石高數丈，闊三四尺，薄裁數寸，兩片層累，中間斜連處僅一綫，風吹可落，不知何以卓立千古也。

又北折入谷中，兩山巔并多奇石。初欲比擬物象，不可勝名，乃已。又東折三四里，見平田茂樹，籬落隱隱，名秀才洋，云是唐劉沖隱居處。望隔溪一山，横亘數里，孤懸絶壑，是爲大羅之心，色如染黛，紋如疊波，秀削巃嵸，名之曰横雲障。其巔奇石百千，最傑異者，一石側薄而斜卷，土人稱仙人曬靴，不雅馴，名之曰插笏峰。旁有老僧巖，大類北雁，而危坐山頭，尤爲孤秀。又前兩石丈，傴僂相對，名之曰二老峰，皆高卓雲端，與天爲黨。

山盡一村，爲盤臺閣，休於民家。老人年且九十，健甚，問之，木姓，云是宋狀元木待問之裔。更上重嶺，至篔簹尖，上有墩堠，設以瞭海，是大羅山絶頂也。環山百里，望如錯綉，僧指之曰是爲甌郡城，是爲盤石衛，是爲永嘉場、海安所及瑞安、平陽諸山川，皆如掌中辨庵羅果。而大海漫瀾，一碧無際，遠洲小島，如魚如艇，不可勝數，長風忽來，驅雲如馬，雨隨而至。急下山，趨盤臺閣，則涔涔濕衣。望諸峰，皆如新沐。過秀才洋，取别徑還。仙巖嶺深路滑，左執蓋，右策杖，幸免傾跌。僧聞余從羅山頂下，闔寺皆驚，謂千萬人無一二到也。

至暮，雨益大，竟夜如傾盆。明午，乃止。僧言梅雨潭水壯盛，復倍前，亟往觀之，則三姑潭、上石瀨中水皆成瀑布，汹汹雷鳴。至尋壑亭，則飛沫飈馳，人對面不聞語，瀑流不復循壁，玉柱十圍，噴空直下，如萬弩齊發，一潭皆銀濤鼎沸，輪旋，巖谷震動。天殆鑒余三至之勤，故以一晝夜雨，增長瀑勢，俾得窮極變態也耶！

復躡磴上雷潭，瀑流亦怒，潭中滚滚浪動，投以小石，爲水聲所奪，絶無聞。運斗大石擊之，始作聲，轟然震天，猿鳥皆駭栗。龍鬚潭，前者遥望而已，兹欲迫視之，涉狂瀾，攀危石，乃至其下。潭水正方，石壁宏敞，受瀑處闊可三丈餘，瀑注之皆滿，碎裂作百千條，披拂而下，故名龍鬚。言黄帝乘龍上天，髯墮水中者，妄也。梅雨潭壯猛，雷潭靈怪，龍鬚潭闊大，三者各臻其妙，皆天台、雁蕩所未有。始知水石之變，不可勝窮也。循雷潭而下，爲黄帝池、煉丹井、三皇井，并一水瀠注所成，澗路幽寒，巖石欹削，人亦罕到矣。

昔賢有言：人生不游雁蕩，不如無生；游雁蕩不數過，不如無游。余於雁山，固未能再至也。今仙巖乃獨三至焉。每至而所得益深，由皮膚而骨髓，由藩籬而堂奥，雖於大羅全體未盡，而仙巖面目庶幾見之。天下事不可以少得而遽止，獨山水然乎哉！

天公曰：「子之游，進乎道。」遂書之以爲記。

【校記】

〔一〕以上三篇首見於潘氏自刻鴻爪集。清康熙四十九年增修本遂初堂文集目録總題爲「游仙巖記」。又，清王錫祺輯小方壺齋輿地叢鈔第四帙載録以上三篇，亦題「游仙巖記」。今分別編目。

游仙居諸山記〔一〕

台郡六邑，仙居最爲僻小，從來游人無至者。余自温返台，閲圖志，見有麻姑巖、方巖、景星巖諸勝，訊諸郡人，皆言無他奇；約客同游，至期輒以事免。乃呼笋輿，獨携一僕往，以閏月十一日出郡城。

西行二十里，至三江渡，逾大嶺。嶺頭有三大佛，皆鑿石爲之，及肩而止，頗殊特。前抵塘頭，乘筏渡溪，緣山行，可二十里，宿象龕之安禪寺。寺在深塢中，松篁四圍，鐘魚清杳。明晨，越嶺南行數里，望見麻姑巖。數巨石磔立山巔，如鳥爪，中一石端如藥杵，孤插天心，古松數株，蟠絡其上，不知何代物也。巖下僧松白導余游洞宫。洞宫者，古凝真宫，在括蒼洞前。洞深廣可容千人，是道家第十洞天，有奇篆六大字，刻石存焉。唐宋時，觀宇甚盛。今廢爲僧居，尚有葛仙翁像。洞前三層樓甚宏敞，對面崇山亘天，云是括蒼山之一支。首起縉雲，而尾盡于此也。洞無他異，而峰環溪抱，泉香草靈，故是修真佳處。

去游方巖，逾嶺即見天半一峰，削成四方，儼然金城百雉。謂舉足可到，乃愈趨愈遠，二十許里，始造山麓。審視，始知山非削壁一片，乃無數石笋攢列成城，如排簫編笙，駢拇枝指，大勢均齊，而尖圓秀穎，各自出態，萬仞削立，不可階梯。從旁嶺紆折而上，三四里始至峰腰。暴雨至，休于民家，度不可宿，笠而跣行，所見益奇，峰勢皆如虎牙犀角，競鋭争猛，瀑布自其罅落，一一如大小龍湫。尋常磴道中，皆白波激射，杖撥怒濤中得石，措前足定，乃進後足。雲霧晦冥，林木薈鬱，殆非人境。如是三四里，乃升山巔，則豁然平曠，如在原陸，隱隱聞鐘魚聲，又過一岡。隴下就霪陷處，乃抵寺門，則已昏黑矣。洗足更衣，與院主完履茶話，謂深山雨夜，遠客扣門，亦開山來希有事也。院在宋爲護國寺，久毁于兵，雪竇之嗣湛庵結茅居之，完公繼席，漸成蘭若。山頂寬廣，與台郡城等，有田可耕，有池不涸，可以避世，如桃源、仇池在半空中也。然山勢險猛，峰巒銛削，如千矛萬戟，有五臺四門，一人守險，千人不得上。方國珍資以爲亂，其後山寇數數踞之。佛刹既興，化虎嵎爲獅窟，福利爲不少矣。質明，雨止，周遭登眺，山巒體勢之奇，於此而極。天作高城，頓諸空中，四面方等，大巧若拙，一奇也。連山環抱，一峰在中，單抽獨立，毫無倚傍，二奇也。聯千笋爲一笋，排萬笏爲一笏，淮陰用兵，多多益善，三奇也。四面皆削壁，純石無土，山巔反開平洋，純土無石，鑱劃之極，反造平淡，四奇也。石色砂紅銅緑，蒼黄班駁，天然采繪，自發淡古，五奇也。意者開闢之初，巨靈狡獪，畢技竭能，以效奇於兹山，而惜乎人見之者少也。

登山自西北隅，下山自南面，道益陡峻，如縋城垣。直下六七里，乃至地，有聚落名朱溪。溪水暴漲，褰裳過之，其深没胯。西逾土姥嶺，上石人嶺，山高而徑僻，盡日不見行人。下嶺數里，至田洋，山水益幽勝。清溪自南來，折而西去，飛濤奔涌，翻銀躍雪，類橫鋪之瀑布，兩岸奇峰夾立，裂麻大皴，并是雁蕩家數行徑。緣崖傍溪，如在棧道，林嵐濃厚，澗路蒼寒，不聞鷄犬，但聞水聲砰訇，乍遠乍近。如是十餘里，乃抵師子洞。洞在隔溪渡口，正當湍急處，水深没腰，兩輿夫牽挽以渡。此洞高廣如夏屋，上下四方，皆天然平正，中繩中矩，不假雕琢。洞上斷崖千尺，如怒猊張口，獰龍垂胡，怪石挺立十數笏，瀑布自崖端下，如渴虹注潭中，作風雨聲，竟夜不成寐。月色入窗，披衣起坐，景色幽冷，疑非人間。

明日，復渡溪，循故道，却行四五里，折而南，盡日行亂山中。逾谷嶼數里，望見景星巖，橫截天際，如蜃樓排空，奇艷奪目。上複嶺數重，將謂已到，乃尚在山半。更歷石磴二十四盤，乃造山頂。此山南北長而東西狹，中間微平，首尾昂起，絶類巨艘，山脚四飛，爲其橈棹，不知何仙造此天船，閣雲海中爲游戲也。

山前有大小鹿頸山，後有玉柱峰、龍湫澗、響巖、摘星臺諸奇，寬廣不逮方巖，而高峻過之。巡崖四望，見萬山連綿，龍蟠虬結，不見首尾，仙居縣城如一撮粟，而側近如韋羌、挂榜諸山，貢盂、抱兒諸巖，皆崚嶒聳特，百態千形，又方巖所無也。石奇禪師未住雪竇時，結茅於此。湛庵續有締構。會山寇王廷棟踞之作亂，圍困彌年，乃下。寺毁而復葺，今湛庵之嗣應五主之，見余至，亦大驚，謂三十年來未嘗見此客也。余顔其室曰「萬山在下」，贈余方竹杖一枝而别。從西北麓下山，至平地，三里許，得水簾洞。洞在覆鐘山之足，廣五六丈，瀑布懸於檐端，亦從空噴出，烟飛霧捲，恍然復見大龍湫，但恨其短。而此上更有懸瀑兩層，則甚長。第一層落處在萬仞岡頭，遠望如銀河，三折傾跌而下，高敞明豁，數舍外皆見之，是亦瀑中之豪而僻在荒谷，世無稱焉。物固有遇不遇也！

又西行三四里，見正南諸峰奇甚，一一拔地摩霄，如笋如筆，土人率不能名，僅指一端圓者曰飯甑巖。折入西崦寺，寺甚幽峭，奇峰環立者八九，皆鵬騫豸立，僧亦不能盡名。從此而南，即韋羌山，多奇迹。崖上有蝌斗篆文，甚欲往觀，而僧言地無居人。又西去三四十里，有萬竹山、景鳳巖之勝。輿人僕夫俱疲極，不能往，遂自田頭取官道，至仙居城。信宿，仍過塘頭，自箬溪乘筏順流而下。溪甚清，駛兩岸，山脚插入波中，俱玲瓏可觀。而象鼻巖最奇，一山盤踞，如卧象，象首垂一石梁，空行屬地，真如鼻然。石之肖形，乃有若此者，然非泛水不可得見。又下爲小海門，兩崖對束，澄潭涵泂，如雁蕩之石門潭，月夜泛之，應更佳絶。舍筏而舟，更下三十餘里，達於郡城，榜行迅疾，左山右林，顧盼不給矣。

原仙居所由得名，固以山巖靈異，林水清幽，宜爲仙靈所窟宅。乃彼地既少聞人，四方之賓又絶無至者，遂使奇蹤異境閟而不宣。王太初最名好游，足迹及於峨嵋、點蒼，而百里内家山，竟未一到，他人復何道哉！余也不狗名，不因人，率意獨游，唯奇所在。故天台、雁蕩之游，人所同也；仙居之游，余所獨也。天台幽深，雁蕩奇崛，仙居兼而有之。余始見石梁、瓊臺，不謂復有靈峰、靈巖；見靈峰、靈巖，不謂復有玉甑；見玉甑，不謂復有景星、方巖。信造物者之無盡藏，余益不敢輕量天下山水矣。

【校記】

〔一〕此篇首見於潘氏自刻鴻爪集，題爲「游仙居諸山記」。清康熙四十九年增刻本遂初堂文集目録題爲「游仙居山記」，正文仍作「游仙居諸山記」。今仍正文舊題，不襲目録。又，此篇亦收録於清王錫祺輯小方壺齋輿地叢鈔第四帙等。

游西洞庭記〔一〕

吴中山水，莫佳於洞庭，而西山尤勝。他山之秀在巖壁，洞庭之奇在山根。水小耗則奇小露，水大耗則奇大露。往歲余嘗游焉，未盡厥勝。去冬迄今春，久不雨，山根盡出。余數數訂友人同游，多負約，乃擬獨往。會山塘宋雪溪、顧仲文奮請偕行，遂以二月廿八日發閶門，過楓橋，訪勞在兹，則已先入山矣。放舟抵胥口，日已西傾，適風便，張帆徑行，屢膠於淺深，更抵東山之麓，昏黑不辨港汊，輒艤舟湖中，藉濤而寢，終夜有聲。

質明，微雨。雨止，登岸。循橘社觀、蜆子泉，游華嚴寺。寺久圮，槖翁和尚始修復之，爲豪右所尼，功未就，居僧寥落，而庭宇無塵，繁花在樹，深松茂竹，不聞鷄犬，真清修佳地也。有言諸巨室多新治園館，華整可觀，余懶謁主人，一不往，欲從翠峰、法海，登莫釐，以陰晦不果。念東山無他奇，决意西邁。

次日，爲三月朔，天晴風便，揚帆過余山，遥見西山崢泓緑縟，巍然尊高，而東山、長圻一帶，插入湖心，如人褰裳欲渡者。然舟行兩山中，應接不暇。頃之，抵黿山，西山之東北支也，産石皆秀潤，石工斲取爲碑版，殘毁無足觀。稍南一支爲龜山，山椒村落名後保。余與兩生步行訪勞生，可三里許，抵崦上，在兹出迎，歡甚。其尊人老而强健，出三杖授客，而自負手，爲客導游。時殘梅未盡，而櫻桃花盛開，取仄徑，行籬落間，仰餐玉英，俯踏香雪，恍然兜羅綿世界矣。可三里許，至天王寺。寺前有曲澗，臨澗一庵，甚幽雅，試款扉小憩，則余舊游地也，不到十五年矣。入門，頓憶往境，主僧名字面目，房中某幅某聯，不假思，惟一時涌現，藏識含攝，多生不忘，此其驗矣。主僧爲含士璞公，一見喜甚，開篋出余書扇，宛然如新，遂同入寺，訪葛洪井。觀梁時古柏，柏枝折於風，幹挺立，鐵色嚴毅可畏。往時繞寺長松千株，皆不存，新栽者短而茂密，風戛之嬰嬰然。暮還，飲於勞氏，遂宿焉。

翼日，含師晨至，導游碧螺峰，峰高百餘丈，自巔及趾，奇石錯立，如百千猿猴連臂下飲，如萬馬群戲跳蹙奔騰。大抵一石各具一態，往年見有若堂隍者，若床榻者，若硯山者，坐卧其間竟日，今尋之不可遇。此峰秀甚，在大道旁，土人無稱焉，游人率耳食啖名，至者亦絶少。余謂西山之不臨水而奇者，惟此峰獨也。

緣峰南行，得橘香庵。庵爲同岑禪師栖隱地。茅屋數楹，環植梅杏橙橘數十本，目不絶花，口不絶果，同師樂之，一坐十六年，忽爲嘉禾人拉去，主楞嚴，遂使山中無禪宿，無詩僧，清泉濊濊，若寄聲招師歸也。去庵數百武，有大櫟樹，古藤纏之，自本及梢，重重旋繞，如蛇蟠虬結，亦他處所無。

稍南，出後保，復穿花圃中。行二里許，至洞山，林屋洞存焉。入林屋，有三道，西爲雨洞，南爲暘谷洞，又南爲丙洞。暘谷洞如溝，丙洞如圭竇，皆道塞不可入。雨洞門如覆甑，不屬地者尺許，窺之窅黑，沮洳在中，以未備游具，姑舍去。

循崖行，歷暘谷，憩無礙庵，觀曲巖屏。巖石多怪偉，有削壁高數丈，作奔雲蹴浪之勢者，使在他山，皆絶境矣。宋人嘗禱雨於此，石上多題字，惜無拓者。清泉一道，遠從毛公壇來，縈絡山麓，石不雨而潤，樹不溉而滋，一花一草，皆作藥苗香也。

南出半里許，至鎮下，山中一聚落也。余舟已徙泊焉。詩人周覲侯隱居於此，偕在茲訪之，遂拉以登舟。無何，抵石公。石公在西山東南隅。山盡矣，一支隴透入湖心，别聳一峰，如蓮花，其莖北屬，餘三面并覆水。往時山根没於水，路在山腰，今水涸，可環麓而步也。自右掖下，穿巖竇行，爲石梁；内倚削壁，外臨奔濤，懸棧飛渡，爲盤龍洞。宛轉通透，類蛟龍之所盤旋，石光潔如玉而作龍鱗細紋，若孕龍於石，龍去而胚胎獨存者，不可曉也。

沿湖行，至石公、石嫗。可里許，奇石無慮萬計，大率皆空中多竅，水漱水淫，肝膽揭而花房拆。石公、石嫗二巨石也，作人形，傴僂相向，舟行呼之則應。水際有石坂，可坐千人，仰望劍樓，削成四方，如嚴城，如高寨，氣象雄傑，驚濤拍天而來，至此帖伏，有似大將擁中堅遏侵軼者。樓高百餘尺，有隧上穿，故名風弄，又名一綫天。摳衣而登，倏達峰頂，如從井中出登天也。維時夕陽西沉，返照射湖，懭恍眩曜，惜月未生明，不得并觀，東西出没爲奇耳。下有精舍，啜茗小休。下觀雲梯、聯雲嶂，皆峭壁屏立，作劈斧皴，迥非一拳一笏者比。夕光洞面，西觀落照最宜。歸雲洞故有奇石當洞口，如雲之將入，今爲俗子鑿去，以廣其洞，頓失舊觀。日暝，下，宿舟中。

明晨，訪秦山人存古，登王氏明秀閣，遂爲龍渚之游。放舟過石公，折而西，過楊塢、明月灣，居民皆背山臨湖，粉垣碧瓦，與丹葩緑葉相錯如綉。又西渡銷夏灣。灣在一山正南，北枕縹緲峰，東爲梭山，西爲龍山，兩支嶺環抱，其不合者，蕨、澤、筆三山爲之案，積水渟蓄，自爲一湖，廣輪九里，蒲荷菱芡之植具焉。東西蔡圻村在灣中，鷄鳴紅樹，犬吠白雲，仇池、桃源不是過也。龍山之足爲大小龍渚，石皆旁挺側出，如戈椿，如槊横，如爪搏，如角抵，以與衝波怒濤相扞敵。而大龍一石昂首崛出，奮鬣揚睛，有傾湫倒岳之勢。人雖忌而殘之，奇氣故在也。山崖爲水所齧，皆内削如頤，霤水居之，則魚龍窟焉，百怪潛焉。水落而鱗屋珠宫皆入步屧。從大龍而西循崖行，石益奇，如象垂鼻，如蝦出鬚，或鼎足下承，或蜂房倒挂，或水際途窮，一石横度，靈境豁然，或石罅逼仄，一轉寬平，别啓堂奥。至所謂龍門石壁者，則石屋洞開，柱礎屹立，可策杖而行，可布席而飲，視石公、盤龍洞宏敞不啻數倍，而石紋作龍鱗則同。又一石號小洞庭者，片石耳，迴環起伏，具有七十二峰之概。又前爲釣魚臺，爲石佛寺，下瞰湖光，百里無際。湖中小山八九，纍纍棋綴，湖外遠山數重，與天連碧。

含公言石蛇山甚奇，而人罕到，盍往游焉？遂復放舟而西，三里至焉。山在波心，登之始見太湖西面之雄闊，山巔文石，爲石工采之垂盡，惟水際者無恙。石奇秀不及石公、龍渚而甚怪偉，遠望之如猛獸奇鬼，槎枒突兀，斷崖削壁，斧劈雷轟，巨石離立，水次偃蹇鶩兀，所謂芙蓉開花，魚龍脱甲者，彌望皆是。西麓有石磯，插入湖中，離岸數丈，褰裳登焉，臨流浩歌，有濯足萬里之想。臨望之曠，於是爲最。日已西傾，返棹而東，仍泊鎮下，覲侯置酒爲主人。余曰：「今兹三月三日也。昔人遵水祓除，有暢適若此者乎？不可不樂飲。」遂飲至夜分而罷。

明日，乃登縹緲峰。向來登縹緲者必以輿。余自度足力尚支，三十里，且有勞公杖在，遂步行。取道滙頭、蔡墓、銷夏灣，可十里，皆平坡。又上至峰巔，可三四里，頗陡峻，數休而後至。此山絶類羅浮之飛雲，頂尖圓如浮屠巔，故四望無礙。又山巔恒多烈風，不可久駐。是日，一塵不動，但春氣氤氲，不能如秋天爽朗。所謂七十二峰者未獲，了了指數，而陽羨、吴興諸山亦僅仿佛見之。至於湖波泱漭，涵天浸日，三州迴環，兩山横亘，所謂白銀世界中矗立青芙蓉者，登此乃能收其全勢。至於俯而下睇，山之支隴四出，則騰龍也，奔蛇也；村塢攢綴，則博子也，列眉也；喬林平楚，則帖地之一薺也；高帆大舶，則浮杯之一芥也。手弄白日，頂摩蒼穹，何飛仙之足羨哉！縱觀久之，取道竹塢嶺以下，頗崎嶇，難措趾。嶺窮，至葛塢，觀卧龍松，相傳天鑒中物也，全身作龍形，而側卧石橋上，偃蹇蜷曲，畫莫能就。又北觀沈氏墓，古松數株。其一株尤奇絶，舉體結成一巨毬，亦數百年物也。山深，不經兵燹，古木至多。近年因采木造戰船，多伐去，幸而存者無幾矣。又數十步，得千株園，故士夫家别墅，以多種橘得名。今爲精舍，僧圓暉主之，新構高閣，出林梢，殊有幽致。晚，仍飲覲侯齋，燒笋煮蕈佐酒，出山居詩讀之，令人不作出山想矣。

諸勝地游略遍，乃決計入林屋洞，覲侯爲辦游具，邀其鄰沈生導游。早餐後，詣洞口，脱常服，衣短後衣，著犢鼻褌，曳草屨，秉燭而進，且預令具浴岳廟以待。初入門，高廣如夏屋。屋窮處，東北有隧道，甚卑隘，上下僅三尺許，左右六七尺許，須扶服而進，下皆泥潦霑體塗足，弗顧也。如是者百餘步，乃復得高廣處。石乳倒垂，作金碧色物，類飛走之象，仙床仙灶之屬在焉。已而，復卑隘者，四五十步，乃復高廣，則文待詔題「通仙處」也。所謂石鐘、石鼓者，叩之聲淵淵然。垂乳狀益奇，大要與張公善權相類，而石質瑩潔勝之，有圓正如松身、如屋柱者，挺立上承，則他處未之見，斯所謂金庭玉柱者耶！度尚可前，而蝙蝠聞人聲，争出撲人，前導者火滅，乃止。選白石，題同游姓名而出。復入其右支洞。初僅一穴，側身横度，乃如狹巷，止容一人，亦不能挺身行，道無積水，而中高如鯨脊，騎之以行，可六七十步，巷窮，見一洞口裁二尺許，有石柱當中塞之，可窺而不可進也。洞門右高處，有「隔凡」字，相傳爲徐武功書，書帶篆體，「凡」字下轉筆，已漫滅矣。余復濡筆題左方而出。方抵洞門時，聞砰訇聲，類伐鼓者一通而止。比題名時復然，將出時復然，審之聲自内出，或疑爲波濤聲及人扣石鐘石鼓者，皆非是，得非仙家有約，客至則以此警衆歟？抑將藉以表靈異也？

山間洞屋，往往而有，而此獨稱爲左神幽虚之天，且流傳玉書金簡及潛通峨眉、羅浮諸怪説。蓋必有神靈司之。覲侯言近歲有村民金姓者闌入洞深處，見清水一泓，中有玉大士像及銅龍數枚，携之以歸。復有如盆盎對合者六七，堅不可開，持斧鑿。復入，則一無所見，見蟲蛇諸惡物，亟走出。既而大病，白日見祟人，有分取銅龍者，無不病。仍送還故處，乃已。此雖近於齊諧諾皋之談，然余耳聞其聲，覲侯目見其事，又烏得而略之也。

已，循故道出，則屏燭不用，天光一綫，從洞口射入。蓋始也背之則暗，今也向之則明耳。出，易衣，浴於岳廟，日未中也。去游包山。山有寺及毛公壇，皆在林壑深處，四山圍合，重重包裹，故名包山。云以鮑靚得名者，非也。入寺，松徑甚長，寺門有古樹清泉，景趣幽絶，石幢對峙，有唐人書尊勝陀羅尼，亦無拓者。主僧柯庵爲平陽法孫，領衆數十，尚有叢林軌範。毛公壇爲劉根煉藥處，道觀久廢，故基爲里豪墓矣，惟空壇獨存。登之，見衆山如屏，一湖如杯，丹井二，清泉湛然，有能結茅，終成勝地耳。薄暮，仍集覲侯家。計山中可游者，尚有東湖、西湖、資慶寺、玄暘洞，而甪頭有三十里梨花，半開落時，人行其間，上下皆玉雪，最爲奇觀。含公言更住十日，梨花開矣，以天氣向熱，諸人未具單袷衣，不得住，留以俟後游。遂以次日北發，鐫石林屋洞門，識歲月姓名而去。

余雅好游，足迹不下萬里，飽見名山川。若九華、羅浮，山奇矣，不居水中；洞庭、鄱陽，水大矣，中無奇山。君山、大小孤，雖在水中，而荒瘠無居人，但宜遥望而已。金、焦形勢甚佳，一拳石耳。若夫以三萬六千頃之具區，涵浸七十二峰於其間，實於九域之間無兩，而西洞庭周廣八十里，居民無慮數萬家，且山外有山，棲山者忘其在水中央；湖内有湖，濱湖者翻見四山環抱，斯亦人寰之絶境矣。且天下土之宜種植者，大抵多土少石，而石山多不毛。

今洞庭寸寸皆蒔花藝果，而奇峰巧石，又皆昔人所羅封氈裹，甲乙品題，袍笏肅拜者。總之，洞庭一大花園也。石公、林屋輩皆大假山也。數十村人，皆園丁也。有此天造地設之園池，居之無禁，游之不窮，而顧規規焉闢數弓地，累數片石，曰吾園吾圃也，不已陋乎？兹地幸在吾吴，去城郭僅百里，而人至者甚少。即先賢游者，亦多未盡厥勝。

余此游有數快：適當水落時，盡見山根，一也。數日皆晴明，無風雨阻，二也。來往皆便風，不買山，舟無波濤之恐，三也。若夫碧螺、石蛇，人所不及，游隔凡深處，人所不能，游蟠龍、石梁、龍門、石壁，人或不得游，而余皆縱游之。意者瑰奇詭怪之觀，天固蓄以供閑散寂寞之人，而非他人所得争乎？

余之得乎天者厚矣，不可以弗記。

【校記】

〔一〕此篇首見於潘氏自刻鴻爪集，題爲「游西洞庭記」。清康熙四十九年增修本遂初堂文集目録作「游西洞庭山記」，正文作「游西洞庭記」。今依鴻爪集、遂初堂文集正文。此篇亦收録於清王錫祺輯小方壺齋輿地叢鈔第四帙等。

遂初堂文集　卷十五

記

游鼓山記[一]

閩中之山，夾江而趨，至江之將入海也而止，於是會城出焉。山之循江左而來者盡於鼓山，循江右而來者盡於旗山。東西雄峙，爲會城之龍虎，如左右臂焉。旗山在隔江四五十里外，荒不可游。鼓山林巒秀美，寺院幽潔，多名賢題咏，遂爲閩之望山。乙亥夏，余客榕城，林庶常碧山及余門人翁吏部樵仙輩，知余之嗜游也，請爲鼓山主人，阻於連雨。既過蒲節，刻日戒行，碧山以尊人壽誕弗克往，樵仙病目弗能從，惟翁岸甫、力介思、陳希次、張明瞻偕行。時仲夏十四日也。

清晨，出水部門，穿稻畦中行可廿里，至山麓，飯於白雲廨院。院門古榕數株，交柯垂蔭，可以蔽日。園多橄欖、荔枝、龍眼之樹，甚清曠，徜徉久之，遂上山。山徑皆石磴，可肩輿行，夾道多長松茂林，暑氣不入。五里許，至涌泉寺。寺在山半，故龍潭也。唐末，神晏國師安禪於此，遂立道場，數興數廢。明末，洞宗永覺禪師重建法幢，大振宗風，遂爲八閩首刹。殿宇宏麗，像設莊嚴，僧衆數千指。主之者爲霖和尚，永覺法嗣也，年八十餘，而有嬰兒之色，道眼圓明，踐履篤實，踞獅子座四十年，不肯輕囑一人，末法中砥柱也。寺門之東爲喝水巖，石壁巉削，一一作劈斧皴，絶澗千尺，有橋跨之，爲靈源洞。又東爲涌泉亭，有泉自龍頭吐出，清洌甘美。下有國師巖，云是晏師趺坐處。又東二巨石，嶄然對峙，人行其間，爲石門。又東爲鳳尾坡。自坡至喝水，數百步，皆循懸崖行，下臨絶壑，奇石笏立萬挺，宋元名賢題刻殆遍，剔蘚觀之，累日不能竟。嶺外名區，恨乏古迹，此爲最富矣。暮，宿列祖堂，凉爽如秋，與方丈老人坐談，久之，方就枕。

翼日，議游白雲洞，登屴崱峰。諸君昔日已至者，不復去，惟岸甫同行。從寺後西北行，度小頂峰。峰陰有泉，鑿石爲筧，引流二三里，達於僧厨，其清可以漱。又北爲鳳池，在衆峰中央，地勢甚高，忽有清池數畝，長松美箭，雜植其旁，僧廬數椽，甚幽寂，拓之可成精舍，一佳境也。巖際有石如鼓，僧云鼓山以此得名，恐未必然。又西度連岡，乍高乍下，路崎嶇，舍輿而步，折入深谷中，石壁蒼黝，作積鐵色。有海音洞，洞甚狹而深，不可窮。又下爲白雲洞，石屋天然，佛龕庖湢皆在焉。有泉自石罅出，泓然如玉。下至山麓，有小徑甚峻險，鑿石爲梯，穴石而度，名三天門。洞中雲氣嘗滿，好事者以榼盛歸，放之滃然，故曰白雲。鼓山故善出雲，城中見山頂有雲一縷，須臾覆山，則雨立至；即晴明，常見白雲滿谷。余晨發寺門，至洞，八九里間，初見下方一片空明如積水，以爲江也，已而辨其爲雲，漸漸破碎，如新彈木棉微露，青翠數堆，則城郭村墟在焉，猶開闔不定。至洞，則氛霧盡消，俯視省城南臺，如憑樓窗瞰園圃，了了可辨，得天眼通者，視大千世界如掌中庵摩羅果，殆如此矣。

還過鳳池，啜粥而行，遂上屴崱峰，亦名大頂，是鼓山最高處。峻絶無路，披荆棘，行三四里，乃至其巔。天風蓬蓬，四望無際：北則萬山連綿，龍騰潮涌；西則雙江如帶，城垣如環，村落如黛；南則方山、虎頭，千峰拱抱；東則大海茫洋，一碧萬里，長樂、連江、福清諸縣，近在足下，梅花、萬安諸衛所，亦約略辨之，黑點微茫，不知是何洲島。相傳爲大小琉球，則閩人侈言之也。山頂有石刻「天風海濤」四字，是朱晦翁書，遒逸有晋唐人風格，與晦翁他書不類，賢者固不可測。其他題名數通，不甚了了。臨眺久之，拾級而下，從山南直抵寺，不復由故道。道益險峻，不可輿，幸山高忘暑，不覺其疲。至寺，日方中耳，解衣稍休。爲霖老人出所著華嚴論疏纂要相示，和會清凉、長者二家，舉要删繁，華嚴宗旨，了然廓徹，從來宗門痛掃文字，然禪是佛心，教是佛語，有何差别。近日禪門多瞞旰儱侗之病，正須以教典印之。老人既成此書，復有事於法華，三乘五教，一以貫之，永明、覺範而下，罕見其人矣。尋至藏殿，觀舍利及佛牙，復至喝水巖，追凉竟日。適當月白之夕，布薩誦戒，威儀嚴整，規條肅然，諸君咸生敬心，謂今日儒門未有此也。

明晨，出寺門，步松陰中里許，至舍利窟，有吸江蘭若在焉。竹樹茂密，庭院清幽，主僧落落有雅致，推窗一覽，則江平不流，練明鏡浄，風帆徐來，遥山滴翠，宛然一幅瀟湘景也。山中尚有天鏡巖、積翠庵、千佛庵諸處未到。既至白雲，登絶頂，則一山之勝概略盡。天暑人衆，不能久留，遂從廨院歸。

嗟乎！自有兹山，古今來游者何限，皆泯泯無聞。即題名勒石者，四百餘人，亦若存若亡。惟蔡君謨、李伯紀、趙汝愚、朱晦翁、真西山諸公，炳若日星，使人摩娑遺迹不忍去。豈非金石不足恃以久存，而道德文章爲可貴耶？諸君并有雋才，翶翔雲路，其益勉自樹立，務爲其不朽者。而余拙鈍，無用於時，將死心學道，一笠一瓢，依名山古德以終老。人生不爲名將相，則爲佛祖，斯亦大丈夫之事乎！

書以識之。

【校記】

〔一〕此篇亦收録於清潘道根抄本鴻爪集補、清王錫祺輯小方壺齋輿地叢鈔第四帙等。

游黄山記

余十年前覽黄山圖經及諸名人游記，久知黄山奇秀甲寰中，思一游焉而未果。年來遍游浙東西、閩中、粵東諸山，爲人談其勝概，往往有言黃山奇妙復過之者，余益嚮往焉。

黃山去新安郡治百二十里，在萬山中，塗徑荒塞，庵院稀少，非得地主則不可游。會門人吴祭酒楞香請告歸，省余於村舍，自言其居在巖鎮樓頭，望見黃山一峰，山中猿鳥，皆所馴狎。余喜夙願可償矣。乃以丁丑三月八日渡錢塘，既望抵巖鎮，楞香爲戒輿夫，庀糗糧，休五日而行，偕行者楞香與其友汪文治、王名友及余甥陳周綸。經潛口，訪汪扶晨。扶晨方續修黃山志，數三十六峰如指掌。過揚干至山口，山漸秀異。北逾三嶺，中嶺曰石磯，其下爲谼中，是汪司馬伯玉讀書處。傍山臨流，園觀甚麗，今皆鞠爲茂草。唯司馬所題「薌石」二字存焉。是日，宿楊村。

翼日，過芳村，飯於湯口。自山口至湯口，可六七十里，皆行深谷中，蒼山對闢如峽，清溪一綫從中來，灣環迴抱，乍見乍隱。崖間多壽藤古木，而山鵑、棠梨、辛夷諸花方盛開，紫白丹黃，相錯如綉。人苦黃山徑路荒蕪，兹適當其絢爛時，殊足樂也。自入芳村，始見雲門峰。至湯口，則青鸞、紫石、天都、蓮花以次軒露。循諸峰之趾而行，抵祥符寺。寺古而僧稀，隔溪有湯泉，云是朱砂泉，爲天下温泉第一。凉燠適均，淺深便體，其色玉，其沸珠，其香蘭，澤浴之，使人飄飄然欲輕舉，是帝勞游人而賜之釁沐也。浴罷，酌酒石上，宿於紫玉軒。

質明，小雨。雨止，緣澗道而上，尋丹井、藥銚、藥爐，皆溪流衝激所成。惟白龍潭最壯闊，懸瀑下垂，傾珠噴雪，潭承之，泓然緑淨。吴氏書齋在其旁，小樓面瀑，終年作風雨聲，銷夏最勝處也。隔溪望樹杪飛甍，翼然是慈光寺。山門磴道數折，至寺。寺在朱砂峰下，舊爲朱砂庵，萬曆中普門禪師自五臺來居之，道行精苦，名聞兩宮，賜額賜金，遂爲黄山首刹。殿中毗盧佛四面七層，鎔金嵌碧，是國母所頒；泥金經四函，是惠王所賜。餘袈裟、鉢杖，多内府物。殿前木蓮一株，枝幹蒼古，花如水蓮，香更馥郁，惟山中有之，他本皆白，而此獨紅，信奇木也。寺僧可百人，鐘板肅然，有叢林模範。主法席者，中洲和尚，濟宗人也，枯坐深山，不廢提唱。以大殿將圮，方謀改造，楞香力爲護持，與商營建事甚悉。遇吾邑僧雁黄來游此山，三年忘返，諸峰巔人不能登者，悉登之，日課一詩，談山中奇勝甚悉，遂拉與宿。游還，宿祥符，再浴湯泉。

明日，仍由慈光上觀音巖，至龍翻石，可數里，道頗峻，十步一休。登老人峰，俯視群峰，帖帖在地，惟天都、蓮花聳出雲表。又上逾小嶺，折而左，爲文殊院路。路在削壁中，有兩奇松當壁口，低亞如肅客，爲迎送松。又一松身卧左壁，枝倚右壁，夭矯連蜷，爲卧龍松。壁裂十許丈，中通行人，爲一綫天。又前跨絶壑，過危橋，攀梯出石竇中，豁然别一天地，則文殊院至矣。院枕玉屏峰，左天都，右蓮花，審視最親切。天都中天特立，巍然尊高，萬山對之，拱伏如天子，當陽負斧扆而朝群后也。蓮花高埒天都，而崚嶒秀挺，一苞千萼，燦然開敷，横看成蕊，側看成瓣，太華削成，當無此巧。二峰爲黄山冠冕，百里外即見之，愈近愈高，可親而不可即。惟此院看之分明，天橋鐵船，石枰石屋，歷歷可指，文殊示夢，普門開山，正爲兩峰特開生面耳。日下春，周綸與雁黄賈勇登玉屏之頂，余輩散步，立雪臺遥望後海，諸峰如錐見末，而雲爲其囊也。暮，宿院樓，擁重衾，猶寒甚。蓋已置身天半，濯魄空明，非復人間月露矣。

五更，風大作，蓬蓬然，欲挾樓飛去。天都故不可登，蓮花之巔，頗有登者，而梯朽磴危，風猛尤難措足，遂止不登。從此走蓮花溝，躡百步雲梯，出鰲魚洞，可達光明頂。但三四十里間，無僧舍，慮雨作，無棲泊處，乃迂道取丞相源以上。是日，仍由慈光，宿祥符，三浴湯泉。扶晨送酒肴至，爲欣然一醉。

翼日，出湯谷，折而東，溯苦竹溪數里，至天紳亭，觀九龍潭瀑布。瀑作九節，節節有潭，亦自爽朗，而不甚雄闊。雁黄言得雨則成壯觀，恨諸公未見耳。又上五里，至擲鉢禪院。院踞丞相源絶勝處，一名雲谷，地勢寬敞，林巒幽邃，院門對一秀峰，童童如蓋，高松古檜數千章，爲山徑，清溪繞院而流，夾溪桃花百餘樹，落英繽紛，疑非人境。開山僧曰寓安，雲棲弟子也，規制一仿雲棲，屋宇不大，而堅完潔凈，僧衆三十餘人，開田博飯，朴而可久，雁黄實棲托焉。傳鉢堂正對青鸞、鉢盂二峰，蓋祥符宅其陽，是院宅其陰也。暮，宿堂中，課誦聲琅琅入耳。

夜分，雨作，迄明而止。濕雲蒙蒙，撥雲上嶺，十餘里，抵皮蓬，訪雪莊禪師。師，洞宗人，修頭陀行，隱此山數年，初居樹下，繼結一茅蓬，時時絶粒，掇草根木葉食之，終不下山。

或薦諸朝，使者三返，乃强起。一至都門，公卿問道術，一無所對，贈遺悉却不受，堅求還山。楞香絶重其人，時時修供，所居在遨谷中，奇峰四面林立，一一鋭削，露芒穎，怪石肖人物者，觸目皆是。雪公居山，久言山中烟雲之變態，猿鳥之性情，冰雪之氣味，種種殊絶，無名異卉，百狀千形，圖而識之，悉世人所未見者。居山况味如此，不以紫衣金鉢，易其百結，懸鶉宜也。編蓬在雲中，命曰「雲舫」。是夕，宿焉。枕上聞山樂鳥聲，甚清亮。

明日，天晴，雲縷縷起谷中。僧曰是將銷海。亟策杖取微徑，數里登光明頂，高亞於天都、蓮花，而居黄山中央，四望無所不見，俯視絶壑，奇峰百千，皆在足底。初見諸峰，各出白雲一縷，裊裊如篆烟，漸次凝結成團成片。俄而奔騰踴躍，如千丈潮頭，滚滚來射人。已乃平鋪白净，柔軟如新彈衣絮。西海最先合，後海次之，前海又次之，俄而四海會同，混茫一氣，群山皆没不見，唯天都、蓮花微露其頂，身所坐處，雲亦不到，儼如大瀛海中浮三神山，諸仙真人飛行其上也。坐移時，雲轉濃厚，轉鮮明，旭日照之，作金色光，大地山河，融成一片，覓天海際畔，了不可得，極目東北方，乃有空明一帶，如江如河，沙岸隱隱，天邪雲邪水邪，真邪幻邪，吾不得而知之矣。

久之，雲乃解散，大小諸峰以次揭露，如開寶奩，珊瑚、空青、火齊、木難諸奇物，璀璨奪目，遠眺則萬嶂千巖，重重環繞，九華、齊雲、石耳、白際、張公、大鄣諸山，在數百里間者，皆如拱如揖。雲封則一平如砥，雲破則如島嶼如梟鷗，瞬息萬變，觀至此，奇矣大矣，蔑以加矣。

乃下頂，走平天矼，觀蒲團松。松高不盈尺，而廣輪丈餘，虬枝織結，頂平如茵，可三四人趺坐，視卧龍爲更奇。下矼，得天海庵，在一山正中，四面出游皆便近，惜破壞無居者。楞香方議修復，擇僧居之，游人津梁，莫要於此矣。

又前登鍊丹臺。臺平正，可數十畝。三十六峰爲蓮瓣，此則其菂也。臺盡處有懸崖，俯臨大壑，壑中奇峰以百數，皆秀削巑岏，神鑱鬼劃，而薄雲蒙籠，次第呈露，一現一隱，如簾幙映嬋娟，遲遲捲簾，旋即垂下，山靈老成，何乃作此狡獪變化也。又上登飛來峰，一石亭亭卓立，峰頂略無附麗，下綴不合處，可僂而過也。又下走荒榛中，憩慈愍庵故址。山至此稍平衍。向有奇松千百本，錯布其間，賞玩不給，今皆爲焦村人伐去，令人氣盡，亟走絶壁。闚西海門，大壑無底，藏諸奇峰，其中峰皆拔地直起，根不相屬，嵌空玲瓏，如米巔袖中物，擬之莫能名，數之不能悉。薄暮，趨獅子林，茅庵數椽，默安禪師居之。向住九華絶頂，曾與相識，擬一握手道故，而值其下山，殊爲悵惘。就繩床宿焉。

晨起，觀散花塢。塢中峰益奇，峰身既瘦削，而峰端之石皆側裂駢立，如伸指爪，如編笙簫，如植矛戟，各出鋒鋩，鬥銛利，而人立處稍平，仰視諸峰，矗立空際，故得盡露其奇，與丹臺、海門俯瞰者復迥别焉。將登始信峰，以風烈且止。先下石笋矼，亦一巨壑，滿壑皆尖峰，如一園春笋，巨者、細者、含苞者、解籜者、已穿籬者、甫出土者，鬱鬱森森，各有摩天之勢。從此下至松谷，可十餘里，水嚙道壞，不可行。還觀擾龍松，先在石笋矼，有指一奇松爲擾龍者，雁黄曰非是。乃循始信峰之脇，憑崖側視，見一松根繞峰腰，身藏峰心，枝絡峰頂，餘枝下垂者數丈，輪囷離奇，不可致詰。黄山名松雖多，不得不以此爲第一矣。風稍止，乃上始信峰。峰不甚高，而頂離爲二，壁裂者丈餘，架木爲橋，下臨無地，賴有接引松一株，正當裂處，横枝如橋欄，可攀以度。然人多股栗，余徑度，殊不覺險。登頂則太平一粟，宣州一漚，長江一綫，使人有遺世獨立之思，僊僊乎欲乘雲御風而去也。下峰由白沙嶺往皮蓬，路陡而石欹，殊難置足。既到，雪公舉手相賀，言游人遇鋪海難，於光明頂遇鋪海尤難。諸公殆天所相也。飯罷，循舊路抵丞相源。日方晡，從者有倦色，乃留宿院中。先是，檗庵和尚曾居此院，有塔在焉。檗庵由吾邑令擢給諫，建言廷杖，明亡爲僧，埋骨於此，門人隔絶。雁黄時時一除其草。余部民也，不可不一致敬，披榛往拜焉。曳杖步緑陰中，坐磐石，漱清流，逍遥竟日。扶晨復送酒肴至，一洗疲頓，頹然就枕。

翼日，大雨，不成行，稍稍拈毫補紀游篇什。

次日，雨稍止，披氊褐而行，霡霂猶沾衣。已乃竟霽，俯聽水聲淙淙，向來枯澗皆盈而溢。至天紳亭，則見飛瀑從天而下，其長竟山，雷轟轂轉，震動巖谷。蓋九龍潭得雨驟漲，壯闊十倍，來時如銀河倒瀉，渴虹下飲，天台、石梁、雁宕、龍湫久矣契闊，今乃仿佛見之，殆山靈懼余謂黄山無瀑，而以是傲余也。嚮者得雨而雲海成，兹復得雨而潭瀑盛，雨實病游，乃爲游助，豈不異哉！是日，宿山口。

翼日，返巖鎮。凡十二日而游事告竣。

是役也，楞香爲主人，籃輿輕妥，郵舍便安，登涉不疲，資糧不匱，凌雜瑣細之事，略不經心，得以從容流覽，恣意搜剔，逸莫逸於玆游。同游諸君，皆饒勝情，兼挾勝具，渴於探奇，勇於蹈險。高僧老衲，復能鋪張靈異，指點幽奇，贊發游興。又得天時之助，宜晴而晴，宜雨而雨，宜雲而雲，宜水而水，樂莫樂於玆游。所遺憾者，天都、蓮花未及登，翠微、松谷未及到，聖燈、神光未及見，以爲欠事。然而黃山之勝概，則既盡之矣。

山之高大奇特，他山容或有之，而有絕異者七焉：他山土石相參，即或數峰純石，率多散而不屬，且石理多粗疏，遠觀則巧，近視則頑；黃山盤礴數百里，千峰萬壑，皆一石削成，峰頭不著寸土，而蒼潤鮮華，肌理細膩，不減太湖、靈璧，一也。他山各標一格，不能變化，乍見則佳，慣看則厭；黃山體兼衆妙，天都、蓮花極其端嚴，青鸞、仙掌極其秀麗，光明頂、鍊丹臺極其平正，散花、石笋極其詭怪，如前堂後苑，位置井井，又如握奇布陣，奇正相生，二也。他山大勢，或如屏風，或如筆格，或面秀而背頑，或東巧而西拙；黃山則四面周圓，如大蓮花，無有偏欹缺陷，而且峰峰挺秀，石石標新，探之不窮，玩之無盡，三也。他山峰巒皆從下，仰視不見其巔；黃山獨從上俯窺，如兒孫羅列，一一可摩其頂，脱有仙人排空御氣，下視十洲三島，不過如斯，四也。游他山多繞山而走，山外看山；游黃山獨踞山之心，山内看山，如坐蓮房旁數蓮瓣，千葉層層，不可究竟，西海門、鍊丹臺，所見不過閱師一隊，窺豹一班，其蓄於谷中，藏於海底者，不知凡幾，非如他山一覽無餘，五也。他山雲海亦時有之，而山少地偏，境界不能空闊；黄山則四面數百里皆山，各出烟雲，彙成大海，浩渺無涯，而此山獨高，登之無所不矚，風掀日耀，變眩萬端，六也。他山多雜樹，而黄山石骨，惟松爲能托根，以烟雲爲灌溉，以月露爲華滋，故蒼翠異凡松。其在山巔崖縫者，斧斤不及，歷年久長，故幹曲而枝偃，無意爲奇而至奇生焉，七也。

惟是洞穴之空靈，瀑布之雄壯，則他山尚有過之者。然而黄山大矣富矣，神矣妙矣，吾始游羅浮、丹霞，不意復有大小勞山；游大小勞山，不意復有天台、雁宕；游天台、雁宕，不意復有武夷、九鯉。今乃復見黄山奇妙，不可思議。是知造物之出奇無窮，天地之秘藏無盡，吾人眼如針孔，又安敢輒憑胸臆品題山川次第甲乙哉？姑記之以識歲月云耳。

【校記】

〔一〕此篇亦收録於清潘道根抄本鴻爪集補等。

游廬山記〔一〕

域中之山，自五嶽外，匡廬最著名。其山絶高大，數百里皆見之，臨江傍湖，驛路出其下，有事於江楚者必過焉，然游者甚少。古來名賢題咏如林，迹其所至，涉獵而已，大率之官奉使，取便一游，乘軺馳傳，吏卒守之，勢不得窮搜極覽也。

余少閲圖志，即嚮往兹山，形諸夢寐。頻年足迹半天下，獨未游廬山，以爲欠事。今年春，决策來游。游黄山已，即從饒州泛鄱陽，達九江。德化令紀秉乾，余門生也，爲治籃輿，具人力。先過仙居鄉，訪文允言，邀與偕游。允言少從其父鐙巖先生讀書山中，數名勝如指掌，工詩習禪，禪衲多舊識，欣然樂往。遂以閏三月晦日，同允言及陳甥周綸發九江。出西門五里，爲濂溪書院，元公故居在焉，荒落無主者。二十里，抵山麓太平宫，唐明皇所創，以奉九天使者，形勢絶佳，宋元時尚弘麗，多前代物，白玉蟾之流栖托焉。今頽敗不支，黄冠拾薪鋤菜而已。

逾蛇岡五里，至東林寺。寺於山爲最古，遠公於僧爲最高。東晋以前，無言廬山者。自蓮社盛開，高賢勝流，時時萃止，廬山之勝始聞天下，而山亦遂爲釋子之所有。迄於今，梵宫禪宇，彌滿山谷，望東林皆鼻祖也。然而東林之僧甚俗，畫地分門，各營巢窟，委棄大殿，令戍兵得居之，弓刀挂壁柱，支灶李北海碑間，可痛也。幸十八高賢像尚存，長松清泉，如挹道韻。宿三笑堂側，徘徊白蓮池，夜分乃寢。

晨起，上後山，禮耶舍塔，塔小而制古。僧史稱佛馱耶舍舉鐵如意示慧遠，遠不悟，拂衣去，似是宗門一流人，然亦在十八賢之數，則固同修净業者也。沿虎溪而西，爲香谷。谷中有西林寺，浮圖巋然，林木清疏，院宇明潔，平陽之孫魯宗主之，猶能整齊其衆，力復寺田之侵蝕者。昔何無忌訪西林慧永，永衲衣半脛，翛然而來，於今無此僧矣。

廬山約有數層，東、西林是山北第一層，最其淺者。往時客至此，亦謂游廬山矣。余則以爲甫發軔也，遂渡虎溪，上香爐峰，尋白公草堂。循澗而上，山漸深秀，竹樹蓊鬱，庵院在山塢中者十數，乍見乍隱。峰半得紫雲庵，僧言此古遺愛寺也，指庵後百步外隙地爲草堂基。余以白公記審之，所云「平地輪廣，十丈有臺有池」者，似在下方寬平處，不應在此，祇以「面峰腋寺」一語指此當之，然未見紫雲，即遺愛也。

香爐峰有二，一在山南，一在山北。山北者，人罕至，余以尋草堂故址，特至焉。境自幽勝，正不必以古迹爲佳耳。却行渡澗，得緑雪庵，庵藏深竹中，滴翠可掃，僧斯旨具午餐，且請爲前導。上峻嶺，舍輿而步數里，至講經臺，云遠公講涅槃經於此，是山北最高處。回望大江如弓彎，潯陽城郭如聚米。允言言山徑舊多古松，人行不見日，今村民盜伐且盡，僧不敢言。余言於紀令，禁止之，并東林戍兵遷出焉。

又前至大林寺。寺在山巔而平敞，多竹木，碧澗流於門外，臨流寶樹一株，柯條扶疏，垂蔭數畝，千年物也。昔白樂天夏月游此，見山桃盛開，作詩嘆異。余來亦當初夏，有山牡丹數十樹作花，爛如雲錦，咏白公詩，彌覺其工。主僧冏詹亦平陽之孫，留宿繩床。

明旦，傍澗西行。三四里間，皆茂樹。樹多作花，所謂司馬花徑者也。澗盡處爲水口，兩崖壁立如門，水自中落，崖石層層刻削，如堆疊而成，輪囷離奇，不可名狀，雲霧所漬，都生苔花，助其蒼古，崖斷處豁然開廓，俯見平疇綉野，澄江逶迤，風帆歷歷，幽邃空曠，兼而有之，山中絶境也。傍有石隱庵，潔净如書屋，令人有挂瓢終老之思，戀戀不能去。又西得佛手巖，巖空洞如夏屋，佛龕僧床，羅布其下，崖端奇石側出，纖鋭不齊，如覆手而見其指，垂溜成泉，涓涓滴滴，如雨不斷。

折而北，懸崖一綫，下臨絶壑，益險益奇，石鑱「竹林寺」，隸筆遒古。相傳竹林有影無形，聖僧居之，山空夜静時，聞鐘梵聲。明太祖以赤脚僧言見周顛仙與天眼尊者并坐竹林寺中，遣使求之不得，立訪仙亭。亭下蒼壑萬尋，奇石林立，雲氣蓬勃，天風振衣，飄飄然欲遺世而獨立也。巖畔高阜爲昇仙臺，有御碑亭，勒太祖御製文，叙顛仙事甚悉。帝王龍興，天人默相，不可誣也。自碑亭西至天池，甚近，導者謂當先歷山中央，後繞其邊。遂折而南，從赤脚塔至火蓮院。院踞廬山之心，面勢弘敞，喬木千章，行行挺直，皆寶樹種也。院中可容二三百僧，亦一佳道場，惜無主者。又西至黄龍潭，山益深，境益異，寺在大谷中。一谷皆杉，大者十餘抱，材皆中棟梁。寺址故群鹿所居，明萬曆中有徹空禪師趺坐焉，鹿以地讓，遂成叢林。巖畔一潭，勺水耳，有龍蟠焉，時見靈異。寺甚寬廣，宿於層樓，朝烟夕嵐，出入窗牖，詡詡然與天爲徒矣。寺有藏經，是神宗皇太后賜裝裹，皆大内物。又有元人所畫羅漢十八軸，筆意高古，玩之忘倦。

翼日，爲金竹、仰天二坪之游。金竹坪去潭四五里，一路皆行竹中，舊篠新篁，一碧無際。恭乾禪師愛其幽勝，始結廬焉，鄧文潔輩爲之檀護，遂成巨刹，代有名僧，衆常數千指。其地背九奇而面鐵船，岡巒環抱，如居蓮菂，香泉泌沸，道樹森梢。惜乎主席久虛，堂序翼然而鐘板闃寂，爲彷徨者久之。乃登上霄峰，磴道巉削，步行頗崎嶇，而境界幽絶，道旁雜樹，多作花，殷紅縹碧，種種鮮艷。蓋此峰較大林尤高，故彼花將闌，此花方吐，謂大林春歸，復入此中可也。

峰西南爲大小漢陽峰，是廬山最高頂。路荒塞，未及上。稍東則仰天坪。其高亞於漢陽，而地勢平衍，略如仰盂，土可樹藝，有池有泉，可用灌溉，雲中鷄犬，别一世界。向無居人，鏡堂禪師始闢禪宇，鑿石耕雲，草衣木食，非忘身遺世之士，莫能久處。今荒落甚，蓬蒿幾没人。黄龍、金竹、仰天三寺，皆創自萬曆中。是時，宗風未盛，而禪門講席，各自有人，開山三師，皆精勤辦道，感孚人天，能於窮山中作大佛事。今白拂如麻，而獅弦歇絶，法運盛衰可見。已，欲宿仰天坪，觀雲海變態，苦無主者，還宿黄龍潭。

次日，循太乙峰之陰，東過蘆林庵，是石照法師栖息地。高山之上有蘆叢生，亦一異也。又東過含鄱口，山嶺中斷，始見鄱湖，眼界豁然。又東南逾二嶺，始至五老峰。峰南面甚秀，北面無奇，而峰巔甚高，與漢陽相埒，五峰并列，如筆格。一一登其頂，適當晴明，俯視下方，城郭川原，如觀掌果。澄湖與遥山，相錯如綉，風帆往來，如豆如梟，可指而數。允言云，當明太祖與陳友諒大戰湖中，及王文成大破宸濠時，憑此峰觀之乃佳。余謂以道眼觀，亦一枰棋耳。天修羅戰鬥時，初禪不值一盼也。俄而天風乍起，白雲滃然四合，身埋雲中，無所見，遂下峰走荒榛中。三四里，至青蓮庵。門徑甚幽，雜花亦盛開。而主僧他出，欲游緑水潭、萬松坪，不果。却取故道，飯於蘆林，仍宿黄龍潭。

明日，仍由赤脚塔至天池寺。寺以太祖敕建，故爲廬山首刹，僧官居之，嫺於酬酢，而少道韻。山境故自佳絶，清池一泓在峰頂，古塔蒼然戛雲，松杉楓楠，掩冉寺門，叠嶂層巒，拱揖天際。其最勝者，文殊臺危嶠孤懸，下臨絶壑，奇石磊磊，如猿猴之下縋巖前，時見聖燈，分合大小，變化無方。朱晦庵、王陽明皆見而筆之，不可謂妄。日暮，天風驟起，萬竅怒號，夜宿小樓，摇摇如舟在波浪中，山高壑大，四面皆空，故風力加猛。乍至者多駭怖，僧習以爲常，欲出候聖燈，以風烈，不果。

明晨，過披霞亭。道旁石刻甚多，半不可讀，而裂壁内横鎸「清虚靈臺」四字，窺之可辨。僧言是竹林寺後門，則誕矣。自此至山麓，可數里，石磴曲折，老樹壽藤，蒙籠其上，奇峰秀巖，迴環掩映，錦綉谷、石門澗皆在其傍，令人一步一戀。惜山北之勝盡於是矣。從此出官道，繞山之西，三十里至通遠驛，是走南昌道也。道上見山隨步異狀，所謂「横看成嶺側成峰」者，於兹驗之。驛西有圓通寺，爲宋初道濟禪師道場，白雲、端圓、機旻皆嘗主之。後爲應院，近有古南之嗣雪堂居焉，始存禪席。雪堂本文士，得法後，焚棄筆硯，操行精苦，脅不至席者三十年，安坐而化。今其嗣杲庵，亦能苦身律衆，不以佛法狥情，留余輩焚香枯坐，不殊歐公夜話也。

又南三十里，入隘口，則南康境。折而東，見山之南面，經柴桑橋，過淵明故里，有濯纓池、醉石遺迹存焉。采菊抱琴之處，仿佛見之。又東至歸宗寺。寺故王右軍宅，有洗墨池，甚清澈。寺後金輪峰，亭亭聳秀，矗立雲表，萬松環之。寺在翠微中，高廣明浄。唐時赤眼歸宗最著名，宋真浄、應庵開法於兹，奔走龍象，大儒若濂溪、晦庵，皆與之游。明初，寺已焚毁，達觀禪師指枯松而祝之，其松復生，寺乃復興。然法席今亦虚，粥飯僧守之而已。去寺三四里，有瀑布名玉簾泉，山徑蕪茀，褰裳往觀之，懸瀑如散絲，隨風悠揚，墜潭無聲，最爲輕妙。對瀑有盤陀石，可趺坐熟玩。往年，好事者築樓其旁。今傾壞無居者。還，宿寺中。

次日，至簡寂觀。觀創自陸修静，道流世居之。宋時，尚有許堅、錢朗輩著異迹。今觀久廢，惟東嶽廟數椽，黄冠陋甚，不堪共語。禮斗石、擣藥臼，皆在枳棘中。幸有古松二十餘株，云是六朝物，龍鱗雪幹，蔽日干霄，是廬山松之最古者，撫玩移時，作長歌紀之而去。東望香爐、鶴鳴、雙劍諸峰，争高競秀，絡繹紛來。將至開先寺，遥見瀑布如千尺練，曝於巖端。至寺門，則隱不見，而夾道松杉參天，交柯接葉，陰凉沁人，平橋可布茵席，溪流潺潺，與風篁禽語相應和，如琴筑焉。院宇清潔，不著一塵，平陽之孫心壁主之，修雅能詩，以省親往滇南。其徒桑浦攝院事，同登讀書臺，觀王文成紀功石刻，辭筆高簡，字大徑尺，甚壯偉。寺右百步，即青玉峽瀑布所從落也，滙爲龍潭，漱玉亭臨之，瀑短而勢雄，雷轟轂轉，有石破天驚之勢，恨久晴未盡其奇，得雨當不減天台石梁耳。夕陽射林，瀑噴如雪，潭澄如鏡，石錯如錦，布席石上，飲酒盡一鴟，第念輿中望瀑甚長，兹見其尾，未見其首。

翼日，復從寺西上峻嶺。經姊妹石，過香爐峰，憩黄巖寺，取仄徑至文殊塔，乃見瀑第一層，裂雲而來，破壁而下，一白千尋，不見其底。太白所云「銀河落九天」者，甫足當之。蓋雄壯他瀑所同，高朗兹瀑所獨，擅名宇内，不虚耳。

還，過開先。又東至萬杉寺。寺枕慶雲峰，宋仁宗賜金成之，嘗植杉萬本。今杉少而竹樹鬱然，舊迹存者，「帚書徑丈」四大字而已。寺亦久廢，近時剖壁禪宿鼎新之。今其孫大楚繼席，規制井井。允言云，五乳爲憨山所開，路雖險僻，不可不到，乃復東行。遥望七尖峰，纖削如抽笋，五乳列其下。拾級而登，可五六里，至法雲寺。憨師所手闢，遂終老焉。寺在峰頂，而有池有田，刀耕火耨，可不乏食，百年來尚完整。推窗見鄱湖，一口可吸，奥而能曠，無若此者。寺有丁鵬所畫達磨以來諸祖像八十餘軸，亦諸方所無。允言訊其遠祖文山手書正氣歌，則失之矣。婆娑良久，還宿萬杉。

翼日，乃游栖賢。廬山多大谷，栖賢尤寬邃，竟谷可十里。三峽橋當其中，絶壑爲梁溪，水湍悍，就崖石爲址，下圓而上平，工巧類神造。橋下有潭曰金井，窺之黝黑，深不可窮。峽石皆赭色，奮迅角立，水行其間，奔騰跳蹙，相搏相摩，盡水石之變。石亘一溪，如千營萬壘，水初出山，如一旅孤軍，摧鋒陷堅，奪隘而出。水本至柔至平之物，遭遇坎坷，恃源而往，百折不回，而至勁至奇出焉。志士仁人，亦若是矣。

上流稍平處，涵蓄如方塘，緑沉碧净，是名玉淵，神龍宅焉。又上爲栖賢寺。寺後正當五老峰，瘦骨蒼顔，如拱如傴，憑欄倚户，面面露奇。蓋栖賢之勝兼山水，水之奇在三峽，以橋收之；山之奇在五老，以寺收之。昔人布置良巧，然寺久圮，天然禪師修復之。化後，其嗣合子居焉。天然，粤東孝廉，公車過廬山，有所感發，全家入道。道風被嶺南，是洞宗之傑出者，恨不及見其人。其子訶衍得法，不出世，隱處近黄巖，悔未之訪也。

五老之支，南行盡於白鹿洞，地近南康城。故南唐以爲國學。朱晦翁以身爲師，增屋置田，力請於朝，賜書賜額，遂爲海内書院第一。迄今守其規不替。萬曆中，先曾祖守南康，洞學先爲江陵相所廢，學田官鬻之。先曾祖亟議修復，重構堂廡，召集生徒，還田數百畝，大有功於鹿洞，洞志詳載之。比至洞，遍尋古迹，見一碑，穹然刻先曾祖所撰文，備紀復學事，不勝欣幸，亟搨數本歸。洞主熊漁濱，南昌宿望，繼湯惕庵爲山長，諸生濟濟，弦誦不輟，顧而樂之。會雨作，不果留，趨巢雲庵，宿焉。地名觀山，所謂白鶴觀、昭德觀者，皆不存。而尋真觀故墟，新營此庵，仰眺五老峰，尤親切。是夜，大雨，爲停一日。

雨止，乃爲三疊泉之游。東北生峻坂，頗艱澀，而山勢絶奇，麻姑、大鵬、鐵壁諸峰，皆石骨嵯峨，如屏如城，削立天半，酷似雁宕、武夷，與廬山他峰不類。過雙溪亭，見溪流下合上岐，得雨而怒，汹汹皆作白波。又上至玉川門，削壁對峙，飛湍出其中，幽險蒼寒，不類人境。

覺浪禪師之孫文彧，自蕪湖退院結廬閉關焉，束筏煨鐺，類能遺世者。溪源即三叠泉溯溪而進，二三里可至。石路崩塞，久斷人踪，須過溪登山頂，乃得見之。雨後水暴漲，狹處猶難渡，取水梯爲橋，横跨溪上，兩人挽竹爲欄，跣波而過。允言年稍長，余止之毋渡，獨與陳甥行，小憩凌雲舍。以其僧爲導，從鐵壁峰之腋，直造其巔，石仄草深，盡鋭賈勇，牽攀而上。既登峰，則彭蠡、小孤、潯陽、大江都在杖底。又二三里，至懸崖側徑，土名塘塍綷者，乃見瀑布懸於對面，如百幅冰綃，摇曳空中，又如萬斛明珠，從天傾瀉。蓋峽束泉涌，噴空而下，都不著壁。小頓復行，分爲三節，一節直垂，二節差曲，三節更闊而長以空行。故初無定質，風飄日映，千態萬姿，絶類雁宕大龍湫。龍湫一道，而此三叠似當勝之。然龍湫下垂到地，而此孤懸山心；龍湫肩輿可至，而此須攀藤附葛。故游雁宕者，必到龍湫；而游匡廬者，罕至三叠泉也。唐宋人未知有此泉，故太白、子瞻都未得見。元明人知有此泉，亦多望崖而返。余幸得見之，非勇決不及此。還宿巢雲，誇語允言，此游不獨傲他人，并可傲君矣。

近五老峰者，二層崖、木瓜崖皆可游，以雨將復作，不果往。遂涉相思澗，抵甘棠舖。東北行，由吴章山謁濂溪墓，以歸九江。環山一周，可二百餘里。蓋半月而游事畢云。

綜覽一山之體勢，大抵土石相參，山水相得，秀頑相半，主賓相當。蓋得天地中和之氣，獨王於江湖間，盤礴數百里。言其高則層峰插天，雲雨在下，然而山巔多有平土，流泉隨地涌出，可耕可鑿，非如他山之高，枯瘠而不可居。言其深，則重岡複嶺，迷徑惑蹊，灌木長林，不見日月，然而在在皆有僧舍，笠屩所至，隨意眠餐，無途窮之苦，非如他山之深，荒險而不可游。言其奇，則孤峰拔地，絶壁造天，瀑落雲中，泉懸空際，然而意象古雅，標格清疏，即之可親，復之無斁，非如他山之奇，詭怪而不可圖畫。宜乎高人逸士，栖托於斯，留連忘返。未至焉者，夢想歌思，圖咏贊嘆不置也。

兹山跨兩郡，韋左司、白樂天輩官九江者，僅至其北。王子充、王敬美輩官南康者，僅至其南。周益公、李溉之、李獻吉輩雖嘗遍游，而繞其邊，未穿其腹。余以林居無事，特酬宿願，又得故人爲地主，同好爲侣伴，風日晴和，輿從便給，故得從容搜討，窮諸奇勝。然而山深谷廣，勝地無數，精籃無數，游之累月經年，恐未能竟。兹來亦僅僅得其梗概，若夫漢陽、紫霄之巔未及上，石室、禹刻未及探，谷簾泉未及嘗，聖燈神光未及睹，遺憾尚多。俟續游次第補之。

姑就所見作記及詩，留之山中。如東坡所云「他日入山，不爲生客」，則庶幾耳。

【校記】

〔一〕此篇亦收録於清潘道根抄本鴻爪集補、清王錫祺輯小方壺齋輿地叢鈔第四帙等。

遂初堂文集　卷十六

記

游南岳記〔一〕

五岳惟衡山最遠，嵩、華皆在帝都，泰岱當南北要路，昔人多登覽焉。北岳差遠而僻，至者較稀。衡山在洞庭之南，去中州二三千里，唐以前名賢無至者，杜少陵望而未游，韓退之僅至山麓岳廟而已。宋朱晦翁、張南軒乃登祝融，至方廣。明士夫非祭告而至者，無幾人。惟增城湛甘泉以尚書家居，八十一至九十再至，傳爲美談。

余來南楚，專爲衡岳之游，留滯潭岳間，忽忽歲暮。己卯春正六日，乃自湘潭泛舟三宿，抵衡山縣。縣令郭璇英爲戒輿夫，湘潭石天半訂同游，以事阻，待之不至。十三日，同甥陳周綸、表侄吴勖初，發縣寓，出西郭門。向在舟中望見蒼蒼如陳雲者，爲支嶺所蔽，近反不見。行十數里，始見之。道中舊多古松，日影不到地，兵餘，剪伐殆盡，僅存數十株。其補植者，亦自楚楚可愛。三十里，抵岳市。市在岳廟前，有居民二三百家。宿於萬壽宮。

晨起，謁廟。廟制舊極宏壯，略如帝居。戊子歲，正殿毀於火。今就二門安神座。國家數遣重臣告虔，視前代爲隆重，而栖神於門，不稱祀典，請於朝，復作寢殿，使臣與守土事也。爲題詩致慨。時陰雨連旬，私禱於神，求開霽。飯後，游水簾洞。洞在紫蓋峰之側。自廟東北行四五里，望見瀑布挂巖端，甚明顯。循溪度懸崖，至其下，瀑不甚怒，輕明如簾。簾盡處，飛濤濺之，有洞門在其中，即道書所云「朱陵洞天」也。崖間題刻遍滿，惜志不載，所云「潛通羅浮」者，殊荒誕；而境甚幽清，宜於静對，恨旁無片瓦，不能久留。遂復東過重嶺，至九仙觀。觀在深塢中，岡巒迴抱，竹木蔽虧，足爲栖真之地。南岳九仙，不皆居此，今并肖像祠之。自唐以前，衡山羽流多著異迹，宫觀相望。自思大師振錫南來，懷讓、石頭二禪師繼起，宗風甚盛，而道流無聞。迄於今，遍山皆禪宇，道觀僅存者，九仙、黄庭而已。近歲有李皓白者，居九仙，頗有才辨，動公卿，觀宇田産，皆其所修復，然非潛修默鍊之士，今亦不及見矣。

還過岳廟，西北行二里許，至黄庭觀。觀爲魏元君修道處，在小峰之顛，聳拔無階。觀止屋數間，下臨絶壑，泉聲漉漉出松竹間，境絶幽勝。元君爲晋司徒魏舒之女，侍中劉璞之母，席處富盛，而能精思學道，名列上真，非夙具仙骨不能。古來自有女仙一派，於今無傳。元君所傳黄庭經，文辭古雅，優於後出諸道經。今有石刻陷壁間，是近代人書，殊綿弱。當取停雲館帖右軍所書外景，鬱岡齋帖楊許所書内景，合刻置此，乃佳耳。暮，還萬壽宫。

明日，小雨，不果游。巡行廟廡，索古碑刻，無一存者。使臣事畢，例當刻祝版，吏胥輩輒磨舊碑以應，有司弗省也。午後，稍霽，望朱明、芙蓉、天柱諸峰，紫翠爛然。夜，微月，道士以元宵設酒醴，村人舞燈殿庭爲神壽，殊不寂寥。

十六日，取古道，上祝融峰。自廟西上一嶺，頗陡峻，就石鑿級者十數丈，爲千層磴。過石頭禪師塔，抵南臺寺故址。寺即石頭道場，爲洞宗祖庭，明末尚盛，今僅存茅屋一楹。僧下就岳廟香火，僅一道人居之，可嘆也。前過三生塔，是思大師藏蜕處，台宗之祖也，亦無一椽。塔纍纍露巖下。

又上，得福嚴寺。寺在天柱峰下，傍獅子巖，是讓祖道場，濟宗最先祖庭也。唐宋尊宿住持載傳燈者，歷歷可數。明初，僧來復尚有二十景詩，中葉廢盡，田土悉入南臺。近歲，濟下有僧稍稍恢復。今主者式庵，弘覺禪師孫也，居此十餘年，道風頗振，規制一新；且爲余同鄉人，相見甚歡，飯於其室，以雪作留余宿，余慮雪深，將不能上祝融，决意行。寺旁有明道山房，祠李鄴侯。鄴侯居衡岳寺，遇懶殘，在烟霞峰下，舊有書院，在集賢峰。福嚴廢，邑人乃就寺側建祠，割寺田，令僧守之，非其故也。

又上，過讓祖塔，數武即傳鉢院，亦名磨鏡臺，是馬祖枯坐處。南宗行地，如江河發源，乃在此也。地甚隘，僧亦守塔而已。

又上，過巳公岩、觀音寺。巖壑益深秀，林樹彌被崖間，冬不落葉，鬱然青葱，而雪大作，颯颯作聲，沾衣撲面，不可禁。少憩鐵佛庵，上祝高嶺。嶺益峻，雪漸積，諸峰以次皓白。經丹霞諸寺，不暇入，再憩南天門，雪益深，道旁石獅如玉琢，就者亟取道，至上封寺。寺在祝融峰頷，去岳廟二十餘里，大半踏雪行，頗寒冷，而所過林巒，隨步變態，更成奇觀，時時叫絕。抵寺，已薄暮。寺皆鐵瓦，没不見脊。主僧天掌，晦山之孫，適往江右，宿其方丈，燒榾柮滿爐，暖所携酒，飲之，苦其易盡。昏時，雪止。夜分，乃有月光映入窗隙，披衣呼陳、吴二子起，巡階行，見月色朦朧，映積雪上，光景奇絕，爲忘寐者久之。

明日，欲登峰頂。僧言雪深二三尺，不可上，遂少需。遣人下山取酒。徐出寺門眺望，千峰萬嶺，一白無際，深溝大壑，處處平填，枯樹變作瓊林，荒榛化爲瑶草。午後，日光燭之，晶熒灼爍，不可名狀。薄暮，取酒人至，言昨日廟前初無雪，始知身在半空，與世人隔絕，晴雨明晦，迥然不同也。是日，雪稍消。暮，犒輿人酒。

質明，鼓勇踏雪一里許，至祝融絕頂，憩司天王廟。俯視下方，大地山河，融成一色，七十二峰，縱横高下，若瓊臺瑶島出没於白銀濤浪之間。昔詩人王冕大雪中赤脚上會稽山頂，瞪目叫絕，謂「世界一白玉合成」。此峰高於會稽十倍，所見故當勝之耳。欲至會仙橋，以雪深徑仄不可往。復還上封，東北至日觀臺，所見不異峰頂，有舍利塔、禹碑亭。所傳岣嶁碑者，岳山實無此刻。嘉靖間始出，長沙守刻之岳麓，篆體奇奥，箋釋支離，識者有贗鼎之疑。

今反取岳麓本翻刻，置此山靈，有知當言我王庫中初無是刀也。還至上封，僧請俟雪解而行。余知山高雪未易消，且乘雪行，更多奇觀。顧路旁有石刻「敲冰破凍，千古奇游」八字，知昔人有同此境者，遂决意下峰。至南天門，折入西北谷中，磴道停雪四五尺，幸凍不解，尚可踐之行，而巖壑益静深，林木益茂密，怪石兀立道旁，雪裹之輪囷，擁腫樹枝，四面粘雪，大皆合圍，或蹲或側，望之如猛獸奇鬼，巨竹爲雪壓梢，皆倒垂，下屬於地，如釣竿然，皆平生所未見者。

可五六里，至中山寺。寺隔深澗，泉流潺潺，遥聞犬吠雲中，久之乃到。堂宇宏闊，盛時嘗容三四百僧，今寂寥甚，鐘板猶存，無主法者。舊住爾新，雪竇之孫，退院住静聞，其篤於修持，每一日夕，必背誦法華、楞嚴各一部，宗門中難得如此樸實人，恨未及訪也。

又西二里許，至九龍。取道深松中，磴道數轉，前臨深溪，隔溪見積雪中疊屋臨崖，疏落如畫者，爲護國寺。寺左有飛泉下垂，平布石上，跨木橋以過，樹林森秀，峰岫迴環，最爲佳境。寺盛於萬曆中，舊爲傳戒之所，今亦替矣。循故道而東，至茅坪，有慈賢寺，亦臨深溪，前後多秀峰茂林，美箭蒙籠。其上泉清而甘，故龍潭也。寺僧頗衆，主者薝蔔，亦霑平陽法派，爲余言開山僧本一健將，萬曆中失事，削髮入五臺，積苦行，得開悟，遍走滇黔，最後入衡，創闢此寺，未見碑銘，不知其何人也。寺境甚清，而天復雨，爲留再宿，與陳、吴二子次叙道中所見：蒼顏皓首聳立雲中者爲雪峰；切玉一片瑩浄無瑕者爲雪坡；淺深明晦互相烘襯者爲雪壑；弓彎鱗次高高下下者爲雪田；疏密欹斜若隱若見者爲雪屋；重圭累璧直上梯空者爲雪磴；肥不掩骨瘦或露鋒者爲雪石；素頂輕匀冰柯纖結者爲雪樹；鳳尾倒垂欲起未起者爲雪竹；豐條扶疏勁節挺出者爲雪草；聽之有聲尋之無迹者爲雪澗；鑿凍而汲冽然清甘者爲雪泉。擬作十二雪詩，未暇也。

此三寺，在谷中爲大諸静室，依巖傍壑，星羅棋布，不可勝數。潜修默證之衲，多隱其間，人不能測也。懶殘巖，寂無人居。緑蘿庵，是山茨禪師結茅處，亦僅有僧守塔。遂取故道，仍上南天門，欲往毗盧洞。僧言徑狹多樹枝，礙道難輿行，而輿夫上下冰雪中良苦，意憐之，不復强也。飯於鐵佛庵。自庵以下，無雪，天大霽，雲氣盡開，諸峰皆見其頂，俯視湘江，紆迴作四大折。繞岳而西，風帆隱隱可辨。遂從新道下山，差徑而峻，過吸雲、伴雲諸庵，皆有僧迎候，爲一啜茗而行。道旁多石而少樹，清泉瀉壁間，縈絡不斷。所言芙蓉峰，上有泉水飛流，如舒一匹練，分映青林，直注山下者，即此是矣。過甘泉書院，地甚清曠，惜無居之者。甘泉但卜地於此，亦未嘗居也。還宿萬壽宫。

明，乃爲方廣之游。由岳市西行，過止觀橋，徑緑野清，溪中十里餘，乃上嶺。嶺行五里許，得西明寺。寺旁多高松大竹，瀦泉爲沼，蔚然清疏，寺小而整潔，居方廣中道。少休，乃進。嶺漸峻，山色漸佳，蒼藤老樹，縈岡覆谷，夾道清泉，奔瀉如奏笙簧。道旁有秀壁，鑱大字曰「涌几」。其地尤佳，翹望諸峰，或半雪，或微雪，或掩雲中，或露雲表，開合不常，瞬息萬狀。逾小嶼、大嶼，始見蓮花峰，百千小峰攢簇，周遭如千葉大，蓮花在七十二峰中，爲最秀。其高與祝融亞，純在雪中。下嶼二里許，至方廣寺。寺正坐蓮花峰之心，而地勢寬廣，樓閣重疊，四圍皆竹木，清溪一道，縈絡寺門，洗衲池、補衲石在其右，鳴泉戛玉，懸瀑濺珠，天下絶境也。地在岳山西北，最幽邃，寺亦最寬閑，僧亦最衆，惜非禪門。晦翁、南軒游岳，自山背上，首至方廣，故有二賢專祠。明代游人到此甚少，祭告使臣絶無至者。游岳而不游方廣，如弗游也。自此而北，則有天台寺、黑白龍潭、白門諸寺。在岳之背，又有上下南溝。余欲一至，以徑路欹仄，雪後踏凍行，甚艱危，輿人告困，遂不克往。

翼日，仍由西明寺出岳市，側徑還縣寓。凡十日而畢岳游。

綜論一山體勢，東西綿亘數十里，倍於南北，故曰衡山。衡，横也，名爲大峰五，實則蟠天際地，各自爲高者甚衆，不同他山一二大峰外，餘皆卑小。大峰雖多，以祝融爲主，餘皆環拱輻輳，不同他山之參差錯雜，漫無主峰。譬如牧伯之總群侯，大將之統列帥，有綱有紀，不僭不散，分之各自爲雄，合之共成其大。南方高廣之山甚多，而此獨標爲岳，有以也夫。

山勢嵯峨聳拔，無峰不秀，無泉不靈，而未嘗以一巖一壁見奇。又如大人長德，包含衆美，而偏長獨藝，不以自鳴，測之莫竟其端，窺之莫窮其際也。道書所稱洞天福地，在南岳者不一所。以余所聞，大兵大寇，自古不及岳山，避亂者多得存活，若有神靈陰護之者。石皆戴土，膚寸出雲，雖孤峰絶頂，皆有泉可鑿，有土可耕。故大寺院可以安衆，而荒岡絶壑，把茅蓋頭，培竹種茶，皆可易粟，無持鉢乞募之苦。小静室無慮百千，息心養道之士，恒居之。誠哉天地奥區，與五臺、峨嵋、廬山、天台同爲佛國，非徒祝釐祈福之地而已也。

余雖未獲遍歷諸巖谷，而留連涉旬，有名之地皆至，視星軺使節信宿而去者，差爲過之。登祝融者，或誇鷄鳴見日，或詡大地鋪雲。余初禱於廟，亦願晴明，乃天不輒晴，翻遇雪作，遂令於萬仞峰頭，快睹雪景。冬末春初，山本枯瘠一雪，而童岡焦谷，皆成銀海瑶臺，白葦黄茅，悉爲琪花瓊樹。生平觀雪，無有奇於此者。若夫觀日出莫妙於勞山，觀雲海莫妙於黄山，余既悉逢其勝，而獨以祝融觀雪得未曾有，且備歷陰晴明晦諸變態，似不徒以開雲霽雪爲異者。岳神之貺我厚矣！

姑就游屐所及者記之。其未及者，異日或能再至。棕鞋竹杖，不煩人力，團蕉樹屋，隨意淹留，庶足攬真形而窮勝概耳。

【校記】

〔一〕此篇亦收録於清潘道根抄本鴻爪集補、清王錫祺輯小方壺齋輿地叢鈔第四帙等。

游浯溪記

湘江兩岸多小山，連綿靡迤，少奇崛之概，間有危磯峭壁，石色皆焦枯，鮮秀潤。其嶄然特異者爲浯溪。遠望之，石壁嶙峋，如屏如闕；近視之，嵌空玲瓏，疊峰而多穴。石質類太湖，復類靈壁，而背皆奇，隨步異態，設窮人巧爲假山，未有能仿佛者。崖畔槎枒老樹，交柯垂陰，蒼藤倒挂，瓔珞百千，清溪一綫，注於江，觸石而墜，有聲鏘然，境致清絶。

元次山罷道州，樂其幽勝，遂移家焉。一水一石，各爲之銘。又乞顔魯公書其所作中興頌，鑱諸崖壁。頌辭高簡，爲次山集中第一字，勢雄偉爲顔書中第一。余少見搨本，甚愛之，而不能得。迨門人劉禹美典試粤西還，始求得一本。頃從祁陽携搨工來，維舟二日，搨取數本，因得婆娑林麓間，盡臨眺之。適從寺僧所得浯溪志，閲之，知亭臺故迹，廢興不一，而其廢而復興，不終湮没者，實以元顔二公名節風裁使人思慕，非徒林壑之美而已也。崖石堅細，宜鐫勒，自頌文而外，次山復盡刻其銘。唐宋人續題於左右者，不可勝數，大半爲後人磨去，刻其自作。其存者或蝕於莓苔，或埋於泥土。余同陳、吴二子，一一洗剔，且盡搨之，多今志所未載，及載而訛舛者。

山谷一詩最著名。詩意乃謂肅宗不當攘取大物，上皇西内凄凉，次山有痛於中，而以頌托諷者。細審頌文，初無此意。禄山作亂，明皇既失天下，肅宗提一旅復兩京，大物已落盗手，取之何咎？撫軍監國，平世事耳。靈武之事，非正位號不足以鼓士氣而收人心，勉從擁戴，事出權宜，旋乾轉坤，所濟者大。唐室再造，上皇還宫，爲臣子者，宜何如慶幸？何如頌揚？而乃微文刺譏乎？或以書太子即位，及歌頌大業、不言盛德爲微詞。夫春秋書法，立不以正者，不書即位。書即位，非貶也。序言大業，頌言盛德，二文互見，亦復何疑？文人喜翻案，山谷爲此詩，亦一時樹異耳。後人輒祖其説，題浯溪者，必訴及肅宗與元、顏兩公；頌揚國美，大書深刻之意，實相背謬。兩公有靈，當愀然有所不樂也。余不可以不辨，故記之。

【校記】

〔一〕此篇收録於清潘道根抄本鴻爪集補。

游永州三巖記〔一〕

江行入永州界，始見石山棱棱露骨，與潭、衡諸山絶異。距永十里，入瀟江，水益清，石益瘦。郡西門外有浮梁，梁之兩崖皆白石，巉巉齒齒，如花圃中物。郭西諸山，不甚高，而石皆鋭削挺起，即柳州記所稱西山也。

比晤零陵令葛見田，問記中諸名勝，獨愚溪在近，餘多蕪没，不可辨。而芝山巖最佳，朝陽巖最近，澹巖差遠，又緑天庵爲懷素故迹，皆可游。余次第往焉。

自浮梁西岸南行，數十步有石橋，爲愚溪橋。溪水澄泓曲折，源長數十里，至此乃入於瀟。子厚昔居此，今有祠存焉。祠旁夾岸，皆民居，間以庵院，緣崖傍溪，疏籬曲徑，巧石離立水濱，可坐垂釣，約略如園居，不類井里也。鈷鉧潭即在溪中，去祠甚近，有三大字勒石，而境致不稱，未知即柳記中所云否。循溪西北行，入谷中，有小阜石，皆角立，小如群羊，大如熊虎，地名柳子巖。相傳子厚亦嘗居之，不知於記中何名也。又西見削壁一帶，綿亘里許，屹如崇墉，不可梯接。壁盡，得巖，則芝山巖也。僧依巖爲寺，玉乳冉冉下垂，作佛瓔珞寺。傍攀窄徑而上，石皆如崩雲，如涌浪。至巖頂，則皆尖鋭出鋒，笋抽萼簇，不可名狀。遠望瀟、湘二江，了了如畫。去巖百許步，復有幽穴。側身而入，初甚晦，既乃豁然開朗，一石横亘如橋，下臨無地，俯窺乃見一人家，竹籬茅舍，花木四圍，清溪繞之，桃花流水，殆非人境。巖故自奇，而臨望尤佳絶也。自愚溪橋而南，循瀟江行可三里，爲朝陽巖。元次山作銘，在柳州前，然柳記不及。巖石彎環，從缺處入，如石梁下過，俯捫削壁，得一洞，穹然如屋，深處窅黑，不可入。有泉自洞腹出，承以石甃，刻作九曲，洞盡處，架木爲橋，復攀峭壁以出。下臨瀟江，宛如龍窟。舟行望之，當更佳耳。

又南二十餘里，渡進賢溪，出瀟水之右，爲澹巖一山。如覆釜，奇石鱗鱗，竹木蒙蘢，其上近巖處，特多細竹，竹盡，見懸崖岝崿，如獅子横蹲，洞開其口，口中寬廣可百步，一刹藏焉。像設静深，梵唄鐘魚，透出石壁巍樓，翼於崖表，臨望下方，溪谷田疇，相錯如綉。時二月上旬，菜花盛開，與桃李梨杏相間，居然嶺南氣候矣。

從寺左下，復得大巖，宛委通明，高處去地可十丈，寬敞可數畝，石膚玉潔雪净，上開大孔，透入日光，了然明顯。巖内奇石錯立，如屏如几，可坐可卧。宋元人詩篇及題名，散刻巖間及石上者，無慮百餘通，不受風霜剥蝕，可讀可搨。崖上玉乳滴成人物，備諸奇巧，有大士像，相好宛然下瞰，洞中白象最爲明了，有支徑攀石罅以出。復得一小巖，巖石尤奇，平處可布數席，有石棋枰奕者，疑於仙，其上亦有透日之穴，無所不燭。以全巖論之，寺所踞爲獅口寺，後大巖其胸腹也，側出小巖則其耳也，又前巖猶門户也，大巖堂寢也，小巖樓閣也。天造地構，非意擬所及。

以余所見，若善權、林屋、玉華諸洞，皆奇巧。獨苦其晦昧，須秉炬而入，傴僂而進，上漏下濕，未有高廣明净如澹巖者，殆列仙之居，非蛟龍之宅。永山多奇，定當以此爲冠。餘雖不遍游，亦可無憾矣。

其緑天庵僻在城東，巧石數片，芭蕉數本，硯泉墨池，略存舊迹，眺望頗曠，而山甚荒寒，僧甚孤冷。據懷素自叙云，長沙人未知果居此否也。永州山水之勝，以柳司馬記始顯。余來游，初意亦祇尋記中所稱道，不謂舊迹皆湮没不可見，見者亦平平無奇，其奇絶者乃在後出之芝巖、澹巖。物不可以狥名而遺實，事不可以泥古而略今，類如此矣。書之以告後人，令勿惑。

【校記】

〔一〕此篇亦收録於清潘道根抄本鴻爪集補、清王錫祺輯小方壺齋輿地叢鈔第四帙等。

游金牛山記〔一〕

楚南山水之勝聞天下。余浮湘涉沅數百里，烟濤浩然，水觀頗暢，獨未及登山。頃來龍陽，邑令余若山、學博申宮雍爲言金牛之勝，欣然欲往。天久陰，質明忽霽，遂呼肩輿出邑南門，見遠山蒼然，矗立天際，則金牛也。距縣六十里，半道入山塢，茅檐竹舍，錯落溪谷間。夾道多楓楠雜樹，霜餘皆作丹黄色，籠岡絡阜三十里，斐亹不絶，如行雲錦中，饒有佳致。吾鄉紅葉涉冬即殘，楚南地暖，得霜稍遲，十月杪方盛。白樂天四月游廬山，見山花盛開，賦詩云：「常恨春歸無覓處，不知轉入此中來。」金牛秋光，正如匡廬春色耳。山徑蒙密，多不可輿，時時步屧踏落葉行。緣溪度壑，路殊幽峭。過數小嶺，至山南面，境界忽開，數十里，川原村落，皆在掌中。遥山連綿包其外，隱隱如大環，環中鷄犬桑麻，别一世界。

金牛寺在山半，不甚高，而臨望廣博，遥青叠翠，如朝如拱，烟雲開合，瞬息萬變，諸山勝概，一寺遂能收之，信絶境也。金牛爲古道場，載在燈録，蕪廢殆百年，僧迹幾絶。今住持鶴宕，本江左人，靈巖之法孫，卓一茅居。此人頗敬信，稍稍營葺殿宇舊制未十二三，然規模宏遠矣。鶴公見余至，大驚喜，擷山蔬作羹，宿其丈室，互訊吴楚法門事，夜分不寐。明晨，上山巔，地益高，所見益廣，遠山周遭，皆數層，近者鐘釜帖伏，不可算數。循崖東下，得風、雨二洞，一石下垂，如鼻中分二孔，咫尺間燥濕迥殊，亦一異也。志載金牛之勝有八，皆瑣細不足誇。余所喜者，佛寺多幽邃，金牛獨雄偉軒豁，百里山川，悉入目中，且若天造地設，爲玆屏障者，宜乎爲歷代祖庭，而久廢不能驟振，將顯晦自有時耶？

鶴公言居此山二十七年，從未見衣冠過客有至此者。余謂有師二十七年不下山之堅苦，遂有余一宿。即入山之勇決，人不負山水，山水亦何嘗負人？吾未游鼎朗諸山，游於是乎始。故記之。

【校記】

〔一〕此篇亦收録於清潘道根抄本鴻爪集補、清王錫祺輯小方壺齋輿地叢鈔第四帙等。

游中岳記〔一〕

自昔説禹貢者，有三條四列之名。而唐僧一行，分天下山河爲兩戒，不及乎中。蓋南北條皆連綿到海，而中條甚短，及豫而盡。譬之人身正脉之結爲心胸，不與手足同其修衺也。嵩山在禹貢爲外方，實中龍之少祖，於豫州山爲最高，故稱中岳。漢唐都洛陽，宋爲陪京，視嵩如園囿間物，名人才士多至焉。南宋以還，則寥寥矣。

余夙有五岳之盟，既至大梁，鋭意一游中岳。時方炎暑，人謂不便登涉，多尼之者。余弗顧也，遂以辛巳六月四日發汴城。過中牟、鄭州，南行至曲梁，見數峰横亘，是爲具茨之山，黄帝所嘗游也。將至密縣，有天仙廟，云是帝女葬處。廟中有白松一根，三幹駢立參天。往時龍鱗雪膚，芬香潔白，詩人稱爲玉樹。枯且二十年，枝條猶多奇狀，神物或能復生，未宜傷殘也。廟前有滴瀝泉，出自覆崖，崖乃碎石攢簇而成，廣裁尋丈，薄止尺許，四旁皆土，不知泉從何來。滲如雨點，成潭成澗，土人謂之滴水蓬，亦泉之變格也。

過密縣，則見嵩山，巃嵸蒼翠，穹然造天。五十餘里，乃抵岳廟。廟在黄蓋峰下，居山之正南，朱甍碧瓦，壯麗如王居。廟門步至殿，可里許，樛松古柏，森列成行，歷代告祭之碑，錯置庭廡，披攬不給。廟南百餘步，有石闕，立自東漢時，刻字漫滅，可辨者數言而已。廟前有小市，中州人焚香瞻禮者，三四月間爲盛轟，隱遯於東岳。然東人所媚者碧霞元君，不如禮中岳者，名正而言順也。

自廟西行數里，至登封縣。縣令張紫書問所須，答言惟須嵩志一部，山輿一乘。既得之，則議游徑，先岳西，次岳東，後登嵩頂。明日，出北郭。三里許，過啓母石。石側立如削，山間常有之。啓母化石之説絶謬悠，而漢唐人爲之立闕立廟，若真有其事者，殊可笑也。去石百武，爲崇福宫。嵩山昔多道觀，今自岳廟外，唯此宫尚存，然荒寂甚，黄冠無可與語者。

西過疊石溪，至嵩陽書院。院在魏爲嵩陽寺，唐爲嵩陽觀，宋爲天封宫，至明廢盡。别有太室書院，建於周世宗時，宋朝常賜九經，亦久廢。明嘉靖間，邑令乃即嵩陽宫址建書院，尋復廢。近時，葉井叔爲令，始修復之。耿逸庵先生倡道嵩陽，增築屋舍，以家財置膳田，集士之有志於學者，廩給而啓迪之，處則身爲之師，出則延名師董其事，規條一仿鹿洞，所造就良多。先生没，而風規漸替，爲感嘆者久之。院中舊有漢封柏三本，一毁於火，一風折其半，惟一本尚完，下合上岐，六人圍之不盡，挺立干霄，膚理如鐵石，真先秦三代物也。柘旁石柱，多唐宋人題名，韓退之所題則亡矣。唐天寶中感應頌碑極高大，其事則鍊還丹，其文則李林甫，以徐浩八分，故多摩搨者。以其年記之，丹成而禄山之兵作矣。

北去三里許，爲法王寺。寺在嵩山中，最先建、最知名。今殿堂僅存，殘僧四五人守之，古碑無一存者。去之百武，有嵩岳寺。本魏離宫所改，極宏麗，今尤荒凉。訪李北海碑，其亡久矣。西去五里許，至會善寺。在唐時，亦最盛，主法席者，多載傳燈。安國師、珪禪師破灶墮，其尤著者也。今則浮石禪師之孫夫隱主之，濟宗一燈，孤懸於此。北僧不習參扣，未免法堂前草深一丈耳。寺中有魏嵩陽寺碑、唐戒壇碑、景賢禪師塔記、楷書梵網經，戒壇前有道安禪師碑，皆絶佳。而殿前有佛祖宗派圖，乃明天順間所立，叙法系甚詳。以龍潭信繫於天王悟之下，記文乃洞宗人所作，而盛推濟宗，則知昔人猶自平懷也。此寺既富古迹，又甚清幽，爲停一宿。

質明，西北行十里許，距永泰寺甚近。以其尼寺也，止，不往。又十里許，至少林寺。寺在少室北麓，五乳峰之陽，寬閑幽邃，形勝天然。當跋陀造塔，慧光翻經，已著神異。自達磨南來，潛栖兹寺，竟得神光，以傳心印，東土禪宗肇興於此。然諸祖之後，盛化他方，不居少林。燈録所載，唐宋尊宿，主席少林者絶少。至元世祖時，雪庭裕公奉詔來爲住持，稱開山第一代。其後人世居之，然法道不甚光顯。其中興洞宗者，在吴越間，於少林無預也。而少林住持以衣紫賜劄，故號稱宗主。自二十八代後，遂無繼席者，殿宇亦傾頹且盡。近日，越僧普潤以豫撫之力鼎新之，閎麗甲於一方。普潤知余能爲方外之文，請作碑記其事。余諾之，爲留三宿。山深屋廣，盛暑竟日清涼。古柏二百餘章，皆挺直端圓，無少側媚態，庭除明净，月寫其影，如荇藻縱横。菩提樹不逢花時而凌霄多托根，柏旁作花，柏頂殷紅可愛。碑刻無慮二三百通，墻壁間觸目皆是。秦王告武后詩、裴漼碑等，皆工人所常搨。余獨搜得齊、周碑二通，嵩陽石刻録中所不載。葉井叔最好古，而遺之目前，信集古之難也。近日，洞宗人以意削去上世五代，云本之少林碑。余觀諸碑所稱世代，或多或少，或自洞山數之，或自雪庭數之，參差不一，莫可憑準。而祖堂中兩壁所繪像，則丹霞淳等五代具存，足徵删削之謬矣。東廡有緊那羅王像，云示現元末，解紅巾之難，寺僧習手搏者，奉爲祖師。然唐太宗破王世充時，已得曇宗等之助，則僧兵之來久矣。

初祖庵去寺二里許，云是達磨面壁處。壁間有李屏山庵記，真能發明祖意者，而嵩志削之，儒者之拘也。像傍一石有紋，如僧趺坐，俗謂初祖九年面壁，影透入石而成。余觀此石，是水中石子，水波蕩漾，久而成人物花鳥者甚多，此偶似僧耳，何足爲異。且初祖所面者，墻壁之壁，非石壁也，况此尺許石子，并非石壁耶！

欲上二祖庵，登御砦，以道荒塞，不可行而止，遂還登封。道出二室之間，輿行二十里，左瞻嵩西諸峰，雄峭摩天，右眺少室東峰，秀聳拔地，如從昆閬間行，十倍山陰道上矣。登嵩顛有二路：從西麓萬歲峰上，頗陡峻；自東麓盧巖上，道新修，稍平坦。翼日，遂東行。過岳廟，折而北，可五里，至下盧巖寺，易山輿。三里許，至上盧巖寺，是盧鴻故居。在嵩山東掖下，峭壁四圍，境絶孤迥。瀑布自北壁下，雨後壯盛，不減匡廬、天台，惜久旱，細流滴瀝，不見其奇。寺廢無僧，圖志中十景，不可問，得之意擬而已。

西上三休臺，折而北，路雖闊，多碎石，礙足，亦鮮樹林。稍前，逾一嶺，則見松杉滿谷，清溪潺潺，奇禽迴翔，異花爛熳，迥非塵境。渡溪而西，遂上嵩山之脊。向所望虎頭、獅子諸高峰，皆以次低伏。又西至御路，與西上之徑會，道更平坦，屣履徐步，飄飄如御風而行。又北過大小鐵梁峽，削壁百尋，下臨無地，鑿石駕橋以過，俯視壑中，叠石嶙峋，雷轟斧劈，猿猱所不能攀縋也。又北過天門，雙峰中斷，風雲出入其間。折而西北，乃上中峰之頂。宋時有峻極禪院，今爲真武殿，有閣三楹，無人居之。旁有玉井天池，冬夏不竭。又上百步，乃至絶巔，古封禪壇址也。獨立天心，萬峰在下，雲開日朗，纖翳不生。北望極於成皋、玉門，黄河一綫包其外。西則洛都、伊闕，隱隱見之。東則方山、具茨，綿亘原隰。而南山列案數重，大小熊、雙圭、三尖諸峰，并峻嶒岩嶨，叠翠浮青。陸渾三塗，皆在指點間。游目盡數百里，始知嵩山之高，信無與偶。唯少室相爲伯仲，而尊嚴雄傑則遜之，獨標爲岳，有以也。山巔寺院若存，當爲停，信宿，今苦無駐足處，遂循故道還盧巖。計上下可五十里。日且暝矣，寺荒，不可栖泊，復東北行數里，投龍潭寺宿焉。潭有九，乃一泉衝激而成，水色深黑，有龍宅焉，禱雨輒應。寺在澗旁深隖中，地絶勝，而久廢。五十年前，有僧洞然修復之，爲律堂，引潭水溉田，刀耕火種，不募外緣，僧衆常數十人，會當白月之夜，誦戒布薩，濟濟可觀。寺雖新開，而威儀整肅，門庭潔清，汴洛間所希覯也。

翼日，循焦河而南，可三十里，渡潁水，至告成鎮，即古之陽城也。周公卜洛，立表測景，以此爲地中，今有測景臺存焉。臺高五丈，縱廣三丈，形體正方，而闕其北面十之二云，以懸壺滴漏當闕處，鋪平石一行於地，其長視臺之高。廣可二尺，許刻水道其上，以承壺漏，視水所至，以定時俗，謂之量天尺。規制古樸，思理精微，非周公不能作。臺南一石，高丈許，上立一表，其長八尺，是謂土圭。此唐儀鳳中所立，見於杜氏通典。今以石表爲測景臺，而謂崇臺爲觀星臺，非也。三代儀器，僅僅存於此。其説則諸家不同，當與知曆者推明之。

次日，從告成東行六七里，觀石淙。唐武后嘗率太子相王群臣游焉，各賦詩刻石。石錯布澗旁，或欹或立，如家園中假山平樂。澗水縈繞石足，激湍成漣，小有姿致，然石僅數拳，水裁一勺，特盆盎間物耳。而袁中郎作記，過爲形容，一似武夷、九鯉。蓋此石曾遭張易之輩鐫石剥膚，故天以此洗其辱也。告成之南數里，爲箕山。許由墓在山巔，廟在山半，棄瓢有巖，洗耳有池，巢許高風如覿，而山童然無可偃仰。志云多松柏，可避暑，非其質矣。是皆岳之支山裔水，窮探及此，游事可以告竣。

蓋留山中者旬日，視他過客差詳審，終以未登少室之巔，有遺憾焉。究觀二室之體勢，太室如踞地蒼龍，長身危脊，蜿蜒北來，驤首於南，鱗爪四出，或舒或蟠，端嚴可畏；少室如千葉蓮花，御砦爲蓮房，三十六峰爲菡萏，五乳則蓮葉也。環而望之，隨地異形，各呈巧妙。河南淮北之山，誠無高且秀於此者。易象論卦爻，以居中得正爲貴。兹山宅四維之心，綰八埏之軸，可謂居中矣。恒岳偏於東北，衡山偏於西南，而此奠位土中，當陽端拱，可謂得正矣。夫是以帝室王都，環布其旁，聖哲賢豪，羅生其麓。中州清淑之氣，磅礴結聚於此，故詩稱峻極，傳言配天，楊用修疑唐虞止有四岳，古帝時巡之遠不之近，故虞書不言中岳，而周雅言之，非前缺而後增也。

余既耽山水，兼有嗜古之癖，二室在漢唐邦畿之内，古迹尤多。斯游也，於古器見測景之臺、候日之表，於古木見嵩陽之柏、天仙之松，於古刻見三石闕之篆，皆二三千年物。所得六朝、唐、宋碑刻，不下數十通，他山游未有此也。雖夏節炎蒸，而深巖大壑，境自清凉，兼有油雲惠風，時相披拂，都忘登涉之勞。令少遲疑，則覿面失之矣。人不可以不勇決也如是夫！

【校記】

〔一〕此篇亦收録於清潘道根抄本鴻爪集補、清王錫祺輯小方壺齋輿地叢鈔第四帙等。

游林慮山記〔一〕

太行綿亘千里，林慮實居其脊。山水之勝聞天下。余讀柳開、許有壬諸游記，神馳久矣。

今兹辛巳，薄游中州，鋭意一往。以四月望抵彰德，出郡西門，循萬金渠西行，四十里至水冶鎮，觀珍珠泉，是洹水源也。泉自地涌，如百琲明珠，錯落噴沸，古木樛枝，交蔭其上，略如兖州之泉林矣。稍西爲魏國韓公之墓，是忠獻父葬處。富鄭公所撰墓碑，巍然道左，而墓木無存，荒冢纍纍，幾不可辯。聞忠獻墓在豐安者亦然，爲惋嘆久之。

又西六十餘里，至林縣。連山四圍，并是太行之支，而西山一帶，則其幹也。遥望之，如金城萬雉，横亘半天，漸近稍見層次。石皆横理而側立，一一作劈斧皴，真荆關畫本也。千峰壁立，直上無階。其支隴傍行，包溪壑於中者，爲諸谷。黄華、天平、䜥峪三者，谷之最勝處也。自縣西行，可二十里至黄華谷口，林木蓊鬱，水聲淙然，奇石錯立澗側，知名者爲鳴玉峽，爲飛雪臺，爲明月池，爲倒流水，皆絶勝。溪行數轉，至黄華下寺，古覺仁院也。僧徒閴寥，無可栖泊。而邑令王子載聞余過，遣人送山輿，自策馬來迎，遇於寺門，同上王母殿。殿在谷中最高處，臨眺甚美，令携行厨來，泉釀山蔬，酣暢移晷，道人進黄華茗，殊甘芳。谷中秋晚滿地，皆黄華也。薄暝，邑令别去，宿殿旁，泉籟松風，夜景幽絶。

翼日，循殿右，緣溪行，淩岡涉阜，至紫石梯，却輿而上。環睇群峰，如赤玉屏，如紫絲幛，卓立森排，勢如連而實裂，裂中仰窺，往往見一綫天。尤奇者爲挂鏡臺，一峰單抽，旁無附麗，上豐下削，臨萬仞之淵而不欹。過此則見珠簾泉，在溪西壁，噴空直下，如一幅綃。尋微徑至巖下，坐簾内觀之，輕明摇漾，乍合乍開，微風拂之，飛舞不定。往余所睹瀑泉，惟大龍湫可自瀑内觀，而立處甚逼仄。此則有尋丈地，可趺坐縱觀，而日光在東，正照懸瀑，晶熒璀璨，光彩奪目。設得雨，雄闊當亞於龍湫矣。此瀑之西，復有小瀑，飄點如飛雨，以在陰崖，稀見日，盛冬懸霤下垂，成冰塔，涉春不消，今尚凝凍丈餘，取以漱嗽，覺五内清凉。記稱五臺有萬年冰，當不虚耳。

日午，仍還王母殿。逾溪至黄華上寺，古慈明院也。地高而境幽，玉女峰、飛雪巖、仙人樓諸奇，環拱迴抱。金詩人王庭筠常讀書於此，詩碣尚存。更上至山巖，有平敞地，云是高歡避暑宫故基，世亂可避兵也。院僅一僧，不堪留宿，遂下山。穿村落中行十里許，至桃源，村民多種胡桃、柿、栗，夾道垂陰，低枝拂帽，結實可手攬，饒有佳致。是日，宿旅店中。

翼日，爲天平之游。自桃源西行入谷，仰見兩崖危峰造天，争高競勢，土人率不能名。谷口有清湍茂林，平橋盤石，可坐可觴，漸深漸窄。循懸崖而上，十許里，歷十八盤，乃至谷盡處，有泉出崖端。土人謂之灰泉，古甘露泉也。自此西上，有窄徑，通山西之潞安，不容車馬。其往天平，則自灰泉折而北，逾一小嶺，乃入天平谷中，以天平寺在最高處。谷道陡絶，須假道鄰谷以上也。甫逾嶺，則見六峰插天，如鵬翼垂空，鯨鬐曝海，瑋怪神奇，驚心動魄。俯視谷中，削壁數層，神鑱鬼劃，下不見底。從磴道行，上瞰危峰，下臨絶壑，凄凛幽異，不似人間風露矣。三里許，至天平寺基。寺故明教院也，在前朝爲巨刹，多名僧。今廢盡，蓬蒿没人，草間一碑，乃元人朱象先所撰延壽宫記，知其地復有道院也。柳仲塗記中有蒼龍洞、白龍潭、珍珠泉、舞獸石、昆閬溪、獻花臺、紫霄峰、熨斗峰諸名勝。韓魏公跋已言，今之所稱，多與記不同。今邑志列名數十，恨無僧指點，徒以意想像而已。諸亭臺庵館無存者，而巖壑不移，山水真面目具在，標格大都如天台之瓊臺、雙闕，而聳拔清靈則過之。且别爲一區，與世隔絶，藥草之種以百數，水泉清甘，林木暢茂，誠栖真養道之所。乃庸俗緇黄不能居，游人罕至，至亦不能留，可慨也。徙倚久之，取故道還宿桃源。又南十餘里，至澤陽谷。其山曰纖蓋峰，曰金門院，曰净居，在平敞處，無他奇。

南行十許里，至栱峪，峰巒奇麗，大概如黄華、天平。然他山皆横亘如垣，間有尖圓小峰，多錯峙大峰之側，不甚明顯。唯栱山别變一格，所稱十二峰者，或如筆格，或如玉笋，卓立天半，差類黄山、九華。谷口有栱山寺，古寶巖院也。寺雖敝，猶有僧數人，開田博飯。殿前有元碑三，并刻護持詔旨，上層列蒙古字，下層列漢文，詞盡俚語，譯者略不文飾，想見當時風氣樸實也。院旁有開山禪師勍公塔，塔前碑載勍公參方得法始末，是雲門宗人，恐燈録未收，裂紙録之。又有碑記元江淮安撫使粘合公見聖燈事，曹居易文，劉祁書，頗可觀。而寺東二里許，有石龕，刻石作佛像，像旁有碑，乃唐開元十九年陳留蔡景所撰支提龕銘，惜在道旁，漸就剥蝕，得移置寺中爲佳耳。暮，宿於寺。

明旦，老僧着笠前導，歷五松亭故址。王庭筠稱亭中見西北諸山，呈巧獻怪，略如退之南山詩中所云，良然。從此深入，岡巒迴抱，溪益清，石益怪。涉澗攀藤，可四五里，至谷盡處，乃見水簾泉。遠望似着壁，近視則亦空懸，亦可從簾内觀，輕明圓轉，略同黄華，而點縷差大。不知何人鑿石，作大士像坐簾中，以九天飛帛爲供養，賢於七寶莊嚴矣。瀑下澄潭，清空見底，丹山碧樹，倒影其中，玩之令人忘歸，但恨徑茀不治，攀躋甚難，游踪罕到，故諸游記皆不及。而邑志亦不載其名，非余賈勇窮探，則覿面失之矣。

谷之奇，以聖燈大小隱現，變幻不定，要須禱而見。余既未之禱，無從得見。峰之頂有金燈寺，谷中望之，飛甍丹桷，如在檐端。而相去二十餘里，須從澤陽攀磴以上，以險遠不克往。其澤陽之北，尚有墨灶寺。谷淺而寺荒，未及游。栱峪之南有栖霞谷，谷中有九峰地，當山右通衢，東西行者皆見之，亦可無往。唯蟻尖寨在黄華之北二十餘里，山峰鋭削，直入天心。其下平坦處，可容數千家，有泉有田，可以避世。而王相巖爲漢黨人，夏馥所隱，有懸瀑垂虹、石梯凌空之勝，俱未獲至，以爲憾事。

然黄華、天平、栱峪之奇，既已窮搜遍討，所得殆多於前人矣。大都南方之山秀麗，北方之山渾雄，恒、岱、華、嵩稱岳矣，未若太行之亘地蟠天，不見首尾也。澤、潞、遼、沁皆憑太行以爲州，未聞有佳山水特著名者，而獨露其奇於林慮。林慮屏障鄴城，郡盡而山不盡，山勢嵯峨挺拔，藏秀於雄，藴巧於樸，幽深無際，端嚴有餘。靈氣之鍾於人，爲杜喬、傅奕、杜正倫、王同皎、韓忠獻、岳武穆、董摶霄諸名臣，率皆剛方雄毅，節概凛然。而李延壽、趙秉文、王庭筠、崔子鍾輩，又能以文章名世。至隱遁方外之流，亦有臺佟、辛謐、支遁、劉秉忠等諸畸人。孰非兹山靈秀，磅礴鬱結，百千年而一發之者耶？

余飽游南中山水，思見北方大山喬嶽，食其蒼古渾噩之氣，今一舉足而攬太行之絶勝，有厚幸焉。記之以示南人，俾未到者當卧游耳。

【校記】

〔一〕此篇亦收録於清潘道根抄本鴻爪集補、清王錫祺輯小方壺齋輿地叢鈔第四帙等。

遂初堂文集　卷十七

記

水竹塢會葬記

侍讀學士邵戒庵先生，請假治葬，歸武林，卜地於北高峰下水竹之塢，即西湖志所云有神霄雷院者也。侍講往來營度，居湖上者半載，築土穿壙，一草一石，躬自審視，必堅必完。先葬旬月，服緦服，廬於墓次。至期，會葬者數千人，城中輿馬爲空，通門故舊，有至自數百里外者。吊奠既畢，睹侍講顔色之慘悴，心思之懇到，禮制之周詳，莫不彷徨嘆息，以爲近今所希有。侍講既葬，猶居墓所，盡三月，然後釋服，聽家政。嗚呼！記稱附於棺者，必誠必信，勿之有悔。

今人自啓攢以至掩坎，一切延賓速客，塗車芻靈，爲侈靡誇大之具，糜耗貲財，炫耀耳目。至於穿中復土，窀穸之事，顧略弗留意：程材課工，委諸親友僕隸，身或三數至焉，粗率鹵莽，苟以畢事者比比也；其葬時，應持何服，世尤不講，大率將葬數日，服斬衰行事；既葬，即除之。夫改葬服緦，禮有明文，雖别有未葬服不變之説，然古三月而葬，今人大都過期，或遠至五六年十數年，變服已久，喪服有易以輕，無加以重，則斬衰誠爲過制。而臨葬乃服，葬已即除，視服緦三月者，更爲不及，輕重失倫。要之，爲不如禮。如侍講所行，洵爲至當。夫禮教隳壞，雖曰久遠，誠得鄉大夫鄉先生毅然講求而力行之，猶可維持萬一。侍講此舉，固自盡仁孝，然爲功於世不小矣！

古人會葬，非直送終，亦將於是乎觀禮。夫子觀延陵季子之葬，而稱其合禮；觀衛人之葬，而嘉其可以爲法。今侍講殆兼而有之。某從執紼之後，不可以弗識也。謹書之以諗知禮者。

許少保江右戰功記[一]

余自少讀史傳，見古名將戰攻奇迹，未嘗不慷慨太息，想見其爲人。至如遷史之叙田單、韓信，班書之傳李陵、陳湯，范書述光武之戰昆陽，耿弇之平張步，其文精采倍常，至今凜凜有生氣。是知戰功待文以傳，而文亦藉戰功以奇也。

頃在史館，嘗恨明代將帥功績載於狀志碑傳者都不詳，惟唐荆川爲沈希儀叙廣右戰功，曲折明盡如畫，據以立傳，便可比美前史。故知當世不乏奇功，特載筆者聞見有不及耳。若今少保許公之鎮江右，其戰功可得而述焉。

公諱貞，字藎臣，閩之海澄人。初爲鄭氏將。康熙初年，以左都督統所部歸朝，詔仍其官，駐九江。已而，移屯贛縣。居久之，滇黔變作，湖湘諸郡皆陷。而耿精忠反閩中，出兵杉關。廣信、建昌、撫州諸山賊蜂起應之，州縣大半破没。其所遣驍將賈振魯者，規取贛州以通楚寇，陷石城，圍寧都，勢張甚，虔人震恐。公在屯間，發憤嘆曰：「鼠輩猖狂，乃至是乎！大丈夫立功名，報國家，此其時矣。」遂以十三年五月二十四日起兵赴援。

時公閑居久，部曲多散去，衣甲器械不完。而公常教人舞籐牌，用挑刀，人多練習，乃椎牛釃酒，集屯丁，諭以忠義大節，聞者皆感奮，得選卒四百，率之行。賊衆數萬，營於黄坊，所過無敢攖鋒，見公偏師前，不爲意。公大呼突陣，跳蕩無前，籐牌軍一躍數丈，人馬辟易，搏戰數十合，賊衆大潰，斬首數千，獲甲幟炮矢無算。於是軍容始可觀，乘勝解寧都之圍，進復石城，斬首三千。

八月，賊圍興國急，公馳救之，立解。剿雩都、瑞金，盡平天華、長樂、伍遷、白奇諸寨，招降李婆、紅旗、石竇諸寨，賊衆數萬，出難民三萬餘人，囑有司加意拊循。督撫交章上其功，加太子少保。時公威名日盛，閩寇畏之，潛遣辯士以高爵誘公，他寇亦多遣人致書進説。公一不啓書，械其使以聞。顧遣閩人饒元結僞總兵張存歸朝，存據順昌，以牽制延汀，耿孽大患苦之。於是天子知公赤心，可大用，擢公總兵，轄湖東三郡，駐節建昌，以十四年六月視事。

未逾月，復宜黄、崇仁、樂安三城。建昌先爲賊據，安親王復而守之。顧環城數十里皆賊，賊營於麻姑山、蕭家爐、楊華、芙蓉諸山寨者，無慮三四十萬，逼城而軍，耽耽下瞰，親王以爲憂。公徐白王曰：「賊雖多，易與耳。請破彼一寨以爲驗。」王尚未知公之善用兵也，姑應曰：「諾。」公出賊不意，以夜二鼓疾馳剿蕭家坪，冒險突上，黎明破之。王晨召公不至，聞其出剿也，大驚，惟恐失之。已而，公還獻捷，王乃大喜，賜食慰勞。於是王知公果良將，可屬大事，遂以建昌委公，而身率師自袁州進攻長沙，留滿兵五百，公部卒僅二千。

賊聞王軍西行，度城守益單，以十二月二十八日并力攻城，一軍駐城東之沙坪，一軍駐城東南從姑山，一軍薄南門。城東多民居，沙坪平坦，他將請攻之，公不可。分遣裨將守南門，而自將鋭卒衝從姑山。山高，賊渠屯焉，不虞我軍猝至，倉皇迎戰，大敗遁走。而賊之攻南門者，方鴟張，公自山馳下，掩出其後，賊大驚，表裏夾擊，盡殲其衆，盱江爲之赤。自是，賊膽落，不敢復議攻城矣。捕得生賊，言賊度官軍必攻沙坪，則出兵縻我，而從姑山之衆下，焚民居，官軍不得還，城即破矣。今驟攻從姑，則沙坪之衆弗能救也。諸將乃大服。

麻姑山最高，賊衆數萬踞其上，環而寨者數十里，一急百應。公默計方春水發，溝澗皆成河，諸寨隔絶，乃可破也。於是按兵休士。顧就麻姑山麓平敞處，時時引兵操演。賊初見兵來，以爲將攻己也，擐甲執戈以待，公操罷徐回。久之，賊益懈，不爲備。春水暴漲，賊爲浮橋相聯絡。公密具舟，積薪其中。十五年十月晦，公復引兵出操，士卒皆不知將攻麻姑也。抵山麓，忽引而上，直突賊營。賊分衆掠糧於外，留寨者不意大軍猝至，惶駭不知所爲。而別校分駕薪舟，燒絶浮橋，他賊不能相救。一日破六十餘寨，積尸滿谷，烟焰塞天。於是南山之賊皆盡。而城東二聖山，閩寇耿二營焉，其餘沙坪、紅門、梓木嶺諸賊蜂屯蟻聚，不可勝數。公計賊衆且有備，故爲緩攻以懈之。五月五日，當競渡，衆謂賊在近，請已之。公故縱龍舟往來盱江，置酒張樂，會諸將聚觀。賊熟視，不敢出聲息，公益知賊虛實。遂以六月六日進剿二聖山，直衝中堅，賊所恃炮火弓弩，我軍肉薄而上，籐牌蔽身，矢石不能傷，長刀一揮，甲札皆徹。賊大敗，耿二踉蹌遁去，連破四十營，斬馘無算，餘賊盡走入杉關。

自王師西行，建昌危於累卵。公獨守孤城者七月，以飢疲之兵二千，當方張之賊數十萬，而胸有成算，整暇從容，卒能以少擊衆，以弱摧强，盡殲群寇。安、簡二親王屢致諭書褒美，文武大吏倚公如長城焉。七月，復金溪、南豐。八月，復廣昌。九月，復瀘溪。累功授世職。十月，破賊蓮塘。十一月，援南豐。十二月，復新城，追賊至杉關。於是湖東三郡無賊。而吉安寇韓大任者，驍勇有智數，號「小淮陰」，與官軍久相持不下，糧盡出走，以十六年五月入樂安。簡親王度攻大任非公不可，檄公提師擊之，遇於跌水嶺。大任所將多邊關勁卒，垂死猶反鬥。公與之一日八戰，彼此疲極，坐睡少頃，輒起復鬥。我兵益奮，寇不能支，奔寧都，衆猶二萬，屯於都、湖，立木城，晝塹而守。公攻圍兩月，寇出挑戰，輒不利，乃棄城潛遁。公星馳追躡，蹙之於永豐，又蹙之於黄塘、虎峒，其衆死亡略盡，乃投閩康親王軍前乞降，以公窮追力戰故也。

十七年正月，平廣昌之藤吊、楓樹二寨，諭降僞將饒大武等五十餘人，兵民五千餘。二寨舊稱天險，四面懸崖，攀藤猿挂而上。頂寬平，可容數千家，有池不竭，粟支數年。公乃營於對面永安山，多製火器，會天大風，發炮焚其廬。賊升屋救火，遥縱火筒擲之，不得上。須臾灰燼，賊窮，乃乞降。

先是，麻姑、二聖之賊既滅，公念餘黨不足窮捕，遣人四出招撫。僞總兵揭斯進等、僞將軍楊玉太等、僞都督余雄等，先後受撫者三十餘輩，凡將吏千餘人，兵卒數萬。其或不聽命，亦不遽加兵，徐徐曉諭之。初，過廣昌，僞將軍劉汝桂等不就撫，而潛遣人入營探聽。公引令遍行營中，曰：「吾軍虚實，恣汝觀之，歸語汝將：欲降則降，不降，善守汝寨。吾今未加兵，俟軍還仍不降，攻汝必矣。宜固守某險要，不能守而破者，玉石俱焚，毋悔。」廣昌民欲薙髪，公曰：「徐之，吾未能留兵。兵去，賊復至，必僇汝。吾歸滅賊，汝薙髪未晚也。」民皆感激泣下。汝桂等服公威信，亦率其衆出降。公仁而有度，皆此類也。諸山寨初或恃險不即降，及藤吊、楓樹平，相顧詫曰：「二寨猶破，吾等向若不降，無噍類矣。」

是年七月，優詔褒奬，晋公提督，兼轄饒州、南昌、吉安凡六郡。其冬，命提督江西全省軍務，所部將領，俾自擇補用，不拘成例。以公熟識其才，得收指臂之效也。劇賊江機、楊一豹者，踞江滸山爲巢，四出剽掠。公會師剿之，自錢村入，賊立木城爲三關，深溝堅壁，兵不得進。寨後有高山，公遣人間道攀援至山頂，下瞰賊巢，第苦乏水，飢疲不復能鬥。乃命截竹爲筒，盛斗水，人負一筒，裹乾飯宵行。黎明，至山巔，恣飲飽餐以待。賊望見，上山迎鬥，我兵乘高擊之，賊披靡墜崖谷死，乘勢至寨後，嗚角聲炮。賊守關者聞之，謂官軍已入寨，皆散走。大軍長驅而進，盡犁其巢。賊首走鷄公山、猴子嶺、封禁山，皆絶險，人迹不到，輒躡其後，襲破之。又走洪山，山有黄巢殿，自昔官軍無至者，公又破之。

十八年四月，追賊至江滸山，即賊巢爲營。賊謀夜劫營，公詗得之，令鑿地三尺，以其土壘垣三尺，城塹立就。士露刃植立垣下，戒賊至毋得出聲，而別遣將伏林中。賊果夜至，忽見垣塹嶄然，大驚，發火，見垣内白刃如林，惶怖反走。伏兵出，賊狂竄，相蹂躪死。進破詹源老巢，江、楊等亡入閩，歸款。論功，復加一世職。

二十二年二月，命移鎮廣東。公自起兵至是，首尾九年，凡遷官四，加銜一，加級五，予世職三，大功奏聞者二十餘次，其餘小小戰績不可勝紀。惟天子嘉公忠勇，召入陛見，褒勞再三。公叩首言：「國家洪福，主上天威，小臣何功之有！」上問：「在某處某處殺賊幾何？」公又叩首言：「臣逢賊便殺，不記多少。」上笑而頷之，知公樸誠，益重公。

公爲人廉謹和易，謙退不伐，平居左圖右書，接對士大夫，恂恂儒雅，不知其爲元功宿將也。持軍嚴整，禁部下勿掠勿淫，勿殺降，勿俘良。每出軍，以郡縣僚吏偕行，破賊得難民婦女，輒帷置别室，屬吏謹視之，遣還其家。破寨得積穀，令軍民隨力負取。軍敢奪民，僇以狗。凡收復城邑，他將有議攻山寨者，公曰：「方亂，民結寨自保，不皆賊也。」止勿攻，所全活不可勝計。以故江右人深德公，家祠户祝，迄今思慕弗衰云。

嗟乎！自三藩倡亂，東西交訌，潭、岳、撫、信之賊，中相隔閡者，虔州一綫地耳。公崛起屯間，扼其喉而不得進，使賊連鷄之勢不成，遂乃偏師横鶩，霆擊風驅，令麻姑、玉笥之間空無賊巢，王師得以開長沙，掃滇孽，而粤、閩二寇縮爪鈐牙，坐困井底，同歸殄滅。公之功在社稷不纖矣。而天子重公，尤在矢心報國，丹誠不渝。蓋嘗論將帥如公忠壯者無幾人。余從左右史之後，謹據功狀，論而次之，俾異日傳功臣者有考焉。

【校記】

〔一〕許少保江右戰功記　潘氏自刻本遂初堂集文集卷十二題爲「許少保戰功記」。此篇亦收録於清錢儀吉纂碑傳集卷十四康熙朝功臣下等。

殷公武略記〔一〕

國家有征伐之事，其在偏方小醜，則尋常良將皆可以克捷有功，至於討窮荒之狡寇，集百世之大勳，則非謀勇兼備制勝萬全者，孰能勝其任而愉快？如斯人者，非可旦夕求也。必拔擢之素，簡任之久，而後猝當大事，得盡展其才略，以佐廟謨。天子亦必得如是之將而駕馭之，然後可以伸威萬里。古來有事於邊陲者多矣，若漢武帝之任衛霍，唐太宗之用李靖，千百年僅一再見。傳稱「非常之功，必待非常之人。」豈不信哉！

我皇上以神武削平僭逆，矯矯虎臣，争效臂指之力。至於親征厄魯特，破滅噶爾丹，乃史册未睹之奇勳。迹其成功，出於西路，而陷堅挫鋭，則寧夏兵實爲軍鋒。人知費大將軍、孫將軍調度之功，而總戎殷公臨機決策出奇制勝之效，或未盡知。比者親見殷公，而訊用兵曲折，讀公自撰年譜，乃知公資兼文武，有大將材，而用之適得其宜。則皇上將將之方，高出古帝王上也。耒嘗備員史職，得書勳臣功狀，敢取公戰功詳次之。

公諱化行，字熙如。其先山西沁水人。明末，避亂居陝西咸陽之靳李村。公生八歲，父母相繼亡，孤露流離，備嘗困苦。父友王某，撫以爲子。自少意度不群，慨然有封侯萬里之志，業儒不成，去習韜略。二十二中武舉，二十六成進士。

會滇逆倡亂，黔、蜀陷没，天子命閣部莫洛爲經略，自秦進討，授公守備，募義勇以從。久雨糧匱，經略麾下卒多亡入山。公撫諭還營者三百餘人，行至寧羌州，糧不繼，軍心皆變，經略督促益嚴。提督王輔臣之兵遂作亂，殺經略，公陷賊中，稱病，深自晦匿。

明年，官軍復秦州。有詔被脅官兵聽歸其伍。陝督哈占詢知公不爲賊用，奏復其官，委理火器營，教士習火器甚精。從撫遠大將軍圖海復平凉郡，剿牛頭山賊，復香泉。己未夏，僞將軍王屏藩據漢中，遣其將陳君極引兵二萬，出寶鷄。圖大將軍調公赴援，未至而賊攻破炮臺營，圍西山堡，勢甚急。公身先搏賊，一鼓解西山圍，守紅崖堡。再戰再捷，相持數月，賊終不能克，遂引去。時賊盛兵窺秦隴，公扼險挫其鋒，賊不能過寶鷄一步，全秦宴然。大將軍嘉公功，授以副將銜。其年冬，官軍三路進剿，奮威將軍王進寶由寶鷄，振武將軍鄂克濟哈、勇略將軍趙良棟由略陽，公從圖大將軍、哈總督由興安大泥峪先驅至鎮安，伐木爲橋度軍，自龍洞川攀藤而進，攻兩河關，先登克之，長驅搗興安，復洵陽，進至漢中府，與奮威將軍兵會。

明年，進取川、蜀。公奉令駐漢中督軍餉，轉輸及時，軍食無匱，全蜀遂平。議征滇、黔，建威將軍吴丹由永寧進，振武將軍、勇略將軍由建昌進。未及期，賊將胡國柱陷瀘州，攻永寧，秦督奏授公漢中城守副將，引兵二千援蜀，從建威將軍復瀘州，從振武將軍救永寧。未至而永寧陷，亡一提督、七總兵、一副將，乃議退守叙州。大軍先行，公以孤軍殿後，胡國柱率二萬衆來追，衆甚恐。公曰：「今日之事，以必死求生則生，以幸生求生則死。我若走，賊追躡之立盡。兵法云：『易地用衆，險地用寡。』唯有據險待敵，猶兩鼠鬥於穴中，力大者勝耳。」遂扼險而陳，賊盡鋭攻之，士皆殊死戰，不能下。迨暮，以草人秉炬爲空營，引軍潛退，賊遲疑不前，公乃得與大軍會。夜半，追軍復至，火光耀天，諸軍皆引去，公仍殿後。自永寧至瀘州二百餘里，路皆險隘，公且戰且退，不解甲者十二晝夜，乃渡瀘江，竟全軍而還。公語諸將：「兵不難於進而難於退。進則士氣勇，退則士心怯。兵法曰：『攻必攻其心，守必守吾氣。』我軍雖退，而不失守氣之道。故得全。」諸將於是服公智勇，多就公決機宜矣。

叙州府與瀘州俱當賊衝，瀘州有滿漢重兵守之，叙州則三降將各統其兵以守，心叵測。衆議以奮威將軍之子王用予往守叙州，用予竟不往。乃以公守叙州。公計賊必來攻，而兵單難守，屢請增兵，無應者。未幾，賊果分三路圍叙州。公深溝高壘，推誠待三降將，與之協力固守，賊來攻，輒擊却之。既去復來，公守翠屏山，相持久之，卒不得逞而去。時成都傳言已失，叙州諸大吏皆震恐，比得公報，乃安。明年，逆孽遁還雲南，諸賊軍皆退。公引兵追賊，連奪險，抵馬湖府而還。從西安將軍復永寧，從哈總督進征滇，至交水，簡親王等已圍雲南城，以糧少檄止秦兵，乃班師回蜀。公還駐漢中。天下大定，部議曾陷賊受職者多革去。公以寧羌之變不爲賊用，且屢立戰功，任職如故。尋補三屯營副將。時康熙二十三年也。

三屯去京師近，皇上東巡，數過之。公以守將扈從，因得見上。上召與語，大器重之，洊被恩賚，遂簡任臺灣總兵。仍令給假回籍省墓，事畢再入朝陛見而行。臺灣，故鄭氏地，其民多俘徙以來，習於悍戾，生熟番錯居，土俗絶異，文武吏三歲輒遷，鮮善治。公自以受海外重寄，實心任事，撫綏軍民，宣布德教，人稍稍興於禮讓焉。初，議築城，而難其費，閩大吏謀於公，公言此地皆浮沙，時震動，城之不易，且孤懸海外，唯仗中國威靈統攝之，若僅畫疆而守，即有城不足恃，遂止不築。然謂軍府所在，不可無木城，親入山相視，得木材，令麾下卒人致二株，不旬日而城成，分建營壘，繕甲厲兵，而時訓練之，臺灣遂爲海外重鎮。會當鄉試，公具疏言：「武科之設，别於行伍者，重韜略也。今先騎射而後策論，則謀略之士，必多見遺。宜仍舊制：先策論次弓馬，射鵠不宜過遠。拔千總於把總，不當限年，惟其才。」部置弗議。上命自後千總悉選拔如公言。而次年會試，特命步射減五十步，爲定制云。

居三年，調補襄陽總兵官。召入陛見，屏左右，語良久，天下形勢人材風俗，無所不諮詢。公悉心以對。其大者有罷臺灣鑄錢及秦中賑饑二事。臺灣在鄭氏時，行永曆錢。既入版圖，有司請更鑄制錢，部頒「臺」字錢式，鎔故錢鑄之，錢文雖正，而以「臺」字故，不能行於内地，商旅貿得錢，必降價易銀以歸。鑄日多，錢日賤，至三四千文乃值銀一兩。而給兵餉則銀七錢三有成例，兵以官值市物，民多閉匿弗與市，奸人構扇其間，幾激變。賴公防之嚴，諭之切，乃得解。屢以停鑄言於閩當事。當事謂請鑄未久，不便遽請停。至是，具言之。上愕然曰：「此事殊有關係。若亦封疆大臣，在任時何不言？」公頓首言：「臣武臣，不敢與錢穀事。」上曰：「爾至鎮，言之未晚。」對曰：「臣今已離臺灣，越省言事，益非職守。雖有疏，恐不得至御前。」上曰：「第作條奏來。」比公還鎮，爲疏上之，果格於通政司；再具疏，而以奉上指白通政，乃得達。事下户部，部議不行。得旨，下閩督撫議之，竟得停鑄。臺灣兵民始相安。

關中連旱荒，民多飢死，流移至襄、鄧間者尤多。上微聞之，遣使數輩勘視，還報皆言無大害，而秦中當事方議移甘、凉、寧夏之粟以濟關中饑。公甫抵襄陽，則見流民載道，比入覲在途，備見諸顛連情形。乃以關中大荒及襄、鄧多流民之狀，一一奏聞，且曰：「民爲邦本，三秦又天下根本。今凶荒至此，若不速救，老幼必填溝壑，少壯將無所不爲，所憂不細。往歲用兵滇、蜀，秦民嘗罄儲積以供餽運，馬騾不繼，則肩負糗糧，攀藤引葛，數千里輸軍前，軍賴不匱。今天災至此，死亡且盡，惟聖主哀憐。」又曰：「古有移粟之法，謂地近便轉輸者耳。今役襄陽，泝漢江而上，有丹水可通商州之龍駒寨，然淺狹多灘石，難行舟。龍駒寨距西安尚三百餘里，山徑逼仄，陸運更艱。唐劉晏常一用之，近代無繼者。」上念襄陽陸運至陝千餘里，太勞民，聞有水道，使廷臣相視得實，乃命内閣學士德珠、楚督丁思孔及公與河道劉晅發襄陽米二十萬石，水運至商州，復陸運至西安，平價和賣，且招集流民使之還鄉。事屬創行，無所依仿，在事者茫無成見，惟令有司盡拘江船以待。公曰：「江船大者載二三百石，前至小江口，須用溪船，所載不過二十石，更前更減，江船一須溪船十，乃足分載。今溪船絶少，用則須造，而多拘江船何爲？且轉運非一日事，予之價則舟人争來，拘之則屏迹不至，將何以繼？」立麾散之。而操筆條列應行事宜，究其始終利害，曰籌運末議。大略言：水路用船，或僱或造，悉如民間價值。陸路即募流民之在豫、楚者，使之肩負，得食其力，兼可還鄉，予僱直宜少優。其他分官設站之法甚具。諸公初有異同，已而悉從公議。

公又念水路無他虞，陸運數百里山谷間，聚夫以千萬計，自非控馭得宜，恐生變，乃以水運委同事者，而專任陸運。分遣官吏，廣募流民爲運夫，編以卒伍法，擇善書計者領之。先馳至龍駒寨，度地計程，自秦中諸邊去省會甚遠，又無水道，車騾挽運，勞費不貲，且諸邊亦無多儲之粟，邊地若荒，又何法以濟之，移邊儲以救荒，非計也。中原及東南諸省方豐稔，若截留漕運之米，溯黄河至孟津、敖倉，挽之入關，漢唐運道具在，費省而功倍。襄陽至西安，雖頗遼遠，水陸皆可通。楚豫與秦，唇齒相關，救灾恤鄰，春秋所重，雖小勞於民，亦不容已。上甚以爲然。翼日，詔廷臣集議，命漕臣截漕運之粟，溯黄河運入關者二十萬石；遣廷臣會楚督輦米，自襄陽經汝南、洛陽入秦中者十萬石，秦民以甦。而流民之在襄者，失業窮窘，或群處而囂，或與土人相鬥訐，公勞來安集，不遺餘力，有事則曲爲調劑，令各得其平以解。親故盡室來者踵相接，竭力振救之，飢者設糜，病者予藥，假貸者與錢米，酌應之不倦。鎮署在穀城，去郡城百八十里，嘗有奸人誘流民爲亂，謀泄，郡守閉城大索，邀公入郡彈壓，且令流民無保結者，悉驅出之。公曰：「何地無奸？我出，人愈疑駭。驅流民，是激之爲變也。」乃堅不行，而密布腹心，擒奸首置之法，餘不復窮治。發令箭亟止驅逐，已驅出而有容留者聽，流移始安，郡以無事。

其明年，乃有商洛轉運之襄陽，溯襄江歷穀城、光化至均州之小江口，經内鄉、淅川過荆子關、徐家店入商南境，過竹林關抵龍駒寨，凡水路八百七十餘里，襄江用江船，入小江口改用鰍子船，過徐家店又改用八九石小船，計運費每石五錢有奇，皆督水運者主之。自龍駒寨經商州逾秦嶺，度藍橋過七盤坡，抵西安會城，凡山路三百七十餘里，則皆公主之，分爲十二站。每站撥千把總或雜職一員司收發，兵十數人司催押。又以龍駒寨、商州、秦嶺鋪、七盤坡爲四總站，撥府佐或守備各一員，總領其事，擇祠廟爲行館，無則編茅結廠以居，秤斛簿單，一切需用之物皆備。流民自襄應募至龍駒寨者，人予米一斗、錢百文爲路費；既抵龍駒寨，則人肩五斗運至一站者，予銀五分爲雇直。部署既定，民夫以次集，而運舟不至，夫稍稍散去，復多方招集之，間或糧艘驟集而夫不足，則更募人畜濟之。其有便道還鄉者，量予錢米，資其歸。事叢弊起，曲折甚多，公隨地隨時規畫措置，務令得宜。方暑雨，跋涉山谷間，思慮焦勞，鬚髮爲白，事乃得集。初，議支給運費及司糴者皆文職，其武職督運而已。然文臣慮錢穀一經手恐有後累，戒弗預，不得已皆將校分任之。而所委道府府佐，率逡巡中路，或托故却回，其至者亦袖手游行道上，日向站員索收發數，轉報塞責而已。比米至秦省，而司糴者尚未至。公念飢民急得米，遂開糴五岳廟，令麾下守備主之。米既流布，人心大安。起二月迄六月而畢事。秦中洊荒，自公陛見時極言於上，始議捐賑，議挽運。迨涖任，則日夜民間有藏粟者悉出市，不復待價，米價漸平。二麥繼登，秦民不復苦飢。乃請旨停續運。安集流民。至是，乃身督運。運成而公還，適與救荒事相爲首尾，若有天意焉。

癸酉冬，寧夏總兵官有缺。公方移鎮山東，未上，特旨以公補之。蓋上將有事西邊，以公材可重任，故特用公也。寧夏自古用武地，兵勁健敢戰，而亦貪狡，易犯上。公至，則嚴職守，申軍令，鋤其驕蹇，拔其才俊，更定部曲，爲分合法以練士，士皆可用。製子母炮，簡駝馬，儲芻粟，以待徵發。

乙亥冬，上將大征厄魯特，議三路出師。以陝西出者爲西路，遣尚書圖納至莊浪。會陝西將軍督撫提鎮議兵事，公條列征行八事，諸公善之，屬公起草入奏。命廷臣集議，悉見施行。時諜知噶爾丹在柯布多，西路兵期以三月中旬出肅州之鎮彝，循黑河向昆都侖而進，發西安滿兵三千人、漢軍千人，河西提督及四鎮兵六千人，深入剿寇，而以一總兵官率河西騎卒三千人駐營，中途備接應。滿兵帥則將軍博濟，副都統四人佐之。漢兵帥則振武將軍孫思克，公與涼州總兵董大成、肅州總兵潘育龍佐之。二將軍、四都統皆議政，而以孫思克爲長，合將校兵廝凡二萬二千餘人，人持五月糧，馬皆有副，以牛羊爲一月食，征行兵，人賜治裝銀十兩。寧夏鎮當發騎卒一千五百人，期於二月初會甘州，飼馬以行。孫將軍以三月草未青，請緩至四月，先在莊浪會議。時公謂噶爾丹所居，宜在京師西北、山西正北而寧夏之東北也，若從甘州趨昆都侖，則偏於西，恐不相值。衆莫敢决，公乃别爲使臣言之。至是，奉上諭：「西路兵毋出鎮彝，改從寧夏出塞，四月發太遲，當於三月初出兵。」既得詔，師期甚迫，度遠鎮兵不能悉至，將益發寧夏兵，乃檄部下悉士馬數，各備行裝以待。復得旨：「撫遠大將軍費揚古以二月二十日發京師，孫思克兵亦令二月二十左右發寧夏。」師期益促，有司所徵調芻糧倉卒未集，而本鎮所儲積多侵耗，其僅存者亦朽敗不可食。諸路營驛馬及捐納之馬，自遠而至者，并羸瘦。公度官所給糧馬不足恃，又兵無廝養，則任戰者少，乃令兵二人帶餘丁或子弟一人，供樵汲牽驅之役，又人備驢二頭供運負，其兵士應支之糧，給價自買，悉得善米。又令多辦糗糒乾腊及解渴藥味以從，軍裝之外，若雨具、寒具、革囊、靿鞋、鍬鐮、繩索之類，無弗備。及期，諸將皆至，博將軍率滿軍、漢軍三千人，孫將軍率所部千八百人，董總戎率凉州鎮兵千二百人，潘總戎率肅州鎮兵千人，相繼發寧夏。

二十五日辛亥，公率游擊、守備以下官三十五員、騎卒三千人、餘丁千五百人、廝養數百人繼進，分爲四營，中軍居中，先鋒營居前左，火器營居前右，護軍營居後，出塞銜尾行，日四五十里或六七十里，傍黄河行，可十許日，乃去河載水，束芻度戈必。戈必者，無水草處，華言磧也。又二百餘里，至一山，有古碣曰兩郎山，或言即狼居胥也。

四月四日，至郭奪力。費大將軍自歸化城來，期於此會兵，而大將軍已過，倍道行十六日至甕金，而得減兵之令。初，甘、凉、肅三鎮兵，自遠馳至寧夏，即出塞，不及飼馬，軍士得倉粟及餘馬、駝畜皆不暇擇，且以爲噶爾丹不可必遇，出塞稍遠，當耀兵揚威而還，未必長驅深入，不甚愛惜資糧。及度戈必，馬遂相繼斃，更前益苦乏水，而草未盡芽。會大風雨，連數晝夜，寒且飢，顛仆營中及道旁者相枕籍，有潰逃者，追斬之，不能止。於是孫將軍議選精卒并糧馬以進，其麾下僅得四百人，凉、肅二鎮各三百人，而檄公留千五百人，以五百人與滿兵五百屯甕金，需後糧至守之以待還師。寧夏兵固多預備，公又善訪求水草，雖踵大軍後，常不渴乏，身先將卒，日步行數次節馬力，遇風雨，謹覆蔽之，或温以火，馬少斃者，所裹糧日檢飭不得遺棄及恣食，人有餘糧，馬有餘力。比得檄，欲請勿減，而孫將軍已前行，隔數日程，不得已如令減遣，而選鋭卒千八百人，留五百人屯甕金，餘率以進。數日，及大將軍軍，皆甲以行。時近賊地，宿草爲賊所燒，數百里間皆灰燼，新草未芽。大將軍所領皆禁旅，倉卒行，裹糧少，後運不至，恒苦飢。諸軍議假與糧，公所部假者尤多。

五月四日，至土剌河。十三日戊辰食時，前軍已哨得賊，嚴陣而前，可二三十里，過淖至昭磨多。其北大山千仞壁立，山下平川廣數里，林木斷續，有河流其間，曲折環繞。其南山差低於北，漸陁而下，有小山横焉，戰地也。小山可二十仞，自西上爲崖三層乃至巔，自東上僅崖一層。費大將軍與孫將軍已上山，前軍與噶爾丹遇，佯北以致之，賊恃勝轉鬥而前，將争小山。公方將兵至山足，知賊近，急登山，遇孫將軍方下山，公言：「急宜據此山巔，不可下。」語未既，費大將軍亦至，復言之，大將軍曰：「日將暮矣，大炮不能即至，當以來日戰耳。」公曰：「戰即來日，若此山爲賊據，我營其下可乎？」大將軍曰：「賊甚近，不戰，汝能夜守此山乎？」公曰：「願守此。」迴鞭一麾，兵皆上，甫至山巔，而賊亦登，見我師既據巔，遂止東崖下，以崖爲蔽，發炮上擊。時大將軍布陳，令河西兵居中，滿洲及蒙古兵居左右翼。及戰，寧夏兵千數百人居左，甘肅凉兵共千人居右，皆登巔以陣。其右衛西安諸滿兵分列寧夏、甘肅凉兵左右，在山下川中及南山足；而蒙古、渣薩克諸兵，又分列滿兵之左右。賊争小山衝中堅，故河西兵迎其鋒。公令士卒皆下馬，發子母炮疊擊之，噶爾丹及其嫂阿努娘子等，亦皆冒矢石率衆舍騎而鬥，鋒甚鋭，殺傷相當，勝負未决。公使人告大將軍曰：「川中兵宜從柳林出，衝其脇，賊必亂。」既又望其陣後，林中人馬甚衆，而不出戰，必婦女輜重也。復告大將軍宜遣一軍往南，出不意刦之，賊返顧必擾動。大將軍皆從之。公望見兩軍將薄賊，遂鼓兵控矢而下，呼聲震天，賊衆遂披靡，墜下山者滿阬谷，棄仗如麻。殺阿努娘子，得賊旗數十，禽斬二千餘。乘勝逐北，策馬先馳，麾下卒擁纛繼進，遇輜重戒弗取，且射且逐，月下追三十里，回視他部兵無至者，方使人請諸軍偕進。而大將軍傳令收兵，乃整軍而還。翼日，大將軍會衆，斬俘褫旗，舉酒勞諸帥，大奬公曰：「昨日之戰，賴公以濟，國家之福，主上之聖也。主上屢稱公才，乃今見之！」比還朝，具以公功聞於上。上由是益眷公，知公有大將才也。

噶爾丹横行沙漠，并吞三十餘部，躪我屬國，擾我邊陲，皇上爲天下大計，不得已大舉征之，親帥六師，分兵三路，張彌天之網以遮之，聖算周詳，固操必勝之術矣。然深入窮荒，糧運難繼，設或不遇賊，或遇賊而不能敗，敗而不大創，則再舉爲難；勞費方始，乃一戰而破滅之無遺種，豈非師武臣力、天人交相哉！噶爾丹之至昭磨多也，固震於天威，折而西遁，然其衆尚盛，其陣尚堅，設不據山巔得便地，不出奇兵夾攻之，則事未可知。寧夏兵既爲軍鋒，而公料敵制勝，決機俄頃，雖古名將無以加。自此沙漠廓清，皇靈被於無外，公之功，豈獨冠絶一時而已哉！

上駐蹕二十八臺，捷聞，大喜，遣侍衛迎勞將帥，命陝西兵無滿漢皆至京師受賞。軍行至十五、六臺間，有詔責大將軍：「噶爾丹既敗，何故不即追禽之，令得遁去？乃頓兵俟命者久之。」孫將軍上疏言：「噶爾丹既西竄，或擾邊，諸鎮皆出，孰爲備禦？」得旨：遣諸將還鎮，而孫將軍獨入朝受賜焉。公引軍從受降城入河套，過豐州，以八月末抵寧夏。其所留甕金兵，孤懸單弱，遇噶爾丹之侄丹吉喇敗而西，以千餘人乘之，多所殺傷，奪路以去。設如公初議以三千人、一總戍守之，皆成擒矣。公知邊事未已，歸而益治軍，善飼馬，營伍虛者悉補之。

明年春，上疏請將兵從郭奪力深入，務殄根株，今賊之仇阿喇蒲坦截西北，甘肅大兵截西南，噶爾丹西走無路，勢必東行，若過甕金，恐復難制，急蹙之可擒也。疏至，上已發京師，公迎駕至清平堡。薄暮，立召入，賜坐，褒獎甚至，遂扈從至寧夏。在道十餘日，數蒙顧問，賜飲食器物無虛日。上御閱武堂，命公指揮步騎大列陣，進退分合，練習整齊。上大悦，令官兵皆以班坐賜酒食，撤御膳賜公。又召至御座前，手賜酒三爵，指示新降附人曰：「是將軍，即殺敗爾等者也。」御書「深沉節制」四字以賜。尋又賜戴孔雀翎，俾預議政之列，且諭曰：「漢總兵官從無議政之例，以爾師中極其效力。」費揚古來京備言之，故有此異數也。

四月望，駕發寧夏。公率所部兵，復從大將軍出塞。人持四月糧，期深入捕噶爾丹，必得乃已。噶爾丹既敗，收衆千餘，欲投烏思藏，聞甘肅兵扼之，不敢前，遣其幼子徵糧於哈密，爲所執獻於朝。又聞大兵復出，窮蹙無聊，遂仰藥死。侄丹吉喇以其骨西行。軍行至郭奪力，而聞噶爾丹自殺，進至無賴札喇，盡降其餘衆。追丹吉喇至大戈必，不及而還。大戈必者，五百里無水草處。於是漠北無寇迹矣。師還，大饗犒士，告成功。强寇既滅，禁旅之駐寧夏者，悉撤歸。近邊部落，若祝囊，若鄂爾都斯等，皆頓首款塞，邊境宴然。乃疏濬諸河渠，引水環城，遍注諸村堡，復朔方水利。又念邊地尚武，文教未敷，乃勒聖訓於萬壽宫。宫後創立義學，擇良士爲師，闢閑田若干頃，以其租供生徒月餼，自爲記勒石，俾世守之。

公以王姓入仕，至是具疏請復殷姓，且求無奪養父母封誥，以己身與妻應得封典移封本生父母，皆從之。戊寅夏，論平寇功，授拖沙喇哈番，予世襲，加封三代，備極榮寵。

未幾，而有廣東提督之命，便道過咸陽，展墓焚黃，大集親黨故舊，歡飲十餘日，無貴賤與均禮，各有贈貽，爲同堡人代輸一年租賦。縣學尊經閣廢，捐五百金獨成之，義聲遍於關中矣。嶺南山海盤錯之區，天子以巖疆重寄，非心膂臣莫可，故簡用公。公莅任方新，勳業日盛，將載筆以俟續書。

論曰：善奕者不勝於攻圍劫殺之時，而勝於布置行立之際。善將者亦然，先爲不可勝，以待敵之可勝。觀殷公平時所以治軍，及征行時足食儲力之道，既整且暇，所謂節制之師，豈待決機兩陣而後知其必勝哉！兵固危事，而出塞數千里，捕飄忽去來之寇，尤難必克。天子所以決策親征者，賴有遠猷長策先勝後戰如公者，可任大事，故成犁庭掃穴之勳。豈勃然非直紀殷公功已也。若夫襄陽運米，水陸并用，法皆創始，亦備著之，俾後之人有考焉。

【校記】

〔一〕此篇亦收録於清錢儀吉纂碑傳集卷一一五武臣中，題作「殷公化行武略記」。

遂初堂文集　卷十八

傳　行述

李工部修庵傳〔一〕

李君修庵，諱允楨，字貞甫。其先自江西贛縣徙山東之德州，數傳至逢時，嘉靖中爲御史，官至山西左布政使。二子：長，洪洞知縣汝材；次，舉人汝棟。汝棟以哭父卒。是生煥。煥生嗣美，君之父也。君生而篤孝，祖患痺症，轉側需人，左右多不稱意，得君乃安。力學，工文章，中崇禎癸酉鄉試。丁内外艱，哀毁骨立，遺田千畝，悉推與其弟。

順治元年，起家知故城。地當舟車之衝，軍興，郵傳驛騷，君一切按符以給，貴客不得苛取，有强直聲。邑丁舊二萬餘，兵疫死徙過半，額徵不減。君編審得見丁七千有奇，具牒乞除舊額。會調知豐縣，吏胥遷延爲奸，君鎖閉一室，集衆焚舊册於廷，晝夜治文書，竟得請而後行，民去重累。豐俗喜告訐，豪民與奸吏通囊橐，有睚眦輒控上官，使所厚吏下其事，逮繫株連，事即白，輒破數家産。君廉得其情。甫視事，有奸民通詞監司，吏持符來索人，君持不發，吏出不遜語，君怒，杖之堂下，立見監司言狀，請自今越訴者，盡予縣鞫。監司素重君，立發十數事按治，具得誣罔，杖殺劉某等數人，縣中帖息。初到官，庫吏陳設有金銀物。君愕然曰：「此何爲者？」對曰：「庫中例有羨餘。」君怒曰：「庫中秋毫皆官物，若奈何以此餌我？」杖而斥之。終君之任，不支一錢，吏無敢乾没者。

有富民某甲，挑其僚婿某乙之妻，乙造門詈之。甲因賂盜引乙，乙不勝拷掠，自誣服。君至，録囚，見一囚瘠甚，手足俱被創，心疑之。暮微行，見獄門半閉，有二人切切闇中語，君曰：「此必有異。」搜獄，得外人，詰之，則曰：「某有親在獄，來饋食耳。」命呼，因來，則晝所見瘠而創者。問之，曰：「彼誠親也，但嘗挑吾妻。吾詈之，絶不相往來，是安肯食我？」君閲成案，見他盜贓甚多，乙獨有布一疋，嘆曰：「知此布是誰物，而可據以殺人乎？」鞫甲，具服構盜誣引，并賄獄吏斃乙。闇中語者，懼新令覆讞，趣斃之也。因釋乙，而論甲及吏如法。

有嫠婦富而子幼，其夫之兄欲嫁之而不可。乃謀於其黨，使一人逾垣入，掩獲之，言於縣。其人自承與婦奸，婦號慟，言爲伯氏所枉，垣外即伯氏家也。君繫逾垣者，遣婦與伯氏歸。遲十餘日，不訊，令吏給繫者，曰：「彼婦與伯氏分財相睦矣。且獨坐汝！」比訊，呼伯氏至案前，語良久，引去。呼其人前，叱之曰：「爾罪應死，知之乎？頃某言隔垣聞婦叫呼，因捉獲，是强奸，律應斬。」趣下重囚獄。其人惶急，曰：「本無奸，渠令某賄我爲之。今乃陷我死。」令逮某至，一訊而伏。三人者俱論坐。

有兄弟争田者，直在弟，而官常直其兄，弟不服，數訟不休。君判田與弟，而切責之，曰：「奈何訟兄？」兄曰：「我亦久悔，欲歸田與弟，臨訟畏曲，故不敢耳。」弟曰：「向因不直，故訟。今直矣，願以田與兄。」相持慟哭，即爲兄弟如初。

河決徐州縣，當致柳萬束，期以五日。吏請責里甲辦輸。君曰：「是必擾民，且懼後期。嘗見某所有柳林數頃，伐之，可立辦也。」官僦牛車送之，四日而畢事，民寂不知。

碭缺令，國子生吴某作亂，引賊破城。君攝令剿賊，出不意，夜掩擊賊，走之。撫安居民，自吴某外，無所問，全活若干家。數日，濟寧軍至，聲言且屠城，城中盡哭。君曰：「無怖！吾當自往。」即具牛酒，迎數十里外犒師，言賊遁已久，可不煩兵，即有事，攝令者當之，兵竟不至。

自碭破後，民動相告以反，君一不聽。有言某監生盛作兵弩，將以某日舉事。君馳往視其家，見積錢甚多，兵刃數事皆缺鈍。君曰：「是無反形。若輩無妄言！」既而言者不止，君召某諭之曰：「汝以多藏見憎。吾去，將不免，可去爲兵官自全。」其人竟以軍功顯。其保全善良多此類也。

遷南城兵馬司指揮，擢工部營繕司主事。新作端門，君督琉璃廠董作有勞，晋一官，有文綺名馬之賜。九年，抽分清江浦督造船。船政百弊所叢，君鋭意剔除，侵漁破冒之奸，無所容，工匠、衛軍咸便安之。關無無名之徵，隱漏者補税而已，不取罰鍰。向之猾吏，身無完衣。在官三年，凡所興革，皆爲後法。著漕使五集數十卷。歲饑，出穀數千石，爲粥賑民，民立碑頌之。既事，有羨金數千，悉表上諸朝。歷虞衡、屯田二司，以郎中遷廣西左江道僉事。舟行至岳州而病，致仕家居。又五年，而卒。

君天姿英敏，應機立决，丰裁峻厲，人不可干以私，而用心樂易，表裏洞然，不爲崖異之行。所至有惠愛，人皆久而思之。始公之去豐，夜渡河，遇劫賊，君大聲曰：「我豐縣官也！」賊競言：「此清官，勿犯。」遂解去。江行，過小孤，大風晝晦，舟如磨旋，君出立船上，祝曰：「李某生平作吏無私，神其鑒之！不然者，舟速覆。」祝畢，天清風順，瞬息百里。寓岳陽樓數月，忽夢中聞人言「宜速去」，質明而行，其夕樓毁於火。州人至今傳以爲異。君卒若干年，有司祠之學宫。子二人〔二〕：長，浹，芮城知縣；次，濤，翰林院編修。

贊曰：余久客淮陰，往來徐、沛，見榷關使者及諸守令，率齪齪，鮮能以風節自樹。而後乃今知修庵君之賢。君去今僅三十年，迹其行事，已爲古人。悲夫！吏治之日下也，世言廉吏多矯飾。若君之治行，至於格凶暴，通神明，非至誠而能然哉？余於編修爲後輩，得悉君之生平，采其大者著之家傳，異日傳循吏者，庶有徵焉。

【校記】

〔一〕李工部修庵傳　潘氏自刻本遂初堂集文集卷十三題爲「李修庵傳」。此篇亦收録於清錢儀吉纂碑傳集卷五八曹司上等。

〔二〕二人　原刻作「三人」，據文意改。

尤侍講艮齋傳

先生姓尤氏，名侗，字同人，一字展成，號悔庵，晚號艮齋。宋相文簡公袤之後。自無錫遷長洲，世有潛德。先生生而穎異，童年遍誦子史騷選。弱冠補諸生，才名籍甚吴越間。修文社，俊髦集者常數百人，咸心折先生，謂必速化。顧久困場屋，乃益肆力於詩詞古文。才既富贍，復多新警之思，體物言情，精切流麗，讀之使人心開目明。每一篇出，傳誦遍人口，賈人輒梓行之，勿能止也。

以鄉貢謁選，除永平推官。人謂文士未必諳簿書，而先生吏治精敏，猾胥豪民，斂手帖息，怙勢梗法者，逮治無所縱。坐撻旗丁，鐫級歸。廷臣多欲薦起之，輒謝勿應。而其文流傳禁中，章皇帝覽而稱善，數爲貴近臣稱賞之。徐公立齋初及第，上知爲先生門人。一日，從幸南海子，上忽駐馬問：「爾師尤侗年幾何？以何事降調？當補何官？」垂詢再三，復語木陳禪師：「士子多有才高淹抑者，如新狀元徐元文之師尤侗，最工爲文。僅以鄉貢入仕，旋復罷官。豈非命耶？」木陳因言君相能造命。上曰：「朕意亦然。」蓋有意召用之矣。無何，世祖賓天。先生自傷數奇命蹇，分老田間。

康熙戊午年，詔舉博學鴻儒。公卿交章推薦，召試保和殿前，擢置高等，授翰林檢討，纂修明史。先生感不世知遇，思以文章上報國恩，屏絶應酬，覃心史事，分撰列傳三百餘篇，藝文志五卷。别采明代故實，仿李西涯體，作樂府數十篇。又作外國竹枝詞百餘首。其他論撰尤多。居三年，長子珍成進士，選爲庶常。先生慨然曰：「知足不辱，知止不殆。吾年逾六十，子幸成名，可以休矣！」遂決意告歸。歸而鍵户著書，學益淳深，文益雅健，人之踵門求文者無虚日，先生亦應之不窮。所著西堂雜組、艮齋雜記及文集、餘集共百餘卷，盛行於世。常自嫌過多，欲删定爲一編，未暇也。

性度寬和，與物無忤，喜汲引後進，一才一藝，獎借不容口。兄弟七人，友愛無間，白首如垂髫。配曹夫人，賢明淑慎，鄉黨稱爲禮宗。先生宦游四方，夫人綜理家政，教其子甚嚴，卒能成名。夫人没，先生悲甚，作悼亡數十篇，名哀弦集。子珍既入詞林，累遷宫贊。年壯學富，方當嚮用，時念親老單居，請告歸養，遂不復赴補。清修恬澹，父子同風，天下高之。己卯春，大駕南巡至吴郡，先生獻平朔頌、萬壽詩，天子嘉焉，書「鶴栖堂」三大字以賜。癸未春，駕復幸吴，賜先生御書一幅，即家拜侍講，實異數也。

先生少攻文辭，中年學道，晚而翛然類有得者。常言：「不講學而味道，不梵誦而安禪，不導引而攝生：此吾所異於世人也。」築生壙於官山，自爲之志，構丙舍其旁，幅巾鶴氅，逍遥林野，如世外人。年八十七而終。耒自童丱時，即聞先生盛名，年輩懸絶，辱與同薦同官，同局修纂，忝爲末契，又謬許余能古文詞。故從其伯子之請，爲作傳。

贊曰：漢武帝讀司馬相如辭賦，恨不與同時。唐德宗手書韓翃詩，除知制誥，世稱奇遇。艮齋始蒙章皇帝嘆賞，繼被今上褒擢，受知兩朝，恩禮終始，豈不尤榮？古來文人，類多浮薄，或貪榮躁進，或揚己傲物。先生獨篤厚謙冲，恬於榮進，有古君子長者風。王元美傷才士多貧窮卑賤，甚至夭年無子，故有「文章九命」之説。先生一一與之相反。以是知文人多窮容，有自致之道，非盡天之厄之。如先生，天未始不厚之也。

戴南枝傳

戴山人易，字南枝，不詳其世系出處，語操越音，數稱説劉念臺先生及酉戌間事，蓋越之遺民云。來游吴門，年七十餘矣，蒼顔古貌，幅巾方袍，談論娓娓。喜吟咏，能作徑丈八分書，吴人傳客之。先師徐俟齋，性行高峻，平居闔户，不見一人，特與山人相得，稱老友。先師暮年喪子，欲自營葬地，以告山人。山人曰：「堪輿家言人人殊，且君無力延致。吾粗明此術，當爲君求之。」先師言：「先文靖公葬陽山，吾不欲離其側。子勿求諸他所！」山人乃芒鞋箬笠，循陽山左右求之。久乃得一地，屬諸大姓，購之不得。而先師没，僅一嫠婦一孤孫，饘粥不繼。謀葬先師於祖塋，而族人不可，山人曰：「吾業已爲俟齋任此事，一日不得地，則吾事一日不了。」於是棄絶百事，買小舟遍歷諸山村，舟所不至，徒步跋涉，高山荒谷，無不窮探，風餐水宿，無間寒暑。山人素不爲人相地，人亦無以是煩山人者，獨爲先師營度，費皆自辦之。經年，乃得地於鄧尉之西真如塢，以告耒，曰：「地甚佳，又在梅花深處，與高士相宜。」地價須三十餘金，無所出，耒先以十金成券，餘將徐圖之。

會耒有黄廬之游，山人募於人，無應者，乃矢願賣字以買地。初，求山人八分書者，非其人，多不應；得者，必厚酬。至是，榜於門，書一幅止受銀一錢，人樂購之，貲稍稍集。又相旁地當買者，并買之，凡四十餘金，而地畢入。耒遠游歸，驚喜過望。蓋吴下營葬，惟卜地最難。地師既鮮良者，薄有名，即高自標置，喪家具舟輿，備飲饌，同相視三四年，或不能得一善地。先師既惄遺孤孫，族黨無相關者，耒又遠隔百餘里，於何求地。既得地，則葬費雖重，猶易舉，耒於是力任之。義故間有助者，又費七十餘金，而先師竟葬矣。既葬，山人復爲之培土栽樹，伐石立表，又費三十餘金，意猶未已。山人酷貧，寓無隔宿炊，冬月常衣袷。其求地也，目之所營，神之所馳，無往不在是，黧面繭足，彷徨山谷中，不知疲悴。其賣字也，銖積寸累，悉歸之地，不妄費一錢。一蒼頭不能忍飢，輒辭去，寄食僧舍中。語及徐先生，必流涕，人多笑其迂，譏其愚，終不爲悔。至誠感人，事竟以集。

嗚呼！先師簪纓世家，親族故舊甚衆，身後鮮過而問焉者。山人非有葭莩之親，簦笠之雅，徒以片言心許，不惜傾身命以踐之，無所爲而爲，豈非天下之高義哉！充是類也，豫讓之吞炭，嬰杵之藏孤，桃哀之并衣，保安之積絹，何所不可爲。山人不言其生平，然大略可知矣。山人作釣臺詩至數百首，有家不歸，年八十，避賀壽者之釣臺，旬月乃返焉。

贊曰：越多奇士，若唐玉潛、林霽山輩，義甚高，山人其流亞歟！俟齋先生苦節五十年，所遭逢多奇厄，晚得山人力，遂以克葬，蓋有天焉。然吳中第一義舉爲越人，將去，念之令人慚，士有一節而足以垂名千古者。余傳山人，不及他事，然以不朽有餘矣。

施紹周傳

吳興之施，徙自曲阜。宋兵部員外郎内孚，始居歸安，八傳至子固而遷桐鄉。七傳至敬閑，娶於潘，生二子。隱君其次也，諱學義，字紹周。生而倜儻，才識過人。每慕古人奇節至行，見義勇爲。父早亡，事母盡孝，飲食起居，侍奉必親。母嗜海味，常冒風濤，遠致之，不令母知。母病，善怒，多方順適其意，即有訶譴，敬承而曲解之，不霽顔不退也。

家世業儒，至君而生計日窘，乃去城，遷居濮院。明季兵興，天下方亂，君曰：「此豈吚唔帖括時耶！」棄舉子業，學治生。濮院産絲綢，家機户杼。君有心計，權其重輕而歛散之，遂致饒裕，然非其好也。雖居市廛，卓犖有遠志，善謀畫，喜結納，挾其貲，走荆梁秦豫間，航海之閩之越，盡得其山川厄塞、民情兵勢，數以策干將吏，輒格不用，而國事盡去矣。

君懷奇不用，浮沉閭里間，有欲薦辟之者，堅拒不應。然剛毅有爲，遇大利害，直前當之，排難解紛，傾貲盡力，弗惜也。明末有宗藩西河王者，市綢浙西，不戢其下，所至大擾。君集士民，謁郡守，言祖制親王不出境，今國步方艱，民心易動，不禁且有變。守以爲然，逮治其下之桀驁者，王慚而去。

乙酉丙戌間，寇盜蜂起，君募義勇，編保伍，盜至輒擊却之。盜憤甚，潛縱火焚君廬，欲甘心焉。君走杭城，叩撫院，具言盜勢張，不可不捕，撫院爲之出兵。提兵者知君才能，詢以方略，竟用平賊。賊中有脅從者，有誤入者。君言於將領而釋之，全活無算。先是，族黨有寄貲十二箱於君者。方被焚時，緩己貲而急救所寄，尚得八箱，盡還其人。閩人林某，持千金寄君家。會有寇至，君投金於井，林聞遭寇，謂金已矣，君繘井，出而還之。楊某業鬻綢，負債七百金，索之者衆，窘而自經，君亟救之，爲任其所負，仍假以貲，俾理故業，三年而所負盡償。楊德君甚，每鬻綢一端，節銀一分，欲以報君，積三年且數百金矣，君堅却之。染匠陸某，失銀綢若干，度無以償，迫而投水，君救出之，授以己綢，俾分償焉。都某貸金於營卒，積逋至二百金，拷掠無完膚。時營卒方肆横，無敢近者。君獨往任其逋，某得不死。張某負債於蘇，至累欽贓八百兩。君與蘇司李龔公有故，爲白其冤，獄以得解。既而張以他事，反累君涉訟，君費甚多，亦不責償也。貧儒王某，爲人所陷，入巡按牒中，禍且不測，君傾身救解。

王没，買棺殮之，割屋以居其子。山陰邵某寓濮院，以醫致富。或誣以殺人，諸有力者群而齮齕之。君哀其羈旅無辜，力爲營救，事乃得白。邵每語人曰：「施君，吾父母也！」生子皆名以施，以志不忘。其他拯窮解厄，惟力是視。諸以田廬若子女來質者，度不能償，輒還其券。出儲粟以活飢民，築亭鑿井於官塘，以庇暑者渴者。

生平善事，不可枚舉，而尤篤於倫誼。叔石庵無子，而有重貲，愛君孝友，欲潛授之。君謂義不當得，堅辭不受。兄起周多子，君舉分授之産，盡以讓兄；兄再售諸人，再爲之贖。兄居毀於火，爲之更築，如己居。兄没，撫其遺孤，娶婦析産，如己子。族人之貧不自振者，婚嫁愆期者，喪不能殮葬者，多方助之，俾如其志。自恨早年廢學，延名師教其子元勳、元燾，并登膠庠。家計亦既饒矣，徒以尚義輕財之故，稍稍中落，而樂善好施，始終不倦。晚自號洪崖，遠近咸稱洪崖長者，推擇爲鄉飲賓。年八十餘，以壽考終。

元勳與余善，持狀來求文。余嘉君之行事，有異於今人，爲作傳。

贊曰：漢人尚節俠，後儒輕之。然季心、劇孟之流，皆有長才大度，出人遠甚。今之士夫，計較利害，拔毛利世，弗爲。有如施君，身處闤闠，而能憂人之憂，急人之急，謂非賢豪長者哉？范蠡、計然之術，大用之則霸其國，小試之則豪於鄉。施君少時意氣偉然，常欲用世矣，而世莫之用，退修其業而息之，剛鋭之氣，不能自掩，卒以義俠有聞，然所就亦小矣。士之懷才不試，而湮滅無聞者，可勝道哉！

費孝子傳〔一〕

子之致孝於親，自盡其職而已，初非欲有聞於人也。自世有察舉孝廉之典，旌表門閭之制，而名利之塗啓。於是有飾情矯行以干譽者。然刲股廬墓諸事，庸可勉强而爲？若夫變起倉皇，死生分於俄頃，而能奮身扞父，蹈白刃而不辭，則非至性天植，莫克爲之矣。若吾邑費孝子之事，可紀焉。

孝子名大受，字任寓，世居西操里。父九湖，母陳氏。少有至性，長而孺子之慕不衰。孝事二親，起居膳羞之節，扶將抑搔之宜，未嘗仿古禮爲之，而事事合禮；先意承志，可以博親之歡者，無不爲也。甲申乙酉間，盜寇蜂起。盜入人家，輒執其主，加楚毒焉以求貲，或縛去施酷刑，要重賂，乃免。賊至西操，孝子扶其父母以避，而父老憊，爲賊所得。孝子匿其母，而奮身詣賊，曰：「此吾父也。老不任事，請釋之，而以我代。」賊不聽，劫其父，求藏金。父無以應，將兵之，孝子以身蔽父。賊怒，將刃孝子，孝子延頸受刃，賊脅之數四，終不捨父。賊亦感動，曰：「真孝子也！難得！難得！」并其父免之。聞其事者，莫不嘉嘆。後十餘年，邑令霍勳以棹楔旌其門，將白之上官，聞於朝，孝子堅讓，乃已。孝子竟老田里，以壽終。有子文衡，亦善士，篤於行誼，能世其家。

贊曰：吾宗吴興潘氏，自司空季馴公貴顯，其族今大盛，所居曰全孝里。全孝者，謂遠祖綜也。綜在劉宋時，與父驃避孫恩之難，父被賊斫，綜抱父置腹下，頭面被四創。有一賊語衆曰：「殺孝子不祥。」乃舍去，父子俱免。今觀費孝子，頗相類。夫盗賊至暴悍也，猶可以誠感，則知至信格豚魚，至孝通神明，有必然者。宜天之降祥，常在其家也。歷考前史，若此者，漢有劉平，晋有司馬芝，宋有束崇芳、嚴冕，元有樊淵、賴禄孫等數人。而唐則絶無，豈果無其人歟？殆紀載者之闕漏也。故既爲費氏表其墓，而復著此傳，以備志乘之采擇焉。

【校記】

〔一〕此篇亦收録於清錢儀吉纂碑傳集卷一四二孝友上之上等。

唐烈婦傳

烈婦曹氏，海寧唐之坦妻也。曹、唐皆士族，婦素以淑令聞。嫁六歲而無子，念爲夫置妾者數矣。會夫病，婦奉湯藥，半歲不解衣。病益亟，志殉以死。預治殮具，每物必以副。爲夫繪像，己亦繪像，家人固怪之。夫且死，即不食，母勸之食，曰：「夫絶粒矣，我何忍獨食！夫食，我乃食耳。」比夫死，將服砒毒以殉，妯娌見而奪之。稍間，更啜灰水，腹痛終夕，不死。復取三錢嚙吞之，母急，奪其一，而兩錢已下咽，又不即死。乃哭以殮。殮畢歸寢，潛以滷置床下，中夜服之，碎其梧，家人覺而不及救。有頃，大呼藏府如欲裂者再，忽大吐，竟不死。砒、灰水、錢、滷四物，皆能殺人，要非可探手即得，婦悉蓄儲以待。以此知欲死其夫，非一日也。既盡服四物，不死，乃大慟曰：「天乎！天乎！死固若是難乎！毒固不殺人乎！雖然，吾必死，吾且以水死。」舅姑與母更勸説之萬方，度不可奪，則戒之曰：「與其水死，寧絶食死？」遂復絶食二十二日，而猶不死。乃夜啓牖，自投於河，鄰婦救出之，氣絶復蘇，水汩汩循腸下，所吞錢隨而出。衆更强之食，婦乃曰：「諸大人能强我食，不能禁我死。」無何，夢其夫迎與俱去，曰：「百日爲期。」夫死之日，丙辰九月二十八日也，遂於十二月望拜訣舅姑，復絶食，家人見其然，且敬且憐之。既已無可奈何，則曰：「婦要當死，母久困婦爲也。」於是不復勸。又十五日，爲歲除，内外倥偬，忽失婦所在，行視柩側，麻衣纍然，懸帨在梁，烈婦死矣。

贊曰：余游海寧，海寧人言烈婦凡九死，砒、灰水、錢、滷與自沈爲五，前後絶食凡三，死可必矣，而重之以雉經，汲汲乎惟恐其不得死也。古今貞臣烈士，慷慨引決者，有矣。彼皆一厲其氣，往而不反者也。烈婦獨究諳死之情態，忍憯含毒，出入去來，而卒以爲歸。死乃可習，豈不異哉！世多逆畏死之難，而苟活以隳其志者，何也？

二烈婦傳

蔡烈婦孫氏，福州侯官人。明禮科給事中昌祖之孫女。父諸生穀貽，有高操，與同里蔡其聰相好也。烈婦有姊，嫁其聰次子以仕，而烈婦歸少子以位。烈婦幼嫻禮則，端莊寡言笑。既嫁，事姑嫜甚謹。其聰成進士，未仕而没，家酷貧。以位棄其業，與鹺商同事。至順昌，遇群行販私鹺者，呵止之，起而格鬭，以位被創死。婦聞悲慟，勺水不入口者數日，潛自縊，以救解。迎喪江干，奮身投水，有持之者，不克死。其姊以義責之，曰：「若幸有子，即死，如立孤何？」乃不復求死。官捕得私販者，法當抵死，而律令須檢傷乃定罪。檢傷者洗肉見骨，慘不忍言。婦曰：「是重僇吾夫也！」痛不欲檢，而非檢則冤不伸。理官悲其意，爲杖斃首惡二人。婦感理官刺骨，每夜焚香祝天，然茹恨銜哀，終身未嘗露齒。足不逾户閾，同産兄舉子，迎之暫歸，終不往。有疾，不肯服藥，若惟恐不得死者。其姊慰勸之萬方，終不解語次。嘗以孤屬其姊，喪且再期，謂其姊曰：「吾兒幸稍長，韈履可取諸市，不煩手縫矣。兒向苦瘡，今愈矣。不累吾姊矣。」有言既祥而姑在，當具淺色綦履者。婦曰：「無庸，姑緩之。」姊察其有異，陰守護之。大祥之日，顧從容如平時，哭奠畢，就寢稍休。久之不出，姊趨視之，則闔户引經自經矣。時康熙乙亥七月十三日也，年二十有九。

郭烈婦林氏，閩縣人。遠祖真知濮州，靖難兵至，抗節死。父曰閎蓁。嫁爲郭繼汾妻。郭氏之始祖曰鏜，以軍功世襲福州中衛指揮使，明亡乃絶。繼汾聰穎，善讀書，工楷法，然嗜飲喜遨游，得病嘔血，猶弗改。婦數數苦諫，謂宜節飲擇交，繼汾怒，浸不見答。婦弗怨也，脱簪珥爲湯藥費，斷髮誓天。夫病篤，囑兄嫂：「善視大人，毋以我爲念。」夫没，撫尸慟哭，即日投井死。後蔡烈婦死才一日耳。無子，年二十有四。

贊曰：婦人之死其夫者，大都在新喪時，不勝其悲痛，以身殉之。過此而不死，則不死矣。蔡氏婦獨死於大祥之後，神傷心死，二年如一日，可不謂烈哉！夫婦之際，恩重則生輕，故捐軀從夫者，必其篤於伉儷者也。郭氏婦琴瑟不諧，而能與夫偕死，斯以義勝情者耶？閩地在天末，浹辰而死烈者二人，雖中州不多見也。余游兹土，目睹其事，吊而傳之。旌閭表墓，以維風教，則有司之責也夫。

顧節婦傳[一]

節婦張氏，家吴江弦歌巷，年十八，歸同里鎮顧柄南。柄南之父曾授愿而懦，其從子楷南狡而狠，久爲所凌。節婦甫入門，楷南衰麻前吊，曾授逐之，反中拳傷焉，憤甚，發病死。柄南痛不能報，居常鬱鬱，逾年亦死，無子。同産弟樞南，亦未有子。柄南遺言：「楷南，父仇也。其子義不可嗣，寧不立後。俟樞南生子則子之。」節婦於是日夜籲天，願叔姒有子。已而，生子鼎勳，即鞠以爲嗣。顧復恩勤，不啻己出。無何，樞南又死。族人言鼎勳獨子，不當爲人後。復還諸樞南。而楷南復欲以其子入嗣，節婦執不許，遂訟於官。節婦以死争之，卒不得嗣，而遺産盡矣。

時崇禎末年也，歲洊饑，又遭喪亂。節婦奉老姑轉側兵燹間，備嘗艱苦，孝養不懈。

姑没，夫黨無可依，父迎以歸，遂居張氏。既而樞南之妻又死，鼎勳煢煢孑立，節婦仍收養之，長則授室，并樞南之女，亦撫而嫁之。節婦産既破，父哀其窮，予田十畝，節婦攻苦力作，銖積寸累，昏嫁之資，皆取給焉。既又率鼎勳葬其舅姑及夫與樞南之夫婦，五棺同時入土，路人莫不稱嘆。

康熙二十年，有詔崇獎節義。邑人以節婦事上之有司，得聞於朝，旌表如制。先是，節婦之嗣尚虚。既被旌，族人乃共立楝南之子鼎實爲嗣。又九年而没，年六十七，竟老於張氏云。

贊曰：古來人倫之變多矣，未有父子皆死於仇，而仇人之子適當爲嗣者。此禮經王制之所不載，而可以義斷者也。然而黨讎利釁，實繁有徒。節婦一弱女子，乃能念屬纊一言，百折不回，寧無後而伸，不立仇而屈。雖烈丈夫，何以加諸！終於節成名立，無子而有子，人定勝天，不其然哉！節婦之弟，封庶吉士張君唯一，狀節婦事，屬予作傳述。他懿行甚衆，予以置後一事，凡處變者，當以爲法，故詳著之於篇。

【校記】

〔一〕顧節婦傳　潘氏自刻本遂初堂集文集卷十三題爲「顧母傳」。

顧節母傳

顧母欽氏，幼静默，寡言笑，孝謹異甚。父母絶愛憐之，以嫁顧生君重。欽、顧皆吴中舊族，素饒財。君重性豪邁，喜賓客，不事家人生産，其家漸落。母安貧守約，恬如也。間脱簪珥，供酒餚，不少吝。年三十二，顧生病没，母欲以身殉者數矣。念姑老子幼，未可死，乃長齋事佛，終其身。既遭喪，家益困乏，母以孀婦持門，補苴撦拄，備嘗荼苦，養姑盡孝，甘脆之奉，取給十指，未嘗缺乏。姑病，衣不解帶，目不交睫者經旬，湯藥非口嘗不進。姑没，盡斥其嫁時裝，治喪營葬，人莫不賢顧家婦，婦而子。母在家，夙以孝聞。既嫁歸寧，時值母欽夫人抱危疾，百藥不效，母禱於天，刲股作糜以進，欽夫人飲之而瘳。久乃廉知其故，蓄重貲欲以貽之，而難於顯言，乃爲約曰：「吾他日病革時，諸女先至者，貽以所蓄物。」比病革，母故遲行，以讓諸姊。人尤以爲難。

母素清羸，服勤食淡，喪夫與姑，哀痛成疾。年三十八，遽卒。卒時，托孤其兄，處分家事，井井不亂，朗誦浄土經，吉祥而逝。二子：曰鏞，曰錦。母撫之慈而能嚴，并有成立。錦以才能克振其先業，喜與賢豪長者游，爲余言母節概如此。余嘉之，輒爲作傳。

贊曰：今女子以節被旌者，例以年限爲斷。如母三十餘，乃稱未亡人，又未老而没，格以成例，且不得旌。然母之節孝，豈待旌而後著哉？世風之靡，自丈夫猶孝衰於妻子。母以既嫁女，乃能刲股療親，天性何其獨摯也！蟬翼千金，義不苟得，無讓迹，無廉名。世有喪中爭產，同氣相仇隙者，聞母之風，亦可以少愧矣！

李節母傳

節母，山陽丘氏女。父可孫，官行人。侍讀象升、檢討象隨，其從弟也。幼而淑慧，通詩書。母丁孺人早没，事繼母孫孺人，曲盡孝道。歸同邑李天定字靜孺。靜孺父青原，再爲縣令，清白著聲。母不逮事舅，事姑丁孺人如事母。靜孺有雋才，與兄尊生、杜若自相師友，刻苦攻文，生事一切不問。母世家女，而安澹泊，能辛苦，布素操作，如寒門婦。上奉高堂，下供賓客，文酒宴會，常脱簪珥辦之，不使靜孺知。靜孺夭亡，母水漿不入口者三日，誓以身殉，姑誡之曰：「吾在也，汝又有子，而何可死？努力撫孤，俾有成立可耳！」母乃勉起啜粥，襄大事。時母年三十，長子鉞生六歲，次子鎧甫三歲。越明年，尊生、杜若相繼没，一門之内，三喪在堂，三嫠婦、諸孤兒，伶仃煢獨，淮人嘆息李氏其衰矣。

母念欲持門户，唯有立孤，欲立孤，不可使一日廢學。乃擇名儒爲二子師，雖重脩脯，不吝絶。愛憐二子，而督課之甚嚴，業少進則色喜，不進或嬉游則跪之中庭，痛加夏楚。夜篝燈，令讀書，己紡織其旁，不夜分不寢。每述先賢勤學故事訓二子，泣謂之曰：「汝家世仕宦，汝父勤苦爲學，欲望成名，不幸早夭。吾以十指活汝兩人，冀汝讀父書，繼父志。若自暴棄，人將謂吾孀婦不能教子，汝何以爲人？」二子感泣奮勵，學以有成。家既酷貧，又遭兵荒，朝不謀夕，母獨身搘拄，備嘗荼苦。得魚菽，先膳姑，次哺兩兒，己未嘗飽也；得布絮，先衣姑，次及兩兒，己未嘗温也。祭享必時，慶吊無缺，曰：「不可使宗黨意中無我兩孤兒也。」嘗嚴寒晨起，事女紅，手指凍裂，匿不使姑見，懼傷其心。姑春秋高，勉具甘脆，一蔬一羹，必手調以進；姑病，醫藥禱請，凡可以愈姑者，無不爲。姑没，自含殮至封窆，纖悉周詳，曰：「吾不忍姑亡時，不見一子。吾代夫供子職，不敢不盡心也。」

庚子，鎧舉於鄉。辛丑，成進士。母喜曰：「而今而後，可慰乃父於地下矣！」然訓鎧尤勤懇，每舉古名臣相切劘。鎧需次家居十載，母不令預一户外事，衣粗食糲，猶故也。己酉秋，鎧除蜀之綏陽令，母不憚險遠，與同之官。綏陽，古播州地，又新遭兵，土荒人稀。母教鎧一以仁恕廉静治民，次第行諸便民事。旦出視事，必牽衣囑曰：「毋輕朴人。綏民亦人耳，以理諭之，無不化者。」鎧常嘆官貧，不能爲母益一衣一飾，母曰：「使汝爲廉吏，吾爲廉吏母，不愈于千鍾之養乎！」鎧因是益勵清節，綏人以德令，故重德母。母卒於官舍，綏人多行哭失聲。鎧持喪歸，數經危崖惡灘，無毁敗。過洞庭湖，風濤大作，鎧述母德，籲天風止，獲濟。無何，滇黔兵起，蜀大亂，母得先事歸骨故鄉，有天意焉。

鎧服除，補蓋平令。尋以文學被薦，改官翰林編修。累遷至通政使，班於九卿，清慎如令綏陽時，不敢忘母訓也。母初封太孺人，今贈太淑人。淮人稱善立孤者首李母，常援以勵孀婦。耒與鎧同薦，於母爲通家子。鎧示以所撰行狀，其言慘苦，讀而悲之，爲叙次作傳。

贊曰：婦人之職，相夫鞠子，主中饋而已。逮其苦節至孝，可以通神明，移氣數，家道屯而復亨，後嗣替而復振，賢母恒有力焉。李氏當譽髦夭亡、諸孤顛沛之際，門祚或幾乎墜矣，撫孩童而教之，俾出於坎窞，登於天衢。微節母之精誠，不及此。耒生六歲而孤，賴吾母一身兼父而師，以有今日。吾母之賢，不愧古列女。讀李母行狀，而潸焉出涕曰：「異哉！何其賢之類吾母也！」母有子，能自樹立，爲名公卿。而耒也無可舉，似匪莪伊蒿，鮮民之痛，寧有既哉！

董節母傳

節母，毗陵吴敬承之女，莊澹庵宫詹之甥女也。生而淑慧，舅氏愛之，撫以爲女。莊故世家，宫詹早貴，多才藝，廣賓客，家有園亭聲伎之奉，服食器用，一往綺靡。女居其間，泊如也，勤習女紅，讀誦經史，悉通大義，宫詹器重之，不欲嫁凡子。適故人子董□□玉蒼，以國子生入都應試，憐其才，欲妻之。董生喪偶而有子，無意再娶，感宫詹厚意，且聞女賢，遂應命，歸而娶焉。

董生父通政□□，以清節聞，遺産無幾。生少孤，連遭内外喪，貧甚，至鬻所居之半，人多非笑之。生内自傷，發憤力學，思振家聲，連試不售，鬱鬱不得志。成婚一月，即出游，抵大梁而病，扶歸。卧數月，竟卒。將卒，呼内子與訣，曰：「吾有三事未了：先大夫墓碑未立，前室吴氏未葬，子幼未成立。以是累汝！」語畢而逝。節母欲死者數矣，念未可以死，勉起治喪。其嫁時裝頗厚，以生病久，斥賣且盡，喪畢而室無餘貲。然念孤兒不可一日廢學，節縮衣食，延師教之，具禮幣，求名人。爲通政公作碑銘，勒諸墓上。又卜善地，舉夫與前室之柩合葬焉。子學有成，爲之娶婦，僅數年而諸大事畢舉，中外翕然稱賢，謂玉蒼其瞑目矣。

節母早喪父，念母老而貧，贖所鬻故居之半，迎母與居，没而葬之。使幼弟與己子同學，飲食教誨之如子。待前室之母如其母，視其兄弟如兄弟。少能詩詞，嫠居，屏去筆墨，有請益者，一不應，曰：「此非未亡人事也。」性度凝重，遇可喜事，未嘗露齒。極拂意，未聞怨怒聲。措置從容，鉅細合節，内外斬斬，家政肅然。去夫没二十餘年，凡夫所未及言而心欲爲者，皆次第爲之，俾無遺憾。即他節母，亦遜謝弗如焉。

子翼，字九徵，能文砥行，有聲士林。歲甲申，母年五十，爲翼友者多壽母以言，而屬余爲之傳。

贊曰：世族凌替之餘，能復振起者，必有奇節厚德，感移天心。其功出節母者，十家而七，由其心力精堅，忍耐勞苦，有丈夫所不能爲者也。觀董母之報效厥夫，所謂死者復生，生者不愧，雖古烈士，何以尚兹！董氏故清門，有母如是，其將復興乎！耒生六歲而孤，微先太孺人之教育，不及此。每聞人世賢媛，有一事類吾母者，喜稱道弗置。况董母之甚似吾母乎？九徵勉之，無若余之碌碌也！

屠貞婦傳

貞婦陳氏，邑諸生星聚之女，許嫁屠弘德之子應權。吳中土俗，女失怙恃，撫於舅姑，待年而婚者，謂之養媳。陳女十五而喪其母，遂歸屠，爲養媳。事翁姑甚孝，居一年而姑亡，執喪如喪母。弘德治家嚴，應權就外傅，女雖在家，未嘗一覿面。應權穎異能文，不幸年十八夭死。死時嚴寒，女不衣絮，掩面而啼，欲死者數矣。終喪三年，家人不聞其語笑聲。一日，翁告之曰：「吾不幸喪吾兒，媳當視吾如父，吾視媳猶女也。」女默然不應，謂其繼姑曰：「翁何爲出此言？吾媳也，而何言女乎？」無何，歸寧其父。父憐其少，爲之更許婚，女聞痛恨，一慟嘔血，遂卧病不能起。而翁未之知也，夢亡兒告之曰：「婦病篤矣！父奈何不一視之？」乃遣嫗往省女，女泣謂嫗曰：「若來何遲！我忍死，待翁一決，翁可速來！我深悔歸寧也。」翁往，則女垂絶矣，含泪熟視，曰：「翁來，甚善！我翁家人也。翁來，吾目瞑矣！」遂死，年二十一。翁迎其柩歸，與應權合葬。邑人義之，表以詩文，哀然成帙，名鄘舟集云。

贊曰：女未婚而爲其夫死，先儒或以爲賢智之過。此爲在室者言之也。若陳女，雖未成伉儷，既歸於屠，有婦道焉，死固其所也。矧以異議速之哉？痛傷發病以死，雖不如引決自裁者之激烈，然觀其執喪三年，不言不笑，神傷心死，固已久矣。豈一憤懥而遂能咯血殞身哉？慷慨赴死易，從容就義難。女固甘爲其難者也，傳之以俟采風者録焉。

先考贈徵仕郎翰林院檢討仲和府君行述〔一〕

先考諱凱，字仲和，號貽令，世居吴江之平望。自先高祖諱雲以上，皆潛德不仕。先曾祖諱志伊，嘉靖乙丑進士，仕終廣西布政司右參政。先祖諱錫祚，以貢生爲湖廣布政司理問，娶吴孺人，陝西行太僕寺卿吴公諱邦楨孫女也，生先伯父諱虞龍及府君。側室徐氏，生先叔父諱詢益、詢垂。先祖考數宦游，吴孺人教府君具有法度。先伯父長於府君二十歲，府君視之如嚴師。天姿敏異，弱冠善屬文，德清章公諱日炌，見而奇之，許以長女歸焉。天啓癸亥，先祖考卒於官，橐無餘貲。府君從吴孺人間關扶柩以歸，毁瘠變形，見者嗟嘆。服闋，補邑諸生，連試第一，太倉張受先、西銘兩先生亟稱之。自是，才名藉甚。

崇禎庚午，將應鄉試，以吴孺人病，不行。孺人没，執喪盡禮。先伯父繼没，府君始總家政，撫兩庶弟，曲盡恩義，視兄之長子如弟，次子、幼子如子。與同邑吴君允夏、包君捷、吴君翺輩，以文章行誼相切劘，國體治亂，人材進退，靡不留意，慨然有經世之志。於是忌之者漸衆，或指爲黨人後勁焉。癸酉，服除，當録科，學師業以名上，而潛遣胥索賂。府君不可。學師怒，遂以禫服未周白學使者，論黜府君。聞者咸不平。馬素修、張西銘諸先生力争於當事，援古證今，書六七反，事乃得白。已而德清章公來知吴江，爲政廉平，請謁無所狥。府君以身爲令婿，深自退匿，不與人事，惟於政務大體，閭閻利弊，從容指陳。如清賦額、疏水道諸事，皆建白行之，永爲良法。未幾，章公以陳婦事，爲仇者所謡諑，欲并中府君，而府君内行潔清，卒不能有所連染。章公竟卒於官府。君感激世事，乃更爲韜精養晦，折節恭謹，而德望益高。士夫南北行過平望者，争願交府君。

府君性和易，好施予，遇人無貴賤，皆盡禮。有告以急難，輒傾身赴之，無少瞻顧。喜汲引後進，所賞識多成名士，或有初附之後背之者，府君不悔也。能飲酒，至數斗不亂。與人談論，款曲周詳，未嘗見疾言遽色。爲詩文，典實詳雅，而尤工箋札，應酬紛沓，多至數百通，無所遺誤。生平未嘗作草書，至今得其片楮者，咸知爲端人君子也。

甲申乙酉之際，府君轉側兵間，志有所存，而一不就，遂破其家。亂定，歸故里，四壁蕭然，觴咏不輟，手纂方書，多所發明。居數歲，以疾卒。門人故舊私謚曰貞靖先生。所著有平望志、本草類方及詩文若干卷，藏於家。

府君生萬曆丙午六月九日，卒順治辛卯八月八日，享年四十有六。先娶章孺人，生萬曆己酉七月五日，卒崇禎辛巳十一月十三日，享年三十有三。子一，棵章，庠生，娶秦氏、沈氏。女二：長，適周撫辰；次許聘顔祁，未行，卒。繼娶吴孺人，即先祖母之侄，生子二：不孝耒，原名棟吴，康熙己未舉博學鴻儒，授翰林院檢討，進充日講起居注官，娶王氏，繼娶申氏；楨吴，娶王氏；女一，適陳鉉章。孺人生爲貴家女，能安貧約，節儉慈和，備有婦則。以先兄姊皆早世，懿行莫得而詳。吴孺人别有狀，不具述。

康熙二十年，以覃恩贈府君爲徵仕郎、日講官起居注、翰林院檢討，贈母章氏爲孺人，封母吴氏爲太孺人。吴太孺人後府君三十四年而卒。卒之明年，歲在丙寅閏四月八日，不孝孤耒始獲合葬先考妣於鶯脰湖南玩字圍新阡。

耒生六歲而孤，不及詳府君行事，謹以亡兄檉章所撰行實，節略爲狀，以乞言於當代仁人君子立言不朽者。唯哀而賜之志銘若表，死且不朽！

【校記】

〔一〕先考贈徵仕郎翰林院檢討仲和府君行述　潘氏自刻本遂初堂集文集卷十五作「先考贈徵仕郎翰林院檢討仲和府君行述」。清康熙四十九年增修本遂初堂文集目録題名爲「先考贈徵仕郎仲和府君行述」，而正文題名同潘氏自刻本遂初堂集文集。今以潘氏自刻本與清康熙四十九年增修本正文改題。

先妣封太孺人吴氏行述

太孺人吴氏，太僕寺卿諱邦楨公之曾孫女，文學輔之公女也。文學公娶於陳，生太孺人。太孺人幼敏慧，女工書史，不習而能。性至孝，陳夫人病，刲股作糜以進輒愈。久之，陳夫人没，文學公繼娶於沈。先孺人事之如陳夫人，盡孝竭誠，人忘其爲前後母也。文學公垂没，作遺令稱太孺人賢，命割家産之半與女，太孺人不受，僅受薄田數畝。既歸先府君，即以田爲文學公營葬。文學公有子而殤，以從子爲後。沈夫人顧愛念太孺人，便安其養。太孺人迎以來，敬事之。沈夫人遂終老於婿家云。

先府君初娶章孺人，生先兄及兩姊而没。太孺人來歸爲繼室，時兄姊皆長成。太孺人撫之慈愛如己出，悉斥奩中裝辦婚嫁，遇子婦恩禮篤摯，慈孝交稱。人亦忘其爲前後母也。先府君名德才望冠一時，往還皆天下賢雋，賓客造門無虚日，産又甚薄。先府君不問生事，家政巨細，一切皆太孺人操之，黽勉有無，不言勞瘁。

比先府君没，不孝未始六齡，亡弟楨吴尚在娠，太孺人長養教誨，備嘗艱辛。不孝始就外傅，有言家酷貧，附他塾讀書，可省費者。太孺人執不可，特開家塾，延師訓之，至鬻簪珥供束脩膏火。或言不如稍置田産，太孺人指不孝，示之曰：「此吾莊也。是莊若熟，吾何患貧？不然，即田連阡陌，其能守乎？」邑中有童子師，素名方嚴，顧性度有異於人：飲饌有常味，非其味，雖豐不食；去來有常期，迎之稍後期或先期，輒不至；小不如意，輒暴怒鞭笞童僕。人相戒，莫敢延。太孺人聞其善課督也，特延以教不孝，凡飲食供用之具，一一曲如其意。居半年，不復怒，一年而大悦。於是盡心力以教不孝，獲益數倍他師。不孝稍長，更師，師和藹易事，太孺人遇之如前師，不以和易故，少弛禮。師素與亡兄輩，以道義文章相切劘，課不孝以通經學古，不亟亟干時。太孺人絶不以爲迂，曰：「吾教兒讀書，但欲其識道理成人，不墜先業。何嘗冀其干禄利，與時競哉？」以故不孝讀書二十餘年，未嘗一應有司之試。

又數遭坎軻，貧困益甚，流離轉徙，一歲數遷。嘗移家荒山中，破屋數椽，不蔽風日，或日旰未舉火，太孺人未嘗有戚容。既而不孝登薦書，自度才識譾陋，又迂疏不堪世用，欲辭，太孺人深以爲然，遂辭諸當事。比徵書再下，乃行。既被殊恩，授官清秘，稱賀者踵門，太孺人亦不色喜。嘗遺書京邸戒不孝，曰：「自布衣入翰林，古今異數。兒何德以堪之？且汝父兄，皆績學高材而不遇。汝不逮前人遠甚，而驟致通顯。吾且喜且懼，兒其慎之！」不孝數迎請北來，太孺人輒辭以「性樂閑寂，不願居囂諠之地。世味可略嘗，不可久耽。吾北來，不若兒早歸爲善」。

至辛酉春，不孝入直起居注。太孺人知其未能遽歸也，乃治裝北上。比至京，見不孝窘於資用，又職事填委，每入署，薄暮始歸，秉燭治書，常至夜分，時時顧之攢眉，謂：「汝材薄而任重，力少而事繁，懼不勝任，早思税駕可也。」不孝獲從講筵諸先生之後，每荷隆恩，或侍宴禁廷，或扈從郊壇，或須肴核，或賚綺幣，以至分校禮闈，兼直三館。每有光榮可喜之事，太孺人輒告戒之，謂：「寵不可久邀，名不可多取。名之所存，謗之所集。露才足以招尤，多言足以賈禍。進不如退，敏不如鈍。有功不如無過，有譽不如無毁。」推此類爲不孝具言之。不孝不能仰承慈訓，以至罪戾日積，果中蜚語鐫秩。太孺人處之怡然，曰：「兒第省愆思過，慎無一言自白。吾日夜思鄉土，兒亦每欲告歸，今更不須補官。第返田間守素業，焉知非福？兒勿謂吾有所不樂也。」不孝察太孺人，實無幾微不自得之色，以是稍寬罪責。

太孺人素康强，無疾病，年逾六十，髮未白，齒未落。自丁巳秋亡弟没，哀痛無已，稍稍衰倦。亡弟無子，弟婦撫從兄之子爲子，太孺人携以來都。今春，忽抱沉痾，太孺人護視無所不至。比歸，没於舟中，悲傷異甚。俄病脾泄，醫家言茹蔬人畏得脾病。太孺人自先府君没迄今，長齋三十四年，進藥，輒不效，遂至大故。嗚呼痛哉！

太孺人德量深厚，智識高遠，持家四十餘年，内外大小事，綜理極其精密。親黨有疑難，就諮決，一經處分，無不得當。細人頑嚚，難化誨者，從容數言，輒感悟去。三黨戚屬，恩禮周浹，雖甚落魄不見比數者，遇之始終不覺有異。自奉甚儉約，一衣數年不易，蔬食未嘗兼味，而賓祭必極豐腆，周人之困，恤人之灾，仁心德意，出於至誠。三十年來，凡十數遷，所居之地，鄰里鄉黨，無一不感頌太孺人者。

不孝誦習傳記，見古昔淑媛賢母衆矣。若太孺人之才全德備，慈儉仁明者，實亦希有。設叙述嘉言懿行，連編累帙，殊未易罄。惟是不孝愚劣，日在慈範之中，不能薰陶萬一，學行無成，修名不立，下孤母德，上負國恩，不孝之罪，上通於天，復何道哉！復何道哉！

太孺人生於前己未歲正月十九日，卒於今康熙甲子九月二十一日，享年六十有六。不孝未痛遭大故，心神瞀亂，語無倫次。惟大人君子哀而賜之志銘，俾不孝得藉以光揚其親，死且不朽！

亡室封孺人申氏行述

申氏自宋南渡以來，仕宦蟬聯，爲邑望族。庠生用大，孺人父也。母沈太君。孺人早歲喪父，弟維璜爲遺腹子，沈太君辛勤鞠育，得以長成。孺人性仁孝，祖母沈太夫人篤老，病卧床蓐十餘年，孺人扶持將護，曲得其歡心。在室以賢淑聞，故先慈聘之爲余繼室。余初娶淮陰王氏，不三載而歿，未得來吴。家政皆先慈吴太孺人操之。比孺人來歸，先慈謂：「是能治家，相吾兒者。吾可無慮矣！」

比余通籍，入禁林，而家中貧窶異甚，一切門户事，倍難支持。先慈與孺人黽勉有無，百計補苴。越二載，乃得從先慈入都。官貧俸薄，仍多應酬，拮据支吾之苦，視家居尤甚。甫三載，余以詿誤鐫級，遣孺人奉先慈從水道先歸。途中先慈疾大作，孺人保護調治，晝夜不解衣，中裙厠牏，手自浣濯。舟行旅泊，延醫服藥，倍極艱難，孺人斥衣裝辦之，不遺餘力。如是數旬，而先慈竟不起。耒奔喪歸，始知孺人侍疾狀，恨不能稍盡子職，而深嘉孺人之克盡婦道也。

時先府君尚未葬，亡弟亦在殯，拮据彌年，乃克卜地穿窀，三襄并舉，孺人盡瘁竭勞，僅得如禮。比免喪，有言當隨例補官者，孺人謂余：「君本無心入世。向者以老親在，不妨有捧檄之喜。今爲鮮民，可以無仕。且君性剛直，不諧於俗，出不如處，宜熟籌之！」余心善其言，竟不赴補。

孺人性明敏，善治家，大而賦税租課，細而樹藝蓄養，以至酒醴葅菜之屬，治之皆不失其度，不失其時。余好山水，喜游覽，遠或三四千里，久或一二年，乃歸。歸而見官租私賦一一治辦，行田而高下無曠土，適塾而子姓無廢業，過姻親而吉凶無失禮，余知孺人能獨秉家政，無内顧憂，益勇於游。二十年來，所以得遍覽名山大川，與海内賢豪長者相識，皆孺人善治家之力也。孺人性儉約，雖爲命婦，攻苦食淡，未嘗特置一衣，特設一饌，布衣操作，不異常人。遇親戚尤有恩禮，貧窮襤褸，視富厚者無少異，伶仃孤苦者，數周恤之。亡弟貞木早殁，弟婦王氏孀居，無子女。孺人視之如親姊妹，甘苦與共，終身無間言。次男其焕，當爲叔父後，孺人爲之娶婦，而後出嗣。每誡子婦：「事嗣母嗣姑，當謹於事我。孀居人多憂多惱，當曲體其意，令略無憂惱，則善矣。」余從兄女失母，孺人撫爲己女，擇良士而嫁之。沈太君二十三而寡，苦節五十年，於例當旌，内弟無力陳請，迄未舉行。孺人每以爲恨，念沈太君年高，常迎來奉養，即去，間日必通問，孺慕之誠，不暫釋也。

余既落拓，不問生産，又好收藏書籍，購古金石刻，意所欲得，典衣得之。孺人每爲攢眉，曰：「君家業幾何，而辦此不急事？且學貴精要，安用誇多門異爲？」余雖不能從，然心愧其言，孺人懼傷余意，亦未嘗力阻也。

余喜學佛，孺人亦習誦梵典。余持長齋，孺人亦五年絶葷血。常有意精修白業，牽於家務，未遑也。孺人素壯，以家累重，操心太勞，四十以後即多病。病輒數月乃起，精力乏耗。去冬即患瘧，今夏乃變痢。會余亦大病，孺人憂之甚，疾日增，醫療萬方，竟不愈。既危困，神觀清明，無一語失度，迄於屬纊，不少憒亂。嗚呼傷哉！

孺人生於辛卯年閏二月廿二日，卒於戊子年七月廿三日，享年五十有八。康熙二十二年，遇覃恩，封孺人。子三人：長其炳，娶葉氏；次其煥，娶丁氏，出爲叔父後；次其燦，聘謝氏。女一。孫男四人，孫女二人。但幼惟閫内之德，可無使外聞，而孺人之賢，能有不容□没者。敢略陳梗概，惟仁人君子哀而賜之，闡揚焉。

遂初堂文集　卷十九

墓志銘

中大夫國子監祭酒吴君墓志銘

國家造士之地，莫要於成均。前代常以清德重臣爲祭酒，掌其教法政令，人材之出其中者，多彬彬可觀。自三舍法廢，入貲者得充生徒。於是講肄爲虚文，士子不居學舍，而祭酒一官爲詞臣迴翔之地，養望待遷而已，罕有能淬厲振興，以論造士爲己任者也。今天子加意作人，臨雍勸講，簡廷臣有學行風節者爲之師。於是歙縣吴君超遷爲祭酒。君至，則創立規條，痛洗夙弊，士習嶄然一新焉。故事，國子生初就舍，自司成以下，凡相臨者，俱操幣以見，於是有到監之費。迨歲滿，當咨部授職，必視其月課中程與否，而人之實在監者少，於是有出咨之費。君曰：「師道也，而以市道交，可乎？」砥礪同官，悉除贄幣，月課中程者立予咨，不及格者執不予。諸生遂無一錢之費，而課試無敢不身至者。匡坐横經，講解不倦，月旦課藝，面定甲乙，獎其才俊，董其怠荒，無或不勸。

舊制，貢監生之教習八旗子弟者，年滿試吏部，十人中八人授縣令，二人授州倅。君曰：「資格年勞相等，何所分優劣？徒滋弊耳。」奏請以教習生兼贊禮儀，歲滿悉補縣令，以塞倖門。八旗子弟在官學者，舊不在考校之列，君令一體考校，仍請於朝；鄉會試量增其額，以示鼓勵。二事皆報可。又以前代成進士者，皆勒名太學，而本朝自丙戌後，缺勒石者十八科，後將何考。謀於在朝，次第補立。又稽元明諸碑之缺者，或埋或仆，發地畢出之。精敏有爲，皆此類也。

諸教習官學者，得補縣令，比進士，異時多挾大力出重貲以求必得。比君疏行，皆縣令，無州倅，尤爲善地。會當選補，君度營求者必倍甚于往年，一日集諸生，出袖中文，告先師曰：「吾官可去，教習不可以干求得也。」立試士，定去留，諸生出不意，無所用力，得者二十四人，皆寒素。輿論翕然，稱至公。雖勢家不快者，亦不能訾議也。而君歸志決矣，陳情請假，賢公卿多力阻之。天子知君公廉能，實心任事，將大用君。君念母老，求去益力，自壬申擢任，至甲戌假歸，在成均僅二載，而聲績大著。當代稱賢祭酒者，屈指於君。斯可謂能勤其官，不負任使者矣！

君諱苑，字楞香。少穎異，博通今古，不專爲帖括之學。丙午，領鄉薦第三。壬戌，成進士；選爲庶吉士，館課常冠其曹。既授檢討，館中諸撰述，屬稿爲多。分修一統志、明史禮志、禮講義，皆精核有體裁。監修、總裁多倚以集事。充日講起居注官，每進詞翰，輒被奬賞。分校禮闈，主順天武鄉試，并稱至公。天子屬意嚮用，自檢討遷中允，進侍講，擢祭酒，僅百日，蓋異數也。

既著聲司成，跬步可至卿貳，而君不汲汲於榮進，輒引退歸。歸而母夫人猶强健，侍養六年乃没。自曾祖以下三世，皆身自營葬，繕修遠祖荒塋，并及無祀宗人之壟。僅有田三十畝，盡歸諸宗祠，以增春祭。族人貧弗能娶者，循長幼，爲之娶，歲二人。新紫陽書院，集耆儒講學其中。築昌碣以溉田，邑人均蒙其利。性剛果，不可干以私，而重然諾，敦氣誼。素善蘇郡守高蒼巖，高没於官，負帑金累萬，親故悉散去。君公車過蘇，獨襆被入署，綜理其簿書，曲爲區畫，其家得完。舉主戴御史卒於官，君爲之代償逋負，經紀其喪，歸其櫬與孤。同年友金會公輩病京邸，君日夕候視，挾良醫，手注善藥，令痊乃已。居鄉尤清謹，足不至公庭。戒飭子弟不得預户外毫髮事，品望益高。中朝士大夫引領望其復出，而君遽以疾卒，天下聞而傷之。

君居黄山之陽，有大好山水録若干卷，北黝山人集若干卷。晚家吴門，遂卒焉。年六十三。八世祖寧，仕前明景泰朝，爲兵部侍郎。祖一初，客固安，與其令守城，城破死之。父曠，少有隽才，不遇，贈祭酒。母唐氏，贈太淑人。娶程氏，封淑人。子四人，瞻泰、瞻淇、瞻澳、瞻原。女二人，適汪春滋、許朝遴。

瞻淇今爲翰林庶吉士，請假歸，將葬君於故里，乞余文揭諸墓道。余始拔君於禮闈，知其文而已。既乃得其爲人，久而風節益彰，冀其爲持世之人。於其没也，傷痛尤甚。其可以無銘？銘曰：

禁近之臣，文學有餘。試以政事，或患迂疏。世多英流，豈乏才術？孰能清修，表裏若一？矯矯吴君，秉德之剛。既果且達，智圓行方。奮其才藻，受知天子。秉大著作，衡文武士。既長成均，師道是膺。力砥清節，玉尺朱繩。陋習甚深，一刷而盡。士氣甚靡，一鼓而振。進退黜陟，廓然大公。勢莫之撓，情無所通。惟此風裁，臨事乃見。宜公宜卿，爲國楨幹。辭榮勇退，不究其施。言坊行表，鄉邦是師。正人云亡，俗失砥柱。澤流後昆，尚纘厥緒。佳原鬱薱，君藏在中。山石可泐，令名無窮。

翰林侍讀喬君墓志銘〔一〕

朝廷侍從之臣，股肱耳目寄焉。自宜竭節奉公，直言無隱。其如士習委靡，持禄養交，容容默默者，固不足言；即號稱賢者，平居類能小廉曲謹，至國家有大利害大是非，則逡巡瞻顧，不敢措一詞。有言責者尚然，他官益復以言爲戒。蓋忠讜直諒之風，不行於世久矣。幸而有一人焉，明目張膽，不避怨仇，爲天子別白可否；其言既用矣，卒傷於讒，沉困以死，若侍讀喬君者，誠可爲拊膺流涕也。

君諱萊，字子静，號石林，寶應人。父可聘，明末掌河南道御史，廉直著聲，爲清流標鵠。娶潘宜人，生五子。君，其叔也，自幼英敏絶倫。癸卯，舉於鄉。丁未，成進士，除内閣中書舍人。壬子，同考順天鄉試，矢心剔弊，無纖芥私。以御史公年高，請假歸養。尋丁艱。服闋補官。戊午，詔舉博學鴻儒。君被薦，試列高等，授翰林編修，纂修明史。粤西初平，補行鄉試，君出主考，稱得人。還，充實録纂修官。乙丑春，上御試詞臣，君名在第四。間日復試之，君名在第五，上甚悦，有「學問優長，文章古雅」之褒。令充日講起居注官。尋擢中允，纂修典訓。旋陞侍講。五月，再遷。俱出特簡。於是館閣代言之文，多君起草。實録以漢文譯滿文，苦相牴牾，君詳加訂正，曲暢本指，而辭義雅馴。上稱善者數四。駸駸嚮用矣，而海口濬河之議起。

淮揚郡縣瀕漕河者，舊有堤以捍水。河臣某某設減水壩，泄水東流，灌民田廬，被其灾者七邑。臺臣有請濬海口出積水者。上遣官行視，還奏，當如御史言。河臣冀董其役，而上以命安徽按察使于成龍，非河臣意。乃别創一議，爲疏上之。其略曰：

海口高昂，内地低於海潮五尺，疏海口則引潮内侵，更足爲患。惟當築堤束水，使高於潮，方可赴海。請悉閉諸減水閘，而建二大閘於邵伯鎮南、高郵城南，泄洪澤湖、天長、盱眙之水，使入堤。自車邏鎮築大横堤一道，抵高郵，自高郵城東築大堤二道，歷興化、白駒至海口，東所泄之水，使入海。其堤在内地者，高一丈六尺，河寬一百五十丈；

在海灘者，高一丈，河寬一百八十丈。堤面闊二丈，底闊二十丈。此堤築於積水之中，無從取土，當先定堤基，舟載遠土，就近築圍埂。埂成，車去埂内之水，取其土以築堤。諸工共需銀二百七十八萬餘，兩三年而工可畢。請先給帑，而取償於田畝及鹽運。七州縣合有田十四五萬頃，而額田不過十一萬頃。河工畢，當丈量之，以額外田爲官田，募民耕之，初年分收子粒，三年後納田價於官，給爲永業，計可得銀二百七十萬兩。以一百九十七萬還帑金，以七十餘萬益治諸堤。淮南綱鹽一百三四十萬引，河成，每引省搬運費一二錢，令每引歲輸銀九分，可得十二萬金，七歲則得八十四萬，官帑畢還矣。誠興此工，當設監修官五十四員，分管官二百餘員，清地課屯官二十餘員。皆擇才能敏練者補之，優其陞轉，或工成即陞，或帑完議叙。

疏入，下九卿諸司會議。疏凡萬餘言，覽者不能竟，未習河事者，莫知要領。君閲之大驚，言其害於司空。司空曰：「事必行矣，言之何益？」

上以役大費多，召河臣與臬臣廷論之。臬臣痛排前議，廷臣多右河臣者。上意不決，命訊淮揚人官京師者。河臣使其客以厚利啗君，君笑不應。淮揚士夫群集君邸，君慷慨言曰：

以朝廷言之，請帑至三百萬，國用絀矣。題官至三百員，銓政亂矣。派夫至數十萬，民力殫矣。以七州縣言之，工未成，害不忍言；工既成，害又不忍言。

未成之害，曰築堤，曰派夫；既成之害，曰賣田，曰决河。築堤先定基址，甲之田在南，取其賄可移而北；乙之墓在北，取其賄可移而南。在一百五十丈以内者，固付之波濤矣；在外者，亦將恐以虚聲收其實賂。貪吏之誅求，猾胥之擾害，三百里中有漏網者乎？害一也。

役夫一日官給銀四分，例也。而夫所得未能三之一。里甲雇夫，月費銀二兩許。每邑役數百人，工及數月，猶病不支。今三工并興，每邑須派夫萬餘人，又久至三年，是每邑歲費銀二十餘萬。富者貧，貧者逃，不待三年，無孑遺矣。害二也。

且夫役數十萬之夫，糜二百七十八萬之帑，棄民田廬墳墓無算，曰以救田也。然工未成，水中之田，民田也，魚可捕，菰蒲可采也；工既成，民之田，河臣之田也，向之糜帑藏、棄廬墓、勤畚鍤以成萬不可成之功者，今乃没其産而絶其食，民何利焉？七州縣之田，起科不等，有三四畝折一畝者，有十餘畝折一畝者，以地有磽瘠也。今但據額丈量，而以其餘爲官田賣之。即如泰州四畝折一畝，將有田四十頃者，没入其三十頃，而以十頃之田，納四十頃之賦，能存一人一家乎？害三也。

往時漕堤雖屢决，河闊不逾十丈。今引洪澤湖萬頃之水，注於一百五十丈之河中，又停畜於一丈六尺之上，獨恃一綫爛泥之堤以爲固，何必伏秋狂風暴雨而後决哉？城郭且爲蛟宫，何有村落？何有廬墓？害四也。

今日之事，當以死争之，功名不足顧，身家不足惜矣。

諸人皆曰：「善！」君乃篝燈草議。

明日，君入直起居注。是日，秋决。故事，賜閣臣及講官飯。君與某學士并席坐，某學士亦言河臣議非是。既而上御南暖閣。閣臣奏事畢，上顧某學士海口一事何如，某學士復右河臣。上顧問君，君敷奏百餘言，剴切詳明。上大悦，曰：「此爾一人意耶？有同者否？」君對：「淮揚人皆與臣同。尚有公議進呈。」翼日，進議，河臣見之語塞。君復至會議所，具論其得失，聲情激烈，聞者感動。雖力主河臣者，不能難一語。吏部尚書李公之芳揖君，曰：「知仁勇，先生兼之矣。」户部尚書梁公清標嘆曰：「江淮之間，可謂有人。」某學士亦謝君曰：「吾甚愧公。」於是河臣議遂寢。

上知君鯁直，益重君，而忌君者滋衆。比而構君，遂中蜚語罷歸。歸而裹足掩關，絶口不談世事。就廢圃爲園，叠石疏池，刺小船往來，賦詩飲酒爲樂。潛心讀易，著易俟二十卷、修邑志二十卷。益肆力爲古文辭，汪鈍翁亟稱之。有集若干卷。

家居七載，無片札入長安，銜君者猶螫之不已。甲戌春，奉旨來京居住，人以上意不測，爲君懼。既至，而上初無意督過君，君則鍵户不見一人，讀易著書如故。不半歲而病作，遂卒。朝野莫不悲之。

君爲人明達寬和，洞見表裏，友愛兄弟，終身無間言。篤於故舊，不以存亡易心，輕財樂施，急人之難如不及。家狀中所載撫孤子、還鬻女、葬故友、贖族人諸義舉，不可勝書。喜汲引才士，士多倚以成名。有司甚敬君，君絶不干以私，惟桑梓利病，如築子嬰堤，啓閉涵洞，募派夫役等事，侃侃爲當事言之。常得所請，鄉里多蒙其利。而海口一節，關國計民生甚大，故詳著之。

自昔詞林號清班，不涉吏事，居職者養望待遷而已。君業以文學見知於上，擢用方新，豈不知力大援多者忤之，足以掇禍？緘默不言，誰得而責之？惟其忠義根心，不忍負主恩，不忍視民瘼，故樹大敵而不畏，犯衆難而不辭。推君之心，苟利於國，奇禍是甘，一官豈所惜哉！惟朝廷有如此人材，而不能究其用，天復不假之年，可爲憤惋痛悼！然古來直臣，多有身受禍而言不用者。君幸遇天子聖明，悉聽君議，消大患於未形，身雖廢而言則行，德被生民甚厚，視夫碌碌致公卿而傳無可書之事者，光榮多矣！

君生崇禎壬午二月四日，卒康熙甲戌七月廿一日，得年五十有三。娶丘氏，封宜人。子四：長崇烈，丁卯舉人；次崇讓、崇修，貢生；次崇禧。女五：户科給事中劉國黻、温江知縣丘璋、汪宸、朱經、黄鈞，其婿也。君於同薦中，與余尤善，又以婿劉出余門，數相往還。既没，其子以遺言，持狀來請銘，不敢辭。銘曰：

維古於言無專官，百工庶士皆可言。孰塞廣路留一門，惟以言責歸臺垣。立仗畏斥舌每捫，悠悠國事誰與論。喬君和易如春温，遇大利弊披忠肝。昌言讜議酬至尊，握蛇騎虎不覺難。竟中駭機鎩羽翰，屏退不得栖丘園。縶維京邸訃忽聞，身非言官以言屯。人誰不死傳者君，屹然一柱當頹瀾。迴天轉日須臾間，淮壖萬井安耕耘。不死徙盡誰之恩，白田高原馬鬣存，千祀弗毁徵斯文。

太原知府周君墓志銘〔一〕

嗚呼！賢才之不容於世久矣。天之生才實難，幸而有其人焉。吾見世之汲引成就之者少，而摧殘沮抑之者多。惟其才氣過人，不可得而驟掩，則數躓數起，亦將有以自見。然而助之之孤不勝排之之力，終於傾跌不振。吾悲夫才如周君，即古能吏趙、張、三王之徒無以過，而卒見中傷以死。此可爲拊心太息者也！

君諱令樹，字計百，河南延津人。弱冠工文章，有盛名。順治乙未，第進士，除贛州推官。居數年，被劾落職。事白，復官，遷大同同知。舉卓異，進太原知府。移病歸。久之，抵京補官，坐事下獄。逾年，得釋，會病卒。

君天姿英異，意氣偉然，籠蓋儕輩，議論踔厲風發，精敏絶倫，尤長於吏事。贛俗喜訐訟，君爲理官，精熟律令，據案受辭，片言立決，下筆如山，老吏拱手咋舌，無敢爲奸者。初到郡，獄囚以千數，君慮天暑人衆，必生疾疫，晝夜治文書，平反十八九，旬日獄空。長寧山寇作亂，騷動旁近，縣守將欲臨以兵。君單騎入寇壘，曉譬禍福，賊解甲羅拜，逡巡散去，兵得無發。其明决敢爲，皆此類也。

其在大同，修城堡，築屋舍，招民墾荒，皆有實績。太原大郡，君治之，寂若無事者。旦坐堂隍聽事，不過俄頃，一切治辦，未嘗察察苛細，而情僞皆得，吏民帖服。他爲吏者，分治刑名、錢穀，幕中客常數人。君一不假手，沛然有餘。雅好文學之士，所至延攬才雋如弗及。隱居巖穴者，或身造其廬。過客有一藝，必款洽，使得意去。海内名宿，未識面者，遼致書幣，通殷勤。至於王公貴人，往往傲睨不以屑意，卒坐是困。

君才望既高，視世事若不足爲，又好面折人，見世人媕阿媚權貴取美官者，輒非笑之。名其堂曰「不媚之堂」，頗使氣忤物，同列多忌之者。

其在贛州，上官甚才之，已而甚怒，捃摭其罪入彈章，幾致重辟，後竟得解。其自大同入覲也，有欲强之往見者，終不肯。遂爲某給事所論，言周某曩在贛時，曾被劾，今不當舉卓異。章下所司，核奏言：贛州、大同事不相涉。且今揭薦者，大同守林某，即前論劾者贛撫林某子也。事得寢。蓋世之不悦君，而欲困之者屢矣。

君幸得以才地自脱，然忌之者滋衆。最後某御史發其居間事，御史得内擢，而君下獄論死。於是當世多憐君者，謂居間誠有罪，然滔滔者皆是，而獨以坐君。某御史素相厚也，一旦中傷，陷之於死。噫嘻！其所由來，非一日之故矣。

君繫獄幾二年，所意度豁然，讀書不輟，爲書一篇自訟，時人傳之，亦竟無能白其事者。

輸金得以贖論，不幸病死。死時，年五十有六矣。君世仕族。高祖咏，明薊遼總督、太子少保、兵部左侍郎、左副都御史。曾祖嘉瑞，錦衣衛掌印都督。祖興祚，銅仁知府。父滂，沈丘教諭。娶申夫人。二子：曰慎；曰恊。女四：長適常摺；次適廣西副總兵姚尚倫；餘未嫁。君之卒也，殯於路隅，朝士哭吊者僅數人。故吏交城令趙恒夫，爲之買棺以殮，資其喪歸，而余爲志其墓。余布衣時，蒙君國士之知，嘗讀書太原署中，識君生平爲人大略。至其居官政迹，則亦莫得而詳也。銘曰：

吁嗟乎君！何才之傑，何命之屯？凡今之俗，悶悶淳淳。君獨崛强，直轂方輪。浮沉偃仰，一跌不振。世路羊腸，君磨其齦。人情陽侯，君揭其津。利劍先缺，芳蘭先焚。天耶人耶？奈何乎君！

【校記】

〔一〕太原知府周君墓志銘　潘氏自刻本遂初堂集文集卷十四作「太原太守周君墓志銘」。清康熙四十九年增修本遂初堂文集目録作「太原知府周君墓志銘」，正文仍作「太原太守周君墓志銘」。爲統一體例，據目録改題。

池州府學教授顧君墓志銘〔一〕

自學校之選衰，而天下無師。曰師曰弟子者，率不出於學。出於學者，非有磨礱淬厲之實，徒以名籍相維繫。弟子既不尊師，而師亦失爲人尊之道，天下是以無人材；無人材，是以學術事功一切敗壞。當此時而欲抗顔爲師，以先王之道教士，非篤學行義自信不惑之君子，其孰能之？若濂宗顧君，其人也。

君爲師於石埭，於豐。石埭地僻，寡秀民。豐錯處沛、譙間，以豪武爲俗。君曰：「習無純龐，士無廉鈍，在所以導之。」乃潔志約躬，一刷師弟子陋習，而大勸於學。講課日月，皆有程；教以文章、德業、經義、治事，皆有序；授之六經子史、程朱大儒之書，皆有條理。士狃於故，常猝不知所謂。君優柔漸涵，磨以歲月，徐而服從，久乃大奮。君又不爲巉絶崖岸之行，凡所設施，出於至誠，德完而氣沖，爲人言無所不盡。士之來見者，充然如有得也；已見而退，愀然如有失也。在石埭七年，在豐八年。始至，士或不名一經；比去，弦誦之聲塞巷。縣令丞以爲師，學使者諮所疑。其遷也，士民立石頌德。其没也，禮祠之學宫。嗚呼！若君所謂以道得民者，非耶！

君生而至孝，恒視父母飲饌興居之節，以爲憂喜。執親喪盡哀，以禮祭葬。撫兩弟孤，如己子女。少以能文，有聲博士弟子。既乃潛心聖賢之學，深於圖書、易象、太極通書。自謂得濂溪閫奥，撮諸儒粹言，爲道學正宗、易編合珠二書，衍先後天作十二圖，學者傳述焉。

配吕夫人，協德儷美，善事尊章，攻苦作勞，佐君孝養，俾有餘力以學。撤己環瑱，以資小姑之嫁，宗黨以爲難。君兩遘危疴，孺人輒求得奇藥，以脱君於死。生平無疾言遽色，與君白首相莊。君有子，早貴爲御史，人以賀君，君不色喜；及御史忤時死，賀者復前吊，君不色悲。嗚呼！觀君之道行於家，及處吉凶得失之際，知君之於學自得深也。

君諱言，字子訥，世爲丹徒著姓。君由明經補石埭訓導，轉豐縣教諭，遷池州教授，不赴。有子四人：長曰仁，京畿御史；次曰禮；曰義；季曰智，丙午舉人，知沅江縣，候補給事中。女三，皆適士族。孫男七人，孫女六人。

君生萬曆辛卯四月十有八日，終康熙甲辰正月十九日，年七十有四。孺人先君一年生，後君六年卒，年八十有一。君没時，三子皆先卒。季子獨營喪葬，將合窆，謂耒曰：「先君夫人之德，非文無以傳遠。吾無以世俗之文爲也。子實學古，而辱與智游，請以子銘。其無用辭！」乃爲銘，曰：

履德之高位不副，績學之豐施不究。爲經人師推善誘，纂聖雅言燭衆謬。刑于家人閫德茂，寵辱不嬰有眉壽。穹窿佳原氣所輳，藏魄孔寧昌厥後。

【校記】

〔一〕池州府學教授顧君墓志銘　潘氏自刻本遂初堂集文集卷十四題爲「池州府學教諭顧君墓志銘」。正文云：「君由明經補石埭訓導，轉豐縣教諭，遷池州教授，不赴。」則清康熙間增修本遂初堂文集改作「教授」，從其實耳。

鴻臚寺卿劉君墓志銘

鴻臚卿寶應劉君既没，逾年將葬，其孤師恕以狀來請銘。按狀，君諱國黻，字禹美，世爲寶應望族。考士壯，贈通政司、左參議。母喬氏。侍讀石林，其舅也。侍讀愛君穎敏，復以女妻君。君年二十五，舉於鄉。三十，登第，選庶吉士。閲三載，授户科給事中。明年，遷刑科都給事。又明年，典試粤西。未復命，丁贈公艱。服除，補户科都給事。居六年，擢通政司參議。又四年，歷督捕、理事官。改鴻臚卿，以疾卒官，年四十八。

其在户科，嘗建言：

民間田畝，有大地、小地，上中下地之殊。起科輸税，或以二三畝當一畝，或七八畝當一畝。蓋土有高下美惡，田有寬狹肥磽，自古則壤成賦，不能强之使同也。今賦役全書所載，或田少而賦重，或田多而賦輕。即以揚郡言之，高郵田二萬五千餘頃，額徵銀四萬一千餘兩；泰州田九千餘頃，徵銀四萬四千餘兩；興化田二萬四千餘頃，徵銀二萬八千餘兩；寶應田二千餘頃，徵銀二萬餘兩。非泰州、寶應之田視高郵、興化少至三倍十倍，而賦重至三倍十倍也。泰州、寶應乃大地，而高郵、興化乃小地也。小地則一畝爲一畝，故賦輕；大地則數畝折一畝，故賦重。而全書不明言其故，吏胥緣以爲奸，愚民以小畝而輸大畝之賦者有之。恐異日有借言清丈，欲以一畝作數畝，民何以堪？

請敕纂修簡明全書，諸臣將天下田畝等則，詳核折數，具載書中，以垂永久。

上是其言。時有建議請丈量淮揚田畝，以羨地入官鬻之者。君疏出，乃寢。

其在刑科，則當秋審、朝審時，取各省所上爰書，反覆詳閱，稍可矜疑，必曲爲平反。其在督捕，則詳考則例，刊布之，俾官民通曉。凡往時以一逃人爲根，連累至百十人，及以逃案爲市，取所歷州縣官職名待劾者，弊不勝詰，皆剔除之。由是，督捕事日簡，案牘日稀。天子乃裁其官，并歸兵部，而改君鴻臚。凡此，皆君政績之可紀者。

君性寬和，立心行事，一切依於厚。自未第時，已能存濟諸親黨。既得禄，疏戚貧宗，無所不收恤。與人交，終始若一。折節寒素，未嘗以貴驕人。稱人之長，覆人之短，如弗及。雖早達，弗懈於學，刻苦爲詩章，有集若干卷。此狀之所得言也。

嗚呼！君言官也，先後居言路七八年，而封事不數數上，厥有故焉。淮南多水灾，天子既遣重臣治之，又數訪得失於淮揚人之官京師者。君之至戚，以直言忤時，中蜚語，禍幾不測。君處危疑之地，欲論列大計，則懼言出禍隨，若毛舉細故，則又不足報稱。故寧持重寡言，而恪修職事，清慎自將，使人無可指摘。雖忌君者，不能得君毫髮過誤，爲媒孽資。君亦未嘗貶節脂韋，有所附麗，而賢聲籍甚。惟天子知君樸忠孤立，特擢用君。人第見君履順席榮，而不知其操存惕厲，有大過人者。此狀之所難言，非余莫能詳也。

余承乏禮闈，得士十二人，惟君最少雋。既除諫垣，幸其得言天下事。已而惜其不獲盡言，品行益修，端厚寬宏，屹然公輔器。比内擢爲清卿，冀其將遂柄用，而止於是。命也！悲夫！

君有子六人：師尚、師恕、師寬、師逵、師寵、師筠。師恕年二十餘，已爲庶吉士，將世其家。銘曰：

淮揚名郡，河漕之衝。大工大役，利弊所叢。實賴正人，岳立廷中。繫鄉邦重，爲坊爲墉。矯矯劉君，學富文雄。早登鑾坡，才譽無雙。高步諫垣，衮職是供。持身謹潔，報國公忠。周咨民瘼，爲帝達聰。文豹在山，狐兔潛踪。巍班濟陟，鼎望斯崇。梁摧棟隕，朝野心同。年雖不永，其德則豐。施雖不究，其積則隆。尚賴嗣人，繩武亢宗。刻銘徵信，昭示無窮。

中憲大夫韶州知府陳君墓志銘〔一〕

陳氏之先，盛於江西泰和。明中葉，有廷鉞者，始徙遼陽。五傳至九錫，以都司從世祖入關，改官道州知州。是生資政大夫紀，以偏裨從王師收粤東西，積功授一等護衛，攝都統事，鎮泉州。是爲府君之父。

君諱廷策，字元敷。生而穎敏絶倫，脱去將家豪習。都統公雖嚄唶宿將，喜與賢士大夫游，輕財喜施，意豁如也。君更折節讀書，考古論今，講求經世之學，每以古名臣自期許，筮仕荆州府同知。荆爲楚蜀通津，遠商萃焉。同知實司榷務。前官坐缺額罷者，十人而九。君强毅精敏，盡釐積弊，老胥夙猾，斂手莫敢爲奸；曲意恤商，商無横費，來者鼓舞。終君之任，國課無虧。荆南衆流所輳，江漲嚙堤，壞廬舍，漂民人，無歲不有。有司多以傳舍視其官，莫肯任事。君獨奮曰：「民災不救，何以官爲？」身自相度形勢，首築黄潭堤，措費成工，不避勞怨，晝暴烈日，夜栖茅葦，與夫役同辛苦者半歲。堤工畢成，高厚堅完，爲荆永利。荆人立碑頌績，至今曰：「陳公活我！」

三藩變後，添設駐防之兵於荆州。旗民雜處，時有鬥争，民多不能自直，君一切繩以法。有悍卒厲民，而其長庇之者，君輒見將軍，畫地陳狀，務令鞭卒以狥。卒漸斂戢，民始帖然。丁卯冬，楚撫與屬吏相告訐，藩臬以下，皆株連奪官。君兼護數印，五官并用，案無留牘。無何，夏逆變作，武昌失守，荆人煽動。君從容指麾，防奸制賊，皆有成算。已而，大軍雲集，士馬十餘萬，芻茭糗糧，倉猝百需，皆問之君。君措置得宜，事集而民不擾，竟以殲賊。賊所掠金帛山積，君簿録上之公府，纖毫無私。楚督丁公思孔叙其勞績，特疏以聞，得予軍功紀録。尋遷韶州知府。去郡之日，荆人遮道牽衣，多泣下者。

韶州，嶺南孔道，使節旁午，夙苦衝疲。君節其力，均其勞，民以不困。粤人健訟，每株連多人，屬邑以獄上，君立決遣之，旅舍無留人。潔己率屬，政簡刑清，郡以無事。建韶陽書院，選才俊肄業其中，月餼而時省之。延訪博雅宿名之士，身與唱酬講論。以儒雅飾吏治，沛然有餘。詔舉清廉超卓之官赴闕下，粵東舉者三人，君與焉。會天子北征，未及召見。駕還，而君以病没，年止三十有七，人咸惜之。

君内行醇謹，同産四人，友愛無間。居官不妄取，而遇親故，曲盡恩禮。没之日，裝槖蕭然，有足稱者。娶靳氏，無子，以弟堯策之子慶復爲後。

余未及識君，而君弟常從余游，知君治行爲悉。既卜葬，使來請銘。惟君世爲將家，而能學古，入官優於從政，可謂卓爾不群。至於竭力爲民，挺身任事，捍大灾，定大變，紛糾倥偬之際，肆應有餘，其才可大用也，而年與位，竟止於此。悲夫！余懼其久而無聞也，乃序而銘之。銘曰：

二十而仕，倅郡荆門。其齒則少，其官不尊。何才之練，摧堅剖棼。何氣之果，排難濟屯。江濤滔天，民將爲魚。築堤言言，萬井安居。逆焰燎原，群駭而趨。鎮定如山，無怠無虞。驕軍横帥，少年壓之。方伯廉使，郡丞攝之。匪遭其時，惟才之宜。賞不酬勞，遷以年資。韶陽名郡，安坐而理。澤洽如春，政平於水。循績升聞，待擢於京。心長算短，殞此邦楨。有惠於民，有勞於國。薦剡具存，頌碑不泐。翼翼堂封，吉壤是憑。銘以昭之，百世可徵。

【校記】

〔一〕中憲大夫韶州知府陳君墓志銘　潘氏自刻本遂初堂集文集卷十四題爲「韶州太守陳君墓志銘」。清康熙間增修本遂初堂文集目録題爲「中憲大夫韶州知府陳君墓志銘」，正文題爲「中憲大夫韶州知府陳府君墓志銘」。爲統一體例，今據目録改題。

高州府通判汪君墓志銘

桐鄉之汪，自休寧徙。爾綏、周士、晋賢、季青昆弟四人，并有才望。仲、叔、季邃於文學，恂恂恬雅。伯子獨慷慨跌宕，慕節俠，喜功名，筮仕嶺表，甫匝歲而卒。諸弟絶痛傷之，將葬，以狀來請銘。余交其昆弟久且厚，不可以辭。

按狀，君諱文桃。七世祖憲，明天順中官眉州同知，生仕。仕生新，南昌衛指揮僉事。新生應亨，贈應天通判。應亨生麟〔英〕〔一〕，襄陽衛經歷。麟〔英〕生景仁。景仁生淇，贈中書舍人，君之考也。妣金氏，封太孺人。

君少豪邁，有奇氣，爲諸生，不屑俯首章句，曰：「丈夫當曉文武大略，乘時樹功名，垂聲竹帛。何白首咿唔爲？」家素饒，喜賓客，樂施予，縱横輕俠之士多歸之。因生事端，數破其貲，不悔也。閩粤用兵，君慨然有請纓之志，浙撫陳公奇之，假偏裨職銜，令贊謀畫。俄而三方蕩平，兵不復用，君乃謝歸，營别業餘不溪上，日招故人，縱談豪飲，極園亭絲竹之樂。既而翻然起曰：「一官一職，亦足自效。老死田間，無爲也。」謁選，得高州府通判。高州於廣東最爲荒僻，無郡丞，以别駕爲上佐。君單車就官，痛自磨厲，一洗豪宕故習，益盡心民事，案無留牘，請謁不行，剖决平允，吏民悦服。會郡守遷去，君以廉能攝行守事，益爲清謹，革輸税之重耗，汰征商之羨餘，屬吏餽遺，雖藥物不受也。巖疆多盗，君設方略，悉捕擒之，民以帖息。又以俗陋民嚚，由於不知禮教，刻朱子學的，頒行之，士民翕然向化。先是，君之伯祖起英，天啓中以刑部郎謫高州判，有惠於民。越六十載，君復爲是官，善於其職，嶺徼以爲美談。攝守半歲，積勞成疾，以康熙丁卯七月卒於官舍，年甫五十。

君素輕財，拯窮周急如弗及。居官一錢不取於民，而爲寮屬代償積逋，至數千金，爲身後累。叔子挈孤以往，經理逾年，喪乃得歸。

君磊落不羈，而内行醇謹，孝友無間。生平矜奇負氣，蔑世事若不足爲，一旦折節服官，明練吏事如素習。蓋其才可用，其志甚長，而竟止於此。悲夫！

配程安人，温恭淑慎，生長富室，而性甘儉約，秉家政肅而有禮，孝事尊姑，善處娣姒。君倜儻好施，安人傾囊佐之，無怯色，姬妾滿前，怡怡如也。己無子，側室吴氏生子，撫育恩勤如己出，中外莫不賢之。先君六年卒。子一：耀，以太學生候補州同知。女一：適秀水徐龍淵。孫二：上均、上墀。康熙二十二年七月三日〔二〕，葬卞山之南青草塢，程安人合葬焉。銘曰：

渥洼之馬，不可紲羈。及其服襄，絶塵而馳。士也自豪，倜儻權奇。一就繩削，合矩應規。吁嗟汪君，有藴不施。小試民社，來歌來思。何才之鋭，而遇之遲。宜其有爲，而止於斯，嗚呼噫嘻！

【校記】

〔一〕應亨生麟〔英〕　原刻作「應亨生麟」。清錢儀吉纂碑傳集卷五九引儲大文撰户部郎中貤封監察御史汪君森墓志銘作「應亨生麟英」。潘氏撰墓志銘云「君之伯祖起英」，亦證「麟」字後脱去「英」字。

〔二〕康熙二十二年　墓主卒於康熙二十六年丁卯，配程安人「先君六年卒」，則合葬時間不當是康熙二十二年。疑誤刻焉，當年「康熙三十二年」。存此俟考。

李寧侯墓志銘

樂清山川雄拔，多產偉人。若王梅溪之正直，劉蒙用之忠義，章恭毅之節概，卓然爲名公卿。而文章如李五峰，亦奇崛追古作者。蓋清明剛大之氣，鍾於人而然也。明熹宗朝，御史李公光春疏劾魏忠賢，直聲震天下。崇禎中，歷僉都御史。國亡，不仕，以壽考終。此繼恭毅而不朽者也。而公之次子象坤，字寧侯者，復以文章名。余游雁蕩，見其文，深相嘆異。比來東甌，而寧侯没已二歲，從其子燧得匊庵集、雁蕩志。讀之，想見其人，意氣傑然倜儻卓犖之士也。

君兄弟七人，母滕夫人夢五色雲而生君。穎敏絶人。年十二，補邑諸生。不屑治舉子業，肆力古文辭，於學無所不窺。從中丞公宦游，縱觀武夷、彭蠡、嵩高、少室諸山川，文筆益雄肆。即中丞公有大著作，輒以屬君。君譽日益起，翹足致青雲，奮欲有所樹立。遭時多故，流離患難，悲歌慷慨，不難披髮入山。而中丞公以元老杜門，君不得不與世浮沉，爲門户計，以高材久次，貢入成均，席帽青衫，非其好也。酷嗜山水，一筇獨往，奇險靡不探索，枯禪老衲，盤桓忘反。文章峭拔，務去陳言，獨抒己意，論高而識卓，一掃靡爛之習。有不作，作必警快絶人。詩多深沉之思，刻畫意象，以矯拔爲工。雅善著書，輯雁山志，凡讀書有一字與山涉者，手自摘録，十年乃成。預修甌郡志，筆削簡嚴，去取皆有深意。晚年名益盛，操書幣踵門者趾相錯，援筆應之不倦。手削成集，僅十餘卷。

天性孝友，滕夫人病，刲臂作糜以進。訓諸弟如嚴師，撫孤侄如子。友人死難，贖其妻孥。方中丞貴時，有賈人犯法，持千金丐一言解於主者，君麾之不顧。其廉介率類此。以故爲貴公子，而家酷貧。當事慕其文行，多折節定交。君未嘗有所干請，士論尤高之。

嗚呼！以君之才之志，使得見用於時，必能樹功名，植氣節，爲時名臣。不幸齟齬，僅以文章自見，其精思獨詣，卓然可傳然。余來甌，求李五峰集，絶不可得，未知千載下有能珍藏君集者否？嗚呼！可慨也。

君生於萬曆壬子十一月十七日，卒於康熙己巳九月六日，年七十有八。娶張氏。子六人：煜、炳、焯、煒、燧、熠；女二人，適王法平、趙模。孫男十四人，孫女七人。將以某年某日葬永嘉之諸浦，燧以余爲能知君者，持狀來請銘，不敢辭。銘曰：

雁之山奇而雄，君之文鑿鴻蒙。龍之湫靈以幻，君之詩格善變。豐者天嗇者人，志則鬱譽則伸。惟子雲知子雲，後千載徵斯文。

鈕芥庵墓志銘〔一〕

士君子潛德弗曜，必昌其後人。此理之當然，舉世共信者。然世俗之所謂食報，惟在子孫掇巍科登膴仕而已，不問其宦迹若何。吾以爲宦迹若優，則不必巍科膴仕，而清白家聲可大可久；宦迹無足稱，則如朝菌夏潦，不旋踵而枯涸，何報之足言。故欲觀其先人積德之厚薄，當於其後人賢不肖觀之。彼徒以勢位相誇詡者，陋矣。

吾友高明令鈕玉樵，今之清白吏也。其二親没，將葬，以狀來請銘，忝在世好，不敢辭。

按狀，府君諱宏儒，字希醇，號芥庵。世居吴江麻湖之濱。先世皆力田謹厚。君本生父某，出爲伯父某後。年十七，補秀水博士弟子。明末，寇盗充斥，君遭嗣父喪，寇且至，村人盡避，君獨身字殯，晨夕哭奠，不暫離。繼遭母喪，亦如之。里俗尚鬼，民家多繪真武諸神像，嚴事之。君别作室奉宗祐，悉撤去諸繪像，曰：「未能事人，而暇事鬼乎！」剛正不撓，其天性也。尤篤於氣誼，急人之急，惟恐後。有湯雨七者，素嗜古，家被兵，獨負古書畫，踉蹌出奔。君奇其人，割宅與居，仍賙給之。比還，不失一物。嘗有盜剽村中，大掠而去，村中大姓疑君之鄰爲盜媒，聚衆至百人，人持一炬，將圍而焚之。君察其誣，迎於塗，反覆開諭，乃散去。徐而知鄰實非盜媒，乃大服。他排難拯窮事，多類此。中年棄舉子業，與諸逸民高流爲文酒之會。家益落，蒔花種藥，蕭然自得，客至，假醪貿饌，賓接不倦，以爲常。

玉樵早有才譽，君教督甚嚴。迨入仕，誨之以親賢樂善，勉爲廉吏。就養項城官舍，多所撰述。無何，没於署，以覃恩得贈如子官。配黄孺人，淑慎著聞。君性嚴毅，孺人濟之以慈婉，親族鄰里無間言。子三人，女七人。長琇，即玉樵，以壬子拔貢爲縣令，女五，皆黄孺人出；次璟，次璧，女二，側室張氏出。孫男三，孫女一。府君生於某年月日，卒於某年月日，年六十有九。黄孺人生於某年月日，卒於某年月日，年七十。以己卯十二月從葬祖塋，遵遺命也。

惟余與玉樵自少相厚善，因得數奉君之教言，持論侃侃，節俠自喜，好行其德，能爲善於人所不及知，固宜有後。玉樵高才不第，僅以明經服官，三仕猶爲縣令，未足稱顯揚。惟是清介自砥，皭然不易其操，誠濁世中百不一見者。而闇修獨行，不求人知，尤有古君子之風，視夫高官大僚而同流合污者，相去遠矣。以是徵君之種德，尤厚於他人也，是宜銘。銘曰：

鈕於前史，罕有聞人。繁衍吾邑，溪湖之濱。名儒高科，志乘多有。卓爲廉吏，則在吾友。濬源培根，自其家尊。樂善不倦，任恤睦婣。潛德之錘，昌於其嗣。匪禄之榮，惟節之勵。崇封厚葬，不如他家。若斧若堂，以德爲華。黄雀之祥，以來大鳥。傳清師儉，子孫是保。

【校記】

〔一〕鈕芥庵墓志銘　潘氏自刻本遂初堂集文集卷十四題爲「贈文林郎鈕君墓志銘」。

孫襄臣墓志銘

周官，司徒之職，「以鄉三物，教萬民，而賓興之」。孝友睦婣任恤，是爲六行。非是，不升於朝。管子治齊，猶存此意。故曰與其爲善於國，不若爲善於鄉；與其爲善於鄉，不若爲善於家。自鄉舉里選之法廢，而士不敦本行，唯尚浮華。故躬修篤行之夫，不見用於世。然造物者常陰厚之，吉祥善事，胥集於其身。是則古之所重，今之所輕；人之所遺，天之所取。君子可以審所處矣。

孫君諱琪，字襄臣。其先自嘉興徙松江之申浦，再徙青浦，世有厚德，族以滋大。君之考元賓，文譽藉甚，常爲髦士師。生子六人。君其叔子也，端重醇謹，有綜理材。父没，祖父母并在堂，諸弟稚弱。君佐兩兄操家政，任鉅荷艱，不辭勞瘁，公私内外，一切治辦，先業不隳，更致饒裕。然不懈於學，補博士弟子，不汲汲於榮進，奮欲爲賢人君子，取古嘉言懿行，書諸几席，以自砥礪。王父篤老，君代父盡子職，晨昏定省，旦晡上食，扶持抑搔，不離左右。王父自卜壽藏於城南，阻撓者百端，君與兩兄竭心力經營之。宅兆既成，王父復曰不佳，當改卜。君奉命惟謹，相度至百里外，得地於吴山之陽，所費不訾，纖毫不以累諸弟，時人難之。

母病，侍湯藥，不解衣者六旬。居喪毁瘠，無人色，三年未嘗露齒。忌辰薦食，常竟日悽愴，泣下沾襟。嚴事兩兄，細大必請命而行。季弟早卒，君撫其子如己子。創築家祠，祭奠合食，聚子弟規誨之，一門之内，秩秩如也，怡怡如也。

尤好行其德，宗族鄉黨，有婚嫁、死喪、疾病、獄訟、卜居、營葬等事，以緩急來告者，靡有不應。或囁嚅不能出口，君喻其意，輒資給之，各滿其望以去。歲祲，有司勸分，君每傾貲賑濟，盡其實而不居其名。邑修文廟，捐百金助之。古先祠墓有毁者，輒爲修葺。見勸人爲善之書，輒梓行之。造橋梁以百數，瀕死，猶力建邑西新橋，土人以君字名之。一切濟人利物之事，知無不爲，爲無不力。淞泖間稱君子長者，必曰孫君。

君不言而躬行，晚著家訓一編，切近簡要，人争傳之。縣舉鄉飲酒禮，以君爲大賓，君遜謝。迨祀其父於鄉賢，而後即安。年七十三而卒。

配方孺人，實有賢行，能成君之志。子五人：鉽、鍈、錞、鎬、鋗。女三人。孫十一人，孫女九人。嫁娶皆名族。鉽，候補州同知。君以恩例，受封如其官。康熙庚辰十一月甲辰，葬泖西北渚莊，使來請銘。

嗚呼！以君之篤行好修，樂善不倦，令生兩漢時，不以孝廉舉，則以賢良徵，登於朝列久矣。今乃以諸生老，僅得鄉里稱善人，可慨也夫。然富壽多男，人不可以力致者，君獨全而致之，食報於天者，亦不可謂不厚也。銘以風世，其誰曰不宜！銘曰：

人詡詡，言孝弟。徵其行，有遺議。士翩翩，談義利，錐刀微，膚髮視。猗孫君，天質粹，涉末流，敦古誼。踐真純，去華僞。砥躬修，内行備。見義勇，爲善鋭。顛必扶，困必濟。舟萬斛，運不滯。陂千頃，酌不匱。邇歸仁，遠懷惠。何必仕，有良貴。淞之滸，泖之裔。水瀠瀾，山叠翠。壤之吉，藏之邃。以斯銘，告百世。

丁墨霞墓志銘

丁氏之先，世有顯人。宋南渡初，自汴徙吴。其居吾邑盛墩之東，則自元迄今，且四百年，可考者十餘世，多以高貲篤行，賓禮於有司。有諱鵬者，嘉靖中出家財，築堡禦倭，徐給事魯庵志其墓。其曾孫曰士俊，明末毁家從軍，死於難。

君其叔子也，諱谿，字墨霞，孝友篤誠，敦尚志節。弱冠而遭家難，避兵轉徙，盡亡其貲。潛心力學，補秀水諸生。亂定還里，稍稍理故業，勤苦者積年，復振如初。然不懈於學，居則孜孜講肄，出而與四方知名之士角藝爭長，久困場屋，去游成均，爲選人，非其志也。能治生，而不吝施，遠族疏親，多所收恤，拯窮周急，多長者之行。郡中同宗，坐事當籍没，一子亡至君家，家人欲弗納，君曰：「彼急而投我，我何忍拒之？」曰：「如後患何？」曰：「情誼常然，利害非所計也。不聞古有嬰杵乎！」竟納之。其後，事露，幾掇重禍，破其家，不少悔。其見義勇爲類如此。

彭公雲客絶重君，以二女妻君。二子：愈、憲。愈，邵安人出也。憲，側室蔡氏出也。邵安人，秀水名族，淑令性成，相君治家，肅而能寬，儉而中禮。君爲盛德事，輒陰贊之。愈出爲伯父後，愛憲如出腹子，家財盡予憲，不使愈稍分之。兄爲大姚令，卒於官，一女無依，撫而嫁之。君没後，即謝家政，長齋誦經，然未嘗一至寺院，身衣布素，老自縫紝，一動一言，皆可師法。

君卒於康熙乙卯年冬，既葬矣。邵安人後君二十七年而卒，將啓君之窆而合葬焉。於是二子以狀來請銘。余素聞君行誼，又忝姻好，不敢辭。銘曰：

勃興之門多驟替，何如清素長相繼。濟陽分支久而熾，賴有潛德綿其世。惟君躬行敦孝悌，樂善如歸從義鋭。藏亡匿孤任俠事，謹厚爲之斯可貴。協德齊徽有賢儷，彌成家修溥厥惠。如燈加膏木培柢，引延福澤無終既。有崇堂封安且利，納銘幽宫示來禩。

沈節婦墓志銘

嗚呼！食人之禄，有死無二者，謂之忠臣。處人之室，有死無二者，謂之節婦。若人者，未嘗知其主之必危，夫之必殆也與？同安樂中更變故，不渝其守，而人猶難之。若夫見其已危已殆，而捐軀事之，履險任艱，鞠躬盡瘁，豈不尤難而尤賢哉！古來純臣，若申包胥、田單、諸葛孔明、張睢陽、陸秀夫之流，蓋曠世而不一見也。而婦女顧間有之，若沈節婦，其炳然者矣。

節婦，烏程温氏貢士模之女，歸同邑沈文然。温、沈皆苕中望族。文然祖演爲大司寇，父及兩兄皆舉於鄉，許婚時方鼎盛。已而，金陵有大獄，詞連伯兄，論死，籍其家。文然以出嗣免，猶坐仲兄科場事，與叔兄偕徙塞外。方獄急時，有言婚可解者，温女聞之，慟哭求死。父母乃曰：「世固有甫婚而夫遽亡者。婿長流，與死等。此女命也，復何怨！但沈氏不可無後，當及其未行而嫁之。」遂請於官。出獄就婚，仍時時就繫。如是三年，乃行。於是舉一女一子。臨行時，子猶未出腹也，二親尚未葬。節婦曰：「此大事，夫去，孰爲主者？」不謀族黨，不用地師，克日襄事，令文然視復土而行。

既行，家難尚未息。有奸民王式者，以沈氏籍産不盡，訴於官，遍歷監司督撫以至部寺，所株連百餘人，涉訟八九年。迨親王廷鞫，始抵式罪，而沈氏田宅尺寸無留者，温之資裝亦盡。中間文移駁詰，吏胥誅求，千名萬狀，親屬或坐視，或陰下石。節婦既備嘗慘苦，而能審幾應變，不挫不擾，故家破而猶能立孤。其明哲有丈夫所不逮者。

文然至徙所，僅二年而没。萬里負骨歸，節婦瀝血驗之，乃葬。文然生母與嗣母并在堂，節婦事之，曲盡孝謹。生母病痿，節婦〔一〕扶持卧起，三十年如一日。文然之叔兄，先聘於徐，難作，請婚，不即許；瀕行，乃成婚，竟無子。節婦與徐，同室而居，如親姊妹。叔兄遺言，以家産盡與弟之子，節婦不聽，卒爲立嗣。其臨財能讓如此。

治家一用勤儉，年荒，屑豆爲糜自食，而奉姑及膳塾師如平時。教子女有法度，慈而能嚴。婚嫁既畢，節婦力竭心枯，發病以卒。卒於康熙丙子七月望日，距其生順治乙酉十二月九日，年僅五十有二。子琬，娶吴氏，繼娶凌氏。女，嫁温秖愿。

嗟乎！當沈氏禍烈時，使温氏稍稍觀望，則文然不得婚，若敖之鬼且餒，何有門户？節婦矢死靡他，延宗祀於一綫，茹荼嚙蘗，備歷人世之艱辛，卒使沈氏亡而復存，碎而復完，與尋常秉義守貞者，難易何啻倍蓰！而其父母兄弟咸共成就之，牽連破家，終已不悔。豈不亦賢哉！

温之先，有陸太孺人，以節孝聞，有家訓行世。其子寶忠先生，官新安，明亡，闔門殉難。今節婦殆聞陸母之風而興起者歟？而世之爲寶忠者，何寥寥也！

琬將以某年月日合葬節婦於其考之兆，以狀來請銘。銘曰：

夫亡守貞，婦道之常。遭罹奇厄，不亡而亡。子猶在腹，夫乃投荒。生分死别，地遠天長。况家多難，如沸如羹。荓蜂辛螫，矢集於墻。藐兹弱質，懷冰履霜。不競不絿，惟義之將。如操尺柁，涉海汪洋。如持寸針，紉百裂裳。精誠所感，天日迴光。漸出坎窞，以登康莊。備舉喪葬，孝養高堂。撫孤有立，貽謀允臧。功存宗祀，德衍蒸嘗。展矣禮宗，俾也可忘。宜旌於國，宜表於鄉。刻銘幽宫，萬世之藏。

【校記】

〔一〕節婦　原刻作「節母」，誤。清錢儀吉纂碑傳集卷一五一列女三節操上徵引是篇，已改「節母」作「節婦」，是矣。今據之改正。

余節婦墓志銘

節婦吴氏，休寧吴邦珽之女，適同邑余頌。頌有勇略，明末從其父君復，往來吴楚間。君復獻策，不省，遣頌從軍，授守備銜。乙酉夏，從黄總戎以舟師屯太湖，敵至，力戰死。婦聞，悲慟不欲生。有以撫孤勉之者，乃止。既終喪，子女又死，或勸之改適，終不可。君復挈家寓吴江，婦獨與一婢守新安舊廬者四載，備嘗艱辛。舅姑知其志决，始迎與同居。淑慎儉勤，恪盡婦職。君復乃聘其妹，爲幼子頡婦。頡歸成婚，婦還故里，與妹同居。頡出遠館，家事皆婦操之。頵或三四年一歸，或五六年一歸，脩脯不時至，婦與妹服勤操作，攻苦食淡，恬如也。痛夫死，尸不歸，子女又不育，終身無歡笑容。頵以長子邦翰爲兄後，既娶矣，不一歲死，婦尤哀之，故病痞數發而卒。臨終，以未定繼嗣爲恨。頵復以子邦鼎嗣之，乃瞑。壽六十有六，守節者四十餘年。

嗚呼！臣不二主，婦不二夫，人道之常。然明之末造，高官厚禄者，或竄或降，偷生旦夕。余生一布衣，乃能投筆從戎，捐軀殉國，膏鋒刃而不辭，誠哉丈夫之雄！宜其有守貞矢義之死靡他者，爲之婦也。江河日下，綱絶維弛，而區區草澤之夫，巾幗之女，力扶而孤繫之，可貴也夫！可慨也夫！

頵與余善，將葬其嫂，請爲之銘。銘曰：

貢湖北，胥江東，有烈士，駕艨艟。麾義旅，當軍鋒，矢雹激，炮雷轟。作國殤，爲鬼胸。痼不起，全而終，婦死貞，夫死忠。柩獨殯，何必雙？穴獨處，何必同？百世後，欽芳踪，尚弗壞，加崇封。

亡妻王孺人壙志銘〔一〕

康熙己酉歲十一月乙未，亡妻王氏卒於淮陰。將以其月戊申厝於清江浦魯橋之原。惟先墓在吴門，道遠未及歸葬。而末也有四方之游，不獲以時展視，懼丘壠之昧於久遠，不可以弗歷也，乃鑱石而納諸壙中。

妻，淮處士起田王君女也。母方夫人。年十八，歸於余。余，吴人也，幼遭多難，去而北游，以癸卯秋謁起田君於淮陰。君愍其流離，衣食周恤之甚至。既而謀於方夫人，曰：「潘某名家子，賢而有文，當世其家，不幸窮困。吾甚愛憐之，盍嫁與女？」夫人曰：「某人材誠可者，然吾與若且老，無壯子，唯一女，奈何棄之遠所？」君曰：「無苦是，在我而已。」遂以命耒。耒以未命於母，不敢輒承。明年，君親訪耒於吴，請於耒母，而定婚焉。間二年，耒如淮，成禮於内氏，遂留讀書。

君廉知耒貧，無以養，將爲田若宅，俾迎母於吴而家焉。會淮右大灾，君家多故，遂不果。將以今兹季秋挈室而南，以歸奉姑。其夏，起田君卒，又不果。無何，吾妻病，病半歲，竟死。嗚呼傷哉！

吾妻幼而淑慎，事其尊慈，繞膝承顔，婉娩盡禮。以故父母絶愛重之，不欲與凡子。既歸余，而余貧甚，幾無以生。然吾妻心安之，性儉約，不慕靡麗。每姻戚宴會，珠璣彩翠，爛然坐中，未嘗移盼。嫁三日，即去其鮮衣裝，謹藏之，曰：「吾未拜姑，不敢輒服。」更衣布衣，操作習婦事，自以生長富厚，恐不稱貧家婦，益自刻苦。明於大義，雖居父母家，未嘗一日忘奉姑。姑吴夫人，操節二十年，恒教耒讀書砥行。既聞婦賢，能食貧，則甚喜，曰：「是真吾婦，成吾兒志者也。」歲五月，生男，大炎。甫彌月，而遭起田君之變，日夜哀慕，哭不絶聲，遂以病。病且卒，猶與母方夫人言起田君而流涕云。嗚呼！起田君以愛其女，故不遠千里，擇對於余。余托慕高義，承母命以來，幸得賢偶。婚裁二歲，私冀相德克家，慰两家之尊慈，而奈何竟以夭死。死年未二十，子猶在繦褓。生不得拜姑，没不克從夫氏之兆域。嗚呼！其可哀也！於是爲之銘。銘曰：

梁生高蹈，孟女配德。鮑君清操，桓姬作匹。我相我偶，於淮之湄。縞衣綦巾，可與樂飢。千里托婚，何遘之巧？二年云徂，何奪之早？予之無良，子也不辰。彼蒼者天，天我淑嬪。曰嬪於南，江路伊阻。魯原之叢，往即爾祖。爾祖爾依，魂無我悲。千秋萬祀，尚其同歸。

【校記】

〔一〕亡妻王孺人壙志銘　潘氏自刻本遂初堂集文集卷十四題爲「王孺人壙志銘」。

遂初堂文集　卷二十

墓表　贊　銘　祭文

歷陽王先生墓表　代

三晋人材多質厚。平陽爲陶唐氏之都，風俗尤近古。自薛文清公以躬修實踐，爲明醇儒，而河汾之間，多篤行君子。迄今二百餘年，流風餘烈，往往而在。以余所知，有猗氏歷陽王君。君之德孚于家而義行于鄉，學成于躬而教洽于人，以名耆宿師表人倫者三十餘年。其生平既詳于志銘，謹揭其一二大節，勒諸墓上。

崇禎辛酉，君父守延安，吉能部落十餘萬薄城下。君方赴省試，聞警，不終試而馳間道，夜入延城，登陴贊守禦，人稱其孝。辛未冬，流寇掠縣境，鄉民避趨城。城門閉，老弱啼大雪中。君請于令，啓門以入。庚辰，歲饑，大出粟以貸，人以是德君。甲申春，闖賊破城，執君欲兵之，邑人號泣行救者千人，乃得釋。賊敗，過猗氏，挾君入關，欲污以僞職，君不屈，得放歸。

順治三年丙戌，土寇起，勢張甚。縣令謀于君，君曰：「官猶心也，民猶體也。心靜則體安。公第無擾，此小醜必敗！」頃之，果定。六年己丑，寇復大起，城陷，令出走，寇且屠其家。君遣諜者説其魁，得贖以出，給飲食焉。無何，縣令以援師至，欲屠猗人。君單騎迎令，爲言猗人無反狀，且公家非猗人不完，令爲感動。且廉知其家無恙，遂戢兵，一城賴君以全活。軍中多掠子女，君請釋之。既而有以餘孽告者，將加兵，復以君言而止。自甲申至己丑，邑凡四被兵，君既免于難，邑人亦以君故不大殘。人謂君之爲儒，體用該者也。

君自少至老，未嘗一日廢書。晚蓋潛心濂洛之學，所著周易圖説、性理探微等書，凡數十卷。爲書院以聚學者，而身爲之師。修族譜，建宗祠，置祭田祭器，歲時合食宗人，周其貧者而扶其不率教者。撫兩弟之孤如己子。其嫠令狐氏、介氏，俱被旌爲節婦。學宮圮，獨出家財新之。障峨嵋陂水，瀦之城南，爲沃壤數百頃。城西戰骨不收，鬼夜哭爲祟，募人瘞之而止。其他利人濟物事，不可勝紀。

君之先司空卓，封猗氏侯，遂家猗氏。曾祖處士守。祖中憲大夫明德。父光禄少卿國瑚。君名巖楨，歷陽其字，中庚午舉人，卒于康熙十八年己未三月十日，距其生萬曆丁酉，得年八十有三。娶張氏，繼娶劉氏、李氏。子一，含真，丙辰進士。女五，令狐唐基、荆濬發、令狐永觀、陸麟定、衛既翕，其婿也。

嗟乎！自儒術之衰，學者競爲壇坫，以空言相高而無實行，其流不可救止。若君者，初未嘗擁皋比，名某氏學，而考其生平，無一不合于聖賢矩矱者，斯可謂躬行君子矣！千百世之後，聞君之風而興起者，其將有考于余文。是爲表。

臨海馮氏先墓表

少司寇臨海馮公，以母夫人之柩返自滇南，得請于朝，往迎諸江上，將奉以從先人之阡。於是并述兩世事迹，屬余爲表墓之文。

其言曰：「吾馮世仕族。吾祖玉鉉公，性孝謹，績學高才，試有司，輒冠其曹，不第早没。吾父起甫公，尤夙慧，下筆瞬息千言，聲名籍甚，不幸仍早世。此吾先人兩世不遇且夭，爲可悲也。吾祖母陳太夫人，幼敏惠，嫻書史，歸我祖，恒以文詞相娱樂。既嫠居，一用禮法治家，中外嶄嶄。家嘗夜遇盗，倉皇趨柩所，以身蔽棺，盗縶之，中腦流血，不爲動。其剛烈類此。撫三子二女，身自教督，皆至成立。吾母戴太夫人，生而端厚，不妄言笑，遭吾父喪，年裁二十，不孝甦生甫數月耳，又多病，母廢食與寢，外侮内難，旁午交作，數年之間，母獨身撑拄，忍死以待孤之壯。家貧，不能具饘粥，則盡賣簪珥什器〔一〕，賃茅屋，躬親辟纑，流離轉徙，荼苦萬狀。此吾家兩世苦節，灼灼在人口耳者也。甦官滇南，去家萬里，不得已奉母以行，處炎荒之地十餘年，遭時坎壈，欲歸不得，齎恨以終。旅殯七年，然後反此，又不孝孤將母無狀，抱終天之恨于無窮者也。」

余聞而重有感焉。夫貞婦節母，如所稱瑞草祥鸞，不恒有之物。今馮氏一門，有其二焉。豈非天下之祥歟？玉鉉公父子有雋才，而無中壽，天之哀之，固將有後。重以兩賢婦，重貞襲烈，世載其美，不昌其嗣，無是理也。司寇公起孤童，自奮爲名公卿。迹其間關嶺徼，自拔豺虎之區，潔身歸國，忠臣出於節婦之門，有由然矣。公雖立朝通顯，念母櫬在萬里外，心惘惘未嘗一日自安。賴國家威靈，掃除狂寇，滇道復通，歸骸有日。又蒙天子仁聖，曲從臣子之私，俾得解官迎護，躬親復土。於是公心始無憾。而此七年來兵戈雲擾之餘，一棺無恙，盡室全還，有以見忠于國者，未必不全其家。而奇節至行，得天人之助爲多也。

余故樂得而書之，以詔天下之爲人母爲人子者。

【校記】

〔一〕盡賣　原刻作「盡買」，今據文意改。

費隱君墓表

費氏自梁相汎、堂邑令鳳、九江太守政，相繼顯於東漢，遂世爲吴興甲族。支葉分徙，多在吴越間。循吴淞江而東，可二十里，得九里湖。湖之北有村曰西操，地沃而民淳，費氏居之者三世。至隱君大受字任寓者，特以孝聞。

君天性篤誠，事其父九湖、母陳孺人，曲盡敬謹，定省必時，温凊必親，飲饌必手潔以進，出入身自扶持，僕御滿前，一不使代己。事無細大，必禀命而後行，一動一言，惟親心是順適。園亭花竹，饋問施予，凡可以娱親者，無不營也。

甲申乙酉間，萑蒲之盗四起。一日，賊至，君既脱矣，知父被執，急奔還，涕泣哀號，求以身代。賊臨以白刃者數四，終不動，賊義而釋之，父子俱得免。由是，遠近稱孝子無間言。比父母繼没，執喪盡禮，泣血哀慕，終喪無異始死時。凡君所爲，未嘗則古，而性與之合。初不自以爲孝，有司以綽楔旌其門，君坎然不居也。其他友愛睦婣好行其德事衆，不可枚舉。

年□十□，卒。娶□氏。一子曰文衡，字右玉，克紹其美，祗行飭躬，修前人之業，加之以勤儉，用能大起其家。顧不齪齪事纖嗇，好義樂施，賑貧周厄，如弗及。寒者予衣，飢者予米，死者予棺櫬，以緩急告者，無弗應也。恒以敦厚樸素訓子孫，不令稍逐時趨。由國子生爲選人，可以仕而不仕，曰：「吾安吾素而已。」洵無忝爲隱君之子者歟！文衡葬隱君於西雅之阡。比没，與其配丘氏、錢氏祔葬焉。

其子明俊乞余表其墓。余惟費氏之先，固以孝友發祥。若梁相之至行有聞，察舉孝廉，堂邑之良田善畝，推予弟息，并著在碑版。至如冠卿之廬墓終喪，襄之割股療母，亦紀之載籍。君可謂異世同風者歟！使生于鄉舉里選之時，庸知不膺顯名，致高位？而世方尚浮華，不崇實行，君遂隱約田里。若不及今爲之表章，恐遂泯滅無聞。此載筆者不得不任其責矣。

敘而揭之，俾後之人有所徵信，亦闡幽之義也夫。

李孝貞女贊

嘉興李夢康女，性至孝。四歲喪母，事後母謹甚。既長，矢志不嫁，躬紡織，佐供養，處兄嫂姊妹無間言。父病禱天，請以身代。有烏銜朱實墜藥鐺中，父服之愈。年四十七，先其父卒，里人稱孝貞女。士大夫多爲詩文稱道之。或疑聖賢制行，依乎中庸，不嫁養親，猶爲賢智之過，不可以訓。夫本乎天者性，動乎人者情。父子之恩，性也，與生俱生者也。伉儷之愛，情也，與欲俱長者也。世固有夫死，舅姑在，或有子，而以身殉者矣；有未婚而爲其夫守節，或死之者矣。如是而謂之過，可也，爲其發乎情也。

若李女以愛慕其親而不嫁，則純乎性而不參以情。情可言過也，性不可言過也。且夫行無庸奇，事無難易，惟風世厲俗之爲貴。舉世競錐刀，而泰伯、子臧以讓國顯。舉世競榮進，而嚴光、周黨以高尚聞。世降俗澆，男孝衰於妻子，女孝衰於夫婿。争畚笋而兄弟有違言，假升斗而父母形德色，比比皆然。至若姬姜貴族，或侈宛丘之風；衿纓弱女，有結華山之慕。情熾欲流，靡所底止。於此時而有能遺塵脱累、蟬蜕埃壒之外者，斯不足砥狂瀾而矯末俗也乎！昔齊北宫女嬰見問鄰后，元麗水陳女被旌門閭。而李女褒嘉之典闕焉，有任其責者矣。女没六十餘年，其兄子荅以家傳來徵文，敬爲贊，曰：

猗與淑女，秉德真純。至孝天植，高行絶塵。在孩喪母，毁若成人。依戀慈父，孺慕終身。父儒以窮，藜藿不充。女曰何傷，子職是供。纖纖麻絲，札札機杼。馨膳潔餐，濯罍溉釜。郁穆芳容，婉娩令儀。高門望族，絲蘿具宜。女曰無庸，吾親是依。生我劬勞，胡寧遠離？孝於男姑，孰若父母。人親己親，孰先孰後。矢志不字，懇苦精誠。有諷諭者，對之涕零。志不可奪，義不可强。金精石堅，蘭芬玉朗。後母如母，敬事不違。兄嫂弟妹，愉愉怡怡。六親嘆頌，展也女師。有不如禮，無使聞知。青禽翔空，丹丸墜甑。孝通神明，以甦父病。父老康强，女奄告終。一訣而絶，委蜕從容。嗚呼考女，振古賢傑！準心而行，必遂必達。昆吾方剛，芙蕖比潔。德茂古媛，誼高群烈。考圖披史，女孝有聲。緹縈上書，乃除肉刑。木蘭從軍，在衆守貞。龐娥衛女，手刃父仇。曰曹曰饒，抱尸中流。維李維葛，望冶自投。并遭險艱，或罹冤酷。節以奇彰，事以變觸。豈若李女，處順安常。匪矯匪激，孝養無方。蠢蠢含生，疇獨無情。豈伊斯人，纖塵不嬰。我母女生，錫夢大士。白鳳入懷，徵靈顯瑞。至人示現，覺瘖墨家。凡情比量，將刀鏤空。不毁母相，用裨風紀。止孝維貞，敬告女史。

朱節婦贊

節婦費氏，中書舍人朱喬三之母也。年二十五而寡，無子。衆議立叔氏之子爲嗣，節婦不可，曰：「立嗣必以序。今伯叔皆一子，不當立。當立伯氏之次子。今立之，異日必有争者。請俟之！」於是依老姑以居，凡十一年。而伯氏生子，節婦乃子之，恩勤如己出。又三十年，子成進士，是爲中書君。其明年，節婦卒。又十年，喬三以其事實聞于朝，得建坊旌表。嗟乎！無子而願有嗣以守者，人之情也。無當立而以可立者爲後，事之權也。假令節婦遂撫叔氏子，以成其志，終身豈有非之者哉？獨煢煢子立，懸待其嗣之生，可不謂艱哉！夫節婦之持身砥志，固將與天地無終窮者也。以天地無終窮，視其間十餘年，直瞬息耳。精誠之至，通於神明，中書之生，庸知非天哀節婦而賜之嗣乎？敬爲贊，曰：

可以無死而不死，衍厥緒也。可以名子而弗子，謹天序也。他人孑孑，已暇豫也。待天之定，獲髦譽也。惟其志之壹，是以節之貞。子成名而没，子備官而封以旌。其他子也，莫之與京。于千萬祀，永有德聲。

從姊淑孝贊

從姊，先叔父叔撝公之女。幼聰慧，嫻詩禮，精女紅。叔父善楷書，姊亦善楷書。父没，事母尤孝謹，撫弟妹備盡友愛。歸秀水王光轂。王故望族。光轂即叔母之姊子，爲重親。而光轂性乖僻，與姊無絲蘿緣，終身無夫婦之好。姊默自傷，安命而已，毫無怨尤。事舅姑如父母，處妯娌無間言。雖不見答於夫，而事之無違禮。夫寵一外婦，已而納之，鮮衣美食，與婦居。而姊粗糲作苦，姊恬然甘之。婦尤悍戾，時時倚寵，陵主母至無狀。姊終不與較，事夫加敬而和。久之，夫亦悔悟，稍稍稱姊賢。姊雖出嫁，事母如在室。一味之甘，一果之鮮，必割以饋母。度母未食，不食。百需皆取給十指，猶節縮以供母衣履。四十年如一日，淑慎慈婉，終身無疾言暴色。年六十餘，没。没之日，宗黨鄰里無不流涕者。此非國典所當旌，未懼其遂無聞也，敬爲之贊。贊曰：

不刻面與甆耳，不稱爲節。不摩笄與懸帶，不名爲烈。論其遭逢，尤爲慘絶。有德弗儀，有容弗悦，有夫而無夫，形單影孑，不死而猶死。神傷氣咽，孰能處變如常，而蹈坎不跌？孰能伏暴以仁，而履虎不咥？終風且霾，我明如月。緑衣黄裳，我柔如舌。安數之奇，完貞葆潔。順命之窮，解膠釋結。豈惟淑令，實曰明哲！門無雙烏，冢無片碣。我發潛孅，家乘之揭。

像贊二十二首

方正學先生

讀萬卷書，成一是字。捐百口族，爭一篡字。鳳眼劍眉，軒然傑異。君看楊胡蹇夏中，何處著此磊落剛方之士？讀書種子絶矣，名教綱常不墜。是宜配食于兩廡，而師表乎百世！

黎忠愍公

嗚呼！此嶺南才子，海内所稱「牡丹狀元」者也。讀其文，則綿心綉口，鏤月而裁雲。瞻其貌，則秀眉朗目，霞軒而玉温。而遂能捐軀報國，死節成仁，勇斷霽雲之指，壯嚼睢陽之齦。配四烈于章江，追三忠於崖門。蓋天地嚴凝，靈淑之氣，并萃于一身。世泰則爲朝陽之鳳，運窮則爲西狩之麟。嗚呼！大庭臚傳，三年一人，問幾人之全節？能不低頭而拜君！

徐立齋

泰山巖巖，公之氣象。洪河浩浩，公之德量。冰壺不足方其皎潔，金莖無以逾其直諒。懷澄清天下之心，負弘濟蒼生之望。晝笏而臺閣風清，垂紳而班行氣壯。宜乎黼黻升平，爲時名相。何乃神游溪壑之中，心寄江湖之上，弄月吟風，蕭然自放？豈慕寂耽閑，與斯世而相忘？噫！惟其視榮利如土芥，視軒冕如埃塵，可舒可卷，可屈可伸。故能傑然於萬物之上，以直道而操身。宋璟、韓休吾不得而見矣，其惟公乎古之大臣！

黄聞遠

溪濱之黄，世以儒聞。有闇修士，行誼克敦。痛父兵殞，銜恤終身。潔餐養母，孝忘其貧。撫訓弟妹，備盡恩勤。德既渥矣，復富于文。生徒如雲，試輒冠軍。惜不永年，詒穀後昆。昔讀家傳，遐思其人。今瞻遺像，風度猶存。士習日漓，誰爲還淳。斯人未遠，嚴睹先民。

黄聖修

其才天葩，其學海蓄。其形松標，其心雪浴。淵默而雷聲，被褐而懷玉。養于天者完，游于世也獨。不降不辱，其斯以爲士之鵠。

力錦溪

硯爲田，筆爲耜。懷仁抱義種則美，培之溉之用經史。根深實遂葉薿薿，一莖六穗秀未已。今之耆英古吉士，有粹其容坦厥履。模楷薄俗消吝鄙，繩繩勿替在孫子。

趙天羽

矯矯趙君，萬夫之雄。胸吞雲夢，氣凌烟虹。吾見其濡毫揮塵，懸河注海而不窮。又嘗見其提寶劍，持雕弓，啣枚疾走，殲劇賊于山之中。兹何爲乎，枯坐團蕉，收視返聽，而游鴻蒙，將無慕鄴侯之學道，試經濟于屏風？吾聞至道之要，虚静是崇。惟虚爲萬應之本，惟静爲群動之宗。卷焉則不盈六合，舒之則放于八坛。斯人乎！斯人乎！其將斂才學道，知白守黑，一蛇而一龍者耶？

施稼軒

世人皆巧我獨拙，世人皆辨我獨訥。温温其容，嶽嶽其節。居恒飲人，以和臨事，毅然不奪。文魁天下，而不居禁闥。德重中朝，而不躋顯列。遵古之途，與時背轍。歸耕故山，餐芳漱潔。三徑常開，一編自悦。楊南峰之高致宛然，都南濠之風徽未歇。但存讀書種子，身外浮榮一髮。

陳燮公

有偉丈夫，虬鬚繞面。桀戟家風，清霜紫電。其心則慈，仁風遠扇。其才則敏，精金百練。諸家該通，衆藝咸擅。譽滿花封，聲騰河甸。固將歇歷旬宣，爲時英彦。何爲乎作道人裝？裹兜羅片，類西來之祖師，初度江而登岸。豈梵相之適同，抑畫工之善幻？蓋度人與濟世，本無二心。而導師與宰官，無妨分現。噫！但能不昧本來，靈山何曾隔綫。

宗人兩衡

味君之詩，諫果同美。初澀終甘，雋永不已。玩君之書，海鶴同姿。瘦骨翩躚，轉側多奇。寫君形者，兼寫其神。孑然而孤介，翛然而清真。皮陸耶？郊島耶？庶幾想見其人。

吴融司

嚴溪諸吴，俊邁不凡。一時才藻，陣馬風帆。君最後出，冲逸清恬。在王爲湛，在阮爲咸。霜降水涸，群英銷鑠。君獨蒼然，寒松不落。匪慕雲龍，匪畢尺蠖。養拙而安，居貧而樂。巉巖骨相，戍削丰姿。一丘一壑，位置最宜。松風叟叟，石泉漪漪。其地可懷，其人可儀。

楊周子

我友楊君，素心人也。華胄清才，裒然大雅。高朗如裴叔則，温厚如褚季野。誰貌其神，丰容瀟灑。科頭箕踞，長松之下。吾嘗與之游金山，坐天門，看飛瀑，而揮玉犖意，飄乎欲仙。何畫工之能寫？盤陀石上，更著余支筇，其間無不可者。

范文清

矍鑠是翁，顛毛未班。高眉廣額，鶴骨丹顔。謂是山澤之臞，而胸藏偉畫。謂是沉冥之叟，而名滿江關。彼其游心，在懷葛之際，而置身于木雁之間。撫琴一弦，鍊藥九還，殆將追葛洪于勾漏，友龍威于包山者耶？

張炎貞

烏戍三張，才名競爽。伯仲掇科，仕路鞅掌。季獨隱居，經鋤德養。味道之腴，脱落塵綱。著書滿家，一心霞想。第五聲名，出驃騎上。仕者去矣，隱君無恙。道貌鴻軒，天容玉盎。杖國之年，視昔畫像。神采無殊，彌加精朗。天壽此翁，逸民是奬。綺皓爲儔，列仙之黨。

王東筏

矍鑠是翁，古貌古心。沉潛學圃，貫穿藝林。訂訛考異，索隱鉤深。三蒼五雅恒背誦，蟲書鳥篆皆摹臨。吐辭則敦盤班駁，運筆則戈戟蕭森。落穆陶匏之味，雅淡朱弦之音。寧從古以顑頷，不隨俗而浮沉。鹿裘適志如榮啓，抱甕忘機如漢陰。高松磊砢，怪石崎嶔。古衣冠裳，曳杖行吟。采芝拾橡，可娱老喈，焉忘世之古今。

李兹佩

望之儼然遠有威，腹便便兮腰十圍。即之冲然謙以撝，中温外潤如璋圭。五經紛綸匡與韋，飄珠霏玉千言輝。皋比匡坐儒宗推，如雲髦士門墻歸。揚于王庭三策垂，爲坊爲表瞻德輝。世風嚚喧儒術衰，敦龐碩艾今爲誰。披圖宛然見鬚眉，吁嗟斯人不可追！

文心兄

望其容如挹醇酎，聆其言訥訥如不出口。執柔履約，慈儉是守。於世靡攖，於物靡誘，殆兼婁少游之清恬與張公藝之篤厚。昔諸昆之競爽，惟吾兄爲考壽。信齒敝而舌存，徵筆鋭而墨久。不爲人先，亦莫之後。老成可師，庶幾寡咎。

計端中

越大夫後，世有聞人。昔交需亭，五經紛綸。美髭丰貌，績學洽聞。今友端中，肝膽輪囷，掀髯鼓掌，逸氣凌雲。羅山川於杖底，指星象於天垠。披青囊之奧旨，抉黄石之秘文。聽其言如抽繭，與之處如飲醇。望衡對宇，撥草披榛。豈無畸人與快士，未若髯之軼群絶倫。

允持上人

苾蒭欲學疇堪依，堂堂允公真導師。早餐法味從幽溪，復傳宗旨承雲栖。善説法要不費辭，屢主名刹人天推。法幢堅處龍象圍，通宗會教不失機。大雲淫雨人華滋，老去就閑栖一枝。雙瞳爛爛雪覆眉，精修篤踐老不疲。津梁來學無休時，慈容壽相儼在斯，誰得其髓遺其皮？

耕山上人

形如槁木，心同止水。偈誦傾珠，機鋒激矢。是惟平陽之孫，神山之子。曷不坐名藍，居闤市，而山邊水邊，雲行樹倚。性畏攀援，情忘彼此。榮名厚養，棄如脱屣。甘煨品字柴，愛吃鋤頭米。有人問禪，布毛吹起。

梅厂上人

癯然一翁，神清骨冷。早續心燈，白拂獨秉。不坐名藍，愛閑樂静。身如不動卧輪，心似無波古井。無一塵之可縈，超萬緣而俱屏。結廬水中央，如坐烟中艇。野鷗容入室，賓鴻不留影。終年濯魄，冰壺有時。寄興毫穎，墨梅華光。争妙詩句，禪月齊警。是爲古南之孫，枝干霄而秀挺。

體純上人

廣顙丰頤，珠輝玉盎。巍巍堂堂，具大人相。横身把斷津梁，失脚蹴開寶藏。現妙嚴界於一莖草頭，涌香積上於一針鋒上。是露地白牛，是截流香象。君不見曹源一滴水，滚作青溪千百丈。

硯銘三十首

玉乳金膏，采自丹壑。穀理内含，星文外絡。澤筆如濡，發墨如削。至德温純，天容渾噩。千金之璧，以厚勝薄。傳語後人，勿鋸勿斫。弘璧硯。

淡紫一片，出水芙蓉。鴝眼如生，端然在中。碧睛朗朗，彩暈重重。皎如秋宵，明月當空。發我墨華，文光熊熊。燭昏破暗，流照無窮。明月硯。

淵潭奇石神所剖，半紫半白文相紐。巨眼如環世希有，練光一綫进空走。祥雲捧月得名久，大樸不雕美如醜。俗眼驚猜識者取，維石之新不如舊。祥雲捧月硯。

馬肝紫色石第一，碧眼熒然其數七。叶斗之文貴無匹。上廣下殺存天質，尺璧可抵此無失。七星硯。

中洞石難，純粹無瑕又難，四邊天然又難。是石之寶也。眼則佳，不在中央。形則風，左絀而右長。是造物者之有遺巧也。不致美，故能有其美。無全功，故能有其功。君子觀於斯，得處世之道也。四邊天然硯。

眼鸜鴝居角之右，吾因謂之鳳。味邊天然，不能周遭，吾因謂之赤。刀割而正之，亦足爲美。傷物之天，不如其已。三邊天然硯。

南離之精，盛冬不冰。薊門十月，風高雪層。玉除視草，懷璧是徵。一嘘而液，雲蒸露凝。儒臣寶此，藜閣同升。喻縻爲禄，椽筆作朋。玉堂硯。

水石凝湛，無意爲文。至文生焉，郁郁紛紛。目明景星，色絢卿雲。祝融錫瑞，以贊皇墳。同上。

簡而文，温而理。磨而不磷，涅而不淄。爲君子使，媚於天子。同上。

宵夢神人，貺余蒼璧。侑以白環，旦而得石。剖之粹然，縝理而澤。佳眼焕發，精采旁射。兹惟玉田，可耕可穫。子孫寶之，以世清白。瑶環硯。

石之美，純而腴。眼之貴，中央居。湛空水，涵驪珠。石之方，行不渝。眼之圓，智有餘。可以用，可以儲。剖靈卵，斫蟾蜍。徵實用，恐不如。驪珠硯。

其德則醇，其材則厚。其深也有容，其方也有守。眼美而不露，理縝而無垢。夫孰能安貞耐久如此者？吾樂與之爲友。玉海硯。

仁人之容，睟面盎背。君子之守，外和内介。硯德若斯，可親可即。置諸坐隅，以當三益。同上。

蒼蒼者，天之正色。温温者，人之美德。厚重不遷，朝暮在側。非葛豐之筆不濡，非潘谷之墨不食。緑沉硯。

中邊純紫，朝霞絢天。青花竟體，弱藻翩翩。一眼在池，藏珠於淵。瓊華錫名，無美不全。瓊華硯。

此紫玉也，而半淺白。銀河横天，雲鱗波礫。華月在中，三五之夕。清光可懷，綺語難滌。明河硯。

蕊珠仙人朝碧空，微雲澹澹河溶溶。華星三五西復東，此景可畫難爲工。石之有文將無同，誰歟書聖兼文雄？携從群仙銘新宮。蕊珠硯。

蕉白一色，純而善也。青花浮浮，隱而顯也。水巖多佳，此禁臠也。鮫綃半幅，吾所翦也。剪綃硯。

湛湛兮方塘，芙蕖生兮中央。粲亭亭兮低昂，云誰思兮西方。藕花池兮徜徉，一涉筆兮不忘。藕花池硯。

如掌之石眼楚楚，面爲七星背則五。中央一星巨爲主，其餘晶熒環相輔。化工安排巧得所，斫爲半月形模古。文光屬天此中吐。半月硯。

古坑之古制作新，蒼質白章粲成文。寒梅一樹花輕匀，穿池點地飄香塵。嶺南梅信先十旬，早開易落翻愁人。何如片玉與寫真，墨華浴出羅浮春。梅花硯。

淵然珠輝，盎然玉映。煜然而流，凝然而定。美目盼兮，妍莫與競。强解事者，以眼爲病。人之有文，孰曰非病。惟其善病，麟麟炳炳。星眸硯。

點印秋月，文横遠山。京兆風流，依稀一班。畫眉硯。

弄玉來歸，文君媵余。臉際芙蓉，嫣然欲舒。小紅硯。

攜之葉輕，試之犀利。草檄軍中，免磨盾鼻。錯刀硯。

徑寸之石，珍逾瑶版。群盲摸象，汝獨具眼。寸硯。

維翦桐可以封，維書柹可以仕。材無小，製則良。巖之棄，帷之藏。秋葉硯。

一葉落，長年愁。一字善，哲匠求。石之朗潤與目謀，温文與心謀，以此遺辭其如流。同上。

荆山之人，以玉抵鵲。取而琢之，其文沃若。椽下之笛，爨餘之琴，世多遺材，寥寥賞音。同上。

硯實磨墨，墨亦磨硯。窪中受墨，非策之善。我計久遠，豐隆其面。歷千歲而砥平，更雕鎸猶未宴也。隆中硯。

昔人稱述端石者，似皆未盡古之美。巖洞在水底，而李長吉詩稱「踏天磨刀割紫雲」，真水巖石，扣之無聲。而東坡銘稱其聲磬，祇因未至其地，講究不精，無足怪者。然水坑不常開，而他坑石佳者，往往亂真，即土人亦不甚辨也。余客端州頗久，人聞余有硯癖，争以硯來售，漸能識真贋好醜。又適值開采之期，親履巖洞審視，購得佳石，輒坐看斫磨，與工人款語，方具曉石之情狀。積雨無聊，撰賦及銘，貽諸好事。辭雖不文，庶幾確核不可移徙。物不親見而能真知之，不真知而能詳言之，天下無是也。

祭葉文敏公文

嗚呼！民生於三事之如一，故禮有「事師服勤，至死心喪三年」之說。或者以爲過厚。自耒觀之，情固不得已，而誼有必當然者。緊惟吾師，寬弘善誨，教思無窮，凡在門墻，孰不感德！而耒自以爲受知獨深，荷恩獨厚，敢瀝血銜哀，略陳本末。

耒本巖穴之人，器識短淺，非有高才異能，發聞當世也。嘗游京師，而吾師方家居；嘗館於昆，而吾師在都：未得夙奉教誨也。比應召入都，蒙枉高軒，先辱惠存。耒逾日報謁，亦未得見。既而置酒延諸文士，耒在末坐，一接談而已。自惟謭劣，初無心於仕進，屏居蕭寺，待畢事而歸里。豈意吾師拔之泥塗之中，躋之青雲之上！獨賞應制詩賦，擢置第五。既而名次稍後，猶爲之惋悵彌日，不知竟何以得此於吾師也。

既授官，留京師，遂得時時晋謁。院長事繁，稀對賓客，而耒到，未嘗留門。數日不見，輒問比者一何間闊也。寓舍至湫隘，吾師時時辱臨，筆墨之事，每以見屬，數稱之於先達鉅公。既而有詔添設講官，復以耒名人薦，得預珥筆之列。耒愚贑性成，不諳世故，酒酣耳熱，轉喉觸諱，往往獲罪於先生長者。吾師獨提携奬飭之不遺餘力：有短耒於吾師者，吾師一不聽，遇之愈厚；有鑠金之毁，而無投杼之嫌。嗚呼！士生於世，最難得者知己。古來烈士，嘗有一言之奬，一字之褒，而終身感激，願爲之死者。耒之名，吾師實成就之。耒之身，吾師實護持之。其啣感圖報，當何如乎？乃恩重於丘山而無毫毛之效力，德深於滄海而無涓埃之酬答。

方冀長奉清光，竭其駑鈍，而孰意吾師竟舍我而逝乎！自吾師之没，而耒有片善，誰爲激賞？耒有闕失，誰爲教督？耒有譏嫌，誰爲覆護？嗚呼唏矣！命之窮矣。兩月以來，升堂歷奥，想吾師之琴書；趨朝入署，想吾師之班聯；徘徊館閣，想吾師之言笑。其地如舊，其人已非。心想目存，未嘗不含辛而茹涕也。嗚呼！死生者，旦暮之常。修短者，寒暑之序。吾師遭遇聖明，官至九列，雖未及大用，而風節皎然，德業炳著，文章著述，必將傳後，蔚爲一代名臣。儒者之生，於世若此，亦可無憾。

惟是愚劣如耒，拙鈍如耒，一旦失所依庇，中流遇風，而失長年三老，不知漂漂者將何所底止也。喬构摧而蔦蘿懼，大厦撤而燕雀悲。吾師往矣，耒亦何心於爵禄？汗簡有緒，即當拂衣歸里，拜祠墓於玉峰之旁，築室負土，翻繹殘編，摩挲手澤，餘願畢矣，尚何言哉！

祭吴東里先生文〔一〕

節義之士，莫盛東漢、南宋。由於開基之主奬風節，崇道術，磨礲砥礪，養成人才，非一朝一夕所致也。前朝創業之初，褒忠録節，重學尊儒，立國規模，實兼漢宋。故其末造，亦多仗義守節之夫。迨乎廟社既遷，風移俗易，而深山窮谷土室樹屋之流，往往而有。設遇皇甫元宴、程篁墩其人，傳高士而録遺民，將不勝載也。

即以吾邑言之，三十年前，鴻文績學之士，大半屏迹林泉，遺情榮進。維時嚴溪吴氏，最號多才，兄弟七人，競爽文苑。而東里先生爲之雄伯，文章摇筆萬言，踔厲奇偉，如高山出雲，大海上潮，浩乎莫知端倪。詩歌蒼渾豪宕，有籠蓋萬夫磅礴一世之概。既抑塞不用世，文辭日富，議論日高，而年又最長，裒然爲山林領袖。閑居下帷，與遠近同聲及門人子姓，考德程材，論文講業，隱然龍門之品題，汝南之月旦。其風聲所被，猶足以激貪頑而消鄙吝，何其壯也！既乃風飈洊起，一時英雋往往爲微文中傷，先生亦遭羅織，牽連岸獄，僅而得免。自爾摧撞息機，深自韜晦，避名如寇，守口如瓶。晚隱於醫，陸沉混俗。然薑桂之性，老而彌烈，孤懷獨往，百折不回。斯可謂碩人君子遯世無悶者矣！

先生與先考、亡兄厚善，耒復執經於先生從子愧庵先生。通門世好，往還無間。憶自束髮受書，見先生來塾中，蒼顏華鬢，心識爲先民長德。比通籍歸里，先生年已七十餘，康强神王如昔日。私計二十年來，邑中隱君子零落殆盡，即海宇之大，耆英舊德，存者亦無幾人，而吾里乃有碩果後凋，挺然於大冬嚴雪之餘，誠爲難得。曾未逾年，而一病經旬，溘焉長逝。所云悠悠蒼天，不遺一老，不獨鄉里哲人斬焉澌滅，而前代幽貞高潔之士，亦遂凋謝無餘。此豈獨一家一邑之痛而已哉！

忠厚開基，漸濡長養之人材，至是而掃地盡矣。

耒既濡足世途，先生不以余爲不肖，辱進而教之。去春，留宿書齋，烹葵飯菽，賦詩唱酬，欣然意得。比先生疾革，傳語欲見余。及余造榻前，先生形神已離，猶披衣起坐，拱手向余云：「忍死待君者三。」竟不復言，遂於是目瞑。

嗚呼痛哉！駑下如余，出處無成，進退失據，其何以仰答先生眷念之深，囑累之重！唯是區區寸心，不忘腹痛之語，竊附挂劍之誼，特未知力與願諧否耳。靈其有知，尚鑒斯忱！嗚呼悲矣！

【校記】

〔一〕祭吴東里先生文　潘氏自刻本遂初堂集文集卷十五題爲「吴東里先生哀辭」。

祭汪悔齋文

世之需才甚急，天之生才甚難，宜乎人人愛護推奬之如弗及。然而憐才之公恒不勝忌才之私。士之不困于排擠者希矣。惟夫恢奇瓌瑋，試之無所不效者，乃能處盤錯，任鉅艱，嶄然有以樹立；而排擠者適所以成就之。斯誠不世之人傑，而復不永其年，不究其用。此可爲悲傷痛惜者也。

惟我年友悔齋汪君，天姿敏妙，器識淵弘，自少以高華雅健之筆，雄長江淮間，屹然樹文坫。逮詔舉鴻博之士，被薦試于禁廷，擢高等，入清班。於時同升者，多一時之選，以其非常典而用之驟也，多取忌于人。而才能出衆如君者尤甚。比君奉簡命使琉球，成禮而還，條對稱旨，則忌之者滋衆，惟恐其不次嚮用也。會君奉諱歸里，既服闋，遲回久之，乃補官，而忌終不已，竟擠君于外，出守河南。知君者咸爲君惜，而君一不介意，曰：「中外劇易，惟天子使，吾知盡臣職而已。」

君素弘毅，有開濟才。比典郡，益精勤自力，事無細大，據案立剖，潔己率屬，問民疾苦而時除之，大工大役，民寂不知。治郡五年，政聲大著，天子嘉之，超擢閩臬，尤異數也。臬司事益煩，吏叢弊萬狀。君燭照電察，一不得欺，尤持大體，舉紘綱，略細故，吏民畏懷，上官敬信，不惟刑獄而已。凡官方政體有不便者，力争諸上臺，必得當而後已。無何，晋閩藩伯，益用簡靖爲治，人謳吟之，比于羊、杜，裒然有開府之望。天子大重公，思還公于朝，擢爲京卿。旦夕柄用矣，而君積勞致病。病經歲，竟卒。

嗚呼！惜哉！君本大雅之材，論思禁近，固其所也。無端而一麾出守令，他人處之，簿書案牘，非其所習，鮮不敗事。唯君文章政事兼優并美，故居之沛然有餘，德澤施于人，才猷顯于世，視夫雍容館閣，坐致通顯，而名迹無聞者，相去天壤。豈非抑之適所以揚之，而奇才異能有不可得而摧折者哉？

二十年來，同人之升沉進退不齊。其遭讒被謗，一跌不振者，比比也。所摧殘不盡者，亦唯文章著述自致不朽耳。未有經世澤民，以功名自見，如君者也。吾黨有君，庶幾少酬天子特達之知，而不虚此曠世之典。方冀入管樞機，出秉節鉞，鴻名偉伐，日新月盛，而孰意其竟止于斯耶？人不能窮其遇，而天能嗇其年，酷矣！豈才之尤者，天亦忌之耶？

惟余與君，於同人中相知最深，相關尤切，同見忌于人，余遂蠖屈，君乃龍伸。君不鄙余，而遇之尤厚。于君之歿也，哭之過時而悲，申辭叙哀，一如平生肝膈之語，冀靈聞之而莫逆也。

祭江怡昭文

嗚呼！樂善不倦，見義勇爲者，吾聞其語，未見其人。天道無親，常與善人者，理有必然，而數有不均。此吾聞怡昭江君之訃，不勝感慨而悲辛。

惟君生天都之世族，禀天質之清純，少資忠而履信，長服義而懷仁。器量則邃如淵谷，襟抱則藹若陽春。熏其德者如擷芳，與之處者如飲醇。其褆躬也以冲約，其治家也以儉勤。惟德施與義舉，則踴躍而歡欣。效平仲之脱驂，追公瑾之指囷。屢周窮而拯厄，常濟困而恤貧。布金周於實地，香飯遍於祇園。遐邇銘其渥澤，緇素感其深恩。伊耳聆其未悉，就目睹而披陳。惟吾邑之南郊，峙浮屠之嶙峋。繫安危於户口，關盛衰於人文。久傾頽而謀葺，愁費重而逡巡。屢求助於豪右，多色難而眉顰。惟吾翁之慷慨，乘弘願以濟屯。謂塔頂予獨造，特肩鉅而任殷。開鴻爐於廣院，鑄鑌鐵之千鈞。金塗銅以冠頂，色晃日而耀銀。更塔心之鉅木，遠購材於江濱。作七級之一柱，矗高標于通津。雖重費其不靳，視公事如在身。大工賴以克就，儼翬飛而鼎新。免傾壓與震蕩，惠普沾於吾民。叢萬目而觀德，積萬口而頌動。君退然其不伐，余銘感之最真。自經營乎斯役，歷三秋與百旬。僧沿門而扣募，獲斛粟與半緍。分豐狐之一毛，割長魚之片鱗。賴長者之厚助，鳩工沛然如雲。一施可以當百，省無窮之扣門。大工雖成於衆助，而發心樂施者，獨見之君。惟君之深仁厚德，謂耆頤之必臻，詎中壽而遽逝？況未聞夫育麟，恒情孰不痛悼？謂天道之難詢，豈知報通三世，果必酬因？以君之精修白業，力行檀度，固將獲殊勝善果，助轉法輪，次亦不失人天福報，超倫絶群。而一期之修短得失，又何足云。矧伯仲之濟濟，諒承祧其有人。家門依然鼎盛，令譽翕然長存。惟成績之難諼，哀愚悃之莫申。書勒碑以敘烈，垂千載而不泯。

祭阮□□文〔一〕

敬亭巃嵸，宛溪澄澈。山川奇秀，天開地發。炳靈于人，代有英傑。華國文章，匡時勳烈。繄惟阮公，系出陳留。竹林華冑，世載其休。自歙徂宣，繩繩弓裘。德彰夏渡，績著滄州。惟公穎異，刻苦爲學。發爲文章，醇深卓犖。蜚聲藝林，鳳鶱龍躍。一篇落紙，驪珠滿握。掄魁南闈，文懸國門。薄海傳誦，珠瑩玉温。鸞翮屢鎩，天步多屯。小試百里，開濟具存。海豐壯縣，其地瀕海。有詔遷疆，居民愁駭。公緩其期，無寒無餒。民不顛隮，活我惟宰。潢池弄兵，公燭其萌。綢繆未雨，繕甲完城。大師以濟，劇盜用平。戮渠撫脇，恩威并行。抗彼驕帥，戢此悍卒。請貸請蠲，用紓民力。傾身調劑，殫心擘畫。弘濟時艱，匪遑寢食。第功書伐，宜得高遷。一階平進，孰使之然。許州斗大，在河之壖。兵燹遺黎，户不盈千。摩其瘡痍，澤以膏雨。寬徭免役，勸農墾土。桴鼓不驚，民以安堵。造士作人，百度具舉。蝗不入境，麥秀兩岐。中牟密縣，異代同規。人亦有言，廉吏難爲。不登上考，翻就一麾。解組歸田，無營無競。丘壑棲遲，怡神養性。範俗以端，飭躬以敬。守此清恬，載其寧静。不削竿牘，不入公廷。見義必爲，惟勇惟誠。拯窮濟厄，撫孤恤惸。好行其德，善不近名。余昔慕公，爲坊爲表。迨及嗣君，通門締好。攀軌依風，懷仁欽道。靈光巋然，東南一老。有美令嗣，家學克承。雕龍接武，蓬瀛早登。簡在言路，喉舌股肱。論思獻納，堂構是弘。需次歸里，冀聞庭訓。彩服承歡，從容省覲。如何不淑，忽承凶聞。棟折天傾，心摧魄震。嗚呼哀哉，茫茫六合，俊及則無。公又奄逝，誰爲楷模？絶弦輟舂，空城塞塗。豈獨孤子，載搶載呼。余亦廬居，痛問慘酷。觸緒增哀，心傷風木。素車千里，生芻一束。靈而有知，鑒兹悃愊。

【校記】

〔一〕祭阮□□文　清康熙四十九年增修本遂初堂文集目録作「祭阮巖□文」。

祭范大夫人文　代

嗚呼太母，千秋女英！璇圖啓瑞，婺曜垂精。匪惟閫德，爲世作程。才兼常變，運履屯亨。惟文蕭公，名世之傑。司馬文孫，蘭錡閥閲。太君來歸，鹿車揭揭。羽騎星流，懸門不發。鳳辭其巢，載遷于東。籍旃裹甲，勤瘁是同。雲蒸霧變，翊運從龍。決機兩陣，陷堅摧鋒。太君慷慨，身贊戎事。平陽壯勇，辛英明智。伐鼓援枹，一麾拔幟。分籌共畫，大業以濟。干戈既戢，文治聿昭。公作元宰，光輔兩朝。太君斤斤，家政是操。俾公覃精，匪懈其勞。草昧經綸，終始一德。帝嘉元臣，曰有堅匹。兩宫褒崇，御衣載錫。肩輿上殿，增輝史籍。撫教嗣人，奕奕重光。韋平濟美，雲起龍驤。或襲世風，或統戎行。或長西臺，或典職方。惟忠貞公，太君仲子。入綰樞機，出擁毛棨。澤被浙閩，淪肌洽髓。政績升聞，慈幃色喜。幺麽倡亂，仙霞閉關。懷忠抱義，以抗凶頑。太君聞變，曰兒不還，是必死國，臣職宜然。醜類革面，冀公可脱。母曰不然，虎口不活。室人緘口，太君心割。奄至屬纊，齊泪以歿。嗚呼哀哉！初遭險難，旋履亨衢。配德元相，何榮之如。大耋之年，嗟隕壯子。沫血吞聲，何痛之似。賈母教義，滂母教忠。惟母知子，誰云不恫。垂歿諄諄，遺戒哲嗣。殺敵致果，忠孝勿替。嗚呼哀哉！某等忝屬通門，備聞懿則。自更閩難，身如薦棘。化鶴騎箕，山河壯色。忠魂未妥，摧胸擗臆。如何太母，復罹斯戚。追惟純孝，曾不執紼。痛甚寢門，愴深攀柏。摛辭叙哀，發言哽塞。

祭表姊周孺人文

清門世族，實産英奇，非直男子，亦在簪笄。叔皮淹洽，厥有班姬。謝傅弘雅，道韞是儀。桐鄉之顔，遥遥華胄。惟水部公，騰鸞翥鷟。咳唾珠璣，文淵學囿。我姑作嬪，禮宗德秀。是生淑女，蘭心綉腸。吐口爲義，發言成章。酷蒙憐愛，獨授青箱。超斯遏末，亟彼中郎。來歸于周，尚書宗子。棨戟高門，承休踵美。對案齊眉，左圖右史。壁月交輝，瓊枝互倚。滄桑遷改，辛苦持門。食是舊德，韲鹽載親。上奉姑嫜，下恤族姻。相夫誨子，懿德著聞。惟潘及顔，朱陳世締，同休共戚，扶携顛沛。惟舅惟甥，唯姊唯弟，分雖中表，恩同門内。姑也早世，水部衰頽，諸郎瑣尾，葛帔興哀。吾家多故，荆分雁違。悠悠桐川，莫往莫來。惟姊夫人，近在溪涘。門巷依然，槐蔭未徙。吾宗播遷，相依栖止。對宇望衡，於今二紀。載涵淑範，載聆徽言。珠光玉潔，展也邦媛，屬辭朗諸。析理不煩，林下風規。儼爾猶存，豈無女子。才名炫赫，夫人恬然。含光静默，有詩千首。非雕非飾，不傳于外。祇自娱懌，豈無女子。門閥自矜，夫人退然。虚己以承，不席其盛。不有其能，體慈守儉。翼翼兢兢，早年善病。清寒削玉，二親閔憐。憂其天促，豈意同生。多登鬼録，惟姊巋然。嚴冬一木，齒逾六十，神明不衰。前月相見，笑語依依。如何不淑，溘然長辭。德容不再，凝想摧悲。惟是外親，根連一本。枝别條分，浸疏浸遠。諸姑無幾，所生亦鮮。二十年來，後先凋隕。姊又奄逝，實傷我心。桐鄉一綫，雨絶星沉。仰溯疇曩，俯念嗣今。菀枯如夢，哀何可任。伊姊風徽，媲彼列女。愧非淵雲，難爲揚詡。遺文在笥，天孫錦杼。尚克整齊，不忘緒語。

江南文脉
jiangnan wenmai

潘耒全集

叁

（清）潘耒 撰
吴航 整理

鳳凰出版社

類音　卷五

韻譜

平聲第十五類

二十五　恩 開口呼

恩　㥎根切。澤也。惠也。愛也。隱也。亦姓。舊烏痕切，痕韻一。
衮　炮炙也。以微火温肉也。亦作「煾」。
〇痕　紇䪵切。瘢也。迹也。舊户恩切，痕韻四。
䪵　車革前飾。
拫　急引。
㮸　所以平量斗斛。

○根　頣恩切。根柢也。亦姓。舊古痕切，痕韻三。

跟　足後踵也。亦作「䟫」。

珢　石，次玉。又，音銀。

○䫀　墾痕切。束也。舊口恩切。從集韻增。

○垠　鎧痕切。垠，堮也。亦作「圻」。又，音銀。舊五根切，痕韻二。

泿　水名。

○呑　忒痕切。咽也。餐也。并也。舊吐根切，痕韻一。

○莘　瑟思切。地名。又，姓。舊所臻切，臻韻二十。

𡘋　多也。

㚞　羽多。

樺　杠也。床前横木也。

鮮　魚尾長也。

瘁　寒病。

甡　進也。

侁　行皃。

詵　衆人言也。
侁　往來之皃。
姺　女字。
駪　馬多。
扟　從上擇取物也。
阠　八陵東名阠。
籸　粉滓。
㜪　有㜪，國名。
甡　衆多皃。
屾　二山也。
䰑　衆盛皃。
桑　熾也。
○臻　櫛恩切。至也。及也。舊側詵切，臻韻八。
蓁　草盛皃。
榛　小栗也。亦作「亲」。又，作「槫」。

溱　聚也。又，琴瑟音。

轃　大車簀也。

溱　水名，在河南。或作「潧」。

溳　水名，在豫州。

鏩　小鑿也。

○蓁　齜痕切。木叢生也。舊士臻切，臻韻三。

殿　殿殿，動而喜皃。

帘　幕也。又，音廉。

二十六　因　齊齒呼

因　一欣切。托也。仍也。緣也。就也。亦姓。舊於真切，真韻十九。

茵　褥也。車中重席也。亦作「鞇」。

裀　衣身也。

姻　婚姻。婦家曰婚，婿家曰姻。

婣　亦姻也。又，和也。周禮：「睦婣任恤。」

揯　就也。

氤　氤氳，元氣盛也。

烟　烟温，天地氣也。易作「絪緼」。

絪　絪緼，麻枲。

洇　水名。

駰　白馬黑陰。

垔　塞也。亦作「陻」。又，作「堙」。

堙　土山也。

禋　祭也。敬也。古作「𥛷」。

湮　落也。沉也。

諲　敬也。

闉　闉闍，城上重門。

羥　黑羊。

歅　秦有方歅，善相馬。

○鼘　鼓聲。亦作「𪔜」。舊於巾切，真韻一。

○殷 衆也。正也。大也。中也。亦姓。舊於斤切，欣韻三。

慇 慇懃。

溵 水名，在潁川。亦作「濦」。

○寅 逸殥切。辰名。又，恭也。本作「寅」。舊翼真切，真韻五。

夤 夤，緣連也。又，夾脊肉也。亦作「胂」。

墳 墳場。

黄 菟瓜也。

螾 寒蟬。

○欣 肸因切。喜也。亦州名。亦作「忻」。舊許斤切，欣韻五。

訢 喜也。

昕 日欲出也。

炘 熱皃。

邤 邤鄰，地名。

○殥 傒寅切。鞭也。舊下珍切，真韻三。

嚬 難也。

詾　誑也。

〇巾　吉因切。蒙首衣也。又，幕也。舊居銀切，真韻一。

〇斤　十六兩爲斤。又，斧斤也。又，去斤、奇斤，代北複姓二氏。舊舉欣切，欣韻三。

釿　劑斷也。

筋　筋骨也。肉之力也。亦作「簕」。又，姓。

〇炊　乞寅切。少也。舊口斤切。

〇鬈　稔也。舊乞鄰切。二字從集韻增。

〇矜　姑寅切。矛柄也。又，鉏穫也。古作「矜」。舊巨巾切，真韻四。

堇　黏土也。亦作「墐」。

撞　拭也。

鮗　蟲魚連行。又，力丁切。

〇趣　行也。舊渠人切，諄韻一。

〇芹　水菜之美者。舊巨斤切，欣韻六。

蘄　草也。又，巨希切。

勤　勞也。盡也。

憅　慇憅。

慬　憂哀也。亦作「懄」。

瘽　病也。

○銀　屹寅切。白金也。舊語巾切，真韻十四。

珢　石，似玉。

垠　岸也。

泿　水名。

檭　木名，色白。

誾　和也。又，誾誾，中正之貌。又，姓。亦作「訔」。

圁　圁陽，縣名，在西河。

麢　獸名，似貉而八目，出山海經。

狺　犬聲。亦作「折」。

菦　亭名，在江夏。

齗　大篼。

鄞　縣名。

嚚　口不道忠信之言爲嚚。

嘷　兩虎争聲。

○齗　齒根肉也。亦作「齦」。舊語斤切，欣韻五。

圻　圻堮，岸也。「垠」同。

斦　二斤。

犾　犬相吠也。

虤　虎聲。

○鄰　栗寅切。近也。五家爲鄰。舊力珍切，真韻二十。

嶙　嶙峋，深崖狀。

粼　水在石間。亦作「磷」。

潾　水名。

燐　鬼火。本作「粦」。

璘　璘瑞，文皃。

驎　健皃。

繗　紹也。

瞵　視皃。

轔　車聲。

翷　翷翂，飛皃。

疄　田壟。

鱗　魚甲。

麟　仁獸也。一作「麐」。

驎　騏驎，白馬黑脊。

獜　獸名，似豕，黄身白首。

獜　獜獜，犬健也。

驙　馬色。

鰲　魚名。

𦼥　菜畦。

○紉　嚬寅切。單繩也。舊女鄰切，真韻一。

○申　矧因切。辰名。又，伸也。重也。容也。明也。亦州名。又，姓。又，申徒、申屠、申章複姓三氏。舊失人切，真韻十四。

伸　舒也。理也。直也。信也。
呻　呻吟。「㕧」、「𠲖」并同。
訷　訷說，信也。
胂　胸也。
紳　大帶。
鞞　革帶。
椩　木自踣也。
眒　鳥獸驚皃。
魋　山海經云：「青要山魋，亦神也。」
𨤲　引也。
身　軀也。躬親也。
侁　神也。又，姓。
娠　孕也。
○神　臀寅切。靈也。精神也。亦姓。舊食鄰切，真韻二。
晨　早也。又，植鄰切。

〇人　刃寅切。人爲萬物最靈。人者。神也。仁也。又，複姓有聞人、封人、左人諸氏。舊如鄰切，真韻三。

仁　仁慈也。果中實也。人心也。亦姓。

杊　屋上間杊。

〇真　窒因切。正也。淳也。僞之反也。又，姓。舊側鄰切，真韻十五。

禛　祥也。福也。

稹　穜穊也。

磌　柱下石也。

蒖　茆也。

甄　陶也。别也。亦姓。又，音堅。

籈　所以鼓敔。

薽　葝薽，豕首草也。

振　舉也。動也。救也。又，之刃切。

桭　屋梠。

侲　養馬者。又，童子也。

哌　驚也。

帳　馬篼囊也。

殿　擊也。

畛　田界。又，之忍切。

○珍　重也。寶也。舊陟鄰切，真韻三。

鎮　安也。戍也。又，陟刃切。

填　壓也。又，音田。

○瞋　抶寅切。怒也。張目也。亦作「嗔」。又，作「謓」。舊昌真切，真韻三。

膹　肉脹起也。

纑　纑也。

○獜　犬走草狀。舊丑人切，真韻三。

胂　申也。

縝　縝紛。

○辰　秩因切。時也。日也。日月斗爲三辰。日月所會謂之辰。舊植鄰切，真韻十二。

晨　早也。明也。古作「晨」。

宸　屋宇，天子所居。
桭　兩楹間。
脣　重脣。
鄏　姓也。
敐　擊聲。
鷐　鷐風，鸇也。
麎　牝麋。
臣　事人也。又，服之也。
邸　地名。
茞　草名。　○按：「辰」字及从「辰」之字，皆係禪母，當與「神」爲類。廣韻與「臣」同切，從北音也。
○陳　列也。張也。衆也。故也。國名。亦姓。古作「敶」。舊直珍切，真韻四。
䰖　獸名，似羊，目在耳後。
塵　鹿行揚土也。
趁　越履。
○辛　悉因切。干名也。金味也。辛苦也。又，姓。舊息鄰切，真韻三。

新　對舊之稱。亦姓。又，新和、新垣複姓二氏。

薪　柴也。

○津　塱因切。液也。水渡也。古作「𨑇」。舊將鄰切，真韻四。

盡　飾也。

璡　美石，次玉。

濜　氣之液也。亦作「盡」。

○親　七寅切。愛也。近也。族戚也。古作「寴」。又，作「亲」。舊七人切，真韻一。

○秦　疾寅切。國名。亦姓。舊匠鄰切，真韻三。

螓　螓蜻，似蟬而小。

犪　牛名。

○賔　必因切。敬也。近也。列也。客也。服也。亦姓。古作「賓」。亦作「賓」。舊必鄰切，真韻九。

濵　水際。

檳　檳榔，嶺南果實。

鑌　鑌鐵，爲刀甚利。

儐　敬也。又，音殯。

矉　恨張目也。

顊　頭憒濍也。

覢　覢䙹，暫見。

䰋　鬼皃。又，音繽、頻。

○繽　匹寅切。繽紛，雜亂皃。舊匹賓切，真韻四。

翸　飛皃。

憦　敬也。

䦨　争鬥也。

○彬　文質雜半。古作「份」。又，作「斌」。舊府巾切，真韻十。

玢　文采狀也。

邠　州名。

攽　分也。

砏　水名。

豳　地名。又，姓。

彪　虎文。

霦　璘霦，玉光色。亦作「琸」。

眥　大目皃。

汃　西方極遠之國。

〇頻　弼寅切。數也。急也。比也。水崖也。又，姓。本作「顰」。舊符真切，真韻十二。

蘋　大萍也。又，作「蕒」。

櫇　木名。

嚬　笑也。

顰　眉蹙也。

譻　多言也。

嚬　嚬姿。

繽　擣衣。

嬪　婦也。又，妃嬪也。

螾　珠母。

獱　獺之別名。

玭　珠也。又，步田切。

〇貧　乏也。少也。古作「穷」。舊符巾切，真韻一。

〇民　密寅切。説文：「衆萌也。」舊彌鄰切，真韻五。

泯　没也。又，亡忍切。

怋　亂也。

睧　視皃。

闅　低目視也。亦亭名，在汝南。

〇珉　美石，次玉。「玟」、「瑉」、「碈」并同。舊武巾切，真韻十七。

岷　山名，江水所出。亦州名。

緡　錢貫。亦絲緒，釣魚綸也。又，姓。

鍲　算税也。

鈱　鈱鋭。

捪　撫也。

痻　病也。

暋　强也。

筤　竹膚。

罠　㒱網。

鴖〔一〕　鳥似翠而赤喙。

旻　仁覆愍下謂之旻天。

旼　和也。

忞　自勉强也。

眅　視皃。「暋」同。

汶　汶山。「岷」同。

閩　閩越。

【校記】

〔一〕鴖　原刻誤作「頣」，據廣韻改。

二十七 温 合口呼

温 揾昏切。和也。良也。柔也。暖也。水名。又，姓。舊烏渾切，魂韻十二。

昷 仁也。今作「昷」。

鄖 鄉名。

藴 藴藻，節中生葉。

緼 赤黄間色也。禮曰：「一命緼韍。」

韞 赤色。又，於粉切。

轀 轀輬，車名。

鰛 戎狄鹽名。

瓰 瓜名。

騉 騉驪，駿馬。

豱 豕名。

殟 病也。

○昏 忽温切。日冥也。闇也。昧也。又，昏娶也。俗作「婚」。舊呼昆切，魂韻七。

惛 不明也。

婚　婚姻。

歆　不可知也。

閽　守門人。

棔　合棔，木名。

殙　病也。又，未名而死也。

○魂　鶻坤切。魂魄也。人生始化曰魄。既生魄，陽曰魂。天氣爲魂也，氣爲魄。舊户昆切，

魂韻二十三。

憹　憹，悶。

槐　槐棞。

渾　水流聲。又，濁也。全也。亦姓。又，胡本切。

堚　里名，在洛陽。

煇　赤色。

楎　犁上曲木。

輝　還也。車相避也。

琿　玉名。

顐　頤顐，秃也。

䙛　䙛，視。

倱　女字。

騉　騉騱，野馬。

猑　似犬人面，見人則笑，行疾如風。

鼲　鼠名。

餛　餛飩。亦作「餫」。

麧　不破麥也。

俒　全也。

䓴　蒲也。又，胡官切。

掍　掍，推。

棞　大木未剖。

涃　水流皃。

惃　心悶也。

○昆　骨温切。兄也。後也。同也。又，姓。亦作「晜」。又，作「罤」。舊古渾切，魂韻十五。

崐　崐崘，山名。

琨　玉名。

錕　錕鋙，鐵，赤色，可爲劍。

菎　香草。

惃　亂也。

鵾　鵾鷄。亦作「鶤」。

鯤　北溟大魚。

騉　騉駼，良馬。

麘　鹿屬。

猑　獸名。

蚰　蟲之總名。亦作「蜫」。

歝　歝干，不可知也。

褌　褻衣也。亦作「幝」。

瑻　玉名。

〇坤　窟魂切。卦名。古作「巛」。舊苦昆切，魂韻五。

髡　去髮。
頤　頤顐。
髖　髖也。臀也。亦作「髖」。
猑
○僤　兀魂切。女字。又，姓。舊牛昆切，魂韻四。
㾖　癡兒。
顐　義見前。
梱　髡木也。
○論　硉魂切。説也。議也。討論也。論思也。舊盧昆切，魂韻四。
崘　崐崘。
掄　擇也。貫也。
菕　菕蘿，草名。
○敦　咄温切。厚也。大也。勉也。迫也。亦姓。舊都昆切，魂韻六。
惇　厚也。
弴　畫弓也。亦作「弤」。

墩　平地有堆。

瓺　器似甌瓿。

驐　去畜勢也。

○暾　宊魂切。日始出皃。舊他昆切，魂韻七。

燉　火色。

啍　啍啍，重遲皃。

蟞　蟞蝺，蟲名。

黗　黄黑色也。

涒　歲在申曰涒灘。

蘔　黄色也。

○屯　宊魂切。聚也。又，姓。舊徒渾切，魂韻十七。

沌　水勢。

邨　地名。

庉　風與火爲庉。

黊　黄色。

忳 悶也。

軘 兵車。

坉 以草裹土築城及填水也。

窀 火見穴中，又，音迍。

芚 菜名。又，盛皃。

瓲 瓠瓲，瓜名。

飩 餛飩。

豚 豕子也。「豘」、「豘」并同。

臀 尻肉也。「屍」、「脾」、「臋」并同。

篼 榜也。

燉 火熾。又，燉煌郡。燉，火煌盛也。

哼 口氣。

○黁 訥魂切。香也。舊奴昆切，魂韻一。

○孫 窣温切。子之子爲孫，女之子爲外孫。亦姓。又，逢孫、臧孫、仲孫、孟孫、叔孫、季孫、楊孫、長孫、唐孫、王孫、賈孫、魚孫、烏孫、士孫、顓孫、利孫、經孫、新孫、古孫、牟孫、室

蓀　孫、長孫複姓二十二氏。舊思渾切，魂韻六。

蓀　香草。

搎　捫蓀，摸搎也。

猻　猴猻。

飧　夕餔也。又，熟食也。亦水和飯也。

蕵　烏蕵草。又，蕵蕪，味酸，可食。

○尊　卒温切。重也。高也。貴也。敬也。亦酒器也。又，姓。舊祖昆切，魂韻四。

樽　酒器也。本作「尊」。又，作「鐏」。

嶟　山皃。

繜　衣也。

○村　猝魂切。聚落也。村野也。舊此尊切，魂韻一。

○存　捽温切。在也。察也。恤問也。舊徂尊切，魂韻五。

拵　据也。

袸　小帶也。

郁　郁鄏縣，在戎州。

蹲　坐也。踞也。

○分　弗温切。賦也。與也。别也。裂也。舊府文切，文韻五。

扮　掘也。

餴　蒸飯也。「餴」同。

氉　氉毷，罽也。

坌　掃棄之也。

○芬　芬芳也。又，姓。舊撫文切，文韻十三。

岁　草木初生，香分布也。又，音汾。

棻　香木也。

紛　紛紜，衆也，亂也。

棼　亂也。

衯　長衣皃。

帉　巾也。亦作「帉」。

翁　翻翁，飛皃。

毰　毛落。

砏　砏汃，水名。

氛　氛祲，妖氣也。亦作「雰」。

鬩　鬭鬩，争鬥皃。

錀　埤倉云：「兔奄錀。」

〇汾　佛魂切。水名，在太原。亦州名。舊符分切，文韻二十八。

枌　白榆，木名。

棼　複屋棟也。

氛　氛氲，祥氣也。亦作「氲」。

谾　谷名，在臨汾。

棻　香木名。亦作「棼」。

妢　考工記：「妢胡之笴。」

朌　大首皃。

頒　魚大首也。亦衆皃。

羒　白羝羊也。

鳻　春扈鳻鶥。亦作「鼖」。説文：「鳥聚皃。一曰飛皃。」

鲂　魚名。
鼢　田中鼠也。亦作「蚡」。
菳　菳蒀。
賁　三足龜。
墳　土高起也。墓也。墳籍也。
鼖　大鼓也。亦作「鼖」。又，作「韇」。
濆　水際也。又，水名。
蕡　草木多實也。古作「蒉」。
橨　平仲木别名。
鐼　鐵類。又，飾也。
轒　轒轀，兵車。
馩　馩馧，香氣。亦作「馚」。
鵜　似鴞，白身赤尾，三目六足。又，音奔。
羵　土中怪羊。
豶　易：「豶豕之牙。」

焚　焚燒也。「熕」同。

蟁　醜皃。

○文　物魂切。文章也。美也。華也。兆也。又，州名。亦姓。舊無分切，文韻十二。

紋　錦綺文也。

雯　雲文。

彣　青與赤雜。

汶　黏唾。又，音旻、問。

敯　摩也。

駇　馬赤鬣縞身。

鳼　鶉子也。

鼤　班鼠。

蚊　本作「䘇」。亦作「螡」。齧人飛蟲也。

聞　知聲也。古作「𦖞」。又，音問。

閿　低目視也。汝南西平有閿亭。弘農湖縣有閿鄉。俗作「閺」。

○奔　本温切。疾走也。亦作「犇」。舊博昆切，魂韻三。

賁　勇也。虎賁，勇士也。亦姓。又，肥、秘、墳三音。
犇　牛驚出也。
○濆　諄温切。濆也。亦作「噴」。舊普魂切，魂韻二。
歕　吐也。又，吹氣也。
○盆　勃魂切。瓦器。又，姓。亦作「瓫」。舊蒲奔切，魂韻四。
湓　水名，在尋陽。一曰水涌也。
葐　覆葐，草。
鳹　鳹鳩，鳥。
○門　没魂切。説文：「合兩户謂之門。」亦姓。又，東門、桐門、胥門、下門、車門、鬬門、雍門、夷門、陽門、逢門、木門、闕門、弋門、刺門複姓十四氏。舊莫奔切，魂韻十二。
捫　以手撫持。
樠　木名。
璊　玉色赤也。
穈　粥凝。
虋　赤色罽名。

亹　浩亹，地名。亦作「澶」。

虋　赤粱粟也。俗作「蘴」。

怋　怋怋，不明也。

頣　頭苦殟頣。

趩　行遲。

䳍　比翼鳥也。

二十八　氳　撮口呼

氳　鬱薰切。氤氳，元氣也。舊於云切，文韻九。

熅　烟熅，天地氣也。易作「絪緼」。

緼　亂麻也。又，於粉切。

馧　香也。

蒀　葐蒀，盛皃。亦作「馧」。

蘊　蘊積也。又，於粉切。

蝹　蝹蝹，龍皃。

輐　轒輐，兵車。

壼　鬱也。

○贇　美好也。舊於倫切，具韻三。

𤃬　泉水。

䪜　頭大也。

○云　聿囷切。辭也。言也。古「雲」字也。亦姓。舊王分切，文韻十九。

雲　山川氣也。古作「云」。象雲回轉形。又，姓。

芸　香草，可辟書蠹。又，與「耘」同。

耘　除苗間穢也。亦作「頛」。又，作「䒓」。

紜　紛紜。

妘　女字。又，姓。

邧　邑名。

沄　沄沄，轉流也。

耺　耳中聲。

䞫　亂也。

蕓　蕓薹，菜名。

篔　竹名。

澐　江水，大波。

橒　木名。

員　益也。物數也。古作「鼎」。又，圓、運二音。

涓　水名，在南陽。

篔　篔簹，竹名。

鄖　國名。

愪　憂也。

○匀　遍也。齊也。舊羊倫切，諄韻二。

畇　詩：「畇畇原隰。」

○筠　竹膚之堅質也。舊爲贇切，真韻四。

葀　藕根小者。

緼　繩細。

囩　回也。又，田十二頃曰囩。

○熏　獯氳切。烟上出也。氣蒸也。和也。以火熏物也。亦作「燻」。舊詩云切，文韻十。
薰　香草。又，姓。
曛　日入也。又，黄昏時。
纁　三染絳。
醺　醉也。
勳　功勳也。亦作「勛」。
葷　辛臭菜也。蒜屬。
臐　羊臛也。
獯　獯鬻，北狄名。
焄　香氣也。
○君　橘氳切。主也。長也。舊舉云切，文韻八。
宭　群居。
桾　桾櫏，木名。
箘　竹名。
莙　牛藻菜也。

䅟　水䅟，蟲名。

軍　軍旅也。萬二千五百人爲軍。又，將軍、冠軍複姓二氏。

皸　足坼。

○麏　鹿屬。亦作「麇」。又，作「麕」。舊居筠切，真韻三。

頵　大頭。

汮　水名，出析縣。

○均　平也。又，學曰成均。亦州名，屬南陽，取汮水以名之。舊居勻切，諄韻三。

鈞　三十斤爲鈞〔一〕。又，陶車也。又，鈞平也。與「均」通用。亦姓。

袀　黑衣戎服。

○囷　屈云切。倉圓者曰囷。舊去倫切，真韻七。

箘　竹名。

蜠　大貝。

箟　箭竹。

峮　嶙峮，山相連皃。

輑　車軸相逢。

壼　宫中道也。又，苦木切。
○群　倔沄切。輩也。衆也。聚也。隊也。舊渠云切，文韻四。
窘　義見前。
帬　下裳也。亦作「裙」。
㾕　痺也。
○輑　崛云切。車前横木。舊虞云切。從集韻增。
○淪　律云切。水波也。没也。舊力迍切，諄韻十五。
倫　等也。比也。序也。理也。又，姓。
論　言理也。又，盧昆切。
侖　思也。
掄　擇也。
棆　木名。
綸　絲綸。又，姓。又，音鰥。
篇　篇子，船具。
輪　車輪。

舩 船舩。

陯 山阜陷也。

惀 欲曉知也。

踚 行也。

鯩 魚名。

蜦 神蛇，能興雲雨。

○純 葦云切。篤也。至也。文也。不雜也。舊常倫切，諄韻十三。

蒓 水葵。

醇 美也。

奄 大也。

𦎫 說文：「孰也？」凡從「𦎫」者，今作「享」，同。

淳 清也。朴也。又，姓。

醇 醲也。厚也。粹也。

焞 明也。又，他昆切。

錞 樂器。鳴之以和鼓。

蓴　蒲秀。又，水菜也。與「蒓」通用。
鶉　鶬鶉。
陙　小阜。
忳　憂悶。
○脣　口脣。舊食倫切，諄韻五。
漘　水際。
蓐　牛蓐草，似蘭，青黑色。
紃　環，彩絛也。又，音巡。
犉　牛行遲也。
○犉　㹠云切。黄牛黑脣。舊如匀切，諄韻三。
䳢　鶉鷄晚生者。
瞤　目動也。亦作「眴」。
○諄　忳氳切。至也。誠懇皃也。誨言重複也。亦作「訰」。舊章倫切，諄韻五。
肫　肫肫，誠懇皃。亦面權也。又，鳥藏也。
淳　沃也。盥也。禮記：「淳熬淳母。」考工記：「淳而漬之。」又，左傳「淳十五乘」，謂兵車之耦也。
惇　心實也。
睶　鈍目也。
○屯　難也。厚也。屈也。又，卦名。舊陟綸切，諄韻四。
迍　迍邅，行遲滯也。
窀　窀穸，謂下棺之事。窀，厚也。穸，夜也。
帾　布貯。
○春　黜云切。四時之首。又，姓。舊昌脣切，諄韻一。
○椿　木名。舊丑倫切，諄韻六。
瑃　玉名。
楯　木名。
輴　載柩車也。亦作「軕」。
杶　木名。亦作「櫄」。
鶞　爾雅：「春鳸，鳻鶞。」
○醇　木云切。美酒也。舊直倫切，諄韻二。

幯　義見上。

○荀　恤氳切。草名。又，姓。舊相倫切，諄韻十四。

峋　嶙峋。

珣　玉名。

郇　地名，在河東。又，姓。

詢　咨也。

恂　信也。

洵　水名，在晉陽。又，信也。

眴　目眩也。又，音舜。

欨　氣逆也。

姰　狂也。

楯　杶木別名。

櫏　大木也，可爲鉏柄。

畇　田墾辟也。

檈　承食案也。

〇旬 戾云切。十日曰旬。又，均也。遍也。古作「旬」。舊祥遵切，諄韻十五。

洵 均也。龕也。

駒 駒鶬，小鳥。

蚼 蟲名。

巡 視行也。又，逡巡，却退皃。

紃 義見上。

馴 擾也。從也。善也。

犉 牛行遲。

循 善也。順也。依也。撫也。又，循循，次序皃。

揗 手相安慰。

綇 縫也。

楯 闌檻。

畓 均也。

灥 三泉相通。

䞨 走皃。

〇遵 啐氳切。循也。率也。行也。習也。舊將倫切，諄韻五。

嶟 山皃。

鷷 西方雉名。

僎 鄉飲酒禮，輔主人者曰僎，爲其降席而遵法也。又，音撰。

跧 蹵也。

〇逡 焌云切。逡巡，退也。舊七倫切，諄韻九。

夋 倨也。

竣 止也。倨也。改也。又，音詮。

踆 退也。亦作「㚅」。

捘 推也。

皴 皮細起也。

䨚 狡兔名。

蹲 立也。

墫 舞皃。

〇鷷 崒云切。西方雉名。舊昨旬切，諄韻一。

【校記】

〔一〕三十斤爲鈞　原刻誤作「二十斤爲鈞」，據漢書律曆志、説文改。

平聲第十六類

二十九　安　開口呼

安　遏頇切。徐也。定也。寧也。何也。亦州名，即安陸郡地。亦姓。又，複姓有安都氏。舊烏寒切，寒韻五。

侒　宴也。

郊　地名。

鞌　鞍韉。

盦　盦甇，大盂。

○頇　喝安切。顳頇，大面皃。舊許干切，寒韻二。

鼾　卧氣激聲。

○寒　曷看切。暑之反也。又，國名。亦姓。舊胡安切，寒韻十。

蕣　蕣蔣，草也。

韓　古作「韓」。井垣也。亦國名。又，姓。

蘋　白蘋，草也。

翰　羽也。榦也。又，翰墨也。亦作「鶾」。

鶾　駿鶾，蕃地大馬。

邯　邯鄲，縣名。又，複姓。

邗　邗溝，水名，在廣陵。

汗　可汗，蕃人稱王。又，音犴。

虷　虷蟹，一名蜎蟲。

○干　葛安切。求也。犯也。觸也。盾謂之干。甲乙等爲日干。水崖曰干。亦姓。又，複姓有干已氏。舊古寒切，寒韻十五。

肝　木藏。

玕　琅玕，美石，次玉。

竿　竹竿。

汗　餘汗，縣名。

邗　越別名。

盂　盤也。又，大碗名。
迂　進也。
忓　極也。
尪　尪，股〔一〕。
奸　以淫犯也。
鴅　鴅鵲，鳥名，噪則行人至。
戰　戰，盾。
乾　上出也。燥也。古作「漧」。
鄿　地名。
○看　渴寒切。視也。古作「翰」。舊苦安切，寒韻五。
刊　削也。剟也。
栞　槎木也。亦作「栞」。
靬　弓衣。
臤　堅也。
○豻　嶭寒切。野狗似狐而小。或作「犴」。又，音岸。舊俄寒切，寒韻三。

雅　雅碣，鳥，一名雝鶏。碣音石。

嶨　山形也。

○濡　納寒切。水名，出涿郡。舊乃官切，寒韻一。

○餐　攃寒切。吞也。俗作「湌」。舊七安切，寒韻二。

籛　籛笭，出異字苑。

【校記】

〔一〕股　原刻作「服」，據集韻改。

三十　烟　齊齒呼

煙　謁軒切。火氣也。亦作「烟」。古作「垔」、「䍃」。舊烏前切，先韻九。

湮　落也。没也。又，音因。

咽　咽喉。

胭　胭項。

燕　國名。亦州。又，姓。

篜　竹名。

驨　馬竅白。

閼　閼逢，歲名。閼氏，單于正妻。

橪　橪支，香草。

○焉　何也。又，鳥雜毛。舊於乾切，仙韻四。

蔫　物不鮮也。

嫣　長皃。

鄢　鄢陵，縣名。亦姓。

○延　拽賢切。長也。遠也。緩也。引也。納也。施及也。州名。又，姓。舊以然切，仙韻十二。

筵　竹席也。重曰筵，單曰席。

莚　草名。

埏　地際也。又，墓道。

郔　地名。

鋋　小矛。

綖　冠上覆也。
裿　帣裿，牛領上衣。
䀽　相顧視也。亦作「𨓈」。
蜒　蜿蜒，龍皃。蚰蜒，蟲名。
狿　㹳狿，大獸名。
𨔶　行皃。
○焉　語助也。舊有乾切，仙韻三。
漹　水名，出西河。
蔫　蔫䖤，蟲名。
○掀　歇烟切。以手高舉也。舊虚言切，元韻六。
軒　車曲輈也。亦姓。
轞　車前輕也。
蓒　蓒芋，草名。
𧽚　走皃。
䮗　飛舉皃。

〇祆　胡神。官品令有祆正。舊呼烟切，先韻二。

訮　訶也。怒也。

〇仚　輕舉皃。説文：「人在山上也。」舊許延切，仙韻四。

翾　飛皃。

嗎　笑皃。

嫣　長皃。好皃。

〇賢　纈延切。善也。能也。愈也。古作「臤」。舊胡田切，先韻十五。

嚽　難也。

礥　艱險。又，剛强也。

弦　弓弦。亦琴瑟弦也。俗作「弦」。又，姓。

慈　亭名，在密縣。説文：「急也。」

婹　婦人守志。

越　疾走。

搲　縣名。又，音堅。

菸　草名。

伭　很也。

痃　癖病。

⿰玄刂　自刎頸也。

胘　肚胘，牛百葉也。

舷　船舷。

蚿　馬蚿，蟲，一名百足。

○堅　結烟切。固也。長也。强也。又，姓。舊古賢切，先韻十四。

豎　剛也。

經　緊也。

鰹　鮦大曰鰹，小曰鮵。

肩　項下膊上。又，任也。克也。作也。膢也。又，姓。

菺　茙葵，今蜀葵也。

鵳　鶅鵳，鶅屬。

幵　平也。兩干對舉。今作「开」。又，羌名。又，音牽。

麉　鹿有力。

豣　大豕也。豕三歲也。「豜」、「猏」并同。

蘢　龍鬐脊上。

鳽　鵁鳽，鳥名。

掔　縣名，在東萊。

幰　布名。

○甄　陶也。察也。免也。亦姓。又，音真。舊居延切，仙韻三。

葌　豕首草，又名彘盧。

箛　竹器。

○鞬　馬上盛弓矢器。亦作「韇」。舊居言切，元韻八。

腱　筋也。

鍵　粥也。古作「鬻」。亦作「飦」。

騝　騮馬黄脊。

犍　犗牛名。

靬　乾革。又，驪靬縣，在張掖。

攓　攓子，摶蒲采名。

劇　以刀去牛勢。

○牽　挈延切。引也。挽也。連也。亦姓。舊苦堅切，先韻九。

縴　縴綣，惡絮。又，繵縴。

掔　固也。厚也。持也。

岍　山名，在京兆。

汧　水名，在安定。又，水出不流曰汧。

邢　地名，在河内。

麉　鹿有力。

鳽　石鳥，一名雝渠，又名精列。

蚈　螢火。

○愆　過也。「諐」、「僁」并同。舊去乾切，仙韻八。

褰　褰衣。

㯠　齊魯言袴。

攐　縮也。

騫　馬腹縶。又，虧少也。飛騰也。亦姓。

搴　拔取也。

嘕　嘕嘕，歡皃。

趚　蹇足跟也。

○揵　舉也。舊丘言切，元韻二。

蹇　走皃。

○乾　傑延切。天也。君也。堅也。健也。卦名。舊渠焉切，仙韻九。

虔　恭也。固也。殺也。説文：「虎行皃。」又，姓。亦州名。

鄢　聚名，在河東聞喜縣。

楗　廩也，構木爲之。

鰬　魚名。

揵　舉也。

鍵　鑰也。

驐　義見上。

犍　犍爲縣，在嘉州。

○籈　筋鳴也。舊巨言切，元韻二。

赶　獸舉尾足。

○姸　蟿延切。美也。好也。凈也。舊五堅切，先韻七。

研　磨也。「硯」同。

揅　揅破。

趼　獸迹。

盄　醆也。

䳍　鳷䳍，鳥。

俓　急也。又，牛耕切。

○言　直言曰言。答難曰語。又，姓。舊語軒切，元韻五。

琂　石似玉。

菅　草名。

管　大簫。

甗　無底甑。

○蓮　列延切。爾雅：「荷，芙蕖，其實蓮。」舊落賢切，先韻七。

嗹　嗹嘍，言語繁絮皃。

縺　縺縷，寒具。

瀛　瀛陵縣，在交趾。

憐　愛也。又，哀矜也。俗作「怜」。

零　先零，西羌名。

麟　麟麱，餅也。

○連　合也。續也。還也。亦姓。又，出連、宥連、是連、費連、綦連、赫連代北複姓六氏。舊力延切，仙韻十二。

漣　漣漪，風動水皃。

䗽　䗽翩，飛相及皃。

鏈　鉛礦也。亦作「磏」。

槤　木名。又，横關柱。

漣　泣下。

鰱　魚名。

聯　聯綿不絶。

瀰　水名，出王屋山。

齹　齒露也。

獜　獜猭，兔走皃。

令　金城郡有令居縣。

○顛　咥烟切。頂也。仆也。狂也。又，姓。亦作「顚」。舊都年切，先韻十二。

巔　山頂也。

滇　滇池，在雲南。

槇　木上。

齻　牙齻。儀禮：「右齻左齻。」注：「齒堅也。」

瘨　病也。亦作「癲」。

趚　走頓。

傎　隕也。倒也。

蹎　仆也。跋也。

厧　厧，冢。

驞　馬額白也。

驒　驒騱，野馬。

〇天　鐵延切。説文：「天，顛也。至高無上。从一大也。」古作「兲」。又，作「靝」。舊他前切，先韻四。
呑　姓也。又，湯門切。
誔　誔譂，語不正也。
訮　訮訶。
〇田　堙延切。土已耕曰田。大鼓曰田。又，獵也。亦姓。舊徒年切，先韻十九。
佃　治田也。又，音甸。
畋　取禽獸也。
沺　沺沺，水勢廣大皃。
鈿　金花也。又，音甸。
畇　地名，在絳。
𨅡　蹋地聲。
軥　軥軥，衆車聲。
塡　塞也。加也。滿也。
闐　轟轟闐闐，盛皃。

寘　寘顔，塞外山名。又，與「填」通。

滇　滇漽，大水皃。

磌　柱礎。

嗔　盛氣也。

搷　擊也。

鷆　蚊母鳥。

軥　呂氏春秋：「天子軥軥啟啟，莫不載悦。」

磾　磾磹，蜒語不正也。

貚　貙屬。

○年　涅延切。説文：「穀熟曰年。」本作「秊」。舊奴顛切，先韻二。

秊　鄉名，在馮翊。

○羶　設烟切。羊臭也。舊式連切，仙韻八。

埏　和也。又，打瓦也。

挻　柔也。繫也。取也。長也。

脠　生肉醬。

䄪 帤䄪，牛領上衣。

鱓 魚醬。

扇 扇凉。

煽 火盛也。

○禪 舌廷切。静也。學佛上乘爲禪宗。舊市連切，仙韻八。

單 單于，外國主也。

嬋 嬋娟，好皃。

撣 撣援，牽引。

蟬 蜩也。

澶 澶淵，地名，在頓丘縣南。

儃 態也。「僤」同。

鋋 小矛。又，以然切。

○然 熱延切。燒也。亦作「燃」。又，是也，語辭。亦姓。舊如延切，仙韻八。

肰 犬肉。

繎 絲莽皃。

䈍　竹名。
嬿　姓也。
㸐　猓㸐，似猿，白質黑文。
䕭　草名。
䕼　與然同。
○壖　江河邊地。又，廟垣。或從「需」。舊而緣切，仙韻五。
襖　促衣縫也。
𤳅　城下田也。
瑌　玉佩也。
撋　推物也。
○旃　哲烟切。曲柄旗也。亦作「旜」。又，之也。亦姓。舊諸延切，仙韻六。
栴　栴檀，香木。
𩕊　額也。
饘　厚粥也。亦作「餰」。
氈　毳毛席也。

鸇　晨風鳥。

○邅　迍邅也。又，移也。舊張連切，仙韻四。

䞁　同行難也。

驙　馬載重行難。又，白馬黑脊曰驙。

鱣　詩：「鱣鮪發發。」江東呼爲黃魚。亦作「鱄」。

○脠　掣延切。魚醢也。又，肉醬。舊丑延切，仙韻四。

延　説文：「安步延延也。」

梴　木長。

鋌　鉛礦。

○燀　火起皃。舊尺延切，仙韻一。

○廛　轍延切。地一畝半。一家之居也。又，市中空地也。亦作「墠」。舊直連切，仙韻八。

纏　繞也。又，姓。俗作「緾」。

躔　日月五星行次。

瀍　水名，在河南。

鄽　市鄽。

闤 市門。

蠼 守宮別名。

趧 移也。

○先 薛烟切。前也。又，姓。舊蘇前切，先韻三。

硄 石，次玉也。

躚 蹁躚，旋行皃。亦作「蹮」。

○仙 老而不死曰仙。古作「僊」。又，作「僊」。舊相然切，仙韻九。

莶 草名，似莞。

秈 秈稻。

鮮 鮮潔也。善也。凡新殺曰鮮。小山別大山曰鮮。又，鮮卑、朝鮮，國名。亦姓。又，複姓有鮮于氏。

鱻 新魚也。

篺 竹名。

廯 倉廩。

秥 秥䄻，麚也。

碮　衦繒石也。

○涎　謝延切。口液也。亦作「次」。舊夕連切，仙韻一。

○箋　節烟切。表也。識也。書也。古作「㦰」。亦作「牋」。舊則前切，先韻十三。

淺　綫淺，水流疾皃。

濺　疾流皃。

棧　香木。

韉　革馬籋也。又，彭祖姓。

帴　小兒藉也。

櫼　小栗名。

瀳　水名。又，水至也。

韉　鞍韉。

湔　水名，出蜀郡玉壘山。

幓　幡幟。

轃　大車簀也。

遄　至也。自進也。

○煎　熟煮也。舊子仙切，仙韻三。

鬋　女鬢垂皃。

葏　草茂皃。

○千　切延切。十百也。又，複姓有千乘氏。舊蒼先切，先韻九。

阡　南北爲阡，東西爲陌。

玍　三里爲玍。

汗　水名。

仟　千人之長也。

芊　草盛。

谸　山谷谸青也。

杆　木名。

迁　伺候也。進也。又，迁葬。又，標記也。

○遷　移徙也。升進也。亦作「遷」。又，作「䙴」。舊七然切，仙韻六。

鄾　地名。

櫏　椐櫏，木名。

籩　箬籩，竹皃。

韆　鞦韆，繩戲。

癤　痛也。

○前　截延切。先也。進也。古作「歬」。舊昨先切，先韻四。

湔　湔葫，藥名。

騚　馬四蹄皆白也。

箈　潄絮簀也。「篟」、「籛」并同。

○錢　貨泉也。其藏曰泉，其行曰布。又，姓。舊昨仙切，仙韻二。

蝬　鳴蟬也。

○邊　鶩烟切。岸也。陲也。側也。方也。旁近也。又，姓。舊布玄切，先韻十四。

籩　竹器也。

邊　水名，出番侯山。

穆　籬上豆也。

傻　身不正也。

蹩　足趾不正。

趨　走意。

編　以繩聯次也。

萹　竹草。

牑　床上版也。

蹁　行不正皃。

甂　小盆。

蝙　蝙蝠，鼠屬，又名伏翼。

猵　獺屬。

○鞭　馬策也。舊卑連切，仙韻四。

箯　竹輿。

鯾　魚名。亦作「鯿」。

揙　揙擊。

○篇　瞥延切。篇什也。又，姓。舊方連切，仙韻九。

偏　側也。旁也。半也。

翩　疾飛又往來皃。

扁　小也。小舟曰扁舟。
媥　身輕便皃。
㾫　身半枯也。
蹁　蹁蹮，旋行皃。
萹　萹茿，可食。
猵　猵狚，猨屬。
○駢　别延切。并駕二馬也。舊部田切，先韻九。
胼　胼胝，皮上堅也。亦作「趼」。
賆　益也。
軿　四面屏蔽。婦人車也。
駢　骿肋。
蹁　義見上。
楄　木名。
瓟　黄瓜名。
玭　班珠也。亦作「琕」。又，作「蠙」。

○便　安也。習也。宜也。便便，辨也。又，姓。舊房連切，仙韻八。

楩　木名。

箯　竹輿。

緶　縫也。

㛹　㛹娟，美好。

蝙　蝙蝠，沙蝨也。

平　平平，辨治也。

諞　巧言。

○眠　蔑延切。寐也。舊莫賢切，先韻六。

瞑　翕目也。與「眠」同。又，音麪。

䁾　注意聽也。

矈　密也。「矏」同。

鬗　繞烟畫眉。

䰓　不見。

○綿　𦆫繭所成，精曰綿，麤曰絮。又，柔弱也。遠也。續也。亦姓。通作「緜」。舊武延切，仙韻十三。

棉 屋聯棉也。又，木棉，南中樹，其實如酒杯，中有綿如蠶，綿可作布，今所在種之。

矊 瞳子黑也。又，矊眇，遠視皃。

矏 視遠之皃。

㒙 忘也。

顯 雙生子。

櫋 屋聯櫋也。

杮 木名。

楄 木名。

蝒 馬蜩，蟬中最大。亦作「蚵」。

芇 相當也。

謾 欺也。

櫏 密也。

按：「先」「仙」二韻，人多議其過於分析。然此處自合有二種音：一爲「安」「桓」類全音之齊齒，一爲「闌」「彎」類分音之齊齒。當時未必不因此而分，特今人混讀爲一。

即欲分之，不復能辨其孰爲全音，孰爲分音，輒合爲一韻，而姑著其説於此。

三十一　蜿 合口呼

蜿　斡歡切。蟠蜿，龍皃。舊一丸切，桓韻六。
剜　刻削也。
惋　惋子，裁餘。
豌　豌豆。
眢　井無水。目無睛。
婠　德好皃。
○歡　豁蜿切。喜也。一作「懽」。舊呼官切，桓韻十一。
讙　讙諠。
夻　化也。始也。
酄　魯郡邑名。
驩　馬名。
鸛　鸛鷒，鳥，射之則銜矢射人。

貛　牡狼。

獾　野豚。亦作「豩」。

貆　貉屬。

鴅　鳥名，人面鳥喙。

䴋　驩兜，古文尚書作「鴅」〔一〕。

〇桓　活寬切。表雙立爲桓。又，四植謂之桓。又，桓桓，武皃。亦姓。舊胡官切，桓韻二十七。

峘　爾雅：「小山岌，大山曰峘。」

洹　水名，在鄴。

絙　緩也。

荁　堇類。

貆　貉類。

狟　大犬。

完　全也。

捖　刮摩也。

梡　木名，出蒼梧，子可食。

莞　似藺而圓，可爲席。

綄　船上候風羽，楚謂之五兩。

垸　漆加骨灰上也。

丸　彈丸。

紈　紈素。

芄　芄蘭，草名。

汍　汍瀾，泪流。

皾　皮病。

麺　丸屬。

麆　鹿一歲。

鳩　鳩鴿，烏喙蛇尾。

萑　木菟鳥也。

雚　雚葦。亦作「萑」。俗作「藿」。藿本自音灌。

瓛　桓圭，亦作「瓛圭」。

窾　周垣。

獂　豕屬。又，獂道縣，在天水。亦作「貆」。

羦　山羊，細角而形大。亦作「莧」。

○官　括蜿切。宦也。職也。公也。亦姓。又，王官、开官、上官複姓三氏。舊古丸切，桓韻十。

悹　憂也。

倌　倌人，主駕。

涫　樂涫縣，在酒泉。

棺　棺椁。

觀　視也。

冠　冕弁總名。亦姓。又，音灌。

莞　草名。又，東莞，縣名。亦姓。

毌　穿物持也。

貫　穿也。又，音灌。

○寬　闊桓切。愛也。裕也。緩也。廣也。舊苦官切，桓韻二。

髖　兩股間也。

○岏　刖桓切。巑岏，山高鋭皃。舊五丸切，桓韻八。

刓　圓削也。亦作「园」。

抏　挫也。

忨　貪也。

骪　骫骪。

蚖　毒蛇。

逸　逸飄。

羱　野羊，角大。

○鑾　捋桓切。鑾鈴，輅車衡上金雀所銜也。在軛曰鑾，在軾曰和。舊落官切，桓韻十四。

欒　木名。又，姓。

灓　水沃也。漬也。又，漏流也。

灤　水名。

巒　山小而鋭。

鸞　狀如翟而五采文，見則天下太平。

䜌　日夕昏時。

圞　團圞，圓也。

癵　癵癵，病瘠皃。

癴　病也。瘦也。

𢿢　迷惑不解理。

羉　雉罟。

虊　蔏蓤，一曰茆也。

灓　南灓縣，在鉅鹿。

○端　掇蜿切。正也。直也。萌也。緒也。等也。帛二丈爲端。又，玄端，朝服也。亦姓。又，端木，複姓。舊多官切，桓韻十一。

耑　說文：「物初生之題也。上象其生，下象其根也。」與「端」通用。

剬　齊也。

偳　抄偳。

鍴　鑽也。

觽　角觽，獸名，狀如豕角，宜爲弓。

䉒　竹名。

䔅　草名。

䅼　禾垂皃。

褍　衣長也。又，衣正幅也。

䪉　齊也。

○湍　脱桓切。急瀨也。舊他端切，桓韻六。

煓　火盛。

偳　人名。

黇　黄黑色。

貒　似豕而肥。

䵎　黄色。

○團　奪桓切。圓也。聚也。舊度官切，桓韻十一。

剸　截也。

摶　聚也。擊也。控也。

慱　詩：「勞心慱慱。」

溥　詩：「零露溥兮。」亦作「霉」。

鄟　鄟邑名。

篿　竹器。

鷒　鸛鷒，如鵲，短尾，射之銜矢射人。

螷　魚似鮒而豕尾。

敦　詩：「有敦瓜苦。」

鷙　鳶之別名。亦作「鶉」。

○酸　蓖蜿切。酢味。又，辛酸，悲酸也。舊素官切，桓韻四。

痠　痠痛。

霰　小雨。

狻　狻猊，師子猛獸。亦作「狻」。

○鑽　緝蜿切。穿也。刺也。舊借官切，桓韻四。

攢　剃髮。

轒　車衡三束也。本作「轒」。又，作「轒」。

劕　姓也。

○欑　柮桓切。木叢也。舊在丸切，桓韻八。

䅚　䅚補。

穳　刈禾積也。亦作「纂」。

巑　巑岏。

轒　車縛軏也。

𠝕　剃髮。

酇　聚也。周禮：「百家爲酇。」

菆　禮記：「菆塗龍輴。」謂聚木蓋櫬而塗之也。

○般　撥蜿切。運也。多也。舊北潘切，桓韻四。

䈲　捕魚笱。

䵘　輩也。部也。黨也。

𠦒　棄糞器名。又，姓。

○潘　潑桓切。淅米汁也。又，姓。舊普官切，桓韻六。

番　番禺縣，在廣州。

䆺　時居也。

甂　甂坈，大塼。

瘠　棄瘠。

拌　揮棄也。俗作「拚」。

○蟠　跛桓切。曲也。屈也。伏也。又，鼠負蟲。舊薄官切，桓韻二十一。

磻　磻溪，太公釣處。

潘　水盤洄也。列子：「鯢旋之潘爲淵。」莊子作「審」，音同。

般　樂也。

盤　樂也。屈也。又，器名。

槃　盛物器也。古作「鎜」。通作「盤」。俗作「柈」。

磐　大石。

媻　奢也。又，媻媻，往來皃。

擊　擊搬，婉轉。

鬆　鬆頭，曲髮爲之。又，卧髻也。

鞶　鞶帶，大帶也。

幋　大巾。

䀦　轉目視也。
𪒹　下色。
瘢　瘢痕。
𥮉　篋也。
緐　緐和，縣名，在凉州。
鴛　鴛䲭，異鳥人面，出山海經。
𤢺　𤢺狐，犬也。
蹣　蹣跚，跛行皃。
緐　緐纓，馬飾。
○瞞　末桓切。平目也。目不明也。又，姓。舊母官切，桓韻二十二。
䅼　無穿孔狀。
懣　忘也。
鬗　長髮。
顢　顢頇，大面皃。
蹣　逾也。

樠　木名。

獌　獸似狸。

曼　路遠。

謾　欺也。慢也。

趫　行遲皃。

蔓　蔓菁，菜。

鏝　泥鏝也。「墁」、「槾」并同。

穓　種遍皃。

鄤　鄭地。

䅼　䅼欨，亭名，在上谷。

鰻　鰻鰊，魚。

饅　饅頭餅。俗作「饅」。

悗　惑也。

綄　連也。

鞔　鞔，鞋履。

芇　相當也。

【校記】

〔一〕古文〔尚書〕作「鵬」　原刻誤作「古文作『鵬』」，據唐韻改。

三十二　鴛　撮口呼

鴛　曦喧切。鴛鴦，匹鳥。舊於袁切，元韻十八。

宛　屈草自覆也。

鵷　鵷鶵，似鳳。

帑　翻帑。

蜿　蜿蜿，龍狀。

怨　怨讎。

惌　惌枉。

眢　目空皃。

輐　兵車。

韈　量物之具。

惌　敗也。

冤　屈也。枉也。又，冤句縣，在曹州。句音劬。

涴　水名。

婉　婉婉，美也。

鋺　鋤頭曲鐵。

莬　棘莬，草名。

餵　貪也。

褑　褔褑。

〇淵　深也。止水也。又，水盤旋處爲淵。亦姓。古作「囦」。亦作「㴊」。舊烏玄切，先韻八。

鼘　鼓聲。

鸞　鳥群。

𨘢　行皃。

剈　曲鬋。

弲　弓勢。

痌　骨節疼也。

蜎　蜎蠉。

○峭　山曲也。舊於緣切，仙韻六。

悁　憂悒也。

娟　嬋娟，好恣態。便娟，舞皃。

嬛　身輕便皃。

嬽　娥眉。説文：「好也。」

潫　水深。

○袁　悦懸切。姓也。舊雨元切，元韻十三。

轅　車轅，即輈也。亦姓。又，複姓有軒轅氏。

園　園圃。亦姓。

榬　絡絲籰。

溒　水流皃。亦姓。

爰　於也。行也。爲也。引也。緩也。亦姓。

援　援引。

媛 嬋媛，枝相連引。

鶢 鶢鶋，海鳥。

猨 猨猴，五百歲化爲玃。亦作「蝯」。又，作「猿」。

垣 垣墉也。亦姓。古作「䳡」。

洹 水名，在相州。

趄 易田名。三歲一易也。本作「爰」。

○沿 從流而下也。亦作「㳂」。舊與專切，仙韻十。

鉛 説文：「青金也。錫類。」亦作「鈆」。

緣 因也。循也。又，連絡也。

蝝 蝗子。亦蟻子。

鰇 魚名。

櫞 枸櫞，果名，似橘。

鳶 鴟類。

蘮 蘮尾，草，一名射干。

旋 短也。

捐　棄也。

○員　物數也。舊玉權切，仙韻四。

圜　乾爲圜，渾天體也。圜法，錢也。通作「圓」。

圓　周也。備也。方之對。

湲　潺湲，水聲。

○暄　血鴛切。温也。亦作「煖」。舊况袁切，元韻十七。

喧　大語也。

諠　諠譁。

萱　忘憂草。

翾　飛來。

鶢　鶢鶋，鳥名。

蝖　蠙螬。

觛　角匕。

貆　獸名。

咺　恐懼。

暖　大目。

諼　詐也。

愋　恨也。

叩　喚聲。

塤　樂器也，以土爲之，六孔。亦作「壎」。

讙　讙嚻。

觼　揮角。

○鋗　銅銚也。舊火玄切，先韻五。

梋　椀屬。

圓　規也。

駽　爾雅：「青驪，駽。」注：「今之鐵驄。」

矎　直視。

○翾　小飛。舊許緣切，仙韻九。

儇　智也。疾也。利也。慧也。又，舞皃。

嬛　便嬛，輕利皃。

還　疾走皃。
譞　智也。
蠉　蟲行皃。
弲　角弓皃。
顋　顋姸，美皃。
𥊳　目童子也。又，音玄。
○玄　穴袁切。幽遠也。寂也。黑也。又，姓。舊胡涓切，先韻十五。
玹　石次玉。
泫　水名。泫氏，縣名。
茲　黑也。亦作「滋」。
眩　亂也。又，胡練切。
肱　牛百葉。
駭　馬一歲。
蚿　多足蟲。
縣　繫也。相承借爲州縣字。

懸　與「縣」通用。
䁱　義見上。
䀀　目大皃。
䍧　漢中西域有䍧鄉。
佡　説文：「很也。」
弲　吴王次子名。
○涓　玦鴛切。小流也。又，姓。舊古玄切，先韻八。
睊　視皃。
焆　明也。
蔃　草名。
稍　麥莖。
鵑　杜鵑，鳥。
鞙　馬尾。
蠲　除也。潔也。明也。又，馬蠲，蟲。月令：「腐草爲蠲。」
○勬　强健也。舊居員切，仙韻一。

○弮　缺袁切。弩弓也。亦作「絭」。又，縣名，在滎陽。舊丘圓切，仙韻五。

棬　器似升，屈木所作。亦作「圈」。

鬈　髮好皃。

帣　小幘。

鄿　鄉名，在聞喜。

○權　撅袁切。權變也，反常合道。又，權宜也。權柄也。權巧也。稱錘也。亦姓。舊巨員切，仙韻二十三。

顴　頰骨。

臛　臛朕，醜皃。

躍　曲脊行也。

趯　曲走皃。

彏　弓曲。

蠸　食瓜葉黄甲蟲。

鸛　鸛鵒，鳥。

拳　曲手也。拳拳，奉持之皃。又，勤恭也。眷戀也。又，姓。

卷　曲也。卷卷，篤摯也。又，好也。詩：「碩大且卷。」

惓　惓惓，誠懇也。

捲　說文：「气勢也。」國語：「予有捲勇。」

鬈　髮好也。

齤　齒曲。

瘔　手屈病也。

踡　踡跼，不行。

觠　曲角。

婘　美皃。亦作「嬏」。

䀠　碗也。

犈　牛黑耳。

蜷　蟲形詰屈。

狋　狋氏縣，在代郡。

夐　大視皃。

○元　月袁切。大也。始也。本也。長也。首也。又，姓。舊愚袁切，元韻十八。

沅　水名。

杬　木名，出豫章。煎汁，藏果及卵，不壞。

芫　草名，有毒，可爲藥。

邧　地名。

魭　魭餌。

黿　似鼈而大。

蚖　蠑蚖，蜥蜴也。

原　廣平曰原。又，本也。再也。推也。亦州名。又，姓。古作「遼」。俗作「厵」。

源　水原曰源。又，姓。古作「厵」。

嫄　姜嫄，帝嚳元妃。

謜　徐語。

榞　實如甘蕉，皮可食。

蒝　莖葉布也。

騵　赤馬白腹。

犝　獸如牛。

羱　羱羊，角大者可爲器。

猭　豖屬。

○攣　劣袁切。攣綴也。拘攣也。舊呂員切，仙韻三。

䜌　南䜌縣，在鉅鹿。

𤸎　病也。

○㰏　行不正皃。舊丁全切，仙韻一。

拴　説駕切。木丁也。舊山員切，仙韻二。

篳　車軸也。

○船　膊袁切。舟船。又，姓。亦作「舩」。舊食用切，仙韻一。

○遄　速也。舊市緣切，仙韻六。

檲　木名。

篅　説文：「以判竹圜以盛穀也。」或作「圌」。

輲　無輪車名。亦作「輇」。

歂　口氣引也。又，姓。

諯　數也。又，相讓也。又，音專。

○專　拙鴛切。擅也。獨也。純篤也。亦姓。舊職緣切，仙韻十二。
篿　折竹卜曰篿。
甎　甎瓦。
鄟　邾邑名。
嫥　可愛皃。
膞　鳥胃也。
鱄　魚名。
鷒　鳥名。
鬙　斷首。
湍　水名。
諯　相讓。
顓　顓頊。又，姓。
○穿　歡袁切。通也。孔也。舊昌緣切，仙韻三。
川　衆流注海曰川。
灥　三泉合流。

○獂　貚獂，兔走皃。舊丑緣切，仙韻二。

剶　去木枝也。

○椽　傳袁切。屋桷也。舊直攣切，仙韻二。

傳　授也。續也。布也。轉也。

○犳　獸似豹而少文。舊崇玄切，先韻一。

○宣　雪鴛切。布也。明也。通也。散也。召也。又，姓。舊須緣切，仙韻八。

瑄　爾雅：「璧大六寸謂之瑄。」

頨　頨額。

愃　説文：「寬嫺皃。」

揎　手發衣也。亦作「揎」。

鵍　鴅鵍，小鳥。

圛　面圓皃。

顠　頭圓也。

○旋　旉袁切。還也。疾也。舊似宣切，仙韻十三。

淀　回旋。

琁　美石，次玉。亦作「璇」。

暶　好皃。亦作「嫙」。

鏇　圜轆轤也。

蜁　蜁蝸，螺類。

螸　蝘螸，沙蝨。

還　還返。

檈　圓案。

櫏　味稔棗也。

璿　玉名。古作「叡」。又，作「琁」。

圓　規也。

匴　漉米竹器。

◯鐫　菹鴛切。鑽也。斫也。亦作「鋑」。舊子泉切，仙韻三。

朘　縮朒。

劖　刋也。

◯詮　臟袁切。平也。具也。舊此緣切，仙韻十八。

銓 衡也。量也。次也。亦作「硂」。

佺 偓佺，仙人。

恮 謹皃。

痊 病瘳。

刾 剔也。

拴 揀也。

峑 山巔。

絟 細布。

荃 香草。

筌 取魚具。

駩 白馬黑脣。

悛 改也。

譔 善言。

鐉 鉤門户樞也。

謜 言語和悦。

縓　一染謂之縓。今紅色也。

匴　簿也。又，竹器名。

○全　絶袁切。完也。具也。亦作「仝」。又，姓。舊疾緣切，仙韻六。

晱　目眇視皃。

牷　牛全色也。又，體完曰全。

泉　水源也。又，錢異名。

蝬　貝也。白質黄文。

葲　羊葲，草名。

平聲第十七類

三十三　蘭　開口呼

蘭　辣灘切。香草。亦州名。又，姓。舊落干切，寒韻十一。

闌　門闌。又，晚也。殘也。牢也。遮也。又，妄行出入曰闌。

瀾　大波曰瀾。

籣　盛弓矢具。亦作「韊」。

欗　木名。
攔　階際，句攔。
幱　幱衫。幱裙。
讕　詆讕，逸言也。
囒　囒哰，語不可了。
躝　踰也。
闌　妄入宫門。
○丹　但刪切。赤色也。又，赤石也。亦州名。又，姓。舊都寒切，寒韻十。
單　複之對。薄也。孤也。竭也。大也。又，可單氏，代北複姓。後改單氏。
殫　盡也。
簞　簞笥，小筬。
襌　襌衣。
嶂　嶂孤，山名。
匰　宗廟盛主器。
鄲　邯鄲，邑名。

癉　火癉，小兒病也。

膻　大腹。

○灘　闥蘭切。水灘，瀨也。又，太歲在申曰涒灘。舊他干切，寒韻十。

攤　開也。亦緩也。

嘆　長息。亦作「嘆」。

擹　擹蒲，賭博。

譠　欺慢言也。

嬗　緩也。

殫　殫誕，言不正也。

嘽　馬喘。

撣　擊撣，婉轉。

瘅　力極。

○壇　達蘭切。封土爲壇。舊徒干切，寒韻十五。

檀　木名。亦州名，屬漁陽。又，姓。

儃　態也。

驙 白馬黑脊。

彈 糾也。射也。鼓瓜也。

繟 寬緩。

癉 風在手足病。

撣 觸也。

驒 青驪白文。

鷤 鸛鷤。

貚 貙屬。

但 語辭。亦姓。又，徒旱切。

胆 口脂澤。

哾 嘆也。

聅 軍法以矢貫耳曰聅。

○難 捺蘭切。不易也。木難，珠名。又，姓。説文作「鸛」，鳥名。又，作「䳸」。亦作「䳸」。

舊那干切，寒韻一。

○刪 殺丹切。除削也。又，定也。舊所奸切，删韻五。

殅　單于别名。

狦　惡健犬。

訕　謗也。

潸　出涕皃。

○山　高大有石曰山。山宣也，産也，宣氣以生萬物。又，姓。舊所閑切，山韻三。

邖　地名。

疝　疝痂，病也。

○孱　钃蘭切。劣弱也。舊士山切，山韻七。

潺　潺湲，水流皃。

鏒　小鑿名。

僝　惡罵也。

虥　虎淺毛皃。

嶘　門聚。

轏　轏軒。

○珊　薩丹切。珊瑚，生海中，色赤。又，蘭珊，彫散皃。舊蘇干切，寒韻五。

跚　蹣跚，跛行皃。

姍　詐也。

珊　脂肪。

籗　竹器。

○殘　嚌蘭切。餘也。落也。傷也。害也。舊昨干切，寒韻六。

戔　傷也。

賤　禽獸食餘。亦作「殂」。

帴　帔也。

醆　安醆，大盂。

奴　穿也。

三十四　殷　齊齒呼

殷　軋彝切。赤黑色也。左傳：「左輪朱殷。」舊烏閑切，山韻五。

黫　黑色。

黰　染色黑也。

羥　黑羊。

㹞　牛尾色也。

○羴　歇殷切。羊臭。舊許閑切，山韻一。

○閑　黠慳切。闌也。防也。習也。暇也。静也。舊户閑切，山韻九。

憪　心静。説文：「愉也。」

嫺　嫺雅。

瞯　人目多白。又，姓。

癇　小兒瘨疾。

鷴　白鷴，似雉，尾長四五尺。

騆　馬一目白。

蕑　莖餘。

蛝　蟲名。

○姦　戛殷切。私也。詐也。舊古顔切，删韻三。

葌　香草。亦作「蕑」。

菅　草名。又，姓，出趙郡。或作「蕳」。

○閒　中閒也。隙也。近也。亦姓。舊古閑切，山韻五。

蕑　蘭也。

覸　視皃。

艱　難也。古作「囏」。

鞬　黎鞬，國名，在西域，其人善眩幻。

○慳　劫閑切。吝也。舊苦閑切，山韻八。

臤　堅也。

掔　固也。

鑋　堅破聲。

鬝　鬢禿皃。

顅　頭髮少皃。

覵　狠視也。

羥　羊名。

○馯　姓也。漢書有江東馯辟。舊丘奸切，删韻一。

○顏　雁閑切。容也。額也。亦姓。舊五奸切，删韻二。

椮　木名，似橦。

〇訮　争也。舊五閑切，山韻四。

𡀰　訟辭。

㹮　犬鬥聲。亦作「狠」。

䖒　虎怒。

〇孄　列閑切。媥孄，色不純也。亦作「斕」。舊力閑切，山韻三。

潾　水皃。

㦚　地名。

〇嘫　痆閑切。語聲。舊女閑切，山韻二。

䶮　噶䶮，暖狀。

〇譠　哳殷切。謾也。舊陟山切，山韻二。

𩫎　走也。藏也。

〇𤟤　孱閑切。噬也。舊充山切，山韻一。

〇獮　綻閑切。獸走皃。舊直閑切，山韻一。

三十五 彎 合口呼

彎 乞豩切。説文：「持弓關矢也。」舊烏關切，刪韻五。

灣 水曲。

蠻 蝺蠻，蟲名。

灤 𪊥灤。

䆽 吴主孫休長子名。

○嬽 媚容也。舊委鰥切，山韻一。

○湲 飀還切。水流皃。舊獲頑切，山韻一。

○豩 傄彎切。説文：「二豕也。」舊呼關切。

懁 性戾也。二字從集韻增。

○還 滑湲切。反也。退也。復也。舊户關切，刪韻十九。

環 玉環。肉好若一謂之環。又，回繞也。亦姓。

鬟 髻鬟。

鐶 指鐶。

澴 水名。

轘　轘轅，地名。
寰　天子封畿内縣。
闤　市垣也。
圜　圜闠。
鄮　樸鄮，縣名，在武威。樸音蒲。
䝐　飛繞皃。
豎　堅豎。
糫　膏糫，粔籹。
䍺　獸名，似羊而黑色，無口，不可殺。亦作「䍺」。
鍰　六兩曰鍰。鍰，黄鐵也。一曰錢也。
韋　里名，在洛陽。
郇　姓也，出絳州。
䮝　馬一歲。
戊　屋牡瓦名。
○關　刮彎切。扃也。隔也。以木横持門户也。築垣守險也。又，姓。舊古還切，删韻五。

綷　織貫杼也。

瘝　病也。

擐　貫也。

啗　二鳥和鳴。

○鰥　魚名。又，六十無妻曰鰥。舊古頑切，山韻三。

鋘　犁釬也。

綸　青絲綬也。

○攤　匱湲切。行皃。舊跪頑切，山韻一。

○頑　刖湲切。愚鈍也。不順也。舊五還切，删韻二。

癳　癳痺，肢體不仁也。

○瀛　捋湲切。瀛攤，腰膝痛也。舊力頑切，山韻一。

○奻　怒湲切。訟也。舊奴還切，删韻一。

○櫰　刷彎切。關門機也。舊數還切，删韻一。

○跧　茁彎切。伏也。舊阻頑切，删韻四。

恮　曲卷也。

䀎　目眇視也。

蟤　蜿蟤，蛇名。

○窀　鏩湲切。穴中見火也。舊墜頑切，山韻一。

○番　髮彎切。數也。遞也。舊孚袁切，元韻九。

翻　覆也。飛也。亦作「飜」。

旛　旌旐總名。

幡　説文：「拭觚巾。」

繙　繽翻，風吹旗皃。

轓　車大箱也。

瀿　大波。

潘　米汁。

反　平反。埋正枉抑也。又，與「翻」同。

○籓　大箕。一曰蔽也。舊甫煩切，元韻二。　○其「蕃」、「藩」、「鐇」、「轓」四字見上。下文不重出。

鱕　魚有横骨在鼻前如斤斧。

○燔　襪湲切。炙也。舊附袁切，元韻三十四。

膰　祭餘熟肉。
璠　璠璵，寶玉。
墦　冢也。
蕃　茂也。息也。滋也。
藩　屛也。樊也。籬也。
穡　稻也。
襎　襎褨，幭也。
旛　旐也。
鐇　廣刃斧。
繙　翻帣，亂取。
蹯　本作「番」。獸足也。亦作「蹞」。
驓　生養也。本作「鷭」。
鷭　鷭鴘，鳥。
羳　羊黄腹也。
蟠　蝫負蟲。

獖　犬争也。

鐇　鼠名。

䪛　百合蒜名。

煩　勞也。説文：「熱頭痛也。」

擷　擷，挼也。

薠　似蘋而大。

緐　概也。多也。

䋣　馬飾名。又，作「絣」。

蘩　皤蒿。

灋　水名。又，水暴溢也。

樊　樊籠也。亦姓。

𣛶　藩屏。

鄱　鄉名，在杜陵。

礬　礬石。

蠜　蝗螽。

𪓰　䶈𪓰。

笲　竹器。禮記：「婦執笲。」

袢　詩：「是紲袢也。」

○班　八彎切。列也。分也。布也。亦姓。舊布還切，删韻十一。

斑　駁也。文也。亦作「辬」。

頒　布也。賜也。

朌　大首。又，音汾。

鳻　大鳩。

般　還也。與「班」同。

鬆　髮半白也。

盤　盤蝥，毒蟲。

媥　㜮媥。

扳　挽也。又，音攀。

𡙡　賤事之皃。

○攀　汃湲切。自下援上也。舊普班切，删韻三。

扳　引也。

眅　目多白皃。

○蠻　𢃃湲切。南夷也。亦姓。舊莫還切，删韻七。

鶼　似凫。一目，一足，一翼，相得乃飛，即比翼鳥也。

鬘　首飾。

謾　謾台，懼也。

稵　赤稵，稻名。

獌　狼屬。

輚　畫車輪也。

平聲第十八類

三十六　洚　開口呼

洚　鵠礱切。水不遵道也。舊户冬切，冬韻四。

碚　碚礱，石落。

颹　大風。

嘞　歌也。

〇攻　梏冬切。治也。作也。擊也。伐也。舊古冬切，冬韻二。

釭　燈也。

〇隆　濼洚切。舊力冬切，冬韻二。

鼜　鼓聲。「鼜」、「鼜」、「鼜」并同。

〇冬　篤攻切。終也。四時之末也。又，姓。古作「臮」。舊都宗切，冬韻六。

零　雨皃。

苳　草名。

笭　竹名。

鴒　似鳧而小，好入水食。

狑　如豹，有角。

〇炵　黈洚切。火色也。舊他冬切，冬韻一。

〇彤　毒洚切。赤也。丹飾也。亦姓。舊徒冬切，冬韻二十二。

浵　水名。亦水皃。

佟　姓也。

㣭　惶也。
赨　赤色。
炵　火威皃。
鉖　鈞鉖。
㞩　深屋。
帹　幡也。
鼕　鼓聲。
疼　痛也。
鼨　鼅名。又，音終。
㪵　擊空聲。
郺　古國名。
爞　旱熱。
㣶　㣶㣶，憂也。
鉵　大鉏。
赨　赤蟲。

䖘 刺矛。

痋 動病。

䲡 䲡渠，鳥名，狀如山鷄，黑身，赤足。

䖙 黑虎。

○農 禯浲切。墾田殖穀曰農。又，厚也。亦姓。又，羌複姓有蘇農氏。古作「𨑂」。又，作「莀」、「辳」。舊奴冬切，冬韻八。

霹 露多。

儂 我也。

憹 憹憹，悦也。

噥 多言不中。

膿 腫血也。亦作「盥」。

饛 饛饛，强食也。

獿 多毛犬。

○茸 日浲切。草生皃。舊而容切，鍾韻十。

髶 髮多亂皃。

楫　木名，似檀。

笲　竹頭有文。

稯　禾梢。

鞻　毳飾。

䅵　稑䅵，矛也。

揖　擣也。

禯　華皃。又，厚衣皃。

穠　花木厚也。

○鬆　渢攻切。鬇鬆，髮亂皃。亦作「髮」。舊私宗切，冬韻一。

○宗　𠑆攻切。尊也。本也。衆也。亦姓。又，宗伯、宗正複姓二氏。舊作冬切，冬韻二。

倧　上古神人。

○琮　𨇤淙切。瑞玉，大八寸。舊藏宗切，冬韻十一。

淙　水聲。

悰　慮也。一曰樂也。

鬃　高髻。

賨　南蠻賦稅。

悰　帛悰。又，布名。

誴　謀誴，樂也。

琮　族盛。琮鄉。

潨　小水入大水也。

毿　罳屬。

慒　謀也。

○封　轐攻切。大也。厚也。培也。建國曰封。聚土曰封。亦州名。又，姓。古作「㞳」。舊府容切，鍾韻四。

葑　菜名。

峯　山名。一名龍門。

犎　野牛。

○峰　山峰也。舊敷容切，鍾韻十二。

丰　丰茸，美好皃。本作「丯」。草盛也。

妦　好也。

併　仙人。

桻　木上。

葑　草芽始生。

鋒　劍刃，鋒也。

㷭　㷭火。夜曰㷭，晝曰燧。通作「烽」。

逢　使也。

㶻　㶻牛。

蠭　螫人飛蟲也。通作「蜂」。

蘴　菜名。

〇逢　𤰈洚切。值也。迎也。舊符容切，鍾韻八。

夆　掣也。

洚　水名。

縫　衣會也。紩也。縫掖大衣也。

襚　負山神。

䆳　䆳䅟，矛也。

搼　奉也。

鞛　鼓聲。

〇犛　務涳切。羌中牛名。舊鳴龍切。

㲝　毛之彊曲者。二字從集韻增。

三十七　邕　齊齒呼

邕　颸胸切。四方有水，自邕成池曰邕。舊於容切，鍾韻十三。

噰　噰噰，音聲和也。通作「雝」。又，作「嗈」。

雝　雝渠，鳥名。又，和也。又，澤也。亦作「鷦」。

廱　辟廱，天子學宫。通作「雍」。

灉　水自河出爲灉。亦作「澭」。

癰　癰瘍。

䗸　䗸䰧，多皃。

雍　和也。辟雍，學宫名。雍奴，縣名。四方有水曰雍，不流曰奴。亦姓。

壅　塞也。又，音擁。

𤮚　玉器。

䍣　汲器。

饔　熟食。

𤢵　獸似猨。

〇容　欲䀉切。儀也。盛也。受也。又，州名。亦姓。舊餘封切，鍾韻三十。

溶　水皃。

鎔　鎔鑄。

蓉　芙蓉。

峪　山名，在容州。

篛　篛笪。又，矢。

瑢　瑽瑢，佩玉行也。

褣　襩褣。

𨇤　𨇨𨇤。

傛　傛華，縣名。又，漢書婦官有傛華。

搈　不安。

甋　甖也。亦作「甂」。

鴋　鴋鶲，鳥。

頌　頌，貌。又，寬也。

公　盛也。亦古「容」字。

軳　車行皃。

庸　常也。用也。功也。傭人代役也。古作「𤰈」。又，姓。

墉　城也。垣也。

滽　水名。

鏞　大鐘。亦作「銿」。

槦　槝槦，木中箭笴。

嵱　山嵱。

鄘　國名。

傭　傭賃。

彮　重影。

戫　戫戣，兵器。

鷛　鷛鸈，鳥名。

鱅　魚名。

𧳜　獸似牛，領有肉。又，作「𧳜」、「㺎」。

蟰　倏蟰，色如黄蛇，有羽。

○胷　旭邕切。膺也。亦作「匈」、「𦙄」。舊許容切，鍾韻九。

凶　凶禍。亦作「𣧑」。

兇　惡也。

匈　匈奴。

洶　水勢。

恟　懼也。

詾　衆語。

訩　訟也。

銎　懼也。又，斤斧柄孔。

○恭　葦邕切。敬也。肅也。又，姓。舊九容切，鍾韻九。

共　共城縣，在衛州。

邛　邑名。又，亭名。

供　奉也。具也。設也。給也。

龔　姓也。

珙　璧也。

哄　喚也。

鬞　鬞鬆。

鴍　鳥似雉，鳴自呼。

○銎　曲容切。斤斧受柄處。舊曲恭切，鍾韻二。

䇨　䇨籠。

○邛　局容切。勞也。病也。又，臨邛，縣名。邛僰，地名。又，姓。舊渠容切，鍾韻十五。

笻　竹名，可爲杖。

蛩　蛩蛩獸也。

桏　柜柳。

梁　稍也。

蛩　蛩佩。

碧　水島石也。

髥　髥鬆，髮亂皃。

傛　傛㳟，可憎之皃。

蛩　蛩蛩，巨虚獸也。

篕　篕籠。

䮴　獸如馬而青，一走千里。

艐　艐船。亦作「䑦」。

輁　輁軸，所以支棺也。

蛬　蜙蜙。

○顒　玉容切。仰也。大頭也。亦作「顒」。舊魚容切，鍾韻三。

喁　噞喁。

鰅　魚名，皮有文，出樂浪。

○龍　録容切。鱗蟲之長。又，通也。和也。亦姓。舊力鍾切，鍾韻九。

籠　篕籠，竹車奩，亦鐘籠竹。

蘢　蘢，古草。

攏　圭爲龍文。

艨　小船上安蓋者。

蹱　蹱蹱。

龔　巫也。

鸗　鳥名。

驡　野馬。

○濃　糅容切。厚也。舊女容切，鍾韻九。

穠　花木厚也。

檂　木名。

襛　襛華。又，衣厚皃。

醲　厚酒。

譨　多也。

貜　貜貜。

黷　黷黷。

○舂　束邕切。以杵搗米也。舊書容切，鍾韻六。

摏　撞也。

惷　愚也。

踳　蹋也。

鶺　鸀鶺，鳥名。

蝽　蚣蝑亦名蝽蟀。

○鱅　蜀容切。魚名，似牛，音如豕。舊蜀庸切，鍾韻三。

慵　懶也。

鞴　牽乾也。

○鍾　燭邕切。當也。聚也。又，量名。亦酒器。又，姓。又，複姓有鍾離氏。舊職容切，鍾韻十八。

鐘　樂名。古與「鍾」通用。

橦　木橦。

籦　籠籦，竹名，可爲笛。

蹱　蹱蹱，小兒行皃。

舡　舉角也。

鈆　鐵鈆。

烿　熱化也。

芯　草名。

笗　長節竹也。

吰　衆口。

忪　心動皃。

彸　征彸，行皃。

伀　志及衆也。

妐　夫之兄也。

閦　門外開，閦。

裕　小禈也。

蚣　蝨螽，蝨。

○衝　觸容切。當也。向也。突也。通道也。亦作「衜」。舊尺容切，鍾韻九。

憧　憧憧，往來皃。

潼　河潼。

褈　褈裕，衣也。
幢　陷陣車。
艟　艨艟，舟名。
穜　短矛也。
劃　刺也。亦作「動」。
罿　縱也。
○蹱　蹤蹱。舊丑凶切，鍾韻六。
獞　土精如狍，在地下。
傭　均也。直也。又，音容。
黵　深穴中黵黑也。
崈　地名。
邇　馬不行也。
○重　躅容切。複也。叠也。舊直容切，鍾韻六。
緟　增益也。
褈　複也。

蝩 蠶晚生者。
鶵 鶵鶬，鳥名。
穜 先種晚熟曰穜。
○淞 粟邕切。水名，在吴。舊息恭切，鍾韻六。
淞 凍落之皃。
鬆 髮亂皃。
倯 恭怯皃。
彸 小行恐皃。
蜙 蜙蝑，蟲名。
○松 續容切。木名。江名。亦州名。古作「寀」。舊祥容切，鍾韻三。
訟 争訟。
淞 凍落皃。
○縱 足邕切。直也。舊即容切，鍾韻九。
踪 踪迹。
樅 木名。

磫　磫礭，礪石。
轍　車迹。
熧　火行穴中。
毴　毴毿也。
赵　急行也。
豵　豕生三子。
○樅　促容切。木名。松葉柏身。舊七恭切，鍾韻十二。
鏦　短矛。
從　從容。
瑽　瑽瑢，佩玉行皃。
瞛　光也。七命：「怒目電瞛。」
朡　肥病。
摐　打也。
赵　義見上。
樅　治禾，樅移。

蠑　蝓蠑，小蜂，生牛馬皮中。

鬆　髮亂。

訟　訟，遷。

〇從　就容切。就也。順也。又，姓。古作「从」。舊疾容切，鍾韻二。

雝　南楚人謂鷄。

三十八　翁　合口呼

翁　屋烘切。尊老之稱。亦鳥頸毛也。又，姓。舊烏紅切，東韻八。

蓊　蓊鬱，草木盛皃。

篛　竹盛皃。

榅　水榅子，果名，出南州。

頜　頸毛。

鞥　吴人謂靴鞥曰鞥。

鰯　魚名。

螉　蠮螉，細腰蟲也。

○烘　設翁切。以火熏燎也。舊呼東切，東韻六。
訌　訌訌，大聲。
颫　大風。
叿　叿叿，市人聲。
谾　谷空皃。
魟　河魚，似鼈。
○洪　瀔空切。大也。又，石阻河流爲洪。亦姓。舊户公切，東韻二十。
鉷　弩牙。
䃔　大壑。
㧬　阬也。
紅　赤色。又，姓。
訌　潰也。
谼　大聲。
颫　大風。
翃　飛聲。

虹　螮蝀也。

仜　身肥大也。

粠　陳赤米也。

魟　白魚。

琟　鳥肥。

鴻　大曰鴻，小曰雁。又，大也。亦姓。

葒　水草。亦作「䀚」。

澒　潰澒，水沸涌也。

洚　水不遵道。又，下也。

碚　石聲。

𨸏　從𨸏，山名，在雲南。

○公　轂翁切。通也。正也。共也。無私也。家尊曰公。五等首爵曰公。亦姓。又，公冉、公歛、公何、公父、公賓、公思、公鉏、公申、公山、公甲、公巫、公文、公旗、公行、公冶、公索、公慎、公岡、公晳、公良、公西、公祖、公肩、公檮、公勝、公玉、公師、公扈、公仇、公沙、公堵、公夏、公正、公帥、公羊、公乘、公輸、公叔、公儀、公休、公明、公南、公荆、公襄、公伯、公爲、公朱、公車、公牛、公息、公都、公劉、公房、公族、公上、公之、公佗、公金、公牽、公右、公左、公言、公孟、公獻、公留、公石、公旅、公仲、公幹、公紀等複姓七十餘氏。舊古紅切，東韻十三。

蚣　蜈蚣，蟲。

工　官也。匠也。善巧也。功力也。

攻　治也。擊也。習也。

功　功績也。又，複姓有成功氏。

𠛮　鋌刈也。

玒　玉名。

釭　車轂中鐵。又，燈也。

魟　鮖魟，似蟹，可食。

疘　脱疘，下部病也。

愩　憒也。

碽　擊聲。

篢　篢笠。

○空　哭洪切。虛也。又，空桐、空相複姓二氏。舊苦紅切，東韻十四。

崆　崆峒，山。

涳　涳蒙，小雨。

埪　土埪，龕也。

莖　莖心草。

椌　器物朴也。

稈　稻稈。

硿　硿青色也。

箜　箜篌，樂器。

帾　衣袂。

倥　倥侗。

悾　悾悾。信也。愨也。

鵼　怪鳥。

蛭　蟬脱蛭皮。

○頋　匱洪切。從集韻增。

○峴　悟洪切。崆峴，山皃。舊五東切，東韻一。
○籠　禄洪切。籠絡也。火籠也。舊盧紅切，東韻二十三。
巃　巃嵸，山皃。
瀧　瀧涷，沾漬也。
豅　大谷。
櫳　檻也。房室之疏也。亦作「櫳」。
蘢　蘢，古草名。
礱　禾病也。亦作「𥢔」。
曨　日欲出也。
朧　朦朧。
瓏　玲瓏。玉聲。
礱　磨也。
嚨　大聲。
嚨　喉嚨。
聾　聽不聰也。

襱　襱裙也。亦作「裥」。

鑨　鑨餅。

轆　軸頭。

轆　轆頭。亦作「轆」。

甕　築土甕穀。

鷘　鳥名。

蠪　蠪蛭，如狐，九尾，虎爪。又，爾雅：「蠪，朾螘。」注云：「赤駁蚍蜉。」

㟖　崆㟖。

屸　山形。

○東　穀翁切。春方也。動也。亦姓。又，東門、東郭、東宮、東關、東陵、東鄉、東陽、東閭、東樓、東野、東方、東里、東萊等複姓十三氏。舊德紅切，東韻十五。

菄　東風菜。

涷　瀧涷。沾漬。

凍　凍凌。

埬　上埬，地名。

崠　崠如，山名。

倲　行皃。

倲　儱倲，儜劣皃。亦作「倲」。

餗　東郡館名。

䰤　䰤皃。

蝀　螮蝀，虹也。

鶇　鶇鵍，鳥名。

𤜣　獸名，狀如羊，一角，一目，目在耳後，出山海經。

蝀　蛞蝀，科斗蟲也。

鯟　魚名，似鯉。

○通　禿洪切。達也。徹也。又，州名。亦姓。舊他紅切，東韻八。

蓪　蓪，草藥名，中有小孔通氣。

侗　大也。

恫　痛也。亦作「痌」。

蹖　走皃。

狪　獸名，似豕，出泰山。
俑　偶人。又，音勇。
曈　曨曈，欲明之皃。
○同　獨洪切。齊也。共也。合也。通也。又，州名。亦姓。道書作「仝」。舊徒紅切，東韻四十二。
桐　木名。又，桐廬，縣名。亦姓。
銅　赤金也。
洞　洪洞，縣名，在晉州北。
烔　烔烔，熱氣。
峒　崆峒，山名。
郈　鄉名。
硐　磨也。
挏　引也。漢官名有挏馬。
哃　哃唐，大言。
眮　目眶。

侗　倥侗，顓蒙，見法言。
筒　竹筒。又，射筒。竹名。
舸　舸船。
駧　馬駱。
絧　布名。
峒　地下應聲。
竇　通筒也。
衕　通街也。
弴　弓飾。
鮦　爾雅：「鰹大鮦。」
狪　獸似豕，出泰山。
童　獨也。山無草木曰童。人年十五以下謂之童子。又，姓。
僮　僮僕。又，頑也。癡也。亦姓。
瞳　目中瞳子。
曈　曈曨，日欲明也。

橦　木名，花可爲布。

潼　木名，出廣漢。亦關名。

鄞　地名。

蕫　草名。

穜　先種後熟謂之穜，後種先熟謂之稑。

韃　鞍具飾也。

甋　井甓。

罿　車上網。

犝　犝，牛無角。

羶　無角羊。亦作「羪」。

鸛　鸏鸛，水鳥，黃喙，喙長三尺餘，南人以爲酒器。

筩　竹筩。

瓨　瓨瓦。亦作「㼧」。

鼕　鼓聲。

黲　黑皃。

⿸虍⿰黑農　黑虎。

○齈　怒洪切。鼻齈也。舊奴東切。

⿰農毛　髮多也。亦作「鬞」。二字從集韻增。

○戎　洳洪切。兵也。助也。又，西夷名。亦姓。古作「𢦦」。舊如融切，東韻七。

㭜　木名。

⿱竹戎　小竹，可爲矢。

茙　茙葵，蜀葵也。又，代北複姓有茙眷氏。

駥　馬高八尺。

狨　細布也。亦作「絨」。

㑚　人身有三角。

○終　⿱祝土翁切。極也。窮也。竟也。亦姓。又，終利、終葵複姓二氏。舊職戎切，東韻十四。

蔠　蔠葵，蘩露也。

⿱竹終　篋⿱竹終，戎人呼之。

柊　木名。又，齊人呼椎爲柊楑。

泈　水名，在襄陽。

殄 殄也。

鴤 鳥名。

螽 螽斯，蝗類。亦作「蝩」。

鼨 鼨名。

鼨 豹文鼠。

衆 多也。亦姓。又，之仲切。

潨 小水入大水。

霟 小雨。

貖 獸如豹。

○充 珫洪切。美也。實也。滿也。舊昌終切，東韻七。

珫 珫耳，玉名。

忼 心動。

沇 水聲。

茺 茺蔚，草名。

裗 禪衣也。

䒞　黄色。

○崇　助洪切。高也。聚也。敬也。又，姓。亦作「密」。舊鋤弓切，東韻三。

㟅　鍤屬。

餴　饞餴，貪食也。

○嵩　速翁切。山高也。中嶽曰嵩山。又，姓。舊息弓切，東韻九。

崧　山大而高。與「嵩」通用。

硹　地名，在遼。

菘　菜名。

娀　有娀，國名。

彸　姓也。

鬆　細毛。

鶂　似鷹而小，能捕雀。

蜙　蟲名。

○檧　小籠。舊蘇公切，東韻三。

憽　惺憽，了慧人也。

矰　白皃。

○嵕　鏦翁切。飛而斂足也。舊子紅切，東韻二十。

嵕　九嵕，山名。

椶　椶櫚，木名，一名蒲葵。

葼　木細枝也。

堫　種也。

碂　石也。

稯　禾束。

緵　縷也。

鬉　毛亂。

翪　聳翅上皃。

傻　數也。

鬷　釜屬。又，姓。

艐　船著沙不行也。又，三艐，國名。

騣　馬鬣。亦作「鬉」。

猣　犬生三子。

鯼　石首魚名。

螋　三螋，蛤屬，出臨海。

樅　巃樅。

豵　豕生三子。

蠑　蠑蜙，蟲名。

○怱　瘲洪切。遽也。俗作「忩」。舊倉紅切，東韻十四。

囪　灶突也。凡「怱」字皆從「悤」。通作「怱」。

聰　耳明察也。

璁　石似玉。

鏓　大鑿平木器。

熜　煴也。

樬　尖頭擔也。

蔥　葷菜。

繱　色青黃文細絹。

轇　轇轕車載囚。

廖　屋中符。

醲　醲醲，濁酒。

驄　馬青白雜色。

蟌　蜻蜓。

○叢　族洪切。聚地。俗作「藂」。又，作「菆」。舊徂紅切，東韻四。

藂　草藂生皃。

籛　籠籛，取魚器。

潨　水會也。

○風　福翁切。天地之氣，扇動爲風。風動也。聲也。教也。又，姓。古作「飌」。舊方戎切，東韻六。

楓　木名，有脂而香，生於水際，得霜則葉丹，脂入地千年化爲虎魄。

偑　地名。

葻　葻梵聲也。

䕤　竹名，出南海。

猦 猦母，狀如猿，逢人則叩頭，小打便死，得風還活。

〇**豐** 大也。多也。盛也。又，酒器，豆屬。亦姓。舊敷空切，東韻八。

澧 水名，在咸陽。

𡾰 山名。

酆 邑名。亦姓。

僼 偓僼，仙人。

寷 大屋。

蘴 蕪菁苗也。

麷 煮麥。

〇**馮** 伏洪切。馮翊，郡名。又，姓。舊房戎切，東韻七。

鄷 姬姓之國。

渢 弘大聲。

堸 蟲室。

汎 浮也。

芃 草盛也。又，音蓬。

梵　木得風皃。

○䡝　卜翁切。虚脹也。舊僕蒙切。

徬　徬徬，使也。二字從集韻增。

○蓬　暴洪切。草名。亦州名。舊薄紅切，東韻十。

篷　車篷。

篷　織竹夾箬覆舟也。

髼　髼鬆，髮亂皃。

韸　鼓聲。

䄾　爾雅：「困衱䄾。」又，音降。亦作「䄾」。

蜂　蟲名。又，音峰。

芃　義見上。

颫　風皃。

䮾　充塞皃。

○蒙　木洪切。覆也。奄也。昧也。又，草名。亦姓。舊莫紅切，東韻二十二。

冡　覆也。

濛　溕蒙，細雨。

霿　小雨。

朦　朦朧，月下。

矇　矇瞽。

朦　大皃。

檬　似槐葉黄。

幪　蓋衣也。亦作「幏」。

饛　盛食滿皃。

艨　艨艟，戰船。

醿　麴生衣皃。亦作「豯」、「醯」。

鬘　馬垂鬣也。

騤　驢子曰騤。

鸏　鸏鶅，鳥也。

蠓　蠛蠓，似蚊。

雺　天氣下，地不應，曰雺。「霿」、「霚」并同。

䰰 爾雅：「覭䰰，茀離也。」

罞 麋罟也。

懜 心悶闇也。

䕬 草可爲帚。

盜 器滿。

○瞢 目不明也。舊莫中切，東韻六。

夢 不明也。

懜 慚也。

䰒 䰒䰒，醜皃。

鄸 邑名，在魯郡。

豵 獸似豕，目在耳。

三十九 硧 撮口呼

硧 郁弓切。石名。舊於宮切。從集韻增。

○融 育雄切。和也。朗也。炊氣上出也。又，姓。亦作「螎」。舊以戎切，東韻四。

瀜　冲瀜，大水皃。
肜　祭之明日又祭也。
烿　火氣。
○雄　穴融切。飛曰雌雄，走曰牝牡。又，姓。舊羽弓切，誤，此「匣」母字也，當從集韻作胡弓切，東韻二。
熊　獸名，似豕，絶有力。又，姓。
○弓　菊硧切。射者所挽也。又，姓。舊居戎切，東韻五。
躳　身也。親也。又，姓。通作「躬」。
匔　謹敬之皃。
宮　爾雅：「宮謂之室。古上下通稱。今惟天子所居得稱宮。」又，五音之首。亦姓。
涫　縣名，在酒泉。
○穹　麴融切。隆也。高也。舊去宮切，東韻六。
焪　乾也。
营　营窮，香草。亦作「䓖」。
匑　義見上。

悾 憂也。

簦 簦籠也。

○窮 𩐋融切。極也。竟也。究也。困也。又，窮奇，獸名。舊渠弓切，東韻三。

藭 芎藭。

竆 羿所封國。

○隆 六融切。盛也。豐也。大也。舊力中切，東韻五。

窿 穹窿，天狀。

靋 豐靋，雷師。

癃 病也。

夆 多夆禮天。

○中 竹硧切。中央也。平也。成也。宜也。半也。亦姓。又，中行、中英、中梁、室中、路中、中壘、中野複姓七氏。舊陟弓切，東韻四。

忠 直也。厚也。無私也。不欺也。又，州名。

衷 裏也。誠也。正也。中也。

芀 草名。

○忡　㑊融切。憂也。舊敕中切，東韻三。

浺　浺融，水平遠皃。

盅　器虚也。

○蟲　逐融切。有足曰蟲，無足曰豸。又，姓。舊直弓切，東韻七。

爞　爞爞，炎蒸皃。

冲　和也。深也。

翀　直上飛也。

种　稚也。亦姓。

盅　茽　二字義見上。

平聲第十九類

四十　甖　開口呼

甖　厄亨切。瓦器也。亦作「罌」。舊烏莖切，耕韻十二。

罃　説文：「備火長頸缾也。」

嚶　嚶嚀，小聲。

嚶　鳥聲。

鸎　黄鸎。

鸚　鸚䳇，能言之鳥。

櫻　含桃。

䁝　䁝嫇。

鶯　鳥羽文也。

褮　鬼衣。

䕓　芟除林木也。

莖　爾雅釋草云：「姚莖，涂薺。」

○亨　赫䪻切。通也。或作「亯」。舊許庚切，庚韻三。

悙　憉悙，自强。

脝　膨脝，脹也。

○莖　効阬切。草木幹也。舊户耕切，耕韻三。

䪫　樂名。亦作「莖」。

脛　牛膝下骨。

○恒　常也。久也。亦州名。又，姓。名作「恆」。舊胡登切，登韻二。

峘　爾雅：「小山岌，大山峘。」岌謂高過。

○庚　革甖切。更也。續也。日干名。亦姓。又，複姓有庚桑氏。舊古行切，庚韻九。

賡　續也。償也。

鶊　鶬鶊，鳥名。

更　代也。改也。償也。

浭　水名，出北平。

埂　坑也。

逕　兔徑。

秔　稻之不黏者。亦作「粳」。俗作「粳」。

羹　羹臛也。古作「鬻」。俗作「羮」。

○耕　犁田也。亦作「畊」。舊古莖切，耕韻一。

○揯　急也。淮南子：「大弦揯則小弦絶。」舊古恒切，登韻二。

縆　大索也。亦作「絙」。

○阬　客莖切。虚也。阬壍也。亦作「坑」。又，作「硎」。舊客庚切，庚韻四。

硡　硡硍，石聲。

劤　劤勬，有力。

睈　睈矃，視不分明。

○鏗　鏗鏘，金石聲也。亦作「銵」。舊口莖切，耕韻十四。

硻　餘堅也。

摼　撞也。

硜　硜硜，堅確也。

峌　或作「硎」。谷名，在麗山。

誙　言確也。

牼　牛膝骨。

羥　羊名。

殸　敵也。

韾　車堅牢也。

揁　琴聲。

輷　車聲。

䳁　䳁鶝，鳥名。
掶　㱍掶。
○娙　額莖切。身長好皃。漢婦官有娙娥。舊五莖切，耕韻二。
俓　急也。
○楞　勒莖切。四方木也。亦作「棱」。舊魯登切，登韻五。
棱　亦作「稜」。威棱也。又，柧棱，木也。
倰　倰僜，長皃。
輘　車聲。
祾　祭也。福也。靈也。
○登　德㲋切。成也。升也。進也。衆也。熟也。亦州名。又，姓。舊都滕切，登韻八。
燈　燈火。
璒　石，似玉。
簦　長柄笠。
䔲　金䔲草。
㲪　㲘㲪，毛席。

甑　瓦器。

䳾　䳾鵬，鳥名。

○鼟　忒𡍄切。鼟鼟，鼓聲。舊他登切，登韻三。

𦢃　飽也。

澄　小水相添益皃。亦作「𣽰」。

○滕　特𡍄切。國名。亦姓。舊徒登切，登韻十二。

藤　藤苰。又，藤蘿。

縢　行縢。

幐　囊可帶者。

謄　移書謄上。

䲍　美目皃。

㾳　㾳痛。

螣　螣蛇。或曰食禾蟲。

騰　馳也。躍也。升也。又，犗馬。

儯　倰儯，長也。

䲍　黑虎也。

䲌　魚名，蒼身赤尾。

○能　螚莖切。工善也。賢能也。又，獸名，熊屬。又，奴來切，三足鼈也。舊奴登切，登韻一。

○獰　惡也。舊乃庚切，庚韻六。

䆿　穀芒長也。

㲰　犬多毛皃。

鬡　髿鬡，亂髮皃。

𣪒　説文：「亂也。」

薴　説文：「𦬁薴，可作縻綆。」

○生　色罷切。産也。出也。育也。亦士人通稱。又，姓。舊所庚切，庚韻九。

甥　外甥。又，姓。

珄　金色。

鉎　鐵鉎。

笙　樂器。又，簧也。

牲　犠牲。

猩　猩猩，能言。亦作「狌」。

麈　獸名，大如兔。

鼪　鼪鼬，鼠也。

○殑　礆殑，欲死狀。舊山矜切，蒸韻一。

○争　責甖切。競也。引也。舊側莖切，耕韻七。

筝　樂器。

綒　縈也。

埩　理也。

猙　獸名，似豹，一角五尾。

鯄　魚名。

緕　禮云：「齊則緕結佩。」

○鎗　栅莖切。鼎類。又，酒器也。亦鐘聲。俗作「鐺」。舊楚庚切，庚韻二。

槍　欃槍，彗星。

○琤　玉聲。舊楚耕切，耕韻五。

鋥　金聲。

棦　木聲。

淨　冷也。

噌　噌吰，鐘音。

○傖　岸莖切。楚人別種。又，南人呼北人爲傖父。舊助庚切，庚韻四。

崢　崢嶸，山皃。

鬇　鬇鬡，亂髮皃。亦作「䰂」。

衜　角長皃。

○䓴　䓴薴，草亂皃。舊士耕切，耕韻四。

埩　魯城北門池也。

鏳　鏳鎗，玉聲。

崝　崝峭。

○磳　硱磳。舊仕兢切，蒸韻一。

○僧　塞罋切。沙門也。舊蘇增切，登韻三。

鬙　鬅鬙，髮短。

𦫼　𦫼𦫼，神不爽也。

○增　則罾切。益也。加也。重也。又，埋幣曰增。舊作滕切，登韻十二。

曾　則也。亦姓。又，音層。

憎　疾也。

譄　加言也。

磳　硱磳，石皃。

橧　禮運曰：「夏則居橧巢。」

熷　蜀人取生肉於竹中炙。

矰　弋射矢也。

䎖　舉也。又，飛鳥皃。

𨗨　巢高。

蕾　蓖草。

罾　魚網。

○𢒉　蹭莖切。毛張皃。舊七曾切。從集韻增。

○層　賊莖切。重屋也。舊昨棱切，登韻三。

曾　經也。

瞷　目小作態瞢瞷也。

○繒　繒帛也。又，姓。舊疾陵切，蒸韻六。

鄫　國名，在琅邪。

驓　馬名，四骹皆白。

橧　豕所寢。

竲　高皃。

嶒　崚嶒，山皃。

○閍　伯甍切。宮中門。亦巷門也。舊甫盲切，庚韻五。

祊　廟門傍祭。或作「鬃」。

嗙　喝聲。

騯　騯騯，馬行皃。

倗　大也。

○浜　安船溝也。舊布耕切，耕韻二。

拼　冢口穴也。

○繃　束兒衣也。舊北萌切，耕韻四。

絣　振繩墨也。亦作「絣」。

拼　使也。從也。

艕　艕艕，舟具。

○崩　山壞也。舊北滕切，登韻一。

○烹　珀莖切。煮也。本作「亨」。舊撫庚切，庚韻四。

磅　小石落聲。

澎　澎湃，水兒。

怦　滿也。

○怦　心急也。又，中直兒。舊普耕切，耕韻十一。

抨　彈也。

砰　砰磕，如雷之聲。

訇　訇訇，大聲。

伻　使人。

姘　急也。

牸　牛色駁如星也。

抨　使羊。

閛〔一〕　門扉聲。

弸　弸環也。

姘　男女私合也。

○淜　淜滂，水擊聲。舊普朋切，登韻二。

堋　振動皃。

○彭　白莖切。行也。道也。盛也。又，鼓聲。亦姓。舊薄庚切，庚韻十六。

澎　地名。又，擊水勢。

憉　憉悙，自强。

膨　膨脝，脹皃。

蟚　蟚蜞，似蟹而小。

棚　棧也。閣也。

輣　兵車。又，樓車也。亦作「軿」。

榜　輔弓弩之木。

搒　笞打。又，掩也。

蒡　菜，一名隱荵，似蘇，可爲葅。

篣　籠也。

斛　量溢也。

祊　祊禖，祭名。

馪　馪馞，大香。

騯　馬行盛皃。

鬅　鬅鬤，亂髮皃。

〇弸　弓弱皃。舊薄萌切，耕韻三。

㥊　㥊㤿，好嗔皃。

庄　平也。亦作「庢」。

〇朋　友也。黨也。兩貝曰朋。兩尊曰朋。舊步崩切，登韻五。

倗　輔也。又，姓。

堋　射堋。

鬅　鬅鬙，被髮。

鵬　大鳥。

○盲　陌莖切。目無童子也。舊武庚切，庚韻八。

䖟　蟲名。

鏰　鏰銷。

䁅　䁅盯，直視。

鄳　縣名，在江夏。

鄸　古縣名，在義昌。

莔　貝母草。

䲰　竹名。

○萌　萌芽也。舊莫耕切，耕韻八。

氓　民也。亦作「甿」，田民也。

甍　屋棟也。亦作「橗」。

篣　竹筒。

甍　苕可爲帚。

矒　瞑矒，視不分明。

嫇　嫈嫇，新婦皃。

薨　爾雅：「存存，薨薨，在也。」

○瞢　目不明也。舊武登切，登韻三。

艶　艶艶，神不爽也。

葼　穖也。

【校記】

〔一〕閛　原書誤刻作「閈」，據廣韻改。

四十一　英　齊齒呼

英　益馨切。華也。茂也。俊也。才勝萬人曰英。又，國名。州名。亦姓。舊於驚切，庚韻十。

霙　雨雪雜也。

韺　五韺，高陽氏樂。

瑛　玉光。

渶　水名，出青丘山。
楧　楧梅，今之雀梅。
媖　女人稱美。
鶧　繼鶧，鳥名。
鍈　鈴聲。
蝧　青皃。
○嬰　嬰孩。又，加也。逆也。觸也。亦姓。舊於盈切，清韻七。
攖　觸也。迫近也。縈也。亂也。
纓　冠纓。
瓔　瓔珞。
賏　貝飾。
䣐　地名。
蘡　蘡薁，藤也。
○膺　胸也。當也。擊也。舊於陵切，蒸韻四。
應　當也。又，國名。亦姓。亦作「膺」。

鷹　鶿鳥也。

𧓏　寒蟬。

○盈　易行切。充也。滿也。又，姓。舊以成切，清韻十二。

楹　柱也。

郢　姓也。

膃　魯大夫名。

貍　似狐，色黄。

嬴　秦姓。

贏　利益也。有餘也。

瀛　大海。亦州名。

孆　美好皃。

蘐　菊花，一名帝女花。

籯　籠也。又，笭也。

攍　擔也。

○蠅　青蠅。舊余陵切，蒸韻一。

〇馨 閱英切。香也。舊呼刑切，青韻三。

䁼 説文：「聲也。」

蛵 虰蛵。

〇興 盛也。舉也。起也。又，州名。舊虚陵切，蒸韻二。

鄭 地名也。

〇行 檄盈切。步也。適也。往也。用也。路也。又，姓。舊户庚切，庚韻十。

珩 佩上玉。

桁 屋桁。

洐 溝水也。

筕 筕篖，竹笪。

骱 牛脊後骨。

胻 牛勢。

衡 横也。平也。南嶽曰衡山。又，姓。

蘅 杜蘅，香草。

䐂 熟肉。

形　容也。體也。常也。舊户經切，青韻十四。
刑　法也。剄也。古作「刑」。
侀　成也。
型　鑄鐵模也。
鉶　祭器。
硎　砥石。
邢　國名。亦姓。
鈃　酒器，似鐘而長頸。「瓶」、「甁」并同。
陘　連山中絶曰陘。今有井陘縣。又，姓。
娙　女長好皃。
鋞　温器也，圓而直上。
郉　鄉名，在密。
桯　床前長几。又，音廳。
熒　小瓜。
○京　戟英切。丘絶高曰京。又，大也。天子所居曰京師。又，姓。舊舉卿切，庚韻六。

麢　獸名，一角，似麇，牛尾。亦作「麠」。

䴖　羌䴖，鳥。

荆　木名，可染。又，國名。亦州名。又，姓。

驚　懼也。馬駭也。

螢　螢蛙。

〇經　常也。本也。直也。過也。絞也。織縱曰經。典籍曰經。又，姓。舊古靈切，青韻四。

涇　水名，出薄洛山。

巠　直波爲巠。又，水脉也。

鶄　鵁鶄，鵁也。

〇兢　兢兢，戒慎皃。舊居陵切，蒸韻二。

矜　本矛柄也。借爲矜憐、矜誇字。

〇卿　隙盈切。章也。周官六卿。漢九卿。又，姓。舊去京切，庚韻一。

〇輕　不重也。舊去盈切，清韻三。

趕　一足跳行。

䃘　金聲也。

○硎　硎磳，石皃。舊綺兢切，蒸韻一。

○擎　極盈切。舉也。舊渠京切，庚韻八。

檠　正弓弩器。又，燈架也。

勍　强力。

黥　黑刑在面。「剽」、「剠」并同。

鯨　大魚也。亦作「鱷」。

橇　鑿柄。

葝　鼠尾草。又，山薤也。亦作「蘔」。

頔　頸也。

○頸　項也。頸在前，項在後。又，音警。舊巨成切，清韻二。

鯨　魚名。

○殑　殑殑，欲死狀。舊其矜切，蒸韻二。

葶　草名，根可緣竹器。又，音琴。

○迎　逆盈切。迓也。逢也。接之使來也。舊語京切，庚韻一。

○凝　水結也。又，成也。停也。定也。古作「冰」。舊魚陵切，蒸韻一。

○令　歷盈切。使也。又，令令，環聲。又，令狐複姓。舊呂貞切，清韻二。

跉　跉趶。

○零　落也。徐雨也。又，姓。舊郎丁切，青韻八十。

澪　水名。

蕶　草蕶落也。

齡　年也。

聆　以耳取聲。

怜　心了點皃。

刢　刢利，使性。

呤　呤呤，語也。

骹　骲骨。

詅　音相次也。

竛　竛竮。

跉　徐行不正皃。

拎　手懸捻物。

㾟　瘦也。亦作「䚖」。

㓏　撞㓏。

伶　樂人。

彾　彾㣑，行皃。

姈　女字。

泠　水清泠也。

冷　冷罜。

岭　山深皃。

砱　石砱。

玲　玲瓏，玉聲。

鈴　似鐘而小。

柃　木名。

苓　茯苓。

笭　笭箵，小籠。

䈁　竹名。

秢 穗熟。

阾 阪名。

昤 昤曨，日光。

紷 綼絲一百升。又，絮名。

蛉 餌也。

餕 食飽。

毦 毛結不理。

軨 車闌。亦作「轜」。

舲 舟上有窗。

閝 門上小窗。

囹 囹圄。

瓴 似甖有耳。

齡 壣齡。

翎 鳥羽。

鴒 鶺鴒，鳥。

䳄 鶴别名。
駖 駖蓋，車騎聲。
羚 羊子。
牞 牛名。
狑 犬名。
䖅 似虎而小，出南海。
鯪 魚連行皃。
蛉 蜻蛉。
𪕉 鼩𪕉，班鼠。
瓴 小瓜，出安南。
蘦 鼠耳草也。
靈 神也。善也。寵也。福也。巫也。亦州名。又，姓。古作「霛」。又，作「䨩」。
璽 玉名。巫以玉事神也。
吅 衆鳥也。從三口。
霝 落也。墮也。説文：「雨零也。」

櫺　窗櫺。又，櫺檻，階際欄。
蘦　菜名，似葵，可食。
㚾　女字。
酃　地名，在湘東。
霝　空也。
醽　淥洒。
䴇　大羊。亦作「羺」。
䨩　龍也。
蠕　螟蠕，桑蟲。
䰱　神名，人面獸身，出山海經。
鐳　似瓶有耳。
爧　火光皃。
籯　竹名。
䉖　草莖疏也。
艫　艫，艦有屋。舟名。

攎　插空也。
蠦　螢也。
罏　器名。
炅　小熱皃。
䐗　猪糞。
鏻　健也。
獜　獜獜，犬聲。
陵　大阜曰陵。又，犯也。侵也。遲也。又，延陵、於陵、安陵、鉛陵、高陵、鄧陵複姓六氏。
舊力膺切，蒸韻十五。
夌　越也。
淩　水淩。亦作「滕」。
淩　歷也。又，水名。亦姓。
崚　崚嶒，山皃。
綾　綾紈。
倰　伶也。

掕　止也。

祾　祭名。

菱　芰也。本作「蔆」。亦作「薐」。

鯪　鯪魚，腹背皆有刺。

踜　去也。

餕　馬食穀多，氣流四下也。

殑　殑殑，鬼出皃。

欸　欺欸。

○丁　的英切。當也。民年二十以上成丁。又，十干名。亦姓。舊當經切，青韻八。

仃　伶仃，獨也。

叮　叮嚀。

阞　丘名。

玎　玉聲。

釘　鈴釘，矛名。又，鐵釘。

靪　補履下也。

虰　爾雅：「虰蛵負勞。」注：「即蜻蛉也。」

○汀　惕英切。水際平沙也。舊他丁切，青韻十二。

訂　平議也。又，徒頂切。

艼　草名。

町　田畦。

庁　平庁。

罒　罟也。

聽　聆也。從也。

廳　廳屋。

桯　碓桯。

綎　縚屬。又，緩也。亦作「縕」。

鞓　皮帶也。亦作「鞡」。

絍　絲綬帶綎。

○廷　迪盈切。朝廷也。平也。正也。停也。人所停集處也。廷尉，秦官名。舊特丁切，青韻二十一。

庭　門庭。又，直也。又，王庭、北庭，謂朝集處也。亦州名。

霆　雷霆。

綎　綬也。

娗　好皃。

挺　縣名，在膠東。

莛　草莖。

筳　竹筳。

蜓　蜻蜓，亦蟪蛄别名。

蠕　蠶二眠也。

狿　猨屬。

鼮　豹文鼠。

亭　道旁舍也。又，亭榭。

停　息也。定也。

渟　水止。

楟　山梨。木名。

葶　葶藶。

聤　耳出惡水。

鱓　魚名。

甹　定息。

瓬　磚也。

○寧　怒盈切。安也。定也。願辭也。又，休謁曰假寧。女嫁歸省父母曰歸寧。又，丁寧，鉦也；囑付諄復也。亦州名。舊奴丁切，青韻九。

寍　説文：「安也。」

嚀　叮嚀。

聹　耳垢。

鸋　爾雅：「鴂，鸋鴂。」又，鴽子鸋。

蠹　蝼蛄。

謦　告也。

寗　天也。

鄍　鄉名，在馮翊谷口。

○儜　困也。弱也。舊女耕切，耕韻七。
薴　莩薴。
譐　詟譐。
鑏　鐵鑏。
嬣　嬣，體。
饓　充食。
鬡　鬡鬡。
○聲　式英切。音入於耳爲聲。又，風聲也。聲教也。亦姓。舊書盈切，清韻一。
○升　成也。登也。十合爲升。布八十縷爲升。舊識蒸切，蒸韻五。
昇　日上也。
陞　登也。躋也。
拼　上舉也。易曰：「拼馬壯吉。」
勝　任也。舉也。堪也。又，姓。
○成　石盈切。畢也。就也。平也。善也。樂奏一終曰一成。地方十里曰成。亦州名。亦姓。又，務成、廣成、顔成、伯成、容成、考成、苦成、老成、盆成、英成、古成、陽成、上成、車成、形成等複姓十五氏。古作「𢦩」。舊是征切，清韻九。

城　城郭。亦姓。

盛　盛受也。黍稷在器也。

宬　屋容受也。

郕　地名，在東平。

誠　審也。實也。信也。

頳　頸也。

珹　珠類。

筬　筬筐，織具。

○承　奉也。受也。繼也。又，姓。舊署陵切，蒸韻三。

丞　佐也。翊也。副貳也。官尊者丞相，卑者郡丞、縣丞。

羍　軺車後登也。　○以上本「禪」母字，今人多讀作「牀」母字，誤。

○繩　直也。繩索也。繩墨也。舊食陵切，蒸韻八。

譝　稱舉也。亦作「憴」。

澠　水名，在齊。

䲁　小魚。

乘　駕也。勝也。登也。守也。又，姓。亦作「椉」、「兖」。

溗　波前後相陵也。

騬　犗馬。

塍　稻田畦畔也。亦作「堘」。

○仍　扔盈切。因也。就也。重也。頻也。又，姓。舊如乘切，蒸韻七。

訒　厚也。

礽　福也。

迈　往也。

扔　引也。

栭　木名。

艿　草名。陳根不芟，新草又生也。

○征　隻英切。正也。行也。取也。索也。上伐下也。亦作「延」。舊諸盈切，清韻十。

正　正朔也。本音政。

鉦　鐃也，似鈴。

紝　乘輿馬飾。

眐　獨視皃。

怔　怔忪，懼皃。

佂　佂伀，遽行皃。

衽　衽衳，小兒衣。

胚　煑魚煎食也。亦作「鯖」。又，作「䴌」。

䳋　題肩鳥也。

○貞　正也。舊陟盈切，清韻六。

禎　善也。祥也。

楨　楨榦也。題曰楨，旁曰榦。

湞　湞陽，縣名，湞水所出。

郕　地名。

陙　丘名。

○趟　趟趟，跳躍皃。舊竹盲切，庚韻二。

飄　飅飄，狂風。

○丁　伐木聲也。亦作「朾」。舊中莖切，耕韻六。

玎　玎玲，玉聲。

趶　跉趶，脚細長也。

奵　設幕也。

窒　窒宏，闊大皃。

儜　儜倜，不仁也。

○蒸　衆也。進也。薰也。又，析麻中榦。又，薪蒸。又，冬祭曰蒸。亦作「烝」。舊煑仍切，蒸韻六。

烝　火氣上行也。

脀　熟也。

胥　癡皃。

蒸　菹也。

篜　竹也。

○徵　召也。明也。成也。證也。又，姓。舊陟陵切，蒸韻三。

癥　腹病。

鄧　古國名。

○瞠　尺盈切。直視皃。舊丑庚切，庚韻四。

橕　撐也。又，橕柱也。亦作「樘」。

窺　正視。

跁　跉跁，行遲皃。

○檉　木名，河柳也。舊丑貞切，清韻五。

蟶　蚌屬。

偵　偵候。

赬　赤色也。亦作「經」。

虰　螘也。

○稱　稱量也。稱揚也。又，姓。舊處陵切，蒸韻三。

爯　并舉也。

偁　揚也。舉也。足也。

○僜　醉行皃。舊丑升切，蒸韻三。

庱　亭名，在吳興。孫權射虎處。

睖　睖瞪，直視。

○棖　直盈切。門兩旁木也。舊直庚切，庚韻七。

棖　棖觸。

堂　距也。周禮：「唯角堂之。」

揨　舉也。

盯　瞷盯，視皃。

澄　水清定也。

憕　憕悰，失志。

○橙　柚屬。舊宅耕切，耕韻六。

橕　撞也。觸也。「敦」、「敤」并同。

瞕　審視也。

竀　竀竑，響也。

窋　小突。

朾　螘屬。亦作「虰」。

○呈　示也。平也。露也。舊直貞切，清韻六。

程　期也。式也。限也。品也。又，姓。

珵　玉名。

裎　佩帶。

酲　酒病。

筳　筳也。

○澂　清也。亦作「澄」。舊直陵切，蒸韻三。

懲　戒也。

瞪　直視也。

○星　昔英切。五緯列宿之總名。又，姓。亦作「曐」。舊桑經切，青韻十。

惺　惺憽，了慧皃。

醒　酒醒也。夢覺也。

篂　箳篂，別駕車轓。

鉎　鐵鉎。

䅽　稀䅽。

腥　豕臭肉。

鯹　魚臭也。亦作「鮏」。

胜　犬膏臭。

猩　猩猩，犬吠聲。

○餳　夕盈切。飴也。舊徐盈切，清韻一。

○精　積英切。明也。靈也。純粹也。專一也。舊子盈切，清韻十四。

睛　目珠子。

睛　聰聽也。

䯳　顱䯳，頭也。

婧　竦立也。

菁　茂皃。又，蕪菁，菜也。

箐　笭箐，小籠。

鶄　䴔鶄，鳥。

蜻　蜻蛚，蟋蟀也〔一〕。

鼱　鼱鼩，小鼠。

晶　光也。

旌　旌首曰旌。析羽爲旌。亦作「旍」。

游　水名，在南郡。

氏　狋氏，古縣名。

○清　戚盈切。静也。澄也。潔也。舊七情切，清韻二。

圊　厠也。

○青　東方色也。亦州名。亦姓。又，青鳥、青牛、青陽複姓三氏。舊倉經切，青韻五。

艷　㱟艷，無色。

鶄　鶄鶴，鳥，出南海。

鯖　魚名。

蜻　蜻蜓，六足四翼。

○晴　籍盈切。晴明也。舊疾盈切，清韻五。

殅　説文：「雨而夜，除見星也。」

情　性情也。情實也。

請　受也。又，七井切。受賜也。

○兵　逼英切。戎器也。士卒也。舊甫明切，庚韻一。

○并　合也。亦州名。又，姓。舊府盈切，清韻四。

屏　屏營，彷徨也。

箳　箳篁，車轓。

栟　栟櫚，木名。

○冰　水凍也。古作「仌」。舊筆陵切，蒸韻二。

掤　所以覆矢也。詩：「抑釋掤忌。」

○俜　僻盈切。伶俜，行不正也。亦作「竮」。舊普丁切，青韻七。

甹　俠也。又，甹夆，掣曳也。

䚊　使也。

艵　縹色。

頩　薄怒皃。

姘　男女會合。

覮　淮南子云：「覮然能聽。」

○砯　水擊山巖聲。舊披冰切，蒸韻一。

〇平　闢盈切。正也。和也。易也。又，州名。亦姓。又，平陵、平寧複姓二氏。舊符兵切，庚韻八。

評　評量也。品論也。

枰　枰仲，木名。又，博局也。

泙　水名。又，谷也。

坪　地平。

苹　藾蕭。又，萍也。

胓　牛羊脂也。

蚲　蛘蚲。

〇瓶　汲水器也。又，姓。亦作「缾」。舊薄經切，青韻十三。

屏　古之扆，即今屏風也。

箳　箳篂，别駕車名。

荓　馬帚草，似蓍。

蓱　水上浮蓱也。亦作「萍」。

竮　竹名。

輧　輜輧，兵車。

洴　洴澼，絖造絮者也。

畊　織蒲爲器。

邦　邦城，在東莞。

竮　竛竮。

蛢　以翼鳴之蟲。

鼭　鼠子。

○凭　依几也。舊扶冰切，蒸韻五。

馮　乘也。又，徒涉也。

憑　依也。厚也。托也。

㵗　水聲。

淜　説文：「無舟渡河也。」

○明　覓盈切。光也。昭也。通也。發也。目徹爲明。又，州名。亦姓。古文作「朙」。舊武兵切，庚韻四。

盟　歃血以結信也。亦作「盟」。

鵬　鶺鵬，似鳳，南方神鳥。

鳴　嘶鳴也。凡物出聲皆曰鳴。又，姓。

○名　成也。大也。聲稱也。自命也。又，姓。舊武并切，清韻二。

洺　水名，在易陽。亦州名。

○銘　銘，名也，記名其功也。舊莫經切，青韻十四。

冥　暗也。幽也。又，姓。

溟　海也。又，溟蒙，小雨。

榠　榠樝，果木。

蓂　蓂莢，堯時生於庭，隨月枯榮。

暝　晦暝也。

瞑　合目。

顯　眉目間也。

嫇　好皃。

覭　小見也。

鄍　晋邑。

螟　螟蛉，桑蟲。

猽　小豚。亦作「㹮」。

䅲　漬米。

【校記】

〔一〕蟋蟀也　原書誤刻作「蟋蟋也」，據詩唐風蟋蟀疏等改。

四十二　泓　合口呼連撮口呼

泓　擭訇切。水深也。舊烏宏切，耕韻四。

弦　屋響。

閎　試力士錘。

謍　謍譯。

○翃　砉泓切。翃然，飛聲。舊虎横切，庚韻五。

謍　謍謍，小聲。

諻　語聲。

喤 呷也。

𡁻 鼓鐘聲。

○轟 群車聲。亦作「輷」。舊呼宏切，耕韻八。

訇 匉訇，大聲。又，姓。

鍧 鏗鍧，鐘鼓聲相雜也。

渹 水石聲。又，大也。

䎕 飛聲。

揈 擊聲。

愓 㥬愓，好嗔皃。

砉 石落聲。

○薨 公侯卒也。舊呼肱切，登韻五。

瀇 水聲。

䬟 䬟颼，大風也。

儚 惛也。

䑅 惛迷也。

○横　畫銑切。縱之對也。又，姓。舊户盲切，庚韻十六。

黌　學舍也。

鐄　大鐘。

飀　飀颮，暴風。

襀　襀䙜，小被。

潢　方舟也。又，渡津舫也。

瓶　瓦也。

䊷　織也。

瑝　玉聲。

鍠　和也。樂也。又，鐘聲。

喤　泣聲。

諻　聲也。

禓　禓禓，祭名。

蝗　蝗蟲。

怳　憕怳。

彋　弸彋，帷帳起皃。

宏　大也。寬也。舊户萌切，耕韻十四。

閎　衖頭門也。又，止扉木也。亦姓。

鋐　金聲。

硡　石聲。

吰　噌吰，鐘音。

谹　谷中響。

耾　耳語。

翃　蟲飛。

竑　量度也。考工記：「竑其輻。」

紘　冠卷也。

浤　浤浤汩汩，水波之勢。

弦　屋響。

紭　綱紭。

嶸　崢嶸，山皃。亦作「崝」。

○弘　大也。又，姓。舊胡肱切，登韻三。

䡏　軾中靶也。

苰　藤苰，胡麻也。

○觵　國泓切。觵角爲酒器，受七升，罰失禮者。亦作「觥」。舊古横切，庚韻四。

侊　小皃。

罖　網滿也。亦作「橐」。

㢬　吴主孫休二子名。

○肱　臂也。舊古弘切，蒸韻二。

鞃　軾中靶也。

○鍠　劅横切。舊口觥切。從集韻增。

○以上合口呼。

縈　潆兄切。繞也。舊於營切，清韻五。

謍　聲也。

嫈　小心態。

帣 覆也。

袭 鬼衣也。

○榮 役熒切。華也。茂也。又，屋檐曰榮。鄉飲酒義：「洗當東榮。」又，姓。舊永兵切，庚韻六。

嵥 峥嵥。

禜 祭名。

瑩 玉色。

蠑 蠑螈，蜥蜴别名。

撑 拔也。

○營 造也。度也。市居也。亦州名。又，姓。舊余傾切，清韻六。

鎣 采鐵也。

塋 墓域。

濴 濴洄，波勢。

瞢 惑也。

謍 小聲也。詩：「謍謍青蠅。」

〇兄　睸縈切。長也。男子先生曰兄。舊許榮切，庚韻一。

〇眗　貨也。舊火榮切。又，音熒，清韻一。

〇熒　迥縈切。光也。火星曰熒惑。舊户扃切，青韻五。

滎　水名，在鄭州。

瞥　瞥惑。

螢　螢火。

褮　衣開孔也。

〇扃　鶪縈切。户外關閉也。又，車上兵闌。舊古螢切，青韻六。

坰　野外曰坰。古作「冋」。

絅　引急也。

檺　木名。

駉　良馬，腹幹肥張也。亦作「駫」。

鼫　鼫鼢，班鼠。

〇傾　闃縈切。側也。伏也。舊去營切，清韻二。

頃　説文：「頭不正也。」西頃，地名。又，去穎切。

○瓊　璚榮切。赤玉也。亦作「璚」。舊渠營切，清韻十二。
藑　藑茅，草也。
煢　獨也。又，迴飛也。亦作「焭」。
僥　特也。
藭　草旋。亦作「蔡」。
撓　博撓子，一名投子。
輦　車揉規，一曰輪車也。
睘　驚視。
嬛　好也。亦作「娉」。
惸　無弟兄也。
赹　獨行皃。
惣　憂也。亦作「怐」。
○騂　昔縈切。馬赤色也。亦作「牸」。舊息營切，清韻三。
垶　赤土。
觪　角弓。

○以上撮口呼。

平聲第二十類

四十三　侠　開口呼連齊齒呼

侠　惡炕切。體不申也。舊烏郎切，唐韻八。

咉　䧟聲。

映　映䁋，目皃。

姎　女人自稱。

泱　泱泱，弘大也。

狭　貉屬。亦作「狭」。

鉠　魚名，善醒酒。

坱　塵埃也。

○炕　臛侠切。煮炙也。舊呼郎切，唐韻四。

欱　畆欱。

忼　咉忼，狠戾。

䐰 狼䐰，南夷國名。

○杭 鶴康切。泛水也。亦州名。又，姓。舊胡郎切，唐韻十六。

航 船也。

沆 渡也。又，沆瀣，清氣也。

苀 東蠡，草名。

吭 喉也。

肮 大脉也。

頏 頡頏，鳥飛高下也。亦作「翃」。

迒 獸迹也。亦作「蹥」。

抗 舉也。

邟 餘邟，縣名。

魧 魚名。

蚢 食蕭葉蟲。

行 伍也。列也。道路也。

胻 脛也。

桁　械也。
笐　笐簹。
〇岡　各佒切。山脊也。亦作「崗」。舊古郎切，唐韻十三。
剛　强也。俗作「罰」。
綱　維紘繩。又，網總也。
鋼　堅鐵。
掆　舉也。
堈　甕屬。亦作「甌」。
犅　特牛。
亢　頸也。亦星名。又，亢父，縣名。
芫　東蠡。
笎　竹列也。
迒　獸迹。
魧　魚名。
犺　水牛。

○康 恪杭切。安也。和也。樂也。空也。五達謂之康。大瓠謂之康瓠。又，姓。舊苦岡切，唐韻十一。

穅 穀皮也。俗作「糠」。

槺 槺梁，虛梁也。

漮 水虛也。亦作「㡁」。

歁 穀不升謂之歁。

㝩 㝩㝗。

躿 躿躴，身長。

𥈭 䀩𥈭，目皃。

㼹 瓦也。亦作「甈」。

螗 螗蚟，蜻蛉。

邟 邟城，在陽翟。

○卬 㖇杭切。我也。高也。舉也。又，姓。舊五剛切，唐韻七。

昂 舉也。

枊 繫馬柱也。

桹　飛桹，斜桷。
茚　昌蒲别名。
鞆　履頭。
駠　馬怒皃。
○郎　洛杭切。男子之稱。又，官名。又，魯邑名。又，姓。舊魯當切，唐韻二十九。
琅　琅玕，玉名。又，琅邪，郡名，俗作「瑯琊」。
浪　滄浪，水名。
桹　桄桹，木名。
榔　檳榔，果名。
鋃　鋃鐺，鎖頭。一曰鍾聲。
硠　硠磕，石聲。
崀　峻崀，山名。
莨　草名。
蓈　蕫蓈，禾穗不成者。
稂　草，似莠。

薞 薞毒，藥名。

筤 車籃，一名笶。

廊 廡也。

閬 高門。

宧 宮室空皃。

哴 哴吭，吹皃。

欴 欴歁，貪皃。

躴 躿躴，身長皃。

骾 骯骾，股肉。

踉 踉蹡，行皃。

� 轋輬，軘軨。

艆 海中大船。

矡 短矛。

駺 馬尾白。

狼 犲狼。又，姓。

鯱　魚脂。
鶶　鶶鷞，鳥名。
螗　螳螂。
○當　彈俠切。宜也。敵也。值也。等也。亦州名。又，姓。舊都郎切，唐韻十一。
璫　耳珠。
鐺　鋃鐺。
檔　木名。
簹　篔簹，竹名。
膅　耳膅，耳下。
襠　兩襠衣。
儅　止也。
轄　車轄。
瓟　瓜中瓟瓤。
蟷　蟷蠰，螗螂別名。
○湯　托杭切。熱水也。又，商湯。又，姓。舊叶郎切，唐韻十。

簜　水名，在鄴，今湯陰縣。單作「湯」。

盪　盪突。

踼　踼跌。

趤　趤走皃。

蕩　蓫蕩，馬尾草。亦作「募」。

蝪　蛈蝪，蟲名。

鏜　以鐵貫物。又，鼓鐘聲也。

闛　盛皃。

鼞　鼓聲。

○唐　鐸杭切。大也。空也。國名。亦姓。古作「啺」、「歍」。舊徒郎切，唐韻三十五。

塘　陂塘。

溏　池也。

煻　煨火。

瑭　玉名。

磄　岸石。

鎕　鎕銻，火齊。
橖　橖棣，木名。
蓎　蓎蒙，女蘿。
篖　笭篖，竹笪。
搪　搪揬。
傏　傏傑，不遜。
隚　堤隚。
闛　高門也。
餹　餹銻，黍膏。
糖　飴也。亦作「糛」。
赯　赤色。
轄　轄輆，軘軨。
氀　氀毦，罽也。
甋　瓷器。
螗　蜩螗。

犝 犝牛。亦作「犆」。

䲓 魚名。

鶶 鶶鷎，鳥名，似烏，蒼白色。

鼞 鼶鼞，鼠，一月三易腸。

堂 寢廟基也。天子之堂九尺。又，正屋謂之堂。堂之爲言明也。又，邑名。亦姓。别作「坣」。

棠 棠梨、𣘝棠，并木名。亦姓。又，複姓有棠溪氏。

橖 車橖。

篖 罩也。

隚 殿基。

鄌 地名。

闛 闛闛，盛皃。

螳 螳蜋。

踼 踼跌，頓伏皃。

碭 芒碭，山名。又，音宕。

○囊　諾杭切。囊橐也，有底曰囊，無底曰橐。又，姓。舊奴當切，唐韻二。

蠰　蟷蠰，即螭蜋也。

○雙　朔佒切。偶也。兩隻也。又，姓。舊所江切，江韻七。

㒔　㒔也。

雙　跭雙，立也。

艭　艂艭，船名。

䉶　帆也。

𧄯　豆也。

瀧　水名，在郴州界。

○囪　娖杭切。在墻曰牖，在屋曰囪。通作「窗」。亦作「牎」。俗作「窓」。舊楚江切，江韻四。

稯　種也。亦作「䆫」。

摐　打鐘鼓也。

鏦　短矛也。亦作「䂪」。

淙　浞抗切。水流皃。舊士江切，江韻四。

鬃　髻高皃。

饕　饞饕，愛食。

瓮　罌也。

○桑　索佒切。木名，蠶食其葉以作繭。又，姓。舊息郎切，唐韻四。

喪　亡也。又，姓。通作「喪」。

纕　淺黄色。

驦　馬色。

○臧　作佒切。善也。厚也。又，姓。古作「匨」。舊則郎切，唐韻五。

贓　吏納賄也。

牂　牂牁，繫船杙也。今作「戕」。

牂　牝羊也。又，太歲在午曰敦牂。

樣　槌也。

○倉　錯杭切。藏穀屋也。又，官名。亦姓。舊七岡切，唐韻六。

蒼　深青色也。又，姓。

滄　水名。又，滄海。亦州名。

滄　寒皃。

匲　古器也。

鶬　鶬鶊、鶬鴰，并鳥名。亦作「䧚」。

○藏　昨杭切。隱也。匿也。舊徂浪切，唐韻一。

○方　昉倂切。四方也。正也。道也。術也。比也。量也。板也。尚方。官名。又，姓。舊府良切，陽韻十二。

坊　坊巷。亦州名。

枋　木名，可作車。又，桴也。

汸　并船也。

鈁　鑊屬。

秎　禾名。

肪　脂肪。

趽　趼也。又，曲脛馬也。

邡　什邡縣，在漢州。

鴋　鸘鴋，鳥名，人面鳥聲〔一〕。

牥　牛名。

蚄　蚄蚄，蟲名。

○芳　芬芳也。亦州名。又，姓。舊敷方切，陽韻三。

妨　妨害。

滂　水名。

○房　防杭切。室也。舍也。俎也。亦州名。又，姓。舊符方切，陽韻六。

方　方與，縣名。

防　防禦也。堤防池。亦作「坊」。

肪　義見上。

魴　魚名。

鴋　澤鸏也。

○亡　妄杭切。逃也。失也。無也。不在也。舊武方切，陽韻六。

忘　忽也。遺也。不記也。

莣　爾雅：「莣，杜榮。」注：「似茅，可爲繩索、履屩。」

䓞　忘也。

望　瞻望。聲望。怨望。又，音妄。

塱　弦塱。

○按：廣韻失載「忘」字，今增入其「芒」、「杗」、「鋩」、「硭」、「邙」、「郲」等字，移入「忙」下。

○邦　飽佒切。國也。亦姓。古作「峀」。舊博江切，江韻三。

梆　木名。

垹　土精，如手在地中，食之無病。

○幫　修治鞋履也。亦作「縍」。舊博旁切，唐韻四。

挷　捍也。衛也。

鞤　鞋革皮也。

䣾　加杯上酒。

○胮　炮杭切。胮，脹也。亦作「𤵖」。舊匹江切，江韻三。

韸　鼓聲。亦作「鼜」。

黪　黑皃。

○滂　沛也。渥也。亦作「霶」。舊普郎切，唐韻五。

雱　雨雪盛皃。亦作「雱」。

磅　石聲。

鎊　鎊，削。

斛　量溢也。

○龐　𩐂杭切。高屋也。厚也。又，姓。舊薄江切，江韻四。

逄　姓也。

韸　鼓聲。

艂　艂舡，船皃。

○旁　爾雅：「二達謂之岐旁。」謂岐道旁出也。舊步光切，唐韻十二。

傍　側也。近也。又，姓。

彷　彷徨。

房　阿房，宮名。

鄗　亭名，在汝南。

膀　膀胱。亦作「髈」。

蹃　踉蹃，急行。

趽　脚脛曲皃。

篣　竹箕。

磅　磅礚，礚名。

騯　馬盛皃。

螃　螃蟹。

○庞　貌杭切。厚也。大也。舊莫江切，江韻十三。

尨　犬多毛也。亦作「狵」。

浝　水名。

峷　五峷，山名，在蜀。

哤　語雜亂也。

眬　目不明也。

倣　不媚也。

黽　陰私事也。

痝　病困。

娏　女神名。

牻　牛白黑雜。

驍　黑馬白面。

蛖　蛖螻，螻蛄類。

○忙　冗也。迫也。舊莫郎切，唐韻十六。

芒　草端。又，光芒也。又，芒芒，荒遠皃。亦姓。

茫　滄茫，水廣遠也。

鋩　刀端也。

硭　硭硝。

恾　怖也。

盲　不知也。

睆　目不明也。

萠　遽也。

痝　寐語。

汒　谷名，在京兆。

砊　砊碭，山名。

宗　大梁。

郛 鄉名，在藍田。

邙 北邙，山名。

薆 勉也。

○以上開口呼。

胦 握肛切。胦肛，不伏人也。舊握江切，江韻一。

○肛 設胦切。胦肛也。舊許江切，江韻四。

舡 䑻舡，船皃。

哘 嗔語。

谾 空谷皃。

○降 學腔切。伏也。下也。舊下江切，江韻六。

夅 服也。

洚 水不遵道也。

㭧 㭧雙，帆未張。

䜶 䜶䜶，胡豆也。

䧢　䧢躞，望立也。

○江　覺腴切。水出岷山，入海。又，南中水大者皆曰江。江，共也，小水共入大水也。又，國名。亦姓。舊古雙切，江韻十二。

扛　説文：「横關對舉也。」

杠　旌旗飾也。又，床前横。

釭　燈釭。

玒　玉名。

矼　石橋也。

缸　罌類。亦作「瓨」[二]。

舡　舉角。

谾　谾谷，在南郡。

茳　茳蘺，香草。

豇　豇豆，蔓生，白色。

肛　胮肛，脹大。

○腔　確降切。羊腔。又，肉空也。亦作「羫」。又，作「𤞽」。舊苦江切，江韻十。

髖　髖髖，尻骨。
控　打也。又，苦貢切。
椌　椌楬。
涳　直流。
崆　崆㟅，山皃。
悾　信也。慤也。又，音空。
瘇　喉中病。
跫　蹋地聲。
瓨　瓨甎，瓺也。
○㟅　嶽降切。崆㟅也。舊五江切，江韻一。
○驩　犖降切。充塞之皃。舊吕江切，江韻二。
瀧　南人名湍。亦州名。又，音雙。
○聵　搦降切。耳中聲也。舊女江切，江韻八。
噥　嗔語。
矇　目不明。

鬞　亂髮。
毴　髮多。
饞　强食。
鸗　鴻鸗。
涳　姓也。
○椿　涿肔切。橛也。舊都江切，江韻二。
漴　深水立漴。
○惷　逴降切。愚也。舊丑江切，江韻五。
覩　視不明。又，直視也。
褈　短敝衣也。
禣　祠不敬也。
穜　黍穜，不實也。
○幢　濁降切。旛幢也。舊宅江切，江韻五。
撞　擊也。突也。
橦　木名。

嗵　吃也。

髋　髋髋，尻骨。

○以上齊齒呼。

按：「江」韻古音本與「東」、「冬」同類，故韻中之字，偏傍悉同，不知何時轉讀作「陽」、「唐」一類之音。舊韻一「東」、二「冬」、三「鍾」之外，别立四「江」。蓋梁、隋時已自轉音，沈休文、陸法言輩不欲没古音，不能革今音，故别立一韻，示有異同。其「庚」韻之字，古音皆類「陽」、「唐」。後乃轉類「耕」、「清」，故别立「庚」韻於「唐」、「耕」之間，亦此意也。至於今日，則相沿已久，舉世盡讀轉音，更無讀「江」爲「工」，讀「腔」爲「空」者，故洪武正韻竟將「江」韻之字盡收入「陽」、「唐」韻中。今亦從之。所謂從宜從俗，不得不然也。至齊齒一呼，雖有五十餘字，而堪押用者，僅四五字不能成韻，故與開口之字連爲一韻云。

【校記】

〔一〕鶌鳩，鳥名，人面鳥聲　原刻誤作「鶌鳩，身名，人面鳥身」，據篇海類編改。

〔二〕亦作「瓨」　原刻誤作「瓬」，據玉篇改。

四十四　汪　合口呼

汪　臒荒切。水深廣也。又，姓。舊烏光切，唐韻四。

𩾈　雉鳴。

尪　尪弱。

洸　水名。又，音光。

○王　往皇切。大也。主也。君也。天下歸往謂之王。又，姓。又，樂王、小王、五王、威王、王史複姓五氏。舊雨方切，陽韻四。

往　急行。

魟　魟鮹，魚名。

蚟　蚟孫，蟲名，又名蛣蜊，即促織也。

○荒　霍汪切。荒蕪也。凶荒也。荒忽也。又，治荒曰荒。又，姓。舊呼光切，唐韻十三。

巟　説文：「水廣也。」亦作「㠩」。

晾　旱熱。

晾　目不明。又，狼晾，南夷國名。

謊　夢言。

絖　絲蔓延也。
㠩　蒙掩。
騯　馬奔。
穔　果蓏不熟。
肓　心上鬲下。
衁　血也。
巟　幭也。
鄺　姓也。
○皇　穫王切。君也。大也。美也。鳳皇，鳥名。餘皇，舟名。又，姓。舊胡光切，唐韻三十。
煌　火盛皃。
湟　水名，出金城。
堭　堂堭，合殿。
隍　城池也，有水曰池，無水曰隍。
郌　古縣名。
凰　雄曰鳳，雌曰凰。

篁　竹名。

葟　榮也。亦作「𦬒」。

稈　稖稈，穄名。

諻　鐘聲也。

遑　急也。

惶　懼也。

偟　偟暇。

徨　彷徨。

媓　女媓，堯妻。

餭　餦餭，餳也。

艎　艅艎，舟名。

騜　馬黄白色。

蝗　食禾蟲。

黄　中央色也。古國名。亦州名。又，姓。

潢　積水池也。

璜　半璧也。

簧　笙簧。

癀　病也。

趪　趪趪，武皃。

鱑　魚名。

蟥　蚑，蟥蛢，甲蟲也。

獚　犬名。

翌　羽舞名。

○光　郭汪切。明也。華也。輝也。日曰朱光。太歲在辛曰重光。亦州名。又，姓。亦作「炗」。舊古黄切，唐韻十二。

洸　水名。

桄　桄桹，木名。

垙　垙陌。

茪　茳茪，草名。

侊　盛皃。

恍　武皃。

胱　膀胱，水府。

輄　車下横木。亦作「輺」。

横　長安門名。

僙　僙僙，武皃。

驜　决驜，馬旋毛在脊也。

○匡　廓王切。轉助也。正也。又，魯邑名。又，姓。舊去王切，陽韻十三。

洭　水名，出桂陽。

茞　草名。

筐　筐籠。

框　棺門。

恇　怯也。

劻　劻勷。

眶　目眶。

鬤　鬤囊。

郋　鄉名，在聞喜。

輕　車戾。

駏　耳曲。

蛀　海中大蝦。

○骯　骯髒。舊苦光切，唐韻一。

○狂　𧺊王切。妄也。放也。顛病也。舊巨王切，陽韻五。

軖　紡車也。

軭　義見上。

鵟　鴟屬。

㞷　草木妄生。「狂」、「匡」、「往」皆從此。

○霜　葠汪切。凝露也。又，姓。舊色莊切，陽韻五。

孀　寡婦。

驦　驌驦，良馬。亦作「騻」。

鸘　鷫鸘，鳥。亦作「鷞」。

蠰　齧桑蝎也。

○莊　壯汪切。嚴也。飾也。六達謂之莊。又，田舍也。亦姓。舊側羊切，陽韻三。
妝　女字。又，飾也。亦作「粧」。
裝　裝束。又，齎裝也。亦作「裝」。
○創　剏王切。傷也。俗作「刅」。舊初良切，陽韻二。
瘡　痍也。
○床　牀王切。卧榻也。俗作「床」。舊士莊切，陽韻一。

平聲第二十一類

四十五　央　齊齒呼

央　約香切。中央。又，已也。盡也。未央，漢宮名。舊於良切，陽韻八。
霙　霙霙，雲皃。
泱　水流皃。
鉠　鈴聲。
秧　禾始生。
胦　脝胦。

殃　禍也。亦作「袂」。

鴦　鴛鴦，匹鳥。

○**陽**　藥羌切。高明也。陰陽二氣，奇數爲陽。日爲太陽。歲在癸曰昭陽。山南水北曰陽。亦姓。又，歐陽、高陽、青陽、孫陽、子陽、周陽、涇陽、偪陽、梗陽、戲陽、鮭陽、葉陽、陵陽、鮮陽、櫟陽、濮陽、太陽、老陽、安陽、成陽、朱陽、索陽複姓二十二氏。舊與章切，陽韻三十一。

昜　飛也。曲昜，縣名。

暘　晴明也。洪範：「時暘。」恒暘。又，暘谷。日所出。

颺　風飛揚也。又，大言而疾曰颺。

揚　舉也。稱也。顯也。鉞謂之揚。眉下爲揚。又，州名。亦姓。

敭　明敭。

楊　赤莖柳也。又，姓。

鍚　鏤鍚，馬面飾。又，兵名。

煬　融也。炙也。又，蔽也。

瑒　玉名。

嵣　山名，在遼西。

鞨　馬額上靼。

輰　轣車也。

禓　道上祭。

諹　讙也。

瘍　頭瘡也。

盪　杯也。

鸉　白鷹。

鰑　赤鱺。

羊　柔毛畜。又，姓。又，羊角、羊舌複姓二氏。

佯　詐也。或作「詳」。

徉　徜徉，徙倚之皃。

眻　美目。

痒　病也。詩：「癙憂以痒。」

𦐄　多也。

洋　洋洋，盛大皃。又，海水曰洋。

烊　焇烊。

样　样槌也。又，懸蠶柱也。

芉　芉菒，藥名。

鴹　鷸鴹，一足鳥，舞則天下雨。

蛘　蟲名。

〇香　許央切。芬芳也。古作「萫」。舊許良切，陽韻五。

皀　稻香。

鄉　萬二千五百家爲鄉。又，姓。

薌　穀氣也。禮記：「合羶薌。」

膷　牛羹。

〇姜　脚央切。姓也。舊居良切，陽韻十。

薑　菜名，辛而不葷。亦作「蘁」。

疆　界也。古作「畺」。亦作「彊」。俗作「壃」。

畕　比田也。

礓　礓石。

橿　鋤柄也。又，名檍，萬年木也。

繮　馬紲。亦作「韁」。

僵　仆也。

殭　死不朽也。藥有殭蠶。亦作「蠅」。

犟　白脊牛也。

○羌　却陽切。章也。强也。發語端也。西戎名。亦作「羗」。又，姓。舊去羊切，陽韻一。

蜣　蜣蜋，蟲名。

○强　噱陽切。健也。暴也。又，姓。舊巨良切，陽韻四。

彊　弓有力也。與「强」通用。

勥　迫也。

鱷　鯨魚別名。

○良　略陽切。賢也。善也。首也。長也。又，姓。舊呂張切，陽韻十六。

粮　粮食。

踉　跳踉。

蜋　蜣蜋。

梁　負棟木曰梁。木跨水曰梁。石絶水曰梁。又，州名。亦姓。又，梁其、仲梁、梁餘、梁由、强梁、卜梁、諸梁、穀梁、將梁、梁垣、梁成複姓十二氏。

粱　穀名。

量　量度也。

糧　糗糧也。通作「粮」。

凉　薄也。寒也。又，州名。亦姓。俗作「凉」。又作「涼」。

颹　北風也。

椋　木名。

綡　冠纚。

醇　漿水。

賝　賦也。

輬　轀輬，車名。

犝　犝牛，駁色。

○孃　諾陽切。母稱。舊女良切，陽韻四。

娘　少女之号。

瓤　瓜實也。

鑲　兵器。

○商　爍央切。度也。酌也。五音之次。又，行賈也。亦作「蔏」。又，州名。亦姓。舊式羊切，陽韻十五。

蔏　蔏陸，草。

鷸　鷸鷉。又，鷸鵜也。

螪　螪羊，蟲。

傷　傷損也。亦作「鴙」。

湯　湯湯，水大皃。

觴　酒器。

禓　道上祭也。

慯　憂皃。

黫　赤黑色也。

塲　耕塲。亦作「暘」。

殤　殤夭。

饟　饋也。

鬺　煮也。亦作「鬺」。

汈　水名。

○常　勺陽切。久也。經也。八尺曰尋，倍尋曰常。又，旂名。又，太常，官名。亦姓。舊市羊切，陽韻九。

尚　主也。尚書、尚方、尚衣、尚食，并官名。

裳　上曰衣，下曰裳。

嘗　試也。曾也。口嘗味也。亦作「甞」。

徜　徜徉，猶徘徊也。

償　報也。還也。當也。復也。

鋿　車鋿，輪鐵。

鱨　魚名。

鸘　鷫鸘，鳥名。

○穰　若陽切。禾莖也。果實厗也。豐也。繁也。邑名。又，姓。舊汝陽切，陽韻十五。

襶　除殃祭也。

攘　揎袂出臂曰攘。又，逐也。除也。奪也。竊也。亦作「㲂」。

勷　劻勷，迫貌。

躟　疾行。

儴　因也。

鬤　鬤鬤，亂毛。

孃　亂也。

鄹　縣名。

瀼　露濃皃。亦作「囊」。

蘘　蘘荷。

籑　籑篊，淥米竹器。

鑲　鉤鑲，兵器。

瓤　瓜實也。

獽　戎屬。

○章　灼央切。明也。文也。采也。程也。又，表章。封章。篇章。亦姓。舊諸良切，陽韻十五。

彰　明也。

暲　日明。

漳　水名。凡水清濁相交皆曰漳。

樟　豫樟，木名。

墇　壅也。

璋　半珪曰璋。

障　隔也。又，山頂上平曰障。

鄣　邑名。

蔁　蔁柳，當陸别名。

韓　韓泥，鞍飾。本作「障」。

嫜　姑嫜。

慞　懼也。

麞　鹿屬。亦作「獐」。

鷾　鷾渠，水鷄也。

○張　弦弓曰張。又，宿名。亦姓。舊陟良切，陽韻四。

粻　食米。

餦　餦餭，餳也。

漲　水大皃。又，音帳。

○昌　綽陽切。盛也。善也。顯也。日光也。文昌，星名。又，姓。舊尺良切，陽韻八。

閶　閶闔，天門。

菖　菖蒲，藥草。

琩　耳璫。

倡　樂也。優也。

裮　衣披不帶。

猖　猖狂。

鯧　鯧鯸，魚名。

○倀　失道皃。又，狂也。舊褚羊切，陽韻三。

韔　鼓聲。

募　草名。

○長　著陽切。久也。遠也。常也。永也。舊直良切，陽韻八。

萇　萇楚，蔓生，如桃。又，姓。

踜　踜跪。

埭　道也。

瓺　瓶也。

蝪　蛐蜒别名。

腸　腸胃。

場　祭神壇場。又，治穀地也。

○相　削央切。交共也。省視也。質也。詩：「金玉其相。」又，姓。舊息良切，陽韻十三。

湘　水名。

廂　廊也。亦東西室。

箱　箱籠。

葙　青葙子。

緗　淺黄。

襄　贊也。除也。成也。駕也。上也。亦州名。又，姓。

欀　木名，皮中有屑，可爲麵。
鑲　義見上。
瓖　馬帶飾。
纕　馬腹帶。
驤　馬騰躍低昂也。
儴　儴徉。
○詳　謝陽切。審也。密也。備也。舊似羊切，陽韻八。
庠　殷學名。
祥　吉也。福也。善也。亦灾祥也。又，祭名。
翔　鳥回飛也。亦作「鴹」。
跭　趨行。
洋　水名，在臨朐。亦州名。
痒　病也。
殀　女鬼。
○將　爵央切。欲然也。送也。奉也。養也。持也。領也。又，姓。舊即良切，陽韻六。

牂　説文：「扶也。」

漿　漿水。

蔣　菰蔣，水草。

鱂　鱸鱂，魚名。

螿　寒螿，蟬屬。

○鏘　鵲陽切。鏗鏘，玉聲。亦作「瑲」。舊七羊切，陽韻十一。

蹡　行皃。亦作「蹌」。

嶈　山高皃。

將　將將，嚴正也。

槍　稍也。

搶　拒也。突也。

蹌　動也。又，舞皃。

牄　鳥獸來食聲。

閶　門聲和也。

斨　方銎釜也。

鴹　傷也。

○牆　𤖨陽切。垣墉也。又，門屏曰蕭牆。亦作「廧」。俗作「墻」。舊在良切，陽韻七。

嬙　嬪嬙，婦官。

檣　帆柱。

薔　薔薇。又，東薔子，十月熟，可食。亦作「蘠」。

戕　外殺也。又，傷也。

奘　妄强犬也。又，徂朗切。

牂　弱也。

平聲第二十二類

四十六　音　齊齒呼附開口呼四音

音　邑歆切。聲生於心，有節於外，謂之音。舊於金切，侵韻八。

喑　極啼無聲。

瘖　瘖瘂。

陪　闇也。

醅　醉聲。

䃭　𨟱豆。

陰　闇也。默也。偶數爲陰。水南山北曰陰。又，姓。

霒　雲覆日也。又，姓。

〇愔　靖也。舊挹淫切，侵韻二。

䜾　聲和靖也。

〇淫　熠欽切。過也。溢也。奸也。舊餘針切，侵韻十五。

㸒　貪也。

霪　久雨。

婬　婬蕩。

絍　久緩皃。

箳　竹名。

鐔　劍鼻。

撢　深也。

鱏　魚名。

蟫 白魚蟲。

鷶 鷑之别名。

冘 行皃。亦作「佔」。

芜 熱也。

醲 熟麴。

鄯 地名。

○歆 吸音切。好樂也。欲也。羡也。神食氣也。舊許金切，侵韻四。

嬜 愛也。

廞 興也。亦陳車服也。又，廞巇，山險皃。

掀 火盛皃。

○金 急音切。五色金也，黄爲之長。又，州名。亦姓。又，複姓有金留氏。舊居吟切，侵韻八。

黅 淺黄色也。

今 對古之稱也。當時也。

衿 衣小帶也。

黔　黄色。

禁　力所加也。勝也。

憏　心憏皃。

襟　袍襦，前袂也。亦作「衿」。

○欽　泣淫切。敬也。又，姓。舊去金切，侵韻五。

菳　草名，似蒿。

嶔　嶔崟。

衾　被也。

顉　曲頤。

○琴　及淫切。樂器，施弦於木。八音中絲音也。舊巨金切，侵韻十九。

㻽　草名，根可緣竹器。

芩　黄芩，藥名。

庈　人名，庈父。

㪁　持也。

聆　音也。

邻　亭名。
軨　軨轞，四夷樂也。
翎　鳥名。
黔　黑黄色也。又，姓。亦作「黚」。
硶　石地也。
鈐　鵭鳥。亦作「鳹」。
禽　二足而羽曰禽。又，姓。
檎　林檎，果名。
擒　急持也。「捦」、「捡」并同。
澿　水名。
凜　黄狀。
㪅　禁也。
稖　禾欲秀也。
○吟　岌淫切。哦也。咏也。呻吟也。古作「訡」。亦作「誇」。通作「唫」。舊魚金切，侵韻七。

崟　嶔崟。
芩　水葉，似蒜。
𣊨　僭差。
霠　霖雨。
㐺　衆立皃。
廞　崟廞，山崖狀。
○林　立淫切。平土有叢木曰林。野外曰林。又，姓。舊力尋切，侵韻八。
霖　久雨。
淋　以水沃也。
琳　玉名。
箖　箖箊，竹名。
痳　痳病。
臨　莅也。監也。大也。又，姓。
瀶　水出皃。又，谷也。寒也。
○誑　孨淫切。誑諗，喉聲。舊女心切，侵韻三。

鵀　戴勝鳥。

絍　織也。齊也。亦作「紝」。

○深　濕音切。遠也。邃也。又，水名，出桂陽。舊式針切，侵韻二。

葠　蒲蒻。

○諶　十淫切。誠也。信也。亦作「愖」。又，作「訦」。舊氏任切，侵韻四。

煁　煁烓，行灶。

瘎　腹内故病。亦作「疣」。

忱　信也。

○壬　入淫切。十干名〔一〕。又，佞也。舊如林切，侵韻七。

任　堪也。保也。當也。又，姓。

恁　信也。又，音荏。

訨　信也。念也。

紝　織紝。

銋　銋濡。

鵀　義見上。

○斟　汁音切。酌也。益也。又，姓。又，複姓有斟弋氏。舊職深切，侵韻七。

鍼　縫衣器。又，砭石也。亦作「針」。古與「箴」通用。

箴　規也。刺也。又，姓。

葴　酸蔣草也。

瑊　石，次玉也。

鰔　魚名。

鷀　鷀鶩，鳥名。

○碪　搗衣石也。亦作「砧」。舊知林切，侵韻三。

椹　鈇椹，斫木質也。亦作「枮」。

坫　權安厝也。

○琛　斟淫切。寶也。舊丑林切，侵韻七。

賝　賨也。

覘　窺視也。

郴　州名，在桂陽。又，姓。

綝　繕也。

棽 木枝長也。

舣 船行。

○覑 内視也。舊充針切，侵韻一。

○沈 蟄淫切。没也。溺也。古作「湛」。漢書：「從俗浮湛。」俗作「沉」。又，複姓有沈猶氏。舊直深切，侵韻六。

霃 久陰。

鈂 鍤屬。

枕 繫牛杙也。

菀 生山上，葉如韭。亦作「芜」。

牨 水牛。

○心 霅音切。火藏也。身之主。神明之舍也。舊息林切，侵韻三。

杺 木名，其心黄。

軸 車軥軸木。

○尋 習淫切。繹理也。搜求也。仍也。繼也。俄也。長也。六尺曰尋。亦作「潯」。舊徐林切，侵韻十五。

潯　水涯也。

橝　木名。

撏　取也。

鄩　地名，在鞏。又，姓。

隯　小堆阜也。

膶　姓也。

襑　衣博大也。

縳　續也。

鬵　鼎，大上小下。

灊　水名，出巴郡。

鱘　魚名，口在腹下。

鐔　劍鼻。又，姓。

梣　木葉。

颯　姓也。

○祲　噍音切。日傍氣也。舊子心切，侵韻九。

梫　木名。

埐　地也。

綅　縫綫。

�　錐也。

歾　鋭意。

鼸　高鼻。

雂　鷄之别名。

鰼　魚名。

○侵　緝淫切。漸進也。又，削也。陵也。潛師伐人也。又，五穀不升曰侵。形貌短小曰侵。又，姓。亦作「𠈁」。舊七林切，侵韻六。

浸　浸淫也。

駸　馬行疾也。

綅　稄　二字義見上。

豇　野生豆也。

○鬵　集淫切。大釜也。又，鼎若甑也。舊昨淫切，侵韻七。

灊　義見上。

𪆁　𪆁喦。

梣　木名。

鱏　大魚曰鮓，小魚曰鱏。亦作「魿」。

醦　熟麴。

鈂　掘也。亦作「𣪢」。

〇已上齊齒呼。

森　澀簪切。木衆盛皃。舊所今切，侵韻七。

槮　木枝長也。

參　宿名。又，叢立皃。又，姓。亦作「曑」。

椮　木長皃。又，積柴水中，聚魚而取之也。亦作「蔘」。又，作「罧」。

蔘　人參，藥草也。亦作「蓡」。

罙　突也。亦作「宷」。

襳　襳褷，毛羽衣皃。

○簪 戢森切。本作「兂」。首笄也。舊側吟切，侵韻三。
瑨 石，似玉也。
撍 速也。
○參 曑岑切。參差不齊皃。三相參爲參，兩相差爲差。舊楚簪切，侵韻五。
嵾 山嵾差也。
槮 木長皃。
穇 禾長皃。
梫 梫桂，木花白也。
○岑 霰嵾切。山小而高也。又，姓。舊鋤針切，侵韻八。
涔 涔陽，地名。又，管涔，山名。
梣 青皮木名。亦作「欞」。
笒 竹名。
岑 入山深皃。
霠 雨聲。
穳 禾欲秀。

鰺 魚名。

○以上開口呼。

按：「森」、「簪」、「參」、「岑」係開口呼。其序當在齊齒之前，但齊齒自成一韻，而此僅數字不成韻，又不可以冠齊齒之前，故附於其後。蓋賓主當有辨也。

【校記】

〔一〕干 原刻多誤作「幹」，依意改作「干」。以下徑改，不再出注。

平聲第二十三類

四十七 諳 開口呼

諳 始唅切。記也。曉也。舊烏含切，覃韻十二。

韽 聲小。

腤 煮魚肉也。

唵 啼泣無聲。

婄 貪愛。

庵　小草舍也。

庵　庵閭，草。又，庵羅，果也。

馣　香也。

馣　蹇跛之皃。

媕　媕娿不決。

盦　覆蓋也。

鶴　鶴鶉，鳥。亦作「鵪」。

○唅　欲諳切。唅呀。舊火含切，覃韻七。

岭　大谷也。

谽　谽谺，谷空皃。

欱　含笑皃。

酓　面紅。

馠　小香。

寱　不脱冠帶而寐也。亦作「㾾」。

○含　合龕切。銜也。包也。容也。舊胡男切，覃韻十八。

鋡　受也。

梒　梒桃。

硷　似瓶有耳。

頷　面黄也。又，胡感切。

肣　排囊病也。

㔆　船没。

鼢　鼠屬。又，音弇。

函　容也。又，舌也。又，甲也。亦作「圅」。

顄　顄頤。

涵　水澤多皃。又，沈浸也。

涵　寒皃。

霝　久雨也。

錎　鎧别名。

梒　匱也。

腪　口裹肉也。口上曰臄，口下曰腪。

篰　實中竹名。亦作「箬」。
蜬　爾雅：「蠃小者曰蜬。」又，音弇。
○弇　閤諳切。同也。蓋覆也。舊古南切，覃韻三。
淦　水入船中。又，最也。泥也。汲也。又，甘暗切。
鰲　持意也。
○龕　溘含切。龍皃。又，塔下室也。舊口含切，覃韻十。
堪　勝任也。可也。又，地突也。亦姓。
戡　勝也。克也。
嵁　嵁巖。與「嵌」同。
撖　挂也。
磨　和也。
戓　殺也。刺也。
領　醜皃。
欿　欿多也。
坈　瓦器。

○譀　綦含切。不惠也。又，謔弄言也。舊五含切，覃韻二。

䛖　寐中言語。

○婪　拉含切。貪也。亦作「惏」。舊盧含切，覃韻五。

嵐　山氣也。又，州名。近太原，因岢嵐山爲名，下有渥洼，池出良馬。

葻　草得風皃。

啉　酒巡匝曰啉。亦作「𣋉」。

燣　焦色。

○耽　答譫切。耳大而垂。又，樂也。戀也。舊丁含切，覃韻九。

湛　湛樂。

媅　媱樂過也。

䁴　内視。

酖　嗜酒。

妉　妉樂。

䑈　多也。

眈　視近而志遠也。

甔　大甖，可受一石。

○探　深含切。嘗試也。索也。揣也。取也。舊他含切，覃韻三。

撢　與「探」同義。周禮有撢人。

貪　貪婪也。

○覃　沓含切。及也。延也。深廣也。又，姓。舊徒含切，覃韻十九。

潭　水名，出武陵。又，深水皃。

橝　木名，灰可染。

藫　水衣。

鐔　劍口。

燂　火爇。

譚　大也。又，姓。

瞫　聒也。

䢲　趻䢲，走皃。

醰　醃醰，香氣。

𣉯　長味。

糟　糁也。

鄲　鄲城，縣名。

蟫　白魚蟲。又，音淫。

曇　雲布皃。

壜　甒屬。

戡　戡戡，室深皃。

眈　視近志遠。

蕁　草名。亦作「蕁」。

○南　納含切。火方也。亦姓。又，南史、南宫、南鄉、南公、南郭、南榮、南伯、南野、南門複姓九氏。舊那含切，覃韻七。

喃　呢喃，語不了。

男　男子也。任也。又，五等爵名。

聃　耳曼無輪也。又，國名。亦姓。

柟　木名。赤者材堅，白者脆。俗作「楠」。

抩　并持也。

䶄　䶂有距者。亦作「䶛」。

○毵　毢毿切。毛長皃。舊蘇含切，覃韻三。

蔘　蔘綏。

犙　牛也。

○簪　噆諳切。所以貫髮也。又，聚也。疾也。舊作含切，覃韻七。

篸　所以綴衣也。亦與「簪」通用。

鐕　無蓋釘也。

撍　盡也。

朁　朁朁。

羳　羊腌。

鐟　鐟篋。

○參　謲含切。參與也。參錯也。參承也。亦作「叅」。舊倉含切，覃韻五。

傪　好皃。

嵾　嵾嵾也。

趻　趻蹿。

驂　驂馬。

○蠶　雜含切。叶絲蟲也。俗作「蚕」，非。舊昨含切，覃韻四。

鄿　亭名。

蹔　止也。

撏　取也。

四十八　淹　齊齒呼

淹　裛簾切。漬也。滯也。久留也。舊央炎切，鹽韻六。

崦　崦嵫，山名。

郔　邑名。

菴　菴蕳，草名。

醃　鹽醃。又，葅也。亦作「腌」。

閹　男無勢，精閉者。

○猒　飽也。一作「餍」。舊一鹽切，鹽韻六。

懕　安也。

壓　和静。

俺　俺㑪。

稖　稖稖，苗美也。

譫　含怒也。

○炎　葉嫌切。熱也。火光上也。舊于廉切，鹽韻一。

○鹽　鹹鹺，煮海所成。亦州名。又，姓。俗作「塩」。舊余廉切，鹽韻十二。

灎　進也。

櫩　木名。

閻　里中門。又，姓。

壛　壛榻也。

灩　相汙曰灩。

癉　病走。

檐　屋檐。亦作「簷」。又，作「櫚」。

閻　説文：「閻謂之槁。槁，廟門也。」

櫚　步櫚，長廊也。

鵮　鵮離，鳥，自爲牝牡。

阽　臨危。

○馦　脅淹切。香氣也。舊許兼切，添韻七。

嗛　香美。

㾾　胡㾾，病也。

欦　貪欲也。

妗　美也。

䜩　赤黄色。

䌌　堅持意。

○䫡　胡被也。舊虚嚴切，嚴韻五。

㾹　㾹瘦，物在喉也。

薟　芋之辛味曰薟。又，豨薟，草名。

杴　鍬屬。古作「櫶」。或作「欣」。

稴　禾傷肥也。

○嫌　協炎切。疑也。憎也。不平於心也。舊户兼切，添韻二。

䅬　稻不黏者。

○兼　銕淹切。并也。秉持一禾，兼持二禾。又，姓。舊古甜切，添韻七。

縑　并絲繒也。

罽　絲網。

糠　青稻白米。

蒹　荻未秀。

鰜　比目魚。

鶼　比翼鳥。

○謙　愜炎切。讓也。恭也。不自滿也。舊苦兼切，添韻二。

縘　義見上。

○慊　慊恓，意不安也。舊丘廉切，鹽韻二。

鍼　曲頭鑿。

○箝　笈炎切。鎖頭也。亦作「鉗」。又，作「釺」。亦姓。舊巨淹切，鹽韻九。

拑　脅持也。

鉆　鐵鋤也。

鈐　兵鈐，以備非常。又，鉤鈐，星名。又，鈐鏑，大犁也。

岒　絹岒。

黔　黑黄色。又，黎也。秦謂民爲「黔首」，謂黑色也。

黚　淺黄黑色。又，古黚陽縣，在武陵。

鳹　白喙鳥。亦作「鵮」。

羬　羊六尺爲羬。

○𪘏　業炎切。齒差也。舊語廉切，鹽韻二。

○嚴　莊也。毅也。重也。急也。戒也。又，州名。亦姓。舊語軩切，嚴韻二。

巖　射翳。

○廉　獵炎切。儉也。斂也。察也。隅也。不貪也。飛廉，風伯名。又，姓。舊力鹽切，鹽韻十八。

鐮　刈禾刀也。亦作「鎌」。

簾　箔也。

蘼　薑也。一曰蒹也。

𩅆　久雨。

䅬 禾名。

轞 車輞。

嵰 㠋嵰，帷也。

鬑 髯也。亦長皃。

䶨 䶨鼓，鼓初打也。

磏 赤礪石。

螊 蜚螊，蟲名。

匳 盛香器也。又，鏡匳也。亦作「籢」。俗作「奩」。

蘞 白蘞，藥草。

蔹 蔓草。

獫 犬長喙。

帘 青帘，酒家望子。

覝 察也。

○濂 薄也。又，水名。舊勒兼切，添韻四。

溓 大水中絶，小水出也。

燫　火爍車網繩也。

燫　火不絶皃。

○髻　耶淹切。髻鬑，鬢髮疏薄皃。舊丁兼切，添韻七。

佔　佔佢，輕薄也。

詀　轉語。

貼　目垂。

貼　耳小垂。

敁　敁敠，稱量。

袡　衣領也。亦作「幨」。

○添　怗炎切。益也。舊他兼切，添韻四。

沾　益也。又，水名，出壺關，入淇。

黇　黄色。

譫　譫舑，吐舌。

○甜　牒炎切。甘也。舊徒兼切，添韻五。

恬　靖也。安也。

湉　水清。

䅋　藥名。

菾　菜名。

○黏　聶炎切。著也。俗作「粘」。舊女廉切，鹽韻二。

䬯　南楚呼食麥粥。

○鮎　魚名。舊奴兼切，添韻二。

拈　指取物也。

○苫　攝淹切。草覆屋也。又，凶服者以爲覆席。又，姓。舊失廉切，鹽韻三。

痁　病也。

䶲　妗䶲，善笑皃。

○蟾　涉炎切。蟾光，月彩。舊視占切，鹽韻三。

棎　果名，似柰而酸。

撏　取也。

○髯　讘炎切。頰須也。本作「䫇」。舊汝鹽切，鹽韻十一。

冉　說文：「毛冄冄也。」亦作「冄」。

諵　多言。

喃　噍皃。

詀　譫詀，長舌。

袡　衣緣。

痈　皮剥。

枏　梅也，子如杏而酸。

䶌　有距黿。

蚦　大蛇。

蛅　爾雅：「螺，蛅蟴。」注：「蛓屬也。」

○占　讋淹切。視兆也。亦姓。舊職廉切，鹽韻五。

詹　至也。詹事，官名。又，姓。

瞻　瞻，視。

噡　噡語。

蟾　蟾蠩，蝦蟆也。又，視占切。

○霑　濕也。濡也。漬也。舊張廉切，鹽韻三。

沾　水名，在上黨。

黇　黄也。

○襜　瀸炎切。襜褕，蔽膝也。亦作「裧」。舊處占切，鹽韻九。

幨　床前帷也。

韂　屏也。

緂　衣色鮮。

帴　幨也。

襳　襳襳，衣動皃。

姑　姑侈，輕薄皃。

惉　惉懘，音不和也。

痁　皮剝也。

○覘　闚視也。舊丑廉切，鹽韻二。

姂　姂姈，喜皃。

○天　牒炎切。小熱也。舊直廉切，鹽韻三。

䵩　赤黄色也。

訒　言利美也。

〇纖　孅淹切。細也。微也。舊息廉切，鹽韻十一。

韱　韱細。又，山韭也。通作「韯」。

孅　鋭也。細也。

襳　襳褷，毛羽衣也。又，小襦。

縿　白經黑緯。

鬖　髮也。

暹　日光進也。

銛　臿屬。又，利也。

枮　木名。

憸　利口也。

思　疾利口也。

〇燅　邪炎切。湯中爚肉也。「錴」、「燖」、「燂」、「膶」并同。舊徐鹽切，鹽韻五。

蕁　山菜。

橪　木細葉也。

攠　摘物也。

帴　小巾。

○瀸　接淹切。漬也。没也。洽也。又，泉水出微皃。舊子廉切，鹽韻十三。

蘵　百足草。

鑯　鑯器也。亦鐫也。

笺　刺也。鋭也。絶也。

䨘　漬也。或作「霯」。

㦟　拭也。

囖　囖啾，不廉。

殲　盡也。滅也。

熸　火滅。

鋟　以爪刻木也。

霵　小雨。又，霑也。

漸　入也。漬也。

尖　鋭也。

〇籖　妾炎切。鋭也。貫也。驗也。典籖，官名。舊七廉切，鹽韻九。

𢢚　幖𢢚也。

𠟭　切割也。

僉　咸也。同也。

譣　譣詖。

憸　惍憸。

臉　䑋也。亦作「臜」。

鹼　水和鹽也。

槧　削皮也。

〇潛　捷炎切。藏也。水伏流也。亦水名。又，姓。舊昨鹽切，鹽韻八。

朁　於朁，縣名，在杭州。今作「潛」。

鬵　甑也。

灊　水名，在巴郡。又，縣名，在廬江。

䣺　閉目内思。

燂　炙爛也。古作「㷋」。

螹　螹蝧，蟲名。

箈　漂絮箦也。

○砭　窆淹切。以石刺病也。古作「砚」。舊府廉切，鹽韻一。

平聲第二十四類

四十九　洽　開口呼連齊齒呼

洽　盧蚶切。洽没也。舊乙咸切，咸韻三。

黯　深黑也。

猎　犬吠聲。

○蚶　歛洽切。蚌屬。爾雅謂之魁。亦作「魽」。舊呼談切，談韻四。

賆　戲乞人物也。

婪　貪妄。

憨　癡也。

○酣　沉飲也。樂酒也。舊胡甘切，談韻七。

磨　和也。

鮎　蛤也。

䖗　白虎。

蟲　桑蟲。

邯　邯鄲，地名。又，音寒。

䏳　火上行皃。亦作「炶」。

○㰹　笑皃。舊許咸切，咸韻五。

蝛　似蛤，出海中。

㚷　喜皃。

谽　谽谺，谷空皃。

酔　出頭皃。

○咸　盍坩切。皆也。同也。悉也。亦姓。舊胡讒切，咸韻九。

鹹　不淡也。俗作「醎」。

諴　和也。

椷　杯也。亦作「椾」。

騝　騝驩，古縣名。

函　函谷，關名。又，函書。亦姓。

輱　車聲。

穛　不作稻也。

鰜　魚名。

○甘　鄌滔切。甜也。美也。嗜也。又，州名。亦姓。又，甘莊、甘士、甘先複姓三氏。舊古三切，談韻七。

柑　果名，似橘。

泔　米汁。

苷　苷草，藥。

筸　笴竹。

磨　和也。

媣　媣，媞也。

○緘　緘封也。舊古咸切，咸韻六。

瑊　美石，次玉。

鰔　慳吝。又，口閉也。

黬　釜底黑也。
黵　晢而黑也。
尲　尲尷，行不正也。
○坩　礚咸切。坩甒也。舊苦甘切，談韻一。
○嵁　嵁巖，不平正皃。舊苦咸切，咸韻四。
厱　山崖空穴。
䫡　䫡𩈢，長面。
鵮　鳥鵮物。
○嵒　㒞咸切。巖也。又，嶄嵒，山高皃。亦地名。舊五咸切，咸韻七。
碞　僭差。
諴　和也。又，戲言也。
羬　山羊。
㺂　羊有力也。
䖔　熊虎絶有力也。亦作「虦」。
𪘐　齒兒。

○藍　臘咸切。染青草。又，姓。舊魯甘切，談韻十一。

籃　籃籠。

襤　襤褸。

鬛　鬛髮疏皃。

㸂　㸂䳂，長面。

𢤦　𢤦，貪皃。

儖　儖儳，形皃惡也。

㜮　㜮㝓，薄大。

擥　擥持。

灠　瓜葅。

䳂　䳂鵣，鳥名。

○擔　耷淊切。負荷也。擔任也。舊都甘切，談韻五。

儋　荷也。亦姓。

聸　垂耳也。

甔　小甖。

頙　頰緩。

○䛟　榻咸切。吐舌也。舊他酣切，談韻八。

聃　耳漫無輪。老子名也。俗作「躭」。

坍　水衝岸壞。

蕇　葱别名。

淋　澌淋，峻波也。

緂　色鮮。

窞　窽窞，薄大。

菼　灆菼，瓜葅。

○談　蹋咸切。談話也。言論也。又，姓。舊徒甘切，談韻十一。

惔　憂也。

倓　恬也。安也。

餤　進也。

淡　水皃。

痰　胸上水病。

錟　長矛。

郯　國名。

䈀　刮馬篦也。

澹　澹臺，複姓。

炎　小熱。

○諵　餉咸切。詁諵也。舊女咸切，咸韻二。

喃　呢喃。

○攕　霎掐切。攕攕，纖細皃。亦作「摻」。舊所咸切，咸韻九。

櫼　楔也。

轞　車聲。

櫼　木名，似松。亦作「杉」。

霻　微雨也。

雿　微雨。

彡　瞻視。

鞪　鞍鞪，垂皃。

獑　犬容頭進也。

○衫　小襦也。舊所銜切，銜韻六。

髟　屋翼也。又，長髪皃。

縿　絳帛。又，旌旗斿也。

穇　穛穇，穗不惠。

纔　帛青色。

芟　刈草。

○攙　插咸切。攙搶，祆星，亦作「欃槍」。舊楚銜切，銜韻一。

○讒　傷咸切。譖也。舊士咸切，咸韻十一。

毚　狡兔也。亦作「獑」。

饞　不廉也。亦作「嚵」。

攙　刺也。

儳　儖儳，皃惡。又，儳巖，未整陣也。

鑱　鼻高皃。

酁　宋地名。

櫼　檀木別名。

𨯔　小鑿。

獑　獑猢，似猿而白。

𡲦　鳥𡲦物也。

𪕹　鼠名。

○巉　險也。舊鋤銜切，銜韻六。

鑱　犁鐵。又，鋭也。

劖　刺也。斷也。

嚵　小啐也。

艬　合木船。

嶃　嶃嵒，山皃。

○三　倭㴞切。數名。又，三閭、三烏、三飯、三州、三丘複姓五氏。古作「參」。又作「弎」。俗作「叁」。舊蘇甘切，談韻三。

鬖　鬛鬖，毛垂。

衫　衣破襤衫。

○慙 蠶咸切。愧也。亦作「慚」。舊昨甘切，談韻四。
鏨 注見前。
蹔 暫也。
鷙 鷃别名。
○䳻 面長皃。舊昨三切，談韻二。
○凡 乏咸切。庸也。皆也。輕也。非一也。總計也。又，國名。亦姓。舊符咸切，凡韻七。
仉 輕也。
氾 水名。亦姓。
帆 舟上張風幔。亦作「颿」。
舤 船舷。
颿 馬疾步。
杋 木皮，可爲索。
○媌 襪咸切。老女稱。舊武酣切，談韻一。
○芝 販咸切。草浮水皃。舊匹凡切，凡韻二。
欲 多智慧也。

〇巉　巉咸切。步渡水也。舊白銜切，銜韻一。

〇以上開口呼。

銜　洽嵌切。馬勒口也。舊户監切，銜韻二。

瓺　乾瓦屋也。

〇監　夾詀切。領也。察也。舊古銜切，銜韻五。

瞷　視也。

鑑　鑑諸以取月中水。又，明也。

㔋　細切。

礛　礛礶，青礪。

〇嵌　恰銜切。巖山也。舊口銜切，銜韻一。

〇巖　啞銜切。峰也。險也。峻廊也。亦作「礹」。舊五銜切，銜韻二。

巗　呻吟。

〇詀　劄監切。詀諵，語聲。舊竹咸切，咸韻四。

鮎　鹹味。

𩈓　𩈓𩈒，出頭皃。

䳭　鳥啄物也。

〇以上齊齒呼。

類音　卷六

韻譜

上聲第一類

一　史　開口呼

史　莘批切。掌書之官。又，史籍也。亦姓。又，史朝、青史、王史、太史、侯史複姓五氏。舊疏士切，止韻四。

使　役也。令也。又，疏事切。

駛　疾也。又，去聲。

䤶　香之美者。

○躧　躧步也。舞履也。亦作「蹝」。又，作「韡」。舊所綺切，紙韻八。

纚　韜髮者。又，颯纚，長紳皃。亦作「縰」。

釃　分也。下酒也。

矖　視也。

灑　灑埽。又，所買切。

屣　履不躡跟。

韡　鞮屬。

簁　籭也。又，簁箄，竹器也。

○弛　詩㧑切。釋也。弓解也。舊施是切，紙韻三。

阤　壞也。

豕　豬也。

○矢　弓弩矢也。又，陳也。誓也。正也。直也。俗作「𠂔」。舊式視切，旨韻二。

菌　糞也。本亦作「矢」。俗作「屎」。

○始　初也。舊詩止切，止韻一。

○是　實劑切。非之對也。正也。直也。亦姓。又，是亡、是連、是婁、是賁代北複姓四氏。

　　舊承紙切，紙韻十。

諟　理也。正也。諦也。審也。
媞　江淮間呼母也。又，音啼。
禔　衣服端正。
徥　行皃。
氏　氏族。
跃　跃，跱也，謂立也。積聚也。
恀　怙恃也。
姼　南楚人謂婦妣曰姼。
狏　獸名，似狐，出則主兵。
〇視　瞻也。比也。效也。古作「眡」。又作「眎」。舊承矢切，旨韻一。
〇舓　以舌取物也。亦作「䑛」。俗作「舐」。舊神紙切，紙韻一。
〇市　貿易之所。又，買物也。舊時止切，止韻三。
恃　依也。賴也。
畤　祭地也。又，音止。
〇批　臻史切。拳加人也。舊側氏切，紙韻二。

趾　蹈也。

○笫　床簀也。舊阻史切，止韻五。

胏　脯有骨曰胏。易曰：「食乾胏。」

𣎵　止也。從巿，一橫止之。

滓　澱也。

莘　羹菜也。

○紙　支史切。魚網木皮爲之，以供書也。亦姓。後魏書渴侯氏後改爲紙氏。亦作「帋」。舊諸氏切，紙韻十五。

汦　著止。

抵　抵掌。説文：「側手擊也。」

坻　隴坂也。又，直尼、當禮二切。

砥　平也。直也。均也。礪石也。

坁　坁，著也。

只　語辭。

枳　木名。

洔　水名，出拘扶山。

咫　八寸曰咫。

軹　縣名，在河内。又，車輪之穿爲道也。

抧　開也。

稙　曲枝果也。

鴃　鴃鴂，鳥，如烏，赤足，可以禦火，出山海經。

恀　怙也。又，音是。

○旨　説文：「美也。從匕、甘。」又，志也。亦作「盲」。舊職雉切，旨韻七。

指　手指也。示也。斥也。又，歸趣也。

恉　意也。

厎　平也。定也。致也。説文：「柔石也。」亦作「砥」。

茋　茋蒻，小苹。

祁　地名。

䏑　訐發人之惡。

○止　停也。足也。息也。待也。留也。舊諸市切，止韻九。

沚　小渚曰沚。

址　基址。

阯　交阯，郡名。謂其人脚脛曲戾相交也。

趾　足也。

芷　白芷，藥名。

畤　祭天地五帝處也。扶風有五畤。

洔　水暫益且止未減也。

茝　香草也。又，昌待切。

◯剚　剚是切。割聲。舊初紀切，止韻二。

歀　齧也。「䶢」同。

◯侈　鴟是切。奢也。泰也。大也。舊尺氏切，紙韻十二。

烗　盛也。

垑　恃土地也。

誃　甑也。

庈　廣也。國語：「挾溝而庈我。」亦作「㢋」。

哆　張口。

誃　離別也。

袳　衣長也。亦作「衺」。又，宋地名。

恀　恃也。

姼　姑姼，輕薄皃。又，美也。亦作「妖」。

豸　豕也。

灉　又，昌厲切。

〇䠩　移蠶就寬也。舊楮几切，旨韻一。

〇齒　牙齒。又，年也。録也。舊昌里切，止韻二。

紕　績苧一紕。

〇俟　澁史切。待也。亦作「竢」。又，姓。又，代北複姓有俟畿氏、俟奴氏。又，三字姓有俟力伐氏、俟伏斤氏、俟吕陵氏。舊床史切，止韻五。

涘　水岸涯也。

糇　不來也。亦作「俟」。

騃　趨行皃。西京賦：「群獸駓騃。」

綮　繩履。

〇士　學以居位曰士。又，士卒。又，事也。察也。理也。亦姓。又，士思、士貞複姓二氏。舊鉏里切，止韻四。

仕　仕宦也。

柹　果名。

阤　砌也。閾也。亦作「戺」。

〇死　孫史切。殁也。終也。舊息姊切，旨韻一。

〇巳　兕史切。辰名。又，嗣也。起也。舊詳里切，止韻九。

祀　年也。又，祭祀。亦作「禩」。又作「禩」。

耜　耒耜也。亦作「耙」。

汜　水名，在成皋縣。又，水别復入水也。詩：「江有汜。」亦作「洍」。又作「泤」。

攺　大堅也。又，羊巳切。

麀　鹿二歲曰麀。

似　嗣也。類也。象也。亦作「佀」。

姒　夏姓。又，娣姒也，長婦曰姒，幼婦曰娣。

鉛　鋋鉛。

○子　尊史切。孳也。息也。男子通稱。亦辰名。又，殷姓。又，子人、子服、子家、子桑、皇子、子乾、子仲、子工、子革、子臧、子師複姓十一氏。古作「孚」。舊即里切，止韻六。

仔　克也。

杍　木工匠。亦作「梓」。

耔　擁苗本也。亦作「秄」。

虸　虸蚄，蟲名。

梓　木名，楸屬。

○紫　黑赤間色也。又，姓。舊將此切，紙韻八。

訿　訿毀也。亦作「訾」。

呰　口毀。又，苛也。

批　捽也。

跐　行皃。又，蹈也。

呰　窳也。短也。苟且也。又，子西切。

茈　茈薑。又，茈草也。

泚 水名，出長沙。
○此 村是切。彼之對也。舊雌氏切，紙韻九。
玼 玉色鮮明也。
泚 水清也。
佌 小舞皃。
跐 義見前。又，阻買切。
趀 淺渡也。
柴 直大也。
嗎 馬名。
佌 小皃。

二 倚 齊齒呼

倚 因喜切。依也。側也。又，姓。舊於綺切，紙韻五。
猗 猗旎，猗竊窕也。又，於羈切。
椅 椅柅。

旑　旑旎，旌旗從風皃。

輢　車輢。

○欯　欯欪，驢鳴。舊於几切，旨韻一。

○譩　恨也。又，噫也。舊於擬切，止韻二。

醷　梅漿。

○扆　户牖間也。又，畫斧屏風也。通作「依」。舊於豈切，尾韻六。

庡　藏也。

偯　痛聲。

㤝　哭餘聲。

僾　僾俙，看不了皃。又，烏代切。

靉　靉靆，不明皃。又，烏代切。

○吚　可也。爾也。舊烏弟切，齊韻二。

誃　噫聲。

○以　寅傒切。用也。與也。爲也。古作「㠯」。舊羊巳切，止韻五。

苡　芣苡。又，薏苡。亦作「苢」。

已　止也。甚也。訖也。又，音似。
㠯　欻㠯，大剛卯，以逐鬼鬽也。
佁　癡也。又，夷在切。
○矣　語已詞。舊于紀切，止韻二。
苢　芣苢也。
○酏　黍酒也。舊移爾切，紙韻九。
匜　杯匜，有柄，可以注水。
迆　邐迆，連接。
袘　衣中袖也。
胣　引腸。莊子：「萇弘胣。」注：「裂也。」
拸　加色。又，離也。或作「扅」。
㢮　峛㢮，沙丘狀。
㥴　不憂事也。
𡢕　多態。
○喜　欣倚切。喜樂也。又，聞喜，縣名。舊虛里切，止韻三。

憙　悦也。

嬉　嬉子，蟲名。

○𥜸　去涕也。舊興倚切，紙韻一。

豨　楚人呼豬。亦作「狶」。舊虚豈切，尾韻四。

俙　僾俙。

唏　哀而不泣。

䫻　𩅹䫻。

○傒　礩以切。待也。舊胡禮切，薺韻七。

謑　耻辱。

睽　目動。

篹　所以安重船也。亦作「艒」。

浘　水名，在高陵。

㑭　待也。

匸　有所藏也。

○几　巾倚切。案屬。舊居履切，旨韻八。

屼　女屼，山名。
机　木名。
邔　地名。
犱　獸名。
麔　爾雅：「麔，大麠，旄毛，狗足。」亦作「麂」。
鳽　赤鶝鳽也。
硋　石墮聲也。
○己　身己。又，干名。舊居理切，止韻四。
紀　極也。會也。理也。識也。亦經紀。又，十二年曰紀。又，國名。亦姓。
改　女字。
㠱　説也。
○掎　偏引也。牽一脚也。舊居綺切，紙韻七。
剞　剞劂，曲刀。
踦　一足。
踦　閉門一扇，一人在内，一人在外。

攲　持去也。

殑　棄也。

庋　祭山也。又，音詭。

○幾　問多少之辭。舊居狶切，尾韻四。

穖　禾穖。

蟣　蟣蝨。

鬿　鬼俗，吳人曰鬼，越人曰鬿。

○起　欨以切。興也。作也。立也。發也。舊墟里切，止韻六。

杞　木名。又，國名。亦姓。

屺　山無草木。

玘　佩玉。

芑　白粱粟也。

邔　縣名，在南郡。

○綺　文繒也。又，姓。舊墟彼切，紙韻七。

婍　皃好。

碕　碕礒，石皃。

徛　㤸徛，儉急也。

痔　痤也。喪也。

觭　牛角。

跂　行皃。

〇企　企望也。舊丘弭切，紙韻二。

跂　跂足也。山海經有跂踵國。

〇豈　非然之辭。舊袪豨切，尾韻二。

豈　菜似蕨，生水中。

〇啓　開也。教也。咨也。跽也。舊康禮切，薺韻十一。

棨　兵欄。説文：「傳信也。」

綮　戟支，一曰戟衣。

晵　雨而晝晴也。又，姓。

䏿　肥腸也。

启　説文：「開也。」

闙　義與「啓」同。

䭫　首至地也。亦作「稽」。

卟　問卜也。

㒆　開衣領也。

𧙗　至也。礙也。

○技　近倚切。藝也。巧也。舊渠綺切，紙韻六。

伎　侶也。

妓　女樂。

徛　立也。

錡　釜也。

蚑　蟬也。

○跽　長跽。舊暨几切，旨韻一。

○擬　听倚切。度也。像也。舊魚紀切，止韻六。

儗　僭也。比也。

譺　議也。欺也。調也。

薿　草盛皃。

⿰禾疑　禾盛。

⿱夭曰　試也。

○螘　蚍蜉小者。通作「蟻」。或作「蛾」。舊魚倚切，紙韻九。

礒　碕礒。

⿱山義　岌⿱山義，山高皃。

艤　整舟向岸也。亦作「檥」。

轙　車衡載轡者。

羛　羛陽，鄉名，在魏郡。

齮　齧也。

錡　三足釜。又，蘭錡，兵器也。亦姓。

⿰鬲支　亦作「鈘」。三足鍑。一曰滫米器也。

○顗　靖也。樂也。又，謹莊皃。舊魚豈切，尾韻一。

○堄　埤堄，女墻。舊研啓切，薺韻六。

⿰兒支　⿰車支⿰兒支，擊聲。

捝　不從也。

晲　明也。日昳也。亦作「昵」。

裞　裗裞，裢衣餙也。

觬　角曲。

○里　嶙倚切。古五鄰爲里。今路程以三百六十步爲一里。又，姓。又，複姓有相里氏。舊良士切，止韻十。

理　理亂曰理。又，文理。條理。脉理。腠理。又，治玉曰理。又，姓。

裏　衣内也。

悝　憂也。

俚　聊也。賴也。鄙俗也。又，南蠻屬。

娌　妯娌。

郢　亭名。

瘇　病也。

鯉　魚名。

李　果名。亦行李。又，姓。

〇邐　邐迆，連接也。舊力紙切，紙韻三。

峛　峛崺。

爻爻　爻爻尔，布明白，象形也。

〇履　草曰屝，麻曰屨，皮曰履。又，踐也。福也。體也。又，姓。舊力几切，旨韻一。

〇禮　説文：「履也，所以事神致福也。」釋名：「體也。得其事體也。」又，姓。亦作「礼」。舊盧啓切，薺韻十三。

豊　行禮之器。

澧　水名，一在武陵，一出衡山。又，姓。

醴　甘酒一宿熟。又，醴泉，縣名。

簋　竹名。

鱧　説文：「鱯也。」亦作「鱺」。

盠　簞也。

蠡　蚌屬。又，彭蠡，澤名。蠡吾，縣名。范蠡，人名。

劙　刀刺也。

欚　江中大船名。亦作「艬」。

鱶　説文：「鮦也。」
斁　布也。説文：「數也。」
欐　小舡。
○耳　而倚切。主聽之官。亦語辭。舊而止切，止韻五。
洱　水名，出罷谷山。
緝　緝緝，譖盛皃。
駬　騄駬，駿馬名。
鼫　鼠名。
○爾　汝也。亦作「尒」。麗尒，猶靡麗也。舊兒氏切，紙韻三。
尒　義與「爾」同。詞之必然也。又，尒朱、尒綿代北複姓二氏。
邇　近也。亦作「迩」。
○邸　蛭倚切。舍也。至也。又，姓。俗作「邱」。舊都禮切，薺韻十二。
底　下也。止也。作「底」，非。
抵　擠也。觸也。擲也。至也。
柢　根柢。亦作「氐」。

坻　隴坂。又，支氏切。

詆　呰也。訶也。

䟡　隱也。

牴　角觸也。亦作「觝」。

弤　彫弓也。

軧　大車後也。

墆　滯也。

䏲　耳膿。

○體　天以切。身也。質也。勢也。皃也。亦作「軆」、「躰」。俗作「体」，非。体，蒲本切。舊他禮切，薺韻七。

軆　軆䩞，輭皃。

涕　目汁。

挮　去泪。

緹　纁也。又，音啼。

醍　醍酒。又，音啼。

䟫　横首杖名。
○弟　殄倚切。男子後生爲弟。舊徒禮切，薺韻七。
娣　女弟。又，娣姒，妯娌也。
悌　愷悌，亦作「豈弟」。愷，樂也。悌，易也。
睇　睇航。
媞　好人安詳之容。
題　小瓮。
遞　更代也。
○伱　撚倚切。秦人呼傍人之稱。舊乃里切，止韻二。
禰　指物皃。
○旎　旖旎，旌旗從風皃。亦作「猗狔」。舊女氏切，紙韻二。
抳　掎抳。
○柅　絡絲柎。易曰：「繫于金柅。」舊女履切，旨韻一。
○禰　父廟。又，姓。亦作「祢」。舊奴禮切，薺韻十二。
嬭　楚人呼母。

瀰　水流也。

薾　華茂也。

檷　絡絲柎也。亦作「鑈」。

鬍　髮皃。

轞　㘎垂也。

闢　智少力劣。

苨　薺苨。

坭　地名。

蒞　蒞蒞，濃露也。亦作「泥」。

轒　軆轒，輭皃。

○徵　真倚切。五音之一。爲火。爲禮。爲視。爲事。舊陟里切，止韻二。

謶　謶，言。

○撳　指也。刺也。舊陟侈切，紙韻二。

襓　衦襓。

○黹　針縷所紩也。周禮有黹冕。舊豬几切，旨韻三。

皷　刺也。

夂　後至也。

○跢　舊止姊切，旨韻一。

○耻　瞋以切。慚也。舊敕里切，止韻三。

祉　福也。禄也。

褫　奪也。解也。

○雉　肤倚切。翬翟也。城高一丈曰堵，三堵曰雉。又，陳也。度也。舊直几切，旨韻三。

薙　芟草也。又，音替。

滍　水名，在魯陽。

○豸　無足蟲也。舊池爾切，紙韻十二。

廌　解廌。亦作「觽」。又，宅買切。

傂　偨傂，參差皃。

鯱　角端不正。

褫　奪衣也。

阤　落也。小崩也。

杝 析薪也。

陊 山崩也。

糦 黏也。

踶 踶跂,用心力皃。

褆 好衣。

徥 行皃。

○峙 具也。又,峻峙。舊直里切,止韻八。

峙 峙躇,不前也。亦作「跱」。

徛 待也。儲也。具也。

庤 儲置屋下也。

洔 水中高上。

畤 儲也。

秲 秲穛,稻名。

痔 隱創。

○徙 辛倚切。遷移也。舊斯氏切,紙韻五。

葿　五倍曰葿。

𡜲　小皃。

佌　小皃。亦作「仳」。

壐　王者印也。古作「壐」。

○葸　質慤皃。又，畏懼也。舊胥里切，止韻七。

諰　言且思之。

㣈　不安皃。又，作「偲」。

枲　麻有子曰枲，無子曰苴。

簁　竹萌也。

葈　胡葈。

屣　石利也。

○洗　滌也。又，姓。亦作「洒」。又，音銑。舊先禮切，薺韻一。

○兕　灺倚切。似牛，一角，重千斤。古作「𤉢」、「兕」。俗作「兇」。舊徐姊切，旨韻四。

羠　健羊。

茱　蒿也。

䔑　燒草。

○姊　津倚切。女子先生爲姊。舊將几切，旨韻二。

秭　千億也。又，秭歸，縣名。

○濟　定也。止也。齊也。濟濟，多威儀皃。又，水名，四瀆之一。又，姓。舊子禮切，薺韻六。

擠　排也。

霽　手搦酒也。

㾊　生而不長。

批　殺也。

𠛫　事之制也。

○泚　親以切。水清也。舊千禮切，薺韻四。

玼　玉色。

㠿　白色。

緀　帛文皃。

○薺　盡倚切。甘菜也。舊徂禮切，薺韻四。

鱭　魚名。亦作「魮」。常以春時出九江。
癠　病也。生而不長也。
呰　弱也。
○匪　非倚切。非也。亦古「篚」字。舊府尾切，尾韻八。
篚　竹器。方曰筐，圓曰篚。
棐　輔也。
榧　木名。子可食，療白蟲。
菲　草也。
餥　餱也。一曰相請食。
蜚　蟲名。咸蜚。
蟦　負盤臭蟲。
○斐　文章皃。舊敷尾切，尾韻七。
奜　大也。
菲　薄也。微也。又，菜名。
悱　悱悱，欲言。

騤　馬名。

䳠　鳥，如梟。又，别也。

朏　月三日明生之名。

○尾　武倚切。首尾。又，宿名。亦姓。舊無匪切，尾韻七。

浘　水流皃。

娓　美也。順也。

梶　饘也。

餛　微也。

梶　人名。鄭大夫蔡梶。

亹　美也。爾雅：「亹亹勉也。」俗作「亹」。

○鄙　賓倚切。陋也。又，邊鄙也。舊方美切，旨韻四。

啚　説文：「嗇也。」

痞　病也。

娝　人姓。

○彼　對此之稱。舊甫委切，紙韻五。

佊　邪也。

柀　木名。

㔗　相分解也。

𠌯　停𠌯。

○俾　使也。從也。職也。通作「俾」。舊并弭切，紙韻九。

崥　山足。

箄　竹器。

鞞　刀鞞。

髀　股也。

𥟖　黍屬。

萆　莞屬。

埤　客也。

捭　扶持。

○匕　匕匙也。又，匕首，劍屬。舊卑履切，旨韻八。

比　并也。校也。又，毗、鼻、邲三音。

妣　已故母稱。

礼　以豚祀司命也。

秕　穅秕。

沘　水名，出廬江，入芍陂。

柀　所以載牲體。亦作「朼」。

疕　頭瘍。

○鞞　舊補米切，薺韻二。

䏢　明白。

○庀　縯以切。具也。舊匹婢切，紙韻六。

仳　仳離。

訛　具也。

吡　呰也。

疕　瘡上甲。亦頭瘍。

諀　諀呰，惡言。

披　開也。又，音批。舊匹靡切，紙韻三。

䋔　水波錦文。
破　枝折也。
○否　塞也。舊符鄙切，旨韻七。
痞　腹内結痛。
跂　器破而未離。
帔　幓裂。
圮　岸毁。又，覆也。
䤵　覆也。
殍　草木枯落也。又，音孚。
○嚭　大也。舊匹鄙切，旨韻三。
秠　一稃二米。又，孚悲切。
㠔　崩也。
○頩　傾頭。舊匹米切，薺韻一。
○婢　牝倚切。使令女也。舊便俾切，紙韻二。
庳　下也。説文：「中伏舍也。」或作「埤」。

○被　寢衣也。又，姓。舊皮彼切，紙韻二。

罷　遣有罪也。又，平陂、薄解二切。

○牝　對牡之稱。舊扶履切。又，毗忍切，旨韻一。

○陛　階陛也。舊傍禮切，薺韻七。

梐　梐枑行馬。

坒　下也。

髀　股外。亦作「髀」。

俾　俾倀，開脚行也。

犤　犤犤，牛馬行皃。

蘼　義見前。

○靡　泯倚切。無也。偃也。舊文彼切，紙韻七。

躡　行皃。

㒧　㒧㒧，猶遲遲也。

䊳　乘輿金耳。

蘼　薔蘼，藥名。

㰆　熟寐也。

骳　屈曲也。

○弭　弓末。亦無緣弓也。又，息也。舊綿婢切，紙韻十。

渳　水皃。

㴿　止也。

葞　芒草。

瀰　水流皃。

瀰　瀰瀰，水盛皃。

䥸　力褊。

敉　撫也。愛也。安也。亦作「侎」。

芈　羊鳴。又，楚姓。

蝆　米穀中小黑蟲。

○米　穀實。又，姓。舊莫禮切，薺韻六。

眯　物入目中。

洣　水名，在茶陵。

絥　綉綉文如聚米。

蘇　蘇子，菜。

穌　魚子。

三　所　合口呼

所　衰汝切。方所也。處所也。又，姓。俗作「所」。舊疏舉切，語韻六。

齭　齒傷醋也。

疋　記也。又，平聲。

貶　齎財問卜。

糈　祭神米也。

䙲　負戴器也。

○紓　垂楚切。緩也。舊神與切，語韻三。

抒　除也。泄也。

杼　橡也。

○墅　田廬也。本作「野」，後加「土」。舊承與切，語韻一。

〇汝 㑥所切。爾也。又，水名，出天息山。亦州名。又，姓。舊人與切，語韻七。

茹 受也。啜也。雜揉也。茅根也。

粔 粔籹蜜餌。

𥹉 黏也。

䏧 魚不鮮。

㾥 楚人呼寐。

菰 乾菜。

〇阻 錐所切。隔也。險也。憂也。舊側吕切，語韻四。

岨 崄岨。又，岨峿。

俎 祭器，以杌盛牲體者。

詛 咒也。

〇煮 諸所切。烹也。古作「鬻」。舊章與切，語韻三。

渚 沚也。遮也。小洲曰渚。又，水名，出常山。

陼 水中丘也。

〇楚 吹紓切。萇楚。亦荆楚。又，痛楚。又，楚楚，鮮整也。國名。州名。亦姓。舊創舉切，語韻七。

礎　柱下石也。

濋　水名。

憷　痛也。

齼　齒傷醋也。亦作「齭」。

黸　説文：「會五彩鮮皃。」詩：「衣裳黸黸。」

襊　鮮也。

○杵　舂米具也。舊昌與切，語韻二。

處　居也。止也。制也。定也。又，姓。亦作「処」。

○齟　撰所切。齒不相值曰齟齬。舊牀呂切，語韻二。

鉏　鉏鋙，不相當也。

四　捬　撮口呼

捬　氲許切。擊也。舊於許切，語韻二。

膂　肩骨。

○與 云去切。黨與。施與。又，及也。許也。從也。亦作「与」、「𢌿」。舊余吕切，語韻五。

藇 蕃蕪也。亦作「䕹」。

趣 趨步趣趣也。

歟 嘆也。

予 猶與也。

○許 薰捺切。可也。與也。聽也。國名。亦州名。又，姓。舊虚吕切，語韻一。

鄦 地名。

○舉 君捺切。擎也。拔也。稱也。動也。皆也。本作「擧」。又，姓。舊居許切，語韻十。

欅 欅柳，木名。

莒 草名。亦國名。又，姓。

筥 筐筥。

柜 柜柳。

邔 亭名。

趄 行皃。

籧 飯牛筐。

弆　藏也。

㢮　共輿皃。

○去　困與切。撤也。除也。舊羌舉切，語韻五。

弆　義見前。

麮　麥粥汁。

蚨　蚨蚁。

絚　繼入也。又，音疏。

○巨　菌於切。大也。亦姓。舊其吕切，語韻十五。

拒　捍也。格也。違也。

距　鷄距。又，刃鋒倒刺也。亦作「鉅」。又，閉也。至也。

炬　火炬。

鉅　澤名。亦大也。

苣　苣藤，胡麻。

秬　黑黍。

粔　粔籹，膏環也。

罝　罟也。

岠　至也。

詎　豈也。

齟　齭腫。

駏　駏驉。

虡　鐘鼓之柎也。本作「虞」。又作「鐻」。

蘮　苦蘮，江東呼爲苦蕒。

○語　齬於切。直言曰言，論難曰語。舊魚巨切，語韻十一。

敔　柷敔，止樂之器。

齬　齟齬，齒不相值。

鋙　鉏鋙，不相當也。亦作「鉚」。

衙　衙衙，行皃。

圄　囹圄，獄名。又，守也。

圉　養馬人。又，姓。

禦　禁也。止也。當也。

篽　池水中編竹籬養魚。又，禁苑也。

藇　藇𧄍。

○吕　輪掄切。脊骨也。又，律吕。又，國名。亦姓。舊力舉切，語韻十三。

侶　伴侶。

梠　桶端連綿。木名。説文：「楣也。」

絽　絣也。

郘　亭名。

宫　晋大夫名。

旅　軍五百人爲旅。又，陳也。衆也。旅力也。客舍也。亦姓。

祣　祭山川名。

膂　脊骨也。

簏　筥器。

梠　木名。可爲箭笴。

穞　自生稻也。

儢　儢拒，心不欲爲也。

○女　挐挐切。未嫁曰女，既嫁曰婦。又，宿名。舊尼吕切，語韻二。

籹　粔籹。

○暑　賖挐切。熱也。舊舒吕切，語韻五。

黍　禾屬而黏，可爲酒。

蠩　蠩蝑，蟲名。

鼠　穴蟲。

癙　憂也。病也。

○貯　諄樧切。居也。積也。亦作「𧶠」。舊丁吕切，語韻七。

衿　衿衣。

詝　有所知也。

䘢　説文：「輴也，所以盛米也。」亦作「𨥗」。

帾　棺衣。

褚　裝衣。

著　著任。

○楮　春與切。木名。亦作「柠」。舊丑吕切，語韻二。

褚　綿絮。裝衣曰褚。又，姓。

○宁　篆柠切。門屏之間也。舊直吕切，語韻七。

佇　久立也。亦作「竚」。

苧　草也。可爲繩。亦作「茅」。

紵　麻紵。

眝　張眼也。

羜　羔生五月。

杼　機之待緯者。

○諝　荀柠切。才智之稱。亦作「胥」、「惰」。舊私吕切，語韻七。

湑　露皃。

楈　木也。

稰　熟穫。

糈　糧也。

禇　祭具。

醑　籭酒。

○敘　緖椸切。次敘。又，敘述也。又，姓。舊徐呂切，語韻十一。

漵　水浦也。

序　堂東西廡也。又，商學名。

抒　泄水也。俗作「汿」。

屖　履屬。

緒　絲端也。亦姓。

嶼　水中小山。

藇　姓也。

醑　酒之美者。亦作「藇」。詩：「釃酒有藇。」

䂸　矛也。

鱮　魚名。

○苴　遵椸切。履中草也。舊子與切，語韻三。

咀　含味也。吹咀，修藥也。

碴　硨碴，場外名也。

○皻　逡與切。皴皻，皮裂也。舊七與切，語韻一。

〇咀　雋椒切。咀嚼也。舊慈吕切，語韻六。

沮　止也。遏也。

怚　憍也。

祖　嫧也。説文：「事好也。」

跙　行不進皃。

趄　邪出前也。

上聲第二類

五　委　合口呼連撮口呼

委　温毁切。曲也。隨也。積也。任也。棄也。頓也。又，姓。舊於詭切，紙韻六。

蜲　爾雅：「蚺威，委黍。」字或從虫。

矮　羊相矮積。

萎　蓄縮皃。

骫　骨曲也。又，姓。

鵵　説文：「鷙鳥食已，吐其皮毛如丸。」

〇硊　硊硊，山石皃。又，危也。舊於鬼切，尾韻二。
峞　峞崔，山高曲下。
〇蔿　闖跪切。草也。又，姓。舊章委切，紙韻九。
鄬　地名。
隝　地名。
寪　屋皃。
闖　闢也。
儰　不安也。
瘍　口咼。
蘬　花也。
薳　草也。又，姓。
〇葰　鷄頭也，北燕謂之葰。舊羊捶切，紙韻六。
苵　爾雅：「蘥、苵、葟、華，榮。」
蒨　草木葉初出皃。
撱　撱棄。又，撞也。

貛 小豬。亦作「豫」。

癟 瘡裂。

○洧 水名，在鄭。舊榮美切，旨韻四。

鮪 魚名。

痏 瘡痏。

蓶 黄色。

○唯 諾也。舊以水切，旨韻八。

蓶 草似馬韭而黄，可食。

踓 走也。

擿 棄也。

鰖 蟹子。

壝 埒也。又，音遺。

澮 魚盛皃。

孈 愚贛多態。

○蹪 是也。舊于鬼切，尾韻十三。

煒　光煒。

暐　暐曄。

偉　大也。

韡　華盛皃。

颹　大颫。

瑋　玉名。

鍏　宋魏之間謂臿爲鍏。

葦　蘆葦。

樟　木名。可屈爲盂。

揮　逆追。

愇　恨也。

媁　醜也。

○毀　昏委切。壞也。破也。缺也。訾也。舊許委切，紙韻九。

燬　火盛。

檓　大椒。

譭　謗也。譖也。

擎　手擊傷也。

㜲　惡也。一曰人皃。

毇　米一斛舂爲八斗。一作「𣫧」。

烜　周禮：「有司烜氏。」

㷇　義見前。又，音委。

睢　恚視。舊火癸切，旨韻一。

○虺　蛇虺。舊許偉切，尾韻五。

靁　震雷也。

卉　百草總名。

虫　鱗介總名。

焜　齊人云火。

○詭　昆委切。異也。詐也。戾也。舊過委切，紙韻十六。

垝　垝垣。毁垣也。又，作「陒」。

郈　陸郈，山名，出山海經。

恑　變也。悔也。

祪　毀廟之祖。

佹　庋也。

洈　水名，出南郡，入江。

桅　黄木，可染。又，短矛也。或作「秭」。

姽　説文：「閑體行姽也。」

錡　庋鋸齒也。説文：「臿屬。」

觤　羊角不齊。

鵤　子規。又，布穀也。

蛫　蟹也。

蟡　似蛇，一首二身，以名呼之，可取魚鼈。

跂　枕也。

庪　爾雅：「祭山曰庪縣。」「袨」、「庋」并同。

○軌　法也。迹也。車轍也。舊居洧切，旨韻十。

匭　匣也。唐置四匭於朝，令言事者投之。

簋　祭器，受斗二升，内圓外方。亦作「杋」。

晷　日影也。又，規也。

厬　厬泉。或作「漸」。爾雅：「水醮曰厬，謂水醮盡也。」

氿　水涯枯土。爾雅：「氿，泉穴出。」

宄　内盗也。

衏　衏迹。

匭　古「簋」字。

頯　小頭。

◯癸　十干名。又，姓。舊居誄切，旨韻二。

湀　通流。

◯鬼　人死曰鬼。又，輿鬼，宿名。舊居偉切，尾韻一。

◯跪　坤蔿切。拜跪也。舊去委切，紙韻二。

𪘲　刖一足。

◯巋　巋然，高峻皃。又，山小而衆曰巋。舊丘軌切，旨韻二。

蘬　蘢古大者曰蘬。

䞈　舉一足也。亦作「跬」。舊丘癸切，紙韻三。
跮　跮踽，開足之皃。
頍　弁皃。又，舉頭皃。
○揆　度也。舊求癸切，旨韻五。
𢤱　悸也。
湀　泉出也。説文：「湀辟，深水處也。」
楑　木名。
嫢　細也。
○跪　跽跪。又，足也，蟹有二螯六跪。舊渠委切，紙韻一。
○硊　頠委切。硊礁，石皃。舊魚毁切，紙韻四。
頠　閑習容止。
姽　好皃。
鵗　義見前。
○累　郧委切。增也。疊也。十黍之重也。古作「絫」。舊力委切，紙韻五。
厽　絫坂土爲墻壁。

坴　坴，墼也。

檒　似盤中有隔。又，山行所乘也。

篡　法也。篡可以網人心。

○壘　軍壁也。又，重壘。亦姓。舊力軌切，旨韻十二。

灅　水出雁門。

嵔　嵔崋，山皃。

纍　藤也。爾雅：「諸慮山纍。」亦竹「藟」。

藟　葛藟，葉似艾。

輻　轠轤，車屬。

讄　禱也。

猵　飛猵，獸。

鸓　飛生鳥名，飛且乳。

耒　田器。又，盧對切。

誄　銘誄，述前人功德之辭。

蜼　似猴，仰鼻，尾端有歧。亦作「狖」。

○揣　初蔿切。度也。試也。量也。除也。舊初委切，紙韻二。

敓　試也。

○髓　孫委切。說文作「髓」，骨中脂也。舊息委切，紙韻五。

瀡　滑也。

饍　餹餅。方言云餅。

嶲　越嶲，郡。

蘼　蘼靡，草木弱皃。

○獢　隨蔿切。牸豚。或作「獢」。舊隨婢切，紙韻一。

○觜　尊委切。喙也。舊即委切，紙韻二。

柴　說文：「識也。又，藏也。」

○滜　汁漬也。舊遵誄切，旨韻四。

嘷　鳥嘷。

臎　肥皃。

嶉　山狀。

○趡　村蔿切。走也。又，魯地名。舊千水切，旨韻三。

踓　蹵也。
雖　細頸。
○嶵　鱒委切。嵔嶵，山皃。舊徂累切，旨韻一。
惢　疑也。舊才捶切，紙韻一。
○膹　汾蔦切。膗多汁也。舊浮鬼切，尾韻六。
樻　船邊木也。
艩　船艒釘鐼。
蟦　蠀螬别名。
穳　稻紫莖不粘也。
陫　陋也。又，作「厞」。
○美　滖委切。嘉也。好也。甘也。舊無鄙切，旨韻五。
渼　渼陂，在京兆鄠縣。
媄　顔色姝好也。
媺　周禮：「媺宫室。」與「美」通用。
𡗿　獸似牛。

〇已上合口呼。

水　睟蕊切。五行之首。説文：「準也。準平物也。」舊式軌切，旨韻一。

〇䓝　純水切。周禮有䓝氏，燋焌用荆䓝之類。舊時髓切，紙韻二。

娷　不悦也。

〇蕊　蝡水切。草木叢生皃。舊如累切，紙韻四。

蕋　花外曰萼，花内曰蕊。

縈　茸也。垂也。又，佩垂皃。

甤　草木實甤甤也。

〇捶　諄水切。擊也。舊之累切，紙韻五。

箠　策也。

騒　馬小皃。

㙟　小卮。

㳂　二水。又，音資。

〇已上撮口呼。

上聲第三類

六　野 齊齒呼

野　延社切。郊外曰野。又，朴野。亦作「壄」、「埜」。舊羊者切，馬韻四。

冶　銷也。鑄也。裝飾也。又，妖冶。又，姓。

也　語助辭。

虵　羌複姓有虵蛭氏。又，食遮切。

〇跇　輦捨切。身不就皃。舊力者切。從集韻增。

〇捨　擅跇切。釋也。止息也。古作「舍」。舊書冶切，馬韻三。

騇　牝馬。

餯　餇飫。亦作「餢」。

〇社　禪野切。地主。土神也。又，二十五家爲一社。又，社南、社北複姓二氏。舊常者切，馬韻三。

盩　器名。

檞　宜檞，善夢神，見道書。

○若 爇跕切。乾草也。又，般若、蘭若，見釋典。又，若干、若久代北複姓二氏。舊人者切，馬韻四。

惹 亂也。引著也。

喏 應聲也。

踷 踠踷，拒地用力也。

○者 旃跕切。語助辭。又，此也。凡稱「此箇」爲「者箇」。俗作「這」，非。舊章也切，馬韻三。

赭 赤土。

堵 縣名。又，姓。

○緈 緈綮相著皃。舊竹下切，馬韻一。

○哆 脠野切。脣下垂皃。舊昌者切，馬韻六。

奓 推開也。莊子：「奓户而入。」

撦 擊也。

撦 裂開。

魗 醜也。

𩍆　寬大也。

○寫　先跮切。傾也。輸也。除也。書也。凡轉本曰寫。舊悉姐切，馬韻六。

瀉　瀉水。

㵼　案之别名。

藛　澤藛，藥草。

鎷　瀉金也。

𪐴　獸名。

○灺　兕跮切。燭燼也。舊徐野切，馬韻三。

抯　取也。

䵐　墁污也。

○姐　箋跮切。羌人呼母。舊兹野切，馬韻一。

担　義見前。

𩜁　無食味也。

○且　千野切。發語辭。亦兼辭。又，姑且。苟且。舊七也切，馬韻一。

○乜　免跮切。蕃姓也。舊彌野切，馬韻一。

上聲第五類

七　猥　合口呼

猥　蜿賄切。鄙也。又，犬聲。舊烏賄切，賄韻九。
腲　腲腇，肥皃。
嵔　嵔㠕。
磈　磈磊，石皃。亦作「碨」。
鍡　鍡鑸，不平。
娞　娞婑，好皃。
㱬　㱬矮，不知人也。
㞂　㞂㞄，行病。
䫿　䫿䫽，不平。
○倄　溪溾切。痛而叫也。舊于罪切，賄韻一。
○賄　歡猥切。財也。又，贈送也。亦作「晦」。舊呼罪切，賄韻六。
蛕　土蛕，毒蟲。

悔　悔吝。又，懊悵也。

脂　䐡脂，大腫皃。

煤　南人呼火。

燘　熱皃。

○浼　桓脩切。浼浽，穢濁也。舊胡罪切，賄韻九。

嵬　晋有慕容嵬。

蒐　爾雅：「蒐，懷羊。」

瘣　木病無枝。

䫌　䫌㾨。

鄓　義見前。

輠　車轉皃。

匯　回也。

讃　列也。中止也。

○傀　寬脩切。傀儡也。舊口猥切，賄韻五。

䫌　大頭。又，頭不正也〔一〕。

磈　磈磊，石也。

䪼　首大骨。

頦　頦頦，多皃。

○頠　輐猥切。頭也。又，閑習也。舊五罪切，賄韻七。

頯　聉頯，癡顛不聰明也。

䫥　義見前。

嵔　山皃。

䃬　衆石皃。

隗　隗隗，高也。亦姓。

峞　峞藟，山皃。

○磊　卵猥切。衆石皃。亦作「礧」。舊落猥切，賄韻十五。

䆎　䆎䨊，山狀。

藟　藟峞，山狀。

礧　礧硌，大石。

鑸　鍡鑸。

灅　水名，在右北平。
櫑　櫑劍，古木劍也。
蕾　蓓蕾，花綻皃。
儡　傀儡，戲。
腽　腽䫥，腫皃。
瘣　痱瘣，皮外小起。
郲　郲陽，鄉名，在桂陽。
頪　頭不正皃。
陾　陾䶡，果實垂皃。
郲　鄋郲，不平。
○𦨕　端猥切。木實垂皃。舊都罪切，賄韻五。
䶡　陾䶡，重皃。
頧　頭不正皃。
䫥　腽䫥。亦作「䏿」。
䛼　䛼諢，謔言。

○骽　湍脩切。股也。俗作「腿」。舊吐猥切，賄韻七。

腲　腲腇。

峞　峞嵬，山高皃。

㼲　㼲㼲。

𩪩　𩪩𩪩。

儽　長好皃。

聉　癡瘨皃。

○錞　斷猥切。矛戟下銅鐏。一作「鐓」。舊徒猥切，賄韻五。

陮　陮隗，不平狀。

蓶　草名。

潰　潰沱，水泛沙動皃。

鐓　鍊鐓，車轄。

○餒　暖猥切。飢也。魚敗曰餒。本作「餧」。舊奴罪切，賄韻六。

浽　浽浽。

颹　風動皃。

媕　娞媕。

鮾　魚敗也。亦作「脮」。

㼏　傷瓜。

○鬌　跧猥切。假髮髻也。舊陟賄切，賄韻一。

○摧　鑚猥切。山林崇積皃。舊子罪切，賄韻二。

洒　説文：「雷震洒洒。」

○漼　竄倄切。水深皃。舊七罪切，賄韻七。

皠　霜雪白狀。

璀　玉名。

鏙　鏙錯，鱗甲皃。

滜　新水狀也。亦作「滐」。

粿　物粗也。

䆅　赤米。

○辠　鄹猥切。辜也。愆也。又，罰罪曰辠。從自，從辛，言辠人蹙鼻辛苦之意。秦以「辠」字似「皇」，改作「罪」。舊徂賄切，賄韻二。

崋　嵾崋，山皃。

○琲　伴猥切。珠五百枚爲一琲。舊蒲罪切，賄韻三。

痱　痱㾬。

㢈　㢈起令虛。

○每　滿猥切。説文作「䒎」。草盛上出也。又，屢也。各也。凡也。舊武罪切，賄韻七。

挴　貪也。

脢　夾脊肉也。一曰心上口下〔二〕。易：「咸其脢。」

痗　病也。

浼　水流平皃。亦作「潣」。

燗　燗，爛也。

踇　豆碎萁也。

【校記】

〔一〕頭不正也　原書誤刻作「頭石正也」，據説文改。

〔二〕一曰心上口下　原書誤刻作「一曰心大口下」，據玉篇改。

上聲第六類

八　欸　開口呼連齊齒合口二呼

欸　滔海切。相然譍也。舊於改切，海韻四。

挨　擊也。

㾂　藏也。

毐　嫪毐，秦人名。

○佁　湲亥切。癡也。舊夷在切，海韻一。

○腆　肥也。亦作「脌」。舊與改切，海韻一。

○海　蚶欸切。滄溟天地也。百川所歸。又，州名。亦姓。舊呼改切，海韻三。

醢　肉醬。

檯　榽檯，木名，似檀。

○亥　咸佁切。辰名。亦姓。舊胡改切，海韻四。

侅　奇侅，非常。

㤥　動也。

荄　堅荄，神人。

○改　甘欸切。更也。又，姓。舊古亥切，海韻三。

𩒽　頰𩒽。

絠　解繩也。

○愷　坩佁切。樂也。康也。和也。善也。亦作「凱」。左傳有「八凱」。舊苦亥切，海韻八。

颽　南風。亦作「凱」。

暟　美也。

塏　爽塏，高地。

鎧　甲之別名。

闓　開也。

膭　肉美。

輆　輆軩，不平。

○倈　懶欸切。囉倈，歌聲。舊來改切，海韻二。

䋓　連絲釣曰䋓。

○等　丹欸切。齊也。舊多改切，海韻一。

○嚎　灘佁切。嚎噫，言不止也。舊他亥切，海韻一。
○待　但欸切。俟也。擬也。舊徒亥切，海韻十。
殆　危也。近也。將也。
迨　及也。或作「逮」。
怠　懈怠。
詒　欺誑也。通作「紿」。
紿　欺言。又，絲縈難理也。
軩　軙軩，不平。
駘　疲也。鈍也。又，駘蕩，廣大之意。又，音臺。
篙　竹笋。
噫　言不止。
○乃　赧欸切。汝也。亦語辭。古作「廼」。舊奴亥切，海韻二。
鼐　鼎大者曰鼐。
○嬭　乳也。亦作「妳」。舊奴蟹切，蟹韻一。
○灑　删欸切。灑水也。亦作「洒」。又，大瑟謂之灑。舊所蟹切，蟹韻二。

躧 徐行皃。又，履不躡跟。亦作「韃」。又，作「縰」。

○疠 忍欸切。病也，見尸子。舊如亥切，海韻一。

○宰 鬢欸切。主也。制也。割也。又，姓。舊作亥切，海韻四。

縡 載也。

䏁 半聾。

載 年也。又，音再。

○采 粲佁切。摘也。取也。事也。文也。色也。亦姓。舊倉宰切，海韻八。

採 取也。

綵 繪繒。

彩 光采。

髼 髮鬊。

寀 寮寀，同地爲寀，同官爲寮。

棌 木名。

倸 恨也。

○在 瓚欸切。居也。所也。存也。察也。舊昨宰切，海韻一。

○擺　班欸切。撥也。開也。排也。舊北買切，蟹韻二。
捭　開也。鬼谷子有捭闔篇。
○啡　攀佁切。出唾聲。舊匹愷切，海韻一。
○倄　不肯也。舊普乃切，海韻二。
朏　月未盛之明。又，音斐。
○罷　伴欸切。止也。休也。舊薄蟹切，蟹韻六。
矲　矲矮，短也。
勡　勡劈，惡怒。
鑼　大鐵杖。
犕　疲劣。
猈　犬短頸。
○倍　子本等也。舊薄亥切，海韻三。
菩　草也。
蓓　黃蓓，草也。
○買　轡欸切。市物也。舊莫蟹切，蟹韻五。

潤 水名。
蕒 苦藘。
嗼 羊聲。
鷶 鷶鴭，鳥名。
○穤 禾傷雨也。舊莫亥切，海韻二。
掛 貪也。
○以上開口呼。
矮 殷解切。短軀也。舊烏蟹切，蟹韻二。
㫈 坐倚皃。亦作「矮」。
○唉 飽聲。舊於駭切，駭韻二。
挨 打也。
○蟹 閑楷切。螃蟹，介蟲。亦作「蠏」。舊胡買切，蟹韻六。
解 卦名。緩也。散也。又，曉也。又，縣名。亦姓。又，代北複姓有解批氏。又，佳買、古賣二切。

獬　獬豸，仁獸。
澥　渤澥。
嶰　山澗間。又，谷名。
隦　小溪。
○駭　驚也。舊侯楷切，駭韻四。
絯　大絲。
侅　無侅，人名。
駴　駴擊。
○解　奸矮切。講也。説也。脱也。散也。舊佳買切，蟹韻三。
薢　爾雅：「薢茩，英茪。」
檞　松樠。
○楷　慳駭切。木名。又，模也。式也。法也。亦姓。舊苦駭切，駭韻四。
鍇　鐵好。
蠟　爉蠟。
㔸　劙㔸。

○芌　戾也。舊苦蟹切，蟹韻三。

嫛　意難。

腊　瘦皃。

○箉　件矮切。竹具，用之魚笱。舊求蟹切，蟹韻二。

拐　支手脚之物也。

○騃　眼矮切。癡也。舊五駭切，駭韻四。

痪　痪痪。

娾　喜樂。

睍　笑視。

○茝　𤢿駭切。香草也。舊昌紿切，海韻一。

○廌　邅矮切。解廌。又，作「豸」、「豒」。舊宅買切，蟹韻一。

○以上齊齒呼。

扮　豩拐切。亂扮。舊花夥切，蟹韻一。

○夥　還扮切。多也。舊懷卝切，蟹韻一。

○丫 關扮切。丫丫，羊角開皃。舊乖買切，蟹韻三。

拐 老人拄杖。

䩡 盾屬。説文：「盾握也。」

○掔 撰扮切。攙掔，掔物出聲。舊丈夥切，蟹韻一。

○以上合口呼。

上聲第七類

九　隖 合口呼

隖 翁虎切。村隖，亦壁壘。又，庳城也。亦作「塢」。舊安古切，姥韻九。

瑦 石，似玉。

碣 小障也。

潟 水潟。

鄔 郡名。又，姓。

幠 頭巾。

趨 足輕。

䡎　車頭中骨。

謼　相毁皃。

○虎　烘䧼切。山獸之君。又，姓。舊呼古切，姥韻七。

琥　瑞玉，爲虎形。又，發兵符也。

郋　地名。

萀　豆名。

虝　䖤虎，蟲。

滸　水岸。

戽　戽斗，舟中渫水器。

○户　洪苦切。半門爲户。舊侯古切，姥韻二十一。

昈　文彩狀。又，明也。

帍　巾也。

扈　抒也。

雇　九雇，農桑候鳥。亦作「鳸」、「鶚」。又作「鄠」。左傳作「扈」。

扈　止也。披也。又，尾也。後從曰扈。跋扈，强梁也。爾雅：「山卑而大曰扈。」有扈，國名。亦姓。又，代北三字姓有𡾊地干氏。

嶇 山卑而大。

滬 靈龜負書出玄滬水。又，吴有滬瀆。

篦 海中取魚竹器曰篦。

楛 木名，堪爲矢榦。

岵 山多草木。

怙 恃怙。

祜 福也。

居 美石。

酤 一宿酒。又，音沽。

鄠 縣名，在京兆。

䶑 西京記云：「抱土含䶑。」

婟 婟惜。

洿 深皃。

妬 貪也。

苄　地黄。

○古　公隝切。故也。久也。老也。亦姓。又，複姓有古冶氏。代北三字姓有古口引氏。舊公户切，姥韻十九。

沽　屠沽。

估　市税。

詁　訓詁。

鈷　鈷鉧。

罟　網罟。

牯　牯牛。

鹽　鹽池。又，咶也。又，不固也。

盬　器也。説文作「盬」。

蠱　卦名。事也。亂也。惑也。又，腹中蟲。

瞽　革音。樂器。又，量器名。篆作「鼓」。又作「鼓」。

鼓　擊也。扇也。動蕩之也。

瞽　目有眹而無明曰瞽。

股　髀幹也。亦作「胋」。

羖　説文：「夏羊牡曰羖。」俗作「羖」。

賈　行賣曰商，坐販曰賈。

㚉　多債利也。

㕐　人名，出漢書。

㒬　壅蔽。

○苦　空户切。不甘之味。又，粗惡也。困悴也。勤勞也。厭患也。舊康杜切，姥韻二。

簬　竹名。

○五　硡隖切。數也。亦姓。又，五鹿、五鳩、五參、五里複姓四氏。舊疑古切，姥韻五。

伍　五人爲伍。行伍。參伍。又，姓。

午　交也。又，辰名。

旿　明也。

仵　偶敵也。又，姓。

○魯　曨隖切。愚鈍也。又，國名。亦姓。又，羌複姓有魯步氏。舊郎古切，姥韻十八。

櫓　大盾也。又，城上守禦望樓。

嚕　吐嚕，夷語。
鹵　鹵簿。鹵莽。
滷　鹹滷。
蓾　杜蘅別名。亦作「蕗」。
橹　彭排。
鏀　以木爲刀柄。
擄　摇動。
謯　言不定。
匐　匍匐，伏地也。
虜　獲也。掠也。服也。酋虜也。
擄　擄掠。
廣　庵舍。
艣　所以進船。
鑛　釜屬。
鱸　魚名。

柃　木名，可染繒。

○堵　東隝切。五版爲堵。又，姓。舊當古切，姥韻十。

覩　見也。亦作「睹」。

睹　詰朝欲明。

賭　博財。

帾　幡也。標記物之處也。

皵　桑皮。

楮　木名。

肚　腹肚。

砳　美石。

瞀　梁四公子，一名仉瞀。

○土　通户切。五行之一。舊他魯切，姥韻四。

吐　出也。舒也。歐也。吐奚、吐難、吐萬代北複姓三氏。又，吐谷渾、吐伏盧三字姓二氏。

芏　草名，似莞，可爲席。

稌 稻名。

○杜 動隖切。木名。牡曰棠，牝曰杜。又，塞也。澀也。又，姓。舊徒古切，姥韻九。

土 桑根，白皮。又，國土。

荰 荰蘅，香草。

肚 腹肚。

靯 鞴靫別名。

瓨 瓶也。

塿 填也。

敨 塞也，閉也。

詖 桑皮。

○砮 濃隖切。弓弩也。舊奴古切，姥韻五。

砮 石可爲矢鏃。

努 努力。

怒 恚也。憤也。

蛪 水弩蟲。

〇數　疏隝切。計也。責也。舊所矩切，麌韻二。
籔　十六斗曰籔。又，窶籔，四足几也。
〇所　齭　疋　䟽　糈　盨　注見「三　所」。
〇阻　終隝切。
岨　爼　詛。
〇楚　充户切。
礎　濋　憷　齼　齭　𧙖。
〇齟　撰隝切。
鉏　以上注，并見「三　所」。
〇祖　峻隝切。祖禰。又，始也。法也。本也。上也。又，姓。舊則古切，姥韻六。
珇　珪琮之瑑。凸起。又，美好也。
組　組綬。又，綫也。
蒩　茅藉。
葅　説文：「菜也。」
靻　靻，勒名。

○蘆　怱户切。作履苴草。舊采古切，姥韻二。

𪊨　草履。

○粗　䢃隖切。麤也。略也。舊徂古切，姥韻五。

駔　駿馬。又，徂朗切。

伹　淺也。

麆　大也。

觕　牛角直下。

○甫　風隖切。始也。大也。我也。衆也。男子之美稱。又，國名。亦姓。舊方矩切，麌韻十八。

脯　乾肉。

黼　白黑文。又，畫斧形也。

簠　簠簋。

莆　蓮莆，堯時瑞草。

硧　碵硧。

俌　輔也。

郙　亭名，在上蔡。

蜅　小蟹。

鯆　大魚。

府　官府。又，聚也。文書所藏也。又，姓。

腑　藏腑。

俯　低頭也。亦作「頫」。又作「俛」。

父　男子美稱。又，宰父、主父、皇父複姓三氏。「皇父」後改「皇甫」。

㕮　㕮，咀爵也。

斧　斧鉞。

釜　爪中小蟲。亦名守爪。

蚥　蜛蚥，螳蜋別名。

○撫　安慰也。按摩也。持循也。亦作「𢻫」。舊芳武切，麌韻十一。

𢾥　絲也。

拊　拍也。

弣　弓把中。

釖　刀握也。
剖　判也。
蔀　蔀草。
髻　髪皃。
綹　綹綿。
殕　食上生白毛。
麭　健也。亦作「韵」。
○父　馮户切。父母。説文：「父，矩也，家長率教者。」舊扶雨切，虞韻十四。
㕮　㕮咀。
鴀　鴀鴀，越鳥。
蚥　蟾蜍別名。
駁　牡馬。
釜　四區爲釜，六斗四升也。
滏　水名，在鄴。
輔　夾車木也。又，頰頤曰輔。又，扶也。助也。弼也。

䴵 頬骨。亦作「䫖」。
䀾 鍑鬵。又，覆䀾，九河之一名。
䩉 尻衣。
稫 禾穳積也。
腐 朽也。敗也。
疛 病腫也。
○武 吻隝切。威也。勇也。剛也。足迹也。又，州名。亦姓。又，複姓有武安、武强、武羅、廣武、武成、武仲、武都複姓七氏。舊文甫切，麌韻十九。
珷 碔玞，石，次玉。亦作「碔」。
娬 好也。
䳇 鸚䳇，能言鳥。亦作「鵡」。
舞 舞蹈，以手曰舞，以足曰蹈。亦作「儛」。
䍢 窗中網也。
艜 長艇船也。
蕪 蕃滋生長也。隸省作「無」，借爲「有無」字。

潕　水名，在南陽。
廡　堂下也。古作「廡」。
甒　甈甒。
憮　憮然，失意皃。説文：「愛也。」亦作「㒇」。
嫵　嫵媚。
瞴　微視之皃。
膴　土地腴美膴膴然也。
侮　慢也。侵也。輕也。
罦　雉媒。
煤　愛也。撫也。
敄　彊也。
○補　琫隖切。完衣也。又，裨也。填也。舊博古切，姥韻三。
譜　籍録。
圃　種菜曰圃。又，姓。
○普　誧户切。博也。大也。遍也。亦姓。又，代北複姓有普屯氏，三字姓有普六如氏。舊滂古切，姥韻五。

溥　大也。廣也。

浦　大水有小口別通曰浦。又，姓。

烳　火行皃。

誧　大也。助也。

○簿　莑隖切。簿籍。又，車駕次第曰鹵簿。舊裴古切，姥韻三。

部　部分。部曲。

蔀　蔀蔀，草名，障明物。

○姥　蠓隖切。老姥。或作「姆」。女師也。亦姓。舊莫補切，姥韻六。

峔　慈母，山名，在丹陽。亦作「姥」。

媽　母也。

莽　宿草。

鏻　鍩鏻，温器。又，潭名。

㦟　愛也。

十 傴 撮口呼

傴 硧詡切。不伸也。尩也。僂也。舊於武切，麌韻四。

噢 噢咻，痛念之聲。

痀 脊曲。

迂 曲迴皃。

○羽 融齵切。五音之一。舒也。聚也。鳥長毛也。亦姓。又，代北複姓有羽弗氏。舊王矩切，麌韻十四。

栩 栩陽，地名。

祤 祋祤，縣名，在馮翊。

鄅 亭名，在南陽。

頨 頭姸也。

禹 夏王名。又，舒也。亦蟲名。又，姓。

霱 雨皃。

瑀 石，似玉也。

萭 草也。

樢　木名。

聥　張耳有所聞。

郰　國名。亦姓。

雨　水，蒸爲雲，降爲雨。

宇　大也。天地四方曰宇，往古來今曰宙。又，屋邊也。亦姓。又，鮮卑複姓有宇文氏。亦作「寓」。

○庾　倉庾。又，姓。舊以主切，麌韻十一。

楰　鼠梓，似山楸而黑。

蕍　百蕍，草。

愉　懼也。

斞　量也。

瓜　微弱，本不勝末也。

窳　器空中。亦病也。亦作「窪」。

愈　差也。賢也。勝也。

瘉　病也。

貐　獸名，龍首，食人。

扰　刺也。

○詡　蓄傴切。和也。普也。遍也。大言也。舊况羽切，麌韻十一。

栩　柞木名。説文：「杼也。其實皁。」

珝　玉名。

祤　義見前。

煦　温也。

昫　呈示。

欨　吹也。又，笑意。

陑　鄉名，在安邑。

姁　姁姁然相樂也。漢高后字娥姁。

咻　噢咻。

冔　殷冠名。亦作「㝬」。

○矩　弓傴切。法也。常也。爲方之器也。亦作「榘」。舊俱雨切，麌韻十。

踽　獨行。

萬　人姓。

槬　義見前。

䮏　義見前。

枸　一名木蜜，近酒能薄酒味。

蒟　蒟醬，出蜀，其葉似桑，實似椹。

椈　曲枝果也。

翑　曲羽。

椇　枳椇。

○齲　穹羽切。齒病也。舊驅雨切，麌韻三。

踽　踽踽，開足皃。

竘　巧也。

○窶　菌傴切。貧無禮也。舊其矩切，麌韻二。

貗　爾雅：「貒子貗。」

○麌　麏傴切。牡鹿也。又，麌麌，群聚皃。舊虞矩切，麌韻三。

噳　噳噳，笑皃。

俁　俁俁，大也。

○縷　柳傴切。絲縷也。舊力主切，麌韻十三。

褸　衽也。又，襤褸，衣敝也。

嶁　岣嶁，衡山別名。

溇　雨溇溇也。

陋　羸陋，縣名，在交阯。

簍　小筐。

蔞　草，可烹魚。

僂　傴疾。

嫂　女人惡稱。

慺　人姓。

謱　䚕謱，委曲。

鸜　鷗鸜，鳥，今云郭公。

逌　小蒿草。

○豎　熟羽切。立也。童僕之未冠者。又，姓。俗作「竪」。舊臣庾切，麌韻三。

裋　敝布襦也。

樹　扶樹。

○乳　忍傴切。湩也。柔也。舊而主切，麌韻三。

擩　取物也。

醹　厚酒。

○主　中傴切。君也。掌也。守也。賓之對也。神位也。又，姓。舊之庾切，麌韻五。

炷　燈炷。

宔　宗廟宔祏。或作「砫」。

麈　鹿屬，尾可爲拂。

枓　斟水器也。

○拄　掌也。支也。距也。舊知庾切，麌韻三。

柱　柱夫，草，一名摇車。又，與「拄」通用。

黈　黈黜。

○柱　蟲羽切。楹也。又，姓。舊直主切，麌韻三。

崶　天崶山。

跓　停足。
○縝　肅傴切。絆前兩足。舊相庾切，麌韻二。
稹　草名。
○取　蹴傴切。索也。獲也。收也。受也。舊七庾切，麌韻一。
○聚　湫傴切。會也。衆也。斂也。邑落曰聚。舊慈庾切，麌韻二。
郰　亭名，在新豐。
○貗　小母豬也。亦作「豰」。舊鷄禹切，麌韻一。

上聲第九類

十一　嘔　開口呼

嘔　沃吼切。吐也。本作「歐」。舊烏后切，厚韻六。
毆　捶擊也。亦作「毆」。
塸　聚沙。
褔　次衣也。
牯　特牛。

㞢　山名，在溧陽縣。

○吼　𡙁嘔切。牛鳴也。亦作「吽」。又作「呴」。舊呼后切，厚韻四。

呞　怒聲。

犼　夔牛子也。亦作「㺀」。

蚼　蚍蜉名也。

○厚　洚口切。重也。醲也。薄之對也。又，姓。古作「㫗」。又作「垕」。舊胡口切，厚韻五。

後　遲也。前之對也。古作「逡」。又，與「后」通用。

后　君也。君之配曰后妃，曰皇后。又，姓。

郈　鄉名，在東平。又，姓。

呞　欲吐也。

○苟　攻嘔切。苟且，草率也。又，果也。但也。又，姓。舊古厚切，厚韻十二。

㺃　石，似玉。

垢　塵垢。

岣　岣嶁，山巔。

枸　枸杞。

笱　取魚竹器。亦作「罶」。

茩　薢茩。

耇　老壽也。

攷　扣打也。

詬　恥也。

狗　犬也。

豿　熊虎之子。

○口　酷厚切。人所以言食也。亦姓。舊苦后切，厚韻八。

扣　扣擊。

叩　叩頭。

邛　鄉名。

訂　先相訂可。

釦　金飾。

竘　健也。

牯　犃牯。亦作「牞」。

〇偶 我嘔切。合也。匹也。兩也。諧也。像也。又，適然之辭。舊五口切，厚韻五。
耦 二耜爲耦。二人耕曰耦耕。二人射爲一耦。亦姓。
髃 膊前骨。
藕 芙蕖根。亦作「蕅」。
甌 盎名。
〇塿 隴嘔切。培塿，小阜也，古作「部婁」。舊郎斗切，厚韻十。
嶁 山巔也。
漊 通水溝也。
簍 籠也。
耬 耕畦。
嘍 連嘍，煩皃。
謱 謰謱，小兒語。
麷 麰麷，糫餅。
斢 䵝斢，强奪人物。
甊 瓿甊，甖屬。

〇斗　冬嘔切。量名。十升爲斗。俗作「㪷」。亦宿名。又，科斗，蟲名。又，斗絶，峭絶也。

舊當口切，厚韻六。

枓　柱上方木。

阧　阧峻也。亦作「陡」。

抖　抖擻，振動皃。

蚪　蝌蚪。

䄈　衣袖。

〇䵺　烌厚切。冕前纊也。舊天口切，厚韻八。

𧃒　好皃。又，木苗出。

䵹　䵹䵺，奪人物。

鈄　人姓。

姓　人名。又，女字也。

黈　黇黈。亦作「鮏」。

鴩　水鳥，黑色。

魺　魚名。

○揄　瑒嘔切。揄引。舊徒口切，厚韻六。

蕍　圓草褥也。

𤭢　水盌皃。

鍮　酒器也。或作「鍮」。

瑦　水鳥。

襡　短衣。

○穀　乃嘔切。乳也。舊乃后切，厚韻六。

湑　水也。

吼　食物。

㜽　㜽㜏，女肥皃。

乳　小皃。

陾　㮇陾。

○溲　生嘔切。溲麫也。亦作「溲」。舊疏有切，有韻一。

○掫　争嘔切。持物相著也。舊側九切，有韻三。

蝦　蟲名。

摟　摟扇別名。

○鞻　鎗厚切。束也。亦作「鞲」。舊初九切，有韻一。

○穈　僂嘔切。聚名。舊士九切，有韻一。

○鯫　魚名。又，淺鯫，小人。舊仕垢切，厚韻一。

○叜　鬆嘔切。長老之稱。亦作「傁」。又作「叟」。舊蘇后切，厚韻十二。

廋　隈也。

瞍　目無眸子。

聢　聰總名。

謏　詸誘辭。

藪　藪澤。又，十六斗曰藪。

籔　漉米器。

擻　抖擻，舉也。

掫　薪也。

樕　車轂中空。

騪　馬搖銜走。

嗾　使犬聲。亦作「嗾」。

○鯫　詞厚切。白魚也。舊徐垢切。從集韻增。

○走　宗嘔切。趨也。舊子苟切，厚韻一。

○趣　彰厚切。趣馬，掌馬官。又，促也。舊倉苟切，厚韻三。

取　索也。收也。

棷　棸也。

○否　封嘔切。不然之辭。舊方久切，有韻八。

不　弗也。說文作「𠀚」。鳥飛上翔，不下來也。

䳕　鴀鳩。

痞　病也。

缶　瓦器，鉢也。

炰　蒸炰。

妚　好皃。

殕　物敗。

○紑　鮮也。舊芳否切〔一〕，有韻三。

霁　霧霁。

恒　小怒。

○秠　一稃二米，亦黑黍也。舊芳婦切，有韻一。

○阜　逢厚切。厚也。土山曰阜。古作「𠂤」。舊房久切，有韻十三。

隍　盛也。亦作「阝馬」。

焊　熾也。

草　香草。

蠱　蠱蠱。

負　荷也。恃也。受貸不償也。背恩忘德也。又，古謂老母爲負。

偩　任載也。

萯　玉萯，草。

鴭　鴭別名。

蝜　蝜蝜。

婦　士妻曰婦。子之妻曰婦。説文：「從女，持帚，洒掃也。」

蝞　鼠蝞。

菩　香草。

○捊　崩嘔切。衣上擊也。舊方垢切，厚韻二。

掊　擊也。

○剖　烹厚切。判也。破也。舊普后切，厚韻五。

娝　婦人皃。

蔀　小席。

髻　髮皃。

䳄　雀名。

○錇　鉼嘔切。小缶。舊蒲口切，厚韻十。

部　部署也。又，姓。

培　培塿，小阜。

蔀　覆障光明之物。又，蔀菜，魚薺也。

篰　牘也。

婄　義見前。

瓿　瓿甊，小罌。

䅚　䅚䴵，餠。

脢　豕肉醬。

犃　犃犃，偏高。又，牛頭短。

○畝　莫厚切。司馬法：「六尺爲步，百步爲畝。」秦制，二百四十步爲畝。古作「晦」、「畞」。

牡　舊莫厚切，厚韻十一。畜之雄者。

某　誰也。又，代名之辭。

母　父母。女字中兩點象人乳形，其竪通者音無。又，物牝者，亦稱母。

拇　大拇指也。亦作「胟」。

痗　病痗。

踇　行皃。

踇　踇偶，山名。

狦　猵狦，獸名。

鵡　鸚鵡，能言鳥。

莽　草莽。

【校記】

〔一〕芳否切　原書誤刻作「芳否乃」，據廣韻改。

十二　颩　齊齒呼

颩　邕朽切。颩颼。舊於柳切，有韻三。

魩　魚名。

懮　懮受，舒遲皃。

○有　容輠切。對無之稱。亦姓。又，複姓有男氏。舊云久切，有韻七。

栯　木名。服之不妒。

莟　草名。

盍　器也。亦作「盇」。

鴧　鳥名。

右　左右。人道尚右，以右爲尊，故曰右文、右賢。又，複姓有右師、右行、右閭、右扈、右南五氏。

友　朋友也。同志爲友。善兄弟爲友。亦作「𠬛」。

○酉　飽也。老也。就也。首也。又，辰名。又，姓。古作「丣」。闔户之象。舊與久切，有韻十七。

槱　積木燎以祭天也。亦作「楢」。

楢　柞楢，木。

庮　久屋木。又，朽木臭也。

輶　輕車。

醙　奠酒。

卣　中形尊。

歔　言意也。

鋈　遺玉。

莠　草也。

琇　玉名。

誘　導也。教也。引也。相訹呼也。亦作「誦」、「羑」。

蜏　朝生暮死蟲名。

羑　羑水、羑里，并在湯陰。又，姓。

漾　水名。
牖　道也。向也。説文：「穿壁以木爲交窗也。」
宂　貧病也。
〇朽　胸飈切。腐也。亦作「歽」。舊許久切，有韻三。
疞　病也。
殠　臭也。
〇久　恭飈切。長久也。舊舉有切，有韻七。
玖　玉名。
灸　灼體療病。
姷　女字也。亦作「姷」。
畚　人姓。
九　數也。又，九百、九方複姓二氏。
韭　菜名。俗作「韮」。
〇糗　盌有切。乾飯屑也。又，姓。舊去久切，有韻一。
〇臼　梁飈切。舂米臼也。舊其九切，有韻十一。

舅　夫之父。母之兄弟也。又，姓。

槑　糗米。

齨　齒齨。又，馬八歲也。俗作「䲰」。

鳩　鳥名，似鳩，有冠。

咎　愆也。惡也。灾也。

俗　毀也。

咎　怨咎。

諮　毀也。

瘩　病也。

麔　北麋。

○齺　瞑飀切。齒差也。舊牛久切。從集韻增。

○柳　嶺飀切。木名，小楊也。又，宿名。又，大牛車爲柳。又，姓。本作「桺」，從木，丣聲。

舊力久切，有韻十三。

珋　石之有光者。

飀　飀飀，風皃。

茆　蒐葵，水草，即蒓菜也。

罶　魚笱也。亦作「罞」。

鄮　似鼠而大。

轁　載柩車也。

瀏　水清。

懰　好也。

嬼　妖美。又，嫠婦也。

飅　竹聲。

綹　十絲爲綹。

熮　火爛。

○紐　獰颵切。結也。舊女久切，有韻十一。

鈕　印鼻也。又，姓。

杻　木名。

扭　手轉皃。

肚　食肉。

蒩　蔨實。亦作「莥」。

郉　地名。

狃　狎也。習也。

莥　鹿豆也。

内　爾雅：「貍狐，貒貈迹也。」

𥿄　習也。

○首　舂颷切。頭也。元也。始也。亦作「𦣻」、「百」。舊書九切，有韻四。

䭭　人初産子。

手　手足。

守　主守。操守。又，姓。

○受　慵有切。頭納也。承也。盛也。領也。繼也。舊殖酉切，有韻五。

綬　組綬，謂佩玉之組也，長一丈三尺，廣三尺。

壽　永年也。又，州名。亦姓。又，複姓有壽西氏。

璹　玉名。

鄯　水名，在蜀。亦地名。

○蹂　忍颼切。蹵踐也。獸足迹也。舊人九切，有韻十。
揉　屈木也。亦作「煣」。
莱　莱蘵，菜不切也。
粠　禾粠。
粠　雜也。
輮　車輞。
鞣　車軔。
汓　説文：「水吏也[一]。又，温也。」
粈　粽粈。
内　獸迹。
○肘　鍾颼切。臂肘。舊陟柳切，有韻三。
疛　小腹痛。亦作「痴」。
扭　扭按也。
○帚　掃除器也。俗作「箒」。舊之九切，有韻四。
鯞　鱖鯞，魚名。

睭　明睭。

㺜　猛獸。

○丑　衠有切。辰名。舊敕九切，有韻二。

杻　手械也。古作「杽」。

○醜　類也。竅也。雜也。陋也。又，代北複姓有醜門氏。舊昌九切，有韻三。

䣇　瑞草。

䰜　棄也。惡也。

○紂　重颼切。殷王号也。又，緧也。俗作「䩜」。舊除柳切，有韻六。

葤　裹也。

䋴　竹易根而死也。

䐍　小腹痛。又，腿後。

聚　姓也。

鮦　鮦陽縣，在汝南。

○滫　淞颼切。溲也。説文：「久泔也。」禮記：「滫瀡以滑之。」舊息有切，有韻四。

糔　糔溲。

醙　白酒。

緅　絆前兩足。

○酒　縱颮切。酒醴。亦姓。舊子西切，有韻一。

○湫　静颮切。泄水瀆也。舊在九切，有韻二。

愀　變色也。

黝　英糾切。黑也。舊於糾切，黝韻五。

怮　憂皃。

泑　昆侖山下澤也。

眑　幽静之皃。

欿　愁皃。

○糾　京泑切。繩三合曰糾。絞也。督也。彈也。急也。戾亦作「糺」。舊居黝切，黝韻四。

赳　赳赳，武皃。

朻　木名。

鬮　鬮取。

○蟉　痓泑切。蚴蟉，龍皃。舊渠黝切，黝韻一。

按：「黝」以下數字，本第十類之齊齒呼。因字少不能自成一韻，故附置於此。

【校記】

〔一〕水吏也　說文作「水利也」。

上聲第十一類

十三　妸　開口呼

妸　盎歌切。妸娜，美皃。亦作「婀」。舊烏可切，哿韻七。

旑　旑旗皃。

裒　裒袲，衣好皃。

娿　人姓。

橠　橠橠，木盛皃。

閜　閜砢，欲傾皃。

椏　榀椏，樹斜。

○欨　炕妸切。大笑也。亦作「㰤」。舊虛我切，哿韻三。

敂　擊也。亦作「毃」。

頙　傾頭皃。

○荷　杭可切。負荷也。古作「何」。舊胡可切，哿韻一。

○哿　岡妸切。可也。嘉也。舊古我切，哿韻四。

舸　大船。

笴　箭莖。

簻　笋簻，出南中。

○可　康荷切。許也。肯也。又，代北複姓有可頻、可沓、可達三氏。又，三字姓有可地延、可朱渾、可足渾三氏。舊枯我切，哿韻四。

岢　岢嵐鎮，在嵐州。

坷　坎坷。

軻　轗軻。

○我　馴妸切。自謂也。舊五可切，哿韻五。

硪　吸硪，山高皃。

掗　差也。

䫲　側弁也。

䮢　騃䮢，馬摇頭皃。

○㦬　朗妸切。㦬㦟，慚也，又作「䰜醶」。舊來可切，哿韻八。

□　色光明。〔一〕

欏　裂也。

橠　橠椏，樹斜。

砢　磊砢，石皃。

䖣　相擊也。亦斫也。又，作「㓡」。

哆　哆哆，脣垂皃。

鄲　鄲鈞。

○䵅　當妸切。垂下皃。古作「䵅」。舊丁可切，哿韻四。

痑　勞也。怒也。

哆　語聲。又，脣垂皃。

䫟　醜皃。

○袉　湯荷切。長舒皃。舊吐可切，哿韻一。

○柁　蕩妸切。正舟木也。亦作「舵」。俗作「柂」。舊徒可切，哿韻七。

拕　引也。

沱　澧沱，沙水往來皃。亦作「沲」。

訑　輕也。

袉　裾也。

爹　北方人呼父。

陊　下坂皃。又，落也。

○娜　嚢妸切。妸娜，美也。又，舒遲皃。舊奴可切，哿韻五。

那　何也。又，指此之辭。

袲　裒袲，衣好皃。

橠　榱橠，木盛皃。

㑩　宬也。亦作「㰙」。

○娑　桑妸切。馺娑，殿名。舊蘇可切，哿韻三。

傞　衣長皃。

縒　鮮潔皃。

○左　臧㢿切。左手也。又，戾也。僻也。亦姓。又，左師、左行複姓二氏。舊臧可切，哿韻二。

㸰　䟁㸰，足偏廢也。

○瑳　倉荷切。玉色鮮白也。舊千可切，哿韻三。

鬖　鬖好皃。

𥑮　𥑮石，地名。

【校記】

〔一〕□　原書刻作曬，或誤。集韻收「曬」字，云：「曤曬，日無光。」

十四　婐 合口呼

婐　汪火切。婐妮，身弱好皃。舊呼果切，果韻三。

倭　倭墮。

䋬　多也。

○火　荒婐切。五行二曰火。大火，鶉火。天之次也。說文：「毀也。」舊呼果切，果韻二。

炪 地名。

○禍 黄顆切。殃也。害也。亦作「旤」。舊胡果切，果韻五。

旤 説文：「逆惡之驚辭。」

過 秦人云過也。

夥 楚人云多也。亦作「錁」。

輠 車脂角。

○果 光婐切。果敢。又，勝也。定也。剋也。亦木實。俗作「菓」。舊古火切，果韻十。

裹 苞也。纏也。

惈 果敢，亦作「惈敢」。

輠 義見上。

粿 净米。

餜 餅餜，食。

蜾 蜾蠃，蟲也。

猓 猓然，獸名。

鍋 刈鉤。

剈　剈刈。

○顆　骩禍切。小頭。又，珠顆。又，土塊。舊苦果切，果韻三。

堁　堀堁，塵起也。

敤　研理。

○戹　硊婐切。木節也。亦作「卮」。舊五果切，果韻二。

婐　好兒。

○裸　瀧婐切。赤體也。袒也。「躶」、「臝」、「羸」并同。舊郎果切，果韻五。

蠃　蜾蠃，亦名蒲盧，細腰蜂也。

卵　凡物無乳者卵生。

蓏　木上曰果，地上曰蓏。又，木實曰果，草實曰蓏。又，有核曰果，無核曰蓏。

瘰　瘰癧，病筋結也。亦作「癳」。

○朶　端婐切。木垂朶。又，花朶。又，動也。亦作「朵」。舊丁果切，果韻十四。

鋉　鈌也。

綵　冕前垂也。

鞢　履跟緣也。

陎　小崖。
揉　稱量。
埵　土埵。
綞　綞子綾。
揣　摇也。
𥝩　木垂皃。
褍　衣正幅也。
敤　試也。
鍺　車鐗。
鬌　小兒翦髮爲鬌。
○妥　湍禍切。安也。平也。帖也。舊他果切，果韻九。
𡸣　山長皃。
鵽　鳥名。
隋　裂肉也。
墮　倭墮，髻也。

婧　好也。

橢　器狹長。

隓　山皃。

鰖　魚子已生。

○墮　斷婐切。落也。舊徒果切，果韻十二。

惰　懶也。怠也。不恭也。亦作「憜」。

媠　美也。

鬌　倭墮。

隨　山高。

鐳　車轄。又，犂錧。

鰖　義見上。

稛　小積。

垜　射垛。亦作「陏」。

筡　竹名。亦作「篅」。

瓻　長沙呼甌。

鞢　義見上。

○婐　㜌婐切。婐妮，好皃。舊奴果切，果韻二。

扼　扼摘。

○鎖　酸婐切。鐵鎖也。俗作「鏁」。舊蘇果切，果韻十二。

貨　貝聲。

瑣　玉聲。又，玉屑。又，細小也。亦作「璅」。

礩　小石。

溑　水名。

鄖　亭名，在河南。

損　動也。

麱　説文：「小麥屑之核。」

鮹　魚名。

惢　心疑也。

莎　莎人，縣名，在上黨。

篗　竹名。

○硰　鑽婐切。硰石，地名。舊作可切，果韻一。
○脞　竄禍切。叢脞，細碎也。舊倉果切，果韻二。
碰　碎石。
○坐　𦩎婐切。安坐也。古作「㘸」。舊徂果切，果韻一。
○跛　邦婐切。跛足也。舊布火切，果韻四。
𧿁　𧿁跢，行不正也。
簸　簸揚。
駊　駊騀，馬惡行。
○叵　滂禍切。不可也。舊普火切，果韻四。
頗　頭偏也。不正也。又，粗略之辭。
嶓　嶓峨，小皃。
駊　義見上。
○爸　玤婐切。父也。舊捕可切，果韻一。
○麽　莽婐切。幺麽，細小也。舊亡果切，果韻一。
懡　懡㦬，慚也。

曧　日無色。

上聲第十二類

十五　𦵕　開口呼連齊齒合口二呼

𦵕　咮打切。𦵕槎，泥不熟皃。舊盧下切，馬韻一。

○觰　𪏮𦵕切。牛角横也。舊都賈切，馬韻一。

○打　擊也。古音頂。從今音增入。

○䋈　乃𦵕切。緂䋈，相著皃。舊奴下切，馬韻一。

○灑　崽𦵕切。灑水也。亦作「洒」。舊砂下切，馬韻一。

○鮓　齋𦵕切。菹也。以鹽米釀魚爲菹。舊側下切，馬韻五。

厏　厏厊，不合。

痄　瘡不合。

笮　炭籠也。

謯　謯訝，訶皃。

○槎　棧𦵕切。逆斫水也。舊士下切，馬韻二。

厏　厏厊。

〇以上開口呼。

啞　央嗬切。失音不能言也。亦作「瘂」、「瘖」。舊烏下切，馬韻一。

〇嗬　香啞切。大笑也。舊許下切，馬韻三。

閜　大裂。

襾　覆也。「覆」、「覈」、「賈」類，皆從此。

〇下　降跒切。賤也。降也。上之對也。古作「丅」。舊胡雅切，馬韻三。

夏　大也。中國謂之諸夏。又，國名。亦州名。又，姓。

廈　廈屋。

〇假　姜啞切。借也。非真也。又，姓。古作「叚」。又作「徦」。舊古疋切，馬韻八。

嘏　大也。福也。

婽　好也。

瘕　腹内久病。

椵　柚屬。

賈　姓也。

檟　山楸。亦作「榎」。

斝　玉爵。

○跒　羌下切。跁跒，行皃。舊苦下切，馬韻一。

○雅　仰啞切。正也。安閑也。又，楚烏也。舊五下切，馬韻五。

疋　正也。足也。待也。

庌　廳也。廡也。

厊　厏厊。

盃　酒器。

○奓　章啞切。奓䋈，相著皃。舊竹下切，馬韻一。

○姹　昌下切。嬌也。亦作「奼」。舊丑下切，馬韻一。

○以上齊齒呼。

踝　還髁切。足骨也。舊胡瓦切，馬韻十一。

稞　净穀。

輠　轂頭轉皃。

踝　地名。

鰈　魚似鮎也。

粿　麪名。

黊　鮮明黃色。

䔌　黃華。

䍿　牝牂羊生角者。又，楚冠名。

屎　青絲履。又，繩履。

㚏　大口。又，聲。説文：「擊踝也。」

○寡　闗瓦切。少也。無夫曰寡。舊古瓦切，馬韻七。

剮　剔人肉置其骨也。本作「冎」。

㒺　𠈔㒺，行皃。

篙　箋篙，收絲具。

觰　觰觰，牛角開。

呆　老人拄杖。

𦍋　羊角皃。

○髁　骫髁切。腰骨也。舊苦瓦切，馬韻六。

跨　腰跨。亦作「髈」。

銙　帶飾。

袴　衿袍也。

幍　帛衣。

㐄　跨步。

○瓦　齖寡切。蓋屋瓦也。舊五寡切，馬韻一。

邷　衛地。

○葰　欆寡切。葰人，縣名。舊沙瓦切，馬韻三。

傻　傻俏，不仁。

謏　强事言語。

○䶪　跧寡切。䶪䶪，好皃。舊𩞄瓦切，馬韻一。

○䂳　纂踝切。好雌黄也。舊叉瓦切，馬韻一。

○𥻗　𥻗穀，南人食之，或云戎葵也。舊丑寡切，馬韻一。

○把　班寡切。持也。執也。舊博下切，馬韻一。

○跁　伴寡切。跁跒，行皃。舊傍下切，馬韻三。

笆　竹名，出蜀。

竨　短人立也。

○馬　蠻寡切。武也。乘畜。又，姓。又，馬矢、馬適、乘馬、巫馬、白馬複姓五氏。舊莫下切，馬韻七。

碼　碼碯，石，似玉。

鄢　郁鄢，縣名，在犍爲。

罵　罵詈。

鷟　穴鷟，在燕野。

鷌　異鳥。

鰢　魚名。

○以上合口呼。

上聲第十三類

十六 拗 開口呼連齊齒呼

拗 佒絞切。手拉也。折也。舊於絞切，巧韻五。
㤊 靴鞿。亦作「靿」。
鴹 鴹頭鴀，似梟而脚近尾。
狕 獸名。
𥄕 深目。
○鱳 杭巧切。動水聲。舊下巧切，巧韻六。
獿 事露。
𤃉 温器。
佼 庸人之敏。
䓍 草根。亦竹笋也。
篎 竹笋。
○絞 岡拗切。縛也。急也。縊也。又，國名。亦姓。舊古巧切，巧韻十四。

筊　竹索也。

鉸　鉸刀。

烄　木然也。亦作「焣」。

篍　義見前。

蕟　藕根。亦作「茭」。

挍　接物也。

佼　女字。

姣　妖媚。

狡　狂也。猾也。捷也。説文：「少狗也。」

攪　手動。説文：「亂也。」

盄　器也。

濫　濁也。

疝　腹中急痛。

○巧　康皋切。好也。能也。拙之反也。舊苦絞切，巧韻二。

鴂　鴂婦，鳥名。

○齩　鮣拗切。齧也。舊五巧切，巧韻一。
○撓　曩拗切。木曲。又，動亂也。舊奴巧切，巧韻三。
獿　擾亂。
獶　犬驚。
○敤　雙拗切。擊也。攪也。舊山巧切，巧韻一。
○爪　捉拗切。覆手曰爪。又，手足甲也。古作「叉」。舊側絞切，巧韻七。
笊　笊籬。
苽　草也。
抓　亂搔搯也。
帎　帎頭。
狐　狐獠。
瑵　玉名。車蓋玉瑵。
○獠　夷別名。亦作「獠」。舊張絞切，巧韻一。
○熓　窗槑切。熬也。「鬻」、「䬲」、「炒」并同。舊初爪切，巧韻四。
謅　相弄。

䰩　乾也。

吵　聲也。

○㑿　穮拗切。長皃。舊士絞切，巧韻二。

䰩　黠也。

○飽　邦拗切。食足也。古作「餜」、「䬲」。舊博巧切，巧韻一。

○鮑　玤拗切。鮑魚。又，姓。舊薄巧切，巧韻四。

骲　骨鏃。

鞄　柔革名。

靤　面地。

○卯　莽拗切。辰名也。古作「丣」。舊莫飽切，巧韻六。

昴　宿名。

泖　水名。

茆　鳧葵。

媌　好皃。

緢　旄也。又，絲名。

○以上開口呼。

杳　眏曉切。冥也。深也。寬也。寂也。舊烏皎切，篠韻十四。

窅　深目皃。

𡰬　合也。

窅　遠也。隱也。

窔　户樞聲也。室東南隅也。

窈　窈窱。深也。静也。

茐　草長。

㘈　㘈䞩，長而不勁。

鳭　義見前。

㑾　㑾㒩，好皃。

㛌　㛌嬈，細弱。

騕　騕褭，神馬日行千里。亦作「駚」。

旟　旟類。

𦔻　遠志也。

○曉　肛杳切。曙也。明也。慧也。知也。舊馨皛切，篠韻四。

皢　白也。

膮　豕羹。

鐃　鐵文。

○皛　降磽切。明也。舊胡了切，篠韻三。

淵　水渺淵皃。

芍　梟茈草。亦作「葯」。

○皎　江杳切。月光也。舊古了切，篠韻十二。

晈　光明。

恔　恔憭，慧也。

袨　小袴。

皦　明也。又，珠玉白皃。

繳　纏也。

璬　佩玉。

嗷　行縢嗷。脛布也。

傲　傲抄。

皛　白也。

闋　喪之降殺。

鐃　義見前。

〇磽　腔皛切。山田也。亦作「磝」。舊苦皎切，篠韻一。

〇鳥　仰杳切。舊都了切。從今音增。

蔦　樢　注并見下。

〇了　兩杳切。慧也。曉也。訖也。决絶之辭。舊盧鳥切，篠韻十四。

衦　袴也。

舠　小船也。

蓼　辛菜。

漻　水清。又，小水也。

磟　磟㕵，垂皃。

鄝　地名。

瞭　目睛明也。

蹽　蹽蹻，長皃。

繚　繚繞。纏也。

憭　照察。

撩　决也。

燎　火炙。

幓　拭也。

○鳥　顛杳切。禽總名也。舊都了切，篠韻八。

蔦　樹上寄生。

裭　短衣。

竍　垂心。

帓　絹布頭也。

秎　禾穗垂皃。

扚　扚擊。

釕　釕鈌，帶頭飾。

○朓 天晶切。月行疾也。晦而見於西方曰朓，朔而見於東方曰朒。舊土了切，篠韻六。

眺 視也。望也。

趒 越也。

窕 輕窕。

䠷 身長皃。

篠 窈篠，深遠皃。

○窕 殄杳切。窈窕，幽閑也。善心曰窈，善容曰窕。舊徒了切，篠韻八。

挑 挑戰。亦弄也。輕也。

誂 相呼誘也。

䀺 䀺䁱，中穴。

桃 桃床子。

掉 掉尾。又，動也。

磆 磽磆。

嬥 嬥嬥，往來皃。

○嬲 撚杳切。戲相擾也。舊奴鳥切，篠韻九。

嫋　長弱皃。
嬈　苛酷也。又，戲擾也。
褭　腰褭。
㒛　㑄㒛。
嬝　嫋嬝。
擾　摘也。
䃣　䃣硃。
趭　趒趭。
○篠　相杳切。細竹也。亦作「筱」。舊先鳥切，篠韻五。
𥖟　黑砥石也。
𢷾　打也。
謏　誘爲善也。又，小也。亦作「謏」。
䱇　魚名。
○湫　將杳切。湫隘，沮洳逼仄也。舊子了切，篠韻五。
𥟖　凶首飾。

剿　截也。絶也。

薻　似薺菜。

朴　木忽高也。

○以上齊齒呼。

上聲第十四類

十七　襖　開口呼

襖　哀好切。袍襖。舊烏皓切，皓韻十四。

懊　懊惱。

燠　甚熱。

腝　藏肉。

媪　老母稱也。

髗　藏骨。

蝹　蟲名。

夭　物穉曰夭。《禮》曰：「不殀夭。」

𢙻　𢙻正之皃。
鴁　鳥名。
芺　苦芺。
趹　趹䟴，長也。
麇　麇子。
郩　邑名。
○好　哈襖切。美也。佳也。相善也。舊呼晧切，晧韻二。
玻　人姓。
○晧　孩考切。光也。明也。日出皃。舊胡老切，晧韻十四。
浩　浩汗，大水皃。又，廣大皃。亦姓。又，複姓有浩星氏。
暤　明也。旰也。曜也。太暤，伏羲氏。又，姓。
昊　昊天，言廣大也。説文作「昦」。
夰　説文：「放也。」
鎬　鎬京。
滈　水名，在京兆。

鄗　邑名。光武稱帝處。亦作「郹」。

蒿　侯莎草名。

鰝　大鰕。

顥　大也。又，天邊氣。説文：「白皃。」

灝　灝溔，水勢遠也。

虦　土釜。亦作「㙤」。

𦃃　網綴。

○杲　該襖切。日出。又，明白也。舊古老切，晧韻十。

菒　乾草。

碨　女碨，石，似玉。

臭　大白澤也。

夰　義見前。

槀　槀本，藥名。

稾　禾稈。俗作「藳」。又作「稿」。

暠　明白也。

縞　素也。

槁　木名。

○考　開晧切。校也。成也。老也。擊也。又，瑕釁也。父亡稱考。又，姓。古作「攷」。舊苦浩切，晧韻九。

洘　水乾。

栲　木名。

丂　氣欲舒皃。

槁　木枯也。

顤　顤頊，大頭。

熇　火乾。

蕎　乾魚。

祰　禱也。説文：「告祭也。」

○頊　偶襖切。顤頊，大頭。舊五老切，晧韻二。

蘋　瓜蔓苗頭。

○老　啉襖切。年高也。又，致仕曰老。又，姓。舊盧晧切，晧韻十三。

栳　栲栳，柳器。

恅　慅恅，心亂。

潦　雨水。

橑　屋橑，檐前木。又，椽也。又，蓋骨也。

蓼　乾梅。

轑　車軸。

獠　西南夷名。亦作「狫」。

澇　水名。

䜍　黄色。

欘　木名。

嘹　嘷嘹，無人。

顤　廣大皃。

○倒　黷襖切。仆也。舊都晧切，晧韻九。

島　海中有山可依止也。

檮　斷木也。

擣　築也。舂也。俗作「搗」。

禱　請也。求福也。

壔　高土。

幬　憂也。

瘻　病也。

驕　牲馬祭也。亦作「禂」。

○討　胎晧切。治也。尋也。誅也。舊他浩切，晧韻三。

稻　山楸。

套　長也。

○道　殆襖切。理也。路也。直也。説文：「一達謂之道。」漢制，縣有蠻夷曰道。古作「衜」、「䢊」。舊徒晧切，晧韻五。

稟　瑞禾，一莖六穗。

稻　稌也。水生而色白。又，姓。

跳　趹跳，長皃。

駣　馬四歲。

○腦　乃襖切。頭腦也。古作「𡿺」。或作「堖」。舊奴晧切，晧韻六。

惱　懊惱。

嫐　相嫐亂也。

碯　碼瑙，寶石。

獶　雌狢。亦作「貘」。

䟭　義見上。

○嫂　腮襖切。兄之妻也。亦作「嫂」。俗作「㛐」。舊蘇老切，晧韻四。

藪　菽蕿，草。

埽　埽除。亦作「掃」。

燥　乾燥。

○早　栽襖切。晨也。初時也。舊子晧切，晧韻十。

蚤　齧人跳蟲也。省作「蚤」。與「早」通用。

澡　洗滌也。

璪　玉名。

繰　縑也。又，紺色曰繰。

藻　水草也。文藻也。又，雜采曰藻。亦作「藻」。

璅　石，次玉者。

繅　雜五采文。

鰈　魚名，似鯉，鷄足。

棗　果名。又，姓。

〇草　猜皓切。説文作「艸」，或作「屮」，百卉也。又，創造也。文稿也。又，苟簡曰草草。舊采老切，皓韻五。

慅　慅恅，心亂。

嘈　嘈嘐，無人。

騲　牝馬曰騲。

懆　憂心也。亦作「慅」。

〇阜　在襖切。食牛馬器。又，直馬者。又，黑色也。舊昨早切，皓韻四。

草　斗櫟子。

造　建也。作也。爲也。始也。

艁　艁舟，以舟爲橋。

〇保　擺襖切。任也。守也。安也。養也。抱也。亦姓。古作「呆」。舊博抱切，晧韻十二。
緥　小兒衣。
褓　襁褓。
葆　草盛皃。又，聚羽爲幢，曰羽葆。又，韜藏也。
堡　堡障，小城。亦作「堢」。
宲　藏也。
賲　有也。
寶　珍也。瑞也。符也。重也。貴也。又，姓。古作「珤」。
𠂔　相次也。
鴇　鳥名。亦作「鮑」、「鴉」、「鳵」。
鴇　馬名。
毢　彩羽。
〇抱　罷襖切。持也。引取也。又，懷抱。舊薄浩切，晧韻一。
〇蓩　買襖切。毒草。又，地名。舊武道切，晧韻四。
菽　細草叢生。

冃　重覆。

媢　嫉妒也。

十八　夭　齊齒呼

夭　央矯切。屈也。短折也。舊於兆切，小韻四。

芺　鉤芺，草名。

仸　仸僑，不伸。又，尪弱皃。

殀　歿也。

○闄　隔也。舊於小切，小韻一。

○溔　陽紹切。浩溔，大水皃。舊以沼切，小韻五。

舀　説文：「抒臼也。」亦作「舩」、「抭」。

䁘　眇䁘，目皃。

䯚　肩骨。

鷕　雉鳴也。

○矯　姜夭切。詐也。説文：「揉箭箝也。」又，姓。舊居夭切，小韻十二。

撟　舉手也。撟擅也。
敿　盾也。
譑　多言。
蹻　驕也。又，舉足加高皃。
觲　角長。
鄡　國名。
嬌　女字。
蟜　蟲也。又，夭蟜，頻申也。又，姓。
鱎　白魚别名。
䀗　目重瞼也。
嫶　竦身。
○蟜　彊夭切。蹻蟜，長皃。舊巨夭切，小韻一。
○繚　兩夭切。繚繞。舊力小切，小韻九。
璙　好皃。
燎　放火。又，火炎也。

獠　炙也。

憭　慧也。

䕴　䕴䕴，面白。

敹　長皃。

嫽　好皃。

僚　朋也。

〇少　商夭切。不多也。舊書沼切，小韻三。

莎　草名。

邵　説文：「地名。」

〇紹　常㳂切。繼也。又，姓。亦作「綤」。舊市沼切，小韻四。

佋　佋介。

袑　袴襠。

覞　見也。

〇繞　壞夭切。纏繞。又，姓。舊而沼切，小韻六。

擾　煩也。亂也。順也。亦作「擾」。

㛹　牛馴也。亦作「㛹」。

遶　圍繞。

嬈　亂也。

貍　似雉而小，可捕鼠。亦作「貍」。

〇沼　章夭切。池沼。舊之少切，小韻三。

菬　菬子，草。

箈　竹緣。

〇弨　昌漾切。弓反曲也。舊尺沼切，小韻四。

昭　弄人昭目也。

梄　赤木名。

麷　糗也。亦作「麨」。

〇巐　意氣息皃。舊丑小切，小韻一。

〇兆　丈夭切。十億曰兆。壇域塋界曰兆。龜坼曰兆。又，姓。舊治小切，小韻十一。

旐　旗旐。龜蛇四斿。廣充幅長尋曰旐。

垗　葬地。

� 灼龜坼。

駣 馬四歲。

羦 羊子。

狣 犬有力也。

鮡 魚名。

肇 始也。正也。敏也。長也。

庫 開也。又，姓。

趙 少也。久也。國名。亦州名。又，姓。

○小 相夭切。微也。舊私兆切，小韻三。

芥 芥草，遠志也。

魦 魚名。

○剿 將夭切。絶也。亦作「劋」。舊子小切，小韻六。

勦 勞也。

漅 水名。

幧 拭也。

灑　盪酒。

郊　|魯地。

○悄　鏘渼切。静也。悄悄憂皃。舊親小切，小韻三。

愀　容色變也。

釥　好也。净也。

○表　邊夭切。衣之外也。標也。明也。下言於上曰表。又，姓。亦作「裱」。古作「褾」。舊陂嬌切，小韻二。

蔈　草名。

○褾　袖端也。舊方小切，小韻四。

覭　目有所察。

標　標杪，木末。

嘌　峰頭。

○縹　篇渼切。帛青白色也。舊敷沼切，小韻八。

醥　清酒。

篻　實中竹名。

顠　髮白。
瞟　目病。
膘　脅前。
皫　鳥色變也。
犥　牛黄白色。
○麃　鳥毛變色。舊滂表切，小韻一。
○摽　辨夭切。落也。又，拊心也。亦作「𢷎」。舊苻少切，小韻六。
鰾　魚鰾，可作膠。
慓　急性。
顠　義見上。又，作「䰘」。
膘　義見上。
莩　莩草。又，零落也。
○藨　草名，可爲席。亦作「蔈」。舊平表切，小韻六。
殍　餓死。亦作「莩」。
受　物落皃。

歁　歐吐。
猾　獪也。
貏　似狐，善睡。
○眇　免夭切。一目小也。又，偏盲也。又，微也。末也。舊亡沼切，小韻十。
渺　渺淼，水皃。
葽　草細。
篎　笙管。
杪　梢也。木末也。
秒　禾芒。
吵　雉聲。
訬　擾也。一曰訬獪。
淼　大水。
藐　遠也。小也。弱也。又，輕視皃。

上聲第十五類

十九　穏　開口呼連齊齒呼

穏　哀頣切。草名。舊安很切。從集韻增。

○很　紇墾切。很戾也。俗作「狠」。舊胡墾切，很韻二。

蒗　似蓍，花青白。

○頣　該穏切。頰後。舊古很切，很韻二。

詪　難語皃。

○墾　開很切。耕田用力也。鬮也。治也。舊康很切，很韻四。

懇　懇惻，至誠也。又，信也。

齦　齧也。

豤　豕食皃。

○鯵　菑穏切。角齊多皃。舊仄謹切，隱韻二。

亲　草木衆齊。

○齔　差很切。毁齒也。俗作「齓」。舊初謹切，隱韻一。

○濦　俟穩切。濦淍，水勢。舊鉏紖切，準韻一。

○以上開口呼。

○隱　衣膎切。安也。藏也。蔽也。微也。痛也。又，姓。舊於謹切，隱韻十一。

慇　謹也。

癮　癮胗，皮外小起。

嶾　嶾嶙，山皃。

濦　水名。

檃　括也。

縕　縫衣相著。

轗　車聲。

肙　歸依也。

磤　雷聲。

乚　匿也。

○引　移螼切。導也。延也。長也。開弓也。亦作「弘」。舊余忍切，軫韻十二。

弞　笑不壞顏。

釖　爾雅：「錫謂之釖。」

靷　引軸。一云駕車靶也，在胸曰靷。

朄　當脊肉也。

蚓　蚯蚓。

裄　伸也。布也。

嗔　大笑。

縯　長也。

戭　長槍。

螾　蚰蜒。

濥　水門。又，引水也。

○脪　羲隱切。腫起也。亦作「痛」。舊興腎切，準韻一。

○螼　蚯蚓，一名寒螼。舊休謹切，隱韻一。

○緊　覊隱切。糿急也。舊居忍切，軫韻二。

胗　脣瘍也。又，作「脈」、「疢」。

○謹 潔也。愼也。舊居隱切，隱韻九。

菫 菜也。説文作「墐」，黏上也。

瑾 清也。

槿 木槿，蕣華也。一名日及。

慬 慤也。

犍 牛馴也。

卺 以瓢爲酒器，婚禮用之。亦作「巹」。

靳 黏皃。

菦 菜名。

○螼 歁引切。蚯蚓也。舊棄忍切，準韻三。

𡰝 皮厚皃。

趣 行皃。

○赾 跛行皃。舊丘謹切，隱韻一。

○近 技隱切。不遠也。舊其謹切，隱韻二。

瘽 病也。

○齗　擬隱切。齗斷也。舊宜引切，軫韻五。

听　口大皃。

齗　犬争皃。

齹　齒齊。

磭　大唇。

○听　笑皃。舊牛謹切，隱韻一。

○嶙　里隱切。嶾嶙，山高皃。舊良忍切，軫韻五。

橉　門限也。

撛　扶也。

僯　慚恥。

顙　少髮皃。

○矧　奢隱切。况也。詞也。又，齒本曰矧。說文作「弞」，又作「訠」。舊式忍切，軫韻四。

哂　笑也。

弞　義見上。

頣　舉眉視人。

○腎　蛇引切。五藏之一。舊時忍切，軫韻四。

裖　祭餘肉。一作「脤」。

㰢　指而笑也。

鋠　圓鐵。

○忍　惹隱切。强也。耐也。含忍也。舊而軫切，軫韻三。

涊　水名，在上黨。

荵　荵冬，草。

○軫　知隱切。車後横木。亦宿名。又，念也。又，姓。舊章忍切，軫韻二十。

㐱　稠髮也。

診　視也。驗也。候脉也。

眕　目有所恨而止。又，安重皃。

胗　瘾胗，皮外小起。亦作「疹」。

㐬　顔色㐬疄，慎事也。

紾　單衣。

袗　玄服也。或作「裖」。

畛　田間道。

駗　馬色。

㐱　新生羽而飛也。

縝　結也。單也。

槙　木密。

稹　緻也。又，聚物。

鬒　稠髪。

纑　也。

黰　黑皃。

賑　隱賑，富也〔一〕。

欥　軥軥欥欥，喜悦皃。

眂　告也。

○脣　重脣黏好。説文：「伏皃。」舊珍忍切，準韻一。

○𪖐　絺引切。大笑。舊丑忍切，軫韻一。

○眣　雉隱切。目童子也。舊直引切，軫韻四。

紖　牛系也。

䀕　瞋怒目皃。

䏖　〔杖痕腫〕處〔二〕。

○㯸　蹟隱切。盂也。舊即忍切，軫韻二。

盡　盡之也。俗作「儘」。

○笉　妻引切。笑皃。舊七忍切，軫韻一。

○盡　薺隱切。空也。竭也。終也。舊慈忍切，軫韻二。

濜　濜溳，水流急皃。

○臏　卑隱切。刖也。舊逋忍切。

牑　腱肉。二字從集韻增。

○䚔　披引切。䚔𧢄，暫也。舊匹忍切。

𥓌　石也。二字從集韻增。

○牝　婢隱切。獸之雌者。舊毗忍切，軫韻三。

髕　去膝蓋骨。刑名。亦作「臏」。

猵　獺屬。

○泯　米隱切。水皃。亦滅也。盡也。舊武盡切，軫韻十。

刡　刡，削。

跛　細理。

踜　蹄甲。

輻　車伏兔下軛也。

筤　竹膚。

黽　黽池，縣在河南。

澠　水名。

僶　僶俛。

腗　腗合也。

○以上齊齒呼。

【校記】

〔一〕隱賑，富也　據爾雅釋言注，「隱」當作「殷」。

〔二〕〔杖痕腫〕處　原刻脱去或剷去，據廣韻補。

二十　穩　合口呼

穩　威惛切。持穀聚。亦安穩也。舊烏本切，混韻三。

噫　噫唓，小口。

僡　僡僡。

○惛　麾穩切。惛憖，忽疾皃。舊虛本切，混韻二。

緫　結也。

○混　回閫切。水雜流也。又，混沌，陰陽未分也。舊胡本切，混韻十六。

焜　火光。

棍　木名。

倱　倱伅，四凶之一。

掍　掍，同。

鯤　角圓皃。

渾　渾然。無圭角也。

煇　煇煌，火光。

睴　視皃。

緷　大束。

醰　醨酒相沃。

鯶　漁名。

棞　木未破也。

顐　頭面形顐也。

睔　大目。

隝　大阜。

○衮　規穩切。天子服也。舊古本切，混韻十一。

蓘　穮蓘，壅養苗。

骸　禹父名。亦作「骸」。又，作「鮌」。

鯀　魚也。亦作「鮌」。

錕　車釭。

硍　石聲。

緄　帶也。

輥　車轂齊等皃。

惃　相亂。

緷　百羽也。

稇　大束。

○閫　閫混切。門限也。舊苦本切，混韻九。

梱　橛弋門橛。

稇　成熟。又，縛衣也。

硱　碖硱，石落皃。

齫　齫齦，齒起皃。

裍　成就。

悃　至誠。

壼　居也。廣也。又，宮中道。古作「𡇍」。

頵　秃頭。

○㷍　累穩切。睡㷍，行無廉隅也。舊盧本切，混韻四。

惀　心思求曉事。

睔　目皃。

磮　磮硱，石落皃。

○崸　咄穩切。山也。舊丁本切。從集韻增。

○畽　突混切。畽𥓲。舊他衮切，混韻四。

吨　氣相衝也。

肫　肫肉。

黗　黑狀。

○囤　錞穩切。小廩也。舊徒損切，混韻七。

沌　混沌。亦作「坉」。

庉　樓墻。

笹　籧也。篅也。

盾　趙盾，人名。

遁　退也。隱也。逃也。本作「遯」。

帾　貯也。

○炳　餒穩切。熱也。舊乃本切，混韻一。

○損　雖穩切。減也。傷也。舊蘇本切，混韻四。

腫　臏屬。

膞　切熟肉更煮也。

瘔　瘔瘃，惡寒。

○撙　𨈐穩切。撙節。又，趨也。舊兹損切，混韻五。

刌　減也。

噂　噂喈，對談也。亦作「譐」。

僔　衆也。亦作「繜」。

蕁　草叢生皃。

○忖　趂混切。思也。度也。舊倉本切，混韻三。

刌　細切。

拵　截也。

○鱒　𩨇穩切。赤目魚也。舊才本切，混韻一。

○粉　匪穩切。米粉。又，燒鉛成粉。舊方吻切，吻韻三。

黺　彩文。

扮　扮動。又，握也。

○憤　墳混切。懣也。怒也。亦作「𢡔」。舊房吻切，吻韻十一。

墳　土膏肥也。

膹　切熟肉也。

癀　病悶。

轒　轒輼，車名。

鱝　鱝魚，圓如盤，口在腹下，尾上有毒。

㡃　盛穀囊，滿而裂也。

坋　塵也。又，大防也。

弅　莊子有隱弅之丘。

扮　握也。

鼢　地中行鼠。亦作「蚡」。

○忿　怒也。舊敷粉切，吻韻二。

魵　鰕別名。

○吻　武穩切。口脣邊曰吻。亦作「䐇」。又作「脗」。舊武粉切，吻韻六。

刎　割也。

㑯　離也。

葝　薔葝。

勼　覆也。

扻　拭也。

○本　悲穩切。木下曰本根也。元也。舊也。俗作「夲」。舊布忖切，混韻五。

苯　苯蓴，草叢生也。

笨　竹裹。

床　戎姓。

畚　草器。亦作「畲」。

○栩　不混切。飛起。又，走也。舊普本切，混韻一。

○笨　被穩切。竹裹。又，粗肥也。舊蒲本切，混韻四。

体　粗皃。又，劣也。

捹　車弓。

獖　守犬。

○潣　美穩切。愁悶也。舊模本切，混韻一。

二十一 惲 撮口呼

惲 於菌切。謀也。議也。厚重也。舊於粉切，吻韻十。

賱 賱賰，富也。

藴 積也。蓄也。奥也。

薀 水草。

緼 舊枲也。亂麻也。

韞 包藏也。

褞 褞袿。

醖 釀也。

搵 没也。

轒 轒轒，車名。

○允 余趣切。信也。肯也。舊余準切，準韻八。

玧 充耳玉。

鞙 進也。

駞 馬毛逆。

狁　獫狁。

蚘　蟲名。

尹　正也。誠也。治也。師尹、令尹、京尹、府尹，皆官名。又，姓。又，複姓有尹文氏。

頵　面斜。

○隕　墜也。落也。舊于敏切，軫韻七。

殞　歿也。

湏　濜湏，波相次也。

磒　石落。

霣　雨也。

愪　憂也。

蒷　茭蕢之屬。

○抎　有所失也。舊云粉切，吻韻二。

䪻　面色䪻䪻皃。一作「䫆」。

○麇　祛允切。束縛也。舊丘尹切，準韻一。

○趣　走皃。舊丘粉切，吻韻二。

麇〔一〕束縛也。

○窘　巨惲切。急迫也。亦作「僒」。舊渠殞切，軫韻九。

莙　牛藻也。

箘　竹名。

菌　地菌也。又，姓。

胭　腸中脂也。

珚　玉名。

咽　吐皃。

蜠　爾雅：「貝大而險者曰蜠。」

蔨　鹿豆也。

○齳　語惲切。無齒也。亦作「齫」。舊魚吻切，吻韻四。

嗢　大口。

会　大也。

趣　走皃。

○綸　呂惲切。束也。亦作「稇」。舊力準切，準韻一。

○賰　書惲切。賱賰，富有也。舊式允切，準韻一。
○盾　蕐允切。干盾，所以自蔽也。舊食尹切，準韻四。
楯　欄楯。
揗　摩也。
吮　舐也。
○蝡　蕊惲切。蝡動。舊而允切，準韻一。
○毴　毛聚。舊而尹切，準韻一。
○準　豬惲切。均也。平也。度也。則也。仿也。又，樂器名，狀如瑟，長丈，而十三弦。俗作「隼」。舊之尹切，準韻三。
純　衣緣也。
埻　射的。
○蠢　攄允切。蟲動文出也。作也。不遜也。古作「𢧵」。舊尺尹切，準韻九。
惷　惷惷，擾動皃。
偆　厚也。富也。
賰　肥也。

蹐　蹐駁，相乖舛也。

敧　亂也。

騿　駁馬。

朐　朐䏰，漢縣名，在巴東郡。地下濕，多朐䏰蟲。

僢　相背。

○筍　胥惲切。竹萌也。俗作「笋」。舊思尹切，準韻五。

箰　箰箄，以捕鳥。

䨻　驚詞。

簨　簨虡切。所以懸鼓在上曰簨，在旁曰虡。亦作「簨」。又作「榫」。

隼　鷙鳥也。亦名祝鳩，即鶻也。又，作「鵻」。

○愍　米惲切。悲也。憐也。舊眉殞切，軫韻十三。

敃　强也。亦作「暋」。

湣　齊湣王。

閔　傷也。憂也。病也。又，姓。

憫　憂也。恤也。

潤　水流浼浼皃。

簢　竹名，可爲席。亦作「篃」。

敏　聰也。達也。敬也。捷也。

慜　聰也。

犩　獸如牛。

鰵　海魚。

黽　細網。

轒　車伏兔下革也。

【校記】

〔一〕麋　原刻誤作麖，據正韻改。

上聲第十六類

二十二　侒　開口呼連齊齒呼

侒　遏罕切。不耀也。舊阿侃切。從集韻增。

○罕　喝侒切。希也。亦鳥網。又，姓。亦作「罕」。舊呼旱切，旱韻六。

䓍　菜味辛也。

暵　日乾也。

熯　火乾也。亦作「焊」。

灘　水濡而乾。

厂　説文：「山石之崖巖。」

○旱　曷侃切。亢暘不雨也。舊胡笴切，旱韻五。

𥿄　山名，在南鄭。

皔　白皃。

䛞　大言。

莘　草名。

○笴　葛侒切。箭笴。亦作「簳」。舊古旱切，旱韻七。

𦼮　衆草莖也。

稈　禾莖。亦作「秆」。

矸　擊也。

衦　摩展衣也。又，作「紆」。

仟　仟長。

皯　面黑。亦作「皯」。

○侃　渴旱切。强直也。亦作「偘」。舊空旱切，旱韻二。

衎　衎衎，和皃。

○以上開口呼。

郾　謁顯切。視也。舊於殄切，銑韻四。

軀　身向前也。

宴　安也。

嬿　嬿婉。

○嫣　長皃。舊於蹇切，獮韻二。

𧾷　走也。

○演　耶峴切。廣也。亦水長流皃。舊以淺切，獮韻十。

縯　長也。

黃　土瓜。

嗔　大笑。

戭　長槍。又，檮戭，八元名。

衍　達也。寬也。蕃也。延也。餘也。水溢曰衍。下平曰衍。

蜓　蠙蜓，蟲名。一作「蜥」。

綖　冠上覆前後垂也。

蜓　蜿蜓，龍皃。

羨　璧羨以起度。又，溢也。

○幰　歇𥈭切。帛張車上也。舊虛偃切，阮韻四。

攇　手約物也。

讞　讞搏，很戾。

螻　寒螻。

○顯　明也。著也。光也。覿也。又，姓。舊呼典切，銑韻五。

㬎　衆明也。微妙也。從日中見絲。

韅　馬飾也。在背曰韅。

蜆　小蛤。

搵　引戾。

○峴　繦演切。峻嶺也。又，峴山，在襄陽。舊胡典切，銑韻十三。

晛　日出好皃。

睍　小目皃。

哯　小兒歐乳也。又，不顧而止。

俔　譬喻。

垷　大坂。

蜆　小黑蟲。又，吴人謂小蛤曰蜆子。

臔　肉急。

黰　黑皃。

嬰　細皃。

誢　争語。

憪　意難。

纈　纈綴。

○蹇 迦偃切。跛也。屯難也。舊居偃切，阮韻五。

揵 難也。舉也。

湕 水名。

鞬 矛也。

犳 犳，吃語也。

○繭 蠶衣。又，綿衣。古作「絸」。俗作「璽」。舊古典切，銑韻七。

襺 纊著衣也。

攋 拭面也。古作「㩼」。亦作「挸」。

皾 皮起也。亦作「趼」。

菮 小束也。俗作「秉」。

筧 以竹通水。

垷 義見前。

○謇 吃也。又，正言也。亦作「譾」。舊九輦切，獮韻十。

搴 取也。亦作「攓」。

寋 爾雅：「徒鼓磬謂之寋。」

巘　巘嵃，山屈曲也。

㒩　偃㒩，傲也。

襺　襺袴。

鰋　魚名。

萯　爾雅釋草云：「萯蕳。」

搵　搵㩋，醜長皃。

緩　緩，縮。

○言　佉演切。言言，脣急皃。舊去偃切，阮韻一。

○蜸　不動也。舊牽繭切，銑韻四。

蘩　穄別名也。

蜸　蜸蚕，蚯蚓。

㹮　䜌也。

○遣　送也。縱也。袪也。發也。舊去演切，獮韻六。

繾　繾綣，不相離皃。又，黏也。

饋　乾麪餅也。亦作「饋」。

昔　小塊也。說文作「𡍮」。

堅　牛很不從引也。

籣　籣簰，户籍。

○謇　技匽切。女字。亦姓。舊其偃切，阮韻七。

僆　倨也。

楗　關楗也。限門木也。

揵　關也。閉也。又，束竹遏水謂之揵。

鍵　鑰之牡也。

腱　大筋。

鞬　鞬之也。

○件　分次也。舊其輦切，獮韻二。

巘　巘嵃。

○言　擬匽切。言言，脣急皃。舊語偃切，阮韻四。

巚　山形如甑。

齞　露齒。

岸　岸磏。又，大唇皃。
○齞　開口見齒也。舊研峴切，銑韻一。
○齴　齒露也。舊魚蹇切，獮韻七。
㟧　巇㟧，山形。
𨓿　行皃。
巘　山峰。
讞　議獄。
甗　無底甑也。
瓛　玉甑。
○輦　跧偃切。人步挽車。又，姓。舊力展切，獮韻九。
鄻　地名，在周。
槤　瑚槤，祭器。
蓮　蓮芍，縣名，在馮翊。
僆　畜雙生子。
摙　擔運物也。

麷　大麥，䴷麷。

爏　小然火也。

𪇍　𪇍𩊱，無力。

○典　爹睍切。主也。常也。法也。經也。又，姓。魏有典韋。舊多殄切，銑韻五。

錪　小釜。

晪　明也。

蕇　葶藶。

䩲　頰後也。

○腆　鐵演切。厚也。善也。忘也。至也。舊他典切，銑韻十四。

淟　淟涊，熱風。

琠　玉名。

錪　義見上。

賟　賟，富。

晪　義見上。

𢢓　青、徐謂慚曰𢢓。

跠　行迹。

痶　痶痪，病也。

覥　面慚。

蹎　行皃。

圢　坦也。

町　町疃，鹿迹。亦作「畽」。

蚕　爾雅：「螼蚓，豎蚕。」注：「即蜸螼也。」江東呼寒蚓。

○殄　弟腮切。絶也。滅也。舊徒典切，銑韻三。

跈　蹈也。

蜓　蝘蜓，一名守宫。

○撚　你腮切。以指撚物也。舊乃殄切，銑韻四。

蹨　蹂蹨。

涊　淟涊。

跈　蹈也。

○趁　踐也。亦作「碾」。舊尼展切，獮韻三。

反　柔弱。
輾　車轢物。或作「碾」。
○僲　奢偃切。説文：「意膬也。」舊式善切，獮韻三。
嬈　女姿態。
暶　視面色變也。
○善　蛇演切。良也。大也。佳也。又，姓。古作「譱」。又作「譱」。舊常演切，獮韻十。
僐　作姿也。
墡　白土。亦作「礵」。
鄯　州名。又，鄯善，西域國名。
麯　大麥新熟，作麯麵也。
單　單父，縣名。亦姓。
墠　除地曰墠。
僤　婉僤，行動皃。
鱓　魚名。亦作「䱇」。
蟺　蜸蟺，蚯蚓。

○橪　蒻𥇍切。橪棗，木名。舊人善切，獮韻五。
僸　義見前。
蹨　踐也。續也。執也。緊也。
𢤱　懼也。又，音赧。
熯　乾皃。又，漢、罕二音。
○展　遮𥇍切。舒也。整也。審也。信也。轉也。又，姓。古作「㞡」。舊知演切，獮韻九。
搌　束縛。
輾　輾轉。又，代北複姓有輾遲氏，後改展氏〔一〕。
㜊　㜊奵，好皃。
蟹　蟲名。
琠　極巧視之。
襢　丹縠衣也。周禮作「展」。
皽　皮寬也。
紾　轉繩也。
○饘　饘粥。又，音氈。舊旨善切，獮韻十四。

瞳　視而不止。亦作「䁯」。
䣄　擊也。亦作「鐔」。
軃　裸形無可蔽也。
穜　束也。
樿　木名。禮記：「用之爲杓。」
燀　炊也。又，昌善切。
䁯　耳門也。
顫　倨視人也。
嬗　偏忮。
樿　木齒。
醆　杯也。
戩　武也。又，鷙鳥擊勢。
剷　以槌去牛勢。
○闡　車演切。開也。顯也。大也。明也。舊昌善切，獮韻九。
灛　汶水爲灛。

嘽　寬綽也。樂記曰：「其聲嘽以緩。」
繟　寬綽。
燀　炊也。亦然也。
鞼　黄色。
幝　車蔽。
墠　魯邑名。
縒　偏緩。
○搌　搌搚。舊丑善切，獮韻七。
蕆　備也。敕也。又，去貨也。
蚩　伸行。
鉵　鉵物令長。
韂　驂具。
延　安步行。
旃　旃旗柱。
○邅　雉䁃切。移行也。舊除善切，獮韻一。

○銑　寫晛切。金之澤者。又，小鑿。又，鐘兩角謂之銑。舊蘇典切，銑韻十。

洗　姑洗，律名。又，洗馬，官名。

桄　棗木。

茪　草名。

箲　洗帚飯具。亦作「筅」。

跣　跣足。

姺　古國名。

毨　毛更生整理也。

鮵　魚名。

燹　野火也。

○獮　殺也。秋獵曰獮。亦作「㺄」、「禰」。舊息淺切，獮韻九。

爓　亦作「燹」。逆燒也。

鮮　少也。俗作「尟」。

尟　寡也。

蘚　苔蘚。

䉡　篃䉡，户版籍也。

㢆　屋㢆。

癣　癣疥。

蟖　蟖蛇。

〇縓　灺䁟切。緩也。舊徐翦切，獮韻一。

〇翦　嗟䁟切。割截也。齊也。斷也。俗作「剪」。舊即淺切，獮韻十三。

揃　揃搣。亦作「擶」。

鬋　禮記：「不蚤鬋。」又，髮垂也。

媊　明星。

譾　淺也。李斯傳：「能薄材譾。」

蕑　王篲，草名。

俴　淺也。

帴　狹也。

錢　錢銚，田器。

籛　竹名。又，姓。

戩 福祥也。

箭 箭籥。

篯 竹名。

○淺 磪演切。不深也。舊七演切，獮韻一。

○踐 薺躽切。蹋也。舊慈演切，獮韻七。

後 迹也。

衟 蹈也。

俴 淺也。

諓 諂也。

餞 爲酒食以送人也。

㾐 小痒。

○扁 鷩躽切。扁署，門户也。舊方典切，銑韻九。

匾 匾匽，薄也。

碥 乘車石也。

惼 惼惼，性狹。

編　編緝。又，次第也。

萹　萹茿，草。

糄　燒稻作米。

緶　褰裳。亦作「編」。

稨　豆名。亦作「穆」。

○褊　衣急也。舊方緬切，獮韻二。

辨　憂也。亦急也。

○辡　罪人相訟。舊方免切，獮韻四。

矈　蔽目。

覵　視皃。

鴘　鷹鷂二年色。

○辮　婢匾切。交也。繆也。舊薄泫切，銑韻七。

扁　姓也。古有扁鵲。

骿　骨骿生皃。

艑　吴船。

鯿　蜀人呼鹽。

毹　毹㲋，毛領。

㾫　骨風病。

○辯　別也。□也。俗作「辡」。舊符蹇切，獮韻四。

辨　別也。判也。又，床足也。易：「剝床以辨。」

辡　罪人相訟。

諞　巧佞言也。

○楩　木名。舊符善切，獮韻二。

㥠　急也。

○鴘　義見前注。舊被免切，獮韻一。

○眄　乜瞑切。斜視也。舊彌殄切，銑韻四。

丏　不見也。

芇　相當也。

㨠　塗也。

○緬　遠也。說文：「微絲也。」舊彌兗切，獮韻九。

湎　沈湎。
愐　思也。
偭　背也。
勔　勉也。
幔　幕也。
鞆　勒靻名也。
沔　漢水別名。亦州名。俗作「汚」。
黽　黽池，縣名，在河南府。俗作「澠」。
○免　止也。脱也。黜也。去也。亦姓。舊亡辨切，獮韻七。
勉　勖也。勸也。强也。
俛　俯也。
娩　婉娩，媚也。
挽　生子挽身。
冕　冠冕。亦作「絻」。
鮸　魚名。

○以上齊齒呼。

【校記】

〔一〕後改展氏　原書刻本作「後改展氏九」，衍「九」字。

二十三　椀　合口呼

椀　限澱切。飲食器也。亦作「碗」。舊烏管切，緩韻一。

睕　睕睆，小有財。

○澱　灰椀切。弄水也。舊火管切。

猨　飛皃。

癵　痛也。三字從集韻增。

○緩　回款切。舒也。縱也。又，代北複姓有緩稽氏，後改緩氏。舊胡管切，緩韻十三。

㬊　明也。又，姓。晋有西中郎將㬊清。

睻　目眦。又，大目也。

覒　大視。

峻 山名。

篓 篛篓，筒也。

鰀 魚名。

梡 木名。又，束薪。

晥 縣名。

綄 候風羽。

澣 濯也。通作「浣」。

棵 斷木。

賗 畹賗，小有財。

○管 瑰椀切。樂器也。主當也。國名。又，姓。通作「筦」。舊古滿切，緩韻十一。

琯 玉琯。又，姓。

錧 車具。

輨 車鞁具也。

輨 車轂端鐵。

褃 袴襬也。

悹　悹悹，憂無告也。

痯　病也。

蜎　雨下蟲名。

脘　胃府。

盥　洗也。

○款　恢緩切。誠也。至也。重也。叩也。留也。條也。古作「欵」。俗作「欵」。舊苦管切，緩韻六。

窾　空也。

鐓　鐓鏠。

鱇　魚名。

梡　虞俎名，有足，如案。

棵　斷木也。

○輐　顩椀切。莊子：「椎拍輐斷。」舊五管切。

魭　魭斷，無圭角皃。二字從集韻增。

○卵　磊椀切。注見「十四　娺」。舊盧管切，緩韻一。

○短 堆椀切。促也。不長也。亦作「拉」。舊都管切，緩韻三。

斷 截也。翦也。俗作「㫁」、「断」。

攤 轉籑。

○疃 推緩切。町疃，禽獸所踐處也。亦作「畽」。又作「暖」。舊吐緩切，緩韻三。

躖 行速。

瘓 瘓瘓。

○斷 鍴椀切。絶也。舊徒管切，緩韻二。

輟 履後帖也。亦作「緞」。

○煗 餒椀切。温也。火氣也。「㬉」、「暖」、「煖」并同。舊乃管切，緩韻五。

渜 湯也。

餪 女嫁三日送食曰餪。

稬 沛國呼稻。

愞 弱也。怯也。亦作「偄」。

○算 挼椀切。計量物數也。亦作「筭」。舊蘇管切，緩韻三。

匴 器也。冠箱也。

箞　籮屬。

〇纂　嗺椀切。集也。又，組屬。亦作「纂」。古作「繤」。舊作管切，緩韻六。

纘　繼也。

儹　聚也。

酇　五百家也。又，五鄉爲酇。

籫　竹器。

穳　鋋也。

〇𢡃　崔緩切。說文：「精戇也。」舊千短切。

𥜶　重祭也。二字從集韻增。

〇鄹　罪椀切。亭名，在新豐。舊辭纂切，緩韻一。

〇粄　栢椀切。屑米餅也。亦作「料」、「䬳」。舊博管切，緩韻三。

昄　均大也。

瓪　牡瓦也。

〇坢　胚緩切。平坦也。舊普伴切，緩韻二。

𧺺　走皃。

〇伴 琲椀切。侶也。依也。陪也。舊蒲旱切，緩韻三。
拌 棄也。又，音潘。
扶 説文：「并行也。」「輦」字从此。
〇滿 每椀切。盈也。充也。亦姓。舊莫旱切，緩韻四。
懣 煩悶也。古作「𢡘」。
鏋 金精。
篲 竹器。

二十四 苑 撮口呼

苑 肥烜切。園囿也。舊於阮切，阮韻十八。
菀 茂木也。紫菀，藥名。又，姓。
宛 屈草自覆也。又，姓。
夗 卧轉皃。
窓 小孔皃。
晼 晼晚。

婉　順也。美也。
詋　慰也。
倇　歡樂。
晼　乖也。無媚也。
踠　體屈。
琬　珪也。
畹　田三十畝。
鞔　量物之鞔。亦作「鞔」。
裷　襪也。
鞔　鞔底，履名。
𦨴　船𦨴木。
蜿　蜿蟺，蚯蚓也。亦作「蝁」。
○遠　悦泫切。不近也。舊云阮切，阮韻二。
䫗　面不正。
○兖　州名。亦姓。舊以轉切，獮韻八。

浣　濟水別名。古作「沇」。

捖　動也。亦作「抏」。

莞　草名。

綄　綃綄。

颫　小風。

駺　馬逆毛。

谷　山澗泥也。

○烜　靴苑切。光明也。舊況晚切，阮韻七。

晅　日氣。

咺　兒啼不止。

愃　寬心。

諼　詐也。

暖　大目。

覍　大視。

○蠉　蜎蠉，井中小蟲。舊香兖切，獮韻二。

趨　走皃。

○泫　穴遠切。露光。又，泫然流涕皃。舊胡畎切，銑韻十二。

鉉　鼎耳。

琄　玉皃。

埍　女牢也。亦作「娹」。

韝　韊韝，刀韝也。說文：「大車縛軛靼也。」亦作「鞁」。

隕　阬也。

繯　繫也。

眴　目搖也。

矎　目童子。

軯　車軯。亦作「鞕」。

騳　馬一歲也。

贙　猛獸名。似犬，多力。

○畎　玦苑切。水小流也。古作「㇛」。又作「甽」。舊姑泫切，銑韻五。

汱　墜也。又，伏水也。

罥　挂也。亦作「羂」。

埍　義見上。

誸　誘也。

○卷　曲奏不舒也。説文：「膝曲也。」舊居轉切，獮韻六。

捲　捲而收之也。

埢　冢土。

菤　菤耳，草。

陎　聚名，在安邑。

鞏　爾雅：「革中辨謂之鞏。」車上所用皮也。

○綣　骴遠切。繾綣，不分離皃。舊去阮切，阮韻六。

裷　幭也。

稀　相近皃。

粩　粉也。

𪎭　黏𪎭。

虇　蘆笋。

〇犬　狗有懸蹄者曰犬。舊苦泫切，銑韻一。

〇圈　巨苑切。獸闌。又，姓。舊其卷切，阮韻四。

卷　圈姓，後改卷。

豢　黄豆。

菌　蕈也。

〇菌　爾雅：「菌，鹿藿。」舊渠篆切，獮韻二。

菀　耎也。

〇蜎　爾雅：「蜎蠉，井中小赤蟲。」又，姓。舊狂兗切，獮韻一。

〇阮　語苑切。姓也。舊虞遠切，阮韻三。

邧　秦邑名。

覎　小皃。

〇臠　吕苑切。肉臠，謂切肉也。舊力兗切，獮韻四。

孌　美好。

脟　割也。

嫋　從也。

○膞 蓳遠切。切肉也。舊市兖切，獮韻七。

鄟 地名。

膞 小巵有蓋。

腨 腨腸。

歂 口引氣皃。

踹 脚跟。

蕡 草名，生處無魚。

○輭 蕊苑切。柔也。俗作「軟」。舊而兖切，獮韻十五。

瑌 石，次玉。亦作「碝」。

楝 紅藍。又，楝棗也。

萸 木耳。

耎 說文：「稍前大也。」

偄 敬也。亦弱也。

愞 愞弱。

腝 脚疾。

賟　小有財物。

瞑　城下田也。

緛　衣縫也。

蝡　蟲動。

甃　柔韋。又，作「甍」。

愞　弱皃。

反　弱也。

○轉　拙苑切。動也。運也。舊陟兗切，獮韻二。

㯻　乘㯻。

○剸　細割也。亦作「剬」。舊旨兗切，獮韻八。

竱　等也。

膞　切肉。

䲘　魚名。

鷓　小卮。

孨　孤露可憐。

圂　囚刑，固。
闗　開閉門利。
○舛　歡遠切。錯也。駁也。相背也。舊昌兖切，獮韻四。
荈　茗草名。
喘　疾息也。
歂　揣也。
○篆　宁苑切。篆書。舊持兖切，獮韻六。
瑑　璧上文也。
墂　耕土卷也。
隊　道邊埤也。
摶　周禮：「百羽爲摶。」亦作「縳」。
沌　水名，在江夏。
○選　雪苑切。擇也。舊思兖切，獮韻三。
巽　罟也。
簨　竹緣。

○臇　儦少汁也。亦作「熼」。舊子兖切，獮韻二。
鐫　蟲食。
○雋　咀苑切。鳥肥也。又，姓。俗作「隽」。舊徂兖切，獮韻四。
蒦　蓄蒦，菜名。
瘍　大痒。
吮　咂也。又，徐兖切。

上聲第十七類

二十五　懶　開口呼連齊齒合口呼

嬾　唻亶切。惰也。俗作「懶」。舊落旱切，旱韻三。
讕　謾讕。
糷　飯相著也。亦作「糄」。
○亶　黵懶切。信也。厚也。大也。多也。舊多旱切，旱韻八。
嬗　緩也。
蟺　病也。

疸　黄病。

担　笞也。

䑽　小艒。

笪　持也。笞也。

狚　獦狚，獸名。

○坦　胎剡切。平也。安也。寬也。舊他但切，旱韻二。

闥　闌也。門傍之橛，所以止扉。

○但　殆嬾切。語辭。徒也。凡也。止也。舊徒旱切，旱韻九。

袒　袒裼，脱衣袖也。亦作「襢」。又作「膻」。

䑽　義見上。

繵　束腰大帶。

潬　水中沙渚。河南有中潬城。

僤　疾也。

誕　大也。育也。欺也。放也。

鞑　馬帶。

蛋　南方蠻人水居者。

○攤　乃懶切。按也。舊奴但切，緩韻一。

○赧　慚而面赤。舊奴板切，潸韻四。

㬳　温濕。

醶　酢醶，面皺皃。

戁　悚懼。

○潸　㟰懶切。泪下皃。舊數板切，潸韻一。

○産　生也。又，姓。舊所簡切，産韻十。

簅　大籥似笛，三孔而短。

嵼　嵼嵼。

滻　水名，在京兆。

㦃　全德。

摌　以手按物。

犍　畜牲也。

驏　馬名。

䊢　粟䊢。

汕　魚浮水上。

○酢　齋懶切。酢䣼，面皺皃。舊側板切，潸韻三。

拃　拃摸。

㹣　鷲飛。

○醆　酒濁微清。舊阻限切，産韻二。

盞　玉盞，小杯也。「盞」、「醆」并同。

○剗　釵坦切。削平也。舊初限切，産韻六。

鏟　平木器。

膗　皮膗。

㑪　義見上。

弗　炙肉弗也。

孱　説文：「羊相厠也。一曰相出前也。」

○䊢　礶粟也。舊初綰切，産韻一。

○㹽　齧也。舊初板切，潸韻一。

○齴　槎懶切。齴齗，齒不正也。舊士板切，潸韻二。

蝬　蟲名。

○棧　棧車，竹木之車也。又，閣木爲路曰棧道。舊士限切，産韻七。

峼　山皃。亦作「㟅」。

輚　臥車。亦兵車。又，載柩車也。

虥　虎竊毛曰虥貓。

孱　孱陵，古縣名，在武陵。

僝　見也。書：「方鳩僝功。」又，具也。

轏　轏車，士所乘。

○散　腮懶切。分離也。不檢束也。又，冗散。閑散。又，姓。古作「㪚」、「㪔」。舊蘇旱切，旱韻七。

鏾　弩牙緩也。

繖　繖，絲綾也。今作繖蓋字。亦作「傘」。

幱　幱扇。

篸　簩篸，桃支竹名。

饊　饊飯。亦作「糤」。

鷕　鳥形。

○鬢　栽懶切。款皃。舊作旱切，旱韻三。

儹　聚也。

趲　逼使走也。

○瓚　在懶切。圭瓚，酌鬱鬯之器。舊藏旱切，旱韻三。

䟅　散走。

禶　祭也。

○以上開口呼。

偃　挨簡切。仆也。靡也。臥也。息也。又，姓。左傳舒庸、舒鳩并偃姓。舊於幰切，阮韻十二。

匽　隱也。

堰　壅水也。

褗　衣領。

郾　縣名。

䁍　物相當也。

鶠　鳳名。

蝘　蜩蟧別名。又，蝘蜓，守宮也。

鰋　魚名。

鼴　鼴鼠，大者如牛，好偃河而飲水。

鄢　鄭、楚地名。

㫃　旌旗之旒。

○僩　諧䶥切。武猛皃。一曰寬大皃。舊下赧切，潸韻五。

憪　寬大。

橌　大木也。

獮　猛也。

捍　捍握，搖動也。

○限　度也。齊也。界也。舊胡簡切，產韻五。

閬　門閾。

硍 石聲。

𥇖 䀸𥇖，無畏視也。

𤛚 牛𤛚，很不從牽。

○簡 皆偃切。札也。牒也。要也。略也。選也。又，姓。舊古限切，産韻六。

澗 洗米。

僩 武猛。

襇 帬襵。

柬 分別也。擇也。亦作「揀」。

暕 陰旦日明。

○齦 揩僩切。齒聲。舊起限切，産韻一。

○眼 婭偃切。目也。舊五限切，産韻一。

○以上齊齒呼。

綰 娃軒切。繫也。舊烏板切，潸韻一。

○睆 懷綰切。大目也。舊户板切，潸韻七。

晥　明星。
莞　莞爾，笑皃。
麲　麲子，麥麴類。
鯇　魚名。
䴉　黃蒸子。又，餠也。
睅　目出皃。
○齗　頒綰切。齾齗，齒不正。舊五板切，潸韻一。
○撰　挐綰切。造也。述也。則也。定也。舊雛鯇切，潸韻二。
饌　盤餐也。亦作「䉵」。又作「籑」。
○僎　具也。數也。持也。舊士免切，獮韻四。
譔　專教也。
鱌　魚名。
頙　具也。見也。
○反　髮綰切。覆也。還也。正之對也。舊府遠切，阮韻五。
返　還也。

阪　大陂不平。亦作「坂」。

軓　車耳。

橎　木名。

○飯　伐晥切。餐也。飼也。舊扶晚切，阮韻四。

䪻　無髮。

笲　竹器，所以盛棗脩。

軬　車軬。

○阪　陂别名。舊扶板切，潸韻三。

昄　大也。

魬　魚名。

○晚　武綰切。暮也。舊無遠切，阮韻六。

挽　引也。亦作「輓」。

娩　婉娩，媚也。

嬎　子母相解。

脕　色肥澤也。

𩌏　皮脱也。

○版　八綰切。判也。舊布綰切，潸韻六。

板　木片也。與「版」通用。

鈑　鉼金。

昄　大也。

瓪　瓪瓦。

蝂　蝂蝜，蟲。

○眅　姡睆切。目中白皃。舊普板切，潸韻一。

○矕　買綰切。視皃。舊武板切，潸韻二。

蕃　草可染，子可食。

○以上合口呼。

上聲第十八類

二十六　拱　開口呼連齊齒呼

拱　鉤隴切。叉手也。環擁也。又，兩手合持曰拱。古作「共」。舊居悚切，腫韻十六。

栱　大杙。又，栱枓。

珙　璧也。

輁　輁軸，所以支棺。

㤨　戰栗也。

拲　兩手共械。

蛬　蟋蟀。

䱋　鯤魚子。

廾　竦手也。从兩手，亦作「𢪏」。

巩　抱也。説文作「𢀜」。

鞏　以皮束物。又，縣名。亦姓。

𥑮　水邊大石。

𨋾　輞也。

𤮾　瓨也。

擧　姓也。

孓　孑孓，井中小蟲。

〇恐 彄尰切。懼也。古作「忎」。舊丘隴切，腫韻二。

蒛 蔨蒛也。

〇隴 塿拱切。天水。大坂名。亦州名。舊力腫切，腫韻三。

壠 丘壠也。亦作「壟」。

壟 塗也。

〇湩 兜拱切。乳汁也。舊都鵚切，腫韻一。

〇尰 時恐切。足腫病也。亦作「瘇」。舊時宂切，腫韻二。

僡 自要僡。

〇宂 疓拱切。散也。雜也。忙也。亦作「冗」。舊而隴切，腫韻十。

媷 㑝媷，劣也，或作「搈茸」。

㹘 水牛。

鼧 鼧鼠。

穁 稻穁。

輯 輕也。

搑 推擣皃。

�

輣 推車。
毹 鳥細毛也。亦作「毻」。
摐 拒也。
○悚 涑拱切。怖也。舊息拱切，腫韻十。
竦 敬也。又，竦動。
騻 馬摇銜走。
慫 驚也。
聳 高也。驚也。又，聾也。
從 從從，走意。
褷 禪衣。
㩳 懼也。亦作「愯」。
㩳 執也。
縱 絆前兩足。
○縱 摐拱切。義見上。舊子冢切，腫韻一。
○覂 不拱切。覆也。或作「庈」。又作「泛」。舊方勇切，腫韻一。

○捧　兩手承也。舊敷奉切，腫韻一。

○奉　浮恐切。與也。禄也。舊扶隴切，腫韻二。

唪　口高皃。

○鴇　畝拱切。鴇鴟，鳥。舊莫湩切，腫韻二。

朧〔一〕　豐大。○以上開口呼。

擁　憂洶切。抱也。衞也。從也。亦作「擁」。又作「壅」。舊於隴切，腫韻二。

壅　塞也。障也。培也。堨也。

○勇　尤寵切。鋭也。猛也。古作「恿」。亦作「勈」。舊余隴切，腫韻十五。

甬　草木花欲發皃。又，鍾鼻謂之甬。斛謂之甬。巷道曰甬。又，甬東，地名。

涌　泉上溢也。亦作「湧」。

慂　慫慂，勸也，亦作「縱臾」。

悀　心喜也。又，出也。

踊　跳也。又，刖者接足之器。

蛹 蹖蛹。
俑 送葬偶人。
衖 巷道。
埇 道上加土。又，地名，在淮泗。
筩 筩室。
蛹 蠶化爲蛹。蛹化爲蛾。
溶 水皃。
𡏗 埫𡏗，不安。
傛 不安也。
○洶 休擁切。洶涌，水盛皃。舊許拱切，腫韻三。
詾 衆言也。嚇也。訟也。
凶 擾而恐懼。
○㮬 舅擁切。穫也。舊渠隴切，腫韻一。
○腫 周擁切。脹也。癰也。舊之隴切，腫韻六。
種 類也。凡前物所遺以生後物者曰種子。

踵　足趾。又，繼也。躡也。

歱　跟也。

徸　相迹也。

嚏　嚏嗋，欲吐。

○冢　大也。山頂曰冢。又，高墳也。俗作「塚」。舊知隴切，腫韻一。

○憁　說文：「幃也。」亦作「帪」。舊職勇切，腫韻一。

○寵　抽勇切。愛幸也。尊榮也。舊丑隴切，腫韻三。

趗　小兒行皃。

埫　埫塎，不容。

○雗　小鳥飛也。舊充隴切，腫韻二。

嚏　氣急之皃。

○重　紂擁切。不輕也。舊直隴切，腫韻四。

憅　遲也。

襱　袴也。

鮦　魚名。

○以上齊齒呼。

【校記】

〔一〕 䑋　原書誤刻作「䑋」，據廣韻改。

二十七　蓊　合口呼

蓊　烏嗊切。蓊鬱，草木盛皃。舊烏孔切，董韻九。

滃　大水皃。又，雲氣濃皃。

暡　氣盛皃。

塕　塕埲，塵起。

𤊪　𤊪然，烟氣。

篛　竹盛。

勜　勜劜，屈强皃。

膾　膾臭。

䆵　䆵䆹，多皃。

○嗊　呼蓊切。羅嗊，歌曲。舊呼孔切，董韻二。

懶　懶懶，心神恍忽皃。

○汞　湖孔切。水銀也。舊胡孔切，董韻四。

哢　嗚聲哢哢。

蚉　蚉蟲，甲類。

澒　蒙澒，大水皃，亦作「蒙鴻」。

○孔　枯汞切。穴也。空也。甚也。大也。亦姓。舊康董切，董韻二。

倥　倥傯，事多。

○曨　魯蓊切。曈曨，日欲明皃。舊力董切，董韻九。

巃　巃嵸，山峻皃。

儱　儱侗，未成器也。

儱　儱悷，不調。

攏　攏略。又，拗攏，籌也，謂酒律。

襱　袴也。

籠　竹器。

寵　孔寵。

䮾　乘馬。又，牽也。說文：「兼有也。」

〇董　都蓊切。督也。正也。固也。又，姓。舊多動切，董韻七。

箽　亦姓。又，竹器也。

蕫　鼒蕫，草似蒲而細。又，藕根。

憧　懵憧心亂。

蘳　蘳蘳，鼓鳴也。

穜　攏穜，不止。

蝀　螮蝀，虹也。

〇桶　琮汞切。木桶。舊他孔切，董韻五。

捅　進前也。

侗　直也。又，長大也。

曈　曈曨，欲曙。

統　系也。總也。綱也。御也。〇按：「統」字，諸書皆作去聲。唯玉篇云又音「桶」。今增入。

〇動　杜蓊切。躁也。作也。摇也。静之對也。古作「連」。舊徒總切，董韻九。

桶　木器。

詷　謥詷，急也。

眮　瞋目。

姛　項直皃。

挏　推引也。漢有挏馬官作酒。

絧　鴻絧倢獵，見揚雄賦。

酮　酒壞。

硐　安硐、鍯硐，見馬融長笛賦。

〇䙚　弩蓊切。䳜䙚，多皃。舊奴動切，董韻一。

〇敂　蘇蓊切。搏擊也。舊先孔切，董韻三。

檧　小籠。

篵　箸桶。

〇總　租蓊切。聚束也。合也。皆也。衆也。亦作「揔」。俗作「惣」。舊作孔切，董韻十三。

鬆　鬆角。

偬　倥偬。

熜　熅也。説文：「然麻蒸也。」

𢉜　屋會。

嵸　巃嵸，山皃。

蓯　菶蓯，草皃。

㕬　衆立。

睃　竊視。

輚　關西呼輪曰輚。

𦐇　鳥飛竦翅上下也。

䋧　爾雅：「軌䋧。」一名素華。

猣　犬生三子。

○琫　逋蓊切。佩刀飾也。舊邊孔切，董韻五。

菶　草盛。

俸　屏俸。

㲯　小兒皮屨。

鞛　刀室謂之鞞鞛。

○菶　簿蓊切。草盛皃。舊薄蠓切，董韻三。

唪　多實皃。詩：「瓜瓞唪唪。」又，口高皃。

埲　塕埲，塵起。

○濛　姥蓊切。蒙鴻，大水皃。舊莫孔切，董韻七。

矇　晻矇，日未明也。

朦　大皃。

曚　物上白醭。

蠓　蠛蠓，小蟲。亦謂之醯鷄。

鸏　水鳥。

懵　心亂皃。

上聲第十九類

二十八　梗　開口呼連齊齒合口、撮口呼

梗　革冷切。直也。塞也。撓也。又，梗概，大略也。又，桔梗，藥名。舊古杏切，梗韻九。

挭　阻撓也。又，挭概。

埂　堤封。

綆　汲井索。

郠　邑名，在莒。

哽　哽□〔一〕。

骾　骨留咽中。亦作「鯁」。

鯁　魚刺在喉。亦魚骨也。直臣曰骨鯁之臣。

蛃　蟲名。

○耿　耿介。耿光。又，耿耿，不安也。又，國名。亦姓。舊古幸切，耿韻三。

瞖　瞖䁎，視皃。

莔　芋莖。

○肯　客梗切。可也。願也。又，肯綮，筋肉會處也。亦作「肻」。又作「肎」。舊苦等切，等韻一。

○冷　塿梗切。寒也。又，音領。舊魯打切，梗韻一。

○等　德梗切。齊也。類也。輩也。級也。待也。稱量也。舊多肯切，等韻一。

○打　擊也。舊德冷切，梗韻一。

○瑒　揄梗切。祀宗廟圭名。舊徒杏切，梗韻一。

○能　乃梗切。夷人語。舊奴等切，等韻一。

○省　㨨梗切。省署。又，姓。舊所景切，梗韻八。

闇　闇府。今作「省」。

渻　水名。亦丘名。又，作「郤」。

媘　減也。

瘖　瘦瘖。

覩　脚露也。

甑　㼽甑，有耳瓶。

眚　過也。灾也。

○殑　殑殑，欲死也。舊色庱切，拯韻一。

○浜　伯梗切。浦名。舊布梗切，梗韻三。

倂　誁僞人也。

絣　絣急。

○睜　珀肯切。睜暍，薄皃。舊普幸切，耿韻一。

〇倗　不肯也。舊普等切，等韻二。

鄳　國名。穆天子傳：「西征至鄳。」

〇鮩　鮬梗切。鮊魚別名。舊蒲猛切，梗韻一。

〇偋　俱也。或作「并」。羅列也。舊蒲幸切，耿韻二。

鮩　蛤鮩。古作「蠯」。亦作「螷」。

〇猛　畝梗切。勇也。嚴也。威也。暴也。亦姓。舊莫幸切，梗韻六。

艋　舴艋，小船。

蜢　蚱蜢，蟲。

䁅　䁅盯，視皃。

鄳　縣名，在江夏。

黽　蛙屬。

〇䁅　舊武幸切，耿韻三。

黽　蛙屬。

鼆　句鼆，魯邑名。

〇以上開口呼。

影　幽警切。形影。古作「景」。舊於丙切，梗韻七。
璟　玉光彩。亦作「璄」。
䭘　飽也。亦作「䭞」。
䫾　高風。
荆　刺也。
毦　毛車。
撓　中擊。
○癭　安也。癭陶，縣名，在趙州。舊於郢切，静韻五。
瘿　瘤也。
郻　地名。
𣣨　𣣨氣。
䁝　滯氣。
○巊　巊溟，山水。舊烟涬切，迥韻三。
瀴　瀴涬，大水皃。
䰗　誙䁝。

○郢　易杏切。楚地。舊以整切，静韻三。

涅　泥也。

梬　梬棗，似柹而小。

○杏　檄郢切。果名。舊何梗切，梗韻三。○按：「杏」字既作何梗切，而「梗」字作古杏切。「猛」字作莫杏切，「瑒」字作徒杏切，則此字當入開口呼。今舉世讀爲齊齒呼，姑從之。

莕　莕菜。

荇　荇菜。

○幸　慶也。愛也。御也。冀望也。古作「㚔」。舊胡耿切，耿韻三。

倖　儌倖。又，偻倖。

䍂　䍂㼚，瓶有耳。

○婞　很也。舊胡頂切，迥韻七。

涬　瀴涬，大水皃。

緈　絓緈。

鋞　似鐘而長。

脛　脚脛。

悜　悜恨。

鯁　魚名。

○警　檠影切。寤也。戒也。亦作「儆」。舊居影切，梗韻七。

璥　玉名。

檠　所以正弓。亦作「檠」。

憼　敬也。

螢　蛙屬。

景　光也。明也。炤也。大也。像也。又，姓。

境　界也。

○頸　項也。舊居郢切，静韻一。

○剄　斷也。舊古挺切，迥韻二。

烴　焦臭。

○謦　隙郢切。謦咳也。舊去挺切，迥韻二。

綮　肯綮，筋肉勁處。

○痙　蟉影切。風强病也。舊巨郢切，静韻二。

涇　寒也。

○殑　殑殑，欲死。舊其拯切，拯韻一。

○䁋　𪍿影切。直視皃。舊五剄切，迥韻二。

𡘋　小皃。

○領　柳影切。項之背也。亦衣領。又，管領。又，受也。理也。舊良郢切，静韻五。

嶺　山頭通路處也。亦作「岭」。

𦳊　草名。

袊　衣袊。通作「領」。

柃　木名。

○笭　篣笭，籠也。舊力鼎切，迥韻三。

罜　罜罜，小網。

冷　寒也。又，姓。

○頂　的影切。頂顙，頭之顛也，亦作「𩠐𩕢」。舊都挺切，迥韻十一。

耵　耵聹，耳垢。

奵　嫇奵，自持也。

打 擊也。

酊 酩酊。

靪 補履。

鼎 說文：「和五味之寶器。」又，當也。盛也。又，卦名。

蒻 草名。

濎 濎濘，水名。

葶 葶藶，毒草。

㢨 展也。

○珽 惕鼎切。大圭長三尺。舊他鼎切，迥韻十二。

侹 長也。直也。代也。敬也。

頲 直也。

脡 脯朐。

壬 善也。

逞 徑也。

圢 平也。

町　田堰。

艼　蔄也。

罜　罜罣，小網。

𤰝　田器。

閅　門上關。

○挺　弟影切。出也。拔也。直也。舊徒鼎切，迴韻十二。

梃　木片。又，杖也。

鋌　箭足也。又，金銀鋌。

莛　草莖。

涏　涇寒。

霆　疾雷。

娗　長好皃。

誔　詭言。

艇　小船。

蜓　蟲名。

訂　平議。

町　田畝。

○檸　你影切。木皮入酒浸治風。舊拏梗切，梗韻一。

○顊　頂顊。舊乃挺切，迥韻五。

聹　耵聹。

濘　泥濘。

蠕　似蛙。

薴　葶薴。

○盯　隻影切。盯矒。舊張梗切，梗韻一。

○整　正也。齊也。俗作「整」。舊之郢切，静韻一。

○拯　救也。助也。上舉也。亦作「抍」、「撜」。舊無切音，蒸上聲，拯韻三。

丞　晋譙王名。

夆　軺車後登。

○逞　尺郢切。通也。疾也。盡也。矜也。舊丑郢切，静韻六。

悜　悜悜，意不盡也。

睈　視也。

裎　襌衣。

騁　馳騁。

鞓　駿具。

○庱　亭名，在晋陵。舊丑拯切，拯韻一。

○逞　紂影切。雨後徑也。舊丈井切，静韻二。

涅　通也。

○省　昔影切。察也。視也。舊息井切，静韻六。

惺　惺悟。

渻　少減也。一曰水門。

楷　俎几名。

惺　惺悟。

瞠　瞠瞠，照視。

○醒　醉歇也。舊蘇挺切，迥韻二。

箵　箵笭，篝籠。

○井　積影切。井泉。又，九百畝爲井。又，宿名。又，卦名。古作「丼」。舊子郢切，静韻二。

邢　邢陘，地名。

○請　戚郢切。求也。問也。謁也。延也。舊七静切，静韻二。

晴　晵晴，不悦目皃。

○静　薺影切。寂也。定也。和也。息也。舊疾郢切，静韻八。

靖　安也。理也。思也。審也。又，姓。

婧　女人貞潔也。亦作「姘」。

彭　清飾。

穽　坑也。亦作「阱」。

竫　停安。

睜　晵睜，不悦視也。

猙　獸如狐，有翼。

○洴　洴濙，小水皃。舊徂醒切，迥韻一。

○丙　彪影切。干名。光也。明也。又，姓。舊兵永切，梗韻九。

昞　亮也。亦作「昺」。

炳　明也。

苪　著也。

窉　爾雅：「三月爲窉。」

邴　邑名，在泰山。又，姓。

怲　憂也。

蛃　蟲名。

秉　禾秉。又，把也。執也。又，姓。

○餅　餅餌。舊必郢切，静韻五。

𪍿　索𪍿。

鉼　金鈑曰鉼。

并　合和也。

屏　蔽也。除也。斥也。

○鞞　刀室也。舊補鼎切，迥韻一。

○頩　僻影切。斂容也。舊匹迥切，迥韻一。

○竝　婢影切。比也。亦作「并」。舊蒲迥切，迥韻三。

并　相并也。

鮩　白魚名。

○眳　眇影切。眳睛。舊亡井切，静韻二。

慏　慏悜，意不盡。

○茗　茶晚取者。舊莫迥切，迥韻五。

酩　酩酊，酣醉。

姳　姳奵。

瀴　瀴涬，大水皃。亦作「溟」。

嫇　嫇奵，自持也。

○以上齊齒呼。

瞥　擭丱切。清潔也。舊烏猛切，梗韻三。

泂　泂濙，水回旋也。

奣　六合清朗。

○丱　砉瞥切。金玉未成器也。舊呼瞥切，梗韻二。

潩　泂潩，水回旋也。

○礦　國眚切。金璞也。古作「鉶」。亦作「鑛」。舊古猛切，梗韻四。

穬　穀芒。又，稻不熟。

𪌭　𪌭麥。亦作「𪍿」。

獷　犬也。又，獷平，縣名，在漁陽。

○界　蒯眚切。界然，舉目也。舊苦礦切，梗韻一。

○以上合口呼。

濴　益苋切。泋濴，小水皃。舊烏迥切，迥韻一。

○永　役迥切。長也。遠也。引也。久也。舊于憬切，梗韻二。

栐　木可爲笏。

○潁　水名，在汝南。亦州名。舊餘頃切，静韻二。

穎　禾末也。穗也。又，姓。

○苋　瞑濴切。小風。舊許永切，梗韻一。

○詗　明悟了知。又，告言也。舊火迥切，迥韻一。

○迥　檄永切。遠也。舊户頂切，迥韻五。
冋　空也。
炯　光也。明也。
泂　遠也。詩有泂酌。
逈　草名。
○憬　鄭潫切。遠也。覺悟也。舊俱永切，梗韻六。
暻　明也。悟也。
璟　玉光。
囧　光也。
煚　火也。
𩥉　驚走皃。
○熲　光也。舊古迥切，迥韻八。
穎　篋名。
炅　光也。
䁝　目驚皃。

烔　火明皃。

洞　滄寒。

餇　餇飽。

蝙　蝙蟐，似蛙。

○頃　闃永切。百畝爲頃。又，俄頃也。古作「顊」。舊去潁切，静韻三。

檾　枲草。亦作「苘蘏」。

擷　竟也。

○褧　禪縠衣也。亦作「絅」。舊口迥切，迥韻三。

顈　禪衣。

烓　行灶。

○皿　米潑切。器皿。舊武永切，梗韻三。

盗　盗户，土穴。

盟　盟也。

○以上撮口呼。

【校記】

〔一〕哽□　原刻脱去一字，疑作「哽咽」。

上聲第二十類

二十九　盎　開口呼連齊齒合口呼

盎　阿汻切。盆也。舊烏朗切，蕩韻十。

映　映瞬，不明。

泱　滃泱，水皃。

坱　塵埃也。

姎　女人自稱「姎我」。

咉　咉咉，咽悲也。

篎　竹名。

醠　濁酒。

軮　軮軋，車聲。

駚　駚驦，馬容。

○泬　訶盎切。姓也，涇州有之。舊呼朗切，蕩韻三。
旰　鹵旰。
酐　苦酒。
○沆　何慷切。沆瀣，氣也。舊胡朗切，蕩韻六。
吭　聲也。
骯　骯髒，體盤。
踠　伸脛也。
䒠　直項之皃。
蚢　貝大者如車輞。爾雅作「魧」。
○魧　歌盎切。鹽澤也。「酐」、「盳」并同。舊各朗切，蕩韻二。
䟘　義見上。
○慷　珂沆切。慷慨，竭誠。又，感傷之意。亦作「忼」。舊苦朗切，蕩韻六。
嵻　嵻崀，山空。
㝩　㝩㝗，空虛。
骯　義見上。

䣈　車䣈。

𢉶　大也。

○駠　我盎切。馬怒驁驁駠也。舊五朗切，蕩韻一。

○朗　儸央切。明也。亦姓。「朖」、「誏」并同。舊盧黨切，蕩韻五。

俍　俍傷，長皃。

崀　㡒崀，山空。

㝗　㡒㝗，空虛。

桹　木名。

○黨　多盎切。朋也。輩也。美也。庇也。五百家爲黨。舊多朗切，蕩韻五。

讜　直言。

鄻　地名。說文作「郶」。

欓　木名。

蘯　草名。

○儻　佗沆切。倜儻不羈。舊他朗切，蕩韻十二。

曭　日不明也。

矘 矘睰，目無精。

朦 朦胼，月不明也。

爣 爣朗，火光寬明。

曭 白曭。

儻 儻慌，失意皃。

攩 攩攩，搥打。

傷 長皃。

簜 大竹箭也。

瓞 大瓜名。又，瓞瓞，長皃。

帑 金幣所藏。

○蕩 杫盎切。大也。廣遠也。又，動蕩。又，蕩除。又，放蕩也。又，水名，出湯陰。亦姓。

舊徒朗切，蕩韻十二。

崵 山名，在沛郡。

惕 不憂。

婸 淫戲皃。

簜　大竹。

篡　義見上。

璗　玉名。說文：「金之美與玉同色者。」

暘　春也。持米精也。

盪　說文：「滌器也。」又，搖動皃。

嵣　嵣峼，山皃。

潒　大水之皃。又，洗潒也。

愓　放愓。亦作「婸」。

○曩　那盎切。久也。昔也。舊奴朗切，蕩韻二。

灢　泱灢，水不净。又，水名。亦作「瀼」。

○顙　娑盎切。額也。舊蘇朗切，蕩韻三。

磉　柱下石也。

鎟　鼓匡木也。亦作「鎟」。

○駔　䟫盎切。會馬市人。又，牡馬也。舊子朗切，蕩韻三。

驡　駃驡，馬容。

髒　骯髒，體盤。

○蒼　蹉沆切。莽蒼，草野之色。舊粗朗切，蕩韻一。

○奘　坐盎切。大也。舊徂朗切，蕩韻一。

○昉　霧盎切。旦初明也。又，始也。舊分网切，養韻三。

倣　學也。依也。本作「放」。

瓬　周禮有瓬人，搏埴之工也。

○髣　髣髴，猶依稀也，見不審皃，亦作「彷佛」。舊妃兩切，養韻四。

仿　相似也。

紡　績紡。

鴋　鸔鴋，鳥蒼黑色，常在澤中，俗呼爲護澤。亦作「鶭」。

○网　武盎切。网罟也。今作「網」。舊文兩切，養韻九。

罔　無也。誣也。又與「網」同。

惘　惘然，失志皃。

誷　誷誣。亦作「㒺」。

聕　耳疾。

輞　車輞。亦作「棢」。

菵　菵草。

蛧　蛧蜽。

魍　魍魎。

〇榜　包盎切。木片也。又，標榜。舊北朗切，蕩韻六。

牓　題牓。

蒡　牛蒡，菜。

蟒　陸居蝦蟆。

髼　髼氄，亂毛。

毻　毛毻，罽文。

〇㮄　小兒皮履。舊巴講切，講韻一。

〇髈　泡沆切。髀也，吴人云髈。舊匹朗切，蕩韻二。

䩷　䩷䩬，無色。

〇棒　鮑盎切。杖也。打也。「棒」、「棓」并同。舊步項切，講韻五。

玤　珠，次玉。又，周邑地名。

牪　牪𤚩，很戾。

蚌　蛤也。亦作「蜯」。

䅌　䅌䅦，器名。

○莽　卯盎切。草莽。又，姓。舊模朗切。又，莫古切，蕩韻十。

茻　說文：「衆草也。」

曚　日無光。

漭　漭沆，水大。

鏻　鈷鏻，温器。

矇　目無一睛。

䊡　䊡䊡，無色狀。

蟒　蛇最大者。

𡾰　𡾰𡼏，山皃。

䖦　吳王孫休子名。

○㟌　㟌㒗，不媚皃。舊武項切，講韻二。

䳟　䳟鳥。

〇以上開口呼。

惱　幺備切。忭惱，很戾皃。舊烏項切，講韻一。

〇備　嘵惱切。佬備。舊虛惱切，講韻二。

憐　惱憐。

〇項　䫉惱切。頭後爲項。又，姓。舊胡講切，講韻二。

缿　受錢器，古以瓦，今以竹。

〇講　驍惱切。告也。謀也。論也。解也。舊古項切，講韻四。

備　佬備。

耩　耕也。

港　水分流。又，水中行舟道。

〇以上齊齒呼。

枉　倭怳切。邪曲也。亦姓，虢州有之。舊紆往切，養韻四。

𢾺　曲侵。

歕　佒人。

汪　汪陶縣，在雁門。

○洸　大水。舊烏晃切，蕩韻二。

瀇　水深廣皃。

○往　皝晃切。之也。去也。行也。至也。舊于兩切，養韻二。

暀　德也。是也。光也。美也。

○怳　火枉切。惝怳。舊許昉切，養韻二。

謊　夢中言也。

○慌　慌憹。舊呼晃切，蕩韻六。

曂　日旱，熱也。

朚　朚朧，月不明皃。

宺　宺宧。

睆　睰睆，目疾。

爌　爌朗，寬明也。

○晃　和往切。明也。暉也。光也。亦作「晄」。舊胡廣切，蕩韻七。

幌　帷幔也。
滉　滉瀁，水皃。
榥　讀書床也。
皝　人名，前燕主慕容皝。
横　兵欄。
攩　搥打。
○廣　戈枉切。大也。闊也。舊古晃切，蕩韻二。
鄺　人姓，出廬江。
○獷　獷平縣，在漁陽。舊居往切，養韻一。
○臩　驚走也。又，往來皃。舊俱往切，養韻四。
迋　走皃。
迂　欺怨。
𠿇　載器也。
○懬　科往切。大也。寬也。怨也。舊丘晃切，蕩韻三。
爌　爌朗，寬明也。

䡷　䡷䡷，軥也。

○俇　揆枉切。俇俇，遑遽皃，見楚詞。舊求往切，養韻一。

○以上合口呼。

上聲第二十一類

三十　鞅　齊齒呼附開口呼

鞅　鴉響切。牛羈也。在腹曰鞅。又，馬頸組也。舊於兩切，養韻十一。

峡　山足。

炴　火光。

柍　木名。

秧　秧穰，禾稠也。

怏　怏悵，情不滿足也。

詇　早知也。

眏　飽皃。

紻　冠纓。

眏　無資量，謂無極限也。

駚　駚騺，馬皃。

○養　遥䂪切。育也。樂也。飾也。又，姓。舊餘兩切，養韻七。

癢　皮癢也。亦作「痒」。

懩　心所欲也。射雉賦：「徒心煩而技懩。」注：「有藝欲達曰技懩。」

瀁　混瀁，水皃。

蝆　蟲名。

蛘　蝆名。説文：「搔蛘也。」

勨　勉也。又，音象。

○享　烿鞅切。獻也。祭也。臨也。向也。歆也。下享上也。古作「亯」。亦作「亨」。舊許兩切，養韻六。

饗　歆饗也。又，大饗，上饗下也。

響　應聲也。亦作「嚮」。

曏　爾雅：「兩階間謂之曏。」

曏　明也。不久也。又，音向。

蠁　知聲蟲也。又，相如賦：「肸蠁布寫。」注云：「盛作也。」亦作「蚼」。

○繈　家鞅切。絲有纇。又，錢貫也。俗作「鏹」。舊居兩切，養韻四。

襁　襁褓，負兒衣也。

膙　筋頭。

憼　敬也。

○⿰石毛　⿰齒可養切。石名。舊丘仰切。從集韻增。

○彊　鬐鞅切。弓有力也。勉彊，力行也。木彊，不和柔也。拗彊，不順從也。又，姓。通作「強」。舊其兩切，養韻五。

弜　弓有力也。

勥　追也。勉力也。

誩　競言。

滰　乾漬米也。

○仰　雅鞅切。舉首望也。向上卧也。舊魚兩切，養韻三。

卬　望也。欲有所度。

茚　菖蒲別名。

○兩　繚鞅切。偶也。再也。二十四銖爲一兩。古作「㒳」。舊良獎切，養韻八。

緉　雙履。

裲　裲襠。

脼　膎脼。

㮇　松脂。

𦐭　𦐭𠢕。力拒。

魎　魍魎，山川之精物也，亦作「罔兩」，又作「蝄蜽」。

蜽　木石之怪夔。蝄蜽。又，蟲名。

○賞　燒鞅切。賜也。嘉也。又，姓。舊書兩切，養韻四。

餳　日西食也。亦作「餳」。

饟　周人呼餉食。

𡚼　少時也。

○上　韶養切。登也。進也。古作「丄」。舊時掌切，養韻一。

○壤　繞鞅切。土也。無塊曰壤。又，肥盛曰壤。又，複姓，孔子弟子有壤駟赤。舊如兩切，養韻八。

穰　豐穰。

攘　擾攘。

膿　肥也，蜀人語。

躟　躟躟，行疾皃。

礢　惡雌黄。

蘘　蘘菜爲菹。

蠰　蟲名，似鷄而小。

○掌　奓鞅切。手心曰掌。又，典領也。又，姓。古作「𠆣」。从反爪。舊諸兩切，養韻二。

仉　人姓，梁四公子有仉督。

○長　大也。齒高、位尊皆曰長。又，生長。長養。又，複姓，晋有長兒魯。舊知丈切，養韻一。

○敞　侘養切。高也。曠也。豁也。舊昌兩切，養韻七。

惝　惝怳，驚皃。

惝　惝惘，失意皃。

僘　寬也。

廠　屋無壁。

氅　析鳥羽爲旗衣之屬。亦作「鶖」。

㡪　踞也。

○昶　通也。明也。舒也。舊丑兩切，養韻二。

鋹　利也。

○丈　肇鞅切。十尺爲丈。舊直兩切，養韻四。

杖　拄手木也。又，持也。

仗　憑也。又，兵仗。

痮　病也。

○想　宵鞅切。思憶也。舊息兩切，養韻二。

鯗　乾魚腊也。

○象　兕鞅切。長鼻牙獸。又，形象也。肖似也。舊徐兩切，養韻十一。

像　肖似也。摹仿也。

嶑　山名。

潒　瀁潒，水急皃。

橡　櫟實。

蒃　草名。

勨　勉也。

逯　行也。

襐　未笄冠者之首飾。

蟓　桑上繭。

鱌　魚名，似魟，白鼻長也。

○奬　焦鞅切。勸也。助也。成也。譽也。厲也。亦作「獎」。舊即兩切，養韻四。

蔣　國名。亦姓。又，複姓有蔣匠氏。

槳　檝屬。亦作「桨」。

篣　刮竹末去節也。

○搶　鍬養切。争取也。突也。亦作「掭」。舊七兩切，養韻一。

○驃　鰾鞅切。姓也。舊毗養切，養韻一。

○以上齊齒呼。

爽　沙磢切。明也。快也。差忒也。亦作「奭」。舊疏兩切，養韻九。

漺　净也。

塽　塽塏，高也。

樉　木名。

顙　醜皃。

縔　屩中絞繩。

瓾　半瓦。

鷞　鷞鳩。

騻　驌騻，良馬。

○磢　杈爽切。以瓦石洗物也。亦作「瓾」。舊初兩切，養韻六。

峽　山相摩皃。

淶　净也。

剏　皮傷。

愴　愴怳，失意皃。

搶　著也。史記：「頭搶地。」

〇頪　醜也。舊初丈切，養韻二。

倸　惡也。

〇以上開口呼。

上聲第二十二類

三十一　飲（一）　齊齒呼附開口呼

飲　邑廞切。歠也。古作「㱃」。舊於錦切，寢韻二。

澏　大水至。

〇潭　熠玪切。潭濼，水動摇皃。舊以荏切，寢韻一。

〇廞　羲飲切。大喪囊也。舊許錦切，寢韻一。

〇錦　急飲切。織文也。舊居飲切，寢韻一。

〇玪　泣潭切。坎也。舊丘甚切，寢韻一。

〇顩　頋顩，醜皃。舊欽錦切，寢韻二。

鋡　曲頤之皃。

〇噤　技飲切。寒而口閉。舊渠飲切，寢韻四。

䫐 切齒怒也。

澿 寒極也。

唫 口急也。

○噤 擬飲切。仰頭皃。舊牛錦切，寑韻二。

趛 低頭疾行。

○廩 里飲切。倉有屋曰廩。古作「㐭」。舊力稔切，寑韻七。

凜 寒凜。

懍 敬也。畏也。

㔩 粟體。

醠 火舒。

顲 顲然，作色皃。

菻 菻蒿。

○拰 搇潭切。拰溺。舊尼凜切，寑韻一。

○沈 濕飲切。國名。亦姓。古作「邥」。舊式任切，寑韻十二。

魫 魚子。

審　悉也。諟也。又，姓。古作「宷」。

橎　木名，其汁甘，可爲酒。

蕃　草名。

諗　告也。謀也。深諫也。

淰　淰潤，水動也。亦閃也。

眣　瞚也。

魫　大魚。

魿　大魚。

瞫　竊視。又，姓。

嫜　志下。

○甚　十潭切。劇過也。尤也。舊常枕切，寢韻二。

訦　信也。

○葚　桑實也。亦作「黮」。舊食荏切，寢韻一。

○荏　惹飲切。菜也。又，荏苒。舊如甚切，寢韻十三。

栠　木弱皃。

鉦　餂鉦。

筀　單席。

恁　念也。

飪　熟食。亦作「飪」。

肚　肉汁。

衽　衣襟。又，卧褥。

稔　年也。秋穀熟也。

棯　果木名。爾雅云：「還味棯棗。」

飪　飽也。

脸　味好。

羊　稍甚。

○枕　汁飲切。卧薦首者。又，姓。舊章荏切，寑韻三。

煩　頭骨後。

顫　頭鋭長也。

○戡　小斫也。舊張甚切，寑韻二。

㲊　深擊。

○瀋　斟潭切。汁也。舊昌枕切，寑韻一。

○踸　踸踔，行無常皃。舊丑甚切，寑韻三。

鍖　鍖銋。

頣　頣顭，自愄劣皃。

○朕　雉飲切。我也。天子自稱。古作「朕」。舊直稔切，寑韻五。

鱵　魚名，似鰕，赤文。

䲢　䲢蛇。

栚　槌之横者。

顉　顉頤，醜皃。

○伈　霫飲切。伈伈，恐皃。舊斯甚切，寑韻二。

罧　積柴取魚。

○醑　噍飲切。小甜也。舊子朕切，寑韻四。

鐕　濕通上也。

膪　膪唇病也。

㵒　漸也。漬也。又，縣名，在汝南，即孫叔敖所封㵒丘是也。

○寑　緝潭切。卧也。息也。又，堂室曰寑。亦作「𡪢」。又作「寢」。舊七稔切，寑韻八。

㾛　㾛痛。又，皃醜。

𡫳　説文：「病卧也。」

侵　貌侵，謂短小也。

梫　木名，桂也。

蔓　覆也。

鋟　爪刻。鏤版。

醦　義見上。

○蕈　薺飲切。菌生木上。舊慈荏切，寑韻一。

○稟　皀飲切。供穀也。又，受也。承也。舊筆錦切，寑韻一。

○品　披潭切。類也。式也。量也。又，姓。舊丕飲切，寑韻一。

○以上齊齒呼。

痒　澀頗切。寒病也。亦作「瘮」。舊疏錦切，寑韻二。

槮　木實名。

○墋　磣痒切。土也。垢濁也。功臣贊云：「上墋下黷。」舊初朕切，寑韻三。

碜　食有沙碜。

醦　酢甚。

○顩　俟痒切。顩顪，醜皃。舊士痒切，寑韻一。

○以上開口呼。

【校記】

〔一〕三十一　飲　原刻誤作「三十三　飲」，據其排序數字改。

上聲第二十三類

三十二　晻　開口呼

晻　始顩切。晻藹，暗也，冥也。舊烏感切，感韻十一。

黤　青黑色也。

馣　馣馣，香也。

庵　庵藹，翳薈也。

唵　手進食也。

掩　掩跛。又，蹇也。

黭　黭黮。

揞　手覆。

陪　陪闇。

罯　魚網。

瀶　大水至。

○顑　欿唵切。食不飽也。舊呼唵切，感韻一。

○頷　合坎切。腮頷也。又，面黄也。舊胡感切，感韻十六。

頷　顄也。

嶦　嶦崿。

菡　花開。

㜷　㜷害，惡性也〔一〕。

肣　牛腹。又，音含。

马　説文：「嘾也。草木之華未發函然。象形。」

菡　菡萏。

涵　水入船。

顄　頤也。

㮀　𦗰耳。

淊　水和泥也。

欿　欲得。

蜭　爾雅：「蜭，毛蟲。」

撼　撼動。

㕅　㕅嘾，乳汁狀。

○感　閣晻切。動也。觸也。通也。舊古禫切，感韻十。

礛　石篋。

鰔　魚名。

贑　水名，在南康。

贛　水名，在豫章。亦作「灨」。

籲　竹名。

䕭　薏苡。

匳　箱類。又，覆頭也。

醽　酒味淫也。

灝　豆汁。

○坎　㳩頷切。險也。陷也。卦名。又，小阱。又，小罍也。舊苦感切，感韻十。

歁　食未飽。

轗　轗軻，多迍。

顑　顑頷，瘦也。

臽　小穽名。

埳　埳陷。

鋡　鎖連環也。

輡　輡轗，車行不平。

惂　憂困也。

䫲　舞曲名。

○頷　頗晻切。頷頷，摇頭也。舊五感切，感韻三。

婘　含怒皃。

嵁　嵁崿，山形。

○壈　磊晻切。坎壈，屯蹇不得志也。舊盧感切，感韻八。

燷　黄焦。

轗　輡轗。

漤　鹽漬果。

醂　桃葅。

森　愁皃。

渁　藏梨汁也。

黷　面黄。

○黕　答晻切。滓垢也。黑也。舊都感切，感韻九。

紞　多也。

耽　虎視。

煩　黷煩，醜皃。

衭　被緣也。

瓶　瓦屬。

抌　刺也。擊也。

丼　姓也。

箴　箱屬。又，作「簣」。

○噡　漯頷切。衆聲。舊他感切，感韻五。

肬　肉汁。

監　監醢。亦作「醓」。

襑　衣大也。

黮　黵黮，雲黑也。

○禫　錞晻切。除服祭名。舊徒感切，感韻十五。

糟　糝糟，滓也。

嘾　含深也。

譚　大也。又，姓。

賱　買物先入直也。

醰　長味。

窞　坎傍入也。

橝　木名。

萏　菡萏，荷花未舒。亦作「藺」。

霮　霮䨴，雲皃。

黮　黕黮，雲黑。

覘　徐視。

髧　髮垂。

倓　安也。

窔　灶突。說文：「深也。」

○箹　餒晻切。竹弱也。舊奴感切，感韻六。

湳　水名，在西河。又，姓。

萳　草長弱皃。

搦　羽弱。

揇　揇搦。

牗　煮肉。

○槮　䃋晻切。米粒和羹。又，雜也。亦作「糂」。舊桑感切，感韻七。

椮　叢木水中，俟魚入，以箔取之。

傪　顉傪。

顡　顉顡，摇頭皃。

糣　糣糧，滓也。

粽　蜜藏木瓜。

揿　撼揿，摇動也。

○朁　噆晻切。姓也。舊子感切，感韻三。

撍　手動。

寁　速也。

○慘　趨領切。感也。毒也。舊七感切，感韻八。

黲　淺青黑色。

傪　好皃。

顡　義見上。

嵾　嫯也。

朁　説文：「曾也。」

憯　痛也。

噆　銜也。

○歜　在晻切。昌蒲葅也。舊徂感切，感韻四〔二〕。

䂎　弓弦。亦作「䟃」。

劗　𠟭劗。又，割翦出也。

鮗　大魚。

【校記】

〔一〕惡性也　原刻誤作「惡姓也」，據廣韻改。

〔二〕昌蒲葅也。舊徂感切，感韻四　原刻未刻「葅」、「韻」二字，據正韻、左傳杜注補。

黶　衰險切。面有黑子。舊於琰切，琰韻八。

三十三　檿　齊齒呼

厭　厭魅也。

㯖　山桑。

擪　持也。

𧝠　𧝠襶。

𧎪　蟹腹下𧎪。

魘　睡中魔也。

酓　酒味苦也。

○奄　忽也。止也。取也。覆也。又，姓。舊衣儉切，琰韻十七。

掩　斂也。閉取也。

椈　椈柰。

霬　雲狀。

晻　晻晻，日無光。

裺　衣縫緣也。

䑍　屋䑍雀也。

罨　鳥網。

鄌　國名。

閹　寺人。

弇　蓋也。

崦　崦嵫，山日没處。

渰　雲雨皃。

媕　女有心媕媕也。

揜　覆也。取也。

晻　掩光。

旃　掩也。

旓　旓翳。

○掩　土覆也。舊於广切，儼韻二。

○琰　葉鐮切。玉名。周禮曰：「琰，圭九寸。」舊以冉切，琰韻十一。

剡　削也。利也。亦姓。

棪　木名，實似柰，可食。

燄　燄燄，火初著也。

淡　澹淡，水皃。

扊　扊扂，户牡，所以止扉。或作「剡移」。

棪　棪䄖。

踆　疾行。

淊　潭淊，水滿。

䌇　續也。

夵　上大下小。

○險　脅檿切。危也。阻也。難也。舊虛檢切，琰韻八。

嶮　嶮巇。

憸　憸詖。

譣　譣詖。

韂　胡被。

獫　長喙犬。

玁　玁狁。

妗　妗姱，性不端良。又，少氣也。

○鼸　協琰切。鼠名。舊胡忝切，忝韻二。

獫　犬吠。

○檢　鋏檿切。校也。察也。防束也。模範也。印窠封題也。又，姓。俗作「撿」。舊居奄切，琰韻二。

瞼　目上下瞼也〔一〕。俗作「臉」。

○嬚　竦身皃。舊兼玷切，忝韻一。

○預　愜琰切。預頷，不平。舊丘檢切〔二〕。

嵰　山高。

○脥　腹下也。舊謙琰切，琰韻一。

○歉　食不飽也。一穀不升曰歉。又，不足皃。舊苦簟切，忝韻四。

慊　慊恨。

嗛　猿藏食處。又，與「歉」、「慊」通用。

膁　腰左右虛肉處。

○欿　欠崖也。舊丘广切，儼韻三。

頣　頣醜。

筊　小竹。

〇儉　技檿切。約也。少也。歲歉也。舊巨險切，琰韻二。

芡　水生鷄頭。

〇噞　擬檿切。噞喁，魚口上下皃。舊魚檢切，琰韻七。

顩　預顩，不平。

崄　嵰崄，山不平。

嬐　嬐然，齊也。

鰜　鰜鰅，魚名，出樂浪。

隒　山形，似重甑。

广　因巖爲屋。

〇儼　敬也。昂頭也。又，好皃。舊魚掩切，儼韻六。

曮　日躔。又，矜莊皃。與「儼」通。

礹　磛礹。

俨　掩俨，癡也。

庴　陖庴。

庈　齊庈。

○斂　䟕㯹切。收也。聚也。又，姓。舊良冉切，琰韻十二。

撿　拱也。

澰　澰灩，水溢皃。

蘞　白蘞，藥名。亦作「蘝」。

縿　懸蠶簿也。

獫　犬長喙也。

羷　羊角三觠，羷也。

溓　薄冰也。

嫌　女字。

鎌　廉也。又，小食也。

蘳　善美之名。

韃　功勤之稱。

○穛　禾稀也。舊力忝切，忝韻二。

瓠　瓜名。

〇點　聑㢊切。點注。又，更點。舊多忝切，忝韻六。
玷　玉瑕。
蒧　草名。人名。
耆　老人面黑子。
刣　斫也。
鉆　缺也。
〇忝　怗琰切。辱也。累也。舊他玷切，忝韻六。
悿　悿弱。
䄼　鄉名，在濟北蛇丘縣。
桰　炊灶木也。
銛　取也。又，鍤屬。
餂　鉤取也。
〇簟　弟㢊切。竹席也。舊徒玷切，忝韻五。
潭　潭淊，水滿。
橝　屋梠名。

驛　馬黄脊。

居　閉户。亦作「㽞」。

○淰　你㕓切。水流皃。又，濁也。舊乃玷切，忝韻四。

嬋　弱也。

姌　纖細。

阽　亭名，在鄭。

○陜　攝㕓切。縣名，在弘農。亦州名。周、召分陜，即虢國之上陽也。舊失冉切，琰韻八。

夾　盜竊懷物也。

㛸　不媚。

閃　闚頭門中。又，閃避也。

潣　水動皃。

睒　暫見。

覢　覢覢，視皃。

貟　蕃姓。亦作「𧵍」。

○剡　涉琰切。縣名，屬會稽。舊時染切，琰韻一。

○冉　惹㶣切。冉冉，行皃。又，姓。舊而琰切，琰韻十。
苒　草盛皃。又，荏苒，猶展轉也。
䇣　竹弱之皃。
枏　木名。
姌　長好皃。
䎃　弱羽也。
染　染色。又，柔也。又，姓。
䨲　濡也。
媣　諟也。
䑙　㵪䑙，味薄。
○颭　讋㶣切。風吹動皃。舊占琰切，琰韻一。
○諂　沠琰切。諂諛。亦作「讇」。舊丑琰切，琰韻一。
○䜺　接㶣切。食味薄也。舊子冉切，琰韻一。
○憸　妾琰切。憸詖。舊七漸切，琰韻二。
醶　醋味。

○憯　憯凄。舊青忝切，忝韻一。

○漸　薺槧切。稍也。次也。進也。事之由來也。又，漸江，今浙江也。舊慈染切，琰韻十。

礲　礲礷。

鏨　小鑿也。

槧　牘樸也。

蔪　草相蔪苞也。

蘄　麥秀皃。

醬　醬醬，味薄。

壍　進也。

螹　螹離也。

嚵　小食。

○貶　卑槧切。損也。降也。舊方斂切，琰韻三。

㝵　傾覆也。

覂　棄也。

○烎　乜槧切。腦蓋也。俗作「𡪞」。舊明忝切，忝韻二。

厶　張口。

【校記】

〔一〕目上下瞼也　原刻作「瞼上下瞼也」，據説文改。

〔二〕舊丘檢切　原刻脱「切」字，據廣韻、集韻補。

上聲第二十四類

三十四　埯　開口呼連齊齒呼

埯　㷔喊切。坑也。窞埯也。舊烏敢切，敢韻二。

揜　手揜物也。

○喊　欿埯切。高叫聲。亦作「㘎」。舊呼覽切，敢韻四。

壏　堅土。亦作「壈」。

闞　怒聲。

㽢　谷開也。

○敢　都埯切。果敢。勇敢。古作「𢽍」。又作「㪋」。又作「𠭥」。舊古覽切，敢韻四。

澉　澉䜺，無味。又，水名，在海鹽。

橄　橄欖，果木名，出交阯。

笴　竹名，實中。

○厰　榼菼切。厰嶮，側穴也。舊口敢切，敢韻二。

㨔　䫲䶂。

○覽　啉掩切。視也。又，姓，出彭城。舊盧敢切，敢韻五。

攬　手攬取也。通作「擥」。

欖　橄欖。

爁　火爁。

罱　罱網。

○膽　夻掩切。肝膽。舊都敢切，敢韻六。

礸　石礸，藥名。

黵　大污垢黑。

鶬　應福鳥名。

紞　冕前垂也。

芫　蕁芫藩。

○菼　榻厥切。菼之初生也。亦作「菿」。舊吐敢切，敢韻六。

倓　安也。恬也。静也。

緂　帛騅色也。俗作「裧」。

緂　白鮮衣皃。亦作「緂」。

毯　毛席。

厥　厥崄也。

○噉　殆掩切。噉食也。又，姓。或作「啖」。亦作「啗」。舊徒敢切，敢韻五。

澹　澹淡，水皃。又，恬静也。

憺　安緩。亦作「惔」。

淡　淊淡，水滿皃。又，薄味也。

篜　竹名。

○摻　霎掩切。擥也。舊所斬切，豏韻四。

醦　酢味。

㺜　㺜獵，犬吠。

蘸　芟林木也。

○摲　斬取也。舊山檻切，檻韻一。

○斬　偛掩切。割斷也。舊側減切，豏韻一。

○臘　插㕑切。臉臘，羹屬，亦臛也。舊初減切，豏韻二。

醶　酢味。

○醶　酢漿。舊初檻切，檻韻一。

○瀺　眦掩切。瀺灂，水小聲。舊士減切，豏韻三。

嶃　高峻。

嵁　嵁絶。

○巉　山峻皃。舊仕檻切，檻韻一。

○黮　栽掩切。濽黮，無味。舊子敢切，敢韻一。

○黲　礸㕑切。日暗色也。舊倉敢切，敢韻一。

○槧　在掩切。削版牘也。舊才敢切，敢韻三。

鏨　小鑿。

嵌　開張山皃。亦作「嵁」。

○腇　法埯切。河東謂淫腫爲腇。舊府犯切，范韻一。

○釩　釩拂。舊峰犯切，范韻一。

○范　乏厰切。姓也。舊防鋄切，范韻六。

笵　法也，从竹，竹簡書也。

範　法也。常也。式也。模也。

軓　車軾前曰軓。亦作「輒」。

犯　干也。侵也。僭也。逼也。

䖉　蜂也。本作「范」。

○鋄　武埯切。馬首飾也。舊亡犯切，范韻三。

㚷　腦蓋也。俗作「㚷」。

㰪　刃也。

○㜆　買埯切。鄉名，在河東猗氏縣。亦作「鄬」。舊謨敢切，敢韻二。

䭙　吴人呼哺兒。

○以上開口呼。

黤　押闞切。青黑色也。舊於檻切，檻韻二。

黵　説文：「忘而息也。」

〇黯　黯然，傷慘。又，深黑色也。舊乙減切，豏韻一。

〇闞　呷黤切。虎聲。舊火斬切，豏韻二。

欿　笑也。

〇喊　叫聲。舊呼豏切，豏韻一。

〇獥　開險皃。舊荒檻切，檻韻二。

獥　小犬吠。

〇豏　洽槏切。豆半生也。舊下斬切，豏韻八。

瓶　瓦屋。

獫　犬吠不止。

喊　叫聲。

減　減耗。

㜮　健皃。

槭　槭，塗也。

獵　犬齧物聲。
○檻　闌也。櫳也。舊胡黤切，檻韻八。
壏　堅土。
濫　泉正出也。
𩡨　糫也。
艦　禦敵船，四方施板以禦矢。
轞　網車。亦作「䡾」。
㔋　利也。
撖　姓也，出河内。
○減　夾黤切。損也。又，姓。舊古斬切，豏韻四。
𥳮　竹名。
鹼　鹵也。
鰜　鹹也。
○槏　恰豏切。牖傍柱也。舊苦減切，豏韻七。
歉　食不飽也。

顩　面長。
撖　撖危。
惐　惐惐，意不安也〔一〕。
㞍　小户。
椷　不安。
○凵　張口皃。舊丘犯切，范韻二。
扲　以手扲物。
○臉　跕黵切。臉臁，羹屬。舊力減切，𪑲韻二。
醶　醶醎，酣味。
○罯　你黵切。捕魚網也。亦作「𦊮」。舊女減切，𪑲韻二。
淰　水無波也。
○灡　攝黵切。勇決也。舊賞敢切，敢韻一。
○僴　𪉦𪑲切。癡也。舊丑減切，𪑲韻二。
昷　日光照也。
○僴　僴行。舊丑犯切，范韻二。

躝　企足望。

○湛　鷹黤切。水皃。又，没也。安也。亦姓。古作「湛」。舊徒減切，賺韻[一]。

偡　偡然，濟整。

○以上齊齒呼。

【校記】

〔一〕意不安也　原刻誤作「意不女也」，據廣韻、集韻改。

類音　卷七

韻譜

去聲第一類

一　使 開口呼

使　莘剚切。將命人也。爲天子使者稱使君。舊疏吏切，志韻七。

駛　疾也。

㹄　列也。

浉　水名，在河南。

䶵　山阜突也。

㝟　穴也。

𤞲　貉亦名𤞲𤞲。

○屣　履不躡跟也。舊所寄切，寘韻五。

𩏥　靴屬。

襹　褷襹，毛羽衣皃。

曬　暴也。

灑　汛也。

○施　詩寘切。布也。散也。與也。舊施智切，寘韻十。

鍦　短矛。

㒾　㒾𦒎，面衣。

螷　米穀中小黑蟲。

胣　几也。

㢁　有大慶也。

翨　鳥翮。

翅　鳥翼。「翄」、「䎵」并同。

駛　馬强。

雉 鳥名。

啻 但也。

〇試 用也。嘗也。探也。舊式吏切，志韻四。

弑 下殺上也。

幟 旗幟。

傺 細碎也。

〇誄 誄，忘也〔一〕。舊矢利切，至韻二。

屍 似皴皃也。

〇世 代也。又，姓。舊舒制切，祭韻三。

勢 形勢。權勢。又，氣焰也。亦作「埶」。

貰 賒也。貸也。

〇豉 實厠切。鹽豉。亦作「敊」。舊是義切，寘韻五。

緹 黏皃。

媞 青州人云彈媞。

鯷 鮎魚別名。

䶡　䶡䤀，面皃。

○嗜　欲也。好也。「耆」、「饍」、「醋」并同。舊常利切，至韻二。

視　瞻也。比也。效也。古作「眎」。又作「眡」。

○示　垂示也。舊神至切，至韻四。

眎　呈也。

謚　誄行立号，以易名也。亦作「諡」。

貤　重物次第。

○侍　近也。從也。承也。舊時吏切，志韻二。

蒔　種蒔。亦作「秲」。

○逝　往也。行也。去也。舊時制切，祭韻十一。

誓　約也。告也。古作「斱」。

鍪　車樘結。又，銅生五色。

𧼮　逾也。

筮　以著占卦也。古作「簭」。

澨　水名。

噬　齧也。

遾　逮也。

㓷　割肉。

犞　牛角竪也。

忕　忕習。

○剚　臻使切。插也。又，置也。亦作「事」、「倳」。舊側吏切，志韻五。

倳　立事曰倳。

䰤　大孌也。

椔　木立死。亦作「檣」。

鶅　東方雉名。

○裝　衣不展也。舊争義切，寘韻二。

皮支　皮支皺，皮不展也。

○寘　支施切。止也。置也。廢也。舊支義切，寘韻八。

嵮　山名。

觶　爵受四升。或作「觗」、「觚」。

袲 多也。

詃 快也。

忮 懻忮，害心。説文：「很也。」

伎 傷害也。詩云：「鞫人伎忒。」

伿 惰也。

〇至 到也。極也。舊脂利切，至韻十二。

摯 握持也。深至也。又，國名。亦姓。

贄 執禽幣以見尊者謂之贄。與「摯」通用。

鷙 猛擊鳥。

鰲 魚名。

鏊 田器。又，羊箠也。

墊 至也。

帤 禮巾。

鞊 杠絲名。亦作「鞊」。

鴲 雀鷙。

礩　柱下石。

懥　怒也。

○志　心之所之謂之志。又，記也。爾雅：「骨鏃不翦羽謂之志。」又，旗也。舊職吏切，志韻七。

誌　記也。與「志」通用。

娡　鯀娶有莘氏之女曰女娡。

痣　黑子。

莣　遠莣。

識　標識。又，款識。

織　織文錦，綺屬。

○制　裁也。斷也。禁也。御也。造也。度也。天子書命稱制，亦作「剬」。舊征例切，祭韻十七。

製　製作。又，裁也。

淛　水名。

鮆　魚名。

䱥魚醬。
聰入意。一曰聞也。
晢星光也。亦作「晣」。
晢目光也。
筯簟也。
矟矛也。
鞆刀鞞。
蜇蝗子。
餐臭敗之食。
猘狂犬。
㤆婦孕病兒。
瞿古人姓。
迣迾也。度也。
○廁齜豉切。雜也。閒也。次也。又，居高臨邊曰廁。又，圊也。舊初吏切，志韻一。
○熾蚩試切。火盛也。舊昌志切，志韻七。

幟　旗也。幡也。

戴　赤土。

饎　熟食也。亦作「饂」。

糦　大祭稷也。

哆　哆聲。

埴　黏土。

○㓾　有大度也〔二〕。舊充豉切，寘韻一。

○庢　惡也。舊充自切，至韻一。

○掣　曳也。舊尺制切，祭韻七。

㾓　癲病也。亦作「瘳」。

瘛　小兒驚。

懘　怗懘，音不和也。

猘　狂犬別名。

㓾　除利也。

憶　小怒也。

○事 蓁豉切。奉也。立也。職也。政也。務也。今讀如「嗜」。舊鉏吏切，志韻二。

餕 嗜食也。

○治 墀試切。理也。攻也。舊直利切，至韻十一。

稚 幼也。小也。晚也。又，姓。

穉 晚禾。

緥 刺緥，針縫也。

遟 待也。

誃 語誃。

緻 密也。

傚 會物。

鞦 履鞦，底也。亦作「緻」。

鮍 魚名。

擿 當也。對也。

○值 持也。措也。當也。舊直吏切，志韻四。

植 種也。

揎　投也。

貸　或也。

○賜　孫使切。上予下曰賜。又，姓。舊斯義切，寘韻四。

蕮　草名。

澌　盡也。亦作「𣩠」。又作「儩」。

杫　肉机。後漢之亂，尚書郎無被枕杫也。

○四　倍二爲四。古作「㚇」。又作「亖」。舊息利切，至韻十一。

泗　水名，在魯。

柶　角柶，大喪用之。

牭　牛四歲。

駟　一乘四馬。

肆　陳也。次也。恣也。遂也。市鬻舍也。又，姓。古作「𨽾」。亦作「𩬘」。

䔳　菫也。

貄　狸子也。

𧊵　鼠名。俗作「𨽿」。

殚　埋棺坎下。

䏁　腦蓋。

〇思　意也。慮也。情緒也。又，愁也。舊相吏切，志韻四。

伺　候也。察也。

覗　覷也。

笥　篋也。圓曰簞，方曰笥。

〇寺　隨豉切。司也。嗣也。官吏所止有九寺。浮屠所居亦謂之寺。又，寺人，閹宦也。舊祥吏切，志韻三。

嗣　繼也。又，姓。古作「孠」。

飼　食也。古作「飤」。

〇積　尊使切。委積也。舊子智切，寘韻四。

蓄　草名。

羵　羊相委積。

㰷　歐也。

〇恣　縱也。舊資四切，至韻二。

欮　死而復生。

○刺　村豉切。以針𤕛物曰刺。又，殺也。訊也。察也。又，諷刺，譏切也。又，書姓名於奏白曰刺。俗作「㓨」。舊七賜切，寘韻九。

朿　木芒。

莿　草木針也。

庛　偏庛，舍也。

諫　數諫也。

庛　周禮：「車人爲耒庛。」謂耒下前曲接耜者。

庢　人相依庢。

諴　謀也。

蛓　毛蟲。

○次　次第也。位次也。又，三宿曰次。舊七四切，至韻九。

佽　助也。代也。遞也。及也。又，佽飛，漢軍官。

髮　髮髮也。

絘　績所未緝者。

欳　義見上。
鷙　似梟鳥。
蝵　蟲似蜘蛛。
鴭　鳥名。
髼　以漆塗器。
○自　存歧切。從也。由也。率也。己躬也。舊疾二切，至韻二。
嫉　妒也。
○字　乳也。愛也。飾也。文字。又，名字。舊疾置切，志韻五。
牸　牝牛。
荸　麻母也。亦作「芓」。
孳　乳化曰孳。
孖　雙生子。
○漬　浸潤。又，漚也。今讀如「恣」。舊疾智切，寘韻七。
羵　羠羵。
殰　骨也。又，獸死。

䯢　枯骨。

髊　鳥殘枯骨。亦作「胔」。

眥　目眥。

辠　積也。

【校記】

〔一〕忘也　原刻誤作「志也」，據說文改。

〔二〕有大度也　原刻誤作「有大慶也」，據唐韻、集韻改。

二　意 齊齒呼

意　因戲切。志意，心所嚮也。又，姓。舊於記切，志韻四。

鷾　鷾鴯，玄鳥也。

肊　貪也。

黓　深黑。

○衣　著衣也。舊於既切，未韻一。

○倚　恃也。因也。加也。舊於義切，寘韻三。
輢　車輢。
陭　陭氏縣，在上黨。
○縊　自經死也。舊於賜切，寘韻三。
𦼮　物凋死。又，脚手小病。
螠　螠女，小黑蟲，赤頭，喜自經。
○懿　美也。大也。又，姓。舊乙冀切，至韻七。
壹　陰皃。
撎　拜舉手。
䬥　貪也。
饐　食傷熟也。
鷧　鸕鷀别名。
欭　喑欭，嘆也。
○翳　隱也。障也。又，羽葆。又，鳥名，似鳳。舊於計切，霽韻十五。
医　藏弓弩矢器。

殹　擊中聲。

緊　是也。依也。又，發語辭。

瞖　目瞖。

堅　塵也。

嫕　婉嫕，柔順皃。亦作「㥉」。

蘙　蘙薈，草盛皃。

曀　天陰而風。

譩　譩諦。

豷　豕息。

殪　殺也。死也。仆也。

㥉　静也。安也。恭也。

瘱　安也。静也。

枍　枍栺，木名。

○瘞　埋也。舊於罽切，祭韻五。

緆　急也。不成也。

蕩　清也。

腸　腸臆。

餲　食敗也。

○易　寅系切。不難也。又，簡易。平易。和易。又，除治也。輕忽也。舊以豉切，寘韻六。

傷　相輕慢也。

䝟　輕簡也。

伿　惰也。

貤　物之重次也。

𥈕　義見「一　使」。

○肄　習也。勞也。嫩條也。斬而復生曰肄。舊羊至切，至韻七。

隶　本也。及也。

殔　假葬於道曰殔。

勩　勞也。

䙪　重多。

庾　倉也。

㣇　脩豪豕也。爾雅作「𧰨」。

○異　奇也。别也。違也。舊羊吏切，志韻七。

异　嘆也。舉也。已也。或云古「異」字。

潩　水名，在河南密縣。

廙　恭也。

蘡　連翹，草名。

已　過事。語辭。又，去也。棄也。成也。

食　人名。漢有酈食其。

○曳　牽也。引也。舊餘制切，祭韻廿六。

玴　石，次玉。

泄　泄泄，樂也。

㹭　明也。

瘈　病也。

秇　白秇，稻名。

笹　長也。

䶊　鳥飛。

䳆　鳥名。

𤜯　狸子。

泄　水名，在九江。

枻　㰅枻。

抴　數也。

呭　呭樂。

詍　多言。

跇　超逾。

䩊　以馬鞍贈亡人。

袣　衣長皃。

䕜　蒸也。又，葱䕜也。

裔　衣裙。又，苗裔。邊裔。俗作「裦」。

澝　溶澝，水皃。

蒏　草名。

𢯷　裂也。

㑥　合板㑥縫。

𦗏　鳳六翮。

㛊　婦人病胎。

○戲　欣意切。嬉也。弄也。歇也。又，三軍之偏也。亦兵也。又，姓。舊香義切，寘韻二。

𠻤　嘆聲。

○䁡　恚視也。舊香季切，至韻三。

睢　恣睢，暴戾。

婎　醜也。

○𪖐　鼻息也。舊虛器切，至韻六。

𩃎　見雨而止息曰𩃎。

獢　寒浞子名。

屃　呻也。

呬　息也。

屓　贔屓，作力皃。亦作「屭」。

○侐　静也。舊火季切，至韻一。

○憙　好也。舊許記切，志韻二。

嬉　可嬉，美姿顔也。

○欷　歔欷，泣餘聲。舊許既切，未韻十六。

唏　啼也。

騀　馬走。

氣　饋客芻米也。「餼」、「槩」并同。

餼　怒戰。

熂　燹火。

霼　靉霼，雲狀。

愾　太息也。

犔　牛病。

豷　豕息。

怤　静也。又，癡皃。

塈　仰塗。

摡　拭也。

愢　息也。

黖　黖菲，黑也。

䵒　獸名。又，音「氣」。

○欪　氣越也。舊呼計切，霽韻三。

奊　肥大。

殢　殢，極困也。

○蒵　礥易切。㞓蒵也。舊胡計切，霽韻十二。

傒　恨足。

徯　徯，换。

系　緒也。繼也。聯屬也。又，姓。古作「繇」。

繫　聯絡也。挈束也。統屬也。亦作「係」。

盻　恨視。

禊　禊飲也。祓除不祥也。

稧　稧事。换秧。

朠　喉脉也。亦作「膠」。

瘜　小兒病。

姼　妒也。心不了也。

閄　門扇。

○寄　巾意切。寓也。附也。托也。舊居義切，寘韻三。

腨　肉四腨。

徛　聚石以爲步渡。

○鬾　强也。舊居企切，寘韻二。

翨　鳥之彊羽者。周禮：「翨氏，掌攻猛鳥。」

○冀　九州名。亦姓。又，望也。亦作「兾」。舊几利切，至韻六。

懻　强力皃。

驥　騏驥，良馬。或作「驨」。

覬　覬覦，希望。

穊　稠也。

洎　肉汁。

○季　少小之稱。末月曰季月。末世曰季世。又，姓。又，複姓有季連、季瓜、季隨、齊季四氏。舊居悸切，至韻二一。

覝　視皃。

○記　志也。疏也。舊居吏切，志韻一。

○既　已也。盡也。又，姓。舊居豙切，未韻七。

暨　及也。又，諸暨，縣名。

溉　溉灌。

蔇　草多皃。

旡　飲食逆氣不得息也。

欯　幸也。不便言也。

禨　福祥。

○計　會也。算也。籌策也。最簿也。又，姓。舊古詣切，霽韻十二。

薊　草名。州名。又，姓。

繼　紹也。續也。本作「㡭」。俗作「継」。

檵　枸杞別名。

係　連係。

繫　縛也。結也。

槼　説文：「繘耑木也。」

蘻　狗毒草也。

轚　舟車互序而行也。

髻　綰髮。

郹　燕都。

毄　係也。

○罽　氈類，織毛爲之，即西域氀布也。「瀱」、「㲑」并同。舊居例切，祭韻五。

瀱　泉出皃。

薊　薊葥，似芹。

訐　持人短。

猘　狂犬。

○企　欨易切。望也。舊去智切，寘韻六。

跂　垂足坐。又，舉足望也。

忮　傾也。

吱　行喘息皃。

迱　避也。

蚑　蟲行。

○踦　跛也。舊卿義切，寘韻二。

掎　説文：「偏引也。」

○棄　捐也。遺也。背也。古作「弃」。舊詰利切，至韻四。

䊯　䊯，多。

眉　身欹坐。一曰尻。

螿　螿螽，蟲名。

○器　器皿。又，姓。舊去冀切，至韻一。

○亟　數也。遽也。舊去吏切，志韻三。

唭　唭嶷〔一〕，無聞見也。

𪒠　義見前。

○氣　氣息也。亦作「炁」。舊去既切，未韻三。

气　雲气也。又，與人物也。今作「乞」。

肐　姓也。

○契　契約。又，合也。刻也。舊苦計切，霽韻九。

栔　刻也。亦作「鍥」、「㓞」。

䫙　恐也。

𦨴　舟名。

憠　劇也。怖也。

㜸　難也。

罊　説文：「器中盡也。」

㬳　省視。

脋　腨腸。

○甈　息也。亦作「㕢」。舊去例切，祭韻五。

揭　褰衣渡水。

愒　貪也。

藒　藒車，草。

甈　爾雅：「康瓠謂之甈。」注：「瓠壺也。」

○芰　芊易切。菱也。舊奇寄切，寘韻八。

汥　水戾。

賥　賥貝，四向用也。

魃　鬼服。

騎　騎乘。又，姓。

輢　枕輢。

觜　積也。

諆　謀也。

○臮　臮與詞也。舊具冀切，至韻七。

洎　潤也。及也。

垍　堅土。

湶　水名。

暨　及也。至也。與也。

塈　息也。又，仰塗也。

鱀　魚名，鼻在額上。

○悸　心動也。舊其季切，至韻五。

痵　病中恐也。

僛　左右兩視也。

猤　壯勇皃。

𤺊　熟寐也。

○忌　忌諱。又，畏也。嫉也。敬也。亦姓。舊渠記切，志韻十二。

誋　告也。信也。

紀　連針。

梞　梞柎。

惎　竹名。

鵋　鵋鶀，今之角鴟。

邔　古縣名。

惎　教也。又，毒也。

諅　志也。忌也。

㯦　繫也。
帇　舉也。
隸　狸子。
○醆　秫酒名。舊其既切，未韻二。
幾　未已。
○偈　偈句。又，武皃。舊其憩切，祭韻二。
碣　圓石爲碣，方石爲碑。亦作「磍」。
○義　銀易切。宜也。裁制事物使合宜也。亦姓。又，複姓義渠。舊宜寄切，寘韻五。
議　謀也。評也。商也。擇也。
議　正也。止也。
誼　善也。人所宜也。亦作「竩」。
䤥　䤥䤥，面皃。
劓　割鼻刑也。亦作「劓」。舊魚器切，至韻一。
○嶷　嘰嶷，無聞見也。舊魚記切，志韻五。
譺　啁譺。

儗　佁儗，不前。

𩯭　大𩯭。

𪕬　恐也。

○豙　豕怒毛竪也。舊魚記切，未韻六。

毅　果敢也。

顡　癡顡，不聰明也。

藙　說文：「煎茱萸也。」亦作「𦽍」。

簃　竹名。

忍　怒也。

○詣　至也。造也。舊五計切，霽韻九。

栺　枍栺，木名。亦殿名。

羿　說文：「帝嚳射官也。」亦善射人名。古作「𢏚」。又作「羿」。

堄　埤堄，女墻也。

睨　睥睨。

覞　旁視。

霓　虹也。

眕　恨視。

瓹　破罌。

○藝　才能也。常也。準也。業也。種也。又，姓。舊魚祭切，祭韻九。

埶　説文：「種也。」又，作「蓺」。

槸　樹枝相摩。

褹　複襦也。

囈　睡語。亦作「寱」。又作「讛」。

乂　才也。治也。安也。

刈　割也。

艾　息也。絶也。

忞　懲也。

○荔　鄰易切。薜荔，香草。又，荔支，樹名，實赤味甘。舊力智切，寘韻六。

珕　刀飾也。

離　去也。

詈　駡詈。

癰　瘦黑。

籂　篙籂。又，札也。

○利　銛也。通也。順也。財用也。又，州名。亦姓。古作「粅」。舊力至切，至韻七。

颲　烈風。

痢　病也。

莅　臨也。亦作「涖」。

浰　浰浰，水聲。

覼　求也。

逮　臨也。

○吏　官吏，治人者也。府史之屬亦曰吏。舊力置切，志韻二。

悡　憂也。

○麗　美也。明也。附著也。又，姓。舊郎計切，霽韻廿六。

儷　偶也。

欐　梁棟之屬。

蘼　草木生亞上也。

攦　折也。

劙　割破也。亦作「劙」。

丽　本也。又，鹿皮。

戾　曲也。乖也。違也。罪也。至也。定也。很也。俗作「倈」。

唳　鶴鳴。

悷　慌悷，多惡。又，懍悷，悲吟也。

捩　琵琶撥也。

颲　飂颲，風聲。

淚　淒淚，寒皃。

莀　紫草。

綟　草色衣。

蜧　大蝦蟆也。

棙　小槤，木名。

颵　急風。

隸　僕隸也。亦作「隷」。俗作「𨽿」。

欞　木名。

䅄　竊視也。

𤂫　滯𤂫，漉也。

盭　綠色。又，綬名。或作「綟」。又，弼也。

沴　水不利也。又，妖氣。

蜦　神蛇。

劦　止也。系也。

○厲　嚴也。磨也。勉也。又，醜惡。又，厲鬼。又，鞶厲，繒囊也。亦作「裂」。又，姓。舊力制切，祭韻二十。

礪　礰也。砥石也。通作「厲」。

勵　勸勉也。

濿　褰衣涉水。又，履石渡水也。說文作「砅」。

櫔　木名。

䅻　黍穰。亦作「秝」。

糲　粗米飯也。

巁　巍也。

㤡　恐人。

癘　疫癘。

禲　無後鬼。亦作「痢」。

賿　賿，貲。

䮥　馬馳。亦作「駉」。

犡　牛白脊。

蠣　牡蠣，蚌屬。亦作「蠇」。

例　比也。皆也。又，凡例。律例。

洌　清水。

栵　栭栗。

帬　帛餘。亦作「帣」。

鮤　魚名。

○二　而易切。數也。古作「弍」。舊而至切，至韻四。

貳　副也。敵也。又，携貳，變異也。又，姓。

樲　酸棗。

髶　髮飾。

○餌　食也。又，粉餅也。古作「鬻」。舊仍吏切，志韻十五。

咡　口吻。

佴　次也。

誀　誘也。

胹　筋健。

眲　耳目不相信也。

聕　聽音不敢言也。

姏　女字。

刵　截耳刑。

衈　割牲耳血及毛以祭。

聏　以牲告神，神欲聽曰聏。

洱　水名。

珥　耳飾。

酣　重釀酒也。

毦　氅毦，羽毛飾也。

〇帝　蛭意切。君也。王天下之號。舊都計切，霽韻二十一。

諦　審也。

偙　偙儶。

渧　渧潚，漉也。

腣　肤腹皃。

蔕　根蔕，草木綴實處。

僀　俊也。

揥　撮取。

甍　姓也。王莽傳有甍憚。

蝃　蝃蝀。亦作「螮」。

疐　柢也。爾雅〔二〕：「棗李，疐之。」謂去柢也。

嚏　氣噴鼻也。俗作「啑」。

柢 木根柢也。

舵 舵艡，水戰船。

骶 背也。

跃 蹋也。

趆 趨走皃。

鞮 補履下也。

瓶 瓶甇，大瓮。

蝭 寒蟬。

捺 兩手急持人也。

○替 天易切。代也。廢也。滅也。「朁」、「普」、「暜」并同。舊他計切，霽韻十六。

涕 涕泪。

鬄 鬄髮也。亦作「剃」。

薙 除草。

梯 整髮釵也。

屜 履中薦也。亦作「屟」、「屜」。

㑊　寧㑊，心安。
袟　補也。
笶　車節也。
戾　輜車。
殃　殃殃。
达　足滑。
洟　鼻洟。
殢　極困。
歕　唾聲。
穉　不耕而種。
○地　田易切。土地也。古作「墬」。又作「埊」。代北複姓有地連氏、地倫氏。舊徒四切，至韻一。
○第　次第。又，但也。又，第宅。又，複姓有第五、第八二氏。舊特計切，霽韻二十八。
弟　兄弟。又，孝弟。
悌　愷悌。又，孝悌。

娣　女娣。又，娣姒。又，侄娣。
睇　小視。
珶　佩玉。
締　結也。
禘　王者大祭。
諦　諦審。
揥　取也。
墆　貯也。又，墆翳，隱蔽皃。
懘　極也。
遰　迢遰。
棣　常棣。又，車下木。又，姓。
逮　及也。
題　睇視也。
題　視皃。
踶　蹋也。

篪　竹名。

鯷　鮎魚別名。

鶗　鶗鴂，鳥名。

鸊　鸊鷉，鳥名。

杕　木盛皃。

軑　車轄也。

釱　鐵鉗也。以鎖加足也。

遞　更遞。

髢　髲也。亦作「鬀」。

搋　義見前。

徲　義見前。

○泥　紉易切。膠滯不通也。亦作「涅」。舊奴計切，霽韻四。

迡　近也。

濘　濘陷。

懘　懘惉。相懘摩也。

○膩　肥膩。亦作「腻」。舊女利切，至韻三。

暱　目深皃。

餌　義見前。

○智　真意切。明達也。多所知也。又，姓。古作「𣉻」。亦作「知」。舊知義切，寘韻二。

潪　水名。

○致　極也。使之至也。舊陟利切，至韻十三。

摯　刺也。劫也。

緻　密也。

輊　車前重也。亦作「𨏥」。

駤　騺駤。

賥　賑也。亦貝也。

質　交質也。

懫　止也。

躓　頓也。礙也。

疐　礙不行也。又，頓也。「㨗」、「蹥」并俗。

𢡟　怒也。恨也。
𪁉　馬脚屈也。
𨁍　赴也。
○置　設也。安也。驛也。舊陟吏切，志韻二。
𧿒　青州呼彈弓。
○𤸷　赤白痢也。亦作「𦡊」。舊竹例切，祭韻一。
○眙　縝易切。直視也。舊丑吏切，志韻五。
佁　佁儗，不前。
誺　不知。
𨱖　忿戾。
魅　厲鬼。
○屎　簸柄也。亦作「㞗」。舊丑利切，至韻五。
訵　陰知。亦作「呬」。
𩥯　分鬣。
跮　跮踱，乍前乍却。

𧭈　笑也。

○篨　胡竹名也。舊丑戾切，霽韻一。

○跇　跳也。逾也。亦作「趩」。舊丑例切，祭韻十一。

鰈　魰也。

㣿　㣿㑊。

晢　瞥也。

踥　躍皃。

𨂝　渡也。

揥　佩飾。

𧅊　困劣。

㥷　習也。

䀿　視也。

𠋷　侘㒄。

○滯　陳易切。廢也。止也。積也。淹也。舊直例切，祭韻七。

蹛　蹛林。

㽛 豕也。又,地名。又,姓。

㺷 劍鼻。

䱡 魚名。

茜 草補缺。

𨡗 除利也。

○細 卒意切。小也。微也。密也。古作「㣀」。舊蘇計切,霽韻五。

洒 水名,出汝南新鄭入潁。

栖 鷄所宿也。

壻 女夫。俗作「婿」。

些 可也。此也。何也。語辭。又,蘇箇切。

○霽 津意切。雨止也。舊子計切,霽韻七。

濟 渡也。通也。止也。救也。事遂也。

隮 升也。亦作「躋」。

擠 排也。推也。

穧 穫也。

幘　緝麻紵名。
䰅　婦人束小髻。
○祭　祀也。薦也。至也。察也。舊子例切，祭韻五。
際　邊也。會也。至也。
穄　黍穄。説文：「穈也。」
鰶　魚名。
憄　寐名。
○砌　親易切。階砌也。舊七計切，霽韻八。
切　衆也。大凡也。
�

聀　耳聰〔三〕。
睩　視也。
聺　聽也。
摖　挑取。
妻　以女嫁人曰妻。

○劑 秦易切。分劑。又,調劑也。舊在詣切,霽韻十。

嚌 嘗至齒也。

齊 和也。酒有五齊。又,火齊,珠名。

懠 怒也。

穧 刈禾把數。

醑 醬也。鹹也。

齌 齌齝。

㾊 病也。

齋 炊餔疾也。

眥 目際。

○沸 非意切。沸湯也。又,觱沸,泉涌出皃。舊方味切,未韻十。

鬻 湯鬻。

誹 言急。

祓 蔽膝。

疿 熱生小瘡。

芾　小木盛皃。亦作「茀」。

跡　行疾。

誹　謗人。

鯡　魚子。

犇　覆耕。

○費　秏也。糜也。廣也。舊芳未切，未韻六。

靅　霼靅，雲布狀。

樻　木名。

糟　失氣。

昲　日光。又，物乾也。

髴　髣髴。

○鸜　肥昜切。怪獸能食人，獲人則笑，脣蔽其目，因爲人擒，一名狒狒。亦作「狒狒」。舊扶沸切，未韻二十一。

費　國名。亦姓。又，後魏複姓有費連氏。

瞢　目不明也。

濆　濆渭，水溢。

怫　怫愲。

勏　壯勇皃。

葩　枲屬。

蟹　蟹蠙，神蛇。

腓　足肚。又，庇也。病也。

痱　熱瘡。

厞　隱也。陋也。

帣　帣隱。

跸　刖足。

屝　草屩。

𨽻　塵也。

菲　菜，可食。

翡　赤羽雀。

蜚　蜚蠦，蟲。一名蟹。又，獸名。亦作「蠹」。

䴠　梟實。
蟦　䗪螬蟲也。
穦　稻不黏也。
○未　微易切。辰名。又，未然也。舊無沸切，未韻八。
味　滋味也。
峚　山名。
沬　水名。
菋　五味子，藥名。
頪　面前。
鮇　魚名。
粻　饘也。
○賁　賓意切。卦名。飾也。亦姓。又，「肥」、「墳」、「奔」三音。舊彼義切，寘韻七。
陂　傾也。
貱　益也。
詖　險詖。又，佞也。

跛　偏任。

佊　哀也。

蘢　草名。又，旄牛尾，舞者所執。

○臂　肱也。舊卑義切，寘韻一。

○祕　密也。神也。視也。藏也。又，姓。舊兵媚切，至韻十二。

毖　慎也。告也。遠也。

泌　水狹流。又，水名。

柲　戈戟柄。亦作「鉍」。

韠　弓絏。

柴　惡米。又，魯東郊地名。亦作「粊」。

邲　好皃。

妼　女子。

眍　直視。

閟　閉也。深也。幽也。

費　魯邑名。亦作「鄪」。

轡　馬轡。

○庇　庇廕也。舊必至切，至韻六。

比　近也。并也。

祉　以豚祠司命也。

畀　與也。

痺　脚冷濕病。

蔍　鼠莞，可爲席。

○閉　闔門也。掩也。塞也。俗作「閇」。舊博計切，霽韻四。

嬖　愛也。卑也。

箅　甑箅也。蔽也。

軷　軷敓，毁也。

○蔽　掩也。舊必袂切，祭韻四。

鄨　縣名，在牂牁。

彆　弓彆。

鷩　鷩雉，似山鷄而小冠。又音「鼈」。

〇帔　繽易切。衣帔也。舊披義切，寘韻三。

秛　禾租。

襬　衣也。

〇譬　借喻也。舊匹賜切，寘韻二。

䑀　蜀漢人呼水洲。

〇濞　水聲。又，水名。舊匹備切，至韻六。

嚊　喘聲。

膞　盛肥。

淠　水名，在汝南。

癟　氣滿。

澼　敗兒。

〇屁　氣下泄也。亦作「糟」。舊匹寐切，至韻一。

〇媲　配也。亦作「䠘」。舊匹詣切，霽韻四。

漞　水聲。

劏　劏，斫。

睥　睥睨。

〇潎　魚游水也。舊匹蔽切，祭韻一。

〇避　頻易切。違也。迴也。舊毗義切，寘韻一。

〇髲　編髲也。舊平義切，寘韻六。

被　服也。覆也。寢衣也。

旇　旇旗。又，衣服皃。

㢰　㢰弓。

鞁　裝束鞁焉。

㯅　㯅𧝞。

〇鼻　鼻以通氣。說文：「引气自畀也。」舊毗至切，至韻十。

膞　義見前。

䫌　首也。

禣　櫝禣裩。

比　阿黨也。

坒　地相次坒也。

枇　細節。

祉　義見前。

芘　草名。

瘅　足氣不生。

〇薜　薜荔。舊蒲計切，霽韻五。

簙　弋鳥具。

鏊　所以理苗殺草。

搟　木名。

醳　醬也。

〇敝　説文：「敗衣也。」又，姓。舊毗祭切，祭韻五。

㡀　敗衣。

弊　困也。惡也。仆也。又，奸欺也。通作「獘」。

幣　束帛。又，錢也。

斃　死也。

〇謎　民易切。隱言也。舊莫計切，霽韻二。

攕　裁也。

【校記】

〔一〕嶷　原刻誤作「凝」，據玉篇等改。

〔二〕爾雅　原刻誤作「禮記」，據爾雅釋木改。

〔三〕聰　原刻誤作「聰」，據廣韻改。

三　疏　合口呼

疏　衰詛切。記也。舊所去切，御韻三。

揀　裝揀。

昦　明也。

○署　垂洳切。書也。又，廨署。部署。舊常恕切，御韻三。

曙　曉也。

藷　藷薁，俗作「薯蕷」。

○洳　蕠署切。沮洳。舊人恕切，御韻二。

茹　飯牛。又，菜茹也。

○詛　錐疏切。呪咀。舊莊助切，御韻二。

阻　馬阻，蹄。

○翥　飛舉也。亦作「翥」。舊章恕切，御韻八。

蠢　蟲名。剖母背而生。

庶　周禮：「有庶氏，掌除毒蟲。」

嶕　番山。

䗐　筐䗐。

蟅　畚也。

䝚　犬麋。亦豕食。

斲　斫也。

○楚　吹署切。楚利。又，木名。舊瘡據切，御韻一。

憷　不滑也。

○處　處所也。俗作「處」。舊昌據切，御韻一。

○助　鉏署切。佐也。益也。舊床據切，御韻三。

耡　田器。

䰻　鸁子。

四　棜　撮口呼

棜　氳噓切。無足尊也。舊依倨切，御韻九。

扵　扵，擊。

淤　濁水中泥。

菸　臭草。

瘀　血瘀。

飫　飽也。厭也。賜也。說文作「饫」，燕食也。又作「饇」。

醧　私醼。

鄔　縣名，在太原。

寙　假寐也。

○豫　云去切。逸也。悅也。游也。先備也。卦名。州名。獸名。又，姓。舊羊洳切，御韻二十。

預　安也。先也。厠也。怠也。

澦　灎澦峽中灘名。

蕷　薯蕷。

忬　安也。

⿸尸予　履屬。

與　參與也。

譽　稱美也。又，姓。

礜　礜石，蠶食之肥，鼠食之死。

⿱與土　高平。

⿱與木　舁食者。或作「轝」。

藇　藷藇。

穥　穥穥，黍稷美也。

輿　車輿。

⿱與馬　馬疾行皃。

鸒　鸒斯，雅烏也。

麔 大鹿。

歔 嘆也。

悆 悦也。

悇 憂懼。

○嘘 熏菸切。吹嘘。舊許御切，御韻一。

○據 君菸切。依也。持也。引也。案也。又，姓。舊居御切，御韻十一。

澽 乾水。

鐻 樂器，似鐘，削木爲之。

豦 獸大如狗，似猴多髯，能投石擲人。

倨 倨傲。

踞 蹲也。又，箕踞，傲坐。

椐 木名。一曰靈壽。

鋸 刀鋸。

觽 角似鷄距。

据 拮据。

鯺　魚名。

○去　困豫切。離也。往也。舊丘倨切，御韻九。

麮　欠麮。

呿　卧聲。

胠　脅也。

㡰　閉也。

茿　草名。

麩　麥汁。

鴦　鳥名。

鼁　鼁䵶，似蝦蟆，居陸地。

○遽　群豫切。急也。疾也。窘也。舊其據切，御韻五。

勮　勤務也。又，疾也。懼也。

澽　乾澽。

醵　斂錢飲酒。

詎　猶遽也。

○御　崛豫切。理也。統也。使也。進也。侍也。止也。扞也。凡天子所用曰御。舊牛倨切，御韻三。

馭　使馬也。

語　説也。告也。

○慮　淪豫切。思也。憂也。疑也。又，姓。舊良倨切，御韻十一。

勴　助也。導也。又，作「勵」。

謯　詐也。

濾　漉去滓也。

鑢　錯也。

櫖　林櫖，山林。又，山壘也。

嵐　山名。

篴　身中簣篴。

録　録囚，亦曰慮囚。

罳　網罳。

騼　傳馬。

○女　紉豫切。以女妻人也。舊尼據切，御韻二。

絮　姓也。漢有絮舜。

○恕　賰棜切。以己體人曰恕。舊商署切，御韻四。

庶　衆也。侈也。冀也。近也。

澞　水名。

樜　木名。

○著　諄棜切。明也。立也。補也。定也。撰述曰著作。朝列曰表著。亦作「箸」。舊陟慮切，御韻一。

○絮　舂豫切。和調食也。舊抽據切，御韻三。

悇　憛悇，愛也。

瘵　痴瘵不達。

○箸　酏豫切。匙箸也。亦作「筯」。舊遲倨切，御韻三。

除　去也。

瘵　義見前。

○絮　荀棜切。敝綿也。舊息據切，御韻一。

○屐　句豫切。履屬。舊徐預切，御韻一。
○怚　遵菸切。憍也。舊將預切，御韻二。
沮　沮洳，漸濕。
○覰　逡豫切。伺視也。亦作「𥇖」。舊七慮切，御韻五。
䟕　耕土起。亦作「粗」。
坥　蠙場。
胆　蠅腊。
蜡　周禮有蜡氏。又，音「乍」。

去聲第二類

五　畏　合口呼連撮口呼

畏　温諱切。怖也。忌也。服也。舊於胃切，未韻九。
尉　候也。安也。又，火斗熨器。本作「㷉」。俗作「熨」。又，尉氏，縣名。亦姓。
慰　安慰。
褽　衣衽也。

蔚　牡蒿。又，茂也。又，深密皃。

罻　罻網。

鰯　魚名。

犚　牛也。

螱　飛蟻。亦作「蟁」。

○餧　餧，飯也。舊於僞切，寘韻四。

萎　萎牛。

羳　羊相羳䐈。

㱢　禮記注：「益州有鹿㱢。」

○恚　怒恨也。舊於避切，寘韻二。

婕　不説也。

○位　颾慧切。正也。列也。莅也。舊于愧切，至韻一。

○遺　贈也。舊以醉切，至韻七。

蠹　螱蠹。

繐　忘也。

蜼　爾雅：「蜼仰鼻而長尾。」似獮猴。
蠦　蛘蠦，蟲名。
瞶　目疾。
讆　漢書王子侯表有讆清侯。
〇爲　助也。舊于僞切，寘韻一。
〇瓗　玉名。舊以睡切，寘韻四。
繣　弦中絶也。
諉　諉，恨。
贀　贀婔也。
〇胃　腸胃。説文作「𦞁」，「穀府也」。舊于貴切，未韻十七。
謂　與之言也。又，稱其人也。指其事也。
愲　怫愲，不安也。
渭　水名。亦州名。
焆　火光。
蒈　草名。

颾　大風。
緭　繒也。
艒　運船。
娟　楚人呼妹。
鮹　魚名。見山海經。
猬　本作「彙」，似豪豬而小。
彙　類也。説文作「㣇」，蟲也，與「猬」同。爾雅曰「彙毛刺」，是也。
緯　經緯，縱曰經，横曰緯。又，姓。
圍　繞也。
𧄿　獸似鼠。
卉　草木卉字也。
○衛　國名。又，姓。又，護也。垂也。加也。舊于歲切，祭韻十。
𢖻　寐言。亦作「㝟」。
篲　竹名。
𤛆　牛蹄。

𧅏　豚屬。亦作「𧇔」。

彗　日中必彗。

𦽚　曬乾。

轊　車軸耑也。亦作「䡊」。

槥　小棺。

璏　劍鼻。

○諱　昏畏切。説文：「誋也。」又，隱也。護短曰諱。舊許貴切，未韻三。

卉　草總名。古作「𠦄」。

泋　水波汶也。

○毀　壞也。舊況僞切，寘韻一。

○孈　過也。舊呼恚切，寘韻一。

○豷　豕息也。舊許位切，至韻二。

燹　火也。

○嘒　聲急。又，小聲也。亦作「嚖」。舊呼惠切，霽韻二。

暳　小星也。亦作「嚖」。

○餯 短皃。舊呼吠切，祭韻一。

○慧 魂位切。通解也。明悟也。舊胡桂切，霽韻十三。

擿 裂也。

惠 仁也。思也。賜也。順也。三隅矛也。又，姓。

憓 愛也。

譓 多謀智也。

潓 水名。

槥 木名。

鏸 鋭也。又，三隅矛。

蕙 香草，蘭屬。

繐 繐帳。

翽 羽翽。

蟪 蟪蛄。

儶 俙儶。

○貴 昆畏切。尊也。高也。亦姓。本作「𧶠」。舊居胃切，未韻三。

矉　極視。

皭　使也。

〇䁻　睹也。舊詭僞切，寘韻五。

垝　坫堂，隅可致物。

餧　瘦極。

庪　毀也。

攱　攱，戴物。

〇䙆　視也。舊規恚切，寘韻一。

〇媿　慚媿也。「愧」、「聭」、「謉」并同。舊俱位切，至韻三。

瞶　大視。

騩　馬色淺黑。

〇桂　木名。又，姓。漢末炅氏避難，四子分四姓，作桂、炅、昋、炔。舊古惠切，霽韻六。

筀　竹名。

罣　挂也。

鴂鶗　鴂，即杜鵑也。

映　映暥。

殃　殃殃，殗殀也。

○蹶　行急遽皃。又，僵也。亦作「蹷」。舊居衛切，祭韻七。

劂　剞劂，曲刀。

鱖　魚名，大口細鱗，有班文。

劌　傷也。割也。

劚　剖劚，斷割也。

蹫　爾雅：「蹫泄，苦棗。」

衛　踶衛，牛展足。

○喟　坤位切。太息也。亦作「嘳」。舊丘愧切，至韻八。

樻　樻梧，木腫節，可爲杖。

髖　膝加地也。

鬢　髻屈髮也。

襀　紐也。亦作「褩」。

尯　尯也。

脃　筋節急也。

韋　地名，在洛陽。

○觖　怨望也。舊窺瑞切，寘韻一。

○粲　細米也。舊丘畏切，未韻一。

○㹻　㹻㺓，短皃。舊丘吠切，祭韻一。

○匱　葵位切。匣也。又，竭也。乏也。亦姓。舊求位切，至韻九。

櫃　櫃篋。

繢　織餘。

樻　木名。又，腫節名。

蕢　草器也。古作「臾」。

簣　土籠。

鞼　綉綉韋也。盾綴革也。亦作「韇」。

餽　餉食也。又，貽也。亦作「魄」。

䭨　馬韁。

○僞　僤位切。假也。欺也。詐也。舊危睡切，寘韻一。

○魏　魏闕也。國名。州名。又，姓。舊魚貴切，未韻二。
犩　犪牛，肉數千斤。
○累　論位切。罣也。玷也。𦷺累也。緣坐也。舊良僞切，寘韻一。
○類　善也。法也。等也。種也。肖也。舊力遂切，至韻九。
蘱　爾雅：「蘱，薡蕫。」注：「似蒲而細。」
禷　祭名。
纍　係也。
瓃　玉器。
垒　垒壍也。
淚　涕泪。
隸　臨也。
膟　血祭。
○諉　餧位切。諈諉，累也。舊女恚切，寘韻三。
㨢　内也。又，姓。
𢐦　𢐦彼，弓皃。

○㾽　疏畏切。病皃。舊釋類切，至韻二。

宩　深也。

○瑞　蜍位切。以玉爲信曰瑞。又，祥也。符也。應也。又，姓。舊是僞切，寘韻四。

睡　睡眠。又，坐寐也。

穂　小積。

雖　雅烏别名。

○睿　通明也。亦作「叡」。舊以芮切，祭韻五。

鋭　利也。又，姓。

菍　草生狀。

鋻　銅生五色。

蜹　毒蟲。　○以上五字，依舊切當音位，然舉世無讀此音者，而偏傍多與「税」、「芮」爲類。故從今音，收入「禪」母字下。

○枘　如位切。内也。舊而瑞切，寘韻一。

○芮　草生狀。又，國名。亦姓。舊而鋭切，祭韻六。

汭　水曲也。又，水北曰汭。又，水相入皃。

枘　木耑所以入鑿。
鈉　鋭鈉。
笍　竹名。
蜹　蚊蜹。又，醯鷄也。
○惴　萑畏切。憂也。怖也。舊之睡切，寘韻二。
腨　杵擊也。亦作「腫」。
○贅　最也。聚也。餘也。又，贅肬。贅婿。舊之芮切，祭韻二。
叡　卜問吉凶。
○吹　初位切。噓之也。又，鼓吹。古作「龡」。舊尺僞切，寘韻二。
秙　衲糴。
○出　出之也。舊尺類切，至韻一。
○皴　粟體也。舊楚愧切，至韻一。
○毳　細毛也。又，姓。舊楚税切，祭韻四。
橇　重擣。
竁　葬穿壙也。

䉶　斷也。

○瀡　孫畏切。滑也。舊思累切，寘韻二。

稜　禾四把也。

○祟　禍祟。舊雖遂切，至韻九。

㪤　義見前。

誶　誚也。告也。

粹　純粹。

睟　視皃。又，潤澤皃。

賥　貨也。

邃　深也。遠也。

憰　意思深也。

譢　讓也。問也。

○歲　年歲。又，木星也，一年行一次，十二次而周天，故謂之歲星。舊相鋭切，祭韻三。

櫘　小棺。

繐　布縷細也。亦作「繐」。

○遂　隨位切。達也。成也。因也。從志也。周禮：「五縣爲遂。」又，州名。亦姓。舊徐醉切，至韻十九。

豙　從意也。

漇　田間小溝。

燧　鑽木出火也。

㸂　塞上守湰者。古作「㸂」。

檖　楊檖，木名。亦作「椓」。

鐆　陽鐆，可取火於日中。亦作「鐩」。

璲　玉也。詩曰：「鞙鞙佩璲。」

綫　佩玉綫也。

隧　埏隧，墓道也。俗作「墜」。

䙎　贈終衣。

旞　全羽繫旌上。

轊　陽轊，車也。

篴　籧篨。

䆲　禾秀。亦作「䆳」。

穗　禾穖成皃。本作「采」。

彗　帚也。又，妖星。

䔹　玉䔹，草。

韢　囊組名。或作「䅻」〔一〕。

○篲　埽帚。爾雅：「箭，王篲。」亦作「篲」。舊祥歲切，祭韻六。

鏏　大鼎。

䭳　小鼎。

轊　義見前。

𢥠　布巾。

槥　義見前。

○醉　尊畏切。飲酒酣醉也。舊將遂切，至韻二。

檇　檇李，地名。

○蕝　束毛表位也。舊子芮切，祭韻三。

撮　製也。

蝨　蟲名。
○翠　村位切。青羽雀也。又，姓。舊七醉切，至韻三。
濢　下濕。
臎　鳥尾上肉。
○脃　小耎易斷也。亦作「膬」。俗作「脆」。舊楚稅切，祭韻九。
毳　橇　竁　韢　四字注并見前。
刌　小割。
灖　飲也。
蟸　蟲名。
韢　囊屬，以盛賊頭。
○萃　存位切。集也。聚也。卦名。舊秦醉切，至韻六。
崒　止崒。
悴　憔悴，憂愁。
顇　顦顇。
瘁　病也。

穖 稻禾黏也。

○備 盆位切。具也。足也。咸也。副也。防也。預辦也。又，姓。俗作「偹」。舊平秘切，至韻十二。

葥 說文：「具也。」古作「葡」。

𣞁 木名。出蜀。其穗可食。

糒 糗也。

㻉 以筋帖弓。

鞴 車絥也。亦作「絥」。又作「韍」。

牗 牑模。

犕 牛具齒。

贔 贔屓，壯士作力皃。

㬍 怒也。迫也。亦作「㬍」。

䑐 壯大。

𩿧 鳥如梟。

○媢 門位切。嫵媚。諂媚。舊明秘切，至韻九。

篃　竹名。

䉋　笋冬生名。

煝　炶熱。

郿　縣名，在岐州。

蝞　似蝦寄生鼊殼中。

魅　魑魅。亦作「彪」。

㘈　㘈屎，小兒詐獪。

娓　從也。

媢　妒嫉也。

○寐　臥也。息也。舊彌二切，至韻二。

○袂　袖也。舊彌弊切，祭韻一。

○以上合口呼。

税　䞄綴切。租税。又，舍也。遺也。又，姓。舊舒芮切，祭韻八。

祱　日月已過聞喪而服曰祱。

帨　佩巾也。
涗　温水。又，清也。
説　進説於人也。
餟　小餟也。亦作「鑴」。
蜕　解皮也。
帤　禮巾也。
○啐　小歠也。舊山芮切，祭韻一。
○綴　諄税切。聯也。舊陟衛切，祭韻十。
錣　針也。
畷　井田開道。
餟　祭酹也。亦作「腏」。
醊　祭也。
啜　嘗也。
裰　重祭。
輟　車小缺也。

�小車具也。

軏　釣也。

○娷　飢聲。舊竹悪切，寘韻二。

諈　諈諉，累也。

○轛　車横軨也。舊追萃切，至韻一。

○縋　甀税切。繩懸也。舊馳僞切，寘韻七。

膇　重膇病。或作「瘇」。

槌　蠶槌。

錘　稱錘。或作「鎚」。

硾　鎮也。

甀　小口罌。

腄　縣名，在東萊。

○墜　落也。舊直類切，至韻三。

鎚　好銅半熟。

懟　怨也。

○啜　嘗也。舊嘗芮切，祭韻一。

○鏑　曲刀也。削竹也。舊除芮切，祭韻一。

○以上撮口呼。

【校記】

〔一〕䡸　原刻誤作「轊」，據説文、廣韻改。

去聲第三類

六　夜　齊齒呼

夜　延歌切。舍也。暮也。又，姓。舊羊謝切，禡韻三。

鵺　鳥名，似雉。

射　僕射，宮名。姑射，山名。

○歌　牽夜切。張口息也。舊企夜切。從集韻增。

○舍　㦗夜切。屋也。又，釋也。置也。一宿爲舍。又，姓。舊始夜切，禡韻五。

涻　水名，出北蹦山。

駼　牝馬。

赦　宥罪也。

厙　姓也。

○射　禪夜切。操弓矢射物也。又，姓。亦作「䠶」。舊神夜切，禡韻三。

麝　獸名。

貰　賒也。貸也。

○渃　然夜切。姓也。舊人夜切。

偌　城名，在彭州。

婼　如也。三字從集韻增。

○柘　旃舍切。木名。亦姓。或作「樜」。舊之夜切，禡韻六。

炙　炙肉。俗作「肏」。

蔗　甘蔗。

嗻　多語之皃。

鷓　鷓鴣，鳥似雉，南飛。

䗪　蟅螅，蟲名。

○趚 腟夜切。怒也。又，牵也。舊充夜切，禡韻二。

斥 山名。又，音尺。

○瀉 先舍切。去水也。舊司夜切，禡韻四。

篛 笞篛。

卸 卸馬去鞍。

蝑 鹽藏蟹。

○謝 涎夜切。辭也。代也。絶也。落也。又，拜賜曰謝。又，國名。亦姓。舊辭夜切，禡韻三。

澍 水名。

榭 臺榭。爾雅：「有木者謂之榭。」「無室曰榭。」

○借 箋舍切。假借。舊子夜切，禡韻二。

唶 嘆聲。

○笡 千夜切。斜逆也。舊遷謝切，禡韻二。

趚 趚脚，立也。

○藉 前夜切。薦也。借也。又，醞藉，含蓄也。舊慈夜切，禡韻五。

躪　踐也。

褯　小兒褯。

鏣　鏡鏣。

䣊　亭名，在貝丘。

去聲第五類

七　薈　合口呼

薈　蜿𡾊切。草盛皃。舊烏外切，泰韻七。

黵　淺黑色。

懀　惡也。

瞺　眉目之間。

鱠　鼻息。

嬒　婦人名。

濊　汪濊，深廣皃。

○𩴾　𩴾𡰢，癈風苦熱。舊烏繢切，隊韻三。

隈　隩隈也。

㕯　隱翳也。

○穢　惡也。舊於廢切，廢韻五。

薉　荒蕪也。

濊　濊貊，夫餘國也。亦作「獩」。

餯　飯臭。

䝟　䝟䭿，馬怒。

○噦　歡薈切。鳥鳴聲。舊呼會切，泰韻六。

譮　衆聲。

翽　鳥飛聲。

鐬　鈴聲。

濊　水多皃。

浼　水名，在譙。

○誨　教訓也。舊荒内切，隊韻十。

悔　懊恨也。悛改也。

晦　不明也。又，月盡也。

夬　易卦上體。又，之卦爲夬。

痗　病也。

頮　面肥也。

靧　洗面。亦作「頮」。

秏　稻名，出南海。又，火号也。

誨　休市。

潰　青黑皃。本作「湏」。

○喙　口喙。舊許穢切，廢韻五。

瘃　困極也。詩云：「昆夷瘃矣。」亦作「殔」。

餯　飯臭。

顪　頮也。

𨘹　行走之皃。

○會　桓塊切。合也。亦州名。又，姓。舊黄外切，泰韻五。

繪　五采也。

襘　除殃祭也。

曆　日月合宿也。

遳　無違也。

○潰　逃散。又，亂也。舊胡對切，隊韻十三。

繢　畫也。

闠　闤闠。

讃　覺悟。又，止也。

膭　肥大。

僓　長也。

嬇　女字。

殨　肉爛。

螝　蟲蛹。

逥　曲也。

詗　市詗。

詯　胡市。

荁　草名。

○蚚　强蚚。舊胡輩切，隊韻一。

○澮　官薈切。水注溝曰澮。古作「巜」。又，水名，在平陽。舊古外切，泰韻十六。

檜　柏葉松身。

鄶　國名，在滎陽。

會　總合也。又，會稽，山名。

儈　會合市人。

擓　收也。

劊　斷也。

獪　狡獪，小兒戲。

禬　福祭。

襘　衣領交會。

旝　旃也。又，木置石投敵也。

膾　骨擿之會髮者。亦作「鬠」。

廥　芻稾藏也。

膾　細切肉也。
鱠　魚鱠。
腎　腰痛。
○憒　心亂也。舊古對切，隊韻九。
憹　恨也。
簂　筐也。
薗　儀禮注云：「滕、薛名薗爲頍。」
幗　婦人喪冠。
刉　刉刀。使割。
篌　篷也。
蕻　黃色。
戆　病皃。
○襘　寬會切。粗糠。舊苦會切，泰韻一。
○塊　土塊。古作「凷」。舊苦對切，隊韻二。
塊　塵起。

〇犩　葵會切。牛觸人也。舊渠穢切，廢韻一。
〇外　屼薈切。表也。遠也。舊五會切，泰韻一。
〇磑　磨也。舊五對切，隊韻一。
〇酹　鑾會切。以酒沃地也。舊郎外切，泰韻五。
毨　馬色班也。
頪　難曉也。一曰鮮白。
餟　門祭。
癗　疫病。
〇纇　粗絲也。舊盧對切，隊韻十三。
蘱　草名，似蒲。
壘　壘，塊土皃。
勵　推也。
擂　擂鼓。
儽　極困。
礧　礧硡，重也。

䆹　秲䆹，稻名。
末　耕曲木也。
銇　銇，鑽。
茉　耕多草。
邾　邾陽，縣。
錑　平板。
○祋　端薈切。殳也。又，祋祤，縣名，在馮翊。舊丁外切，泰韻一。
○對　答也。當也。配也。應也。古作「對」。舊都隊切，隊韻四。
轛　車箱立曰轛，横曰軹。亦作「轛」。
儎　儎市。
碓　舂具。又，水碓曰轓車。
○蜕　湍會切。蛇易皮也。舊他外切，泰韻五。
娧　好皃。
裞　送死衣也。
駾　奔突也。

毲　鳥易毛。
○退　郤也。古作「退」。亦作「復」。舊他内切，隊韻三。
逮　肆也。
㞂　㞂㞂。
○兌　團會切。突也。説也。卦名。又，姓。亦作「兑」。舊杜外切，泰韻五。
娧　山名。
鋭　矛也。
綐　細紬。
鞔　補鞔。
○隊　群隊也。舊徒對切，隊韻九。
磙　䃶磙，物墜也。
䯟　䫥䯟，愚人。
鐆　墮也。
靅　靉靅，雲狀。
濧　漬也。濡也。

蘙　草盛也。

懟　怨也。惡也。亦作「憞」。又作「譈」。

鐓　矛下銅也。亦作「錞」。

○內　捼會切。中也。裏也。入也。又，宮禁謂之內。舊奴對切，隊韻一。

○倅　鉏會切。副也。舊七內切，隊韻五。

淬　染也。犯也。寒也。滅火器也。

焠　作刀鋻也。又，水與火合爲焠。

啐　嘗味入口。

磈　磈，磨。

○礧　酸薈切。小石也。舊先外切，泰韻三。

矓　流眄。

殨　瘦病。

○碎　細也。破也。舊蘇內切，隊韻五。

瓿　破也。

誶　告也。

啐　送酒也。

繓　織繓。

○最　鑽薈切。極也。凡也。俗作「冣」。舊祖外切，泰韻二。

蕞　蟲也。

○晬　子生周年也。舊子對切，隊韻五。

䘹　月祭名。

綷　會五彩繒也。古作「辭」。或作「倅」。

捘　推也。

拜　失容節拜。

襊　村會切。衣游縫也。舊粗最切，泰韻三。

躐　行躐。

竄　塞外道也。

○曓　小春也。舊七外切，泰韻一。

○蕞　欑會切。小兒。舊才外切，泰韻二。

篹　篹篭。

〇廢　番會切。壞也。棄也。罷也。無用也。舊方肺切，廢韻八。
癈　固疾。
橃　木名。似柚。
蘼　蘆蘼。亦作「䕁」。
䲶　弋射，收繳具。
發　賦斂。
砝　以石遏水。
祓　福也。除惡祭也。
〇肺　金藏也。舊芳廢切，廢韻四。
柿　削木札也。
怫　怒也。
𥇹　睗也。
〇吠　煩會切。犬聲。舊符廢切，廢韻四。
𩵎　魚名。
鼣　鼠名。

茷　草木葉多。

○貝　般薈切。海介蟲也。古以爲貨。又，州名。亦姓。舊博蓋切，泰韻十三。

䟺　步行躐跋。

鋇　柔鋌也。

狽　狼狽。

沛　郡名。又，姓。亦作「邺」。

芾　小皃。

伂　顛伂。

眂　目不明皃。

䢔　行皃。

犻　牛二歲。

鯆　魚名。食之殺人。

秏　秏毦，多毛。

茷　義見上。

○背　負也。叛也。又，身北曰背。堂北曰背。舊補妹切，隊韻三。

輩　等輩。又，比也。類也。俗作「軰」。

誖　亂也。

○霈　潘會切。霶霈，雨皃。亦水流皃。舊普蓋切，泰韻五。

沛　水流皃。又，水名，出遼東。

昁　義見上。

怫　恨怒。

浿　水名，在樂浪。

○配　匹也。合也。又，品配。又，配流。舊滂佩切，隊韻四。

妃　匹也。偶也。

崩　崩聲。

朏　向曙色也。

○旆　盤會切。旗也。繫旐曰旆。舊蒲蓋切，泰韻三。

跟　賴跟，行不正也。

軷　祭道神。

○佩　大帶佩也。又，服也。亦作「珮」。舊蒲昧切，隊韻九。

郥　殷畿内國名。亦作「鄁」。
背　違也。負也。反面也。又，姓。亦作「偝」。
芇　爾雅：「芇，山䥯。」
孛　星也。
悖　心亂。
誖　言亂。
琲　珠百枚曰琲。亦作「琲」。
祓　拂取。
○沬　瞞會切。水名。舊莫貝切，泰韻三。
沬　木名。
眛　眎眛，目不明也。
○妹　女弟。舊莫佩切，隊韻十。
昧　暗昧。
每　數也。
莓　莓子，木名。似葚。

罨　烏網。

脢　背肉。亦作「脥」。

痗　病也。

瑁　瑇瑁。亦作「蝐」、「帽」。

黴　點筆。

穤　禾傷雨，生黑班。

去聲第六類

八　愛　開口呼

愛　滔餀切。慕也。憐也。恩也。寵也。好樂也。亦作「炁」。舊烏代切，代韻八。

曖　日不明。

僾　隱也。

靉　靉靆，雲狀。

薆　隱也。

藹　薆蘙，草盛。

瑷　珠瑷。又，美玉也。

怘　惠也。

○藹　晻藹樹。繁茂皃。又，姓。舊於蓋切，泰韻十。

靄　雲狀。

馤　香也。

濭　覆也。清也。微也。

䶣　鼱䶣，小鼠相銜而行。

曖　曖，隱。

𣋡　日色。

壒　塵也。

𢡶　清謹。

殪　死也。

○餲　食敗。舊於犗切，夬韻四。

喝　嘶聲。

餩　通食氣也。亦作「欬」。

嗄　聲敗。

〇餀　蚶愛切。食臭也。亦作「䫿」。舊呼艾切，泰韻四。

疲　疲病。

鰫　魚名。

猲　獸名。

〇譪　譀譪。舊火犗切，夬韻二。

𩠠　𩠠䭌，臭皃。

〇儗　儓儗，癡也。舊海愛切，代韻一。

〇害　咸磕切。傷也。忌也。不利也。舊胡蓋切，泰韻四。

㤳　快也。

夆　相遮也。

妎　疾妎，妒也。

〇䬤　纔然。舊何犗切，夬韻一。

〇瀣　沆瀣。北方夜半之氣。舊胡槩切，代韻三。

劾　推劾。

侅　患苦。

○蓋　甘愛切。覆也。掩也。苫也。張帛也。又，發語端。俗作「盖」。舊古太切，泰韻二。

匃　乞也。亦作「丐」。

○犗　犍牛。舊古喝切，夬韻二。

褡　衣上也。亦作「襤」。

○溉　灌也。又，水名，出東海桑瀆縣覆甑山。舊古代切，代韻六。

槩　平斗斛木。

摡　滌也。

僟　主也。

扢　磨也。

叡　深堅意。又，偶也。

○磕　坩害切。硠磕，石聲。舊苦蓋切，泰韻九。

溘　船著沙也。

鄐　地名。

轄　車聲。

稭　戈屬。

戠　伐也。擊也。

愒　貪也。急也。

㙛　擊也。

鶡　鶡鴠，鳥名。

○㱾　難也。舊苦賣切，卦韻二。

郲　鄉名。

○慨　慷慨。舊苦蓋切，代韻六。

嘅　嘅嘆。

愾　太息。

欬　欬瘷。

鎧　甲也。

闓　開也。

○隑　葵害切。踦也。舊巨代切。從集韻增。

○艾　咢害切。老也。長也。息也。懲也。治也。草名。又，姓。舊五蓋切，泰韻三。

豥　豥猳，牡豬。

鴱　巧婦别名。亦作「鳰」。

○礙　止也。妨也。隔也。亦作「硋」。又作「㝵」。舊五溉切，代韻五。

閡　外閉。

𥝌　木曲頭不出。

儗　義見前。

懝　騃也。

○刈　刈穫。舊魚肺切，廢韻六。

乂　才也。俊也。

忞　困患爲戒。

汉　水名。

㚲　才人名。

虓　虎皃。

○賴　蘭害切。利也。幸也。恃也。又，姓。舊落蓋切，泰韻十三。

瀨　水流沙上也。

籟　孔竅出聲也。籥三孔也。

藾　藾蒿。亦作「蕑」。

爤　火毒皃。

癩　惡疾。

襰　墮壞。

鯠　魚名。

鵣　鳥名。

糲　粗米。

噧　聲噧。

蹶　跛蹶，行皃。

犡　牛名。

○賚　與也。賜也。舊洛代切，代韻八。

徠　勞也。亦作「勑」。

睞　傍視。

䚓　内視。

諫　誤也。

逨　就也。

瘷　惡病。

莍　草莍。

〇帶　丹愛切。紳也。衣物結束也。又，蛇别名。舊當蓋切，泰韻七。

樤　槌也。

蔕　蔕方，山名。

蹛　蹛林，漢北會祭處。

癄　癄下，病也。

艜　艇船。

跢　倒跢。

〇戴　頂荷物也。又，姓。舊都代切，代韻一。

〇泰　灘害切。大也。通也。安也。甚也。卦名。古作「太」。舊他蓋切，泰韻四。

太　大也。極也。甚也。過也。又，複姓有太叔、太師、太征、太士、太室、太祝六氏。

忕　奢也。侈也。

汏　沙汏。又，太過也。
○貸　借也。施也。寬也。舊他代切，代韻四。
態　意也。縱也。
曃　曖曃，不明皃。
儓　儓儗，癡皃。
○大　壇害切。大小。又，複姓有大狐、大心、大羅、大庭、大叔五氏。代北三字姓有大利稽、大莫于、大洛稽三氏。舊徒蓋切，泰韻八。
汏　淅瀖也。
鈦　鉗也。
軑　車轄。
默　黑迹。
忕　奢忕。
伏　地名，在海中。
馱　鳥也。
○代　世也。更也。替也。國名。亦州名。又，姓。舊徒耐切，代韻十。

岱　泰山。
黛　眉黛。亦作「黱」。
袋　囊屬。亦作「帒」。
昚　甘也。
逮　及也。
埭　以土堨水。亦作「垯」。
靆　靉靆，雲狀。
截　醋也。
瑇　瑇瑁。亦作「玳」。又作「蝳」、「蝳」。
○柰　難害切。果木名。俗作「榛」。舊奴帶切，泰韻五。
奈　如也。遇也。那也。亦作「柰」。
渿　沛之也。
耗　秏耗，多毛。
鰲　魚名。
○耐　忍也。舊奴代切，代韻七。

能　技能。又，姓。

皆　日無光也。

蠞　小蚻蟲。

耏　頿也。

鼐　大鼎。

佴　姓也。

○曬　删愛切。暴也。舊所賣切，卦韻五。

洒　洒埽。

汛　水皃。又，灑也。

黐　不黏之皃。

釃　簁酒。

○鎩　翦翮也。鈹有鐔也。舊所拜切，怪韻三。

褩　衣衲縫也。

殺　疾也。猛也。殺害。亦降殺。又，作「閷」。

○𠻜　喝𠻜。舊所犗切，夬韻一。

〇債 醆愛切。負財也。舊側賣切，卦韻一。
〇祭 國名。又，姓。舊側界切，怪韻三。
鄒 周邑名。
瘵 病也。
〇差 㔉害切。病除也。亦作「瘥」。舊楚懈切，卦韻六。
謎 異言。
衩 衣衩。
杈 杈杷，平田具也。
浧 浦浧。
訍〔一〕 持短。又，疑心。
〇眦 棧愛切。睚眦。舊士懈切，卦韻二。
瘵 疾也。
〇賽 珊愛切。報也。祭禱也。舊先代切，代韻四。
塞 邊塞。
𡨄 寬也。實也。

簺　格五戲，行棋相塞也。
○再　䝶愛切。重也。兩也。舊作代切，代韻六。
載　年也。事也。則也。始也。乘也。盟辭也。又，姓。
㦻　古國名。
戴　染戴。
縡　事也。
䣊　設飪也。
○蔡　餐害切。國名。又，姓。亦龜名。古作「𦺓」。舊倉大切，泰韻二。
䳴　䳴鳩，鳥。
○菜　草可食者，皆名菜。舊倉代切，代韻五。
埰　卿大大食采地。
棌　木名。
髿　髻也。
䐆　大腹。
○在　殘害切。所在。舊昨代切，代韻七。

載　運也。

栽　築墻長板。

裁　製裁。

䵧　醋醬。

纔　僅也。

溨　測也。

【校記】

〔一〕誽　原刻誤作「誙」，據廣韻、集韻改。

九　隘　齊齒呼

隘　殷喊切。狹也。陋也。舊烏懈切，卦韻五。

䅬　稻小把也。

賹　賹，記人物。

戹　阻塞。又，戹嶭，山形。

㾨　病聲。

○噫　噫氣。舊烏界切，怪韻二。

呃　不平聲。

○謑　𦧟隘切。怒言。舊火懈切，卦韻一。

○喊　喝喊。舊許介切，怪韻八。

譮　怒聲。亦作「欸」。

忦　忽也。

齂　鼻息。

噧　高聲。又，多言。

譪　義見「八　愛」。

眉　臥息。

𡵆　嗔大聲也。

解　曲解也。亦縣名。

○邂　閑隘切。邂逅。舊胡懈切，卦韻二。

○械　器械。又，杻械。舊胡介切，怪韻十。

淢　水名。

㜸　㜸㑲，猶果敢也。

瀣　義見「八　愛」。

儖　俠也。

薤　葷菜，似韭。本作「䪥」。

齘　𩕳齘切。齒怒。

閉　門扇。

衸　補膝裙也。

猲　雌狢。

○解　𩕳隘切。除也。發也。舊古隘切，卦韻六。

懈　怠也。懶也。

繲　浣衣。

廨　公廨。

薢　薢茩，藥名。

痎　病也。

○戒　慎也。備也。警也。舊古拜切，怪韻二十二。

誡　以言相戒。

悈　飾也。

介　大也。助也。副也。側也。因也。間也。甲也。又，耿介。又，纖介。又，姓。俗作「奈」。

界　境也。垂也。

价　善也。又，侶价。

芥　辛菜。

玠　大玠，長尺二寸。

砎　硬也。

斺　斺到。

夵　獨也。

㡴　幘也。

髻　〔簪〕結〔一〕。

衸　布衣幅也。

疥　瘖疥。

尬　尲尬，行不正。

鴧　鴧雀，似鶡而青。

騚　馬尾結。

魪　比目魚也。

屆　至也。舍也。極也。行不便也。古作「艐」。

䁗　〔視〕也〔二〕。

丯　草介。

○炫　慳隘切。熾也。盛也。亦作「烕」。舊苦成切，怪韻三。

㓒　勤力作也。

揩　鼓名。

○齘　乾邂切。睡中切齒聲。舊渠介切。從集韻增。

○睚　顏邂切。目際。又，睚眦，怨也。舊五懈切，卦韻一。

○睩　不聽也。舊五介切，怪韻四。

憏　忦憏，慳吝人也。

蟓　蟲名。啞食草木葉。

譺　誠譺。

○褹　嘫邂切。紩布襦。舊女介切，怪韻一。

○膪　譠隘切。肥也。又，腏肉也。亦作「䐑」。舊竹賣切，卦韻二。

㣡　步立皃。

○蠆　𤢊邂切。毒蟲。舊丑犗切，夬韻二。

懘　義見〔二〕意」。

○𧹞　獼邂切。大臭。又，事露也。舊除邁切，夬韻一。

【校記】

〔一〕〔簪〕結　原刻缺「簪」字，據說文補。

〔二〕〔視〕也　原刻缺「視」字，據類篇補。

十　䵻　合口呼

䵻　彎誷切。淺黑色。舊烏快切，夬韻三。

儈　惡也。

鱠　喘息。

○諣　豩黵切。疾言也。舊呼卦切，卦韻一。

○䫚　豰䫚。舊火怪切，怪韻四。

濊　水聲。

櫘　木名。

䨨　過也。

○咶　息聲。舊火夬切，夬韻一。

○畫　還蒯切。繪畫也。舊胡卦切，卦韻八。

澅　水名，在齊。

繣　乖違也。

詿　礙也。亦作「罣」。

絓　絲結。

黊　鮮黃色。

嫿　愚戇。又，多態也。

纗　弦中絶也。

○壞　自破也。古作「敦」。舊胡快切，怪韻二。

壊　烏蘾。草。

○話　語話。説文作「語」，「合會善言也」。舊下快切，夬韻一。

○卦　關鱠切。筮也。挂也。懸挂萬象於其上也。舊古賣切，卦韻五。

挂　懸挂。亦作「掛」。

註　誤也。

罣　罣礙。

觟　盾握也。

○怪　怪異也。俗作「恠」。舊古壞切，怪韻六。

硂　硂石，似玉。

烴　大皃。

敦　毀也。亦作「壞」。

蘾　草名。

掝　訬也。

○夬　決也。亦卦名。舊古賣切，史韻三。

獪　狡獪。

簬　箭竹。

○蒯　寬壞切。茅類。又，姓。舊苦怪切，怪韻九。

喟　嘆也。

嘳　譏他人也。

墤　土塊。

簣　籠也。

蕢　杜蕢，人名。

嬇　女字。

㱕　太息。

簬　義見前。

○快　喜也。可也。稱心也。又，姓。舊苦夬切，夬韻五。

駃　駃馬，日行千里。

噲　咽也。又，姓。

璯　姓也。

穭　粗糠。

○聵　頑壞切。聾也。亦作「聧」。舊五怪切，怪韻二。

顡　説文：「頭蔽顡。」〔一〕亦作「顡」。

○帥　櫰黵切。將帥。舊所類切，至韻二。

率　鳥網也。又與「帥」通用。

○嘬　初壞切。一舉盡臠也。舊楚夬切，夬韻三。

齸　南方呼醬。

歡　齧也。亦作「嚱」。

○啐　啗也。舊倉夬切，夬韻一。

○寨　窀壞切。羊栖宿處。舊豺夬切，夬韻二。

砦　山居，以木柵。

○庍　番黵切。到别。舊方卦切，卦韻一。

○崊　班黵切。厄崊，山形。舊方賣切，卦韻一。

○拜　首至地也。古作「𢷎」。舊博怪切，怪韻二。

扒　拔也。

○敗　破他曰敗。舊補邁切，夬韻一。

○派　攀壞切。分流也。俗作「泒」。舊匹卦切，卦韻七。

𠂢　水之衺流別也。

⿰木𠂢　藤屬。蜀人以織布。

⿰糹𠂢　未緝麻也。又，散絲也。

𣎵　分枲皮也。

𣏟　麻紵。

⿰氵萆　水，在丹陽。

○湃　滂湃，水皃。舊普拜切，怪韻二。

淠　注見「七　薈」。

○憊　盤壞切。病也。亦作「𢡟」、「㵒」。舊蒲拜切，怪韻五。

韛　韋囊，吹火。亦作「⿴橐非」。

棑　木名。

⿰舟非　船後⿰舟非木。

瀑　水波。

〇粺　精米。舊傍卦切，卦韻四。

稗　稗草，似穀。

䅭　黍屬。

杷　田具。

〇敗　毀也。自破曰敗。古作「𣁐」。舊薄邁切，夬韻三。

退　散走。

唄　梵音。

〇賣　鬻壞切。出物也。本作「賣」。舊莫懈切，卦韻一。

〇眪　眪眼，久視。舊莫拜切，怪韻三。

韎　東夷樂也。

𧊅　𧊅𧊓，頑惡。

〇邁　行也。往也。遠也。過也。舊莫話切，夬韻四。

勱　勉力。

譪　誇誕。

休　僸休。

【校記】

〔一〕頭蔽類　原刻作「頭蒯類」，據説文改。

去聲第七類

十一　汚 合口呼

汚　翁謼切。染也。穢也。舊烏路切，暮韻四。

惡　憎惡也。

噁　喑噁，怒聲。

謕　相毀也。亦作「謕」。

○謼　烘汙切。號謼。亦作「呼」。舊荒故切，暮韻二。

戽　戽斗，飲水器。

○護　洪袴切。救也。助也。衛也。舊胡誤切，暮韻十七。

濩　布濩。

頀　大頀，湯樂名。亦作「濩」。

擭　布擭，猶分解也。

頀　青屬。

韄　佩刀飾也。

䱤　魚名。

瓠　匏也。亦姓。

嫭　美好。

嫮　嫮嫪，戀惜也。

互　差互。交互。又，物有甲者曰互物。俗作「⺀」。

沍　寒凝。

枑　門外行馬。

笠　所以收絲。

苴　草名。

罝　兔網。

詎　志也。認也。

○顧　公汙切。迴視也。眷也。念也。又，反也。亦姓。俗作「頋」。舊古暮切，暮韻十三。
雇　傭也。本音户。九雇，鳥也。借爲雇賃字。
固　堅也。常也。執滯也。又，本然之辭。
涸　凝也。閉也。
錮　鑄塞也。禁錮，重繫也。
棝　射鼠斗。
痼　久病。
罟　罟䍡，取魚具也。
稒　稒陽縣，在五原。
鯝　魚肚中腸。
故　舊也。事因也。訓詁也。又，姓。
痞　小兒口瘡。
酤　賣也。亦作「沽」。
○袴　空護切。脛衣也。亦作「絝」。舊苦故切，暮韻六。
胯　股也。

跨　踞也。

庫　貯物舍也。又，姓。又，代北複姓有庫門、庫狄二氏。三字姓有庫傉官氏。

苦　困也。

蔰　醋葅。

〇悟　峗護切。心明了也。舊五故切，暮韻十一。

晤　明也。遇也。對也。

寤　寐覺也。

窹　灶名。

捂　斜柱也。又，枝梧也。

迕　干迕。

聐　聽也。

誤　謬也。惑也。亦作「悮」。

娛　樂也。

忤　逆也。違戾也。亦作「牾」。

迕　遇也。逆也。「遻」、「午」、「俉」并同。

○路 龍護切。大也。道路。又，車也。亦姓。舊洛故切，暮韻十一。
露 夜氣津凝爲露。又，露見也。亦姓。
潞 水名。又，州名。
輅 車輅。
璐 玉名。
賂 遺也。贈也。
簬 竹名。亦作「簵」。
虂 菸葵，虂虂。
罶 罶罶，取魚具。
鷺 爾雅：「鷺，春鉏。」注：「白鷺也。」
癒 瘻癒，痞病。亦作「𤺋」。
○妒 東汙切。忌也。亦作「妬」。舊當故切，暮韻八。
蠹 食木蟲也。古作「螙」。
斁 敗也。亦作「殬」。
秅 禾束。又，縣名。或作「秺」。

妧　美女。

肚　肚胍，腹大。

疰　乳病。

詫　奠酒爵也。

○兔　通護切。獸名，口有缺，尻有九孔。亦作「菟」。舊湯故切，暮韻四。

菟　菟絲，草名。又，代北複姓有菟賴氏。

鵵　木鵵鳥，有毛角。

吐　寫也。出也。舒也。歐也。

○度　同護切。則也。過也。分、寸、丈、尺、引曰五度。又，姓。舊徒故切，暮韻五。

渡　濟也。過也。

鍍　塗金飾物。

簑　籧簑。

斁　厭也。終也。

○怒　鱸護切。恚也。舊乃故切，暮韻二。

笯　盛鳥籠也。

○數　霜污切。算數。舊色句切，遇韻三。

捒　裝捒。

㡏　裁殘帛也。

○疏　䟽　注見「三　疏」。

○詛　阻　終污切。注見「三　疏」。

○菹　充護切。鳥窠。舊芻注切，遇韻三。

䐹　膳也。

𦨚　𦨚勇。

○楚　憷　注見「四　楤」。

○助　耡　𪊨　崇護切。注見「三　疏」。

○素　嵩污切。白也。空也。故也。朴也。説文作「縈」，白緻繒也。又，代北複姓有素和、素黎二氏。舊桑故切，暮韻十五。

傃　向也。

愫　真情。

諫　諳諫。

嗉　鳥吭。亦作「膆」。
塐　捏土象物。
捿　暗取物也。
獉　白牲。
泝　逆流而上也。
玿　玉名。
訴　訟也。告也。亦作「謭」、「愬」。
愬　譖也。
謭　向也。
遡　逆流。
塑　塑像。
〇作　峻污切。造也。舊臧祚切，暮韻一。
〇措　悤護切。置也。安也。布也。亦作「厝」。舊倉故切，暮韻四。
錯　金塗物也。又，姓。
湝　壅水。

醋　苦酒。又，酸也。亦作「酢」。

○祚　叢護切。位也。福禄也。舊昨誤切，暮韻七。

胙　祭餘分肉。又，錫福也。

阼　阼階，東階也。主人所踐。

飵　相謁食也。

秨　禾稼皃。

䞢　往也。

䱙　魚醬。

○賦　風污切。詩六義，二曰賦。又，不歌而頌曰賦。又，土貢曰賦。兵車曰賦。又，班也。
施也。斂也。稟也。舊方遇切，遇韻七。

傅　相也。又，麗著也。亦姓。

䔰　華葉布也。

搏　擊也。

付　與也。

髣　露髻。

陚　丘名。
○赴　奔也。至也。趨就也。舊芳遇切，遇韻十。
訃　告喪也。
仆　頓也。僵也。
⿰⻊卜　趨越皃。
⿺走音　僵也。
娩　兔子。
⿱兔⿰兔兔　急疾皃。亦作「⿺走孚」。
⿱⺮⿷匚畐　⿱⺮⿷匚畐⿱⺮⿷匚畐。
豧　豕聲。
⿰耳朱　⿰耳朱，⿰卑頁也。
○富　輻　鍑　葍　○副　⿱髟畐　福　覆　⿸疒复　愊　十字注見「十三漚」。舊宥韻。從今音增。
○附　馮護切。寄也。依也。益也。又，姓。舊符遇切，遇韻十一。
坿　白坿，白石英也。又，益也。

祔　祭名。亦合葬也。

胕　肺胕，心膂。亦親戚也。

躸　躸軀，著衣也。

跗　俞跗，古醫名。

駙　副也。近也。疾也。駙馬都尉，漢官名。晋尚公主者并加之。

鮒　魚名。

蚹　蛇腹下横鱗。

賻　贈死也。助也。

䡍　小卮，有蓋。

○婦　注見「十一　嘔」。舊有韻。從今音增。

○務　文護切。事務。又，强也。遽也。趣也。又，姓。舊亡遇切，遇韻十三。

霧　地氣發，天不應，曰霧。亦作「雺」。

敄　强也。

婺　婺女，星名。

嵍　丘也。

帤　髮巾。

㙛　長跪。

鵏　亂馳曰鵏。

鵏　鳥名。

㹀　六月生羔。

䳰　鷄雛。

蝂　蟊名。亦作「蟱」。

䌟　䌟淹餘也。

○布　琫汙切。陳也。鋪也。爾雅：「麻紵葛曰布。」又，錢亦名布。又，姓。舊博故切，暮韻六。

佈　遍布也。

抪　持也。

蜅　蜅蝜，蟲也。

圃　種菜地也。

刜　裁刀。

○鋪　誧護切。設也。陳也。舍也。肆也。舊普故切，暮韻四。

誧　謀也。

怖　惶懼也。亦作「悑」。

痡　痡瘽，痞病。

○哺　蓬護切。食在口。又，飼食也。舊薄故切，暮韻十三。

捕　擒捉也。

餔　餔啜也。又，餹餌。亦作「糒」、「䋠」。

鵏　鵏鴔，鳥。

鞴　鞴靫，盛箭室。

步　步行也。輦行亦曰步。又，水際渡頭曰步。又，姓。又，代北三字姓有步六孤、步鹿根、步六汗三氏。

郶　亭名。

荹　亂草。

騗　騗馬，習馬。

駓　馬名。

瘼　義見上。

艀　艇船。

鮬　魚名。

○暮　蒙護切。日晚也。冥也。又，姓。古作「莫」。舊莫故切，暮韻六。

慕　思也。戀也。羨也。又，慕容、慕輿，鮮卑複姓二氏。

募　召也。

慔　勉也。

墓　墳墓。

篹　竹筥。

十二　嫗　撮口呼

嫗　硳煦切。煦嫗。又，老婦之稱。舊衣遇切，遇韻四。

嘔　嘘也。又，嘔喻，和悦皃。

饇　飽饇。

蓲　茎也。

○裕　融驅切。饒也。寬也。亦作「衮」。舊羊戌切，遇韻五。
諭　告也。譬也。曉也。亦作「喻」。
覦　覬覦。
冔　冠冔，面衣。
籲　呼也。和也。
○芋　根白可食。一名蹲。舊王遇切，遇韻五。
吁　疑怪辭。
雨　自上而下曰雨。
羽　鳥翅。又，五音之一。
雩　説文：「水音也。」
○昫　蓄嫗切。日光。又，日出温也。北地有昫衍縣。舊香句切，遇韻六。
煦　烝也。又，温潤也。
呴　以氣温之也。又，吐沫也。
姁　姁嫗。
酗　醉怒。亦作「酌」。

蝹　幺蠶。

○句　弓嫗切。章句。又，方也。舊九遇切，遇韻十。

絇　絲絇。

筍　竹名。

蒟　蒟醬。

郇　邑名。

怐　恐怐。

屨　履屬。

眗　左右視。

瞿　視皃。

界　目驚界界然。

○驅　穹裕切。疾馳也。舊區遇切，遇韻二。

軀　牛名。

○懼　窮裕切。怖也。亦作「愳」。舊其遇切，遇韻四。

臞　瘦也。

具　備也。辦也。器具也。
埧　堤塘。
○遇　顒裕切。不期而會也。又，姓。舊牛具切，遇韻六。
寓　寄也。亦作「庽」。
嫗　妒也。
瘑　疣病。
禺　母猴屬。
鸜　鸜鼠，鳥名。
○屨　隆裕切。數也。疾也。舊艮遇切，遇韻二。
嘍　嘍嘍，呼狗聲。
○戍　叔嫗切。遏也。守也。舍也。舊傷遇切，遇韻八。
毹　毹毛。
輸　送也。
腧　五藏腧。
軀　射軀。

踰　馬踰前也。

輸　刀鞍。

隃　雁門。

○樹　熟裕切。木總名也。立也。又，姓。又，代北三字姓有樹洛于氏。舊常句切，遇韻四。

尌　立也。亦作「侸」。

澍　時雨。

㝹　老人行皃。

○孺　肉裕切。稚也。乳子也。亦作「㹂」。舊而遇切，遇韻三。

擩　擩莝，手進物也。

犪　牛莝。

○注　中嫗切。灌注。又，注記。眷注。舊之戍切，遇韻十六。

炷　燈炷。

霔　霖注。

註　註射。又，訓釋也。

鉒　邑名。

鞋　皮袴。

疰　疰病。

罜　小罟。

蛀　蛀蟲。

狂　黄犬黑頭。

鑄　鎔金入範也。又，姓。

澍　義見上。

騂　馬後足白。

𤢎　鄉名，在河南。

咮　咮，顴。

袾　祝也。詛也。

○駐　止馬。舊中句切，遇韻八。

鞋　車鞋。

住　停手。

鉒　置也。

邁　不行也。

壴　陳樂也。

味　鳥聲。

亍　步止也。

○閏　冲裕切。直開也。亦作「屋」。舊丑注切，遇韻一。

○住　蟲裕切。止也。停也。又，姓。舊持遇切，遇韻二。

牏　築垣短板。

逗　姓也。

○尠　淞嫗切。少也。舊思句切，遇韻一。

○足　縱嫗切。益也。足所不足也。又，足恭。舊子句切，遇韻二。

緅　青赤色。

○娶　樅裕切。取婦也。舊七句切，遇韻二。

趣　疾也。向也。又，意趣。指趣。

○聚　從裕切。會也。斂也。又，邑落曰聚。舊才句切，遇韻二。

堅　土積也。

去聲第九類

十三　漚　開口呼

漚　沃吼切。久漬也。舊烏候切，候韻三。
褔　頭衣。
㬻　地名。
○詬　熇漚切。耻也。詈也。亦作「訽」。舊呼漏切，候韻八。
垢　耻辱。
吼　怒聲。
怐　短醜皃。亦作「佝」。
頙　勤作也。
㺃　豕聲。
欨　數欨。
蔻　荳蔻。
○候　浲寇切。伺也。待也。又，氣候。證候。斥候。又，姓。舊胡遘切，候韻十五。

堠　封堠。
鍭　矢鍭。
郈　地名，在魯。
睺　睺瞜，貪皃。
睺　半盲。
㰯　石蜜膜也。
后　君也。天子妃也。
逅　邂逅。不期而會也。
𧻚　蹇行。
鮜　魚名。
詬　詬罵。亦作「訽」。
後　相導前後爲先後。娣姒曰先後。
厚　重也。廣也。不薄也。
鱟　海魚名。
○遘　攻漚切。遇也。舊古候切，候韻二十。

冓　交積材也。又，十秭曰冓。又，中冓，宫中深密處也。
構　架也。合也。成也。
熝　舉火也。
碃　甃井也。
寠　夜也。
構　構擩，不解事也。
媾　重婚曰媾。又，合也。和也。
購　以財有所求也。
覯　遇見也。
姤　卦名。遇也。偶也。
句　拘也。又，句當。又，姓。
怐　怐愗，愚皃。
賙　稟給。
軥　軥槅，挽車也。
鴝　綿鴝。

雊　雊鳴。
㲉　乳也。人，㲉𣫍。
彀　張弓。
犨　取牛乳。亦作「㲉」。
○寇　酷滬切。鈔也。暴也。又，姓。舊苦候切，候韻十一。
滱　水名，在代郡。
簆　織具。
扣　扣擊。
叩　問也。亦作「訆」。
㲄　未燒瓦器。
㲉　㲉𣫍。
嫛　嫛𣫍，無暇。
鷇　鳥子。亦作「㲉」。
怐　怐愗。
詬　罵。又，巧言。

○偶　擢候切。不期而遇也。舊五遘切，候韻一。

○陋　礊候切。疏惡也。阨陜也。舊盧候切，候韻十三。

屚　屋穿水下也。

漏　滲漏。又，漏刻。又，姓。

鏂　鍬鏂。

謱　謱詬。忽怒。

蔏　蔏蘆。

鏤　剛鐵。又，彫鏤也。又，姓。

剅　剅剹，細切。

瞜　睺瞜，貪財。

僂　佝僂，短醜皃。

歞　歞欶，小兒頑劣。

瘻　瘡也。

蔏　姓也。

○鬬　冬漚切。争也。值也。又，姓。俗作「鬪」。舊都豆切，候韻八。

鬥　説文：「兩士相對，兵仗在後，象鬬之形。」

䶒　龍尾星。

斣　斢也。角力走也。

襡　衣袖。

噣　鳥口。

誼　誼譳，不能言也。

餖　餖飣。

○透　炵候切。通也。過也。跳也。舊他候切，候韻四。

音　説文作「杏」，與語不受也。亦作「敨」。

毆　索漚毆也。

趃　自投下。或作「毆」。

○豆　彤候切。菽也。又，祭器。又，四升爲豆。又，姓。舊田候切，候韻十五。

荳　荳蔻。

梪　籩豆。或作「裋」。

浢　水名。

鄍　地名。
輊　車鞁具。
脰　項脰。
餖　飣餖。
短　嫗短，語帖也。
逗　逗遛。又，住也。止也。
毭　氈罽。
酘　酘酒。
竇　空也。穴也。水竇也。又，姓。
窬　蓽門圭窬。
瀆　水名。

○槈　農候切。刺地除草器也。「槈」、「鎒」并同。舊奴豆切，候韻四。
穀　乳也。
擩　構擩，不解事。
譨　詎譨。

○瘦 生漚切。臞瘠也。本作「痠」。舊所祐切，宥韻三。

潄 滌口也。

鏉 鐵生鏉。

○皺 争漚切。面皺。舊側救切，宥韻五。

縐 蹙也。又，絺之細者。

𦟛 𦟛脯也。

㾭 縮小。

甃 井甃。

○簉 鎗候切。倅貳也。又，齊飛也。舊初救切，宥韻三。

蒁 草根。

遚 不進。

○驟 傖候切。馬疾行也。又，奔也。亦作「騶」。舊鋤祐切，宥韻三。

㑳 妊身人也。

㥮 㑳㥮，惡言罵也。

○漱 鬆漚切。義見上。亦作「㰦」。舊蘇奏切，候韻六。

瘷　欬瘷。亦作「嗽」。

欶　上氣。

鏉　漏利。

謏　謫謏，怒言也。

嗾　使狗。

○奏　宗漚切。進也。又，章奏。又，節奏。舊則候切，候韻二。

走　疾趨也。

○湊　彰候切。水會也。聚也。舊倉奏切，候韻八。

腠　膚理。

輳　輻聚共轂。

楱　果名，如橘。

鯐　南夷名鹽。

猤　温豕。

蔟　太蔟，律名。

嗾　使犬。

○剽　琮候切。細切也。舊才奏切，候韻三。

踧　醉倒。

榛　鍽榛，鐵齒杷名。

○富　封漚切。豐於財也。又，姓。舊方副切，宥韻四。

䔰　根白可食。亦作「葍」。

輻　車輻。

鍑　小釜。

○副　貳也。佐也。又，代北複姓有副呂氏。舊敷救切，宥韻七。

髻　假髻。

福　衣一福。今作「副」。

覆　蓋也。

瘦　病重發也。

仆　前倒。

恒　小怒也。

○復　逢候切。又也。返也。往來也。告也。古作「復」。舊扶富切，宥韻七。

覆　伏兵。

複　重複。

椱　機持繒者。

瘦　再病。

伏　鳥抱子。

䨱　兩阜間也。

○踣　烹候切。倒也。亦作「仆」。舊匹候切，候韻四。

�　僵也。

㪗　語而不受。

豧　豕息。

○脰　彭候切。豕肉醬也。舊蒲候切，候韻二。

䡍　尻衣。

○茂　萌候切。卉木盛也。舊莫候切，候韻十五。

戊　十干名。

楙　木盛也。又，木瓜。

懋　美也。勉也。

菻　草名。

菽　細草叢生。

雺　地氣發，天不應。

愗　怐愗。

瞀　瞉瞀。

袤　廣袤，東西曰廣，南北曰袤。

貿　交易也。又，姓。

鄮　縣名，在會稽。亦姓。

姆　女師。説文作「娒」。

苺　覆盆子。

冃　重覆。

十四　宥　齊齒呼

宥　容鼿切。寬也。舊于救切，宥韻十四。

侑　勸食也。

囿　苑有垣也。

酭　報也。

姷　偶也。

趥　走皃。

盩　抒水器也。亦作「盩」。

蔨　草名。

又　更也。

右　左右。

佑　佐也。助也。

祐　神助。

忧　動也。

頄　顫也。亦作「疚」。

○柚　似橘而大。舊余救切，宥韻十三。

油　藿子柚花曰油。

犕 牛黑眦。

鼬 鼠屬。

槱 積薪燒之。

輶 輶車。

猶 獸似麂，善登木。

櫾 木名。

狖 獸似猿。

歈 歈鼠。

蜼 獸似獮猴。

螃 蟲名，不知晦朔。

褎 服飾盛皃。

○齅 胸救切。以鼻取氣也。舊許救切，宥韻三。

珛 朽玉。

嘼 嘼産。亦作「畜」。

○救 恭齅切。護也。止也。又，姓。舊居祐切，宥韻十一。

詠　止也。禁也。助也。
究　窮也。推也。深也。盡也。
穴　貧病也。
疚　病也。
灸　灼也。又，姓。
殷　强擊。
廏　馬舍。又，姓。
飼　飽也。
遨　恭謹。
猶　義見上。
〇齆　齆宥切。齆齅，仰鼻也。舊丘救切，宥韻一。
〇舊　邛宥切。故也。久也。亦姓。舊巨救切，宥韻二。
柩　尸在棺也。古作「匶」。
〇齅　顒宥切。仰鼻。舊牛救切，宥韻一。
〇溜　龍宥切。水溜。亦作「霤」。舊力救切，宥韻十九。

霤　室中庭曰中霤。亦五祀神名。

留　宿留，停待也。

褶　留祀。祝褶。

廇　屋梁宋也。

塯　瓦飯器也。

𤮕　櫄也。

餾　饙熟曰餾。

瘤　赤瘤，腫病。

窌　石窌，齊地名。

嬼　美好。

翏　高飛皃。

廖　姓也。

飂　高風。

僇　癡行皃。

勠　并力。

鷚　鳥子。
埦　𦡙土曰埦。
畂　百畝。
○糅　濃宥切。雜也。舊女救切，宥韻五。
𦟛　嘉膳。
猱　爾雅：「猱蝯，善援。」
狃　習也。就也。又，狐狸也。
餌　雜飯。亦作「粈」。
○狩　春鼸切。冬獵也。舊舒救切，宥韻五。
守　巡守。太守。
首　自首前罪。
收　穫多。
獸　兩足曰禽，四足曰獸。
○壽　慵宥切。享年多也。舊承呪切，宥韻六。
授　付也。又，姓。

唦　口唦。

綬　組綬。又，彩衣也。

售　賣物去手。又，償也。亦作「讎」。

訓　答也。

○輮　鞣宥切。車輞。舊人又切，宥韻四。

煣　蒸木使曲也。

鞣　柔皮。

蹂　蹂踐。

○呪　鍾鼻切。呪詛。舊職救切，宥韻四。

祝　祭主贊辭。

鬌　髮多。

椆　木椆，船篙木也。

○晝　日中。又，姓。舊陟救切，宥韻二。

咮　鳥口。亦作「噣」。

○臭　衝宥切。凡氣之總名。舊尺救切，宥韻二。

殠　腐臭。

〇畜　六畜。舊丑救切，宥韻二。

俞　姓也。

〇胄　重宥切。裔也。又，姓。舊直祐切，宥韻十一。

冑　兜鍪也。古作「䩜」。

伷　系也。

詘　詶也。

宙　宇宙。

馳　競馳馬也。

繇　卦兆辭也。

籒　周宣王太史名籒，造大篆。

酎　三重釀酒。

疛　心腹疾也。亦作「𤸫」。

懤　愁毒。

〇秀　淞鼆切。出也。榮也。茂也。美也。舊息救切，宥韻五。

琇　玉名。
螃　蟲名。
宿　星宿。又，宿留。
綉绣　五采刺文也。又，姓。
○岫　松宥切。山有穴曰岫。古作「峀」。舊似祐切，宥韻三。
袖　衣袂也。亦作「褎」、「褏」。
牰　牛黑眥。
○僦　縱齅切。僦賃。舊即就切，宥韻三。
稍　稻稔實。又，税也。
嫱　醜老嫗。
○趨　樅宥切。進也。舊七救切，宥韻一。
○就　從宥切。成也。迎也。即也。又，姓。舊疾僦切，宥韻四。
崨　山嶺名。
殧　殧殄。
鷲　鳥名。

○莓　微宥切。覆盆草也。舊亡救切，宥韻一。

幼　英螑切。少也。舊伊謬切，幼韻一。

○螑　馨幼切。赳螑，龍申頸行皃。舊火幼切。從集韻增。

○赳　京幼切。赳螑，龍申頸行皃。舊古幼切。

⿰鼻丩　折鼻也。

⿰車丩　車軫上榦。三字從集韻增。

○⿰𧾷臭　卿⿰𧾷丩切。⿰𧾷臭蹌，行皃。舊丘謬切，幼韻一。

○⿰𧾷丩　擎⿰𧾷臭切。⿰𧾷丩⿰𧾷臭，醜行皃。舊巨幼切，幼韻一。

○謬　明⿰𧾷臭切。誤也。詐也。妄言也。舊靡幼切，幼韻二。

繆　戾也。紕繆。又，姓。

按：「幼」以下數字，本第十類之齊齒呼。因字少，不能成韻，故附於此。

去聲第十一類

十五　侉　開口呼連合口呼

侉　侒呵切。痛呼也。舊安賀切，過韻一。

○呵　炕侉切。嘘氣也。舊呼箇切，箇韻二。

欱　欱欱，大笑。

○賀　杭坷切。慶也。勞也。加也。亦姓。又，代北複姓有賀若、賀蘭、賀拔、賀賴、賀葛、賀婁、賀兒、賀遂、賀悅等九氏。舊胡箇切，箇韻四。

澕　水名。

襀　裓袖也。亦作「裿」。

荷　負荷也。亦作「何」。

○箇　岡侉切。數也。枚也。竹筊也。舊古賀切，箇韻三。

个　明堂四面，偏室曰左个、右个。又，枚也。

個　偏也。

○坷　康賀切。坎坷，不平也。舊口箇切，箇韻四。

軻　轗軻，不遇也。

蚵　爾雅：「商蚵，蟲。」

艐　船著沙不行也。

○餓　昂賀切。不飽也。舊五个切，箇韻一。

○邏　郎賀切。巡也。偵也。遮也。舊郎佐切，箇韻三。

籮　婦人衣。

癰　病也。

○癉　當侉切。勞也。舊丁佐切，箇韻四。

痑　病也。

哆　語助聲。

跢　小兒行也。

○拖　湯賀切。牽也。引也。「扡」、「拕」并同。舊叶邏切，箇韻一。

○馱　唐賀切。負馱。舊唐佐切，箇韻二。

大　巨也。

○奈　囊賀切。奈何。舊奴箇切，箇韻二。

那 語助。

○些 桑侉切。楚語辭。舊蘇箇切，箇韻一。

○佐 臧侉切。助也。導也。副貳也。舊作箇切，箇韻六。

左 左右。

㫜 副也。

袏 襌衣。

𡯁 行不正也。

作 爲也。造也。

○以上開口呼。

涴 汪貨切。泥著物也。舊烏臥切，過韻一。

○貨 荒涴切。泉穀也。又，金玉曰貨。舊呼臥切，過韻一。

○和 黄課切。聲相應。又，調也。舊胡臥切，過韻三。

盉 調味。

俰 和也。

〇過　光涴切。越也。誤也。愆也。責也。舊古卧切，過韻六。
鍋　鎌也。亦作「划」。
餶　食也。
蝸　螗蜋别名。
涴　水名。
裹　包也。
〇課　髁和切。税也。試也。程也。考也。舊苦卧切，過韻六。
堁　堀堁，塵起皃。
髁　髀骨也。亦作「㞩」。
瘰　秃瘰。
敤　研治。
科　滋生也。
〇卧　危和切。寢也。休也。俗作「臥」。舊吾貨切，過韻一。
〇羸　磅和切。痿病也。舊魯過切，過韻七。
攍　擊物。

纝　不細也。不均也。

瘰　畜産疫病。

𦢊　膝病。

摞　理也。

儽　弱也。

○椯　端涴切。木本也。舊都唾切，過韻四。

剁　斫剉。

媣　量也。

揣　落帆。

○唾　湍和切。口液也。亦作「涶」。舊湯卧切，過韻六。

嫷　好兒。

褯　無袂衣也。

毻　鳥易毛也。

蜕　蛇去皮。

毤　落毛。

○惰　團和切。懈怠也。不恭也。舊徒卧切，過韻四。
媠　懶婦人也。
裿　無袂衣。
豬　猪別名。
○愞　奴和切。弱也。亦作「懦」。舊乃卧切，過韻四。
堧　沙上。
㬉　城下田。又，隍池内也。
稬　秫名。
○脧　酸涴切。朘膏也。舊先卧切，過韻一。
挫　鑽涴切。摧也。舊則卧切，過韻三。
侳　安也。有也。
夎　拜失容。又，詐也。
○剉　竄和切。破也。舊粗卧切，過韻三。
銼　蜀呼鈷鏻。
莝　斬草。

〇譗 譗磨。舊千過切，過韻二。

措 拭措。

〇磋 磨磋，治象牙。舊七過切，過韻一。

〇座 攢和切。床座。舊徂卧切，過韻二。

坐 坐罪。又，對理曰坐。又，與「座」通用。

〇縛 房和切。束也。舊符卧切，過韻一。

〇播 邦涴切。種也。布也。揚也。放也。遷也。又，姓。古作「敽」。舊補過切，過韻四。

番 獸走。

譒 敷也。謡也。

簸 簸揚。

〇破 滂和切。剖也。裂也。又，代北三字姓有破六韓氏、破多羅氏。舊普過切，過韻二。

頗 不正也。

〇磨 芒和切。磑也。亦作「礳」。舊摸卧切，過韻三。

摩 按摩。

塺 塵也。

○以上合口呼。

去聲第十二類

十六　嗄　開口呼連齊齒合口二呼

嗄　崽詐切。聲變也。老子終日號而不嗄。舊所嫁切，禡韻三。

沙　嘶也。周禮：「鳥皫色而沙鳴。」

𡗉　姓也。

○詐　齋嗄切。僞也。欺也。舊側駕切，禡韻六。

咋　語聲。

榨　打油具也。

筰　笮酒器也。

醡　壓酒具也。

溠　周禮：「豫州，其浸波溠。」

○乍　豺嗄切。初也。忽也。甫然之辭。舊鋤駕切，禡韻四。

䄍　年終祭名。亦作「蜡」。

齰　齰齚。

誝　慚語也。

○以上開口呼。

亞　央嚇切。次也。就也。醜也。舊衣嫁切，禡韻十。

俹　依倚。

婭　兩婿相謂爲婭。

啞　啞啞，鳥聲。

逜　次第行。

腣　腣膪，肥皃。

晋　姓也。

稏　稏稏，稻名。

欯　欭欯，驢鳴。

襾　覆也。「覆」、「覈」、「覂」、「賈」等字從此。

○嚇　香亞切。笑聲。又，口距人也。亦作「赫」。舊呼訝切，禡韻八。

鏬　孔隙。

唬　虎聲。

墫　地名，在晋。

煆　赫也。熱也。乾也。

謑　怒言。

諍　詎諍。

嚅　詬嚅，責怒。

○暇　降髂切。閑暇無事也。舊胡駕切，禡韻四。

夏　大也。於四時次春。

下　降也。自上如下也。

苄　蒲苄草。

○駕　姜亞切。馭也。行也。乘也。陵也。天子居曰衙，行曰駕。舊古訝切，禡韻十一。

架　屋架。衣架。亦作「枷」。又，棚也。

㾈　屋間架。

賀　賀膀，不密。

稼　種曰稼，斂曰穡。
嫁　往也。送女歸夫家也。
幏　蠻夷賨布。
價　物所值也。本作「賈」。
假　借也。至也。告休沐曰請假。
徦　舉閣。
瘕　腹病。
○髂　羌暇切。腰骨也。亦作「骼」。舊枯駕切，禡韻五。
欱　大笑。
呵　嘆聲。
疴　小兒驚。
謑　謑詬，巧言。
○迓　邛亞切。迎也。舊吾駕切，禡韻六。
訝　嗟訝。
齖　齰齖，不相得也。

枒　木名。

砑　碾砑。

犽　獸名。

○胗　娘睱切。膩也。舊乃亞切，禡韻二。

絮　絲結亂也。

○吒　章亞切。噴也。又，怒聲。亦嘆聲。亦作「咤」。書：「三咤。」注：「奠爵也。」禮：「無咤食。」舊陟駕切，禡韻十。

奼　美女。

烢　火聲。

詫　祭奠酒爵。亦作「䛳」。

蒢　蒢蒩，黃芩别名。

哆　哆吳，大口。

奓　張也。開也。

膠　膠胗，相黏也。

膪　𦢈　二字注見「九　隘」。

○詫　昌暇切。誇也。誑也。舊丑亞切，禡韻三。
侘　侘傺，失志。
諜　相誤。
○瘥　瘉也。舊楚嫁切。
差　事異。
䞣　地名。
汊　水岐流也。
杈　木枝衢也。
衩　衻、袺、衽，謂之褸衩。
紁　衣襠也。
䟕　岐道。
䛽　異言也。九字從集韻增。
○秅　長暇切。開張屋皃。舊除駕切，禡韻二。
蛇　水母也。一名蟦，形如羊胃，無目，以蝦爲目。
○以上齊齒呼。

窊　彎化切。㾜下處也。舊烏吴切，禡韻三。
摦　牽也。
踠　踠踤，踏地用力。
○化　豩窊切。變化也。又，造化。教化。亦姓。舊呼霸切，禡韻六。
匕　變也。從到人。
杹　木名，皮可爲索。
魤　魚名。
傀　鬼變。
謌　疾言。
○吴　還跨切。大口。亦大言也。詩：「不吴不敖。」「吴」當作「吴」。注：「譁也。」舊胡化切，禡韻六。
華　西嶽華山。或作「崋」。又，州名。亦姓。
樺　木名。
摦　寬也。大也。左傳：「大者不摦。」
樓　木名。

鱯　魚名。

畫　澅　繣　註　絓　鮭　嫿　纗　話　注見「十　黯」。舊卦、夬韻。從今音增。

○𤬪　闕窊切。土埵。舊古罵切，禡韻二。

諣　相諣誤也。

○卦　挂　罣　詿　觟　注見「十　黯」。舊卦韻。從今音增。

○跨　趶華切。越也。又，兩股間。舊苦化切，禡韻三。

胯　兩股間。

牛　一步也。

○瓦　頑華切。泥瓦屋也。舊五化切，禡韻一。

○誜　欜窊切。枉也。舊所化切，禡韻二。

傻　傻俕，不仁。

○霸　班窊切。把也。把持諸侯之權。古作「伯」。又，姓。舊必駕切，禡韻六。

灞　水名。

欛　刀柄。

弝　弓弝。

靶　轡革。
垻　蜀人謂平川爲垻。
○怕　攀華切。懼也。舊普駕切，禡韻三。
帕　抹額帛也。
帊　帛三幅曰帊。亦衣幞也。
○杷　盤華切。田器。舊白駕切，禡韻六。
䆉　䆉䅉，稻名。
皅　色不真也。
跁　跁踦，短人。
䶕　獸名，似狼。
䱽　海魚。
○罷　注見「八　欸」。舊蟹韻。從今音增。
○禡　蠻華切。師旅所止地。祭名。舊莫駕切，禡韻九。
罵　惡言。
謗　多言。

隅　增益。又，巧也。
傌　齊大夫名。
榪　床頭橫木。
鄢　縣名，在犍爲。
瘑　牛馬病。
鬟　婦人結帶。
〇以上合口呼。

去聲第十三類

十七　㘬 開口呼

㘬　倰㴔切。很也。戾也。舊於教切，效韻五。
袎　襪袎。
靿　靴靿。
軪　車有機。
箹　竹節。

○涍 炕僗切。水名，在南陽。舊呼教切，效韻五。

哮 唤也。怒聲。

孝 善事父母也。亦姓。

嗃 大嘷。亦作「詨」。

鷯 解鷹屬。

○效 杭敲切。具也。學也。象也。驗也。致也。功也。俗作「効」。舊胡教切，效韻七。

傚 法也。

校 學宫。又，闌校，所以遮獸也。又，校尉，官名。

詨 詨叫。

恔 快也。

斅 教也。亦效法也。

斆 誤也。

○教 岡僗切。訓也。法也。令也。古作「敎」。舊古孝切，效韻九。

校 檢也。考也。計也。比也。角也。亦作「挍」。

較 角也。不等也。

鉸　鉸刀。又，裝鉸。
珓　杯珓。
窖　倉窖。
酵　酒酵。
覺　睡覺。
膠　膠黏。
○敲　康效切。擊也。舊苦教切，效韻三。
磝　磝磽。
巧　巧僞。
○樂　昂效切。好也。舊五教切，效韻三。
磽　磝磽。
䰘　醜皃。
○淖　囊效切。泥也。和也。又，姓。舊奴教切，效韻二。
橈　木曲。
閙　不静。又，猥也。擾也。別作「丙」。

○稍　雙㑥切。均也。小也。漸也。舊所教切，效韻六。
娋　小娋，侵也。
鄁　大夫食邑。
稍　稷種。
潲　雨濺也。又，豕食。
梢　木上小也。亦作「㨚」。
○抓　捉㑥切。爪刺也。舊側教切，效韻三。
笊　笊籬。
㾭　縮也。小也。
○鈔　窗效切。略取也。亦作「抄」。舊初教切，效韻七。
仯　仯仯小子。
耖　重耕田也。
觘　角匕也。
艄　船不安也。
罺　小網。

䊨　惡絹。

○巢　淙效切。棧閣也。舊士稍切，效韻一。

○豹　邦傚切。猛獸。又，姓。舊北教切，效韻六。

鼩　鼠屬，能飛食物。

㦬　官吏連直曰㦬直。亦作「㦬」。

爆　火裂。

謈　謈譟，惡也。

犦　牛名。

○炮　滂效切。炮製。舊匹皃切，效韻六。

皰　面生氣也。

礮　機石也。亦作「砲」。

抛　抛車。

奅　起釀。亦大也。

窌　窖也。

○靤　旁效切。面瘡。舊防教切，效韻五。

鉋　鉋刀，治木器也。

骲　手擊。

鞄　持皮。

炮　義見上。

○皃　芒效切。容皃。亦作「貌」。又作「貇」。舊莫教切，效韻五。

輗　引也。

帨　幗也。

皃　彩雜文也。

緢　旄雜絲也。

按：「孝」、「效」、「教」、「敲」、「樂」等字，今人多讀作齊齒呼。然觀廣韻，「橈」、「稍」、「抓」、「鈔」、「豹」、「砲」、「皃」等字，皆以「教」字出切，而「教」下有「窖」、「酵」字，「孝」下有「哮」、「涍」、「嗃」字，今人仍讀開口呼。則通韻皆開口呼明甚。且洪武正韻亦不與「敲」、「叫」、「竅」同爲一韻。今從之。

十八　窔 齊齒呼

窔　胦嬈切。隱暗處也。室東南隅曰窔。亦作「穾」。俗作「窔」。舊烏叫切，嘯韻二。

窅　窅窱，幽深皃。

○嬈　肛交切。嬥嬈，不仁。舊火吊切，嘯韻三。

嫑　嫑姎，喜皃。

䜋　悲意。

○叫　江交切。呼也。舊古吊切，嘯韻十二。

訆　大呼也。

嘂　大壎。又，高聲也。

徼　循也。掠也。小路也。

噭　噭噭，深聲。又，喙也。

敫　歌也。

謷　訐也。又，痛聲。

激　水急。

懒　行滕。

鷩　似鳥而蒼白色。

獥　狼子。

⿰車堯　車轄。

〇竅　腔顤切。穴也。舊苦吊切，嘯韻二。

⿱敫手　旁擊也。亦作「撽」。

〇顤　⿰山兑竅切。⿰堯鳥顤，長頭。舊五吊切，嘯韻五。

澆　寒浞子名。

獟　狂犬。

⿰鼻乚　仰鼻。

嘄　叫也。

〇料　良竅切。度量也。又，禄料。舊力吊切，嘯韻九。

炓　火光。

鐐　美金。

璙　玉名。

嫽　嫽⿰忄矦。

顟　顟顤。

嘹　病呼。

䍐　魚網。

㼌　牛脛。

○弔　顛窔切。傷也。愍也。至也。弔生曰唁，弔死曰弔。舊多嘯切，嘯韻七。

迅　至也。

㒒　㒒儻，不當皃。

釣　釣魚。

㾢　㾢星，狂病。

窵　窵杳，深也。

蔦　寄生草。

○糶　天竅切。賣米也。俗作「粜」。舊他弔切，嘯韻九。

眺　視也。望也。

頫　諸侯三年大相聘也。

頫　低頭聽。

咷　叫咷，楚聲。

趒　越也。

䋂　綺絲數也。

𥨯　窅𥨯，深邃皃。

䂪　銚䂪。

掉　振也。搖也。

〇調　田竅切。選調。又，音調。舊徒吊切，嘯韻六。

銚　燒器。

藋　藜藋。

嬥　嬥嬈，不仁。

莜　草田器。亦作「篠」。

〇尿　膿竅切。小便也。亦作「溺」。舊奴吊切，嘯韻一。

〇罩　樁交切。籠取魚具也。亦作「箌」。舊都教切，效韻四。

鵃　白雉也。

罺　覆鳥，令不得飛走也。

趙　趙趠，跳皃。

〇趠　惷竅切。行皃。舊丑教切，效韻二。

踔 猨跳。

○棹 幢䆊切。檝也。亦作「櫂」。舊直教切，效韻三。

濯 浣衣。

焯 火急煎皃。

○嘯 相交切。蹙口出聲。亦作「歗」。舊蘇吊切，嘯韻四。

熽 火皃。

撨 打也。

膷 切肉。

去聲第十四類

十九 奧 開口呼

奧 哀好切。深也。内也。藏也。室西南隅曰奧。舊烏到切，号韻十一。

隩 水隈崖也。

墺 四墺，四方土。

澳 水内曰澳。

燠　以水添釜曰燠釜。

懊　悔也。恨也。

譟　語也。

饇　妒食。

膜　藏肉。又，鳥胃也。

鱮　小鰌。

趹　長也。

〇好　哈奥切。愛好。又，璧孔也。亦姓。舊呼到切，号韻四。

玟　姓也。

秏　虚也。減也。亦稻屬。又，姓。俗作「耗」。

蔜　縮也。又，暴起皃。考工記：「轂雖敝而不蔜。」

〇号　孩犒切。号令。又，召也。呼也。謚也。亦作「號」。舊胡到切，号韻五。

琥　石似玉也。

墺　土釜。

譟　相欺。

嫭　女字。
○告　該奥切。報也。啓也。命也。又，姓。舊古到切，号韻七。
誥　告下曰誥。
郜　國名，在濟陰。又，姓。
縞　白繅。
槁　苦木。
膏　膏車。
烄　交木然也。
○犒　開号切。餉軍也。亦作「犞」。舊苦到切，号韻四。
稾　稾飫，書篇名。
顤　顤顟，大頭。
靠　相違也。
○傲　皚号切。慢也。倨也。古作「敖」。舊五到切，号韻八。
嫯　慢也。
謷　志遠皃。

顲　頭長。

鏊　餅鏊。

驁　馬名。又，桀驁。怠驁。

鰲　鰲，鼇魚鳥狀也。

奡　慢也。寒浞子名。

○潦　來号切。水名。又，積水也。霔雨也。亦作「潦」。舊郎到切，号韻六。

勞　慰問也。俗作「僗」。

嘮　嘮譟，粗急皃。

癆　癆痢，惡人。

鐒　麻莖大也。又，施絞於編也。

嫪　吝也。戀也。又，姓。

○到　黷奧切。至也。又，姓。舊都導切，号韻六。

倒　顛倒。

菿　大也。

禱　祭也。請也。求福曰禱。

受　姓也。

襖　衣背縫。

○套　胎号切。長也。地曲也。後唐與梁人戰於葫蘆套。邊地有河套。又，泛常之辞。○

此字廣韻不載。從集韻增。

○導　臺号切。引也。舊徒到切，号韻十五。

蕖　嘉禾，一莖六穗。

道　治也。言也。引也。由也。

燾　覆也。

幬　幔轂革。又，覆也。

翿　舞者所執。

儔　隱也。

糦　黏也。

蹈　踐也。

耄　年九十。

跳　長皃。

纛　左纛，以犛牛尾爲之，大如斗，繫於左騑馬軛上。
糶　不青不黄。
盜　盜賊。
悼　傷悼。
◯腝　能号切。臂節也。舊那到切，号韻三。
腦　優皮也。
䠬　長皃。
◯喿　腮奥切。群鳥聲。舊蘇到切，号韻七。
燥　乾也。
譟　群呼也。亦作「噪」。
懆　情性粗疏也。
譟　髝譟。
瘙　疥瘙。亦作「瘙」。
埽　埽灑。説文：「棄也。」亦作「掃」。
◯竈　栽奥切。爨突也。舊則到切，号韻四。

躁　動也。疾也。急進也。
趮　疾也。
懆　慍也。愁不申也。
○操　猜号切。持也。守也。節也。又，琴曲名。舊十到切，号韻六。
鄵　鄭地名。
造　至也。
慥　言行急。
糙　米穀雜也。亦作「糓」。
艚　造舟也。
○漕　才号切。水運穀也。舊在到切，号韻三。
撍　手攬也。
鏧　孔竈也。
○報　擺奥切。報告。又，下淫〔上〕曰報〔二〕。舊博秏切，号韻一。
○犥　啡号切。牛黄白色。舊叵倒切。從集韻增。
○暴　排号切。强也。酷也。侵也。驟也。晞也。亦姓。古作「㬥」。又作「虣」。舊薄報切，号韻八。

曝 曝乾。

瀑 瀑雨。

鸔 鳥名。

褏 衣前襟。

菢 鳥伏卵。

勽 覆也。

嫪 姓也。

○冃 埋号切。説文：「小兒蠻夷頭衣也。」舊莫報切，号韻十七。

冒 覆也。涉也。貪也。

娼 妒也。

瞐 低目細視。

揖 手扶之也。

瑁 圭名。古作「玥」。

楣 門樞之横梁。

帽　頭帽。

毷　老毷。亦作「毽」。又作「耄」。

眊　目少睛。

覒　邪視也。

芼　菜食。又，擇也。搴也。

旄　狗足旄尾。

毛　毛鷹，鷂鸇。

毣　鳥輕毛。

毷　鳥毛盛也。

紙　刺也。絹帛紙起如刺也。

【校記】

〔一〕下淫〔上〕曰報　原刻脱「上」字，據漢律、康熙字典等補。

二十　要　齊齒呼

要　央耀切。約也。欲也。樞要也。舊於笑切，笑韻三。

葽　草盛皃。

約　期會也。

○燿　陽趬切。熠燿。説文：「照也。」舊弋照切，笑韻十五。

曜　日光也。照也。

耀　光耀。

鷂　鷙鳥也。

摇　摇動。

萿　菟絲也。又，帝女花也。

覞　并視也。亦作「䚻」。

覦　視誤也。亦作「睮」。

諭　誤言。

筄　屋上薄也。

艞　對艞，江中大船。

歔　遺玉。

尳　行不正也。

趭　走也。

鶈　一名負雀。

○趬　羌耀切。行輕皃。舊丘召切，笑韻五。

蕘　高蕘。

𩑕　𩑕𩒊，不安。

㢞　高屋。

譑　譑弄。

○嶠　强耀切。山鋭而高。又，陵絶水曰嶠。舊渠廟切，笑韻三。

轎　輣車。又，籃輿也。

槗　井上桔槔。

○翹　尾起也。舊巨要切，笑韻一。

○𩒊　卬耀切。𩑕𩒊。舊牛召切，笑韻一。

○燎　良耀切。照也。庭燎。又，縱火也。舊力照切，笑韻七。

𡩖　燔柴祭天也。今作「尞」。

墽　周垣。

療　治病也。亦作「藥」。

膫　炙也。

鷯　鷯别名。

爒　火皃。

○少　商要切。幼少。又，少室、少施、少正、少叔、少師複姓五氏。舊失沼切，笑韻二。

燒　放火。又，野燒。

○邵　常耀切。本作「召」。邑名。又，姓。舊寔照切，笑韻六。

劭　自强也。勸勉也。

卲　卜問。

邵　高也。

韶　小食。

弨　倒懸鈎也。

○繞　穰耀切。旋繞也。又，卷取物皃。舊人要切，笑韻二。

饒　益也。

○照　章要切。明所燭也。亦作「炤」。舊之少切，笑韻四。

詔　告也。教也。上命也。
隉　堤也。界也。
卲　義見上。
〇朓　昌耀切。祭也。舊丑召切，笑韻一。
〇召　長耀切。呼也。舊直照切，笑韻一。
〇笑　相要切。喜笑。又，嗤也。哂也。本作「笑」。亦作「关」、「咲」。舊私妙切，笑韻三。
肖　似也。小也。像也。
鞘　刀鞘。亦作「韒」。
〇醮　將要切。冠娶祭名。亦作「樵」。舊子肖切，笑韻十。
潐　盡也。
僬　行蹩促皃。
醮　面不光。
趭　走皃。
皭　白色。
爝　苣火。

瞬　目瞑。

釂　飲酒盡也。

穛　物縮小。

○陗　鏘耀切。山峻也。亦作「峭」。舊七肖切，笑韻八。

哨　口不正也。壺口黯也。

灣　峻波。

俏　俏醋好皃。

悄　急也。

黯　黯黷。

帩　帩縛。

簌　竹簫。

○誚　戕耀切。以辭相責也。亦作「譙」。舊才笑切，笑韻四。

噍　嚼也。無噍類，言無噍食者也。亦作「嚼」。

劁　刈也。

趭　走也。

○褾　邊要切。領巾也。舊方廟切，笑韻二。

俵　俵散。

○剽　篇耀切。强取。又，輕也。舊匹妙切，笑韻十二。

勡　刼也。

僄　僄狡，輕迅。

嫖　身輕便也。

慓　急疾。

瞟　聽纔問。

彯　彯，畫。

摽　擊也。落也。

漂　水中打絮。

暩　置風日中令乾。

翲　飛皃。

㬓　輕脆。周禮：「草人糞種，輕㬓用犬。」

○驃　便耀切。馬黄白色。又，勁疾也。驃騎，官名。舊毗召切，笑韻二。

票　票姚，亦作「嫖姚」。

○廟　眠耀切。室有東西廂曰廟。又，寢廟前曰廟，後曰寢。亦作「庿」。舊眉召切，笑韻一。

○妙　好也。巧也。微也。精也。亦作「玅」。舊彌笑切，笑韻二。

篎　小管也。

去聲第十五類

二十一　饐　開口呼連齊齒呼

饐　哀艮切。饐饐，飽也。舊烏恨切，恨韻一。

○恨　紇硍切。怨也。舊胡艮切，恨韻一。

○艮　該饐切。限也。止也。卦名。舊古恨切，恨韻四。

詪　語也。

珢　石，次玉。

茛　草名。

○硍　開恨切。石有痕曰硍。舊苦恨切，■韻二。

珢　玉有起迹曰珢。

○鎧　皚根切。飽也。舊五根切，恨韻一。

○齔　差根切。毀齒也。男八月而齒生，八歲而齔。女七月而齒生，七歲而齔。俗作「齓」。

舊初忍切，震韻六。

儭　裹也。

襯　近身衣。

嚫　嚫施。亦作「䞋」。

瀙　水名。

櫬　空棺也。

○以上開口呼。

印　衣釁切。刻文合信也。漢制，諸侯王曰璽，列侯至中二千石曰章，千石至四百石曰印。

又，姓。舊於刃切，震韻四。

鮣　魚名，身上如印。

霠　氣行。

㶣　眹。

○僾　依人也。亦作「憶」。舊於靳切，焮韻七。

隱　隈隱之皃。

𢍚　所依據也。

意　謹也。

檼　屋脊。又，棟也。

濦　水名。

幰　幰裹相著。

○胤　移葅切。繼嗣也。國名。亦姓。舊羊晉切，震韻十二。

酳　酒漱口也。

引　牽引。

紖　牽車紼也。

靷　引軸。

釼　鐵釼。

肕　脊肉。

軸　車名。

鞕　小鼓在大鼓上，擊之以引樂。亦作「鞆」。
涓　小水。
濥　水脉引地中濥濥然。
衚　伸也。
○釁　羲印切。瑕釁。又，取牲血塗祭器也。亦作「衅」。俗作「舋」。舊許覲切，震韻一。
○焮　火氣也。亦作「炘」。舊香靳切，焮韻三。
瘀　瘡中冷也。「痛」、「脈」并同。
腃　瘡肉反出也。
○靳　羈印切。固也。吝也。又，姓。舊居焮切，焮韻五。
斤　斤斤，明察也。
劤　多力皃。
抻　覆巾名。
撞　拭也。
○菣　菣胤切。香蒿，可煮食。舊去刃切，震韻三。
臤　堅也。

趣 行皃。

○蟫 蚯蚓也。舊羌印切，震韻一。

○僅 奇胤切。少也。略也。纔也。劣也。舊渠遴切，震韻十一。

勤 少也。

廑 小屋。又，劣也。與「僅」同。

覲 見也。周禮：「秋見曰覲。」

瑾 美玉名。

墐 塗塞也。

劃 割也。

饉 菜不熟也。

歎 歎坎。

瘽 病也。

殣 埋尸。

○近 附也。親也。舊巨靳切，焮韻一。

○慭 宜胤切。且也。傷也。閑也。舊魚覲切，震韻三。

㹸　犬張齗怒皃。

埊　滓也。

〇吝　離胤切。悔吝。鄙吝。又，惜也。慳也。恨也。亦作「恡」。俗作「恡」。舊良刃切，震韻二十六。

賂　貪也。

麐　牡麟。

磷　薄石。

潾　水清皃。

燐　本作「粦」。説文作「粦」，鬼火也，兵死及牛馬血爲之。

橉　木名。

鏻　鏻健。

簭　竹名。堅中。

蕣　草名。

㴫　水在石間。

甐　動也。蔽也。又，器也。

撛　扶也。

疄　田壟。

䫐　頭少髮。

瞵　視不明。

遴　行難也。又，姓。

𩯭　獸名，似彘，身黃尾白。

𧓾　螢火。

閵　閵鵲，似鴝鴒。

藺　草名。莞屬。亦縣名，在西河。又，姓。

𥶇　損也。

躪　蹂躪。

轥　轥轢，車踐也。亦作「轔」。

焛　火皃。

𧕿　蟲也。

○眒　奢印切。張目也。舊試刃切，震韻三。

抻　抻物長也。

阠　東方陵名。

○慎　蛇胤切。誠也。謹也。亦姓。又，複姓慎潰氏。古作「昚」。舊時刃切，震韻二。

蜃　蛟蜃。又，縣名。

○刃　熱胤切。鋒刃。舊而振切，震韻十一。

仞　七尺曰仞。

杒　木名。

訒　難言。

認　識也。

軔　礙車輪木。

肕　牢肕。

韌　柔韌。

牣　滿也。

帤　枕巾。

賑　眩瀎。

○震　知印切。雷震也。動也。懼也。起也。威也。卦名。舊章刃切，震韻十一。
振　奮也。舉也。整也。救也。
賑　贍也。
娠　妊娠。
侲　侲子，逐厲鬼童子也。
踬　動也。
鷻　鷻鷺。
挋　給也。約也。拭也。
郖　地名。
袗　玄服。
須　須顐，頭少髮也。
○鎮　撫也。壓也。藩鎮。山鎮。又，姓。舊陟刃切，震韻三。
填　定也。土星曰填星。與「鎮」通用。
瑱　玉充耳。
○疢　絺胤切。病也。俗作「疢」。舊丑刃切，震韻二。

趁　趁逐。
○陳　馳胤切。列也。軍陳也。古作「敶」。俗作「陣」。舊直刃切，震韻三。
診　候脉也。
眪　登也。
○信　西印切。誠慤也。不疑也。不爽也。又，姓。又，信都、信平複姓二氏。舊息晉切，震韻九。
奞　奮奞也。
卂　疾飛而羽不見。
迅　疾也。
汛　灑也。
阠　陵名。
訊　問也。告也。或作「訙」。
狦　小獸。
囟　頭會腦蓋也。亦作「顖」。
○晉　蹪印切。進也。卦名。國名。州名。又，姓。古作「簮」。舊即刃切，震韻八。

瑨　美石，次玉。「璡」同。
搢　插也。搢笏。搢紳。
縉　淺絳色。古有縉雲氏。
進　前也。善也。升也。登也。
杓　織具，以梳絲，使不亂。
蜼　蟲名。又，蛤屬。
摯　羊名。又，亭名。
○親　妻肬切。姻家相謂曰親家。舊七遴切，震韻四。
寴　屋空皃。又，至也。
儭　至也。又，畏也。
瀙　水名。
○賮　齊肬切。琛賮。又，財貨也。會禮也。舊徐刃切，震韻五。
燼　燭餘也。火餘也。亦作「婁」。
濜　水名。
壗　石似玉。

蓋　忠蓋也。亦草名。

○儐　卑印切。導也。儐相也。舊必刃切，震韻六。

擯　擯斥。

鬢　頰邊髮也。

覕　覕見。

殯　殯殮。

娊　不相見也。亦作「嬪」。

○闀　披胤切。鬥也。舊匹刃切，震韻二。

覕　暫見。

朩　麻片。

○以上齊齒呼。

二十二　揾　合口呼

揾　威惛切。手擦物也。舊烏困切，慁韻二。

饂　相謁食。

○惛　瞴揾切。迷忘也。舊呼悶切，慁韻一。

○慁　回困切。悶亂也。擾也。亦作「慁」。舊胡困切，慁韻四。

溷　濁也。

圂　厠也。

俒　全也。

○睔　規揾切。大目露睛也。舊古困切，慁韻六。

睴　視皃。

譂　譂，摩人也。

讃　順言謔弄皃。

琯　玉光也。俗作「璭」。

鄆　水名。

○困　闕慁切。卦名。窮也。悴也。又，病甚。又，倦劇力乏也。古作「朱」。舊苦悶切，慁韻三。

涃　水名。

顐　耳門。

○顐　危慁切。秃也。舊五困切，慁韻二。

諢　弄言。

○論　贏慁切。説也。議也。舊盧困切，慁韻三。

碖　大小均皃。

淪　水中曳船。

○頓　咄揾切。下首也。又，遽也。停也。疲也。亦姓。舊都困切，慁韻三。

敦　竪也。太歲在子曰困敦。

扽　撼扽。

○鈍　突慁切。不利也。頑也。舊徒困切，慁韻五。

遯　卦名。退也。隱也。遜也。逃也。通作「遁」。

腯　肥也。

顐　顐顐。

鶨　癡鳥。

○嫩　捼慁切。捼弱也。亦作「媆」。舊奴困切，慁韻三。

腝　肉腝。

抐　搵抐，按物水中也。

○巽　雖搵切。卦名。入也。順也。柔也。古作「巺」。亦作「顨」。舊蘇困切，慁韻四。

潠　潠水。亦作「噀」。

遜　遁也。從也。辭避也。謙讓也。古作「孫」。

愻　順也。

○焌　雖搵切。然火。舊子寸切，慁韻三。

捘　擠也。搯也。

鬊　委髮也。

○寸　趡慁切。十分爲寸。舊倉困切，慁韻二。

鏽　瓦器。

○鐏　萃慁切。説文：「柲下銅也。」舊徂悶切，慁韻五。

艜　船底孔也。

鱒　魚名。

䔦　至也。

栫　木名。

○奮　匪搵切。揚也。鳥張毛羽奮奞也。又，姓。舊方問切，問韻六。

僨　僵也。

殨　殨也。

坌　掃除也。亦作「拚」。

糞　穢也。治也。培也。又，掃除也。亦作「糞」。

瀵　水名。

○湓　水聲。舊芳問切，問韻三。

忿　怒也。

魵　小魚。

○分　膹慁切。名分也。分劑也。舊扶問切，問韻五。

坋　塵也。

秎　穧秎。稄也。

幩　滿而裂也。

癀　癀痜，瘖悶。

○問　物慁切。問訊。問遺。又，聘問。聲問。又，姓。舊亡運切，問韻十。

聞　聲聞。

汶　水名。

紊　亂也。

抆　拭也。

鼤　鼠文。

絻　喪服，去冠，括髮也。亦作「免」。

娩　生子也。亦作「挽」。

莬　新生草也。亦作「脕」。

璺　破而未離。

○奔　悲揾切。疾走也。舊甫悶切，慁韻一。

○噴　丕慁切。吐氣。亦作「歕」。舊普悶切，慁韻二。

湓　含水噀也。

○坌　勃慁切。塵也。舊蒲悶切，慁韻二。

湓　水聲。

○悶　眉慁切。煩悶。舊莫困切，慁韻二。

瀎　煩也。

二十三　醞　撮口呼

醞　於訓切。釀也。又，醞藉。舊於問切，問韻四。

愠　怒也。

緼　亂麻。

藴　習也。

○運　余郡切。行也。轉也。動也。用也。國語：「廣運百里。」東西爲廣，南北爲運。亦姓。又，複姓運奄、運期二氏。舊王問切，問韻十五。

暈　日月傍氣。

煇　周禮：「眂祲，掌十煇之法。」注：「日光炁也。」

鄆　邑名。又，州名。即須句國也。亦姓。

餫　野餉。

緷　緯也。

韗　理鼓工曰韗人。亦作「韗」。

鶤　鷄三尺曰鶤。

員　姓也。

韻　和也。音諧也。又,風度也。亦作「韵」。

覞　衆視。亦作「覭」。

賱　物數亂也。

瘒　病也。

惲　心悶。

䲰　鳥名。

○訓　虚醖切。教誡也。又,釋義曰訓。又,姓。舊許運切,問韻五。

薫　薫香。

燻　火乾物。

臐　羊羹。

鐼　鐵類。

○攈　居醖切。拾也。亦作「捃」。舊居運切,問韻四。

皸　足坼。

豨　豕求食也。

貚　小野豕名。

○吻　唁也。舊九峻切，震韻二。

訜　欺言。

○郡　渠醞切。郡縣。舊渠運切，問韻一。

○舜　書醞切。虞帝名。説文作「舜」，草也。舊舒閏切，稕韻四。

蕣　木槿。

瞬　目動也。「瞚」、「眴」、「眣」并同。

鬊　毛皃。又，亂髮也。

○順　儒運切。從也。和也。舊食閏切，稕韻三。

揗　摩也。

楯　闌也。

○閏　餘也。以歲之餘爲閏月。舊如順切，稕韻三。

潤　潤澤。又，益也。

肕　朐肕，蟲名。亦縣名。地下濕，多此蟲。朐音蠢。

○稕　豬醞切。束稈也。亦作「䅋」。舊之閏切，稕韻四。

諄　告之丁寧。

瞕　鈍目。亦作「盹」。

訰　訰訰，語雜亂也。

○峻　胥醞切。高也。險峭也。嚴急也。本作「陖」。舊私閏切，稕韻十一。

浚　水名。浚儀，縣名。

陖　亭名，在馮翊。亦作「埈」。

晙　早也。

弢　弓彇。

鵔　鵔鸃，鷩也，似鳳。

濬　深也。

賰　賰，益。

奞　奮奞，鳥張羽毛。

迅　疾也。

洵　出表詞，猶先也。

○徇　徐運切。行示也。自衒也。舊辭閏切，稕韻四。

佝　以身從物。

殉　以人送死。

侚　巡師宣令。又，從也。或作「徇」。

○儁　苴醞切。偉也。絶異也。智過千人曰儁。亦作「雋」。又，羌複姓有儁蒙氏。舊子峻切，稕韻十。

俊　大也。敏也。與「儁」通用。

晙　早也。

焌　然火。

畯　田畯，田大夫也。

餕　食餘。

駿　良馬。

䨲　狡兔名。

鼨　石鼠。

毳　獵之韋袴。又，柔韋也。亦作「𩌏」。

去聲第十六類

二十四　按　開口呼

按　遏漢切。抑也。止也。舊烏旰切，翰韻七。

案　几屬。又，察也。考也。驗也。據也。

洝　説文：「漢水也。」

晏　晚也。

荌　草也。

案　轢禾。

郊　里名。

○漢　喝按切。天河。又，水名，四瀆之一。又，漢中，地名。亦國號。又，姓。舊呼旰切，翰韻九。

暵　日氣乾。

熯　火乾。

灘　水濡乾也。

暯　耕田。

㯌　冬耕地。

罕　抱罕，縣名，在河州。

囂　呼也。

厂　山石之崖。

○翰　曷侃切。鳥羽也。高飛也。又，詞翰。屏翰。亦姓。舊侯旰切，翰韻二十四。

瀚　瀚海。北海。又，浩瀚，廣大皃。

鶾　鶾鵲，鷽別名。

𣄃　長毛。

䮧　馬毛長也。

鰰　魚名。

螒　小蟲，一名莎鷄。

蘔　草名。

汗　熱液。

扞　抵也。衛也。亦作「捍」。

忏　善也。

矸　硊也。

釬　釬金銀令相著。亦作「銲」。

閈　里門也。居也。垣也。

弙　拒也。又，關名，在巫縣。

鼾　鼾睡。

馯　姓也。

豻　野狗。

垾　小堤。

悍　猛悍。

脝　臏脝，刀箭瘡藥。

㪋　止也。

皯　射皯，以皮皯臂。

騂　馬高六尺。又，馬突也。

〇幹　葛按切。莖幹。骨幹。才幹。又，姓。舊古案切，翰韻十一。

皯　築墻板。又，井欄。

𣅳　說文：「日始出，光𣅳𣅳也。」俗作「倝」。

䮍　赤色也。

旰　日晏也。

盰　目多白。又，張目也。

骭　脅也。

矸　石浄。

杆　檀木。

㵄　㵄㵄，水流疾皃。

忓　布袋。

○侃　渴翰切。剛正敢言也。亦作「偘」。舊苦旰切，翰韻五。

衎　和樂也。

靬　乾革。

看　視也。

鳱　鳱鴠，鳥名。

○岸　嶭翰切。水涯高者。又，魁岸。氣岸。舊五旰切，翰韻九。

㟁　長大。

騂　騂騂，馬行皃。又，馬白額至脣。

㟁　㕂也。

頇　頭無髮也。

犴　狴犴，獸名。又，獄也。詩作「岸」。

豻　義見上。

㷔　火色也。

㖂　吊失容。

二十五　堰　齊齒呼

堰　謁獻切。壅水爲埭也。舊於建切，願韻八。

歇　大呼用力。

躽　引與爲價也。亦作「傿」。

褗　衣領。

潙　水名。

鄢　地名。亦作「郾」。

嫣　長皃。

㫇　大皃。

○宴　安也。息也。喜也。舊於甸切，霰韻十一。

䁙　視也。或作「矈」。

燕　鳦鳥也。亦作「鷰」。又，安也。喜也。

醼　醼飲。古作「燕」。亦作「宴」。

讌　宴會也。與「醼」同。

嬿　嬿婉，并也。

嚥　吞也。「咽」同。

䁙　星無雲。

驠　馬名。

鄹　邑名。

洼　大水皃。

○躽 怒瞋。舊於扇切，線韻二。
躽 視皃。
○衍 耶現切。水溢。又，廣也。豐也。寬也。又，山阪曰衍。下平曰衍。舊于綫切，線韻七。
莚 蔓莚不斷。亦作「延」。
涎 湎涎，水流皃。
狿 獌狿，大獸名。
羨 延也。餘也。又，墓道。
遂 移也。
嗔 大笑。
○獻 歇堰切。進也。賢也。又，姓。舊許建切〔一〕，願韻四。
憲 法也。又，姓。
濾 水名。
攇 走皃。
○韅 馬飾也。舊呼甸切，霰韻一。

○見　纈衍切。露也。俗作「現」。舊胡甸切，霰韻三。

涀　水名。

蓮　無也。

○建　迦堰切。立也。置也。又，木名。又，州名。亦姓。舊居方切，願韻二。

揵　捷也。

○見　目有所睹。又，進見也。又，姓。舊古電切，霰韻二。

豎　豎，鐵。

○俔　佉衍切。罄也。譬也。舊苦甸切，霰韻八。

涀　水名。

蜆　小黑蟲。

汧　泉出不流。

牽　挽也。引也。又，挽舟索，一名百丈。亦作「掔」。

榛　横榛，木。

莶　香蒿。

繄　穄也。

○譴 問也。責也。怒也。誚也。亦姓。舊去戰切，線韻五。

遣 將葬而祭曰遣。奠車載牲體隨柩行曰遣車。

繾 繾綣。

韇 腰帶。

啓 雨而晝止。

○健 伽衍切。伉也。强也。不倦也。舊渠建切，願韻二。

腱 筋本也。

○甗 甑衍切。鬲屬。舊語堰切，願韻二。

甗 瓢也。

○硯 研墨石也。舊吾甸切，霰韻六。

研 磨研。

趼 趼骨。

犴 逐虎犬也。

豜 爾雅：「麙，絶有力豜。」

踁 行不正也。

○彥　美士也。舊魚變切，線韻五。
諺　俗言。
唁　吊生也。亦作「喭」。
這　迎也。
甗　甑也。
○練　列衍切。熟素繒也。又，選也。又，鍛練。與「鍊」同。又，姓。舊郎甸切，霰韻十五。
鍊　鍊治五金也。亦作「煉」。
湅　熟絲也。
澉　熟澉。
楝　木名。
萰　草名。
塛　塛塘，墟名，在吴郡。
𢿆　搥打。
揀　揀擇。
𦡀　木解理也。

轜 奥䨴。

鰊 魚名。

瓶 瓜瓶。

健 鷄未成也。

涀 水疾流皃。

○揵 按揵之皃。舊連彦切，霰韻二。

㾻 痃㾻，惡病也。

○殿 爹堰切。軍前曰啓，軍後曰殿。上功曰最，下功曰殿。舊都甸切，霰韻二。

𡇯 𡇯屎，呻吟也。亦作「殿屎」。又作「唸吚」。

○瑱 鐵衍切。以玉充耳也。亦作「顛」。舊他甸切，霰韻三。

滇 滇㴐，大水。

睼 近視。

○電 垤衍切。陰陽激曜。舊堂練切，霰韻十七。

甸 郊甸。

佃 治田。

畋　平也。亦治田也。

鈿　寶鈿。

殿　堂高大者，古通稱殿。今唯宮殿得稱殿。

澱　澱滓。亦藍澱也。

壂　堂基。

黰　藍黰。

屍　髀也。

奠　薦也。陳也。定也。

廙　待也。

填　塞也。「寘」同。

趚　走也。

闐　于闐，西域國名。

涏　美好皃。

淀　陂淀，泊屬。

○晛　腫衍切。日光。亦作「曣」。舊奴甸切，霰韻三。

燃　姓也。

沏　水也。

○輾　車輾物也。亦作「碾」。舊女箭切，線韻一。

○扇　奢堰切。扉也。箑也。又，吹揚也。舊式戰切，線韻六。

傓　熾盛。

煽　火盛皃。

蔙　草名。

篇　竹名。

蝙　蠅動翅也。

○繕　蛇衍切。治也。補也。編也。舊時戰切，線韻九。

膳　食也。亦作「饍」。

僐　姿態。

鄯　鄯善，西域國名。

擅　專也。

嬗　緩也。傳也。

甄　器緣。亦作「鄄」。

單　單父，縣名。亦姓。

禪　封禪。築土曰封，除地曰禪。亦作「禫」。又，禪讓也。亦作「儃」。

○戰　遮堰切。戰鬥。又，戰栗。舊之膳切，線韻二。

顫　四支寒動。

○襢　周禮：「襢衣，后服也。」亦作「禮」。舊陟扇切，線韻二。

驏　馬上浴。

○碾　車堰切。展繒石也。舊昌戰切，線韻一。

○纏　轍衍切。纏繞物也。舊持碾切，線韻二。

邅　逐也。

○霰　寫堰切。雨雪雜下也。又，作「霓」、「霹」。舊蘇佃切，霰韻七。

廠　舍也。亦作「廠」。

先　先後，猶娣姒也。又，先事而爲曰先。亦姓。

敚　散也。

汛　灑汛。

輾　轉輾，車迹。

䡛　紡䡛。

○線　線縷也。亦作「綫」。舊私箭切，線韻三。

鮮　姓也。

憸　思憸。

○羨　邪衍切。慕也。又，姓。舊似面切，線韻二。

䢾　遮也。

○薦　嗟堰切。進也。藉也。席藁也。又，草稠曰薦，深曰莽。又，姓。舊作甸切，霰韻二。

虋　六畜所食。

○箭　箭竹高一丈，節間三尺，可爲矢。今人因謂矢爲箭。古作「篛」。舊子賤切，線韻十。

葥　草名。

湔　水名，在蜀。

鬋　女鬢垂皃。

煎　熬也。甲煎也。

揝　插也。

櫕 木名。
戩 福禄。
籛 彭籛。
濺 濺水。
○倩 礥衍切。倩利。又，巧笑皃。舊倉甸切，霰韻十三。
棈 木名。
蒨 草盛皃。
篟 青竹。
綪 青赤色。
輤 載柩車。
艁 輕舟。
褙 褐也。
茜 草名。可染絳色。
芊 芊蒨，草木相雜皃。
鑛 紡錘。又，瓦器也。

帑　幨也。又，幧頭。
謜　謜散。
○洊　沓衍切。再至也。水荒曰洊。舊在甸切，霰韻七。
踐　重至也。
栫　圍也。
荐　重也。仍也。再也。
袸　小帶。
濺　水名。
䦈　門次。
○賤　輕也。卑也。又，姓。舊才綫切，線韻三。
諓　巧讒皃。
餞　酒食送行。
○變　鷩堰切。化也。通也。易也。又，姓。舊彼眷切，線韻一。
○徧　周也。帀也。俗作「遍」。舊方見切，線韻一。
○片　瞥衍切。半也。判也。析木也。舊普麪切，霰韻三。

肼　半體也。

辮　爾雅：「革中絶謂之辮。」

○偏　側也。傍也。舊匹戰切，線韻二。

騗　躍上馬也。

○卞　别衍切。急躁也。又，手搏曰卞。又，魯邑名。又，姓。舊皮變切，線韻十三。

汴　水名，在陳留。亦州名。

忭　喜悅也。

抃　擊手也。亦作「拚」。

弁　周冠名。或作「覍」。

昪　日光皃。

玣　玉名。

頨　頨冠。

匥　笥也。

筭　竹器。

莽　雀草。

閈　門欂櫨。

獖　犬門聲。

○便　宜也。安也。利也。即也。舊婢面切，線韻一。

○麪　蔑衍切。麥末也。亦作「麵」。舊莫甸切，霰韻七。

眄　斜視也。

湎　湎湎，大水皃。

𡧢　冥合。

瞑　瞑眩。

䤼　䤼炫，汗血。

糆　屑米。

○面　顏面。又，向也。方也。俗作「靣」。舊彌箭切，線韻二。

偭　嚮也。

【校記】

〔一〕舊許建切　原刻「建」字缺，據正韻補。

二十六　惋 合口呼

惋　隈喚切。悵也。惜也。驚嘆也。舊烏貫切，换韻四。

腕　手腕。亦作「腎」、「捥」。

睕　睕眈，大目。又，轉目皃。

琬　琬圭。

〇喚　灰惋切。呼也。亦作「嚾」、「謳」。舊火貫切，换韻六。

奐　文彩明皃。又，姓。

焕　火光。

涣　卦名。水流散也。

暵　國名，在流沙東。

嗳　恚也。

〇换　回鐓切。易也。舊胡玩切，换韻八。

逭　逃也。步也。周也。轉也。亦作「爟」。

肒　皰肒。

眈　睕眈。

疭 癱疽屬也。
垸 漆，補垸也。
髋 膝骨。
漶 漫漶，不分別。
○貫 瑰惋切。事也。累也。行也。穿也。又，條貫。鄉貫。又，姓。舊古玩切，換韻二十六。
毌 穿也。
遦 行也。
樌 木叢生也。
鐨 臂環。
雚 雚雀。亦作「鸛」。
觀 諦視也。又，樓觀。亦姓。
灌 澆也。漬也。聚也。又，水名。亦姓。
爟 烽火。又，舉火也。周官有司爟。
鑵 汲水器。

瓘　玉飾。又，珪也。

懽　憂無告也。

矔　張目。

鑵　角曲。

癨　病也。亦作「痯」。

悹　憂也。亦作「悹」。

涫　沸也。

錧　車軸頭鐵。

棺　殮具。

裷　袴別名。

館　館舍。俗作「舘」。

婠　好皃。

冠　戴冠也。又，首衆也。又，姓。

祼　祭名。

爟　楚人云火。

盥　澡手也。

○鍁　㶽換切。燒鐵炙也。舊口喚切，换韻二。

鱹　魚撞罩聲。

○玩　嵬換切。弄也。亦作「貦」。舊五換切，换韻五。

翫　習也。狎也。游觀也。亦作「忨」。

抏　挫也。秏也。

忨　忨貪。

妧　好皃。

○亂　雷換切。煩亂。不理也。又，治亂曰亂。絶流曰亂。舊郎段切，换韻四。

𤔔　理也。

敽　煩也。

變　絶水渡也。通作「亂」。

○鍛　堆惋切。治金也。舊丁貫切，换韻六。

碫　礪石。

瑖　石似玉。

腶　捶脯。

斷　决斷。

踹　足踹。

○彖　推換切。斷也。易有彖辭。舊通貫切，換韻四。

湪　水名。

褖　后衣。

貒　野豚。

○段　頽換切。分段也。又，姓。舊徒玩切，換韻四。

椴　木名。

毈　卵壞。

斷　絶也。

○偄　挼換切。弱也。亦作「愞」。舊奴亂切，換韻四。

稬　稬稻。

渜　浴餘汁也。

麆　鹿麛也

○簞　刷惋切。車軸也。舊所眷切，線韻二。

孿　一乳兩子。亦作「孌」。

○孨　翳惋切。謹也。舊莊眷切，線韻一。

○饌　倅換切。具食也。説文作「籑」。亦作「膳」。舊士戀切，線韻七。

僎　具也。

譔　專敬。

瑑　珍璞。

襈　緣也。

巽　具也。

僝　見也。具也。

○筭　捘惋切。計也。數也。竹籌也。亦作「算」。舊蘇貫切，換韻四。

竿　竹器。

祘　明也。

蒜　葷菜也。張騫使西域得之。

○鑽　嗺惋切。穿木器也。舊子筭切，換韻二。

穳　鋋也。

○竄　崔换切。逃匿也。黜竄，改易也。舊七亂切，换韻五。

鑹　小矟。亦作「穳」。

攛　擲也。

爨　炊爨。又，姓。

殩　饋喪家食也。

○攢　擢换切。聚也。舊在玩切，换韻一。

○半　梧惋切。物中分也。舊博慢切，换韻六。

料　五升。

絆　羈絆。亦作「靽」。

姅　傷孕。

駍　駍騂，馬行。

㕛　㕛喭，失容。

○判　胚换切。剖判。又，分也。舊普半切，换韻七。

泮　冰釋。

泮　泮宫。亦作「頖」。

胖　半體肉。又，切肉也。

姅　義見上。

牉　牉合，夫婦也。本作「判」。周禮：「媒氏，掌萬民之判。」

泮　水涯。

○叛　裴换切。背叛。反叛。舊薄半切，换韻四。

畔　田界也。

伴　伴侣。又，伴奂，自適也。

嫛　嫙嫛，無宜適也。

○縵　枚换切。繒無文也。舊莫半切，换韻八。

幔　帷幔。

漫　大水。

墁　所以塗飾墻也。「鏝」、「槾」并同。

䅼　不蒔之田。

謾　欺也。

數　敹數。

獿　狼屬。亦作「𤢺」。

二十七　怨　撮口呼

怨　肥絢切。恨也。讎也。舊於願切，願韻二。

䛄　從也。慰也。

○肙　小蟲也。又，空也。舊烏縣切，霰韻四。

餶　饜飽。

嬛　嬛，甘不厭也。

𧝝　衣衿袖曲皃。

○遠　悦縣切。離也。遠之也。舊于願切，願韻一。

○援　接也。引也。救助也。亦姓。舊王眷切，線韻五。

瑗　大孔璧也。

媛　淑女。

褑　佩帶。

院　堅也。宅也。庭有垣墻也。

○掾　官屬也。舊以絹切，線韻四。

緣　衣緣。

彖　弓彖。

颷　再揚穀。又，小風也。

○絢　靴怨切。文彩皃。亦作「弦」。舊許縣切，霰韻七。

眴　目動。

拘　擊也。

駽　青驪馬。

夐　營求也。

䟿　走也。

讂　流言。有所求也。

○楥　法也。又，靴履。「楥」俗作「楦」。舊虛願切，願韻二。

韗　攻皮治鼓工也。亦作「鞾」。俗作「鞼」。

○縣　穴遠切。郡縣。又，姓。古作「寰」。舊黄練切，霰韻十一。

炫　明也。火光也。

眩　瞑眩，潰亂也。又，惑也。

袨　好衣。

玹　玉名。

衒　行且賣也。「衙」、「眩」并同。

頙　顒後。

旬　目摇。亦作「眴」。

迿　出表辭。

姰　枉也。

虪　猛獸。

〇絭　玦怨切。弦也。舊居願切，願韻二。

繂　説文：「抒滿也。」

〇睊　視皃。舊古縣切，霰韻十一。

罥　綰也。

酮　説文：「醽酒也。」

瓶　盆底孔。

狷　褊急也。

懁　性急。

獧　躍也。

䍺　鳥羅。

譞　流言。

衝　車摇。

㢣　髀也。

○絹　縑也。舊吉掾切，線韻四。

櫚　木名。皮葉可作衣，似絹，出西域。

鄄　鄄城縣，在濮州。

覠　視也。

○眷　顧也。念也。又，眷屬也。「睠」、「婘」并同。舊居倦切，線韻十四。

卷　卷帙。

捲　西捲，縣名，在日南。

弮　曲也。亦作「卷」。

絭　連弩三十，絭共一臂。

帣　囊也，三石爲一帣。

桊　牛拘。

羏　羊屬，角三帀。

巻　黃豆。

餋　祭名。

勬　勤也。

犈　牛，脚黑。

蠸　蠸蠋，蜘蛛别名。

舜　説文：「摶飯也。」隸省作「关」、「卷」、「眷」字，并從此。

○券　觤遠切。約也。契也。舊去願切，願韻六。

絭　束腰繩也。

韏　曲也。革中辨也。

綣　繾綣，不分離皃。

勸　勉也。奬也。助也。教也。又，姓。

蘿　萌笋。又，蘆芽。

○䊵　祭祀。舊區倦切，線韻三。

養　臂繩。

䍐　罥網。

○圈　瘸遠切。邑名。舊臼万切，願韻一。

○倦　疲也。厭也。懈也。說文作「券」，或作「勌」。舊渠卷切，線韻四。

港　水名。

䊵　緣韡縫也。亦作「鞶」。

襈　重繒。

○願　月遠切。大頭也。欲也。思也。望也。亦作「顧」。舊魚怨切，願韻三。

愿　慤也。謹也。善也。

傆　黠也。

○戀　臠遠切。慕也。顧念也。舊力卷切，線韻四。

絲　姓也。

孌　順也。美也。

𤅩　漏流也。

○揎　華遠切。懸繩望也。舊時釧切，線韻二。

叀　説文：「小謹也。」

○㬂　䕸遠切。城下田。舊人絹切，線韻一。

○囀　拙怨切。鳥吟也。舊知戀切，線韻三。

轉　流轉。

傳　郵馬。又，關傳也。

○剸　切肉也。舊之囀切，線韻一。

○釧　歜遠切。臂鐶也。舊尺絹切，線韻四。

穿　貫也。

𧩿　相讓也。

竁　穿土爲壙也。

○豫　獸走草也。舊丑戀切，線韻二。

鶨　鳥名。

○傳　箸遠切。訓也。續也。遞也。又，史傳。舊柱戀切，線韻二。

縳　繞也。

○選　雪怨切。擇也。銓除也。舊息絹切，線韻七。

繏　索也。

罥　罥獸足網。亦作「䍀」。

潠　口含水噴也。亦作「㵐」。

䄅　羊也。

渲　小水。

瀿　飲也。

○淀　䡲遠切。回泉也。亦作「漩」。舊辭戀切，線韻八。

旋　繞也。

鏇　轉軸裁器。

縼　長繩繫牛馬放也。亦作「㨢」。

嫙　好皃。

腕　腕。短者。

𢁵　羊也。

𧽱　走也。

○悛　㑌怨切。謹也。舊子眷切。從集韻增。

○縓　脞遠切。絳色也。舊七絹切，線韻三。

諯　相責。

𧿒　說文作「䟁」，相顧視而行也。

去聲第十七類

二十八　爛　開口呼

爛　來炭切。燦爛，光明也。又，火熟也。亦作「爤」。舊郎旰切，翰韻七。

瀾　波也。

鑭　光鑭。

瓓　玉采。

糷　飯相著。

讕　逆言。

彨　粲彨，文章皃。

○旦　黸訕切。昧旦。早也。明也。舊得按切，翰韻八。

疸　黄病。

悬　傷也。

亶　小舍。

笪　笞也。

觛　小觶。

鴠　鶡鴠，鳥名。

狚　獵狚，獸名，似狼。

○炭　胎爛切。燒木未灰也。又，姓。舊他旦切，翰韻五。

湠　湠漫，水廣皃。

敚　敚敳，無文章皃。

㛃　㛃嫛，無宜適也。

嘆　嘆息也。亦作「歎」。

○但　臺爛切。徒也。凡也。又，語辭。舊徒案切，翰韻五。

憚　畏也。忌也。
撣　觸也。
僤　疾也。
彈　行丸。
澶　澶漫。
○難　能爛切。患難。舊奴案切，翰韻六。
攤　按攤。
灘　水奔。
䕼　說文：「安䕼，温也。」
䊵　緼也。
㰙　巾捫。又，塗著也。
○訕　崽旦切。謗也。舊所晏切，諫韻七。
汕　魚乘水上。
疝　病也。
䴵　餅麴。

栅　籬栅。

姗　獸名。

罺　取魚具也。

○孱　鉏爛切。羊相間也。舊初雁切，諫韻三。

鏟　削木器。

𪎆　穀麥𪎆也。

○棧　豺爛切。閣木爲路也。舊士諫切，諫韻五。

輚　卧車。亦作「轏」。

䍀　谷名，在上艾。

虥　虎淺毛。

蝬　馬蝬，蟲名。

○散　腮旦切。分離也。布也。説文作「㪔」。又作「散」。舊蘇旱切，翰韻五。

繖　蓋也。

饊　説文：「鏾饊也。」

篅　竹器。

帴　説文：「帴也。」

○贊　裁旦切。佐也。參也。助也。出也。見也。舊則旰切，翰韻十一。

讚　稱人之美。

酇　縣名，在南陽。

濽　水濺。

嬇　女從。

鬢　髮光澤也。

襸　衣好皃。

饡　羹和飯也。

趲　散走。

攢　訟也。

餍　食也。

○粲　猜爛切。鮮好皃。笑皃。又，優也。察也。明也。白米也。又，姓。舊蒼案切，翰韻六。

㛑　三女爲㛑。

燦　明浄皃。
璨　美玉。
蔡　草可爲席。
鷄　鳥名。
○囋　才爛切。譏嘲也。舊徂贊切，翰韻四。
穳　禾肥也。
嬻　不謹也。又，美好皃。
㱚　禽獸食餘。亦作「殘」。

二十九　晏　齊齒呼連合口呼

晏　挨諫切。和柔也。天清也。又，晚也。亦姓。舊烏澗切，諫韻四。
晏　目相戲也。
騴　馬尾白也。
鷃　鷃雀。爾雅作「鴳」。
○骭　諧雁切。脛骨也。舊下晏切，諫韻二。

媔　慢也。

○莧　菜名。舊侯襇切，襇韻三。

粯　粉頭粯子。

蕳　草餘。

○諫　皆晏切。諫諍，直言以悟人也。又，姓。舊古晏切，諫韻三。

澗　爾雅：「山夾水澗。」

鐗　車間鐵也。

○襇　裙幅相厠也。舊古莧切，襇韻六。

間　厠也。隔也。隙也。迭也。諜也。訾也。

覵　密視也。亦作「瞯」。

醎　醎也。

衦　古衣。

豣　逐虎犬。

○鴈　崖骭切。隨陽烏也。亦作「雁」、「鳫」。舊五晏切，諫韻三。

贗　僞物。亦作「偐」。

豣　義見上。

〇㬉　疕骭切。㬉㬉，温濕也。舊乃諫切。從集韻增。

〇㬊　扠骭切。赤色。舊丑晏切，諫韻二。

㾮　牛馬病。

〇綻　轍骭切。衣縫解也。又，作「袒」、「綻」。舊丈莧切，裥韻二。

組　補縫。

〇以上齊齒呼。

䁵　娃慣切。支財貨也。舊烏患切，諫韻三。

綰　鉤繫也。

䩪　面曲皃。

〇患　懷亂切。憂也。病也。禍也。又，姓。舊胡慣切，諫韻八。

槵　無槵，木名。

䝨　獸名，似羊，無口。

宦　仕宦。閹宦。又，學也。

豢 穀養畜也。

擐 貫也。

轘 車裂人。

繯 縞文。

○幻 幻化。舊胡辨切，襉韻一。

○慣 乖聰切。習也。舊古患切，諫韻六。

摜 摜帶。

倌 主駕官也。

串 穿也。習也。

丱 鬈角也。幼稚也。

矔 矔眮，轉目。

○鰥 鰥視。舊古幻切，襉韻一。

○薍 訑聰切。菼薍。舊五患切，諫韻一。

○奻 㕯聰切。訟也。舊女患切，諫韻一。

○孿 刷聰切。亦作「孌」。舊生患切，諫韻二。

涮　洗也。

○篡　纂患切。奪也。僭也。舊初患切，諫韻一。

○販　髮聽切。買賤賣貴也。舊方願切，願韻二。

畈　田畈。

○汳　水名，在睢陽。舊方万切，願韻九。

恆　急性。

疲　吐疲。

畚　一宿酒。亦作「弅」。

娩　免子也。

嬔　生子齊均也。或作「娩」。

尥　義闕。

皾　小春。

䜌　量也。

○飯　伐患切。炊穀熟也。亦作「飰」。俗作「飰」。舊符万切，願韻五。

粉　粉粉。

閞　門薄櫨也。

蛂　蟲名。

鱉　泉水。

○万　襪患切。十千，通作萬。又，代北三字姓有万紐于氏。舊無販切，願韻十八。

萬　舞也。蟲名。亦州名。又，姓。

贎　贈貨。

娩　姓也。

䊈　挽舟繩也。

脕　肌澤。

䨲　姓也。梁四公子有䨲杰。

輓　挽車也。

鬗　髮長。

貓　貙貓，似狸。

曼　長也。

蔓　瓜蔓。又，姓。

轉　戰車，以遮矢也。

皻　皮帨。

鄤　蜀有鄤鄉。

獌　獌㹫，狼屬。

鰻　魚名。

蟃　蝘蛉蟲。

○扮　八聰切。打扮。舊晡幻切，裥韻一。

○襻　姑患切。衣襻。舊普患切，諫韻一。

○盼　美目。舊匹莧切，裥韻二。

辬　小兒白眼視也。

○瓣　排患切。瓜瓠瓣也。舊蒲莧切，裥韻四。

辦　具也。本作「辨」。

辨　義見上。

釆　説文：「辨別也。象獸指爪分別也。」

○慢　埋患切。怠也。倨也。易也。舊謨晏切，諫韻五。

嫚　侮易。

謾　欺謾。

縵　緩縵。

㿸　牛馬病。

○莔　人姓。舊亡莧切，襉韻一。

○以上合口呼。

去聲第十八類

三十　硡　開口呼連齊齒呼

硡　齁宋切。石聲。舊乎宋切，宋韻二。

㖶　大聲。

○統　偷俸切。總也。紀也。又，姓。舊他綜切，宋韻二。

黆　黄色。

○宋　涑硡切。國名。州名。亦姓。舊蘇統切，宋韻一。

○綜　揔硡切。織縷。又，綜理也。舊子宋切，宋韻三。

綜　金毛。

䝋　牡豕。

○葑　蘴葍切。菰根也。江東有葑田。亦作「湗」。舊方用切，用韻二。

封　以土封物也。

○俸　浮統切。秩禄也。亦作「奉」。舊扶用切，用韻四。

幏　款書。

縫　衣縫。

捀　灼龜視兆也。

○雺　謀統切。地氣上，天不應，曰雺。舊莫綜切，宋韻一。

○以上開口呼。

雍　憂供切。擁也。九州名。國名。又，姓。舊於用切，用韻三。

壅　加土壅田。

灉　河水决出還入爲灉。

○用　尤恐切。使也。貨也。通也。庸也。又，姓。舊余頌切，用韻一。

○供　鳩雍切。陳設。又，具也。舊居用切，用韻二。
龔　慤也。又，廾也。
○恐　丘用切。疑也。慮也。懼也。古作「㤟」。舊區用切，用韻二。
蒠　蘭蒠。
○共　求用切。同也。合也。公也。舊渠用切，用韻一。
○曨　流用切。貧也。舊良用切，用韻三。
儱　儱偅。
躘　躘踵。
○搣　糅用切。推也。舊穠用切，用韻一。
○鞧　柔用切。毴飾也。亦作「氄」。舊而用切，用韻二。
鱋　鮐魚。
○湩　周雍切。乳汁也。舊竹用切，用韻三。
壟　池塘塍埂。
譁　言相觸也。
○種　埶也。亦作「穜」。舊之用切，用韻三。

偅　儱偅，不遇皃。

甋　甕屬。

惷　愚也。

○蹱　抽用切。蹱蹱，行不正也。舊丑用切，用韻二。

○重　儔用切。再也。難也。舊柱用切，用韻三。

緟　繒縷。

鍾　婦人娠也。

○頌　囚用切。歌也。美也。詩六義，一曰頌。又，姓。舊似用切，用韻四。

誦　讀誦。

訟　爭罪曰獄，爭財曰訟。

叿　爭言也。

○縱　啾雍切。放縱。又，緩也。舍也。舊子用切，用韻二。

瘲　病也。

○從　酋用切。隨行也。又，從父。從兄弟。舊疾用切，用韻一。

○以上齊齒呼。

三十一　瓮　合口呼連撮口呼

瓮　烏哄切。罋也。亦作「甕」。舊烏貢切，送韻三。

罋　瓶也。亦作「罋」。

齆　鼻塞也。

○烘　呼瓮切。火乾也。舊呼貢切，送韻二。

戇　悸戇，愚人。

○哄　湖控切。衆聲。喧聲。舊胡貢切，送韻四。

鬨　兵鬥也。

港　港洞開通。

蕻　草菜心長〔一〕。

○貢　孤瓮切。獻也。薦也。又，姓。舊古送切，送韻十。

贛　賜也。

湏　水名，出豫章。

㯣　格木。

藚　薏苡別名。

䍤　小杯名。
箜　杯落名。
虹　縣名，在泗州。
玒　至也。
㟅　山名。
○控　枯哄切。引也。告也。制也。舊苦貢切，送韻六。
倥　倥偬，困皃。
悾　誠心。
空　缺也。乏也。
鞚　馬勒。
腔　穿垣。
○弄　盧哄切。玩也。戲也。侮也。舊盧貢切，送韻七。
㑝　㑝戇，愚人。
哢　鳥吟。
洚　水名。

梇　梇棟，縣名，在益州。
庰　庰屏。
礱　磨礱。
○涷　都貢切。暴雨。舊多貢切，送韻七。
涷　冰涷。
棟　屋棟。
鬃　鬃鬆，髮皃。
甋　甋甗。
𢷢　獸名，似羊，一角一目。
湩　乳汁。
○痛　瑹哄切。傷也。楚也。酷也。舊他貢切，送韻一。
○洞　徒哄切。空也。洞庭，湖名；山名。舊徒弄切，送韻十六。
洞　冷也。
峒　㵽深。
恫　㥪恫，不得志。又，痛也。

眮　轉目。

詷　謥詷，言急。

胴　大腸。

絧　相通之皃。

迵　過也。

衕　通街。

㓊　船纜所繫。

筒　通簫。

駧　馬急走也。

嗵　大歌。

恫　慟哭。

韻　鐘聲。

〇齈　奴哄切。多涕鼻疾。舊奴凍切，送韻二。

癑　痛也。

〇衆　㑞瓮切。多也。又，姓。舊之仲切，送韻一。

○㨶　雛哄切。鍤屬。舊仕仲切，送韻一。

○送　蘇瓮切。遣也。餞也。贈行也。舊蘇弄切，送韻三。

凇　湅凇，冰也。

鬆　鬔鬆，髮皃。

○糉　租瓮切。蘆葉裹米。俗作「粽」。舊作弄切，送韻六。

嵏　斂足。

睃　竊視。

緵　小魚罟也。

鯼　石首魚。

偬　倥偬。

○惚　粗哄切。惚恫。舊千弄切，送韻二。

謥　謥詷。俗作「謒」。

○黢　徂哄切。敹黢，不迎自來也。舊徂送切，送韻二。

儝　聚也。

○諷　夫瓮切。誦也。規也。刺也。亦作「風」。舊方鳳切，送韻一。

○賵 贈死物也，車馬曰賵。舊撫鳳切，送韻二。

𩟈 敖麥。

○鳳 扶瓮切。瑞禽。羽蟲之長。又，州名。古作「䎃」。舊馮貢切，送韻二。

奉 禄也。養也。

○夢 模哄切。寐中神游也。不明也。亦作「㝱」、「寢」。又，雲夢，澤名。舊莫鳳切，送韻五。

瞢 目不明。又，雲瞢，澤名。

懜 惛也。亦作「懵」。

鄸 邑名。

甍 甍趬，疲行皃。

○幪 幪縠，蓋巾也。舊莫弄切，送韻三。

艨 艨艟，戰船。

霿 天氣下，地不應，曰霿。

○以上合口呼。

䞦 于焢切。行皃。舊于仲切，送韻一。

○趧　訏中切。甍趧。舊香仲切，送韻二。

踀　跳皃。

○焪　區趫切。火乾物也。舊去仲切，送韻三。

誇　多言也。詾問也。

躬　使役也。亦作「㑋」。

○㞔　虞趫切。山也。舊牛仲切。從集韻增。

○中　朱趧切。當也。射注的也。舊陟仲切，送韻二。

衷　中也。平也。當也。折衷。取中半也。

○銃　樞趫切。銎也。舊充仲切，送韻一。

○仲　厨趫切。中也。次也。亦作「中」。亦姓。又，複姓仲叔、仲顔、仲行、仲長四氏。舊直衆切，送韻三。

蟲　蟲食物也。或作「蚛」。

鴆　鳥名。

○以上撮口呼。

【校記】

〔一〕草萊心長　原刻誤作「草萊心長」，據唐韻改。

去聲第十九類

三十二　䙬　開口呼連齊齒合口撮口三呼

䙬　厄諍切。襉錯彩。郭璞江賦云：「䙬以蘭紅。」舊鷖迸切，諍韻二。

嫈　小心態。

○諱　赫䙬切。瞋語。舊許更切，映韻一。

○行　刻硬切。景迹也。行事也。又，苦行。舊下更切，映韻三。

絎　刺縫。

胻　脛也。

○更　革䙬切。易也。再也。本作「㪅」。舊古孟切，映韻一。

○亘　延袤也。極也。通也。遍也。本作「亙」。舊古鄧切，嶝韻六。

揯　急引。

緪　急張。亦作「絙」。

垣　路也。

硒　石相連皃。

䱍　魚名。

○硬　額行切。堅也。强也。本作「鞕」。舊五諍切，諍韻一。

踜　勒行切。踜蹬，行皃。舊魯鄧切，嶝韻二。

殑　殑殑。

○嶝　德䙬切。小坂。舊都鄧切，嶝韻八。

磴　巖磴。

隥　梯隥。

鐙　鞍鐙。

橙　几橙。

凳　床凳。

餕　祭食。

䔲　䔲曹。

○牚　弍行切。邪柱也。舊他孟切，映韻一。

〇澄　小水相益。舊台鄧切，嶝韻一。
〇鄧　特行切。國名。又，姓。舊徒亘切，嶝韻六。
僜　倰僜，不著事。
蹬　蹭蹬。
殑　殑殑，困病。
䮴　行欲倒也。
䲢　䲢屬。
〇生　慘䙬切。産也。出也。舊所敬切，映韻三。
甠　財富。
鼪　鼪鼠。
〇静　責䙬切。諫也。止也。亦作「争」。舊側迸切，諍韻一。
〇瀙　栅行切。冷也。舊楚敬切，映韻一。
〇寱　塞䙬切。寱寱，睡覺。舊思贈切，嶝韻一。
〇甑　䅟䙬切。甗也。亦作「䰝」、「鬵」。舊子孕切，證韻二。
襘　汗襦。

〇增　剩也。舊子鄧切，嶝韻一。

〇蹭　趣行切。蹭蹬。舊千鄧切，嶝韻二。

剾　刀割過也。

〇贈　賊行切。送遺也。玩也。好也。舊昨亘切，嶝韻二。

黵　皯黵。

〇榜　伯禳切。榜人，船人也。舊北孟切，映韻三。

趤　走也。

跰　史記：「歲星晨出爲跰踵。」

〇迸　散也。舊北諍切，諍韻一。

〇窮　束棺下之也。亦作「堋」。舊方隥切，嶝韻一。

〇膨　珀行切。脹也。舊蒲孟切，映韻一。

〇倂　白行切。皆也。俱也。舊蒲迸切，諍韻二。

靐　雷聲。

〇倗　輔也。舊父鄧切，嶝韻一。

〇孟　陌行切。長也。始也。勉也。又，姓。舊莫更切，映韻四。

瞌　瞌盯，瞋目。
盟　盟津。
萠　萠倀，失道皃。
○懵　悶也。舊武亘切，嶝韻五。
懜　不明。
鏰　重鐶。
薨　薨薨，新睡起。
鱛　魚名。
○以上開口呼。
映　幽興切。明也。光相照也。亦作「暎」。舊於敬切，映韻三。
詇　早知也。
賏　頸飾。
○應　物相應。又，當也。舊於證切，證韻二。
譍　以言對也。亦作「譍」。

○孕 易脛切。懷妊也。舊以證切，證韻七。

媵 送女從嫁。

賸 增益也。贈物也。

賰 大視。又，雙也。

䵵 面黑子。

䱾 小魚。

倂 送行也。

○興 烋映切。比興。又，興趣也。舊許應切，證韻三。

嬹 悅也。

䑉 腫起。

○欱 含笑也。舊許令切，脛韻二。

䤔 面酖醒也。

○脛 檄孕切。脚脛。亦作「踁」。舊胡定切，徑韻一。

○敬 樛映切。恭也。肅也。愼也。又，姓。舊居慶切，映韻四。

竟 窮也。畢也。又，姓。

鏡　鑑也。
獍　獸名。
〇徑　步道。又，直也。舊古定切，徑韻七。
逕　過也。近也。
俓　直也。
經　經緯。
桱　木名，似杉而硬。
哩　猿聲。
䣆　隔也。
〇慶　隙孕切。賀也。福也。州名。又，姓。又，複姓有慶師、慶忌、慶父三氏。舊丘敬切，映韻一。
〇罄　盡也。器中空也。舊苦定切，徑韻七。
磬　磬石，樂器。古作「殸」。
窒　空也。
輕　疾也。又，兵車名。

鏧　金聲。

䟫　一足行。

麣　鹿絶有力。

○競　虯孕切。争也。强也。高也。逐也。俗作「竟」。舊渠敬切，映韻七。

倞　强也。

誩　争言。

檠　檠子，檇子也。

擏　舉也。

儆　儆慎。

曔　明也。

○勁　健也。堅也。舊居正切，勁韻一。

○殑　釋典：「殑伽。」舊其餕切，證韻一。

○迎　聱孕切。迓也。舊魚敬切，映韻一。

○凝　水堅也。舊牛餕切，證韻一。

○令　鏐孕切。善也。命也。律也。法也。舊力政切，勁韻二。

詅　自衒賣也。

○零　零落。舊郎定切，徑韻二。

攊　插空皃。

○餧　馬食穀多，氣流四下也。舊里甑切，證韻一。

○訂　的映切。議也。約也。考也。舊丁定切，徑韻六。

矴　矴石。

釘　以釘釘物。

飣　貯食。又，簇有核也。亦作「肛」。

錠　豆有足曰錠，無足曰鐙。

定　題額也。亦作「顁」。又，營室星名。

○聽　惕孕切。聆也。謀也。待也。從也。舊他定切，徑韻三。

汀　汀瀅，不遂志。

侹　侹侹。直也。代也。儆也。

○定　迪孕切。安也。止也。決也。亦州名。舊徒徑切，徑韻五。

錠　錫屬。

霆　雷餘聲。

掟　天掟，出道書。

廷　朝位。

○甯　惄孕切。邑名。亦姓。舊乃定切，徑韻四。

濘　泥濘。

鸋　鴟鸓。

佞　巧也。諂也。捷也。才也。

○聖　式映切。通明也。舊式正切，勁韻一。

○勝　克也。優也。加也。又，州名。舊詩證切，證韻四。

賸　美目。

縢　織機縢也。

藤　苣藤，胡麻。

○盛　石孕切。茂也。大也。昌也。又，姓。舊承正切，勁韻三。

墭　堰器。

晟　明也。熾也。器也。

○乘 車乘也。舊實證切，證韻七。

嵊 山名。亦縣名。

剩 餘也。長也。

賸 媵 鱦 三字義，并見上。

䳡 孕也。

○丞 縣名，在沂州。舊常證切，證韻一。

○扔 辱孕切。强牽引也。舊而證切，證韻四。

杤 上車。又，木名。

芿 草不翦。

認 識物也。

○正 隻映切。當也。定也。平也。是也。君也。長也。亦姓。又，複姓有正令氏。舊之盛切，勁韻四。

政 政化也。

証 諫証。

鴊 鶏也。

○證 驗也。舊諸應切，證韻二。
烝 鬱熱也。亦作「蒸」。
○倀 䔄倀，失道。舊猪孟切，映韻五。
趟 趨趟，行皃。
偵 廉視。
橙 開張。畫繒也。
韸 張皮也。
○逞 尺孕切。邏候也。舊丑鄭切，勁韻三。
偵 偵問。
覴 覗也。
○稱 愜意。又，是也。副也。等也。銓也。舊昌孕切，證韻二。
秤 權衡也。本作「稱」。
○覴 直視。舊丑證切，證韻一。
○鄭 直孕切。鄭重。又，國名。州名。亦姓。舊直正切，勁韻三。
甑 甖也。

呈　自媒衒也。

○鋥　磨劍出光也。或作「碓」。舊除更切，映韻三。

碓　塞也。

瞸　注視。

○瞪　直視皃。舊丈證切，證韻三。

蹬　米黑壞。

黥　雲色。

○性　昔映切。德性也。生之質也。舊息正切，勁韻二。

姓　説文：「人所生也。」生子曰子姓。又，姓氏，因生以賜姓也。

○腥　豕息肉，肉中似米。舊蘇佞切，徑韻三。

醒　醉解也。

暒　目暒。

○精　積映切。强也。舊子姓切，勁韻一。

○倩　戚孕切。假倩也。舊七政切，勁韻二。

凊　温凊。

○艶　䨼艶，青黑色。舊千定切，徑韻二。
掅　捽也。
○凈　籍孕切。無垢也。古作「瀞」。舊疾政切，勁韻八。
頲　好皃。
婧　竦立。又，女潔正也。
靚　裝飾也。
請　延請。又，朝請。
睛　賜也。
竫　安也。足也。
穽　陷穽。亦作「阱」。
○柄　彪映切。本也。權也。柯也。古作「枋」。亦作「棅」。舊陂病切，映韻五。
鈵　堅鈵。
怲　憂心也。
寎　驚病。
邴　邑名。又，姓。

〇并　兼也。并也。皆也。舊畀政切，勁韻三。

并　專也。亦同「并」。

摒　摒除。

〇聘　僻孕切。聘問也。訪也。舊匹正切，勁韻三。

娉　娉娶。

俜　伶俜。

〇病　滮孕切。憂也。苦也。疾加也。舊皮命切，映韻五。

評　量也。議也。

平　平其不平也。

坪　地平也。

枰　板床。又，博局也。

〇偋　隱僻無人處也。亦作「庰」。舊防正切，勁韻一。

〇凭　依几也。舊皮證切，證韻二。

靐　雷聲。

〇命　繆孕切。性命。天命。又，命令。又，使也。教也。名也。計也。舊眉病切，映韻一。

○詺　詺目。亦作「名」。舊彌正切，勁韻一。

○覭　覭艴。舊莫定切，徑韻二。

暝　夕也。

○以上齊齒呼。

宖　擭轟切。小水皃。舊烏横切，映韻一。

○轟　砉宖切。衆車聲。亦作「輷」。舊呼迸切，諍韻一。

○横　畫宖切。强横也。非理相加也。舊户孟切，映韻三。

潢　小津。又，以船渡也。

蝗　蟲名。

○以上合口呼。

瑩　益夐切。玉色。又，石次玉也。舊烏定切，徑韻四。

濴　小水。

憕　志恨也。

鎣　鎣，飾也。

○瀴　瀴瀙，冷也。舊於孟切，映韻一。

○咏　役瑩切。歌也。吟也。亦作「詠」。舊爲命切，映韻四。

泳　游泳，潛行水中也。

禜　祈水旱祭名。

醟　酗酒。

○敻　瞑瑩切。遠也。舊休正切，勁韻四。

矎　直視皃。

詗　明了。又，告言也。候伺也。

醟　義見上。

○以上撮口呼。

去聲第二十類

三十三 醠 開口呼連齊齒呼

醠 阿荒切。濁酒也。舊烏浪切，宕韻二。

盎 盆也。又，姓。

〇荒 訶醠切。草多皃。舊呼浪切，宕韻一。

〇吭 何抗切。鳥咽。又，吞也。舊下浪切，宕韻四。

笐 衣架。亦行桁。

沆 沆碭，白氣皃。

行 輩行。又，行行，剛强皃。

〇鋼 歌醠切。堅鐵。舊古浪切，宕韻二。

㧉 舁也。

〇抗 珂吭切。舉也。扞也。抵也。振也。舊苦浪切，宕韻十三。

亢 高也。敵也。蔽也。亦姓。

伉 伉儷。敵也。又，姓。

忼 竭誠。亦作「慷」。

閌 閌閬，門高。

阬 門也。

邟 邑名。

頏 咽頏。

炕 火炕。

硠 硠硠，石聲。

黆 黄色。

犺 猰犺，不順。

蚢 蟲名。

○枊 哦吭切。繫馬柱也。舊五浪切，宕韻三。

岇 山名。

駠 馬怒。

○浪 羅吭切。波浪。游浪。謔浪。又，姓。舊魯當切，宕韻五。

閬 高門。又，閬中，地名，在蜀。

埌　冢也。

蒗　蒗蕩，渠名，在譙。

蔨　蔨葛，毒藥。

〇當　多醓切。主當。確當。又，抵也。質也。舊丁浪切，宕韻六。

擋　搠擋。

譡　言中理。

儅　不中。

闣　閃闣人。

𥈠　大甕。亦井甃也。又，姓。

〇湯　佗吭切。熱湯也。舊他浪切，宕韻六。

盪　滌器。又，陸地行舟也。

摥　排摥。

鐋　工人治木器。

蕩　蒗蕩，渠名。

儻　倜儻。又，或然也。

○宕 駝吭切。洞室。又，過也。亦州名。舊徒浪切，宕韻九。

囥 碎石聲。

碭 山名。又，縣名。

蕩 蘭蕩，毒藥。

踼 跌踼，行失正也。亦作「宕」。

盪 推盪。又，動盪。

蕩 大也。

逿 過也。

螗 螗崸，山皃。

○儾 郙吭切。緩也。舊奴浪切，宕韻三。

灢 泱灢，濁也。

壤 坱壤，塵也。

○淙 梢醯切。水出皃。舊色絳切，絳韻二。

㦼 捍船木也。

○稯 鈔吭切。不耕而種也。舊楚絳切，絳韻一。

○漴　巢吭切。水所衝也。舊士絳切，絳韻一。

○喪　娑醯切。亡也。亦作「𠷎」。舊蘇浪切，宕韻一。

○葬　㺃醯切。葬埋。舊則浪切，宕韻一。

○藏　䱹吭切。物所蓄也。寶藏。帑藏。經藏。舊徂浪切，宕韻三。

奘　説文：「駔人也。」

輩　修車。

○放　薄醯切。肆也。逸也。逐也。捨也。廢也。舊甫妄切，漾韻四。

舫　并兩船也。

趽　曲脛馬名。

旊　鳥名。

○訪　問也。謀也。舊敷亮切，漾韻三。

妨　妨礙。

邡　邑名。

○防　縛吭切。守禦也。舊符况切，漾韻一。

○妄　物吭切。虚也。誕也。罔也。舊巫放切，漾韻五。

忘　遺忘。

汒　谷名，在京兆。

望　瞻望。聞望。責望。悵望。又，祭山川曰望。又，月滿曰望，謂與日相望也。亦作「朢」。又，姓。

謽　責也。

○謗　包醓切。誹謗。舊補曠切，宕韻四。

搒　掉船也。亦作「榜」。

螃　蟲名，似蝦蟆。

舫　舫人，習水者也。

○胮　泡吭切。脹臭皃。舊匹絳切，絳韻一。

○傍　庖吭切。近也。依也。亦作「旁」。舊蒲浪切，宕韻二。

徬　徬附。

○漭　茅吭切。漭浪，大野。舊莫浪切，宕韻三。

茻　茻螗，山皃。

肓　老人不知。

○以上開口呼。

巷　胡降切。街巷。又，姓。亦作「衖」。舊胡絳切，絳韻二。

閧　鬥也。亦作「鬨」。

○絳　驍巷切。赤色。又，州名。又，姓。舊古巷切，絳韻四。

洚　水流不遵道。

降　下也。歸也。伏也。或作「夅」。

虹　螮蝀也。又，縣名。

○鬞　嬈巷切。髮亂皃。舊尼降切。從集韻增。

○戇　罩巷切。愚也。舊陟降切，絳韻一。

○覩　颮巷切。視不明也。舊丑絳切，絳韻二。

䚒　直視。

○撞　秫巷切。擣也。擊也。舊直絳切，絳韻五。

憧　戇憧，凶頑皃。亦作「𢡁」。

幢　后妃車幢。

轋　衝城轋車。

艟　短船。

○以上齊齒呼。

三十四　䊿　合口呼

䊿　倭况切。醠䊿，酒。舊烏浪切，宕韻二。

汪　水臭也。

○王　䪄潢切。興也。盛也。君臨天下也。舊于放切，漾韻四。

旺　美也。明也。亦作「暀」。

迋　往也。

𤜶　誤人。

○況　火䊿切。寒水也。匹擬也。矧也。善也。又，姓。亦作「况」。舊許訪切，漾韻三。

貺　賜也。與也。

𦚓　山名。

○潢　和王切。染書也。舊乎曠切，宕韻三。

暀　暀，明。
擴　摀打也。亦作「擴」。
○桄　戈櫎切。織機桄也。舊古曠切，宕韻二。
光　上色。
○誑　欺也。舊居況切，漾韻四。
俇　往也。
狅　惑也。
䖯　乖也。
○曠　科王切。空也。明也。遠也。廣也。又，姓。亦作「爌」。舊苦謗切，宕韻四。
矌　目無眆也。
纊　細綿也。
壙　墓穴。
誆　謬言。
○狂　葵王切。軖爲也。舊渠放切，漾韻二。
○壯　菹醶切。强也。盛也。碩大也。舊側亮切，漾韻三。

裝　行裝。

滍　滍米入甑。

○創　初王切。初也。造法創業也。亦作「刅」。舊初亮切，漾韻三。

愴　淒愴。

滄　寒也。

○狀　鋤王切。形狀。舊鋤亮切，漾韻一。

○以上合口呼。

去聲第二十一類

三十五　怏　齊齒呼

怏　鴉向切。情不足也。舊於亮切，漾韻四。

詇　智也。早知也。

鞅　飽也。

姎　青面。

○漾　遥咲切。水名。舊餘亮切，漾韻十二。

羕　長大也。

漾　式漾。

養　供養。

瀁　水溢蕩皃。

恙　憂也。病也。又，蟲名。

餻　餌也。

㺊　猛獸。

眻　美目皃。

煬　炙也。向也。暴也。

諹　謹也。讙也。

颺　風飛物也。

○向　煆怏切。北出牖也。對也。往昔也。「嚮」、「曏」、「鄉」并通用。舊許亮切，漾韻六。

珦　玉名。

闀　門頭也。又，門嚮也。

嚮　非美言也。

鑾　蛹中蟲也。
蕃　蕃，芼食。
○彊　家快切。勁硬也。舊居亮切，漾韻一。
○唴　齣漾切。唴哴〔一〕，小兒啼也。舊丘亮切，漾韻三。
晾　晾晾，目病。
𧅒　陳桓子名。
○弶　伽漾切。張取獸也。舊其亮切，漾韻三。
倞　强也。
强　拗强，自是也。又，木强，不和柔皃。
○仰　牙漾切。資也。恃也。舊魚向切，漾韻二。
軜　轎軜。
○亮　燎漾切。明也。導也。又，姓。舊力讓切，漾韻十五。
諒　信也。佐也。體也。察也。又，姓。
涼　薄也。
掠　奪也。笞也。鞫治也。

倞　索也。

兢　事有不善曰兢薄。

晾　目病。亦作「眼」。

颸　北風。

犆　牛色雜也。

量　龠、合、升、斗、斛曰五量。又，度量。

兩　車一乘也。帛一匹也。

緉　履屐雙也。

悢　悢悢，悲也。又，眷戀也。

哴　哴哴，啼也。

踉　踉蹡，行不迅也。

○釀　胗漾切。醒酒也。舊女亮切，漾韻三。

穰　雜也。

蘘　菜也。

○餉　燒怏切。饋也。饁也。亦作「饟」。舊式亮切，漾韻八。

向　國名。又，姓。
珦　義見上。
𧹞　少時也。不久也。
𢡃　憂也。亦作「㾓」。
傷　未成人。或作「殤」。
蟓　桑蠒，即蠶也。
蠰　食桑蟲，似天牛。
○上　韶漾切。在上也。君上也。古作「丄」。舊時亮切，漾韻三。
尚　高也。飾也。加也。主也。庶幾也。猶然也。亦姓。又，複姓有尚方氏。
償　還也。
○讓　饒漾切。退讓。責讓。又，交讓，木名。舊人樣切，漾韻四。
攘　揖攘。
欀　道木。
懹　憚也。
○帳　爹怏切。帷帳。舊如亮切，漾韻四。

脹　脹滿。亦作「痮」。
張　設也。供張。張飲。又，與「脹」同。
漲　大水。
○障　界也。隔也。蔽也。堡障。屏障。亦作「鄣」、「瘴」。舊之亮切，漾韻四。
墇　墇塞。
嶂　山峰如屏障。
瘴　瘴氣。亦熱病。
○唱　侘漾切。發歌。又，導也。引也。先也。古作「鯧」。亦作「誯」、「倡」。舊尺亮切，漾韻二。
廠　露舍。
○暢　長也。通也。快也。又，姓。舊丑亮切，漾韻十。
瑒　圭名。
暘　不生也。
蕩　草盛。
鬯　釀秬黍爲酒曰秬鬯，和以香草曰鬱鬯。

穃　穦也。

䄄　建也。通也。日長也。

悵　惆悵，失志。

脹　失志。

韔　弓衣。亦作「韔」。

瓺　瓶也。

仗　宲漾切。兵器。又，憑倚也。舊直亮切，漾韻三。

長　多也。冗也。剩也。

瓺　瓶也。

相　宵怏切。視也。助也。導也。丞相。儐相。又，州名。亦姓。又，複姓有相里、務相、空相三氏。舊息亮切，漾韻一。

將　焦怏切。主持也。軍主曰將。舊子亮切，漾韻二。

醬　醢也。古作「酒」。亦作「醬」。

蹡　鍬漾切。踉蹡，行不正皃。舊七亮切，漾韻一。

匠　樵漾切。工匠。又，姓。舊疾亮切，漾韻三。

䞶　行皃。

鵖　女鵖，巧婦鳥別名。

【校記】

〔一〕哏　原刻誤作「㖮」，據廣韻改。

去聲第二十二類

三十六　蔭　齊齒呼附開口三音

蔭　邑譿切。草木陰覆地也。又，蔭芘。亦作「廕」。舊於禁切，沁韻六。

瘖　心中病也。亦作「癊」。

飲　以飲飲之也。

喑　聲也。又，泣不止。又，聚氣皃。

窨　地屋。

穃　苗美。

○顭　熠噤切。顭齡切。齒怒皃。舊于禁切，沁韻二。

鼖　鼓聲。

○譀 吸蔭切。怒言也。舊火禁切。
愖 愖愖，心不止。二字從集韻增。
○禁 急蔭切。制也。戒也。謹也。止也。天子所居曰禁中。又，姓。舊居蔭切，沁韻三。
襟 格也。
僸 北夷樂名。
○噤 及類切。口閉也。舊巨禁切，沁韻一。
澿 寒澿。
齽 齒向裏。
玪 牛舌下病。「齡」、「牞」并同。
紟 單被。又，衣系也。亦作「衿」。
笒 笒籛。
艕 蜀人呼舟。
鈙 持止也。
○吟 岌類切。長咏也。舊宜禁切。沁韻一。
○臨 立類切。哭臨。又，偏向也。舊宜禁切，沁韻二。

臨　臨㑫，頭向前。

○賃　㚞顃切。傭賃也。借也。舊乃禁切，沁韻一。

○深　濕蔭切。度深曰深。舊式禁切，沁韻二。

㾕　㾕㾕，大屋。

○甚　十顃切。太過也。尤甚也。舊時鴆切，沁韻二。

㑫　臨㑫。

○妊　入顃切。懷孕也。亦作「任」。舊汝鴆切，沁韻五。

任　荷負也。又，任用。職任。

紝　織紝。亦作「紝」。

衽　衣襟。

鵀　戴勝鳥。

○枕　汁蔭切。首枕物也。舊之任切，沁韻二。

針　縫器。

○揕　擬擊也。舊知鴆切，沁韻二。

鈂　掘也。又，赤黑色。

○闖　𢿛類切。馬出門皃。舊丑禁切，沁韻二。
䙝　私出頭視。
○鴆　蟄類切。毒鳥食蛇。舊直禁切，沁韻三。
沈　溺也。寢也。
𤬙　青皮瓜名。
○浸　㗶蔭切。漬也。沈也。澤惣名。又，漸進也。「濅」、「寖」并同。舊子鴆切，沁韻二。
祲　祆氣也。
○沁　緝類切。水名。亦州名。舊七鴆切，沁韻四。
沁　沁冷。
吣　犬吠。
𥳐　𥳐墨，工人具。
○以上齊齒呼。
滲　澀譖切。漉也。漏也。舊所禁切，沁韻二。
罧　積柴水中以取魚也。亦作「槮」。

○譖　戢滲切。讒也。毁也。舊莊蔭切，沁韻一。

○讖　傓滲切。符讖。舊楚譖切，沁韻一。

○以上開口呼。

去聲第二十三類

三十七　暗　開口呼連齊齒呼

暗　姶韽切。日無光。又，默也。深也。不明也。舊烏紺切，勘韻二。

闇　冥也。說文：「閉門也。」

○韽　欲暗切。面虛黄色。舊呼紺切，勘韻二。

鰔　食不飽也。

○憾　合勘切。恨也。舊胡紺切，勘韻七。

浛　水和物。

唅　哺唅。

琀　送死口中玉。亦作「含」。

莟　茁心欲秀也。

胎　食肉不厭。
蜭　有毛之蟲。
○紺　閤暗切。青赤色也。舊古暗切，勘韻五。
淦　新淦縣，在豫章。
贛　贛榆縣，在琅邪郡。
灨　縣名，在南康郡。亦作「贑」。章、貢二水合流，因以爲名。
虃　蒠苡别名。
○勘　溘憾切。校也。鞫也。舊苦紺切，勘韻六。
磡　巖崖之下。
䶢　鹹味厚。
衉　凝血。亦作「䶢」。
轗　轗軻，坎壈也。
篕　擊也。
○儑　㬎憾切。傝儑，不自安也。舊五紺切，勘韻一。
○顲　拉憾切。面色黄皃。舊郎紺切，勘韻三。

灊　灊灟，浮皃。

儋　儋保，不净。

○駛　答暗切。冠幘。又，馬步近前也。舊丁紺切，勘韻三。

酖　頑劣皃。

鵃　鳥名。

○撢　湶憾切。探取也。舊他紺切，勘韻八。

憛　憛悰，懷憂。

膻　食味美。

儋　儋保，癡皃。

傝　傝儑。

灟　灟汎，水浮皃。

諳　競言也。

㐁　無光。又，舌出皃。

○醰　沓憾切。酒味不長。舊徒紺切，勘韻五。

賵　買物預付錢也。

曎　括也。

潭　沈水底。没潭。

䰝　羊血凝。

○妠　納憾切。取也。舊奴紺切，勘韻一。

○倸　跛暗切。儋倸。舊蘇紺切，勘韻四。

顙　頷顙，摇頭皃。

憁　憛憁，失志。

閹　覆蓋也。

○篸　喒暗切。以針篸物也。舊作紺切，勘韻二。

揝　手撼。

○謲　趍憾切。怒也。舊七紺切，勘韻三。

参　参鼓。

曑　田隴聯也。

○以上開口呼。

厭　褭㚢切。足也。倦也。舊於艷切，艷韻四。

猒　飫也。飽足也。亦作「饜」。

㷼　㷼嬮，美女。

䆊　禾不實。

俺　大也。

○㦔　快也。亦作「㤿」。舊於驗切，艷韻二。

○㱌　苦味也。舊於念切，㮇韻一。

○豔　葉㥵切。美也。光彩也。俗作「艷」。舊以瞻切，艷韻六。

灩　瀲灩，水波動皃。

焱　火華也。

撿　艷也。

焰　火光也。本作「爓」。亦作「燄」。

鹽　以鹽醃物也。又，與「豔」同。亦作「灎」。

○㚢　羲厭切。好皃。舊許欠切，釅韻二。

脅　妨也。

○趝　鋏厭切。疾行皃。舊紀念切，㮇韻一。
○兼　并也。舊古念切，㮇韻二。
鰜　魚名。
○傔　愜艷切。傔從。舊苦念切，㮇韻一。
○𡿪　崖下也。舊丘釅切，釅韻二。
硷　似瓶有耳。
○驗　業艷切。證也。徵也。效也。説文：「馬名也。」舊魚窆切，艷韻三。
噞　噞喁，魚口。
瞼　證也。
○釅　酒醋味厚。舊魚欠切，釅韻二。
䶢　齒差也。
○斂　獵艷切。聚也。舊力驗切，艷韻七。
瀲　泛瀲，水波也。亦作「瀲」。
殮　市先入直也。
霎　小雨。

殮　殯殮。

獫　長喙犬名。

燫　燫火延。

○穛　穛穖。舊力店切，栎韻一。

○店　聑厭切。置貨鬻物處曰店舍。舊都念切，栎韻十二。

坫　墇也。屏也。壇坫。反坫。

玷　玉病。又，缺也。

沾　水名，在上黨。

耆　老人面黑皃。

貼　目垂皃。

痁　病也。

墊　下也。溺也。又，墊江，在巴陵。

䆳　窮也。屋傾下也。

霵　早霜寒。

埝　下也。

唸　呻吟。
○㮇　怗艷切。火杖也。舊他念切，㮇韻六。
忝　辱也。
舚　舌出皃。
煔　火光。
陥　亭名。
西　無光。又，舌皃。
○磹　㦒艷切。磯磹，電光。舊徒念切，㮇韻二。
𧂅　支也。
○念　聶厭切。思也。舊奴店切，㮇韻二。
緂　挽船篾也。
○閃　攝厭切。闚頭門中也。舊舒贍切，艷韻四。
掞　舒也。選也。
煔　火行皃。
苫　以草覆屋。

○贍　涉艷切。賙也。給也。舊時艷切，艷韻一。

○染　讈艷切。污也。染著也。舊而艷切，艷韻二。

髯　頷毛。

○占　讋厭切。據也。著也。舊章艷切，艷韻一。

○覘　趨艷切。闚視也。舊丑艷切，艷韻二。

覘　視也。

○蹌　馬急行也。舊昌艷切，艷韻五。

幨　被衣。或作「襜」、「裧」。

韂　鞍小障泥。亦作「韂」。

墖　蔽也。

闇　闚闇。

○䃸　寫厭切。䃸磹，電光。舊先念切，㮇韻二。

䅾　䅾䅾，禾草不實皃。

○嚵　接厭切。嚵㖀，不廉。舊子艷切，艷韻一。

○僭　擬也。差也。侵也。越分也。舊子念切，㮇韻一。

〇塹　妾厭切。坑也。繞城水也。亦作「壍」。舊七艷切，艷韻三。

槧　斵木爲槧。削板牘也。

婩　㜸婩，美皃。

〇潛　捷艷切。藏也。舊慈艷切，艷韻一。

〇曆　閉目思也。舊漸念切，㮇韻一。

〇窆　卑厭切。下棺。舊方驗切，艷韻二。

砭　以石刺病也。

〇以上齊齒呼。

去聲第二十四類

三十八　黯　開口呼連齊齒呼

黯　盧賗切。黯然自得。舊黯去聲，鑑韻一。

〇賗　歁黯切。乞戲物也。舊呼濫切，闞韻三。

虩　虎怒。

濫　瓜葅也。

○憨　盍闞切。害也。果決也。舊下瞰切，闞韻五。
譀　誇誕也。
獭　犬吠聲。
䖔　瓜蟲。
䤴　炙令熱。亦作「脂」。
○甓　大瓮，似盆。舊胡懺切，鑑韻二。
槧　大櫃。
○䤴　𨞭黵切。䤴䰿，無味。舊古蹔切，闞韻二。
䰿　味苦。
○闞　榼憨切。闞視也。魯邑名。亦姓。舊苦濫切，闞韻五。
瞰　視也。
矙　日出皃。
䶫　義見上。
嚂　呵也。
○濫　臘憨切。汎濫，水延漫也。又，䀀漿之屬。又，浴器。舊盧瞰切，闞韻九。

爁　火皃。

𠜾　刀利。

𢡽　貪也。

嚂　食皃。

嚂　貪也。過差也。

𥦺　𥦺𥨍，不平。

醶　説文：「泛齊行酒也。」

䌫　維舟索。

〇擔　𢀛黲切。負荷也。舊都濫切，闞韻二。

甔　甔石，大罌。亦作「檐」、「儋」。

〇賧　榻憨切。夷人以財贖罪也。舊吐濫切，闞韻七。

睒　候視。

𦧇　䑙𦧇，舌出。

𥨍　𥦺𥨍，不平。

醈　無味。

澉　薄味。

䆘　䆘䆘，無味。

○澹　踏憨切。水摇動皃。又，澹泊。又，恬也。安也。舊徒濫切，闞韻六。

憺　恬也。安也。亦作「惔」。

淡　薄味也。

惔　安也。

腅　相飯也。或作「啖」。

噉　食也。亦作「啗」、「啖」。

○釤　霎黝切。大鐮。舊所鑑切，鑑韻三。

䀡　暫見。

㓜　相接也。又，利也。

○蘸　偛黝切。以物濡水。舊莊陷切，陷韻一。

○懺　插憨切。自陳悔也。舊楚鑒切，鑑韻六。

儳　離言。

嚵　試人食。

甐　甖屬。
㨻　投也。
獭　小犬聲。
○儳　豺憨切。輕言。舊仕陷切，陷韻三。
𩌨　𩌨之短者。
𨺚　陷也。
○鑱　鑱土具。舊士懺切，鑑韻五。
欃　水門。
艬　艬船。
讒　譖也。
𪇙　似雕而班。
○三　㤼黲切。三之也。舊蘇暫切，闞韻一。
○暫　垂憨切。猝也。不久也。亦作「蹔」。舊藏濫切，闞韻二。
鏨　鐫石。
○汎　法黲切。浮皃。亦作「泛」。舊孚梵切，梵韻六。

仈　輕也。
汜　濫也。又，水名。
盌　杯也。亦作「𥁕」。
妐　好皃。
芝　草浮水皃。
○梵　乏憨切。梵聲。舊扶泛切，梵韻三。
帆　船使風也。亦作「颿」。
颿　馬疾步也。
○以上開口呼。
○埿　排憨切。深泥也。亦作「湴」。舊蒲鑑切，鑑韻一。
○萲　埋憨切。草木無蔓也。舊亡劍切，釅韻一。
淊　押儆切。水没也。舊於陷切，陷韻四。
䶨　下入聲。俗作「龤」。
揞　抛也。

猏　犬吠。

○俺　大也。舊於劍切，梵韻八。

愔　甘心。

淹　没也。又，纅絲一淹也。

誦　誦謳。

裺　衣寬。

婎　誣挐。

獑　劍羽。

貶　貶口，墟名，在富春。

○儆　呷洽切。覽儆。舊許劍切，鑑韻三。

譀　譀譪。

䦧　犬聲。

○陷　洽歉切。入地隤也。舊户韽切，陷韻五。

臽　小阬。

脂　食肉不厭。又，腤脂也。

銘　車鐶。

鮥　魚名。

○鑑　夾掐切。鏡也。照也。誡也。亦作「監」。又作「鑒」。舊格懺切，鑑韻四。

監　領也。視也。又，官署名。亦姓。

瞷　瞻也。

劖　利也。又，細切也。

○鮨　鹹味。舊公陷切，陷韻二。

顲　顲顑，面長皃。

○劍　兵器。舊居欠切，梵韻一。

○歉　恰陷切。歉喙。舊口陷切，陷韻二。

顲　義見上。

○欠　張口噓氣曰欠伸。又，欠少也。俗作「佽」。舊去劍切，梵韻一。

○顑　瞑陷切。顲顑，長面也。舊玉陷切，陷韻一。

○諵　囡陷切。詁諵，語聲。舊尼賺切，陷韻一。

○站　劄掐切。獨立也。舊陟陷切，陷韻三。

鮎　鹹多。

涅　江岸上地名。

○賺　湛陷切。重買也。舊佇陷切，陷韻二。

詀　被誑也。俗作「謙」。

○覽　接滔切。覽儆，高危皃。舊子鑑切，鑑韻三。

䭕　長面皃。

䨲　以物内冰中也。

○以上齊齒呼。

江南文脉
jiangnan wenmai

潘耒全集

肆

（清）潘耒 撰
吴航 整理

鳳凰出版社

類音　卷八

韻譜

入聲第一類

一紇　開口呼

紇　痕瑟切。絲下也。孔子父名。又，姓。又，代北複姓有紇奚、紇干、紇骨三氏。又，三氏姓有紇豆陵氏。舊下没切，没韻五。

齕　齧也。

麧　秳也。舂粟不潰也。

麧　堅麥中不破者。亦作「核」。又，麧屑也。

淈　淈泥。

〇瑟　師紇切。樂器。舊所櫛切，櫛韻六。

瑟　玉鮮潔皃。亦稱瑟瑟者，以其色碧也。又，碧珠名瑟瑟，亦作瑟瑟。

繸　瑟瑟，色也。亦作「䫸」。

颾　颾颰，風聲。

蝨　蟣蝨，亦作「虱」。

蟋　蟋蟀。

〇室　詩紇切。房也。又，營室，宿名。舊式質切，質韻三。

鞚　刀鞚。

失　錯也。縱也。遺也。過也。亡失也。

〇實　時紇切。滿也。誠也。物成實也。或作「寔」。舊神質切，質韻一。

〇日　如紇切。太陽之精。又，從甲至癸爲十日。舊人質切，質韻五。

馹　驛傳也。

衵　女人近身衣。

帉　枕巾也。

𦤶　到也。

○櫛　菑紇切。梳也。亦作「栉」。舊阻瑟切，櫛韻五。

瀄　瀄汩，水聲。

喞　咇喞，多言。

栉　秲栉，禾重生。

擳　挃擳。

○質　支紇切。朴也。主也。信也。平也。成也。考也。證也。券書也。又，姓。舊之日切，質韻十五。

鑕　斧也。

礩　柱下石也。

櫍　椹也。行刑用斧櫍。

劕　券也，長曰劕，短曰劑。

腫　膭胅，刀箭瘡藥。

懫　止也。

嚌　野人之言。

晊　大也。

侄 堅牢也。

郅 郁郅，古縣名。又，姓。

桎 桎梏，在足曰桎。

銍 縣名。

蛭 水蛭，三斷而成三物。

騭 駁馬。又，定也。

○**剎** 差紇切。割聲也。亦作「㓭」。舊初栗切，質韻三。

誺 謧誺，陰私語也。

齛 齛也。

○**叱** 蚩紇切。呵叱也。又，代北複姓有叱干、叱奴、叱羅、叱呂、叱門、叱利、叱李、叱列、叱盧九氏。又，三字姓有叱伏列氏。舊昌栗切，質韻一。

○**齜** 茬紇切。齧聲。舊仕叱切，質韻一。

二一 齊齒呼

一 衣肸切。數之始也。物之極也。均也。同也。少也。初也。又，代北三字姓有一那婁氏。古作「弌」。舊於悉切，質韻二。

壹 專壹。又，合也。誠也。輩也。醇也。閉塞也。又，代北三字姓有壹斗眷氏。

○乙 十干名。又，燕謂之乙。又，姓。又，代北複姓有乙旃、乙弗、乙干三氏。又，三字姓有乙速孤氏。舊於筆切，質韻三。

鳦 燕也，齊魯謂之鳦。本作「乙」，取鳴自呼象形。

壹 貪也。

○逸 移乞切。超也。過也。縱也。奔也。隱也。放也。失也。舊夷質切，質韻十二。

佚 佚樂。

泆 淫泆。

㑅 㑅豫。

軼 車過。又，突也。

馹 馬足疾。

駚 鋪䟦，鳥也。

佾 舞行列也。

溢 滿溢。

鎰　二十四兩爲鎰。

齸　麋鹿受食處。

吙　辭也。

〇肸　羲一切。響布也。又，盛作也。俗作「盻」。舊羲乙切，質韻一。

〇欯　笑也。舊許吉切，質韻五。

咭　笑也。

恄　怖也。

佶　行也。

欪　訶也。

〇迄　至也。舊許訖切，迄韻八。

汔　水涸盡。

釳　乘輿馬上插翟尾者曰方釳。

忔　喜也。

仡　壯勇皃。

芞　藒車香草。

謠　語瞋聲。
莔　吴王孫休長子名。
○吉　羈一切。祥也。善也。又，姓。舊居質切，質韻八。
洁　水名。
郆　郆成，山。
拮　拮据，手病。
詰　黑詰。
趌　趌趨，怒走也。
狤　狂也。
趷　走意。
○暨　姓也。舊居乙切，質韻一。
○訖　止也。終也。舊居乙切，迄韻四。
吃　語難。
扢　摩也。
魭　魚游。

〇乞　䚡逸切。求也。又，複姓有乞伏氏。本作「气」。舊去訖切，迄韻三。

芞　香草。

契　契丹，遼舊部名。

〇詰　問也。責讓也。舊去吉切，質韻四。

趌　義見前。

駔　馬色。

蛣　蛣蜣，蜣蜋。又，蛣蝠，蝎也。

〇姞　奇逸切。姓也。舊巨乙切，質韻五。

佶　正也。閑也。

趌　直行。

狤　義見前。

鮚　蚌也。漢律：「會稽獻鮚醬二升。」

〇趷　行皃。舊具迄切，迄韻二。

𧏸　蟣也。

〇屹　宜逸切。屹崒，山皃。舊魚迄切，迄韻四。

仡　義見前。

疙　癡皃。

虓　虎皃。

○耴　贅耴，魚鳥狀也。舊魚乙切，質韻七。

聉　無知意也。

圪　高皃。

舣　舟行。

𣲖　水流皃。

劮　動劮劮。

𠞰　斷也。

○栗　離逸切。堅也。果木名。又，姓。古作「㮚」、「𣚵」。舊力質切，質韻十七。

慄　戰慄。懼也。

剽　斷也。

溧　溧水縣，在宣州。

凓　凓冽，寒風。

嵥　山名。

塛　塞也。

璪　玉之英華羅列皃。

繰　蒸栗色彩。

轢　車聲。

箻　觱箻，樂器。

蔾　草名。

搮　以手理物。

嘌　嘍嘌，言不了也。

鷅　鸖鷅，流離鳥。

麜　麜。牡麢。牝麜也。

颲　颲颲，暴風。

○蛭　低一切。蛭蝚。舊丁悉切，質韻一。

○暱　泥逸切。近也。亦作「昵」。舊尼質切，質韻五。

慝　愧慝。

蠽　小蟲。

袓　近身衣。

䅌　膠䅌。亦作「黐」。

○窒　知一切。塞也。舊陟栗切，質韻十二。

挃　撞挃。

齻　齒聲。

嗗　嗗咄，吐呵也。

厔　盩厔縣，在京兆。

銍　穫禾短鐮。又，刈也。又，古縣名，在譙。

秷　刈禾聲。

跌　手拔物也。

㕔　偖㕔，愛觸忤人也。

矬　短也。

遧　近也。

螲　螻蛄。

○抶　絺逸切。打也。舊丑栗切，質韻四。
眣　目不正也。亦作「眰」。
咥　笑也。
跮　䟦也〔一〕。
○秩　馳逸切。積也。次也。常也。序也。官職也。又，祭名。舊直一切，質韻十一。
紩　縫紩。
帙　書衣。又，書卷編次。又，姓。亦作「袠」。
袠　序也。亦作「袟」。
柣　限門木也。
翐　翐翐，飛皃。
鉄　帆索。
姪　兄弟之子。亦作「姝」。
䄷　説文：「爵之次第也。」
戥　大也。
䟞　走皃。

○悉 西一切。詳盡也。諳究也。舊息七切，質韻七。

僁 僁㑥，動也。

窸 從穴出也。

㯫 㯫，粲聲。

蟋 蟋蟀，蛬也。

膝 脛節也。亦作「厀」。

蒣 牛蒣。又，作「薏」。

○堲 蹐一切。疾也。又，夏后氏堲，周謂燒土葬也。又，燭燼爲堲。舊資悉切，質韻八。

楖 楖栗，木名。

喞 啾呼聲。

蝍 飛蟲。

㗊 鼠聲。

沏 水潛。

扻 扻摘。

虳 蜻蛚別名。

〇七　妻逸切。數也。舊親吉切，質韻七。

桼　木汁，可以髤物。通作「漆」。俗作「𣽂」。

漆　水名，在岐。又，姓。又，複姓有漆雕氏。俗作「柒」。

榛　木名，可爲杖。秦有榛娥臺。亦作「𣟗」。

䓞　草名，似蘇。

郪　地名。

鶈　鳥名。

〇疾　齊逸切。病也。急也。惡也。古作「𤕫」。舊秦悉切，質韻十。

嫉　嫉妒。害賢曰嫉，害色曰妒。

㤷　毒苦也。

嫉　嘁嫉[二]。

䜆　語急。

𠌼　賊也。

槉　屋枅。

蒺　蒺藜。

蝁 蝁螿，亦名蝍蛆，能食蛇腦。

柲 柲拭。

○必 卑一切。審也。然也。決定辭。又，組也，與「縪」同。舊卑吉切，質韻二十四。

珌 佩刀上飾。

鮅 魚名，似鱓。

𠦒 棄糞器也，箕屬。

畢 竟也。説文作「畢」，田罔也。又，宿名。亦姓。

嶧 道邊堂如墻也。

滭 滭沸，泉出皃。亦作「觱」。

滭 寒風。

熚 火皃。

櫸 木名。

篳 織荆門也。亦作「蓽」。

鏎 簡鏎。爾雅：「簡謂之畢。」注謂簡札也。

韠 韍也，所以蔽膝。亦作「韠」、「瑆」。

緷　冠縫也。
韗　畫韋曰韗。
彈　射也。
罼　兔罟。
餫　餫饠，餌也。
蹕　止行清道也。亦作「趩」。
禪　灶上祭。
婢　母也。
戰　盡也。
鵯　鵯鶋，鳥名。
觱　觱篥，羌人所吹。或作「篳」。
○筆　所以書也。又，詞翰謂之文筆。舊鄙密切，質韻九。
滭　去滓。
璕　青白玉管。
蹕　走也。

𢶀　刺也。亦作「㧙」。

泌　泌瀄，水流。

咇　咇嚌，多言。

柲　矛戟柄。

鉍　矛柄。

○匹　披逸切。偶也。配也。兩也。帛四丈曰匹。俗作「疋」。舊譬吉切，質韻四。

𠯁　𠯁𠯁，唾也。

肶　牝肶。

鵯　鵯鶋，鳥。

○弼　皮逸切。輔也。備也。正弓器也。古作「弻」、「弜」、「㢸」。通作「拂」、「佛」。舊房密切，質韻四。

㥶　輔也。

䏚　䏚肸，大皃。

𥟖　𥟖𥞘，禾重生。

○邲　地名，在鄭。又，美皃。舊毗必切，質韻二十一。

泌　水夾流。又，泉水皃。

柲　義見前。

馝　香也。又，代北複姓有馝邦氏。

苾　馨香也。

飶　食之香者。

咇　相如賦：「腌薆咇茀。」注：「皆芳香意。」又，言不了也。

佖　有威儀也。

妼　女有容儀。

怭　慢也。

欲　吹欲。

䣯　飲酒俱盡。

鞑　車革。

駜　馬肥。

鮅　魚名。

蛪　黑蜂。

比　比次。

坒　相連。

吡　吡吡，鳴聲。亦作「咇」。

綼　紟也。

鮅　魚名。

○密　迷逸切。安也。静也。秘也。稠也。説文：「山脊也。」又，地名。水名。亦姓。又，複姓有密茅、密革、密須三氏。舊美畢切，質韻八。

峃　山形，如堂。

滵　滵汩，水流皃。

樒　香木。

蔤　荷本下白。

鷄　鳥名。

冐　不見皃。

沕　塵濁。

○蜜　蜂所作食。亦蟲名。古作「蠠」。舊彌畢切，質韻八。

宓　安也。默也。止也。又，宓汩，水去疾也。

淧　淧溢也。

盗　拭器。

榓　木榓，樹名。

瞌　瞌瞌，不測也。亦作「瞈」。

謐　静也。寧也。

醓　飲酒俱盡。

【校記】

〔一〕甓　原刻誤作「蹠」，據集韻改。或作「躃」。

〔二〕噈　原刻誤作「就」，據玉篇、集韻改。

三　搵　合口呼

搵　威忽切。手擦物皃。舊烏没切，没韻九。

嗢　咽也。又，代北複姓有嗢盆氏。又，三字姓有嗢石蘭氏。

膃　膃肭，肥皃。
殟　心悶。
榲　榲桲，果名，似樝。
馧　馧馞，大香。
頞　内頭水中也。
淴　水出聲。
歈　咽中息，不利也。
○颮　爲鶻切。風聲。舊王勿切，物韻六。
搰　擲也。
瞶　瞶瞶，見也。
徻　行也。
扤　捏扤。
臀　義見前。
○忽　麾搵切。倏忽。又，滅也。忘也。輕也。十蠶爲一忽，十忽爲一絲。舊呼骨切，没韻十七。

昒　尚冥也。

曶　出氣詞也。

迦　遠也。

惚　恍惚。亦作「芴」。

颸　疾風。

笏　手板，品官所執。

榴　高皃。

緫　微也。

匫　古器。

帚　豕屬。

寣　睡一覺。

㾃　睡多。

㽷　狂病。

㤈　寢熟。

啒　憂皃。

乾　急擷也。

○搰　魂𩗬切。掘地也。舊户骨切，没韻十一。

滑　滑亂也。

䯣　耳聲。

𪖽　膝病。

䐟　露出。

鶻　鳥名。又，回鶻，西戎種。

榾　果子榾也。

扢　摩也。

扣　牽物動轉。

搰　手推也。

䁱　耳䵝。

○骨　規搵切。肉之核也。又，姓。舊古忽切，没韻十五。

愲　心亂。

滑　滑稽，謂俳諧也。

榾　枸榾，木名。

蓇　不實草。

縎　縎結。

鶻　鶻鳩。

䯏　䯏䠇，獸，出北海。

膭　膝病。亦作「㾶」。

汩　汩没。

淈　濁也。與「汩」同。

䓛　刷也。

崛　憂也。

扢　義見前。

岀　出也。

○窟　窺颮切。孔穴。舊苦骨切，没韻十五。

堀　穴也。又，堀堁，塵皃。

𡎯　土塞。

巏 巏屼，秃山皃。
泏 漚池。
朏 朏，臀。俗作「腒」。
勖 力作。
顝 大頭皃。
頌 皃秃。
矻 用心矻矻。
敁 敓敁，不穩。
圣 汝潁間謂致力於地曰圣。
䶦 説文：「囚突出也。」
䶐 目突，䶐。
揔 擊也。
○兀 危飀切。高皃。又，刖足曰兀。又，姓。舊五忽切，没韻十四。
扤 摇動。
杌 樹無枝也。

屼　巙屼，秃山皃。又，五屼，山名，在犍爲。

矹　硉矹，不穩皃。

飢　䭃飢，不安也。

軏　輗軏。

舡　船行不安也。亦作「舠」。

鼿　鼻也。

芁　艾芁。

蚖　蛤蟹。

疝　病也。亦作「疣」。

刖　刮刖。

闟　括也。

○硉　羸䫻切。硉矹，不穩皃。舊勒没切，没韻五。

踂　踂踕，前不進也。

碌　碌矹，崖狀。

敐　敐敓，不穩。又，不利也。

䊨　箭射。
○咄　敦揾切。呵也。舊當没切，没韻四。
柮　榾柮，木頭。
䳇　鳥鳴豫知吉凶也。
䮞　䯏䮞，獸名。
○宊　暾揾切。出皃。舊他骨切，没韻六。
𠫓　不孝之子。説文：「不順忽出也。」篆文從到子。
㐬　説文同上。
㥚　㥚忽，不悵也。説文：「肆也。」
踈　蹂也。踙踈，不進也。
棁　大杖也。
○𡿧　入水。又，出皃。舊土骨切，没韻一。
○突　屯飀切。觸也。欺也。忽相見也。舊陀骨切，没韻十四。
揬　搪揬。
楱　植也。又，傳者。

埃　灶埃。

稧　耕禾開也。

艌　艒艌，釣船。

葵　蘆菔，一名雹葵。

鵁　鵁鶌，鳥，似雉，青身，白首。

鼵　鳥鼠同穴，鳥曰鵌，鼠曰鼵。鼵如家鼠而短尾。

腯　牛羊曰肥，豕曰腯。

鍎　覆鍎。

鈯　鈍也。又，小刀也。

凸　凸出皃。

㐬　不順忽出。

○訥　諉颶切。謇訥，寡言也。亦作「吶」。舊内骨切，没韻五。

㕯　㕯口。

肭　膃肭。

抐　内物水中。

𣧐　搵肭，心悶也。

○率　疏搵切。循也。領也。用也。行也。皆也。略也。説文：「捕鳥畢也。」亦作「帥」。舊所律切，質韻九。

逵　先導。

倅　行皃。

衛　循也。將衛也。

剩　割也。斷也。

裈　裾裈，短衣。

蟀　蟋蟀，一名蛬，又名促織。亦作「蟹」。

帥　佩巾。又，將帥。亦姓。

响　飲酒皃。

○術　蛛颶切。邑中道也。又，學術。方術。機術。又，姓。舊食聿切，術韻十。

述　循也。修也。纘也。譔也。

秫　穀名。亦作「朮」。

沭　水名。沭陽縣，在海州。

潏　爾雅：「小沚曰坻，人所爲曰潏。」

噊　爾雅：「危也。」

驈　黑馬白髀。

鱊　小魚。

蟠　蟥也。

衭　衣開孔也。

○䂳　菹揾切。短也。舊側律切，術韻二。

䂳　鷄兒出殼聲。

○茁　草牙也。舊徵筆切。又，鄒律切，質韻一。

○出　初揾切。進也。見也。吐也。入之反也。舊赤律切，術韻一。

○窣　雖揾切。勃窣，穴中出也。舊蘇骨切，没韻六。

毴　毴毴，毛皃。

䶑　鼻鳴。

鵓　鵓鵓，鳥。

屑　動進皃。

䴢　麥屑。亦作「麨」。

○卒　騒搵切。兵卒也。說文：「隸人，給事者。」衣有題識。故從衣、從十。舊臧没切，没韻三。

倅　百人爲倅。周禮作「卒」。

稡　䅳稡。

○猝　趚䫀切。倉猝，暴疾也。舊倉没切，没韻五。

卒　急也。遽也。

殌　亡也。

捽　摩也。

綷　索也。

○捽　萃䫀切。手捽也。舊昨没切，没韻六。

椊　椊杌，以柄内孔。

崪　崪屼，山皃。

髀　小骨。

觪　角始生也。

䊧 䊧也。

○弗 匪𢮦切。不可也。不然也。亦作「不」。舊分勿切，物韻十七。

颫 風皃。

柫 連枷杖打穀者。

第 輿後第也。

髴 婦人首飾。又，髣髴，聞見不審皃。

𢁦 大也。

邦 姓也。

紼 大索，葬者以引車。亦作「綍」。

紱 綬也。

黻 黼黻。

沸 寒冰皃。

帗 毳也。

翇 説文：「樂舞，執全羽以祀社稷也。」周禮作「帗」。

市 説文：「韠也。上古衣蔽前而已，市以象之。」經典作「芾」，亦作「韍」。

不　與「弗」同。

㷝　熚㷝，鬼火。

甶　鬼頭。

○拂　去也。拭也。除也。擊也。舊敷勿切，物韻十。

刜　斫也。擊也。

艴　淺色。

茀　草多。

彿　彷彿，亦作「髣髴」。

巿　韍髮。

踾　跳也。

髴　額前飾也。

祓　除灾求福。亦絜也。

岪　崩聲。

○佛　臏颸切。西方聖人也。又，大也。戾也。舊符弗切，物韻九。

炥　火皃。

坲　塵起。

岪　山脅道也。亦作「峬」。

彿　彿鬱。

咈　戾也。

趀　走皃。

剕　義見前。

黻　理也。

○物　文颬切。萬物也。又，旗名。周禮：「雜帛爲物。」舊文弗切，物韻八。

勿　無也。莫也。禁止之辭。説文：「州里所建旗也。」亦作「㫆」。

昒　旦明尚冥也。

沕　沕穆，微也。

岉　崛岉，高皃。

芴　土瓜。

伆　離也。

迿　遠也。

○誖　丕揾切。按物聲。舊普没切，没韻五。

馞　香皃。

哱　吹氣聲。

娉　娉乳，女字。

昢　明旦日出皃。

○勃　備颮切。卒也。排也。又，姓。舊浦没切，没韻二十三。

孛　彗星。又，怪氣也。色惡也。

浡　浡然興作。

渤　渤澥，海名。又，水皃。

焞　烟起皃。

埻　塵起。

桲　榅桲，果，似樝。

悖　逆也。

憝　昏亂。

誖　言亂。

教 教卒，旋放之皃。

捽 拔也。

馞 大香。

鸗 吹釜溢也。

毰 毰毰，毛短。

脖 胦臍。

䴺 䴺母。

餑 麪餑。

郣 郡名。

鵓 鵓鴿，鳥名。

馞 馞馬，獸名，似馬，牛尾一角。

秡 秡稡，禾所秀不成向上皃。

艴 艴然，不悦。

○没 眉颶切。沈也。盡也。終也。又，入水取物也。又，代北三字姓有没路真氏。舊莫勃切，没韻六。

殳　說文：「入水有所取也。」

玟　玉名。

頞　義見前。

菮　草名。

歿　死也。終也。

四　鬱　撮口呼

鬱　於獝切。香草。又，氣也。長也。幽也。滯也。腐臭也。思也。木叢生也。又，抑屈也。又，水名。又，姓。俗作「欝」。舊紆物切，物韻十二。

灪　灪滃，大水。

爩　爩攸，火氣。

礲　礲磈，小石。

㷉　火展帛也。說文作「尉」。

尉　與「㷉」同。又姓。又，代北複姓有尉遲氏。

蔚　牡蒿。又，茂也。又，文盛皃。又，州名。

尉　網也。
苑　屈也。積也。
菀　藥草。又，茂皃。
黦　黄黑色也。
餐　飴和豆也。
〇聿　余屈切。循也。遂也。述也。惟也。説文：「所以書也。楚謂之聿。吴謂之不律。燕謂之弗。秦謂之筆。」舊餘律切，術韻二十一。
繂　繂，長。
銉　針銉。
建　行皃。
矞　説文：「以錐有所穿也。」一曰滿也。又，五色瑞雲。
霱　霱雲。瑞雲。
燏　火光。
潏　水流皃。
颶　疾風。

遹 述也。自也。遵也。

䬻 䬻出。

噊 鳥鳴。

繘 汲綆。

獝 飛獝。

鷸 鳥名。

驈 鐍 蟠 三字注見「三 搵」。

䳓 飛快。

欥 詞也。

茟 草木初生。

○颶 大風也。舊于筆切，質韻四。

昳 說文：「水流也。」亦作「汨」。

𦬫 草名。

抭 捏抭，擊皃。

○獝 虛鬱切。狂也。舊況必切，質韻一。

○猏　飛去皃。舊許聿切，術韻五。
怴　狂也。
颰　小風皃。
眓　深目皃。
瞲　驚視皃。
○欻　暴起也。舊許勿切，物韻五。
噈　訶噈。
颮　疾風。俗作「颼」。
焱　火熛起皃。
䬉　疾也。
○橘　居鬱切。果名。舊居聿切，術韻七。
蕎　草名。
膰　月在乙也。
繘　義見前。
醩　醬也。

䞜　走意。亦作「𧼮」。

肭　姓也。

○屈　地名，出良馬。亦姓。舊九勿切，物韻九。

𦁓　翟衣。

㓊　㓊㓊，曲刀。

𨂐　律𨂐，多力。

鶌　似山鵲而小，短尾，青黑色，多聲。

厥　突厥，北夷。

孒　無左臂也。篆作「孑」。

趉　走皃。

豩　豕豩土也。

○屈　袪聿切。曲也。欝也。軋也。亦姓。又，代北複姓有屈突氏。羌複姓有屈男氏。舊區勿切，物韻三。

詘　辭塞。

蝠　蛣蝠，蟲。

○倔　渠聿切。倔强也。亦作「鞴」。舊衢物切，物韻九。
崛　山短而高。
堀　突也。
掘　穿地。
踀　足多力也。
裾　衣短。
屈　短尾鳥。
屈　短尾犬。
豩　義見前。
○崛　魚聿切。危崛，山皃。舊魚勿切，物韻一。
○律　閭聿切。音律。又，法律也。舊吕恤切，術韻八。
嵂　鳴也。亦作「啐」。
葎　蔓草，有刺。
寽　持取。
箻　竹箻，以射鳥也。

綷　船上所用繩。亦作「䌨」。

膟　腸間脂。

萃　草子甲。

○怵　豬鬱切。憂心也。舊竹律切，術韻七。

炪　短皃。亦作「倔」。

絀　縫也。

窋　物在穴皃。

泏　水出皃。

趉　走皃。

䆷　面短皃。

○黜　樗聿切。貶斥也。亦作「絀」。舊丑律切，術韻八。

炪　火光。

怞　義見上。

欪　訶也。

怵　怵惕。

䞶　走皃。

䢤　獸名。

䟄　獸迹。

〇术　除聿切。藥名。亦作「荣」。舊直律切，術韻二。

炢　烟出。

〇卹　胥鬱切。分賑也。亦作「䘏」。舊辛聿切，術韻十四。

恤　憂也。

欰　嗚也。

戌　辰名。又，滅也。

珬　珂屬。

㖅　口嗚。

鉥　鋸聲。

蛓　海蛭。

訹　謏訹，誘也。

𣳚　水流。

謐　靜也。

趴　不能行也。

郥　頹下。

鷀　鳥名。

〇啐　苴鬱切。啐律聲。舊子聿切，術韻五。

卒　盡也。

欸　飲也。

殌　終也。

鯞　鯈鮪别名。

〇焌　疽聿切。火燒也。舊倉聿切，術韻一。

〇崒　鶵聿切。山高皃。舊慈恤切，術韻四。

誶　責讓也。

捽　把捽。

踤　摧踤。又，觸也。駭蹋也。

入聲第二類

五　遏　開口呼

遏　安喝切。遮也。絶也。止也。舊烏曷切，曷韻十。
堨　擁堨也。以土障水也。
靄　雲集皃。亦作「䨠」。
齃　鼻齃。亦作「頞」。
餲　食敗。
𢉆　屋迫。
䁅　大呼用力。
閼　止也。塞也。
胺　肉敗臭。亦作「餲」。
喝　小語。
○喝　頊遏切。訶也。亦作「嗷」。舊許曷切，曷韻七。
顯　稹顯，健也。

暍　白色。

暍　熱皃。

猲　恐也。

䫿　大臭氣。

䭃　香氣。

○曷　寒渴切。何也。通作「害」、「盍」。舊胡葛切，曷韻十一。

褐　編枲。粗短衣也。

毼　毛布。

顯　義見上。

髑　髑骭，肩骨。

鞨　靺鞨，蕃種名。

餲　餅名。

鶡　鳥似鷄也，鬥常至死。

蝎　蟲名。或曰桑蟲。

骱　骨堅。

榼　木轉皃。

○葛　干遏切。葛藟。又，宛章，寄生葛也，一名寓木。又，姓。舊古達切，曷韻十。

篙　篙簸，桃枝。竹名。

藒　禾長也。

藹　水名。又，瀏藹，波勢也。

鄗　鄉名，在南陽。

轕　轇轕，戟形。又，驅馳皃。

獦　獦狚，獸也。

駒　馬走疾也。

匃　乞也。亦作「丐」。

割　斷也。截也。剥也。害也。

○渴　看曷切。説文：「盡也。」又，飢渴。枯渴。又，代北複姓有渴侯、渴單二氏。又，三字姓有渴獨渾氏。亦作「潵」。舊苦曷切，曷韻七。

嵑　嵑嶭，山皃。

稧　禾長也。

瘍　内熱病也。

磕　石聲。

骸　肩髆。

鶡　鶡鴠。

○嶭　牙曷切。巀嶭，山皃。舊五割切，曷韻十一。

櫱　伐木餘也。亦作「櫱」。古文作「不」。

枿　伐木餘枿。

哳　毁讀曰「哳」。

岸　高山狀。

頢　無髮。

擳　擊也。

轍　車載高也。

齾　獸食之餘。

啐　説文：「語相訶距也。」

歺　説文：「剡骨之殘也。」

○檰　崽遏切。茱萸也。舊山列切，薛韻一。
○劕　釵曷切。割斷聲。舊厠列切，薛韻一。
○闥　豺曷切。城門中板。舊士列切，薛韻一。

六　謁　齊齒呼

謁　烟歇切。請也。告也。白也。又，請見也。又，姓。舊於歇切，月韻五。
暍　傷熱。亦作「煍」、「瘍」。
蔼　屋迫也。
閼　太歲在卯曰單閼。
黦　色壞也。
○噎　食塞氣不通也。亦作「饐」、「餲」。舊烏結切，屑韻六。
糩　糉屬。
咽　哽咽，悲塞也。又，與「噎」通用。
猢　獸名，似牛，白首，四角。
窫　静也。

蠮 蠮螉。

○焆 烟氣。舊於列切，薛韻二。

䏮 怒䏮。

○抴 耶纈切。拕也。牽也。亦作「拽」。舊羊列切，薛韻一。

○歇 軒謁切。休息也。散也。竭也。舊許竭切，月韻四。

䫻 䫻艎，大船。

猲 猲獢，短喙犬也。亦作「獥」。

蠍 螫人蟲。

○擷 擷束。舊虎結切，屑韻六。

襭 襭襦。

擷 捋取。

覢 急擊。

奊 肥狀。

覓 見也。

○娎 喜皃。舊許列切，薛韻二。

抗　火氣。

〇頡　賢拽切。飛而上曰頡。又，直項也。又，姓。舊胡結切，屑韻二十一。

頁　頭也。

擷　義見前。

纈　彩纈。

襭　以衣衽盛物也。

藒　蘢藒，草名。

翓　翓翓，飛上下。

閰　閰闃。

闃　門聲。

鼳　鼠名。

絜　度也。又，河名，九河之一。

潔　縛也。

瞸〔一〕　矆瞸，目赤。

膠〔二〕　膜膠。

紇　絲下也。
齕　齧也。
紇　屑米。
覈　遬覈。
䵤　麥䵤不破。
𡗝　頭斜。
㹷　牛很。
○結　迦謁切。締也。舊古屑切，屑韻十四。
桔　桔梗。
拮　手口共有所作。
袺　執衽曰袺。
𩕳　頭傾皃。
狤　狤猏，獸名。
蛣　蠸蛣，蟲名。
絜　説文：「麻一端也。」

潔　清也。

鍥　鎌别名。亦作「鍥」。

㮏　㮏槔，汲水具。

鷞　鷞鷍，鳥名。

魝　割治魚也。

趫　走皃。

○揭　揭起也。高舉也。亦作「擨」。舊居竭切，月韻五。

鍻　金鍻。

趨　走皃。

羯　犗羯，羊羖也。

訐　面斥人隱過也。

○孑　單也。人無右臂也。又，戟名。舊居列切，薛韻四。

釨　句孑，戟也。

趌　趌趣，跳皃。

楬　長禾。

○挈 佉拽切。提持也。舊苦結切，屑韻九。
絜 絶也。
契 絶也。刻也。缺也。急也。又，契闊，勤苦也。契戾，不平正皃。
鍥 刻也。斷絶也。
顊 顭顊，短皃。
𦉪 𦉪瓶，受一升。
猰 猰犺，不仁。
蛪 蛪蠅，蟲。又，蛪蚼，似蟬而小。
蒵 𦬣蒵，多節目也。
○朅 去也。健也。舊丘謁切，薛韻六。
揭 義見前。
愒 息也。
偈 疾也。
藒 藒車，香草。
𡐘 界也。

○桀 伽拽切。高也。磔也。鷄栖杙也。舊渠列切，薛韻十一。
傑 特立也。才過萬人曰傑。亦作「桀」。
嵥 嵥峕，高皃。
滐 水激迴也。
榤 鷄栖杙。
搩 强暴。
偈 武也。
揭 義見前。
渴 水盡也。
烋 梁四公子名。
欁 木釘名。
○竭 盡也。舊其謁切，月韻五。
碣 石特立也。碣石，近海山名。又，碑碣，方者碑，圓者碣。亦作「嵑」。
堨 堰也。
楬 有所表識也。表楬，閥閱自序名也。

揭　擔揭，物也。亦作「揭」。

○臬　妍拽切。門橜也。射的也。又，法也。舊五結切，屑韻十二。

嵲　嵽嵲。

䠍　䠍䡕，不安。亦作「隉」。

闑　門中橜也。

霓　雄曰虹，雌曰霓。

蜺　寒蜩。

䅞　䅞䅞。

㠯　山高皃。

嶭　巀嶭。

槷　射的。又，危槷。

齧　噬也。

巘　𡵆巘，山皃。

○孽　庶賤之子，猶樹之有孽生也。又，妖孽。舊魚列切，薛韻九。

櫱　婢妾。

𧄼 𪍿𧄼。説文：「牙米也。」

𣡸 木餘。又，姓。

𧖧 衣服謌謡草木之怪謂之祅，禽獸蟲豸之怪謂之𧖧。

𧮪 議辠也。説文作「𧮪」。

𨰊 馬勒傍鐵。

𪈠 高皃。

𪔊 龍鬐脊上𪔊𪔊。

○列 連拽切。行次也。位序也。陳也。布也。分解也。又，姓。説文作「㲱」。舊良辪切，薛韻十九。

𣲌 水流皃。

洌 水清潔也。

冽 寒也。

烈 火烈。又，盛也。光也。功也。威也。猛也。剛正也。爛也。

颲 風雨暴至。

栵 栵栭，細栗。亦呼茅栗。

塻　塍也。
栵　黍穰也。
茢　苕也。挑茢爲帚，以除不祥。
裂　擘裂，破也。
迾　遮遏也。
挒　搩也。
烈　憂心。
㛃　美也。
駑　次第馳馬。
鴷　啄木鳥。
鮤　刀魚，一名鱴魚，即鮆魚也。
蛚　蜻蛚，蟋蟀。
○戾　曲也。乖也。罪也。舊練結切，屑韻七。
捩　拗捩，固相違也。
唳　嘍唳，鳥聲。

綟　麻綟。

夨　左曲也。

类　㚒类，多節目也。

盭　綟色也。

〇咥　爹謁切。蕃人複姓有蛇咥氏。舊丁結切，屑韻七。

窒　塞也。

瞠　瞠眡。

嗟　嗟咄。

闛　門閉。

囯　下入。

蛭　水蛭。

〇鐵　天拽切。黑金也。又，赫連勃勃改其支庶爲鐵伐氏。又作「銕」。亦作「銕」。舊他結切，屑韻六。

撤　捅撤皃。

驖　馬赤黑也。

飻　貪食也。一作「餮」。

蛈　爾雅：「王蛈蝪。」注：「即螲蟷。」似鼅鼄。

僣　僣俔，狡猾。

○垤　田抴切。螘封。又，冢前闕也。舊徒結切，屑韻三十五。

耋　老也。八十爲耋。

姪　兄弟之子。又，侄娣，兄弟之女也。

咥　笑聲。又，齧也。

恎　惡性。

嘊　齧堅。

齷　齧堅聲。

絰　喪服，麻在首、腰皆曰絰。

挃　擿也。

崼　崼嵲，山皃。

荎　刺榆。

鴩　鳥名。

迭　遞也。更也。道也。

昳　日昊。

眰　目出。

胅　骨胅。

跌　跌踼。又，差跌也。

詄　忘念。

趃　大走。

泆　泆蕩。

硃　砲硃。

苵　蕛苵，䅦草。

瓞　再生小瓜。

柣　桔柣，木名。又，鄭城門名。亦作「闇闋」。

軼　車相過也。

駃　馬行疾也。

鴃　爾雅：「鴂，餔枝。」

𧿒　爾雅：「𧿒蛋。」注：「蝮屬，大眼，最有毒。」

㠶　㠶嵲，高山。

墆　貯也。止也。

懘　懘懘，不自安也。

擳　捎取。

䮩　義見前。

或　剔也。又，國名，在三苗東。

凸　高起。

○涅　臑拽切。水中黑土。又，染黑也。又，水名，出東郡。舊奴結切，屑韻十一。

埕　塞也。亦作「𡊀」。

硂　礬石别名。

篞　管之中者。

菍　菜似蒜，生水邊。

哫　哫呵。

揑　揑捺。

瘧　疾病。

腥　腫也。

茶　茶然，疲皃。

蔎　草也。

茶　茶然，疲皃。

○設　奢謁切。置也。陳也。合也。舊識列切，薛韻二。

蔎　香草。

○舌　蛇拽切。口中舌也。又，姓。舊食列切，薛韻四。

揲　數蓍。

鞨　治皮。亦作「𠜂」。

蛥　蛥蚗，蟪蛄別名。

○折　斷而猶連也。又，姓。舊常列切，薛韻一。

○熱　婼拽切。炎熱。火氣，亦暑氣也。舊如列切，薛韻二。

茶　義見前。

○哲　遮謁切。智也。古作「嚞」。又作「悊」、「喆」。舊陟列切，薛韻二。

蜇　螫也。

〇浙　江名。水勢曲折也。亦作「淛」。舊旨熱切，薛韻六。
折　屈曲也。斷之也。又，羌複姓有折屈氏。
晢　光也。明也。亦作「晣」。
晣　目明。
肵　肵皮也。
靼　柔皮也。古作「韇」。俗作「靳」。
〇掣　車拽切。挽也。舊昌列切，薛韻二。
瘛　瘛瘲，小兒病。
〇屮　草初生皃。舊丑列切，薛韻七。
徹　通也。
撤　抽也。發也。
𦪈　船行。
悊　擿也。周禮有悊蔟氏。
聅　司馬法：「小罪，聅。」謂以箭貫耳。
䲁　䲁魰。

○轍　塵拽切。車輪所碾迹也。舊直列切，薛韻五。

徹　通也。明也。道也。達也。又，除去也。

撤　發撤。又，去也。與「徹」通用。

澈　水澄清也。

㯙　橐也。

○薛　寫謁切。國名。亦姓。説文作：「薛，草也。」舊私列切，薛韻十八。

辥　説文：「辠也。」凡從辥者，經典通作「薛」。

㔎　斷也。

泄　漏也。去也。亦作「洩」。又，姓。

枻　正弓弩器。

紲　繫也。馬韁也。亦作「絏」、「緤」。

齛　羊齝曰齛。亦作「齥」。

疶　痢也。亦作「痩」。

渫　治井也。又，清也。除也。亦姓。

媟　狎也。慢也。嬻也。

濆 濆注。

朁 晦也。日狎相慢也。

褻 私服，裹衣。又，狎近也。與「媟」通用。

㔕 田器。

离 蟲名。又，殷祖也。古作「禼」。經作「契」，亦作「偰」。

㮶 㮶糏。

絬 堅絬。

幯 殘帛。

○屑 清也。潔也。恭也。顧也。碎也。勞也。説文作「屑」。舊先結切，屑韻十二。

榍 木名。説文：「限也。」

蓿 草名。

糏 米麥破也。

䐹 臆中脂。

揟 揲揟。

楔 櫼也。爾雅：「棖謂之楔。」

揳　攕揳，不方正也。

偰　僁偰，净也。

躤　蹩躤，旋行。

僁　動草聲。又，僁僁，呻吟也。

㴸　瀎㴸，水皃。

○節　嗟諾切。符節，使者所持。又，操也。制也。止也。檢也。驗也。阻也。又，卦名。舊子結切，屑韻十三。

卪　説文：「瑞信也。」

岊　高山皃。

㕡　説文：「治也。」

𤎻　燭餘。

幯　幯㭰。

癤　瘡癤。

鰤　魚名。

蝍　蝍蛆，蜈蚣。

槳　屋梁上木。

瀐　小灑。

襳　小衣。

鬛　束髮少小也。

○鸊　小鷄。舊姊列切，薛韻六。

蠽　茅蠽，似蟬而小。亦作「蠘」。

尐　說文：「少也。」

吣　鳴吣。

扻　摘去也。

殁　夭死。

○切　磪拽切。割也。刻也。摩也。近也。迫也。急也。舊千結切，屑韻八。

沏　水聲。

踋　踋跌。

竊　盜也。私也。淺也。

㗇　說文：「言微親㗇也。」

噆 小語。

柣 爾雅：「柣謂之閾。」

⿰屑齒 ⿰屑齒齒。

○⿹戈雀 查拽切。斷也。齊也。又，盛也。亦作「截」。舊昨結切，屑韻七。

嶻 嶻嶭，山皃。

⿱艹⿹戈雀 草⿱艹⿹戈雀。

⿰食⿹戈雀 食也。

⿺走⿹戈雀 傍出前也。

岊 山峰。

⿱節虫 似蟹，生海中。

○⿱大㡀 邊謁切。大也。舊方結切，屑韻九。

⿰衤㡀 ⿰衤㡀袖，襟袂也。

⿱敝糸 繩編劍帶。

⿰弓㡀 弓戾也。或作「⿱折弓」。

⿰革㡀 弓飾名。

閉　闔也。塞也。
㓹　㓹柲也。
劥　大力之皃。
𢪃　挽也。
○憋　急性皃。舊并列切，薛韻七。
𡐊　大旱。
瞥　水名，在牂牁。
鼈　介蟲。
虌　蕨菜。
鷩　雉屬，似山雞而小。周禮有鷩冕。
鳩　鳩鶡。
○別　分也。異也。辨也。小山曰別。舊方別切，薛韻四。
莂　種概移蒔也。
箣　分契也。亦作「𧦴」。
扒　擘也。

○瞥　篇拽切。暫見也。又，目翳也。亦作「覕」。舊普蔑切，屑韻九。

瞥　日落勢也。

撆　小擊。又，略也。引也。亦作「撇」。

憋　憋然，瞋也。

嫳　輕薄之皃。

鐅　鍫刃。

�　小香也。

颮　小風皃。

綮　馭右迴也。

○潎　漂潎，水皃。舊芳滅切，薛韻三。

憋　怒也。

癟　枯病。

○別　便拽切。異也。離也。解也。説文作「冎刂」。又，姓。舊皮列切，薛韻四。

峢　大峢，山名。

捌　剖分也。

詉　言析理也。

○蹩　蹩躠，旋行皃。又，跛也。舊蒲結切，屑韻十四。

䩭　䩭類。

䄶　義見前。

㥲　䰯氣。

䙚　䙚衣。亦作「襒」。

咇　咇語也。又，口香。

馝　香也。

苾　菜名。又，馨香也。

䭲　食香。

䏟　䏟昚，肥也。

柲　支柲。

梐　反手擊也。

癟　戾癟不正。

蛂　蛂，蟥蛢，甲蟲也。

○蔑　眠拽切。無也。説文：「勞目無精也。」舊莫結切，屑韻二十二。
䁾　目赤。説文：「目眵也。」
懱　輕懱。
礣　礣尐，小也。
㒩　㒩僭，多詐。
搣　搣揳，不方正也。
衊　汗血。
瀎　瀎泧，水皃。
篾　竹皮。
穖　禾也。
幭　帞幞。
鸌　鸌雀。
鱴　鮤鱴，即鮆魚也。
蠛　蠛蠓，小蟲。
莧　火不明皃。

䏹　不相見皃。

䀹　污面。

䳢　繼英鳥名。

紇　細也。

粖　糏粖也。

䊳　糜也。古作「䵒」。

䁢　䁢頡。

○滅　盡也。絶也。舊亡列切，薛韻二。

搣　手拔。又，摩也。批也。捽也。

【校記】

〔一〕暩　原刻誤作「暩」，據集韻改。

〔二〕䐑　原刻誤作「䐑」，據玉篇改。

七　斡　合口呼

斡　隈豁切。轉也。旋也。運也。舊烏活切，末韻八。

捾　捾，取也。亦作「斛」。

烷　火烟出。

䀀　目開皃。

睕　小嫵媚也。

䁈　捾目也。

睧　目深黑皃。

㛪　可憎也。或作「憎」。

○豁　灰斡切。通谷也。開也。達也。亦作「𧮾」。舊呼括切，末韻六。

奯　大開目也。

濊　水聲。亦作「濊」。

泧　瀎泧。

䀹　視高皃。

斛　欱水。

○活　回闊切。生也。動也。又，水流聲。舊户括切，末韻八。

湉　水流聲。

佸　佸會。

袥　裥也。

姡　姡，醜也。

秳　舂穀不潰也。

越[一]　瑟下孔也。又，翦蒲爲席。

䯏　以組束髮。

○括　瑰斡切。檢也。結也。至也。包也。舊古活切，末韻十七。

栝　木名。柏葉松身。亦作「檜」。

活　水流聲。亦作「㶔」。

銛　斷也。

筈　箭本受弦處。

葀　麋舌草名。

萿　菝萿，瑞草。

苦　苦蔞，果蠃也。亦作「𦮼」。

适　疾也。

佸　會計也。
頢　小頭皃。
䯏　骨端。
䛡　愚䛡，無知。亦作「䥀」。
髺　結髺。
聒　讙語。
鴰　鶬鴰，鳥名。
劊　斷也。
○闊　恢活切。廣也。遠也。疏也。舊苦括切，末韻六。
筈　箭筈。
适　義見前。
踻　䟿踻。
瓯　瓜瓯。
蛞　蝦蟆子名。
○枂　䰎活切。去樹皮也。又，柮枂，柱頭木。舊五活切，末韻一。

〇捋　雷活切。手捋也。取也。摩也。舊郎括切，末韻五。
桴　木名。
㧹　削㧹也。
锊　駁锊。
蛶　蚵蛶，蟲名。
〇掇　堆斡切。采也。拾也。舊丁括切，末韻八。
剟　削也。
腏　挑取骨間肉也。
敪　敁敪，知輕重也。
裰　補裰破衣也。
鵽　鵽雀。
咄　訶也。
祋　祋祤，縣名。
〇脱　推活切。骨去肉。又，解也。輕易也。又，或然之辭。亦作「説」、「税」。舊他括切，末韻五。

侻　狡也。輕也。可也。

棁　大棒。亦木棁。

挩　除也。解也。誤也。遺也。

莌　活莌，草名。

○奪　頹活切。攘取也。亦作「奞」。舊徒活切，末韻七。

敓　强取也。與「奪」通。

脱　肉去骨。亦姓。

捝　莌二字義見前。

痥　馬脛傷也。

鮵　爾雅：「鱧，大鮦，小者鮵。」

○刷　衰斡切。埽也。清也。本作「㕞」。舊所劣切，薛韻三。

㕞　鳥理毛也。

啐　小飲。

○纃　嗺斡切。結纃也。舊子括切，末韻三。

撮　撮，挽牽也。

擦　手把。

○鬠　鬢鬠，多鬢皃。舊姊末切，末韻六。

拶　逼拶。

䟶　䟶濺。

𠜂　刺𠜂，不净也。

𨁋　蹩𨁋，行皃。

瀎　水湍頭起。

○撮　崔活切。蹙聚而捎取之也。六十四黍爲圭，四圭爲撮。舊倉括切，末韻二。

襊　緇布冠也。

○柮　摧活切。柮柮，柱頭木。舊藏活切，末韻一。

○撥　梧斡切。捩開。又，轉之也。發也。理也。絶也。除也。舊北末切，末韻十五。

癶　足剌癶也。

襏　襏襫，簑衣也。

鬟　鬟鬢，多鬢。

䑺　大船名。

騡　馬怒。
鱍　魚掉尾也。
盋　食器也。釋典作「鉢」。
袚　蠻夷蔽膝。
茇　草茇。
帗　一幅巾。
鴑　鳥名。
迖　急走。
怖　意不悦皃。
筏　簞筏。
○潑　胚活切。澆潑。注曰澆，散曰潑。本作「潑」。舊普活切，末韻十三。
錣　兩刃刈也。
撥　芟撥。
嗳　譲嗳，人言。
蹳　蹋草聲。

㼎　㼎艳，無色。
醱　醱醅，酘酒。
鱍　義見前。
㧊　推㧊。
袚　衣袂也。
酦　酒氣。
羐　牯羊。
暬　暬眛，目不明皃。
○跋　裴活切。跋躠，行皃。又，草行爲跋，水行爲涉。又，蹎也。舊蒲撥切，末韻二十三。
犮　犬走皃。
拔　迴也。抽也。擢也。又，代北複姓有拔略、拔也、柯拔三氏；三字姓有拔列蘭氏。
胈　股上小毛也。
骳　肩髆。
鈸　鈴鈸。
炦　火氣。

坺　一臿土也。

茇　草木根也。又，草舍。

菝　菝葀，瑞草。

废　舍也。

颰　風皃。

敳　雲氣。

馞　香氣。

醱　酒氣。

軷　將行祭名。

妭　美婦。又，女妭，鬼婦禿無髮，所居之處，天不雨。

魃　旱魃。

馶　馶䮂，蕃馬。

鴔　鳥名，似梟。

癹　除草。

䥽　弋鳥具。

䟺 行皃。「𧼮」、「𧽯」并同。

○末 枚活切。木杪也。無也。弱也。遠也。端也。亦姓。又，後燕有末那樓三字姓。舊莫撥切，末韻二十五。

昧 斗杓後星。

沬 水沬。又，水名，在蜀。

妺 壞也。

頢 頢顝，健也。

怽 忘也。

眛 目不正也。

抹 抹摋。又，摩也。塗也。

佅 佅儯，肥皃。又，西夷樂名。

妺 妺嬉，桀妃。

袜 袜肚。

韎 韎韐，大帶。

靺 靺鞨，番人。

艳　㿝艳，色不深也。

粖　糜也。亦竹「鬻」。

麩　麪也。

秣　馬食穀也。亦作「餗」。

筞　捕鰌竹器。

鴸　鳥名。

鮇　魚名。

濛　塗拭。

糨　米和細屑。

醲　醬也。

昒　遠視。又，不正視。

苜　目不正。

【校記】

〔一〕越　原刻誤作「趑」，據儀禮鄉飲酒禮注改。

八　噦　撮口呼

噦　胆血切。逆氣也。嘔也。舊於月切，月韻四。

餥　飴和豆也。「𥁊」、「餣」并同。

黦　黄黑色。說文作「黦」。

嫛　嬄嫛，婦人皃。

○抉　挑也。掐也。舊於决切，屑韻六。

穾　穿皃。

窫　深抉也。

妜　娟也。又，鼻目間輕薄意。

焆　火光也。

瞲　目深皃。

○悦　袁穴切。喜也。樂也。服也。通作「説」。又，姓。舊弋雪切，薛韻六。

閲　觀也。歷也。簡閲。又，閥閲，積功也。

藅　草名，似芹。

莌　草生而新達曰莌。

娧　姚娧，美好也。

蜕　蟬去皮也。

○曰　于也。之也。語辭，通作「粤」。舊王伐切，月韻十四。

鉞　大斧也。本作「戉」。

樾　木名。

泧　大水。

越　于也。遠也。超也。逾也。發揚也。墜也。走也。草布也。國名。通作「粤」。又，姓。又，發語辭。

樾　樹陰。

逑　逾也。

絨　紵布。

竦　竚立也。

娀　輕也。

蚔　蝀蚔，蚌屬。

蚏　蟚蚏，似蟹而小。

㬤 暴乾。

瓗 劍鼻玉。

○血 靴𡄷切。氣血。舊呼决切，屑韻十一。

䀏 瞠䀏，惡皃。

㠸 穿皃。亦作「窬」。

䒸 草皃。

泧 小飛皃。

闃 闃闃，無門户也。

疦 瘡裹空也。

泬 泬寥，空皃。

坹 穴也。

訤 怒訶。

瞲 驚視。

颫 小風也。舊許月切，月韻六。

峸 山皃。

泧　義見前。
跋　走皃。
翍　飛皃。
狘　獸名。又，走皃。
○旻　舉目使之也〔一〕。舊許劣切，薛韻六。
颰　小風。
吷　小聲。又，飲也。
翃　小鳥飛。
烕　滅也。以火燒物也。
殈　盡也。
○穴　懸悦切。窟也。壙也。舊胡決切，屑韻四。
坹　空深也。
紋　說文：「縷一枚也。」
袕　長衣。又，鬼衣也。
○厥　涓噦切。其也。短也。發石也。又，姓。古作「氒」。舊居月切，月韻十四。

欻　發也。
礮　發石。
橜　杙也。
蕨　菜名。
𠢕　强力。
撅　撥物也。
剮　刻刀。
瘚　氣逆。
蹶　失脚。又，走也。速也。僵也。「蹷」、「蹻」并同。
趣　跳也。亦作「趘」。
鱖　魚名。
蟨　獸名，走則顛，常爲蛩蛩取食，蛩蛩負之而走。
蟩　蟩，蛶蟲。
○決　斷也。破也。絶也。又，行流也。又，水名，出大別山。俗作「决」。舊古穴切，屑韻二十四。

枎　椀也。小盂也。

鈌　刺也。

玦　佩如環而有缺。

觖　觖望，怨望也。

抉　縱弦彄也。

訣　訣别。又，要訣。

眏　目患。

趹　足疾。

赽　馬疾行也。

疦　説文：「癟也。」〔二〕

肤　孔肤。

芵　芵明，菜，其花黄。亦作「英」。

駃　駃騠，良馬。

鴂　鷤鴂，鳥名。春分鳴則衆芳生，秋分鳴則衆芳歇。

㚖　獸名，似貍。

蚗　蛥蚗，螅蛄別名。

潏　泉出皃。

鐍　扃鐍。

觼　環有舌也。亦作「鱊」。

襔　衣袖。

憰　妄語。

譎　譎詐。

駃　爾雅：「馬回毛在背曰駃驤。」

○觖　角觸也。舊紀劣切，薛韻四。

趐　小跳。

罬　罦也。

叕　義見「四　鬱」。

○闕　骴悦切。門觀也。又，失也。空也。又，姓。舊去月切，月韻三。

瀨　水名，在義陽。

緆　緆，狄衣。亦作「屈」、「闕」。

○闋 樂終。又，隙也。牖也。舊苦穴切，屑韻四。
湀 爾雅：「湀闢流川。」
缺 器破。又，少也。虧也。玷也。
闋 闋閴，無門户也。
○薛 薛蓋，草名。舊傾雪切，薛韻一。
○觼 瘸悦切。以角發物也。舊其月切，月韻十二。
橜 杙也。又，門閫也。亦作「橛」。
撅 采撅。
鐝 磨鐝。
橛 橛株，山名。
歷 强也。
蹶 走也。
臅 尾本。
鷢 白鷢，似鷹，善捕鼠。
掘 穿也。

趘　行越。
赶　舉尾走也。
○月　元䫋切。太陰之精。又，朔至晦爲一月。舊魚厥切，月韻九。
玥　神珠。
朋　山名。
枂　鞍枂。
鈅　兵器。
抈　折也。
刖　斷足刑也。「跀」、「趴」并同。
抓　動也。
軏　車轅端曲木也。
○劣　臆悦切。翁也。少也。鄙也。亦作「㤡」。舊力輟切，薛韻十二。
埒　庳垣也。崖也。堤也。
鋝　説文：「十銖二十五分之十三爲鋝。」
浖　限隅也。

桴　木名。
脟　脅肉。
呼　鷄鳴。
毸　毛色斑也。
跒　蹶跒，跳踉皃。
犏　牛白脊。
蛶　爾雅：「蛶，蟰蛜。」〔三〕
禾　禾，禾麥知多少。
○吶　年悅切。嗗吶，聲不出也。舊女劣切，薛韻一。
○說　拴噦切。告也。解也。述也。所論之辭也。舊失爇切，薛韻一。
○爇　㖃悅切。燒也。亦作「焫」。舊如劣切，薛韻五。
焫　禮記：「焫蕭。」
㕯　言遲聲。
蜹　蚊蜹。
捬　括也。

○拙 專噦切。不巧也。舊職悅切，薛韻十一。
炪 短也。
炪 火光。
頔 面秀骨。
黜 倔黜，短皃。
蚍 蟲名。
棁 梁上楹。
準 鼻也。一云頰權，準也。
頦 頭短。
蝃 蜘蛛。
醊 醎葅。
○輟 止也。歇也。舊陟劣切，薛韻十五。
叕 聯也。
綴 連補也。又，舞列。
惙 疲也。憂也。

掇　拾取。
剟　刊也。
啜　言多不止。又，嘗也。
踙　跳也。
腏　骨間髓也。
輟　車具。
畷　田間道。
餟　祭酹也。
醊　連祭也。
罬　捕鳥覆車罔。
蠿　蠿蟊，作罔蛛蟊也。
○歠　穿悦切。大飲也。舊昌悦切，薛韻二。
啜　茹也。
○皺　皮破也。舊丑悦切，薛韻一。
○雪　宣噦切。凝雨。又，拭也。除也。洗也。亦作「䨮」。舊相絶切，薛韻三。

揤　滅揤。

㩜　㩜縷綾花。

○蔎　旋悦切。枯也。舊寺絶切，薛韻二。

蜥　江蜥，似蝤蛑，生海中。

○蕝　侳噦切。束茅表位也。舊子悦切，薛韻三。

䋴　䋴，斷物也。

隰　隔隰。

○膬　脞悦切。耎而易破也。舊七絶切，薛韻四。

磭　石破。

毳　斷絶。

絟　細布別名。

○絶　全悦切。斷也。舊情雪切，薛韻一。

【校記】

〔一〕舉目使之也　原刻誤作「舉目使人也」，據説文改。

〔二〕 瘍也　原刻誤作「爲也」，據説文改。
〔三〕 蝻蚵　原刻誤作「蝻何」，據玉篇、爾雅釋蟲改。

入聲第三類

九　閼　開口呼連齊齒呼

閼　哀瞎切。門扇聲。舊乙鎋切，鎋韻五。
圔　駱駝鳴也。
鶡　鶡鶡，鳥名，似伯勞而小。
呾　相呼聲。
尣　尣尣，屈强也。
○阿　吴人呼阿蒙、阿大之類作哀，入聲。
○瞎　咍閼切。一目盲也。亦作「瞎」。舊許鎋切，鎋韻四。
鬠　鬠鬉，秃皃。
勊　力作勊勊。
齰　齒堅聲。

○鍇　孩楬切。車軸頭鐵。舊胡瞎切，鍇韻十四。
轄　車聲也。又，鍵也。亦作「舝」。
瓂　石似玉。
搳　手搳。
蠚　螻蛄别名。
㓣　用力。
繕　束物也。
餢　食飽。
蕃　野蘇。
箸　拾箸。
鶷　鶷鶡。
矺　礣矺，硬也。
䂦　囚突出也。
齃　齒聲。
○擖　該闔切。刮聲。又，揵也。架也。折也。舊古鍇切，鍇韻四。

鬝　禿皃。

猰　雜犬。

鶡　鷃鶡，鳥名，似鳧。

○楬　開鍇切。木虎，止樂器，亦名敔。亦作「檵」。舊枯鍇切，鍇韻三。

硈　剥也。

趏　走皃。

○齾　皚鍇切。器缺也。舊五鍇切，鍇韻四。

巀　山中絶皃。

鬠　禿鬠。

聐　聐頢，無所聞也。

○剌　來鍇切。僻也。戾也。舊盧達切，曷韻十六。

辢　辛辢。

瑓　玉名。

楋　木名。

莿　莿蒿。

揧　研破。
瞓　目不正。
㾏　庵也。亦獄室也。
剌　拂著。
瘌　瘵瘌不調。
蝲　蝲蛙。
攋　撥攋，手披也。
癩　疥癩。
糲　粗糲。
轢　重轔著。
齧　齒聲。
○怛　黳闒切。悲慘也。驚也。懼也。舊當割切，曷韻十。
呾　相呵。
炟　火起。
妲　妲己，紂妃。

筸　竹篾。又，笞也。

荁　蕈荁。

䵣　莫䵣縣，在五原。

靼　柔革也。

狚　獦狚，獸名，似狼而赤。

㓞　驚㓞。

○闥　胎鍩切。宫中小門也。舊他達切，曷韻十二。

羍　小羊也。亦作「達」。

達　挑達，往來相見皃。

澾　泥滑。

撻　打也。抶也。

健　俅健。

躂　足趺。

獺　水狗。

鰨　魚名。

汏　汏過。

噧　多言。

少　蹈也。從反止。

○達　臺鎋切。通也。決也。又，姓。又，代北複姓有達奚、達勃、達步三氏。舊唐割切，曷韻二。

蓬　馬舄，草名。

○捺　能鎋切。手按也。舊奴曷切，曷韻三。

瘵　痛也。

蛆　蝵蟞。

○殺　崽闆切。生殺。又，誅戮也。俗作「煞」。舊所八切，黠韻六。

鎩　長矛刃。又，鳥羽病也。

澱　水也。

榝　似茱萸而實赤。

蔱　菝荑。

帴　二幅。

○髻　日鎋切。細毛也。舊而轄切，鎋韻一。
○札　齋閻切。小簡。又，疫癘也。舊側八切，黠韻六。
扎　拔也。
紮　纏弓弝也。
鷲　鳥雜蒼色。
蚻　小蟬。
殺　癘疾。
○察　釵鎋切。監也。省也。審也。覆也。考也。亦姓。通作「詧」。舊初八切，黠韻六。
睩　視睩。
樏　木名。
蔡　草蔡。
鬃　羅鬃，鬼。亦作「魁」。
齸　齒利也。
○刹　柱也。又，僧寺。舊初鎋切，鎋韻二。
莿　掃地惡草。

○𨨛　豺鎋切。切草也。舊查鎋切，鎋韻三。
䅊　農具也。
沝　沝沝，水流也。
○薩　腮闥切。梵云菩薩華言普濟也。舊桑割切，曷韻九。
躠　跋躠，行不正。
薩　失薩。
𢿨　放也。又，𥽶𢿨，散之也。
䊛　俗二䊛𩊓。
撒　抹撒。
攃　攃攃聲。
㗊　音變。
䉤　篕䉤，桃枝竹也。
○𢫬　栽闥切。
𣿗　𠠝　𨂐　鬟　瀐　注見「七　𩊓」。
○攃　猜鎋切。足動草聲。舊七曷切，曷韻三。

縩　縠屬。

礤　粗礤。

〇囋　才鎋切。嘈囋，鼓聲。亦作「囐」。舊才割切，曷韻三。

巘　擊也。

巀　巀嶭，山名。

〇攃　埋闔切。菜似蕨，生水中。舊矛割切，曷韻一。

〇以上開口呼。

軋　挨戛切。車輾也。舊烏黠切，黠韻九。

圠　山曲。

穵　空人也。

鳦　燕也。

魝　鰊魝，魚名。

窫　窫窳，國名。

猰　猰貐，獸名，噬人迅走。

嫼　嫉怒。

揠　拔草心也。

○黠　諧劼切。慧也。又，堅黑也。舊胡八切，黠韻四。

蘳　麻莖。

閶　門聲。

髗　翻聲。

○戛　皆軋切。轢之也。又，戟也。常也。禮也。舊古黠切，黠韻十八。

嘎　嘎嘎，鳥聲。

圿　垢圿。

砎　礣砎，小石。

骱　髖骱，小骨。

忦　恨也。

扴　揩扴物也。

頡　漢有頡羹侯。

袺　執衽。

秸 秸稾。

鴶 鴶鵴，鳲鳩。

挈 刮也。刺也。

楔 櫻桃。

鶨 鶨鸛，鳥。

鞂 草鞂。

楬 鼓也。

稭 禾稾去皮。

磍 轄磍，感怨皃。

〇劼 揩黠切。用力。又，固也。愼也。勤也。舊恪八切，黠韻十一。

敌 擊也。

剨 剥剨。

硈 石狀。又，堅也。突也。

矻 矮矻，短人。

咭 鼠鳴。

䫏　勁也。

菰　菝菰，草。

㓤　巧㓤。

䯺　禿䯺也。亦作「鬜」。

擖　刮也。撻也。

○疺　㖃黠切。瘡痛。亦作「㾊」。舊女黠切，黠韻二。

䙖　奴人衣。

○㖊　齘軋切。嘲㖊，鳥鳴也。舊陟鎋切，鎋韻四。

䟑　貨也。

昳　目露皃。

㑃　㑃好。

○以上齊齒呼。

十　穵　合口呼

穵　娃㑪切。手穵爲穴。舊烏八切，黠韻六。

斛　斛取物也。

嗗　飲聲。

歖　咽中息不利。

嗢　咽也。

婠　體德好也。

○傄　𡗷乞切。㑹傄，健皃。舊呼八切，黠韻二。

𥈭　怒視皃。

○滑　懷骱切。利也。亦州名。又，姓。舊户八切，黠韻八。

猾　狡猾。又，亂也。

磆　磆石，藥名。

趏　走趏。

鶻　鶻鳩。

鰫　魚名，鳥翼，出入有光，見則大旱。

蜎　𧒂蜎，似蟹而小。

麧　麧名。

○頢　短面皃。舊下刮切，鍺韻七。

舌　塞口。説文作「昏」、「話」、「括」之類從此。

咶　息也。

姡　面醜。

頢　言不了。又，不净。

敌　盡也〔一〕。

䯏　繒細。

○刮　乖忔切。刮削。舊古頢切，鍺韻四。

䄆　襛祠名。

趏　走皃。

鴰　鶬鴰，鳥毛逆九尾。

剮　剮去惡瘡肉也。俗作「劀」。舊古滑切，黠韻二。

鱊　魚名。

○劼　㔙滑切。力作也。舊口滑切，黠韻一。

○刖　頑滑切。去足。又，槷刖，危皃。舊五刮切，鍺韻四。

訆　訶也。
聉　墮耳也。
殒　獸食殘皃。
○䶑　屈也。舊五滑切，黠韻三。
聉　無知之意。
聵　無耳，吴楚語也。
○窡　堆乞切。穴中見也。舊鼎滑切，黠韻五。
䆿　口滿食也。
娺　婠娺，好皃。
鵽　鵽雀。
聉　無所聞也。
○錣　策端有鐵。舊丁括切，鍣韻一。
○㕯　妠滑切。言逆下也。舊女滑切，黠韻三。
肭　膃肭，肥皃。
豽　獸名，似狸，善捕鼠。亦作「貀」。

○妠　婠妠，小兒。肥兒。舊女刮切，鎋韻三。
㼽　㼽也。亦作「㽃」。
袦　下人帶繻名。
○刷　帥𡧍切。拭也。舊數刮切，鎋韻一。
○茁　跧𡧍切。草初生也。舊鄒滑切，黠韻一。
○纂　噣滑切。黑也。舊初刮切，鎋韻二。
剟　斷也。
頢　頢頡，强可皃。舊丑刮切，鎋韻二。
𤄷　㵢𤄷。
○發　番𡧍切。起也。舒也。明也。舉也。揚也。遣也。舊方伐切，月韻四。
髮　頭毛也。又，姓。亦作「𩯄」、「𩕐」。
颰　疾風。
泼　滭泼，寒冰。
○怖　恨怒。舊拂伐切，月韻一。
○伐　煩滑切。斬木也。征伐也。又，自矜曰伐。積功曰伐。舊房越切，月韻十三。

筏　大曰筏，小曰桴。亦作「栰」。

閥　閥閱，自序。

垡　耕土。

茷　木茂皃。

酦　酒一酦。

坺　地名。

抜　似葛蔓生，葉細莖赤。

瞂　盾也。

罰　罪罰。

蕟　搴蕟，草名。

橃　木橃。説文：「海中大船。」

師　舂米。

○韈　萬滑切。足衣也。亦作「韤」、「襪」。舊望發切，月韻三。

僟　僟羯，東北部落。

旻　舉目使之〔二〕。

○八　拜乞切。數也。舊博拔切，黠韻九。
杊　無齒杷也。亦作「捌」。
扒　破聲。
玐　玉聲。
釟　治金。
馴　馬八歲。
叭　叭叭，鳥聲。
鎶　金類。
玐　玉名。
○棚　木名。舊百鎋切，鎋韻二。
捌　無齒杷。又，分也。
○汃　姡滑切。西極水名。舊普八切，黠韻四。
矶　石破聲。
齓　齒聲。
軳　車破聲。

○拔　排滑切。拔擢。又，盡也。舊蒲八切，黠韻三。

菝　菝菰，狗脊草也。

犮　犮姑，短人。

○帓　埋滑切。帓帶。舊莫鎋切，鎋韻三。

帕　帕額，首飾。

擵　打擵。

○礣　礣砎，小石。舊莫八切，黠韻七。

髍　髍骱，小骨。

傛　傛傄，健皃。

眍　惡視。

睰　視睰。

𪖌　氣息。

黰　黑也。

【校記】

〔一〕盡也　原刻誤作「晝皃」，據集韻改。

〔二〕舉目使之　原刻誤作「舉目使人」。據説文改。

入聲第四類

十一　沃　開口呼

沃　歐熇切。灌也。壯佼也。又，地名。亦姓。舊烏酷切，沃韻七。

鋈　白金。

瞢　膏膜。

瞢　瞋目。

䙷　治角也。

䮳　馬腹下聲。

鱟　魚名。

○熇　齁沃切。熱也。舊火酷切，沃韻四。

歊　氣出皃。

臛　羹臛。
嚛　食新也。又，大歠也。
○鵠　侯酷切。黄鵠。又，射鵠。又，姓。舊胡沃切，沃韻八。
䫏　鼻高皃。
閣　門聲。
隺　高也。
睢　鳥白。
熇　灼也。
鶴　鳥肥澤也。
礐　石礐。
○梏　鈎沃切。手械也。舊古沃切，沃韻九。
告　語也。示也。
皓　大旱。
郜　國名。
祰　告祭也。

䶜 治象牙也。

䧶 鵅䧶，鳥名，似鵲。

牿 牛馬牢也。

𥝤 禾皮。又，地名。

○酷 弧鵠切。虐也。慘也。甚也。酒味厚也。香氣醲也。舊苦沃切，沃韻六。

焅 熱氣。

硞 硄硞，石皃。

嵓 山皃。

秸 禾熟。

嚳 帝嚳，高辛氏。説文：「急告之甚也。」

○𤚬 齵鵠切。白牛也。舊五沃切，沃韻一。

○濼 樓鵠切。水名，在齊南。舊盧毒切，沃韻一。

○篤 兜沃切。厚也。又，馬行遲也。舊冬毒切，沃韻九。

竺 厚也。又，地名。

督 率也。正也。責也。察也。又，目痛也。又，中也。人身有督脉。

襘　衣背縫也。「襪」、「裪」并同。

𨪐　䑛舌。

砮　砮矺，落石也。

裻　偏衣。又，背縫。又，衣聲。

𤬪　瓠𤬪。

𡰪　尻𡰪。

○毒　頭鵠切。痛也。害也。又，厚也。説文作「𡹦」。舊徒沃切，沃韻六。

瑇　瑇瑁。

碡　碌碡，田器。

纛　羽葆幢也。亦作「幬」。

薵　䔧竹草。

蝳　蝳蜍，似蜘蛛。

○褥　糯鵠切。小兒衣也。舊内沃切，沃韻四。

耨　阿耨。見釋典。

搙　捻搙。

僕　代北三字姓有庫僕官氏。

○溧　涑沃切。雨聲。舊先篤切，沃韻二。

𧚀　新衣聲。

○㑹　郰沃切。邑名。舊將毒切，沃韻三。

敎　穿也。

錊　姓也。

○䪁　否沃切。絡牛頭也。舊封曲切，燭韻一。

○幞　浮鵠切。帊也。又，幞頭，亦曰頭巾。亦作「襆」。舊房玉切，燭韻二。

襆　襆被。

○瀑　捬沃切。䵝領。舊博沃切，沃韻三。

犦　犦牛，出合浦。

鷜　烏鷜，水鳥。

○僕　哀鵠切。僮僕，給事者也。太僕，秦官。亦姓。又，代北複姓有僕蘭氏。亦作「䑑」。舊蒲沃切，沃韻五。

鏷　鏷鐔，矢名。

轐　車軦兔也。

鵏　鵏鸔。

蹼　蹼蠃。又，蹼蝀，蟲。

○瑁　謀鵠切。瑇瑁。舊莫沃切，沃韻五。

楣　門樞横梁。

萺　草也。

艒　艒艍，船名。

媢　妒忌。

十二　欲　齊齒呼

欲　尤曲切。情也。貪也。願也。愛也。舊余蜀切，燭韻八。

慾　嗜慾。

谷　水注溪曰谷。又，西番三字姓有吐谷渾氏。

浴　澡身也。

鋊　炭鈎。又，銅屑也。

輍　車枕前也。

鴿　鵃鴿，鳥。亦作「雒」。

狢　獨狢，獸名。

○旭　休葷切。明也。日旦出皃。舊許玉切，燭韻四。

勗　勉也。

頊　顓頊，高陽氏。又，敬謹皃。

顬　顬顱。一作「髗」。

○輂　鳩旭切。直轅車也，一作「檋」，禹所乘。舊居玉切，燭韻十二。

拲　兩手共梏。

臼　斂手。

觷　曲角。

挶　持也。

梮　輿食器也。

鋦　以鐵縛物。

繴　繴屬。

絭　纕臂繩也。

㬥　舉食者名。

䡴　説文：「直轅車轒縛也。」

纍　靴纍子，纏連者。説文：「約也。」

○曲　丘欲切。屈曲不直也。又，歌曲。鄉曲。部曲。心曲。又，姓。舊丘玉切，燭韻四。

苗　蠶薄。漢書：「周勃織薄苗爲生。」亦作「笛」。

匤　匤匣也。

䱡　魚名。

○局　求欲切。曹也。分也。拘也。曲也。舊渠玉切，燭韻五。

侷　侷促，短小。

跼　跧跼，不申。又，曲也。俛也。促也。

𦔳　耕也。

駶　馬立不定。

○玉　牛欲切。寶玉。篆本作「王」，隸加點。舊魚欲切，燭韻四。

頊　人頊頫。

鳿　鸓鳿，鳥。

獄　犴獄，所以繫囚。

○録　流欲切。采也。收也。檢也。寫也。又，金色。舊力玉切，燭韻十七。

淥　水名，在湘東。又，姓。

碌　碌石，彩色。又，多石皃。

緑　青黄色。

睩　日暗。

逯　謹也。又，姓。

趢　恭謹皃。

諑　謯也。

趗　趗趚，皃行。

菉　剥菉。

娽　隨從。

親　眼曲親也。

籙　圖籙。符籙。

菉　菉蓐，草。

醁　醽醁，美酒。

騄　騄駬，駿馬名。

鯥　魚名。

○束　收旭切。縛也。結約也。帛五匹爲束。又，姓。舊書玉切，燭韻二。

倲　僌倲，動皃。

○蜀　雛欲切。巴蜀。説文：「葵中蟲也。」爾雅：「山獨者謂之蜀。」舊市玉切，燭韻十。

屬　附也。類也。俗作「屬」。

鐲　温器。

璹　玉璹。

檣　木似柳而葉大。

僌　僌倲。

襡　短衣。

韣　弓衣。

襩　長襦也。連腰衣也。亦作「襩」。

蠋　蠋蝓，蜘蛛也。

○贖　貿也。貸也。納金免罪也。舊神蜀切，燭韻三。

韣　韣，韥也。

欘　姓也。梁四公子有欘䵊。

○辱　柔欲切。耻辱。又，污也。惡也。僇也。又，姓。舊而蜀切，燭韻十一。

溽　溽暑，濕熱。

縟　繁采。又，細也。

褥　裀褥。

黷　黑垢。

蓐　草蓐。又，薦也。蔟也。陳草復生也。

鬻　大鼎。

鄏　矛戟枝也。

媷　懈惰也。

嗕　嘱嗕，憐皃。又，西羌名。

鄏　郟鄏，地名。

○燭　周旭切。爉炬也。照也。明也。又，姓。舊之欲切，燭韻十二。

屬　連也。著也。續也。付也。托也。足也。會也。又，官衆也。儕等也。

囑　托也。

矚　視也。照也。

纕　綴帶。

韣　義見前。

趨　小兒行皃。

噣　噣䴌，鳥名。

鸀　鸀鳿，鳥。

蠋　蝺蠋。

蠾　蚤也。

欶　吹氣也。

○瘃　寒瘡也。亦作「瘯」。舊陟玉切，燭韻五。

豖　豕行皃。

孎　謹也。

斸 斫也。又，钁也。亦作「钃」。

欘 枝上曲。

○觸 抽欲切。觝也。突也。犯也。污也。亦作「牰」。舊尺玉切，燭韻三。

歜 怒氣。

臅 狼臅膏也。

○梀 梀樗，木名。舊丑玉切，燭韻七。

粖 糲粖，損米。

豖 說文：「豖絆足行豖豖也。」

彩 義見上。

瘃 牛馬所蹈之處。

趚 趗趚，皃行。

亍 彳亍。

○躅 幬欲切。躑躅，行皃。又，迹也。亦作「躅」。舊直録切，燭韻三。

蠋 蠾蠋，蟲名。

○粟 修旭切。禾子也。又，姓。亦作「粟」。舊相玉切，燭韻六。

㵰　㵰斯。
㓷　細切。
毷　毷毹，罽毛。
涑　水名，在河東。
玉　西番國名。亦姓。
○續　囚欲切。繼也。連也。又，姓。舊似足切，燭韻四。
藚　藚斷，藥名。
俗　風俗。説文：「習也。」
韣　韣韄。
○足　啾旭切。足趾。又，滿也。止也。無欠也。舊即玉切，燭韻二。
哫　楚詞：「哫訾栗斯。」注謂：「承顔色也。」
○促　秋欲切。近也。速也。迫也。舊七玉切，燭韻六。
趗　趗速。
䟟　迫也。
猣　宋良犬。

諫 飾也。

𩋯 弗𩋯，炙具。

十三 屋 合口呼

屋 烏谷切。舍也。具也。止也。又，黄屋車蓋也。夏屋大俎也。又，代北複姓有屋引氏。古作「𡍭」、「𡓷」。舊烏谷切，屋韻五。

鄔 地名。

黫 墨刑名。

剭 剭誅，謂施刑不在市也。

臀 臀膏，肥皃。

○殼 呼屋切。歐聲。舊呼木切，屋韻六。

㱿 日出赤皃。亦作「㱿」。

㝅 獸名，似豹而小。

熇 膗 嚛 三字注見「十一 沃」。

○縠 湖哭切。羅縠，今縐紗也。舊胡谷切，屋韻十四。

藙　水菜，可食。

𣳾　水聲。

𣫜　盛觵卮，受三斗。一曰射具。又，𣫜觫，懼皃。

𣪌　酒蜀。

𧋘　螻蛄。

斛　十斗曰斛。又，代北複姓有斛斯、斛律二氏。

槲　木名。

蔛　石蔛。

簩　箱簩。

焀　火皃。

硞　石聲。

瓬　瓦坏。

齰　齒聲。

○穀　孤屋切。石穀。又，生也。實也。續也。禄也。善也。俗作「榖」。舊古禄切，屋韻十六。

穀　楮木皮，可爲紙。
轂　車轂，輻所輳也。
瑴　玉名。
㲉　足跗。
瀔　水名。
鷇　布穀鳥。
㲉　鼠名。
谷　山谷。亦，善也。窮也。又，姓。
睔　大目。
唂　鳥鳴。
狢　獸如赤豹，五尾。
䀹　動目。
㲉　㲉𧰨，多也。
殑　殑殜，死皃。
豋　豆名。

○哭　枯轂切。哀聲。舊空谷切，屋韻八。

㲉　卵也。

瞉〔一〕　未燒瓦。

墊　土墼。

縠　麻縠。

䅽　餅麴。

陪　大阜。

纅　枲未績者。

○禄　盧轂切。穀也。俸也。善也。福也。録也。又，姓。舊盧谷切，屋韻四十四。

录　本也。亦刻木也。

渌　説文：「浚也。」

琭　玉名。

碌　多石皃。

盝　去水也。瀝也。竭也。亦作「漉」。

簶　弧簶，箭室也。

箓　竹篋也。

輚　車聲。

𣪠　剥聲。

罧　捕魚具。

𤽡　白獸。

𧮰　東方音。

睩　視皃。

親　笑視。

娽　隨從也。又，顓頊妻名。

趢　趢趗，局小。

逯　見鬼。

猔　水上飛也。

蟓　蟓聽，似蜥蜴，齧人，上樹垂頭，聞哭聲乃去。

鹿　獸名。

漉　滲也。瀝也。浚也。亦作「淥」。又作「盝」。

鏕　鉅鏕，郡名。
䴡　大雨。
麓　山足。又，林屬於山也。亦作「禁」。
摝　振也。周禮：「摝鐸。」注：「掩上振之爲摝。」
禄　祭也。
䁖　曞䁖，眼净也。
鹿　庾也。
鄜　地名。
罷　罜罷。
簏　箱簏。
蔍　蔍葱，草。
轆　轆轤，圓轉。或作「轒」。
艫　舟名。
甗　甗磚。
驪　野馬。

螔　螇螔，蟲，螔蛄也。

磟　磟碡，田器。

轆　轆得，縣名。

濼　水名。

谷　漢書匈奴傳有谷蠡王。

甪　四皓有甪里先生。

䛁　吳王孫休三子名。

○縠　都屋切。縠轂，動物。舊丁木切，屋韻七。

啄　啄木鳥。

剢　刀鋤。

豥　擊聲。

豚　尾下竅也。俗作「启」。

䙱　衣至地也。

竺　竺厚。

○秃　琭縠切。無髮也。又，姓。又，複姓有秃髮氏。古作「秃」。舊他谷切，屋韻四。

誘　詆誘，狡猾。

挆　杖指。

鵚　鵚鶖，鳥名。

○獨　徒穀切。單也。孤也。説文：「犬相得而鬭也。」羊爲群，犬爲獨。又，代北複姓有獨孤氏。舊徒谷切，屋韻二十八。

韣　韜藏也。

韇　弓衣。

僪　僪倲，短醜皃。

髑　髑髏。亦作「顕」。

鸀　鸀鳿，鳥名。

騳　驪騳，野馬。

瀆　爾雅〔釋〕水：「注澮曰瀆。」又，江、淮、河、濟爲四瀆。又，慁也。

櫝　函也。又，小棺。

牘　簡牘。

瓄　玉名。

隮　通溝以防水。亦作「竇」。
匵　匵也。
讀　讀誦。
讟　謗讟。
黷　垢也。蒙也。黑也。
儥　見也。動也。
嬻　媟慢。
遺　媟遺。
㱩　滑也。
韇　箭箙。
殰　傷胎。
鰿　卵敗。
犢　牛犢。
痛　怨痛也。
磚　磟碡，田器。

罜　罜麗，魚罟。

𤟤　獸名，如鼠。

○縮　所六切。收也。束也。歛也。退也。短也。亂也。舊所六切，屋韻十三。

蹜　足歛蹜也。

摍　抽也。

樎　馬櫪。

蝜　蝍蝜，尺蠖。

莤　祭禮，束茅灌酒象神歆之也。又，榼上塞也。

飀　風聲。

摍　擊聲。

翽　鳥飛。

謖　起也。

謏　小也。

趍　趨趍，體不伸也。

摵　到也。

○縬　傷屋切。縬文也。舊側六切，屋韻二。

䅸　寒也。

○珿　匆縠切。齊也。舊初六切，屋韻六。

㹅　飛皃。

䠞　小豆。

矗　直皃。

䠞　廉謹皃。

閦　衆也。

○速　蘇屋切。疾速。又，召也。戚也。趨也。亦作「遬」、「警」。舊桑谷切，屋韻十五。

涑　水名。

梀　赤梀，木名。

樕　槲樕，木。

蔌　菜茹總名。

藗　白茅。

餗　鼎實。亦作「鬻」。

𣨘 䅳𣨘，多也。

縠 縠縠，動物。

殐 殗殐。

嗽 吮也。

倲 僴倲。

鏖 麜鹿迹也。

蝀 蠓蝀，蟲。

棴 棴常，樹名。

○鏃 租屋切。箭鏃。舊作木切，屋韻二。

鎐 姓也，出彭城。

○瘯 粗縠切。瘯瘰，皮膚病也。舊千木切，屋韻六。

磃 碌磃，石皃。

蔟 聚也。攢也。又，蠶蔟。

簇 小竹。

棟 短椽。

起　趗起，局小皃。

○族　徂穀切。聚也。宗族。周禮：「四閭爲族。」又，百家爲族。舊昨木切，屋韻三。

鏃　鏃鑣，釜屬。

鑿　鑿鏤，花葉。

○福　夫屋切。善也。祐也。祥也。順也。舊方六切，屋韻十七。

幅　布帛廣也。又，姓。

輻　車輻。

楅　以木束物。詩：「夏而楅衡。」注：「束牛角也。」

葍　葍菜，根白可食。

蔔　草名。

偪　偪陽，國名。

踾　踾踧，聚皃。

鶝　戴勝別名。

蝠　蝙蝠，伏翼也。一名仙鼠。

複　重衣也。

腹　腹肚。説文：「厚也。」

鍑　大口釜。或作「鍢」。

輹　車軸縛也。

箙　竇竹。

復　優復。

菐　瀆菐。

○覆　反覆。又，審也。倒也。敗也。舊芳福切，屋韻七。

𡹬　地室。亦作「寝」。

蕧　蕧葐，草。

蝮　蝮蛇。

副　剖也。

鬗　假髻也。

葍　葍蕮，草名。

○伏　扶穀切。藏也。隱也。偃也。屈也。降也。又，三伏日在夏末。又，姓。舊房六切，屋韻二十八。

茯　茯苓，藥草。

洑　洄流。

栿　梁栿。

鞦　車具。「鞦」、「紱」并同。

馱　馬名。

服　衣服。又，事也。行也。習也。用也。整也。屬也。從也。又，姓。又，盛弓箭器。古作「舩」。

棴　木名。

菔　蘆菔，菜名。

箙　盛弓弩器。亦作「鞴」。

鵩　不祥鳥。

复　行故道也。説文作「夏」。

復　返也。重也。報也。反命也。亦州名。

馥　香氣芬馥。

澓　澓流。又，姓。

榎　織榎，卷繒者。

蕧　旋蕧，藥名。

輹　車輹兔。亦作「轐」。

寝　地室。

瘦　病重發也。

鶝　鶝鶔，即戴勝也。

鰒　海魚名。

虙　虎皃。古「虙犧」字。又，姓。

畐　滿也。

匐　匍匐，伏地皃。

䡛　車笭間皮篋也。

逯　見鬼皃。

鞴　韋囊步靫。

○卜　逋屋切。卜筮。灼龜曰卜，揲蓍曰筮。又，姓。舊博木切，屋韻十三。

鳪　鳪雉。

濮　水名。州名。亦姓。

𡺾　彭𡺾，蠻夷國名。

樸　樕樸，叢木也。

纀　裳削幅也。亦作「襆」。

鬏　須鬏。

蹼　足指間相著也。

嫸　昌意妻。

轐　車伏兔。

鞻　鞻，絡頭繩。

獛　獛鉛，南蠻，尾長數寸，巢居山林。

䴆　水鳥。

○朴　鋪穀切。打也。舊普木切，屋韻十一。

䵸　淺黲黑也。

撲　拂著也。㺸擊也。

墣　塊也。

樸　草生概也。
醭　醋生白醭。
䳰　鳥也。
攴　擊也。凡從「攴」者，作「攵」同。
䴆　鼠名。
䮷　骨鏃名。
濮　齊魯間水名。
○暴　蒲縠切。日乾也。俗作「曝」。舊蒲木切，屋韻十。
瀑　瀑布，水流下懸也。
僕　侍從人也。古作「蹼」。
䗖　短人。
樸　樸樕，小木。
穙　穙，穛也。
䣞　䣞䣞，毛不理也。
蠸　蠸蟆，蟲名。

羙　義見前。

癹　行皃。

○木　模穀切。樹木。又，質也。又，姓。舊莫卜切，屋韻十三。

沐　濯髮也。又，姓。又，複姓有沐簡氏。

霂　霢霂，小雨。

䰢　車歷録也。又，屋架五䰢。

杒　杒桑。

蚞　蟔蚞，蟲。

鶩　鳧屬。

䡈　車轅名。

䋞　轅上絲也。

䡈　車軸束也。

䨼　毒草。

䑵　小艖。

毣　毛濕也。又，思皃。

〇目　眼也。名號也。又，節目。條目。舊莫六切，屋韻十一。

苜　苜蓿，草名。

莔　莔蓸，菜。

痻　痻病。

㣎　説文：「細文也。」今作「㣎」。

穆　和也。美也。敬也。厚也。清也。又，昭穆。又，姓。

繆　謚也。又，姓。

牧　守養六畜。又，察也。司也。又，郊外曰牧。州長曰牧。又，姓。

莜　莜蓿，草名。

睦　親也。敬也。和也。又，西戎姓。

坶　坶野，殷近郊地名。古文尚書作「坶」。説文作「坶」。

【校記】

〔一〕穀　原刻誤作「穀」，據説文缶部改。

十四　郁　撮口呼

郁　紆育切。文也。郁郅，縣名，在北地。又，姓。又，外國三字姓有郁久閭氏、郁原甄氏。

舊於六切，屋韻十八。

栯　栯李。俗作「棫」。

彧　有文章也。亦作「㦽」。

䨖　温器。

稶　黍稷盛皃。

黬　羔裘之縫。

㖼　喉聲。

㰲　吹氣也。

欲　愁皃。

澳　隈也。水内曰澳。亦作「隩」。

燠　熱也。

墺　墺壤。

薁　蘡薁。

籅　可以漉米。

懊　貪也。愛也。

噢　噢咿，悲聲。

膴　鳥胃。

郁　姓也。

○育　于麴切。養也。長也。亦作「毓」。舊余六切，屋韻二十。

淯　水名。

焴　火光。

錥　鴋錥，温器。

棛　車覆欄也。

堉　地土肥也。

緰　青經白緯，緰陽所織。

萭　草名。

蘛　茂也。

逌　步也。轉也。行也。

蛸　復蛸，蟬未蜕者。
昱　日光。
煜　火光。又，耀也。
喅　音聲。
賣　賣也。重也。長也。動也。説文：「衒也。」亦作「儥」。
鬻　賣也。亦姓。亦作「粥」。
鬻　説文：「鬻也。」
𤰃　生田。
毓　稚也。通作「育」。
睢　望也。又，目明皃。
萑　山韭。
弆　兩手捧物。
喐　吐聲。
○囿　園囿。舊于六切，屋韻二。
○畜　訏郁切。養也。古作「𡙇」，從田、從茲，茲益也。舊許竹切，屋韻七。

蓄　冬菜也。亦作「稸」。

慉　起也。詩云：「不我能慉。」

媢　媢也。

郁　晋邑。又，姓。

堇　羊蹄菜。亦作「蓫」。

矒　細視。

〇匊　俱郁切。兩手捧物也。舊居六切，屋韻二十八。

掬　捧也。撮也。與「匊」同。

菊　秋華。本作「蘜」。又作「蘜」。又，大菊，蘧麥也。

嗕　韭畔。

椈　爾雅：「柏椈。」

㥚　謹慎。

諊　法用。

踘　踘，蹋也。

趜　困人。

餰 饘也。

鵴 鴶鵴，即布穀也。古作「鳹」。亦作「鴂」。

鮈 魚名，有兩乳。

狥 石狥，獸名，食猴。

鞠 推窮也。養也。告也。盈也。禮有鞠衣。又，姓。

蘜 爾雅：「蘜，治墻。」注：「今秋華菊也。」

巈 山高皃。

竆 説文：「窮也。」亦作「竆」。

簕 説文：「窮治罪人也。」「簕」、「鞫」并同。

蘜 説文：「日精也。似秋華。」

匊 説文：「撮也。」

臼 兩手捧物。

閰 閑閰。

鶌 鳥名。

梮 木名。

泦　水名。

阮　曲岸水外曰阮。亦作「埱」。

踙　足也。

髱　亂髮。

○麴　區育切。麴蘗，酒母也。「籟」、「鞠」并同。又，姓。舊驅菊切，屋韻三。

鞠　義見上。

窾　曲脊。

○鞫　衢育切。蹋鞫，以革爲之，今毬子也。舊渠竹切，屋韻十。

趜　趜趨。

毱　皮毛丸也。

谿　谷名，在上艾。

踘　窾　鵴　鮈　四字注見前。

驧　馬跳躍。又，馬曲脊也。亦作「駒」。

蝌　蟲名，以脰鳴。

○砡　虞育切。齊頭皃。舊魚菊切，屋韻一。

○六　慺育切。數也。舊力竹切，屋韻十九。
宊　地蕈。
勠　勠力，并力也。
戮　刑戮。又，病也。亦作「剹」。
蓼　長大皃。亦作「蔒」。
磟　磟碡。
僇　癡行。
坴　大塊。
陸　高平曰陸。又，高也。厚也。又，姓。
淕　凝雨澤也。
稑　禾後種先熟也。亦作「穋」。
蔍　蔏蔍，草名。
輘　轓輘，車箱。
裬　見也。
踛　翹踛也。

騝　騝,良健馬。

鵱　鵱鷜,野鵝。

鯥　魚名,似牛,蛇尾。

⿰虫坴　魁⿰虫坴。

○肭　糅育切。朔而月見東方,謂之縮肭。舊女六切,屋韻八。

恧　慚也。亦作「聽」。

忸　忸怩。

沑　踧沑,水文聚也。

䘐　鼻出血。又,挫也。俗作「衂」。

⿰矛丑　刺也。

蚎　蚎蚭,即蚰蜒也。

○叔　輸郁切。少也。仲之次也。季父也。夫之弟也。亦姓。又,複姓叔先、叔仲二氏。舊式竹切,屋韻十二。

菽　豆也。本作「尗」。

掓　拾也。

鯀 魚名，大者王鮪，小者鯀鮪。

倏 倏忽，犬疾走也。

悠 疾也。

儵 飛疾之皃。

倐 疾也。長也。

儵 青黑繒。

瀗 水波。

黱 黑虎。

透 驚也。

〇孰 殊育切。飪也。成也。練也。稔也。誰也。何也。舊殊六切，屋韻七。

熟 炊熟也。本作「孰」。

塾 門側堂也。亦作「䦤」。

磬 石聲。

璹 玉名。

淑 善也。

婌　後宫女官名。

○肉　儒育切。肌肉。又，邊也。舊如六切，屋韻三。

衄　義見前。

鰰　魚子。一曰魚名。

○粥　朱郁切。糜也。舊之六切，屋韻五。

祝　禱請也。太祝，官名。亦姓。又，織也。斷也。

柷　柷敔，樂器。

喌　呼鷄聲。

琡　璋大八寸。

○竹　冬生草也。亦姓。舊張六切，屋韻五。

竺　天竺，西域國名。亦姓。又，厚也。

筑　樂器，似筝，十三弦。又，拾也。

築　擣也。營造也。古作「篫」。

茿　萹茿，似藜，赤莖。

○俶　樞育切。始也。厚也。作也。動也。舊昌六切，屋韻五。

琡　大璋。

埱　氣出於地。一曰始也。

𡽼　至也。

柷　合樂器。

○蓄　聚也。藏也。旨蓄，謂蓄聚美菜以禦冬也。亦作「稸」。舊丑六切，屋韻十。

畜　小也。包也。大畜、小畜，易卦名。

滀　水聚。

傗　傗佩，不伸。

慉　痛也。

鄐　地名。

矗　直也。齊也。

苖　蓨也。

蓫　義見前。

敊　病敊皃。

○逐　厨育切。馳也。追也。從也。斥也。放也。舊直六切，屋韻十三。

蹗　跳躍。

蓫　馬笔草。

篴　竹名。

駋　馬駋，獸名。

鱁　鱁鮧，魚名。

蝷　馬蚿蟲。

柚　杼柚，機具。

軸　車軸。

舳　舳艫。

妯　妯娌。

筑　水名，出房陵。漢有筑陽縣，蕭何妻封邑也。

碡　磟碡，田器。

○宿　須郁切。素也。大也。止也。舍也。又，姓。又，代北複姓有勤宿氏，三字姓有宿六斤氏。舊息逐切，屋韻二十。

蓿　苜蓿。

艏　艒艏，船名。

夙　早也。又，姓。古作「㑢」、「𠈇」。

𡨛　朽玉。又，姓也。

佩　儵佩，不伸。

玉　朽玉。又，琢玉工。又，姓。

肅　敬也。戒也。進也。疾也。又，州名。亦姓。

飅　風聲。

潚　深清也。亦姓。

橚　木長皃。

撨　擊也。

䔥　打也。

璛　姓也。

磃　黑砥石。

翿　翿翿，鳥羽聲。

鷫　鷫鷞，神鳥。亦作「鷛」。

驌　驌騻，馬名。

鱐　魚腊。

蟰　蟰蛸，俗呼喜子。

○蹙　諏郁切。迫也。促也。近也。急也。縮也。蹴也。亦作「蹵」。舊子六切，屋韻十七。

摵　到也。

槭　木可作大車輮。

縬　縮也。又，縬文也。

裓　好衣皃。

𦧇　𦧇㕙，㰦也。

膕　脚膕，膏澤也。

顣　顣頞，鼻頣促皃。

蹴　蹋也。

䇍　笪也。

噈　嗚噈，口相就也。

蠍　蝍蠍，尺蠖也。

殧 終也。

啾 嘆也。

踧 踧踖，行而謹敬。

𢨚 悲皃。

歡 取氣皃。

○鼀 趨育切。蝌鼀。舊七宿切，屋韻三。

蹴 蹋蹴。

殧 終也。

○歡 酋育切。說文：「歙歡也。」舊才六切，屋韻一。

入聲第五類

十五 戹 開口呼

戹 罷赫切。隘也。灾也。亦作「厄」。舊於革切，麥韻十一。

厄 限也。礙也。危也。迫也。塞也。亦作「阸」。

扼 持也。握也。捉也。亦作「搤」、「扼」。

䚚 䚚視。〔一〕

吪 吪喔，鳥聲。

軛 車軛。

飹 飢皃。

豟 豕絶有力。

蚅 蚅，烏蠋，大如指，似蠶。

鼳 鼠屬。亦作「貖」。

啞 笑聲。

○餩 噎聲。舊愛黑切，德韻二。

殕 殪殕。

○赫 亨厄切。赤也。發也。明也。盛皃。又，灸也。夏主姓赫連氏。舊呼格切，陌韻五。

焃 火色。

䀍 目赤。

嚇 怒也。

㦦 㦦㦦，赤紙。

○黑　北方色也。舊呼北切，德韻三。
潶　水名，在雍州。
嘿　唓聲。
○刻　莖客切。推窮罪人也。按刻彈治也。舊胡得切，德韻一。
○垎　土乾也。舊胡格切，陌韻四。
格　鞍格。
輅　挽車當胸横木。
趌　趌趚，倒地。
○覈　考也。果中實也。舊下革切，麥韻九。
繳　衣繳，衣領中骨。
核　果中核也。
榔　木名。
滆　湖名，在義興縣。
碣　石地。
蒚　蒲臺頭名。

翮　鳥羽。

𤈜　燒麥。

○格　庚厄切。式也。度也。來也。至也。正也。感通也。又，姓。舊古伯切，陌韻十二。

佫　至也。

挌　擊也。鬥也。止也。遮也。亦作「敋」。

㪾　擊也。鬥也。亦作「㸷」。

骼　骨骼。

鉻　鉤也。

觡　鹿角。

茖　山葱。

麧　碎麥。

鵅　鵋鵙，鳥名。

蛒　蠐螬別名。

鮥　海魚，似鰱，肥美。

○鬲　縣名，在太原。又，鬲津，九河之一。又，姓。舊古核切，麥韻十六。

隔　塞也。障也。
搹　捉也。
膈　胸膈。
愅　智也。
䐙　瞶䐙。
嗝　雉鳴。
槅　車槅。
篇　篇子，竹障。
䱎　䱎鰒，魚名。
革　改也。獸皮也。兵革也。卦名。亦姓。
諽　謹也。
䨣　雨也。
翮　翅也。
䩯　䩯首。
虩　虎聲。

○裓　衣裓，見釋典。舊古得切，德韻三。

𦔶　𦔶𦓺，草生。

𡢁　竦身皃。

○客　坑刻切。賓客。舊苦格切，陌韻四。

喀　吐聲。

挌　手把著也。

礊　堅也。

○刻　刻鏤。又，剥也。侵也。慘覈也。日行晷度也。舊苦得切，德韻五。

克　能也。勝也。説文作「亨」，肩也。

剋　尅己。又，必也。急也。殺也。損削也。約定日期也。

勊　自强。

㛙　駡女老㛙。亦作「婉」。

○額　娙刻切。顡也。亦作「頟」。舊五陌切，陌韻五。

詻　詻詻，教令嚴也。

峉　峉峉，山名。

䩭　補履。

鰏　鰏鰏，魚名。

○蘁　綬蘁，小草雜色，似綬。舊五革切，麥韻三。

彇　彇㻶，補也。

鵩　鴔鵩。

○勒　楞刻切。馬鑣銜。又，抑也。刻也。舊盧則切，德韻十一。

肋　脅肋。

扐　筮者著蓍指間。

仂　數之餘也。什之一也。

协　功大。説文：「材十人也。」

阞　地脉理坼。

泐　凝合也。又，磷泐。

朸　木理也。平原有朸縣。

玏　美石次玉。亦作「瓅」。

艻　蘿艻，香草。

竻　竹根。

○䨺　䨺硞，水石聲。舊力摘切，麥韻二。

礭　礭礋，打草田器。

○德　登厄切。德行。又，惠也。澤也。亦州名。古作「悳」、「㥀」。舊多則切，德韻八。

㥀　鱳㥀，縣名，在張掖。

㝵　説文：「取也。」今作「㝵」。

得　獲也。取也。合也。

淂　水皃。

䙷　行䙷䙷。

𢼒　取也。

䙷　約也。

○忒　鼜劾切。差也。舊他德切，德韻六。

貣　從人求物也。

聽　聽瞀，欲卧也。

㥂　㥂㥂，快也。

揙　打也。
慝　惡也。
○特　滕蒳切。一牲曰特。又，獨也。但也。專也。亦姓。舊徒得切，德韻八。
貣　假貣，謂借本賈也。
蟘　食禾葉蟲。亦作「螣」。
樴　杙也。
鴏　鴏鷉，鳥名。
棏　木名。
犆　鈍也。
螣　螣蛇。
○䘆　能蒳切。蟲名，似虻而小，青班色，齧人。舊奴勒切，德韻三。
䏾　埃也。
耨　穀耨，見齊民要術。
○索　慘厄切。求也。取也。擇也。法也。盡也。亦作「索」。舊山戟切，陌韻五。
溹　水名。又，雨下皃。

糠　煮米多水。
䃤　儓什。
䃢　碎石隕聲。
樎　木名。舊山責切，麥韻十一。
捒　擇取物也。
瘯　瘯瘯，寒皃。
鞡　堅硬。
溹　小雨。
擌　䄷擌，捕鳥。
摵　殞落皃。
霡　霰下。
湝　所以攤水也。
愬　驚懼皃。
虩　虎驚皃。
○色　顔色。采色。女色。舊所力切，職韻十五。

嗇　愛惜也。貪也。慳也。積也。亦姓。說文作「嗇」，從「來」、「麥」也，從「亩」、「㐭」也。

穡　種曰稼，斂曰穡。古作「嗇」。

薔　虞蓼也。

篧　篩篧。

濇　不滑。

懎　悲恨。

勫　助也。

歗　小怖皃。

䪞　頰也。

嫱　女字。

繬　縡也。縫也。

轖　車馬絡帶。

轖　車藉交革。

蟰　蟲名。

○寔　時劾切。實也。是也。舊常職切，職韻七。

湜　水清也。
遈　流行。
植　種也。立也。置也。
埴　黏土也。古作「戠」。
搘　拄杖曰搘。
殖　生也。多也。
○食　茹也。啗也。掩蔽也。亦姓。舊乘力切，職韻二。
蝕　日月虧曰蝕。説文：「敗瘡也。」
○窄　争厄切。狹也。舊側伯切，陌韻六。
迮　迫也。
舴　舴艋，舟名。
蚱　蚱蟬。
譜　大聲。
溍　遮水。
○責　誚也。求也。任也。舊側革切，麥韻十一。

嘖　大呼聲。
讀　讀怒。
顊　顊頗，頭不正皃。
債　負財。
膭　膭子，魚子脯。
媠　鮮好。
幘　説文：「髮有巾曰幘。」方言覆髻也。
簀　床簀。
䶦　小貝也。
咋　大聲。
○側　旁也。傾也。偏卧也。又，側陋。舊阻力切，職韻九。
葥　附子生一歲曰葥子。
捑　打也。
仄　側傾也。亦仄陋。
昃　日偏西也。

氵瓜 澋氵瓜，水勢。

夨 説文：「傾頭也。」古作「仄」。

昃 日昃。

稷 稫稷。亦作「稄」。

○柵 鎗劾切。寨柵，編木爲之。舊測戟切，陌韻三。

簎 刺也。國語：「簎魚鼈。」

踖 磨豆。

○冊 簡册。説文：「符命也。諸侯進受於王，其札一長一短，中有二編，象形也。」亦作「笧」。舊楚革切，麥韻十二。

冊曰 告也。

策 編簡爲策。天子有策書，國史大事書之於策。又，謀也。籌也。馬箠也。亦作「筴」。

筴 卜筮，筴也。

捒 扶捒也。

悚 悚痛。

憒 耿介。

蹟　正也。

噴　净也。

嫧　健急皃。

鰿　齒相值也。

猎　矛也。

○測　度也。舊初力切，職韻六。

惻　愴也。痛也。

堲　遏遮也。

畟　畟畟，陳器狀。又，進也。

稷　耜也。

蔌　草名。

○峉　傖㔩切。峉峇，山皃。舊鋤陌切，陌韻四。

浩　瀺浩，水落地聲。

咋　吙咋，多聲。

齰　齧也。亦作「齚」。

○賾　煩雜也。舊士革切，麥韻七。
嘖　嘖嘖，叫也。
幘　容尋常人。
積　灰中種也。
鰿　小貝。
䄍　以叉矛取物也。
葃　茹菜。
○崱　崱屴，山皃。舊士力切，職韻四。
莿　草也。
𡺑　𡺑嶷，山皃。
濅　濅淢，水勢。
○塞　僧厄切。填也。窒也。壅也。充也。古作「𡫳」。舊蘇則切，德韻三。
寋　實也。書「允塞」，詩「塞淵」，古皆作「寋」。
寨　安也。
○則　磁厄切。法則。又，則效也。又，即然之辭。古作「鼎刂」、「𠟭」。舊子德切，德韻一。

○賊　層刻切。盜也。殘也。害也。亦作「賊」。舊昨則切，德韻五。

濺　測也。

蕺　草名。

鰂　烏鰂，魚名。一作「鯽」。

蠈　食禾節蟲。

○伯　崩厄切。長也。兄曰伯兄。父之兄曰伯父。又，五等爵名。亦姓。又，複姓伯夫、伯成

二氏。舊博陌切，陌韻七。

百　數名。又，姓。

柏　木名。又，姓。

湘　洦湘，淺水。

䒥　藍之別名。

迫　逼也。近也。急也。附也。亦作「敀」。

瓸　甎瓸，井甃。

○檗　黃檗。舊博厄切，麥韻五。

擘　分擘。

檗　飯半生熟。

薜　山麻也。

檘　豆中小硬者。

○北　北方。又，敗也。奔也。又，複姓北宫、北門、北唐、北郭、北人、北鄉、北野七氏。舊博墨切，德韻二。

蚩　蟲，似蟹，四足。

○拍　烹劾切。打也。拊也。舊普伯切，陌韻十。

怕　憺怕，静也。

洦　淺水。

珀　琥珀。

敀　大打。

皛　亦打也。出蜀都賦。

趙　風入水皃。

魄　魂魄。又，月體黑者謂之魄。

㽘　㽘，破物也。

𠒎　疾也。

○𢸇　射中聲也。舊普麥切，麥韻二。

檗　義見上。

○覆　[redacted]。舊匹北切，德韻三。

復　復匐。

蝮　蝮蝗，蟲名。

○白　彭劾切。西方色。又，潔也。素也。明也。告也。語也。亦姓。舊傍陌切，陌韻五。

帛　幣帛。又，姓。

苩　草名。

舶　海中大船。

鮊　魚名。

○繴　織絲爲帶也。舊蒲革切，麥韻四。

繴　罿也。

䍾　翻車。

欂　欂櫨。又，木名。

○踣　倒也。斃也。舊蒲北切，德韻十一。
菩　草名。
�　僵也。
匐　匍匐。亦作「匍」。
䅖　黍豆潰葉也。
菔　蘆菔。亦作「蔔」。
䢉　農夫賤稱。
僰　僰道縣，在犍爲。又，丁壯皃。亦醜也。亦作「䢉」。
垘　填塞。
撲　擊也。
仆　倒也。
○陌　萌劾切。田間道也，南北爲阡，東西爲陌。又，市中街也。舊莫白切，陌韻十七。
佰　一百爲一佰。
洦　水淺皃。
鉑　鉑刀，軍器。

帞　頭巾。

袹　袹複。

挌　擊也。

趏　趏越。

貊　北方國。又，安静也。亦作「貉」。

狛　狂狛，驢父馬母。亦作「馲駋」。

蛨　蚝蛨，蟲名。

莫　安静也。定也。

蓦　静也。亦作「蓦」。

嗼　嗼嗼，猶脉脉也。

驀　上馬。又，越也。

貘　食鐵獸，似熊，黄黑色。

貃　北方獸。

○麥　説文：「來麰也。受金之氣，金王而生，火王而死。」又，姓。舊莫獲切，麥韻五。

脈　血脉。古作「衇」。今作「脉」、「羃」也。羃絡一體也。

霡 霡霂，小雨。

覛 相視皃。又，衺視也。

眽 説文：「目財視也。」

○墨 黑也。膠煤爲之。又，黥額刑也。又，貪墨。幽墨。又，即墨，地名。又，姓。舊莫北切，德韻十二。

默 説文：「犬暫逐人也。」又，静也。幽也。不語也。亦作「嘿」。

瞾 聽瞾，欲卧也。

纆 索也。

嘿 姓也。

蠌 蠈蠌，蟲，即蝙蝠。

窨 暫視。

冒 干也。

艒 艒艂，釣艇。

帽 帓帽。

万 代北複姓有万俟氏。

𡨧 方言。同「万」。

【校記】

〔一〕覤 原刻誤作「覷」，據玉篇見部、集韻麥韻改。

十六 益 齊齒呼

益 幽闃切。增也。進也。卦名。舊伊昔切，昔韻八。

嗌 喉也。

謚 笑皃。

膉 肥也。

齸 吞芻而反出嚼之也。麋鹿曰齸，牛曰齝。

蓋 益母草。

鄎 地名。

鼶 鼠名。

○抑 按也。遏也。塞也。屈也。又，語辭。舊於力切，職韻十六。

圳 地名。

憶 念也。記也。

臆 胸臆。

啻 快也。

億 十萬曰億。又，大也。安也。度也。供也。

澺 水名，在上蔡。

檍 木名。又，木僵也。

榰 梓屬。

薏 薏苡。亦蓮心。亦作「蓄」。

繶 絛繩。

韂 履頭。

醷 濁漿。

癔 病也。

螠 小蜂。

肊 氣滿。

○易　盈檄切。變易。又，始也。改也。奪也。轉也。卦象之書也。又，水名。州名。亦姓。

舊羊益切，昔韻三十三。

埸　疆埸，邊境。

瘍　病相染也。

𢉨　交易。

蜴　蜥蜴。

亦　又也。總也。又，旁及之辭。

奕　大也。行也。盛也。累也。又，輕麗皃。

弈　美皃。又，博弈。

帟　幕之小者。

浵　溦浵，水皃。

液　津液。又，姓。

焲　火光。

腋　肘腋。

掖　挾扶也。持臂也。又，宫旁舍曰掖庭。門旁小門曰掖門。又，縣名。亦姓。

襋　縫襋，大衣也。

罬　引繒皃。説文：「伺視也。」

繹　抽絲曰繹。又，理也。陳也。長也。大也。終也。充也。審度也。尋究也。又，祭名。

譯　傳言。

懌　悦也。改也。

斁　厭也。

嶧　山名，在魯。

墿　道也。

燡　火盛之皃。

爆　光皃。

燡　灾也。

嚁　嚁川。

圛　回行也。又，升雲皃。

襗　重祭名。

襗　衣襦。

釋 耕也。

醳 苦酒。

驛 置騎。今遞馬也。

射 無射，律名。又，厭也。

〇弋 繳射曰弋。又，取也。又，姓。舊與職切，職韻三十二。

黓 黑也。早也。太歲在丑曰玄黓。

妉 婦官也。漢有鉤妉夫人，居鉤妉宮。亦作「弋」。

杙 果名，如梨。亦橜也。

芅 羊桃也。

秇 禾秇。

麧 麥麧。

鉽 鼎附耳在外也。

衹 衣衹。

彽 行彽。

㱟 缺盆骨也。

忕 心動。

㟴 繳射。

酟 酒色。

㐅 瓬瓮骨也。

翼 羽翼。又，扶也。助也。衛也。恭也。美也。又，州名，在隴右。又，姓。古作「𦐊」。又作「䪞」。

廙 敬也。

選 疾趨。

𨘥 趨進𨘥如也。

熼 火光。

潩 水名，出密縣大隗山。

瀷 水聚。

蘱 藕翹。

糞 耕也。

匴 田器。

鼏 大鼎。
癧 痒癧。淫癧。
蝷 蟲也。
翊 輔也。馮翊，郡名。
翌 明日。
稆 黍稷蕃蕪皃。亦作「穓」〔一〕。
蝍 蝍蝍，蟲行皃。
○虩 休益切。懼也。舊許郤切，陌韻一。
○鬩 鬥也。訟也。戾也。怨也。舊許激切，錫韻九。
憪 惶恐。
潤 潤沐，遽也。
欪 去涕。
款 笑聲。
悚 心不安也。
詠 私訟。

矝　矛也。吴都賦：「長矝短兵。」亦作「殺」。

篙　籠屬。

○赩　大赤也。舊許極切，職韻五。

黖　赤黑兒。

奭　斜視。

㥲　瞋怒兒。

衋　傷痛也。

○洫　溝洫。舊况逼切，職韻十一。

侐　静也。亦作「閪」。

旻　舉目使之〔二〕。

嘪　聲也。

𣤊　聲吹兒。

𤸇　頭痛。

𪑾　縫也。或作「緎」。

𤞞　羽聲。

減　疾流。

閾　門限。古作「闖」。

緆　赭色。

○檄　行易切。符檄。説文：「以木簡爲書，長尺二寸。若有急，則插鷄羽，謂之羽檄。」舊胡狄切，錫韻八。

菂　的菂，蓮實也。

觡　以角飾杖策頭。

獥　狼子。

鶺　鳥，似烏，蒼白色。

覡　巫覡。男曰巫，女曰覡。

撽　鐘撽。

鼳　鼠名。

○戟　檗益切。有枝兵也。又，挶也。持也。古作「戟」。舊几劇切，陌韻八。

撠　持也。

蕺　大蕺，藥名。

䰒 髭䰒。
𢮿 持也。
𢯥 相踦。
𤜏 𤜏獸。
㥛 勞也。
○激 疾波。又，衝激也。又，姓。舊古歷切，錫韻九。
㪣 敬也。
𥨍 揚皃。
鶪 䳭 二字注見前。
擊 扣也。打也。
墼 土墼。
蘻 草名。
轚 舟車。
○棘 小棗。亦越戟名。又，箴也。羸瘠也。又，姓。舊紀力切，職韻十一。
𧛊 衣領交也。

琜　垂琜，地名，出美玉。

䔩　遠志别名。

亟　急也。疾也。促也。亦作「棘」、「革」。

㥛　急性相背。又，疾也。一曰謹重皃。

𧩮　訥言。

殛　斥死也。

䆊　去也。

茍　説文：「自急敕也。」

悈　急也。

○隙　踦易切。孔也。釁也。閑也。舊綺戟切，陌韻七。

𡧁　西方小兒。

谻　嫌恨。

郤　間郤也。又，姓。亦作「郄」。

綌　絺綌。

㗳　大笑。

御　勞也。極也。疲也。

○轚　鞭皃。舊楷革切，麥韻五。

罊　器空。

諽　謹也。

緙　紩也。又，織緯。

襋〔三〕　衺裏也。亦作「褔」。

○喫　啗也。亦作「噭」。舊苦擊切，錫韻八。

毄　攻也。漢書：「攻苦毄淡。」

燩　乾燥也。

擊　傍擊。

鬲毄　鬻毄。

矜　矛也。

鉸　吹器。

慤　敕也。

○鞕　皮鞕皃。舊丘力切，職韻一。

○劇　蚪益切。增也。甚也。艱也。戲也。又，姓。舊奇逆切，陌韻六。

嚱　戲嚱。

屐　木履。

輾　車輾。

谻　倦也。俗作「御」。

㗘　勞也。

○極　屋極，棟也。又，中也。至也。終也。窮也。高也。遠也。舊渠力切，職韻一。

○逆　聱易切。迎也。却也。迕也。拂也。悖也。亂也。舊宜戟切，陌韻六。

屰　説文：「不順也。」

咿　嘔咿。

綌　紱維。

縌　古佩縌也。

囐　説文：「呻也。」

○鷁　水鳥也，雌雄相視則孕。「鶂」、「鷊」、「䳄」并同。舊五歷切，錫韻四。

艗　舟名。舟頭爲鷁首。

厩　石地惡。

藹　綬草。

〇嶷　山皃。又，岐嶷，小兒有知也。舊魚力切，職韻五。

薿　茂盛。

啜　小兒有知也。亦作「嶷」。

儗　有所識也。

觺　觺岳，角皃。

〇歷　繆易切。經也。次也。行也。數也。舊郎擊切，錫韻四十三。

秝　稀疏也。

厤　治也。

曆　曆數。曆日。古作「歷」。

靂　霹靂，震霆也。

瀝　滴瀝。又，漉也。滲也。

鏖　鎗也。亦作「鎘」。

磿　石聲。

櫪　馬皁。又，櫪槲，木名。
藶　葶藶子。
攊　擊也。
曆　曆䀛，視明皃。
䚕　齒病。
瀝　瀝瀝。
趚　趚趚，行皃。
曆　曆腨，强脂。
鬲　鬲下。
甓　瓦器。
羃　羃䍥，烟狀。
鷊　鳥名。
鱳　魚名。
䍽　羖䍽。
櫟　木名，柞屬。

瓅　珠瓅。

礫　小石曰礫。

濼　一名貫衆。

皪　的皪，白狀。

轢　車踐也。

躒　動也。亦作「𧾵」。

擽　捎也。

𥽥　雜揉食名。

觻　角鋒。

鬲　曲脚鼎也。亦作「𤮍」。

蒚　山蒜。

䤙　下酒。

䮥　馬色。

酈　縣名，在南陽。亦姓。

𨣓　𨣓䤗，酪滓。

寥　寂寥。又，深也。
𠞩　劙開。
衷　纏裹。
璬　玉名。
蛶　爾雅：「蟞蝨蟔蛶。」亦作「蚱」〔四〕。
○力　氣力。才力。又，勤也。强也。又，姓。舊林直切，職韻九。
屴　屴崱，山皃。
仂　不解。
𡯂　脛支。
泑　水凝合皃。
朸　縣名，在平原。
㔹　趙魏間呼「棘」。
鳨　似鳧而小。
𧲞　遼東犬名。
○的　丁益切。射侯中心。又，明也。要也。質也。實也。舊都歷切，錫韻二十五。

玓　玓瓅，珠色。

芍　蓮中子也。亦作「菂」。

杓　柄末横木。

扚　引也。

忓　忓痛。

肑　腹下肉也。

罞　魚擊網下。

靮　馬韁。

駒　駒顱，馬白額。亦作「的」。

魡　魚名。

鼩　鼠名。

啇　本也。

嫡　正室曰嫡，所出曰嫡子。

適　專也。主也。親也。厚也。

滴　水滴下也。亦作「滳」。

鏑　箭鏃。
磃　磃磓。亦作「矴」。
樀　屋梠。
斛　量也。
甋　瓴甋，磚也。
蹢　蹄也。
鸐　雉屬。
吊　至也。
迅　至也。
○㔷　健也。舊丁力切，職韻三。
毻　毛少，毻毻。
㣙　㣙滴，水少。
○惕　汀易切。怵惕，憂也。懼也。舊他歷切，錫韻十九。
髑　骨間黄汁。
踼　足踼也。又，跊踼，獸名。

剔　解骨也。亦作「㔫」。

鬄　鬀髮。

逷　遠也。離也。

逖　遠也。

惢　㔫也。

篧　竹竿皃。

趯　跳皃。亦作「躍」。

蓧　苗蓧，草。

瞲　失意視皃。

愸　敇也〔五〕。

焯　望見火皃。

覿　目赤也。

擿　發也。動也。説文：「拓果木實也。」一曰指近之也。

硩　周禮有硩蔟氏，掌覆妖鳥之巢。

倜　倜儻不羈。

詆　詆誘，狡猾也。
〇迪　廷易切。進也。順也。蹈也。啓也。舊徒歷切，錫韻二十六。
笛　樂器。亦作「篴」。
苖　苖蓨，草。
䄉　説文：「行䄉䄉也。」
𡺃　好皃。
邮　鄉名，在高陵。
狄　北狄。又，姓。
荻　蘆荻。
㰯　𣾈棒。
𩸐　馬𩸐，魚名。
翟　雉五色備曰翟。又，姓。
籊　義見前。
糴　穀粟名。
糴　買穀米也。又，姓。

纙　纙綠色。
敵　匹也。當也。輩也。抵也。
樀　義見前。
鏑　鏑𤫩。
犆　特牛。
滌　洗也。除也。浄也。
篠　盛種器也。
踧　行平易也。詩云：「踧踧周道。」
藡　草木旱枯也。
覿　見也。亦作「覿」。
靌　雨也〔六〕。
滷　鹹也。
○踖　寧易切。踐也。舊女白切，陌韻二。
搦　捉搦。又，正也。
○䀹　耳目不相信也。舊尼厄切，麥韻三。

饕　炙餅餌名。

疒　疾也。

○惄　憂也。思也。古作「𢙿」。舊奴歷切，錫韻三。

溺　没水也。又，姓。

愵　憂皃。

○匿　藏也。隱也。亡也。舊女力切，職韻五。

䘌　蟲食病。亦作「𧏾」。

慝　愧也。

鰯　魚名。

㥾　慚也。

○釋　聲益切。捨也。解也。散也。消也。廢也。服也。又，姓。舊施隻切，昔韻十六。

釋　漬米也。

檡　梬棗。

釋　耕皃。

睪　視皃。

適　樂也。往也。當也。便安也。偶然也。又，甫爾之辭。又，姓。

嫡　嫁也。

奭　盛也。又，驚視皃。

襫　襏襫，雨衣。

夾　盜竊懷物也。從兩入。

螫　蟲行毒也。亦作「蠚」。

郝　人姓。

晹　日無光。

睗　睒睗，急視。

鬄　鬀髮。

亘　餅堅柔相著。

〇式　則也。度也。敬也。用也。取法也。又，姓。舊賞職切，職韻九。

拭　刷也。潔也。亦作「帓」。

軾　車前横木可憑者。

鉽　鼎鉽也。

烒　火皃。
紅　趙魏間呼經而未緯者曰機紅。
飾　裝飾。脩飾。文飾。
識　知也。見也。能別識也。
蘵　草名。
○石　繩易切。山骨也。大也。又，量名，四鈞爲石，十斗曰石。亦姓。又，複姓石作、石牛二氏。舊常隻切，昔韻七。
碩　大也。
祏　廟中藏木主石室也。
鉐　鍮鉐。
秳　百二十斤也。
䳲　鳥名。
鼫　鼫鼠，螻蛄。
○射　以弓矢射物也。又，姓。舊食亦切，昔韻二。
麝　麝香也。

○磔　貞益切。張也。開也。舊陟格切，陌韻十一。
舴　舴艋，小船。
頙　頙顱，腦蓋。
杔　杔櫨，壓酒器也。
馲　馲駋。
犵　犵狛。
虴　虴蛨。
嫡　孎嫡。
窩　窟也。
䵂　黏皃。
鷸　䴈鳥，鷄屬。
○摘　手取也。舊陟革切，麥韻八。
謫　責也。貶也。亦作「讁」。
穑　黏穑。
矺　磓也。

厇　張也。

囸　硬皃。

㮛　䴗㮛。或作「𣝅」。

犭易　犬怒張耳。

○隻　物單曰隻。說文：「鳥一枚也。从又，持隹。一隹曰隻。二隹曰雙。」舊之石切，昔韻十一。

䨼　霞䨼，大雨。

炙　炮肉也。

蹠　足履踐也。又，跳躍也。又，脚掌也。亦作「跖」。

摭　拾也。亦作「拓」。

墌　基址。

䗪　蟠負蟲。

趚　行也。

適　往也。

褯　袖也。

屛　仄也。

○職　主也。常也。業也。執掌也。又，姓。俗作「軄」。舊之翼切，職韻八。

戠　義闕。

織　治絲曰織。

樴　樴杙。

蘵　草名。

膱　油敗。

蟙　蟙蠌，蝙蝠別名。

膱　脯長尺有二寸。

○陟　升也。進也。舊竹力切，職韻二。

稙　早種禾也。

○坼　稱易切。裂也。本作「㽷」。舊丑格切，陌韻六。

㽷　㽷開。

䩹　䪅䩹。

皵　皴皵。

趚　半步。

頉　腦蓋。

○尺　十寸爲尺。舊昌石切，昔韻九。

蚇　蚇蠖，蟲名。

庰　却行也。逐也。遠也。開拓也。又，庰候。又，指庰。又，庰鹵。今作「斥」。

赤　南方色也。又，盡也。空也。露也。古作「烾」。又，姓。又，複姓赤張、赤章二氏。

郝　鄉名。

卤　姓也。

臭　獸名。

滷　鹵滷。

臭　白澤。

○彳　小步也。舊丑亦切，昔韻二。

瓻　瓶也。

○禘　福也。舊丑歷切，錫韻二。

歡　痛也。

○敇 戒敇。天子制書曰敇。亦作「勅」。又，正也。固也。理也。急也。舊耻力切，職韻十二。

愸 從也。

遫 張也。

鷘 鸂鷘。亦作「鵣」。

飭 整也。治力堅也。謹也。與「敇」通用。

栻 木名。又，局也。

伬 慎也。惕也。

忕 從也。慎也。

趩 行聲。

堇 蒴藋別名。

畟 田器。又，地名。

湨 水名。

○瀷 水潦積聚也。舊昌力切，職韻二一。

穓 耕也。

○直　呈易切。正也。不曲也。又，姓。舊除力切，職韻四。
嵿　山直。
腫　肥腸。
犆　犆犆，牛也。
○宅　居也。托也。亦作「厇」。舊場伯切，陌韻十二。
鸅　鸅鸅，鳥名，毛備五色。
擇　揀也。選也。
澤　水鍾聚曰澤。雨露曰澤。又，潤也。液也。滑也。又，州名。亦姓。
檡　檡棘，可爲射決。
蘀　蘀蔦，藥草。
襗　衫襗。
韠　韠韄，刀飾。
鸅　鸅鷀，即護田也。
蠌　蛸蠌。
翟　陽翟，縣名。亦姓。

漸　土得水也。

○擲　投也。搔也。振也。亦作「擿」。舊直炙切，昔韻四。

躑　躑躅，行不進也。亦作「蹢」。

蠮　蠮蠋，蟲名。

蘱　蔟蘱。

○昔　星益切。往也。始也。疇昔，昨日也。一昔一夕也。説文作「昝」，乾肉也。又，姓。舊思積切，昔韻十二。

腊　乾肉。

惜　悋也。憐也。愛也。痛也。

焟　火乾。

棤　皮甲錯也。

舄　複履也。亦作「鞨」。

潟　鹹土。

碣　柱下石。

蕮　車前草。

鬄　髮也。

髫　髫骨間也。

鳺　水鳥。

〇錫　青金也。又，賜也。與也。又，姓。舊先擊切，錫韻十一。

緆　細布也。亦作「緆」。

裼　袒衣也。衷單曰裼，重曰襲。

析　分也。從木，從斤。破木也。爾雅：「析木謂之津。」注：「即漢津也。」亦姓。俗作「枂」。

晳　人白色也。

惁　敬也。

淅　淅米。

菥　菥蓂，大薺。

蜥　蜥蜴。

㱿　㱿㱿，欲死之皃。

蝀　蝀螅。

○息 呼吸氣也。止也。休也。生也。子也。國名。亦姓。又，複姓息夫氏。舊相即切，職韻十二。

熄 蓄火。又，滅也。

湸 水名。

槵 木名。

蒠 菲蒠，菜。

篙 簑篙。

餹 食也。

膓 膓肉。

瘜 惡肉。

鵖 鳥食。

郋 新郋縣，在豫州。

媳 子婦。

○夕 錫易切。暮也。又，夕見曰夕。舊祥易切，昔韻六。

汐 潮汐。

穸　窀穸，墓穴幽堂。窀，厚也。穸，夜也。
席　薦席。筵席。又，藉也。資也。又，姓。
蓆　大也。
郜　鄉名。
〇積　精益切。累也。聚也。疊也。舊資昔切，昔韻十六。
蹟　足迹。詩傳云：「不迹，不循道也。」
襀　襞也。
績　緝也。功也。
勣　功也。
磧　水渚有石者。又，沙漠曰磧。
鰿　貝小者。亦作「蟦」。
迹　足迹。亦作「迹」。古作「速」。
借　假借也。
踖　踧踖，敬皃。
㟟　縣，在臨邛。

磧　磧硧。

脊　背吕。又，理也。

蹐　蹐地，小步。

鰿　魚名。亦作「鯽」。

瀎　小水。

○樍　樫木别名。舊則歷切，錫韻二。

鶺　鳥名。

○即　就也。今也。説文作「皀」，食也。亦姓。又，複姓有即墨氏。舊子力切，職韻十五。

楖　楖裴縣，在魏郡。

堲　火熟陶器。又，燭燼。又，疾也。

喞　喞聲。又，蟲名。

䐕　膏澤。

揤　捽也。

䟌　䟌蹙，迫急皃。

鵖　鵖鴔，又名錢母，頸下有錢文。

鯽　魚名。
蝍　蝍蛆，蟲名。
叟　進也。
稷　黍屬。又，百穀總名。又，田正也。穀神也。亦姓。
椶　木名。
犪　牛名。
猣　犬生三子。
○刺　清易切。穿也。舊七迹切，昔韻八。
涑　水名，在北。
禝　禝膝，帬衸。
趚　趚趚，行皃。
趞　倉卒。
媜　媜婡，齊謹。
磧　沙磧。
皵　皮細起。

○戚　斧鉞。又，親也。憂也。又，姓。舊倉歷切，錫韻十。
慼　憂也。懼也。
慽　痛也。
鏚　斧鉞。
磩　碝磩，石次玉。
葴　草也。
蠀　蟾蜍別名。
鼜　戒守鼓也。亦作「鱁」。
規　規覭，面柔。詩作「戚施」。
黷　黷黖，色敗。
○墄　階齒也。殿階之制，左墄右平。舊七則切，德韻一。
○籍　情易切。簿籍。典籍。舊秦昔切，昔韻十二。
藉　蹈也。狼藉也。又，姓。
踖　踐也。亦作「踳」。
耤　借也。天子有耤田。

鄦 地名，在蜀。

䈁 打也。

磨 縣名，在清河。

猎 獸名，似熊。

塉 薄也。

瘠 病也。瘦也。

膌 膌腹。

蓆 茹草。

○寂 靜也。安也。默也。「宗」、「家」并同。舊前歷切，錫韻三。

啾 啾嘆，無聲。

覿 目赤。

○堲 疾也。舊秦力切，職韻三。

垐 以土增道。

揤 打也。

○逼 彪益切。迫也。近也。亦作「偪」。舊彼側切，職韻九。

楅　束也。

湢　湢泦，水驚起皃。

幅　行幐名。

騙　駝騙。

皕　二百也。

颵　風也。

𦤎　姓也。

皀　皀粒。

○辟　君也。除也。又，姓。舊必益切，昔韻六。

璧　瑞玉也，子男所執。肉倍好謂之璧。肉，邊；好，孔也。

鐴　鐴土，犁耳。

襞　説文：「韏衣也。」

甓　治井。

躄　跛也。亦作「躃」。

○壁　墻壁。亦軍壘也。東壁，宿名。亦州名。舊北激切，錫韻六。

辟　室屋。

䌟　覆車鳥網也。

鼊　鼊邪，獸身鳥首。

鼊　鼊鼊，似黿甲文，如瑇瑁，可飾物。

綼　紟綼，絮也。

○僻　怦易切。偏也。邪也。陋也。左也。亦作「辟」。舊芳辟切，昔韻三。

癖　腹病。又，偏癖疾。

廦　墻也。

○霹　霹靂。舊普擊切，錫韻五。

劈　剖也。裂也。破也。

澼　洴澼，洸漂絮也。

憵　急速。

鎃　裁木爲器。

○堛　土田。舊芳逼切，職韻十三。

畐　道滿也。

畐 多也。密也。

䙐 周禮以䙐辜祭四方百物。

副 析也。

腷 坼也。

敀 敀破。

揊 擊聲。

愊 悃愊，至誠。

踾 蹋地聲。

䭸 飽皃。

稫 稫稄，禾密滿也。

䧡 地裂也。

○闢 浿易切。啓也。開也。舊房益切，昔韻九。

辟 法也。刑也。又，便辟。

擗 撫心也。

躃 躃倒。

䴙　弓弭。

㱸　㱸㱡，欲死。

䩩　雨衣。

椑　棺也。

㲹　毛㲹。

○檘　檘櫨，户上木。舊弼戟切，陌韻二。

檘　壁柱也。

○甓　瓴甓，甎磚。舊扶歷切，錫韻四。

鷿　鷿鷈，鳥。亦作「鸊」。

○愊　很愊，剛傲自用也。舊符逼切，職韻七。

馥　香也。

腷　腷臆，意不泄也。

踾　踾地。

𩞄　火乾肉也。亦作「䵄」。

煏　煏版。

鷊　鷊鶂，鳥。

〇覓　繆易切。尋也。索也。説文作「覛」，衺視也。舊莫狄切，錫韻十八。

緢　綱繩。

騙　馬多惡也。

豱　白豕黑頭。

蟔　蝀蟔，蟲名。

塓　塗也。

幎　覆也。

複　車覆軨也。亦作「幦」。

覭　小皃。

䵆　䵆黷，黑青。

蓂　菥蓂。

篔　笏篔。

鼏　鼏蓋。

冪　覆食巾。又，冪羅，婦人所戴。

蕩　瀝蕩，水淺。

汨　汨羅，水名。「潰」、「溭」并同。

虩　白虎也。

糸　細絲也。微也。連也。

○窅　細視也。舊亡逼切，職韻一。

【校記】

〔一〕穓　原刻誤作「翼」，據集韻改。

〔二〕舉目使之　原刻誤作「舉目使人」，據説文改。

〔三〕鬹　原刻誤作「釀」，據説文解字注改。

〔四〕蚸　原刻誤作「蚚」，據爾雅釋蟲改。

〔五〕赦　原刻誤作「欶」，據廣韻錫韻改。

〔六〕雨　原刻誤作「而」，據廣韻改。

十七　擭　合口呼連撮口呼

擭　泓砉切。手取也。又，布擭也。舊一虢切，陌韻五。

濩　濩澤縣，在澤州。
巆　陂名。又，村名，在吴王舊城側。
彏　規蒦。又，度也。
韄　刀飾把中皮也。
○砉　訇擭切。皮骨相離聲。舊虎伯切，陌韻七。
湱　澌湱，波激水也。
愭　心驚。
硅　硅破。
謋　謋然，疾速也。亦作「䛖」。
翻　䎘翻，飛疾也。
漷　水名，在東海。
○剨　破聲。舊呼麥切，麥韻二十。
嚄　大笑皃。
掝　裂也。
剭　刀破。

獩　飛聲。
瘯　痛瘯。
颹　熱颹。
闒　門聲。
潿　水皃。
烼　赤也。
掭　掘土。又，裂也。
擓　擘也。
劃　作事。
繣　徽繣，乖違。
矐　目病。
幭　裂帛聲。
臛　曲脚中也。
辮　辛辮辮。
懂　不慧。又，懂懂，辨快。

礐 鞭聲。

○䬍 巾帛從風聲。舊呼或切，德韻二。

䁤 睡目。

○嚄 橫虢切。嚄嘖，大喚。舊胡伯切，陌韻二。

嚿 嚿嚿，誇皃。

○獲 得也。又，臧獲。亦姓。舊胡麥切，麥韻七。

韄 度也。

鳠 魚名。

畫 計策也。分也。

嚍 嚍嘖，叫也。亦作「咟」。

劃 錐刀刻也。

嫿 分明好皃。

○或 不定也。擬也。舊胡國切，德韻五。

惑 迷惑。

澸 水流皃。

蜮　蟲名，含沙射人。
䬎　鬼䬎，旋風。
〇國　䤋擭切。邦國。又，姓。舊古或切，德韻一。
〇虢　國名。州名。亦姓。舊古伯切，陌韻五。
漷　水裂。
謋　謋謋，多言皃。
唬　鳥啼。
敋　手打。
〇摑　打也。舊古獲切，麥韻十四。
嘓　口嘓嘓煩也。
慖　悖也。
膕　曲脚中也。亦作「䐸」。
漍　水聲。
幗　婦人喪冠。
蟈　螻蟈，蛙別名。

䤈　截耳。又，獲也。亦作「聝」。

擮　挺擮。

䂸　䂸破。

颹　颹䬐，赤氣熱風之怪。

洫　犬血。

䜼　䜼嚄，疾言。

埻　埻端，國名，出山海經。

〇劃　鏟畫切。解木也。舊丘擭切，陌韻二。

蜮　天神蟲。

〇趪　葵畫切。趪䞤，足長皃。舊求獲切，麥韻一。

〇攗　疏擭切。拂著。又，捎攗也。舊砂獲切，麥韻一。

〇䃂　終擭切。裂聲也。舊簪摑切，麥韻一。

〇䞤　崇畫切。急走也。舊查獲切。麥韻二。

趪　黠皃。

〇以上合口呼。

役　榮闃切。役使也。行役也。説文：「戍邊也。」舊營隻切，昔韻十。
霙　霙霙，大雨。
坄　陶灶窗也。「垼」、「炈」并同。
鈠　小矛。
䓊　燕人呼芡。
疫　説文：「民皆疾也。」
䳭　䳭鳩，鳥。
鰟　魚名，有四足。
豛　豬之别名。
蛡　蛡蜇，蟲名。
○域　居也。邦也。舊雨逼切，職韻十三。
淢　淢淢，波勢。
䍪　叢也。
棫　木叢。
罭　魚網。

緎　縫也。亦作「黬」。

琙　漢有公孫琙。

䳼　鶌䳼，鳥。

䮷　馬走。

䤋　瓦器。

蜮　短狐蟲。

𡘢　大力皃。

魊　小兒鬼。

○瞁　兄郹切。驚視。舊許役切，昔韻二。

𥈴　眼也。

○焱　火華。又，火焰也。舊呼狊切，錫韻五。

狊　犬視也。

䂝　矛也。

砉　砉然，物相離聲。

殈　鳥卵破也。

〇郹　扃瞑切。邑名，在蔡。舊古闃切，錫韻七。
狊　犬視皃。亦獸名，猨屬。
湨　水名，在温縣。
俁　俁黠。
鶪　伯勞也。
犑　犑牛。
鼳　似鼠而馬蹄，一歲千斤，爲物殘賊。
〇闃　傾役切。寂静也。舊苦鶪切，錫韻二。
踑　踞也。
〇萛　中瞑切。萛卷。舊之役切，昔韻一。
〇旻　清役切。小動也。舊七役切，昔韻二。
徥　小行。
〇碧　兵瞑切。色也。又，石之青美者。舊彼役切，昔韻一。

〇以上撮口呼。

入聲第六類

十八　惡 開口呼

惡　阿䑙切。不善也。俗作「悪」。舊烏各切，鐸韻三。

堊　白土。

蝁　蛇名。

○壑　訶惡切。溝也。谷也。坑也。虛也。亦作「叡」。舊呵各切，鐸韻十。

熇　熱皃。

嗃　嚴厲皃。

謞　譺慝。

鄗　縣名。

鰝　大鰕也。

䑙　羹䑙。

矐　重目。又，光明也。

郝　姓也。

蠚 螫也。亦作「蛬」。

○鶴 何恪切。鳥似鵠，長喙，丹頂。舊下各切，鐸韻九。

睢 望也。

騅 馬白額。

涸 水竭也。

貉 似狐，善睡，逾汶則死。古作「貈」。亦作「狢」。

洛 洛澤，冰皃。

佫 人姓。

稖 似麥而小。

鼦 鼠，出胡地。

○各 歌惡切。異辭。舊古落切，鐸韻五。

閣 樓閣。舉閣。又，食庋曰閣。又，迫隘不行曰坻閣。又，姓。

格 木枝。又，止也。沮隔不行。又，角戲也。

胳 胳腋。

袼 袼褃。又，袂也。

〇愕　珂鶴切。敬也。又，姓。「咢」、「噩」并同。舊苦各切，鐸韻一。

〇咢　哦鶴切。徒擊鼓謂之咢。説文作「㖾」，譁訟也。舊五各切，鐸韻二十一。

鍔　劍端。古作「鄂」。

溤　水名。

樗　穽也。

堮　圻堮。亦作「壆」。

崿　崖崿。

剭　刀劍刃也。

鄂　國名，在武昌。又，姓。

愕　驚也。

齶　口中齗齶，謂齒内上下肉也。亦作「咢」。

顎　嚴敬也。

諤　謇諤，直言。

偔　多也。

遌　遇也。迕也。逆也。不欲見而見曰遌。

萼　花下柎也。詩作「鄂」。

鶚　鷙擊之鳥。亦作「鶻」。

鰐　魚名。

蚌　似蜥蜴，長一丈，水潛，吞人則浮。出日南。亦作「鰐」。

噩　嚴肅皃。太歲在酉曰作噩。

鑩　以鐵作鉤物也。

嶭　山峰。

○洛　羅鶴切。水名，在河南。亦作「雒」。舊盧各切，鐸韻三十二。

烙　燒灼也。

珞　瓔珞。

硌　磊硌。

鉻　説文：「鬄也。」

絡　絡絲也。又，脉絡。聯絡。籠絡。

雺　雨零也。

落　零落。又，始也。聚落也。亦姓。又，複姓落姑、落仲二氏。

答　篭答。
簬　籬簬。
䍈　大皃。
略　大目。
挌　打也。
剳　去皮節。又，剝也。
酪　乳漿。
袼　褔袼。
鞈　生革。
駱　白馬黑鬛。又，姓。
雒　鵋鵙，鳥。又，姓。借作「雒陽」字。
鵅　烏鸔，水鳥。
鮥　魚名。
鼨　鼠名。
殜　殂也。

欒　喜欒。

灤　水名，在濟南。

轢　陵轢，車踐也。

躒　逴躒，超絕也。

讈　讈謊，狂言。

瓅　治病。

鸈　似鷗，黑文，赤頭。

轣　磿轣，車聲。

馲　馲駝。亦作「驝」。又，音「托」。

䃉　太白。

○托　佗鶴切。寄也。委也。信任也。亦作「侘」。舊他各切，鐸韻十五。

矺　王棘，矺鼠。見儀禮注。

飥　餺飥。

馲　義見上。

魠　魚名。

橐　無底囊。

袥　開衣領也。

拓　手承物也。推也。開也。又，代北複姓有拓跋、拓王二氏。

沰　赭也。又，破也。

胉　脪也。滴也。澆也。

柝　夜行所擊。本作「榜」。亦作「榛」。

跅　跅弛，不遵禮度也。本作「蹄」。

蘀　葉落。

籜　竹皮。

魄　落魄，不檢。又，失業無次皃。

○鐸　駝鶴切。金鐸，金鈴金舌，軍法用之。木鐸，金鈴木舌，文教用之。亦姓。舊徒落切，鐸韻十五。

澤　洛澤，冰也。

膞　肫膞，無檢限也。

襗　褻衣。

韠 韄韠，胡履也。
度 量也。計也。料也。忖也。
慶 忖度。
詑 欺也。
嗄 口嗄嗄無度。
踱 跣足蹋地。
韉 韉輅。
剫 判也。治木也。
恈 徵也。亦作「恈」。
頜 頜顱。
侂 他也。
○諾 那鶴切。應辭。舊奴各切，鐸韻一。
○朔 梢惡切。始也。月一日。又，幽也。朔方，北方也。又，姓。舊所角切，覺韻十一。
榒 木名。
蒴 蒴藋，藥名。

稍　矛屬。亦作「槊」。

箾　舞者所執。又,以竿擊人也。

莦　蕭疏皃。

罰　橚罰,眾罕。

掣　纖也。又,長臂皃。

鬻　緘也。

數　疾也。頻也。

欶　口噏也。亦作「嗽」。

○捉　聯惡切。搦也。搤也。捕也。舊側角切,覺韻六。

斮　斬也。

穛　早熟穀。亦作「糕」。

蘸　葽毒。

穱　稻處種麥。

篧　魚罩。

○娖　鈔鶴切。辨也。又,小謹皃。舊測角切,覺韻八。

齪　開孔具。又，齷齪，局狹皃。
䠞　齒相近聲。
齱　握齱，急促也。
婕　恭謹皃。
擉　刺取。
𥖊　𥖊礫。
筎　篧帶。
○浞　巢鶴切。濡濕也。寒浞，人名。舊士角切，覺韻十二。
鋜　鎖足。
簎　取魚具也。
篧　義見前。
捔　攙捔，組織。亦作「觕」。
汋　激水聲也。井一有水一無水爲瀱汋。
灂　瀺灂。
嶨　山夏有水冬無水。

齺　齒相近皃。

丵　叢生草。

㟳　速也。

鶖　鶖鶖。

〇索　娑惡切。盡也。散也。求也。又，繩索。亦姓。舊蘇各切，鐸韻六。

溹　水名，在滎陽。

榡　白榡，木名。

蒙　草名。

鞣　鞣韄。

摤　摸摤。

〇作　𤢔惡切。爲也。造也。起也。始也。振也。生也。行也。又，姓。舊則落切，鐸韻六。

迮　起也。

柞　木名。

鑿　鮮明皃。又，精也。

糳　精細米也。糲米一斛舂九斗曰糳。

嗥　强嗥。

○錯　蹉鶴切。鑢也。礪石也。金涂也。雜也。摩也。舛也。誤也。東西爲交，邪行爲錯。

舊倉各切，鐸韻七。

厝　礪石。亦雜也。

逪　説文：「这逪也。」

剒　治犀。

鯌　魚名。

縒　縒綜，亂也。

莡　草聲。

○昨　鹺惡切。隔一宵曰昨日。又，羌複姓有昨和氏。舊在各切，鐸韻十九。

怍　慚也。

酢　主答客曰酬，客報主曰酢。

岝　岝崿，山高。

砟　石上。又，人名。

鈼　鎔也。

柞　義見前。

筰　縣名，在越巂。

葃　茹草。

秨　禾稼動摇。

筰　竹索，西南夷尋之以渡水。亦作「笮」。

綷　緪也。

帟　帟幭。

飵　楚人謂相謁食麥饘也。

犞　山牛。

緒　草繩。

䈾　地名，在蜀。亦姓。

斲　穿斲。

鑿　鏨也。

十九　握　齊齒呼

握　幺設切。持也。舊於角切，覺韻十七。

渥　霑濡也。潤也。洽也。

楃　木帳也。

幄　大帷也。

腥　厚脂。

喔　喔咿，强顔皃。又，鷄聲。

齷　齷齪，齒相近。

偓　偓促。又，姓。列仙傳有偓佺。

媉　好皃。

黣　刑也。亦作「剭」。

葯　白芷也。

約　小籥。

咢　誇聲。

鸑　山鳥。

鸐　馬腹下鳴。
䟽　燭蔽。
菀　英蒻。
◯嫭　作姿態也。亦作「嬳」。舊憂縛切，葉韻三。
頀　度也。
臒　大也。善也。
◯籰　盈握切。收絲具也。亦作「篗」、「䈾」。舊王縛切，藥韻四。
蘲　蘲子，菜。
籗　筌屬，取魚具也。
蠼　蠼蠼，行不住也。
◯殻　嘵握切。歐吐也。舊許角切，覺韻十。
礊　急束。
滈　水皃。
瀥　瀥瀑，水涌。
謞　譹慝。

鷽 鳥肥澤。

菀 草聲。

醷 醋味。

吒 怒聲。

豞 豕聲。

〇矐 大視皃。亦作「矆」。舊許縛切，藥韻三。

愯 驚皃。又，遽視也。

彏 弓弦急皃。

〇學 鼏籗切。效也。法也。受教傳業曰學。又，庠序總名。又，姓。舊胡覺切，覺韻九。

嶨 山多大石。亦作「嶨」。

澩 涸泉。

觷 治角之工。

斅 斅敨。

鷽 山鵲，赤喙長尾。

鷽 義見前。

皠　鳥白。

确　磽确。説文：「礊石也。」

○覺　驍握切。曉也。悟也。明也。大也。直也。舊古岳切，覺韻十七。

𥌒　明也。

鷽　義見前。

角　頭角。又，宿名。又，五音之一。又，鼓角。又，芒也。競也。觸也。又，姓。

桷　椽也。榷也。

鷟　飾杖頭骨。

捔　掎捔。

榷　以木渡水。今之略彴也。

搉　揚搉，大舉。

傕　人名。

騅　馬白額。

較　車箱。又，直也。略也。

較　説文：「車上曲銅也。」

梏　直也。

珏　二玉相合爲一珏。亦作「瑴」。

斛　平斗斛也。

録　樂器。亦角音也。

○矍　説文：「隹欲逸走也。从又，持之矍矍也。」又，視遽皃。舊居縛切，藥韻十。

攫　搏取也。

趯　大步。

躩　盤辟皃。

钁　大鉏也。

轉　車輞。

彏　弓弦急皃。

奪　健皃。

玃　大母猴也。亦作「貜」。

鸜　三首三足鳥。

○確　鄗握切。堅也。靳固也。或作「嵪」。舊苦角切，覺韻十七。

搉　擊也。
歊　高也。亦作「塙」。
歡〔一〕　至也。高也。
㱿　皮甲。説文：「從上擊下也。」一曰素也。
㱿　説文：「幬帳之象。」隸省作「青」。
愨　謹也。善也。愿也。誠也。亦作「慤」。
𣪊　盛脂器也。
㲉　鳥卵。
彀　鳥子欲出者。
埆　墝埆，不平。
嶨　山多大石。亦作「𡼏」。
硞　固也。
皵　皵皵，皮乾也。
㷇　火乾物。
𣪍　𣪍打頭。

囮　鞕聲。

○蹻　説文：「足蹻如也。」舊丘縛切，藥韻二。

䢲　往也。

○𢥳　强籰切。大視也。舊具籰切，藥韻五。

趯　䪻　玃　三字注見前。

鄸　鄉名。

○嶽　堯籰切。五嶽，衆山之宗。亦作「岳」。舊五角切，覺韻七。

鸑　鸑鷟，鳳屬。

頣　説文：「面前頣頣也。」

捳　抨捳。

樂　音樂。又，姓。

觷　治角也。

犨　白牛。

○犖　聊籰切。駁犖，牛雜色。又，卓犖，有才辨也。俗作「嶨」。舊吕角切，覺韻二。

硞　硞確，石相扣聲。

〇搦　尿籰切。持也。舊女角切，覺韻五。
䅰　屋角。又，調弓也。亦作「觮」。
掉　摇也。
觫　握也。
搙　搵也。
〇斲　罩握切。削也。舊竹角切，覺韻二十。
琢　治玉。
涿　郡名。
㝃　打也。
椓　擊也。推也。
椓　刑也。
啄　鳥啄也。
諑　訴也。譖也。
瘃　皸瘃，寒瘍也。
豝　龍尾也。亦作「豚」。

卓　高也。特立也。古作「梟」。又，姓。

倬　大也。

晫　明也。

啅　衆口。

穛　説文〔二〕：「特止也。」

噣　鳥生子能自食。

斀　説文：「去陰刑。」亦作「椓」。

斸　謹斸。

斵　斲也。斫也。又，小鉏。

菿　草大也。

○逴　敕籊切。遠也。又，驚走也。亦作「趠」。舊敕角切，覺韻四。

踔　跛也。

暷　明也。

戳　授也。刺也。戳敊，痛也。

○濁　秭籊切。不清也。又，姓。舊直角切，覺韻十六。

鐲　鉦也，軍行鳴之，以爲鼓節。

䪊　龍䪊。

擉　鉏也。亦作「斸」、「斵」。

㑿　不安。

鸀　小鳥，似烏，赤喙。

濯　浣也。濯濯，光澤皃。亦山秃皃。又，姓。

擢　拔也。抽也。出也。

𩆷　大雨。

䨇　蒴藋。

戳　築也。舂也。

嬥　直好皃。

鸐　山雉，長尾。

玃　獸名。

蠗　小蜃名。

鸖　白鸖鳥。

【校記】

〔一〕歠　原刻誤作「歓」。

〔二〕原刻「説文」後衍一「白」字。

二十　臒　合口呼

臒　倭霍切。丹也。舊烏郭切，鐸韻六。

臒　羹肉。

䨥　味薄。

嬳　恐嬳。

鸌　水鳥。

蠖　尺蠖屈伸。蟲名。

○霍　火臒切。山名。國名。又，姓。舊虚郭切，鐸韻十一。

靃　地名。又，飛聲。

濩　濩汻，衆波聲。

擭　盤手。戲手。反覆也。

曜　目開。

癯　吐病。

藿　豆葉。又，香草。

霩　雲消皃。

矐　驚視。

彍　張也。弩滿也。亦作「彉」。

劐　裂也。

○穫　和廓切。刈禾也。舊胡郭切，鐸韻十。

鑊　釜屬，鍋也。

濩　雨流霤下皃。

爗　爗熱。

檴　檴落，木名。

擭　杵擭，阱淺則施之。

愯　心動也。

靃　霞靃，大雨。

𢉶　廓𢉶，空遠。
㾩　瘺㾩。
○郭　戈䨜切。城郭。内曰城，外曰郭。亦姓。古作「𩫏」、「𨜯」。舊古博切，鐸韻六。
崞　山名。又，縣名，在代州。
埻　埻端，國名。
椁　木名。又，外棺也。亦作「槨」。
彍　弓弩張也。亦作「彉」。
矌　耳矌。
○廓　科䨜切。空也。開也。大也。又，州名。舊苦郭切，鐸韻七。
漷　水名，在魯。
𠿕　𠿕嚩，敲聲也。亦作「嚩」。
鞹　皮去毛。
擴　張大也。
㓤　解也。裂也。
籗　捕魚籠也。亦作「篧」。

〇矆 訛矆切。扑矆。舊五郭切，鐸韻一。
〇礴 螺穫切。礴礴，石聲。舊盧穫切，鐸韻一。
〇喿 侳臒切。鳴喿喿。亦作「嗽」。舊祖郭切，鐸韻一。
〇霩 分臒切。美雨也。舊孚縛切，藥韻一。
〇縛 汾穫切。繫也。舊符钁切，藥韻一。
〇剥 波臒切。落也。割削也。傷害也。舊北角切，覺韻十三。
駮 六駮，獸名，似馬，鋸牙食虎豹。
駁 馬色不純。
爆 火烈。
嚗 放杖聲。
臊 皮破。
皺 皺皰，皮起。
鸔 烏鸔，鳥。
筋 手足指節之鳴者。亦作「肑」。
趵 足擊。

䪌 指聲。

䑨 䑨犖，亂雜。

髉 骱髊。

○博 波䨼切。廣也。大也。通也。易也。州名。又，姓。舊補各切，鐸韻十九。

鎛 鐘磬上横木。又，田器也。

溥 水名。

髆 胸髆。又，䃶也。

搏 手擊。

嚩 嚩嚛，嚛皃。亦作「䶈」。

餺 餺飥，餅也。

襮 短袂衫。

轉 車下索也。

簙 六博，棋類。

簿 蠶具。

鑮 大鐘。

欂　欂櫨，枅也。

羳　羳羘〔一〕，獸名，似羊，九尾四耳，其目在背。出山海經。

猼　犬名。

蚌　蚌蟭，螗蜋卵也。

鼸　鼸鼠。

爆　迫于火也。

襮　衣領。

○璞　坡穫切。玉未琢也。舊匹角切，覺韻十四。

墣　土塊也。亦作「圤」。

樸　木素。亦木名。質也。亦作「朴」。

鏷　生鐵。

犦　牛未劇。

扑　擊也。亦作「撲」。

玔　批玔。

䞤　盈財。

颮　飛相擊聲。西都賦：「颮颮紛紛。」

靶　攻皮之工。

攴　楚也。又，小擊也。

炦　火裂。

暴　自寃。

覫　久視。

○粕　糟粕。舊匹各切，鐸韻十三。

胉　脅也。

膊　薄脯。

髆　割肉。

搏　義見前。

轉　車覆軛。

簙　簙齒相賽也。〔二〕

蒪　蒪苴，大蘘荷名。

䑮　䑮䑮也。

顡　面大皃。俗作「靣」。

濼　波濼。亦作「𩅾」。

萶　春也。

貉　飛去也。

○雹　婆穫切。雨冰也。古作「𩂣」。舊蒲角切，覺韻十六。

骲　骲箭。

窇　窖也。

跑　秦人言蹴。

駒　獸名，似馬，一角。亦作「駮」。

謈　嗃謈，大呼自冤也。

𦢊　肉胅起。

懪　煩悶。

㩧　擊聲。

犦　犎牛。

撲　相撲。亦作「擈」。

鰒　魚名。
箔　竹名。
瓟　瓜瓟，小瓜也。「瓝」、「𤓰」并同。
笉　車蚉帶也。
豰　小豚也。
○薄　不厚也。草叢生也。又，迫近也。又，姓。舊傍各切，鐸韻十二。
簙　蠶具。
礴　旁礴，廣被也。又，盤礴。
鑮　似鐘而大。
餺　餺飥。
鞹　鞹鞈，屧也。
鱄　魚，似鯉，一目。
泊　止也。又，漂泊。
怕　憺怕。
箔　簾也。

亳　地名，湯所居。今亳州。

跴　蹈也。

○邈　磨獲切。遠也。舊莫角切，覺韻九。

藐　紫草。又，輕視皃。

懇　美也。

摫　打也。

皃　描畫人物類其狀也。亦作「貌」。

䁧　美目。

瞀　目不明也。

眊　目少精。

毣　好皃。一曰毛濡。

○莫　無也。廣也。定也。州名。亦姓。又，外國複姓有莫者、莫侯、莫折、莫輿、莫盧五氏。又，三字姓有莫胡盧氏。舊慕各切，鐸韻十六。

漠　沙漠。又，廣也。施也。茂也。

鏌　鏌鋣，劍名。

墁　舍墁。亦塵墁。

幕　帷幕。又，沙幕。

鄚　州名。又，姓。

寞　寂寞。

廮　定也。

摸　摸㨛。

瘼　病也。

膜　肉膜。

瞙　目不明。

嗼　䐲嗼。

勦　勦動。

殞　說文作「𣨙」。死宋，殞也。

圂　見文。

【校記】

〔一〕羜 原刻誤作「羓」，據集韻、玉篇改。

〔二〕賽 原刻誤作「簺」。

入聲第七類

二十一 約 齊齒呼

約 鴉謔切。約束。又，要結也。儉也。少也。簡也。貧也。隱度也。又，姓。舊於略切，藥韻三。

葯 白芷葉。

箹 小籥。

○藥 遥却切。治病草之總名。又，芍藥，香草名。又，療治也。又，姓。舊以灼切，藥韻三十。

櫟 櫟陽，縣名。

嬫 美皃。

纅 絲色。

灤　水名。

龠　量器，實八十一黍。

淪　漬也。疏治也。

灤　水名，在泚陽。

錀　關牡。

爚　煜爚，光明。

籥　樂器，似笛，三孔而短小。

蘥　燕麥。

禴　祭名。亦作「礿」。

矆　矐矆，視皃。

覦　視不定也。

踚　登也。

躍　出走也。

趤　趠趤，行皃。

闟　門闟。

幰　幕幰，屋也。

鸙　鸐鸙，鳥名。

蝓　蛁蝓，螢火別名。

躍　跳躍也。上也。進也。

鬻　内肉及菜湯中薄熟出之也。亦作「瀹」。

癯　浮癯，病也。

敫　光景流皃。

歋　仰也。

蘥　蘥蘥，風吹水皃。

岸〔一〕　岸上見〔人〕也〔二〕。

葯　白葯，縞也。

○謔　煆約切。戲調也。舊虛約切，藥韻一。

○腳　家約切。足也。俗作「脚」。舊居勺切，藥韻四。

卻　節也。

蹻　蹻蹻，走皃。又，舉足行高也。

屩　草履也。

○卻　䣃藥切。退也。止也。不受也。俗作「却」。舊去約切，藥韻三。

㾡　㾡食，瘡疾。

郤　地名，在河東。

○噱　伽藥切。嗢噱，笑不止也。舊其虐切，藥韻七。

醵　合錢飲酒。

谷〔三〕　説文：「口上阿也。」又，笑皃。「㗁」、「臄」并同。

㕁　須臾。亦倦也。

蚵　天神蟲。

蹻　義見前。

腳　腳腳，大笑也。

○虐　牙藥切。酷也。殘也。舊魚約切，藥韻三。

瘧　病也。

䂥　大脣皃。

○略　燎藥切。簡也。要也。法也。謀也。取也。忽也。又，封界曰略。巡行曰略。又，姓。

舊離灼切，藥韻八。

略　眄也。視也。

𦆄　紩也。

𠟎　利也。亦作「䂮」。

𢋌　約𢋌，嘆美也。

掠　劫奪也。笞也。掠取也。拂過也。亦作「剠」。

擽　擊也。

蟟　渠蟟，蛶蝣，蟲也。亦作「蟼」。

○逽　肜藥切。走逽。舊女略切，藥韻三。

踳　踐也。

闂　闉闂，牽引也。

○爍　燒約切。灼爍，光皃。舊書藥切，藥韻七。

鑠　銷鑠。

爍　美好也。

矂　美目。

趯　動也。

爚　儵爚，光皃。

獡　犬驚。

〇勺　韻藥切。飲器，受一升。又，姓。又，複姓長勺、尾勺二氏。舊市若切，藥韻六。

杓　杯杓。

汋　激水聲。又，汋陵，宋地。

芍　芍藥，香草。又，芍陂，在淮南。蓮芍縣，在馮翊。

仢　仢仢，流星。

妁　媒妁。

〇若　饒藥切。如也。順也。汝也。又，語辭。杜若，香草。又，姓。又，代北三字姓有若口引氏。舊而灼切，藥韻十一。

楉　楉榴，安石榴也。

箬　竹箬。

惹　譊惹。

鄀　地名。

弱　劣也。懦也。衰也。又，水名。

溺　水名，出龍道山，其水不勝鴻毛。

蒻　荷莖入泥之處。又，菜名。

膠　脆膜。説文：「肉表革裏也。」

叒　榑桑，叒木。

蹳　足下文。

○灼　之若切。燒也。炙也。熱也。昭也。舊之若切，藥韻十六。

勺　挹取也。又，樂名。

酌　酌酒。又，益也。挹也。取也。量度也。

杓　痛也。

妁　媒妁。

衸　襌衣。

彴　橫木渡水。

犳　獸名。

鼩　鼠屬。

斫　擊也。斬也。亦作「斮」。

䈏　籅䈏，漉米具。

繳　矰繳。説文作「縏」，生絲縷也。

穛　五穀皮。

祚　齊地名。

焯　火氣。

謶　欺也。

〇著　服衣於身。又，置也。本作「箸」。俗作「着」。舊張略切，藥韻六。

擆　置也。擊也。

鐯　钁也。亦作「斮」。

礈　斫也。

櫡　亦斫也。

芍　義見前。

〇綽　侘藥切。寬也。古作「繛」。舊昌約切，藥韻三。

婥　婥約，美皃。

矟 大唇。矟皃〔四〕。

○皀 獸也。似兔，青色而大，頭與兔同，足與鹿同。亦作「㲋」。舊丑略切，藥韻五。

逴 略逴，行皃。

辵 乍行乍止也。從彳，止聲。

婼 不順也。

蠚 蟲行毒。亦作「蛬」。

○著 宲藥切。附也。黏也。膠執也。舊直略切，藥韻一。

○削 宵約切。刮削。又，侵也。奪也。小也。弱也。舊息約切，藥韻一。

○爵 焦約切。鳥名。象其形爲酒器。又，官爵也。古作「䧳」。舊即略切，藥韻六。

爝 炬火。

擳 捎也。

雀 鳥雀。

燋 火未然也。

鼩 鼠似兔而小。

○鵲 鍬藥切。鳴鵲也。亦作「䧿」。舊七雀切，藥韻十。

磆　敬也。衛大夫有石磆。

皵　皮皴也。

竡　驚也。

踖　陵也。蹴也。

趞　行皃。

䱜　魚名，出東海。

舄　人姓。或云古「鵲」字。

芍　陂名，在壽春。

猎　宋國名犬。

○皭　樵爇切。白色。又，净也。舊在爵切，藥韻三。

嚼　咀嚼。

爝　炬火。

【校記】

〔一〕岦　原刻誤作「岦」。

〔二〕岸上見〔人〕也　原脱「人」字，據康熙字典引川篇補。
〔三〕谷　原刻誤作「谷」，據説文改。
〔四〕原刻本「礵皃」前衍「岂」字。

入聲第八類

二十二　邑　齊齒呼附開口呼

邑　音吸切。周禮：「四井爲邑。」又，王者所居稱邑。又，複姓邑由氏。舊於汲切，緝韻八。
悒　不安。又，憂也。
唈　嗚唈，短氣。
浥　漬也。濕也。潤也。
裛　書囊。又，裛香也。
莒　莒菸，茹熟。
挹　挹抐。
餲　食飽。
○揖　拱揖。説文：「手著胸曰揖。」又，進也。舊伊入切，緝韻二。

挹　酌也。抒也。

〇熠　淫泣切。熠熠，螢火。舊羊入切，緝韻二。

翕　多皃。

〇煜　火皃。舊爲立切，緝韻三。

曄　曄曄，光曜也。

騽　馬豪骭也。

〇吸　歆邑切。入息也。亦作「噏」。舊許及切，緝韻十一。

翕　火炙。又，起也。歛也。合也。聚也。動也。盛也。

熻　熻熱。

潝　水流皃。

歙　縮鼻也。

譝　譝評，語聲。

嬆　莊嚴。

郄　地名。

闟　戟名。

鷂　鳥名。

翖　漢有侯翖。

○急　金邑切。疾也。迫也。窘也。褊也。説文作「㥛」。舊居立切，緝韻十。

汲　引水於井也。汲汲，勤也，急也。又，縣名。亦姓。

伋　急也。

彶　彶遽也。

疲　病也。

級　等級。説文：「絲次序也。」亦階級。俗作「汲」。

芨　烏頭別名。亦作「蒆」。

給　贍也。相足也。付與也。又，姓。

皀　穀香。

鴚　鴚鵖，鳥名。

○泣　欽熠切。無聲出涕。亦泪也。舊去急切，緝韻三。

湆　羹汁。

曝　欲燥也。

○及 琴熠切。至也。逮也。連也。被也。又，兼與之辭。古作「䢋」。舊其立切，緝韻六。
笈 書箱。
㞤 户鍵。
鵖 鵖鳩，鳥。
苙 白芷。
𦼮 冬瓜。
○岌 吟熠切。高皃。又，危也。亦作「圾」。舊魚及切，緝韻二。
㕧 危也。
○立 林熠切。行立。又，成也。置也。建也。又，複姓立如氏。舊力入切，緝韻九。
粒 米顆。
笠 雨笠。
苙 義見前。
岦 岦岌，山皃。
砬 石藥。
𨽸 臨也。

䶜　䶜聲。
鴔　小鳥，食魚，亦呼水狗。
○㞛　詎熠切。戢㞛，聚皃。舊尼立切，緝韻五。
湇　湒湇，水文皃。
㕐　㕐㕐，私取皃。
㴔　㵫㴔。
𢳆　㩧𢳆。
㵫　深色切。霑潤也。不乾也。本作「溼」。舊失入切，緝韻二。
䎣　牛耳動也。
○十　諶熠切。數名。亦作「什」。舊是執切，緝韻四。
什　十人爲什。十篇爲什。又，什物也。
拾　极也。收也。歛也。又，射韝也。
褶　袴褶。
○入　壬熠切。出入。又，納也。没也。舊人執切，緝韻二。
廿　二十并也。今作「卄」。

○汁　斟邑切。瀋也。液也。舊之入切，緝韻六。
執　持也。操也。守也。説文作「㚔",捕辠人也。
墊　至也。
慹　怖也。
蟄　羊箠也。
瓡　縣名，在北海。
○縶　繫馬也。舊陟立切，緝韻四。
霵　小濕。
馽　馬絆。
噂　口噂噂。
○斟　琛熠切。會聚也。舊昌汁切，緝韻一。
○湁　湁湒，沸皃。舊丑入切，緝韻三。
霅　大雨。
漐　汗出皃。
○蟄　沉熠切。蟄蟲。又，藏也。舊直立切，緝韻六。

膪　肉半生半熟。

俋　俋俋然耕皃。出莊子。

堁　下入。

讘　儠讘，言不止也。

㞜　屜㞜，前後相次也。

○霫　心邑切。雨皃。舊先立切，緝韻五。

噏　噏噏，忍寒聲。

卌　説文：「數名，四十也。」

靸　小兒履也。

趿　趿，膝坐。

○習　尋熠切。學也。熟也。因也。重也。説文：「習鳥數飛也。」又，姓。舊似入切，緝韻十二。

霫　雲霫，大雨。

飁　颯飁，大風。

槢　堅木名。

䕟　䕟茵，水草。

䈇　艂䈇，修船具也。亦作「䑙」。

褶　袴褶。

騽　馬豪骭。又，驪馬黄脊。

鷝　䳜鷝，鳥名。

鰼　鰼鰌。今泥鰌也。又，鰼魚，如鵲，見山海經。

襲　因也。及也。重也。合也。入也。又，嗣爵曰襲。掩其不備曰襲。衣單複具曰襲。又，姓。

隰　下濕曰隰。亦州名。又，姓。

○緁　禊邑切。合也。又，蠻夷貨名。舊子入切，緝韻十一。

㗉　噂㗉，嘸皃。

濈　泉出。

嵲　負秦山名。

咠　説文：「聶語也。」

湒　雨皃。

葺　茨也。

稓　稓稓，禾稠也。

瞸　眨瞸。

蓺　草生多皃。

褋　襟褋。

○緝　侵熠切。績也。繼也。續也。舊七入切，緝韻六。

咠　咠咠，譖言。

葺　修補。

諿　和也。

鼜　鼓無聲。

褋　襟緣也。

○集　䳙熠切。聚也。會也。就也。成也。安也。同也。衆也。又，文集。又，州名。亦姓。
本作「雧」。群鳥駐木上也。舊秦入切，緝韻九。

蕺　菩也。

鏶　鐵鍱。

輯 斂也。聚也。和也。

咠 説文：「詞之集也。」

葺 覆也。

檝 舟檝。

亼 説文：「三合也，象三合之形。」「合」、「僉」之類皆從此。

㦉 怖也。

〇皀 稟邑切。穀香也。舊彼及切，緝韻二。

鵖 鵖鴔，鳥名。

〇鴔 頻熠切。鴔鵖，鳥。亦作「鵼」。舊皮及切，緝韻一。

〇以上齊齒呼。

澀 森戢切。不滑也。本作「歰」。俗作「澁」。舊色立切，緝韻六。

㵕 不及也。

濇 不滑也。

霎 小雨聲。

鈒　戟也。鋋也。

翜　疾飛也。

○戢　簪澀切。止也。歛也。藏也。舊阻立切，緝韻八。

濈　和也。

霵　雨下。

㗊　喻也。

䁒　泪出皃。

䲺　角多皃。亦作「鰔」。

蕺　菜名。

咠　衆口。

○䎕　篸霵切。行皃。舊初戢切，緝韻四。

屜　屜㞜，前後相次也。

堷　堷墋，重累土也。

褔　重緣。

○霵　岑䎕切。暴雨皃。舊仕戢切，緝韻二。

黷　盛衆皃。

○以上開口呼。

入聲第九類

二十三　姶　開口呼

姶　諳欱切。美好皃。又，女字也。舊烏合切，合韻十二。

佮　姓也。

罯　覆蓋也。

罨　網也。又，罨畫。

庵　庵，低。又，屋也。

踚　跛踚。

鞥　車具。又，小兒履名鞥皵。

媕　女有心媕媕也。

鞥　皮裹角也。

搕　以手盍也。又，搕搕，糞也。

䪞　調色畫繒。

匌　匌彩，婦人髻飾花也。

㿬　短氣。

〇唈　爾雅：「唈僾也。」又，嗚唈，短氣也。舊烏答切，合韻一。

〇欱　哈欱切。大歠也。舊呼合切，合韻四。

㾑　寒㾑。

歁　歁㰝。

㾒　病劣皃。

〇合　含溘切。同也。會也。配也。天地四方曰六合。又，州名。亦姓。又，複姓合博氏。

舊侯閤切，合韻十二。

盒　盒盤。覆也。

柗　柗楷，木名。

洽　水名，在洽之陽。

詥　諧也。

迨　迨遝，行相及也。

齡　齸聲。
粭　耕也。
匌　會也。
葢　草名。
郃　郃陽縣，在同州。又，姓。
榙　榙㯓，果名，似李。
○閤　𢍗姶切。閨閤，内中小門也。舊古沓切，合韻十九。
合　十龠爲合。又，齊也。集也。和也。
敆　會也。并也。
佮　并也。聚也。
匌　周帀也。
鉿　二尺鋌。
柗　劍柙也。
郃　水名。又，縣名。
頜　頜頷，頤傍。

鞈　防捍。

韐　韎韐，大帶。

帢　帢口。

毼　毼毲，目睫長。

鴿　鳥名。

鮯　魚名，六足，鳥尾。

蛤　蚌蛤。

浩　浩亹，地名。

庈　閉户曰庈。

帹　以席載穀。

○溘　龕合切。至也。奄也。依也。舊口荅切，合韻七。

殭　殭死，見楚詞。本作「溘」。

庈　義見上。

㕎　山左右有岸。

容　容合。相當也。

㽣　義見前。

歃　歃歁，癡皃。

〇㬎　譅合切。本作「㬎」，日中見絲也。舊五合切，合韻十。

噪　衆聲。

㒣　偕㒣。

礘　動礘礘。亦作「硆」。

瘩　寒瘩，病。

哈　魚多皃。

砐　峇砐。

䑴　船皃。

鮙　魚名。

磼　磼磼。

〇拉　婪合切。折也。摧也。又，招也。亦作「擸」、「㩉」。舊盧合切，合韻九。

菈　菈遝，秦人呼蘿蔔。

砬　石聲。

搯　敗也。

磆　磆礁。

歃　歃歃，不滿。

翖　翖翖，飛皃。

搯　搯拉。

鶛　鶛鶍，初飛皃。

○答　耽姶切。當也。報也。合也。亦作「荅」。舊都合切，合韻十二。

荅　小豆。又，鐵蒺藜曰渠荅，疊布曰荅布。

畣　爾雅：「俞，畣然也。」

嗒　舐嗒。

媨　面媨姶皃。

踏　跛行皃。

搭　打也。

榙　榙㯚，木名。

褡　橫褡，小被。

瘩　肥瘩疲。

䨱　皮䨱。

狢　犬食。

○漯　探合切。水名，在平原。亦作「濕」。舊他合切，合韻二十。

鐕　器物鐕頭也。

榙　柱榙頭。

箬　竹名。

荅　菜名，生水中。

黯　猥茸皃。晉羊曼爲黯伯。

黵　積厚。

媎　安皃。説文：「俛伏也。」一曰意伏也。

踏　著地。

鞜　革履。

輅　車釭輅也。

幍　帳上覆。

罯　相罯罯。
翗　翗翗，飛皃。
㳠　犬食。亦作「㹺」。
鵅　鳥名。
噝　歠也。
䶀　食也。
佮　合也。
䶜　鼓聲。
○沓　覃合切。重也。合也。猥賤也。沓沓，語多也。又，代北複姓有沓盧氏。舊徒合切，合韻十八。
誻　譐誻，言相惡也。
㑿　儑㑿，不著事也。
碏　舂已復擣之爲碏。
楂　義見前。
搭　指搭。

湇　水沸溢也。

騺　騕騺〔一〕，馬行。

蜡　蝫蜡，蟲。

眔　目相見。

遝　迨遝。

薱　菈薱，蘆菔也。

樑　榙樑。

誻　妄言。

蹹　踏蹹。

縩　縩子，絹。

讋　疾言。

龖　龍飛之狀。

○納　南合切。受也。入也。又，姓。古作「內」。舊奴答切，合韻八。

葝　香草。

衲　補衲，紩也。

鞥　膜皃。

軜　驂馬内轡，繫軾前者。

妠　姶妠，聚物。

擸　打擸。

魶　魚名，似鼈，無甲有尾，口在腹下。

○萐　删姶切。萐莆，瑞草。舊山輒切，葉韻六。

箑　扇也。

霎　小雨。

歃　歃血。

唼　多言。

歈　愒欲。

○邋　戲合切。㯂邋。舊士合切，合韻一。

○跋　毵姶切。進足也。舊蘇合切，合韻十。

鞍　小兒履。或作「靸」。

鈒　鈒鏤。

毼　毿毼，眼睫長。

㚫　㜸㚫，女字。

馺　馬行疾也。又，馺娑，漢殿名。

颯　風聲。

雭　雨雭雭。又，苕雭，溪名。

㴸　衆行皃。

卅　三十也。今作「卅」。

○噆　簪姶切。齧也。亦作「唼」。舊子答切，合韻九。

䍮　羊腌。

帀　遍也。周也。亦作「迊」。俗作「匝」。

呏　入口。

趿　趛趿，急走。

沞　湆沞，䬈濕。

魳　魚名。

䶑　欶䶑。

𣌨　𣌨歜，聲。

○趛　參合切。走也。赴會也。舊七合切，合韻二。

嵾　嵾嵾。

○雜　𩈑合切。帀也。集也。參錯也。説文：「五彩相合也。」舊徂合切，合韻七。

磼　磼磼，山高。

蕥　户簾。

雥　群鳥。

䪞　斷聲。

蹭　止也。

𨞚　亭名，在貝丘。

【校記】

〔一〕蹭　原刻本誤作「踏」，據玉篇改。

二十四　裛　齊齒呼

裛　淹脅切。書囊。又，纏也。衣帊也。衣香也。舊於輒切，葉韻四。

䣍　䣍䣚，相著也。

腌　鹽漬魚也。

緕　緕緤，補衣也。

○猒　伏也。當也。塞也。按也。䙴也。亦作「猒」。舊於葉切，葉韻七。

㱘　葉動皃。

擪　持也。指按也。

靨　面上靨子。

㥦　女字。

魘　惡夢。

旝　掩光也。

○浥　潤也。舊於業切，葉韻十一。

䱦　鹽漬魚也。亦作「腌」。

䶘　䶘臭。

錇　椎錇，田器。

䅖　耕種。

餣　餌也。糝也。

鞥　車具。

㛪　幧頭也。

晻　閉目。

殗　殗殜，不動皃。

罨　魚網。

○葉　炎協切。枝葉。又，姓。舊與涉切，葉韻九。

枼　薄也。

䈎　篇簿書䈎。説文：「籥也。」

鍱　銅鍱。

爗　爗爚。

楪　楪榆，縣名。

揲　度揲。

偞　輕薄美好皃。

欇　㭾端。

○曄 光曜也。亦作「曅」。舊筠輒切，葉韻六。

煜 煒煜，火盛。

爗 説文：「盛也。」

皣 草木白華。

瞱 目動皃。

饁 饋餉。

○讋 樂器。舊余業切，業韻二。

殜 殗殜，病也。亦作「㱡」。

○脅 𦡐裛切。腋下。又，恐迫也。亦作「脇」。舊虚業切，業韻八。

愶 以威力相恐也。

嗋 嗋嚇，以口恐迫人。又，呵欠也。

拹 摺也。拉也。

歙 歙氣。亦作「噏」。

熁 火氣熁上。

㴑 水流。

弨　弓弽皃。

○弽　弓弽。舊呼牒切，怗韻四。

偞　偞皁。

䀴　閉一目。

㛫　少氣皃。

○協　嫌葉切。和也。合也。古作「汁」。亦作「叶」。舊胡頰切，怗韻九。

劦　同力。

勰　説文：「同思之和也。」

㤲　束帶。

㙦　㙦犍。

挾　懷也。持也。藏也。帶也。

俠　任俠，以權力俠輔人也。又，姓。

浹　浹渫，冰凍。

綊　説文：「紅綊也。」

○㓣　兼裛切。縫也。舊居輒切，葉韻二。

䳤　鳥名。

○頰　面頰。古作「𩔇」。舊古協切，怗韻七。

唊　唊唊，多言也。亦作「誗」。

鋏　劍把也。

筴　蓍筴。亦作「梜」。

莢　蓂莢。榆莢。又，姓。

秧　秧穧。

蛺　蛺蝶。

○劫　强取也。掠奪也。禁持也。又，劫數。亦作「刧」。又作「刦」。舊居怯切，業韻七。

鉣　帶鐵。

砝　硬也。

眲　視皃。

蜐　石蜐，生石上，形如龜脚，得春雨則生。

袷　衣領。亦作「衱」。

跲　躓也。

〇㾊　謙葉切。少氣也。舊去涉切，葉韻一。

〇愜　快也。適意也。亦作「㥦」。舊苦協切，怗韻七。

悏　快也。

㤲　思皃。

㾊　藏也。

篋　箱篋。

㛍　得志㛍㛍。

㾜　病息也。

〇怯　畏也。懦也。慴也。亦作「狯」。舊去劫切，業韻八。

呿　卧聲。

抾　挹也。

胠　從旁發也。胠篋，見莊子。

㕁　㕁㕁。

㾀　病劣。

㰦　欠氣。

鮿　以竹貫魚爲乾。

○笈　箱葉切。書箱也。舊其輒切，葉韻五。

极　驢上負板。

衱　交領。

極　劍柙。

䮗　䮗鴂，戴勝別名。

○跲　躓也。舊巨業切，葉韻二。

吸　噏吸。

○業　嚴葉切。事業。基業。功業。學業。藝業。又，大也。始也。叙也。鐘簴上大版。亦築墻版也。俗作「牃」。舊魚怯切，業韻十四。

嶪　岌嶪，山皃。

澲　横水大版。

䗁　樂也。

鄴　縣名，在相州。又，姓。

㡼　危皃。

喋　動皃。

㦾　懼也。

𥿠　引也。

𠟍　續也。

𪈸　鳥名，知人吉凶。

驜　驜驜，馬高大。

鰈　魚名。

𩼬　魚盛。

○獵　廉葉切。田獵，取獸也。舊良涉切，葉韻二十二。

鬣　本也。

邋　邁也。

𠝣　削也。擇也。

擸　理持也。

欌　柶端木也。

礹　礹嵲，山連接也。

𧮐 谷名。
籭 編竹爲之。
曬 日暗。
矖 目暗。
儷 長狀儷儷也。
囇 齧聲。
鬣 須也。又，髮鬣鬣也。
毼 長毛。又，作「獵」。
躐 踐也。逾跨也。
鞿 馬鞙也。
鱲 魚名。
犣 牛牡。又，旄牛名。
獦 戎姓。
甀 蹈瓦聲。
竦 羸竦。

○䎶　耳垂也。舊盧協切，怗韻三。
囁　囁呫，多言。
鰈　竹裏黑也。
○耴　髻褭切。耳垂皃。舊丁愜切，怗韻十二。
呫　多言。
佔　低佔也。
扸　打也。
迠　迠遝，走也。
袩　衣領。
笘　折竹箠也。
跕　墮落皃。
鞊　鞊鞢，鞍具。
喋　血流皃。
寱　下也。
涉　血流皃。

○怗　添葉切。安也。服也。静也。舊他協切，怗韻十一。

帖　妥也。定也。又，帛書題。又，床前帷也。

呫　嘗也。

跕　跕屣。

貼　以物爲質。又，裨也。依附也。粘置也。

鉆　鉆著物。

鞊　鞍鞊。

䘸　衣領。

䐑　小舐曰䐑。

蝶　蝶蜡。

鼙　鼓無聲。

○牒　甜葉切。書版。小簡。凡文狀公移謂之牒。又，代北複姓有牒云氏，後改牒氏。舊徒協切，怗韻二十九。

牃　床版。

堞　城上垣。

渫　浹渫。

褋　襌衣。

惵　思懼皃。

喋　便語。

諜　反間。又，譜第也。亦作「詸」。

䁋　目䁋。

蹀　履也。踏也。

揲　摺揲。

𪑾　黔首。

艓　小舟。

鍱　鋌也。

䕫　䕫篋。

蝶　蛺蝶。

疊　重也。墮也。明也。積也。又，震懼也。又，州名。亦作「疉」。

攧　挂攧。

躞　小走聲。

轞　車聲。

氎　細毛布。亦作「㲲」。

鸐　鳥名，似鵲，赤黑色，兩首四足，可以禦火。出山海經。

墊　地名，在巴中。

褺　重衣。

蟄　蟄足也。

褶　袷也。

牒　牒治。

慴　懾也。懼也。

怗　安也。

○聶　黏葉切。附耳小語也。又，姓。舊尼輒切，葉韻十五。

躡　登也。蹈也。著履屣也。

鑷　鑷子。亦作「籋」。

囁　小煖也。亦作「爤」。

歠　歓歠。

踂　足不相過。

䶛　鳥飛。

馲　馬步疾也。

籋　箝也。

緤　紕緤，補衣。

夌　織夌。

聿　手捷巧也。

箑　竹箑。

㚔　説文：「所以驚人也。」一曰大聲。今作「幸」。「睪」、「圉」、「報」、「執」之類從此。

睪　伺視也。

○苶　病劣皃。又，疲役皃。舊奴協切，怗韻十四。

埝　益也。培也。又，陷聲。

鋡　小釘。

捻　指捻。

歛　塞也。

憸　相憶。

諗　聲絶。

鞈　鞍鞈，薄也。

蒊　草名。

坅　深也。

籋　小箱。亦作「鉟」、「鑈」。

瞥　晦冥。

慹　不動皃。

攝　攝然，安皃。

○攝　苫褱切。收也。兼也。録也。整也。借也。權也。舊書涉切，葉韻七。

灄　水名，在西陽。

欇　爾雅：「欇，虎櫐。」注：「今虎豆也。」

矙　目動皃。

弽　射決也。亦作「韘」。

葉　縣名，在汝州。

歙　縣名。

○涉　蟾葉切。歷也。徒行渡水也。縣名。又，姓。亦作「𣸣」。舊時攝切，葉韻三。

鉟　鐵鉟。

欇　義見上。

○讘　髯葉切。詀讘。又，孤讘，縣名，在清河。舊而涉切，葉韻五。

顳　顳顬，鬢骨。

囁　口動。

䑾　動䑾。

喦　多言。

○讋　占褭切。多言也。又，懼也。舊之涉切，葉韻十二。

讐　拾人語也。

慹　不動皃。

慴　伏也。懼也。怯也。

摺　摺疊也。

懾　怖也。心伏也。失氣也。

囁　義見上。

襵　襞也。

檕　風動皃。

貗　梁之良豖。

霅　霅霅，震電皃。

讋　言疾也。

○輒　專也。即然之辭。又，車相倚也。舊陟葉切，葉韻八。

耴　耳垂也。耴耳，國名。

掫　拈也。

棷　木小葉。

菆　小葉。

幘　衣領耑也。

鯫　婢鯫魚，即青衣魚。

襵　衣襵。

○浻　襜葉切。浻浻，纔有水皃。舊叱涉切，葉韻九。

惵　小人皃。

䁋　䁋䁋。

姑　輕薄。

詀　詀讘，細語。

咶　多口。

謵　小語。

欇　樹葉動皃。

㜸　女子態。又，前郤㜸媚也。

○霅　霅霎，小雨。舊丑輒切，葉韻五。

煠　爚煠。

篥　籥篥。

鍤　綴衣針。

箚　竹葉。

○牒　夭葉切。細切肉也。舊直葉切，葉韻三。

殜　義見前。

堞　下入也。

○燮　錔褱切。和也。舊蘇協切，怗韻十四。

爕　熟也。

瓔　石似玉。

躞　躞蹀，行皃。

屧　屐也。履中薦也。亦作「屟」。

韘　鞊韘，鞍具。

韘　韘韝，射具。

蘵　草名。

徢　徢行，走皃。

艓　舟行也。

蜨　蛺蜨，蟲名。亦作「蠳」。

牃　牃牒，小契。

婕　婕洽。

䐑　使也。

○䢩　迊䢩，走也。舊先頰切，怗韻一。

○接　尖褭切。交也。受也。承也。持也。連也。續也。又，姓。舊即葉切，葉韻九。

椄　續木。

箑　竹箑。

萐　萫萐，水草，可食。

鯜　魚名。

淁　淁洍，纔有水皃。

睫　目旁毛也。亦作「䀹」。

婕　婕好，婦官，亦作「倢伃」。

楫　短櫂。亦名「橈」。又，作「檝」。

○浹　洽也。通徹也。周遍也。浹辰，十二日也。舊子協切，怗韻三。

浹　浹渫。

瓶　半瓦。

○妾　僉葉切。侍女也。不娉曰妾。舊七接切，葉韻九。

淁 水名。

踥 踥踥，往來皃。

鯜 義見上。

緁 連緁。説文：「緶衣也。」亦作「縚」。

㓰 續也。

檝 飯臿。

鍱 炙鐵。

穕 土穕，農具也。

○捷 潛葉切。勝也。獲也。佽也。成也。敏疾也。急報也。又，姓。舊疾葉切，葉韻八。

疌 疾也。

寁 速也。亟也。

崨 崨嶫，山連延也。

倢 利也。便也。斜出也。

諓 多言。又，口諓也。

踕 足疾也。

緤　合也。遠方物也。

○蕯　草簾也。舊在協切，怗韻一。

入聲第十類

二十五　盍　開口呼

盍　滔歈切。山旁穴也。舊安盍切，盍韻四。

盦　覆蓋也。

瘟　短氣也。

鰪　鰪鰨，魚名。

○歈　蚶盍切。大歠也。舊呼盍切，盍韻三。

魼　魶魼，魚名。

㾑　肥㾑。

○盍　咸榼切。覆也。合也。何不也。説文作「盇」。舊胡臘切，盍韻九。

蓋　苫也。又，邑名。

郃　地名。

闔　門扇也。閉也。合也。閶闔，天門。俗作「䦧」。

嗑　合也。噬嗑，卦名。

譒　静也。

熆　吹火也。

篕　籧篨也。

𡰪　姓也。

○顉　甘盍切。顉，車領骨也。舊古盍切，盍韻七。

譗　多言。亦作「嗑」。

郃　義見上。

蓋　姓也。

蠚　蠚蜡，蟲名。

閘　閉門。

鉀　鉀鑪。

○榼　坩盍切。酒器也。舊苦盍切，盍韻六。

磕　石聲。

𠩺　崩損也。

𧝝　𧝝襠。

𨎮　車聲。

𪔉　鼓聲𪔉𪔉。

〇儑　𠰽盍切。㑪儑，不著事也。舊五盍切，盍韻二。

𥈻　𥈻睡。

〇臘　藍盍切。歲終祭衆神之名。十二月稱臘月。俗作「臈」。舊盧盍切，盍韻十一。

蠟　蜂脾融者爲蜜，凝者爲蠟。俗作「蝋」。

鑞　錫也。

䶅　䶆聲。亦作「𪗼」。

𪔉　𪔉𪔉，皮瘦寬皃。

獵　獵翑，飛初起皃。

邋　邋遢，行皃。

擸　折也。又，擸𢶍，破壞也。

鶅　鶅䳏，鳥飛。

撍　揩撍相和。

䌩　䌩䌩。

皶　皶皶。

○耷　擔廅切。大耳也。舊都搕切，盍韻十。

褡　橫褡，小被。

剳　相著聲。又，剳鉤也。

搨　手打也。亦作「搶」。

䭃　䭃䪏。

鞳　鞈鞳鞳。

砎　擲地聲。亦作「硪」。

篫　竹相擊。

菭　菜生水中。又，荷覆水。

○榻　䑽盍切。床狹長者。亦作「榆」。舊吐盍切，盍韻十八。

翕　飛皃。

塌　地低下也。

傝 傝偅，不謹皃。

諹 諹譶，多言。

遢 邋遢，不謹事。

蕩 蕩布。

緆 緆索，以索冒物。

毾 毾㲪。

騔 騒騔，馬行不進。

鰨 魚名。

䪚 犬食也。亦作「㹺」。

塔 浮圖。

嗒 嗒然，忘懷皃。

搭 摸搭。

鞳 鏜鞳，鐘聲。

艌 兩槽大船。

鰈 比目魚别名。亦作「魼」。

○蹋　談盍切。踐也。古作「躢」。舊徒盍切，盍韻九。
闒　樓上户也。
爛　爛也。墮也。
譋　譋譴，忘語也。
篛　窗扇。
𦑣　獵𦑣。
䳴　䴎䳴。
譫　多言。
瓬　瓶也。
○魶　訥盍切。鍚魶也。舊奴盍切，盍韻三。
魶　魚名。
笝　纜舟竹索也。
○𩙪　飛上皃。舊女法切，乏韻三。
岦　静岦。
㴽　㴔㴽〔一〕，水皃。

○霎　杉𥁞切。小雨。舊山洽切，洽韻六。

箑　扇之別名。亦作「篓」。

萐　萐莆，瑞草也。

歃　歠也。盟者以血塗口旁曰歃血。

唼　唼喋，小人言也。

貶　獸名。

○翣　翣形如扇，以木爲匡。舊所甲切，狎韻八。

帹　面衣。

啑　啑喋。

𤞞　豕母。

翜　捷也。

颯　風疾。

𧼒　行𧼒𧼒。

屧　薄屧。

○眨　斬𥁞切。目動也。舊側洽切，洽韻六。

䛩 讀䛩，多言。

偛 偛傝，小人皃。

皶 皺皶，皮老。

䘥 䘥略，絜束皃。

㞛 義見上。

○插 攙盍切。刺入也。舊楚洽切，洽韻九。

臿 舂去皮也。或作「鍤」。俗作「㮑」。

鍤 針也。又，鍪也。亦作「鍤」、「臿」。

婇 疾言失次也。

唼 口唼。

扱 取也。獲也。舉也。引也。

笈 書箱。

㹂 狗食。

㷸 火乾。

○偛 三盧切。傝偛，不謹皃。舊私盍切，盍韻七。

噬　噬噬，食皃。

蹅　蹅蹅，行皃。

㪟　㪟㕶，起也。

揷　搕揷，糞也。

靸　靸鞋。

卅　三十。

○礸　黲盇切。助舞聲也。舊倉雜切，盇韻三。

礸　石多皃。

鼛　鼓聲。

○蠺　慚盇切。惡也。又，姓。舊才盇切，盇韻二。

揷　攙揷，和雜。

○法　汎乏切。度也。數也。常也。則效也。又，姓。古作「灋」。舊方乏切，乏韻一。

○㹤　矢皃。舊孚法切，乏韻一。

○乏　凡盇切。匱也。空也。舊房法切，乏韻三。

泛　水聲。

妐　好皃。

【校記】

〔一〕浹　原刻誤作「湣」，據玉篇改。

二十六　押　齊齒呼

押　䳒呷切。管押。又，押署文字也。舊烏甲切，狎韻六。

鴨　水鳥。或作「鴨」、「鴨」。又作「䳒」。

閘　開閉門也。

庘　屋壞也。

窨　人神脉刺穴。

壓　鎮也。降也。笮也。壞也。亦作「厭」。

〇䟕　跛行皃。舊烏洽切，洽韻四。

浥　波下。又，濕貌。

凹　陷下也。或作「窅」。

圔　圔窣，聲下。

○呷　閘押切。吸呷也。又，喤呷，衆聲。舊呼甲切，狎韻四。

欱　欱欱，鼻息。

諕　謞諕，語聲。

譀　誇誕。

○齁　齁齁，鼻息作聲也。舊呼洽切，洽韻四。

欱　欱嘗。

欸　氣逆。

㪘　盡也。

○洽　銜恰切。和也。合也。霑被周遍也。亦作「霅」。舊侯夾切，洽韻十一。

烚　火烚。

祫　大合祭也。

珨　蜃器。

趇　走皃。

狹　隘也。「陜」、「陿」并同。

峽　山陗而夾水也。蜀江有三峽。

硤　硤石，地名，在夷陵。

㢝　廦也。

䩡　相著也。

𪘾　齒曲生又缺也。

○狎　習也。親近也。玩熟也。舊胡甲切，狎韻十一。

柙　藏獸檻也。

炠　火皃。

匣　箱匣也。

筪　竹名。

鞸　鞸韘。

㤵　喜也。

翈　翮上短羽。

虖　虎習搏也。

浹　浹渫，冰凍相著。

霅　衆言聲。又，煜霅，光皃。

○夾　監押切。左右持也。兼雜也。交并也。舊古洽切，洽韻十二。

俠　并也。

郟　郟鄏，地名，在河南。郟城縣，在汝州。又，姓。

筴　箸也。針箭具。亦作「梜」。

裌　複衣也。亦作「袷」。

鞅　履根也。亦作「鞈」。

瘱　瘱，蹄足病。

鵊　鳥名。

鞈　靺鞈，韋蔽膝也。亦作「韐」。

眨　眼細視。

跲　躓也。礙也。

餄　餄餅。

鹹　嗛聲。

○甲　十干之首。又，鎧也。草木牙也。科甲，貢舉名第也。保甲，編籍部伍也。又，姓。舊

胛　古狎切，狎韻十。
胛　背胛。
砰　山側。
鉀　鎧屬。
玾　玉名。
押　撿束也。又，押籬壁也。
迎　人名。
㕅　㕅㕃。
梜　木理亂也。
鞈　鞈靸，胡履。
○砝　石聲。舊居盍切，盍韻二。
鵊　鳥名。
○恰　嵌洽切。用心恰恰。又，適當之辭。舊苦洽切，洽韻七。
剳　入也。
帢　帽也，狀如弁，缺四角。「帞」、「帢」、「帹」并同。

斜　斜斫。

掐　爪刺也。

䀹　目䀹。

䶢　䶢咋皃。又，嚼聲。

〇猲　恐猲也。舊起法切，法韻二。

妠　好皃。

〇䁊　巖洽切。視皃。舊五夾切，洽韻一。

〇図　諵洽切。手取物也。舊女洽切，洽韻四。

嫸　嫸嫸，美皃。

嚞　啫嚞，小人言薄相。

㒆　偛㒆。

〇箚　詁押切。刺著也。又，奏事箚子。舊竹洽切，洽韻三。

偺　偺㢌，忽觸人也。

蚻　斑身小蟲。

〇譗　多言也。舊章盍切，盍韻一。

○䶂　僩洽切。五味調肉菜也。舊丑囟切，洽韻一。
○㹖　㹖𩙺，飛上皃。舊丑法切，法韻一。
○渫　賺洽切。浹渫。舊丈甲切，狎韻六。
喋　啑喋，鳬雁聚食皃。
鞢　鞈鞢。
霅　霅陽，縣名，在樂浪。又，水名，在吴興。
㵭　水名。
㩉　押㩉，重接皃。
○㨗　僉洽切。行書也。舊七洽切，洽韻六。
臿　下臿閉城門也。
𧺆　行疾也。
騇　騇騇，馬驟也。
煠　湯煠。
渫　水名，出上黨郡。

金石文字記補遺

金石文字記補遺目録

金石文字記補遺

自序

古金石刻，不獨文詞之典雅、字畫之工妙爲可愛玩，而先賢事迹、前代制度不詳於史者，往往著見焉。其有資於博聞多識不細矣。而其爲物，散在天地間，日亡日少。好古之士，薈萃成書者十數家，收之博而辨之精，無若歐、趙二録。歐録之目千，趙録二千，皆據其實有者籍記之。他書循名泛列，固不辨其存亡也。

亭林先師實甚好古，游轍所至，旁搜博采，著成此書。惟就碑刻現存及收得拓本者録之，得三百餘通。其數少於歐、趙，而考論詳核，不啻過之。夫今之去宋，僅五百餘年，而十亡七八，則過此以往，又當何如？以彼亡佚者爲可惜，則其幸而存者，可不知寶重哉？耒夙有此好，孜孜訪求，所得有在兹編之外，并歐、趙所未録者。不忍使其無聞，僅附載於後，以見古碑之亡於通都大邑，而留於荒村窮谷者尚多有之。搜羅表章，無令泯滅，是所望於後之君子。

門人潘耒謹識。

漢桐柏淮源廟碑　八分書　延熹六年

今在桐柏縣。

洪氏隸釋載此碑，缺五字。今拓本字畫完好，而乏淳古之氣，蓋唐人重刻者。據朱長文碑帖考，云是釋曠書。釋曠，開元時僧。金石録中有北嶽恒山碑，亦其所書也。

後魏中嶽廟碑　八分書　太安二年

今在登封縣。

魏太武帝因道士寇謙之奏請，更造嵩嶽新廟，立碑紀事。趙氏金石録有其目。余謁廟，見此碑有一孔，疑是漢碑，審視乃知其爲魏也。碑中直稱謙之爲「天師」，爲「師君」，以太武奉道親受符籙故云。然字體近拙而多古意，中段剥蝕，首尾具存，碑陰復多題字。嵩山碑刻，自漢三石闕銘外，無古於此者。近日葉井叔作嵩陽石刻集記，不知何以遺之。

北齊嵩陽寺碑　八分書　天平二年四月

今在嵩山會善寺。

碑記生禪師造塔及其徒倫艷繼造二塔事。書法不工，而碑文可誦。碑後刻云：「大唐麟德元年歲次甲子九月景午朔十五日庚申，從嵩陽觀移來會善寺立。」則唐人固以爲舊物而珍之矣。歐、趙録却不載。

唐龍門山石像記　正書

今在洛陽縣。

龍門山鎸石爲佛像，無慮萬計。石窟最大者，今名賓暘洞，像尤高大。洞外石崖高處有刻字，拓之，得二十餘行，首尾不具，不知年月姓名。按，集古録有三龕記，貞觀十五年魏王泰爲長孫皇后造，岑文本撰銘，褚遂良書。今拓本有「聿修陰德」等語，又有「左武候大將軍、相州都督、雍州牧、魏王」及「懷鏡奩而不追」云云，知即此記也。

汾陰公薛收碑　于志寧撰　永徽六年

今在醴泉縣。

昭陵陪葬者，百六十五人。今存者僅十六碑，記中載其十五，惟遺此碑。先師所録，必目睹其碑與收得拓本者；非然，則置之。蓋其慎也。碑止存百餘字，而額尚完。

葉有道碑　李邕撰并書　行書　開元五年

拓本。

有道之子慧明，孫法善，三世爲道士。明皇時，法善見尊寵，其祖若父之墓碑，邕皆撰而書之，可謂濫矣。書法秀逸閑雅，不見欹側之態。蔡君謨謂是邕書最佳者，良然。

端州石室記　李邕撰　正書　開元十五年

今在高要縣。

肇慶府北七星巖，古名定山，亦曰崧臺，有洞通明宛委。記刻在洞門石壁，不類北海書。集古録疑爲張庭珪書。庭珪長於八分，凡邕文而庭珪書之者，皆八分。此則正書，恐未然也。記中云「有若邦伯旱公」。開元時有畢刺史者，爲宋璟所稱，「旱」當作「畢」，是摹刻之誤。

支提龕銘　蔡景撰　正書　開元十九年九月

今在林縣洪峪。

衛輝府林縣，林慮山在其西，黄華、天平、洪峪其最勝處。余游洪峪，宿洪山寺，見元勅旨碑、金燈記、勍公碑。寺東三里許，路傍有石龕，刻三佛像，視其銘，乃唐物也。書非名人，而有初唐筆意。以地僻，人見者少，故不入歐、趙諸録。惜在露地，當移置寺中，乃可久耳。

大照禪師碑　李邕撰并書　行書　天寶元年

拓本。

大照名普寂，大通秀之嗣，去達摩七世，是名北宗。門庭甚盛，所謂兩京法主、三帝門師者也。碑當在嵩嶽寺，今不存。拓本乃翻刻者，不逮雲麾、嶽麓，亞於娑羅耳。

比干墓碑　李翰撰　正書　天寶十載

今在汲縣比干廟。

唐太宗追贈比干爲太師，貞觀中既立碑刻詔及祭文。天寶中，李翰官於衛，作此碑述封表之指。其文雅正，選入唐文粹中。今碑乃宋建中靖國元年汲令朱子才重立。

少林寺還天王師子記　正書　天寶十四載

今在少林寺。

碑載久視年間僧義奬等狀及武后口敕。碑小，非名筆，故諸録遺之。葉井叔官於登封，而石刻記亦不載。余至少林，周行廊廡，見此石嵌置東廡壁間，亟搨得之。知考古必須親閱也。

峿臺銘　元結撰　篆書　大曆二年

浯溪銘　元結撰　瞿令問篆書　大曆三年

𥑮亭銘　元結撰　瞿令問篆書　大曆三年

右三銘并在祁陽縣。

元次山愛祁陽山水，遂寓居焉，名其溪曰浯溪，築臺曰峿臺，亭曰𥑮亭，所謂「三吾」者也。臺銘刻在臺之背，甚完整。溪銘、亭銘刻於東崖石上，隨石欹斜，蘚厚難搨，而篆筆特佳，視臺銘更勝。別有黄山谷書百餘字，云與陶介石披榛翦穢，得次山銘刻，喜而識之。又有皇甫湜五言古詩一首，次山之子讓五言長律一首，俱刻在中興頌之旁。

般若臺銘　李陽冰篆　大曆七年

今在福州烏石山。

閩中絶少石刻。鼓山題刻如麻，無一唐迹。惟此銘在三山爲最古。又聞石塔寺有唐貞元中碑，余未之見。

延陵季子廟碑　蕭定撰　張從申書　大曆十四年八月

今在丹陽縣。

丹陽城西南六十里有延陵鎮，去鎮九里爲吴季子廟。有孔子十字篆碑及潤州刺史蕭定脩廟記，大理司直吴郡張從申書，并識重刊篆碑歲月。二碑蓋同時立也。歐陽公不喜從申書，僅録其三碑。今存者，獨此耳。昔人評張書頡頏李北海，今觀遺刻，挺勁有餘而乏雋逸之氣，恐未堪肩隨也。

濟瀆廟碑　張洗撰　八分書　貞元十三年

拓本。

唐制，附祭北海於濟源。此碑記新作祭器事，碑文乃濟源令張洗字濯纓所撰。簡古有體裁，一洗駢儷之習。洗與韓退之同時，文體已矯傑如是。蓋文弊之極而將變，元結、權德輿輩皆然，不獨韓也。

阿育王寺常住田碑　萬齊融撰　范的正書　太和七年十二月

今在鄞縣育王寺。

碑載寺田興廢始末，開元中秘書正字郎萬齊融撰文，趙州刺史徐嶠之書。碑毁，太和中復立，明州刺史于季友作後記，屬處士范的重書之。鄭氏金石略載的所書凡五碑，則固有名當時者。碑末有季友與的唱酬二律，可補唐風之遺。

復東林寺碑　崔黯撰　柳公權書　大中十一年

今在廬山東林寺。

寺廢於會昌。宣宗初，崔黯爲觀察使，謀於舊僧正言，修復之，黯爲作記。歐公稱其文辭遒麗可愛。今碑斷缺不可讀，而字畫存者殊佳，東林惟此殘刻及翻刻李北海碑，猶存舊迹。若歐陽率更西林道場記、顔魯公題名、崔融題詩、李渤題影堂碑陰，皆不可見矣。

尊勝陀羅尼經　正書　咸通四年八月

拓本。

經刻於石幢，漳州押衙王𠜂造，建州司户參軍劉鏞書。書法婉雅，酷有虞氏廟堂筆意。其碑當在漳州，今未知存否。尊勝石幢，在處多有，余所見吴中包山寺□□年刻，温州仙巖寺大中年刻，皆完好。包山者，書法尤佳，字大而刻深，宛然如新也。

修禪道場碑　正書　無年月

今在天台山。

寺在佛隴，爲智者大師修禪之所。碑文補闕梁肅撰，台州刺史徐放書。天台山志所載，有陳、隋、唐碑十五六通，訪之都不存。獨有此碑矗立榛莽中，日就刓泐。徙置近寺，十夫力耳。此碑現存，而歐、趙二録皆不載，是知昔人罣漏亦不少也。金石略所載，又有天台佛隴禪林寺碑，亦徐放書，今則亡矣。

石橋寺詩　貞元三年正月

今在衢州。

衢州府城南三十里，有爛柯山，相傳爲王質遇仙之所。有洞明豁，旁峙一碑，乃唐衢州刺史、嗣江王禕所題五言古詩。元和元年，州刺史陸庶記云：刺史韋公以外祖信安郡王詩刻石。朱彝尊云：考新唐書表，太宗第三子吴王恪，恪第三子琨，琨子禕。舊唐書傳，禕少繼江王囂，後封爲嗣江王，改封信安郡王。景雲、開元中，兩爲衢州刺史。詩當作於景雲間，而刻於貞元也。詩中有「薄烟冪遠村，遥峰没歸翼」二語，楊用脩以爲仙人遺句，殆未見此碑故耳。又有二碑，刻唐人李幼卿〔一〕、李深、謝勮、羊滔、薛戎詩各一首，今亡。

【校記】

〔一〕刻唐人李幼卿　「人」字下，景印文淵閣四庫全書本又有「劉迥」二字。

朔方節度使李光進碑　令狐楚撰　嗣子季元行書　元和十一年

今在榆次縣。

光進與光顔并爲唐名將，憲宗平淮西，光顔功最高，唐書二人并有傳。光進碑，令狐楚所撰。光顔碑，李程所撰。皆名臣也。然歐、趙二録皆無此二碑。歐録所載李光進碑，楊炎撰、韓秀實書者，乃李光弼之弟，非光顔兄也。趙録有贈太保李良臣碑，則光進之父，官止鷄田州刺史，初無功績，以光顔故贈太保，與二子同葬一地。乃趙氏録其一而遺其二，殊不可解。余友朱錫鬯過榆次趙村，搨得此碑，以副本遺余，故得而録之。其良臣、光顔碑，則已見記中矣。

憫忠寺重藏舍利記　景福元年

今在本寺。

舍利塔一燔於太和八年，一燼於中和二年。至是，僧復嚴葬舍利於憫忠寺觀音像前，南叙述記，知常書之。碑中所云隴西令公大王者，李匡威也。匡威欲遷舍利於閣内，至拜疏於朝，請發封壤，詔可而後行，當時崇重法寶如是。

稼堂詩文輯補

稼堂詩文輯補目録

稼堂詩文輯補　卷上

贈閻古古一百五十韻〔一〕

仲冬邊日陰，窅墨天地閉。凍雪白差差，割耳朔風利。塞雁噤不飛，拳毛馬如猬。有何白髮翁，踞鞍氣凌厲。鹿裘披蒙茸，將整三關轡。三關倚絶漠，亂山莽迢遰。翁也一布衣，衝寒有何事。鷦䳟翔八埏，醯鷄安足議。磊落况此翁，英名塞天地。本自江海人，一生踪迹異。請爲緩聲歌，梗概陳仿佛。炎精厄陽九，寰海劇凋敝。三邊困飛挽，中原暗烽燧。經生尚咿唔，雕蟲角一藝。翁時方壯年，慷慨抱奇志。讀書攬大略，博綜資濟世。厄塞究方輿，韜鈐發金匱。卧床傲庸流，指困結心契。嶽嶽俊厨間，垂手蓄群弟。雙鵝飛翟泉，大盜竊神器。攀髯痛遺弓，忠憤血裂眦。本家豐沛間，數往來齊魏。不愛萬金産，奇材遍羅致。小婦縫軍裝，宗人裹鐵轡。一呼從如雲，喋血枌榆祭。五馬渡江東，人心尚維繫。昂藏謁幕府，促膝論大計。守江而畫淮，痛惜河北棄。願假一漢節，北走連青冀。進可擣黃龍，退猶作屏蔽。袁粲非雄才，湘東無下意。虛擊中流楫，空灑新亭涕。客散五百人，倉皇之海澨。一指斷淋漓，低頭愿降帥。報韓志未立，蹈東亦奚濟？彌空施矰繳，精衛將安避？男兒會死國，鼎鑊非所畏。神龍患無身，肯受豫且制。一劍抉綱羅，大索空秦帝。複壁競藏趙，柳車争送季。轉客九千里，埋名十八歲。終然脱險阻，無恙黑白衛。英雄故不死，焦原獨掉臂。乃悟黨錮人，駢首非勇智。我昔欽英風，企懷疲夢寐。游雲在赤霄，孤迹無根柢。去冬客燕山，邂逅逢屠肆。今秋過晋陽，簦笠再相值。豪氣稱元龍，螟蛉二豪侍。猥以尺鷃姿，得把浮丘袂。懸甕同捫蘿，崛⿰山圍雙襆被。平生所游歷，一一煩指示。少小客燕齊，吴會久留滯。日觀聽鳴鷄，金焦辨螺髻。題詩玉泉山，虎須撩中貴。夙懷五岳期，欲窮九邊勢。迄乎遘風波，翻快壯游遂。初辭碭山雲，兔園披棘刺。睢水寒粼粼，雙忠碧血瘞。酹酒博浪沙，祖龍魄餘悸。西行入虎牢，鴻溝割如巁。慟哭廣武原，嗣宗非佁儗。嵩高俯澗瀍，天闕屹雙峙。土中非上游，卓哉挽輅説。澠池想藺生，衝冠勇誰嗣。關中洵天險，四塞皇居邃。太華矗三峰，巨靈迹贔屭。獨登蒼龍嶺，側足攀鐵縋。洪河吞八川，萬山圍埤堄。誰對一丸泥，嗚呼天帝醉。徑造長安城，浮橋北渡渭。甘泉連九嵕，蜿蜒去無際。漢殿與唐陵，一掬金人泪。東還涉蒲津，木罌笑兒戲。汾陰寶氣沉，龍門怒湍沸。飲馬豫讓橋，太原餘霸氣。井陘關塞天，何人樹赤幟。邯鄲瑟可聽，叢臺酒堪貰。曹瞞亦可兒，齷齪銅雀妓。三河及關中，形勝覽粗既。將南窮巴巫，西駕不暫税。王屋尊濟源，中條辨虞芮。最奇是三門，洪濤齧山蒂。盤渦搏雷霆，砅衝使心惴。載窺仙人掌，雪壓終南霽。褒斜兩谷間，木閣三千綴。盤盤出金牛，鑿石五丁斃。大小劍門山，欲度那得翅？劉禪真奴才，姜維死餘愧。綿竹過二江，錦城一何麗！天表雙蛾眉，彎彎盡猶膩。陣圖蝕江濤，行列不可識。已具出峽船，兵戈阻東逝。却回趨閬中，夜火犯魑魅。豁眼嘉陵江，猿鳥静相媚。沿溪下漢沔，扁舟激箭駛。襄樊楚北門，荆郢重關楔。可憐隆中人，生不逢劉備。夢澤呼神鷹，赤壁聽鶴唳。夏口對武昌，江山錯如織。恨不浮沅湘，哀平而吊誼。五嶺雖巉奇，南戒之餘蜕。部婁不足觀，且鼓彭蠡枻。康郎拜功臣，颯爽魂魄毅。匡廬秀且深，十旬裹乾糒。插天九屏風，水簾千尺曳。下江過皖口，濡須城如礪。鍾山白露新，石馬汗猶漬。吹簫有伍胥，伐荻無劉寄。蕪城哭相國，守冢餘故吏。一飯漂母祠，飄然渡淮泗。過里不入門，驅驢走燕薊。彷徨天壽山，白頭泣中使。北出居庸關，統幕風酸鼻。白登瞰沙陀，山後州十二。獨石移舊城，豐州駐牧騎。踏雪登恒山，半空飛石墜。下臨代雁門，寶符誰當畀？五岳遺衡山，餘者已遍詣。四列與三條，一經復一緯。大地錯山河，我腹爲篋笥。怪迂斥山經，疏繆補地志。土壤殊沃磽，風謡别剛脆。地氣更休王，天運迭隆替。登高望四荒，悲來獨歔欷。剥蘚題危崖，吮墨書破寺。朗若霜鐘鳴，矯若海鯨掣。烈士泣亮音，幽人拾奇字。篇章豁胸懷，大略終未試。耳熱擊唾壺，壯心悲老驥。丈夫要裹尸，安能忽忽睡。太行天下樞，覽眺須再四。頃復上林慮，黄花踏晴翠。遂來客并州，嘯樓一登睇。寧武直居延，偏頭火山熾。雁門走雲中，三關若棋置。西以扼河套，外控沙漠裔。首尾常山蛇，鎖鑰寄不細。兹行并邊墻，出入雜旃毳。屯營及隘口，聚米須悉記。一陽發地中，葭灰應律吹。威弧不直弦，參旗芒如篲。孰云乃翁衰，百鍊精彌鋭。玉璜釣磻溪，銅柱標炎癘。居巢佐重瞳，夷門策無忌。人傑信天生，草間豈憔悴。我亦戴鶡冠，樊籠擺俗累。身無夸父杖，逐日恐顛躓。還期馭埃風，夭矯驂天駟。晞髮扶桑枝，萬里遥相遲。

（輯自中國國家圖書館藏潘氏自刻本遂初堂集詩集卷一少游草上；天津圖書館藏清康熙四十九年增修初印本遂初堂詩集卷一少游草上）

【校記】

〔一〕潘氏自刻本遂初堂集詩集、清康熙四十九年增修初印本俱題爲「贈閻古古一百五十韻」。清人魯一同撰白奓山人年譜附潘耒此詩，題作「送白奓山人游三關」。近人鄧之誠、袁行雲則分别稱之爲「送白奓山人游三關五古一百五十韻」（見骨董瑣記全編卷八「閻古古毁譽」條）、「送白奓山人游三關一百五十韻」（見清人詩集叙録卷十三「遂初堂詩集十五卷補遺一卷」條）。

塞上八首

四月關城雪未消，薄雲低日晚蕭蕭。吟飄槲葉笳偏苦，卧齕蘆芽馬不驕。作客轉依秦障塞，從軍不見漢嫖姚。南溟北極愁何限，夜夜披衣望斗杓。

黄花鎮擁北平長，獨石開平接大荒。曾掃北庭歸幕府，横分左塞款降王。殘山不斷盧龍闊，廢壘多時漢月凉。歷歷翠華停蹕處，三犁神武憶文皇。

神京北户枕居庸，天井盤迴鳥道重。畫角曉傳西内月，牙旗晴拂五陵松。諸邊格鬥方多壘，甲夜平安漫舉烽。十萬黄巾同日過，都人猶詑一丸封。

長城本意護中華，中外居然共一家。鐵馬便於雙闕住，天山何用短垣遮。獵人穿塞時驅鹿，使客填濠好度車。辛苦修邊二千里，白頭荷鍤記東崖。邊墻是嘉靖中總督翁東崖萬達重修。

封貢曾聞罷羽書，和親今更撤儲胥。樓船横海威須壯，亭障防秋計總疏。市駿虚傳渥洼馬，環營實少武剛車。龍庭只在銀州近，欲渡黄河帶不如。

燕雲士馬稱雄久，勁鐵良弓天下無。變服武靈貪作帝，割城石晋忍爲奴。寒門日月光仍到，紫塞胭脂色不殊。唾手鄂王空熱血，教人清泪灑飛狐。

桑乾水繞大同城，城上悲笳晝一驚。枯柳乍沿河岸發，黄雲多傍戰場生。蛾眉底事能開釁，降將何顔浪博名。滿郭健兒流血處，至今青燐逐人行。

重關不閉敞沙陀，容得書生負劍過。觱篥山頭青冢没，穹廬天底白羊多。梵僧書帛爲蟲篆，羌女垂鞭學漢歌。此去受降城近遠，西游安得借明駝？

（輯自中國國家圖書館藏潘氏自刻本遂初堂集詩集卷一少游草上；天津圖書館藏清康熙四十九年增修初印本遂初堂詩集卷一少游草上）

釣竿行

截犀爲釣竿，沉珠爲釣餌。莫惜千金珠，珠沉白龍至。一解。
釣竿欲得勁，釣絲欲得柔。釣竿從人掣，絲柔逐魚游。二解。
罾網雖云密，未若釣竿巧。網魚自言愚，竿魚自言飽。三解。
釣魚得百錢，釣名得千春。大澤與上虞，豈是忘機人。四解。

（輯自衛既齊撰廉立堂文集卷一，四庫未收書輯刊影印清乾隆間刻本，第七輯第二十五册，第六三七頁）

西湖曲

憶昔西湖全盛日，宋室江山纔半壁。歌臺舞榭足歡娱，鸞輿鳳蓋無消息。鳳蓋鸞輿望不回，更從天外起樓臺。錢塘江作銀溝繞，西子湖隨玉沼開。西湖佳麗世無比，萬户千門俯烟水。車馬全移皓月邊，花柳都歸明鏡裏。鏡裏妝成對鏡鮮，月中看月倍增妍。誰家開户無春色，何處逢春不可憐？可憐湖畔饒花鳥，能得春風幾回好？一夜江潮望不來，無數行宫没荒草。荒草離離不足嗟，衹今風物屬誰家？西陵松柏樵蘇盡，愁向湖邊對月華。

（輯自曾燦輯過日集卷八，中國國家圖書館藏清康熙間六松草堂刻本）

題汪柯庭勘書圖

鶱鸞才調躍鱗身，懶向京華踏軟塵。留得青精好顔色，笑人鞅掌作勞薪。

樂事人生只勘書，蠹蟫堆裏萬緣除。世間亦有藏書者，未必行間辨魯魚。

積雨山城憶對床，撿書燒燭夜偏長。無端去趁青藜火，夢覺蓬山鬢有霜。

病起看君興有餘，銷除結習愛逃虚。世間文字翻難盡，且共清齋讀梵書。

（輯自題照集，汪文柏輯汪柯庭彙刻賓朋詩，中國國家圖書館藏清康熙三十一年刻本）

題汪柯庭玩鷄圖

維摩善病何曾病，天女解禪不説禪。一榻凝香相對坐，任他聲色自縱然。

認得聲來已較遲，頻呼小玉更何爲？閑看階下雙鷄鬥，何似泥牛入海時。

（輯自題照集，汪文柏輯汪柯庭彙刻賓朋詩，中國國家圖書館藏清康熙三十一年刻本）

辛未冬過湖州汪柯庭招飲聽松堂出示援琴小照

中散神仙姿，天懷皎冰雪。揮弦而送鴻，世故渺不屑。惜哉涉末流，猶被塵網紲。夙心未終諧，頓令高調絶。吾友雕龍才，聲華照蓬闕。懶入春明門，高眠弄雲月。逸韻發清徽，衆山響不歇。冥冥九霄羽，放眼同軒豁。意度有如此，淄塵詎能涅？耦耕有舊盟，披圖更欣悦。添我釣一簑，乞君筇九節。

（輯自題照集，汪文柏輯汪柯庭彙刻賓朋詩，中國國家圖書館藏清康熙三十一年刻本）

奉和柯庭哭子詩

柯庭吾石交，頗憂其善病。病起復舉子，酹酒一相慶。忽讀悼殤篇，酸凄不可竟。孩抱何足悲，所嗟絶聰令。解問天端倪，能省親温凊。方當頭泌儕，豈止羅烏并。如何瓊樹枝，折此霜風勁。吾人苟有情，能無泪交迸。陳詩效韓劉，叙哀等白孟。萬物出入機，修短各分定。詎可續鳧頸，故難截鶴脛。去若水泡滅，來如寒冰凝。此軀尚非我，委蜕安足競。君自學道人，此理能默證。况有白頭親，未應損天性。德門必繁昌，君齒方壯盛。伫見探金環，還思咏麟頊。

（輯自西河慰悼詩卷下，汪文柏輯汪柯庭彙刻賓朋詩，中國國家圖書館藏清康熙三十一年刻本）

題汪柯庭墨蘭

昨夢湘江岸，幽芳帶露餐。朝來披畫卷，本本是香蘭。
本是深山種，偏於君子親。尋常没骨體，誰敢與傳神。
故人胸萬卷，不肯入京華。濯魄冰壺裏，丰姿如此花。

有露香偏遠，無風態自奇。憑將獨立意，寫取出塵姿。畫蘭不必似，似蘭畫自好。似與不似間，月華映水草。在砌愁零落，當門畏剪鋤。移根墨池裏，無莞亦無枯。密密復疏疏，斜斜復整整。分明姑射仙，自寫風流影。我坐維摩室，天華掃不開。君能作清供，寫贈一枝來。

（輯自同心言初集，汪文柏輯汪柯庭彙刻賓朋詩，中國國家圖書館藏清康熙三十一年刻本）

酬答鄒青士

鄒陽饒俊氣，不遇欲如何。涉世風波足，逢人皮相多。耻爲彈鋏客，甘作飯牛歌。贈爾青瑶硯，聊爲到玉河。

（輯自中國國家圖書館藏潘氏手稿本遂初堂稿戊辰卷）

贈别盧儀長

四海需林日，□□老此賢。□將多壯志，□世有新篇。久客□同調，將旌悵各天。干宵餘紫氣，誰爲掘龍泉。

（輯自中國國家圖書館藏潘氏手稿本遂初堂稿戊辰卷）

壽汪芾斯 提舉監市司

□雲舉望早，齊眉珠海三。逃名勝木天，積貯百城功。掌上梯航重，課程騶前極。憲□……

（輯自中國國家圖書館藏潘氏手稿本遂初堂稿戊辰卷）

默化堂

坡仙題榜在，佳政孰爲符。此日吾宗老，古時良大夫。僞馴無佩犢，訟息少鞭蒲。娼□鳴琴理，申韓可逮儒。

（輯自中國國家圖書館藏潘氏手稿本遂初堂稿戊辰卷）

附稼堂原什

出山翻見住山翁，郭北精藍勝崦東。小徑恰逢寒食近，清言難得故人同。天容晴雨崇朝變，棋局雌雄過眼空。何似拔身塵滓外，焚香滌硯對支公。

（輯自徐釚撰南州草堂集卷一三詩稿春日同習隱稼堂集賢溪精舍次稼堂韻贈同岑和尚并示又裴禪師，續修四庫全書影印清康熙三十四年刻本，第一四一五册，第三二七頁）

稼堂詩文輯補 卷下

皇太后賀表

伏以萬國奉琛，合歡心而孝養；八荒偃革，集鴻烈以推崇。慶洽宫廷，頌覃朝野。恭惟仁憲恪順誠惠純淑皇太后陛下，聖善儲祥，安貞禔福，履豐亨豫大之運，皇猷丕著四征；撫覯光揚烈之辰，神武光昭九伐。臣等恭聽捷音，欣逢嘉會，伏願德徽有耀，璇圖將寶曆以長新；慈壽無疆，椒壁與金甌而永固。臣等瞻天仰聖，無任歡忭之至，謹奉表稱賀以聞。

（輯自天津圖書館藏清康熙四十九年增修初印本遂初堂文集卷四）

琅玕集序

友朋群居則樂，不想見則思，情也。平居則有唱酬之詞，臨别則有贈處之語，情之發乎義者也。古詩文之工而傳者，贈行送别之作爲多。今仕途交際，不乏篇章，大都以侑好幣、通殷勤而已。作者不必能文，予者不必深交，情者不至，而强爲之辭，吾未見其能工也。

桐鄉汪君晉賢，器識淵弘，才華綺拔，生平以朋友爲性命。四方能文之士，一剌到門，倒屣相迎，留連懇款，相與刻燭抽毫，争奇角險，以爲歡樂，縞紵贈貽，人人皆得其意去。素心知己，春之朝，秋之夕，未嘗不相往還，得異書佳迹，未嘗不相咨賞。今君一旦結綬登車，辭鄉關，去嶺嶠，微獨故人依徊眷戀於君，而君於故人亦有不能舍。然者，申章贈别，多綢繆繾綣之辭。以君所交，皆文人也，故作者少貴人而多名士，以其情至而文生也，故不求工而自工。於是裒爲一集，名曰琅玕，取張平子思在桂林之章，以爲美人之貽如此也。

嗟乎！人生五倫，一情之所膠結耳。僞於友朋者，事君必不誠；慢於交游者，寮寀必不協；薄於故舊者，臨民必寡恩。汪君處鄉曲，而能使友朋慕悦之。如此，移之於官，必能砥節奉公，溥慈廣恩，上爲寮友所悦服，下得田夫野老之歡心。異日政成報最，來暮之嘆，誰嗣之頌，其不爲緣飾而發於中心也，又可知矣。余辱君知厚，故既爲詩贈行，而又序之如此。

（輯自潘氏自刻本遂初堂集文集卷三）

李霖瞻詩集序

音莫善於琴，悦耳不如俗樂，故箏、琵琶争鳴於世，而琴之道浸微。物莫貴於玉，炫目不若衆寶，故珠璣、象犀盛充服玩，而玉之用浸寡。惟詩亦然。冲融閑淡，陶冶性情，詩之正也。而震宕激越之音，靡縟雕巧之製，嘗見稱於人。蓋昔之爲詩者，將以言志；今之爲詩者，將以求名。言志者適乎己而已，求名則世之所貴貴焉，世之所賤賤焉。無怪乎繁音浮響滿天下，而大雅之音曠世而不一見也。

德州李霖瞻先生，早歲通籍，作令芮城。遭寇亂，解組以歸，杜門三十餘年，與世相忘，世亦幾不知有先生。交游中亦知其爲潛修篤學樂己君子而已，初未知其能詩也。乃先生實工詩，既不墮落時趨，亦未嘗規模古人蹊徑，而清真雋永字句之外，嘗有餘味，鏗然清廟之朱弦，温然黄流之玉瓚也。以其不求人知，故能工若是，啖名之士可以愧矣。先生雅慕靖節之爲人，築一室曰陶庵，日哦其中，因名其詩曰陶庵集。

余聞先生作令時，乞師討賊，有功不見論，反以罷官，終不自明。三十年來，同籍者皆貴顯爲鉅公，而先生欿然無充詘之色。其胸懷實有與靖節相契者。惟其有之，是以似之，與世之貌爲陶者又異矣。先生詩凡若干篇，阮亭先生評刻者僅三卷，五言、古、近體詩居大半，其餘具體而微。蓋諸體必求兼工，卷帙以多相競者，好名之所爲，非先生意也。

（輯自潘氏自刻本遂初堂集文集卷四）

北黟山人集序

新安爲郡，在萬山中，風氣惇龐，民性質直。自宋迄明，名臣碩儒，挺生相望，大抵敦節義，尚經術，發爲文章，崇實去華，優於理趣而略於辭藻。程篁墩號稱作者，所纂新安文獻，上下數百年，體裁若一。蓋先民矩矱，世世相承不遷，於風會而然也。明中葉以還，稍稍漸涵時尚，若王仲房、汪伯玉之倫，雖有盛名，體格變矣，實學亦浸衰焉。

歙縣吴子楞香，高才績學，登上第，入詞林，勤於職事，清望蔚然。累遷國子監祭酒，蠹釐積弊，剛介無私，屢有建白，悉稱上意，駸駸嚮用。以母老告歸，閉户著書，足迹不涉公府，砥節礪行，没身不怠，君子人也。文辭亦雅健，稱其文人。往余分校禮闈，閲其文，知其邃於經術，亟薦拔之。及在禁林，數見其撰述，典重舂容，有原有本，粹然儒者之言。今没，而其子將刻遺集，問序於余，因得盡閲。其詩大都意勝而輔之以詞，情深而會之以境，高朗峻潔，文質相宣，舉世俗纖浮佻肆之病皆無之，依然文獻所録先正遺音，而不屑與挽近名家争妍鬥麗，執持堅定，概可見矣。黄山古名黟山，高大甲江表，純石而多峰，剛棱而不媚。吴子名其集曰北黟，其殆取以自況乎？

新安人之散居他方者，不乏才雋，然習與地移。居吴越，則靡於吴越；居淮揚，則漸於淮揚；居江楚，則波於江楚。華秀之風日啓，真樸之意亦日虧。有能嶄然自樹，力追其鄉之先賢如吴子者，吾見亦罕矣。惜乎登朝不究其施，著書不竟其緒，而所傳止於是也，爲雪涕書於簡端。

（輯自潘氏自刻本遂初堂集文集卷四）

臨野堂集序

天下惟實浮於名者，一時無赫赫之譽，而傳之久而愈光；其名浮於實者，反是。夫名生於人知，自淺陋者之急於求知，輕自衒鬻也。於是大雅之士耻之，抱其所有，深藏固蓄，不屑與悠悠泛泛者爭短長，而以俟夫真知獨契者。此其自信者誠篤，而期待者甚遥。然天下大矣，安必同時無相知，而必求諸異日之子雲乎？連城之璧，韞櫝而藏，何如置諸五都之市，以待人之賞識？其有不賞，責不在我矣。

玉樵鈕子，與余生同里，少同學，知其才筆軼群，而性情孤迥，凡世間文士所爲者，皆優爲之，且覃精潛思，以造其工，而未嘗稍自表襮。其以選拔入成均也，操觚之士，輻輳國門，各挾所長，以求人知。而玉樵居其間，粥粥若無能者，稠人廣會，每一篇出，未嘗不探驪得珠，使人自失，然卷而懷之，如弗及。公卿中有真賞者，或延至之，贄卷呈身，則有所不屑，以故人知之者希，而君亦未嘗以著作自命。有索觀其詩文者，輒遜謝不工。余曰：「此非謙也，傲也。以爲世人無足知我者。」迨既服官，連宰三縣，而政暇輒讀書纂言，益修舊業不廢。此非好學深思，中有獨得，而能然乎？

今歲，余游廣州，君在高明，忽緘其生平著述，屬余論定。余竊幸君之傲少減，而以余爲粗能知君也。受而卒讀，多往年所未見者。大抵詩章綺拔而雋永，一篇中必有沉思警語，造微詣極，言簡指深，繹之殊有餘味。諸體雜文，各有理趣，匠心獨運，非苟作者。而余尤愛其四六駢體，綜經緯史，索隱鉤深，取材必新，使事必奥，精切典雅，不纖不靡，披之雲錦爛然，按之意義簡遠，即連珠尺牘，斷章片語，亦多雋雅可味。蓋以選體爲骨，而澤以徐庾之藻采，文質相宣，有典有則，視今之以四六名家，專尚風華色澤者，相去遠甚。而時譽常在彼而不在此，宜君之俯視一切，捲舌而不談也，非直詩文而已。

君之作宰，刻意爲廉吏，操行堅苦，皭然不淄，所至多異政，民歌思之，而君亦不求人知，曰：「吾行吾意而已。要譽沽名，不忍爲也。」嗚呼！舉世滔滔利名，所在趨之如鶩，而君澹泊寧静，始終不渝，縱其文辭不甚工，猶足傳世，而况卓然成一家言乎？君即無意問世，爲子弟者，宜速梓行，以廣其傳。世寧無賞奇音，耽真味者？毋曰知希我貴也。

康熙己卯仲冬，同學弟潘耒撰。

（輯自潘氏自刻本遂初堂集文集卷五）

劉損齋詩集序

天下無真樂。惟山水、文章根乎性情，生乎境遇，中有獨得，而不可以喻人者，爲樂之至。山水得文章而生動，文章得山水而清靈，二者又交相助。余是以好游，足迹幾半天下，所至輒斐然有作，頗恨世人同此好者絶少。岳鎮當前而不及游，游而無詩文紀勝者，比比皆是。

兹客羊城，邂逅湘潭劉君損齋。出其詩文，在山水間者，十居六七。余於是欣然有把臂入林之喜，知菖歜蒲葅，天下亦有同嗜也。損齋負雋才，名噪藝林，中年不遇，挾其奇以游四方，故人當路者傳客之，然身在朱門，而興寄巖壑。在京師，則策蹇入西山，遍尋香山、玉泉諸勝。客江淮，則釣臺、隋堤諸故迹，無所不搜討。在衢州官舍，則再游爛柯，窮幽剔隱。乘間之蘇臺，之西泠，歷覽諸名勝。今客仁化，則極賞丹霞之奇，慫恿主人，創爲作志。乃真情移心，醉於山水者，而詩文之清新雋永，又足以發之。人間至樂，余所獨私者，損齋遂平分以去，豈不異哉！

余嘗慨山經地志，多所訛缺，大荒經、十洲記等，既荒誕不經，方輿形勝之志，亦無善本，嘗有意搜輯，而一人聞見有限。幸有損齋志尚略同，游石鐘而辨酈元、李渤之是非，登岣嶁而考蟲書、篆刻之真僞，彼此參質，所得爲不少矣。書以志吾幸。

（輯自潘氏自刻本遂初堂集文集卷五）

匏村詩集序

古來居大位，享盛名，既没而人思之不衰者，大抵樂育人才之效爲多。李文饒去相，而八百孤寒一時下泪。令狐楚久没，而十年泉下有客歌思。非憐才愛士，出於至誠，而能然乎？

吾師相國益都馮公，門庭清肅，朝士貴顯者至私第，恒不得見，顧獨喜文士，慰薦如弗及。當戊午己未之間，士之應召至闕下者，吾師戒無留門，無貴賤，與鈞禮。耒輩既通籍，幸出門墻，吾師親之愛之，一如家人父子，三五日必見，見必在書室中，論文講藝，常至夜分。或過萬柳堂，或憩長椿寺，輒召耒輩從游，有作輒令屬和，翼日新詩流布國門，誇爲盛事。

當是時，毗陵毛子行九，實館於相國之家，爲子弟師。毛子才甚高，年甚壯，方鋭意功名，揣摩舉子業，於詩詞未甚致力也。而宴集唱酬，每出傑思奇語，驚起坐客。自吾師告歸，而沙路火城，眇不可即。今吾師墓木拱矣，而厚德高懷，流風餘韻，人人思慕之如一日，不獨門弟子然也。

今兹己卯，偶客羊城，而毛子先在，握手之際，喜極以悲。蓋自吾師東歸，毛子亦謝去，轉客諸公卿大吏間。雖不乏感恩知己，而求如吾師之中心好之者，良難再覯。毛子年今半百，髮種種矣。雖才望滿天下，而尚艱一第，飢驅出門，或遇，或不遇。向時飛揚跋扈之概，澌然無有存者，而詩益工，詞益雋。間出一編，屬余序之，則别後十五六年窮通利鈍、欣喜悲愁之情況，一見之於詩。詩格宗香山、放翁，能言其所欲言，真摯爽朗，不事雕繪，天趣盎然，窮而後工，信有之矣。

嗟乎！以毛子之才而偃蹇如是，吾師若在，不知如何惋惜，恨不出之泥塗而致之青雲。

今已矣，涸轍枯魚，待潤西江斗水且不可，必舉世無相識，終身思舊恩。語及吾師，能無泪涔涔下乎？雖然，吾師往矣，有世兄焉，固君之高弟，方典大郡，必能體吾師之意，以厚遇君，君之游，寧遂困乎？余以頭白門生，邂逅平津，賓客同有天涯淪落之感，聊於序君詩發之。峴首看碑，亦唯羊公義故同爲墮泪而已矣。

（輯自潘氏自刻本遂初堂集文集卷五）

清齋雜咏序

吾人所好，惟有圖史琴書，詩酒花竹。而是數者，與簿書案牘迴不相謀。嵇中散有言：「一行作吏，此時便已。」熊魚之味，從古難兼。唯師儒之官，無民社寄，蕭散優閑，可以自樂其樂而無害。然今官學校者，大率憂貧嘆滯，戚戚嗟嗟，於世資己好，蓋兩失之，甚非計也。權六張君，海昌英雋，其才地宜早在雲霄，而俯就司訓，擁皋比於烏程。宜其邑邑不自得，乃能遥興高寄於談經課藝之餘，登臨嘯咏，悠優自適。又於署中治隙地，雜蒔竹木花果，手封土溉泉，驗其情性，挹其風姿，刻畫摹寫，形之篇什，清新妙麗，儼若繪圖。非夫逸韻高懷，中有自得，而不撓於外者，孰能若是？

夫河陽栽花，彭澤種秫，不失爲賢令；柳惲咏白蘋，王元之題芍藥，不失爲賢刺史。仕宦何嘗俗人，人亦自俗耳。權六誠能不改其樂，豈唯閑散之地然哉！即爲熱官劇職，而翛然物外，無不可者。彼俗吏烏足以知之？

（輯自潘氏自刻本遂初堂集文集卷五）

落花詩題辭

六朝以前，無專咏落花者。然梁范縝有言：「人生如樹花，同發隨風而散，或墜茵席之上，或落泥塗之中。」三復斯語，感慨深長。此詩人寄托所本也。厥後才人詞客，以此遣興，更唱迭和，動至十數篇，大都惜節物之不留，悵芳華之易謝，人之情境不一，故詩之機格亦不窮。

余弱冠客淮陰，先輩湯右君出示落花詩十首，余一夕和之，人咸驚詫。今并其本亡之矣。兹徐子公銜示余此詩，多至三十首，而語意不見窘複，運思新穎，比類親切，清詞雋句，絡繹而來，應接不暇，殆遠過余昔年所作。公銜未嘗以詩自鳴，而敏麗頓爾，文士固不可測，余愧知之晚矣。公銜爲虹亭難弟，虹亭蜚聲露采，蚤踐清華，而公銜矻矻窮經，未得一第。其咏此也，得無有茵席泥塗之感耶！

（輯自潘氏自刻本遂初堂集文集卷五）

一齋舊詩序

古之君子，恒有澹定之操，清嚴之節，味道遺榮，獨立物表，若無心於用世者。不得已而起，則樹豐功，收駿譽，恢乎其有餘。蓋惟無所動於中，乃能有所立於外也。若諸葛孔明久處隆中，一出而功蓋三分；謝安石高卧東山，暫起而匡扶晉室。此非必功遂名立而後知也。養完而守固，當潛處之日，去人固已遠矣。

蔚州魏一齋先生，爲大司寇環溪公之長子，胚胎前光，服襲舊德，少擅雋才，嗜學若渴，以名卿子早登甲第，要職清班，可俯而拾，而先生恬然無競。暫補中書，念司寇公年高，亟請歸養。丁艱服除，可以出矣，依戀慈闈，久不赴補。家居二十載，栖遲偃仰，若將終身焉。天子西巡，叩迎道左，深蒙褒獎，諭令補官。改授詞曹，領編纂，充分校。旋命視學江南。江南大藩，學臣重職，先生壁立萬仞，不受纖塵，玉雪風操，始終若一。學臣之清，至蔚州而極，中外無間言。簡任甫始，而澄清匡救之功，已卓絶如是，異日建豎恢宏，寧有涯量哉！今天下不乏奇才異能，而耿介端清之人，千百不得一。若先生者，信可稱祥麟威鳳。要其風節，不自今日始也，于林居之日決之。

兹讀一齋詩數百篇，皆家園所作，清雋高雅，格律在韋柳歐梅之間，而詞旨冲淡，意趣蕭閑，置身千仞之上，俯視塵世，無一物得而干之。則夫居官之如秋月寒潭，一清徹底，固其宜矣！國朝名臣輩出，而以清節著聞者，無若司寇公。先生纘承令范，光大家聲，質威世美，遠勝韋平世貴。讀是編者，當奮然興起，立懦廉頑，毋徒服膺篇章之工可也。

時康熙戊子秋日，松陵潘耒拜撰。

（輯自魏學誠撰一齋舊詩卷首，清康熙間刻本；又見諸慶之𨨳、楊篤等纂修光緒蔚州志卷一二藝文志下，清光緒三年刊本）

滇海集序

莫易於爲名賢之子孫，亦莫難於爲名賢之子孫。謂丹穴無凡羽，謂朱草多靈苗。阿大中郎，未必出人遠甚，稍露頭角，人競奬成，驟致名譽，故曰易也。以陳群之貴顯，而上慚太丘；以靈運之文采，而遠玷車騎。有名位矣，而德業不如；有才華矣，而志節弗逮。已或自恕，人將求全，故曰難也。

前明末造，貞臣節士，所在多有。嘗詢訪其後人，而承休繼美者，不數數見。往余在史館，貴池吴子班以其尊人樓山先生事迹來求表揚。余既重樓山大節，特爲作傳；又嘉子班有學而隱居，能無忝門風也，爲文以贈。迄今二十餘年，其子復古持父札來謁余於荒村，恂恂儒雅，而英傑之氣，見於眉宇。叩其所有，則肆應而不窮。問其行踪，則燕齊滇越無不至，賢豪長者無不交。於是知樓山既有子，復有孫，喜天道之足憑也。旋示余滇游詩一編，山川形勝，摹寫如繪圖，友朋贈處之間，情誼肫摯，而指陳民隱，感懷古迹，才識志趣，卓犖不群，調高而思警，氣清而才健，毅然以古爲師，而絶去近代卑靡纖巧之習，可謂能自樹立者也。樓山領袖清流，以身殉義，著述種種皆可傳，德行、節義、文章三者，兼而有之。求爲象賢實難，以復古之才與志，庶幾勉爲其難。令奇節至行，史筆特書，毋徒綴名乃祖傳後，則誠不愧乃祖矣。

松陵潘耒序。

（輯自吴銘道撰復古詩滇海集卷首，中國國家圖書館藏清康熙間刻本）

整理者案：吴銘道復古詩槎頭集有畢雲章從人所見稼堂先生作余滇海詩序意以不讀余集爲恨余憶安寧温泉有無名氏摩崖云似我黄山要之黄瀨往來吾胸中久矣輒作此詩報之詩，則題爲「滇海集序」爲是。

附　不下帶編潘稼堂序吴銘道集序條

潘太史稼堂序貴池吴復古明道集，云：「莫易於爲名賢之子孫，亦莫難於爲名賢之子孫。謂丹穴無凡羽，謂朱草多異苗。阿大中郎，未必過人遠甚，稍露頭角，人競奬成，驟致名譽，故曰易也。以陳群之貴顯，而上慚太丘；以靈運之文采，而遠玷車騎。有名位矣，而德業不如；有才華矣，而志節弗逮。已或自恕，人將求金，故曰難也。」復古爲次尾先生應箕文孫，與埴交四世矣。摹鏃古學，有復古集行世，名賢子孫，良不虚也。

（輯自金埴撰不下帶編卷一，中華書局一九八二年版，第十八頁）

古稽齋稿序

耒自髫齔時，側聞里中能詩者，有徐君。蓋徐君之治詩久矣。當崇禎末年，海内獨知有所謂時文之學，五尺童子粗通帖義，便可出取世資。徐君意弗屑也，顧獨好詩。家故貧，棄絶百事而爲之。當其苦吟湛思，精神寂寞，如據槁梧之枝，如抽獨繭之絲；蟬鳴鶴唳，不足爲其淒清也；崩雲斷壁，不足爲其幽峭也。偏至側出，往往參會於古人。而世方以科舉速化之學相詩詡，無能引重徐君者，見其淳淳悶悶，故笑以爲迂愚。

比遭世變，草澤之士，浸習爲歌詩。而徐君屏居荒郊，授徒自給，絶不與啖名之士馳騁上下，以故聲名不出里巷間。而其自喜爲詩益甚，老病無聊流離轉徙之狀，一一見之於詩，詩亦益工，事亦益困。嗟乎！古之窮士，若盧同、賈島之徒，其時方以詩賦取士，彼工其業而不遇，故以爲奇。近代既不用詩，而徐君獨爲於舉世不爲之時，求窮而得窮，又何足怪。惟是昔之不爲詩者，既不能因君之人以知其詩；今人稍稍爲詩，復不能因君之詩以知其人，斯可愧耳。

君少與先人游處，先人亟稱之。兵後移居，先兄數相聞問，而顔雪臞、葉桓奏兩先生嘗序其詩，自外無知君者。耒北游歸，即寓書索序。耒逡巡未就。迄今三年，君不罪其稽緩，而索之不已。豈以愚陋如耒，猶能不忘先友而取之也歟？

君詩古體，學陶韋閑淡之味，律體刻深，五言尤老健。其佳句如「美人南國盡，寶劍北風鳴」「雙鴻一箭落，孤騎九邊游」「月色不上樹，水光常在天」之類。作者或未能過，夫士腐心含毫，竭生平之力以求工，篇章亦欲有聞於世，誠不意闃寂如此。凡物精氣所注，理難磨滅。君詩雖不著於今，庶幾有傳於後。

錢虞山集列朝詩，不盡滿人意，而搜舉廢墜，無所失遺，樵人釣叟，斷句殘章，皆得附以垂名汗簡，有功於文苑不細。君老矣，力不能自振。後之君子，得君之詩，有能芟除冗率，標舉雋永，登於篋中之集，毋使與時文之士同湮没而無傳，是通人之責也夫。

（輯自黄兆檉撰平望續志卷十六集文，清光緒十三年刻本）

屈氏吴江縣志序〔一〕

吴江志昉於明初竇氏。成化中，莫景周增修之。嘉靖中，徐魯庵續修之。迄於今，又百三十年矣。其間風會之遷流，政令之更改，與夫名臣傑士之事迹，不可以莫之紀也。亡兄力田嘗有意撰述，先纂人物、藝文二種，爲松陵文獻。書垂成而遭變，遺稿流落人間，争相珍秘。於是邑子紛紛争言志事矣〔二〕。癸亥夏，朝廷議修一統志，郡縣被符，各修新志。而吾邑屈子駿聲，以所輯志書上之當事。會有譏其蕪冗者，開局别修，三月而竣事。其傳人物，十九本諸文獻，頗稱簡核，顧他文未能稱是。於是人復思觀屈氏之書，而屈子遂刻其志以行。邑諸先生并爲其序，余不可以獨辭。

夫作志之難，不下作史。作史者，必洞悉一代之章程故實，賢否是非，胸有成史，而後可以執簡。作志者，必灼知一邑之風謡利弊、族姓人物，胸有成志，而後可以操筆。否則，爲僭而已矣，爲誣而已矣。

昔莫氏之爲志也，自言殘碑斷碣無不搜剔，遺編故紙無不檢閲，鮐背鯢齒無不訪問，蓋歷三十餘年而成書。魯庵當代大儒，淹通古今，亦經二十一年而後削稿，又得沈副使身乘小艇，周行邑中，詳究水利，而後成書。蓋昔人著書，精勤如是，慎重如是，然猶或有紕漏，爲後人指摘。今人苦不自量，輒欲以空疏淺近之學，輕肆急遽之心，苟得一書，私爲粉本，率爾而作，率爾而成，無草創之勞，無討論之功，欲望信今傳後，其可得乎！

屈子自壯至老，留心邑志，墜聞逸事，無不搜討，諸家載籍，無不捃摭〔三〕，孜孜汲汲，二十餘年，其用心可謂勤矣。猶不敢自是，出而質諸人人，訂訛考異，不厭詳複，有所駁正，應時删改，庶幾古人虚公詳慎之意。

余觀其書，有三善焉：吾邑賦税之重甲天下，科條纖瑣，百目千名，易以淆混。是書鈎考精密，凡土田户役之籍，徵輸發運之數，條分縷析，粲若列眉，使官民有所徵信，吏胥不得爲奸，一善也。忠臣義士，天壤正氣，不可磨滅。今人著書，多所忌諱，凡見危致命之夫，抗節守貞之士，概從抑没，不見姓名；甚至孝行一門，亦從刊落。是書褒忠録節，炳如日星，發潛表微，有裨風教，二善也。今之君子，喜行剽竊，既掩取他人之書，則不欲舉其名氏，深諱重錮，不使一見。是書有所援引，明言本之誰氏，出自何書，名從主人，無所剿掠，三善也。至於體裁義例，則他人之書固未能盡善，不可以是獨病屈子。而屈子亦謙謙未遑，以俟作者。斯文未喪，天實生才，必將有綜攬諸家之書，舉要芟煩，整齊畫一，以歸至當者。屈氏之書，爲椎輪，爲篳路，其功未可没也。

余譾陋不能推大亡兄之志，勒成一書，撫屈子新志，恫乎有餘悲焉。序而歸之，聊以志吾愧云耳。

（輯自潘氏自刻本遂初堂集文集卷三。又見諸郭琇修，屈運隆纂康熙吴江縣志卷首，清康熙間刻本）

【校記】

〔一〕屈氏吴江縣志序　清郭琇修、屈運隆纂康熙吴江縣志卷首題曰「吴江縣志序」「潘耒撰」，末署「康熙乙丑八月上澣前，日講官起居注翰林院檢討潘耒撰」。下稱「康熙吴江縣志卷首潘序」。

〔二〕邑子　康熙吴江縣志卷首潘序作「邑人」。

〔三〕墜聞逸事，無不搜討，諸家載籍，無不捃摭　康熙吴江縣志卷首潘序有此十六字，潘氏自刻本無此十六字，今據以補入。

松陵文獻後序

亡兄撰此書，凡數易稿而就。既没，稿本流傳人間，争相珍秘。康熙甲子，或言於邑令，請改修縣志。三月而遽成。乙丑春，耒歸自都門。有言新志全用亡兄之書者。索而觀之，信然。因愾然嘆息，謂吾兄作書，固爲邑志張本，吾不怪其蹈襲，但不應略不載吾兄姓名，絶不言本某書，有似取人之物而諱言主名者。其人不服，更出書數百言，大略謂紀載之書，必有所本；馬遷、班固，無不仍襲前書者。夫子長史記，明言據左氏、國語，采世本、戰國策，述楚漢春秋。孟堅漢書，特爲馬遷立傳。不聞舉其人與書而没之也。又謂亡兄以事見法，不當道其姓名。孟堅不死獄乎？蔚宗不赤族乎？前後漢書，至今行世，未聞當時人掩取之也。亡兄爲人所株連，非以自著書得禍。爲親知者，得其著述，宜何如表章稱道？顧利其死而掩取其書，有心人者，當如是乎？且文獻中，固嘗爲其祖若父作傳矣。爲子孫者，忍遂反唇相詆乎？出險語以箝人口，此訟師刀筆之事，而謂衣冠爲之乎？

既乃嫁過於朱先生鶴齡，謂朱實襲潘之書，已乃襲朱，初不襲潘。夫朱先生與亡兄交最厚，其自著書頗多，何至掩取亡兄之書？縱有所援引，亦明言本諸潘氏。凡考訂論贊，皆言潘某云云。新志何所見，而悉以潘之説爲朱之説？非唯掩潘，抑且誣朱矣。

世衰俗薄，朋友道衰。己則不義，又從而爲之辭。直道在人，余亦不復置辨。第點檢亡兄之書，梓以行世。莊注具存，何傷乎向秀？化書無恙，何損乎景升？惟是出之不早，有此紛紜。是余之罪也夫！

（輯自中國國家圖書館藏清康熙三十二年潘耒刻松陵文獻卷末）

附　陳去病按語

棄疾案：此文集中不載。

案：力田先生松陵獻集一書，爲吾邑掌故之宗，頗具史法。讀次耕先生前後二序，可得其概矣。序中所指新志，係郭琇邀葉橫山先生主之。書凡四十六卷。時因期限促迫，茵襲舊典，事誠有之。以予所知，潘書之外，并摭屈運隆氏所撰邑志，而皆没其前功。故潘、屈二氏頗憤，攻之甚力。橫山素崛强，抵抗幾成讎隙。然彼此皆邑人，而力田先生又橫山之表姊婿也，被誣殞首，橫山豈不知之？特當時禁網未解，懼觸忌諱，理或有之。乃彼此不諒，激成攻訐。文人輕薄，一至於是，不可嗤耶！今者事同泡影，愛憎盡滅。天寥、即橫山父。力田，名節顯顯。而橫山、次耕，人格相等，亦可無譏。籀誦斯箸，徒忉怛耳。董而理之，聊明其故。

邑人陳去病識。

（輯自國粹學報一九〇七年第三十三期）

附　傳增湘松陵文獻跋

吴江潘力田先生學問通博，一代史才，熟於朝章典故，生平以史事自任，與吴赤溟同修明史記，不幸遘莊氏史案之禍，其書不成。遺著傳世者，有今樂府、國史考異諸書。此松陵文獻亦其一也。考吴江舊志，惟存莫、徐二氏。力田以莫志詳而徐志簡，皆有疏失，又自嘉靖以迄明季，曠無紀述，乃爲松陵文獻一書，獻以紀先賢之事迹，文以存邑里之詩文。乃文集未完而史案作，其弟次耕未得獻集於灰燼之餘，乃序而傳之。

書凡十五卷，卷一至十二爲人物志，卷八以後人物又析爲儒林、孝義、文學、隱逸、高僧、道術、藝能、列女、寓賢、名門，卷十三至十五爲官師志，述歷代守令丞倅簿尉之績，而以教職附之。凡三百四十餘傳，舊志所有從而更定者六十餘傳，增立者六十餘傳，嘉靖以後自撰者又一百六十餘傳。凡歷代正史、列朝實録，與夫直省志乘、古今文集，有涉於邑事者，咸鈎稽疏記，積累成編。凡所臚舉，皆有據依，其文質，其事核，觀於此而先生之史才可見矣。

卷前有次耕序，卷後附邑人戴笠撰傳。次耕又以康熙甲子邑令改修縣志，新志全用此書，而姓氏不著，以爲有似取人之物而諱言主名者，因撰後序以申辨之。惡聲厲語，詆訐百端，有「莊注尚存，何傷乎向秀；化書無恙，何損乎景升」之語。平情論之，力田罹禍未久，邑志采其書而諱其名，自是當事者遠禍之意，若必謂利其死而掩取其書，於事未免深文，雖激於友于之情，要非士君子所宜出也。

此書刻於康熙癸酉，流播未廣，世所稀見。余壬子歲游吴門，得之，扃諸篋笥者二十餘年。頃以檢書及此，深悼先生以曠世異才，偏遘奇禍，死時年甫三十有八，史稿既佚，遺著無多，因略述梗概，附於卷尾。其國史考異，余亦訪得原本，當合裝并儲，以期永保。別有觀物草廬焚餘稿，則先生詩稿，恐出於後人搜采而成，非其全也。

己卯十月，藏園老人識。

（輯自藏園群書題記卷四，上海古籍出版社一九八九年版，第二一〇至二一一頁）

歲時日次類傳序

自歐陽率更有藝文類聚，虞永興有北堂書鈔，而類書始行於世。其後踵而爲者滋多，如聚百藥於籠，唯醫師之所用；列五兵於庫，惟勇夫之所操。於纂言家，固甚便也，無如編輯者，難得通人，罕能持擇，讕言長語，陳陳相因，令人易生厭倦，識者病之。

若上董子農山，學博才贍，勤於纂述，年來撰次類書，先以歲時日次一編見示。余覽而嘆曰：奇哉！古未有也。從來紀歲時者，不過令節佳辰。摭故實爲類書者，縱復旁搜博采，及於風土之記、占侯之書，亦月數日焉止矣。未有旬旬而比之，日日而排之，自元旦至歲除，徵事綴言，條分件繫，無一欠缺，如此書者也。觀其取材，自正史稗官、山經地志、九流百氏之書，古今名人之集，無不披覽，無不采拾，此非家藏萬卷之書，目有十行之敏，棄絶人事，爲之十數年，而能精詳若是乎？而董子之言曰：「吾之全書曰古今類傳，分天、地、人、物爲四部。歲時，特天部之一耳。其他悉是，是非吾一人所能就。吾弟霞山實共成之。雖因也而實創，雖故也而實新。」

嗟乎！士生今日，而著書必補古人所未及爲，而後可以名世，疊床架屋，徒勞人耳。若農山兄弟，得不謂善著書者哉？嘗一臠而知鼎味，一類如此，全書可知。吾嘗勸人勿輕著述，若董子所爲，愈多愈善，吾且引領，以需其成。如海舶初至，已見火浣木難，非傾筐倒篋，盡發其藏不快矣。

（輯自潘氏自刻本遂初堂集文集卷三）

【校記】

〔一〕歲時日次類傳序　潘氏自刻本正文作「歲時日次序」。

殷公年譜序

世之盛也，主以實心遇其臣，臣以實心報其主。故生民之疾苦，無弗洞達；政事之缺墜，無弗修舉。及其衰也，不惟其實惟其文，在位者委蛇容默，苟幸無過，斯已矣。此以之粉飾太平或有餘，而任大事，立大功，未見其可也。古來名臣將相，樹經天緯地之勳業者，雖才術大過人，莫不本實心報主之一念，而後能知無不言，職無不盡。乃今之世，何寥寥也！

余讀殷公年譜，不勝敬慕焉。公有經世大略，又能潛心學問，博綜古今，雖以武科起家，其才無所不可，由偏裨積功至大帥，無攻不克，無守不固。其攻心伐謀、出奇制勝之道，固已符孫吴，齊頗牧矣。然優於將略者，猶或能之。至其以生民休戚爲己任，於主上前敷陳軍國大計，侃侃鑿鑿，無所依阿。及其以身任事，則荷大肩難，不避勞怨，非精白一心，公爾忘私者，莫之能爲。庶幾哉古社稷臣矣！

公之在臺鎮也，上疏請更試士，設鵠選拔，行伍之法，已非他總戎所肯言，然猶軍旅事耳。至於鑄錢病民，此錢穀事也，然閩當事不言，而公言之。關中大荒，襄、鄧多流民，此地方憂也，然秦、楚當事不言，廷臣不言，而公言之。其不言者，無他，謂言而上未必樂聞，或被切責耳。此爲己之慮長，而爲國爲民之意，何其寡也。公唯以堯舜君民之心爲心，故不避離任，不嫌隔省，不辭越職，唯求民隱上聞，國恩下逮而後止。然天子未嘗罪其非分，且嘉其忠直，而一一行其言。於是見皇上之樂受昌言，而公之積誠可以動天也。百爾有位，皆以公之心爲心，國家之治，何難比隆唐虞哉！

若夫運米賑飢，招集流移，公則力排衆議，身任險艱，非露才也，非立異也，以爲不如是，則事不濟也。出塞大征，公爲亞將，而自集議之始，至於臨陣决機，皆公籌畫布置，不少讓，亦曰：「國家大事，正臣子竭忠之日耳。」今功成名立，而又詳載於年譜。有言宜推功讓善，不當直書者。公曰：「古人有不言温室樹者，有獨坐大樹下口不論功者，吾非不慕之。然吾所言，皆天下大計，出塞事，曲折甚多，他人言之，未必能盡，吾豈敢飾遜讓之虚文，而掩行間之實迹哉？昔趙充國平西羌，將還朝，或勸之歸功他將，充國曰：『兵勢，國之大事，當爲後法。』吾爲大臣，當明言兵之利害，豈嫌伐一時事，以欺明主哉？」公之用心，正與營平符合，唯其以不欺之學事君，故見諸施行者皆實事，布之簡牘者皆誠言也。

嘗觀古良史所載功臣事迹，宛轉詳盡，如目睹之，蓋必本諸當時記録，非可追度者。異日史家得公此譜，以書公功烈，精采必十倍他人。又況所紀者，非止一身之事，而天下之大故具焉。可與國史參異同，考得失，所資不細。公甫逾五十，簡注方隆，旂常竹帛之勳，且日新月盛，更望大書續書，與天下共見之也。

（輯自潘氏自刻本遂初堂集文集卷三）

洛書成卦圖序

士生千百世之後，有立説而出先聖先賢之外者乎？曰：有之，亦視其理之當否而已矣。誠當乎理，則其説必自然而然，天造地設，不假安排，少有迂曲，稍涉傅會，則至理不存焉。夫使其迂曲傅會也，雖古人之説，猶將舉而疑之；果其天然吻合也，雖今人之説，亦必信而從之。吾從理也。夫庸知其説之出於古今人乎？

易大傳曰：「河出圖，洛出書，聖人則之。」是圖、書皆以作易，而後儒謂洛書出大禹時，洪範、九疇所自起。徵其實，疇之目與書之數，無當也。安在其相則象乎？言易者間及洛書，亦第取其方與數互相參伍而已，無有以之配卦者。明王禕氏極論洛書配易、陰陽奇偶之數明矣，亦未及乎成卦也。

吾邑楊子維箕，博通星曆象緯之學，始以九宫演八卦，順而布之，九變而成六十四卦，復逆而布之，亦九變而成六十四卦，倒裝對待，皆出天然，錯綜進退，曲盡其妙。其有所受之歟？其師心獨創歟？吾不得而知。要爲發前賢所未發，斯亦奇矣。事固有缺於古而備於今，理固有晦於前而顯於後者。况易道深遠，索之不窮，采之愈出。故卦變錯綜之妙，至近世蕭山來氏而始盡；一篇序卦之説，至今郇陽王氏而始精。吾獨嘆夫圖、書爲作易根本，乃以書成卦之説，更數千年未有推而明之者。且洛書爲用至博，曆家以之布氣，選擇家以之吊宫，地理家以之主運，特未有以之配卦者，而今乃見諸楊子。楊子方布衣芒屩，教授村墟中，惜乎！吾不能如子雲之稱説君平，使之身在市肆，而名重京都也。爲序而歸之。

（輯自潘氏自刻本遂初堂集文集卷三）

尺牘蘭言序

黄子叙九與王子纘文裒集學士大夫平生交游往復之札，題之曰尺牘蘭言，集凡若干卷。寓書京邸，曰：「書將成矣，願子序之！」二子以詩騷風雅自命，耽心著述。斯編結契，非當世正人君子有道高明之士，即講學論道之朋及山林肥遯之流也。夫人固有獨立而無與者，亦豈有身寂寞而無與古今之事哉？縉紳相與以同心而共濟，雖山澤與世不相涉，亦必有與焉。以同道而相益，此孤立獨行之士見稱於朝，而狷狹枯槁、逃虚避人之行，要亦有裨於野也。則二子之于蘭言，吾知其裨於維風持教之深矣。

余按，臣僚敷奏，朋舊往復，皆總曰書。近世臣僚上言，名爲表、奏。惟朋舊之間，則曰書而已。書之類，曰簡，曰牘，曰札，曰削牘，曰咫尺書，曰簡牘，曰書簡，曰赤蹏，曰修刺，曰尺素，曰竹素，曰八行，曰尺書，曰尺一，合之總曰尺牘。雖辭取達意，體則詞命，然叙事議論，未嘗不兼也。倘所云散鬱，陶托風采，條暢任氣，優柔懌懷，文明從容，情授於思，言傳於意，密則無際，疏則千里，或理在方寸，而求之域表，或義在咫尺，而思隔山河，乃寂然凝慮，神接千載，視通萬里，思居胸臆，綴之數行，聯之短幅，亦所謂心聲之獻酬，素懷之贈答也。

雖不能語言問答，如書誥之可見，而春秋之内外傳，諫諍論説，應對之略，辭令著於左氏，爲命協於東里，意其爲尺牘之所自也歟？以及兩漢、三國、魏晉、唐宋之修詞者多有，亦可以爲法戒者。此二子於翰墨之餘，游情於此也。抑余嘗見漢之陳遵，推其爲能，劉穆之自旦及日中，可得百函，朱齡石得八十函，艶稱於史，後無傳焉，則佳否亦未曉於後世矣。而兩漢所載，孝武與嚴助諸書，至建武諸札，俱烜赫彪炳於班范之間。後之君子，由歐、蘇、黄而上溯於古，豈曰文章爲道中之小技，尺牘爲文中之戔戔者歟？况乎在朝則相與秉公斥邪，以共憂天下之憂，幸致太平，則可與樂天下之樂；而在野則相與養志理性，表絶學而含風雅，述嘉言，勒懿行，殆如昌黎所云「求國家之遺事，考賢人哲士之終始」，以發潛德之幽光，抒其樂於寬閑之野、寂寞之濱，則其所以取於天下風教之際者，豈其微哉！

抑有感焉，正人志士，老成名德，聚散存殁不可常，而人之易忘也，則有不能舉其姓名。至其所以交相儆戒策勵之意，與言論風旨、文章道術之微，亦或湮没而無聞，良可憫痛。幸其書詞翰墨可以尋繹瞻對，大有幸於典型之存，不致文舉虎賁之悲，宣武老兵之慕也乎！余故曰二子之志於維風持教者，殆有同於古人。世之讀蘭言者，曰某某慷慨奇節人也，某某肥遯之人也，某（也）〔某〕講學論道之人也，某某爲文章鉅公廊廟之大人君子也。則是書未必不可繼左氏、秦漢、魏晋、唐宋之信今而傳後也夫！余於編摹紀述簪筆侍從之餘，樂爲序之云。

時康熙辛酉歲秋日，吴江潘耒撰。

（輯自黄容、王維翰輯尺牘蘭言卷首，四庫禁毁書叢刊，影印清康熙二十年刻本，集部第三十五册，第一五八至一六二頁）

滄州晚興圖序

唐以前幕府所辟士，皆以名聞於天子，拜官食禄，中朝官有缺，以次擢用。唐史所載，自掌書記起家至公卿者甚衆，可謂榮矣。然府主遇之如屬吏，進退不得自由。故少陵有「束縛酬知」之句，昌黎有「辰入酉出」之書。脱不合意，欲遽引去，其勢不可。今之游於幕者，皆以幣聘敦請而後應，位在賓師之間，合則留，不合則去。古之幕似貴而實賤，今之幕似賤而實貴。故士之抱材能而不得志者，往往寄焉。

吾宗梅仙，少有文譽，負經濟才，朝家章程，郡國利病，一一可指諸掌，不爲干禄之學。當路有知之者，數延致幕中。其見事甚明，其治事甚敏，操行潔白，無毫髮私事，有不當，慷慨力争，不少阿主人意，主人多嚴憚之，而卒無有以易君者。君求去，必堅留，終其任乃已。所至，治績常異等，以故文武大吏争欲得君。今總戎薛公自汀鎮潮，君方客閩提督張公所，薛公請與偕行，强而後可。薛公鎮潮十餘年，嶺海寧謐，軍民畏懷，君與有勞焉。薛公甚敬君，而君以年老，無日不思歸，求去者數矣，留之益力，故爲斯圖以見志。

夫季鷹之思蒓鱸，淵明之尋松菊，人美其見幾明哲。蓋有官守而丁亂世，固宜以早去爲賢。今世際清平，君非有職守之寄，爲座上客，言聽計從，齒未耄老，宜不必歸，而求歸甚切，深有得於老氏知足知止之道，而能不失其所可貴者歟？嗚呼！吾見今之懷金佩玉者，頭童齒豁，尚貪戀不休，彈章及之，而猶有不去者。聞君之風，亦可以少愧矣！

（輯自潘氏自刻本遂初堂集文集卷五）

高雲客羚羊峽石考跋

端石貴重於世久矣。顧中州士大夫鮮至其地，品鑒多在影響之間。或至其地矣，而所好不存焉。亦或能得佳品，且有不携一硯以去者。比来游端州如徐司業蘋村、嚴宮坊藕漁，實甚好硯，而不值開采之期，所得亦不多。余以留滯蹉跎，得逢開坑曠舉。人知余篤好此，以石來者踵相接，所見無慮數百枚。同時作客者，唯高君固齋，與余有同好，每得一佳石，輒更相評賞以爲樂。余爲賦硯銘，□□□□未斷。高君复咄咄作峽石考一篇，該博精詳，宛如圖繪。余文專道水巖耳，高君則緣經諸坑，條分縷析，石之□論真贋，好硯悉□，以其說求石，思過半矣。夫自□貢來三百年，開采止十數次。以余兩人稱夙好，恰遇其時，博見而多蓄之，豈非厚幸！然山川之産，有時而竭，而文□心力，能與之境同，□□□□。石亘千載而遇吾曹也，獨非幸歟！

康熙戊辰初夏，鱷鄉潘耒跋。

（輯自中國國家圖書館藏潘氏手稿本遂初堂稿戊辰卷）

滎陽世守跋

六安淮右奥區，吾宗之居焉者，科第蟬聯，蔚爲望族。侍御團山公擊權閹，大行宗魯公諫南巡、議大禮，并以直節著聞。耒從史乘中，想聞風烈久矣。頃大行之元孫兩衡遠枉過存，叙宗支，述祖德，益增欽仰。已而出一幀，曰：「兵燹之餘，家藏散佚。此侍御以下三公詩翰，新從友人楊雪蘿乞得者，特裝潢以貽子孫。」耒觀先賢之立德立功者，不必有文彩。今三公之詩篇翰墨，又能兼工如是，信家學之閎深，而兩衡之善詩能書，遠有淵源也。先曾祖大參公，政迹在人口，而著述罕傳。耒近游廬山，得先公所撰復白鹿洞書院一碑，亟搨以歸，手澤則無存矣。書此以致感慨云。

癸未仲秋，松陵潘耒。

（輯自王峻、李蔚修，吴康霖等纂同治六安州志卷五一藝文二，清同治十一年刻本）

宋既庭八十寿序

天下閎通俊偉之士，常爲人望之所歸，然使人中心嚮往，久而弗替者，必在名實相孚、德行醇備之君子。蓋才華足以動人而不足以動天，可以要人爵而不可以要天爵。故高官膴仕，當時則榮，過則已焉。而經師人師，有德有言者，進則領袖人倫，退則楷模鄉國，不通顯而尊，不導引而壽，春華不如秋實，理固然也。

吾吴□多俊人長德，其品題議論，嘗足表樹風聲。在前明□東林、復社諸先達，上之持清議，維世風，次則主文壇，而樹之幟。滄桑以還，復修社事，向之遺老盡矣。而既庭宋先生以名孝廉，實司文柄，士人争趨嚮之。先生才富學醇，最能指畫文章利病。其所選定之本，舉世奉以爲正鵠，高才髦士，一經指授，心開意解，往往得雋以去，著弟子籍者，無慮千餘人，掇巍科至大僚者，指不勝屈。而先生冲淡寧謐，不樂仕進，闔户著書，若將終身焉。

今天子詔舉大雅閎達之儒，先生被薦，徵詣闕下，名公鉅卿争欲識先生，而先生匿影蕭齋，不通一刺。事畢，而先生不在選，主者以爲愧，先生處之恬然。謁選，得興化學博，恪舉師職，盡心教士，不受脩脯，不私學租。邑洊灾，有司不以告，先生密言□開府。開府素敬先生，如其言奏請蠲賑，活灾民無算。引年致仕，士民攀留不忍舍，爲肖像立祠而行。近代學校，師未嘗有也。

先生孝友夙成，痛母葉太君殉節，居贈公膝下三十餘年，喪葬皆獨任之，美産盡以予弟；孀妹迎養之，終身撫其孤如子；庶妹三人，嫁之如女；訓誨子孫，惟以謹厚敦睦爲家法，不令少逐時趨。士有一藝之長，片言之善，獎薦不遺餘力。族昆弟有貴至相國者，門下士有位開府者，未嘗通干謁。安貧樂道，四十年如一日，洵所稱躬行君子也。才望如先生，謂當早登華要，而乃沉淪閑散，不竟其施，似乎得於天者甚嗇。然四十年來，菀枯萬變，向之彫纓珥貂者，或已臺傾池平，聲消焰滅。而先生齒登八十，精明强固，一門之内，怡怡藹藹，詩書孝友之澤，方昌未艾，得非人爵之獲不勝天爵之修，而天之所以嗇先生者，乃所以厚先生乎？

明末社事之盛，或譏其植黨聚徒，騖虚聲而寡實行，然一時雄長其間者，率能卓然有所樹立。景從之士，亦知重名檢，敦氣誼，固不徒以才華相競也。頃年修文社者，人物已遜於前，然猶有砥行飭躬，風流篤厚，如先生者，爲之表率。過此以往，士習益薄，士氣益囂，佻達成風，誰爲砥柱？誠令先生久存，豈惟碩果晨星爲瑞於世，而坊民表俗端有賴焉。天牖後生，其將遂此如川之祝矣！

（輯自潘氏自刻本遂初堂集文集卷七）

書方正學傳後

死生之際，難矣！忠臣義士，往往視死如歸，非樂死也。其所争者大也。殷周之際，天下莫不曰：「以仁伐暴」，伯夷、叔齊獨曰：「此以臣弑君也。」扣馬而諫，甘罹左右之兵，卒不食其粟以死。曹操收漢已失之天下，還獻帝而相之，豪傑歸心焉。諸葛孔明獨曰：「此漢賊也！寧事？」窮亡，奔北之昭烈，盡力伐操，至嘔血以死而不恤。革除之事，人或爲文皇寬，曰：「是太祖子也，迫而後起也。」方希直獨而詰之，使辭窮理屈，大書「燕賊篡位」，至磔身湛族而不悔。蓋亂臣賊子不旋踵破滅者，人人能名其爲逆。唯夫運窮數極，有大力者晏然取人國而傳之子孫，而天人之心或幾乎變，逆順之理或幾乎易，獨賴一二忠烈之士，大聲疾呼，以死争之，而綱常名教尚留一綫於天壤。彼豈欲成一身之名而已哉？爲天下萬世計遠矣。故曰所争者大矣。

武王雖聖，弑君之慚，終不可掩；曹操之奸，今婦人豎子皆能唾駡之。而壬午六月之事，吾知後有良史，必以「篡」書也。事固有絀於一時，而伸於萬世者，以萬世視二三百年，直旦暮耳。區區成敗利害，烏足較哉！烏足較哉！

（輯自潘氏自刻本遂初堂集文集卷十）

園明寺修造碑

整理者案：此篇原載潘氏自刻本遂初堂集文集卷十三，有目無文。

陳五經祠記

前明仁宗時，吾郡陳先生繼，宋文忠公堯叟之裔，明州判篆之九世孫。父經歷公汝言，卒於濟南官舍。先生生甫十月，母吴夫人抱之還吴，家徒壁立，躬自紡績，撫且教之。既長，乃從名師碩儒游，冲然即有所得，凡於義理之歸，皆體察而究明之。家日益貧，學日益富，與維時仁宗欲求鴻儒，講論治道，少傅楊公士奇舉先生於朝，授翰林院五經博士。宣宗嗣位，命修兩朝實録，考核爲當，立朝多所講明。輔臣喜得資助，晉官檢討，將大用之，以年老疾作，上疏乞歸。前後從先生游者，凡數百人，皆經明行修，闡揚師説，可以信今而傳後。先生之德爲不孤，而學之所被者廣，豈非中流之一柱，而爲吾儒所宗主者乎？

先是，先生神位於前明時奉於郡庠鄉賢祠中，未有專祠，以馨俎豆。康熙二十九年，先生之世孫瓛及圭等，請於中丞洪公，建祠於長邑之懸橋里，載之祀典，俾瓛輩奉其禋祀，以垂不朽。於是文孫書梓其家乘，索詞於耒，以鑱諸石。此不第陳氏子孫登斯堂而思祖德以持其身，鄉之人士其有不觀感而興起者哉！

是爲記。

（輯自乾隆江南通志卷三十八輿地志壇廟，中國地方志集成省志輯，鳳凰出版社二〇一一影印，第七二五頁）

整理者案：篇名乃整理者所加。此篇前有一段云：「陳五經祠，在元和縣圓橋巷，祀明檢討陳繼。國朝潘耒有記。」

葑水園記

整理者案：此篇原載潘氏自刻本遂初堂集文集卷十一，有目無文。

與族叔諸兄侄書

七月廿三日，本吴拜白二叔父、四叔父、文兄、石兄、敏兄尊前，休文、句文、烈文老侄足下：

本吴遭家不造，罹此鞠凶，幸蒙宗黨惠顧無窮，高深之戴，何日忘之？自罹禍以來，百計艱危，宗族所悉也。始終苦情，筆不能罄。今已束裝北行矣，蹩躠風塵，飄飄遠出，此中情事，抑鬱誰語，敢布腹心，泣告於長者。

本吴天之鮮民也，生年六齡，即失所怙，孤嫠相守，形影自憐，煢煢孑立，備嘗辛苦，已極人世之慘毒矣。何期今兹，復遭大難，荼辛熬，風雨漂揺，雖懷急難之私，終抱分飛之痛。藐焉小子，存没一身，公私交迫，雖荷親知捐助，往往施之當厄，而左支右絀，百孔千瘡，約略前費已不下二百餘金，其餘窮逋私負，層累委積，尚無料理。以貧瘠之家，當窘迫之歲，而又重以急難之際，百端措處，拮据支捂，真所謂痛定思痛，不堪追憶矣！

蕭然家計，掃地無餘，將來本吴兄弟，飲食教誨之事，固不必言。乃上而兩衮未舉，下而旅櫬未掞，慈親老病，弱弟頑冥，若濟大海，罔知津涯。然同氣之誼，安危共之，破産捐家，固所願也，夫復何云！所可悼者，身殘家破，骨肉流離，聲名湮滅，守祀無人，仁人君子，莫不爲之摧心動魄耳。本吴之軀，實膺重任，存没萬事，萃於一身，區區小子，遺大授艱，譬猶策駑蹇而取千里之道，乘漏舟而凌陽厄之波，不其難哉！早夜以思，常懼弗克負荷，以爲宗族先人羞。

今將離老病之慈闈，棄伶俜之幼弟，馳驅霜雪，跋涉關河，人孰無情，能不戀戀？兼以質闇才劣，未通世事，驟當莫大之任，爲萬難必之事，誠不自量也。所以背家鄉，冒險阻，奮不顧身者，誠以天性之恩，死生不渝，不能惜身而自逸也。若以（先）王之靈，祖宗之福，稍可藉手以報，何幸如之！縱令天□悔禍，力難從心，亦爲精衛之填，魯陽之麾，使死者復生，生者不愧已耳。安能安寢甘味，坐視顛沛耶？

獨是老母少弟，伶仃孤苦，及載籍之事，未有定局，不能不眷眷耳。敢祈伯叔兄弟，念一本之情，扶危濟困，急難禦侮，則本吴啣惠，永永無窮矣。母老且病，悲慟之餘，殆難爲懷，望寬之慰之。少弟頑愚，未嫻禮法，望訓之誨之。至於協心同力，使逝者聲名不墜，存者宗祧得守。其餘家事，悉力主張，俾狂瀾有砥，風樹得寧，是恩及乎九泉，而德存乎百世也。本吴雖不才，敢不竭其駑鈍，圖報萬一！否則，亡者長逝，存者流離，老親多病，弱弟無知，吾不知其所以終矣。千里遠别，尺書拜禱，瀝血陳情，一字一淚。本吴再拜！

附録二則

張叔未題潘稼堂家書後

驚鴻灑血卵難完，弟幼親衰门户單。到此萬難行與住，并將血泪入豪端。

詞賦名高金馬門，百年零落剩頹垣。空留一幅真情話，讀到鐙殘雨又昏。

道光十五年乙未五月十八日□鐙題於清儀閣。應舊友曉山鄭兄先生之索。嘉興弟張廷濟，時年六十八歲。

鄧實書後

此潘次耕先生十六歲時家書也。是時，先生方遭其兄力田先生史禍之慘。力田既被戮，其婦沈孺人（沈君晦自炳之女）以罪孥發黑龍江，給配包衣。就道日，孺人以懷孕，不遽死。夫弟次耕送之北徙，年才十六，間關千里。既入燕，至廣寧城，孺人分娩，遂立刎以殉，次耕卒護其喪以歸。此書所作，則其北行首途之際，與其伯叔諸兄者，情詞哀惻欲絶。中云「載籍之事，未有定局」，即指史禍，當時之株連慘烈可想見。次耕以弱齡之幼子，辭倚閭之白髮，奉孤苦之紅顔，躑躅冰天，馳驅異域，其流離苦況，真有令人不忍卒讀者。

次耕小名本吴，蓋其母姓吴，爲漢槎中表昆弟，故名本吴。其後，從塞上歸來，避地西山，改姓名爲吴開錡，亦從母姓也。予在唐風樓見潘母吴太君遺像，已印之國光集中。去歲，得此札于吴江同里，字字血泪，因鏤銅影印，願與海内讀者共悲之。

辛亥正月，順德鄧實記。

（輯自國粹學報一九一一年第七卷第一期，第九至十三頁）

整理者案：此篇篇名係整理者所加。國粹學報原題爲「潘稼堂家書」「風雨樓藏」諸字樣，似不符古人書信題寫體例。

致莊静庵先生書（一）

老先生以厚德清修，優游林下，不預外事，不通一雜賓，恬素之風，寧静之度，闔郡無不景仰。德輝在近，極切瞻依，恐煩興居，未敢瀆叩。

兹有一言，不得不敬陳於左右者。上沙徐倏齋先生，前詹事勿齋公之長子，登壬午賢書。自詹事公殉節後，隱居不出，匿影深山，拾橡茹芝，三旬九食，高風苦節，聞於海内。身没之日，四壁蕭然，子嗣早亡，惟一孤孫，今甫九歲，寡媳撫之，居於舊廬，所謂澗上草堂者也。懷賢慕義者，迄今過其門墻，莫不徘徊瞻企，想高躅之猶存。兹忽聞有盛使金姓者，圖謀風水，賄徐之族人，欺誑孤寡，買此屋爲葬地，遠近聞之，人人駭嘆。侍生輩忝通門故舊之誼，痛憤尤深。以老先生爲其家主，可以禁飭，敢略陳梗概，有大不可者三：

自昔名賢屋舍，千載不磨，過栗里者必訪靖節之宅，登孤山者必拜何靖之祠。俟齋先生之風節，誠足廉頑立懦，興起百世。老屋數椽，先生坐卧於斯，著述於斯，歌哭於斯。爲孤寡者，固不當舍而他去；即貧不自存，止可暫典諸人，異日尚可恢復，寧有貪得善價，買作墳山之理？在盛使，既有積金，何地不可葬？何山不可買？而必估高賢之廬，以爲埋骨之地，於心安乎？其不可一也。

凡交易事，例必通知原主。此屋正屋，徐得之於某，某又得之於某；旁屋别得之於某。原主現存，舊契現在，并無任從拆卸改造字樣，如有原銀，不能禁其回贖。今一旦賣作墳山，原主豈能無言？孀婦不達事體，孤兒茫無知識，朦朧成交，將來必致興訟。徐族借以開銷産價，孤寡所得幾何？在盛使，何苦以錢財買葛藤之産，冒惡名而啓訟端？其不可二也。

大凡立契，必業主出名。雖同胞兄弟，於産無分者，止可列在居間，不得同爲售主。今聞此屋立契，以徐復官同兄伯吹爲賣主。伯吹與復官族屬甚疏，止以山中無可依傍，暫寓其家，何得列名同作賣主？似有剖分産價之意。且復官之母華氏現存，何不云同母華氏，而言同兄伯吹？徐族人人可以有言。在盛使，亦當訊明此屋果與伯吹有分否？而乃草草立契，於理不順。其不可三也。

有此三者，尋常交易尚不妥，而况墳墓？施之於庶姓尚不能，而况世家？在盛使，或恃富豪，有心强占；或爲人所誤，失於詳慎，俱未可知。敢求老先生正言曉諭，令其知非速解，以存名賢之遺迹，以全孤寡之敝廬，有裨於名教不細。萬一盛使不遵主命，不恤人言，悍然從事，則通國傷心，人神共憤。吴郡雖小，猶有人焉，决不令高節孝廉之居化爲多金臧獲之墓，必將訴諸當事，鳴鼓而攻。侍生輩夙奉教言，不敢不先聞於左右也。憑穎，不勝虔切！

（輯自潘氏自刻本遂初堂集文集卷八）

【校記】

〔一〕致莊静庵先生書　潘氏自刻本卷八目録作「與莊静庵書」，正文作「致莊静庵先生書」。今從正文。

致宋中丞公書

伏惟憲臺澤洽南天，仁漸薄海。治生輩近依玉節，日在涵濡覆露之中，莫罄頌揚，徒深依戴。

敬有啓者：本郡徐俟齋孝廉，隱居求志，樂道安貧，苦節清風，著聞海内，素爲憲臺所重。其辭世時，蒙致厚賻，得濟黔婁之貧，氓庶靡不感頌。其居在上沙村，老屋數椽，爲孤孫寡媳栖身之所。今忽有宦僕金姓者，圖占風水，誘結徐族賣作墳地，孤嫠無知，任其行事。甫立文契，遽謀拆毁高士之廬，將化爲僕隸之墓。輿情駭嘆，公論不平。士人好義者，謀醵資買屋，改作祠堂，而金姓恃强，不肯解議。爲此具牒，公籲戟轅。惟憲臺尊賢褒德，即往哲遺踪，久經湮没者，不靳搜訪表章，必不令當今賢士之居，一旦爲他人埋骨。懇賜批行查禁，准許改屋爲祠，頒賜顔額，垂諸永久。實亦有裨風教，足爲千載美談。治生輩或誼切通家，或情深師長，用敢代爲申達。事出大公，仰祈垂諒。憑穎，不盡虔切！

（輯自潘氏自刻本遂初堂集文集卷八）

與某人書〔一〕

【前缺】有時，勿過憤懣爲祝。弟本烟波釣徒，不諳世事，猥荷簡命，濫厠清班，異數殊恩，非分所及。俯仰身世，轉切屏營，索米長安，舊稱艱苦，一官匏繫，八口啼飢，南望白雲，夢魂飛越。統俟史局粗有端緒，乞身歸卧耳。便鴻附候，不盡依馳。

（輯自黄容、王維翰輯尺牘蘭言卷二，四庫禁毁書叢刊集部第三十五册，第一九一頁）

【校記】

〔一〕上海圖書館藏南社叢刻抄本尺牘蘭言卷二天頭有批注：「『郡』下有缺文。『有』字起，當即潘耒與某人書下半截，觀目録可證。」

與顧茂倫先生

雪灘握别，行復一年。耒流離困頓，迸迫於秋冬三數月間。歲除有詩云：「秋月已裁懷舊賦，寒燈又續悼亡詩。」先生得毋遥爲扼腕耶？五岳之游，懷之已久。既遭窮厄，願得自奮，去之陵州，與其鄉先生程工部輩，唱和甚樂。歲底，謁寧人先生於都門，秉燭夜闌，破涕爲笑，猥蒙國士之遇，收之門墻，進而教之。子雲著作，擬授侯芭；中郎書卷，欲傳王粲。既自慶幸，并自恧也。先生近頗思息軫，將卜廬華山之陰，爲講學著書地。耒將負笈以從。兹暫停都下，讀書於山右衛此齋太史之家。太史妙年好學，縉紳中素心人也。居其東閣中，識天下奇士，讀天下異書，亦大快意事。但白雲在望，塵甑可虞，以爲悵惘耳。秋間歸省，種種晤悉。

（輯自黄容、王維翰輯尺牘蘭言卷二，四庫禁毁書叢刊集部第三十五册，第一九一頁）

與畢甥西臨

握别已復五年，避地西山，音問遂爾闊絶。惟時從溪頭，遥詢起居而已。去歲，薄游淮浦，除夕始得言歸。歸而聞尊慈之變，忽忽骨驚。緣今歲授館潁川，抵家數日，旋復治裝，不及走奠靈前。感往悼今，輒欲草一文，以志哀慟，亦卒卒未能。統俟秋間歸省時，一了此願。

年來想吾甥著述富贍，比者讀禮之暇，計亦多告哀之章，亦待爾時請益耳。外韭溪遺詩二册，乃從劫灰中多方覓得者，絶少副本。倘能抄録一過，以廣其傳，足仞厚意。但廣陵一散，不堪再絶，遺漏萬一，便成大恨，幸勿草草視之。慟哭一章，乃去歲武陵所作，哀音怨亂，不復成章，因吾甥夙有同泪，聊爲寄之。

黄叙九曰：音韻凄清，不堪卒讀。

（輯自黄容、王維翰輯尺牘蘭言卷三，四庫禁毁書叢刊集部第三十五册，第二〇五頁）

復黄叙九

弟十年遠游，每從羊腸間悵望所親，謂一旦負笈歸來，便當與二三同志，窮日窮年，以酬契闊。豈知反里經年，與吾長兄握手談心者，曾不到一兩刻。萍踪如此，何以爲懷！今歲同星兄兩次奉訪，俱未得值。訊知近履安好，著作增富，差慰百一。頃接手諭，恍對叔度，使我鄙吝頓消。此時鄭雅雜奏，必得大雅宏博之君子，一爲論定，方可別裁僞體。尊選急欲就讀，但愧蕪陋，不堪濫竽耳。七夕前造候請正，并悉種種。率報不一。

王纘文曰：别遠會稀，離懷固已難釋，况選事評林欲商榷于知己不少乎？次老交圭庵最深，故情之真而詞之切如此。

（輯自黄容、王維翰輯尺牘蘭言卷三，四庫禁毁書叢刊集部第三十五册，第二〇五頁）

與黄叙九

書齋握别，彈指三秋，懷企之私，不忘夢寐，塵冗勞勞，未遑通候。荷手翰遠貽，恍對眉宇，欣慰無量。弟匿影藏名，既深且久，横爲云羅所加，蓬飄萍轉，頓乖初心，歧路染絲，撫衾自悼。然硜硜之性，介石之操，則冀終始不渝，正賴齠齔石交殷勤教督，匡其不逮，俾得寡悔耳。知今歲下帷書兄齋頭，當極清適，著述想已增富。馬伏波有云：「丈夫爲志，窮當益堅，老當益壯。」吾兄今日境遇，可謂窮矣，願益堅其志，讀書砥行，必有遇合。弟輩推轂扶輪之思，未嘗暫忘也。奠老令弟在都門，極相親厚，亦稍效疏附之勞。選平山衛，其地頗佳，可慰意也。附報不悉！

（輯自黄容、王維翰輯尺牘蘭言卷九，四庫禁燬書叢刊集部第三十五册，第二八九頁）

與顔修來書

憶自甲寅之春，獲攀風範，隨蒙特開綺席，竟日論文，雅誼隆情，勒諸心府。片帆南下，戢影衡茅，筆硯荒蕪，鱗鴻稀闊。嗣聞先生奉諱歸里，恨在遠道，不獲魔鏡自前。翹首東蒙，但有企切。

烟波釣徒，一竿自足。忽塵啓事，駭若爰居，移病不從，敦迫就道。本擬暫踏京塵，便行拂袖，取路鄒嶧之間，當信宿高齋，謁孔林，觀禮器而歸，不自意見縻於此。被斷木以青黄，資越人以章甫，不習不堪，當可奈何？

遠惠手書，具感垂注。素韠既除，所望夙駕鋒車，慰答群望，何尚栖遲林澤，令人作天際真人想也？

拙稿未經繕寫，杪冬小刻二箋附覽，聊以見志，不堪供撫掌耳。令兄老先生，計已脂車北上，不另通候。草草勒復，不盡依馳，弟名單具。

（輯自顔光敏輯顔氏家藏尺牘卷二，叢書集成初編，商務印書館一九四一年據海山仙館叢書本排印）

整理者案：是函舊題「潘檢討耒」。今依古代書信題名體例，改題今名。

與表兄漢槎書

弟自燥髮後，即知老表兄爲驚代逸才。嗣遭貝錦，亭伯投荒之歲，尚僧虔臘鳳之年，未獲一識顔面。自隔榆關，音塵斷絶，正恐弟之有表兄，表兄不知有弟也。

弟世居鶯脰湖平望里，先子洎弟，皆延陵之自出。先祖母乃太僕公之孫女，家母則公曾孫女也。先兄力田，罹湖州文字之案，絶弦廣陵。弟抱痛沉冤，栖遯林野，忽被鶴書，遂塵華省，沾茵落溷，總不自由。緣兩侄在船廠十年，魂夢每在白山黑水之間。

大表兄時相晤，健翁昆季尤厚善，以此具知表兄旅況。兹新例弘開，西還可待。闔咨到後，弟與雹兄，雀躍起舞。當路頗多相爲，但嫌來數太少，勢須倍之，尚未識便得請還否？已將吴、錢兩姓家屬，别具一呈，令小僮同徐僮充遞，尚移刑部查案，往復之間，正費時月。然大體得當，皂帽西來，正復不遠。爾時握手叙心，真所謂相對如夢寐矣。

錢德老、周長老俱乞道意。長老有令侄在此，爲録史監生，擬爲長老遞呈，便中可寄字報之。小詩奉懷并舊刻二種呈教。便風西來，豉路好音。憑穎依切。

（輯自吴兆騫秋笳集附録五，上海古籍出版社二〇〇九年版，第三七八至三七九頁。又見清徐娱庭輯漢槎友札，上海圖書館藏，吴燕蘭輯吴氏囊書囊本）

附录

附録目録

二、提要跋語

三、投贈詩文

四、師友書札壽序

一、碑銘傳記

清國史·文苑傳·潘耒

潘耒，字次耕，江蘇吴(縣)〔江〕人。幼孤，生而宿慧，讀書目數行下。受業於同郡徐枋、顧炎武，能承其教。群經諸史，旁及算術、宗乘，無不通貫。嘉定陸元輔、平湖陸隴其交口許爲淹洽。康熙十八年，以布衣召試博學鴻儒，授翰林院檢討。與修明史，即(坐)〔作〕修史議以上，謂：「明更三百年，未有成史。今欲創爲一書，前無所因，視昔之本東觀以作後漢，改舊書以修新唐者，其難百倍。宜搜采博而考證精，職任分而義例一，秉筆直而持論平，歲月寬而卷帙簡。」總裁善其説，令撰食貨志兼他紀傳。自洪武以下五朝稿，皆所訂定。尋充日講起居注官，纂修實録、聖訓。二十一年，充會試同考官，稱得士，名益盛，忌者頗衆。二十三年，甄別議起，坐浮躁降調，遂歸。四十二年，上南巡，復原官。大學士陳廷敬欲薦起之，力辭而止。

耒有至性，初被徵，辭以母老，不獲命，乃行。除官後，復牒吏部，以獨子終養請代，題者三，卒格於議，始受職。逮居喪，哀毁骨立。尤篤師門之誼，枋殁，周恤其孤孫，俾得所；刻顧炎武日知録并詩文集。

生平嗜山水，歷游羅浮、天台、雁蕩、武夷、黄海、匡廬、中岳，盡窮其勝，各紀以詩文，有遂初堂詩集十六卷、文集二十卷、别集四卷。詩不事雕飾，直抒所見，登臨懷古諸作，一時名流多折服。文蹊徑較平，而氣體渾厚，空所依傍。

耒又因炎武音學五書，爲類音八卷。炎武欲復古人之遺，耒則務窮後世之變。以爲舊字母三十六，有複有漏，今删五增十九，成五十母，各具陰陽。每母之字，横播爲開口、齊齒、合口、撮口四呼。四呼之字，各縱轉爲平上去入四聲。四聲之中，各以四呼分之。惟入聲十類，餘三聲皆二十四類。凡有字之類二十二，有聲無字之類二。以有字者排爲韻譜：平聲得四十九部，上聲得三十四部，去聲得三十八部，入聲得二十六部，共爲一百四十七部。蓋因等韻之法，而又推求以己意，於古不必合，於今不必可施用，然審辨通微，實自成一家言。

晚歲研究易象數，著論十三篇，多所心得。四十七年，卒，年六十三。

（輯自〔嘉業堂鈔本〕清國史文苑傳卷二一，中華書局一九九三年影印本，第十二册，第八三六頁。又，清史列傳卷七一文苑傳二，中華書局一九八七年標點本，第十八册，第五七八七至五七八八頁）

清史稿·文苑傳·潘耒傳

潘耒，字次耕，吴江人。生而奇慧，讀書十行并下，自經史、音韻、算數及宗乘之學，無不通貫。康熙時，以布衣試鴻博，授檢討，纂修明史。上書總裁，言要義八端：「宜搜采博而考證精，職任分而義例一，秉筆直而持論平，歲月寬而卷帙簡。」總裁善其説，令撰食貨志兼他紀傳。尋充日講起居注官，修實録、聖訓。

嘗應詔陳言，謂：「建言古無專責。梅福以南昌尉言外戚，柳伉以太常博士言程元振，陳東以太學生攻六賊，楊繼盛以部曹劾嚴嵩。本朝舊制，京官并許條陳。自康熙十年憲臣奏請停止，凡非言官而言事爲越職。夫人主明目達聰，宜導之使言。今乃禁之，豈盛世事？臣請弛其禁，俾大小臣工各得獻替。庶罔上行私之徒，有所忌而不敢肆。於此輩甚不便，於國家甚便也。其在外監司守令，遇地方大利弊，許其條奏。水旱灾荒，州縣官得上聞。如此，則民間疾苦，無不周知矣。」更請許臺諫官得風聞言事，有能奮擊奸回者，不次超擢，以作敢言之氣。二十三年，甄别議起，坐浮躁降調，遂歸。

耒有至性，初被徵，辭以母老，不獲命，乃行。既除官，三牒吏部，以獨子請終養，卒格於議，不果歸。逮居喪，哀毁骨立。少受學同郡徐枋、顧炎武。枋殁，賙恤其孤孫，而刻炎武所著書，師門之誼甚篤焉。

四十二年，聖祖南巡，復原官。大學士陳廷敬欲薦起之，力辭而止。平生嗜山水，登高賦咏，名流折服。有遂初堂集。又因炎武音學五書爲類音八卷。炎武復古，耒則務窮後世之變云。

當時詞科以史才稱者，朱彝尊、汪琬、吴任臣及耒爲最著。

（輯自趙爾巽等撰清史稿卷四八四文苑傳一，中華書局一九七七年版，第四四册，第一三三四三至一三三四四頁）

皇清徵仕郎日講官起居注翰林院檢討稼堂府君行述

潘其炳

府君諱耒，字次耕，號稼堂，晚自號止止居士。四世祖以上，俱潛德不仕。嘉靖乙丑進士、廣西布政司參政諱志伊，於府君爲曾祖。貢生、湖廣布政司理問諱錫祚，於府君爲祖。處士私謚貞靖先生、贈徵仕郎日講官起居注、翰林院檢討諱凱，配章氏贈孺人，繼配吴氏封太孺人，府君之考與妣也。先貞靖負君宗之望，結友遍四方。

府君生而穎異，甫離襁褓，即有聖童之目。不幸六歲而孤，吴太孺人延名師教府君，經緯史，具有法度，日背誦逾百行，常與人賭記，取曆日試之，自首至尾，過目不遺一字。年十五，從先伯父力田先生學。伯父長於史才，家藏有明三百年文獻，鈎稽異同，證諸實録，有意草創一書。故府君自幼即具知作史體裁。伯父所交游，若顧亭林、吴赤溟、戴耘野、張文通、王寅旭諸先生，皆一時名德君子。府君師事友事，無不以文章道義相切劘。

歲癸卯，府君年十八，潯溪之難作，伯父不與其事，而橫罹其禍，家累牽連北徙。先伯母沈孺人方任身，府君思爲存孤計，有田十畝，悉賣之，裹糧北行。抵燕山，而遺孤不育，沈孺人引藥自決，乃痛哭而返。當是時，禍患彌天，親戚削迹，行路寒心。府君藐然一身，感慨自奮，奔馳數千里，不避危難。比歸，上奉高堂，下撫弱弟，饘粥之田已盡，先世數椽亦不保，流離瑣尾，一歲三四遷。常卜居上沙山中，俟齋徐先生閉户不與人交，特重府君才，招與同學，府君益砥礪不衰。山陽王起田先生性好善亭林先生。府君之北行也，介亭林先生蒼頭入謁一見，曰：「此天下奇男子，吾不可以覿面失之。」遂欲以女妻府君。府君以未命於太孺人，不敢承。明年，王先生親至山中告太孺人，而定婚焉。越二年，府君如淮成禮，年二十有二矣。時府君家酷貧，采箬拾橡，絶不以衣食干人，獨抱遠游之志，謂名山大川，可以開拓心胸，發皇耳目。庚戌春，訪亭林先生於燕，遍游京西諸山，作詩數百章。壬子，客太原，與傅青主、閻古古諸君盤桓晋祠、卦山之間，日以講論道藝爲樂。顧念太孺人年高，定省不可久曠。自癸丑後，即息駕不出。

歲戊午，天子徵求文學，詔舉博學鴻儒。諭德盧公琦、主事謝公重輝以府君名上，府君辭不就。徵書再下，有司敦迫，不獲已，乃行。抵都，屏居蕭寺，不投一刺，不晤一客，欲試畢即歸。比試，總裁益都馮公、昆山葉公極賞府君作，手璇璣玉衡賦示人，曰：「他人皆作天賦耳。惟此切中觀天之器。」始列第五。既而易置二等第二，議官翰林，修明史。府君復具呈吏部，以獨子終養爲請，三上，格不得達，深自惋嘆。於富平李先生之行，作詩三致意焉。

既受職，府君精熟史事，上下三百年，瞭如指掌，顧以史局重大，搜羅博而考證當精，職任分而義例當一，秉筆直而持論當平，歲月寬而卷（秩）〔帙〕當簡。作議上之，總裁善其言，專任府君以食貨志，其他紀傳多從質正。府君虚心裁酌，夙夜較勘，自洪武及宣德五朝，手自削稿，已有定本，而同列多忌之者。

三逆蕩平，天子以殿廷樂章未稱，詔所司更定。府君首上議，并獻平蜀、平滇二賦，公卿傳頌。鈍翁汪先生曰：「布衣入禁林，非常寵遇。此二賦足以報矣。」辛酉，進充日講官，直起居注，并纂修實録、聖訓。壬戌，分校禮闈，得士十二人，皆天下選，聲望日起。天子駸駸嚮用，賜宴瀛臺，講官班近御座前。府君偶多啖鮮菓，上顧之，命撤御前所列以賜。府君感上恩意，益自奮，而忌者滋衆。

甲子春，甄别議起，遂爲所中。或言得徑可免，府君謝不應。翼日，鐫級章上，上猶曰：「潘某人才足用，而柄臣不與也。」是秋，丁吳太孺人艱。比服滿，中朝有言及府君者，曰：「如此人材，館中可少耶？」向忌府君者正用事，咈然曰：「公薦之，我殺之矣。」言者咋舌而止。

癸未春，天子南巡，敦念舊臣，復府君原職，叩謝行宫，蒙賜御書。乙酉春，天子南巡，再蒙御書之賜。大學士澤州陳公扈駕南來，首欲薦府君，曰：「蔽賢不祥，我二十年來未了心事，今茲可了矣。」府君引分固辭，作老馬行以謝。陳公知其誠，喟然曰：「我向知君之才，今乃知君之品。」太息不已。

府君至性過人，事吴太孺人愉愉翼翼，有嬰兒之色。處貧則仁粟是供，入仕則潔餐爲志。比遭喪，哀毁骨立，三年未嘗露齒。哭先伯父，俱過時而哀，以兩孤侄在塞外，深念不忘。捐贖例開，竭貲往贖；得贖矣，又以檔案參差，往返查覆八九次，經四部、兩撫、兩將軍，十年之久，費累數百金而始釋。待親戚故舊，恩禮周浹。其落魄不堪，比數者，尤加意撫恤。家無中人之産，自奉甚儉約，紉補之衣，數年不易，粗糲之食，一味自甘，而周急濟困，不遺餘力。往在京師，俸入微薄，薪水不給，而稍有贏餘，輒以贍族。林居時，凡親族有不能婚者曰於吾娶，有未字者曰於吾嫁，有死喪者曰於吾殮且葬。舉五殯、營四喪、婚二孤、嫁一女，罄其所有；不足，稱貸以益之，而無有倦意。常在粤，萬里還書，戒不肖曰：「親戚之貧乏者，周之；故舊之顛連者，恤之。稱力而爲，無俟有餘。能體吾志，真孝子也。」

於師門之誼尤篤。亭林先生學貫天人，所著日知録，多經世大業，而未及板行。在閩中，有贈買山之資者，舉以刻之。續得先生遺書數種，復節衣縮食，次第付梓，而先生之著作始傳於世。俟齋先生苦節數十年，其殁也，無尺寸之産，無錙銖之蓄，舉孀婦孤孫以托府君。府君爲周其衣食，奠其室廬，謀其生産，纖悉必備，中更事故，復身自扞禦，叢怨而不恤。

性樂推獎後進，有問業者，必盡心指示；有進取者，必多方汲引；有詿誤者，必竭力調劑；不市名，不望報，雖始德而終背者，待之如初。與人交，披肝露膽，無少藏蓄，而好善嫉惡，是是非非，不稍假借。蓋世多翕翕訿訿，而府君御之以直；世多煦煦孑孑，而府君推之以誠，百折不回，固天性也。

於書無所不讀，自經史外，天文、地理、曆術、算數、水利、農田、壬遁、三式、宗乘、教典、道藏諸書，無不探微極渺，明其當然而求其所以然。爲詩文有獨見，每言作文須有關係，尤要從肝肺中流出，雕花鏤葉何爲者。其於天理民彝之本，綱常名教之防，非徒口出之而身踐之，非徒筆書之而心體之，故其文章沛然莫之能禦也。

晚年潛心學易，豁然有得，著論二十餘篇，發前人所未發。音韻之學，尤有神悟。甫十歲，與寅旭先生講反切法，片刻即通，先生驚爲天授。辛亥，客京師，與衛爾錫先生討論彌年，益窮閫奥。及往來燕齊、晉豫、湖湘、嶺海、甌粤之間，察其方言，斟酌古今，成類音一書，謂天然之音，可立爲母者五十，播之爲四呼，轉之爲四聲，區之爲二十四類，天下之音盡，字亦畢該矣。

平生於山水有深嗜，自言耳目手足，性情懷抱，無之不與山水宜。九州陟其七，五嶽登其三，凡羅浮、武夷、黄廬、台蕩奇勝之地，無不游，游必有記；而遇其地有大利害，必直以告諸所司。閩中修造海船，一艘費千餘金，州縣有不能辦者，至以身狥。府君惻然傷之，以語閩撫，免其最困者十之一二，而不以告人。粤僧石濂妖妄不法，憑藉奥援，莫敢誰何。府君作救狂書闢之，有大僚爲之求解，曰：「苟毁此書，千金爲壽。」府君曰：「吾之爲此，尊朝廷而維法紀。豈利所可奪哉？」

至於鄉邦利弊，口籌心畫，尤有成策。在史館，憫東南浮糧之困，日甚一日，遇潛庵湯先生巡撫江南，作蘇松田賦考，力言其困，於送行序中，尤痛切言之。迨歸里，復與公再三商榷。後議捐，議減諸疏，雖先生仁心愛民，實府君有以感發之也。天下漕糧，皆官收官兑，而吴江獨否。於是有白糧加耗估折之苦，有旗丁横索兑費歲增之苦，有倉夫侵盜糧户代賠之苦。歲丙戌，府君力請行畫一之法，而額外誅求悉去。民田一畝，向完糧二斗二三升，今止二斗，計一縣所省三萬餘石，出入皆官自任之，民間永絶賠累。邑當三江之衝，以百尺浮屠爲鎮，歲久傾圮，自南側北二丈許，旁近居民千餘家，日有覆壓之懼。府君鋭意經理，任勞任費，閲五年而工告成。

丁亥冬，上以三吴頻遭水旱，特命相地建閘，疏通水道。府君草議上之各臺，指陳形勢，剖晰詳明，方欲親履湖濱，講求蓄泄故迹，而不幸積勞成病矣。時有勸府君曰：「天下善事無窮，公那得一身擔盡？」府君曰：「我一腔熱腸，何處冷却耶！」嗚呼！立德立功立言，傳稱「三不朽」。以府君自任之重，苟天假之年，何善不爲，而孰意其竟棄不肖孤而長逝耶！

府君喜學禪，嘗獨坐一室，反觀默照，超然自得，自輯韻書，手不停筆，十指痺麻。有言内養運氣之法者，試之頗效。戊子春，以徐氏孤孫屋事，一月往還五六次，未得静攝，遂致痰涌。初秋，遭先妣申孺人之變，不言而神傷，兼苦脾泄之疾，醫治萬方，竟至易簀。嗚呼痛哉！

府君生於丙戌年三月初八日申時，卒於戊子年九月廿九日未時，享年六十有三。康熙二十年，遇覃恩敕授徵仕郎日講官起居注翰林院檢討。元配先妣王氏，贈孺人。先妣申氏，封孺人。子三：其炳、其焕、其燦。女一，適盧崇照。孫男六，孫女一。詳具府君所作申孺人行述中。

嗚呼痛哉！府君少而戹窮，壯而宦達，老而閑居，學術經濟，十不獲一見於用。著有遂初堂詩文集、鴻爪集、五朝史稿、類音若干卷，藏於家。以不肖孤謭劣，於府君德業行誼，無能窺測萬一。然自府君之殁，而吴中士夫同聲一辭，謂人倫無所楷模，公論無所依據，絶學無所諮承，人人致木壞山頹之痛，始信千秋月旦，確有定評。府君之言行具在，不肖孤無庸一字粉飾也。

今不肖孤卜以癸巳年十二月戊寅，奉府君葬於杭州府海寧縣靈泉山之赤兔嶺。惟大人先生哀而賜之銘若傳，不肖孤死且不朽。

不肖孤哀子其炳泣血稽顙述。

（輯自中國國家圖書館藏清雍正三年增修本遂初堂文集卷首。又見諸天津圖書館藏清康熙四十九年刻初印本遂初堂文集卷首）

皇清敕授徵仕郎日講官起居注翰林院檢討次耕潘君墓志銘

陳廷敬

經筵講官文淵閣大學士兼吏部尚書澤州陳廷敬撰。

今天下材賢之士，吾與之游，而見其始終盛衰聚散存殁之際，不大用於世，而其人之賢，可傳於後，有足慨於吾心者，得二人焉。秀水朱君錫鬯、吴江潘君次耕其人也。始錫鬯盛稱次耕，而余則并盛稱兩人。及兩人既去，而余亦頹然且老矣。此其始終盛衰聚散存殁之感，又曷能已於余懷耶！然則，銘次耕，則將取其才賢之實必可信於後者，論而著之，以俟後之君子擇而傳焉。則余之所不能言者，亦可以類推已。

次耕，姓潘氏，諱耒，字次耕，又字稼堂，晚自號止止居士。幼聰警絶人，嘗與人賭記，人取曆日試之，首尾過目，不遺一字。從伯氏學。家故多藏書，有明文獻尤大備，伯氏鈎稽異同，證以實録，爲明史，次第皆具。次耕習其學，而伯氏以他史事見法。其後學於顧炎武亭林。學既大成，工爲文章，而於史事爲之尤長。布衣簞食，將終身焉。

會徵博學鴻詞之士，試於殿廷，擢上等，官翰林檢討，修明史。其論史，謂搜羅博而考證當精，職任分而義例當一，秉筆直而持論當平，歲月寬而卷帙當簡。余方預史事，是其言。洪武及宣德五朝，旦夕相商榷，具有成稿。有忌之者，後亦稍懈。所謂考證精、義例一、持論公、卷帙簡者，蓋迄於今未之能有定論焉。蓋其慎也。然使如次耕之言，則蘭台、石室之書，當不至鍵錮扃鑰而不傳於世也。

君爲人，敦直好修，遇事精敏敢言。在館閣，文字多出其手。或晰疑辨難，對人輒誦其所記書，肆應泛濫，無少遜避，人以是益畏忌之。去後二十年餘，相見於江上。余復舉前欲白君才賢而病其去之之意，君曰：「止！止！止！吾分也。」無幾微見於言貌，怡怡如也。

君既没，其子來請銘，介以所著遂初堂文集，殆將傳於世，可以見君之志也。

君幼孤，事母以孝聞。比遭喪，哀毁骨立，三年未嘗露齒。伯氏之變，家累北徙，嫂沈孺人方任身，君裹糧從行，抵達燕山，而遺孤不育，沈孺人引藥自决。君悲號數千里而歸，家益貧，漂摇無定居。采箬拾橡，抱遠游之思，北之燕，西北之晋，客太原，與傅青主、閻古古輩，以講論道藝爲樂。及被徵而仕，仕而歸也，往來名山大川，以泄其思。故君文及詩，多遠游之作焉。

初，伯氏兩孤兒在塞外，用捐贖例，購貲往贖。得贖矣，察覆至八九，經四部、兩撫、兩將軍，十年之久，得釋而歸。嘗至粤，萬里遺書，戒其子曰：「家雖貧，可足衣食。故舊之顛連者，周之。稱力而爲之，無俟有餘。能體吾志，即孝子也。」在閩中，以買山資，刻亭林日知録及諸遺書傳於世。當伯氏之難也，親戚削迹，行路寒心，邈然一身，靡可棲泊，俟齋徐先生獨重君，招與同學。俟齋之没，無尺寸之産，無錙銖之蓄，舉孀婦孤孫以托君。君爲周其衣食，奠其室廬，中更事故，身自捍禦，叢怨弗恤。閩中海船一艘費千金，州縣不能辦，至以身殉。

君惻然，默以告大吏，州縣得以蘇，而不語人。憫東南浮糧，作田賦考，極論其弊。會湯公潛庵撫江南，雖不能行君之説，而因君之言，有所感發者爲尤多。漕糧皆官收官兑，吴江獨否，於是有白糧加耗倍折之苦，有旗丁横索歲增之苦，有倉夫侵盜糧户代賠之苦。君力請行畫一之法，而諸弊頓息。邑當三江之衝，以百户浮圖爲鎮，歲久傾圮，居民千餘家，有覆壓之虞。君倡葺之五年，而告成功，亦云難矣。君自立身行事，及於鄉國天下者，大略如此。君之所爲，今士之見用於世，而達官顯仕不以屑其意者多矣。君鋭焉爲之。使其果大用於世，其所爲者，當何若耶？

君於書無所不窺，其於天理民彝之本，綱常名教之防，非徒口言之而身踐之，非徒筆書之而心體之，故其爲文章沛然莫之能禦也。所著文集四十卷，鴻爪集、讀易析疑、五朝史稿、類音若干卷。

元配王孺人；繼申孺人。子三人：其炳、其焕、其燦；女一。孫男四，孫女一。卒以戊子九月，距生之日，六十有三年。

余既銘錫鬯朱君，兩人者始終之際，余有感焉，故不辭而爲之銘。銘曰：

嗚呼次耕！才高乎當世，行出乎古人。舉韓子之言以銘君，壽且不朽，無愧於斯文。

（輯自中國國家圖書館藏清雍正三年增修本遂初堂文集卷首）

徵仕郎翰林院檢討潘先生行狀

沈彤

曾祖志伊，明廣西布政使司右參政。祖錫祚，明湖廣布政使司理問。父凱，皇〔清〕贈日講官起居注、翰林院檢討。

江南蘇州府吴江縣潘耒年六十三狀：

先生字次耕，又字稼堂，晚自號止止居士。生而聰警善記，或試之曆日，過目倍誦，不舛落一字。比長，復得顧炎武、徐枋、王錫闡、吴炎、兄檉章諸君爲之師友。數年，於經籍、子史、詩賦、古文詞、曆算、聲音之學，課習討論，遂無不洞達。暇則游覽名山大川，尚志廓情，不慕榮禄。

康熙十七年，徵博學鴻詞之士。左諭德盧琦、刑部主事謝重輝以先生名上。先生以母老固辭，終不獲命而行。抵都，召試體仁閣下，擢二等第二，除翰林院檢討，纂修明史。先生又牒吏部，以獨子終養請代，題三請三格，乃受職。先生謂：「有明三百年，史事繁委，宜博采而精於考證，分任而一其義例，秉筆嚴而論平，歲月寬而帙簡。」遂作議以上。總裁然之，令撰食貨志，而兼訂他紀、傳。自洪武及宣德五朝，具有成稿。

十九年，詔更定殿廷樂章。先生首上，議增五事。時逆藩悉定，并獻平蜀、平滇二賦，公卿傳誦。進充日講官知起居注，兼纂修世祖章皇帝實録、聖訓。

初，博學鴻詞之士之官翰林、入史局也，多進士出身，嘗爲官。而朱彝尊、嚴繩孫二君與先生，皆自布衣與選。及日講官起居注之添設，而三人亦同入直。又，館閣應奉文，非出三人手，院長不謂然。用是，資格自高者，既莫不忌此三人。而先生又精敏敢言，每同列質所疑，輒援據經史百子，横（從）〔縱〕應答，無少遜避。故忌者於先生，視朱、嚴二君尤甚。甄別議起，遂坐浮躁降調。先生在翰林五年，至是歸里。

四十二年之春，聖祖仁皇帝南巡，復先生原官。越三年，聖祖又南巡。大學士陳公廷敬時扈駕，相見，欲薦起先生。先生曰：「止！止！止！吾初志也，吾分也。」賦老馬行以謝，竟不復出。

先生家居凡二十餘年，遭母喪，哀毁骨立。哭其兄若弟，過時而悲。贍其兄之子爲民邊外者，婚嫁殯葬其親故之尤貧無力者，皆罄所儲爲之。其游覽名山大川，視布衣時益多，其樂之而形於詩文亦益甚。晚歲，惟究心易象數與曆算之學。以四十七年九月廿九日病卒。

平生慕古人之崇德尚功，動陳謨猷，以濟時匡俗。而非己之位所得爲，則遇其得爲者，莫不勸厲；有不得遂，輒憂虞不樂。至出處進退，又必辨之明，持之嚴，雖達可有爲，不肯或苟。其性行如此。故所爲詩若文，多扶樹風節，裨於治道，卓然有立。

於聲音反切，幼而神悟，及往來四方，盡通其變，乃著類音八卷，以補訂前古音學之訛闕。其詩集十六卷、文集二十卷、别集四卷，合名遂初堂集，與類音并刻行世。其明五朝史稿若干卷，藏於家。

適子其炳既述先生行，乞銘於陳公廷敬；又十餘年，乃屬彤爲之狀，以備史館作文苑傳之采擇。敢撰次其歷官行事如右。謹狀。

（輯自果堂集卷一一，清代詩文集彙編影印清乾隆間刻本，第二六四册，第四一八至四一九頁）

檢討潘先生傳

沈彤

潘耒，字次耕。幼孤。資稟穎異，嘗閲曆日，一過能背誦。及長，於群經、諸史、九流之書無不讀，詩賦、古文辭無不能。而性好山水，往游燕趙，因與一時名人交，相討論題咏。康熙十七年，以博學鴻詞徵試，除翰林院檢討，纂修明史。既授職，謂：「明更三百年，史事繁委，宜博采而精於考證，分任而一其義例，秉筆嚴而論平，歲月寬而帙簡。」作議以上。總裁并然之，令撰食貨志，兼訂紀傳。自洪武以下五朝，皆其所定。

上平逆藩，耒獻平蜀、平滇兩賦，上稱賞，公卿傳誦。論者擬諸李白云。進充日講官，知起居注，兼纂修世祖實録、聖訓。復爲會試同考官，得士十二人，皆天下選。而名益起，忌者亦益衆。竟以甄别議，坐浮躁降調而歸。

耒初被徵，以母老力辭，不獲命，乃行。除官後，又牒吏部，以獨子終養請代，題者三，卒不得請。乃受職，遂迎母養之。及去職，母殁，終三年，未嘗見齒。後乃遍游羅浮、天台、雁蕩、武夷、黄盧、中岳諸名山，盡窮其勝，各爲詩若文記之。

四十二年，耒已家居，上南巡，復耒原官。閲三年，上又南巡。大學士陳廷敬扈駕，欲薦起耒，耒固辭，乃止。

耒於聲韻反切有神悟，審五方之音，而能得其會通，著類音八卷。以爲舊字母三十六，有複有漏，今删五增十九，成五十母，各具陰陽，而列以喉、舌、腭、齒、唇之序。舊四呼以音就字，無定準；今各母各韻，并列四呼，字缺而音悉全。舊分類互有得失，今統有字無字之音，辨其全分，分平、上、去爲二十四類，入爲十類，即少攝多，正轉、從轉、旁轉、别轉，條理井然。舊切同母同韻之字皆通用；今同母之中，必用同呼、同轉；同韻之中，必用元音，分陰陽。蓋皆得天然之音，而無有訛闕。論者謂於古今音學中，實成一家言。

晚究易象數，有心得，著論十三篇。所爲文甚多，往往裨治體風教與鄉邑之利病。蓋耒嘗師事同郡顧炎武、徐枋，實稟承其教。其史學，則自少得諸兄檉章；賦學，則耒所自得也。耒詩文共四十卷，名遂初堂集。自京師來歸，凡二十餘年。年六十三，卒。

（輯自果堂集卷一〇，清代詩文集彙編影印清乾隆間刻本，第二六四册，第四一六頁）

潘稼堂傳

翁廣平

潘稼堂，名耒，字次耕，平望人。明諸生仲和次子。資秉穎異，日讀書百行。年十五，從兄力田學。力田罹莊史禍，家破，卜居上沙山中。時長洲徐俟齋亦隱居山中，閉户不與人交，特重稼堂，招與同學。山陽王起田尤奇其才，以女妻之。性好游，既就婚淮上，即北上京師，西客太原。所至，名卿大夫倒屣迎之。

康熙己未，以博學鴻儒被徵，試璿璣玉衡賦及省耕詩，中選，除翰林院檢討，纂修明史。既受職，謂：「明更三百年，史事繁委。宜博采而精於考證，分任而一其義例，秉筆嚴而論平，歲月寬而帙簡。」因作四議以上。總裁然之，令撰食貨志，兼訂紀傳，自洪武以下五朝稿，皆其所定。

上平逆藩，稼堂獻平蜀、平滇二賦。上稱賞，進充日講官起居注，兼纂修世祖實録、聖訓。壬戌，爲會試同考官，得士十二人，皆天下選。而名益起，忌者日益衆。甲子，竟以甄别議，坐浮躁降調，遂歸。乃遍游羅浮、天台、雁蕩、武夷、黄盧、中岳諸名山，盡窮其勝，各爲詩文記之。

癸未，上南巡，適稼堂遠游歸，復原官，兼賜御書一幅。丙戌，上又南巡，又賜御書。陳文貞廷敬扈駕，欲薦起稼堂，固辭乃上。

稼堂初被徵，以母老力辭，不獲命，乃行。除官後，又牒吏部以獨子終養請代，題者三，卒不得請，乃受職。遂迎母養之。及去職，母没。終三年喪，未嘗見齒。兄力田既誅，嫂沈氏與二子俱北徙。時嫂有身，稼堂從行數千里。至廣寧，嫂生子不育，即飲藥自殺。稼堂乃收嫂遺骨歸。尤篤於師門之誼。昆山顧亭林所著日知録及遺書數種，多經世大業，稼堂次第刻之，始傳於世。徐侯齋苦節數十年，臨没，舉孀婦孤孫以托。稼堂爲謀其衣食田廬，織悉具備，中更事故，復自捍禦，叢怨不屑，人咸多之。

天下漕糧，皆官收官兑，吴江獨否。於是有白糧加耗估折之苦，有倉夫侵盗糧户代賠之苦。稼堂力請行畫一法，而額外誅求悉去。

於書無不讀，自經史外，天文、地理、律曆、算數、水利、農田、風角、壬遁、釋道兩藏之書，皆能探微極奥。於聲韻反切，有神悟，隨所至審辨，遂通其微，著類音八卷。論者謂古今音學中，實成一家言。晚年研究易象，多心得，著論十三篇。詩宗盛唐，文學韓歐，往往有裨治體風教與鄉邑之利病。詩文共三十卷，名遂初堂集。自京師歸，游覽山水二十餘年，年六十三卒。

（輯自聽鶯居文鈔卷三一，清代詩文集彙編影印清鈔本，第四六六册，第二三七至二三八頁）

祭潘稼堂夫子

許汝霖

嗚呼！昊天不吊，哲人云亡。朝野震悼，聞見凄愴。感恩知己，况屬門墻！山頽木壞，能不神傷？於惟夫子，望著河陽。山川之秀，楨幹之良。詩書是澤，仁義是坊。孝性天植，問視靡遑。因心友愛，軼田與姜。既承色養，又切顯揚。坎壈數奇，奔走四方。其遇益困，其行愈芳。其游倍壯，其文彌光。爰自鴻詞，特達非常。人文炳蔚，天路翱翔。螭坳啓沃，鳳榻賡揚。摛忱經術，報國文章。典司館居，著作琅琅。大手燕許，麗筆班揚。才兼萬有，譽擅三長。凡百論撰，非公莫當。眷逾倫等，倚重勛勷。禮闈分校，凛矢冰霜。明以濟公，得士無雙。自慚下走，亦獲騰驤。依依絳帳，示以周行。方期大用，坐論巖廊。莼羹鱸膾，一旦褰裳。名山大業，高蹈允臧。百家探究，五嶽徜徉。詩囊賦笈，史篋經箱。等身著述，萬丈光芒。千秋黼黻，一代津梁。六龍巡幸，眷念不忘。耆儒舊德，顧問敦詳。寵賚彌篤，福履且康。塞鴻江鯉，好音時將。今秋忽訃，師母之喪。維二三子，實切彷徨。吊唁孔亟，用慰彭殤。如何夫子，亦悼彼蒼。遺書把讀，痛徹肝腸。臨風洒涕，遥奠酒漿。徒以職守，不克登堂。聊攄哀慕，式告泉壤。猶可慰者，雖歿彌彰。笥盈冰雪，階繞琳琅。猗三珠樹，望重珪璋。暫栖苫塊，佇翽高岡。家聲永劭，世德寖昌。榮問不朽，奕葉焜煌。是所冀焉，陳詞激昂。嗚呼哀哉！典型既謝，杖履曷望？雲車風馬，在上在旁。涕泗交頤，回首茫茫。願言顧之，進此一觴。尚饗！

（輯自德星堂文集卷五，四庫全書存目叢書影印清康熙間刻本，集部第二五三册，第一三一頁）

祭潘稼堂先生文

張大受

嗚呼！斯文在人，如絲不絕。夫子云亡，炎熄源竭。生而宿慧，學書不輟。上溯典雅，窮搜版碣。百家之書，支分流別。援毛摘辭，冰灑霆裂。辟易萬夫，吐棄一切。遭家閔凶，哀痛骨折。潛而勿用，不食井渫。淞江可漁，一艇風雪。自歌自賞，高媲前哲。石渠弘開，羅網巖穴。飄飄雲凌，賦奏帝悅。文學侍從，枚朔同列。乃參講幄，道論稷卨。分司禮闈，微茫鑑徹。樂顧驤空，剖玉泣血。拔茅方升，誰妒蘭潔。抽簪南還，猶麟去紲。縱情敖游，望古停轍。海仙嶽神，齊趙豪傑。賦詩咏懷，風雨嗚咽。旁證釋梵，爰解塵結。法藏千萬，心貫舌決。非屬不穿，惟蔬乃啜。晚耽著述，師承一髮。義無障礙，句必梳櫛。亭林遺書，澗上清節。學彙一身，後進是挈。孝友于兄，募金贖侄。助朋恤姻，古義無缺。嗟此一老，如山巀嶭。爲儒林宗，宜享耄耋。胡不憖遺，似蟬斯蜕。疑誰與諮，奥莫之抉。士心傷悲，禮喪尹姞。其神奕奕，其書烈烈。何以招之，有芷爰擷。其肯來兮，投我佩玦。凡承顔色，及聆訓説。爲位以吊，三爵用醊。惟靈享歆，慰此契闊。

（輯自匠門書屋文集卷二九，四庫未收書輯刊影印清雍正七年顧詒禄刻本，第捌輯第二四册，第七七八至七七九頁）

吴郡名賢圖傳贊・潘耒傳

顧沅

公姓潘諱耒，字次耕，號稼堂，吴江爛溪人。明參政志伊曾孫。由布衣應康熙十八年鴻博，官檢討。公幼聰穎，從徐俟齋及顧亭林學。既大成，工爲文章，而於史事爲尤長。其與修明史也，謂搜羅博而考證當精，職任分而義例當一，秉筆直而持論當平，歲月寬而卷帙當簡。陳澤洲相國深是其言。

篤於師誼，俟齋殁，周恤其孤孫，使之得所。刻布亭林日知録及詩文集，猶以未及刻肇域志爲憾。

惜以忌者衆，落職歸里。四十二年，聖祖南巡，復原官。澤州欲薦起之，力辭而止。卒年六十三。

所著有類音八卷，遂初堂詩文集四十卷。

贊曰：學有淵源，詞無枝葉。遂初一變，儒林是式。

（輯自顧沅撰、孔繼堯繪吴郡名賢圖傳贊卷一八，清道光九年長洲顧氏刊本）

梅文鼎傳附潘耒

杭世駿

潘耒，字次耕，吴江人。王錫闡與其兄檉〔章〕善，館於其家，講論常窮日夜，勸其學曆，粗有端倪，以事散去，不能竟學。作（曐）闇秝佥，梅氏謂其測食之法，有出於舊術之外。

（輯自道古堂文集卷三一梅文鼎傳下附，續修四庫全書影印清光緒十四年刻本，第一四二六册，第五一四頁）

國朝先正事略・潘耒事略

李元度

潘次耕，名耒，號稼堂。父凱，列名復社。兄檉章，能文，負氣節。苕中史獄起，蒙難死。先生資稟絶人，有聖童之目。從顧亭林、徐俟齋、戴耘野三先生游，故其學貫穿淹洽，無所不通，旁及日曆、算數、宗乘、道藏，悉有神會。詩古文尤精，博無涯涘。嘉定陸翼王、平湖陸稼書交口許爲淹洽。

康熙己未，以布衣舉博學鴻詞，官檢討，纂修明史。充日講起居注官。其時，與館選者，皆起家進士。先生與朱竹垞、嚴蓀友獨由布衣入選，文又最有名，凡館閣經進文字，必出三布衣手，同列忌之。先生尤精敏敢言，無稍遜避，爲忌者所中，坐降調。以母憂歸，遂不復出。四十二年，聖祖南巡，復原官。澤州陳文貞公欲薦起之，先生曰：「止！止！吾分也。」賦老馬行以謝焉。

先生嘗應詔陳言，謂：「建言古無專責，歷代雖設臺諫之官，其實人人得上書言事。梅福以南昌尉言外戚，柳伉以太常博士言程元振，陳東以太學生攻六賊，楊繼盛以部曹劾嚴嵩。本朝舊制，京官并許條陳。自康熙十年憲臣奏請停止，凡非言官而建言，爲越職言事，例當降調。夫人主明目達聰，常懼有所壅蔽，故宜導之使言。今乃禁之，使不得言，豈盛世事？臣請除越職言事之禁，俾大小臣工各得獻替。進言之途廣，則罔上行私之徒，不得人人而把持結納之，庶有所忌而不敢爲。於此輩甚不便，於國家甚便也。其在外監司守令等官，若大利大弊，果係真知灼見者，亦許條奏。地方灾荒，督撫不肯題報者，州縣官徑得上聞。如此，則民間疾苦，無所不周知矣。更請許臺諫官得風聞言事，以作敢言之氣。其大奸大貪，不經糾彈，别行發覺者，請將言官一并處分。有能奮擊奸回，不畏强禦者，不次超擢，庶紀綱振而萬事集矣。」

湯文正公撫吴，先生贈以文，力言浮賦之害，爲畫三策。文正具疏瀝陳，得酌減。蓋用先生首策也。

先生初被徵，以母老辭，不獲命。除官後，復牒吏部，以獨子終養請代，題者三，卒格於議。逮居喪，哀毁骨立。兄遘禍，募金贖其侄。篤師門之誼，侯齋殁，周恤其孤孫，數十年如一日；刻亭林日知録并詩文集。歷游羅浮、天台、雁宕、武夷、黄海、匡廬、嵩嶽，盡尋其勝，各紀以詩文。有遂初堂集三十九卷。又因亭林音學五書，爲類音八卷。

（輯自國朝先正事略卷三八文苑，續修四庫全書影印清同治八年刻本，第五三九册，第七〇至七一頁）

國朝先正事略補編·潘耒事略

李元度

潘耒，字稼堂，江蘇吴江人。早慧，能强記，覽時憲書一過，即能闇誦。康熙時，以布衣試博學宏詞高等，授翰林院檢討。坐事免歸。性喜硯，藏硯盈屋，因其質狀，分别爲銘。暇則獨坐屋中，摩挲拂拭，以爲娱樂。時人謂之「石癖」。

（輯自國朝先正事略補編卷一，續修四庫全書第五三九册，第二七八頁）

文獻徵存録·潘耒

錢林

潘耒，字次耕，一字稼堂，晚自號止止居士。吴江布衣。幼有聖童之目，覽曆日一過，即能闇誦，無所訛脱，首尾不遺一字。從兄聖樟有名於時，甚器之。從昆山顧炎武學，又師徐枋、俟齋。既而問推步之術於王錫闡，雅博明練，號爲通人。

康熙十七年，徵試博學鴻詞，入格，除檢討。分修明史，撰食貨志。滇南既戡定，作平蜀、平滇二賦，以頌武功盛德。

其平蜀賦曰：

溯皇王於前烈，偉撻伐之鴻謨。奸無鉅而弗翦，凶無遠而弗鉏。霆發聲於豐隆，星耀芒於威弧。鯨吞舟而就斮，蛇搏象而見屠。法春生與秋殺，有霜落而露濡。必武功之遐暢，乃文教之誕敷。

惟我皇之聖仁，廓天地以爲量。王道履以平平，天門開其蕩蕩。彼么麽之小醜，敢盜兵而衡抗。類射天以彎弓，似逐日而投杖。蛙處井以陸梁，螳當車而倔强。依嵐箐以爲巢，憑崖谷以作障。巖巖梁益，實號金城，國闢蠶叢，山開五丁。劍閣梯空以懸度，棧道循絙而上征。天井盤旋而窈黑，地網綿絡而縱横。水以虎牙赤甲爲咽喉，陸以龍門鹿頭爲門户。挺一戈以當關，非萬騎之能取。遭天光之分耀，有草竊以偷處。曾六合之一家，敢走險以旅拒。雄虺九首，苞蘖三芽。傳烽巴閬，築壘褒斜。驚百城於風鶴，變一軍爲蟲沙。初屯蜂而聚蟻，旋鬥鼠而戰蝸。思明殪於河陽，少誠殲於淮表。彼逆孽之游魂，若枯莖之待掃。何醜類之睢盱，尚横距而肆爪。倚嶂嶺之千重，謂天險其可保。

皇赫斯怒，整我六師。招摇爲戈，參伐爲旗。審制勝之在將，料奪險之用奇。拔虎臣於行間，建高牙而授之，曰汝進寶，貔貅如雲，東趨閬中，毁其重門。曰汝良棟，突騎風雨，西走陰平，抉其後户。分道交攻，奇正相權，或掎或角，動於九天。惟東軍之驍騰，凌七盤而徑度。奪朝天之巖險，葭萌空而不戍。分勁旅爲三行，令異道而同赴。摧堅陣于背城，斬突豨而餘怒。積甲齊乎錦屏，投鞭斷乎江路。迫禁旅之薄城，斬門關而齊騖。凶渠焚于窮猿，逆黨禽于脱兔。蓋纍纍籍籍，鈐甲面縛者，不知其數。西師卷旆以横邁，據密樹之重關；出間道以擣虚，儼氊裹而林攀。争白水之厄塞，破鐵門之孱顔。忽浮馬而渡江，張赤幟于菁山。朝耀兵乎江油，夕嚴陣乎綿竹。訝天兵之飛來，俄攻心而潰腹。開錦城之峨峨，豎降帆之一幅。收奇功于浹辰，若風雷之迅速。捷書并奏，飛檄交馳，鋒不再淬，矢不再披，剗勁寇若振槁，舉名都如拾遺。天子乃升紫宸之殿，讀露布於彤墀，千官集乎闕下，望天顔之怡怡，莫不鼓舞贊頌，曰盛哉乎武功，振古未睹，兹也惟此。

劍南代有反側，塹山燒棧，便同絶域。若漢室之討公孫，晋氏之斬李特，宋主之擒譙縱，唐宗之誅劉闢，皆用堅攻瑕，以順討逆，風行電掃，罪人斯得。然猶水陸夾攻，首尾并擊，傷損將士，窮竭兵力，彌歲淹時，僅而後克。未有不頓一兵，不折一戟，駭若發機，震若霹靂，旬月之間，廓清西極，如今日者也。天子將將，大將將兵，既得龍驤，復有訾平，師以和而後克，功惟斷而乃成，規萬里若指掌，故無戰而有征。

夫蜀國者，滇黔之維首也。蜀平則破竹無前，建瓴直走，蒙詔亡魂，貴筑不守，將遂定邛棘，略犍爲，兼冉駹，收沈黎，簡巴渝之勁卒與彭濮之鋭師，浮舟牂牁，飲馬瀘溪，峨嵋爲鐔，點蒼作鍔，罝罘葉榆，圍掩蒙樂，伐銅鼓之砰訇，驅金馬之騰趠，血鑿齒以釁鋒，膏猰貐以染鑊。然後前歌後舞，班師而還，受成廟社，薦功皇天。包干戈以虎皮，却走馬以糞田。沛曠蕩之恩，下復除之詔。與萬姓相勞苦，哀疲氓之無告。撫摩瘢瘡，長養凋耗，勸耕課桑，興廉舉孝。蒸斯人於太和，群咏仁而蹈道；基隆平於萬年，襲三五之休號。豈不盛哉！遂作頌曰：

天錫智勇，爲君王兮。神武不殺，誅猖狂兮。運籌决策，自廟堂兮。任屬賢將，齊鷹揚兮。天戈一揮，除欃槍兮。遂清大憝，克兮鬼方。長御遠駕，包八荒兮。刊山表柱，垂無疆兮。

平滇賦曰：

粤稽皇王，數典考墳，紹業承統，守文之君，或英明而沈毅，或恭儉而寬仁，休風駿烈，厥亦有聞。若夫彌綸造化，整頓區宇，經世以文，戡亂以武，除凶殘若風霆，沛德澤如膏雨，巍乎遼哉，首出之聖，書契以來，曾不數睹！

惟國家誕膺休命，列聖重光，宅中圖大，臨馭萬方。皇上克聖亶聰，嗣纘曆服，阜成兆民，平章百族，威暢德敷，義涵仁育，煦之以春陽，潤之以霢霂。方銷兵以鑄鋤，希還醇而反樸。屬者五緯遺氛，三辰餘沴，國丁小厄，天亡醜類，乃有三藩之事，以勤我聖帝。

惟三藩者，滇南爲魁，次廣與閩，一苞三蘖，駢幹連根。實先朝之宿將，亦勝國之逋臣。諒豺聲而鷹眼，非羈紲之能馴。先皇帝大度軼乎漢高，深仁邁乎宋祖，念其搏擊之勞，畀以帷蓋之所，高牙大纛，作藩南土。蓋將以威蠻制獠，壯干城而扞疆圉。何圖爵極而亢，寵過斯驕。擅士馬之雄富，與土地之殷饒。殺生操於幕府，除拜擬於天朝。聚宵小爲淵藪，流金錢如波潮。無懸癰而不潰，有厝火其必燒。皇上明燭未形，智周無象，金鏡在懸，太阿在掌。與其滋蔓而難圖，不若消萌於方長。與其後事而芟鋤，無寧先時而滌蕩。爾乃發睿策，啓神謨，因乞休之陳請，下撤還之詔書，俾移屯於遼海，即樂土而安居，將保全乎勳舊，匪弓藏之可虞。蠢爾滇渠，敢行倡逆，忘奕葉之寵榮，背累朝之恩澤，矜百戰之餘勇，謂人寰其無敵。規豕突與鯨奔，遂白頭而作賊。裂眦一呼，其從如雲。掤弓毒弩，十萬爲群。既席卷夫湘江，復虎踞乎夔門。將北向而争利，勢滔天與燎原。閩廣之凶，以次干紀，毒虺雌雄，長蛇首尾。其餘反者，猬毛而起。西綿隴坻，東絡海澨。鄜延之郊，荆襄之鄙，震聳者三方，驛騷者萬里。甚漢室之濞雄，同唐家之安史。彼敦峻與景全，何凶鋒之能擬！

惟皇神武，不震不驚，恭行天討，赫赫明明。發雲臺之鎧仗，整岐陽之旆旌。丈人長子，維城磐石之宗，以爲將帥；中黄虎賁，射聲佽飛之士，列乎屯營。於是親畫成規，密授方略，既攻心而伐謀，亦擣虚而批隙。堂堂聲罪之辭，峨峨賞功之爵。踞鞍而猛士色飛，騰檄而凶徒膽落。天子之兵無戰，帝王之師萬全。不逐一壁之利，不陷一城之堅。其守也，静於九地；其攻也，動於九天。是使劇賊挫鋒，梟雄失氣，矢如雨而不得射，戟如林而不得刺。鼯騰躍而技窮，虎咆哮而力弊。賊衆有魚爛之形，官軍成破竹之勢。遂乃平乘巴陵，横掩洞庭，澧浦之艅艎失水，衡峰之草木皆兵。逆臣賊子，亡魂喪精，血未膏於王斧，身已殛乎天刑。亦越閩關，天兵飛度，士女謳歌，壺漿塞路。叛臣面縛而來歸，逋寇倉皇而失據。蜃咽氣而消亡，鯨跳波而僵仆。

彼粵孽之凶，狡信梟獍，其何殊幽厥父以稱亂，牙擇肉而恣睢，天戈臨而糜爛。何螳臂之當車，嗟革面其已晚，有延頸而就誅。若乃狐鳴鴟嘯之群，鹿鋌狼奔之隊，尤來大槍之盜魁，延岑彭寵之叛帥，首鼠前却，乍叛乍臣者，以千百輩，莫不脱距摧牙，沙崩瓦壞，梏户疏屬之山，傳首桃林之塞。於是陰平夜走，劍閣朝通，索橋度馬，藤峽懸弓。黔蜀之地悉定，水陸之師會攻。徑盤江而搗脅，蹂蒼山而抉胸。高壘馮城，長圍四築，不頓一弦，不亡一鏃。嗟劉積之騃儗，與元濟之窮蹙，曾飛走其無路，空椎心而慟哭。竟駢首以入函，無遺種於凶族。於是八方奠定，六合無塵，梯航窮乎日窟，鞮譯盡乎天垠。邊陲無鈴柝之警，函夏皆耕桑之民。櫜弓脱劍，一軌同文。

原夫三藩之設，歷紀於兹，尾大不掉，實繁披枝。國勢爲之衡決，民生爲之瘡痍。而今而後，快然毒去，霍然病衰，烟消霧剥，天清日輝。非大聖人之威德，何以及斯！惟幾也，爲能周天下之慮；惟斷也，爲能成天下之務。撤藩之議偉矣！狃於苟安，摇於浮言，則莫能以果决；難作而張皇，釁成而姑息，則莫能以速滅。藩鎮之禍，未有所底也。

皇上以一人之智勇，爲海内除大殘；以八年之憂勤，爲萬世貽永安。雖唐帝之戰丹水，軒皇之克阪泉，夏后格有苗於兩階，殷宗伐鬼方於三年，絜功比德，未知其後先。猶且謝鴻名而不居，推大美而不有，彌謙冲以兢惕，期保泰于永久。肅乎欹器之或傾，凛乎馬索之將朽，哀烝人之疲勞，念三星之在罶。遂乃發德音，沛恩綸，捐逋賦，予貧民，赦獄囚，廣大仁，優恤將士，大賚臣鄰。罷一切權宜之制，與天下爲更新。大圭禮天，特牲祭廟，望祀山川，潔將禋燎，極尊養於兩宮，增推崇之顯號，馳展省於園陵，薦成功以昭告。然後申明象魏，釐飭官常。百度具舉，四維高張。天人協應，儲休降祥。甘露零庭，朱草豐唐。奏韶濩之樂舞，襲山龍之文章。故道與天地同流，而德與黄農齊光也。日出作兮日入息，道平平兮無反側。旋乾坤兮帝之則，賡卿雲兮臣之職。歌九功兮頌七德，播永永兮長無極。

賦奏，上甚賞之。

一充會試同考官，又充起居注官。耒有文采，爲人所忌疾，有以疑相質者，據經條答，不肯謙讓。於是忌者益側目焉。俄坐浮躁免官。既以母憂歸里，勤勤著述，嘗遍游羅浮、天台、雁宕、武夷、匡廬、黄山、嵩山，不以榮禄攖懷也。四十二年，上南巡，命復原官。大學士陳廷敬將薦之，固辭不出。

耒通聲韻反切之學，以舊字母三十六有複有漏，删其五，增其四，以各母爲各韻，作類音八卷。又有詩集十六卷、文集二十卷、別集二十卷，總名遂初堂集。

嘗游端溪，購石數十枚，因其質理品式，自爲銘，構一室藏之。客至，出石相品賞。時謂之「石癖」。

夙敦古誼，枋卒，周恤及其孤孫，務俾得所。又炎武遺書、詩文集若干種，皆耒所刻。惟郡國利病書卷帙繁重，未及開雕而耒卒，時四十七年也。

有贈杜于皇長歌，云：

男兒無家復無國，六合飄然一孤客。客行落落雲出岑，其去無迹來無心。山水佳處便淹泊，偶然相遇不可尋。黄岡先生古豪士，胸吞雲夢八千里。神鷹鎩翮不得飛，丹霄碧海將安歸？三十年來泛江舸，大塊無塵能著我。商山須眉大澤裘，游戲人間無不可。往年訪友揚州城，州人喧呼看歲星。如雲冠蓋趨門庭，先生酣眠醉不醒，醒來洗眼焦山青。金焦如螺意不快，一葉翩然下江瀨。青丘方壺不可期，白龍赤鯉遥相待。我亦汗漫之遐方，束髮結交多老蒼。惟翁差池未識面，江雲關樹空相望。錫山葉脱蠡湖朗，散步禪房見邛杖。怪來避地已經年，笑我勞勞逐塵鞅。昆明刼火方洞然，老鰲抃山波接天。土偶桃人莫相笑，久客會有還山年。先生無事但宴眠，大瓢滿酌清泠泉。君不見君家杜陵喪家者，茅屋秋風泪盈把，揮泪高歌洗兵馬。

（輯自文獻徵存録卷四，續修四庫全書影印清咸豐八年刻本，第五四〇册，第一五七至一六一頁）

感舊集·潘耒小傳

盧見曾

潘耒字次耕，號稼堂，江南吴江布衣。舉博學鴻詞，官檢討。有遂初堂集。居易録：「吴江潘檢討次耕貽宋刻陳後山集二十卷，又寄所刻顧亭林日知録三十二卷。顧，潘之師也。」曝書亭集嚴蓀友墓志：「己未，召試體仁閣，布衣與選者四人：李因篤、潘耒，其二君及余也。」

（輯自王士禛輯，盧見曾等補傳感舊集，四庫禁毁書叢刊影印清乾隆十七年刻本，集部第七四册，第四三二頁）

清代學者象傳·潘耒傳

葉恭綽

潘耒，字次耕，號稼堂，江南吴江人。父凱，列名復社。兄檉章，能文，負氣節，若中史獄起，蒙難死。先生資秉絶人，少有神童之目，從顧亭林、徐俟齋、戴耘野三先生游。其學貫穿淹洽，無所不通，詩文尤精博，先輩陸稼書、翼王諸老交推之。

康熙十八年，以布衣薦舉博學鴻詞，廷試二等，授檢討。纂修明史，充日講起居注官。時與館選者，多起家進士。先生與朱竹垞、嚴蓀友兩先生獨由布衣入選，文最有名，凡館閣經進文字，必出三布衣手，同列忌之。先生尤精敏敢言，無稍遜避，卒爲忌者所中，坐降調。以母憂歸，遂不復出。四十二年，聖祖南巡，復原官。陳文貞公欲薦起之，先生曰：「止！止！吾分也。」賦老馬行以謝焉。

嘗應詔陳言，請除越職言事之禁。湯文正公撫吴，投文以贈，力言浮賦之害，爲畫三策。公具疏瀝陳，得酌減。蓋用先生首策也。

初被徵，以母老辭，不獲命。除官後，復三次呈請終養，皆格於議。逮居喪，哀毁骨立。兄遘禍，募金贖侄歸。篤師誼，俟齋殁，恤其孤孫，數十年如一日；刻亭林日知録并詩文集。

性好游，羅浮、天台、雁宕、武彝、匡廬、嵩嶽，悉窮其勝，各紀以詩文。四十七年，以病卒於家，年六十有三。著有遂初堂集三十卷。又因亭林音學五書爲類音八卷。

（輯自清代學者象傳第一集，上海書店出版社二〇一四年影印本，第九四頁）

國朝詩人徵略初編・潘耒

張維屏

潘耒，字次耕，號稼堂，江南吴江人。康熙十八年，召試博學鴻詞，官翰林院檢討。有遂初堂集。詩分少游、夢游、近游、江嶺游、海岱游、台蕩游、閩游、黄廬游、楚粤游、豫游、卧游諸草。耒少受業於顧炎武，頗得其傳，故詩文皆有原本。四庫提要。

稼堂先生篤於師門。師徐俟齋、顧亭林兩先生。俟齋没，周恤其孫。刻亭林日知録及詩文集。國朝詩別裁。

沈冠雲云：官翰林者，皆進士出身。先生與朱竹垞、嚴繩孫，布衣與選，閣文必出三人手，同館皆忌之。先生又精敏敢言，無稍遜避，因之落職。澤州陳相國欲薦起之，先生曰：「止！止！吾分也。」賦老馬行以謝。江蘇詩徵。

（輯自國朝詩人徵略初編卷一一，清道光十五年刻本）

國朝名家詩鈔小傳・遂初堂詩鈔小傳

鄭方坤

潘耒，字次耕，一字稼堂，吴江人。兄檉章，字力田，負奇才，鼎革棄諸生，鋭欲以史事自任，破產購有明一代實録，復旁搜名家文集、奏疏數千卷，懷紙吮筆，矻矻窮年；書未成，而遭潯溪之難，坐極刑以死。稼堂以孱童慘酷，幾無生理。顧念覆巢破卵之餘，計惟奮志讀書，庶可亢宗名世。時顧亭林先生通經博古，蔚爲儒宗，則負笈從之游，不三四年，盡得其學以去。希風接武，即未能稱具體，要亦不離其宗。如昔人之所謂買褚得薛者。

歲己未，公卿論薦鴻博之士，御試拔五十人，列禁近。稼堂以布衣進，齒最少。亭林先生贈詩云「聞有二毛人，年纔三十二」者是也。既入職起居注，分校禮闈，稍抒所學矣。徒以傲睨一世，又褊急不能容人過，坐是左遷，則拂衣歸。一筇一笠，自放於山水之間，近者三五百里，遠或數千里，鑿險縋幽，勝情獨往。謝康樂、柳子厚以後，乃見斯人。

所編詩以「游草」名集，自少游、近游以及海岱、台蕩、黄盧、閩、豫、楚粤等編外，而玉堂之作則曰夢游，晚歲林居諸什則曰退游。蓋無適而非游也。昔莊生著書，首以逍遥名篇，其説鯤鵬之運甚怪；屈原作騷，雲車風馬，有侈詞焉。要以寫其幽憂之思，奇怪不可方物之氣，固不必其有事實也。稼堂之以「游」名詩，其即此物此志也夫。

（輯自國朝名家詩鈔小傳卷二，清光緒十二年萬山草堂刻本）

鶴徵録·潘次耕

李　集、李富孫

潘耒，字次耕，號稼堂，江南吴江人。布衣。由左春坊諭德盧琦、刑部主事謝重輝薦舉，授檢討。以母憂歸。著有類音、遂初堂集。

其學。富孫按：先生幼有聖童之目，試以曆日，能首尾不遺一字。兄檉章有史才，頗承受悉有神會。復從顧亭林、徐昭法、戴耘野游。故其學貫穿淹洽，無所不通，旁及曆術、算數，集，皆所刊刻。又以未及雕肇域志爲憾。昭法没，無尺寸之産，舉孀婦孤孫以托，先生恤之終身。亭林日知録、詩文

松窗筆乘云：潘次耕游肇慶，購端溪石數十枚。因其質理品式，自爲銘，構一室藏之。客至，出石相品賞。時謂之「石癖」。

（輯自鶴徵録卷二，四庫未收書輯刊影印清嘉慶十五年漾葭老屋刻本，第貳輯第二三册，第五七八至五七九頁）

己未詞科録·潘耒

秦瀛

潘耒，字次耕，號稼堂，江南吴江人。布衣。由左春坊諭德盧琦、刑部主事謝重輝薦舉，授檢討。以母憂歸。著有遂初堂詩集十五卷、文集二十卷、别集四卷，類音八卷。

詩分少游、夢游、近游、江嶺游、海岱游、台蕩游、閩游、黄盧游、楚粤游、豫游、卧游諸草，分年編次。文則各以體分。惟爲二氏作者，入之别集，用楊傑無爲集例也。耒性好游名山，足迹甚廣。其詩不事雕飾，直抒所見，古文蹊徑較平，稍遜於魏禧諸人，而氣體渾厚，空所依

傍，則耒所獨得也。家吴江爛溪，少受業於顧炎武，頗得其傳，故詩文皆有原本。特其議論之文，往往反覆求快，太傷於盡，未免失之好辯焉。節録四庫書目遂初堂集提要。

潘耒舉博學鴻詞，官檢討，纂修明史，以母憂歸，不復出。幼有聖童之目，試以曆日，首尾不遺一字。兄檉章有史才，耒承受家學。復從顧炎武、徐枋、戴笠游，故其學貫穿淹洽，無所不通，旁及曆術、算數、宗乘、道藏，悉有神會。江南通志。

潘耒幼穎異，讀書目百行下。初從兄檉章學，又師事徐枋、顧炎武，淹貫群書。工詩古文辭，尤長史學。康熙十七年，以博學鴻詞徵試，授檢討，纂修明史。以史事重大，條上四議，總裁然其説，令專撰食貨，兼訂定他紀傳。充日講起居注官，纂修實録、聖訓。壬戌，爲會試同考官，得士十二人，皆天下選。後二年，甄别議起，忌者坐以浮躁，降調，遂歸。四十二年，上南巡，復原官。大學士陳廷敬欲薦起之，力辭而止。耒有至性，事母孝，居喪，哀毁骨立。於師門之誼尤篤。徐枋隱居數十年，家計蕭條，臨没，以孤孫相托。耒爲謀置生産，又捍衛其外侮。顧炎武所著日知録，多經世大業，耒刻之，始得傳於世。錢霑續志。

陸翼王極口潘次耕之博洽，曾於健庵所見之，不誣也。節録三魚堂隨筆。

瀛按：先生父凱，字仲和，名與復社。周之夔者，與諸君子構難，作復社或問。馬君常、張天如兩先生并力争之。兄檉章及同縣吴炎，皆高才。會湖州莊氏史禍作，牽連被逮死。

錢泳按：檢討於諸徵君中，齒最少。顧亭林贈詩云「聞有二毛人，年纔三十二」者是也。

（輯自己未詞科録卷三，續修四庫全書影印清嘉慶間刻本，第五三七册，第一四八至一四九頁）

己未詞科録·潘耒

秦瀛

吴江潘耒次耕兄檉章，以湖州莊氏史案牽累。次耕時年十八，孑身走燕都，介顧亭林之僕，往見山陽王起田略。起田慨然曰：「寧人之友之弟，猶之吾弟也。」迎而舍之，妻以女。歲己未，詔舉鴻博之士，公卿薦論，御試於體仁閣下，擢高等者五十人，同日入史館。次耕以布衣與焉。次耕多文爲富。其詩古文辭，浩氣空行，不可一世。蘭村筆乘。

（輯自己未詞科録卷一〇叢話二，續修四庫全書影印清嘉慶間刻本，第五三七册，第二六四至二六五頁）

國朝詩別裁集·潘耒

沈德潛

潘耒，字次耕，江南吴江人。康熙己未，以布衣召試博學鴻辭，官翰林院檢討。著有遂初堂集。

○稼堂先生篤於師門。少師徐俟齋、顧亭林兩先生。俟齋没，周恤及其孤孫，務俾得所。刻亭林日知録及詩文集。又以未及刻肇域志爲憾。蓋此書關天下利病，卷帙繁富，非大有力不能刻也。此誼猶近古人。

〇詩筆直達所見，浩氣空行，韻語可作古文讀。而登臨懷古諸作，尤爲光焰騰上，一時名流，幾罕與儷者。

（輯自國朝詩别裁集卷一二，四庫禁燬書叢刊影印清乾隆二十五年教忠堂刻本，集部第一五八册，第三三九頁）

昭代名人尺牘小傳·潘耒小傳

吴修

潘耒，字次耕，號稼堂，晚自號止止居士，吴江人。布衣舉鴻博，授檢討，爲四布衣之一。幼有聖童之目，試以曆日，首尾不遺一字。學本昆山顧氏，又得王錫闡、兄檉章之傳，經史、詩古文、曆算、聲音之學，無不洞達。於聲韻反切有神悟，審五方之音，而能得其會通，著類音八卷。删增三十六字母爲五十母，統有字無字之音，分平、上、去爲二十四類，皆得天然之音。有遂初堂集。

（輯自昭代名人尺牘小傳卷九，中國國家圖書館藏清道光六年刻本）

晚晴簃詩匯·潘耒

徐世昌

潘耒，字次耕，號稼堂，吴江人。康熙己未，召試博學鴻詞，授檢討。有遂初堂集。

沈歸愚曰：稼堂先生篤於師門。少師徐俟齋、顧亭林兩先生。俟齋没，周恤其孤孫。刻亭林日知録及詩文集。此誼猶近古人。詩筆直達所見，浩氣空行，韻語可作古文讀，而登臨懷古諸作，尤爲光焰騰上，一時名流，幾罕與儷者。

詩話：稼堂師皆遺宿。兄死史難，巖栖谷隱，若將終焉。應大科，入詞館，良非始願。赴召時，有寫懷詩二十首，具述出處本末。既授職，復牒吏部，乞放還，未允。及挂彈事，又作續寫懷六首，遂南歸。出游贛粤、齊魯、浙閩、楚豫，周攬五嶺、泰岱、台蕩、武夷、黄山、匡廬、嵩少、衡湘諸勝。游屐所經，留題殆遍。康熙癸未，迎蹕復官。越三年，復南巡，澤州相國將薦起稼堂，作老馬行以謝，竟不復出。詩以議論勝，硬語盤空，縱横曲折，無不如志，猶能緯以聲律，澤以文藻，固不至落以文爲詩科臼也。

（輯自晚晴簃詩匯卷四二，續修四庫全書影印民國十八年退耕堂刻本，第一六三〇册，第二二頁）

清代樸學大師列傳·潘耒傳

支偉成

潘耒，字次耕，又字稼堂，江蘇吴江人。檉章弟也。生而宿慧，讀書目百行下。檉章既遘史禍，君以孱童慘酷，幾無生理。念覆巢之餘，計惟奮志向學，庶可以亢宗名世耳。乃受業於同郡徐枋、顧炎武，能承其教，群經諸史，旁及算數宗乘，無不通貫。

康熙己未，舉鴻博，以老母固辭，終不獲命。試列二等，授翰林院檢討，纂修明史。謂：「有明二百年史事繁賾，宜博采而精於考證，分任而一其義例，秉筆嚴而論平，歲月寬而帙簡。」遂作議以上。總裁然之，使撰食貨志，兼他紀傳。自洪武以下五朝稿，皆所訂定。尋充日講起居注官，分校禮闈，稱得士，名益甚。既以布衣進，齒最少，又傲睨不能容人，緣是忌者頗衆。甄别議起，坐浮躁降調，遂歸。癸丑，聖祖南巡，復原官。大學士陳廷敬將薦起之，力却乃止。家居二十餘年，始卒。

爲人有至性，篤於風誼。遭母喪，哀毁骨立。哭其兄若弟，過時而悲。復刊亭林日知録、詩文集，猶以未及刊肇域志爲憾。

著遂初堂集四十卷。又因等韻之法，更推求以己意，撰類音八卷，與亭林音學五書殊有出入。蓋亭林欲復古人之遺，君則務窮後世之變，審辨通微，實亦自成一家之學焉。

（輯自清代樸學大師列傳第一顧炎武傳附潘耒，岳麓書社一九八六年版，第一一至一二頁）

清代七百名人傳·潘耒

蔡冠洛

潘耒，字次耕，江蘇吴江人。幼孤，生而宿慧，讀書目數行下。受業於同郡徐枋、顧炎武，能承其教。群經諸史，旁及算術、宗乘，無不通貫。嘉定陸元輔、平湖陸隴其交口許爲淹洽。

康熙十八年，以布衣召試博學鴻儒，授翰林院檢討。與修明史，即作修史議以上。謂：「明更三百年，未有成史。今欲創爲一書，前無所因，視昔之本東觀以作後漢，改舊書以修新唐者，其難百倍。宜搜采博而考證精，職任分而義例一，秉筆直而持論平，歲月寬而卷帙簡。」總裁善其説，令撰食貨志，兼他紀傳。自洪武以下五朝稿，皆所訂定。尋充日講起居注官，纂修實録、聖訓。二十一年，充會試同考官，稱得士，名益盛，忌者頗衆。二十三年，甄别議起，坐浮躁降調，遂歸。四十二年，上南巡，復原官。大學士陳廷敬欲薦起之，力辭而止。

耒有至性。初被徵，辭以母老，不獲命，乃行。除官後，復牒吏部，以獨子終養請代，題者三，卒格於議，始受職。逮居喪，哀毁骨立。尤篤師門之誼。枋殁，周恤其孤孫，俾得所。

生平嗜山水，歷游羅浮、天台、雁蕩、武夷、黄海、匡廬、中岳，盡窮其勝，各紀以詩文。有遂初堂詩集十六卷、文集二十卷、别集四卷。詩不事雕飾，直抒所見，登臨懷古諸作，一時名流多折服。文蹊徑較平，而氣體渾厚，空所依傍。

刻顧炎武日知録并詩文集。

耒又因炎武音學五書，爲類音八卷。炎武欲復古人之遺，耒則務窮後世之變。以爲舊字母三十六，有複有漏，今删五增十九，成五十母，各具陰陽。每母之字，横播爲開口、齊齒、合口、撮口四呼；四呼之字，各縱轉爲平、上、去、入四聲；四聲之中，各以四呼分之。惟入聲十類，餘三聲皆二十四類。凡有字之類二十二，有聲無字之類二。以有字者，排爲韻譜：平聲得四十九部，上聲得三十四部，去聲得三十八部，入聲得二十六部，共爲一百四十七部。

蓋因等韻之法，而又推求之己意，於古不必合，於今不必可施用，然審辨通微，實自成一家言。

晚歲研究易象數，著論十三篇，多所心得。四十七年，卒，年六十三。

（輯自清代七百名人傳第四編學術樸學，中國書店一九八四年影印本，第一五七八至一五七九頁）

（嘉慶）大清一統志·潘耒傳

潘耒，吴江人。康熙己未，以布衣舉博學宏詞，官檢討，纂修明史。以母憂歸，不復出。耒幼有神童之目，復從顧炎武、徐枋、戴笠游。故其學貫穿淹洽，旁及星學、算數、宗乘、道藏，悉有神會。

（輯自嘉慶大清一統志卷八一蘇州府五人物，四部叢刊續編本）

（乾隆）江南通志·潘耒傳

潘耒，字次耕，吴江人。以布衣舉博學宏詞，官檢討，纂修明史。以母憂歸，不復出。耒幼有聖童之目，試以曆日，首尾不遺一字。兄檉章有史才，耒承受家學。復從顧炎武、徐枋、戴笠游。故其學貫穿淹洽，無所不通，旁及曆術、算數、宗乘、道藏，悉有神會。

（輯自乾隆江南通志卷一六五人物志文苑，清乾隆元年刊本）

（乾隆）蘇州府志·潘耒傳

潘耒，字次耕。檉章弟。幼穎異，讀書目百行。初從兄學，又師事徐枋、顧炎武，淹貫群書，工詩古文辭，兼長史學。

康熙十七年，以博學鴻詞徵試，授檢討，纂修明史。耒以史事重大，條上四議，總裁然其説，令專撰食貨志，兼訂他紀傳。充日講起居注官。纂修實録、聖訓。壬戌，爲會試同考官，得士十二人，皆天下選。後二年，甄别議起，忌者坐以浮躁，降調，遂歸。四十二年，上南巡，復耒原官。大學士陳廷敬欲薦起之，力辭而止。

耒有至性，事母孝，居喪哀毁骨立。於師門之誼尤篤。徐枋隱居數十年，家計蕭然，臨殁，以孤孫相托，耒爲謀置生産，又捍衛其外侮。顧炎武所著日知録，多經世大業。耒在閩中，有贈買山資者，舉以刻之，始得傳於世。

生平好著述與遠游，凡黄廬、天台、雁蕩、武夷、羅浮諸名山，盡窮其勝，記以詩文。其學旁及曆法、算數、宗乘、道藏；於聲韻反切，能通其微。所著類音八卷、遂初堂詩文集四十卷，并行於世。卒年六十三。錢霑續志、吴江新志合纂。

（輯自乾隆蘇州府志卷六五人物十九吴江縣，中國國家圖書館藏清乾隆十三年刊本）

（同治）蘇州府志·潘耒傳

潘耒，字次耕。檉章弟。幼穎異，讀書目百行，有聖童之目。初從兄學，又師事徐枋、戴笠、顧炎武。其學貫穿博洽，無所不通，旁及日曆、算數、宗乘、道藏，悉有神會。詩古文尤精，博無涯涘。

康熙十七年，以布衣舉博學鴻詞，授檢討，纂修明史。耒以史事重大，條上四議，撰食貨志，兼訂紀傳。自洪武以下五朝稿，皆其所定。充日講起居注官。其時與館選者，皆起家進士，耒與朱彝尊、嚴繩孫，獨由布衣入選。文又最有名，凡館閣經進文字，必出三布衣手，同列忌之。耒尤精敏敢言，無少遜避，爲忌者所中，坐降調，遂歸。四十二年，聖祖南巡，復耒原官。大學士陳廷敬欲薦起之，耒獻老馬賦以謝焉。

耒初被徵，以母老辭，不獲命。除官後，復牒吏部，以終養請代，題者三，卒格於議。迨居喪，哀毁骨立。篤師門之誼。徐枋臨殁，以孤孫相托。耒爲謀置生產，又捍衛其外侮。顧炎武所著日知録，多經世大業。耒在閩中，有贈買山資者，舉以刻之，始得傳世。生平好遠游，凡黄廬、天台、雁蕩、武夷、羅浮諸名山，盡窮其勝。卒年六十三。乾隆志。

長子其炳，字文虎。恩貢生。工詩。得周龍藻指授。耒出游，家政悉委之。後倦游歸，病篤，其炳割臂肉潛進。既卜葬父母，遂精堪輿。性友愛，信道尤篤。臨卒，戒其子毋作佛事與行狀。年七十二。

其炳子廷壎，字雅奏。諸生。博學，工詞賦。書法真草兼擅。虞山王御史峻，見其蘇臺懷古賦，贈詩曰：「松陵才子稼堂孫，文采風流奕葉存。」後辰州某聘修志乘，卒於辰州。

耒少子其燦，字景瞻。康熙末舉人。好學工詩，早卒。道光志。

（輯自同治蘇州府志卷一〇六人物三三吴江縣，清光緒九年刊本）

（乾隆）吴江縣志·潘耒傳

潘耒，字次耕。曾祖志伊，見名臣傳。耒幼孤，資稟穎異。嘗閱曆日，一過能背誦。及長，於群經、諸史、九流之書無不讀，詩賦、古文辭無不能。而性好山水，遂往來燕趙，與一時名人縱游，相討論題咏。

康熙十七年，以博學鴻詞徵試，除翰林院檢討，纂修明史。既授職，謂：「明更三百年，史事繁委。宜博采而精於考證，分任而一其義例，秉筆嚴而論平，歲月寬而帙簡。」作議以上。總裁然之，令撰食貨志，兼訂紀傳。自洪武以下五朝稿，皆其所定。

上平逆藩，耒獻平蜀、平滇兩賦。上稱賞，公卿傳誦。論者擬諸李白云。進充日講官，知起居注，兼纂修世祖實録、聖訓。復爲會試同考官，得士十二人，皆天下選。而名益起，忌者亦益衆。竟以甄別議，坐浮躁降調，遂歸。

耒初被徵，以母老力辭，不獲命，乃行。除官後，又牒吏部，以獨子終養請代，題者三，卒不得請。乃受職，遂迎母養之。及去職，母殁。終三年，未嘗見齒。後乃遍游羅浮、天台、雁蕩、武夷、黄廬、中岳諸名山，盡窮其勝，各爲詩若文記之。

四十二年，耒已家居，上南巡，復耒原官。越三年，上又南巡。陳廷敬扈駕，欲薦起耒，耒固辭，乃止。

耒於聲韻反切有神悟，隨所至審辨，遂通其微，著類音八卷。以爲舊字母三十六，有複有漏，今删五增十九，成五十母，各具陰陽，而列以喉、舌、腭、齒、脣之序。舊四呼以音就字，無定準；今各母各韻，并列四呼，字缺而音悉全。舊分類互有得失，今統有字無字之音，辨其全分，分平、上、去爲二十四類，入爲十類，即少攝多，正轉、從轉、旁轉、别轉，條理井然。舊切同母同韻之字，皆通用；今同母之中，必用同呼、同轉；同韻之中，必用元音，分陰陽。蓋皆得天然之音，而無有訛闕。論者謂於古今音學中，實成一家言。

晚究易象數，多心得，著論十三篇。所爲文甚夥，往往裨治體風教與鄉邑之利病。蓋耒嘗師事同郡顧炎武、徐枋，實稟承其教。其史學則自少得諸兄檉章，賦學則耒所自得也。耒詩文共四十卷，名遂初堂集。自京師歸，凡二十餘年。年六十有三，卒。

少子其燦，字景瞻，康熙末舉人。年三十六，卒。好學工詩，有詩集三卷。

（輯自乾隆吴江縣志卷三十二人物九文學）

平望志·文苑·潘耒傳

潘耒，字次耕，號稼堂。凱次子。幼孤，資稟穎異。嘗閲時憲書，一過即能背誦。及長，於群經、諸史、九流之書無不讀，詩賦古文詞無不能。而性好山水，遂往來燕趙，與同時名人縱游，相討論題咏。

康熙己未，以博學鴻儒徵試，除翰林院檢討，纂修明史。既受職，謂：「明更三百年，史事繁委。宜博采而精於考證，分任而一其義例，秉筆嚴而論平，歲月寬而帙簡。」因作議以上。總裁然之，令撰食貨志，兼訂紀傳，自洪武以下五朝稿，皆其手定。

上平逆藩，耒獻平蜀、平滇二賦。上稱賞，公卿傳頌。進充日講官起居注，兼纂修世祖實録、聖訓。復爲會試同考官，得士十二人，皆天下選。而名日益起，忌者日益衆。後竟以甄别議，坐浮躁降調，遂歸。

耒初被徵，以母老力辭，不獲命，乃行。除官後，又牒吏部，以獨子終養請代，題者三，卒不得請，乃受職。遂迎母養之。及去職，母没。終三年喪，未嘗見齒。後乃遍游羅浮、天台、雁宕、武彝、黄廬、中岳諸名山，盡窮其勝，各爲詩若文記之。

癸未，上南巡，復耒原官，賜御書一軸。丙戌，上又南巡，又賜御書。陳廷敬扈駕，欲薦起耒，固辭乃止。

耒於聲韻反切有神悟，隨所至審辨，遂通其微，著類音八卷。晚研究易象數，多心得，著論十三篇。所爲文甚夥，往往裨治體風教與鄉邑之利病。

耒少依兄檉章，避地韭溪。〔兄〕以莊史事連誅，嫂沈氏與二子俱北徙。時嫂有身，耒從行數千里，至廣寧，嫂生子不育，即飲藥自殺。耒乃收嫂遺骨歸。耒篤於師門之誼。崑山顧炎武學貫天人，所著日知録及遺書數種，多經世大業。耒次第刻之，始傳於世。長洲徐枋苦節數十年，臨没，舉孀婦孤孫以托。耒爲謀其衣食田廬，纖悉具備，中更事故，復身自捍禦，叢怨不恤，人咸多之。

天下漕糧，皆官收官兑，吴江獨否。於是有白糧加耗估折之苦，有倉夫侵盗糧户代賠之苦。耒乃力請行畫一法，而額外誅求悉去。

耒史學得諸兄檉章，賦學則耒自得也。所著詩文共三十卷，名遂初堂集。自京師歸，凡二十餘年，年六十三卒。本沈志，參錢志。

（輯自翁廣平撰平望志卷八文苑，清光緒十三年吴江黄兆檉刻本）

（乾隆）潮州府志・僑寓・潘耒傳

潘耒，字次耕，號稼堂，吴江人。康熙己未，召試，授檢討。晚年游潮，著有潮州詩。

（輯自乾隆潮州府志卷三四僑寓，清光緒十九年重刻乾隆四十年本）

（光緒）廣州府志・寓賢・潘耒傳

潘耒，字次耕，江南吴江人。康熙十八年，試博學鴻詞，授翰林院檢討。昆山顧炎武、徐某，皆其師也。徐没，耒周恤其孫。復刻炎武日知録及詩文集。平生精敏敢言，無稍遜避，同館忌之，遂落職。澤州相國陳廷敬欲薦起之，耒曰：「止！止！吾分也。」賦老馬行以謝。來游嶺表，成嶺游集。著有遂初堂集。據番禺志修。

（輯自光緒廣州府志卷一一一寓賢，清光緒五年刊本）

（民國）閩侯縣志・流寓・潘耒傳

潘耒，字次耕，吴江人。官翰林院檢討。在閩中，以買山資刻亭林日知録及諸遺書，傳於世。有游鼓山諸詩文。閩中海船一艘，費千金，州縣不能辨，至以身殉。君惻然默以告大吏，州縣得以蘇，而不以語人。

（輯自民國閩侯縣志卷一〇五流寓，民國二十二年刊本）

儒林瑣記・石癖

朱克敬

潘耒，字稼堂，江蘇吴江人。早慧，能强記，覽時憲書一過，即能暗誦。康熙時，以布衣博學鴻詞高等，授翰林院檢討。坐事免歸。性喜硯，藏硯盈屋，因其質狀，分別爲銘。暇則獨坐屋中，摩挲拂拭，以爲娱樂。時人謂之「石癖」。

（輯自儒林瑣記卷一，岳麓書社一九八三年版，第二二頁）

熙朝新語・學博雅重士誼

徐錫麟、錢　泳

潘次耕耒由布衣薦舉，召試，授翰林院檢討。幼時聰穎異常，過目成誦。試以憲書，與之讀一過，即能背誦，首尾不遺一字。兄檉章，有史才，頗承受其學。又從顧亭林、徐昭法、戴耘野游，故其學貫穿淹洽，無所不通，旁及曆算，悉有神會。昭法殁後，無尺寸之産，舉孀婦孤孫以托。潘恤之終其身。其古誼有如此者，蓋不僅以博雅稱也。

（輯自熙朝新語卷六，上海古籍書店一九八三年影印本）

淡墨録・潘耒之詩

李調元

潘耒，字次耕，吴江人。師事顧炎武，故詩文皆有原本。康熙十七年己未，以博學鴻詞試，取五十人。上上卷爲一等，上卷爲二等。及拆卷，上問衆大臣曰：「詩賦韻，亦學問中要事，何以都不檢點？賦韻且不論，即詩韻在取中者，亦多出入。有以『冬』韻出『宫』字者，此何説也？」衆答曰：「此緣功令久廢，詩賦非家弦户誦，所以有此。然亦大醇之一疵也。今但取其大焉者耳。」上是之。仍取中二等第二名。拆卷，即耒卷也。制科雜録。授檢討，纂修明史。耒以史事重大，條上四議。總裁然其説，派令撰食貨志，兼紀□□。

京師有萬柳堂，爲益都相國創置，在崇文門外，平疇曼衍，布以萬柳，爲朝士游憩地。每歲逢上巳，益都必率門下士，修禊其中，飲酒賦詩，竟日而散。壬戌上巳，陪侍者三十二人。益都唱二詩，其首章第六句曰「水萍風約故沿留」，似有所寄。及閲和詩，每遇是韻，輒沉吟良久。如徐春坊健庵「盡日行吟步屧留」，施侍講尚白「回溪時有斷雲留」，陸編修義山「落花香倩蝶鬚留」，方編修渭仁「烟宿寒山翠欲留」，徐檢討華隱「小雨泥看履印留」，高檢討阮懷「羽觴汎汎去還留」，汪主事蛟門「輕陰時爲落花留」，林中書玉巖「檻拂垂楊科栗留」之類。後至潘檢討稼堂「東山身爲草堂留」，益都拍案而起，稱爲第一。蓋是年七月，益都將致政，故先以「留」字探意，及得是語，便犁然有當也。

後二年，甄別，以浮躁降調，遂歸。四十二年，復原官。

顧炎武所著日知録，多經世大業。耒在閩中，有贈買山資者，舉以刻之，始得傳於世。生平所著類音八卷，遂初堂（時）〔詩〕文集四十卷。

（輯自淡墨録卷五，叢書集成初編本，上海商務印書館一九三九年鉛印本，第三九九七册，第七五至七六頁）

顔氏家藏尺牘附姓氏考·潘耒

潘耒，字次耕，號稼堂，江蘇吴江人。康熙十八年，召試博學鴻詞，官檢討。有類音、遂初堂集。

四庫全書總目：「耒性好游名山，足迹甚廣。其詩不事雕飾，直抒所見，古文蹊徑較平，稍遜魏禧諸人。而氣體渾厚，空所依傍，則又耒所獨得也。少受業於顧炎武，頗得其傳。」

蘇州府志：「耒纂修明史，以史事重大，上四議。總裁然其説，令專撰食貨志，兼訂定他紀傳。後二年，甄别議起，忌者坐以浮躁，降調。四十二年，上南巡，復耒官。大學士陳廷敬欲薦起之，力辭而止。」

名家詩鈔小傳：「耒兄檉章，字力田，負奇才，鼎革後，鋭意欲以史事自任，破産購有明一代實録，復旁搜名家文集奏疏數千卷，懷紙吮墨，矻矻窮年。書未成，而遭潯溪之難，坐極刑死。稼堂以孱童，遇慘酷，幾無生理。惟奮志讀書，亢宗名世。己未，公卿論薦鴻博，以布衣進。左遷，拂衣歸。所編詩，以『游草』名，自少游、近游，以及海岱、台蕩、黄廬、閩、豫、楚粤等編外，而玉堂之作則曰夢游，晚歲林居諸什則曰退游。」

（輯自顔氏家藏尺牘附姓氏考，叢書集成初編，上海商務印書館一九三五年鉛印本，第二九七四册，第二七三至二七四頁）

鷄窗叢話・潘耒諸條

蔡澄

康熙己未，開博學鴻儒科，用者五十人。富平李天生因篤、秀水朱錫鬯彝尊、長洲馮方寅勖、吴江潘次耕耒，皆以布衣入詞垣。朱十七歲，棄舉業，其三人俱不長時文。康熙二十年，朱爲江南主試，得士俱才，解元胡任輿文名素著。二十一年，潘爲會試同考官，得士十五人，皆天下選，則於時文非門外也。豈才大者，無所不可耶？平案：觚賸：「康熙乙卯，徐太史果亭典試浙江，偕潘稼堂入闈。得許汝龍卷，極賞其後場五策，亟稱於太史，因入彀。撤棘後，許謁徐，并見潘於武林行館，尊爲小座師。壬戌，潘以檢討分校禮闈，許卷仍以潘薦成進士，遂爲真座師矣。汝龍後改名汝霖。」

稼堂、竹垞俱以布衣入詞垣。稼堂著作，雖不能如竹垞之閎富，然所傳遂初堂集，其文章議論，頗有裨於天下後世。其考核訛謬，雖不能及錢、何之精確，然能得其宗旨。曾見其評元人所刊黑口板元豐類稿，評語亦不多，間有塗抹處。其後總評云：「東坡之文，活中有死；子固之文，死中有活。東坡之文，多譬喻；子固之文，絶無譬喻。東坡之文，憑空立論，如五城十二樓，可望不可接，其失也，或至背理；子固之文，句句著實，如平地築室，雖不華美，却可居處，而理亦醇粹。」其以東坡相形有六七段，余僅記其三段耳。所著類音一書，解人甚少，幾等廣陵散也。稼堂子文虎孝廉其炳，於書亦能略觀大意。其評初、有學集，亦有中肯綮處。至辨杖銘爲張德遠作，而訛入集中者，則其心細也。平案：稼堂所評元豐類稿，余曾於盧茂才組雲處見過，以藍筆朱筆評之。其總評語亦不能全記也。閱二年，有持此書求售，索價止數百文，余時囊無一錢，不能購得。組雲之曾祖琦，仁和人，内閣學士，保舉稼堂廷試者。琦子崇照，稼堂女婿，因卜居五牛村。崇照子志周，著有史論一册，秀水盛百二爲之序，今藏余家。志周子組雲，名錦，蘇州府學生，爲稼堂之外曾孫。故類稿在盧氏。組雲殁，書籍俱散失，類稿不知爲何人所得。睹此惘然。余有不全初學集評本，首末二頁俱有度庚名。末頁云：「照大雅本閱畢。其杖銘曰：『此張德遠作，牧齋不應襲。』」云云。平案：度庚，吴柳塘先生祖修之孫，工制義，而以布衣終。稼堂自平望遷爛溪，有堂曰大雅。後又築遂初堂。則大雅本之爲文虎無疑也。案吴江志，文虎，恩貢。

前明吴江有史仲彬者，相傳爲官於朝，曾從建文帝出亡。近時有致身録一書，云是仲彬所著，歷叙出亡之事并從亡諸臣。而虞山氏有「十無」之辨，稼堂宗其説，以攻史氏。史氏後人亦頗盛，遂成讎隙，幾爲不共之讎。後史氏請於當道及縉紳先生，以仲彬入鄉賢祠。徐檢討釚與焉，稼堂復作書與徐辨論。先是，稼堂兄力田曰：「此係先朝之事，當存而不論。」此語最善。余又聞史與潘俱與吴江沈太常後人爲姻婭，沈有吉事，史、潘俱往賀，席間言及仲彬事，竟至攘臂。文人習氣未除，有如此者。墀案：仲彬裔孫有名編年者，字昭文，諸生，曾率其僕毆稼堂，并著流芳録，以表其先世。

（以上三段，輯自鷄窗叢話，叢書集成續編，上海古籍出版社一九九四年影印新陽趙氏叢刊本，第九〇册，第一〇〇三至一〇〇四頁）

己未詞科録外録

孟森

制科人才，當時所忌者惟三布衣，以其與科目常流獨異。三布衣入史館數年，於康熙二十三年一年中，竹垞鐫級，稼堂奪職，皆由掌院具劾。藕漁乞歸，亦在是年。所謂掃迹木天者此也。稼堂建言有風采，尤招嫌忌，故得處分尤重。嘗應詔陳言：「請除越職言事之禁。京官復舊制，并許條陳；外官條奏地方災荒，督撫不肯題報，雖州縣徑得上聞；臺諫許風聞言事，有大奸貪，不經彈劾，別行發覺，并將言官處分；奮擊奸回不畏强禦者，不次超擢。」且謂：「建言古無專責，歷代雖設臺諫之官，其實人人得上書言事。梅福以南昌尉言外戚；柳伉以太常博士言程元振；陳東以太學生攻六賊；楊繼盛以部曹劾嚴嵩。」等語。索額圖、明珠輩相繼用事，大官多承順之不暇，一詞臣爲此建白，得不謂之浮躁輕率乎？

（輯自明清史論著集刊下册，中華書局二〇〇六年版，第四九四至四九五頁）

顧亭林學譜·學侶考·亭林弟子及其傳人

謝國楨

潘耒字次耕，又字稼堂，晚自號止止居士，吴江人。幼而聰警絶人，嘗與人賭記，人或以曆日試之，首尾過目，不遺一字。從伯兄檉章學，家故多藏書，有明文獻尤備。伯兄鈎稽異同，證以實録，爲明史，次第略備。陳廷敬撰潘君墓志銘。既莊氏史獄作，檉章首罹其禍，耒避難匍匐北來，易名吴開奇，依於亭林先生。亭林爲介於山陽王略。略性好義，又雅善亭林，爲之衣食而隱庇之，曰：「此天下奇男子，吾不可以覿面失之。」遂以女妻之。潘其炳撰行述。

耒少受業於徐枋俟齋、戴笠耘野，皆明季篤學之士，又問推步之術於王錫闡寅旭。文獻徵存録；張譜。亭林招之北來，親授以學，教誨而督責之者備至。亭林與潘耒書云：

凡今之所以爲學者，爲利而已，科舉是也。其進於此，而爲文辭著書一切可傳之事者，爲名而已，有明三百年之文人是也。君子之爲學也，非利己而已也，有明道淑人之心，有撥亂反正之事，知天下之勢之何以流極至於此，則思起而有以救之。不敢上援孔孟，且六代之末，猶有一文中子者，讀聖賢人之書，而惓惓以世之不治、民之無聊爲亟。殁身之後，唐太宗用其言，以成貞觀之治，而房、杜諸公，皆出於文中子之門，雖其學未粹於程、朱，要豈今人之可望哉！仰惟來旨，有不安於今人之爲學者。故先告之志，以立其本，惟願刻意自厲，身處於宋元以上之人，與爲師友，而無狥乎耳目之所濡染者焉，則可必其有成矣。

又言：

自今以往，當思中材而涉末流之戒，處鈍守拙。孝標策事，無侈博文；明遠爲文，常多累句。務令聲名漸減，物緣漸疏，庶幾免於今之世矣。若夫不登權門，不涉利路，是又不待老夫之灌灌也。

徐乾學開局洞庭，欲召潘耒參與其事，亭林以其迹近榮利，習俗移人，移書切責之，愛之也切，故責之也深。詳見亭林集中。

潘耒受亭林之薰陶，故於經史、詩賦、古文詞、曆算、聲音、訓詁之學，無不洞達。行述。雅博明涑，號爲通人。文獻徵存録。惟清康熙己未，曾以布衣薦試鴻博，授檢討，與修明史，充會試同考官，雖未幾旋去，終不免爲令名之累。行述；鶴徵録。其時與館選者，皆起家進士，獨耒及朱彝尊、嚴繩孫由布衣入選，最有文名，凡館閣文字，必出三人之手，同列忌之。文獻徵存録。耒傲睨一世，又偏急不能容人，鄭方坤撰小傳。坐是廢退，遂不復出。清康熙四十二年，清聖祖南巡，有欲薦之者，耒曰：「止！止！吾分也。」賦老馬行以見志。耒憫東南浮糧之困，日甚一日，湯斌巡撫江南時，作蘇松田賦考，力言其弊。行述。以蘇民生而救世弊，猶有炎武亭林之遺意焉。

耒晚年尤究心易象數與曆算之學，爲詩文多扶樹風節，裨於治道，卓然有立。於聲音反切，幼而神悟，及往來四方，盡通其變，著有類音八卷。論者謂於古今音學中，實成一家之言。行述。

耒於史學亦具有特識。嘗爲明史議，曰：

明有天下幾三百年，而未有成史。今欲創爲一書，前無所因，視昔之本東觀以作後漢，改舊唐書以修新唐書者，其難百倍。然國不可以無史，史不可以難而弗爲。誠得邃於史學，識著作之體者，經理其事，縱不敢希遷固，若陳壽、歐陽修之史，尚可企及也。

請言其概，曰：搜采欲博，考證欲精；職任欲分，義例欲一；秉筆欲直，持論欲平；歲月欲寬，卷帙欲簡。此其大要也。

前代有起居注、日曆、會要諸書，明代獨有實録。建文、景泰兩朝之事既略，熹宗以後遂缺焉。鄭氏（曉）今言、王氏（世貞）史料、朱氏（國禎）史概、何氏（喬遠）名山藏諸書，皆詳於隆萬以前。若璫禍之終始，金陵閩粵破亡之本末，皆茫無所考。非下求書之令，除忌諱之條，悉訪民間記載，與夫奏議志狀之流，上之史館不可也。實録既多舛錯，錢氏（謙益）辨證略見一班，家乘、爵里、年月可憑而多虚美，野史記事，言人人殊，影響傅會，十居八九。必也分割排纂，以類相從，核其虚實，參伍衆説，歸於一是，若温公之修通鑑，先作叢目、長編、考異諸書，乃可下筆。是故搜采欲博而考證欲精也。

史文備各體，作者無兼才。唐修隋書，魏徵等撰紀傳，長孫無忌等撰志表，而天文、律曆、五行三志，則李淳風獨作。宋修新唐書，本紀歐陽修主之，列傳宋祁主之，而劉羲叟志天文、五行，王景彝志兵、志禮樂，梅堯臣表百官、方鎮。温公通鑑，分任官屬，前後漢則劉貢父，三國至隋則劉道原，唐訖五代則范淳夫，皆妙極天下之選，各因其長而任之。今亦宜博求才彦，因能器使，表志宜仿隋、唐書，以事類爲斷，紀傳宜仿通鑑，以年代爲差。職有專司，則人之心思萃於一途，而易爲精密。所慮者，畛域既分，彼此不相通貫。昔人譏唐書傳有失而紀不知，表有訛而志不覺；而元史遂有一人立兩傳者。大凡作書，最重義例。唐修諸史，令狐德棻先爲定例，敬播等又考正類例。今爲史，亦宜先定規模，發凡起例，去取筆削，略見大旨，何志當增，何志當裁，何傳當分，何傳當合，先有定式，載筆者奉以從事；及其成也，互相讎勘；總其事者，復通爲鈎考，俾無疏漏舛複之失，乃可無憾。是故職事欲分而義例欲一也。

史家大端，在善善惡惡。所謂誅奸諛於既死，發潛德之幽光者。其權至重，少有曲筆，便成穢史。孫盛書桓温枋頭之敗，吴兢載張説證魏元忠之事，當朝將相，尚直書無隱，況隔代乎？明之亡，亡於門户，不特真小人不容借貸，而僞君子亦不當包容。若忠臣烈士，抗節致命者，宜如文天祥、謝枋得之例，大書特書，以勸忠義。無或如五代史不爲韓通立傳，見譏通人也。至於議禮之得失，奪門之功罪，從亡之疑信，康齋、白沙、陽明之學術，茶陵、江陵、太倉之相業，論者互有同異，或激揚過當，或刻核失中，惟虚心斟酌，勿主一説，而後是非可定。是故秉筆欲直而持論欲平也。

司馬遷、班固、李百藥、姚思廉，皆父子世於其職，然後成書。其餘亦竭一生之力爲之。晋、隋、唐書，設官開局，久者二三十年，少者亦數年。遼、金、宋、元諸史，爲期太速，故不稱良史。明三百年，事迹繁多，功緒棼錯，其勢不可以速就。若勒限太促，必至鹵莽。至於史文貴有體要，以斷制爲重，不以繁富爲工。班固叙二百年之事，爲書百篇，論者尚嫌其繁。而宋史乃至五百卷，蕪冗甚矣。今宜酌詳略之中。明歷年與唐相準，新唐書二百二十五卷，今史約略相當，過此則非體。是故歲月欲寬而卷帙欲簡也。

博則無疏漏之譏，精則無牴牾之病，分則衆目之有條，一則大綱之不紊，直則萬世之公道伸，平則天下之人心服，寬則察之而無疵，簡則傳之而可久。於以備一代之制作，成不刊之大典，斯無愧矣。

所舉四要八事，實修史之正則，當時議者，莫或過之。梁任公師語。明史中之食貨志及洪武以下五朝紀傳，皆其所手定。沈彤潘先生行狀。

著有易象數論十三篇，詩集十六卷、文集二十卷、別集四卷，合名遂初堂集，與類音并行於世。其明五朝史稿若干卷藏於家。沈彤撰行狀。

潘耒夙敦於師門之誼。徐枋卒，周恤其孤，務俾得所。鶴徵録。亭林所著日知録，經世大業，而未及板行。在閩中，有贈耒買山之資者，舉以刻之。又續得亭林詩文集及遺書數種，復節衣縮食，次第付梓。行述。惟郡國利病書，卷帙繁重，未及開雕而卒，年六十三。文獻徵存録。

耒性好山水，所作詩以「游草」名者，自少游、近游以及海岱、台蕩、黄廬、閩、豫、楚粤等編外，而玉堂之作則曰夢游，晚歲林居諸什則曰退游，無適而非游也。昔莊生著書，首以逍遥名篇，其説鯤鵬之運甚怪；屈原作騷，雲車風馬，有侈詞焉。要之，以寫其幽憂之思，奇怪而不可云物之氣，固不必有其事實也。耒以游名詩，其即此物此志也夫。鄭方坤撰小傳。

（輯自顧亭林學譜，上海商務印書館一九五七年版，第二〇七至二一三頁）

二、提要跋語

四庫全書總目·類音八卷

永瑢、紀昀等

編修汪如藻家藏本。

國朝潘耒撰。耒字次耕，號稼堂，吴江人。康熙己未，召試博學鴻詞，授翰林院檢討。耒受業於顧炎武。炎武之韻學，欲復古人之遺；耒之韻學，則務窮後世之變。其法增三十六母爲五十母，每母之字横播爲開口、齊齒、合口、撮口四呼。四呼之字，各縱轉爲平、上、去、入四聲。四聲之中，各以四呼分之。惟入聲十類，餘三聲皆二十四類。凡有字之類二十二，有聲無字之類二，以有字者排爲韻譜。平聲得四十九部，上聲得三十四部，去聲得三十八部，入聲得二十六部，共爲一百四十七部。蓋因等韻之法，而又推求以己意，於古不必合，於今不必可施用，亦獨成一家之言而已。李光地榕村語録曰：「潘次耕若肯將其師所著音學五書撮總纂訂，令其精當，豈不大快？却自出意見，欲駕亭林之上，反成破綻。以自己土音，影聲意揣，便欲武斷從來相傳之緒言。豈可乎？」是亦此書之定評也。

（輯自四庫全書總目卷四四經部四四小學類存目二，中華書局一九六五年影印本，第三九〇至三九一頁）

四庫全書總目·遂初堂集詩集十五卷文集二十卷别集四卷

永瑢、紀昀等

江蘇巡撫采進本。

國朝潘耒撰。耒有類音，已著録。詩分少游、夢游、近游、江嶺游、海岱游、台蕩游、閩游、黄盧游、楚粤游、豫游、卧游諸草，分年編次。文則各以體分。惟爲二氏作者，入之别集，用楊傑無爲集例也。耒性好游名山，足迹甚廣。其詩不事雕飾，直抒所見。古文蹊徑較平，稍遜於魏禧諸人。而氣體渾厚，空所依傍，則又耒所獨得也。耒家吴江之爛溪，少受業於顧炎武，頗得其傳，故詩文皆有原本。特其議論之文，往往反覆求快，太傷於盡，未免失之好辯焉。

（輯自四庫全書總目卷一八三集部三六别集類存目一〇，第一六五九頁）

遂初堂詩集十六卷遂初堂文集二十卷遂初堂别集四卷

清潘耒撰。

潘耒（一六四六至一七〇八），原名棟吴，字次耕，號稼堂，晚號止止居士。吴江（今屬江蘇）人。康熙十八年（一六七九），舉博學鴻詞，授檢討，與修明史。充日講起居注、會試同考官，辭薦舉，不起。博涉經史及曆算聲韻之學，以學識淵博名重當時。生平事迹見清史稿、清史列傳卷七一等。

潘耒曾師事顧炎武，頗得其傳，故詩文皆有源本。耒性好游名山，足迹甚廣，其詩不事雕飾，「直達所見，浩氣空行」，「登臨懷古諸作，尤爲光焰騰上」（沈德潛國朝詩别裁集）。然其議論之文，往往反復求快，太傷於盡，未免失之好辯。四庫全書總目提要稱其「古文蹊徑較平，稍遜於魏禧等人；而氣體渾厚，空所依傍，則又耒所獨得也」。别著有類音等。

是書有清康熙四十九年刻本，係後人輯定，前有許汝霖序。所編詩皆以「游草」名集，計少游草一卷，夢游草三卷，近游草一卷，江嶺游草一卷，海岱游草一卷，台蕩游草一卷，閩游草、黄廬游草一卷，楚粤游草一卷，豫游草一卷，卧游草一卷，補遺一卷，皆編年爲次，自康熙二年迄四十七年。文集則分體編次，卷一賦、頌，卷二、三論，卷四牒、表、疏、策問，卷五議、書，卷六至卷十序，卷十一雜著，卷十二碑銘、記，卷十三至卷十七記，卷十八傳、行述，卷十九墓志銘，卷二十墓表、贊、銘、祭文。别集爲文，也大致分體編次，卷一碑銘、記，卷二行狀、銘、跋、贊，卷三序、題辭，卷四疏、書。後雍正三年補刻行狀、墓志銘附録。

此本據復旦大學圖書館藏清康熙刻增修本影印。另有康熙間自刻本遂初堂集，詩集十

二卷、文集十五卷。（馬亞中、李亞峰）

（輯自續修四庫全書總目提要編纂委員會編續修四庫全書總目提要集部，上海古籍出版社二〇一四年版，第一四二至一四三頁）

游羅浮記不分卷

遂初堂全集本

清潘耒撰。耒，吴江人，字次耕，號稼堂。師事顧炎武，淹貫群書，工詩文辭，兼長史學。康熙十八年己未，以博學鴻詞徵試，授檢討，纂修明史。充日講起居注官。坐浮躁降歸，卒。有遂初堂詩文集。

按：羅浮之奇勝，載於圖經，誇於志乘，雜見於名賢詩翰者，不可勝紀。中州人之赴嶺南者，必以游羅浮爲辭；比其還，問羅浮作何狀，輒噤不能對；第言兵燹後，山中道梗，泉石榛蕪，不可游，蓋無一至者。潘公乃鋭意游羅浮，此篇即其紀游之作也。其行程爲發自廣州，經南海、石灣、泊頭、華首，而抵羅浮。稽其所游，有大龍潭、小龍潭，有藥臼、石臼，有大水簾、小水簾，皆瀑布也。又有黄龍洞、寶積寺者。黄龍洞自華首徑折而上，有南漢天華宫故址。洞亦以瀑布爲奇，與水簾號稱「東西龍潭」。寶積寺在伏虎巖之下，有梁景泰禪師卓錫泉，味極甘冽。羅浮絶頂爲飛雲峰，雖晴明時，亦常有雲霧籠覆，去地凡四十餘里，游人罕至。自華首至飛雲峰，循西溪上竹篙嶺，至羅漢峰、文殊峰、寶塔峰、婆娑峰、三丁峰、杜鵑峰、七星峰、阿耨池、見日庵，乃達飛頂。東望象頭、平陵諸山，北則龍門、虎獅、天嶺，西則增城、牛岾、南樵諸山，綿延數百里，而羅浮在其中央，若千葉蓮花之葩，飛雲在其上，若九層浮圖之尖，所謂高三千六百丈者，殆非虚語。篇中所述景物，詳而清晰，讀之忘倦。

（輯自中國科學院圖書館整理續修四庫全書總目提要〔稿本〕第八册，齊魯書社一九九六年影印本，第六六七至六六八頁）

游金牛山記一種

小方壺齋輿地叢鈔本

清潘耒撰。耒之龍陽，聞邑令余若山、學博申宫雍言金牛之勝，欣然往游。山在縣南，相距六十里，志載其景凡八，類多瑣細，不足盡之。入山夾道楓楠，三十餘里，斐亹不絶。時當十月之杪，經霜紅葉，如行雲錦中，饒有佳致。秋光之盛，有如匡廬春色。其山徑蒙密，路殊幽峭，幾過小嶺，忽平原大開，遥山連綿包其外，隱隱如大環，環中村落相望，鷄犬桑麻，别一世界。寺在山半，無邊勝概，一望能收，可稱絶境。金牛本古名道場，載在燈録者，形勢之雄偉軒豁，宜乎爲歷代祖庭。然蕪廢殆已百年，僧迹幾絶。時住持鶴宕，與耒同籍江左，二十七年未曾下山，一堅苦篤行老僧，來主其寺，始稍稍修葺殿宇。雖規模宏遠，而舊制未二三，蓋綦難矣。登山巔，所見益廣，周遭皆數層，近者鐘釜帖伏，不可算數。循崖東下，有風、雨二洞，一石下垂如鼻，中分二孔，咫尺間燥濕迥殊，亦一異也。耒爲斯記，不記甲子。觀其首述浮湘涉沅，數百里烟濤浩然，水觀頗暢，獨未及登山云云，是兹游當在衡、永前也。

（輯自中國科學院圖書館整理續修四庫全書總目提要〔稿本〕第十五册，第二七六頁）

游永州三巖記一種　小方壺齋輿地叢鈔本

清潘耒撰。耒嘗於康熙己卯春正，偕其外甥陳周綸、表侄吴勖初同游南嶽。其游記有云：「余來南楚，專爲游觀。」斯記僅紀二月上旬，是此游在衡游之後可知矣。三巖者，芝山、朝陽、澹巖是也。首叙江行之永，始見石山棱棱露骨，與潭、衡諸山絶異。郡郭之西，諸山不高，而石鋭削挺起者，即柳州游記所稱西山也。問於零陵葛令，知巖則芝山最佳，朝陽最近，澹巖差遠。有緑天庵爲懷素故迹，餘則柳子厚之遺迹，略存一二。有若愚溪橋，其溪流入於瀟，水清石瘦，爲子厚故居，今有祠。溪中有所謂鈷鉧潭，及西北谷中之柳子巖者，似無足稱述。至巖故自奇，而臨望佳絶者，爲芝山。朝陽一巖，元次山曾作銘，而柳記中獨不及。相隔廿餘里之澹巖，其形初如覆釜，繼有懸崖，如獅蹲伏，洞開其口，一刹藏焉。復有洞深高而通明，巖石巧異，内外各殊，耒謂：「殆列仙之居，非蛟龍之宅。永山多奇，以此爲冠。」其稱許可謂至矣。又謂：「永州山水之勝，以柳司馬記始顯。余來，衹尋記中所述，不意舊迹皆湮没不可見，見亦平平無奇。其奇絶者，乃在後出之芝巖、澹巖。」云云。豈當時無是二巖歟?抑柳司馬未知之歟?人間陵谷,亦同仙源之隱見有時耶,令人惑之甚已。

(輯自中國科學院圖書館整理續修四庫全書總目提要[稿本]第十五册,第二七六至二七七頁)

游南嶽記一種

小方壺齋輿地叢鈔本

清潘耒撰。耒字次耕,號稼堂,吴江人。有類音及遂初堂詩文集。康熙己卯春正,偕其甥陳周綸、表侄吴勖初,同游南嶽。時陰雨連旬,私禱開霽,蓋欲效昌黎之精神感通,而未能也。踏雪登祝融,投宿上峰寺,暖酒燒榾柮,夜分月上,披衣起視,光景奇絶,晨興眺望,千峰萬嶺,一白無際,深溝大壑,處處平填,枯樹變作瓊林,荒榛化爲瑞草。復鼓勇登絶頂,俯視山河,融成一片。七子峰縱横高下,若瓊臺瑶島,出没於白銀波浪之間。以視昔詩人王冕,大雪中赤脚上會稽山頂,瞪目叫絶,謂世界一白玉合成。此峰高會稽山十倍,故當勝之。生平觀雪,無逾此者,十日始竟。其胸懷之清快何如耶!讀之令人神往。從來記衡游者夥矣,山川風日,氣象萬千,所遇之景既殊,其所得之趣亦自異,狀雪如斯奇絶者,得未曾有?抑潘氏之筆善於摹繪歟?觀其首叙五嶽,「惟衡最遠,唐以前名賢無至者,杜少陵望而未游,韓退之僅至山麓。宋之朱張,始登祝融,至方廣。元明以降,亦無幾人。余來南楚,專爲游觀」。其自許爲古人所不及,可概見已。

(輯自中國科學院圖書館整理續修四庫全書總目提要[稿本]第十五册,第二九二至二九三頁)

游浯溪記一種

遂初堂集本

清潘耒撰。耒之字貫與所歷，已詳於著録游南嶽記中，無俟贅述。浯溪之勝，據乎湘流，自次山居而銘之，始聞於世。復有中興一頌，魯公磨崖一書，遂與之俱傳不朽。讀浯溪專志、新志諸作，亭臺故迹，興廢靡常，陵谷滄桑，令人感喟。獨元、顔二公之遺文遺字，亘古常存，於以知其名節風裁，實足與山川同永也。由唐洎清，游者衆矣，而記其勝者，亦何可以數計？惟游者所遇之時與所處之世，各殊其趣，是以寄慨於林壑，思慕乎前賢，文辭詩歌，亦莫不各異。耒之斯作，首紀湘江兩岸之景物，與溪之巖石流泉清絶幽勝之致；次及摩挲臨眺，且得洗塵剔蘚，盡拓其前人題咏，洵尤快意之舉。其從祁陽携揭工來，維舟二日，從容而竟，抑何幸耶！至於人所稱誦之山谷一詩，意謂肅宗不當攘取大物，上皇西内凄凉，次山有痛於中，而以頌托諷者，反復辨論次山初無此意，序言大業，頌言盛德，二文互見，亦復何疑，謂文人喜翻案，山谷爲此詩，亦一時樹異爾。後人輒祖其説，致題浯溪者，往往詬及肅宗，與元、顔頌揚國美、大書深刻之意，實相背謬。兩公有靈，當愀然有所不樂也。云云。爲從來記浯溪者所未道及。耒之識過人遠甚，豈徒斷斷於峰巒泉石，稱述元、顔之遺迹者，所可同日而語哉！

（輯自中國科學院圖書館整理續修四庫全書總目提要［稿本］第十五册，第三一三至三一四頁）

鴻爪集補題識　潘道根

余性好山水，然杜門窮村，即靈巖、太平近在百里，且不能一至，况域中之遠哉？然以性之所好，得前人游記讀之，便欲神往。家藏有潘次耕鴻爪集一卷，按之遂初堂集中，僅列其半。辛卯二月，從吴興庵秀才借得全集，燈下老草補寫是卷。次耕游記，於是爲全璧矣。是時，余方校寫止狷先生所撰顧亭林先生年譜，是卷先成，紀之若此。春雨過多，水田遂成巨浸。廿二日，喜晴，拂拭窗几，拈破筆書此。

遯叟確潛識。

（輯自潘道根鈔鴻爪集補卷首，中國國家圖書館分館編古籍珍本游記叢刊第一〇册，綫裝書局二〇〇三年影印本，第五二三九頁）

遂初堂稿跋　袁寶樹

潘稼堂先生以召試博學鴻詞，爲太史。其生平著作幾於疊架，然皆散逸不可得，僅存詩古文若干卷，點竄淋漓，爲先生初脱稿。約齋徐子以友人之贈，懼其飄零剥蝕也，裝潢成帙，而屬余一言爲志。

余讀其文，縱横跌宕，駸駸乎入韓蘇之室，非優孟衣冠者比。其詩亦咀少陵、摩詰之華，不染宋元習氣，知根柢蟠深，不徒作金華殿中語也。夫父人慧業，往往爲造業所忌，而其精神凝結有不終磨滅者，雖斷簡殘編，必遇賞音得之，而什襲寶貴之。而其人半生得力之處，亦於是乎不虛。今先生之於約齋，其亦可謂賞音夫！

嘉慶二十四年歲次己卯立夏前五日，韻亭袁寶樹書記。

（輯自中國國家圖書館藏潘氏手稿本遂初堂稿第一册卷首）

遂初堂稿跋

費馨連

徐子蘋洲以遂初堂學稿兩册屬題。按，先生以己未舉鴻博，入史館。甲子，罣察典，遂告歸。册首題注有「丁卯」、「戊辰」字，蓋皆歸田後作也。迹其所經，乃探九華、匡廬諸勝，尋入嶺南。客嶺南最久，夙有研癖，客端石諸賦銘尤夥。每篇改抹，率十之四三，亦有全首塗乙者，墨痕狼藉，期愜心乃已。少陵云：「老去漸於詩律細。」想名家大度如斯，後人滑口讀過，有負前人多矣。侯雪苑録集吴門，學稿一夕削定，人服其敏。余謂爾若先生之隨時酌改，更極自然。遂初堂全集行世者，本四十卷。兹册特其一離，然係先生親草，翰墨風流，於斯未墜。例諸魯公争座位，朱子誅意章草本，洵希世奇珍也。因復散語歸之。而余亦以挂名簡端爲幸也。

道光丁亥閏五月，邑後學費馨連敬題。

（輯自中國國家圖書館藏潘氏手稿本遂初堂詩稿第二册卷首）

遂初堂稿跋

俞震

余每觀章句之士，僅通時藝，或少知詩古文詞，雜湊成編，輒自信爲專門，希圖傳世，其謬甚矣。不知古來賢士大夫，數百年後，猶相傳不朽，果何由而致此？夫亦曰有品、有才、有名而已。蓋才雖有而名不顯，則不傳；名既顯而品不立，則又不傳。是宜立品爲首，才次之，名又次之。三者備矣，又何患不傳乎哉！余故曰非傳之難，所以成其傳之難也。

松陵潘稼堂太史，以己未鄉舉薦擢詞垣，爲人正率端方，性耽研癖，不數年而歸田，芒鞋竹杖，任意遨游，游興有餘，即日與二三知己，放懷吟咏，是以詩文集稿遺世最多。余甫弱冠，已仰慕太史之名，而究未得窺其制作也。歲丙午，余就館於徐氏。徐君小蘋，蘋洲先生之長君，約齋前輩之長孫，故名儒澹安公之曾孫也。約齋前輩由鄉貢歷任金匱、靖江等學司訓。而蒼顏白髮，望之如神仙中人，然猶好學不倦。蘋洲先生博學多識，嘗游幕皖江，惜中年棄世，未獲一親渠範爲恨。蓋溯其家世，實係書香裔也。家存稼堂太史所著遂初堂集墨稿二本，小蘋出以示余，曰：「此先曾祖澹安公所珍藏也，由來已久。計至文蔚等，倏忽閲五世。請爲弁言以志之。」余曰：「諾！」遂披讀再過。稿中參酌竄易，墨瀋淋漓，其字珠璣，其語渾厚，洵非油腔滑調率爾操觚者比，固當什襲以藏也。

太史品既高，才名亦兼著，勿怪後人之稱道弗衰耳。用贅數語於卷端，冀作他日雪泥鴻爪之感，且爲小蘋幸，并爲文蔚、文麟等勵之。以云序焉，在吾何敢！

道光歲次丙午清和月朔，海虞後學俞震拜識。

（輯自中國國家圖書館藏潘氏手稿本遂初堂稿第一册卷首）

遂初堂稿跋

徐琢

昔人見王半山詩稿有「春風又緑江南岸」句，「緑」字原本爲「到」字，繼改爲「動」字，復改爲「染」字，晚乃空爲「緑」字。其用心之苦如此。今觀次耕先生稿，其中點竄處，具此慘淡經營之迹。乃知古人之才學問，專且勤也。我輩可不勉哉！

後學徐琢拜觀并箋。

（輯自中國國家圖書館藏潘氏手稿本遂初堂詩稿第一册卷首）

遂初堂稿跋

意香懷

松陵兩太史，一爲徐虹亭，一爲潘稼堂。徐喜金石文字，故多舊本墨搨。余嘗見其一二。潘賞端溪石，是以藏硯甚夥。昔吾客吴江時，亦曾於友人案間觀其遺硯，確係真虎，非門外漢也。

右遂初堂稿，卷帙頗繁。余於王西崖孝廉處見兩册，與此無二。兹於約富兄齋復睹之。何余之翰墨緣獨與稼堂相遇之頻耶？約富其善藏之！毋爲蛟龍攫去。記此數言，聊博一粲。

意香懷。

（輯自中國國家圖書館藏潘氏手稿本遂初堂稿戊辰卷末）

遂初堂詩集十六卷文集二十卷别集四卷 原刊本 周中孚

國朝潘耒撰。四庫全書存目，見小學。詩集作十五卷，蓋無補遺一卷也。其詩分少游草二卷，夢游草三卷，近游草、江嶺游草、海岱游草、臺蕩游草、閩游草、黄廬游草各一卷，楚粤游草二卷，豫游草、卧游草又各一卷，皆編年爲次。始於康熙癸卯，迄於戊子，凡四十六年之作。又補遺一卷，以補十五卷之遺。文分十二體，以賦居首，較之列在詩前爲安。别集則皆禪喜文字也。

稼堂少受業於顧亭林，故所學深博無涯涘。又性好游名山，足迹幾遍天下。沈歸愚稱其詩筆直達所見，浩氣空行，韻語可作古文讀，而登臨懷古諸作，尤爲光焰騰上，一時名流，幾罕與儷者。徐晉齋斐然亦稱其山水游記，狀難狀之景，刻鏤藻繢，盡相窮形，最堪把玩。今觀集中游記，共有四卷，實堪與徐霞客游記抗行，知其詩文皆得江山之助者。然其他文亦純以氣勝，不規規於前賢，而自然動與古會，沛然莫之能禦，夫亦庶乎辭達者矣。

前有門人許時庵汝霖總序及陳説巖廷敬所撰墓志銘、沈果堂彤所撰行狀。

（輯自鄭堂讀書記卷七〇集部一之上別集類二，上海書店出版社二〇〇九年版，第一一五四頁）

遂初堂集外詩文稿跋

翁廣平

古來詩文，以草稿流傳者，多矣。如蘭亭、汝南公主墓志銘、争坐位、祭侄文，其最著者也。國朝名家，以詩文草傳者，亦多矣。如姜西溟、汪退谷、惲南田諸公之詩文稿，亦珍如拱璧焉。我里潘稼堂太史，以學問文章名於世，而無有稱其書法者。今觀孫子九靈所藏稼堂之詩文草稿數十葉，其書法之妙，幾幾乎有争坐位之遺法也。按，稿中詩文，遂初堂集所刻者，縱棹園記、使粵日記序、贈馬天游序、方程論序、潘飲人序、顧母小傳刻集作顧節母傳共七篇；其餘如周方山進士制藝序、姨母吴夫人七十壽序等篇，其波瀾之壯闊，議論之醇正，卓卓可傳，而竟删棄之。則前輩抉擇何如是其慎也？九靈家多藏書，於近代書畫家，頗能剖其真贋。既得此草稿，屬余題之，因識其大略如此。

鶯脰漁翁翁廣平，年七十有一。

（輯自遂初堂集外詩文稿卷末）

遂初堂集外詩文稿跋

張廷濟

潘稼堂太史，爲徐俟齋孝廉、顧亭林徵君高弟子。少游絶塞，壯舉制科。其詩清雋，其文雅潔，具淵雲、班馬之才，非僅作院體比也。古文十六篇，詩七十四章。其遂初堂集中所未刻者，詩四十二，文七，皆手書真迹。昔人謂草書即稿書墨，天機流露，無意求工，故於正書特有一種蹊徑。太史本不以書名，然自有卷軸之氣，洋溢筆端，豈書匠墨醲筆飽，畫平竪直，作算子格者，可同日而語耶？敝藏國初諸老稿書，如曹顧庵、曹倦圃、朱錫鬯諸君子手迹，不下數十百番。今九靈先生秘藏此册，又獲於凋年急景之時，圍鑪展讀，深自忭欣。倘舉所未刻者，梓爲遂初堂集外詩文，如吾梅會里鐫曝書亭集外詩文之例，不尤爲藝林一大快事歟！

道光十年庚寅十二月四日，嘉興張廷濟。

（輯自遂初堂集外詩文稿卷末）

遂初堂集外詩文稿跋

王大隆

右遂初堂集外詩文稿二卷，清潘耒撰。案：耒字次耕，號稼堂，吴江人。康熙己未，舉博學鴻詞，授檢討。著有類音、遂初堂集。此吴江葉君山民從孫氏舊藏手稿録出，末有翁海村、張叔未二跋。海村謂其文波瀾之壯闊，議論之醇正，雖爲删餘之稿，而卓卓可傳，洵非虚語。往見遂初堂集初印本，版口尚未分卷，有與釋長壽院主石濂書，洋洋萬言，多忌諱語，想亦明季遺老之遯而入禪者。其文爲今傳本所不載，必以恐得禍而削去。惜當時未録副，不克并印耳。

孫氏名靈琳，字九琳，一字伯貢，别號玉龜山道士，吴江平望鎮人。家有護松齋，收藏甚富。余曾見其道光二十年手跋影宋鈔本九僧詩，是亦好古之士。爲表微於此。

乙亥二月，吴縣王大隆跋。

（輯自遂初堂集外詩文稿卷末）

類音八卷　遂初堂刊本　周中孚

國朝潘耒撰。耒，字次耕，號稼堂，吴江人。康熙己未，召試博學鴻詞，授翰林院檢討。四庫全書存目。稼堂爲顧亭林之門人，而其講究韻學，獨不宗音學五書之説。蓋亭林欲復古人之遺，稼堂務窮後世之變，故各分道而馳也。

是書卷一爲音論，六篇。卷二爲圖説，六篇。此十二篇，皆切韻譜之綱領條目也。卷三爲切音四類，以五十母横列於上，二十四類縱列於下，每類各具四呼，每呼自成一韻，直貫各母之字可以出切，横披各類之字可以行韻，而無字之母、無字之呼畢得其音。卷四以下，爲韻譜八十二類，通四聲分一百四十七韻，而平聲得四十九韻，皆以呼分之，以字定之。其四呼并有字者，一類分四韻，或止一二呼有字者，一類止一二韻，此呼字少不能成韻者，合彼呼爲一韻；去聲之字少于平聲，故止三十八韻；上聲之字又少于去聲，故止三十四韻；入聲之字不少，而其類少于三聲，故止二十六韻。自謂：「皆出乎天然之條理，而不以一毫私意參其間，上不戾古，下不違今。沈、陸復生，不易吾言矣。」其自許亦甚至。而榕邨光地語録三十云：「潘次耕若肯將其師所著音學五書，撮總纂計令精當，豈不大快？他却自出其意見，欲駕亭林之上，倒弄出破綻來。他將自己土音影響意揣，便欲武斷從來相傳之緒言，豈可乎？」榕邨之論如是，則其書之無足取，亦略可見矣。

（輯自鄭堂讀書記卷一四經部八小學類，上海書店出版社二〇〇九年版，第二五五頁）

類音跋

劉文錦

北平北海圖書館藏遂初堂精刻本潘耒類音八卷。耒事迹具見耆獻類徵（卷一百一十八詞臣四引清史本傳，沈彤行狀及鄭方坤小傳），先正事略（卷三十八，頁二）及吴江縣志（卷三十二）等書。「於聲音反切，幼而神悟」。「長得顧炎武爲之師，課習討論，遂無不洞達」（沈狀）。及「遊京師，寓衛爾錫所，適同此好，鋭意講求。久而冰釋理解。於是五十母、四呼、二十四類之説定，而圖譜成焉」（本書南北音論）。然猶未敢自信。「性好山水，遍遊羅浮、天台、雁蕩、武夷、黄海、匡廬、中岳諸名山」（吴江縣志）。「燕齊、晋豫、湖湘、嶺海之間無不到，賢豪長者無不交。察其方言，辨其呼母」（本書南北音論），「遂通其微」（吴江縣志），「因顧炎武音學五書爲類音八卷」（清史本傳）。故此書之成，蓋幾經研討審辨而後寫定者也。

問嘗籀繹全書，衡其當否。竊謂增删聲母、拘定四呼與夫分辨全分三端，得失之數，皆有可言：

耒以三十六字母有複有漏：「知」「徹」「澄」「孃」「非」與「照」「穿」「床」「泥」「敷」，「異母同呼」，實爲複出；「影」「喻」「曉」「匣」既分陰陽，而「群」「疑」「並」「明」等不分陰陽，亦嫌缺漏。乃删「知」等五母，而移「奉」以配「非」之陰聲。復增陰聲「舅」「語」「老」「杜」「乃」「繞」「朕」「巳」「在」「武」「菶」「美」等十二母，以配「群」「疑」「來」「定」「泥」「日」「床」「邪」「從」「微」「並」「明」；增陽聲「些」以配「心」；又自「老」「來」析出「而」「耳」兩母；并於「朕」「床」「在」「從」之下，增四空圍，與「泥」「疑」「美」「明」之屬同列：於守温舊譜，芟複補缺，都爲五十母（五十母圖説）。自謂：「務使陰陽清濁，各具其音，相耦相從，而不違其序。故寧密毋疏，寧更毋襲」（聲音元本論上）。由今衡之，殊未敢苟同。夫「知」「徹」「澄」「孃」「敷」五母，晚近語音，多與「照」「穿」「床」「泥」「非」五母無别。徵諸舊譜，朱熹、陳晋翁、李登、葉秉敬等所定，「知」「徹」「澄」「孃」已并入「照」「穿」「床」「泥」。近日歸納洪武正韻聲類，并見羅師所藏楊選杞聲韻同然集，乃知「非」「敷」之合，亦非前無所據。使潘耒不自詡爲能盡天下之音，則其所删，猶非過當。

而其最乖音理者，固莫逾於清濁陰陽之莫辨！蓋清濁指聲帶之動静言，陰陽指聲調之高低及其變化而言。清濁之仄聲混淆，陰陽之調類乃起。故論隋唐之聲類，則須捨陰陽而言清濁；論元明之調類，則須捨清濁而言陰陽：合之兩傷，叠複爲病。而耒之言曰：「重則爲陰，輕則爲陽。一陰一陽，常相對偶。人知清濁之爲陰陽，而不知清聲濁聲又各自有陰陽。『影』『喻』『曉』『匣』，清也；『群』『疑』，濁也；『見』『溪』，半清半濁也。『影』『曉』爲清之陰，『喻』『匣』爲清之陽。等韻既分四母矣。『見』『溪』半清半濁，再剖之，不成聲，不可分也。『群』『疑』則確有陰陽，何可不分？故增『舅』『語』爲陰，以『群』『疑』爲陽，而濁音四母具焉。舌牙齒脣，清濁之序，與喉音同。而舊母尤少，故所增尤多」（聲音元本論下）。是以所增各母，以「老」「耳」「繞」「巳」「武」爲清之陰，「而」「些」爲清之陽；以「舅」「語」「杜」「乃」「朕」「在」「奉」「美」爲濁之陰：致聲類與聲調相混，糾纏繳繞，不可究詰。則固清濁其所清濁，而陰陽其所陰陽，與古今韻學，未能悉合也。

耒自謂所定五十母，「略如邵子之四十八而加詳」（五十母圖説），然籀釋皇極經世聲音圖，則邵子所分，除「五」「吾」、「母」「目」、「武」「文」、「乃」「内」、「老」「鹿」、「耳」「二」之屬，一濁兩列，與潘氏「語」「疑」、「美」「明」、「武」「微」、「乃」「泥」、「老」「來」、「耳」「而」之屬，同一違失。他如以「近」承「古」，以「乾」承「坤」，以「步」承「卜」，以「旁」承「普」，以「兑」承「東」，以

「同」承「土」，以「自」承「走」，以「曹」承「草」，以「乍」承「莊」，以「崇」承「叉」，以「宅」承「卓」，以「茶」承「拆」，則固清濁分明，發送二清，各得濁聲相配，較潘氏以「見」「溪」爲不可分，而別析全濁之屬爲陰陽二類者，則固遠勝。且潘氏以「些」爲「心」陽，「巳」爲「邪」陰，亦不如邵子以「思」「寺」相配，清濁各得其所，矧「知」、「徹」、「澄」三母，潘并邵分，以云詳略，則次耕之詳，猶遜於康節之略也！

定開、齊、合、撮爲四呼者，前乎潘氏，亦無所徵。聞諸羅莘田師曰：「宋元韻譜，於四等之外，但言開合；明人不知等之所指，乃捨「等」益「呼」，以求易解。於是韻法横直二圖，增立開口、合口、撮口、閉口、齊齒、啓脣、齊齒捲舌、齊卷而閉，以及混呼、舌向上呼諸稱：觀點不一，得失參半。然皆就韻以分呼，猶未因呼而存位。厥後等音、聲位及字母切韻要法之屬，雖皆據呼定音，異乎前軌，而一以宮、商、角、徵、羽分類，一以開合正副定名，仍與習用之稱謂不合。其定開、齊、合、撮爲四呼，先音後字，遷就定型，爲清代等韻家所宗者，則惟潘耒類音及宗常經緯圖而已（詳見羅師等韻發疑）。今讀耒書，所謂「開與合相應，齊與撮相應，有則俱有，無則俱無，一几四隅，一馬四蹄，不可增減」，以及「一母必具四呼，四呼始成一類。少一呼則知此母之音未竟，多一呼則知彼類之音當分。以此審音，而潛伏之音畢出；以此攝類，而凌雜之類皆齊」（聲音元本論下）。云云。泥滯定型，以求齊整，益證師説之可信。然宋人之「等」，迥異明清之「呼」。耒不解此，乃謂：「作等韻者，不明四呼，以音就字，茫無定準。」

（聲音元本論上）并作等韻辨殺圖説，以譏前人，亦已過矣！

潘氏既以一母之音，必具四呼，更統有字無字之音，比其四呼，辨其全分，分爲二十四類。凡「有字之類二十二，無字之類二，有全分之類二十，無全分之類四」。自謂：「天下之音，無或遺焉。」（二十四類圖説）其泥滯四呼，以求整齊之弊，既已闢之矣。至其所謂全分音者，潘氏以爲：「凡出於口而渾然噩然，含蓄有餘者，爲全音；凡出於口而發越嘹亮，若剖若裂者，爲分音。」「口啓而半含者，全也；脣敞而盡放者，分也。」（全分音論）定義含胡，頗難索解！按其韻類，則以「灰」「回」、「歌」「戈」、「肴」「蕭」、「元」「先」、「東」「冬」、「江」「唐」、「覃」「鹽」、「遮」「車」、「敷」「模」、「尤」「侯」爲全；以「皆」「咍」、「家」「麻」、「豪」「宵」、「删」「山」、「庚」「青」、「陽」「姜」、「咸」「凡」及「遮」「車」、「敷」「模」、「尤」「侯」三類之分音爲分。試即韻譜所收之開口字，以現代吴江方音證之，其可考者：「灰」「回」讀[E]，「皆」「咍」讀[ɑ]（白話音）；「歌」「戈」讀[a]，「家」「麻」讀[ɑ]；「元」「先」讀[e]（收「寒」韻喉牙二音，即[g][h]兩系字），「删」「山」讀[E]（收「寒」韻舌頭齒頭二音，即[d][tz]兩系字）；「東」「冬」讀[oŋ]（收「東」「冬」「鍾」韻脣音，即[b]系字），「庚」「青」讀[əg]；「江」「唐」讀[ãr]，「陽」「姜」讀[ã]或[iã]，「覃」「鹽」讀[e]，「咸」「凡」讀[E]（參閲趙元任先生現代吴語研究第二表）。依語音學詮之，潘氏殆以高元音爲全，低元音爲分；後元音爲全，前元音爲分；圓脣者爲全，不圓脣者爲分。分析微芒，自具勰理。然則潘氏雖欲從舉世之同然，正方隅之偏駁，（古全音論）終不免爲方音所囿也。

至於「遮」「車」、「敷」「模」二類之分音，有位無字，其辨已微。而「肴」「蕭」、「豪」「宵」之辨，「尤」「侯」全分之別，尤不免遷就韻書，不以時音爲準。觀其所謂：「『尤』『侯』一類全音也，尚有分音，人多不能讀。今觀廣韻，『尤』『侯』之外，別有『幽』韻。細審之，足明其爲二音。」（二十四類圖說）以及「『蕭』『肴』『豪』三韻，似乎一類，而不知『蕭』『肴』爲全，『豪』爲分音。觀等韻『效』攝中，『交』之轉入爲『覺』，『驕』之轉入爲『脚』，『包』之轉入爲『剥』，『褒』之轉入爲『博』，雖洪武正韻概從省并，而『驕』『趫』『交』『敲』分隸二部，則其爲二類可知。」（同上）則潘氏固未能嚴守「生今之世，不得不用今音」（古今音論）之例，而無所遷就也！若夫全分二類，各別四呼，忒細易亂，徒滋迷惘，即使起潘氏於地下而面質之，其能一一形諸唇吻，畫然有別邪？

夫物之不齊，物之情也。而潘氏乃謂：「生物之數，一生二，二生三，三生萬物，故有奇則有偶，其於音也，有陽則有陰，有清則有濁，有平則有仄，有全則有分」（全分音論），於四呼之別，更以「一几四隅，一馬四蹄」爲喻，此其所以囿於定型，而多所違失也歟？

十八年秋，客北平，得見是書，以其辨章聲韻，瑕不掩瑜，爰跋之如上。

（輯自國立中央研究院歷史語言研究所集刊一九三〇年第一本第四分，第四二七至四三〇頁）

題吴江潘稼堂耒遂初堂集

平步青

稼堂資稟絶人，强記博覽，又從徐俟齋、顧亭林游，故所學具有淵源。文亦得之師門，而以氣勝。蘇文忠所謂辭達者，庶足當之。山水游記，狀寫景物最工。禪喜文字，昔人推爲第一，亦猶文忠字字華嚴法界來也。

（輯自樵隱昔寱卷七題辭，清代詩文集彙編影印民國六年刻香雪崦叢書本，第七二〇册，第二四五至二四六頁）

遂初堂文集跋

葉景葵

辛巳二月，取初印本與重編本對讀，知初印本確係稼堂手定，選擇甚精。重編本所增，皆稼堂删去之作。試檢數篇讀之，即可知矣。稼堂并不佞佛，惟方外之友甚多。故書序、志銘之關於釋氏者，皆隨類編次，不分儒釋。重編者，一概列之别集，其見甚陋。與石濂兩書，爲重編者所芟汰；而致粤當事者、與藥亭書、與爲霖書，皆攻擊石濂，詞鋒犀利，并列卷中。細加尋繹，知與石濂書牽涉清世祖之語甚多，編者懼罹法網，故湮滅之。壽序中删去宋既庭一篇，亦因内有東林、復社語之故；璿璣玉衡賦，題加「御試」二字，同爲敬慎之意也。

以此推之，則詩集中重編多於原本者，亦稼堂所删汰。惟海岱游草重編少收四十八篇，不知何故。適闕此卷，無從探索爲憾耳！

是月十一日，揆初書於賃廡。

（輯自卷盦書跋，上海古籍出版社二〇〇六年版，第一四二至一四三頁）

跋王曉庵潘稼堂兩先生墨迹

沈登瀛

右墨迹二紙，家退甫得諸張佩葱先生後人，轉以貽余者也。前絶糧詩五首，見於王曉庵先生集。其爲王先生手書無疑。詩後云：「并録呈政。」想尚有尺牘，故不著姓名。兩先生爲金石交，退甫斷爲録示張先生者，良是。後詩一首，署吴琦姓名。案：徐俟齋先生居易堂集潘母吴太君五十壽序題注云：「門人潘耒時避難，變姓名吴琦，奉母居山中。」蓋稼堂檢討以兄力田先生牽連史案罹禍，故權從外姓。詩當在是時作。今不見遂初堂集者。想少年時所作，未存稿耳。

王先生學貫天人，吉光片羽，流落人間，固可寶貴。潘檢討出處，雖與先生特殊，三復曉庵集與潘次耕書，未免爲之嘆息。然潘之出山，亦有大不得已者，較世之希寵干進輩，大相徑庭，終不失爲文苑中完人。况皆贈張先生者！張名嘉玲，字佩葱，桐鄉張楊園先生高弟子，見震澤縣志儒林傳。因合付裝。前輩風流，非特人品學問迥不可及，即技藝之微，不求工而自工，古人事事勝人，豈虚語耶！

道光辛卯九秋，後學沈登瀛敬記。

（輯自黄兆檉撰平望續志卷一〇集文，清光緒十三年刻本）

救狂砭語跋

謝國楨

是書爲故友蕭菊君（璠）先生所贈，清潘耒撰，爲遂初堂集集外單行之本。記告訐吴中僧人大汕和尚私通外國，進行貿易之事，爲清乾隆間毁禁之書，傳本極爲罕見。

按，大汕爲吴中人士，後削髮爲僧，小有才華，能詩善畫，能解音律技術工藝之事，亦通佛法禪喻。由蘇州赴廣州，依附清初三藩尚之信門下，住持長壽寺（即現在之六榕寺），爲方丈。一時煊赫，與丹霞寺天然和尚（函昰，明末遺老）相對抗。因善製文玩傢俱，饋送權貴。時海禁方嚴，依尚藩勢力，以宣揚佛法爲名，私行海外交易。因至安南（越南），獲利甚厚，一時奔走尚藩門下，趨之若鶩。而士大夫如梁藥亭、屈翁山、仇兆鰲輩，多與之交往。三藩平定以後，而大汕之聲勢不輟。適潘耒來羊城，往謁大汕，獨不禮之。次耕一怒而上書當局，揭發大汕干犯海禁，通海營私種種不法之事。讞成，下大汕於獄，瘐死獄中。

是書彙輯與粤東當事之書、與梁藥亭書、天王碑考、鼓山辨謬等篇，羅列石濂和尚（即大汕）種種罪狀，彙成是書。實爲研究清三藩頗爲重要之資。既往乾隆時毁禁，已成爲罕秘之書，不可不影印傳播，公之於世。

一九八二年五月廿四日，剛主老人記。

（輯自上海古籍出版社一九八三年影印瓜蒂庵藏明清掌故叢刊本救狂砭語，第二三五至二三六頁。又見於謝國楨著、姜緯堂選編瓜蒂庵小品第四輯序跋舉要，北京出版社一九九七年版，第二二五至二二六頁。）

清詩紀事初編·潘耒

鄧之誠

遂初堂集詩十二卷、文十五卷。遂初堂詩集十六卷、文集二十卷、别集四卷。

潘耒，原名棟吴，字次耕，號稼堂，晚號止止居士，吴江人。兄檉章罹莊史之禍，家累戍邊，嫂沈氏任身就道。耒年十七，徒步送之，至燕山，遺孤不育，沈引藥自決。耒讀書二十餘年而未應試。初師戴笠，繼則徐枋，最後始從顧炎武游。因識徐乾學兄弟，爲所牽引，舉康熙十八年鴻博，授職檢討，非炎武所願也。與修明史，建議搜采欲博，考證欲精，職任欲分，義例欲一，秉筆欲直，持論欲平，歲月欲寬，卷帙欲簡。識者以爲知言。二十三年，以浮躁降調歸。鴻博之試，諸生布衣入選者，未幾皆降黜，或假歸。始則招之唯恐不來，繼則揮之唯恐不去矣。

耒專精經史詞章外，曆算、音韻、梵夾之書，多所通曉。著類音八卷，足與炎武音學五書相輔而行。卒於康熙四十七年，年六十三。事具清史列傳文苑傳，及沈彤所撰行狀。

有遂初堂集。及身刻者，詩十二卷，文十五卷。中有兩與長壽寺僧石濂書，二萬餘言。

後刻本詩十六卷，文二十卷，別集四卷，始削去之。石濂固妖妄，然耒强與彼教事，至刻救狂砭語，大聲急呼以攻之。石濂亦刻惜蛾草相抵攔，投鼠而不忌器，未免自視過輕。

李光地榕村語録、續録詆其輕率，性急喜駡人，然天性肫摯。其兄兩孤兒在塞外，用捐贖例，納資往贖，察覆至八九，經四部、兩撫、兩將軍，十年之久，竟得釋歸。爲其兄刻國史考異、松陵文獻。爲炎武刻亭林遺書及日知録，爲枋刻居易堂集。兩人之殁，爲表幽之文，不敢入集，唯集中各報以壽序及長律而已。康熙十一年，炎武年六十，耒爲之序曰：「天心可見而不可測，莘野之耕，渭濱之釣，此天之不可必者也。著書立言，教育英才，此天之可必也。先生亦其起可必者待之而已。吾儕又何疑焉。」是不甘貧賤之守，已漸露其端。即無乾學，亦將脱穎而出。後與乾學之好不終，則炎武不及見矣。

詩文不事模擬，根柢深厚，有樸茂之美。請廣秘府書籍以光文治等數疏，代徐元文作，可不存稿。別集皆闢佛乘，雖削去與石濂角口之作，而天王碑考、致粤東當事書、與梁藥亭庶常書，剌剌不休，頗失儒者氣相。書汪水雲集後、書杜詩錢箋後，於錢謙益深致不滿，而謂其雖大節有虧，然學問之宏博，考據之精詳，亦豈易及。詩多紀游之作，詩文皆不輕作，未嘗以語言泛愛人，可謂奉行師教唯謹者矣。炎武之學，終賴耒以傳，獎與爲不虚焉。

（輯自清詩紀事初編卷三，上海古籍出版社二〇一二年版，第三八二至三八三頁）

遂初堂文集二十卷别集四卷

康熙原刻本　張舜徽

吴江潘耒撰。耒字次耕，又字稼堂。康熙十八年，以布衣召試博學鴻詞，授翰林院檢討，與修明史。事迹詳沈彤所撰傳及行狀，載果堂集卷十、卷十一。

耒之學出自顧炎武，拳拳服膺，事之甚謹。然治學蹊徑，不必盡同。即以音韻學言，顧氏詳於韻，而耒詳於聲。觀乎音學五書之與類音，即知其趣舍殊方矣。是集卷三有聲音原本論上下、南北音論、古今音論、反切音論諸篇，皆獨抒己見，爲不刊之弘作。凡其所以著類音之意，及其自得之理，皆可於此數文考見之。

李光地榕村語録，嘗謂潘氏「若肯將其師所著音學五書撮總纂訂，令其精當，豈不大快？却自出意見，欲駕亭林之上，反成破綻」。云云。光地此言，誠拘墟之見也。向歆説經，彼此立異，無害其爲家學。況在師弟，而可相尚以墨守乎？且前人所未發，或發之猶未備者，從而補之益之，斯固顧氏之所望於耒者也。耒於顧氏之學，入而能出，不囿於師説。所言音理，蓋與方以智、劉獻廷所致力者爲近，而確乎有以自立，此其所以卓也。

耒經史之學，根柢深厚，故識議亦平正通達。是集卷四請廣秘府書籍以光文治疏，建議朝廷遍徵天下遺書，充入祕府，或責成各省督撫學臣，采訪進呈。又謂前代七略、七志、四部、四庫等書，不過區分類别，編成目録，徒以搜采廣博爲能，以校勘精工爲貴，未有審論作書之旨，辨其醇疵，綜其得失者，自宜剖判白黑，折衷至是。云云。此議發之清初，不啻爲後來乾隆中纂修四庫全書及撰定總目提要之先倡矣。卷五修明史議一篇，揭櫫數事，曰：「搜采欲博，考證欲精，職任欲分，義例欲一，秉筆欲直，持論欲平，歲月欲寬，卷帙欲簡。」指陳前代修史利弊，至爲明晰，尤非精熟舊事、有高識宏裁者不能道也。

耒文章爾雅，而氣又足以振之，自是不廢大家。其平昔論文之旨，具見於是集卷七烏青文獻序、卷八毛氏家刻序、托素齋集序諸篇中。推見文章體用，而以華靡少實、專事模擬爲戒。若夫論學文之本，則以文選爲宗，以謂文選一書，乃昭明救文弊而作。唐人服習此書，不啻高曾規矩，即韓柳卓然以古文自名者，其初亦精熟選理。今欲救空疏淺陋之病，亦惟救之以昭明之書而已。是集卷六文選瀹注序一篇中，曾暢發斯旨，拈出昭明爲崇雅黜靡而成斯選，又非庸常文士所逮知也。

耒喜登山臨水，故集中游記之文爲多。其爲二氏作者，則皆入別集矣。

（輯自清人文集別録卷三，中華書局一九六三年版，第八七至八九頁）

遂初堂集四十卷

柯愈春

潘耒撰。耒生於順治三年（一六四六），卒於康熙四十七年（一七〇八）。原名棟吴，字次耕，號稼堂，晚號止止居士，江蘇吴江人。從顧炎武游，不三四年盡得其學。康熙十一年，客太原，與傅山、閻爾梅輩交，以講論道藝爲樂。康熙十八年，召試博學鴻詞，授翰林院檢討。所撰遂初堂集，先刻詩集十二卷、文集十五卷，康熙間自刻，中國國家圖書館藏。身後後人輯爲詩集十六卷、文集二十卷、别集四卷，有許汝霖序，康熙四十九年刻；附行狀、墓志係雍正三年補刻，中國國家圖書館藏。所編詩皆以「游草」名集，計少游草二卷、夢游草三卷、近游草一卷、江嶺游草一卷、海岱游草一卷、臺蕩游草一卷、閩游草〔一卷〕、黄廬游草一卷、楚粤游草二卷、豫游草一卷、臥游草一卷、補遺一卷，皆編年爲次，自康熙二年迄四十七年。清王大隆輯有遂初堂集外詩文稿二卷，據葉岷從孫氏舊藏手稿録出，凡詩四十六首、文七篇，編入乙亥叢編。近年録入明清史料彙編第六集第七册，臺北文海出版社影印出版，中國科學院圖書館藏。現存其稿本二種：一爲遂初堂稿一卷，有費馨蓮、俞震、袁寶樹、徐琢、徐康跋，中國國家圖書館藏；一爲遂初堂外集不分卷，上海圖書館藏。别有遂初堂文集二十卷，清鈔本，廣東中山圖書館藏。集中詩文多記與顧炎武交游事。自刻本有與長壽寺僧石〔廉〕〔濂〕書二篇，後刻文集削而不存，蓋掩其與石〔廉〕〔濂〕無謂鬥强争勝相詆事。

（輯自清人詩文集總目提要卷一二，北京古籍出版社二〇〇一年版，第三一六頁）

遂初堂詩集十五卷　補遺一卷

康熙四十九年刻本　袁行雲

潘耒撰。耒字次耕，一字稼堂，晚號止止居士，江蘇吴江人。曾祖志伊、祖錫祚，明季均任職湖廣布政司。父凱，列名復社，不仕進。兄檉章，博習文史，與吴炎合撰明史，未竟，受莊史案牽連，康熙元年被殺。

耒小時資稟絶人，工詩，與計東、顧茂倫、吴兆騫，稱「松陵四子」。又得徐枋、顧炎武、王錫闡助，學有宿成。嘗北游聞道於閻爾梅、傅山，無意入仕。康熙十七年徵鴻博，入都，取二等，授翰林院檢討，與修明史。與朱彝尊、嚴繩孫、李因篤有「四布衣」之稱。精敏敢言，無稍遜避，爲忌者所中，坐降調。後以母憂歸，遂不復出。陳鵬年欲薦起之，耒賦老馬行以謝。晚刊顧氏日知録及亭林遺書，刻徐枋居易堂集，并爲序。卒於康熙四十七年，年六十三。

所著遂初堂文集二十卷、别集四卷、詩集十五卷、補遺一卷，有受業許汝霖序。四庫存目著録。詩集分以少游草、夢游草、近游草、江嶺游草、海岱游草、台蕩游草、閩游草、黄匡游草、楚粤游草、粤游草、豫游草、卧游草名之。沈德潛稱其「詩筆直達所見，浩然空行，韻詩可作古文讀，而登臨懷古諸作，尤爲光焰騰上」。集中寫懷二十首，自述早年經歷，入仕良非初願。韓蘄王墓碑歌、卦山、忻州杵嬰廟、碧雲寺、韶州至清遠道中雜詩、登五老峰最高頂、華頂峰、金陵咏古八首、二姜先生祠、羊城雜咏十首、雁蕩百咏、登岝崿峰絶頂、萬年橋、鄴中懷古、泛洞庭湖，情景胥融，頗有寄托。贈别酬答之什，如送白奪山人游三關一百五十韻、汴河行爲方中丞歐餘作、太原雙塔寺雅集詩、送同年徐電發假歸、贈杜于皇、送譚舟石之官榆林、畫松歌爲梅瞿山作、淮陰抵平原呈亭林先生六十韻、太瘦吟贈徐方虎、哭周青士先生三首，及錢澄之、程穆倩、鄧漢儀、吴任臣、曾燦、蘇昆生、曹溶、汪懋麟、宋犖、田雯、邵長蘅、徐釚、湯右曾等人，矜使中有沉切之思，且有事足徵也。此書少作大都因避忌删去，唯補遺又收慟哭七十韻、隔谷歌、度關曲三篇，皆述及其兄被難之事。城渠開，記臨安城市排污水，頗爲紀實。耒居粤時，與釋大汕交闗，大汕經營海上貿易，爲耒告發被捕，瘐於獄。遂初堂文集有上當事書，詩集未及此事。大汕有離六堂集，可參考。亭林詩集有寄潘節士之弟耒、寄次耕等等。

（輯自清人詩集叙録卷一三，人民文學出版社二〇〇九年版，第四六九至四七〇頁）

三、投贈詩文

甲寅秋仲同次耕弟散步閶門偶遇趙羲庵遂共登虎阜口占長歌爲贈

潘鏐

咄哉！人生萬事無不有，吾曹此地重携手。憶惜相遇□□臺，河聲十里聞奔雷。我醉能歌弟能和，日落未客蒲帆開。爾後分飛各萬里，燕雲閩樹隔江水。桄榔□枝無信來，灞橋蹇驢夢魂裏。今秋我弟下邗關，客窗把袂開愁顔。我適扁舟下吴會，楓林雲岫同躋攀。忽遇天南吏隱者，皮褶蒙茸酒樓下。黄塵撲面眼獨青，歡極悲來泪盈把。爲言伴送白烏蠻，帶甲滿天不得還。誰能相見不相醉，舉頭况見秦餘山。蹇裳且向□塘去，南朝樹老貞孃墓。劍池巉削真劍開，虎阜龍□原虎踞。千秋俯仰一悲凉，鶴市梧宮幻夢長。如花□人化黄土，要離古墳埋白楊。天生吾儕困荆棘，鷦□笑鳳無巢粒。九野龍蛇正鬥争，江波怒飛海水立。□雲之際龍爲梭，男兒豈合長坎坷？後日相逢更何□，□君與我鬢未皤。君不見海上乘槎客，卧槎直看□□織。但得支機片石回，人間會有君平識。

（輯自石帆吟，清徐行、曾燦編依園七子詩選，中國國家圖書館藏清康熙十九年長洲顧嗣協依園刊本）

送次耕弟被薦北上　　潘鏐

黯淡邗江雪正飛，脊令何事遽相違。名高未許常安枕，路險還宜早識機。薊北風烟傷歲暮，天南草樹望春暉。金臺賦罷歸來好，五柳門前有釣磯。

（輯自石帆吟，清徐行、曾燦編依園七子詩選，中國國家圖書館藏清康熙十九年長洲顧嗣協依園刊本）

同王任公次耕弟飲湖上酒樓　　潘鏐

天清來上最高樓，遠色蒼然散客愁。烟樹欲連吴苑溟，帆檣疑帶楚江浮。天涯兄弟雙長劍，湖海英雄一敝裘。此日相逢何所事，且憑虚檻看沙鷗。

（輯自石帆吟，清徐行、曾燦編依園七子詩選，中國國家圖書館藏清康熙十九年長洲顧嗣協依園刊本）

暮春同嘐川侯記原松陵計甫草潘次耕暨同里諸子集龍仙齋看新緑限韻　　徐開任

天涯烽火隔西東，悵望春光似轉蓬。萬事已隨新景换，一樽猶喜故人同。寧忘歲月愁中度，却憶江湖夢裏通。莫道玄亭真寂寞，詩成感興逼唐風。朝來爽氣入青葱，萬木新承雨露同。自是無心迎造化，非關有脚贊神工。青山載酒時相賞，白社逃名莫漫通。世事百年猶旦暮，紛紛得失楚人弓。

（輯自愚谷詩稿卷五，中國國家圖書館藏清康熙間刻本）

題高節寒香圖贈潘次耕母夫人 戊午秋作

徐開任

世稱陶母真女士，截髮留賓成令子。惜哉苦節只求名，皭然不滓誰能似。側聞潘母吴夫人，鹿車對挽甘沉淪。相夫固勵齊眉操，教子能舒和膽情。自言吾爲子家婦，荒亂頻遭難糊口。朝烹石鼎一溪雲，夜枕柴門三徑柳。鷄鳴交警德相成，皇天不哀志氣人。寡鵠歌殘陰鬼哭，離鸞舞罷悲風生。爾其無忘乃父志，獨抱遺經向山寺。一編高士問漁磯，五夜寒窗磨劍氣。丈夫立身自有真，相期守道勿羞貧。捧檄未必娱親志，絶裾終存戀主心。况是吾家逢大難，覆巢完卵冰方泮。一時好爵可縻身，半世清名等塗炭。只今賢子侍晨昏，歲歲新蒲聲欲吞。青史凄凉傷往事，黄冠夢寐哭荒村。知心千古惟彭澤，醉後狂歌傾一石。河山猶號義熙民，松菊争題隱士宅。願子翻然莫改圖，男兒富貴亦崎嶇。躬耕奉母天倫樂，五湖烟水一愁無。

（輯自愚谷詩稿卷五，中國國家圖書館藏清康熙間刻本）

潘生次耕南歸寄示　顧炎武

知君心似玉壺清，未肯緇塵久雒京。若到吴閶尋舊迹，五噫東去一梁生。

（輯自亭林詩集卷五，顧亭林詩文集本，第三九六頁）

寄次耕時被薦在燕中　顧炎武

昨接尺素書，言近在吴興。洗耳苕水濱，叩舷歌采菱。何圖志不遂，策蹇還就徵。辛苦路三千，裹糧復贏滕。夜驅燕市月，曉踏盧溝冰。京雒多文人，一貫同淄澠。分題賦淫麗，角句争飛騰。關西有二士，立志粗可稱。雖赴翹車招，猶知畏友朋。儻及雨露濡，相將上諸陵。定有南冠思，悲哉不可勝。轉盼復秋風，當隨張季鷹。歸咏白華詩，膳羞與晨增。嗟我性難馴，窮老彌剛棱。孤迹似鴻冥，心尚防弋矰。或有金馬客，問余可共登。爲言顔彦先，惟辦刀與繩。

（輯自亭林詩集卷五，顧亭林詩文集本，第四一四至四一五頁）

次耕書來言時貴有求觀余所著書者答示　顧炎武

年來行止類浮萍，雖有留書未殺青。世事粗諳身已老，古音方奏客誰聽。兒從死父傳楹語，帝遺生徒受壁經。投筆听然成一笑，春風緑草滿階庭。

（輯自亭林詩集卷五，顧亭林詩文集本，第四一五頁）

寄次耕

顧炎武

入雒乘軒車，中宵心有愠。儻呼黄耳來，更得遼東問。易夬：「九三，若濡有愠」。六鰲成簸蕩，夜宿看星河。相對愁珠桂，流民輦下多。嘗披秋興篇，欲作東臯計。聞有二毛人，年纔三十二。

（輯自亭林詩集卷五，顧亭林詩文集本，第四二〇頁）

寄潘次耕十韻次耕有妻之喪自淮陰入燕師事亭林今暫依衛太史

程先貞

悼逝安仁氏，行歌楚水湄。家貧惟此道，才大絶當時。一麈供談柄，群經貯腹笥。挂瓢深避世，負笈遠從師。入雒詹豪氣，依劉慰旅思。帝城花爛熳，客舍草葳蕤。鑿落尊同倒，蒯緱劍自隨。已看春鳥變，莫唤曉猿疑。見月縈懷抱，因風念别離。逍遥猶有谷，松竹待歸期。

（輯自海右陳人集，上海古籍出版社一九八一年版清人别集叢刊，影印清康熙間刻本，第二四二頁）

潘次耕從淮陰來

程先貞

遠道懷人賦北征，蹇驢風雪不勝情。郵亭歲晚梅花發，怪得題詩入骨清。

（輯自海右陳人集，上海古籍出版社一九八一年版清人別集叢刊，影印清康熙間刻本，第二八四頁）

枉荔裳顧庵愚山繹堂西樵阮亭小集海日因送蔡竹濤之太原兼寄周計伯潘次耕同用一屋

程可則

伏日天晝長，炎雲蔽廣陸。獨居懷所歡，言泛尊中醁。同袍六七人，杖履經過熟。入門發長嘯，雜坐脱拘束。其時雨方歇，晴暉藹庭木。槐花落我衣，雄談競迴復。殘陽興未已，遽唱驪駒曲。有客出居庸，走馬黄花峪。西攀句注雲，北渡渾河腹。豈不念啓居，崎嶇逮童僕。文魚躍深淵，丹鳥抗靈鷟。飛揚各有期，誰能事齷齪。白露零空郊，同游肆遐矚。韓侯征戰地，長歌以當哭。馬首青琅玕，歸就故人讀。床頭甕尚存，洗斝還刻燭。

（輯自海日堂集卷一，清代詩文集彙編影印清康熙二十八年刻本，第九〇册，第三〇二頁）

上元前二日江陰曹峨眉祭酒招同潘稼堂陸雲士小飲峨眉出示徐虹亭詩即席次韻并懷虹亭

吴震方

澄江春水曲，一路野梅香。倦客推孤枕，扁舟傍女墻。素心忘臭味，濁酒任疏狂。更憶同懷者，滄浪興獨長。

（輯自晚樹樓書稿卷四，四庫全書存目叢書影印清康熙四十四年刊本，集部第二五二册，第一七六頁）

潘次耕招同徐電發李公愷夜集

陸棻

不負花前約，能開月下尊。垂簾燈坐近，促席酒行温。紫蟹經霜味，黄蔬帶雪痕。流連當此夕，風景似鄉園。

形骸忘主客，把盞意頽然。秋老花無恙，更深月可憐。羽林趨雁浦，版使請鵝錢。蒿目愁難寐，今宵一醉眠。時發兵往杭州，錢法侍郎有改鑄小錢之議。

（輯自雅坪詩稿卷二〇，清代詩文集彙編影印清康熙四十七年陸凌勳傳經閣刻本，第一一九册，第五三一頁）

人日同其年次耕允大雅楫諸簡討集惺庵編修齋

陸棻

盡道風光今日好，晴和初放一分春。莫虚甲令寬先甲，恰喜辛盤獻上辛。椒酒盈樽期卜夜，桂輪半璧解留賓。他年若寫徂徠照，肯使鬚眉讓昔人。

（輯自雅坪詩稿卷二七，清代詩文集彙編第一一九册，第六〇七頁）

酬潘耒

朱彝尊

燕京秋九月，雨雪紛湝湝。初晴出户去，延望西山崖。薄衣先苦寒，炙背返荆柴。晚聞僮僕語，有客叩吾齋。新詩題紈扇，留贈出中懷。臨風百過誦，音響一何佳！泠泠朱弦瑟，調必宫商諧。壯哉四方志，獨櫂浮江淮。傷禽戢羽翼，鳴鹿求其儕。河東衛先生，簡討既齊。掃室道南街。希音辨元始，望古窮津涯。同聲一相應，衆説誠可排。爾雅及三倉，豪髮未嘗乖。伊余去鄉國，萬里敝青鞋。愧乏洛生咏，徒觀泰山柴。戛玉聞琳琅，披雲豁塵霾。譬彼同岑草，所惜在根荄。願貞歲寒期，簦笠行相偕。

（輯自曝書亭集卷七，王利民等校點曝書亭全集本，吉林文史出版社二〇〇九年版，第一三〇頁）

元日同孫枝蔚毛奇齡陳維崧吴雯汪楫諸徵士喬萊舍人湯右曾上舍集曹舍人禾書齋遲李良年潘耒不至即席限韻二首

朱彝尊

勝引期元日，虚齋東五經。客來衣半白，杯至眼俱青。密坐更番改，清詩次第聆。燭花高不落，嘶騎且迴停。

樂極修簫譜，觴行罷酒監。同聲歌郢曲，異味轉吴帆。東閣花須放，西山翠可鑱。還期共潘李，并馬試春衫。

（輯自曝書亭集卷一〇，王利民等校點曝書亭全集本，第一五七頁）

沈詹尹荃崔少詹蔚林招同湯侍讀斌施侍講閏章潘檢討耒飲限燈字

朱彝尊

九月秋陽氣尚蒸，晚來欲雨薄寒增。黄花插帽經三宿，白苧裁衣試幾層。小鳥飛翻檐外樹，微風升降酒邊燈。相期偶值趨朝暇，起問鼕鼕鼓未曾？

（輯自曝書亭集卷一一，王利民等校點曝書亭全集本，第一六六頁）

十拍子·同李武曾潘次耕蔡竹濤過玉泉山寺

朱彝尊

上苑離離鶯度，劉方平。前溪漠漠花生。周賀。溪畔數鷗閑不起，蘇廣文。馬上吟詩卷已成。法振。千山冰雪晴。盧綸。

魚網平鋪荇葉，李嘉祐。板橋人渡泉聲。顧況。行殿有基荒薺合，許渾。竹塢無塵水檻清。李商隱。偏傷遠客情。陶翰。

（輯自曝書亭集卷三〇詞七蕃錦集，王利民等校點曝書亭全集本，第三七九頁）

讀顧亭林先生日知録是潘次耕刻於閩中者却贈

陳廷敬

遺文編舊録，製述繼吾徒。詩樂吴公子，風騷楚大夫。閑情窮海嶠，清論滿江湖。萬里山川路，離情似昔無。

（輯自午亭文編卷一七，清代詩文集彙編影印清康熙四十七年林佶寫刻本，第一五三册，第一七七頁）

維舟懷朱竹垞潘稼堂

陳廷敬

河關渺吴越，一水行可至。吴越有故人，天遠浮空翠。登舟夢見之，明月照不寐。老將歸田廬，荒山寡車騎。悠悠川路閑，此行上所賜。海潮動逸響，津樹饒野意。極浦來風聲，枉渚蓄春氣。永懷期明發，旅泊展遐思。

（輯自午亭文編卷七，清代詩文集彙編，第一五三册，第七四頁）

鶯脰湖懷潘稼堂太史

陳廷敬

江南行欲盡，四月不問鶯。似惜歸帆去，還調山谷聲。金衣猶婀娜，翠脰自分明。春水多相稱，鶯湖最有名。鴛鴦殊比昵，白鷺太孤清。黛色山疑遠，峨眉畫懶成。映波隨浩蕩，流影任縱横。隱葉曾交頸，翻枝屢濯纓。玉關人萬里，金屋夢三更。紫椹今當熟，雕籠未可嬰。沙鷗方共侣，野燕有誰争？求友何寡落，聆音獨和賡。間關初嚦嚦，晛睆正嚶嚶。嘆息伶倫老，無因奏鳳笙。

（輯自乾隆吴江縣志卷五〇集詩，清乾隆十二年刻本）

李天生檢討將歸關中同嚴耦漁朱竹垞潘稼堂李武曾小齋話别

高士奇

當代推賢哲，於今識李膺。名高栖樹鶴，才健得霜鷹。對策逢明主，論文昵舊朋。勁松風謖謖，萬里見秋澄。

浩氣拂吴鈎，尊前悵莫留。揮鞭過渭北，結宇向商州。不是輕朱紱，多緣戀白頭。陳情表再上，此義足千秋。

山川秦地險，太華獨嶙峋。雄略籌青海，深誠答紫宸。禮傾諸鎮將，望重一方人。正啓承明席，休耽烏角巾。

涼露浮雙闕，荒齋暮景沈。疏花開小徑，細月掩高林。愧我盤餐薄，勞君騎從臨。劍門戈未息，交誼托南金。

（輯自苑西集卷一，清代詩文集彙編影印清康熙朗潤堂刻清吟堂全集本，第一六六册，第三八五頁）

九日同升六子綸蛟門石林舟次峨嵋渭清次耕黑龍潭登高再疊前韻

陳維崧

白楊風狂啼不歇，鐵色古潭龍出没。百年又逢黄菊盞，一笑第少鴉頭韈。男兒飢飽自有命，鵝鴨徒然競糟麩。已擯作客慣聞猿，却爲得官惟見蠍。今晨斷霞頳斑駁，稍喜下潦黄金闕。西山晴髻費梳裹，小者纔作巨桃核。臺前古冢太瑣碎，一半已被狐狸搰。只須蹋地弄迴波，何必憂天占怪孛。九逵冠蓋工請謁，獨把深杯領百罰。李潘二子最後來，眼中之人總英發。須臾枯木老鴉叫，噂沓有若相告訐。似言瞑色漸蒼茫，所嘆流光轉飄忽。生前但得花兼酒，身後還憑衮與鉞。天風天風吾語汝，慎勿簸動蛟龍窟。歸來又報米瓶空，醉倚高樓閑拄笏。

（輯自湖海樓詩集卷六己未稿下，陳振鵬標點、李學穎校補陳維崧集，上海古籍出版社二〇一〇年版，第八四四至八四五頁）

讀惠徵士元龍同宋徵士叔逐徐檢討電發潘檢討次耕侯秀才大年靈祐宮會飲之作和韻寫懷一首

陳維崧

霜郊細馬挈鑾榼，公等於此興不凡。更提健筆撲險怪，猛虎背痒摩枯杉。昨余羈絆未曾去，琳宮遥望青紅嵌。安得幻爲老蝙蝠，攙身直上浮圖攕。嗟余垂老乃新嫁，窘束不得褰屏簾。六宫女伴半嬌橫，誰其脱贈茱萸衫。獨餘數子癖痂嗜，許擘新蟹圍晴檐。那知百事只我誤，更覓四美知誰兼。荆溪溪舞浪花白，五湖雄長余何謙。茶檣酒舍任跌宕，博徒歌叟寧憎嫌。千場酙酒雪風月，十面腰鼓箏琶咸。間邀傖楚劇盤馬，醉泥夭妍低剥柑。顛狂判作半生過，茗艼敢辭千日淹。不圖皇天有深意，要我宦海嘗酸鹹。宵編青史苦堆垛，早朝丹禁愁森嚴。易州老春攔液局，禁賖每每標紅籤。斜街菊本太瘦細，欲摘風枝無二三。旁人哈我出苦語，此意先生胡不廉。不記頻年訴迍賤，夜闌兒女篝燈談。一官底事轉惆悵，却於朝市夸林巖。我時大笑顧座客，世路佶屈逾左擔。烏玄鵠白有本性，煎茗何必加薑鹽。一冬臂痛近差減，觥船灔灔還能拈。來朝續飲亟報我，不爾會遺長鬚覘。丹房石鼎倘聯句，狂道士語吾爲添。

（輯自湖海樓詩集卷六己未稿下，陳振鵬標點、李學穎校補陳維崧集本，第八五二至八五三頁）

九月十七夜同王仲昭毛大可吴志伊汪舟次潘次耕胡朏明飲馮冒闢躬暨西齋翌日益都夫子用拙韻作詩見示仍疊前韻

陳維崧

銅槽冰蟻瀏不歇，渴羌拍浮頭髮没。井中底用投車轄，席上已先脱巾韈。汪生老饕殊可怪，似欲流涎到麩麧。潘生酒半便放顛，謔語螫人作蛇蝎。吴生匿笑只温克，吃吃口中生石闕。王胡拇戰興更豪，顧謂諸君皆勁卒。賢主二難尤愛客，悉索釵瑠備盤核。毛生拍手仰天唱，自詫不減鶯喉滑。人生窮達關年命，往往術家談計孛。只須白墮霑老兵，那有青蚨媚典謁。銀荷的爍蠟炬短，翠斝縱横猬籌罰。此時我師方偃息，四座喧呶莫輕發。若言狂態誰爲傳，張口鵶彝能告訐。極知聚散最飄忽，且壘糟丘擁旄鉞。頃刻夜静天鷄鳴，叫徹虞淵燭龍窟。翠華行且詣郊壇，抖擻吾將具袍笏。

（輯自湖海樓詩集卷六己未稿下，陳振鵬標點、李學穎校補陳維崧集本，第八四七頁）

早春同嚴蓀友倪闇公范秋濤汪舟次喬石林潘次耕過李木庵前輩齋燈下看盆梅即次原韻四首

陳維崧

故園當此日，晴雪果佳哉。竟作三年别，空辜萬樹開。今朝何意見，遠道那能來。方法憑傳語，明年我定栽。花已全經眼，愁仍欲泥誰。齋疏疑畫舫，屋小類軍持。夢入前村路，吟殘半夜詩。春燈偏作意，不定寫繁枝。

愛作花前語，驚成客裏身。儻非今夜聚，真是異鄉人。擪笛消殘臘，藏鈎賭老春。窗西誰磔格，恐已是清晨。客有於窗外作畫眉聲者。

步屧從兹熟，經過禮數删。甕邊誰主客，花底即家山。歷歷羲皇上，悠悠濠濮間。莫愁街鼓發，攜取暗香還。

（輯自湖海樓詩集卷七庚申稿，陳振鵬標點、李學穎校補陳維崧集本，第八六六至八六七頁）

滿江紅·春光甚冶健庵挈我魚墩精舍憩同潘次耕弟緯雲賦

陳維崧

半里春田，漸踏到、蘼蕪叢裏。疏籬外，紅橋畫板，卧於烟水。柳綫飄時寒食近，梨雲凍處東風起。把滿欄、紫艷嗅移時，忻然喜。

穎士僕，康成婢。營小築，饒名理。精舍乃健老紀綱所構。有玉山彩翠，光浮髹几。鬥草心情忙似蝶，築毬士女多於蟻。算春來、何限斷腸天，無逾此。

（輯自迦陵詞全集卷一二，陳振鵬標點、李學穎校補陳維崧集本，第一二一七頁）

念奴嬌·丁巳中秋玉峰徐季重葉九來招飲三友園同集爲宋既庭劉震修潘次耕徐立齋閣學顧恪如宋南金即席分賦

陳維崧

插天峭壁，被風吹月浪，洗來逾緑。嵌壑蒼崖鱗鬣動，萬隊熊蹲獅伏。碧海青天，年年今夜，長見金波浴。姮娥耐冷，一輪細碾圓玉。

况復地有名園，人逢上客，消盡愁千斛。瘦石小橋苔徑悄，掩映疏花秀竹。更上山巔，龍洲墓上，爲我澆醽醁。醉歸夜静，滿身零亂金粟。山上有宋劉過墓。

（輯自迦陵詞全集卷一八，陳振鵬標點、李學穎校補陳維崧集本，第一三四五頁）

奉答潘稼堂檢討兼送歸吴江

二首　梅文鼎

曆譜源經史，學者忽如遺。刳心事良難，逢世非所資。逖矣西儒術，耳食尤深疑。苟未明實理，其肯去町畦？元本著幾何，引伸析豪釐。三角總萬形，要眇稱難知。夫君述作雄，而復能精思。乃識才人心，善入無幽奇。余亦耽癖嗜，一卷恒自怡。音稀人鮮聽，碎琴徒爾爲。區區二紀勤，今日逢鍾期。

卑栖依故山，耳目域偏蔽。所恃思慮通，書册苦難備。金嶺有耆宿，薛儀甫先生居青州金嶺驛。道遠不可至。一械疏所疑，聊質平生意。雙魚既以達，溘焉聞厭世。溯洄空欲從，兹意終安寄。誰知槃澗寬，近在吴淞澨。吴江王寅旭先生頗精曆算。投薛亦有書，深問徵十事。已矣今復徂，遺篋唯奇字。浩歌觀古今，能傳曾幾氏？寧無人與書，寂寞荒江涘。藏弆得君子，手澤無遺棄。還蘄共表章，鄭重貽同志。

（輯自績學堂詩鈔卷三，清代詩文集彙編影印清乾隆間梅瑴成刻本，第一三一册，第四〇二頁）

人日潘次耕過訪　李符

潘郎文采似繁欽，昨歲相逢已入林。人日扁舟停水市，江梅香萼動春陰。瘴鄉歸客貪高卧，酒肆藏名合細斟。别久相思今邂逅，不須遥寄草堂吟。

（輯自香草居集卷四，四庫全書存目叢書影印清康熙乾隆間刻李氏家集四種本，集部第二五二册，第三二頁）

謝潘太史次耕惠賜端硯一枚并示硯譜啓　乙丑　吴農祥

攢空巖尾，中産琅玕。徹底龍鱗，潛藏沆瀣。紫府御風之徑，丹臺浴日之泉。屈九疊以參差，窮千迴而縹緲。是生朱髓照耀陰崖，亦若青肝崩奔幽谷。百靈嚄唶，仙網設而恒封。千載狰獰，神刀投而不動。以斯磨礲未及，開鑿全非。同貝闕之鼓鐘，遥聞烟際。數珠庭之杖履，詎落雲間？足下重謁交游，屢懷勝事。值嚴禁初收之會，當良朋許采之秋。懸重價以入蛟宫，求真形而儻蜃户。沙鬚片片，皆獲鈎梯。霞骨層層，盡登扃鐍。授良工而受範，畀巧匠以鑽穿。突兀中心，使如棋局。峥嶸四角，便等香囊。足令渴食喻麋，得借縱横之勢；飽嘗狡兔，擅成左右之功。顧僕菲才，承君雅惠。至若旁搜山性，逖考水經，牒得淳澆，王粲之銘罔識；圖來厚薄，繁欽之贊虚存。堪笑藺生肯碎頭而報趙，還憐和氏徒刖足以留荆。

（輯自流鉛集卷五，中國國家圖書館藏清鈔本）

喜得同年潘稼堂書柬寄二首兼呈菊莊二弟

徐嘉炎

京洛久滯迹，夢魂係鄉國。江南舊儔侣，相望空相憶。會面既無從，緘書亦難得。忽傳瑶華音，恍若侍君側。悠悠三千里，月明同一色。思君慰且嘆，離緒仍閔默。緬懷龍鳳姿，豈老烟霞陌。出山泉豈濁，離璞詎爲石。天子新破胡，燕然銘待勒。條風動春氣，斗南迴極北。盾鼻如可磨，會屬千夫特。

讀君山游記，流峙欣我懷。濟勝固有具，造適非安排。嗟余拙謀生，所志未克諧。誰營種秫田，孰葺讀書齋。因循阻歸耕，徒思沮溺偕。長橋魚發發，虹亭鳥喈喈。論文覓素友，出處何當乖。蕭蕭獨吴吟，溯君天一涯。携手得求仲，比肩床下鞋。陸沉避金馬，豈若山之産。邈然季鷹儔，千世堪楷模。

（輯自抱經齋詩集卷四，四庫全書存目叢書影印清康熙三十八年刻本，集部第二五〇册，第三七二頁）

徐健庵編修重集澹園分得微字同葛龍仙陳躬一葉九來陳子遜子壯潘次耕暨伯氏孚若

施閏章

城裹高齋面翠微，開尊散帙總巖扉。梁園會是真名士，用里人逢大布衣。時初識葛龍仙。池上風來穿竹過，峰頭雲起傍筵飛。留歡恨别渾無奈，帶甲驚心客未歸。

（輯自學餘堂詩集卷三九，清代詩文集彙編影印清康熙四十七年刻本，第六七册，第五三七頁）

金臺高會詩效公宴體

高咏

癸丑十二月十七日，宴容齋李夫子齋。與會者，紀檗子、錢飲光、許生洲、朱人遠、陸左城、張祖望、張豫章、何郇公、潘次耕，分韻各賦。

元冬何宴宴，高會帝城隅。明公敬愛客，晚沐出直廬。所欽日夕至，共此清夜娱。迴風敞櫺軒，素雪消前除。上國信多賢，西園盛應徐。慷慨中懷殫，壯思時一舒。申眉固無階，微末致嘆譽。篇章互相錯，各言聲色殊。華榱廕廣幕，歌聲雅頌俱。蘭膏揚其輝，珍木照扶疏。金罍陳芳醴，款款傾百壺。人生非柔翰，何以結相於。既醉亦以出，含情復踟躕。鞍馬何光鮮，星月遍九衢。良辰能不懷，宴終歡有餘。

（輯自遺山詩卷二，清道光十年秀水王氏信芳閣刊國初十家詩鈔本）

周計伯刻余晋祠十餘詩潘次耕以搨本見示賦二律

曹溶

唐叔分封迥，祠前一騎呼。飛觥看磬筦，點筆及菰蒲。西北游難再，山川夢不無。主人能解事，肯使客星孤？

曾是周流子，狂吟概可删。有懷縈晋柳，無句重邊山。身退唯留拙，兵囂不礙閑。遥占懸甕側，空水動烟鬟。

（輯自静惕堂詩集卷二二，四庫全書存目叢書影印清雍正三年李維鈞刻本，集部第一九八册，第一九一頁）

懷潘次耕二首

曹溶

我友今安在，江村積潦深。苦吟過百戰，高枕獲初心。夙約花籌冷，閑愁戍管陰。定知游轍倦，鷄黍或相尋。

繫舸邗關後，支藜鷲嶺前。過從勤屈指，乖隔憾經年。蓬蔚甘同病，才華莫比肩。謫仙當日事，不惜酒家錢。

（輯自静惕堂詩集卷二二，四庫全書存目叢書集部第一九八册，第一九二頁）

張超然過論詩三首 其三 曹溶

海内詞場狹，君當繼大家。褐衣名自貴，藿食古猶嗟。笠澤淹魚艇，鍾陵冷雁沙。關西知更遠，隔水夢桃花。懷潘次耕、杜于皇、李天生也。

（輯自静惕堂詩集卷二三，四庫全書存目叢書集部第一九八册，第一九二頁）

趙巡檢扇上見潘次耕詩懷之 曹溶

蠻方新解甲，宇宙復高秋。青眼憐同調，朱顔記昔游。虹亭應抱膝，昆阜幾登樓。近接琅玕紫，凌風到十洲。

（輯自静惕堂詩集卷二三，四庫全書存目叢書集部第一九八册，第二〇一頁）

潘次耕見訪贈詩如數奉答四首 曹溶

奉信蘭橈澤國通，三年相憶夢魂中。彩毫忽至還題竹，蠟屐能留好待鴻。釀具廢來賓客恕，松枝濕處道途窮。看君大有雲霄色，觸手琅玕調不同。

下雉城邊日寓居，岕園供御近何如？此時接席親蘭畹，幾度呼童鱠鯉魚。泉石保無名士疾，瀛奎右次列朝書。琱輪親見蓬蒿剪，自覺尋常倦掃除。我有蝸廬傍短城，一犁膏雨足蔬羹。倦翁著録曾遺恨，少伯名湖孰敢争？古事夜深銷畫燭，高懷秋邈寄香蘅。交埸意氣休零落，花滿吴天夕照明。楓林柳陌總塵埃，不見詩筒雁足來。遠訊易迷秦塞曲，新知復接漢京才。一雙鳳翮凌風促，十斛驪珠映日開。但祝詞人多得意，剩將野老卧蒼苔。

（輯自静惕堂詩集卷三六，四庫全書存目叢書集部第一九八册，第三一六頁）

潘次耕以修明史徵授館職寄懷　曹溶

君家野史舊名亭，梁獄書成涕暗零。雲路策勳心自赤，玉階努力鬢仍青。鳳皇枝上看卿月，奎壁光中指客星。鶺侣見排休致悵，煩將英藻壓盈廷。

（輯自静惕堂詩集卷三六，四庫全書存目叢書集部第一九八册，第三二一頁）

雜憶平生詩友十四首　其四　曹溶

蛾眉自昔寵難同，敢信天家結網工。挽盡南朝新調弱，松陵傑士氣如虹。潘次耕近有貶官之耗。

（輯自静惕堂詩集卷三六，四庫全書存目叢書集部第一九八册，第三二一頁）

送徐電發檢討歸吴江兼寄潘次耕

田雯

小雨乍晴花信風，潞河送客太匆匆。參差白水柳新緑，三五黑鴉天晚紅。桑葉稻苗茅舍外，魚泔酒劑釣船中。松陵朋舊迎徐穉，鶯脰烟波興不同。第一螭頭拂衣去，欹斜春水挂風帆。人於泉石多奇癖，官是蓬萊最美銜。茶塢糟丘招野叟，葛巾草笠换朝衫。江鄉潘岳今無恙，煩寄雙魚又一函。

（輯自古歡堂集山薑詩選七言律卷二，清代詩文集彙編影印清康熙乾隆間刻德州田氏叢書本，第一三八册，第三〇六頁）

程湟溱席上同荔裳愚山顧庵繹堂西樵送蔡竹濤之太原兼寄潘次耕

王士禛

今日復高會，河朔正三伏。是時積雨收，深泥没車輻。舉頭見西山，彈冠罷新沐。入門一笑粲，脱略無拘束。濯濯蔡騎曹，清姿映冰玉。胸中萬卷書，縱横破邊幅。能爲青白眼，未屑朱丹轂。長揖出井陘，慷慨吊頗牧。邯鄲竟爲秦，妖夢起偏裻。太原天下險，興廢幾反覆。至今百戰場，亂雲如杼軸。潘生好年少，健筆驚老宿。懷古發高吟，秋天兩鴻鵠。西望雁門山，離思亂心曲。行矣盡餘觴，馬足已翹陸。

（輯自漁洋續詩集卷一辛亥京集，袁世碩主編王士禛全集詩文集，齊魯書社二〇〇七年版，第一册，第七一〇頁）

退谷見朱錫鬯李武曾潘次耕蔡竹濤題名時朱在廣陵李在黔南潘蔡在太原

王士禛

故人消息比何如？萬里江湖歲又除。山寺到來先一笑，春風石壁見君書。

（輯自漁洋續詩集卷二壬子京集，袁世碩主編王士禛全集詩文集，第一册，第七一七頁）

説餅聯句

王阮亭、曹峨眉、謝方山、潘次耕

臘殘邊氣寒，霰霽朔風冷。官閑稀僕直，阮亭。晷短謝朝請。經過趁馬蹄，次耕。羅列見杯皿。既飽更設食，峨眉。造次愧暇整。方山。厨娘理寒具，中坐出環餅。色侔琅邪稻，種類安定䵃。阮亭。方法徵胡麻，調和汲冰井。搦擋亂紛紜，團圝成俄頃。方山。蘭湯漱玉屑，冰縠翦蟬影。峨眉。圓疑鏡卸盤，艷若金脱礦。一輪巧中規，百鍊滅無穎。浄煩上池溲，句想纖手打。次耕。并刀快割截，齊紈妙清省。霏微玉虬甲，朒朓顧兔景。阮亭。蝦蟆蝕月渴，驪龍攫珠猛。頌德愛芳香，徵名欣合并。次耕。品寧遜粔妝，形已同項領。方山。薰蒸浮瀉釜，纖晢悦饞睛。峨眉。既足慰饕餮，更可祝噎哽。阮亭。燈窺晃琉璃，酒漬散縻綆。峨眉。蹲嚙狂客誕，手潔唐帝儆。十字笑曾侈，四片嗤鸞省。一笥得都尉，再啖失洛潁。果然適莽蒼，決去惜觿觽。阮亭。平生厭藜莧，腸飢叫鼃黽。峨眉。忽驚食單富，坐成腹負胥。染指無遷延，下箸皆雋永。阮亭。鷄臛未足珍，鵝炙詎堪并？裹肉快抽乙，蒸魚嘉出丙。乍見天覆盆，旋看日銜嶺。次耕。沃以甕源茶，再鼓氣逾逞。僮奴饜香風，飢涎滴侯頸。峨眉。朗月光漸移，嚴寒夜屢警。方山。炙手爇松明，引滿剖楓癭。阮亭。杯深一燈青，坐久衆星耿。次耕。酒竭呼勤斟，燭跋催速秉。峨眉。醉客冠墜箕，倦僕頭觸屏。霜重壓狐腋，柝急吠盧令。阮亭。世態笑井泥，生涯嘆桃梗。次耕。簪盍殊復難，指動矧多幸。次耕。飽死憐侏儒，形忘破畦町。阮亭。加餐雪花融，覓句林烏静。峨眉。炙轂任縱横，注坂競馳騁。鬥險氣凌韓，掞藻詞逼郢。方山。怪思筆然犀，快語喉吐鯁。阮亭。心苦鼷食牛，律嚴弓束檠。翦綃成奇文，啗蔗得佳境。次耕。衆工聚輪輻，六齊作鐘鼎。阮亭。百年空牢愁，一醉歸溟涬。此藥當語誰，故山寄張邴。次耕。

（輯自漁洋續詩集卷十三庚申京集，袁世碩主編王士禛全集詩文集之四，第二册，第九七三至九七五頁；陳維崧輯篋衍集卷十二冬夜説餅聯句，清乾隆二十六年華綺刻本）

潘生南歸限韻

毛奇齡

秋雲夾日雨雺雺，游子將歸轡重銜。别曲慢調新緑綺，征衣還著舊青衫。亭迴通潞看題壁，家近前溪認落帆。若賦閑居肯相寄，雁鴻千里不須緘。

南湖水盡見菰茭，愁向青門折柳梢。曉雨送歸梁上燕，秋風吹動海門蛟。河陽官閥同潘岳，鄴下襟期似石苞。盡日天街同對酒，能忘出宿在東郊。

（輯自西河文集七言律詩卷五，國學基本叢書本，商務印書館一九三七年鉛印本，第三〇〇一至三〇〇二頁）

重陽後一日奉陪益都夫子游長椿寺兼送家行九南歸同方象瑛徐嘉炎陳維崧潘耒汪楫諸同館和夫子首倡原韻即席

毛奇齡

重覓黄花到法堂，清談未敢效裴王。偶隨邛杖來初地，恰送柴車返故鄉。午飯伊蒲延供遠，秋林落葉聽聲長。詩中談笑當拈示，夫子原倡詩有「一談一笑皆真諦，忘我忘人是醉鄉」二句。何止琪葩照四方。

禪關寂静淡秋容，同向空壇訪舊踪。去客欲隨雲外雁，豪吟驚起鉢中龍。重陽小日猶堪賞，重九次日名小重陽。良會他年豈易逢！勿道遠行無所贈，涉江正及采芙蓉。

（輯自西河文集七言律詩卷八，國學基本叢書本，第三〇三八至三〇三九頁）

送潘次耕應召入都

徐乾學

檐雨如懸瀑，看君舴艋行。蕭條餘短褐，倥傯憚嚴程。鴻雪空餘迹，鷗波舊有盟。粼粼笠澤水，遲爾濯冠纓。

（輯自憺園文集卷六詞館集下，續修四庫全書影印清康熙刻冠山堂印本，第一四一二册，第三九六頁）

除夕前一日同方虎次耕飲

徐乾學

殘年纔兩日，朋舊好盤桓。酌酒消長夜，圍爐辟晚寒。銀魚堪薦匕，霜橘蚤堆盤。伏臘添鄉思，同嗟繫一官。

（輯自憺園文集卷七碧山集上，續修四庫全書第一四一二册，第四〇四頁）

正月十七日曹頌嘉招同吴志伊嚴蓀友朱錫鬯汪蛟門舟次喬石林潘次耕家勝力電發飲作歌

徐乾學

六街沈沈火樹歇，春風吹動官梅發。曹侯開宴會衆賓，樺燭高燒待明月。月色依微瞰步櫚，當筵如沸碧鷄談。三館軒騶盛才彦，一時耆舊推東南。人生嘉會豈偶爾，浮君渌酒蘭陵美。百觚十榼擬聖賢，淳于斗石良爲鄙。就中潘岳與朱游，雅量頻傾白玉甌。汪郎興狂發嘔噱，弟兄才調雄歙州。吾家二妙瑚璉器，頗能奪幟莖山頭。嚴安吴隱逌爾笑，持觴不語静者流。惟有白田飲量窄，喜與酒人相獻酬。慘澹拈詩或隸事，喧豗射覆兼藏鈎。魚鑰遥遥夜過半，那知頹魄西南流。西鄰邸第學士居，茅齋容膝陳圖書。雙騶踏霜行過此，五更入直承明廬。吾曹那可耽麴糵，内省自訟憂居諸。主人酩酊尚留客，皂輿執燭排門除。別君且須訂後期，山堂禊日供柈蔬。衮衮諸賢在省闥，躊躇莫漫焚鋃魚。

（輯自憺園文集卷七碧山集上，續修四庫全書，第一四一二册，第四〇五頁）

寄潘次耕

徐釚

往事憐多難，相看泪未消。崎嶇燕市月，嗚咽浙江潮。斷雁低空起，殘山入望遥。脊鴒原上過，應痛草蕭蕭。

（輯自南州草堂集卷一，續修四庫全書影印清康熙三十四年刻本，第一四一五册，第二三三頁）

旅中喜逢潘子次耕惠子元龍

徐釚

與汝三年别，驚看似夢中。鬢毛非老大，踪迹總飄蓬。客路嗟能慣，鄉書喜暫通。可憐一杯酒，明日又西東。

（輯自南州草堂集卷三，續修四庫全書第一四一五册，第二四七頁）

黄河口留别潘惠二子

徐釚

落日黄河口，天風散客裳。殷勤懷短策，珍重戒行裝。送我自崖返，看君引泪長。最憐分手易，獨立幾蒼茫。

（輯自南州草堂集卷三，續修四庫全書第一四一五册，第二四七頁）

衛爾錫太史招飲示次耕

徐釚

客院秋風落，閑逢折簡時。碧山傳舊草，紅藥續新詩。雁影銜寒急，花光裛露遲。潘安猶有賦，可待鬢成絲。

拄笏邀西爽，開尊倚暮樓。雲深宫禁月，烟鎖郭門秋。低落棋聲細，高飄鳳吹幽。相逢判盡醉，洗馬莫言愁。

（輯自南州草堂集卷三，續修四庫全書第一四一五册，第二五四至二五五頁）

花朝前一日曹正子招同李天生孫豹人鄧孝威尤悔庵彭羡門李屺瞻陳其年汪舟次朱錫鬯李武曾王仲昭陸冰脩沈融谷陸雲士楊六謙李渭清顧赤方吴天章潘次耕董蒼水田髴淵吴星若諸君宴集園亭二首

徐釚

銜杯高會廣庭中，雪後梁園授簡同。獻賦敢勞逢狗監，投竿漫擬作漁翁。堤邊嫩柳添新緑，陌上飛花印輭紅。及此香醪春正好，肯因鱸膾憶江東？

苑杏蹊桃尚未逢，曹家亭子好從容。支床色借珊瑚映，醉客光浮琥珀濃。愛唱春帆思畫楫，朗吟緑水過芙蓉。正子有「緑水送春帆」之句，都人傳誦。酒闌更向高臺望，殘雪西山第幾重。園有高臺，時同諸公登，眺望西山殘雪。

（輯自南州草堂集卷六，續修四庫全書第一四一五册，第二七五頁）

冒聞躬暨偕次耕行九同游萬柳堂余以他事未赴悵然有作　徐釚

烟柳千條踠地長，風吹曾挽紫絲韁。歡游未得陪鑾榼，笑殺閑曹有底忙。

（輯自南州草堂集卷七，續修四庫全書第一四一五册，第二八一頁）

峨嵋新齋雨後小飲同宫聲次耕公凱賦　徐釚

時雨蕩輕烟，梁間燕新語。幽卉弄芳姿，給沐始延佇。良友喜招尋，汲泉茗葉煮。紆回三徑傍，細草迷花嶼。此中住復佳，牖户宜寒暑。疏簾看殘弈，似泛瀟湘渚。短歌激微風，流杯酌清醑。心賞自兹適，曠懷渺何許。

（輯自南州草堂集卷八，續修四庫全書第一四一五册，第二八九頁）

送春日愚山招同閭公其年次耕小飲再疊前韻 時其年方有鼓盆之戚。 徐釚

長安遺春春風惡，罥泥車碾塵霾中。遥憶江南暖晴日，繁花著處皆殷紅。銅鼓乍聞捷音至，輪蹄正爾車書同。欲隨造化巧妝飾，雕鎪物態思良工。索米只嫌酒價貴，開尊便覺心神融。坐有陳郎貌慘戚，玉釵鈿合悲房櫳。鹿車難挽錦機斷，可憐吾輩爲情鍾。先生招飲解襟抱，澤蘭吟罷哀髯翁。舊日單衫今更著，蘼蕪望絶無游蜂。泡影由來此身是，露槐風葉駐衰容。白頭何必閨中嘆，朱櫻并蔕原難逢。玉面貍羹飫犀箸，老饕飽食忘枯穠。但得消愁置清醥，不妨長醉如阮公。

（輯自南州草堂集卷八，續修四庫全書第一四一五册，第二九〇頁）

冬夜次耕勝力小飲寓齋和次耕韻 徐釚

遲鈍甘衰拙，羈栖似旅人。攤書思自遣，酤酒莫嫌貧。涉世交須澹，忘形語漸真。物情隨曲直，吾意愧斯民。

（輯自南州草堂集卷八，續修四庫全書第一四一五册，第二九二頁）

追録壬戌秋出都時奉寄稼堂作

有序　徐釚

余於壬戌秋，以病告歸，孤舟南下，從枕上念稼堂方在講幄，遂援筆成此，以有「重來姓氏非」之句，疑其不祥，不敢奉寄。乃不及二年，而稼堂已左遷回里。余在告凡三載。乙丑冬，北上，稼堂送余詩，有「蛇若就時休畫足，蘭於芳處莫當門」句。余方訝之。丙寅四月，補官。八月，亦被降，與稼堂俱老田間矣。合二詩觀之，不可謂非讖也。偶檢篋中，猶存舊稿。因附録於此。

翔步花磚啓北扉，緇塵滚滚上荷衣。嚴陵水肯通天漢，傅説星終傍少微。一字不留文始貴，千山獨往侶應稀。回頭懶憶青門柳，多恐重來姓氏非。

（輯自南州草堂集卷一三，續修四庫全書第一四一五册，第三二七頁）

春日同習隱稼堂集賢溪精舍次稼堂韻贈同岑和尚并示又裴禪師

徐　釚

小築誅茅愛此翁，幽尋不減瀼西東。花經好雨寒猶峭，茶共清言味更同。眼底烟雲疑昨夢，胸中得失諦真空。虎溪有約終須踐，他日還來問遠公。

（輯自南州草堂集卷一三，續修四庫全書第一四一五册，第三二七頁）

冬日同董閬石孟繹來潘稼堂張後村諸君集江上曹峨嵋祭酒齋次閬石韻　徐釚

拂衣且自理吟鞍，蠟屐携樽興未闌。高卧喜耽林壑穩，投閑那怕世途難。今朝棊局看逾變，曩日春明夢已殘。歲晚相逢重話舊，衹憐天外一峰寒。

（輯自南州草堂集卷一三，續修四庫全書第一四一五册，第三二八頁）

寒夜偕董閬石黄庭表錢宫聲潘稼堂小飲寓齋次閬石韻　徐釚

忽漫相逢一惘然，招尋還喜寓齋連。算來聚散真無定，話盡升沉絶可憐。薄俗未淳思老友，浮名何益悔丁年。衰顔留得須教醉，不放閑愁到酒邊。

（輯自南州草堂集卷一三，續修四庫全書第一四一五册，第三二八頁）

雪後同稼堂游君山閬石見貽一絶句走筆答之　徐釚

重來搔首舊游稀，漫向江邊踏雪歸。留得殘山供嘯傲，何妨老我是漁磯。

（輯自南州草堂集卷一三，續修四庫全書第一四一五册，第三二九頁）

寓漫園贈同年曹祭酒次稼堂韻　徐釚

平生愛林泉，到處窮游眺。揭來曹家園，巖壑頗幽妙。危樓睇遥海，出入涵二曜。離奇樹蟠根，嵌空石露竅。江山碧萬重，攬勝得其要。塔近聞疏鐘，林疏明遠燒。地僻禽魚親，堂空猿鳥誚。我蚤抽朝簪，五湖逐漁釣。聞君乍歸來，襆被不須召。杯蛇事堪驚，蕉鹿態足笑。傍觀爇洪爐，毋使鬚眉燎。棋局正斑爛，雌雄烏可料。行樂且及時，爾我年非少。從兹脱轡銜，槐根夢方覺。板輿奉慈親，君比老萊孝。屠龍我未能，刻鵠差可效。

（輯自南州草堂集卷一三，續修四庫全書第一四一五册，第三二九頁）

夏日司寇公過城西草堂招同已畦香山後村暨謙六起雷宗少諸子小集即乘月至爛溪訪稼堂村莊稼堂留飲有作次韻二首　徐釚

不雨徑旬萎野蒿，扶鋤抱甕敢辭勞。忽驚赤脚喧高蓋，急遣長鬚問小舠。進揖諸生携拄杖，招呼親串醉香醪。開襟且共消煩暑，剩有新裁白苧袍。

清淺蓬瀛不記年，相携訪舊更留連。浮來竹葉新開釀，網得銀魚小刺船。入手但知杯可酌，舉頭又見月横天。東山棋屐香山社，嘗願追隨烟水邊。

（輯自南州草堂集卷一六，續修四庫全書第一四一五册，第三四九至三五〇頁）

冬日同竹垞訪稼堂夜宿平望僧舍

徐釚

訪戴相將似剡溪，行行不覺夕陽低。湖邊曬網漁人集，渡口停橈賈客齊。懶向楸枰分黑白，且從阡陌辨東西。携來襆被茅庵宿，話盡霜天聽曉鷄。

（輯自南州草堂集卷一六，續修四庫全書第一四一五册，第三五〇頁）

送潘次耕之太原

徐倬

芳草青青緑滿堤，雲山重叠夕陽西。御河無數垂楊柳，不與潘郎繫馬蹄。
客中送客倍堪憐，杯酒離亭御苑前。高唱陽關纔一句，銅人清泪落如泉。
吟鞭西指白登山，匹馬崎嶇壁障間。此去君休歌出塞，傷心明月雁門關。
竹馬當年郭細侯，相招才子去同游。蓮花幕内多餘暇，直上劉琨清嘯樓。
落盡金莖掌上霜，經年作客共漁陽。君今忽向并州去，轉説桑乾是故鄉。
居庸關外路千盤，廣武城頭月色寒。爲念故人頻北望，浮雲多處是長安。
長安意氣好誰論，只合從今堅閉門。柴市晴雲珠市月，教人何處不消魂。
朱李先君早問津，青藜亦倦五侯賓。金臺好友如雲散，獨剩支離一病人。

（輯自道貴堂類稿燕臺小草，清代詩文集彙編影印清康熙間刻本，第八六册，第四九七至四九八頁）

中秋前三日孫菽園廉使招同嚴蓀友宫坊吴漢章編修潘次耕簡討集飲端州署中步次耕原韻

徐倬

生計但同不繫舟，相逢嶺嶠莫言愁。且依明月如鄉國，但得凉風便好秋。上客詞鋒雄白馬，野人心事狎滄鷗。芙蓉幕内清於水，濯足何須萬里流。

（輯自道貴堂類稿汗漫集卷中，清代詩文集彙編第八六册，第四四六頁）

李華西郡丞招游七星巖和次耕韻

徐倬

三過星巖曳竹枝，壺觴此日較相宜。石床龍去凉生袂，古洞雲深花覆棋。檻外蓮衣閑墜粉，山頭石浪自成漣。華筵不用燃官燭，對月行杯莫訴遲。

（輯自道貴堂類稿汗漫集卷中，清代詩文集彙編第八六册，第四四六頁）

潘稼堂前輩和小西湖詩再次奉答

張尚瑗

經春詩束閣，到處藥扶吾。舊篋從翻和，新箋妙入無。崚嶒削天壁，滅没滚塵圖。逸思誰争發，來從青草湖。

曳綬誇牢石，輪囷笑蠡吾。骨屯偏若此，眉嫵入時無。懶稱三休號，艱逾九折圖。只因知我樂，相忘在魚湖。

（輯自石里澤家集卷上，清代詩文集彙編影印清康熙間刻本，第一九八册，第三二七頁）

稼堂次韻立和挑燈走筆再酬落句有搏風鵬運之語用廣其意

張尚瑗

荔仙珍味玉貯壺，先生健筆風掃枯。偶從蚓竅發細響，忽驚駿阪供長驅。色相自是絶代無，太真紅汗瑶英膚。雒陽長安皆驛送，金屋會致無雙姝。只今後來又居上，移春有檻植座隅。

腐儒蹩躠走就食，虀羹莧腸嗜已粗。失計萍瓢總類此，緯蕭自得甘投珠。欲辨忘言有真意，咀飲日華味雲腴。不然瀧烏日南卉，所思何必松江鱸。歐公評荔比牡丹，一粲盍買胭脂圖？

（輯自石里澤家集卷下，清代詩文集彙編第一九八册，第三二九頁）

龍川藍關和稼堂前輩

張尚瑗

江南是處文選樓，川西是處八陣壘。傅會不直供一笑，坡翁赤壁尚復爾。長安千古藍田關，秦嶺對舉何班班！何物荒陬强解事，置祠刻碣誣愚頑。所以仍訛亦有説，嶺南此地嘗有雪。齊昌數縣獨高寒，榕荔蕭條霜霰撇。遂將雪擁相銜矜，瘻鄉細頸夏蟲冰。滎陽先生博且辨，剖擊字字皆明徵。詩成余便可輟翰，聊爲粤人作解難。文必己出長服膺，一語雷同敢欺謾。有竊余詩意者，故偶及之。

（輯自石里澤家集卷下，清代詩文集彙編第一九八册，第三三〇頁）

六瑩堂文宴得越字

張尚瑗

疏窗緑蔭浮林樾，長日微風動蘋末。六瑩文宴神軒豁，朗咏清音金石發。主人舊是神仙骨，牛耳文壇雄百粤。早歲螢弧戲蜩掇，通籍承明飄素髮。歸來十載朝衫脱，海鶴精神氣蓬勃。白雪樓中無俗客，投詩不工罷通謁。肩擠争赴鴻都碣，一過高軒名勃窣。南園五老秋蕪没，三家風力希前跋。藥亭與翁山、元孝稱「嶺南三大家」。特召六逸兼八達，强半名流吴與越。同集有沈詹三、潘稼堂、毛行九、陳山農、吴玉濤、陳元孝、林同叔、楊寶生、陳獻孟諸君子。忘形散誕不巾幭，棋枰腷膊爐烟辥。綺饌不須人乳腯，珍蔬但剥兒拳蕨。燭殘一寸聲絶鉢，羅酬七丈三升罰。堂中長物不多設，斷紋太古堂顔揭。老坑寶硯紫雲割，珍重捧觀常肅笏。觀之不舍嗟咄咄，堂前倏忽滃雲浡。似爲文瀾增溟渤，懸河注溜難休歇。宵分坐侍半玦月，客散銅街泥滑滑。

（輯自石里澤家集卷下，清代詩文集彙編第一九八册，第三三四頁）

集六榕寺次稼堂韻

張尚瑗

手把東橋問訊書，相將鞁履水雲居。架扶朱槿枝偏重，葯薦青蓮粉漸疏。舍利光銷長壽界，莊嚴碑仆大同初。人間桑海知凡幾，花塢昌華約略如。

濃緑陰中檜作門，畦蔬小摘重温存。鶻班栗殼分真贋，鴝眼蕉花擅討論。鄉味攬腸貪茗椀，僧天然善評爐硯，并蓄香岕。古情溢貌類匏尊。岐亭異日懷人處，别是秋風嶺上村。

（輯自石里澤家集卷下，清代詩文集彙編第一九八册，第三三四頁）

己未元日曹舍人頌嘉招同豹人大可錫鬯其年冰壑天章石林共集遲武曾次耕西崖不至限韻二首

汪楫

輪蹄紛歲首，吾亦啓柴扃。不愛五侯宅，來傾雙玉瓶。辛盤春早得，艷曲老能聽。彼美知何處，真同望尹刑。

椒漿期短褐，花底脱朝衫。頌問何人獻，杯先少者銜。定須判一石，久矣忘三緘。四座休輕别，羈愁仗汝芟。

（輯自悔齋三集京華詩，清代詩文集彙編影印清康熙間刻本，第一四〇册，第七四八頁）

寄潘次耕

毛先舒

菊花如烟霜著水，曲巷蓬蒿長一里。清吟才子吴江過，越府三才冠群美。戟門深處怕人窺，泥底蕭然翻曳履。鷄陂虎阜君之家，古來此地升烟霞。王珉别墅幾竿竹，鄧尉玉山千樹花。江南自是銷魂地，六朝春草君應記。九枝燈燼楚娥愁，七字詩成江令醉。聞君吊古登高臺，紫毫直寫呼天意。銀漢微茫接夾城，金銅僊人滴清泪。亦有朱弦彈不彈，豈無翠竹老琅玕。西風卧久聽瓊漏，清夢與之俱欲闌。我欲從君情脉脉，十年不作吴門客。寄語心和海路長，高樓落月連秋白。

（輯自思古堂集卷四，四庫全書存目叢書影印清康熙間刻思古堂十四種書本，集部第二一〇册，第八二七頁）

秋日王仲昭毛大可吴志伊陳其年汪舟次潘次耕胡朏明小集西齋和其年重陽登高見憶之作原韻

馮溥

古今靈氣何曾歇，腐儒徒惜少陵没。忽傳高朋取次來，倒屣迎之不及韈。但能清健常過從，曲逆原無肥糠麧。執戟方朔慣苦飢，何怪昌黎帶磨蝎。紛紛詞人白玉堂，文光繚繞黄金闕。作史三長夙稱優，豈等初學但倉卒。論文深更看燭跋，不顧盤中缺餚核。前日淫雨不肯休，街頭深尺泥侵骨。月食西戌色慘淡，文昌復爾遭彗孛。爾來灾異亦頻見，群公鍵户斷請謁。素履自宜省愆尤，虚文奚足逭天罰。菊花今年最遲發，我意花神亦被訐。重陽已過眼底稀，繁蕊疏枝何淪忽。諸子間時登我堂，所示篇什嚴衮鉞。兹爾談笑評花酒，依然勃窣入理窟。從此曳履上星辰，老夫敢説有傳笏。

（輯自佳山堂詩集卷三，四庫全書存目叢書影印清康熙間刻本，集部第二一五册，第五一至五二頁）

送潘次耕北游

朱鶴齡

昆侖木禾天下無，當其未發同枯株。潘生嶄嶄露頭角，何異瓊蕊方敷腴。哲昆文章嘆零落，賴子收拾灰燼餘。十載凄凉歌隔谷，至今神色慘未舒。高氣已足空九縣，健筆更欲凌三都。新詩起予奪老眼，羽翮絢練珠璣鋪。今來别我適遠道，擔簦直走無所須。齊魯燕趙多奇士，子去豈憂吾道孤。鹿城顧子寧人久作客，爲我傳訊今何如。

（輯自愚庵小集卷三，上海古籍出版社一九七九年影印本，第一一〇頁）

送潘次耕應舉入都二首

朱鶴齡

秋興看成賦，鋒車促就徵。志雖丹壑卧，名已玉京騰。菊蕊酣元亮，蓴絲感季鷹。知君難此味，揮手恨彌增。

眷眷板輿前，辭家復幾年。盤抛抑鮓美，杯戀把螯鮮。匹馬成游子，名山割故緣。安仁文筆健，昂首望雲天。

（輯自愚庵小集卷四，上海古籍出版社一九七九年影印本，第一六五頁）

重陽前三日潘次耕過華及堂分韻得斑字

俞南史

愛值高秋雲物閑，小堂幽寂類溪山。座中人傍尊彝古，檻外蜂依菊蕊斑。眺覽漸思巖石畔，嘯歌真比竹林間。留君肯待重陽日，擬向城東取小蠻。

（輯自汪森輯訂華及堂視昔編，中國國家圖書館藏清康熙四十六年刻本）

同潘次耕查具美登鳳鳴寺佛閣

俞南史

古寺何年造，僧殘徑自開。登樓一眺望，對景幾遲回。梧老兼秋落，鴻低帶影來。回思鳳鳴日，延佇轉生哀。

（輯自汪森輯訂華及堂視昔編，中國國家圖書館藏清康熙四十六年刻本）

同潘次耕桐溪訪菊題壁

俞南史

秋色盈庭菊正芳，好携壺榼一相羊。花溪風月今猶在，不獨當年黄四娘。

（輯自汪森輯訂華及堂視昔編，中國國家圖書館藏清康熙四十六年刻本）

桐溪春暮憶季青同次耕鄣溪唱酬之樂因次青士韻書寄

俞南史

樹色重重繞屋圍，登樓吟嘯得玄暉。春盈流水堪爲酒，霞展晴巒欲染衣。硯沼乍添花影落，茶鐺初沸翠烟飛。遥知日日閑窗下，共劈花箋興不違。

（輯自汪森輯訂華及堂視昔編，中國國家圖書館藏清康熙四十六年刻本）

桐川館舍稼堂至時余方被疾

周篔

瘧作寒熱交，冰炭侵兩國。忽聞故人來，起我逾藥石。判袂自首春，久不識所歷。秋放武水舟，問我近行迹。汗漫千里游，奮迅萬人敵。抗禮名公卿，非處亦非出。我生苦飄摇，但可萍蓬值。桐川有成言，要約不啻十。兹來雜驚喜，慰勞不及揖。主人雖愛賢，門亦無雜客。説詩與彈棋，面有津津色。少住近重陽，登高觴促膝。

（輯自汪森輯訂華及堂視昔編，中國國家圖書館藏清康熙四十六年刻本）

春日盧景韓潘次耕范性華胡天仿越辰六過京邸小飲

陸進

旅况凄凉易，良朋聚會難。酒從燕市飲，劍向鳳城看。坐久春情亂，談深夜氣寒。莫言歸路遠，明月滿河干。

（輯自巢青閣集卷五，四庫未收書輯刊影印清康熙間劉愫刻本，第捌輯第二〇册，第一八九頁）

潘稼堂太史至永嘉簡訊　陸進

不識風塵聚會難，十年奔走笑無端。自離燕市葡萄酒，祇飽甌江苜蓿盤。謝客巖前春草碧，右軍池上墨花寒。迴思當日荆高伴，若箇今登大將壇。

（輯自巢青閣集卷六，四庫未收書輯刊第捌輯第二〇册，第二一三頁）

龔宗伯芝麓招同陳白石梁蘇公潘次耕紀伯紫諸子夜集　潘江

早接夔龍武，還容鷗鷺隨。高吟待漏和，先生自言入朝時與中和詩四首。薄醉舉杯攲。燭泪看從滿，更籌訝許遲。京華歌舞夜，誰與客論詩。

（輯自木崖集卷一四，四庫禁燬書叢刊影印清康熙間刻本，集部第一三二册，第一四五至一四六頁）

次韻徐電發二首　時潘子次耕下榻小齋。　衛既齊

爽氣西山逼，空齋獨坐時，一樽招好友，雙璧得新詩。燭燼風催短，鈎簾月到遲。客愁須暫減，未許憶蒓絲。

安仁真短鬢，客裏并登樓。荒草金臺月，洪濤海國秋。先鞭才正健，偶鍛迹偏幽。肯就南州榻，頻來話旅愁。

（輯自廉立堂文集卷二，四庫未收書輯刊影印清乾隆間刻本，第柒輯第二五册，第六四五頁）

酬潘稼堂寄懷之作

周篔

朱十早定交，竊喜同州里。壯歲客京都，閲人似流水。合契誰最深，吴江潘仲子。雖非屠釣流，亦是悲歌士。多難伏草萊，潛居樂琴史。泥塗有蠖伸，輦轂驚鵠起。願言相要結，卜鄰差可喜。溪水春正深，扁舟忽來此。顧我塵埃人，何堪托知己？膠漆分始投，縞紵青何已。誰期赤霄上，終卧白雲裏。曳杖登泰山，吹簫去吴市。飛騰自有徒，應笑吾衰矣。

（輯自采山堂詩卷二，清代詩文集彙編影印清道光十年信芳閣印國初十家集詩抄本，第八四册，第一九頁）

梁溪旅次潘次耕先生以長句見投依韻答之

釋宗渭

筆尖萎盡江淹花，後來稗販猶紛麻。丘墳子史是何物，目中光焰輕五車。自謂胸中無不有，聲名耻落王盧後。吠影居然壇坫奴，珠敦玉槃張大口。吁嗟螢火質本微，曜靈一出歸腐朽。間世至人真不易，聖賢學非僅文字。當今宇内寧乏人，屈指誰能究此意。松陵潘子難其徒，執身楚璞心秦珠。少年讀書精義理，磊落羞爲章句儒。鷄群獨立鶴自殊，皎皎聲響秋天孤。胡爲偃蹇不得志，三年閉户如江都？相逢相笑同離索，萍漾蓬飄無住著。唾〔壺〕擊碎可奈何，才人往往多濩落。我棄浮名已如土，野馬觀空任逆旅。念君品地憐君才，氣冲星現亦無補。四方雲擾今何時，我輩行藏何所之。即使待詔金馬門，獻策君王側，懸金衣紫炫鄉國，富貴盈虚亦叵測。何如一竿烟水寄托深，三賢祠畔還獨吟。大雅淪亡須砥柱，古業期君非世心。

（輯自芋香詩鈔卷二，四庫未收書輯刊影印清康熙四十三年刻本，第捌輯第二十三册，第七三五至七三六頁）

游西禪啖露荔同潘稼堂先生周龍客陳虞佐申昂青作

林佶

閩南六月荔子香，筠籃萬顆留江鄉。紅塵空傳從達致，誰知露采枝頭嘗。怡山古寺近城郭，長林騁望心先凉。周遭有荔三百本，老幹種植自前唐。寺僧相邀來結夏，裹屐雜遝紛道傍。郊行數里鬱蒼翠，荷渠的歷穲稏黄。入門朝曦散雲錦，到寺雨沈紺珠光。快剪劈殘委丹玦，輕綃裂盡含瓊漿。冰桃馬乳豈能匹，盧橘楊梅烏可方。天生此物留海表，色香與味兼其長。直須一啖盡三百，快意可傲諸侯王。群公來游知愛否，縱不爲口計亦良。坡詩：「我生涉世只爲口。」我欲圖成行卷子，作詩紀事留君囊。他時解説閩中勝，定數此會還嗟强。

（輯自樸學齋詩稿卷二，四庫全書存目叢書影印清乾隆九年家刻本，集部第二六二册，第二二頁）

贈别潘稼堂簡討

陳恭尹

向來高步渺群儒，名在新篇世莫逾。鳳羽尚思翔萬仞，鶴書争遣下三吴。横竿立澤江邊卧，直宿文昌殿後趨。爲見爲潛君并得，天涯相見話菰蘆。

去是新秋來是冬，一年踪迹嶺云中。猶同遯世人無悶，獨有名山路未窮。采硯每逢蕉葉白，買舟頻繫荔支紅。羅浮括入歸囊裏，曾否江門夢釣翁？白沙先生夢長髯道士以囊貯羅浮遺之。稼堂近游羅浮，得新舊圖志，將删定爲一書，故用爲喻。

（輯自獨漉堂詩集卷五小番初集，郭培忠點校陳恭尹集，人民文學出版社二〇一八年版，第一九一頁）

送徐虹亭歸吴江因柬嚴藕漁朱竹垞彭羡門潘稼堂

陳恭尹

此生甘曳塗中尾，百年抛擲空山裏。知交海内幾人存，書札懶來無一紙。羡君肯作羅浮游，天南重見生狂喜。青鞋直入四百峰，竹杖身登七十里。我衰不復能相從，客誦新篇日盈耳。如何去我將有行，梅花嶺上花方始。君住松陵水一灣，澉浦鴛湖咫尺間。言歸將作白頭社，尊酒扁舟時往還。論交却得朱公叔，作賦安仁鬢仍緑。垂竿嚴瀨復有人，好古彭鏗老彌篤。一回聚首一聲詩，洛社香山事可追。惜無鴻雁雙飛翼，浩蕩江湖同所之。

（輯自獨漉堂詩集卷六小番二集，郭培忠點校陳恭尹集本，第二五五頁）

閏七夕後一日遠公招同潘稼堂張損持梁藥亭毛行九余未及赴諸公分韻見及得心字　　陳恭尹

四序遒以迫，天宇皛且深。出郊睇平疇，上有嘉樹林。蕭蕭風乍勁，萋萋歲已陰。初秋屬餘閏，徂暑方流金。駕言梵王宮，闃寂期幽尋。相招有開士，散帶遺冠簪。登樓俯逝川，推窗納遥岑。稍歇人外磬，復聞花中琴。追隨昔已屢，違隔忽在今。空齋散文史，席地聊歌吟。豈惜車馬勞，苦爲塵累侵。群公不遐棄，往往遺之音。其清若冰雪，有美如璆琳。誰言一日游，逖矣千載心。

（輯自獨漉堂詩集卷八小禺後集，郭培忠點校陳恭尹集本，第三〇七頁）

初秋日梁藥亭招同沈詹山大令家山農隱君潘稼堂檢討張損持吉士毛行九司馬吴晋濤少尹林桐叔少府楊勉齋孝廉徐紫凝羅浮山司紅暹家獻孟諸文學遠布心月二上人雅集六瑩堂分得阡字　　陳恭尹

君不見素馨田，行人采摘成術阡。又不見菖蒲澗，仙人服食今無傳。世間不貴長生學，只愛花香耳目前。吹笙繫鼓日縱飲，笑殺吾儕無酒錢。藥洲南邊杜門者，今日忽然羅衆筵。相邀盡是文章客，吴山越水多英賢。盈階況復美花竹，梧桐一葉初秋天。火雲燒空尚炎赫，江湖白浪高於船。千里命車良不易，兼旬何意成流連。西郊北郭多古寺，菜根茗椀同枯禪。長吟短句屢酬酢，千鍾百榼無聞焉。主人家醖號玄碧，奇方得自安期仙。飲酣棋罷各授簡，鴝鵒大硯青松烟。傾玉盞，拂華箋，勸君大醉方謀篇。良儔嘉會不盡興，異日相思年復年。

（輯自獨漉堂詩集卷八小禺後集，郭培忠點校陳恭尹集本，第三〇八頁）

賦得陽鳥十五韻送潘次耕就婚淮上

鈕琇

水國南征雁，乘春向北游。翺翔雙翮勁，嘹嚦一聲幽。備德齊丹鳳，盟心狎素鷗。江湖多旅迹，關塞動離愁。彭蠡蒼葭變，衡陽碧草稠。屢成天外字，忽報月中秋。繫帛傳情遠，銜蘆慮患周。已無羅網禍，寧有稻粱謀？聯翼偏知序，和鳴似好逑。彩書投綺閣，玉柱奏芳樓。求友冰初泮，來賓露正流。豈期鴛夢穩，還效鶴儀修。漸陸誰同志，隨陽未寡儔。冥冥沙樹迴，渺渺塞雲浮。四海皆安宅，天涯自可留。

（輯自臨野堂詩集卷二笠釣再吟，四庫全書存目叢書影印清康熙間刻本，集部第二四五册，第九九頁）

春日過玉峰謁徐健庵夫子時憺園初成命酌池上賦臣閎先次耕壽民藝初同集

鈕琇

勝地依丹壑，名園仿玉津。塢藏雙柳舊，門露一峰新。賭墅留棋局，書堂侍燭人。請看階下草，獨占謝家春。

緑野堂初闢，青林景自賒。石靈堪作友，燕喜欲尋家。穿檻池流合，依廊竹徑斜。只應裴處士，來此共烟霞。

道山移宦迹，仙館愜歸思。富貴看花信，經綸展釣絲。月深琴奏静，雲暖鶴飛遲。絶構如天上，猶疑在鳳池。

夙締珠盤好，今從綺席論。新歌翻白苧，狂語發清尊。水定梅分影，風柔燭減痕。紛紛蟲鶴夢，未許到花源。

（輯自臨野堂詩集卷三笠釣三吟，四庫全書存目叢書集部第二四五册，第一〇七頁）

長至後同蓀友錫鬯其年電發舟次次耕翰林諸公集慕公子寓齋分韻得黄字心字

鈕琇

高軒來勝友，薄暮綺筵張。杏酪凝匙白，桑醅注碗黄。痕移銀燭短，響報玉壺長。不飲惟何遜，陶然入醉鄉。

六載京華客，沈淪直至今。恭存公子禮，狂合故人心。座密春來近，窗虚月到深。莫教行樂緩，歲序已侵尋。

（臨野堂詩集卷五後筑音，四庫全書存目叢書集部第二四五册，第一二〇頁）

潘太史稼堂來游羊城屢以書約過署久之不至因讀去年見贈之詩次韻寄意

鈕琇

平生愛竹素，稽古廣聽視。漆園受微禄，尼山安委吏。心有一命恭，資無九品例。不惜居卑貧，寧解冀榮貴。後來梅葛徒，俱得聖賢意。矧余蘆中人，逢時本拙滯？干主徒敝裘，謁客每漫刺。中歲始得官，坎壈非一事。游梁復入秦，終以樗散置。徘徊嵩華間，行軒夾蒼翠。山色滿歸裝，所獲良獨異。懸章破在腰，逡巡閲三仕。今兹來粤東，仍宰彈丸地。林花氣馥郁，谷鳥音飃厲。公餘卧閣閑，陳編未忍棄。伏讀政五美，首及因民利。振疲由法砭，援溺須道濟。非止戒在得，遂足云充位。我友玉署仙，遐思出塵翳。久作龍門游，遠尋彭澤醉。何時共秋尊，高談豁炎癘。續賦歸去辭，從决小隱計。烹鱸擷蒓絲，優游以忘世。三復知止言，旨哉有深味。

（輯自臨野堂詩集卷一三荔夢編，四庫全書存目叢書集部第二四五册，第一六一頁）

題潘稼堂楚粤游草

鈕琇

舊是金閨老歲星，鴻篇秀帙滿南溟。風霜入字龍門史，山水成圖酈氏經。曉榻清鐘僧氎白，夜帆疏雨客燈青。羅浮載得春盈斛，未許人間問獨醒。

（輯自臨野堂詩集卷一三荔夢編，四庫全書存目叢書集部第二四五册，第一六一頁）

夏日稼堂從閩中以詩見寄并索和言再叠前韻奉答

鈕琇

山閣面群峰，日夕寄高視。政簡物自閑，聊足安隱吏。蒔卉開舊畦，課吟立新例。心求止水清，日屏浮雲貴。望遠恒獨勞，渺渺懷鄉意。半載斷郵筒，音書苦留滯。欣逢故人來，屢獲奉簡刺。寄有楚粤編，論人兼紀事。江山字裹生，衮鉞行間置。雄如掣海鯨，妍若戲苕翠。更示救狂語，裁僞而攻異。憶余捧檄初，君已登華仕。倡奏龍池篇，抗論藜閣地。今雖身退閑，意氣猶踔厲。顧念束髮交，白首不遐棄。詞寓琢王嚴，情逾斷金利。自别五羊城，珠江各分濟。悵望挂席行，流連班荆位。千里羨鴻騫，一枝嘆蟬翳。常思泛石頭，相逐錦袍醉。三江就菰蘆，五嶺辭瘴癘。所貴知幾明，寧待再決計。忽傳青鳥音，遥墜人間世。且復啖離支，用志炎方味。

（輯自臨野堂詩集卷一三荔夢編，四庫全書存目叢書集部第二四五册，第一六二頁）

贈稼堂

黄　容

爛溪卜築水雲寬，采得蒓絲佐夕餐。身著儒冠長奉佛，才高玉署早辭官。九州歷遍游方壯，萬卷鈔成興未闌。窗外梅花庭内竹，夢魂清絶也應安。

（輯自翁廣平撰平望志卷一五集詩，清光緒十三年黄兆檉刊本）

閏七夕後一日集薝蔔樓同潘稼堂張損持分賦得石字

梁佩蘭

微涼扇秋閏，再睹星河夕。曉來朝氣清，逗出疏林隙。郊原飛蓋臨，山院蒼苔積。午鐘才一鳴，高僧作中食。醍醐悦禪味，花藥侵講席。群公善詩歌，十笏留墨迹。樓頭豁遠眺，天宇澄空碧。那知返照來，但數歸鳥翼。荷風暗襲人，蘭湖激幽石。

（輯自六瑩堂二集卷二，清代詩文集彙編影印清康熙間刻本，第一二〇册，第五二八至五二九頁）

題畫送潘稼堂太史

梅清

只尺城南是響山，松陰潭曲足高閑。偕游有約還相負，寫向扁舟圖畫間。

（輯天延閣後集卷一一乙丙，清代詩文集彙編影印清康熙間刻本，第八五册，第四八四頁）

辛未冬過湖州汪柯庭招飲聽松堂出示援琴小照擬騷體二章題贈時潘稼堂在座述天台雁蕩之游

尤侗

天蕩蕩兮冰雪疏，送飛鴻兮白雲自娱。

若之水兮漪如，有佳人兮卜居。

揭來桐川兮焦桐與俱，撫弦三弄兮松風徐寒。

翦燈深話兮雪之水兮溯流，有佳人兮聊淹留。

客至止兮停扁舟，沽上若兮滙樽獻酬。

醉無愁，指台蕩兮將從子以遨游。

（輯自汪文柏輯汪柯庭彙刻賓朋詩卷首題照集，中國國家圖書館藏清康熙三十一年刻本）

宗老稼堂編修寄詩文見祝次韻答謝

潘江

春草池塘夢有年，忽來寵貺意依然。名言直抉詩文奥，偉論還探開闢先。蒲柳漫勞松柏頌，烟霞更綴白雲篇。自憐榆景應無幾，老去閑居祇醉眠。

（輯自木崖續集卷末之三，清代詩文集彙編影印清康熙間刻本，第六九册，第五四七頁）

稼堂貽棲杖

潘江

君本金閨彦，胡將荷篠貽？得無耕稼具，助我鬢毛衰。方竹名猶雅，徐羽先贈。畦藜暖亦宜，倪南蔭贈。何如棲本勁，行立藉扶持。

（輯自木崖續集卷末之三，清代詩文集彙編第六九册，第五四八頁）

寒食獨坐有懷周簹谷潘次耕

汪文柏

佳辰無一事，獨坐意迢迢。柳色經烟老，花香過雨銷。松陵人閉户，梅市客迴橈。晝永茆堂静，空孤瘿木瓢。

（輯自摛藻堂詩稿，中國國家圖書館藏清康熙間刻本）

和次耕喜雨二首

汪文柏

霈霖邀歲稔，悵望復奚爲？農事元勞苦，天心實慧慈。漏痕侵卷帙，凉氣潤琴絲。賸喜良朋過，還追舊雨時。

茆屋經風破，天陰未改爲。倦飛憐燕弱，勤哺羡烏慈。農畝收田器，漁舟捲釣絲。黄昏聲不絶，還伴客吟時。

（輯自摛藻堂詩稿，中國國家圖書館藏清康熙間刻本）

雨中懷體師和次耕韻

汪文柏

爲憶譚空老，朝餐只糝藜。閑雲從出岫，落絮任霑泥。秋到詩尤好，林疏望不迷。謾因風雨阻，人迹斷寒蹊。

（輯自摛藻堂詩稿，中國國家圖書館藏清康熙間刻本）

送潘次耕應薦入都次韻留别之作

汪文柏

木葉下亭皋，寒風起苕水。兹辰何黯然？悲歌送吾子。臨岐心慘傷，非與泛俗比。共謂交情深，難量滄海底。因思茆堂下，促膝羅琴史。聽禽閣酒尊，炙背隱書几。丘壑共逃名，漱石將礪齒。恨絶祖祓辰，霜寒草木死。殘鴻飛且鳴，四野荒雲被。近别尚相思，命駕況千里！嗟君軼代才，當置青雲裏。我無濟世術，泥塗甘曳尾。良玉不久藏，兹固造物使。人生信蓬梗，飄泊無定止。妙斫遂見貽，調高等流徵。他時林下人，瓜田獨鉏理。梁月費深思，瓊枝不可擬。荒徑少過從，編籬鍵六枳。故人篚鴳行，矯首望何已。對策向彤庭，如芥拾青紫。知爾亦不矜，高懷絶纖滓。惟傷此暌違，何由對知己？嘗望雁足來，無令眼穿竢。未能寫幽悰，援筆聊賦此。

（輯自擷藻堂詩稿，中國國家圖書館藏清康熙間刻本）

送潘次耕應薦入都

汪文柏

木葉下亭皋，寒風起苕水。茲辰何黯然？悲歌送吾子。方期茅堂下，促膝羅琴史。近別尚相思，命駕況千里！嗟君軼代才，當置青雲裏。良玉不久藏，茲固造物使。妙斫遂見貽，調高等流徵。他時林下人，瓜田獨鉏理。

（輯自柯庭餘習卷一，清代詩文集彙編影印清康熙四十四年刻本，第二〇二册，第一〇一至一〇二頁）

次和徐虹亭潘稼堂過西雲山房二首

汪文柏

花木清森地，留賓坐曲房。此間容嘯傲，何處有炎凉？避宦情偏遠，逃禪世可忘。林泉真自適，未用嘆身妨。隋史：「太子勇被讒，嘆曰：『我大爲身妨。』」

黛柏藏精舍，金仙閟石房。形疏還起敬，心熱頓然凉。客趁閑時過，名於熟處忘。幾回難出户，總爲白雲妨。

（輯自摛藻堂續稿卷四，中國國家圖書館藏清康熙間刻本；又見柯庭餘習卷四，清代詩文集彙編第二〇二册，第一三五頁）

聞潘稼堂游武夷歸停舟訪之

汪文柏

春入平江路，停舟問草堂。曉寒生積雪，凍鳥慕初陽。門掩梅花徑，筵開竹葉觴。聽君誇勝概，滿座覺蒼凉。

（輯自摛藻堂續稿卷四，中國國家圖書館藏清康熙間刻本；又見於柯庭餘習卷四，清代詩文集彙編第二〇二册，第一三五至一三六頁）

秋夜小集贈潘次耕

汪文柏

賓朋良聚每叢歡，況是清秋卜夜闌。愛酒不辭三斗滿，著書應得五車寬。杯摇樺燭花初吐，坐拂魚箋墨未乾。縱醉不知纖月墮，庭隅露暗菊花團。

（輯自摛藻堂續稿卷四，中國國家圖書館藏清康熙間刻本；又見柯庭餘習卷六，清代詩文集彙編第二〇二册，第一四七頁）

寄題黄圭庵南陽草堂次潘稼堂韻　汪文柏

躬耕漫擬南陽葛，守道真同陋巷顔。塵外著書堪避世，籬邊采菊忽看山。開籠自放雲中鶴，問字人敲竹下關。見説麻湖風俗好，因君淳朴一時還。

（輯自摛藻堂續稿卷四，中國國家圖書館藏清康熙間刻本；又見柯庭餘習卷七，清代詩文集彙編第二〇二册，第一五九頁）

寄潘稼堂　汪文柏

五湖烟雨屬閑身，跳出東華一窖塵。可記硯田如掌大，當年曾作耦耕人？

（輯自摛藻堂續稿卷五，中國國家圖書館藏清康熙間刻本）

懷潘稼堂　汪文柏

跳出東華一窖塵，五湖烟雨屬閑身。爲文諛墓堪沽酒，那得當年買賦人？

（輯自柯庭餘習卷一一，清代詩文集彙編第二〇二册，第一九五頁）

送潘次耕入都依留别原韻

汪 森

幸同舍弟聚山樓，忽謾分携溝水頭。驟馬輭塵過舊驛，征鴻寒月送殘秋。自來巖穴求高隱，此去京華識壯游。蒼弁烏瞻回首處，中宵旅夢幾淹留。

（輯自裘杼樓詩稿卷三，中國國家圖書館藏清康熙間刻本）

江城梅花引·懷潘次耕

汪 森

玉瓶瀉水各分流。近難收。思經秋。寄得書來，翻畏説因由。小倚闌干鸜鵒唤，知心事，語分明，夜轉愁。

轉愁轉愁無計休。更已遒，燈不留。細雨滴破。一枕夢、仍繞南樓。緑鬢功名，誰共話林丘？人道蓬萊無比隔，盼不到，是京華，較近否？

（輯自銅扣詞卷二，裘杼樓詩稿附，中國國家圖書館藏清康熙間刻本）

次韻答潘次耕

汪 森

端居誦四始，風雅區正變。哀樂本性情，千載無異撰。持蠡測海深，窺管一班見。途歌與巷咢，俚實過文贋。骫骳何紛然，騷壇争各擅。譬之刖者多，踊貴而屨賤。饔人競珍異，羊豕棄常膳。吾知組綉工，終愧雲霞爛。君才能命中，省括始釋箭。非徒酪出酥，實以素爲絢。至寶雖雜陳，目識自不眩。贈言何殷勤，捧讀逾百遍。昏霾掃以風，陰雨消因晛。康成學早成，司馬游未倦。丹嶺鳳羽輝，霜飈鷹翮健。神氣嗟小巫，相去故千萬。惠作縞紵交，一見類親串。膾鱸復羹蓴，砧几力可辦。自適枋榆間，飛搶同斥鷃。一尊橘柚林，九日茱萸泬。佳客夜對棋，小童晨洗硯。待君既醉時，更爲灑柔翰。

（輯自小方壺存稿卷一，清代詩文集彙編影印清康熙四十六年刻本，第一八五册，第二八二頁）

寄懷朱竹垞潘稼堂兩檢討二十韻

汪　森

蠶月攲桐帽，花期辦芒鞋。獨行携□木，小飲得茅柴。夙友俱天末，紛吾隔海涯。松陵魚素杳，長水雁翎乖。曉樹隨雲冪，遥山帶霧霾。夢來迷舊路，愁至撥陳荄。憶昔同□□，閑吟繞砌階。蘭芝原氣類，金玉本和諧。月挂藤垂榻，風捎竹倚齋。詩編雖未就，詞輯頗稱佳。忽喜承殊渥，從教動別懷。執鞭猶願俟，襆被未能偕。酷暑朝辭越，凉秋夜度淮。交章重薦鶚，受詔始承騧。藜火分天禄，蓮歌去館娃。經筵方踵接，翰苑久肩差。雅調依周頌，新聲薄鄭哇。絲綸連被眷，閶闔早能排。每羨琳琅質，還嗟土木骸。梧岡宜翥鳳，蒲渚且潛蛙。豈易求流輩，真難邁等儕。蔬柈周氏韭，肴饌庾郎鮭。霄漢攀無級，烟津返自□。尚持歐治靶，不佩僕姑韍。隱約栖顔巷，騰驤過洛街。墨林才共騁，書案首長埋。病識相如渴，優看曼倩俳。荷塘□荇帶，菌閣響松釵。謾説窩如繭，曾聞舍比蝸。幾時緘札到，倦眼爲摩揩。

（輯自小方壺存稿卷九，清代詩文集彙編第一八五册，第三四〇頁）

穀雨前一日沈崍源招飲同潘稼堂陳堯夫高子威姚大野分得家字

汪　森

百里歡逢在一家，到來幽徑列桑麻。還看稚柳拖輕翠，已見衰桃落淺霞。雨濕芹泥初過燕，春生池草未鳴鼃。樽前爛醉渾忘却，午夜扶歸溪路賒。

（輯自小方壺存稿卷一〇，清代詩文集彙編第一八五册，第三五四頁）

得稼堂端州手札云將有羅浮之游

汪　森

客春曾作送行詩，誰料羊城有會期。去春過余桐溪話别，冬底會於羊城。君愛梅花新發興，予懷棣萼早含悲。晴溪訪硯雲烟合，净宇逃禪歲月移。四百峰頭今獨往，仙家胡蝶定相隨。相傳羅浮蝶爲麻姑，綉衣化成五色爛目。

（輯自小方壺存稿卷一一，清代詩文集彙編第一八五册，第三六三頁）

送潘稼堂歸松陵

汪　森

客中何計挽歸舟，把酒輸君説快游。攬遍羅浮梅半落，割殘端峽玉全搜。荔支已啖誰須羨，鱸膾將肥自可求。顧我鄉園同遠道，凉生八月動離愁。

（輯自小方壺存稿卷一一，清代詩文集彙編第一八五册，第三六四頁）

潘稼堂先生見留草堂三首

吴銘道

耆舊已遼落，床前拜德公。人餘柱下史，身是魯靈宫。杞宋文何在，齊梁運易終。吾猶及刑典，信見剖鴻蒙。

蠟屐無論兩，杖頭寧計錢。游經岳有五，筆斷載逾千。細數東林事，潛傷南渡年。尋常言笑處，忍泪不教傳。

二十八年别，公高在急流。吾翁占損益，晚歲倦遨游。復此古人子，來同今雨秋。松風溪上宅，話舊且淹留。

（輯自復古詩布帆集卷下，中國國家圖書館藏清康熙間刻本）

贈復官

吴銘道

勿齋徐宫詹曾孫。其祖昭法先生。於稼堂太史家相見，感慨泣涕，而有此詩。復官其小字。

繞樹栖難穩，驚巢甫脱身。可憐三户楚，都作兩朝人。賣卜門生在，遷居孟母鄰。要離今日冢，欲往瓣香陳。

（輯自復古詩布帆集卷下，中國國家圖書館藏清康熙間刻本）

留别潘文虎時得寧人力田二先生遺書携歸江上

吴銘道

留滯周南太史公，至今麟止是家風。禍延野乘甘塗地，道喪遺民喜發蒙。築舍小材安竊禄，閧堂高會慎驚弓。名山自有藏書癖，眼底無寧繼若翁。

（輯自復古詩布帆集卷下，中國國家圖書館藏清康熙間刻本）

爛溪經潘稼堂先生宅

吴銘道

昔過爛溪水，五月松風寒。遂作十日留，頓忘心所患。嗟哉老成人，使我涕泛濫。成連海上心，遽見雍門彈。

（輯自復古詩槎頭集，中國國家圖書館藏清康熙間刻本）

燭影摇紅·稼堂邀竹垞秋錦虹亭及余五人穀日集爛溪草堂余以慈幃誕辰未及踐約賦此致謝

汪文柏

飲社詞場，主持烟月人能幾。摩挲金石考奇文，雅事君多矣。有約何辭百里。恰萱幃、生辰燕喜。宰鷄治饌，負米承歡，這情難已。

簾閣清閑，早梅枝動春風起。品琴看劍足留賓，何必頻扶醉。此際分題并几。到詩成、訝余因底。待冰融後，卸了燈時，再隨芳履。

（輯自柯庭餘習卷一二樂府，清代詩文集彙編影印清康熙四十四年刻本，第二〇二册，第二〇二頁；又見於古香樓詞稿，古香樓吟稿本，天津圖書館藏清康熙間刻本）

一剪梅·送潘稼堂游衡山

汪文柏

羨爾高名并斗山。詩擬香山，學比瓊山。幾曾捷徑效南山，雲乍離山，鳥便還山。

一緉芒鞋蹋萬山。纔上黄山，又陟廬山。時從嶽麓訪衡山。晴看春山，雨看秋山。

（輯自柯庭餘習卷一二樂府，清代詩文集彙編第二〇二册，第二〇四至二〇五頁；又見於古香樓詞稿，古香樓吟稿本，天津圖書館藏清康熙間刻本）

題黄叙九南陽草堂用潘稼堂太史原韻

仲治

抗迹躬耕十畝間，軒楹初闢自題顔。漫憑縞紵延東閣，自愛松蘿蔭北山。萬卷擁床閑獨展，一門臨水晝常關。何時得近幽居住，負耜溪田數往還？

（輯自乾隆震澤縣志卷三四撰述四，清光緒重刊本）

徐健庵學士招集曹峨眉丘季貞潘次耕

方象瑛

名園曲曲畫堂幽，古木千章俯碧流。正喜飛觴花下集，不妨載酒雨中游。風迴芳樹紅無定，烟裊垂楊翠未收。四座賓朋同勝賞，暢心何必問滄州？

（輯自健松齋集卷一九展臺詩鈔下，四庫全書存目叢書影印清康熙二十六年世美堂刻本，集部第二四一册，第三一〇頁）

京口遇潘次耕夜話

方象瑛

君歸笠澤雲，我踏蕪城雪。情話只須臾，落月催人别。

（輯自健松齋集卷一九所之草上，四庫全書存目叢書影印清康熙四十二年續刻本，集部第二四一册，第四七四頁）

送潘國學浣濤同許使君南歸兼呈令兄次耕太史三首

李因篤

江樹江雲入夢寒，駐軍傾蓋有新歡。玉鞭相惜征途久，銀燭同歌邸夜闌。遥瀉壯心秦絶塞，屢求遺迹漢長安。側身吾愧生西極，名勝翻隨健筆看。

詞伯連鑣萬里行，白雲回首十年情。娱顔松菊甘偕隱，尊君未仕。負米關河喜代耕。芳草馬蹄歸路發，落花帆影度江明。所携饒有榛苓賦，持獻尊前彩袖輕。

岐路明朝引邁初，客罇中夜幾躊躇。蓬籬尚憶占星聚，前夏曾同使君見訪。歲月深慚報紵疏。垂隴簪裳頻寵别，過濠鴻雁一傳書。定知康樂思賢仲，春草池塘興自如。

（輯自受祺堂詩集卷三三，清代詩文集彙編影印清康熙三十八年田少華刻本，第一二三册，第六三三頁）

柬潘翰林次耕

周綸

不能從俗舊埋名，空谷斯人恨未平。一代文章歸主眷，廿年短褐荷恩榮。鳳池出入陪香案，麟筆褒譏重國成。好念潘輿迎養貴，袖中疏草漫陳情。

（輯自不礙雲山樓稿卷五，清代詩文集彙編影印清康熙間刻本，第一五七册，第一一七頁）

四、師友書札壽序

與潘次耕

王錫闡

邇來令弟僦居柳塘，距敝廬數里而近，時得走候。尊慈起居，稔知窘窮愁苦之狀，都非意中所有。而依門依閭之情，迫切尤甚。萬一憂患内攻，寒暑不戒，有一日二日之不豫，數千里外，何由知之？此伯約之遠志，太真之絶裾，所以負痛於無窮也。而况去就之義，大與古人向背者乎？僕愧稱知己，既不能使足下慎其出處，又復不能謀其困乏，今雖負疚引罪，無益於足下。惟望足下興白雲之感，返五湖之濱，慰庭幃之憂念而已。

昔人三旬九食，簞食瓢飲，彼皆事親之人，未聞奔走四方，以求所謂養者。若以信志約親爲疑，愚則以爲此非先聖之傳信，不足惑也。何也？孔孟之書，言孝者多矣。有以循禮爲孝，有以承意爲孝，有以不貽父母以憂爲孝，而其大指不外於竭力守身之義，未嘗專以口腹之奉爲孝也。故孝子之得自致於親者有分，而聖賢之責人也有方。果以信志約親爲不孝，是不可致者而責其致之也。若然，則絀其志，毁其行，污辱其身，竊取權勢，以爲親榮，牲鼎牢醴，以樂晨夕，斯孝之至乎？過矣！

况乎窮通，時也；得失，命也。與其皇皇歧路，求無所得，而約其親，孰若閉門息游，授几捧杖，而約其親之無憾於心與？且太夫人荼蘖清操，賢名素著，嗜義安貧，遠近所孚。次耕又尤不宜亟亟於仰事之故，馳驅於奔競之塗，以爲晚節累也。

（輯自凌淦編松陵文録卷十書牘類一，清同治十三年刻本；又見黄兆檉撰平望續志卷十集文，清光緒十三年刻本）

答潘稼堂小簡

王錫闡

前接雲老令叔一札，有數行附上。三月五日，捧讀手教，益紉至誼。若必從之任所，則不敢如命。既可不必隨行，則可否之間，幸吾兄熟計之。弟亦不能遥決也。愚徒沈敬夫，欲覓一幕館，正月間已囑弟轉懇，未知有可圖否？并及。功弟錫闡頓首上次耕仁兄大人。三月丁酉清明日。

附

跋曉闇先生答潘稼堂小簡手迹後

陳去病

右簡手迹，都八行，今見之同邑沈廷鏞家中。所云雲老者，潘雲從也。時將之官西蜀，特介次耕敦聘先生，以訓教其子。而先生慮且偕赴任所，故辭之獨堅。厥後雲從留子於家，務以相托。由是，先生允之。於是月之杪，就潘氏之席。觀先生集中答潘雲從書可證也。書云：「春孟接手教，自睽荒陋，即以數行奉覆。嗣得次耕書，諭以不必隨任。」又云：「已於三月之杪，抗顔師席。」又，是書有月日而無年歲，考王集有上章涒灘致亭林兩書，其一係雲從持去，書云：「兹因雲從潘子之蜀，附候動止。」其一以既足南歸，姓李名雲霑，亭林弟子。特作報謝。書云：「六月下旬，敝里潘翁之蜀，一緘附候。」又云：「七月景午，既足兄南來，頒手教。」案：所謂上章涒灘者，庚申歲也。見爾雅。是歲，亭林年六十八，在關中，因送馬右實喪出關。由是，既足遂附之還。在是年五月，見亭林年譜。亭林集有送李生雲霑南歸、寄戴笠王錫闡二高士詩，正是時也。戴笠字耘野，亦吴江人。即所稱「王戴潘吴四高士」者。潘即次耕兄檉章，吴名炎字赤民。俱殉莊氏史獄。然則準是以推，先生此簡所謂「三月丁酉清明日」者，其爲庚申之歲，勿庸疑矣。至稱「弟」而冠以「功」者，蓋時有侄喪，繫之服以表厥悲哀耳。其證得之致亭林第六書。書云：「僕去年春喪侄，秋丁内艱，冬復喪弟，骨肉略盡。」案：此書似辛酉夏間所發。

旃蒙大荒落徂暑，邑後學陳去病跋。

（輯自國粹學報第一卷第七期，清光緒三十一年）

與潘生次耕書

徐 枋

次耕足下：自古文章名世，立言不朽者多矣，而驚才天縱，橫絶古今，當成童之時，擅國士之譽，而卒能有以自立，其文辭不少概見，可指而數也。於此見天之生才實難，非所謂千里比肩，百世接踵者乎？

次耕足下今年始十八耳，而落筆千言，汪洋自恣，辭賦懸於日月，才調驚於風雨，騷人詞伯，見而斂手。此不特今人之所絶無，即求之古人，亦所僅有。昔人謂文章風氣，關乎世運。如足下之挺生以幾成立，不將大振風雅，起衰扶敝，足爲世道慶乎？而僕則尚有惓惓之愚，欲進之於足下也。

昨四月十二日，得讀足下登華山詩，問知足下年甚少，便已驚絶，心中時時有足下。及兒子持足下還山吟、韓蘄王墓碑歌來，再讀之，則益驚喜過當，嘆息絶倒，而復不能不爲周詳憂念於足下也。嗟乎！天之生才實難，而耗才甚易，物之尤者，忌必集之，故富極貴溢，灾禍横生，況天之忌才倍甚於富貴乎？賈誼年十八，誦詩屬文，名振洛陽；終軍年十八，上書天子，發策漢廷；陸雲年十六，爲芍藥賦，辭義并美；王勃年未冠，射策高第，獻頌闕下。之數子者，莫不抱不世之才，騖天縱之姿，以游於不朽之林，則其所成就，寧有量哉？而夷考其實，率未有讎其才者，獨賈誼辭賦之盛比於風騷，治安之書聿稱王佐，可謂裒然有成矣。而乃以鋭於制作，紛更無序，以致卒絀於時，識者猶不能不致憾於誼之不能用孝文，非孝文之不能用誼。繇兹以談，生才既難，成才尤難，而處才益更難也。有奇才者，必有奇厄，得之太奢，失之亦太劇，盈虚消息，物理固然。所以古來賢才奇傑之士，大都死生契闊，顛沛流離，家道坎坷，身嬰沉痼，其所遭遇必極人世之所不能堪，有不可一朝居者，然而或成或廢，所立迥殊，則所以處其才者異也。故才一也，善處之，則日月争光；不善處之，則草木同腐，湮没不傳。可勝悼哉！可勝悼哉！

夫桃李之花，非不穠麗也，蒲柳之生，非不鬱怒也，而風雨以零之，霜雪以籍之，而掃地盡矣。無他，彼固狥其華而未狥其實，有其外而未有其内也。若松柏之有心，竹箭之有筠，則不然矣。所以賢才奇傑之士，其所爲死生契闊，顛沛流離，家道坎坷，身嬰沉痼者，固天之所以厄之，亦正天之所以成之也。第爲松柏竹箭，則成爲桃李蒲柳則廢耳。雖然，其所以爲松柏竹箭者，又豈異人任哉？

次耕足下，僕固未深知足下，然就一二所聞，及往往見足下詩歌中所稱述，則足下之遭遇，亦良苦矣。僕甚爲足下痛之，而又爲足下幸也。足下既抱不世出之奇才，擅窮人益工之絶藝，而天復以憂患坎坷玉汝于成，則天之所以與足下者甚厚，而足下其可輕用其才，而輕視其所遭乎？憂患以動其心，窮愁以堅其骨，而益静其居處，簡其出入，嚴其師友，收歛其才華，充拓其器識，藏其鋒以需大試，養其氣以期大成，則異日所成就，又豈古今一才人能盡足下哉？

足下才不患不奇，名不患不聞，而僕之所以惓惓不能已於足下者，有其才而善成之，成之而善處之也。高密侯鄧禹光佐中興，功流天壤，元宰通侯，年二十四，則其才亦甚奇矣。然未嘗以年之太少，才之太奇，而嬰造物之忌，來人世之尤，富貴壽考，以功名終，無他，其所以處才者善也。昔阮籍見張華鷦鷯之賦，而識爲王佐之才。王適讀陳子昂感遇之詩，而知其爲海内文宗。以今觀昔，去人不遠，以足下之才，何難詣此？然藏之不固，則發之不長，試之屢罷，則千里一蹶。故僕所願於足下者，旂常鐘鼎之勒銘，清廟明堂之雅頌，成一代之制作，爲詞林之盛事，立言不朽，與德功齊，豈徒齷齪鉛槧月露風雲而已哉？

語云：「千金之弩，不爲鼷鼠發機。」又云：「銜風之末，曾不能飄鴻毛。」蓋謂大器之不可輕試，而力殫者不可復振也。是亦望足下之善處其才也。舉世横流，知音者希。次耕足下，幸勉自愛。徐枋頓首。頓首。

（輯自居易堂集卷一，續修四庫全書影印清康熙間刻本，第一四〇四册，第一〇六至一〇八頁）

與潘次耕

吴宗潛

郵筒北至，如挹芝眉，道履安和，喜可知已。鴻來，子京先發，此時想已到行窩，度必爲賦無衣，但不知呼梐楯郎，能應否也？不佞弟槁項待填溝壑，一時不忍嗚烏之冤，屢號仲連之助。雖高誼實切同仇，然自顧腼腆，甚矣。素心不涅，隨寓而安，幸勿芥蒂于懷，爲祝！

王鑽文曰：如讀龍門游俠諸傳。

（輯自黄容、王維翰輯尺牘蘭言卷一〇，四庫禁燬書叢刊集部第三五册，第三〇一頁）

與吴開奇

朱用純

昨歲冬杪接手書，迄今三逾月，而後始報。雖屬歲盡春初，不無事故，然非以此遂無片刻之暇，亦非緣性懶作書，蓋以道兄推許過當，令吾皇遽失次，不敢當。意之莊，禮之重，幾欲報，而不知所以爲辭也。

用純不才，天地倫物，古今聖賢，學問之理，無毫髮之窺見，爲兩閑浮情之人者，已四十年。每一宴坐默照，不啻仰愧俯怍。道兄與弟甫定交，未深悉耳。用純自顧生平，無他足取，獨其志願所托，有可告於當世賢者。

蓋嘗自慨念，以謂天之生人與父之生子一也。父之生子，惟恐其不安於居，不利於用，則爲之置良田美宅，多金厚藏，雖一絲一粟之微，亦必積而予之，而後即安。然而其子不肖，摴蒱六博，聲色狗馬，舉其父之所遺，忽若風烟蕩盡。父其如之何哉？天之生人，亦唯恐其非，僻之即而近於禽獸也，則無極之真，二五之精，剛健中正純粹之德，皆乘氣機之鼓動以畀於人，而無有偏而不全者。故天地之性，人爲貴，然而欲長理消，若水趨下，無有已時，若火燎原，不可撲滅。天之所畀，雖有存焉者寡，天亦如之何哉？父多不肖之子，家安得不亡？天多不肖之人，天下安得不亂？家亡而不咎己之所以亡其家者，由於不勤不儉，不克保其先業，而乃甘心賤役，志求安飽，而不顧其名之愈敗，親之愈辱。天下既亂，而不念夫天下之所以亂者，由於人心不正，聖教不明，禮義不修，而乃厭棄塵俗，逃於異端，自謂己利利他，而不知天下之火已益熱，水已益深。嗚呼！此世道之不幸，民生之無禄，謂之何哉？

吾輩少承父師之教，長讀聖賢之書，而又不幸生於亂世，極目傷心，安得不動萬物一體之懷？但動萬物一體之懷，而道義不得不行，性命不得不正，真覺眼前之人，皆天肖子，特無有父兄師友，起而提撕匡翼之者。縱未能令天下之人盡肖於天，而又何忍猶使吾身不肖於天壤間哉！此用純之志也。然而材質短薄，積習難除，徒抱空志，而行不加進，正須高明執友，同心一德，相與扶我不植而勉吾不及。而杜門掃軌，孤孑無徒，性命之友，獨有俟齋尊師耳。每念愧庵尊師遇禍，輒爲腸斷，使今而在，用純琢磨之益，當更有賴。外是而求實，未敢漫相傅會。

伏惟吾道兄服膺雖久，而投分特晚。自昨歲周旋以後，所見殆過所聞，實不禁傾心相望。以道兄行義偉奇，文章駿遠，固已度越賢流。而用純猶竊有所致望，則區區之意有獨深焉者矣。

夫學至聖人，而其心愈虚。非聖人之能爲是虚懷以狥物也，天地之道體本虚。惟虚，故大無不包；惟虚，故小無不入。惟道體本虚，故體道愈至而愈不有。今道兄謙衷冲度，真有所謂身不勝衣，言不出口者。竊以爲，以是而體道，則何不可至之有。及讀手教，以馬鄭之明經，黄陳之篤行，爲猶未足，直欲追紹濂雒，扶維墜緒，豈非足爲吾道大慶！而用純之所望，爲不爽與！然而學必求其極至，不肯少貶損以自居，固以見道兄識高而趨正，獨以用純爲可與適道者，因欲相師，則未見道兄自愛之意也。用純寡交，爲契洽者尤少，其不啻口出者。若真有所愛慕於用純者，惟俟齋一人。夫俟齋固不輕譽人，而道兄又高明廣大，雖師門之好惡，諒亦不肯苟狥，又豈敢謂道兄漫無所見而然然。人苦不自知，苟自知，則其智之所及，蓋有非他人所能與者。若用純則固自知之審矣！不過如前所陳，志有足取已耳。初非有識慮之幾乎道也，履行之殊乎俗也，亦非研精極微，學問有造，博辨沈雄，議論可采也，而何足以爲師？此正由道兄虚懷太過，見其一得而不見其百失。俟齋之篤於信弟，從善如不及也，亦職以此。

夫師之爲道，安可輕言？人之患在好爲人師，此可爲爲師者之戒。因不失其親，亦可宗也，此可爲師人者之戒。借聽於聾，乞明於瞽，豈聾瞽之可怪？亦乞明借聽者之可惜耳。願道兄審之慎之，勿復爲此言、萌此念。

道兄年力方强，好道甚專，又得俟齋尊師爲之提唱大義，闢正學之榛莽，登先賢之閫奥，後先奔走絶塵而上。用純方慴息退舍，拜舞下風之不暇，而又何敢不度德，不量力，據非所據。惟幸我道兄不棄不才，而與俟齋左提右挈，前挽後推，不使用純終抱空志，而嘆白首之無成，則幸甚幸甚！此亦有道仁人萬物一體之懷，所最切而不容己者也。伏冀矜亮！不宣。

（輯自朱柏廬先生愧訥集卷一，中國國家圖書館藏清康熙間嚴心齋刻本）

答潘稼堂先生

王喆生

憶自去春握别，乘舸南下，至山左，得先生榮問。先生器識弘遠，固知人世利達之見，不足動心。特喜先生以恬澹之性，遭此殊遇，方幸世道之可爲，而朝廷特行曠舉，期以不朽之人成不朽之業，必若先生宏才博學，方無負此盛典。安得不舉手加額，急爲先生稱慶也！喆生北歸杜門，積懶成習，未具寸箋申賀。顧承賜問，厚意盈楮，且拳拳於出處之際。夫行藏用舍，聖賢豈有成見，各因乎時。先生抱膝隆中，素以管樂自命，固非甘老牖下者。幸當聖天子側席求賢之會，誠能一吐胸中奇，黼黻明盛，天下後世，方忻仰之不暇，何復有局守拘墟，吹索毛瘢，以爲訾議哉？特勿若舉世浮沉之輩，出處兩無所就，使天下謂斯人一出，徒爲富與貴，則自不貽有識者笑耳。

喆生賦質愚魯，幾於一無所見，然向與先生期許之意，久而彌篤。近得柏廬朱先生提唱性業，向往殊正，但才短氣浮，跬步之間，愆尤藂集。先生愛我有素，幸不終鄙棄，時惠切磋，玉我於成，荒楲布候，深以爲愧。

（輯自素巖文稿卷一八，四庫全書存目叢書影印清刻本，集部第二五三册，第五一一頁）

寄潘次耕

鈕琇

憶自河梁分手，尚扇春風。值此旅館驚心，忽逢秋月，流光如駛，而僕僕羈紲間可慨已。方虎以異才宿望，爲玉堂客，然其氣彌下，其情彌摯。昨者奉札定交，凡可置力者，極意挽推。非我端人之友，其能敦古如是耶？都門諸先達，久懸買賦金，佇望凌雲之筆，未知攬轡卜于何日？弟雖寄迹京華，每想黄門御輿之樂，則精神夢寐，無日不在故園。第恐策蹇南旋，而文旆又將北指，奈何！

（輯自臨野堂尺牘卷一，四庫全書存目叢書影印清康熙間刻本，集部第二四五册，第一八一至一八二頁）

與潘稼堂

鈕琇

門前桃李，半植瀛洲，大雅小山，聯翩接武，藝林勝事，海内驚羡。惟是天涯下吏，自嘆淵沉，且罹大故，艱難愁苦，莫由繪陳。

昨歲役還，蒙手書遠唁，握泣披展，草土承輝。琇匏繫黑子，二載有餘。向時長安交素，未能以槖中裝分貽競獻，争相詬厲，自知廉不可爲，難免于世。但夙聞三益之教，兼守先子明訓，飲冰茹藿，甘于釜飴，蕭然荒署，四壁徒存，未知有橐何裝可言。乃責其不以阿堵物取此遺彼，亦已過矣。夫取盡錙銖，用如泥沙，非有羽虎飛噬之威，必有狗盗穴土之智，此種伎倆寧忍爲？此非惟不忍，抑且不暇。

琇之在官，招徠流亡，則出粟買犢；考較士子，則捐俸行庖；釋二十年久滯之冤獄，興三百載久圮之學宫；兩生已褫之衿，籲學使而得復；四野爲厲之鬼，禱隍神而盡驅。其他平徭緩賦，息訟清刑，不憚心疲體瘁，髪蒼視茫，而此焉汲汲，又何能經營苞苴，乞憐于麟臺鳳閣間乎？

去冬履凶之次，通邑士民走請上臺，欲留交代。琇以此舉大是悖戾，峻拒不能，幸中丞深恤哀隱，獲全吏節。今已扶柩，移駐河干，出郭之日，白衣冠而送者，填闉塞路，婦女兒童，無不雪涕，得民微驗，略見于期。所痛蕭條旅櫬，嗷嗷八口，歸則輿楫無資，住則饔飧不繼，惟藉二三父老不諼夙惠，争以菽粟相餉，聊糊朝夕。然此土豈可久安？因遣豚子奉叩崇階，并謁兩徐夫子，俯憫在疚，共相拯拔，早歸故里。不第舉家啣肉骨之感，即先子游于九原，亦銘刻于仁人君子之能庇其遺孤也。

（輯自臨野堂尺牘卷一，四庫全書存目叢書集部第二四五册，第一八四至一八五頁）

又(與潘稼堂)

鈕琇

寅旭先生溘焉長逝,天人之學,竟失其傳,并無一綫之孤,以供椒馨造物之報施。乃爾先生念及其後,不勝酸顔。篋中遺書,俟卜歸有日,即當廣爲搜羅,以垂不朽。然非賴巨手表章,則蠹簡塵編蜚聲未遠,恐後人遂無有浣薇披吟者矣!

(輯自臨野堂尺牘卷一,四庫全書存目叢書集部第二四五册,第一八五頁)

與潘稼堂

鈕琇

百年過半,拓落一官,亟以清白自矢,猶恐貽慚往哲。况聞之左右,或亦過情之譽,而手書猥加奬掖,滋之恧矣。今冬臘月,將爲先子營葬,重九後遣人還里,以董其事。竊念先子向托先生交末,鴻文摯誼,生前素所服膺。兹特詮次行略,呈之行臺。伏懇俯推夙好,賜銘幽墟,非特照裔版碑,榮施抔土,而有道之題,感均執紼。千秋銜德,寧有已哉!

(輯自臨野堂尺牘卷三,四庫全書存目叢書集部第二四五册,第二一五頁)

復潘稼堂

鈕琇

先生所刻救狂砭語,一以爲昌黎垂原道之書,一以爲考亭申喻利之辨。而蒙有猜焉者,揮弦以向櫝，省括以投縻，稍似可惜耳。乃大汕翻肆爪牙，妄樹旗鼓，復言狂悖，殊駭聽聞，雖犯來顏巷逆，至鄒鄉處，以汪汪之度，何所不容。然而髡彼黔驢，瘈茲跖狗，偶依籬竇，敢吠紳珂，其能免彌明一擊哉！奏之於朝，定膺方旦之誅；攻之於野，即化善卷之燼。奮椎請劍，世豈無人？其不足復芥錦心而污彩筆也，明矣！

（輯自臨野堂尺牘卷三，四庫全書存目叢書集部第二四五册，第二一六頁）

復潘稼堂

鈕琇

琇以卑貧之吏，潦倒遐方。先生俯念素交，錫以華章，繼之佳貺，不第天涯薄宦，萬里承輝，即地下先人，九泉銜感也。

至于拙稿疏謬，始以雪門早閉，已失師傳；既而柳篋長攜，遂荒學殖。因求明於冰鑑，故望斫于風斤。就正之意，原本至誠。所呈各種，俱乞大筆點定。庶出以問世，可免傖父之譏耳。

（輯自臨野堂尺牘卷四，四庫全書存目叢書集部第二四五册，第二一六頁）

與潘次耕

顧炎武

前有一札，并二金奉唁，未知到否？接手札如見故人，别來四五年，所見惟此數行耳。

追念痛酷，其何以堪？又思古人于此大難之餘，而能奮然自立，以亢宗而能傳世者，正自不少，願足下之無忘也。起田與僕交十餘年，其人君子也，但馬少游所云，鄉里善人而已，恐不足以振拔國士。

承諭負笈從游，古人之盛節，僕何敢當！然中心惓惓，思共晨夕，亦不能一日忘也。而頻年足迹所至，無三月之淹，友人贈以二馬二騾，裝駝書卷，所雇從役，多有步行，一年之中，半宿旅店，此不足以累足下也。

近則稍貸資本，于雁北之地，五臺之東，應募墾荒。同事者二十餘人，闢草萊，披荊棘，而立室廬于彼。然其地苦寒特甚，僕則遨游四方，亦不能留住也。彼地有水而不能用，當事遣人到南方，求能造水車、水碾、水磨之人，與夫能出資以耕者。大抵北方開山之利，過于墾田，畜牧之獲，饒于耕耨。使吾有澤中千牛羊，而江南不足懷也。列子「盜天」之說，謂取之造物而無爭于人。若今日之江南，錐刀之末，將盡爭之，雖微如蟣蠓，亦豈得容身于其間乎？文淵、子春并於邊地立業。足下倘有此意，則彼中亦足以豪，但恐性不能寒，及家中有累耳。

徐介白久不通書，爲我以此字達之，知區區未死，宇内猶有一故人也。

王纘文曰：篇中故人之誼，曠達之懷，使人讀之，祇覺一往情深。

（輯自黄容、王維翰輯尺牘蘭言卷七，四庫禁毀書叢刊影印清康熙二十年刻本，集部第三五册，第二五二至二五三頁）

與潘次耕

顧炎武

接手札如見故人，追念痛酷，其何以堪！古人于患難之餘，而能奮然自立，以亢宗而傳世者，正自不少，足下勉旃，毋怠！

承諭負笈從游，古人之盛節，僕何敢當！然中心惓惓，思共晨夕，亦不能一日忘也。而頻年足迹所至，無三月之淹，友人贈以二馬二騾，裝馱書卷，所雇從役，多有步行，一年之中，半宿旅店。此不足以累足下也。

近則稍貸貲本，于雁門之北，五臺之東，應募墾荒。同事者二十餘人，闢草萊，披荆棘，而立室廬于彼。然其地苦寒特甚，僕則遨游四方，亦不能留住也。彼地有水而不能用，當事遣人到南方，求能造水車、水碾、水磨之人，與夫能出資以耕者。大抵北方開山之利，過于墾荒，蓄牧之獲，饒于耕耨。使我有澤中千牛羊，則江南不足懷也。列子「盜天」之説，謂取之造物而無争于人。若今日之江南，錐刀之末，將盡争之，雖微如蠛蠓，亦豈得容身于其間乎？文淵、子春并於邊地立業。足下倘有此意，則彼中亦足以豪，但恐性不能寒，及家中有累耳。

徐介白久不通書，爲我以此字達之，知區區未死，宇内猶有一故人也。

（輯自亭林文集卷六，華忱之點校顧亭林詩文集，中華書局一九五九年版，第一四〇至一四一頁）

又（與潘次耕）

顧炎武

僕以前年入晋，去歲入秦，今秋始回山左。而令兄之訃，以去歲八月得之于西河。雖中心盡傷，一無可展，僅于蕭寺中，遥爲設奠而已。林、宗之哭李、杜，孫惠之悲二陸，豈筆墨所能道哉！家事何如，尤增軫惻。聊具二金寄上，爲我告之靈前，以代生芻之奠。又聞駕已入都，僕今七月在燕中，遍訪未得，故仍附此至吴。來春南下，或可得晤也。魯壁汲冢，尚有存否？相與諸公，頗有一二人，能急難否？足下一身，努力自愛！

吴赤霞曰：亭林先生著書淵博，洪深經術，遨游幾遍天下。其情深友朋，存殁無間，品行兼卓，真一代之全人也。披讀諸篇，景仰何極！

（輯自黄容、王維翰輯尺牘蘭言卷七，四庫禁毁書叢刊集部第三五册，第二五三頁）

與潘次耕札

顧炎武

接手書，具感急難之誠，尤欽好學之篤。顧惟鄙劣，不足以裨助高深，故從游之示，未敢便諾。今以天下之大，而未有可與適道之人，如炎武者，使在宋元之間，蓋卑卑不足數，而當今之世，友今之人，則已似我者多，而過我者少。俗流失，世壞敗，而至於無人如此，則平生一得之愚，亦安得不欲傳之其人，而望後人之昌明其業者乎？

凡今之所以爲學者，爲利而已，科舉是也。其進於此，而爲文辭著書一切可傳之事者，爲名而已，有明三百年之文人是也。君子之爲學也，非利己而已也，有明道淑人之心，有撥亂反正之事，知天下之勢之何以流極而至於此，則思起而有以救之。不敢上援孔孟，且六代之末，猶有一文中子者，讀聖人之書，而惓惓以世之不治、民之無聊爲亟。没身之後，唐太宗用其言以成貞觀之治，而房杜諸公皆出於文中子之門。雖其學未粹於程朱，要豈今人之可望哉！

仰惟來旨，有不安於今人之爲學者，故先告之志，以立其本。惟願刻意自厲，身處於宋元以上之人與爲師友，而無狥乎耳目之所濡染者焉，則可必其有成矣。

（輯自亭林餘集，華忱之點校顧亭林詩文集本，第一六六至一六七頁）

又（與潘次耕札）

顧炎武

原一南歸，言欲延次耕同坐。在次耕今日食貧居約，而獲游於貴要之門，常人之情，鮮不願者。然而世風日下，人情日諂，而彼之官彌貴，客彌多，便佞者留，剛方者去。今且欲延一二學問之士以蓋其群醜，不知薰蕕不同器而藏也。吾以六十四之舅氏，主於其家，見彼蠅營蟻附之流，駭人耳目，至於徵色發聲而拒之，乃僅得自完而已。况次耕以少年而事公卿，以貧士而依廡下者乎？

夫子言：「吾死之後，則商也日益，賜也日損。」子貢之爲人，不過與不若己者游，夫子尚有此言。今次耕之往，將與豪奴狎客朝朝夕夕，不但不能讀書爲學，且必至於比匪之傷矣。孟子曰：「飢者甘食，渴者甘飲，是未得飲食之正也，飢渴害之也。」今以百金之脩脯，而自儕於狎客豪奴，豈特飢渴之害而已乎？荀子曰：「白沙在泥，與之俱黑。」吾願次耕學子夏氏之戰勝而肥也。「吾駕不可迴」，當以靖節之詩爲子贈矣。

（輯自亭林餘集，華忱之點校顧亭林詩文集本，第一六七頁）

又（與潘次耕札）

顧炎武

都中書至，言次耕奉母遠行，不知所往。中孚即作書相慶。綿山之谷，弗獲介推；汶上之疆，堪容閔子。知必有以處此也。朱子祠堂，山史但能割地耳，經營之事，吾將一身任之。春仲興工，自有助者，大以成大，小以成小。吾異日局面，似能領袖一方，然而不坐講堂，不收門徒，悉反正德以來諸老先生之夙習，庶無遺議於後人。不知一二年間，能策蹇而來，一悉情懷否？既足、衍生并好。寄去文集一本，僅十之三耳，然與向日抄本不同也。

（輯自亭林餘集，華忱之點校顧亭林詩文集本，第一六七至一六八頁）

又（與潘次耕札）

顧炎武

昔有陳亮工者，與吾同居荒邨，堅守毛髮，歷四五年，莫不憐其志節。及玉峰坐館連年，遂忘其先人之訓，作書來薊，干禄之願，幾於熱中。今吾弟又往矣，此前人墜阬之處也！楊惲所云：「足下離舊土，臨安定，而習俗之移人者，其能自保乎？」時歸溪上，宜常與令兄同志諸友往來講論，一暴之功，猶愈於十日之寒也。天生之學，乃是絶塵而奔，吾且瞠乎其後，不意晚季乃有斯人！今雖登名薦剡，料其不出山，更未可知耳。近讀其解易一卷，吾自手録之，學問亦日進。中孚雖從象山入手，而近頗博覽，與吾交，亦更親於昔。去秋已遣祁縣之妾，將書籍盡移之華下。今春并挈兩公及幼子往矣。頻陽令郭公既迎中孚而僑居其邑，今復遣人千里來迎，可稱重道之風。而天生遂欲爲我買田結婚之計，事雖未可必，然中心願之矣。

但薦舉一事，得超然免於評論否？如其行取，必在元籍。今已作字，令猶子具呈，以伯父行年七十棄家入道爲詞。必不得已，遣一家人領批前來尋訪，道路申病，詳具三徐札中。然近來實病，似亦不能久於人世。所縈念者，先妣大節，未曾建坊，存此一段於集中，以待河清之日，自有人爲之表章。侄洪慎報得一子，請名，今即作書與二弟，乞之爲孫，以守墳墓。至於著述詩文，天生與吾弟各留一本，不别與人以供其改竄也。

（輯自亭林餘集，華忱之點校顧亭林詩文集本，第一六七至一六八至一六九頁）

又（與潘次耕札）

顧炎武

讀書不多，輕言著述，必誤後學。吾之跋廣韻是也。雖青主讀書四五十年，亦同此見。今廢之而别作一篇，并送覽，以志吾過。平生所著，若此者往往多有，凡在徐處舊作，可一字不存。自量精力未衰，或未遽死，遲遲自有定本也。

（輯自亭林餘集，華忱之點校顧亭林詩文集本，第一六九頁）

與潘次耕書

顧炎武

著述之家，最不利乎以未定之書傳之於人。昔伊川先生不出易傳，謂是身後之書，即如近日力臣札來，五書改正約有一二百處：詩祈父「靡所厎止」，小旻「伊于胡厎」，誤作「底」，注云：十一薺，而不知其爲五旨也。五經無「底」字，皆是「厎」字，惟左傳襄二十九年「處而不底」，昭元年「勿使有所壅閉湫底以露其體」，乃音丁禮反耳。今説文本「厎」字有下一畫，誤也。字當從「氐」。詩「周道如砥」，孟子引之作「厎」，以「砥」「厎」音同，而古亦可通也。今本誤爲「底」字。童而習之，并詩之「砥」字，亦讀爲「邸」矣。商頌烈祖詩上云「以假以享」，下云「來假來饗」，石經上作「享」，下作「饗」。歐陽氏曰：「上云『以享』者，謂諸侯皆來助享於神也；下云『來饗』者，謂神來至而歆饗也。」「享」、「饗」二義不同，享者，下享上也，書曰「享多儀」是也。饗者，上饗下也，傳曰「王饗醴」是也。故周頌「我將我享」作「享」，「既右饗之」作「饗」；魯頌「享以騂犧」作「享」，「是饗是宜」作「饗」。今詩經本周、商二頌上下皆作「享」，非矣。

舉此二端，則此書雖刻成而未可刷印，恐有舛漏以貽後人之議。馬文淵有言：「良工不示人以璞。」今世之人速於成書，躁於求名，斯道也將亡矣。前介眉札來索此書，并欲鈔日知録，我報以詩、易二書今夏可印，其全書再待一年，日知録再待十年；如不及年，此年字如「趙孟不復年」之年。則以臨終絶筆爲定，彼時自有受之者，而非可豫期也。詩云：「如切如磋，如琢如磨。」此之謂也。

（輯自亭林文集卷四，華忱之點校顧亭林詩文集本，第七六至七七頁）

答次耕書

顧炎武

來書「北山」「南史」一聯，語簡情至，讀而悲之。既已不可諫矣，處此之時，惟退惟拙，可以免患。吾行年已邁，閲世頗深，謹以此二字爲贈。子德書來云：「頃聞將特聘先生，外有兩人。」此語未審虛實？「君子之道，或出或處。」鄙人情事與他人不同。先妣以三吴奇節，蒙恩旌表，一聞國難，不食而終，臨没丁寧，有無仕異朝之訓。辛亥之夏，孝感特柬相招，欲吾佐之修史，我答以「果有此命，非死則逃」。原一在坐與聞，都人士亦頗有傳之者。耿耿此心，終始不變！幸以此語白之知交。前札中勸我無入都門及定卜華下，甚感此意。迴環中腑，何日忘之！

（輯自亭林文集卷四，華忱之點校顧亭林詩文集本，第七六至七七頁）

附 答潘次耕

顧炎武

來書「北山」「南史」一聯，語簡情至，讀而悲之。既已不可諫矣，處此之時，惟退惟拙，可以免患。吾行年已邁，閱世頗深，謹以此二字爲贈。子德書來云：「頃聞將特聘先生，外有兩人。」此語未審虛實？吾弟可爲詗之，速寄字來。

關中人述周總督之言曰：「天生自欲赴召可耳，何又力勸中孚，至訹以利害，而强之同出？殆是遽伯玉恥獨爲君子之意？」易曰：「君子之道，或出或處。二人同心，其利斷金。」彼前與我書，有勿遽割席之語。若然，正當多方調護，使得遂其魚鳥之性耳，豈可逆慮我之有言，而迫以降志辱身哉！况鄙人情事與他人不同。先妣以三吴奇節，蒙恩旌表，一聞國難，不食而終，臨没丁寧，有無仕異朝之訓。辛亥之夏，孝感特柬相招，欲吾佐之修史，我答以「果有此命，非死則逃」。原一在坐與聞，都人士亦頗有傳之者。耿耿此心，終始不變！幸以此語白之知交。

至於當歸一詩，已焚稿矣。五月望黎城一札想到，是月之末，遂到西河。不意司馬劉君到任甫一月，而已閉門乞休，可謂達者。其子進士子端執弟子之禮，迎我入署，或當少留，以聽消息。吾弟有書但付提塘，封入汾府報内，并示現寓何所，以便直達。原一兄弟何時入京？亦可及之。

前字中勸我無入都門及定卜華下，甚感此意。迴環中腑，何日忘之！彼地有舊臨淄楊君衍生注：名端本，字樹滋，號函東，華陰人。與我新交，似在李王之上。但衍生質鈍，未知能讀書否？以此尚未結婚。既足亦欲執經北面，吾以西席在先，須俟行時方受此禮。今欲留之關内，而身一爲淮上之行，以竣五書之刻。然資斧缺乏，未卜早晚，統俟嗣音悉之。

（輯自蔣山傭殘稿卷三，華忱之點校顧亭林詩文集本，第七七至七八頁）

與次耕書

顧炎武

於天空海闊之中，一旦爲畜樊之雉，才華累之也。雖然，無變而度，無易而慮，古人於遠别之時，而依風巢枝，勤勤致意，願子之勿忘也。

自今以往，當思中材而涉末流之戒，處鈍守拙。孝標策事，無侈博聞；明遠爲文，常多累句。務令聲名漸減，物緣漸疏，庶幾免於今之世矣。若夫不登權門，不涉利路，是又不待老夫之灌灌也。

（輯自亭林文集卷四，華忱之點校顧亭林詩文集本，第七八至七九頁）

附　與潘次耕

顧炎武

於天空海闊之中，一旦爲畜樊之雉，既已不可諫矣。雖然，無變而度，無易而慮，古人於遠别之時，而依風巢枝，勤勤致意，願子之勿忘也。

昔日欲糊口四方，非衒其才華不可。今日當思中材而涉末流之戒，處錞守拙。鮑照爲文，常多累句。務令聲名漸減，物緣漸疏，則不至爲龔生之夭天年矣。若夫不入權門，不居間公事，是又不待老夫之灌灌也。

吾之行止，悉如前札所言。今已盡取安德書裝西入壺口。吾弟見人不妨説吾將至都下，蓋此時情事，不得不以逆旅爲家，而燕中亦逆旅之一，非有所干也。若塊出關中，必爲當局所招致而受其籠絡，又豈能全其志哉！今在晋中，固爲□然□書思之，反是一途耳。

（輯自蔣山傭殘稿卷三，華忱之點校顧亭林詩文集本，第七九頁）

與次耕書

顧炎武

大家續孟堅之作，頗有同心；巨源告延祖之言，實爲邪説。展讀來札，爲之愴然！吾昔年所蓄史事之書，并爲令兄取去，令兄亡後，書既無存，吾亦不談此事。久客北方，後生晚輩益無曉習前朝之掌故者。今兄之亡十七年矣，以六十有七之人，而十七年不談舊事，十七年不見舊書，衰耄遺忘，少年所聞十不記其一二。又當年牛李、洛蜀之事，殊難置喙。退而修經典之業，假年學易，庶無大過，不敢以草野之人，追論朝廷之政也。

然亦有一得之愚，欲告諸良友者。自庚申至戊辰邸報皆曾寓目，與後來刻本記載之書殊不相同。今之修史者，大段當以邸報爲主，兩造異同之論，一切存之，無輕删抹，而微其論斷之辭，以待後人之自定，斯得之矣。割補兩朝從信録尚在吾弟處，看完仍付來，此不過邸報之二三也。

（輯自亭林文集卷四，華忱之點校顧亭林詩文集本，第七九至八〇頁）

與次耕

顧炎武

曲周接取中之報，頗爲惜之。吾弟今日迎養都門，既必不可，菽水之供，誰能代之？宜托一親人照管，無使有尸饔之嘆。不記在太原時，相與談寅旭書中語乎？又，既在京邸，當尋一的信與嫂侄相聞，即延津在繫，亦須自往一看。此皆吾輩情事，亦清議所關，不可闕略也。

至於來書所言，已□之爲偶然。寓席未暖，而即出爲大河南北之游，又所以示不滯一方之意，有進於所言者也。燕、青二詩已到。今又一律寄上，在子德函中。并附嵩山一絶。

（輯自蔣山傭殘稿卷三，華忱之點校顧亭林詩文集本，第二一〇至二一一頁）

與潘次耕手札

顧炎武

昨退翁見召，午後趨往，而太史公已行，不得一晤，幸致意。明日有便酌，可於晡時過我，昏後遣騎送回。此啓次耕賢弟。炎武頓首。

（輯自亭林佚文輯補，華忱之點校顧亭林詩文集本，第二三八頁）

與潘次耕

黄容

一編寄來，佇盼丹鉛几席間，不覺歲之將更矣。去日苦多，來日苦少，俯仰悲懷，憂從中來。每當凄風苦雨時，吟「老驥伏櫪」，真令人唾壺擊碎也。曹子建云：「世誰知我，能定我文者？」子桓云：「革去故方，更受要道。」弟自念生平知己，落落晨星，高才古誼，所恃以就正者道兄也。道兄愛我，幸有以教之。

（輯自黄容、王維翰輯尺牘蘭言卷一〇，四庫禁毀書叢刊集部第三五册，第三〇四至三〇五頁）

與潘耒

王士禛

不相見遂十餘年矣，側聞先生游散名山，足迹遍浙東西，放乎閩粤，税駕於黄山、匡廬，所至必有游記。如此懷抱，求之古人，唯謝康樂、宗少文，近人則臨海王恒叔，差足方擬。可羨！可羨！

手教深感存注，垂示大刻日知録，與二十年前所見本迥異。此亭林經濟之書，非但援據弘博，考證精核而已。嘗怪隋唐之際，房、杜、魏、李、杜淹、陳叔達之流，皆河汾弟子，及貞觀之初，迭爲將相，而卒無一人表彰其説，遂使文中子所續六經，大半湮没，不傳於代。其間魏、陳又身任隋朝一代之史，竟亦不爲文中子立傳，心竊疑之。老先生汲汲然表彰師説於墓木既拱之餘，使彼房、杜、魏、陳諸公，無以自免愧於地下，真古人哉！弟爲五體投地矣。

令兄先德著書，固夙昔願見而不可得者，何日剞劂，幸以馳示。吳鄉文粹、續文粹二書，傳之至今，自是瓌寶，顧安得金虀玉鱠飫老饕耶？

承聞乘興遂欲扁舟窮湖湘、桂海之勝，此行何異驂鸞。粤、偏二公皆未謀面，亦無譜誼，唯長沙守同鄉里，亦嘗共掌度支，輒附到數行。后山集損惠，如獲美珍，諦觀之，真元刻也。祈日知録便郵寄十許部，當與同志廣其傳。虹亭前承寄書，未有南鴻之便，希爲叱致相思。夏間覓便，統裁候也。臨啓，神馳不盡。

仲春廿日期，弟士禛再頓首。

（原載上海圖書館藏王漁洋手稿，收入袁世碩主編王士禛全集第三册詩文集之十一集外文輯遺卷二，齊魯書社二〇〇七年版，第二三八四至二三八五頁）

與潘稼堂書

梅文鼎

三月杪，竹垞南歸，舟過津門，枉存信宿，一函附候，不審已達記室否？自午夏奉手教及賜序文，即欲作書奉謝，忽忽遲至兩年，懶惰可笑，然感激嚮往，積於中心，無日不神依左右也。方程論近爲安溪公介弟安卿孝廉携刻閩中，藉光於皇甫之言大矣。又承惠寄（昰）闇秝金，雖片羽不足以盡吉光，然其測食之金，誠有出於舊術之外，即此，已足垂諸千古。

某嘗思：今之爲授時法者，輒疑西説；而尊西術者，往往欲抹撥古人。良由各守師説，不復詳考群書。彼此既不相通，遂鮮持平之論。惟徐文定下語猶有斟酌。至開局數年之後，推重郭法，乃甚於前，豈非以討論漸深，能闕立術之意乎？治西法而仍尊中理者，北有薛，南有王，著述并自成家，可以專行。然北海之書，詳於法，而無快論，以發其趣，剞劂又多草率，人不易讀。王書用法精簡，而好立新名，與曆書互異，亦難卒讀。某嘗擬於鄙著曆法通考外，别爲專本，於薛則訂其誤脱，於王則通其異同，皆附之以注，而爲之論次，庶令學者得以措意。當亦兩先生所許乎？北海未刻書，頗於潁州劉行人處鈔得稿本，王書自承惠寄所鈔外，惟於亡友徐敬可行笈獲見圜解一帙及曆論八篇而已，圜解似是隨手寫成，業已稍爲訂補，曆論頗有精語，敬可曰：「首一篇乃潘力田筆也。」意者令兄先生仍他有著撰乎？已又於友人所見小帙，是約西法入授時，甚簡而妙，然未著撰人之目。竊以鄙意斷之，以爲非王先生不能作也。其書大體純擬元史曆經，而實用西術，然亦微有差别，所立諸名，多與西異，以此知之，然則當亦有自立諸表及測驗改憲之説。

伏承來諭，欲共爲表章。某何敢自謂其人，然盛意則何敢忘也。惟未見全書，終爲憾事。祈以藏本見借，俾得卒業。幸甚！

昔北齊張子信測候二十餘年，爲曆學名家，而史傳弗詳其事，得大衍曆議始著。因思古人之書不傳者甚多，故當及時爲之也。家兄不次，貴邑廣文，倘慮道遠，原本郵寄爲難，不妨屬家兄録副以寄。書之有關係者，使天地間多存副本，當亦大君子所樂爲也。

（輯自續學堂文鈔卷二，清代詩文集彙編影印清乾隆間梅瑴成刻本，第一三一册，第二七四至二七五頁）

與潘次耕

曹　溶

大定武功，文人吐氣，密勿之地，乃得偉人，啓沃功多，默施維挽，草野遂有太平之望。江浙新經簡任，清政肅然，若能盡減苛徵，芟除墨吏，則躋斯世於極盛無難。惟先生於講幄留意！

弟家苦食貧，而老眼猶堪習讀，編輯雕蟲之事，不敢刻忘。江南大吏有好藝文者，幸斥賤姓名告之，使得以筆札營衣食計。若使驅之入長安，則力有所不能，萬勿相苦也。歷考開國帝王，必下購書之令，誠仿而行之，網羅其際，弟有尺寸之長。先生再留意！

因犬子某入都，附布所懷，不盡馳仰。

（輯自清胡泰選輯《倦圃曹先生尺牘》卷一，中國國家圖書館藏清雍正間含暉閣刻本）

潘母吴太君五十壽序

徐枋

門人潘耒時避難，變姓名吴琦，奉母居山中。

天之厚庸人也，嘗富貴福澤安恬佚樂以豢之；而天之厚偉人也，必窮悴困厄艱難險阻以成之。天之成畸人也，嘗厄一遇窮一事以彰之；而天之成完人也，必萃諸艱歷萬難以固之。雖然，人生百年，奄忽俯仰，而獨得以完人稱者，其遭遇之奇，爲有天意，然苟非嚴氣正性，奇節至行，獨能受造物之裁成，則無以臻此也。猶霜雪然，穠華艷蕊，望而萎落，而受之而彌堅，經之而彌茂者，獨松柏耳。苟窮悴困厄，艱難險阻，而處非其人，不變爲蟲沙，則腐同草木矣。安在其能卓然成立於是耶？

余門人耒嘗述其母吴太君之遭遇之行概，而余慨然嘆其爲不可及也。太君幼有異秉，讀書知大義，事父母至孝，身授其幼弟書，以處姊而肩父師之任，其不凡如是。及嫓於夫子爲繼配，而前女婦年幾與母姑埒，閨庭之内，調劑爲難，太君一以恩禮處之，久之而慈孝交稱，中外相慶，而旋賦柏舟矣。

是時，太君方盛年，而耒生方六歲，家日益落，孤煢荼苦，而太君教耒以讀書厲行，十二年如一日。耒方向成立，而又遘長子某之禍，太君以一嫠婦，流離顛沛，以幸全於萬死，而一息暫寧，則仍課其子讀書，雖極慘悴惶急中，而神氣鎮静，無間平時。兩年來避居西山，與余山居相望，余故益稔知太君之賢，間亦徵之戚友，無間言，而益信耒之所述爲誠然也。

以太君之爲女則孝，爲兄弟則友，爲婦則順而有禮，爲母姑則慈而能嚴，而又歷萬難，出萬死，而卒能卓然有以成立，非所謂完人者耶？此丈夫猶難之，况女子乎？吾於是嘆天之所以成太君者獨厚，而太君亦獨能不負天之所以成之也。

今耒年甫弱冠，而負奇才，且天性孝謹，吾固以大器期之。耒其益早夜剋厲，亦期爲天下之完人，以無愧賢母之子哉！庶幾千百世而下，知耒而益知太君也。

（輯自居易堂集卷七，續修四庫全書第一四〇四册，第一七七至一七八頁）

稼堂潘先生壽序

林佶代

予與稼堂先生，同己未召試，同入詞林，而先生於同館五十人中，年最少。方以高才博洽，上爲朝廷所寵異，次爲同館諸公所矜式。當是時，先生之意氣甚盛，予於先生，亦若葭琯之相應，壎篪之相和，而車軫之相爲後先，蓋匪獨性情之孚。亦以遭逢隆盛右文之世，纂禮序樂，製爲文章，詞臣之榮施，固千載一時者也。未幾，先生班日講，朝夕記注於承明之廬，屢承恩眷。壬戌會闈分試，獲士十二，皆一時選，有知人之目，聲望益大重。然先生爲人，果於自信，好行其直，是是非非，無所回撓，而忌者滋多。

予斯時方蒙天子特簡，捧金册出使海外，進秩賜衣，恩禮備至。逾期復命，還直史局。而先生遽被讒，投劾歸矣。方予之奉使也，出入魚龍變幻之鄉，備歷風濤波浪之恐，竊意履險蹈難，至斯爲極。不意詞苑風波，亦復如是，念之悚然。先生既去，予以讀禮言歸，思從此投閑，與先生汗漫作五岳游。此志迄不得遂，再返木天，旋亦一麾出守矣。勞吏風塵，與知交久相疏闊。近者復蒙天子簡畀，司臬閩南，而先生爲武夷、九鯉之游，不期而會予於此。予與之叙累年離合之踪，溯螭頭簪筆之事，意先生若有不釋然者，而先生絶無幾微見於顔色。示我鴻爪一集，自天台、雁蕩以及羅浮諸勝，無不探其幽遐，抉其靈秘，有揮斥八極凌厲萬古之胸懷。而文章瑰麗，又足以發之。噫嘻！先生之德量，又何其越人遠甚乎！

予觀古來遷謫之士，如退之、樂天、東坡，皆能即其境遇，狀其山川，官愈左而文愈奇，然鬱勃不平之氣，亦往往見於其間。蓋其於游，非必其心之所樂而安於是者，特以羈留其地，而姑借山川以消其塊結而已。若先生所處，既脱然於塵埃之外，非有所强而行，乃興之所至，千里命駕，必窮人之所不能窮以爲大樂，長齋茹淡，一瓢一笠，見之者類以爲方外畸人。而先生浩然之概，終非人之所得而測焉者也。

吾聞名山大澤，多隱君子，托迹黄冠緇衣，以寄其高致。先生既脱屣世榮，栖真學道，如前所云者，得無遇之乎？宜其中有自得，而視人世升沉榮辱，若蜉蝣蠛蠓之過於前，毫不介意也。予輩迷茫宦海，不能自拔，以視先生，其能無愧於中也耶？雖然，子房辟穀，長源初衣，雖決然肥遯，終不能不出而與人間事。况先生之年之方艾者乎？

適先生閩中之門下士爲先生進壽觴，命予先以文，予特序先生廿年來出處之大略如此。以爲先生之年，尚未可爲壽，而先生之爲人，則足以壽也已矣。

（輯自樸學齋稿卷一〇，四庫全書存目叢書影印清乾隆九年刻本，集部第二六二册，第一三六至一三七頁）

整理者案：據文中所云「予與稼堂先生，同己未召試，同入詞林」「予斯時方蒙天子特簡，捧金册出使海外，進秩賜衣，恩禮備至」「近者復蒙天子簡畀，司臬閩南」，則林佶此序，即代汪楫所作。